Jennißen · **Wohnungseigentumsgesetz**

Wohnungs-eigentumsgesetz

herausgegeben von

Rechtsanwalt
Dr. Georg Jennißen
Köln

bearbeitet von

Notar Dr. Thomas Baumann, Würzburg
RA Dr. Marc Manuel Dickersbach, Köln
RiAG Dr. Oliver Elzer, Berlin
Notar Prof. Dr. Dr. Herbert Grziwotz, Regen
Notar Dr. Jörn Heinemann, Rehau
RiLG Dr. Johannes Hogenschurz, Köln
RA Dr. Georg Jennißen, Köln
Notar Thomas Krause, Staßfurt
RiAG Dr. Matthias Löffler, Hannover
RiAG Dr. Martin Suilmann, Berlin
RA Bernd Weise, Hannover
Notar Dr. Maximilian Zimmer, Wernigerode

2008

Verlag
Dr. Otto Schmidt
Köln

Zitierempfehlung:
Bearbeiter in Jennißen (Hrsg.), WEG, § ... Rz. ...

*Bibliografische Information
der Deutschen Nationalbibliothek*

Die Deutsche Nationalbibliothek verzeichnet diese Publikation in der Deutschen Nationalbibliografie; detaillierte bibliografische Daten sind im Internet über http://dnb.d-nb.de abrufbar.

Verlag Dr. Otto Schmidt KG
Gustav-Heinemann-Ufer 58, 50968 Köln
Tel. 02 21/9 37 38-01, Fax 02 21/9 37 38-943
info@otto-schmidt.de
www.otto-schmidt.de

ISBN 978-3-504-45062-5

©2008 by Verlag Dr. Otto Schmidt KG, Köln

Das Werk einschließlich aller seiner Teile ist urheberrechtlich geschützt. Jede Verwertung, die nicht ausdrücklich vom Urheberrechtsgesetz zugelassen ist, bedarf der vorherigen Zustimmung des Verlages. Das gilt insbesondere für Vervielfältigungen, Bearbeitungen, Übersetzungen, Mikroverfilmungen und die Einspeicherung und Verarbeitung in elektronischen Systemen.

Das verwendete Papier ist aus chlorfrei gebleichten Rohstoffen hergestellt, holz- und säurefrei, alterungsbeständig und umweltfreundlich.

Einbandgestaltung: Jan P. Lichtenford, Mettmann
Satz: Schäper, Bonn
Druck und Verarbeitung: Bercker, Kevelaer
Printed in Germany

Vorwort

Wer einen Kommentar zu einem Rechtsgebiet herausgibt, das bereits mehrfach kommentiert wurde, riskiert den Vorhalt „dass schon alles gesagt ist – nur nicht von jedem".

Mit diesem Einwand ist hier schon deshalb nicht zu rechnen, weil das Werk anlässlich der WEG-Novelle erstellt wurde und deshalb, zumindest soweit die neuen Vorschriften betroffen sind, auf keine vergleichbaren Ausführungen zurückgegriffen werden konnte. Es mag nicht die erste Kommentierung sein, die auf aktuellem Rechtsstand am Markt verfügbar ist – zum Zeitpunkt des Erscheinens ist es vermutlich aber die umfangreichste.

Welchen Stellenwert dieser Kommentar über sein Volumen hinaus erlangen wird, haben Herausgeber und Autoren nicht zu beurteilen. Indes haben wir die einzelnen Vorschriften mit dem erforderlichen Tiefgang bearbeitet, um gerade auch dort, wo neue Argumentationslinien nach der Reform besonders wichtig sind, dem Leser praktikable Lösungen anbieten zu können. Wir hoffen deshalb, dass die Ausführungen gleichermaßen für Verwalter, Rechtsanwälte, Richter und für die rechtswissenschaftliche Auseinandersetzung Bedeutung haben werden.

Zum Redaktionsschluss – Herbst 2007 – gab es naturgemäß noch keine Rechtsprechung und noch wenig praktische Erfahrungen mit den novellierten Vorschriften. Soweit das Gesetz unverändert blieb, wurden Rechtsprechung und Literatur umfangreich ausgewertet. Wenn „alte" Rechtsprechungslinien auf neue Normen anwendbar oder zumindest argumentativ relevant blieben, haben wir Wert darauf gelegt, dies herauszuarbeiten. Schließlich, in den Bereichen der Terra incognita des neuen Wohnungseigentumsrechts, haben Herausgeber und Autorenteam versucht, sich möglichst deutlich zu positionieren, um auch die weitere Rechtsentwicklung (mit) voranzutreiben.

Köln, im Oktober 2007   Dr. Georg Jennißen

Inhaltsübersicht

	Seite
Vorwort	V
Abkürzungsverzeichnis	XI
Allgemeine Literaturübersicht	XV
Gesetz über das Wohnungseigentum und das Dauerwohnrecht (Wohnungseigentumsgesetz)	1

I. Teil
Wohnungseigentum

§ 1 Begriffsbestimmungen	27

1. Abschnitt
Begründung des Wohnungseigentums

§ 2 Arten der Begründung	37
§ 3 Vertragliche Einräumung von Sondereigentum	41
§ 4 Formvorschriften	49
§ 5 Gegenstand und Inhalt des Sondereigentums	59
§ 6 Unselbständigkeit des Sondereigentums	92
§ 7 Grundbuchvorschriften	99
§ 8 Teilung durch den Eigentümer	111
§ 9 Schließung der Wohnungsgrundbücher	120

2. Abschnitt
Gemeinschaft der Wohnungseigentümer

§ 10 Allgemeine Grundsätze	125
§ 11 Unauflöslichkeit der Gemeinschaft	172
§ 12 Veräußerungsbeschränkung	177
§ 13 Rechte des Wohnungseigentümers	196
§ 14 Pflichten des Wohnungseigentümers	207
§ 15 Gebrauchsregelung	222
§ 16 Nutzungen, Lasten und Kosten	242
§ 17 Anteil bei Aufhebung der Gemeinschaft	295
§ 18 Entziehung des Wohnungseigentums	302
§ 19 Wirkung des Urteils	325

3. Abschnitt
Verwaltung

	Seite
§ 20 Gliederung der Verwaltung	349
§ 21 Verwaltung durch die Wohnungseigentümer	352
§ 22 Besondere Aufwendungen, Wiederaufbau	416
Vor §§ 23 bis 25	469
§ 23 Wohnungseigentümerversammlung	533
§ 24 Einberufung, Vorsitz, Niederschrift	580
§ 25 Mehrheitsbeschluss	659
§ 26 Bestellung und Abberufung des Verwalters	706
§ 27 Aufgaben und Befugnisse des Verwalters	758
§ 28 Wirtschaftsplan, Rechnungslegung	836
§ 29 Verwaltungsbeirat	908

4. Abschnitt
Wohnungserbbaurecht

§ 30 Wohnungserbbaurecht	924

II. Teil
Dauerwohnrecht

§ 31 Begriffsbestimmungen	931
§ 32 Voraussetzungen der Eintragung	938
§ 33 Inhalt des Dauerwohnrechts	943
§ 34 Ansprüche des Eigentümers und der Dauerwohnberechtigten	952
§ 35 Veräußerungsbeschränkung	955
§ 36 Heimfallanspruch	958
§ 37 Vermietung	963
§ 38 Eintritt in das Rechtsverhältnis	965
§ 39 Zwangsversteigerung	968
§ 40 Haftung des Entgelts	973
§ 41 Besondere Vorschriften für langfristige Dauerwohnrechte	976
§ 42 Belastung eines Erbbaurechts	980

III. Teil
Verfahrensvorschriften

	Seite
§ 43 Zuständigkeit	982
§ 44 Bezeichnung der Wohnungseigentümer in der Klageschrift	1001
§ 45 Zustellung	1009
§ 46 Anfechtungsklage	1026
§ 47 Prozessverbindung	1087
§ 48 Beiladung, Wirkung des Urteils	1092
§ 49 Kostenentscheidung	1108
§ 50 Kostenerstattung	1123
§§ 51–58 *aufgehoben*	1131

IV. Teil
Ergänzende Bestimmungen

§ 59 *aufgehoben*	1132
§ 60 Ehewohnung	1132
§ 61 Veräußerung ohne Zustimmung	1132
§ 62 Übergangsvorschrift	1133
§ 63 Überleitung bestehender Rechtsverhältnisse	1134
§ 64 Inkrafttreten	1134

Gerichtskostengesetz (Auszug)

§ 49a GKG (Wohnungseigentumssachen)	1135

Stichwortverzeichnis ... 1143

Abkürzungsverzeichnis

(Für hier nicht aufgeführte Abkürzungen wird verwiesen auf *Kirchner/Butz*, Abkürzungsverzeichnis der Rechtssprache, 5. Aufl., 2003)

a.A.	anderer Ansicht
a.a.O.	am angegebenen Ort
a.F.	alte Fassung
AG	Amtsgericht
AGBG	Gesetz über die Allgemeinen Geschäftsbedingungen
AO	Abgabenordnung
BAnz.	Bundesanzeiger
BauGB	Baugesetzbuch
BayObLG	Bayerisches Oberstes Landesgericht
BayObLGZ	Entscheidungen des Bayerischen Obersten Landesgerichts in Zivilsachen
BB	Der Betriebs-Berater
BDSG	Bundesdatenschutzgesetz
BeckOK	Beck Online-Kommentar
BeUrkG	Beurkundungsgesetz
BewG	Bewertungsgesetz
BVerwG	Bundesverwaltungsgericht
BFH	Bundesfinanzhof
BGB	Bürgerliches Gesetzbuch
BGBl.	Bundesgesetzblatt
BGH	Bundesgerichtshof
BlGBW	Blätter für Grundstücks-, Bau- und Wohnungsrecht
BNotO	Bundesnotarordnung
BWNotZ	Zeitschrift für das Notariat in Baden-Württemberg
DNotZ	Deutsche Notar-Zeitschrift
DV	Durchführungsverordnung
DWE	Zeitschrift „Der Wohnungseigentümer"
EigZulG	Eigenheimzulagengesetz
EStDV	Einkommensteuer-Durchführungsverordnung
EStG	Einkommensteuergesetz
EStR	Einkommensteuerrichtlinien
FGG	Gesetz über die Angelegenheiten der freiwilligen Gerichtsbarkeit
FGPrax	Praxis der freiwilligen Gerichtsbarkeit
GBO	Grundbuchordnung
GmbHG	Gesetz betreffend die Gesellschaften mit beschränkter Haftung
GrEStG	Grunderwerbsteuergesetz
GVBl.	Gesetz- und Verordnungsblatt

HeizkV	Heizkosten-Verordnung
h.M.	herrschende Meinung
InsO	Insolvenzverordnung
JR	Juristische Rundschau
Justiz	Die Justiz
JZ	Juristen-Zeitschrift
KG	Kammergericht (Oberlandesgericht für Berlin)
Komm.	Kommentar
LG	Landgericht
MaBV	Makler- und Bauträgerverordnung
MDR	Monatsschrift für Deutsches Recht
MHRG	Gesetz zur Regelung der Miethöhe
MietRB	Der Mietrechts-Berater
MittBayNot	Mitteilungen des Bayer. Notarvereins, der Notarkasse und der Landesnotarkammer Bayern
MittRhNotK	Mitteilungen der Rheinischen Notarkammer
MünchKomm	Münchener Kommentar zum BGB
n.F.	neue Fassung (nach Gesetzesänderung)
NJW	Neue Juristische Wochenschrift
NJW-RR	NJW-Rechtsprechungs-Report
NotBZ	Zeitschrift für die notarielle Beratungs- und Beurkundungspraxis
NZM	Neue Zeitschrift für Mietrecht
OLG	Oberlandesgericht
OLGZ	Entscheidungen der Oberlandesgerichte in Zivilsachen
PiG	Partner im Gespräch (Schriftenreihe)
PuR	Zeitschrift „Praxis und Recht"
RG	Reichsgericht
Rpfleger	Der Deutsche Rechtspfleger
Rz.	Randziffer
UStG	Umsatzsteuergesetz
VerwG	Verwaltungsgericht
VGH	Verwaltungsgerichtshof
VOB	Verdingungsordnung für Bauleistungen
WE	Zeitschrift „Wohnungseigentum"
WEG	Wohnungseigentumsgesetz
WEM	Zeitschrift „Wohnungseigentümer-Magazin"

WiStG	Wirtschaftsgesetz
WKSchG	Wohnraumkündigungsschutzgesetz
WuH	Zeitschrift „Wohnung und Haus"
WuM	Wohnungswirtschaft und Mietrecht
ZMR	Zeitschrift für Miet- und Raumrecht
ZPO	Zivilprozessordnung
ZRP	Zeitschrift für Rechtspolitik
ZVG	Gesetz über die Zwangsversteigerung und Zwangsverwaltung
ZWE	Zeitschrift für Wohnungseigentum

Allgemeine Literaturübersicht

Abramenko, Das neue WEG in der anwaltlichen Praxis, Bonn 2007

Bärmann/Pick, Wohnungseigentumsgesetz, 17. Aufl., München 2006

Bärmann/Pick/Merle, Kommentar zum WEG, 9. Aufl., München 2003

Bärmann/Seuß, Praxis des Wohnungseigentums mit Mustern und Formularen, 4. Aufl., München 1997

Belz, Handbuch des Wohnungseigentums, 3. Aufl., Stuttgart 1996

Becker/Kümmel/Ott, Wohnungseigentum – Grundlagen – Systematik – Praxis, Köln 2003

Bub, Das Finanz- und Rechnungswesen der Wohnungseigentümergemeinschaft, 3. Aufl., München 2002

Deckert, Die Eigentumswohnung, München 2005, Loseblattsammlung

Greiner, Wohnungseigentumsrecht, Heidelberg 2007

Hügel/Elzer, Das neue WEG-Recht, München 2007

Jennißen, Die Verwalterabrechung nach dem WEG, 5. Aufl. München 2004

Jennißen, Der WEG-Verwalter, München 2007

Köhler, Das neue WEG, Köln 2007

Köhler/Bassenge (Hrsg.), Anwalts-Handbuch Wohnungseigentumsrecht, Köln 2004

Lützenkirchen (Hrsg.), Anwalts-Handbuch Mietrecht, 3. Aufl., Köln 2007

Merle, Bestellung und Abberufung des Verwalters nach § 26 des Wohnungseigentumsgesetzes, Berlin 1977

Müller, Praktische Fragen des Wohnungseigentums, 4. Aufl., München 2004

Niedenführ/Schulze, Handbuch und Kommentar zum WEG, 7. Aufl. Heidelberg 2004

Palandt, BGB, 66. Aufl., München 2006

Reithmann/Albrecht, Handbuch der notariellen Vertragsgestaltung, 8. Aufl., Köln 2001

Röll, Teilungserklärung und Entstehung des Wohnungseigentums, Köln 1975

Riecke/Schmidt, Wohnungseigentumsgesetz, Kompaktkommentar, Köln 2005

Sauren, Wohnungseigentumsgesetz, Textausgabe mit Erläuterungen, 4. Aufl., München 2002

Sauren, Verwaltervertrag und Verwaltervollmacht im Wohnungseigentum, 3. Aufl., München 2002

Seuß, Die Eigentumswohnung, 11. Aufl. 2000 (dtv-Taschenbuch)

Staudinger, BGB, Band 1 und 2 zum WEG, 2005

Weitnauer, Wohnungseigentumsgesetz, Kommentar, 9. Aufl., München 2004

Zöller, Zivilprozessordnung, 26. Aufl. Köln 2007

Gesetz über das Wohnungseigentum und das Dauerwohnrecht (Wohnungseigentumsgesetz[1])

I. Teil
Wohnungseigentum

§ 1 Begriffsbestimmungen

(1) Nach Maßgabe dieses Gesetzes kann an Wohnungen das Wohnungseigentum, an nicht zu Wohnzwecken dienenden Räumen eines Gebäudes das Teileigentum begründet werden.

(2) Wohnungseigentum ist das Sondereigentum an einer Wohnung in Verbindung mit dem Miteigentumsanteil an dem gemeinschaftlichen Eigentum, zu dem es gehört.

(3) Teileigentum ist das Sondereigentum an nicht zu Wohnzwecken dienenden Räumen eines Gebäudes in Verbindung mit dem Miteigentumsanteil an dem gemeinschaftlichen Eigentum, zu dem es gehört.

(4) Wohnungseigentum und Teileigentum können nicht in der Weise begründet werden, dass das Sondereigentum mit Miteigentum an mehreren Grundstücken verbunden wird.

(5) Gemeinschaftliches Eigentum im Sinne dieses Gesetzes sind das Grundstück sowie die Teile, Anlagen und Einrichtungen des Gebäudes, die nicht im Sondereigentum oder im Eigentum eines Dritten stehen.

(6) Für das Teileigentum gelten die Vorschriften über das Wohnungseigentum entsprechend.

---

1 Vom 15. März 1951 (BGBl. I S. 175, ber. S. 209), geändert durch Gesetze vom 7. August 1952 (BGBl. I S. 401), vom 26. Juli 1957 (BGBl. I S. 861), vom 30. Mai 1973 (BGBl. I S. 501), vom 30. Juli 1973 (BGBl. I S. 910), vom 8. Dezember 1982 (BGBl. I S. 1615), vom 14. Dezember 1984 (BGBl. I S. 1493), vom 17. Dezember 1990 (BGBl. I S. 2847), vom 22. März 1991 (BGBl. I S. 766), vom 11. Januar 1993 (BGBl. I S. 50), vom 3. Januar 1994 (BGBl. I S. 66), vom 24. Juni 1994 (BGBl. I S. 1325), vom 5. Oktober 1994 (BGBl. I S. 2911), vom 27. Juni 2000 (BGBl. I S. 897), vom 19. April 2001 (BGBl. I S. 623), vom 19. Juni 2001 (BGBl. I S. 1149), vom 13. Juli 2001 (BGBl. I S. 1542), vom 27. Juli 2001 (BGBl. I S. 1887), durch Verordnung vom 29. Oktober 2001 (BGBl. I S. 2785), durch Gesetze vom 23. Juli 2002 (BGBl. I S. 2850), vom 5. Mai 2004 (BGBl. I S. 718) [Kostenrechtsmodernisierungsgesetz] [Art. 4 Abs. 36], vom 26. März 2007 (BGBl. I S. 370) [Gesetz zur Änderung des Wohnungseigentumsgesetzes und anderer Gesetze] [Art. 1].

1. Abschnitt
Begründung des Wohnungseigentums

§ 2 Arten der Begründung

Wohnungseigentum wird durch die vertragliche Einräumung von Sondereigentum (§ 3) oder durch Teilung (§ 8) begründet.

§ 3 Vertragliche Einräumung von Sondereigentum

(1) Das Miteigentum (§ 1008 des Bürgerlichen Gesetzbuches) an einem Grundstück kann durch Vertrag der Miteigentümer in der Weise beschränkt werden, dass jedem der Miteigentümer abweichend von § 93 des Bürgerlichen Gesetzbuches das Sondereigentum an einer bestimmten Wohnung oder an nicht zu Wohnzwecken dienenden bestimmten Räumen in einem auf dem Grundstück errichteten oder zu errichtenden Gebäude eingeräumt wird.

(2) Sondereigentum soll nur eingeräumt werden, wenn die Wohnungen oder sonstigen Räume in sich abgeschlossen sind. Garagenstellplätze gelten als abgeschlossene Räume, wenn ihre Flächen durch dauerhafte Markierungen ersichtlich sind.

(3) *weggefallen*

§ 4 Formvorschriften

(1) Zur Einräumung und zur Aufhebung des Sondereigentums ist die Einigung der Beteiligten über den Eintritt der Rechtsänderung und die Eintragung in das Grundbuch erforderlich.

(2) Die Einigung bedarf der für die Auflassung vorgeschriebenen Form. Sondereigentum kann nicht unter einer Bedingung oder Zeitbestimmung eingeräumt oder aufgehoben werden.

(3) Für einen Vertrag, durch den sich ein Teil verpflichtet, Sondereigentum einzuräumen, zu erwerben oder aufzuheben, gilt § 311b Abs. 1 des Bürgerlichen Gesetzbuchs entsprechend.

§ 5 Gegenstand und Inhalt des Sondereigentums

(1) Gegenstand des Sondereigentums sind die gemäß § 3 Abs. 1 bestimmten Räume sowie die zu diesen Räumen gehörenden Bestandteile des Gebäudes, die verändert, beseitigt oder eingefügt werden können, ohne dass dadurch das gemeinschaftliche Eigentum oder ein auf Sondereigentum beruhendes Recht eines anderen Wohnungseigentümers über das nach § 14 zulässige Maß hinaus beeinträchtigt oder die äußere Gestaltung des Gebäudes verändert wird.

(2) Teile des Gebäudes, die für dessen Bestand oder Sicherheit erforderlich sind, sowie Anlagen und Einrichtungen, die dem gemeinschaftlichen Gebrauch der Wohnungseigentümer dienen, sind nicht Gegenstand des Sondereigentums, selbst wenn sie sich im Bereich der im Sondereigentum stehenden Räume befinden.

(3) Die Wohnungseigentümer können vereinbaren, dass Bestandteile des Gebäudes, die Gegenstand des Sondereigentums sein können, zum gemeinschaftlichen Eigentum gehören.

(4) Vereinbarungen über das Verhältnis der Wohnungseigentümer untereinander können nach den Vorschriften des 2. und 3. Abschnittes zum Inhalt des Sondereigentums gemacht werden. Ist das Wohnungseigentum mit der Hypothek, Grund- oder Rentenschuld oder der Reallast eines Dritten belastet, so ist dessen nach anderen Rechtsvorschriften notwendige Zustimmung zu der Vereinbarung nur erforderlich, wenn ein Sondernutzungsrecht begründet oder ein mit dem Wohnungseigentum verbundenes Sondernutzungsrecht aufgehoben, geändert oder übertragen wird. Bei der Begründung eines Sondernutzungsrechts ist die Zustimmung des Dritten nicht erforderlich, wenn durch die Vereinbarung gleichzeitig das zu seinen Gunsten belastete Wohnungseigentum mit einem Sondernutzungsrecht verbunden wird.

§ 6 Unselbständigkeit des Sondereigentums

(1) Das Sondereigentum kann ohne den Miteigentumsanteil, zu dem es gehört, nicht veräußert oder belastet werden.

(2) Rechte an dem Miteigentumsanteil erstrecken sich auf das zu ihm gehörende Sondereigentum.

§ 7 Grundbuchvorschriften

(1) Im Falle des § 3 Abs. 1 wird für jeden Miteigentumsanteil von Amts wegen ein besonderes Grundbuchblatt (Wohnungsgrundbuch, Teileigentumsgrundbuch) angelegt. Auf diesem ist das zu dem Miteigentumsanteil gehörende Sondereigentum und als Beschränkung des Miteigentums die Einräumung der zu den anderen Miteigentumsanteilen gehörenden Sondereigentumsrechte einzutragen. Das Grundbuchblatt des Grundstücks wird von Amts wegen geschlossen.

(2) Von der Anlegung besonderer Grundbuchblätter kann abgesehen werden, wenn hiervon Verwirrung nicht zu besorgen ist. In diesem Falle ist das Grundbuchblatt als gemeinschaftliches Wohnungsgrundbuch (Teileigentumsgrundbuch) zu bezeichnen.

(3) Zur näheren Bezeichnung des Gegenstandes und des Inhalts des Sondereigentums kann auf die Eintragungsbewilligung Bezug genommen werden.

(4) Der Eintragungsbewilligung sind als Anlagen beizufügen:
1. eine von der Baubehörde mit Unterschrift und Siegel oder Stempel versehene Bauzeichnung, aus der die Aufteilung des Gebäudes sowie die Lage und Größe der im Sondereigentum und der im gemeinschaftlichen Eigentum stehenden Gebäudeteile ersichtlich ist (Aufteilungsplan); alle zu demselben Wohnungseigentum gehörenden Einzelräume sind mit der jeweils gleichen Nummer zu kennzeichnen;

2. eine Bescheinigung der Baubehörde, dass die Voraussetzungen des § 3 Abs. 2 vorliegen.

Wenn in der Eintragungsbewilligung für die einzelnen Sondereigentumsrechte Nummern angegeben werden, sollen sie mit denen des Aufteilungsplanes übereinstimmen. Die Landesregierungen können durch Rechtsverordnung bestimmen, dass und in welchen Fällen der Aufteilungsplan (Satz 1 Nr. 1) und die Abgeschlossenheit (Satz 1 Nr. 2) von einem öffentlich bestellten oder anerkannten Sachverständigen für das Bauwesen statt von der Baubehörde ausgefertigt und bescheinigt werden. Werden diese Aufgaben von dem Sachverständigen wahrgenommen, so gelten die Bestimmungen der Allgemeinen Verwaltungsvorschrift für die Ausstellung von Bescheinigungen gemäß § 7 Abs. 4 Nr. 2 und § 32 Abs. 2 Nr. 2 des Wohnungseigentumsgesetzes vom 19. März 1974 (BAnz. Nr. 58 vom 23. März 1974) entsprechend. In diesem Fall bedürfen die Anlagen nicht der Form des § 29 der Grundbuchordnung. Die Landesregierungen können die Ermächtigung durch Rechtsverordnung auf die Landesbauverwaltungen übertragen.

(5) Für Teileigentumsgrundbücher gelten die Vorschriften über Wohnungsgrundbücher entsprechend.

§ 8 Teilung durch den Eigentümer

(1) Der Eigentümer eines Grundstücks kann durch Erklärung gegenüber dem Grundbuchamt das Eigentum an dem Grundstück in Miteigentumsanteile in der Weise teilen, dass mit jedem Anteil das Sondereigentum an einer bestimmten Wohnung oder an nicht zu Wohnzwecken dienenden bestimmten Räumen in einem auf dem Grundstück errichteten oder zu errichtenden Gebäude verbunden ist.

(2) Im Falle des Absatzes 1 gelten die Vorschriften des § 3 Abs. 2 und der §§ 5, 6, § 7 Abs. 1, 3 bis 5 entsprechend. Die Teilung wird mit der Anlegung der Wohnungsgrundbücher wirksam.

§ 9 Schließung der Wohnungsgrundbücher

(1) Die Wohnungsgrundbücher werden geschlossen:
1. von Amts wegen, wenn die Sondereigentumsrechte gemäß § 4 aufgehoben werden;
2. auf Antrag sämtlicher Wohnungseigentümer, wenn alle Sondereigentumsrechte durch völlige Zerstörung des Gebäudes gegenstandslos geworden sind und der Nachweis hierfür durch eine Bescheinigung der Baubehörde erbracht ist;
3. auf Antrag des Eigentümers, wenn sich sämtliche Wohnungseigentumsrechte in einer Person vereinigen.

(2) Ist ein Wohnungseigentum selbständig mit dem Rechte eines Dritten belastet, so werden die allgemeinen Vorschriften, nach denen zur Aufhebung des

Sondereigentums die Zustimmung des Dritten erforderlich ist, durch Absatz 1 nicht berührt.

(3) Werden die Wohnungsgrundbücher geschlossen, so wird für das Grundstück ein Grundbuchblatt nach den allgemeinen Vorschriften angelegt; die Sondereigentumsrechte erlöschen, soweit sie nicht bereits aufgehoben sind, mit der Anlegung des Grundbuchblatts.

2. Abschnitt
Gemeinschaft der Wohnungseigentümer

§ 10 Allgemeine Grundsätze

(1) Inhaber der Rechte und Pflichten nach den Vorschriften dieses Gesetzes, insbesondere des Sondereigentums und des gemeinschaftlichen Eigentums, sind die Wohnungseigentümer, soweit nicht etwas anderes ausdrücklich bestimmt ist.

(2) Das Verhältnis der Wohnungseigentümer untereinander bestimmt sich nach den Vorschriften dieses Gesetzes und, soweit dieses Gesetz keine besonderen Bestimmungen enthält, nach den Vorschriften des Bürgerlichen Gesetzbuches über die Gemeinschaft. Die Wohnungseigentümer können von den Vorschriften dieses Gesetzes abweichende Vereinbarungen treffen, soweit nicht etwas anderes ausdrücklich bestimmt ist. Jeder Wohnungseigentümer kann eine vom Gesetz abweichende Vereinbarung oder die Anpassung einer Vereinbarung verlangen, soweit ein Festhalten an der geltenden Regelung aus schwerwiegenden Gründen unter Berücksichtigung aller Umstände des Einzelfalles, insbesondere der Rechte und Interessen der anderen Wohnungseigentümer, unbillig erscheint.

(3) Vereinbarungen, durch die die Wohnungseigentümer ihr Verhältnis untereinander in Ergänzung oder Abweichung von Vorschriften dieses Gesetzes regeln, sowie die Abänderung oder Aufhebung solcher Vereinbarungen wirken gegen den Sondernachfolger eines Wohnungseigentümers nur, wenn sie als Inhalt des Sondereigentums im Grundbuch eingetragen sind.

(4) Beschlüsse der Wohnungseigentümer gemäß § 23 und gerichtliche Entscheidungen in einem Rechtsstreit gemäß § 43 bedürfen zu ihrer Wirksamkeit gegen den Sondernachfolger eines Wohnungseigentümers nicht der Eintragung in das Grundbuch. Dies gilt auch für die gemäß § 23 Abs. 1 aufgrund einer Vereinbarung gefassten Beschlüsse, die vom Gesetz abweichen oder eine Vereinbarung ändern.

(5) Rechtshandlungen in Angelegenheiten, über die nach diesem Gesetz oder nach einer Vereinbarung der Wohnungseigentümer durch Stimmenmehrheit beschlossen werden kann, wirken, wenn sie aufgrund eines mit solcher Mehrheit gefassten Beschlusses vorgenommen werden, auch für und gegen die Wohnungseigentümer, die gegen den Beschluss gestimmt oder an der Beschlussfassung nicht mitgewirkt haben.

(6) Die Gemeinschaft der Wohnungseigentümer kann im Rahmen der gesamten Verwaltung des gemeinschaftlichen Eigentums gegenüber Dritten und Woh-

nungseigentümern selbst Rechte erwerben und Pflichten eingehen. Sie ist Inhaberin der als Gemeinschaft gesetzlich begründeten und rechtsgeschäftlich erworbenen Rechte und Pflichten. Sie übt die gemeinschaftsbezogenen Rechte der Wohnungseigentümer aus und nimmt die gemeinschaftsbezogenen Pflichten der Wohnungseigentümer wahr, ebenso sonstige Rechte und Pflichten der Wohnungseigentümer, soweit diese gemeinschaftlich geltend gemacht werden können oder zu erfüllen sind. Die Gemeinschaft muss die Bezeichnung „Wohnungseigentümergemeinschaft" gefolgt von der bestimmten Angabe des gemeinschaftlichen Grundstücks führen. Sie kann vor Gericht klagen und verklagt werden.

(7) Das Verwaltungsvermögen gehört der Gemeinschaft der Wohnungseigentümer. Es besteht aus den im Rahmen der gesamten Verwaltung des gemeinschaftlichen Eigentums gesetzlich begründeten und rechtsgeschäftlich erworbenen Sachen und Rechten sowie den entstandenen Verbindlichkeiten. Zu dem Verwaltungsvermögen gehören insbesondere die Ansprüche und Befugnisse aus Rechtsverhältnissen mit Dritten und mit Wohnungseigentümern sowie die eingenommenen Gelder. Vereinigen sich sämtliche Wohnungseigentumsrechte in einer Person, geht das Verwaltungsvermögen auf den Eigentümer des Grundstücks über.

(8) Jeder Wohnungseigentümer haftet einem Gläubiger nach dem Verhältnis seines Miteigentumsanteils (§ 16 Abs. 1 Satz 2) für Verbindlichkeiten der Gemeinschaft der Wohnungseigentümer, die während seiner Zugehörigkeit zur Gemeinschaft entstanden oder während dieses Zeitraums fällig geworden sind; für die Haftung nach Veräußerung des Wohnungseigentums ist § 160 des Handelsgesetzbuches entsprechend anzuwenden. Er kann gegenüber einem Gläubiger neben den in seiner Person begründeten auch die der Gemeinschaft zustehenden Einwendungen und Einreden geltend machen, nicht aber seine Einwendungen und Einreden gegenüber der Gemeinschaft. Für die Einrede der Anfechtbarkeit und Aufrechenbarkeit ist § 770 des Bürgerlichen Gesetzbuches entsprechend anzuwenden. Die Haftung eines Wohnungseigentümers gegenüber der Gemeinschaft wegen nicht ordnungsmäßiger Verwaltung bestimmt sich nach Satz 1.

§ 11 Unauflöslichkeit der Gemeinschaft

(1) Kein Wohnungseigentümer kann die Aufhebung der Gemeinschaft verlangen. Dies gilt auch für eine Aufhebung aus wichtigem Grund. Eine abweichende Vereinbarung ist nur für den Fall zulässig, dass das Gebäude ganz oder teilweise zerstört wird und eine Verpflichtung zum Wiederaufbau nicht besteht.

(2) Das Recht eines Pfändungsgläubigers (§ 751 des Bürgerlichen Gesetzbuchs) sowie das im Insolvenzverfahren bestehende Recht (§ 84 Abs. 2 der Insolvenzordnung), die Aufhebung der Gemeinschaft zu verlangen, ist ausgeschlossen.

(3) Ein Insolvenzverfahren über das Verwaltungsvermögen der Gemeinschaft findet nicht statt.

§ 12 Veräußerungsbeschränkung

(1) Als Inhalt des Sondereigentums kann vereinbart werden, dass ein Wohnungseigentümer zur Veräußerung seines Wohnungseigentums der Zustimmung anderer Wohnungseigentümer oder eines Dritten bedarf.

(2) Die Zustimmung darf nur aus einem wichtigen Grunde versagt werden. Durch Vereinbarung gemäß Absatz 1 kann dem Wohnungseigentümer darüber hinaus für bestimmte Fälle ein Anspruch auf Erteilung der Zustimmung eingeräumt werden.

(3) Ist eine Vereinbarung gemäß Absatz 1 getroffen, so ist eine Veräußerung des Wohnungseigentums und ein Vertrag, durch den sich der Wohnungseigentümer zu einer solchen Veräußerung verpflichtet, unwirksam, solange nicht die erforderliche Zustimmung erteilt ist. Einer rechtsgeschäftlichen Veräußerung steht eine Veräußerung im Wege der Zwangsvollstreckung oder durch den Insolvenzverwalter gleich.

(4) Die Wohnungseigentümer können durch Stimmenmehrheit beschließen, dass eine Veräußerungsbeschränkung gemäß Absatz 1 aufgehoben wird. Diese Befugnis kann durch Vereinbarung der Wohnungseigentümer nicht eingeschränkt oder ausgeschlossen werden. Ist ein Beschluss gemäß Satz 1 gefasst, kann die Veräußerungsbeschränkung im Grundbuch gelöscht werden. Der Bewilligung gemäß § 19 der Grundbuchordnung bedarf es nicht, wenn der Beschluss gemäß Satz 1 nachgewiesen wird. Für diesen Nachweis ist § 26 Abs. 3 entsprechend anzuwenden.

§ 13 Rechte des Wohnungseigentümers

(1) Jeder Wohnungseigentümer kann, soweit nicht das Gesetz oder Rechte Dritter entgegenstehen, mit den im Sondereigentum stehenden Gebäudeteilen nach Belieben verfahren, insbesondere diese bewohnen, vermieten, verpachten oder in sonstiger Weise nutzen, und andere von Einwirkungen ausschließen.

(2) Jeder Wohnungseigentümer ist zum Mitgebrauch des gemeinschaftlichen Eigentums nach Maßgabe der §§ 14, 15 berechtigt. An den sonstigen Nutzungen des gemeinschaftlichen Eigentums gebührt jedem Wohnungseigentümer ein Anteil nach Maßgabe des § 16.

§ 14 Pflichten des Wohnungseigentümers

Jeder Wohnungseigentümer ist verpflichtet:
1. die im Sondereigentum stehenden Gebäudeteile so instand zu halten und von diesen sowie von dem gemeinschaftlichen Eigentum nur in solcher Weise Gebrauch zu machen, dass dadurch keinem der anderen Wohnungseigentümer über das bei einem geordneten Zusammenleben unvermeidliche Maß hinaus ein Nachteil erwächst;
2. für die Einhaltung der in Nr. 1 bezeichneten Pflichten durch Personen zu sorgen, die seinem Hausstand oder Geschäftsbetrieb angehören oder denen

er sonst die Benutzung der im Sonder- oder Miteigentum stehenden Grundstücks- oder Gebäudeteile überlässt;
3. Einwirkungen auf die im Sondereigentum stehenden Gebäudeteile und das gemeinschaftliche Eigentum zu dulden, soweit sie auf einem nach Nrn. 1, 2 zulässigen Gebrauch beruhen;
4. das Betreten und die Benutzung der im Sondereigentum stehenden Gebäudeteile zu gestatten, soweit dies zur Instandhaltung und Instandsetzung des gemeinschaftlichen Eigentums erforderlich ist; der hierdurch entstehende Schaden ist zu ersetzen.

§ 15 Gebrauchsregelung

(1) Die Wohnungseigentümer können den Gebrauch des Sondereigentums und des gemeinschaftlichen Eigentums durch Vereinbarung regeln.

(2) Soweit nicht eine Vereinbarung nach Absatz 1 entgegensteht, können die Wohnungseigentümer durch Stimmenmehrheit einen der Beschaffenheit der im Sondereigentum stehenden Gebäudeteile und des gemeinschaftlichen Eigentums entsprechenden ordnungsmäßigen Gebrauch beschließen.

(3) Jeder Wohnungseigentümer kann einen Gebrauch der im Sondereigentum stehenden Gebäudeteile und des gemeinschaftlichen Eigentums verlangen, der dem Gesetz, den Vereinbarungen und Beschlüssen und, soweit sich die Regelung hieraus nicht ergibt, dem Interesse der Gesamtheit der Wohnungseigentümer nach billigem Ermessen entspricht.

§ 16 Nutzungen, Lasten und Kosten

(1) Jedem Wohnungseigentümer gebührt ein seinem Anteil entsprechender Bruchteil der Nutzungen des gemeinschaftlichen Eigentums. Der Anteil bestimmt sich nach dem gemäß § 47 der Grundbuchordnung im Grundbuch eingetragenen Verhältnis der Miteigentumsanteile.

(2) Jeder Wohnungseigentümer ist den anderen Wohnungseigentümern gegenüber verpflichtet, die Lasten des gemeinschaftlichen Eigentums sowie die Kosten der Instandhaltung, Instandsetzung, sonstigen Verwaltung und eines gemeinschaftlichen Gebrauchs des gemeinschaftlichen Eigentums nach dem Verhältnis seines Anteils (Absatz 1 Satz 2) zu tragen.

(3) Die Wohnungseigentümer können abweichend von Absatz 2 durch Stimmenmehrheit beschließen, dass die Betriebskosten des gemeinschaftlichen Eigentums oder des Sondereigentums im Sinne des § 556 Abs. 1 des Bürgerlichen Gesetzbuches, die nicht unmittelbar gegenüber Dritten abgerechnet werden, und die Kosten der Verwaltung nach Verbrauch oder Verursachung erfasst und nach diesem oder nach einem anderen Maßstab verteilt werden, soweit dies ordnungsmäßiger Verwaltung entspricht.

(4) Die Wohnungseigentümer können im Einzelfall zur Instandhaltung oder Instandsetzung im Sinne des § 21 Abs. 5 Nr. 2 oder zu baulichen Veränderungen

oder Aufwendungen im Sinne des § 22 Abs. 1 und 2 durch Beschluss die Kostenverteilung abweichend von Absatz 2 regeln, wenn der abweichende Maßstab dem Gebrauch oder der Möglichkeit des Gebrauchs durch die Wohnungseigentümer Rechnung trägt. Der Beschluss zur Regelung der Kostenverteilung nach Satz 1 bedarf einer Mehrheit von drei Viertel aller stimmberechtigten Wohnungseigentümer im Sinne des § 25 Abs. 2 und mehr als der Hälfte aller Miteigentumsanteile.

(5) Die Befugnisse im Sinne der Absätze 3 und 4 können durch Vereinbarung der Wohnungseigentümer nicht eingeschränkt oder ausgeschlossen werden.

(6) Ein Wohnungseigentümer, der einer Maßnahme nach § 22 Abs. 1 nicht zugestimmt hat, ist nicht berechtigt, einen Anteil an Nutzungen, die auf einer solchen Maßnahme beruhen, zu beanspruchen; er ist nicht verpflichtet, Kosten, die durch eine solche Maßnahme verursacht sind, zu tragen. Satz 1 ist bei einer Kostenverteilung gemäß Absatz 4 nicht anzuwenden.

(7) Zu den Kosten der Verwaltung im Sinne des Absatzes 2 gehören insbesondere Kosten eines Rechtsstreits gemäß § 18 und der Ersatz des Schadens im Falle des § 14 Nr. 4.

(8) Kosten eines Rechtsstreits gemäß § 43 gehören nur dann zu den Kosten der Verwaltung im Sinne des Absatzes 2, wenn es sich um Mehrkosten gegenüber der gesetzlichen Vergütung eines Rechtsanwalts aufgrund einer Vereinbarung über die Vergütung (§ 27 Abs. 2 Nr. 4, Abs. 3 Nr. 6) handelt.

§ 17 Anteil bei Aufhebung der Gemeinschaft

Im Falle der Aufhebung der Gemeinschaft bestimmt sich der Anteil der Miteigentümer nach dem Verhältnis des Wertes ihrer Wohnungseigentumsrechte zur Zeit der Aufhebung der Gemeinschaft. Hat sich der Wert eines Miteigentumsanteils durch Maßnahmen verändert, deren Kosten der Wohnungseigentümer nicht getragen hat, so bleibt eine solche Veränderung bei der Berechnung des Wertes dieses Anteils außer Betracht.

§ 18 Entziehung des Wohnungseigentums

(1) Hat ein Wohnungseigentümer sich einer so schweren Verletzung der ihm gegenüber anderen Wohnungseigentümern obliegenden Verpflichtungen schuldig gemacht, dass diesen die Fortsetzung der Gemeinschaft mit ihm nicht mehr zugemutet werden kann, so können die anderen Wohnungseigentümer von ihm die Veräußerung seines Wohnungseigentums verlangen. Die Ausübung des Entziehungsrechts steht der Gemeinschaft der Wohnungseigentümer zu, soweit es sich nicht um eine Gemeinschaft handelt, die nur aus zwei Wohnungseigentümern besteht.

(2) Die Voraussetzungen des Absatzes 1 liegen insbesondere vor, wenn
1. der Wohnungseigentümer trotz Abmahnung wiederholt gröblich gegen die ihm nach § 14 obliegenden Pflichten verstößt;

2. der Wohnungseigentümer sich mit der Erfüllung seiner Verpflichtungen zur Lasten- und Kostentragung (§ 16 Abs. 2) in Höhe eines Betrages, der drei vom Hundert des Einheitswertes seines Wohnungseigentums übersteigt, länger als drei Monate in Verzug befindet.

(3) Über das Verlangen nach Absatz 1 beschließen die Wohnungseigentümer durch Stimmenmehrheit. Der Beschluss bedarf einer Mehrheit von mehr als der Hälfte der stimmberechtigten Wohnungseigentümer. Die Vorschriften des § 25 Abs. 3, 4 sind in diesem Falle nicht anzuwenden.

(4) Der in Absatz 1 bestimmte Anspruch kann durch Vereinbarung der Wohnungseigentümer nicht eingeschränkt oder ausgeschlossen werden.

§ 19 Wirkung des Urteils

(1) Das Urteil, durch das ein Wohnungseigentümer zur Veräußerung seines Wohnungseigentums verurteilt wird, berechtigt jeden Miteigentümer zur Zwangsvollstreckung entsprechend den Vorschriften des Ersten Abschnitts des Gesetzes über die Zwangsversteigerung und die Zwangsverwaltung. Die Ausübung dieses Rechts steht der Gemeinschaft der Wohnungseigentümer zu, soweit es sich nicht um eine Gemeinschaft handelt, die nur aus zwei Wohnungseigentümern besteht.

(2) Der Wohnungseigentümer kann im Falle des § 18 Abs. 2 Nr. 2 bis zur Erteilung des Zuschlags die in Absatz 1 bezeichnete Wirkung des Urteils dadurch abwenden, dass er die Verpflichtungen, wegen deren Nichterfüllung er verurteilt ist, einschließlich der Verpflichtung zum Ersatz der durch den Rechtsstreit und das Versteigerungsverfahren entstandenen Kosten sowie die fälligen weiteren Verpflichtungen zur Lasten- und Kostentragung erfüllt.

(3) Ein gerichtlicher oder vor einer Gütestelle geschlossener Vergleich, durch den sich der Wohnungseigentümer zur Veräußerung seines Wohnungseigentums verpflichtet, steht dem in Absatz 1 bezeichneten Urteil gleich.

3. Abschnitt
Verwaltung

§ 20 Gliederung der Verwaltung

(1) Die Verwaltung des gemeinschaftlichen Eigentums obliegt den Wohnungseigentümern nach Maßgabe der §§ 21 bis 25 und dem Verwalter nach Maßgabe der §§ 26 bis 28, im Falle der Bestellung eines Verwaltungsbeirats auch diesem nach Maßgabe des § 29.

(2) Die Bestellung eines Verwalters kann nicht ausgeschlossen werden.

§ 21 Verwaltung durch die Wohnungseigentümer

(1) Soweit nicht in diesem Gesetz oder durch Vereinbarung der Wohnungseigentümer etwas anderes bestimmt ist, steht die Verwaltung des gemeinschaftlichen Eigentums den Wohnungseigentümern gemeinschaftlich zu.

(2) Jeder Wohnungseigentümer ist berechtigt, ohne Zustimmung der anderen Wohnungseigentümer die Maßnahmen zu treffen, die zur Abwendung eines dem gemeinschaftlichen Eigentum unmittelbar drohenden Schadens notwendig sind.

(3) Soweit die Verwaltung des gemeinschaftlichen Eigentums nicht durch Vereinbarung der Wohnungseigentümer geregelt ist, können die Wohnungseigentümer eine der Beschaffenheit des gemeinschaftlichen Eigentums entsprechende ordnungsmäßige Verwaltung durch Stimmenmehrheit beschließen.

(4) Jeder Wohnungseigentümer kann eine Verwaltung verlangen, die den Vereinbarungen und Beschlüssen und, soweit solche nicht bestehen, dem Interesse der Gesamtheit der Wohnungseigentümer nach billigem Ermessen entspricht.

(5) Zu einer ordnungsmäßigen, dem Interesse der Gesamtheit der Wohnungseigentümer entsprechenden Verwaltung gehört insbesondere:

1. die Aufstellung einer Hausordnung;
2. die ordnungsmäßige Instandhaltung und Instandsetzung des gemeinschaftlichen Eigentums;
3. die Feuerversicherung des gemeinschaftlichen Eigentums zum Neuwert sowie die angemessene Versicherung der Wohnungseigentümer gegen Haus- und Grundbesitzerhaftpflicht;
4. die Ansammlung einer angemessenen Instandhaltungsrückstellung;
5. die Aufstellung eines Wirtschaftsplans (§ 28);
6. die Duldung aller Maßnahmen, die zur Herstellung einer Fernsprechteilnehmereinrichtung, einer Rundfunkempfangsanlage oder eines Energieversorgungsanschlusses zugunsten eines Wohnungseigentümers erforderlich sind.

(6) Der Wohnungseigentümer, zu dessen Gunsten eine Maßnahme der in Absatz 5 Nr. 6 bezeichneten Art getroffen wird, ist zum Ersatz des hierdurch entstehenden Schadens verpflichtet.

(7) Die Wohnungseigentümer können die Regelung der Art und Weise von Zahlungen, der Fälligkeit und der Folgen des Verzugs sowie der Kosten für eine besondere Nutzung des gemeinschaftlichen Eigentums oder für einen besonderen Verwaltungsaufwand mit Stimmenmehrheit beschließen.

(8) Treffen die Wohnungseigentümer eine nach dem Gesetz erforderliche Maßnahme nicht, so kann an ihrer Stelle das Gericht in einem Rechtsstreit gemäß § 43 nach billigem Ermessen entscheiden, soweit sich die Maßnahme nicht aus dem Gesetz, einer Vereinbarung oder einem Beschluss der Wohnungseigentümer ergibt.

§ 22 Besondere Aufwendungen, Wiederaufbau

(1) Bauliche Veränderungen und Aufwendungen, die über die ordnungsmäßige Instandhaltung oder Instandsetzung des gemeinschaftlichen Eigentums hinausgehen, können beschlossen oder verlangt werden, wenn jeder Wohnungseigentümer zustimmt, dessen Rechte durch die Maßnahmen über das in § 14 Nr. 1 bestimmte Maß hinaus beeinträchtigt werden. Die Zustimmung ist nicht erforderlich, soweit die Rechte eines Wohnungseigentümers nicht in der in Satz 1 bezeichneten Weise beeinträchtigt werden.

(2) Maßnahmen gemäß Absatz 1 Satz 1, die der Modernisierung entsprechend § 559 Abs. 1 des Bürgerlichen Gesetzbuches oder der Anpassung des gemeinschaftlichen Eigentums an den Stand der Technik dienen, die Eigenart der Wohnanlage nicht ändern und keinen Wohnungseigentümer gegenüber anderen unbillig beeinträchtigen, können abweichend von Absatz 1 durch eine Mehrheit von drei Viertel aller stimmberechtigten Wohnungseigentümer im Sinne des § 25 Abs. 2 und mehr als der Hälfte aller Miteigentumsanteile beschlossen werden. Die Befugnis im Sinne des Satzes 1 kann durch Vereinbarung der Wohnungseigentümer nicht eingeschränkt oder ausgeschlossen werden.

(3) Für Maßnahmen der modernisierenden Instandsetzung im Sinne des § 21 Abs. 5 Nr. 2 verbleibt es bei den Vorschriften des § 21 Abs. 3 und 4.

(4) Ist das Gebäude zu mehr als der Hälfte seines Wertes zerstört und ist der Schaden nicht durch eine Versicherung oder in anderer Weise gedeckt, so kann der Wiederaufbau nicht gemäß § 21 Abs. 3 beschlossen oder gemäß § 21 Abs. 4 verlangt werden.

§ 23 Wohnungseigentümerversammlung

(1) Angelegenheiten, über die nach diesem Gesetz oder nach einer Vereinbarung der Wohnungseigentümer die Wohnungseigentümer durch Beschluss entscheiden können, werden durch Beschlussfassung in einer Versammlung der Wohnungseigentümer geordnet.

(2) Zur Gültigkeit eines Beschlusses ist erforderlich, dass der Gegenstand bei der Einberufung bezeichnet ist.

(3) Auch ohne Versammlung ist ein Beschluss gültig, wenn alle Wohnungseigentümer ihre Zustimmung zu diesem Beschluss schriftlich erklären.

(4) Ein Beschluss, der gegen eine Rechtsvorschrift verstößt, auf deren Einhaltung rechtswirksam nicht verzichtet werden kann, ist nichtig. Im Übrigen ist ein Beschluss gültig, solange er nicht durch rechtskräftiges Urteil für ungültig erklärt ist.

§ 24 Einberufung, Vorsitz, Niederschrift

(1) Die Versammlung der Wohnungseigentümer wird von dem Verwalter mindestens einmal im Jahre einberufen.

(2) Die Versammlung der Wohnungseigentümer muss von dem Verwalter in den durch Vereinbarung der Wohnungseigentümer bestimmten Fällen, im Übrigen dann einberufen werden, wenn dies schriftlich unter Angabe des Zweckes und der Gründe von mehr als einem Viertel der Wohnungseigentümer verlangt wird.

(3) Fehlt ein Verwalter oder weigert er sich pflichtwidrig, die Versammlung der Wohnungseigentümer einzuberufen, so kann die Versammlung auch, falls ein Verwaltungsbeirat bestellt ist, von dessen Vorsitzenden oder seinem Vertreter einberufen werden.

(4) Die Einberufung erfolgt in Textform. Die Frist der Einberufung soll, sofern nicht ein Fall besonderer Dringlichkeit vorliegt, mindestens zwei Wochen betragen.

(5) Den Vorsitz in der Wohnungseigentümerversammlung führt, sofern diese nichts anderes beschließt, der Verwalter.

(6) Über die in der Versammlung gefassten Beschlüsse ist eine Niederschrift aufzunehmen. Die Niederschrift ist von dem Vorsitzenden und einem Wohnungseigentümer und, falls ein Verwaltungsbeirat bestellt ist, auch von dessen Vorsitzenden oder seinem Vertreter zu unterschreiben. Jeder Wohnungseigentümer ist berechtigt, die Niederschriften einzusehen.

(7) Es ist eine Beschluss-Sammlung zu führen. Die Beschluss-Sammlung enthält nur den Wortlaut

1. der in der Versammlung der Wohnungseigentümer verkündeten Beschlüsse mit Angabe von Ort und Datum der Versammlung,
2. der schriftlichen Beschlüsse mit Angabe von Ort und Datum der Verkündung und
3. der Urteilsformeln der gerichtlichen Entscheidungen in einem Rechtsstreit gemäß § 43 mit Angabe ihres Datums, des Gerichts und der Parteien, soweit diese Beschlüsse und gerichtlichen Entscheidungen nach dem 1. Juli 2007 ergangen sind. Die Beschlüsse und gerichtlichen Entscheidungen sind fortlaufend einzutragen und zu nummerieren. Sind sie angefochten oder aufgehoben worden, so ist dies anzumerken. Im Falle einer Aufhebung kann von einer Anmerkung abgesehen und die Eintragung gelöscht werden. Eine Eintragung kann auch gelöscht werden, wenn sie aus einem anderen Grund für die Wohnungseigentümer keine Bedeutung mehr hat. Die Eintragungen, Vermerke und Löschungen gemäß den Sätzen 3 bis 6 sind unverzüglich zu erledigen und mit Datum zu versehen. Einem Wohnungseigentümer oder einem Dritten, den ein Wohnungseigentümer ermächtigt hat, ist auf sein Verlangen Einsicht in die Beschluss- Sammlung zu geben.

(8) Die Beschluss-Sammlung ist von dem Verwalter zu führen. Fehlt ein Verwalter, so ist der Vorsitzende der Wohnungseigentümerversammlung verpflichtet, die Beschluss-Sammlung zu führen, sofern die Wohnungseigentümer durch Stimmenmehrheit keinen anderen für diese Aufgabe bestellt haben.

§ 25 Mehrheitsbeschluss

(1) Für die Beschlussfassung in Angelegenheiten, über die die Wohnungseigentümer durch Stimmenmehrheit beschließen, gelten die Vorschriften der Absätze 2 bis 5.

(2) Jeder Wohnungseigentümer hat eine Stimme. Steht ein Wohnungseigentum mehreren gemeinschaftlich zu, so können sie das Stimmrecht nur einheitlich ausüben.

(3) Die Versammlung ist nur beschlussfähig, wenn die erschienenen stimmberechtigten Wohnungseigentümer mehr als die Hälfte der Miteigentumsanteile, berechnet nach der im Grundbuch eingetragenen Größe dieser Anteile, vertreten.

(4) Ist eine Versammlung nicht gemäß Absatz 3 beschlussfähig, so beruft der Verwalter eine neue Versammlung mit dem gleichen Gegenstand ein. Diese Versammlung ist ohne Rücksicht auf die Höhe der vertretenen Anteile beschlussfähig; hierauf ist bei der Einberufung hinzuweisen.

(5) Ein Wohnungseigentümer ist nicht stimmberechtigt, wenn die Beschlussfassung die Vornahme eines auf die Verwaltung des gemeinschaftlichen Eigentums bezüglichen Rechtsgeschäfts mit ihm oder die Einleitung oder Erledigung eines Rechtsstreits der anderen Wohnungseigentümer gegen ihn betrifft oder wenn er nach § 18 rechtskräftig verurteilt ist.

§ 26 Bestellung und Abberufung des Verwalters

(1) Über die Bestellung und Abberufung des Verwalters beschließen die Wohnungseigentümer mit Stimmenmehrheit. Die Bestellung darf auf höchstens fünf Jahre vorgenommen werden, im Falle der ersten Bestellung nach der Begründung von Wohnungseigentum aber auf höchstens drei Jahre. Die Abberufung des Verwalters kann auf das Vorliegen eines wichtigen Grundes beschränkt werden. Ein wichtiger Grund liegt regelmäßig vor, wenn der Verwalter die Beschluss-Sammlung nicht ordnungsmäßig führt. Andere Beschränkungen der Bestellung oder Abberufung des Verwalters sind nicht zulässig.

(2) Die wiederholte Bestellung ist zulässig; sie bedarf eines erneuten Beschlusses der Wohnungseigentümer, der frühestens ein Jahr vor Ablauf der Bestellungszeit gefasst werden kann.

(3) Soweit die Verwaltereigenschaft durch eine öffentlich beglaubigte Urkunde nachgewiesen werden muss, genügt die Vorlage einer Niederschrift über den Bestellungsbeschluss, bei der die Unterschriften der in § 24 Abs. 6 bezeichneten Personen öffentlich beglaubigt sind.

§ 27 Aufgaben und Befugnisse des Verwalters

(1) Der Verwalter ist gegenüber den Wohnungseigentümern und gegenüber der Gemeinschaft der Wohnungseigentümer berechtigt und verpflichtet,

1. Beschlüsse der Wohnungseigentümer durchzuführen und für die Durchführung der Hausordnung zu sorgen;
2. die für die ordnungsmäßige Instandhaltung und Instandsetzung des gemeinschaftlichen Eigentums erforderlichen Maßnahmen zu treffen;
3. in dringenden Fällen sonstige zur Erhaltung des gemeinschaftlichen Eigentums erforderliche Maßnahmen zu treffen;
4. Lasten- und Kostenbeiträge, Tilgungsbeträge und Hypothekenzinsen anzufordern, in Empfang zu nehmen und abzuführen, soweit es sich um gemeinschaftliche Angelegenheiten der Wohnungseigentümer handelt;
5. alle Zahlungen und Leistungen zu bewirken und entgegenzunehmen, die mit der laufenden Verwaltung des gemeinschaftlichen Eigentums zusammenhängen;
6. eingenommene Gelder zu verwalten;
7. die Wohnungseigentümer unverzüglich darüber zu unterrichten, dass ein Rechtsstreit gemäß § 43 anhängig ist;
8. die Erklärungen abzugeben, die zur Vornahme der in § 21 Abs. 5 Nr. 6 bezeichneten Maßnahmen erforderlich sind.

(2) Der Verwalter ist berechtigt, im Namen aller Wohnungseigentümer und mit Wirkung für und gegen sie

1. Willenserklärungen und Zustellungen entgegenzunehmen, soweit sie an alle Wohnungseigentümer in dieser Eigenschaft gerichtet sind;
2. Maßnahmen zu treffen, die zur Wahrung einer Frist oder zur Abwendung eines sonstigen Rechtsnachteils erforderlich sind, insbesondere einen gegen die Wohnungseigentümer gerichteten Rechtsstreit gemäß § 43 Nr. 1, Nr. 4 oder Nr. 5 im Erkenntnis- und Vollstreckungsverfahren zu führen;
3. Ansprüche gerichtlich und außergerichtlich geltend zu machen, sofern er hierzu durch Vereinbarung oder Beschluss mit Stimmenmehrheit der Wohnungseigentümer ermächtigt ist;
4. mit einem Rechtsanwalt wegen eines Rechtsstreits gemäß § 43 Nr. 1, Nr. 4 oder Nr. 5 zu vereinbaren, dass sich die Gebühren nach einem höheren als dem gesetzlichen Streitwert, höchstens nach einem gemäß § 49a Abs. 1 Satz 1 des Gerichtskostengesetzes bestimmten Streitwert bemessen.

(3) Der Verwalter ist berechtigt, im Namen der Gemeinschaft der Wohnungseigentümer und mit Wirkung für und gegen sie

1. Willenserklärungen und Zustellungen entgegenzunehmen;
2. Maßnahmen zu treffen, die zur Wahrung einer Frist oder zur Abwendung eines sonstigen Rechtsnachteils erforderlich sind, insbesondere einen gegen die Gemeinschaft gerichteten Rechtsstreit gemäß § 43 Nr. 2 oder Nr. 5 im Erkenntnis- und Vollstreckungsverfahren zu führen;
3. die laufenden Maßnahmen der erforderlichen ordnungsmäßigen Instandhaltung und Instandsetzung gemäß Absatz 1 Nr. 2 zu treffen;
4. die Maßnahmen gemäß Absatz 1 Nr. 3 bis 5 und 8 zu treffen;

5. im Rahmen der Verwaltung der eingenommenen Gelder gemäß Absatz 1 Nr. 6 Konten zu führen;
6. mit einem Rechtsanwalt wegen eines Rechtsstreits gemäß § 43 Nr. 2 oder Nr. 5 eine Vergütung gemäß Absatz 2 Nr. 4 zu vereinbaren;
7. sonstige Rechtsgeschäfte und Rechtshandlungen vorzunehmen, soweit er hierzu durch Vereinbarung oder Beschluss der Wohnungseigentümer mit Stimmenmehrheit ermächtigt ist.

Fehlt ein Verwalter oder ist er zur Vertretung nicht berechtigt, so vertreten alle Wohnungseigentümer die Gemeinschaft. Die Wohnungseigentümer können durch Beschluss mit Stimmenmehrheit einen oder mehrere Wohnungseigentümer zur Vertretung ermächtigen.

(4) Die dem Verwalter nach den Absätzen 1 bis 3 zustehenden Aufgaben und Befugnisse können durch Vereinbarung der Wohnungseigentümer nicht eingeschränkt oder ausgeschlossen werden.

(5) Der Verwalter ist verpflichtet, eingenommene Gelder von seinem Vermögen gesondert zu halten. Die Verfügung über solche Gelder kann durch Vereinbarung oder Beschluss der Wohnungseigentümer mit Stimmenmehrheit von der Zustimmung eines Wohnungseigentümers oder eines Dritten abhängig gemacht werden.

(6) Der Verwalter kann von den Wohnungseigentümern die Ausstellung einer Vollmachts- und Ermächtigungsurkunde verlangen, aus der der Umfang seiner Vertretungsmacht ersichtlich ist.

§ 28 Wirtschaftsplan, Rechnungslegung

(1) Der Verwalter hat jeweils für ein Kalenderjahr einen Wirtschaftsplan aufzustellen. Der Wirtschaftsplan enthält:
1. die voraussichtlichen Einnahmen und Ausgaben bei der Verwaltung des gemeinschaftlichen Eigentums;
2. die anteilmäßige Verpflichtung der Wohnungseigentümer zur Lasten- und Kostentragung;
3. die Beitragsleistung der Wohnungseigentümer zu der in § 21 Abs. 5 Nr. 4 vorgesehenen Instandhaltungsrückstellung.

(2) Die Wohnungseigentümer sind verpflichtet, nach Abruf durch den Verwalter dem beschlossenen Wirtschaftsplan entsprechende Vorschüsse zu leisten.

(3) Der Verwalter hat nach Ablauf des Kalenderjahres eine Abrechnung aufzustellen.

(4) Die Wohnungseigentümer können durch Mehrheitsbeschluss jederzeit von dem Verwalter Rechnungslegung verlangen.

(5) Über den Wirtschaftsplan, die Abrechnung und die Rechnungslegung des Verwalters beschließen die Wohnungseigentümer durch Stimmenmehrheit.

§ 29 Verwaltungsbeirat

(1) Die Wohnungseigentümer können durch Stimmenmehrheit die Bestellung eines Verwaltungsbeirats beschließen. Der Verwaltungsbeirat besteht aus einem Wohnungseigentümer als Vorsitzenden und zwei weiteren Wohnungseigentümern als Beisitzern.

(2) Der Verwaltungsbeirat unterstützt den Verwalter bei der Durchführung seiner Aufgaben.

(3) Der Wirtschaftsplan, die Abrechnung über den Wirtschaftsplan, Rechnungslegungen und Kostenanschläge sollen, bevor über sie die Wohnungseigentümerversammlung beschließt, vom Verwaltungsbeirat geprüft und mit dessen Stellungnahme versehen werden.

(4) Der Verwaltungsbeirat wird von dem Vorsitzenden nach Bedarf einberufen.

4. Abschnitt
Wohnungserbbaurecht

§ 30

(1) Steht ein Erbbaurecht mehreren gemeinschaftlich nach Bruchteilen zu, so können die Anteile in der Weise beschränkt werden, dass jedem der Mitberechtigten das Sondereigentum an einer bestimmten Wohnung oder an nicht zu Wohnzwecken dienenden bestimmten Räumen in einem aufgrund des Erbbaurechts errichteten oder zu errichtenden Gebäude eingeräumt wird (Wohnungserbbaurecht, Teilerbbaurecht).

(2) Ein Erbbauberechtigter kann das Erbbaurecht in entsprechender Anwendung des § 8 teilen.

(3) Für jeden Anteil wird von Amts wegen ein besonderes Erbbaugrundbuchblatt angelegt (Wohnungserbbaugrundbuch, Teilerbbaugrundbuch). Im Übrigen gelten für das Wohnungserbbaurecht (Teilerbbaurecht) die Vorschriften über das Wohnungseigentum (Teileigentum) entsprechend.

II. Teil
Dauerwohnrecht

§ 31 Begriffsbestimmungen

(1) Ein Grundstück kann in der Weise belastet werden, dass derjenige, zu dessen Gunsten die Belastung erfolgt, berechtigt ist, unter Ausschluss des Eigentümers eine bestimmte Wohnung in einem auf dem Grundstück errichteten oder zu errichtenden Gebäude zu bewohnen oder in anderer Weise zu nutzen (Dauerwohnrecht). Das Dauerwohnrecht kann auf einen außerhalb des Gebäudes liegenden Teil des Grundstücks erstreckt werden, sofern die Wohnung wirtschaftlich die Hauptsache bleibt.

(2) Ein Grundstück kann in der Weise belastet werden, dass derjenige, zu dessen Gunsten die Belastung erfolgt, berechtigt ist, unter Ausschluss des Eigentümers nicht zu Wohnzwecken dienende bestimmte Räume in einem auf dem Grundstück errichteten oder zu errichtenden Gebäude zu nutzen (Dauernutzungsrecht).

(3) Für das Dauernutzungsrecht gelten die Vorschriften über das Dauerwohnrecht entsprechend.

§ 32 Voraussetzungen der Eintragung

(1) Das Dauerwohnrecht soll nur bestellt werden, wenn die Wohnung in sich abgeschlossen ist.

(2) Zur näheren Bezeichnung des Gegenstandes und des Inhalts des Dauerwohnrechts kann auf die Eintragungsbewilligung Bezug genommen werden. Der Eintragungsbewilligung sind als Anlagen beizufügen:
1. eine von der Baubehörde mit Unterschrift und Siegel oder Stempel versehene Bauzeichnung, aus der die Aufteilung des Gebäudes sowie die Lage und Größe der dem Dauerwohnrecht unterliegenden Gebäude- und Grundstücksteile ersichtlich ist (Aufteilungsplan); alle zu demselben Dauerwohnrecht gehörenden Einzelräume sind mit der jeweils gleichen Nummer zu kennzeichnen;
2. eine Bescheinigung der Baubehörde, dass die Voraussetzungen des Absatzes 1 vorliegen.

Wenn in der Eintragungsbewilligung für die einzelnen Dauerwohnrechte Nummern angegeben werden, sollen sie mit denen des Aufteilungsplanes übereinstimmen. Die Landesregierungen können durch Rechtsverordnung bestimmen, dass und in welchen Fällen der Aufteilungsplan (Satz 2 Nr. 1) und die Abgeschlossenheit (Satz 2 Nr. 2) von einem öffentlich bestellten oder anerkannten Sachverständigen für das Bauwesen statt von der Baubehörde ausgefertigt und bescheinigt werden. Werden diese Aufgaben von dem Sachverständigen wahrgenommen, so gelten die Bestimmungen der Allgemeinen Verwaltungsvorschrift für die Ausstellung von Bescheinigungen gemäß § 7 Abs. 4 Nr. 2 und § 32 Abs. 2 Nr. 2 des Wohnungseigentumsgesetzes vom 19. März 1974 (BAnz. Nr. 58 vom 23. März 1974) entsprechend. In diesem Fall bedürfen die Anlagen nicht der Form des § 29 der Grundbuchordnung. Die Landesregierungen können die Ermächtigung durch Rechtsverordnung auf die Landesbauverwaltungen übertragen.

(3) Das Grundbuchamt soll die Eintragung des Dauerwohnrechts ablehnen, wenn über die in § 33 Abs. 4 Nrn. 1 bis 4 bezeichneten Angelegenheiten, über die Voraussetzungen des Heimfallanspruchs (§ 36 Abs. 1) und über die Entschädigung beim Heimfall (§ 36 Abs. 4) keine Vereinbarungen getroffen sind.

§ 33 Inhalt des Dauerwohnrechts

(1) Das Dauerwohnrecht ist veräußerlich und vererblich. Es kann nicht unter einer Bedingung bestellt werden.

(2) Auf das Dauerwohnrecht sind, soweit nicht etwas anderes vereinbart ist, die Vorschriften des § 14 entsprechend anzuwenden.

(3) Der Berechtigte kann die zum gemeinschaftlichen Gebrauch bestimmten Teile, Anlagen und Einrichtungen des Gebäudes und Grundstücks mitbenutzen, soweit nichts anderes vereinbart ist.

(4) Als Inhalt des Dauerwohnrechts können Vereinbarungen getroffen werden über:
1. Art und Umfang der Nutzungen;
2. Instandhaltung und Instandsetzung der dem Dauerwohnrecht unterliegenden Gebäudeteile;
3. die Pflicht des Berechtigten zur Tragung öffentlicher oder privatrechtlicher Lasten des Grundstücks;
4. die Versicherung des Gebäudes und seinen Wiederaufbau im Falle der Zerstörung;
5. das Recht des Eigentümers, bei Vorliegen bestimmter Voraussetzungen Sicherheitsleistung zu verlangen.

§ 34 Ansprüche des Eigentümers und der Dauerwohnberechtigten

(1) Auf die Ersatzansprüche des Eigentümers wegen Veränderungen oder Verschlechterungen sowie auf die Ansprüche der Dauerwohnberechtigten auf Ersatz von Verwendungen oder auf Gestattung der Wegnahme einer Einrichtung sind die §§ 1049, 1057 des Bürgerlichen Gesetzbuches entsprechend anzuwenden.

(2) Wird das Dauerwohnrecht beeinträchtigt, so sind auf die Ansprüche des Berechtigten die für die Ansprüche aus dem Eigentum geltenden Vorschriften entsprechend anzuwenden.

§ 35 Veräußerungsbeschränkung

Als Inhalt des Dauerwohnrechts kann vereinbart werden, dass der Berechtigte zur Veräußerung des Dauerwohnrechts der Zustimmung des Eigentümers oder eines Dritten bedarf. Die Vorschriften des § 12 gelten in diesem Falle entsprechend.

§ 36 Heimfallanspruch

(1) Als Inhalt des Dauerwohnrechts kann vereinbart werden, dass der Berechtigte verpflichtet ist, das Dauerwohnrecht beim Eintritt bestimmter Voraussetzungen auf den Grundstückseigentümer oder einen von diesem zu bezeichnenden Dritten zu übertragen (Heimfallanspruch). Der Heimfallanspruch kann nicht von dem Eigentum an dem Grundstück getrennt werden.

(2) Bezieht sich das Dauerwohnrecht auf Räume, die dem Mieterschutz unterliegen, so kann der Eigentümer von dem Heimfallanspruch nur Gebrauch machen,

wenn ein Grund vorliegt, aus dem ein Vermieter die Aufhebung des Mietverhältnisses verlangen oder kündigen kann.

(3) Der Heimfallanspruch verjährt in sechs Monaten von dem Zeitpunkt an, in dem der Eigentümer von dem Eintritt der Voraussetzungen Kenntnis erlangt, ohne Rücksicht auf diese Kenntnis in zwei Jahren von dem Eintritt der Voraussetzungen an.

(4) Als Inhalt des Dauerwohnrechts kann vereinbart werden, dass der Eigentümer dem Berechtigten eine Entschädigung zu gewähren hat, wenn er von dem Heimfallanspruch Gebrauch macht. Als Inhalt des Dauerwohnrechts können Vereinbarungen über die Berechnung oder Höhe der Entschädigung oder die Art ihrer Zahlung getroffen werden.

§ 37 Vermietung

(1) Hat der Dauerwohnberechtigte die dem Dauerwohnrecht unterliegenden Gebäude- oder Grundstücksteile vermietet oder verpachtet, so erlischt das Miet- oder Pachtverhältnis, wenn das Dauerwohnrecht erlischt.

(2) Macht der Eigentümer von seinem Heimfallanspruch Gebrauch, so tritt er oder derjenige, auf den das Dauerwohnrecht zu übertragen ist, in das Miet- oder Pachtverhältnis ein; die Vorschriften der §§ 566 bis 566e des Bürgerlichen Gesetzbuches gelten entsprechend.

(3) Absatz 2 gilt entsprechend, wenn das Dauerwohnrecht veräußert wird. Wird das Dauerwohnrecht im Wege der Zwangsvollstreckung veräußert, so steht dem Erwerber ein Kündigungsrecht in entsprechender Anwendung des § 57a des Gesetzes über die Zwangsversteigerung und Zwangsverwaltung zu.

§ 38 Eintritt in das Rechtsverhältnis

(1) Wird das Dauerwohnrecht veräußert, so tritt der Erwerber an Stelle des Veräußerers in die sich während der Dauer seiner Berechtigung aus dem Rechtsverhältnis zu dem Eigentümer ergebenden Verpflichtungen ein.

(2) Wird das Grundstück veräußert, so tritt der Erwerber an Stelle des Veräußerers in die sich während der Dauer seines Eigentums aus dem Rechtsverhältnis zu dem Dauerwohnberechtigten ergebenden Rechte ein. Das Gleiche gilt für den Erwerb aufgrund Zuschlages in der Zwangsversteigerung, wenn das Dauerwohnrecht durch den Zuschlag nicht erlischt.

§ 39 Zwangsversteigerung

(1) Als Inhalt des Dauerwohnrechts kann vereinbart werden, dass das Dauerwohnrecht im Falle der Zwangsversteigerung des Grundstücks abweichend von § 44 des Gesetzes über die Zwangsversteigerung und Zwangsverwaltung auch dann bestehen bleiben soll, wenn der Gläubiger einer dem Dauerwohnrecht im Range vorgehenden oder gleichstehenden Hypothek, Grundschuld, Rentenschuld oder Reallast die Zwangsversteigerung in das Grundstück betreibt.

(2) Eine Vereinbarung gemäß Absatz 1 bedarf zu ihrer Wirksamkeit der Zustimmung derjenigen, denen eine dem Dauerwohnrecht im Range vorgehende oder gleichstehende Hypothek, Grundschuld, Rentenschuld oder Reallast zusteht.

(3) Eine Vereinbarung gemäß Absatz 1 ist nur wirksam für den Fall, dass der Dauerwohnberechtigte im Zeitpunkt der Feststellung der Versteigerungsbedingungen seine fälligen Zahlungsverpflichtungen gegenüber dem Eigentümer erfüllt hat; in Ergänzung einer Vereinbarung nach Absatz 1 kann vereinbart werden, dass das Fortbestehen des Dauerwohnrechts vom Vorliegen weiterer Voraussetzungen abhängig ist.

§ 40 Haftung des Entgelts

(1) Hypotheken, Grundschulden, Rentenschulden und Reallasten, die dem Dauerwohnrecht im Range vorgehen oder gleichstehen, sowie öffentliche Lasten, die in wiederkehrenden Leistungen bestehen, erstrecken sich auf den Anspruch auf das Entgelt für das Dauerwohnrecht in gleicher Weise wie auf eine Mietforderung, soweit nicht in Absatz 2 etwas Abweichendes bestimmt ist. Im Übrigen sind die für Mietforderungen geltenden Vorschriften nicht entsprechend anzuwenden.

(2) Als Inhalt des Dauerwohnrechts kann vereinbart werden, dass Verfügungen über den Anspruch auf das Entgelt, wenn es in wiederkehrenden Leistungen ausbedungen ist, gegenüber dem Gläubiger einer dem Dauerwohnrecht im Range vorgehenden oder gleichstehenden Hypothek, Grundschuld, Rentenschuld oder Reallast wirksam sind. Für eine solche Vereinbarung gilt § 39 Abs. 2 entsprechend.

§ 41 Besondere Vorschriften für langfristige Dauerwohnrechte

(1) Für Dauerwohnrechte, die zeitlich unbegrenzt oder für einen Zeitraum von mehr als zehn Jahren eingeräumt sind, gelten die besonderen Vorschriften der Absätze 2 und 3.

(2) Der Eigentümer ist, sofern nicht etwas anderes vereinbart ist, dem Dauerwohnberechtigten gegenüber verpflichtet, eine dem Dauerwohnrecht im Range vorgehende oder gleichstehende Hypothek löschen zu lassen für den Fall, dass sie sich mit dem Eigentum in einer Person vereinigt, und die Eintragung einer entsprechenden Löschungsvormerkung in das Grundbuch zu bewilligen.

(3) Der Eigentümer ist verpflichtet, dem Dauerwohnberechtigten eine angemessene Entschädigung zu gewähren, wenn er von dem Heimfallanspruch Gebrauch macht.

§ 42 Belastung eines Erbbaurechts

(1) Die Vorschriften der §§ 31 bis 41 gelten für die Belastung eines Erbbaurechts mit einem Dauerwohnrecht entsprechend.

(2) Beim Heimfall des Erbbaurechts bleibt das Dauerwohnrecht bestehen.

III. Teil
Verfahrensvorschriften

§ 43 Zuständigkeit

Das Gericht, in dessen Bezirk das Grundstück liegt, ist ausschließlich zuständig für

1. Streitigkeiten über die sich aus der Gemeinschaft der Wohnungseigentümer und aus der Verwaltung des gemeinschaftlichen Eigentums ergebenden Rechte und Pflichten der Wohnungseigentümer untereinander;
2. Streitigkeiten über die Rechte und Pflichten zwischen der Gemeinschaft der Wohnungseigentümer und Wohnungseigentümern;
3. Streitigkeiten über die Rechte und Pflichten des Verwalters bei der Verwaltung des gemeinschaftlichen Eigentums;
4. Streitigkeiten über die Gültigkeit von Beschlüssen der Wohnungseigentümer;
5. Klagen Dritter, die sich gegen die Gemeinschaft der Wohnungseigentümer oder gegen Wohnungseigentümer richten und sich auf das gemeinschaftliche Eigentum, seine Verwaltung oder das Sondereigentum beziehen;
6. Mahnverfahren, wenn die Gemeinschaft der Wohnungseigentümer Antragstellerin ist. Insoweit ist § 689 Abs. 2 der Zivilprozessordnung nicht anzuwenden.

§ 44 Bezeichnung der Wohnungseigentümer in der Klageschrift

(1) Wird die Klage durch oder gegen alle Wohnungseigentümer mit Ausnahme des Gegners erhoben, so genügt für ihre nähere Bezeichnung in der Klageschrift die bestimmte Angabe des gemeinschaftlichen Grundstücks; wenn die Wohnungseigentümer Beklagte sind, sind in der Klageschrift außerdem der Verwalter und der gemäß § 45 Abs. 2 Satz 1 bestellte Ersatzzustellungsvertreter zu bezeichnen. Die namentliche Bezeichnung der Wohnungseigentümer hat spätestens bis zum Schluss der mündlichen Verhandlung zu erfolgen.

(2) Sind an dem Rechtsstreit nicht alle Wohnungseigentümer als Partei beteiligt, so sind die übrigen Wohnungseigentümer entsprechend Absatz 1 von dem Kläger zu bezeichnen. Der namentlichen Bezeichnung der übrigen Wohnungseigentümer bedarf es nicht, wenn das Gericht von ihrer Beiladung gemäß § 48 Abs. 1 Satz 1 absieht.

§ 45 Zustellung

(1) Der Verwalter ist Zustellungsvertreter der Wohnungseigentümer, wenn diese Beklagte oder gemäß § 48 Abs. 1 Satz 1 beizuladen sind, es sei denn, dass er als Gegner der Wohnungseigentümer an dem Verfahren beteiligt ist oder aufgrund des Streitgegenstandes die Gefahr besteht, der Verwalter werde die Wohnungseigentümer nicht sachgerecht unterrichten.

(2) Die Wohnungseigentümer haben für den Fall, dass der Verwalter als Zustellungsvertreter ausgeschlossen ist, durch Beschluss mit Stimmenmehrheit einen Ersatzzustellungsvertreter sowie dessen Vertreter zu bestellen, auch wenn ein Rechtsstreit noch nicht anhängig ist. Der Ersatzzustellungsvertreter tritt in die dem Verwalter als Zustellungsvertreter der Wohnungseigentümer zustehenden Aufgaben und Befugnisse ein, sofern das Gericht die Zustellung an ihn anordnet; Absatz 1 gilt entsprechend.

(3) Haben die Wohnungseigentümer entgegen Absatz 2 Satz 1 keinen Ersatzzustellungsvertreter bestellt oder ist die Zustellung nach den Absätzen 1 und 2 aus sonstigen Gründen nicht ausführbar, kann das Gericht einen Ersatzzustellungsvertreter bestellen.

§ 46 Anfechtungsklage

(1) Die Klage eines oder mehrerer Wohnungseigentümer auf Erklärung der Ungültigkeit eines Beschlusses der Wohnungseigentümer ist gegen die übrigen Wohnungseigentümer und die Klage des Verwalters ist gegen die Wohnungseigentümer zu richten. Sie muss innerhalb eines Monats nach der Beschlussfassung erhoben und innerhalb zweier Monate nach der Beschlussfassung begründet werden. Die §§ 233 bis 238 der Zivilprozessordnung gelten entsprechend.

(2) Hat der Kläger erkennbar eine Tatsache übersehen, aus der sich ergibt, dass der Beschluss nichtig ist, so hat das Gericht darauf hinzuweisen.

§ 47 Prozessverbindung

Mehrere Prozesse, in denen Klagen auf Erklärung oder Feststellung der Ungültigkeit desselben Beschlusses der Wohnungseigentümer erhoben werden, sind zur gleichzeitigen Verhandlung und Entscheidung zu verbinden. Die Verbindung bewirkt, dass die Kläger der vorher selbständigen Prozesse als Streitgenossen anzusehen sind.

§ 48 Beiladung, Wirkung des Urteils

(1) Richtet sich die Klage eines Wohnungseigentümers, der in einem Rechtsstreit gemäß § 43 Nr. 1 oder Nr. 3 einen ihm allein zustehenden Anspruch geltend macht, nur gegen einen oder einzelne Wohnungseigentümer oder nur gegen den Verwalter, so sind die übrigen Wohnungseigentümer beizuladen, es sei denn, dass ihre rechtlichen Interessen erkennbar nicht betroffen sind. Soweit in einem Rechtsstreit gemäß § 43 Nr. 3 oder Nr. 4 der Verwalter nicht Partei ist, ist er ebenfalls beizuladen.

(2) Die Beiladung erfolgt durch Zustellung der Klageschrift, der die Verfügungen des Vorsitzenden beizufügen sind. Die Beigeladenen können der einen oder anderen Partei zu deren Unterstützung beitreten. Veräußert ein beigeladener Wohnungseigentümer während des Prozesses sein Wohnungseigentum, ist § 265 Abs. 2 der Zivilprozessordnung entsprechend anzuwenden.

(3) Über die in § 325 der Zivilprozessordnung angeordneten Wirkungen hinaus wirkt das rechtskräftige Urteil auch für und gegen alle beigeladenen Wohnungseigentümer und ihre Rechtsnachfolger sowie den beigeladenen Verwalter.

(4) Wird durch das Urteil eine Anfechtungsklage als unbegründet abgewiesen, so kann auch nicht mehr geltend gemacht werden, der Beschluss sei nichtig.

§ 49 Kostenentscheidung

(1) Wird gemäß § 21 Abs. 8 nach billigem Ermessen entschieden, so können auch die Prozesskosten nach billigem Ermessen verteilt werden.

(2) Dem Verwalter können Prozesskosten auferlegt werden, soweit die Tätigkeit des Gerichts durch ihn veranlasst wurde und ihn ein grobes Verschulden trifft, auch wenn er nicht Partei des Rechtsstreits ist.

§ 50 Kostenerstattung

Den Wohnungseigentümern sind als zur zweckentsprechenden Rechtsverfolgung oder Rechtsverteidigung notwendige Kosten nur die Kosten eines bevollmächtigten Rechtsanwalts zu erstatten, wenn nicht aus Gründen, die mit dem Gegenstand des Rechtsstreits zusammenhängen, eine Vertretung durch mehrere bevollmächtigte Rechtsanwälte geboten war.

§§ 51–58

(aufgehoben)

IV. Teil
Ergänzende Bestimmungen

§ 59

(aufgehoben)

§ 60 Ehewohnung

Die Vorschriften der Verordnung über die Behandlung der Ehewohnung und des Hausrats (Sechste Durchführungsverordnung zum Ehegesetz) vom 21. Oktober 1944 (Reichsgesetzbl. I S. 256) gelten entsprechend, wenn die Ehewohnung im Wohnungseigentum eines oder beider Ehegatten steht oder wenn einem oder beiden Ehegatten das Dauerwohnrecht an der Ehewohnung zusteht.

§ 61

Fehlt eine nach § 12 erforderliche Zustimmung, so sind die Veräußerung und das zugrundeliegende Verpflichtungsgeschäft unbeschadet der sonstigen Voraussetzungen wirksam, wenn die Eintragung der Veräußerung oder einer Auflassungsvormerkung in das Grundbuch vor dem 15. Januar 1994 erfolgt ist und es sich um die erstmalige Veräußerung dieses Wohnungseigentums nach seiner Begründung handelt, es sei denn, dass eine rechtskräftige gerichtliche Entscheidung entgegensteht. Das Fehlen der Zustimmung steht in diesen Fällen dem Eintritt der Rechtsfolgen des § 878 des Bürgerlichen Gesetzbuchs nicht entgegen. Die Sätze 1 und 2 gelten entsprechend in den Fällen der §§ 30 und 35 des Wohnungseigentumsgesetzes.

§ 62 Übergangsvorschrift

(1) Für die am 1. Juli 2007 bei Gericht anhängigen Verfahren in Wohnungseigentums- oder in Zwangsversteigerungssachen oder für die bei einem Notar beantragten freiwilligen Versteigerungen sind die durch die Artikel 1 und 2 des Gesetzes vom 26. März 2007 (BGBl. I S. 370) geänderten Vorschriften des III. Teils dieses Gesetzes sowie die des Gesetzes über die Zwangsversteigerung und die Zwangsverwaltung in ihrer bis dahin geltenden Fassung weiter anzuwenden.

(2) In Wohnungseigentumssachen nach § 43 Nr. 1 bis 4 finden die Bestimmungen über die Nichtzulassungsbeschwerde (§ 543 Abs. 1 Nr. 2, § 544 der Zivilprozessordnung) keine Anwendung, soweit die anzufechtende Entscheidung vor dem 1. Juli 2012 verkündet worden ist.

§ 63 Überleitung bestehender Rechtsverhältnisse

(1) Werden Rechtsverhältnisse, mit denen ein Rechtserfolg bezweckt wird, der den durch dieses Gesetz geschaffenen Rechtsformen entspricht, in solche Rechtsformen umgewandelt, so ist als Geschäftswert für die Berechnung der hierdurch veranlassten Gebühren der Gerichte und Notare im Falle des Wohnungseigentums ein Fünfundzwanzigstel des Einheitswertes des Grundstückes, im Falle des Dauerwohnrechtes ein Fünfundzwanzigstel des Wertes des Rechtes anzunehmen.

(2) *gegenstandslos*

(3) Durch Landesgesetz können Vorschriften zur Überleitung bestehender, auf Landesrecht beruhender Rechtsverhältnisse in die durch dieses Gesetz geschaffenen Rechtsformen getroffen werden.

§ 64 Inkrafttreten

Dieses Gesetz tritt am Tage nach seiner Verkündung in Kraft.

Gerichtskostengesetz (Auszug)

§ 49a GKG (Wohnungseigentumssachen)

(1) Der Streitwert ist auf 50 Prozent des Interesses der Parteien und aller Beigeladenen an der Entscheidung festzusetzen. Er darf das Interesse des Klägers und der auf seiner Seite Beigetretenen an der Entscheidung nicht unterschreiten und das Fünffache des Wertes ihres Interesses nicht überschreiten. Der Wert darf in keinem Fall den Verkehrswert des Wohnungseigentums des Klägers und der auf seiner Seite Beigetretenen übersteigen.

(2) Richtet sich eine Klage gegen einzelne Wohnungseigentümer, darf der Streitwert das Fünffache des Wertes ihres Interesses sowie des Interesses der auf ihrer Seite Beigetretenen nicht übersteigen. Abs. 1 Satz 3 gilt entsprechend.

I. Teil
Wohnungseigentum

§ 1
Begriffsbestimmungen

(1) Nach Maßgabe dieses Gesetzes kann an Wohnungen das Wohnungseigentum, an nicht zu Wohnzwecken dienenden Räumen eines Gebäudes das Teileigentum begründet werden.

(2) Wohnungseigentum ist das Sondereigentum an einer Wohnung in Verbindung mit dem Miteigentumsanteil an dem gemeinschaftlichen Eigentum, zu dem es gehört.

(3) Teileigentum ist das Sondereigentum an nicht zu Wohnzwecken dienenden Räumen eines Gebäudes in Verbindung mit dem Miteigentumsanteil an dem gemeinschaftlichen Eigentum, zu dem es gehört.

(4) Wohnungseigentum und Teileigentum können nicht in der Weise begründet werden, dass das Sondereigentum mit Miteigentum an mehreren Grundstücken verbunden wird.

(5) Gemeinschaftliches Eigentum im Sinne dieses Gesetzes sind das Grundstück sowie die Teile, Anlagen und Einrichtungen des Gebäudes, die nicht im Sondereigentum oder im Eigentum eines Dritten stehen.

(6) Für das Teileigentum gelten die Vorschriften über das Wohnungseigentum entsprechend.

Inhaltsübersicht

	Rz.		Rz.
I. Allgemeines	1	2. Teileigentum (Abs. 3)	22
1. Wohnungs- und Teileigentum	2	3. Gemischtes Wohnungs- und Teileigentum	23
a) Wohnungs- und Teileigentum als Eigentum	3	4. Zweckbestimmungswidriger Gebrauch	24
b) Miteigentum, Sondereigentum und Gemeinschaft	7	5. Umwandlung von Wohnungseigentum in Teileigentum und umgekehrt	25
2. Rechtsnatur des Wohnungseigentums		6. Gemeinschaftliches Eigentum	26
a) Grundsatz	8	a) Grundsatz	26
b) Folgen für die Praxis	10	b) Gemeinschaftlicher Gebrauch	27
3. Das gesellschaftsrechtliche Element beim Wohnungs- und Teileigentum	16	aa) Das Grundstück	28
		bb) Überbau	29
4. Untrennbarkeit von Sondereigentum, Miteigentumsanteil und Verwaltungsvermögen	18	cc) Veräußerung von realen Teilen des gemeinschaftlichen Eigentums	31
II. Begriffe	19	7. Verwaltungsvermögen, sonstiges Vermögen	32
1. Wohnungseigentum (Abs. 2)	19		

Schrifttum: *Armbrüster*, Änderungsvorbehalte und –vollmachten zugunsten des aufteilenden Bauträgers, ZMR 2005, 244; *H. Blank*, Tierhaltung in Eigentums- und Mietwohnungen, NJW 2007, 729; *Bub*, Das Verwaltungsvermögen, ZWE 2007, 15; *Bub*, Rechtsfähigkeit und Vermögenszuordnung, ZWE 2006, 253; *Derleder*, Gemeinschaftsnutzung in Mietshäusern und Wohnungseigentumsanlagen, NJW 2007, 812; *Einhorn*, Sondereigentum und/oder Gemeinschaftseigentum?, WE 2004, 58; *Hügel*, Die Teilrechtsfähigkeit der Wohnungseigentümergemeinschaft und ihre Folgen für die notarielle Praxis, DNotZ 2005, 753; *Hügel*, Die Teilrechtsfähigkeit der Wohnungseigentümergemeinschaft und deren Auswirkungen auf die Gestaltung von Gemeinschaftsordnung im Bauträgervertrag, BTR 2005, 229; *Hügel*, Zuordnung eines Sondernutzungsrechts zum Miteigentumsanteil an einer Eigentumswohnung, NZM 2004, 766; *Köster/Sankol*, Die Insolvenzfähigkeit der Eigentümergemeinschaft, ZfIR 2006, 741; *Riecke*, Die Abgrenzung von Gemeinschafts- und Sondereigentum im Wohnungseigentumsrecht, BTR 2003, 11; *F. Schmidt*, Roma locuta – Gedanken über die Teilrechtsfähigkeit der Wohnungseigentümergemeinschaft nach dem Beschluss des BGH vom 2.6.2005, NotBZ 2005, 309; *F. Schmidt*, Erläuterungen zum Begriff des Sondereigentums, ZWE 2007, 206; *W. Schneider*, Das neue WEG-Handlungsbedarf für Erbbaurechtsausgeber, ZfIR 2007, 168; *W. Schneider*, Das vernachlässigte Wohnungserbbaurecht, ZNR 2006, 660; *Wenzel*, Die Zuständigkeit der Wohnungseigentümergemeinschaft bei der Durchsetzung von Mängelrechten beim Ersterwerber, NJW 2007, 1905; *Wicke*, Das WEG-Verwaltungsvermögen: Bruchteilseigentum, Gesamthandsvermögen, Gemeinschaftseigentum, ZfIR 2005, 301.

I. Allgemeines

1   Die Überschrift des I. Teils („Wohnungseigentum") ist insoweit missverständlich, als dieser Teil nicht nur das **Wohnungseigentum**, sondern auch das **Teileigentum**, das **Wohnungserbbaurecht** und das **Teilerbbaurecht** umfasst. Die Vorschrift des § 1 bietet neben der (überflüssigen) Anordnung der Zulässigkeit in Abs. 1 eine Reihe von Begriffsbestimmungen, die für das Wohnungs- und Teileigentum von zentraler Bedeutung sind.

1. Wohnungs- und Teileigentum

2   **Wohnungseigentum** einerseits und **Teileigentum** andererseits unterscheiden sich nur in der **Zwecksetzung** (näher unter Rz. 22), sodass die nachfolgenden Ausführungen über Wohnungseigentum auch für das Teileigentum gelten, soweit nicht ausdrücklich etwas anderes gesagt ist.

a) Wohnungs- und Teileigentum als Eigentum

3   Wohnungs- und Teileigentum ist dabei zunächst echtes – wenn auch durch die erforderliche Rücksichtnahme der Wohnungseigentümer aufeinander eingegrenztes – Eigentum i.S.d. BGB[1] und nicht etwa, wie das **Erbbaurecht** (vgl. § 1 Abs. 1 ErbbauVO), ein grundstücksgleiches Recht[2] an einem Grundstück. Auch handelt es sich nicht um ein bloßes Recht an einem Grundstück, wie etwa das Wohnungsrecht (§ 1093 BGB) oder das **Dauerwohnrecht** (§ 31 Abs. 1). An der Einordnung als Eigentum hat auch die Stärkung des gesellschaftsrechtlichen Elements durch die Anerkennung der **Teilrechtsfähigkeit** der Wohnungseigen-

---

[1] BGH v. 19.12.1991 – V ZB 27/90, BGHZ 116, 395; Staudinger/*Rapp* § 1 WEG, Rz. 15 (dort auch zu abweichenden Auffassungen).
[2] Abweichend etwa Erman/*Grziwotz* § 1 WEG, Rz. 3.

tümergemeinschaft durch den BGH in der Entscheidung vom 2.6.2005[1] und nunmehr die Anerkennung durch den Gesetzgeber mit der WEG-Novelle nichts geändert[2] (im Einzelnen § 10 Rz. 53 ff.).

Wohnungseigentum umfasst nicht nur das **Alleineigentum** des Wohnungseigentümers an bestimmten Räumen, sondern (zwingend) auch einen **Miteigentumsanteil** an dem **Grundstück** und den **Gebäudeteilen**, die im gemeinschaftlichen Eigentum stehen (nachf. Rz. 26). 4

Es treffen beim Wohnungseigentum also das Alleineigentum des einzelnen Wohnungseigentümers an den ihm gehörigen Räumen und sein Bruchteilseigentum an dem im Miteigentum aller Wohnungseigentümer stehenden Grundstück und den Gebäudeteilen zusammen. 5

Das gemeinschaftliche Eigentum ist dabei eine besonders ausgestaltete Form des Bruchteilseigentums (§§ 1008 ff. BGB)[3]. 6

b) Miteigentum, Sondereigentum und Gemeinschaft

Während in der Vergangenheit Wohnungseigentum in der Regel in erster Linie, wenn auch nicht ausschließlich, als eine besonders ausgestaltete Form des Miteigentums (Bruchteilseigentums) aufgefasst wurde[4], muss nunmehr davon ausgegangen werden, dass das Rechtsinstitut des Wohnungseigentums **dreigliedrig** aufzufassen ist, nämlich bestehend aus der unauflöslichen Verbindung von **Bruchteilsmiteigentum** am Gemeinschaftseigentum (nachf. Rz. 26), dem **Sondereigentum** an Räumen (nachf. Rz. 19) und der Teilhabe an der **Gemeinschaft** (gesellschaftsrechtliches Element)[5] (nachf. Rz. 17). Diese Bestandteile sind dabei akzessorisch und untrennbar miteinander verbunden[6]. 7

2. Rechtsnatur des Wohnungseigentums

a) Grundsatz

Trotz der Bezeichnung „**Wohnungseigentum**" oder „**Teileigentum**" in § 1 Abs. 2 und 3 als erstes Glied der Verbindung von Sondereigentum und gemeinschaftlichem Eigentum, steht bei juristischer Betrachtung der **Miteigentumsanteil** im Vordergrund. Das Wohnungseigentum zeichnet sich durch die Möglichkeit aus, das Miteigentum mehrerer Personen am Grundstück in der Weise zu beschränken, dass jedem Miteigentümer abweichend von § 93 BGB das Sondereigentum an bestimmten Räumen eines auf dem Grundstück errichteten 8

---

1 BGH v. 2.6.2005 – V ZB 32/05, BGHZ 163, 154 = MDR 2005, 1156.
2 Wie hier AnwKomm-BGB/*Heinemann* § 1 WEG, Rz. 1.
3 BGH v. 23.6.1989 – V ZR 40/88, NJW 1989, 2354 (2355); BGH v. 7.3.2002 – V ZB 24/01, NJW 2002, 1647 (1648), zu abweichenden Theorien, etwa *Bärmann*, NJW 1989, 1057; *Merle* in Bärmann/Pick/Merle, Einl. zu § 1, Rz. 5 ff., einen gesellschaftsrechtlichen Ansatz wählt *Junker*, Die Gesellschaft nach dem WEG, 1993; zu den verschiedenen Auffassungen ausführlich Staudinger/*Rapp*, Einl. zum WEG, Rz. 5 ff.; zuletzt BGH v. 14.6.2007 – V ZB 18/07, NJW 2007, 2547.
4 Etwa RGRK-BGB/*Augustin* § 1 WEG, Rz. 8.
5 So bereits *Bärmann*, NJW 1989, 1057; MünchKomm-BGB/*Röll*, Vor § 1 WEG, Rz. 21.
6 *Pick* in Bärmann/Pick, Einl. Rz. 8.

(oder zu errichtenden) Gebäudes eingeräumt wird (§ 3 Abs. 1). Folgerichtig bezeichnet § 6 Abs. 1 das Sondereigentum als zu dem Miteigentum gehörend. Werden die Sondereigentumsrechte aufgehoben, verbleibt es beim Miteigentum i.S.d. §§ 1008 ff. BGB (vgl. § 4 Rz. 23). Die Verbindung von Sondereigentum und gemeinschaftlichem Eigentum bedeutet mithin die Stärkung des Miteigentums am (eigenen) Sondereigentum und die Schwächung des Miteigentums an dem Sondereigentum der anderen Miteigentümer[1].

9 Wohnungs- und Teileigentum ist danach zunächst als **modifiziertes Miteigentum** aufzufassen. Modifiziert deshalb, weil bei Wohnungseigentum zunächst die Vorschriften des WEG Anwendung finden und nach § 10 Abs. 2 Satz 1 WEG erst bei Fehlen einer Regelung im WEG die Vorschriften über die Gemeinschaft (§§ 741 ff. BGB) greifen.

b) Folgen für die Praxis

10 Aus der oben genannten Bewertung des Wohnungs- und Teileigentums als echtes Eigentum ergibt sich Folgendes:

11 Der Wohnungseigentümer hat im Hinblick auf sein Sondereigentum **Alleinbesitz**, ihm stehen **Besitzschutzansprüche** und, im Hinblick auf seine Eigentümerstellung, auch die **Ansprüche aus §§ 985**, 1004 BGB zu. Hinsichtlich des gemeinschaftlichen Eigentums bestehen die Ansprüche aus § 1011 BGB.

12 Wohnungseigentum ist **veräußerlich**[2]. Mit der Veräußerung gehen die Anteile am **Gemeinschaftsvermögen** auf den Erwerber über, ohne dass dies einer gesonderten Erklärung bedarf oder abweichende Vereinbarungen zwischen Veräußerer und Erwerber möglich wären. Der schuldrechtliche Veräußerungs- und Erwerbsvertrag muss notariell beurkundet werden (§ 311b BGB). Der dingliche Vollzug bedarf der **Auflassung** nach § 925 BGB und der Eintragung im Grundbuch nach § 873 BGB.

13 Bei der Veräußerung und Belastung von Wohnungs- und Teileigentum in einem förmlich festgelegten Sanierungsgebiet bedarf es der **sanierungsrechtlichen Genehmigung** nach § 144 BauGB, auch wenn das Wohnungseigentum in diesem Zusammenhang nicht gesondert erwähnt ist[3]. Der **Erwerb** von Wohnungseigentum stellt ferner einen Eigentumserwerb an einem „Grundstück" i.S.v. § 1 Abs. 1 und § 2 GrEStG dar. Dass der Erwerb des Wohnungseigentums auch zugleich die **Mitgliedschaft** an einer **Personenvereinigung** vermittelt (Rz. 17), ändert daran nichts. Der Nießbrauch an Wohnungseigentum ist der Nießbrauch an einer Sache und nicht etwa, wie der Nießbrauch an einer Gesellschaftsbeteiligung, ein Nießbrauch an einem Recht[4].

---

1 RGRK-BGB/*Augustin* § 1 WEG, Rz. 9.
2 Zur unentgeltlichen Überlassung von Wohnungseigentum an einen Minderjährigen vgl. etwa BGH v. 9.7.1980 – V ZB 16/79, NJW 1981, 109 = BGHZ 78, 28.
3 LG Berlin v. 9.6.1995 – 85 T 136/95, Rpfleger 1996, 342; *Schöner/Stöber*, Grundbuchrecht, Rz. 3890; das gesetzliche Vorkaufsrecht der Gemeinde nach § 24 BauGB gilt zwar auch für den Verkauf von Miteigentumsanteilen, dagegen aufgrund ausdrücklicher Anordnung in § 24 Abs. 2 BauGB nicht für den „Kauf von Rechten nach dem WEG".
4 BGH v. 7.3.2002 – V ZB 24/01, NJW 2002, 1647.

Wohnungseigentum ist in gleicher Weise wie ein Grundstück **belastbar**, etwa 14
mit Grundpfandrechten (vgl. § 1114 BGB) und Vormerkungen (aber nicht hinsichtlich des Anspruchs auf Einräumung von Gemeinschaftseigentum an einer einzelnen Wohnung[1]); bei Dienstbarkeiten gilt Folgendes: Wohnungs- und Teileigentum kann herrschendes Grundstück (§ 1018 BGB), aber auch dienendes Grundstück einer **Grunddienstbarkeit** sein[2]. Als dienendes Grundstück kommt Wohnungseigentum aber nur dann in Betracht, wenn die Belastung sich auf die rechtlichen und tatsächlichen Befugnisse beschränkt, die dem jeweiligen Sondereigentümer allein zustehen[3].

Das Wohnungseigentum kann Gegenstand der **Immobiliarvollstreckung** 15
(Zwangsversteigerung, Zwangsverwaltung und Zwangshypothek) sein. Eine Vollstreckung in das **Verwaltungsvermögen** wegen Forderungen gegen den einzelnen Wohnungseigentümer ist nicht zulässig[4]. Zur Frage der **Pfändung des Verwaltungsvermögens** wegen Forderungen gegen den Wohnungseigentümer oder die Gemeinschaft, vgl. § 10 Rz. 105 ff., § 11 Rz. 16 ff. Zur Unzulässigkeit der Aufhebungsklage und der Pfändung des Aufhebungsanspruchs, § 11 Rz. 3 ff.

3. Das gesellschaftsrechtliche Element beim Wohnungs- und Teileigentum

Mit § 10 Abs. 6 Satz 1 und 2 WEG und der darin enthaltenen ausdrücklichen 16
Anerkennung der Eigentümergemeinschaft als **teilrechtsfähige Vereinigung** ist nunmehr auch gesetzlich anerkannt, dass das Wohnungseigentum „mehr" ist, als eine besondere Form des Bruchteilseigentums, auf das die Vorschriften des WEG und ergänzend die über die Gemeinschaft (§ 10 Abs. 2 Satz 1 WEG i.V.m. §§ 741 ff. BGB) anwendbar sind. Auf die sich daraus im Einzelnen ergebenden Konsequenzen wird näher in § 10 (dort Rz. 53 ff.) eingegangen.

Jeder Wohnungseigentümer ist zugleich Mitglied der Eigentümergemeinschaft 17
und damit auch Mitglied eines personenrechtlichen Verbands. Daneben besteht aber auch die Teilnahme an der **Bruchteilsgemeinschaft**, die ihre Daseinsberechtigung durch die Anerkennung der Teilrechtsfähigkeit nicht etwa verloren hat. Folglich bleiben die bisherigen Grundsätze des Wohnungseigentums, soweit nicht Teilrechtsfähigkeit vorliegt, weiterhin anwendbar. Der Gesetzgeber bringt diese Differenzierung zwischen **Bruchteilsgemeinschaft** und **teilrechtsfähiger Gemeinschaft** dadurch zum Ausdruck, dass die teilrechtsfähige Wohnungsgemeinschaft als „**Gemeinschaft der Wohnungseigentümer**" bezeichnet wird, während dort, wo die Teilrechtsfähigkeit nicht vorliegt, sondern die oder der Wohnungseigentümer nach den Grundsätzen der (modifizierten) Gemeinschaft aufgefasst werden, die Bezeichnung „**Wohnungseigentümer**" verwendet wird.

Ungeachtet der seit der Entscheidung des BGH[5] und der WEG-Novelle in der Literatur geführten Diskussion um die gesellschaftsrechtlichen Elemente der Wohnungseigentümergemeinschaft ist Wohnungseigentum aus Sicht des Woh-

---

1 BayObLG v. 7.2.2002 – 2Z BR 166/01, MittBayNot 2002, 189.
2 BGH v. 19.5.1989 – V ZR 182/87, NJW 1989, 2391 (auch zugunsten einer anderen Wohnung derselben Anlage); OLG Hamm v. 7.10.1980 – 15 W 187/80, Rpfleger 1980, 469.
3 OLG Hamm v. 10.1.2006 – 15 W 437/04.
4 AnwKomm-BGB/*Schultzky* § 10 WEG, Rz. 49.
5 BGH v. 2.6.2005 – V ZB 32/05, BGHZ 163, 154 = MDR 2005, 1156.

nungseigentümers zunächst und in erster Linie Eigentum. Die damit verbundenen Mitgliedschaftsrechte sind aus Sicht des Wohnungseigentümers in der Regel von untergeordneter Bedeutung.

4. Untrennbarkeit von Sondereigentum, Miteigentumsanteil und Verwaltungsvermögen

18 Die Verbindung von Sondereigentum und Miteigentumsanteil sowie die Beteiligung am Verwaltungsvermögen bilden ein **untrennbares Ganzes** und können nicht in ihre Bestandteile aufgelöst werden[1].

II. Begriffe

1. Wohnungseigentum (Abs. 2)

19 **Wohnungseigentum** ist nach § 1 Abs. 2 WEG das **Sondereigentum** an einer **Wohnung** i.V.m. dem **Miteigentumsanteil** an dem gemeinschaftlichen Eigentum, zu dem es gehört. Von dem **Teileigentum** unterscheidet es sich dadurch, dass Teileigentum an „nicht zu Wohnzwecken" dienenden Räumen begründet werden kann (nachf. Rz. 22). Maßgebend für die Unterscheidung ist nicht etwa die tatsächliche Nutzung, sondern die bauliche Ausgestaltung der Räume und die vorgenommene Zweckbestimmung in der Teilungserklärung. Die Einordnung als Wohnungs- oder Teileigentum hat dabei **dinglichen Charakter** und bedeutet damit zugleich die Festlegung des gesetzlichen Inhalts des Eigentums[2].

20 Eine gesetzliche Begriffsbestimmung für das Merkmal „**Wohnung**" enthält weder das WEG noch das BGB. Gewöhnlich wird die Wohnung als die Summe der Räume, welche die Führung eines Haushalts ermöglichen, aufgefasst[3]. Daher kann etwa an einer Toilette allein kein Wohnungseigentum begründet werden[4], auch wenn sie zu Wohnzwecken dienen mag. Zu dem sogen. Kellermodell s. Rz. 24. Für die Annahme einer Wohnung ist es daher erforderlich, dass eine **Haushaltsführung möglich** ist, wozu Wasserversorgung, Kochgelegenheit und Toilette vorhanden sein müssen[5]. Unproblematisch ist auch die Begründung von Wohnungseigentum an Doppelhaushälften oder sogar freistehenden Häusern als Ganzen[6]. Im Übrigen wird auf die Kommentierung zu § 5 verwiesen. Zur Abgeschlossenheit s. § 3 Rz. 21 ff.

21 Der Begriff „Wohnung" setzt den Begriff eines Gebäudes voraus. Zum Zeitpunkt der Begründung von Wohnungseigentum muss das **Gebäude** (§ 3) noch nicht fertig gestellt sein, es muss noch nicht einmal mit dem Bau begonnen sein. Wohnungseigentum kann auch aufgrund des genehmigten und mit der Abgeschlossenheitsbescheinigung versehenen Bauplans begründet werden.

---

1 BGH v. 14.6.2007 – V ZB 18/07, NJW 2007, 2547.
2 Staudinger/*Rapp* § 1 WEG, Rz. 1.
3 *Hügel* in Würzburger Notarhandbuch, S. 877; Palandt/*Bassenge* § 1 WEG, Rz. 2.
4 OLG Düsseldorf v. 4.2.1976 – 3 W 315/75, NJW 1976, 1458; *Pick* in Bärmann/Pick § 1, Rz. 2 m.w.N.
5 OLG Hamm v. 11.6.1986 – 15 W 452/85, Rpfleger 1986, 374.
6 BGH v. 3.4.1968 – V ZB 14/67, BGHZ 50, 56 – die konstruktiven Teile können jedoch kein Sondereigentum sein.

2. Teileigentum (Abs. 3)

Teileigentum ist das Sondereigentum an den Räumen, die **nicht** zu **Wohnzwecken** dienen, i.V.m. dem Miteigentumsanteil an dem gemeinschaftlichen Eigentum, zu dem das Sondereigentum gehört (Abs. 3). Mit dieser **negativen Inhaltsbestimmung** ist bei Teileigentum jede, nicht wohnungsmäßige Nutzung denkbar. Teileigentum wird in der Regel dort gebildet, wo das Gebäude allein **gewerblichen Zwecken** dienen soll, etwa Bürogebäuden oder aber eine **gemischte Nutzung** vorgesehen ist, wie etwa bei Ladengeschäften im Erdgeschoss und Wohnraumnutzung in den darüber liegenden Geschossen. Anders als bei Wohnungseigentum ist das Vorhandensein einer Toilette oder Waschgelegenheit hier nicht erforderlich[1]. Daher kann Teileigentum etwa auch an einem Hotelzimmer begründet werden, selbst wenn zur Nutzung weitere Einrichtungen eines Hotels, etwa der Frühstücksraum, erforderlich sind[2].

22

3. Gemischtes Wohnungs- und Teileigentum

Neben der häufiger vorkommenden gemischten Nutzung einer Wohnungseigentumsanlage für Wohn- und andere Nutzungszwecke ist auch die **gemischte Nutzung** einer Sondereigentumseinheit[3] möglich und auch im Grundbuch einzutragen, wenn eine Nutzung sowohl zu Wohnzwecken als auch zu anderen Zwecken in der Teilungserklärung bestimmt ist.

23

4. Zweckbestimmmungswidriger Gebrauch

Nach § 15 WEG können die Wohnungseigentümer den Gebrauch des Sondereigentums regeln. Liegt eine solche Regelung, etwa die Bestimmung zur Nutzung als Ferienwohnung oder für betreutes Wohnen[4], nicht vor, stellt sich die Frage, ob die in der Teilungserklärung vorgenommene Bestimmung als Wohnungseigentum bereits dann zu einer **zweckwidrigen Verwendung** führt, wenn das Wohnungseigentum für gewerbliche Zwecke genutzt und umgekehrt Teileigentum für Wohnzwecke genutzt wird. Dies ist zu bejahen[5]. Eine zweckwidrige Nutzung einer Wohnung für gewerbliche Zwecke oder umgekehrt kann zu Unterlassungsansprüchen der anderen Wohnungseigentümer führen. Allerdings ist zu beachten, dass hierfür eine Beeinträchtigung erforderlich ist. Bei Teileigentum ist der Gebrauch als Wohnung grundsätzlich unzulässig[6]. Etwas anderes kann gelten, wenn die Zweckbestimmung des Teileigentums einen Gebrauch zulässt, der nicht weniger störend ist, als der Gebrauch zu Wohnzwecken[7].

24

---

1 Palandt/*Bassenge* § 1 WEG, Rz. 3.
2 Abweichend LG Halle v. 2.3.2004 – 2 T 78/03, NotBZ 2004, 242; wie hier etwa *Häublein*, NotBZ 2004, 243, *Böttcher*, Rpfleger 2005, 649.
3 Staudinger/*Rapp* § 1 WEG, Rz. 11.
4 Zu den Grenzen vgl. BGH v. 13.10.2006 – V ZR 289/05 (Betreutes Wohnen).
5 BayObLG v. 10.11.2004 – 2Z BR 169/04, FGPrax 2005, 11 = NZM 2005, 263.
6 BayObLG v. 7.7.2004 – 2Z BR 89/04, ZMR 2004, 925 = BayObLGR 2005, 47; OLG Zweibrücken v. 14.12.2005 – 3 W 196/05, MDR 2006, 744 (Nutzung eines als Keller bezeichneten Teileigentums als Wohnung).
7 BayObLG v. 10.11.2004 – 2Z BR 169/04, FGPrax 2005, 11 = NZM 2005, 263.

5. Umwandlung von Wohnungseigentum in Teileigentum und umgekehrt

25 Die **Umwandlung** des Wohnungseigentums in Teileigentum und umgekehrt ist eine Gebrauchsregelung i.S.d. § 15 WEG und erfordert die Vereinbarung durch alle Eigentümer[1] (dazu § 15 Rz. 5). Ob die Eintragung der **Zweckänderung** im Grundbuch zur Wirksamkeit erforderlich ist oder ob die Eintragung nur zur Herbeiführung der Wirkungen des § 10 Abs. 3 erforderlich ist, ist streitig (vgl. § 10 Rz. 24). Möglich ist auch eine vorweggenommene Zustimmung zur Umwandlung, die stillschweigend erfolgen kann, etwa durch (ausdrückliche) Zustimmung zu Umbaumaßnahmen, wie dem Umbau des im Teileigentum stehenden Speichers zu Wohnzwecken[2].

6. Gemeinschaftliches Eigentum

a) Grundsatz

26 Nach § 1 Abs. 5 ist gemeinschaftliches Eigentum das Grundstück sowie alle Teile, Anlagen und Einrichtungen des Gebäudes, die **nicht** im **Sondereigentum** oder im Eigentum eines Dritten stehen. Eine gesetzliche Definition des Begriffs „Sondereigentum" fehlt. Der Begriff lässt sich jedoch aus der Gegenüberstellung zum gemeinschaftlichen Eigentum erklären[3]. Gegenstand des Sondereigentums sind die durch Vertrag oder Teilungserklärung bestimmten Räume sowie die dazu gehörenden Bestandteile des Gebäudes, die verändert, beseitigt oder eingefügt werden können, ohne dass dadurch das gemeinschaftliche Eigentum unzulässig beeinträchtigt oder die äußere Gestaltung des Gebäudes verändert wird (§ 5 Abs. 1). Damit kann gemeinschaftliches Eigentum als all das aufgefasst werden, was nicht Sondereigentum ist. Dabei besteht eine Vermutung für das Gemeinschaftseigentum[4].

b) Gemeinschaftlicher Gebrauch

27 **Gemeinschaftliches Eigentum** sind zunächst alle Teile, Anlagen und Einrichtungen des Gebäudes, die zwingend dem **gemeinschaftlichen Gebrauch** dienen. Dies sind etwa Bestandteile des Gebäudes, die für die Sicherheit und Standfestigkeit des Gebäudes erforderlich sind, Treppenaufgänge in Mehrfamilienhäusern, Zufahrtswege usw. (vgl. im Einzelnen § 5 Rz. 22 ff.).

Zum gemeinschaftlichen Eigentum gehören weiterhin die Sondernutzungsrechte i.S.d. §§ 15 Abs. 1, 10 Abs. 3.

---

1 Vgl. etwa BGH v. 26.9.2003 – V ZR 217/02, DNotZ 2004, 145 = MDR 2004, 84; *Armbrüster*, ZMR 2005, 244; OLG Celle v. 30.5.2000 – 4 W 53/00, ZWE 2001, 33, zur Frage, ob ein neuer Aufteilungsplan erforderlich ist, vgl. OLG Bremen v. 27.11.2001 – 3 W 52/01, ZWE 2002, 184 = NZM 2002, 610 (verneinend).
2 BayObLG v. 23.3.2000 – 2Z BR 167/99, ZWE 2000, 467 = ZMR 2000, 468.
3 *Hügel* in Bamberger/Roth § 1 WEG, Rz. 7; *Merle* in Bärmann/Pick/Merle § 1 WEG, Rz. 10.
4 BGH v. 3.11.1989 – V ZR 143/87, BGHZ 109, 179 = NJW 1990, 447.

aa) Das Grundstück

Das Grundstück steht (zwingend) im Eigentum der Gemeinschaft der Wohnungseigentümer. Zum gemeinschaftlichen Eigentum gehören damit auch die Früchte des Grundstücks, also etwa das Obst der Gartenbäume (§ 953 BGB). 28

Ein Wohnungseigentümer kann nicht vom Miteigentum an dem Grundstück ausgeschlossen sein. Grundstück in diesem Sinne ist das Grundstück i.S.d. GBO (§ 3 Abs. 1 GBO), mithin auch die unbebaute Fläche des Grundstücks. Soll auf mehreren Grundstücken (Flurstücken), die im Grundbuch nicht unter einer laufenden Nummer eingetragen sind, eine Wohnungseigentumsanlage errichtet werden, so müssen diese Grundstücke gem. § 890 Abs. 1 BGB vereinigt werden[1] oder ein Grundstück dem anderen als Bestandteil zugeschrieben werden (§ 890 Abs. 2 BGB)[2]. Die Vereinigung setzt nicht zwingend voraus, dass die zu vereinigenden Grundstücke aneinander angrenzen müssen, sie müssen jedoch demselben Eigentümer gehören (§ 5 GBO). Die Verbindung von Sondereigentum mit Miteigentum an mehreren Grundstücken ist aufgrund ausdrücklicher Anordnung in § 1 Abs. 4 BGB ausgeschlossen[3]. Eine katastermäßige Verschmelzung der Grundstücke ist in keinem Falle erforderlich. Die Buchung im gleichen Grundbuchblatt genügt jedoch nicht.

bb) Überbau

Besondere Probleme stellen sich dann, wenn Wohnungseigentum Gegenstand eines Überbaus ist. Handelt es sich um einen entschuldigten (§ 912 BGB) oder rechtmäßigen Überbau, gilt der Überbau als wesentlicher Bestandteil des Stammgrundstücks (§§ 93 f. BGB). Dem steht auch Abs. 4 nicht entgegen[4]. Kein Wohnungseigentum kann hingegen bei unrechtmäßigem Überbau auf dem überbauten Grundstück entstehen[5], sodass eine Realteilung des Gebäudes auf der Grundstückslinie erfolgt. 29

Nach §§ 93 f. BGB ist der Eigentümer des Grundstücks auch der des darauf errichteten Gebäudes. Dies gilt auch für den Überbau bei Wohnungseigentum. 30

cc) Veräußerung von realen Teilen des gemeinschaftlichen Eigentums

Eine Verfügung über reale Teile des gemeinschaftlichen Grundstücks kann nur von allen Wohnungseigentümern insgesamt durch Auflassung vorgenommen werden (§ 10 Abs. 2 Satz 1 i.V.m. § 747 Satz 2 BGB). Die Eintragung einer Auflassungsvormerkung hat dabei auf allen Wohnungsgrundbüchern gleichzeitig zu erfolgen[6]. Sofern auf der abzutrennenden Fläche Sondereigentum besteht, 31

---

1 OLG Saarbrücken v. 29.6.1988 – 5 W 143/88, Rpfleger 1988, 479.
2 MünchKomm-BGB/*Commichau* § 1 WEG, Rz. 18.
3 Zur Problematik bei Wohnungseigentumsanlagen die vor Schaffung des § 1 Abs. 4 auf mehreren Grundstücken errichtet wurde, vgl. etwa Staudinger/*Rapp* § 1 WEG, Rz. 28.
4 Etwa AnwKomm-BGB/*Heinemann* § 1 WEG, Rz. 6.
5 OLG Hamm v. 28.11.1983 – 15 W 172/83, OLGZ 1984, 54; Palandt/*Bassenge* § 1 WEG, Rz. 7.
6 Staudinger/*Rapp* § 1 WEG, Rz. 38; dort auch zu abweichenden Auffassungen bei Verfügungen über Straßengrund.

muss dieses zunächst aufgehoben werden[1]. Zur Zustimmung dinglich Berechtigter, vgl. § 5 Rz. 72 ff.

7. Verwaltungsvermögen, sonstiges Vermögen

32 Nicht zum gemeinschaftlichen Eigentum zählt hingegen aufgrund der ausdrücklichen Anordnung in § 10 Abs. 7 das Verwaltungsvermögen der Gemeinschaft, da ansonsten diese Vorschrift überflüssig wäre. Entsprechendes gilt für sonstiges gemeinschaftliches Vermögen, wie etwa Gartengerätschaften. Das Verwaltungsvermögen „gehört" nach dieser Vorschrift der Gemeinschaft der Wohnungseigentümer. Seine Verwendung sowie Fragen der Sonderrechtsnachfolge, Pfändung usw. sind in § 10 Abs. 7 geregelt (vgl. im Einzelnen § 10 Rz. 83 ff.). Frühere Auffassungen, die dieses Vermögen den § 741 ff. BGB oder den Regelungen über gemeinschaftliches Eigentum nach § 1 Abs. 5 WEG unterwerfen wollten[2], sind damit überholt.

---

[1] LG Düsseldorf, MitRhNotK 1980, 77.
[2] Vgl. etwa MünchKomm-BGB/*Commichau* § 1 WEG, Rz. 35 m.w.N.

1. Abschnitt
Begründung des Wohnungseigentums

§ 2

Arten der Begründung

Wohnungseigentum wird durch die vertragliche Einräumung von Sondereigentum (§ 3) oder durch Teilung (§ 8) begründet.

Inhaltsübersicht

	Rz.		Rz.
I. Begründungsmöglichkeiten	1	II. Dingliche Belastung	12
1. Begründung des Wohnungseigentums durch vertragliche Einräumung nach § 3	5	III. Vorkaufsrechte	13
		1. Nach dem BauGB	13
		2. Nach § 577 BGB	14
2. Begründung des Wohnungseigentums durch Teilung nach § 8	8	IV. Begründungsmängel	15
3. Kombination beider Arten der Begründung	11		

Schrifttum: *Abramenko*, Nochmals zu Aufteilungsplan und abweichender Bauausführung, ZMR 1998, 741; *Streblow*, Änderungen von Teilungserklärungen nach Eintragung der Aufteilung in das Grundbuch, MittRhNotK 1987, 141.

I. Begründungsmöglichkeiten

Die Vorschrift benennt zwei Möglichkeiten der Begründung von Wohnungseigentum, zum einen durch vertragliche Einräumung nach § 3, zum anderen durch Teilung nach § 8. Die **Begründungsurkunde** hat dabei in der Regel neben den in § 2 genannten dinglichen Begründungsakten (die „Teilungserklärung") auch einen schuldrechtlichen Vereinbarungsteil (die „Gemeinschaftsordnung"). 1

Die Vorschrift enthält einen numerus clausus der Begründungsmöglichkeiten. Ausgeschlossen ist damit insbesondere eine Begründung von Sondereigentum in der Form des Wohnungseigentums durch eine **Verfügung von Todes wegen**[1]. Der Erblasser hat jedoch die Möglichkeit, durch **Teilungsanordnung** nach § 2048 BGB, **Vermächtnis** oder **Auflage** nach § 2192 BGB die Erben zur Bestellung von Wohnungseigentum zu verpflichten[2], dies hat jedoch lediglich schuldrechtliche Wirkung[3] und macht eine vertragliche Einräumung nach § 3 nicht überflüssig. 2

Ausgeschlossen ist ferner die Begründung von Wohnungseigentum durch **richterliche Anordnung** nach der HausratsVO[4].

---
1 Palandt/*Bassenge* § 2 WEG, Rz. 1.
2 Soergel/*Stürner* § 2 WEG, Rz. 3; AnwKomm-BGB/*Heinemann* § 2 WEG, Rz. 1.
3 Weitnauer/*Weitnauer* § 2, Rz. 2; *Hügel* in Bamberger/Roth § 2 WEG, Rz. 3.
4 AnwKomm-BGB/*Heinemann* § 2 WEG, Rz. 1; BGB-RGRK/*Augustin* § 2 WEG, Rz. 4; Soergel/*Stürner* § 2 WEG, Rz. 5.

3 Die Begründung von Wohnungseigentum sowohl nach § 3 als auch nach § 8 setzt nach dem gesetzlichen Wortlaut nicht voraus, dass das betreffende Gebäude bereits errichtet ist. Ist das Gebäude noch nicht errichtet, ist der Miteigentumsanteil an dem Grundstück mit den **Anwartschaften** für das künftige Gemeinschafts- und Sondereigentum verbunden[1]. Auch eine **Vermietung** der Wohnungseinheiten, an denen Sondereigentum entstehen soll, steht einer Begründung des Sondereigentums nicht entgegen. Eine Begrenzung der Anzahl der Wohnungseinheiten einer Anlage besteht nicht[2].

4 Bei Vollzug der Teilung im Grundbuch wird das Grundstücksgrundbuch geschlossen und an seine Stelle treten **Wohnungseigentumsgrundbücher**.

1. Begründung des Wohnungseigentums durch vertragliche Einräumung nach § 3

5 Die Begründung von Wohnungseigentum durch vertragliche Einräumung nach § 3 erfolgt in der Weise, dass sich mehrere Miteigentümer gegenseitig vertraglich Sondereigentum einräumen, wobei für diesen dinglichen Vertrag die Formvorschrift des § 4 Abs. 2 WEG i.V.m. § 925 BGB gilt. Vorausgesetzt wird damit, dass das Grundstück im Miteigentum mehrerer Personen steht, d.h. bereits formgerecht Miteigentum an dem Grundstück gebildet wurde[3]. Liegt **Gesamthandseigentum** vor, muss dieses zunächst in Bruchteilseigentum umgewandelt werden, und zwar durch Auflassung und Eintragung[4] (vgl. § 3 Rz. 6). Das Miteigentum kann jedoch gleichzeitig mit dem Sondereigentum begründet werden, also mit der Einräumung des Sondereigentums zeitlich verbunden werden[5]. Eine praktische Bedeutung erlangt die vertragliche Einräumung nach § 3 bei den sog. „**Bauherrenmodellen**"[6]. Bei der vertraglichen Einräumung nach § 3 entsteht eine vollgültige Wohnungseigentümergemeinschaft mit Begründung des Wohnungseigentums durch Grundbucheintragung[7]. Eine sog. **werdende (faktische) Wohnungseigentümergemeinschaft** (dazu § 8 Rz. 22) kommt nach überwiegender Ansicht bei der Begründung von Wohnungseigentum nach § 3 nicht in Betracht[8].

6 Praktische Relevanz erlangt die vertragliche Einräumung von Wohnungseigentum auch für den Fall, dass eine **Erbengemeinschaft** durch Teilung in Natur nach den §§ 2042 Abs. 2, 752 BGB aufgehoben werden soll. So bietet die vertragliche Begründung nach § 3 (nach vorheriger Schaffung von Bruchteilseigentum) den Miterben eine Möglichkeit zur Auseinandersetzung hinsichtlich des Grund-

---

1 AnwKomm-BGB/*Heinemann* § 2 WEG, Rz. 2 m.w.N.; bei der Berechnung der stimmberechtigten Wohnungsanteile sind noch nicht errichtete Wohnungen jedoch zu berücksichtigen, OLG Hamm v. 10.11.2005 – 15 W 256/2005.
2 Weitnauer/*Weitnauer* § 2, Rz. 4.
3 BGB-RGRK/*Augustin* § 2 WEG, Rz. 1.
4 Soergel/*Stürner* § 3 WEG, Rz. 2.
5 BGB-RGRK/*Augustin* § 4 WEG, Rz. 1; Soergel/*Stürner* § 4 WEG, Rz. 2.
6 Ausführlich dazu: Weitnauer/*Weitnauer*, Anh. zu § 3.
7 AnwKomm-BGB/*Heinemann* § 2 WEG, Rz. 2 m.w.N.; a.A. etwa BGB-RGRK/*Augustin* § 8 WEG, Rz. 37.
8 *Pick* in Bärmann/Pick Vor § 43, Rz. 2 m.w.N.; BayObLG v. 20.4.2000 – 2Z BR 22/00.

vermögens durch Begründung von Wohnungseigentum[1], jedoch nur, sofern dies freiwillig erfolgt[2]. Eine Begründung von Wohnungseigentum durch **gerichtliches Teilungsurteil** im Rahmen der Auseinandersetzung einer Erbengemeinschaft ist hingegen unzulässig[3]. Nach zum Teil vertretener Ansicht soll dies ausnahmsweise dann möglich sein, wenn nach dem Grundsatz von Treu und Glauben eine Naturalteilung nach dem WEG erforderlich ist[4].

Wegen der weiteren Einzelheiten der Begründung von Sondereigentum durch vertragliche Einräumung wird auf die Ausführungen zu § 3 verwiesen. 7

2. Begründung des Wohnungseigentums durch Teilung nach § 8

Die Begründung von Wohnungseigentum durch Teilung nach § 8 setzt das Bestehen von Alleineigentum an dem Grundstück voraus. Die Begründung des Wohnungseigentums erfolgt durch einseitige **Teilungserklärung** des Eigentümers gegenüber dem Grundbuchamt in der Form des § 29 GBO und hat sich in der Praxis zum Regelfall entwickelt. Eine **Wohnungseigentümergemeinschaft** kann im Falle der Teilung nach § 8 jedoch solange nicht zur Entstehung gelangen, wie der teilende Eigentümer alleiniger Eigentümer aller Wohnungseinheiten bleibt, woran auch der Umstand, dass für die Erwerber bereits eine Auflassungsvormerkung eingetragen und eine Besitzübergabe an diese erfolgt ist, nichts ändert[5]. Allerdings kommt es in diesen Fällen zur Entstehung einer sog. **werdenden (faktischen) Wohnungseigentümergemeinschaft**. 8

Die Begründung von Wohnungseigentum durch eine **Erbengemeinschaft** im Wege der Teilung nach § 8 kann nur dann erfolgen, wenn die Wohnungs- und Teileigentumsrechte, die durch die Aufteilung entstehen, im Eigentum der Erbengemeinschaft verbleiben. Soll hingegen jeder Miterbe ein oder mehrere Wohnungseigentumsrechte zu Allein- oder Miteigentum erhalten, also eine Teilung zur Auseinandersetzung der Erbengemeinschaft erfolgen, setzt dies neben der Aufteilung in Wohnungseigentum nach § 8 in jedem Fall eine vertragliche Einräumung nach § 3 durch eine Einigung in Form der Auflassung voraus[6] (zur Kombination beider Begründungsmöglichkeiten auch nachfolgend Rz. 11). 9

Soll die Teilung nach § 8 durch eine **Personengesellschaft** erfolgen, hat dies zur Voraussetzung, dass die entstehenden Wohnungs- und Teileigentumsrechte der Gesellschaft nach der Aufteilung zum Alleineigentum zustehen[7]. 10

---

1 BGB-RGRK/*Augustin* § 2 WEG, Rz. 2. Zur Auseinandersetzung durch Begründung von Wohnungseigentum gemäß einer Teilungsanordnung des Erblassers, wenn unter den Erben Streit über die Ausgestaltung der Gemeinschaftsordnung besteht: BGH v. 17.4.2002 – IV ZR 226/00, NJW 2002, 2712.
2 Weitnauer/*Weitnauer* § 2, Rz. 1.
3 Palandt/*Bassenge* § 2 WEG, Rz. 1; Weitnauer/*Weitnauer* § 2, Rz. 1; OLG München v. 20.10.1952 – 5 W 1415/52, NJW 1952, 1297.
4 Soergel/*Stürner* § 2 WEG, Rz. 5.
5 Staudinger/*Rapp* § 2 WEG, Rz. 2.
6 MünchKomm-BGB/*Commichau* § 2 WEG, Rz. 9.
7 MünchKomm-BGB/*Commichau* § 2 WEG, Rz. 10.

3. Kombination beider Arten der Begründung

11 Zulässig ist die Verbindung der Begründungsmöglichkeiten nach § 3 und § 8. Wird zunächst Wohnungseigentum durch vertragliche Einräumung nach § 3 gebildet und dabei vereinbart, dass ein Miteigentumsanteil mit mehreren Sondereigentumsrechten (z.B. an mehreren in sich abgeschlossenen Wohnungen) verbunden sein soll, so kann dessen Eigentümer diese dann durch einseitige Teilungserklärung nach § 8 in selbständige Wohnungseigentumsrechte teilen und damit neue Wohnungseigentumsrechte schaffen[1].

II. Dingliche Belastung

12 Die Bildung von Wohnungseigentum wird nicht dadurch behindert, dass das Grundstück dinglich belastet ist bzw. eine gleichartige Belastung aller Miteigentumsanteile vorliegt. Aus dem zunächst einheitlichen Grundpfandrecht entsteht ein wirtschaftlich gleichwertiges Gesamtpfandrecht an den Wohnungseigentumsrechten[2] (vgl. im Einzelnen § 3 Rz. 11 ff.).

III. Vorkaufsrechte

1. Nach dem BauGB

13 Wie sich aus § 24 Abs. 2 BauGB ergibt, besteht weder bei der Begründung noch bei der Veräußerung von Wohnungseigentum ein **gemeindliches Vorkaufsrecht**.

2. Nach § 577 BGB

14 Bei vermieteten Wohnräumen, an denen nach der Gebrauchsüberlassung an den Mieter Wohnungseigentum begründet worden ist oder begründet werden soll, steht dem Mieter im Verkaufsfall ein **gesetzliches Vorkaufsrecht** aus § 577 BGB zu. Ferner bestehen Kündigungsbeschränkungen nach § 577a BGB gegenüber dem Mieter[3].

IV. Begründungsmängel

15 Die Begründung von Wohnungseigentum, sei es durch einander korrespondierende Willenserklärungen im Rahmen der vertraglichen Einräumung nach § 3 oder durch einseitige, gegenüber dem Grundbuchamt abzugebende empfangsbedürftige Willenserklärung des Alleineigentümers nach § 8, unterliegt den Bestimmungen über Willenserklärungen nach den §§ 104 ff. BGB, insbesondere den Regelungen über Willensmängel. Liegen Mängel unmittelbar bei der Begründung des Wohnungseigentums nach § 3 oder § 8 vor, haben diese die Nichtigkeit der vertraglichen Vereinbarung bzw. der Teilungserklärung zur Folge[4].

Dies gilt insbesondere für die Fälle der mangelnden **Geschäftsfähigkeit**, der Nichteinhaltung der erforderlichen Form (z.B. nach §§ 4 Abs. 2 Satz 1 i.V.m.

---

1 Soergel/*Stürner* § 2 WEG, Rz. 2.
2 Erman/*Grziwotz* § 2 WEG, Rz. 5; *Hügel* in Bamberger/Roth § 4 WEG, Rz. 6.
3 AnwKomm-BGB/*Heinemann* § 2 WEG, Rz. 6.
4 AnwKomm-BGB/*Heinemann* § 2 WEG, Rz. 7.

§ 925 BGB)[1] und im Fall der **Anfechtung** der abgegebenen Willenserklärungen, die insoweit eine Erklärung gegenüber allen Wohnungseigentümern erfordert[2]. Eine **Heilung** der Mängel, die unmittelbar beim Begründungsakt auftreten, tritt jedoch **insgesamt** dann ein, wenn **ein** Erwerber gutgläubig Wohnungseigentum erwirbt, denn dieses kann nicht nur an einer Wohnung entstehen[3].

§ 3
Vertragliche Einräumung von Sondereigentum

(1) Das Miteigentum (§ 1008 des Bürgerlichen Gesetzbuches) an einem Grundstück kann durch Vertrag der Miteigentümer in der Weise beschränkt werden, dass jedem der Miteigentümer abweichend von § 93 des Bürgerlichen Gesetzbuches das Sondereigentum an einer bestimmten Wohnung oder an nicht zu Wohnzwecken dienenden bestimmten Räumen in einem auf dem Grundstück errichteten oder zu errichtenden Gebäude eingeräumt wird.

(2) Sondereigentum soll nur eingeräumt werden, wenn die Wohnungen oder sonstigen Räume in sich abgeschlossen sind. Garagenstellplätze gelten als abgeschlossene Räume, wenn ihre Flächen durch dauerhafte Markierungen ersichtlich sind.

(3) *weggefallen*

Inhaltsübersicht

	Rz.		Rz.
I. Allgemeines	1	b) Dienstbarkeiten	14
1. Abweichung von § 93 BGB	2	c) Vorkaufsrechte	15
2. Praktische Bedeutung der Teilung nach § 3	3	3. Form der Erklärung nach § 3 WEG	16
II. Teilungsvereinbarung (Abs. 1)	4	4. Änderung bestehender Teilungserklärung und der Gemeinschaftsordnung	17
1. Miteigentum	5	5. Umwandlung von Gemeinschaftseigentum in Sondereigentum	19
a) Aufteilung durch Gesellschaften oder Gesamthandsgemeinschaften	6	III. Abgeschlossenheit (Abs. 2)	21
b) Quoten und Anteile	7	1. Allgemeines	21
c) Miteigentumsanteil ohne dazugehöriges Sondereigentum	10	2. Räume	23
2. Zustimmung Dritter zur Aufteilung	11	3. Garagen, Stellplätze, Terrassen und Ähnliches	24
a) Grundpfandrechte	12	IV. Kosten	25

Schrifttum: *Basty*, Vollmachten zur Änderung der Teilungserklärung/Gemeinschaftsordnung, NotBZ 1999, 233; *Herrmann*, Zum Vollzug der Veräußerung oder des Zuerwerbs

---
1 BGH v. 3.11.1989 – V ZR 143/87, BGHZ 109, 179 = NJW 1990, 447.
2 OLG Hamburg v. 4.3.2003 – 2 Wx 75/00, ZMR 2003, 525.
3 AnwKomm-BGB/*Heinemann* § 2 WEG, Rz. 7; BGH v. 3.11.1989 – V ZR 143/87, BGHZ 109, 179 = NJW 1990, 447; Palandt/*Bassenge* § 2 WEG, Rz. 2.

von in Wohnungs- oder Teileigentum aufgeteilten Teilflächen, DNotZ 1991, 607; *Gottwald/Schiffner*, Die Befreiungsvorschrift des § 7 GrEStG unter besonderer Berücksichtigung der Begründung und Aufhebung von Wohnungseigentum, MittBayNot 2006, 125; *A. Schäfer*, Von der Abstellkammer zum Fahrstuhl, Rpfleger 2001, 67; *F. Schmidt*, Balkone als Sondereigentum, MittBay 2001, 442; *J. Schmidt*, Die sukzessive Begründung von Wohnungseigentum bei Mehrhausanlagen, ZWE 2005, 58.

I. Allgemeines

1 Die Vorschrift gehört neben § 8 zu den zentralen Vorschriften über die Begründung von Wohnungseigentum. Während § 8 die **Begründung durch den (Allein-)Eigentümer** regelt, enthält § 3 die Voraussetzungen für die **Begründung durch (mehrere) Bruchteilsmiteigentümer**.

1. Abweichung von § 93 BGB

2 Die Vorschrift regelt für das Wohnungseigentum die **Ausnahme** vom Grundsatz des **§ 93 BGB**. Nach § 93 BGB können Bestandteile einer Sache, die voneinander nicht getrennt werden können, ohne dass die eine oder andere zerstört oder in seinem Wesen verändert werden, nicht Gegenstand besonderer Rechte sein. Demgegenüber gestattet § 3 Abs. 1, abweichend von § 93 BGB, dass **Sondereigentum an einer bestimmten Wohnung** oder an nicht zu Wohnzwecken dienenden Räumen eingeräumt werden kann. Der Grundsatz des § 94 Abs. 1 Satz 1 BGB, wonach das Gebäude wesentlicher Bestandteil des Grundstücks ist und daher als Ganzes nicht Gegenstand anderer als am Grundstück bestehender Rechte sein kann, wird jedoch durch § 3 WEG nicht beseitigt. Durch die Aufteilung werden die Miteigentumsanteile an dem Grundstück mit dem Sondereigentum an den abgeschlossenen Sondereigentumseinheiten verbunden.

2. Praktische Bedeutung der Teilung nach § 3

3 Die **praktische Bedeutung** der vertraglichen Aufteilung nach § 3 ist im Verhältnis zur Aufteilung nach § 8 eher gering. Die Aufteilung nach § 3 bietet sich etwa dann an, wenn bereits mit Gebäuden bebaute Grundstücke aufgeteilt werden sollen. Im Gegensatz zu § 8, wo der Eigentümer eine **einseitige Erklärung** zur Aufteilung vornimmt, setzt § 3 eine **Vereinbarung** der Miteigentümer voraus. Dies hat insbesondere die höhere Kostenfolge des § 36 Abs. 2 KostO zur Folge[1] (vgl. Rz. 25)

II. Teilungsvereinbarung (Abs. 1)

4 Sobald die Aufteilung durch mehrere Miteigentümer i.S.d. §§ 1008 ff. BGB vorliegt, handelt es sich um eine **Teilungsvereinbarung** i.S.d. § 3. Ob die Aufteilung entsprechend den bisherigen Miteigentumsanteilen erfolgt oder aber von den bis dahin bestehenden Miteigentumsanteilen abweicht, ist dabei unerheblich[2] (vgl. Rz. 7 ff.). Die Teilungsvereinbarung nach § 3 ändert durch die Einräumung von Wohnungseigentum das dingliche Recht des Miteigentümers und ist daher

---

[1] Im Einzelnen etwa *Kersten* in Zimmer/Kersten/Krause, Rz. 585 ff.
[2] MünchKomm-BGB/*Commichau* § 3 WEG, Rz. 4.

ein **dinglicher und nicht etwa ein schuldrechtlicher Vertrag**[1], der im Übrigen von der regelmäßig gleichzeitig vereinbarten Gemeinschaftsordnung, die schuldrechtlichen Charakter besitzt, zu unterscheiden ist, insbesondere kann insoweit § 10 Abs. 2 keine Anwendung finden.

1. Miteigentum

Unter Miteigentum i.S.d. § 3 ist allein das Bruchteilseigentum am Grundstück (§§ 1008 ff. BGB) zu verstehen.

5

a) Aufteilung durch Gesellschaften oder Gesamthandsgemeinschaften

Kein Miteigentum in diesem Sinne ist zunächst das Alleineigentum, auch nicht das einer Personengesellschaft, einer Gesellschaft bürgerlichen Rechts am Grundstück[2] oder das Alleineigentum einer Erbengemeinschaft. Sofern eine **Gesamthandsgemeinschaft** oder eine **Personengesellschaft** eine Aufteilung vornehmen will, bestehen zwei Möglichkeiten. Zunächst kann die Aufteilung nach § 8 vorgenommen werden (vgl. § 8 Rz. 4). Im Unterschied zur Begründung nach § 3 stehen dann alle neu gebildeten Wohnungseigentumsrechte den Beteiligten in dem gleichen Verhältnis zu, in dem sie bisher Eigentümer des Grundstücks waren. Möglich ist aber auch die **Umwandlung in Bruchteilseigentum** und Aufteilung nach § 3 durch die Bruchteilsmiteigentümer[3]. Die Bildung des Miteigentums muss aber im Zeitpunkt der Vereinbarung nach § 3 noch nicht im Grundbuch vollzogen sein, es genügt die Auflassung in der Teilungserklärung. Spätestens im Zeitpunkt der Anlegung der Wohnungsgrundbücher muss das Bruchteilseigentum jedoch vorhanden sein[4]. Wurde etwa die Bildung von Wohnungseigentum durch testamentarische Teilungsanordnung (§ 2042 BGB) bestimmt, hat die Erbengemeinschaft zunächst Miteigentum zu bilden und im Anschluss daran das Wohnungseigentum zu bilden[5]. Möglich ist auch eine Teilung durch die Erbengemeinschaft nach § 8 (mit späterer Auseinandersetzung).

6

b) Quoten und Anteile

§ 3 geht zunächst davon aus, dass das Wohnungseigentum den bereits bestehenden (oder gebildeten) Miteigentumsanteilen zugeordnet wird. Soll jedoch das Wohnungseigentum **veränderten Miteigentumsanteilen** zugeordnet werden, etwa die Zahl der Miteigentumsanteile verändert werden, z.B. Bildung von zwei Sondereigentumseinheiten (mit zwei Miteigentumsanteilen) bei vorherigem Miteigentum von je ¼, sind zunächst die Miteigentumsanteile auf die Zahl der geplanten Sondereigentumseinheiten zurückzuführen. Dies setzt eine Vereinbarung der Miteigentümer voraus, ein Vollzug im (zu schließenden) Grundbuch ist jedoch nicht erforderlich[6]. In den anzulegenden Wohnungsgrundbüchern werden die zusammengefassten Miteigentumsanteile eingetragen.

7

---

1 BGH v. 10.2.1983 – V ZB 18/82, NJW 1983, 1672.
2 MünchKomm-BGB/*Commichau* § 3 WEG, Rz. 6.
3 BGH v. 17.4.2002 – IV ZR 226/00, NJW 2002, 2712.
4 *Hügel* in Würzburger Notarhandbuch, S. 887.
5 BGH v. 17.4.2002 – IV ZR 226/00, NJW 2002, 2712.
6 BGH v. 10.2.1983 – V ZB 18/82, NJW 1983, 1672.

8 Sofern die **Miteigentumsanteile** sich gegenüber den zuvor bestehenden Quoten **ändern** sollen, bedarf es einer vorherigen Auflassung, die aber nicht vor der Anlegung der Wohnungsgrundbücher vollzogen werden muss (vgl. Rz. 6), die Bruchteilsmiteigentümer können die Quoten mithin beliebig bestimmen[1].

9 Für das Verhältnis des Miteigentumsanteils untereinander oder das Verhältnis der Größe der Nutzfläche des Sondereigentums zum damit verbundenen Miteigentum gibt es keine gesetzlichen Vorgaben, sodass auch hier grundsätzlich beliebige Vereinbarungen der Miteigentümer zulässig sind. Allerdings erscheint es im Hinblick auf die Kostenverteilung nach § 16 Abs. 2, das Stimmenverhältnis in der Eigentümerversammlung (sofern es sich abweichend vom Kopfprinzip des § 25 Abs. 2 nach dem Verhältnis der Miteigentumsanteile richtet) und die Erlösquote bei Aufhebung der Gemeinschaft (§§ 752, 753 BGB) ratsam, die Größe des Miteigentumsanteils an dem Verhältnis der Nutzfläche des Wohnungseigentums zur Gesamtnutzfläche aller Wohnungs- und Teileigentumseinheiten auszurichten. Bei grob unbilliger Aufteilung kann dem Wohnungseigentümer ausnahmsweise ein Anspruch aus § 242 BGB auf Anpassung der Miteigentumsanteile zustehen, wenn das Festhalten an dem gewählten Anteilen grob unbillig wäre[2]. Dagegen scheidet eine Anwendung von § 10 Abs. 2 Satz 3 aus, weil diese Vorschrift allein für **schuldrechtliche Vereinbarungen** gilt, hier aber eine dingliche Vereinbarung der Zuweisung der Anteile und des Sondereigentums zugrunde liegt (§ 10 Rz. 26 f.)[3].

c) Miteigentumsanteil ohne dazugehöriges Sondereigentum

10 Die vertragliche Vereinbarung eines **isolierten Miteigentumsanteils** am Grundstück ohne dazugehöriges Sondereigentum ist nicht möglich. Ein solcher isolierter Miteigentumsanteil kann aber ausnahmsweise kraft Gesetzes entstehen. Dies ist etwa dann möglich, wenn die Begründung von Sondereigentum an den gewählten Gebäudeteilen aus rechtlichen Gründen nicht möglich ist[4], oder aber das Sondereigentum wegen Widerspruchs zwischen wörtlicher Beschreibung und Aufteilungsplan nicht ermittelt werden kann[5]. In einem solchen Fall findet **keine Anwachsung** nach § 738 BGB statt, die Miteigentümer sind vielmehr verpflichtet, die Teilungserklärung in der Weise zu ändern, dass die isolierten Miteigentumsanteile beseitigt werden (dazu auch § 10 Rz. 26 ff.; § 11 Rz. 9)[6].

2. Zustimmung Dritter zur Aufteilung

11 Die Zustimmung dinglicher Berechtigter am aufzuteilenden Grundstück ist für die Bildung von Wohnungseigentum grundsätzlich **nicht erforderlich**, sofern die

---

1 BGH v. 18.6.1976 – V ZR 156/75, NJW 1976, 1976; ausf. DNotI-Report 2002, 81.
2 BGHZ 95, 137; AnwKomm-BGB/*Heinemann* § 3 WEG, Rz. 4 m.w.N., der zu Recht davon ausgeht, dass zunächst eine Änderung des Verteilungsschlüssels vorzunehmen wäre.
3 AnwKomm-BGB/*Heinemann* § 3 WEG, Rz. 4.
4 BGH v. 3.11.1989 – V ZR 143/87, NJW 1990, 447.
5 BGH v. 30.6.1995 – V ZR 11 118/94, NJW 1995, 2851.
6 BGH v. 30.6.1995 – V ZR 11 118/94, NJW 1995, 2851, im Zweifel ist der isolierte Miteigentumsanteil durch Vereinigung oder Zuschreibung auf die anderen Anteile zu übertragen.

dinglichen Rechte am gesamten Grundstück lasten[1]. Die Belastungen sind mit Anlegung der Wohnungsgrundbücher in alle Wohnungsgrundbücher zu übertragen[2]. Etwas anderes gilt dann, wenn die Belastung nur auf einem Miteigentumsanteil lastet (vgl. etwa § 1114 BGB).

a) Grundpfandrechte

Grundpfandrechte (§§ 1113 ff. BGB), die vor Vollzug der Teilung auf dem Grundstück (insgesamt) lasten, setzen nach Vollzug der Teilung im Grundbuch (Anlegung der Wohnungsgrundbücher) als **Gesamtrechte** (vgl. § 1132 BGB)[3] an allen entstehenden Sondereigentumseinheiten fort. Die Zustimmung des Grundpfandgläubigers ist ebenso wenig erforderlich, wie die Vorlage des Grundschuldbriefes (vgl. § 41 Abs. 2 GBO).

Ist das Grundstück vor Vollzug der Aufteilung nicht vollständig mit einem Grundpfandrecht belastet, sondern nur ein **ideeller Miteigentumsanteil** (§ 1114 BGB), während die oder der andere Miteigentumsanteil nicht oder nicht in gleicher Weise belastet ist[4], bedarf es jedoch der Zustimmung des Gläubigers, da sich der Belastungsgegenstand ändert[5], dies gilt vor allem im Hinblick auf die Einschränkung der Möglichkeit des Gläubigers, die **Teilungsversteigerung** nach § 180 ZVG zu betreiben[6] oder zumindest den Anspruch auf Aufhebung der Gemeinschaft (§ 751 Satz 2 BGB) geltend zu machen, auch dann wenn der Miteigentumsanteil sich bei Aufteilung nicht ändert.

b) Dienstbarkeiten

Die vorstehenden Ausführungen gelten auch für Dienstbarkeiten, die auf dem Grundstück vor Vollzug der Teilungserklärung begründet sind. Ist jedoch ein **dingliches Wohnungsrecht** (§ 1093 BGB) für eine bestimmte Wohnung eingeräumt und wird diese Wohnung durch Teilungserklärung zu Sondereigentum, so setzt sich das Wohnungsrecht nur an diesem Sondereigentum fort, mit der Folge, dass eine Übertragung in die weiteren, nicht vom Wohnungsrecht umfassten Wohnungsgrundbücher nicht erfolgt (vgl. § 46 Abs. 2 GBO)[7].

c) Vorkaufsrechte

Ein am gesamten Grundstück vor Anlegung der Wohnungsgrundbücher bestehendes **dingliches Vorkaufsrecht** setzt sich ebenfalls an den begründeten Wohnungs- und Teileigentumsrechten fort[8].

---

1 Nunmehr einhellige Meinung, vgl. nur MünchKomm-BGB/*Commichau* § 3 WEG, Rz. 7.
2 Staudinger/*Rapp* § 3 WEG, Rz. 23.
3 Zu den Folgen der Entstehung als Gesamtrecht vgl. AnwKomm-BGB/*Zimmer* § 1132 BGB, Rz. 9 ff.
4 Vgl. etwa AnwKomm-BGB/*Zimmer* § 1114 BGB, Rz. 3 f.
5 Weitnauer/*Weitnauer* § 3 WEG, Rz. 75, *Hügel* in Bamberger/Roth § 4 WEG, Rz. 6.
6 Vgl. dazu AnwKomm-BGB/*Zimmer* § 1114 BGB, Rz. 10 ff.
7 OLG Hamm v. 8.5.2000 – 15 W 103/00, DNotZ 2001, 216 mit Anm. v. *Oefele*.
8 Zur Ausübung des Vorkaufsrechtes bei Verkauf einer Eigentumswohnung in diesen Fällen, vgl. Staudinger/*Rapp* § 3 WEG, Rz. 26 m.w.N.

3. Form der Erklärung nach § 3 WEG

16 Die rechtsgeschäftliche Form der Teilungserklärung bestimmt sich nach § 4 Abs. 3 WEG (vgl. im Einzelnen § 4 Rz. 27 ff.). Da es sich im Gegensatz zur Aufteilung nach § 8 WEG bei der Verpflichtung zur Einräumung von Sondereigentum um eine **vertragliche Vereinbarung zwischen mehreren Grundstückseigentümern** handelt, ist die Form des § 311b Abs. 1 BGB zu beachten. Sollen die entstehenden Sondereigentumseinheiten in das Alleineigentum einzelner Miteigentümer überführt werden, ist auch die Form des § 925 BGB zu beachten, da sich damit auch die Eigentumsverhältnisse am Grundstück ändern[1]. Für die **Gemeinschaftsordnung** selbst ist eine besondere Form jedoch nicht vorgesehen. Sie wird jedoch in der Regel in der gleichen Urkunde wie die Aufteilung erklärt und wird im Grundbuch (durch Bezugnahme) eingetragen, damit sie Wirkung auch gegen den Rechtsnachfolger der aufteilenden Miteigentümer entfaltet[2]. Eine Verbindung von Teilungserklärung und Gemeinschaftsordnung ist aber nicht zwingend[3].

4. Änderung bestehender Teilungserklärung und der Gemeinschaftsordnung

17 Nicht selten besteht das Bedürfnis, die vereinbarte Teilungserklärung zu ändern. Dieser **Änderungsbedarf** kann sich zunächst daraus ergeben, dass die Teilungserklärung von vornherein nicht vollziehbar ist, oder aber, dass sich im Laufe der Zeit die Notwendigkeit der Änderung aufgrund geänderter äußerer Umstände ergibt. Musterbeispiel ist hier die „Umwidmung" des Kinderspielplatzes in zusätzliche Stellplätze aufgrund geänderter Sozial- und Altersstruktur der Bewohner. Auch der nachträgliche An-, Aus- und Umbau erfordert mitunter die Änderung der Teilungserklärung.

18 Vertraglich vereinbarte Änderungsvorbehalte, die es dem Bauträger oder bei § 3 WEG einem Vertragsschließenden ermöglichen, Änderungen der Teilungserklärung (und der Gemeinschaftsordnung) vorzunehmen, sind zulässig[4] und sinnvoll, derartige Vollmachten müssen aber zumindest im Anwendungsbereich der MaBV begrenzt und möglichst konkret sein. Davon zu unterscheiden ist jedoch eine sogen. „verdinglichte Ermächtigung" des teilenden Eigentümers etwa in der Gemeinschaftsordnung, in der der Bauträger es sich vorbehält, selbst für vorhandene Wohnungseigentümer nachträglich das dingliche Grundverhältnis zu ändern. Eine derartige Vereinbarung ist keine Vereinbarung i.S.d. § 10 Abs. 2 WEG und daher unzulässig[5].

5. Umwandlung von Gemeinschaftseigentum in Sondereigentum

19 Die **nachträgliche Umwandlung** von Gemeinschaftseigentum in Sondereigentum bedarf der Form des § 925 BGB und der Eintragung in das Grundbuch (vgl. § 4 Rz. 5).

---

1 MünchKomm-BGB/*Commichau* § 3 WEG, Rz. 17.
2 Vgl. KG v. 17.1.2001 – 24 W 2065/00, ZWE 2001, 275 = WuM 2001, 352.
3 BGH v. 17.4.2002 – IV ZR 226/00, NJW 2002, 2712.
4 BGH v. 8.11.1985 – V ZR 113/84, NJW 1986, 845.
5 BGH v. 4.4.2003 – V ZR 322/02, NJW 2003, 2165.

Die nachträgliche **Aufspaltung** eines Miteigentumsanteils in zwei oder mehrere Anteile bedarf der einseitigen Erklärung des Wohnungseigentümers und ggf. der Zustimmung im Grundbuch eingetragener dinglicher Berechtigter (§§ 876, 877 BGB). 20

III. Abgeschlossenheit (Abs. 2)

1. Allgemeines

Die Einräumung von Sondereigentum setzt die Abgeschlossenheit der mit dem Sondereigentum zu verbindenden Raumeinheiten voraus. Das Grundbuchamt hat hinsichtlich vorgelegter Abgeschlossenheitsbescheinigungen eine eigene Prüfungskompetenz[1]. 21

Mit dem Begriff „in sich abgeschlossen" (Abgeschlossenheit) sollen Streitigkeiten vermieden werden, wie sie unter der Geltung des früheren Stockwerkseigentums als Folge unklarer rechtlicher Verhältnisse entstanden waren. Das Erfordernis der Abgeschlossenheit ist dabei keine begriffliche Voraussetzung für die Entstehung von Wohnungs- und Teileigentum, sondern eine aus **praktischen Erwägungen** geschaffene Sollvorschrift. Durch sie soll gewährleistet werden, dass jeder Sondereigentumsbereich von demjenigen der anderen Wohnungseigentümer und vom Gemeinschaftseigentum eindeutig abgegrenzt ist[2]. Eine nähere Erläuterung findet die Abgeschlossenheit in der Verwaltungsvorschrift in der zu § 7 Abs. 4 Nr. 2 ergangenen Verwaltungsvorschrift vom 19.3.1974[3]. Nach Ziff. 5 der vorgenannten Verwaltungsvorschrift liegt die Abgeschlossenheit dann vor, wenn eine Raumeinheit baulich vollkommen von anderen Wohnungen abgeschlossen ist und einen eigenen, abschließbaren Zugang vom Freien, über ein Treppenhaus oder über einen Vorraum besitzt[4]. Es handelt sich jedoch hierbei zunächst nur um eine Auslegungshilfe. Die Abgeschlossenheit bei Wohnungseigentum entspricht gleichsam der katastermäßigen Grenze bei Grundstücken. Die von Anfang an fehlende Abgeschlossenheit oder aber der spätere Wegfall der Abgeschlossenheit hindern weder das Entstehen des Wohnungseigentums, noch fällt das Wohnungseigentum nachträglich weg[5]. 22

2. Räume

Die Abgeschlossenheit der Wohnung bzw. des Teileigentums erfordert mithin einen eigenen verschließbaren Zugang vom Gemeinschaftseigentum oder aber vom Nachbargrundstück[6]. Die Abgeschlossenheit zum Nachbargrundstück kann jedoch nicht gefordert werden[7]. Abgeschlossenheit liegt aber auch dann vor, wenn ein **Durchgangsrecht** für Dritte besteht, etwa die Befugnis, die Dach- 23

---

1 OLG Düsseldorf v. 15.9.1997. 3 Wx 313/97, FGPrax 1998, 12 = ZMR 1997, 662.
2 BayObLG v. 20.6.1990 – BReg 2Z 37/90, BayObLGZ 1990, 168 = MDR 1990, 1017 = WuM 1990, 400; BGH v. 22.12.1989 – V ZR 339/87, BGHZ 110, 36 = DNotZ 1990, 259.
3 BAnz Nr. 58 v. 23.3.1974.
4 Vgl. MünchKomm-BGB/*Commichau* § 3 WEG, Rz. 65.
5 Vgl. nur Palandt/*Bassenge* § 3 WEG, Rz. 7.
6 LG Bielefeld v. 8.5.2000 – 25 T 237/00, Rpfleger 2000, 387; MünchKomm-BGB/*Commichau* § 3, Rz. 65; *Elzer* in KK-WEG § 3, Rz. 96.
7 AnwKomm-BGB/*Heinemann* § 3 WEG, Rz. 6.

luke zum Spitzboden zu nutzen, um Wartungsarbeiten durchzuführen. Auch die Benutzung der Wohnung als Fluchtweg steht der Abgeschlossenheit nicht entgegen[1]. Allerdings kann ein **Stellplatz** und Verbindungsflur nicht Gegenstand von Sondereigentum sein, wenn es sich um den einzigen Zugang zu den zentralen Versorgungseinrichtungen des Gebäudes handelt[2].

3. Garagen, Stellplätze, Terrassen und Ähnliches[3]

24 In sich abgeschlossene **Garagen** können ohne weiteres als Teileigentum ausgestaltet werden. Abs. 2 Satz 2 erlaubt es aber auch, dort Teileigentum zu begründen, wo Garagenstellplätze die Anforderungen an die Abgeschlossenheit nicht erfüllen. Voraussetzung für die Fiktion als abgeschlossen ist jedoch, dass die Flächen durch **dauerhafte Markierungen** ersichtlich sind. Ausreichend für eine derartige Markierung kann auch ein **Farbanstrich** sein[4], da auch hier eine „dauerhafte Markierung" dem Wortsinne nach vorliegt.

Unzulässig ist die Begründung von Sondereigentum an Stellplätzen außerhalb von „Räumen" etwa auf **Grundstücksfreiflächen**, weil es sich hierbei zwingend um Gemeinschaftseigentum handelt[5]. Entsprechendes gilt für **ebenerdige Terrassen**, **Carports** oder seitenoffene Stellplätze[6]. Das bedeutet aber nicht zwangsläufig den Ausschluss der Sonderrechtsfähigkeit **nicht überdachter Gebäudeflächen**. § 3 Abs. 2 Satz 2 setzt nicht voraus, dass die markierten Stellplätze (oder **Dachterrassen** u. Ä.) auch innerhalb umschlossener Räume liegen müssen, damit sie sondereigentumsfähig sind. So ist etwa die Sondereigentumsfähigkeit markierter Stellplätze auf einem Dach zu bejahen[7]. An den einzelnen Stellplätzen einer **Doppelstockgarage** („Duplexparker") kann kein Sondereigentum begründet werden, wohl aber an der Doppelstockgarage im Ganzen[8], sodass die Eigentümer insoweit eine Regelung nach § 1010 BGB treffen können.

IV. Kosten

25 Für die notarielle Beurkundung gilt die Vorschrift des § 36 Abs. 2 KostO (20/10-Gebühr) aus dem halben Wert des bebauten Grundstücks (§ 21 Abs. 2 KostO). Das Grundbuchamt erhebt ebenfalls aus demselben Wert eine 5/10-Gebühr nach § 76 Abs. 1 KostO.

---

1 AnwKomm-BGB/*Heinemann* § 3 WEG, Rz. 6.
2 BGH v. 5.7.1991 – V ZR 222/90, NJW 1990, 2109.
3 Allgemein zu Fragen des Stellplatzes bei Begründung von Wohnungseigentum: *Heitmann*, ZNotP 1998, 415.
4 Str., wie hier Erman/*Grziwotz* § 3 WEG, Rz. 6; AnwKomm-BGB/*Heinemann* § 3 WEG, Rz. 8; a.A. etwa *Merle* in Bärmann/Pick/Merle § 3, Rz. 24.
5 OLG Jena v. 20.12.2004 – 9 W 654/03, Rpfleger 2005, 309; *Böttcher*, Rpfleger 2005, 649.
6 AnwKomm-BGB/*Heinemann* § 3 WEG, Rz. 8.
7 OLG Frankfurt v. 26.4.1977 – 20 W 307/77; a.A. etwa Palandt/*Bassenge* § 3 WEG, Rz. 8; Staudinger/*Rapp* § 3 WEG, Rz. 20; OLG Hamm v. 26.1.1998 – 15 W 502/97, ZMR 1998, 456; wie hier etwa *Hügel* in Bamberger/Roth § 3 WEG, Rz. 8; KG v. 18.12.1995 – 24 W 7497/94, ZMR 1996, 216.
8 OLG Düsseldorf v. 22.3.1999 – 3 Wx 14/99, ZMR 1999, 500.

§ 4
Formvorschriften

(1) Zur Einräumung und zur Aufhebung des Sondereigentums ist die Einigung der Beteiligten über den Eintritt der Rechtsänderung und die Eintragung in das Grundbuch erforderlich.

(2) Die Einigung bedarf der für die Auflassung vorgeschriebenen Form. Sondereigentum kann nicht unter einer Bedingung oder Zeitbestimmung eingeräumt oder aufgehoben werden.

(3) Für einen Vertrag, durch den sich ein Teil verpflichtet, Sondereigentum einzuräumen, zu erwerben oder aufzuheben, gilt § 311b Abs. 1 des Bürgerlichen Gesetzbuchs entsprechend.

Inhaltsübersicht

	Rz.
I. Allgemeines	1
II. Anwendungsbereich	2
III. Einräumung und Aufhebung von Sondereigentum (Abs. 1 und 2)	8
1. Einräumung	9
a) Einigung	10
aa) Form (Abs. 2)	11
bb) Anwendung des § 925a BGB	13
cc) Bedingungs- und Befristungsfeindlichkeit (Abs. 2)	14
dd) Bindung an die Einigung	17
b) Eintragung	18
2. Aufhebung	22
a) Aufhebung aller Sondereigentumsrechte	23
b) Teilweise Aufhebung von Sondereigentumsrechten – Umwandlung von Sondereigentum in Gemeinschaftseigentum	24
c) Umwandlung von Teileigentum in Wohnungseigentum und umgekehrt	26
IV. Schuldrechtlicher Vertrag	27
1. Form	28
2. Vormerkung	32
V. Genehmigungs- und Zustimmungserfordernisse	33
1. Behördliche Genehmigung nach § 2 GVO	33
2. Vormundschaftsgerichtliche Genehmigung	34
3. § 22 BauGB	35
4. § 172 BauGB	36
5. Grunderwerbsteuer	37
6. Zustimmung dinglicher Berechtigter	43
VI. Kosten	47

Schrifttum: *Häublein,* Gestaltungsprobleme im Zusammenhang mit der abschnittsweisen Errichtung von Wohnungseigentumsanlagen; DNotZ 2000, 442; *Hügel,* Der nachträgliche Ausbau von Dachgeschossen – Gestaltungsmöglichkeiten in der Gemeinschaftsordnung, RNotZ 2005, 149; *Kreuzer,* Änderung der Teilungserklärung und Gemeinschaftsordnung, ZWE 2002, 285; *Rapp,* Verdinglichte Ermächtigungen in der Teilungserklärung – zugleich Besprechung des Beschlusses des BayObLG vom 24.7.1997 – 2 Z BR 49/97, MittBayNot, 1998, 77; *Röll,* Die Errichtung einer Eigentumswohnanlage in mehreren Bauabschnitten, MittBayNot 1993, 5; *Röll,* Die Aufhebung von Wohnungseigentum an Doppelhäusern – Bemerkungen zum Beschluss des OLG Frankfurt vom 1.10.1999 – 20 W 211/97, DNotZ 2000, 749.

I. Allgemeines

1 Die Vorschrift des § 4 regelt zum einen in Abs. 1 und 2 die Formvoraussetzungen für den **dinglichen Vertrag** über die Einräumung und Aufhebung von Sondereigentum, zum anderen in Abs. 3 die formellen Voraussetzungen für den schuldrechtlichen Verpflichtungsvertrag auf Einräumung, Erwerb oder Aufhebung von Sondereigentum.

II. Anwendungsbereich

2 Wird Sondereigentum begründet, ist dabei zunächst zwischen dem Erwerb des Miteigentumsanteils bzw. der Begründung des Miteigentums nach §§ 1008, 925, 873 BGB und der eigentlichen Einräumung des Sondereigentums zu differenzieren. Nur für Letztere greift die Vorschrift des § 4 ein, d.h. das Bestehen des Miteigentums am Grundstück wird bereits vorausgesetzt. Miteigentum und Sondereigentum können dabei auch gleichzeitig begründet werden, allerdings unter der Voraussetzung, dass jeder Miteigentümer auch Sondereigentum erhält[1].

3 Die Vorschrift gilt nur für die **vertragliche Begründung** von Sondereigentum (§ 3), nicht aber für die Begründung durch Teilung nach § 8. Ebenfalls nicht unter die Regelung des § 4 fallen auch spätere Änderungen von Vereinbarungen i.S.d. §§ 5 Abs. 4, 10 Abs. 2 über den Inhalt des Sondereigentums.

4 Für die **Veräußerung bereits begründeten Wohnungseigentums** sind die allgemeinen Vorschriften über die Veräußerung von Miteigentum (insbesondere § 311b Abs. 1 BGB) direkt heranzuziehen[2].

5 Die Vorschrift betrifft sowohl die **erstmalige** als auch die **nachträgliche Einräumung** und Aufhebung von Sondereigentum[3]. Vom Anwendungsbereich mitumfasst sind damit auch alle nachträglichen **Umwandlungen** von Gemeinschaftseigentum in Sondereigentum und umgekehrt, da es sich hierbei nur um eine Kombination aus (teilweiser) Aufhebung und (teilweiser) Einräumung von Sonder- bzw. Gemeinschaftseigentum handelt[4] und die sachenrechtliche Zuordnung der Flächen, Gebäudeteile und Räume betroffen ist.

6 Wird demnach **Sondereigentum nachträglich** ohne Änderung der Miteigentumsanteile in der Weise **eingeräumt**, dass eine Umwandlung von Gemeinschafts- in Sondereigentum erfolgt, bedarf es der Einigung aller Wohnungs- und Teileigentümer in der Form der Auflassung und der Eintragung ins Grundbuch, da eine derartige Umwandlung nicht den Regelbereich des § 10 Abs. 2 Satz 2 und Abs. 3 WEG betrifft, sondern das sachenrechtliche Grundverhältnis[5]. Dies gilt auch dann, wenn einem Wohnungseigentümer bereits ein Sondernutzungsrecht an den Gemeinschaftsräumen zustand[6].

---

1 Soergel/*Stürner* § 4 WEG, Rz. 2.
2 AnwKomm-BGB/*Heinemann* § 4 WEG, Rz. 1; Palandt/*Bassenge* § 4 WEG, Rz. 4; Staudinger/*Rapp* § 4 WEG, Rz. 10.
3 Palandt/*Bassenge* § 4 WEG, Rz. 1.
4 AnwKomm-BGB/*Heinemann* § 4 WEG, Rz. 1.
5 OLG Saarbrücken v. 28.9.2004 – 5 W 173/04 m.w.N.
6 OLG Saarbrücken v. 28.9.2004 – 5 W 173/04 m.w.N.

Vereinbarungen, durch die ein Wohnungseigentümer ermächtigt wird, Gemeinschafts- in Sondereigentum umzuwandeln und umgekehrt, oder nach denen die **vorweggenommene Zustimmung** zu einer solchen Umwandlung erteilt wird, unterfallen nicht § 10 Abs. 3 und können damit nicht mit einer die Sonderrechtsnachfolger bindenden Wirkung als Inhalt des Sondereigentums vereinbart und daher auch nicht im Grundbuch eingetragen werden[1]. Das Gleiche gilt, wenn die Vereinbarung nur eine schuldrechtliche Verpflichtung zur Eigentumsumwandlung beinhaltet[2].

Die Vorschrift des § 4 erlangt damit in praktischer Hinsicht vor allem Geltung für die Fälle, in denen z.B. ein im gemeinschaftlichen Eigentum stehender Raum in Sondereigentum umgewandelt und einem bereits vorhandenen Wohnungseigentum zugeschlagen werden soll, aber auch umgekehrt für die Fälle, in denen z.B. ein Teil des mit einem Miteigentumsanteil verbundenen Sondereigentums aufgehoben und in Gemeinschaftseigentum umgewandelt (dazu unter Rz. 24 f.) oder abgetrennt und einem anderen Wohnungseigentum zugeschlagen werden soll[3]. 7

III. Einräumung und Aufhebung von Sondereigentum (Abs. 1 und 2)

Die Einräumung und Aufhebung von Sondereigentum erfolgt nach Abs. 1 wie bei § 873 Abs. 1 BGB durch die dingliche Einigung der Beteiligten über die Rechtsänderung und die Eintragung ins Grundbuch. 8

1. Einräumung

Streitig ist, wie die dingliche Einräumung von Sondereigentum (wenn schon Miteigentum nach BGB besteht) zu behandeln ist. Die überwiegende Auffassung nimmt hier lediglich eine **Inhaltsänderung** des (Mit-)Eigentums, aber keinen Eigentumsübergang an[4], wohingegen andere hierin eine dingliche Neuzuordnung von Eigentum erblicken[5]. 9

a) Einigung

Durch die **dingliche Einigung** über die Einräumung von Sondereigentum wird bestimmt, welche Bestandteile des Gebäudes vom Miteigentum in Sondereigentum überführt werden, wobei die grundbuchmäßige Beschreibung anhand der Abgeschlossenheitsbescheinigung vorzunehmen ist[6]. Zur Bestimmung und Änderung des Gegenstandes des Sondereigentums ausführlich *Rapp* in Staudinger § 4 WEG, Rz. 6 und 7. Für den Fall, dass die Beschreibung der in Sondereigentum zu überführenden Räumlichkeiten in den beurkundeten Erklärungen über die Einräumung des Sondereigentums mit dem in Bezug genommenen Aufteilungs- 10

---

1 BGH v. 4.4.2003 – V ZR 322/02, NJW 2003, 2165 m.w.N.
2 BGH v. 4.4.2003 – V ZR 322/02, NJW 2003, 2165 = DNotZ 2003, 536.
3 Weitnauer/*Weitnauer* § 4, Rz. 3.
4 RGRK-BGB/*Augustin* § 4 WEG, Rz. 2; AnwKomm-BGB/*Heinemann* § 4 WEG, Rz. 2; Weitnauer/*Weitnauer* § 4, Rz. 2; Niedenführ/Schulze § 4, Rz. 2.
5 Staudinger/*Rapp* § 4 WEG, Rz. 3.
6 Staudinger/*Rapp* § 4 WEG, Rz. 6.

plan nicht übereinstimmt, kann aufgrund des Vorliegens von widersprüchlichen Erklärungen ein Sondereigentum nicht entstehen. Etwas anderes gilt nur, wenn sich im Wege der Auslegung ermitteln lässt, welche der beiden Möglichkeiten tatsächlich gewollt ist[1].

aa) Form (Abs. 2)

11   Nach § 4 Abs. 2 bedarf die zur Rechtsänderung erforderliche Einigung der Beteiligten der Form der **Auflassung** nach § 925 BGB, wonach die entsprechenden Erklärungen bei gleichzeitiger Anwesenheit beider Teile vor einer zuständigen Stelle erklärt werden müssen. Zuständige Stelle in diesem Sinne ist zunächst jeder Notar (§ 925 Abs. 1 Satz 2 BGB), darüber hinaus können die Erklärungen auch in einem gerichtlichen Vergleich (§ 794 Abs. 1 Nr. 1 ZPO) oder in einem rechtskräftig bestätigten Insolvenzplan (§§ 248, 254 Abs. 1 Satz 2 InsO) abgegeben werden (§ 925 Abs. 1 Satz 3 BGB).

12   Eine **Stellvertretung** nach §§ 164 ff. BGB ist zulässig. Im Falle der Abgabe der entsprechenden Erklärung durch einen **Nichtberechtigten** ist eine Nachgenehmigung nach § 185 BGB möglich[2].

Bei Vorliegen einer formunwirksamen Einräumung von Sondereigentum besteht grundsätzlich die Möglichkeit einer **Umdeutung in** ein **Sondernutzungsrecht**, wenn dieses mit einem Miteigentumsanteil verbunden ist[3].

bb) Anwendung des § 925a BGB

13   Eine Anwendbarkeit des § 925a BGB scheidet aus, mit der Folge, dass es einer Vorlage oder gleichzeitiger Errichtung der Urkunde über den zugrunde liegenden schuldrechtlichen Vertrag bei Abgabe der Erklärungen über die Einräumung von Sondereigentum nicht bedarf[4].

cc) Bedingungs- und Befristungsfeindlichkeit (Abs. 2)

14   § 4 Abs. 2 Satz 2 bestimmt, dass Sondereigentum nicht unter einer Bedingung oder Zeitbestimmung eingeräumt oder aufgehoben werden kann.

15   Eine Unwirksamkeit nach Abs. 2 tritt dabei sowohl dann ein, wenn die Bedingung oder Zeitbestimmung für alle Sondereigentumsrechte gelten soll, als auch für die Fälle, dass sie sich nur auf ein einzelnes oder einzelne Sondereigentumsrechte bezieht. Ausgeschlossen wird durch die Regelung in Abs. 2 Satz 2 damit auch die Möglichkeit eines zeitlich begrenzten Erwerbs von Wohnungseigentum i.S.d. „**Time-sharing**"[5].

---

1   Weitnauer/*Weitnauer* § 4, Rz. 1.
2   Palandt/*Bassenge* § 925 BGB, Rz. 5.
3   KG v. 16.9.1999 – 24 W 8886/97, Grundeigentum 1999, 1361.
4   Wie hier etwa Palandt/*Bassenge* § 4 WEG, Rz. 2; BGB-RGRK/*Augustin* § 4 WEG, Rz. 4; Weitnauer/*Weitnauer* § 4, Rz. 7; a.A. etwa AnwKomm-BGB/*Heinemann* § 4 WEG, Rz. 3; *Pick* in Bärmann/Pick § 4, Rz. 6; Soergel/*Stürner* § 4 WEG, Rz. 2.
5   Weitnauer/*Weitnauer* § 4, Rz. 6.

Als unzulässige Bedingung i.S.d. Abs. 2 gilt u.a. auch die Vereinbarung über die Errichtung eines Gebäudes zu einem bestimmten Zeitpunkt[1]. 16

Zulässig ist es hingegen, die Auflassung von einer **Rechtsbedingung**, wie etwa der Erteilung behördlicher bzw. gerichtlicher Genehmigungen, abhängig zu machen[2].

dd) Bindung an die Einigung

Eine Bindung an die Einigung erfolgt in den in § 873 Abs. 2 BGB genannten Fallgruppen, und zwar in direkter Anwendung dieser Norm, sofern man in der Einräumung von Sondereigentum eine Neuzuordnung von Eigentum erblickt, ansonsten über die in § 877 BGB enthaltene Verweisung. 17

b) Eintragung

Nach Abs. 1 erfordert die Einräumung von Sondereigentum neben der Einigung der Beteiligten auch die Eintragung ins Grundbuch. Im Regelfall wird die Einigung dabei der Eintragung zeitlich vorausgehen, sie kann ihr aber auch nachfolgen[3]. 18

Für die Eintragung im Grundbuch ist nach hier vertretener Auffassung entsprechend **dem formellen Konsensprinzip** die Bewilligung aller Miteigentümer (§ 19 GBO) in der Form des § 29 GBO erforderlich; § 20 erlangt keine Geltung[4]. Dies begründet sich daraus, dass es sich bei der Einräumung von Sondereigentum gerade nicht um eine echte Auflassung handelt. Ansonsten wäre die Bedingungs- und Befristungsfeindlichkeit, wie sie in Abs. 2 Satz 2 festgehalten ist, überflüssig. 19

Aus den gleichen Gründen ebenfalls nicht anwendbar ist die Regelung des § 22 Abs. 2 GBO über das Zustimmungserfordernis des Eigentümers im Falle der Grundbuchberichtigung.

Im Falle der Ersteinräumung von Wohnungseigentum entsteht dieses erst, wenn sämtliche gebildete Wohnungseinheiten im Grundbuch eingetragen sind, mithin alle Wohnungsgrundbücher vollständig angelegt sind[5]. 20

Ein **gutgläubiger Erwerb** am einzelnen eingetragenen, wenn auch nicht entstandenen Wohnungseigentum ist möglich[6], da der Gute Glaube nur dem einzelnen Wohnungs-Grundbuch-Blatt bestehen muss. 21

---

1 BGB-RGRK/*Augustin* § 4 WEG, Rz. 7.
2 Soergel/*Stürner* § 4 WEG, Rz. 3.
3 *Hügel* in Bamberger/Roth § 4 WEG, Rz. 4.
4 Wie hier etwa Weitnauer/*Weitnauer* § 4, Rz. 5; BGB-RGRK/*Augustin* § 4 WEG, Rz. 4; a.A. etwa AnwKomm-BGB/*Heinemann* § 4 WEG, Rz. 3; Soergel/*Stürner* § 4 WEG, Rz. 2; Staudinger/*Rapp* § 4 WEG, Rz. 4.
5 BGB-RGRK/*Augustin* § 4 WEG, Rz. 3; Palandt/*Bassenge* § 4 WEG, Rz. 1.
6 *Pick* in Bärmann/Pick § 4 Rz. 5.

2. Aufhebung

2.2 Die Aufhebung von Sondereigentum erfordert ebenso wie dessen Einräumung eine Einigung in der Form des § 925 BGB (Auflassung) und die Eintragung im Grundbuch. Für die Aufhebung erlangen die obigen Ausführungen zur Einräumung von Sondereigentum mithin entsprechende Geltung. Die Aufhebung des Sondereigentums erlangt ihre Wirksamkeit mit der Eintragung im Grundbuch[1].

Eine Aufhebung von Sondereigentum durch einseitigen Verzicht entsprechend § 928 BGB gegenüber dem Grundbuchamt ist jedoch ausgeschlossen[2].

a) Aufhebung aller Sondereigentumsrechte

2.3 Im Fall der **Aufhebung aller** vorhandenen **Sondereigentumsrechte** kommt es zur Entstehung einer Miteigentümergemeinschaft nach §§ 741 ff., 1008 BGB. Beispiel: Werden sämtliche Wohnungseigentumsrechte aufgehoben, wandelt sich die Gemeinschaft der Wohnungseigentümer zurück in die gewöhnliche Bruchteilsgemeinschaft der Miteigentümer des Grundstücks, was eine Schließung der Wohnungsgrundbücher von Amts wegen gem. § 9 Abs. 1 Nr. 1 nach sich zieht[3].

b) Teilweise Aufhebung von Sondereigentumsrechten – Umwandlung von Sondereigentum in Gemeinschaftseigentum

2.4 Bei der **teilweisen Aufhebung von Sondereigentum** handelt es sich um die **Umwandlung von Sondereigentum in Gemeinschaftseigentum**[4].

Zum einen kann ein einzelnes Sondereigentum insgesamt aufgehoben werden. Beispiel: Kommt es zur Aufhebung des Sondereigentums an einer Wohnungseinheit, was einer Vereinbarung aller Wohnungseigentümer bedarf, hat dies das Ausscheiden des Sondereigentümers aus der Gemeinschaft der Wohnungseigentümer und die Entstehung gemeinschaftlichen Eigentums der übrigen Wohnungseigentümer an dem bisherigen Gegenstand des Sondereigentums zur Folge[5]. Zudem entsteht nach überwiegender Ansicht ein **isolierter Miteigentumsanteil**, den die Miteigentümer durch Vereinigung oder Zuschreibung zu beseitigen haben[6]; nach a.A. fällt den übrigen Wohnungseigentümern der bisherige Miteigentumsanteil des ausgeschiedenen Wohnungseigentümers anteilmäßig an[7].

2.5 Zum anderen ist es möglich, das Sondereigentum auch **nur an einzelnen Gegenständen bzw. Teilen des Sondereigentums**, z.B. an einzelnen Räumen (Keller) oder Einrichtungen, aufzuheben und in gemeinschaftliches Eigentum der Wohnungseigentümer umzuwandeln, was eine Vereinbarung i.S.d. § 5 Abs. 3 darstellt[8].

---

1 Niedenführ/Schulze § 4, Rz. 10.
2 AnwKomm-BGB/*Heinemann* § 4 WEG, Rz. 5; OLG Düsseldorf v. 20.9.2000 – 3 Wx 328/00, ZWE 2001, 36 = NJW-RR 2001, 233.
3 BGB-RGRK/*Augustin* § 4 WEG, Rz. 19.
4 Palandt/*Bassenge* § 4 WEG, Rz. 2.
5 BGB-RGRK/*Augustin* § 4 WEG, Rz. 23.
6 BGH v. 3.11.1989 – V ZR 143/87, BGHZ 109, 179 = NJW 1990, 447; AnwKomm-BGB/*Heinemann* § 4 WEG, Rz. 7 m.w.N.
7 BGB-RGRK/*Augustin* § 4 WEG, Rz. 23; Niedenführ/Schulze § 4, Rz. 13.
8 AnwKomm-BGB/*Heinemann* § 4 WEG, Rz. 7; Niedenführ/Schulze § 4, Rz. 12.

Hierfür ist ebenfalls eine Einigung aller Raumeigentümer und die Eintragung in allen Wohnungsgrundbüchern erforderlich[1].

c) Umwandlung von Teileigentum in Wohnungseigentum und umgekehrt

Die **Umwandlung** eines **Teileigentums** in ein **Wohnungseigentum** oder umgekehrt bedarf hingegen nicht der Form des § 4 Abs. 1, Abs. 2 WEG i.V.m. § 925 Abs. 1 BGB, da hier weder die Miteigentumsanteile noch die Grenzen von Sondereigentum und gemeinschaftlichem Eigentum verändert werden, sondern lediglich die Zweckbestimmung[2]. 26

IV. Schuldrechtlicher Vertrag

Den Rechtsgrund für die Einräumung oder Aufhebung des Sondereigentums bildet der **schuldrechtliche Vertrag** i.S.d. § 3 Abs. 1, durch den sich der eine Teil verpflichtet, Sondereigentum einzuräumen, zu erwerben oder aufzuheben. Dieser Vertrag ist zu unterscheiden von den Verträgen über die Verpflichtung zur Einräumung von Miteigentum und zur Veräußerung von bereits begründetem Wohnungseigentum (s. bereits oben Rz. 2 und 4). 27

1. Form

§ 4 Abs. 3 bestimmt, dass für diesen gem. § 3 Abs. 1 zwischen den Beteiligten geschlossenen schuldrechtlichen Vertrag die Vorschrift des § 311b Abs. 1 BGB entsprechend gilt, mit der Folge, dass der Vertrag der **notariellen Beurkundung** bedarf. Ein ohne Beachtung der erforderlichen Form geschlossener Vertrag wird wirksam (**Heilung** der Nichteinhaltung der erforderlichen Form), wenn die Auflassung und die Eintragung in das Wohnungs- bzw. Teileigentumsgrundbuch (§ 7) erfolgen. 28

Ebenfalls beurkundungspflichtig ist ein entsprechender **Vorvertrag**, wobei ein formnichtiger Vorvertrag entsprechend § 311b Abs. 1 Satz 2 BGB durch formgültigen Abschluss des Hauptvertrages geheilt werden kann[3]. 29

Im Falle der Formnichtigkeit einer Verpflichtung zur Übertragung eines Miteigentumsanteils bei gleichzeitiger Einräumung von Sondereigentum kann diese u.U. in eine formlos gültige Verpflichtung zur Einräumung eines **Dauerwohnrechts** umgedeutet werden[4]. 30

Die Berufung auf einen Formmangel ist nach ständiger Rechtsprechung des BGH immer dann erfolglos, wenn dies mit Treu und Glauben nicht mehr zu vereinbarende, untragbare Ergebnisse zur Folge hätte[5]. 31

---

1 BGB-RGRK/*Augustin* § 4 WEG, Rz. 24.
2 *Förth* in KK-WEG § 4, Rz. 17.
3 AnwKomm-BGB/*Heinemann* § 4 WEG, Rz. 9 m.w.N.
4 BGH v. 28.11.1962 – V ZR 127/61, NJW 1963, 339; Soergel/*Stürner* § 4 WEG, Rz. 4.
5 BGB-RGRK/*Augustin* § 4 WEG, Rz. 13; BGH v. 27.10.1967 – V ZR 153/64, BGHZ 48, 396 = NJW 1968, 39.

2. Vormerkung

32 Der schuldrechtliche Anspruch auf Einräumung von Sondereigentum ist im Grundbuch des im einfachen Miteigentum oder noch im Alleineigentum eines zukünftigen Miteigentümers stehenden Grundstücks durch **Vormerkung** sicherbar, allerdings nur, soweit ein Aufteilungsplan (§ 7 Abs. 4 Nr. 1) vorliegt, durch den das beanspruchte Recht hinreichend genau beschrieben wird[1]. Der Anspruch auf Aufhebung des Sondereigentums ist durch Vormerkung in allen Wohnungsgrundbüchern sicherbar[2].

Ausführlich zur Sondereigentumsvormerkung *Rapp* in Staudinger § 4 WEG, Rz. 13 ff.

V. Genehmigungs- und Zustimmungserfordernisse

1. Behördliche Genehmigung nach § 2 GVO

33 Die vertragliche Begründung von Wohnungseigentum in den neuen Bundesländern erfordert nach wohl überwiegender Ansicht eine Genehmigung nach § 2 **Grundstücksverkehrsordnung**, da die dingliche Rechtsänderung auch eine Veränderung des **Restitutionsanspruches** mit sich bringe[3].

2. Vormundschaftsgerichtliche Genehmigung

34 Sowohl die Begründung von Wohnungseigentum durch vertragliche Einräumung nach § 3 als auch die einseitige Aufteilung eines Grundstückes in Wohnungs- oder Teileigentum durch den Alleineigentümer nach § 8 bedürfen als Verfügung über ein Grundstück gem. §§ 1821 Abs. 1 Nr. 1, 1643 Abs. 1 BGB bei Mitwirkung eines **Minderjährigen** der Genehmigung des Vormundschaftsgerichts[4].

3. § 22 BauGB

35 § 22 BauGB enthält zum Zwecke der Erhaltung der Siedlungsstruktur von Gemeinden, die durch den Fremdenverkehr bestimmt sind (**Fremdenverkehrsgebiete**), eine Ermächtigung für die betreffenden Gemeinden, in einem Bebauungsplan oder durch Satzung zu regeln, dass die Begründung oder Teilung von Wohnungseigentum oder Teileigentum der Genehmigung bedarf. Besteht eine Genehmigungspflicht, darf eine Eintragung von Wohnungseigentum nur und erst dann erfolgen, wenn zusammen mit der entsprechenden Urkunde der Genehmigungsbescheid vorgelegt wird, wobei die Vorlage der Abgeschlossenheitsbescheinigung eine Genehmigung nach § 22 BauGB nicht ersetzen kann[5]. Ist eine Genehmigung erforderlich, wird diese jedoch nicht erteilt, besteht für die

---

1 Soergel/*Stürner* § 4 WEG, Rz. 5.
2 Palandt/*Bassenge* § 4 WEG, Rz. 4.
3 *Hügel* in Bamberg/Roth § 4 WEG, Rz. 9 m.w.N.; *Krauß* in Beck'sches Notarhandbuch, A IX Rz. 109.
4 *Pick* in Bärmann/Pick § 4, Rz. 15; *Hügel* in Bamberg/Roth § 4 WEG, Rz. 7; AnwKomm-BGB/*Heinemann* § 2, Rz. 4.
5 Staudinger/*Rapp* § 4 WEG, Rz. 20.

Miteigentümer lediglich die Möglichkeit, eine verbindliche Nutzungsregelung mit einer Miteigentümervereinbarung nach § 1010 BGB herbeizuführen[1].

4. § 172 BauGB

Eine Genehmigung nach § 172 BauGB kann sich dann für die Aufteilung eines Grundstücks in Wohnungs- oder Teileigentum erforderlich machen, wenn die jeweilige Landesregierung durch Rechtsverordnung eine Genehmigungspflicht für ein solches Gebiet (**soziales Erhaltungsgebiet**) eingeführt hat, für das die Gemeinde eine Erhaltungssatzung zur Erhaltung der Zusammensetzung der Wohnbevölkerung nach § 172 Abs. 1 Nr. 2 BauGB (**Milieuschutz**) erlässt[2]. 36

5. Grunderwerbsteuer

Steuerrechtlich ist bei der Begründung von Sondereigentum eine Unterscheidung danach vorzunehmen, wie das Sondereigentum begründet wird. 37

Die Begründung des Sondereigentums durch Teilung gem. § 8, für die § 4 nicht gilt, ist erwerbsteuerfrei. Hier fehlt es bereits an einem Eigentumswechsel und damit an einem Erwerbsvorgang i.S.d. § 1 GrEStG. 38

Eine **Unbedenklichkeitsbescheinigung** des Finanzamtes ist nicht erforderlich.

Erfolgt die Begründung von Sondereigentum durch vertragliche Einräumung gem. § 3 in der Form des § 4, so handelt es sich in jedem Fall um einen gegenüber der Grunderwerbsteuerstelle anzeigepflichtigen Vorgang[3]. 39

Bei der Bildung von Sondereigentum durch Vertrag gem. § 3 erfolgt eine Befreiung von der grundsätzlich bestehenden Steuerpflicht gem. § 7 Abs. 1 GrEStG, wenn der Erwerb dem bisherigen Miteigentumsanteil entspricht, so dass die Steuer in diesem Fall nicht erhoben wird[4].

Wird Sondereigentum **nachträglich** ohne Änderung der Miteigentumsanteile in der Form eingeräumt, dass eine Umwandlung von Gemeinschafts- in Sondereigentum erfolgt, gilt § 6 GrEStG, d.h., der Vorgang ist grunderwerbssteuerfrei, es sei denn, dass ein Miteigentümer gegen Entgelt zusätzliches Miteigentum erwirbt, das mit Sondereigentum verbunden wird[5]. 40

Ob im Falle der vertraglichen Einräumung nach §§ 3, 4 zum Grundbuchvollzug eine grunderwerbssteuerliche **Unbedenklichkeitsbescheinigung** des Finanzamtes erforderlich ist, wird unterschiedlich beurteilt[6]. 41

---

1 MünchKomm-BGB/*Commichau* § 4 WEG, Rz. 18.
2 *Hügel* in Bamberger/Roth § 4 WEG, Rz. 8 m.w.N.
3 Staudinger/*Rapp* § 4 WEG, Rz. 23.
4 *Elzer* in KK-WEG § 3, Rz. 144; Staudinger/*Spiegelberger*, Anh. zum WEG, Rz. 204.
5 Staudinger/*Rapp* § 4 WEG, Rz. 23.
6 Dafür etwa MünchKomm-BGB/*Commichau* § 4 WEG, Rz. 21; Staudinger/*Rapp* § 4 WEG, Rz. 23; dagegen etwa *Pick* in Bärmann/Pick § 4, Rz. 14; im Grundsatz auch: LG Marburg v. 9.6.1995 – 3 T 98/95, DNotI-Rep 1996, 207.

42 Die **Aufhebung** von Sondereigentum ist grundsätzlich erwerbssteuerfrei. Dies lässt sich zum einen damit begründen, dass man in der Aufhebung schon keinen Eigentumswechsel sieht, andernfalls kommt es entsprechend der obigen Ausführungen zu einer Anwendung der Befreiungsvorschrift des §§ 7 Abs. 1, 5 Abs. 2 GrEStG[1], sofern keine Zahlung eines Wertausgleiches erfolgt.

6. Zustimmung dinglicher Berechtigter

43 Die Begründung von Sondereigentum bedarf grundsätzlich dann nicht der Zustimmung dinglicher Berechtigter in der Form des § 29 GBO, wenn das Grundstück als Ganzes oder alle Miteigentumsanteile mit einem Gesamtrecht belastet sind (dazu bereits § 3 Rz. 11 ff.)[2]. Beispiel: Eine am ganzen Grundstück bestehende **Grundschuld** wandelt sich bei einer vertraglichen Begründung von Wohnungs- und Teileigentum in eine Gesamtgrundschuld an allen Anteilen um (§§ 1192 Abs. 1, 1132, 1114 BGB)[3]. Dem Gläubiger bleibt damit die Haftungsgrundlage erhalten.

44 Etwas anderes gilt damit, sofern die Belastungen nicht das Grundstück im Ganzen erfassen[4]. Beispiel: Sollte vor der Aufteilung ein Grundpfandrecht ausnahmsweise nur an einem Miteigentumsanteil bestehen, bedarf es der **Zustimmung des Gläubigers** dieses Miteigentumsanteils nach §§ 876, 877 BGB[5].

45 Zu bestehenden Dienstbarkeiten an einem Miteigentumsanteil, z.B. Wohnungsrecht, Vorkaufsrechte vgl. bereits § 3 Rz. 14 f.

46 Zur Zustimmung dinglicher Berechtigter bei Aufhebung von Wohnungseigentum s. auch OLG Frankfurt v. 1.10.1999 – 20 W 211/97, DNotZ 2000, 778 und *Röll*, DNotZ 2000, 749–752 (Entscheidungsbesprechung).

VI. Kosten

47 Der für den Erwerb, die Aufhebung oder Löschung von Sondereigentum zugrunde zu legende **Geschäftswert** bestimmt sich nach § 21 Abs. 2 KostO und beträgt einen halben Grundstückswert gem. § 19 KostO. Für die Beurkundung des schuldrechtlichen Verpflichtungsvertrages ist eine doppelte Gebühr nach § 36 Abs. 2 KostO anzusetzen. Wird die dingliche Einigung im Zusammenhang mit dem schuldrechtlichen Vertrag erklärt, wird diese kostenrechtlich als Nebengeschäft von der doppelten Gebühr nach § 36 Abs. 2 KostO umfasst. Für den Fall der gesonderten Erklärung gelten §§ 38 Abs. 2 Nr. 2b, 145 Abs. 1 Satz 1 KostO, wonach eine halbe Gebühr zu entrichten ist.

48 Für die Eintragung der vertraglichen Einräumung und Aufhebung durch das **Grundbuchamt** fallen ebenfalls **Kosten** an, die sich nach den §§ 76, 64 KostO richten und jeweils die Hälfte der vollen Gebühr betragen.

---

1 Staudinger/*Spiegelberger*, Anh. zum WEG, Rz. 204.
2 BGHZ 49, 250 = NJW 1968, 499; MünchKomm-BGB/*Commichau* § 3 WEG, Rz. 8 und § 4, Rz. 23.
3 *Elzer* in KK-WEG § 3, Rz. 25 m.w.N.
4 MünchKomm-BGB/*Commichau* § 4 WEG, Rz. 23.
5 *Elzer* in KK-WEG § 3, Rz. 27 m.w.N.

§ 5
Gegenstand und Inhalt des Sondereigentums

(1) Gegenstand des Sondereigentums sind die gemäß § 3 Abs. 1 bestimmten Räume sowie die zu diesen Räumen gehörenden Bestandteile des Gebäudes, die verändert, beseitigt oder eingefügt werden können, ohne dass dadurch das gemeinschaftliche Eigentum oder ein auf Sondereigentum beruhendes Recht eines anderen Wohnungseigentümers über das nach § 14 zulässige Maß hinaus beeinträchtigt oder die äußere Gestaltung des Gebäudes verändert wird.

(2) Teile des Gebäudes, die für dessen Bestand oder Sicherheit erforderlich sind, sowie Anlagen und Einrichtungen, die dem gemeinschaftlichen Gebrauch der Wohnungseigentümer dienen, sind nicht Gegenstand des Sondereigentums, selbst wenn sie sich im Bereich der im Sondereigentum stehenden Räume befinden.

(3) Die Wohnungseigentümer können vereinbaren, dass Bestandteile des Gebäudes, die Gegenstand des Sondereigentums sein können, zum gemeinschaftlichen Eigentum gehören.

(4) Vereinbarungen über das Verhältnis der Wohnungseigentümer untereinander können nach den Vorschriften des 2. und 3. Abschnittes zum Inhalt des Sondereigentums gemacht werden. Ist das Wohnungseigentum mit der Hypothek, Grund- oder Rentenschuld oder Reallast eines Dritten belastet, so ist dessen nach anderen Rechtsvorschriften notwendige Zustimmung zu der Vereinbarung nur erforderlich, wenn ein Sondernutzungsrecht begründet oder ein mit dem Wohnungseigentum verbundenes Sondernutzungsrecht aufgehoben, geändert oder übertragen wird. Bei der Begründung eines Sondernutzungsrechts ist die Zustimmung des Dritten nicht erforderlich, wenn durch die Vereinbarung gleichzeitig das zu seinen Gunsten belastete Wohnungseigentum mit einem Sondernutzungsrecht verbunden wird.

Inhaltsübersicht

	Rz.		Rz.
I. Allgemeines	1	cc) Thermostatventile	31
II. Sondereigentum	5	dd) Verbrauchserfassungsgeräte	32
1. Sondereigentumsfähige Räume	6	ee) Strom-, Gas-, Wasser- und sonstige Leitungen	33
a) Allgemein	6	ff) Markisen	35
b) Selbständige Gebäude	12	gg) Sonstige	36
c) Balkone und Loggien	14	b) Bauliche Veränderungen	39
d) Pkw-Stellplätze	18	3. Mitsondereigentum	42
e) Nebenräume	21	**III. Abgrenzung zum Gemeinschaftseigentum**	45
2. Sondereigentumsfähige Gebäudebestandteile	22	1. Gesetzliche Vermutung	47
a) Wesentliche Gebäudebestandteile	22	2. Zwingendes Gemeinschaftseigentum	51
b) Einzelfälle	29		
aa) Heizungsanlagen	29		
bb) Heizkörper	30		

		Rz.		Rz.
a)	Konstruktive Gebäudeteile	52	**IV. Inhalt des Sondereigentums**	65
b)	Gemeinschaftlicher Gebrauch	54	1. Vereinbarung, Abs. 4 Satz 1	66
3.	Vereinbarung gem. Abs. 3	62	2. Zustimmungserfordernis, Abs. 4 Satz 2	72

Schriftum: *Brambring,* Die Zustimmung von Drittberechtigten zur Änderung der Gemeinschaftsordnung nach der Novelle zum WEG, DNotZ 1979, 155; *Diester,* Kommentar zum WEG, 1952; *Eichhorn,* Sondereigentum und/oder Gemeinschaftseigentum, WE 2004, 58; *Gleichmann,* Sondereigentumsfähigkeit von Doppelstockgaragen, Rpfleger 1988, 10; *Häublein,* Zur Kostentragung bei Hebebühnen von Doppelstockgaragen in Wohnungseigentumsanlagen, MittBayNot 2000, 112; *Häublein,* Sondernutzungsrecht und ihre Begründung im Wohnungseigentumsrecht (2003); *Hesse/Saage/Fischer,* Grundbuchordnung, 4. Aufl. 1957; *Hurst,* „Mit-Sondereigentum" und „abgesondertes Miteigentum", noch ungelöste Probleme des WEG, DNotZ 1968, 131; *Meikel/Imhof/Riedel,* GBO, 6. Aufl. 1965; *Merle,* Die Sondereigentumsfähigkeit von Garagenstellplätzen auf dem nicht überdachten Oberdeck eines Gebäudes, Rpfleger 1977, 196; *H. Müller,* Praktische Fragen des Wohnungseigentums, 4. Aufl. (2004); *Ott,* Die Abgrenzung von Sondereigentum und Gemeinschaftseigentum, MietRB 2004, 126; *Röll,* Sondereigentum an zentralen Versorgungsanlagen und ihren Zugangsräumen, Rpfleger 1992, 94; *Röll,* Garagenstellplätze und Gebäudeeigenschaft, DNotZ 1992, 221; *Röll,* Teilungserklärung und Entstehung des Wohnungseigentums, 1975; *Röll,* Rechtsfragen bei der Errichtung von Eigentumswohnungen in mehreren Bauabschnitten DNotZ 1977, 69; *Sauren,* Mitsondereigentum – eine Bilanz, DNotZ 1988, 667; *Schmid,* Wärmecontracting in der Wohnungseigentümergemeinschaft, CuR 2004, 45; *Schmidt,* Balkone als Sondereigentum, MittBayNot 2001, 442; *Schmidt,* Sondereigentum an Stellplätzen auf dem Garagenoberdeck, DNotZ 1984, 704; *Schweizer,* Das Eigentum an der Energieerzeugungsanlage, WuM 2006, 415; *Weitnauer,* Zur Entstehung des WEG, ZWE 2001, 126.

I. Allgemeines

1   Abs. 1 und 2 des § 5 WEG regeln die **Abgrenzung** zwischen Sonder- und Gemeinschaftseigentum. Während Abs. 1 das Sondereigentum positiv umschreibt, enthält Abs. 2 eine negative Abgrenzung[1]. Die Abgrenzung zwischen beiden Arten des Eigentums ist von großer praktischer Bedeutung, so dass im Gründungsakt nach §§ 3, 8 oder in der nach § 10 zu treffenden Vereinbarung größtmögliche Sorgfalt auf eine eindeutige Regelung gelegt werden sollte, welche auch dem **sachen- und grundbuchrechtlichen Bestimmtheitsgrundsatz** genügt[2]. Grundsätzlich kann der Sondereigentümer in den Grenzen des § 13 Abs. 1 mit seinem Eigentum nach freiem Belieben verfahren, ihm steht also das alleinige Verfügungsrecht zu. Insbesondere kann er Gebäudeteile, die in seinem Sondereigentum stehen, verändern, beseitigen oder auch Gegenstände einfügen, die sodann ebenfalls Sondereigentum werden[3]. Das Sondereigentum ist also „echtes" Eigentum[4]. Die Vorschriften des BGB gelten daher entsprechend. § 7 regelt die grundbuchrechtlichen Besonderheiten (vgl. § 7 Rz. 4 ff.).

---

1   Vgl. Begründung zum Regierungsentwurf des WEG, BR-Drucks. 75/51.
2   BGH v. 30.6.1995 – V ZR 184/94, MDR 1996, 139 = NJW 1995, 2851 (2853).
3   *Förth* in KK-WEG, § 5 Rz. 1.
4   BGHZ 49, 250 (251).

Weiter knüpft das Gesetz an die Stellung des Sondereigentümers aber auch 2
Pflichten an. Auch die Gefahr des zufälligen Untergangs oder der zufälligen Beschädigung trägt der Sondereigentümer, selbst dann, wenn der Grund für die Beschädigung im Gemeinschaftseigentum liegt, ohne dass die Gemeinschaft aber ein Verschulden trifft (vgl. § 16 Rz. 126 ff.). Insbesondere ist der Sondereigentümer zur Kostentragung für die Instandhaltung und Instandsetzung des Sondereigentums verpflichtet. Die für die Instandhaltung und Instandsetzung des gemeinschaftlichen Eigentums anfallenden Kosten sind hingegen von der Gemeinschaft zu tragen (§§ 21 Abs. 5 Nr. 2, 16 Abs. 2). Zulässig ist es jedoch, **abweichende Kostentragungsregelungen** in der Gemeinschaftsordnung zu regeln. So kann insbesondere die Kostenlast für die Instandhaltung und Instandsetzung von Außenfenstern auf die jeweils betroffenen Wohnungseigentümer durch Vereinbarung abgewälzt werden[1]. Ein entsprechender Mehrheitsbeschluss mit Dauerwirkung war bis zur am 1.7.2007 in Kraft getretenen WEG-Novelle stets nichtig[2]. Durch die WEG-Novelle wurde jedoch nunmehr in § 16 Abs. 4 die Möglichkeit geschaffen, eine Kostentragungsregelung zu beschließen. Hiernach kann im Einzelfall zur Instandhaltung/Instandsetzung i.S.d. § 21 Abs. 5 Nr. 2 oder zu baulichen Veränderungen oder Aufwendungen i.S.d. § 22 Abs. 1 und 2 durch Beschluss die Kostenverteilung geregelt werden, wenn der abweichende Maßstab dem Gebrauch oder der Möglichkeit des Gebrauchs durch die Wohnungseigentümer Rechnung trägt. Ein solcher Beschluss bedarf jedoch einer qualifizierten Mehrheit von drei Viertel aller stimmberechtigten Wohnungseigentümer und mehr als der Hälfte aller Miteigentumsanteile. Diese Beschlusskompetenz kann nach § 16 Abs. 5 nicht durch Vereinbarung der Wohnungseigentümer eingeschränkt oder gar ausgeschlossen werden (zu den Einzelheiten vgl. § 16 Rz. 42 ff.).

§ 5 Abs. 3 und Abs. 4 ermöglichen es den Wohnungseigentümern, in den dort 3
gesteckten Grenzen, Vereinbarungen hinsichtlich des Umfangs und des Inhalts des Sondereigentums zu treffen. Abs. 4 wurde durch die WEG-Novelle um Satz 2 und Satz 3 erweitert. Diese regeln nunmehr den **Umfang des Zustimmungserfordernisses Dritter**, denen am Wohnungseigentum bestimmte Rechte zustehen (Rz. 72 ff.).

Da es sich bei den Regelungen in § 5 um sachenrechtliche Vorschriften handelt, 4
sind diese, vorbehaltlich des Abs. 3, zwingend und stehen nicht zur Disposition der Wohnungseigentümer[3]. Etwas anderes folgt auch nicht aus § 10 Abs. 1 Satz 2, da die in dieser Vorschrift anerkannte Privatautonomie der Wohnungseigentümer lediglich das Gemeinschaftsverhältnis betrifft. Nicht geregelt wird hingegen, ob eine Sache sondereigentumsfähig ist.

II. Sondereigentum

§ 5 Abs. 1 bestimmt, dass die in § 3 Abs. 1 genannten Räume sowie die zu die- 5
sen Räumen gehörenden Bestandteile des Gebäudes Sondereigentum darstellen können.

---
1 BayObLG WuM 2004, 740; BayObLGZ 1993, 167.
2 BGH v. 20.9.2000 – V ZB 58/99, MDR 2000, 1367 m. Anm. *Riecke* = NJW 2000, 3500.
3 BGHZ 119, 56.

1. Sondereigentumsfähige Räume

a) Allgemein

6　Mit der Verweisung auf § 3 Abs. 1 wird klargestellt, dass sämtliche Räume, welche eine in sich abgeschlossene Wohnung bilden, sondereigentumsfähig sind, ebenso wie die nicht zu Wohnzwecken dienenden Räume unter den Voraussetzungen der Abgeschlossenheit.

7　Der **Gegenstand i.S.d. § 5 Abs. 1** wird teilweise als der Luftraum innerhalb einer Ummauerung beschrieben[1]. Die Luft an sich stellt jedoch eine res communis omnium dar. Zweckmäßiger sollte der Raum mit *Rapp*[2] durch seine Dreidimensionalität von „Nichträumen" abgegrenzt werden. Unter einem Raum ist daher ein kubisches, also ein nach Länge, Breite und Höhe abgrenzbares Gebilde zu verstehen[3]. Nicht jedes dreidimensional abgegrenzte Gebilde ist jedoch als Raum in diesem Sinn anzusehen. Insoweit ist zu berücksichtigen, dass mit der Schaffung des WEG neben der Belebung der Bautätigkeit auch eine Eigentumsförderung für die Mittelschicht erfolgen sollte[4]. Hieraus kann aber gefolgert werden, dass das Sondereigentum äußere – von Natur oder Menschen ausgehende – Einwirkungen abhalten und demnach einen gewissen Schutz bieten soll, so dass die sondereigentumsfähige Wohnung eine ähnliche Abgeschlossenheit aufweisen muss wie ein Einfamilienhaus[5]. Dies erfordert aber, dass seinen Begrenzungen, sprich Mauern und Wände, eine gewisse Dauerhaftigkeit und Stabilität inne sein müssen[6]. Diesen Anforderungen werden z.B. Schiebewände nicht gerecht, sodass die durch das Anbringen solcher Wände entstehenden Räume nicht sonderrechtsfähig sind[7].

8　Auch an Räumen, welche sich in einem noch zu errichtenden Gebäude befinden, kann Sondereigentum gem. § 3 eingeräumt oder entsprechend § 8 begründet werden. Ob sodann Sondereigentum entsteht, hängt von der tatsächlichen Errichtung des Gebäudes ab.

9　Eine **Mischung von Wohnungs- und Teileigentum** ist zulässig[8]. Räume sind aber dann nicht sonderrechtsfähig, wenn sie dem Gebrauch sämtlicher Wohnungseigentümer dienen. In diesem Fall schließt § 5 Abs. 2 die Sonderrechtsfähigkeit aus. Grundsätzlich kann daher an Räumlichkeiten, welche den einzigen Zugang zu einem im gemeinschaftlichen Eigentum stehenden Raum bilden, kein Sondereigentum gebildet werden[9]. Etwas anderes gilt allerdings dann, wenn die Räumlichkeit ihrer Beschaffenheit nach nicht dem ständigen

---

1　Vgl. *Röll*, DNotZ 1977, 70; *Pick* in Bärmann/Pick/Merle, WEG, § 5 Rz. 17.
2　*Rapp* in Staudinger, BGB, § 5 WEG Rz. 5.
3　LG Frankfurt DWE 1993, 32; *Ott* in Deckert, Die Eigentumswohnung, Gruppe 3 Rz. 50; *Ott*, MietRB 2004, 126, 128.
4　BR-Drucks 75/51; Bericht des Abgeordneten Dr. Brönner aus dem Rechtsausschuss, Bundestagsprotokolle 4383 ff.; vgl. zu den Einzelheiten auch *Weitnauer*, ZWE 2001, 126.
5　BGHZ 119, 56.
6　BGH NJW 1991, 1612.
7　Siehe OLG Düsseldorf DNotZ 1995, 87, wegen des Sondereigentums an einer Dachgeschosswohnung auf den Luftraum über einer Kehlbalkenanlage.
8　*Pick* in Bärmann/Pick/Merle, WEG, § 1 Rz. 29; *Diester*, WEG, § 1 Anm. 4.
9　BGH v. 5.7.1991 – V ZR 222/90, NJW 1991, 2909; BayObLG NJW-RR 1996, 12.

Mitgebrauch aller Wohnungseigentümer dient[1]. Ein zusätzlicher Treppenabgang kann daher in der Teilungserklärung zum Sondereigentum bestimmt werden, wenn die übrigen Wohnungseigentümer eine andere Möglichkeit haben, ihre Kellerräume zu erreichen[2]. Die Sonderrechtsfähigkeit ist aber für einen Stellplatz und einen Verbindungsflur abzulehnen, wenn diese den **einzigen Zugang zu den zentralen Versorgungseinrichtungen** darstellen, welche sich in einem im Gemeinschaftseigentum stehenden Raum befinden (vgl. hierzu auch Rz. 57 f.)[3].

Mangels Abgeschlossenheit und der damit fehlenden Raumeigenschaft sind unbebaute Grundstücksteile, wie z.B. **Gärten und Höfe**, nicht sonderrechtsfähig. Vielmehr gehören diese Grundstücksteile zum Gemeinschaftseigentum, die von sämtlichen Wohnungseigentümern genutzt oder einzelnen zur Nutzung überlassen werden können, §§ 15 Abs. 1, 10 Abs. 2. Gleiches gilt für **offene Dachterrassen**, auch wenn sie einer Wohnung vorgelagert und zugeordnet sind[4]. **Dachterrassen** können allenfalls dann Balkonen gleichgestellt und damit die Sonderrechtsfähigkeit anerkannt werden, wenn sie nur über eine Wohnung erreichbar und gegenüber dem gemeinschaftlichen Eigentum abgegrenzt sind[5]. Auch für **sonstige Terrassen** ist die Sondereigentumsfähigkeit grundsätzlich abzulehnen[6]. Ausnahmsweise kann an **ebenerdigen Terrassen** Sondereigentum bestellt werden. Dies setzt aber eine Höhenabgrenzung voraus. Ohne eine solche kann kein sondereigentumsfähiger Raum angenommen werden. Ein bloßer Plattenbelag kann eine Fläche nicht zum Raum machen[7].

10

An **Gebäuden und Gebäudeteilen**, welche nicht innerhalb der Grenzen des gemeinschaftlichen Grundstücks liegen, kann grundsätzlich kein Sondereigentum begründet werden[8]. Wurde (unwirksam) Sondereigentum an einem nicht sondereigentumsfähigen Gegenstand begründet, ist die **Umdeutung in ein Sondernutzungsrecht** möglich und geboten. Auch eine Umdeutung der nichtigen Bestellung von Sondereigentum in der Teilungserklärung in eine Instandhaltungs- und/oder Kostentragungspflicht des einzelnen Eigentümers kommt in Betracht[9]. Maßgeblich ist insoweit, ob nach dem Inhalt der Teilungserklärung anzunehmen ist, dass bei Kenntnis der Nichtigkeit der Sondereigentumsbestellung jedenfalls die Verpflichtung des betreffenden Wohnungseigentümers zur Instandsetzung und/oder Kostentragung gewollt gewesen wäre[10]. Insoweit ist auf die allgemeinen Auslegungsgrundsätze zurückzugreifen.

11

---

1 BayObLGZ 1991, 165; BayObLG NJW-RR 1996, 12.
2 OLG Hamm NJW-RR 1992, 1296.
3 BGH NJW 1991, 2909; OLG Hamm WE 1992, 317.
4 *Brisemeister* in Weitnauer, WEG, § 5 Rz. 10; a.A. OLG Frankfurt Rpfleger 1975, 179; *Hügel* in Bamberger/Roth, WEG, § 5 Rz. 9; *Merle*, Rpfleger 1977, 198.
5 OLG Frankfurt Rpfleger 1975, 178; BayObLG NJW-RR 1991, 976; *Pick* in Bärmann/Pick/Merle, WEG, § 5 Rz. 30; *Sauren*, WEG, § 1 Rz. 5.
6 OLG Köln v. 21.4.1982 – 2 Wx 132/82, OLGZ 1982, 413; BayObLG DWE 1984, 30.
7 OLG Köln v. 21.4.1982 – 2 Wx 132/82, OLGZ 1982, 413; LG Frankfurt DWE 1993, 32.
8 Vgl. hierzu BayObLG Rpfleger 1979, 420 („Rampenfall").
9 OLG Karlsruhe NZM 2002, 220; OLG Düsseldorf NZM 1998, 269; OLG Hamm ZMR 1997, 193; OLG Hamm v. 30.5.1996 – 15 W 115/96, ZMR 1996, 503.
10 OLG Düsseldorf ZMR 1999, 350.

b) Selbständige Gebäude

12 Auch an verschiedenen Gebäuden auf ein und demselben Grundstück kann Sondereigentum begründet werden. Bei diesen Gebäuden kann es sich um **Reihenhäuser**, welche auf dem gleichen Grundstück gebaut wurden, oder um bloße Nebengebäude handeln. Das Grundstück an sich fällt in das gemeinschaftliche Eigentum. Gleiches gilt für etwaige **Umzäunungen, Einfahrten** etc. In das gemeinschaftliche Eigentum fallen auch **Müllplätze**, Trockenplätze, Waschküchen, **Fahrradkeller** etc., da diese Einrichtungen dem Mitgebrauch sämtlicher Wohnungseigentümer dienen[1]. Ein „abgesondertes Miteigentum" an gemeinschaftlichen Teilen und Einrichtungen für einen Teil der Wohnungseigentümer kann aber grundsätzlich nicht bestehen (vgl. hierzu Rz. 42f.). Wird einem Wohnungseigentümer das Recht eingeräumt, auf dem gemeinschaftlichen Grundstück ein Bauwerk zu errichten und Sondereigentum daran zu begründen, so können die übrigen Wohnungseigentümer im Rahmen des Gemeinschaftsverhältnisses auch die Einhaltung der nachbarschützenden Vorschriften des Bauordnungsrechts verlangen[2].

13 Wird zulässigerweise Sondereigentum an dem Raum innerhalb eines selbständigen Gebäudes bestellt, ist der Umfang dieses Sondereigentums umstritten, insbesondere, ob es sich auch auf die konstruktiven Teile des Gebäudes erstreckt. Während das BayObLG[3] ein **Sondereigentum an einer Doppelhaushälfte** ablehnt, welches auch die konstruktiven Bestandteile umfasst, wird ein solches von anderen befürwortet[4]. Letztere Auffassung ist jedoch insoweit problematisch, als dass dies zu einer sachenrechtlich und wohnungseigentumsrechtlich nicht vorgesehenen Trennung des Eigentums am Gebäude und am Grundstück führen würde. Dementsprechend hat sich der BGH[5] zutreffend der ersten Auffassung angeschlossen und klargestellt, dass die Grenzen des § 5 Abs. 2 auch für die Begründung von Sondereigentum bei Wohnungseigentumsanlagen gelten, die sich aus mehreren Häusern zusammensetzen. Auch in diesen Fällen sind die für den Bestand und die Sicherheit des Bauwerks notwendigen Bauteile nicht sondereigentumsfähig, wie z.B. das Dach. Diese Rechtsprechung wurde vom OLG Düsseldorf auch auf die tragenden Teile eines auf dem gemeinschaftlichen Grundstück und im Sondereigentum stehenden Garagengebäudes übertragen[6].

c) Balkone und Loggien

14 Nach h.M. sind **Balkone und Loggien** so weitgehend abgegrenzt, dass sie sondereigentumsfähig sind[7]. Letzteres wird z.T. jedoch angezweifelt, da eine Verände-

---

1 A. A. *Pick* in Bärmann/Pick/Merle, WEG, § 5 Rz. 20.
2 BayObLG NJW-RR 1994, 781; *Pick* in Bärmann/Pick/Merle, WEG, § 5 Rz. 20.
3 MDR 1966, 413.
4 OLG Frankfurt NJW 1963, 814m. A. *Dister*; OLG Köln NJW 1962, 156.
5 BGHZ 50, 56 (57); bestätigt durch BGH NZM 2001, 435f.; *Schulze* in Niedenführ/Schulze, WEG, § 5 Rz. 26.
6 OLG Düsseldorf WuM 2004, 111.
7 BGH v. 21.2.1985 – VII ZR 72/84, NJW 1985, 1551; OLG Düsseldorf NZM 2002, 443; OLG Düsseldorf NZM 1999, 507; BayObLGZ 1974, 269; OLG Frankfurt DNoTI-REP 1997, 139; BayObLG DWE 1983, 123; *Commichau* in Müko, BGB, § 5 WEG Rz. 20ff.; *Augustin* in BGB-RGRK, § 5 WEG Rz. 90.

rung ohne Einfluss auf die äußere Gestaltung des Gebäudes kaum möglich und alle Konstruktionsteile, die für Bestand oder Sicherheit erforderlich sind, ohnehin einer Veränderung entzogen seien[1]. Dem kann nicht gefolgt werden, da mit der gleichen Argumentation auch die Sondereigentumsfähigkeit von solchen Räume abgelehnt werden könnte, welche zwar innerhalb des Gebäudes liegen, aber mindestens eine Außenwand haben. Auch eine solche Außenwand prägt das äußere Erscheinungsbild des Gebäudes und stellt daher Gemeinschaftseigentum dar. Dennoch folgt hieraus selbstverständlich nicht, dass der gesamte Raum nicht sondereigentumsfähig ist. Ein qualitativer Unterschied zwischen einem Balkon und der im Sondereigentum stehenden Wohnung, welcher der Balkon zugeordnet ist, ist nicht erkennbar. Vielmehr sind beide gleich zu bewerten.

Nach einer teilweise in der Literatur vertretenen Auffassung sollen Balkone stets kraft Gesetzes, ohne dass es einer besonderen Vereinbarung bedürfen soll, Sondereigentum darstellen[2]. Begründet wird dies damit, dass ansonsten Gemeinschaftseigentum und damit ein Mitgebrauchsrecht sämtlicher Eigentümer gegeben wäre. Dies würde aber die Unwirksamkeit der Zuweisung des Sondereigentums an der Wohnung nach sich ziehen, da Gemeinschaftseigentum stets von Gemeinschaftseigentum aus betreten werden können müsse[3]. Dem ist nicht uneingeschränkt zu folgen. Wird zutreffenderweise ein **faktisches Sondernutzungsrecht** des betreffenden Wohnungseigentümers an dem Balkon angenommen[4], bedarf es einer Annahme des Sondereigentums kraft Gesetzes nicht. Zudem muss Sondereigentum an Räumen stets gem. § 3 Abs. 1 vertraglich eingeräumt werden. Ohne hinreichend erkennbare objektive Zuordnung des Balkons zum Sondereigentum in der Teilungserklärung steht der Balkon insgesamt im Gemeinschaftseigentum[5], wenn auch mit einem faktischen Sondernutzungsrecht belastet. Die Zuordnung zum Sondereigentum muss aber nicht zwingend ausdrücklich erfolgen, sondern kann sich auch schlüssig, z.B. durch die anteilige Einbeziehung in die Flächenberechnung des Sondereigentums ergeben[6].

15

Da gem. § 5 Abs. 2 **konstruktive Balkonbestandteile** und solche Teile, deren Veränderung, Beseitigung oder Veränderung die äußere Gestalt des Gebäudes verändern würden, nicht sondereigentumsfähig sein können, fallen folgende Balkonbestandteile in das **Gemeinschaftseigentum:** Balkonbrüstung[7], Balkongeländer[8], Balkontüren[9], die Trennwand zwischen zwei Balkonen[10], Balkonstützen[11],

16

---

1 *Briesemeister* in Weitnauer, WEG, § 5 Rz. 11.
2 *Schmidt*, MittBayNot 2001, 442.
3 *Schmidt*, MittBayNot 2001, 442 ff.
4 *Häublein*, Sondernutzungsrechte und ihre Begründung im Wohnungseigentumsrecht, S. 27 f.; ähnlich BayObLG ZMR 2004, 132 = Miet-RB 2004, 79.
5 OLG Frankfurt v. 3.4.1997 – 20 W 90/97, ZMR 1997, 367 (369); OLG Köln ZMR 2001, 568 f.
6 Vgl. OLG Köln ZMR 2002, 972 (975).
7 OLG Düsseldorf ZMR 1995, 84 (86); BayObLG ZMR 1999, 59.
8 BayObLG WuM 2004, 117; OLG Düsseldorf ZMR 1999, 350; BayObLG ZMR 1999, 59.
9 OLG Karlsruhe NZM 2002, 220.
10 BayObLG WuM 1985, 31 f.
11 BayObLG NJW-RR 1986, 762.

Balkonaußenwände[1], Balkonisolierung[2], Abdichtungsanschluss zwischen Gebäude und Balkon[3], Abtrennung eines sog. Ständerbalkons zwischen zwei Wohnungen[4]. Als konstruktiver Gebäudebestandteil fällt auch eine Balkonplatte in das gemeinschaftliche Eigentum[5].

17 **Sondereigentumsfähig** sind hingegen: Putz, Anstrich, Verkleidungen der Balkoninnenseiten[6], Mörtelbett[7] und Untergrund[8]. Der Bodenbelag über der Isolierschicht ist ebenfalls Sondereigentum[9]. Wird diesbezüglich ein Mehrheitsbeschluss gefasst, überschreitet die Gemeinschaft ihre Beschlusskompetenz, was die Nichtigkeit des Beschlusses nach sich zieht[10]. Etwas anders gilt aber dann, wenn Vorbereitungs- und Folgearbeiten am Sondereigentum notwendig sind, um die Durchführung von (Reparatur-)Arbeiten am Gemeinschaftseigentum und die nachfolgende Wiederherstellung eines ordnungsgemäßen Zustandes zu ermöglichen. Beschließt die Wohnungseigentümergemeinschaft daher z.B. die großflächige Sanierung von Balkonen wegen Feuchtigkeitsschäden, ist ein entsprechender Mehrheitsbeschluss wirksam, auch wenn hiermit zwangsläufig Arbeiten am Sondereigentum verbunden sind[11].

d) Pkw-Stellplätze

18 Bei **Pkw-Stellplätzen** muss differenziert werden. Handelt es sich um unter- oder oberirdische Sammelgaragen, ist Sondereigentum an diesen möglich, wenn die einzelnen Garagen **in sich abgeschlossene Räume** darstellen. Stellt dagegen nicht jeder Stellplatz einen eigenständigen Raum dar, sondern befinden sich mehrere Abstellplätze in einem Raum, sind sie dann sonderrechtsfähig, wenn durch dauerhafte Markierungen gem. § 3 Abs. 2 Satz 2 die Abgeschlossenheit und damit die Raumeigenschaft fingiert wird. An der Sammelgarage selbst, sofern sie in sich abgeschlossen ist und damit die Anforderungen an einen Raum i.S.d. § 3 Abs. 2 Satz 1 erfüllt sind, kann ebenfalls Sondereigentum begründet werden. Auch kann **Teileigentums-Bruchteil** an einer Sammelgarage gebildet werden, welches mit Sondernutzungsrechten an den Stellplätzen verbunden wird[12]. Verbleibt die Garage im Gemeinschaftseigentum, kann sie durch die rechtsfähige Eigentümergemeinschaft auch **vermietet** werden[13].

---

1 *Sauren*, WEG, § 1 Rz. 9 Stichwort „Balkon"; vgl. auch BayObLG NZM 2004, 106.
2 OLG Düsseldorf ZMR 1998, 304f.; OLG Düsseldorf ZMR 2002, 613f.; OLG Hamm ZMR 1997, 193f.; BayObLG NZM 1998, 408.
3 Vgl. BayObLG WuM 2000, 507.
4 BayObLG GE 2001, 775.
5 OLG München OLGReport München 2007, 331; OLG Frankfurt OLGZ 1989, 422; BayObLG WE 1991, 227.
6 Vgl. KG ZWE 2001, 331f.
7 OLG München OLGReport München 2007, 331; BayObLG WE 1994, 184; *Pick* in Bärmann/Pick/Merle, WEG, § 5 Rz. 27.
8 OLG Köln ZMR 2001, 568f.
9 BGH NJW 1985, 1551; OLG Hamm ZMR 1997; OLG Düsseldorf ZMR 2002, 613f.
10 OLG Düsseldorf NZM 2002, 443.
11 OLG München NZM 2007, 369.
12 OLG Karlsruhe MDR 1972, 516.
13 BGH NZM 2000, 1010.

An einem offenen Stellplatz auf dem Dach eines Gebäudes kann hingegen kein Sondereigentum bestellt werden[1]. Gleiches gilt für **seitenoffene Garagen**[2] und für einen **Carport**[3], da dies, mangels Raumeigenschaft oder Fiktion einer solchen, eine vom Gesetz nicht vorgesehene Grundstückteilung darstellen würde.

19

Teilweise wird vertreten, dass auch der Stellplatz in einer **Duplex-Garage** oder einer **Doppelstockgarage** sondereigentumsfähig sein soll[4]. Dies ist mangels klarer räumlicher Umgrenzung des Stellplatzes aber abzulehnen. Die Kippvorrichtung bewirkt, dass der Raum zwischen Boden und Decke von beiden Nutzern jedenfalls partiell gleichermaßen in Anspruch genommen wird. Damit fehlt aber eine, für die Annahme von Sondereigentum notwendige, klare Trennung des Raumes zwischen Boden und Decke[5]. Erst recht gilt dies für die konstruktiven Teile, wie die **Hebebühnen** der Doppelstockgarage[6].

20

e) Nebenräume

Auch Nebenräume wie **Hobbyräume**[7], **Keller**, **Dachspeicher**, Lagerhallen etc. sind sondereigentumsfähig[8]. Auch an einem **Schwimmbad/Sauna** kann Sondereigentum bestellt werden[9]. Solange dies jedoch nicht erfolgt, stehen sie grundsätzlich im Gemeinschaftseigentum; Gleiches gilt für Saunaanlagen[10].

21

2. Sondereigentumsfähige Gebäudebestandteile

a) Wesentliche Gebäudebestandteile

Gebäudebestandteile, Anlagen und Einrichtungen in den zu Sondereigentum erklärten Räumen zählen gem. § 5 Abs. 1 und 2 dann zum Sondereigentum, wenn deren **Veränderung**, **Beseitigung** oder **Einfügung** nicht zu einer Beeinträchtigung des gemeinschaftlichen Eigentums, des Sondereigentums anderer Wohnungseigentümer über das in § 14 bestimmte Maß hinaus oder zu einer **Veränderung der äußeren Gestaltung** des Gebäudes führen würde. Weiter dürfen sie nicht für den **Bestand und die Sicherheit** des Gebäudes erforderlich sein, nicht dem Gebrauch aller Wohnungseigentümer dienen und nicht durch Vereinbarung ausdrücklich zum Gemeinschaftseigentum erklärt worden sein.

22

---

1 OLG Frankfurt v. 17.10.1983 – 20 W 648/83, OLGZ 1984, 32; *Briesemeister* in Weitnauer, WEG, § 5 Rz. 10; a.A. OLG Hamm DNotZ 1999, 216; OLG Köln DNotZ 90, 700; *Schmidt*, DNotZ 1984, 704.
2 OLG Celle NJW-RR 1991, 1489; a.A. *Röll*, DNotZ 1992, 223.
3 BayObLG v. 6.2.1986 – BReg 2Z 70/85, BayObLGZ 1986, 29; vgl. auch OLG Celle Rpfleger 1975, 179.
4 *Pick* in Bärmann/Pick/Merle, WEG, § 5 Rz. 19; *Gleichmann*, Rpfleger 1988, 10; vgl. auch OLG Hamm MittRhNotK 1982, 218.
5 BayObLG NJW-RR 1995, 783; OLG Düsseldorf MittRhNotK 1978, 85 f.; *Bassenge* in Palandt, BGB, § 3 WEG Rz. 8.
6 OLG Celle NZM 2005, 871; OLG Düsseldorf NZM 1999, 571.; a.A. *Häublein*, MittBayNot 2000, 112.
7 BayObLG Rpfleger 1982, 21.
8 LG Köln NJW 1961, 322.
9 BGH DNotZ 1991, 565.
10 Vgl. *Röll*, Teilungserklärung, S. 22 f.

23 § 5 Abs. 1 erfasst nur solche Gebäudebestandteile, die als **wesentliche Bestandteile** i.S.d. §§ 93, 94 BGB zu qualifizieren sind. Dass Sondereigentum an den diesen Vorschriften nicht unterfallenden Gegenständen möglich ist, bedarf keiner gesonderten Erwähnung, da diese ohne weiteres sonderrechtsfähig sind. Andererseits kann an nicht wesentlichen Bestandteilen kein gemeinschaftliches Eigentum entstehen, da das WEG für diese Gegenstände keine von den allgemeinen Vorschriften abweichenden Regelungen trifft[1]. Vielmehr unterliegen die Eigentumsverhältnisse an diesen nicht wesentlichen Bestandteilen den allgemeinen Vorschriften des bürgerlichen und des sonstigen Rechts. Die Vorschriften des WEG, insbesondere die §§ 6 und 11, finden keine Anwendung. Wesentliche Bestandteile hingegen teilen regelmäßig das Schicksal der Hauptsache, also des Grundstücks und Gebäudes[2], und können grundsätzlich nicht Gegenstand besonderer dinglicher Rechte sein[3].

24 § 93 und § 94 BGB bestimmen, dass Sachen, die mit dem Grund und Boden eines Grundstücks fest verbunden werden, Bestandteil dieses Grundstücks werden. Dies gilt insbesondere für Gebäude, worunter auch fertige Garagen fallen, selbst wenn sie nicht im Boden verankert sind[4]. Sachen, welche in das Gebäude eingefügt werden, werden zu wesentlichen Bestandteilen desselben und damit auch zu wesentlichen Bestandteilen des Grundstücks. Ein Bestandteil ist aber nur dann wesentlich, wenn er nicht mehr abgetrennt werden kann, ohne dass er zerstört oder in seinem Wesen verändert wird. Hierzu zählen z.B. **Wasch- und Badeanlagen**[5], u.U. auch Heizungszentralanlagen, die eingebaut wurden[6].

25 Eine feste Verbindung zwischen Bestandteil und Gebäude ist für § 94 Abs. 2 BGB nicht notwendig[7], **maßgeblich ist letztlich der Zweck und nicht die Art der Verbindung**[8]. Ausreichend ist, dass der Bestandteil dem Gebäude einen besonderen Charakter verleiht. Aus diesem Grund sind z.B. auch (Innen-)Türen trotz ihrer Trennbarkeit wesentliche Bestandteile[9]. Gleiches gilt für eine Abwasserhebeanlage, die sich im gemeinschaftseigenen Heizungskeller befindet, aber lediglich der Abwasserentsorgung einer einzelnen Eigentumswohnung dient. Diese ist letztlich als Gebäudebestandteil i.S.d. § 5 Abs. 1 und damit als Gegenstand des Sondereigentums zu qualifizieren[10].

26 Ist ein wesentlicher Bestandteil im Sinne dieser Vorschriften gegeben, kann unter den weiteren Voraussetzungen des § 5 Abs. 2 abweichend zu § 93 BGB Sondereigentum an diesen Gegenständen begründet werden. Sie müssen jedoch verändert, beseitigt oder eingefügt werden können, ohne dass dadurch

– das gemeinschaftliche Eigentum,

---

1 BayObLG Rpfleger 1969, 206; a.A. wohl *Bassenge* in Palandt, BGB, § 5 WEG Rz. 2.
2 RGZ 158, 37.
3 *Heinrichs* in Palandt, BGB, § 93 Rz. 4.
4 BFH NJW 1979, 392; OLG Düsseldorf BauR 1982, 165.
5 *Heinrichs* in Palandt, BGB, § 93 Rz. 8.
6 BGHZ 53, 36.
7 OLG Düsseldorf NZM 2001, 752f.; *Schulze* in Niedenführ/Schulze, WEG, § 5 Rz. 11.
8 BGHZ 36, 46 (50); BGH NJW 1978, 1311.
9 RGZ 150, 25; 90, 201.
10 OLG Düsseldorf NZM 2001, 752.

- das Sondereigentum eines anderen Wohnungseigentümers über das nach § 14 zulässige Maß hinaus beeinträchtigt oder
- die äußere Gestaltung des Gebäudes verändert wird.

Wurde an zwingendem Gemeinschaftseigentum in der Gemeinschaftsordnung Sondereigentum bestellt, ist diese Vereinbarung nichtig[1]. Hierdurch wird auch die Aufteilung der Miteigentumsanteile grundsätzlich nicht berührt[2]. In diesem Falle soll nach Ansicht des BGH[3] jedoch ein **„isolierter Miteigentumsanteil"** entstehen. Auch wenn ein solcher nicht rechtsgeschäftlich bestellt werden kann, könne er kraft Gesetzes entstehen. Dieser „isolierte Miteigentumsanteil" wächst den anderen Miteigentümern auch nicht entsprechend § 738 Abs. 1 BGB zu, da diese nicht, wie von dieser Vorschrift vorausgesetzt, gesamthänderisch verbunden sind. Vielmehr sind sämtliche Miteigentümer verpflichtet, den Gründungsakt so zu ändern, dass keine „isolierten Miteigentumsanteile" mehr bestehen. Im Zweifel muss er durch Vereinigung und Zuschreibung gem. § 890 BGB auf die anderen Anteile übertragen werden, wobei für die Übertragung ein Wertausgleich zu leisten ist. Wurde eine Anlage, welche zwingend in das Gemeinschaftseigentum fällt, auf einer im Sondereigentum stehenden Fläche errichtet, entsteht kraft Gesetzes gemeinschaftliches Eigentum[4]. 27

Streitigkeiten zwischen den Wohnungseigentümern, ob ein Raum, Gebäudebestandteil, Anlagen, Einrichtungen oder sonstige Gegenstände Sondereigentum oder Gemeinschaftseigentum darstellt, wurden nach der ganz h.M. bereits vor der WEG-Novelle im **Zivilprozessverfahren** entschieden und nicht im Verfahren der freiwilligen Gerichtsbarkeit, da diese Streitigkeit nicht dem Gemeinschaftsverhältnis entspringen[5]. Nur wenn es sich bei der Streitigkeit um eine Vorfrage bei Auseinandersetzungen über Art und Weise der Nutzung handelte, war die freiwillige Gerichtsbarkeit zuständig[6]. Da seit dem 1.7.2007 sämtliche wohnungseigentumsrechtlichen Streitigkeiten im Zivilprozessverfahren geführt werden, kommt es auf diese Differenzierung nicht mehr an (vgl. auch § 43 Rz. 1 ff.). 28

b) Einzelfälle

aa) Heizungsanlagen

Zentrale **Heizungsanlagen** sind als Gemeinschaftseigentum zu qualifizieren, wenn sie wesentlicher Bestandteil eines Gebäudes sind und durch sie die Teileigentumseinheiten mit Energie versorgt werden[7]. Dies gilt auch dann, wenn 29

---

1 BayObLG v. 25.9.1996 – 2Z BR 79/96, ZMR 1997, 37; OLG Hamm v. 22.8.1991 – 15 W 166/91, NJW-RR 1992, 148.
2 OLG Frankfurt OLGZ 1978, 290f.
3 BGH v. 3.11.1989 – V ZR 193/87, NJW 1990, 447.
4 OLG Düsseldorf Rpfleger 1986, 131.
5 BGH v. 30.6.1995 – V ZR 118/94, BGHZ 130, 159 (164); OLG Bremen WE 1987, 162; BayObLG DWE 1986, 29; OLG Karlsruhe NJW 1975, 1976; ebenso *Mansel* in Weitnauer, WEG, § 43 Rz. 8; *Merle* in Bärmann/Pick/Merle, WEG, § 43 Rz. 5.
6 LG Düsseldorf Rpfleger 1972, 450.
7 BGH v. 3.11.1989 – V ZR 143/87, BGHZ 109, 179; OLG Zweibrücken v. 21.9.1983 – 2 U 31/83, ZMR 1984, 33; *Commichau* in MüKo, BGB, § 5 WEG Rz. 25; zweifelnd *Schweizer*, WuM 2006, 415 ff.

sich die Heizungsanlage in einem (ausnahmsweise, vgl. Rz. 57 ff.) im Sondereigentum stehenden Raum befindet, von dem betreffenden Sondereigentümer allein betrieben und die erzeugte Energie gegen Entgelt an die Wohnungseigentümer geliefert wird[1]. Auch ein **Sondernutzungsrecht an der Heizungsanlage** ist ausgeschlossen[2]. Sondereigentum soll nach der Auffassung des BGH aber ausnahmsweise dann bestehen können, wenn die Heizungsanlage durch einen Wohnungseigentümer betrieben wird und sie dafür bestimmt und ausgelegt ist, außer den Teileigentümern auch noch außenstehende Dritte mit Energie zu beliefern[3]. Dem ist nicht zuzustimmen. Auch in der vom BGH entschiedenen Konstellation diente die Heizungsanlage dem gemeinschaftlichen Gebrauch sämtlicher Wohnungseigentümer und ist daher zwingend als Gemeinschaftseigentum einzuordnen. Dass auch Dritte mit Energie versorgt werden, kann keinen Einfluss auf die Eigentumsfrage haben.

Sondereigentum i.S.d. WEG kann an einer Heizungsanlage demnach nicht begründet werden. Ausnahmsweise kann ein Wohnungseigentümer aber Eigentum außerhalb des WEG erlangen. Insoweit ist zu berücksichtigen, dass die Wohnungseigentümer nicht gezwungen sind, selbst eine Heizungsanlage zu betreiben. Vielmehr können sie sich von Dritten mit Energie beliefern lassen, was in Form des **Wärmecontractings** auch verstärkt erfolgt[4]. Zu diesem Zweck kann auch eine Heizungsanlage eingebaut werden, welche im Eigentum des Wärmecontractors verbleibt. Dies wird durch die Vorschrift des § 95 BGB ermöglicht. Nach Abs. 1 Satz 1 dieser Norm liegt kein wesentlicher Bestandteil eines Grundstückes i.S.d. § 94 BGB vor, wenn Sachen lediglich zum vorübergehenden Zweck mit dem Grund und Boden verbunden werden. Gleiches gilt nach Abs. 2 für Sachen, die nur zu einem vorübergehenden Zweck in ein Gebäude eingefügt werden. Sind die Voraussetzungen des § 95 BGB erfüllt, ist ein sonderrechtsfähiger sog. **Scheinbestandteil** gegeben. Auch eine von einem Wärmecontractor eingebrachte Heizungsanlage kann grundsätzlich ein Scheinbestandteil darstellen[5]. Darüber hinaus hat der BGH[6] bereits im Zusammenhang mit Versorgungsleitungen in einem Straßengrundstück entschieden, dass sogar eine nachträgliche Änderung der Zweckrichtung von dauerhaft in nur vorübergehend und damit eine Umwandlung von einem wesentlichen Bestandteil in einen Scheinbestandteil möglich ist. Gleiches muss aber dann auch für eine Heizungsanlage gelten.

Auch ein einzelner Wohnungseigentümer kann die Aufgabe eines Wärmecontractors übernehmen und sodann auch sonstige Dritte mit Energie beliefern. Zu diesem Zweck kann auch eine Heizungsanlage zum vorübergehenden Zweck eingebracht werden oder eine vorhandene umgewidmet werden, welche sodann als Scheinbestandteil zu qualifizieren ist. Es müssen jedoch stets die Voraussetzungen des § 95 BGB erfüllt sein, damit an der Heizungsanlage Eigentum außer-

---

1 BGHZ 73, 302; BayObLG Rpfleger 1980, 230; *Pick* in Bärmann/Pick/Merle, WEG, § 5 Rz. 33.
2 BayObLG MittBayNot 2004, 193; BayObLG DNotZ 1992, 492; *Rapp* in Staudinger, WEG, § 5 Rz. 36; *Häublein*, Sondernutzungsrechte und ihre Begründung im Wohnungseigentumsrecht, S. 108 ff.
3 BGH NJW 1975, 88.
4 Vgl. hierzu auch *Schmid*, CuR 2004, 45 ff.
5 Schweizer, WuM 2006, 415 ff.
6 BGH v. 2.12.2005 – V ZR 35/05, DNotZ 2006, 290; vgl. auch BGHZ 37, 353 (359).

halb des WEG bestehen kann, welches auch einem Wohnungseigentümer zustehen kann. Hierbei handelt es sich dann jedoch nicht um Sondereigentum i.S.d. WEG. Sind Heizungsanlagen daher nicht ausnahmsweise als Scheinbestandteile gem. § 95 BGB zu qualifizieren, was in jedem Einzelfall gesondert geprüft werden muss, besteht aufgrund der Zweckrichtung derselben stets Gemeinschaftseigentum.

Die Räume, in denen die im Gemeinschaftseigentum stehende Heizungsanlage gelegen ist, sowie die Räumlichkeiten, welche den Zugang zur Heizungsanlage ermöglichen, sind grundsätzlich ebenfalls Gemeinschaftseigentum (vgl. hierzu Rz. 57 f.). Dient eine Gastherme bestimmungsgemäß ausschließlich der Versorgung einer Wohnung, kann ohne weiteres Sondereigentum bestehen[1].

bb) Heizkörper

Heizkörper sind entgegen der h.M.[2] grundsätzlich nicht als Sondereigentum zu qualifizieren[3]. Dies ergibt sich insbesondere aus der Überlegung, dass der einzelne Wohnungseigentümer andernfalls verfügungsbefugt wäre und den Heizkörper auch entfernen dürfte. Eine Entfernung könnte jedoch z.B. zu stagnierendem Wasser und Schlammbildung in den Anschlussleitungen und damit langfristig zu einem Leitungsschaden führen. Zudem würde eine solche Entfernung – je nach Konzeption des Heizkreislaufes – dazu führen, dass andere Wohnungen auskühlen und die Energiebedarfsberechnung nicht mehr stimmt. Daher dienen die Heizkörper in diesem Sinne auch dem gemeinschaftlichen Gebrauch[4]. Aufgrund der stets mit der Entfernung des Heizkörpers verbundenen u.U. weitreichenden Konsequenzen kann die Entscheidung hierüber nicht dem Sondereigentümer überlassen werden, sodass stets Gemeinschaftseigentum anzunehmen ist. Zudem bestimmte bereits § 2 Abs. 1 der **Heizungsanlagen-Verordnung vom 4.5.1998**[5], dass der Begriff der „Heizungstechnischen Anlage" auch die Wärmeverbraucheinrichtungen, sprich die Heizkörper, umfasst. Die Heizungsanlagen-Verordnung stellte jedoch für die Gesamtheit der heizungstechnischen Anlage öffentlich-rechtliche Verpflichtungen auf, z.B. unter welchen Voraussetzungen eine solche in Betrieb genommen werden darf. Zudem erlegte § 9 Abs. 1 Heizungsanlagen-Verordnung dem Betreiber der Zentralheizung, also der Wohnungseigentümergemeinschaft, auch die Verpflichtung zur Durchführung der Wartung und Instandhaltung auf. Zwar wurde die Heizungsanlagen-Verordnung mit **Wirkung zum 1.2.2002** durch die **Energieeinsparverordnung**[6] ersetzt, womit jedoch keine Änderung des Begriffs der heizungstechnischen Anlage verbunden war. Die Energieeinsparverordnung verwendet vielmehr gleichermaßen den Begriff der „Heizungstechnischen Anlage" und sieht

---

1 BayObLG v. 24.2.2000 – 2Z BR 155/99, NJW-RR 2000, 1032.
2 BayObLG DWE 1986, 107; OLG Köln DWE 1990, 108; Förth in KK-WEG, § 5 Rz. 38; Pick in Bärmann/Pick/Merle, WEG, § 5 Rz. 33; Bärmann/Pick, § 5 Rz. 22; Ott, MietRB 2004, 100.
3 *Müller*, Fragen des Wohnungseigentums, Rz. 83.
4 Vgl. auch *Müller*, Praktische Fragen des Wohnungseigentums, Rz. 83.
5 Verordnung über energiesparende Anforderungen an heizungstechnische Anlagen und Warmwasseranlagen – Heizungsanlagen-Verordnung vom 4.5.1998, BGBl. I 1998, 851.
6 Verordnung über energiesparenden Wärmeschutz und energiesparende Anlagentechnik bei Gebäuden vom 16.11.2001, neugefasst durch Bek. v. 2.12.2004, BGBl. I 2004, 3146.

in § 10 Abs. 3 EnEV ebenfalls die Verpflichtung zur Wartung und Instandhaltung vor. Für die Errichtung und die Änderung von Gebäuden, für die der Bauantrag vor dem 1.2.2002 gestellt oder die Bauanzeige erstattet wurde, ist die Heizungsanlagen-Verordnung vom 4.5.1998 gem. § 19 EnEV ohnehin weiter anzuwenden. Zählt aber der Heizkörper zur heizungstechnischen Anlage, wird auch insoweit die Wartung und Instandhaltung geschuldet. Die Wohnungseigentümergemeinschaft kann diese öffentlich-rechtlichen Verpflichtungen aber nur dann erfüllen, wenn ihr selbst die rechtliche und wirtschaftliche Verfügungsbefugnis hinsichtlich der Heizkörper zusteht. Dies setzt wiederum voraus, dass diese im Gemeinschaftseigentum stehen.

cc) Thermostatventile

31 Gleiches gilt für **Thermostatventile**. Insoweit sieht sowohl die Heizungsanlagen-Verordnung als auch § 12 EnEV eine Verpflichtung zur Anbringung derselben vor. Hiernach sind Heizungsanlagen mit selbsttätig wirkenden Einrichtungen zur raumweisen Temperaturregelung, regelmäßig als Thermostatventile bezeichnet, auszustatten. Ist die Gemeinschaft aber zur Anbringung von Thermostatventilen verpflichtet, sind diese der rechtlichen und wirtschaftlichen Verfügung des einzelnen Wohnungseigentümers entzogen[1]. Weiter müssen die Thermostatventile einer ständigen Kontrolle und Wartung unterzogen werden, um ihre Funktionsfähigkeit und damit auch die Funktionsfähigkeit der ganzen Heizungsanlage aufrechtzuerhalten. Wird die Funktionsfähigkeit der Heizungsanlage insgesamt aber durch die Thermostatventile berührt, müssen diese selbst Bestandteil des Gemeinschaftseigentums sein. Eine Versagung der gemeinschaftlichen Verfügungsbefugnis würde den schutzwürdigen Belangen der Wohnungseigentümer zuwiderlaufen[2].

dd) Verbrauchserfassungsgeräte

32 Auch Geräte zur Verbrauchserfassung (z.B. **Heizkostenverteiler**[3] und **Wasserzähler**[4]) stellen Gemeinschaftseigentum dar, da erst diese die Gemeinschaft in die Lage versetzten, im Rahmen ordnungsgemäßer Verwaltung eine ordnungsgemäße Abrechnung, und zwar sowohl als Gesamt- als auch als Einzelabrechnung, erstellen zu können. Zudem ermöglicht nur die Gesamtheit der Geräte zur Verbrauchserfassung eine Abrechnung der Heizkosten nach dem tatsächlichen Verbrauch der Wohnungseigentümer, welche jedenfalls für die Heiz- und Warmwasserkosten von § 6 der Heizkostenverordnung vorgeschrieben wird. Weiter sieht § 12 Abs. 1 Heizkostenverordnung ein Kürzungsrecht von 15 % vor, wenn keine verbrauchsabhängige Kostenabrechnung erfolgt. Um dieses Kürzungsrecht des einzelnen Wohnungseigentümers und damit einen Schaden für die Wohnungseigentümergemeinschaft ausschließen zu können, muss zwingend Gemeinschaftseigentum an den Verbrauchserfassungsgeräten bestehen, um somit den Zugriff des einzelnen Wohnungseigentümers auf diese auszuschließen.

---

1 OLG Hamm ZMR 2001, 839 f.; a.A. OLG Köln DWE 1990, 108 f.
2 Vgl. BGH v. 10.10.1980 – V ZR 47/79, NJW 1981, 455 f.
3 OLG Hamburg ZMR 1999, 502; LG Bielefeld NZM 1998, 249.
4 OLG Hamburg ZMR 2004, 291.

ee) Strom-, Gas-, Wasser- und sonstige Leitungen

Strom-, Gas-, Wasser-, Abwasserleitungen sowie **Fernheizungs-** und **Entlüftungsanlagen** bereiten bei ihrer Qualifizierung als Sonder- oder Gemeinschaftseigentum erhebliche Schwierigkeiten. Einigkeit besteht insoweit, dass die unmittelbar an der Abnahmestelle am öffentlichen Netz angeschlossenen **Hauptleitungen** dem gemeinsamen Gebrauch der Wohnungseigentümer dienen und damit im Gemeinschaftseigentum stehen. Die von den Hauptleitungen **abzweigenden Leitungen** bis zu den einzelnen Eigentumswohnungen sollen nach der h.M. hingegen Sondereigentum darstellen, selbst wenn sie im gemeinschaftlichen Eigentum oder im Sondereigentum eines anderen Wohnungseigentümers verlaufen[1]. Ohne diese Versorgungsleitungen soll die Teileigentumseinheit **nach der Verkehrsanschauung** noch nicht fertig gestellt sein, so dass die Voraussetzungen des § 94 Abs. 2 BGB vorliegen würden, zumal eine feste Verbindung nicht notwendig sei[2]. Dies soll auch für Leitungen einer Etagenheizung innerhalb einer Eigentumswohnung gelten. Auch eine vorhandene Fußbodenheizung soll sondereigentumsfähig sein[3], ebenso Rückstauventile[4].

33

Dem kann nicht gefolgt werden. Auch wenn die abzweigenden Leitungen ihrem äußeren Erscheinungsbild nach nicht zur Hauptleitung gehören, sind sie in rechtlicher Hinsicht zu dieser zu zählen. Für **Heizungsrohre**[5] kann insoweit zunächst ebenfalls auf die Heizungsanlagen-Verordnung und die Energieeinsparverordnung verwiesen werden (vgl. 30 ff.), wonach „Rohrleitungszubehör" ebenso zur Heizungsanlage selbst gehört wie andere im funktionalen Zusammenhang stehende Bauteile. Daher erstrecken sich die Betreiberpflichten aber auch auf die Heizungsrohre. Diesen Verpflichtungen kann die Eigentümergemeinschaft aber nur nachkommen, wenn die Rohre im Gemeinschaftseigentum stehen. Zudem wäre nicht nachvollziehbar, aus welchem Grund sowohl die Heizungsanlage selbst als auch die Heizkörper und die Thermostatventile, nicht aber die dazwischen geschalteten Heizungsrohre im Gemeinschaftseigentum stehen sollen. Hierdurch würde die Heizungsanlage, welche eine einheitliche Anlage darstellt, in unnatürlicher Weise aufgespalten. Dies hätte überdies die Konsequenz, dass ein Wohnungseigentümer zwar nicht den Heizkörper, sehr wohl aber die Heizungsrohre entfernen dürfte und auf diese Weise u.U. eine Beeinträchtigung des Heizkreislaufs sowie der Thermostatventile herbeiführen könnte. Hieraus wird aber deutlich, dass auch die Leitungsrohre selbst der Funktionstauglichkeit der Heizungsanlage dienen und damit zwingendes Gemeinschaftseigentum sind.

---

1 BayObLG DWE 1989, 37; einschränkend OLG Hamm MDR 93, 866; BayObLG NJW 1992, 100, welche nur dann Sonderrechtsfähigkeit annehmen wollen, wenn die Beseitigung oder Veränderung nicht zu einer Unterbrechung des Versorgungskreislaufes und damit einer Beeinträchtigung anderer Wohnungseigentümer führt; vgl. auch OLG Düsseldorf, ZMR 1998, 652.
2 OLG Düsseldorf NZM 2001, 752 (753); BayObLG WE 1998, 147; *Heinrichs* in Palandt, BGB, § 94 Rz. 6; *Schulze* in Niedenführ/Schulze, WEG, § 5 Rz. 11; *Rapp* in Staudinger, BGB, § 5 WEG Rz. 25.
3 AG Mettmann ZMR 2006, 240.
4 AG Hannover ZMR 2004, 786; a.A. OLG Köln WuM 1998, 308.
5 *Müller*, Praktische Fragen des Wohnungseigentums, Rz. 81.

Aber auch sonstige Leitungen und Rohre stehen im Gemeinschaftseigentum. Insbesondere können die Rohre und Leitungen von den einzelnen Wohnungseigentümern nicht verändert oder beseitigt werden, ohne dass das sonstige Gemeinschaftseigentum oder fremdes Sondereigentum in Mitleidenschaft gezogen wird. Dies wird bei Arbeiten an den Leitungssystemen regelmäßig der Fall sein. Sei es, dass das Mauerwerk geöffnet werden muss oder dass der Strom, das Wasser oder die Heizungsanlage jedenfalls vorübergehend abgestellt werden müssen, um die Arbeiten zu ermöglichen. Sondereigentumsfähig sind lediglich die Bestandteile, die ohne Beeinträchtigung des Gemeinschaftseigentums verändert oder beseitigt werden können[1]. Dies ist bei Leitungsrohren jeglicher Art nicht der Fall. Lediglich die **Zapfstellen** in den einzelnen Wohnungen sind dem Sondereigentum zuzurechnen[2]. Gleiches gilt für die in der einzelnen Wohnung vorhandenen **Steckdosen**[3].

34 Eine **Lüftungsanlage** steht ebenfalls im Gemeinschaftseigentum, wenn sie so innerhalb des Gemeinschaftseigentums verlegt ist, dass eine Veränderung ihres Verlaufs oder ihre Beseitigung ohne erhebliche Eingriffe in das Gemeinschaftseigentum, wie z.B. einen oder mehrere Mauerdurchbrüche, nicht möglich ist[4]. Kann die Lüftungsanlage und deren Leitungssystem hingegen ohne Beeinträchtigung des Gemeinschaftseigentums verändert oder beseitigt werden, ist sie sondereigentumsfähig.

ff) Markisen

35 Nicht einheitlich beurteilt wird, ob es sich bei **Markisen** um Gemeinschafts- oder Sondereigentum handelt. Teilweise werden sie grundsätzlich als Sondereigentum angesehen[5], teilweise stets als Gemeinschaftseigentum, da sie Zubehör des Gebäudes bzw. fassadengestaltende Elemente seien[6]. Andere wiederum differenzieren danach, wem die Anbringung überlassen worden ist[7], wer sie angebracht hat[8] oder wessen Sondereigentum sie dienen[9]. Da die Veränderung, Beseitigung oder das Einfügen einer Markisenanlage die äußere Gestaltung des Gebäudes aber stets prägt, sind Markisen grundsätzlich als Gemeinschaftseigentum zu qualifizieren[10]. Die Kostenfrage kann dann über § 16 Abs. 4 bzw. Abs. 6 geregelt werden.

gg) Sonstige

36 Als sondereigentumsfähige Bestandteile werden regelmäßig angesehen: der **Bodenbelag** (Fliesen, Parkett, Linoleum) innerhalb der zum Sondereigentum zäh-

---

1 OLG Stuttgart DWE 1989, 144; KG WE 1989, 97; vgl. auch *Briesemeister* in Weitnauer, WEG, § 5 Rz. 26.
2 KG WE 1989, 97.
3 OLG Köln DWE 1990, 108 f.; *Rapp* in Staudinger, BGB, § 5 WEG Rz. 25.
4 OLG Köln BauR 2005, 1684.
5 *Pick* in Bärmann/Pick/Merle, WEG, § 5 Rz. 52.
6 *Rapp* in Staudinger, BGB, § 5 WEG Rz. 24; *Sauren*, WEG, § 1 Rz. 9; *Eichhorn*, WE 2004, 58, 63.
7 *Briesemeister* in Weitnauer, WEG, § 5 Rz. 18.
8 *Förth* in KK-WEG, § 5 Rz. 45.
9 *Müller*, Praktische Fragen des Wohnungseigentums, Rz. 61.
10 OLG Frankfurt ZWE 2007, 108; vgl. auch BayObLG v. 11.9.1985 – BReg 2Z 63/85, NJW-RR 1986, 178.

lenden Räume[1]; **Deckenverkleidung** innerhalb der zum Sondereigentum erklärten Räume[2]; **Fliesen** innerhalb der zu Sondereigentum erklärten Räume[3]; Innenjalousien in den Sondereigentumsräumen[4]; Pflanztröge innerhalb der im Sondereigentum stehenden Wohnungen[5]; **Waschbecken, Toilettenbecken** und sonstige **sanitäre Einrichtungen**[6]; die Tapete innerhalb der Sondereigentumseinheiten[7]; Türen innerhalb des Sondereigentums[8]; **Wände**, innerhalb des Sondereigentums, wenn es sich nicht um tragende Wände handelt[9].

Fernsprech- und Rundfunkempfangsanlagen nebst den dazugehörigen Leitungen sind grundsätzlich Gemeinschaftseigentum. Insoweit kann zunächst auf die Argumentation bei Heizungs- und sonstigen Leitungen verwiesen werden (Rz. 33). Ausnahmsweise können sie dann im Sondereigentum eines Wohnungseigentümers stehen, wenn sie ausschließlich dessen Zwecken dienen. Dies ergibt sich auch aus § 21 Abs. 5 Nr. 6. Hiernach gehört zu einer ordnungsmäßigen, dem Interesse der Gesamtheit der Wohnungseigentümer entsprechenden Verwaltung auch die Duldung solcher Maßnahmen, die zur Herstellung einer Fernsprechteilnehmereinrichtung, einer Rundfunkempfangsanlage oder eines Energieversorgungsanschlusses zugunsten eines Wohnungseigentümers erforderlich sind. Würden solche Einrichtungen ohnehin in das Gemeinschaftseigentum fallen, wäre es nicht notwendig, die **Duldungspflicht als Gegenstand der ordnungsgemäßen Verwaltung** (vgl. hierzu auch § 21 Rz. 101 ff.) ausdrücklich zu normieren. Eine **zentrale Fernsehantenne** steht hingegen im Gemeinschaftseigentum[10].

Gebäudeteile, durch deren Veränderung, Beseitigung oder Einfügung die äußere Gestaltung des Gebäudes verändert würde, sind dem Gemeinschaftseigentum zugeordnet, da für deren Änderung die Zustimmung der übrigen Wohnungseigentümer nach § 14 notwendig wäre[11]. Von vornherein nicht sondereigentumsfähig sind daher **Fenster und Fensterrahmen**[12] sowie Isolierglasfenster[13], Fensterläden und Rollläden[14] und **Schaufenster**, da hier die äußere Gestaltung des Gebäudes bestimmt wird und bautechnisch bei modernen Fensteranlagen nicht zwischen Innen- und Außenseite differenziert werden kann. Mit der gleichen Argumentation ist die Sondereigentumsfähigkeit von Lichtkuppeln abzulehnen[15]. Sondereigentum kann aber ausnahmsweise an den Innenfenstern bei

37

---

1 OLG Düsseldorf ZMR 2002, 70; OLG Köln ZMR 2002, 377.
2 *Ott* in Deckert, Die Eigentumswohnung, Gruppe 3 Rz. 85.
3 BayObLG WE 1999, 25.
4 KG v. 19.6.1985 – 24 W 4020/84, ZMR 1985, 344.
5 BayObLG NZM 1998, 818 ff.
6 *Ott* in Deckert, Die Eigentumswohnung, Gruppe 3 Rz. 58.
7 *Ott* in Deckert, Die Eigentumswohnung, Gruppe 3 Rz. 50.
8 *Pick* in Bärmann/Pick/Merle, WEG, § 5 Rz. 27.
9 BGH v. 21.12.2000 – V ZB 45/00, NJW 2001, 1212; BayObLG NJW-RR 1995, 649.
10 Zur Veräußerbarkeit einer Kabelfernsehanlage in Form einer Ringleitung, vgl. AG Winsen/Luhe NZM 2000, 717.
11 BGH NJW 1979, 817; OLG München WuM 2007, 34 (für Anbringung einer Mobilfunkanlage).
12 OLG Hamm OLGE 1992, 174; BayObLG WM 1995, 326.
13 BayObLG WuM 2000, 560.
14 OLG Saarbrücken v. 4.10.1996 – 5 W 286/95, ZMR 1997, 31.
15 AG Hannover ZMR 2004, 383.

Doppelkasten-Fenstern älterer Bauart bestehen[1]. Bei **Doppelverglasung**[2] bleibt es hingegen bei Gemeinschaftseigentum, da eine Spaltung des Eigentums nach Innen- und Außenfenster nicht sachgerecht ist und gekünstelt wirken würde. Auch Fensterbeschläge und -griffe sind Gemeinschaftseigentum, da es sich bei Fenster und Beschlag um ein einheitliches Gebilde handelt, welches nicht getrennt werden kann, ohne dass das äußere Erscheinungsbild beeinträchtigt würde. Gleiches gilt auch für Fenster- und **Türgriffe**.

38 Sondereigentum ist weiter zu verneinen bei Abgasrohren, da diese die äußere Gestaltung des Gebäudes betreffen[3] und dem gemeinschaftlichen Gebrauch dienen und die äußere Gestaltung des Gebäudes betreffen[4]; Abdichtungen, da sie für den Bestand des Gebäudes erforderlich sind[5]; **Aufzüge**[6], Blitzschutzanlage, **Unterkonstruktion des Bodenbelags** (Trittschalldämmung, Isolierung etc.)[7]; **Brandmauer**, da sie für den Bestand und die Sicherheit des Gebäudes erforderlich ist[8]; das Geländer in gemeinschaftlichen Räumen und Außenbereich[9]; Wärme-, Schall- und Feuchtigkeitsisolierung[10]; **Putz** und **Außenanstrich** des Gebäudes[11]; **konstruktive Teile von Decken**[12] und Böden, Blindboden[13]. Ein **Kamin**, der durch eine Wohnung verläuft, ist zwingend Gemeinschaftseigentum, da er dem gemeinschaftlichen Gebrauch dient[14]. Dies gilt auch dann, wenn der Kamin allein für eine Wohnung genutzt wird, wenn er durch die oberen Stockwerke führt[15], da die Annahme von Sondereigentum zu erheblichen Unklarheiten führen würde.

b) Bauliche Veränderungen

39 Werden ohne Zustimmung der Eigentumsgemeinschaft **Bauteile oder sonstige Bestandteile**, wie z.B. eine Mauer an der Terrasse[16], **eingebracht**, welche das äußere Erscheinungsbild verändern, müssen diese beseitigt werden, soweit dem nicht § 22 Abs. 1 Satz 2 entgegensteht[17]. Ob die Voraussetzungen dieser Vorschrift vorliegen, ist im Rahmen einer einzelfallbezogenen Abwägung der beiderseitigen durch das Grundgesetz geschützten Interessen zu ermitteln[18]. Eine

---

1 *Ott* in Deckert, Die Eigentumswohnung, Gruppe 3 Rz. 58.
2 OLG Oldenburg WE 1988, 64; BayObLG v. 23.2.1995 – 2Z BR 129/94, NJW-RR 1996, 140.
3 *Ott* in Deckert, Die Eigentumswohnung, Gruppe 3 Rz. 58.
4 *Ott* in Deckert, Die Eigentumswohnung, Gruppe 3 Rz. 80.
5 BayObLG NJW-RR 1991, 976.
6 *Pick* in Bärmann/Pick/Merle, WEG, § 5 Rz. 53.
7 *Ott*, MietRB 2004, 130.
8 BayObLGZ 1971, 273.
9 *Pick* Bärmann//Pick/Merle, WEG, § 5 Rz. 27 ff.
10 BayObLG NJW-RR 1989, 1293.
11 OLG Köln Rpfleger 950.
12 BayObLG v. 2.9.1993 – 2Z BR 73/93, NJW-RR 1994, 82.
13 *Pick* in Bärmann/Pick/Merle, WEG, § 5 Rz. 3.
14 *Pick* in Bärmann/Pick/Merle, WEG, § 5 Rz. 34.
15 BayObLG ZMR 1999, 50.
16 BayObLG DWE 1984, 62.
17 OLG Köln NJW 1981, 585; für eine Loggia-Verglasung vgl. BayObLG DWE 1983, 123.
18 BVerfG NJW 1995, 1665; BVerfG NZM 2005, 182.

ganz geringfügige Beeinträchtigung genügt jedoch nicht (Vgl. § 14 Rz. 7ff. zu Beispielen aus der Rspr.).

Terrassen sind grundsätzlich nicht sondereigentumsfähig (vgl. Rz. 10). Wird nunmehr jedoch ein Wintergarten auf einer – ausnahmsweise – im Sondereigentum stehenden Terrasse errichtet, ist dieser als wesentlicher Bestandteil (§ 94 Abs. 2 BGB) des Gebäudes anzusehen, jedenfalls wenn er speziell angepasst und mit der Terrasse fest verbunden wurde. In diesem Fall ist der Anwendungsbereich des § 5 eröffnet. Wird das **äußere Erscheinungsbild des Gebäudes** durch den Wintergarten geprägt, was regelmäßig der Fall sein wird, sind die äußeren konstruktiven Teile dieses Wintergartens dem Sondereigentum entzogen und dem gemeinschaftlichen Eigentum zuzuordnen[1]. An dem Innenraum des Wintergartens hingegen entsteht Sondereigentum des betreffenden Wohnungseigentümers[2]. Wird eine im Sondereigentum stehende Terrasse verglast, bewirkt dies lediglich, dass der bereits zuvor im Sondereigentum stehende Raum nunmehr anderweitig abgegrenzt wird als zuvor. Ist eine Terrasse hinreichend abgegrenzt, z.B. durch Mauern und eine Überdachung, wird hierdurch ausnahmsweise ein sondereigentumsfähiger Raum i.S.d. § 5 Abs. 1 geschaffen. Dass dieser nunmehr noch weitergehend abgegrenzt wird, ändert an der rechtlichen Qualifizierung aber nichts. Es verbleibt daher letztlich bei der bisherigen Eigentumslage, außer dass nunmehr die nichtkonstruktiven Raumbestandteile ebenfalls in das Sondereigentum fallen. Gleiches gilt auch hinsichtlich eines in sich abgeschlossenen Pavillons, welcher auf einer im Sondereigentum stehenden Terrasse errichtet wird. Dennoch handelt es sich um eine bauliche Veränderung, deren **Beseitigung** die übrigen Wohnungseigentümer grundsätzlich gem. § 1004 BGB verlangen können[3], da die bauliche Veränderung Einfluss auf die äußere Gestaltung des Gebäudes hat und damit auch das Gemeinschaftseigentum betrifft.

40

Anders ist der Fall zu beurteilen, wenn ein völlig neuer Raum i.S.d. § 3 Abs. 1 auf einer Gemeinschaftsfläche geschaffen wird. Hierunter fallen z.B. Anbauten an Erdgeschosswohnungen unter Inanspruchnahme von Gemeinschaftsflächen oder die Errichtung eines Pavillons im Garten. An diesen Räumen kann nur durch Zustimmung der Wohnungseigentümer Sondereigentum begründet werden. Voraussetzung ist aber, dass die Anforderungen des WEG zur Schaffung von Sondereigentum gewahrt werden. Gemäß § 4 Abs. 1 ist für die Schaffung von Sondereigentum neben der Einigung der Wohnungseigentümer auch die Eintragung in das Grundbuch erforderlich. Die Einigung selbst muss nach Abs. 2 Satz 1 in der für die Auflassung von § 925 BGB vorgeschriebenen Form erfolgen. Eine solche Einigung kann auch erfolgen, bevor der neue Raum geschaffen wird (vgl. Rz. 8). Alles andere würde bedeuten, dass die zwingenden sachenrechtlichen Vorschriften des WEG umgangen würden. Eine konkludente Zustimmung oder gar die bloße Duldung der baulichen Veränderung können neues Sondereigentum erst recht nicht begründen. Wird kein neuer Raum geschaffen, sondern sonstige bauliche Veränderungen am Gemeinschaftseigentum

41

---

1 OLG Düsseldorf NZM 2006, 109.
2 Insoweit offen gelassen von OLG Düsseldorf NZM 2006, 109.
3 Vgl. OLG Hamburg ZWE 2002, 596; OLG Köln NZM 2000, 297; OLG Düsseldorf WE 1997, 149.

vorgenommen, entsteht stets Gemeinschaftseigentum. Wird z.B. eine Markise an eine im Gemeinschaftseigentum stehende Wand angebracht, kann hieran kein Sondereigentum entstehen.

3. Mitsondereigentum

42 Nach h.M. existiert neben dem Sondereigentum und dem gemeinschaftlichen Eigentum noch eine weitere Form von Eigentum an Gebäuden mit Teileigentum. Unter dem Begriff **Mitsondereigentum** (= Nachbareigentum)[1] wird das abgesonderte Miteigentum einzelner Wohnungseigentümer an bestimmten Gegenständen verstanden. Dieses Eigentum soll also weder im Gemeinschaftseigentum noch im Sondereigentum Einzelner stehen. Mitsondereigentum einzelner Wohnungseigentümer an einer **nicht tragenden Trennwand** zwischen zwei Wohnungen wird als zulässig angesehen[2]. Auch die Gesetzesbegründung[3] bejahte ein solches Mitsondereigentum. Einigkeit besteht im Übrigen noch insoweit, dass ein Treppenhaus zwingend Gemeinschaftseigentum darstellt, da es dem Gebrauch sämtlicher Wohnungseigentümer dient[4]. Ob aber Mitsondereigentum an sonstigen Gebäudeteilen oder Einrichtungen bestehen kann, wenn diese aus tatsächlichen oder rechtlichen Gründen nur bestimmten Wohnungseigentümern zur Verfügung stehen, ist umstritten. Teilweise wird dies bejaht und grundsätzlich auch Mitsondereigentum an einer Aufzugsanlage, Räumen usw. für möglich gehalten[5].

43 Dem kann jedoch **nicht gefolgt werden**. Das Wohnungseigentumsrecht selbst sieht ein solches Mitsondereigentum oder eine dinglich verselbständigte Untergemeinschaft nicht vor, so dass diese gem. § 93 BGB auch nicht Gegenstand besonderer Rechte sein können. Weiter würde die Zulassung eines solchen abgesonderten Miteigentums auch in evidentem Widerspruch zum Zweck des WEG stehen, eindeutig und klar vom Gemeinschaftseigentum abgrenzbares Sondereigentum und damit auch eindeutige Verantwortungsbereiche zu schaffen[6]. Es besteht auch **kein praktisches Bedürfnis** für die Annahme eines so weitgehenden Mitsondereigentums, da Sondernutzungsrechte und Kostentragungsregelungen vereinbart werden können. Dem steht auch nicht entgegen, dass ein Mitsondereigentum an einer nicht tragenden Trennwand anerkannt wird. Diese Besonderheit ist auf eine **Analogie zu § 921 BGB** zurückzuführen. Die Trennwand ist in diesen Fällen einer Grenzanlage gleichzustellen, so dass ausnahmsweise eine abweichende rechtliche Bewertung im Wege der Analogie geboten

---

1 Diese Begrifflichkeit verwendet *Briesemeister* in Weitnauer, WEG, § 5 Rz. 36.
2 OLG München NZM 2006, 344; *Pick* in Bärmann/Pick/Merle, WEG, § 5 Rz. 66; *Briesemeister* in Weitnauer, WEG, § 5 Rz. 36; offen gelassen OLG Düsseldorf Rpfleger 1975, 308.
3 BR-Drucks. 75/51.
4 *Stürner* in Soergel, BGB, § 5 WEG Rz. 4; *Grziwotz* in Ermann, BGB, § 5 WEG Rz. 5; *Pick* in Bärmann/Pick/Merle, WEG, § 5 Rz. 66.
5 *Pick* in Bärmann/Pick/Merle, WEG, § 5 Rz. 66; Bärmann/Pick, § 5 Rz. 25; vgl. *Hurst*, DNotZ 1968, 131.
6 BGH v. 30.6.1995 – V ZR 118/94, NJW 1995, 2851 (2853); *Briesemeister* in Weitnauer, WEG, § 3 Rz. 32; i. E. ebenso BayObLG DNotZ 1982, 250; OLG Hamm OLGE 1986, 415; *Röll* in MüKo, BGB, § 5 WEG, Rz. 5.

ist. Eine Verallgemeinerung ist nicht möglich[1]. Aus diesem Grund ist auch kein Mitsondereigentum an einer Abwasserhebeanlage anzuerkennen[2].

Zu weit geht auch die Auffassung, welche ein Mitsondereigentum an einer von der Hauptleitung abzweigenden Abwasserleitung anerkennen möchte, wenn über diese zwei Wohnungen versorgt werden, unabhängig davon, auf wessen Wandseite die gemeinsam genutzte Rohrleitung verlegt sei[3]. Zum einen steht eine solche abzweigende Rohrleitung zwingend im Gemeinschaftseigentum, da grundsätzlich an Räumen und deren wesentlichen Bestandteilen nur Gemeinschafts- oder Sondereigentum bestehen kann. Bei einer nicht tragenden Wand kann ein anderes Ergebnis ausnahmsweise damit begründet werden, dass die Wand keine tragende Funktion hat und die übrigen Wohnungseigentümer daher keinerlei Interesse an dieser Wand haben. Auch eine vollständige Beseitigung würde ihre Interessenssphäre nicht berühren. Diese Argumentation ist auf Wasserleitungen aber nicht übertragbar (vgl. Rz. 33). Eine Entfernung oder Reparatur der Wasserleitung ist regelmäßig nur durch Inanspruchnahme des übrigen Gemeinschaftseigentums möglich, z.B. Öffnen einer Mauer. Eine Vergleichbarkeit der beiden Fälle scheidet daher bereits aus diesem Grunde aus.

44

Soweit ein Mitsondereigentum zu bejahen ist, ist auf das Verhältnis der Miteigentümer untereinander § 922 BGB entsprechend anzuwenden[4].

III. Abgrenzung zum Gemeinschaftseigentum

Die Abgrenzung zwischen Sonder- und Gemeinschaftseigentum hat in den §§ 1 Abs. 5, 5 Abs. 1, 2 u. 3 ihre Grundlage. Dies bereitet in der Praxis häufig erhebliche Schwierigkeit. Auszugehen ist von der Regelung des § 1 Abs. 5, nach welcher gemeinschaftliches Eigentum das Grundstück sowie Teile, Anlagen und Einrichtungen des Gebäudes sind, die nicht im Sondereigentum oder **Eigentum Dritter** stehen. Gebäudebestandteile, Anlagen und Einrichtungen die im Eigentum Dritter stehen, können weder Gemeinschaftseigentum noch Sondereigentum sein. Praktisch bedeutsam ist dies für Gegenstände, welche unter Eigentumsvorbehalt erworben werden und die nicht wesentlicher Bestandteil des Gebäudes werden[5]. Hierunter fallen beispielsweise für Gemeinschaftsräume unter Eigentumsvorbehalt erworbene Einbaumöbel[6]. Aber auch an Scheinbestandteilen i.S.d. § 95 BGB, welche von Dritten, z.B. einem Mieter, eingebracht werden, entsteht weder Gemeinschafts- noch Sondereigentum.

45

§ 5 Abs. 1 ergänzt sodann die Regelung des § 3 und bestimmt, dass die gem. § 3 Abs. 1 bestimmten Räume Gegenstand des Sondereigentums sind sowie deren Bestandteile, sofern diese verändert, beseitigt oder eingefügt werden können, ohne dass dadurch das gemeinschaftliche Eigentum oder das Sondereigentum eines anderen Wohnungseigentümers über das nach § 14 zulässige Maß hinaus

46

---

1 Vgl. *Sauren*, DNotZ 1988, 667 (673).
2 OLG Schleswig v. 29.9.2006 – 2 W 108/06, OLGReport Schleswig 2007, 350.
3 OLG Zweibrücken WE 1987, 61.
4 OLG München NZM 2006, 344; Vgl. auch LG Zweibrücken MDR 1996, 46.
5 *Ott*, MietRB 2004, 126, 127.
6 Vgl. BFH NJW 1977, 648.

beeinträchtigt oder die äußere Gestaltung des Gebäudes verändert wird. Mit dieser Regelung soll sichergestellt werden, dass wesentliche Gebäudeteile, z.B. tragende Bauteile, sowie Bestandteile, die das äußere Erscheinungsbild prägen, z.B. Fassade, Dach, zwingend zum gemeinschaftlichen Eigentum zählen. Diese **zwingende Zuordnung** zum Gemeinschaftseigentum gilt auch für **Ein-, Doppel-** und **Reihenhäuser**[1]. Zweck des § 5 Abs. 2 ist es, Verfügungen einzelner Sondereigentümer über Gegenstände des § 5 Abs. 2 zum Nachteil der Gemeinschaft zu verhindern. Letztlich dient diese Bestimmung daher dem Schutz der Eigentümergemeinschaft[2]. Die Vorschrift ist zwingend und kann nicht durch Billigkeitserwägungen relativiert werden. Für Gesichtspunkte des Vertrauensschutzes ist ebenfalls kein Raum[3].

1. Gesetzliche Vermutung

47 Gründend auf den §§ 93 ff. BGB und damit der Bestandteilslehre des bürgerlichen Rechts besteht zunächst eine **widerlegbare Vermutung** für das gemeinschaftliche Eigentum, da Sondereigentum an Räumen nur durch eine Vereinbarung begründet werden kann, § 1 Abs. 5. Der **Wille des Wohnungseigentümers oder des Aufteilenden**, Sondereigentum zu begründen, muss in der **Teilungserklärung** oder dem **Aufteilungsplan** deutlich zum Ausdruck kommen. Ist dies nicht der Fall, entsteht gemeinschaftliches Eigentum[4]. Maßgeblich für die Abgrenzung von Sonder- und Gemeinschaftseigentum ist allein die **Grundbucheintragung** i.V.m. der in Bezug genommenen Teilungserklärung und dem Aufteilungsplan[5]. Außerhalb der Teilungserklärung getroffene Vereinbarungen sind unbeachtlich[6]. Bei Unklarheiten kommen die **grundbuchrechtlichen Auslegungsgrundsätze** zur Anwendung[7]. Lassen sich Abweichungen zwischen Teilungserklärung und Aufteilungsplan durch Auslegung, wobei keinem der beiden eine vorrangige Bedeutung zukommt[8], nicht beheben, entsteht an den betreffenden Flächen kein Sondereigentum, sondern Gemeinschaftseigentum[9]. Alles was nicht im Sondereigentum oder Eigentum Dritter steht, gilt bis zum Beweis des Gegenteils als Gemeinschaftseigentum[10].

48 Teilweise wird vertreten, dass sich nur derjenige Wohnungseigentümer auf die gesetzliche Vermutung berufen kann, für dessen Nutzung und Gebrauch die Gegenstände geschaffen wurden. Es könne daher auch eine Vermutung für ein abgesondertes Gemeinschaftseigentum geben, z.B. bei einer nur einem Wohnungseigentümer dienenden Treppe[11]. Dies ist konsequent, wenn ein „abgesondertes Miteigentum" anerkannt wird. Wird ein solches mit der hier vertretenen

---

1 BGH v. 25.1.2001 – VII ZR 193/99, NJW-RR 2001, 800.
2 BayObLG WE 1992, 207.
3 OLG Schleswig ZMR 2006, 886.
4 OLG Frankfurt v. 3.4.1997 – 20 W 90/97, ZMR 1997, 367.
5 KG NZM 2001, 1127; BayObLGZ 1991, 186.
6 BayObLG NJW-RR 1991, 1356.
7 OLG München NZM 2006, 344; BayObLG ZMR 2001, 832.
8 BayObLG ZMR 1999, 773 f.
9 BGH NJW 1995, 1628; BayObLG GE 2001, 144; OLG Frankfurt WE 1988, 141.
10 KG v. 19.6.1985 – 24 W 4020/84, ZMR 1985, 344; OLG Düsseldorf WuM 2000, 372.
11 *Pick* in Bärmann/Pick/Merle, WEG, § 5 Rz. 41.

Auffassung (vgl. Rz. 42) abgelehnt, scheidet eine solche Vermutung jedoch von voneherein aus.

Die Vermutung des § 742 BGB, nach welcher im Zweifel gleiche Anteile der Teilhaber anzunehmen sind, kann nicht auf das Gemeinschaftseigentum übertragen werden. § 47 GBO schreibt nämlich vor, dass die Miteigentumsanteile der einzelnen Wohnungseigentümer im Grundbuch bezeichnet werden müssen. Weiter kann die gesetzliche Vermutung aber auch im Übrigen keinen vom Grundbuch, also der Eintragungsbewilligung nebst Aufteilungsplan und Gemeinschaftsordnung, abweichenden Inhalt aufweisen, da jegliches Eigentum in seinem Bestand von der Grundbucheintragung abhängt. Auch durch eine vom Inhalt des Aufteilungsplans abweichende Gebäudeerrichtung kann kein über das im Aufteilungsplan vorgesehene Sondereigentum hinausgehendes Sondereigentum geschaffen werden[1]. 49

Kein Sondereigentum entsteht, wenn der spätere **Aufteilungsplan** in **Widerspruch** zur **Teilungserklärung** steht[2]. Werden z.B. Kellerräume in der Teilungserklärung als Sondereigentum bezeichnet und entsprechend der Zuordnung nummeriert, sind sie dennoch gemeinschaftliches Eigentum, wenn eine solche Nummerierung im Aufteilungsplan fehlt oder die Kellerräume auf sonstige Weise als Gemeinschaftseigentum gekennzeichnet sind und nicht unter ausdrücklicher Ausräumung des Widerspruchs Sondereigentum begründet wird[3]. Auch die bauliche Einbeziehung von Gemeinschaftsräumen in Sondereigentum führt nicht zu einer Änderung der Eigentumsverhältnisse, selbst wenn dies unverschuldet oder mit Erlaubnis der übrigen Wohnungseigentümer geschieht. Auch die gesetzlichen Vorschriften über den **Überbau** sind insoweit nicht entsprechend anwendbar[4]. Vereinbaren die Wohnungseigentümer beispielsweise, dass ein Sondereigentümer berechtigt ist, seine Wohnräume durch Ausbau einer Gemeinschaftsfläche im Dachgeschoss unter Ausschluss sämtlicher anderer Wohnungseigentümer zu erweitern, bewirkt die Durchführung der Erweiterung nicht automatisch eine Umwandlung von Gemeinschaftseigentum in Sondereigentum. Vielmehr kann Sondereigentum nur unter den Voraussetzungen des § 4 Abs. 1 und Abs. 2 entstehen. 50

2. Zwingendes Gemeinschaftseigentum

An bestimmten Gegenständen kann kein Sondereigentum bestellt werden, da sie zwingendes Gemeinschaftseigentum darstellen. 51

a) Konstruktive Gebäudeteile

Gebäudeteile, welche für den **Bestand oder die Sicherheit des Gebäudes** notwendig sind, fallen zwingend in das Gemeinschaftseigentum. Dies gilt auch für solche Gebäudeteile, die sich im Bereich der im Sondereigentum stehenden Räumlichkeiten befinden, wie z.B. eine tragende Mauer[5], einem aus statischen 52

---

1 OLG Hamm DWE 1995, 128; OLG Stuttgart OLGZ 1979, 21 (23).
2 OLG München NZM 2006, 704; BayObLG NJW-RR 1991, 1356.
3 Vgl. BGH v. 30.6.1995 – V ZR 118/94, NJW 1995, 2851; OLG München NZM 2006, 704.
4 BayObLG v. 5.5.1993 – 2Z BR 115/92, ZMR 1993, 423.
5 BayObLGZ 1971, 273.

Gründen notwendigen Pfeiler oder die Außenwand, und zwar auch bei **Reihenhäusern** in der Rechtsform des Wohnungseigentums[1], Fassaden, **Geschossdecken**[2], **Dächern** und sonstigen Bedachungen, aber auch das Abschlussgitter eines Balkons[3] sowie die **Balkonbrüstung**[4]. Gemeinschaftlich sind auch Fundamente[5], wie z.B. Untermauerungen und ein Schamottegrund, um ein Absinken zu verhindern. Anlagen im Untergrund sind ebenso gemeinschaftliches Eigentum wie Ausschachtungen.

53 Dem Sondereigentümer ist untersagt, die **äußere Gestaltung des Gebäudes** und damit das Gemeinschaftseigentum zu verändern oder Bestandteile anzubringen. Er darf daher keinen neuen Anstrich[6] oder Schilder anbringen. Auch eine Veränderung der äußeren Gestaltung durch den **Anbau von Balkonen**, Veranden oder die Anbringung eines **festen Wintergartens**[7] stellen einen Eingriff in das Gemeinschaftseigentum dar, auch wenn neues Gemeinschaftseigentum entsteht. Wird z.B. im Bereich einer im Sondereigentum stehenden Terrasse (vgl. Rz. 39) ein Wintergarten errichtet, wird dieser wesentlicher Bestandteil des Gebäudes (§ 94 Abs. 2 BGB), so dass seine konstruktiven Bestandteile zwingend im Gemeinschaftseigentum stehen[8]. Ein entgegenstehender Wille der Beteiligten ist unbeachtlich. Erfolgt ein solcher Eingriff aber ohne Zustimmung der Wohnungseigentümergemeinschaft, begründet dies einen Beseitigungsanspruch gem. § 1004 BGB gegen den die Veränderung vornehmenden Wohnungseigentümer (vgl. Rz. 40). In einer etwaigen Zustimmung der übrigen Wohnungseigentümer ist aber ein Verzicht auf diesen Beseitigungsanspruch zu sehen, wobei die Zustimmung auch konkludent erteilt werden kann[9].

b) Gemeinschaftlicher Gebrauch

54 Die zum gemeinschaftlichen Gebrauch dienenden Anlagen und Einrichtungen sind ebenfalls zwingend Gemeinschaftseigentum. Notwendig hierfür ist, dass die Anlage oder Einrichtung nach ihrer Zweckbestimmung auf die gemeinsamen Bedürfnisse der Wohnungseigentümer zugeschnitten ist und eine Vorenthaltung durch die Bildung von Sondereigentum den schutzwürdigen Belangen der anderen Wohnungseigentümer zuwiderlaufen würde. Allein der Umstand, dass sich die Anlage oder Einrichtung zur gemeinsamen Nutzung eignet und anbietet, genügt jedoch nicht. Vielmehr muss ihr Zweck darauf abzielen, sämtlichen Wohnungseigentümern den ungestörten Gebrauch ihrer Wohnungen und der Gemeinschaftsräume zu ermöglichen und zu erhalten[10]. Dies kann sich entweder aus der Gemeinschaftsordnung oder dem tatsächlichen Ge-

---

1 BGHZ 50, 56; OLG Hamm MittBayNot 1991, 260 – Außenfenster; OLG Schleswig NJW 1967, 2080; BayObLG DNotZ 1981, 124.
2 OLG Hamm v. 13.8.1996 – 15 W 115/96, ZMR 1997, 193.
3 BayObLG MDR 1974, 936.
4 BayObLG NJW-RR 1990, 784.
5 BayObLGZ 1971, 279.
6 Vgl. insoweit OLG Düsseldorf ZMR 1991, 486; BayObLG NZM 1999, 27.
7 OLG Düsseldorf FGPrax 1995, 102; OLG Zweibrücken NZM 2000, 294.
8 OLG Düsseldorf NZM 2006, 109.
9 BayObLG v. 7.4.1993 – 2Z BR 9/93, NJW-RR 1993, 1165.
10 BGH ZMR 1982, 60.

brauch ergeben, wobei den **getroffenen Vereinbarungen der Vorrang gebührt**. In diesem Fall kann es auf die tatsächliche Nutzung nicht ankommen.

Hiernach sind die **Gemeinschaftsflächen** und **-räume** im Gebäude unter den Begriff des Gemeinschaftseigentums zu subsumieren, wie z.B. Treppen, **Treppenhäuser**[1], die Eingangshalle[2], Flure, Korridore[3] sowie für jedermann nutzbare **Aufzüge**[4]. Geht dagegen aus einem Aufteilungsplan hervor, dass als Gemeinschaftseigentum ausgewiesener **Speicherraum** nach Beschaffenheit und Zugang nicht dem ständigen Gebrauch sämtlicher Wohnungseigentümer dienen kann, soll es nach dem BayObLG[5] der Begründung von Sondereigentum nicht entgegenstehen, dass der Raum nur über das Sondereigentum eines anderen Wohnungseigentümers erreichbar ist. Im konkreten Fall wurde an einem **Spitzboden** Sondereigentum begründet, obwohl dieser nur über das Sondereigentum eines anderen Wohnungseigentümers zu erreichen war. Dies ist abzulehnen, da ansonsten ein Wohnungseigentümer die Möglichkeit hätte, einen anderen Wohnungseigentümer an der Nutzung seines Sondereigentums zu hindern bzw. diesem den Zugang nicht nur unerheblich zu erschweren. Vielmehr muss grundsätzlich sichergestellt sein, dass jeder Wohnungseigentümer sein Sondereigentum über eine ihm jederzeit zugängliche Gemeinschaftsfläche erreichen kann. 55

Anders ist die vom BayObLG mit Beschluss vom 8.5.1991[6] entschiedene Konstellation zu beurteilen. Diese Entscheidung bezieht sich auf einen Sachverhalt, in dem der im Gemeinschaftseigentum stehende Dachboden nur über ein Luke in der Decke der Dachgeschosswohnung zu erreichen war. Diese Ausgestaltung des Zugangs machte den Dachboden nach Auffassung des BayObLG bereits ungeeignet zum ständigen Mitgebrauch der Wohnungseigentümer, so dass Sondereigentum an der Wohnung, über die der Zugang erfolgte, begründet werden konnte. In dieser konkreten Konstellation ist der Auffassung des BayObLG zuzustimmen. Zwar steht der Dachboden im Gemeinschaftseigentum und muss daher grundsätzlich auch über Gemeinschaftsflächen erreichbar sein, doch ist wie bei Balkonen, an denen kein Sondereigentum bestellt wurde, ein **faktisches Sondernutzungsrecht** an einem solchen Dachboden anzunehmen (Rz. 15), der lediglich über eine Wohnung erreichbar und damit dieser faktisch zugeordnet ist. Da die übrigen Wohnungseigentümer daher zur Nutzung des Dachbodens nicht berechtigt sind, können auch die Zugangsräumlichkeiten zu dieser eigentlich im Gemeinschaftseigentum stehenden Fläche Sondereigentum darstellen. 56

Auch **Heizungsräume**[7] und sonstige Räume mit Versorgungseinrichtungen sowie die Verbindungsflure, welche den Zugang zu den zentralen Versorgungsein- 57

---

1 OLG Celle NZM 2007, 216; BayObLG Rpfleger 1986, 220.
2 BayObLG v. 15.11.1984 – BReg 2Z 16/84, ZMR 1985, 63.
3 BayObLG Rpfleger 1986, 220.
4 OLG Celle NZM 2007, 216.
5 NJW-RR 1995, 908; vgl. auch BayObLG NJW-RR 1992, 81.
6 BayObLG v. 8.5.1991 – BReg 2Z 33/91, WuM 1991, 607.
7 BGHZ 73, 302 (311); LG Landau Rpfleger 1986, 360; *Röll* in MüKo, BGB, § 5 WEG Rz. 23.

richtungen bilden, zählen grundsätzlich zum Gemeinschaftseigentum[1]. Zum Teil wird vertreten, dass stets eine Abwägung der beiderseitigen Interessen notwendig wäre, um die Sondereigentumsfähigkeit zu ermitteln[2]. Könne das Zutrittsproblem im Notfall sowie zum Zwecke der Bedienung und Wartung z.B. durch Hinterlegung eines Schlüssels in einem versiegelten Umschlag gelöst werden, spreche nichts gegen die Bestellung von Sondereigentum. Dem kann jedenfalls in dieser Absolutheit nicht gefolgt werden. Grundsätzlich kann nur durch die Annahme von gemeinschaftlichem Eigentum sichergestellt werden, dass jeder einzelne Wohnungseigentümer dauerhaft Zutritt zu den betreffenden Räumlichkeiten und damit zu den im Gemeinschaftseigentum stehenden Versorgungsanlagen erhält. § 5 Abs. 2 will gerade die **Störung des gemeinschaftlichen Gebrauchs** durch eigenmächtiges Verhalten des Sondereigentümers im Rahmen seiner Raumherrschaft verhindern. Gleiches gilt grundsätzlich für die Räumlichkeiten, in denen sich die Zähl-, Schalt-, Sicherungs- oder Beschickungseinrichtungen der gemeinschaftlichen Wasser-, Wärme- und Energieversorgungsanlagen des Gebäudes befinden[3].

58 Andererseits ist zu berücksichtigen, dass ein Raum, der eine **Gemeinschaftseinrichtung** beherbergt, selbst nicht zwingend Gemeinschaftseigentum sein muss, wie § 5 Abs. 2 letzter HS verdeutlicht. Aus dieser Vorschrift folgt, dass die Zuordnung solcher Räume zum Sondereigentum nicht vollständig ausgeschlossen ist. Der BGH[4] entschied bereits, dass Sondereigentum an dem eine gemeinschaftliche Anlage beinhaltenden Raum insbesondere dann denkbar ist, wenn der Raum nicht ausschließlich demselben Zweck dient wie die Anlage. Befindet sich z.B. eine Heizungsanlage in Räumlichkeiten, welche von einem Wohnungseigentümer bestimmungsgemäß auch zu Wohnzwecken genutzt wird, sind diese Räumlichkeiten grundsätzlich sondereigentumsfähig, auch wenn die Heizungsanlage selbst Gemeinschaftseigentum darstellt. Der **Nutzungszweck** bestimmt sich vornehmlich nach den Angaben des der Teilungserklärung beigefügten Aufteilungsplans. Fehlt es an einem solchen weiteren Nutzungszweck, ist aufgrund des Interesses sämtlicher Wohnungsnutzer an einem ungehinderten Zugang zu den Versorgungseinrichtungen stets von Gemeinschaftseigentum auszugehen. Nur wenn für die betreffende Räumlichkeit ein weiterer Nutzungszweck (z.B. Wohn- oder Gewerbenutzung) getroffen wurde, bedarf es einer Abwägung der widerstreitenden Interessen, wobei dem anderweitigen Nutzungszweck nicht nur eine vollkommen untergeordnete Bedeutung zukommen darf.

59 Im Rahmen dieser sodann vorzunehmenden Abwägung muss differenziert werden, ob für die einzelnen Wohnungseigentümer zwecks Nutzung ihres Sondereigentums der **ständige Zugriff auf die Versorgungseinrichtung** gewährleistet sein muss. In diesen Fällen bedarf es neben der Nutzungsbestimmung in der Teilungserklärung noch einer Regelung, wie dieser ständige Zugriff der übrigen

---

1 BGH v. 5.7.1991 – V ZR 222/90, NJW 1991, 2909; *Röll*, Rpfleger 1992, 94, 96; vgl. aber auch KG ZMR 2003, 375.
2 *Röll* in MüKo, BGB, § 5 WEG Rz. 23; *Röll*, Rpfleger 1992, 94.
3 BGH v. 5.7.1991 – V ZR 222/90, NJW 1991, 2909; BGH v. 10.10.1980 – V ZR 47/79, NJW 1981, 455.
4 BGHZ 73, 302 (311); vgl. auch BayObLG DNotZ 2004, 386f.

Wohnungseigentümer sichergestellt werden soll. Andernfalls bestünde eben die Gefahr, von der Zugriffsmöglichkeit ausgeschlossen zu werden. Fehlt es an einer solchen Regelung, ist die Bestellung des Sondereigentums unwirksam. Ist hingegen eine ständige Zugriffsmöglichkeit auf die Versorgungseinrichtung nicht notwendig, kann auch ohne eine solche Regelung der Zutrittsmöglichkeit Sondereigentum bestellt werden. Wann ein ständiger Zugriff auf eine Versorgungseinrichtung notwendig ist, ist eine Frage des Einzellfalls. Zu berücksichtigen ist insoweit, dass der Sondereigentümer gem. § 14 Abs. 4 lediglich verpflichtet ist, den Zutritt zum Sondereigentum zwecks **Instandhaltung und Instandsetzung** von Gemeinschaftseigentum zu dulden. Ist lediglich denkbar, dass Zugriff auf die Versorgungseinrichtung zu diesem Zweck genommen werden muss, bedarf es keiner weiteren Absicherung der übrigen Wohnungseigentümern neben der gesetzlichen Regelung, da die Interessenabwägung ergibt, dass die Wohnungseigentümer bereits durch die gesetzliche Regelung hinreichend geschützt sind.

Aus diesem Grunde führt auch das Gemeinschaftseigentum an einem **Heizkörper** nicht dazu, dass der diesen beinhaltende Raum Gemeinschaftseigentum wird. Der Heizkörper beheizt, wenn auch als Teil der gesamten Heizungsanlage, nur die betreffende Wohnung. Sollte er Fehlfunktionen aufweisen oder erneuerungsbedürftig werden und damit u.U. die gesamte Heizungsanlage beeinträchtigen, liegt ein Fall des § 14 Abs. 4 vor. Ansonsten ist kein Grund denkbar, dass die übrigen Wohnungseigentümer ein **berechtigtes Interesse** daran haben könnten, auf den Heizkörper zuzugreifen, so dass es keiner jederzeitigen Zugriffsmöglichkeit bedarf. Gleiches gilt, wenn eine **Abwasserhebeanlage** oder ein Heizungskessel betroffen ist, auf die aus keinem anderen Grund als der Instandhaltung und Instandsetzung zugegriffen werden muss. In diesen Fällen kann auch ohne spezielle Nutzungsregelung Sondereigentum bestellt werden. Es genügt, dass für die betreffenden Räumlichkeiten eine weitere Nutzung vorgesehen ist. Zwar kann der betreffende Sondereigentümer die übrigen Wohnungseigentümer dann von dem Zugriff auf die Gemeinschaftseinrichtung aussperren; diese haben hieran aber auch kein Interesse. Zudem muss berücksichtigt werden, dass sich die Wohnungseigentümer durch die Bestimmung des anderweitigen Nutzungszwecks in der Teilungserklärung bzw. dem Aufteilungsplan selbst dieser Gefahr ausgesetzt und diese billigend in Kauf genommen haben. Stehen die Versorgungsanlagen selbst im Sondereigentum (vgl. Rz. 30ff.), sind die diese umfassenden Räumlichkeiten ohne weiteres ebenfalls sonderrechtsfähig[1].

Anders ist zu entscheiden, wenn denkbar ist, dass die übrigen Wohnungseigentümer aus anderen Gründen als der Instandhaltung und Instandsetzung auf die Versorgungseinrichtung zugreifen müssen. Dann genügt die Regelung des § 14 Abs. 4 nicht. Möchte z.B. ein Wohnungseigentümer die Wasserzufuhr stoppen oder die Stromversorgung für seine Wohnung unterbrechen, um eine Waschmaschine anzuschließen oder eine Lampe aufzuhängen, wird dieser Fall von § 14 Abs. 4 nicht erfasst. Gleiches gilt für zentrale Messeinrichtungen, da die Ablesung keine Instandhaltung oder Instandsetzung darstellt. In diesen Fällen

---

1 Vgl. BGH NJW 1975, 688 f.

bedarf es einer konkreten Regelung des Zutrittsrechts. Feste Richtlinien für die im konkreten Einzelfall zu treffende Abwägung bieten sich aber nicht an.

3. Vereinbarung gem. Abs. 3

62 Gemäß Abs. 3 können die Wohnungseigentümer vereinbaren, dass Bestandteile des Gebäudes, die Gegenstand des Sondereigentums sein können, zum gemeinschaftlichen Eigentum gehören. Eine umgekehrte Regelung ist hingegen nicht vorgesehen. Im Umkehrschluss ergibt sich aus Abs. 3 daher, dass die negative Abgrenzung der sondereigentumsfähigen Gegenstände in Abs. 2 zwingend ist. Teile des Gebäudes, die für dessen Bestand oder Sicherheit erforderlich sind, sowie Anlagen und Einrichtungen, die dem gemeinschaftlichen Gebrauch der Wohnungseigentümer dienen, können daher nicht Gegenstand des Sondereigentums sein. Die Wohnungseigentümer können hiervon nicht durch Vereinbarung abweichen[1]. Nur an den ohnehin sondereigentumsfähigen Gegenständen kann auch ein solches durch Vereinbarung bestellt werden. Abs. 3 ermöglicht jedoch, dass die Wohnungseigentümer durch Vereinbarung – ohne sachliche oder juristische Grenzen – bestimmen können, dass Bestandteile, welche sondereigentumsfähig sind, Gemeinschaftseigentum sein sollen[2]. Durch diese Regelung kann die in Abs. 1 enthaltene Regelung, dass die zu den sondereigentumsfähigen Räumen gehörenden Bestandteile **kraft Gesetzes selbst Sondereigentum** werden, ausgeschlossen oder nachträglich geändert werden. Der Anwendungsbereich des Abs. 3 ist jedoch auf Sondereigentumsbestandteile beschränkt und nicht auf die im Sondereigentum stehenden Räume selbst anwendbar. Diese werden ohnehin nur kraft Vereinbarung Sondereigentum und verbleiben ohne eine solche im Gemeinschaftseigentum.

63 Da die in der Teilungserklärung getroffenen Regelungen Vereinbarungen i.S.d. §§ 5 Abs. 4, 10 Abs. 2 sind, bedarf es zu ihrer Änderung ebenfalls einer Vereinbarung unter **Mitwirkung sämtlicher Wohnungseigentümer**[3], welche nicht erzwungen werden kann[4]. Hinzukommen muss sodann noch die Auflassung gem. § 925 Abs. 1 BGB und Eintragung im Grundbuch[5]. Dies gilt auch für den Fall, dass Sonder- in Gemeinschaftseigentum umgewandelt werden soll[6]. Das Sondereigentum kann sodann nur noch in der geänderten Gestalt erworben und übertragen werden. Mit der **Umwandlung von Sonder- in Gemeinschaftseigentum** kann auch die Bildung neuer Eigentumsrechte verbunden werden. Diese können dadurch entstehen, dass der Miteigentumsanteil an dem umgewandelten Sondereigentum aufgespalten und mit jedem Sondereigentumsanteil verbunden wird, das durch die Umwandlung geschaffen wird. Sofern dinglich Berechtigte nach Abs. 4 zugestimmt haben, bedarf es nicht ihrer erneuten Zu-

---

1 BayObLG MDR 1981, 145.
2 Vgl. BayObLG WE 1992, 174; OLG Stuttgart Rpfleger 1981, 109.
3 BayObLG WuM 2001, 199; OLG Frankfurt ZfIR 1997, 417.
4 LG Wuppertal v. 19.12.1985 – 6 T 858/85, NJW-RR 1986, 1074.
5 OLG Frankfurt ZMR 1997, 367; BayObLG DWE 1994, 153 f.; BayObLG WuM 2001, 199; BayObLG WuM 1997, 512; vgl. auch OLG Düsseldorf DWE 1996, 78; hinsichtlich der Umwandlung von Teileigentum in Wohnungseigentum soll nach BayObLG WE 1998, 275, ein Regelungsvorbehalt in der Gemeinschaftsordnung vereinbart werden können, so dass nicht sämtliche Wohnungseigentümer mitwirken müssen.
6 OLG Hamm NJWE-MietR 1996, 61; BauObLG DWE 1994, 153 f.

stimmung, sofern sich das Sondereigentum einzelner neu zu schaffender Wohnungseigentumsrechte wegen einer nachträglichen Planänderung verkleinert. Ihre Rechtsstellung wird hierdurch nämlich nicht berührt[1].

Ob die **Wohnungsabschlusstüren** durch Vereinbarung Sondereigentum werden können, ist umstritten[2], letztlich aber abzulehnen, da diese das Erscheinungsbild des Treppenhauses und damit des Gebäudes prägen und die Abgeschlossenheit der Wohnung gewährleisten. Zudem können sie nicht entfernt werden, ohne dass das gemeinschaftliche Eigentum oder das Sondereigentum eines anderen Wohnungseigentümers, z.B. durch höhere Geräuschemissionen, beeinträchtigt wird. Dies gilt auch für die Innenseiten der Wohnungsabschlusstüren. Eine Differenzierung zwischen Außen- und Innenseite derselben ist nicht möglich, da es sich um ein einheitliches Gebilde handelt, welches nicht aufgeteilt werden kann. 64

Auch an **Fenstern und Fensterrahmen**[3] kann nicht im Wege der Vereinbarung Sondereigentum bestellt werden, da hier die äußere Gestaltung des Gebäudes bestimmt wird und damit zwingend Gemeinschaftseigentum gegeben ist. Bautechnisch kann bei moderneren Fensteranlagen auch nicht zwischen Innen- und Außenseite differenziert werden. Mit der gleichen Argumentation ist ein Sondereigentum an Lichtkuppeln abzulehnen[4]. Bei einer **Doppelverglasung**[5] besteht ebenfalls Gemeinschaftseigentum, da eine Spaltung des Eigentums nach Innen- und Außenfenster nicht sachgerecht ist und gekünstelt wirken würde.

IV. Inhalt des Sondereigentums

Die an das Sondereigentum anknüpfenden **Rechte und Pflichten** ergeben sich zunächst aus den §§ 13 und 14. § 13 Abs. 1 bestimmt, dass das Sondereigentum dem Alleineigentum grundsätzlich gleichgestellt ist. Daher ist der Sondereigentümer auch berechtigt, **bauliche Veränderungen** und damit **Eingriffe in die Substanz** vorzunehmen, sofern hierdurch die tragende Konstruktion nicht beeinträchtigt wird. Der Sondereigentümer ist demnach z.B. berechtigt, eine weitere (Trenn-)Wand einzuziehen. Andererseits hat der Sondereigentümer die Kosten der Instandhaltung und Instandsetzung des Sondereigentums allein zu tragen[6]. 65

1. Vereinbarung, Abs. 4 Satz 1

§ 5 Abs. 4 Satz 1 sieht vor, dass Vereinbarungen über das Verhältnis der Wohnungseigentümer untereinander zum Inhalt des Sondereigentums gemacht werden können, und enthält hinsichtlich der Vereinbarungen zwischen Wohnungseigentümern letztlich nur eine **Hinweis- und Klarstellungsfunktion**. Die 66

---

1 *Müller*, Praktische Fragen des Wohnungseigentums, Rz. 86.
2 Bejahend OLG Düsseldorf ZMR 2002, 445; verneinend OLG Stuttgart BauR 2005, 1490; OLG Düsseldorf NZM 2000, 193; *Commichau* in MüKo, BGB, § 5 WEG Rz. 11; *Hügel* in Bamberger/Roth, WEG, § 5 Rz. 12; *Becker/Kümmel/Ott*, Wohnungseigentum, Rz. 10.
3 OLG Hamm OLGE 1992, 174; BayObLG WM 1995, 326.
4 AG Hannover ZMR 2004, 383.
5 OLG Oldenburg WE 1988, 64; BayObLG NJW-RR 1996, 140.
6 *Förth* in KK-WEG, § 5 Rz. 1.

eigentliche Regelung ist in § 10 Abs. 3 enthalten. Vereinbarungen sind mehrseitige Verträge und können über sämtliche denkbaren Gegenstände abgeschlossen werden. Der Anwendungsbereich des Abs. 4 beschränkt sich, entgegen seinem Wortlaut, auch nicht bloß auf das Sondereigentum, sondern erstreckt sich auch auf das Gemeinschaftseigentum und das Verhältnis der Wohnungseigentümer untereinander[1]. Zum Inhalt des Sondereigentums können Vereinbarungen jedoch nur unter Beachtung der Vorschriften des 2. und 3. Abschnittes gemacht werden. Dies setzt insbesondere ihre Eintragung im Grundbuch voraus. Hierdurch wird gem. § 10 Abs. 3 sichergestellt, dass diese Vereinbarung auch **Bindungswirkung für den rechtsgeschäftlichen Erwerber** entfalten. Zum Teil wird daher von einer „dinglichen Wirkung" gesprochen[2]. Hierunter ist jedoch nichts anderes als die Bindungswirkung für den Sonderrechtsnachfolger zu verstehen, also die Anknüpfung der aus den Vereinbarungen resultierenden Rechte und Pflichten an die Eigentümerstellung. Nicht gemeint ist hingegen, dass diese Rechte und Pflichten einen sachenrechtlichen Charakter erlangen.

67 Denkbar sind insbesondere Regelungen hinsichtlich Art und Umfang der Gebrauchsberechtigung einzelner Eigentümer am Sondereigentum, insbesondere die Zulässigkeit baulicher Veränderungen oder die Begründung von Sondernutzungsrechten (§ 15 Rz. 1 ff.). Werden bestimmte Räume in der Teilungserklärung näher charakterisiert, stellt dies eine Zweckbestimmung und damit selbst eine Vereinbarung dar. Ein „Hobbyraum" darf daher nicht zu Wohnzwecken genutzt werden[3]. Eine „Kellergarage" darf nur als solche genutzt werden[4]. Gegebenenfalls muss die **Zweckbestimmung durch Auslegung** erfolgen, wobei die allgemeinen Grundsätze zur Anwendung gelangen[5]. Dabei kommt es nicht auf den Willen des Verfassers an, sondern, wie bei allen Grundbucheintragungen, allein auf den Wortlaut und Sinn, wie sich diese für einen unbefangenen Betrachter als nächstliegende Bedeutung erschließen[6].

68 Nicht zulässig ist es, einem Wohnungseigentümer in der Gemeinschaftsordnung gem. § 185 BGB die **Ermächtigung** einzuräumen, über Gemeinschaftseigentum dergestalt zu verfügen, dass es in Sondereigentum umgewandelt werden kann[7]. Zwar gilt auch im Verhältnis der Wohnungseigentümer untereinander grundsätzlich Vertragsfreiheit. Die in den §§ 10 ff. bestimmten Regelungen über Vereinbarungen betreffen aber immer nur das Verhältnis der Wohnungseigentümer untereinander, nicht jedoch das Verhältnis von Sondereigentum zu Gemeinschaftseigentum bzw. die sachenrechtliche Struktur der Wohnungseigentümergemeinschaft[8]. Das Gemeinschaftsverhältnis der Wohnungseigentümer baut auf der dinglichen Grundlage der Gemeinschaft auf, die durch die Zuordnung von gemeinschaftlichem Eigentum einerseits und Sondereigentum andererseits geprägt ist. Eine Änderung dieser durch den dinglichen

---

1 BayObLGZ 1974, 217.
2 *Pick* in Bärmann/Pick/Merle, WEG, § 5 Rz. 26; kritisch zu dieser Begrifflichkeit *Briesemeister* in Weitenauer, WEG, § 5 Rz. 33.
3 BayObLG NJW-RR 1998, 735.
4 BayObLG Rpfleger 1984, 409.
5 BayObLGZ 1983, 79; BayObLGZ 1983, 73.
6 OLG Celle NZM 2007, 217; OLG München NZM 2006, 344; BayObLGZ 1983, 73 (78).
7 BayObLGZ 2000, 1; BayObLG Z 1997, 233.
8 *Rapp* in Staudinger, WEG, § 5 Rz. 56.

Begründungsakt festgelegten Grundstruktur der Gemeinschaft kann nicht Gegenstand von Vereinbarungen der Wohnungseigentümer im Sinn von §§ 5 Abs. 4, 10 Abs. 1 Satz 2, Abs. 2 sein. Solche Vereinbarungen können nur das darauf aufbauende Gemeinschaftsverhältnis betreffen. Hierdurch wird letztlich auch vermieden, dass sich der teilende Eigentümer die Befugnis vorbehält, zu einem späteren Zeitpunkt einseitig in die sachenrechtliche Struktur der Wohnungseigentümergemeinschaft einzugreifen. Vereinbarungen stehen nämlich die in der Teilungserklärung nach § 8, welcher in seinem Abs. 2 auf § 5 verweist, von dem teilenden Eigentümer einseitig getroffenen Bestimmungen über die Gemeinschaftsordnung gleich. Gleiches gilt für das durch Teilungsvertrag nach § 3 begründete Wohnungseigentum. Der **teilende Alleineigentümer** ist nur dann berechtigt, nachträglich Gemeinschaftseigentum in Sondereigentum umzuwandeln, wenn er hierzu von sämtlichen Käufern **in den notariellen Übertragungsverträgen bevollmächtigt** wurde[1].

Wurde Gemeinschaftseigentum in Sondereigentum umgewandelt, ist für die Eintragung im Grundbuch der Nachweis der rechtlich erforderlichen **Auflassung** in der Form des § 20 GBO notwendig[2]. 69

Werden die von den teilenden Miteigentümern vor Eintragung des Wohnungseigentums getroffenen Vereinbarungen über noch anstehende bauliche Änderungen nicht in den Teilungsvertrag aufgenommen, sind diese gegenüber etwaigen Sondernachfolgern unwirksam[3]. Vereinbaren z.B. Bruchteilseigentümer vor Teilung die Schaffung eines Treppenhauses und wird diese Vereinbarung nicht in die Teilungserklärung aufgenommen, ist ein Rechtsnachfolger hieran nicht gebunden. Wurde die bauliche Veränderung aber bereits umgesetzt, ist der Sondernachfolger an die mit Zustimmung des Rechtsvorgängers erfolgte bauliche Veränderung gebunden, da er das Gemeinschaftseigentum bereits in der aktuellen Form vorgefunden hat[4]. Ein bestandskräftig gewordener Mehrheitsbeschluss hinsichtlich einer baulichen Veränderung steht der Zustimmung gleich[5]. 70

Wird die Vereinbarung nicht im Grundbuch eingetragen, entfaltet sie lediglich **schuldrechtliche Wirkung zwischen den Wohnungseigentümern**, welche an der Vereinbarung beteiligt waren[6]. Das Gesetz stellt den Wohnungseigentümern daher frei, ob sie dem Inhalt ihrer Vereinbarung sachenrechtliche Wirkung zukommen lassen. Fehlt es an einer Eintragung, kann ein Rechtsnachfolger nur im Wege der Vertragsübernahme an die Vereinbarung gebunden werden. Soll der Rechtsnachfolger lediglich Ansprüche aus der Vereinbarung erhalten, müssen diese abgetreten werden. Erfolgt die Eintragung, wird die Vereinbarung „verdinglicht" (vgl. zu dieser Begrifflichkeit Rz. 66). Die Vereinbarung entfaltet nun- 71

---

1 BayObLG ZMR 2003, 518; BayObLG NZM 2002, 70; BayObLG NZM 2000, 1235.
2 *Pick* in Bärmann/Pick/Merle, WEG, § 4 Rz. 6; *Röll* in MüKo, BGB, § 7 WEG Rz. 4; a.A. *Hesse/Saage/Fischer*, GBO, § 20 Anm. II.1; *Meikel/Imhof/Riedel*, GBO, § 20 Rz. 5, welche eine Bewilligung aller Wohnungs- und Teileigentümer nach § 19 GBO in der Form des § 29 Abs. 1 Satz 1 GBO für ausreichend erachten.
3 KG ZMR 2001, 656; vgl. BayObLG NZM 2002, 441 zur möglichen Vorwirkung einer Gebrauchsregelung.
4 OLG Hamm v. 12.3.1991 – 15 W 41/90, NJW-RR 1991, 910.
5 BayObLG NZM 2002, 869; OLG Köln ZMR 2001, 474.
6 OLG Hamm MittBayNot 1997, 175.

mehr absolute Wirkung gegenüber dem Rechtsnachfolger und über den öffentlichen Glauben des Grundbuchs sogar gegenüber Dritten. Bei diesen Dritten kann es sich insbesondere um die in den anderen Abteilungen des Grundbuchs eingetragenen Gläubiger handeln.

2. Zustimmungserfordernis, Abs. 4 Satz 2

72 Die Vereinbarung nach Abs. 4 wird zwischen den jeweiligen Wohnungseigentümern getroffen. Nach der bislang herrschenden Meinung in Rechtsprechung und Literatur war darüber hinaus jedoch auch die **Zustimmung der Inhaber dinglicher Rechte** an den betreffenden Wohnungen analog §§ 877, 876 Satz 1 BGB notwendig, wenn diese Wohnungen von der vereinbarten Änderung betroffen waren. Ausnahmsweise sollte dann eine Zustimmung nicht notwendig sein, wenn nicht nur eine wirtschaftliche, sondern jegliche rechtliche Beeinträchtigung ausgeschlossen war[1].

73 Diese Rechtslage führte jedoch zu einer **Überdehnung des notwendigen Schutzes** der dinglich Berechtigten. So bedurfte selbst die Begründung von Sondernutzungsrechten für Pkw-Stellplätze am gemeinschaftlichen Hofeigentum auch dann der Zustimmung der Grundpfandgläubiger, wenn jeder Wohnungseigentümer einen Stellplatz erhielt. Die Aufteilung schränkte nämlich gleichzeitig die Befugnis der einzelnen Wohnungseigentümer auf Mitgebrauch aller Plätze des gemeinschaftlichen Hofeigentums ein und wurde deshalb rechtlich als Beeinträchtigung gewertet[2]. Dies galt unabhängig davon, dass die jeweilige Wohnung nach Zuweisung eines Stellplatzes einen höheren Wert aufwies als vorher und so die Verwertungsgrundlage für die Grundpfandgläubiger verbessert wurde. Der Gesetzgeber sah hierin neben einem überzogenen Schutz des Inhabers dinglicher Rechte einen unnötigen Arbeitsaufwand, welcher insbesondere zu vermeidbaren höheren Kosten führte. Vor allem im Hinblick darauf, dass die **Praxis** vielfach dazu neigte, sicherheitshalber die Zustimmung sämtlicher eingetragener Gläubiger einzuholen, konnte eine befriedigende Lösung der auftretenden Probleme nicht gefunden werden. Der Gesetzgeber erkannte jedoch, dass das Ziel einer Vereinfachung nur erreicht werden konnte, wenn die betroffenen Rechte und der Gegenstand der Vereinbarung unter Berücksichtigung des Schutzzweckes der Zustimmung konkret festgelegt werden[3]. Sowohl nach alter als auch nach der neuen Rechtslage bedarf eine Vereinbarung oder die Änderung einer Vereinbarung der Zustimmung Dritter, wenn **das Wohnungseigentum zugunsten des Dritten mit Grundpfandrechten oder Reallasten belastet ist** und wenn es um eine bestimmte Art der Vereinbarung geht, nämlich die Begründung, Aufhebung, Änderung oder Übertragung von Sondernutzungsrechten (Satz 2 und 3). Wird ein Sondernutzungsrecht begründet, ist die Zustimmung des Dritten nunmehr aber nur noch dann erforderlich, wenn durch die Vereinbarung das zugunsten des Dritten belastete Wohnungseigentum nicht gleichzeitig mit einem Sondernutzungsrecht verbunden wird. Nur in diesem Falle ist der Dritte wirtschaftlich beeinträchtigt, nicht aber dann, wenn das zu seinen Guns-

---

1 BGHZ 1991, 343.
2 Begr. des Gesetzentwurfes der Bundesregierung, BT-Drucks. 16/887, 14; BGHZ 1991, 343.
3 Vgl. auch *Brambring*, DNotZ 1979, 155 (165).

ten belastete Sondereigentum ebenfalls mit einem Sondernutzungsrecht verbunden wird.

Bei allen übrigen Rechten verbleibt es bei der bisherigen Rechtslage. Dies betrifft vor allem **Dienstbarkeiten**, also Grunddienstbarkeiten, beschränkt persönliche Dienstbarkeiten, den **Nießbrauch**, das **Wohnungsrecht** und das **Dauerwohn- oder Dauernutzungsrecht**. Hiermit wird auf die besondere Interessenlage bei diesen Rechten Rücksicht genommen. Dienstbarkeiten verleihen entgegen Grundpfandrechten und Reallasten kein Verwertungsrecht, sodass nicht allein auf die wirtschaftlichen Konsequenzen einer Vereinbarung abgestellt werden kann. Vielmehr kann der aus der Dienstbarkeit Berechtigte an einer ganz bestimmten Art der Nutzung ein persönliches Interesse haben, welches für einen Verwertungsberechtigten hingegen unerheblich ist. Neben dem Umstand, dass Grunddienstbarkeiten in der Praxis eher selten auftreten, ist weiter zu berücksichtigten, dass die Zustimmung entsprechend Berechtigter zu einer Vereinbarung zwischen den Wohnungseigentümern häufig entbehrlich ist. Dienstbarkeiten lasten in der Regel meist am Grundstück selbst und können durch Vereinbarung der Wohnungseigentümer nicht berührt werden[1]. Bei einem **dinglichen Vorkaufsrecht** folgt die **Entbehrlichkeit der Zustimmung** z.B. daraus, dass der Berechtigte ein Recht auf Erwerb nur in dem Zustand und zu den Bedingungen hat, die sich aus dem späteren Verkauf ergeben. Erst mit Eintritt des Vorkaufsfalles ändert sich diese Situation. 74

Das Zustimmungserfordernis des Drittberechtigten kann zudem leicht umgangen werden, indem die Wohnungseigentümer ihre Vereinbarung in Bezug auf das Drittrecht einschränken. Auf diese Weise wird häufig vermieden werden können, dass eine Vereinbarung einer fehlenden Zustimmung eines Dritten scheitert[2]. 75

Von einer Aufnahme der **Vormerkung** in Abs. 4 Satz 2 wurde bewusst abgesehen, da dieser auch in den §§ 876, 877 BGB nicht erwähnt wird. Die (neue) Beurteilung der unterschiedlichen Arten von Vormerkungen im Rahmen des § 5 Abs. 4 soll nach dem ausdrücklichen Willen des Gesetzgebers der Rechtsprechung überlassen werden. 76

Erstmalig wird nunmehr in Abs. 4 der durch die Rechtspraxis geschaffene Begriff des Sondernutzungsrechts vom Gesetz selbst verwendet und damit festgeschrieben. Hierunter ist nach herrschender Meinung das Recht zu verstehen, einen Teil des gemeinschaftlichen Eigentums unter Ausschluss der übrigen Wohnungseigentümer zu nutzen[3] (vgl. auch § 15 Rz. 2 ff.). 77

---

1 OLG Frankfurt Rechtspfleger 1996, 340; *Gursky* in Staudinger, § 877 BGB Rz. 60; *Röll* in MüKo, BGB, § 10 WEG Rz. 16; a.A. BayObLG v. 9.4.2002 – 2Z BR 30/02, NJW-RR 2002, 1526.
2 Begr. d. Gesetzesentwurfs, BT-Drucks. 16/887, 16.
3 *Bassenge* in Palandt, BGB, § 13 WEG Rz. 7.

§ 6
Unselbständigkeit des Sondereigentums

(1) Das Sondereigentum kann ohne den Miteigentumsanteil, zu dem es gehört, nicht veräußert oder belastet werden.

(2) Rechte an dem Miteigentumsanteil erstrecken sich auf das zu ihm gehörende Sondereigentum.

Inhaltsübersicht

	Rz.		Rz.
I. Allgemeines	1	2. Rechtseinheit Miteigentums- anteil/Sondereigentum (Abs. 2)	20
II. Regelungsgehalt	3	III. Weitere praktische Hinweise	21
1. Untrennbarkeit von Sondereigentum und Miteigentumsanteil (Abs. 1)	3	1. Änderung der Miteigentumsanteilsgröße	21
a) Veräußerung	4	2. Übertragung von Sondereigentum innerhalb der Eigentümergemeinschaft	22
b) Belastung	9		
c) Verbindung von Wohnungseigentumsrechten	11	3. Isolierte Miteigentumsanteile	23
aa) Vereinigung	12	4. Kein isoliertes Sondereigentum	25
bb) Bestandteilszuschreibung	14	5. Kein Mitsondereigentum	26
d) Verbindung mit Grundstücken	17	6. Zwangsvollstreckung	27
e) Reale Teilung	18		

Schrifttum: *Briesemeister*, Das Stimmrecht bei unterteiltem Wohnungseigentum, FS Seuß, 2007, S. 39; *Lingk*, Die Regelung der Lasten- und Kostentragung im Wohnungseigentumsrecht, RNotZ 2001, 421; *Schmidt*, Balkone als Sondereigentum, MittBayNot 201, 73; *Häublein*, Gestaltungsprobleme im Zusammenhang mit der abschnittweisen Errichtung von Wohnungseigentumsanlagen, DNotZ 2000, 442; *Hügel*, Der nachträgliche Ausbau von Dachgeschossen – Gestaltungsmöglichkeiten in der Gemeinschaftsordnung, RNotZ 2005, 149; *Wiedemeyer*, Stimmrecht nach Unterteilung von Wohnungseigentum, NZM 2000, 638.

I. Allgemeines

1 Miteigentumsanteil und Sondereigentum bilden eine **rechtliche Einheit**. Diese Untrennbarkeit wird durch § 6 dokumentiert und bildet einen der Hauptgrundsätze des WEG. Gemäß § 6 Abs. 1 kann das Sondereigentum ohne den Miteigentumsanteil, zu dem es gehört, nicht veräußert oder belastet werden. Dies hat zur Konsequenz, dass Verfügungen über das Sondereigentum nur durch gleichzeitiges Verfügen über den mit ihm verbundenen Miteigentumsanteil möglich sind. Darüber hinaus erstrecken sich gem. § 6 Abs. 2 die Rechte an dem Miteigentumsanteil auf das zu ihm gehörende Sondereigentum. Wird der Miteigentumsanteil belastet, wird von dieser Rechtsänderung stets auch das Sondereigentum erfasst.

Eine von § 6 abweichende Verfügung, also z.B. Übertragung von nur Sondereigentum oder von nur Miteigentumsanteil, ist unwirksam[1]. Anders verhält es sich dagegen bei nicht **wesentlichen Bestandteilen** und **Scheinbestandteilen**. Da es sich hierbei nicht um Sondereigentum handelt, kann über diese uneingeschränkt verfügt werden[2].

II. Regelungsgehalt

1. Untrennbarkeit von Sondereigentum und Miteigentumsanteil (Abs. 1)

Sondereigentum kann ohne den Miteigentumsanteil, zu dem es gehört, weder veräußert noch belastet werden. Das Sondereigentum kann also insbesondere nicht von seinem Miteigentumsanteil getrennt werden und rechtlich selbständig sein.

a) Veräußerung

Das Wohnungseigentum ist **echtes Eigentum** i.S.d. BGB. Es kann daher ebenso wie Grundstücksmiteigentumsanteile rechtsgeschäftlich veräußert werden. Von der Veräußerung des Wohnungseigentums werden neben dem Sondereigentum auch etwaige Sondernutzungsrechte und der Anteil am Verwaltungsvermögen erfasst. Für das Verpflichtungsgeschäft gilt § 311b Abs. 1 BGB. Es bedarf also der notariellen Beurkundung. Dinglich erfolgt die Übertragung des Wohnungseigentums durch Erklärung der Auflassung vor einem Notar (§ 925 BGB) und Eintragung in das Grundbuch.

Auch über ein mangels Grundbuchvollzug noch nicht entstandenes Wohnungseigentum kann bereits ein Veräußerungsvertrag geschlossen werden. Der Vertragsgegenstand ist in diesem Fall hinreichend bestimmt zu bezeichnen (vgl. § 28 GBO). Dies kann auch durch **Verweisung** nach Maßgabe des § 13a BeurkG auf die notariell beurkundete Teilungserklärung und Gemeinschaftsordnung erfolgen. Auf eine lediglich der Unterschrift nach beglaubigte Teilungserklärung und Gemeinschaftsordnung kann nicht gem. § 13a BeurkG verwiesen werden[3]. Diese ist gegebenenfalls als Bestandteil des Veräußerungsvertrages mit zu beurkunden.

Zu unterscheiden von der Veräußerung des Wohnungseigentums ist die Veräußerung von **Grundstücksteilflächen**. Diese ist nur durch alle Wohnungseigentümer möglich. Die Verfügung einzelner Miteigentümer reicht nicht aus[4]. Die Veräußerung einer Grundstücksteilfläche setzt Auflassung, Aufhebung des Wohnungseigentums an der vermessenen und katasteramtlich fortgeschriebenen Teilfläche, Schließung der Wohnungsgrundbücher hinsichtlich der Teilfläche sowie gegebenenfalls Zustimmung und Freigabe durch dingliche Berechtigte voraus. Eine Vormerkung kann nur gleichzeitig in allen Wohnungsgrundbüchern eingetragen werden[5].

---
1 BayObLGZ 1986, 86.
2 *Bassenge* in Palandt, BGB, § 6 WEG Rz. 1; *Heinemann* in AnwK-BGB, § 6 WEG Rz. 1.
3 BGH v. 6.4.1979 – V ZR 72/74, NJW 1979, 1496.
4 OLG Zweibrücken v. 8.11.1985 – 3 W 210/85, Rpfleger 1986, 93.
5 BayObLG v. 7.2.2002 – 2Z BR 166/01, MittBayNot 2002, 189; a.A. *Hoffmann*, MittBayNot 2002, 155.

7   Unberührt von § 6 Abs. 1 bleibt die Möglichkeit, **ideelle Anteile** an einem Miteigentumsanteil, der mit einem Sondereigentumsrecht verbunden ist, zu erwerben oder zu veräußern. Wohnungseigentum kann in jeder Rechtsgemeinschaft begründet werden, also z.B. auch in Bruchteilsgemeinschaft[1]. Voraussetzung ist hierfür lediglich, dass der mit dem Sondereigentum verbundene Miteigentumsanteil durch den Anteilserwerb nicht geändert wird. Das Sondereigentum kann stets nur mit einem Miteigentumsanteil verbunden sein[2]. Der Erwerber eines ideellen Anteils an einem Wohnungseigentum wird ideeller Miteigentümer an dem mit dem Sondereigentum verbundenen Miteigentumsanteil.

8   Steht ein eintragungsfähiges Recht mehreren gemeinschaftlich zu, so soll die **Grundbucheintragung** gem. § 47 GBO in der Weise erfolgen, dass entweder die Anteile der Berechtigten in Bruchteilen angegeben werden oder das für die Gemeinschaft maßgebende Rechtsverhältnis bezeichnet wird. Da die Verfügungsbefugnis des einzelnen Beteiligten bei den unterschiedlichen Gemeinschaftsarten verschieden sind, dient die Sollvorschrift des § 47 GBO der Verwirklichung des Bestimmtheitsgrundsatzes[3]. Als Gemeinschaftsverhältnis für die Erwerber von Wohnungseigentum kommen insbesondere in Frage: (1) **Miteigentum (Mitberechtigung) nach Bruchteilen**. Die Bruchteilsgemeinschaft (§§ 741 ff., 1008 ff. BGB) ist bei allen Rechten einschließlich Eigentum möglich. Erforderlich ist stets die genaue Angabe der Bruchteile (z.B. zu je ½ Anteil, je zu ⅓ Anteil, etc.). (2) **Gesamthandsgemeinschaft**. Der Kreis der Gesamthandsgemeinschaften ist im Gesetz abschließend geregelt. Als solche kommen insbesondere in Betracht: BGB-Gesellschaft (§§ 705 ff. BGB), OHG (§§ 105 ff. HGB) und KG (§§ 161 ff. HGB), nicht rechtsfähiger Verein (§ 54 BGB), Erbengemeinschaft (§§ 2032 ff. BGB), eheliche Gütergemeinschaft (§§ 1415 ff. BGB), fortgesetzte Gütergemeinschaft (§§ 1483 ff. BGB).

b) Belastung

9   Wohnungseigentum ist wie ein **Miteigentumsanteil** am Grundstück belastbar. In Betracht kommt insbesondere die Bestellung von Grundpfandrechten (§§ 1113 ff. BGB), dinglichen Vorkaufsrechten (§§ 1094 ff. BGB), Reallasten (§§ 1105 ff. BGB), Nießbrauchrechten (§§ 1030 ff. BGB), Dienstbarkeiten (§§ 1018 ff., §§ 1090 ff. BGB und Dauerwohnrechten (§§ 31 ff.). Mit einem Unterwohnungseigentum kann ein Wohnungseigentum nicht belastet werden[4].

10 Eine **Dienstbarkeit** kann zu Lasten eines einzelnen Wohnungseigentums nur bestellt werden, wenn sie sich auf das Sondereigentum beschränkt und nicht Rechte betrifft, die der Gemeinschaft in ihrer Gesamtheit zustehen[5]. Ist das gemeinschaftliche Eigentum betroffen, z.B. das Gesamtgrundstück, kann die Dienstbarkeit nur mit Zustimmung aller Wohnungseigentümer bestellt werden[6]. Dies gilt

---

1 *Grziwotz* in Erman, BGB, § 6 WEG Rz. 3.
2 BGH v. 17.1.1968 – V ZB 9/67, BGHZ 49, 250.
3 BGH v. 11.9.1997 – V ZB 11/97, NJW 1997, 3235; OLG Hamm, Rpfleger 1973, 250.
4 OLG Köln v. 20.2.1984 – 2 Wx 29/83, Rpfleger 1984, 268.
5 BGH v. 19.5.1989 – V ZR 182/87, BGHZ 107, 289; OLG Hamm v. 8.5.2000 – 15 W 103/00, NZM 2000, 831.
6 Vgl. OLG Hamm v. 10.1.2006 – 15 W 437/04, DNotZ 2006, 623.

auch, wenn das Recht nur auf einen realen Grundstücksteil oder auf ein Sondernutzungsrecht beschränkt ist[1].

c) **Verbindung von Wohnungseigentumsrechten**

Zwei oder mehrere Wohnungseigentumsrechte können rechtlich miteinander verbunden werden, indem sie entweder vereinigt werden (§ 890 Abs. 1 BGB) oder ein Wohnungseigentumsrecht einem anderen als Bestandteil zugeschrieben wird (§ 890 Abs. 2 BGB)[2]. Formell-rechtlich ist beides nur zulässig, wenn keine **Verwirrung**[3] zu besorgen ist (§§ 5 Abs. 1, 6 Abs. 1 GBO). Dies wäre der Fall, wenn mit Eintragung der **Vereinigung** bzw. **Bestandteilszuschreibung** der Grundbuchstand derart unübersichtlich und schwer verständlich würde, dass der gesamte grundbuchrechtliche Rechtszustand nicht mehr mit der für den Grundbuchverkehr notwendigen Klarheit und Bestimmtheit erkennbar wäre und die Gefahr von Streitigkeiten und Verwicklungen, vor allem im Falle einer Zwangsversteigerung, bestünde[4]. Nicht erforderlich ist, dass die Räumlichkeiten neben- oder übereinander liegen; § 5 Abs. 2 Satz 2 GBO ist insoweit nicht entsprechend anwendbar[5]. Sowohl die Vereinigung wie auch die Bestandteilszuschreibung bedürfen eines notariell beglaubigten Antrages des Grundstückseigentümers (§ 29 GBO).

11

aa) **Vereinigung**

Die nach der Vereinigung entstandenen Räumlichkeiten müssen nicht den Voraussetzungen des § 3 Abs. 2 Satz 1 genügen, also nicht abgeschlossen sein[6]. Sofern die Teilungserklärung keine anderweitige Regelung enthält, ist eine Zustimmung der übrigen Wohnungseigentümer nicht erforderlich[7]. Dies gilt auch, wenn in der Wohnungseigentümerversammlung eine Stimme entfällt[8]. Voraussetzung der Vereinigung sind allerdings gleiche Eigentumsverhältnisse[9].

12

---

1 BayObLG v. 24.10.1974 – BReg 2Z 51/74, NJW 1975, 59; OLG Zweibrücken, FGPrax 1999, 44.
2 BayObLG v. 24.11.1998 – 2Z BR 152/98, DNotZ 1999, 674; BayObLG v. 23.3.2000 – 2Z BR 167/99, MittBayNot 2000, 319; OLG Hamm v. 10.6.1999 – 15 W 11/99, MittRhNotK 1999, 344; OLG Hamburg v. 18.3.2004 – 2 Wx 2/03, MittBayNot 2004, 361; KG v. 27.6.1989 – 1 W 2309/89, NJW-RR 1989, 1360.
3 Siehe hierzu *Stöber*, MittBayNot 2001, 281 sowie OLG Düsseldorf v. 19.1.2000 – 3 Wx 438/99, MittBayNot 2001, 74; LG München I v. 19.8.2003 – 13 T 15066/03, MittBayNot 2004, 131.
4 Vgl. KG v. 27.6.1989 – 1 W 2309/89, Rpfleger 1989, 500; OLG Hamm, Rpfleger 1968, 121; OLG Düsseldorf, DNotZ 1971, 479; BayObLG v. 18.11.1993 – 2Z BR 108/93, DNotZ 1994, 242.
5 *Heinemann* in AnwK-BGB, BGB, § 6 WEG Rz. 17.
6 BGH v. 21.12.2000 – V ZB 45/00, NJW 2001, 1212; BayObLGZ 1971, 102; BayObLG v. 24.11.1998 – 2Z BR 152/98, ZMR 1999, 266; BayObLG v. 23.2.2000 – 2Z BR 167/99, ZMR 2000, 468; KG v. 27.6.1989 – 1 W 2309/89, NJW-RR 1989, 1360; KG v. 19.2.1993 – 24 W 3563/92, NJW-RR 1993, 909; OLG Hamburg v. 19.1.2004 – 2 Wx 78/01, ZMR 2004, 366.
7 *Commichau* in MüKo, BGB, § 6 WEG Rz. 5; *Rapp* in Staudinger, BGB, § 6 WEG Rz. 13.
8 OLG Stuttgart v. 6.6.1977 – 8 W 357/76, OLGZ 77, 431.
9 OLG Zweibrücken v. 8.2.1990 – 3 W 163/89, NJW-RR 1990, 782.

13 Die vereinigten Wohnungseigentumsrechte verlieren ihre Selbständigkeit und werden **nichtwesentliche Bestandteile** des einheitlichen Wohnungseigentumsrechts[1]. Die bisherigen Belastungen der einzelnen Wohnungseigentumsrechte bleiben jedoch an den entsprechenden Teilwohnungseigentumsrechten bestehen. Sie greifen nicht auf die anderen Wohnungseigentumsteile über[2]. In einem solchen Fall ist der Gläubiger des Rechts, das auf dem früheren selbständigen Wohnungseigentum gelastet hat, nicht gehindert, einem Zwangsversteigerungsverfahren beizutreten, das das vereinigte neue Wohnungseigentum betrifft. Nach der Vereinigung aufgenommene Belastungen erfassen das ganze – neue – Wohnungseigentum.

bb) Bestandteilszuschreibung

14 Die Bestandteilszuschreibung führt dazu, dass das zugeschriebene Wohnungseigentum unter Verlust seiner rechtlichen Selbständigkeit nichtwesentlicher Bestandteil des einheitlichen Wohnungseigentums wird. Auf dem Hauptwohnungseigentum lastende Grundpfandrechte erstrecken sich gem. §§ 1192 Abs. 1, 1131 BGB auf das zugeschriebene Wohnungseigentum, gehen aber den bereits auf dem zugeschriebenen Wohnungseigentum eingetragenen Belastungen im Rang nach. Die **Pfanderstreckung** tritt kraft Gesetzes ein, ohne dass es einer rechtsgeschäftlichen Nachverpfändung bedarf, und erfasst auch die dingliche Zwangsvollstreckungsunterwerfung nach § 800 ZPO.

15 Der Antrag auf Bestandteilszuschreibung löst beim Notar eine halbe Gebühr nach § 38 Abs. 2 Nr. 5a KostO aus einem Teilwert (20 – 25 %) des zugeschriebenen Wohnungseigentums aus. Die Bestandteilszuschreibung ist daher wesentlich kostengünstiger als eine Vereinigung und Nachverpfändung etwaiger Grundpfandrechte. Für die Vereinigung würde eine halbe Gebühr nach § 38 Abs. 2 Nr. 5a KostO aus einem Teilwert der zusammengerechneten Werte der Wohnungseigentumsrechte und für die Nachverpfändung vollstreckbarer Grundschulden eine volle Gebühr nach § 36 Abs. 1 KostO aus dem Grundschuldwert bzw. dem geringeren Wert des Wohnungseigentums anfallen.

16 Grundpfandrechte, die auf dem zugeschriebenen Wohnungseigentum lasten, erfassen nicht das Hauptwohnungseigentum[3]. Ebenso bleiben die anderen Rechte, wie etwa Reallasten, Vorkaufsrechte, Dienstbarkeiten, in ihrem bisherigen Umfang bestehen. Neue Belastungen erstrecken sich auf das einheitliche Wohnungseigentum.

d) Verbindung mit Grundstücken

17 Ein ganzes Grundstück kann mit einem Wohnungseigentumsrecht vereinigt oder diesem als Bestandteil zugeschrieben werden[4]. Gleiches gilt für die Verbin-

---

[1] Vgl. OLG Saarbrücken, OLGZ 1972, 137; BGH, Rpfleger 1978, 52.
[2] Vgl. BGH v. 24.11.2005 – V ZB 23/05, MittBayNot 2006, 227; OLG Saarbrücken, OLGZ 1972, 137; s. auch BayObLG v. 5.12.2002 – 2Z BR 73/02, DNotZ 2003, 352; OLG Hamm v. 21.1.2003 – 15 W 461/02, DNotZ 2003, 355.
[3] Vgl. BayObLG, Rpfleger 1995, 151.
[4] OLG Hamm v. 12.10.1995 – 15 W 260/95, NJW-RR 1996, 1100; BayObLG v. 23.7.1993 – 2Z BR 69/93, NJW-RR 1994, 403; a.A. OLG Zweibrücken v. 8.2.1990 – 3 W 163/89, DNotZ 1991, 605.

dung eines Grundstücks mit dem **Wohnungseigentumsgrundstück**[1]. Nicht möglich ist dagegen die Vereinigung oder Bestandteilszuschreibung eines Miteigentumsanteils an einem Grundstück mit bzw. zu einem Wohnungseigentumsrecht[2].

e) Reale Teilung

Ein Grundstück kann in der Weise geteilt werden, dass ein Teil im Grundbuch abgeschrieben und als selbständiges Grundstück eingetragen wird. Anerkannt ist, dass eine entsprechende **Realteilung** auch bei Wohnungseigentumsrechten möglich ist, sofern in sich geschlossene Raumeinheiten entstehen. Die Realteilung ist entsprechend § 8 wie eine Aufteilung durch den Alleineigentümer zu behandeln[3]. Es bedarf dementsprechend neben des **Antrags** des Eigentümers in öffentlich beglaubigter Form (§ 29 GBO) eines **Aufteilungsplans** und einer **Abgeschlossenheitsbescheinigung**[4]. Sofern die Teilungserklärung keine anderweitige Regelung enthält, ist eine Zustimmung der übrigen Wohnungseigentümer zur Teilung nicht erforderlich[5]. Gleiches gilt für die Weiterveräußerung solcher Teile[6]. Dinglich Berechtigte müssen ebenfalls nicht zustimmen[7]. 18

Die Teilung führt nicht zu einer Vermehrung des **Stimmrechts**, weder bei einem Kopf-[8] oder Objektstimmrecht[9] noch bei der Geltung des Wertprinzips[10]. Belastungen setzen sich nach der Unterteilung an den neuen Einheiten als Gesamtrecht fort[11]. 19

2. Rechtseinheit Miteigentumsanteil/Sondereigentum (Abs. 2)

Rechte am Miteigentumsanteil erstrecken sich gem. § 6 Abs. 2 auf das zu ihm gehörende Sondereigentum. Dies bedeutet, dass eine Belastung des Miteigentumsanteils stets eine Belastung des Sondereigentums nach sich zieht. 20

---

1 OLG Oldenburg v. 27.10.1976 – 5 Wx 44/76, Rpfleger 1977, 22.
2 *Heinemann* in AnwK-BGB, § 6 WEG Rz. 20.
3 *Commichau* in MüKo, BGB, § 6 WEG Rz. 6; *Rapp* in Staudinger, BGB, § 6 WEG Rz. 3.
4 BayObLG v. 24.2.1994 – 2Z BR 122/93, NJW-RR 1994, 716; OLG Zweibrücken v. 23.2.2001 – 3 W 39/01, ZWE 2001, 395.
5 BGH v. 17.1.1968 – V ZB 9/67, BGHZ 49, 250.
6 BGH v. 24.11.1978 – V ZB 2/78, NJW 1979, 870; BayObLG v. 5.12.1985 – BReg 2Z 67/85, NJW-RR 1986, 244.
7 *Grziwotz* in Erman, BGB, § 6 WEG Rz. 2.
8 BGH v. 7.10.2004 – V ZB 22/04, NJW 2004, 3413; BGH v. 24.11.1978 – V ZB 2/78, NJW 1979, 870; OLG Stuttgart v. 23.2.2004 – 8 W 475/03, ZMR 2005, 478; *Wedemeyer*, NZM 2000, 638; a.A. KG v. 15.9.1999 – 25 W 9353/97, NZM 2000, 671; OLG Düsseldorf v. 3.2.2004 – 3 Wx 364/03, ZMR 2004, 696.
9 BGH v. 7.10.2004 – V ZB 22/04, NJW 2004, 3413; OLG Hamm v. 12.3.2002 – 15 W 358/01, ZMR 2002, 859; KG v. 18.11.1998 – 24 W 4180/97, NZM 1999, 850; OLG Düsseldorf v. 24.1.1990 – 3 Wx 571/89, MDR 1990, 633; *Wedemeyer*, NZM 2000, 638; a.A. *Müller*, Praktische Fragen des Wohnungseigentums, Rz. 44.
10 *Elzer* in KK-WEG, § 8 Rz. 71; *Wedemeyer*, NZM 2000, 638.
11 *Heinemann* in AnwK-BGB, § 6 WEG Rz. 16.

III. Weitere praktische Hinweise

1. Änderung der Miteigentumsanteilsgröße

21 Die Größe der Miteigentumsanteile kann durch Vereinbarung der beteiligten Miteigentümer ohne Änderung des Sondereigentums verändert werden (**Quotenänderung**)[1]. Eine Beteiligung der Miteigentümer, deren Anteile keine Änderung erfahren, ist nicht erforderlich[2]. Die Übertragung erfolgt durch Auflassung (§ 925 BGB) und Eintragung in das Grundbuch. Das Verpflichtungsgeschäft ist gem. § 311b Abs. 1 BGB notariell zu beurkunden. Es bedarf der Zustimmung der dinglich Berechtigten am verlierenden Miteigentumsanteil[3]. Die am erwerbenden Miteigentumsanteil lastenden Grundpfandrechte müssen auf den hinzuerworbenen Anteil erstreckt werden[4].

2. Übertragung von Sondereigentum innerhalb der Eigentümergemeinschaft

22 Kein Fall des § 6 Abs. 1 ist es, wenn ein Wohnungseigentümer unter **Beibehaltung** seines **Miteigentumsanteils** Gegenstände des Sondereigentums an einen anderen Wohnungseigentümer überträgt oder zwei Wohnungseigentümer unter Beibehaltung ihres jeweiligen Miteigentumsanteils das Sondereigentum vollständig tauschen[5]. Zur dinglichen Rechtsänderung sind Auflassung (§ 925 BGB) und Grundbucheintragung erforderlich. Für das Verpflichtungsgeschäft gilt § 311b Abs. 1 BGB. Die am aufnehmenden Miteigentumsanteil lastenden Rechte erstrecken sich kraft Gesetzes auf das hinzugekommene Sondereigentum (§ 6 Abs. 2). Einer Nachverpfändung bedarf es daher nicht[6].

3. Isolierte Miteigentumsanteile

23 Das WEG sieht isolierte Miteigentumsanteile nicht vor[7]. Solche können jedoch entstehen, falls das mit einem Miteigentumsanteil verbundene Sondereigentum nicht entsteht oder untergeht[8]. Die Existenz der isolierten Miteigentumsanteile rechtfertigt sich dadurch, dass ansonsten die Teilungserklärung unwirksam wäre.

24 Alle Miteigentümer sind in einem solchen Fall aufgrund des Gemeinschaftsverhältnisses verpflichtet, an einer Änderung der Teilungserklärung dergestalt mitzuwirken, dass die Miteigentumsanteile mit den für sie zur **Verbindung** vor-

---

1 BGH v. 18.6.1976 – V ZR 156/75, NJW 1976, 1976; BayObLG v. 16.4.1993 – 2Z BR 34/93, NJW-RR 1993, 1043; OLG Hamm v. 28.5.1998 – 15 W 411/97, MittBayNot 1999, 290.
2 *Grziwotz* in Erman, BGB, § 6 WEG Rz. 4.
3 BayObLG v. 16.4.1993 – 2Z BR 34/93, NJW-RR 1993, 1043; OLG Hamm v. 28.5.1998 – 15 W 411/97, MittBayNot 1999, 290.
4 BayObLG v. 16.4.1993 – 2Z BR 34/93, NJW-RR 1993, 1043; OLG Hamm v. 28.5.1998 – 15 W 411/97, MittBayNot 1999, 290; a.A. *Streuer*, Rpfleger 1992, 181.
5 BayObLG v. 2.2.1984 – BReg 2Z 125/83, DNotZ 1984, 381; *Pick* in Bärmann/Pick/Merle, WEG, § 6 Rz. 4.
6 LG Düsseldorf v. 9.1.1986 – 25 T 461 u. 462/85, MittRhNotK 1986, 78.
7 Vgl. *Röll*, WE 1991, 340; *Ertl*, WE 1992, 219.
8 BGH v. 3.11.1989 – V ZR 143/87, NJW 1990, 447; BGH v. 30.6.1995 – V ZR 118/94, BGHZ 130, 159.

gesehenen Sondereigentumseinheiten verbunden oder auf die übrigen Miteigentumsanteile **verteilt** werden[1].

4. Kein isoliertes Sondereigentum

Isoliertes Sondereigentum kann infolge der Unselbständigkeit des Sondereigentums bei der Begründung von Wohnungseigentum nicht entstehen. Räume, die keinem Miteigentumsanteil zugeordnet werden, verbleiben Gemeinschaftseigentum (§ 1 Abs. 5).

25

5. Kein Mitsondereigentum

Auch Mitsondereigentumsrecht existiert nicht. Verschiedene Miteigentumsanteile können nicht mit demselben Sondereigentum verbunden werden[2] (vgl. aber § 5 Rz. 42 ff.).

26

6. Zwangsvollstreckung

Die Zwangsvollstreckung in das Wohnungseigentum findet wie bei einem gewöhnlichen Grundstücksmiteigentumsanteil statt (vgl. § 864 Abs. 2 ZPO). Sie erfolgt gem. § 866 Abs. 1 ZPO durch Eintragung einer **Sicherungshypothek** für die Forderung, durch **Zwangsversteigerung** und durch **Zwangsverwaltung**. Die Untrennbarkeit von Miteigentumsanteil und Sondereigentum hat zur Folge, dass nicht isoliert der Miteigentumsanteil oder das Sondereigentum gepfändet werden können[3].

27

§ 7
Grundbuchvorschriften

(1) Im Falle des § 3 Abs. 1 wird für jeden Miteigentumsanteil von Amts wegen ein besonderes Grundbuchblatt (Wohnungsgrundbuch, Teileigentumsgrundbuch) angelegt. Auf diesem ist das zu dem Miteigentumsanteil gehörende Sondereigentum und als Beschränkung des Miteigentums die Einräumung der zu den anderen Miteigentumsanteilen gehörenden Sondereigentumsrechte einzutragen. Das Grundbuchblatt des Grundstücks wird von Amts wegen geschlossen.

(2) Von der Anlegung besonderer Grundbuchblätter kann abgesehen werden, wenn hiervon Verwirrung nicht zu besorgen ist. In diesem Falle ist das Grundbuchblatt als gemeinschaftliches Wohnungsgrundbuch (Teileigentumsgrundbuch) zu bezeichnen.

(3) Zur näheren Bezeichnung des Gegenstandes und des Inhalts des Sondereigentums kann auf die Eintragungsbewilligung Bezug genommen werden.

---

1 Vgl. BGH v. 30.6.1995 – V ZR 118/94, BGHZ 130, 159; OLG Hamm v. 14.8.1990 – 15 W 87/89, NJW-RR 1991, 335.
2 BayObLG v. 13.8.1998 – 2Z BR 75/98, MittBayNot 2000, 230.
3 *Schneider* in KK-WEG, § 6 Rz. 43.

(4) Der Eintragungsbewilligung sind als Anlagen beizufügen:

1. eine von der Baubehörde mit Unterschrift und Siegel oder Stempel versehene Bauzeichnung, aus der die Aufteilung des Gebäudes sowie die Lage und Größe der im Sondereigentum und der im gemeinschaftlichen Eigentum stehenden Gebäudeteile ersichtlich ist (Aufteilungsplan); alle zu demselben Wohnungseigentum gehörenden Einzelräume sind mit der jeweils gleichen Nummer zu kennzeichnen;
2. eine Bescheinigung der Baubehörde, dass die Voraussetzungen des § 3 Abs. 2 vorliegen.

Wenn in der Eintragungsbewilligung für die einzelnen Sondereigentumsrechte Nummern angegeben werden, sollen sie mit denen des Aufteilungsplans übereinstimmen. Die Landesregierungen können durch Rechtsverordnung bestimmen, dass und in welchen Fällen der Aufteilungsplan (Satz 1 Nr. 1) und die Abgeschlossenheit (Satz 1 Nr. 2) von einem öffentlich bestellten oder anerkannten Sachverständigen für das Bauwesen statt von der Baubehörde ausgefertigt und bescheinigt werden. Werden diese Aufgaben von dem Sachverständigen wahrgenommen, so gelten die Bestimmungen der Allgemeinen Verwaltungsvorschrift für die Ausstellung von Bescheinigungen gemäß § 7 Abs. 4 Nr. 2 und § 32 Abs. 2 Nr. 2 des Wohnungseigentumsgesetzes vom 19. März 1974 (BAnz. Nr. 58 vom 23. März 1974) entsprechend. In diesem Fall bedürfen die Anlagen nicht der Form des § 29 der Grundbuchordnung. Die Landesregierungen können die Ermächtigung durch Rechtsverordnung auf die Landesbauverwaltungen übertragen.

(5) Für Teileigentumsgrundbücher gelten die Vorschriften über Wohnungsgrundbücher entsprechend.

Inhaltsübersicht

	Rz.
I. Allgemeines	1
II. Regelungsgehalt	4
1. Anlegung eines besonderen Grundbuchblattes (Abs. 1)	4
a) Besonderes Grundbuchblatt	4
b) Schließung des Grundstücksgrundbuchblattes	11
2. Gemeinschaftliches Wohnungs- bzw. Teileigentumsgrundbuch (Abs. 2)	12
3. Bezugnahme auf die Eintragungsbewilligung (Abs. 3)	14
4. Der Eintragungsbewilligung beizufügende Anlagen (Abs. 4)	15
a) Eintragungsvoraussetzungen	15
b) Aufteilungsplan	17
c) Abgeschlossenheitsbescheinigung	19
d) Ausfertigung des Aufteilungsplanes und Bescheinigung der Abgeschlossenheit durch einen Sachverständigen	21
e) Widerspruch zwischen Teilungserklärung und Aufteilungsplan	27
f) Prüfungsumfang des Grundbuchamts	28
5. Entsprechende Anwendung (Abs. 5)	29
III. Weitere praktische Hinweise	30
1. Grundbucheinsicht	30
2. Kein Zentralgrundbuch	33

Schrifttum: *Abramenko*, Nochmals zu Aufteilungsplan und abweichender Bauausführung, ZMR 1998, 741; *Becker*, Die Rechtsnatur der Abgeschlossenheitsbescheinigung nach dem WEG und das Prüfungsrecht des Grundbuchamtes, NJW 1991, 2742; *Bielefeld*, Abgeschlossenheitsbescheinigung, DWE 1991, 55; *Böttcher*, Die Prüfungspflicht des Grundbuchgerichts, Rpfleger 1990, 486; *Bub*; Aufteilungsplan und Abgeschlossenheitsbescheinigung, WE 1991, 124; *Demharter*, Rechtsprechungsübersicht zum Grundbuchrecht, FGPrax 2002, 139; *Demharter*; Das Zentralgrundbuch – mehr Licht als Schatten?, Rpfleger 2007, 121; *Ertl*, Isoliertes Miteigentum?, WE 1992, 219; *Feldhahn*, Der Begriff der Abgeschlossenheit nach dem Wohnungseigentumsgesetz und das Urteil des Bayerischen Verwaltungsgerichtshofes vom 8.5.1989, BayVerwBl 1991, 233; *Lotter*, Zum Inhalt des Aufteilungsplanes nach § 7 Abs. 4 Satz 1 Nr. 1 WEG, MittBayNot 1993, 144; *von Oefele*, Das Zentral-Grundbuch: welche Vorteile hätte eine Einführung im Rahmen der WEG-Reform?, WE 2002, 196; *von Oefele/Schneider*, Zur Einführung des Zentralgrundbuches durch die WE-Reform, DNotZ 2004, 740; *Pause*, Umwandlung von Altbauten: Bruchteilseigentum statt Wohnungseigentum?, NJW 1990, 807; *Pause*, Begründung von Wohnungseigentum an Altbauten ohne Abgeschlossenheitsbescheinigung?, NJW 1990, 3178; *Peter*, Verbindung von Aufteilungsplan und Abgeschlossenheitsbescheinigung mit der Teilungserklärung – zur Auslegung von „als Anlage beifügen" in § 7 IV WEG, BWNotZ 1991, 87; *Röll*, Sondereigentum an Räumen mit zentralen Versorgungsanlagen und ihren Zugangsräumen, Rpfleger 192, 94; *Schmenger*, Begründung, Änderung, Übertragung und Erlöschen von dinglichen und schuldrechtlichen Sondernutzungsrechten, BWNotZ 2003, 73; *Schmidt*, Zur Frage, ob auch bei Altbauten die Erteilung einer Abgeschlossenheitsbescheinigung mit der Begründung verweigert werden darf, Trennwände und Trenndecken entsprächen nicht den derzeitigen bauordnungsrechtlichen Anforderungen, ZfBR 1990, 109; *Schmidt*, Zur Funktion der Abgeschlossenheitserklärung gem. § 7 Abs. 3 Wohnungseigentumsgesetz, MittBayNot 1990, 306; *Schmidt*, Teilungsplanwidrige Errichtung von Eigentumswohnanlagen, MittBayNot 1991, 240; *Schmidt*, Widerspruch zwischen Aufteilungsplan und Teilungserklärung, ZWE 2000, 67; *Schneider*, Überlegungen zur Einführung eines „Zentralgrundbuchs", Rpfleger 2003, 70; *Schneider*, Beschlussbuch statt Grundbuch, ZMR 2005, 15; *Seidl*, Zur Abgeschlossenheitsbescheinigung nach dem Wohnungseigentumsgesetz, BWNotZ 1990, 95; *Stiller*, Der Referentenentwurf zur Änderung des Wohnungseigentumsgesetzes und anderer Gesetze, ZWE 2005, 3.

I. Allgemeines

Das **Grundbuch** ist ein öffentliches Buch über die Rechtsverhältnisse an Grundstücken. Seine Hauptaufgabe besteht darin, dem Immobiliarverkehr eine zuverlässige Grundlage zu bieten. Es ist im Wesentlichen dazu bestimmt, klar und übersichtlich über den dinglichen Rechtszustand an Grundstücken und grundstücksgleichen Rechten Auskunft zu geben[1]. Das Grundstücks- und Grundbuchrecht unterteilt sich in materielles und formelles Recht. Das materielle Grundstücksrecht findet sich im Sachenrecht des BGB (§§ 873 – 1203) sowie in Nebengesetzen (z.B. WEG, ErbbauVO). Es regelt den Inhalt, die Entstehung, die Änderung und die Aufhebung der Rechte an Grundstücken. Demgegenüber enthält das formelle Grundbuchrecht die Vorschriften über die Einrichtung der Grundbücher, die Voraussetzungen der Eintragung und das Eintragungsverfahren. Das formelle Grundbuchrecht ist insbesondere in der Grundbuchordnung (GBO) sowie der Verordnung zur Durchführung der Grundbuchordnung (Grundbuchverfügung – GBV) vom 24.1.1995[2] normiert.

Materielles Grundstücksrecht und **formelles Grundbuchrecht** sind eng aufeinander abgestimmt und ergänzen sich gegenseitig. Das Sachenrecht des BGB

1

2

---

1 Vgl. OLG Hamm v. 27.6.1986 – 15 W 10/86, DNotZ 1986, 626.
2 BGBl. I, 114.

setzt voraus, dass Grundstücke zu buchen und die an den einzelnen Grundstücken bestehenden privaten Rechte durch das Grundbuch nachzuweisen sind (Grundbuchsystem). In der Regel ist der Erwerb, die Veränderung oder Aufhebung von Eigentum und sonstigen Rechten an Grundstücken nach materiellem Recht ohne Eintragung in das Grundbuch nicht möglich (vgl. §§ 873, 875, 877, 925 BGB, § 867 I ZPO, § 4). Darüber hinaus ist der Inhalt des Grundbuchs für die Beweisvermutung der eingetragenen Rechte (§ 891 BGB) und zur Sicherung des redlichen Rechtsverkehrs als Grundlage des gutgläubigen Erwerbs (§§ 892, 893 BGB) von Bedeutung.

3 Das Wohnungs- bzw. Teileigentum nach WEG ist **echtes Eigentum** und kein grundstücksgleiches Recht. Für die Buchung der Rechtsverhältnisse an ihm werden gem. § 7 Wohnungs- bzw. Teileigentumsgrundbuchblätter angelegt. § 7 ist eine Vorschrift des formellen Grundbuchrechts. Durch das Gesetz zur Änderung des Wohnungseigentumsgesetzes und anderer Gesetze vom 26.3.2007[1] neu eingefügt wurden die Sätze 3 bis 6 des § 7 Abs. 4 (vgl. Rz. 21 ff.). Die Besonderheiten der Führung der Wohnungs- und Teileigentumsgrundbücher finden sich in der Verordnung über die Anlegung und Führung der Wohnungs- und Teileigentumsgrundbücher (Wohnungsgrundbuchverfügung – WGV) vom 24.1.1995[2], die ihrerseits die GBV ergänzt.

II. Regelungsgehalt

1. Anlegung eines besonderen Grundbuchblattes (Abs. 1)

a) Besonderes Grundbuchblatt

4 In Abweichung zu § 3 Abs. 1 GBO, nach dem grundsätzlich nur ganze Grundstücke ein eigenes Grundbuchblatt erhalten, normiert § 7 Abs. 1 Satz 1, dass auch im Falle des § 3 Abs. 1 für jeden Miteigentumsanteil von Amts wegen ein besonderes **Grundbuchblatt** angelegt wird. Auf dem Wohnungs- bzw. Teileigentumsgrundbuch ist gem. § 7 Abs. 1 Satz 2 das zu dem Miteigentumsanteil gehörende Sondereigentum und als Beschränkung des Miteigentums die Einräumung der zu den anderen Miteigentumsanteilen gehörenden Sondereigentumsrechte einzutragen. Jedes Grundbuch gliedert sich in Aufschrift, Bestandsblatt und drei Abteilungen, insgesamt also fünf Teile.

5 In der **Aufschrift** werden das Amtsgericht, der Grundbuchbezirk sowie die Nummer des Bandes und des Blattes vermerkt (§ 4 GBV). Je nachdem, ob sich das Sondereigentum auf eine Wohnung oder auf nicht zu Wohnzwecken dienende Räume bezieht, setzt das Grundbuchamt in der Aufschrift des Grundbuchblattes unter die Blattnummer in Klammern das Wort „**Wohnungsgrundbuch**" oder „**Teileigentumsgrundbuch**" (§ 2 Satz 1 WGV)[3]. Ist mit dem Miteigentumsanteil Sondereigentum sowohl an einer Wohnung als auch an nicht zu Wohnzwecken dienenden Räumen verbunden und überwiegt nicht einer dieser Zwecke offensichtlich, so wird das Grundbuchblatt als „**Wohnungs- und Teileigentumsgrundbuch**" bezeichnet (§ 2 Satz 2 WGV).

---

1 BGBl. I, 370.
2 BGBl. I, 134.
3 Vgl. LG Koblenz v. 31.3.1998 – 2 T 107/98, NZM 1998, 676.

Grundbuchvorschriften § 7

Im **Bestandsverzeichnis** sind gem. § 3 Abs. 1 WGV das Grundstück, der Miteigentumsanteil nach Bruchteilen (§ 47 GBO) sowie das mit dem Miteigentumsanteil verbundene Sondereigentum an bestimmten Räumen und die Beschränkung des Miteigentums durch die Einräumung der zu den anderen Miteigentumsanteilen gehörenden Sondereigentumsrechte einzutragen; dabei sind die Grundbuchblätter der übrigen Miteigentumsanteile anzugeben. Wegen des Gegenstandes und des Inhalts des Sondereigentums kann gem. § 7 Abs. 3 auf die Eintragungsbewilligung Bezug genommen werden (vgl. Rz. 14); vereinbarte **Veräußerungsbeschränkungen** (§ 12) sind gem. § 3 Abs. 2 Halbsatz 2 WGV jedoch ausdrücklich einzutragen. Bei Einräumung von **Sondernutzungsrechten** genügt ebenfalls die Bezugnahme auf die Eintragungsbewilligung im Bestandsverzeichnis[1]. Zweckmäßigerweise sollten diese, insbesondere wenn sie nicht von ganz unbedeutendem Wert sind, im Bestandsverzeichnis unter schlagwortartiger Umschreibung ihres Inhalts (z.B. Pkw-Stellplatzbenutzungsrecht, Gartenbenutzungsrecht) mitvermerkt werden[2]. 6

In der **Abteilung I** des Grundbuchs sind der Eigentümer und die Grundlage des Erwerbs eingetragen (§ 9 GBV), z.B. Auflassung, Erbschein, öffentliches Testament, Erbvertrag, Erbteilsübertragungsvertrag, Zuschlagsbeschluss, Bewilligung der Berichtigung des Grundbuchs, Ersuchen der zuständigen Behörde usw. Steht das Eigentum mehreren gemeinschaftlich zu, ist auch das Gemeinschaftsverhältnis (§ 47 GBO) angegeben (z.B. Miteigentum zu je ½ Anteil, in Erbengemeinschaft, in Gütergemeinschaft, in Gesellschaft bürgerlichen Rechts[3]). Der Einzelkaufmann wird mit seinem bürgerlichen Namen, nicht mit seiner Firma eingetragen[4]. Ist der Eintragung in Abteilung I zu entnehmen, dass der Verkäufer das Eigentum innerhalb der zehnjährigen Spekulationsfrist des § 23 Abs. 1 EStG durch Rechtsgeschäft erworben hat, sollte der Frage einer etwa anfallenden Steuer nachgegangen werden. 7

In **Abteilung II** des Grundbuches werden bestimmte Belastungen und Beschränkungen eingetragen (§ 10 GBV). Dabei handelt es sich insbesondere um alle Lasten und Beschränkungen des Eigentums mit Ausnahme der Grundpfandrechte (z.B. Grunddienstbarkeiten, Nießbrauchrechte, beschränkte persönliche Dienstbarkeiten, Vorkaufsrechte, Reallasten), die Beschränkungen des Verfügungsrechts des Eigentümers, z.B. Zwangsversteigerungs- und Zwangsverwaltungsvermerk (§§ 19 Abs. 1, 146 Abs. 1 ZVG), Insolvenzvermerk (§§ 21 Abs. 2 Nr. 2, 8

---

1 Vgl. KG v. 5.6.1996 – 24 W 2592/95, NJW-RR 1997, 205; OLG Frankfurt v. 12.6.1996 – 20 W 149/96, NJW-RR 1996, 1168.
2 Vgl. OLG Hamm v. 27.9.1984 – 15 W 34/83, OLGZ 85, 19; OLG Frankfurt v. 12.6.1996 – 20 W 149/96, NJW-RR 1996, 1168; *Ertl*, Rpfleger 1979, 81; *Röll*, MittBayNot 1979, 218.
3 Zur Streitfrage der Grundbuchfähigkeit der GbR s. aus der Rechtsprechung: LG Dresden v. 23.8.2002 – 2 T 0690/02, NotBZ 2002, 384 mit Anm. *Hammer*; BayObLG v. 31.10.2002 – 2Z BR 70/02, NotBZ 2002, 453 mit Anm. *Heidemann*; BayObLG v. 4.9.2003 – 2Z BR 162/03, DNotZ 2004, 378 mit Anm. *Heil*; OLG Celle v. 13.3.2006 – 4 W 47/06, NotBZ 2006, 433; BGH v. 25.9.2006 – II ZR 218/05, NJW 2006, 3716; OLG Stuttgart v. 9.1.2007 – 8 W 223/06, NZM 2007, 262; aus der Literatur: *Eickmann*, ZfIR 2001, 433; *Stöber*, MDR 2001, 544; *Demharter*, Rpfleger 2001, 329; *Keller*, NotBZ 2001, 397; *Lautner*, MittBayNot 2001, 425; *Heil*, NJW 2002, 2158; *Ulmer/Steffek*, NJW 2002, 330; *Wertenbruch*, NJW 2002, 324; *Dümig*, Rpfleger 2002, 57.
4 BayObLG, Rpfleger 1981, 192.

23 Abs. 3, 32 InsO)[1], Nacherbenvermerk (§ 51 GBO), Testamentsvollstreckervermerk (§ 52 GBO), Umlegungsvermerk (§ 54 Abs. 1 BauGB), Sanierungsvermerk (§ 143 Abs. 4 BauGB), die das Eigentum betreffenden Vormerkungen und Widersprüche (§ 12 Abs. 1a, 2 GBV), Vormerkungen und Widersprüche, die ein in Abteilung II eingetragenes oder einzutragendes Recht betreffen (§ 12 Abs. 1b, c GBV), Pfändungsvermerke, soweit das eingetragene Recht gepfändet ist, Vermerke über Veränderungen der vorstehend genannten Eintragungen, wie z.B. Abtretungen, Verpfändungen und die Löschungsvermerke betreffend die in Abteilung II eingetragenen Rechte. Rechte, die ihrer Natur nach nicht an dem Wohnungseigentum als solchem bestehen können (wie z.B. Wegerechte) sind in der Weise einzutragen, dass die Belastung des ganzen Grundstücks erkennbar ist. Die Belastung ist in sämtlichen für die Miteigentumsanteile an dem belasteten Grundstück angelegten Wohnungs- und Teileigentumsgrundbüchern einzutragen, wobei jeweils auf die übrigen Eintragungen zu verweisen ist (§ 4 Abs. 1 WGV).

9 In **Abteilung III** des Grundbuches werden eingetragen die Grundpfandrechte (Hypotheken, Grundschulden, Rentenschulden), die sich auf die Grundpfandrechte beziehenden Vormerkungen und Widersprüche, die Veränderungen der Grundpfandrechte, wie z.B. Teilungen, Abtretungen und die Löschungen und Teillöschungen von Grundpfandrechten sowie die Freigaben aus der Mithaft von Gesamtgrundpfandrechten. Bei der Bildung von Hypotheken-, Grundschuld- und Rentenschuldbriefen ist kenntlich zu machen, dass der belastete Gegenstand ein Wohnungseigentum (Teileigentum) ist (§ 5 WGV).

10 Die **Löschung** aller in Abteilung II und III eingetragenen Rechte und Verfügungsbeschränkungen erfolgt in der Regel durch Eintragung eines Löschungsvermerks und „Rötung" (Rotunterstreichung der gelöschten Eintragung), §§ 46 Abs. 1 GBO, 17 Abs. 2 GBV. Die „Rötung" allein führt nicht zur Löschung des Rechts. Sie ist lediglich ein buchungstechnisches Hilfsmittel, um das Grundbuch übersichtlich zu machen. Es ist daher stets sorgfältig zu überprüfen, ob ein Löschungsvermerk vorhanden ist. Bei Teillöschungen eines Grundpfandrechts erfolgt keine „Rötung". Es wird nur der gelöschte Betrag in Spalte 3 (Betrag) von dem bisherigen abgeschrieben. Wird ein Grundpfandrecht in vollem Umfang abgetreten, wird der bisherige Gläubiger gerötet und dies in der Veränderungsspalte unter Angabe des neuen Gläubigers eingetragen. Bei Teilabtretungen erfolgt dagegen keine „Rötung". Es werden lediglich der neue Gläubiger und der abgetretene Betrag in der Veränderungsspalte unter der lfd. Nr. des Hauptrechts vermerkt.

b) Schließung des Grundstücksgrundbuchblattes

11 Das für das Grundstück ursprünglich angelegte Grundbuchblatt wird gem. § 7 Abs. 1 Satz 3 mit Anlegung der Wohnungs- bzw. Teileigentumsgrundbücher von Amts wegen geschlossen. Trotz der Schließung des Grundbuchblattes be-

---

1 Bei Insolvenz eines GbR-Gesellschafters erfolgt keine Eintragung eines Insolvenzvermerks im Grundbuch der grundbesitzenden GbR; vgl. OLG Dresden v. 17.9.2002 – 3 W 1149/02, NotBZ 2003, 159.

steht das **Grundstück** im **Rechtssinne** fort[1]. Es kann auch Gegenstand rechtsgeschäftlicher Verfügungen sein, z.B. bei der Bestellung von Dienstbarkeiten[2]. Verfügungsbeschränkungen und Grundstücksrechte, die das Grundstück als Ganzes belasten, sind in allen neu angelegten Wohnungs- bzw. Teileigentumsgrundbüchern einzutragen[3]. Die Schließung des Grundbuchblattes gem. § 7 Abs. 1 Satz 3 unterbleibt, wenn auf dem Grundbuchblatt von der Aufteilung nicht betroffene Grundstücke eingetragen sind (§ 6 Satz 2 WGV).

2. Gemeinschaftliches Wohnungs- bzw. Teileigentumsgrundbuch (Abs. 2)

Von der Anlegung besonderer Grundbuchblätter kann gem. § 7 Abs. 2 Satz 1 abgesehen werden, wenn hiervon Verwirrung nicht zu besorgen ist. Gemäß § 7 Abs. 2 Satz 2 ist in diesem Fall das Grundbuchblatt als gemeinschaftliches Wohnungsgrundbuch (Teileigentumsgrundbuch) zu bezeichnen. In der Aufschrift unter die Blattnummer werden gem. § 7 WGV in Klammern die Worte „**Gemeinschaftliches Wohnungsgrundbuch**", „**Gemeinschaftliches Teileigentumsgrundbuch**" oder „**Gemeinschaftliches Wohnungs- und Teileigentumsgrundbuch**" gesetzt (vgl. Rz. 5). Diese Möglichkeit besteht nur bei der Aufteilung nach § 3. § 8 verweist nicht auf § 7 Abs. 2.

12

Ob **Verwirrung** zu besorgen ist, ist eine Frage des Einzelfalles. Das Grundbuchamt entscheidet hierüber nach pflichtgemäßem Ermessen[4]. Verwirrung wäre etwa anzunehmen, wenn mit Verbleib des gemeinschaftlichen Grundbuchblattes der Grundbuchstand derart unübersichtlich und schwer verständlich würde, dass der gesamte grundbuchrechtliche Rechtszustand nicht mehr mit der für den Grundbuchverkehr notwendigen Klarheit und Bestimmtheit erkennbar wäre und die Gefahr von Streitigkeiten und Verwicklungen, vor allem im Falle einer Zwangsversteigerung, bestünde (vgl. § 6 Rz. 11). Bei mehreren Eigentümern und unterschiedlichen Belastungen dürfte dies stets anzunehmen sein[5]. In der Praxis spielt § 7 Abs. 2 daher auch nahezu keine Rolle[6].

13

3. Bezugnahme auf die Eintragungsbewilligung (Abs. 3)

Um die Überfüllung und Übersichtlichkeit des Grundbuchs zu vermeiden, lässt § 7 Abs. 3 zur näheren Bezeichnung des Gegenstandes und des Inhalts des Sondereigentums eine Bezugnahme auf die in den Grundakten befindliche Eintragungsbewilligung zu. Der Inhalt der Eintragungsbewilligung gilt damit ebenfalls als im Grundbuch eingetragen und nimmt dementsprechend am **öffentlichen**

14

---

1 OLG Hamm v. 8.5.2000 – 15 W 103/00, DNotZ 2001, 216; *Grziwotz* in Erman, BGB, § 7 WEG Rz. 1; *Heinemann* in AnwK-BGB, § 7 WEG Rz. 22; *Hügel* in Bamberger/Roth, BGB, § 7 WEG Rz. 14.
2 OLG Oldenburg v. 27.10.1976 – 5 Wx 44/76, Rpfleger 1977, 22.
3 *Bassenge* in Palandt, BGB, § 7 WEG Rz. 9.
4 *Pick* in Bärmann/Pick/Merle, WEG, § 7 Rz. 59; *Heinemann* in AnwK-BGB, § 7 WEG Rz. 23.
5 *Bassenge* in Palandt, BGB, § 7 WEG Rz. 1; *Pick* in Bärmann/Pick/Merle, WEG, § 7 Rz. 59.
6 *Commichau* in MüKo, BGB, § 7 WEG Rz. 23.

Glauben des Grundbuches teil[1]. Dasselbe gilt für den Aufteilungsplan, sofern auf diesen in der Eintragungsbewilligung Bezug genommen wird[2].

4. Der Eintragungsbewilligung beizufügende Anlagen (Abs. 4)
a) Eintragungsvoraussetzungen

15 Die Voraussetzungen für die Anlegung der Wohnungsgrundbücher richten sich zunächst nach den allgemeinen Grundbuchverfahrensvorschriften. Es bedarf somit eines **Antrages** nach § 13 GBO und einer **Eintragungsbewilligung** i.S.d. § 19 GBO. Antragsberechtigt ist jeder einzelne Miteigentümer[3]. Die Eintragungsbewilligung ist dagegen von allen Eigentümern abzugeben[4]. Im Falle der vertraglichen Aufteilung nach § 4 bedarf es darüber hinaus der materiell-rechtlichen **Einigung** der Miteigentümer (§ 20 GBO)[5]. Während der Eintragungsantrag formlos gestellt werden kann, bedürfen Eintragungsbewilligung und Einigung der Form des § 29 GBO. Im Übrigen müssen die teilenden Eigentümer voreingetragen sein (§ 39 GBO).

16 Der Eintragungsbewilligung sind gem. § 7 Abs. 4 Satz 1 als **Anlagen** der Aufteilungsplan sowie die Abgeschlossenheitsbescheinigung beizufügen. Unter **Beifügen** der Anlagen in diesem Sinne ist nicht eine Mitbeurkundung i.S.d. §§ 9 Abs. 1 Satz 3, 44 BeurkG gemeint[6]. Aufteilungsplan und Abgeschlossenheitsbescheinigung müssen vielmehr dem Grundbuchamt bis zur Eintragung vorgelegt werden (s. auch § 8 Rz. 10). Ihre Zusammengehörigkeit mit der Eintragungsbewilligung kann durch wörtliche Klarstellung oder Verbindung mit Schnur und Siegel verdeutlicht werden[7].

b) Aufteilungsplan

17 Ein Aufteilungsplan ist nach der **Legaldefinition** des § 7 Abs. 4 Satz 1 Nr. 1 eine von der Baubehörde mit Unterschrift und Siegel oder Stempel versehene Bauzeichnung, aus der die Aufteilung des Gebäudes sowie die Lage und Größe der im Sondereigentum und der im gemeinschaftlichen Eigentum stehenden Gebäudeteile ersichtlich ist; alle zu demselben Wohnungseigentum gehörenden Einzelräume sind im Aufteilungsplan mit der jeweils gleichen Nummer zu kennzeichnen. Die Nummern müssen nicht fortlaufend sein, sondern können sich z.B. auch durch Beifügung eines Buchstabens unterscheiden[8].

---

1 BGH v. 1.10.2004 – V ZR 210/03, ZfIR 2004, 1006.
2 BGH v. 30.6.1995 – V ZR 118/94, ZMR 1995, 521; OLG Frankfurt v. 3.4.1997 – 20 W 90/97, ZMR 1997, 367; *Commichau* in MüKo, BGB, § 7 WEG Rz. 26; *Bassenge* in Palandt, BGB, § 7 WEG Rz. 8; *Heinemann* in AnwK-BGB, § 7 WEG Rz. 21.
3 *Bassenge* in Palandt, BGB, § 7 WEG Rz. 2; *Heinemann* in AnwK-BGB, § 7 WEG Rz. 3.
4 *Bassenge* in Palandt, BGB, § 7 WEG Rz. 3.
5 *Pick* in Bärmann/Pick/Merle, WEG, § 4 Rz. 6; *Grziwotz* in Erman, BGB, § 4 WEG Rz. 1; *Heinemann* in AnwK-BGB, § 7 WEG Rz. 3; *Hügel* in Bamberger/Roth, BGB, § 7 WEG Rz. 6; *Rapp* in Staudinger, BGB, § 4 WEG Rz. 4; *Stürner* in Soergel, BGB, § 4 WEG Rz. 2; a.A. OLG Zweibrücken, OLGZ 1982, 263; *Bassenge* in Palandt, BGB, § 7 WEG Rz. 3.
6 AA. *Rapp* in Staudinger, BGB, § 74 WEG Rz. 15.
7 OLG Zweibrücken v. 9.9.1983 – 3 W 84/83, MittBayNot 1983, 242; *Pick* in Bärmann/Pick/Merle, WEG, § 7 Rz. 66; *Hügel* in Bamberger/Roth, BGB, § 7 WEG Rz. 7; *Peter*, BWNotZ 1991, 87.
8 *Hügel* in Bamberger/Roth, BGB, § 7 WEG Rz. 8.

Der Aufteilungsplan sichert den **sachenrechtlichen Bestimmtheitsgrundsatz**[1]. 18
Durch seine Beifügung wird sichergestellt, dass das Sondereigentum vom gemeinschaftlichen Eigentum klar abgegrenzt wird. Daher muss aus dem Aufteilungsplan die Aufteilung des Gebäudes sowie die Lage und Größe der im Sondereigentum und der im gemeinschaftlichen Eigentum stehenden Gebäudeteile ersichtlich sein. Der Aufteilungsplan hat regelmäßig Grundrisse der einzelnen Stockwerke einschließlich Keller und Dachgeschoss sowie Schnitte und Ansichten des Gebäudes zu enthalten[2]. Nicht erforderlich ist eine Detaildarstellung der inneren Ausgestaltung der Räume[3]. Ein Gesamtplan des Grundstücks ist regelmäßig nur dann erforderlich, wenn sich der Standort des Gebäudes nicht anderweitig hinreichend bestimmt angeben lässt, z.B. mehrere Gebäude auf einem Grundstück aufgeteilt werden[4].

c) Abgeschlossenheitsbescheinigung

Als weitere Anlage ist der Eintragungsbewilligung gem. § 7 Abs. 4 Satz 1 Nr. 2 19
die Bescheinigung der Baubehörde, dass die Voraussetzungen des § 3 Abs. 2 vorliegen, beizufügen. Zweck des Abgeschlossenheitserfordernisses ist es, eine eindeutige räumliche Abgrenzung der Sondereigentumsbereiche untereinander sowie zum gemeinschaftlichen Eigentum zu gewährleisten und dadurch Streitigkeiten zu vermeiden. Eine Pflicht des Notars, ohne Vorliegen besonderer Umstände, die inhaltliche Richtigkeit einer ihm vorgelegten Abgeschlossenheitsbescheinigung zu überprüfen, besteht nicht[5].

Bei der Abgeschlossenheitsbescheinigung handelt es sich nicht um einen Verwaltungsakt[6], sondern um schlicht hoheitliches Handeln[7]. Ihre Erteilung beruht 20
auf der Allgemeinen Verwaltungsvorschrift für die Ausstellung von Abgeschlossenheitsbescheinigungen vom 19.3.1974[8]. Die Zuständigkeit der Behörde richtet sich nach Landesrecht. Gegen die Nichterteilung der Abgeschlossenheitsbescheinigung ist die allgemeine Leistungsklage statthaft[9].

d) Ausfertigung des Aufteilungsplanes und Bescheinigung der Abgeschlossenheit durch einen Sachverständigen

Im Rahmen der **WEG-Reform** neu eingefügt wurde eine Öffnungsklausel für die 21
Landesregierungen, wonach diese durch Rechtsverordnung bestimmen können, dass und in welchen Fällen der Aufteilungsplan (§ 7 Abs. 4 Satz 1 Nr. 1) und die Abgeschlossenheit (§ 7 Abs. 4 Satz 1 Nr. 2) von einem öffentlich bestellten oder

---

1 *Commichau* in MüKo, BGB, § 7 WEG Rz. 32; *Heinemann* in AnwK-BGB, § 7 WEG Rz. 5; *Hügel* in Bamberger/Roth, BGB, § 7 WEG Rz. 8; *Rapp* in Staudinger, BGB, § 7 WEG Rz. 16.
2 BayObLG v. 19.6.1997 – 2Z BR 71/97, DNotZ 1998, 377.
3 BayObLG, DNotZ 1980, 747.
4 *Commichau* in MüKo, BGB, § 7 WEG Rz. 33; *Hügel* in Bamberger/Roth, BGB, § 7 WEG Rz. 8; *Rapp* in Staudinger, BGB, § 7 WEG Rz. 16.
5 LG Mainz v. 8.8.2000 – 4 O 106/99, MittRhNotK 2000, 394.
6 So aber *Becker*, NJW 1991, 2742.
7 BVerwG v. 11.12.1987 – 8 C 55/85, DNotZ 1988, 702; VG Berlin v. 26.2.1997 – 19 A 766.95, NZM 1998, 732.
8 BAnz. Nr. 58 v. 23.3.1974.
9 BVerwG v. 8.12.1995 – 8 C 37/93, NJW 1997, 71.

anerkannten Sachverständigen für das Bauwesen statt von der Baubehörde ausgefertigt und bescheinigt werden (§ 7 Abs. 4 Satz 3). Diese Aufgabenübertragung kann generell oder nur für bestimmte Fälle geschehen, etwa bei der Umwandlung von Miet- in Eigentumswohnungen oder bei genehmigungsfreien Bauvorhaben[1].

22 § 7 Abs. 4 Satz 3 stellt auf einen „**öffentlich bestellten oder anerkannten Sachverständigen**" ab, und zwar insbesondere wegen dessen **Unabhängigkeit** gegenüber dem teilenden Eigentümer. Diese Unabhängigkeit ist nach Auffassung des Gesetzgebers erforderlich, damit die Genauigkeit der Angaben im Aufteilungsplan hinreichend sicher geprüft werden kann. Sie wäre nicht gewahrt, wenn der Bauvorlageberechtigte den Aufteilungsplan ausfertigen oder wenn er die Abgeschlossenheit bescheinigen könnte. Es wäre zu befürchten, dass es bei den Arbeiten vermehrt zu Ungenauigkeiten bei der Kennzeichnung der Eigentumsverhältnisse käme und dass damit auch die Zahl der Streitigkeiten der Wohnungseigentümer und letztlich die Belastung der Gerichte zunähme[2]. Der Gesetzeswortlaut unterscheidet nicht zwischen öffentlich bestellten oder anerkannten Sachverständigen. Die öffentliche Bestellung eines Sachverständigen richtet sich nach § 36 GewO, die öffentliche Anerkennung nach den landesrechtlichen Bauvorschriften.

23 Der neue § 7 Abs. 4 Satz 4 regelt, dass bei einer Wahrnehmung der bisherigen Aufgaben der **Baubehörde** durch einen Sachverständigen die Bestimmungen der Allgemeinen Verwaltungsvorschrift für die Ausstellung von Abgeschlossenheitsbescheinigungen vom 19.3.1974 entsprechend gelten. Dies hat auch zur Folge, dass der Sachverständige eine Abgeschlossenheitsbescheinigung über ein genehmigungsfreies Bauvorhaben erst erteilen darf, wenn die Unterlagen bei der Baubehörde eingegangen sind und mit dem Bauvorhaben nach Ablauf der Wartefrist begonnen werden darf. Vorher lässt sich nicht feststellen, ob die Voraussetzungen der Genehmigungsfreiheit gegeben sind[3].

24 Auf Veranlassung des Rechtsausschusses stellt § 7 Abs. 4 Satz 5 klar, dass die vom Sachverständigen erstellten Anlagen nicht der **Form** des § 29 GBO bedürfen[4]. Ihre Form richtet sich allein nach der Allgemeinen Verwaltungsvorschrift für die Ausstellung von Abgeschlossenheitsbescheinigungen vom 19.3.1974, d.h. Aufteilungsplan und Abgeschlossenheitsbescheinigung müssen lediglich vom Sachverständigen unterschrieben und mit seinem Stempel versehen und einheitlich bezeichnet sein.

25 Gemäß § 7 Abs. 4 Satz 6 können die Landesregierungen die Ermächtigung durch Rechtsverordnung auf die **Landesbauverwaltungen** übertragen.

26 Ob und in welchem Umfang die Landesregierungen von der Öffnungsklausel Gebrauch machen, bleibt abzuwarten. Gleiches gilt für die Frage, ob sie tatsächlich zu einer **Verwaltungsvereinfachung** führt[5].

---

1 BT-Drucks. 16/887, 17.
2 BT-Drucks. 16/887, 17.
3 BT-Drucks. 16/887, 17; kritisch hierzu *Heinemann* in AnwK-BGB, § 7 WEG Rz. 15.
4 BT-Drucks. 16/3843, 20.
5 Kritisch zur Neuregelung *Köhler*, Das neue WEG, Rz. 43; *Heinemann* in AnwK-BGB, § 7 WEG Rz. 16.

e) Widerspruch zwischen Teilungserklärung und Aufteilungsplan

Teilungserklärung und Aufteilungsplan sind untereinander **gleichrangig**. Stimmen die textliche Beschreibung des Sondereigentums in der Teilungserklärung und die Angaben im Aufteilungsplan nicht überein, ist Sondereigentum nicht entstanden (vgl. § 8 Rz. 19).

27

f) Prüfungsumfang des Grundbuchamts

Das Grundbuchamt hat nicht die baurechtliche Zulässigkeit des Gebäudes zu prüfen[1], sondern ob die **Eintragungsvoraussetzungen** erfüllt sind und ob **Inhaltsmängel** vorliegen[2]. Zu den vom Grundbuchamt zu prüfenden Voraussetzungen gehört etwa neben einer Kontrolle nach §§ 134, 138, 242 BGB[3] auch das Vorliegen eines den gesetzlichen Anforderungen entsprechenden Aufteilungsplanes. Die Prüfungspflicht des Grundbuchamtes erstreckt sich insbesondere darauf, ob der Aufteilungsplan den Anforderungen des § 7 Abs. 4 Satz 1 Nr. 1 entspricht. Übertriebene Anforderungen an die Genauigkeit darf das Grundbuchamt aber nicht stellen[4]. Eine Pflicht zur Prüfung der Abgeschlossenheitsbescheinigung besteht in der Regel nicht. Das Grundbuchamt ist jedoch bei Zweifeln an der Richtigkeit der Abgeschlossenheitsbescheinigung berechtigt, diese im Rahmen ihres pflichtgemäßen Ermessens selbständig zu überprüfen[5].

28

5. Entsprechende Anwendung (Abs. 5)

§ 7 Abs. 5 stellt klar, dass für **Teileigentumsgrundbücher** die Vorschriften über Wohnungsgrundbücher entsprechend gelten. Für Wohnungs- und Teilerbbaugrundbücher gelten die Vorschriften der §§ 2 bis 7 WGV entsprechend (§ 8 WGV).

29

III. Weitere praktische Hinweise

1. Grundbucheinsicht

Die Richtigkeitsvermutung (§ 891 BGB) und der öffentliche Glaube (§ 892 BGB) des Grundbuches setzen die Kenntnis des Grundbuchinhalts voraus. Dieser muss dem Betroffenen jederzeit zugänglich sein (**formelles Publizitätsprinzip**). Gleichwohl ist das Grundbuch kein öffentliches Register wie etwa das Handels-, Genossenschafts-, Vereins- oder Güterrechtsregister, die jedermann zur Einsicht offen stehen. Die Einsicht in das Grundbuch und die Grundakten ist gem. § 12 Abs. 1 GBO vielmehr nur demjenigen gestattet, der ein **berechtigtes Interesse** darlegt. Der Begriff des berechtigten Interesses umfasst auch wirtschaftliche Interessen und ist damit weiter zu verstehen als der des rechtlichen Interesses. Nicht erforderlich ist, dass sich das Interesse auf ein bereits vorhan-

30

---

1 Vgl. BGH v. 22.12.1989 – V ZR 339/87, NJW 1990, 1111.
2 *Bassenge* in Palandt, BGB, § 7 WEG Rz. 7. *Heinemann* in AnwK-BGB, § 7 WEG Rz. 18.
3 Vgl. *Grziwotz* in Erman, BGB, § 7 WEG Rz. 6; *Heinemann* in AnwK-BGB, § 7 WEG Rz. 18.
4 *Hügel* in Bamberger/Roth, BGB, § 7 WEG Rz. 12.
5 Vgl. BGH v. 14.2.1991 – V ZB 12/90, NJW 1991, 1611; *Pick* in Bärmann/Pick/Merle, WEG, § 7 Rz. 75; *Schneider* KK-WEG, § 7 Rz. 151.

denes Recht stützt. Es genügt jedes verständliche durch die Sachlage gerechtfertigte Interesse[1]. So hat ein Gläubiger des Eigentümers ein Einsichtsrecht in das Grundbuch bei Vorliegen eines vollstreckbaren Titels[2]. Die finanzierende Bank ist im Rahmen der Verhandlungen über eine Kreditgewährung zur Grundbucheinsicht berechtigt. Ein Kaufinteressent des Wohnungseigentums ist während konkreter Vertragsverhandlungen einsichtsberechtigt, vorher jedoch nicht. Die engere Familie (Ehegatten, Eltern, Kinder, Lebenspartner) kann unter dem Gesichtspunkt der Erhaltung der wirtschaftlichen Grundlage der Familie (§ 1365 BGB) ein Einsichtsrecht haben. Auch ein öffentliches Interesse kann zur Einsicht berechtigen, wenn der Antragsteller (z.B. Journalist) zu seiner Wahrnehmung befugt ist[3]. Die Einsicht ist zu verweigern, wenn sie zu unbefugten Zwecken oder lediglich aus Neugierde begehrt wird. In die Wohnungs- und Teileigentumsgrundbücher kann jeder Wohnungs- und Teileigentümer Einsicht nehmen, auch hinsichtlich der anderen Wohnungs- und Teileigentumsgrundbücher[4]. Ebenso steht dem Verwalter ein unbeschränktes Einsichtsrecht in die Wohnungs- und Teileigentumsgrundbücher zu[5].

31 **Notare** und **Rechtsanwälte**, die im nachgewiesenen Auftrag eines Notars das Grundbuch einsehen wollen, sind von der Darlegung eines berechtigten Interesses befreit (§ 43 Abs. 2 GBV). Rechtsanwälten steht im Übrigen ein Einsichtsrecht nur zu, wenn sie ein berechtigtes Interesse ihrer Mandanten darlegen können. Den Notar trifft bei Grundstücksgeschäften nicht nur die Pflicht, das Grundbuch einzusehen (§ 21 BeurkG), er muss auch die rechtliche Bedeutung der festgestellten Eintragungen erkennen und die Gestaltung des Vertrages darauf ausrichten. Er darf das Grundbuch auch durch sachkundige Mitarbeiter einsehen lassen. Soweit dem Notar oder seinem Mitarbeiter dabei ein Fehler unterläuft, etwa ein Recht übersehen wird, können sich daraus Schadensersatzansprüche ergeben. Der Notar haftet für ein Verschulden seiner Mitarbeiter. Ob eine Verpflichtung zur Einsicht in die Grundakten bzw. die Markentabelle des elektronisch geführten Grundbuches besteht, hängt von der Art der vorzunehmenden Beurkundung ab. Eine Einsicht in die Grundakten bzw. die Markentabelle des elektronisch geführten Grundbuches ist jedoch immer sinnvoll, um zu erfahren, ob unerledigte Anträge vorliegen.

32 Wer das Recht zur Grundbucheinsicht hat, kann auch **Grundbuchauszüge** und Abschriften von Urkunden in den Grundakten (gegen Kostenerstattung) verlangen (§ 12 Abs. 2 GBO).

---

1 Siehe BayObLG v. 25.3.1998 – 2Z BR 171/97, NJW-RR 1998, 1241; BayObLG v. 3.12.1998 – 2Z BR 174/98, DNotZ 1999, 739.
2 Vgl. OLG Zweibrücken v. 18.10.1988 – 3 W 115/88, NJW 1989, 531.
3 OLG Düsseldorf v. 12.6.1991 – 3 Wx 195/91, NJW-RR 1992, 695; s. aber auch KG v. 12.6.2001 – 1 W 132/01, NJW 2002, 223.
4 OLG Düsseldorf v. 15.10.1986 – 3 Wx 340/86, NJW 1987, 1651; *Grziwotz* in Erman, BGB, § 7 WEG Rz. 1; *Heinemann* in AnwK-BGB, § 7 WEG Rz. 2; einschränkend *Rapp* in Staudinger, BGB, § 7 WEG Rz. 2.
5 *Heinemann* in AnwK-BGB, § 7 WEG Rz. 2.

2. Kein Zentralgrundbuch

Die Einführung eines **Zentralgrundbuches**[1] anlässlich der WEG-Reform hat der Gesetzgeber aus wirtschaftlichen und rechtspolitischen Gründen abgelehnt[2]. 33

§ 8
Teilung durch den Eigentümer

(1) Der Eigentümer eines Grundstücks kann durch Erklärung gegenüber dem Grundbuchamt das Eigentum an dem Grundstück in Miteigentumsanteile in der Weise teilen, dass mit jedem Anteil das Sondereigentum an einer bestimmten Wohnung oder an nicht zu Wohnzwecken dienenden bestimmten Räumen in einem auf dem Grundstück errichteten oder zu errichtenden Gebäude verbunden ist.

(2) Im Falle des Absatzes 1 gelten die Vorschriften des § 3 Abs. 2 und der §§ 5, 6, § 7 Abs. 1, 3 bis 5 entsprechend. Die Teilung wird mit der Anlegung der Wohnungsgrundbücher wirksam.

Inhaltsübersicht

	Rz.		Rz.
I. Allgemeines	1	f) Gemeinschaftsordnung	17
II. Regelungsgehalt	3	2. Entsprechende Anwendung (Abs. 2 Satz 1)	19
1. Teilungserklärung (Abs. 1)	3	3. Wirksamwerden der Teilung (Abs. 2 Satz 2)	20
a) Teilung durch den Eigentümer	3	III. Weitere praktische Hinweise	23
b) Einseitige Willenserklärung gegenüber dem Grundbuchamt	6	1. Änderung der Teilungserklärung	23
c) Eintragungsbewilligung	7	2. Unterteilung	25
d) Form	12	3. Kosten	26
e) Auslegung	16		

Schrifttum: *Blum*, Anmerkungen zum „Kellermodell", MittRhNotK 1992, 109; *Bub*, Gestaltung der Teilungserklärung, Gemeinschaftsordnung, WE 1993, 185 und 212; *Frenz*, Rechtliche Probleme der Wohnungsprivatisierung, PiG 1995, S. 99; *Galster*, Vorstellung und Kommentierung der Teilungserklärung, WE 1995, 290; *Gersterkamp*, Einzelne Formen der Mieterprivatisierung, WE 1998, 56; *Gottschalg*, Stimmrechtsfragen in der Wohnungseigentümerversammlung, NZM 2005, 88; *Gütter*, Die Folgen der Umwandlung von Mietwohnungen in Eigentumswohnungen, WuM 1992, 455; *Kern*, Erfahrungen mit mieternahen Modellen, WE 1998, 133; *Kluge*, Umwandlung von Miet- in Eigentumswohnungen, Grundeigentum 1991, 268; *Lechner*, Inhalt und Schranken des Eigentumsrechts der Sondereigentümer und Sondernutzungsberechtigten, NZM 2005, 604; *Pause*, „Kellereigentum" – eine Antwort auf die Rechtsprechung des BVerwG zur Abgeschlossenheitsbescheinigung, NJW 1992, 671; *Röll*, Das Eingangsflurproblem bei der Unterteilung von Eigentumswohnungen, DNotZ 1998, 345; *Sandweg*, Die Teilungserklärung als Mittel zur Rechtsfortbildung, BWNotZ 1996, 73; *Schmidt*, Das neue Vorkaufsrecht bei der Um-

---
1 Vgl. hierzu *Armbrüster*, DNotZ 2003, 493; *Armbrüster*, ZWE 2003, 355; *Kreuzer*, ZWE 2003, 145; *v. Oefele*, WE 2002, 196; *v. Oefele/Schneider*, DNotZ 2004, 740; *Schneider*, Rpfleger 2003, 70; *Schneider*, ZMR 2005, 15; *Demharter*, Rpfleger 2007, 121.
2 BT-Drucks. 16/887, 13.

wandlung in Eigentumswohnungen, DWW 1994, 65; *Sonnenschein*, Mieterschutz bei Bildung von Wohnungseigentum und Reform des Mietrechts, ZWE 2000, 285; *Wellkamp*, Musterverträge zum Wohnungseigentum, BuW 1998, 346; *Zimmermann*, Zum Mieterschutz bei Umwandlungen, WuM 1995, 81.

I. Allgemeines

1   Gemäß § 8 Abs. 1 kann der Eigentümer eines Grundstücks durch Erklärung gegenüber dem Grundbuchamt das Eigentum an dem Grundstück in Miteigentumsanteile in der Weise teilen, dass mit jedem Anteil das Sondereigentum an einer bestimmten Wohnung oder an nicht zu Wohnzwecken dienenden bestimmten Räumen in einem auf dem Grundstück errichteten oder zu errichtenden Gebäude verbunden ist. § 8 lässt damit die Aufteilung des Grundstücks in Wohnungs- und Teileigentum durch den Alleineigentümer zu, ohne dass eine Miteigentümergemeinschaft entsteht (sog. **Vorratsteilung**). Die Vorratsteilung nach § 8 ähnelt der Parzellierung eines Grundstücks und stellt dementsprechend auch keinen systematischen Bruch im Sachenrecht dar[1]. Sie ermöglicht in Abweichung zu § 1114 BGB die Verbindung verschiedener Miteigentumsanteile eines Eigentümers mit einzelnen Raumeinheiten eines Grundstücks[2]. Die Teilung nach § 8 ist keine inhaltliche Änderung des Alleineigentums, sondern eine Teilung des Vollrechts. Auf diese finden die §§ 873 ff. BGB und § 23 ZVG keine Anwendung[3].

2   In der Praxis hat sich die Vorratsteilung nach § 8 durchgesetzt. Ihre wirtschaftliche Bedeutung liegt vor allem im **Bauträgerbereich**[4]. Im Wege der Teilung nach § 8 kann der Bauträger zunächst das Objekt aufteilen und sodann das künftige Wohnungseigentum veräußern, ohne dass die einzelnen Erwerber zuvor Miteigentum am Grundstück erwerben müssten.

II. Regelungsgehalt

1. Teilungserklärung (Abs. 1)

a) Teilung durch den Eigentümer

3   **Aufteilender Eigentümer** i.S.d. § 8 kann eine natürliche oder eine juristische Person sein. Voraussetzung ist, dass der aufteilende Eigentümer im Zeitpunkt der Anlegung der Wohnungsgrundbücher als Eigentümer des betroffenen Grundstücks im Grundbuch eingetragen ist[5]. Ist der Eigentümer in der Verfügung über das Grundstück beschränkt, ist die Teilungserklärung durch den zu

---

1   *Rapp* in Staudinger, BGB, § 8 WEG Rz. 3.
2   Vgl. *Commichau* in MüKo, BGB, § 8 WEG Rz. 2; *Hügel* in Bamberger/Roth, BGB, § 8 WEG Rz. 1.
3   Vgl. BayObLG v. 15.3.1957 – 2Z 226–231/56, NJW 1957, 1840; OLG Stuttgart v. 19.3.1954 – 7 W 38/54, NJW 1954, 682; OLG Frankfurt v. 22.7.1959 – 6 W 417/58, NJW 1959, 1977; *Weitnauer*, DNotZ 1960, 115; *Elzer* in Riecke/Schmid, KK-WEG, § 8 Rz. 24; *Heinemann* in AnwK-BGB, § 8 WEG Rz. 1; *Pick* in Bärmann/Pick/Merle, WEG, § 8 Rz. 19.
4   Vgl. *Mäule*, ZNotP 1998, 481; *Grziwotz* in Erman, BGB, § 8 WEG Rz. 1; *Heinemann* in AnwK-BGB, § 8 WEG Rz. 2; *Hügel* in Bamberger/Roth, BGB, § 8 WEG Rz. 1.
5   OLG Düsseldorf, DNotZ 1976, 168.

diesem Zeitpunkt Verfügungsberechtigten, z.B. Insolvenzverwalter oder Testamentsvollstrecker, abzugeben[1].

Aufteilender Eigentümer kann auch eine **Personenmehrheit** sein (Bruchteilsgemeinschaft oder Gesamthandsgemeinschaft). Voraussetzung für die Anwendbarkeit des § 8 ist in diesen Fällen, dass bei der Aufteilung keine Übertragung einzelner Wohnungseigentumseinheiten auf einzelne Berechtigte erfolgen soll. Ansonsten liegt ein Fall des § 3 Abs. 1 vor. Erfolgt die Teilung nach § 8 setzt sich die Gemeinschaft an allen gebildeten Wohnungseigentumseinheiten fort. 4

Eine **Kombination** der Teilungsformen nach § 3 und § 8 ist möglich[2]. 5

b) Einseitige Willenserklärung gegenüber dem Grundbuchamt

Die Teilungserklärung ist **materiell-rechtlich** die einseitige gegenüber dem Grundbuchamt abzugebende Willenserklärung, dass das Eigentum an dem Grundstück in Miteigentumsanteile in der Weise geteilt wird, dass mit jedem Miteigentumsanteil das Sondereigentum an einer bestimmten Wohnung bzw. in Teileigentumsfällen an nicht zu Wohnzwecken dienenden genau bestimmten Räumen in einem auf dem Grundstück bereits errichteten oder – im Regelfall – noch zu errichtenden Gebäude verbunden ist. Als **einseitige Willenserklärung** unterliegt die Teilungserklärung den entsprechenden allgemeinen Regeln des BGB (§§ 104 ff. BGB), insbesondere den §§ 111, 180 BGB[3]. Für die Praxis besonders wichtig ist die Beachtung der Vorschrift des § 180 BGB. Die von einem Nichtberechtigten (z.B. von einem vollmachtlosen Vertreter) abgegebene Teilungserklärung ist danach nichtig und nicht genehmigungsfähig. Kein Fall des § 180 BGB liegt dagegen vor, wenn die Teilung in Abwesenheit des Eigentümers durch einen mündlich Bevollmächtigten (vgl. § 167 Abs. 2 BGB) erklärt wird und anschließend eine Vollmachtsbestätigung des Eigentümers in der Form des § 29 GBO (vgl. Rz. 12 ff.) vorgelegt wird. 6

c) Eintragungsbewilligung

Im Grundbuchverfahrensrecht gilt gem. § 19 GBO das formelle Konsensprinzip, d.h. zur Eintragung einer **Rechtsänderung** (Begründung, Inhaltsänderung oder Belastung), Löschung oder Grundbuchberichtigung genügt grundsätzlich als Nachweis die einseitige Bewilligung des von der Eintragung Betroffenen. Gemäß § 19 GBO hat derjenige die Eintragungsbewilligung abzugeben, der von dem Recht betroffen wird. Betroffen in diesem Sinne ist, wessen Rechtsstellung durch die bewilligte Eintragung rechtlich unmittelbar oder mittelbar beeinträchtigt wird oder werden kann (verlierender Teil)[4]. Im Falle der Teilungs- 7

---

1 *Hügel* in Bamberger/Roth, BGB, § 8 WEG Rz. 2.
2 *Pick* in Bärmann/Pick/Merle, WEG, § 8 Rz. 15; *Hügel* in Bamberger/Roth, BGB, § 8 WEG Rz. 2; *Augustin* in RGRK, BGB, § 8 WEG Rz. 4.
3 *Elzer* in KK-WEG, § 8 Rz. 20; *Hügel* in Bamberger/Roth, BGB, § 8 WEG Rz. 3; *Heinemann* in AnwK-BGB, § 8 WEG Rz. 3; *Stürner* in Soergel, BGB, § 8 WEG Rz. 12; *Rapp* in Staudinger, BGB, § 8 WEG Rz. 4; *Weitnauer*, WEG, § 8 Rz. 4; für eine rein grundbuchrechtliche Natur der Teilungserklärung *Pick* in Bärmann/Pick/Merle, WEG, § 8 Rz. 25.
4 BGH v. 14.6.1984 – V ZB 32/82, DNotZ 1984, 695; BayObLG v. 7.5.1981 – BReg 2Z 1/81, MittBayNot 1981, 122.

erklärung nach § 8 ist dies der Eigentümer bzw. der Verfügungsbefugte (vgl. Rz. 3).

8 Als **Eintragungsgrundlage** muss die Bewilligung einen klaren und bestimmten Inhalt haben. Ihr muss unzweideutig zu entnehmen sein, dass eine bestimmte Eintragung in das Grundbuch gewollt ist, an welchem Grundstück diese eingetragen werden soll, wer die Bewilligung abgibt und welchen Inhalt diese haben soll. Es müssen also insbesondere auch die zu bildenden Miteigentumsanteile angegeben werden[1]. Nach der Ordnungsvorschrift des § 28 Satz 1 GBO ist das Grundstück übereinstimmend mit dem Grundbuch oder durch Hinweis auf das Grundbuchblatt zu bezeichnen. Unzureichend ist etwa nur die Angabe der Straße und Hausnummer.

9 Handelt sich bei dem in Wohnungseigentum aufzuteilenden Grundstück um eine noch zu vermessende **Grundstücksteilfläche**, steht der Wirksamkeit der Teilungserklärung nach § 8 nicht entgegen, dass die Teilfläche noch nicht katastermäßig bezeichnet ist[2], wie dies § 28 GBO vorschreibt. Für den Grundbuchvollzug bedarf es dann jedoch einer Ergänzungsurkunde in der Form des § 29 GBO (vgl. Rz. 12 ff.), in der das Grundstück entsprechend dem Veränderungsnachweis unter Angabe des neuen Flurstücks bezeichnet wird, sog. **Identitätserklärung**[3]. Zur Abgabe dieser Identitätserklärung kann der Eigentümer gegebenenfalls auch einen Mitarbeiter des Notars bzw. den Urkundsnotar bevollmächtigen. Ist der Urkundsnotar bevollmächtigt, genügt insoweit eine notarielle Eigenurkunde (Unterschrift mit Dienstsiegel).

10 Die Teilungserklärung kann auch bereits vor Vorliegen der bestätigten Aufteilungspläne mit der Abgeschlossenheitsbescheinigung abgegeben werden. Ausreichend ist in diesem Fall die Aufteilung unter Zugrundelegung eines **vorläufigen Planes** und eine spätere Verdeutlichung der Zusammengehörigkeit von Eintragungsbewilligung und bestätigtem Aufteilungsplan. Das Grundbuchamt hat die Übereinstimmung zu prüfen. Allein die Abgabe einer Identitätserklärung durch den Notar genügt bei einem Widerspruch nicht[4].

11 Unwirksam sind bedingte, befristete oder sonst an Vorbehalte gebundene Bewilligungen, sofern der Eintritt der Bedingung oder Anfangstermin nicht in der Form des § 29 GBO nachgewiesen wird[5].

---

1 *Bassenge* in Palandt, BGB, § 8 WEG Rz. 2; *Heinemann* in AnwK-BGB, § 8 WEG Rz. 3.
2 Zur Bezeichnung einer Teilfläche durch einen nicht maßstabsgerechten Lageplan s. BGH v. 19.4.2002 – V ZR 90/01, DNotZ 2002, 937; s. auch *v. Campe*, NotBZ 2003, 41; BGH v. 30.1.2004 – V ZR 92/03, NotBZ 2004, 189.
3 Vgl. OLG Saarbrücken v. 8.7.1971 – 5 W 59/71, NJW 1972, 691; OLG Düsseldorf v. 29.10.1974 – VI ZR 168/73, NJW 1975, 168.
4 BayObLG v. 12.12.2002 – 2Z BR 112/02, ZfIR 2003, 382; s. auch *Hügel*, NotBZ 2003, 147.
5 OLG Frankfurt, Rpfleger, 1980, 291; OLG Frankfurt, Rpfleger 1975, 177; OLG Frankfurt v. 29.8.1995 – 20 W 351/95, Rpfleger 1996, 151.

d) Form

12 § 8 erklärt § 4 nicht für entsprechend anwendbar. Die Teilung nach § 8 kann somit **materiell-rechtlich** formfrei erklärt werden. **Formell-rechtlich** bedarf sie jedoch der Form des § 29 GBO. Gemäß § 29 Abs. 1 Satz 1 GBO soll eine Eintragung in das Grundbuch nur vorgenommen werden, wenn die Eintragungsbewilligung oder die sonstigen zur Eintragung erforderlichen Erklärungen durch öffentliche oder öffentlich beglaubigte Urkunden nachgewiesen werden. Andere Voraussetzungen der Eintragung bedürfen nach § 29 Abs. 1 Satz 2 GBO, soweit sie nicht bei dem Grundbuchamt offenkundig sind, des Nachweises durch öffentliche Urkunden. § 29 Abs. 1 GBO schränkt somit im Grundbuchantragsverfahren die Beweismittel auf einen speziellen Urkundenbeweis ein (Grundsatz der Beweismittelbeschränkung). Alle sonstigen gem. § 12 FGG zugelassenen Beweismittel der ZPO sind ausgeschlossen, soweit nicht durch Gesetz oder Rechtsprechung hiervon Ausnahmen zugelassen sind[1].

13 **Öffentliche Urkunden** sind solche, die von einer öffentlichen Behörde innerhalb der Grenzen ihrer Amtsbefugnisse oder von einer mit öffentlichem Glauben versehenen Person innerhalb des ihr zugewiesenen Geschäftskreises in der vorgeschriebenen Form aufgenommen sind (§ 415 Abs. 1 ZPO). Unter **öffentlich beglaubigten Urkunden** sind schriftlich abgefasste Erklärungen zu verstehen, bei denen die Unterschrift oder das Handzeichen des Erklärenden von einem Notar beglaubigt ist (§ 129 BGB). Auch eine nach der Unterschriftsbeglaubigung erfolgte Textänderung erfüllt die Form der öffentlichen Beglaubigung. Jedoch unterliegt es der freien Beweiswürdigung des Grundbuchamtes, ob die Textergänzung mit dem Willen des Unterzeichnenden vorgenommen wurde[2].

14 Die Urkunden können dem Grundbuchamt in Urschrift, in Ausfertigung oder in beglaubigter Abschrift – auch die beglaubigte Abschrift einer beglaubigten Abschrift – vorgelegt werden. Bei einer Vollmachtsurkunde genügt die Vorlage einer beglaubigten Abschrift allein nicht, wenn der Besitz der Vollmachtsurkunde nach materiellem Recht (z.B. § 172 BGB) zum Nachweis erforderlich ist. Die beglaubigte Abschrift kann in diesem Fall durch eine notarielle Bescheinigung des Inhalts, dass dem Notar die Vollmachtsurkunde im Original oder in Ausfertigung zu einem bestimmten Zeitpunkt vom Bevollmächtigten vorgelegt wurde, ergänzt werden[3]. § 29 GBO ist eine **Ordnungsvorschrift**[4]. Seine Verletzung macht die Grundbucheintragung daher nicht unwirksam, wenn die materiell-rechtlichen Voraussetzungen für die Eintragung vorliegen.

15 Soll auf die Teilungserklärung in späteren Veräußerungsverträgen verwiesen werden, bietet sich im Hinblick auf § 13a Abs. 1 BeurkG die **Beurkundungsform** an. Auf eine lediglich der Unterschrift nach beglaubigte Teilungserklärung und Gemeinschaftsordnung kann nicht gem. § 13a BeurkG verwiesen werden[5]. Diese wäre gegebenenfalls als Bestandteil des jeweiligen Veräußerungsvertrages mit zu beurkunden.

---
1 OLG Frankfurt v. 17.8.1987 – 20 W 262/87, NJW-RR 1988, 225.
2 OLG Frankfurt v. 8.3.2006 – 20 W 21/05, DNotI-Report 2006, 114.
3 BayObLG v. 27.12.2001 – 2Z BR 185/01, DNotI-Report 2002, 38.
4 BGH, DNotZ 1963, 313.
5 BGH v. 6.4.1979 – V ZR 72/74, NJW 1979, 1496.

e) Auslegung

16 Für die Auslegung einer Teilungserklärung sind die für Grundbucheintragungen anzuwendenden Grundsätze maßgebend[1]. Grundbucherklärungen sind als Willenserklärungen grundsätzlich gem. §§ 133, 157 BGB der Auslegung fähig[2]. Der Auslegung durch das Grundbuchamt sind jedoch durch den **Bestimmtheitsgrundsatz**, den **Grundsatz der Beweismittelbeschränkung**, den **Beibringungsgrundsatz** und den **Öffentlichkeitsgrundsatz** Grenzen gesetzt. Für die Auslegung gilt der Grundsatz, dass auf den Wortlaut und Sinn der Grundbucherklärung abzustellen ist, wie er sich für einen unbefangenen Betrachter als nächstliegende Bedeutung der Erklärung ergibt[3]. Die Auslegung muss im Hinblick auf die Anforderungen des Grundbuchverfahrens an Klarheit und Bestimmtheit des objektiven Inhalts einer Grundbucherklärung zu einem dieser Bestimmtheit entsprechenden eindeutigen Ergebnis führen[4]. Unter Beachtung der Grundsätze für die Auslegung einer Grundbucheintragung ist auch eine ergänzende Auslegung der Gemeinschaftsordnung nicht ausgeschlossen. Sie kann im Einzelfall zu einem Anspruch auf Abänderung des in der Gemeinschaftsordnung festgelegten Kostenverteilungsschlüssels führen[5].

f) Gemeinschaftsordnung

17 Das WEG enthält in den §§ 10ff. Bestimmungen zur Gemeinschaftsordnung. Die Teilungserklärung bedarf daher an sich selbst keiner eigenen Regelungen. Gleichwohl wird in der Praxis in der Regel die Gemeinschaftsordnung in der Teilungserklärung niedergelegt. Da der teilende Eigentümer den Inhalt der Gemeinschaftsordnung einseitig vorgibt, enthält diese genau genommen keine **Vereinbarungen** bzw. **Beschlüsse** i.S.d. § 10 Abs. 3 und 4. Soweit dem das zwingende Recht nicht entgegensteht, kann der Eigentümer gleichwohl im Rahmen der Teilungserklärung nach Maßgabe der §§ 8 Abs. 2 S. 1, 5 Abs. 4 und 10 Abs. 2 Satz 2 von den gesetzlichen Bestimmungen abweichende Regelungen treffen[6]. Im Einzelfall ist zu ermitteln, ob die jeweilige Regelung Vereinbarungs- oder Beschlusscharakter hat. Hiervon hängt ab, ob die Regelung durch eine Vereinbarung der Wohnungseigentümer oder im Beschlusswege geändert werden kann[7].

18 Die vom Eigentümer einseitig vorgegebene Teilungserklärung und Gemeinschaftsordnung unterliegen regelmäßig keiner **Inhaltskontrolle** nach §§ 305 ff.

---

1 *Pick* in Bärmann/Pick/Merle, WEG, § 8 Rz. 26.
2 Vgl. BGH v. 16.3.1984 – V ZR 206/82, NJW 1984, 1959; BayObLG v. 5.3.1987 – BReg 2Z 18/87, MittBayNot 1987, 140; BayObLG v. 9.10.1991 – BReg 2Z 131 und 132/91, DNotZ 1992, 306; OLG Köln, Rpfleger 1981, 440.
3 Vgl. BGH, WM 1969, 661; BGH, DNotZ 1973, 20; BGH, DNotZ 1973, 367; BayObLG, DNotZ 1978, 238; BayObLG v. 5.3.1987 – BReg 2Z 18/87, NJW-RR 1987, 792; BayObLG v. 17.2.1994 – 2Z BR 138/98, DNotZ 1995, 56.
4 Vgl. BayObLG, DNotZ 1980, 100; BayObLG, DNotZ 1980, 230; BayObLG v. 5.8.1990 – BReg 2Z 69/80, DNotZ 1982, 254.
5 BGH v. 7.10.2004 – V ZB 22/04, ZMR 2004, 834.
6 BayObLG v. 23.9.1988 – BReg 2Z 97/87, DNotZ 1989, 428.
7 Vgl. BayObLG v. 23.5.1997 – 2Z BR 44/97, MittBayNot 1997, 369; OLG Düsseldorf v. 5.6.2000 – 3 Wx 118/00, ZWE 2000, 537.

BGB[1]. Das Grundbuchamt hat diese jedoch an Hand der §§ 134, 138 und 242 BGB auf ihre Übereinstimmung mit den zwingenden gesetzlichen Vorschriften zu überprüfen[2]. Im Übrigen wird der Erwerber einer Eigentumswohnung von einem Bauträger durch die Inhaltskontrolle des Erwerbsvertrages geschützt[3].

2. Entsprechende Anwendung (Abs. 2 Satz 1)

§ 3 Abs. 2 (**Abgeschlossenheit**), § 5 (**Gegenstand und Inhalt des Sondereigentums**), § 6 (**Unselbständigkeit des Sondereigentums**) und § 7 Abs. 1, 3 bis 5 (**Grundbuchvorschriften**) gelten gem. § 8 Abs. 2 Satz 1 für die Aufteilung nach § 8 Abs. 1 entsprechend. Auf die entsprechenden Kommentierungen zu den §§ 3 Abs. 2, 5, 6, 7 Abs. 1, 3 bis 5 wird an dieser Stelle verwiesen. Erforderlich ist auch im Fall der Teilung durch den Eigentümer nach § 8 Abs. 1 insbesondere, dass ein Gebäude besteht bzw. errichtet wird und die Wohnungen oder die nicht zu Wohnzwecken dienenden Räume in sich abgeschlossen sind. Etwa erforderliche Zustimmungen und Genehmigungen müssen erteilt werden. Einer steuerlichen Unbedenklichkeitsbescheinigung des Finanzamts bedarf es mangels Eigentumswechsels nicht. Der Teilungserklärung sind als Anlagen der Aufteilungsplan sowie die Abgeschlossenheitsbescheinigung beizufügen. Der Inhalt der Teilungserklärung und der Aufteilungsplan müssen übereinstimmen[4]. Stimmen die textliche Beschreibung des Sondereigentums in der Teilungserklärung und die Angaben im Aufteilungsplan nicht überein, ist grundsätzlich keine der in sich widersprechenden Erklärungsinhalte vorrangig und Sondereigentum jedenfalls nicht entstanden[5]. Im Zweifel entsteht Gemeinschaftseigentum[6]. Der Alleineigentümer ist in der Bemessung der Größe der Miteigentumsanteile grundsätzlich frei[7].

19

3. Wirksamwerden der Teilung (Abs. 2 Satz 2)

Die Teilung nach § 8 Abs. 1 wird gem. § 8 Abs. 2 Satz 2 mit **Anlegung der Wohnungsgrundbücher** wirksam. Die Anlegung der Wohnungsgrundbücher und Schließung des Grundstücksgrundbuches richtet sich nach § 8 Abs. 2 Satz 1 i.V.m. § 7 Abs. 1. § 8 Abs. 2 Satz 1 verweist nicht auf § 7 Abs. 2. Die Anlegung ei-

20

---

1 OLG Frankfurt v. 2.3.1998 – 20 W 54/98, NJW-RR 1998, 1707; BayObLG v. 11.4.1991 – BReg 2Z 28/91, NJW-RR 1992, 83; OLG Hamburg v. 14.2.196 – 2 Wx 16/94, FGPrax 1996, 132; offen gelassen durch BGH v. 11.11.1996 – V ZB 1/86, NJW 1987, 650; s. auch *Bassenge* in Palandt, BGB, § 8 WEG Rz. 1; *Elzer* in KK-WEG, § 8 Rz. 60; *Heinemann* in AnwK-BGB, § 8 WEG Rz. 5; *Pick* in Bärmann/Pick/Merle, WEG, § 8 Rz. 16; *Augustin* in RGRK, BGB, § 8 WEG Rz. 23, 29; a.A. *Stürner* in Soergel, BGB, § 8 WEG Rz. 3; differenzierend *Grziwotz* in Erman, BGB, § 8 WEG Rz. 3.
2 Vgl. OLG Frankfurt v. 2.3.1998 – 20 W 54/98, NJW-RR 1998, 1707; BayObLG v. 11.4. 1991 – BReg 2Z 28/91, NJW-RR 1992, 83; BayObLG v. 14.6.1995 – 2Z BR 53/95, NJW-RR 1996, 1037.
3 *Heinemann* in AnwK-BGB, § 8 WEG Rz. 5; *Grziwotz* in Erman, BGB, § 8 WEG Rz. 3; *Ertl*, PiG 7, S. 120; *Schippel/Brambring*, DNotZ 1977, 177; *Röll*, DNotZ 1978, 721.
4 OLG Köln v. 17.8.1992 – 2 Wx 35/92, NJW-RR 1993, 204; *Pick* in Bärmann/Pick/Merle, WEG, § 8 Rz. 27.
5 BGH v. 30.6.1995 – V ZR 118/94, MieWoE, § 3 WEG Nr. 11.
6 BayObLG v. 31.8.2000 – 2Z BR 21/00, MieWoE, § 4 WEG Nr. 3.
7 Vgl. BayObLG v. 12.8.1999 – 2Z BR 80/89, ZWE 2000, 171; OLG Düsseldorf v. 8.1.2001 – 3 Wx 402/00, ZWE 2001, 388.

nes gemeinschaftlichen Wohnungsgrundbuches ist damit ausgeschlossen. Ein Verstoß hiergegen ist unschädlich, da es sich insoweit nur um eine Ordnungsvorschrift handelt[1].

21 Die Eigentumsverhältnisse (Allein-, Bruchteils-, Gesamthandseigentum) setzen sich mit der Eintragung der Teilung im Grundbuch an jeder einzelnen Wohnungseigentumseinheit fort, so dass über jede getrennt verfügt werden kann[2]. **Verfügungen** über eine einzelne Wohnungseigentumseinheit können erst nach Anlegung der Wohnungsgrundbücher unter gleichzeitiger Voreintragung des teilenden Eigentümers in das Grundbuch eingetragen werden. Der Anspruch auf Verschaffung des Wohnungseigentums ist jedoch auch bereits vor Anlegung der Wohnungsgrundbücher durch Eintragung einer **Vormerkung** in das Grundstücksgrundbuch sicherbar[3]. Dies setzt voraus, dass der Miteigentumsanteil ziffernmäßig oder auf andere Weise[4] und das Sondereigentum sowie ein etwaiges Sondernutzungsrecht durch Bezugnahme auf einen Bau-/Aufteilungsplan[5] oder wörtliche Beschreibung[6] bestimmt bezeichnet werden. Einer Abgeschlossenheitsbescheinigung bedarf es nicht[7].

22 Zur Entstehung gelangt eine nach § 8 begründete Wohnungseigentümergemeinschaft erst, wenn die Wohnungsgrundbücher angelegt und mindestens zwei Wohnungseigentümer, nämlich neben dem teilenden Eigentümer noch ein Erwerber, eingetragen sind[8]. Vor diesem Zeitpunkt kann eine sog. **faktische** bzw. **werdende Wohnungseigentümergemeinschaft** bestehen[9]. Dies setzt neben einem wirksamen Erwerbsvertrag regelmäßig die Eintragung einer Vormerkung und das Vorhandensein der Gemeinschaft durch Inbesitznahme voraus. Werdende Wohnungseigentümer können ihre Rechte in Verfahren nach §§ 43 ff. WEG geltend machen[10]. Sie sind kostentragungspflichtig[11]. Ein durch eine Eigentumsvormerkung gesicherter Erwerber und Nutzer von Wohnungseigentum kann durch einen Beschluss der Wohnungseigentümer, der ihm die Beseitigung baulicher Veränderung auferlegt, nur gebunden werden, wenn er vor Entstehung der Eigentümergemeinschaft Mitglied einer werdenden Gemeinschaft geworden ist[12].

---

1 *Bassenge* in Palandt, BGB, § 8 WEG Rz. 2; *Heinemann* in AnwK-BGB, § 8 WEG Rz. 7; *Grziwotz* in Erman, BGB, § 8 WEG Rz. 1.
2 Vgl. *Bassenge* in Palandt, BGB, § 8 WEG Rz. 2; *Heinemann* in AnwK-BGB, § 8 WEG Rz. 7; *Niedenführ/Schulze*, WEG, § 8 Rz. 4.
3 Vgl. *Bassenge* in Palandt, BGB, § 8 WEG Rz. 4; *Heinemann* in AnwK-BGB, § 8 WEG Rz. 7; *Hügel* in Bamberger/Roth, BGB, § 8 WEG Rz. 6.
4 OLG Düsseldorf v. 21.12.1994 – 9 U 208/94, NJW-RR 1995, 718; LG Ravensburg v. 20.11.1987 – 1 T 269/87, BWNotZ 1988, 38.
5 BayObLG v. 13.2.1992 – 2Z BR 3/92, NJW-RR 1992, 663.
6 BayObLGZ 1977, 155.
7 LG Köln v. 3.9.1990 – 11 T 166/90, MittRhNotK 1990, 252.
8 BayObLG v. 19.5.2004 – 2Z BR 272/03, ZMR 2004, 767.
9 Vgl. etwa BayObLG v. 11.4.1990 – BReg 2Z 7/90, NJW 1990, 3216; OLG Zweibrücken, WE 1999, 117; *Rapp* in Staudinger, BGB, § 8 WEG Rz. 25; *Hügel* in Bamberger/Roth, BGB, § 8 WEG Rz. 8.
10 *Elzer* in KK-WEG, § 10 Rz. 24.
11 LG Dresden v. 30.8.2005 – 2 T 68/05, ZMR 2006, 77.
12 BayObLG v. 19.5.2004 – 2Z BR 272/03, ZMR 2004, 767.

Mit Eintragung des ersten Erwerbers im Grundbuch endet die faktische Wohnungseigentümergemeinschaft[1].

III. Weitere praktische Hinweise

1. Änderung der Teilungserklärung

Bis zur Entstehung der Eigentümergemeinschaft ist der teilende Eigentümer befugt, durch **einseitige Erklärung** gem. § 8 die Teilungserklärung zu ändern[2]. Vor Anlegung der Wohnungsgrundbücher ist ihm dies nach seinem eigenen Belieben möglich, nach Anlegung der Wohnungsgrundbücher bedarf der Eigentümer hierzu gegebenenfalls der Zustimmung dinglicher Berechtigter gem. §§ 876, 877 BGB. 23

Beim Verkauf noch zu begründenden Wohnungseigentums behält sich der Verkäufer in der Praxis häufig das Recht vor, die Teilungserklärung einschließlich Gemeinschaftsordnung zu ändern. Der Käufer erteilt dem Verkäufer zu diesem Zweck regelmäßig eine entsprechende **Änderungsvollmacht**[3]. Solche Änderungsvorbehalte sind grundsätzlich zulässig, müssen sich jedoch an §§ 307 ff. BGB messen lassen[4]. Das Grundbuchamt prüft die Vollmacht allerdings nur daraufhin, ob sie offensichtlich unwirksam ist[5]. Verdinglichte Ermächtigungen in der Teilungserklärung sind nicht zulässig[6]. 24

2. Unterteilung

Sofern das Wohnungseigentum **teilungsfähig** ist, kann ein Wohnungseigentümer dieses in analoger Anwendung des § 8 durch einseitige Erklärung gegenüber dem Grundbuchamt unterteilen (vgl. § 6 Rz. 18 f.). 25

3. Kosten

Für die Teilung ist die notarielle Beglaubigung der Eintragungsbewilligung des Eigentümers ausreichend (§§ 19, 29 Abs. 1 S. 1 GBO; vgl. Rz. 12 ff.). Die **Notarkosten** unterscheiden sich je nachdem, ob der Notar lediglich die Unterschrift des Eigentümers unter einem anderweitig erstellten Entwurf beglaubigt oder ob die vom Notar entworfene Teilungserklärung beglaubigt bzw. beurkundet wird. Im ersten Fall entsteht lediglich eine ¼-Gebühr gem. § 45 KostO, höchstens 130 Euro. Im zweiten Fall fällt eine 10/10-Gebühr gem. §§ 36 Abs. 1, 145 Abs. 1 S. 1 KostO an. Geschäftswert ist gem. § 21 Abs. 2 KostO der halbe Wert des Grundstücks. Da sich die Erklärung auf das bebaute Grundstück bezieht, ist insoweit vom Wert des bebauten Grundstücks auszugehen, auch wenn das Ge- 26

---

1 BayObLG v. 11.4.1990 – BReg 2Z 7/90, NJW 1990, 3216.
2 BGH v. 1.10.2004 – V ZR 210/03, ZMR 2005, 59; OLG Düsseldorf v. 14.2.2001 – 3 Wx 450/00, ZMR 2001, 650.
3 Vgl. BayObLG v. 24.6.1993 – 2Z BR 56/93, NJW-RR 1993, 1362; *Basty*, NotBZ 1999, 233.
4 BGH v. 23.6.2005 – VII ZR 200/04, ZMR 2005, 799.
5 BayObLG v. 6.2.2003 – 2Z BR 111/02, ZMR 2003, 518.
6 Vgl. BayObLG v. 24.7.1997 – 2Z BR 49/97, MittBayNot 1998, 99; *Rapp*, MittBayNot 1998, 7; *Häublein*, DNotZ 2000, 442.

bäude noch nicht errichtet ist[1]. Das **Grundbuchamt** erhebt aus demselben Wert für die Anlegung der Wohnungsgrundbücher eine 5/10-Gebühr nach § 76 Abs. 1 Satz 1 KostO.

§ 9
Schließung der Wohnungsgrundbücher

(1) Die Wohnungsgrundbücher werden geschlossen:
1. von Amts wegen, wenn die Sondereigentumsrechte gemäß § 4 aufgehoben werden;
2. auf Antrag sämtlicher Wohnungseigentümer, wenn alle Sondereigentumsrechte durch völlige Zerstörung des Gebäudes gegenstandslos geworden sind und der Nachweis hierfür durch eine Bescheinigung der Baubehörde erbracht ist;
3. auf Antrag des Eigentümers, wenn sich sämtliche Wohnungseigentumsrechte in einer Person vereinigen.

(2) Ist ein Wohnungseigentum selbständig mit dem Rechte eines Dritten belastet, so werden die allgemeinen Vorschriften, nach denen zur Aufhebung des Sondereigentums die Zustimmung des Dritten erforderlich ist, durch Absatz 1 nicht berührt.

(3) Werden die Wohnungsgrundbücher geschlossen, so wird für das Grundstück ein Grundbuchblatt nach den allgemeinen Vorschriften angelegt; die Sondereigentumsrechte erlöschen, soweit sie nicht bereits aufgehoben sind, mit der Anlegung des Grundbuchblatts.

Inhaltsübersicht

	Rz.		Rz.
I. Allgemeines	1	c) Vereinigung sämtlicher Wohnungseigentumsrechte in einer Person	10
II. Regelungsgehalt	3	2. Zustimmung Dritter (Abs. 2)	14
1. Schließung der Wohnungsgrundbücher (Abs. 1)	3	3. Anlegung eines neuen Grundbuchblattes (Abs. 3)	15
a) Vertragliche Aufhebung	4		
b) Gegenstandslosigkeit der Sondereigentumsrechte	7	III. Weitere praktische Hinweise	16

Schrifttum: *Kreuzer*, Aufhebung von Wohnungseigentum, NZM 2001, 123; *Röll*, Die Aufhebung von Wohnungseigentum an Doppelhäusern, DNotZ 2000, 749.

I. Allgemeines

1   Wohnungseigentümergemeinschaften sind unauflöslich. Dementsprechend normiert § 11 Abs. 1 Satz 1, dass kein Wohnungseigentümer die Aufhebung der

---

1 Vgl. auch OLG Zweibrücken v. 5.12.2003 – 3 W 257/03, ZWE 2004, 182.

Gemeinschaft verlangen kann. Gleichwohl gibt es Fälle, in denen die Wohnungseigentümergemeinschaft tatsächlich aufgelöst wird. Für diese Fälle regelt § 9 die grundbuchverfahrensrechtlichen Voraussetzungen zur **Schließung der Wohnungsgrundbücher**.

Die Vorschrift enthält nur **verfahrensrechtliche Regelungen**[1]. Sie normiert dagegen nicht die materiell-rechtlichen Voraussetzungen für die Aufhebung des Wohnungs- und Teileigentums[2]. Liegen die materiellen Voraussetzungen für die Aufhebung des Wohnungs- und Teileigentums nicht vor und erfolgt die Schließung der Wohnungs- und Teileigentumsgrundbücher deshalb zu Unrecht, wird das Grundbuch unrichtig[3]. Der gutgläubige Erwerber ist nach § 892 BGB geschützt[4]. 2

II. Regelungsgehalt

1. Schließung der Wohnungsgrundbücher (Abs. 1)

§ 9 Abs. 1 enthält drei Gründe für die Schließung der Wohnungsgrundbücher: vertragliche Aufhebung (§ 9 Abs. 1 Nr. 1), Gegenstandslosigkeit der Sondereigentumsrechte (§ 9 Abs. 1 Nr. 2) und Vereinigung sämtlicher Wohnungseigentumsrechte in einer Person (§ 9 Abs. 1 Nr. 3). 3

a) Vertragliche Aufhebung

Die Wohnungseigentümer können die Sondereigentumsrechte vertraglich aufheben. Dies setzt entsprechend § 4 Einigung und Eintragung im Grundbuch voraus[5]. Ein einseitiger Verzicht oder eine Dereliktion sind nicht zulässig[6]. Mit der Eintragung der **Aufhebung** der Sondereigentumsrechte in allen Wohnungsgrundbüchern erlöschen diese[7]. Es entsteht Miteigentum nach Bruchteilen i.S.d. § 1008 BGB[8]. Die Anlegung eines neuen Grundbuchblattes ist hierfür nicht konstitutiv (§ 9 Abs. 3 Halbs. 2)[9]. 4

---

1 *Grziwotz* in Erman, BGB, § 9 WEG Rz. 1; *Heinemann* in AnwK-BGB, § 9 WEG Rz. 1; *Pick* in Bärmann/Pick/Merle, WEG, § 9 Rz. 1a.
2 A.A. *Commichau* in MüKo, BGB, § 9 WEG Rz. 1, nach dem die Vorschrift des § 9 WEG die formellen und materiellen Voraussetzungen für die Aufhebung von Wohnungseigentümergemeinschaften bestimmt.
3 *Stürner* in Soergel, BGB, § 9 WEG Rz. 2; *Grziwotz* in Erman, BGB, § 9 WEGRz. 1; *Heinemann* in AnwK-BGB, § 9 WEG Rz. 1.
4 *Grziwotz* in Erman, BGB, § 9 WEG Rz. 1; *Heinemann* in AnwK-BGB, § 9 WEG Rz. 1.
5 *Hügel* in Bamberger/Roth, BGB, § 9 WEG Rz. 2; *Bassenge* in Palandt, BGB, § 9 WEG Rz. 2.
6 BGH v. 7.6.1991 – V ZR 175/90, BGHZ 115, 1; BayObLG v. 14.2.1991 – BReg 2Z 17/91, NJW 1991, 1962; OLG Celle v. 27.6.2003 – 4 W 79/03, MDR 2004, 29; OLG Düsseldorf v. 20.9.2000 – 3 Wx 328/00, NJW-RR 2001, 233; a.A. OLG Düsseldorf v. 6.2.2007 – 3 Wx 5/07, NZM 2007, 219; OLG Düsseldorf v. 5.1.2007 – 3 Wx 247/06, NZM 2007, 221 (Vorlagebeschlüsse an den BGH).
7 *Rapp* in Staudinger, BGB, § 9 WEG Rz. 2; *Hügel* in Bamberger/Roth, BGB, § 9 WEG Rz. 2.
8 *Bassenge* in Palandt, BGB, § 9 WEG Rz. 2; *Grziwotz* in Erman, BGB, § 9 WEG Rz. 1.
9 *Bassenge* in Palandt, BGB, § 9 WEG Rz. 2.

5 Die Schließung der Wohnungsgrundbücher erfolgt in diesen Fällen gem. § 9 Abs. 1 Nr. 1 von Amts wegen. Für die Eintragung der Aufhebung der Sondereigentumsrechte ist jedoch nach § 13 Abs. 1 Satz 1 GBO ein Antrag erforderlich. Zusammen mit dem Antrag ist dem Grundbuchamt der Aufhebungsvertrag vorzulegen[1].

6 § 9 Abs. 1 Nr. 1 erfasst nicht die Aufhebung durch Rücknahme einer Teilungserklärung i.S.d. § 8. Diese richtet sich vielmehr nach § 9 Abs. 1 Nr. 3[2].

b) Gegenstandslosigkeit der Sondereigentumsrechte

7 Die völlige Zerstörung des Gebäudes führt zur **Gegenstandslosigkeit** des Sondereigentums. Gleichwohl erlischt das Wohnungseigentum in diesen Fällen nicht automatisch. Es bleibt vielmehr als Anwartschaftsrecht der Eigentümergemeinschaft (§§ 10 ff.) bestehen[3]. § 9 Abs. 1 Nr. 2 enthält jedoch eine verfahrensrechtliche Erleichterung zur Schließung der Wohnungsgrundbücher. Die Wohnungsgrundbücher sind nach dieser Vorschrift auf Antrag sämtlicher Wohnungseigentümer zu schließen, wenn alle Sondereigentumsrechte durch völlige Zerstörung des Gebäudes gegenstandslos geworden sind und der Nachweis hierfür durch eine Bescheinigung der Baubehörde erbracht ist.

8 Voraussetzung für die Schließung der Wohnungsgrundbücher ist zunächst ein **Antrag** sämtlicher Wohnungseigentümer in der Form des § 29 GBO; es handelt sich hierbei genau genommen um eine Bewilligung sämtlicher Wohnungseigentümer i.S.d. § 19 GBO[4]. Weiterhin ist dem Grundbuchamt die völlige Zerstörung des Gebäudes durch eine entsprechende **Bescheinigung der Baubehörde** nachzuweisen. Der Bescheinigung der Baubehörde kommt allerdings keine materiell-rechtliche Wirkung zu. Dies bedeutet, dass es einer solchen Bescheinigung nicht bedarf, sofern die Zerstörung des Gebäudes für das Grundbuchamt offenkundig ist (§ 29 Abs. 1 Satz 2)[5].

9 Nicht anwendbar ist § 9 Abs. 1 Nr. 2, falls das Gebäude nicht errichtet worden ist. Eine Schließung der Wohnungsgrundbücher kann in diesen Fällen nur über § 9 Abs. 1 Nr. 1 nach Aufhebung der Sondereigentumsrechte gem. § 4 oder über § 9 Abs. 1 Nr. 3 erfolgen[6]. Gleiches gilt, sofern das Gebäude in Abweichung zum Aufteilungsplan errichtet worden ist[7]. Auch wenn das Grundbuch unrich-

---

1 Siehe zur Aufhebung von Wohnungseigentum mit Musterformulierungen *Kreuzer*, NZM 2001, 123.
2 *Grziwotz* in Erman, BGB, § 9 WEG Rz. 2; unklar *Pick* in Bärmann/Pick/Merle, WEG, § 9 Rz. 2.
3 *Grziwotz* in Erman, BGB, § 9 WEG Rz. 2; *Stürner* in Soergel, BGB, § 9 WEG Rz. 3; *Heinemann* in AnwK-BGB, § 9 WEG Rz. 3; *Hügel* in Bamberger/Roth, BGB, § 9 WEG Rz. 3.
4 *Grziwotz* in Erman, BGB, § 9 WEG Rz. 2; *Pick* in Bärmann/Pick/Merle, WEG, § 9 Rz. 4.
5 *Heinemann* in AnwK-BGB, § 9 WEG Rz. 3; *Grziwotz* in Erman, BGB, § 9 WEG Rz. 2; a.A. *Pick* in Bärmann/Pick/Merle, WEG, § 9 Rz. 5.
6 *Bassenge* in Palandt, BGB, § 9 WEG Rz. 2; *Niedenführ/Schulze*, WEG, § 9 Rz. 4; *Heinemann* in AnwK-BGB, § 9 WEG Rz. 4; *Pick* in Bärmann/Pick/Merle, WEG, § 9 Rz. 6; *Hügel* in Bamberger/Roth, BGB, § 9 WEG Rz. 3.
7 *Pick* in Bärmann/Pick/Merle, WEG, § 9 Rz. 7.

tig ist, besteht im letztgenannten Fall nach wie vor ein Anspruch auf Anpassung der Bauausführung an den Aufteilungsplan[1].

c) Vereinigung sämtlicher Wohnungseigentumsrechte in einer Person

Vereinigen sich sämtliche Wohnungseigentumsrechte in einer Person, kann der Eigentümer gem. § 9 Abs. 1 Nr. 3 die Schließung der Wohnungsgrundbücher beantragen. Unerheblich ist dabei, aus welchem Grund die **Vereinigung** eingetreten ist[2]. Der Antrag (d.h. Bewilligung[3]) bedarf ebenso wie im Fall des § 9 Abs. 1 Nr. 2 der Form des § 29 GBO. 10

Die Vereinigung sämtlicher Wohnungseigentumsrechte in einer Person liegt auch dann vor, wenn es sich um eine Personenmehrheit handelt. Dies gilt sowohl für Gesamthandsgemeinschaften wie auch für Bruchteilsgemeinschaften. Voraussetzung ist lediglich, dass die Beteiligten an allen Wohnungen im gleichen Anteilsverhältnis beteiligt sind[4]. 11

Anwendbar ist § 9 Abs. 1 Nr. 3 auch in den Fällen einer Teilung nach § 8[5]. 12

Mit der Schließung der Wohnungsgrundbücher und Anlegung des neuen Grundbuchblattes entsteht am Grundstück Allein- bzw. Mit- oder Gesamthandseigentum[6]. 13

2. Zustimmung Dritter (Abs. 2)

Ist ein Wohnungseigentum selbständig mit dem Recht eines Dritten belastet, so werden gem. § 9 Abs. 2 die allgemeinen Vorschriften, nach denen zur Aufhebung des Sondereigentums die Zustimmung des Dritten erforderlich ist, durch § 9 Abs. 1 nicht berührt. Gemeint sind damit die §§ 876, 877 BGB. Die **Zustimmung der dinglich Berechtigten** an dem einzelnen Wohnungseigentumsrecht bedarf der Form des § 29 GBO[7]. Materiell-rechtlich ist sie Wirksamkeitsvoraussetzung für die Aufhebung des Sondereigentums. Mit der Schließung des Wohnungsgrundbuches ändert sich der Haftungsgegenstand bzw. das Recht entfällt, falls es, wie z.B. ein Wohnungsrecht[8], nicht an dem Miteigentumsanteil selbständig bestehen kann. Etwas anderes gilt, sofern alle Wohnungseigentumsrechte mit einem Gesamtrecht oder das Grundstück als Ganzes belastet sind. In einem solchen Fall bedarf es der Zustimmung des Inhabers des dinglichen Rechts nicht, da sein Recht durch die Aufhebung nicht betroffen wird[9]. 14

---

1 KG v. 18.7.2001 – 24 W 7365/00, ZMR 2001, 849; *Schneider* in KK-WEG, § 9 Rz. 10.
2 *Pick* in Bärmann/Pick/Merle, WEG, § 9 Rz. 8.
3 *Grziwotz* in Erman, BGB, § 9 WEG Rz. 2.
4 OLG Köln v. 21.3.1997 – 16 Wx 297/96, NJW-RR 1997, 1443.
5 OLG Düsseldorf v. 14.2.2001 – 3Wx 450/00, ZMR 2001, 650; *Heinemann* in AnwK-BGB, § 9 WEG Rz. 6; *Grziwotz* in Erman, BGB, § 9 WEG Rz. 2; *Niedenführ/Schulze*, WEG, § 9 Rz. 5.
6 *Bassenge* in Palandt, BGB, § 9 WEG Rz. 2.
7 *Heinemann* in AnwK-BGB, § 9 WEG Rz. 5.
8 Vgl. näher *Commichau* in MüKo, BGB, § 9 WEG Rz. 13 f.
9 OLG Frankfurt am Main v. 16.1 190 – 20 W 501/89, ZMR 1990, 229; *Volmer*, ZfIR 2000, 287; *Röll*, DNotZ 2000, 751; *Rapp* in Staudinger, BGB, § 9 WEG Rz. 14; *Niedenführ/Schulze*, WEG, § 9 Rz. 8; *Commichau* in MüKo, BGB, § 9 WEG Rz. 15.

3. Anlegung eines neuen Grundbuchblattes (Abs. 3)

15 Mit Schließung der Wohnungsgrundbücher wird nach § 9 Abs. 3 Halbsatz 1 für das Grundstück ein **Grundbuchblatt** nach den allgemeinen Vorschriften angelegt. Die Durchführung richtet sich nach § 34 GBV. Im Bestandsverzeichnis des Grundstücksgrundbuches ist zu vermerken, dass dieses nach Schließung der Wohnungsgrundbücher neu angelegt worden ist[1]. Spätestens mit der Anlegung des neuen Grundbuchblattes erlöschen die Sondereigentumsrechte nach § 9 Abs. 3.

III. Weitere praktische Hinweise

16 § 9 behandelt die grundbuchverfahrensrechtlichen Voraussetzungen für die Schließung der Wohnungsgrundbücher abschließend[2].

17 Katasterfortführungsgebühren fallen bei der Schließung der Wohnungsgrundbücher nicht an[3]. Für die Beurkundung der vertraglichen Aufhebung des Wohnungseigentums erhebt der Notar eine $20/10$-Gebühr nach § 36 Abs. 2 KostO. Der Antrag auf Aufhebung nach Vereinigung aller Wohnungseigentumsrechte in einer Person löst beim Notar eine $5/10$-Gebühr nach § 38 Abs. 2 Nr. 5a KostO aus. Als Geschäftswert ist gem. § 21 Abs. 2 KostO die Hälfte des Verkehrswertes des Grundstücks samt Bauwerk (§ 19 Abs. 2 KostO) im Zeitpunkt der Aufhebung anzunehmen. Das Grundbuchamt erhebt gem. § 76 Abs. 3 KostO für die Schließung der Wohnungsgrundbücher eine $5/10$-Gebühr aus dem nach § 21 Abs. 2 KostO ermittelten halben Grundstückswert.

---

1 *Commichau* in MüKo, BGB, § 9 WEG Rz. 16; *Heinemann* in AnwK-BGB, § 9 WEG Rz. 11.
2 *Grziwotz* in Erman, BGB, § 9 WEG Rz. 1; *Heinemann* in AnwK-BGB, § 9 WEG Rz. 1.
3 *Heinemann* in AnwK-BGB, § 9 WEG Rz. 7.

2. Abschnitt
Gemeinschaft der Wohnungseigentümer

§ 10
Allgemeine Grundsätze

(1) Inhaber der Rechte und Pflichten nach den Vorschriften dieses Gesetzes, insbesondere des Sondereigentums und des gemeinschaftlichen Eigentums, sind die Wohnungseigentümer, soweit nicht etwas anderes ausdrücklich bestimmt ist.

(2) Das Verhältnis der Wohnungseigentümer untereinander bestimmt sich nach den Vorschriften dieses Gesetzes und, soweit dieses Gesetz keine besonderen Bestimmungen enthält, nach den Vorschriften des Bürgerlichen Gesetzbuches über die Gemeinschaft. Die Wohnungseigentümer können von den Vorschriften dieses Gesetzes abweichende Vereinbarungen treffen, soweit nicht etwas anderes ausdrücklich bestimmt ist. Jeder Wohnungseigentümer kann eine vom Gesetz abweichende Vereinbarung oder die Anpassung einer Vereinbarung verlangen, soweit ein Festhalten an der geltenden Regelung aus schwerwiegenden Gründen unter Berücksichtigung aller Umstände des Einzelfalles, insbesondere der Rechte und Interessen der anderen Wohnungseigentümer, unbillig erscheint.

(3) Vereinbarungen, durch die die Wohnungseigentümer ihr Verhältnis untereinander in Ergänzung oder Abweichung von Vorschriften dieses Gesetzes regeln, sowie die Abänderung oder Aufhebung solcher Vereinbarungen wirken gegen den Sondernachfolger eines Wohnungseigentümers nur, wenn sie als Inhalt des Sondereigentums im Grundbuch eingetragen sind.

(4) Beschlüsse der Wohnungseigentümer gemäß § 23 und gerichtliche Entscheidungen in einem Rechtsstreit gemäß § 43 bedürfen zu ihrer Wirksamkeit gegen den Sondernachfolger eines Wohnungseigentümers nicht der Eintragung in das Grundbuch. Dies gilt auch für die gemäß § 23 Abs. 1 aufgrund einer Vereinbarung gefassten Beschlüsse, die vom Gesetz abweichen oder eine Vereinbarung ändern.

(5) Rechtshandlungen in Angelegenheiten, über die nach diesem Gesetz oder nach einer Vereinbarung der Wohnungseigentümer durch Stimmenmehrheit beschlossen werden kann, wirken, wenn sie aufgrund eines mit solcher Mehrheit gefassten Beschlusses vorgenommen werden, auch für und gegen die Wohnungseigentümer, die gegen den Beschluss gestimmt oder an der Beschlussfassung nicht mitgewirkt haben.

(6) Die Gemeinschaft der Wohnungseigentümer kann im Rahmen der gesamten Verwaltung des gemeinschaftlichen Eigentums gegenüber Dritten und Wohnungseigentümern selbst Rechte erwerben und Pflichten eingehen. Sie ist Inhaberin der als Gemeinschaft gesetzlich begründeten und rechtsgeschäftlich erworbenen Rechte und Pflichten. Sie übt die gemeinschaftsbezogenen Rechte der

Wohnungseigentümer aus und nimmt die gemeinschaftsbezogenen Pflichten der Wohnungseigentümer wahr, ebenso sonstige Rechte und Pflichten der Wohnungseigentümer, soweit diese gemeinschaftlich geltend gemacht werden können oder zu erfüllen sind. Die Gemeinschaft muss die Bezeichnung „Wohnungseigentümergemeinschaft" gefolgt von der bestimmten Angabe des gemeinschaftlichen Grundstücks führen. Sie kann vor Gericht klagen und verklagt werden.

(7) Das Verwaltungsvermögen gehört der Gemeinschaft der Wohnungseigentümer. Es besteht aus den im Rahmen der gesamten Verwaltung des gemeinschaftlichen Eigentums gesetzlich begründeten und rechtsgeschäftlich erworbenen Sachen und Rechten sowie den entstandenen Verbindlichkeiten. Zu dem Verwaltungsvermögen gehören insbesondere die Ansprüche und Befugnisse aus Rechtsverhältnissen mit Dritten und mit Wohnungseigentümern sowie die eingenommenen Gelder. Vereinigen sich sämtliche Wohnungseigentumsrechte in einer Person, geht das Verwaltungsvermögen auf den Eigentümer des Grundstücks über.

(8) Jeder Wohnungseigentümer haftet einem Gläubiger nach dem Verhältnis seines Miteigentumsanteils (§ 16 Abs. 1 Satz 2) für Verbindlichkeiten der Gemeinschaft der Wohnungseigentümer, die während seiner Zugehörigkeit zur Gemeinschaft entstanden oder während dieses Zeitraums fällig geworden sind; für die Haftung nach Veräußerung des Wohnungseigentums ist § 160 des Handelsgesetzbuches entsprechend anzuwenden. Er kann gegenüber einem Gläubiger neben den in seiner Person begründeten auch die der Gemeinschaft zustehenden Einwendungen und Einreden geltend machen, nicht aber seine Einwendungen und Einreden gegenüber der Gemeinschaft. Für die Einrede der Anfechtbarkeit und Aufrechenbarkeit ist § 770 des Bürgerlichen Gesetzbuches entsprechend anzuwenden. Die Haftung eines Wohnungseigentümers gegenüber der Gemeinschaft wegen nicht ordnungsmäßiger Verwaltung bestimmt sich nach Satz 1.

Inhaltsübersicht

	Rz.		Rz.
I. Überblick	1	c) Rechtliche Qualifizierung	24
II. Aufbau des Regelungssystems	2	d) Verhältnis zu gesetzlichen Öffnungsklauseln	25
III. Vereinbarungen der Wohnungseigentümer	6	8. Anspruch auf Änderung einer Vereinbarung, Abs. 2 Satz 3	26
1. Grundstatut	6	a) Bisherige Rechtsmeinung	26
2. Fehlerhafte Vereinbarung	9	b) Die Neuregelung	27
3. Auslegung	12	c) Verhältnis zu § 16 Abs. 3, Abs. 4	31
4. Umdeutung	13	d) Einzelne Kriterien	34
5. Vertrag mit Dritten	14	e) Hinweise zur Klageerhebung	37
6. Pseudovereinbarungen	15	9. Bindungswirkung gegenüber Rechtsnachfolger, Abs. 3	40
7. Öffnungsklauseln	20	10. Abgrenzung zwischen Vereinbarungsnotwendigkeit und Beschlusskompetenz – Einzelfälle	46a
a) Regelungsgehalt	20		
b) Sachlicher Grund	21		

IV. Wirkung der Beschlüsse der Wohnungseigentümer ... 47
1. Bindungswirkung gegenüber Rechtsnachfolger, Abs. 4 ... 48
2. Mehrheitsprinzip, Abs. 5 ... 50

V. Inhaber der Rechte und Pflichten, Abs. 1 ... 52

VI. Die teilrechtsfähige Eigentümergemeinschaft, Abs. 6 ... 53
1. Überblick ... 53
2. Bisherige Rechtslage ... 55
3. Umfang der Rechtsfähigkeit ... 58
4. Die Rechte und Pflichten im Einzelnen ... 61
   a) Vermietung von Gemeinschaftseigentum ... 62
   b) Instandhaltung und Bewirtschaftung des Gemeinschaftseigentums ... 63
   c) Verkehrssicherungspflichten ... 64
   d) Erwerb von Immobilieneigentum ... 65
   e) Gewährleistungsansprüche aus Werkverträgen ... 70
   f) Bauhandwerkersicherungshypothek ... 72
   g) Weitere Verbandsangelegenheiten ... 73
      aa) Beseitigungs- und Unterlassungsansprüche ... 73
      bb) Schadensersatzansprüche ... 74
      cc) Herausgabeanspruch ... 75
      dd) Kontoinhaberschaft ... 76
   h) Partei- und Beteiligtenfähigkeit ... 78
   i) Vollstreckungsrechtliche Besonderheiten/Alttitel ... 83
   j) Steuerliche Besonderheiten ... 88
5. Das Verwaltungsvermögen, Abs. 7 ... 90
   a) Aktivvermögen ... 90
   b) Kreditaufnahme ... 91

VII. Werdende Wohnungseigentümergemeinschaft ... 94

VIII. Haftung der Wohnungseigentümer, Abs. 8 ... 100
1. Teilschuld ... 100
2. Einwendungen des Wohnungseigentümers ... 104
3. Vollstreckung ... 105
4. Besonderheiten der kommunalen Haftung ... 112
5. Versorgungsleistungen ... 118

Schrifttum: *Abramenko*, Die Entfernung des zahlungsunfähigen oder unzumutbaren Miteigentümers aus der Gemeinschaft, ZMR 2006, 338; *Armbrüster*, Rechtsfähigkeit und Haftungsverfassung der Wohnungseigentümergemeinschaft, ZWE 2005, 369; *Becker*, Beschlusskompetenz kraft Vereinbarung – sog. Öffnungsklauseln, ZWE 2002, 341; *Becker*, Das neue WEG-Vermögensverwaltung durch die Eigentümergemeinschaft, MietRB 2007, 180; *Becker/Kümmel*, Die Grenzen der Beschlusskompetenz der Wohnungseigentümer, ZWE 2001, 128; *Bonifacio*, Der Entwurf einer wohnungseigentumsrechtlichen Anfechtungsklage nach der ZPO – Königs- oder Irrweg? ZMR 2005, 327; *Briesemeister*, Korrigenda zur WEG-Reform 2007, NZM 2007, 345; *Briesemeister*, Das Haftungssystem der Wohnungseigentümergemeinschaft nach der WEG-Reform, NZM 2007, 225; *Bub*, Rechtsfähigkeit und Vermögenszuordnung, ZWE 2006, 253; *Bub*, Die geplante Novellierung des WEG, NZM 2006, 841; *Buck*, Die Mehrheitsentscheidung mit Vereinbarungsinhalt, WE 1998, 90; *Deckert*, Entscheidungsvarianten im Wohnungseigentumsrecht, ZMR 2002, 21; *Deckert*, Ende der „Haftungsverbandsrechtsprechung" im Abrechnungswesen der Wohnungseigentümergemeinschaft, NZM 2004, 523; *Demharter*, Zur Wirksamkeit des unangefochten Mehrheitsbeschlusses mit Vereinbarungsinhalt, WuM 2000, 291; *Demharter*, Gesetzentwurf zur Änderung des WEG und anderer Gesetze, NZM 2006, 489; *Demharter*, Grundbuchfähigkeit der rechtsfähigen Wohnungseigentümergemeinschaft, NZM 2005, 601 *Demharter*, Die rechtsfähige Wohnungseigentümergemeinschaft – Wer ist verfahrens- und materiell-rechtlich Beteiligter? NZM 2006, 81; *Demharter*, Der Beschluss des BGH zur Teilrechtsfähigkeit der Gemeinschaft der Wohnungseigentümer, ZWE 2005, 357; *Driehaus*, Kommunalabgabenrecht, 36. Erg. Lfg., *Elzer*, Die Teilrechtsfähigkeit der Wohnungseigentümergemeinschaft, MietRB 2005, 248; *Fischer*, Teilrechtsfähigkeit der Wohnungseigentümergemeinschaft, NZI 2005, 586; *Gaier*, Der Beginn der regelmäßigen

Verjährung von gemeinschaftlichen Ansprüchen der Wohnungseigentümer nach neuem Recht, NZM 2003, 90; *Graßhof*, Eigentumsgarantie versus Mehrheitsprinzip – die Verfassungsmäßigkeit einer gesetzlichen Regelung zur Einführung des Mehrheitsprinzips, ZWE 2003, 33; *Häublein*, Sondernutzungsrechte und ihre Begründung im Wohnungseigentumsrecht, 2003; *Häublein*, Zum Begriff der Angelegenheit i.S.d. § 23 Abs. 1 WEG, ZWE 2001, 2; *Häublein*, Wohnungseigentum, quo vadis?, ZMR 2006, 1; *Hinz*, Reform des Wohnungseigentumsrechts – Eine Stellungnahme aus amtsgerichtlicher Sicht, ZMR 2005, 271 (272); *Hügel*, Der „Eintritt" in schuldrechtliche Vereinbarungen, Festschrift (Fs) Wenzel, 2005, 219; *Hügel*, Die Gestaltung von Öffnungsklauseln, ZWE 2001, 578; *Hügel*, Die Teilrechtsfähigkeit der Wohnungseigentümergemeinschaft und ihre Folgen für die notarielle Praxis, DNotZ 2005, 753; *Jennißen*, Die Auswirkungen der Rechtsfähigkeit auf die innergemeinschaftlichen Beziehungen der Wohnungseigentümer, NZM 2006, 203; *Kahlen*, Instandhaltungsrückstellung: Teilrechtsfähigkeit führt nicht zur Grunderwerbssteuerpflicht in Erwerbsfällen, ZMR 2007, 179; *Kreuzer*, Abgrenzung von Vereinbarung und Beschluss, ZWE 2000, 325; *Kreuzer*, Vereinbarung und Beschluss-Abgrenzungen, WE 1997, 362; *Lehmann-Richter*, Zum Schadensersatz wegen Beschädigung des Gemeinschafts- und Sondereigentums unter besonderer Berücksichtigung der Ansprüche des Rechtsnachfolgers, ZWE 2006, 413; *Lüke*, Die Beschlusskompetenz und ihre Grenzen – eine Bestandsaufnahme, ZWE 2002, 49; *Marold*, Die rechtsfähige Gemeinschaft der Wohnungseigentümer – ein Paradigmenwechsel im Wohnungseigentumsrecht, ZWE 2005, 361; *Merle*, Die Vereinbarung als mehrseitiger Vertrag, ZWE 2005, 412; *Merle*, Mehrheitsbeschlüsse mit Vereinbarungsinhalt, ZWE 2000, 502; *Müller*, Übers „Zittern um die Pseudovereinbarung", NZM 2000, 854; *Neumann*, Die „Teilrechtsfähigkeit" der Wohnungseigentümergemeinschaft, WuM 2006, 489; *Röll*, Pseudovereinbarungen: Die Zukunft eines Gestaltungsinstruments, ZWE 2000, 13; *Sauren*, Wege für Wohnungseigentümer zur Änderung der Gemeinschaftsordnung, NJW 1986, 2034; *Sauren*, Auswirkungen der Rechtsfähigkeit der Wohnungseigentümergemeinschaft für die Praxis, ZWE 2006, 258; *Schmack/Kümmel*, Der einstimmige Beschluss als Regelungsinstrument im Wohnungseigentumsrecht, ZWE 2006, 433; *Schmidt*, Zittern um einen Beschluss, NZM 2000, 902; *Schuschke*, Die Regelungsinstrumente der Wohnungseigentümergemeinschaft, NZM 2001, 497; *Wenzel*, Der vereinbarungsersetzende, vereinbarungswidrige und vereinbarungsändernde Mehrheitsbeschluss, ZWE 2000, 2; *Wenzel*, Die Entscheidung des Bundesgerichtshofs zur Beschlusskompetenz der Wohnungseigentümerversammlung und ihre Folgen, ZWE 2001, 226; *Wenzel*, Die Wohnungseigentümergemeinschaft – ein januskopfiges Gebilde aus Rechtssubjekt und Miteigentümergemeinschaft? NZM 2006, 321; *Wenzel*, Der Bereich der Rechtsfähigkeit der Gemeinschaft, ZWE 2006, 462; *Zieglmeier*, Auswirkungen der Teilrechtsfähigkeit auf das kommunale Abgabenrecht, MietRB 2006, 337.

I. Überblick

1   § 10 regelt die Rechtsnatur der Gemeinschaft sowie das Verhältnis der einzelnen Wohnungseigentümer untereinander. Es handelt sich um die Grundnorm des mehrstufigen Regelungssystems, die das WEG für die Rechtsmaterien der Wohnungseigentümer enthält. Aufgrund der nunmehr anerkannten **Rechtsfähigkeit der Wohnungseigentümergemeinschaft** besteht ferner das Bedürfnis, die Rechte und Pflichten der Wohnungseigentümer einerseits und der Gemeinschaft andererseits abzugrenzen. Dem kommen die durch die WEG-Novelle neu eingefügten Abs. 1, 6 und 7 nach. Schließlich enthält die Vorschrift die „Haftungsverfassung" gegenüber Dritten, Abs. 8.

II. Aufbau des Regelungssystems

2   Das WEG enthält ein mehrstufiges und wenig systematisches „Geflecht" von Normen, die das Gemeinschaftsverhältnis der Wohnungseigentümer bestim-

men. An erster Stelle stehen die zwingenden Vorschriften des WEG und des BGB (**Gesetzesstatut**); von diesen kann weder durch Vereinbarung noch durch Beschluss abgewichen werden. Auch Öffnungsklauseln können insoweit nicht vereinbart werden (vgl. hierzu Rz. 20ff.). Folge eines Verstoßes ist die Nichtigkeit der Vereinbarung oder des Beschlusses. An zweiter Stelle folgen die zwischen sämtlichen Wohnungseigentümern bestehenden Verträge (**Vertragsstatut**). Es handelt sich um Vereinbarungen, durch die von dispositiven Gesetzesvorschriften abgewichen werden kann. Sie können „verdinglicht", d.h. als Inhalt des Sondereigentums in das Grundbuch eingetragen werden und wirken dann auch gegenüber Rechtsnachfolgern (Abs. 2 Satz 2, Abs. 3; § 5 Abs. 4 Satz 1)[1]. Es gilt insoweit grundsätzlich das **Allstimmigkeitsprinzip**. Auf der dritten Stufe folgen systematisch die dispositiven Normen des WEG (**Auffangstatut**), die dann greifen, wenn keine vorrangige Vereinbarung i.S.v. Abs. 2 Satz 2 vorliegt. Die in der Rangfolge sodann folgenden Beschlüsse wirken zunächst nur gesetzes- und vereinbarungsausfüllend (§ 23 Abs. 1, **Beschlussstatut**). Dies gilt z.B. hinsichtlich des ordnungsgemäßen Gebrauchs (§ 15 Abs. 2), der Veräußerungsbeschränkung (§ 12 Abs. 4), der Betriebskosten (§ 16 Abs. 3), der Kostenverteilung bei Instandhaltung und Instandsetzung (§ 16 Abs. 4) und der Verwaltung (§§ 21 Abs. 3, Abs. 7, 22 Abs. 1 Satz 1, 26 Abs. 1, Abs. 2, 28 Abs. 5). Das **Mehrheitsprinzip**, das im Bereich des Beschlussstatuts gilt, bedarf der Legitimation durch gesetzliche oder vertragliche Kompetenzzuweisung[2]. Beschlüsse können ggf. auch dispositive Gesetzesbestimmungen und Vereinbarungen ändern (§§ 10 Abs. 4 Satz 2, 23 Abs. 4). Insoweit stehen sie außerhalb der vorstehenden Rangordnung. Den Beschlüssen werden richterliche Anordnungen gleichgestellt (§§ 21 Abs. 8, 43), nicht jedoch gerichtliche Vergleiche[3].

Vom Standpunkt der **Inhaltskontrolle** sind Vereinbarungen und Beschlüsse zunächst am WEG als dem spezielleren und dann am allgemeinen Recht zu messen. Vereinbarungen und Beschlüsse dürfen nicht gegen zwingende Normen und inhaltliche Grundregeln (**Konstitutionsprinzipien**) des WEG verstoßen. Vom dispositiven WEG-Recht abweichende Vereinbarungen und Beschlüsse sind zulässig, sie müssen sich jedoch im Rahmen der allgemeinen Gültigkeitsgrenzen halten. Von den Vorschriften des BGB stehen die über die Gemeinschaft im Vordergrund, Abs. 2 Satz 1 i.V.m. §§ 741ff. BGB. Diese zeichnen ebenfalls allgemeine Gültigkeitsgrenzen auf. Demgegenüber sind die dispositiven Regeln des Schuldrechts nur maßgebend, soweit die Wohnungseigentümer keine anders lautende Vereinbarung oder einen anderen Beschluss fassen. So war die vor der WEG-Novelle geäußerte Auffassung nicht systemgerecht, wonach beispielsweise ein Beschluss über einen **Verzugszins** für säumiges Wohngeld i.H.v. mehr als 5 % über Basiszinssatz nichtig sei, weil die Vorschrift des § 288 Abs. 1 BGB verletzt wurde[4]. Da aber § 10 Abs. 2 Satz 1 nicht auf das allgemeine Schuldrecht verweist, kann § 288 Abs. 1 BGB keine Ausschlussnorm sein. Die Beschlusskompetenz der Wohnungseigentümer richtet sich nach § 23 Abs. 1. Danach können die Wohnungseigentümer über alle Angelegenheiten beschließen, die

---
1 *Merle*, ZWE 2005, 415.
2 *Lüke*, ZWE 2002, 49; *Deckert*, ZMR 2002, 21.
3 OLG Zweibrücken v. 11.6.2001 – 3 W 218/00, ZWE 2001, 563 (567).
4 BayObLG v. 20.11.2002 – 2Z BR 144/01, ZMR 2003, 365 m.V. a. BGH v. 20.9.2000 – V ZB 58/99, NJW 2000, 3500 = ZMR 2000, 771.

ihnen nach dem WEG oder einer Vereinbarung zur Beschlussfassung übertragen wurden. Auf das allgemeine Schuldrecht wird hierbei nicht verwiesen. Vor der WEG-Novelle wäre richtigerweise die Höhe des Verzugszinses nur an § 21 Abs. 3 WEG zu messen gewesen. Damit war ein Beschluss, der einen zu hohen Verzugszins vorsah, nur anfechtbar und nicht nichtig[1]. Das Beispiel des Verzugszinses hat der Gesetzgeber nun durch den neuen § 21 Abs. 7 gelöst und eine Beschlusskompetenz ausdrücklich eröffnet. Damit sind zwar die systematischen Probleme nicht beseitigt, ihre praktische Relevanz aber deutlich reduziert worden.

4   Die Vorschriften der §§ 305 ff. BGB über die Wirksamkeit von **Allgemeinen Geschäftsbedingungen** finden auch nach h.M. keine Anwendung auf die **Gemeinschaftsordnung**[2]. Insoweit fehlt es bereits an einer Vertragsbedingung, da die Gemeinschaftsordnung infolge des Eigentumsübergangs an der Wohnung kraft Gesetzes gilt. Mangels vergleichbarer Interessenlage kommt auch eine analoge Anwendung nicht in Betracht. Es erfolgt jedoch eine allgemeine Inhaltskontrolle anhand der Grundsätze von Treu und Glauben über § 242 BGB[3] sowie der Nichtigkeitstatbestände der §§ 134, 138 BGB.

5   Beschlüsse können bei vorhandenen **Öffnungsklauseln** und im Rahmen der gesetzlichen Zulässigkeit auch Vereinbarungen ändern. Verstößt ein Beschluss jedoch gegen eine Rechtsvorschrift, auf deren Einhaltung rechtswirksam nicht verzichtet werden kann, folgt hieraus gem. § 23 Abs. 4 Satz 1 die Nichtigkeit. Eine **Eintragung** der Beschlüsse und der Gerichtsentscheidungen **im Grundbuch** erfolgt nicht. Insofern besteht kein Vertrauen auf Richtigkeit und Geltung der im Grundbuch eingetragenen Vereinbarungen. Die Beschluss- und Entscheidungssammlung des Verwalters (§ 24 Abs. 7) garantiert weder die Vollständigkeit noch die Richtigkeit der in ihr enthaltenen Protokolle bzw. Entscheidungen. Eine zuverlässige Informationsquelle über die „Verfassung" der konkreten Wohnungseigentümergemeinschaft existiert folglich nicht[4].

III. Vereinbarungen der Wohnungseigentümer

1. Grundstatut

6   Die Vereinbarungen der Wohnungseigentümer bilden das rechtliche Grundstatut der Gemeinschaft. Zu den Vereinbarungen zählen auch der Aufteilungsvertrag nach § 3 Abs. 1 und die Teilungserklärung nach § 8. Im Gegensatz hierzu stehen Beschlüsse, die Ordnungsfragen regeln, aber auch dispositive Gesetzesvorschriften. Während Beschlüsse mehrheitlich getroffen werden können, setzen Vereinbarungen stets Allstimmigkeit voraus. Entsprechendes gilt für Änderungen oder die Aufhebung von Vereinbarungen, sofern das gleiche Instru-

---

1 So richtigerweise die ältere Rechtsprechung, BayObLG v. 16.5.1986 – BReg. 2Z 68/85, ZMR 1986, 297.
2 BGH v. 24.2.1994 – V ZB 43/93, NJW 1994, 2950; BGH v. 11.11.1986 – V ZB 1/86, NJW 1987, 650; BayObLG v. 11.4.1991 – BReg. 2Z 28/91, NJW-RR 1992, 83; LG Magdeburg Rpfleger 1997, 108.
3 BayObLG v. 23.9.1988 – 2Z 97/87, DNotZ 1989, 428; *Pick* in Bärmann/Pick/Merle, § 8 Rz. 16.
4 Kritisch auch *Becker*, ZWE 2002, 341 (346).

mentarium verwendet wird. Vereinbarungen können aber ausnahmsweise dann im Beschlusswege geändert werden, wenn **Öffnungsklauseln** bestehen oder ein solches Vorgehen gesetzlich vorgesehen ist.

Da nicht alle „Vereinbarungen" der Wohnungseigentümer das Grundverhältnis der Gemeinschaft betreffen, wird zwischen **Vereinbarungen im formellen und im materiellen Sinne** unterschieden[1]. Allstimmige Beschlüsse unter Mitwirkung sämtlicher Eigentümer können Vereinbarungen im materiellen Sinne sein[2]. Hierzu zählen auch gerichtliche Vergleiche[3] und Regelungen bei einem zwanglosen Zusammentreffen aller Wohnungseigentümer[4]. Maßgeblich für die Abgrenzung ist nach h.M. nicht die Bezeichnung der Regelung, sondern deren **materieller Inhalt**[5]. Dieser muss ggf. durch Auslegung ermittelt werden[6]. Die Feststellung des Inhalts einer Vereinbarung obliegt dem Tatrichter[7]. Nach anderer Auffassung wird teilweise nicht auf den materiellen Inhalt der Regelung, sondern auf die gewählte Form der Entscheidungsfindung abgestellt[8]. Für *Bub* bedarf dies nur dann einer Korrektur, wenn sich aus der Niederschrift ein Wille der Wohnungseigentümer ableiten lasse, keinen Beschluss zu fassen, sondern eine Vereinbarung schließen zu wollen[9]. Dem ist nicht zu folgen. Da eine Vereinbarung formfrei gefasst werden kann, ist ihr mündlicher Abschluss möglich. Eine mündliche Vereinbarung kann aber auch dann zustande kommen, wenn alle Wohnungseigentümer nicht die Begrifflichkeit „vereinbaren", sondern „beschließen" verwenden. Es kann somit nicht entscheidend sein, welchen Begriff die Wohnungseigentümer verwenden. Ebenfalls ist unerheblich, ob diese Vereinbarung im Rahmen einer **Eigentümerversammlung** getroffen und der Text ausgehandelt oder ihm nur zugestimmt wird.

7

Im Ergebnis wird es letztlich auf den materiellen Inhalt ankommen, d.h. die Wohnungseigentümer müssen eine Regelung treffen wollen, die **rechtsgestaltende Wirkung** hat und **auf Dauer angelegt** ist. Sie muss sich darauf beziehen, die Grundordnung der Gemeinschaft zu ergänzen oder von ihr abweichen zu wollen. Sie betrifft die Innenbeziehung und schafft eine Ordnung ähnlich einer Satzung[10]. Vereinbarungen regeln die **schuldrechtlichen Beziehungen** und nicht die sachenrechtliche Zuordnung[11]. Wesentliches Abgrenzungsmerkmal ist die

8

---

1 *Müller* in FS Bärmann/Weitnauer, 1990, S. 506.
2 BayObLG NJW-RR 2003, 9; OLG Düsseldorf v. 14.2.2001 – 3 Wx 392/00, ZWE 2001, 384.
3 OLG Köln v. 12.2.2003 – 16 Wx 204/02, NZM 2003, 400.
4 BayObLG v. 14.11.2002 – 2Z BR 107/02, NZM 2003, 199.
5 OLG Düsseldorf v. 14.2.2001 – 3 Wx 392/00, NZM 2001, 530; OLG Hamm v. 10.9.1996 – 15 W 236/96, WE 1997, 32; OLG Zweibrücken v. 10.2.1997 – 3 W 200/96, WE 1997, 234; v. 11.6.2001 – 3 W 218/00, ZWE 2001, 564; *Müller*, Praktische Fragen, Rz. 795; *Hügel* in FS Wenzel, 2005, 219 (222); *Hügel*, ZWE 2001, 578 (581); *Kreuzer*, WE 1997, 362; *Kreuzer*, ZWE 2000, 325 (327).
6 OLG Zweibrücken v. 10.2.1007 – 3 W 200/96, WE 1997, 234; v. 11.6.2001 – 3 W 218/00, ZWE 2001, 563; *Lüke* in Weitnauer, WEG, § 10 Rz. 28; *Sauren*, WEG, § 10 Rz. 24.
7 BayObLG v. 20.2.1997 – 2Z BR 136/96.
8 *Bub* in Staudinger, BGB, § 23 WEG Rz. 163a; *Merle* in Bärmann/Pick/Merle, WEG, § 23 Rz. 26.
9 *Bub* in Staudinger, BGB, § 23 WEG Rz. 163a.
10 BGH v. 4.4.2003 – V ZR 322/02, MDR 2003, 864.
11 BGH v. 4.4.2003 – V ZR 322/02, MDR 2003, 864; *Elzer* in KK-WEG, § 10 Rz. 92.

Frage, ob eine abstrakt-allgemeine unbestimmte Anzahl von Einzelfällen oder nur ein konkret-individueller Einzelfall oder Fallgruppe geregelt werden soll[1]. Nur in ersterem Fall handelt es sich um eine Vereinbarung, weil sie grundlegende Regelungen enthält. Beschlüsse sollen hingegen grundsätzlich nur die bestehenden Vereinbarungen ausführen. Die praktischen Auswirkungen dieser verschiedenen Rechtsauffassungen dürften aber eher gering sein, da im Zweifel davon auszugehen ist, dass die Wohnungseigentümer eine Vereinbarung schließen wollen, wenn der materielle Gehalt dies erfordert. Wirken nicht alle Wohnungseigentümer mit, kann eine Vereinbarung nicht zustande kommen.

2. Fehlerhafte Vereinbarung

9   Fehlerhafte und insbesondere unvollständige Vereinbarungen können durch eine weitere Vereinbarung ergänzt werden. Die Klarstellung kann auch durch Beschluss erfolgen. Der Beschluss enthält dann nicht selbst die Vereinbarung, sondern zeigt den für die Auslegung erforderlichen Willen der Wohnungseigentümer auf. Der ergänzende Beschluss darf daher nur klarstellen und der Vereinbarung keinen neuen Inhalt geben.

10 Ist die Vereinbarung widersprüchlich und lässt sich der Widerspruch nicht durch Auslegung auflösen, ist sie unwirksam. So heben beispielsweise widersprüchliche Kostenverteilungsschlüssel in der Gemeinschaftsordnung die gesetzliche Regelung des § 16 Abs. 2 WEG nicht auf[2].

11 Auch sind Vereinbarungen unwirksam, wenn sie zu unbestimmt sind. Wird in der Gemeinschaftsordnung die einfache Stimmenmehrheit nur in Angelegenheiten ohne erhebliche Bedeutung zugelassen, ist diese Regelung unwirksam, weil die Abgrenzungskriterien vollkommen unbestimmt bleiben[3].

3. Auslegung

12 Aus der Feststellung, dass Vereinbarungen schuldrechtliche Verträge sind, folgt ihre Auslegungsfähigkeit. Dabei ist zunächst auf den Wortlaut und Sinn der Regelung abzustellen. Die objektive Auslegung hat den „aus sich selbst heraus" festzustellenden Sinn zu erforschen. Ein hypothetischer Parteiwille ist zu berücksichtigen, wenn er aus der Vereinbarung und den dort in Bezug genommenen Unterlagen ablesbar ist[4]. Der objektive Inhalt ist aus der Sicht eines unbefangenen Betrachters zu ermitteln. Dabei muss dem Bestimmtheitserfordernis Rechnung getragen werden.

Die Regeln der ergänzenden Auslegung sind dabei nicht nur auf vertragliche Vereinbarungen, sondern auch auf einseitige Willenserklärungen im Zusammenhang mit der Teilung (Teilungserklärung nach § 8 WEG) anzuwenden[5].

---

1   So *Kreuzer*, ZWE 2000, 325 (327).
2   BayObLG NJW-RR 2004, 228.
3   KG v. 4.3.1998 – 24 W 6949/97, NZM 1998, 520 = WuM 1998, 436 = MDR 1998, 1218.
4   BGH v. 1.6.1994 – V ZR 278/92, MDR 1994, 1112; v. 14.3.1997 – V ZR 6/96, MDR 1997, 724; v. 7.10.2004 – V ZB 22/04, ZWE 2005, 72 (76).
5   BGH v. 7.10.2004 – V ZB 22/04, ZWE 2005, 72 (77) m. Anm. *Hügel*.

4. Umdeutung

Es ist eine Frage der Einzelfallwertung, ob eine nicht zustande gekommene Vereinbarung in einen Beschluss **umgedeutet** werden kann. Da auf den materiellen Inhalt abzustellen ist, ist eine gescheiterte Vereinbarung, an der nicht alle Wohnungseigentümer mitgewirkt haben, im Zweifel ein rechtliches Nichts[1]. Während nach § 23 Abs. 4 ein Beschluss solange wirksam ist, als er nicht durch rechtskräftiges Urteil für ungültig erklärt wurde, existiert für Vereinbarungen eine entsprechende Vorschrift im WEG nicht. Hinsichtlich einer Vereinbarung kann keine Anfechtungsklage gem. § 46 WEG erhoben werden. Die im Zusammenhang mit dem Zustandekommen der Vereinbarung abgegebene Willenserklärung des einzelnen Wohnungseigentümers unterliegt aber der Anfechtung nach den Vorschriften des allgemeinen Teils des BGB[2]. Die Umdeutung einer unwirksamen Vereinbarung in einen Beschluss wird sich nur dann begründen lassen, wenn die Wohnungseigentümer mit der gescheiterten Vereinbarung auf jeden Fall ein rechtliches Minus beschließen wollten.

13

5. Vertrag mit Dritten

Eine Vereinbarung der Wohnungseigentümer kann nicht in einem **Vertrag mit einem Dritten** liegen. Der Vertrag mit einem Dritten hat Außenwirkung, während die wohnungseigentumsrechtliche Vereinbarung nur im Innenverhältnis wirkt. Bei einem Vertrag mit einem Dritten haben die Wohnungseigentümer nicht das Erklärungsbewusstsein, hierdurch gleichzeitig das **Innenverhältnis** regeln zu wollen, selbst wenn der Vertrag Fragen des Innenverhältnisses tangieren sollte. Auch kann der Vertrag mit einem Dritten nicht in das Grundbuch eingetragen werden. Dies gilt auch für den Verwaltervertrag[3]. Ebenso wenig wie der Inhalt des Geschäftsführervertrags Auswirkungen auf die Satzung einer GmbH haben kann, kann der Verwaltervertrag eine wohnungseigentumsrechtliche Vereinbarung abändern, selbst wenn er von allen Wohnungseigentümern unterschrieben wurde.

14

6. Pseudovereinbarungen

Die Abgrenzung zwischen Beschlüssen und Vereinbarungen hat auch Bedeutung für die sog. Pseudovereinbarungen (**Zitterbeschlüsse**). Begrifflich ist zu unterscheiden zwischen **vereinbarungsersetzenden Beschlüssen**, wenn eine Angelegenheit sowohl durch Beschluss als auch durch Vereinbarung geregelt werden kann (z.B. Gebrauchsregelungen gem. § 15), **vereinbarungsändernden Beschlüssen**, die statt einer Vereinbarung ergehen oder eine solche abändern sollen (z.B. Kostenverteilungsbeschluss für die Zukunft, abweichend von § 16 Abs. 2), sowie **vereinbarungswidrigen Beschlüssen**, durch die keine Vereinbarung ersetzt, sondern nur im Einzelfall verletzt wird (z.B. Kostenverteilungsbeschluss im Einzelfall abweichend von Gemeinschaftsordnung und ohne Ermächtigung nach § 16 Abs. 3)[4]. Vereinbarungs- oder gesetzesändernde Mehrheitsbeschlüsse sind

15

---

1 So auch *Schuschke*, NZM 2001, 497 (499).
2 So auch *Elzer* in KK-WEG, § 10 Rz. 93; *Schuschke*, NZM 2001, 497 (499).
3 A.A. *Elzer* in KK-WEG, § 10 Rz. 119.
4 *Wenzel*, ZWE 2000, 2 (5); *Buck*, WE 1998, 90.

nichtig und enthalten keine „Überlagerungswirkung"[1]. Demgegenüber können vereinbarungsersetzende und vereinbarungswidrige Beschlüsse trotz ihrer Rechtswidrigkeit mangels Anfechtung bestandskräftig werden. Für diese gilt der Begriff des „Zitterbeschlusses" weiter. Bestandskräftig gewordene Zitterbeschlüsse können grundsätzlich durch Mehrheitsbeschluss wieder aufgehoben werden[2].

16 Hieraus ergibt sich als praktische Konsequenz eine **dreistufige Prüfung**[3]:
- Zuordnung der beabsichtigten Regelung zur Ermittlung des rechtlichen Rahmens;
- Feststellung der Handlungsform (Beschluss oder Vereinbarung);
- ist eine Beschlussfassung denkbar, muss eine Zuordnung zu den drei Alternativen erfolgen.

17 Bis zum Jahr 2000 entsprach es der h.M., dass Beschlüsse der Wohnungseigentümerversammlung, die Vereinbarungen abändern, ergänzen oder ersetzen, nicht nichtig, sondern lediglich nach § 23 Abs. 4 Satz 2 WEG a.F. anfechtbar sein sollten[4]. Diese Auffassung hat der BGH[5] auf entsprechende Literaturveröffentlichungen von *Wenzel*[6] aufgegeben. Mangels entsprechender **Beschlusskompetenz** kann die Wohnungseigentümergemeinschaft daher grundsätzlich nicht mehr durch vereinbarungsändernde Beschlüsse in das Grundverhältnis der Eigentümergemeinschaft eingreifen. Vereinbarungs- oder gesetzesändernde (bezogen auf zwingende Vorschriften des WEG) Mehrheitsbeschlüsse sind nichtig und entfalten keine „Überlagerungswirkung"[7]. Etwas anderes gilt nur dann, wenn eine Öffnungsklausel in der Gemeinschaftsordnung vorgesehen ist oder das Gesetz selbst für eine Gesetzesabweichung die Beschlusskompetenz der Eigentümergemeinschaft bestimmt. Solche gesetzesändernden Beschlüsse lässt die Gesetzesnovelle nunmehr selbst zu. So kann gem. § 16 Abs. 3 durch einfachen Mehrheitsbeschluss der Kostenverteilungsschlüssel für **Betriebs- und Verwaltungskosten** gegenüber dem in § 16 Abs. 2 verankerten Grundsatz abgeändert werden. Mit qualifiziertem Mehrheitsbeschluss kann der Verteilungsschlüssel für **Instandhaltungs- und Instandsetzungskosten** je Einzelfall verändert werden. Ebenso können **bauliche Veränderungen** beschlossen werden. Insoweit lässt sich von einer „gesetzlichen Öffnungsklausel" sprechen. Da die Beschlusskompetenz eröffnet wird, können **fehlerhafte Beschlüsse** nur zur Anfechtbarkeit und nicht zur Nichtigkeit führen[8]. Dies gilt auch, wenn die qualifizierte Mehrheit gem. §§ 16 Abs. 4 oder 22 Abs. 2 tatsächlich nicht erreicht, der Beschluss aber als zustande gekommen verkündet wurde. Auch in diesen Fällen handelt es sich um **Zitterbeschlüsse**.

---

1 *Wenzel*, ZWE 2000, 2 (8).
2 OLG Stuttgart v. 9.2.2001 – 8 W 54/98, ZWE 2001, 454.
3 Vgl. *Lüke*, ZWE 2002, 49 (53).
4 BGH v. 16.9.1994 – V ZB 2/93, NJW 1994, 3230; BayObLG v. 24.8.2000 – 2Z BR 169/99, NJW 2000, 3503; *Schmack/Kümmel*, ZWE 2000, 433; *Röll*, ZWE 2000, 13; *Demharter*, WuM 2000, 291; *Müller*, NZM 2000, 854; *Schmidt*, NZM 2000, 902.
5 V. 20.9.2000 – V ZB 58/99, NJW 2000, 3500 = MDR 2000, 1367.
6 ZWE 2000, 2.
7 *Wenzel*, ZWE 2000, 2 (8).
8 So auch *Abramenko*, Das neue WEG, § 3 Rz. 40.

In diesem Zusammenhang enthält § 16 Abs. 3 noch eine Besonderheit. Während 18
vereinbarungs- oder gesetzeswidrige Beschlüsse deshalb nicht nichtig waren,
weil sie nur einen sich erledigenden Einzelfall regelten, können die Kostenverteilungsschlüssel nunmehr auch **dauerhaft** per Beschluss geändert werden. Es
handelt sich damit um einen gesetzlichen Fall des gesetzesändernden Beschlusses. Beschlüsse, welche aber nicht in das Grundverhältnis eingreifen, sondern
vielmehr – wenn auch in vereinbarungswidriger Weise – Einzelfallregelungen
treffen, sind auch weiterhin nicht nichtig, sondern nur anfechtbar. Unterbleibt
eine Anfechtung, erwachsen solche Zitterbeschlüsse auch künftig in Bestandskraft. Ist ein solcher vereinbarungswidriger Beschluss bestandskräftig geworden,
genügt ein einfacher Mehrheitsbeschluss als **Zweitbeschluss**, einen solchen formal bestandskräftigen Erstbeschluss wieder aufzuheben[1].

Wurden von einem Wohnungseigentümer im Hinblick auf einen nach nunmehr 19
h.M. nichtigen Beschluss, welcher nach damaliger Rechtsprechung lediglich anfechtbar war, Aufwendungen getätigt, steht dem betreffenden Sondereigentümer gegen die Wohnungseigentümergemeinschaft ein **Aufwendungsersatzanspruch** zu, selbst wenn die betreffenden Wirtschaftsjahre bereits abgerechnet
sind. Hat die Wohnungseigentümergemeinschaft z.B. die Kosten für eine Fenstersanierungsmaßnahme durch Beschluss einem Wohnungseigentümer auferlegt, entspricht es den Grundsätzen ordnungsgemäßer Verwaltung, wenn die
Mehrheit später – in Kenntnis der aktuellen BGH-Rechtsprechung bzw. der jetzigen Gesetzeslage – beschließt, die von dem Wohnungseigentümer außerhalb
seines Sondereigentums aufgewendeten Sanierungskosten aus der Rücklage zu
erstatten[2].

7. Öffnungsklauseln

a) Regelungsgehalt

Die Regeln der Gemeinschaftsordnung können grundsätzlich nur durch Vereinbarung aller Wohnungseigentümer abgeändert werden. Neben den neuen gesetzlichen Möglichkeiten (z.B. §§ 12 Abs. 4, 16 Abs. 3 und 4) ist ein Verzicht auf die
Mitwirkung aller Wohnungseigentümer dann entbehrlich, wenn die Gemeinschaftsordnung selbst eine sog. Öffnungsklausel enthält. Danach wird die Abänderung meist durch einen **qualifizierten Mehrheitsbeschluss** der Wohnungseigentümer zugelassen. Dies ist aber nicht zwingend notwendig. Im Rahmen der
Privatautonomie kann auch vereinbart werden, dass eine einfache Mehrheit genügt. 20

b) Sachlicher Grund

Die Rechtsprechung schränkt die Gestaltungsfreiheit der Wohnungseigentümer 21
zur Abänderung der Gemeinschaftsordnung mittels Öffnungsklauseln jedoch
teilweise wieder ein. So wird behauptet, dass von der Öffnungsklausel nur dann
Gebrauch gemacht werden dürfe, wenn ein **sachlicher Grund** zur Änderung vor-

---

1 OLG Stuttgart v. 9.2.2001 – 8 W 54/98, ZWE 2001, 454; vgl. auch OLG Karlsruhe v. 31.5.
 2000 – 11 Wx 96/00, NZM 2000, 869; KG v. 30.3.1998 – 24 W 9038/97, WuM 1998, 433.
2 AG Neuss v. 9.11.2001 – 27c II 205/01, NZM 2002, 31.

liegt und einzelne Wohnungseigentümer gegenüber dem früheren Rechtszustand **nicht unbillig benachteiligt** werden[1]. Die Literatur hat sich der Rechtsprechung weitgehend angeschlossen[2]. Die h.M. schränkt hierdurch jedoch die Privatautonomie der Wohnungseigentümer unzulässig ein und ist daher abzulehnen. Zwar ist zutreffend, dass alle Beschlüsse und somit auch solche, die auf eine Öffnungsklausel zurückzuführen sind, durch Anfechtung einer gerichtlichen Überprüfung unterzogen werden können. Auch ist richtig, dass Beschlüsse dann rechtswidrig sind, wenn sie einzelne Wohnungseigentümer unbillig benachteiligen. Die h.M. lässt aber den Gebrauch der Öffnungsklausel nur dann zu, wenn außergewöhnliche Umstände hierzu förmlich zwingen. Nur dann sei ein sachlicher Grund zur Abänderung der Gemeinschaftsordnung gegeben. Damit wird aber die Möglichkeit, von Öffnungsklauseln Gebrauch machen zu können, entgegen dem in der Öffnungsklausel verwendeten Wortlaut, erheblich eingeschränkt[3]. Die Öffnungsklausel wird um ein nicht geschriebenes Tatbestandsmerkmal erweitert und es wird damit unzulässig in die Privatautonomie eingegriffen.

22 Das Gesetz spricht nunmehr selbst auch gegen eine so stark eingrenzende Auslegung von Öffnungsklauseln. In den neuen §§ 12 Abs. 4, 16 Abs. 3 und Abs. 4 werden unter erleichterten Bedingungen Änderungen der Gemeinschaftsordnung zugelassen. Nach § 12 Abs. 4 können die Wohnungseigentümer eine bestehende **Veräußerungsbeschränkung** aufheben. Das Gesetz eröffnet damit die Möglichkeit, von der Gemeinschaftsordnung abzuweichen. § 16 Abs. 3 lässt Änderungen des Betriebskostenschlüssels zu. § 16 Abs. 4 betrifft die Kostenverteilung für Instandhaltungs- und Instandsetzungsmaßnahmen sowie für die Durchführung von Modernisierung. Beides kann gem. § 16 Abs. 5 nicht durch Vereinbarung eingeschränkt werden. Der Gesetzgeber wollte mit diesen Erleichterungen die Privatautonomie der Wohnungseigentümer stärken, indem deren Rechte künftig durch einseitige Festlegungen in der Gemeinschaftsordnung weniger als bisher eingeschränkt werden können[4]. Hätte der Gesetzgeber die Anwendbarkeit von Öffnungsklauseln einschränken wollen, hätte er – zumal ihm die diesbezügliche Rechtsprechung bekannt war – eine entsprechende Einschränkung gesetzlich normiert. Indem er dies unterließ und andererseits „gesetzliche Öffnungsklauseln" in den Gesetzestext aufnahm, machte er deutlich, dass für einschränkende Auslegungen kein Raum ist.

23 Weiter formuliert § 10 Abs. 2 Satz 3 den Anspruch eines Wohnungseigentümers auf Abänderung einer Vereinbarung, wenn die bisherige Regelung aus **schwer**

---

1 BGH v. 27.6.1985 – VII ZB 21/84, NJW 1985, 2832; OLG Stuttgart v. 12.12.1985 – 8 W 344/84, NJW-RR 1986, 815; KG v. 28.7.1999 – 94 W 1542/99, NZM 2000, 348; v. 21.5. 2003 – 24 W 253/02, NZM 2003, 642; LG Lübeck v. 8.12.1990 – 7 T 678/88, NJW-RR 1990, 912.
2 Siehe u.a. *Merle* in Bärmann/Pick/Merle, WEG, § 23 Rz. 18; *Bassenge* in Palandt, BGB, § 10 WEG Rz. 18; *Lüke* in Weitnauer, WEG, § 10 Rz. 51; *Becker/Kümmel/Ott*, Wohnungseigentum, § 3 Rz. 92.
3 So auch *Hügel* in Hügel/Scheel, Rechtshandbuch, Teil 5, Rz. 62; *Häublein*, Sondernutzungsrechte und ihre Begründung im Wohnungseigentumsrecht, S. 212; *Sauren*, NJW 1986, 2034.
4 Begründung zum Entwurf eines Gesetzes zur Änderung des Wohnungseigentumsgesetzes und anderer Gesetze, BT-Drucks. 16/887, 16.

wiegenden Gründen unbillig ist (s.u. Rz. 26 ff.). Es macht einen qualitativen Unterschied aus, ob ein Wohnungseigentümer die Abänderung einer Vereinbarung verlangen kann oder die Wohnungseigentümer mit qualifizierter Mehrheit eine solche für notwendig erachten. Würden in beiden Konstellationen die gleichen Kriterien zugrunde gelegt, wird der Mehrheitswille der Wohnungseigentümer missachtet. Beim Mehrheitsbeschluss ist daher kein besonderer sachlicher Grund zu verlangen. Andernfalls träte an die Stelle des Ermessens der Wohnungseigentümer ohne Not das richterliche Ermessen.

c) Rechliche Qualifizierung

Der Streit, ob eine Mehrheitsentscheidung aufgrund einer Öffnungsklausel eine Vereinbarung[1] oder einen Beschluss[2] darstellt, ist vom Gesetzgeber weitgehend entschärft worden. In § 10 Abs. 4 Satz 2 hat der Gesetzgeber nunmehr vorgesehen, dass Beschlüsse, die von einer Vereinbarung abweichen, **nicht** in das **Grundbuch eingetragen** werden müssen, um den Rechtsnachfolger zu binden. Damit bleibt die **rechtliche Qualifizierung**, ob es sich um Vereinbarungen oder Beschlüsse handelt, ohne Bedeutung. Die Auffassung von *Hügel*[3], dass Mehrheitsentscheidungen aufgrund einer Öffnungsklausel weiterhin der Eintragung in das Grundbuch bedürften, überzeugt nicht. Er begründet dies damit, dass der Gesetzgeber in § 10 Abs. 4 Satz 2 nur auf eine Eintragungspflicht von aufgrund einer Vereinbarung gefassten Beschlüssen verzichtet, während es sich aber nach seiner Rechtsauffassung bei solchen Beschlüssen gerade um Vereinbarungen handeln würde. Diese Auffassung ist mit dem gesetzgeberischen Willen nicht in Einklang zu bringen. Der Gesetzgeber will zwar die dogmatische Frage nicht klären, ob Mehrheitsbeschlüsse aufgrund einer Öffnungsklausel als Beschlüsse oder Vereinbarungen zu werten sind. Er will aber klarstellen, dass diese auf keinen Fall eingetragen werden müssen. Damit soll erreicht werden, dass die Grundbuchämter entlastet werden und die Übersichtlichkeit der Grundbücher nicht leidet[4]. Mehrheitsbeschlüsse aufgrund einer Öffnungsklausel ergehen im „Kleid" eines Beschlusses und müssen unabhängig von ihrem materiellen Inhalt nicht in das Grundbuch eingetragen werden[5].

24

d) Verhältnis zu gesetzlichen Öffnungsklauseln

Durch die Gesetzesreform haben Öffnungsklauseln letztlich an Bedeutung verloren. Teilweise bestimmt das Gesetz nunmehr selbst eine entsprechende Beschlusskompetenz, ohne dass diese eingeschränkt werden kann. So kann die Beschlusskompetenz der Wohnungseigentümer, den Kostenverteilungsschlüssel gem. § 16 Abs. 3 und 4 abändern zu können, nicht durch Vereinbarung beschränkt oder ausgeschlossen werden, § 16 Abs. 5. Ebenso kann das Recht, über Modernisierungsmaßnahmen mit qualifizierter Mehrheit beschließen zu dürfen, nicht durch Vereinbarung tangiert werden, § 22 Abs. 2 Satz 2. In diesen Bereichen können Öffnungsklauseln nur noch zum Zwecke der **Erweiterung** der

25

---

1 So *Hügel*, ZWE 2001, 578; *Hügel*, ZWE 2002, 503.
2 So *Becker*, ZWE 2002, 341; *Schuschke*, NZM 2001, 497 (498).
3 Rechtshandbuch, Teil 5, Rz. 64.
4 BT-Drucks. 16/887, 12 und 20.
5 So auch *Abramenko*, Das neue WEG, § 2 Rz. 5; *Demharter*, NZM 2006, 589.

ohnehin gesetzlich vorgesehenen **Beschlusskompetenz** vereinbart werden. Eine solche Erweiterung ist z.b. schon dann gegeben, wenn die Öffnungsklausel entgegen der gesetzlichen Regelung keine Dreiviertel-, sondern nur eine Zweidrittelmehrheit vorsieht. Ebenso ist eine Erweiterung gegeben, wenn die Abänderung eines Kostenverteilungsschlüssels bei Instandsetzungsmaßnahmen aufgrund einer Öffnungsklausel nicht nur für den Einzelfall, sondern generell abgefasst werden kann.

8. Anspruch auf Änderung einer Vereinbarung, Abs. 2 Satz 3

a) Bisherige Rechtsmeinung

26 In Ausnahmefällen haben die Wohnungseigentümer einen **Anspruch**, von den übrigen Wohnungseigentümern die Zustimmung zur Änderung einer Vereinbarung, insbesondere der Gemeinschaftsordnung, fordern zu können, § 10 Abs. 2 Satz 3. Bis zur Gesetzesnovelle wurde auch von der h.M. ein solcher Anspruch ohne entsprechende gesetzliche Regelung grundsätzlich bejaht. Als Voraussetzung wurde allerdings definiert, dass **außergewöhnliche Umstände** ein Festhalten an einer Vereinbarung als **grob unbillig** und damit gegen Treu und Glauben verstoßend erscheinen ließen. Eine bloße Kostenungerechtigkeit wurde als nicht ausreichend angesehen[1]. Im Ergebnis war somit eine Abänderung einer Vereinbarung, insbesondere im Hinblick auf die Abänderung von Verteilungsschlüsseln gem. Gemeinschaftsordnung, nur unter ganz engen Voraussetzungen möglich. Teilweise wurden Flächenabweichungen zwischen den Angaben in der Teilungserklärung und den tatsächlichen Gegebenheiten von mehr als 50 % nicht als ausreichend angesehen, einen Anpassungsanspruch zu bejahen[2]. Der BGH[3] hat die Größe der Flächenabweichung letztendlich offengelassen, die für einen Abänderungsanspruch erforderlich sei. Entscheidend seien die Gesamtumstände des Einzelfalls und nicht allein das Maß der Kostenmehrbelastung. Ein Anpassungsanspruch sei abzulehnen, wenn die Auswirkungen einer nicht sachgerechten Kostenverteilung bereits beim Erwerb des Wohnungseigentums absehbar waren[4]. So wurde der Anpassungsanspruch auch dann abgelehnt, wenn sich der teilende Eigentümer vorbehalten hatte, bestimmte Wohnungen noch auszubauen und er es unterlässt, eine Kostenbefreiung bis zum Ausbau der Wohnungen in die Gemeinschaftsordnung aufzunehmen. Dann müsse er sich weiterhin an den Kosten beteiligen, auch wenn nicht ausgebaut

---

1 OLG Naumburg v. 10.1.2000 – 11 Wx 2/99, WuM 2001, 38.
2 BayObLG v. 10.11.1994 – 2Z BR 100794, NJW-RR 1995, 529 eine Mehrbelastung von 22 % nicht als ausreichend ansehend; OLG Köln v. 2.4.2001 – 16 Wx 27/01, DWE 2001, 100 einen Änderungsanspruch wegen einer Mehrbelastung von 30 % verneinend; OLG Frankfurt v. 13.4.2000 – 20 W 485/98, NZM 2001, 140 bei 31 % Flächenabweichung verneinend; BayObLG v. 1.2.2001 – 2Z BR 136/00, NZM 2001, 290 eine Mehrbelastung von 50 % nicht als ausreichend ansehend; OLG Frankfurt v. 13.4.2000 – 20 W 485/98, NZM 2001, 140 einen Anspruch auf Abänderung bei 59 %iger Mehrbelastung verneinend; BayObLG v. 19.2.1987 – BReg. 2Z 114/86 grobe Unbilligkeit bei einer Flächenabweichung von 171 % bejahend; BayObLG v. 2.2.1995 – 2Z BR 131/94, WuM 1997, 61 den Abänderungsanspruch bei einer Abweichung von 87,5 % annehmend.
3 V. 7.10.2004 – V ZB 22/04, ZMR 2004, 834.
4 So auch OLG Hamm v. 9.9.2002 – 15 W 235/00, ZMR 2003, 286; OLG Köln v. 23.11.2001 – 16 Wx 202/01, ZMR 2002, 780.

wurde[1]. Demgegenüber sei ein Anpassungsanspruch nach Auffassung der Rechtsprechung denkbar, wenn die Flächenabweichungen durch eine nachträgliche bauliche Veränderung bedingt sind[2]. Aber auch außerhalb der Kostenverteilungsproblematik wurden Anpassungsansprüche meist ablehnend beschieden. So sollte auch bei wirtschaftlichem Ungleichgewicht der **Stimmrechte** und der Gefahr der **Majorisierung** kein Anspruch auf Änderung der in der Gemeinschaftsordnung festgelegten Stimmrechte bestehen[3].

b) Die Neuregelung

Der Gesetzgeber hat diese Rechtsprechung i.S.d. Rechtssicherheit im Kern kodifiziert, aber gleichzeitig die **Eingriffschwelle** herabgesetzt sowie die Anpassungstatbestände erweitert. Erfasst werden sollen auch Fälle, in denen sich die Gemeinschaftsordnung von Anfang an als verfehlt erweist, also nicht erst später eine Änderung eintritt. Grundsätzlich können sämtliche Vereinbarungen nach § 10 Abs. 2 Satz 3 geändert werden[4], wobei einer entsprechenden Änderung jedoch eine **Auslegung** der bereits bestehenden Vereinbarung vorgeht[5]. Steht die betreffende Vereinbarung im Widerspruch zu anderen Vereinbarungen, ohne dass ein Rangverhältnis ermittelt werden kann, können ohnehin statt der widersprüchlichen Vereinbarungen die einschlägigen Rechtsnormen angewandt werden, so dass es einer Vereinbarungsänderung u.U. nicht bedarf.

27

Kommt eine Auslegung nicht in Betracht und besteht auch kein unauflöslicher Widerspruch zwischen mehreren Vereinbarungen, bleibt nur der nunmehr gesetzlich normierte Abänderungsanspruch. Dieser senkt gegenüber der bisherigen Rechtsprechung die Anforderungen, indem der Begriff der „außergewöhnlichen Umstände" durch den Begriff der „**schwerwiegenden Gründe**" ersetzt wird. Zudem muss die bisherige Regelung nicht mehr grob unbillig, sondern nur noch **unbillig** sein, um den Abänderungsanspruch zu eröffnen. Damit steht zwar fest, dass die Eingriffschwelle gesenkt werden soll. Unklar bleibt aber, wo aufgrund der weiterhin verwendeten unbestimmten Rechtsbegriffe zukünftig die „schwerwiegenden Gründen" und die „Unbilligkeit" anzusiedeln sind. Hinsichtlich der Kostenverteilungsschlüssel dürfte die Entscheidung des KG[6] als maßgebende Orientierungsgröße anzusehen sein, wonach eine 25%ige Flächenabweichung einen Anspruch auf sachgerechte Kostenverteilung begründet[7].

28

Generell ist bei den „schwerwiegenden Gründen" eher auf die objektiv vorliegenden Umstände und bei der „Unbilligkeit" auf die spezifischen Interessen der Wohnungseigentümer abzustellen[8]. Die Kürzung von Nutzungsmöglichkeiten gemeinschaftlicher Anlagen und Einrichtungen oder Beschränkungen geringen

29

---

1 OLG Düsseldorf v. 20.3.1998 – 3 Wx 7/98, NZM 1998, 867; KG v. 1.9.2003 – 24 W 285/02, ZMR 2004, 620.
2 OLG Düsseldorf v. 8.1.2001 – 3 Wx 402/00, ZMR 2001, 378.
3 KG v. 10.1.1994 – 24 W 4817/93, NJW-RR 1994, 525.
4 BT-Drucks. 16/887, 19.
5 Amtl. Begründung in BT-Drucks. 16/887, 19.
6 V. 14.6.2004 – 24 W 32/04, ZMR 2004, 705 = NZM 2004, 549 unter Verweis auf *Jennißen*, Verwalterabrechnung, V Rz. 19.
7 *Abramenko*, Das neue WEG, § 3 Rz. 47; so auch *Briesemeister*, WEG-Reform, S. 16.
8 Amtl. Begründung BT-Drucks. 16/887, 19.

Umfangs werden kaum „schwerwiegende Gründe" darstellen können. Auch ist nicht zu verkennen, dass eine bloße Kostenungerechtigkeit nicht schon schlechthin ausreicht.

30 *Abramenko*[1] weist mit Recht darauf hin, dass der Anpassungsanspruch nicht voraussetzt, dass eine **Ungleichbehandlung** vorliegt. Auch ein Nachteil, der alle Wohnungseigentümer betrifft, kann demnach den Anpassungsanspruch begründen, wie z.B. Veränderungen von Umweltbedingungen, wenn hierdurch eine von der Gemeinschaftsordnung vorgesehene Nutzungsmöglichkeit sinnlos wird. Zu denken ist z.B. daran, dass durch Veränderungen **bauordnungsrechtlicher** Umstände einzelne Räumlichkeiten nicht mehr derart nutzbar sind, wie von der Gemeinschaftsordnung vorgesehen. Werden z.B. mehrere Wohnungen zum Zwecke eines „Wohnheims" geteilt, weil das Objekt zuvor als solches für einen benachbarten Konzern genutzt wurde, kann der Sinn dieser Vereinbarung entfallen, wenn das benachbarte Unternehmen geschlossen wird. Auch ist es denkbar, dass durch den gesellschaftlichen Wandel in der Gemeinschaftsordnung vorgegebene Nutzungsmöglichkeiten irrelevant werden.

c) Verhältnis zu § 16 Abs. 3, Abs. 4

31 Hinsichtlich der Kostenverteilung innerhalb der Eigentümergemeinschaft ist zu berücksichtigen, dass § 16 Abs. 3 und Abs. 4 nunmehr für den Hauptanwendungsfall der Kostenverteilungsschlüssel eine einfachere Abänderungsmöglichkeit durch Mehrheitsbeschluss bietet. Dennoch ist § 10 Abs. 2 Satz 3 nicht überflüssig. § 16 Abs. 3 und Abs. 4 stärkt das **Gemeinschaftsinteresse**, während § 10 Abs. 2 Satz 3 das **Individualinteresse** schützt. Kommt es in der Praxis zu einer Beschlussfassung nach § 16 Abs. 3 oder Abs. 4 und lehnt die Wohnungseigentümerversammlung den Antrag auf Abänderung des Verteilungsschlüssels ab, besteht neben der Möglichkeit des § 10 Abs. 2 Satz 3 auch die der Anfechtung des **Negativbeschlusses** unter gleichzeitiger Beantragung eines entsprechenden Verpflichtungsurteils[2]. Der Gesetzgeber hat sich daher bewusst dafür entschieden, die Vorgehensweisen in den §§ 16 Abs. 3 und 10 Abs. 2 Satz 3 alternativ auszugestalten[3]. Diesen gesetzgeberischen Willen übersieht die Auffassung, welche § 16 Abs. 3 als lex specialis gegenüber § 10 Abs. 2 Satz 3 ansieht[4].

32 Hinsichtlich der Kostenverteilungsschlüssel besteht zwischen § 16 Abs. 3 und 4 einerseits und § 10 Abs. 2 Satz 3 andererseits ein **Stufenverhältnis**. Wenn sich die Wohnungseigentümer mit der jeweils erforderlichen Mehrheit für eine Abänderung des Verteilungsschlüssels entschließen, sind keine besonderen Anforderungen zu stellen. Will aber ein Wohnungseigentümer die Veränderung ggf. auch gegen den Willen der übrigen Wohnungseigentümer **erzwingen**, sind die schwerwiegenden Gründe vorzutragen, die die Änderung aus Billigkeitsgründen erforderlich machen sollen. So können beispielsweise die Wohnungseigentümer mit Stimmenmehrheit die Betriebskosten eines **Aufzugs** nach der Etagenhöhe

---

1 Das neue WEG, § 3 Rz. 50.
2 Ebenso *Abramenko*, Das neue WEG, § 3 Rz. 64.
3 BT-Drucks. 16/887, 19.
4 So *Hügel* in Hügel/Elzer, Das neue WEG-Recht, § 3 Rz. 132; *Hügel* in Hügel/Scheel, Rechtshandbuch Wohnungseigentum, Teil 5. Rz. 34.

und damit unter Berücksichtigung der Gebrauchsmöglichkeit verteilen. Ein Anspruch hierauf besteht aber nicht, selbst wenn der Wohnungseigentümer nachweislich den Aufzug nicht nutzt. Der Abänderungsanspruch scheitert in diesem Fall daran, dass weder eine Änderung am Objekt noch eine Veränderung der Sach- und Rechtslage eingetreten ist. Auch ist kein Irrtum bei der Abfassung der Teilungserklärung oder der Gemeinschaftsordnung feststellbar. Diese Kriterien sind zwar nicht ausschließlich maßgebend[1]. Der Wortlaut stellt nur auf die schwerwiegenden Gründe ab, die zwar in der Regel, aber nicht zwingend durch nachträgliche Veränderungen am Bauwerk oder durch eine irrtümliche Abfassung der Teilungserklärung bedingt sein werden. Die Nichtnutzung des Aufzugs ist kein so schwerwiegender Grund, insbesondere wenn dies ausschließlich am fehlenden Nutzungswillen oder der von vornherein bestehenden Lage der Wohnung liegt. Ist hingegen die Nutzungsmöglichkeit faktisch nicht gegeben, weil beispielsweise kein Zugang zum Aufzug für den betreffenden Wohnungseigentümer besteht, lässt sich der Änderungsanspruch, auch ohne dass zwischenzeitlich eine bauliche Veränderung stattgefunden hat, begründen.

In der Praxis wird der Weg über § 16 Abs. 3 gegenüber § 10 Abs. 2 Satz vorzugswürdig sein. Letztere Vorschrift stellt für eine Änderung des Umlageschlüssels deutlich höhere Anforderungen. Sofern eine entsprechende Beschlussfassung im Rahmen des § 16 Abs. 3 abgelehnt werden sollte, kann diese durch Richterspruch nach Anfechtung des Negativbeschlusses überwunden werden.

d) Einzelne Kriterien

Der Begriff der „Unbilligkeit" setzt eine allseitige Interessensabwägung voraus. So sind auch die Interessen der übrigen Wohnungseigentümer, wie Abs. 2 Satz 3 besonders hervorhebt, bei der Wertung zu berücksichtigen. Dies kann dazu führen, dass zwar in der Person des die Änderungen wünschenden Wohnungseigentümers schwerwiegende Gründe für das Verlangen liegen, die Änderung aber gleichzeitig zu einer erheblichen Belastung der Interessen der anderen Wohnungseigentümer führen würde.

Auch dürfen die schwerwiegenden Gründe für einen Abänderungsanspruch nicht lediglich eine Momentaufnahme darstellen. Schwerwiegend kann ein Grund nur dann sein, wenn er **auf Dauer** zu einer gewissen Unzumutbarkeit führt.

Ebenso wie die Rechtslage vor der WEG-Novelle gibt auch die Neuregelung keinen Anspruch auf **Änderung der Eigentumsverhältnisse**, insbesondere der Miteigentumsanteile und bei Veränderungen, die in den Risikobereich eines Wohnungseigentümers fallen. Die Annahme eines solchen Abänderungsanspruchs, hinsichtlich der sachenrechtlichen Grundlagen der Wohnungseigentümergemeinschaft verbietet sich bereits aufgrund des eindeutigen Wortlauts und der systematischen Stellung der Vorschrift[2].

---

1 Siehe auch die amtl. Begründung in BT-Drucks. 16/887, 19.
2 *Hügel* in Hügel/Elzer, Das neue WEG-Recht, § 3 Rz. 128; *Hügel* in Hügel/Scheel, Rechtshandbuch Wohnungseigentum, Teil 5. A. Rz. 33.

e) Hinweise zur Klageerhebung

37 Bis zur WEG-Novelle war der Anspruch auf Abänderung der Teilungserklärung nach § 242 BGB nur im Wege der Vereinbarung oder durch gerichtliche Entscheidung durchsetzbar. Dies ändert sich insoweit, als §§ 12 Abs. 4, 16 Abs. 3 und 4 Mehrheitsbeschlüsse zulassen. Kann die Mehrheit allerdings nicht für die Änderung begeistert werden, wird sich gerichtliche Hilfe nicht vermeiden lassen. Gleiches gilt auch dann, wenn es nicht um die Änderung von Kostenverteilungsschlüsseln geht, sodass ein Mehrheitsbeschluss im Zweifel nicht ausreichend ist, um die gewünschte Änderung herbeizuführen.

38 Ob das Absenken der Schwelle nun zu einem Anstieg der gerichtlichen Verfahren führt, bleibt abzuwarten. Zu berücksichtigen ist dabei, dass Abs. 2 Satz 3 keine Beschlusskompetenz eröffnet. Wenn für die begehrte Maßnahme eine Vereinbarung notwendig ist, kann diese nicht durch einen Mehrheitsbeschluss ersetzt werden. Dies folgt auch nicht aus dem Wort „verlangen". Bei Anerkennung einer solchen Beschlusskompetenz würde beispielsweise eine Abänderung der Teilungserklärung durch Zitterbeschluss möglich werden[1]. Es ist auch zu berücksichtigen, dass der Gesetzgeber im Wesentlichen die bisherige Rechtslage nicht ändern, sondern lediglich die strengen Maßstäbe abschwächen wollte. Gerade hieraus lässt sich nicht auf eine Beschlusskompetenz schließen. Durch eine gerichtliche Entscheidung soll die neue Regelung anstelle der bisherigen Vereinbarung treten, was auch der Rechtssicherheit dient. Die Zustimmung der **Grundpfandgläubiger** ist hierzu allerdings nicht erforderlich[2].

39 Scheitert ein Wohnungseigentümer mit seinem Verlangen, eine vom Gesetz abweichende Vereinbarung oder die Anpassung einer Vereinbarung gegenüber allen Wohnungseigentümern durchzusetzen, ist für die Frage des richtigen Klagegegners im Einzelnen festzustellen, wer die Zustimmung erklärt und wer nicht. Wegen der Kostenfolge des § 91 ZPO hat der klagende Wohnungseigentümer die Kosten des Rechtsstreits gegenüber denjenigen Wohnungseigentümern zu tragen, die ihre Zustimmung bereits erklärt haben. Für eine Klage gegen diese Wohnungseigentümer fehlt das Rechtschutzinteresse. Begnügt sich der klagende Wohnungseigentümer mit der Feststellung, dass zumindest einer der übrigen Wohnungseigentümer die Zustimmung verweigern wird und deshalb eine neue Vereinbarung nicht zustande kommt, läuft er Gefahr, dass die übrigen Wohnungseigentümer den Anspruch im Verfahren sofort anerkennen und damit zu Lasten des Klägers die Kostenfolge des § 93 ZPO auslösen. Nach bisheriger Rechtslage war hingegen ein solcher Abänderungsanspruch nach § 43 Abs. 1 Nr. 1 WEG a.F. immer gegen sämtliche übrigen Wohnungseigentümer zu richten. Dies ist nach der WEG-Novelle nicht mehr zwingend der Fall, wie § 48 Abs. 1 verdeutlicht. Zudem ist jetzt die Frage des richtigen Klagegegners auch deshalb von großer Bedeutung, weil über die Kosten des Rechtsstreits nicht mehr gem. § 47 WEG a.F. nach billigem Ermessen, sondern nach Obsiegen gem. § 91 ZPO entschieden wird.

---

1 A.A. *Abramenko*, Das neue WEG, § 3 Rz. 58.
2 BayObLG v. 19.2.1987 – BReg. 2Z 114/86, NJW-RR 1987, 714.

9. Bindungswirkung gegenüber Rechtsnachfolger, Abs. 3

Vereinbarungen bedürfen hinsichtlich der dinglichen Einigung **keiner Form**; sie können auch stillschweigend getroffen werden[1]. Weder für die Vereinbarung noch für den Beschluss ist die Eintragung im Grundbuch Wirksamkeitsvoraussetzung. Sie ist bei Vereinbarungen nur für ihre Wirkung gegenüber einem **Rechtsnachfolger** (§ 10 Abs. 3) bedeutsam. Demgegenüber bedürfen Beschlüsse und richterliche Entscheidungen gem. § 43 zu ihrer Wirksamkeit gegenüber Rechtsnachfolgern nicht der Eintragung (§ 10 Abs. 4). Beschlüsse sind nicht eintragungsfähig. Ggf. sind an Beschlüssen nur die „**Betroffenen**" zu beteiligen (s. § 22 Abs. 1), an Vereinbarungen sämtliche Eigentümer.

40

Eine **quasidingliche** Wirkung für Vereinbarungen tritt nur bei Grundbucheintragung ein. Diese bewirkt keine Inhaltsänderung. Die Eintragung erweitert den Kreis der gebundenen Personen. Gerichtliche Vergleiche werden dabei nicht als Entscheidung i.S.v. Abs. 4 angesehen[2]. Die quasidingliche Wirkung ergibt sich nicht bereits aus § 746 BGB[3]. §§ 10, 15 gehen als speziellere Regeln vor[4]. Ist die Eintragung erfolgt, so entfällt die Bindungswirkung selbst dann nicht, wenn die Vereinbarung nicht in das **Bestandsverzeichnis** des neu angelegten Grundbuchs übernommen wurde[5].

41

Eine nicht eingetragene Vereinbarung muss ein Sondernachfolger nicht gegen sich gelten lassen[6]. Sie entfällt insgesamt, wenn auch nur bei einer Wohneinheit Sondernachfolge eingetreten ist[7]. So erlischt z.B. ein durch Vereinbarung begründetes, aber nicht im Grundbuch eingetragenes Sondernutzungsrecht (sog. **schuldrechtliches Sondernutzungsrecht**), wenn ein neuer Wohnungseigentümer in die Gemeinschaft eintritt. Die aus dem Grundbuch nicht ersichtliche Vereinbarung der bisherigen Wohnungseigentümer bindet ihn nicht automatisch. Allerdings kann der Sondernachfolger in die Vereinbarung **eintreten** oder sein **ausdrückliches Einverständnis** erklären[8]. Der Notar muss den Erwerber auf die Folgen des Eintritts in die Rechte und Pflichten der Gemeinschaft hinweisen[9].

42

Bis zur Entscheidung des BGH vom 20.9.2000[10] bestand Klarheit, dass vereinbarungsändernde Beschlüsse mangels Grundbucheintragung keine Wirkung gegen den Sondernachfolger haben. Grundsätzlich kommt auch ein **Vertrauensschutz** für vor dem 20.9.2000 gefasste vereinbarungsändernde Beschlüsse nicht

43

---

1 BGH v. 21.10.1983 – V ZR 121/82, NJW 1984, 612 = DNotZ 1984, 238; OLG Frankfurt v. 1.12.2006 – 20 W 291/06, ZWE 2006, 392; BayObLG v. 13.1.1994 – 2Z BR 130/93, WuM 1994, 222.
2 OLG Zweibrücken v. 11.6.2001 – 3 W 218/00, ZWE 2001, 564.
3 A.A. *Pick* in Bärmann/Pick/Merle, WEG, § 10 Rz. 60.
4 BGH v. 4.4.2003 – V ZR 322/02, ZMR 2003, 748.
5 OLG Hamm v. 29.3.1993 – 15 W 391/92, NJW-RR 1993, 1295.
6 KG v. 19.10.1998 – 24 W 6730/97, NZM 1999, 568; teilweise abweichende Auffassung OLG Zweibrücken v. 11.6.2001 – 3 W 218/00, ZWE 2001, 563.
7 BayObLG v. 6.2.2003 – 2Z BR 13/02, NZM 2003, 321; OLG Köln v. 2.4.2001 – 16 Wx 7/01, NZM 2001, 1135.
8 *Kreuzer*, MittBayNot 1997, 136; OLG Düsseldorf v. 21.5.1997 – 3 Wx 566/96, WuM 1997, 517.
9 Zum Umfang der Bindung *Häublein*, DNotZ 2005, 741; *Hügel*, DNotZ 2005, 442.
10 V ZB 58/99, MDR 2000, 1367 = NJW 2000, 3500 = ZMR 2000, 771.

in Betracht. So kann einem Anspruch eines Sondernachfolgers auf Besitzeinräumung selbst dann nicht mit dem Einwand aus **Treu und Glauben** begegnet werden, wenn die bisherige Nutzungsform jahrelang praktiziert wurde. Gehen die Wohnungseigentümer irrtümlich davon aus, dass durch eine **Stellplatzzuordnung** des teilenden Eigentümers, trotz fehlender Grundbucheintragung, Sondernutzungsrechte begründet wurden, ist die Berufung eines Rechtsnachfolgers auf die fehlende Bindungswirkung und das Verlangen auf Einräumung des Mitgebrauchs an den gemeinschaftlichen Stellplätzen nicht rechtsmissbräuchlich. Ausnahmsweise kann sich in Anwendung des § 242 BGB etwas anderes ergeben, wenn aufgrund besonderer Umstände des Einzelfalls das Interesse der Wohnungseigentümer an der Wahrung ihres berechtigten Vertrauens auf den Fortbestand der bisherigen Nutzungsverhältnisse die durch § 10 Abs. 2 geschützten Interessen des Sondernachfolgers deutlich überwiegen. Dies ist einer Einzelfallwertung zu überlassen, die aber nur unzumutbare Härten erfassen darf.

44 Die Entscheidung des BGH zur Nichtigkeit von vereinbarungsändernden Beschlüssen hat eine Rückwirkung. Vertrauensschutz verdienen nur die Wohnungseigentümer, deren Vertrauen in die Fortgeltung der bis dahin geltenden Rechtslage schutzwürdig ist. Dabei sind die Interessen aller Beteiligten abzuwägen. Steht der Bestandsschutz im Vordergrund, kommt ausnahmsweise eine Wirksamkeit der Pseudovereinbarung für die Vergangenheit in Betracht, nicht jedoch für die Zukunft[1].

45 Sind Beseitigungs- und Unterlassungsansprüche bereits **verjährt** oder **verwirkt**, leben diese in der Person des Sondernachfolgers nicht wieder auf. Mangels besonderer gesetzlicher Bestimmungen kann ein Rechtsnachfolger nicht weitergehende Rechte erwerben, als seinem Rechtsvorgänger zuletzt zustanden[2]. Allerdings verjähren und verwirken Ansprüche auf Beseitigung der Folgen eines vereinbarungsändernden Beschlusses nicht[3], sodass diese Einreden nur bei sonstigen Rechtsverletzungen in Betracht kommt.

46 Ob eine formlose Vereinbarung auch ohne Eintragung **zugunsten** eines Sondernachfolgers gilt, ist fraglich[4]. Sie wirkt sich faktisch als „Vertrag zugunsten Dritter, wen es angeht" aus. Zutreffend dürfte es sein, auf die aktuelle Willensübereinstimmung bei einer Sondernachfolge abzustellen[5].

10. Abgrenzung zwischen Vereinbarungsnotwendigkeit und Beschlusskompetenz – Einzelfälle

46a – **Antennenanlage.** Zuordnung zu Sonder- oder Gemeinschaftseigentum ist eine Frage des Einzelfalls. Gemäß § 5 Abs. 3 kann ihre Zuordnung **vereinbart**

---

1 *Wenzel*, ZWE 2001, 226 (229).
2 OLG Zweibrücken v. 11.6.2001 – 3 W 218/00, ZWE 2001, 563 (568); vgl. BayObLG v. 19.7.1990 – BReg. 2Z 61/90, NJW-RR 1991, 1041; OLG Köln v. 6.2.1998 – 16 Wx 333/87, NZM 1998, 872; OLG Stuttgart v. 18.8.1998 – 8 W 188/98, ZMR 1998, 802 (804).
3 BGH v. 20.9.2000 – V ZB 58/99, NJW 2000, 3500 = MDR 2000, 1367 = ZMR 2000, 771.
4 OLG Zweibrücken v. 21.1.2005 – 3 W 198/04, NZM 2005, 343; bejahend aber OLG Hamm v. 23.5.1998 – 15 W 4/98, NZM 1998, 873; OLG Düsseldorf v. 14.2.2002 – 3 Wx 392/00, ZWE 2001, 383; BayObLG v. 6.2.2003 – 2Z BR 16/02, NZM 2003, 321.
5 OLG Hamm v. 9.9.1999 – 15 W 157/99, ZWE 2000, 80.

werden. Eine Regelung, wo und wie eine Amateurfunkantenne angebracht werden kann, kann durch **Beschluss** herbeigeführt werden[1]. Hinsichtlich einer Parabolantenne ist die Beschlussfreiheit der übrigen Wohnungseigentümer durch die Informationsfreiheit des die Maßnahme begehrenden Wohnungseigentümers eingeschränkt[2]. Die Wohnungseigentümer können durch Vereinbarung das Anbringen von Parabolantennen generell verbieten, wenn hierfür ein berechtigtes Interesse besteht[3].

- **Bauliche Veränderungen.** Hierüber kann nach § 22 Abs. 1 im Einzelfall beschlossen werden, wobei die Zustimmung der beeinträchtigten Wohnungseigentümer erforderlich ist, sofern es sich nicht um eine Modernisierungsmaßnahme oder eine modernisierende Instandsetzung handelt. Abweichend von § 22 Abs. 1 kann jede bauliche Veränderung durch **Vereinbarung** von der Zustimmung aller Wohnungseigentümer abhängig gemacht werden[4].

- **Beirat.** Die Übertragung von zusätzlichen Kompetenzen auf den Beirat ist durch **Vereinbarung** nur eingeschränkt möglich[5]. Ein Beschluss, durch den generell auch Nicht-Eigentümer zum Beirat gewählt werden können und generell von der im Gesetz vorgesehenen Anzahl der Beiratsmitglieder abgewichen werden soll, ist nichtig. Hingegen ist eine Einzelfallregelung nur anfechtbar[6].

- **Berufliche (gewerbliche) Nutzung.** Nutzungseinschränkungen sind durch Vereinbarung regelbar. Eine bloße Ausübungsordnung (z.B. Hausordnung) kann hingegen beschlossen werden.

- **Dienstleistungsvertrag.** Ein Betreuungsvertrag bei betreutem Wohnen mit einer Laufzeit von mehr als zwei Jahren kann weder beschlossen noch vereinbart werden[7].

- **Gartengestaltung/-Nutzung.** Durch Vereinbarung kann turnusmäßige Nutzung von Freiflächen geregelt werden, wenn kein unzulässiger Eingriff in das Kernrecht eines Sondereigentümers erfolgt.

- **Gewährleistungsrechte.** Hinsichtlich des Sondereigentums kann das Recht des einzelnen Eigentümers nicht durch Beschluss oder Vereinbarung eingeschränkt werden. Die Erfüllungsansprüche hinsichtlich des Gemeinschaftseigentums liegen bei den einzelnen Wohnungseigentümern, die durch Ermächtigungsbeschluss diese Rechte auf die teilrechtsfähige Eigentümergemeinschaft übertragen können[8], s. auch Rz. 70f.

---

1 OLG Frankfurt NJW-RR 2005, 1034; BayObLG ZWE 2005, 93.
2 BGH v. 22.1.2004 – V ZB 51/03, MDR 2004, 563 = NZM 2004, 227; OLG Karlsruhe v. 17.4.2000 – 11 Wx 42/00, NZM 2001, 758; BayObLG v. 30.11.2000 – 2Z BR 92/00, ZWE 2001, 102; v. 7.3.2002 – 2Z BR 151/01, ZWE 2002, 265; v. 28.2.2002 – 2Z BR 171/01, ZWE 2002, 358; OLG Düsseldorf v. 23.12.2000 – 3 Wx 265/00, ZMR 2001, 648; OLG Zweibrücken v. 31.1.2002 – 3 W 299/01, NZM 2002, 269; NJW-RR 2007, 300.
3 BGH v. 22.1.2004 – V ZB 51/03, NZM 2004, 227 = MDR 2004, 563.
4 BayObLG v. 9.10.1997 – 2Z BR 84/97, WuM 1997, 699.
5 *Gottschalg*, ZWE 2000, 50.
6 A.A. *Lüke*, ZWE 2002, 49 (57), der einen entsprechenden Einzelfallbeschluss als unzulässige Umgehung der Gesetzesvorgabe ansieht.
7 BGH v. 13.10.2006 – V ZR 289/05, MDR 2007, 326 = ZMR 2007, 284.
8 BGH v. 12.4.2007 – VII ZR 236/05, DWE 2007, 50.

– **Gebrauchsregelungen.** Für Gebrauchsregelungen sieht § 15 Abs. 1 und 2 Vereinbarungen und Mehrheitsbeschlüsse als Handlungsformen vor. Regelungen, die über einen „ordnungsgemäßen" Gebrauch hinausgehen, bedürfen einer Vereinbarung. Jedoch ist die Abgrenzung zwischen ordnungsgemäßem und darüber hinausgehenden Gebrauch im Einzelfall schwierig. Da keine abstrakte Abgrenzung möglich ist, sind nicht angefochtene Beschlüsse auch nicht nichtig. Sie überschreiten nur die Grenze des rechtlichen „Dürfens", nicht dagegen die des rechtlichen „Könnens"[1]. Dies gilt allerdings nicht, wenn gegen ein gesetzliches Verbot verstoßen wird oder die guten Sitten bzw. der wenig konkretisierte „dingliche" Kernbereich des Wohnungseigentums verletzt wird[2].

– **Grunddienstbarkeit.** Besteht eine Benutzungsdienstbarkeit zugunsten des WEG-Grundstücks an einem Nachbargrundstück (z.B. Zufahrt, Garage), so setzt eine Benutzungsregelung im Verhältnis der Wohnungseigentümer untereinander eine Vereinbarung voraus. Diese ist in das Bestandsverzeichnis der Wohnungsgrundbücher einzutragen[3]. Die Auffassung ist allerdings zweifelhaft, da nicht einzusehen ist, warum eine solche Gebrauchsregelung nicht auch durch Beschluss möglich sein sollte.

– **Hausordnung.** Grundsätzlich ist die Hausordnung im Rahmen von § 15 Abs. 1 durch Beschluss regelbar, soweit sie sich auf Bestimmungen des ordnungsgemäßen Gebrauchs beschränkt. Geht sie darüber hinaus, ist eine Vereinbarung erforderlich. Durch Beschluss können geregelt werden: Benutzungsregelung für Abstellplatz bei zu geringer Anzahl[4]; Aufstellen von Getränkeautomaten[5]; Flurnutzung[6]; Gartenarbeit[7]; Haustüröffnung[8]; schließende Kellerfenster[9]; spielende Kinder[10]; Lärmschutzmaßnahme[11]; Ruhezeiten[12]; Wäsche trocknen[13]; Waschküchenbenutzung[14]; streitig ist, ob Winterstreupflicht der Wohnungseigentümer eine Vereinbarung voraussetzt[15]; bei bestehender Unzumutbarkeit (z.B. Senioren, Behinderte etc.) muss der Winterstreudienst delegierbar sein[16].

---

1 Vgl. auch BayObLG NJW-RR 2002, 226; *Wenzel*, ZWE 2000, 2 (5); *Wenzel*, ZWE 2001, 226 (230); *Buck*, WE 1998, 367; *Becker/Kümmel*, ZWE 2001, 128 (135).
2 Vgl. BGH v. 22.1.2004 – V ZB 51/03, NZM 2004, 227; *Wenzel*, ZWE 2000, 2 (5).
3 OLG Köln v. 1.2.1993 – 2 Wx 2/93, NJW-RR 1993, 982.
4 BayObLG v. 21.1.1988 – BReg. 2Z 133/87, WE 1988, 143; v. 17.11.1989 – 1b Z 27/88, WE 1991, 77; KG v. 2.7.1990 – 24 W 1434/90, WE 1990, 208.
5 NJW-RR v. 30.5.1990 – BReg. 2Z 36/90, 1990, 1104.
6 OLG Düsseldorf v. 1.10.2003 – 3 Wx 393/02, NZM 2004, 107.
7 OLG Düsseldorf v. 1.10.2003 – 3 Wx 393/02, NZM 2004, 107.
8 KG ZMR 1985, 345.
9 OLG Karlsruhe MDR 1976, 758; BayObLG Rpfleger 1982, 218.
10 BayObLG DWE 1982, 98, sofern keine unzumutbare Beschränkung.
11 OLG Düsseldorf v. 1.10.2003 – 3 Wx 393/02, NZM 2004, 107.
12 OLG Braunschweig v. 24.7.1986 – 3 W 55/86, NJW-RR 1987, 845.
13 OLG Düsseldorf v. 1.10.2003 – 3 Wx 393/02, NZM 2004, 107.
14 KG ZMR 1985, 131; OLG Frankfurt v. 4.12.2000 – 20 W 414/99, NZM 2001, 1136.
15 Für Vereinbarung: OLG Hamm v. 31.8.1981 – 15 W 38/81, NJW 1982, 1108; OLG Düsseldorf v. 1.10.2003 – 3 Wx 393/02, NZM 2004, 107; für Beschluss: OLG Stuttgart v. 19.5.1987 – 8 W 89/87, WEZ 1988, 41 = MDR 1987, 847.
16 Vgl. auch zum Schadensersatzanspruch BGH v. 27.11.1984 – VI ZR 49/83, NJW 1985, 484; OLG Hamm v. 28.11.1986 – 9 U 263/81, NJW 1988, 496.

Ist die Hausordnung in der Teilungserklärung enthalten, kann sie dennoch durch Beschluss abgeändert werden.

- **Haustierhaltung.** Ein völliges Verbot ist nur durch Vereinbarung zulässig[1]. Ist ein generelles Verbot durch Vereinbarung ausgesprochen worden, kann es nicht durch einfachen Mehrheitsbeschluss aufgehoben werden[2]. Nach h.M. soll allerdings ein generelles Verbot der Hundehaltung durch Beschluss möglich sein[3]. Ein Tierhalterverbot muss zu seiner Wirksamkeit stets eine konkretisierte Regelung enthalten, die auch Ausnahmen (z.B. Blindenhund, Tier für verhaltensgestörte Kinder oder Menschen mit Behinderung) enthalten muss. Das Verbot von Tieren, die nicht als Haustiere angesehen werden, ist durch Beschluss nicht zu beanstanden[4]. Allerdings kann das freie Herumlaufenlassen von Hunden und Katzen in der Anlage durch Beschluss verboten werden[5].
- **Hauswart-/Hausmeisterwohnung.** Durch Vereinbarung kann eine entsprechende Zweckbestimmung vorgenommen werden. Sodann ist die Nutzung nur zum Wohnen und ebenfalls nur für den Hausmeister möglich[6].
- **Heizkörper.** Es kann beschlossen werden, dass im Interesse gleichmäßiger Messung des Wärmeverbrauchs Heizkörper nicht entfernt werden dürfen[7].
- **Hinweisschilder.** Ein Namensschild gehört zum Kernbereich des Sondereigentums, wozu auch ein Werbeschild gehört. Der Ausspruch eines Verbots durch Beschluss ist nichtig. Allerdings können Einzelheiten der Anbringung von Hinweisschildern beschlossen werden[8].
- **Kellerverteilung.** Zuweisung der einzelnen Keller an die Wohnungseigentümer durch Vereinbarung; eine Gebrauchsregelung i.S.v. § 15 Abs. 2 ist durch Beschluss möglich[9].
- **Musizieren.** Beschränkung durch Beschluss ist zulässig, um störungsfreies Zusammenleben zu gewährleisten[10]. Siehe zu den einzelnen Regelungsinhalten § 15 Rz. 53.

---

1 OLG Karlsruhe v. 25.2.1988 – 11 W 142/87, ZMR 1988, 184; OLG Düsseldorf ZMR 1998, 45.
2 LG Wuppertal Rpfleger 1987, 23.
3 BayObLG v. 24.8.2000 – 2Z BR 58/00, NZM 2001, 105; NJW-RR 2002, 226; OLG Düsseldorf v. 10.12.2004 – 3 Wx 311/04, NZM 2005, 345; a.A. einschränkend KG v. 8.4.1998 – 24 W 1012/97, NJW-RR 1998, 1385; OLG Saarbrücken v. 2.11.2006 – 5 W 154/06, NJW 2007, 779.
4 OLG Frankfurt v. 19.7.1990 – 20 W 149/90, NJW-RR 1990, 1430 für das halten von Ratten und Schlangen; OLG Karlsruhe NJW-RR 2004, 951.
5 BayObLG v. 2.6.2004 – 2Z BR 99/04, NJW-RR 1994, 658; v. 2.6.2004 – 2Z BR 99/04, NZM 2004, 792, KG v. 22.7.2002 – 24 W 65/02, NZM 2002, 868.
6 OLG Schleswig v. 3.9.2004 – 2 W 90/03, NZM 2005, 669; vgl. zur „Verwalterwohnung" BayObLG v. 29.3.2000 – 2Z BR 3/00, NJW-RR 2000, 1252.
7 BayObLG v. 20.3.1985 – 2Z 141/85, DWE 1985, 61.
8 OLG Oldenburg ZMR 1978, 245.
9 Vgl. auch KG v. 13.11.1989 – 24 W 4201/98, NJW-RR 1990, 155; v. 22.5.1991 – 24 W 401/91, 1991, 1117.
10 OLG Hamm v. 7.11.1985 – 15 W 181/85, NJW-RR 1986, 500; BayObLG v. 28.3.1985 – BReg. 2Z 8/85, NJW 1985, 2138.

– **Parkfläche.** Verbot des Abstellens eines Wohnmobils auf Parkfläche für Pkw greift in den Kernbereich des Sondereigentums/Sondernutzungsrechts ein und kann weder beschlossen noch vereinbart werden[1]. Die Verwendung einer Grünfläche als Parkplatz kann nur vereinbart werden[2].
– **Sanktionen, Strafen.** Zur Ahndung gemeinschaftswidrigen Verhaltens können Sanktionen vereinbart werden. Nach § 21 Abs. 7 können allerdings Verzugsfolgen wegen Nichtzahlung von Wohngeldbeträgen beschlossen werden.
– **Sondernutzungsrecht.** Die Einräumung von Sondernutzungsrechten kann nur durch Vereinbarung erfolgen[3].
– **Spielplatz.** Spielgeräte können auf der Grünfläche des Gemeinschaftseigentums, soweit bauordnungsrechtlich zulässig, im Rahmen von § 15 Abs. 2 beschlossen werden.
– **Umzugspauschale.** Bis zur WEG-Novelle konnte eine Umzugspauschale als eine Art Vertragsstrafe nur vereinbart werden[4]. § 21 Abs. 7 lässt nun einen Mehrheitsbeschluss zu. Allerdings kann die Angemessenheit richterlich kontrolliert werden.
– **Vermietung.** Eine Vereinbarung, die eine Vermietungspflicht bei einem gewerblichen Objekt vorsieht, ist zulässig[5]. Ebenso ist es zulässig, die Befugnis zur Vermietung von der Zustimmung des Verwalters durch Vereinbarung abhängig zu machen, sofern hierfür ein sachlicher Grund besteht[6]. Allerdings sind diskriminierende Vereinbarungen unwirksam, z.B. einschränkende Vermietbarkeit an Ausländer, Alleinstehende mit Kindern, Homosexuelle etc. Dies folgt aus § 138 BGB, Art. 3 Abs. 3, 6 GG und § 19 AGG.
– **Versammlungsorganisation.** Die Einberufung einer Eventualversammlung am gleichen Abend bei bestehender Beschlussunfähigkeit der ersten Versammlung ist als Vereinbarung zulässig[7].
– **Versicherungspflicht.** Es kann vereinbart werden, dass die Wohnungseigentümer verpflichtet sind, auch ihr Sondereigentum zu versichern, um insbesondere Erleichterungen im Rahmen des § 22 Abs. 4 zu schaffen[8].
– **Vollmachtserteilung.** Der Kreis der Personen, die für eine Eigentümerversammlung bevollmächtigt werden können, kann durch Vereinbarung eingeschränkt werden (vgl. § 25 Rz. 54 ff.).
– **Vorkaufsrecht.** Zu Gunsten der Wohnungseigentümer kann ein Vorkaufsrecht vereinbart werden. Sie können allerdings nicht zum Inhalt des Sondereigentums i.S.v. § 10 Abs. 3 und § 5 Abs. 4 gemacht werden[9]. Die Belastung mit einem Vorkaufsrecht muss aber den Anwendungsfall eindeutig regeln.

---

1 A.A. BayObLG v. 9.8.1984 – 2Z 77/83, DWE 1985, 56.
2 BayObLG DWE 1982, 66; v. 14.1.2002 – 2Z BR 107/22, ZWE 2003, 185.
3 BGH v. 20.9.2000 – V ZB 58/99, NJW 2000, 3500 = MDR 2000, 1367.
4 *Pick* in Bärmann/Pick/Merle, WEG, § 16 Rz. 37 m.w.N.
5 BayObLG v. 10.3.1994 – 2Z BR 143/93, WuM 1994, 570.
6 BayObLG v. 14.9.1987 – 2Z 38/87, WE 1988, 73.
7 BayObLG v. 18.2.1998 – 2Z BR 134/97, WE 1991, 49; v. 18.2.1998 – 2Z BR 134/97, NZM 1998, 334.
8 Vgl. hierzu *Bärmann/Pick*, WEG, § 21 Rz. 48.
9 *Lüke* in Weitnauer, WEG, § 10 Rz. 38; a.A. *Pick* in Bärmann/Pick/Merle, WEG, § 12 Rz. 62.

- **Waschmaschine/Wäsche trocknen.** Ein Mehrheitsbeschluss, der den Betrieb einer Waschmaschine und das Trocknen in der Wohnung untersagt, ist nichtig[1].
- **Wohngeldrückstände.** Haftung für Rückstände des Voreigentümers kann vereinbart werden, ausgenommen Erwerb in der Zwangsversteigerung (vgl. § 16 Rz. 141 ff., 152 ff.).

IV. Wirkung der Beschlüsse der Wohnungseigentümer

Neben den Vereinbarungen regelt § 10 in seinen Abs. 4 und 5 auch die Wirkung von Beschlüssen der Wohnungseigentümer.

47

1. Bindungswirkung gegenüber Rechtsnachfolger, Abs. 4

Bis zur WEG-Novelle wurde im Interesse der Rechtssicherheit teilweise gefordert, dass auch **gesetzes- oder vereinbarungsändernde Beschlüsse**, die aufgrund einer Öffnungsklausel getroffen werden, der Eintragung in das Grundbuch bedürfen, um gegen Rechtsnachfolger zu wirken (s.o. Rz. 24)[2]. Abs. 4 Satz 2 hat nunmehr den Erwerberschutz gegenüber der Kostenbelastung für die Grundbucheintragungen hinten angestellt. Hiernach bedürfen Beschlüsse gem. § 23 zu ihrer Wirksamkeit gegenüber einem Rechtsnachfolger eines Wohnungseigentümers keiner Eintragung im Grundbuch. Dies gilt auch für Beschlüsse, welche aufgrund einer Öffnungsklausel getroffen wurden. Der Erwerber kann bereits allein aus der Existenz einer Öffnungsklausel den Umfang möglicher Beschlüsse ersehen und sich entsprechend informieren. Unterlässt er dies, bringt er damit zum Ausdruck, dass er auf eine entsprechende Information keinen Wert legt. Zudem dient die Beschluss-Sammlung des Verwalters dem Informationsinteresse (vgl. § 24 Rz. 144 ff.). Dementsprechend bestimmt § 24 Abs. 6 Satz 3, dass jeder Wohnungseigentümer berechtigt ist, die Niederschriften einzusehen. Auch ein Erwerber kann sich daher von dem Veräußerer, dem ein entsprechendes Einsichtsrecht zusteht, den Inhalt vor Abschluss des Kaufvertrages mitteilen lassen. Durch diese Regelung sollte weiter auch eine Überlastung der Grundbuchämter und damit der Funktionsunfähigkeit vermieden werden. Zudem führen weitere Eintragungen zu einer größeren Unübersichtlichkeit des Grundbuches und bedingen damit eine Verringerung des Informationsgehalts[3]. Da Beschlüsse nicht eingetragen werden müssen, sind sie grundsätzlich auch nicht **eintragungsfähig**[4].

48

Ebenso wie Beschlüsse bedürfen auch gerichtliche Entscheidungen in einem Rechtsstreit gem. § 43 zu ihrer Wirksamkeit gegenüber einem **Sondernachfolger** nicht der Eintragung in das Grundbuch.

49

---

1 OLG Frankfurt v. 4.12.2000 – 20 W 414/99, NZM 2001, 1136.
2 So *Wenzel*, ZWE 2004, 130; a.A. BGH v. 20.9.2000 – V ZB 58/99, MDR 2000, 1367 = NJW 2000, 3500 = ZMR 2000, 771.
3 BT-Drucks. 16/887, 19.
4 BT-Drucks. 16/887, 19; BGHZ 127, 99; BayObLG v. 4.11.1993 – 2Z BR 89/93, NJW 1995, 202; Palandt/Bassenge, BGB, § 10 WEG Rz. 18; *Hügel* in Hügel/Scheel, Rechtshandbuch, Teil 5 Rz. 45.

2. Mehrheitsprinzip, Abs. 5

50 Gegenüber § 745 BGB stellt Abs. 5 klar, dass der Mehrheitswille kraft Gesetzes die Minderheit mit vertritt, was auch bei Verfügungen gilt. Das Gesetz geht von einer Gesamtwirkung aus. Bestand und Kontinuität gültiger Beschlüsse und ihrer Vollzugshandlungen sollen auch gegenüber Rechtsnachfolgern der Wohnungseigentümer im Umfang der Beschlusskompetenz gesichert werden. Das **Mehrheitsprinzip** soll im Wohnungseigentumsrecht eine effektive Organisation sicherstellen. Im Vordergrund steht nicht die demokratische Willensbildung innerhalb der Eigentümergemeinschaft[1]. Nur da, wo die Beschlüsse die verfassungsrechtliche Eigentumsgarantie betreffen, sind der Mehrheitsmacht Grenzen gesetzt[2].

51 Abs. 5 ordnet die Geltung der Stimmenmehrheit an. Das bedeutet, dass stets zu prüfen ist, ob die angegebenen „Ja-Stimmen" die abgegebenen „Nein-Stimmen" nach Köpfen überwiegen[3]. Enthaltungen werden nicht mitgezählt. Anstelle des **Kopfprinzips** können die Wohnungseigentümer auch das **Wertprinzip** wählen[4], also z.B. ein Stimmrecht nach Miteigentumsanteilen (vgl. hierzu auch § 25 Rz. 14). Während das WEG bislang grundsätzlich von dem einfachen Mehrheitsbeschluss ausging, führt es in einzelnen Vorschriften durch die WEG-Novelle nunmehr erhöhte Anforderungen für einen Beschluss ein. Für positive Beschlüsse nach §§ 16 Abs. 4 Satz 2, 22 Abs. 2 Satz 1 bedarf es einer sog. **doppelten Mehrheit**. Um sicherzustellen, dass entsprechende Beschlüsse tatsächlich der überwiegenden Mehrheit entsprechen, bedarf es zunächst einer qualifizierten Mehrheit von drei Viertel aller stimmberechtigten Wohnungseigentümer. Maßgeblich ist insoweit das Kopfprinzip, was durch den Verweis auf die gesetzliche Regelung des § 25 Abs. 2 klargestellt wird. Im Hinblick auf den Schutzzweck der Norm ist diese Regelung auch nicht abdingbar[5]. Daneben bedarf es aber auch der Zustimmung von mehr als der Hälfte aller Miteigentumsanteile. Hierdurch wird ausgeschlossen, dass der Wohnungseigentümer, dem eine Vielzahl von Wohnungen innerhalb der Gemeinschaft zusteht, überstimmt wird.

V. Inhaber der Rechte und Pflichten, Abs. 1

52 Der neu eingefügte Abs. 1 stellt den Grundsatz auf, dass Inhaber der Rechte und Pflichten die Wohnungseigentümer sind. Allerdings macht der Gesetzgeber den Vorbehalt, dass etwas anderes ausdrücklich im Gesetz geregelt sein kann. Eine solche andere Regelung findet sich in Abs. 6, wonach die Gemeinschaft der Wohnungseigentümer im Rahmen der **gesamten Verwaltung** des gemeinschaftlichen Eigentums gegenüber Dritten und Wohnungseigentümern selbst Rechte erwerben und Pflichten eingehen kann. Die Vorschrift verdeutlicht somit, dass der rechtsfähige Verband im Rahmen der gesamten Verwaltung tätig wird. Dies wird dann noch mehr hervorgehoben, indem der Gesetzgeber in § 10 Abs. 6

---

1 *Graßhof*, ZWE 2003, 37.
2 *Hügel* in Hügel/Scheel, Rechtshandbuch, Teil 5 Rz. 19.
3 BGHZ 106, 179 (183).
4 OLG Zweibrücken Rpfleger 1989, 453; BayObLG MDR 1980, 142; OLG Hamm ZMR 1976, 310.
5 So wohl auch *Elzer* in Hügel/Elzer, Das neue WEG-Recht, § 8 Rz. 76.

Satz 3 festschreibt, dass die rechtsfähige Eigentümergemeinschaft die gemeinschaftsbezogenen Rechte der Wohnungseigentümer ausübt und die gemeinschaftsbezogenen Pflichten der Wohnungseigentümer wahrnimmt. Durch Abs. 6 als speziellere Regelung wird somit die allgemeine Regelung des Abs. 1 weitgehend abgeschwächt. Der in Abs. 1 formulierte Grundsatz wird daher eher zur Ausnahme. Er ist redaktionell verunglückt, da er besser dem Abs. 6 zugeordnet worden wäre. Als Abs. 1 wird der Zusammenhang nicht deutlich.

VI. Die teilrechtsfähige Eigentümergemeinschaft, Abs. 6

1. Überblick

Der BGH hatte mit der Entscheidung vom 2.6.2005[1] die Rechtsfähigkeit der Eigentümergemeinschaft ausgesprochen und damit die Fähigkeit betont, Rechte zu erwerben und Pflichten einzugehen. Dem hat sich der Gesetzgeber angeschlossen und die Rechtsfähigkeit nunmehr in Abs. 6 normiert. Im Gegensatz zu „**den Wohnungseigentümern**" spricht der Gesetzgeber von „**Gemeinschaft der Wohnungseigentümer**" und meint damit die teilrechtsfähige Einheit. Die WEG-Novelle bezweckt mit dieser und anderen Vorschriften zur Eigentümergemeinschaft (z.B. §§ 11 Abs. 3, 18 Abs. 1 Satz 2, 19 Abs. 1) dreierlei. Zum einen wird durch Einführung des Abs. 6 die Diskussion über die Teilrechtsfähigkeit der Eigentümergemeinschaft endgültig beendet. Weiter wird das Verhältnis von Wohnungseigentümern, Miteigentümergemeinschaft und Verband normiert. Zuletzt wird das Außenverhältnis des Verbandes zu Dritten und das Haftungssystem einschließlich (Nicht-)Insolvenz der Eigentümergemeinschaft gesetzlich geregelt[2]. 53

Während der Gesetzgeber die Rechtsfähigkeit der Gemeinschaft in Abs. 6 übernommen und die Grundsätze geregelt hat, definiert er in Abs. 7 das Verwaltungsvermögen und ordnet es dem Verband zu. Die neuen Haftungsregeln finden sich dann in Abs. 8. 54

2. Bisherige Rechtslage

Bis zur Entscheidung des BGH v. 2.6.2005[3] wurde angenommen, dass die Wohnungseigentümergemeinschaft nicht personifiziert, demnach keine von den Wohnungseigentümers verschiedene Rechtsperson und damit nicht rechtsfähig sei. Träger von Rechten und Pflichten sollte nicht die Gemeinschaft, sondern die Wohnungseigentümer sein. Wurden Verträge für die „Gemeinschaft" abgeschlossen, erfolgte dies mit Wirkung für und gegen sämtliche Wohnungseigentümer, welche sodann Vertragspartei wurden. Jeder Wohnungseigentümer haftete dann persönlich und gesamtschuldnerisch für die vertraglichen Verpflichtungen. 55

Der BGH stellte dann diese Auffassung auf den Kopf und ordnete der Wohnungseigentümergemeinschaft eigene Rechte und Pflichten zu. Darüber hinaus 56

---

1 V ZB 32/05, ZMR 2005, 547 = NZM 2005, 543 = NJW 2005, 2061.
2 BT-Drucks. 16/887, 56f.
3 V ZB 32/05, ZMR 2005, 547 = NZM 2005, 543 = NJW 2005, 2061.

stellte der BGH fest, dass der Verwalter das Organ des rechtsfähigen Verbands ist und die Wohnungseigentümer grundsätzlich nicht im Außenverhältnis haften. Allerdings könne sich eine Haftung der Wohnungseigentümer ausnahmsweise dann ergeben, wenn sie es unterließen, den Verband mit ausreichenden Finanzmitteln auszustatten. Wenn sie also ihre Treuepflicht verletzten, würden sie sich gegenüber dem rechtsfähigen Verband nach den § 280, 281, 826 BGB schadensersatzpflichtig machen. Ein Gläubiger des Verbands könne diese Ansprüche pfänden.

57 Während die Rechtsfähigkeit der Wohnungseigentümergemeinschaft vom Gesetzgeber manifestiert wurde, hat er die Haftungsregeln vollkommen i.S. einer teilschuldnerischen Haftung verändert.

3. Umfang der Rechtsfähigkeit

58 Die Teilrechtsfähigkeit wird hinsichtlich der Verwaltung des eigenen Vermögens in Abs. 6 Satz 1 verankert. Allerdings sind die einzelnen Häuser einer **Mehrhausanlage** nicht selbst rechtsfähig[1]. Solche rechtsfähigen Untergemeinschaften sind abzulehnen, da es diesen bereits an einer eigenen Satzung, d.h. einer eigenen Gemeinschaftsordnung, fehlt. Zudem wäre vollkommen unklar, wie eine solche eigenständige Untergemeinschaft handeln sollte. Sie verfügt jedenfalls über keinerlei Organ. Als solches kann auch nicht der Verwalter angesehen werden, da dieser Organ der Gesamtgemeinschaft ist[2]. Selbst wenn die Gemeinschaftsordnung es zulässt, dass nur die Wohnungseigentümer eines einzelnen Hauses einer Mehrhausanlage über Instandsetzungsmaßnahmen zu befinden haben, ist der anschließende Auftrag im Außenverhältnis im Namen der Gesamtgemeinschaft zu erteilen. Damit haften auch alle Wohnungseigentümer grundsätzlich hierfür teilschuldnerisch. Wenn die teilschuldnerische Haftung nur auf die Wohnungseigentümer des betreffenden Hauses der Mehrhausanlage beschränkt werden soll, muss dies mit dem Auftragnehmer ausdrücklich vereinbart werden. Ist eine solche Haftungsbeschränkung auf die Wohnungseigentümer der Untergemeinschaft nicht möglich, bleibt es nur dann bei der Beschlusskompetenz der Wohnungseigentümer des einzelnen Hauses, wenn die notwendigen Finanzmittel für die geplante Maßnahme vorhanden sind. Es darf somit kein Haftungsrisiko für die übrigen Wohnungseigentümer entstehen. Ist dies tatsächlich der Fall, haben die übrigen Wohnungseigentümer auch entgegen anders lautender Regelung in der Gemeinschaftsordnung ein Stimmrecht, da der Grundsatz gilt, dass **Haftung und Stimmrecht** immer zusammenfallen[3].

59 Die Gemeinschaft ist allerdings nicht umfassend Träger der Rechte und Pflichten. Nur im Rahmen der „gesamten Verwaltung des gemeinschaftlichen Eigentums" hat sie eine eigene Rechtspersönlichkeit. Dies umfasst die in §§ 20 ff. genannten Gegenstände. Darüber hinaus ist die gesamte Geschäftsführung in Bezug auf das Gemeinschaftseigentum betroffen. Die Wohnungseigentümergemeinschaft ist im Rahmen der Verwaltung **kein Verbraucher** i.S.d. § 13 BGB[4].

---

1 *Jennißen*, NZM 2006, 203; *Wenzel*, NZM 2006, 321 (324).
2 *Jennißen*, NZM 2006, 203 (206).
3 Vgl. hierzu auch *Jennißen*, NZM 2006, 203.
4 LG Rostock v. 16.2.2007 – 4 O 322/06, NZM 2007, 370.

Das **Gemeinschaftseigentum** selbst steht nicht im Vermögen der rechtsfähigen Eigentümergemeinschaft. Aus dieser Vermögenstrennung ergaben sich in der Vergangenheit Abgrenzungsschwierigkeiten[1]. Diese Abgrenzungsschwierigkeiten stellen sich in der Praxis nun nicht mehr, da Abs. 6 dem Verband die gesamte Verwaltung und alle gemeinschaftsbezogenen Rechte und Pflichten überträgt. Die Ausübungsbefugnis, d.h. die Befugnis zur Wahrnehmung von Rechten und Pflichten, steht nicht mehr den Wohnungseigentümern in ihrer Gesamtheit zu, sondern ausschließlich der Gemeinschaft. Der Verwalter handelt insoweit nicht länger als Vertreter der Eigentümer, sondern als Organ des Verbands. 60

4. Die Rechte und Pflichten im Einzelnen

Durch die Teilrechtsfähigkeit der Wohnungseigentümergemeinschaft stehen dieser nunmehr selbst eine Vielzahl von Rechten zu. Die Zuordnung dieser Rechte und Pflichten hängt letztlich davon ab, wem der jeweilige Vermögensgegenstand zuzuordnen ist. 61

a) Vermietung von Gemeinschaftseigentum

Gemeinschaftseigentum fällt in das Vermögen der Wohnungseigentümer. Rechte zugunsten der Wohnungseigentümergemeinschaft bestehen hingegen zunächst nicht. Beabsichtigen die Wohnungseigentümer von ihnen nicht genutzte Gemeinschaftsräume oder –flächen, wie z.B. Pkw-Stellplätze oder Ladenlokale, zu vermieten, handelt es sich um eine den Wohnungseigentümern zugeordnete Beschlusskompetenz. Die Eigentümergemeinschaft darf dieses für sie fremde Gemeinschaftseigentum nur dann vermieten, wenn sie hierzu bevollmächtigt wird. Wird auf einer Eigentümerversammlung die Vermietung beschlossen, kann hierin – ausdrücklich oder konkludent – die Bevollmächtigung der Eigentümergemeinschaft gesehen werden, die Vermietung für die Bruchteilsgemeinschaft, und zwar im Außenverhältnis im eigenen Namen, durchzuführen. Fraglich ist lediglich, wie das sodann im Innenverhältnis zwischen Wohnungseigentümern und Eigentümergemeinschaft entstehende Verhältnis zu qualifizieren ist. Die Vermietung fremden Eigentums ist regelmäßig als Untervermietung oder Zwischenvermietung anzusehen. Im Zweifel erfolgt diese zu den gleichen Konditionen, zu denen das Mietobjekt im Außenverhältnis dem Dritten überlassen wird. Bei Mietausfällen im Außenverhältnis wird konkludent eine Haftung der Eigentümergemeinschaft gegenüber den Wohnungseigentümern als ausgeschlossen anzunehmen sein. Die **Mieteinnahmen** sind dem Verbandsvermögen zuzuleiten[2]. 62

b) Instandhaltung und Bewirtschaftung des Gemeinschaftseigentums

Ähnlich wie bei der Vermietung sind die Wohnungseigentümer als Bruchteilseigentümer grundsätzlich für die Instandhaltung und Bewirtschaftung des Gemeinschaftseigentums zuständig. Beschließen die Wohnungseigentümer entsprechende Maßnahmen, obliegt die Durchführung derselben aber der Eigentü- 63

---

1 Vgl. hierzu *Hügel*, DNotZ 2005, 753 (757); *Jennißen*, NZM 2006, 203 (204).
2 *Jennißen*, NZM 2006, 203 (204); *Hügel* in Hügel/Elzer, Das neue WEG-Recht, § 3 Rz. 180.

mergemeinschaft. Diese hat die aus den Beschlüssen resultierenden Aufträge sodann im eigenen Namen und auf eigene Rechung zu erteilen. Nur die Gemeinschaft selbst nimmt am Rechtsverkehr teil. Bedenken könnten insoweit bestehen, wenn der Beschluss der Wohnungseigentümer, an dem der Verband nicht beteiligt ist, bestimmte Verträge im Außenverhältnis durch den Verband mit eigener Haftung begründen zu lassen, als **Akt zu Lasten eines Dritten** anzusehen wäre. Bis zur WEG-Novelle wurde dieses Problem teilweise über die dem Verband zuzurechnende Aufgabe der Verwaltung des **Gemeinschaftsvermögens** gelöst. Fehlte es – regelmäßig – an einer ausdrücklichen Vereinbarung, musste in der Beschlussfassung durch die Wohnungseigentümer eine konkludente Abrede gesehen werden, dass der Auftrag im Namen der Gemeinschaft angenommen wird[1]. Nunmehr bestimmt Abs. 6 Satz 3 selbst, dass die gemeinschaftsbezogenen Rechte der Wohnungseigentümer durch die Gemeinschaft ausgeübt werden. Des Konstrukts einer vertraglichen Abrede bedarf es aufgrund des nunmehr gesetzlich normierten Aufgabenkatalogs der Gemeinschaft nicht mehr.

c) Verkehrssicherungspflichten

64 Gehen vom Gemeinschaftseigentum, welches im Bruchteilseigentum der Wohnungseigentümer steht, Gefahren aus, war ebenfalls fraglich, wer für die Einhaltung der Verkehrssicherungspflichten verantwortlich und damit ggf. schadensersatzpflichtig war. Wurde darauf abgestellt, wem die Gemeinschaftsanlagen gehören, war die Verkehrssicherungspflicht den Wohnungseigentümern zuzuordnen. Dennoch war das OLG München[2] der Auffassung, dass Schadensersatzansprüche wegen der Verletzung von **Verkehrssicherungspflichten** gegen die Gemeinschaft zu richten seien, da diese für die Erfüllung von Verkehrssicherungspflichten zuständig sei[3]. Da Abs. 6 Satz 3 nunmehr bestimmt, dass die gemeinschaftsbezogenen Pflichten von der Eigentümergemeinschaft wahrgenommen werden, steht fest, dass die Eigentümergemeinschaft selbst für die Einhaltung der Verkehrssicherungspflichten verantwortlich ist[4]. Verletzt die Eigentümergemeinschaft diese Verpflichtung, können die Schadensersatzansprüche gegen den Verband gerichtet werden, wobei der einzelne Wohnungseigentümer ebenfalls quotal haftet. Dies ist auch deshalb konsequent, weil der rechtsfähige Verband die Verträge im Außenverhältnis abschließt und daher Vertragspartner einer etwa delegierten Räum- und Streupflicht oder einer Wartung des Daches ist. Bei einer Schlechtleistung des beauftragten Unternehmers stehen die vertraglichen Schadensersatzansprüche auch der Eigentümergemeinschaft als Verband zu[5]. Neben der Haftung der Eigentümergemeinschaft kommt aber u.U. eine Haftung des Verwalters selbst in Betracht, da dieser mit der Wahrnehmung der Pflichten von der Gemeinschaft beauftragt wird[6].

---

1 *Jennißen*, NZM 2006, 203 (204).
2 V. 24.10.2005 – 34 Wx 82/05, NZM 2006, 110 m. Anm. *Demharter*, ZWE 2006, 44.
3 Ebenso *Fritsch*, ZWE 2005, 384 (386).
4 Die noch in NZM 2006, 203 geäußerte Gegenauffassung ist vor dem Wortlaut der Novelle nicht mehr haltbar.
5 *Hügel* in Hügel/Elzer, Das neue WEG-Recht, § 3 Rz. 53.
6 Vgl. auch BGH v. 23.3.1993 – VI ZR 176/92, NJW 1993, 1782 (für das sturmbedingte Herabfallen von Dachteilen).

d) Erwerb von Immobilieneigentum

In seiner Entscheidung vom 2.6.2005 erwähnte der BGH beiläufig, dass die Wohnungseigentümergemeinschaft auch Gläubigerin einer **Zwangshypothek** sein könne. Hierdurch hat der BGH aber zugleich auch die **Grundbuchfähigkeit** der Wohnungseigentümergemeinschaft anerkannt[1]. Unabhängig davon, dass dies für die Praxis erhebliche Vorteile mit sich bringt, müssen doch nicht mehr die Vor- und Nachnamen, Geburtsdaten und Berufe sämtlicher Wohnungseigentümer beigebracht werden, folgt hieraus zwangsläufig noch eine weitere Neuerung. Ist eine Wohnungseigentümergemeinschaft grundbuchfähig, muss sie auch Grundstückseigentum erwerben können[2]. Der Erwerb eines solchen externen Grundstücks wird jedoch nur ausnahmsweise vom Begriff der ordnungsmäßigen Verwaltung umfasst sein, so dass im Zweifel eine Vereinbarung zur Bevollmächtigung des Verwalters erforderlich ist. Ein Mehrheitsbeschluss genügt in diesen Fällen hingegen nicht.

65

Unter Umständen kann insbesondere der Erwerb von Wohnungseigentum in der eigenen Wohnungseigentumsanlage von Interesse für die Gemeinschaft sein. Die Gründe hierfür sind vielfältig denkbar. Es kann sich z.B. anbieten, eine **Hausmeisterwohnung** anzuschaffen[3], einen für einen Sondereigentümer nicht nutzbaren Raum zu übernehmen oder auf diese Art einen zahlungsunfähigen Miteigentümer aus der Anlage zu entfernen[4]. Auch bei diesem Erwerbsvorgang kann der Verwalter als Organ der Eigentümergemeinschaft allein handeln. Die formgebundene Mitwirkung aller Wohnungseigentümer ist nicht erforderlich. Auch die Erstehung von Wohnungseigentum im Wege der **Zwangsversteigerung** ist möglich.

66

Konsequenz eines solchen Eigentumserwerbs innerhalb der eigenen Gemeinschaft ist es, dass die Eigentümergemeinschaft als Verband selbst Mitglied der Gemeinschaft ist. Das Sondereigentum an der Wohnung wächst in diesem Fall der Haftungsmasse der Gemeinschaft zu. Auf dieses Sondereigentum können auch die Gläubiger der Gemeinschaft im Wege der Zwangsvollstreckung zugreifen. Allerdings führt der Erwerb eigenen Sondereigentums durch die Eigentümergemeinschaft auch zu Folgeproblemen. Mit diesem Sondereigentum ist ein Stimmrecht verbunden, das jetzt der rechtsfähige Verband, vertreten durch den Verwalter, selbst ausüben kann. Da aber der Verwalter zur **Neutralität** verpflichtet ist und die Willensbildung des Verbands wiederum durch die Wohnungseigentümer erfolgt, kann ein Mehrheitsbeschluss der „übrigen" Wohnungseigentümer nur dahingehend verstanden werden, dass diese gleichzeitig auch mehrheitlich den Verwalter anweisen, für den Verband mit der Mehrheit zu stimmen. Das Stimmrecht des rechtsfähigen Verbands ist somit **mehrheitsgebunden**. Zum gleichen Ergebnis führt die Auffassung, dass das mit dem Sondereigentum des Verbands verbundene Stimmrecht ruhe (s. § 25 Rz. 23).

67

---

1 BGH v. 2.6.2005 – V ZB 32/05, NZM 2005, 543; ebenso *Demharter*, NZM 2005, 601 f.; ZWE 2005, 357; *Becker*, MietRB 2007, 180.
2 *Wenzel*, ZWE 2006, 2 (6); *Jennißen*, NZM 2006, 203 (205).
3 So auch *Becker*, MietRB 2007, 180 (181); *Wenzel*, ZWE 2006, 462.
4 So der Vorschlag von *Abramenko*, ZMR 2006, 338 (340).

68 Grundsätzlich ist der rechtsfähige Verband dann auch für die selbsterworbene Einheit zahlungsverpflichtet. Können Mieteinnahmen für diese Einheit erzielt werden, sind sie den Kosten gegenüberzustellen. Verfügt der rechtsfähige Verband hinsichtlich der Wohnung über keine weiteren Einnahmen, sind die Kosten für dieses Sondereigentum auf alle übrigen Eigentümer umzulegen. Damit erhöht sich die Belastung eines jeden Wohnungseigentümers anteilig. Die Kosten für die Sondereigentumseinheit müssen dann auch als Kostenanteil der übrigen Wohnungseigentümer in der Jahresabrechnung erscheinen.

69 Um diese Schwierigkeiten zu umgehen, bietet es sich an, durch Änderung der Teilungserklärung das durch den Verband erworbene Sondereigentum dem Gemeinschaftseigentum zuzuführen und die Miteigentumsanteile entsprechend abzuändern. Dies kann jedoch nur im Wege der notariellen Beurkundung erreicht werden.

e) Gewährleistungsansprüche aus Werkverträgen

70 Die rechtsfähige Eigentümergemeinschaft wird im Außenverhältnis tätig. Sie wird dabei durch den Verwalter vertreten und schließt die Verträge mit Lieferanten, Versorgungsträgern, Handwerkern etc. im eigenen Namen ab. Dabei kommt es nicht darauf an, ob die Maßnahme ordnungsmäßiger Verwaltung entspricht. Der Rechtsverkehr kann diese Frage nicht beurteilen und ist deshalb schutzwürdig[1]. Aus Verträgen, die der Verband abschloss, liegen die Gewährleistungsansprüche selbstverständlich umfassend bei ihm.

71 Hinsichtlich der **Gewährleistungsrechte** gegen den errichtenden Bauträger obliegt es der Eigentümergemeinschaft, die Rechte auf **kleinen Schadensersatz** oder auf **Minderung** geltend zu machen. Den Wohnungseigentümern fehlt insoweit von vornherein die Kompetenz, diese Rechte persönlich durchzusetzen, es sei denn, der Mangel wirkt sich ausschließlich auf das Sondereigentum des einzelnen Wohnungseigentümers aus[2]. Die Zuordnung des kleinen Schadensersatzanspruchs und der Minderung hinsichtlich Mängeln am Gemeinschaftseigentum zur rechtsfähigen Eigentümergemeinschaft ist erforderlich, um den Veräußerer bzw. Ersteller des Gebäudes vor einer doppelten Inanspruchnahme zu schützen. Der Anspruch auf Mängelbeseitigung selbst, also auf **Nacherfüllung**, liegt weiterhin bei dem einzelnen Wohnungseigentümer[3]. Aufgrund der Unteilbarkeit der Leistung sind die Wohnungseigentümer/Erwerber Mitgläubiger i.S.d. § 432 Abs. 1 BGB und nicht Gesamtgläubiger nach § 428 BGB[4]. Auch die Rechte auf Selbstvornahme und auf Zahlung eines Kostenvorschusses liegen bei jedem Erwerber[5]. Der Erwerber kann sich auch durch Rücktritt oder Geltendmachung des großen Schadensersatzanspruchs (§§ 634, 280 Abs. 1, 281 Abs. 1 Satz 3 BGB) vom Vertrag lösen[6]. Das Recht auf Mangelbeseitigung kann

---

1 *Schneider*, ZMR 2006, 813 (815); so auch *Wenzel*, ZWE 2006, 462 (469).
2 Vgl. hierzu BGH v. 15.2.1990 VII ZR 269/88, NJW 1990, 1662.
3 Vgl. hierzu auch umfassend *Merle* in Bärmann/Pick/Merle, WEG, § 21 Rz. 7 ff.
4 *Hügel* in Hügel/Elzer, Das neue WEG-Recht, § 3 Rz. 185; *Gaier*, NZM 2003, 90 (92).
5 BGH v. 21.7.2005 – VII ZR 304/03, NZM 2005, 792.
6 BGH v. 23.2.2006 – VII ZR 84/05, NJW 2006, 2254.

der Wohnungseigentümergemeinschaft aber durch Beschluss der Wohnungseigentümer übertragen werden[1].

f) Bauhandwerkersicherungshypothek

Auch wenn die Eigentümergemeinschaft die Verträge mit Werkunternehmern schließt, können die Handwerker gem. § 648 Abs. 1 Satz 1 BGB verlangen, dass ihnen eine **Sicherungshypothek** – in anteiliger Höhe der jeden Wohnungseigentümer persönlich gem. § 10 Abs. 8 Satz 1 treffenden Haftung – an sämtlichen Wohnungseigentumseinheiten eingeräumt wird. Zwar fallen in diesem Fall Eigentümer des belastenden Wohnungsgrundbuchs und Besteller der Leistung auseinander. Die fehlende rechtliche Identität überwindet aber der BGH[2] durch eine **wirtschaftliche Betrachtungsweise**. Danach muss sich ein Eigentümer, auch wenn er selbst nicht Besteller der Leistung ist, wie ein solcher behandeln lassen, wenn „die Wirklichkeit des Lebens und die Macht der Tatsachen" es gebieten. Der BGH hat in dem zitierten Fall für eine Personenhandelsgesellschaft darauf abgestellt, ob der Eigentümer den Besteller (nämlich die Gesellschaft) wirtschaftlich und rechtlich ganz überwiegend beherrscht und ob der Eigentümer die Nutzungs- und Ausnutzungsmöglichkeit des Grundstücks innehat und von dieser Möglichkeit auch tatsächlich Gebrauch macht. Im Wohnungseigentumsrecht hat zwar der einzelne Wohnungseigentümer nicht eine solche beherrschende Stellung. Den Wohnungseigentümern insgesamt kommt diese Stellung aber zu. Auch ist zu berücksichtigen, dass das Gemeinschaftseigentum den Wohnungseigentümern und nicht dem Verband gehört. Daher kommen die Leistungen eines Werkunternehmers ausschließlich den Wohnungseigentümern zu Gute. Da die Wohnungseigentümer nach § 10 Abs. 8 quotal im Außenverhältnis haften, hat der Gesetzgeber keine Bedenken, dass ein Werkunternehmer auch in dieser jeweiligen Höhe eine Bauhandwerkersicherungshypothek zu Lasten des einzelnen Wohnungseigentümers eintragen lassen kann[3]. 72

g) Weitere Verbandsangelegenheiten

aa) Beseitigungs- und Unterlassungsansprüche

Da nach Abs. 6 Satz 3 die Wohnungseigentümergemeinschaft alle gemeinschaftsbezogenen Rechte der Wohnungseigentümer ausübt und die gemeinschaftsbezogenen Pflichten wahrnimmt, stehen ihr auch die **Beseitigungs- oder Unterlassungsansprüche** bei rechtswidrigem Gebrauch oder baulichen Veränderungen zu[4], was vor der Novellierung noch höchst streitig war[5]. Inhaber der Rechte und Pflichten bleiben zwar die Wohnungseigentümer. Der Verband be- 73

---

1 Siehe auch *Wenzel*, ZWE 2006, 462 (468).
2 V. 22.10.1987 – VII ZR 12/87, BGHZ 102, 95 = NJW 1988, 255.
3 BT-Drucks. 16/887, 66.; vgl. hierzu auch *Hügel* in Hügel/Elzer, Das neue WEG-Recht, § 3 Rz. 222f.
4 BT-Drucks. 16/887, 61; BGH v. 30.3.2006 – V ZB 17/06, MDR 2006, 1274 = MietRB 2006, 192; *Becker*, MietRB 2007, 180 (183).
5 Eine Eigentümerangelegenheit annehmend, OLG München v. 27.7.2005 – 34 Wx 069/05, ZMR 2005, 733 = MietRB 2006, 9; *Becker/Kümmel/Ott*, MietRB 2006, 252 (255); verneinend und einen Anspruch der Gemeinschaft annehmend, OLG München v. 17.11.2005 – 32 Wx 77/05, ZWE 2006, 135 = MietRB 2006, 102.

sitzt aber die **Ausübungsbefugnis**. Damit wechselt auch die Aktivlegitimation auf den Verband. Verfahrensrechtlich handelt es sich um eine gesetzliche Prozessstandschaft[1], die aber nur nach entsprechender Beschlussfassung ausgeübt werden kann. Daneben können die Abwehransprüche des einzelnen Wohnungseigentümers aus § 1004 BGB bestehen bleiben, da es sich bei der Störerabwehr auch um Individualansprüche handelt[2].

bb) Schadensersatzansprüche

74 Eine Ausübungsbefugnis für den Verband liegt auch hinsichtlich der Geltendmachung von Schadensersatzansprüchen wegen Verletzung des gemeinschaftlichen Eigentums vor. Zwar steht das gemeinschaftliche Eigentum den Wohnungseigentümern zu. Da aber der Verband die gemeinschafsbezogenen Rechte der Wohnungseigentümer ausübt und ihre gemeinschaftlichen Ansprüche wahrnimmt, sind auch diese Rechte durch die rechtsfähige Eigentümergemeinschaft zu verfolgen[3]. Die Ausübungsbefugnis steht dem Verband von Gesetzes wegen zu. Es bedarf hierzu keiner Übertragung durch einen entsprechenden Mehrheitsbeschluss der Wohnungseigentümer[4]. Ein Beschluss ist allerdings zu der Frage erforderlich, ob der Verband die Ansprüche verfolgen soll.

cc) Herausgabeanspruch

75 Ansprüche auf **Herausgabe der Verwaltungsunterlagen** sind ebenfalls von der Eigentümergemeinschaft geltend zu machen. Dabei handelt es sich um ein gemeinschaftsbezogenes Recht, das der Verband ausübt[5].

dd) Kontoinhaberschaft

76 Da bis zur Entscheidung des BGH vom 2.6.2005 die Rechtsfähigkeit der Eigentümergemeinschaft nicht anerkannt war, führte die **Eröffnung eines Kontos** für die Wohnungseigentümer zu praktischen Schwierigkeiten. Es mussten nämlich sämtliche Wohnungseigentümer bei der Kontoeröffnung mitwirken, da sie selbst Kontoinhaber wurden[6]. Aus diesem Grund wurden in der Vergangenheit von den Verwaltern regelmäßig **offene Treuhandkonten** für die Eigentümergemeinschaft angelegt. Hierbei wurde der Verwalter selbst Kontoinhaber und Verfügungsberechtigter. Durch den Zusatz „Treuhand" wurde lediglich klargestellt, dass es sich letztlich nicht um eigenes Vermögen des Verwalters handelte. Die Treuhandkonten sind, auch wenn es sich um ein eigenes Konto des Verwalters handelt, dennoch weitgehend **pfändungssicher**, wenn dem Verwalter der Nachweis gelingt, dass das Konto allein zur Aufnahme von Fremdgeldern dient und er über dieses Konto ausschließlich im Rahmen der Treuhandabrede, d.h. verwaltungsbezogen, verfügt[7].

---

1 BGH v. 12.4.2007 – VII ZR 236/05, NZM 2007, 403; *Wenzel*, ZWE 2006, 462; *Becker*, MietRB 2007, 182.
2 BT-Drucks. 16/887, 62.
3 Ebenso *Abramenko*, Das neue WEG, § 6 Rz. 21; a.A. *Hügel* in Hügel/Elzer, Das neue WEG-Recht, § 3 Rz. 180; *Lehmann-Richter*, ZWE 2006, 413 (414).
4 A.A. *Briesemeister*, WEG-Reform, S. 9.
5 So schon vor der Novelle OLG München v. 21.2.2006 – 32 Wx 14/06, NZM 2006, 349.
6 BayObLG v. 21.3.2002 – 2Z BR 170/01, NZM 2002, 460; *Schwörer*, NZM 2002, 421; a.A. *Bub*, ZWE 2002, 103.
7 BGH WPM 1993, 1524; WPM 1996, 662.

Nunmehr bestimmt Abs. 7 ausdrücklich, dass das Verwaltungsvermögen und 77
damit auch das Geldvermögen der Eigentümergemeinschaft zusteht. § 27 Abs. 3
Nr. 5 stellt darüber hinaus klar, dass die entsprechenden Bankkonten im Namen der Eigentümergemeinschaft zu führen sind. Damit gibt das Gesetz nunmehr zwingend vor, dass vom Verwalter ein **Fremdkonto** anzulegen ist, sprich
die Eigentümergemeinschaft als Kontoinhaberin benannt wird. Der Verwalter
ist sodann lediglich kontoführungsberechtigt[1]. Im Hinblick auf die Anerkennung der Teilrechtsfähigkeit der Eigentümergemeinschaft bestehen die früheren
Schwierigkeiten nicht mehr[2].

h) Partei- und Beteiligtenfähigkeit

Die Wohnungseigentümergemeinschaft ist im Rahmen ihrer Rechtsfähigkeit 78
auch **parteifähig** (Abs. 6 Satz 5). Die Angabe sämtlicher Wohnungseigentümer
ist nicht mehr erforderlich, wenn der Anspruch der Gemeinschaft zusteht. Dies
ist im Einzelfall zu ermitteln. Ist die Gemeinschaft aktivlegitimiert, ist sie als
Wohnungseigentümergemeinschaft unter Angabe der Adresse des Grundstücks
zu bezeichnen, Abs. 6 Satz 4. Zustellungsvertreter für die Eigentümergemeinschaft ist der Verwalter als deren Organ, § 27 Abs. 3 Nr. 1, § 45 Abs. 1. Aktiv
darf der Verwalter aber nur dann Verfahren für den Verband führen, wenn er
dazu durch Beschluss, Vereinbarung oder im Verwaltervertrag berechtigt wurde.

Wohngeldansprüche stehen der Eigentümergemeinschaft zu[3], so dass die Ge- 79
meinschaft für Einziehungsverfahren aktivlegitimiert ist. Zwar ist die Gemeinschaft selbst an der Beschlussfassung über die **Jahres- und Einzelabrechnungen**
nicht beteiligt, der entsprechende Beschluss ist aber als Akt zugunsten eines
Dritten entsprechend § 328 BGB zu qualifizieren, da die Wohnungseigentümer
durch die Beschlussfassung die finanzielle Versorgung der Gemeinschaft sicherstellen wollen. Dies kann aber nur dann erreicht werden, wenn ein eigenes **Forderungsrecht** der Gemeinschaft begründet wird. Praktisch ist dies aber ohnehin
durch Abs. 6 Satz 3 legalisiert worden, da die Gemeinschaft auch die gemeinschaftsbezogenen Rechte der Wohnungseigentümer ausübt, wozu auch die Geltendmachung der Wohngeldansprüche gegen einzelne Wohnungseigentümer
zählt.

Bei **Anfechtungsklagen** gegen Beschlüsse der Wohnungseigentümer ist die Ei- 80
gentümergemeinschaft hingegen nicht aktivlegitimiert. Bereits vor der WEG-Novelle vertrat der BGH die Auffassung, dass das Beschlussanfechtungsverfahren zwischen den Wohnungseigentümern zu betreiben ist. Passivlegitimiert
waren daher stets die Wohnungseigentümer[4]. Hieran hat der Gesetzgeber trotz
gegenteiliger Anregungen in der Literatur[5] festgehalten und die Passivlegitimation der Wohnungseigentümer in § 46 Abs. 1 Satz 1 manifestiert.

---

1 Zum Charakter des offenen Fremdkontos vgl. *Hadding* in Schimansky/Bunte/Lwowski, Bankrechts-Handbuch, S. 614.
2 *Jennißen*, WEG-Verwalter, Rz. 226.
3 BGH v. 2.6.2005 – V ZB 32/05, NZM 2005, 543 = ZMR 2005, 547.
4 BGH v. 2.6.2005 – V ZB 32/05, NZM 2005, 543 = ZMR 2005, 547 (555 f.).
5 *Armbrüster*, ZWE 2006, 474; vgl. auch *Bonifacio*, ZMR 2005, 331.

81 Im Rahmen einer öffentlich-rechtlichen **Nachbarklage** ist bei einer Rechtsverletzung hinsichtlich des Grundstücks und des sonstigen Gemeinschaftseigentums die Gemeinschaft Kläger. Bei einer Beeinträchtigung des Sondereigentums bleibt die Klagebefugnis beim einzelnen Wohnungseigentümer. Meist wird jedoch beides zusammenfallen.

82 In „Altverfahren", die Wohngeldangelegenheiten betreffen und bereits vor der Entscheidung des BGH vom 2.6.2005 zu laufen begonnen haben, muss der Antrag auf die Eigentümergemeinschaft umgestellt werden, was ggf. von Amts wegen durch eine Berichtigung des Rubrums zu erfolgen hat[1]. Insbesondere kann der Prozess entgegen der Auffassung des OLG Celle[2] nicht einfach gegen die bisherigen Kläger oder Beklagten fortgeführt werden. Ein Vertrauensschutz kann insoweit hinsichtlich bereits laufender Verfahren nicht angenommen werden. Es bedarf zwingend einer **Rubrumsberichtigung**. Außerhalb von Wohngeldangelegenheiten kommt eine Tätigkeit des Verbands in Betracht, wenn ihm per Mehrheitsbeschluss die Ausübungsbefugnis übertragen wurde. In diesen Fällen kann das Rubrum nicht einfach berichtigt werden. Es kommt ein gewillkürter Parteiwechsel in Betracht, der in der Regel sachdienlich ist, so dass der Prozessgegner nicht zustimmen muss[3].

i) Vollstreckungsrechtliche Besonderheiten/Alttitel

83 Grundsätzlich kann aus einem Vollstreckungstitel nur zugunsten des Gläubigers die Zwangsvollstreckung betrieben werden, der in diesem oder der den Titel ergänzenden Klausel als solcher genannt ist. Andersherum kann die Zwangsvollstreckung auch nur gegen den im **Titel** bzw. der **Klausel** genannten Schuldner betrieben werden, § 750 Abs. 1 ZPO. Bis zur Anerkennung der Teilrechtsfähigkeit der Wohnungseigentümergemeinschaft ergingen Titel für und gegen sämtliche zum Zeitpunkt der Titulierung vorhanden Wohnungseigentümer, wenn eine Eigentümergemeinschaft auf Kläger- oder Beklagtenseite beteiligt war. Diese waren sodann auch Vollstreckungsgläubiger bzw. Vollstreckungsschuldner. Schieden einzelne Wohnungseigentümer zwischen Titulierung und Zwangsvollstreckung aus, änderte dies nichts an ihrer Eigenschaft als Vollstreckungsgläubiger oder -schuldner.

84 Die nach altem Recht ergangen **Titel** behalten auch nach der Entscheidung des BGH vom 2.6.2005 bzw. der jetzigen Gesetzeslage ihre Gültigkeit. Aus ihnen können die dort genannten Gläubiger auch weiterhin die Zwangsvollstreckung gegen die genannten Schuldner betreiben. Der Gläubiger, der beispielsweise ein Urteil gegen sämtliche Wohnungseigentümer erstritten hat, kann aus diesem Titel auch weiter in das Privatvermögen der einzelnen Eigentümer vollstrecken, selbst wenn für die titulierte Schuld nach heutiger Auffassung die Eigentümergemeinschaft haften würde[4]. Insbesondere kommt eine **Umschreibung** solcher

---
1 OLG München v. 13.7.2005 – 34 Wx 61/04, NZM 2005, 673; OLG Düsseldorf v. 29.11.2005 – 23 U 211/04, NZM 2006, 182; a.A. OLG Celle, OLGR 2006, 349; *Abramenko*, ZMR 2005, 749 (751).
2 OLGR 2006, 349.
3 *Becker*, MietRB 2007, 180 (183) m.w.N.
4 BGH v. 12.12.2006 – I ZB 83/06, ZMR 2007, 286 = NZM 2007, 164 m. Anm. *Drasdo*, NJW-Spezial 2007, 149; *Abramenko*, ZMR 2005, 749 (752).

Titel auf die jetzt als rechtsfähig geltende Eigentümergemeinschaft nach § 727 ZPO (analog) nicht in Betracht[1]. Auch eine Berichtigung gem. § 319 ZPO[2] oder sonstige Klarstellung ohne Bezeichnung einer Rechtsgrundlage[3] scheidet aus. Die Eigentümergemeinschaft ist nämlich weder die Rechtsnachfolgerin der Wohnungseigentümer noch handelt es sich um das identische, wenn auch falsch bezeichnete Rechtssubjekt. Letzteres wäre für eine Berichtigung gem. § 319 ZPO aber zwingend notwendig. Da die Summe der Wohnungseigentümer durch die Rechtsfähigkeitsfeststellung der Eigentümergemeinschaft nicht untergegangen ist, ist aus einem Titel nicht ohne weiteres erkennbar, ob die teilrechtsfähige Gemeinschaft betroffen ist. Vielmehr steht die Eigentümergemeinschaft als eigene Rechtspersönlichkeit selbständig neben den Wohnungseigentümern. Aus diesem Grunde darf aufgrund eines zugunsten der Wohnungseigentümer ergangenen Titels auch keine **Zwangshypothek** für die Eigentümergemeinschaft eingetragen werden[4]. Die in den bisherigen Titeln aufgeführten Eigentümer müssen auch weiterhin im Grundbuch eingetragen werden[5]. Eine Vollstreckung aus einem „Alt"-Titel gegen sämtliche Wohnungseigentümer ist ebenfalls weiterhin möglich[6].

Eine **Vollstreckungsgegenklage** der einzelnen Wohnungseigentümer aufgrund der geänderten und nunmehr auch gesetzlich fixierten Rechtsprechung zur Teilrechtsfähigkeit der Eigentümergemeinschaft hätte ebenfalls keinen Erfolg. Eine solche kann nämlich nie auf eine spätere Änderung der Rechtsprechung gestützt werden, nach der der geltend gemachte Anspruch nun nicht mehr tituliert worden wäre[7]. Gleiches gilt bei Titeln auf künftige wiederkehrende Leistungen[8].

Hinsichtlich neuer Eigentümer, welche nach Rechtskraft des Titels, in welchem die einzelnen Wohnungseigentümer als Schuldner ausgewiesen sind, in die Eigentümergemeinschaft eintreten, kann eine **titelerstreckende Klausel** gem. § 727 ZPO erwirkt werden. Dies setzt aber voraus, dass sie die titulierte Schuld übernommen haben oder diese auf sonstige Weise übergegangen ist, z.B. im Wege der Erbfolge. Andernfalls fehlt es an der für die Titelerstreckung notwendigen Rechtsnachfolge[9].

Ist ein Titel zugunsten der teilrechtsfähigen Eigentümergemeinschaft ergangen, berührt der Eintritt neuer Eigentümer die Vollstreckbarkeit nicht, da ein solcher

---

1 BGH v. 12.12.2006 – I ZB 83/06, ZMR 2007, 286 = NZM 2007, 164; anders *Böhringer*, Rpfleger 2006, 53 (55).
2 BGH v. 12.12.2006 – I ZB 83/06, NZM 2007, 164 = ZMR 2007, 286; *Abramenko*, ZMR 2006, 409 (411); vgl. auch *Elzer*, ZMR 2005, 730 (731).
3 OLG München v. 17.11.2005 – 32 Wx 77/05, NZM 2006, 106; vgl. auch LG Wuppertal v. 4.9.2006 – 6 T 516/06, NZM 2006, 872.
4 AG Neuss v. 24.11.2005 – Grundbuch von Üdesheim Blatt 5614, NZM 2006, 227; a.A. LG Hamburg Rpfleger 2006, 10.
5 AG Neuss v. 24.11.2005 – Grundbuch von Üdesheim Blatt 5614, NZM 2006, 227.
6 BGH v. 12.12.2006 – I ZB 83/06, NZM 2007, 164.
7 OLG Köln WM 1985, 1539.
8 OLG Koblenz v. 4.1.2007 – 11 WF 1200/06, NJW 2007, 1146; LG Kassel FamRZ 1954, 87; zur Ausnahme BGH, v. 15.3.2006 – XII ZR 30/04, NJW 2006, 1654.
9 OLG Frankfurt v. 18.8.2005 – 20 W 210/03, NZM 2006, 117 (119).

Eintritt auf die rechtliche Identität der Eigentümergemeinschaft keinen Einfluss hat.

j) Steuerliche Besonderheiten

88 Die Eigentümergemeinschaft kann **Unternehmerin** im umsatzsteuerlichen Sinne sein[1]. Voraussetzung ist, dass im Objekt Teileigentum vorhanden ist, das an einen Unternehmer vermietet wurde. Wenn dann der vermietende Teileigentümer zur Umsatzsteuer optiert hat, kann die Eigentümergemeinschaft Leistungen an einen Unternehmer erbringen und ihrerseits ebenfalls zur Umsatzsteuer optieren. Nach R 87 Abs. 3 Satz 3 UStR 2005 betreibt die Eigentümergemeinschaft eine nachhaltige Tätigkeit zur Erzielung von Einnahmen. **Gewinnerzielungsabsicht** ist dabei nicht erforderlich. Die vereinnahmten Wohngelder stellen das Entgelt für steuerbare Leistungen der Eigentümergemeinschaft an ihre Mitglieder dar. Die Eigentümergemeinschaft erzielt somit „**steuerbare**" **Umsätze**.

89 Streitig ist, ob alle Leistungen der Eigentümergemeinschaft an ihre Mitglieder steuerbar sind. Die Finanzverwaltung ist der Auffassung, dass dies nur für Sonderleistungen zuträfe, also für Kosten des Sondereigentums, die von der Eigentümergemeinschaft beglichen wurden, R 87 Abs. 2 Satz 1 UStR 2005. Das Bundesministerium der Finanzen ist hingegen der Auffassung, dass das gesamte Wohngeld das Entgelt für steuerbare Leistungen darstellt, auch wenn es sich um Leistungen in das Gemeinschaftseigentum handelt[2]. Der Gesetzgeber hat diese Meinungsverschiedenheit obsolet gemacht, indem er in § 16 Abs. 3 ausdrücklich die Kosten des Gemeinschaftseigentums den Kosten des Sondereigentums gleichstellt. WEG-rechtlich ist die Differenzierung zwischen diesen beiden Kostengruppen aufgegeben worden, sodass dies entsprechende Konsequenzen auch für die umsatzsteuerliche Behandlung haben muss (s. auch § 28 Rz. 87 ff.). Richtigerweise sind daher alle Kosten der Eigentümergemeinschaft als Ergebnis steuerbarer Leistungen an ihre Mitglieder anzusehen.

5. Das Verwaltungsvermögen, Abs. 7

a) Aktivvermögen

90 Das Verwaltungsvermögen steht der Eigentümergemeinschaft zu. **Vereinigen sich sämtliche Wohnungseigentumsrechte** in einer Person, geht das Verwaltungsvermögen auf den Eigentümer des Grundstücks über, Abs. 7 Satz 4. Dabei kann die „Person" auf die sich sämtliche Einheiten vereinigen, auch eine BGB-Gesellschaft sein[3]. Nach einer Wiederveräußerung einer Einheit fällt es wiederum an die Gemeinschaft. Die Zuordnung des Verwaltungsvermögens betrifft auch bereits vorhandenes Vermögen. Es handelt sich um die im Rahmen der Verwaltung aufgrund Gesetzes oder Rechtsgeschäfts erlangten Vermögenswerte (z.B. Wohngeld- und Rücklagenkonto, Mietforderung bei Verwertung von Gemeinschaftseigentum, bewegliche Sachen wie Rasenmäher, Gartengeräte, Putz-

---

1 Vgl. hierzu *Jennißen*, Der WEG-Verwalter, Rz. 321 ff.
2 BMF BStBl. I 1987, 228.
3 *Bub*, ZWE 2007, 15.

mittel, Leuchten, Bargeld, Gartenfrüchte, Verwaltungsunterlagen). Gleiches gilt für Verbindlichkeiten der Eigentümergemeinschaft; sie treffen die rechtsfähige Gemeinschaft und nicht die einzelnen Eigentümer als Gesamtschuldner. Die Zuordnung des Verwaltungsvermögens ist auf die **werdende Wohnungseigentümergemeinschaft** entsprechend anwendbar. Auch wenn die Instandhaltungsrücklage zum Verwaltungsvermögen der rechtsfähigen Eigentümergemeinschaft zählt, gehört ihr ideeller Anteil im Falle der Veräußerung von Sondereigentum zur Berechnungsgrundlage für die **Grunderwerbssteuerpflicht**; die abweichende Ansicht entbehrt jeder Grundlage[1].

b) Kreditaufnahme

Zum Verwaltungsvermögen gehören nach Abs. 7 Satz 3 ausdrücklich die eingenommenen Gelder. In Satz 2 wird zudem hervorgehoben, dass der Verband **Verbindlichkeiten** haben kann. Demzufolge ist es nicht von vornherein ausgeschlossen, dass die Eigentümergemeinschaft **Bankkredite** aufnimmt. Soll für den Bankkredit jeder Wohnungseigentümer abweichend von Abs. 8 gesamtschuldnerisch haften, ist hierfür eine Vereinbarung aller Wohnungseigentümer erforderlich. Ein **Mehrheitsbeschluss** über die Kreditaufnahme ist dann denkbar, wenn die Haftung eines jeden Wohnungseigentümers über die des Abs. 8 nicht hinausgeht und es den einzelnen Wohnungseigentümern nachgelassen wird, die anteilige Haftung durch Zahlung einer gleich hohen Sonderumlage abzuwenden. Dann hat jeder Wohnungseigentümer die Möglichkeit selbst zu entscheiden, ob die Eigentümergemeinschaft gewissermaßen für ihn Kredit aufnehmen soll oder ob er die Beträge selbst aufbringt. Die Auffassung des BayObLG[2], dass die Kreditaufnahme per Mehrheitsbeschluss stets rechtswidrig ist, überzeugt nicht. Zwar ist einzuräumen, dass die **Finanzverfassung der Eigentümergemeinschaft** in erster Linie aus der Finanzierung durch Wohngeldzahlung und somit aus Eigenkapital besteht. Auch darf einem Wohnungseigentümer nicht die anteilige Haftung gem. Abs. 8 im Rahmen einer Kreditaufnahme aufgedrängt werden. Dennoch ist eine Kreditaufnahme nicht generell auszuschließen, da durchaus Situationen (insbesondere Notmaßnahmen) eintreten können, die die Wohnungseigentümergemeinschaft und ihre Mitglieder ad hoc überfordern. Nicht alle Instandsetzungsmaßnahmen lassen sich so vorplanen, dass immer genügend Geld in der Instandhaltungsrücklage vorhanden ist. Es kann durchaus ordnungsmäßiger Verwaltung entsprechen, wenn sich die Wohnungseigentümer dazu entscheiden, beispielsweise eine Fassadensanierung durch Kreditaufnahme finanzieren zu lassen, damit ein Mangel möglichst kurzfristig abgestellt werden kann und damit zu deutlichen Energieeinsparungen und Vermeidung von Mietminderungen wegen Feuchtigkeitsbildungen beiträgt[3]. Bei wirtschaftlicher Betrachtungsweise kann es ordnungsmäßiger Verwaltung entsprechen, die Sanierungsmaßnahme vorzuziehen und nicht abzuwarten, bis die Rücklage entsprechend angespart wurde.

Nimmt der Verwalter Kredit auf oder überzieht das laufende Bankkonto der Eigentümergemeinschaft ohne Genehmigung der Wohnungseigentümer, ist

---
1 So aber *Kahlen*, ZMR 2007, 179.
2 V. 17.8.2005 – 2Z BR 229/04, NZM 2006, 62.
3 Vgl. zur Kreditaufnahme auch *Schmidt*, ZMR 2007, 90.

Schuldner dennoch die rechtsfähige Eigentümergemeinschaft, wenn diese Mittel in die Bewirtschaftung des Objekts geflossen sind. Genehmigen die Wohnungseigentümer die Kreditaufnahme nicht, kann der Verwalter nach § 179 BGB haften[1]. Die Genehmigung kann nicht im Beschluss über die Jahresabrechnung gesehen werden[2], allerdings in der Verwalterentlastung[3]. Wird die Genehmigung verweigert, kann dennoch § 683 BGB einschlägig sein.

93 Ob die Wohnungseigentümergemeinschaft **insolvenzfähig** ist, wurde in Rechtsprechung und Literatur unterschiedlich beurteilt[4]. Der Gesetzentwurf selbst sah zunächst ausdrücklich die Insolvenzfähigkeit der Eigentümergemeinschaft vor. Im Hinblick auf die Vielzahl von ungelösten Problemen im Zusammenhang eines Insolvenzverfahrens über das Vermögen einer Eigentumsgemeinschaft[5] nahm der Gesetzgeber hiervon später wieder Abstand. § 11 Abs. 3 verneint nunmehr ausdrücklich die Insolvenzfähigkeit der Wohnungseigentümergemeinschaft (s. § 11 Rz. 17 ff.).

VII. Werdende Wohnungseigentümergemeinschaft

94 Die vollendete Wohnungseigentümergemeinschaft entsteht bei einer Teilung nach § 8 mit **Eintragung des ersten Wohnungseigentümers** neben dem aufteilenden Eigentümer im Grundbuch, bei der Teilung nach § 3 mit **Eintragung der Aufteilung**. Die Wohnungseigentümergemeinschaft kann auch lediglich aus zwei Wohnungseigentümern bestehen[6]. Dagegen ist eine BGB-Gesellschaft, die Eigentümerin sämtlicher Wohneinheiten ist, keine Gemeinschaft[7]. Gleiches gilt bei der Vereinigung aller Einheiten in der Hand eines Eigentümers. Eine Ein-Personen-Gemeinschaft – anders beispielsweise bei der GmbH – gibt es nicht[8].

95 Die Vollendung der Wohnungseigentümergemeinschaft kann sich hinauszögern, wenn das Grundbuchamt langsam arbeitet oder sich der Objektaufteiler mit den Erwerbern über kaufvertragliche Pflichten streitet. Dann kann es über längere Zeit nicht zur Eigentumsumschreibung im Grundbuch kommen. Die Praxis hat es daher als notwendig angesehen, die WEG-Vorschriften auch schon in der Entstehungsphase der Wohnungseigentümergemeinschaft und somit vor ihrer Vollendung anzuwenden. Voraussetzungen sind eine Aufteilung nach § 8[9], mindestens ein gültiger Erwerbsvertrag[10], die Besitzübergabe an den Erwerber, wobei die Abnahme genügt und kein Bezug erforderlich ist[11], und die Eintragung

---

1 *Schmidt*, ZMR 2007, 90 (92); *Elzer* in Hügel/Elzer, Das neue WEG-Recht, § 11 Rz. 89.
2 So aber LG Köln v. 17.10.2002 – 29 O 207/01, MietRB 2004, 81.
3 Vgl. hierzu auch *Jennißen*, Der WEG-Verwalter, Rz. 198.
4 Bejahend AG Mönchengladbach v. 24.2.2006 – 32 IN 26/06, NZM 2006, 227; *Fischer*, NZI 2005, 586; verneinend LG Dresden v. 15.5.2006 – 5 T 105/06, NZM 2006, 513; *Häublein*, ZIP 2005, 1720 (1728); *Bub*, NZM 2006, 841 (846).
5 Vgl. nur *Bub*, NZM 2006, 841 (846); *Häublein*, ZMR 2006, 1 (4).
6 OLG Oldenburg v. 22.10.1996 – 5 W 153/96, NJW-RR 1997, 775.
7 OLG Köln v. 21.3.1997 – 16 Wx 297/96, NJW-RR 1997, 1443.
8 *Kreuzer*, ZMR 2006, 15, 17; *Hügel* in Hügel/Elzer, Das neue WEG-Recht, § 3 Rz. 99 ff.; *Abramenko*, Das neue WEG, § 6 Rz. 8; a.A. *Becker* in FS Seuß, 2007, 19 ff.
9 BayObLG NJW-RR 1992, 597; 2002, 1022; 2002, 1540; KG v. 17.12001 – 24 W 2065/00, ZWE 2001, 275.
10 OLG München v. 9.1.2006 – 34 Wx 89/05, NZM 2006, 347.
11 BayObLG NJW-RR 2003, 1663.

einer **Eigentumsverschaffungsvormerkung** am gebildeten Wohnungseigentum oder auf noch zu bildendes Wohnungseigentum am Grundstück[1]. Die Wohnung muss ferner bewohnbar sein[2].

Die werdende Wohnungseigentümergemeinschaft ist **rechtsfähig**. Sie kann Rechtsstreite führen. Die Abs. 6 bis 8 gelten entsprechend, d.h. die Eigentümergemeinschaft entsteht im Vorfeld mit sämtlichen Pflichten und Rechten der Eigentümer. Der teilende Alleineigentümer verliert seine Befugnis zur einseitigen Änderung der Teilungserklärung, mit Eintragung einer Auflassungsvormerkung für den ersten Erwerber eines Wohnungseigentums[3].

Mit Eigentumsumschreibung auf den ersten Erwerber entsteht dann die „echte" Wohnungseigentümergemeinschaft. Die werdende Wohnungseigentümergemeinschaft, auf die die §§ 10 bis 29, 43 ff. entsprechend anzuwenden sind, bleibt (daneben) bestehen[4]. Wer Mitglied der werdenden Wohnungseigentümergemeinschaft ist, hat das Recht, an **Eigentümerversammlungen** teilzunehmen und die Pflicht, **Wohngeld** zu zahlen. Dies verändert sich auch nicht, wenn die echte Wohnungseigentümergemeinschaft entsteht. Die Rechte bleiben bei den vorgemerkten Eigentümern weiterhin bestehen, auch wenn sie noch nicht Eigentümer sind.

Allerdings findet die Rechtsfigur der werdenden Wohnungseigentümergemeinschaft auf den sog. **Zweiterwerb** (werdender Wohnungseigentümer) vor Eigentumsumschreibung keine Anwendung. Wenn die Vollrechtsgemeinschaft entstanden ist, kann ein Erwerber erst Mitglied der Eigentümergemeinschaft werden, wenn er als Eigentümer im Grundbuch eingetragen wird, es sei denn, er hatte vor Entstehung der Vollrechtsgemeinschaft eine Auflassungsvormerkung im Grundbuch erhalten. Die nach der Entstehung der Vollrechtsgemeinschaft eingetragene Auflassungsvormerkung ist wohnungseigentumsrechtlich unbedeutend[5]. Es ist jedoch stets zu prüfen, ob der Zweiterwerber, der nicht als werdender Wohnungseigentümer mit der Konsequenz der analogen Anwendung der Vorschriften des WEG anzusehen ist, berechtigt ist, bereits die Rechte des noch eingetragenen Wohnungseigentümers geltend zu machen. So ist der im Grundbuch abgesicherte Erwerber schon vor Umschreibung als ermächtigt anzusehen, das **Stimmrecht** des noch eingetragenen Eigentümers und seines Verkäufers auszuüben und auch die gerichtliche Beschlussanfechtung für diesen in **Verfahrensstandschaft** zu betreiben[6]. Auch **Unterlassungs- und Beseitigungsansprüche** soll der Zweiterwerber bereits geltend machen können[7]. Es empfiehlt sich aber

---

1 OLG Frankfurt v. 4.9.1996 – 3 Wx 149/96, DWE 1998, 48; OLG Hamm v. 27.1.2000 – 15 W 318/99, WuM 2000, 319; OLG Jena v. 12.6.2001 – 6 W 177/01, WuM 2001, 504; KG NJW-RR 2003, 589; a.A. OLG Saarbrücken v. 27.2.1998 – 5 W 252/97-85, WE 1998, 314.
2 BayObLG NJW-RR 2003, 876.
3 BayObLG v. 24.6.1993 – 2Z BR 56/93, WE 1994, 249.
4 OLG Köln v. 30.11.2005 – 16 Wx 193/05, NZM 2006, 301; LG Ellwangen v. 10.1.1996 – 5 T 54/95, NJW-RR 1996, 973; a.A. noch OLG Köln v. 28.1.1999 – 16 Wx 3/99, NZM 1999, 765.
5 Vgl. zum Zweiterwerb BGH NJW 1989, 2697; BayObLG v. 19.9.2001 – 2Z BR 89/01, ZWE 2001, 590; v. 17.11.2004 – 2Z BR 127/04, ZWE 2005, 227; a.A. noch BayObLG WE 1986, 98.
6 KG v. 20.7.1994 – 24 W 3942/94, WE 1995, 119.
7 BayObLG v. 17.7.1997 – 2Z BR 25/97, WE 1998, 149.

in jedem Fall, diese Gesichtspunkte im Zusammenhang mit der kaufvertraglichen Regelung betreffend den Lasten-/Nutzenübergang ausdrücklich im Übertragungsvertrag zu reglementieren. Auf diese Weise können Missverständnisse von vornherein vermieden werden.

99 Existiert vor Entstehung der Wohnungseigentümergemeinschaft eine schlichte Bruchteilsgemeinschaft (§ 1008 ff. BGB), so können auch für sie im Rahmen des § 744 Abs. 1 BGB die Vorschriften aus dem WEG entsprechend angewandt werden[1].

VIII. Haftung der Wohnungseigentümer, Abs. 8

1. Teilschuld

100 Die **teilschuldnerische Haftung** der Wohnungseigentümer betrifft Verbindlichkeiten der Gemeinschaft[2]. Die quotale Haftung bestimmt sich nach dem Verhältnis der Miteigentumsanteile. Die Haftung besteht unmittelbar gegenüber dem einzelnen Gläubiger, also nicht nur subsidiär. Der Gläubiger kann eine Klage sowohl gegen die Eigentümergemeinschaft als auch gegen einzelne Wohnungseigentümer, bei diesen allerdings beschränkt auf ihre Beteiligungsquote, richten. Hierdurch soll u.a. auch die Eintragung von Bauhandwerkerhypotheken ermöglicht werden[3]. Da die einzelnen Einheiten aber im Eigentum der Wohnungseigentümer stehen, bedarf es zu diesem Zwecke eines Vollstreckungstitels gegen diese. Ein Titel gegen die Wohnungseigentümergemeinschaft genügt hierfür nicht. Die einzelnen Wohnungseigentümer haften nicht als Gesamtschuldner, sodass sie im Falle einer Inanspruchnahme i. H. ihrer Beteiligungsquote keinen Ausgleich bei den übrigen Wohnungseigentümern suchen können.

101 Ausnahmsweise kann im Falle des Eigentümerwechsels zwischen Veräußerer und Erwerber ein **Gesamtschuldnerverhältnis** entstehen. Beide können für den gleichen quotalen Anteil der Gemeinschaftsverbindlichkeiten haften, wenn die Verbindlichkeit während der Zugehörigkeit des Veräußerers zur Gemeinschaft entstanden und nach dem Eigentumswechsel fällig geworden ist, Abs. 8 Satz 1. Im Ergebnis kann der Gläubiger in diesen Fällen auf zwei Schuldner zurückgreifen[4]. Die **Nachhaftung** des alten Eigentümers ist allerdings auf fünf Jahre nach Eigentumsumschreibung begrenzt, was aus dem Verweis auf § 160 HGB folgt. In der Regel wird aber die kürzere Verjährungsfrist des § 195 BGB (drei Jahre) greifen. Der Verweis auf § 160 HGB bewirkt in erster Linie, dass eine fünfjährige Nachhaftung für **Dauerschuldverhältnisse** begründet wird. So kann der ausscheidende Wohnungseigentümer beispielsweise noch für Hausmeistervergütungen haften, die erst nach seinem Ausscheiden fällig werden, wenn der Hausmeistervertrag schon während seiner Zugehörigkeit zur Eigentümergemeinschaft abgeschlossen wurde. Eine volle fünfjährige Haftung für das Ver-

---

1 BayObLG NJW-RR 2002, 1022; weitergehend AG Greifswald v. 23.2.2000 – II 300/99 WEG, NZM 2001, 344.
2 Grundlegend *Armbrüster*, ZWE 2005, 369; *Briesemeister*, NZM 2007, 225; *Deckert*, NZM 2004, 523.
3 BT-Drucks. 16/887, 66.
4 BT-Drucks. 16/3843, 38.

walterhonorar käme hingegen nur dann in Betracht, wenn der Verwalter noch vor der Eigentumsumschreibung für fünf Jahre bestellt wird. Die spätere Wiederwahl des Verwalters hat dann auf den ausgeschiedenen Wohnungseigentümer keinen Einfluss mehr.

Die Frist für die Enthaftung beginnt mit der Grundbucheintragung zu laufen. Die Enthaftung tritt nicht ein, wenn der Gläubiger ein rechtskräftiges Urteil, einen Schiedsspruch oder einen vollstreckbaren Titel gegen den betreffenden Wohnungseigentümer erlangt. Darüber hinaus ist die **Verjährungshemmung** der §§ 203 ff. BGB zu beachten.

Der Wohnungseigentümer haftet auch dann nur quotal, wenn die Eigentümergemeinschaft nicht mit hinreichenden Finanzmitteln ausgestattet wurde oder kein **beschlossener Wirtschaftsplan** existiert. Entgegen der vom BGH im Beschluss vom 2.6.2005[1] geäußerten Auffassung sieht der neue Tatbestand auch auf **Sekundärebene** keine gesamtschuldnerische Haftung vor. Dies folgt aus Abs. 8 Satz 4, wonach die Haftung eines Wohnungseigentümers wegen nicht ordnungsmäßiger Verwaltung ebenfalls auf die Quote beschränkt ist.

Der einzelne Wohnungseigentümer haftet **akzessorisch** und **quotal** entsprechend seinen Miteigentumsanteilen für die Verbindlichkeiten der Eigentümergemeinschaft. Damit kommt es grundsätzlich im Innen- und im Außenverhältnis zu einem Gleichlauf der Haftung (vgl. § 16 Abs. 2). Durch die neuen Regeln in § 16 Abs. 3 und 4 kann allerdings dieser Gleichlauf abgeändert werden. So können beispielsweise die Wohnungseigentümer mit qualifizierter Mehrheit beschließen, dass die Instandsetzungsmaßnahme in einem Haus einer **Mehrhausanlage** nur von den Wohnungseigentümern des betreffenden Hauses zu tragen ist. Ähnliche Regelungen finden sich häufig in den Gemeinschaftsordnungen. Dann entsteht eine Diskrepanz zwischen der Haftung im Außenverhältnis und der Zahlungsverpflichtung im Innenverhältnis. Das heißt, obwohl die Wohnungseigentümer im Innenverhältnis von einer Leistungspflicht befreit sind, haften sie im Außenverhältnis.

2. Einwendungen des Wohnungseigentümers

Nach Abs. 8 Satz 2 kann sich der einzelne Wohnungseigentümer im Außenverhältnis gegenüber Dritten nicht auf die ihm zustehenden **Einwendungen** gegenüber der Eigentümergemeinschaft berufen. Im Verhältnis gegenüber einem Gläubiger ist daher unerheblich, ob der Wohnungseigentümer seine Beitragspflicht erfüllt, sprich regelmäßig sein Wohngeld und seine Anteile an etwaigen Sonderumlagen geleistet hat[2]. Eigene oder Einwendungen der Gemeinschaft gegen die geltend gemachte Forderung kann der Wohnungseigentümer ausweislich des ausdrücklichen Wortlauts des Abs. 8 Satz 2 sehr wohl geltend machen. Er kann sich daher auf das Erlöschen der Forderung durch Erfüllung, Erfüllungssurrogate oder die fehlende Durchsetzbarkeit der Forderung, z.B. wegen Verjährung oder Mangelhaftigkeit, berufen. Kann die Gemeinschaft aufrechnen, anfechten oder andere Gestaltungsrechte geltend machen, kann dies auch der einzelne Wohnungseigen-

---
1 V ZB 32/05, ZMR 2005, 547 = NZM 2005, 543 = NJW 2005, 2061.
2 BT-Drucks. 16/887, 66.

tümer. Ebenso ist es zulässig, ein Zurückbehaltungsrecht auszuüben, wenn der Wohnungseigentümer aus einem eigenen Rechtsverhältnis zum Gläubiger Gegenansprüche besitzt. Gleichermaßen kann er dann aufrechnen.

3. Vollstreckung

105 Durch die unmittelbare Haftung des Wohnungseigentümers i. H. seiner Beteiligungsquote im Außenverhältnis ist die Frage der Forderungspfändung nicht vollkommen obsolet geworden. Bei einem **Titel gegen die Eigentümergemeinschaft** kann der Gläubiger weiterhin Wohngeldforderungen der Gemeinschaft gegen einen einzelnen Wohnungseigentümer **pfänden**. Sind in einer Eigentümergemeinschaft mehrere Wohnungseigentümer zahlungsunfähig, kann eine solche Forderungspfändung dazu führen, dass die Eigentümergemeinschaft überhaupt nicht mehr mit ausreichenden Finanzmitteln ausgestattet wird. Die zahlungsfähigen Wohnungseigentümer sehen sich dann einer faktischen Doppelinanspruchnahme ausgesetzt. Sie zahlen im Rahmen der Forderungspfändung das laufende Wohngeld an den Gläubiger und werden dann diese Beträge im Innenverhältnis nochmals entrichten müssen, wenn sie die ordnungsmäßige Bewirtschaftung des Objektes aufrechterhalten wollen.

106 Die gleiche Problematik kann entstehen, wenn ein Wohnungseigentümer sein laufendes Wohngeld entrichtet hat und dann quotal im Rahmen der Außenhaftung in Anspruch genommen wird. Auch der Gesetzgeber sieht diese Gefahr der **Doppelzahlung** und schlägt vor, dass der in Anspruch genommene Wohnungseigentümer den an die Gemeinschaft gezahlten Betrag von den anderen Wohnungseigentümern zurückverlangen könne[1].

107 Allerdings ist den Gesetzesmaterialien nicht zu entnehmen, aufgrund welcher Rechtsgrundlage dies geschehen soll. Die zusätzliche Belastung des Wohnungseigentümers kann jedenfalls nicht über einen **Gesamtschuldnerinnenausgleich** (§ 426 BGB) gelöst werden, da eine solche Gesamtschuldnerschaft gerade nicht besteht. Jeder Wohnungseigentümer haftet nur für seinen Anteil quotal. Ein Anspruch aus Geschäftsführung ohne Auftrag scheitert daran, dass der einzelne Wohnungseigentümer mit der Leistung an den Gläubiger eine eigene Verbindlichkeit erfüllt, nämlich seine anteilige Haftung. Auch ein Bereicherungsanspruch kann wohl nur gegen die Gemeinschaft selbst gerichtet werden.

108 Richtigerweise ist daher der Anspruch nicht gegen die übrigen Wohnungseigentümer, sondern gegen den rechtsfähigen Verband zu richten[2]. Dieser hat das Wohngeld empfangen und ist andererseits durch die Zahlung des Wohnungseigentümers an den Gläubiger von einer Schuld befreit worden. In Höhe der quotalen Inanspruchnahme kann der Wohnungseigentümer gegenüber dem Verband den Gesamtschuldnerinnenausgleich nach § 426 BGB suchen. Zum gleichen Ergebnis ist auch über § 812 BGB zu gelangen, da der Verband von einer Schuld, die nur er im Außenverhältnis begründet hat, befreit wurde.

109 Eine Aufrechnung dieses Betrags mit seiner laufenden Wohngeldverpflichtung kann der Wohnungseigentümer allerdings nicht vornehmen. Im Wohnungs-

---
1 BT-Drucks. 16/3843, 47.
2 So auch *Abramenko*, Das neue WEG, § 6 Rz. 26.

eigentumsrecht ist anerkannt, dass die Wohnungseigentümer mit ihrer Wohngeldverpflichtung nicht **aufrechnen** können, damit die Zahlungsfähigkeit der Eigentümergemeinschaft aufrechterhalten bleibt. Nur für anerkannte oder rechtskräftig festgestellte Gegenforderungen sowie wegen Ansprüchen aus Notgeschäftsführung wird die Aufrechnung zugelassen[1]. Die Aufrechnung muss auch hier ausgeschlossen bleiben, um sicherzustellen, dass der Wohnungseigentümer nicht voreilig an den Gläubiger zahlt und sich im Nachhinein herausstellt, dass der Anspruch nicht oder nicht in dieser Höhe bestand. Wird der Betrag von der Eigentümergemeinschaft bestritten, muss der Wohnungseigentümer den Verband verklagen. Erhält er sodann einen Zahlungstitel gegen den Verband, ist die Forderung rechtskräftig festgestellt, sodass der Wohnungseigentümer nunmehr mit seinen laufenden Wohngeldverpflichtungen aufrechnen kann. Er kann aber trotz eines bestehenden Titels nicht bei der Wohnungseigentümergemeinschaft Sachen pfänden, wie z.B. den Rasenmäher oder die Kehrmaschine. Dies würde bewirken, dass das Objekt nicht mehr ordnungsgemäß gepflegt und bewirtschaftet werden kann. Analog § 811 ZPO muss hinsichtlich dieser Sachen von einem Pfändungsverbot ausgegangen werden.

Allerdings kann der Wohnungseigentümer aus einem Titel gegen den Verband auch die Wohngeldansprüche des Verbands gegen seine Miteigentümer **pfänden**. Dadurch kommt es nicht zu einem Gesamtschuldnerausgleich zwischen den Wohnungseigentümern, da die anderen Wohnungseigentümer mit schuldbefreiender Wirkung das Wohngeld nicht an den Verband, sondern an den pfändenden Miteigentümer zahlen. Dies ist die Zahlung eines anderen Betrags im Rahmen der Pfändung und kein Innenausgleich.

110

Ist der Betrag anerkannt oder durch Titel festgestellt worden, kann der Wohnungseigentümer gegenüber dem Verband sofort aufrechnen und muss nicht erst die **Jahresabrechnung** abwarten[2]. Der Verweis auf die Jahresabrechnung verfängt deshalb nicht, weil der aufzurechnende Betrag gerade nicht von der Eigentümergemeinschaft gezahlt wurde. Die Gemeinschaft hat den vom Gläubiger geltend gemachten quotalen Anteil nicht geleistet. Die Jahresabrechnung kann aber nur über gezahlte Beträge abrechnen. Andernfalls würde ein Systembruch stattfinden und in die Jahresabrechnung auch Verbindlichkeiten eingestellt (vgl. hierzu § 28 Rz. 80). Noch offene Verbindlichkeiten können aber nicht in der Kostenverteilung berücksichtigt werden.

111

4. Besonderheiten der kommunalen Haftung

Bei öffentlich-rechtlichen Beiträgen stellt sich die Frage, wer Schuldner ist. Wie bereits der Begriff der Teilrechtsfähigkeit verdeutlicht, wird der Eigentümergemeinschaft keine umfassende Rechtsfähigkeit zuerkannt, sondern nur insoweit, als sie am Rechtsverkehr teilnimmt. Eine Teilnahme am Rechtsverkehr ist aber nicht nur dann gegeben, wenn die Eigentümergemeinschaft selbst an Dritte herantritt und im eigenen Namen Verträge abschließt. Vielmehr tritt die

112

---

1 OLG Stuttgart v. 24.1.1989 – 8 W 248/88, NJW-RR 1989, 841; KG v. 15.9.1995 – 24 W 5988/94, NJW-RR 1996, 465; v. 29.5.2002 – 24 W 185/01, WuM 2002, 391 = ZWE 2002, 363 = NZM 2003, 686.
2 So aber *Abramenko*, Das neue WEG, § 6 Rz. 26 unter Verweis auf OLG Hamm v. 8.5.1998 – 15 W 83/98, NZM 1999, 180 sowie KG v. 6.2.1989 – 24 W 6754/88, WE 1989, 138.

Eigentümergemeinschaft auch dann im Außenverhältnis auf, wenn sie durch gesetzliche Regelungen oder durch sonstiges – auch hoheitliches – Handeln in Anspruch genommen wird[1].

113 Die Stellung als Abgabenschuldner hängt davon ab, welche Voraussetzungen das jeweilige **Abgabenrecht** vorsieht. Allerdings ist für die Erhebung kommunaler Beiträge und Abgaben der **Landesgesetzgeber** zuständig, so dass es zu unterschiedlichen Ausgestaltungen des Haftungssystems kommen kann. Regelmäßig wird die Abgabenpflicht für Beiträge und Gebühren aber an die Eigentümerstellung geknüpft. Z. T. wird dies ausdrücklich in den Landesgesetzen bestimmt (z.B. Art. 5 Abs. 6 Satz 1 BayKAG), teilweise aber auch erst in der aufgrund einer Ermächtigung erlassenen Satzung (vgl. § 2 Abs. 1 KAG NRW). In diesen Fällen stellt sich die Frage, ob die Eigentümergemeinschaft als (Grundstücks-)Eigentümer anzusehen ist.

114 Dies hat der BGH in seiner Entscheidung vom 2.6.2005 ausdrücklich abgelehnt, indem er ausführt, dass die Eigentümergemeinschaft durch die Anerkennung der **Teilrechtsfähigkeit** nicht insgesamt zu einem Gebilde wird, an dem die Wohnungseigentümer nur noch in Form verdinglichter Miteigentumsanteile partizipieren[2]. Er stellt zudem unmissverständlich klar, dass das Sondereigentum und das Gemeinschaftseigentum als echtes Eigentum ausschließlich in den Händen der Miteigentümer verbleiben und damit nicht Bestandteil des Vermögens der Eigentümergemeinschaft wird[3]. Zum gemeinschaftlichen Eigentum zählt jedoch gerade das Grundstück, auf dem die im Sondereigentum stehenden Räume errichtet worden sind (vgl. § 5 Rz. 10). Anders als bei einer (Außen-)**GbR**[4] scheidet die Eigentümergemeinschaft mangels Rechtsinhaberschaft als Abgabenschuldner aus[5]. Im Bereich des kommunalen Abgabenrechts bleiben daher auch nach Anerkennung der Teilrechtsfähigkeit die einzelnen Wohnungseigentümer Abgabenschuldner. Etwas anderes kann nur dann gelten, wenn die Eigentümergemeinschaft selbst Sondereigentum erworben hat (Rz. 66). In diesen Fällen haftet sie als Eigentümerin auch als Abgabenschuldner.

115 Hinsichtlich der Haftung der Wohnungseigentümer für Kommunalabgaben wurden in einigen Bundesländern besondere Regelungen geschaffen, nämlich dass „die einzelnen Wohnungs- und Teileigentümer nur entsprechend ihrem **Miteigentumsanteil** beitragspflichtig" sind (so u.a. §§ 7 Abs. 8 Satz 2 TKAG, 6 Abs. 8 Satz 3 NKAG)[6]. Hierdurch wird zunächst noch einmal bestätigt, dass Abgabenschuldner die einzelnen Wohnungseigentümer und nicht die Eigentümergemeinschaft selbst ist. Zum anderen wird die Haftung ähnlich § 10 Abs. 8

---
1 *Zieglmeier*, MietRB 2006, 337.
2 So aber *Junker*, Die Gesellschaft nach dem Wohnungseigentumsgesetz, 1993, S. 73 ff.; a.A. *Derleder*, PiG 63, 29, 33.
3 Vgl. auch KG v. 29.9.2006 – 7 U 251/05, ZMR 2006, 67.
4 Siehe zur Rechtsfähigkeit der GbR, BGH v. 25.9.2006 – II ZR 218/05, BB 2006, 2516; neuerdings wird teilweise auch die Grundbuchfähigkeit anerkannt, OLG Stuttgart v. 9.1.2007 – 8 W 223/06, NZM 2007, 262; a.A. BayObLG v. 31.10.2002 – 2z BR 70/02, NJW 2003, 70; v. 4.9.2003, NJW-RR 2004, 810; v. 8.9.2004 – 2Z BR 139/04, NJW-RR 2005, 43; OLG Celle v. 13.3.2006 – 4 W 47/06, NJW 2006, 2194.
5 *Zieglmeier*, MietRB 2006, 337; i.E. ebenso *Dabringhausen*, GH 2006, 206 f.
6 *Driehaus*, Kommunalabgabenrecht, 36. Erg. Lfg. Stand März 2007, § 8 Rz. 64.

Satz 1 auf die Quote des Wohnungseigentümers an den Miteigentumsanteilen beschränkt. Steht der Miteigentumsanteil mehreren Personen zu, haften diese für die jeweilige Abgabenschuld als Gesamtschuldner[1].

Knüpfen die Landesgesetze die Stellung als Abgabenschuldner an die Eigentümerstellung und bestimmen keine lediglich **quotale Haftung** der einzelnen Wohnungseigentümer (entsprechende Regelungen fehlen u.a. im HKAG und KAG NW), haften sie im Außenverhältnis als Gesamtschuldner, und zwar jeder auf den vollen Betrag. Die Kommune kann nach ihrer Wahl den vollen Betrag von dem Wohnungseigentümer verlangen[2]. 116

Fehlt es an landesrechtlichen Vorgaben hinsichtlich des Abgabenschuldners und ist dieser erst in der aufgrund der Landesgesetze ergehenden Satzung zu bestimmen (so z.B. § 2 Abs. 1 KAG NW), kann auch die Eigentümergemeinschaft als Abgabenschuldner in der betreffenden Satzung bestimmt werden[3]. Die steuerliche oder abgabenrechtliche Inanspruchnahme (teil-)rechtsfähiger Verbände ist vollkommen üblich, so dass kein Grund ersichtlich ist, weshalb dies für die Eigentümergemeinschaft generell nicht in Betracht kommen sollte. 117

5. Versorgungsleistungen

Schuldner für die Lieferung von Elektrizität, Gas, Wasser oder Fernwärme ist der Vertragspartner des **Versorgungsunternehmens**. Hat also die Eigentümergemeinschaft diesen Vertrag abgeschlossen, schuldet sie auch das vertraglich vereinbarte Entgelt. Fraglich ist aber die Person des Schuldners, wenn durch die Entnahme von Leistungen aus dem Verteilernetz eines Versorgungsunternehmens konkludent ein Vertragsschluss zustande kommt (z.B. §§ 2 Abs. 1 Satz 2 AVBWasserV, 2 Abs. 2 AVBEltV). Stellt ein Versorgungsunternehmen Leistungen zur Entnahme aus einem Versorgungsnetz zur Verfügung, stellt dies regelmäßig ein Vertragsangebot in Form einer **Realofferte** zum Abschluss eines Versorgungsvertrages dar[4]. Der BGH hatte zunächst angenommen, dass der Vertrag mit dem Grundstückseigentümer zustande komme[5]. Dies waren somit die Wohnungseigentümer. Seine Auffassung hat der BGH jedoch insoweit aufgegeben[6]. Nun vertritt er die Auffassung, dass der Vertrag mit dem Verband geschlossen wurde, was auch für Altfälle gelte, die vor der Rechtsfähigkeitsentscheidung des BGH vom 2.6.2005[7] zustande kamen. Insoweit soll kein Vertrauensschutz gelten, da eine Änderung der Rechtsprechung nicht zu unbilligen und unzumutbaren Härten führen würde. Daraus folgt aber gleichzeitig, dass die Wohnungseigentümer gegenüber den Versorgern nicht gesamtschuldnerisch haften[8]. 118

---

1 OVG Hamburg v. 24.10.2003 – I Bf 265/03, DVBl. 2004, 1049.
2 VGH Mannheim v. 4.10.2005 – 2 S 995/05, ZMR 2006, 818; *Driehaus*, Kommunalabgabenrecht, 36 Erg. Lfg. Stand März 2007, § 8 Rz. 66.
3 Ebenso *Zieglmeier*, MietRB 2006, 337 (339).
4 BGH v. 17.3.2004 – VIII ZR 95/03, NZM 2004, 425.
5 BGH v. 30.4.2003 – VIII ZR 279/02, NJW 2003, 3131.
6 BGH v. 7.3.2007 – VIII ZR 125/06, NZM 2007, 363.
7 V ZB 32/05, ZMR 2005, 547.
8 A.A. KG v. 29.9.2006 – 7 U 251/05, ZMR 2006, 67, das noch eine gesamtschuldnerische Haftung annahm.

§ 11
Unauflöslichkeit der Gemeinschaft

(1) Kein Wohnungseigentümer kann die Aufhebung der Gemeinschaft verlangen. Dies gilt auch für eine Aufhebung aus wichtigem Grund. Eine abweichende Vereinbarung ist nur für den Fall zulässig, dass das Gebäude ganz oder teilweise zerstört wird und eine Verpflichtung zum Wiederaufbau nicht besteht.

(2) Das Recht eines Pfändungsgläubigers (§ 751 des Bürgerlichen Gestzbuchs) sowie das im Insolvenzverfahren bestehende Recht (§ 84 Abs. 2 der Insolvenzordnung), die Aufhebung der Gemeinschaft zu verlangen, ist ausgeschlossen.

(3) Ein Insolvenzverfahren über das Verwaltungsvermögen der Gemeinschaft findet nicht statt.

Inhaltsübersicht

	Rz.		Rz.
I. Normzweck	1	3. Wegfall des vereinbarten Zwecks	11
II. Allgemeines	3	4. Nachträgliche Vereinbarung/ Aufhebung	13
III. Grundsatz	5	5. Verzicht	15
IV. Ausnahme	7		
1. Wiederaufbaupflicht	7		
2. Fehlerhafte Entstehung des Wohnungseigentums	9	V. Zwangsvollstreckung und Insolvenz	16

Schrifttum: *Briesemeister,* Die Dereliktion von Wohnungseigentum, ZWE 2007, 218 ff.; *Bork,* Die Insolvenz der Wohnungseigentümergemeinschaft, ZInsO 2005, 1067 ff.; *Eckardt,* Zur Insolvenzfähigkeit der Wohnungseigentümergemeinschaft, EWiR 2006, 593 f.; *Fischer,* Teilrechtsfähigkeit der Wohnungseigentümergemeinschaft, NZI 2005, 586 ff.; *Häublein,* Insolvenzverfahren über das Vermögen der Wohnungseigentümergemeinschaft?, ZWE 2006, 205–214; *Köster/Sankol,* Zur Insolvenzfähigkeit der Wohnungseigentümergemeinschaft, EWIR, 465 f.

I. Normzweck

1 Nach der Gesetzesbegründung gibt das Wohnungseigentum nur dann eine gesicherte Rechtsstellung,

„wenn es nicht einseitig gesprengt werden kann. Diesem Gedanken, der auch in Art. 131 EGBGB seinen Ausdruck gefunden hat, entspricht die Regelung des § 11. Eine abweichende Vereinbarung lässt Abs. 1 Satz 2 nur für den Fall zu, dass das Gebäude ganz oder teilweise zerstört ist, eine Verpflichtung zum Wiederaufbau nicht besteht und demgemäß die Aufrechterhaltung der Gemeinschaft ihren Sinn verloren hat (vgl. hierzu auch § 22 Abs. 4)"[1].

2 Die Wohnungseigentümergemeinschaft ist **auf Dauer** angelegt. Kein Wohnungseigentümer soll die Gemeinschaft einseitig auflösen können. Ein Einzelner soll

---

1 BR-Drucks. Nr. 75/51, S. 17.

die Gemeinschaft nur für sich und dann nur durch Veräußerung seines Wohnungseigentums beenden können. Anders als nach §§ 741 ff. BGB steht dem einzelnen Wohnungseigentümer gem. Abs. 1 S. 1 kein Anspruch auf Aufhebung der Gemeinschaft zu. Gemäß Abs. 1 S. 2 WEG gilt dies **selbst bei Vorliegen eines wichtigen Grundes**. Die Vorschrift des **§ 11 WEG ist unabdingbar**. Eine **Ausnahme** enthält § 11 Abs. 1 Satz 3 WEG.

II. Allgemeines

Der Miteigentümer eines Grundstücks nach Bruchteilen i.S.d. § 1008 BGB kann grundsätzlich jederzeit die Aufhebung der Gemeinschaft verlangen. §§ 741 BGB normieren die jederzeitige Aufhebung einer BGB-Gesellschaft insbesondere bei Vorliegen eines wichtigen Grundes. Dieses Recht entspricht nicht der Struktur der Wohnungseigentümergemeinschaft. § 11 gewährleistet die Dauerhaftigkeit und Beständigkeit des Wohnungseigentums ebenso wie auch § 4 Abs. 2 und § 6 Abs. 1. § 11 begründet dabei **keine grundsätzliche Unauflöslichkeit**, sondern soll lediglich verhindern, dass ein Einzelner „einseitig sprengt". Dessen ungeachtet können die Wohnungseigentümer ihre Gemeinschaft jederzeit auflösen, wenn dies dem Willen aller entspricht. 3

§ 11 setzt systematisch das Vorliegen der Tatbestände des 1. Abschnitts, mithin die **Begründung** des Wohnungseigentums, voraus. Wenn § 11 den Bestand der „Gemeinschaft" schützt, setzt er somit den vollwertigen Bestand der Gemeinschaft einschließlich entstandenen Sondereigentums voraus (zu den Konsequenzen s. unter Rz. 9 ff.). 4

III. Grundsatz

Einzelne Wohnungseigentümer können die Aufhebung der Gemeinschaft nicht gegen den Willen anderer Wohnungseigentümer durchsetzen, Abs. 1 Satz 1. Dies gilt selbst bei Vorliegen eines wichtigen Grundes, Abs. 1 Satz 2. Einen Ausnahmetatbestand enthält Abs. 1 Satz 3. 5

Ausgeschlossen ist auch das Recht des **Pfandgläubigers** sowie des Insolvenzverwalters, die Aufhebung der Gemeinschaft zu verlangen, also durchzusetzen, Abs. 2. 6

IV. Ausnahme

1. Wiederaufbaupflicht

Eine vom allgemeinen Grundsatz abweichende Vereinbarung ist zulässig, wenn das Gebäude ganz oder teilweise zerstört wird und eine Verpflichtung zum Wiederaufbau nicht besteht. Abs. 2 S. 1 enthält somit **eine positive und eine negative Abgrenzung**. Die Vereinbarung muss zunächst voraussetzen, dass das Gebäude ganz oder teilweise zerstört ist. Ferner darf eine Wiederaufbauverpflichtung nicht bestehen. Eine solche besteht nach der negativen Abgrenzung des § 22 nicht, wenn das Gebäude zu mehr als der Hälfte seines Wertes zerstört ist oder der Schaden unabhängig vom Grad der Zerstörung nicht durch eine Ver- 7 sicherung oder in anderer Weise gedeckt ist. In diesen Fällen entspräche der Wiederaufbau nicht einer ordnungsgemäßen Verwaltung und kann daher weder gem. § 21 Abs. 3 beschlossen noch nach Abs. 4 verlangt werden. Zulässig ist eine Vereinbarung, die einen Aufhebungsanspruch für den Fall begründet, dass eine Wiederaufbaupflicht nach § 22 nicht besteht.

8   Eine Wiederaufbauverpflichtung kann außerdem unabhängig vom Grad der Zerstörung vereinbart werden. Liegt eine solche Vereinbarung vor, ist eine Aufhebungsvereinbarung unter Bezugnahme auf die Zerstörung des Gebäudes grundsätzlich unzulässig.

Ist eine von Abs. 1 Satz 1 und 2 abweichende Vereinbarung nicht getroffen, bleibt es dabei, dass ein Wohnungseigentümer die Aufhebung nicht verlangen kann.

2. Fehlerhafte Entstehung des Wohnungseigentums

9   Nicht erfasst sind von § 11 jene Fälle, in denen zwar die Regelungen dieses Gesetzes bereits zur Anwendung kommen, Sondereigentum aber entgegen der Teilungserklärung ganz oder teilweise nicht zur Entstehung gelangt ist. So besteht in Fällen des „**isolierten Miteigentumsanteils**" ein Anspruch auf Anpassung des Teilungsvertrages, der zwar faktisch zum Ausschluss eines Miteigentümers aus der Gemeinschaft führen kann[1], ohne dass ein Verstoß gegen Abs. 1 Satz 1 und 2 vorliegt oder es einer Vereinbarung gem. Abs. 1 Satz 3 bedarf.

10 Gleiches gilt für die Fälle, in denen die **Errichtung** des Gebäudes **baurechtlich gescheitert** ist. Ist die Errichtung teilweise gescheitert und der errichtete Teil als Wohnungseigentum nutzbar, besteht ein Anspruch auf Anpassung des Teilungsvertrages, da auch hier letztlich ein „isolierter Miteigentumsanteil" entstanden ist. Eines Rückgriffs auf Abs. 1 Satz 3 bzw. einer entsprechenden Anwendung desselben bedarf es nicht[2].

3. Wegfall des vereinbarten Zwecks

11 Ein Aufhebungsanspruch kann nicht vereinbart werden, wenn eine Gemeinschaft gebildet wird, weil die Voraussetzungen zur Realteilung eines mit zwei Einfamilienhäusern bebauten Grundstücks nicht vorliegen, aber real geteilt werden soll, sobald die Voraussetzungen dafür vorliegen[3]. Hiergegen steht der eindeutige Wortlaut des Abs. 1 Satz 3 ebenso wie § 4 Abs. 2 Satz 2. Dies auch, wenn durch die Vereinbarung die Aufhebung nicht unmittelbar erfolgen soll, da aus der Vereinbarung in jedem Fall ein unmittelbarer Anspruch auf Aufhebung folgen würde.

12 Gleiches gilt für jede andere Art der Vereinbarung innerhalb der Teilungserklärung oder Gemeinschaftsordnung, die nicht eine solche i.S.d. Abs. 1 Satz 3 ist. Jede Vereinbarung über die Aufhebung der Gemeinschaft, sei es eine an Gründen oder Zeitablauf orientierte, führt dazu, dass ein Wohnungseigentümer bei

---

1 BGH v. 12.5.2003 – V ZR 447/01, NZM 2004, 103 ff.
2 So OLG Zweibrücken v. 12.9.1991 – 3 W 47/91.
3 Zu weitgehend insoweit: BayObLG v. 10.12.1979 – BReg 2Z 23/78, RPfleger 1980, 110 f.

Eintritt der Bedingung oder des Zeitablaufes die Aufhebung verlangen kann, und widerspricht damit dem Grundsatz der Unabdingbarkeit von Abs. 1. Nur eine derartige Sichtweise geht auch mit der sachenrechtlichen Entsprechung des § 4 Abs. 2 konform.

4. Nachträgliche Vereinbarung/Aufhebung

Eine nachträgliche Vereinbarung berührt den Schutzbereich des § 11 ebenso wenig wie eine tatsächliche Durchführung der Aufhebung. 13

Die Vereinbarung über die Aufhebung des Sondereigentums bedarf als actus contrarius der Einigung der Beteiligten über den Eintritt der Rechtsänderung in der für die Auflassung vorgeschriebenen **Form** und der **Grundbucheintragung**, § 4 Abs. 1, 2. Wegen § 4 Abs. 2 Satz 2 ist eine aufhebende Vereinbarung nur nachträglich möglich. Gem. § 4 Abs. 3 gilt für einen entsprechenden Vertrag § 311b Abs. 1 BGB. 14

5. Verzicht

Eine **Dereliktion** von Wohnungseigentum ist **nicht möglich**[1]. Der Wohnungseigentümer hat kraft des bestehenden Gemeinschaftsverhältnisses gegenüber den anderen Wohnungseigentümern Verpflichtungen, insbesondere Zahlungsverpflichtungen. Diesen Verpflichtungen darf sich kein Wohnungseigentümer durch Dereliktion seines Eigentums entziehen können, da diese – entgegen dem in § 11 WEG niedergelegten Grundsatz der einseitigen Unauflöslichkeit der Gemeinschaft – einer einseitigen Auflösung des Schuldverhältnisses gleichkommt[2]. 15

V. Zwangsvollstreckung und Insolvenz

Gemäß Abs. 2 WEG ist das Recht eines Pfändungsgläubigers sowie auch das des Insolvenzverwalters, die Aufhebung der Gemeinschaft zu verlangen, ausgeschlossen. 16

§ 11 Abs. 3 folgt der Empfehlung des Rechtsausschusses und schließt die Insolvenzfähigkeit ausdrücklich aus. Damit ist der vor der Novelle bestehende Meinungsstreit durch den Gesetzgeber entschieden worden. Meinungsstand vor der Novelle: 17

Nach einer Auffassung in der Literatur[3] sowie einer Entscheidung der Rechtsprechung[4] folgte die Insolvenzfähigkeit aus der vom BGH bejahten Teilrechtsfähigkeit der Wohnungseigentümergemeinschaft[5]. Unterstützung fand diese Auffassung in der Stellungnahme der Bundesregierung, die eine Regelung der

---

1 OLG Düsseldorf v. 20.9.2000 – 3 Wx 328/00, NJW-RR 2001, 233; OLG Zweibrücken v. 11.7.2002 – 3 W 48/02, ZMR 2003, 137; *Briesemeister*, ZWE 2007, 218 ff.
2 OLG Celle v. 27.6.2003 – 4 W 79/03, MDR 2004, 29 f.
3 *Eckardt*, EWiR 2006, 593 f.
4 AG Mönchengladbach v. 24.2.2006 – 32 IN 26/06, NJW 2006, 1071.
5 BGH v. 2.6.2005 – V ZB 32/05, NJW 2005, 2061.

Insolvenzfähigkeit noch in § 11 Abs. 3 WEG vorsah[1]. Als gesetzliche Regelung für eine Insolvenzfähigkeit wurde § 11 Abs. 1 analog angesehen.

18 Gegen eine Insolvenzfähigkeit der Wohnungseigentümergemeinschaft sprachen sich Stimmen in Literatur[2] und Rechtsprechung[3] aus. Dabei wurde insbesondere auch eine Anwendung des § 11 InsO geprüft, jedoch im Ergebnis abgelehnt. Eine direkte Anwendung kam dabei von vornherein nicht in Betracht, da die Wohnungseigentümergemeinschaft nicht in § 11 InsO genannt wurde. § 11 Abs. 1 InsO bringt den Grundsatz zum Ausdruck, dass über das Vermögen jeder natürlichen oder juristischen Person aufgrund ihrer Rechtsfähigkeit ein Insolvenzverfahren eröffnet werden kann[4]. Voraussetzung ist jedoch die unbeschränkte Rechtsfähigkeit[5]. Nach der Entscheidung des BGH ist die Gemeinschaft nur insoweit rechtsfähig, als sie bei der Verwaltung des gemeinschaftlichen Eigentums am Rechtsverkehr teilnimmt.

19 Nicht oder nur **beschränkt rechtsfähige Vermögensmassen** sind nur aufgrund des § 11 Abs. 1 Satz 2 oder Abs. 2 InsO insolvenzfähig. Auch hier scheidet eine direkte Anwendung aus, es käme allenfalls eine analoge Anwendung in Betracht. Eine Analogie würde jedoch eine planwidrige Regelungslücke und einen vergleichbaren Sachverhalt voraussetzen. Hinsichtlich der planwidrigen Regelungslücke wird von den Befürwortern[6] der Insolvenzfähigkeit ausgeführt, dass die Teilrechtsfähigkeit der Wohnungseigentümergemeinschaft vom BGH erst 2005 festgestellt worden sei, mithin lange nach Erlass und Inkrafttreten der InsO. Dieses Argument überzeugt jedoch nicht: Lange Zeit wurde auch die Rechtsfähigkeit der BGB- Gesellschaft abgelehnt, bis der BGH 2001 die Rechtsfähigkeit der Außengesellschaft festgestellt hat[7]. Auch diese Entscheidung erging lange nach Erlass und Inkrafttreten der InsO. Dennoch hat der Gesetzgeber in § 11 Abs. 2 Nr. 1 InsO ausdrücklich die Insolvenzfähigkeit der Gesellschaft Bürgerlichen Rechts geregelt, während die dem deutschen Recht seit 1951 bekannte Wohnungseigentümergemeinschaft gerade nicht aufgenommen wurde. Dies lässt den beinahe zwingenden Schluss zu, dass sich der Gesetzgeber schon im Rahmen der Insolvenzordnung bewusst gegen eine Insolvenzfähigkeit der Wohnungseigentümergemeinschaft entschieden hatte, mithin konnte **keine planwidrige Regelungslücke** bejaht werden.

20 Darüber hinaus fehlt es jedoch auch an einer vergleichbaren Interessenlage, weil im Gegensatz zu den genannten nicht oder beschränkt rechtsfähigen Vermögensmassen kein praktisches Bedürfnis für ein Insolvenzverfahren über die Wohnungseigentümergemeinschaft besteht. Gerade aufgrund der Unauflöslichkeit der WEG würde dies vielmehr **erhebliche Folgeprobleme** mit sich bringen[8]. Sowohl das Sondereigentum als auch das Gemeinschaftseigentum bleiben auch nach der Entscheidung des BGH echtes Eigentum der Miteigentümer

---

1 BT-Drucks. 16/887, S. 67f.
2 *Häublein*, ZWE 2006, 205 – 214; *Köster/Sankol*, EWIR 465f.
3 LG Dresden v. 15.5.2006 – 5 T 105/06, 5 T 0105/06, NJW 2006, 2710.
4 *Fischer*, NZI 2005, 586 (587).
5 LG Dresden v. 15.5.2006 – 5 T 105/06, 5 T 0105/06, NJW 2006, 2710.
6 *Bork*, ZinsO 2005, 1067–1078.
7 BGH v. 29.1.2001 – II ZR 331/00, BGHZ 146, 341.
8 LG Dresden v. 15.5.2006 – 5 T 105/06, NJW 2006, 2710.

und sind nicht der Eigentümergemeinschaft als Verband zuzurechnen. Daraus ergibt sich, dass als Zugriffsobjekt allenfalls das Verwaltungsvermögen verbleiben würde, wie etwa gezahlte Hausgelder oder Instandhaltungsrücklagen[1]. Dies wird zum einen nicht den Interessen des Gläubigers gerecht, denn dieser ist ausreichend geschützt durch die Außenhaftung der Eigentümer und die Unauflöslichkeit gem. § 11 WEG[2].

Zum anderen folgt aus dieser Zuordnung auch systematisch eine **Abweichung vom Insolvenzverfahren**. Die Eröffnung des Insolvenzverfahrens über das Vermögen einer Gesellschaft führt zu deren Auflösung. Diese Folge kann bei der Wohnungseigentümergemeinschaft nicht eintreten, da die Wohnungseigentümer als Eigentümer des Grundbesitzes als Gemeinschaft verbunden und, parallel zu der insolventen Gemeinschaft, existent bleiben.

21

§ 12
Veräußerungsbeschränkung

(1) Als Inhalt des Sondereigentums kann vereinbart werden, dass ein Wohnungseigentümer zur Veräußerung seines Wohnungseigentums der Zustimmung anderer Wohnungseigentümer oder eines Dritten bedarf.

(2) Die Zustimmung darf nur aus einem wichtigen Grunde versagt werden. Durch Vereinbarung gemäß Absatz 1 kann dem Wohnungseigentümer darüber hinaus für bestimmte Fälle ein Anspruch auf Erteilung der Zustimmung eingeräumt werden.

(3) Ist eine Vereinbarung gemäß Absatz 1 getroffen, so ist eine Veräußerung des Wohnungseigentums und ein Vertrag, durch den sich der Wohnungseigentümer zu einer solchen Veräußerung verpflichtet, unwirksam, solange nicht die erforderliche Zustimmung erteilt ist. Einer rechtsgeschäftlichen Veräußerung steht eine Veräußerung im Wege der Zwangsvollstreckung oder durch den Insolvenzverwalter gleich.

(4) Die Wohnungseigentümer können durch Stimmenmehrheit beschließen, dass eine Veräußerungsbeschränkung gemäß Absatz 1 aufgehoben wird. Diese Befugnis kann durch Vereinbarung der Wohnungseigentümer nicht eingeschränkt oder ausgeschlossen werden. Ist ein Beschluss gemäß Satz 1 gefasst, kann die Veräußerungsbeschränkung im Grundbuch gelöscht werden. Der Bewilligung gemäß § 19 der Grundbuchordnung bedarf es nicht, wenn der Beschluss gemäß Satz 1 nachgewiesen wird. Für diesen Nachweis ist § 26 Abs. 3 entsprechend anzuwenden.

---
1 AG Dresden v. 12.1.2006 – 531 IN 3653/05, NJW 2006, 1071.
2 *Häublein*, ZWE 2006, 205 ff.

Inhaltsübersicht

	Rz.		Rz.
I. Überblick	1	2. Versagungsgründe	33
II. Begründung des Zustimmungserfordernisses	4	3. Tatsachenermittlung	38
		4. Vereinbarungsmöglichkeiten	40
1. Vereinbarung	4		
2. Grundbucheintragung	6	**VI. Erteilung der Zustimmung**	41
III. Anwendungsbereich	9	1. Form der Zustimmung	41
1. Vereinbarung	9	2. Zeitpunkt und Inhalt der Zustimmung	45
2. Veräußerung	12		
3. Zwangsversteigerung, Insolvenzverwalter	18	3. Wirksamwerden und Widerruf	48
		4. Zustimmungskosten	51
4. Weitere Anwendungsfälle	19	**VII. Nichterteilung der Zustimmung**	54
a) Nutzungsbeschränkungen	19		
b) Vorkaufsrecht	22	1. Folgen fehlender Zustimmung	54
IV. Zustimmungsberechtigte	23	2. Schadensersatz	55
1. Allgemeines	23	3. Rechtsschutz	59
2. Der Verwalter als Zustimmungsberechtigter	25	**VIII. Aufhebung von Veräußerungsbeschränkungen**	60
a) Verwalter und Gemeinschaft	25		
b) Einzelfragen	28	1. Allgemeines	60
V. Zustimmungsanspruch und Verweigerungsgründe	30	2. Wirksamwerden des Beschlusses	63
1. Zustimmungsanspruch	30	3. Nachweis und Grundbucheintragung	66

Schrifttum: *Armbrüster*, Grundfälle zum Wohnungseigentumsrecht, JuS 2002, 665 ff.; *Brambring/Jerschke*, Beck'sches Notar-Handbuch, 4. Aufl., 2006; *Demharter*, Gesetzentwurf zur Änderung des WEG und andere Gesetze – Ein – kritischer – Überblick über die wichtigsten Änderungen, NZM 2006, 489 ff.; *Drasdo*, Die Aufhebung der Veräußerungsbeschränkung nach § 12 WEG, RNotZ 2007, 264 ff.; *Häublein*, Die Willensbildung in der Wohnungseigentümergemeinschaft nach der WEG – Novelle, ZMR 2007, 409 ff.; *Hügel*, Die Mehrheitsvereinbarung im Wohnungseigentumsrecht, DNotZ 2007, 176 ff.; *Hügel*, Das neue Wohnungseigentumsrecht, DNotZ 2007, 326 ff.; *Kahlen*, Praxiskommentar zum Wohnungseigentumsgesetz, 2007; *Liessem*, Zur Verwalterzustimmung bei Veräußerung von Wohnungseigentum, NJW 1988, 1306; *Wenzel*, Zustimmung zur Veräußerung einer Wohnung, IMR 2007, 57.

I. Überblick

1 § 12 ermöglicht in Ausnahme zu § 137 Satz 1 BGB dinglich wirkende **Veräußerungsbeschränkungen**[1] in Form von Zustimmungsvorbehalten. Wegen seiner

---

[1] So die ganz h.M.: BGH v. 8.7.1960 – V ZB 8/59 (zu §§ 5 ff. ErbbVo), BGHZ 33, 76 (85); OLG Köln v. 31.1.1995 – 2 Wx 20/95, MittRhNotK 1996, 275; OLG Düsseldorf v. 20.3.1996 – 3 Wx 33/96, FGPrax 1996, 125 = MittRhNotK 1996, 276; OLG Celle v. 19.1.2005 – 4 W 14/05, RNotZ 2005, 542; *Grziwotz* in Erman, § 12 WEG Rz. 1; *Kahlen* § 12 Rz. 11 ff.; *Pick* in Bärmann/Pick § 12 Rz. 4; *Bassenge* in Palandt, § 12 Rz. 1; *Lüke* in Weitnauer § 12 Rz. 3.

die Eigentümerrechte einengenden Wirkung ist er wie die als Vorbild dienenden §§ 5 ff. ErbbVO[1] restriktiv auszulegen[2].

Auf § 12 basierende Regelungen dienen dem Schutz der Wohnungseigentümergemeinschaft[3] vor dem **Eindringen unliebsamer Erwerber**[4] und stellen zuverlässige Informationen über ihren Mitgliederstand sicher. Trotz der bekannten Probleme (weitgehende Zustimmungspflicht, Zeit, Kosten)[5] können sie daher bei gezieltem Einsatz einen Beitrag zur Stärkung der Gemeinschaft leisten. Die moderne Kautelarpraxis kann dies durch differenzierte, auf die Besonderheiten der Gemeinschaft abstellende, die Verwaltungsinteressen frühzeitig einbeziehende Gestaltungen fördern.

Der im **WEG-Reformprozess** aufgekommenen Forderung nach gänzlicher Abschaffung der Norm[6] ist der Gesetzgeber, der sich für die Einfügung der Beschlusskompetenz in Abs. 4 entschieden hat, zu Recht nicht nachgekommen. Der Rechtsverkehr bedarf nicht immer neuer Vorschriften zum zwangsweisen Schutz seiner Akteure vor sich selbst.

II. Begründung des Zustimmungserfordernisses

1. Vereinbarung

Die von § 12 gestatteten Veräußerungsbeschränkungen sind **nicht gesetzlicher Inhalt des Sondereigentums**; sie werden es erst durch besondere Vereinbarung, sei es bei Begründung des Wohnungseigentums, sei es durch später vereinbarte Änderung der Gemeinschaftsordnung[7], zu der grds. die Zustimmung der Grundpfandrechtsgläubiger (nicht eines an allen Einheiten lastenden Rechts[8]) erforderlich ist. Eine Beschlusskompetenz der Gemeinschaft zur Begründung eines Zustimmungserfordernisses besteht nicht, auch nicht gem. Abs. 4 (dazu Rz. 60 ff.).

Bei Begründung nach § 8 gilt ein Zustimmungserfordernis nicht erst mit Hinzutreten eines weiteren Sondereigentümers, sondern bereits mit Vollzug der Aufteilung im Grundbuch (str.)[9].

---

1 *Pick* in Bärmann/Pick/Merle, § 12 Rz. 9; *Lüke* in Weitnauer § 12 Rz. 1.
2 BayObLG v. 12.4.1983 – 2Z 107/82, RPfleger 1983, 350; BayObLG v. 12.8.1991 – BReg. 2Z 107/91, DNotZ 1992, 229; *Kahlen* § 12 Rz. 11 ff.; *Kreuzer* in Staudinger § 12 Rz. 1, 17; *Lüke* in Weitnauer § 12 Rz. 3; *Pick* in Bärmann/Pick § 12 Rz. 4.
3 Im Folgenden sind, soweit nicht gesondert angegeben, Wohnungs- und Teileigentum zusammenfassend als Wohnungseigentum, der jeweilige Eigentümer kurz als Wohnungseigentümer bezeichnet.
4 *Grziwotz* in Erman, § 12 WEG Rz. 1; *Pick* in Bärmann/Pick/Merle, § 12 Rz. 1 ff.
5 Vgl. nur *Häublein*, ZMR 2007, 409 (413).
6 Vgl. dazu *Scheel* in Hügel/Scheel, Rechtshandbuch Wohnungseigentum Teil 15 Rz. 3, 36 ff.
7 Vgl. *Grziwotz* in Erman, § 12 WEG Rz. 1; *Kreuzer* in Staudinger § 12 Rz. 4; *Pick* in Bärmann/Pick § 12 Rz. 1, 5.
8 Vgl. *Kreuzer* in Staudinger § 12 Rz. 15; *Pick* in Bärmann/Pick § 12 Rz. 2.
9 Wie hier: Schöner/*Stöber*, Grundbuchrecht, Rz. 2896; 2901; a.A. OLG Hamm v. 7.4.1994 – 15 W 26/94, NJW-RR 1994, 975; *Herrmann* in Kuntze/Ertel/Herrmann/Eickmann, Rz. E 64; *Kreuzer* in Staudinger § 12 Rz. 14; *Pick* in Bärmann/Merle/Pick § 12 Rz. 5.

2. Grundbucheintragung

6 Eine Vereinbarung gem. Abs. 1 bedarf, um wirksam Inhalt des Sondereigentums zu werden, der Eintragung im Grundbuch[1]. Gemäß § 3 Abs. 2 WGV[2] ist sie ausdrücklich einzutragen und im **Bestandsverzeichnis** des Grundbuchblattes zu vermerken. Die Bezugnahme auf die Eintragungsbewilligung genügt insoweit nicht[3]. § 3 Abs. 2 und 3 WGV beschränken das gem. § 7 Abs. 3 WEG begründete Ermessen des Grundbuchamtes.

7 Um einerseits Erwerbern und Gläubigern einen schnellen Überblick über den Inhalt des Sondereigentums zu verschaffen, das Grundbuch andererseits von überflüssigen, die Lesbarkeit erschwerenden Eintragungen freizuhalten, ist im Bestandsverzeichnis nur der **wesentliche Inhalt** des Zustimmungserfordernisses gesondert aufzuführen, so dass die von ihm erfassten Fälle und die wesentlichen Ausnahmen unmittelbar dem Grundbuchblatt zu entnehmen sind[4]. Die Bezugnahme auf die Bewilligung ist für formale Einzelheiten und einzelne (weniger relevante) Ausnahmen der Rechtseinschränkung möglich[5].

8 Das (versehentliche) Unterbleiben der ausdrücklichen Eintragung hat nach h.M., die § 3 Abs. 2 WGV als bloße Formvorschrift einordnet, keine Bedeutung für die Wirksamkeit der Vereinbarung nach § 12, solange nur die Bezugnahme auf die Bewilligung erfolgt[6]. Nach richtiger Ansicht liegt ein **Wirksamkeitserfordernis** vor: Ein Verstoß führt mangels Grundbucheintragung zum Nichtbestehen der Beschränkung[7].

III. Anwendungsbereich

1. Vereinbarung

9 Die Eigentümer bestimmen durch **Ausgestaltung der Gemeinschaftsordnung** selbst, in welchen Veräußerungsfällen eine Zustimmung erforderlich ist. Das Gesetz gestattet, die Veräußerungsbeschränkung personen- oder objektbezogen[8] auf bestimmte Fälle zu begrenzen bzw. umgekehrt bestimmte Verfügungen von

---

1 *Kreuzer* in Staudinger § 12 Rz. 9f; *Pick* in Bärmann/Merle/Pick § 12 Rz. 4.
2 Wohnungsgrundbuchverfügung in der Fassung der Bekanntmachung v. 24.1.1995 (BGBl. I, 134).
3 Vgl. dazu *Rapp* in Becksches Notar-Handbuch, A III Rz. 172; Schöner/Stöber Rz. 2900 mit weiteren Nachweisen.
4 So auch LG Kempten v. 3.6.1966 – T 24/66, RPfleger 1968, 58; *Kahlen* § 12 Rz. 75ff.; *Kreuzer* in Staudinger § 12 Rz. 13; *Lüke* in Weitnauer § 12 Rz. 8; *von Oefele* in Bauer/von Oefele, GBO, AT V Rz. 238; *Pick* in Bärmann/Merle/Pick § 12 Rz. 16; Schöner/Stöber, Rz. 2903; a.A. (nur Bestehen einzutragen) *Eickmann* in Kuntze/Ertel/Herrmann/Eickmann, § 3 WGV Rz. 8.
5 Nicht aber einzelne, auch äußerst seltene, zustimmungsbedürftige Fälle bzw. Rückausnahmen.
6 So etwa *Eickmann* in Kuntze/Ertel/Herrmann/Eickmann, § 3 WGV Rz. 8; *Lüke* in Weitnauer § 12 Rz. 7; *Wenzel*, IMR 2007, 57; unklar *Pick* in Bärmann/Pick § 12 Rz. 7.
7 So *Kreuzer* in Staudinger § 12 Rz. 13; *Rapp* in Becksches Notar-Handbuch, A III Rz. 172; etwas unklar *Kahlen* § 12 Rz. 75.
8 Etwa Zustimmung nur für Teileigentum/Sondereigentum/bestimmt genutzte Einheiten usw.

der Veräußerungsbeschränkung auszunehmen[1]. Dabei dürfen bestimmte Erwerber(gruppen) nicht in diskriminierender Art und Weise besonders behandelt werden, § 138 BGB. Nicht möglich ist eine Ausweitung auf Fälle, die keine „Veräußerung" i.S.v. Abs. 1 darstellen (vgl. unten Rz. 17)[2].

Praktisch häufig werden **Ausnahmen vom Zustimmungserfordernis** für Veräußerungen an den Ehegatten, Lebenspartner, (nahe) Verwandte, (Erst-)Veräußerungen durch den aufteilenden Eigentümer, den Insolvenzverwalter oder im Wege der Zwangsversteigerung vorgesehen. Ist danach etwa die Veräußerung zwischen Ehegatten ausgenommen, ist nur auf den Zeitpunkt des Veräußerungsvertrages abzustellen, nicht auf den der Erklärung oder gar des Vollzuges der Auflassung[3] und ist – nach Sinn und Zweck der Norm – im Zweifel auch die Übertragung im Rahmen einer Scheidungsfolgenvereinbarung zustimmungsfrei[4]. 10

§ 12 trägt keine Vereinbarung, mit der eine Veräußerung auf bestimmte Personen begrenzt oder ein Veräußerungsverbot festgelegt wird[5]. 11

2. Veräußerung

„Veräußerung" i.S.v. Abs. 1 ist die vollständige oder teilweise **Übertragung von Wohnungseigentum durch Rechtsgeschäft** unter Lebenden auf einen anderen Rechtsinhaber[6]. Unerheblich ist der Rechtsgrund, und ob der Erwerber bereits Mitglied der Gemeinschaft ist[7]. Abzugrenzen ist die Veräußerung zu Belastungen (vgl. Rz. 19) und zum Eigentumsübergang kraft Gesetzes[8], insbesondere im Wege der Gesamtrechtsnachfolge[9]. 12

---

1 Vgl. *Kahlen* § 12 Rz. 26, 28; *Kreuzer* in Staudinger § 12 Rz. 5; *Pick* in Bärmann/Pick § 12 Rz. 9, *Pick* in Bärmann/Pick/Merle § 12 Rz. 13.
2 *Kahlen* § 12 Rz. 26; *Kreuzer* in Staudinger § 12 Rz. 2.
3 OLG Schleswig v. 14.6.1993 – 2 W 66/93, Rechtspfleger 1994, 19; *Herrmann* in Kuntze/Ertel/Herrmann/Eickmann, Rz. E 68; *Kreuzer* in Staudinger § 12 Rz. 6; *Pick* in Bärmann/Pick § 12 Rz. 9; *Schöner/Stöber* Rz. 2896.
4 KG v. 28.5.1996 – 1 W 7520/95, NJW-RR 1997, 78; *Herrmann* in Kuntze/Ertel/Herrmann/Eickmann, Rz. E 68; *Pick* in Bärmann/Pick § 12 Rz. 9; *Schöner/Stöber* Rz. 2896.
5 BayObLG v. 27.3.1984 – BReg. 2Z 25/84, MittBayNot 1984, 1988; *Bassenge* in Palandt § 12 Rz. 1; *Schöner/Stöber*, Rz. 2896.
6 BayObLG v. 22.12.1976 – BReg. 2Z 20/76, BayObLGZ 1976, 328; *Herrmann* in Kuntze/Ertel/Herrmann/Eickmann, Rz. E 63; *Kreuzer* in Staudinger § 12 Rz. 18; *Lüke* in Weitnauer § 12 Rz. 2.
7 BayObLGZ 1977, 40; *Kahlen* § 12 Rz. 4; *Kreuzer* in Staudinger § 12 Rz. 18; *Rapp* in Beck-sches Notar-Handbuch, A III Rz. 175.
8 BGH v. 13.10.1983 – VII ZB 4/83, NJW 1984, 308 (309); BayObLG v. 9.3.1979 – BReg. 2Z 79/76, BayObLGZ 1976, 328 (330); *Pick* in Bärmann/Pick § 12 Rz. 22; *Lüke* in Weitnauer, Rz. 2. Ebenso zu § 5 ErbbVO: *von Oefele* in von Oefele/Winkler, Handbuch des ErbbauR, 2. Aufl. 1995, Rz. 4185; *Ingenstau*, Kommentar zum ErbbauR, § 5 ErbbVO, Rz. 2.
9 V.a. Erbfolge, Vereinbarung von Gütergemeinschaft, Anwachsung, Umwandlungen nach UmwG; vgl. *Bassenge* in Palandt § 12 Rz. 4; *Kreuzer* in Staudinger § 12 Rz. 19; *Lüke* in Weitnauer § 12 Rz. 2a; *Schöner/Stöber*, Rz. 2896.

13 Wie Abs. 3 zeigt, sind schuldrechtlicher wie dinglicher Vertrag „Veräußerung" i.S.v. Abs. 1[1], die Auflassungsvormerkung kann dagegen ohne Zustimmung eingetragen werden[2].

14 Eine Veräußerung liegt etwa in folgenden **Beispielen** vor:
    - Übertragung eines ideellen Miteigentumsanteils am Wohnungseigentum[3]
    - (Erst-)Veräußerung durch den aufteilenden Eigentümer[4]
    - Übertragung eines Miteigentumsanteils ohne Sondereigentum[5]
    - Übertragung zur Erbauseinandersetzung (auch aufgrund Teilungsanordnung) oder zur Vermächtniserfüllung[6]
    - freiwillige Versteigerung nach §§ 19, 53 WEG[7]
    - Ausübung eines Vorkaufsrechtes[8]

15 Veräußerung ist auch die (eine Auflassung erfordernde) Einbringung von Wohnungseigentum in eine **Gesellschaft bürgerlichen Rechts**, auch wenn diese aus den bisherigen Eigentümern besteht[9]. Dies gilt nicht nur für die teilrechtsfähige Außen-GbR, sondern auch für die trotz Vermögensbildung denkbare[10] bloße Innen-GbR. Keine Veräußerung liegt dagegen bei Übertragung eines/aller GbR-Anteils/e vor[11], bei der die GbR als Vermögensträger erhalten bleibt und lediglich die Mitgliedschaft wechselt[12]. Personenbezogene Zustimmungsausnahmen

---

1 Vgl. *Kahlen* § 12 Rz. 32; *Kreuzer* in Staudinger § 12 Rz. 17.
2 BayObLG v. 3.7.1964 – BReg. 2Z 90/64, DNotZ 1964, 722; *Kahlen* § 12 Rz. 34, 131; *Lüke* in Weitnauer, § 12 Rz. 13; *Pick* in Bärmann/Pick § 12 Rz. 16; *Rapp* in Becksches Notar-Handbuch A III, Rz. 176; Schöner/*Stöber*, Rz. 2905.
3 *Rapp* in Becksches Notar-Handbuch, Teil A III Rz. 175.
4 Bis zur grundlegenden Entscheidung des BGH v. 21.2.1991 – V ZB 13/90, NJW 1991, 1613 wurde die Erstveräußerung durch den aufteilenden Eigentümer nicht als zustimmungsbedürftig angesehen. Durch die Neufassung des § 61 WEG wurden die Ersterwerbe nach Aufteilung gem. § 8 (nicht § 3), bei denen (Verwalter-)Zustimmungen nicht vorlagen, gesetzlich geheilt; vgl. dazu KG v. 7.6.1994 – 1 W 6026/93, MittBayNot 1994, 544; *Kreuzer* in Staudinger § 12 Rz. 18; differenzierend *Pick* in Bärmann/Pick/Merle § 12 Rz. 9, *Pick* in Bärmann/Pick/Merle § 12 Rz. 6; offensichtlich z.T. a.A. *Kahlen* § 12 Rz. 35 ff.
5 *Rapp* in Becksches Notar-Handbuch A III Rz. 175.
6 BayObLG v. 29.1.1982 – BReg. 2Z 50/81, BayObLGZ 1982, 46; OLG München I v. 29.5. 1979 – 1 T 6919/78, MittBayNot 1979, 119; *Herrmann* in Kuntze/Ertel/Herrmann/Eickmann, Rz. E 63; *Kreuzer* in Staudinger § 12 Rz. 19; Schöner/*Stöber*, Rz. 2896.
7 *Herrmann* in Kuntze/Ertel/Herrmann/Eickmann, Rz. E 66; *Pick* in Bärmann/Pick § 12 Rz. 7.
8 Für § 577 BGB auch *Kreuzer* in Staudinger § 12 Rz. 18; a.A. *Pick* in Bärmann/Pick § 12 Rz. 23.
9 Allg. für Gesamthand auch DNotI-Gutachten 11106 v. 16.2.2000; *Kreuzer* in Staudinger § 12 Rz. 18.
10 Vgl. etwa MüKo/*Ulmer* § 705 BGB Rz. 253 f.; 277 ff.; 305 f.
11 A.A. MüKo/*Commichau* § 12 WEG Rz. 6 (für Personenhandelsgesellschaften).
12 So auch OLG München v. 12.4.2007 – 32 Wx 64/07, NZG 2007, 456; *Schneider* in KK-WEG, § 12 Rz. 32.

Veräußerungsbeschränkung　　　　　　　　　　　　　　　　　　§ 12

gelten nicht für die Übertragung auf eine aus solchen Personen gebildete GbR[1]. Entsprechendes gilt für **Personenhandelsgesellschaften**[2].

In **Rückabwicklungsfällen** ist zu differenzieren: Während (Rück-)Übertragungen infolge rein vertraglich begründeter Rücktrittsrechte, Ausdruck einer eigenständigen Erwerbsentscheidung sind, liegt – in Anlehnung an die Wertungen des § 16 Abs. 1 GrEStG – keine neuerliche Veräußerung vor, wenn die Rückabwicklung aufgrund Unwirksamkeit des Veräußerungsvertrages (z.B. nach Anfechtung) oder infolge Verletzung vertraglicher Pflichten erfolgt. Die Rückübertragung ist hier nur gesetzlich angelegte Folgewirkung der fehlgeschlagenen Veräußerung, also „Verbleib" des Alteigentümers, nicht Neuerwerb[3].

16

In folgenden Beispielsfällen ist **keine Veräußerung** gegeben:

17

– Übertragung von im Sondereigentum stehenden Räumen bzw. Raumteilen (z.B. Keller, Tiefgaragenstellplatz, ...) ohne Übertragung eines gesonderten Miteigentumsanteils[4]

– Tausch von Sondernutzungsrechten[5]

– Erbteilsübertragung, auch wenn die Erbschaft (fast) ausschließlich in dem Wohnungseigentum besteht[6]

– die Umwandlung des Gesamthandseigentums einer Erbengemeinschaft in Bruchteilseigentum aller (bisherigen) Erben[7]

– die Veräußerung eines Grundstücksteils durch alle Wohnungseigentümer[8]

– die gleichzeitige Veräußerung sämtlicher Einheiten durch alle Wohnungseigentümer[9]

1　So auch OLG München v. 12.4.2007 – 32 Wx 64/07, NZG 2007, 456.
2　Palandt/*Bassenge* § 12 Rz. 4; *Lüke* in Weitnauer § 12 Rz. 2; grds. auch MüKo/*Commichau* § 12 WEG Rz. 6; eine Veräußerung bei Übertragung von einer GmbH & Co KG auf alle Kommanditisten bejaht OLG Hamm v. 28.8.2006 – 15 W 15/06, RNotZ 2007, 34 = RPfleger 2007, 139.
3　A.A. nur wenn auch Auflassung unwirksam *Kreuzer* in Staudinger § 12 Rz. 18; stets Veräußerung annehmend *Herrmann* in Kuntze/Ertel/Herrmann/Eickmann, Rz. E 66; *Pick* in Bärmann/Pick § 12 Rz. 21, 25; a.A. auch *Bassenge* in *Palandt*, § 12 Rz. 3 und *Kreuzer* in Staudinger § 12 Rz. 18 die die Zustimmungspflichtigkeit mit dem Grundbuchnachweis verbinden.
4　OLG Celle v. 29.3.1974 – 4 Wx 2/74, DNotZ 1975, 42; *Kreuzer* in Staudinger § 12 Rz. 19; Schöner/*Stöber*, Rz. 2905; *Tasche* DNotZ 1972, 717; a.A.: *Rapp* in Becksches Notar-Handbuch, A III Rz. 175; *Lüke* in Weitnauer § 12 Rz. 2 (wohl nur bei entspr. Vereinbarung); *Herrmann* in Kuntze/Ertel/Herrmann/Eickmann, Rz. E 69.
5　*Kahlen* § 12 Rz. 6, 33; *Pick* in Bärmann/Pick § 12 Rz. 25.
6　OLG Hamm v. 13.9.1979 – 15 W 209/79, DNotZ 180, 53 = NJW 1980, 1397; LG München I v. 29.5.1979 – 1 T 6919/78, MittBayNot 1979, 117; *Bassenge* in Palandt § 12 Rz. 4; *Grziwotz* in Erman, § 12 WEG Rz. 4; *Herrmann* in Kuntze/Ertel/Herrmann/Eickmann, Rz. E 66; *Kreuzer* in Staudinger § 12 Rz. 19; *Lüke* in Weitnauer § 12 Rz. 2; *Rapp* in Becksches Notar-Handbuch A III Rz. 175; Schöner/*Stöber*, Rz. 2897.
7　LG Lübeck v. 20.12.1990 – 7 T 774/90, Rpfleger 1991, 201; *Kreuzer* in Staudinger § 12 Rz. 19; Schöner/*Stöber*, Rz. 2905.
8　Schöner/*Stöber*, Rz. 2905; *Lüke* in Weitnauer § 12, Rz. 16; *Merle* in Bärmann/Pick/Merle § 12, Rz. 26.
9　*Kreuzer* in Staudinger § 12 Rz. 19; *Lüke* in Weitnauer § 12, Rz. 16; *Merle* in Bärmann/Pick/Merle § 12, Rz. 26; Schöner/*Stöber*, Rz. 2905.

3. Zwangsversteigerung, Insolvenzverwalter

18 Veräußerungen durch den Insolvenzverwalter oder mittels Zwangsversteigerung sind durch Abs. 3 Satz 2 rechtsgeschäftlichen Veräußerungen **gleichgestellt**. Die Zustimmung muss bei der Anordnung der Zwangsversteigerung bzw. Eintragung des Zwangsversteigerungsvermerks noch nicht vorliegen, da sich die Zustimmung nicht auf die Zwangsversteigerung als solche bezieht, sondern auf den Ersteher, der das Eigentum durch den Zuschlag erhält. Der Zuschlag ist dementsprechend bis zum Vorliegen der Zustimmung auszusetzen[1]. Wird er gleichwohl ohne Vorliegen der notwendigen Zustimmung erteilt, wird der Mangel der fehlenden Zustimmung nicht geheilt. Selbst die nachfolgende Grundbucheintragung heilt den Mangel nicht[2].

4. Weitere Anwendungsfälle

a) Nutzungsbeschränkungen

19 § 12 gilt schon nach dem Wortlaut nur für Veräußerungen. Er deckt damit kein Zustimmungserfordernis für **Belastungen**[3]. Soweit der Zustimmungsvorbehalt zur Sicherung des Normzwecks auch für die Vermietung/Verpachtung von Wohnungseigentum[4], für dessen Belastung mit einem Dauerwohnrecht[5], einer beschränkten persönlichen Dienstbarkeit nach § 1093 BGB[6], einem Nießbrauch[7] sowie für die Unterteilung[8] für möglich gehalten wird, liegt tatsächlich kein Fall des Abs. 1[9], sondern eine nach § 15 Abs. 2 zu beurteilende „andere dingliche Beschränkung"[10] des Wohnungseigentums vor[11].

20 Solche **Vereinbarungen gem. § 15** sind nur insoweit analog § 12 zu behandeln, als die Zustimmung auch in deren Bereich nur aus „wichtigem Grund" verweigert werden kann[12]. Die Auslegung des Begriffs muss dabei infolge (bloß) analoger Anwendung nicht zwingend identisch sein. Der Verstoß gegen ein solches

---

1 So auch *Pick* in Bärmann/Pick/Merle, WEG, § 12 Rz. 55.
2 So auch *Kreuzer* in Staudinger, § 12 WEG Rz. 37; *Pick* in Bärmann/Pick/Merle, § 12 Rz. 55; a.A. *Grziwotz* in Erman, § 13 Rz. 9 u.V.a. LG Frankenthal Rpfleger 19840 183.
3 *Grziwotz* in Erman, § 12 WEG Rz. 2; *Pick* in Bärmann/Pick/Merle § 12 Rz. 4; § 1 Rz. 91 ff.
4 Grundlegend BGH v. 15.6.1962 – V ZB 2/62, NJW 1962, 1613 ff.; *Rapp* in Becksches Notar-Handbuch A III Rz. 176; Schöner/*Stöber* Rz. 2909.
5 BGH v. 15.6.1962 – V ZB 2/62, NJW 1962, 1613 ff. (1615); Schöner/*Stöber*, Rz. 2907.
6 BGH v. 15.6.1962 – V ZB 2/62, NJW 1962, 1613 ff. (1615); Schöner/*Stöber*, Rz. 2907.
7 LG Augsburg v. 29.10.1998 – 4 T 4312/98, MittBayNot 1999, 381.
8 BGH v. 17.1.1968 – V ZB 9/67, NJW 1968, 499 ff. (501) = DNotZ 1968, 417; BayObLG v. 12.1.1977 – BReg. 2Z 32/76, BayObLGZ 1977, 1 = DNotZ 1977, 546; Schöner/*Stöber*, Rz. 2896;.
9 So auch OLG München v. 20.9.2006 – 32 Wx 139/06, ZWE 2007, 109.
10 So BGH v. 17.1.1968 – V ZB 9/67, NJW 19689, 499 ff. (501) = DNotZ 1968, 417.
11 *Herrmann* in Kuntze/Ertel/Herrmann/Eickmann, Rz. E 70; *Kreuzer* in Staudinger § 12 Rz. 8, 19; *Pick* in Bärmann/Pick § 12 Rz. 30; offen: *Kahlen* § 12 Rz. 45.
12 BayObLG v. 14.3.1987, BReg. 2Z 38/87, ZMR 1988, 106 ff. = WE 1988, 73 f.; *Kahlen*, § 12 Rz. 56; zur Anwendbarkeit des Abs. 1 auch *Pick* in Bärmann/Pick/Merle § 12 Rz. 64.

Zustimmungserfordernis macht die Verfügung zwar unzulässig, aber nicht absolut unwirksam[1].

Auf rein **schuldrechtlicher Ebene** sind noch weitergehende Beschränkungen denkbar, etwa die Vereinbarung, Veräußerungen an eine auch ohne wichtigen Grund verweigerbare Zustimmung zu binden[2].

b) Vorkaufsrecht

§ 12 gewährt weder selbst ein Vorkaufsrecht, noch deckt die Norm die Vereinbarung eines dinglich wirkenden Vorkaufsrechts[3].

IV. Zustimmungsberechtigte

1. Allgemeines

Nach Abs. 1 hat die Gemeinschaftsordnung mit der für das Grundbuch nötigen **Klarheit** den Zustimmungsberechtigten zu bestimmen.

Die Veräußerung kann zum einen an die Zustimmung einzelner[4] aller **Wohnungseigentümer** oder an einen zustimmenden Beschluss der Eigentümerversammlung (mit von der Gemeinschaftsordnung festzulegender Mehrheit) gebunden sein[5]. Zum anderen kommt grds. jeder „Dritte" in Betracht[6]. Praktisch häufig ist die Zustimmung durch den Verwalter.

Als unzulässig sieht die h.M. im Hinblick auf § 1136 BGB die Begründung eines Zustimmungserfordernisses durch **Grundpfandrechtsgläubiger** an[7].

2. Der Verwalter als Zustimmungsberechtigter

a) Verwalter und Gemeinschaft

Die erforderliche Zustimmung des Verwalters, für den (mangels Höchstpersönlichkeit) auch ein rechtsgeschäftlich **Bevollmächtigter** die Erklärung abgeben

---

1 OLG München v. 20.9.2006 – 32 Wx 139/06, ZWE 2007, 109; *Grziwotz* in Erman § 12 WEG Rz. 2, 8; *Kreuzer* in Staudinger § 12 Rz. 1, 8; *Wenzel*, IMR 2007, 57; unklar: Schöner/Stöber Rz. 2907; a.A. *Pick* in Bärmann/Pick/Merle § 12 Rz. 64.
2 Vgl. OLG München v. 20.9.2006 – 32 Wx 139/06, ZWE 2007, 109; *Wenzel*, IMR 2007, 57.
3 Vgl. *Lüke* in Weitnauer § 10 Rz. 38; *Pick* in Bärmann/Pick § 12 Rz. 28 f.; *Stürner* in Soergel § 12 Rz. 9d; offen: *Kahlen* § 12 Rz. 138 ff.; wohl a.A.: *Pick* in Bärmann/Pick/Merle § 12 Rz. 62.
4 Z.B. die Zustimmung „des aufteilenden Eigentümers, solange dieser Miteigentümer ist", die Zustimmung des Eigentümers der Einheit 1.
5 Vgl. dazu *v. Oefele* in Bauer/v. Oefele, GBO AT V 115.
6 *Kahlen* § 12 Rz. 61.
7 So *Herrmann* in Kuntze/Ertel/Herrmann/Eickmann, Rz. E 63, 71; *Kahlen* § 12 Rz. 71 ff.; *Kreuzer* in Staudinger § 12 Rz. 20; *v. Oefele* in Bauer/v. Oefele, GBO, AT V 115; *Lüke* in Weitnauer § 12 Rz. 14; a.A. *Pick* in Bärmann/Pick § 12 Rz. 8, *Pick* in Bärmann/Pick/Merle § 12 Rz. 22 ff.; Palandt/*Bassenge* § 12 Rz. 6; offen lassend BayObLG v. 29.1.1987 – 2Z 141/86 MittBayNot 1987, 96 ff. (98).

kann[1], ist grds.[2] durch die Zustimmung aller Wohnungseigentümer ersetzbar[3]. Der gerichtlich bestellte Verwalter ist nur zustimmungsberechtigt, wenn er durch Gerichtsurteil zur Übernahme der gesamten Verwalteraufgaben beauftragt wurde, nicht aber wenn das Gericht ihn nur mit einer konkreten (anderen) Aufgabe betraut[4]. Die Gemeinschaftsordnung kann die Ersetzung der Verwalterzustimmung durch Mehrheitsbeschluss zulassen.

26 Im Innenverhältnis kann die Eigentümerversammlung auch ohne Grundlage in der GO dem Verwalter (durch Beschluss) bindende **Weisungen** für die Erklärung der Zustimmung erteilen[5]. Bei Zweifeln über die Ausübung seiner Rechte, die er zwar wie sonst in „eigener Verantwortung"[6] und nach „pflichtgemäßem Ermessen"[7], aber grds.[8] als **Treuhänder und mittelbarer Stellvertreter der Eigentümer** wahrnimmt[9], kann der Verwalter sie erbitten[10]. Die ohne Vorliegen eines wichtigen Grundes erfolgende Anweisung, die Zustimmung zu verweigern, ist jedoch nichtig[11]. Hält der Verwalter eine Anweisung für unwirksam, hat er die Versammlung darauf hinzuweisen. Jedenfalls nach einem solchen Hinweis stellt die Missachtung des Beschlusses keine Verletzung der Verwalterpflichten dar.

27 Erteilt der Verwalter eine Zustimmung entgegen einer (wirksamen) Weisung der Wohnungseigentümer, berührt dies deren Wirksamkeit nicht. Die Nicht-

---

1 OLG Köln v. 28.8.2000 – 2 Wx 45/00, MittRhNotK 2000,393; *Bub* in Staudinger § 26 Rz. 364, 365f.; MüKo/*Commichau* § 12 Rz. 13; *Kreuzer* in Staudinger § 12 Rz. 23; Schöner/*Stöber*, Rz. 2896, 2933, 2934a.
2 Unabhängig davon, ob ein Verwalter bestellt ist.
3 BayObLG v. 1.2.1990 – BReg. 2Z 141/89, BayObLGZ 1990, 24 (26); OLG Saarbrücken v. 14.11.1988 – 5 W 251/88, DNotZ 1989, 439; OLG Zweibrücken v. 16.12.1986 – 3 W 174/86, MDR 1987, 326 = NJW-RR 1987, 269ff.; LG Frankfurt v. 14.11.1995 – 2/140 101/95, NJW-RR 1996, 1080; *Angermeier*, MittBayNot 1981, 250; *Herrmann* in Kuntze/Ertel/Herrmann/Eickmann, Rz. E 63; *von Oefele* in Bauer/v. Oefele, GBO, AT V 115; MüKo/*Commichau* § 12 Rz. 16; *Rapp*, Becksches Notar-Handbuch, A III Rz. 174; Schöner/*Stöber* Rz. 2896 (bei Fn. 51); differenzierend *Pick* in Bärmann/Pick/Merle, § 12, Rz. 21.
4 Nicht hinreichend differenzierend OLG Hamm v. 22.11.1966 – 15 W 178/66, DNotZ 1967, 686; *Pick* in Bärmann/Pick/Merle § 12 Rz. 44.
5 *Grziwotz* in Erman, § 12 WEG Rz. 5; *Kreuzer* in Staudinger § 12 Rz. 21; *Pick* in Bärmann/Pick § 12 Rz. 8.
6 OLG Karlsruhe v. 9.2.1983 – 4 W 97/82, OLGZ 1985, 133.
7 OLG Frankfurt v. 18.11.1983 – 20 W 461/83, OLGZ 1984, 60; *Bub* in Staudinger § 27 Rz. 39.
8 Im Einzelfall kann er Dritter sein (str.) BayObLG v. 31.1.1980 – 2Z 24/79, DNotZ 1980, 751; *Grziwotz* in Erman, § 12 WEG Rz. 5.
9 BGH v. 26.9.1990 - IV ZR 226/89, BGHZ 112, 240 (242); BayObLG v. 29.6.1988 – BReg. 3 Z 164/87, NJW-RR 1988, 1425; OLG Düsseldorf v. 22.8.1984 – 3 W 256/84, NJW 1985, 390 = DNotZ 1985, 441; OLG Saarbrücken v. 14.11.1988 – 5 W 251/88, DNotZ 1989, 439; OLG Zweibrücken v. 16.12.1986 – 3 W 174/86, MDR 1987, 326 = NJW-RR 1987, 269; OLG Zweibrücken v. 27.7.2006 – 4 U 111/05, MittBayNot 2007, 240; *Grziwotz* in Erman § 12 WEG Rz. 5; *Kahlen* § 12 Rz. 65; *Kreuzer* in Staudinger § 12 Rz. 21; *Pick* in Bärmann/Pick § 12 Rz. 8; *Pick* in Bärmann/Pick/Merle § 12 Rz. 21; *Bassenge* in Palandt § 12 WEG Rz. 6; *Lüke* in Weitnauer § 12 Rz. 12.
10 *Grziwotz* in Erman § 12 WEG Rz. 5; *Pick* in Bärmann/Pick § 12 Rz. 8.
11 BayObLG v. 6.3.2003 – 22 BR 99/02, NJW-RR 2003, 950; OLG Hamm v. 29.9.1992 – 15 W 199/92, NJW-RR 1993, 279; *Wenzel*, IMR 2007, 57; zustimmend wohl *Pick* in Bärmann/Pick/Merle § 12 Rz. 44; nur anfechtbar: *Kreuzer* in Staudinger § 12 Rz. 21.

befolgung der Weisung kann nur im Innenverhältnis zwischen Verwalter und Gemeinschaft Anlass für Konsequenzen geben.

b) Einzelfragen

Der Verwalter ist nicht gem. **§ 181 BGB** an der Erklärung der Zustimmung gehindert, wenn er zugleich als Veräußerer[1] oder Erwerber[2] an der Veräußerung beteiligt ist. 28

Wegen Konflikts der Interessen der Wohnungseigentümergemeinschaft, in deren Diensten der Verwalter tätig wird, mit eigenen Vermittlungsinteressen ist der Verwalter aber gehindert, zugleich als **Makler** bei der Veräußerung einer Wohnung tätig zu sein[3], wenn die Veräußerung unter Zustimmunsvorbehalt steht. Ein wirksamer Honoraranspruch kann nach h.M. durch Hinweis auf den Vorbehalt vor Kaufvertragsabschluss begründet werden[4]. Nicht erforderlich sei, dass der Maklerkunde die rechtlichen Konsequenzen des Vorbehalts erkennt. Allerdings kann eine solche Vermittlungstätigkeit bei bestehender Interessenkollision die fristlose Abberufung des Verwalters rechtfertigen, da ein Vertrauensbruch entsteht[5]. Unproblematisch sind vermittelte Wohnungsvermietungen[6]. 29

V. Zustimmungsanspruch und Verweigerungsgründe

1. Zustimmungsanspruch

Abs. 2 begründet einen unabdingbaren, unabtretbaren Zustimmungsanspruch des Veräußerers[7] auf Erteilung einer in jeder Hinsicht einschränkungslosen, inhaltlich **umfassenden und formgerechten Zustimmung** (vgl. Rz. 41 ff.). Die Zustimmung darf nach Satz 2 nur aus wichtigem Grund versagt werden. Jede dagegen verstoßende Bestimmung der Gemeinschaftsordnung ist nichtig[8]. 30

---

1 OLG Düsseldorf v. 22.8.1984 – 3 W 256/84, DNotZ 1985, 441 = NJW 1985, 390; BayObLG v. 26.6.1986 – BReg. 2Z 54/85, MittBayNot 1986, 180 = NJW-RR 1986, 1077; *Bassenge* in Palandt § 12 Rz. 7; *Herrmann* in Kuntze/Ertel/Herrmann/Eickmann, Rz. E 63, 64; *Kahlen* § 12 Rz. 69; *Kreuzer* in Staudinger § 12 Rz. 22; *Pick* in Bärmann/Pick § 12 Rz. 8, 9; Schöner/*Stöber*, Rz. 2904.
2 KG v. 3.2.2004 – 1 W 244/033, NJW-RR 2004, 1161; *Bassenge* in Palandt § 12 Rz. 7; *Herrmann* in Kuntze/Ertel/Herrmann/Eickmann, Rz. E 63, 64; *Pick* in Bärmann/Pick § 12 Rz. 8, 9; *Kahlen* § 12 Rz. 69; *Kreuzer* in Staudinger § 12 Rz. 22; a.A. LG Hagen v. 29.9.2006 – 3 T 472/06, RPfleger 2007, 196 mit zust. Anm. von *Jurkisch*; *Schneider* in KK-WEG § 12 Rz. 8; *Merkel/Böttcher*, Einl. I Rz. 283.
3 BayObLG v. 7.5.1997 – 2 ZR 135/96, BayObLGZ 1997, 148; *Kahlen* § 12 Rz. 69; *Rapp* in Becksches Notar-Handbuch A III, Rz. 179a; differenzierend *Kreuzer* in Staudinger § 12 Rz. 22.
4 BGH v. 6.2.2003 – III ZR 287/02, NZM 2003, 284; OLG Köln v. 10.9.2002 – 24 U 32/02, NZM 2003, 241; LG Hamburg v. 7.7.2000 – 309 O 101/00, NZM 2001, 486.
5 BayObLG v. 7.5.1997 – 2Z BR 135/96, NJW-RR 1998, 302 = MDR 1997, 727.
6 BGH v. 13.3.2003 – II ZR 299/02, NJW 2003, 1393; *Rapp* in Beck'sches Notar-Handbuch A III, Rz. 179a.
7 *Bassenge* in *Palandt* § 12 Rz. 12; *Pick* in Bärmann/Pick/Merle § 12 Rz. 40; str. ist die Pfändbarkeit.
8 BayObLG v. 31.1.1980 – BReg. 2Z 24/79, DNotZ 1980, 751; OLG Hamm v. 29.9.1992 – 15 W 199/92, NJW-RR 1993, 279; OLG München v. 20.9.2006 – 32 Wx 139/06, ZMR 2006, 961; *Pick* in Bärmann/Pick § 12 Rz. 11.

31 Gegenüber diesem Anspruch können grds. **keine Zurückbehaltungsrechte** nach § 273 Abs. 1 BGB geltend gemacht werden[1]. So kann der Verwalter die Zustimmung nicht wegen rückständiger oder streitiger Wohngeldforderungen zurückhalten[2] oder sie von der Übernahme der Zustimmungskosten durch Veräußerer oder Erwerber abhängig machen[3].

32 Dem Erwerber gegenüber bestehen grds. keine Pflichten des Zustimmungsberechtigten. Er steht außerhalb des Pflichtenkreises innerhalb der Wohnungseigentümergemeinschaft bzw. zwischen den Wohnungseigentümern und dem Verwalter[4]. Der Erwerber kann daher die erforderliche Zustimmung nicht einklagen.

2. Versagungsgründe

33 Ein wichtiger Grund i.S.v. Abs. 2 liegt nur vor, wenn Tatsachen vorliegen[5], aus denen sich ergibt, dass die Übertragung des Wohnungseigentums aus in der **Person des Erwerbers** (bzw. der von ihm beabsichtigten Nutzung) liegenden Gründen[6] eine konkrete (nicht nur abstrakte[7]) Gefährdung rechtlich geschützter Gemeinschaftsinteressen[8] bedeuten würde. Die Auslegung hat m.E. auch Art und Größe der Gemeinschaft zu berücksichtigen.

34 Dies wird insbesondere der Fall sein, wenn **Anhaltspunkte** dafür vorliegen, dass der Erwerber den Gemeinschaftsfrieden stören (persönliche Unzuverlässigkeit)[9] oder seinen finanziellen Pflichten nicht nachkommen wird (finanzielle Unzuverlässigkeit)[10]. Verweigerungsgrund kann nach (problematischer) h.M. auch die

---

1 BayObLG v. 14.3.1990 – BReg. 1b Z 7/89, NJW-RR 1990, 657; *Bassenge* in Palandt § 12 Rz. 8; *Grziwotz* in Erman, § 12 WEG Rz. 3; *Kahlen* § 12 Rz. 121; *Kreuzer* in Staudinger, § 12 Rz. 75; *Lüke* in Weitnauer, § 12 Rz. 9; *Pick* in Bärmann/Pick § 12 Rz. 10, 15; Schöner/*Stöber*, Rz. 2900.
2 BayObLG v. 16.7.1981 – BReg. 2Z 86/80, MittBayNot 1981, 190; *Pick* in Bärmann/Pick § 12 Rz. 15; Schöner/*Stöber*, Rz. 2900.
3 OLG Hamm v. 7.4.1989 – 15 W 513/88, MittRhNotK 1989, 193 = NJW-RR 1989, 974; *Pick* in Bärmann/Pick § 12 Rz. 15; Schöner/*Stöber*, Rz. 2900.
4 Siehe *Lüke* in Weitnauer, Rz. 12.
5 OLG Zweibrücken v. 8.11.2005 – 3 W 142/05, FGPrax 2006, 17; *Kreuzer* in Staudinger § 12 Rz. 44, 45; *Lüke* in Weitnauer, Rz. 10.
6 BayObLG v. 22.10.1992 – 2Z BR 80/92, NJW-RR 1993, 280; OLG Hamm v. 29.9.1992 – 15 W 199/92, DNotZ 1993, 796 = NJW-RR 1993, 279, m.w.N.; OLG Düsseldorf v. 2.10.1996 – 3 Wx 240/96, NJW-RR 1997, 268; OLG Zweibrücken v. 8.11.2005 – 3 W 142/05, ZMR 2006, 219 = NZM 2006, 144; *Grziwotz* in Erman, § 12 WEG Rz. 2; *Kreuzer* in Staudinger § 12 Rz. 45; *Lüke* in Weitnauer, § 12 Rz. 9; *Pick* in Bärmann/Pick § 12 Rz. 10; Schöner/*Stöber*, Rz. 2900;.
7 LG Mannheim v. 9.2.1977 – 4 T 24/77, BB 1977, 319; *Kreuzer* in Staudinger § 12 Rz. 44; *Lüke* in Weitnauer, Rz. 10.
8 So ausdrücklich etwa: BayObLG v. 14.9.1987 – BReg. 2Z 38/87, NJW-RR 1988, 17; auch BayObLG v. 31.10.2001 – 2Z BR 37/01, NJW-RR 2002, 659 und v. 6.3.2003 – 2Z BR 90/02, NJW-RR 2003, 950.
9 Vgl. zur Verweigerung der Zustimmung wegen „ungehörigen Verhaltens und Antipathie" OLG Zweibrücken v. 8.11.2005 - 3 W 142/05, NZM 2006, 144.
10 *Lüke* in Weitnauer § 12 Rz. 10; *Pick* in Bärmann/Pick § 12 Rz. 10.

vom Erwerber abweichende Person des voraussichtlichen Nutzers sein, wenn zu befürchten ist, dass diese den Hausfrieden nachhaltig stört[1].

Insbesondere **Zahlungsrückstände** des Veräußerers (die der Erwerber nicht übernehmen will)[2] oder die Ausgestaltung des Erwerbsvertrages[3], auch hinsichtlich der Regelungen zum Eintritt des Erwerbers in die Gemeinschaftsordnung bzw. den Verwaltervertrag, der ohnehin kraft Gesetzes stattfindet, berechtigen dagegen nicht zur Zustimmungsverweigerung. 35

Keine Verweigerungsgründe sind z.B.: 36
- bloße Zweckmäßigkeitserwägungen[4]
- die Nationalität des Erwerbers bzw. seines Ehegatten[5] bzw. die sonstige Orientierung an den dem verfassungsrechtlichen Gleichheitssatz widersprechenden Differenzierungsmerkmalen[6]
- Fortsetzung unzulässiger, aber lange geduldeter Nutzung[7]; anders: Aufnahme unzulässiger Nutzung[8]

Maßgeblicher **Zeitpunkt** für das Vorliegen eines wichtigen Grundes ist im Streitfall der der letzten Tatsachenverhandlung[9]. 37

3. Tatsachenermittlung

Zur Ermittlung der zustimmungsrelevanten Tatsachen trifft den Veräußerer auf Verlangen eine **Auskunftspflicht** gegenüber den für Verweigerungsgründe darlegungspflichtigen Zustimmungsberechtigten bzw. die Pflicht, den Erwerber zu veranlassen, selbst die notwendigen Informationen zu geben[10]. 38

---

1 Vgl. dazu BayObLG v. 4.6.1998 – 2Z BR 19/98, NZM 1998, 868 (Nutzungsüberlassung an ausgeschlossenen früheren WE) und v. 31.10.2001 – 2Z BR 37/01, NJW-RR 2002, 659 („unflätiger Lebensgefährte"); dazu *Grziwotz* in Erman, § 12 WEG Rz. 2; *Pick* in Bärmann/Pick § 12 Rz. 10.
2 BayObLG v. 16.7.1981 – BReg. 2Z 86/80, MittBayNot 1981, 190; LG Frankfurt v. 14.10.1987 -2/9 T 651/87, NJW-RR 1988, 598; *Armbrüster*, JuS 2002, 665; *Kahlen*, § 12 Rz. 94; *Kreuzer* in Staudinger, § 12 Rz. 75; MüKo/*Röll*, § 12 WEG Rz. 8; *Pick* in Bärmann/Pick/Merle, § 12 WEG Rz. 32.
3 OLG Frankfurt a.M. v. 19.11.1993 – 20 W 376/92, ZMR 1994, 124; *Grziwotz* in Erman, § 12 WEG Rz. 2; *Kreuzer* in Staudinger § 12 Rz. 17; auch nicht bei der (angeblichen) Mitveräußerung von Gemeinschaftseigentum: KG ZfIR 2002, 494; Schöner/*Stöber*, Rz. 2900.
4 BayObLG v. 31.1.1980 – 2Z 24/79, DNotZ 1980, 751; *Grziwotz* in Erman, § 12 WEG Rz. 2.
5 OLG Zweibrücken v. 7.8.1993 – 3 W 141/93, MittBayNot 1994, 44; BayObLG WEM 1981, 56 (zitiert nach *Lüke* in Weitnauer § 12 Rz. 10); *Kahlen* § 12 Rz. 94; *Lüke* in Weitnauer, Rz. 10; Schöner/*Stöber*, Rz. 2896.
6 Vgl. *Kreuzer* in Staudinger § 12 Rz. 41, 50.
7 OLG Hamm v. 3.3.1992 – 15 W 63/91, Rpfleger 1992, 294; BayObLG v. 14.3.1990 – BReg. 1b Z 7/79, WE 1991, 202; *Kahlen* § 12 Rz. 95; *Bassenge* in Palandt § 12 Rz. 8; *Lüke* in Weitnauer § 12 Rz. 10.
8 *Pick* in Bärmann/Pick § 12 Rz. 10.
9 *Pick* in Bärmann/Pick § 12 Rz. 12.
10 OLG Köln v. 15.3.1996 – 19 U 139/95, NJW-RR 1996, 1296; *Lüke* in Weitnauer, Rz. 10; *Pick* in Bärmann/Pick § 12 Rz. 10; zurückhaltend *Kreuzer* in Staudinger § 12 Rz. 52.

39 Zur geschuldeten Auskunft gehört die Offenlegung des (gesamten) Inhalts des **Erwerbsvertrages** aber nicht. Zwar können sich aus ihm möglicherweise Indizien für Zahlungsfähigkeit bzw. Nutzungsabsichten des Erwerbers ergeben[1]. Selbst dann hat der Veräußerer aber „nur" zu informieren und seine Auskünfte nicht durch eine Vertragsabschrift zu „beweisen". Die Erteilung einer – u.U. auszugsweisen[2] – Abschrift kann damit allenfalls empfehlenswert sein, um den Vorwurf nicht umfassender Information zu vermeiden. Ohne (zumindest konkludente) Zustimmung der Vertragsparteien steht dem Zustimmungsberechtigten jedenfalls kein Anspruch auf Erteilung einer Vertragsabschrift gegen den Notar zu (vgl. § 51 Abs. 2, 3 BeurkG).

4. Vereinbarungsmöglichkeiten

40 Stets zulässig ist die (diskriminierungsfreie) **Erweiterung des Zustimmungsanspruchs**[3]. Die Gemeinschaft kann aber Tatbestände, die nicht als wichtiger Grund nach Abs. 2 anzusehen sind, nicht durch Vereinbarung hierzu erheben[4]. Dahingehende Vereinbarungen der Gemeinschaftsordnung stellen, soweit sie nicht den Kreis der Verweigerungsgründe zusätzlich einengen, nur überprüfbare Auslegungsregeln dar[5].

VI. Erteilung der Zustimmung

1. Form der Zustimmung

41 Die Zustimmung ist materiell formfrei möglich[6], als vom Grundbuchamt von Amts wegen zu beachtendes Erfordernis[7] jedoch in der Form des **§ 29 GBO** nachzuweisen. Bei bestehendem Zustimmungsanspruch des Veräußerers ist der Zustimmungsberechtigte verpflichtet, die Form zu wahren[8].

42 Bei erforderlicher Zustimmung einzelner/aller Wohnungseigentümer sind damit deren Unterschriften öffentlich zu beglaubigen oder zu beurkunden. Ein erforderlicher Zustimmungsbeschluss der Eigentümerversammlung wird durch Niederschrift über die Beschlussfassung, die die in § 24 Abs. 6 vorgesehenen Unterschriften in öffentlich beglaubigter Form aufweist, nachgewiesen vgl. § 26 Rz. 169). Bei schriftlichem (Umlauf-)Beschluss gem. § 23 Abs. 3 WEG sind die

---

1 Dies betonen *Liessem*, NJW 1988, 1306 und *F. Schmidt*, GWE 1998, 5, 8; verneinend OLG Frankfurt a.M. v. 19.11.1993 – 20 W 376/92, ZMR 1994, 124.
2 So v.a. *Rapp* in Becksches Notar-Handbuch, A III Rz. 180.
3 *Kreuzer* in Staudinger § 12 Rz. 55; *Pick* in Bärmann/Pick § 12 Rz. 15.
4 BayObLG v. 31.1.1980 – BReg. 2Z 24/79, DNotZ 1980, 751; OLG Hamm v. 29.9.1992 – 15 W 199/92, NJW-RR 1993, 279; *Grziwotz* in Erman § 12 WEG Rz. 1; *Kreuzer* in Staudinger § 12 Rz. 41; *Lüke* in Weitnauer § 12 Rz. 11; *Pick* in Bärmann/Pick/Merle § 12 Rz. 35 (m.w.N.).
5 *Kreuzer* in Staudinger § 12 Rz. 41; a.A. wohl *Kahlen* § 12 Rz. 27.
6 *Kreuzer* in Staudinger § 12 Rz. 25.
7 BayObLG v. 16.4.1991 – BReg. 2Z 25/91, NJW-RR 1991, 978; *Hügel*, DNotZ 2007, 326 (353); *Kreuzer* in Staudinger § 12 Rz. 7; *Pick* in Bärmann/Pick § 12 Rz. 7; *Schöner/Stöber*, Rz. 2904.
8 *Herrmann* in Kuntze/Ertel/Herrmann/Eickmann, Rz. E 63.

Unterschriften sämtlicher Wohnungseigentümer in der Form des § 29 GBO nachzuweisen[1].

Der Verwalter weist seine Bestellung gem. § 26 Abs. 4 WEG ebenfalls durch eine Niederschrift über seine Bestellung, die vorstehenden Formalien zu genügen hat, nach. Die Vorlage des Verwaltervertrages genügt nicht[2]. Bei Verwaltungsgesellschaften sind Firmenänderungen, Rechtsformwechsel usw. ebenfalls in der Form des § 29 GBO (durch Notarbescheinigung) nachzuweisen[3]. 43

Wegen der Verpflichtung zur Erbringung eines **formgerechten Nachweises** ist der Verwalter, soweit er als Vorsitzender der Eigentümerversammlung fungiert, auch verpflichtet, seine Unterschrift unter der Beschlussniederschrift – jedenfalls auf Verlangen der Gemeinschaft bzw. eines Veräußerers – öffentlich beglaubigen zu lassen. Diese Verpflichtung erlischt als fortwährende Nebenpflicht aus dem Verwalterverhältnis nicht mit Beendigung des Amtes. Dies gilt entsprechend für zustimmungspflichtige Wohnungseigentümer bzw. für die sonstigen Unterzeichner der Versammlungsniederschrift, die einen zustimmenden Beschluss bzw. die Verwalterbestellung enthält[4]. 44

2. Zeitpunkt und Inhalt der Zustimmung

Liegt objektiv kein Versagungsgrund vor, ist die Zustimmung mangels spezieller Regelung „**unverzüglich**" zu erteilen. Dieser Pflicht genügt der Zustimmungsberechtigte, wenn er alsbald nach Vorliegen der notwendigen Entscheidungsgrundlagen die erforderliche Erklärung abgibt. Diese Grundlagen wird im Zweifel die Aufforderung des Notars zur Abgabe der Zustimmung unter Angabe der Käuferdaten liefern. Hält der Zustimmungsberechtigte im Einzelfall weitere Informationen für erforderlich, hat er sie zügig einzuholen. Je nach Einzelfall können ca. ein bis vier Wochen Prüfungszeit angemessen sein[5]. 45

Die – für einen konkreten Veräußerungsvorgang[6] – zu erteilende Zustimmung muss **inhaltlich eindeutig** erteilt und zum Vollzug der Auflassung im Grundbuch geeignet sein[7]. Sie hat grds. den schuldrechtlichen wie dinglichen Vertrag zu erfassen; der Zustimmungsberechtigte darf daher seine Zustimmung nicht etwa auf den „Eigentumswechsel" beschränken und die schuldrechtlichen Vereinbarungen der Parteien ausnehmen[8]. 46

---

1 BayObLG v. 23.1.1986 – 2Z 14/85, DNotZ 1986, 490; *Kreuzer* in Staudinger § 12 Rz. 26 ff.; *Röll*, Rpfleger 1986, 4; Schöner/*Stöber*, Rz. 2934.
2 LG Köln MittRhNotK 1984, 1.
3 Vgl. zu Problemen der Gesamtsrechtsnachfolge: OLG Köln v. 9.2.2006 – 2 Wx 5/06, FGPrax 2006, 100.
4 So auch *Kreuzer* in Staudinger § 12 Rz. 27.
5 Eine Woche: BayObLG WE 1984, 60 (zitiert nach *Lüke* in Weitnauer § 12 Rz. 39 Fn. 10); *Sauren*, § 12 Rz. 11; 2 Wochen: *Grziwotz* in Erman § 12 Rz. 3; 3 – 4 Wochen: *Kreuzer* in Staudinger § 12 Rz. 68; für max. 2 Monate: *Bielefeld*, DWE 2001, 111.
6 Vgl. dazu *Grziwotz* in Erman § 12 WEG Rz. 7; *Pick* in Bärmann/Pick § 12 Rz. 16.
7 OLG Hamm v. 3.2.1992 – 15 W 63/91, DNotZ 1992, 492 = NJW-RR 1992, 785 = OLGZ 1992, 295; *Herrmann* in Kuntze/Ertel/Herrmann/Eickmann, Rz. E 63; *Kreuzer* in Staudinger § 12 Rz. 25; Schöner/*Stöber*, Rz. 2900.
8 Zu einem Sonderfall: OLG Schleswig v. 12.7.2006 – 2 W 79/06, ZMR 2006, 964.

47 Im Falle der **Zwangsversteigerung** kann die Zustimmung nach § 12 erst zum Zuschlag abgegeben werden, da sie zu einem bestimmten Erwerber zu erteilen ist[1] (s. oben Rz. 18).

3. Wirksamwerden und Widerruf

48 Auf die Zustimmung sind die **§§ 182ff. BGB** anzuwenden[2]. Sie wird mit ihrem Eingang bei den Beteiligten (bzw. dem von ihnen bevollmächtigten Notar)[3] wirksam und wirkt auf den Abschluss des Veräußerungsvertrages zurück[4]. Maßgeblich ist die Zustimmungsberechtigung zum Zeitpunkt des Wirksamwerdens der Erklärung. Damit ist etwa ausreichend, wenn ein zustimmender Verwalter zum Zeitpunkt der Zustimmungserklärung wirksam bestellt ist[5], auch wenn seine Bestellung nach Veräußerung erfolgt[6] oder nach Wirksamwerden, aber vor Grundbucheintragung endet.

49 Die erteilte Zustimmung wird mit **Abschluss des Rechtsgeschäfts** unwiderruflich. Während die (praktisch seltene) vorweggenommene Einwilligung damit zunächst widerruflich bleibt, ist die zu einem bereits abgeschlossenen Vertrag erteilte Zustimmung mit Eingang unwiderruflich. Die zur (isolierten) Auflassung erklärte Zustimmung wird mit Eingang des Eintragungsantrages beim Grundbuchamt unwiderruflich (§ 878 BGB)[7]. Soweit die Zustimmung (wie regelmäßig) **einheitlich** zum schuldrechtlichen wie zum dinglichen Vertrag erteilt wird, kommt eine Aufspaltung der Zustimmung aber nicht in Betracht und erstreckt sich die mit Abschluss des schuldrechtlichen Vertrages eintretende Unwiderruflichkeit auch auf die Zustimmung zur Auflassung[8].

50 Nach *Kössinger*[9] begründet § 12 eine unmittelbar dem Sondereigentum anhaftende Fungibilitätsbeschränkung. Danach ist die Zustimmung unmittelbar mit Eingang wirksam und unwiderruflich und beseitigt die Beschränkung für das gesamte betroffene Veräußerungsgeschäft endgültig.

4. Zustimmungskosten

51 Die Kosten der Zustimmung und ihres Nachweises sind **Kosten der Gemeinschaft**, die sie jedoch dem veräußernden Wohnungseigentümer, nicht dem Er-

---

1 *Pick* in Bärmann/Pick/Merle § 12 Rz. 39; MüKo/*Commichau* § 54 Rz. 16.
2 *Bassenge* in Palandt § 12 Rz. 12; *Grziwotz* in Erman, § 12 WEG Rz. 7; *Herrmann* in Kuntze/Ertel/Herrmann/Eickmann, Rz. E 63; *Kahlen* § 12 Rz. 127f.; für §§ 5ff. ErbbVO zuletzt ebenso OLG Hamm v. 27.10.2005 – 15 W 296/05, RNotZ 2005, 118.
3 *Kreuzer* in Staudinger § 12 Rz. 24.
4 Ebenso *Pick* in Bärmann/Pick/Merle § 12 Rz. 41; Schöner/*Stöber*, Rz. 2904; anderer Ansicht *Lüke* in Weitnauer § 12 Rz. 13.
5 *Pick* in Bärmann/Pick/Merle § 12, Rz. 21.
6 LG Wuppertal MittRhNotK 1982, 207; Schöner/*Stöber*, Rz. 2904.
7 Für Anwendung des § 878 BGB: BGH v. 27.9.1962 – III ZR 83/61, NJW 1963, 36; *Bassenge* in Palandt § 12 Rz. 10; Schöner/*Stöber* Rz. 114, 2904; a.A. *Gursky* in Staudinger § 878 Rz. 28.
8 Wie hier: MüKo/*Commichau*, § 12 Rz. 36; *Kahlen*, § 12 Rz. 120; Schöner/*Stöber*, Rz. 2904; wohl auch: *Kreuzer* in Staudinger § 12 Rz. 24; *Grziwotz* in Erman § 12 WEG Rz. 7.
9 So erstmals *Kössinger* in Bauer/v. Oefele, GBO, § 19 Rz. 199ff.

werber, auferlegen kann[1]. Die entsprechende Beschlusskompetenz folgt aus § 21 Abs. 7.

Der Veräußerer kann die Kosten durch Vertrag auf den Erwerber **abwälzen**. Dies dürfte bereits zu bejahen sein, wenn jener die „Kosten erforderlicher Genehmigungen" zu tragen hat. Inwieweit Zustimmungskosten bei einem Kaufvertrag schon gem. § 449 BGB vom Käufer zu tragen sind, ist nicht unstreitig[2], jedoch zu bejahen. Ausdrückliche Vertragsregelungen sind empfehlenswert. Von der Erhebung der Kosten durch Treuhandauftrag des Notars ist abzusehen.

52

Eine **Sondervergütung** (Bearbeitungsgebühr) steht dem Verwalter nur bei gesonderter Vereinbarung im Verwaltervertrag, Teilungserklärung oder Beschluss und nur in angemessener Höhe zu[3].

53

VII. Nichterteilung der Zustimmung

1. Folgen fehlender Zustimmung

Entsprechend §§ 5 ff. ErbbVO ist ein ohne die erforderliche Zustimmung geschlossenes schuldrechtliches oder dingliches Rechtsgeschäft gegenüber jedermann schwebend unwirksam[4]. Wird die Zustimmung verweigert, ist der Vertrag endgültig **absolut unwirksam**[5].

54

Wird die Auflassung ohne erforderliche Zustimmung eingetragen (nicht nur ohne deren Nachweis), wird das Grundbuch unrichtig. Ein **Berichtigungsanspruch** steht aber nur dem betroffenen Wohnungseigentümer zu[6]. Eine Heilung des Mangels tritt nicht durch GB-Eintragung[7], aber (ohne weiteres) durch später erteilte Zustimmung ein, da die Auflassung nicht unwirksam war, sondern nur ein weiteres Erfordernis fehlte.

2. Schadensersatz

Die Zustimmungsberechtigten sind dem **Veräußerer** gegenüber (aus Gemeinschaftsverhältnis bzw. Verwaltervertrag) verpflichtet, der Zustimmungspflicht nach § 12 Genüge zu tun. Wird die Zustimmung ohne wichtigen Grund verspätet/nicht (ordnungsgemäß) erteilt, steht diesem je nach Sachverhalt aus **positi-**

55

---

1 Vgl. *Kreuzer* in Staudinger § 12 Rz. 30 f.
2 Vgl. DNotI-Gutachten, Fax-Abruf Nr. 11 111 v. 24.3.2000.
3 Vgl. allg. *Kreuzer* in Staudinger § 12 Rz. 33 f.; sowie BayObLG v. 6.10.1986 – BReg. 2Z 88/85, BayObLGZ 1986, 368 (Verwaltervertrag); KG v. 17.5.1989 – 24 W 1484/89, NJW-RR 1989, 975 (Teilungserklärung).
4 BGH v. 8.7.1960 – V ZB 8/59, BGHZ 33, 76 (zu §§ 5 ff. ErbbVO); OLG Köln v. 15.3.1996 – 19 U 139/95, NJW-RR 1996, 1296; *Bassenge* in Palandt § 12 Rz. 12; *Kahlen* § 12 Rz. 17; *Kreuzer* in Staudinger § 12 Rz. 56; *Pick* in Bärmann/Pick § 12 Rz. 12, 16.
5 BayObLG v. 12.4.1983 – 2Z 107/82, Rpfleger 1983, 350; OLG Hamm v. 8.3.2001 – 15 W 55/01, NJW-RR 2001, 1525; *Bassenge* in Palandt § 12 Rz. 12; *Kreuzer* in Staudinger § 12 Rz. 60; *Pick* in Bärmann/Pick § 12 Rz. 18.
6 *Kreuzer* in Staudinger § 12 Rz. 37.
7 *Kreuzer* in Staudinger § 12 Rz. 37.

ver **Forderungsverletzung** oder nach Mahnung aus **Verzug** ein Schadensersatzanspruch zu[1].

56 Ein Irrtum über die Berechtigung zur Verweigerung schließt das erforderliche **Verschulden** nur bei streng zu beurteilender Unvermeidbarkeit aus[2].

57 Ein deliktischer Anspruch besteht allenfalls aus **§ 826 BGB**, da § 12 nicht als Schutzgesetz i.S.v. § 823 Abs. 2 BGB anzusehen und die Zustimmungsverweigerung nicht als Rechtsgutsverletzung i.S.d. § 823 Abs. 1 BGB einzuordnen sein wird[3].

58 Ein Schadensersatzanspruch des Erwerbers scheidet außerhalb Deliktsrechts aus, da ihm gegenüber keine Zustimmungspflicht besteht[4].

3. Rechtsschutz

59 Der Anspruch auf Zustimmung ist im Streitfalle durch den **Veräußerer** als alleinigem Anspruchsinhaber, u.U. nach Durchlaufen eines in der GO vorgesehenen Vorverfahrens[5], im (ZPO-)Verfahren nach § 43 Abs. 1[6] zu verfolgen[7]. Der Antrag hat auf Abgabe der Zustimmungserklärung zu lauten. Mit Rechtskraft der Entscheidung gilt sie gem. § 894 ZPO als abgegeben[8].

VIII. Aufhebung von Veräußerungsbeschränkungen

1. Allgemeines

60 Der in seiner Formulierung nur bedingt geglückte Abs. 4 ermöglicht als **gesetzgeberischer Kompromiss**[9] zur Forderung der völligen Abschaffung des § 12, ein bestehendes Zustimmungserfordernis mit einfacher Mehrheit der wirksam abgegebenen Stimmen abzuschaffen[10]. Qualifizierte Mehrheiten sind nicht erfor-

---

1 BayObLG v. 22.10.1992 – 2Z BR 80/92, NJW-RR 1993, 280; OLG Düsseldorf v. 13.8. 2003 – I-3 Wx 176/03, RNotZ 2004, 91; *Grziwotz* in Erman, § 12 WEG Rz. 3; *Kahlen* § 12 Rz. 122; *Kreuzer* in Staudinger § 12 Rz. 63; *Lüke* in Weitnauer § 12 Rz. 10; *Müller*, Praktische Fragen des Wohnungseigentums, 3. Aufl. 2000, Rz. 533; *Pick* in Bärmann/ Pick/Merle § 12 Rz. 21, 39. Haftung der Gemeinschaft bei unzulässiger Weisung an Verwalter: LG Frankfurt/Main v. 17.5.1989 – 24 W 1484/89, DG 1989, 1009.
2 OLG Düsseldorf v. 10.5.2005 – I-3 Wx 321/04, MittBayNot 2006, 232, 233; *Kahlen* § 12 Rz. 118.
3 Zu § 823 Abs. 2: *Pick* in Bärmann/Pick/Merle § 12 Rz. 39; *Kahlen*, ZMR 1986, 76, *Kahlen* § 12 Rz. 112.
4 Vgl. *Kreuzer* in Staudinger § 12 Rz. 62; *Pick* in Bärmann/Pick/Merle § 12 Rz. 40.
5 Vgl. dazu *Pick* in Bärmann/Pick § 12 Rz. 19; *Kreuzer* in Staudinger § 12 Rz. 39.
6 Bei zustimmungsberechtigten Dritten außerhalb des Bereichs des WEG im normalen ZPO-Streitverfahren.
7 *Grziwotz* in Erman § 12 WEG Rz. 3; *Kreuzer* in Staudinger § 12 Rz. 39; *Pick* in Bärmann/Pick § 12 Rz. 12, 14.
8 OLG Zweibrücken v. 8.11.2005 – 3 W 142/05, ZMR 2006, 219 = NZM 2006, 144; *Grziwotz* in Erman § 12 WEG Rz. 3; *Kreuzer* in Staudinger § 12 Rz. 39.
9 So auch *Häublein*, ZMR 2007, 409 (413).
10 Vgl. *Demharter*, NZM 2006, 489.

derlich. Soweit im Einzelfall vom „Sonderrecht" eines Zustimmungsberechtigten auszugehen ist, ist aber dessen Mitwirkung unabdingbar[1].

Das Gesetz differenziert nicht danach, ob ein generelles Zustimmungserfordernis besteht oder ob es nur für einzelne Fälle eingeräumt ist. Möglich ist auch die **Teilaufhebung** eines Zustimmungsvorbehaltes[2].

Die Beschlusskompetenz des Abs. 4 ist **unabdingbar**[3], sie gilt auch für bereits bestehende Gemeinschaften[4]. Für die Stimmrechte gelten (u.U. ausgenommen Fälle grober Unbilligkeit) die allgemeinen Regeln der Gemeinschaftsordnung, da Stimmrechtsregelungen keine Einschränkung der Beschlusskompetenz bedeuten, sondern gerade deren sachgerechter Ausgestaltung dienen[5]. Eine abweichende Betrachtung zu Abs. 4 wäre nicht systemkonform und auch praktisch schwer handhabbar.

61

Abs. 4 ermöglicht nicht die **Wiedereinführung eines abgeschafften Zustimmungsvorbehaltes** durch Mehrheitsbeschluss. Dies ist auch nicht im Wege eines die Abschaffungsentscheidung aufhebenden Zweitbeschlusses möglich. Hierzu ist stets eine Vereinbarung unter Mitwirkung aller Wohnungseigentümer nötig[6]. Dies ist bei der Beschlussfassung zu bedenken.

62

2. Wirksamwerden des Beschlusses

Die Aufhebung soll nach h.M. mit Beschlussfassung **sofort wirksam**, die Eintragung im Grundbuch daher (anders als bei der Begründung) nicht Wirksamkeitserfordernis, sondern bloße Grundbuchberichtigung sein[7].

63

Wegen der „vereinbarungsersetzenden" Wirkung des Beschlusses, dessen Ermöglichung nicht zugleich den Verzicht des Gesetzgebers auf Verlautbarung bedeutet, ist dagegen zur Herbeiführung der (drittwirkenden) Inhaltsänderung des Sondereigentums – im Gleichlauf zur Vereinbarung – Eintragungsbedürftigkeit zu bejahen[8]. Satz 3 schafft nur Eintragungsfähigkeit, ohne sich zu deren Notwendigkeit zu äußern.

In jedem Fall dürfte die Herbeiführung der Grundbucheintragung aus praktischen Gründen nahezu zwingend sein[9]. Ihr Unterbleiben erschwert die Vertragsabwicklung deutlich mehr als ein bestehender Zustimmungsvorbehalt.

64

---

1 Grds. a.A. *Häublein*, ZMR 2007, 409 (413) (nur Anfechtbarkeit des Beschlusses).
2 So auch *Drasdo*, RNotZ 2007, 264.
3 *Drasdo*, RNotZ 2007, 264; *Häublein*, ZMR 2007, 409 (414).
4 *Hügel*, DNotz 2007, 326 (352).
5 Für § 16 Abs. 3 ebenso: *Hertel* in Amann/Everts/Hertel, Skriptum DAI-Immobilienrecht 2006/2007, S. 163; a.A. *Drasdo*, RNotZ 2007, 264.
6 *Hügel* in Hügel/Elzer, Das neue WEG-Recht, § 4 Rz. 14; *Hügel* DNotZ 2007, 326 (353); *Scheel* in Hügel/Scheel, Rechtshandbuch Wohnungseigentum Teil 15 Rz. 39.
7 *Drasdo*, RNotZ 2007, 264 (265); *Häublein*, ZMR 2007, 409 (414); *Hügel* in Hügel/Elzer, Das neue WEG-Recht, § 4 Rz. 15; *Hügel*, DNotZ 2007, 326 (353); *Scheel* in Hügel/Scheel, Rechtshandbuch Wohnungseigentum Teil 15 Rz. 40; noch zum alten Recht auch: *Kreuzer* in Staudinger § 12 Rz. 16, 55; MüKo/*Commichau* § 12 Rz. 12.
8 Zu Problemen von Beschlüssen/Vereinbarungen aufgrund Öffnungsklausel in der GO vgl. *Hügel*, DNotZ 2007, 176ff.
9 Anschaulich: *Drasdo*, RNotZ 2007, 264 (266f.).

65 Bei erfolgreicher **Beschlussanfechtung** besteht die Verfügungsbeschränkung fort. Problematisch ist, inwieweit zwischenzeitliche Verfügungen Vertrauensschutz genießen[1]. Bei Grundbucheintragung der Aufhebung kommt jedenfalls gutgläubiger Erwerb in Betracht.

3. Nachweis und Grundbucheintragung

66 Die Aufhebung ist, um die Möglichkeit der Abschaffung durch Mehrheitsbeschluss nicht praktisch zu entwerten, nach Satz 3 in **erleichterter Form** nachweisbar. Es bedarf nicht – wie sonst – der Berichtigungsbewilligung aller Wohnungseigentümer, vielmehr genügt die Einreichung des den Aufhebungsbeschluss beinhaltenden Versammlungsprotokolls mit den gem. § 26 Abs. 3 erforderlichen Unterschriften in öffentlich beglaubigter Form[2].

67 Im Grundbuch ist entsprechend § 3 Abs. 2 WGV ein **ausdrücklicher Vermerk** über die Aufhebung des Zustimmungsvermerks einzutragen und der im Bestandsverzeichnis explizit aufgeführte Zustimmungsvorbehalt zu röten.

§ 13
Rechte des Wohnungseigentümers

(1) Jeder Wohnungseigentümer kann, soweit nicht das Gesetz oder Rechte Dritter entgegenstehen, mit den im Sondereigentum stehenden Gebäudeteilen nach Belieben verfahren, insbesondere diese bewohnen, vermieten, verpachten oder in sonstiger Weise nutzen, und andere von Einwirkungen ausschließen.

(2) Jeder Wohnungseigentümer ist zum Mitgebrauch des gemeinschaftlichen Eigentums nach Maßgabe der §§ 14, 15 berechtigt. An den sonstigen Nutzungen des gemeinschaftlichen Eigentums gebührt jedem Wohnungseigentümer ein Anteil nach Maßgabe des § 16.

Inhaltsübersicht

	Rz.		Rz.
I. Allgemeines	1	c) Grenzen	17
II. Rechte aus dem Sondereigentum	4	d) Störerabwehr	19
1. Grundsätzliches	4	IV. Sonstige Nutzungen	20
2. Grenzen	5	V. Rechtsschutz	22
III. Rechte aus dem Gemeinschaftseigentum	8	VI. Besitzschutz	24
1. Grundsätzliches	8	VII. Eigentumsschutz	26
2. Grenzen	11	VIII. Vermietung von Sonder- und Gemeinschaftseigentum	30
3. Sondernutzungsrechte	13	1. Voraussetzungen	30
a) Einräumung und Übertragung	13	2. Störungen durch den Mieter	33
b) Kostentragung	16		

---

1 Ablehnend *Drasdo*, RNotZ 2007, 264 (267f.).
2 Vgl. *Hügel* in Hügel/Elzer, Das neue WEG-Recht, § 4 Rz. 17ff.; *Hügel*, DNotZ 2007, 326 (353); *Scheel* in Hügel/Scheel, Rechtshandbuch Wohnungseigentum, Teil 15 Rz. 41.

Schrifttum: *Blank*, Die vermietete Eigentumswohnung, DWE 2005, 99 ff.; *Blank*, Tierhaltung in Eigentums- und Mietwohnungen, NJW 2007, 729; *Bub*, Mietverhältnis und Wohnungseigentum, WE 1989, 122; *Drasdo*, Ansprüche der Wohnungseigentümer gegen Sondereigentumsmieter, NJW-Spezial 2005, 1; *Fritz*, Vermietung von Sondereigentum zu gewerblichen Zwecken, NZM 2000, 633; *Häublein*, Sondernutzungsrechte und ihre Begründung, München 2003; *Hogenschurz*, Sondernutzungsrechte an Gartenflächen, MietBR 2003, 85 ff.

I. Allgemeines

Die Norm regelt die **Rechtsstellung** der Wohnungseigentümer hinsichtlich ihrer Gebrauchs- und Nutzungsrechte am Sondereigentum (Abs. 1) und Gemeinschaftseigentum (Abs. 2). Es handelt sich um eine Konkretisierung des Eigentumsrechts aus § 903 BGB und der Gebrauchsbefugnis an einem gemeinschaftlichen Gegenstand gem. § 743 Abs. 2 BGB. **Sinn und Zweck** von § 13 WEG ist darüber hinaus, die Grenzen des umfangreichen Gebrauchsrechtes am Sonder- und Gemeinschaftseigentum und die Abwehrrechte gegen Störungen dieses Eigentums aufzuzeigen. 1

Weil die Wohnungseigentümer gemäß 13 Abs. 1 WEG mit den im Sondereigentum stehenden Gebäudeteilen nach Belieben verfahren können, sind ihre **Gebrauchs- und Nutzungsrechte** am Sondereigentum und auch am Gemeinschaftseigentum grundsätzlich sehr weitreichend. Da sie jedoch Wand an Wand mit anderen Wohnungseigentümern wohnen, können diese Rechte **nicht schrankenlos** sein. Die erforderlichen Beschränkungen ergeben sich aus Vereinbarungen (§§ 15 Abs. 1, 10 Abs. 2 Satz 2 WEG), Beschlüssen (§§ 15 Abs. 2, 25 Abs. 1 WEG) und § 14 WEG, insbesondere aus dem in § 14 Nr. 1 WEG zum Ausdruck gebrachten Gebot zur Rücksichtnahme bzw. zum schonenden Gebrauch. 2

Durch die **Reform des WEG** ist die Norm nicht geändert worden, weil der Gesetzgeber insoweit keinen Reformierungsbedarf sah. 3

II. Rechte aus dem Sondereigentum

1. Grundsätzliches

Beim Sondereigentum handelt es sich um **echtes Alleineigentum** i.S.d. § 903 BGB. Deshalb ergibt sich insoweit ein grundsätzlich **umfassendes** und ausschließliches Gebrauchsrecht. Danach kann jeder Wohnungseigentümer mit den im Sondereigentum stehenden Gebäudeteilen nach Belieben verfahren, insbesondere diese bewohnen, vermieten, verpachten oder in sonstiger Weise nutzen, wobei diese Beispiele das dem Eigentumsrecht entspringende Gebrauchs- und Nutzungsrecht nicht beschränken, sondern nur näher veranschaulichen sollen. Zu den **sonstigen Nutzungen** gehört insbesondere das Recht, die im Sondereigentum stehenden Räume und Bauteile einzurichten und auszustatten sowie zu ändern und zu beseitigen. Daneben umfasst das Eigentumsrecht das Recht, das Sondereigentum als Teil des Wonungseigentums gem. § 1 Abs. 2 WEG zu veräußern und dinglich zu belasten. 4

Grundsätzlich ist den Wohnungseigentümern jegliche **Nutzung** zu Wohnzwecken erlaubt, die ihren **individuellen** Vorstellungen entspricht, etwa Tiere zu halten oder zu musizieren. Auch eine gewerbliche oder freiberufliche Nutzung kommt in Betracht. Die Wohnungseigentümer haben auch das **Recht**, die in ihrem Sondereigentum stehenden Räume **nicht zu nutzen**, was sie jedoch nicht von ihrer Kosten- und Lastentragungspflicht gem. § 16 Abs. 2 WEG befreit.

2. Grenzen

5   Das umfassende Gebrauchs- und Nutzungsrecht des Sondereigentümers geht jedoch nur soweit, als nicht das Gesetz oder Rechte Dritter entgegenstehen. **Beschränkungen** können sich aus dem WEG und sonstigen Vorschriften des Privatrechts wie dem Nachbarrecht gem. §§ 906 ff. BGB i.V.m. dem jeweiligen Landesrecht, aus dem öffentlichen Recht, sofern die Normen drittschützenden Charakter haben wie dem Bauordnungs-, Immissionsschutz- oder Denkmalschutzrecht oder aus grundbuchlichen Belastungen, insbesondere Dienstbarkeiten gem. §§ 1090 ff. BGB ergeben.

Rechte Dritter leiten sich insbesondere aus den **§§ 14, 15 WEG** ab. § 14 Nr. 1 WEG verlangt von den Wohnungseigentümern, dass sie von den im Sondereigentum stehenden Gebäudeteilen nur in solcher Weise Gebrauch machen, dass dadurch keinem der anderen Wohnungseigentümer über das bei einem geordneten Zusammenleben unvermeidliche Maß hinaus ein Nachteil erwächst. Es geht darum, auf der einen Seite den Wohnungseigentümern die freie Entfaltung ihres Eigentumsrechts zu ermöglichen, auf der anderen Seite ihnen aber auch ein ungestörtes Leben zu gewährleisten als notwendige Voraussetzung zur Entfaltung ihrer Eigentumsfreiheit. Im Rahmen der deshalb erforderlichen einzelfallbezogenen Abwägung der sich gegenüberstehenden Einzelinteressen der Wohnungseigentümer muss das **Gebot** der **gegenseitigen Rücksichtnahme** besonders zur Geltung kommen.

6   Gemäß § 15 Abs. 1 und 2 WEG können die Wohnungseigentümer den Gebrauch des Sondereigentums durch **Vereinbarungen** gem. § 10 Abs. 2 Satz 2 WEG regeln und, soweit nicht eine Vereinbarung entgegensteht, durch Stimmenmehrheit dessen ordnungsmäßigen Gebrauch beschließen. Im Gegensatz zu Gebrauchsregelungen durch Vereinbarung, bei denen die Wohnungseigentümer aufgrund des erforderlichen Gesamtkonsenses wesentlich freier sind, bestimmt sich bei Gebrauchsregelungen durch **Mehrheitsbeschlüsse** die Frage nach deren Ordnungsmäßigkeit wiederum in erster Linie danach, ob die Regelung dem Rücksichtnahmegebot ausreichend Geltung verschafft hat.

7   **Beispiele** aus der Rechtsprechung:

Das Verbot von potentiell gefährlichen **Kampfhunden** in Eigentumswohnungen kann durch Mehrheitsbeschluss geregelt werden, da der grundsätzliche freie Gebrauch des Sondereigentums mit Rücksicht auf das notwendige Zusammenleben in der Hausgemeinschaft durch § 14 Nr. 1 WEG eingeschränkt wird[1]. Dies gilt auch für das partielle Verbot bestimmter Hunderassen oder Kreuzungen[2]. Das Halten giftiger **Schlangen** und Frösche in einer Eigentumswohnung stellt

---
1   KG v. 23.6.2003 – 24 W 38/03, FGPrax 2003, 252.
2   OLG Celle v. 31.1.2003 – 4 W 15/03, NZM 2003, 242.

keinen ordnungsmäßigen Gebrauch des Sondereigentums dar[1]. Das gezielte **Hineinschauen** in die Fenster einer Wohnung von einer gemeinschaftlichen Fläche aus ist von dem Wohnungseigentümer wegen Verletzung der Privatsphäre nicht mehr hinzunehmen[2]. Nutzt ein Wohnungseigentümer sein Sondereigentum in einer Weise, die **nach der Teilungserklärung nicht zulässig** ist, bedarf es hierzu nur dann einer Genehmigung der übrigen Wohnungseigentümer, wenn bei einer **typisierenden Betrachtungsweise** diese Nutzung stärker stört als die vorgegebene. Ist dies der Fall, kann einem Unterlassungsanspruch gegen den Nutzer die **Verwirkung** entgegenstehen, wenn die abweichende Nutzung jahrelang (konkludent) widerspruchslos geduldet wurde[3]. Zwar kann eine **Veränderung des Bodenbelages** nicht zulässig sein, wenn hierdurch eine nicht hinzunehmende Veränderung des Trittschallschutzes herbeigeführt wird, dies gilt jedoch nicht, wenn die Wohnung bereits ursprünglich trittschallbehaftet war[4]. Die Zweckbestimmung des Sondereigentums als Wohnung in der Teilungserklärung wird durch die Bezeichnung der einzelnen Räume im Aufteilungsplan nicht auf die darin umrissene konkrete Nutzungsart beschränkt. Deshalb sind die Wohnungseigentümer berechtigt, die Art der Nutzung, etwa die **Verlegung der Küche in das Kinderzimmer**, zu verändern[5] (vgl. zu weiteren Beispielen § 15 Rz. 26 ff.).

III. Rechte aus dem Gemeinschaftseigentum

1. Grundsätzliches

Im Gegensatz zum Sondereigentum gewährt das damit gem. § 6 Abs. 1 und 2 WEG zwingend verbundene Gemeinschaftseigentum zwar lediglich das Recht zum **Mitgebrauch** des im Gemeinschaftseigentum Stehenden. Dieses Mitgebrauchsrecht ist jedoch nicht auf den jeweiligen Miteigentumsanteil der Wohnungseigentümer beschränkt, sondern berechtigt grundsätzlich zum **Gebrauch des gesamten gemeinschaftlichen Eigentums**. Auch dieses Recht ist **auf den Mieter übertragbar**. Eine generelle Verpflichtung zum Mitgebrauch des Gemeinschaftseigentums besteht zwar nicht. Jedoch kann sich aus der Eigenart der gemeinschaftlichen Anlage eine Benutzungspflicht ergeben, um vermeidbare Störungen zu verhindern. 8

Beim Mitgebrauchsrecht am Gemeinschaftseigentum stehen nicht die individuellen Eigentumsrechte im Vordergrund, sondern die Gebrauchs- und Nutzungsrechte sämtlicher Wohnungseigentümer. Da das Gemeinschaftseigentum von mehreren Wohnungseigentümern gleichzeitig genutzt werden kann, besteht insoweit ein besonderes Regelungsbedürfnis der Wohnungseigentümer, insbesondere durch **Hausordnungen**. 9

Ein weiteres häufiges Regelungsbedürfnis besteht für die Fälle, dass einzelne Wohnungseigentümer das alleinige und ausschließliche Nutzungsrecht an bestimmten Teilen des Gemeinschaftseigentums wünschen, etwa an einer Gar- 10

---

1 OLG Karlsruhe v. 29.12.2003 – 14 Wx 51/03, FGPrax 2004, 104.
2 OLG München v. 27.9.2005 – 32 Wx 65/05, ZMR 2006, 71.
3 OLG Düsseldorf v. 28.11.2003 – I-3 Wx 252/03, ZMR 2004, 610.
4 LG München I v. 7.10.2004 – 1 T 6682/04, NZM 2005, 590.
5 OLG Hamm v. 13.2.2006 – 15 W 163/05, NZM 2007, 294.

tenfläche. Ein solches alleiniges Nutzungsrecht kann durch **Sondernutzungsrecht** (s. Rz. 13 ff.) eingeräumt werden.

2. Grenzen

11 Das Mitgebrauchsrecht am Gemeinschaftseigentum ist in der Weise beschränkt, dass jeder Wohnungseigentümer zum Mitgebrauch nur nach Maßgabe der §§ 14 und 15 WEG berechtigt ist. Hierbei handelt es sich um eine aufgrund des Regelungszusammenhangs von § 13 Abs. 1 und 2 WEG selbstverständliche Konkretisierung des Vorbehalts für eine zulässige Nutzung des gemeinschaftlichen Eigentums, dass dieser nicht **Gesetz** oder **Rechte Dritter** entgegenstehen dürfen. Deshalb und wegen des Nutzungsinteresses sämtlicher Wohnungseigentümer am Gemeinschaftseigentum kommt dem Gebot zur gegenseitigen **Rücksichtnahme** und zum möglichst schonenden Gebrauch noch größere Bedeutung zu als beim Sondereigentum.

12 **Beispiele** aus der Rechtsprechung:

Die Zuweisung des Gebrauchs von Gegenständen des Gemeinschaftseigentums wie **Wasseranschlüsse im Garten** an einzelne Wohnungseigentümer zur alleinigen Nutzung kann nicht durch Mehrheitsbeschluss erfolgen, weil hierdurch bereits ein Sondernutzungsrecht begründet wird[1]. Ein generelles Haustierverbot für den Bereich des gesamten Sonder- und Gemeinschaftseigentums ist einem Mehrheitsbeschluss nicht zugänglich, da ein solches vor dem Hintergrund der Grundrechte der Art. 14 Abs. 1 und 2 GG unverhältnismäßig ist[2]. Die Wohnungseigentümer können aber die **Tierhaltung** beschränken[3]. Eine Regelung in der mehrheitlich beschlossenen Hausordnung, wonach die Gestaltung des eine halbe Etage tiefer liegenden Treppenabsatzes im gemeinschaftlichen **Hausflur** (insbesondere das Aufstellen von **Möbeln**) allein den Wohnungseigentümern der jeweiligen Etage obliegt, stellt keine ordnungsmäßige Regelung des Gebrauchs des Gemeinschaftseigentums mehr dar[4]. Durch eine Hausordnung kann zwar zum Ausgleich der gegenseitigen Interessen wirksam geregelt werden, dass zwischen 20 Uhr und 8 Uhr sowie zwischen 12 Uhr und 14 Uhr **Ruhezeit** ist[5], in der etwa das **Musizieren** verboten ist. Nicht wirksam ist dagegen eine Regelung, wonach das sichtbare Aufhängen von **Wäsche auf Balkonen** und in Fenstern usw. für unzulässig erklärt wird, weil dies auf ein generelles Verbot des Wäschetrocknens im Freien hinausläuft[6].

3. Sondernutzungsrechte

a) Einräumung und Übertragung

13 Ein Sondernutzungsrecht ist die **durch Vereinbarung** gem. § 10 Abs. 2 Satz 2 WEG einem Wohnungseigentümer eingeräumte Befugnis, Teile des Gemein-

---

1 OLG München v. 21.2.2007 – 34 Wx 22/07, NZM 2007, 447.
2 OLG Saarbrücken v. 2.10.2006 – 5 W 154/06, NJW 2007, 779.
3 Vgl. hierzu *Blank*, NJW 2007, 729 (mit einer umfassenden Rechtsprechungsübersicht).
4 OLG Düsseldorf v. 1.10.2003 – I-3 Wx 393/02, NJW-RR 2004, 376 (377).
5 BGH v. 10.9.1998 – V ZB 11/98, NJW 1998, 3713.
6 OLG Düsseldorf v. 1.10.2003 – I-3 Wx 393/02, NJW-RR 2004, 376.

schaftseigentums unter Ausschluss aller anderen Wohnungseigentümer allein und **ausschließlich** zu nutzen[1]. Eine solche Vereinbarung kann auch **konkludent**, durch stillschweigendes Handeln zustande kommen[2]. Indizien für eine Vereinbarung eines Sondernutzungsrechtes sind der Wille der Parteien nach einer nicht nur vorläufigen Regelung sowie die Einbeziehung Dritter oder Mieter durch Unterschriftsleistung, die faktisch von der Vereinbarung betroffen werden[3]. Im Übrigen kann ein Sondernutzungsrecht neben einer nachträglichen Vereinbarung bereits in der Teilungserklärung gem. § 8 WEG oder im Teilungsvertrag gem. § 3 WEG eingeräumt werden. In jedem Fall muss der Inhalt des Rechts und der berechtigte Personenkreis hinreichend bestimmt sein[4]. Zugunsten von Sonderrechtsnachfolgern wirkt ein Sondernutzungsrecht wegen § 10 Abs. 3 nur, wenn es als Inhalt des Sondereigentums im Grundbuch eingetragen ist. Gemäß der sogenannten „Jahrhundertentscheidung" des Bundesgerichtshofes vom 20.9.2000 kann ein eingeräumtes Sondernutzungsrecht nur durch eine Vereinbarung wieder **entzogen** werden, so dass ein entsprechender Beschluss wegen fehlender Beschlusskompetenz bereits nichtig ist[5]. Ebenfalls reicht eine einseitige Aufgabeerklärung des Sondernutzungsberechtigten analog § 875 BGB nicht[6]. Ein Sondernutzungsrecht kann aber auch dadurch erlöschen, dass es zeitlich begrenzt oder unter einer auflösenden Bedingung gemäß §§ 163, 158 BGB eingeräumt wurde, wie der Zahlung eines bestimmten Geldbetrages.

Soll ein Sondernutzungsrecht in Sondereigentum **umgewandelt** werden, reicht eine Vereinbarung nicht aus, vielmehr bedarf es der Einigung in Form der **Auflassung** gem. §§ 873, 925 BGB[7]. An ein nicht im Grundbuch eingetragenes Sondernutzungsrecht ist ein **Erwerber** einer Eigentumswohnung nur gebunden, wenn ihm das Sondernutzungsrecht bei Eintritt in die Gemeinschaft bekannt war[8]. Ist die zugewiesene Sondernutzungsfläche tatsächlich kleiner als vorgesehen, besteht ein **Anpassungsanspruch** nur bei Vorliegen außergewöhnlicher und damit unbilliger Umstände, was aufgrund tatrichterlicher Würdigung der Gesamtumstände allerdings restriktiv zu behandeln ist[9].

14

Die **Übertragung** von nicht im Grundbuch eingetragenen, sog. **schuldrechtlichen Sondernutzungsrechten** ist möglich durch Abtretung gem. § 398 BGB an einen anderen Wohnungseigentümer, dagegen nicht an andere Dritte[10]. Der Sondernutzungsberechtigte ist aber befugt, seinem Mieter das Nutzungsrecht zu überlassen. Ein späterer Erwerber ist an dieses Sondernutzungsrecht wegen § 10 Abs. 3 WEG nicht gebunden. Anders ist dies bei Eintragung des Sondernutzungsrechts in das Grundbuch, sog. **verdinglichtes Sondernutzungsrecht**. Dessen Übertragung auf einen anderen Wohnungseigentümer bedarf einer ding-

15

---

1 BGH v. 24.11.1978 – V ZB 11/77, BGHZ 73, 145 (147).
2 OLG Düsseldorf v. 26.6.2003 – I-3 Wx 121/03, WuM 2003, 2925.
3 OLG Köln v. 4.7.2006 – 16 Wx 51/06, OLGReport Köln 2006, 783.
4 Vgl. hierzu *Pick* in Bärmann/Pick/Merle § 15 Rz. 19.
5 BGH v. 20.9.2000 – V ZB 58/99, NJW 2000, 3500.
6 *Becker/Kümmel/Ott*, Wohnungseigentum, Rz. 162.
7 OLG Saarbrücken v. 28.9.2004 – 5 W 173/04, NZM 2005, 423.
8 OLG Zweibrücken v. 21.1.2005 – 3 W 198/04, NZM 2005, 343.
9 OLG Hamburg v. 5.11.2004 – 2 Wx 31/03, ZMR 2005, 390; OLG München v. 27.6.2005 – 34 Wx 38/05, MietRB 2005, 320.
10 BGH v. 24.11.1978 – V ZB 11/77, BGHZ 73, 145.

lichen Einigung gem. §§ 873, 877 BGB zwischen veräußerndem und erwerbendem Wohnungseigentümer sowie ggf. der Zustimmung dinglich Berechtigter gem. § 5 Abs. 4 Satz 2 und 3 WEG.

b) Kostentragung

16 Trotz wirksamen Einräumens eines Sondernutzungsrechts **bleiben die Sondernutzungsflächen Gemeinschaftseigentum**. Die Wohnungseigentümer bleiben daher gem. § 21 Abs. 5 Nr. 2 WEG kostenpflichtig zur **Instandhaltung** verpflichtet, soweit nicht in der Gemeinschaftsordnung oder durch die einräumende Vereinbarung etwas **anderes geregelt** ist[1], was in der Regel zur Vermeidung von Streit in der Wohnungseigentümergemeinschaft ratsam ist. Ist durch Vereinbarung die Instandhaltungspflicht auf den Sondernutzungsberechtigten übertragen worden, können die Wohnungseigentümer über die Durchführung von Instandhaltungsmaßnahmen nicht mehr beschließen. Jedoch kann dann den Sondernutzungsberechtigten die Verkehrssicherungspflicht für die Sondernutzungsfläche treffen[2].

c) Grenzen

17 Der **Umfang** des Nutzungsrechts ist begrenzt nach Maßgabe der **Vereinbarung**, im Übrigen aus der zugrunde liegenden **Zweckbestimmung** des Sondernutzungsrechts. Eine Nutzungseinräumung als Spitzbodenraum schließt einen Gebrauch zu Wohnzwecken nicht mit ein[3]. Ansonsten können sich aus der bisherigen Nutzung[4] und aus **§ 14 Nr. 1 WEG** Begrenzungen ergeben. Sondernutzungsrechte werden häufig begründet an Gartenflächen, Kfz-Stellplätzen[5], Keller- und Bodenräumen sowie (Dach-)Terrassen. Durch Mehrheitsbeschluss gem. §§ 15 Abs. 2, 25 Abs. 1 WEG kann die einheitliche Gestaltung einer Terrasse geregelt werden, wie das Gebot, Blumenkästen nicht auf, sondern nur innerhalb der Brüstung anzubringen[6].

18 **Bauliche Veränderungen** am Gemeinschaftseigentum der Sondernutzungsflächen stehen dem Sondernutzungsberechtigten grundsätzlich nicht zu. Ohne **gestattende Vereinbarung** dürfen weder **Bäume** gefällt[7] oder Gartenhäuser[8], Zäune bzw. Mauern[9] sowie Carports[10] errichtet werden. Zulässig ist jedoch bei **Gartenflächen** im Rahmen der gewöhnlichen Gartennutzung die Anpflanzung von Rasen, Blumen, Beeten und kleineren Sträuchern[11], nicht dagegen von stark wach-

---

1 OLG Düsseldorf v. 17.10.2003 – I-3 Wx 227/03, ZMR 2004, 608.
2 BayObLG v. 17.5.1985 – 2Z BR 144/84, DWE 1985, 95.
3 BayObLG v. 30.6.1989 – 2Z BR 49/89, DNotZ 1990, 384.
4 Vgl. hierzu BayObLG v. 13.9.1993 – 2Z BR 72/93, WE 1994, 281.
5 BayObLG v. 5.12.2001 – 2Z BR 126/01, NZM 2002, 259.
6 BayObLG v. 22.3.2001 – 2Z BR 20/01, ZMR 2001, 819.
7 BayObLG v. 21.2.2001 – 2Z BR 142/00, NZM 2001, 872: es sei denn, das Fällen einzelner Bäume dient der Instandhaltung.
8 BayObLG v. 18.11.1999 – 2Z BR 117/99, ZWE 2000, 356.
9 KG v. 10.1.1994 – 24 W 3851/93, NJW-RR 1994, 526.
10 BayObLG v. 2.7.1999 – 2Z BR 30/99, NZM 1999, 855.
11 OLG Köln v. 7.6.1996 – 16 Wx 88/96, NJW-RR 1997, 14.

senden Bäumen[1]. Gestattet ist auch die normale Gartenpflege, wie das vorsichtige Auslichten von Bäumen.

d) Störerabwehr

Dem Sondernutzungsberechtigten steht ein **Selbsthilferecht** analog § 910 BGB gegen einen Störer zu[2]. Da das Sondernutzungsrecht ebenfalls vollen **Eigentums- und Besitzschutz** genießt, bestehen gegen einen Störer sämtliche Abwehr- und Schadensersatzansprüche hieraus, z.B. gem. §§ 858 ff., 823 ff. oder 1004 BGB[3].

19

IV. Sonstige Nutzungen

Gemäß § 13 Abs. 2 Satz 2 WEG steht jedem Wohnungseigentümer neben dem Recht zum Mitgebrauch auch ein Anteil nach Maßgabe des § 16 Abs. 1 WEG an den sonstigen Nutzungen des gemeinschaftlichen Eigentums zu. Gemeint sind die **Früchte** gem. § 99 BGB, also gem. § 99 Abs. 1 als **Sachfrüchte** die Erzeugnisse der gemeinschaftlichen Sache und die sonstige Ausbeute, welche aus ihr ihrer Bestimmung gemäß gewonnen wird, wie Obst und Gemüse eines gemeinschaftlichen Gartens. Neben diesen Sachfrüchten gebühren den Wohnungseigentümern anteilsmäßig auch die **Rechtsfrüchte** gem. § 99 Abs. 3. Hierunter fallen insbesondere Miete oder Pacht gemeinschaftlicher Räume, Hofflächen oder Garagen sowie die Erträge aus gemeinschaftlichem Vermögen, wie Zinsen aus Gemeinschaftskonten.

20

Die Früchte sind Maßgabe des § 16 Abs. 1 Satz 2 WEG, also nach dem gem. § 47 der Grundbuchordnung im Grundbuch eingetragenen Verhältnis der Miteigentumsanteile **zu verteilen**. Den Wohnungseigentümern steht es jedoch frei, einen anderen Verteilungsmaßstab zu vereinbaren.

21

V. Rechtsschutz

Jeder Wohnungseigentümer kann gem. **§ 15 Abs. 3 WEG** einen Gebrauch der im Sondereigentum stehenden Gebäudeteile und des gemeinschaftlichen Eigentums verlangen, der dem Gesetz, den Vereinbarungen und Beschlüssen und, soweit sich eine Regelung hieraus nicht ergibt, dem Interesse der Gesamtheit der Wohnungseigentümer nach billigem Ermessen entspricht. Jeder Wohnungseigentümer hat damit gegen die übrigen Wohnungseigentümer einen **individuellen Anspruch** auf Einhaltung dieser Grenzen der Gebrauchsrechte, der auch gerichtlich durchsetzbar ist.

22

Hierfür bedarf es keines ermächtigenden **Beschlusses** der Wohnungseigentümer. Umgekehrt bedarf es eines solchen Beschlusses, wenn die Durchsetzung des Anspruches von der teilrechtsfähigen **Wohnungseigentümergemeinschaft** wahrgenommen werden soll. Dann ist die Gemeinschaft der Wohnungseigentümer gem. § 10 Abs. 6 Satz 2 WEG befugt, etwa Unterlassungsansprüche als sonstige

23

---

1 KG v. 13.7.1987 – 24 W 1752/87, NJW-RR, 1987, 1360.
2 KG v. 13.6.2005 – 24 W 115/04, NZM 2005, 745.
3 BGH v. 26.11.2004 – V ZB 83/04, NZM 2005, 318.

Rechte und Pflichten der Wohnungseigentümer, soweit diese gemeinschaftlich geltend gemacht werden können oder zu erfüllen sind, durchzusetzen.

VI. Besitzschutz

24 Die Wohnungseigentümer sind Teilbesitzer gem. § 865 BGB bezüglich der in ihrem Sondereigentum stehenden Gebäudeteile und Mitbesitzer gem. § 866 BGB am Gemeinschaftseigentum. Dem **Teilbesitzer** steht der Besitzschutz eines Alleinbesitzers zu, so dass der Sondereigentümer sich gegenüber Dritten und allen anderen Wohnungseigentümern insbesondere gem. § 859 Abs. 1 BGB einer **verbotenen Eigenmacht** mit Gewalt erwehren darf.

25 Demgegenüber schränkt der **Mitbesitz** am Gemeinschaftseigentum § 866 BGB den Besitzschutz dergestalt ein, dass er im Verhältnis zu den anderen **Wohnungseigentümern** insoweit nicht stattfindet, als es sich um die Grenzen des den einzelnen zustehenden Gebrauchs handelt. Danach findet ein Besitzschutz der Wohnungseigentümer untereinander außerhalb der §§ 13 bis 15 WEG grundsätzlich nicht statt, es sei denn, es handelt sich um eine vollständige Entziehung des Mitbesitzes durch einen Wohnungseigentümer. Gegenüber **Dritten** begründet dagegen auch der Mitbesitz den vollen Besitzschutz der §§ 858 ff. BGB.

VII. Eigentumsschutz

26 Wird das Sonder- oder Gemeinschaftseigentum entzogen, können die Wohnungseigentümer die **Herausgabe** gem. § 985 BGB verlangen. Soweit das Eigentum in anderer Weise beeinträchtigt wird, besteht ebenfalls ein individueller Anspruch auf **Beseitigung** und **Unterlassung** gem. §§ 1004 Abs. 1 und 2, 1011 BGB[1]. Eine **Duldungspflicht** kann sich aus § 1004 Abs. BGB ergeben, insbesondere wenn die Einwirkung als ortsüblich i.S.d. § 906 Abs. 2 Satz 1 BGB hinzunehmen ist. Weitere Duldungspflichten ergeben sich aus § 14 Nr. 3 und 4 WEG. Danach hat jeder Wohnungseigentümer Einwirkungen auf die im Sondereigentum stehenden Gebäudeteile und das gemeinschaftliche Eigentum zu dulden, soweit sie auf einem nach § 14 Nr. 1 WEG zulässigen Gebrauch beruhen. Er hat auch gem. § 14 Nr. 4 WEG das Betreten und die Benutzung der im Sondereigentum stehenden Gebäudeteile zu gestatten, soweit dies zur **Instandhaltung** und Instandsetzung des gemeinschaftlichen Eigentums erforderlich ist. Der hierdurch entstehende Schaden ist zu ersetzen, wobei bei Kostenverteilung der jeweils eigene Miteigentumsanteil gem. § 16 Abs. 2 WEG abzuziehen ist.

27 Die Beseitigungs- und Unterlassungsansprüche stehen bei Veräußerung nur noch dem **Sonderrechtsnachfolger** zu. Sie haben sich gegen denjenigen Wohnungseigentümer als **Störer** zu richten, der im Zeitpunkt der Störung im Grundbuch als Eigentümer eingetragen ist und den beeinträchtigenden Zustand geschaffen hat[2]. Ergibt sich die Gebrauchstörung durch eine ungenehmigte bauliche Veränderung allein des Voreigentümers, kann der Sonderrechtsnachfolger nicht auf Beseitigung, sondern nur auf **Duldung** der Beseitigung durch die

---

1 BayObLG v. 28.9.2000 – 2Z BR 55/00, ZWE 2000, 572.
2 Vgl. hierzu *Pick* in Bärmann/Pick/Merle § 13 Rz. 190.

Wohnungseigentümergemeinschaft in Anspruch genommen werden, wobei er allerdings anteilsmäßig an den hierfür erforderlichen Kosten gem. § 16 Abs. 2 WEG zu beteiligen ist. Vertragliche Abreden mit dem Voreigentümer kann er den Wohnungseigentümern nicht entgegenhalten.

Die Ansprüche **verjähren** gem. § 195 BGB binnen drei Jahren. Die regelmäßige Verjährungsfrist beginnt gem. § 199 BGB mit dem Schluss des Jahres, in dem der Anspruch entstanden ist und der Wohnungseigentümer von den Störungen und der Person des Störers Kenntnis erlangt hat oder ohne grobe Fahrlässigkeit erlangen müsste. Ansonsten kann den Ansprüchen gegen den Nutzer der Einwand der **Verwirkung** entgegenstehen, wenn die abweichende Nutzung jahrelang (konkludent) widerspruchslos geduldet wurde[1]. Der Verwirkungseinwand kommt jedoch nicht in Betracht, wenn der Wohnungseigentümer den so erworbenen Besitzstand weiter ausdehnt[2]. Das neben dem **Zeitmoment**[3] erforderliche **Umstandsmoment** kann erfüllt sein, wenn dem Wohnungseigentümer aufgrund eingegangener vertraglicher Pflichten Schadensersatz wegen Nichterfüllung droht.   28

Der Anspruch kann sich auch gegen den **Gesamtrechtsnachfolger**[4] und neben dem störenden Mieter gleichzeitig gegen den vermietenden Wohnungseigentümer richten, der gem. § 14 Nr. 2 WEG für Störungen seines Mieters einstandspflichtig ist. Daneben kommen **Schadens- und Verwendungsersatzansprüche** gem. § 280 Abs. 1 BGB i.V.m. den Pflichten aus § 14 Nr. 1 WEG, einer Vereinbarung oder einem Beschluss in Betracht, als auch aus den §§ 823 ff., 987 ff. und 994 ff. BGB.   29

VIII. Vermietung von Sonder- und Gemeinschaftseigentum

1. Voraussetzungen

Die Wohnungseigentümer können durch Mehrheitsbeschluss über die im **Gemeinschaftseigentum** stehenden Räume und Flächen befinden, sofern keine Vereinbarung entgegensteht und kein Wohnungseigentümer einen Nachteil erfährt[5]. Durch die Vermietung wird den Wohnungseigentümern das Recht zum **Mitgebrauch nicht entzogen**, sondern nur die Art und Weise der Ausübung geregelt. An Stelle des Gebrauchs tritt der Anteil an den Mieteinnahmen.   30

Darüber hinaus steht es auch jedem Wohnungseigentümer gem. § 13 Abs. 1 WEG frei, seine im **Sondereigentum** befindliche Wohnung zu vermieten[6]. Dem Mieter steht damit das Recht zu, neben dem Sondereigentum auch das Gemeinschaftseigentum in dem Umfang zu **nutzen** wie der vermietende Wohnungseigentümer.   31

---

1 OLG Düsseldorf v. 28.11.2003 – I-3 Wx 252/03, ZMR 2004, 610.
2 BayObLG v. 1.9.2004 – 2Z BR 101/04, WuM 2004, 740.
3 Vgl. hierzu OLG Schleswig v. 25.5.2005 – 2 W 52/04, ZMR 2005, 737: acht Jahre.
4 BayObLG v. 9.5.1996 – 2Z BR 18/06, NJWE-MietR 1996, 248 (250).
5 BGH v. 29.6.2000 – V ZB 46/99, FGPrax 2000, 187; OLG Hamburg v. 6.2.2003 – 2 Wx 74/99, ZMR 2003, 444.
6 Vgl. zur Vermietung zu gewerblichen Zwecken: *Fritz*, NZM 2000, 633.

32 **Beispiele** aus der Rechtsprechung:

Die Aufstellung eines **Müllcontainers** mit ca. 1000 Litern durch den Mieter eines Ladens kommt dagegen nicht mehr in Betracht, weil hierdurch der Rahmen eines jedem Wohnungseigentümer zustehenden Mitgebrauchs des gemeinschaftlichen Grundstücks gesprengt wird[1]. Die Gemeinschaftsordnung kann allerdings die Vermietung an die **Zustimmung** des Verwalters oder der übrigen Wohnungseigentümer knüpfen[2], nicht aber gänzlich untersagen, da das Vermietungsrecht zum **Kernbereich** des Sondereigentumsrechts gehört[3]. Ebenfalls können die Wohnungseigentümer vereinbaren, dass die **Verwaltung** der vermieteten Wohnungen ebenfalls von der Wohnungseigentumsverwaltung durchzuführen ist[4]. Ein Beschluss, wonach die Vermietung an **Feriengäste** generell untersagt wird, ist nicht nur anfechtbar[5], sondern wegen fehlender Beschlusskompetenz sogar nichtig, weil ein Eingriff in den Kernbereich des Sondereigentumsrechts vorliegt.

2. Störungen durch den Mieter

33 Wird die Eigentumswohnung vermietet, entsteht neben dem Wohnungseigentumsrecht die **zusätzliche Rechtssphäre** des Mietrechts, die damit nicht deckungsgleich ist. Zwar kann der vermietende Sondereigentümer dem Mieter nur die Rechte mietvertraglich übertragen, die ihm selbst zustehen, jedoch kommt es vor, dass dem Mieter vertraglich ein **Gebrauch** gestattet wird, der nach den Regeln des Wohnungseigentumsrechts, der Vereinbarungen oder Beschlüsse **nicht zulässig** ist. Im Verhältnis der Wohnungseigentümer gilt zum einen, dass die mietvertraglichen Abreden des Vermieters die Rechtsstellung der Wohnungseigentümer untereinander nicht tangieren, zum anderen den Vermieter für Störungen seines Mieters über § 14 Nr. 2 WEG eine **eigene Einstandspflicht** trifft.

34 Gestattet etwa der Vermieter dem Mieter im Vertrag die Nutzung der Räume als **Gaststätte**, obwohl die Teilungserklärung die Räume als **Laden** ausweist[6], haben die Wohnungseigentümer nicht nur einen Unterlassungs- und Beseitigungsanspruch gegen den störenden Mieter, sondern auch gegen den vermietenden Wohnungseigentümer. Gegen ihn als Vollstreckungsschuldner können Zwangsgeld oder Zwangshaft verhängt werden, soweit er nicht belegen kann, **alles Erforderliche** unternommen zu haben, um den Mieter zur Beendigung der Störung zu veranlassen. Es ist ihm auch zuzumuten, gerichtliche Schritte einzuleiten[7]. Der **Verwirkungseinwand** kommt etwa in Betracht, wenn dem Wohnungseigentümer aufgrund eingegangener vertraglicher Pflichten Schadensersatz wegen Nichterfüllung droht, wobei allerdings die Investitionen des Mieters nicht zu berücksichtigen sind[8].

---

1 OLG Düsseldorf v. 15.6.2004 – I-3 Wx 97/04, NJW-RR 2005, 163.
2 BGH v. 15.6.1962 – V ZB 2/62, BGHZ 37, 203; OLG Frankfurt v. 15.6.2005 – 20 W 63/05, NZM 2005, 910.
3 *Bub*, WE 1989, 122.
4 BayObLG v. 14.6.1995 – 2Z BR 53/95, DNotZ 1996, 37 (38).
5 OLG Celle v. 4.11.2004 – 4 W 176/04, NZM 2005, 184.
6 Vgl. hierzu BayObLG v. 7.6.2001 – 2Z BR 60/01, ZMR 2001, 987.
7 BayObLG v. 8.12.1994 – 2Z BR 59/04, DWE 1994, 28.
8 OLG Hamburg v. 4.2.2004 – 2 Wx 99/01, ZMR 2004, 454.

Bei einer gemäß Teilungserklärung zweckwidrigen Vermietung von Teileigentum kommt eine **Nutzungsentschädigung** für die Wohnungseigentümer in Betracht, wenn der Vermieter aufgrund der Überschreitung des Nutzungsrechts Mehreinnahmen erzielt[1]. Dieser Anspruch steht wegen § 10 Abs. 6 WEG der Wohnungseigentümergemeinschaft als Verband zu. Gemäß § 195 BGB verjährt der Anspruch binnen drei Jahren. Allerdings kann es zweckmäßiger sein, primär den störenden **Mieter** unmittelbar **in Anspruch** zu **nehmen**, da dann die Wohnungseigentümer keine Rücksicht auf das Rechtsverhältnis zwischen Mieter und Vermieter nehmen und nicht abwarten müssen, bis der Vermieter (erfolglos) gegen den Mieter vorgegangen ist[2].

35

Soweit dem Vermieter die Gemeinschaftswidrigkeit des gestatteten Gebrauchs bei Abschluss des Mietvertrages bekannt war, scheidet eine fristlose **Kündigung** in der Regel aus[3]. Bei einem befristeten Mietverhältnis ist es ihm auch zumutbar, auf eine **Vertragsaufhebung** hinzuwirken, ggf. durch eine entsprechende Zahlung an den Mieter. Deshalb ist es ratsam, den Mietvertrag auf das Recht und die Regelungen der Wohnungseigentümergemeinschaft **abzustimmen**, etwa durch eine **Vertragsklausel**, mit der das jeweilige Gemeinschaftsrecht in dem Mietvertrag Geltung erlangt.

36

§ 14
Pflichten des Wohnungseigentümers

Jeder Wohnungseigentümer ist verpflichtet:

1. die im Sondereigentum stehenden Gebäudeteile so instand zu halten und von diesen sowie von dem gemeinschaftlichen Eigentum nur in solcher Weise Gebrauch zu machen, dass dadurch keinem der anderen Wohnungseigentümer über das bei einem geordneten Zusammenleben unvermeidliche Maß hinaus ein Nachteil erwächst;

2. für die Einhaltung der in Nr. 1 bezeichneten Pflichten durch Personen zu sorgen, die seinem Hausstand oder Geschäftsbetrieb angehören oder denen er sonst die Benutzung der in Sonder- oder Miteigentum stehenden Grundstücks- oder Gebäudeteile überlässt;

3. Einwirkungen auf die im Sondereigentum stehenden Gebäudeteile und das gemeinschaftliche Eigentum zu dulden, soweit sie auf einem nach Nrn. 1, 2 zulässigen Gebrauch beruhen;

4. das Betreten und die Benutzung der im Sondereigentum stehenden Gebäudeteile zu gestatten, soweit dies zur Instandhaltung und Instandsetzung des gemeinschaftlichen Eigentums erforderlich ist; der hierdurch entstehende Schaden ist zu ersetzen.

---

1 OLG Düsseldorf v. 15.6.2004 – 3 Wx 97/04, NJW-RR 2005, 163.
2 *Drasdo*, NJW-Spezial 2005, 1.
3 BGH v. 18.1.1995 – XII ZR 30/93, NJW-RR 1995, 715.

Inhaltsübersicht

	Rz.		Rz.
I. Einleitung	1	III. Einstandspflicht für berechtigte Nutzer, § 14 Nr. 2 WEG	15
II. Grundsatz, § 14 Nr. 1 WEG	2	1. Inhalt	15
1. Pflicht zur Instandhaltung des Sondereigentums	3	2. Ansprüche der übrigen Wohnungseigentümer	17
a) Inhalt	3		
b) Nachteil	5	IV. Duldungspflicht, § 14 Nr. 3 WEG	20
c) Anspruch auf Instandhaltung	7		
2. Pflicht zur schonenden Nutzung von Sonder- und Gemeinschaftseigentum	9	V. Betretungsrecht, § 14 Nr. 4 WEG	22
a) Grenzen der Nutzung des Sondereigentums	10	1. Voraussetzungen	24
b) Grenzen der Nutzung des Gemeinschaftseigentums	11	2. Umfang des Betretungsrechts	26
		3. Aufopferungsanspruch	27

Schrifttum: *Armbrüster*, Harmonisierung des wohnungseigentumsrechtlich und mietvertraglich zulässigen Gebrauchs, FS Blank (2006), S. 577; *Armbrüster*, Zur Wirkung wohnungseigentumsrechtlicher Gebrauchsbeschränkungen gegen Mieter, ZWE 2007, 227 ff.; *Armbrüster/Müller*, Direkte Ansprüche der Wohnungseigentümer gegen Mieter, insbesondere bei zweckwidrigem Gebrauch, ZMR 2007, 321 ff.; *Becker*, Die Haftung der Wohnungseigentümer für Schäden am Sondereigentum infolge mangelhafter Instandsetzung des Gemeinschaftseigentums, ZWE 2000, 56 ff.; *Bielefeld*, Grillen im Garten kann zulässig sein, DWE 1999, 69 ff.; *Blank*, Tierhaltung in Eigentums- und Mietwohnungen, NZM 2007, 729 ff.; *Briesemeister*, Durchgriffsansprüche der Wohnungseigentümergemeinschaft gegen den Mieter eines Wohnungseigentümers, FS Blank (2006), S. 591 ff.; *Bub*, Wohnungseigentum und Miete – Überblick, ZWE 2004, 99 ff.; *Derleder*, Besichtigung der Eigentumswohnung durch den Verwalter, ZWE 2001, 149 ff.; *Drabek*, Obstruktives Eigentümerverhalten bei notwendigen Sanierungen am gemeinschaftlichen Eigentum, ZMR 2003, 241 ff.; *Hogenschurz*, Duldungspflicht und Aufopferungsanspruch gem. § 14 Nr. 4 WEG bei Instandhaltungs- und Instandsetzungsmaßnahmen, MietRB 2004, 90 ff.; *Horst*, Schäden durch den Bauzustand der WE-Anlage, DWE 1999, 140 ff.; *Lüke*, Zu den Duldungspflichten des Wohnungseigentümers im Rahmen von Instandsetzungs- und Instandhaltungsmaßnahmen, FS Seuß (1997), S. 207 ff.; *Schuschke*, Kann die Gemeinschaft einen Wohnungseigentümer zur Kündigung eines unliebsamen Mietverhältnisses zwingen?, NZM 1998, 176 ff.

I. Einleitung

1 § 14 WEG ist die wichtigste Konkretisierung der in § 13 Abs. 1 WEG angesprochenen gesetzlichen Grenzen der Rechte des Wohnungseigentümers. Die Regelung führt zu einer deutlichen Einschränkung der allgemeinen Regel des § 903 BGB, das Eigentum nach Belieben nutzen zu können. Die in der Vorschrift enthaltenen Handlungspflichten, § 14 Nr. 1 und 2 WEG, und Duldungspflichten, § 14 Nr. 3 und 4 WEG, sind durch Vereinbarung der Wohnungseigentümer, § 10 Abs. 1 Satz 2 WEG, abänderbar. Durch Vereinbarung können die Pflichten eingeschränkt oder erweitert werden. Der Begriff des „Nachteils" in § 14 Nr. 1 WEG ist dabei auch wegen der Verweisung in § 22 WEG von zentraler Bedeutung für die Grenzziehung zwischen erlaubtem und ohne Zustimmung verbotenem Verhalten.

II. Grundsatz, § 14 Nr. 1 WEG

§ 14 Nr. 1 WEG regelt die Pflicht zur Instandhaltung des Sondereigentums und zur schonenden Nutzung von Sonder- und Gemeinschaftseigentum. 2

1. Pflicht zur Instandhaltung des Sondereigentums

a) Inhalt

Die Instandhaltungspflicht verpflichtet den Wohnungseigentümer, sein **Sondereigentum** auf seine Kosten in der Weise instand zu halten, dass den übrigen Miteigentümern durch dessen äußeren Zustand kein Nachteil erwächst, der über das bei geordnetem Zusammenleben unvermeidliche Maß hinausgeht. Die Instandhaltungspflicht erstreckt sich nur auf das Sondereigentum, denn die Unterhaltung des Gemeinschaftseigentums ist der Wohnungseigentümergemeinschaft vorbehalten. Der Umfang der Instandhaltungspflicht des einzelnen Wohnungseigentümers ist also maßgeblich davon abhängig, was zum Sondereigentum gehört (vgl. § 5 Rz. 6 ff.). Der Sondereigentümer muss also Heizungs- und Stromleitungen bei Defekten reparieren lassen, soweit sie im Sondereigentum stehen. Im Winter darf er die Wasserleitungen nicht einfrieren lassen und muss deshalb also eine ausreichende Beheizung sicherstellen[1]. Die Pflicht zur Instandhaltung erstreckt sich auch auf den Balkonbelag, soweit er nicht im Gemeinschaftseigentum steht; der Sondereigentümer muss den im Sondereigentum stehenden Balkonbelag sanieren, wenn er undicht geworden und die Beschädigung des Mauerwerks zu befürchten ist[2]. Ebenso muss er gegen Schimmelbildung vorgehen, Müll und Ungeziefer entfernen, wenn eine Beeinträchtigung droht[3]. 3

Soweit Beeinträchtigungen sowohl durch den **Zustand des Gemeinschaftseigentums** als auch auf Veränderungen des Sondereigentums zurückgehen, ist der Sondereigentümer zur Beseitigung der Beeinträchtigungen dann verpflichtet, wenn eine Behebung beim Gemeinschaftseigentum mit einem weit größeren Aufwand verbunden wäre[4]. 4

b) Nachteil

Ein **Nachteil** ist jede nicht ganz geringfügige Beeinträchtigung (vgl. § 22 Rz. 28, 30). Sein Vorliegen ist nach einem objektiven Maßstab zu beurteilen[5], rein subjektive Empfindlichkeiten genügen nicht. Zur Bewertung können technische 5

---

1 BayObLG v. 2.3.1989 – BReg 2 Z 87/88, WuM 1989, 341.
2 OLG Düsseldorf v. 30.1.1995 – 3 Wx 310/93, WuM 1995, 496 = ZMR 1995, 494.
3 BayObLG v. 22.10.1991 – BReg 2 Z 114/91, WuM 1991, 706 = ZMR 1992, 67.
4 OLG Düsseldorf v. 30.1.1995 – 3 Wx 310/93, WuM 1995, 496 = ZMR 1995, 494; OLG Düsseldorf v. 4.7.2001 – 3 W 120/01, OLGReport Düsseldorf 2002, 219 = NZM 2001, 958.
5 OLG Hamburg v. 27.12.2004 – 2 Wx 19/04, OLGReport Hamburg 2005, 207 = ZMR 2005, 305; OLG Zweibrücken v. 2.2.2004 – 3 W 251/03, OLGReport Zweibrücken 2004, 360 = NZM 2004, 428.

Vorschriften[1] und auch die Vorschriften des Nachbarrechts[2] sowie des öffentlichen Rechts herangezogen werden[3]. Von besonderer Bedeutung ist es für den vermietenden Wohnungseigentümer, wenn insoweit ein Gleichlauf mit dem Mietrecht gewährleistet wird[4]. Für die Entscheidung, ob der Nachteil über das bei einem geordneten Zusammenleben unvermeidliche Maß hinausgeht, ist zu berücksichtigen, dass unter den Miteigentümern im Vergleich zu den Eigentümern benachbarter Grundstücke besondere, über das allgemeine Nachbarschaftsverhältnis hinausgehende Rücksichtnahmepflichten bestehen[5]. Deshalb ist ein besonderes technisches Niveau der konkreten Liegenschaft zu berücksichtigen, denn es prägt einen besonderen Standard[6]. Die Anforderungen technischer Vorschriften begründen einen in jedem Fall einzuhaltenden Mindeststandard[7]. Weil nicht die Einhaltung bestimmter technischer Vorschriften im Vordergrund steht, sondern die Besonderheiten eines jeden Einzelfalles, macht die Einholung eines Sachverständigengutachtens zur Einhaltung technischer Vorschriften die Einholung eines gerichtlichen Augenscheins nicht entbehrlich[8].

6 Wenn die Anwendung wohnungseigentumsrechtlicher Vorschriften **durch Vereinbarung ausgeschlossen** ist, wie z.B. bei Reihenhäusern, richtet sich der Schutz der Nachbarn nach den allgemeinen Bestimmungen, also §§ 906 ff. BGB[9], dem allgemeinen Nachbarschaftsrecht und insbesondere den drittschützenden Normen des öffentlichen Rechts[10]. Dagegen begründet der Verstoß gegen nicht

---

1 Dazu zählen etwa DIN-Normen oder VDI-Richtlinien, vgl. BayObLG v. 2.5.1985 – BReg 2 Z 44/84, WuM 1985, 234; BayObLG v. 18.11.1999 – 2Z BR 77/99, NZM 2000, 504 = ZMR 2000, 311; OLG Frankfurt v. 28.6.2004 – 20 W 95/01, NZM 2005, 68; OLG Köln v. 18.5.2001 – 16 Wx 68/01, OLGReport Köln 2001, 285 = ZMR 2002, 77; zum Inhalt vgl. etwa *Gottsch/Hasenjäger*, Technische Baubestimmungen.
2 §§ 906 ff. BGB sind nicht direkt anwendbar, vgl. OLG Düsseldorf v. 27.6.2001 – 3 Wx 79/01, NZM 2001, 861 = ZMR 2001, 910; OLG Hamm v. 21.10.2002 – 15 W 77/02, OLGReport Hamm 2003, 61 = ZMR 2003, 372; die Einhaltung der Grenzwerte des § 906 Abs. 1 Satz 2 BGB i.V.m. der 26. BImSchV indiziert aber in der Regel die Unwesentlichkeit der Beeinträchtigung, vgl. BGH v. 15.3.2006 – VIII ZR 74/05, MDR 2006, 1218 = NZM 2006, 504 = ZMR 2006, 670 zur Beeinträchtigung von Mietern durch Mobilfunkanlagen; BayObLG v. 13.11.2003 – 2Z BR 115/03, BayObLGReport 2004, 73; BayObLG v. 12.8.2004 – 2Z BR 148/04, BayObLGReport 2005, 5; a.A. OLG Karlsruhe v. 12.7.2006 – 1 U 20/06, OLGReport Karlsruhe 2006, 381 = WuM 2006, 459; s.a. *Hitpaß*, ZMR 2007, 340.
3 BayObLG v. 11.2.1999 – 2Z BR 167/98, BayObLGReport 1999, 25 = NZM 1999, 848; OLG Hamm v. 21.10.2002 – 15 W 77/02, OLGReport Hamm 2003, 61 = ZMR 2003, 372.
4 BGH v. 6.10.2004 – VIII ZR 355/03, NJW 2005, 218 mit Besprechung *Drasdo*, NJW 2005, 798 zu den Anforderungen an Renovierungen im Mietrecht.
5 OLG Köln v. 7.6.1996 – 16 Wx 88/98, OLGReport Köln 1996, 233 = ZMR 1997, 48; OLG Stuttgart v. 20.2.2001 – 8 W 555/00, OLGReport Stuttgart 2001, 342 = ZMR 2001, 730.
6 OLG Köln v. 20.2.2004 – 16 Wx 240/03, ZMR 2004, 463; OLG München v. 9.5.2005 – 32 Wx 30/05, OLGReport München 2005, 405 = NZM 2005, 509; OLG München v. 25.6.2007 – 34 Wx 20/07, Juris.
7 OLG Köln v. 4.12.2002 – 16 Wx 180/02, ZMR 2003, 705.
8 OLG Köln v. 20.2.2004 – 16 Wx 240/03, ZMR 2004, 463; OLG München v. 9.5.2005 – 32 Wx 30/05, OLGReport München 2005, 405 = NZM 2005, 509.
9 BayObLG v. 12.9.1996 – 2Z BR 52/96, BayObLGReport 1996, 81 = ZMR 1997, 41.
10 BayObLG v. 9.12.1999 – 2Z BR 101/99, BayObLGReport 2000, 25 = ZMR 2000, 236; BayObLG v. 23.1.2001 – 2Z BR 116/00, ZMR 2001, 473; BayObLG v. 21.2.2001 – 2Z BR 104/00, BayObLGZ 2001, 41 = BayObLGReport 2001, 33 = NZM 2001, 815 auch zur Bedeutung der bestandskräftigen Baugenehmigung.

c) Anspruch auf Instandhaltung

Ansprüche der übrigen Miteigentümer entstehen (nur dann), wo es zu deren Beeinträchtigung kommt[2]. Es gibt also keine allgemeine Pflicht zur Renovierung in regelmäßigen Abständen oder zur regelmäßigen Kontrolle der Versorgungsleitungen[3] oder Heizkörper[4].

Die beeinträchtigten Wohnungseigentümer können von dem Sondereigentümer verlangen, dass er die notwendigen Maßnahmen zur Beseitigung der Schadensursache vornimmt. Verletzt ein Sondereigentümer die Pflicht zur Instandhaltung, besteht gleichwohl kein Recht zur eigenmächtigen Ersatzvornahme[5]. Vielmehr muss der Anspruch gerichtlich geltend gemacht und ein erstrittener Titel nach § 887 ZPO[6] durchgesetzt werden. Kommt der Sondereigentümer seiner Pflicht zur Instandhaltung schuldhaft nicht nach, können geschädigte Miteigentümer Schadensersatzansprüche aus § 823 Abs. 1 BGB[7] oder wegen einer Verletzung der Gemeinschaftspflichten aus § 280 Abs. 1 BGB geltend machen. Daneben kommt auch ein verschuldensunabhängiger Anspruch in entsprechender Anwendung von § 906 Abs. 2 Satz 2 BGB in Betracht[8].

2. Pflicht zur schonenden Nutzung von Sonder- und Gemeinschaftseigentum

Weiter verpflichtet § 14 Nr. 1 WEG die Miteigentümer zur schonenden Nutzung von **Sonder- und Gemeinschaftseigentum**. Durch die Benutzung dürfen über das bei einem geordneten Zusammenleben unvermeidliche Maß hinausgehende Nachteile nicht eintreten. Wiederum ist unter Berücksichtigung der technischen Anforderungen der besondere Zustand der Wohnungseigentumsanlage im Einzelfall, rechtlich und tatsächlich[9], für die Beurteilung dessen maßgeblich, was hinzunehmen ist.

---

1 BayObLG v. 29.3.2000 – 2Z BR 3/00, NZM 2000, 667 = ZMR 2000, 546 (547); OLG Hamm v. 3.7.2001 – 15 W 444/00, NZM 2001, 1084 = ZMR 2001, 1007.
2 BayObLG v. 27.3.1990 – BReg 1b Z 217/89, WuM 1990, 315 = NJW-RR 1990, 854; OLG Düsseldorf v. 28.10.1994 – 2 Wx 448/94, ZMR 1995, 86.
3 BayObLG v. 10.3.1994 – 2Z BR 13/94, NJR-RR 1994, 718 = WuM 1994, 496.
4 OLG Frankfurt v. 9.5.2005 – 20 W 281/03, OLGReport Frankfurt 2005, 852.
5 Ob bei der Beseitigung überhängender Äste § 910 BGB entsprechende Anwendung findet, ist umstritten; bejahend KG v. 13.6.2005 – 24 W 115/04, KGReport Berlin 2005, 694 = NZM 2005, 745; verneinend OLG Düsseldorf v. 27.6.2001 – 3 Wx 79/01, NZM 2001, 861 = ZMR 2001, 910.
6 BayObLG v. 26.5.2004 – 2Z BR 63/04, ZMR 2004, 841; OLG Düsseldorf v. 28.10.1994 – 3 Wx 48/04, ZMR 1995, 86; OLG Köln v. 23.9.1998 – 16 Wx 122/98, OLGReport Köln 1999, 62 = NZM 1998, 958.
7 Vgl. a. OLG Zweibrücken v. 29.1.2002 – 3 W 11/02, OLGReport Zweibrücken 2002, 239 = NZM 2002, 570 zu §§ 836, 838 BGB.
8 OLG Stuttgart v. 27.10.2005 – 7 U 135/05, OLGReport Stuttgart 2006, 216 = NJW 2006, 1744 = ZMR 2006, 391; vgl. a. OLG München v. 9.10.2006 – 32 Wx 116/06, OLGReport München 2007, 38.
9 BayObLG v. 28.2.2002, 2Z BR 141/01, BayObLGReport 2002, 326 = NZM 2002, 492 = ZMR 2002, 605 leitet etwa Beschränkungen aus dem Charakter der Wohnanlage als Seniorenheim ab.

a) Grenzen der Nutzung des Sondereigentums

10 Zum Beispiel sind in Altbauten auf Grund mangelnder Schallisolierung zwischen den einzelnen Wohnungen oder im Treppenhaus regelmäßig größere Lärmbelästigungen hinzunehmen als in modernen Gebäuden. In jedem Wohnungseigentum dürfen Kinder leben; die von ihnen verursachten Geräusche sind grundsätzlich hinzunehmen. Die Grenze des Zumutbaren ist aber dann überschritten, wenn die Geräusche einen ungewöhnlichen Umfang annehmen, bei nächtlichen Ruhestörungen, der gewerblichen Kinderbetreuung[1] und bei der Ausübung von Freiluftsportarten in der Wohnung[2]. In jedem Wohnungseigentum darf gekocht werden; unzumutbar sind aber untypische, besonders störende Gerüche[3]. Unzumutbar ist „übermäßiges" Rauchen im Treppenhaus[4], das Versprühen von Duftstoffen[5], das übermäßige Grillen[6] und u.U. auch die Tierhaltung[7]. In allen Fällen ist eine Einwirkung auf die Substanz des Gemeinschaftseigentums oder des Sondereigentums anderer Wohnungseigentümer nicht erforderlich; es genügt eine irgendwie geartete Einwirkung, die etwa wegen eines sozialen Unwerturteils zu einer Wertminderung führt[8].

b) Grenzen der Nutzung des Gemeinschaftseigentums

11 Durch die **Benutzung des Gemeinschaftseigentums** darf der zulässige Gebrauch der anderen Miteigentümer nicht erheblich erschwert oder gar ausgeschlossen werden. Unzulässig sind deshalb das dauerhafte Abstellen von Müll oder Sperrmüll sowie Fahrrädern oder Kinderwagen im Treppenhaus an nicht dafür vorgesehenen Stellen[9], insbesondere wenn der Brandschutz nicht mehr gewährleistet ist. Teile des gemeinschaftlichen Treppenhauses dürfen nicht verschlossen

---

1 KG v. 15.4.1992 – 24 W 3386/91, NJW-RR 1992, 1102 = ZMR 1992, 351.
2 OLG Saarbrücken v. 11.6.1996 – 5 W 82/96, ZMR 1996, 567 für Tennis.
3 BayObLG v. 12.4.2000 – 2Z BR 151/99, BayObLGReport 2000, 66 = NZM 2001, 387; OLG Köln v. 12.5.1997 – 16 Wx 67/97, OLGReport Köln 1997, 213 = NJW-RR 1998, 83 = ZMR 1998, 47.
4 AG Hannover v. 31.1.2000 – 70 II 414/99, NZM 2000, 520; s. a. *Derleder*, NJW 2007, 812.
5 OLG Düsseldorf v. 16.5.2003 – I-3 Wx 98/03, OLGReport Düsseldorf 2003, 351 = ZMR 2004, 52.
6 BayObLG v. 18.3.1999 – 2Z BR 6/99, OLGZ 1999, 82 = NZM 1999, 575; BayObLG v. 20.3.2002 – 2Z BR 16/02, WuM 2002, 686 = ZMR 2002, 686; BayObLG v. 20.3.2002 – 2Z BR 16/02, BayObLGReport 2002, 254: kein Grillkamin unter Schlafzimmerfenster; LG Stuttgart v. 14.8.1996 – 10 T 359/96, ZMR 1996, 625.
7 KG v. 8.4.1998 – 24 W 1012/97, KGReport Berlin 1998, 272 = NZM 1998, 670 = ZMR 1998, 659; OLG Celle v. 31.3.2003 – 4 W 15/03, OLGReport Celle 2003, 223 = NZM 2003, 242: typisierende Betrachtungsweise bei 4 Schäferhunden; OLG Frankfurt v. 19.7.1990 – 20 W 149/90, OLGZ 1990, 414 = NJW-RR 1990, 1430 = ZMR 1991, 113 für Schlangen; OLG Köln v. 26.9.1995 – 16 Wx 134/95, OLGReport Köln 1996, 25 = ZMR 1996, 98 für 100 Kleintiere; OLG Karlsruhe v. 29.12.2003 – 14 Wx 51/03, OLGReport Karlsruhe 2004, 265 für giftige Frösche und Schlangen; OLG Zweibrücken v. 24.8.1999 – 3 W 164/99, OLGReport Zweibrücken 20000, 136 = ZMR 1999, 854; vgl. a. *Blank*, NZM 2007, 729 m.w.N.
8 KG v. 15.2.1988 – 24 W 4716/87, MDR 1998, 587 = NJW-RR 1988, 846 für Spruchbänder an der Balkonbrüstung; OLG Düsseldorf v. 12.3.2003 – 3 Wx 369/02, OLGReport Düsseldorf 2003, 337 = ZMR 2004, 447.
9 OLG Düsseldorf v. 22.5.1996 – 3 Wx 88/96, OLGReport Düsseldorf 1996, 213.

werden[1]. Auch die verstärkte Nutzung gemeinschaftlicher Einrichtungen und Anlagen auf Grund gewerblicher Nutzung kann den Rahmen ordnungsgemäßen Gebrauchs übersteigen, etwa die Spielplatznutzung durch entgeltlich betreute Kinder[2]. Hierzu zählt auch der Anschluss zusätzlicher Heizkörper, die durch die gemeinsame Heizungsanlage nicht ausreichend versorgt werden können[3].

Ein über das notwendige Maß hinausgehender Nachteil i.S.v. § 14 Nr. 1 WEG ist in den Fällen der von der in der Gemeinschaftsordnung oder Teilungserklärung vorgesehenen **abweichenden Nutzung** des Gemeinschafts- oder Sondereigentums gegeben. Der Unterscheidung von Räumlichkeiten, die Wohnzwecken oder anderen Zwecken dienen, in der Teilungserklärung kommt Vereinbarungscharakter zu[4]. Wohnräume dürfen selbst bewohnt oder zu Wohnzwecken vermietet[5] werden. Unzulässig ist hingegen der regelmäßige Wechsel der Bewohner wie in einem Übernachtungsbetrieb[6] oder Heim. Ob die Nutzung einer Wohnung zu gewerblichen Zwecken ausnahmsweise zulässig ist, muss unter Berücksichtigung der Umstände des Einzelfalls nach einer **typisierenden Betrachtungsweise** beurteilt werden[7]. Zulässig ist nur eine Nutzung, die die übrigen Wohnungseigentümer ihrer Art nach typischerweise nicht mehr beeinträchtigt als die Wohnnutzung[8]. Demgegenüber ist die Nutzung von Teileigentum – mit welcher Zweckbestimmung auch immer – zu Wohnzwecken grundsätzlich un-

12

---

1 BayObLG v. 29.1.2004 – 2Z BR 153/03m ZMR 2004, 447 für Absperren des obersten Treppenabsatzes durch ein Gitter; KG v. 22.7.2002 – 24 W 65/02, KGReport Berlin 2002, 331 = NZM 2002, 868 = ZMR 2002, 970 für im Treppenhaus freilaufenden Kampfhund.
2 BayObLG v. 9.10.1997, 2Z BR 90/97, ZMR 1998, 182.
3 OLG Schleswig v. 15.8.1992 – 2 W 30/92, NJW-RR 1993, 24.
4 KG v. 19.11.1997 – 24 W 1011/97, KGReport Berlin 1998, 234 = ZMR 1998, 309; OLG Düsseldorf v. 7.1.1998 – 3 Wx 500/97, OLGReport Düsseldorf 1998, 129 = ZMR 1998, 247; OLG Köln v.2.2.2001 – 16 Wx 183/00, OLGReport Köln 2001, 395 = ZMR 2001, 662; anders aber für die Bezeichnung der einzelnen Räume innerhalb einer Wohnung z.B. als Küche OLG Hamm v. 13.2.2006 – 15 W 163/05, 2007, 294 = ZMR 2006, 634.
5 BayObLG v. 20.3.2003 – 2Z BR 22/03, DNotZ 2003, 541 = ZMR 2003, 693; KG v. 28.2. 2001 – 24 W 2632/00, KGReport Berlin 2001, 158 = NZM 2001, 531 = ZMR 2001, 659.
6 KG v. 28.2.2001 – 24 W 2632/00, KGReport Berlin 2001, 158 = NZM 2001, 531 = ZMR 2001, 659; OLG Hamm v. 18.2.1999 – 15 W 234/98, ZMR 1999, 504; zulässig Asylbewerber-/Aussiedlerunterbringung KG v. 10.7.1992 – 24 W 3030/02, OLGZ 1993, 181 = MDR 1992, 1053 = NJW 1992, 3045; zulässig betreutes Wohnen für therapierte Suchtkranke BayObLG v. 9.2.1994 – 2Z BR 7/94, NJW 1994, 1662; KG v. 13.12.2004 – 24 W 51/04, KGReport Berlin 2005, 148; anders bei Überbelegung OLG Stuttgart v. 13.3.1992 – 8 W 219/92, OLGZ 1993, 184 = NJW 1992, 3046; OLG Hamm v. 8.3.1993 – 15 W 244/92, OLGZ 1993, 422 = NJW-RR 1993, 786.
7 BayObLG v. 22.9.2004 – 2Z BR 103/04, BayObLGReport 2005, 21 = ZMR 2005, 215; OLG Köln v. 27.12.2002 – 16 Wx 233/02, OLGReport Köln 2003, 113.
8 BayObLG v. 7.7.2004 – 2Z BR 89/04, BayObLGReport 2005, 47 = ZMR 2004, 926; unzulässig daher insbesondere Arztpraxis, BayObLG v. 20.7.2000 – 2Z BR 50/00, BayObLGR 2001, 73 = NZM 2001, 137; Friseursalon BayObLG v. 31.8.2000 – 2Z BR 39/00, NZM 2001, 138 = ZMR 2001, 41; zulässig dagegen Steuerberater- und Wirtschaftsprüferkanzlei BayObLG v. 28.10.1998 – 2Z BR 137/98, BayObLGReport 1999, 17; Versicherungsvertretung KG v. 22.10.1993 – 24 W 7471/92, MDR 1994, 58 = NJW-RR 1994, 206 = ZMR 1994, 27; Architekturbüro KG v. 8.6.2004 – 24 W 5760/93, KGReport Berlin 1994, 171; Patentanwaltskanzlei, OLG Köln v. 15.2.2002 – 16 Wx 232/01, OLGReport Köln 2002, 263 = NZM 2002, 258 = ZMR 2002, 381.

zulässig[1], ebenso die eines Kellers oder Hobbyraums[2], selbst wenn der zweckentfremdende Nutzer seinerseits auf Abwehransprüche gegen die übrigen Wohnungseigentümer verzichtet[3]. Auch ob die Nutzung von Teileigentum der vereinbarten Zweckbestimmung (Laden, Gaststätte, Garage usw.) entspricht oder mit unzumutbaren Nachteilen verbunden ist, muss anhand einer typisierenden Betrachtungsweise bestimmt werden[4]. Denn die Entscheidung kann nicht davon abhängen, ob die Nutzung im Einzelfall jedenfalls zur Zeit durch eine rücksichtsvolle Durchführung noch zumutbar ist.

13 Welche Nutzung des Teileigentums zulässig ist, wird durch die **vereinbarte zulässige Nutzung** beschrieben. Bei der Auslegung entsprechender Begriffe besteht keine Bindung an den Sprachgebrauch, der bei Abfassung der Vereinbarung galt, vielmehr ist ein Bedeutungswandel aus Gründen des Verkehrsschutzes bei Abwägung gegenüber dem Vertrauensschutz zu berücksichtigen[5]. Die Erlaubnis der „gewerblichen Nutzung" umfasst alle Tätigkeiten außerhalb der Wohnnutzung. Grundsätzlich ist jede gesetzlich zulässige gewerbliche Nutzung erlaubt[6]. Dazu gehört auch, dass Mieter[7], Dritte, Lieferanten, Kunden und Besucher[8], Zu-

---

1 OLG Hamburg v. 6.12.2002 – 2 Wx 27/89, OLGReport Hamburg 2003, 697; OLG Karlsruhe v. 25.1.2001 – 11 Wx 44/00, OLGReport Karlsruhe 2001, 212 = ZMR 2001, 386; OLG Stuttgart v. 19.5.1993 – 8 W 485/92, NJW-RR 1993, 1041 = ZMR 1993, 381.
2 BayObLG v. 22.10.1992 – 2Z BR 66/92, BayObLGReport 1993, 1 = ZMR 1993, 29; BayObLG v. 7.7.2004 – 2Z BR 89/04, BayObLGReport 2005, 47 = ZMR 2004, 925; OLG Köln v. 2.2.2001 – 16 Wx 183/00, OLGReport Köln 2001, 395 = ZMR 2001, 662; OLG München v. 6.11.2006 – 34 Wx 105/06, ZMR 2007, 302 (303); OLG Schleswig v. 17.5.2006 – 2 W 198/05, ZMR 2006, 891; OLG Zweibrücken v. 17.9.2001 – 3 W 87/0, OLGReport Zweibrücken 2002, 23 = ZMR 2002, 220; anders für Dachkammern im Einzelfall KG v. 7.2.1990 – 24 W 4887/89, NJW-RR 1991, 1359.
3 OLG Köln v. 11.9.2002 – 16 Wx 128/02, OLGReport Köln 2003, 37 = ZMR 2003, 384.
4 BayObLG v. 22.1.2004 – 2Z BR 229/03, BayObLGReport 2004, 165 = ZMR 2004, 686; OLG Celle v. 24.9.2003 – 4 W 138/03, OLGReport Celle 2004, 25 = ZMR 2004, 689; OLG Düsseldorf v. 9.2.200 – 3 Wx 340/99, OLGReport Düsseldorf 2000, 191 = NZM 2000, 866 = ZMR 2000, 329; KG v. 13.2.2007 – 24 W 347/06, KGReport Berlin 2007, 521: keine Begegnungsstätte in „Laden"; OLG München v. 8.12.2006 – 34 Wx 111/06, OLGReport München 2007, 246–247: kein Großhandel im Laden; OLG Zweibrücken v. 17.9.2001 – 3 W 87/01, OLGReport Zweibrücken 2002, 23 = ZMR 2002, 219; a.A. OLG Schleswig v. 21.1.2004 – 2W 52/03, OLGReport Schleswig 2004, 191 = ZMR 2004, 463 für „Warme Theke".
5 OLG Hamm v. 20.6.1986 – 15 W 177/86, OLGZ 1987, 17 = NJW-RR 1986, 1337; dagegen OLG Hamburg v. 29.7.1998 – 2 Wx 20/98, MDR 1998, 1156 = ZMR 1998, 714.
6 OLG Düsseldorf v. 19.3.2003 – 3 Wx 249/02, OLGReport Düsseldorf 2003, 335 für Zahnklinik; OLG Düsseldorf v. 16.7.2003 – 3 Wx 149/03, OLGReport Düsseldorf 2004, 2 = NZM 2003, 805 = ZMR 2003, 861; zur sich aus der Prostitution ergebenden Minderung des Verkehrswerts und des Mietpreises: OLG Düsseldorf v.12.3.2003 – 3 Wx 369/02, OLGReport Düsseldorf 2003, 337; OLG Karlsruhe v. 20.9.2001 – 14 Wx 98/00, ZMR 2002, 151; OLG Frankfurt v. 7.6.2004 – 20 W 59/03, OLGReport Frankfurt 2005, 6; OLG Hamburg v. 14.3.2005 – 2 Wx 19/05, OLGReport Hamburg 2006, 311 = ZMR 2005, 645; zurückhaltender BayObLG v. 8.9.2004 – 2Z BR 137/04, BayObLGReport 2005, 23 = ZMR 2005, 67; vgl. a. KG v. 16.2.2000 – 24 W 3925/98, KGReport Berlin 2000, 167: Erotik-Fachgeschäft zulässig, Sex-Shop mit Vorführung von Sexfilmen im Einzelkabinenbetrieb nicht.
7 OLG Düsseldorf v. 15.6.2004 – I-3 Wx 97/04, OLGReport Düsseldorf 2004, 499.
8 Zu Besuchern und ungebetenen Gästen des Mieters vgl. *Gies* in FS Blank (2006), S. 177 (181).

gang zu dem jeweiligen Teileigentum haben und das Gemeinschaftseigentum zeitweilig nutzen[1]. Dagegen ist die Zweckbestimmung „Laden" enger zu verstehen, nämlich beschränkt auf eine Tätigkeit, die zumindest ihrem Schwerpunkt nach auf den Verkauf von Waren ausgerichtet ist[2] und sich an Öffnungszeiten hält[3]. Dagegen scheiden in einem Laden andere Tätigkeiten regelmäßig aus, die mit längerem Publikumsverkehr oder anderen Schwerpunkten verbunden sind[4]. Unzulässig ist insbesondere der Betrieb von Gaststätten[5].

Ein über das notwendige Maß hinausgehender Nachteil i.S.v. § 14 Nr. 1 WEG liegt vor in den Fällen der Abweichung von der einer **Gebrauchsregelung außerhalb der Teilungserklärung** vorgesehenen Nutzung. Dazu zählt insbesondere die Gebrauchsregelung durch Mehrheitsbeschluss, § 15 Abs. 2 WEG (vgl. § 15 Rz. 12 ff.).

III. Einstandspflicht für berechtigte Nutzer, § 14 Nr. 2 WEG

1. Inhalt

Durch die Vorschrift des § 14 Nr. 2 WEG werden die Pflichten des Sondereigentümers darauf erweitert, die Einhaltung seiner Pflichten aus § 14 Nr. 1 WEG nicht nur für den Fall der Eigennutzung, sondern auch der **Nutzungsüberlassung an Dritte**, insbesondere der Vermietung, zu gewährleisten. Bei einem Gebrauch der Nutzer, der die anderen Miteigentümer über das nach § 14 Nr. 1 WEG zulässige Maß hinaus benachteiligt, hat der Wohnungseigentümer für die Einhaltung der Pflichten durch den Nutzer zu sorgen. Diese Pflicht trifft den Miteigentümer unabhängig von der Art der Nutzungsüberlassung. Nutzungsberechtigte

---

1 KG v. 18.2.2004 – 24 W 226/02, KGReport Berlin 2004, 378 = ZMR 2005, 147.
2 BayObLG v. 2.6.1980 – BReg 2 Z 66/79, BayObLGZ 1980, 159 = ZMR 1980, 251; BayObLG v. 31.7.1997 – 2Z BR 34/97, WE 1998, 194; BayObLG v. 28.10.1997 – 2Z BR 88/97, BayObLGReport 1998, 19 = ZMR 1998, 184: kein Betrieb einer chemischen Reinigung.
3 BayObLG v. 13.6.2000 – 2Z BR 35/00, NZM 2000, 869 = ZMR 2000, 775 vor der fast bundesweit erfolgten Freigabe der Ladenöffnungszeiten an Werktagen; ob diese Änderung der Rechtslage eine weitergehende Nutzung zulässig macht, ist für jeden Einzelfall unter Berücksichtigung der tatsächlichen und rechtlichen Gegebenheiten abzuwägen; vgl. einerseits OLG Hamm v. 20.6.1986 – 15 W 177/86, OLGZ 1987, 17 = NJW-RR 1986, 1337; andererseits OLG Hamburg v. 29.7.1998 – 2 Wx 20/98, MDR 1998, 1156 = ZMR 1998, 714.
4 BayObLG v. 6.3.1996 – 2Z BR 2/96, WuM 1996, 361 = ZMR 1996, 334 für Sonnenstudio mit Öffnungszeit bis 22 Uhr; zulässig aber im Einzelfall ein Bistro, vgl. OLG Hamburg v. 26.2.2002 – 2 W 10/01, OLGReport Hamburg 2002, 357.
5 BayObLG v. 13.6.2000 – 2Z BR 35/00, NZM 2000, 868 = ZMR 2000, 775; keine Diskothek im „Weinkeller" BayObLG v. 11.10.1989 – BReg 2Z 96/99, ZMR 1990, 230; kein Musikzimmer im „Keller" BayObLG v. 22.5.1997 – 2Z BR 15/97, WuM 1997, 595 = ZMR 1998, 173; kein Swingerclub in der „Sauna" BayObLG v. 16.6.2000 – 2Z BR 178/99, NZM 2000, 871 = ZMR 2000, 689; keine „griechischen Spezialitäten" in „Café/Konditorei" BayObLG v. 22.9.2004 – 2Z BR 103/04, BayObLGReport 2005, 21 = ZMR 2005, 215.OLG Celle v. 24.9.2003 – 4 W 138/03, OLGReport Celle 2005, 25 = ZMR 2004, 689; kein Pilslokal in der „Eisdiele" OLG München v. 25.2.1992 – 25 U 3550/91, OLGReport München 1992, 36 = NJW-RR 1992, 1493; eine öffentlich-rechtliche Konzession ändert daran nichts: BayObLG v. 11.4.2001 – 2Z BR 119/00, BayObLGReport 2001, 41; BayObLG v. 22.9.2004 – 2Z BR 103/04, BayObLGReport 2005, 21 = ZMR 2005, 215.

können Angehörige seines Hausstandes oder Geschäftsbetriebes sein, ebenso Mieter, dessen Untermieter, Pächter oder Erwerber, die bereits vor Eigentumsübergang zur Nutzung berechtigt sind[1]. Nicht einzustehen hat der Miteigentümer für Nutzer, denen er die Nutzung nicht überlassen hat, die also ohne oder gegen seinen Willen in den Besitz der Räumlichkeiten gelangt sind, Hausbesetzer und durch die Ordnungsbehörde eingewiesene Bewohner; er darf deren Aufenthalt jedoch nicht dulden, sondern muss alle zumutbaren Maßnahmen zu ihrer Entfernung treffen.

16 Die Vorschrift des § 14 Nr. 2 WEG berechtigt den Miteigentümer im Verhältnis zum Nutzer nicht, die Einhaltung der Pflichten aus § 14 Nr. 1 WEG zu verlangen[2]. **Ansprüche des die Nutzung gestattenden Miteigentümers gegen den Nutzer** kommen nur auf der Grundlage des der Nutzung zugrunde liegenden Vertragsverhältnisses in Betracht[3]. Bei einem Verstoß gegen die im Mietvertrag geregelten Pflichten kommt eine außerordentliche Kündigung in Betracht. Ein Gleichlauf der Pflichten des Miteigentümers aus § 14 Nr. 1 und 2 WEG mit den Pflichten der Nutzer aus dem Mietvertrag ist also nicht unbedingt gegeben. Sinnvoll erscheint es, die wohnungseigentumsrechtlichen Verpflichtungen vertraglich auch dem Nutzer aufzuerlegen. Gerade im Mietrecht besteht aber die Gefahr, dass die vorformulierte Klausel, nach der Nutzungsregelungen der Wohnungseigentümer auch für den Mieter gelten sollen (dynamische Verweisung), als Allgemeine Geschäftsbedingungen unwirksam sind[4]. Der Vermieter sollte also für bestehende Nutzungsbeschränkungen mit dem Mieter auf den Einzelfall bezogene Vereinbarungen treffen, etwa ein Verbot der Anbringung von Parabolantennen vereinbaren[5]. Allein die zusätzliche dynamische Verweisung kann den vermietenden Wohnungseigentümer davor schützen, dass mehrheitlich beschlossene Einschränkungen des ordnungsgemäßen Gebrauchs zu einem Auseinanderfallen von mietvertraglich und wohnungseigentumsrechtlich zulässigem Gebrauch führen[6]. Der vermietende Wohnungseigentümer muss schließlich seinen Pflichten aus dem Mietvertrag folgend Einschränkungen des Gebrauchsrechts durch Eigentümerbeschlüsse zu verhindern suchen[7].

2. Ansprüche der übrigen Wohnungseigentümer

17 Wenn ein Nutzer die Verpflichtungen aus § 14 Nr. 1 WEG nicht erfüllt, können die Wohnungseigentümer den vermietenden oder sonst den Gebrauch belassenden Wohnungseigentümer darauf in **Anspruch** nehmen, **alle zumutbaren Maßnahmen zu ergreifen, um den unzulässigen Gebrauch durch den Nutzungs-**

---

1 KG v. 19.4.2000 – 24 W 1808/00, KGReport Berlin 2000, 273 = ZMR 2000, 560.
2 BGH v. 29.11.1995 – XII ZR 230/94, MDR 1996, 355 = NJW 1996, 714 = ZMR 1996, 147.
3 BGH v. 17.4.2007 – VIII ZB 93/06, NJW 2007, 2180 für Mietverhältnis.
4 *Armbrüster* in FS Blank (2006), S. 577 (582 ff.) m.w.N. zu Einzelfragen, insbesondere zu § 308 Nr. 4 BGB.
5 OLG Köln v. 5.11.2004 – 16 Wx 207/04, NZM 2005, 223 = ZMR 2005, 228; dazu kritisch *J.-H. Schmidt/Riecke*, ZMR 2005, 252 (261).
6 *Armbrüster/Müller*, ZMR 2007, 321, 325.
7 *Armbrüster* in FS Blank (2006), S. 577 (587).

berechtigten zu beenden[1]. Ein Anspruch auf eine bestimmte Vorgehensweise, etwa eine fristlose oder ordentliche Kündigung auszusprechen, besteht nicht; es ist vielmehr dem Wohnungseigentümer überlassen, wie er die Unterlassung der unzulässigen Nutzung herbeiführt[2]. Der titulierte Anspruch der übrigen Wohnungseigentümer auf Unterlassung der unzulässigen Nutzung ist gegen den vermietenden Wohnungseigentümer nach § 890 ZPO zu vollstrecken[3]. Zu den vom vermietenden Wohnungseigentümer zu erwartenden Maßnahmen gehört die außerordentliche Kündigung[4] oder die Erhebung einer nicht sehr Erfolg versprechenden Unterlassungsklage[5]. Der für § 890 ZPO erforderliche Verschuldensvorwurf entfällt nur, wenn der Schuldner trotz aller zumutbaren Maßnahmen die unzulässige Nutzung nicht unterbinden konnte[6]. Bei der Höhe des Ordnungsgelds kann berücksichtigt werden, dass die Wohnungseigentümer ihrerseits den Mieter unmittelbar vor dem Prozessgericht auf Unterlassung in Anspruch nehmen könnten[7]. Wenn der Miteigentümer dem Nutzer im Vertrag Rechte eingeräumt hat, die seinen Pflichten aus dem Gemeinschaftsverhältnis zuwiderlaufen, muss er dem Mieter auch eine finanzielle Kompensation anbieten, um ihn zum Verzicht zu bewegen[8].

Darüber hinaus kommen **Schadensersatzansprüche** in Betracht. Wenn der Wohnungseigentümer den gegen § 14 Nr. 1 WEG verstoßenden Gebrauch gestattet, etwa weil er eine Wohnung als Gastwirtschaft vermietet, oder der in Kenntnis eines solchen Gebrauchs untätig bleibt, verletzt er seine Pflichten aus dem Gemeinschaftsverhältnis und macht sich gem. § 280 Abs. 1 BGB gegenüber den übrigen Wohnungseigentümern schadensersatzpflichtig[9]. Darüber hinaus findet eine Zurechnung des Verschuldens der Nutzer – Angehörige oder Vertragspartner – nach § 278 BGB statt[10]. 18

Daneben können die Wohnungseigentümer **den Mieter unmittelbar als Störer** in Anspruch nehmen, soweit er durch einen mietvertragswidrigen Gebrauch in das 19

---

1   BGH v. 4.5.1995 – V ZB 5/95, BGHZ 129, 329 = MDR 1995, 895 = NJW 1995, 2036 = ZMR 1995, 418; BGH v. 29.11.1995 – XII ZR 230/94, MDR 1996, 355 = NJW 1996, 714 = ZMR 1996, 147; BayObLG v. 20.12.1990 – 2 Z 154/90, NJW-RR 1991, 658; BayObLG v. 30.1.1991 – 2 Z 167/90, MDR 1991, 547 = WuM 1991, 315; BayObLG v. 20.7.2000 – 2Z BR 50/00, BayObLGReport 2000, 73 = NZM 2001, 137 = ZMR 2000, 778; OLG Hamm v. 26.9.1991 – 15 W 127/91, OLGZ 1992, 301 = NJW 1992, 184; OLG Schleswig v. 27.11.2003 – 2 W 165/03, OLGReport Schleswig 2004, 420 = ZMR 2004, 941.
2   KG v. 16.2.2000 – 24 W 3925/98, KGReport Berlin 2000, 167 = NZM 2000, 879 = ZMR 2000, 403; OLG Köln v. 15.1.1997 – 16 Wx 275/96, WuM 1997, 141 = NJW 1997, 253; OLG Karlsruhe v. 20.9.2000 – 14 Wx 98/00, ZMR 2002, 151.
3   BGH v. 29.11.1995 – XII ZR 230/94, MDR 1996, 355 = NJW 1996, 714 = ZMR 1996, 147; BayObLG v. 30.1.1991 – 2 Z 167/90, MDR 1991, 547 = WuM 1991, 315; BayObLG v. 9.3.1995 – 2Z BR 10/95, BayObLGZ 1995, 114 = NJW-RR 1995, 497.
4   OLG Hamm v. 26.9.1991 – 15 W 127/91, OLGZ 1992, 301 = NJW 1992, 184.
5   OLG Stuttgart v. 30.9.1992 – 8 W 256/92, OLGZ 1992, 65 = NJW-RR 1993, 24.
6   BayObLG v. 9.3.1995 – 2Z BR 10/95, BayObLGZ 1995, 114 = NJW-RR 1995, 497.
7   OLG Stuttgart v. 30.9.1992 – 8 W 256/92, OLGZ 1992, 65 = NJW-RR 1993, 24.
8   OLG Celle v. 24.9.2003 – 4 W 138/03, OLGReport Celle 2004, 25 = ZMR 2004, 689.
9   BayObLG v. 24.10.2002 – 2Z BR 120/01, NZM 2002, 167 = ZMR 2002, 286; OLG Hamm v. 5.9.1995 – 15 W 370/94, NJW-RR 1996, 41 = ZMR 1996, 42.
10 KG v. 19.4.2000 – 24 W 1808/00, KGReport Berlin 2000, 273 = NZM 2000, 681 = ZMR 2000, 559; KG v. 8.7.2002 – 24 W 344/01, KGReport Berlin 2002, 315 = ZMR 2002, 968.

Gemeinschaftseigentum eingreift, etwa bei baulichen Veränderungen oder Immissionen[1]. Unmittelbare Ansprüche der übrigen Wohnungseigentümer gegen den Mieter allein wegen Verstoßes gegen Vereinbarungen oder Gebrauchsregelungen bestehen nicht, denn diese zwischen den Wohnungseigentümern getroffenen Regelungen sind kein absolutes Recht[2]. Den Wohnungseigentümern fehlt die Kompetenz, in das Mietverhältnis zwischen einem Wohnungseigentümer und seinem Mieter unmittelbar einzugreifen. Überdies stehen auch dem Vermieter gegen seinen Mieter nur bei Verstößen gegen den Mietvertrag, nicht aber gegen Vereinbarungen und Gebrauchsregelungen Ansprüche zu[3].

IV. Duldungspflicht, § 14 Nr. 3 WEG

20 § 14 Nr. 3 WEG regelt die Duldungspflicht als **Kehrseite** der zulässigen Nutzungen: Soweit Nutzungen nach den Vorschriften des § 14 Nr. 1 und 2 WEG sowie Vereinbarungen oder Gebrauchsregelungen, § 15 Abs. 3 WEG, zulässig sind, hat jeder Wohnungseigentümer sie zu dulden. Hinzunehmen sind insbesondere die beim Zusammenleben unvermeidbaren Beeinträchtigungen, etwa Wohngeräusche oder die mit einer zulässigen gewerblichen Nutzung verbundenen Geräusche[4]. Duldungspflichten ergeben sich auch aus der Natur der Sache, wenn Gemeinschaftseinrichtungen, etwa die gemeinschaftliche Waschmaschine, nicht von allen Wohnungseigentümern zeitgleich genutzt werden können. Zu dulden ist auch die Ausübung eines eingeräumten Ausbaurechts[5]. Besondere Vorschriften gestatten den Einbau von Versorgungsleitungen sowie Telefon- und Rundfunkanlagen, § 21 Abs. 5 Nr. 6 WEG (vgl. § 21 Rz. 101 ff.)[6]. Schließlich können sich Duldungspflichten aus Grundrechtspositionen ergeben, etwa zur Duldung des Einbaus von Hilfsmitteln für Behinderte oder von Parabolantennen für ausländische Bewohner (vgl. § 22 Rz. 36).

21 Eine Duldungspflicht besteht keinesfalls allein deshalb, weil der Eingriff in das Sondereigentum eines Wohnungseigentümers einem anderen eine mögliche, jedoch teurere Alternativmaßnahme, die nur dessen eigenes Sondereigentum beeinträchtigt, ersparen würde[7].

V. Betretungsrecht, § 14 Nr. 4 WEG

22 Nach § 14 Nr. 4 ist jeder Wohnungseigentümer verpflichtet, das **Betreten und die Benutzung der im Sondereigentum stehenden Gebäudeteile** zu gestatten, so-

---

1 OLG München v. 10.12.2002 – 5 U 4733/02, NZM 2003, 445 = ZMR 2003, 707; vgl. *Briesemeister* in FS Blank (2006), S. 591 (592 ff.).
2 *Abramenko* in KK-WEG § 13 WEG Rz. 4; a.A. KG v. 15.7.2002, KGReport Berlin 2002, 269 = NZM 2002, 869 = ZMR 2002, 969; OLG Karlsruhe v. 22.9.1993 – 6 U 49/93, MDR 1994, 59 = NJW-RR 1994, 146; OLG München v. 25.2.1992 – 25 U 3550/91, OLGReport München 1992, 36 = NJW-RR 1992, 1493.
3 BGH v. 29.11.1995 – XII ZR 230/94, MDR 1996, 355 = NJW 1996, 714 = ZMR 1996, 147.
4 BayObLG v. 2.9.1993 – 2Z BR 63/93, NJW-RR 1994, 337 = ZMR 1994, 25 für Musikveranstaltung in Gaststätte.
5 BayObLG v. 13.3.1997 – 2Z BR 8/97, WuM 1997, 343 = ZMR 1997, 318.
6 BayObLG v. 26.9.2001 – 2Z BR 79/01, NZM 2002, 160 = ZMR 2002, 211.
7 OLG Düsseldorf v. 27.3.2000 – 3 Wx 53/00, OLGReport Düsseldorf 2001, 158 = NZM 2001, 392.

weit dies zur Instandhaltung und Instandsetzung des gemeinschaftlichen Eigentums erforderlich ist. Sein dabei entstehender Schaden ist ihm zu ersetzen. Die Bedeutung der Regelung in der Praxis ergibt sich daraus, dass größere Sanierungs- oder Reparaturmaßnahmen im Gebäude in der Regel nur unter Inanspruchnahme des Sondereigentums durchgeführt werden können.

§ 14 Nr. 4 WEG regelt das Betreten und die Benutzung (einschließlich der Zerstörung) der im **Sondereigentum** stehenden Gebäudeteile, soweit sie zur Instandhaltung und Instandsetzung des Gemeinschaftseigentums erforderlich sind. Die Duldungspflicht des Sondereigentümers aus § 14 Nr. 4 WEG und auch ein Schadensersatzanspruch können sich nur auf das Sondereigentum beziehen[1]. 23

1. Voraussetzungen

Eine Duldungspflicht besteht nur unter engen Voraussetzungen. Bei der Feststellung der Notwendigkeit von Instandhaltungs- oder Instandsetzungsmaßnahmen ist im Lichte des **Grundrechts auf Unverletzlichkeit der Wohnung aus Art. 13 GG** nach ständiger Rechtsprechung[2] ein sachlicher Grund für die Betretung nicht allein durch den Wunsch gegeben, eine (Routine-)Kontrolle durchzuführen. Vielmehr ist erforderlich, dass ausreichende konkrete Anhaltspunkte vorliegen, die das Betreten des Sondereigentums zur Erforschung einer Schadensursache oder zur Vorbereitung von Instandhaltungs- oder Instandsetzungsmaßnahmen erforderlich machen. Der Wohnungseigentümer ist verpflichtet, das Betreten seiner Wohnung zu gestatten, wenn festgestellt werden soll, ob Maßnahmen der Instandsetzung oder Instandhaltung in Betracht kommen, soweit ausreichende Anhaltspunkte für die Notwendigkeit solcher Maßnahmen im Einzelfall vorliegen[3]. 24

Ein Sondereigentümer muss auch das Betreten seines Sondereigentums durch einen gerichtlichen Sachverständigen dulden, selbst wenn er nicht als Partei an dem Verfahren beteiligt ist[4]. Ist eine Instandsetzungsmaßnahme und deren Durchführung bestandskräftig beschlossen, muss das Betreten des Sondereigentums zu deren Durchführung geduldet werden[5]. Ist die Durchführung einer Instandhaltungs- oder Instandsetzungsmaßnahme auf verschiedene Arten möglich, bedarf es einer Abwägung im Einzelfall, ob der Sondereigentümer das Be- 25

---

1 Vgl. BayObLG v. 20.11.2002 – 2Z BR 45/02, WuM 2003, 163 = ZMR 2003, 366; OLG Frankfurt v. 4.7.1989 – 20 W 411/88, OLGZ 1989, 422.
2 BayObLG v. 27.6.1996 – 2Z BR 16/96, MDR 1996, 1006 = BayObLGReport 1996, 82; BayObLG v. 21.1.1999 – 2Z BR 156/98, ZfIR 1999, 927; OLG Frankfurt v. 27.9.2004 – 20 W 111/04, OLGReport Frankfurt 2005, 199; OLG Hamburg v. 14.3.2000 – 2 Wx 31/98, ZMR 2000, 479; OLG Zweibrücken v. 24.11.2000 – 3 W 183/00, OLGReport Zweibrücken 2001, 193 = ZMR 2001, 308 mit Anm. *Schmidt.*
3 BayObLG v. 27.6.1996 – 2Z BR 16/96, BayObLGZ 1996, 146 (148) = BayObLGReport 1996, 82; BayObLG v. 26.2.2004 – 2Z BR 2/04, BayObLGReport 2004, 223; OLG München v. 22.2.2006 – 34 Wx 133/05, OLGReport München 2006, 286 = NZM 2006, 635 = ZMR 2006, 388.
4 OLG Hamburg v. 14.9.2001 – 2 Wx 82/01, OLGReport Hamburg 2002, 185 = ZMR 2002, 71.
5 OLG Celle v. 4.12.2001 – 4 W 313/01, ZMR 2002, 293 für Fensteraustausch.

treten gestatten muss, um der Gemeinschaft größere Kosten zu ersparen[1]. Hat ein Sondereigentümer eigenmächtig Arbeiten am Gemeinschaftseigentum durchgeführt, ohne zuvor eine Entscheidung der Eigentümergemeinschaft zu ermöglichen, ist er verpflichtet, der Eigentümergemeinschaft zur Überprüfung der Eingriffe den Zutritt zu gestatten[2]. Kommt ein Sondereigentümer seiner Duldungspflicht nicht in zumutbarer Zeit nach, so haftet er auf Schadensersatz[3].

2. Umfang des Betretungsrechts

26 Der Anspruch richtet sich seinem **Inhalt** nach auf die Duldung des Betretens und der Benutzung des Sondereigentums; er umfasst keine Handlungspflicht des Sondereigentümers, vorbereitend Arbeiten mit erheblichem Zeitaufwand auf eigene Kosten vorzunehmen[4]. Der Duldungsanspruch steht grundsätzlich der Wohnungseigentümergemeinschaft und nicht dem einzelnen Miteigentümer zu, denn Instandhaltung- und Instandsetzungsmaßnahmen am Gemeinschaftseigentum sind Aufgaben der Eigentümergemeinschaft, § 21 Abs. 1 WEG[5]. Die Eigentümergemeinschaft kann die Geltendmachung und Durchsetzung dem Verwalter überlassen.

3. Aufopferungsanspruch

27 Soweit ein Wohnungseigentümer zur Duldung des Betretens und der Benutzung seines Sondereigentums verpflichtet ist, kann er gem. § 14 Nr. 4 2. Halbs. WEG den **Ersatz des durch die Betretung** am Sondereigentum **entstandenen Schadens** nach den allgemeinen Regeln der §§ 249 ff. BGB[6] verlangen. Dogmatisch handelt es sich um einen zivilrechtlichen Aufopferungsanspruch, weil die aus rechtmäßigem Tun entstehenden Schäden zu ersetzen sind. Ein Eigentümerbeschluss, der die Höhe der Entschädigung der betroffenen Sondereigentümer pauschal festlegt, ist jedenfalls binnen Monatsfrist anfechtbar, um etwa einen höheren Schaden geltend zu machen[7].

---

1 BayObLG v. 12.10.1995 – 2Z BR 66/95, WuM 1995, 728 für das Aufstellen eines Gerüstes zur Durchführung einer Balkonsanierung.
2 BayObLG v. 14.6.1995 – 2Z BR 20/95, BayObLGReport 1995, 65 für die Kontrolle einer eigenmächtigen Wasserleitungsreparatur nach Anbohren.
3 BayObLG v. 10.5.1988 – BReg 2 Z 101/87, WuM 1988, 322 = ZMR 1988, 345 für das Gestatten des Betretens zur Durchführung dringender Instandhaltungsmaßnahmen an einem Vordach am darauf folgenden Morgen.
4 BayObLG v. 12.10.1995 – 2Z BR 66/95, WuM 1995, 728 für das Versetzen von Blumentrögen.
5 KG v. 10.2.1986 – 24 W 4146/85, OLGZ 1986, 174 = NJW-RR 1986, 696 = ZMR 1986, 210.
6 OLG Frankfurt v. 17.1.2006 – 20 W 362/04, NZM 2007, 251 = ZMR 2006, 625 zum entgangenen Gewinn.
7 BayObLG v. 19.5.1994 – 2Z BR 135/93, BayObLGZ 1994, 140 = BayObLGReport 1994, 57 = NJW-RR 1994, 1104 = ZMR 1994, 420. Ein solcher Eigentümerbeschluss dürfte mangels Beschlusskompetenz auch nichtig sein, weil eine Beschlusskompetenz der Eigentümergemeinschaft, die Höhe der Schadensersatzansprüche betroffener Sondereigentümer verbindlich festzusetzen, nicht ersichtlich ist; vgl.a. OLG Köln v. 12.9.2003 – 16 Wx 156/03, NZM 2003, 806.

Sind erhebliche Beschädigungen am Sondereigentum zu erwarten, darf der 28
pflichtige Sondereigentümer die Gestattung der Instandhaltungs- oder Instandsetzungsmaßnahmen von einer vorherigen **Sicherheitsleistung** abhängig machen[1].

Entsprechend § 14 Nr. 4 WEG kommt ein Aufopferungsanspruch auch dort in 29
Betracht, wenn ein Wohnungseigentümer durch Baumaßnahmen am Gemeinschaftseigentum, die ordnungsgemäßer Verwaltung entsprechen, dadurch geschädigt wird, dass an einem Teil des Gemeinschaftseigentums ein Schaden entsteht, für den er **sondernutzungsberechtigt** ist[2] oder für den er nach der Teilungserklärung kostentragungspflichtig ist[3].

Soweit ein Sondereigentümer **freiwillig Vorbereitungsmaßnahmen**[4] durchführt, 30
etwa vorbereitend und nachsorgend Möbel umräumt und demontiert, sowie die zur Instandsetzung tätigen Handwerker überwacht, ist ihm dadurch entstehender Verdienstausfall nur dann zu ersetzen, wenn er dies nicht in seiner Freizeit machen oder Nachbarschafts- oder Freundeshilfe in Anspruch nehmen konnte[5].

Für die **Nichtbenutzbarkeit** oder eingeschränkte Benutzbarkeit in nicht unerheblicher Weise ist der betroffene Sondereigentümer zu entschädigen, soweit 31
sich die Funktionsstörung als solche auf die materielle Grundlage der Lebenshaltung signifikant auswirkt. Dies kann bei Wohnungseigentum auch für eine Terrasse gelten[6], nicht aber für die Terrasse eines freiberuflich oder gewerblich genutzten Teileigentums[7].

Zu ersetzen ist auch **Mietausfall**, etwa wegen Mietminderung während der Instandhaltungs- oder Instandsetzungsarbeiten[8]. 32

Der Erstattungsanspruch ist um den **Kostenanteil des in Anspruch genommenen Miteigentümers** zu kürzen[9], denn die Kosten des Schadensersatzanspruchs gehören zu den Verwaltungskosten, § 16 Abs. 7 WEG[10]. 33

---

1 KG v. 10.2.1986 – 24 W 4146/85, OLGZ 1986, 174 = NJW-RR 1986, 696 = ZMR 1986, 210.
2 OLG Düsseldorf v. 22.11.2005 – I-3 Wx 140/05, OLGReport Düsseldorf 2006, 220 = ZMR 2006, 459.
3 OLG Schleswig v. 13.7.2006 – 2 W 32/06, OLGReport Schleswig 2006, 697 = NZM 2007, 46 für eine Fassadensanierung mit Schäden an den Fenstern, deren Unterhalt allein den jeweiligen Wohnungseigentümern unterlag.
4 Vgl. BayObLG v. 12.10.1995 – 2Z BR 66/95, WuM 1995, 728.
5 KG v. 28.7.1999 – 24 W 9125/97, KGReport Berlin 2000, 115.
6 BayObLG v. 6.2.1987 – BReg 2 Z 93/96, BayObLGZ 1987, 50 = ZMR 1987, 227 unter Bezugnahme auf BGH v. 9.7.1986 – GSZ 1/86, BGHZ 98, 212 = NJW 1987, 50 = MDR 1987, 109.
7 BayObLG v. 19.5.1994 – 2Z BR 135/93, BayObLGReport 1994, 57 für Zahnarztpraxis und Dentallabor.
8 KG v. 8.9.1993 – 24 W 5753/92 und 2301/93, KGReport Berlin 1993, 159; OLG Frankfurt v. 17.1.2006 – 20 W 362/04, NZM 2007, 251 = ZMR 2006, 625; OLG Köln v. 29.4.1996 – 16 Wx 30/96, OLGReport Köln 1996, 185.
9 KG v. 8.9.1993 – 24 W 5753/92 und 2301/93, KGReport Berlin 1993, 159.
10 KG v. 8.9.1993 – 24 W 5753/92 und 2301/93, KGReport Berlin 1993, 159; OLG Düsseldorf v. 28.10.1994 – 3 Wx 448/94, WuM 1995, 218 = ZMR 1995, 84.

34 Mit dem Schadensersatzanspruch aus § 14 Nr. 4 2. Halbs. WEG darf gegenüber der Kostenforderung der Gemeinschaft aus der Sanierung des Gemeinschaftseigentums **nicht aufgerechnet** werden[1].

35 Werden durch die am Gemeinschaftseigentum notwendigen Instandhaltungs- oder Instandsetzungsmaßnahmen **Schäden an durch bauliche Veränderungen geschaffenen Teilen des Sondereigentums** hervorgerufen, so ist zu unterscheiden: Handelt es sich um rechtmäßige bauliche Veränderungen, weil eine Zustimmung wirksam vorliegt oder gem. §§ 22 Abs. 1 i.V.m. 14 Nr. 1 WEG entbehrlich war, ist der Schaden nach allgemeinen Regeln zu ersetzen. Handelt es sich um eigenmächtige bauliche Veränderungen, die ohne die notwendige Zustimmung der benachteiligten Miteigentümer gem. § 22 Abs. 1 Satz 1 WEG durchgeführt worden sind, sind diese Schäden nicht zu ersetzen[2]. Daran ändert sich nichts, wenn ein Beseitigungsanspruch wegen Verjährung, Verwirkung und dem Einwand des Rechtsmissbrauchs zwischenzeitlich nicht mehr durchsetzbar ist[3].

36 Im Einzelfall ist schließlich eine hypothetische Ersatzpflicht möglich, dass die Eigentümergemeinschaft fiktive Schäden, die an einem Sondereigentum durch eine ordnungsgemäße Sanierung entstanden wären, zu ersetzen hat, wenn sie es unterlässt, Schäden am Gemeinschaftseigentum bei Erkennbarkeit umgehend zu beseitigen, so dass die Mängel am Gemeinschaftseigentum zu Schäden am Sondereigentum führen. Dem Sondereigentümer sind in wertender Schadensbetrachtung dann die Schäden zu ersetzen, die auch bei einer rechtzeitigen Sanierung entstanden wären, auch wenn die Instandsetzungsmaßnahmen tatsächlich gar keine Schäden am aufgrund der durch die unzureichende Unterhaltung bereits geschädigten Sondereigentum mehr verursachen konnten[4].

§ 15
Gebrauchsregelung

(1) Die Wohnungseigentümer können den Gebrauch des Sondereigentums und des gemeinschaftlichen Eigentums durch Vereinbarung regeln.

(2) Soweit nicht eine Vereinbarung nach Absatz 1 entgegensteht, können die Wohnungseigentümer durch Stimmenmehrheit einen der Beschaffenheit der im Sondereigentum stehenden Gebäudeteile und des gemeinschaftlichen Eigentums entsprechenden ordnungsmäßigen Gebrauch beschließen.

(3) Jeder Wohnungseigentümer kann einen Gebrauch der im Sondereigentum stehenden Gebäudeteile und des gemeinschaftlichen Eigentums verlangen, der dem Gesetz, den Vereinbarungen und Beschlüssen und, soweit sich die Regelung hieraus nicht ergibt, dem Interesse der Gesamtheit der Wohnungseigentümer nach billigem Ermessen entspricht.

---

1 OLG München v. 30.1.2007 – 34 Wx 128/06, OLGReport München 2007, 374.
2 LG Köln v. 20.2.2001 – 29 T 190/00, ZMR 2001, 921 mit Anm. *Schmidt*, für den Fall eines eigenmächtig auf einem Balkon aufgebrachten Fliesenbelages.
3 Vgl. Saarl. OLG v. 4.10.1996 – 5 W 286/95–50, FGPrax 1997, 56 = ZMR 1997, 31; *Ott*, ZWE 2002, 61 (66f.).
4 OLG Köln v. 30.3.1998 – 16 Wx 20/98, OLGReport 1998, 225.

Inhaltsübersicht

	Rz.		Rz.
I. Normzweck	1	IV. Zweckwidrige Nutzung des Sondereigentums	25a
II. Anwendungsbereich	2	1. Typisierende Betrachtungsweise	25a
III. Regelungen	4	2. Verjährung und Verwirkung	25d
1. Durch Vereinbarung (Abs. 1)	4	V. Einzelfälle	26
2. Durch Beschluss (Abs. 2)	12		
3. Hausordnung	18		
4. Verlangen/Regelung durch gerichtliche Ermessensentscheidung (Abs. 3)	19		

Schrifttum: *Armbrüster/Müller*, Zur Wirkung wohnungseigentumsrechtlicher Gebrauchsbeschränkungen gegen Mieter, ZWE 2007, 227–233; *Armbrüster/Müller*, Direkte Ansprüche der Wohnungseigentümer gegen Mieter, insbesondere bei zweckwidrigem Gebrauch, ZMR 2007, 321–327; *Blank*, Tierhaltung in Eigentums- und Mietwohnungen, NJW 2007, 729–733; *Briesemeister*, Beseitigungsansprüche des Wohnungseigentümers gegenüber dem Mieter und Entfernung von Fassadenwerbung auf Grundlage einer Teilungserklärung, ZWE 2006, 192–194; *Demharter*, Durchsetzung von Ansprüchen auf Beseitigung einer Parabolantenne durch einen Wohnungseigentümer, ZMR 2006, 306–307; *Drasdo*, Tierhaltung in der Wohnung, NJW- Spezial 2006, 241–242; *Elzer*, Die Haushaltung einer Wohnungseigentumsanlage, ZMR 2006, 733–742; *Elzer*, Ermessen im Wohnungseigentumsrecht, ZMR 2006, 85–94; *Hügel/Elzer*, Das neue WEG- Recht; *Sommer*, Dinglicher Abwehranspruch und teilrechtsfähige Gemeinschaft, ZWE 2006, 335–337; *Wenzel*, Die Verfolgung von Beseitigungsansprüchen durch die Wohnungseigentümergemeinschaft, ZMR 2006, 245–246.

I. Normzweck

Wohnungseigentum lässt unterschiedliche Gebrauchsformen zu. So kann Sondereigentum zum Wohnen oder zu Gewerbezwecken genutzt und die Art der Nutzung von gemeinschaftlichen Flächen festgelegt werden. „Gebrauch" i.S.d. § 15 meint dementsprechend die Nutzung i.S.d. § 13 und nicht seine Verwaltung i.S.d. §§ 20 ff. Der Gebrauch kann nach § 15 vereinbart (Abs. 1), beschlossen (Abs. 2) und verlangt werden (Abs. 3). 1

II. Anwendungsbereich

§ 15 eröffnet den Wohnungseigentümern die Möglichkeit der Konkretisierung des nach § 13 zulässigen Gebrauches. Gebrauch i.S.d. § 15 meint die Nutzungsart, also z.B. die Nutzung eines Raumes zu Wohnzwecken, zum Betrieb einer Arztpraxis, als Waschküche. Gebrauchsregelungen sind ferner Regelungen, die Nutzungszeiten gemeinschaftlicher Einrichtungen oder den Umgang mit diesen regeln. Gebrauchsregelungen können sich auf Gemeinschafts- und auf Sondereigentum beziehen. Die Dispositionsmöglichkeiten sind weitgehend und können bis zu einem Ausschluss der **Eigennutzung** des Sondereigentums reichen[1]. 2

---

[1] OLG Köln v. 25.9.2000 – 16 U 47/99, NZM 2001, 994f.

3   Die Einräumung eines Sondernutzungsrechtes ist entgegen früher vertretener Ansicht keine Gebrauchsregelung. § 15 setzt den Mitgebrauch voraus, ist also immer eine Konkretisierung eines Gebrauches aller, während die Einräumung eines **Sondernutzungsrechtes** einen Gebrauchsentzug bezogen auf die übrigen Wohnungseigentümer bedeutet. Es handelt sich mithin um einen Fall des § 13 Abs. 2 BGB[1]. Wird durch eine Regelung mithin ein Teil der Wohnungseigentümer von einem Gebrauch des Gemeinschaftseigentums ausgeschlossen, ist § 15 nicht mehr anwendbar. Gleichwohl dementsprechend in der Vergangenheit die Rechtsprechung unter dem Blickwinkel des § 15 erfolgte, erfolgt die Darstellung nunmehr im Rahmen des § 13. Keine Gebrauchsregelung ist ferner z.B. die Änderung eines Kostenverteilungsschlüssels[2].

III. Regelungen

1. Durch Vereinbarung (Abs. 1)

4   Die Wohnungseigentümer können gem. Abs. 1 den Gebrauch durch Vereinbarung regeln. Regelungen des Gebrauchs finden sich regelmäßig bereits in der Teilungserklärung oder der Gemeinschaftsordnung.

5   Legt die Teilungserklärung den Gebrauch durch konkrete Bezeichnung, z.B. einer Raumeinheit als Wohnung oder Waschküche, fest, handelt es sich um eine **Zweckbestimmung mit Vereinbarungscharakter**[3]. So liegt in der die gesetzliche Beschreibung des Teileigentums (vgl. § 1 Abs. 3 WEG) wiederholenden Bezeichnung eines Raumes in der Teilungserklärung als „**nicht Wohnzwecken dienender Raum**" eine solche Zweckbestimmung mit Vereinbarungscharakter des Inhalts, dass der Raum zwar nicht zu Wohnzwecken, aber grundsätzlich zu jedem anderen beliebigen Zweck genutzt werden darf. Für die weitergehende Frage, ob eine bestimmte Nutzung zulässig ist, sind neben etwaigen Regelungen in der hierzu auszulegenden Teilungserklärung nach den in § 15 Abs. 2 WEG zum Ausdruck kommenden Rechtsgedanken auch Lage und Beschaffenheit des Raumes von Bedeutung[4]. Für die weitergehende Frage, ob eine bestimmte Nutzung, nämlich vorliegend als **Arztpraxis**, zulässig ist, sind – neben etwaigen Regelungen in der Teilungserklärung – nach den in § 15 Abs. 2 WEG zum Ausdruck kommenden Rechtsgedanken auch Lage und Beschaffenheit des Raumes von Bedeutung[5].

6   Auch die Gemeinschaftsordnung kann Regelungen zu Gemeinschafts- und Sondereigentum vorsehen. Diese kann z.B. die turnusmäßige Nutzung einer **Waschküche** oder den Ausschluss der **Tierhaltung** regeln. Ist für die gleiche Raumeinheit in Teilungserklärung und Gemeinschaftsordnung eine unterschiedliche Gebrauchsbestimmung genannt, richtet sich der zulässige Gebrauch nach der

---

1   BGH v. 20.9.2000 – V ZB 58/99, NJW 2000, 3500; KG Berlin v. 22.12.2006 – 24 W 126/05, ZMR 2007, 299 ff.
2   OLG Düsseldorf v. 2.6.2003 – 3 Wx 94/03, NZM 2003, 978.
3   OLG Zweibrücken v. 17.9.2001 – 3 W 87/01, ZMR 2002, 220 = BayObLG v. 7.7.1988 – BReg 2Z 7/88, DNotZ 1989, 426 f.
4   KG v. 22.12.2006 – 24 W 126/05, ZMR 2007, 299 ff.
5   BayObLG v. 13.1.1994 – 2Z BR 130/93, WuM 1994, 222; BayObLG v. 28.12.1995 – 2Z BR 95/95, FGPrax 1996, 57.

Gemeinschaftsordnung, wenn in der Teilungsurkunde ausdrücklich zwischen sachenrechtlicher Teilungserklärung und schuldrechtlicher Gemeinschaftsordnung unterschieden wird. Die Teilungserklärung enthält dann keine verbindliche Regelung mit Vereinbarungscharakter[1], sondern lediglich Funktionsbezeichnungen[2]. So führt die Bezeichnung in der Teilungserklärung als **„Praxis"** zu keiner Nutzungsbeschränkung, wenn nach der Gemeinschaftsordnung die Nutzung sowohl als Wohn- als auch als Teileigentum möglich ist[3]. Ist in der Gemeinschaftsordnung eine **„gewerbliche Nutzung"** vorgesehen, geht dieser Begriff einer anderen Nutzungsform der Teilungserklärung vor[4].

Der Aufteilungsplan dient der Darstellung der Aufteilung des Gebäudes und der Lage und Größe der im Sonder- und Gemeinschaftseigentum stehenden Gebäudeteile. Eine im Aufteilungsplan formulierte Nutzung ist damit lediglich ein rechtlich nicht bindender Vorschlag[5]. Etwas anderes gilt, wenn die Teilungserklärung auf die im Aufteilungsplan genannten Nutzungen ausdrücklich Bezug nimmt[6].   7

Ob ein tatsächlicher Gebrauch von einer Regelung gedeckt ist, ist durch Auslegung zu ermitteln.   8

Sämtliche Regelungen, welche in Teilungserklärung oder Gemeinschaftsordnung enthalten sein können, können auch „nachträglich" vereinbart werden. Ferner können selbstverständlich auch die Bereiche, die einer Beschlussfassung zugängig sind, durch eine Vereinbarung geregelt werden.   9

Eine Vereinbarung kann stillschweigend zustande kommen. Hat einer von zwei Wohnungseigentümern eine **Garage**, welche sich im Sondernutzungsbereich eines anderen Wohnungseigentümers befindet, mit dessen stillschweigender Billigung jahrelang alleine genutzt, liegt darin eine **stillschweigend vereinbarte Gebrauchsregelung**, wenn in der Teilungserklärung das Nutzungsrecht an der Garage nicht geregelt ist. Es entsteht ein alleiniges Nutzungsrecht des nutzenden Wohnungseigentümers[7]. Dieses wirkt wegen § 10 Abs. 3 nicht gegenüber Rechtsnachfolgern.   10

Kraft Vereinbarung können Regelungen auch über den ordnungsgemäßen Gebrauch hinaus getroffen werden. Diese kann eine Eingrenzung des nach § 13 Abs. 2 zulässigen Gebrauchs des Gemeinschaftseigentums und des nach § 13 Abs. 1 zulässigen Gebrauchs des Sondereigentums in Form eines Gebotes oder Verbotes einer bestimmten Nutzungsart enthalten. Beschränkt wird die Befugnis zur Vereinbarung durch allgemeine Gesetze, also zivilrechtliche insbesondere §§ 134, 138 BGB, und öffentlich- rechtliche Vorschriften.   11

---

1 OLG Düsseldorf v. 19.3.2003 – I-3 Wx 249/02, ZMR 2004, 449 = MietRB 2003, 104.
2 BayObLG v. 7.7.1988 – BReg 2Z 7/88, DNotZ 1989, 426f.
3 OLG München v. 25.4.2007 – 32 Wx 137/06, BauR 2007, 1110.
4 OLG Düsseldorf v. 19.3.2003 – I-3 Wx 249/02, ZMR 2004, 449 = MietRB 2003, 104.
5 OLG Hamburg v. 12.2.2003 – 2 Wx 141/01, ZMR 2003, 446.
6 OLG Schleswig v. 30.10.2002 – 2 W 39/02, ZMR 2004, 68.
7 OLG Hamburg v. 29.8.2005 – 2 Wx 60/05, ZMR 2005, 975f.

2. Durch Beschluss (Abs. 2)

12 Regelt die Teilungserklärung oder die Gemeinschaftsordnung einen Gebrauch nicht oder enthält eine entsprechende Öffnungsklausel und ist eine Vereinbarung nicht oder nicht umfassend getroffen, kann gem. Abs. 2 eine Regelung per Mehrheitsbeschluss erfolgen. Besteht eine aus Sicht der Wohnungseigentümer abschließende Regelung, besteht keine Beschlusskompetenz.

13 Eine vorübergehende Abweichung von Teilungserklärung, Gemeinschaftsordnung oder Vereinbarung durch Beschluss ist zulässig[1]. Ebenso die Ergänzung einer Teilregelung durch Beschluss[2]. Nichtig ist hingegen ein die ausdrücklichen Regelungen der Teilungserklärung oder einer Vereinbarung ändernder Beschluss. Die Abgrenzung kann schwierig sein und ist eine Frage des Einzelfalles. Es kommt darauf an, ob die Teilungserklärung abschließende Regelungen schaffen und andere Nutzungen ausschließen oder nur einige Nutzungen ausdrücklich erlauben, andere dennoch nicht ausschließen soll.

14 Durch Mehrheitsbeschluss können die Wohnungseigentümer nach § 15 Abs. 2 WEG den Gebrauch des Sondereigentums und des gemeinschaftlichen Eigentums nur insoweit regeln, als die Grenzen der Ordnungsmäßigkeit nicht überschritten sind. Abs. 2 enthält damit ein über Abs. 1 hinausgehendes Tatbestandsmerkmal.

15 Ein unangefochtener Mehrheitsbeschluss der Wohnungseigentümer, welcher den Rahmen ordnungsgemäßer Verwaltung überschreitet, mithin eine Regelung trifft, die einer Vereinbarung bedurft hätte, hat vereinbarungsersetzenden Charakter und bindet alle Wohnungseigentümer[3].

16 Auch im Rahmen des Abs. 2 können Gebrauchsregelungen betreffend Gemeinschafts- und Sondereigentum getroffen werden. Insbesondere können die Wohnungseigentümer durch Mehrheitsbeschluss den bestimmungsgemäßen Gebrauch auch des Sondereigentums regeln, wenn dies zum ordnungsgemäßen Umgang mit gemeinschaftlichem Eigentum erforderlich ist. So können Regelungen hinsichtlich der im Sondereigentum stehenden Heizkörper getroffen werden, soweit diese Regelung die Funktion der Heizkörper für die gemeinschaftliche Heizungsanlage oder das gemeinschaftliche Verbrauchserfassungssystem sicherstellen soll[4]. Nicht erzwungen werden kann hingegen die Mindest**beheizung** einer Wohnung durch einen Beschluss der Eigentümerversammlung, durch den bei der verbrauchsabhängigen Verteilung der Heizungskosten jedem Miteigentümer ein Mindestanteil von 75 % des Durchschnittsverbrauchs aller Wohnungen zugewiesen wird[5].

---

1 OLG Schleswig v. 3.9.2004 – 2 W 90/03, ZMR 2005, 476 ff.
2 BGH v. 20.9.2000 – V ZB 58/99, NJW 2000, 3500.
3 Zum vollständigen Ausschluss der Hundehaltung durch Beschluss BGH v. 4.5.1995 – V ZB 5/95, ZMR 1995, 417 ff. und Abgrenzung zur Nichtigkeit des Beschlusses („Zitterbeschlüsse") BGH v. 20.9.2000 – V ZB 58/99, NJW 2000, 3500.
4 BayObLG v. 20.3.1985 – BReg 2Z 141/84, WuM 1986, 26; OLG Hamburg v. 22.3.1999 – 3 Wx 14/99, ZMR 1999, 502 ff.
5 OLG Hamm v. 31.3.2005 – 15 W 298/04, ZMR 2006, 148 f.

"Nachträgliche" Gebrauchsregelungen erfordern, dass entweder eine Zweckbestimmung der von ihr betroffenen Teile der Anlage noch nicht vorliegt, oder eine solche schon gegeben ist, aber noch einer näheren Ausarbeitung bedarf[1]. Einzelne Nutzungsrechte dürfen nicht gegen den Willen der betroffenen Wohnungseigentümer durch Beschluss willkürlich beeinträchtigt werden. Das ist regelmäßig nicht der Fall, soweit sich die Regelung in einem vernünftigen Rahmen bewegt[2].

17

Liegt eine Vereinbarung nicht vor, hat jeder Wohnungseigentümer einen Anspruch auf gleichen Mitgebrauch der gemeinschaftlichen Einrichtungen[3].

3. Hausordnung

Mit der Gesetzesbegründung empfiehlt es sich, Fragen von nicht nur vorübergehender Bedeutung in der Hausordnung zu klären[4]. Auch die Hausordnung kann wieder Bestandteil der Teilungserklärung oder der Gemeinschaftsordnung sein[5] oder im Nachhinein vereinbart oder beschlossen werden. Der Begriff der Hausordnung ist gesetzlich nicht geregelt. Zum Teil wird diese als bestehend aus sämtlichen in Teilungserklärung, Gemeinschaftsordnung, Vereinbarungen, Beschlüssen und der Hausordnung selbst enthaltenen Regelungen angesehen[6]. Mit der Gesetzesbegründung[7] und dem Wortlaut des § 21 Abs. 5 Nr. 1 dürfte es sich vielmehr um ein Nebeneinander von Gebrauchsregelungen in Teilungserklärung, Gemeinschaftsordnung, Vereinbarungen, Beschlüssen und gerichtlichen Entscheidungen und jene in der als solche gekennzeichneten Hausordnung, welche "gesondert" aufgestellt wird (§ 21 Abs. 5), handeln. Die Hausordnung selbst ist also eine Gebrauchsregelung. Im Übrigen gelten die allgemeinen Regeln: Ist eine Hausordnung in Teilungserklärung oder Gemeinschaftsordnung festgelegt, kann auch die Abänderung nur durch Vereinbarung erfolgen. Etwas anderes gilt, sofern eine Öffnungsklausel vorliegt. Ist die Hausordnung nach Aufstellung von Teilungserklärung und Gemeinschaftsordnung vereinbart, kann eine Änderung nur durch Vereinbarung erfolgen. Wurde diese beschlossen, kann auch eine Änderung durch Beschluss erfolgen. Die **Hausordnung** können neben den Wohnungseigentümern auch der Verwalter, der Verwaltungsbeirat sowie das Wohnungseigentumsgericht aufstellen[8].

18

4. Verlangen/Regelung durch gerichtliche Ermessensentscheidung (Abs. 3)

Abs. 3 eröffnet i.V.m. § 1004 BGB grundsätzlich einen Individualanspruch[9] jedes Wohnungseigentümers auf Zustimmung zu oder Anordnung eines Gebrauches des Sonder- oder Gemeinschaftseigentums, welcher dem Gesetz, Vereinbarungen, Beschlüssen oder, sofern diese eine Regelung nicht enthalten, dem Inte-

19

---

1 BayObLG v. 12.6.1981 – BReg 2Z 49/80, MDR 1981, 937.
2 KG v. 8.4.1998 – 24 W 1012/97, WuM 1998, 616.
3 BayObLG, v. 21.3.1979 – BReg 2Z 58/71, NJW 1972, 1286.
4 BR–Drucks. 75/51, S. 9.
5 BayObLG v. 9.6.1975 – BReg 2Z 35/75, BayObLGZ 75, 201 ff.
6 *Elzer*, ZMR 2006, 733.
7 BR–Drucks. 75/71, S. 9.
8 *Elzer*, ZMR 2006, 733 ff.
9 KG v. 26.11.2001 – 24 W 6774/00, ZMR 2002, 545.

resse der Gesamtheit nach billigem Ermessen entspricht. Entsprechend besteht ein Anspruch auf Unterlassung eines dem Vorgenannten entgegenstehenden Gebrauchs. Die Rechtsfähigkeit der Gemeinschaft erfasst Rechtsgeschäfte und Rechtshandlungen im Rahmen der gesamten Verwaltung und demnach auch Rechtsgeschäfte und Rechtshandlungen, bei denen es um die Verwaltung des Gebrauchs der im Gemeinschaftseigentum stehenden Teile der Wohnanlage geht. Beispielsweise kommt ein Anspruch gemäß § 1004 BGB auf Unterlassung einer Störung wegen unzulässigen Musizierens oder wegen unzulässiger Hundehaltung in Betracht. Nach § 10 Abs. 6 wird die rechtsfähige Eigentümergemeinschaft im Rahmen der gesamten Verwaltung tätig. Dementsprechend steht auch der Wohnungseigentümergemeinschaft als Verband ein Unterlassungsanspruch zu[1], den dieser geltend machen kann, wenn die Wohnungseigentümer dies beschließen (s. auch § 21 Rz. 20). Durch den Beschluss erlischt der Individualanspruch des Einzelnen.

20 Die Wohnungseigentümer haben bei der Regelung des Gebrauchs ebenso wie bei der Verwaltung des gemeinschaftlichen Eigentums ein aus ihrer Verwaltungsautonomie entspringendes **Ermessen**, was die Notwendigkeit und Zweckmäßigkeit einer Regelung angeht; dieses Ermessen ist einer gerichtlichen Nachprüfung weitgehend entzogen[2]. Gleichwohl kann nach Abs. 3 ein einzelner Wohnungseigentümer einen Gebrauch der dort genannten Art verlangen und damit eine entsprechende gerichtliche Ermessensentscheidung herbeiführen. Das Gericht ist nicht an die Beschlusskompetenz der Wohnungseigentümer gebunden. Zwar ist das Gericht an bestehende Vereinbarungen gebunden. Ist aber der durch eine Vereinbarung geschaffene Zustand grob unbillig oder kann dem berechtigten Begehren eines Wohnungseigentümers nur durch Vereinbarung entsprochen werden, ist das Gericht nicht auf nur durch Beschluss zu fassende Regelungen beschränkt[3]. Das Gericht kann also eine bestehende Regelung aufheben oder ergänzen oder eine Regelung schaffen.

21 Dabei bedurfte es bereits bisher eines konkreten Antrages, aus dem das Rechtsschutzziel des Antragstellers erkennbar wurde. Im Gegensatz zu § 21 Abs. 8 formuliert Abs. 3 kein Ermessen des Gerichts bei der Festlegung der zu treffenden Regelung, wenn eine solche sich nicht aus Gesetz, Vereinbarung oder Beschluss ergibt. Nach dem Wortlaut bedürfte es mithin eines konkreten Antrages dergestalt, dass dieser im Wortlaut die konkret begehrte Regelung enthält. Dem einzelnen Wohnungseigentümer wird es häufig Schwierigkeiten bereiten, eine den Anforderungen des Abs. 3 genügende Regelung zu formulieren. Ferner wird ein unbestimmter Klageantrag nicht generell für unzulässig erachtet, sondern ist unter bestimmten Voraussetzungen, etwa bei Schadensersatzansprüchen, zulässig. Da darüber hinaus trotz abweichenden Regelungsbereiches die rechtliche Situation die gleiche ist wie im Rahmen des § 21 Abs. 8, wird dem Gericht ein Ermessen einzuräumen sein, sofern nicht eine Regelung durch Gesetz, Ver-

---

1 BT-Drucks. 16/778, S. 60; vor der Novelle bereits OLG München v. 17.11.2005 – 32 Wx 77/05, ZMR 2006, 81; a.A. noch OLG München v. 12.12.2005 – 34 Wx 83/05, ZWE 2006, 337; *Sommer*, ZWE 2006, 335; *Demharter*, ZMR 2006, 306, dessen Auffassung vor dem Hintergrund des neuen § 10 Abs. 6 nicht mehr haltbar sein dürfte.
2 BayObLG v. 29.3.2005 – 2Z BR 164/04.
3 KG v. 26.11.2001 – 24 W 6774/00, ZMR 2002, 545.

einbarung oder Beschluss existiert[1]. Dieses Ermessen kann allerdings dann nicht ausgeübt werden, wenn der Antrag des Klägers bereits eine den Anforderungen des Abs. 3 genügende Regelung enthält. In diesem Fall ist das Gericht an den Antrag gebunden.

Abs. 3 bietet Rechtsschutz auch für den Fall, dass Grenzen der umfassenden Gebrauchsbefugnis nach § 13 überschritten werden. Jeder Wohnungseigentümer darf mit dem in seinem Sondereigentum stehenden **Bodenbelag** grundsätzlich nach Belieben verfahren. Grenzen dieser Befugnis ergeben sich allerdings aus § 14 Nr. 1 WEG. Danach darf der einzelne Wohnungseigentümer von seinem Sondereigentum nur in der Weise Gebrauch machen, dass dadurch keinem der anderen Wohnungseigentümer über das bei einem geordneten Zusammenleben unvermeidliche Maß hinaus ein Nachteil erwächst. Wird dieses Maß jedoch im Einzelfall überschritten, kann der Wohnungseigentümer auf Beseitigung oder Unterlassung in Anspruch genommen werden. So ist ein Wohnungseigentümer, der seinen Bodenbelag austauscht und dadurch die Lärmbelästigung der anderen Wohnungseigentümer nur in geringem Maße steigert, nicht verpflichtet, geeignete Maßnahmen zur Trittschalldämmung zu treffen[2]. 22

Ein Rechtsschutzbedürfnis besteht erst, wenn zuvor die Herbeiführung einer entsprechenden Beschlussfassung erfolglos versucht wurde; sei es, dass der entsprechende Antrag abgelehnt oder nicht beschieden wurde[3]. 23

Wird der Antrag eines Wohnungseigentümers gegen die anderen Miteigentümer, von diesen auf der Gemeinschaftsfläche errichtete bauliche Anlagen zu beseitigen und den früheren Zustand wiederherzustellen, rechtskräftig zurückgewiesen, weil zunächst eine Gebrauchsregelung hinsichtlich der Fläche zu treffen sei, so steht die Rechtskraft dieses Beschlusses grundsätzlich einem erneuten Beseitigungs- bzw. Wiederherstellungsverlangen entgegen, es sei denn, es ist zwischenzeitlich eine Gebrauchsregelung zustande gekommen, wenn auch mit gerichtlicher Hilfe[4]. 24

Nach § 14 ist jeder Wohnungseigentümer verpflichtet, von den im Sondereigentum stehenden Gebäudeteilen und von dem gemeinschaftlichen Eigentum nur in solcher Weise Gebrauch zu machen, dass dadurch keinem der anderen Wohnungseigentümer ein Nachteil erwachse, der über das bei einem geordneten Zusammenleben unvermeidliche Maß hinausgehe. Nach § 14 Nr. 2 dieser Vorschrift ist der Wohnungseigentümer verpflichtet, für die Einhaltung dieser Pflichten durch Personen zu sorgen, denen er die Benutzung der im Sonder- oder Miteigentum stehenden Gebäudeteile überlässt. Die Eigentümergemeinschaft kann von einem Wohnungseigentümer in seiner Eigenschaft als Vermieter Einwirkungen auf den Mieter verlangen, wenn dieser sich nicht an Gebrauchsregelungen hält oder einen unzulässigen Gebrauch ausübt[5]. Es besteht ein Anspruch aus § 1004 BGB i.V.m. § 15 Abs. 3 auf Abstellen des unzulässigen Ge- 25

---

1 So wohl auch *Hügel/Elzer*, Das neue WEG-Recht, § 13 Rz. 84.
2 OLG Saarbrücken v. 10.4.2006 – 5 W 253/05, ZMR 2006, 802 f.
3 BGH v. 25.9.2003 – V ZB 21/03, ZMR 2003, 941.
4 OLG Düsseldorf v. 3.3.2006 – 3 Wx 115/05, ZMR 2006, 622 ff.
5 *Armbrüster/Müller*, ZWE 2007, 227 ff.; *Armbrüster/Müller*, ZMR 2007, 321 ff.

brauches[1]. Wird ein **Breitbandkabelanschluss** auf Veranlassung und auf Kosten eines einzelnen Wohnungseigentümers installiert, so sind die übrigen Wohnungseigentümer verpflichtet, von ihren Mietern am Verteilerkasten eigenmächtig angebrachte Kabel zur Nutzung dieses Anschlusses zu trennen. Dabei spielt es keine Rolle, und zwar unabhängig davon, ob der Anschluss zum Sondereigentum des installierenden Wohnungseigentümers oder aber zum Gemeinschaftseigentum gehört[2]. Dabei steht dem Wohnungseigentümer nicht nur ein Beseitigungs- oder Unterlassungsanspruch zu, sondern daneben auch ein Schadensersatzanspruch, wenn der Wohnungseigentümer eine Einwirkungsmöglichkeit auf seinen Mieter hat[3].

IV. Zweckwidrige Nutzung des Sondereigentums

1. Typisierende Betrachtungsweise

25a Die nicht mit der Teilungserklärung übereinstimmende Nutzung ist nur grundsätzlich zulässig. Sie ist ausnahmsweise zulässig, wenn sie nicht mehr stört oder beeinträchtigt als eine andere[4]. Ob eine erhöhte Störung oder Beeinträchtigung vorliegt, ist nach der überwiegenden Rechtsprechung aufgrund einer typisierenden, d.h. verallgemeinernden Betrachtungsweise zu beurteilen[5]. Fraglich ist allerdings, was unter einer typisierenden Betrachtungsweise zu verstehen ist[6]. Wertungen und Amtsermittlungen unterschiedlichen Ausmaßes lassen insbesondere im Hinblick auf den gemäß ZPO zu erbringenden substantiierten Vortrag fraglich erscheinen, inwieweit die beweisbelastete Partei eine **Störung konkret darzulegen** hat.

25b So geht das OLG Köln bei typisierender Betrachtungsweise davon aus, dass eine Yogaschule mehr stört als Wohnraum, und stellt dabei insbesondere auf mögliche Ruhestörungen bei Betreten und Verlassen der Schule ab[7]. In einer früheren Entscheidung ging das OLG Köln davon aus, dass Wohnraumnutzung neben einem Wasch- und Trockenraum konfliktträchtiger sei als Büroraumnutzung[8]. In einer weiteren Entscheidung wurde die gewerbliche Nutzung für eine Arztpraxis aufgrund des erheblichen Publikumsverkehrs als störender erachtet als eine Wohnraumnutzung[9], während das OLG Frankfurt eine solche Nutzung als ohne weiteres der Wohnraumnutzung gleichwertig erachtet. Letztere Entscheidung behandelte im Ergebnis die Nutzung durch eine Media Agentur und hielt diese für zulässig, da im Rahmen der computergestützten Arbeit einer Media Agentur keine Geräuschimmissionen zu befürchten seien[10]. Das BayObLG ist davon aus-

---

1 BGH v. 29.11.1995 – XII ZR 230/94, NJW 1996, 714.
2 OLG Düsseldorf v. 13.2.2006 – 3 Wx 181/05, 3 Wx 181/05, ZWE 2006, 188 ff.
3 *Briesemeister*, ZWE 2006, 192 ff.
4 OLG Köln v. 27.11.2002 – 16 Wx 226/02, MietRB 2003, 40–41.
5 KG v. 13.2.2007 – 24 W 347/06, WE 2007, 71–74; OLG München v. 6.11.2006 – 34 Wx 105/06, ZMR 2007, 302–304; OLG Köln v. 27.11.2002 – 16 Wx 226/02, OLGReport Köln 2003, 227–228.
6 Siehe bereits *Jennißen*, NJW 2004, 3527–3535.
7 OLG Köln v. 20.6.2003 – 16 Wx 120/03, n.v.
8 OLG Köln v. 27.11.2002 – 16 Wx 226/02, MietRB 2003, 40–41.
9 OLG Köln v. 27.12.2002 – 16 Wx 233/02, OLGReport Köln 2003, 113.
10 OLG Frankfurt v. 17.5.2005 – 20 W 132/03, n.v.

gegangen, dass eine Arztpraxis schon wegen des nicht unerheblichen Patientenverkehrs mehr stört als Wohnungsnutzung[1]. Das KG hielt die Nutzung eines Ladens als Café für drogenabhängige Personen mit medizinischer Versorgung, Rechtsberatung und Rechtsrat sowie Gelegenheiten zur Körperpflege – allerdings unter konkreter Betrachtung des Einzelfalls – für zulässig, stellte dabei jedoch auf den Charakter der Wohnanlage und der näheren Umgebung ab. So berief sich das OLG auf die Feststellungen der vorhergehenden Instanz, wonach in den vergangenen Jahren des Betriebes der Einrichtung konkrete Gefährdungen der übrigen Eigentümer nicht bestanden und die Öffnungszeiten sehr eingeschränkt waren[2]. Das OLG Hamburg hatte dementgegen typisierend die Nutzung von Wohnraum zur Prostitution wegen der negativen wirtschaftlichen Auswirkungen auf Nachbarwohnungen in Form der Wertminderung als unzulässig erachtet. In der gleichen Entscheidung machte das Gericht die Frage der Verwalterzustimmung jedoch zur Einzelfallfrage[3]. Stellt das OLG Schleswig auf die konkrete Beeinträchtigung durch einen Imbissbetrieb ab[4], hält das OLG Frankfurt diesen bei typisierender Betrachtung als für nicht von dem Begriff Laden erfasst[5]. Das KG hat bei *typisierender Betrachtung* der *konkret ausgeübten* Nutzung eine Begegnungsstätte als nicht von der Zweckbestimmung Laden erfasst angesehen[6].

Letztere Entscheidung wendet einen sachgerechten Maßstab an und zeigt damit, welche Anforderungen an einen substantiierten Vortrag zu stellen sind. Es sind die konkreten und für die Einschätzung einer Störungsgeneigtheit relevanten Umstände darzulegen und gegebenenfalls zu beweisen. Dabei sind detaillierte Angaben zu Art, Umfang und jeweiliger Dauer der Nutzung, Lage und Größe des Objektes, Art und Umfang des Publikumsverkehrs usw. zu machen. Es reicht nicht vorzutragen, Wohnraum werde durch eine Arztpraxis genutzt. Das Gericht muss sich ein Bild der konkreten Situation machen können. Ist dies möglich, kann aufgrund dieses konkreten Bildes eine typisierende Betrachtung dahingehend erfolgen, ob eine weitergehende Störung durch die tatsächliche Nutzung gegenüber der vorgesehenen Nutzung gegeben ist bzw. typischerweise gegeben sein kann. Im Hinblick auf die Eigenart des Wohnungseigentums ist es sachgerecht, die konkrete Störungsneigung – nichts anderes bewertet eine typisierende Betrachtung – als ausreichend für die Unzulässigkeit der Nutzung anzusehen. Der Nachweis einer bereits eingetretenen Störung ist nicht erforderlich. Legt der Kläger die Störungsneigung entsprechend dar, bleibt dem Beklagten vorbehalten, Umstände darzulegen, die die Realisierung der Störungsneigung ausschließen. So könnte die Darlegung, gewerblich genutzte Übungsräume verfügten über einen separaten Eingang, seien nur zwischen 8.00 und 12.00 und 15.00 und 20.00 Uhr geöffnet und vollständig schallisoliert, ausreichend sein, eine tatsächliche Störung auszuschließen und eine entsprechende Nutzung zuzulassen (zu weiteren Einzelfällen siehe unten).

25c

---

1 BayObLG v. 20.7.2000 – 2Z BR 50/00, ZMR 2000, 778–779.
2 KG Berlin v. 18.11.1998 – 24 W 8659/97, NZM 1999, 425.
3 OLG Hamburg v. 14.3.2005 – 2 Wx 19/05, ZMR 2005, 644–645.
4 OLG Schleswig v. 21.1.2004 – 2 W 52/03, ZMR 2004, 463–465.
5 OLG Frankfurt v. 6.1.2006 – 20 W 202/04, ZWE 2006, 250.
6 KG Berlin v. 13.2.2007 – 24 W 347/06, MietRB 2007, 147–148.

2. Verjährung und Verwirkung

25d Wird eine von mehreren Wohnungen einer Wohnanlage über viele Jahre hinweg zweckbestimmungswidrig genutzt, verstößt das Verlangen auf Unterlassung der zweckbestimmungswidrigen Nutzung anderer Wohnungen grundsätzlich nicht gegen die Grundsätze von **Treu und Glauben**[1].

25e Allerdings kann der Anspruch verwirken. Voraussetzung ist, dass der beeinträchtigte Wohnungseigentümer sein Recht längere Zeit nicht geltend macht und aus den Umständen zu schließen ist, dass er hierauf verzichtet.

25f Auf Grund der seit 1.1.2002 durch das Schuldrechtsmodernisierungsgesetz eingeführten **dreijährigen Verjährungsfrist** haben die Verwirkungseinreden erheblich an Bedeutung verloren. Nach Ablauf der dreijährigen Verjährungsfrist ist für eine Verwirkung kein Raum mehr. Die Verjährungsfrist beginnt gem. § 199 Abs. 1 BGB mit dem Schluss des Jahres, in dem der Anspruch entsteht und der Wohnungseigentümer von den den Anspruch begründenden Umständen und der Person des Störers Kenntnis erlangt oder grob fahrlässig nicht erlangt hat. Ohne Rücksicht auf die Kenntnis oder grob fahrlässige Unkenntnis verjährt der Abwehranspruch spätestens in zehn Jahren von seiner Entstehung an, § 199 Abs. 4 BGB.

25g Die Verjährung/Verwirkung tritt grundsätzlich auf **Dauer** ein[2]. Es lässt sich also nicht argumentieren, die Ansprüche würden nicht verjähren, weil die Störung den Unterlassungsanspruch täglich neu begründen würde. Etwas anderes gilt nur dann, wenn eine bisher unter typisierender Betrachtungsweise nicht störende Nutzung jetzt durch veränderte Verhaltensweise konkret stört. Dann stellt die veränderte Verhaltensweise ein die Verjährung erneut auslösendes Ereignis dar.

V. Einzelfälle

26 Humanarztpraxen in Büroräumen[3] oder Wohnungen[4] werden als zulässig angesehen, wenn sie für die Mitbewohner keine größeren als die üblichen Störungen verursachen. Abgestellt wird hierbei auf den Zuschnitt der Praxis (z.B. Bestellpraxis) und den Umfang des Patientenverkehrs, auf die Sprechstundenzeiten, aber auch auf die Lage im Gebäude und die Größe des Gebäudes, in dem die Praxis betrieben wird.

27 Der Betrieb einer Pizzeria ist in einem offenen Einkaufszentrum mit damit einhergehenden Geruchsbelästigungen für angrenzende Gewerbetreibende nicht deshalb unzulässig, weil in der Teilungserklärung die Bezeichnung **Bistro/Café** verwendet wird. Ein nachbarrechtlicher Ausgleichsanspruch analog § 906 Abs. 2 Satz 2 BGB ist jedenfalls dann nicht gegeben, wenn sich die Immissionen als Folge einer nach Vereinbarung und Teilungserklärung zulässigen Nutzung darstellen[5].

---

1 BayObLG v. 20.7.2000 – 2Z BR 50/00, NZM 2001, 137 f.
2 So auch *Kümmel*, AHB Wohnungseigentumsrecht, Teil 11 Rz. 327.
3 OLG Hamm v. 23.10.2003 – 15 W 372/02, FGPrax 2004, 12.
4 BayObLG v. 20.7.2000 – 2Z BR 50/00, NZM 2001, 137.
5 OLG München v. 9.10.2006 – 32 Wx 116/06, ZMR 2007, 215 f.

Ein Beschluss über die **Bepflanzung** von in gemeinschaftlichem Eigentum stehenden, den Balkongeländern vorgelagerten Pflanztrögen stellt eine Maßnahme ordnungsmäßiger Gebrauchsregelung dar[1]. 28

Hinsichtlich der Zulässigkeit einer Beschlussfassung der Wohnungseigentümerversammlung über die Nutzung von Wohnungen zu „**boarding-house**"-Zwecken lässt sich feststellen, dass die von der Teilungserklärung unterschiedlich verwendeten Zweckbestimmungen „Wohnung" und „Hotel" sich nach der zeitlichen Dauer der Raumbelegung durch denselben Nutzer und nach der Eigengestaltung der Haushaltsführung unterscheiden. Während eine Wohnnutzung durch das auf Dauer angelegte Bewohnen durch denselben Nutzer geprägt wird, der an seiner baulichen und sozialen Umgebung ein Mindestmaß an Interesse aufbringt und die Haushaltsführung mehr oder weniger selbst gestaltet, zeichnet sich die Hotelnutzung durch einen ständigen Wechsel von Benutzern von Räumen aus, die kein Interesse an der Haushaltsführung und ihrer Umgebung – von der Beachtung des gewählten qualitativen Standards abgesehen – aufbringen. Ein ständiger Wechsel der Bewohner in kürzeren Zeitabständen rechtfertigt die Annahme einer pensions- oder hotelartigen Nutzung, die über eine Nutzung zu Wohnzwecken hinausgeht[2]. 29

Eine Bestimmung in einer Teilungserklärung, mit der einem Wohnungseigentümer ein **Dachgeschossausbau** ermöglicht wird, ist grundsätzlich eng auszulegen und darf die Rechte des begünstigten Wohnungseigentümers nicht über den eindeutig bestimmbaren Wortlaut der Vereinbarung hinweg begünstigen[3]. 30

Das Abstellen von **Fahrrädern** im Treppenhaus durch einen Wohnungseigentümer oder seine Besucher ist grundsätzlich nicht zulässig; insoweit liegt ein bestimmungsgemäßer Gebrauch des Hausflurs nicht vor, weil Treppenhäuser dem ungestörten Begehen dienen und im Notfall als Fluchtweg freizuhalten sind[4]. 31

Lässt ein Wohnungseigentümer – entgegen dem bestandskräftigen Mehrheitsbeschluss der Gemeinschaft – an seiner Wohnung **Kunststofffenster** statt Holzfenster einbauen, so kann die Gemeinschaft Beseitigung (hier: Entfernung der eingebauten Kunststofffenster und Gestattung der Ersetzung durch solche aus Holz) verlangen[5]. 32

Ist in der Gemeinschaftsordnung für die Nutzung einer **Ferienwohnanlage** vorgesehen, dass die mit Schwimmbad und Solarium ausgestatteten Räume eines Teileigentums nur im Zusammenhang mit dem Betrieb der Ferienwohnanlage genutzt werden dürfen, so ist ein Teileigentümer nicht berechtigt, den Gästen seines in der Nähe gelegenen Hotels die Benutzung der Bädereinrichtungen zu gestatten[6]. 33

---

1 OLG München, v. 6.3.2006 – 34 Wx 128/05.
2 BayObLG v. 28.11.1991 – BReg 2Z 133/91NJW 1992, 917.
3 OLG Köln v. 30.5.2005 – 16 Wx 52/05, WuM 2006, 222.
4 AG Hannover v. 27.12.2005 – 71 II 547/05; ZMR 2006, 649.
5 OLG Düsseldorf v. 9.2.2005 – I-3 Wx 314/04; 3 Wx 314/04; NZM 2005, 426.
6 OLG München v. 23.3.2005 – 34 Wx 008/05, 34 Wx 8/05, ZMR 2005, 811 ff.

34 Wird durch die Nutzung einer **Einzelgarage** als Werkstatt durch den Nutzungsberechtigten keine stärkere Beeinträchtigung verursacht als durch eine Garagennutzung, kann Unterlassung der Nutzung nicht verlangt werden[1].

35 Mit der Zweckbestimmung eines Teileigentums als „**gewerbliche Nutzung** jeder Art" ist es nicht vereinbar, dieses Teileigentum als Versammlungsstätte und Gebetsraum zu nutzen, wenn dabei an Sonn- und Feiertagen Gottesdienste mit Gesang und Musikbegleitung stattfinden und auch unter der Woche am Feierabend Senioren- und Jugendtreffs mit Liedersingen abgehalten werden[2].

36 Die Zweckbestimmung eines Teileigentums als gewerbliche Räume steht der Nutzung als Tagesstätte mit Kontakt- und Informationsstellenfunktion für Menschen mit psychischer Behinderung nicht entgegen[3].

37 Die Nutzung der in der Teilungserklärung als „gewerbliche Einheit" ohne weitere Zweckbindung bezeichneten Räume als Begegnungsstätte eines deutschkurdischen Kulturvereins ist zulässig[4].

38 Die Nutzung von als Teileigentum ausgewiesenen **Hobbyräumen** zu dauernden Wohnzwecken stört bei generalisierender Betrachtungsweise mehr als eine zweckbestimmungsmäßige Nutzung. Bestimmt die Gemeinschaftsordnung jedoch, dass die Hobbyräume ausgebaut und mit den Wohnungen verbunden werden dürfen, so liegt darin in der Regel eine Vereinbarung, dass diese Räume dann zu dauernden Wohnzwecken genutzt werden dürfen.

39 Führt der Anschluss eines offenen **Kamins** eines Wohnungseigentümers an einen gemeinschaftlichen Schornstein dazu, dass keine anderen Öfen mehr angeschlossen werden können, können Beseitigungsansprüche eines anderen Wohnungseigentümers bestehen. Dann spricht im Einzelfall nichts dagegen, dass der berechtigte Wohnungseigentümer gestützt auf § 15 Abs. 3 WEG – im Rahmen des tatsächlich Möglichen und rechtlich Zulässigen – als Minus dazu eine geringfügigere Veränderung des Kamins des zur Beseitigung verpflichteten Wohnungseigentümers verlangen kann, dass auch ihm die Nutzung des Kamins durch Anschluss eines eigenen Ofens ermöglicht wird[5].

40 Die Bezeichnung von Teileigentumsräumen in der Teilungserklärung als **Keller** enthält eine Zweckbestimmung mit Vereinbarungscharakter i.S.d. §§ 10 Abs. 1 S. 2, 15 Abs. 1 WEG. Damit dürfen die Räume grundsätzlich nur als Kellerräume genutzt werden; zulässig ist auch eine andere Nutzung, sofern sie nicht mehr stört oder beeinträchtigt als eine Nutzung als Keller. Die Wohnnutzung eines Teileigentums mit der Zweckbestimmung „Keller" stört grundsätzlich mehr als die bestimmungsgemäße Nutzung und muss von den übrigen Wohnungseigentümern deshalb nicht geduldet werden. Dabei ist eine verallgemeinernde Betrachtungsweise geboten[6].

---

1 OLG Hamburg v. 29.8.2005 – 2 Wx 60/05, ZMR 2005, 975 f.
2 LG Freiburg, v. 11.2.2005 – 2 O 451/04, WuM 2005, 353 f.
3 OLG Zweibrücken v. 11.8.2005 – 3 W 21/05, NZM 2005, 868 f.
4 OLG Hamm v. 12.4.2005 – 15 W 29/05, NZM 2005, 870 f.
5 OLG München v. 6.11.2006 – 34 Wx 105/06, ZMR 2007, 302 ff.
6 OLG Zweibrücken v. 14.12.2005 – 3 W 196/05, ZMR 2006, 316 f.

Gebrauchsregelung § 15

Die Regelung in einer Teilungserklärung, wonach bestimmte als **Kellerräume** 41
bezeichnete Räume „wie bisher ohne jede Einschränkung" genutzt werden können, ist inhaltlich zu **unbestimmt**, um hieraus ein Recht zur Nutzung der Räume für Wohnzwecke entnehmen zu können. Wegen des Grundsatzes, dass Regelungen in einer Teilungserklärung wie Grundbucheintragung nach Wortlaut und Sinn auszulegen sind, kommt es auch nicht darauf an, wie die Räume tatsächlich in der Vergangenheit genutzt worden sind und wie das Ergebnis einer hierzu durchgeführten Beweisaufnahme ist[1].

Die Bezeichnung eines Teileigentums als „**Laden**" in der Teilungserklärung ist 42
eine Zweckbestimmung mit Vereinbarungscharakter. Diese hat jedoch nicht die Bedeutung einer Nutzungsbeschränkung, wenn sich aus der Gemeinschaftsordnung ergibt, dass sämtliche Sondereigentumseinheiten nicht von vorneherein ausschließlich der Nutzung als Wohnraum oder als gewerbliche Räume zugeordnet werden[2]. Dieser Zweckbestimmung entspricht die Nutzung mit einem (Fisch-)Großhandelsgeschäft nicht. Eine solche Nutzung beeinträchtigt die übrigen Eigentümer über das zugelassene Maß hinaus[3]. Es handelt sich bei der Angabe in der Teilungserklärung „Laden" um eine Zweckbestimmung mit Vereinbarungscharakter i.S.v. § 10 Abs. 1 Satz 2, § 15 Abs. 1 WEG. Ein solches Teileigentum darf grundsätzlich nur im Rahmen der Zweckbestimmung genutzt werden. Eine andere Nutzung ist nur dann zulässig, wenn sie der Zweckbestimmung „Laden" nicht widerspricht und für die übrigen Wohnungseigentümer nach einer typisierenden Betrachtung keine Beeinträchtigung verursacht, die die mit dem gewöhnlichen Betrieb eines Ladens regelmäßig verbundenen Beeinträchtigungen überschreitet[4].

Nach allgemeinem Sprachgebrauch wird unter einem Laden eine Verkaufsstätte 43
zum Vertrieb von Waren an jedermann verstanden. Die Zweckbestimmung als „Laden" steht einer Nutzung der betreffenden Räumlichkeiten als „Begegnungsstätte für Menschen" entgegen, wenn bei einer typisierenden Betrachtungsweise davon auszugehen ist, dass die von der Begegnungsstätte ausgehenden Geräuschemissionen die anderen Wohnungseigentümer in stärkerem Maße beeinträchtigen, als dies bei einer Ladennutzung der Fall wäre[5].

Wegen Geräuschs- und Geruchsbelästigung überschreitet ein Döner-Schnellim- 44
biss die für einen „Laden" übliche Nutzung[6].

Der Betrieb einer Spielothek, die täglich von 8.30 Uhr bis 1.00 Uhr geöffnet ist, 45
stört bei der gebotenen typisierenden Betrachtungsweise mehr als ein Ladengeschäft[7].

---

1 OLG Köln v. 30.9.2005 – 16 Wx 37/05; FGPrax 2006, 12 f.
2 OLG München v. 25.4.2007, 32 Wx 137/06, OLGR München 2007, 462 f.
3 OLG München v. 8.12.2006 – 34 Wx 111/06, MDR 2007, 513–514.
4 BayObLG v. 29.9.1999 – 2Z BR 103/99, NZM 2000, 288; OLG Köln v. 25.3.2004 – 16 Wx 52/04, WuM 2005, 71.
5 KG v. 13.2.2007 – 24 W 347/06, DWE 2007, 71 ff.
6 OLG Zweibrücken v. 6.12.2005 – 3 W 150/05, MDR 2006, 682 f.
7 BayObLG v. 9.2.2005 – 2Z BR 170/04, NZM 2005, 463.

46 Die nähere Bezeichnung von Teileigentum als Laden in der Teilungserklärung hat nicht die Bedeutung einer Nutzungsbeschränkung, wenn in der Gemeinschaftsordnung ausdrücklich geregelt ist, dass es auf die Bezeichnung in der Teilungserklärung nicht ankommt[1].

47 Ob eine Imbissstube mehr stört als ein Laden, ist anhand einer typisierenden Betrachtungsweise festzustellen[2].

48 Zur Auslegung einer Teilungserklärung, nach der „Sondereigentum an dem im Erdgeschoss gelegenen Ladenraum samt Ladenkeller und Nebenräumen im Kellergeschoss" begründet wird, hat das OLG München entschieden, dass sich aus dieser Formulierung nicht ableiten lasse, dass eine selbständige gewerbliche Nutzung der Räume vorgesehen sei[3].

49 Die Nutzung von Teileigentum, das nach der Teilungserklärung als „Laden" gewerblich genutzt werden darf, als Schnell-Imbiss verstößt bei der gebotenen typisierten Betrachtungsweise gegen die vereinbarte Zweckbestimmung in der Teilungserklärung[4].

50 Nach §§ 13 Abs. 2, 15 Abs. 3 WEG kann jeder Wohnungseigentümer – soweit sich eine Regelung nicht aus dem Gesetz, den Vereinbarungen oder Beschlüssen ergibt – einen Gebrauch des gemeinschaftlichen Eigentums verlangen, der dem Interesse der Gemeinschaft der Wohnungseigentümer nach billigem Ermessen entspricht. Das freie (unangeleint oder ohne **Maulkorb**) Umherlaufen eines Hundes von der Größe eines Rottweilers auf dem im Gemeinschaftseigentum stehenden und keinem Sondernutzungsrecht unterliegenden Hofgrundstück stört und beeinträchtigt mehr als unerheblich die ungehinderte Nutzung des gemeinschaftlichen Eigentums. Im Interesse der Gemeinschaft der Wohnungseigentümer ist dies deshalb nach §§ 1004 Abs. 1 BGB; 15 Abs. 3 WEG zu unterlassen[5].

51 Der Betrieb eines Abend**lokals** mit dem Angebot von Live-Musik, Tanzfläche und täglich wechselnden „Aktions- Cocktails" stört bei der gebotenen typisierenden Betrachtungsweise mehr als eine Gaststätte mit Speiseangebot, Hintergrundmusik und Tanzmöglichkeit[6].

52 Durch die Errichtung einer **Mobilfunkanlage** auf dem Dach des Gebäudes einer Wohnungseigentumsanlage mit mehreren Gebäuden werden in der Regel alle Eigentümer in ihren Rechten betroffen. Der Errichtung müssen daher auch alle Eigentümer zustimmen. Die Genehmigung zur Errichtung der Mobilfunkanlage nur durch die Wohnungseigentümer eines Hauses ist nichtig, da die Versammlung die ihr zustehende Regelungskompetenz zu Lasten der übrigen Wohnungseigentümer überschritten hat. Der Beschluss der Eigentümerteilversammlung verstößt gegen § 15 Abs. 3 WEG, da auch die übrigen Eigentümer von den Mo-

---

1 BayObLG v. 19.1.2005 – 2Z BR 205/04, ZMR 2005, 561 f.
2 BayObLG v. 12.1.2005 – 2Z BR 202/04, DWE 2005, 23.
3 OLG München v. 5.7.2006 – 34 Wx 63/06, NZM 2006, 933 f.
4 OLG Frankfurt v. 6.1.2006 – 202/04, ZWE 2006, 250.
5 OLG Düsseldorf v. 23.8.2006 – I-3 Wx 64/06, 3 Wx 64/06, WuM 2006, 582 f.
6 BayObLG v. 28.2.2005 – 2Z BR 237/04, GuT 2006, 41 f.

bilfunkantennen betroffen sind, so dass diese Maßnahme daher grundsätzlich auch ihrer Zustimmung bedarf, § 22 Abs. 1, § 14 Abs. 1 WEG[1].

Das Musizieren innerhalb der eigenen Wohnung ist „Bestandteil eines sozial üblichen Verhaltens und Element der Zweckbestimmung der Wohnanlage. Es darf zwar auf bestimmte Zeiten und einen bestimmten Umfang beschränkt, nicht jedoch insgesamt verboten werden"[2]. Dies gilt zumindest für eine Regelung durch Beschluss. Offen ist, ob ein vollständiges Musizierverbot vereinbart werden kann. Können die Wohnungseigentümer die Selbstnutzung ausschließen (s. oben), erscheint es konsequent, als in diesem Ausschluss enthaltenes „minus" auch eine derartige Beschränkung vereinbaren zu können. 53

Sind die **Nutzungszeiten** einer gemeinschaftlichen Sauna nicht anderweitig geregelt, können diese durch Beschluss festgelegt werden[3]. 54

Die **Nutzung eines benachbarten Grundstücks** kann nicht Gegenstand eines auf § 15 Abs. 3 WEG gestützten Unterlassungsanspruchs sein. Das Gemeinschaftsverhältnis ist auf das gemeinschaftliche Grundstück im Rahmen seiner sachenrechtlichen Zuordnung beschränkt[4]. 55

Sichtbare Eingriffe in den **optischen Gesamteindruck** der Fassadengestaltung stellen ungeachtet der Frage, ob dadurch unter architektonisch-ästhetischen Gesichtspunkten eine Verbesserung oder Verschlechterung des Gesamteindrucks der Fassade erreicht wird, eine der Zustimmung aller Wohnungseigentümer bedürfende bauliche Veränderung dar[5]. Entgegen OLG Köln erfordert die Annahme einer baulichen Maßnahme gleichwohl einen Eingriff in die Substanz (im zu entscheidenden Fall war diese allerdings tatsächlich gegeben: Ersatz von seitlich an den Balkonen als Sichtschutz angebrachten, fest mit dem Mauerwerk verankerten Schränken). Ohne Substanzeingriff kommt lediglich eine störende Gebrauchsform in Betracht[6]. Führen einzelne Wohnungseigentümer eine solche Maßnahme eigenmächtig aus, ergibt sich ein Anspruch auf Wiederherstellung des ursprünglichen Zustandes aus §§ 1004 Abs. 1 BGB, 15 Abs. 3, 14 Nr. 1 WEG. 56

Das Aufstellen einer **Parabolantenne** auf einem teilweise in die Fassade zurückgesetzten Balkon, die von außen nur durch einen Schlitz zwischen der fest gemauerten Balkonumfassung und dem ebenfalls fest eingefügten Betonblumenkasten wahrnehmbar ist, führt im Allgemeinen nicht zu einer nachteiligen Beeinträchtigung der übrigen Wohnungseigentümer. Die Frage nach der Zulässigkeit ist immer eine Frage des Einzelfalles, abhängig von den beteiligten Personen, Größe, Standort und Anbringung der Antenne usw. Allein die Herkunft eines Wohnungseigentümers ist ebenso wenig entscheidend wie die Tatsache, dass für keinen bereits ein ausländischer Sender zu empfangen ist. Eine generali- 57

---

1 OLG München v. 13.12.2006 – 34 Wx 109/06, WuM 2007, 34 ff.
2 BGH v. 10.9.1998 – V ZB 11/98 NJW 1998, 3713.
3 OLG Düsseldorf v. 2.6.2003 – 3 Wx 94/03, NZM 2003, 978.
4 OLG Hamm v. 28.2.2006 – 15 W 352/05, ZMR 2006, 707 f.
5 OLG Köln v. 9.3.2006 – 16 Wx 27/06, WuM 2006, 537.
6 OLG München v. 15.3.2006 – 34 Wx 160/05, NZM 2006, 378.

sierende Betrachtung verbietet sich[1]. Der Wechsel in der Staatsangehörigkeit führt zu keiner Veränderung der kulturellen Wurzeln, welche gegebenenfalls ausschlaggebend für das grundsätzliche Interesse an dem Empfang ausländischer Sender ist.

58 Unterlässt der Eigentümer die Anfechtung eines Beschlusses auf Beseitigung nicht genehmigter Parabolantennen, liegt darin ein Verzicht auf den ansonsten aufgrund des Informationsrechts des ausländischen Eigentümers bestehenden Anspruch auf Duldung[2].

59 Soll in einer Eigentumswohnung, die ursprünglich Wohnzwecken dienen sollte, ein **Pflegeheim** betrieben werden, so wird dies im Regelfall für die übrigen Wohnungseigentümer mit so erheblichen Störungen verbunden sein, dass der Wohnungseigentümerverwalter die in der Teilungserklärung vorgesehene Zustimmung zur Ausübung des gewerblichen Betriebs aus wichtigem Grund verweigern muss. Eine gleichwohl erteilte Verwalterzustimmung ist dann unwirksam[3].

60 Die Vermietung von Wohnungseigentum eines Betreuungsvereins an Suchtkranke, die aus der Anstaltsunterbringung entlassen worden sind, kann sich im Rahmen zulässiger Wohnzwecke halten. Die Nutzung zweier Wohnungen in einem Reihenhaus mit acht Wohnungen durch Betreuungspersonen für die Suchtkranken beeinträchtigt die Wohnungseigentümer in daneben stehenden Reihenhäusern nicht stärker als eine Wohnnutzung[4].

61 Die Nutzung der Eigentumswohnung zum Zwecke der **Prostitution**sausübung steht nicht mit § 14 Nr. 1 WEG in Einklang. Der Verwalter der Wohnungseigentümergemeinschaft ist nicht verpflichtet, die Einwilligung zur Ausübung des Gewerbes der Prostitution in der Eigentumswohnung zu erteilen, weil die Ausübung dieses Gewerbes eine unzumutbare Beeinträchtigung der anderen Wohnungseigentümer und damit einen wichtigen Grund für die Verweigerung der Zustimmung durch den Verwalter darstellt[5].

62 Bei einer Verschlechterung des **Schallschutzes** vor Wasserinstallationsgeräuschen durch Rohrverlegungen bei einer Badezimmerrenovierung muss nach den Umständen des Einzelfalls entschieden werden, ob eine über das in § 14 Nr. 1 WEG bezeichnete Maß hinausgehende Beeinträchtigung vorliegt. Erst dann besteht ein Beseitigungsanspruch nach § 15 Abs. 3 WEG[6]. Eine solche über das in § 14 Nr. 1 WEG bestimmte Maß hinausgehende Beeinträchtigung ist im Regelfall ausgeschlossen, wenn die DIN- Normen für den Schallschutz eingehalten werden[7].

---

1 OLGReport München 2006, 173 f. = ZMR 2006, 304 f. = NJW-RR 2006, 592 ff. = NZM 2006, 345 ff. = ZWE 2006, 337 ff.
2 AG Hannover v. 21.2.2006 – 71 II 606/05, ZMR 2006, 402 f.
3 OLG Köln v. 4.7.2006 – 16 Wx 122/06, NJW-RR 2007, 87.
4 KG v. 13.12.2004 – 24 W 51/04, WuM 2005, 207 ff.
5 OLG Hamburg v. 14.3.2005 – 2 Wx 19/05, ZMR 2005, 644 f.
6 OLG München v. 10.4.2006 – 34 Wx 21/06, ZMR 2006, 643 ff.
7 OLG Frankfurt v. 27.3.2006 – 20 W 204/03, NZM 2006, 903.

Gebrauchsregelung § 15

Ein bestandskräftiger Eigentümerbeschluss, der die Errichtung eines hölzernen Geräteschuppens bestimmter Größe auf einer Garten**sondernutzungsfläche** genehmigt und hierbei die Standortauswahl dem Wohnungseigentümer mit der Maßgabe überlässt, dass kein anderer Eigentümer über das normale Maß hinaus belästigt wird, ist nicht wegen inhaltlicher Unbestimmtheit nichtig[1]. 63

Die faktische **Stilllegung eines Aufzugs** und Verweigerung einer Reparatur, dessen Funktionsfähigkeit die Teilungserklärung verspricht, kann nicht mehrheitlich beschlossen werden[2]. Jeder Wohnungseigentümer darf sich darauf verlassen, dass sein Eigentum mehrheitsfest ist, jeder seiner Rechtsnachfolger darf gewiss sein, den sachlichen und rechtlichen Kern seines Wohnungseigentums dem Grundbuch entnehmen zu können[3]. Das gilt auch für Beschlüsse, die bauliche Veränderungen betreffen[4]. Soweit die Teilungserklärung keine abweichende Regelung enthält, bedürfen sie – vorbehaltlich der Fälle des § 22 Abs. 1 Satz 2 WEG – der Vereinbarung oder der Allstimmigkeit. Nur dort, wo es um die Konkretisierung des ordnungsgemäßen Gebrauchs (§ 15 Abs. 2 WEG) oder die ordnungsgemäße Verwaltung des gemeinschaftlichen Eigentums (§ 21 Abs. 1,3 WEG) geht, muss er erwarten, dass sich die näheren Einzelheiten der Ausübung seines Eigentumsrechts aus Beschlüssen der Wohnungseigentümergemeinschaft ergeben können. 64

Erlaubt die Gemeinschaftsordnung ausdrücklich die Anlage eines **Teich**es in einer bestimmten Größe, so kann allein daraus in der Regel nicht abgeleitet werden, dass größere Teiche unzulässig sind[5]. 65

Ist in der Teilungserklärung einer Mehrhausanlage, die aus insgesamt 10 Häusern und 2 Kraftfahrzeugabstellhallen besteht, geregelt, dass jedes Gebäude der Anlage als wirtschaftliche Einheit durch eine **Teil-Gemeinschaft** zu verwalten ist, kann allein die Garagengemeinschaft regeln, wie ihr Gebäude genutzt wird. Die (zur Instandhaltung verpflichtete) Teil-Gemeinschaft kann daher auch wirksam beschließen, dass ein sanierungsbedürftiges Parkdeck geschlossen wird[6]. 66

Eine nicht nur geringfügige Vergrößerung einer **Terrasse** stellt durch das Aufstellen von mehr Stühlen, Tischen, Liegen und sonstige beim Aufenthalt im Freien benutzte Gegenstände eine intensivere Nutzung dar, was einen Nachteil i.S.v. § 14 Nr. 1 WEG bedeutet und einen Beseitigungsanspruch auslöst[7]. 67

Bei **Tierarztpraxen** bedarf es keiner Beweiserhebung, ob und in welchem Ausmaß tatsächlich Lärmbelästigungen aus dieser herrühren. Bereits das Risiko höherer Lärmbelästigungen muss nicht hingenommen werden. Tiere befinden sich beim Arztbesuch in einer krankheitsbedingten Stress- oder Angstsituation, wobei daher lautes Bellen oder andere vergleichbar störende Tiergeräusche zu erwarten sind[8]. 68

1 OLG München v. 26.7.2006 – 34 Wx 83/06, OLGReport München 2006, 847f.
2 OLG Saarbrücken v. 29.11.2006 – 5 W 104/06–39, 5 W 105/06, WuM2007, 154.
3 BGH v. 20.9.2000 – V ZB 58/99, NJW 2000, 3500.
4 OLG Düsseldorf v. 7.1.2005 – 3 Wx 306/04, OLGReport Düsseldorf 2005, 146.
5 BayObLG v. 18.3.2005 – 2Z BR 233/04, WuM 2005, 477f.
6 LG Saarbrücken v. 7.12.2006 – 5 T 387/05, ZMR 2006, 478ff.
7 OLG Hamburg v. 11.1.2006 – 2 Wx 28/04, ZMR 2006, 465ff.
8 OLG München v. 25.5.2005 – 34 Wx 24/05, ZMR 2005, 727f.

69 Hatte die Wohnungseigentümergemeinschaft bereits durch (bestandskräftigen) Grundsatzbeschluss zulässigerweise beschlossen, dass die **Tierhaltung** in einer Wohnung auf maximal eine Katze bzw. einen Hund beschränkt wird, stellt ein weiterer Beschluss darüber, dass das Besuchsrecht und die Pflege von Hunden maximal 6 Wochen im Jahr nicht überschreiten darf, eine sachgerechte Fortführung dar, wenn sich in der Wohnung eines Eigentümers zeitweise weitere Hunde befanden. Denn würde man ein unbegrenztes Besuchsrecht eines weiteren Hundes gestatten, wäre die rechtmäßige Haltungsbeschränkung auf einen Hund sinnlos und führte zu einer unzulässigen Umgehungsmöglichkeit[1].

70 Allerdings ist kein generelles Haustierverbot durch Mehrheitsbeschluss möglich[2]. Dafür ist eine Vereinbarung i.S.d. § 15 Abs. 1 WEG erforderlich. Möglich ist hingegen ein Beschluss über die Art und Weise der Tierhaltung[3].

71 Eine in der Teilungserklärung enthaltene Regelung, die besagt, dass das Sondereigentum im Interesse des friedlichen Zusammenlebens der Hausgemeinschaft so auszuüben ist, dass weder einem anderen Miteigentümer noch einem Hausbewohner über das bei einem geordneten Zusammenleben unvermeidliche Maß hinaus ein Nachteil erwächst und dass dies insbesondere für die Tierhaltung und die Musikausübung gilt, hindert die Wohnungseigentümer nicht, durch Mehrheitsbeschluss im Rahmen des ordnungsmäßigen Gebrauchs über eine Einschränkung oder ein Verbot der Tierhaltung zu entscheiden[4].

72 Das Anbringen einer Garderobe im **Treppenhaus** bedarf als Inanspruchnahme des Alleingebrauchs an Teilen des Gemeinschaftseigentums der Zustimmung sämtlicher Wohnungseigentümer[5].

73 Der Gebrauch einer **Trockensauna** im Kellerraum kann zulässig sein[6].

74 In der Gemeinschaftsordnung kann eine **Vermietungsbeschränkung** dergestalt bestimmt werden, dass ein Wohnungseigentümer seine Wohnung nur mit Zustimmung eines anderen Wohnungseigentümers einem Dritten zum Gebrauch überlassen darf. Die Zustimmung darf dann aber nur aus wichtigem Grund versagt werden[7].

75 Ein Eigentümerbeschluss, der die dauernde, unkontrollierte **Videoüberwachung** von Flächen, die im Gemeinschaftseigentum stehen, durch einen der Wohnungseigentümer verbietet, entspricht in der Regel einer ordnungsmäßigen Verwaltung[8].

76 Die Zweckbestimmung des Sondereigentums als **Wohnung** durch die Teilungserklärung wird durch die Bezeichnung der einzelnen Räume in dem in Bezug genommenen Aufteilungsplan nicht auf die so umrissene konkrete Nutzungsart

---

1 AG Hannover v. 4.10.2005 – 71 II 293/05, ZMR 2006, 484f.
2 OLG Saarbrücken v. 2.10.2006 – 5 W 154/06, WuM 2007, 85f.
3 *Drasdo*, NJW-Spezial 2006, 241f.; *Blank*, NJW 2007, 729–733.
4 OLG Düsseldorf v. 10.12.2004 – 3 Wx 311/04, NZM 2005, 345.
5 OLG München v. 15.3.2006 – 34 Wx 160/05, NZM 2006, 378ff.
6 OLG Frankfurt v. 2.11.2005 – 20 W 378/03, NZM 2006, 747f.
7 BayObLG v. 14.9.1987 – BReg 2Z 38/87, NJW-RR 1988, 17ff.
8 OLG München v. 11.3.2005 – 32 Wx 002/05, MDR 2005, 620.

beschränkt[1]. Der Wohnungseigentümer ist deshalb berechtigt, im Rahmen der Wohnnutzung die Art der Nutzung der einzelnen Räume zu verändern. Zulässig ist danach auch die Verlegung der Nutzung eines Raumes mit Sanitäreinrichtungen (hier: der Küche) in einen anderen Raum, soweit damit nicht eine zustimmungspflichtige Veränderung des Gemeinschaftseigentums (Eingriff in das Leitungssystem) verbunden ist. Dieses Recht des Wohnungseigentümers ist nur durch das Rücksichtnahmegebot gem. § 14 Abs. 1 WEG beschränkt.

Eine Bestimmung in der Teilungserklärung, wonach die Wohnungen nur zu Wohnzwecken und/oder zur Ausübung eines freiberuflichen Dienstleistungsbetriebes oder eines Gewerbes ohne Geräuschentwicklung benutzt werden dürfen, erlaubt bei der gebührenden typisierenden Betrachtungsweise auch den Betrieb einer Media-Agentur[2]. 77

Die Bezeichnung eines Sondereigentums in der Teilungserklärung als Keller stellt eine Zweckbestimmung mit Vereinbarungscharakter dar. Diese Einordnung hat zur Folge, dass die so bezeichneten Räume nur als Keller, d.h. als Lager- und Abstellräume, oder nur in einer Weise genutzt werden dürfen, die nicht mehr stört oder beeinträchtigt als eine Nutzung als Keller. Wenn nun ein Keller als Wohnraum genutzt wird und dadurch ermöglicht wird, dass die Wohnung mit 4 Personen statt nur mit 2 bewohnt wird, so liegt es auf der Hand, dass durch die vermehrte und intensivere Nutzung eine größere Beeinträchtigung als von einem Zweipersonenhaushalt ausgeht. Daher besteht in diesem Fall ein Unterlassungsanspruch gem. § 15 Abs. 3 WEG[3]. 78

Ist Wohnungseigentümern bzw. ihren Kindern oder Rechtsnachfolgern durch eine Regelung der Teilungserklärung die Nutzung der Wohneinheit als gynäkologische Arztpraxis auf Grund einer Einzelvorweggenehmigung gestattet, so gilt diese Genehmigung auch für den Betrieb einer gynäkologischen Arztpraxis von Mietern des Wohnungseigentümers nach Aufgabe der eigenen Arztpraxis. Nach der gebotenen typisierenden Betrachtungsweise stört und beeinträchtigt die Nutzung einer Wohnung als Arztpraxis mit erheblichem Patientenverkehr mehr als eine zweckbestimmungsgemäße Nutzung als Wohnung[4]. Wird eine von mehreren Wohnungen einer Wohnanlage über viele Jahre hinweg zweckbestimmungswidrig genutzt, verstößt das Verlangen auf Unterlassung der zweckbestimmungswidrigen Nutzung anderer Wohnungen grundsätzlich nicht gegen die Grundsätze von Treu und Glauben[5]. Die Nutzung einer im ersten Obergeschoss gelegenen Eigentumswohnung als Friseursalon stört und beeinträchtigt jedenfalls in einer kleinen Wohnanlage mehr als die zweckbestimmungsgemäße Nutzung zu Wohnzwecken[6]. 79

---

1 OLG Hamm v. 13.2.2006 – 15 W 163/05, ZMR 2006, 634 ff.
2 OLG Frankfurt v. 17.5.2005 – 20 W 132/03.
3 OLG Schleswig v. 17.5.2006 – 2 W 198/05, ZMR 2006, 891 f.
4 LG Hamburg v. 22.3.2006 – 318 T 120/04 (93), ZMR 2006, 565 f.
5 BayObLG v. 20.7.2000 – 2Z BR 50/00, NZM 2001, 137 f.
6 BayObLG v. 31.8.2000 – 2Z BR 38/00, NZM 2001, 138 ff.

§ 16
Nutzungen, Lasten und Kosten

(1) Jedem Wohnungseigentümer gebührt ein seinem Anteil entsprechender Bruchteil der Nutzungen des gemeinschaftlichen Eigentums. Der Anteil bestimmt sich nach dem gemäß § 47 der Grundbuchordnung im Grundbuch eingetragenen Verhältnis der Miteigentumsanteile.

(2) Jeder Wohnungseigentümer ist den anderen Wohnungseigentümern gegenüber verpflichtet, die Lasten des gemeinschaftlichen Eigentums sowie die Kosten der Instandhaltung, Instandsetzung, sonstigen Verwaltung und eines gemeinschaftlichen Gebrauchs des gemeinschaftlichen Eigentums nach dem Verhältnis seines Anteils (Absatz 1 Satz 2) zu tragen.

(3) Die Wohnungseigentümer können abweichend von Absatz 2 durch Stimmenmehrheit beschließen, dass die Betriebskosten des gemeinschaftlichen Eigentums oder des Sondereigentums im Sinne des § 556 Abs. 1 des Bürgerlichen Gesetzbuches, die nicht unmittelbar gegenüber Dritten abgerechnet werden, und die Kosten der Verwaltung nach Verbrauch oder Verursachung erfasst und nach diesem oder nach einem anderen Maßstab verteilt werden, soweit dies ordnungsmäßiger Verwaltung entspricht.

(4) Die Wohnungseigentümer können im Einzelfall zur Instandhaltung oder Instandsetzung im Sinne des § 21 Abs. 5 Nr. 2 oder zu baulichen Veränderungen oder Aufwendungen im Sinne des § 22 Abs. 1 und 2 durch Beschluss die Kostenverteilung abweichend von Absatz 2 regeln, wenn der abweichende Maßstab dem Gebrauch oder der Möglichkeit des Gebrauchs durch die Wohnungseigentümer Rechnung trägt. Der Beschluss zur Regelung der Kostenverteilung nach Satz 1 bedarf einer Mehrheit von drei Viertel aller stimmberechtigten Wohnungseigentümer im Sinne des § 25 Abs. 2 und mehr als der Hälfte aller Miteigentumsanteile.

(5) Die Befugnisse im Sinne der Absätze 3 und 4 können durch Vereinbarung der Wohnungseigentümer nicht eingeschränkt oder ausgeschlossen werden.

(6) Ein Wohnungseigentümer, der einer Maßnahme nach § 22 Abs. 1 nicht zugestimmt hat, ist nicht berechtigt, einen Anteil an Nutzungen, die auf einer solchen Maßnahme beruhen, zu beanspruchen; er ist nicht verpflichtet, Kosten, die durch eine solche Maßnahme verursacht sind, zu tragen. Satz 1 ist bei einer Kostenverteilung gemäß Absatz 4 nicht anzuwenden.

(7) Zu den Kosten der Verwaltung im Sinne des Absatzes 2 gehören insbesondere Kosten eines Rechtsstreits gemäß § 18 und der Ersatz des Schadens im Falle des § 14 Nr. 4.

(8) Kosten eines Rechtsstreits gemäß § 43 gehören nur dann zu den Kosten der Verwaltung im Sinne des Absatzes 2, wenn es sich um Mehrkosten gegenüber der gesetzlichen Vergütung eines Rechtsanwalts aufgrund einer Vereinbarung über die Vergütung (§ 27 Abs. 2 Nr. 4, Abs. 3 Nr. 6) handelt.

Inhaltsübersicht

	Rz.		Rz.
I. Überblick	1	c) Abrechnungsmaßstäbe	87
II. Miteigentumsanteile	3	d) Fehlerhafte Verbrauchserfassung	90
III. Nutzungen (Abs. 1)	5	e) Kosten der Zwischenablesung	96
IV. Lasten und Kosten (Abs. 2)	6	f) Bildung von Abgrenzungsposten	99
1. Begriff der Lasten und Kosten	6	3. Wasser-/Abwasserkosten	100
2. Kosten des Gemeinschaftseigentums	10	4. Kosten der Müllabfuhr	106
V. Verteilungsschlüssel der Gemeinschaftsordnung	15	5. Wohngeldausfall	107
VI. Beschlusskompetenz zur Bestimmung der Verteilungsschlüssel	20	6. Leerstand/fehlende Nutzungsmöglichkeit	112
1. Betriebskosten (Abs. 3)	20	7. Mehrhausanlagen	114
2. Verwaltungskosten (Abs. 3)	35	8. Zustimmungskosten wegen Veräußerung	117
3. Einzelbelastungen (Abs. 3)	38	9. Kosten der baulichen Veränderungen (Abs. 4 und 6)	118
4. Instandhaltungs-, Instandsetzungskosten und bauliche Veränderungen (Abs. 4)	42	10. Kosten eines Rechtsstreits wegen Entziehung des Wohnungseigentums (Abs. 7)	125
a) Einzelfallregelung	42	11. Ersatz des Schadens im Falle des § 14 Nr. 4 (Abs. 7)	126
aa) Begriffsbestimmung	42	12. Kosten eines Rechtsstreits gem. § 43 (Abs. 8)	130
bb) Verteilungsschlüssel	46	IX. Schuldner der Lasten und Kosten	141
cc) Mehrheitsbeschluss	50	1. Eigentümer	141
dd) Einzelfallregelung	54	2. Veräußerung der Eigentumswohnung	142
b) Generelle Regelungen	59	3. Ersteher in der Zwangsversteigerung	152
5. Öffnungsklausel (Abs. 5)	66	4. Vereinbarungen zur Haftung des Erwerbers/Erstehers	153
VII. Anspruch auf Änderung des Verteilungsschlüssels	73	5. Beschlüsse zur Haftung des Erwerbers/Erstehers	156
VIII. Einzelne Probleme der Kostenverteilung	77	6. Haftung des Zwangs- und Insolvenzverwalters	160
1. Aufzug	77		
2. Heizkosten	80		
a) Anwendungsbereich der Heizkostenverordnung (HeizkV)	80		
b) Ausstattung zur Verbrauchserfassung	84		

Schrifttum: *Armbrüster*, Die Kosten des Gebrauchs des Sondereigentums, ZWE 2002, 145; *Becker*, Beschlusskompetenz kraft Vereinbarung – sog. Öffnungsklausel, ZWE 2002, 341; *Becker*, Verteilung der Folgekosten beim Dachausbau, ZWE 2001, 85; *Bub*, Einbau von Kaltwasserzählern, ZWE 2001, 457; *Bub*, Das Finanz- und Rechnungswesen der Wohnungseigentümergemeinschaft, 2. Aufl.; *Buck*, Die Mehrheitsentscheidung mit Vereinbarungsinhalt, WE 1998, 90; *Briesemeister*, Die Beschlusskompetenz zur Regelung der Kosten des Gemeinschaftseigentums, DWE 2005, 157; *Demharter*, Jahresabrechnung bei Eigentümerwechsel, ZWE 2002, 294; *Drasdo*, Die Zulässigkeit von Abgrenzungen in der Jahresabrechnung, ZWE 2002, 166; *Gottschalg*, Die Abgrenzung der baulichen Veränderung von der modernisierenden Instandsetzung, NZM 2001, 729; *Greiner*, Abfallgebühren als Kosten des Sondereigentums, ZMR 2004, 319; *Häublein*, Die Willensbildung in der

Wohnungseigentümergemeinschaft nach der WEG-Novelle, ZMR 2007, 409; *Hauger*, Besondere Abrechnungspflichten bei Eigentümerwechsel, PiG 27, S. 121; *Hogenschurz*, Die Verteilung der Kosten von baulichen Veränderungen, MietRB 2005, 23; *Hogenschurz*, Nochmals: Kaltwasserzählereinbau zur Abrechnung der Wasserkosten nach der Zitterbeschluss – Rechtsprechung des BGH, NZM 2001, 1122; *Hügel*, Nochmals: Mehrheitsentscheidung aufgrund sog. Öffnungsklausel, ZWE 2002, 503; *Jennißen*, Die Kostenverteilung nach Miteigentumsanteilen gem. § 16 Abs. 2 WEG, ZWE 2001, 461; *Jennißen*, Rechnungsabgrenzungen in der Verwalterabrechnung, ZWE 2002, 19; *Jennißen*, Verfahrenskostenverteilung im Innenverhältnis der Wohnungseigentümer, NZM 2007, 510; *Jennißen*, Die verbrauchsabhängige Heiz- und Wasserkostenabrechnung im Wohnungseigentum, FS für Blank, 2006; *Jennißen*, Probleme in der Rechtsanwendung der Heizkostenverordnung vom 23.2.1981, ZMR 1982, 228; *Jennißen*, Die zeitanteilige Aufteilung der Jahresabrechnung gegenüber Veräußerer und Erwerber, ZWE 2000, 494; *Jennißen*, Die Verwalterabrechnung nach dem Wohnungseigentumsgesetz, 5. Aufl.; *Lammel*, HeizkV – Kommentar, 2. Aufl.; *Merle*, Zur Abrechnung bei Veräußerung von Wohnungseigentum, ZWE 2004, 195; *Ott*, Die Zustimmung zu baulichen Veränderungen und zur Kostentragung, ZWE 2002, 61; *Peruzzo*, Heizkostenabrechnung nach Verbrauch, 5. Aufl.; *Rau*, Zur Beitragspflicht des ausgeschiedenen Wohnungseigentümers, ZMR 2000, 337; *Stähling*, Rechtsverfolgungskosten in der Jahresabrechnung, NZM 2006, 766; *Wenzel*, Der vereinbarungsersetzende, vereinbarungswidrige und vereinbarungsändernde Mehrheitsbeschluss, ZWE 2000, 2; *Wenzel*, Öffnungsklausel und Grundbuchpublizität, ZWE 2004, 130; *Wilhelmy*, Die strikte Einhaltung des Einnahmen- und Ausgabenprinzips im Blickwinkel von § 28 WEG, NZM 2004, 921.

I. Überblick

1 § 16 regelt die Verteilung der Nutzungen, Lasten und Kosten des gemeinschaftlichen Eigentums zwischen den Wohnungseigentümern. Die Regelung ist dispositiv und kann durch Vereinbarung abgeändert werden[1]. Bei Veränderung des Kostenverteilungsschlüssels gegenüber einer bereits bestehenden Vereinbarung wurde bis zur Novelle angenommen, dass grundsätzlich keine **Beschlusskompetenz** bestünde[2]. Diese hat der Gesetzgeber nun in die neu formulierten Abs. 3 und 4 eingefügt, um dem **Selbstorganisationsrecht** der Wohnungseigentümer stärker Rechnung zu tragen[3]. Damit kann die Eigentümergemeinschaft jetzt auch flexibler auf Kostenungerechtigkeiten reagieren.

2 Zur Lasten- und Kostendeckung leisten die Wohnungseigentümer Zahlungen, sog. Wohngeld, deren Höhe und Fälligkeit sich nach Beschlüssen gem. §§ 21 Abs. 7, 28 Abs. 2 richten.

---

1 BGH v. 7.10.2004 – V ZB 22/04, NJW 2004, 3413; BayObLG v. 22.4.1999 – 2Z BR 161/98, NZM 1999, 859; KG v. 19.9.2001 – 24 W 6354/00, ZWE 2002, 38; v. 20.3.2002 – 24 W 10233/00, ZMR 2002, 464; OLG Düsseldorf v. 16.3.2001 – 3 Wx 51/01, NZM 2001, 760; OLG Hamm v. 9.9.2002 – 15 W 235/00, ZMR 2003, 286; OLG Köln v. 16.1.2002 – 13 U 52/01, NZM 2003, 518; v. 8.12.1997 – 16 Wx 311/97, WuM 1998, 174; v. 6.3.1998 – 16 Wx 8/98, NZM 1999, 128; v. 16.11.2001 – 16 Wx 221/01, ZMR 2002, 779.
2 Vgl. u.a. *Pick* in Bärmann/Pick/Merle, WEG, § 16 Rz. 4; *Bub* in Staudinger, BGB, § 16 WEG Rz. 23 m.w.N.
3 Begründung der Bundesregierung zum Entwurf des WEG-ÄndG in BT-Drucks. 16/887, 23.

II. Miteigentumsanteile

In den Abs. 1 und 2 geht das Gesetz vom Anteil des einzelnen Wohnungseigentümers aus, der dem im Grundbuch eingetragenen Miteigentumsanteil entspricht. Da aber keine Vorschrift existiert, wie die Miteigentumsanteile zu berechnen sind, können sie mehr oder weniger zufällig bestimmt worden sein. Meistens orientieren sich die Berechnungen am Wert der Wohnung oder ihrer Größe. Probleme entstehen immer dann, wenn sich die Wohnungsgrößen vor Bezugsfertigkeit durch Umplanungen verändern und die neuen Werte im Grundbuch nicht berücksichtigt werden. Abweichungen können auch dann entstehen, wenn einer Wohnung Sondernutzungsrechte zugewiesen werden. Die **Sondernutzungsrechte** erhöhen den Wert der Wohnung. Die Flächen bleiben aber Gemeinschaftseigentum und werden deshalb meistens in den Miteigentumsanteil nicht hineingerechnet.

3

Der Miteigentumsanteil entsteht auch, wenn die Wohnung nicht errichtet wird, sog. isolierter Miteigentumsanteil[1]. Die Miteigentumsanteile sind auch dann gem. Teilungserklärung maßgebend, wenn für einzelne Kellerräume Teileigentum gebildet wurde, während andere den Wohnungen zugeschlagen wurden und somit eine Ungleichbehandlung vorliegt[2].

4

III. Nutzungen (Abs. 1)

Eine Definition des Begriffs findet sich in § 100 BGB, wonach dies die Früchte einer Sache oder eines Rechts sind. Zu den Nutzungen zählen aber auch die Gebrauchsvorteile. In der Praxis konzentrieren sich die Nutzungen und somit die Früchte des gemeinschaftlichen Eigentums im Wesentlichen auf drei Bereiche:

5

– Einnahmen aus der Vermietung und Verpachtung des gemeinschaftlichen Eigentums, z.B. im Gemeinschaftseigentum stehender Kfz-Stellplätze oder einer Hausmeisterwohnung, für die dieser Miete entrichtet;
– Einnahmen aus der Mitbenutzung des gemeinschaftlichen Eigentums, z.B. von Sauna, Waschmaschine oder Wäschetrockner;
– Zinsen aus Bankguthaben oder anderen Erträgen aus der Anlage der Instandhaltungsrücklage.

IV. Lasten und Kosten (Abs. 2)

1. Begriff der Lasten und Kosten

Abs. 2 verpflichtet jeden Wohnungseigentümer, sich an den Lasten und Kosten des gemeinschaftlichen Eigentums zu beteiligen. Diese Verpflichtung besteht auch dann, wenn das Wohnungs- oder Teileigentum nicht oder fehlerhaft entsteht. Für diesen sog. isolierten Miteigentumsanteil muss der Berechtigte die anteiligen Lasten und Kosten tragen[3]. Soweit unter dem Begriff der Lasten auch

6

---

1 S. hierzu auch OLG Hamm v. 18.9.2006 – 15 W 259/05, MietRB 2007, 67.
2 BayObLG v. 29.7.2004 – 2Z BR 110/04, ZMR 2004, 845.
3 OLG Hamm v. 18.9.2006 – 15 W 259/05, MietRB 2007, 67.

Grundschuld- und **Hypothekenzinsen** verstanden werden[1], bleibt diese Regelung ohne praktische Bedeutung. Die Wohnungseigentümer finanzieren ihre Wohnungen, indem sie Grundpfandrechte auf ihr Sondereigentum eintragen lassen. Diese sind dann keine Angelegenheit der Gemeinschaft und nicht von § 16 Abs. 2 erfasst.

7 Zu dem Begriff der Lasten zählen aber öffentlich-rechtliche Verpflichtungen, die das Grundstück im Ganzen betreffen. Hier sind die **Anliegerbeiträge** wie Straßenreinigungsgebühren, Müllabfuhrkosten oder Nutzungsentgelte für den Abwasserkanal zu nennen. Dabei ist es ohne praktische Bedeutung, ob diese Aufwendungen als Lasten oder Kosten des gemeinschaftlichen Eigentums bezeichnet werden.

7a Neben den Lasten- hat der Gesetzgeber den Kostenbegriff gesetzt. Letztere unterscheiden sich von den Lasten nur dadurch, dass nicht öffentlich-rechtliche, sondern privatrechtliche Verpflichtungen gemeint sind. Kosten entstehen mit der laufenden Bewirtschaftung des Objektes, namentlich durch Instandhaltung, Instandsetzung und die sonstige Verwaltung. Zur sonstigen Verwaltung liefert der neue Abs. 3 eine Klarstellung, dass hierunter **Betriebskosten** und die **Kosten der Verwaltung** zu subsumieren sind. Vom Kostenbegriff sind andererseits Auszahlungen und Aufwendungen zu unterscheiden. Kosten können auch unbezahlte Rechnungen sein. Die Einstandspflicht im Innenverhältnis gem. Abs. 2 trifft den Wohnungseigentümer nicht nur für bezahlte Rechnungen. Andernfalls könnte der Wohnungseigentümer einwenden, dass er erst dann zu einer anteiligen Kostenübernahme verpflichtet sei, wenn die Eigentümergemeinschaft die Rechnung bezahlt habe. Dies würde aber zu einem Zirkelschluss führen. Deshalb hat der Kostenbegriff des Abs. 2 zur Folge, dass sich die Wohnungseigentümer an Aufwendungen beteiligen müssen, auch wenn diese noch nicht beglichen wurden. Der Wortlaut des Abs. 2 steht somit einem reinen **Einnahmen-/Ausgabenprinzip** in der Jahresabrechnung entgegen (vgl. § 28 Rz. 71 ff.).

8 Die Beitragsleistung des Wohnungseigentümers ist in Geld zu erbringen. Er kann nicht durch Mehrheitsbeschluss zu **tätiger Mithilfe** bei der Durchführung von Instandhaltungs- oder Instandsetzungsarbeiten herangezogen werden[2]. Allerdings wird teilweise ein Beschluss, der die Pflicht zur Teilnahme an Pflegearbeiten (z.B. Reinigungs- und Streudienst) vorsieht, nicht als rechtswidrig angesehen[3]. Zur Differenzierung besteht jedoch keine Veranlassung, da auch für diese Dienste keine Rechtsgrundlage besteht[4].

---

1 Siehe u.a. *Gottschalg* in Weitnauer, WEG, § 16 Rz. 12; *Niedenführ* in Niedenführ/Schulze, WEG, § 16 Rz. 34.
2 KG v. 15.4.1977 – 1 W 1151/77, NJW 1978, 1439 = MDR 1978, 406 für die Bewässerung der gemeinschaftlichen Rasenfläche, BayObLG v. 30.6.1983 – 2 Z 76/82, DWE 1983, 123 für die Mithilfe beim Balkonanstrich; a.A. LG Landshut v. 14.3.2007 – 64 Tz 111/05, ZMR 2007, 493 für die Verpflichtung zu persönlichen Fassadenarbeiten (Anstreichen).
3 Bejahend OLG Hamm v. 5.2.1980 – 15 W 277/79, OLGZ 1980, 261 für die anteilige Reinigung des Treppenhauses; ablehnend AG München v. 28.12.1992 – UR II 600/92 WEG, WE 1993, 198.
4 Siehe hierzu auch *Bub/v. d. Osten*, Wohnungseigentum von A–Z, S. 712.

Ziel der Kostenverteilung ist es, einen **ausgeglichenen Haushalt** zu erreichen. Die Kostenverteilung führt grundsätzlich zu den Einnahmen, die zur ordnungsmäßigen Bewirtschaftung des Objektes und somit zur Kostendeckung erforderlich sind. Dabei ist die Möglichkeit der **Kreditaufnahme** nicht vollkommen auszuschließen, sondern an enge Voraussetzungen zu knüpfen. Ein entsprechender Mehrheitsbeschluss ist entgegen h.M. nicht davon abhängig, dass es sich um einen Kreditbetrag von untergeordneter Höhe handelt, der nur zur Überbrückung eines kurzfristigen Liquiditätsengpasses aufgenommen wird[1]. Im Falle der Kreditaufnahme wird die rechtsfähige Eigentümergemeinschaft Vertragspartner. Der notwendige Beschluss entspricht dann ordnungsmäßiger Verwaltung, wenn eine kurzfristige Deckung des Instandsetzungsbedarfs durch Wirtschaftsplan oder Sonderumlagen die finanzielle Leistungsfähigkeit einiger Wohnungseigentümer überfordern würde. Dies ist insbesondere dann anzunehmen, wenn die größere Instandsetzungsmaßnahme unvorhergesehen notwendig wird. Zudem muss dem einzelnen Wohnungseigentümer eine Abwendungsbefugnis eingeräumt werden. Wer den anteiligen auf ihn entfallenden Betrag per Sonderumlage leisten kann, ist bei der Kreditaufnahme von der quotalen Haftung auszuklammern. Die Eigentümergemeinschaft nimmt dann nur den Kredit für diejenigen Wohnungseigentümer auf, die durch die Zahlung einer hohen Sonderumlage überfordert würden. Dies ist im Kreditvertrag zu berücksichtigen[2].

2. Kosten des Gemeinschaftseigentums

Abs. 2 spricht gleich dreimal von den Lasten und Kosten des gemeinschaftlichen Eigentums. Dies führte dazu, dass in der Literatur zwischen Kosten des gemeinschaftlichen Eigentums und Kosten des Sondereigentums differenziert wurde. Es wurde die Auffassung vertreten, dass beispielsweise der in der Wohnung stattfindende **Kaltwasserverbrauch** zu den Kosten des Sondereigentums zählt, die nicht von § 16 Abs. 2 erfasst werden[3]. § 16 Abs. 2 erfasse nur die Kosten des Gemeinschaftseigentums.

Die Notwendigkeit für diese Differenzierung ergab sich u.a. daraus, dass in vielen Wohnungen schon bei Bezugsfertigkeit **Wasserzähler** eingebaut sind, die die Erfassung des individuellen Wasserverbrauchs ermöglichen. Wenn dann die Gemeinschaftsordnung regelte, dass alle Kosten nach Miteigentumsanteilen zu verteilen sind, stellte sich die Frage, ob die Wohnungseigentümer nun die Abrechnung nach Wasserzählern mit Mehrheit beschließen konnten. Dem hätte § 16 Abs. 2 und eine gleichlautende Regelung in der Gemeinschaftsordnung entgegengestanden, die grundsätzlich von einer Verteilung nach Miteigentumsanteilen ausgehen.

---

1 So aber BayObLG v. 30.6.2004 – 2Z BR 058/04, MietRB 2004, 358 = DWE 2005, 24; KG 21.5.1997 – 24 W 8575/96, ZMR 1997, 539 = WuM 1997, 574; OLG Hamm v. 28.11.1991 – 15 W 169/91, WE 1992, 136; *Merle* in Bärmann/Pick/Merle, WEG, § 27 Rz. 90.
2 Vgl. hierzu auch ausführlich *Jennißen*, Der WEG-Verwalter, Rz. 198 ff.; a.A. OLG Hamm v. 28.11.1991, 15 W NJW-RR 1992, 403 = WE 1992, 136; BayObLG v. 17.8.2003 – 2Z BR 229/04, NZM 2006, 62.
3 *Bub*, ZWE 2001, 457; *Armbrüster*, ZWE 2002, 145; *Hogenschurz*, NZM 2001, 1122; *Jennißen*, ZWE 2001, 461.

12 Der BGH[1] hat sich der o.g. Auffassung angeschlossen und die Wasserkosten, soweit sie in den Wohnungen verursacht werden, als Kosten des Sondereigentums angesehen, die von § 16 Abs. 2 nicht erfasst werden. Dies hat zur Folge, dass ein Mehrheitsbeschluss zum Einbau von Kaltwasserzählern und die hieran anschließende Kostenverteilung nach Ableseergebnissen zulässig ist[2].

13 Zu den Kosten des Sondereigentums zählen darüber hinaus die Heizkosten, Warmwasserkosten, **Müllkosten**[3], die Kosten eines **Kabelanschlusses**[4] und im Einzelfall auch die Stromkosten[5]. Für den Kabelanschluss beispielsweise können die Wohnungseigentümer somit mehrheitlich beschließen, die Kosten für jede Wohnung in gleicher Höhe zu berechnen (s. im Einzelnen zu Heizung und Warmwasser Rz. 80 ff., Müll Rz. 106, Wasser/Abwasser Rz. 100 ff.). Soweit dem entgegengehalten wird, es handele sich um Kosten des Gemeinschaftseigentums, weil der Kabelbetreiber den Vertrag mit der Eigentümergemeinschaft abgeschlossen habe[6], führt das Argument in die Irre. Für die Frage der Kostenverteilung ist nicht der Vertragsabschluss im Außenverhältnis, sondern die Nutzung im Innenverhältnis maßgebend. Anderenfalls müssten auch Heiz- und Wasserkosten nach Miteigentumsanteilen verteilt werden.

14 Unzutreffend ist es, als Kosten des Sondereigentums auch die Versicherungskosten einer Tiefgarage anzusehen, selbst wenn diese eine einzige Teileigentumseinheit darstellt[7]. Der versicherte Baukörper ist stets Gemeinschaftseigentum.

V. Verteilungsschlüssel der Gemeinschaftsordnung

15 Da § 16 Abs. 2 dispositiv ist, kann die Gemeinschaftsordnung abweichende Regelungen enthalten und insbesondere **individuelle Verteilungsschlüssel** definieren. Die Regelung in der Gemeinschaftsordnung muss eindeutig und klar sein. Verbleiben Zweifel am Regelungsinhalt ist der Verteilungsschlüssel gem. § 16 Abs. 2 anzuwenden[8]. Die Gemeinschaftsordnung kann auch die Kosten des Sondereigentums regeln[9].

---

1 V. 25.9.2003 – V ZB 21/03, ZMR 2003, 937 = NJW 2003, 3476 = NZM 2003, 952.
2 Vgl. hierzu auch OLG Hamburg v. 30.12.2003 – 2 Wx 73/01, ZMR 2004, 291; v. 29.9.2004 – 2 Wx 1/04, MietRB 2005, 155; AG Hannover v. 31.7.2002 – 71 II 169/01, ZWE 2002, 491 = DWE 2002, 71; a.A. AG Hannover v. 6.3.2002 – 72 II 15/02, ZWE 2002, 492 = DWE 2002, 71; ebenso OLG Hamm v. 18.10.2005 – 15 W 424/04, ZMR 2006, 706, wenn die Gemeinschaftsordnung die Wasserkostenverteilung nach Wohnfläche vorsehe.
3 Vgl. hierzu auch *Greiner*, ZMR 2004, 319; OLG Oldenburg v. 5.4.2005 – 5 W 194/04, ZMR 2005, 814; AG Aachen v. 9.12.2004 – 12 II 301/03, MietRB 2005, 77.
4 OLG Hamm v. 4.5.2004 – 15 W 142/03, ZMR 2004, 774; AG Neuss v. 4.9.2003 – 72/27a II 308/02, NZM 2004, 71; a.A. KG v. 6.4.2005 – 24 W 13/03 – NZM 2005, 425; AG Hannover v. 8.6.2005 – 71 II 106/05, ZMR 2007, 226.
5 BayObLG v. 7.7.2004 – 2Z BR 77/04, ZMR 2004, 844 für die Stromkosten einer Tiefgarage.
6 LG München I v. 1.2.2007 – 1 T 12109/06, ZMR 2007, 569.
7 A.A. BayObLG v. 7.7.2004 – 2Z BR 77/04, ZMR 2004, 844.
8 OLG Köln v. 16.11.2001 – 16 Wx 221/01, OLGReport Köln 2002, 91.
9 AG Hamburg v. 5.12.2003 – 102c II 276/03, ZMR 2004, 542.

Ist die **Regelung** in der Gemeinschaftsordnung **unklar**, können die Wohnungseigentümer jedoch einen Beschluss fassen, um der Regelung die nötige Bestimmtheit zu geben. Im Hinblick auf die nunmehr gem. Abs. 3 bestehende grundsätzliche Beschlusskompetenz ist bei solchen Beschlüssen nicht mehr zwischen einer ergänzenden Vertragsauslegung und einem vertragsändernden Inhalt, der vor der WEG-Novelle nichtig sein konnte, zu differenzieren[1].

Eine Regelung in der Gemeinschaftsordnung, die Kosten nach Wohnfläche abzurechnen, bedeutet für Teileigentum, dass die Nutzfläche maßgebend ist. Sind in der Teilungserklärung Flächenangaben enthalten, sind diese für den Wohnflächenschlüssel zu berücksichtigen[2].

Ist vereinbart, dass ein Wohnungseigentümer die Kosten selbst zu tragen hat, die durch einen das gewöhnliche Maß übersteigenden individuellen Verbrauch zusätzlich entstehen, sind nur die tatsächlichen Mehrkosten vorab von ihm zu tragen, die konkret ermittelt werden müssen und nicht pauschal geschätzt werden dürfen[3].

Die Gemeinschaftsordnung kann auch eine Kostenverteilung nach **Personenzahl** vorsehen. Unabhängig davon, dass ein solcher Verteilungsschlüssel nicht zu empfehlen ist, kann er nur angewendet werden, wenn feststeht, wie viele Personen tatsächlich am Verbrauch in der jeweiligen Einheit teilnehmen. Diese Feststellung ist nur bei kleinen Eigentümergemeinschaften möglich. Dabei kommt es nicht auf die behördlich gemeldeten Personen an[4]. Die gemeldeten Personen sind selbst dann nicht maßgebend, wenn die Gemeinschaftsordnung hinsichtlich des Personenzahlschlüssels hierauf abstellt. Von der Meldebehörde sind hierzu keine Auskünfte zu erlangen. Zudem müssen die gemeldeten Personen nicht auch die tatsächlich Nutzenden sein. Eine entsprechende Regelung in der Gemeinschaftsordnung ist daher ebenso nichtig wie ein gleichlautender Beschluss[5].

VI. Beschlusskompetenz zur Bestimmung der Verteilungsschlüssel

1. Betriebskosten (Abs. 3)

Während für die Kosten des Sondereigentums Abs. 2 schon bisher einer Beschlusskompetenz nicht entgegenstand, eröffnet der neu eingefügte Abs. 3 eine weitergehende Änderungsmöglichkeit. Die Differenzierung zwischen Kosten des Sonder- oder Gemeinschaftseigentums hat durch die Einführung des Abs. 3 an Bedeutung verloren. Der Gesetzgeber sieht jetzt allgemein für **Betriebskosten** i.S.v. § 556 Abs. 1 BGB eine **Beschlusskompetenz** vor, mit der vom Verteilungsschlüssel der Gemeinschaftsordnung oder des Abs. 2 abgewichen werden kann. Dabei ist ausdrücklich nicht zwischen Kosten des Gemeinschafts- und des Son-

---
1 Vgl. hierzu die Ausführungen von *Bub* in Staudinger, BGB, § 16 WEG Rz. 30 m.w.N. zur Rechtslage vor der WEG-Novelle.
2 OLG Frankfurt v. 20.9.2006 – 20 W 241/05, ZMR 2007, 291.
3 BGH v. 16.9.1994 – V ZB 2/93, NJW 1994, 3230.
4 OLG Hamm v. 30.8.1989 – 15 W 127/88, DWE 1989, 179.
5 Vgl. zur Nichtigkeit einer entsprechenden Beschlussfassung BayObLG v. 19.4.1996 – 2Z BR 15/96, WE 1997, 69; ebenso *Bub* in Staudinger, BGB, § 16 WEG Rz. 32.

§ 16 Gemeinschaft der Wohnungseigentümer

dereigentums zu differenzieren. Der Gesetzgeber will damit Abgrenzungsschwierigkeiten zwischen diesen Kostengruppen vermeiden und sieht ein praktisches Bedürfnis, die Änderungsmöglichkeit insgesamt zu eröffnen[1].

21 Die Vorschrift hätte klarer gefasst werden können. Dennoch lässt der Wortlaut erkennen, dass der Gesetzgeber grundsätzlich alle Betriebskosten der Dispositionsmaxime der Wohnungseigentümer unterwirft[2] und nicht nur solche Kosten, die verbrauchs- oder verursachungsabhängig erfasst und verteilt werden können. Wäre § 16 Abs. 3 nur in letzterem Sinne einschränkend auszulegen, hätte der Gesetzgeber nicht von den Betriebskosten im Allgemeinen, sondern von vornherein nur von solchen Kosten reden dürfen, die eine **Verbrauchs-** oder **Verursachungsabhängigkeit** besitzen[3]. Im anderen Fall hätte der Gesetzgeber nur die „verbrauchs- und verursachungsabhängigen Kosten" thematisieren dürfen. Auch sprechen die Worte „oder nach einem anderen Maßstab verteilt werden" gegen die enge Auslegung. Der „andere Maßstab" lässt erkennen, dass Verbrauch und Verursachung nur beispielgebend aufgezählt werden. Zudem zeigt die Gesamtbetrachtung von § 16 Abs. 3 i.V.m. Abs. 4, dass der Gesetzgeber die Beschlusskompetenz für alle Kostengruppen eröffnen wollte. Abs. 3 erfasst die Betriebskosten und die Kosten der Verwaltung. In Abs. 4 werden die Kosten der Instandhaltung und Instandsetzung sowie der baulichen Veränderungen geregelt. Es wäre unverständlich, wenn verursachungsunabhängige Positionen – wie beispielsweise die Gebäudeversicherung, Straßenreinigungskosten oder die Kosten des Hausmeisters – von der Kostenverteilung durch Beschluss ausgeschlossen wären. Es werden damit alle 17 in § 2 BetrKV aufgeführten Kostengruppen erfasst.

22a Die Beschlusskompetenz betrifft jede einzelne Kostenposition und nicht nur alle Betriebskosten insgesamt[4]. Der Gesetzgeber will einen Ermessensspielraum für eine weitgehende Kostengerechtigkeit schaffen[5]. Dieses Ziel ist nicht zu erreichen, wenn keine individuellen Ansätze je Kostenposition gewählt werden dürften.

22 Machen allerdings die Wohnungseigentümer von ihrer somit weiten Beschlusskompetenz nach § 16 Abs. 3 und der eingeschränkten Beschlusskompetenz nach Abs. 4 Gebrauch, wird der Grundsatz des § 16 Abs. 2 in der Praxis nur noch selten Anwendung finden.

23 Durch die Neuregelung muss nicht mehr wie bisher differenziert werden zwischen einem Einzelfallbeschluss, der anfechtbar war[6], und einem den Verteilungsschlüssel generell ändernden Beschluss, der als nichtig angesehen wurde. Der Verteilungsschlüssel kann durch Beschluss gegenüber der Gemeinschaftsordnung bis auf weiteres abgeändert werden. Er hindert aber die Wohnungs-

---

1 BT-Drucks. 16/887, S. 29.
2 So auch *Hügel* in Hügel/Elzer, Das neue WEG-Recht, § 5 Rz. 11.
3 So auch *Briesemeister*, WEG-Reform, S. 85; *Hügel* in Hügel/Elzer, Das neue WEG-Recht, § 5 Rz. 13; a.A. *Abramenko*, Das neue WEG, § 3 Rz. 29.
4 *Abramenko*, Das neue WEG, § 3 Rz. 21.
5 BT-Drucks. 16/887, S. 23.
6 BayObLG v. 20.1.2005 – 2Z BR 141/04, ZMR 2005, 387; OLG Düsseldorf v. 16.3.2001 – 3 Wx 51/01, NJW-RR 2002, 157; *Wenzel*, ZWE 2002, 873.

eigentümer nicht, später über eine **erneute Abänderung** zu beschließen. Die Beschlusskompetenz ist keine einmalige Angelegenheit. Sonst hätte der Gesetzgeber dies im Wortlaut zum Ausdruck bringen müssen. Im Wiederholungsfall ist aber besonders zu prüfen, ob der Wechsel willkürlich erfolgt und Interessen Einzelner bevorzugt werden. Ein besonderer sachlicher Grund ist nicht erforderlich[1]. Auch greift die erneute Änderung der Verteilungsschlüssel nicht schon durch die Abänderung selbst in schutzwürdige Belange eines Wohnungseigentümers ein. Die stets zu beachtenden Grundsätze ordnungsmäßiger Verwaltung werden dann verletzt, wenn die erneuten Abänderungen eine Willkürlichkeit erkennen lassen. Im Vordergrund steht aber das Ermessen der Wohnungseigentümer und nicht das Interesse des Einzelnen. Letztere Interessen werden in erster Linie durch die neue Vorschrift des § 10 Abs. 2 Satz 3 gewahrt. Der **Zweitbeschluss** kann daher auch zu einem vollkommen anderen Verteilungsschlüssel führen. Er muss sich nicht am Inhalt und den Wirkungen des Erstbeschlusses orientieren[2]. Es kann den Wohnungseigentümern nicht verwehrt werden, einen noch gerechteren Verteilungsschlüssel zu finden[3].

Die Änderungsmöglichkeit für die Verteilung der Betriebskosten kann auch nicht mehr durch die **Gemeinschaftsordnung** eingeschränkt werden. Dies stellt Abs. 5 klar. Bis zur Novelle wurde angenommen, dass auch die Gemeinschaftsordnung für die Kostenverteilung des Sondereigentums vorrangig war. Regelte die Gemeinschaftsordnung ausdrücklich, dass die **Wasserkosten** des Sondereigentums nach Miteigentumsanteilen zu verteilen seien, war für eine Kostenverteilung nach Wasserzählern kein Raum[4]. Da die Abänderungsbefugnis nunmehr auch nicht durch eine Vereinbarung eingeschränkt werden kann, sind entgegenstehende Regelungen irrelevant geworden. 24

Abs. 3 hebt nicht nur die Differenzierung zwischen Kosten des Sondereigentums und solchen des Gemeinschaftseigentums auf, sondern stellt auch nicht mehr auf Verbrauchskosten oder klar zurechenbare Kosten ab. Der Verbrauchs- oder Verursachungsmaßstab wird nur als eine von mehreren Möglichkeiten aufgezählt[5]. Der zu wählende **Maßstab** muss generell **ordnungsmäßiger Verwaltung** entsprechen, so dass auch andere Maßstäbe in Betracht kommen. Der ausgewählte Verteilungsschlüssel darf nicht **willkürlich** sein, muss einen angemessenen Maßstab darstellen und darf nicht zu einer ungerechtfertigten Benachteiligung Einzelner führen[6]. Ein anderer Maßstab, der nicht verbrauchsabhängig ist, kann beispielsweise der Flächenmaßstab sein. Dazu müssen die Wohnflächen aber feststehen[7]. Auch ist es möglich, die Betriebskosten nach dem Ver- 25

---

1 So auch *Hügel* in Hügel/Elzer, Das neue WEG-Recht, § 5 Rz. 40; *Häublein*, ZMR 2007, 417.
2 Siehe hierzu BGH v. 20.12.1990 – V ZB 8/90, NJW 1991, 979 = ZMR 1991, 446.
3 A.A. *Abramenko*, Das neue WEG, § 3 Rz. 40, der eine Abänderung für anfechtbar hält, wenn sich der zuerst beschlossene Verteilungsschlüssel innerhalb der Grundsätze ordnungsmäßiger Verwaltung bewegte.
4 Vgl. hierzu auch BGH v. 25.9.2003 – V ZB 21/03, ZMR 2003, 937 = NJW 2003, 3476 = NZM 2003, 952; *Jennißen*, ZWE 2001, 461 (462); *Armbrüster*, ZWE 2002, 145 (146).
5 So auch *Hügel* in Hügel/Elzer, Das neue WEG-Recht, § 5 Rz. 18.
6 Begründung der Bundesregierung zum Entwurf des WEG-ÄndG, BT-Drucks. 16/887, S. 23.
7 OLG Düsseldorf v. 26.3.2004 – I – 3 Wx 344/03, ZMR 2004, 848.

§ 16 Gemeinschaft der Wohnungseigentümer

ursachungsmaßstab zu verteilen, wobei die **Verursachungs-** bzw. **Gebrauchsmöglichkeit** maßgebend sein kann. Ein solcher Beschluss entspricht aber nur dann ordnungsmäßiger Verwaltung, wenn auf die tatsächliche Gebrauchsmöglichkeit und nicht auf das allgemeine Gebrauchsrecht, das grundsätzlich jedem Sondereigentümer zusteht, abgestellt wird[1]. In Betracht kommt somit eine Aufteilung der Betriebskosten für die **Aufzugsanlage** nach der Gebrauchsmöglichkeit, z.B. dergestalt, dass Erdgeschossbewohner nur einen geringeren Kostenanteil übernehmen. Gleiches ist für **Tiefgaragenkosten** denkbar, die nur noch auf die Nutzer der Tiefgarage umgelegt werden. Als Gegenleistung müssen dann die Nur-Eigentümer eines Tiefgaragenplatzes von den Betriebskosten des Hauses freigestellt werden, damit es nicht zu einer unzulässigen Doppelbelastung kommt. Die Gebrauchsmöglichkeit muss konkret bestehen; eine lediglich theoretische Möglichkeit ist als Maßstab ungeeignet und deshalb anfechtbar[2].

25a Nicht zu beanstanden dürften auch Verteilungsschlüssel sein, die die Kosten aufspalten: In einen Basisanteil nach Miteigentumsanteilen und einen weiteren Anteil nach Verbrauch oder Verursachung.

26 Die Änderung der Verteilungsschlüssel muss ausdrücklich beschlossen werden[3]. Eine mehrjährige der Gemeinschaftsordnung widersprechende **Abrechnungspraxis** steht dem Beschluss nicht gleich[4]. Der Beschluss muss klar und bestimmt sein[5]. Er muss sich auf einzelne Kostenpositionen beziehen. Sammelbegriffe wie „zuordnungsfähige Kosten" genügen nicht[6]. Auch wirkt die Neuregelung immer nur für die **Zukunft**. Wird sie im Verlauf des Jahres beschlossen, kann die Abrechnung erstmalig für das nächste Jahr unter Anwendung des neuen Verteilungsschlüssels erstellt werden. Dabei kommen nur Beschlüsse in Betracht, die nach dem 1.7.2007 gefasst wurden. Ein zuvor gefasster Beschluss ist selbst dann nichtig, wenn er beispielsweise erst ab 1.1.2008 wirken sollte. Eine unzulässige Rückwirkung stellt es auch dann dar, wenn der Beschluss zwar erst nach dem 1.7.2007 gefasst wird, der veränderte Verteilungsschlüssel aber schon in der Jahresabrechnung 2007 berücksichtigt werden soll. Auch dieser Beschluss verletzt Vertrauensgrundsätze. Zudem zeigt § 556a Abs. 2 BGB für das Mietrecht, dass auch dort nur eine Änderung des Abrechnungsmaßstabs vor Beginn der Abrechnungsperiode möglich ist. Auf diese mietrechtliche Vorschrift nimmt die Gesetzesbegründung ebenfalls Bezug[7].

27 Eine rückwirkende Änderung ist aber nur anfechtbar, wenn der Beschluss nach dem 1.7.2007 gefasst wird; ein zuvor gefasster Beschluss ist nichtig[8].

---

1 A.A. für eine entsprechende Regelung in der Gemeinschaftsordnung OLG München v. 18.9.2006 – 34 Wx 081/06, ZMR 2006, 955.
2 A.A. für eine entsprechende Regelung in der Gemeinschaftsordnung OLG München v. 18.9.2006 – 34 Wx 81/06, NZM 2007, 167.
3 OLG Düsseldorf v. 26.3.2004 – I – 3 Wx 344/03, ZMR 2004, 848.
4 OLG Hamburg v. 21.9.2004 – 2 Wx 93/03, ZMR 2005, 69; OLG München v. 18.9.2006 – 34 Wx 81/06, ZMR 2006, 955.
5 OLG München v. 22.12.2006 – 32 Wx 165/06, NZM 2007, 364.
6 OLG Oldenburg v. 5.4.2005 – 5 W 194/04, ZMR 2005, 814.
7 BT-Drucks. 16/887, S. 23.
8 OLG Hamm v. 27.7.2006 – 15 W 440/05, ZMR 2007, 293.

Der neue Maßstab muss ordnungsmäßiger Verwaltung entsprechen. Dies setzt 28
einen **sachlichen Grund** für die Änderung voraus, erfordert aber weder schwerwiegende Gründe noch eine Unbilligkeit i.S.v. § 10 Abs. 2. Andernfalls würde die Abänderungsmöglichkeit durch Mehrheitsbeschluss weitgehend leer laufen bzw. die Regelung in Abs. 3 überflüssig. Für den sachlichen Grund genügt eine höhere Kostengerechtigkeit, Anreize zur Kostensenkung oder die Anpassung an die vorhandenen Bedingungen. Dem gesetzgeberischen Willen, die Eigenverantwortlichkeit der Wohnungseigentümer nicht weiter eingrenzen zu wollen[1], ist Rechnung zu tragen. Entgegen der früheren Auffassung[2], dass Zweckmäßigkeitsgesichtspunkte nicht genügen und hypothetische Erwägungen, die Wohnungseigentümer hätten einen anderen Verteilungsschlüssel in der Gemeinschaftsordnung vereinbart, wenn sie die Probleme des gewählten Verteilungsschlüssels umfassend gewürdigt hätten, unerheblich seien, reichen jetzt solche Erwägungen als Nachweis des sachlichen Grunds aus. Allerdings ist die Ermessensentscheidung der Wohnungseigentümer gerichtlich überprüfbar. Die Beschlussanfechtung wird nicht erfolgreich sein, wenn beispielsweise anstelle des in der Gemeinschaftsordnung festgelegten Verteilungsschlüssels „Miteigentumsanteile" der **Wohnflächenschlüssel** gewählt wird und dieser im Ergebnis nur geringfügig vom alten Schlüssel abweicht[3].

Wird der Wohnflächenschlüssel gewählt, müssen die Flächen feststehen. An- 29
dernfalls ist der Beschluss wegen seiner inhaltlichen Unbestimmtheit nichtig. Bei nicht feststehenden Wohnflächen muss zunächst ihre Ermittlung beschlossen werden, wobei dieser Beschluss wiederum die Art der Ermittlung vorgeben muss.

Die Umstellung auf den Wohnflächenschlüssel kann der größeren Praktikabili- 30
tät und der besseren Verwendbarkeit der Jahresabrechnung für **mietrechtliche Betriebskostenrechnungen** entsprechen und daher mit ordnungsmäßiger Verwaltung in Einklang zu bringen sein. Bei wesentlichen Abweichungen besteht sogar ein Anspruch des benachteiligten Wohnungseigentümers auf Anpassung, § 10 Abs. 2 Satz 3. Bei geringen Abweichungen besteht dieser Anspruch zwar nicht, ist aber ohne weiteres mehrheitsfähig, da die geringfügige Veränderung keinen Wohnungseigentümer nennenswert belastet. Die Zulässigkeit, den Verteilungsschlüssel durch Mehrheitsbeschluss zu ändern, setzt nicht voraus, dass es zu wesentlichen Abweichungen kommt.

Ein Beschluss, der einzelne Eigentümer von der **Verpflichtung befreit**, sich an 31
bestimmten gemeinschaftlichen Kosten zu beteiligen, wird nun entgegen früher anderslautender Auffassung[4] als ordnungsmäßiger Verwaltung entsprechend angesehen werden können. Dies folgt daraus, dass die neue Regelung des Abs. 3 ausdrücklich eine Kostenverteilung nach Verbrauch oder Verursachung zulässt, sodass Eigentümer von Kosten befreit werden können, die nicht in ihrem Nut-

---

1 Begründung der Bundesregierung zum Entwurf des WEG-ÄndG, BT-Drucks. 16/887, S. 23.
2 OLG Düsseldorf v. 21.10.2005 – I – 3 Wx 164/05, ZMR 2006, 296; OLG Zweibrücken v. 30.4.1999 – 3 W 83/99, NZM 1999, 1060.
3 A.A. OLG Oldenburg v. 3.1.2005 – 5 W 151/04, ZMR 2005, 651.
4 OLG Köln v. 13.9.2004 – 16 Wx 168/04, NZM 2005, 20.

zungsbereich anfallen. Auch kann mehrheitlich beschlossen werden, dass die Kostenverteilung den **Leerstand** einer Wohnung berücksichtigt[1].

32 In der Regel dürfte der **Personenzahlschlüssel** unzweckmäßig sein, da die tatsächliche Nutzerzahl kaum verlässlich feststellbar ist (s.o. Rz. 19).

33 Abs. 3 betrifft in erster Linie die Betriebskosten. Die Verweisungsnorm des § 556 Abs. 1 BGB definiert den Begriff selbst nicht, sondern verweist auf die Betriebskostenverordnung (BetrKV). § 2BetrKV teilt die Betriebskosten in insgesamt 17 Gruppen ein, die allesamt mietrechtlich umlagefähig sind. Die Einführung des Betriebskostenbegriffs in das WEG erfordert zukünftig stärker zwischen **umlage-** und **nicht umlagefähigen Kosten** zu differenzieren. Diese Unterscheidung ist mit der Novelle zur Pflichtaufgabe des Verwalters geworden.

34 Die Änderung des Verteilungsschlüssels nach Abs. 3 ist anfechtbar, wenn sie nicht ordnungsmäßiger Verwaltung entspricht. Dies kann der Fall sein, wenn vermietende Wohnungseigentümer den veränderten Verteilungsschlüssel nicht im Rahmen der Betriebskostenabrechnung an den Mieter weitergeben können und die unterschiedlichen Verteilungsschlüssel zu unübersichtlichen mietrechtlichen Abrechnungsschwierigkeiten führen, die vor dem Änderungsbeschluss nicht bestanden.

2. Verwaltungskosten (Abs. 3)

35 Die **Verwaltungskosten** können ebenfalls nach einem Verursachungsschlüssel verteilt werden. Enthielt die Gemeinschaftsordnung hierzu keine Regelung, wurden diese Kosten bisher entsprechend § 16 Abs. 2 auch dann nach Miteigentumsanteilen verteilt, wenn der Verwaltervertrag die Berechnung des Verwalterhonorars nach der Anzahl der Wohneinheiten vorsah. Da es sich bei den Kosten der Verwaltung um solche des Gemeinschaftseigentums handelt, bestand vor der Novelle keine Möglichkeit, von einer Kostenverteilung nach Miteigentumsanteilen gem. Gemeinschaftsordnung durch Mehrheitsbeschluss abzuweichen. Der **Verwaltervertrag** stellte keine die Gemeinschaftsordnung abändernde Vereinbarung dar, da es sich um einen Vertrag mit einem außenstehenden Dritten (dem Verwalter) handelt, selbst wenn dieser das Organ der Eigentümergemeinschaft ist[2]. Die gleich hohe Angabe des Verwalterhonorars je Einheit im Verwaltervertrag definiert die Honorarhöhe, nicht aber den internen Verteilungsschlüssel. Die Verteilung dieser Kostenposition nach Miteigentumsanteilen bildet somit zunächst den Grundsatz. Bis zur WEG-Novelle konnten die Wohnungseigentümer hiervon nur durch Vereinbarung abweichen. Eine solche Abweichung konnte auch in der Formulierung der Gemeinschaftsordnung gesehen werden, die Kostenverteilung nach der Anzahl der Wohnungen vorzunehmen, soweit dies „möglich, zweckmäßig, sachdienlich" ist. Hierunter ließ sich dann

---

1 Vor der Novelle hatte der Leerstand keine Auswirkungen, da ein verursachungsabhängiger Verteilungsschlüssel nicht mit § 16 Abs. 2 korrespondierte. Bestand dauerhaft keine Nutzungsmöglichkeit, konnte ein Anspruch auf zukünftige Abänderung des Verteilungsschlüssels in Betracht kommen, der nur im Ausnahmefall gerichtlich durchsetzbar war, s.o. § 10 Abs. 2 S. 3, Rz. 26.
2 Vgl. hierzu *Jennißen*, Verwalterabrechnung, V Rz. 90; OLG Köln v. 24.5.2002 – 16 Wx 84/02, NZM 2002, 615 = OLGReport Köln 2002, 417.

auch das Verwalterhonorar subsumieren, so dass eine Verteilung nach Einheiten ausnahmsweise in Betracht kam[1].

Aufgrund des neu eingeführten Abs. 3 können die Wohnungseigentümer nun mit einfacher Mehrheit über den Verteilungsschlüssel beim Verwalterhonorar beschließen. Ein Verteilungsschlüssel, der das Verwalterhonorar gleichmäßig auf die Einheiten verteilt, entspricht dabei ordnungsmäßiger Verwaltung. 36

Abs. 3 spricht von den Kosten der Verwaltung und nicht von den Kosten des Verwalters. Der Begriff ist **weit auszulegen**[2], wie das Wort „insbesondere" in Abs. 7 verdeutlicht. Demnach lassen sich unter Verwaltungskosten auch die Kosten der **Eigentümerversammlung** oder die Kosten des **Geldverkehrs** subsumieren. Auch diese Kosten können nach entsprechender Beschlussfassung auf alle Wohnungen gleichermaßen verteilt werden. Die Neuregelung des § 16 Abs. 3 lässt somit befürchten, dass sich die Eigentümer größerer Wohnungen, die meist ohnehin über ein größeres Stimmgewicht verfügen, für eine eigene Kostenentlastung zum Nachteil kleinerer Wohnungen aussprechen werden. Ist einer solchen Vorgehensweise eine gewisse Willkür zu entnehmen, der Einzelne ungerechtfertigt benachteiligt, ist der Beschluss anfechtbar, aber nicht nichtig (s.o. Rz. 28). 37

3. Einzelbelastungen (Abs. 3)

Vor der WEG-Novelle war umstritten, ob die Wohnungseigentümer mehrheitlich beschließen konnten, Wohnungseigentümer mit einzelnen Kosten ausschließlich zu belasten. Solche sog. Einzelbelastungen kommen bei einer Fülle von Kostenpositionen in Betracht: Mahnkosten, Klagepauschalen, Verzugszinsen, einzelverursachte Instandhaltungskosten, Nutzung von Waschmaschine, Wäschetrockner oder Sauna des Gemeinschaftseigentums. Teilweise wurde die Auffassung vertreten, dass Einzelbelastungen nur dann vorgenommen werden dürfen, wenn sie vom betroffenen Wohnungseigentümer **nicht bestritten** werden[3]. Diese Auffassung hatte zur Folge, dass dann, wenn die Einzelverursachung streitig wurde, die Kostenverteilung zunächst auf alle Wohnungseigentümer zu erfolgen hatte und die Wohnungseigentümer dann außerhalb der Jahresabrechnung beschließen konnten, den betroffenen Eigentümer in Regress zu nehmen. Konsequenz dieser Auffassung war es, dass die Wohnungseigentümer ihren Einzelbelastungsanspruch, wenn er streitig blieb, einklagen mussten. Diese Auffassung ist vom Kammergericht inzwischen aufgegeben worden[4]. Richtigerweise hält jetzt der Senat eine Abrechnung unter Ausweis von Einzelbelastungen nicht mehr per se für unwirksam. Bei entsprechender Anfechtung durch den Eigentümer werden die Rechtsgrundlagen der Einzelbelastung geprüft. Liegt ein Beschluss nach Abs. 3 zugrunde, muss dieser angefochten worden sein, da andernfalls der bestandskräftige **Grundlagenbeschluss** für die Einzelbelastung die entsprechende Kostenverteilung rechtfertigt. 38

---
1 BayObLG v. 17.4.2001 – 2Z BR 40/01, ZMR 2001, 827.
2 Ebenso *Gottschalg* in Weitnauer, WEG, § 16 Rz. 14; *Häublein*, ZMR 2007, 409, 416.
3 KG v. 26.3.2003 – 24 W 189/02, KGReport Berlin 2003, 197 = MietRB 2003, 12.
4 KG v. 26.9.2005 – 24 W 123/04, NZM 2006, 108 = ZMR 2006, 63; ebenso OLG Düsseldorf v. 2.12.2005 – I – 3 Wx 229/05, ZMR 2006, 217 wonach die bestrittene Einzelbelastung als solche noch nicht rechtswidrig sei.

39 Eine besondere Form der Einzelbelastung stellen nutzungsabhängige Verbrauchskosten dar. **Waschmaschine, Wäschetrockner, Sauna** oder andere Gemeinschaftseinrichtungen können den Nutzern kostenmäßig in Rechnung gestellt werden[1]. Hierzu bedarf es ebenfalls nach Abs. 3 nur noch eines Mehrheitsbeschlusses. Dies findet zusätzlich Unterstützung in § 21 Abs. 7, der insoweit die gleiche Zielrichtung verfolgt, auch wenn diese Vorschrift als Anspruchsgrundlage der Wohnungseigentümer auf Kostenerstattung und § 16 Abs. 3 als Regelung zur Kostenverteilung anzusehen ist.

40 Eine gleiche Fragestellung ergibt sich auch im Zusammenhang mit Versicherungsprämien. Bereits vor der Novelle war die Auffassung des OLG Köln[2] nicht überzeugend. Danach konnten die Wohnungseigentümer durch Mehrheitsbeschluss den einzelnen Wohnungseigentümer mit der Eigenbeteiligung der gemeinschaftlichen Gebäudeversicherung für die Beseitigung eines Wasserschadens belasten, wenn dieser Wasserschaden in seinem Sondereigentum entstand. Die **Versicherungsprämien** sind jedoch grundsätzlich gemeinschaftsbezogen. Die Versicherung deckt das gemeinschaftliche Gebrauchsrisiko ab. Ebenso verhält es sich mit den Kosten der Beseitigung eines Wasserschadens. Ob dieser konkret dem Sondereigentum zugeordnet werden kann, hängt mehr vom Zufall ab. Im Zweifel ist das gesamte Rohrsystem Gemeinschaftseigentum.

41 Seit der WEG-Novelle lässt Abs. 3 den Wohnungseigentümern grundsätzlich weitgehende Freiheiten bei der Festlegung des Verteilungsschlüssels durch Beschluss. Aber auch jetzt stellt die Eigenbeteiligung im Schadensfall keine Kostenposition dar, die vom jeweiligen Wohnungseigentümer verursacht wurde oder durch seinen Gebrauch bestimmt ist. Beschließen somit die Wohnungseigentümer eine entsprechende Einzelbelastung, ist hierfür kein sachlicher Grund erkennbar, sodass dieser Beschluss nicht ordnungsmäßiger Verwaltung entsprechen dürfte. Der Beschluss ist aber nur anfechtbar und nicht nichtig.

4. Instandhaltungs-, Instandsetzungskosten und bauliche Veränderungen (Abs. 4)

a) Einzelfallregelung

aa) Begriffsbestimmung

42 Während sich Abs. 3 nur auf die Betriebs- und Verwaltungskosten bezieht, trifft Abs. 4 für die Instandhaltung und Instandsetzung eine besondere Kostenverteilungsregel. Unter den **Begriff der Instandhaltung** werden alle Maßnahmen subsumiert, die der Erhaltung des ursprünglichen ordnungsmäßigen Zustands des Objekts dienen[3]. Die Instandhaltung dient damit der Verhinderung von Schäden an der Gebäudesubstanz. Ebenso werden darunter Schönheitsreparaturen wie

---

1 A.A. für alte Rechtslage OLG Düsseldorf v. 2.6.2003 – 3 Wx 94/03, MietRB 2004, 79 = OLGReport Düsseldorf 2003, 377 = NZM 2003, 978, wonach ein nutzungsabhängiges Entgelt für Gebrauch einer Sauna wegen Abweichens, vom allgemeinen Verteilungsschlüssel nichtig war; ebenso *Bub* in Staudinger, BGB, § 16 WEG Rz. 35.
2 V. 14.7.2003 – 16 Wx 124/03, ZMR 2004, 298.
3 KGReport Berlin 1999, 122 = NZM 1999, 131.

z.B. Anstricharbeiten[1], Kleinreparaturen sowie Wartungsarbeiten[2] verstanden. Auch pflegende Maßnahmen, wie z.B. Gartenpflege[3], werden unter den Begriff der Instandhaltung geordnet. Schließlich werden wohnungseigentumsrechtlich auch Reinigungsarbeiten an gemeinschaftlichen Gebäudeteilen als Instandhaltungsmaßnahmen angesehen[4]. Gegenüber der Instandhaltung wird als **Instandsetzung** die Wiederherstellung des ursprünglichen ordnungsmäßigen Zustands durch Reparatur oder Ersatzbeschaffung verstanden[5].

Daneben erfasst der Betriebskostenbegriff ebenfalls Pflege- und Wartungstätigkeiten, sodass bei einzelnen Kosten ein Spannungsverhältnis zwischen dem Betriebskostenbegriff und dem der Instandhaltung entsteht. Hierbei ist insbesondere an die Kosten des **Aufzugs** zu denken, bei dem der Betriebskostenbegriff auch die Kosten der **Wartung** und **Pflege** der Anlage umfasst, § 2 Nr. 7 BetrKV. Reparaturleistungen sind vom Betriebskostenbegriff nicht erfasst. Somit ist bei Wartungsverträgen über die Aufzugsanlage zwischen den laufenden Wartungs- und Pflegekosten auf der einen Seite und den Reparaturkosten auf der anderen Seite zu differenzieren. Über die erste Gruppe kann nach § 16 Abs. 3 und über die zweite Gruppe nach § 16 Abs. 4 entschieden werden[6]. 43

Ähnlich verhält es sich bei den Kosten der **Gartenpflege**. Pflegekosten sind wohnungseigentumsrechtlich zwar grundsätzlich vom Begriff der Instandhaltung umfasst. Der Betriebskostenbegriff umfasst diese Pflegekosten aber ebenfalls, wie § 2 Nr. 10 BetrKV verdeutlicht. 44

In diesem Spannungsverhältnis ist Abs. 3 vorrangig. Durch den Verweis auf die Betriebskosten in Abs. 3 findet Abs. 4 nur für solche Instandhaltungskosten Anwendung, die nicht in § 2 BetrKV aufgezählt sind. So zählen zu den Betriebskosten auch die Kosten der **Treppenhausreinigung**. § 2 Nr. 9 BetrKV geht auch insoweit den Betriebskosten i.S.d. wohnungseigentumsrechtlichen Instandhaltung vor. Bei den Kosten des **Hausmeisters** ist wiederum zu differenzieren. Sofern der Hausmeister Reinigungs- und Pflegearbeiten ausführt, handelt es sich um Betriebskosten. Übt der Verwalter Tätigkeiten für die Verwaltung aus, handelt es sich zwar nicht um Betriebskosten. In diesem Fall ist aber dennoch Abs. 3 über den Begriff „Kosten der Verwaltung" einschlägig. Führt der Hausmeister Reparaturen aus, handelt es sich um Instandhaltungskosten i.S.v. Abs. 4. Der Verwalter hat somit bei der Buchführung zu differenzieren. Er muss sich im Zweifel vom Hausmeister Arbeitsnachweise schreiben lassen, aus denen er eine entsprechende Kostenzuordnung vornehmen kann. Die Anwendung von § 16 Abs. 3 und 4 führt für den Verwalter somit zu einem Mehraufwand. Zudem beinhaltet die Frage der richtigen Zuordnung der Kosten ein Anfechtungsrisiko. Werden Instandsetzungskosten fälschlicherweise dem Betriebskostenbegriff zugeordnet und über den Verteilungsschlüssel mit einfacher Mehrheit beschlossen, ist der Beschluss **anfechtbar**. 45

---

1 BayObLG v. 25.9.1996 – 2Z BR 76/96, BayObLGReport 1997, 10 = ZMR 1997, 37.
2 OLG Zweibrücken v. 14.6.1990 – 3 W 203/90, NJW-RR 1991, 1301.
3 LG Frankfurt/Main v. 14.4.1989 – 2/9 T 362/89, NJW-RR 1990, 24.
4 KG v. 14.6.1993 – 24 W 5328/92, KGReport Berlin 1993, 145 = WuM 1993, 562.
5 BayObLG v. 28.4.1993 – 2Z BR 47/93, BayObLGReport 1993, 57 = WuM 1993, 562; OLG Düsseldorf v. 6.11.1995 – 3 Wx 324/95, WE 1996, 347.
6 Ebenso *Häublein*, ZMR 2007, 409, 416.

45a Die Eigentümergemeinschaft ist für alle Instandsetzungskosten zuständig, die das Gemeinschaftseigentum betreffen. Wurde die Maßnahme fälschlicherweise aus Gemeinschaftsmitteln bezahlt, obwohl ausschließlich Sondereigentum betroffen war, kann eine **Einzelbelastung** i.S. einer verursachungsabhängigen Kostenbelastung gem. § 21 Abs. 7 beschlossen werden. Das Sondereigentum ist jedoch nicht betroffen, wenn beispielsweise die Innenseiten des Fensters oder der Wohnungseingangstür, ihre Beschläge, die Heizkörper oder die Zuleitungsrohre repariert werden (vgl. § 5 Rz. 30 ff.).

bb) Verteilungsschlüssel

46 Als von Abs. 2 abweichender Maßstab sieht Abs. 4 den **Gebrauchsmaßstab** vor, wobei der Wortlaut klarstellt, dass auch die **Möglichkeit des Gebrauchs** genügt. Während für Betriebskosten jeder Maßstab denkbar ist, der ordnungsmäßiger Verwaltung entspricht, sind die Möglichkeiten der anderweitigen Kostenverteilung bei Instandhaltungs- und Instandsetzungskosten eingeschränkt.

47 Der Gebrauchsmaßstab und die Gebrauchsmöglichkeit sind nicht exklusiv zu verstehen. Fenster oder Wohnungseingangstüren haben einen mehrfachen Zweck. Der Wohnungseigentümer nutzt sie beim Öffnen. Für die Wohnungseigentümer insgesamt sind die Fenster für die Abgeschlossenheit von Bedeutung. Dennoch lässt sich feststellen, dass sie in erster Linie jeweils nur vom konkreten Wohnungseigentümer genutzt werden. Bei der Wahl des Verteilungsschlüssels kann somit auch auf eine Art Zugriffsmöglichkeit abgestellt werden.

48 Einen Maßstab der Gebrauchsmöglichkeit stellt auch die **Personenzahl** dar. Auch wenn dieser Schlüssel wenig praktikabel und kaum verlässlich feststellbar ist (s.o. Rz. 19), bedeuten mehrere Wohnungsnutzer eine stärkere Gebrauchsmöglichkeit für das Gemeinschaftseigentum. Für einzelne Bereiche des Gemeinschaftseigentums wird eine konkrete Gebrauchserfassung in Betracht kommen, z.B. durch Münzzähler oder andere Formen der Zugangs- oder Nutzungskontrolle.

49 Der Gesetzgeber ist heute der Auffassung, dass es den Wohnungseigentümern möglich sein muss, Instandsetzungs- und Instandhaltungskosten dem Nutzungsberechtigten alleine anlasten zu können[1]. Bis zur Novelle war ein solcher Einzelfallbeschluss rechtswidrig, während die generelle Änderung des Verteilungsschlüssels als nichtig angesehen wurde[2].

cc) Mehrheitsbeschluss

50 Die Kosten der Instandhaltung und Instandsetzung einschließlich der Kosten einer **baulichen Veränderung** können zwar ebenfalls grundsätzlich abweichend von Abs. 2 durch Mehrheitsbeschluss verteilt werden. Die Besonderheit besteht darin, dass der Beschluss eine **qualifizierte Mehrheit** erfordert.

---

[1] Begründung der Bundesregierung zum Entwurf des WEG-ÄndG, BT-Drucks. 16/887, S. 23.
[2] *Wenzel*, ZWE 2001, 226 (236); *Merle* in Bärmann/Pick/Merle, WEG, § 22 Rz. 250; *Gottschalg*, NZM 2001, 729.

Die qualifizierte Mehrheit wird doppelt bemessen. Es müssen **drei Viertel aller** **stimmberechtigten Wohnungseigentümer** für diese Änderung stimmen und diese müssen mehr als die **Hälfte aller Miteigentumsanteile** auf sich vereinen.

51

Für die Feststellung, ob drei Viertel aller stimmberechtigten Wohnungseigentümer für die Änderung gestimmt haben, kommt es nicht auf die Regelung des Stimmrechts in der **Gemeinschaftsordnung** an. Der Verweis auf § 25 Abs. 2 verdeutlicht, dass jeder Wohnungseigentümer diesbezüglich eine Stimme hat. Das Objektstimmrecht ist ebenso wenig maßgebend wie ein Stimmrecht nach Miteigentumsanteilen. Zudem bezieht sich die Dreiviertelmehrheit auf **alle vorhandenen Stimmen**, so dass auch einstimmige Beschlüsse der anwesenden Eigentümer nicht ausreichend sein können. Bei der Berechnung der Dreiviertelmehrheit wirken Enthaltungen wie Nein-Stimmen. Der Verweis auf § 25 Abs. 2 schreibt für das Erreichen der Dreiviertelmehrheit das Kopfprinzip fest. Danach hat jeder Wohnungseigentümer unabhängig von der Größe und dem Wert seines Miteigentumsanteils und der Anzahl seiner Wohnungen nur eine Stimme. Dies gilt auch, wenn **mehrere Personen** Eigentümer der Wohnung sind. Diese müssen nach § 25 Abs. 2 Satz 2 das Stimmrecht einheitlich ausüben. Andernfalls ist ihre Stimmabgabe unwirksam. Haben mehrere Gemeinschaften mehrere Wohnungseigentumsrechte, ist es für die Anzahl der Stimmen entscheidend, ob jeweils die Personen der Gemeinschaften identisch sind. Bei Personenverschiedenheit hat jede Gemeinschaft eine Stimme[1]. Sind die Beteiligten teilweise verschieden und noch zusätzlich alleine Eigentümer einer Wohnung, sind diese als verschiedene Köpfe i.S.d. § 25 Abs. 2 Satz 1 zu behandeln[2]. Gehört z.B. **Ehegatten** eine Wohnung gemeinsam und jedem Ehegatten jeweils eine weitere Wohnung, ist von 3 Stimmrechten auszugehen[3]. Bei **Gesellschaften bürgerlichen Rechts** ist zu differenzieren. Die Gesellschafter können für jede Wohnung eine separate GbR gegründet haben, auch wenn im Übrigen Personenidentität besteht. Dies ist durch Vorlage des Gesellschaftsvertrages zu beweisen. In diesem Fall hat jede GbR eine Stimme. Handelt es sich um eine einheitliche GbR, hat diese für alle ihr zugehörigen Wohnungen nur eine Stimme[4].

52

Die zweite Qualifizierung der Mehrheitsverhältnisse (mehr als die Hälfte der Miteigentumsanteile) will verhindern, dass Großeigentümer überstimmt werden können. Dies Kriterium dient dem Minderheitenschutz, bezogen auf die Anzahl der Stimmen.

53

Wird die qualifizierte Mehrheit nicht erreicht und verkündet der Versammlungsleiter dennoch den Beschluss als zustande gekommen, ist er lediglich anfechtbar und nicht nichtig[5]. Dies folgt aus der grundsätzlich bestehenden Beschlussbegründung, die nicht erst dann gegeben ist, wenn die doppelte qualifizierte Mehrheit erreicht ist[6].

53a

---

1 KG v. 15.6.1988 – 24 W 2084/88, WuM 1988, 324.
2 KG WuM 1988, 324; *Merle* in Bärmann/Pick/Merle, WEG, § 25 Rz. 50; *Bub* in Staudinger, BGB, § 25 WEG Rz. 148 ff. m.w.N.; s. auch oben § 25 Rz. 11 ff.
3 Vgl. hierzu auch KG v. 15.9.1999 – 24 W 9353/97, ZWE 2000, 313; OLG Düsseldorf v. 3.2.2004 – I 3 Wx 364/03, NZM 2004, 234; OLG Frankfurt v. 1.8.1996 – 20 W 555/95, ZMR 1997, 156; *Bub* in Staudinger, BGB, § 25 WEG Rz. 150.
4 Siehe im Einzelnen hierzu oben § 25 Rz. 11 ff.
5 BT-Drucks. 16/887, S. 25.
6 So im Ergebnis auch *Hügel* in Hügel/Elzer, Das neue WEG-Recht, § 5 Rz. 78.

dd) Einzelfallregelung

54 Eine weitere Differenzierung gegenüber den Betriebskosten besteht darin, dass die Kostenverteilung bei Instandhaltung und Instandsetzung nur für den **Einzelfall** per Mehrheitsbeschluss geregelt werden kann. Soll hingegen eine **generelle Änderung** des Verteilungsmaßstabs gefunden werden, ist weiterhin eine **Vereinbarung** notwendig[1].

54a Der Einzelfallbeschluss muss vor Durchführung der Maßnahme getroffen werden. Dies gebietet der Vertrauensschutz. Aus den Worten „können zur Instandsetzung beschließen" ist zu folgern, dass die Beschlüsse über den Verteilungsschlüssel und über die Maßnahme selbst einhergehen müssen. Ein erst später getroffener Beschluss über den Verteilungsschlüssel ist anfechtbar.

55 Die unterschiedlichen Mehrheitserfordernisse zwischen Abs. 3 und Abs. 4 können im Einzelfall zu wenig konsequenten Ergebnissen führen. Wollen die Wohnungseigentümer beispielsweise die Kosten der **Aufzugsanlage** nicht mehr nach Miteigentumsanteilen verteilen, können sie die Kosten des Stroms durch Mehrheitsbeschluss von der Gemeinschaftsordnung abweichend zuordnen. Die Instandsetzungskosten und Instandhaltungskosten können hingegen nur dann entsprechend verteilt werden, wenn die qualifizierte Mehrheit des Abs. 4 für einen solchen Beschluss erreicht wird und der Beschluss nur einen Einzelfall betrifft. Eine Änderung kann somit nicht generell für alle Zukunft getroffen werden. Damit ist es auch denkbar, dass von Instandsetzung zu Instandsetzung die Wohnungseigentümer unterschiedliche Regelungen treffen, d.h., im Einzelfall setzt sich der Gebrauchsmaßstab durch und im anderen verbleibt es beim bisherigen Verteilungsschlüssel. Diese Gefahr der **Ungleichbehandlung** hat der Gesetzgeber offensichtlich nicht erkannt. Dennoch sind Einzelfallbeschlüsse, wenn sie zur Ungleichbehandlung führen, nur anfechtbar aber nicht nichtig.

56 Als Einzelfall ist auch ein Dauerschuldverhältnis anzusehen. Wird ein **Fullservice-Wartungsvertrag** für den Aufzug oder die Heizungsanlage für mehrere Jahre abgeschlossen, können die Wohnungseigentümer über die Kostenverteilung für die gesamte Vertragsdauer per Einzelfallbeschluss entscheiden. Gleiches gilt auch, wenn sich eine Instandsetzungsmaßnahme über **mehrere Jahre** hinzieht.

57 Abs. 4 findet auch auf **Sondernutzungsrechte** Anwendung. Zwar handelt es sich um **Gemeinschaftseigentum**, sodass die Instandhaltungs- und Instandsetzungspflicht grundsätzlich bei der Eigentümergemeinschaft liegt. In der Regel ergibt die Auslegung der Teilungserklärung aber, dass die Instandhaltungskosten vom Sondernutzungsberechtigten zu tragen sind[2], weil nur er die Fläche nutzen und die anderen Wohnungseigentümer von einem Betreten ausschließen kann. Sofern nichts Gegenteiliges ausdrücklich in der Teilungserklärung geregelt ist, obliegt die Instandsetzung des Sondernutzungsbereichs hingegen der Gemeinschaft[3]. Durch die Neuregelung in Abs. 4 kann nun auch hierüber mit qualifi-

---

1 Siehe auch OLG München v. 23.8.2006 – 34 Wx 090/06, ZMR 2006, 952.
2 So auch *Niedenführ/Schulze*, WEG, § 16 Rz. 6.
3 OLG Braunschweig v. 23.12.1999 – 3 W 67/1999, DWE 2001, 55; vgl. auch hierzu auch ausführlich *Bub* in Staudinger, BGB, § 16 WEG Rz. 40.

zierter Mehrheit für den Einzelfall eine andere Regelung beschlossen werden. Für einen Garten, der im Sondernutzungsrecht steht, kann erwartet werden, dass die Wohnungseigentümer mit qualifizierter Mehrheit jede einzelne Instandsetzungspflicht dem Berechtigten kostenmäßig allein auferlegen. Das Recht, eine generelle Regelung zu Lasten des Sondernutzungsberechtigten durch Vereinbarung zu treffen, ist zulässig[1].

Haben die Wohnungseigentümer die **Zuführungsbeträge zur Instandhaltungsrücklage** nach Miteigentumsanteilen erhoben und beschließen nun, eine Instandsetzungsmaßnahme nach einem abweichenden Verteilungsschlüssel umzulegen, die notwendige Liquidität aber ganz oder teilweise aus der Rücklage zu entnehmen, ist der Beschluss anfechtbar, da sich die Verteilungsschlüssel mit dem Verlust des ideellen Anteils an der Rücklage nicht decken[2]. Somit würden einige Wohnungseigentümer, die mit dem abweichenden Verteilungsschlüssel privilegiert werden, durch die Entnahme aus der Rücklage wieder belastet. 58

b) Generelle Regelungen

Wenn kein Einzelfallbeschluss getroffen wird, kann eine Abweichung von § 16 Abs. 2 durch eine anders lautende Regelung in der **Gemeinschaftsordnung** zum Tragen kommen. Eine Regelung, die die Abwälzung von Kosten der Instandhaltung und Instandsetzung von im Gemeinschaftseigentum stehenden Bauteilen jeweils auf die Wohnungseigentümer vorsieht, die diese allein nutzen, ist in der Gemeinschaftsordnung ebenso zulässig[3]. 59

Vom Begriff der Instandsetzung ist auch die vollständige Erneuerung und Ersatzbeschaffung umfasst[4], nicht aber die erstmalige **mangelfreie Herstellung**[5]. 60

Grundsätzlich sind solche Klauseln, die einem Wohnungseigentümer die Instandhaltung und Instandsetzung von Teilen des Gemeinschaftseigentums aufbürden, eng auszulegen. So zählen zu den Kosten für **Glasschäden** und **Fensteranstrich** nicht die Kosten einer **Fenstererneuerung**[6]. Baut die Gemeinschaftsordnung auf dem Rechtsirrtum auf, dass zwingende Teile des Gemeinschaftseigentums zum Sondereigentum erklärt werden könnten, so kann diese Regelung in 61

---

1 So schon vor der Gesetzesnovellierung BayObLG v. 18.12.2003 – 2Z BR 203/03, ZMR 2004, 357.
2 Für einen vergleichbaren Fall vor der WEG-Novelle von Nichtigkeit ausgehend, AG Hannover v. 22.8.2006 – 71 II 395/06, ZMR 2007, 572.
3 Vgl. für Balkone BayObLG v. 1.10.1998 – 2Z BR 144/98, NZM 1999, 27; KG v. 15.11. 2000 – 24 W 6514/99, WuM 2001, 298; für Dachgärten BayObLG v. 25.5.1998 – 2Z BR 87/98, NZM 1999, 28; für Glasvorbau BayObLG v. 23.5.2002 – 2Z BR 19/02, ZMR 2002, 846; für Fenster OLG Düsseldorf v. 23.11.1998 – 3 Wx 376/98, WuM 1999, 350 = NZM 1999, 277; für Balkontüren OLG Düsseldorf v. 15.4.1996 – 3 Wx 359/95, WuM 1996, 443.
4 BayObLG v. 23.2.1995 – 2Z BR 129/94, NJW-RR 1996, 140; v. 12.5.2004 – 2Z BR 001/04, ZMR 2004, 765; OLG Düsseldorf v. 23.11.1998 – 3 Wx 376/98, WuM 1999, 350 = NZM 1999, 277.
5 BayObLG v. 18.7.1996 – 2Z BR 63/96, DWE 1998, 29; BayObLG v. 20.11.2002 – 2Z BR 45/02 ZWE 2003, 187; OLG Köln v. 21.9.2001 – 16 Wx 153/01, NZM 2002, 125.
6 AG Pinneberg v. 6.9.2004 – 68 II 44/04, ZMR 2005, 157.

eine Kostentragungsregelung **umgedeutet** werden[1]. Für eine solche Umdeutung muss aber der Wille der Wohnungseigentümer erkennbar sein, auf jeden Fall eine entsprechende Kostenzuordnung vornehmen zu wollen. Hieran wird es jedoch in den meisten Fällen scheitern, weil die Gemeinschaftsordnungen allgemein von einer Lasten- und Kostenteilung sprechen und eine Differenzierung zwischen den Kosten des Gemeinschaftseigentums und solchen des Sondereigentums, die erst im Jahr 2001 in den Blickpunkt der Diskussion gerückt ist (s.o. Rz. 10ff.), nicht kennen.

62 An die Vereinbarung über einen Verteilungsschlüssel sind hohe Anforderungen zu stellen. Es muss eindeutig ein rechtsgeschäftlicher Bindungswille erkennbar sein. Eine anders lautende **mehrjährige Übung** genügt nicht, um eine Vereinbarung anzunehmen[2].

63 Bei **Mehrhausanlagen** kann durch Vereinbarung geregelt werden, dass die Eigentümer des einzelnen Hauses die auf sie entfallenden „ausscheidbaren Kosten" allein zu tragen haben. Darunter können dann auch Instandhaltungs- und Instandsetzungskosten fallen, sofern diese von vornherein absonderbar sind und dem jeweiligen Haus allein zugeordnet werden können[3]. Handelt es sich um Reihenhäuser, sind die Kosten der einheitlichen Fassade und des einheitlichen Dachs nicht ausscheidbar.

64 Die Kostenzuordnung bei Mehrhausanlagen begegnet seit der Teilrechtsfähigkeitsentscheidung des BGH[4] Bedenken, weil die Instandhaltungs- und Instandsetzungsaufträge im Außenverhältnis im Namen der **rechtsfähigen Eigentümergemeinschaft** erteilt werden und das einzelne Haus einer Mehrhausanlage selbst nicht rechtsfähig ist. Die Aufträge werden somit immer im Namen der Gesamtgemeinschaft erteilt. Nach dem Grundsatz, wer im Außenverhältnis haftet, muss auch im Innenverhältnis Stimmrecht haben, müssten sämtliche Wohnungseigentümer der Mehrhausanlage stimmberechtigt sein[5]. Dies ist jedoch keine Frage der Kostenverteilung und kann an dieser Stelle dahingestellt bleiben.

65 Sieht die Gemeinschaftsordnung eine Kostenaufteilung je Haus nicht vor, sind die Kosten einer **Aufzugsanlage** grundsätzlich auch dann auf alle Wohnungseigentümer zu verteilen, wenn einzelne Häuser über keinen Aufzug verfügen[6]. Allerdings können die Wohnungseigentümer nach den Abs. 3 und 4 aufgrund der jetzt bestehenden Beschlusskompetenz Änderungen bei der Kostenaufteilung herbeiführen.

---

1 BayObLG v. 21.12.1999 – 2Z BR 115/99, ZWE 2000, 177 (179); OLG Düsseldorf v. 12.1.1998 – 3 Wx 546/97, NZM 1998, 269; v. 21.12.1998 – 3 Wx 418/98, NZM 1999, 507; OLG Karlsruhe v. 5.5.2000 – 11 Wx 71/99, NZM 2002, 220.
2 OLG Hamburg v. 28.11.2005 – 2 Wx 112/04, ZMR 2006, 298; s.a. oben Rz. 26.
3 BayObLG v. 10.2.1993 – 2Z BR 116/92, DWE 1993, 161; v. 4.12.2003 – 2Z BR 214/03, ZMR 2004, 356 für Renovierungskosten.
4 V. 2.6.2005 – V ZB 32/05, NZM 2005, 543 = NJW 2005, 2061.
5 So *Jennißen*, NZM 2006, 203 (205); a.A. *Wenzel*, NZM 2006, 321 (324).
6 BayObLG v. 24.11.2004 – 2Z BR 156/04, ZMR 2005, 639.

5. Öffnungsklausel (Abs. 5)

Vor der WEG-Novelle bestand bereits die Möglichkeit, den in der Gemeinschaftsordnung vorgesehenen Verteilerschlüssel durch in der Regel qualifizierten Mehrheitsbeschluss zu ändern, wenn die Gemeinschaftsordnung selbst hierzu eine sog. **Öffnungsklausel** enthielt. Die Öffnungsklausel erweiterte die Beschlusskompetenz der Wohnungseigentümer und ermöglichte auch generelle Änderungen des Verteilerschlüssels[1]. 66

Hinsichtlich der Veränderung des Verteilungsschlüssels für Betriebskosten und Kosten der Verwaltung gem. Abs. 3 haben Öffnungsklauseln keine Bedeutung mehr. 67

Bedeutung ist noch gegeben, wenn der Verteilungsschlüssel für die Kosten der Instandhaltung und Instandsetzung generell verändert werden soll. Für eine Einzelfallregelung bedarf es solcher Öffnungsklauseln nur noch dann, wenn die Gemeinschaftsordnung eine geringere Mehrheit als drei Viertel aller stimmberechtigten Wohnungseigentümer für die Festlegung der Verteilungsquote der Instandhaltungs- und Instandsetzungskosten vorsieht und/oder keine Mehrheit der Miteigentumsanteile erfordert. Lässt beispielsweise die Gemeinschaftsordnung einen Änderungsbeschluss durch Öffnungsklausel zu, der mit einer Mehrheit von zwei Dritteln aller stimmberechtigten Wohnungseigentümer gefasst werden kann, ist die Öffnungsklausel maßgebend. Eine Öffnungsklausel, die eine größere Mehrheit als drei Viertel für den Änderungsbeschluss je Einzelfall vorsieht, wird dagegen durch die Regelung in Abs. 5 unwirksam. 68

Die Öffnungsklausel muss eindeutig und klar definiert sein. Sie darf nicht extensiv ausgelegt werden[2]. Der **Änderungsbeschluss** muss in der Einladung zur Eigentümerversammlung eindeutig angekündigt worden sein. Wird lediglich ein Beschluss über die Jahresabrechnung angekündigt, genügt dies nicht und der den Verteilungsschlüssel ändernde Beschluss ist schon allein deshalb rechtswidrig[3]. Ebenso muss der Änderungsbeschluss inhaltlich klar gefasst werden[4]. Unklare und unbestimmte Beschlüsse sind nichtig. 69

Macht die Eigentümergemeinschaft von einer Öffnungsklausel Gebrauch und ändert den Verteilungsschlüssel für die Instandhaltungs- und Instandsetzungskosten **generell** ab, muss hierfür ein sachlicher Grund gegeben sein. Da § 16 Abs. 4 nur eine Beschlusskompetenz für den Einzelfall vorsieht, verbleibt es für eine generelle Abänderung des Verteilungsschlüssels zwar grundsätzlich bei den bisherigen Kriterien. Somit haben die Gerichte in solchen Fällen weiterhin die Prüfungskompetenz[5], ob der aufgrund eines Mehrheitsbeschlusses festgelegte neue Kostenverteilungsschlüssel der Billigkeit entspricht. Allerdings darf in die Öffnungsklausel nicht das Erfordernis des sachlichen Grunds im Sinne einer restriktiven Anwendung hineingelesen werden. Die anders lautende Rechtspre- 70

---
1 Vgl. hierzu auch *Briesemeister*, DWE 2005, 157.
2 OLG Düsseldorf v. 21.10.2005 – I – 3 Wx 164/05, ZMR 2006, 296.
3 OLG Düsseldorf v. 28.6.2005 – I – 3 Wx 79/05, ZMR 2005, 895.
4 OLG Hamm v. 22.12.2003 – 15 W 396/03, ZMR 2004, 852; OLG Düsseldorf v. 26.3.2004 – 3 Wx 344/03, NZM 2004, 467.
5 S. hierzu KG v. 26.7.2004 – 24 W 31/03, ZMR 2005, 899.

chung¹ wird zumindest nach der Novelle dem gesetzgeberischen Willen nicht mehr gerecht, dass die Wohnungseigentümer eine weite Abänderungskompetenz besitzen sollen.

71 Eine Regelung in der Gemeinschaftsordnung, die dem **Verwalter** das Recht überträgt, die Änderung des Kostenverteilungsschlüssels gem. § 317 BGB zu bestimmen, ist nichtig². Andernfalls begeben sich die Wohnungseigentümer eines wesentlichen Kern- und Selbstbestimmungsrechts.

72 Wurde in der Vergangenheit aufgrund einer Öffnungsklausel ein Änderungsbeschluss herbeigeführt, war streitig, ob dieser Änderungsbeschluss nur dann einem **Rechtsnachfolger** gegenüber wirkte, wenn er ins **Grundbuch** eingetragen wurde³. Diese Problematik kann als gelöst angesehen werden, da § 10 Abs. 4 Satz 2 regelt, dass Beschlüsse aufgrund einer Vereinbarung (Öffnungsklausel) zu ihrer Wirksamkeit gegen den Sondernachfolger eines Wohnungseigentümers nicht der Eintragung in das Grundbuch bedürfen. Zwar enthält das Gesetz für die Änderungsbeschlüsse gem. § 16 Abs. 3 und 4 keine ausdrückliche Bestätigung nicht notwendiger Grundbucheintragungen. Dass die Änderungsbeschlüsse aber nicht ins Grundbuch eingetragen werden müssen, um einen Sondernachfolger zu binden, folgt schon aus der Beschlusskompetenz selbst und damit aus § 10 Abs. 4. Mit solchen Änderungsbeschlüssen muss ein Erwerber nunmehr rechnen. Will er sich hierüber Klarheit verschaffen, kann er die **Beschluss-Sammlung** einsehen, die der Verwalter nach § 24 Abs. 7 führen muss.

VII. Anspruch auf Änderung des Verteilungsschlüssels

73 Die Abs. 3 und 4 regeln die Möglichkeiten, wie die Wohnungseigentümer unter erleichterten Bedingungen den gem. Gemeinschaftsordnung geltenden Verteilungsschlüssel abändern können. Nach Abs. 3 können die Wohnungseigentümer den Verteilungsschlüssel der Betriebskosten mit Mehrheit ändern, soweit dies **ordnungsmäßiger Verwaltung** entspricht. Ficht ein Wohnungseigentümer diesen Beschluss an, kann das Gericht nur prüfen, ob der neue Maßstab unbillig ist oder gegen den Gleichbehandlungsgrundsatz verstößt. Im Übrigen ist das Selbstbestimmungsrecht der Wohnungseigentümer zu beachten. Lehnen die Wohnungseigentümer mehrheitlich eine Änderung ab, kann ein Wohnungseigentümer diese Entscheidung ebenfalls gerichtlich überprüfen lassen. Es fragt sich dann, ob der Änderungsanspruch nur ordnungsmäßiger Verwaltung entsprechen muss oder ob **schwerwiegende Gründe** unter Berücksichtigung einer bestehenden Unbilligkeit die Änderung erfordern. § 10 Abs. 2 Satz 3 definiert einen entsprechenden Anspruch des Wohnungseigentümers auf Abänderung bzw. Anpassung einer Vereinbarung und somit auch des geltenden Verteilungsschlüssels⁴. § 16 Abs. 3 steht somit in einem scheinbaren Wertungswiderspruch

---

1 OLG Zweibrücken v. 30.4.1999 – 3 W 83/99, NZM 1999, 1060 (LS.); BayObLG v. 21.10. 1999 – 2Z BR 126/99, ZMR 2000, 185 = ZWE 2000, 78 (LS.).
2 AG Hannover v. 2.12.2003 – 71 II 196/03, ZMR 2005, 154; offenlassend KG v. 26.7.2004 – 24 W 31/03, ZMR 2005, 899.
3 Verneinend: BGH v. 16.9.1994 – V ZB 2/93, NJW 1994, 3230; *Becker*, ZWE 2002, 341; *Wenzel*, ZWE 2004, 130 (136); bejahend: *Hügel*, ZWE 2002, 503 (508).
4 Siehe oben § 10 Rz. 26 ff.

zu § 10 Abs. 2 Satz 3. Dabei ist aber zu berücksichtigen, dass § 10 Abs. 2 Satz 3 den Anspruch des einzelnen Wohnungseigentümers definiert, den dieser somit auch gegen den Willen der Mehrheit gerichtlich durchsetzen kann. Bei einer Änderung nach § 16 Abs. 3 haben die Wohnungseigentümer mit Mehrheit für die Änderung gestimmt. In diesem Fall haben sie ihr Selbstbestimmungsrecht ausgeübt. Wenn aber die übrigen Wohnungseigentümer zur Ausübung einer Ermessensentscheidung gezwungen werden sollen, sind hierfür erhöhte Anforderungen i.S.v. § 10 Abs. 2 Satz 3 zu stellen.

Für diese erhöhten Anforderungen sind entgegen der bisherigen Rechtslage nun graduell geringere Voraussetzungen notwendig. Bisher hat die herrschende Rechtsprechung einen Änderungsanspruch nur dann zugelassen, wenn **außergewöhnliche Umstände** dazu geführt haben, dass der geltende Maßstab **grob unbillig** wurde[1]. Diese Auffassung bewirkte, dass selbst Flächenabweichungen von 59 % der tatsächlichen Wohnungsgröße gegenüber dem Miteigentumsanteil bzw. Flächenanteil gem. Teilungserklärung als nicht ausreichend angesehen wurden, um die grobe Unbilligkeit zu bejahen[2]. Indem der Gesetzgeber nunmehr anstelle der Worte „außergewöhnliche Umstände" die Wörter „schwerwiegende Gründe" verwendet und anstelle der groben Unbilligkeit auf eine einfache abstellt, macht er deutlich, dass diese Schwelle wesentlich zu senken ist. Dies bleibt eine Frage des Einzelfalls, bei der die Gesamtumstände zu werten sind[3]. Es darf aber kein sehr strenger Maßstab mehr zugrunde gelegt werden. Zu berücksichtigen ist, ob für den benachteiligten Wohnungseigentümer der bisherige Verteilungsschlüssel nicht länger hinnehmbar ist und zu unangemessenen Ergebnissen führt[4]. Anders als es der BGH zugrunde gelegt hat, kann jetzt die Höhe der Kostenmehrbelastung des benachteiligten Wohnungseigentümers ausreichend sein. Es muss keine bauliche Veränderung vorliegen. Auch bei fehlerhafter Teilungserklärung kommt ein Anpassungsanspruch in Betracht. Allerdings darf nicht jede Mehrbelastung zu einem Änderungsanspruch führen. Vielmehr ist der bereits früher vertretenen Auffassung, dass ein Änderungsanspruch ab 25 % Mehrbelastung zu bejahen ist[5], wieder zu folgen. 74

Auf keinen Fall darf der neue Verteilungsschlüssel wiederum andere Wohnungseigentümer unbillig benachteiligen[6]. 75

Die Unbilligkeit ist immer dann gegeben, wenn das Objekt anders errichtet wurde, als es in Aufteilungsplan und Teilungserklärung festgelegt war. So besteht ein Anpassungsanspruch dann, wenn beispielsweise eine **Tiefgarage** nicht 76

---

1 BGH v. 7.10.2004 – V ZB 22/04, NJW 2004, 3413 = ZMR 2004, 834 = MDR 2004, 1403.
2 OLG Frankfurt v. 13.4.2000 – 20 W 485/98, NZM 2001, 140; 50 % als nicht ausreichend ansehend BayObLG v. 10.11.1994 – 2Z BR 100/94, NJW-RR 1995, 529; Mehrbelastungen von 38 bzw. 42 % als nicht grob unbillig ansehend OLG Hamm v. 9.9.2002 – 15 W 235/00 ZMR 2003, 286; einen Änderungsanspruch wegen 30 % Abweichung verneinend OLG Köln v. 5.7.2001 – 16 Wx 27/01, DWE 2001, 100.
3 BGH v. 7.10.2004 – V ZB 22/04, NJW 2004, 3413 = ZMR 2004, 834 = MDR 2004, 1403.
4 So die Begründung der Bundesregierung zum Entwurf des WEG-ÄndG, BT-Drucks. 16/887, 19.
5 KG v. 14.6.2004 – 24 W 32/04, NZM 2004, 549 u.v.a. *Jennißen*, Verwalterabrechnung, V Rz. 19.
6 BayObLG v. 10.8.2001 – 2 Z BR 91/01, ZWE 2002, 31.

errichtet wurde[1]. Gleiches ist anzunehmen, wenn nachträgliche Nutzungsmöglichkeiten für Flächen des Sondereigentums entfallen[2], was beispielsweise bei Untersagung der Nutzungsmöglichkeit eines Dachgeschosses wegen **fehlender Baugenehmigung** der Fall ist. Nimmt ein Wohnungseigentümer nachträglich **bauliche Veränderungen** vor, die zu einer Flächenausweitung führen, ist es ebenfalls billig, wenn die übrigen Wohnungseigentümer einen Anspruch auf Anpassung des Kostenverteilungsschlüssels durchsetzen können[3].

VIII. Einzelne Probleme der Kostenverteilung

1. Aufzug[4]

77 Sieht die Gemeinschaftsordnung für die Kostenverteilung nur die Miteigentumsanteile oder einen Flächenschlüssel vor und machen die Wohnungseigentümer von ihrem Recht, gem. Abs. 3 eine gebrauchsabhängige Kostenverteilung vorzunehmen, keinen Gebrauch, haben auch die Wohnungseigentümer einer **Mehrhausanlage** anteilige Aufzugskosten selbst dann zu tragen, wenn sich nicht in jedem Haus ein Aufzug befindet[5]. Gleiches gilt für Eigentümer einer **Parterrewohnung** ohne Nutzungsrecht am Keller oder an Dachkammern.

78 Werden die Kosten nach der Anzahl der Wohnungen verteilt und teilt ein Wohnungseigentümer seine Wohnung faktisch, aber nicht grundbuchmäßig, in zwei Einheiten auf, genügt dies, um ihm die doppelten Aufzugskosten anzulasten[6].

79 Soll für die Betriebskosten des **Aufzugs** eine neue Verteilungsregelung gefunden werden, ist zwischen den umlagefähigen und nicht umlagefähigen Kosten zu differenzieren; Umlagefähig i.S.v. § 2 Nr. 7 BetrKV sind u.a. der Betriebsstrom, Kosten der Pflege der Anlage und Prüfung seiner Betriebssicherheit sowie die Kosten der Reinigung. Besteht ein Fallservice-Vertrag, sind die Kosten in die laufenden Betriebskosten und in Instandsetzungskosten aufzuteilen. Für die Betriebskostenanteile können die Wohnungseigentümer nach Abs. 3 die Kostenverteilung bestimmen.

2. Heizkosten

a) Anwendungsbereich der Heizkostenverordnung (HeizkV)

80 § 3 HeizkV erklärt die Regeln dieser Verordnung gegenüber dem WEG und anders lautenden Vereinbarungen der Wohnungseigentümer als vorrangig. Aus der HeizkV folgen die Pflichten zur **Verbrauchserfassung** (§ 4 HeizkV) und zur **verbrauchsabhängigen Kostenverteilung** (§ 6 HeizkV). Diese Pflichten muss die Wohnungseigentümergemeinschaft im Verhältnis zum einzelnen Wohnungs-

---

1 BayObLG v. 19.2.1987 – BReg. 2 Z 114, 86, WE 1988, 20.
2 OLG Düsseldorf v. 13.6.2001 – 3 Wx 132/01, NJW-RR 2002, 731; BayObLG v. 23.8.2001 – 2 Z BR 114/01, NZM 2002, 389.
3 OLG Düsseldorf v. 8.1.2001 – 3 Wx 402/00, ZMR 2001, 378; BGH v. 7.10.2004 – V ZB 22/04, ZMR 2004, 834.
4 Siehe hierzu auch oben Rz. 25, 55.
5 BayObLG v. 24.11.2004 – 2Z BR 156/04, ZMR 2005, 639 = DWE 2005, 28; OLG Düsseldorf v. 18.9.1985 – 3 W 317/85, DWE 1986, 28.
6 BayObLG v. 4.4.2001 – 2Z BR 11/01, ZMR 2001, 821.

eigentümer und dieser wiederum im Verhältnis zum jeweiligen Wohnungsnutzer (Mieter) erfüllen, § 1 Abs. 2 Nr. 3 HeizkV.

Die HeizKV ist am 1.3.1981 in Kraft getreten. Entgegenstehende ältere Gemeinschaftsordnungen werden gem. § 3 HeizKV aufgehoben. Beschlüsse zur Einführung einer verbrauchsabhängigen Abrechnung sind grundsätzlich ausreichend. Eine Vereinbarung ist nicht erforderlich[1]. Da aber eine Verpflichtung zur Erstellung einer verbrauchsabhängigen Heizkostenabrechnung gem. §§ 4 ff. HeizKV besteht, müssen die Wohnungseigentümer über das „**Ob**" nicht entscheiden. Beschlüsse sind notwendig zur **Art** der Verbrauchserfassung, zur **Größe des Flächenanteils** in seiner prozentualen Wertung und wie der Flächenanteil gemessen werden soll, wenn er nicht in der Teilungserklärung[2] festgeschrieben ist.

81

Die Wohnungseigentümer können nur dann von der verbrauchsabhängigen Abrechnung der Heiz- und Warmwasserkosten absehen, wenn die Ausstattung des Gebäudes mit **Verbrauchserfassungsgeräten** wirtschaftlich nicht vertretbar ist. Dies ist dann der Fall, wenn die erforderlichen Aufwendungen für die Verbrauchserfassung innerhalb der üblichen Nutzungsdauer durch die eintretenden Einsparungen nicht erwirtschaftet werden können. Dabei ist bei bestehenden Gebäuden die noch zu erwartende **Nutzungsdauer** zu berücksichtigen, § 5 Abs. 1 EnEG (Energieeinsparungsgesetz). Der in Rechtsprechung und Literatur hierzu angenommene **10-Jahres-Vergleich**[3] findet im Gesetz keine Stütze. Die 10-Jahres-Frist ist vollkommen willkürlich und berücksichtigt nicht die grundsätzliche Pflicht zur Verbrauchserfassung, sodass das Unterlassen nur dann in Betracht zu ziehen ist, wenn die konkreten Gegebenheiten des Gebäudes den Einbau von Erfassungsgeräten besonders erschweren. § 5 EnEG stellt eine Ausnahmevorschrift dar. Bestehen im Gebäude keine Besonderheiten, die den Einbau der Verbrauchserfassungsgeräte behindern, ist für eine Wirtschaftlichkeitsanalyse kein Raum. Andernfalls würde die Ausnahme zur Regel gemacht.

82

§ 2 HeizkV bestimmt, dass rechtsgeschäftliche Bestimmungen bei Gebäuden mit nicht mehr als zwei Wohnungen, von denen eine der Vermieter selbst bewohnt, den Vorschriften der HeizkV vorgehen. Teilweise wird diese Vorschrift für anwendbar gehalten, wenn es sich um eine Eigentümergemeinschaft bestehend aus **zwei Wohnungen** handelt, die beide jeweils von den Eigentümern selbst bewohnt werden[4]. Dem ist nicht zu folgen, da § 2 HeizkV nur vom Ver-

83

---

1 So auch nicht die Annahme einer konkludenten Vereinbarung durch jahrelange abweichend von der Gemeinschaftsordnung erfolgende verbrauchsabhängige Abrechnungen, wie OLG Hamburg v. 7.11.2006 – 2 Wx 105/06, ZMR 2007, 210 unnötig konstruiert.
2 Siehe auch hierzu *Jennißen*, MietRB 2005, 21 (22).
3 BGH v. 30.1.1991 – VIII ZR 361/89, WuM 1991, 282; KG v. 30.11.1992 – 24 W 3802/92, NJW-RR 1993, 468 = ZMR 1993, 182; BayObLG v. 16.9.1993 – 2Z BR 91/93, NJW-RR 1994, 145 = WuM 1993, 753; v. 30.6.2004 – 2Z BR 118/04, NZM 2005, 106, das die Ersparnis i.H.v. 15 % entsprechend § 12 Abs. 1 HeizkV schätzt; OLG Köln v. 24.4.1998 – 16 Wx 28/98, WuM 1998, 621; v. 5.9.2006 – 16 Wx 154/06, ZMR 2007, 389; für 15-Jahres-Zeitraum BayObLG v. 13.4.1989 – BReg. 2Z 69/88, WuM 1989, 451; *Pick* in Bärmann/Pick/Merle, WEG, § 16 Rz. 128.
4 *Lammel* in Schmidt/Futterer, Mietrecht, § 2 HeizkV, Rz. 31; *Lammel*, HeizkV, § 2 Rz. 44; ebenso AG Hamburg-Blankenese v. 4.9.2003 – 506 II 34/03, ZMR 2004, 554; a.A. OLG Düsseldorf v. 15.10.2003 – I – 3 Wx 225/03, ZMR 2004, 694 = DWE 2004, 66; *Blank*, WE 1993, 104.

mieter und nicht vom Wohnungseigentümer spricht. Die Anwendbarkeit der HeizkV auf das Wohnungseigentum wird erst in § 3 HeizkV definiert, sodass die vorstehende Vorschrift des § 2 HeizkV wohnungseigentumsrechtlich irrelevant ist[1]. Auch bei nur zwei Eigentumswohnungen findet die HeizkV Anwendung.

b) Ausstattung zur Verbrauchserfassung

84 Die HeizkV bestimmt nicht, welcher Art die Verbrauchserfassungsgeräte sein müssen. Bei der Wahl des Systems können die Wohnungseigentümer daher grundsätzlich nach freiem Ermessen entscheiden. Die Geräte müssen jedoch gem. § 5 Abs. 1 HeizkV den Regeln der Technik entsprechen. Dazu zählen sog. **Heizkostenverteiler** (HKV). Auch wenn beispielsweise sog. Wärmemengenzähler exaktere Messergebnisse liefern, so sind doch HKVs nicht generell unzulässig oder technisch überholt[2]. Ist das Objekt noch nicht mit Verbrauchserfassungsgeräten ausgestattet oder ist die Eichdauer abgelaufen, müssen die Wohnungseigentümer über die Anschaffung neuer Geräte mehrheitlich beschließen.

85 Neben der Auswahl des Verbrauchserfassungssystems haben die Wohnungseigentümer mit Mehrheit über die **Finanzierungsart** zu entscheiden. Primär kommen Kauf oder Miete in Betracht. Die Mietkosten sind aber nur dann umlagefähig, wenn die vermietenden Wohnungseigentümer die Anmietung der Geräte zuvor den Mietern unter Angabe der dadurch entstehenden Kosten ankündigen und die Mehrheit nicht innerhalb eines Monats nach Zugang der Mitteilung widerspricht. Diese Mehrheit von 50 % bezieht sich auf alle Wohnungsnutzer. Werden mehr als die Hälfte der Wohnungen von den Eigentümern selbst genutzt, steht mit der Beschlussfassung über die Anmietung der Geräte gleichzeitig fest, dass es zu einem Widerspruch von mehr als der Hälfte aller Wohnungsnutzer nicht kommen kann. Denn die in der Eigentümerversammlung überstimmten Selbstnutzer sind bei der Berechnung der Mehrheit der Nutzer wie Befürworter zu werten, da der Mehrheitsbeschluss alle Wohnungseigentümer bindet. Ist hingegen mehr als die Hälfte der Wohnungen vermietet, kann der Beschluss über die Anmietung der Verbrauchserfassungsgeräte erst wirksam werden, wenn den vermietenden Wohnungseigentümern eine Frist eingeräumt wird, in der sie die Mieter über die Anmietung unter Benennung des Widerspruchsrechts auffordern können. Eine Frist von zwei Monaten dürfte angemessen sein. Weisen dann die Wohnungseigentümer die Widersprüche der Mieter nach und belaufen sich diese auf mehr als 50 % aller Wohnungsnutzer, hat die Anmietung zu unterbleiben. Handelt es sich um weniger als 50 % oder unterlassen die Wohnungseigentümer die Befragung ihrer Mieter, kann die Anschaffung durchgeführt werden. Das Risiko des einzelnen Vermieters, diese Kosten wegen Nichtbefragung seines Mieters nicht umlegen zu können, verbleibt dann bei ihm.

86 Die **Anschaffungskosten** für die Verbrauchserfassungsgeräte sind wohnungseigentumsrechtlich nach § 16 Abs. 2 WEG zu verteilen, was aus § 3 Satz 3 HeizKV folgt. Dies bedeutet, dass grundsätzlich der Miteigentumsanteilsschlüs-

---

[1] Vgl. hierzu auch *Jennißen* in FS für Blank, S. 636; *Peruzzo*, Heizkostenabrechnung nach Verbrauch, S. 16.
[2] *Lammel*, HeizkV, § 5 Rz. 7; a.A. LG Hamburg v. 5.4.1984 – 2 S 353/83, NJW 1984, 1563.

sel gilt. Dies ist deshalb besonders hervorzuheben, weil die HeizkV für alle weiteren Kosten den Verteilungsschlüssel der Miteigentumsanteile nicht kennt. § 3 Satz 3 HeizkV bildet insoweit eine Ausnahme. Werden die Geräte gemietet, können die Wohnungseigentümer nun gem. § 16 Abs. 3 WEG auch diesbezüglich mehrheitlich auf einen anderen Verteilungsschlüssel übergehen (z.B. Heizfläche). Die Kosten der Anmietung zählen gem. § 2 Nr. 4 BetrKV zu den Betriebskosten, nicht aber die Kosten des Kaufs. Ist Letzteres der Fall, kann über den Verteilungsschlüssel nur nach § 16 Abs. 4 WEG entschieden werden.

c) Abrechnungsmaßstäbe

§§ 7 und 8 HeizkV definieren zur Kostenverteilung das **Wahlrecht**, den Verbrauchsanteil mit mindestens 50 % und höchstens 70 % des erfassten Wärmeverbrauchs zur Verteilung zu bringen. Innerhalb dieser **Bandbreite** können die Wohnungseigentümer den Verbrauchsanteil mit Mehrheit beschließen. Dies gilt selbst dann, wenn die Gemeinschaftsordnung bereits eine Regelung enthält. Die Abänderungsmöglichkeit folgt aus dem neuen § 16 Abs. 3 WEG, wonach die Wohnungseigentümer mit Stimmenmehrheit den Verteilungsschlüssel für die Betriebskosten beschließen können, wozu auch die Heizkosten zählen[1]. Innerhalb der Bandbreite besteht freies Ermessen[2]. Zu berücksichtigen ist aber, dass § 6 Abs. 4 HeizkV nur eine **einmalige Änderungsmöglichkeit** bis zum Ablauf von drei Abrechnungszeiträumen nach deren erstmaliger Bestimmung zulässt[3]. Somit kommt nach Ablauf dieses Zeitraums eine Änderung des Verteilungsschlüssels innerhalb der Bandbreiten nicht mehr in Betracht. § 6 Abs. 4 HeizkV verdrängt insoweit § 16 Abs. 3 WEG. 87

Eine Kostenverteilung zu 100 % nach Verbrauch ist nicht generell zulässig. Dies bedarf gem. § 10 HeizkV einer **Vereinbarung**[4]. Insoweit findet § 16 Abs. 3 WEG keine Anwendung. Die Vereinbarung muss eindeutig sein. Die Formulierung „soweit Kosten durch Messvorrichtungen einwandfrei festgestellt werden können, trägt jeder Eigentümer die für sein Sondereigentum anfallenden Kosten allein" genügt für eine 100%ige Verteilung nach Verbrauch nicht, weil auch Wärmemengenzähler den Verbrauch insofern nicht „einwandfrei" ermitteln, als etwa ein Drittel der Brennstoffkosten unabhängig vom Verbrauch in den Wohnungen anfällt[5]. Allerdings kann es eine **Öffnungsklausel** in der Gemeinschaftsordnung ermöglichen, dass die Wohnungseigentümer eine vollständig ver- 88

---

1 Die Bestimmung des Verbrauchsanteils innerhalb der vorgegebenen Bandbreiten wurde vor der Novelle auch dann durch Mehrheitsbeschluss zugelassen, wenn die Gemeinschaftsordnung vorsah, dass jeder Wohnungseigentümer die für sein Sondereigentum anfallenden Kosten alleine trägt, die für seine Einheit durch Messvorrichtungen einwandfrei festgestellt werden können. Nach Auffassung des OLG Hamm v. 12.1.2004 – 15 W 24/03, NZM 2004, 657 fände die Regelung der Gemeinschaftsordnung für Heiz- und Warmwasserkosten keine Anwendung, weil die Messeinrichtungen keine einwandfreie Kostenerfassung zulassen.
2 A.A. AG Königstein v. 14.5.2004 – 3 UR II 96/03, ZMR 2005, 314, wonach eine Änderung des Maßstabs nur beschlossen werden könne, wenn das Festhalten am bisherigen Verteilungsschlüssel grob unbillig wäre.
3 Dies verkennend, AG Königstein v. 14.5.2004 – 3 UR II 96/03, ZMR 2005, 314.
4 Vor der WEG-Novelle schon OLG Düsseldorf v. 16.10.1985 – 3 Wx 376/85, NJW 1986, 386.
5 OLG Hamm v. 12.1.2004 – 15 W 24/03, ZMR 2005, 73 = NZM 2004, 657.

brauchsabhängige Abrechnung beschließen, wenn dies ordnungsmäßiger Verwaltung entspricht[1].

89 § 7 Abs. 1 HeizkV lässt es ausdrücklich offen, wie der **Flächenanteil** zu ermitteln ist. Trifft die Gemeinschaftsordnung hierzu keine Feststellungen, müssen die Wohnungseigentümer zunächst zwischen Wohn-, Nutzfläche und umbautem Raum entscheiden. Wird die Wohnfläche gewählt, ist ebenfalls durch Mehrheitsbeschluss festzulegen, wie die Fläche zu ermitteln ist. Hier kommen alternativ DIN-Normen oder die Wohnflächenverordnung in Betracht. Ebenso ist zu bestimmen, ob die gesamte Wohnfläche oder nur die beheizbare Fläche zugrunde gelegt werden soll. Bei Ersterer finden auch Balkonanteile oder nicht beheizbare Räume Berücksichtigung, was nach dem eindeutigen Wortlaut des § 7 Abs. 1 HeizKV zulässig ist[2].

d) Fehlerhafte Verbrauchserfassung

90 Nach § 9a HeizkV sind die Kosten zu **schätzen**, wenn der Verbrauch nicht ordnungsgemäß erfasst wurde. Die Schätzung hat nach den Verbrauchswerten vergleichbarer früherer Abrechnungszeiträume oder nach dem Verbrauch vergleichbarer anderer Räume im jeweiligen Abrechnungszeitraum zu erfolgen. Die Wahl zwischen den beiden Schätzungsmöglichkeiten obliegt grundsätzlich dem Gebäudeeigentümer und somit den Wohnungseigentümern insgesamt. § 6 Abs. 4 Satz 3 HeizkV (Festlegung zu Beginn eines Abrechnungszeitraums) ist nicht anzuwenden, da das Entstehen eines zwingenden Grundes i.S.v. § 9a HeizkV nicht zu Beginn eines Abrechnungszeitraums vorausehbar ist. Die Wahl zwischen den beiden Schätzungsmöglichkeiten müssen die Wohnungseigentümer auch nicht durch Beschluss ausüben[3]. Eine gegenteilige Auffassung hätte zur Folge, dass die Wohnungseigentümer vor Erstellung der Heizkostenabrechnung unter Einbeziehung von Schätzwerten erst eine Eigentümerversammlung durchführen müssten. Im Übrigen kann es als sachgerecht angesehen werden, wenn die Wohnungseigentümer das Auswahlermessen dem beauftragten Abrechnungsunternehmen überlassen, da dieses aufgrund der technischen Anforderungen am besten beurteilen kann, wie die Vergleichsberechnungen angestellt werden können. Diese Auswahl bestätigen dann die Wohnungseigentümer durch Beschluss über die Jahresabrechnung. Ein vorangegangener Auswahlbeschluss ist daher nicht erforderlich[4]. Die beiden Möglichkeiten stehen gleichwertig nebeneinander, so dass das Auswahlermessen nicht gerichtlich überprüfbar ist[5].

91 Dabei ist es nicht unzulässig, **aufeinander folgende Schätzungen** vorzunehmen[6]. Der Wortlaut der Vorschrift steht einer wiederholten Schätzung nicht entgegen.

---

1 OLG Hamm v. 22.12.2005 – 15 W 375/04, ZMR 2006, 630.
2 Ebenso *Schmid* in KK-WEG, § 7 HeizKV Rz. 9; s.a. *Jennißen*, MietRB 2005, 21 (23); a.A. AG Münster v. 23.2.1983 – 6 C 28/83, WuM 1983, 207; *Lammel*, HeizKV, § 7 Rz. 26 wonach nur die beheizbare Fläche zugrunde gelegt werden dürfe.
3 A.A. OLG Hamburg v. 16.2.2001 – 2 Wx 146/99, WuM 2001, 460.
4 S. auch *Lammel*, HeizkV, § 9a Rz. 27.
5 A.A. OLG Hamburg v. 12.5.2004 – 2 Wx 103/96, ZMR 2004, 769; v. 12.2.2001 – 2 Wx 146/99, WuM 2001, 460.
6 OLG Hamburg v. 12.5.2004 – 2 Wx 103/96, ZMR 2004, 769; a.A. *Lammel* in Schmidt-Futterer, Mietrecht, § 9a HeizkV Rz. 9 und 15.

Sind mehrere Verbrauchserfassungsgeräte in einem Umfang ausgefallen, dass 25 % der Wohn- oder Nutzfläche bzw. des umbauten Raums betroffen ist, sind auch die restlichen Werte der Verbrauchsermittlung nicht verwendbar und die gesamte Abrechnung hat ausschließlich nach dem Flächenschlüssel zu erfolgen[1].

Ist das Objekt überhaupt nicht mit Verbrauchserfassungsgeräten ausgestattet worden, stellt sich die Frage der Schätzung nicht. Dann sind die gesamten Kosten nach dem Flächenanteil abzurechnen[2]. Auch hier findet der Verteilungsschlüssel „Miteigentumsanteile" keine Anwendung[3]. Dies folgt aus dem Verweis von § 9a Abs. 2 HeizkV auf §§ 7 Abs. 1 und 8 Abs. 1 HeizkV und der Vorrangigkeit der HeizkV gegenüber WEG und Gemeinschaftsordnung. 92

Ist die **Eichfrist** der Verbrauchserfassungsgeräte abgelaufen, ist nicht zwingend nach Fläche abzurechnen. Der Ablauf der Eichfrist bedeutet nicht, dass die Verbrauchswerte per se unstimmig sind. Sind einzelne Werte unplausibel, kann nach § 9a Abs. 1 HeizkV geschätzt werden[4]. 93

Die Ableseergebnisse sind auch dann nicht brauchbar, wenn es in allen Wohnungen zu fehlerhaften Verbrauchserfassungen kam. Dann ist die Kostenverteilung nach § 9a HeizkV vorzunehmen[5]. Kann auf Schätzwerte gem. § 9a Abs. 1 HeizkV nicht zurückgegriffen werden, ist ausschließlich nach dem **Flächenanteil** gem. § 9a Abs. 2 HeizkV abzurechnen[6]. Dabei kommt grundsätzlich die Wohnfläche, die Nutzfläche oder der umbaute Raum in Betracht. Die Wahl zwischen diesen Möglichkeiten müssen die Wohnungseigentümer nicht nochmals ausüben, wenn sie sich im Rahmen von § 7 Abs. 1 HeizkV bereits festgelegt haben. Diese Festlegung greift dann auch für den Sonderfall des § 9a Abs. 2 HeizkV[7]. 94

Kann nicht verbrauchsabhängig abgerechnet werden, steht den Wohnungseigentümern das **Kürzungsrecht** des § 12 Abs. 1 Satz 1 HeizkV nicht zu, was aus Satz 2 der Vorschrift folgt. 95

---

1 A.A. OLG Köln v. 17.6.2002 – 16 Wx 73/02, NZM 2002, 665, wonach nach Miteigentumsanteilen abzurechnen sei. Die HeizkV kennt allerdings den Verteilungsschlüssel Miteigentumsanteile nicht, sodass insoweit die Entscheidung unzutreffend ist. Allerdings war zu berücksichtigen, dass in der konkreten Fallgestaltung die Flächen nicht feststanden und noch hätten ermittelt werden müssen. Fraglich ist allerdings, wie dann bis zum Ausfall der Geräte der Flächenanteil berechnet wurde.
2 Ebenso BayObLG v. 23.12.2003 – 2Z BR 236/03, ZMR 2004, 359.
3 Vgl. hierzu auch *Jennißen* in FS für Blank, S. 641; a.A. BayObLG v. 17.6.1999 – 2Z BR 46/99, NZM 1999, 908; OLG Köln v. 13.9.2004 – 16 Wx 168/04, MietRB 2005, 40 wonach die Verteilung nach Nutzfläche nur dann zulässig wäre, wenn der Flächenschlüssel mit dem Miteigentumsanteil identisch sei; OLG Karlsruhe v. 6.2.2001 – 14 Wx 11/00, WuM 2001, 458, wonach für die Umlage der Warmwasserkosten die Wohnfläche anstatt Miteigentumsanteilen vereinbart werden könne, ohne jedoch zu erkennen, dass der Wohnflächenschlüssel Pflicht ist und keiner Vereinbarung bedarf.
4 A.A. *Schmid* in KK-WEG, § 5 HeizkV Rz. 7.
5 OLG Düsseldorf v. 1.12.2006 – I – 3 Wx 194/06, ZMR 2007, 379.
6 BayObLG v. 23.12.2003 – 2Z BR 236/03, ZMR 2004, 359.
7 A.A. OLG Düsseldorf v. 1.12.2006 – I – 3 Wx 194/06, ZMR 2007, 379.

e) Kosten der Zwischenablesung

96 § 9b HeizkV regelt, dass bei **Nutzerwechsel** innerhalb eines Abrechnungszeitraums eine Zwischenablesung vorzunehmen ist. Hierbei handelt es sich nicht bloß um eine interne Verpflichtung, die von den Nutzern wahrzunehmen ist, sondern nach dem Wortlaut der Vorschrift um eine Pflicht für den Gebäudeeigentümer und somit die Eigentümergemeinschaft selbst. Hat die Eigentümergemeinschaft, vertreten durch den Verwalter, Kenntnis vom Nutzerwechsel, hat dieser eine Zwischenablesung zu veranlassen.

97 Die HeizkV regelt jedoch nicht, wer die Kosten einer Zwischenablesung im Falle des Nutzerwechsels zu tragen hat. Handelt es sich bei dem Nutzer um einen **Mieter**, so hat im Verhältnis zur Eigentümergemeinschaft der betreffende Wohnungseigentümer die Kosten der Zwischenablesung zu tragen, da die Gemeinschaft in keiner Rechtsbeziehung zum Mieter steht. Dennoch hat der Verwalter die Zwischenablesung zu veranlassen, da nur die Gemeinschaft eine Rechtsbeziehung zum Ableseunternehmen unterhält.

98 Zieht der selbstnutzende Wohnungseigentümer aus, haben grundsätzlich alle Wohnungseigentümer die Kosten der Zwischenablesung nach dem Flächenschlüssel zu tragen. Dies folgt aus der Verpflichtung der Eigentümergemeinschaft, die ordnungsmäßige Heizkostenabrechnung erstellen zu lassen[1]. Allerdings können die Wohnungseigentümer, da die HeizkV keine gegenteilige Regelung enthält, die Kosten der Zwischenablesung per **Mehrheitsbeschluss** nach §§ 16 Abs. 3, 21 Abs. 7 WEG dem ausziehenden Wohnungseigentümer anlasten. Dieser verursacht durch seinen Auszug den besonderen Verwaltungsaufwand der Zwischenablesung. Der neue Wohnungseigentümer ist nicht belastbar, da es sich andernfalls um einen unzulässigen Beschluss zu Lasten Dritter handeln würde.

f) Bildung von Abgrenzungsposten

99 Es entspricht h.M., dass hinsichtlich der Heiz- und Warmwasserkosten innerhalb der Jahresabrechnung von dem **tatsächlichen Energieverbrauch** und nicht von den bezahlten Rechnungen auszugehen ist[2]. Die sich aus diesen unterschiedlichen Ansätzen ergebenden Differenzen sind als sog. Abgrenzungspositionen zu buchen. Dass der tatsächliche Verbrauch maßgebend ist, folgt aus § 6 HeizkV. Teilweise wird vertreten, dass die Differenz aus den verbrauchten und den bezahlten Posten ebenfalls in die Jahresabrechnung einzustellen sei, und zwar dort nach den allgemeinen Verteilungsschlüsseln der Gemeinschaftsord-

---

1 Im Ergebnis ebenso *Pick* in Bärmann/Pick/Merle, WEG, § 16 Rz. 120; KG v. 26.6.2002 – 24 W 309/01, ZWE 2002, 409 (411) = MDR 2002, 1364, das allerdings unzutreffend darauf abstellt, dass der Vertrag mit dem Messdienstunternehmen von der Eigentümergemeinschaft abgeschlossen wurde und daher die Gemeinschaft auch die Kosten insgesamt zu tragen habe. Dabei wird jedoch die Vertragsbeziehung im Außenverhältnis mit der Kostenverteilungsregelung im Innenverhältnis unzutreffend gleichgestellt.
2 OLG Hamm v. 3.5.2001 – 15 W 7/01, ZWE 2001, 446; OLG Karlsruhe v. 6.2.2001 – 14 Wx 11/00, WuM 2001, 458; BayObLG v. 19.6.1991 – 2 Z 46/91, WE 1992, 175; v. 23.4.1993 – 2Z BR 113/92, WE 1994, 181; v. 27.1.1994 – 2Z BR 88/93, WE 1995, 30; *Niedenführ* in Niedenführ/Schulze, WEG, § 28 Rz. 46; *Demharter*, ZWE 2002, 294; *Gottschalg* in Weitnauer, WEG, § 28 Rz. 25.

nung[1]. Diese Auffassung wird aber dem Wortlaut des § 6 Abs. 1 HeizkV nicht gerecht. Zudem würde im Falle eines Eigentümerwechsels dieser zusätzliche Abrechnungsanteil einem Wohnungseigentümer in Rechnung gestellt, der die Kosten tatsächlich nicht verbraucht hat. Dies widerspricht auch dem Sinn und Zweck der HeizkV. Gleiches gilt auch für den **Heizöl-Endbestand**. Dieser ist kostenmäßig nicht zu verteilen, da er vermögensmäßig noch vorhanden ist[2]. Eine möglicherweise hierdurch entstehende Liquiditätslücke ist durch einen ausreichend bemessenen Wirtschaftsplan oder eine **Liquiditätsrücklage** zu schließen.

3. Wasser-/Abwasserkosten

Wenn Wasserzähler in den Wohnungen vorhanden sind, können die Wohnungseigentümer die Kostenverteilung nach den Ableseergebnissen mit Mehrheit beschließen[3]. 100

Da in vielen Gemeinden die Abwasserkosten korrespondierend mit dem Frischwasserbezug abgerechnet werden, ist es gleichermaßen zulässig, die Abwasserkosten nach den Ergebnissen der Wasserzähler zu verteilen. Auch hier reicht ein Mehrheitsbeschluss aus, um einen solchen Verteilungsschlüssel einzuführen (s.o. Rz. 10). Betroffen ist aber stets nur das Wasser, das in den Wohnungen verbraucht wird. Daneben findet auch ein **Wasserverbrauch im Bereich des Gemeinschaftseigentums** statt, z.B. bei Treppenhausreinigung, Pflege der Außenanlagen oder des Gartens. Diese Kosten sind Kosten des Gemeinschaftseigentums und werden somit grundsätzlich von § 16 Abs. 2 erfasst. Diese sind weiterhin nach den in der Gemeinschaftsordnung oder bei Fehlen einer entsprechenden Regelung gem. § 16 Abs. 2 nach Miteigentumsanteilen zu verteilen. 101

Eine Verteilung der Wasserkosten nach Zählern kommt aber nur dann in Betracht, wenn **alle Wohnungen** mit Wasserzählern ausgestattet sind[4]. Dies ergibt sich daraus, dass die Ausstattung einzelner Wohnungen mit Wasserzählern zu keinen verlässlichen Ergebnissen führt und der Grundsatz gelten muss, dass immer ein **einheitlicher Verteilungsschlüssel** zur Anwendung kommt. Die Wasserzähler müssen **geeicht** sein, damit sie der Abrechnung zugrunde gelegt werden dürfen[5]. Ist die Eichdauer abgelaufen, sind die Zählerergebnisse nicht mehr zu verwenden, wenn Unregelmäßigkeiten vorliegen. 102

Wenn der Wasserverbrauch für das Gemeinschaftseigentum nicht durch separate Wasseruhren erfasst wird, stellt sich das Problem, wie dieser Teil erfasst und verteilt werden soll. Häufig wird bei Verteilung der Kosten für das Gemeinschaftseigentum der Verbrauch je Sondereigentum als Verteilungsmaßstab herangezogen, was dazu führt, dass derjenige, der in seiner Wohnung viel Wasser verbraucht, auch einen hohen Anteil an den Verbrauchskosten des Gemein- 103

---

1 *Wilhelmy*, NZM 2004, 921 (922).
2 A.A. *Drasdo*, ZWE 2002, 166 (168); *Wilhelmy*, NZM 2004, 921, (922).
3 BGH v. 25.9.2003 – V ZB 21/03, MDR 2004, 86 = MietRB 2004, 14 = ZWE 2004, 66; OLG Hamburg v. 29.9.2004 – 2 Wx 1/04, MietRB 2005, 155.
4 OLG Düsseldorf v. 13.6.2001 – 3 Wx 132/01, NJW-RR 2002, 731 (732).
5 BayObLG v. 23.3.2005 – 2Z BR 236/04, NZM 2005, 609.

schaftseigentums trägt[1]. Diese Unbilligkeit lässt sich vermeiden, wenn vom Gesamtwasserverbrauch die Summe des Verbrauchs aller Wohnungswasserzähler abgezogen wird, um so den Wasserverbrauch im Gemeinschaftseigentum **vorzuerfassen** und diesen Anteil nach Miteigentumsanteilen zu verteilen[2].

104 Die Einführung der Verbrauchserfassungsgeräte ist nicht unter den Begriff der **baulichen Veränderung** des § 22 Abs. 2 zu subsumieren. Im Vordergrund steht nicht die bautechnische Veränderung, sondern die Einführung eines Verbrauchserfassungssystems und die sich daran anschließende Kostenverteilung[3]. Die Einbaukosten für Verbrauchszähler sind nach dem allgemeinen Verteilungsschlüssel zu verrechnen[4]. Für die Verbrauchserfassungsgeräte im Bereich der HeizkV folgt dies aus § 3 Satz 3 HeizkV.

105 Ist das Objekt nicht von vornherein mit Wasserzählern in den Wohnungen ausgestattet worden, wird die Auffassung vertreten, dass ein Mehrheitsbeschluss für den Einbau von Zählern dann ordnungsmäßiger Verwaltung entspricht, wenn eine deutliche Kostenersparnis von dieser Maßnahme zu erwarten ist[5]. Dabei wird gefragt, ob sich die Installationskosten innerhalb eines **10-Jahres-Zeitraums** durch reduzierten Wasserverbrauch amortisieren lassen. Die Annahme eines 10-Jahres-Zeitraums ist aber willkürlich und findet keine Gesetzesgrundlage. Sie wird vermeintlich aus dem Heizkostenrecht abgeleitet (s.o. Rz. 82), wo sie aber ebenfalls keine Rechtsgrundlage hat. Es bleibt zudem offen, wie die Eigentümer die Kostenersparnis bei einer ex-ante-Betrachtung berechnen sollen. Die Verbrauchsgewohnheiten sind nicht vorhersehbar. Das Einsparpotenzial kann sich schlagartig ändern, wenn in eine Wohnung, die bisher von einem Alleinstehenden bewohnt war, eine mehrköpfige Familie einzieht. Für das Einsparpotenzial spielt auch die persönliche Neigung der Hausbewohner, sich umweltbewusst zu verhalten, eine große Rolle. Da doch absehbar ist, dass Wasser immer knapper und die Preise immer höher werden, entspricht der Einbau von Wasserzählern schon alleine aus diesem Grund ordnungsmäßiger Verwaltung. Den Wohnungseigentümern muss es überlassen sein, durch den Einbau dieser Zähler eine höhere Kostengerechtigkeit herbeizuführen und umweltbewusstes Verhalten zu fördern. Der 10-Jahres-Vergleich darf dabei keine Rolle spielen[6].

---

1 Eine Abweichung der Summe der Werte der Einzelzähler von dem Wert des Hauptzählers bis zu 20 % wird nicht als Hinderungsgrund angesehen, auch diese Differenz nach den Ergebnissen der Einzelzähler zu verteilen, AG Hamburg-Wandsbeek v. 21.9.2006 – 715 II 53/2005, ZMR 2007, 149.
2 LG Bonn v. 11.8.2004 – 8 T 285/03, ZMR 2005, 653; BayObLG v. 7.3.2002 – 2Z BR 77/01, WuM 2002, 333.
3 Siehe auch BGH v. 25.9.2003 – V ZB 21/03, ZMR 2003, 937 = NJW 2003, 3476 = NZM 2003, 952; KG v. 10.3.2003 – 24 W 3/03, WuM 2003, 401 = NZM 2003, 319 = ZMR 2003, 600.
4 AG Hannover v. 9.12.2003 – 71 II 288/03, ZMR 2005, 233.
5 BGH v. 25.9.2003 – V ZB 21/03, ZMR 2003, 937 = NJW 2003, 3476 = NZM 2003, 952; KG v. 10.3.2003 – 24 W 3/03, WuM 2003, 401 = NZM 2003, 319 = ZMR 2003, 600.
6 Vgl. hierzu auch *Jennißen*, Verwalterabrechnung, V Rz. 4.

4. Kosten der Müllabfuhr

Da Abs. 3 nicht mehr zwischen den Kosten des Sonder- und des Gemeinschaftseigentums differenziert, können die Wohnungseigentümer einen Mehrheitsbeschluss über den Verteilungsschlüssel auch dann herbeiführen, wenn die Müllkosten nicht für jede Wohneinheit separat erfasst werden. Als Verteilungsschlüssel kommt sowohl die Wohnfläche als auch der Personenzahlschlüssel in Betracht. Von Letzterem ist abzuraten, da die im Objekt wohnende Personenzahl nie objektiv zweifelsfrei zu ermitteln ist. Im Übrigen kommt eine individuelle Kostenverteilung je Wohnung nur in Betracht, wenn sich die Müllkosten gesondert erfassen lassen[1]. Dies ist insbesondere dann der Fall, wenn jede Wohnung über eine eigene Mülltonne verfügt. Dann kann jeder Wohnungseigentümer die Größe seiner Mülltonne selbst bestimmen und hat die Kosten hierfür zu tragen.

106

5. Wohngeldausfall

Auch der Wohngeldausfall eines **zahlungsunfähigen Wohnungseigentümers** ist wie eine **Kostenposition** auf alle anderen Wohnungseigentümer zu verteilen[2]. Dabei kommt es nicht darauf an, ob der Zahlungsausfall schon endgültig feststeht[3]. Würde bei einem noch nicht endgültig feststehenden Wohngeldausfall der säumige Wohnungseigentümer anteilig an dem Fehlbetrag zu beteiligen sein, würde eine 100%ige Ausfalldeckung nicht eintreten. Die Wohnungseigentümer sind aber verpflichtet, für einen vollständigen **Etatausgleich** zu sorgen. Auch ist die Differenzierung, wann ein Wohngeldausfall lediglich droht und wann er endgültig feststeht, fließend und teilweise von der subjektiven Einschätzung des Verwalters abhängig. Die Verteilung des Wohngeldausfalls wie eine Kostenposition auf die übrigen Wohnungseigentümer in der Jahresabrechnung ist zulässig, obwohl es sich nicht um eine Ausgabe handelt[4]. Wohngeldausfall stellt eine **Forderung** dar und somit einen bisher nicht vereinnahmten Betrag. Dieser Fehlbetrag wirkt sich aber gleichermaßen wie eine Ausgabe bzw. eine Kostenposition aus. Der Betrag fehlt und führt zu einem unausgeglichenen Etat. Aufgrund der Solidarhaftung der Wohnungseigentümer ist er deshalb von den übrigen Wohnungseigentümern nachzuschießen. Im Ergebnis macht es keinen Unterschied, ob der Etat wegen steigender Kosten oder ausgefallenem Wohngeld unausgeglichen ist.

107

Die Umlage des Wohngeldausfalls bewirkt nicht, dass die Schuld getilgt wird und der säumige Wohnungseigentümer von der Schuld befreit würde[5]. Der Umlagebeschluss begründet aber eine weitergehende neue Zahlungsverpflichtung der übrigen Wohnungseigentümer, sodass ab diesem Zeitpunkt eine neue Fälligkeit eintritt. Steht die Wohnung des säumigen Wohnungseigentümers unter **Zwangs- oder Insolvenzverwaltung**, droht nicht der vollständige Wohngeldausfall. Wird in diesem Fall ein Umlagebeschluss für die ausfallenden Wohngelder

108

---

1 OLG Köln v. 1.3.2006 – 16 Wx 223/05, NZM 2006, 467.
2 AG Bonn v. 11.7.2003 – 28 II 126/02, ZMR 2004, 303.
3 A.A. BGH v. 15.6.1989 – V ZB 22/88, NJW 1989, 3018; KG v. 2.12.2002 – 24 W 92/02, ZMR 2003, 292.
4 So aber BayObLG v. 10.4.2002 – 2Z BR 70/01, NJW-RR 2002, 1093 = NZM 2002, 531.
5 OLG Celle v. 5.1.2004 – 4 W 217/03, ZMR 2004, 525.

gefasst, ist an diesem der Zwangs- bzw. Insolvenzverwalter zu beteiligen, der diesen aus der Masse zu bedienen hat. Für den Insolvenzverwalter handelt es sich um eine Masseverbindlichkeit[1]. Zu berücksichtigen ist, dass der anteilige Betrag nur dann bedient werden kann, wenn Masse vorhanden ist (s. Rz. 164).

109 Die Verteilung des Wohngeldausfalls stellt eine Art **Liquiditätsumlage** dar. Können Forderungen vom säumigen Wohnungseigentümer noch realisiert werden, ist dieser Betrag wiederum an die Wohnungseigentümer zur Ausschüttung zu bringen, die bisher den Wohngeldausfall gedeckt haben.

110 Wird der Umlagebeschluss gefasst, nachdem die betreffende Wohnung veräußert wurde, nimmt an der Umlage auch der **Erwerber** teil, was gleichermaßen für den **Ersteher** in der Zwangsversteigerung gilt[2].

111 Die Verteilung des Wohngeldausfalls bedeutet, dass die übrigen Wohnungseigentümer mit einem höheren Betrag, als es ihrem Miteigentumsanteil entspricht, haften. Innen- und Außenverhältnis decken sich insoweit nicht (s. § 10 Abs. 8 WEG).

6. Leerstand/fehlende Nutzungsmöglichkeit

112 Der **Wohnungsleerstand** befreit den Eigentümer grundsätzlich nicht von der Verpflichtung, sich an den Kosten des Gemeinschaftseigentums zu beteiligen. Besteht hingegen auf Dauer keine Nutzungsmöglichkeit, kann sich ein Anspruch auf Abänderung des Verteilungsschlüssels für die Zukunft gem. § 10 Abs. 2 Satz 3 ergeben[3]. Die Abänderung kann immer nur für die Zukunft verlangt werden, sodass die fehlende Nutzungsmöglichkeit Wohngeldforderungen gem. Wirtschaftsplan oder Jahresabrechnung nicht entgegengehalten werden kann.

113 Zwar können die Wohnungseigentümer gem. Abs. 3 mehrheitlich einen verursachungsabhängigen Schlüssel beschließen. Die fehlende Nutzungsmöglichkeit wird aber nur dann einen sachlichen Grund für den Anpassungsanspruch darstellen, wenn die **Nutzungsmöglichkeit** auf Dauer ausgeschlossen ist und sie auch vom betreffenden Wohnungseigentümer nicht selbst wiederhergestellt werden kann. Unterlässt es der Wohnungseigentümer lediglich, sein Sondereigentum zu nutzen, fehlt es nicht an der Nutzungsmöglichkeit und es würde ordnungsmäßiger Verwaltung widersprechen, die solidarische Kostentragungspflicht bei fehlendem Nutzungswillen aufzugeben. Ein solcher Beschluss wäre daher anfechtbar. Es entspricht auch nicht ordnungsmäßiger Verwaltung, einen verursachungsabhängigen Verteilungsschlüssel zu beschließen, der kurzzeitigem Leerstand Rechnung trägt. Etwas anderes kann gelten, wenn ein Wohnungseigentümer lediglich das Recht hat, ein Dachgeschoss auszubauen. Dann ist es möglich, ihn durch Mehrheitsbeschluss nach § 16 Abs. 3 von den Betriebs- und Verwaltungskosten zu befreien. Auch ein Anspruch auf Änderung des Ver-

---

1 BGH v. 15.6.1989 – V ZB 22/88, NJW 1989, 3018.
2 KG v. 2.12.2002 – 24 W 92/02, ZMR 2003, 292; OLG Celle v. 5.1.2004 – 4 W 217/03, ZMR 2004, 526.
3 Vgl. hierzu auch BGH v. 7.10.2004 – V ZB 22/04, ZMR 2004, 834.

teilungsschlüssels nach § 10 Abs. 2 Satz 3 kommt bis zur Herstellung der Wohnung in Betracht (s.a. § 10 Rz. 26)[1].

7. Mehrhausanlagen

Bei Mehrhausanlagen kann die Gemeinschaftsordnung vorsehen, dass für die einzelnen Häuser getrennte Abrechnungskreise zu bilden sind. Bestimmt die Gemeinschaftsordnung, dass die jeweils an einem Haus zur Sondernutzung berechtigten Wohnungseigentümer, die auf sie entfallenden **ausscheidbaren Kosten** allein zu tragen haben, so betrifft dies nur die von vornherein ausscheidbaren Kosten[2]. „Ausscheidbar" sind nach Ansicht des BayObLG[3] nur solche Kosten und Lasten, die von vornherein von den übrigen Kosten und Lasten absonderbar sind und ohne weiteres bestimmten Häusern allein zugeordnet werden können (s.o. Rz. 63). Dabei genügt nicht, dass die Kosten theoretisch ausscheidbar sind. Erforderlich ist im Zweifel der Einbau entsprechender Messvorrichtungen[4].

114

Aufgrund der neuen Regelung in Abs. 3 hat die Gemeinschaftsordnung auch für Mehrhausanlagen an Bedeutung verloren. Die Wohnungseigentümer können auch hier mit Mehrheit beschließen, dass die Betriebskosten und Kosten der Verwaltung, soweit diese einem einzelnen Haus zugeordnet werden können, nur von den Wohnungseigentümern dieses Hauses zu tragen sind. Dies entspricht dem Verursachungs- oder Gebrauchstatbestand. Sofern jedoch die Kosten nicht eindeutig zuzuordnen sind, steht dies einer Vorverteilung je Haus nicht grundsätzlich entgegen. Allerdings sind dann erhöhte Anforderungen an das Willkürverbot zu stellen. Die Eigentümer eines einzelnen Hauses dürfen ihre Majorität nicht dahingehend ausnutzen, sich zu Lasten anderer Häuser der Mehrhausanlage von den Kosten überproportional zu befreien.

115

Sieht die Gemeinschaftsordnung bereits eine **Kostentrennung** zwischen einzelnen Häusern oder den Wohnhäusern einerseits und der Tiefgarage andererseits vor, können die Wohnungseigentümer diese Regelung nicht durch einfachen Mehrheitsbeschluss insoweit aufheben, als zukünftig diese Kostenaufteilung vermieden werden soll. § 16 Abs. 3 will die Beschlusskompetenz der Wohnungseigentümer erweitern. Insoweit können die Wohnungseigentümer von den Regeln der Gemeinschaftsordnung durch Mehrheitsbeschluss abweichen. Wollen sie aber die Gemeinschaftsordnung, die bereits eine verbrauchs- bzw. verursachungsabhängige Kostenverteilung vorsieht, einschränken, entspricht dies nicht ordnungsmäßiger Verwaltung, da ein solcher Beschluss nicht zu höherer Kostengerechtigkeit führt. Der die Kostenzuordnung je Haus aufhebende Beschluss wird dem Rechtsgedanken des Abs. 3 gerade nicht gerecht. Ein solcher die Gemeinschaftsordnung abändernder Beschluss ist aber aufgrund der gegebenen Beschlusskompetenz nicht nichtig.

116

---

1 Auf Basis der alten Rechtslage verneint das OLG Düsseldorf v. 20.3.1998 – 3 Wx 7/98, NZM 1998, 867 den Anpassungsanspruch, wenn es der teilende Eigentümer in der Gemeinschaftsordnung unterlassen habe, eine Kostenbefreiung bis zum Ausbau der Wohnungen zu formulieren.
2 BayObLG v. 10.2.1993 – 2Z BR 116/92 WE 1994, 148.
3 V. 10.2.1993 – 2Z BR 116/92 WE 1994, 148.
4 *Häublein*, NZM 2003, 785 (788).

8. Zustimmungskosten wegen Veräußerung

117 Sieht die Gemeinschaftsordnung vor, dass der Verwalter der Veräußerung des Sondereigentums gem. § 12 Abs. 1 zustimmen muss und haben die Wohnungseigentümer hierauf nicht gem. § 12 Abs. 4 durch Mehrheitsbeschluss verzichtet, kann sich der Verwalter für die Zustimmungserklärung ein zusätzliches Honorar ausbedingen. Hierbei handelt es sich dann um Verwaltungskosten i.S.v. § 16 Abs. 2[1]. Diese sind grundsätzlich dem Verwalter durch die **Eigentümergemeinschaft** zu erstatten und im Innenverhältnis nach dem allgemein geltenden Verteilungsschlüssel umzulegen. Nach Abs. 3 können die Wohnungseigentümer allerdings mit Mehrheit beschließen, dass diese Kosten zukünftig nach dem **Verursacherprinzip** vom Veräußerer zu erstatten sind. Eine Belastung des Erwerbers kommt nicht in Betracht, da es sich andernfalls um einen Beschluss zu Lasten eines Dritten handeln würde, der nichtig wäre[2].

9. Kosten der baulichen Veränderung (Abs. 4 und 6)

118 § 16 Abs. 6 entspricht in den ersten beiden Sätzen der bisherigen Regelung des § 16 Abs. 3. Die Bedeutung der bisherigen Vorschrift war nicht unumstritten. Da überwiegend die Auffassung bestand, dass über bauliche Veränderungen auch mehrheitlich beschlossen werden könne und dieser Beschluss lediglich anfechtbar, aber nicht nichtig sei, konnten bauliche Veränderungen demzufolge genehmigt werden, ohne dass die Zustimmung aller Wohnungseigentümer vorlag[3]. Stimmten nun nicht alle Wohnungseigentümer zu, weil sie z.B. in der Versammlung gar nicht anwesend waren, wurden nach dem Wortlaut des § 16 Abs. 3 a.F. die nicht zustimmenden Wohnungseigentümer von der Kostenlast per se befreit. Enthielt der Beschluss keine Regelung zur Kostenfrage, wurde teilweise durch **Auslegung** des Beschlusses festgestellt, dass die zustimmenden Wohnungseigentümer eine Kostenbeteiligung insoweit nicht übernehmen mussten, als die bauliche Veränderung ausschließlich das Sondereigentum des bauwilligen Wohnungseigentümers betraf[4]. Sollte hingegen die geplante Umbaumaßnahme das Gemeinschaftseigentum betreffen, wurde angenommen, dass die Wohnungseigentümer die Zustimmung unter die **Bedingung** stellen durften, dass der bauwillige Wohnungseigentümer die Kosten alleine trägt[5]. Dies wurde auch konkludent in der Zustimmungserklärung gesehen[6]. Unterblieb eine solche Regelung, wurde teilweise eine Kostenbeteiligung dennoch verneint, wenn die zustimmenden Wohnungseigentümer das Resultat der baulichen Veränderung nicht **nutzen** konnten oder wollten. Es wurde der Grundsatz vertreten, dass derjenige, der

---

1 So auch *Sauren*, WEG, § 12 Rz. 20.
2 KG v. 20.6.1997 – 24 W 1783/97, NJW-RR 1997, 1231.
3 BayObLG v. 23.7.1992 – 2Z BR 22/92, WuM 1992, 563 = NJW-RR 1993, 337; v. 30.11. 2000 – 2Z BR 81/00, NZM 2001, 133; OLG Hamm v. 26.5.1994 – 5 U 220/93, NJW-RR 1995, 909; OLG Köln v. 12.1.2001 – 16 Wx 156/00, NZM 2001, 293; v. 1.2.2002 – 16 Wx 10/02, NZM 2002, 454; *Wenzel*, ZWE 2000, 2 (4); *Buck*, WE 1998, 90 (92); *Niedenführ* in Niedenführ/Schulze, WEG, § 22 Rz. 26.
4 BayObLG v. 27.4.2001 – 2Z BR 70/00, NZM 2001, 1138 = ZWE 2001, 424; *Niedenführ* in Niedenführ/Schulze, WEG, § 22 Rz. 27c.
5 *Hogenschurz*, MietRB 2005, 23 ff. m.w.N.; *Bub* in Staudinger, BGB, § 16 WEG Rz. 251.
6 OLG Düsseldorf v. 4.11.2005 – 3 Wx 92/05, NZM 2006, 109.

nicht nutzt, auch nicht die Kosten anteilig zu tragen hat. Insoweit wurde ein enger Zusammenhang zwischen Satz 1 und 2 der Vorschrift hergestellt[1].

§ 22 Abs. 1 n.F. stellt nun klar, dass die Wohnungseigentümer bauliche Veränderungen beschließen können, also eine **Beschlusskompetenz** besitzen. Der Beschluss ist aber nach Abs. 2 an eine qualifizierte Mehrheit von ¾ aller stimmberechtigten Wohnungseigentümer und mehr als die Hälfte aller Miteigentumsanteile gebunden. Hiermit korrespondiert nun § 16 Abs. 4, wonach die Wohnungseigentümer mit gleichen Mehrheitsanforderungen die Kostenregelung treffen dürfen und eine Kostenverteilung nach **Gebrauch** oder **Gebrauchsmöglichkeit** wählen können. Abs. 6 Satz 2 erklärt Abs. 6 Satz 1 bei einer Kostenverteilung gem. Abs. 4 für nicht anwendbar. Durch einen Beschluss gem. Abs. 4 kann geregelt werden, dass auch der nicht zustimmende Wohnungseigentümer an den Kosten der baulichen Veränderungen beteiligt wird, wenn er eine Gebrauchsmöglichkeit besitzt. Diese Gebrauchsmöglichkeit genügt, um durch qualifizierten Mehrheitsbeschluss eine Kostenbeteiligung vorzusehen. Aus der Kostenbeteiligung folgt dann aber ebenso das Nutzungsrecht. Der Gesetzgeber will die Kostenbeteiligung nicht mehr zwingend von der Zustimmung zur Maßnahme abhängig machen. Wer eine Gebrauchsmöglichkeit erhält und damit regelmäßig auch an einer Werterhöhung teilnimmt, soll sich nicht der Kostentragung entziehen können, wenn sich dies mit dem Willen der weit überwiegenden Mehrheit der Wohnungseigentümer deckt[2]. 119

Nur dann, wenn die Wohnungseigentümer für die bauliche Veränderung eine Kostenregelung nach § 16 Abs. 4 treffen, handelt es sich um **Gemeinschaftskosten**, die aus dem Gemeinschaftsvermögen bedient werden können. § 16 Abs. 4 regelt den Kostenverteilungsschlüssel. Die Vorschrift würde keine Bedeutung erlangen, wenn die Kosten erst gar nicht vom Gemeinschaftskonto bedient werden dürften. Treffen hingegen die Wohnungseigentümer für die bauliche Veränderung keine Kostenverteilungsregelung i.S.v. § 16 Abs. 4, so dass es bei dem in Abs. 6 ausgesprochenen Grundsatz verbleibt, handelt es sich nicht um Gemeinschaftskosten, die vom Konto der Eigentümergemeinschaft verfügt werden dürfen. Dann tragen nur die Berechtigten diese Kosten, was nicht nur im Sinne einer Kostenverteilungsregelung, sondern auch dahingehend zu verstehen ist, dass die Berechtigten die notwendige Liquidität selbst aufbringen. 120

Auf keinen Fall kommt eine Begleichung der Kosten einer baulichen Veränderung aus der **Instandhaltungsrücklage** in Betracht. Zum einen dient die Instandhaltungsrücklage der Deckung der Finanzmittel notwendig werdender Reparaturen und nicht baulicher Veränderungen. Zum anderen ist zu berücksichtigen, dass die Instandhaltungsrücklage von allen Wohnungseigentümern angesammelt wurde und daher eine Mittelverwendung hieraus nur dann in Betracht kommt, wenn auch alle Wohnungseigentümer an den Kosten zu beteiligen sind[3]. Wird ein Beschluss nach § 16 Abs. 4 nicht gefasst, bleibt es beim Zusam- 121

---

1 S. *Jennißen*, Verwalterabrechnung, V Rz. 25; *Gottschalg* in Weitnauer, WEG, § 16 Rz. 57; *Bub* in Staudinger, BGB § 16 WEG Rz. 251; *Merle* in Bärmann/Pick/Merle, WEG, § 22 Rz. 253; einschränkend *Hogenschurz*, MietRB 2005, 23 (25).
2 Begründung der Bundesregierung zum WEG-ÄndG in BT-Drucks. 16/887, S. 25.
3 Zur früheren Rechtslage OLG Hamm v. 14.5.2002 – 15 W 300/01, ZMR 2002, 965.

menhang zwischen Nutzungsmöglichkeit und Kostentragungslast. Wer nicht zustimmt und nicht nutzt, ist von der Kostentragung befreit. Wer zustimmt und nicht nutzt, kann die Zustimmung von der Kostenbefreiung abhängig machen. Wenn Kostenbefreiung eintritt, gilt dies nicht nur für die Investitionskosten, sondern grundsätzlich auch für alle Folgekosten dieser Maßnahme[1]. Die Übernahme der **Folgekosten** ist aber zeitlich beschränkt, wenn durch den Umbau Gemeinschaftseigentum entsteht. Wird beispielsweise das Dachgeschoss ausgebaut, entsteht an der Stelle des bisherigen Daches ein neues. Für dieses hat der ausbauende Wohnungseigentümer innerhalb der **Gewährleistungsfristen** des § 634a Abs. 1 Nr. 2 BGB analog die Folgekosten zu tragen. Nach Ablauf dieser 5-jährigen Frist sind die Wohnungseigentümer verpflichtet, die Kosten der Wartung und Reparatur des Daches zu tragen, da sie sich andernfalls durch die bauliche Veränderung ungerechtfertigt bereichern würden. Die Instandhaltungsverpflichtung für das Gemeinschaftseigentum bleibt für die Wohnungseigentümer insgesamt gem. § 21 Abs. 5 Nr. 2 erhalten.

Wird hingegen eine **Markise** angebracht, die durch die Verbindung mit der Außenfassade ebenfalls Gemeinschaftseigentum wird (s.o. § 5 Rz. 35), bleibt es dabei, dass der ausbauende Wohnungseigentümer auch sämtliche Folgekosten alleine zu tragen hat. Die anders lautende herrschende Auffassung[2] berücksichtigt den Nutzungswert im Einzelfall nicht.

Bauliche Veränderungen an der Außenhaut des Objektes einschließlich des Daches können durch den erneuerten Zustand den Wohnungseigentümern Nutzen bringen. Indem nach Ablauf der Gewährleistungsfrist notwendig werdende Reparaturen erst später zu erwarten sind, als dies ohne die bauliche Veränderung der Fall gewesen wäre, tritt **Bereicherung** ein. Dies ist aber stets eine Einzelfallwertung. Zu berücksichtigen ist jedoch, dass der die bauliche Veränderung vornehmende Wohnungseigentümer für den Zustand des Gemeinschaftseigentums in diesem Bereich nicht ewig haften kann.

122 Das gleiche Ergebnis war nach alter Rechtslage nur über § 812 BGB zu erreichen. Wenn ein Wohnungseigentümer einer Maßnahme i.S.d. § 22 Abs. 1 nicht zugestimmt hatte, später aber Gebrauchsvorteile erlangte, sollte er sich nach den Grundsätzen der **ungerechtfertigten Bereicherung** nachträglich an den Kosten der baulichen Veränderung beteiligen müssen[3].

123 Ist die notwendige Zustimmung nicht erteilt worden und führt dennoch der Wohnungseigentümer die bauliche Veränderung durch, besteht ein **Beseitigungsanspruch** (s.o. § 22 Rz. 46). Veräußert der Wohnungseigentümer vor Durchsetzung des Beseitigungsanspruchs sein Wohnungseigentum, so haftet der **Sondernachfolger** nicht für die Beseitigungsverpflichtung. Er hat die Beseitigung le-

---

1 BayObLG v. 8.8.2002 – 2Z BR 5/02, NZM 2002, 869; *Bub* in Staudinger, BGB, § 16 WEG Rz. 254 m.w.N.
2 BGH v. 19.12.1991 – V ZB 27/90, WE 1992, 105 = NJW 1992, 978; *Merle* in Bärmann/Pick/Merle, WEG § 22 Rz. 254; *Bub* in Staudinger, BGB, § 16 WEG Rz. 254.
3 OLG Hamm v. 14.5.2002 – 15 W 300/01, ZMR 2002, 965; OLG Schleswig v. 8.12.2006 – 2 W 111/06, ZMR 2007, 562; *Merle* in Bärmann/Pick/Merle, WEG, § 22 Rz. 259; *Ott*, ZWE 2002, 61 (67); *Niedenführ* in Niedenführ/Schulze, WEG, § 16 Rz. 49a.

diglich zu dulden[1]. Indem der Sondernachfolger die Beseitigung nur dulden muss, entstehen Gemeinschaftskosten, die von allen Wohnungseigentümern einschließlich dem Sondernachfolger nach § 16 Abs. 2 zu tragen sind[2].

§ 16 Abs. 6 n.F. gilt aber nur für bauliche Veränderungen i.S.v. § 22 Abs. 1. Für Modernisierungen i.S.v. § 22 Abs. 2 findet § 16 Abs. 2 Anwendung, wenn die Wohnungseigentümer keine Kostenregelung i. S. § 16 Abs. 4 treffen. § 16 Abs. 6 verweist nur auf § 22 Abs. 1, so dass er bei Modernisierungen keine Anwendung findet. Gleiches gilt für modernisierende Instandsetzungen gem. § 22 Abs. 3. 124

10. Kosten eines Rechtsstreits wegen Entziehung des Wohnungseigentums (Abs. 7)

Abs. 7 ist identisch mit dem früheren Abs. 4. Er regelt, dass zu den Kosten der Verwaltung i.S.d. Abs. 2 auch die Kosten eines Rechtsstreits auf **Entziehung** des Wohnungseigentums gehören. Die Vorschrift bewirkt damit nichts anderes, als dass der Wohnungseigentümer, gegen den ein Prozess gem. § 18 geführt wird, sich auch dann an den Prozesskosten in Höhe seines **Miteigentumsanteils** beteiligen muss, wenn er das Verfahren gewinnt, die Klage also abgewiesen wird[3]. Verliert der Beklagte hingegen das Verfahren und sieht der Urteilstenor vor, dass er die Prozesskosten gem. § 91 ff. ZPO zu tragen hat, trägt er die gesamten Kosten alleine[4]. 125

11. Ersatz des Schadens im Falle des § 14 Nr. 4 (Abs. 7)

Nach § 14 Nr. 4 muss ein Wohnungseigentümer es dulden, dass ein Sondereigentum betreten wird, um Instandhaltungs- und Instandsetzungsarbeiten am gemeinschaftlichen Eigentum ausführen zu können. Der dem Wohnungseigentümer hierdurch entstehende Schaden ist ihm zu ersetzen. § 16 Abs. 7 regelt insoweit den **Kostenverteilungsschlüssel** und hebt hervor, dass der Schadensersatz auf alle **Miteigentumsanteile** zu verteilen ist, sodass sich auch der geschädigte Wohnungseigentümer in Höhe seines Anteils hieran beteiligen muss. Im Ergebnis reduziert sich sein Ersatzanspruch um seine eigene Kostenquote. 126

Das Gleiche gilt für Kosten einer **Notgeschäftsführung** i.S.d. § 21 Abs. 2, die dem Wohnungseigentümer ebenfalls zu erstatten sind. Ein Erstattungsanspruch besteht aber nicht, wenn es sich nicht um eine Notmaßnahme handelt, durch die Maßnahme keine messbare Wertsteigerung eintritt und die Maßnahme auch nicht mit dem mutmaßlichen Willen der übrigen Wohnungseigentümer übereinstimmt[5]. 127

---

1 H.M. BayObLG v. 4.12.1997 – 2Z BR 123/97, WE 1998, 276; v. 28.12.2001 – 2Z BR 163/01, NZM 2002, 351 = WuM 2002, 165 = NJW-RR 2002, 660; 15.9.2004 – 2Z BR 120/04, WuM 2004, 728 = MietRB 2005, 71; KG v. 10.7.1991 – 24 W 657/90, WuM 1991, 516; *Drabek* in KK-WEG, § 22 Rz. 60; *Merle* in Bärmann/Pick/Merle, WEG, § 22 Rz. 279; *Niedenführ* in Niedenführ/Schulze, WEG, § 22 Rz. 46a.
2 OLG Schleswig v. 20.3.2000 – 2 W 140/99, NZM 2000, 674.
3 *Gottschalg* in Weitnauer, WEG, § 16 Rz. 58; *Pick* in Bärmann/Pick/Merle, WEG, § 16 Rz. 62; OLG Stuttgart v. 25.11.1985 – 8 W 424/84, NJW-RR 1986, 379.
4 OLG Stuttgart s. vorstehende Fn.
5 KG v. 22.4.2004 – 24 W 233/03, DWE 2005, 31.

128 Ein Kostenerstattungsanspruch kommt auch dann nicht in Betracht, wenn ein **Schaden** im Sondereigentum lediglich seine Ursache in einem Mangel des Gemeinschaftseigentums hat. Dann ist der **Mangelfolgeschaden** in der Wohnung vom betroffenen Sondereigentümer selbst zu tragen. Der Kostenerstattungsanspruch nach § 14 Nr. 4 betrifft nur den Fall, dass im Zuge der Behebung eines Mangels am Gemeinschaftseigentum das Sondereigentum beschädigt wurde.

129 Allerdings können die Wohnungseigentümer als Folge von § 16 Abs. 4 auch beschließen, dass jeder Wohnungseigentümer die Sanierungskosten des Gemeinschaftseigentums im Bereich des jeweiligen Sondereigentums (z.B. Fenster) einschließlich der Mangelfolgekosten (z.B. Beiputzarbeiten) selbst trägt. Dies folgt daraus, dass der Gesetzgeber in Abs. 7 über Abs. 2 indirekt auf Abs. 4 verweist.

12. Kosten eines Rechtsstreits gem. § 43 (Abs. 8)

130 § 16 Abs. 5 a.F. stellte bisher fest, dass die Kosten eines Gerichtsverfahrens nach § 43 nicht zu den Kosten der Verwaltung i.S.d. Abs. 2 gehören. Der insoweit neu formulierte Abs. 8 will hieran grundsätzlich nichts ändern und formuliert lediglich die Ausnahme, soweit es sich um **Mehrkosten** gegenüber der gesetzlichen Vergütung eines **Rechtsanwalts** aufgrund einer Vereinbarung über die Vergütung gem. § 27 Abs. 2 Nr. 4, Abs. 3 Nr. 6 handelt.

131 Diese Mehrkosten sind nach Abs. 2 zu verteilen, sodass der allgemein geltende Verteilungsschlüssel unter **Einbeziehung des Prozessgegners** zur Anwendung kommt. Selbst wenn der Kläger die Klage gewinnt und einen Kostenerstattungsanspruch zugesprochen erhält, müssen die unterliegenden Gegner (übrigen Wohnungseigentümer) diese Mehrkosten nicht alleine tragen. Der Kläger muss sich an diesem Mehrbetrag mit seiner allgemeinen Kostenquote beteiligen. Mit den Worten „diese zunächst von der obsiegenden Mehrheit zu tragende Differenz" erweckt der Gesetzgeber in der Gesetzesbegründung[1] den Eindruck, als müssten diese Mehrkosten bis zum Abschluss des Verfahrens von den übrigen Wohnungseigentümern im Sinne einer **Vorfinanzierungspflicht** alleine getragen werden, um dann den Gegner erst nach Abschluss des Verfahrens nachträglich beteiligen zu können. Für eine solche Differenzierung besteht aber kein Grund. Die entstehenden Mehrkosten sind verfahrensrechtlich (Kostenfestsetzungsbeschluss) nie vom Gegner zu tragen, wohnungseigentumsrechtlich aber stets mit zu übernehmen. Deshalb ist auf die gerichtliche Entscheidung nicht zu warten, da sie auf die Beteiligungspflicht des einzelnen Wohnungseigentümers an diesen Mehrkosten keinen Einfluss hat.

132 Die neue Regelung bezieht sich nur auf die Kosten eines **echten WEG-Verfahrens** i.S.d. § 43 a.F. mit Ausnahme der Wohngeldverfahren. Bei diesen bestimmt sich der Streitwert nach dem geltend gemachten Betrag, so dass für eine Streitwertvereinbarung kein Raum ist. Ebenso wenig kommt Abs. 8 bei Klagen Dritter in Betracht. Zwar verweist Abs. 8 allgemein auf § 43 und damit auch auf Klagen Dritter gegen die Wohnungseigentümergemeinschaft oder gegen Wohnungseigentümer (§ 43 Nr. 5). Die Streitwertvereinbarung bezieht sich aber nur auf den Streitwert gem. § 49a Abs. 1 Satz 1 GKG (Gerichtskostengesetz), wie

---

1 BT-Drucks. 16/887, S. 26.

§ 27 Abs. 2 Nr. 4 WEG verdeutlicht. § 49a regelt den Streitwert für echte Wohnungseigentumssachen, bei denen kein bestimmter Geldbetrag eingeklagt wird. Dies folgt aus § 48 GKG, wonach der bezifferte Geldbetrag maßgebend bleibt[1]. Für Klageverfahren mit Dritten ist § 48 GKG ebenfalls einschlägig, da eine Streitwertvereinbarung der Wohnungseigentümer einen Dritten nicht binden kann. Somit hat Abs. 8 für **Klageverfahren mit Dritten** keine Auswirkungen.

Kosten eines Rechtsstreits gem. § 18 fallen ebenfalls nicht unter die Regelung, wie zusätzlich Abs. 7 klarstellt. 133

Der Regelungsgehalt der Norm erfasst nur gerichtliche Verfahren. Lassen die Wohnungseigentümer ein **Rechtsgutachten** über die Wirksamkeit von Beschlüssen erstellen, dann sind die hiermit verbundenen Kosten als Gemeinschaftskosten gem. § 16 Abs. 2 umlagefähig[2]. 134

Die Besonderheit von Abs. 8 liegt darin, dass von den Wohnungseigentümern zunächst die gerichtliche Kostenentscheidung zu beachten ist. Regelt beispielsweise beim Beschlussanfechtungsverfahren die **gerichtliche Entscheidung**, dass die Kosten des Verfahrens von den Beklagten zu tragen sind, werden diese im Kostenfestsetzungsbeschluss als Kostenschuldner genannt. Der dort ausgewiesene Betrag ist bei der internen Kostenverteilung nur auf die Beklagten zu verteilen. Beschließen die Wohnungseigentümer dennoch eine Einbeziehung des Klägers bei der Kostenverteilung, ist der Beschluss nichtig[3]. 135

Anders verhält es sich auch nicht, wenn am wohnungseigentumsrechtlichen Verfahren der **rechtsfähige Verband** als solcher beteiligt ist, was z.B. bei **Wohngeldverfahren** der Fall ist. Verliert der Verband das Verfahren, trifft ihn die Kostenlast. Bei der internen Kostenverteilung ist der obsiegende Wohnungseigentümer auszunehmen. 136

Auch die Neuregelung lässt offen, ob die interne Verteilung der Kosten gem. Kostenfestsetzungsbeschluss nach **Miteigentumsanteilen**[4] oder nach dem **Kopfprinzip** zu erfolgen hat[5]. Dieser Streit ist vom BGH[6] dahin entschieden worden, dass grundsätzlich nach Miteigentumsanteilen zu verteilen ist, sofern die Gemeinschaftsordnung keine andere Regelung enthält. Dem BGH folgend, reduziert sich der Regelungsgehalt des Abs. 8 darauf, dass die Mehrkosten aufgrund einer Vergütungsvereinbarung zwingend nach Miteigentumsanteilen zu vertei- 137

---

1 BT-Drucks. 16/887, S. 53.
2 OLG Köln v. 20.11.1996 – 16 Wx 217/96, WE 1997, 428; BGH v. 15.3.2007 – V ZB 1/06, MietRB 2007, 142 = NZM 2007, 358.
3 AG Goslar v. 24.2.2007 – 27 II 59/06 WEG, ZMR 2007, 571.
4 OLG Köln v. 16.5.2003 – 16 Wx 76/03, OLGReport 2003, 241 = MietRB 2003, 110, wonach die Verfahrenskosten nach dem allgemein gültigen Verteilungsschlüssel abzurechnen seien unter Aussparung des Verfahrensgegners; ebenso BayObLG v. 10.4.2002 – 2Z BR 70/01, NZM 2002, 531; KG (Vorlagebeschluss) v. 7.11.2005 – 24 W 143/05, NZM 2006, 112; *Merle*, WE 1991, 4; *Becker*, MietRB 2004, 25.
5 OLG Düsseldorf v. 18.10.2002 – 3 Wx 261/02, WuM 2003, 44 = NZM 2003, 327; *Sauren*, Wohnungseigentumsgesetz, § 16 Rz. 13; *Deckert*, WE 1987, 102; *Jennißen*, Verwalterabrechnung, V Rz. 36.
6 V. 15.3.2007 – V ZB 1/06, MietRB 2007, 142 = NZM 2007, 358 = NJW 2007, 1869.

len sind, sofern keine andere Vereinbarung getroffen wurde. Insoweit besteht für die Wohnungseigentümer keine Beschlusskompetenz zur anderweitigen Verteilung der Mehrkosten. Anders verhält es sich beim Grundhonorar (Gebühren auf Basis des gesetzlichen Streitwertes). Hier hat der BGH differenziert. Handele es sich um Wohngeldklagen oder um andere Verfahren, an denen der Verband beteiligt sei (Klagen Dritter z.B.), würde es sich bei den hieraus entstehenden Kosten ebenfalls um Kosten der Verwaltung handeln. Hingegen würden aus Binnenstreitigkeiten folgende Kosten nicht zu den **Kosten der Verwaltung** zählen, die aber dennoch aus allgemeinen Erwägungen ebenfalls nach Miteigentumsanteilen zu verteilen seien. Die Auffassung des BGH war mit dem Wortlaut von § 16 Abs. 5 a.F. nur schwer vereinbar. Sie führte dazu, dass die Kostenverteilung eines Klageverfahrens zwischen dem Verband und einem Wohnungseigentümer (z.B. Wohngeldklagen) nach Miteigentumsanteilen zu erfolgen hatte.

138 Der Differenzierung des BGH ist spätestens mit der **Gesetzesnovelle** nicht mehr zu folgen. Auch **Binnenstreitigkeiten** sind nun Kosten der Verwaltung. Der Verwalter darf gem. § 27 Abs. 2 Nr. 2 WEG diese Verfahren auf Passivseite ohne Beschluss führen. Für Aktivprozesse bedarf es zwar weiterhin einer besonderen Bevollmächtigung. Da der Verwalter aber auch diese Verfahren grundsätzlich führen darf, handelt es sich ebenfalls um eine Verwaltungsangelegenheit. Im Ergebnis ist Abs. 8 so zu verstehen, dass es sich bei den Verfahrenskosten zwar immer um Kosten der Verwaltung handelt, die Mehrkosten aber zwingend gem. § 16 Abs. 2 nach Miteigentumsanteilen zu verteilen sind, während über die Verteilung der Grundkosten mehrheitlich gem. Abs. 3 beschlossen werden kann. Dieser Beschluss muss aber ordnungsmäßiger Verwaltung entsprechen. Hierfür ist ein sachlicher Grund, vom Miteigentumsanteilsschlüssel abweichen zu wollen, notwendig, der wiederum bei einer Kostenverteilung nach Köpfen denkbar ist[1]. Beim Verteilungsschlüssel für die Grundkosten darf der gegnerische Wohnungseigentümer nicht beteiligt werden.

139 Verliert der anfechtende Wohnungseigentümer die Klage und hat die Kosten des Rechtsstreits nach § 91 ZPO zu tragen, können die übrigen Wohnungseigentümer die **Festsetzung der Kosten** beantragen. Aus dem Kostenfestsetzungsbeschluss kann vollstreckt werden. Hat der anfechtende Wohnungseigentümer am Jahresende die Kosten nicht an die Eigentümergemeinschaft erstattet, kann der Verwalter den Betrag auch als Einzelbelastung in die Jahresabrechnung einstellen, wenn die Kosten vom Gemeinschaftskonto abgeflossen sind. Zahlt dann der betreffende Eigentümer die Abrechnungsspitze nicht, kann die Eigentümergemeinschaft nur die Abrechnungsspitze abzgl. des Kostenerstattungsbetrags einklagen, da über diese Differenz bereits ein Titel (Kostenfestsetzungsbeschluss) besteht.

140 Ist ein gerichtliches Verfahren am Jahresende noch nicht abgeschlossen und liegt somit noch keine gerichtliche Kostenentscheidung vor, so hat der Verwalter etwaige Vorschusszahlungen, die er vom Gemeinschaftskonto zahlen darf, ebenfalls nach dem allgemein geltenden **Verteilungsschlüssel unter Ausschluss**

---

1 S. auch *Jennißen*, Anmerkung zu BGH v. 15.3.2007 – V ZB 1/06, NZM 2007, 510.

des Gegners zur Verteilung zu bringen[1]. Allerdings kann der Gegner für die Vorschussanteile einbezogen werden, die auf einer Streitwert-/Honorarvereinbarung gem. § 27 Abs. 2 Nr. 4 beruhen. An diesen Mehrkosten ist unabhängig vom Prozessausgang auch der anfechtende Wohnungseigentümer zu beteiligen, § 16 Abs. 8. Die Erhebung solcher Kostenvorschüsse per Wirtschaftsplan oder Sonderumlage ist selbst für ein Beschlussanfechtungsverfahren nicht rechtswidrig[2]. Sodann sind die Vorschüsse in die Jahresabrechnung einzustellen. Dies folgt nach neuer Rechtslage aus § 27 Abs. 2 Nr. 2, wonach der Verwalter das Passivverfahren führt und es sich somit um eine Verwaltungsangelegenheit handelt. Die gesetzliche Verpflichtung zur Führung der Prozesse wäre dem Verwalter nicht zumutbar, wenn er über die Gemeinschaftskasse keine Kostensicherheit erzielen könnte. Sieht dann die spätere gerichtliche Kostenentscheidung vor, dass der Gegner die Verfahrenskosten alleine zu tragen hat, so führt dies zu **nachträglichen Erstattungsansprüchen** der am Verfahren beteiligten Wohnungseigentümer. Auch die zwischenzeitlich ausgeschiedenen Wohnungseigentümer erhalten ebenfalls nach Auffassung des OLG Frankfurt[3] den Kostenerstattungsanspruch, da sie Verfahrensbeteiligte waren. Diese Auffassung spricht im Übrigen auch für die Aufteilungstheorie (s.u. IX 2 Rz. 149 ff.), da die Kostenbelastung bzw. die Gutschriftserteilung an ausgeschiedene Wohnungseigentümer nach der Fälligkeitstheorie nicht denkbar wäre. Zudem führt die Auffassung dazu, dass innerhalb der Jahresabrechnung ein **Status** erstellt werden muss, damit die Wohnungseigentümer erkennen können, ob und in welcher Höhe ggf. noch Beträge an ausgeschiedene Miteigentümer zu zahlen sind[4].

IX. Schuldner der Lasten und Kosten

1. Eigentümer

Mit der Eintragung ins Grundbuch wird der Erwerber Mitglied der Eigentümergemeinschaft. An das **Mitgliedschaftsrecht** ist die Zahlungspflicht geknüpft. Der Abschluss eines Kaufvertrags und der schuldrechtliche Übergang von Lasten und Kosten gehen zwar i.d.R. dem Eigentumsübergang voraus, sind aber wohnungseigentumsrechtlich irrelevant[5]. Die einzige Ausnahme, bei der ein noch nicht im Grundbuch als Eigentümer eingetragener Erwerber schon das

141

---

1 KG v. 5.10.2005 – 24 W 6/05, ZMR 2006, 224; LG Leipzig v. 15.1.2007 – 1 T 420/06, ZMR 2007, 400; a.A. KG v. 30.3.1992 – 24 W 6339/91, NJW-RR 1992, 845, wonach die Vorschüsse zunächst auf alle Wohnungseigentümer zu verteilen seien, was dann zu berichtigen sei, wenn die gerichtliche Entscheidung vorliegt.
2 A.A. OLG München v. 16.11.2006 – 32 Wx 125/06 NZM 2007, 251; ebenso BayObLG v. 29.4.2004 – 2Z BR 004/04, ZMR 2004, 763, ZMR 2007, 140, wonach nur solche Kosten erhoben und verteilt werden dürften, die der Verband schuldet; offenlassend BGH v. 15.3.2007 – V ZB 1/06, MDR 2007, 879 = NZM 2007, 358.
3 OLG Frankfurt v. 11.8.2005 – 20 W 56/03, NZM 2006, 302; *Jennißen*, Verwalterabrechnung, V Rz. 38.
4 S.a. *Stähling*, NZM 2006, 766 (767).
5 Allgemeine Meinung, wonach es die Rechtsfigur des werdenden Wohnungseigentümers, der schon Stimmrechte ausüben kann und Lasten zu tragen hat, nicht gibt: BGH v. 1.12.1988 – V ZB 6/88, NJW 1989, 1087; BayObLG v. 11.4.1990 – B Reg. 2 Z 7/90, NJW 1990, 3216 = WE 1991, 367; OLG Celle v. 14.2.2002 – 4 W 6/02, ZWE 2002, 475; *Lüke* in Weitnauer, WEG, nach § 10 Rz. 6; *Pick* in Bärmann/Pick/Merle, WEG, § 3 Rz. 84; *Müller*, Praktische Fragen, Rz. 1254; *Elzer* in KK-WEG, § 10 Rz. 29.

Stimmrecht in der Eigentümergemeinschaft ausübt und verpflichtet ist, die Wohngeldlasten zu tragen, besteht bei der **werdenden Wohnungseigentümergemeinschaft**. Nach überwiegender Auffassung zwingen praktische Erwägungen dazu, bei Neubau- oder Aufteilungsobjekten die Zahlungspflicht der Erwerber vorzuverlegen und nicht auf die Eigentumspositionen abzustellen. Dazu muss die Bezugsfertigkeit der Wohnungen hergestellt, ein wirksamer Kaufvertrag abgeschlossen, Lasten und Kosten nach den schuldrechtlichen Absprachen übergegangen und eine Auflassungsvormerkung in das Grundbuch eingetragen worden sein[1]. Sind die Kriterien für eine werdende Wohnungseigentümergemeinschaft erfüllt, bleibt der einzelne Erwerber Mitglied der Gemeinschaft und somit zahlungsverpflichtet[2], auch wenn durch Eintragung einer zweiten Person als Eigentümer in das Grundbuch eine sog. Vollrechtsgemeinschaft entsteht[3]. Allerdings können ab diesem Zeitpunkt nur noch Eigentümer neu hinzukommen, sodass später eingetragene Auflassungsvormerkungen für die Mitgliedschaft unerheblich sind.

2. Veräußerung der Eigentumswohnung

142 Nach ganz herrschender Auffassung ist im Falle der Wohnungsveräußerung (Zweiterwerb) der Übergang der Lasten nach dem **Fälligkeitszeitpunkt** zu bestimmen. Der Eigentümer hat nur das zu zahlen, was während seiner Zugehörigkeit zur Eigentümergemeinschaft wirksam beschlossen und fällig wurde, sog. **Fälligkeitstheorie**[4].

143 Die Fälligkeitstheorie bewirkt hinsichtlich der Jahresabrechnungsergebnisse, dass der Verwalter nur gegenüber demjenigen Eigentümer abrechnen darf, der zum Zeitpunkt der Fälligkeit der Abrechnung im Grundbuch eingetragen ist. Nur das Datum der Eigentumsumschreibung und nicht der Lasten- und Kostenübergang laut Kaufvertrag ist entscheidend. Nur ausnahmsweise bleibt der Ver-

---

1 H.M. BayObLG v. 11.4.1990 – B Reg. 2 Z 7/90, NJW 1990, 3216; OLG Frankfurt v. 14.12.1992 – 20 W 182/91, DWE 1993, 77; v. 25.4.1997 – 20 W 433/96, DWE 1998, 43; OLG Köln v. 27.8.1997 – 16 Wx 86/97, NZM 1998, 199; OLG Hamm v. 3.12.2002 – 15 W 340/02, OLGReport 2003, 193 = ZMR 2003, 776; *Lüke* in Weitnauer, WEG, nach § 10 Rz. 1; *Müller*, Praktische Fragen, Rz. 38; *Pick* in Bärmann/Pick/Merle, WEG, Einleitung Rz. 40; *Elzer* in KK-WEG, § 10 Rz. 21 ff.; a.A. OLG Saarbrücken v. 27.2.1998 – 5 W 252/97–85, WE 1998, 314; v. 7.5.2002 – 5 W 368/01, NZM 2002, 610, wonach die Konstruktion der werdenden Wohnungseigentümergemeinschaft zu zufälligen und nicht sachgerechten Ergebnissen führe.
2 LG Dresden v. 30.8.2005 – 2 T 68/05, ZMR 2006, 77.
3 Nebeneinander von „werdender WEG" und in Vollzug gesetzter WEG, OLG Köln v. 2.2.2004 – 16 Wx 244/03, ZMR 2004, 859.
4 BGH v. 21.4.1988 – V ZB 10/87, NJW 1988, 1910 = WuM 1989, 95 = DWE 1988, 135; OLG Köln v. 17.11.1988 – 16 Wx 116/88, WuM 1989, 97; BayObLG v. 9.8.1989 – B Reg. 2 Z 144/86, WuM 1989, 656; v. 19.4.1990 – 1b Z 19/89, DWE 1990, 101; OLG Düsseldorf v. 4.5.1990 – 3 Wx 92/90, DWE 1990, 104; v. 17.8.2001 – 3 Wx 187/01, NZM 2001, 1039; OLG Frankfurt v. 23.10.1989 – 20 W 185/89, DWE 1990, 107; BayObLG v. 21.7.1994 – 2Z BR 43/94, WuM 1995, 52; OLG Schleswig v. 28.12.1993 – 2 W 90/92, DWE 1994, 77; OLG Karlsruhe v. 7.11.2004 – 14 Wx 82/03, ZMR 2005, 310, *Gottschalg* in Weitnauer, WEG, § 16 Rz. 50; einschränkend *Müller*, Praktische Fragen, Rz. 1254, der auf den Beschlusszeitpunkt abstellt und einen abweichenden Fälligkeitszeitpunkt irrelevant sein lässt.

äußerer zahlungsverpflichtet, wenn die Auflassung[1] oder der Kaufvertrag nichtig ist[2]. Hinsichtlich des Wohngeldes gilt die Zahlungsverpflichtung entsprechend, d.h., dass bis zum Datum der Eigentumsumschreibung der Veräußerer das fällig gewordene Wohngeld schuldet und ab diesem Zeitpunkt der Erwerber. Rückstände des Veräußerers dürfen dem Erwerber nicht in Rechnung gestellt werden. Geschieht dies dennoch, ist der Beschluss nur anfechtbar und nicht nichtig[3]. Zur Begründung wird im Wesentlichen darauf abgestellt, dass nur derjenige zahlen müsse, der auch an der Beschlussfassung mitwirken kann. Würde beim Beschluss über die Jahresabrechnung nach dem Eigentumswechsel noch der Veräußerer verpflichtet, würde es sich um einen unzulässigen **„Gesamtakt zu Lasten Dritter"** handeln[4], was selbst dann anzunehmen sei, wenn der Veräußerer hinsichtlich anderer Wohnungen noch Miteigentümer sei[5]. Umgekehrt soll aber der Erwerber haften, wenn die Zahlungsverpflichtung (Sonderumlage) noch vom Veräußerer mit beschlossen wurde, der Betrag aber erst nach Eigentumswechsel fällig wird[6], obschon es sich dabei ebenfalls um einen „Gesamtakt zu Lasten eines Dritten" handelt.

Die Fälligkeitstheorie stützt sich weiter auf den Rechtsgedanken des § 103 BGB, wonach sog. „andere Lasten" soweit zu tragen sind, als sie während der Dauer der Verpflichtung zu entrichten waren. Unter dem Begriff der „anderen Lasten" werden die Jahresabrechnungsergebnisse subsumiert, während für wiederkehrende Lasten § 103 BGB regelt, dass diese nach dem Verhältnis der Dauer der Verpflichtung zu tragen sind. Unter den Begriff der wiederkehrenden Lasten werden von der h.M. die Wohngeldverpflichtungen gemäß Wirtschaftsplan geordnet[7]. 144

Die h.M. überzeugt jedoch nicht und ist abzulehnen. Die Beschlussfassung über die Jahresabrechnung zu Lasten des Veräußerers stellt keinen „Gesamtakt zu Lasten Dritter" dar. Zuzubilligen ist, dass der Veräußerer im Hinblick auf die nach seinem Ausscheiden zu beschließende Jahresabrechnung kein Stimmrecht mehr hat. Weist die Jahresabrechnung dennoch zu seinen Lasten eine **Abrechnungsspitze** aus, so kann dies kein Gesamtakt zu Lasten Dritter sein, da ihn der Beschluss über die Jahresabrechnung nicht bindet. Die Wohnungseigentümer können zwar beschließen, eine Forderung gegenüber einem Dritten geltend machen zu wollen. Der ausgeschiedene Wohnungseigentümer ist in diesem Sinne Dritter. Der interne Beschluss der Wohnungseigentümer hat aber gegenüber dem Dritten keine Rechtswirkungen. Insbesondere bewirkt die Bestandskraft des Beschlusses gegenüber dem Veräußerer nichts. Fordert die Wohnungseigentümergemeinschaft dann den ausgeschiedenen Veräußerer zur Zahlung der Abrechnungsspitze für den Zeitraum seiner Zugehörigkeit zur Eigentümergemeinschaft auf und kommt dieser der Aufforderung nicht nach, kann die Eigentümergemeinschaft gegen den Veräußerer klagen. Der Veräußerer kann sich in 145

---

1 KG v. 28.2.2001 – 24 W 6976/00, NZM 2002, 129.
2 KG v. 23.9.2002 – 24 W 230/01, ZMR 2003, 53 = WuM 2002, 683.
3 OLG Düsseldorf v. 4.5.1990 – 3 Wx 92/90 DWE 1990, 104. OLG Frankfurt v. 23.10.1989 – 20 W 185/89, DWE 1990, 107; BayObLG v. 21.7.1994 – 2Z BR 43/94, WuM 1995, 52.
4 BGH v. 21.4.1988 – V ZB 10/87, MDR 1988, 765 = NJW 1988, 1910.
5 OLG Hamburg v. 18.6.2001 – 2 Wx 72/97, ZWE 2002, 424 = NZM 2002, 129.
6 OLG Karlsruhe v. 17.1.2004 – 14 Wx 82/03, ZMR 2005, 310.
7 OLG Karlsruhe v. 10.7.1987 – 11 W 78/86, WE 1987, 153; *Hauger*, PiG 27, 121,132; *Weitnauer*, JZ 1986, 193.

diesem Prozess auch dann noch gegen die Abrechnungsinhalte wehren und die Rechtswidrigkeit der Abrechnung einwenden, wenn der Beschluss über die Abrechnung bestandskräftig geworden ist. Stellt dann das Gericht fest, dass der Auffassung des Veräußerers zu folgen ist, wird es die Klage abweisen. Die Wohnungseigentümer werden dann zu prüfen haben, ob sie die fehlerhafte Jahresabrechnung erneuern lassen und durch einen **Zweitbeschluss** die abgeänderte Jahresabrechnung fällig stellen. Sie könnten dann erneut die Forderung gegenüber dem Veräußerer aufmachen. Gelingt dies nicht, weil z.B. Verjährungseinreden entgegenstehen, entsteht der Eigentümergemeinschaft ein Schaden, der entweder vom Verwalter einzufordern oder wie ausfallendes Wohngeld auf alle Wohnungseigentümer per Mehrheitsbeschluss zu verteilen ist. Es handelt sich nicht um einen unzulässigen Gesamtakt zu Lasten eines Dritten, weil der Beschluss über die Abrechnungsspitze, der den Veräußerer als Schuldner ausweist, diesen nicht bindet[1].

146 Auch die Auffassung, dass die Fälligkeitstheorie auf den **Rechtsgedanken des § 103 BGB** zu stützen sei, ist fehlerhaft[2]. § 103 BGB regelt gerade das Gegenteil. Dabei ist die Zuordnung der laufenden Wohngeldverpflichtung zum Begriff „**regelmäßig wiederkehrende Lasten**" zutreffend und bedarf keiner weitergehenden Diskussion. Der Subsumtion der Nachzahlungsergebnisse einer Jahresabrechnung unter den Begriff „**andere Lasten**" kann aber nicht gefolgt werden. Zum Begriff „regelmäßig wiederkehrende Lasten" gehört nur die Wiederkehr der Entrichtung in bestimmten Zeiträumen. Nicht erforderlich ist die jeweils gleiche Höhe[3]. Die wiederkehrenden Lasten, deren Höhe somit wechseln kann und die im Vorhinein nicht bestimmt sein müssen, haben auch dann die für § 103 BGB notwendige Regelmäßigkeit, wenn sie jährlich anfallen. Demgegenüber sind „andere Lasten" nur solche, die einmalig oder in unbestimmten Zeiträumen zu zahlen sind[4]. Für das Wohnungseigentumsrecht bestimmt § 28 Abs. 3 jedoch, dass der Verwalter nach Ablauf eines jeden Kalenderjahres eine Abrechnung aufzustellen hat. Hieraus resultiert, dass dem einzelnen Eigentümer jährlich die Abrechnungsspitzen bekannt gemacht und nach entsprechender Beschlussfassung eingefordert werden. Die Abrechnungsspitzen sind zwar im Vorhinein der Höhe nach unbestimmt, doch jährlich wiederkehrend. Diese Lasten entfallen nur dann, wenn im einzelnen Jahr der Wirtschaftsplan so hinreichend kalkuliert war, dass es nicht zu Nachzahlungsbeträgen kommt. Von solchen Guthaben abgesehen, muss grundsätzlich jeder Wohnungseigentümer mit jährlich wiederkehrenden Nachzahlungslasten aus der Jahresabrechnung rechnen. Die Frage der Zuordnung der Abrechnungsspitzen zu den wiederkehrenden Lasten kann nicht von dem Zufall abhängen, ob die Eigentümer einen reichlich kalkulierten Wirtschaftsplan beschließen, der Nachzahlungen in der Jahresabrechnung nicht erwarten lässt, oder knapp kalkulieren, sodass es jährlich zu Nachzahlungen kommt[5].

---

1 Ebenso *Rau*, ZMR 2000, 337 (342).
2 So aber *Gottschalg* in Weitnauer, WEG, § 16 Rz. 50; *Völzmann-Stickelbrock* in Prütting/Wegen/Weinrich, BGB, § 103 Rz. 2.
3 *L. Michalski* in Erman, BGB, § 103 Rz. 2; *Fritzsche* in Bamberger/Roth, BGB, § 103 Rz. 7.
4 *L. Michalski* in Erman, BGB § 103 Rz. 3; *Heinrichs* in Palandt, BGB, 103 Rz. 4.
5 Vgl. hierzu auch *Jennißen*, Verwalterabrechnung, VIII Rz. 8 ff.; *Jennißen*, ZWE 2000, 494.

Ungeachtet dessen ist aber von entscheidender Bedeutung, dass die von den Vertretern der Fälligkeitstheorie vorgenommene Differenzierung zwischen Wohngeldzahlungen und Jahresabrechnungsergebnissen eine **einheitliche Beitragspflicht** der Wohnungseigentümer in zwei selbständige Schicksale zerschlägt. Der BGH[1] hat selbst deutlich gemacht, dass die Jahresabrechnung gegenüber dem Wirtschaftsplan keine Schuldumschaffung im Sinne einer **Novation** darstellt. Aus dieser Auffassung folgt, dass Wirtschaftsplan und Jahresabrechnung keinen unterschiedlichen Rechtscharakter haben und einheitlich zu bewerten sind. Die Wohngeldvorauszahlungen sind lediglich Abschlagszahlungen auf die spätere Jahresabrechnung. Die Jahresabrechnung ist die nachträgliche Überprüfung des Wirtschaftsplans. Sie dient der endgültigen Ermittlung der Wohngeldverpflichtung. Der einzelne Wohnungseigentümer hat regelmäßig Beiträge zur Bewirtschaftung des gemeinschaftlichen Objekts zu leisten. Diese regelmäßige Wiederkehr der Beiträge ist unabhängig davon zu sehen, ob die geschätzten oder die tatsächlichen Beträge angefordert werden. Nachzahlungsforderungen aus den Jahresabrechnungen sind daher unter analoger Anwendung des § 103 BGB als regelmäßig wiederkehrende Lasten anzusehen. Dies hat zur Folge, dass die Fälligkeitstheorie gerade durch diese Norm widerlegt wird. Es hat also derjenige die Abrechnungsspitze zu zahlen, dessen Zugehörigkeitszeitraum zur Eigentümergemeinschaft betroffen ist. Auf das Datum der Beschlussfassung kommt es nicht an. Zwischen Wirtschaftsplan und Jahresabrechnung ist nicht zu differenzieren.

147

Schließlich ist die Fälligkeitstheorie auch nicht mit der Heizkostenverordnung zu vereinbaren. Die Verordnung spricht in § 4 HeizkV die **Verpflichtung zur anteiligen Verbrauchserfassung** und in § 6 HeizkV die Pflicht zur **verbrauchsabhängigen Kostenverteilung** aus. Die anteilige Erfassung setzt eine Zwischenabrechnung für den Zeitpunkt des Nutzerwechsels voraus. Für den Fall des Eigentümerwechsels folgt aus der HeizkV der Rechtsgedanke, dass die Lasten und Kosten nach der Zugehörigkeitsdauer zeitanteilig gegenüber Veräußerer und Erwerber aufzuteilen sind.

148

Entgegen der h.M. sind im Falle des Eigentümerwechsels die Lasten und Kosten zeitanteilig aufzuteilen[2], sog. **Aufteilungstheorie**[3]. Maßgebliches Kriterium dieser Aufteilung ist die Dauer der Zugehörigkeit zur Eigentümergemeinschaft. Beim laufenden Wohngeld entsteht dabei gegenüber der Fälligkeitstheorie keine Abweichung. Die Wohngeldverpflichtung des Veräußerers endet mit dem Tag der Eigentumsumschreibung. Mit diesem Zeitpunkt ist das Wohngeld pro rata temporis im Verhältnis zur Eigentümergemeinschaft zu teilen. Hinsichtlich der Jahresabrechnung entsteht aber ein wesentlicher Unterschied. Die Abrechnungsspitze ist von demjenigen zu tragen, der im entsprechenden Abrechnungszeitraum Wohnungseigentümer war[4], und zwar unabhängig davon, wann sie beschlossen wurde. Erfolgt während eines solchen Abrechnungszeitraums ein Eigentumswechsel, ist die Abrechnungsspitze zeitanteilig aufzuteilen. Dies führt zu einer doppelten Jahresabrechnung für die betreffende Wohnung.

149

---

1 V. 23.9.1999 – V ZB 17/99, ZWE 2000, 29 = DWE 1999, 164 = NZM 1999, 1101.
2 So auch *Rau*, ZMR 2000, 337 (345).
3 Vgl. ausführlich hierzu *Jennißen*, Verwalterabrechnung, VIII Rz. 32; *Jennißen*, ZWE 2000, 494.
4 AG Kerpen v. 5.5.2004 – 15 II 1/04, ZMR 2004, 867.

150 Die Aufteilungstheorie entspricht dem Rechtsgedanken des § 103 BGB, den Anforderungen der HeizkV und nunmehr auch dem Rechtsgedanken des § 10 Abs. 8 WEG, wonach jeder Wohnungseigentümer gegenüber den Gläubigern der Eigentümergemeinschaft für die Verbindlichkeiten anteilig haftet, die während seiner Zugehörigkeit zur Gemeinschaft entstanden oder während dieses Zeitraums fällig geworden sind. Mit dieser Regelung wollte der Gesetzgeber Innen- und Außenhaftung gleichstellen[1]. Dem ist auch im Rahmen der Jahresabrechnung Rechnung zu tragen. Die zeitanteilige Aufteilung der Kosten im Rahmen der Jahresabrechnung entspricht gerade dieser Ansicht.

151 Die **Aufteilungstheorie** führt gegenüber der Fälligkeitstheorie zu sachgerechteren Ergebnissen. Werden während der Zugehörigkeit des Veräußerers zur Eigentümergemeinschaft mehrere Jahresabrechnungen beispielsweise nicht beschlossen oder wirksam angefochten, hätte nach der Fälligkeitstheorie der Erwerber die Ergebnisse dieser Abrechnungen zu tragen, wenn die überarbeiteten Versionen nach dem Eigentumswechsel beschlossen würden. Der Erwerber würde für den unterlassenen oder fehlerhaften Beschluss, an dem der Veräußerer mitgewirkt hat, bestraft. Auch ist es bei der Fälligkeitstheorie denkbar, dass ein Erwerber für Zeiträume Guthaben ausgeschüttet erhält, obschon weder er noch der Veräußerer für diesen Zeitraum Wohngeld entrichtet haben. Solche Ergebnisse resultieren daraus, dass bei Anwendung der Fälligkeitstheorie zugunsten des Erwerbers unterstellt werden muss, dass der Veräußerer sein Wohngeld ordnungsgemäß entrichtet hat, damit der Erwerber nicht fällige Schulden des Veräußerers übernehmen muss. Für eine solche Schuldübernahme sieht auch die Fälligkeitstheorie keine Anspruchsgrundlage[2]. Die konsequente Anwendung der Fälligkeitstheorie bewirkt, dass der Erwerber Guthaben ausgezahlt erhält, die nur deshalb zustande kommen, weil der Wirtschaftsplan großzügiger kalkuliert war, als es die tatsächlichen Kosten notwendig machten. Hat im zurückliegenden Kalenderjahr der Veräußerer kein Wohngeld entrichtet, hat dies auf das Guthaben keinen Einfluss, das dem Erwerber zugute kommt. Fällt der Veräußerer mit der Geldzahlung dann aus, müssen dieses Guthaben alle Wohnungseigentümer anteilig finanzieren. Solche widersinnigen Ergebnisse[3] treten bei der Aufteilungstheorie nicht auf.

3. Ersteher in der Zwangsversteigerung

152 Die Aufteilungstheorie findet erst recht Unterstützung im ZVG (Zwangsversteigerungsgesetz). Nach § 56 Satz 2 ZVG hat der Ersteher die **Lasten** des Grundstücks vom Zuschlag an zu tragen. Unter „Lasten" i.S.d. § 56 Satz 2 ZVG sind die öffentlichen und privatrechtlichen Lasten zu verstehen, die aus dem Grundstück zu entrichten sind und daher den Eigentümer treffen. Da der Begriff der

---

1 Amtliche Begründung zu § 16 Abs. 8 in BR-Drucks. 16/887, S. 65.
2 BGH v. 21.4.1988 – V ZB 10/87, NJW 1988, 1910 = WuM 1989, 95 = DWE 1988, 135; *Gottschalg* in Weitnauer, WEG, § 16 Rz. 51; a.A. *Merle* in Bärmann/Pick/Merle, WEG, § 28 Rz. 142, wonach der Erwerber für Beitragsrückstände des Veräußerers haften soll, was aus der Bindung des Erwerbers an Beschlüsse der Wohnungseigentümer gem. § 10 Abs. 4 WEG folge.
3 A.A. *Merle*, ZWE 2004, 195, der Gerechtigkeitsvorstellungen für die Widerlegung der Fälligkeitstheorie für unerheblich hält.

Lasten weit zu verstehen ist, folgen hieraus auch die Kosten i.S.v. § 16 Abs. 2 WEG. Der Ersteher hat erst ab dem Zuschlagszeitpunkt die Lasten der Eigentumswohnung zu tragen. Eine Auffassung, die ihm das Risiko aufbürdet, Nachzahlungsbeträge des Veräußerers für Abrechnungszeiträume entrichten zu müssen, die vor der Ersteigerung liegen, ist mit dem Wortlaut des § 56 Satz 2 ZVG nicht vereinbar[1]. Wird die Abrechnung nach dem Zuschlag beschlossen und enthält sie Zahlungsrückstände des Voreigentümers, ist auch nach Auffassung der Fälligkeitstheorie diese Abrechnung nichtig und muss nicht vom Ersteher angefochten werden[2]. Insoweit unterscheiden sich die Ergebnisse der Fälligkeitstheorie von der hier vertretenen Aufteilungstheorie nicht. Der Unterschied tritt aber wiederum hinsichtlich der Abrechnungsspitze ein. Wird nach dem Zuschlag in der Zwangsversteigerung die Abrechnungsspitze beschlossen, hat diese nach der Fälligkeitstheorie der Ersteher zu tragen. Vorausgesetzt ist dabei, dass ihm keine Rückstände des Veräußerers in der Jahresabrechnung aufgegeben werden. Demgegenüber ist nach der Aufteilungstheorie eine Jahresabrechnung aus abgelaufenen Kalenderjahren vor der Erteilung des Zuschlags in der Zwangsversteigerung nicht dem Ersteher in Rechnung zu stellen. Für das Jahr des Versteigerungszeitpunkts ist das Abrechnungsergebnis pro rata temporis aufzuteilen.

4. Vereinbarungen zur Haftung des Erwerbers/Erstehers

Die Wohnungseigentümer können durch Vereinbarung, die in das Grundbuch einzutragen ist, regeln, dass der Erwerber für **Zahlungsrückstände** des Veräußerers **haftet**[3]. Das Erfordernis der Grundbucheintragung wird hierbei als ausreichende Schutzvorrichtung zugunsten des Erwerbers angesehen. Er kann seine Haftungsrisiken vorab erkennen. 153

Ist in einer Gemeinschaftsordnung von der Haftung des Erwerbers für Zahlungsrückstände des Veräußerers die Rede, kann aber dem Wort „Erwerber" nicht der „Ersteher" in der Zwangsversteigerung gleichgesetzt werden[4]. Vereinbarungen entsprechend der Fälligkeitstheorie sind für den Erwerber ebenfalls wirksam. Gegenüber dem Ersteher kann jedoch eine Haftung für Rückstände des Veräußerers nicht wirksam vereinbart werden, da eine solche Regelung nicht mit der Vorschrift des § 56 Satz 2 ZVG vereinbar ist[5]. 154

Vereinbarungen entsprechend der Aufteilungstheorie sind hingegen rechtlich unbedenklich, da die zeitanteilige Haftung im Innenverhältnis gerade der Regelung des § 56 Satz 2 ZVG entspricht. 155

---

1 BGH v. 27.6.1985 – VII ZB 16/84, DWE 1985, 121; v. 10.3.1994 – IX ZR 98/93, NJW 1994, 1866; OLG Düsseldorf v. 20.10.2000 – 3 Wx 283/00, ZWE 2001, 77 = ZMR 2001, 55; a.A. BayObLG v. 21.7.1994 – 2Z BR 43/94, WuM 1995, 52; OLG Köln v. 31.8.2001 – 16 Wx 137/01, NZM 2002, 351.
2 *Gottschalg* in Weitnauer, WEG, § 16 Rz. 51; BGH v. 23.9.1999 – V ZB 17/99, ZWE 2000, 29 = DWE 1999, 164 = NZM 1999, 1101.
3 BGH v. 24.2.1994 – V ZB 43/93, NJW 1994, 2950; BayObLG v. 7.3.2002 – 2Z BR 151/01, WE 1997, 229 = NJW-RR 1997, 906; v. 7.3.2002 2Z BR 151/02, DWE 2002, 100 = ZWE 2002, 265 = NZM 2002, 492.
4 BGH v. 13.10.1983 – VII ZB 4/83, NJW 1984, 308 = MDR 1984, 222; v. 22.1.1987 – V ZB 3/86, NJW 1987, 1638; OLG Düsseldorf v. 14.2.1997 – 3 Wx 588/96, DWE 1997, 167.
5 Ebenso BGH v. 27.6.1985 – VII ZB 16/84, NJW 1985, 2717; v. 24.2.1994 – V ZB 43/93, NJW 1994, 2950, 2952; OLG Düsseldorf v. 23.6.1995 – 3 Wx 167/95, DWE 1996, 33.

5. Beschlüsse zur Haftung des Erwerbers/Erstehers

156 Die Wohnungseigentümer können eine **Haftung des Erwerbers** für Zahlungsrückstände des Veräußerers **nicht beschließen**. Hierbei würde es sich um einen unzulässigen Beschluss zu Lasten eines Dritten handeln. Ein Beschluss, der die Haftung des Erwerbers für Zahlungsrückstände des Veräußerers begründet, und zwar zu einem Beschlusszeitpunkt, als der Erwerber schon Eigentümer ist, ist lediglich anfechtbar und nicht nichtig[1]. Etwas anderes gilt, wenn die Wohnungseigentümer die Zahlungsrückstände des Veräußerers aus früheren Jahren nochmals in einer späteren Jahresabrechnung des Erwerbers vortragen und über diese beschließen lassen. Ein solcher Beschluss ist nichtig, da durch bloße **Beschlusswiederholung** nicht der Schuldner ausgetauscht werden kann[2]. Wenig überzeugend sind allerdings die Ausführungen des BGH[3], wonach ein Beschluss, der Altverbindlichkeiten in der Jahresabrechnung wiederholt, nicht als haftungsbegründender Beschluss für den Erwerber anzusehen sei. Dies ist zwar im Ergebnis nicht zu beanstanden, wohl aber in der Begründung. Der BGH weist darauf hin, dass keine Haftungsbegründung in diesem Beschluss läge, weil zu unterstellen sei, dass die Wohnungseigentümer keinen anfechtbaren Beschluss fassen wollten. Daher sei der Beschluss so auszulegen, dass er keiner Anfechtung bedürfe.

157 Würde man der Auffassung des BGH folgen, wären alle gerichtlichen Beschlussanfechtungsverfahren überflüssig. Es ließe sich immer durch Auslegung ein rechtmäßiges Ergebnis erzielen.

158 Beschlüsse der Eigentümerversammlung entsprechend der **Fälligkeitstheorie** sind entgegen der h.M. für den Erwerber oder Ersteher nichtig, da nach hier vorstehender Auffassung die Fälligkeitstheorie eine Haftung dieses Personenkreises für nicht von ihm verursachte Kosten begründen will.

159 Beschlüsse entsprechend der **Aufteilungstheorie** sind nach diesseitiger Auffassung nicht zu beanstanden.

6. Haftung des Zwangs- und Insolvenzverwalters

160 Nach § 155 ZVG kann der Zwangsverwalter aus den Nutzungen die Ausgaben der Verwaltung bestreiten. Nutzungen und Ausgaben korrespondieren miteinander. Ab Beschlagnahme kann der Zwangsverwalter die Nutzungen ziehen und schuldet damit ab diesem Zeitpunkt die Übernahme des Wohngelds, § 155 Abs. 1 ZVG. Die **Rückstände der letzten zwei Jahre** sowie aus dem laufenden Jahr vor der Beschlagnahme sind theoretisch im Verteilungsplan gem. § 10 Abs. 1 Nr. 2 ZVG zu berücksichtigen. Praktisch dürfte es zu einer solchen Verteilung kaum kommen, weil der laufende Zins- und Tilgungsdienst gegenüber den Banken ebenfalls gem. § 155 Abs. 1 ZVG aus den Mieteinnahmen bedient

---

1 S. a. OLG Köln v. 24.1.1997 – 16 Wx 2/97, WE 1997, 431; BayObLG v. 9.7.1991 – BReg. 2 Z 72/91, NJW-RR 1992, 14; a.A. *Gottschalg* in Weitnauer, WEG, § 16 Rz. 51.
2 Im Ergebnis ebenso KG v. 8.11.1995 – 24 W 5582/95, DWE 1996, 29; *Bub*, Finanz- und Rechnungswesen, S. 156.
3 V. 23.9.1999 – V ZB 17/99, NJW 1999, 3713; kritisch *Rau*, ZMR 2000, 337.

wird, so dass es realistischerweise nicht zu Überschüssen für den Verteilungsplan kommt.

Durch die Zwangsverwaltung wird der **Schuldner** nicht von Zahlungspflichten befreit. Er kann weiterhin in Anspruch genommen werden[1].Anders verhält es sich beim Insolvenzverfahren. Hier sieht § 286 InsO für natürliche Personen vor, dass diese einen Antrag auf Restschuldbefreiung stellen können und sodann die Schuldbefreiung eintritt, wenn der Schuldner in einem Zeitraum von sechs Jahren nach der Eröffnung des Insolvenzverfahrens den pfändbaren Anteil seiner laufenden Bezüge an einen **Treuhänder** abtritt, damit dieser die Gläubiger anteilig befriedigen kann. Nach Ablauf von sechs Jahren erlöschen nicht getilgte Forderungen, sodass spätestens dann der Wohngeldausfall feststeht, §§ 287, 301 InsO.

161

Steht die Wohnung leer oder ist vom säumigen Wohnungseigentümer selbst bewohnt, erzielt der **Zwangsverwalter** keine Einnahmen und kann das Wohngeld nicht bedienen. Haben die Wohnungseigentümer die Zwangsverwaltung betrieben, wurde bis zur Entscheidung des BGH[2] in der Praxis häufig der Weg gewählt, aus Mitteln der Eigentümergemeinschaft dem Zwangsverwalter entsprechende Liquidität zur Verfügung zu stellen, damit dieser daraus dann das Wohngeld entrichtete. Damit hatte die Eigentümergemeinschaft zwar noch keine echte Liquidität geschaffen, weil sie die Wohngeldzahlungen des Zwangsverwalters selbst finanzierte. Es wurde aber die Auffassung vertreten, dass diese **Vorschüsse** an den Zwangsverwalter im Falle der Zwangsversteigerung vorrangig aus den Erlösen nach § 10 Abs. 1 Nr. 1 ZVG zu bedienen wären. Somit erhielt die Eigentümergemeinschaft dann über den Verteilungsplan vorrangig das geschuldete Wohngeld. Der BGH hat diese Praxis als unzulässig gewertet, da die Vorrangigkeit nach § 10 Abs. 1 Nr. 1 ZVG nur für **werterhöhende Maßnahmen** bestehe, die dazu dienen, das Sondereigentum zu reparieren, Verwüstungen durch den Eigentümer oder seinen Mieter zu verhindern und zu beseitigen, die Feuerversicherung zu decken oder sonstige Sicherungsmaßnahmen für das Sondereigentum des Schuldners zu treffen. Die an den Zwangsverwalter geleisteten Vorschusszahlungen zur Deckung des laufenden Wohngeldes sind hierunter nicht zu subsumieren, so dass die Auffassung des BGH zutreffend ist, diese Zahlungen nicht unter § 10 Abs. 1 Nr. 1 ZVG zu privilegieren. Auch der neue § 10 Abs. 1 Nr. 2 ZVG hilft nicht weiter, da es zu einem Verteilungsplan nicht kommen kann, wenn der Zwangsverwalter keine Einnahmen erzielt.

162

Wird nach der Beschlagnahme die Jahresabrechnung beschlossen, ist nach diesseits vertretener Auffassung die Aufteilungstheorie anzuwenden, so dass auch hier die Kostenaufteilung pro rata temporis zu erfolgen hat.

163

Ist über das Vermögen des Wohnungseigentümers das **Insolvenzverfahren** eröffnet worden, gilt Vorstehendes entsprechend für die Haftung des Insolvenzverwalters ab **Insolvenzeröffnung**. Allerdings kann der Insolvenzverwalter die Ei-

164

---

1 OLG München v. 12.10.2006 – 32 Wx 124/06, ZMR 2007, 216; LG Dresden v. 30.8.2005 – 2 T 0068/05, ZMR 2006, 77.
2 V. 10.4.2003 – IX ZR 106/02, MDR 2003, 1074 = NJW 2003, 2162 = NZM 2003, 602 = WuM 2003, 391 = MietRB 2003, 76; vgl. auch § 28 Rz. 209 f.

gentumswohnung aus der **Insolvenzmasse freigeben**, wovon er Gebrauch machen wird, wenn die Wohnung sehr hoch mit Grundschulden oder Hypotheken belastet ist. Durch die Freigabe entfällt seine Zahlungsverpflichtung. Wenn nicht freigegeben wird, hat der Insolvenzverwalter das Wohngeld aus der Masse zu bedienen, sog. sonstige Masseverbindlichkeiten gem. § 55 InsO[1]. Kann der Insolvenzverwalter das Wohngeld aus der Masse nicht bedienen, hat er sog. **Massearmut** anzuzeigen, § 208 InsO. Durch die Anzeige werden die seit der Insolvenzeröffnung entstandenen Wohngeldverbindlichkeiten zu Altmasseverbindlichkeiten, die nicht mehr mit der Leistungsklage verfolgt werden können[2]. Nimmt der Insolvenzverwalter nach der Masseunzulänglichkeitsanzeige Mieten für diese Wohnung entgegen, entstehen Neumasseschulden i.S.v. § 209 InsO[3]. Diese können mit der Leistungsklage verfolgt werden. Allerdings kann hiergegen der Insolvenzverwalter erneut die Masseunzulänglichkeit einwenden, was er darzulegen und zu beweisen hat. Dann wird die Leistungsklage erneut unzulässig[4]. Allerdings kann sich der Insolvenzverwalter nach § 61 InsO schadensersatzpflichtig machen, wenn er weder die Immobilie freigibt noch hinreichende Vermietungsaktivitäten unternimmt. Dieser Schadensersatzanspruch ist ebenfalls beim Wohnungseigentumsgericht geltend zu machen[5]. Er setzt **subjektiv** voraus, dass der Insolvenzverwalter die Massearmut erkennen konnte. Die Nichtfreigabe der Wohnung führt auch in der Regel zu einem **kausalen Schaden**, da im Falle der Freigabe und der dann möglichen Zwangsversteigerung die Forderungen der Wohnungseigentümergemeinschaft nach § 10 Abs. 1 Nr. 2 ZVG in der Rangklasse 2 relativ vorrangig bedient worden wären. Es kann unterstellt werden, dass die Versteigerung stattgefunden hätte. Zu berücksichtigen ist aber, dass der Schadensersatzanspruch nur auf das negative Interesse gerichtet ist[6].

165 Wohngeldverpflichtungen, die den Zeitraum vor Verfahrenseröffnung betreffen, und zeitanteilige Abrechnungsergebnisse aus diesem Zeitraum stellen **einfache Insolvenzforderungen** i.S.v. § 38 InsO dar[7]. Entgegen der hier vertretenen Auffassung wendet die h.M. auch im Insolvenzverfahren die Fälligkeitstheorie an[8].

166 Wird wegen der Zahlungsunfähigkeit des Wohnungseigentümers der **Wohngeldausfall** durch einen Umlagebeschluss verteilt, ist an diesem auch anteilig der Zwangsverwalter bzw. der Insolvenzverwalter zu beteiligen. Dieser Umlageanteil wegen des Fehlbetrages des Schuldners stellt Masseverbindlichkeiten i.S.v. § 55 InsO dar[9].

---

1 OLG Düsseldorf v. 28.4.2006 – I – 3 Wx 299/05, ZMR 2007, 204 = NZM 2007, 47.
2 OLG Düsseldorf v. 28.11.2006 – I – 3 Wx 299/05, ZMR 2007, 204 = NZM 2007, 47.
3 AG Neukölln v. 23.5.2005 – 70 II 222/04 WEG, ZMR 2005, 659.
4 OLG Düsseldorf v. 28.4.2006 – I – 3 Wx 299/05, ZMR 2007, 204.
5 S. vorstehende Fn.
6 S. hierzu *Uhlenbruck*, InsO, § 61 Rz. 11.
7 *Uhlenbruck/Berscheid* in Uhlenbruck, InsO, § 55 Rz. 40.
8 Vgl. *Uhlenbruck/Berscheid* in Uhlenbruck, InsO, § 55 Rz. 40 m.w.N.
9 So auch *Uhlenbruck/Berscheid* in Uhlenbruck, InsO, § 55 Rz. 41; AG Moers v. 15.8.2006 – 63 II 13/06 WEG, NZM 2007, 51.

§ 17
Anteil bei Aufhebung der Gemeinschaft

Im Falle der Aufhebung der Gemeinschaft bestimmt sich der Anteil der Miteigentümer nach dem Verhältnis des Wertes ihrer Wohnungseigentumsrechte zur Zeit der Aufhebung der Gemeinschaft. Hat sich der Wert eines Miteigentumsanteils durch Maßnahmen verändert, deren Kosten der Wohnungseigentümer nicht getragen hat, so bleibt eine solche Veränderung bei der Berechnung des Wertes dieses Anteils außer Betracht.

Inhaltsübersicht

	Rz.		Rz.
I. Allgemeines, Normzweck	1	III. Berechnung der Anteile	10
II. Voraussetzungen	4	1. Grundlagen	10
1. Aufhebung der Gemeinschaft	4	2. Bewertung des Sondereigentums	13
2. Aufhebung des Sondereigentums	6	3. Bewertung des gemeinschaftlichen Eigentums	14
3. Entstehen eines Auseinandersetzungsguthabens	8	4. Zeitpunkt der Bewertung	16
		IV. Verfahren	19

Schrifttum: *Kreuzer*, Wertverschiebung aufgrund baulicher Änderungen, WE 1996, 450; *Kreuzer*, Aufhebung von Wohnungseigentum, NZM 2001, 123.

I. Allgemeines, Normzweck

Die Norm bestimmt die **Höhe des Auseinandersetzungsguthabens** jedes einzelnen Wohnungseigentümers im Falle der Aufhebung der Gemeinschaft[1]. Die Vorschrift regelt also nicht, aus welchen Gründen eine Aufhebung der Gemeinschaft erfolgen kann, sondern setzt vielmehr einen solchen Aufhebungsgrund voraus (s. sogleich Rz. 4)[2]. Die Beteiligten können eine von § 17 abweichende Vereinbarung (§ 10 Abs. 2 Satz 2), nicht aber einen Beschluss (auch nicht aufgrund einer sog. „Öffnungsklausel") treffen[3]. Die Vorschrift ist also nur bei Mitwirkung aller Wohnungseigentümer insgesamt **dispositiv**[4]. Die Bedeutung der Vorschrift ist gering, da eine einvernehmliche Aufhebung der Gemeinschaft nur dann zustande kommen wird, wenn die Aufwendungen aller Miteigentümer gebührend berücksichtigt wurden[5]. 1

---

1 Bärmann/*Pick* § 17, Rz. 3; *Pick* in Bärmann/Pick/Merle § 17, Rz. 5; *Happ* in KK-WEG § 17, Rz. 1 („besonderer Aufteilungsschlüssel").
2 AnwKomm/*Schultzky* § 17, Rz. 1; Staudinger/*Kreuzer* § 17, Rz. 1; *Kreuzer*, NZM 2001, 123.
3 Niedenführ/*Schulze* § 17, Rz. 3, der allerdings eine „Öffnungsklausel" für zulässig hält.
4 *Diester* § 17, Rz. 3; Staudinger/*Kreuzer* § 17, Rz. 2; RGRK/*Augustin* § 17, Rz. 3; *Kreuzer*, WE 1996, 450 (451); einschränkend *Pick* in Bärmann/Pick/Merle § 17, Rz. 13; Weitnauer/*Lüke* § 17, Rz. 5, die nur von einer Abdingbarkeit von § 17 Satz 1 ausgehen.
5 *Diester* § 17, Rz. 5; Soergel/*Stürner* § 17, Rz. 2.

2   Der Sinn und Zweck der Norm besteht darin, im Falle der Aufhebung der Gemeinschaft eine **gerechte Verteilung** des Auseinandersetzungsguthabens zu gewährleisten[1]. Würde das Auseinandersetzungsguthaben ausschließlich nach dem Verhältnis der Miteigentumsanteile gem. § 16 Abs. 1 Satz 2 verteilt werden[2], so blieben etwaige **Wertänderungen** des ganzen Grundstücks, die auf Verbesserungen oder Verschlechterungen des Sondereigentums zurückzuführen sind, unberücksichtigt[3]. Damit dient die Regelung mittelbar auch dazu, die einzelnen Wohnungseigentümer zur Erhaltung und Verbesserung ihres Sondereigentums anzuhalten[4].

3   Außerdem ermöglicht die Vorschrift eine **Korrektur** von solchen Miteigentumsquoten, die die tatsächlichen Wertverhältnisse (möglicherweise schon seit der Begründung des Wohnungseigentums) unzutreffend wiedergeben[5]. Damit übt die Norm zumindest einen mittelbaren Druck auf die Miteigentümer bzw. den teilenden Eigentümer aus, die Miteigentumsanteile nach den tatsächlichen oder vermutlichen Wertverhältnissen der einzelnen Sondereigentumseinheiten zueinander zu bemessen.

II. Voraussetzungen

1. Aufhebung der Gemeinschaft

4   Es muss sich um die **Aufhebung der Gemeinschaft** (nicht des gesamten Sondereigentums, hierzu sogleich Rz. 6), handeln. Eine solche kommt nur in **zwei Fällen** in Betracht (s. § 11 Rz. 7 ff.) – entweder durch Vereinbarung sämtlicher Wohnungseigentümer in der Form des § 4 Abs. 1, 2 (str!, s. § 11 Rz. 13 ff.) oder durch Verlangen auch nur eines Wohnungseigentümers, wenn das Gebäude ganz oder teilweise zerstört worden ist, eine Verpflichtung zum Wiederaufbau nicht besteht (s. § 22 Rz. 78 ff.) und sämtliche Wohnungseigentümer für diesen Fall eine Vereinbarung nach § 11 Abs. 1 Satz 3 getroffen hatten (s. § 11 Rz. 7 ff.)[6].

5   Die Aufhebung der Gemeinschaft richtet sich gem. § 10 Abs. 2 Satz 1 nach den §§ 752 ff. BGB, erfolgt also in der Regel mittels **Teilung durch Verkauf**, § 753 BGB[7]. Eine **Teilung in Natur** als Realteilung scheidet wegen § 752 Satz 1 BGB grundsätzlich aus[8]. Sie kommt nur dann in Betracht, wenn alle Wohnungseigen-

---

1   *Diester* § 17, Rz. 1, 2; MüKo/*Engelhardt* § 17, Rz. 1; *Niedenführ/Schulze* § 17 Rz. 4; Weitnauer/*Lüke* § 17, Rz. 4, 5.
2   Vgl. Palandt/*Sprau* § 753 BGB, Rz. 5.
3   *Pick* in Bärmann/Pick/Merle § 17, Rz. 13; Weitnauer/*Lüke* § 17, Rz. 4, 5.
4   Staudinger/*Kreuzer* § 17, Rz. 1; Weitnauer/*Lüke* § 17, Rz. 5; *Kreuzer*, NZM 2001, 123; *Kreuzer*, WE 1996, 450.
5   *Pick* in Bärmann/Pick/Merle § 17, Rz. 13; Staudinger/*Kreuzer* § 17, Rz. 8; Weitnauer/*Lüke* § 17, Rz. 5; *Kreuzer*, NZM 2001, 123.
6   Bärmann/*Pick* § 17, Rz. 1; *Pick* in Bärmann/Pick/Merle § 17, Rz. 1a, 2; *Happ* in KK-WEG § 17, Rz. 5; *Niedenführ/Schulze* § 17 Rz. 1; Soergel/*Stürner* § 17, Rz. 1; Staudinger/*Kreuzer* § 17, Rz. 3; Weitnauer/*Lüke* § 17, Rz. 1, 2.
7   AnwKomm/*Schultzky* § 17, Rz. 1; Bärmann/*Pick* § 17, Rz. 2; *Pick* in Bärmann/Pick/Merle § 17, Rz. 5; Weitnauer/*Lüke* § 17, Rz. 3.
8   *Pick* in Bärmann/Pick/Merle § 17, Rz. 6; RGRK/*Augustin* § 17, Rz. 1; Weitnauer/*Lüke* § 17, Rz. 4.

tümer eine entsprechende Vereinbarung getroffen haben[1] und eine Teilung überhaupt möglich ist[2]. Bei Stockwerks-/Etageneigentum scheidet eine Teilung aus tatsächlichen Gründen aus[3], in rechtlicher Hinsicht kann eine Teilung wegen entgegenstehender öffentlich-rechtlicher Vorschriften des Bauordnungsrechts unmöglich sein[4].

2. Aufhebung des Sondereigentums

Von der Aufhebung der Gemeinschaft ist die **Aufhebung des Sondereigentums** zu unterscheiden[5]. Diese setzt eine Einigung aller Wohnungseigentümer in der Form der Auflassung voraus (§ 4 Abs. 1, 2), sofern nicht § 9 Abs. 1 Nr. 2 wegen völliger Zerstörung des Gebäudes die Bewilligung der Wohnungseigentümer genügen lässt (s. § 4 Rz. 11 ff. und § 9 Rz. 7 ff.)[6]. Die Aufhebung des Sondereigentums verwandelt die Wohnungseigentümergemeinschaft zurück in eine einfache **Miteigentümergemeinschaft** (§§ 1008 ff. BGB) und führt nicht notwendigerweise zu deren Aufhebung[7]. Die h.M. befürwortet jedoch in diesem Fall in entsprechender Anwendung von § 17 eine „Wertausgleichungspflicht" der Miteigentümer untereinander[8]. Diese soll entweder durch Anpassung der Miteigentumsanteile oder im Falle der Teilung durch Anpassung des Auseinandersetzungsguthabens an die tatsächlichen Wertverhältnisse erfolgen[9]. Nur im Falle der vollständigen Zerstörung des Gebäudes (§ 9 Abs. 1 Nr. 2) soll eine analoge Anwendung von § 17 ausscheiden[10].

6

Es sollte folgendermaßen differenziert werden: Es besteht kein Anspruch auf Wertausgleich entsprechend § 17, wenn die Wohnungseigentümer die Aufhebung des Sondereigentums anstelle der Aufhebung der Gemeinschaft deshalb gewählt haben, um **dauerhaft** eine einfache Bruchteilsgemeinschaft fortzuführen; die (spätere) Aufhebung der Gemeinschaft richtet sich ohne Modifikation durch § 17 allein nach den §§ 749 ff. BGB. Wollen die Wohnungseigentümer mit der Aufhebung des Sondereigentums hingegen lediglich die Aufhebung der Gemeinschaft **schrittweise** einleiten, so besteht kein Anlass, diesen Sachverhalt anders als die sofortige Aufhebung der Gemeinschaft zu behandeln. Insbesondere bei einer völligen Zerstörung des Gebäudes bietet sich zunächst die erleich-

7

---

1 Bärmann/*Pick* § 17, Rz. 3.
2 Staudinger/*Kreuzer* § 17, Rz. 2.
3 Ebenso *Diester* § 17, Rz. 2; MüKo/*Engelhardt* § 17, Rz. 4, die eine Realteilung nur bei unbebauten Bauplätzen oder Doppelhäusern in Betracht ziehen.
4 Staudinger/*Kreuzer* § 17, Rz. 14; *Kreuzer*, WE 1996, 450 (451).
5 *Kreuzer*, NZM 2001, 123 ff. trennt hier nicht sorgfältig; sein Aufhebungsmuster betrifft denn auch nicht die Aufhebung der Gemeinschaft, sondern lediglich die Aufhebung des Sondereigentums unter Fortbestand der Miteigentümergemeinschaft.
6 *Pick* in Bärmann/Pick/Merle § 9, Rz. 4; § 17, Rz. 3.
7 Bärmann/*Pick* § 17, Rz. 2; *Pick* in Bärmann/Pick/Merle § 17, Rz. 4; Weitnauer/*Lüke* § 17, Rz. 3.
8 Bärmann/*Pick* § 17, Rz. 3; *Pick* in Bärmann/Pick/Merle § 17, Rz. 7; Bamberger/Roth/*Hügel* § 17, Rz. 2; *Niedenführ/Schulze* § 17 Rz. 7; Palandt/*Bassenge* § 17, Rz. 1; RGRK/*Augustin* § 17, Rz. 7; Weitnauer/*Lüke* § 17, Rz. 3, 8.
9 *Pick* in Bärmann/Pick/Merle § 17, Rz. 7, 8; warum sich dieses Verlangen jedoch auf Bereicherungsrecht und nicht auf § 17 analog gründen soll, bleibt unklar.
10 Palandt/*Bassenge* § 17, Rz. 1; unklar Weitnauer/*Lüke* § 17, Rz. 3, 8.

terte Aufhebung des Sondereigentums nach § 9 Abs. 1 Nr. 2 an, um auf diese Weise das Grundstück schneller (nämlich als „Normaleigentum" und nicht als Wohnungs- und Teileigentum) verwerten zu können[1]. Im Fall des § 9 Abs. 1 Nr. 2, nämlich der vollständigen Zerstörung des Gebäudes **vor** Aufhebung des Sondereigentums, sind freilich außer dem Grundstück selbst kaum noch wertbeeinflussende Faktoren vorhanden, so dass ohnehin allein der Miteigentumsanteil bzw. der vereinbarte Verteilungsschlüssel ausschlaggebend sein können (s. unten Rz. 17) und § 17 bedeutungslos ist[2].

3. Entstehen eines Auseinandersetzungsguthabens

8 Die Vorschrift setzt schließlich das Vorhandensein eines Auseinandersetzungsguthabens voraus. Kommt ausnahmsweise eine **Teilung in Natur** (§ 752 BGB) in Betracht (s. oben Rz. 5), so ist das Grundstück so aufzuteilen, dass jeder Wohnungseigentümer eine Grundstücksfläche zu Eigentum erhält, die seinem nach § 17 ermittelten Anteil entspricht. Dies erfordert bei mehreren bereits vermessenen Flurstücken die Aufhebung von deren rechtlicher Vereinigung[3] bzw. die Vermessung und Teilung bei einem Flurstück[4].

9 Wird die Aufhebung der Gemeinschaft allerdings – wie im Regelfall – mittels **Teilung durch Verkauf** (§ 753 BGB) vollzogen, so kommt einerseits die Verwertung durch freihändigen Verkauf, andererseits durch Teilungsversteigerung (§§ 180 ff. ZVG) in Betracht. Die Gemeinschaft setzt sich sodann im Wege dinglicher Surrogation am Verkaufs- bzw. Versteigerungserlös fort, der dann nach Maßgabe von § 17 unter den Gemeinschaftern zu verteilen ist[5].

III. Berechnung der Anteile

1. Grundlagen

10 Für die Aufteilung des Auseinandersetzungsguthabens (bzw. des Grundstücks, sofern ausnahmsweise eine Realteilung in Betracht kommt) ist nicht das Verhältnis der im Grundbuch eingetragenen Miteigentumsanteile maßgebend, sondern das Verhältnis des **tatsächlichen (wirklichen) Wertes** der Wohnungseigentumsrechte. Die Berechnung der Anteile obliegt in erster Linie den Wohnungseigentümern im Wege der Vereinbarung[6]. Soweit eine solche nicht (auch nicht durch Schiedsspruch oder Schiedsgutachten)[7] zustande kommt, sind die Wertverhältnisse vom Gericht nach § 287 Abs. 2 ZPO im Rahmen einer Auseinan-

---

1 In diese Richtung auch die Begründung des Regierungsentwurfs zu § 17, BR-Drucks. 75/51, zitiert nach *Weitnauer/Wirths*, 5. Aufl. 1974, Anhang IV S. 408; *Pick* in Bärmann/Pick/Merle § 17, Rz. 1.
2 *Diester* § 17, Rz. 2.
3 S. hierzu das Vertragsmuster bei *Fabis*, Vertragskommentar Wohnungseigentum, Rz. 543 ff.
4 *Fabis*, Vertragskommentar Wohnungseigentum, Rz. 564.
5 *Pick* in Bärmann/Pick/Merle § 17, Rz. 5; auf den Erlös ist § 17 allerdings unmittelbar und nicht bloß entsprechend anzuwenden, vgl. RGRK/*Augustin* § 17, Rz. 1; Weitnauer/*Lüke* § 17, Rz. 5; *Kreuzer*, WE 1996, 450 (451).
6 *Pick* in Bärmann/Pick/Merle § 17, Rz. 9.
7 Hierzu ausführlich *Kreuzer*, NZM 2001, 123 ff.

dersetzungsklage zu **schätzen**[1], da die Bewertung der einzelnen Wohnungseigentumsrechte unverhältnismäßig schwierig ist[2]. Als Bewertungsgrundlage können die Wertermittlungsverordnung (WertV)[3] und die Wertermittlungsrichtlinien (WertR 2006)[4] herangezogen werden[5].

Zu bewerten sind die einzelnen Wohnungseigentumsrechte, also das **Sondereigentum** (s. Rz. 13) und das **gemeinschaftliche Eigentum** (s. Rz. 14), insbesondere der Miteigentumsanteil am Grundstück, mit dem das Sondereigentum verbunden ist[6]. Das der Eigentümergemeinschaft als Verband *sui generis* gehörende **Verwaltungsvermögen** zählt nicht zum Wohnungseigentum und bleibt daher außer Betracht. Nachdem der Wert jedes Wohnungseigentums gesondert bewertet und ermittelt worden ist, ist das vorhandene Auseinandersetzungsguthaben im Verhältnis dieser Wertermittlung an die jeweiligen Wohnungseigentümer zu verteilen[7]. Wird beispielsweise ein Kaufpreis (oder Versteigerungserlös) i.H.v. 150 000 Euro (= E) für das gesamte Grundstück (abzgl. Verwaltungsvermögen) erzielt und ergibt die Bewertung für die einzelnen Wohnungseigentumsrechte W1 100 000 Euro, W2 150 000 Euro und W3 50 000 Euro, also insgesamt 300 000 Euro, so stehen vom Erlös W1 50 000 Euro, W2 75 000 Euro und W3 25 000 Euro zu. Die **mathematische Formel** lautet also:

$$\text{Auseinandersetzungsguthaben (W1)} = \frac{W1 \times E}{(W1 + W2 + W3 + Wn)}$$

Ein etwa vorhandenes **Verwaltungsvermögen** (z.B. die Instandhaltungsrückstellung, s. § 21 Rz. 87 ff.) des rechtsfähigen Wohnungseigentümerverbands ist davon getrennt nach Maßgabe der im Grundbuch eingetragenen Miteigentumsanteile oder eines davon abweichend vereinbarten Verteilungsschlüssels zu verteilen. Auch etwaige **Hausgeldrückstände** (deren Gläubiger ja der Wohnungseigentümerverband ist) sind in diesem Zusammenhang nach § 756 BGB zu berücksichtigen, nicht etwa im Rahmen der Verteilung des Auseinandersetzungsguthabens[8].

---

1 Ohne auf § 287 Abs. ZPO einzugehen, legen den Schätzwert zugrunde: *Pick* in Bärmann/Pick/Merle § 17, Rz. 9; *Happ* in KK-WEG § 17, Rz. 2; Weitnauer/*Lüke* § 17, Rz. 5; anders *Kreuzer*, NZM 2001, 123, der § 317 BGB analog anwenden möchte.
2 *Pick* in Bärmann/Pick/Merle § 17, Rz. 12 spricht von „komplizierten Bewertungsproblemen".
3 BGBl. I 1988, 2209, zuletzt geändert durch Art. 3 des Gesetzes vom 18.8.1997, BGBl. I 1997, 2081.
4 BAnz Nr. 108a, ber. BAnz Nr. 121, S. 4798.
5 *Happ* in KK-WEG § 17, Rz. 2.
6 AnwKomm/*Schultzky* § 17, Rz. 2; Bärmann/*Pick* § 17, Rz. 4; *Pick* in Bärmann/Pick/Merle § 17, Rz. 11; *Happ* in KK-WEG § 17, Rz. 3; Niedenführ/*Schulze* § 17 Rz. 5, 6; a.A. *Kreuzer*, NZM 2001, 123; *Kreuzer*, WE 1996, 450, der hierunter nur das Sondereigentum versteht.
7 Nicht nachvollziehbar ist die Berechnungsmethode von *Pick* in Bärmann/Pick/Merle § 17, Rz. 15, der den Erlös offensichtlich in zwei Beträge aufteilen will, wovon der eine auf das Sondereigentum, der andere auf das gemeinschaftliche Eigentum entfällt, und sodann nur der Sondereigentumsbetrag nach den tatsächlichen Wertverhältnissen berichtigt werden soll, während der Gemeinschaftseigentumsbetrag im Verhältnis der Miteigentumsanteile aufzuteilen ist.
8 Unzutreffend MüKo/*Engelhardt* § 17, Rz. 4.

2. Bewertung des Sondereigentums

13 In die Bewertung des Sondereigentums fließen **alle wertentscheidenden Faktoren** ein, insbesondere alle Verwendungen, die der Eigentümer auf sein Sondereigentum getätigt hat[1], aber auch tatsächliche Vorteile, wie eine besondere Lage des Sondereigentums[2]. Im Ergebnis sollen alle den Verkehrswert des Sondereigentums beeinflussenden Umstände zugunsten bzw. auch zu Lasten des jeweiligen Wohnungseigentümers berücksichtigt werden[3]. Außer Betracht bleiben etwaige **Belastungen des Sondereigentums**, vor allem Eintragungen in Abteilung II und III des Grundbuchs. Diese Belastungen sind ggf. vom Eigentümer aus dem Auseinandersetzungsguthaben zu berichtigen[4]. Zum Zeitpunkt der Bewertung s. Rz. 16 f.

3. Bewertung des gemeinschaftlichen Eigentums

14 Auch bei der Bewertung des gemeinschaftlichen Eigentums sind **alle werterhöhenden oder wertmindernden Faktoren** zu berücksichtigen[5]. Da das Grundstück zum gemeinschaftlichen Eigentum zählt, fließt auch der dem einzelnen Wohnungseigentümer gehörende **Miteigentumsanteil** ausschließlich im Rahmen der Bewertung des Gemeinschaftseigentums ein und ist nicht zusätzlich im Rahmen des Sondereigentums werterhöhend oder wertmindernd anzusetzen[6]. Das gemeinschaftliche Eigentum ist nach der Höhe der Miteigentumsanteile (sofern die Eigentümer keine hiervon abweichende Vereinbarung treffen) auf die einzelnen Wohnungseigentumsrechte zu verteilen[7]. **Gemeinschaftliche Schulden** gem. § 755 BGB sind aus dem Erlös zu befriedigen[8]. Zum Zeitpunkt der Bewertung s. Rz. 16 f.

15 Als **Wertkorrektur** kommt § 17 Satz 2 in Betracht. Hat sich das gemeinschaftliche Eigentum und damit der Miteigentumsanteil jedes Eigentümers aufgrund einer Maßnahme erhöht, deren **Kosten einer der Wohnungseigentümer nicht getragen** hat, so bleibt dies bei der Bewertung von dessen Wohnungseigentum außer Betracht. Diese Regelung beruht auf der Überlegung, dass nur diejenigen Wohnungseigentümer, die sich an den Kosten einer baulichen Veränderung oder Aufwendung nach § 22 Abs. 1 beteiligen mussten (evtl. wegen eines Beschlusses nach § 16 Abs. 4, s. hierzu § 16 Rz. 50 ff.), von der Werterhöhung des

---

1 *Pick* in Bärmann/Pick/Merle § 17, Rz. 10; *Happ* in KK-WEG § 17, Rz. 3 jeweils mit Beispielen.
2 *Pick* in Bärmann/Pick/Merle § 17, Rz. 10; *Happ* in KK-WEG § 17, Rz. 3; MüKo/*Engelhardt* § 17, Rz. 2; *Kreuzer*, NZM 2001, 123 mit Beispielen.
3 *Niedenführ/Schulze* § 17 Rz. 5; Weitnauer/*Lüke* § 17, Rz. 5.
4 *Pick* in Bärmann/Pick/Merle § 17, Rz. 20; *Happ* in KK-WEG § 17, Rz. 4.
5 *Happ* in KK-WEG § 17, Rz. 3; *Niedenführ/Schulze* § 17 Rz. 6.
6 Anders *Pick* in Bärmann/Pick/Merle § 17, Rz. 11, der den Miteigentumsanteil angemessen bei der Bewertung des Sondereigentums berücksichtigen will, wobei er verkennt, dass das Sondereigentum wesentlicher Bestandteil des Miteigentums ist und nicht umgekehrt.
7 So wohl auch *Niedenführ/Schulze* § 17 Rz. 6.
8 Bärmann/*Pick* § 17, Rz. 7; *Pick* in Bärmann/Pick/Merle § 17, Rz. 21; *Happ* in KK-WEG § 17, Rz. 4.

gemeinschaftlichen Eigentums profitieren sollen (Korrespondenzprinzip)[1]. Nach neuem Recht kommt eine solche Wertsteigerung nur solchen Wohnungseigentümern zugute, welche die entsprechenden Kosten auch tatsächlich getragen haben[2]. Die werterhöhende Einrichtung oder Anlage ist somit nur diesen Wohnungseigentümern im Verhältnis ihrer Miteigentumsanteile zuzurechnen und bleibt bei den übrigen Wohnungseigentümern außer Betracht[3].

4. Zeitpunkt der Bewertung

Maßgeblicher **Zeitpunkt** für die Bewertung ist die „Aufhebung" der Gemeinschaft. Fraglich ist, ob damit der Zeitpunkt gemeint ist, in dem die Vereinbarung getroffen bzw. das Aufhebungsverlangen gestellt wird, oder ob auf den Zeitpunkt der tatsächlichen Aufhebung durch Teilung in Natur oder durch Verkauf abzustellen ist. Zur Vermeidung von Zufälligkeiten, die im Zeitraum zwischen der Vereinbarung/dem Aufhebungsverlangen und dem Vollzug der Aufhebung auftreten können, ist auf den **Zeitpunkt der tatsächlichen Teilung** abzustellen[4], also bei der Realteilung oder dem rechtsgeschäftlichen Verkauf auf den Zeitpunkt der Beurkundung der Rechtsgeschäfte, beim Verkauf im Wege der Teilungsversteigerung auf den Zeitpunkt des Zuschlags. Etwaige Wertveränderungen sind nur zu berücksichtigen, soweit sie zu diesem Zeitpunkt noch vorhanden sind[5], spätere Veränderungen sind unbeachtlich.

16

Es gilt also Folgendes: Wird das Gebäude **vor der Aufhebung** der Gemeinschaft ganz oder teilweise zerstört, so geht diese Wertminderung als allgemeines Lebensrisiko zu Lasten der jeweils betroffenen Wohnungseigentümer[6], das Auseinandersetzungsguthaben ist also bei vollständiger Zerstörung nach den Miteigentumsanteilen am Grundstück aufzuteilen, auch wenn für die Zerstörung des Gebäudes Versicherungsdeckung besteht[7], denn schließlich hat das wertvollere Wohnungseigentum auch nur einen verhältnismäßig geringeren Versicherungsbeitrag leisten müssen (s. § 21 Rz. 121). Der Wohnungseigentümer kann diesem Risiko nur durch eine zusätzliche Versicherung seines Sondereigentums vorbeugen. Wird das Gebäude erst **nach der Aufhebung** ganz oder teilweise zerstört, so muss nach dem eindeutigen Wortlaut der Vorschrift eine nach § 17 berechnete Verteilung des erzielten Erlöses oder der geleisteten Versicherungssumme erfolgen. Etwaige Unbilligkeiten können nur über § 10 Abs. 2 Satz 3 gelöst werden[8].

17

---

1 BT-Drucks. 16/887, 64; Bärmann/*Pick* § 17, Rz. 5; Weitnauer/*Lüke* § 17, Rz. 6; *Kreuzer*, NZM 2001, 123 (124).
2 BT-Drucks. 16/887, 64.
3 *Pick* in Bärmann/Pick/Merle § 17, Rz. 14; MüKo/*Engelhardt* § 17, Rz. 3; *Kreuzer*, WE 1996, 450 (455).
4 Ebenso *Pick* in Bärmann/Pick/Merle § 17, Rz. 10.
5 *Pick* in Bärmann/Pick/Merle § 17, Rz. 10; *Niedenführ/Schulze* § 17 Rz. 5; Weitnauer/ *Lüke* § 17, Rz. 5.
6 *Pick* in Bärmann/Pick/Merle § 17, Rz. 10; *Niedenführ/Schulze* § 17 Rz. 5.
7 Weitnauer/*Lüke* § 17, Rz. 5; a.A. Staudinger/*Kreuzer* § 17, Rz. 6; *Kreuzer*, WE 1996, 450 (451).
8 Unklar *Pick* in Bärmann/Pick/Merle § 17, Rz. 4, 8, 11, 15, der eine Korrektur über das Bereicherungsrecht befürwortet, ohne jedoch deren Anspruchsvoraussetzungen darzulegen.

IV. Verfahren

19 Bei Vorliegen einer Aufhebungsvereinbarung oder bei Bestehen eines Aufhebungsanspruchs kann unmittelbar hieraus die Teilung verlangt und mittels **Leistungsklage** gerichtlich durchgesetzt werden, wobei aber ein konkreter Teilungsplan vorzulegen ist[1]. Obwohl die **Teilungsversteigerung** keinen vollstreckbaren Titel voraussetzt (§ 181 Abs. 1 ZVG), kann wegen der grundsätzlichen Unauflösbarkeit der Gemeinschaft nicht ohne weiteres die Teilung beantragt werden. Soweit der Aufhebungsanspruch aus einer Vereinbarung gem. § 11 Abs. 1 Satz 3 geltend gemacht wird, muss das rechtskräftige und vorläufig vollstreckbare Leistungsurteil in vollstreckbarer Ausfertigung mit Zustellungsnachweis vorgelegt werden[2]. Beruht die Aufhebung auf einer Vereinbarung aller Wohnungseigentümer, so genügt es, wenn diese Vereinbarung in öffentlicher Urkunde nachgewiesen ist[3].

20 Eine Klage auf Aufhebung der Gemeinschaft, auf Feststellung, dass die Gemeinschaft aufgehoben ist oder auf Leistung wegen etwaiger Ansprüche aus der Aufhebung, ist einheitlich im **ZPO-Verfahren** nach Maßgabe der §§ 43 ff. zu entscheiden. Es besteht somit eine ausschließliche Zuständigkeit des AG des belegenen Grundstücks, § 43 Nr. 1. Die umständliche Zweispurigkeit[4] eines fG-Verfahrens und eines anschließenden ZPO-Verfahrens ist somit entfallen.

§ 18
Entziehung des Wohnungseigentums

(1) Hat ein Wohnungseigentümer sich einer so schweren Verletzung der ihm gegenüber anderen Wohnungseigentümern obliegenden Verpflichtungen schuldig gemacht, dass diesen die Fortsetzung der Gemeinschaft mit ihm nicht mehr zugemutet werden kann, so können die anderen Wohnungseigentümer von ihm die Veräußerung seines Wohnungseigentums verlangen. Die Ausübung des Entziehungsrechts steht der Gemeinschaft der Wohnungseigentümer zu, soweit es sich nicht um eine Gemeinschaft handelt, die nur aus zwei Wohnungseigentümern besteht.

(2) Die Voraussetzungen des Absatzes 1 liegen insbesondere vor, wenn

1. **der Wohnungseigentümer trotz Abmahnung wiederholt gröblich gegen die ihm nach § 14 obliegenden Pflichten verstößt;**

2. **der Wohnungseigentümer sich mit der Erfüllung seiner Verpflichtungen zur Lasten- und Kostentragung (§ 16 Abs. 2) in Höhe eines Betrags, der drei vom**

---

1 *Kreuzer*, WE 1996, 450 (451).
2 Bärmann/*Pick* § 17, Rz. 6; *Pick* in Bärmann/Pick/Merle § 17, Rz. 16, 17; vgl. *Stöber*, ZVG, § 181 Rz. 2.3 zum vergleichbaren Fall der Aufhebung der Gemeinschaft aus wichtigem Grund, wenn die Aufhebung grundsätzlich nach § 1010 BGB ausgeschlossen ist; anders offenbar *Kreuzer*, WE 1996, 450 (451).
3 Vgl. *Stöber*, ZVG, § 181 Rz. 2.5 zum vergleichbaren Fall der Auseinandersetzung einer BGB-Gesellschaft oder einer Gütergemeinschaft.
4 Vgl. Weitnauer/*Mansel* § 43, Rz. 17.

Hundert des Einheitswerts seines Wohnungseigentums übersteigt, länger als drei Monate in Verzug befindet.

(3) Über das Verlangen nach Absatz 1 beschließen die Wohnungseigentümer durch Stimmenmehrheit. Der Beschluss bedarf einer Mehrheit von mehr als der Hälfte der stimmberechtigten Wohnungseigentümer. Die Vorschriften des § 25 Abs. 3, 4 sind in diesem Falle nicht anzuwenden.

(4) Der in Absatz 1 bestimmte Anspruch kann durch Vereinbarung der Wohnungseigentümer nicht eingeschränkt oder ausgeschlossen werden.

Inhaltsübersicht

	Rz.		Rz.
I. Normzweck, Reform	1	IV. Geltendmachung des Entziehungsanspruchs (Abs. 3)	29
1. Normzweck	1	1. Zuständigkeit der Gemeinschaft (Abs. 1 Satz 2)	29
2. WEG-Reform 2007	4	2. Mehrheitsbeschluss (Abs. 3)	30
II. Generalklausel (Abs. 1)	6	3. Rechtsbehelfe	35
1. Vorliegen einer Wohnungseigentümergemeinschaft	7	4. Absicherung des Entziehungsanspruchs	39
2. Vorliegen einer schweren Pflichtverletzung (Abs. 1)	10	5. Verjährung und Verwirkung des Entziehungsanspruchs	40
3. Unzumutbarkeit der Fortsetzung der Gemeinschaft	13	V. Abdingbarkeit (Abs. 4)	42
4. Verschulden	15	VI. Sonstige Maßnahmen gegen den störenden Wohnungseigentümer	45
5. Einzelfälle	16	1. Vorrangige mildere Maßnahmen	46
III. Regelbeispiele (Abs. 2)	18	2. Zahlungsklage wegen rückständigen Wohngelds	47
1. Wiederholte Verstöße gegen § 14 (Abs. 2 Nr. 1)	20	3. Versorgungssperre	48
2. Zahlungsverzug (Abs. 2 Nr. 2)	25		

Schrifttum: *Armbrüster,* Sanktionsmöglichkeiten bei Zahlungsverzug von Wohnungseigentümern, WE 1999, 46 = GE 1998, 530; *Hogenschurz,* Im Überblick: Die Entziehung des Wohnungseigentums, NZM 2005, 611; *Meyer,* Entziehung von Wohnungseigentum – (§§ 18, 19, 53 ff.) – Was kann die gesetzliche Regelung leisten, und wie könnte sie verbessert werden?, WEZ 1987, 17; *Palder,* Entziehung des Wohnungseigentums nach § 18 WEG, WuM 1998, 331; *Schmidt,* Einheitswert und Entziehung des Wohnungseigentums, ZWE 2002, 113; *Stache,* Die Problematik der §§ 18, 19 des Wohnungseigentumsgesetzes, Diss. Münster 1968; *Weimar,* Entziehung des Wohnungseigentums bei Überbelastung, JurBüro 1981, 661; *Weis,* Änderungen in ZVG und WEG und die Auswirkungen auf die Zwangsversteigerungs- und Zwangsverwaltungspraxis, ZfIR 2007, 477; *Wenzel,* Das Wohnungseigentumsentziehungsverfahren, eine stumpfe Waffe?, WuM 1998, 454.

I. Normzweck, Reform

1. Normzweck

1 Die Vorschrift dient dazu, die **Unauflöslichkeit** der Eigentümergemeinschaft (§ 11) durch einen besonderen Rechtsbehelf **abzumildern**[1], der es ermöglicht, solche Miteigentümer aus der Gemeinschaft auszuschließen, die ihre aus dem „Gemeinschaftsverhältnis entspringenden Verpflichtungen gröblich verletzen"[2]. Damit hat der Gesetzgeber auf die unguten Erfahrungen mit dem süddeutschen Stockwerkseigentum, das eben keine Ausschließung eines Miteigentümers kannte, reagiert[3]. Um auf der anderen Seite die Rechtsnatur des Wohnungseigentums als „echtem Eigentum" zu gewährleisten, musste ein Entziehungsverfahren gewählt werden, dass auf **möglichst schonende Weise** in die Rechtsposition des auszuschließenden Eigentümers eingreift[4].

2 Obgleich die Eigentümergemeinschaft – zumal nach der Anerkennung ihrer Teilrechtsfähigkeit – auffällige Bezüge zum Personengesellschaftsrecht aufweist, würde eine personengesellschaftsrechtliche Lösung, z.B. eine Anwachsung des Wohnungseigentums des ausgeschlossenen Wohnungseigentümers an die übrigen Miteigentümer, eine unverhältnismäßige Maßnahme darstellen, da hierbei die Wertschöpfung des nicht gemeinschaftlichen Vermögens (des Sondereigentums) unberücksichtigt bliebe (vgl. auch § 17)[5]. Mit dem Entziehungsverlangen, das auf eine zunächst freiwillige, bei Nichterfüllung zwangsweise Veräußerung durch den ausgeschlossenen Miteigentümer gerichtet ist, wird der überragenden Bedeutung des Sondereigentums Rechnung getragen. Das Verfahren lehnt sich einerseits an die „Abmeierungsklage" (§ 15 REG) des **Reichserbhofgesetzes** vom 29.9.1933 an[6], ähnelt andererseits der Entziehung von **GmbH-Geschäftsanteilen** durch Abtretung oder Kaduzierung[7]. Es handelt sich dabei um eine Konkretisierung des nunmehr in § 314 BGB allgemein kodifizierten **Kündigungsrechts aus wichtigem Grund** bei Dauerschuldverhältnissen[8]. Da die Wohnungseigentümer aber auch noch andere Rechtsbehelfe, insbesondere zur Beitreibung von rückständigen Wohngeldansprüchen, ergreifen können (vgl. Rz. 47), steht das Entziehungsverlangen erst nach Ausschöpfung aller anderen Möglichkeiten und nach vorheriger Abmahnung (s. hierzu Rz. 14, 21 ff.) als „äußerstes Mittel" und Ul-

---

1 BT-Drucks. 1/1802 = BR-Drucks. 75/51, zitiert nach *Riecke* in KK-WEG § 18, Rz. 2; *Pick* in Bärmann/Pick/Merle § 18, Rz. 1 (2); *Niedenführ/Schulze* § 18, Rz. 1; RGRK/*Augustin* § 18, Rz. 1; *Sauren* § 18, Rz. 1; Staudinger/*Kreuzer* § 18, Rz. 1.
2 So die Begründung des Referentenentwurfs vom 22.9.1950, zitiert nach *Riecke* in KK-WEG § 18, Rz. 1.
3 So der Berichterstatter *Dr. Brönner*, zitiert nach *Riecke* in KK-WEG § 18, Rz. 2; *Diester* § 18, Rz. 1; Weitnauer/*Lüke* § 18, Rz. 1; *Stache*, S. 2.
4 *Diester* § 18, Rz. 1; RGRK/*Augustin* § 18, Rz. 1; zweifelnd *Wesenberg*, DRiZ 1951, 123.
5 RGRK/*Augustin* § 18, Rz. 1.
6 *Diester* § 18, Rz. 1; RGRK/*Augustin* § 18, Rz. 1; a.A. *Stache*, S. 9 ff.
7 *Diester* § 18, Rz. 2; in diese Richtung auch *Stache*, S. 31 f., der von einer Kombination aus Verwirkung und gesellschaftsrechtlicher Ausschlussklage ausgeht, *Stache*, S. 51.
8 Bärmann/*Pick* § 18, Rz. 3; *Pick* in Bärmann/Pick/Merle § 18, Rz. 5; Bamberger/Roth/*Hügel* § 18, Rz. 2; Staudinger/*Kreuzer* § 18, Rz. 2; Weitnauer/*Lüke* § 18, Rz. 2.

tima Ratio zur Verfügung[1]. Die Vorschrift selbst verstößt daher und auch wegen der vielfältigen Rechtsschutzmöglichkeiten nicht gegen die **Eigentumsfreiheit** (Art. 14 Abs. 1 GG)[2]. Sie stellt eine zulässige Inhaltsbestimmung, aber keine Enteignung dar[3].

Die Vorschrift steht auch in einem gewissen Zusammenhang mit § 12. Während durch das **Zustimmungserfordernis** das Eindringen unliebsamer Eigentümer verhindert werden soll, ermöglicht § 18 den Ausschluss solcher Personen[4].

2. WEG-Reform 2007

Die WEG-Reform hat § 18 inhaltlich nicht verändert, sondern nur in Hinblick auf die Teilrechtsfähigkeit der Eigentümergemeinschaft klargestellt, dass die **Ausübung** des Entziehungsrechts der Eigentümergemeinschaft zusteht, sofern es sich nicht um eine Gemeinschaft aus lediglich zwei Miteigentümern handelt (s. hierzu Rz. 29 und § 19 Rz. 9)[5].

Durch die WEG-Reform werden nunmehr solche laufenden und rückständigen Wohngeldbeiträge im Rahmen einer **Zwangsversteigerung bevorrechtigt**, die aus dem Jahr der Beschlagnahme und den zwei davorliegenden Jahren stammen. Diese dürfen höchstens 5 % des nach § 74a Abs. 5 ZVG ermittelten Verkehrswerts betragen und müssen die nach § 18 Abs. 2 Nr. 2 genannten Verzugsbeträge übersteigen, sofern die anderen Wohnungseigentümer die Zwangsversteigerung beantragt haben, § 10 Abs. 1 Nr. 2, Abs. 3 ZVG. Durch die letztgenannte Einschränkung will der Gesetzgeber einen Wertungswiderspruch zu § 18 Abs. 2 Nr. 2 verhindern und die Verhältnismäßigkeit des Entziehungsverfahrens wahren[6]. Auf der anderen Seite erkennt er selbst, dass bei Zahlungsrückständen künftig das Entziehungsverfahren im Gegensatz zur Zwangsversteigerung aus der Rangklasse 2 keine nennenswerte Rolle mehr spielen wird[7]. § 18 Abs. 2 Nr. 2 macht neben der Zahlungsklage wegen privilegierter Wohngeldrückstände keinen Sinn mehr und hätte aufgehoben werden sollen. Weitaus größere **Zweifel an der Verfassungsmäßigkeit** des Entziehungsverfahrens bestehen nunmehr im Hinblick darauf, dass die zwangsweise Veräußerung nicht mehr als „freiwillige Versteigerung", sondern im Rahmen der Zwangsversteigerung nach dem ZVG erfolgt (s. dazu § 19 Rz. 5, 41).

---

1 BVerfG v. 14.7.1993 – 1 BvR 1523/92, NJW 1994, 241 (242); BGH v. 19.1.2007 – V ZR 26/06, NJE 2007, 1353 (1354) = NZM 2007, 290 (291); LG Aachen v. 15.10.1992 – 2 S 298/91, ZMR 1993, 233 (235); LG Bonn v. 12.6.1996 – 4 T 315/96, MittRhNotK 1996, 271 (272); LG Landau v. 10.12.1985 – 1 S 303/85, WuM 1986, 151; LG Passau v. 12.4.1984 – 1 S 151/83, Rpfleger 1984, 412 mit abl. Anm. *Gerauer*; Bärmann/*Pick* § 18, Rz. 1; *Riecke* in KK-WEG § 18, Rz. 13; *Niedenführ/Schulze* § 18, Rz. 1; RGRK/*Augustin* § 18, Rz. 2; *Sauren* § 18, Rz. 1; Staudinger/*Kreuzer* § 18, Rz. 2; Weitnauer/*Lüke* § 18, Rz. 1.
2 BVerfG v. 14.7.1993 – 1 BvR 1523/92, NJW 1994, 241 (242); BVerfG v. 27.2.1997 – 1 BvR 1526/96, WuM 1998, 45 = FGPrax 1998, 90 (91) m. Anm. *Briesemeister;* ebenso Bärmann/*Pick* § 18, Rz. 2; *Pick* in Bärmann/Pick/Merle § 18, Rz. 1a; *Diester* § 18, Rz. 1 (3); MüKo/*Engelhardt* § 18, Rz. 1; Weitnauer/*Lüke* § 18, Rz. 1.
3 *Köhler*, Das neue WEG, Rz. 268.
4 *Riecke* in KK-WEG § 18, Rz. 3; vgl. auch *Abramenko*, Das neue WEG, § 3, Rz. 13.
5 BT-Drucks. 16/887, 69.
6 BT-Drucks. 16/887, 45.
7 BT-Drucks. 16/887, 45.

II. Generalklausel (Abs. 1)

6 Die Vorschrift enthält in Abs. 1 den **Grundtatbestand**, der ein Veräußerungsverlangen der Wohnungseigentümer gegen einen störenden Miteigentümer begründet. In Abs. 2 sind beispielhaft zwei **Regelbeispiele** aufgeführt[1], bei deren Erfüllung der Gesetzgeber in typisierter Form vom Vorliegen eines Veräußerungsanspruchs ausgeht. Daher ist Abs. 1 nicht subsidiär gegenüber Abs. 2, sondern vielmehr logisch nachrangig gegenüber den Regelbeispielen zu prüfen[2]. Liegen die Voraussetzungen des Abs. 2 nicht vor, so versperrt dies nicht den Rückgriff auf die Generalklausel[3]. Diese kommt insbesondere dann in Betracht, wenn ein Wohnungseigentümer andauernd seine Wohngeldansprüche verspätet zahlt, ohne dass der in Abs. 2 Nr. 2 geforderte Betrag erreicht ist[4].

1. Vorliegen einer Wohnungseigentümergemeinschaft

7 Das Entziehungsverfahren als Pendant zu § 11 kann erst ab Unauflöslichkeit der Gemeinschaft Anwendung finden. Bei der Aufteilung nach § 3 ist dies erst **ab Anlegung der Wohnungsgrundbücher** der Fall, davor liegt eine reine Bruchteilsgemeinschaft vor, die grundsätzlich jederzeit gem. §§ 749 ff. BGB aufgehoben werden kann[5].

8 Bei der Vorratsteilung nach § 8 ist umstritten, ab welchem Zeitpunkt § 18 eingreift. Da nach h.M. die §§ 10 ff. bereits auf die **werdende Eigentümergemeinschaft** anwendbar sind[6], ist nicht die Eintragung von wenigstens zwei Eigentümern erforderlich, sondern ausreichend, dass mit einem Erwerber der schuldrechtliche Erwerbsvertrag geschlossen wurde, die Wohnungsgrundbücher angelegt wurden, der Erwerbsanspruch durch Eintragung einer Vormerkung gesichert und die Inbesitznahme der bewohnbaren Wohnung durch den Erwerber erfolgt ist[7]. Entzogen wird in diesem Fall nicht das Wohnungseigentum als solches, sondern das auf Begründung von Wohnungseigentum gerichtete **Anwartschaftsrecht**[8]. Nach anderer Ansicht setzt § 18 die Eintragung von wenigstens zwei Wohnungseigentümern im Grundbuch voraus[9]. Daneben stehen dem Veräußerer (meist dem das Grundstück nach § 8 aufteilenden Eigentümer) auch die Rechte des **allgemeinen Leistungsstörungsrechts** zu, insbesondere die §§ 313,

---

1 BGH v. 19.1.2007 – V ZR 26/06, NJW 2007, 1353 (1354) = NZM 2007, 290; *Riecke* in KK-WEG § 18, Rz. 13 (31).
2 Anders *Riecke* in KK-WEG § 18, Rz. 13; *Sauren* § 18, Rz. 3.
3 BGH v. 19.1.2007 – V ZR 26/06, NJW 2007, 1353 (1354) = NZM 2007, 290.
4 BGH v. 19.1.2007 – V ZR 26/06, NJW 2007, 1353 (1354) = NZM 2007, 290.
5 Vom LG Nürnberg-Fürth ZMR 1985, 347 (348) verkannt, das insofern § 18 (fälschlicherweise auch schon vor Anlegung der Wohnungsgrundbücher) als abschließende Sonderregelung ansieht.
6 Vgl. *Elzer* in KK-WEG § 10, Rz. 22 (23).
7 LG Nürnberg-Fürth ZMR 1985, 347 (348) (betraf allerdings einen Fall nach § 3); Bärmann/*Pick* § 18, Rz. 1; *Pick* in Bärmann/Pick/Merle § 18, Rz. 3; *Riecke* in KK-WEG § 18, Rz. 5; Staudinger/*Kreuzer* § 18, Rz. 3.
8 Soergel/*Stürner* § 18, Rz. 9.
9 *Niedenführ/Schulze* § 18, Rz. 3; RGRK/*Augustin* § 18, Rz. 6; *Sauren* § 18, Rz. 2.

323, 324 BGB[1]. Entgegen der Ansicht des BGH[2] werden diese Ansprüche nach Eintragung des Erwerbers im Wohnungsgrundbuch nicht von § 18 verdrängt, da das Leistungsstörungsrecht und der Entziehungsanspruch andere Ziele verfolgen und nicht in Anspruchskonkurrenz zueinander stehen[3]. Vielmehr können aus dem Vertragsverhältnis zwischen Veräußerer und Erwerber nachvertragliche Pflichtverletzungen entstehen, die den Veräußerer zum Rücktritt vom Vertrag berechtigen[4], z.B. wenn der Erwerber durch sein störendes Verhalten die Veräußerung weiterer Eigentumswohnungen unmöglich macht.

Die Entziehung des Wohnungseigentums ist **objektbezogen**, also für jedes Wohnungseigentum gesondert zu prüfen[5]. Bei einer Mehrheit von Eigentümern ist als Konsequenz aus dem Objektprinzip die Entziehung der gesamten Wohnungseigentumseinheit möglich, auch wenn nur ein Mit- oder Gesamthandseigentümer für die Pflichtverletzungen verantwortlich ist (vgl. § 425 BGB)[6]. Steht das Wohnungseigentum Miteigentümern zu, ist durch Auslegung zu ermitteln, ob nur die Veräußerung des Miteigentumsanteils oder des gesamten Wohnungseigentums verlangt wird[7].

9

2. Vorliegen einer schweren Pflichtverletzung (Abs. 1)

Die Generalklausel des Abs. 1 setzt eine **schwere Pflichtverletzung** voraus. Es genügt, wenn die Pflichtverletzung nur gegenüber einem einzigen Wohnungseigentümer, einem seiner Familienangehörigen, Wohnungsgenossen, Besucher oder Mieter begangen wurde[8]. Die Pflichtverletzung muss nicht im Gemeinschaftsverhältnis wurzeln, sondern kann auch auf persönlichen Gründen (z.B. privaten Streitigkeiten, Beleidigungen, Tätlichkeiten etc.) beruhen[9]. Die Pflicht-

10

---

1 BGH v. 30.6.1972 – V ZR 118/70, BGHZ 59, 104 (105f.) = LM Nr. 1 zu § 18 WEG (*Mattern*) = NJW 1972, 1667 = BB 1972, 1031 = WM 1972, 908 = MittBayNot 1972, 224 = DNotZ 1973, 22; *Pick* in Bärmann/Pick/Merle § 18, Rz. 4; *Niedenführ/Schulze* § 18, Rz. 3; RGRK/*Augustin* § 18, Rz. 6.
2 BGH v. 30.6.1972 – V ZR 118/70, BGHZ 59, 104 (106) = LM Nr. 1 zu § 18 WEG (*Mattern*) = NJW 1972, 1667 = BB 1972, 1031 = WM 1972, 908 = MittBayNot 1972, 224 = DNotZ 1973, 22.
3 *Pick* in Bärmann/Pick/Merle § 18, Rz. 4.
4 Vgl. nur Palandt/*Heinrichs* § 242, Rz. 29; § 280, Rz. 7.
5 AnwK-BGB/*Schultzky* § 18, Rz. 5; RGRK/*Augustin* § 18, Rz. 3.
6 LG Köln v. 10.5.2001 – 29 S 90/00, ZMR 2002, 227; AnwK-BGB/*Schultzky* § 18, Rz. 5; Bärmann/*Pick* § 18, Rz. 8; *Riecke* in KK-WEG § 18, Rz. 17; MüKo/*Engelhardt* § 18, Rz. 2; *Niedenführ/Schulze* § 18, Rz. 9; RGRK/*Augustin* § 18, Rz. 11; Staudinger/*Kreuzer* § 18, Rz. 21; differenzierend Pick in Bärmann/Pick/Merle § 18, Rz. 28; Palandt/*Bassenge* § 18, Rz. 1; zweifelnd Weitnauer/*Lüke* § 18, Rz. 4; a.A. *Sauren* § 18, Rz. 7; Soergel/ *Stürner* § 18, Rz. 3; vgl. auch LG Köln v. 10.5.2001 – 29 S 90/00, ZMR 2002, 227; offen gelassen von BayObLG v. 4.3.1999 – 2Z BR 20/99, NJW-RR 1999, 887 (888).
7 BayObLG v. 4.3.1999 – 2Z BR 20/99, NJW-RR 1999, 887 (888).
8 AG Dachau v. 16.1.2001 – 3 C 265/00, ZMR 2006, 319; Bamberger/Roth/*Hügel* § 18, Rz. 2; *Diester* § 18, Rz. 5; *Riecke* in KK-WEG § 18, Rz. 14; *Niedenführ/Schulze* § 18, Rz. 6; RGRK/*Augustin* § 18, Rz. 8; *Sauren* § 18, Rz. 3; Staudinger/*Kreuzer* § 18, Rz. 3; Weitnauer/*Lüke* § 18, Rz. 3; Hogenschurz, NZM 2005, 611 (612).
9 *Niedenführ/Schulze* § 18, Rz. 6; RGRK/*Augustin* § 18, Rz. 8; Weitnauer/*Lüke* § 18, Rz. 3.

verletzung braucht aber nicht verhaltensbezogen zu sein, sondern kann auch in der Person des störenden Miteigentümers begründet sein (z.b. Trunksucht, Verwahrlosung). Im Gegensatz zu Abs. 2 Nr. 1 kann auch ein einmaliger Pflichtverstoß eine Ausschließung rechtfertigen, wenn er besonders schwerwiegend war[1].

11 Die Pflichtverletzung muss durch den **Wohnungseigentümer in dieser Eigenschaft** begangen worden sein; eine Pflichtverletzung als Verwalter begründet kein Recht der Gemeinschaft auf Entziehung des Wohnungseigentums, sondern rechtfertigt allenfalls dessen Abberufung oder Verurteilung zu Schadensersatz[2]. Eine **Zurechnung** von Verletzungshandlungen Dritter kommt nach allgemeinen Grundsätzen (§§ 31, 278 BGB) in Betracht[3]. Sofern es sich nicht um Organe oder Erfüllungsgehilfen des Wohnungseigentümers handelt[4] (was insbesondere bei Familienangehörige, Mietern oder Hausgenossen der Fall ist[5]), kann ein eigenes Verschulden des Wohnungseigentümers nach § 14 Nr. 2 vorliegen, das einen Ausschluss nach Abs. 2 Nr. 1 rechtfertigt[6]. § 14 Nr. 2 ist jedoch keine eigenständige Zurechnungsnorm[7].

12 Unklar ist, zu welchem **Zeitpunkt** der Entziehungsgrund noch vorliegen muss. Die Pflichtverletzung muss nicht notwendigerweise bis zum Schluss der letzten mündlichen Verhandlung vorliegen[8], denn anders als nach § 18 Abs. 2 Nr. 2[9], § 19 Abs. 2 erledigt sich das Entziehungsverlagen nicht automatisch mit Wegfall der Pflichtverletzung (s. auch § 19 Rz. 17). Vielmehr kann das Entziehungsverlangen auch auf eine Wiederholungsgefahr[10], insbesondere bei einer verhaltensbedingten Pflichtverletzung (z.B. andauernd unpünktliche Wohngeldzahlung)[11], gegründet sein. Aber auch bei einer zustandsbedingten Störung kann allein die Schwere der Pflichtverletzung, auch nach deren Wegfall (z.B. Auszug eines stö-

---

1 BVerfG v. 14.7.1993 – 1 BvR 1523/92, NJW 1994, 241 (242); *Niedenführ/Schulze* § 18, Rz. 6; RGRK/*Augustin* § 18, Rz. 8; *Stache*, S. 54.
2 LG Berlin v. 25.7.1995 – 84 S 3/94, GE 1995, 1217; AnwK-BGB/*Schultzky* § 18, Rz. 2; a.A.; Bärmann/*Pick* § 18, Rz. 6; *Pick* in Bärmann/Pick/Merle § 18, Rz. 19; RGRK/*Augustin* § 18, Rz. 8.
3 AG Emmendingen ZMR 1986, 212 (213); RGRK/*Augustin* § 18, Rz. 11; Staudinger/*Kreuzer* § 18, Rz. 11 (12); *Stache*, S. 56; einschränkend Soergel/*Stürner* § 18, Rz. 3.
4 *Pick* in Bärmann/Pick/Merle § 18, Rz. 30.
5 Anders *Niedenführ/Schulze* § 18, Rz. 9; RGRK/*Augustin* § 18, Rz. 11.
6 AnwK-BGB/*Schultzky* § 18, Rz. 2; Bärmann/Pick § 18, Rz. 8; Bamberger/Roth/*Hügel* § 18, Rz. 2; *Riecke* in KK-WEG § 18, Rz. 15; MüKo/*Engelhardt* § 18, Rz. 2; RGRK/*Augustin* § 18, Rz. 11; *Sauren* § 18, Rz. 3; Soergel/*Stürner* § 18, Rz. 3; Weitnauer/*Lüke* § 18, Rz. 7.
7 Anders *Hogenschurz*, NZM 2005, 611 (612); *Riecke* in KK-WEG § 18, Rz. 15; Staudinger/*Kreuzer* § 18, Rz. 11.
8 Ebenso *Pick* in Bärmann/Pick/Merle § 18, Rz. 16 (18); *Niedenführ/Schulze* § 18, Rz. 18; RGRK/*Augustin* § 18, Rz. 20; Soergel/*Stürner* § 18, Rz. 11; Staudinger/*Kreuzer* § 18, Rz. 10; vgl. nunmehr auch BGH NJW 2007, 1353 (1354) = NZM 2007, 290.
9 *Pick* in Bärmann/Pick/Merle § 18, Rz. 36.
10 BVerfG v. 14.7.1993 – 1 BvR 1523/92, NJW 1994, 241 (242).
11 BGH v. 19.1.2007 – V ZR 26/06, NJW 2007, 1353 (1354) = NZM 2007, 290 (291).

renden Mieters[1] bzw. Auszug des gestörten Mieters[2]), eine Entziehung rechtfertigen[3].

3. Unzumutbarkeit der Fortsetzung der Gemeinschaft

Aufgrund der Pflichtverletzung muss zumindest dem davon betroffenen Wohnungseigentümer, also nicht notwendigerweise allen anderen Wohnungseigentümern[4], die Fortsetzung der Gemeinschaft **unzumutbar** geworden sein. Hierzu sind die Interessen der beteiligten Wohnungseigentümer gegeneinander abzuwägen[5]. Das Interesse an der Entfernung des Störers muss dabei das Interesse des Auszuschließenden, sein Eigentum zu behalten, überwiegen[6]. Dabei sind in die Abwägung die Schwere der Pflichtverletzung, deren Dauer und Wiederholungsgefahr, aber auch die Begleitumstände mit einzubeziehen, insbesondere, ob der Störer durch Provokation zu der Pflichtverletzung herausgefordert worden ist[7] oder ein anderweitiges „Mitverschulden" der Gestörten in entsprechender Anwendung von § 254 BGB vorliegt[8].

13

Aus dem Kriterium der Unzumutbarkeit folgt die h.M. zudem, dass die Entziehung nur das **letzte Mittel** darstellen kann[9]. Deshalb sind vorrangig alle anderen, weniger einschneidenden Maßnahmen (s. hierzu unten Rz. 46f.) auszuschöpfen[10]. Der BGH folgert daraus, dass eine Entziehung nur nach vorheriger **Abmahnung** (s. dazu Rz. 21f.) zulässig ist[11]. Zwar ergibt sich dies – anders als bei § 18 Abs. 2 Nr. 1 – nicht unmittelbar aus dem Gesetzeswortlaut. Aber das

14

---

1 AG Augsburg v. 11.2.2004 – 12 C 536/03, ZMR 2004, 538; LG Augsburg v. 25.8.2004 – 7 S 1401/04, ZMR 2005, 230; *Riecke* in KK-WEG § 18, Rz. 15; anders offenbar LG Landau v. 10.12.1985 – 1 S 303/85, WuM 1986, 151.
2 LG Köln v. 20.5.2001 – 29 S 90/00, ZMR 2002, 227; *Riecke* in KK-WEG § 18, Rz. 16.
3 BVerfG v. 14.7.1993 – 1 BvR 1523/92, NJW 1994, 241 (242); AG Augsburg v. 11.2.2004 – 12 C 536/03, ZMR 2004, 538; LG Augsburg v. 25.8.2004 – 7 S 1401/04, ZMR 2005, 230 (231); *Riecke* in KK-WEG § 18, Rz. 15; RGRK/*Augustin* § 18, Rz. 20; Staudinger/*Kreuzer* § 18, Rz. 10; a.A. LG Wuppertal v. 15.2.1975 – 9 S 361/75, DWE 1976, 125 (Ls.).
4 *Diester* § 18, Rz. 5; RGRK/*Augustin* § 18, Rz. 9.
5 *Niedenführ/Schulze* § 18, Rz. 7; Staudinger/*Kreuzer* § 18, Rz. 15.
6 LG Stuttgart v. 4.12.1996 – 5 S 477/95, NJW-RR 1997, 589; *Riecke* in KK-WEG § 18, Rz. 25.
7 *Riecke* in KK-WEG § 18, Rz. 25 (26).
8 Soergel/*Stürner* § 18, Rz. 1; Staudinger/*Kreuzer* § 18, Rz. 13.
9 BGH v. 19.1.2007 – V ZR 24/06, NJW 2007, 1353 (1354) = NZM 2007, 290 (291); OLG Köln v. 16.5.1997 – 16 Wx 97/97, ZMR 1998, 48 (49); LG Landau v. 10.12.1985 – 1 S 303/85, WuM 1986, 151 (152); LG Aachen v. 15.10.1992 – 2 S 298/91, ZMR 1993, 233 (235); LG Köln v. 10.5.2001 – 29 S 90/00, ZMR 2002, 227 (229); LG Augsburg v. 25.8.2004 – 7 S 1401/04, ZMR 2005, 230f.; AG Dachau v. 16.1.2001 – 3 C 265/00, ZMR 2006, 319 (320); *Pick* in Bärmann/Pick/Merle § 18, Rz. 14.
10 LG Aachen v. 15.10.1992 – 2 S 298/91, ZMR 1993, 233 (234); LG Passau v. 12.4.1984 – 1 S 151/83, Rpfleger 1984, 412.
11 BGH v. 19.1.2007 – V ZR 26/06, NJW 2007, 1353 (1354) = NZM 2007, 290 (291); ebenso OLG Köln v. 16.5.1997 – 16 Wx 97/97, ZMR 1998, 48 (49); LG Aachen v. 15.10.1992 – 2 S 298/91, ZMR 1993, 233 (234); LG Köln v. 20.5.2001 – 29 S 90/00, ZMR 2002, 227 (229); AG Dachau v. 16.1.2001 – 3 C 265/00, ZMR 2006, 319 (320); *Riecke* in KK-WEG § 18, Rz. 27; Staudinger/*Kreuzer* § 18, Rz. 17 (anders allerdings *Kreuzer* in Köhler/Bassenge, Anwaltshandbuch Wohnungseigentumsrecht, Teil 13 Rz. 25; a.A. *Hogenschurz*, NZM 2005, 611 (614); LG Tübingen v. 22.9.1994 – 1 S 39/94, NJW-RR 1995, 650 (651) = ZMR 1995, 179 (181); AG Erlangen v. 3.11.2003 – 10 UR II 58/02, ZMR 2004, 539 (540).

Abmahnerfordernis folgt aus Art. 14 Abs. 1 GG[1], dem Sinn und Zweck der Norm[2] und einer systematischen Zusammenschau mit anderen Vorschriften, die die Auflösung eines Dauerschuldverhältnisses aus wichtigem Grund kennen (§§ 314 Abs. 2 Satz 1, 543 Abs. 3 BGB)[3]. Auf die Abmahnung kann im Rahmen des Abs. 1 – anders als im Anwendungsbereich des Abs. 2 Nr. 1 – verzichtet werden, wenn diese der Gemeinschaft unzumutbar ist oder offenkundig keine Aussicht auf Erfolg bietet[4]. Weitere Einzelheiten zu Erfordernis, Inhalt und Form einer Abmahnung s. bei Rz. 21 ff.

4. Verschulden

15 Trotz des Wortlauts („schuldig gemacht") muss die Pflichtverletzung **nicht schuldhaft** begangen worden sein[5]. Ansonsten wäre die Ausschließung schuldunfähiger Personen, die häufig den Gemeinschaftsfrieden stören[6], nicht möglich. Wie bei der Auslegung des § 543 Abs. 1 BGB ist jedoch zu berücksichtigen[7], dass bei nicht schuldhaftem Verhalten die Anforderungen an die Schwere und Unzumutbarkeit der Pflichtverletzung höher sein werden[8] als bei schuldhaftem Verhalten. Es ist daher möglich, das Wohnungseigentum eines Schuldunfähigen, beispielsweise eines psychisch Kranken oder eines Trunk- oder Drogensüchtigen, zu entziehen. Dann ist aber besonders sorgfältig zu prüfen, ob eine Wiederholungsgefahr besteht oder die Pflichtverletzung außerordentlich schwerwiegend war[9]. Bei besonders heftigen nachbarschaftlichen Streitigkeiten kann ein Wohnungseigentümer sogar ohne Feststellung seines Verschuldens aus der Gemeinschaft ausgeschlossen werden[10].

5. Einzelfälle

16 **Beispiele** für schwerwiegende Pflichtverletzungen sind:
 – **Gewalttätigkeiten/Tätlichkeiten** (LG Nürnberg-Fürth ZMR 1985, 347; AG Dachau v. 16.1.2001 – 3 C 265/00, ZMR 2006, 319; MüKo/*Engelhardt* § 18, Rz. 3; Soergel/*Stürner*

---

1 BGH v. 19.1.2007 – V ZR 26/06, NJW 2007, 1353 (1355) = NZM 2007, 290 (291).
2 BGH v. 19.1.2007 – V ZR 26/06, NJW 2007, 1353 (1355) = NZM 2007, 290 (291).
3 BGH v. 19.1.2007 – V ZR 26/06, NJW 2007, 1353 (1355) = NZM 2007, 290 (291).
4 BGH v. 19.1.2007 – V ZR 26/06, NJW 2007, 1353 (1355) = NZM 2007, 290 (291); ähnlich AG Dachau v. 16.1.2001 – 3 C 265/00, ZMR 2006, 319 (320); *Riecke* in KK-WEG § 18, Rz. 28.
5 LG Tübingen v. 22.9.1994 – 1 S 39/94, NJW-RR 1995, 650 = ZMR 1995, 179 (180); AG Emmendingen ZMR 1986, 212; AG Reinbek v. 24.2.1993 – 5 C 87/91, DWE 1993, 127 (128); *Hogenschurz*, NZM 2005, 611 (612); Bärmann/*Pick* § 18, Rz. 5, 6; *Pick* in Bärmann/Pick/Merle § 18, Rz. 12 (17); *Müller*, Praktische Fragen, Rz. 1413; RGRK/*Augustin* § 18, Rz. 10; Soergel/*Stürner* § 18, Rz. 1; *Stache*, S. 56; Staudinger/*Kreuzer* § 18, Rz. 12; Weitnauer/*Lüke* § 18, Rz. 5; a.A. *Diester* § 18, Rz. 5a; *Sauren* § 18, Rz. 3.
6 *Kreuzer* in Köhler/Bassenge, Anwaltshandbuch Wohnungseigentumsrecht, Teil 13 Rz. 3.
7 *Riecke* in KK-WEG § 18, Rz. 21; Weitnauer/*Lüke* § 18, Rz. 5; vgl. Palandt/*Weidenkaff* § 543, Rz. 5.
8 BVerfG v. 14.7.1993 – 1 BvR 1523/92, NJW 1994, 241 (242); *Riecke* in KK-WEG § 18, Rz. 21.
9 BVerfG v. 14.7.1993 – 1 BvR 1523/92, NJW 1994, 241 (242); *Riecke* in KK-WEG § 18, Rz. 23; *Niedenführ/Schulze* § 18, Rz. 8.
10 AG Emmendingen ZMR 1986, 212; *Pick* in Bärmann/Pick/Merle § 18, Rz. 15.

Entziehung des Wohnungseigentums § 18

§ 18, Rz. 1a; Staudinger/*Kreuzer* § 18, Rz. 7) bis hin zu **Körperverletzungen** (*Niedenführ/Schulze* § 18, Rz. 6);
- (dauernde) grobe bzw. schwere **Beleidigungen** (KG v. 24.8.1967 – 1 W 1140/67, NJW 1967, 2268; AG Dachau v. 16.1.2001 – 3 C 265/00, ZMR 2006, 319; MüKo/*Engelhardt* § 18, Rz. 3; Soergel/*Stürner* § 18, Rz. 1a; Staudinger/*Kreuzer* § 18, Rz. 7; a.A. LG Passau v. 12.4.1984 – 1 S 151/83, Rpfleger 1984, 412 mit abl. Anm. *Gerauer*), **Verleumdungen, Formalbeleidigungen** (LG Stuttgart v. 4.12.1996 – 5 S 477/95, NJW-RR 1997, 589; Bärmann/*Pick* § 18, Rz. 8), **unbegründete Strafanzeigen** (*Niedenführ/Schulze* § 18, Rz. 6; RGRK/*Augustin* § 18, Rz. 8);
- **unsittliches Verhalten**, insbesondere gegenüber Kindern und Frauen (*Niedenführ/Schulze* § 18, Rz. 6; RGRK/*Augustin* § 18, Rz. 8; Staudinger/*Kreuzer* § 18, Rz. 7);
- **Äußerungen oder Tatsachen**, die geeignet sind, das Ansehen der Gemeinschaft nach außen herabzusetzen (*Pick* in Bärmann/Pick/Merle § 18, Rz. 20: Schmähung eines Wohnungseigentümers gegenüber Dritten);
- schädigendes **gemeinschaftswidriges**, insbesondere **querulatorisches Verhalten**, das dazu führt, dass bei Verkauf einer Eigentumswohnung dieses Verhalten als zu offenbarender Sachmangel anzusehen ist (RGRK/*Augustin* § 18, Rz. 10; *Riecke* in KK-WEG § 18, Rz. 18: Betreiben einer Unzahl von Beschlussanfechtungsverfahren);
- Fortdauernde **unpünktliche Erfüllung der Kosten- und Lastentragungspflicht** nach § 16 Abs. 2 (BGH v. 19.1.2007 – V ZR 26/06, NJW 2007, 1353 (1354) = NZM 2007, 290 (291): selbst dann, wenn die Voraussetzungen des § 18 Abs. 2 Nr. 2 nicht vorliegen);
- **Beschmutzungen** (AG Erlangen v. 3.11.2003 – 10 UR II 58/02, ZMR 2004, 539,(540): Fäkalien; *Hogenschurz*, NZM 2005, 611 (614)), **Sachbeschädigungen** (AG Reinbek v. 24.2.1993 – 5 C 87/91, DWE 1993, 127 (128); Staudinger/*Kreuzer* § 18, Rz. 7), **Brandlegung/Brandstiftung** mit einhergehender Gefährdung des Gemeinschafts- oder Sondereigentums (Soergel/*Stürner* § 18, Rz. 1a), **Einbrüche** in fremdes Sondereigentum oder Sondernutzungsrecht (*Niedenführ/Schulze* § 18, Rz. 6; RGRK/*Augustin* § 18, Rz. 8; Soergel/*Stürner* § 18, Rz. 1a; Staudinger/*Kreuzer* § 18, Rz. 7: Einbruch in fremden Keller);
- **Lärmstörungen** (Staudinger/*Kreuzer* § 18, Rz. 7), **Randalieren** (Weitnauer/Lüke § 18, Rz. 4), **Geruchsbelästigungen** (LG Tübingen v. 22.9.1994 – 1 S 39/94, NJW-RR 1995, 650 (651) = ZMR 1995, 179: Fäkalgerüche aus der Wohnung eines psychisch Kranken; Staudinger/*Kreuzer* § 18, Rz. 7);
- **arglistige Täuschung** bei Begründung des Wohnungseigentums nach § 3 (Soergel/*Stürner* § 18, Rz. 1a; Staudinger/*Kreuzer* § 18, Rz. 7) oder dem Abschluss des Verwaltervertrags (*Pick* in Bärmann/Pick/Merle § 18, Rz. 19);
- **Trunksucht** (RGRK/*Augustin* § 18, Rz. 10; Staudinger/*Kreuzer* § 18, Rz. 7, wenn dadurch Brandgefahr droht), **Drogensucht** (Bamberger/Roth/*Hügel* § 18, Rz. 3; Weitnauer/Lüke § 18, Rz. 5);
- **Verwahrlosung** und dadurch drohender Ungezieferbefall (*Niedenführ/Schulze* § 18, Rz. 6; RGRK/*Augustin* § 18, Rz. 8; Soergel/*Stürner* § 18, Rz. 1a; Staudinger/*Kreuzer* § 18, Rz. 7);
- Beherbergung einer **Prostituierten** (Soergel/*Stürner* § 18, Rz. 1a), Nutzung der Wohnung als **Bordell** durch den Eigentümer (*Pick* in Bärmann/Pick/Merle § 18, Rz. 24; *Niedenführ/Schulze* § 18, Rz. 6) oder dessen Mieter (MüKo/*Engelhardt* § 18, Rz. 3; Staudinger/*Kreuzer* § 18, Rz. 7);
- **Zerwürfnis** zwischen den Wohnungseigentümern, das kein gedeihliches Zusammenleben mehr ermöglicht, §§ 737, 723 BGB analog (LG Aachen v. 15.10.1992 – 2 S 298/91, ZMR 1993, 233 (235); AG Emmendingen ZMR 1986, 212 (213); Staudinger/*Kreuzer* § 18, Rz. 7; a.A. Soergel/*Stürner* § 18, Rz. 1a: konkrete Pflichtverletzung erforderlich).

17 **Beispiele**, in denen *keine* schwerwiegende Pflichtverletzung vorliegt:

- **Lärmstörungen** durch **Kinder** (Soergel/*Stürner* § 18, Rz. 1a; Staudinger/*Kreuzer* § 18, Rz. 9, zumindest, wenn die Eltern um Vermeidung bemüht sind) oder **psychisch Kranke** (BVerfG v. 14.7.1993 – 1 BvR 1523/92, NJW 1994, 241 (242); LG Mannheim ZMR 1969, 241; RGRK/Augustin § 18, Rz. 8);
- **Verführung** des Nachbars Weib (a.A. *Diester* § 18, Rz. 5a);
- **politische Tätigkeit** eines Wohnungseigentümers (AG München ZMR 1961, 304; *Sauren* § 18, Rz. 3; Staudinger/*Kreuzer* § 18, Rz. 8);
- **strafrechtliche Verurteilung** (*Diester* § 18, Rz. 5a; Staudinger/*Kreuzer* § 18, Rz. 8; vgl. KG v. 2.2.1996 – 24 W 7880/95, WE 1996, 345; a.A. Soergel/*Stürner* § 18, Rz. 1a, wenn dadurch das Vermögen oder Ansehen der Gemeinschaft herabgewürdigt wird);
- **Vermietung an (mehrere) Ausländer** (*Niederführ/Schulze* § 18, Rz. 6; RGRK/*Augustin* § 18, Rz. 8; Soergel/*Stürner* § 18, Rz. 1a; Staudinger/*Kreuzer* § 18, Rz. 9; a.A. LG Wuppertal v. 15.2.1975 – 9 S 361/75, DWE 1976, 125 (Ls.));
- **Bauliche Veränderungen**, auch wenn diese unzulässig sind (Soergel/*Stürner* § 18, Rz. 1a; a.A. RGRK/*Augustin* § 18, Rz. 8);
- **Vernachlässigung des Sonder- und Gemeinschaftseigentums** (LG Aachen v. 15.10.1992 – 2 S 298/91, ZMR 1993, 233: mangelndes Heizen, unterlassene Instandhaltung von Balkon und Außenfenstern, Nichtinstandhaltung des Gartens; Staudinger/*Kreuzer* § 18, Rz. 8);
- **wiederholte Widersprüche** (Soergel/*Stürner* § 18, Rz. 1a; a.A. *Sauren* § 18, Rz. 3) gegen Verwaltungsmaßnahmen oder **wiederholte Beschlussanfechtungsklagen** (OLG Köln v. 20.2.2004 – 16 Wx 7/04, NZM 2004, 260 (261); LG Stuttgart v. 4.12.1996 – 5 S 477/95, NJW-RR 1997, 589; *Riecke* in KK-WEG § 18, Rz. 19; Soergel/*Stürner* § 18, Rz. 1a; *Hogenschurz*, ZMR 2005, 611 (612); anders LG Berlin v. 25.7.1995 – 84 S 3/94, GE 1995, 1217: ab 10 Verfahren kommt ein Pflichtverstoß in Betracht).

III. Regelbeispiele (Abs. 2)

18 In Abs. 2 Nr. 1 und 2 hat das Gesetz zwei Beispiele benannt, bei deren Vorliegen **regelmäßig** von einer unzumutbaren Pflichtverletzung i.S.d. Abs. 1 ausgegangen werden kann[1]. Das bedeutet aber nicht, dass es sich hierbei um eine unwiderlegliche Vermutung (also eine Fiktion) handelt[2]. Vielmehr kann der auszuschließende Wohnungseigentümer nach § 292 ZPO den **Gegenbeweis** der Zumutbarkeit der Fortführung der Gemeinschaft mit seiner Person führen. Auch soweit es sich im Rahmen des Abs. 2 um die Ausschließung eines schuldunfähigen oder nicht schuldhaft handelnden Miteigentümers dreht, ist die Unzumutbarkeit ausdrücklich festzustellen (s. oben Rz. 15).

19 Die Regelbeispiele sind nicht abschließend zu verstehen[3], entfalten somit **keine Sperrwirkung**, so dass der Rückgriff auf die Generalklausel des Abs. 1 zulässig ist[4]. Bleibt beispielsweise der Zahlungsrückstand hinter dem nach Abs. 2 Nr. 2 erforderlichen Betrag zurück oder liegen keine wiederholten Verstöße nach Abs. 2 Nr. 1 vor, kann dennoch eine Ausschließung nach Abs. 1 in Betracht

---

1 RGRK/*Augustin* § 18, Rz. 12; *Sauren* § 18, Rz. 4; Soergel/*Stürner* § 18, Rz. 2; Weitnauer/*Lüke* § 18, Rz. 6.
2 *Riecke* in KK-WEG § 18, Rz. 31; so aber Staudinger/*Kreuzer* § 18, Rz. 18.
3 LG Nürnberg-Fürth ZMR 1985, 347; *Pick* in Bärmann/Pick/Merle § 18, Rz. 31; *Niederführ/Schulze* § 18, Rz. 10 (11); *Sauren* § 18, Rz. 4; Weitnauer/*Lüke* § 18, Rz. 6.
4 BGH v. 19.1.2007 – V ZR 26/06, NJW 2007, 1353 (1354) = NZM 2007, 290.

kommen[1]. Die Regelbeispiele des Abs. 2 können nur in der Form **abbedungen** werden, dass sie zu einer leichteren Entziehung des Wohnungseigentums führen. Eine Erschwerung oder gar ein Ausschluss der Regelbeispiele ist wegen Verstoßes gegen Abs. 4 unwirksam (s. Rz. 42). Anstelle der Veräußerungsklage wegen Zahlungsverzugs nach § 18 Abs. 2 Nr. 2 kommen auch **effektivere Alternativen** in Betracht, insbesondere die Erhebung einer Zahlungsklage (Rz. 47) oder eine Versorgungssperre (Rz. 48).

1. Wiederholte Verstöße gegen § 14 (Abs. 2 Nr. 1)

Ein Ausschluss ist nach Abs. 2 Nr. 1 dann begründet, wenn ein Wohnungseigentümer wiederholt und gröblich nach einer Abmahnung gegen seine in § 14 festgelegten Pflichten verstoßen hat (zur Zurechnung des Verhaltens Dritter s. Rz. 13). Zum Inhalt der Verpflichtungen nach § 14 s. die Kommentierung dort. Nach h.M. sind dafür **mindestens drei Verstöße** gegen § 14 erforderlich, einer vor Abmahnung, zwei danach[2]. Es muss sich jeweils um gröbliche Verstöße gegen § 14 handeln[3]. Außerdem muss eine gleichartige Pflichtverletzung vorliegen (z.B. wiederholte Blockade des Zugangs zum Gemeinschaftseigentum)[4], da anderenfalls die Ankündigungs- und Warnfunktion der Abmahnung nicht erreicht werden könnte. Deshalb **genügen** entgegen der h.M. auch **zwei Verstöße**[5], einer vor, einer nach der Abmahnung. 20

Der Entziehungsanspruch nach Abs. 2 Nr. 1 setzt eine **Abmahnung** voraus. **Sinn und Zweck** der Abmahnung ist es, dem störenden Miteigentümer unmissverständlich klar zu machen, dass sein Verhalten für die anderen Wohnungseigentümer unzumutbar ist und dass er eine letzte Möglichkeit zur Verhaltensänderung erhält[6]. Anders als im Rahmen der Generalklausel des Abs. 1 (s. Rz. 14) kann von dem Erfordernis der Abmahnung auch nicht ausnahmsweise abgesehen werden. 21

Die Abmahnung bedarf **keiner besonderen Form**, kann also schriftlich, aber auch mündlich erfolgen[7]. Sie muss aber das beanstandete Verhalten konkret be- 22

---

1 BGH v. 19.1.2007 – V ZR 26/06, NJW 2007, 1353 (1354) = NZM 2007, 290; *Pick* in Bärmann/Pick/Merle § 18, Rz. 31; Bamberger/Roth/*Hügel* § 18, Rz. 5; Staudinger/*Kreuzer* § 18, Rz. 20; Weitnauer/*Lüke* § 18, Rz. 7.
2 BGH v. 19.1.2007 – V ZR 26/06, NJW 2007, 1353 (1355) = NZM 2007, 290 (291); Bärmann/*Pick* § 18, Rz. 9; *Pick* in Bärmann/Pick/Merle § 18, Rz. 31; Bamberger/Roth/*Hügel* § 18, Rz. 5; *Diester* § 18, Rz. 6; *Riecke* in KK-WEG § 18, Rz. 32 (33); MüKo/*Engelhardt* § 18, Rz. 4; *Niedenführ/Schulze* § 18, Rz. 10; Palandt/*Bassenge* § 18, Rz. 3; RGRK/*Augustin* § 18, Rz. 13; *Sauren* § 18, Rz. 5; Soergel/*Stürner* § 18, Rz. 2; Staudinger/*Kreuzer* § 18, Rz. 20; Weitnauer/*Lüke* § 18, Rz. 7.
3 *Diester* § 18, Rz. 6; *Pick* in Bärmann/Pick/Merle § 18, Rz. 31; RGRK/*Augustin* § 18, Rz. 13.
4 *Ott*, ZWE 2007, 195 (196); ähnlich *Sauren* § 18, Rz. 5; Staudinger/*Kreuzer* § 18, Rz. 20: Verstöße gleichen oder ähnlichen Charakters wie abgemahnt; a.A. *Pick* in Bärmann/Pick/Merle § 18, Rz. 31; Palandt/*Bassenge* § 18, Rz. 3.
5 Ähnlich *Hogenschurz*, NZM 2005, 611 (613), der allerdings auch zwei Abmahnungen fordert.
6 BGH v. 19.1.2007 – V ZR 26/06, NJW 2007, 1353 (1355) = NZM 2007, 290 (292).
7 MüKo/*Engelhardt* § 18, Rz. 4; Soergel/*Stürner* § 18, Rz. 2; Staudinger/*Kreuzer* § 18, Rz. 22.

zeichnen und die Entziehung des Wohnungseigentums unmissverständlich androhen[1]. Die Abmahnung muss zwingend **vor dem Entziehungsbeschluss** nach Abs. 3 erfolgt sein, kann also nicht mit diesem verbunden werden und kann auch nicht nachgeholt werden[2]. Die Abmahnung verliert ihre **Wirkungsdauer**, wenn der Wohnungseigentümer unter Berücksichtigung aller Umstände annehmen darf, die zur Abmahnung führenden Vorgänge hätten sich für die Gemeinschaft erledigt[3].

23 Die Abmahnung kann durch die Wohnungseigentümergemeinschaft im Wege der **Beschlussfassung** erfolgen. Für diese Beschlussfassung gelten keine höheren Mehrheitsanforderungen als für den Entziehungsbeschluss selbst[4]. Auch der **Verwalter** kann abmahnen, wenn er dazu durch Beschluss oder allgemein im Verwaltervertrag ermächtigt ist[5]. Aus dem Anspruch auf ordnungsmäßige Verwaltung nach § 21 Abs. 4 folgt, dass daneben aber auch **jeder Wohnungseigentümer** (selbst wenn er nicht der Beeinträchtigte ist) zur Abmahnung berechtigt ist[6]. Ein mangels vorheriger Abmahnung **unwirksamer Entziehungsbeschluss** nach Abs. 3 kann seinerseits in eine Abmahnung umgedeutet werden[7]. Die Abmahnung muss dem störenden Wohnungseigentümer oder seinem rechtsgeschäftlichen oder gesetzlichen Vertreter (§ 131 Abs. 1 BGB) zugehen, um wirksam zu sein[8]. Nur bei Anordnung eines Einwilligungsvorbehalts ist der Betreuer gesetzlicher Empfangsvertreter, vgl. § 1903 Abs. 1 Satz 2 BGB[9].

24 Gegen den **Abmahnungsbeschluss** kann **Anfechtungsklage** erhoben werden, in der allerdings – ebenso wie im Rahmen der Anfechtung eines Entziehungsbeschlusses nach Abs. 3 – nicht die materiellen Voraussetzungen des Abs. 1, Abs. 2 Nr. 1 geprüft werden, sondern lediglich, ob der Beschluss an formellen Mängeln leidet[10]. Gegen eine **Abmahnung des Verwalters** ist nach h.M. keine Feststellungsklage statthaft, da dieser – anders als einem Abmahnungsbeschluss

---

1 Vgl. BayObLGZ 1985, 171 (177); AnwK-BGB/*Schultzky* § 18, Rz. 7; Staudinger/*Kreuzer* § 18, Rz. 17 (20, 22).
2 BGH v. 19.1.2007 – V ZR 26/06, NJW 2007, 1353 (1356) = NZM 2007, 290 (292).
3 BGH v. 19.1.2007 – V ZR 26/06, NJW 2007, 1353 (1356) = NZM 2007, 290 (292).
4 OLG Hamburg v. 7.4.2003 – 2 Wx 9/03, ZMR 2003, 596 (597); Staudinger/*Kreuzer* § 18, Rz. 17; Weitnauer/*Lüke* § 18, Rz. 9.
5 AnwK-BGB/*Schultzky* § 18, Rz. 7; Bärmann/*Pick* § 18, Rz. 9; *Köhler*, Das neue WEG, Rz. 272; MüKo/*Engelhardt* § 18, Rz. 4; Staudinger/*Kreuzer* § 18, Rz. 22; weitergehend LG Koblenz WEZ 1987, 105; Soergel/*Stürner* § 27, Rz. 1; Weitnauer/*Lüke* § 27, Rz. 5: der Verwalter muss abmahnen.
6 Erman/*Grziwotz*, § 18, Rz. 2; *Niedenführ/Schulze*, § 18, Rz. 10; RGRK/*Augustin* § 18, Rz. 13; *Sauren* § 18, Rz. 5; Soergel/*Stürner* § 18, Rz. 2; Staudinger/*Kreuzer* § 18, Rz. 17 (20).
7 BGH v. 19.1.2007 – V ZR 26/06, NJW 2007, 1353 (1356) = NZM 2007, 290 (292).
8 *Hogenschurz*, NZM 2005, 611 (613).
9 Palandt/*Bassenge* § 1903, Rz. 16; zu pauschal *Riecke* in KK-WEG § 18, Rz. 22.
10 BayObLG v. 15.2.1995 – 2Z BR 1/95, NJW-RR 1996, 12 (13); OLG Hamburg v. 7.4.2003 – 2 Wx 9/03, ZMR 2003, 596 (597); OLG Köln v. 20.2.2004 – 16 Wx 7/04, NZM 2004, 260 (261); OLG Köln v. 23.12.1997 – 16 Wx 236/97, ZMR 1998, 376; LG Düsseldorf ZMR 1991, 314; *Hogenschurz*, NZM 2005, 611 (613); Bärmann/*Pick* § 18, Rz. 9; *Pick* in Bärmann/*Pick/Merle* § 18, Rz. 42; MüKo/*Engelhardt* § 18, Rz. 4; *Niedenführ/Schulze* § 18, Rz. 14; Staudinger/*Kreuzer* § 18, Rz. 17; a.A. OLG Düsseldorf v. 26.8.1991 – 3 Wx 189/91, DWE 1995, 119 (120); *Köhler*, Das neue WEG, Rz. 273; *Sauren* § 18, Rz. 5.

– keine Bindungswirkung zukommt[1]. Der **Streitwert** einer Anfechtungsklage gegen einen Abmahnungsbeschluss entspricht nur einem Bruchteil des Streitwerts für die Anfechtung des Entziehungsbeschlusses gem. Abs. 3 (zu diesem s. Rz. 38)[2], dürfte also mit höchstens **30 %** dieses Streitwerts angesetzt werden[3].

2. Zahlungsverzug (Abs. 2 Nr. 2)

Ein Veräußerungsanspruch besteht dann, wenn sich ein Wohnungseigentümer mit der Erfüllung seiner Verpflichtung zur **Lasten- und Kostentragung gem. § 16 Abs. 2** in Verzug befindet[4]. Zu den Einzelheiten der Lasten- und Kostenbeitragspflicht s. die Kommentierung bei § 16. Zu beachten ist, dass auch Verzugszinsen von Abs. 2 Nr. 2 erfasst werden[5].

25

Der **Verzugsbetrag** muss 3 % des Einheitswertes des Wohnungseigentums des säumigen Miteigentümers zum Zeitpunkt der Fälligkeit[6] übersteigen. Die Ermittlung des Einheitswerts erfolgt nach § 93 Abs. 1 BewG im Wege des Ertragswert- (§§ 78 ff. BewG) oder Sachwertverfahrens (§§ 83 ff. BewG). Jedes Wohnungs- bzw. Teileigentum ist für sich gesondert zu bewerten. Bei einer mehr als 80 %igen Nutzung zu Wohnzwecken sind die Vorschriften über das Ertragswertverfahren für Mietwohngrundstücke, bei einer Wohnnutzung von wenigstens 20 % sind die Bestimmungen über das Ertragswertverfahren für gemischt genutzte Grundstücke maßgebend, § 93 Abs. 2 BewG[7]. Der Einheitswert bleibt zwar meistens deutlich hinter dem gemeinen Wert der Eigentumswohnung zurück, so dass mitunter schon geringe Verzugsbeträge eine Veräußerung nach Abs. 2 Nr. 2 rechtfertigen können[8]. Dennoch bestehen hieran **keine verfassungsrechtlichen Bedenken**[9]. Die Vorschrift ist auch nicht zu streng[10]. Zum einen dient die Anknüpfung an den im Regelfall bereits festgestellten Einheitswert der Verfahrensvereinfachung, denn sie ermöglicht es, den Mindestverzugsbetrag

26

---

1 BayObLG v. 9.3.2004 – 2Z BR 19/04, NJW-RR 2004, 1020 (1021) = NZM 2004, 383; *Hogenschurz*, NZM 2005, 611 (613); AnwK-BGB/*Schultzky* § 18, Rz. 15; Bärmann/*Pick* § 18, Rz. 9; MüKo/*Engelhardt* § 18, Rz. 4; Staudinger/*Kreuzer* § 18, Rz. 17.
2 Bärmann/*Pick* § 18, Rz. 23; Staudinger/*Kreuzer* § 18, Rz. 40; LG Bremen WuM 1999, 598.
3 LG Bremen WuM 1999, 598 (599); Staudinger/*Kreuzer* § 18, Rz. 40.
4 Die Darlegungs- und Beweislast trifft die klagenden Wohnungseigentümer, *Hogenschurz*, NZM 2005, 611 (613).
5 Staudinger/*Kreuzer* § 18, Rz. 23.
6 Palandt/*Bassenge* § 18, Rz. 4; *Sauren* § 18, Rz. 6.
7 *Schmidt*, ZWE 2002, 113 (114); AnwK-BGB/*Schultzky* § 18, Rz. 8; Weitnauer/*Lüke* § 18, Rz. 8.
8 Vgl. die Darstellung von *Schmidt*, ZWE 2002, 113 (118); *Riecke* in KK-WEG § 18, Rz. 35 unter Hinweis auf die Entscheidung des AG Erlangen v. 3.11.2003 – 10 UR II 58/02, ZMR 2004, 539 (540), wo 3 % des Einheitswerts einem Verzugsbetrag von 600 Euro entsprachen.
9 A. A. *Schmidt*, ZWE 2002, 113 (117); *Riecke* in KK-WEG § 18, Rz. 36 (37); Staudinger/*Kreuzer* § 18, Rz. 23, jedoch mit wenig überzeugendem Verweis auf die Verfassungswidrigkeit der Einheitswerte zum Zwecke der Erbschafts- und Schenkungsteuerberechnung.
10 Bärmann/*Pick* § 18, Rz. 10; *Pick* in Bärmann/Pick/Merle § 18, Rz. 34; *Diester* § 18, Rz. 7; a.A. *Sauren* § 18, Rz. 6; abwegig *Soth*, NZM 2007, 470 (471), der glaubt, die Entscheidung des BVerfG v. 7.11.2006 – 1 BvL 10/02, NJW 2007, 573 habe unmittelbar Auswirkung auf § 18 Abs. 2 Nr. 2.

verlässlich und leicht zu ermitteln[1]. Andererseits kann der säumige Wohnungseigentümer seine Beitragsschuld gem. § 19 Abs. 2 noch bis zum Ende des Termins, in dem der Zuschlag erteilt wird (s. § 19 Rz. 51), begleichen und so der Versteigerung den Boden entziehen, was ihm insbesondere bei geringen Verzugsbeträgen nicht schwer fallen dürfte[2]. Eine Erhöhung des Einheitswerts auf 140 % des ursprünglichen Einheitswerts kommt nicht in Betracht, da § 121a BewG nur für die Ermittlung der Gewerbesteuer gilt[3].

27 Der säumige Wohnungseigentümer muss sich mit Kosten- und Lastentragungspflichten i.S.d. § 16 Abs. 2 im Verzug befinden. Verzug setzt die Wirksamkeit und Fälligkeit des Anspruchs und eine danach erfolgende Mahnung voraus, § 286 Abs. 1 BGB. Einer Mahnung bedarf es insbesondere nicht, wenn für die Leistungspflicht eine nach dem Kalender bestimmte Frist besteht oder diese Frist an ein kalendermäßig bestimmtes Ereignis anknüpft, § 286 Abs. 2 Nr. 1, 2 BGB. § 286 Abs. 3 BGB findet keine Anwendung. Auch Verzug setzt **Verschulden** voraus, wobei jedoch die Beweislast für fehlendes Verschulden den säumigen Wohnungseigentümer trifft, § 286 Abs. 4 BGB[4]. Dieser Entlastungsbeweis wird regelmäßig misslingen, da es sich um Geldschulden handelt (vgl. § 276 Abs. 1 Satz 1 BGB). Auch ein unverschuldetes vorübergehendes Leistungshindernis wird nur ganz selten vorliegen können, da der Verzugszeitraum ja drei Monate betragen muss. Als mögliche Entschuldigungsgründe kommen daher allenfalls Rechtsirrtümer in Betracht[5]. Die Verzugsdauer muss schließlich **mehr als drei Monate** betragen. Die Fristberechnung erfolgt nach §§ 187 Abs. 1, 188 Abs. 2, 3 BGB, beginnt also am Tag nach Verzugseintritt und endet mit dem Ablauf des Tages, der zahlenmäßig drei Monate auf den Verzugseintritt folgt. § 193 BGB findet auf die Berechnung der Dreimonatsfrist Anwendung[6].

28 **Beispiel:**
Verzugseintritt am 30.11.2006 (Donnerstag), Fristbeginn am 1.12.2006 (Freitag), Fristende am 28.2.2007 (Mittwoch), die erforderliche Verzugsdauer ist am 1.3.2007 (Donnerstag) erreicht.

IV. Geltendmachung des Entziehungsanspruchs (Abs. 3)

1. Zuständigkeit der Gemeinschaft (Abs. 1 Satz 2)

29 Die Entziehung des Wohnungseigentums ist keine Verwaltungsmaßnahme; sie steht vielmehr originär den Wohnungseigentümern zu, vgl. auch § 19 Abs. 1. Die **Ausübung** des Entziehungsrechts nimmt allerdings nach Abs. 1 Satz 2 die Gemeinschaft, insbesondere durch die Erhebung der Veräußerungsklage, wahr. Es gelten insofern die Ausführungen zu § 10 Abs. 6 Satz 3 (s. § 10 Rz. 60, 73). Es

---

1 Die Darlegungs- und Beweislast trifft die klagenden Wohnungseigentümer, *Hogenschurz*, NZM 2005, 611 (613).
2 *Armbrüster*, WE 1999, 46.
3 *Schmidt*, ZWE 2002, 112 (116); a.A. Staudinger/*Kreuzer* § 18, Rz. 23; unentschieden *Riecke* in KK-WEG § 18, Rz. 38.
4 *Niedenführ/Schulze* § 18, Rz. 9; *Sauren* § 18, Rz. 6; a.A. *Pick* in Bärmann/Pick/Merle § 18, Rz. 33; Palandt/*Bassenge* § 18, Rz. 4; RGRK/*Augustin* § 18, Rz. 14; Soergel/*Stürner* § 18, Rz. 2; Staudinger/*Kreuzer* § 18, Rz. 24.
5 *Sauren* § 18, Rz. 6; Staudinger/*Kreuzer* § 18, Rz. 24.
6 Vgl. BGH v. 1.2.2007 – III ZR 159/06, ZIP 2007, 1114 (1116).

handelt sich hierbei um einen **schwer verständlichen Systembruch**[1]. Es steht den Wohnungseigentümern jedoch frei, das Entziehungsrecht und dessen Ausübung wieder an sich zu ziehen oder an einen Dritten mit der Ausübung (also insbesondere der Klageerhebung) zu betrauen (s. § 19 Rz. 9). Soweit die Wohnungseigentümergemeinschaft allerdings nur aus **zwei Wohnungseigentümern** besteht, würde eine Zuordnung an die Gemeinschaft das Entziehungsrecht leerlaufen lassen, so dass Abs. 1 Satz 2 in diesem Fall die Ausübungsbefugnis von vorneherein beim anderen Wohnungseigentümer belässt. Entscheidend für das Vorliegen einer Zweiergemeinschaft ist nicht die Anzahl der Wohnungseigentumseinheiten, sondern wegen des Kopfstimmrechts die Anzahl der Eigentümer[2].

2. Mehrheitsbeschluss (Abs. 3)

Über das Veräußerungsverlangen nach Abs. 1 müssen die Wohnungseigentümer einen Mehrheitsbeschluss fassen. Dieser Beschluss ist **Prozessvoraussetzung** für eine spätere Veräußerungsklage (s. § 19 Rz. 8)[3]. Von der Notwendigkeit eines vorherigen Beschlusses sieht die h.M. jedoch dort ab, wo dieser eine **überflüssige sinnlose Förmelei** bedeuten würde. Hauptbeispiel hierfür ist eine lediglich aus zwei Wohnungseigentümern bestehende Gemeinschaft (sog. **Zweiergemeinschaft**, s. Rz. 29)[4], da der auszuschließende Miteigentümer nach § 25 Abs. 5 ohnehin nicht stimmberechtigt wäre[5]. Ob darüber hinaus eine Vorbefassungspflicht der Eigentümerversammlung entfallen kann, wenn von vorneherein feststeht, dass eine Beschlussfassung zu einer Pattsituation führen würde[6], kommt nur in Ausnahmefällen in Betracht, beispielsweise wenn die Eigentümerversammlung einen Mehrheitsbeschluss schon mehrfach abgelehnt hatte oder sich beharrlich weigert, diesen Punkt auf die Tagesordnung zu setzen.

30

Der Entziehungsbeschluss muss auf Verlangen auch nur eines Miteigentümers auf die **Tagesordnung** gesetzt werden[7]. Eine ordnungsgemäße Ladung setzt voraus, dass dieser Tagesordnungspunkt klar und deutlich für jeden Wohnungs-

31

---

1 *Abramenko*, Das neue WEG, § 6, Rz. 22; *Köhler*, Das neue WEG, Rz. 266.
2 LG Köln v. 10.5.2001 – 29 S 90/00, ZMR 2002, 227; *Abramenko*, Das neue WEG, § 8, Rz. 3.
3 BayObLG v. 4.3.1999 – 2Z BR 20/99, BayObLGZ 1999, 66 = NJW-RR 1999, 887 (888); KG v. 2.2.1996 – 24 W 7880/95, WE 1996, 345; OLG Hamm v. 13.10.1989 – 15 W 314/89, OLGZ 1990, 57 (60) = MDR 1990, 343; OLG Köln WuM 1997, 454; OLG Köln v. 23.12.1997 – 16 Wx 236/97, ZMR 1998, 376; LG Aachen v. 15.10.1992 – 2 S 298/91, ZMR 1993, 233; *Pick* in Bärmann/Pick/Merle § 18, Rz. 37; Soergel/*Stürner* § 18, Rz. 6; Staudinger/*Kreuzer* § 18, Rz. 28.
4 LG Aachen v. 15.10.1992 – 2 S 298/91, ZMR 1993, 233 f.; LG Köln v. 10.5.2001 – 29 S 90/00, ZMR 2002, 227; Bärmann/*Pick* § 18, Rz. 11; *Pick* in Bärmann/Pick/Merle § 18, Rz. 37; *Riecke* in KK-WEG § 18, Rz. 39; MüKo/*Engelhardt* § 18, Rz. 8; Niedenführ/*Schulze* § 18, Rz. 13; RGRK/*Augustin* § 18, Rz. 17; Soergel/*Stürner* § 18, Rz. 4; Staudinger/*Kreuzer* § 18, Rz. 31; Weitnauer/*Lüke* § 18, Rz. 9; a.A. *Sauren* § 18, Rz. 10.
5 LG Aachen v. 15.10.1992 – 2 S 298/91, ZMR 1993, 233 (234); *Riecke* in KK-WEG § 18, Rz. 39; MüKo/*Engelhardt* § 18, Rz. 8; unklar hingegen BT-Drucks. 16/887, 69 („kein Mehrheitsbeschluss möglich").
6 So offenbar *Riecke* in KK-WEG § 18, Rz. 39.
7 OLG Köln v. 16.5.1997 – 16 Wx 97/97, ZMR 1998, 48; MüKo/*Engelhardt* § 18, Rz. 7; Niedenführ/*Schulze* § 18, Rz. 12.

eigentümer aus dem **Einladungsschreiben** hervorgeht[1], wozu die Bezeichnung des Veräußerungsverlangens als „Abmeierungsklage" (s. Rz. 2; § 19 Rz. 6) ausreichen soll (zweifelhaft!)[2].

32 Für die Beschlussfähigkeit und die Beschlussfassung enthalten Abs. 3 Satz 2 und 3 Sonderregelungen, die das Beschlussverfahren des § 25 modifizieren. Da § 25 Abs. 3 ausdrücklich keine Anwendung findet, ist für die **Beschlussfähigkeit** die Anwesenheit oder Vertretung der Mehrheit aller stimmberechtigten Wohnungseigentümer erforderlich, aber auch ausreichend[3]. Bei drei Wohnungseigentümern liegt also Beschlussfähigkeit vor, wenn zwei Miteigentümer erschienen sind, auch wenn sie weniger als 50 % der Miteigentumsanteile innehaben. Umgekehrt genügt in diesem Fall die Anwesenheit eines Wohnungseigentümers auch dann nicht, wenn er mehr als 50 % der Miteigentumsanteile hält. Da § 25 Abs. 4 ebenfalls nicht anwendbar ist, ist eine erneute Versammlung nur bei Erreichung dieses Quorums beschlussfähig[4], es sei denn, die Wohnungseigentümer haben hiervon eine zulässige Abweichung vereinbart (s. Rz. 43)[5]. Der auszuschließende Wohnungseigentümer ist für die Beschlussfähigkeit nicht zu berücksichtigen, da er in Hinblick auf § 25 Abs. 5 ohnehin nicht stimmberechtigt ist[6].

33 Zur Wirksamkeit des Beschlusses ist die **absolute Mehrheit** (50 % + 1) aller stimmberechtigten Wohnungseigentümer erforderlich, Abs. 3 Satz 2[7]. Es genügt also nicht die Mehrheit der erschienenen Wohnungseigentümer[8]. Der **auszuschließende Wohnungseigentümer** ist nach § 25 Abs. 5 nicht stimmberechtigt, denn das Veräußerungsverlangen ist auf die Einleitung eines Rechtsstreits gegen ihn gerichtet[9]. Mit Ausnahme des auszuschließenden Wohnungseigentümers hat jeder Wohnungseigentümer, auch innerhalb einer Mehrhausanlage[10] – unabhängig von der Größe seiner Miteigentumsanteile und der Anzahl seiner

---

1 BayObLG v. 15.2.1995 – 2Z BR 1/95, NJW-RR 1996, 12 (13); OLG Düsseldorf ZMR 1998, 243 (244); MüKo/*Engelhardt* § 18, Rz. 7.
2 KG v. 22.11.1995 – 24 W 2452/95, NJW-RR 1996, 526 = ZMR 1996, 223 (225); Bärmann/*Pick* § 18, Rz. 11; *Pick* in Bärmann/Pick/Merle § 18, Rz. 38; *Riecke* in KK-WEG § 18, Rz. 40; MüKo/*Engelhardt* § 18, Rz. 7; bei Weitnauer/*Lüke* § 18, Rz. 10 versehentlich als „Abweisungsklage" bezeichnet; a.A. mit beachtlichen Argumenten *Köhler*, Das neue WEG, Rz. 275.
3 AnwK-BGB/*Schultzky* § 18, Rz. 11; MüKo/*Engelhardt* § 18, Rz. 8.
4 MüKo/*Engelhardt* § 18, Rz. 8.
5 OLG Celle v. 7.4.1955 – 4 Wx 1/55, DNotZ 1955, 320 (323) = NJW 1955, 953 (954); Staudinger/*Kreuzer* § 18, Rz. 30.
6 Soergel/*Stürner* § 18, Rz. 4.
7 KG v. 26.2.1992 – 24 W 3965/91, NJW-RR 1992, 1298; Bärmann/*Pick* § 18, Rz. 11; *Pick* in Bärmann/Pick/Merle § 18, Rz. 37; *Diester* § 18, Rz. 8; MüKo/*Engelhardt* § 18, Rz. 8; RGRK/*Augustin* § 18, Rz. 17; Soergel/*Stürner* § 18, Rz. 4; a.A. OLG Hamburg v. 7.4.2003 – 2 Wx 9/03, ZMR 2003, 596 (bezüglich eines Abmahnungsbeschlusses); Staudinger/*Kreuzer* § 18, Rz. 28.
8 MüKo/*Engelhardt* § 18, Rz. 8; Weitnauer/*Lüke* § 18, Rz. 9.
9 Vgl. BayObLG v. 31.1.1992 – BReg 2Z 143/91, NJW 1993, 603 (604); BayObLG v. 9.10.1997 – 2Z BR 84/97, NZM 1998, 161 (162); KG v. 22.12.1998 – 24 W 875/93, NJW-RR 1994, 855 (856); LG Aachen v. 15.10.1992 – 2 S 298/91, ZMR 1993, 233; MüKo/*Engelhardt* § 18, Rz. 8; *Niedenführ/Schulze* § 18, Rz. 13; RGRK/*Augustin* § 18, Rz. 17; Soergel/*Stürner* § 18, Rz. 4.
10 BayObLG Rpfleger 1972, 144 (145); *Riecke* in KK-WEG § 18, Rz. 46; RGRK/*Augustin* § 18, Rz. 17; Soergel/*Stürner* § 18, Rz. 4; Weitnauer/*Lüke* § 18, Rz. 9.

Eigentumswohnungen – gem. § 25 Abs. 2 Satz 1 **eine Stimme**[1]. Diese kann für mehrere Berechtigte (Miteigentümer, Gesamthandsberechtigte) an einer Einheit nur einheitlich ausgeübt werden, § 25 Abs. 2 Satz 2[2]. Abweichende Vereinbarungen hierzu sind möglich (s. Rz. 43), aber nicht schon dann anzunehmen, wenn sich die Stimmberechtigung auch sonst nach der Anzahl der Miteigentumsanteile richtet[3]. **Enthaltungen** sind als Nein-Stimmen zu zählen[4].

Gegenstand der Beschlussfassung ist nicht die Prüfung darüber, ob die materiellen Voraussetzungen für eine Veräußerungsklage vorliegen, sondern nur die Entscheidung darüber, *ob* der auszuschließende Miteigentümer *nach* einer erfolgreichen Veräußerungsklage sein Wohnungseigentum veräußern soll[5]. Hinsichtlich dieser Entscheidung kommt den Wohnungseigentümern ein **weiter Ermessensspielraum** zu[6]. Nur soweit sich dieser Spielraum darauf reduziert hat, dass das Veräußerungsverlangen ordnungsgemäßer Verwaltung (§ 21 Abs. 4) entspricht, besteht ein Anspruch auf diese Beschlussfassung[7]. Aus dem Beschluss muss sich inhaltlich **klar und eindeutig** das Veräußerungsverlangen ergeben (s. bereits oben Rz. 31 in Hinblick auf die Bezeichnung der Tagesordnung), was bei einer bloßen Ermächtigung an den Verwalter, Veräußerungsklage zu erheben, nicht der Fall ist[8]. Der Beschluss kann mit **Bedingungen** (z.B. Nichtzahlung rückständiger Beträge)[9] und **Befristungen**[10] versehen werden. Da umstritten ist, ob der Entziehungsbeschluss auch eine stillschweigende Ermächtigung des Verwalters enthält, die Veräußerungsklage (ggf. unter Bevollmächtigung eines Rechtsanwalts) zu erheben (s. ausführlich § 19 Rz. 10), können und sollten diese Punkte ebenfalls geregelt werden[11]. Für die **Aufhebung oder Abänderung** eines Entziehungsbeschlusses gelten die vorstehenden Grundsätze entsprechend (s. § 19 Rz. 11).

34

3. Rechtsbehelfe

Der auszuschließende Wohnungseigentümer kann den **Beschluss**, durch den von ihm die Veräußerung seines Wohnungseigentums verlangt wird, mit der

35

---

1 RGRK/*Augustin* § 18, Rz. 17; ob dies zweckmäßig ist, wird unterschiedlich beurteilt, bejahend *Diester* § 18, Rz. 8; verneinend *Pick* in Bärmann/Pick/Merle § 18, Rz. 38.
2 Bärmann/*Pick* § 18, Rz. 11.
3 BayObLG v. 24.6.1999 – 2Z BR 179/98, BayObLGZ 1999, 176 = NZM 1999, 868 = NJW-RR 2000, 17 (19) = FGPrax 1999, 216; OLG Hamm v. 1.4.2004 – 15 W 71/04, NJW-RR 2004, 1380 (1381); Bärmann/*Pick* § 18, Rz. 11; *Riecke* in KK-WEG § 18, Rz. 43; *Niedenführ/Schulze* § 18, Rz. 13.
4 *Riecke* in KK-WEG § 18, Rz. 49.
5 *Pick* in Bärmann/Pick/Merle § 18, Rz. 37 (39); Weitnauer/*Lüke* § 18, Rz. 10.
6 KG v. 2.2.1996 – 24 W 3553/95, FGPrax 1996, 94 = WE 1996, 345; Bärmann/*Pick* § 18, Rz. 13; MüKo/*Engelhardt* § 18, Rz. 6; *Niedenführ/Schulze* § 18, Rz. 12; Staudinger/*Kreuzer* § 18, Rz. 35; Weitnauer/*Lüke* § 18, Rz. 9.
7 KG v. 2.2.1996 – 24 W 3553/95, FGPrax 1996, 94 = WE 1996, 345; Bärmann/*Pick* § 18, Rz. 13; MüKo/*Engelhardt* § 18, Rz. 6; *Niedenführ/Schulze* § 18, Rz. 12; RGRK/*Augustin* § 18, Rz. 17.
8 OLG Hamm v. 13.10.1989 – 15 W 314/89, OLGZ 1990, 57 (61); *Pick* in Bärmann/Pick/Merle § 18, Rz. 37 (42); Weitnauer/*Lüke* § 18, Rz. 10.
9 BayObLGZ 1975, 53 (57); Staudinger/*Kreuzer* § 18, Rz. 33.
10 Staudinger/*Kreuzer* § 18, Rz. 32.
11 Hogenschurz, NZM 2005, 611 (613); *Riecke* in KK-WEG § 18, Rz. 42 (48).

Klage nach §§ 43 Nr. 4, 46 **anfechten**. Da der Beschluss nicht die materiellen Voraussetzungen des § 18 Abs. 1 zum Gegenstand hat (s. Rz. 34), wird der Beschluss im Rahmen der Anfechtungsklage nur daraufhin überprüft, ob er an **formellen Mängeln** leidet. Ob das Veräußerungsverlangen materiell gerechtfertigt ist, wird ausschließlich im Rahmen der Veräußerungsklage (s. § 19 Rz. 15) geprüft[1]. Es ergeben sich insoweit keine Änderungen zur bisherigen Rechtslage[2].

36 Mögliche, im Rahmen der Anfechtungsklage beachtliche **formelle Mängel** sind:
- **Ladungsmängel**, § 23 Abs. 2 (s. Rz. 31; BayObLG v. 15.2.1995 – 2Z BR 1/95, NJW-RR 1996, 12 (13); OLG Düsseldorf ZMR 1998, 243 (244); MüKo/*Engelhardt* § 18, Rz. 9; Staudinger/*Kreuzer* § 18, Rz. 35);
- Mängel bei der **Einberufung und Durchführung der Versammlung**, § 24 (z.B. Abhaltung der Eigentümerversammlung in einer Gaststätte in Anwesenheit anderer Gäste, in der eine sachliche Verständigung wegen Lärms nicht möglich war, bei nur 10-minütiger Versammlungsdauer und fehlender Unbefangenheit des Versammlungsleiters: OLG Hamm v. 13.10.1989 – 15 W 314/89, OLGZ 1990, 57 (60) = MDR 1990, 343; MüKo/*Engelhardt* § 18, Rz. 9);
- Mängel bei der **Feststellung des Abstimmungsergebnisses**, Abs. 3 i.V.m. § 25 Abs. 2, 5 (s. Rz. 32 (33); MüKo/*Engelhardt* § 18, Rz. 9);
- **fehlende Bestimmtheit** des Beschlusses (s. Rz. 34; BayObLG v. 4.3.1999 – 2Z BR 20/99, BayObLGZ 1999, 66 = NJW-RR 1999, 887 (888); OLG Hamm v. 13.10.1989 – 15 W 314/89, OLGZ 1990, 57 (61) = MDR 1990, 343; AG Duisburg v. 28.11.2006 – 76 II 30/06, NZM 2007, 296 (297) = ZMR 2007, 314 (315) (sehr streng, Beschluss, einen Miteigentümer aus der Gemeinschaft „auszuschließen" soll nicht genügen); MüKo/*Engelhardt* § 18, Rz. 9; Staudinger/*Kreuzer* § 18, Rz. 35: der Beschluss bringt das Veräußerungsverlangen nicht hinreichend klar und eindeutig zum Ausdruck);
- **fehlende Beschlusskompetenz** (OLG Köln v. 20.2.2004 – 16 Wx 7/04, NZM 2004, 260 (261): Die Wohnungseigentümer dürfen durch einen Beschluss nach Abs. 3 oder durch einen Abmahnungsbeschluss nicht dadurch Druck auf einen Wohnungseigentümer ausüben mit dem Ziel, dass dieser die serienhafte Anfechtung von Beschlüssen unterlassen möge, da den Eigentümern hierfür die Beschlusskompetenz fehlt; fragwürdig, denn in Wahrheit handelt es sich um eine inhaltliche Prüfung des Beschlusses bzw. der Abmahnung, ob ein Fall des Abs. 1 oder 2 vorliegt);
- **fehlende Abmahnung**, da der BGH einem Entziehungsbeschluss nur dann die für eine Veräußerungsklage erforderliche Wirkung beimisst, wenn diesem eine Abmahnung vorangegangen ist; allerdings kann der Entziehungsbeschluss regelmäßig in eine solche Abmahnung umgedeutet werden (s. zum Ganzen BGH v. 19.1.2007 – V ZR 26/06, NJW 2007, 1353 (1356) = NZM 2007, 290 (292); a.A. OLG Köln v. 23.12.1997 – 16 Wx 236/97, ZMR 1998, 376).

37 Die Ablehnung der Gemeinschaft, einen Beschluss nach Abs. 3 zu treffen (**Negativbeschluss**), ist mit der Anfechtungsklage angreifbar. Allerdings ist diese Ent-

---

1 BayObLG v. 15.12.1995 – 2Z BR 1/95, NJW-RR 1996, 12 (13); BayObLGZ 1999, 66 = NJW-RR 1999, 887 (888); OLG Hamm v. 13.10.1989 – 15 W 314/89, OLGZ 1990, 57 (61) = MDR 1990, 343; KG v. 22.12.1993 – 24 W 875/95, NJW-RR 1994, 855; OLG Köln v. 23.12.1997 – 16 Wx 236/97, ZMR 1998, 376; Bärmann/*Pick* § 18, Rz. 13; *Pick* in Bärmann/Pick/Merle § 18, Rz. 42 (43); *Riecke* in KK-WEG § 18, Rz. 44; MüKo/*Engelhardt* § 18, Rz. 6; *Niedenführ*/*Schulze* § 18, Rz. 14; RGRK/*Augustin* § 18, Rz. 18; *Sauren* § 18, Rz. 7; Soergel/*Stürner* § 18, Rz. 6; Staudinger/*Kreuzer* § 18, Rz. 34 (35); Weitnauer/*Lüke* § 18, Rz. 10.
2 *Abramenko*, Das neue WEG, § 8, Rz. 2; *Köhler*, Das neue WEG, Rz. 277; a.A. nur AnwK-BGB/*Schultzky* § 18, Rz. 15.

scheidung nur daraufhin überprüfbar, ob sie sich innerhalb des weiten Ermessensspielraums der Gemeinschaft bewegt (s. Rz. 34) und damit dem Grundsatz ordnungsgemäßer Verwaltung widerspricht[1].

Der **Streitwert** einer Anfechtungsklage gegen den Eigentümerbeschluss nach Abs. 3 kann nicht mit dem Streitwert der Veräußerungsklage (s. § 19 Rz. 18 ff.) gleichgesetzt werden, da in diesem Verfahren nicht die materiellen Voraussetzungen des § 18 Abs. 1, 2 geprüft werden[2]. Von dem für die Veräußerungsklage maßgeblichen Streitwert ist nur ein Bruchteil als Streitwert der Beschlussanfechtungsklage zugrunde zu legen, der maximal 20 % betragen sollte. Da sich in größeren Gemeinschaften der Streitwert regelmäßig nach dem Verkehrswert der Wohnung des Beklagten richten wird (s. § 19 Rz. 19), sind – wie bisher – **20 % des Verkehrswerts der Beklagtenwohnung** für die Anfechtungsklage maßgeblich[3].

38

4. Absicherung des Entziehungsanspruchs

Der Anspruch der Wohnungseigentümer auf Veräußerung des Wohnungseigentums wird zwar nunmehr wie ein auf eine Geldforderung gerichtetes Leistungsurteil nach dem ZVG vollstreckt (s. § 19 Abs. 1). Da den Wohnungseigentümern jedoch eine andere Art der Veräußerung, insbesondere durch freiwillige Versteigerung etc. (s. § 19 Rz. 59), gestattet ist, kann dieser Veräußerungsanspruch auch weiterhin durch **Eintragung einer Vormerkung** oder eines **einstweiligen Verfügungsverbots** abgesichert werden (s. § 19 Rz. 59). Allerdings setzt die Eintragung der Vormerkung ein vorläufig vollstreckbares Urteil (vgl. § 895 ZPO) voraus, aufgrund des Entziehungsbeschlusses kommt die Eintragung einer Vormerkung nicht in Betracht[4], wohl aber der Erlass eines Verfügungsverbots im Wege der einstweiligen Verfügung[5].

39

5. Verjährung und Verwirkung des Entziehungsanspruchs

Das Veräußerungsverlangen ist kein Gestaltungsrecht, sondern ein Leistungsanspruch, der der Verjährung unterliegt, § 194 Abs. 1 BGB[6]. Da der Anspruch auch nicht auf Übertragung, sondern nur auf Veräußerung des Eigentums gerichtet ist, gilt die **dreijährige Regelverjährungsfrist** des § 195 BGB und nicht die zehnjährige Frist des § 196 BGB[7]. Für den Beginn der Verjährung ist § 199 Abs. 1, 4 BGB maßgeblich. Ist das Veräußerungsverlangen verjährt, so sind die Wohnungseigentümer nicht gehindert, wegen eines anderen, noch unverjährten Pflichtverstoßes i.S.d. § 18 Abs. 1 die Veräußerung zu verlangen.

40

---

1 KG v. 2.2.1996 – 24 W 3553/95, FGPrax 1996, 94 = WE 1996, 345; Bärmann/*Pick* § 18, Rz. 13; *Pick* in Bärmann/Pick/Merle § 18, Rz. 42; Staudinger/*Kreuzer* § 18, Rz. 35.
2 BayObLG WuM 1990, 95; Staudinger/*Kreuzer* § 18, Rz. 40.
3 LG Bremen WuM 1999, 598 (599); Staudinger/*Kreuzer* § 18, Rz. 40.
4 Staudinger/*Kreuzer* § 18, Rz. 43.
5 *Sauren* § 18, Rz. 9.
6 Ebenso *Pick* in Bärmann/Pick/Merle § 18, Rz. 8.
7 Ebenso Bärmann/*Pick* § 18, Rz. 4; unklar *Pick* in Bärmann/Pick/Merle § 18, Rz. 8, der wohl noch von der früheren 30-jährigen Regelverjährungsfrist ausgeht.

41 Angesichts der seit 1.1.2002 auf drei Jahre verkürzten Verjährungsfrist kommt eine **Verwirkung** des Veräußerungsanspruchs **nicht mehr in Betracht**[1]. Davon zu unterscheiden ist die Frage, ob der Pflichtverstoß zum Zeitpunkt der Geltendmachung überhaupt noch vorliegt (s. Rz. 12) und noch als unzumutbar (s. Rz. 13 f.) anzusehen ist[2]. Da der BGH außerdem vor der Beschlussfassung über die Entziehung eine vorherige Abmahnung fordert (s. Rz. 14), ist zu prüfen, ob nicht die Abmahnung ihre Wirkung deshalb verloren hat (s. Rz. 22), weil über einen längeren Zeitraum entweder der Störer unbeanstandet seine Pflichten erfüllt hat oder aber die anderen Wohnungseigentümer weitere Pflichtverletzungen nicht gerügt haben[3].

V. Abdingbarkeit (Abs. 4)

42 Die Vorschrift ist erst im Laufe des Gesetzgebungsverfahrens eingefügt worden, um den Miteigentümern im Verhältnis zur Unauflöslichkeit der Gemeinschaft (§ 11) ein wirksames Korrektiv gegen Störer zu erhalten[4]. Der **Veräußerungsanspruch nach Abs. 1** kann weder durch Vereinbarung noch durch (sofern aufgrund wirksamer Öffnungsklausel möglichen) Mehrheitsbeschluss eingeschränkt oder ausgeschlossen werden. Die Vorschrift ist also **einseitig zwingend**, Erleichterungen oder Erweiterungen des Veräußerungsverlangens und sogar Alternativen zum gesetzlichen Leitbild des § 18 Abs. 1 sind also zulässig[5]. Da die Norm weitere Erschwerungen des ohnehin schon aufwendigen Entziehungsverfahrens verhindern will, sind die Vorschriften des **Abs. 2 und 3 ebenfalls unabdingbar**[6]. Kein Argument gegen diese Auslegung ist die Nichterwähnung dieser Absätze in Abs. 4, denn die Abs. 2 und 3 sind nur Konkretisierungen des in Abs. 1 statuierten Veräußerungsanspruchs und insofern dessen unselbständiger Bestandteil[7]. Außerdem ist der Entziehungsbeschluss Prozessvoraussetzung für eine Veräußerungsklage, so dass die Behauptung unzutreffend ist, der Beschluss erfülle keinen eigenen Schutzzweck[8].

---

1 Ebenfalls zurückhaltend *Pick* in Bärmann/Pick/Merle § 18, Rz. 8; anders die (noch) h.M., Bärmann/*Pick* § 18, Rz. 4 (14); Bamberger/Roth/*Hügel* § 18, Rz. 7; *Sauren* § 18, Rz. 8; Soergel/*Stürner* § 18, Rz. 4; Staudinger/*Kreuzer* § 18, Rz. 42.
2 Ähnlich *Pick* in Bärmann/Pick/Merle § 18, Rz. 52; Staudinger/*Kreuzer* § 18, Rz. 16; Weitnauer/*Lüke* § 18, Rz. 4.
3 So wohl auch BGH v. 19.1.2007 – V ZR 26/06, NJW 2007, 1353 (1356) = NZM 2007, 290 (292) unter Bezugnahme auf die Rspr. des BAG zur Wirksamkeit der Abmahnung bei Kündigung eines Arbeitsverhältnisses.
4 LG Bonn v. 12.6.1996 – 4 T 315/96, MittRhNotK 1996, 271 (272); *Diester* § 18, Rz. 10; Weitnauer/*Lüke* § 18, Rz. 11.
5 OLG Düsseldorf v. 24.3.2000 – 3 Wx 77/00, NZM 2000, 873 = NJW-RR 2001, 231; *Pick* in Bärmann/Pick/Merle § 18, Rz. 50; Bamberger/Roth/*Hügel* § 18, Rz. 9; *Diester* § 18, Rz. 10; *Riecke* in KK-WEG § 18, Rz. 7; MüKo/*Engelhardt* § 18, Rz. 10; RGRK/*Augustin* § 18, Rz. 25; Staudinger/*Kreuzer* § 18, Rz. 25.
6 LG Bonn MittRhNotK 1996, 271 (272); *Pick* in Bärmann/Pick/Merle § 18, Rz. 50 (51); MüKo/*Engelhardt* § 18, Rz. 10; a.A. *Niedenführ/Schulze* § 18, Rz. 22; RGRK/*Augustin* § 18, Rz. 26; Soergel/*Stürner* § 18, Rz. 2; Weitnauer/*Lüke* § 18, Rz. 12.
7 *Diester* § 18, Rz. 11; Bamberger/Roth/*Hügel* § 18, Rz. 9; *Sauren* § 18, Rz. 13, 14 (allerdings nur in Bezug auf Abs. 2).
8 Anders Staudinger/*Kreuzer* § 18, Rz. 34.

Zulässige Abweichungen von den Abs. 1 bis 3 sind: 43

– **Ausdehnung** von Entziehungsgründen (RGRK/*Augustin* § 18, Rz. 25), soweit die Regelung hinreichend bestimmt ist (OLG Düsseldorf v. 24.3.2000 – 3 Wx 77/00, NZM 2000, 873 = NJW-RR 2001, 231: der Entziehungsgrund „nachbarrechtliche Störungen" und „schwere persönliche Misshelligkeiten" ist zu unbestimmt);
– **Verzicht auf Verschuldenserfordernis** (AnwK-BGB/*Schultzky* § 18, Rz. 13; *Pick* in Bärmann/Pick/Merle § 18, Rz. 50);
– **Verzicht auf Abmahnungserfordernis;**
– **Erleichterung des Entziehungsgrundes nach Abs. 2 Nr. 1** (z.B. nur zweimaliger Pflichtverstoß ausreichend, *Sauren* § 18, Rz. 13);
– **Erleichterung der Verzugsvoraussetzungen des Abs. 2 Nr. 2** (z.B. Verringerung des Verzugsbetrags und/oder des Verzugszeitraums, RGRK/*Augustin* § 18, Rz. 26; Soergel/*Stürner* § 18, Rz. 2; Staudinger/*Kreuzer* § 18, Rz. 25; Erstreckung auf andere, über § 16 Abs. 2 hinausgehende Zahlungspflichten, *Diester* § 18, Rz. 7);
– **Erleichterung** der Beschlussfassung (OLG Hamm v. 1.4.2004 – 15 W 71/04, NJW-RR 2004, 1380 (1381); *Hogenschurz*, NZM 2005, 611 (612); Bärmann/*Pick* § 18, Rz. 19; Staudinger/*Kreuzer* § 18, Rz. 34);
– **Vereinbarung von alternativen Entziehungsverfahren** (z.B. Einräumung von Ankaufsrechten, Bärmann/*Pick* § 18, Rz. 20, s. ausführlich § 19 Rz. 58ff.).

Unzulässige Abweichungen von den Abs. 1 bis 3 sind: 44

– **abschließende Aufzählung** von Entziehungsgründen (Bärmann/*Pick* § 18, Rz. 19; *Pick* in Bärmann/Pick/Merle § 18, Rz. 50);
– **Ausschluss** unzumutbarer Pflichtverletzungen vom Veräußerungsanspruch (*Pick* in Bärmann/Pick/Merle § 18, Rz. 50);
– **Erhöhung** des in Abs. 2 Nr. 2 genannten **Verzugsbetrags** (LG Bonn v. 12.6.1996 – 4 T 315/96, MittRhNotK 1996, 271 (272): Verzugsbetrag i.H.v. mehr als sechs Monatsraten der Abschlagszahlungen; *Pick* in Bärmann/Pick/Merle § 18, Rz. 50; *Diester* § 18, Rz. 11);
– **Begrenzung** des Anspruchs auf die Störung **eines bestimmten Kreises von Miteigentümern** (z.B. auf einen Wohnblock bei Mehrhausanlagen oder die unmittelbaren Nachbarwohnungen, Bärmann/*Pick* § 18, Rz. 19; *Pick* in Bärmann/Pick/Merle § 18, Rz. 50);
– **Ausschlussfristen** für die Geltendmachung des Veräußerungsverlangens (vgl. LG Kassel, Beschl. v. 20.6.1963 – 6 T 220/63, wiedergegeben bei *Diester*, Rechtsprechung Nr. 40, 51a: Veräußerungsverlangen unzulässig, wenn seit Kenntnis des Verwalters sechs Monate, ohne Kenntnis zwei Jahre seit der Pflichtverletzung vergangen sind; *Pick* in Bärmann/Pick/Merle § 18, Rz. 52; *Sauren* § 18, Rz. 12; a.A. LG Kassel in *Diester*, Rechtsprechung Nr. 51a, S. 129f.; RGRK/*Augustin* § 18, Rz. 27; Soergel/*Stürner* § 18, Rz. 4; Weitnauer/*Lüke* § 18, Rz. 11);
– **Verkürzung** der Verjährungsfrist des Veräußerungsanspruchs (a.A. RGRK/*Augustin* § 18, Rz. 27);
– **Verzicht auf Beschlussfassung** nach Abs. 3 (AnwK-BGB/*Schultzky* § 18, Rz. 14);
– **Delegation der Beschlussfassung** auf einzelne Wohnungseigentümer (z.B. Miteigentümer eines bestimmten Wohnblocks bei Mehrhausanlage, Bärmann/*Pick* § 18, Rz. 12; RGRK/*Augustin* § 18, Rz. 28; a.A. Soergel/*Stürner* § 18, Rz. 4; Staudinger/*Kreuzer* § 18, Rz. 34; Weitnauer/*Lüke* § 18, Rz. 12) oder Dritte (z.B. Verwaltungsbeirat, Verwalter, Gläubiger oder Gutachter, AnwK-BGB/*Schultzky* § 18, Rz. 14; *Pick* in Bärmann/Pick/Merle § 18, Rz. 40; Bärmann/*Pick* § 18, Rz. 12; Niedenführ/*Schulze* § 18, Rz. 22; RGRK/*Augustin* § 18, Rz. 27; Staudinger/*Kreuzer* § 18, Rz. 34);
– **Abweichung vom Kopfstimmprinzip** (a.A. OLG Hamm v. 1.4.2004 – 15 W 71/04, NJW-RR 2004, 1380 (1381); RGRK/*Augustin* § 18, Rz. 17; Soergel/*Stürner* § 18, Rz. 4;

Staudinger/*Kreuzer* § 18, Rz. 34; offengelassen von BayObLG v. 24.6.1999 – 2Z BR 179/98, NJW-RR 2000, 17 (19) = FGPrax 1999, 216);

– **höheres Quorum** für die Beschlussfassung (z.B. Erfordernis der Einstimmigkeit, einer 2/3- oder 3/4-Mehrheit; Bärmann/*Pick* § 18, Rz. 12; *Diester* § 18, Rz. 11; MüKo/*Engelhardt* § 18, Rz. 10; Staudinger/*Kreuzer* § 18, Rz. 34; a.A. OLG Celle v. 7.5.1955 – 4 Wx 1/55, DNotZ 1955, 320 (323) = NJW 1955, 953 (954); *Pick* in Bärmann/Pick/Merle § 18, Rz. 40; *Riecke* in KK-WEG § 18, Rz. 9 (10); RGRK/*Augustin* § 18, Rz. 27; *Sauren* § 18, Rz. 14; Soergel/*Stürner* § 18, Rz. 4).

VI. Sonstige Maßnahmen gegen den störenden Wohnungseigentümer

45 § 18 entfaltet **keine Sperrwirkung** für andere Maßnahmen gegen einen störenden Wohnungseigentümer[1]. Zu unterscheiden ist zwischen solchen Maßnahmen, die sogar vorrangig, also vor Geltendmachung des Veräußerungsverlangens, ergriffen werden müssen, und solchen, die anstelle des Veräußerungsverlangens beschritten werden können.

1. Vorrangige mildere Maßnahmen

46 Da das Veräußerungsverlangen nur als letztes Mittel zur Abwendung einer Störung in Betracht kommt, haben die Wohnungseigentümer mögliche mildere Maßnahmen vorher auszuschöpfen. Hierzu zählt natürlich in erster Linie die bereits erörterte förmliche **Abmahnung** (s. Rz. 14, 21 ff.). Weiterhin nennt die Literatur hier die Geltendmachung von Vertragsstrafen[2], die Verhängung von Bußgeldern[3] oder eine Klage auf Erfüllung der verletzten oder nicht beachteten Pflichten[4]. Diese zuletzt genannten Maßnahmen sind sicherlich in die Abwägung einzubeziehen, ob die Pflichtverletzung derart unzumutbar war (s. Rz. 13), dass sie ein sofortiges Veräußerungsverlangen rechtfertigt. Es kann aber den Wohnungseigentümern nicht in jedem Fall angesonnen werden, erst diese Maßnahmen zu ergreifen, wenn die Gemeinschaft hierdurch nicht auf Dauer befriedet werden kann. Es handelt sich also regelmäßig um Optionen, die den Wohnungseigentümern parallel zum Veräußerungsanspruch zustehen.

2. Zahlungsklage wegen rückständigen Wohngelds

47 Insbesondere im Hinblick auf einen Zahlungsverzug kommt anstelle des Veräußerungsverlangens nach § 18 Abs. 2 Nr. 2 oder Abs. 1 eine **Zahlungsklage** (ggf. im Mahnbescheidsverfahren) in Betracht. Aus einem solchen Titel können die Wohnungseigentümer bei Erreichen eines Verzugsbetrags mindestens in Höhe des nach § 18 Abs. 2 Nr. 2 geforderten Betrags und höchstens 5 % des Verkehrswerts nach § 74a Abs. 5 ZVG in der **privilegierten Rangklasse 2** vollstrecken,

---

1 AnwK-BGB/*Schultzky* § 18, Rz. 8; *Riecke* in KK-WEG § 18, Rz. 51; Staudinger/*Kreuzer* § 18, Rz. 41.
2 *Weimar*, JurBüro 1981, 661 (662); *Niedenführ/Schulze* § 18, Rz. 1.
3 RGRK/*Augustin* § 18, Rz. 2.
4 Bärmann/*Pick* § 18, Rz. 5; RGRK/*Augustin* § 18, Rz. 2; Soergel/*Stürner* § 18, Rz. 1; LG Aachen v. 15.10.1992 – 2 S 298/91, ZMR 1993, 233 (234); LG Landau v. 10.12.1985 – 1 S 303/85, WuM 1986, 151; LG Passau v. 12.4.1984 – 1 S 151/83, Rpfleger 1984, 412 mit abl. Anm. *Gerauer*; LG Stuttgart v. 4.12.1996 – 5 S 477/95, NJW-RR 1997, 589; AG München ZMR 1961, 304 (Ls.).

§ 10 Abs. 1 Nr. 2, Abs. 3 Satz 1 ZVG. Selbst der Gesetzgeber hält diesen Weg für vorzugswürdig[1], so dass sich die Frage stellt, weshalb § 18 Abs. 2 Nr. 2 nicht aufgehoben worden ist. Neben einer Zwangsversteigerung kommt auch die Anordnung einer **Zwangsverwaltung** in Betracht[2].

3. Versorgungssperre

Als besonders wirkungsvolles und kostengünstiges Mittel zur Disziplinierung eines störenden Wohnungseigentümers wird die Ausübung eines Zurückbehaltungsrechts der Gemeinschaft nach § 273 BGB an Versorgungsleistungen angesehen[3]. Eine solche sog. **Versorgungssperre** (s. hierzu ausführlich § 28 Rz. 213ff.) kommt dann in Betracht, wenn ein Wohnungseigentümer mit seinen Vorschusspflichten nach § 28 Abs. 2 erheblich im Verzug ist. Dies gilt selbst dann, wenn die betroffene Wohnung vermietet ist[4].

48

§ 19
Wirkung des Urteils

(1) Das Urteil, durch das ein Wohnungseigentümer zur Veräußerung seines Wohnungseigentums verurteilt wird, berechtigt jeden Miteigentümer zur Zwangsvollstreckung entsprechend den Vorschriften des Ersten Abschnitts des Gesetzes über die Zwangsversteigerung und die Zwangsverwaltung. Die Ausübung dieses Rechts steht der Gemeinschaft der Wohnungseigentümer zu, soweit es sich nicht um eine Gemeinschaft handelt, die nur aus zwei Wohnungseigentümern besteht.

(2) Der Wohnungseigentümer kann im Falle des § 18 Abs. 2 Nr. 2 bis zur Erteilung des Zuschlags die in Absatz 1 bezeichnete Wirkung des Urteils dadurch abwenden, dass er die Verpflichtungen, wegen deren Nichterfüllung er verurteilt ist, einschließlich der Verpflichtung zum Ersatz der durch den Rechtsstreit und das Versteigerungsverfahren entstandenen Kosten sowie die fälligen weiteren Verpflichtungen zur Lasten- und Kostentragung erfüllt.

(3) Ein gerichtlicher oder vor einer Gütestelle geschlossener Vergleich, durch den sich der Wohnungseigentümer zur Veräußerung seines Wohnungseigentums verpflichtet, steht dem in Absatz 1 bezeichneten Urteil gleich.

---

1 BT-Drucks. 16/887, 45.
2 Vgl. LG Zwickau v. 18.2.2004 – 8 T 51/03, ZMR 2007, 656; *Weis*, ZfIR 2007, 477 (481f.); *Wenzel*, WuM 1998, 454 (455f.).
3 *Palder*, WuM 1998, 331 (332); AnwK-BGB/*Schultzky* § 18, Rz. 8; Bärmann/*Pick* § 18, Rz. 10; *Pick* in Bärmann/Pick/Merle § 18, Rz. 34; *Riecke* in KK-WEG § 18, Rz. 54; Niedenführ/Schulze § 18, Rz. 11; Staudinger/Kreuzer § 18, Rz. 41.
4 Ausführlich *Riecke* in KK-WEG § 18, Rz. 52ff.

§ 19 Gemeinschaft der Wohnungseigentümer

Inhaltsübersicht

	Rz.
I. Normzweck, Reform	1
1. Normzweck	1
2. Alte Rechtslage und WEG-Reform 2007	2
II. Veräußerungsklage	6
1. Allgemeines	6
2. Zulässigkeit der Klage	7
3. Prozessverbindung, Aussetzung	12
4. Begründetheit der Klage	14
5. Gebührenstreitwert	18
6. Kostentragung	22
III. Vollstreckung des Veräußerungsurteils (Abs. 1)	25
1. Verfahren, Kosten	25
2. Zuständigkeit, Beteiligte, Rangordnung	27
3. Einleitung des Verfahrens	30
4. Beschlagnahmewirkung	33
5. Aufhebung und Einstellung des Verfahrens	34
6. Terminsbestimmung	36
7. Versteigerungsbedingungen	40
8. Versteigerung	42
9. Zuschlag, Verteilung	43
10. Rechtsbehelfe	48
IV. Weitere Wirkung des Veräußerungsurteils (§ 25 Abs. 5)	50
V. Abwendungsbefugnis (Abs. 2)	51
VI. Vergleich (Abs. 3)	55
VII. Abdingbarkeit, Übergangsrecht	58
1. Abdingbarkeit	58
2. Übergangsrecht	61

Schrifttum: s. zunächst Schrifttum bei § 18; *Abramenko,* Die Entfernung des zahlungsunfähigen oder unzumutbaren Miteigentümers aus der Gemeinschaft. Neue Möglichkeiten durch die Teilrechtsfähigkeit des Verbandes, ZMR 2006, 338; *Götte,* Die Entziehungsversteigerung nach dem WEG – Hindernisrennen mit ungewissem Ausgang, BWNotZ 1992, 105; *Heil,* Die freiwillige Versteigerung von Wohnungseigentum nach §§ 53 ff. WEG, MittRhNotK 1999, 73, 212; *Hintzen/Alff,* Änderungen des ZVG aufgrund des Zweiten ZuModG, Rpfleger 2007, 233; *Limmer,* Die freiwillige Grundstücksversteigerung durch den Notar in FS Bezzenberger, S. 509; *Müller,* Zwangsversteigerung von Wohnungseigentum, ZWE 2006, 378; *Röll,* Die „freiwillige Versteigerung" nach §§ 53 ff. WEG, MittBayNot 1981, 64; *Sauren,* Die WEG-Novelle 2007, DStR 2007, 1307; *Weis,* Änderungen in ZVG und WEG und die Auswirkungen auf die Zwangsversteigerungs- und Zwangsverwaltungspraxis, ZfIR 2007, 477.

I. Normzweck, Reform

1. Normzweck

1 Befolgt der Wohnungseigentümer einen Beschluss nach § 18 Abs. 3 (s. hierzu § 18 Rz. 29 ff.) nicht freiwillig, so muss der ausgeschlossene Wohnungseigentümer auf Veräußerung seines Wohnungseigentums verklagt werden (s. sogleich Rz. 6 ff.). Die Vorschrift regelt, wie aus einem solchen Entziehungs-/Veräußerungsurteil (Abs. 1) oder einem gleichstehenden Titel (Abs. 3) vollstreckt wird bzw. doch noch die Vollstreckung abgewendet werden kann (Abs. 2). Die zwangsweise Veräußerung des Wohnungseigentums war schon bislang umständlich und wird durch die völlig verfehlte Reform von 2007 (s. sogleich Rz. 2 ff.) zusätzlich verkompliziert und daher künftig **weiter an Bedeutung verlieren**.

2. Alte Rechtslage und WEG-Reform 2007

Nach früherer Rechtslage ermöglichte das Veräußerungsurteil allen anderen Miteigentümern, die **„freiwillige Versteigerung"** dieses Wohnungseigentums nach den §§ 53 ff. WEG a.F. einzuleiten. Es handelte sich hierbei um einen dem Versteigerungsverfahren der Art. 66 ff. PrFGG[1] (s. auch Art. 93 ff. HessFGG und Art. 28 ff. NdsFGG) nachgebildeten Zwangsverkauf zur Entfernung des ausgeschlossenen Eigentümers[2]. Dieses Verfahren, das in der Tat keine besondere praktische Bedeutung erlangt hat, wurde als dem Zwangsversteigerungsverfahren nach dem ZVG unterlegen angesehen[3], weil es angeblich zu einer längeren Verfahrensdauer führte[4] und dem verurteilten Wohnungseigentümer Manipulationsmöglichkeiten eröffnete[5].

Der Reformgesetzgeber meint, die Überführung der Versteigerung in das ZVG sei **system- und sachgerecht**, weil sie folgerichtiger Teil des ZPO-Erkenntnisverfahrens sei und in der Sache im Interesse des Gläubigers ein rasches, professionelles Handeln und im Interesse des Schuldners eine bessere Ausschöpfung des Marktes und ein bewährtes Schutzsystem gewährleiste[6]. Dem ist entschieden zu **widersprechen**.

Dass die „freiwillige Versteigerung" langwieriger und manipulationsanfälliger war[7], ist rechtstatsächlich weder untersucht noch bewiesen. In Wirklichkeit war nicht das Versteigerungsverfahren vor dem Notar zu umständlich, sondern die Veräußerungsklage vor den ordentlichen Gerichten ist und bleibt auch in Zukunft zeitaufwändig. Angesichts der nunmehr gesetzlich vorgeschriebenen Terminfristen (vgl. §§ 36, 74a Abs. 3 Satz 2, 85a Abs. 2 Satz 2 ZVG), der Notwendigkeit von weiteren Versteigerungsterminen (§§ 74a Abs. 3 Satz 1, 85a Abs. 2 Satz 1 ZVG), den erheblich umfassenderen Vollstreckungsschutzmöglichkeiten des Schuldners (§ 765a ZPO; § 30a ZVG) und der Überlastung der ordentlichen Gerichtsbarkeit wird das Veräußerungsverfahren sogar **ganz erheblich länger** dauern[8]. Das ZVG beugt auch etwaigen Vereitelungsabsichten des ausgeschlossenen Wohnungseigentümers keinesfalls besser vor. Nach alter Rechtslage konnten die Wohnungseigentümer auch schon vor Rechtskraft des Veräußerungsurteils die Eintragung einer Vormerkung (§ 895 ZPO) oder eines Verfügungs-/Belastungsverbots (§§ 936, 920 Abs. 2 ZPO) erwirken[9]. Außerdem

---

1 PrFGG v. 21.9.1899 (GS S. 249), noch gültig in Berlin (GVBl 1990 S. 2119), Nordrhein-Westfalen (GVBl 1961 S. 325) und Schleswig-Holstein (GS II SchlH 1971 S. 315).
2 Vgl. hierzu *Jansen*, FGG, Anl. 10 S. 487; *Schlegelberger*, FGG, Vor Art. 66 PrFGG, Rz. 2.
3 *Abramenko*, Das neue WEG, § 8, Rz. 1; *Götte*, BWNotZ 1992, 105 (110); *Heil*, MittRhNotK 1999, 73 (102).
4 *Götte*, BWNotZ 1992, 105 (110); *Heil*, MittRhNotK 1999, 73 (102).
5 *Götte*, BWNotZ 1992, 105 (109 f.); *Heil*, MittRhNotK 1999, 73 (102); *Merle* in Bärmann/Pick/Merle Vor § 53, Rz. 14 bis 17; *Sauren* § 18, Rz. 1; *Weitnauer/Lüke* § 19, Rz. 7.
6 BT-Drucks. 16/887, 27.
7 So BT-Drucks. 16/887, 26; *Hogenschurz*, NZM 2005, 611 (614, 615); *Bamberger/Roth/Hügel* § 18, Rz. 1; *Sauren* § 18, Rz. 1.
8 Ebenso *Diester* § 19, Rz. 2; *Drasdo*, ZWE 2005, 162: in der Regel dauert ein Zwangsversteigerungsverfahren zwei Jahre.
9 KG OLGZ 1979, 146 = MDR 1979, 218 = Rpfleger 1979, 198; *Götte*, BWNotZ 1992, 105 (107); *Heil*, MittRhNotK 1999, 73 (88 f.) m.w.N.; *Merle* in Bärmann/Pick/Merle § 54, Rz. 21; *Palandt/Bassenge* § 19, Rz. 2.

wurde über die Anwendung der §§ 138, 242 bzw. 826 BGB versucht, die Ersteigerung durch „Strohmänner" einzudämmen[1]. Die Beschlagnahmewirkung des § 23 ZVG stellt demgegenüber keinen nennenswerten zeitlichen Vorteil dar (s. Rz. 33). Außerdem scheidet im Rahmen einer hoheitlichen Zwangsversteigerung eine Anwendung der §§ 138, 242 bzw. 826 BGB grundsätzlich aus, so dass die Wohnungseigentümer nicht einmal eine Ersteigerung durch den ausgeschlossenen Eigentümer selbst (vgl. hingegen § 56 Abs. 2 WEG a.F.!), geschweige denn durch dessen Verwandte oder Vertraute, verhindern können (s. Rz. 43 f.). Da nunmehr auch etwa bestehende Mietverhältnisse aufgelöst werden können (s. Rz. 41), kommt sogar eine Nutzungsüberlassung an den ausgeschlossenen Wohnungseigentümer in Betracht[2]. Die **Manipulationsgefahr** ist nach neuer Rechtslage also sogar **höher** (s. Rz. 33).

5 Schließlich ist die Anwendbarkeit des ZVG **weder system- noch sachgerecht**. Bei der Zwangsversteigerung handelt es sich um eine Zwangsvollstreckung wegen Geldforderungen (vgl. §§ 864 ff. ZPO) oder wenigstens zur Aufhebung einer Gemeinschaft, um deren Vermögen zu verteilen (vgl. § 180 ZVG)[3]. Dieses Verfahren taugt von seiner ganzen Systematik her nicht für den zwangsweisen Ausschluss eines Wohnungseigentümers. Angesichts der zahlreichen Grundrechtsverstöße, die das BVerfG[4] und der BGH[5] im Rahmen der Zwangsversteigerung laufend feststellen müssen, kann wohl kaum von einem professionellen und bewährten Verfahren die Rede sein. Unhaltbar ist insbesondere die Behauptung, das Zwangsversteigerungsverfahren würde einen höheren Veräußerungserlös garantieren, das Gegenteil ist der Fall. Bei genauer Betrachtung ist die Versteigerung nach dem ZVG nicht geeignet, um einen Wohnungseigentümer nach § 18 aus der Gemeinschaft effektiv auszuschließen[6]. Aus Sicht aller Beteiligten stellt sich die Anwendbarkeit des ZVG vielmehr als unverhältnismäßig dar, so dass die Norm sogar **verfassungswidrig** ist, wenn man den Beteiligten nicht deren Abdingbarkeit zugesteht (s. hierzu Rz. 41, 58 ff.).

II. Veräußerungsklage

1. Allgemeines

6 Veräußert der nach § 18 Abs. 1, 3 ausgeschlossene Wohnungseigentümer sein Wohnungseigentum nicht freiwillig, so muss dieser Leistungsanspruch[7] im Kla-

---

1 *Bärmann/Pick* § 56, Rz. 5; *Merle* in Bärmann/Pick/Merle § 56, Rz. 27; KG v. 11.12.2003 – 1 W 71/03, DNotZ 2004, 631 = FGPrax 2004, 91 greift auf § 242 BGB zurück.
2 Während nach alter Rechtslage hiergegen Abhilfemöglichkeiten bestanden, vgl. AnwK-BGB/*Heinemann*, 1. Aufl., § 56, Rz. 4.
3 Die Vorschriften über die Teilungsversteigerung sollen allerdings gerade keine Anwendung finden, vgl. BT-Drucks. 16/887, 27.
4 BVerfG v. 24.3.1976 – 2 BvR 804/75, BVerfGE 42, 64; BVerfG v. 7.12.1977 – 1 BvR 734/77, BVerfGE 46, 325; BVerfG v. 27.9.1978 – 1 BvR 361/78, BVerfGE 49, 220.
5 BGH v. 4.5.2005 – I ZB 10/05, BGHZ 163, 66 = NJW 2005, 1859; BGH v. 24.11.2005 – V ZB 24/05, NJW 2006, 508 = ZfIR 2006, 556.
6 So bereits *Diester* § 19, Rz. 2 und Weitnauer/*Gottschalg* Vor § 53, Rz. 1; a.A. *Hogenschurz*, NZM 2005, 611 (615).
7 Dass es sich bei der Veräußerungsklage um ein Leistungsurteil handelt, hat *Stache*, S. 66 ff., zutreffend begründet.

gewege durchgesetzt werden (sog. **Veräußerungsklage**, teilweise auch als Entziehungs-[1] oder „Abmeierungsklage"[2] bezeichnet). In der Klage muss beantragt werden, dass der „N. N. als Eigentümer der Wohnung Nr. X, diese zu veräußern hat"[3]. Eine Bezeichnung des Erwerbers/Erstehers scheidet naturgemäß aus und ist deshalb nicht notwendig[4].

2. Zulässigkeit der Klage

Ohne Rücksicht auf den Wert des Streitgegenstands (zum Gebührenstreitwert s. Rz. 18ff.) ist ausschließlich das AG sachlich und örtlich **zuständig**, in dessen Bezirk sich das aufgeteilte Grundstück befindet, § 43 Nr. 1, 2, § 23 Nr. 2c GVG (vgl. § 51 WEG a.F.). Die Vereinbarung der Zuständigkeit eines **Schiedsgerichts** ist bei Beachtung der §§ 1029ff. ZPO möglich[5]. 7

Zulässigkeitsvoraussetzung ist, dass überhaupt ein Beschluss nach §§ 18 Abs. 3 vorliegt (s. dazu § 18 Rz. 30)[6], sofern nicht ausnahmsweise von einer vorherigen Beschlussfassung abgesehen werden kann (s. hierzu § 18 Rz. 30). Der Beschluss selbst muss bei Klageerhebung noch nicht bestandskräftig geworden sein. Dies ist aber ratsam, denn ansonsten besteht die Gefahr, dass die Veräußerungsklage bei nachträglicher Beschlussanfechtung ausgesetzt wird (§ 148 ZPO, s. Rz. 13)[7] und bei deren Begründetheit die Veräußerungsklage als unzulässig zurückzuweisen wäre. 8

Klagebefugt ist nach § 18 Abs. 1 Satz 2 die Wohnungseigentümergemeinschaft als **gesetzlicher Prozessstandschafter**, bei einer zweigliedrigen Gemeinschaft der verbleibende Wohnungseigentümer. Entgegen der bisherigen Rechtslage[8] besteht (vom zweigliedrigen Verband abgesehen) keine Möglichkeit mehr für den einzelnen Wohnungseigentümer, die Klage alleine zu erheben. Der einzelne 9

---

1 Da das Wohnungseigentum eben nicht – wie im Gesellschaftsrecht – eingezogen wird, ist diese Bezeichnung ungenau, *Friese*, NJW 1951, 510; *Pick* in Bärmann/Pick/Merle § 19, Rz. 3; anders *Diester* § 19, Rz. 4.
2 Zum Ursprung dieses Begriffs vgl. *Stache*, S. 9ff.; *Riecke* in KK-WEG § 18, Rz. 41; gegen die Verwendung dieses Begriffs spricht sich *Merle* in Bärmann/Pick/Merle § 51, Rz. 1 aus.
3 *Niedenführ/Schulze* § 18, Rz. 16; zur Auslegung eines mehrdeutigen Veräußerungsbegehrens, BayObLG v. 4.3.1999 – 2Z BR 20/99, NJW-RR 1999, 887 (888).
4 *Diester* § 18, Rz. 9.
5 BayObLGZ 1973, 1; LG Aachen v. 15.10.1992 – 2 S 298/91, ZMR 1993, 233 (234); Bärmann/*Pick* § 18, Rz. 15; *Niedenführ/Schulze* § 18, Rz. 16; RGRK/*Augustin* § 18, Rz. 21; Soergel/*Stürner* § 18, Rz. 6; Staudinger/*Kreuzer* § 18, Rz. 36; a.A. *Sauren* § 19, Rz. 3.
6 BayObLG v. 4.3.1999 – 2Z BR 20/99, NJW-RR 1999, 887 (888); KG WE 1996, 345; OLG Hamm v. 13.10.1989 – 15 W 314/89, OLGZ 1990, 57 (60) = MDR 1990, 343; OLG Köln v. 23.12.1997 – 16 Wx 236/97, ZMR 1998, 376; LG Aachen v. 15.10.1992 – 2 S 298/91, ZMR 1993, 233 (234); AG Dachau v. 16.1.2001 – 3 C 265/00, ZMR 2006, 319; *Pick* in Bärmann/Pick/Merle § 18, Rz. 37; Soergel/*Stürner* § 18, Rz. 6; Staudinger/*Kreuzer* § 18, Rz. 28.
7 Vgl. OLG Hamburg WuM 1991, 310; OLG Hamm v. 13.10.1989 – 15 W 314/89, OLGZ 1990, 57 (61) = MDR 1990, 343; Soergel/*Stürner* § 18, Rz. 6; Staudinger/*Kreuzer* § 18, Rz. 38.
8 BGH v. 19.1.2007 – V ZR 26/06, NJW 2007, 1353 (1354) = NZM 2007, 290 (291); OLG Karlsruhe v. 25.10.1979 – 9 U 14/78 – n.v.; *Niedenführ/Schulze* § 18, Rz. 16; RGRK/*Augustin* § 18, Rz. 20; Staudinger/*Kreuzer* § 19 WEG, Rz. 2.

Wohnungseigentümer kann nur unter den engen Voraussetzungen des § 21 Abs. 4 die Durchsetzung eines gefassten Veräußerungsbeschlusses erreichen[1], er muss also seinerseits die Gemeinschaft verklagen, es sei denn, der Verwalter ist mit Beschlussfassung auch zur Klageerhebung ermächtigt (s. Rz. 10). Da aber weiterhin die einzelnen Wohnungseigentümer Inhaber dieses Anspruchs sind[2], kommt eine Rückdelegation der Ausübungsbefugnis an einzelne bzw. alle Wohnungseigentümer oder den Verwalter im Wege einer **gewillkürten Prozessstandschaft** in Betracht[3].

10 Der **Verwalter** ist bei Vorliegen eines Beschlusses nach § 27 Abs. 3 Satz 1 Nr. 6, 7 (bzw. bei Rückdelegation nach § 27 Abs. 2 Nr. 3, 4) bevollmächtigt[4], die Veräußerungsklage (ggf. unter Beauftragung eines Rechtsanwalts) zu erheben[5]. Es empfiehlt sich, im Veräußerungsbeschluss klarzustellen, ob der Verwalter zur Erhebung der Veräußerungsklage (ggf. unter Einschaltung eines Rechtsanwalts) bevollmächtigt ist oder nicht[6]. Die **Bevollmächtigung** eines Wohnungseigentümers hierzu ist – sofern keine Rückdelegation (s. Rz. 9) vorliegt – nur unter den Voraussetzungen des § 27 Abs. 3 Satz 2 möglich.

11 Über die **Rücknahme** bzw. **Nichterhebung** (vom BayObLG irreführend als „Aussetzung des Verfahrens" bezeichnet[7]) der Klage entscheiden die Wohnungseigentümer entsprechend § 18 Abs. 3 durch Beschluss[8]. Die Prozessvertretungsbefugnis eines mit der Veräußerungsklage beauftragten oder ermächtigten Verwalters, Wohnungseigentümers oder Rechtsanwalts ist in diesem Fall allerdings nur dann beschränkt, wenn auch die Prozessvollmacht entsprechend eingeschränkt worden ist. Dies ist nur in der ersten Instanz umfassend (vgl. § 83 Abs. 2 ZPO), in der Berufungs- und Revisionsinstanz hingegen nur nach Maßgabe von § 83 Abs. 1 ZPO möglich.

---

1 AnwK-BGB/*Schultzky* § 18, Rz. 16; MüKo/*Engelhardt* § 18, Rz. 6; so wohl auch KG v. 2.2.1996 – 24 W 3553/95, FGPrax 1996, 94 = WE 1996, 345 (bezogen auf Beschlussfassung); Staudinger/*Kreuzer* § 18, Rz. 37; a.A. KG v. 11.5.1988 – 24 W 4672/87, ZMR 1988, 310 (311); *Müller*, Praktische Fragen, Rz. 1420: Anspruch auf Klageerhebung.
2 Vgl. BT-Drucks. 16/887, 61 (69).
3 AnwK-BGB/*Schultzky* § 18, Rz. 16; OLG Hamm v. 13.10.1989 – 15 W 314/89, OLGZ 1990, 57 (60) = MDR 1990, 343; in diesem Sinne auch BGH v. 19.1.2007 – V ZR 26/06, NJW 2007, 1353 = NZM 2007, 290, wobei der Veräußerungsbeschluss auch die Rückdelegation (Ermächtigung) an die Wohnungseigentümer beinhalten kann.
4 Ebenso *Merle* in Bärmann/Pick/Merle § 27, Rz. 167; RGRK/*Augustin* § 27, Rz. 40; Soergel/*Stürner* § 27, Rz. 5d; *Sauren* § 27, Rz. 89 (aber nicht als Dauervollmacht möglich); a.A. Weitnauer/*Lüke* § 27, Rz. 34 (besondere Prozessvollmacht erforderlich).
5 Ob der Veräußerungsbeschluss zugleich die Bevollmächtigung des Verwalters beinhaltet, ist Auslegungsfrage, vgl. BGH v. 19.1.2007 – V ZR 26/06, NJW 2007, 1353 = NZM 2007, 290; vgl. auch KG v. 26.2.1992 – 24 W 3965/91, NJW-RR 1992, 1298 = WuM 1992, 389 = WE 1992, 257; OLG Zweibrücken v. 10.6.1987 – 3 W 53/87, NJW-RR 1987, 1366; Bärmann/*Pick* § 18, Rz. 16; *Müller*, Praktische Fragen, Rz. 1416; Niedenführ/Schulze § 18, Rz. 16: eine mit absoluter Mehrheit beschlossene Veräußerungsklage soll regelmäßig die Bevollmächtigung des Verwalters mitumfassen; a.A. *Sauren* § 18, Rz. 10.
6 *Hogenschurz*, NZM 2005, 611 (613); *Palder*, WuM 1998, 331; *Riecke* in KK-WEG § 18, Rz. 42 (48).
7 BayObLGZ 1975, 53 (57).
8 *Pick* in Bärmann/Pick/Merle § 18, Rz. 39; Niedenführ/Schulze § 18, Rz. 17; RGRK/*Augustin* § 18, Rz. 20; Weitnauer/*Lüke* § 18, Rz. 10.

3. Prozessverbindung, Aussetzung

Da der Beschluss nach § 18 Abs. 3 seinerseits anfechtbar ist (s. § 18 Rz. 35), stellt sich die Frage, wie das Zusammentreffen einer solchen Anfechtungsklage mit einer Veräußerungsklage zu behandeln ist. Da es sich bei der Veräußerungsklage nicht um eine „Klage auf Erklärung oder Feststellung der Ungültigkeit eines Beschlusses" (§ 47 Satz 1), sondern um eine Klage auf Vornahme einer Handlung (nämlich die Veräußerung des Wohnungseigentums) handelt, scheidet eine **Prozessverbindung** nach § 47 aus. Da die Gegenstände beider Klagen jedoch in einem rechtlichen Zusammenhang stehen und an beiden Klagen dieselben Parteien mit spiegelbildlicher Rollenverteilung beteiligt sind, kommt eine Prozessverbindung nach § 147 ZPO in Betracht. Aus den beiden Prozessen werden Klage und Widerklage, je nachdem, welcher der beiden Prozesse zuerst anhängig war. Ebenso kann auf die Anfechtungsklage mit der Veräußerungsklage als **Widerklage** und umgekehrt reagiert werden[1]. Da die Wohnungseigentümer trotz der gesetzlichen Prozessstandschaft weiterhin als Rechtsinhaber des Entziehungsanspruchs anzusehen sind, liegt kein Fall einer Drittwiderklage vor[2].

12

Kommt es zu keiner Prozessverbindung, etwa weil die Voraussetzungen hierfür ausnahmsweise nicht vorliegen oder sich die Parteien einer solchen zulässigerweise widersetzt haben[3], so kann das Gericht die Veräußerungsklage bis zur Entscheidung über die Anfechtungsklage nach § 148 ZPO **aussetzen** (s. Rz. 8)[4]. Da die Veräußerungsklage einen Beschluss nach § 18 Abs. 3 voraussetzt (s. Rz. 8), ist der Ausgang der Anfechtungsklage vorgreiflich.

13

4. Begründetheit der Klage

Die Veräußerungsklage ist **begründet**, wenn die materiell-rechtlichen Voraussetzung für eine Entziehung nach § 18 Abs. 1, 2 und 3 vorliegen. Für das Vorliegen einer schwerwiegenden Pflichtverletzung (§ 18 Rz. 10 ff.) trägt der Kläger die **Beweislast**[5], für das Verschulden (§ 18 Rz. 15) gilt § 280 Abs. 1 Satz 2 BGB[6]. Das bedeutet, dass das Gericht nicht nur die **materielle Berechtigung des Veräußerungsverlangens**, sondern inzident auch das **formelle Zustandekommen des Beschlusses** nach § 18 Abs. 3 zu prüfen hat[7]. Mögliche Anfechtungsgründe sind jedoch nur bis zum Ablauf der materiellen Ausschlussfrist des § 46 Abs. 1 Satz 2 zu berücksichtigen, danach ist der Beschluss bestandskräftig, vgl. § 23 Abs. 4 Satz 2[8]. Mögliche Nichtigkeitsgründe sind hingegen auch nach Ablauf der Anfechtungsfrist noch vom Gericht zu prüfen, was durch die Neufassung von § 23

14

---

1 Anders *Köhler*, Das neue WEG, Rz. 279.
2 Anders *Köhler*, Das neue WEG, Rz. 279.
3 Etwa wenn die Verbindung zu einer Entziehung des gesetzlichen Richters führen würde, vgl. Zöller/*Greger* § 147 ZPO, Rz. 2.
4 OLG Hamburg WuM 1991, 310; *Niedenführ/Schulze* § 18, Rz. 14; Soergel/*Stürner* § 18, Rz. 6; Staudinger/*Kreuzer* § 18, Rz. 38.
5 AG Dachau v. 16.1.2001 – 3 C 265/00, ZMR 2006, 319 (320).
6 Anders Staudinger/*Kreuzer* § 18, Rz. 13: auch für das Verschulden trägt der Kläger die Beweislast.
7 So wohl auch BGH v. 19.1.2007 – V ZR 26/06, NJW 2007, 1353 (1356) = NZM 2007, 290 (292); ähnlich *Sauren* § 19, Rz. 4; Soergel/*Stürner* § 18, Rz. 6; a.A. Staudinger/*Kreuzer* § 19, Rz. 3.
8 Weitnauer/*Lüke* § 18, Rz. 13; vgl. AG Dachau v. 16.1.2001 – 3 C 265/00, ZMR 2006, 319.

Abs. 4 Satz 1 nunmehr ausdrücklich klargestellt ist[1]. Zu beachten ist nunmehr allerdings § 48 Abs. 4, wonach eine unbegründete Anfechtungsklage auch zu einer Präklusion etwaiger Nichtigkeitsgründe führt[2], das Gericht der Veräußerungsklage also an die Feststellungen des Gerichts der Anfechtungsklage gebunden ist[3].

15 Da die Wohnungseigentümer im Beschluss nach § 18 Abs. 3 nur über das Verlangen einer Veräußerung (das „Ob") abstimmen, nicht aber über das Bestehen eines Veräußerungsanspruchs (s. § 18 Rz. 34)[4], bleibt es – wie bisher – dabei, dass im Rahmen der Anfechtungsklage nur überprüfbar ist, ob der Beschluss formell ordnungsgemäß zustande gekommen ist (s. § 18 Rz. 35)[5]. Aus den Gesetzgebungsmaterialien ergeben sich keinerlei Anhaltspunkte dafür, dass nunmehr bereits im Rahmen der Anfechtungsklage die materiell-rechtlichen Voraussetzungen der Entziehung zu prüfen wären[6]. Vielmehr verlangt der **Eigentumsschutz** (Art. 14 Abs. 1 GG) des ausgeschlossenen Wohnungseigentümers[7], dass er alle materiellen Einwendungen gegen das Veräußerungsverlangen erheben darf und nicht wegen der Versäumung der Anfechtungsfrist hiermit präkludiert wird. **Gegenstand der Veräußerungsklage** (nicht der Beschlussanfechtungsklage!) ist somit, ob die Voraussetzungen des § 18 Abs. 1, 2 vorliegen, unabhängig davon, ob gegen den Beschluss nach § 18 Abs. 3 rechtzeitig eine Anfechtungsklage erhoben worden ist oder nicht[8]. Aus dem Veräußerungsurteil können die Wohnungseigentümer dreißig Jahre lang vorgehen (§ 197 Abs. 1 Nr. 3 BGB).

16 Die klagenden Wohnungseigentümer können – entgegen der im Schrifttum vorgebrachten Meinung[9] – Gründe, die den Veräußerungsanspruch stützen, nur nach Maßgabe der prozessualen **Präklusionsvorschriften** (§§ 296, 531 ZPO) nachträglich vortragen.

---

1 Vgl. BT-Drucks. 16/887, 32 f.; KG v. 24.8.1967 – 1 W 1140/67, OLGZ 1967, 462 (464 f.) = BB 1967, 1270 = NJW 1967, 2268; Bärmann/*Pick* § 18, Rz. 15; Soergel/*Stürner* § 18, Rz. 6.
2 AnwK-BGB/*Heinemann* § 48, Rz. 16.
3 So bereits zur alten Rechtslage KG v. 24.8.1967 – 1 W 1140/67, OLGZ 1967, 462 (464 f.) = BB 1967, 1270 = NJW 1967, 2268; Sauren § 19, Rz. 4.
4 MüKo/*Engelhardt* § 18, Rz. 6; Staudinger/*Kreuzer* § 18, Rz. 35; Weitnauer/*Lüke* § 18, Rz. 10.
5 Bärmann/*Pick* § 18, Rz. 13; *Pick* in Bärmann/Pick/Merle § 18, Rz. 43; *Riecke* in KK-WEG § 18, Rz. 44; MüKo/*Engelhardt* § 18, Rz. 6; Niedenführ/*Schulze* § 18, Rz. 14; RGRK/*Augustin* § 18, Rz. 18; Sauren § 18, Rz. 7; Soergel/*Stürner* § 18, Rz. 6; Staudinger/*Kreuzer* § 18, Rz. 34 (35); Weitnauer/*Lüke* § 18, Rz. 10; a.A. AnwK-BGB/*Schultzky* § 18, Rz. 15.
6 Ebenso *Abramenko*, Das neue WEG, § 8, Rz. 2; *Köhler*, Das neue WEG, Rz. 277.
7 Die Entziehungsklage ist das letzte und äußerste Mittel, das gegen einen gemeinschaftsschädigenden Wohnungseigentümer eingesetzt werden darf, vgl. BVerfG v. 14.7.1993 – 1 BvR 1523/92, NJW 1994, 241 (242); BGH v. 19.1.2007 – V ZR 26/06, NJW 2007, 1353 (1354) = NZM 2007, 290 (291) m.w.N.; Staudinger/*Kreuzer* § 18, Rz. 2.
8 BayObLG v. 15.2.1995 – 2Z BR 1/95, NJW-RR 1996, 12 (13); BayObLG v. 4.3.1999 – 2Z BR 20/99, NJW-RR 1999, 887 (888); OLG Hamm v. 13.10.1989 – 15 W 314/89, OLGZ 1990, 57 (61) = MDR 1990, 343; KG v. 22.12.1993 – 24 W 875/93, NJW-RR 1994, 855; OLG Köln v. 23.12.1997 – 16 Wx 236/97, ZMR 1998, 376.
9 *Pick* in Bärmann/Pick/Merle § 18, Rz. 6; Niedenführ/*Schulze* § 18, Rz. 18; RGRK/*Augustin* § 18, Rz. 20; Soergel/*Stürner* § 18, Rz. 6; Staudinger/*Kreuzer* § 18 Rz. 13.

Erfüllt der ausgeschlossene Wohnungseigentümer das Veräußerungsverlangen 17
oder die rückständigen Zahlungspflichten bis zum Ende der letzten mündlichen
Verhandlung, so tritt **Erledigung** in der Hauptsache ein. Ist der ausgeschlossene
Wohnungseigentümer zur freiwilligen Veräußerung bereit, stellt sich die Verweigerung der Zustimmung zu dieser Veräußerung nach § 12 Abs. 3 als widersprüchliches und daher unbeachtliches Verhalten dar[1]. Gleiches gilt, wenn der
Beschluss nach § 18 Abs. 3 erfolgreich angefochten worden ist (s. Rz. 8). Ob mit
der Beseitigung eines störenden Zustands (z.B. Bordellbetrieb) ein die Hauptsache erledigendes Ereignis eingetreten ist, ist Tatfrage (s. § 18 Rz. 12)[2]. Zur Kostentragung im Falle der Erledigung s. Rz. 23. Zur Möglichkeit für den ausgeschlossenen Eigentümer, die Vollstreckung noch abzuwenden s. Rz. 51 ff.

5. Gebührenstreitwert

Über die Bestimmung des **Streitwerts** der Veräußerungsklage herrschte bislang 18
erhebliche Unsicherheit. Während die überwiegende Ansicht auf den vollen
Verkehrswert des Wohnungseigentums des Beklagten abstellte[3], hielten andere
– wie bei der gesellschaftsrechtlichen Ausschließungsklage – den Wert des Wohnungseigentums der Kläger[4] oder einen Bruchteil hiervon[5] für maßgeblich. Differenziert wurde auch danach, ob es sich um eine Veräußerungsklage wegen
Störung der Gemeinschaft nach § 18 Abs. 2 Nr. 1 oder wegen Rückstands von
Wohngeld nach § 18 Abs. 2 Nr. 2 handelt[6]. Nach Einfügung von § 49a Abs. 1
Satz 1 GKG, wonach der Streitwert auf 50 % des Interesses der Parteien und aller Beigeladenen an der Entscheidung festzusetzen ist, steht fest, dass auf das
Gesamtinteresse aller an der Klage beteiligten Personen abzustellen ist[7]. Da
sowohl das Interesse des Klägers als auch des Beklagten bzw. der Verkehrswert
des Wohnungseigentums des Klägers und des Beklagten für den Mindest- bzw.
Höchstbetrag des Streitwerts ausschlaggebend sein kann (vgl. § 49a Abs. 1

---

1 *Niedenführ/Schulze* § 18, Rz. 15 m.w.N.
2 *Niedenführ/Schulze* § 18, Rz. 18; RGRK/*Augustin* § 18, Rz. 20; Soergel/*Stürner* § 18, Rz. 11.
3 BayObLG WuM 1990, 86; KG v. 26.2.1992 – 24 W 3965/91, NJW-RR 1992, 1298 = WuM 1992, 389 = WE 1992, 257; OLG Karlsruhe v. 25.3.1980 – 15 W 54/79, Rpfleger 1980, 308; OLG Rostock v. 7.3.2006 – 7 W 63/05, ZWE 2007, 98 (99); LG Köln v. 14.4.1998 – 29 T 143/98, ZMR 1998, 522 (aufgehoben durch OLG Köln v. 15.1.1999 – 16 Wx 193/98, ZMR 1999, 284); LG München I v. 1.8.1969 – 13 T 328/69, Rpfleger 1970, 93 mit abl. Anm. *Rohs*; LG Nürnberg-Fürth v. 7.8.1964 – 11 S 110/63, JurBüro 1964, 830; LG Stuttgart v. 21.3.1972 – 2 T 99/72, AnwBl. 1972, 232; AG Augsburg v. 11.2.2004 – 12 C 536/03, ZMR 2004, 538.
4 *Rohs*, Rpfleger 1970, 94; LG Köln v. 29.10.2001 – 29 T 195/01, ZMR 2002, 230; a.A. OLG Karlsruhe v. 25.3.1980 – 15 W 54/79, Rpfleger 1980, 308; LG Stuttgart v. 21.3.1972 – 2 T 99/72, AnwBl. 1972, 232.
5 AG Kerpen v. 27.3.1998 – 22 C 326/97; ZMR 1999, 284; in diese Richtung auch *Merle* in Bärmann/Pick/Merle § 51, Rz. 5.
6 OLG Köln v. 15.1.1999 – 16 Wx 193/98, ZMR 1999, 284; LG Hamburg v. 31.7.1990 – 2 S 66/87, WuM 1991, 55; LG Köln v. 29.10.2001 – 29 T 195/01, ZMR 2002, 230; AG Kerpen v. 27.3.1998 – 22 C 326/97, ZMR 1999, 284; a.A. LG Köln v. 14.4.1998 – 29 T 143/98, ZMR 1998, 522 (aufgehoben durch OLG Köln v. 15.1.1999 – 16 Wx 193/98, ZMR 1999, 284); Weitnauer/*Gottschalg* § 51, Rz. 4.
7 BT-Drucks. 16/887, 41.

Satz 2, 3, Abs. 2 GKG), ist mit dem OLG Köln[1] auf das Interesse der Beteiligten am Behalten der Eigentumswohnung bzw. dem Ausschluss aus der Gemeinschaft abzustellen:

19 Wird die **Klage wegen einer Störung** i.S.d. § 18 Abs. 1, 2 Nr. 1 erhoben, so hat das Gericht nach freiem Ermessen einen **Bruchteil** des Wertes des **gesamten Wohnungseigentums** zugrunde zu legen. Dieser muss unter dessen Verkehrswert liegen, da es weder darum geht, den Wert des „beklagten" Wohnungseigentums zu entziehen, noch den Wert des „klagenden" Wohnungseigentums zu erhalten, sondern darum, eine Störung der Gemeinschaft zu beseitigen[2]. Sachgerecht erscheint es, **höchstens 10 % des Gesamtwerts aller Wohnungseigentumseinheiten** anzusetzen[3]. Da aber von diesem Wert gem. § 49a Abs. 1 Satz 1 lediglich 50 % festzusetzen sind, wird regelmäßig die Grenze des § 49a Abs. 1 Satz 2 GKG unterschritten, so dass der Streitwert auf das Interesse der Kläger, also auf **maximal 10 % aus dem Wert des Wohnungseigentums der Kläger**, festzusetzen ist. Absolute Obergrenze ist jedoch in jedem Fall gem. § 49a Abs. 2 Satz 2 i.V.m. Abs. 1 Satz 3 GKG der **Verkehrswert der Wohnung des Beklagten**. Dieser wird in größeren Gemeinschaften regelmäßig den Streitwert darstellen.

20 Bei einer Klage auf Entziehung des Wohnungseigentums wegen Verzugs mit Wohngeldzahlungen bemisst sich der Streitwert hingegen stets nach der **vollen Höhe der rückständigen Wohngeldbeträge**[4], denn dieser Betrag entspricht sowohl dem Gesamtinteresse der Parteien als auch dem Klägerinteresse. Die Obergrenze des § 49a Abs. 2 Satz 2 GKG wird daher nur in Ausnahmefällen erreicht oder gar überschritten werden.

21 Der ermittelte Streitwert ist sowohl für die **Gerichtskosten** als auch die **Rechtsanwaltsvergütung** (§ 23 Abs. 1 Satz 1 RVG) maßgebend. Dabei kann der Verwalter über § 27 Abs. 2 Nr. 4, Abs. 3 Satz 1 Nr. 6 (s. § 27 Rz. 79 ff.) einen höheren Gebührenstreitwert hinsichtlich der Rechtsanwaltsvergütung vereinbaren, der jedoch höchstens den nach § 49a Abs. 1 Satz 1 GKG ermittelten Wert erreichen darf, also höchstens 10 % des Gesamtwerts aller Wohnungseigentumseinheiten betragen darf (s. Rz. 19).

---

1 OLG Köln v. 15.1.1999 – 16 Wx 193/98, ZMR 1999, 284; ebenso LG Hamburg v. 31.7.1990 – 2 S 66/87, WuM 1991, 55; Staudinger/*Kreuzer* § 18, Rz. 40; Weitnauer/*Gottschalg* § 51, Rz. 4.
2 OLG Köln v. 15.1.1999 – 16 Wx 193/98, ZMR 1999, 284; a.A. OLG Karlsruhe Rpfleger 1980, 308; OLG Rostock v. 7.3.2003 – 7 W 63/05, ZWE 2007, 98 (99).
3 Mit *Rohs*, Rpfleger 1970, 95, kann auch nach der Schwere der Störung differenziert werden; vertretbar erscheint es auch, in größeren Gemeinschaften von einem geringeren Prozentsatz auszugehen.
4 OLG Köln v. 15.1.1999 – 16 Wx 193/98, ZMR 1999, 284; LG Hamburg v. 31.7.1990 – 20 S 66/87, WuM 1991, 55; LG Köln v. 29.10.2001 – 29 T 195/01, ZMR 2002, 230; *Merle* in Bärmann/Pick/Merle § 51, Rz. 5; *Niedenführ/Schulze* § 51, Rz. 3; a.A. OLG Rostock v. 7.3.2006 – 7 W 63/05, ZWE 2007, 98 (99); LG Köln v. 14.4.1998 – 29 T 143/98, WuM 1998, 120; Palandt/*Bassenge* § 51, Rz. 1: auch bei „Entziehung" wegen Wohngeldrückständen ist der Verkehrswert der Wohnung maßgeblich.

6. Kostentragung

Über die Prozesskosten ist gem. §§ 91 ff. ZPO zu entscheiden. **Unterliegt der Beklagte**, so hat er den Klägern die verauslagten Kosten zu erstatten. Nicht zu erstatten hat er jedoch die Rechtsanwaltskosten, die die gesetzliche Anwaltsvergütung infolge einer Streitwertvereinbarung nach § 27 Abs. 2 Nr. 4, Abs. 3 Nr. 6 übersteigen. Solche **Mehrkosten** haben jedoch alle Wohnungseigentümer, auch der unterlegene Wohnungseigentümer, anteilig als Verwaltungskosten zu tragen, § 16 Abs. 8[1]. 22

Erledigt sich die Klage, weil der Beklagte **nach Rechtshängigkeit** freiwillig sein Wohnungseigentum veräußert oder das rückständige Wohngeld bezahlt, so kommt eine übereinstimmende Erledigungserklärung nach § 91a ZPO in Betracht[2]. Stimmt der Beklagte dem nicht zu, kann der Kläger einseitig für erledigt erklären und eine Feststellungsentscheidung über die Kosten (§ 264 Nr. 2 ZPO) herbeiführen. **Erledigt sich die Klage vor Rechtshängigkeit**, so ist das Kostenprivileg nach § 269 Abs. 3 S. 3 ZPO zu beachten, so dass etwaige Anwaltskosten nicht mehr in einem zweiten Prozess als Verzugsschaden[3] eingeklagt werden müssen[4]. 23

Nach § 16 Abs. 7 gehören die Kosten der Veräußerungsklage zu den anteilig von allen Wohnungseigentümern[5] zu tragenden Verwaltungskosten i.S.d. § 16 Abs. 2. **Unterliegt der Kläger**, weil die Klage unzulässig oder unbegründet ist, so hat sich der obsiegende Beklagte dennoch anteilig an den Gerichtskosten zu beteiligen, weil sein Kostenerstattungsanspruch entsprechend zu kürzen ist[6]. Gleiches gilt sogar für etwaige **Mehrkosten**, die infolge einer Streitwertvereinbarung mit dem Rechtsanwalt der klagenden Eigentümer entstanden sind[7]. Obwohl dies insbesondere in Zweiergemeinschaften zu unbilligen Ergebnissen führen kann[8], hat die Rechtsprechung bislang keine Bedenken an der Verfassungsmäßigkeit dieser Bestimmung[9], befürwortet jedoch eine aus § 242 BGB hergelei- 24

---

1 BT-Drucks. 16/887, 77.
2 Mit einer Kostentragungspflicht des Beklagten, Staudinger/*Kreuzer* § 19, Rz. 13.
3 KG v. 26.2.1992 – 24 W 3965/91, NJW-RR 1992, 1298 = WuM 1992, 389 = WE 1992, 257; *Niedenführ/Schulze* § 18, Rz. 19; *Weitnauer/Lüke* § 18, Rz. 15.
4 Vgl. hierzu Zöller/*Vollkommer* § 91a ZPO, Rz. 42; Zöller/*Greger* § 269 ZPO, Rz. 18d (18e); ausführlich zum Ganzen *Schumann* in Festgabe für Max Vollkommer, S. 155 ff.
5 Auch denjenigen Eigentümern, die dem Veräußerungsbeschluss nicht zugestimmt haben, Soergel/*Stürner* § 18, Rz. 8.
6 BayObLGZ 1983, 109 (112) = Rpfleger 1983, 346; OLG Düsseldorf v. 3.5.1996 – 3 Wx 356/93, NJW-RR 1997, 13 = ZMR 1996, 571 mit zust. Anm. *Drasdo* = WE 1996, 423; OLG Stuttgart v. 25.11.1985 – 8 W 424/84, OLGZ 1986, 32 (33) = NJW-RR 1986, 379; *Pick* in Bärmann/Pick/Merle § 16, Rz. 62; *Niedenführ/Schulze* § 18, Rz. 19; Soergel/*Stürner* § 18, Rz. 8; *Weitnauer/Lüke* § 18, Rz. 15.
7 BT-Drucks. 16/887, 77.
8 *Diester* § 18, Rz. 8 (9).
9 BayObLGZ 1983, 109 (112) = Rpfleger 1983, 346; OLG Düsseldorf v. 3.5.1996 – 3 Wx 356/93, NJW-RR 1997, 13 = ZMR 1996, 571 mit zust. Anm. *Drasdo* = WE 1996, 423; Bärmann/*Pick* § 16, Rz. 61; *Müller*, Praktische Fragen, Rz. 1419; *Niedenführ/Schulze* § 18, Rz. 19.

III. Vollstreckung des Veräußerungsurteils (Abs. 1)

1. Verfahren, Kosten

25 Abs. 1 regelt, wie die **Zwangsvollstreckung** aus dem Urteil, das den ausgeschlossenen Wohnungseigentümer zur Veräußerung seines Wohnungseigentums verurteilt, betrieben wird. Die Vollstreckung erfolgt im Wege der Zwangsversteigerung entsprechend dem Ersten Abschnitt des ZVG (§§ 1 bis 161), so dass insbesondere die Vorschriften über die Teilungsversteigerung (§ 180 ff. ZVG) nicht anzuwenden sind[2]. Zu den Gründen für die Abkehr von der „freiwilligen Versteigerung" nach §§ 19 Abs. 1, 53 ff. WEG a.F. s. oben Rz. 2 ff. Da die Vorschriften des Ersten Abschnitts des ZVG auf die Zwangsversteigerung wegen Geldforderungen konzipiert sind und überhaupt nicht auf die Zwangsversteigerung wegen einer Handlung (hier Veräußerung) passen, ist für jede Vorschrift sorgfältig zu prüfen, ob sie entsprechend angewendet werden kann[3]. Die Vorschriften über die **Zwangsverwaltung** (§§ 146 bis 161 ZVG) sind daher von vorneherein unanwendbar[4].

26 Für die Zwangsversteigerung werden **Gerichtskosten** nach Maßgabe von § 54 GKG i.V.m. Nr. 2210 ff. KV-GKG erhoben. Neben der festen Eröffnungsgebühr i.H.v. 50 Euro fallen die allgemeine Verfahrensgebühr (0,5) und die Gebühr für die Abhaltung des Versteigerungstermins (0,5) an, jeweils berechnet aus dem nach § 74a festgesetzten Verkehrswert, § 54 Abs. 1 GKG (Kostenschuldner ist jeweils der Antragsteller). Die Zuschlagsgebühr (0,5; Kostenschuldner ist der Ersteher, § 58 ZVG) und die Verteilungsgebühr (0,5, Kostenschuldner ist der Antragsteller) bemessen sich nach dem höchsten Gebot einschließlich des Wertes bestehen bleibender Rechte, § 54 Abs. 2, 3 GKG. Hinzu kommen Auslagen des Gerichts. Wegen der Komplexität des ZVG-Verfahrens werden oftmals Gläubiger und Schuldner anwaltlichen Beistand benötigen, so dass zusätzlich **Rechtsanwaltskosten** anfallen, VV-RVG Nr. 3311, 3312, der Gegenstandswert bestimmt sich nach § 26 RVG. Wegen der Geltung des GKG (im Gegensatz zur bisher anwendbaren KostO) und der Ermittlung des Verkehrswerts durch Sachverständige (§ 74a Abs. 5 ZVG) wird das Verfahren unter Umständen ganz erheblich verteuert.

---

1   BayObLGZ 1983, 109 (113) = Rpfleger 1983, 346; OLG Düsseldorf v. 3.5.1996 – 3 Wx 356/93, NJW-RR 1997, 13 = ZMR 1996, 571 mit zust. Anm. *Drasdo* = WE 1996, 423; OLG Stuttgart v. 25.11.1985 – 8 W 424/84, OLGZ 1986, 32 (34) = NJW-RR 1986, 379; Bärmann/*Pick* § 16, Rz. 61; *Niedenführ/Schulze* § 18, Rz. 19; Soergel/*Stürner* § 18, Rz. 8; Weitnauer/*Gottschalg* § 16, Rz. 58; ähnlich KG v. 26.2.1992 – 24 W 3965/91, NJW-RR 1992, 1298 = WuM 1992, 389 = WE 1992, 257; Weitnauer/*Lüke* § 18, Rz. 15, die eine Korrektur über § 254 BGB in Betracht ziehen.
2   BT-Drucks. 16/887, 27.
3   Ähnlich *Abramenko*, Das neue WEG, § 8, Rz. 4.
4   Anders *Abramenko*, Das neue WEG, § 8, Rz. 7, der meint, die Zwangsverwaltung sei bei einer Entziehung wegen Zahlungsrückständen möglich; das ist abwegig, wollen die Wohnungseigentümer eine Zwangsverwaltung zur Eintreibung der Rückstände betreiben, so müssen sie nach § 10 Nr. 2 ZVG vorgehen.

Beispiel:
Verkehrswert und Meistgebot sollen jeweils 100 000 Euro betragen. Die Wohnung wird im ersten Termin versteigert. Anwälte sind nicht beteiligt, ein Verteilungsverfahren ist nicht erforderlich.
Nach altem Recht fielen an: 0,5 allgemeine Verfahrensgebühr (§ 53 Abs. 1 Nr. 1 KostO), 1,0 Terminsgebühr (§ 53 Abs. 1 Nr. 3 KostO) und 1,0 Beurkundungsgebühr (§ 53 Abs. 1 Nr. 4 KostO), insgesamt 2,5 Gebühren aus 100 000 Euro = **517,50 Euro**.
Nunmehr fallen an: 50 Euro Eröffnungsgebühr (Nr. 2210), 0,5 allgemeine Verfahrensgebühr (Nr. 2211), 0,5 Terminsgebühr (Nr. 2213) und 0,5 Zuschlagsgebühr (Nr. 2214), insgesamt 1,5 Gebühren aus 100 000 Euro = 1 284 Euro + 50 Euro = **1 334 Euro**.

2. Zuständigkeit, Beteiligte, Rangordnung

Die Zwangsversteigerung findet aufgrund einer mit der Vollstreckungsklausel versehenen Ausfertigung des Veräußerungsurteils (oder eines gleichstehenden Titels, s. unten Rz. 55 ff.) nach Zustellung desselben an den verurteilten Wohnungseigentümer statt (§ 750 ZPO). **Zuständig** ist das AG als Vollstreckungsgericht. Die **örtliche** Zuständigkeit bestimmt sich nach der Lage des Grundstücks, § 1 Abs. 1 ZVG. **Funktionell** zuständig ist der Rechtspfleger, § 3 Nr. 1i) RPflG. 27

Beteiligte des Zwangsversteigerungsverfahrens sind neben dem Gläubiger und dem Schuldner (§ 9 ZVG) auch diejenigen, für welche ein Recht im Wohnungsgrundbuch eingetragen oder gesichert ist (§ 9 Nr. 1 ZVG) und Personen, die einen schuldrechtlichen Anspruch an dem Wohnungseigentum angemeldet und glaubhaft gemacht haben (§ 9 Nr. 2 ZVG). Da bei der Versteigerung von Wohnungseigentum ohnehin alle Miteigentümer Beteiligte des Verfahrens sind[1], erscheint die Zuordnung des Antragsrechts an die Eigentümergemeinschaft umso unverständlicher. Ob der **Verwalter** als Vertreter der in gesetzlicher Vollstreckungsstandschaft (!) auftretenden Eigentümergemeinschaft handelt (§ 27 Abs. 3 Nr. 7), sollte in jedem Fall auch in dem Entziehungsbeschluss klargestellt werden. Für Zustellungen ist er jedenfalls als Zustellungsvertreter nach § 27 Abs. 3 S. 1 Nr. 1 anzusehen[2]. 28

Der Veräußerungsanspruch nach § 19 Abs. 1 soll nach Ansicht der Entwurfsbegründung der Bundesregierung zur **Rangklasse 5** in § 10 Abs. 1 Nr. 5 ZVG zählen[3]. Diese Ansicht ist falsch, denn nur Ansprüche, die ein Recht auf Befriedigung aus dem Grundstück gewähren, sind rangfähig[4]. Es handelt sich also um ein **rangloses Versteigerungsrecht**, denn die anderen Wohnungseigentümer haben kein Recht, sich aus dem Versteigerungserlös zu befriedigen, es sei denn, sie melden zusätzlich (§§ 37 Nr. 4, 45 ZVG) rückständige **Wohngeldansprüche** der Gemeinschaft gegen den verurteilten Wohnungseigentümer nach § 10 29

---
1 Vgl. *Stöber* § 9 ZVG, Rz. 3.35; nicht aber der Verband im Rahmen einer Zwangsverwaltung, KG v. 19.1.2007 – 21 U 163/05, NZM 2007, 451.
2 OLG Stuttgart v. 27.8.1965 – 8 W 147/65, NJW 1966, 1036; LG Göttingen v. 19.6.2001 – 10 T 42/01, NZM 2001, 1141.
3 BT-Drucks. 16/887, 26; den Entwurfsverfassern scheint völlig entgangen zu sein, dass der Anspruch aus § 18 Abs. 1 nicht auf Befriedigung oder Verwertung des Wohnungseigentums, sondern auf Veräußerung desselben gerichtet ist.
4 Vgl. nur *Stöber* § 10 ZVG, Rz. 1.3; *Böttcher* § 10 ZVG, Rz. 1; völlig unhaltbar dagegen BT-Drucks. 16/887, 26.

Abs. 1 Nr. 2 ZVG (= privilegierte Ansprüche) oder Nr. 5 (= nicht bevorrechtigte Ansprüche) an[1]. Die Einordnung als rangloses Recht führt dazu, dass alle Rangklassen im geringsten Gebot (§ 44 Abs. 1 ZVG) zu berücksichtigen sind und daher der Ersteigerer das Wohnungseigentum mit allen bestehenden Belastungen (insbesondere allen Grundpfandrechten) erwirbt[2], soweit nicht einzelne Gläubiger (insbesondere der Rangklasse 4) dem Verfahren gem. § 27 ZVG beigetreten sind[3]. Dem ausgeschlossenen Wohnungseigentümer bleibt es also, wie bisher, unbenommen, sein Wohnungseigentum bis zum Eintritt der Beschlagnahmewirkung (s. Rz. 33) mit Rechten Dritter zu belasten. Es tritt also im Gegensatz zur bisherigen Rechtslage **keine Verbesserung** ein, im Gegenteil: Während bei der „freiwilligen Versteigerung" die Ablösung etwaiger Grundpfandrechtsgläubiger in die Versteigerungsbedingungen aufgenommen werden konnte[4], scheidet dies im Zwangsversteigerungsverfahren oftmals aus.

3. Einleitung des Verfahrens

30 Die Zwangsversteigerung wird nur auf **Antrag** angeordnet (§ 15 ZVG). Entgegen der bisherigen Rechtslage, wonach jeder Wohnungseigentümer die „freiwillige Versteigerung" des „entzogenen" Wohnungseigentums nach § 54 Abs. 1 WEG a.F. beantragen konnte[5], steht die Ausübungsbefugnis des Antragsrechts allein dem rechtsfähigen Verband zu (Abs. 1 Satz 2, allerdings im Widerspruch zu Satz 1, wo es heißt, dass das Recht „jedem Miteigentümer" zusteht![6])[7]. Damit kann der Antrag auf Zwangsversteigerung nur aufgrund eines vorherigen Mehrheitsbeschlusses gestellt werden, es sei denn, die Gemeinschaft besteht nur aus zwei Wohnungseigentümern. Dies ist – anders als die Entscheidung über die Erhebung der Veräußerungsklage (s. oben Rz. 9) – nicht sachgerecht und führt – entgegen der Absicht des Gesetzgebers – zu einer weiteren Verzögerung des „Ausschließungsverfahrens". Der **Verwalter** ist zur Antragstellung nur berechtigt, wenn er aufgrund besonderer Vollmacht handelt (§ 27 Abs. 2 Nr. 2 betrifft nur Passivprozesse) oder zur Geltendmachung des Veräußerungsurteils im Wege der Vollstreckungsstandschaft ermächtigt wurde (§ 27 Abs. 3 S. 1 Nr. 7, s. Rz. 28).

31 Der Antrag kann **schriftlich** oder **zu Protokoll der Geschäftsstelle** angebracht werden[8]. Der schriftliche Antrag bedarf entgegen der h.M. keiner Unterzeichnung[9]. Er soll das zu versteigernde Wohnungseigentum, den Eigentümer, den Anspruch (also denjenigen aus § 18 Abs. 1, 2) und den vollstreckbaren Titel be-

---

1 BT-Drucks. 16/887, 26.
2 BT-Drucks. 16/887, 26.
3 BT-Drucks. 16/887, 27.
4 Vgl. AnwK-BGB/*Heinemann*, 1. Aufl., § 54, Rz. 11.
5 AnwK-BGB/*Heinemann*, 1. Aufl., § 54, Rz. 1.
6 *Abramenko*, Das neue WEG, § 6, Rz. 22; § 8, Rz. 5.
7 Anders *Köhler*, Das neue WEG, Rz. 293, der davon ausgeht, dass jeder einzelne Wohnungseigentümer die Versteigerung beantragen kann und die Gemeinschaft dazu zwingen kann, ihm eine vollstreckbare Ausfertigung des Urteils zu überlassen (zweifelhaft).
8 *Stöber* § 16 ZVG, Rz. 2.1; nach alter Rechtslage genügte die mündliche Eingabe, AnwK-BGB/*Heinemann*, 1. Aufl., § 54, Rz. 3.
9 Ebenso *Dempewolf*, MDR 1977, 801; *Böttcher* §§ 15, 16, Rz. 7; a.A. *Stöber* § 16 ZVG, Rz. 2.1 m.w.N.; *Sauren* § 27, Rz. 64.

zeichnen, § 16 Abs. 1 ZVG. Die erforderlichen Urkunden (Titel, Zustellungen) sind dem Antrag beizufügen, § 16 Abs. 2 ZVG. Der ausgeschlossene Wohnungseigentümer muss als solcher im Wohnungsgrundbuch **eingetragen** sein, was durch ein Zeugnis des Grundbuchamts nachzuweisen ist, sofern Vollstreckungsgericht und Grundbuchamt nicht identisch sind, § 17 Abs. 1, 2 ZVG.

Ordnet das Gericht die Zwangsversteigerung an, so wird dies auf Ersuchen des Vollstreckungsgerichts im Grundbuch eingetragen, § 19 Abs. 1 ZVG, § 38 GBO. Mit der Zustellung des Beschlusses über die Anordnung der Zwangsversteigerung wird die **Beschlagnahme** des Wohnungseigentums wirksam, § 22 Abs. 1 ZVG. 32

4. Beschlagnahmewirkung

Eine der bedeutsamsten Veränderungen, die mit der Geltung des ZVG einhergeht, ist die mit der Beschlagnahme verbundene Wirkung, § 23 ZVG. Diese hat die Bedeutung eines **relativen Veräußerungsverbots**, was einigermaßen überrascht, ist doch der ausgeschlossene Wohnungseigentümer gerade zur Veräußerung verpflichtet. Die damit vom Gesetzgeber[1] und der Literatur[2] hervorgehobenen Vorteile im Vergleich zur bisherigen Rechtslage gehen fehl: Da die Beschlagnahmewirkung des § 23 ZVG erst eintreten kann, wenn die allgemeinen Vollstreckungsvoraussetzungen erfüllt sind, der Antrag auf Einleitung der Zwangsversteigerung gestellt wurde, der Anordnungsbeschluss erlassen und die Eintragung im Grundbuch erfolgt ist sowie schließlich der Beschluss dem Schuldner zugestellt worden ist, kann der verurteilte Wohnungseigentümer in der Zwischenzeit Veräußerungen an Familienangehörige oder „Strohmänner" vornehmen und Belastungen bestellen[3]. Die nach bisherigem Recht mögliche Eintragung einer Vormerkung (§ 895 ZPO) dürfte hingegen schneller zu bewerkstelligen sein. Außerdem bewirkt auch das Veräußerungsverbot des § 23 ZVG **keine Grundbuchsperre** und bietet daher im Vergleich zur Vormerkung keine nennenswerten Vorteile[4]. Möchte der verurteilte Wohnungseigentümer nach der Beschlagnahme das Wohnungseigentum freiwillig veräußern, so gestaltet sich die Abwicklung dieses Veräußerungsvertrags weitaus umständlicher als nach bisheriger Rechtslage[5], da zunächst die einstweilige Einstellung des Verfahrens erreicht werden muss (s. Rz. 34) und abzuklären ist, ob weitere Gläubiger dem Verfahren beigetreten sind. Mit der bloßen Zustimmung der anderen Wohnungseigentümer ist es also – schon zu deren Schutz – eben nicht getan[6]. 33

5. Aufhebung und Einstellung des Verfahrens

Das Verfahren ist **aufzuheben**, wenn der Versteigerungsantrag zurückgenommen wird (§ 29 ZVG) oder ein der Zwangsversteigerung entgegenstehendes Recht bekannt wird (§ 28 ZVG). Die Aufhebungserklärung ist formfrei mög- 34

---

1 BT-Drucks. 16/887, 26 f.
2 Anw-KBGB/*Schultzky* § 19, Rz. 3; *Sauren*, DStR 2007, 1307 (1310).
3 Ebenso *Abramenko*, Das neue WEG, § 8, Rz. 9.
4 Vgl. nur *Pick* in Bärmann/Pick/Merle § 19, Rz. 19.
5 Ebenso *Abramenko*, Das neue WEG, § 8, Rz. 10.
6 Ohne Problembewusstsein daher BT-Drucks. 16/887, 27.

lich[1]. In diesem Fall ist der Versteigerungsvermerk im Grundbuch zu löschen, § 34 ZVG.

35 Daneben besteht die Möglichkeit der **einstweiligen Einstellung** des Verfahrens. Dies kommt einerseits auf formlose[2] Bewilligung des Gläubigers in Betracht (§ 30 ZVG), damit der Schuldner die Möglichkeit erhält, das Wohnungseigentum freihändig zu veräußern, der Gläubiger das Verfahren aber innerhalb von sechs Monaten fortsetzen kann, § 31 ZVG. Außerdem kann auch das Vollstreckungsgericht auf einseitigen Antrag des Schuldners (oder seines Insolvenzverwalters, § 30d ZVG) die Einstellung des Verfahrens beschließen, §§ 30a ff. ZVG. Daneben kann der Schuldner auch über die allgemeine Generalklausel des § 765a ZPO ganz oder teilweise die Einstellung des Verfahrens erreichen. Dieser im Rahmen einer regulären Zwangsvollstreckung sicherlich angemessene Schuldnerschutz erscheint im Rahmen der Ausschließung eines rechtskräftig zur Veräußerung verurteilten Störers überzogen.

6. Terminsbestimmung

36 Erst nach der Beschlagnahme und nach Eingang der Mitteilungen des Grundbuchamts gem. § 19 ZVG soll ein **Versteigerungstermin** bestimmt werden, § 36 Abs. 1 ZVG. Zwischen Anberaumung und dem Versteigerungstermin sollen nicht mehr als sechs Monate liegen (§ 36 Abs. 2 Satz 1 ZVG), der Versteigerungstermin muss jedoch sechs Wochen vor dem Termin bekannt gemacht worden sein (§ 43 Abs. 1 Satz 1 ZVG), war das Verfahren einstweilen eingestellt, genügen zwei Monate bzw. zwei Wochen (§§ 36 Abs. 2 Satz 2, 43 Abs. 1 Satz 2 ZVG). Gegen die Terminsbestimmung kann nur die **Erinnerung** (§ 766 ZPO) erhoben werden[3].

37 Die Terminsbestimmung **muss** nach § 37 ZVG folgende Punkte enthalten: die **Bezeichnung des Grundstücks** (Nr. 1), also des Miteigentumsanteils an dem Grundstück, die Bezeichnung des Grundstücks selbst (Flurstück und Beschrieb, ggf. bei gewerblicher Nutzung schlagwortartige Bezeichnung der Nutzungsart[4]) sowie das mit dem Miteigentumsanteil verbundene Sondereigentum und die dazugehörigen Räume[5]; **Zeit und Ort des Versteigerungstermins** (Nr. 2), also regelmäßig im Gericht, aber nach Ermessen des Gerichts auch an jedem anderen Ort im Gerichtsbezirk (§ 36 Abs. 3 ZVG); die Angabe, dass die Versteigerung im Wege der **Zwangsvollstreckung** erfolgt (Nr. 3); die **Aufforderung**, **Rechte**, soweit sie aus dem Grundbuch nicht ersichtlich sind, spätestens im Versteigerungstermin **anzumelden** (Nr. 4) und die **Aufforderung**, der Versteigerung **entgegenstehende Rechte** vorzubringen (Nr. 5).

38 Die Terminsbestimmung **soll** enthalten die Bezeichnung des zur Zeit der Eintragung des Versteigerungsvermerks eingetragenen Eigentümers, die Angabe des Grundbuchblatts, die Grundstücksgröße und den festgesetzten Verkehrswert, § 38 ZVG.

---

1 *Böttcher* § 29 ZVG, Rz. 3.
2 *Böttcher* § 30 ZVG, Rz. 3.
3 *Stöber* § 36 ZVG, Rz. 2.7.
4 *Böttcher* §§ 37, 38 ZVG, Rz. 2.
5 *Stöber* § 37 ZVG, Rz. 2.8.

Die Terminsbestimmung muss **bekannt gemacht** werden, und zwar durch Einrückung in die Bekanntmachungsblätter und evtl. durch Anheftung an die Gerichtstafel (§§ 39, 40 ZVG). Den Beteiligten (also Gläubiger, Schuldner und die in § 9 ZVG genannten) ist die Terminsbestimmung förmlich **zuzustellen**, § 41 ZVG. Nach Maßgabe von § 42 ZVG ist jedermann **Akteneinsicht** zu gewähren. Wie nach bisheriger Rechtslage auch, ist eine **Wohnungsbesichtigung** nicht bzw. nur mit Genehmigung des Schuldners möglich[1]. 39

7. Versteigerungsbedingungen

Anders als nach bisheriger Rechtslage (§ 54 Abs. 3 Satz 1 WEG a.F.) werden die Versteigerungsbedingungen nicht nach billigem Ermessen des Gerichts festgesetzt; diese ergeben sich vielmehr **aus dem Gesetz selbst**, §§ 44 ff. ZVG. Deshalb liegt es auch im Ermessen des Gerichts, ob es einen vorbereitenden Erörterungstermin anberaumt, § 62 ZVG[2]. Die Beteiligten haben das Recht, eine Abweichung von den gesetzlichen Versteigerungsbedingungen zu verlangen, dies setzt jedoch die Zustimmung der hierdurch möglicherweise beeinträchtigten Beteiligten voraus, § 59 Abs. 1 ZVG. Da die Versteigerung aus einem ranglosen Recht betrieben wird, fallen alle rangfähigen Befriedigungsrechte ins **geringste Gebot**, § 44 ZVG[3]. Sofern sich diese Gläubiger nicht der Zwangsversteigerung angeschlossen haben, bleiben deren Rechte also bestehen, § 52 Abs. 1 Satz 1 ZVG, es sei denn, diese sind bar zu entrichten (§§ 49 Abs. 1, 10 Abs. 1 Nr. 1 bis 3, 12 Nr. 1, 2 ZVG). Der Ersteher hat also insbesondere die Verfahrenskosten, aber auch rückständiges Wohngeld nach § 10 Abs. 1 Nr. 2 ZVG, in bar zu entrichten und das Bargebot vom Zuschlag an zu verzinsen (§ 49 Abs. 2 ZVG), andererseits alle anderen bestehenden Belastungen, insbesondere Grundpfandrechte, zu übernehmen. Anders als bei einer freiwilligen Versteigerung hat der Ersteher **keine „Gewährleistungsrechte"**, § 56 Satz 2 ZVG. 40

Von besonderer Bedeutung ist, dass der Ersteher bestehende **Miet- und Pachtverhältnisse** nach § 57a ZVG i.V.m. 573d BGB unter Einhaltung der gesetzlichen Frist kündigen kann. Damit werden nach Ansicht der Gesetzesbegründung die Chancen einer erfolgreichen Versteigerung erhöht[4]. Da die Vorschrift darauf abzielt, den ablösungsberechtigten Gläubigern die Erzielung eines angemessenen Versteigerungserlöses zu erreichen[5], passen diese Überlegungen nicht auf den Fall der Versteigerung zur Ausschließung eines störenden Wohnungseigentümers, da die Wohnungseigentümer bei Nichtvorhandensein von Interessenten die Wohnung selbst ersteigern können, so dass die Gesichtspunkte, die für eine Anwendbarkeit von § 183 ZVG gesprochen hätten, überwiegen. Weil die Vorschrift die Position des redlichen Mieters nicht ausreichend berücksichtigt, diesem insbesondere kein Mietervorkaufsrecht zusteht (s. Rz. 45), ist sie nicht mit Art. 14 Abs. 1 GG zu vereinbaren und insoweit **verfassungswidrig**. 41

---

1 *Stöber* § 42 ZVG, Rz. 3.
2 *Stöber* § 62 ZVG, Rz. 3.1.
3 BT-Drucks. 16/887, 26.
4 BT-Drucks. 16/887, 27.
5 *Stöber* § 57 ZVG, Rz. 3.1; § 57a ZVG, Rz. 2.2.

8. Versteigerung

42 Das Versteigerungsverfahren entspricht den §§ 66 ff. ZVG. Die Frist zur Abgabe von Geboten hat sich demnach von einer Stunde auf 30 Minuten verkürzt, § 73 Abs. 1 Satz 1 ZVG. Nach dem Schluss der Versteigerung sind die Beteiligten über den Zuschlag zu hören, § 74 ZVG. Anders als nach bisheriger Rechtslage findet auch **§ 74a ZVG Anwendung**, der allerdings den ausgeschlossenen Wohnungseigentümer nur dann vor einer Verschleuderung schützt, wenn ihm Eigentümerrechte an der Wohnung zustehen[1], ansonsten fehlt ihm das nach § 74a Abs. 1 ZVG erforderliche Antragsrecht, so dass ihm im Regelfall, wie bisher[2], nur der Weg über § 765a ZPO verbleibt[3]. Der ausgeschlossene Wohnungseigentümer wird also durch die Anwendbarkeit des ZVG nur in seltenen Ausnahmefällen besser geschützt. Zu beachten ist weiterhin, dass eine § 56 Abs. 2 Satz 1 WEG a.F. entsprechende Vorschrift im ZVG fehlt, so dass **Gebote des Wohnungseigentümers** selbst oder durch einen Stellvertreter (§ 81 Abs. 3 ZVG) wirksam sind (s. hierzu Rz. 43)[4].

9. Zuschlag, Verteilung

43 Erteilung und Wirkung des Zuschlags richten sich nach den §§ 79 ff. ZVG. Dem Meistbietenden ist der **Zuschlag** zu erteilen, § 81 Abs. 1 ZVG. Auch die **Gemeinschaft der Wohnungseigentümer** kann als teilrechtsfähiger Verband das Wohnungseigentum selbst ersteigern[5]. Anders als nach bisheriger Rechtslage (§ 56 Abs. 2 Satz 2 a.F.) kommt auch eine **Abtretung der Rechte** aus dem Meistgebot an den ausgeschlossenen Wohnungseigentümern in Betracht, § 81 Abs. 2 ZVG. Der Zuschlag darf nur aus den in §§ 83 bis 85a ZVG genannten Gründen versagt werden, eine extensive Auslegung, z.B. auf die Ersteigerung durch den verurteilten Wohnungseigentümer, kommt nicht in Betracht. § 85a ZVG, der einen Zuschlag verbietet, wenn das Meistgebot nicht die Hälfte des Verkehrswerts erreicht, bietet **nur einen geringen Schutz gegen Verschleuderung**, da in dem von Amts wegen anzuberaumenden zweiten Versteigerungstermin §§ 74a, 85a ZVG keine Anwendung mehr finden, § 85a Abs. 2 ZVG[6].

44 Ersteigert der Wohnungseigentümer selbst, so ist der nach § 19 Abs. 1 erstrittene Titel allerdings nicht verbraucht, so dass eine erneute Zwangsversteigerung beantragt werden kann. Nicht verhindert werden kann jedoch, dass ein **naher Angehöriger** oder eine **Vertrauensperson** das Wohnungseigentum ersteigert und dieses an den ausgeschlossenen Wohnungseigentümer aufgrund eines Nutzungsüberlassungsvertrags (Miete/Pacht) überlässt oder sogar an diesen veräußert. Dieses Ergebnis kann auch nicht mit Hilfe der §§ 138, 242 oder 826 BGB korrigiert werden. In Betracht kommt allenfalls, die etwa nach § 12 erforderliche

---

1 Das verkennt *Abramenko*, Das neue WEG, § 8, Rz. 11.
2 *Abramenko*, Das neue WEG, § 8, Rz. 12, übersieht, dass auch nach alter Rechtslage § 765a ZPO analog zur Anwendung kam.
3 *Böttcher* § 74a ZVG, Rz. 10; *Stöber* § 74a ZVG, Rz. 3.6.
4 Deshalb hat *Meyer*, WEZ 1987, 17 (21) zu Recht die Übernahme von § 56 Abs. 2 in das ZVG gefordert; anders *Abramenko*, Das neue WEG, § 8, Rz. 14; zu neuen Missbrauchsgefahren durch die Änderung des ZVG siehe *Hintzen/Alff*, Rpfleger 2007, 233 (237).
5 *Abramenko*, ZMR 2006, 338; *Schneider*, ZMR 2006, 813 (815); a.A. LG Nürnberg-Fürth v. 19.6.2006 – 19 T 4131/06, ZMR 2006, 812 (813).
6 Auch das übersieht *Abramenko*, Das neue WEG, § 8, Rz. 12.

Zustimmung zu versagen[1]. Den Wohnungseigentümern bleibt nur die Wahl, gegen den Ersteigerer ebenfalls ein Veräußerungsurteil zu erwirken[2], sofern die Versteigerung nicht lediglich wegen Zahlungsrückständen betrieben wurde[3]. Der alte Titel kann nicht verwendet werden, es liegt keine Rechtsnachfolge i.S.d. § 727 ZPO vor. Im Falle der Veräußerung an den ausgeschlossenen Wohnungseigentümer ist der Titel allerdings noch nicht verbraucht, die Zwangsversteigerung kann also erneut betrieben werden[4].

Da es sich um keinen freihändigen Verkauf handelt, bedarf es – im Gegensatz zur früheren Rechtslage – zur Wirksamkeit des Zuschlags keiner vormundschafts-/familiengerichtlichen[5] noch einer sonstigen **Genehmigung** (z.B. nach dem GrdStVG)[6]. Es bestehen auch **keine Vorkaufs-, Ankaufs- und Wiederkaufsrechte**, gleichgültig, ob diese rechtsgeschäftlich vereinbart oder gesetzlich angeordnet sind und unabhängig davon, ob sie öffentlich-rechtlicher Natur (z.B. nach dem BauGB) sind[7]. Insbesondere steht den **Mietern** nicht das Vorkaufsrecht nach § 577 BGB zu[8]. Nur die **Zustimmung** nach § 12 ist auch im Rahmen der Zwangsversteigerung erforderlich, sofern die Veräußerung im Wege der Zwangsversteigerung nicht ausdrücklich hiervon ausgenommen worden ist (s. § 12 Rz. 18)[9]. 45

Dem Ersteher selbst dient das Urteil gem. § 93 ZVG als **Herausgabe- und Räumungstitel** gegen den verurteilten Wohnungseigentümer und Dritte, das nach § 885 ZPO vollstreckt wird[10]. Die Vollstreckungsklausel des Zuschlagsbeschlusses muss aber gegen eine andere Person als den alten Wohnungseigentümer erst nach § 727 ZPO erteilt werden, notfalls mit Hilfe der Klage auf Erteilung der Vollstreckungsklausel (§ 731 ZPO). Die Vollstreckung gegen den berechtigten Besitzer ist ausgeschlossen, § 93 Abs. 1 Satz 2 ZVG. Gegen eine dennoch erfolgte Vollstreckung kann er mit der Drittwiderspruchsklage vorgehen, § 93 Abs. 1 Satz 3 ZVG, § 771 ZPO. Eine Räumungsfrist nach § 721 ZPO muss nicht gewährt werden[11]. Aus Gründen des Gleichbehandlungsgrundsatzes ist jedoch im Rahmen des § 765a ZPO eine angemessene Frist zu gewähren[12]. 46

---

1 BayObLG v. 4.6.1998 – 2Z BR 19/98, NZM 1998, 868 = NJW-RR 1999, 452 = ZMR 1998, 790.
2 BayObLG v. 4.6.1998 – 2Z BR 19/98, NZM 1998, 868 = NJW-RR 1999, 452 = ZMR 1998, 790; Soergel/*Stürner* § 56, Rz. 4.
3 BayObLG v. 4.6.1998 – 2Z BR 19/98, NZM 1998, 868 = NJW-RR 1999, 452 = ZMR 1998, 790; Niedenführ/*Schulze* § 56, Rz. 14.
4 *Pick* in Bärmann/Pick/Merle § 19, Rz. 7; *Merle* in Bärmann/Pick/Merle § 56, Rz. 26; Soergel/*Stürner* § 19, Rz. 1; § 56, Rz. 3 a.A. Staudinger/*Kreuzer* § 19, Rz. 22; Weitnauer/*Lüke* § 19, Rz. 7: Wohnungseigentümer haben gegen Ersteigerer die Ansprüche gemäß (kaufvertraglichem) Leistungsstörungsrecht (zweifelhaft).
5 *Stöber* § 15 ZVG, Rz. 41.3.
6 *Stöber* § 15 ZVG, Rz. 24.
7 *Stöber* § 15 ZVG, Rz. 42; § 81 ZVG, Rz. 10.
8 BGH v. 14.4.1999 – VIII ZR 384/97, BGHZ 141, 194 = NJW 1999, 2044; *Stöber* § 81 ZVG, Rz. 10.6.
9 *Böttcher* §§ 15, 16 ZVG, Rz. 86.
10 *Böttcher* § 93 ZVG, Rz. 2; *Stöber* § 93 ZVG, Rz. 2.4.
11 LG Tübingen v. 22.9.1994 – 1 S 39/94, NJW-RR 1995, 650 = ZMR 1995, 179 (181); *Stöber* § 93 ZVG, Rz. 2.4, 5.
12 *Böttcher* § 93 ZVG, Rz. 15, 16; *Stöber* § 93 ZVG, Rz. 5; LG Kiel v. 11.2.1992 – 1 T 137/91, NJW 1992, 1174; LG Aschaffenburg v. 17.12.2001 – 5 T 174/01, DGVZ 2002, 169 (170).

47 Nach dem rechtskräftigen Zuschlag findet die **Verteilung** des erzielten Versteigerungserlöses nach Maßgabe der §§ 105 ff. ZVG statt. Bei regelmäßigem Verlauf wird nach Anmeldung der Ansprüche (§ 106 ZVG) im Verteilungstermin (§ 105 ZVG) die Teilungsmasse festgestellt (§ 107 ZVG). Aus dieser werden vorweg die Kosten des Verfahrens entnommen (§ 109 ZVG) und danach ein Teilungsplan erstellt und mit den erschienenen Beteiligten besprochen (§§ 113 bis 115 ZVG). Erst dann wird der bar bezahlte Teil des Meistgebots an die Berechtigten unbar ausgekehrt (§ 117 ZVG). Erst danach und nach Eingang der grunderwerbsteuerlichen Unbedenklichkeitsbescheinigung wird der Ersteher auf Ersuchen des Vollstreckungsgerichts als neuer Eigentümer im Grundbuch eingetragen (§ 130 ZVG)[1]. Es handelt sich hier im Vergleich zum Verfahren der freiwilligen Versteigerung, die mehr einem „normalen" Kaufvertrag als einer Zwangsversteigerung ähnelt, um ein langwieriges, komplexes und teures Verfahren.

10. Rechtsbehelfe

48 Im ZVG-Verfahren gelten grundsätzlich die allgemeinen vollstreckungsrechtlichen Rechtsbehelfe des 8. Buchs der ZPO[2], so dass gegen Maßnahmen des Vollstreckungsgerichts die **Erinnerung** (§ 766 ZPO) bzw. **Rechtspflegererinnerung** (§ 11 Abs. 2 Satz 1 RPflG) und gegen Entscheidungen die **sofortige Beschwerde** (§ 793 ZPO) statthaft sind[3]. Allerdings beschränkt § 95 ZVG die sofortige Beschwerde auf die Entscheidungen über die Anordnung, Aufhebung, einstweilige Einstellung und Fortsetzung des Verfahrens. Gegen die **Zuschlagsentscheidung** sind die Beschwerdevorschriften der ZPO (§§ 568 ff. ZPO) unter Beachtung der §§ 97 bis 104 ZVG anzuwenden, § 96 ZVG. So ist der Kreis der Beschwerdeberechtigten (§ 97 ZVG) und der Beschwerdegründe (§ 100 ZVG) begrenzt. Für die weitere Beschwerde (Rechtsbeschwerde) gelten die §§ 101, 102 ZVG.

49 Von den Rechtsbehelfen im ZVG-Verfahren sind zu unterscheiden die materiellen Einwendungen, die der Vollstreckungsschuldner im Wege der **Abwehrklage** nach § 767 ZPO erheben kann (s. hierzu Rz. 51 ff.). Einwendungen Dritter sind mit der **Drittwiderspruchsklage** § 771 ZPO geltend zu machen (s. hierzu Rz. 53)[4].

IV. Weitere Wirkung des Veräußerungsurteils (§ 25 Abs. 5)

50 Das rechtskräftige Veräußerungsurteil führt schließlich dazu, dass der verurteilte Wohnungseigentümer **kein Stimmrecht** mehr besitzt, § 25 Abs. 5 (zu Einzelheiten, insbesondere zu der umstrittenen Frage, ob das Stimmrecht erlischt oder lediglich ruht, s. § 25 Rz. 102).

---

1 Stöber § 105 ZVG, Rz. 1.3.; von *Abramenko*, Das neue WEG, § 8, Rz. 14, wird also übersehen, dass der Ersteigerer noch immer durch Nichtzahlung der Grunderwerbsteuer den Eigentumswechsel vereiteln kann.
2 *Stöber* § 95 ZVG, Rz. 1.
3 *Böttcher* § 95 ZVG, Rz. 31.
4 *Stöber* § 95 ZVG, Rz. 3.4.

V. Abwendungsbefugnis (Abs. 2)

Der Wohnungseigentümer, der wegen Nichterfüllung seiner Kosten- und Lastentragungspflicht gem. § 18 Abs. 2 Nr. 2 verurteilt wurde, kann die Urteilswirkungen bis zur Erteilung des Zuschlags abwenden, indem er **sämtliche**[1] **fälligen Zahlungsverpflichtungen** (Rückstände und nach der Klage fällig gewordene Kosten und Lasten) sowie die **Prozess- und Verfahrenskosten** erfüllt. Hierzu zählen neben den Kosten der Veräußerungsklage (s. Rz. 18 ff.) auch die Kosten des Zwangsversteigerungsverfahrens (Nr. 2210 ff. KV-GKG; s. Rz. 26). Wenn die materiell-rechtlichen Voraussetzungen für eine **Hinterlegung** vorliegen, kann auch hierdurch Erfüllung eintreten[2]. Entsprechend § 75 ZVG genügt im Termin der Nachweis der **Zahlung an die Gerichtskasse** oder die Vorlage eines **Einzahlungs- oder Überweisungsnachweises** einer Bank oder Sparkasse. Letztmöglicher Abwendungszeitpunkt ist die Verkündung des **Zuschlags** im Versteigerungstermin oder einem gesonderten Verkündungstermin (§ 87 ZVG), da dieser erst mit Verkündung wirksam wird, § 89 ZVG. Wird der Zuschlag erst im Beschwerdeverfahren erteilt, kann die Vollstreckungswirkung noch bis zur Zustellung der Beschwerdeentscheidung (vgl. § 104 ZVG) abgewendet werden.

51

Die Vorschrift ist deshalb erforderlich, weil der verurteilte Wohnungseigentümer ja nicht den titulierten Anspruch (der auf Veräußerung des Wohnungseigentums gerichtet ist), sondern „nur" seine Zahlungsrückstände erfüllt. Mit der Zahlung entfällt nicht die Rechtskraft, wohl aber die Vollstreckbarkeit des Urteils[3]. Das Verfahren ist vom Vollstreckungsgericht auf Antrag des Schuldners nach §§ 775 Nr. 4, 5, 776 ZPO bzw. (bei Zahlung an das Gericht) entsprechend § 75 ZVG **einstweilen einzustellen**[4]. Gegen die Einstellung bzw. Zuschlagsversagung kann der Gläubiger, gegen die Zuschlagserteilung oder die verweigerte Einstellung des Verfahrens der Schuldner **sofortige Beschwerde** einlegen (§ 95 ZVG i.V.m. § 793 ZPO)[5]. Weigert sich das Gericht, den Zahlungsnachweis anzunehmen, ist die **Erinnerung** der richtige Rechtsbehelf (§ 766 ZPO), trifft das Gericht hierüber eine Entscheidung, ist die sofortige Beschwerde statthaft[6]. Wird die Zwangsversteigerung dennoch weiterbetrieben, so hat der verurteilte Wohnungseigentümer nach h.M. auch die Möglichkeit, im Wege der **Vollstreckungsabwehrklage** (§ 767 ZPO analog) beim Prozessgericht (§ 769 Abs. 1 ZPO) oder Vollstreckungsgericht (§ 769 Abs. 2 ZPO) die Einstellung des Zwangsversteigerungsverfahrens zu erreichen[7]. Auch gegen eine Herausgabe- oder Räumungsvollstreckung des Ersteigerers aus dem Zuschlag kann sich der Wohnungseigentümer entsprechend § 767 ZPO wehren, sofern er vor Verkündung bzw. Zustellung des Zuschlags alle Forderungen beglichen hat[8].

52

---

1 Teilzahlung genügt nicht, *Diester* § 19, Rz. 9; ebenso zu § 75 ZVG *Stöber* § 75 ZVG, Rz. 2.4.
2 *Pick* in Bärmann/Pick/Merle § 19, Rz. 20.
3 Staudinger/*Kreuzer* § 19, Rz. 13.
4 *Stöber* Einl. ZVG, Rz. 31.1, 31.6.
5 *Stöber* § 75 ZVG, Rz. 2.12.
6 *Stöber* § 75 ZVG, Rz. 2.12.
7 *Pick* in Bärmann/Pick/Merle § 19, Rz. 20 (21); Soergel/*Stürner* § 19, Rz. 2; Staudinger/*Kreuzer* § 19, Rz. 15; Weitnauer/*Lüke*, § 19 Rz.
8 So schon zur früheren Rechtslage KG DNotZ 2004, 631 = FGPRax 2004, 91.

53 Im Übrigen stehen dem verurteilten Wohnungseigentümer auch die allgemeinen vollstreckungsrechtlichen Rechtsbehelfe zur Verfügung. Hat er das Veräußerungsurteil freiwillig erfüllt, so kann er aufgrund der §§ 775 Nr. 4, 776 ZPO die **einstweilige Einstellung** des Verfahrens erreichen. Als taugliche öffentliche Urkunde i.S.d. § 775 Nr. 4 ZPO kommt die notarielle Urkunde über den Veräußerungsvertrag (§ 311b BGB) in Betracht. Wird die Versteigerung dennoch fortgesetzt, kann dem der Schuldner nur dann mit der **Vollstreckungsgegenklage** (§ 767 ZPO) begegnen, solange er noch Eigentümer ist. Hat das Eigentum bereits gewechselt, so kann der neue Eigentümer die Zwangsversteigerung nach § 771 ZPO mit der **Drittwiderspruchsklage** abwehren, sofern das Vollstreckungsgericht die Anordnung der Zwangsversteigerung nicht ohnehin nach § 17 ZVG ablehnt.

54 Darüber hinaus wird zum Teil eine analoge Anwendung von Abs. 2 auf vergleichbare Fälle befürwortet, wenn z.B. das Veräußerungsverlangen jetzt wegen **Wegfalls der Störung** unbegründet wäre. Genannt werden hier das Ableben des störenden Wohnungseigentümers[1] oder der Auszug eines störenden Ehegatten aus der Wohnung[2]. Eine solche Analogie erscheint bedenklich. Als einzige Möglichkeit kommt in Betracht, im Wege der **Klage nach §§ 767, 769 ZPO** die einstweilige Einstellung der Vollstreckung zu erwirken, wobei sich der Schuldner bzw. dessen Erben auf das Erlöschen des Veräußerungsanspruchs[3] wegen (nachträglichen) Wegfalls der Störung (Auszug oder Tod des störenden Eigentümers) berufen können[4].

VI. Vergleich (Abs. 3)

55 Dieselben Wirkungen wie einem Urteil gem. Abs. 1 und Abs. 2[5] kommt einem **Vergleich** zu, der vor Gericht (§ 794 Abs. 1 Nr. 1 ZPO) oder vor einer eingerichteten oder anerkannten **Gütestelle** (§§ 794 Abs. 1 Nr. 1, 797a ZPO; § 15a Abs. 6 EGZPO) geschlossen wurde. Die eingerichteten und anerkannten Gütestellen ergeben sich aus dem Landesrecht (§ 15a Abs. 5 EGZPO). **Bayern:** Notare (Art. 5 Abs. 1 BaySchlG), von der Rechtsanwaltskammer zugelassene Rechtsanwälte (Art. 5 Abs. 2 BaySchlG) und sonstige anerkannte Gütestellen (Art. 5 Abs. 3 BaySchlG). **Baden-Württemberg:** Urkundsbeamter der Geschäftsstelle (§ 3 Abs. 1 SchlG) und Schlichtungsperson (= von der Rechtsanwaltskammer zugelassene Rechtsanwälte, § 3 Abs. 2 SchlG). **Berlin:** Schiedsamt (= Bezirksverwaltung, § 1 BlnSchAG). **Brandenburg:** Schiedsstellen (= Gemeinden, § 1 BbgSchG) und sonstige anerkannte Gütestellen (§ 3 BbgSchlG). **Hessen:** Schiedsamt (= Gemeinde, § 1 HessSchAG) oder sonstige eingerichtete oder anerkannte Gütestelle (§ 3 Abs. 1 HessG zur Ausführung des § 15a EGZPO). **Mecklenburg-Vorpommern:** Schiedsstelle (= Gemeinde, § 1 SchStG M-V). **Niedersachsen:** Schiedsamt (= Gemeinde, § 1 SchiedsamtsG). **Nordrhein-Westfalen:** Schiedsamt (= Gemeinden, § 1 GüSchlG NRW) und sonstige zugelassene Gütestellen (§ 2 GüSchlG NRW). **Rheinland-Pfalz:** Schiedsamt (= Gemeinde, § 1 SchO). **Saarland:** Schieds-

---

1 Soergel/*Stürner* § 19, Rz. 2; Staudinger/*Kreuzer* § 19, Rz. 17.
2 RGRK/*Augustin* § 19, Rz. 10.
3 Hierzu Zöller/*Herget* § 767 ZPO, Rz. 12 „Erlöschen".
4 RGRK/*Augustin* § 19, Rz. 10.
5 Staudinger/*Kreuzer* § 19, Rz. 18; Weitnauer/*Lüke* § 19, Rz. 10.

personen (§ 37b SaarLSchlG) und anerkannte Gütestellen (§ 37d SaarLSchlG). **Sachsen:** Schiedsstellen (= Gemeinden, § 2 SächsSchiedsStG). **Sachsen-Anhalt:** Schiedsstellen (= Gemeinden), Notare und Rechtsanwälte (§§ 34b, 34c SchiedsStellenG). **Schleswig-Holstein:** Rechtsanwälte (§ 3 Nr. 1 LSchliG), Schiedsämter (= Gemeinde, § 1 SchO, §§ 3 Nr. 2, 5 LSchliG) und zugelassene Rechtsanwälte (§§ 3 Nr. 3, 6 LSchliG). **Thüringen:** Schiedsstelle (= Gemeinde, § 1 ThürSchStG).

Da die Veräußerungsklage auch vor einem Schiedsgericht ausgetragen werden kann, steht auch der **schiedsrichterliche Vergleich** einem gerichtlichen Urteil gleich[1]. Aus einem **notariellen Vergleich** findet die Zwangsversteigerung hingegen nicht statt, da sich der ausgeschlossene Wohnungseigentümer nicht der sofortigen Vollstreckung hinsichtlich einer Willenserklärung (hier: Veräußerung) unterwerfen kann, vgl. § 794 Abs. 1 Nr. 5 ZPO[2]. Das Gleiche gilt für einen **Anwaltsvergleich**, vgl. § 796a Abs. 2 ZPO[3].

56

In ihren Tatbestandsvoraussetzungen ist die Vorschrift **nicht abdingbar**, es können also weder die Zwangsversteigerung aus gerichtlichen oder vor Gütestellen geschlossenen Vergleichen ausgeschlossen werden noch andere Vollstreckungstitel geschaffen werden, vgl. §§ 794 Abs. 1 Nr. 5, 796a Abs. 2 ZPO. Anstelle der Zwangsversteigerung nach dem ZVG kann freilich auch eine freiwillige Versteigerung vereinbart werden (s. sogleich Rz. 58).

57

VII. Abdingbarkeit, Übergangsrecht

1. Abdingbarkeit

Nach ganz herrschender Ansicht konnten § 19 Abs. 1 und 3 WEG a.F. nicht abbedungen oder modifiziert werden, da es sich hierbei um Verfahrensvorschriften gehandelt haben soll[4], die nicht zur Disposition der Beteiligten standen[5] bzw. die den ebenfalls nicht abdingbaren § 18 Abs. 1 ergänzten (vgl. § 18 Abs. 4 und die Kommentierung bei § 18 Rz. 42)[6]. An dieser Ansicht kann nach der Neufassung des § 19 Abs. 1 in dieser Allgemeinheit nicht festgehalten werden. **Unabdingbar** sind lediglich die **Voraussetzungen für eine Entziehung des Wohnungseigentums.** Es ist also nicht möglich, eine Entziehung ohne Vorliegen eines Titels nach Abs. 1 bzw. 3 oder darüber hinausgehende Titulierungen (z.B. in notariellen Urkunden oder Anwaltsvergleichen vgl. Rz. 56, 57) zu vereinbaren.

58

Wegen der erheblichen Nachteile, die eine Zwangsversteigerung nach dem ZVG sowohl für den ausgeschlossenen (Verschleuderungsgefahr) als auch die übrigen Wohnungseigentümer (Verzögerungsgefahr, Umgehungs- und Missbrauchsgefahr) mit sich bringt (s. oben Rz. 25f., 29, 33, 35, 43, 47), muss man den Wohnungseigentümern aber das Recht zugestehen, eine von § 19 Abs. 1 **abwei-**

59

---

1 Staudinger/*Kreuzer* § 19, Rz. 19.
2 Ebenso Diester § 19, Rz. 10; RGRK/*Augustin* § 19, Rz. 13.
3 RGRK/*Augustin* § 19, Rz. 13; a.A. Staudinger/*Kreuzer* § 19, Rz. 19.
4 *Pick* in Bärmann/Pick/Merle § 19, Rz. 27; *Riecke* in KK-WEG § 19, Rz. 16; MüKo/*Engelhardt* § 19, Rz. 6; RGRK/*Augustin* § 19, Rz. 14; *Sauren* § 19, Rz. 8; Soergel/*Stürner* § 19, Rz. 5; Weitnauer/*Lüke* § 19, Rz. 10.
5 *Riecke* in KK-WEG § 19, Rz. 16; MüKo/*Engelhardt* § 19, Rz. 6.
6 *Pick* in Bärmann/Pick/Merle § 19, Rz. 27; Weitnauer/*Lüke* § 19, Rz. 10.

chende **Art der Veräußerung** nach § 10 Abs. 2 Satz 2 zu vereinbaren. Angesichts der erheblichen Kosten und der langen Dauer, die eine Zwangsversteigerung mit sich bringt, ist eine solche Vereinbarung ratsam. Insbesondere kommt die Vereinbarung einer „freiwilligen Versteigerung" durch einen Notar (vgl. § 20 Abs. 3 BNotO) in Betracht, wobei es die Wohnungseigentümer in der Hand haben, ob sie auf die bewährten §§ 53 ff. WEG a.F. bzw. die allgemeinen Verfahrensvorschriften der Landesgesetze (Art. 66 ff. PrFGG, Art. 93 ff. HessFGG und Art. 28 ff. NdsFGG) Bezug nehmen oder das Versteigerungsverfahren in Anlehnung an diese Vorschriften selbst ausgestalten. Denkbar wäre auch, dem rechtsfähigen Verband – wie im Gesellschaftsrecht – für den Fall, dass ein Einziehungsurteil vorliegt, ein Vorkaufs- oder Ankaufsrecht einzuräumen[1], wobei in diesem Fall aber besonderes Augenmerk auf die Vereinbarung einer angemessenen Gegenleistung zu richten sein wird. Haben die Wohnungseigentümer eine vom Zwangsversteigerungsverfahren abweichende Entziehung vereinbart, so ersetzt das Veräußerungsurteil (wie nach alter Rechtslage, vgl. § 894 ZPO) alle für die Veräußerung erforderlichen Willens- und Verfahrenserklärungen des ausgeschlossenen Wohnungseigentümers (also insbesondere Auflassung, Bewilligung etc.)[2]. In diesem Fall kann der Anspruch der anderen Wohnungseigentümer auch – wie bisher – mittels Eintragung einer Vormerkung (§ 895 ZPO) oder eines Verfügungs-/Belastungsverbots (§§ 936, 920 Abs. 2 ZPO) abgesichert werden[3].

60 Die **Bestimmungen des Abs. 2** können auch nach der Reform im Wege der Vereinbarung nach § 10 Abs. 2 Satz 2 abgeändert und sogar ganz abbedungen werden[4], da sie den materiellen Entziehungsanspruch betreffen und den ebenfalls dispositiven § 18 Abs. 2 Nr. 2 ergänzen[5]. Dies entspricht der schon bislang herrschenden Ansicht[6].

2. Übergangsrecht

61 Als **Übergangsvorschrift** bestimmt § 62 Abs. 1, dass die zum Zeitpunkt des Inkrafttretens des Reformgesetzes bereits nach § 53 Abs. 1 WEG a.F. beantragten Verfahren noch nach den alten Verfahrensvorschriften durchzuführen sind. Es besteht daher nicht die Alternative, den beim Notar gestellten Antrag zurückzunehmen und aus dem Veräußerungsurteil die Zwangsversteigerung nach dem ZVG zu beantragen[7]. Nach hier vertretener Ansicht ist aber schon aus Kosten- und Effizienzgesichtspunkten in jedem Fall von einer Zwangsversteigerung nach dem ZVG abzuraten (s. Rz. 6, 59).

---

1 Bärmann/*Pick* § 18, Rz. 20; *Pick* in Bärmann/Pick/Merle § 18, Rz. 53; RGRK/*Augustin* § 18, Rz. 4; § 19, Rz. 11; Soergel/*Stürner* § 18, Rz. 7.
2 Vgl. zur bisherigen Rechtslage etwa *Pick* in Bärmann/Pick/Merle § 19, Rz. 13 bis 17.
3 Vgl. zur bisherigen Rechtslage KG OLGZ 1979, 146 = MDR 1979, 218 = Rpfleger 1979, 198; *Götte*, BWNotZ 1992, 105 (107); *Heil*, MittRhNotK 1999, 73 (88 f.) m.w.N.; *Merle* in Bärmann/Pick/Merle § 54, Rz. 21; Palandt/*Bassenge* § 19, Rz. 2.
4 *Niedenführ*/*Schulze* § 19, Rz. 7.
5 *Riecke* in KK-WEG § 19, Rz. 16; Staudinger/*Kreuzer* § 19, Rz. 16; Weitnauer/*Lüke* § 19, Rz. 10.
6 *Riecke* in KK-WEG § 19, Rz. 16; *Niedenführ*/*Schulze* § 19, Rz. 7; RGRK/*Augustin* § 19, Rz. 14; Staudinger/*Kreuzer* § 19, Rz. 16; Weitnauer/*Lüke* § 19, Rz. 10.
7 AnwK-BGB/*Heinemann* § 62, Rz. 1.

3. Abschnitt
Verwaltung

§ 20

Gliederung der Verwaltung

(1) Die Verwaltung des gemeinschaftlichen Eigentums obliegt den Wohnungseigentümern nach Maßgabe der §§ 21 bis 25 und dem Verwalter nach Maßgabe der §§ 26 bis 28, im Falle der Bestellung eines Verwaltungsbeirats auch diesem nach Maßgabe des § 29.

(2) Die Bestellung eines Verwalters kann nicht ausgeschlossen werden.

Inhaltsübersicht

	Rz.		Rz.
I. Überblick	1	IV. Unabdingbarkeit der Verwalterbestellung (Abs. 2)	10
II. Verwaltung des gemeinschaftlichen Eigentums	2	V. Der Wohnungseigentümer als Notgeschäftsführer	15
III. Organe der Verwaltung	5		

Schrifttum: *Abramenko,* Parteien und Zustandekommen des Verwaltervertrags nach der neuen Rechtsprechung zur Teilrechtsfähigkeit der Wohnungseigentümergemeinschaft, ZMR 2006, 6; *Giesen,* Die gerichtliche Geltendmachung von Ansprüchen der Wohnungseigentümer durch den Verwalter, DWE 1993, 130; *Jennißen,* Auswirkungen der Rechtsfähigkeit auf die innergemeinschaftlichen Beziehungen der Wohnungseigentümer, NZM 2006, 203; *Jennißen,* Der WEG-Verwalter, 2007; *Kümmel,* Der einstimmige Beschluss als Regelungsinstrument der Wohnungseigentümer, ZWE 2001, 52; *Merle,* Organbefugnisse und Organpflichten des Verwalters bei Passivprozessen der Gemeinschaft der Wohnungseigentümer, ZWE 2006, 21; *Müller,* Praktische Fragen des Wohnungseigentums, 4. Aufl. 2004; *Wenzel,* Die Wohnungseigentümergemeinschaft – ein janusköpfiges Gebilde aus Rechtssubjekt und Miteigentümergemeinschaft?, NZM 2006, 321.

I. Überblick

§ 20 leitet den 3. Abschnitt des Gesetzes ein, der mit „Verwaltung" überschrieben ist. In Abs. 1 werden die Organe vorgestellt und auf die die Aufgaben definierenden Vorschriften verwiesen. Insoweit handelt es sich nur um eine Verweisungsvorschrift. Abs. 2 hat hingegen materiell-rechtliche Bedeutung[1]. 1

II. Verwaltung des gemeinschaftlichen Eigentums

Abs. 1 stellt zunächst klar, dass die Verwaltung des Sondereigentums keine Angelegenheit der Eigentümergemeinschaft ist. Was **Gemeinschafts-** und was **Sondereigentum** ist, bestimmt sich nach § 5 und kann im Einzelfall durchaus streitig sein (vgl. hierzu oben § 5 Rz. 29 ff.). Zum gemeinschaftlichen Eigentum zählt auch das Verbandsvermögen, das in § 10 Abs. 7 näher definiert wird. 2

---
1 So auch *Hügel* in Bamberger/Roth, BGB, § 20 WEG Rz. 1.

3 Wenn Sondereigentum betroffen ist, für das die Verwaltung grundsätzlich nicht zuständig ist, so können sich dennoch Berührungspunkte zum Gemeinschaftseigentum ergeben, die eine Handlungskompetenz und eine Handlungspflicht begründen. Bei Abgrenzungsschwierigkeiten ist im Zweifel von Gemeinschaftseigentum auszugehen, sodass die Handlungspflicht zur Verwaltung des gemeinschaftlichen Eigentums immer dann entsteht, wenn nicht auszuschließen ist, dass ein Schaden am Sondereigentum seine Ursache im Gemeinschaftseigentum haben kann[1].

4 Grundsätzlich können die Wohnungseigentümer nach § 21 Abs. 3 bestimmen, welche Maßnahmen zur ordnungsmäßigen Verwaltung des gemeinschaftlichen Eigentums gehören. Lediglich dann, wenn die Wohnungseigentümer eine gesetzlich erforderliche Maßnahme nicht treffen, kann das Gericht in Ermangelung anderweitiger Regelungen nach entsprechendem Antrag über die erforderliche Maßnahme nach billigem Ermessen entscheiden, § 21 Abs. 8.

III. Organe der Verwaltung

5 Abs. 1 verdeutlicht, dass es im Zusammenhang mit der Verwaltung des gemeinschaftlichen Eigentums insgesamt drei **Organe** gibt, nämlich die Gesamtheit der Wohnungseigentümer, den Verwalter und den **Verwaltungsbeirat**. Die Aufgaben verteilen sich dabei derart, dass die Gesamtheit der Wohnungseigentümer das weisungsbefugte Organ ist, das seine Willensbildung in der Eigentümerversammlung durchführt. Demgegenüber ist der Verwalter das ausführende Organ und der Beirat das beratende und überwachende. Die Organschaft ist somit eine dreigliedrige, wobei der Beirat als einziges Organ abdingbar und in seiner Funktion das schwächste ist. Der Verwalter ist nicht an die Weisungen eines einzelnen Wohnungseigentümers gebunden. Er muss nur rechtmäßige Weisungen der Gesamtheit der Wohnungseigentümer befolgen, die entsprechende Beschlüsse erfordern.

6 Trotz der Neuregelung in § 27 stehen dem Verwalter weiterhin nur **partielle Befugnisse** zu. Anders als im Gesellschaftsrecht ist er nicht das zentrale Organ des Verbands. Wohnungseigentumsrechtlich sind vielmehr die Machtstrukturen so geregelt, dass die letzte Entscheidungskompetenz nahezu ausschließlich bei der Eigentümergemeinschaft liegt. Eine Ausnahme von diesem Grundsatz stellt lediglich § 27 Abs. 4 auf, wonach die **Befugnisse** des Verwalters gem. § 27 Abs. 1–3 **nicht eingeschränkt oder ausgeschlossen werden** können. Abgesehen von dieser die Aufgaben des Verwalters festschreibenden Regelung ist der Verwalter nur das ausführende Organ. Die Eigentümerversammlung entscheidet, der Verwalter führt aus und der Beirat beaufsichtigt die Tätigkeiten des Verwalters.

7 Der Beirat ist wesentlich schwächer ausgeprägt als der im Aktienrecht vorgesehene **Aufsichtsrat**. Der Aufsichtsrat einer Aktiengesellschaft ist zwingend, während wohnungseigentumsrechtlich der Beirat fakultativ eingerichtet werden kann[2].

---
1 OLG München v. 15.5.2006 – 34 Wx 156/05, ZMR 2006, 716 = DWE 2006, 107 = MietRB 2006, 217.
2 Vgl. hierzu auch *Jennißen*, Der WEG-Verwalter, Rz. 5 ff.

Der Verwalter muss nicht selbst Wohnungseigentümer sein, sodass grundsätzlich von einer **Fremdorganschaft** auszugehen ist[1]. 8

Seit der Rechtsfähigkeitsentscheidung des BGH[2] ist streitig, wie die Rechtsbeziehung des Verwalters zum rechtsfähigen Verband einerseits und zu der Summe der Wohnungseigentümer andererseits zu definieren ist[3]. § 27 Abs. 1 spricht nun in der Neufassung von der doppelten Geschäftsführungsaufgabe des Verwalters für den Verband und für die Wohnungseigentümer. In § 27 Abs. 2 wird die Vertretungsmacht des Verwalters für die Wohnungseigentümer und in § 27 Abs. 3 die Vertretungsmacht für den rechtsfähigen Verband definiert. Der Verwalter hat danach einen doppelten Aufgabenkreis zu erledigen. Er erfüllt eine **Doppelfunktion**[4]. In der Begründung der Novelle durch die Bundesregierung heißt es hierzu, dass der Verwalter das Organ der Gemeinschaft und der **Vertreter der Wohnungseigentümer** sei[5]. 9

IV. Unabdingbarkeit des Verwalters (Abs. 2)

Nach § 20 Abs. 2 kann die Bestellung eines Verwalters nicht ausgeschlossen werden. Ein Ausschluss ist sowohl durch Beschluss[6] als auch durch Vereinbarung[7] unzulässig. Aus dem Verbot folgt jedoch nicht die Verpflichtung, einen Verwalter zu bestellen[8]. Es wird also zwischen Bestellungsausschluss und Verpflichtung zur Bestellung differenziert. 10

Bestellen die Wohnungseigentümer keinen Verwalter, so vertreten alle Wohnungseigentümer die Gemeinschaft, § 27 Abs. 3 Satz 2. Dann hat die Eigentümergemeinschaft zwar kein Organ bestellt, die Wohnungseigentümer handeln aber gemeinsam. 11

Da die Bestellung eines Verwalters nicht ausgeschlossen werden kann, kann bei Fehlen eines Verwalters jeder Wohnungseigentümer jederzeit die Verwalterbestellung verlangen. Verweigern sich die übrigen Wohnungseigentümer diesem Verlangen, kann auf entsprechenden Antrag hin ein Verwalter gerichtlich bestellt werden. Der Gesetzgeber hat zwar die bisherige Regelung in § 26 Abs. 3, wonach bei Fehlen eines Verwalters in dringenden Fällen ein **Notverwalter** bestellt werden konnte, aufgehoben. Dies besagt aber nicht, dass das Gericht keinen ordnungsgemäßen Verwalter bestellen könne, wie § 21 Abs. 8 jetzt verdeutlicht. 12

---

1 *Merle*, ZWE 2006, 21; *Jennißen*, Handbuch des WEG-Verwalters und des Beirats, Rz. 3.
2 V. 2.6.2005 – V ZB 32/05, ZMR 2005, 547 = DWE 2005, 134 = NJW 2005, 2061 = NZM 2005, 543.
3 Vgl. hierzu *Hügel*, DNotZ 2005, 753 (764); *Jennißen*, NZM 2006, 203; *Wenzel*, NZM 2006, 321; *Abramenko*, ZMR 2006, 6.
4 *Jennißen*, Der WEG-Verwalter, Rz. 10 ff.
5 BR-Drucks. 397/05 in *Bärmann/Pick*, WEG, Ergänzungsband zur 17. Aufl., S. 178.
6 *Merle* in Bärmann/Pick/Merle, WEG, § 20 Rz. 13; *Giesen*, DWE 1993, 130, 136.
7 BayObLG WE 1990, 67; LG Hannover DWE 1983, 124; *Merle* in Bärmann/Pick/Merle, WEG, § 20 Rz. 13; *Lüke* in Weitnauer, WEG, § 20 Rz. 2; *Bub* in Staudinger, BGB, § 20 WEG Rz. 17; a.A. Müller, Praktische Fragen, Rz. 869.
8 *Merle* in Bärmann/Pick/Merle, WEG, § 20 Rz. 14; *Sauren*, WEG, § 20 Rz. 4; *Bub* in Staudinger, BGB, § 20 WEG Rz. 17.

13 Eine Regelung in der Gemeinschaftsordnung, dass vorläufig kein Verwalter bestellt werden soll, ist unwirksam[1]. Ebenso sind alle Vereinbarungen **nichtig**, die die **Verwalterbestellung behindern**. Hierunter zählen die Fälle, dass die Verwalterwahl von einer qualifizierten Mehrheit abhängig gemacht wird[2].

14 Solange **kein Verwalter** als Organ **vorhanden** ist, müssen die Wohnungseigentümer im Außenverhältnis gemeinsam den Verband vertreten. Sie können alternativ dazu beschließen, einzelne Wohnungseigentümer mit der Vertretung zu bevollmächtigen, § 27 Abs. 3 Satz 2. Für die Annahme, dass für solche Verwaltungsentscheidungen bei Fehlen eines Verwalters grundsätzlich einstimmige Beschlüsse erforderlich seien[3], besteht keine Veranlassung. Die Qualität des Beschlusses wird keine andere, nur weil im Außenverhältnis dieser Beschluss nicht von einem Verwalter, sondern von einem oder mehreren Wohnungseigentümern umzusetzen ist.

V. Der Wohnungseigentümer als Notgeschäftsführer

15 Der einzelne Wohnungseigentümer kann nur wirksam handeln, wenn er durch Beschluss bevollmächtigt wurde oder eine **Notmaßnahme** zu ergreifen ist. Eine Notmaßnahme setzt einen am Gemeinschaftseigentum unmittelbar drohenden Schaden voraus. Es muss eine Gefahrensituation vorliegen, die ein Handeln unaufschiebbar macht. An die allgemeine Handlungsvollmacht des einzelnen Wohnungseigentümers sind strenge Anforderungen zu stellen, da auch für die Gefahrenabwehr zunächst der Verwalter zuständig ist. Ist kein Verwalter bestellt, dieser nicht erreichbar oder verweigert er die notwendige Handlung, kann eine Notgeschäftsführungsberechtigung des einzelnen Wohnungseigentümers in Betracht kommen. Dieser darf aber immer nur die Gefahrenabwehr und nicht die Beseitigung des Mangels selbst betreiben.

§ 21
Verwaltung durch die Wohnungseigentümer

(1) Soweit nicht in diesem Gesetz oder durch Vereinbarung der Wohnungseigentümer etwas anderes bestimmt ist, steht die Verwaltung des gemeinschaftlichen Eigentums den Wohnungseigentümern gemeinschaftlich zu.

(2) Jeder Wohnungseigentümer ist berechtigt, ohne Zustimmung der anderen Wohnungseigentümer die Maßnahmen zu treffen, die zur Abwendung eines dem gemeinschaftlichen Eigentum unmittelbar drohenden Schadens notwendig sind.

(3) Soweit die Verwaltung des gemeinschaftlichen Eigentums nicht durch Vereinbarung der Wohnungseigentümer geregelt ist, können die Wohnungseigentümer eine der Beschaffenheit des gemeinschaftlichen Eigentums entsprechende ordnungsmäßige Verwaltung durch Stimmenmehrheit beschließen.

---

1 S. auch *Merle* in Bärmann/Pick/Merle, WEG, § 20 Rz. 13; *Bub* in Staudinger, BGB, § 20 WEG Rz. 17; a.A. *Lüke* in Weitnauer, WEG, § 20 Rz. 4.
2 BayObLG WuM 1996, 497; WE 1994, 154 = DWE 1995, 154; *Merle* in Bärmann/Pick/Merle, WEG § 26 Rz. 69.
3 So *Kümmel*, ZWE 2001, 52; *Merle* in Bärmann/Pick/Merle, WEG, § 20 Rz. 16.

(4) Jeder Wohnungseigentümer kann eine Verwaltung verlangen, die den Vereinbarungen und Beschlüssen und, soweit solche nicht bestehen, dem Interesse der Gesamtheit der Wohnungseigentümer nach billigem Ermessen entspricht.

(5) Zu einer ordnungsmäßigen, dem Interesse der Gesamtheit der Wohnungseigentümer entsprechenden Verwaltung gehört insbesondere:

1. die Aufstellung einer Hausordnung;
2. die ordnungsmäßige Instandhaltung und Instandsetzung des gemeinschaftlichen Eigentums;
3. die Feuerversicherung des gemeinschaftlichen Eigentums zum Neuwert sowie die angemessene Versicherung der Wohnungseigentümer gegen Haus- und Grundbesitzerhaftpflicht;
4. die Ansammlung einer angemessenen Instandhaltungsrückstellung;
5. die Aufstellung eines Wirtschaftsplans (§ 28);
6. die Duldung aller Maßnahmen, die zur Herstellung einer Fernsprechteilnehmereinrichtung, einer Rundfunkempfangsanlage oder eines Energieversorgungsanschlusses zugunsten eines Wohnungseigentümers erforderlich sind.

(6) Der Wohnungseigentümer, zu dessen Gunsten eine Maßnahme der in Absatz 5 Nr. 6 bezeichneten Art getroffen wird, ist zum Ersatz des hierdurch entstehenden Schadens verpflichtet.

(7) Die Wohnungseigentümer können die Regelung der Art und Weise von Zahlungen, der Fälligkeit und der Folgen des Verzugs sowie der Kosten für eine besondere Nutzung des gemeinschaftlichen Eigentums oder für einen besonderen Verwaltungsaufwand mit Stimmenmehrheit beschließen.

(8) Treffen die Wohnungseigentümer eine nach dem Gesetz erforderliche Maßnahme nicht, so kann an ihrer Stelle das Gericht in einem Rechtsstreit gemäß § 43 nach billigem Ermessen entscheiden, soweit sich die Maßnahme nicht aus dem Gesetz, einer Vereinbarung oder einem Beschluss der Wohnungseigentümer ergibt.

Inhaltsübersicht

	Rz.		Rz.
I. Allgemeines	1	4. Ansprüche und Rechte im Innenverhältnis	21
II. Grundsatz der gemeinschaftlichen Verwaltung (Abs. 1)	3	IV. Verwaltung im Notfall durch einzelne Wohnungseigentümer (Abs. 2)	22
III. Geltendmachung von Ansprüchen und Rechten	6	V. Verwaltung durch Mehrheitsbeschluss (Abs. 3)	32
1. Allgemeines	6		
2. Ansprüche und Rechte aus Erwerbs- und Errichtungsverträgen	7	VI. Anspruch auf ordnungsgemäße Verwaltung (Abs. 4)	41
3. Sonstige Ansprüche und Rechte gegenüber Dritten	17	VII. Ansprüche bei Verletzung der Pflicht zur ordnungsgemäßen Verwaltung	48

	Rz.
VIII. Einzelfälle ordnungsgemäßer Verwaltung (Abs. 5)	50
1. Aufstellung einer Hausordnung (Nr. 1)	51
2. Instandhaltung und Instandsetzung des gemeinschaftlichen Eigentums (Nr. 2)	63
3. Abschluss von Versicherungen (Nr. 3)	80
4. Ansammlung einer angemessenen Instandhaltungsrückstellung (Nr. 4)	87
5. Aufstellung eines Wirtschaftsplans (Nr. 5)	99
6. Maßnahmen zur Herstellung von Telekommunikations-, Energieversorgungs- und Rundfunkempfangsanlagen (Nr. 6 und Abs. 6)	101
7. Weitere, gesetzlich nicht geregelte Einzelfälle ordnungsmäßiger Verwaltung	105
IX. Zahlungsmodalitäten und besondere Kostentragungspflichten (Abs. 7)	112
1. Allgemeines	112
2. Art und Weise von Zahlungen	113
3. Fälligkeit von Zahlungen	114
4. Verzugsfolgen	115
5. Kosten für eine besondere Nutzung des gemeinschaftlichen Eigentums	116
6. Kosten für einen besonderen Verwaltungsaufwand	119
X. Die gerichtliche Ermessensentscheidung (Abs. 8)	122
1. Die verfahrensrechtlichen Grundlagen der gerichtlichen Ermessensentscheidung	122
a) Die Funktion der Vorschrift	122
b) Die Rechtsnatur der gerichtlichen Ermessensentscheidung	124
c) Ermessensentscheidung und Sachantrag	126
d) Aktiv- und Passivlegitimation bei der gerichtlichen Ermessensentscheidung	127
e) Gerichtliche Ermessensentscheidung und Rechtskraft	132
f) Gerichtliche Ermessensentscheidung und einstweiliger Rechtsschutz	134
2. Voraussetzungen und zulässiger Inhalt der gerichtlichen Ermessensentscheidung	137
a) Die Erforderlichkeit der gerichtlichen Ermessensentscheidung	137
b) Der zulässige Inhalt der gerichtlichen Ermessensentscheidung	146
c) Einzelfälle	
aa) Maßnahmen zur Herbeiführung einer ordnungsgemäßen Beschlussfassung	150
bb) Maßnahmen im Zusammenhang mit der Instandhaltung des gemeinschaftlichen Eigentums	151
cc) Maßnahmen im Zusammenhang mit Gebrauchsregelungen	153
dd) Maßnahmen im Zusammenhang mit Wirtschaftsplänen und Jahresabrechnungen	155
ee) Maßnahmen im Zusammenhang mit der Bestellung eines Verwalters	158

Schrifttum: *Armbrüster*, Versicherungsschutz für Wohnungseigentümer und Verwalter, ZMR 2003, 1; *Becker*, Die Haftung der Wohnungseigentümer für Schäden am Sondereigentum infolge mangelhafter Instandsetzung des gemeinschaftlichen Eigentums, ZWE 2000, 56; *Becker/Strecker*, Mehrheitsherrschaft und Individualrechtsschutz bei der Instandsetzung gemeinschaftlichen Eigentums, ZWE 2001, 569; *Deckert*, Die Instandhaltungsrückstellung im Wohnungseigentumsrecht (ausgewählte Rechtsfragen), ZMR 2005, 753; *Elzer*, Ermessen im Wohnungseigentumsrecht, ZMR 2006, 85; *Feuerborn*, Nochmals – Darlehensaufnahme durch Wohnungseigentümergemeinschaften, NJW 1988, 2991; *Feuerborn*, Kreditaufnahme für Wohnungseigentümergemeinschaften, ZIP 1988, 146; *Fritsch*, Rechtsanspruch auf optimale Medienversorgung?, ZMR 2006, 180; *Häublein*, Die

Mehrhausanlage in der Verwalterpraxis, NZM 2003, 785; *Häublein*, Die Willensbildung in der Wohnungseigentümergemeinschaft nach der WEG-Novelle, ZMR 2007, 409; *von Hauff/Homann*, Für den Profi – Innovativer Ansatz zur Ermittlung der Instandhaltungsrückstellung, WE 1996, 225 (251), 288; *Hauger*, Rechte und Pflichten des einzelnen Wohnungseigentümers in Bezug auf die ordnungsgemäße Instandsetzung und Instandhaltung des gemeinschaftlichen Eigentums, ZMR 1996, 57; *Hügel*, Die Teilrechtsfähigkeit der Wohnungseigentümergemeinschaft und ihre Folgen für die notarielle Praxis, DnotZ 2005, 753; *Huff*, Neues zur Videoüberwachung im Miet- und Wohnungseigentumsrecht, NZM 2004, 535; *Jenißen*, Die Auswirkungen der Rechtsfähigkeit auf die innergemeinschaftlichen Beziehungen der Wohnungseigentümer, NZM 2006, 203; *Kahlen*, Instandhaltungsrückstellung: Teilrechtsfähigkeit führt nicht zur Grunderwerbsteuerpflicht in Erwerbsfällen, ZMR 2007, 179; *Niedenführ*, Die Durchsetzung des Anspruchs auf ordnungsgemäße Verwaltung im WEG-Verfahren, ZMR 1991, 121; *Nußbaum*, Haftung der Wohnungseigentümer für Leitungswasserschäden, NZM 2003, 617; *Ott*, Die Verfolgung von Mängelrechten gegen den Bauträger – Wedelt der Schwanz mit dem Hund, NZM 2007, 505; *Pause*, Hindernisse auf dem Weg zum „großen Schadensersatz" beim Bauträgervertrag, NZM 2007, 234; *Pause/Vogel*, Auswirkungen der WEG-Reform auf die Geltendmachung von Mängeln am Gemeinschaftseigentum, ZMR 2007, 577; *Schmidt*, Darlehensaufnahme durch die rechtsfähige Wohnungseigentümergemeinschaft – wer wird Vertragspartner und wer haftet?, ZMR 2007, 90; *Schmidt/Riecke*, Anspruchsbegründung und Anspruchsvernichtung durch Mehrheitsbeschluss: Kann die WEG mit Miteigentümern „kurzen Prozess" machen?, ZMR 2005, 252; *Schulze-Hagen*, Die Ansprüche des Erwerbers gegen den Bauträger wegen Mängel am Gemeinschaftseigentum, ZWE 2007, 113; *Wagner*, Fragwürdiges zur neuen Rechtsprechung des Ansichziehens von Gewährleistungsansprüchen durch WEG-Gemeinschaften beim Bauträgervertrag im Geschosswohnungsbau, ZNotP 2007, 288; *Wenzel*, Die Teilrechtsfähigkeit und die Haftungsverfassung der Wohnungseigentümergemeinschaft – eine Zwischenbilanz, ZWE 2006, 2; *Wenzel*, Die Wohnungseigentümergemeinschaft – ein januskopfiges Gebilde aus Rechtssubjekt und Miteigentümergemeinschaft?, NZM 2006, 321; *Wenzel*, Die Zuständigkeit der Wohnungseigentümergemeinschaft bei der Durchsetzung von Mängelrechten der Ersterwerber, NJW 2007, 1905; *Wenzel*, Umstellung des Fernsehempfangs – bauliche Veränderung?, ZWE 2007, 179.

I. Allgemeines

§ 21 Abs. 1 enthält das **Grundprinzip der gemeinschaftlichen Verwaltung** des Gemeinschaftseigentums[1]. Inhaltlich entspricht die Vorschrift damit § 744 Abs. 1 BGB[2]. Zum **gemeinschaftlichen Eigentum** zählen das Grundstück (§ 1 Abs. 5, s. § 1 Rz. 28) und die sonstigen Teile, Anlagen und Einrichtungen, die nicht zum Sondereigentum zählen, insbesondere die in § 5 Abs. 2 und 3 genannten (s. § 5 Rz. 22 ff.). Auch solche Teile des gemeinschaftlichen Eigentums, die einem **Sondernutzungsrecht** unterliegen (s. § 13 Rz. 16 ff.), unterstehen grundsätzlich weiterhin dem Grundsatz gemeinschaftlicher Verwaltung[3]. Schließlich gehört das **Verwaltungsvermögen** nach § 10 Abs. 7 Satz 1 der Gemeinschaft (s. § 10 Rz. 90 ff.) und untersteht daher der gemeinschaftlichen Verwaltung. § 21 kann durch Vereinbarung vollständig **abbedungen** werden. Es ist insbesondere möglich, die Verwaltung einzelner Häuser einer Mehrhausanlage so zu teilen, dass sich jedes Haus eigenständig ohne Mitwirkung der anderen Häuser verwaltet[4].

1

---

1 Dazu schon die Gesetzesbegründung zu § 21 WEG, BR-Drucks 75/51.
2 *Merle* in Bärmann/Pick/Merle, WEG, § 21 Rz. 1.
3 *Merle* in Bärmann/Pick/Merle, WEG, § 21 Rz. 1; *Drabek* in KK-WEG, § 21 Rz. 1.
4 Vgl. *Häublein*, NZM 2003, 785 (788 ff.); es können jedoch auch mehrere Verwalter für die einzelnen Häuser bestellt werden, *Häublein*, NZM 2003, 785 (790).

2 Anders als im Recht der Bruchteilsgemeinschaft (vgl. § 745 Abs. 1 und 2 BGB) trennt das WEG zwischen der Benutzung und der Verwaltung des gemeinschaftlichen Eigentums. Es behandelt daher in § 15 Abs. 2 den **ordnungsmäßigen Gebrauch** und in § 21 Abs. 3 die **ordnungsmäßige Verwaltung**[1]. Zur Verwaltung des gemeinschaftlichen Eigentums gehören alle Maßnahmen, die auf eine Änderung des bestehenden Zustands in tatsächlicher oder wirtschaftlicher Hinsicht abzielen oder eine Geschäftsführung für die Wohnungseigentümergemeinschaft in Bezug auf das gemeinschaftliche Eigentum darstellen[2]. Von der Verwaltung abzugrenzen ist die Verfügung über das gemeinschaftliche Eigentum, insbesondere die Änderung der sachenrechtlichen Grundlagen am Grundstück und den Miteigentumsanteilen hieran. Zum Begriff der Verwaltung s. § 20 Rz. 2 ff.

II. Grundsatz der gemeinschaftlichen Verwaltung (Abs. 1)

3 Nach Abs. 1 steht die Verwaltung des gemeinschaftlichen Eigentums den Wohnungseigentümern **gemeinschaftlich** zu. Das bedeutet zum einen, dass die Verwaltung Sache der Wohnungseigentümer ist, zum anderen, dass die Wohnungseigentümer nur in ihrer Gesamtheit Verwaltungsmaßnahmen treffen können. Es gilt danach grundsätzlich das **Einstimmigkeitsprinzip**. Das Einstimmigkeitsprinzip bedeutet nicht, dass die Wohnungseigentümer eine Vereinbarung nach § 10 Abs. 3 über die Verwaltungsmaßnahmen schließen müssen. Vielmehr kann auch ein **allstimmiger Beschluss** (s. Vor §§ 23 bis 25 Rz. 131 f.) getroffen werden. Ein solcher wird grundsätzlich dann vorliegen, wenn die Regelung im Verfahren nach §§ 23 ff. getroffen ist. Zur Abgrenzung von Vereinbarung und Beschluss s. § 10 Rz. 7 f.

4 Von diesem Grundsatz enthalten die übrigen Absätze des § 21 **Ausnahmen**. Mit Stimmenmehrheit (und damit entsprechend § 745 Abs. 1 BGB) können die Wohnungseigentümer die Maßnahmen ordnungsmäßiger Verwaltung nach Abs. 3, 5 und 7 beschließen. Dadurch wird die Aufstellung von Verwaltungsregeln erleichtert, bei denen keine Gefahr besteht, dass sie einzelne Wohnungseigentümer unbillig benachteiligen. Ohne diese Ausnahmen wäre eine effektive Verwaltung der Gemeinschaft nicht denkbar[3]. Jeder Wohnungseigentümer kann nach Abs. 2 (und damit in Anlehnung an § 744 Abs. 2 BGB) Notmaßnahmen vornehmen und nach Abs. 4 (in Entsprechung zu § 745 Abs. 2 BGB) eine ordnungsmäßige Verwaltung durchsetzen.

5 Im WEG finden sich weitere **gesetzliche Ausnahmen** vom Grundsatz der gemeinschaftlichen Verwaltung. Neben § 21 Abs. 2, 3, 5 und 7 sehen § 16 Abs. 3 und 4, aber vor allem § 22 Abs. 1 und 2 Mehrheitsentscheidungen vor, die nach neuer Rechtslage nicht einmal mehr im Vereinbarungswege abbedungen werden können, vgl. §§ 16 Abs. 5, 22 Abs. 2 Satz 2. Siehe zum Ganzen § 16 Rz. 66 ff. und § 22 Rz. 62 ff.

---

1 *Lüke* in Weitnauer, WEG, § 21 Rz. 1.
2 BGH v. 11.12.1992 – V ZR 118/91, BGHZ 121, 1 (22) = NJW 1993, 727.
3 Vgl. *Niedenführ/Schulze*, WEG, § 21 Rz. 7.

III. Geltendmachung von Ansprüchen und Rechten

1. Allgemeines

Da auch die Geltendmachung von Ansprüchen, Forderungen und Gestaltungsrechten in Bezug auf das gemeinschaftliche Eigentum eine Maßnahme ordnungsgemäßer Verwaltung darstellt (s. Rz. 107), stellt sich die praktisch enorm bedeutsame Frage, wer zur gerichtlichen und außergerichtlichen Geltendmachung dieser Ansprüche und Rechte befugt ist. Besonders umstritten ist dies bei der Geltendmachung von Rechten gegenüber Dritten aus den **Erwerbs- und Errichtungsverträgen** über Wohnungs- und Teileigentum (den sog. Bauträgerverträgen), die einerseits dem einzelnen Wohnungseigentümer einen Anspruch auf mangelfreie Herstellung seiner Eigentumswohnung einräumen, andererseits aber auch dem Interesse der Eigentümergemeinschaft an der erstmaligen Herstellung des Gemeinschaftseigentums dienen (s. Rz. 7 ff.). Eine ähnliche Problematik stellt sich bezüglich solcher **Forderungen gegenüber Dritten**, die aus der **Verwaltung** des gemeinschaftlichen Eigentums entstehen können, also gegen den Verwalter, den Verwaltungsbeirat oder sonstige Dritte, wie z.B. Werkunternehmer, die zur Instandhaltung und Instandsetzung des gemeinschaftlichen Eigentums vertraglich verpflichtet wurden (s. Rz. 17 ff.). Schließlich können auch **Forderungen im Innenverhältnis** zwischen den einzelnen Wohnungseigentümern untereinander, vor allem aber auch zwischen einzelnen oder allen Wohnungseigentümern und der teilrechtsfähigen Gemeinschaft bestehen. Auch hier stellt sich die Frage, wer zu deren Geltendmachung im Rahmen ordnungsmäßiger Verwaltung befugt sein soll (s. Rz. 21).

6

2. Ansprüche und Rechte aus Erwerbs- und Errichtungsverträgen

Ansprüche und Rechte aus den Erwerbs- und Errichtungsverträgen, die die mangelfreie Herstellung des **Sondereigentums** betreffen und die keine Auswirkung auf das Gemeinschaftseigentum haben, stehen dem jeweiligen Erwerber alleine zu. Nur ihm obliegt die Entscheidung, ob und welche Rechte er hieraus geltend machen will, vgl. § 634 BGB[1]. Die Gemeinschaft ist zur Geltendmachung von Rechten in Bezug auf das Sondereigentum weder originär (durch § 10 Abs. 6 Satz 3) noch aufgrund eines Mehrheitsbeschlusses befugt. Mängel des Sondereigentums, die sich **ausschließlich** oder **auch** auf das **Gemeinschaftseigentum** auswirken, fallen nach Maßgabe der nachstehenden Ausführungen nur dann in die Zuständigkeit des einzelnen Erwerbers, sofern die Gemeinschaft keine originäre oder durch Mehrheitsbeschluss begründete Zuständigkeit hat. Haben die Wohnungseigentümer vereinbart, dass einzelne Mängel des gemeinschaftlichen Eigentums von den Sondereigentümern selbst instandzusetzen sind (z.B. die Wohnungseingangstüren), so kann die Gemeinschaft die Kompetenz zur Mängelbeseitigung auch nur durch neue Vereinbarung, aber nicht durch Mehrheitsbeschluss an sich ziehen[2].

7

Aus den jeweiligen Erwerbs- und Errichtungsverträgen haben die einzelnen Erwerber auch einen individuellen Anspruch auf ordnungsgemäße Herstellung

8

---
1 Merle in Bärmann/Pick/Merle, WEG, § 21 Rz. 5.
2 OLG München v. 23.5.2007 – 32 Wx 30/07, NZM 2007, 487 (488).

des **Gemeinschaftseigentums**[1]. Dies gilt jedoch uneingeschränkt nur für die ursprünglichen Vertragspartner (sog. Ersterwerber). Einzelrechtsnachfolger (sog. **Zweiterwerber**) können diese Ansprüche nur geltend machen, wenn sie ihnen abgetreten worden sind. Eine Auslegung des Veräußerungsvertrags wird im Regelfall die Abtretung dieser Rechte ergeben[2]. Dies gilt für alle Mängelrechte, für die primären (Ansprüche auf Erfüllung, auf Zahlung eines Vorschusses oder Erstattung der Ersatzvornahmekosten), die sekundären (Minderung und kleiner Schadensersatz) und die Rückabwicklungsansprüche (Wandelung bzw. Rücktritt und großer Schadensersatz)[3]. Mängel am Gemeinschaftseigentum, die sich **ausschließlich** auf das **Sondereigentum** auswirken, führen dazu, dass der einzelne Erwerber ein eigenständiges Minderungsrecht geltend machen kann[4]. Auch wenn die Ansprüche der übrigen Wohnungseigentümer erloschen oder verjährt sind, kann der einzelne Wohnungseigentümer noch Schadensersatzansprüche wegen Mängeln des Gemeinschaftseigentums, die sich auch auf seine **Eigentumswohnung** auswirken, im eigenen Namen geltend machen, wobei er allerdings Zahlung des gesamten Schadens an die Gemeinschaft verlangen muss[5], es sei denn er macht nur Minderung oder Schadensersatzansprüche in Bezug auf die an seinem Sondereigentum eingetretenen Folgeschäden geltend[6].

9 Diese individuelle Rechtsverfolgungskompetenz des einzelnen Erwerbers/Eigentümers wird jedoch durch die Besonderheit der gemeinschaftlichen Verwaltung für das Gemeinschaftseigentum (wozu eben auch die erstmalige mangelfreie Herstellung desselben gehört), überlagert. Nach der Rechtsprechung des BGH kommt eine individuelle Rechtsverfolgung nur solange in Betracht, als dadurch **gemeinschaftsbezogene Interessen** der Wohnungseigentümer oder schützenswerte Interessen des Veräußerers **nicht beeinträchtigt** werden[7]. Diese Überlegungen können allerdings erst dann Platz greifen, wenn überhaupt eine (werdende) Eigentümergemeinschaft entstanden ist. Davor sind die individuellen Rechte der Erwerber aus den Erwerbsverträgen nicht eingeschränkt, da mangels Bestehens einer (werdenden) Eigentümergemeinschaft keine Beschlusskompetenz einer solchen existieren kann[8].

10 Sobald eine individuelle Rechtsverfolgung nicht mehr den Interessen der Gemeinschaft entspricht, handelt es sich um „gemeinschaftsbezogene Rechte der Wohnungseigentümer" i.S. des § 10 Abs. 6 Satz 3, die in die ausschließliche Ausübungskompetenz der Gemeinschaft fallen (**geborene Ausübungsbefugnis**)[9]. Hierzu zählen in erster Linie die sekundären Mängelansprüche (s. Rz. 12). Aber

---

1 BGH v. 27.7.2006 – VII ZR 276/05, BGHZ 169, 1 = NJW 2006, 3275 = ZMR 2006, 48 (49) = ZfIR 2006, 752 (753) m.w.N.
2 BGH v. 19.12.1996 – VII ZR 233/95, NJW 1997, 2173.
3 BGH v. 12.4.2007 – VII ZR 236/05, NJW 2007, 1952 (1954); BGH v. 12.4.2007 – VII ZR 50/06, NJW 2007, 1957 (1958); *Wenzel*, NJW 2007, 1905.
4 BGH v. 15.2.1990 – VII ZR 269/88, BGHZ 110, 258 = NJW 1990, 1662 (1663); *Wenzel*, NJW 2007, 1905 (1907f).
5 BGH v. 6.6.1991 – VII ZR 372/89, NJW 1991, 2480.
6 *Wenzel*, NJW 2007, 1905 (1908).
7 BGH v. 27.7.2006 – VII ZR 276/05, BGHZ 169, 1 = NJW 2006, 3275 = ZMR 2006, 48 (49) = ZfIR 2006, 752 (753) m.w.N.; BGH v. 10.5.1979 – VII ZR 30/78, BGHZ 74, 258 (264) = NJW 1979, 2207 (2209) = ZMR 1980, 54 (58).
8 *Ott*, NZM 2007, 505 (508); *Wagner*, ZNotP 2007, 288 (289ff.).
9 *Wenzel*, NJW 2007, 1905 (1907).

auch solche Ansprüche, die nicht als „gemeinschaftsbezogen" anzusehen sind, weil deren individuelle Geltendmachung grundsätzlich keine Beeinträchtigung darstellen würde, können die Wohnungseigentümer durch einen Mehrheitsbeschluss „vergemeinschaften", also über die Beschlusskompetenz des Abs. 5 Nr. 2 in die alleinige Zuständigkeit der Eigentümergemeinschaft verlagern (**gekorene Ausübungsbefugnis**)[1]. Hierzu zählen in erster Linie die primären Mängelansprüche (s. Rz. 11). Der Beschluss, diese Ausübungsbefugnis an die Gemeinschaft zu ziehen, muss ordnungsgemäßer Verwaltung entsprechen. Dabei kommt der Gemeinschaft ein gewisser Ermessens-(Beurteilungs-)spielraum zugute[2]. Im Regelfall wird die gemeinschaftliche Geltendmachung von Ansprüchen sachgerecht sein[3]. Auch diejenigen Eigentümer, deren Ansprüche bereits erloschen oder verjährt sind, sind stimmberechtigt[4]. **Nicht vergemeinschaftungsfähig** sind jedoch Ansprüche, die ausschließlich das Sondereigentum betreffen, die vollständige oder teilweise Rückabwicklung des Vertrags bezwecken[5] oder die Rückgewähr von Vorauszahlungen absichern, insbesondere die Ansprüche aus einer Bürgschaft nach § 7 MaBV[6].

Im Einzelnen gilt für die **primären Mängelrechte** (§§ 634 Nr. 1, 2, 635, 637 BGB) Folgendes. Die Ansprüche auf Nacherfüllung (§ 635 BGB) oder Selbstvornahme (§ 637 BGB) kann der einzelne Erwerber grundsätzlich alleine geltend machen, also auch die hierzu erforderlichen Voraussetzungen (insbesondere durch die Fristsetzung zur Nacherfüllung) schaffen[7]. Er kann die **vollen Mängelbeseitigungskosten** auch dann verlangen, wenn die Gewährleistungsansprüche der übrigen Erwerber verjährt sind[8], selbst wenn sie sich nicht auf sein eigenes Sondereigentum auswirken[9]. Ohne einen abweichenden Beschluss der Gemeinschaft kann er Erfüllungsansprüche, die auf Zahlung gerichtet sind, insbesondere auch den Vorschussanspruch nach § 637 Abs. 3 BGB[10], nur durch **Leistung an die Gemeinschaft** begehren[11]. Mangels Konnexität scheiden deshalb eine Aufrechnung oder ein Leistungsverweigerungsrecht zwischen primären Mängelansprüchen

11

---

1 BGH v. 12.4.2007 – VII ZR 236/05, NJW 2007, 1952 (1954); *Pause/Vogel*, ZMR 2007, 577 (582); *Wenzel*, NJW 2007, 1905 (1908); a.A. *Baer*, ZfIR 2007, 459 (460); *Ott*, NZM 2007, 505 (507 f.); *Wagner*, ZNotP 2007, 288 (294).
2 *Wenzel*, NJW 2007, 1905 (1908).
3 BGH v. 12.4.2007 – VII ZR 236/05, NJW 2007, 1952 (1954).
4 *Wenzel*, NJW 2007, 1905 (1908).
5 BGH v. 27.7.2006 – VII ZR 276/05, BGHZ 169, 1 = NJW 2006, 3275 = ZMR 2006, 48 (51); BGH v. 10.5.1979 – VII ZR 30/78, BGHZ 74, 258 (263) = NJW 1979, 2207 (2209) = ZMR 1980, 54 (58).
6 BGH v. 12.4.2007 – VII ZR 50/06, NJW 2007, 1957 (1958).
7 BGH v. 23.2.2006 – VII ZR 84/05, ZfIR 2006, 411 (413); BGH v. 27.7.2006 – VII ZR 276/05, BGHZ 169, 1 = NJW 2006, 3275 = ZMR 2006, 48; *Wenzel*, NJW 2007, 1905 (1906); *Niedenführ/Schulze*, WEG, Anhang zu § 21 Rz. 30, 31.
8 BGH v. 21.2.1985 – VII ZR 72/84, NJW 1985, 1551.
9 BGH v. 6.6.1991 – VII ZR 372/89, BGHZ 114, 383 = NJW 1991, 2480; BGH v. 25.2.1999 – VII ZR 208/97, BGHZ 141, 63.
10 BGH v. 12.4.2007 – VII ZR 236/05, NJW 2007, 1952 (1954); *Wenzel*, NJW 2007, 1905 (1906).
11 BGH v. 10.5.1979 – VII ZR 30/78, BGHZ 74, 258 (264) = NJW 1979, 2207 (2209) = ZMR 1980, 54 (58); BGH v. 4.6.1981 – VII ZR 9/80, BGHZ 81, 35 = NJW 1981, 1841; BGH v. 10.3.1988 – VII ZR 171/87, NJW 1988, 1718; BGH v. 6.6.1991 – VII ZR 372/89, BGHZ 114, 383 = NJW 1991, 2480; *Merle* in Bärmann/Pick/Merle, WEG, § 21 Rz. 11; *Niedenführ/Schulze*, WEG, Anhang zu § 21 Rz. 26.

und dem Werklohnansprüchen aus den Erwerbsverträgen aus[1]. Die Durchführung der Selbstvornahme kann allerdings nur nach Maßgabe eines Mehrheitsbeschlusses erfolgen, es sei denn die Gemeinschaft hat einen Wohnungseigentümer zur Selbstvornahme ermächtigt oder es liegt ein Fall der Notgeschäftsführung nach Abs. 2 vor[2]. Nach einer erfolgten Selbstvornahme können diejenigen Eigentümer, die sie vorgenommen haben, vom Veräußerer Aufwendungsersatz direkt an sich verlangen[3]. Die Gemeinschaft kann durch **Mehrheitsbeschluss**, gestützt auf Abs. 5 Nr. 2, diese primären Erfüllungsansprüche an sich ziehen[4]. Dann kann der einzelne Wohnungseigentümer diese Ansprüche nicht mehr geltend machen[5]. Auch eine Fristsetzung zur Nacherfüllung kommt dann nicht mehr in Betracht, eine vor Beschlussfassung erklärte Fristsetzung durch einen einzelnen Eigentümer bleibt jedoch wirksam[6]. Zu den Auswirkungen des Ausübungsbeschlusses der Gemeinschaft bezüglich der Primäransprüche und auf die Rückabwicklungsansprüche des einzelnen Wohnungseigentümers s. Rz. 14.

12 Hinsichtlich der **sekundären Mängelansprüche** (§§ 634 Nr. 3, 4, 636, 638 BGB) gilt hingegen: Sowohl hinsichtlich des Gestaltungsrechts der Minderung (§ 638 BGB) als auch hinsichtlich des „kleinen" Schadensersatzanspruchs kann allein die Gemeinschaft bestimmen, ob sie diese Rechte bzw. Ansprüche verlangen will[7]. Ansonsten könnte es zu einem Nebeneinander von Erfüllungs- und Rückerstattungs- bzw. Schadensersatzansprüchen kommen, was zu einer **doppelten Inanspruchnahme** des Veräußerers (Bauträgers) führen würde[8]. Daher kann auch nur die Gemeinschaft die Voraussetzungen für diese Rechte (insbesondere durch Nachfristsetzung) schaffen[9]. Das Gleiche gilt für Mängel am Sondereigentum, die sich auf das Gemeinschaftseigentum[10] und bei Mängeln am Gemeinschaftseigentum, die sich auch auf das Sondereigentum auswirken[11]. Dass die

---

1 BGH v. 26.9.1991 – VII ZR 291/90, NJW 1992, 435; *Schulze-Hagen*, ZWE 2007, 113 (116); *Wenzel*, NJW 2007, 1905 (1906).
2 *Wenzel*, NJW 2007, 1905 (1906); *Niedenführ/Schulze*, WEG, Anhang zu § 21 Rz. 31.
3 BGH v. 21.7.2005 – VII ZR 304/03, ZfIR 2005, 734 (735 f.) mit Anm. *Schwenker*.
4 BGH v. 12.4.2007 – VII ZR 236/05, NJW 2007, 1952 (1954); BGH v. 19.12.1996 – VII ZR 233/95, NJW 1997, 2173; BGH v. 4.6.1981 – VII ZR 9/80, BGHZ 81, 35 = NJW 1981, 1841; BT-Drucks. 16/887, 61; a.A. *Wagner*, ZNotP 2007, 288 (295 f.).
5 BGH v. 12.4.2007 – VII ZR 236/05, NJW 2007, 1952 (1954).
6 *Wenzel*, NJW 2007, 1905 (1908); krit. *Baer*, ZfIR 2007, 459 (460 f.).
7 BGH v. 10.5.1979 – VII ZR 30/78, BGHZ 74, 258 (264) = NJW 1979, 2207 (2209) = ZMR 1980, 54 (58); BGH v. 4.11.1982 – VII ZR 53/82, NJW 1983, 453; BGH v. 15.2.1990 – VII ZR 269/88, NJW 1990, 1663 (1664); BGH v. 6.6.1991 – VII ZR 372/89, BGHZ 114, 383 = NJW 1991, 2480; BGH v. 12.4.2007 – VII ZR 236/05, NJW 2007, 1952 (1954); *Niedenführ/Schulze*, WEG, Anhang zu § 21 Rz. 39; *Briesemeister* in Weitnauer, WEG, nach § 8 Rz. 63 ff.; *Schulze-Hagen*, ZWE 2007, 113 (117); BT-Drucks. 16/887, 61; *Pause/Vogel*, ZMR 2007, 577 (580 f.); *Wagner*, ZNotP 2007, 288 (294); a.A. *Merle* in Bärmann/Pick/Merle, WEG, § 21 Rz. 18 m.w.N.; *Bub* in Staudinger, BGB, § 21 WEG, Rz. 285 ff.; *Ott*, NZM 2007, 505 (506).
8 BGH v. 10.5.1979 – VII ZR 30/78, BGHZ 74, 258 (264) = NJW 1979, 2207 (2209) = ZMR 1980, 54 (58); *Merle* in Bärmann/Pick/Merle, WEG, § 21 Rz. 16.
9 *Wenzel*, NJW 2007, 1905 (1907); a.A. *Merle* in Bärmann/Pick/Merle, WEG, § 21 Rz. 13; *Niedenführ/Schulze*, WEG, Anhang zu § 21 Rz. 40.
10 BGH v. 10.5.1979 – VII ZR 30/78, BGHZ 74, 258 (264) = NJW 1979, 2207 (2209) = ZMR 1980, 54 (58).
11 BGH v. 4.11.1982 – VII ZR 53/82, NJW 1983, 453; BGH v. 4.6.1981 – VII ZR 9/80, BGHZ 81, 35 = NJW 1981, 1841; BGH v. 20.3.1986 – VII ZR 81/85, NJW-RR 1986, 755.

einzelnen Wohnungseigentümer dieser gemeinschaftsbezogenen Rechte bzw. Ansprüche nicht zur klageweisen Geltendmachung berechtigt sind, ergibt sich nunmehr unmittelbar aus § 10 Abs. 6 Satz 3. Die Gemeinschaft entscheidet, welche Mängelrechte ausgeübt werden sollen (**Wahlrecht**), an den bestandskräftigen Beschluss hierüber sind alle Eigentümer gebunden[1]. Für deren Ausübung ist ausreichend, dass der Anspruch nur in der Person eines Erwerbers noch nicht verjährt ist[2].

Für **Rückabwicklungsansprüche** (§§ 634 Nr. 3, 4, 636 BGB) gilt außerdem: Das Rücktrittsrecht (früher die Wandelung) und den „großen" Schadensersatzanspruch kann der einzelne Wohnungseigentümer grundsätzlich selbständig ausüben, weil er nicht die Verwaltung des gemeinschaftlichen Eigentums betrifft, sondern die Bindung des Erwerbers an den Erwerbs- und Errichtungsvertrag[3]. Deshalb ist der Wohnungseigentümer auch berechtigt, die hierzu erforderlichen Voraussetzungen (insbesondere durch Nachfristsetzung) alleine zu schaffen[4]. 13

Umstritten ist aber, wie sich mögliche primäre Mängelansprüche, die die Gemeinschaft durch Beschluss an sich gezogen hat, auf die Rückabwicklungsansprüche auswirken können. Verlangt die Gemeinschaft einen **Vorschuss** zur Ersatzbeseitigung von Mängeln, so bleibt der einzelne Wohnungseigentümer jedenfalls **bis zu dessen Zahlung** zur Ausübung von Rückabwicklungsansprüchen berechtigt[5]. Auch **nach Zahlung** des Vorschusses kann er diese Rechte geltend machen, der Veräußerer kann allenfalls die Nachbesserung verweigern[6]. Nur wenn der Herstellungsanspruch erfüllt worden ist, scheidet ein Rückabwicklungsbegehren aus[7]. Noch nicht abschließend geklärt ist, ob der einzelne Wohnungseigentümer nach Ausübung der Beschlusskompetenz der Gemeinschaft noch zur **Fristsetzung** für die Ausübung seines Rücktrittsrechts und zur Geltendmachung des „großen" Schadensersatzanspruchs berechtigt ist. Während der BGH zunächst erhebliche Bedenken an einer Verdrängung der Rückabwicklungsrechte des einzelnen Erwerbers geäußert hatte[8], scheint er nunmehr folgendermaßen differenzieren zu wollen. Bei einer Fristsetzung **vor Beschlussfassung** bleibt diese wirksam und kann durch die Gemeinschaft auch nicht im Vergleichswege einschränkt werden[9]. Erfolgt die Fristsetzung hingegen erst **nach Beschlussfassung**, so ist diese unwirksam, der einzelne Wohnungseigen- 14

---

1 BGH v. 10.5.1979 – VII ZR 30/78, BGHZ 74, 258 (264) = NJW 1979, 2207 (2209) = ZMR 1980, 54 (58).
2 *Wenzel*, NJW 2007, 1905 (1907).
3 BGH v. 12.4.2007 – VII ZR 236/05, NJW 2007, 1952 (1954); BGH v. 27.7.2006 – VII ZR 276/05, BGHZ 169, 1 = NJW 2006, 3275 = ZMR 2006, 48 (50); BGH v. 23.2.2006 – VII ZR 84/05, ZfIR 2006, 411 (412); OLG Jena v. 8.9.2006 – 9 W 225/06, ZMR 2006, 65 (66); OLG München v. 23.5.2007 – 32 Wx 30/07, NZM 2007, 487; *Merle* in Bärmann/Pick/Merle, WEG, § 21 Rz. 14; *Niedenführ/Schulze*, WEG, Anhang zu § 21 Rz. 51, 52; *Schulze-Hagen*, ZWE 2007, 113 (117).
4 BGH v. 23.2.2006 – VII ZR 84/05, NJW 2006, 2254 = ZfIR 2006, 411 (413) mit krit. Anm. *Blank*.
5 BGH v. 27.7.2006 – VII ZR 276/05, BGHZ 169, 1 = NJW 2006, 3275 = ZMR 2006, 48 (50).
6 *Wenzel*, NJW 2007, 1905 (1906).
7 *Wenzel*, NJW 2007, 1905 (1906).
8 BGH v. 27.7.2006 – VII ZR 276/05, BGHZ 169, 1 = NJW 2006, 3275 = ZMR 2006, 48 (50).
9 BGH v. 27.7.2006 – VII ZR 276/05, BGHZ 169, 1 = NJW 2006, 3275 = ZMR 2006, 48 (51); *Wenzel*, NJW 2007, 1905 (1906).

tümer muss vielmehr versuchen, eine Fristsetzung durch die Gemeinschaft im Klagewege durchzusetzen bzw. den Beschluss, mit dem die Gemeinschaft die Durchsetzung der Primäransprüche an sich gezogen hat, anzufechten[1]. Auch an einen nach Beschlussfassung geschlossenen **Vergleich** sind alle Wohnungseigentümer gebunden, gleichgültig, ob sie diesem zugestimmt haben oder nicht[2]. Sie können sich danach nicht mehr durch Fristsetzung und Rücktrittserklärung bzw. Schadensersatzbegehren vom Vertrag lösen[3].

15 Von besonderer Bedeutung bei den Erwerbs- und Errichtungsverträgen ist die Berechtigung zur **Abnahme** der geschuldeten Werkleistung, § 640 BGB. Die Abnahme des **Sondereigentums** steht ausschließlich dem jeweiligen Erwerber des betreffenden Wohnungseigentums zu. Da jedem einzelnen Wohnungseigentümer auch ein Anspruch auf mangelfreie Herstellung des gemeinschaftlichen Eigentums zusteht, ist grundsätzlich jeder Erwerber einzeln zur Abnahme des Gemeinschaftseigentums zuständig. Die Gemeinschaft kann nicht mit Mehrheit die Abnahme des Gemeinschaftseigentums mit Wirkung gegen die anderen Eigentümer oder gegen spätere Erwerber beschließen[4]. Die Abnahme ist also weder gemeinschaftsbezogen i.S. des § 10 Abs. 6 Satz 3 noch kann sie nach Abs. 5 Nr. 2 vergemeinschaftet werden. Es ist nur möglich, dass die einzelnen Erwerber und Wohnungseigentümer in den Verträgen den Verwalter oder den Verwaltungsbeirat zur Abnahme **bevollmächtigen**[5] oder die Zuständigkeit der Gemeinschaft für die Abnahme **vereinbaren**[6].

16 Ist die Gemeinschaft originär zuständig oder hat sie ihre Zuständigkeit durch Mehrheitsbeschluss begründet, so kann der einzelne Wohnungseigentümer nicht mehr selbständig aus den Erwerbs- und Errichtungsverträgen vorgehen[7]. Die Gemeinschaft nimmt dann ein eigenes Recht wahr und klagt auch im eigenen Namen, verfahrensrechtlich liegt ein Fall der **gesetzlichen Prozessstandschaft** vor[8]. Der Verwalter vertritt die Gemeinschaft, sofern er hierzu nach § 27 Abs. 3 Satz 1 Nr. 7 ermächtigt worden ist (s. § 27 Rz. 119 ff.), wobei der Übertragungsbeschluss regelmäßig auch die Ermächtigung des Verwalters beinhalten dürfte[9]. Unberührt davon bleibt die Möglichkeit der Gemeinschaft, einzelne oder mehrere Wohnungseigentümer zur Geltendmachung der Ansprüche im eigenen Namen im Wege einer **gewillkürten Prozessstandschaft** zu ermächtigen[10] und die umgekehrte Möglichkeit, dass die Gemeinschaft zur gerichtlichen Durchsetzung solcher Ansprüche im Wege der gewillkürten Prozessstandschaft

---

1 *Wenzel*, NJW 2007, 1905 (1908); krit. *Baer*, ZfIR 2007, 459 (460 f.).
2 *Wenzel*, NJW 2007, 1905 (1906); vgl. OLG München v. 23.5.2007 – 32 Wx 30/07, NZM 2007, 487 (488); a.A. *Pause*, NZM 2007, 234 (235).
3 *Wenzel*, NJW 2007, 1905 (1906).
4 BGH v. 21.2.1985 – VII ZR 72/84, NJW 1991, 1551 (1552); *Niedenführ/Schulze*, WEG, Anhang zu § 21 Rz. 68; *Pause/Vogel*, ZMR 2007, 577 (581).
5 BayObLG v. 20.3.2001 – 2Z BR 75/00, NZM 2001, 539 (540) = ZWE 2001, 548.
6 BayObLG v. 30.4.1999 – 2Z BR 153/98, NZM 1999, 862 (864).
7 BGH v. 10.5.1979 – VII ZR 30/78, BGHZ 74, 258 (264) = NJW 1979, 2207 (2209) = ZMR 1980, 54 (58); BGH v. 12.4.2007 – VII ZR 236/05, NJW 2007, 1952 (1954); *Wenzel*, NJW 2007, 1905 (1909).
8 *Pause/Vogel*, ZMR 2007, 577 (578); *Wenzel*, NJW 2007, 1905 (1909).
9 *Wenzel*, NJW 2007, 1905 (1909).
10 BGH v. 12.4.2007 – VII ZR 236/05, NJW 2007, 1952 (1954 f.); BGH v. 26.9.1991 – VII ZR 291/90, NJW 1992, 435; *Niedenführ/Schulze*, WEG, Anhang zu § 21 Rz. 41.

ermächtigt wird, die ausschließlich auf das Sondereigentum bezogen sind oder die sie nicht vergemeinschaften kann (s. Rz. 10)[1]. An einen solchen Ermächtigungsbeschluss sind alle Eigentümer gebunden[2].

3. Sonstige Ansprüche und Rechte gegenüber Dritten

Nicht nur aus den Erwerbs- und Errichtungsverträgen der einzelnen Wohnungseigentümer, sondern vor allem auch aus Verträgen, die die Verwaltung des gemeinschaftlichen Eigentums betreffen, können Rechte und Ansprüche entstehen. Insofern sorgt die Anerkennung der Teilrechtsfähigkeit der Eigentümergemeinschaft für eine gewisse Erleichterung. **Verträge, die die Verwaltung des gemeinschaftlichen Eigentums** betreffen, z.B. der Verwaltervertrag, Wartungsverträge, Hausmeisterverträge, Energielieferungsverträge[3], Werkverträge etc., werden nunmehr zwischen der insoweit rechtsfähigen Gemeinschaft und dem Dritten abgeschlossen[4]. Die hieraus entstehenden Rechte (z.B. Gestaltungsrechte) und Ansprüche (z.B. wegen Schlechterfüllung des Vertrags) stehen ausschließlich der Gemeinschaft zu und können nur von dieser geltend gemacht werden, es sei denn, es wurde ausnahmsweise vereinbart, dass auch die einzelnen Wohnungseigentümer aus dem Vertrag berechtigt (und verpflichtet) sein sollten[5]. Fasst die Gemeinschaft nicht die erforderlichen Beschlüsse, um die Ansprüche und Rechte aus diesen Verträgen geltend zu machen, obwohl dies ordnungsmäßiger Verwaltung entspräche, so kann der einzelne Wohnungseigentümer nur im Wege der Anfechtungsklage (sofern ein Negativbeschluss vorliegt) bzw. der Leistungsklage auf ordnungsgemäße Beschlussfassung vorgehen (s. Rz. 45 ff.). Den gegenüber dem Dritten bestehenden Anspruch kann er jedoch nicht selbst einklagen[6].

17

Soweit **nur einzelne oder mehrere Wohnungseigentümer Vertragspartner** geworden sind, etwa bei ausdrücklicher Vereinbarung, im Falle der Notgeschäftsführung nach Abs. 2 (s. Rz. 30) oder weil der Vertrag ausschließlich auf das Sondereigentum beschränkt ist[7], können hieraus dennoch Ansprüche der Gemeinschaft entstehen, die nur diese geltend machen kann. Dies ist etwa der Fall, wenn in Ausführung des Vertrags **Schäden am gemeinschaftlichen Eigentum** eintreten oder drohen. Hier ist also – wie bei jeder anderen Beeinträchtigung des Gemeinschaftseigentums durch einen Dritten – allein die Gemeinschaft Inhaber/Ausübungsberechtigter (s. § 10 Rz. 74) des Schadensersatzanspruchs aus §§ 823 ff. BGB[8]. Der einzelne Wohnungseigentümer kann diese Ansprüche der

18

---

1 BGH v. 12.4.2007 – VII ZR 50/06, NJW 2007, 1957 (1958), 1959; *Wenzel*, NJW 2007, 1905 (1909).
2 BGH v. 28.10.1999 – VII ZR 284/98, ZfIR 2000, 117.
3 BGH v. 7.3.2007 – VIII ZR 125/06, ZIP 2007, 772 (773).
4 BGH v. 2.6.2005 – V ZB 32/05, BGHZ 163, 154 (178) = NJW 2005, 2061 = ZIP 2005, 1233 (1241).
5 BGH v. 2.6.2005 – V ZB 32/05, BGHZ 163, 154 (178) = NJW 2005, 2061 = ZIP 2005, 1233 (1241); BGH v. 7.3.2007 – VIII ZR 125/06, ZIP 2007, 772 (773); *Drabek* in KK-WEG, § 21 Rz. 42; *Wenzel*, NZM 2006, 321 (323).
6 Ebenso *Drabek* in KK-WEG, § 21 Rz. 43.
7 *Drabek* in KK-WEG, § 21 Rz. 40.
8 *Drabek* in KK-WEG, § 21 Rz. 36; *Wenzel*, NZM 2006, 321 (323); BT-Drucks. 16/887, 61; so bereits BGHZ 121, 22 = NJW 1993, 727.

Gemeinschaft nur geltend machen, wenn er hierzu durch Beschluss der Gemeinschaft ermächtigt wurde[1] oder ein Fall der Notgeschäftsführung nach Abs. 2 vorliegt.

19 Diese Ausführungen gelten überhaupt für **gesetzliche Ansprüche**, insbesondere nach den §§ 677ff., §§ 812ff. und §§ 985ff. BGB[2]. Soweit sich diese auf das gemeinschaftliche Eigentum beziehen, ist Anspruchsinhaber, zumindest Ausübungsberechtigter, allein die Gemeinschaft, niemals jedoch ein einzelner Wohnungseigentümer. Dabei spielt es keine Rolle, wer Anspruchsgegner ist, ein außenstehender Dritter oder der Verwalter[3]. Gleiches gilt für **öffentlich-rechtliche Ansprüche**, insbesondere wegen einer Verletzung nachbarschützender Vorschriften des öffentlichen Baurechts[4].

20 Solche Ansprüche, die einem oder mehreren Wohnungseigentümern persönlich zustehen, können diese selbst und ohne Mitwirkung der anderen Eigentümer, also der Gemeinschaft, geltend machen. Zu diesen **Individualansprüchen** gehören Schadensersatzansprüche gegen Dritte, den Verwalter[5] oder einen Miteigentümer[6] wegen einer Verletzung der Rechtsgüter dieses Eigentümers, seines Sondereigentums oder des Gemeinschaftseigentums, wenn sich diese ausschließlich auf das Sondereigentum ausgewirkt hat[7]. Diese Ansprüche kann nur der beeinträchtigte Wohnungseigentümer durchsetzen, die Gemeinschaft besitzt keine Kompetenz, die Durchsetzung dieser Ansprüche mittels Mehrheitsbeschluss an sich zu ziehen. Auch **Abwehr- und Unterlassungsansprüche** nach § 1004 BGB gegen Dritte, vor allem aber gegenüber einem anderen Miteigentümer (insbesondere wegen unzulässiger baulicher Veränderungen), können auch nach neuer Rechtslage – entsprechend der bisherigen Rechtsprechung des BGH[8] – von jedem einzelnen Wohnungseigentümer ohne besondere Ermächtigung durch den Verband eingeklagt werden[9]. Allerdings soll die Gemeinschaft nunmehr – entgegen der bisherigen Rechtsprechung[10] – berechtigt sein, diese Ansprüche durch Mehrheitsbeschluss zu „vergemeinschaften"[11]. Ungeklärt ist noch, welche Auswirkungen der Beschluss, diese Ansprüche gemeinschaftlich

---

1 *Wenzel*, NZM 2006, 321 (323).
2 BayObLG WE 2004, 17; *Drabek* in KK-WEG, § 21 Rz. 38.
3 BT-Drucks. 16/887, 61.
4 BayVGH v. 26.3.2003 – 8 ZB 02.2918, ZMR 2004, 74 = BayVBl 2004, 74; BayVGH v. 2.10.2003 – 1 CS 03.1785, BayVBl 2004, 235 = NZM 2004, 235; OVG Münster v. 28.2.1991 – 11 B 2967/90, NVwZ-RR 1992, 11 = ZMR 1991, 276; a.A. OVG Münster v. 12.12.1991 – 7 A 172/89, ZMR 1992, 564 = WuM 1992, 551.
5 BGH v. 2.10.1991 – V ZB 9/91, BGHZ 115, 253 (258) = NJW 1992, 182; BGH v. 21.12.1995 – V ZB 4/94, BGHZ 131, 347 = NJW 1996, 1216 (1217).
6 BGH v. 19.12.1991 – V ZB 27/90, BGHZ 116, 392 (395) = NJW 1992, 978.
7 BT-Drucks. 16/887, 62.
8 BGH v. 19.12.1991 – V ZB 27/90, BGHZ 116, 392 (395) = NJW 1992, 978; *Merle* in Bärmann/Pick/Merle, WEG, § 21 Rz. 37; zweifelnd *Wenzel*, NZM 2006, 321 (323).
9 BT-Drucks. 16/887, 61 (62).
10 BayObLG v. 30.5.1996 – 2Z BR 9/96, ZMR 1996, 565; BayObLG v. 18.3.1997 – 2Z BR 116/96, ZMR 1997, 374 (375).
11 BT-Drucks. 16/887, 61; *Abramenko*, Das neue WEG, § 6 Rz. 15; so bereits *Wenzel*, NZM 2006, 321 (323); OLG München v. 17.11.2005 – 32 Wx 77/05, NZM 2006, 106 (107); a.A. OLG München v. 12.12.2005 – 34 Wx 83/05, NZM 2006, 345 (346).

durchzusetzen, auf den Individualanspruch hat. Die Gesetzesbegründung[1] und Teile des Schrifttums[2] scheinen davon auszugehen, dass eine konkurrierende Möglichkeit zur Rechtsverfolgung besteht. Dies erscheint zweifelhaft, da es die Gefahr widersprüchlicher Entscheidungen und übermäßiger Belastung der Gerichtsbarkeit in sich birgt. Richtig ist vielmehr, dass alleine die Gemeinschaft zur gerichtlichen und außergerichtlichen Durchsetzung solcher Ansprüche berechtigt ist, wenn sie diese durch Beschluss an sich gezogen hat, vgl. § 10 Abs. 6 Satz 3[3]. Richtet sich der Anspruch nicht auf Beseitigung (wegen Handlungsstörung), sondern lediglich auf Duldung der Beseitigung (wegen Zustandsstörung), so ist ausschließlich die Gemeinschaft anspruchsberechtigt[4].

4. Ansprüche und Rechte im Innenverhältnis

Neben den bereits erwähnten Beseitigungs- und Unterlassungsansprüchen können im Innenverhältnis zwischen den einzelnen Wohnungseigentümern, aber auch zwischen den Wohnungseigentümern und der (teil-)rechtsfähigen Gemeinschaft weitere Ansprüche und Rechte bestehen (vgl. auch § 43 Nr. 1 und Nr. 2). Der einzelne Wohnungseigentümer kann **Ansprüche gegen einen Miteigentümer** dann alleine geltend machen, wenn dieser ausschließlich seine Rechtsgüter (insbesondere sein Sondereigentum) verletzt oder beeinträchtigt hat[5]. Ansonsten ist ausschließlich die Gemeinschaft zur Durchsetzung von gemeinschaftsbezogenen Forderungen gegen die Wohnungseigentümer berechtigt. Insbesondere kann nur die Gemeinschaft die nach Maßgabe des beschlossenen Wirtschaftsplans geschuldeten **Hausgeldbeiträge** einklagen, es sei denn, sie hat einen Wohnungseigentümer zu deren Geltendmachung ermächtigt[6].

IV. Verwaltung im Notfall durch einzelnen Wohnungseigentümer (Abs. 2)

Nach Abs. 2 ist jeder Wohnungseigentümer **alleine und ohne die Zustimmung der anderen Wohnungseigentümer** berechtigt, diejenigen Maßnahmen zu treffen, die zur Abwendung eines dem gemeinschaftlichen Eigentum unmittelbar drohenden Schadens erforderlich sind. Die Befugnis zur **Notgeschäftsführung** ähnelt derjenigen des Bruchteilseigentümers nach § 744 Abs. 2 BGB, ist jedoch im Vergleich zu dieser sehr viel enger gefasst, um den Grundsatz der gemeinschaftlichen Verwaltung und die Stellung des Verwalters als Vollzugsorgan der Gemeinschaft nicht auszuhöhlen[7]. Aus der Treuepflicht der Wohnungseigentümer untereinander folgt im Einzelfall sogar eine **Handlungspflicht** jedes Woh-

---

1 BT-Drucks. 16/887, 61 f.
2 *Abramenko*, Das neue WEG, § 6 Rz. 16.
3 Ebenso *Wenzel*, NJW 2007, 1905 (1908), allerdings bezogen auf Mängelansprüche aus den Erwerbsverträgen.
4 KG v. 19.3.2007 – 24 W 317/06, ZMR 2007, 639 (640).
5 Vgl. BGH v. 22.4.1999 – V ZB 28/98, BGHZ 141, 224 (227) = NJW 1999, 2108; BGH v. 2.10.1991 – V ZB 9/91, BGHZ 115, 253 (258) = NJW 1992, 182.
6 So bereits BGH v. 20.4.1990 – V ZB 1/90, BGHZ 111, 148 (152) = NJW 1990, 2386.
7 *Merle* in Bärmann/Pick/Merle, WEG, § 21 Rz. 39; *Lüke* in Weitnauer, WEG, § 21 Rz. 8.

nungseigentümers, unmittelbar drohende Schäden von der Gemeinschaft abzuwenden[1].

23 Eine **Notlage** i.S.d. Abs. 2 liegt dann vor, wenn ein Schaden für das Gemeinschaftseigentum unmittelbar bevorsteht, so dass dem Wohnungseigentümer angesichts der Eilbedürftigkeit der Gefahrenabwehr nicht zugemutet werden kann, ein Tätigwerden des Verwalters abzuwarten oder die Zustimmung der anderen Wohnungseigentümer notfalls im einstweiligen Rechtsschutz einzufordern[2]. Das Vorliegen einer Notlage beurteilt sich – anders als im Rahmen des § 27 Abs. 1 Nr. 3 (s. dort Rz. 31) – ausschließlich nach den **objektiven Voraussetzungen**[3]. Kein unmittelbar drohender Schaden liegt vor, wenn der gefahrträchtige Zustand schon **längere Zeit besteht** und er dem Verwalter und den Miteigentümern bekannt ist[4]. Ist ein Schaden **bereits eingetreten**, so besteht eine Notgeschäftsführungskompetenz nur, wenn hieraus unmittelbar weiterer Schaden zu entstehen droht[5]. Abs. 2 wird nicht von der Befugnis des Verwalters zur Ergreifung dringender Maßnahmen nach § 27 Abs. 1 Nr. 3 verdrängt. Wird der Verwalter tätig, wird es im Regelfall an einem unmittelbar drohenden Schaden fehlen (s. § 27 Rz. 31). Fehlt es an einem Verwalter oder weigert sich dieser, die erforderlichen Maßnahmen zu treffen, so liegt eine Notlage vor[6].

24 Das Recht zur Notgeschäftsführung ist – anders als im Rahmen von § 27 Abs. 1 Nr. 3 (s. § 27 Rz. 32) – auf **Maßnahmen ordnungsgemäßer Verwaltung** i.S. des Abs. 3 beschränkt. Weitergehende Maßnahmen, insbesondere bauliche Veränderungen gem. § 22, können nicht im Wege der Notgeschäftsführung getroffen werden[7]. Der Wohnungseigentümer ist auch nur zur unmittelbaren Gefahrbeseitigung, nicht jedoch zur dauerhaften Schadensbehebung befugt, z.B. zur Neueindeckung eines undichten Daches oder zum Streichen der Fassade[8]. Maßnahmen am Sondereigentum können ebenso wenig auf Abs. 2 gestützt werden[9].

---

1 OLG Hamburg v. 16.11.2006 – 2 Wx 35/05, ZMR 2007, 129 (130); OLG Oldenburg v. 5.11.1987 – 5 W 61/87, ZMR 1988, 185 = WE 1988, 175 (176); *Merle* in Bärmann/Pick/Merle, WEG, § 21 Rz. 38; *Lüke* in Weitnauer, WEG, § 21 Rz. 6; *Stürner* in Soergel, BGB, § 21 Rz. 2; a.A. OLG Hamm WE 1989, 102 (103); *Drabek* in KK-WEG, § 21 Rz. 60.
2 OLG Oldenburg v. 5.11.1987 – 5 W 61/87, ZMR 1988, 185 = WE 1988, 175 (176); OLG Celle v. 20.12.2001 – 4 W 286/01, ZWE 2002, 369 (370); *Merle* in Bärmann/Pick/Merle, WEG, § 21 Rz. 42.
3 *Merle* in Bärmann/Pick/Merle, WEG, § 21 Rz. 57.
4 OLG Hamburg v. 16.11.2006 – 2 Wx 35/05, ZMR 2007, 129 (130); OLG Celle v. 20.12.2001 – 4 W 286/01, ZWE 2002, 369 (370); BayObLG v. 1.8.2002 – 2Z BR 132/01, ZMR 2003, 51; *Merle* in Bärmann/Pick/Merle, WEG, § 21 Rz. 43.
5 OLG Oldenburg v. 5.11.1987 – 5 W 61/87, ZMR 1988, 185 = WE 1988, 175 (176); *Merle* in Bärmann/Pick/Merle, WEG, § 21 Rz. 44
6 OLG Oldenburg v. 5.11.1987 – 5 W 61/87, ZMR 1988, 185 = WE 1988, 175 (176); *Merle* in Bärmann/Pick/Merle, WEG, § 21 Rz. 43.
7 OLG Oldenburg v. 5.11.1987 – 5 W 61/87, ZMR 1988, 185 = WE 1988, 175 (176); *Merle* in Bärmann/Pick/Merle, WEG, § 21 Rz. 45.
8 OLG Oldenburg v. 5.11.1987 – 5 W 61/87, ZMR 1988, 185 = WE 1988, 175 (176); BayObLG v. 25.9.1996 – 2Z BR 79/96, ZMR 1997, 37; a.A. *Merle* in Bärmann/Pick/Merle, WEG, § 21 Rz. 46.
9 BayObLG v. 31.10.2002 – 2Z BR 94/02, ZWE 2003, 179; *Drabek* in KK-WEG, § 21 Rz. 58.

Beispiele für *zulässige* Notmaßnahmen sind: 25

- **Beauftragung** von Handwerkern/Dienstleistungsunternehmen zur Behebung drohender Gefahren, z.B. bei Gasgeruch, Rohrverstopfung und Rohrbruch sowie bei Einbruch (*Merle* in Bärmann/Pick/Merle, WEG, § 21 Rz. 46);
- **Noteindeckung** des Daches nach einem Sturm (*Drabek* in KK-WEG, § 21 Rz. 66; aber keine komplette Neueindeckung, s. Rz. 24, 26);
- Einleitung eines **Rechtsstreits**, um einen drohenden Verjährungseintritt einer gemeinschaftlichen Forderung zu verhindern und Untätigkeit oder Nichtvorhandensein eines Verwalters (str., vgl. *Merle* in Bärmann/Pick/Merle, WEG, § 21 Rz. 46; a.A. *Drabek* in KK-WEG, § 21 Rz. 68);
- Geltendmachung von **Nachbarrechten** im Verwaltungsverfahren und Verwaltungsprozess (BayVGH v. 2.10.2003 – 1 CS 03.1785, BayVBl 2004, 235 = NZM 2004, 235; *Drabek* in KK-WEG, § 21 Rz. 61);
- Geltendmachung von **Beitragsforderungen** gegen die anderen Wohnungseigentümer oder von **Schadensersatzansprüchen** gegen den Verwalter (a.A. OLG Celle v. 28.11.1969 – 11 U 101/69, MDR 1970, 678; *Lüke* in Weitnauer, WEG, § 21 Rz. 8), sofern die Leistungsunfähigkeit des Verwalters oder gar der Gemeinschaft droht und die Energieversorgung der Gemeinschaft gefährdet ist (OLG Düsseldorf WE 1989, 200 (201); *Merle* in Bärmann/Pick/Merle, WEG, § 21 Rz. 46).

Beispiele für *unzulässige* Notmaßnahmen sind: 26

- **Dachneueindeckung, Terrassenplattenverlegung** (OLG Hamburg v. 16.11.2006 – 2 Wx 35/05, ZMR 2007, 129 (130); a.A. *Merle* in Bärmann/Pick/Merle, WEG, § 21 Rz. 46; BayObLG WE 1991, 200 (201));
- Durchführung eines **selbständigen Beweisverfahrens** nach §§ 485 ff. ZPO (BayObLG WE 1996, 152 (154); *Merle* in Bärmann/Pick/Merle, WEG, § 21 Rz. 46);
- **Einberufung der Eigentümerversammlung**, selbst wenn ein Verwalter fehlt; hier muss der einzelne Wohnungseigentümer im Klagewege, notfalls mittels einstweiliger Verfügung vorgehen (*Merle* in Bärmann/Pick/Merle, WEG, § 21 Rz. 47; a.A. *Niedenführ/Schulze*, WEG, § 21 Rz. 24);
- Anstellung eines **Hausmeisters** (OLG Stuttgart v. 24.1.1989 – 8 W 248/88, OLGZ 1989, 179 (180) = ZMR 1989, 191; *Merle* in Bärmann/Pick/Merle, WEG, § 21 Rz. 47).

Auch aus einer berechtigten Notgeschäftsführung folgt **keine Vertretungsmacht** 27
im Außenverhältnis[1]. Der Wohnungseigentümer handelt also als Vertreter ohne Vertretungsmacht, wenn er nicht im eigenen, sondern im Namen der Gemeinschaft auftritt. Nur wenn die Gemeinschaft sein Handeln genehmigt, wird sie unmittelbar berechtigt und verpflichtet, § 177 BGB.

Genehmigt die Gemeinschaft sein Handeln nicht oder hat er die Notmaßnah- 28
men im eigenen Namen ergriffen, so hat er dennoch einen **Aufwendungsersatzanspruch** (s. Rz. 30). Entgegen mancher in der Literatur geäußerter Ansicht[2] handelt es sich gerade nicht um einen Fall der berechtigten Geschäftsführung ohne Auftrag, denn aus Abs. 2 folgt gerade eine „sonstige" Berechtigung zur Geschäftsführung. Der Geschäftsführer hat vielmehr entsprechend § 670 BGB einen unmittelbaren Aufwendungsersatzanspruch gegen die **Gemeinschaft** und

---

1 *Merle* in Bärmann/Pick/Merle, WEG, § 21 Rz. 41; a.A. *Bub* in Staudinger, BGB, § 21 WEG, Rz. 39.
2 Vgl. *Lüke* in Weitnauer, WEG, § 21 Rz. 5.

zusätzlich (also gesamtschuldnerisch) gem. § 16 Abs. 2[1] einen unmittelbaren Anspruch gegen die **einzelnen Wohnungseigentümer**[2]. Denn trotz der Teilrechtsfähigkeit der Eigentümergemeinschaft handelt es sich um eine Verwaltungsmaßnahme nach § 16 Abs. 2[3], für die alle Wohnungseigentümer mit ihrem gesamten Vermögen einzustehen haben[4].

29 Die **Streitfrage**, ob die Wohnungseigentümer untereinander gesamt- oder nach Maßgabe von § 16 Abs. 1 Satz 2 nur teilschuldnerisch für den Aufwendungsersatz haften, hat sich durch die Anerkennung der Teilrechtsfähigkeit nur insoweit geklärt, dass die einzelnen **Wohnungseigentümer** lediglich **anteilig** gemäß ihrem Miteigentumsanteil zum Ersatz verpflichtet sind[5]. Angesichts der gesamtschuldnerischen **Mithaftung der Gemeinschaft** erscheint eine anteilige Ausfallhaftung der Miteigentümer für einen zahlungsunfähigen oder -unwilligen Miteigentümer, wie sie von der bisher herrschenden Lehre vertreten worden ist[6], eher zweifelhaft.

30 Der Verwalter hat dem Notgeschäftsführer dessen **notwendige Aufwendungen** aus den gemeinschaftlichen Geldern (§ 27 Abs. 1 Nr. 5) zu erstatten[7], wozu auch die Kosten für die Einschaltung eines Bausachverständigen zählen können, nicht aber die Kosten für eine Kreditaufnahme gehören[8]. Geht der Wohnungseigentümer Verbindlichkeiten gegenüber Dritten ein, treffen diese, da er keine Vertretungsmacht für die Gemeinschaft besitzt (s. Rz. 27), zunächst ihn, er kann nach § 257 BGB von der Wohnungseigentümergemeinschaft aber **Befreiung** im Rahmen des Aufwendungsersatzanspruchs verlangen[9]. Seinen eigenen Aufwendungsersatzanspruch (nicht aber einen abgetretenen) kann der Notgeschäftsführer mit Beitragsforderungen der Gemeinschaft **aufrechnen**[10].

31 Die Notgeschäftsführung nach Abs. 2 verdrängt nicht die allgemeinen Regeln über die **Geschäftsführung ohne Auftrag** (§§ 677 ff. BGB)[11]. Es sind nämlich durchaus Fälle denkbar, in denen die Voraussetzungen einer Notgeschäftsführung nicht erfüllt sind, aber dennoch eine berechtigte Geschäftsführung ohne Auftrag vorliegt. Das kommt dann in Betracht, wenn es an einem unmittelbar drohenden Schadenseintritt fehlt, die getroffene Maßnahme aber ordnungs-

---

1 KG v. 3.6.1991 – 24 W 4604/90, NJW-RR 1992, 211; BayObLG v. 8.8.1986 – BReg 2Z 95/85, BayObLGZ 1986, 322 (325); *Merle* in Bärmann/Pick/Merle, WEG, § 21 Rz. 48.
2 Vgl. *Merle* in Bärmann/Pick/Merle, WEG, § 21 Rz. 48.
3 BayObLG v. 8.8.1986 – BReg 2Z 95/85, BayObLGZ 1986, 322 (325); *Merle* in Bärmann/Pick/Merle, WEG, § 21 Rz. 48.
4 A.A. wohl *Drabek* in KK-WEG, § 21 Rz. 69.
5 OLG Hamm v. 27.4.1993 – 15 W 327/92, OLGZ 1994, 134 (140); *Merle* in Bärmann/Pick/Merle, WEG, § 21 Rz. 48; a.A. Müller, Praktische Fragen, Rz. 235.
6 OLG Hamm v. 27.4.1993 – 15 W 327/92, OLGZ 1994, 134 (140); *Merle* in Bärmann/Pick/Merle, WEG, § 21 Rz. 48.
7 *Merle* in Bärmann/Pick/Merle, WEG, § 21 Rz. 50.
8 OLG Hamm v. 27.4.1993 – 15 W 327/92, OLGZ 1994, 134 (140); *Merle* in Bärmann/Pick/Merle, WEG, § 21 Rz. 49.
9 *Merle* in Bärmann/Pick/Merle, WEG, § 21 Rz. 53.
10 BayObLG v. 16.6.1988 – BReg 2Z 46/88, BayObLGZ 1988, 212 (215); KG v. 15.9.1995 – 24 W 5988/94, NJW-RR 1996, 465; *Merle* in Bärmann/Pick/Merle, WEG, § 21 Rz. 52.
11 Vgl. die Nachweise bei *Merle* in Bärmann/Pick/Merle, WEG, § 21 Rz. 54; *Lüke* in Weitnauer, WEG, § 21 Rz. 7.

gemäßer Verwaltung entspricht[1]. Im Regelfall wird die Geschäftsführung aber nicht dem tatsächlichen oder mutmaßlichen Willen der Gemeinschaft entsprechen (§ 683 Satz 1 BGB)[2], so dass eine **unberechtigte Geschäftsführung ohne Auftrag** gegeben sein wird und dem Geschäftsführer nur bereicherungsrechtliche Ansprüche nach Maßgabe von § 684 Satz i.V.m. §§ 812 ff. BGB zustehen können[3]. Da sich die Gemeinschaft keine Aufwendungen aufdrängen lassen muss, kommt eine bereicherungsrechtliche Erstattungspflicht der Gemeinschaft nur dann in Betracht, wenn die getätigten Aufwendungen später unausweichlich für die Gemeinschaft angefallen wären[4]. Als Beispiel wird hier der eigenmächtige Einbau neuer Fenster genannt[5].

V. Verwaltung durch Mehrheitsbeschluss (Abs. 3)

Abs. 3 enthält die praktisch bedeutsamste Ausnahme vom Grundsatz der gemeinschaftlichen und allseitigen Verwaltung des gemeinschaftlichen Eigentums. Soweit die Wohnungseigentümer hierüber nicht bereits eine Vereinbarung getroffen haben, können sie die ordnungsgemäße Verwaltung des Gemeinschaftseigentums auch mit **Stimmenmehrheit beschließen**. Damit soll den Wohnungseigentümern entsprechend § 745 Abs. 1 Satz 1 BGB eine flexible Möglichkeit zur Regelung der alltäglichen Verwaltungsangelegenheiten eröffnet werden[6].

32

Von vorneherein der Beschlusskompetenz entzogen sind alle Angelegenheiten, die die Verwaltung des **Sondereigentums** betreffen, denn anders als im Rahmen von § 15 Abs. 2, der Gebrauchsregelungen über das Sondereigentum gestattet, findet sich keine entsprechende Kompetenz für dessen Verwaltung. Diesbezügliche Mehrheitsbeschlüsse sind **nichtig**[7]. Auf deren Nichtigkeit kann man sich daher auch nach Ablauf der Anfechtungsfrist berufen und diese mit einer Feststellungsklage geltend machen. Zu beachten ist allerdings, dass nunmehr eine unbegründete Anfechtungsklage auch sämtliche Unwirksamkeitsgründe **präkludiert**, vgl. § 48 Abs. 4[8].

33

Ebenfalls einem Mehrheitsbeschluss nicht zugänglich sind solche Gegenstände und Maßnahmen des gemeinschaftlichen Eigentums, über die die Wohnungseigentümer bereits eine Vereinbarung getroffen haben, selbst wenn der Mehrheitsbeschluss ordnungsgemäßer Verwaltung entsprechen würde. Da es der Ge-

34

---

1 OLG Köln v. 26.5.1999 – 16 Wx 55/99, ZMR 1999, 790; *Drabek* in KK-WEG, § 21 Rz. 74.
2 BayObLG v. 4.11.1999 – 2Z BR 106/99, NZM 2000, 299 (300); OLG Hamburg v. 16.11. 2006 – 2 Wx 35/05, ZMR 2007, 129 (130); OLG Celle v. 20.12.2001 – 4 W 286/01, ZWE 2002, 369 (370); *Niedenführ/Schulze*, WEG, § 21 Rz. 21a.
3 BayObLG v. 4.11.1999 – 2Z BR 106/99, NZM 2000, 299 (300); OLG Hamburg v. 16.11. 2006 – 2 Wx 35/05, ZMR 2007, 129 (130); OLG Hamburg v. 27.8.2003 – 2 Wx 53/00, ZMR 2004, 137 (139); *Niedenführ/Schulze*, WEG, § 21 Rz. 21a.
4 OLG Hamburg v. 16.11.2006 – 2 Wx 35/05, ZMR 2007, 129 (130 f.).
5 *Merle* in Bärmann/Pick/Merle, WEG, § 21 Rz. 58, 59; *Drabek* in KK-WEG, § 21 Rz. 76.
6 *Merle* in Bärmann/Pick/Merle, WEG, § 21 Rz. 60; *Lüke* in Weitnauer, WEG, § 21 Rz. 10.
7 BayObLG v. 21.2.1973 – BReg 2Z 3/73, BayObLGZ 1973, 68 (83) = NJW 1973, 1086; OLG Köln v. 5.12.2000 – 16 Wx 121/00, ZMR 2001, 568 = NZM 2001, 541.
8 *Heinemann* in AnwK-BGB, § 48 Rz. 16.

meinschaft insoweit an einer Beschlusskompetenz fehlt, sind solche Beschlüsse, die eine bestehende Vereinbarung abändern oder aufheben wollen (sog. **vereinbarungsändernder Beschluss**, s. § 10 Rz. 15), **nichtig**[1] mit den in Rz. 33 aufgezeigten Folgen. Wollen sich die Wohnungseigentümer auch für Vereinbarungen eine Kompetenz zur Regelung durch Mehrheitsbeschluss vorbehalten, so müssen sie eine sog. **Öffnungsklausel** (ausführlich hierzu s. § 10 Rz. 20 ff.) vereinbaren[2]. Zu beachten ist schließlich, dass der Gesetzgeber in Abs. 7 nunmehr die Rechtsfigur des zulässigen vereinbarungsändernden Beschlusses eingeführt hat (s. Rz. 112). Ob diese Rechtsfigur wirklich dem Interesse der Wohnungseigentümer dient, erscheint fraglich, denn nunmehr obliegt der Rechtsprechung die schwierige Abgrenzungsfrage, wann eine Verwaltungsmaßnahme unter Abs. 7 fällt und daher sogar einem vereinbarungsändernden Beschluss zugänglich ist.

35 Wegen der einschneidenden Rechtsfolge für Mehrheitsbeschlüsse, die eine Vereinbarung abändern, ist es wichtig, dass alle bestehenden Vereinbarungen der Gemeinschaft bekannt sind. Hier trifft den Verwalter eine besondere Verantwortung, die über die Pflicht zur Führung der Beschluss-Sammlung hinausgeht[3]. Weiterhin ist durch Auslegung zu ermitteln, ob es sich um eine **Vereinbarung im lediglich formellen Sinne** handelt. Solche Vereinbarungen sind nämlich keine Vereinbarungen in materieller Hinsicht und können daher durch Mehrheitsbeschluss abgeändert werden[4]. Bei der Beurteilung, ob eine bloß formelle Vereinbarung vorliegt, ist jedoch Zurückhaltung geboten[5]. Die Rechtsprechung hat bisher vor allem zu Bestimmungen der **Hausordnung** Stellung genommen (s. Rz. 52) und diese, wenn sie bereits in der Teilungserklärung oder Gemeinschaftsordnung enthalten ist, als Regelungen mit Beschluss- und nicht mit Vereinbarungscharakter angesehen[6]. Gleiches gilt, wenn die Hausordnung aufgrund einer Ermächtigung in der Gemeinschaftsordnung vom Verwalter aufgestellt wurde[7].

36 Die Beschlusskompetenz nach Abs. 3 beschränkt sich weiterhin auf Maßnahmen der ordnungsmäßigen Verwaltung. Der **Begriff der ordnungsmäßigen Verwaltung** ist ein unbestimmter Rechtsbegriff, der für den jeweiligen Einzelfall zu ermitteln ist und zu dessen Ausfüllung die §§ 14 Nr. 1, 15 Abs. 2 und 3, 21 Abs. 3, 4 und 5, 22 herangezogen werden können[8]. Ordnungsmäßig ist die Verwaltung danach, wenn sie der Beschaffenheit des Gemeinschaftseigentums (Abs. 3) und dem objektiv zu verstehenden Interesse der Gesamtheit der Wohnungseigentümer (Abs. 4) entspricht. Im Vordergrund steht also das gemeinschaftliche Interesse, nicht das Interesse Einzelner. Das Gemeinschaftsinteresse ist im Wege einer umfassenden Abwägung aller für und gegen den Eigentümerbeschluss sprechenden Umstände und unter Berücksichtigung der Besonderhei-

---

1 BGH v. 20.9.2000 – V ZB 58/99, BGHZ 145, 158 = NJW 2000, 3500; *Merle* in Bärmann/Pick/Merle, WEG, § 21 Rz. 62; *Drabek* in KK-WEG, § 21 Rz. 88.
2 *Drabek* in KK-WEG, § 21 Rz. 86 f.
3 *Drabek* in KK-WEG, § 21 Rz. 81 ff.
4 *Merle* in Bärmann/Pick/Merle, WEG, § 21 Rz. 62.
5 *Drabek* in KK-WEG, § 21 Rz. 85.
6 BayObLG v. 20.11.1997 – 2Z BR 93/97, NJW-RR 1998, 443.
7 BayObLG v. 23.8.2001 – 2Z BR 96/01, NJW 2001, 3635.
8 *Merle* in Bärmann/Pick/Merle, WEG, § 21 Rz. 63.

ten der konkreten Ausgestaltung der Gemeinschaft zu ermitteln[1]. In jedem Fall ist eine **Kosten-Nutzen-Analyse** anzustellen[2]. Die finanzielle Leistungsfähigkeit der Gemeinschaft muss auf der einen Seite erhalten bleiben, auf der anderen Seite muss die Verwaltung effektiv sein, also dem Bestand und der Verbesserung der Gemeinschaft insgesamt dienen. Diejenige Maßnahme, die beiden Zielrichtungen am nächsten kommt, wird regelmäßig ordnungsgemäßer Verwaltung entsprechen.

Bei der Ermittlung, ob es sich um eine Maßnahme ordnungsmäßiger Verwaltung handelt, kommt der Wohnungseigentümergemeinschaft ein **Ermessens-** (besser: **Beurteilungs-)spielraum** zu[3]. Vertretbare Entscheidungen innerhalb des Rahmens sind von den Gerichten hinzunehmen, auch wenn sie zur Auslegung des Begriffs der Ordnungsgemäßheit befugt sind. Es kommt nicht darauf an, ob eine Regelung in jeder Hinsicht notwendig und zweckmäßig ist[4]. Wird durch den Beschluss zwar die Verwaltung des Gemeinschaftseigentums geregelt, übersteigt die Maßnahme aber den Bereich ordnungsmäßiger Verwaltung, ist der Beschluss nicht etwa unwirksam, sondern lediglich im Wege der Anfechtungsklage **anfechtbar**[5]. Es handelt sich zwar um eine Maßnahme, die die Wohnungseigentümer durch einstimmigen Beschluss oder Vereinbarung hätten treffen müssen (sog. **vereinbarungsersetzender Beschluss**, s. § 10 Rz. 15). Die Wohnungseigentümer sind aber nicht generell von einer Beschlussfassung über solche Maßnahmen ausgeschlossen, sondern lediglich gehalten, eine ordnungsgemäße Verwaltungsmaßnahme zu treffen[6]. Ist die Anfechtungsfrist des § 46 Abs. 1 Satz 2 verstrichen, so erwächst ein solcher vereinbarungsersetzender Beschluss in Bestandskraft.

37

Über einen Gegenstand der Verwaltung, über den bereits ein Beschluss vorliegt, können die Wohnungseigentümer erneut durch einen sog. **Zweitbeschluss** (s. Vor §§ 23 bis 25 Rz. 98 ff.) beschließen[7]. Der neue Beschluss muss jedoch ebenfalls ordnungsgemäßer Verwaltung entsprechen und nach umstrittener Auffassung auch schutzwürdige Belange eines Wohnungseigentümers aus Inhalt und Wirkungen des Erstbeschlusses berücksichtigen (s. Vor §§ 23 bis 25 Rz. 101 ff.). Ausführlich zu Inhalt und Rechtmäßigkeit von Zweitbeschlüssen s. die Kommentierung Vor §§ 23 bis 25 Rz. 98 ff.

38

Der Mehrheitsbeschluss wirkt **für und gegen alle Wohnungseigentümer** und deren **Rechtsnachfolger**, es bedarf hierzu keiner Eintragung des Beschlusses in das

39

---

1 BayObLG v. 11.9.2003 – 2Z BR 40/03, NJW-RR 2004, 1021.
2 OLG Düsseldorf v. 27.5.2002 – 3 Wx 40/02, ZMR 2002, 957; OLG München v. 27.6.2006 – 32 Wx 72/06, NJW-RR 2006, 1674 (1675); *Merle* in Bärmann/Pick/Merle, WEG, § 21 Rz. 65; *Drabek* in KK-WEG, § 21 Rz. 93; *Niedenführ/Schulze*, WEG, § 21 Rz. 26a.
3 BGH v. 29.6.2000 – V ZB 46/99, BGHZ 144, 386 (388) = NZM 2000, 1010.
4 OLG Düsseldorf v. 18.1.1999 – 3 Wx 394/98, NZM 1999, 766 = WuM 1999, 352.
5 BGH v. 20.9.2000 – V ZB 58/99, BGHZ 145, 158 = NJW 2000, 3500; *Drabek* in KK-WEG, § 21 Rz. 92.
6 BGH v. 20.9.2000 – V ZB 58/99, BGHZ 145, 158 = NJW 2000, 3500; *Niedenführ/Schulze*, WEG, § 21 Rz. 26a; *Lüke* in Weitnauer, WEG, § 21 Rz. 14; a.A. *Häublein*, ZMR 2000, 423 (429).
7 BGH v. 23.8.2001 – V ZB 10/01, BGHZ 148, 335 (350) = ZMR 2001, 809 = NJW 2001, 3339 = MDR 2001, 1283 = BGHReport 2001, 863; v. 20.12.1990 – V ZB 8/90, BGHZ 113, 197 (200) = MDR 1991, 517; *Elzer*, ZMR 2007, 237.

Grundbuch, § 10 Abs. 4, 5. Soweit der Beschluss nicht unwirksam ist, kann er nur binnen der einmonatigen Frist des § 46 Abs. 1 Satz 2 im Wege der **Anfechtungsklage** angefochten werden. Unterbleibt die Anfechtung, so erwachsen auch Beschlüsse, die nicht ordnungsgemäßer Verwaltung entsprechen, in Bestandskraft. Wird eine Beschlussanfechtungsklage als unbegründet abgewiesen, so sind auch etwaige Nichtigkeitsgründe präkludiert, § 48 Abs. 4.

40 Als Maßnahmen kommen sowohl tatsächliche (z.B. Erfüllung der Hausordnung) und wirtschaftliche (z.B. Ansammlung von Rücklagen) als auch rechtliche Maßnahmen (z.B. Abschluss von Verträgen) in Betracht[1]. In Abs. 5 zählt das Gesetz einige **Regelbeispiele** für Maßnahmen ordnungsgemäßer Verwaltung auf, s. Rz. 50 ff. In Abs. 7 (s. Rz. 112 ff.) finden sich nun Beschlussgegenstände, die, auch wenn sie **vereinbarungsändernd** sind (s. Rz. 34), Regelbeispiele für ordnungsgemäße Maßnahmen darstellen. **Weitere Einzelfälle** aus der umfangreichen Rechtsprechung, in denen eine ordnungsmäßige Verwaltungsmaßnahme bejaht bzw. verneint wurde, sind in Rz. 105 ff. aufgezählt.

VI. Anspruch auf ordnungsgemäße Verwaltung (Abs. 4)

41 Jeder Wohnungseigentümer hat nach Abs. 4 einen Anspruch auf eine den Vereinbarungen und Beschlüssen entsprechende Verwaltung. Soweit keine Vereinbarungen und Beschlüsse vorhanden sind, kann er eine Verwaltung verlangen, die dem Interesse der Gesamtheit der Wohnungseigentümer nach billigem Ermessen entspricht, worunter nichts anderes als die **ordnungsmäßige Verwaltung** i.S.d. Abs. 3 zu verstehen ist[2]. Die Vorschrift entspricht § 745 Abs. 2 BGB, geht aber insoweit über diese hinaus, als sie jedem Wohnungseigentümer einen klagbaren Anspruch zugesteht[3]. Es handelt sich bei dieser Generalklausel um eine spezielle wohnungseigentumsrechtliche Ausprägung des Grundsatzes von **Treu und Glauben** (§ 242 BGB), die die einzelnen Wohnungseigentümer vor der Willkür der Mehrheit schützt. Daher bleibt der Rückgriff auf § 242 BGB selbst dann möglich, wenn man wegen § 10 Abs. 2 Satz 2 eine vollständige Abdingbarkeit von Abs. 4 für möglich hält[4].

42 Auf die Vorschrift können sich nur gegenwärtige **Wohnungseigentümer** berufen, ehemalige, soweit es sich um Streitigkeiten aus der Zeit ihrer Mitgliedschaft handelt und künftige, soweit sie als Angehörige einer werdenden Wohnungseigentümergemeinschaft angesehen werden können. **Dritten**, insbesondere Mietern gegenüber, gilt die Vorschrift nicht, sie strahlt allenfalls mittelbar über das Mietverhältnis ein[5]. Auch der **Verwalter** und der **Verwaltungsbeirat** können sich auf Abs. 4 nur in ihrer Eigenschaft als Wohnungseigentümer berufen, in ihrer amtlichen Eigenschaft haben sie Treueansprüche aus dem gesetzlichen Schuldverhältnis bzw. dem Verwaltervertrag[6]. Aus Abs. 4 sind hingegen als Trä-

---

1 *Niedenführ/Schulze*, WEG, § 21 Rz. 27.
2 BayObLG v. 2.5.2002 – 2Z BR 27/02, ZMR 2002, 843 = NZM 2002, 705; *Merle* in Bärmann/Pick/Merle, WEG, § 21 Rz. 80.
3 *Lüke* in Weitnauer, WEG, § 21 Rz. 21.
4 Vgl. *Merle* in Bärmann/Pick/Merle, WEG, § 21 Rz. 81; *Drabek* in KK-WEG, § 21 Rz. 97; *Niedenführ/Schulze*, WEG, § 21 Rz. 35.
5 *Merle* in Bärmann/Pick/Merle, WEG, § 21 Rz. 81.
6 A.A. *Drabek* in KK-WEG, § 21 Rz. 99.

ger der Verwaltung neben der **Gemeinschaft** und den **einzelnen Wohnungseigentümern**[1] auch der **Verwalter**[2] und der **Verwaltungsbeirat** verpflichtet[3].

Da Abs. 4 nichts anderes als die **individuelle Ausprägung** des Grundsatzes ordnungsmäßiger Verwaltung darstellt[4], kann für die Einzelfälle, in denen ein Anspruch auf ordnungsgemäße Verwaltung von der Rechtsprechung bejaht bzw. verneint wurde auf die bei Rz. 105 ff. aufgeführten Beispiele verwiesen werden. 43

Auch der Anspruch auf ordnungsgemäße Verwaltung kann nicht schrankenlos geltend gemacht werden. Er unterliegt zwar nicht der Verjährung, kann aber wegen Zeitablaufs **verwirkt** sein[5]. Seine Geltendmachung kann zudem wegen **Unzumutbarkeit** rechtsmissbräuchlich sein[6]. Auch bei einer aus nahen Verwandten bestehenden Eigentümergemeinschaft besteht ein wechselseitiger Anspruch bzw. eine wechselseitige Verpflichtung zur ordnungsgemäßen Verwaltung, die aber nach § 1618a BGB ausnahmsweise eingeschränkt sein kann[7]. 44

Weigern sich die Wohnungseigentümer, der Verwalter oder der Verwaltungsbeirat, die vereinbarten oder beschlossenen Maßnahmen durchzuführen oder überhaupt eine Maßnahme ordnungsgemäßer Verwaltung zu treffen, insbesondere weil Stimmengleichheit herrscht, so kann der einzelne Wohnungseigentümer seinen aus Abs. 4 folgenden Individualanspruch im Klagewege nach § 43 Nr. 1 und 3 durchsetzen. Dabei dient Abs. 8 als **gesetzliche Grundlage** für Ermessensentscheidungen des Gerichts, wenn in einer Streitigkeit über eine nach dem Gesetz erforderliche, aber von den Wohnungseigentümern unterlassene Maßnahme bindende Vorgaben für die Entscheidung fehlen[8]. Während nach bisheriger Rechtslage § 43 Abs. 2 WEG a.F. insofern die Entscheidung ins Ermessen des Richters der freiwilligen Gerichtsbarkeit legte, erfordert das zivilprozessuale Verfahren eine ausdrückliche materiell-rechtliche Zuweisung der Gestaltungsbefugnis an den Richter[9]. Die Vorschrift hat deshalb § 315 Abs. 3 Satz 2 BGB zum Vorbild[10]. Sie weist dem Gericht die **Gestaltungsbefugnis** zu, die erforderliche Maßnahme selbst zu ergreifen (s. Rz. 124). 45

Vor einer **gerichtlichen Durchsetzung** muss der Wohnungseigentümer aber zunächst versuchen, eine Beschlussfassung der Wohnungseigentümergemein- 46

---

1 BayObLG v. 27.3.1986 – 2Z 109/85, NJW-RR 1986, 954; *Merle* in Bärmann/Pick/Merle, WEG, § 21 Rz. 82.
2 *Merle* in Bärmann/Pick/Merle, WEG, § 21 Rz. 82; *Drabek* in KK-WEG, § 21 Rz. 100.
3 *Drabek* in KK-WEG, § 21 Rz. 100.
4 BayObLG v. 15.3.1990 – BReg 2Z 18/90, NJW-RR 1990, 659; *Niedenführ/Schulze*, WEG, § 21 Rz. 32; *Lüke* in Weitnauer, WEG, § 21 Rz. 22.
5 BayObLG WE 1997, 76; OLG Hamm WE 1990, 101; *Lüke* in Weitnauer, WEG, § 21 Rz. 21.
6 BayObLG v. 23.5.2001 – 2Z BR 99/00, ZWE 2001, 366 (368); *Merle* in Bärmann/Pick/Merle, WEG, § 21 Rz. 87.
7 BayObLG v. 27.5.1993 – 2Z BR 24/93, NJW-RR 1993, 1361 (1362) = WE 1994, 242 (243); *Merle* in Bärmann/Pick/Merle, WEG, § 21 Rz. 87.
8 BT-Drucks. 16/887, 27.
9 Ebenso *Abramenko*, Das neue WEG, § 2 Rz. 96; dagegen ist *Köhler*, Das neue WEG, Rz. 311 zu widersprechen, wenn er meint, es handele sich um eine Verfahrensregelung.
10 BT-Drucks. 16/887, 28.

schaft bezüglich der beanspruchten Verwaltungsmaßnahme herbeizuführen, weil die Verwaltung in erster Linie deren Aufgabe ist[1] und einer verfrühten Klage das Rechtsschutzbedürfnis fehlen dürfte[2]. Dazu hat er nach § 24 Abs. 2 die Möglichkeit, eine außerordentliche Versammlung einberufen zu lassen bzw. einen Anspruch gegen den Verwalter, dass die von ihm begehrte Maßnahme auf die Tagesordnung der nächsten regulären Versammlung aufgenommen wird. Eine ablehnende Beschlussfassung ist nicht Klagevoraussetzung; ausreichend ist, wenn sich die Eigentümerversammlung mit dem Gegenstand auseinander gesetzt hat[3]. Unnötig ist die vorherige Befassung, wenn das Abwarten einer solchen Entscheidung unzumutbar oder reine Förmelei wäre[4], z.B. weil eine Zustimmung nicht zu erwarten ist[5].

47 Hält ein Wohnungseigentümer einen Beschluss für unvereinbar mit dem Grundsatz ordnungsgemäßer Verwaltung, so muss er diesen binnen Monatsfrist nach § 46 mit der **Anfechtungsklage** anfechten, denn mit Bestandskraft gilt der Beschluss als Maßnahme ordnungsgemäßer Verwaltung, an die jeder Wohnungseigentümer nach § 10 Abs. 5 gebunden ist. Hat die Gemeinschaft eine Beschlussfassung über eine begehrte Maßnahme abgelehnt, so liegt ein sog. **Negativbeschluss** vor (s. Vor §§ 23 bis 25 Rz. 122 ff.). Gegen einen solchen Negativbeschluss ist zwar ebenfalls die Anfechtungsklage statthaft. Das erforderliche Rechtsschutzbedürfnis wird jedoch nur dann vorliegen, wenn der anfechtende Wohnungseigentümer nach Abs. 4 einen materiell-rechtlichen **Anspruch** auf eine **positive Beschlussfassung** hat und sich der negative Beschluss daher als ermessensfehlerhaft und nicht ordnungsmäßiger Verwaltung entsprechend herausstellt (s. Vor §§ 23 bis 25 Rz. 122 ff.)[6]. Die Anfechtungsklage kann in diesem Fall mit einem Feststellungsantrag verbunden werden, dass ein Anspruch auf die begehrte Beschlussfassung besteht (s. Vor §§ 23 bis 25 Rz. 125).

VII. Ansprüche bei Verletzung der Pflicht zur ordnungsgemäßen Verwaltung

48 Soweit die Wohnungseigentümer notwendige Instandsetzungsmaßnahmen am gemeinschaftlichen Eigentum nicht durchführen oder sonstige Maßnahmen, die zur ordnungsgemäßen Verwaltung des Gemeinschaftseigentums erforderlich sind, unterlassen, kann der einzelne Wohnungseigentümer **Schadensersatzansprüche** nach § 280 BGB geltend machen, sofern ihm durch die Unterlassung

---

1 OLG Köln v. 17.1.2003 – 16 Wx 112/02, NZM 2003, 981 = ZMR 2003, 608; KG v. 3.3. 1999 – 24 W 3566/98, NZM 2000, 286 = ZMR 1999, 509.
2 OLG Hamm v. 19.4.1995 – 15 W 26/95, WE 1996, 33 (39); KG v. 3.3.1999 – 24 W 3566/98, NZM 2000, 286 = ZMR 1999, 509 (510); Merle in Bärmann/Pick/Merle, WEG, § 21 Rz. 89.
3 BayObLG v. 19.6.1997 – 2Z BR 35/97, NJW-RR 1997, 1443 = ZMR 1998, 147.
4 BayObLG v. 6.8.1985 – BReg 2Z 45/85, NJW-RR 1986, 445 = ZMR 1985, 390 (391); OLG Düsseldorf WE 1991, 242; OLG München v. 28.9.2006 – 32 Wx 115/06, NZM 2007, 132 = ZMR 2006, 962; OLG Stuttgart v. 8.7.1977 – 8 W 572/76, OLGZ 1977, 433 = Justiz 1977, 429.
5 OLG Düsseldorf v. 2.2.1998 – 3 Wx 345/97, NJW-RR 1999, 163 = ZMR 1998, 449.
6 OLG Düsseldorf v. 1.12.2006 – I-3 Wx 194/06, OLGReport Düsseldorf 2007, 33 (35).

Schäden an seinem Sondereigentum entstehen[1]. Voraussetzung ist ein Verschulden der Gemeinschaft, das gem. § 280 Abs. 1 Satz 2 BGB vermutet wird. Am Verschulden fehlt es, wenn sich die übrigen Wohnungseigentümer auf Empfehlungen eines Sachverständigen verlassen durften[2]. Hat der Wohnungseigentümer selbst nichts unternommen, um eine Beschlussfassung der Wohnungseigentümer zu einer notwendigen Sanierung herbeizuführen, so kann der Schadensersatzanspruch unter dem Gesichtspunkt des **Mitverschuldens** (§ 254 BGB) sogar ganz entfallen. Entgegen der bisherigen Rechtslage[3] ist ein Verschulden des Verwalters der Gemeinschaft entsprechend § 31 BGB zuzurechnen, vgl. § 27 Rz. 179. Zu Schadensersatzansprüchen gegen den Verwalter bzw. gegen die Gemeinschaft wegen einer Pflichtverletzung des Verwalters s. § 27 Rz. 168 ff.

Die Wohnungseigentümergemeinschaft trifft nicht nur die Pflicht, die zur ordnungsgemäßen Verwaltung erforderlichen Maßnahmen zu fassen, sondern die beschlossenen Maßnahmen auch **innerhalb angemessener Frist** umzusetzen[4]. Außerdem haftet die Gemeinschaft für eine **unzureichende Durchführung** der Instandhaltungsmaßnahmen, denn auch die Durchführung der Maßnahmen selbst gehört zu der der Gemeinschaft obliegenden Verwaltung. Ein **Verschulden von Dritten**, die zur Erfüllung der Instandhaltungsarbeiten eingeschaltet worden sind (z.B. Handwerker), ist der Gemeinschaft nach § 278 BGB zuzurechnen, wobei sich der geschädigte Wohnungseigentümer allerdings entsprechend §§ 254 Abs. 2 S. 2, 278 BGB deren Verschulden selbst zu einem Bruchteil als Mitverschulden anrechnen lassen muss[5].

49

VIII. Einzelfälle ordnungsgemäßer Verwaltung (Abs. 5)

Abs. 5 zählt Leitbilder[6] für Maßnahmen ordnungsmäßiger Verwaltung auf, die nach Abs. 3 beschlossen und nach Abs. 4 verlangt werden können[7]. Auch eine Vereinbarung über diese Gegenstände ist möglich, es kann sogar vereinbart werden, dass ein Mehrheitsbeschluss über diese Maßnahmen nicht ausreichend ist[8]. Es handelt sich um keinen abschließenden Katalog, wie sich schon der Einführung von Abs. 7 im Rahmen der WEG-Reform 2007 entnehmen lässt. Auch wenn die in Abs. 5 aufgezählten Regelungsgegenstände grundsätzlich ordnungsgemäßer Verwaltung entsprechen werden, bleibt es den Wohnungseigentümern unbenommen, auf eine Beschlussfassung entweder einvernehmlich zu verzichten oder einen Beschluss abzulehnen, wenn eine dieser Maßnahmen (ausnahms-

50

---

1 BayObLG v. 2.5.2002 – 2Z BR 27/02, ZMR 2002, 843 = NZM 2002, 705; BayObLG v. 22.4.1999 – 2Z BR 41/99, NZM 1999, 857; OLG Köln v. 30.3.1998 – 16 Wx 20/98, NZM 1999, 83.
2 BayObLG v. 28.4.1994 – 2Z BR 32/94, ZMR 1994, 431 = WuM 1995, 57; vgl. BayObLG v. 21.5.1992 – 2Z BR 6/92, NJW-RR 1992, 1102; BayObLG v. 3.7.1986 – BReg 2Z 36/85, NJW 1986, 3145.
3 KG v. 21.5.1986 – 24 W 3233/85, NJW-RR 1986, 1078; OLG Düsseldorf v. 8.2.1999 – 3 Wx 369/98, NZM 1999, 573; LG Berlin v. 9.2.2001 – 85 T 352/00, ZMR 2001, 669.
4 BayObLG v. 2.5.2002 – 2Z BR 27/02, ZMR 2002, 843 = NZM 2002, 705.
5 BGH v. 22.4.1999 – V ZB 28/98, BGHZ 141, 224 (227) = NJW 1999, 2108.
6 RGRK/*Augustin* § 21 Rz. 41.
7 *Lüke* in Weitnauer, WEG, § 21 Rz. 25.
8 *Diester*, WEG, § 21 Rz. 5; *Drabek* in KK-WEG, § 21 Rz. 125.

weise)¹ nicht zur ordnungsgemäßen Verwaltung erforderlich ist². Umgekehrt kann auch eine Beschlussfassung i.S.d. Abs. 5 insgesamt oder teilweise ordnungsgemäßer Verwaltung widersprechen³. Abs. 5 stellt also keine unwiderlegliche Vermutung, sondern nur **Regelbeispiele** auf.

1. Aufstellung einer Hausordnung (Nr. 1)

51 Die **Hausordnung** enthält die wesentlichen Verhaltensvorschriften, mit denen die Aufrechterhaltung von Sicherheit und Ordnung und die Erhaltung des Hausfriedens gewährleistet werden sollen[4]. Sie stellt sich als Zusammenfassung von Gebrauchs- (§ 15) und Verwaltungsregelungen (Abs. 3) dar[5] und dient der Konkretisierung der sich aus § 14 ergebenden Verpflichtungen[6]. Die Hausordnung kann mit **Mehrheit beschlossen**, aber auch einstimmig im Vereinbarungswege getroffen werden. Während die beschlossene Hausordnung auch mehrheitlich abgeändert oder aufgehoben werden kann, kann eine vereinbarte Hausordnung nur durch **Vereinbarung** aller Eigentümer geändert werden. Im Regelfall wird eine Anpassung der Hausordnung durch Mehrheitsbeschluss im Interesse der Gemeinschaft liegen, so dass bei Vereinbarungen eine entsprechende Öffnungsklausel vorgesehen werden sollte[7].

52 Bei Unklarheiten über die Rechtsnatur der Hausordnung (z.B. weil sie noch vom teilenden Eigentümer aufgestellt worden war oder eine Anlage zur Gemeinschaftsordnung ist) muss durch **Auslegung** ermittelt werden, ob sie – ausnahmsweise – insgesamt oder in Teilbereichen Vereinbarungscharakter besitzt[8]. Die Hausordnung ist dabei wie eine Grundbucheintragung nach ihrem sich für einen verständigen Dritten ergebenden objektiven Erklärungsgehalt auszulegen. Umstände, die sich nicht aus der Hausordnung selbst ergeben, können nur dann berücksichtigt werden, wenn sie für jedermann offensichtlich sind[9]. Diese Auslegung kann auch vom Revisionsgericht vorgenommen werden[10]. Typische Gebrauchsregelungen i.S.d. § 15 Abs. 2 werden regelmäßig keine materielle Vereinbarung darstellen und können daher auch durch Mehrheitsbeschluss abgeändert werden[11]. Selbst wenn danach eine Hausordnung ausnahmsweise Vereinbarungs-

---

1 *Niedenführ/Schulze*, WEG, § 21 Rz. 43; RGRK/*Augustin* § 21 Rz. 41.
2 BayObLG v. 23.10.2003 – 2Z BR 63/03, ZMR 2005, 132; *Merle* in Bärmann/Pick/Merle, WEG, § 21 Rz. 95; *Drabek* in KK-WEG, § 21 Rz. 123; *Diester*, WEG, § 21 Rz. 14; *Lüke* in Weitnauer, WEG, § 21 Rz. 25: Vorschrift ist abdingbar.
3 *Merle* in Bärmann/Pick/Merle, WEG, § 21 Rz. 95; *Drabek* in KK-WEG, § 21 Rz. 124.
4 *Merle* in Bärmann/Pick/Merle, WEG, § 21 Rz. 96.
5 *Bassenge* in Palandt, BGB, § 21 Rz. 11; *Sauren*, WEG, § 21 Rz. 11 („Hausordnung").
6 BayObLG v. 23.10.2003 – 2Z BR 63/03, ZMR 2005, 132; *Drabek* in KK-WEG, § 21 Rz. 127.
7 Eindringlich *Diester*, WEG, § 21 Rz. 18; *Merle* in Bärmann/Pick/Merle, WEG, § 21 Rz. 96; *Drabek* in KK-WEG, § 21 Rz. 128.
8 BayObLG v. 9.6.1975 – BReg 2Z 35/75, BayObLGZ 1975, 201 (203); *Merle* in Bärmann/Pick/Merle, WEG, § 21 Rz. 97.
9 *Drabek* in KK-WEG, § 21 Rz. 132.
10 BGH v. 10.9.1998 – V ZB 11/98, BGHZ 139, 289 = NJW 1998, 3713 = ZMR 1999, 41; BayObLG v. 4.11.1999 – 2Z BR 141/99, ZMR 2000, 115; OLG Hamm v. 3.7.2001 – 15 W 444/00, NJW-RR 2002, 10; MüKo/*Engelhardt*, § 21 Rz. 9.
11 BayObLG v. 9.6.1975 – BReg 2Z 35/75, BayObLGZ 1975, 201 (204); OLG Saarbrücken v. 7.5.1999 – 5 W 365/98 – 105, 5 W 365/98, NZM 1999, 621 (622); *Stürner* in Soergel/Bub, § 21 Rz. 6; *Lüke* in Weitnauer, WEG, § 21 Rz. 26.

charakter aufweisen sollte, kann diese dennoch durch Mehrheitsbeschluss um weitere Bestimmungen ergänzt werden, es sei denn, die vereinbarte Hausordnung war ein in sich geschlossenes, abschließendes Regelungswerk[1].

Die Kompetenz zur Aufstellung der Hausordnung kann durch Vereinbarung oder Mehrheitsbeschluss (vgl. § 27 Abs. 3 Satz 1 Nr. 7) auf Dritte[2], etwa den **Verwaltungsbeirat**[3] oder den **Verwalter, delegiert** werden[4]. Die Wohnungseigentümer bleiben als Herren der Verwaltung aber jederzeit befugt, selbst eine Hausordnung aufzustellen oder diejenige des Verwalters abzuändern[5]. Soweit die Wohnungseigentümer entgegen dem Gebot ordnungsgemäßer Verwaltung die Aufstellung oder Änderung einer Hausordnung unterlassen bzw. abgelehnt haben, kann das **Gericht** durch Urteil nach Abs. 8 eine verbindliche Hausordnung aufstellen[6]. 53

Die Hausordnung entfaltet nur gegenüber den Wohnungseigentümern, nicht jedoch **gegenüber Dritten** Geltung, gleichgültig, ob sie vereinbart oder beschlossen worden ist. So sind insbesondere Mieter, dingliche Nutzungsberechtigte (Nießbraucher, Wohnungsberechtigte und Dauerwohnberechtigte), Familienangehörige und Besucher eines Wohnungseigentümers nicht an die Bestimmungen der Hausordnung gebunden[7]. Es obliegt aber dem Wohnungseigentümer, gem. § 14 Nr. 2 für die Durchsetzung der Hausordnung gegenüber diesem Personenkreis zu sorgen[8]. Verstößt er gegen diese Pflicht, kann er Schadensersatz-, Unterlassungs- und Veräußerungspflichten (vgl. § 18 Abs. 2 Nr. 1, s. § 18 Rz. 20 ff.) ausgesetzt sein. Der vermietende Wohnungseigentümer sollte daher tunlichst darauf achten, dass die Hausordnung der Gemeinschaft wirksamer **Bestandteil des Mietvertrags** wird[9]. Auch eine dynamische Verweisungsklausel auf die jeweils gültige Hausordnung ist möglich[10], hierbei ist aber stets auf eine wirksame Einbeziehung der geänderten Hausordnung in den Mietvertrag zu achten, vgl. 305 Abs. 2 BGB; hingegen spielt § 308 Nr. 5 BGB keine Rolle[11]. Regelungen, die zwar im Rahmen der Hausordnung wirksam, im Rahmen des 54

---

1 OLG Frankfurt v. 19.7.1990 – 20 W 149/90, OLGZ 1990, 414 = NJW-RR 1990, 1430 = ZMR 1991, 113.
2 *Bassenge* in Palandt, BGB, § 21 Rz. 11.
3 *Bassenge* in Palandt, BGB, § 21 Rz. 11.
4 BayObLG v. 9.6.1975 – BReg 2Z 35/75, BayObLGZ 1975, 201; BayObLG v. 5.12.1991 – BReg 2Z 154/91, BayOblGZ 1991, 421 (422) = NJW-RR 1992, 343; BayObLG v. 23.8. 2001 – 2Z BR 96/01, NJW 2001, 3635; KG v. 18.11.1991 – 24 W 3791/91, OLGZ 1992, 182 (183); OLG Stuttgart v. 19.5.1987 – 8 W 89/87, NJW-RR 1987, 976; *Merle* in Bärmann/Pick/Merle, WEG, § 21 Rz. 98; a.A. *Müller*, Praktische Fragen, Rz. 366.
5 BayObLG v. 5.12.1991 – BReg 2Z 154/91, BayOblGZ 1991, 421 (422) = NJW-RR 1992, 343; KG v. 18.11.1991 – 24 W 3791/91, OLGZ 1992, 182 (183); OLG Oldenburg v. 21.7. 1977 – 5 Wx 9/77, ZMR 1978, 245 (246).
6 OLG Hamm OLGZ 1970, 399 (401) = MDR 1969, 484 = NJW 1969, 884; *Merle* in Bärmann/Pick/Merle, WEG, § 21 Rz. 100; *Drabek* in KK-WEG, § 21 Rz. 131; *Elzer*, ZMR 2006, 85 (93).
7 LG Heidelberg v. 23.10.1996 – 8 S 2/96, NJWE-MietR 1997, 234; *Merle* in Bärmann/Pick/Merle, WEG, § 21 Rz. 101; *Drabek* in KK-WEG, § 21 Rz. 139.
8 *Merle* in Bärmann/Pick/Merle, WEG, § 21 Rz. 101; *Drabek* in KK-WEG, § 21 Rz. 139.
9 *Merle* in Bärmann/Pick/Merle, WEG, § 21 Rz. 101; *Drabek* in KK-WEG, § 21 Rz. 142.
10 *Drabek* in KK-WEG, § 21 Rz. 142.
11 A.A. *Drabek* in KK-WEG, § 21 Rz. 142.

§ 21 Verwaltung

Mietvertrags aber unwirksam sind, gehen zu Lasten des vermietenden Wohnungseigentümers[1].

55 Gegenstand der Hausordnung kann nur der ordnungsgemäße Gebrauch des gemeinschaftlichen, nicht jedoch des **Sondereigentums** sein[2]. Die einzelnen Bestimmungen der Hauordnung müssen hinreichend **bestimmt** sein, nichtig, weil viel zu unbestimmt, ist eine Regelung in der Hausordnung, wonach der Verwalter „grobe Verstöße (gegen die Hausordnung) gerichtlich zu ahnden" hat[3]. Eine Regelung innerhalb der Hausordnung kann auch dann nichtig sein, wenn sie gegen **wesentliche Grundgedanken** eines gesetzlichen Leitbilds verstößt, z.B. eine verschuldensunabhängige Verursacherhaftung vorsieht[4].

56 Umstritten ist, ob und inwieweit den Wohnungseigentümern überhaupt, aber insbesondere durch die Hausordnung, **Leistungspflichten** auferlegt werden können (sog. „tätige Mithilfe"). Während nach h.M. ohne weiteres Leistungspflichten durch **Vereinbarung** getroffen werden können[5], stellt sich vornehmlich die Frage, ob dies auch mit Stimmenmehrheit **beschlossen** werden kann[6].

57 Richtigerweise kommt ein solcher Beschluss nur dort in Betracht, wo das Gesetz oder eine Vereinbarung eine entsprechende Beschlusskompetenz vorsieht[7]. Dabei folgt aber keineswegs aus der Beschlusskompetenz der Nr. 1, dass die typischen Gegenstände einer Hausordnung den einzelnen Wohnungseigentümern per Mehrheitsbeschluss als Leistungspflicht auferlegt werden können[8]. Vielmehr können nur solche Leistungspflichten durch Stimmenmehrheit im Rahmen einer Hausordnung geregelt werden, die den einzelnen Wohnungseigentümern bereits aufgrund einer Vereinbarung oder aufgrund Gesetzes obliegen[9]. Dieser Rechtsgrundsatz gilt auch im Raum Landshut[10]. Nur deshalb können Reinigungs- und Winterdienste durch Mehrheitsbeschluss ausgestaltet werden, weil jedem einzelnen Wohnungseigentümer die **Verkehrssicherungspflicht** für das Treppenhaus und den Gehsteig obliegt. Die mehrheitlich beschlossene Hausordnung begründet also bei Lichte betrachtet gar keine Leistungspflichten, sondern gestaltet lediglich die bestehenden Leistungspflichten aus. Damit steht auch fest, dass anderweitige Pflichten, wie **Instandhaltungs- oder Instandsetzungsarbeiten** (z.B. Streichen der Fenster, Reparatur der Balkone) oder **Beseitigungsansprüche** (z.B. von baulichen Anlagen) nicht durch Mehrheitsbeschluss

---

1 *Drabek* in KK-WEG, § 21 Rz. 140.
2 *Niedenführ/Schulze*, WEG, § 21 Rz. 47.
3 BayObLG v. 13.12.2001 – 2Z BR 156/01, NZM 2002, 171.
4 BayObLG v. 13.12.2001 – 2Z BR 156/01, NZM 2002, 171.
5 KG v. 12.11.1993 – 24 W 3064/93, OLGZ 1994, 273 = NJW-RR 1994, 207 = ZMR 1994, 70; *Merle* in Bärmann/Pick/Merle, WEG, § 21 Rz. 115; *Drabek* in KK-WEG, § 21 Rz. 134.
6 Vgl. die Darstellung bei *Merle* in Bärmann/Pick/Merle, WEG, § 21 Rz. 115 m.w.N.
7 OLG Zweibrücken v. 5.6.2007 – 3 W 98/07, NJW 2007, 2417 = NZM 2007, 512 = ZMR 2007, 646; *Merle* in Bärmann/Pick/Merle, WEG, § 21 Rz. 116.
8 So aber *Merle* in Bärmann/Pick/Merle, WEG, § 21 Rz. 117.
9 OLG Zweibrücken v. 5.6.2007 – 3 W 98/07, NJW 2007, 2417 = NZM 2007, 512 = ZMR 2007, 646.
10 A.A. LG Landshut v. 14.3.2007 – 64 T 2111/05, ZMR 2007, 493 (494) (abwegig, vgl. Anm. der ZMR-Redaktion ZMR 2007, 494).

begründet und auferlegt werden können[1]. Solche Beschlüsse sind **nichtig**[2]. Auch aus § 16 Abs. 4 n.F., der nunmehr mit ¾-Mehrheit den Beschluss eines abweichenden Kostenverteilungsschlüssels für Maßnahmen nach Nr. 2 zulässt (s. § 16 Rz. 42 ff.)[3], folgt, dass nur Kostentragungs-, nicht jedoch Leistungspflichten mit Mehrheit beschlossen werden können.

Sofern die Eigentümerversammlung Beschlusskompetenz für die Ausgestaltung von Leistungspflichten hat, muss sie diese **nach Maßgabe ordnungsgemäßer Verwaltung**, also unter Berücksichtigung der Interessen aller Wohnungseigentümer und nach billigem Ermessen, ausüben. Dies ist dann nicht der Fall, wenn nicht alle Wohnungseigentümer **gleichmäßig** zu den Leistungspflichten herangezogen werden[4] oder wenn die Hausordnung keine Vorkehrungen für den Fall trifft, dass einzelne Wohnungseigentümer aus tatsächlichen Gründen (z.B. Alter, Krankheit oder Abwesenheit) gehindert sind, die Leistungspflichten zu erfüllen[5]. Insbesondere müssen die Leistungspflichten auch zu einer **Kostenersparnis** für die gesamte Gemeinschaft führen. Ist die Kostenersparnis im Vergleich zur Beschäftigung oder Beauftragung eines Dritten minimal[6] oder kommt sie nur aufgrund erheblichen Arbeitseinsatzes der Wohnungseigentümer in Betracht, so ist dies unverhältnismäßig und widerspricht dem Grundsatz ordnungsgemäßer Verwaltung[7].

58

Im Rahmen von **Reinigungspflichten** hat die Rechtsprechung einen Reinigungsplan als ungleich beanstandet, der Wohnungseigentümern die Säuberung der jeweils von ihnen bewohnten Etage auferlegt. Eine solche Hausordnung berücksichtigt nicht, dass der Eingangsbereich des Erdgeschosses meist schmutziger und damit reinigungsbedürftiger ist als die oberen Stockwerke, so dass die Eigentümer in den Obergeschossen unangemessen bevorteilt werden[8].

59

Für die Einteilung des **Winterdienstes** ist darauf zu achten, dass alle Wohnungseigentümer gleichmäßig herangezogen werden[9]. Dies ist nur dann der Fall, wenn witterungsbedingte Zufälligkeiten so in den Dienstplan eingearbeitet sind, dass eine gerechte Verteilung des Schneeräum- und Streudienstes gewährleistet ist[10]. Ob dem ein täglicher oder wöchentlicher Turnus genügt, darf bezweifelt werden.

60

---

1 OLG Zweibrücken v. 5.6.2007 – 3 W 98/07, NJW 2007, 2417 = NZM 2007, 512 = ZMR 2007, 646; *Merle* in Bärmann/Pick/Merle, WEG, § 21 Rz. 118.
2 *Merle* in Bärmann/Pick/Merle, WEG, § 21 Rz. 118; *Drabek* in KK-WEG, § 21 Rz. 138; a.A. LG Landshut v. 14.3.2007 – 64 T 2111/05, ZMR 2007, 493 (494) (abwegig).
3 Vgl. BT-Drucks. 16/887, 23; anders nicht zur alten Rechtslage die h.M., vgl. *Merle* in Bärmann/Pick/Merle, WEG, § 21 Rz. 119.
4 BayObLG v. 5.12.1991 – BReg 2Z 154/91, BayObLGZ 1991, 421 (422) = NJW-RR 1992, 342 (343); *Merle* in Bärmann/Pick/Merle, WEG, § 21 Rz. 120.
5 *Merle* in Bärmann/Pick/Merle, WEG, § 21 Rz. 120.
6 *Merle* in Bärmann/Pick/Merle, WEG, § 21 Rz. 120.
7 *Merle* in Bärmann/Pick/Merle, WEG, § 21 Rz. 120; vgl. KG v. 12.11.1993 – 24 W 3064/93, OLGZ 1994, 273 = NJW-RR 1994, 207 = ZMR 1994, 70.
8 BayObLG v. 5.12.1991 – BReg 2Z 154/91, BayObLGZ 1991, 421 (422) = NJW-RR 1992, 342 (344); *Merle* in Bärmann/Pick/Merle, WEG, § 21 Rz. 121.
9 *Merle* in Bärmann/Pick/Merle, WEG, § 21 Rz. 122.
10 OLG Hamm v. 31.8.1981 – 15 W 38/81, MDR 1982, 150; OLG Stuttgart v. 19.5.1987 – 8 W 89/87, NJW-RR 1987, 976.

61 Fraglich ist, ob Verstöße gegen die Hausordnung mit **„Strafen"** sanktioniert werden können. Denkbar ist insbesondere die Verhängung von Vertragsstrafen. Teilweise wird vertreten, dass die Androhung oder Verhängung angemessener Sanktionen als Annexkompetenz zu einer Gebrauchsregelung oder zur Hausordnung beschlossen werden können[1]. Angesichts der neuen Beschlusskompetenz in Abs. 7, aus der gerade keine allgemeine Kompetenz zur Sanktionierung von Verstößen gegen die Hausordnung folgt (s. Rz. 116), kommt nach hier vertretener Ansicht eine Sanktion wegen eines Verstoßes gegen die Hausordnung nur aufgrund einer Vereinbarung in Betracht.

62 **Beispiele** für *mögliche* Gegenstände der Hausordnung sind (s. auch § 15 Rz. 18):

– Benutzungsregelung für **Aufzüge, Treppenhaus, Gänge und Grünflächen** (*Merle* in Bärmann/Pick/Merle, WEG, § 21 Rz. 102), also ganz allgemein Benutzungsregelungen für das **gemeinschaftliche Eigentum**, insbesondere Öffnungszeiten eines Schwimmbads (*Merle* in Bärmann/Pick/Merle, WEG, § 21 Rz. 103), das Abstellen von Kinderwagen, Fahrrädern, Schuhen, das Ablegen von Teppichen, Aufhängen von Spiegeln und Bildern im Treppenhaus, die Abfallbehandlung, das Betreten der Heizungsräume, das Öffnen und Schließen der Haus- und Hoftüren, die Verwahrung der Schlüssel (*Merle* in Bärmann/Pick/Merle, WEG, § 21 Rz. 111, 112 m.w.N.);

– Benutzungsregelung für **Stellplätze**, auch wenn der konkrete Gebrauch einem Sondernutzungsrecht unterliegt (*Merle* in Bärmann/Pick/Merle, WEG, § 21 Rz. 104; KG v. 8.9.1995 – 24 W 5943/94, NJW-RR 1996, 586);

– Benutzungsregelung für **Waschküchen, Trockenräume und Wäschetrockner** (KG v. 7.1.1985 – 24 W 4631/84, ZMR 1985, 131 [132]);

– Regelungen zum **Feuerschutz**, z.B. zum Betrieb von Grillgeräten (AG Wuppertal v. 25.10.1976 – 47 UR II 7/76, Rpfleger 1977, 445) oder zur Verwendung von offenem Licht (BayObLG v. 10.3.1972 – BReg 2 Z 78/71, BayObLGZ 1972, 94 [96]);

– Regelungen zum **Kälteschutz**, z.B. zur Freihaltung der Fenster und Heizkörper vor Frostgefahr (*Merle* in Bärmann/Pick/Merle, WEG, § 21 Rz. 109);

– Regelungen zur **Heizungsdauer**, z.B. dass die Heizungsanlage in den Sommermonaten in Betrieb zu halten oder abzustellen ist (BayObLG v. 26.2.1993 – 2Z BR 117/92, WuM 1993, 291 [292]);

– Regelungen zur **Haustierhaltung**, insbesondere zum Ausschluss einer Haltung von besonders gefährlichen Haustieren (Kampfhunde, Schlangen, Ratten), der vollständige Ausschluss der Tierhaltung ist jedoch nur mittels Vereinbarung möglich (zum Ganzen *Merle* in Bärmann/Pick/Merle, WEG, § 21 Rz. 107f.; vgl. OLG Saarbrücken v. 2.10.2006 – 5 W 154/06 W, ZWE 2007, 190 mit abl. Anm. *Drabek*, ZWE 2007, 188);

– Regelungen zur **häuslichen Ruhe**, insbesondere durch Sperrfristen für Baden und Duschen sowie für Lärm und Geräusche, sowie Grenzwerte für die Lautstärke von akustischen Geräten (*Merle* in Bärmann/Pick/Merle, WEG, § 21 Rz. 110). Ein absolutes Musizierverbot für bestimmte Tageszeiten ist möglich, nicht jedoch der völlige Ausschluss des Musizierens (BGH v. 10.9.1998 – V ZB 11/98, BGHZ 139, 289 = NJW 1998, 3713 = ZMR 1999, 41).

---

1 OLG Frankfurt v. 19.9.1978 – 20 W 531/78, OLGZ 1979, 25; KG v. 17.7.1985 – 24 W 1956/85, ZMR 1985, 345; BayObLG v. 23.8.2001 – 2Z BR 96/01, NJW 2001, 3635; *Drabek* in KK-WEG, § 21 Rz. 133.

2. Instandhaltung und Instandsetzung des gemeinschaftlichen Eigentums (Nr. 2)

Zu einer ordnungsmäßigen Verwaltung gehören auch die Instandhaltung und Instandsetzung des gemeinschaftlichen Eigentums. Mit der ausdrücklichen Aufnahme dieser Aufgaben in den Katalog des Abs. 5 **bezweckt** der Gesetzgeber die aus den Zeiten des Stockwerkseigentums herrührende unzureichende **Instandhaltung der Gebäude** zu verhindern[1]. Deshalb können **auch vorsorgliche und vorläufige Maßnahmen** zur Instandhaltung zählen[2]. Eine regelmäßige Wartung ist aber i.d.R. nur dann ordnungsmäßig, wenn sie unter Berücksichtigung von Wahrscheinlichkeit und Höhe eines Schadens wirtschaftlich vertretbar ist[3]. Die Instandhaltung beschränkt sich auf das gemeinschaftliche Eigentum, so dass ein Beschluss über die Instandhaltung oder Instandsetzung des **Sondereigentums** unwirksam ist[4]. Ein Anspruch des einzelnen Wohnungseigentümers auf ordnungsgemäße Herstellung seines eigenen und des übrigen Sondereigentums folgt daher nicht aus Abs. 5 Nr. 2, Abs. 4, sondern allenfalls aus § 14 Nr. 1[5]. Dies gilt auch dann, wenn das Sondereigentum zusammen mit dem gemeinschaftlichen Eigentum versichert ist (s. Rz. 81 und § 27 Rz. 18).

63

Jeder Wohnungseigentümer hat gegen die Gemeinschaft gem. Abs. 4 einen **Anspruch auf ordnungsgemäße Instandsetzung** des gemeinschaftlichen Eigentums in angemessener Zeit. Hierzu kann von jedem einzelnen Wohnungseigentümer die Mitwirkung an den erforderlichen Maßnahmen verlangt werden (s. Rz. 67). Verletzt die Gemeinschaft diese Pflicht, so kann sie einem hierdurch geschädigten Eigentümer zum Schadensersatz verpflichtet sein (s. Rz. 49).

64

Die genaue begriffliche Unterscheidung zwischen Instandhaltung und Instandsetzung hat nur geringen praktischen Wert, da beide Maßnahmen zur ordnungsmäßigen Verwaltung zählen[6]. **Instandhaltung** sind alle pflegenden, erhaltenden und vorsorgenden Maßnahmen, die der Erhaltung, Verbesserung oder Zweckbestimmung des ursprünglichen Zustands des Gemeinschaftseigentums dienen[7]. Dies ist der Fall, wenn sich die Maßnahme bei einer an den konkreten Bedürfnissen und Möglichkeiten ausgerichteten Kosten-Nutzen-Analyse als vertretbar erweist[8]. Zur Instandhaltung zählen auch **vorbeugende Maßnahmen**, vor allem um einer Gebäudebesitzerhaftung nach § 836 BGB zu begegnen, insbesondere durch Abschluss eines Wartungsvertrags, die Einholung von Gutachten und die vorbeugende Erneuerung von Bauteilen[9].

65

---

1 *Merle* in Bärmann/Pick/Merle, WEG, § 21 Rz. 123.
2 BayObLG v. 2.5.1996 – 2Z BR 24/96, NJW-RR 1996, 1166.
3 KG v. 19.10.1998 – 24 W 4300/98, ZMR 1999, 207 = NZM 1999, 131.
4 OLG Köln v. 5.12.2000 – 16 Wx 121/00, ZMR 2001, 568 = NZM 2001, 541.
5 *Merle* in Bärmann/Pick/Merle, WEG, § 21 Rz. 125.
6 BGH v. 22.4.1999 – V ZB 28/98, BGHZ 141, 224 (227) = NJW 1999, 2108.
7 KG v. 19.10.1998 – 24 W 4300/98, ZMR 1999, 207 = NZM 1999, 131; KG v. 14.6.1993 – 24 W 5328/92, ZMR 1993, 478; BayObLG v. 20.3.1991 – BReg 2Z 8/91, NJW-RR 1991, 976; BayObLG v. 9.6.1975 – BReg 2Z 35/75, BayObLGZ 1975, 201.
8 BayObLG v. 31.3.2004 – 2Z BR 241/03, ZMR 2004, 607; OLG Schleswig v. 5.8.2003 – 2 W 144/02, ZMR 2003, 876; *Drabek* in KK-WEG, § 21 Rz. 151.
9 BayObLG v. 20.3.1991 – BReg 2Z 8/91, NJW-RR 1991, 976 (977).

66 Unter **Instandsetzung** ist die Wiederherstellung des ursprünglichen ordnungsgemäßen Zustandes (z.B. durch Ersatzbeschaffung einzelner Teile des Gemeinschaftseigentums)[1], aber auch dessen erstmalige Herstellung zu verstehen[2]. Eine Maßnahme zur **Wiederherstellung eines früheren Zustands** ist auch der Rückbau einer unzulässigen baulichen Maßnahme[3]. Ist das Rückbauverlangen unverhältnismäßig, so kann ein Ausgleich des durch die Beeinträchtigung verursachten Wertverlustes verlangt werden[4]. Ist eine Wiederherstellung (z.B. durch Reparatur) nicht möglich, so kommt die **Ersatzbeschaffung** für zerstörte oder unbrauchbare Geräte und Anlagen, z.B. Kinderschaukeln[5], Schiebetüren[6] oder Waschmaschinen[7], in Betracht.

67 Zur ordnungsgemäßen Instandsetzung gehört auch die **erstmalige Herstellung des gemeinschaftlichen Eigentums** entsprechend dem Aufteilungsplan und den Bauplänen (z.B. Entwässerungsplan)[8]. Der ordnungsmäßige Zustand bestimmt sich nach der in den Bau- und Bauträgerverträgen vereinbarten Beschaffenheit, insbesondere nach der Baubeschreibung und dem Stand der Technik[9]. Auch die öffentlich-rechtlichen Vorschriften sind einzuhalten (s. Rz. 68)[10]. Die **Beseitigung von Baumängeln** zählt ebenfalls zur ordnungsgemäßen Instandsetzung. Der Anspruch ist grundsätzlich gegen die Gemeinschaft gerichtet[11], die übrigen Wohnungseigentümer sind jedoch verpflichtet, an den erforderlichen Maßnahmen mitzuwirken, insbesondere Eingriffe in ihr Sondereigentum nach § 14 Nr. 3 zu dulden[12]. Ein einzelner Wohnungseigentümer kann nur dann Anspruchsgegner sein, wenn er durch eine bauliche Veränderung in seinem Sondereigentum, etwa durch die Beseitigung von Schallschutz, einen nachteiligen Zustand geschaffen hat[13]. Der Anspruch eines Wohnungseigentümers auf erstmalige plangemäße und mängelfreie Herstellung kann dann ausgeschlossen sein, wenn einer seiner Rechtsvorgänger wirksam auf diesen Anspruch verzichtet hatte[14] oder wenn dieser Anspruch unter Berücksichtigung aller Umstände nach § 242 BGB **unzumutbar** wäre (s. Rz. 66)[15].

---

1 BayObLG v. 4.9.2003 – 2Z BR 145/03, ZfIR 2004, 23; OLG Hamm v. 18.9.2006 – 15 W 88/06, ZMR 2007, 131.
2 BayObLG v. 25.9.2001 – 2Z BR 95/01, ZMR 2002, 209.
3 *Merle* in Bärmann/Pick/Merle, WEG, § 21 Rz. 131; *Drabek* in KK-WEG, § 21 Rz. 109f., 165.
4 BayObLG v. 30.1.2003 – 2Z BR 134/02, ZMR 2003, 515.
5 KG WE 1990, 210.
6 OLG Düsseldorf v. 15.4.1996 – 3 Wx 359/95, ZMR 1997, 38 = WE 1996, 348 (349).
7 BayObLG v. 15.7.1975 – BReg 2Z 34/75, NJW 1975, 2296 (2297) = ZMR 1977, 2296.
8 BayObLG v. 26.8.1999 – 2Z BR 66/99, NZM 2000, 515.
9 OLG Schleswig v. 5.8.2003 – 2 W 144/02, ZMR 2003, 876.
10 BayObLG v. 25.6.1998 – 2Z BR 10/98, ZMR 1998, 647.
11 *Niedenführ/Schulze*, WEG, § 21 Rz. 68.
12 BayObLG v. 12.11.1992 – 2Z BR 14/92, WuM 1993, 85 (87).
13 KG v. 19.3.2007 – 24 W 317/06, ZMR 2007, 639 (640); OLG Köln v. 4.12.2002 – 16 Wx 180/02, ZMR 2003, 704; OLG Stuttgart v. 5.5.1994 – 8 W 315/93, NJW-RR 1994, 1497.
14 BayObLG v. 21.9.2000 – 2Z BR 12/00, ZWE 2001, 215 (216); BayObLG v. 25.11.1998 – 2Z BR 98/98, NZM 1999, 262.
15 BayObLG v. 18.1.2001 – 2Z BR 65/00, ZMR 2001, 469; BayObLG v. 20.3.2002 – 2Z BR 178/01, ZMR 2002, 685; BayObLG v. 4.3.2004 – 2Z BR 232/03, ZMR 2004, 524.

Zur ordnungsmäßigen Verwaltung gehört auch die Einhaltung öffentlich-rechtlicher Vorschriften, insbesondere die Beachtung der Vorschriften des Bauordnungsrechts[1], aber auch derjenigen der HeizkostenVO und der EnergieeinsparVO (EnEV). Demzufolge bestehende Nachrüstungspflichten (vgl. § 9 EnEV a.F. bzw. § 10 EnEV n.F.) sind stets als ordnungsmäßige Maßnahmen der Instandsetzung anzusehen. 68

Beispiele für *zulässige* Instandhaltungs- und Instandsetzungsmaßnahmen sind: 69

- **Gartenpflege**, z.B. durch übliche Pflegearbeiten, aber auch durch Anpflanzen einer Hecke (BayObLG v. 3.7.1991 – BReg 2 Z 29/91, NJW-RR 1991, 1362), Zurückschneiden (BayObLG v. 2.5.1985 – BReg 2 Z 48/84, BayObLGZ 1985, 164 (165); anders bei Sichtschutzfunktion, BayObLG v. 18.3.2004 – 2Z BR 249/03, ZMR 2005, 377) oder durch Entfernung von schädigenden Bäumen und Sträuchern (BayObLG v. 2.5.1996 – 2Z BR 24/96, NJW-RR 1996, 1166; OLG Düsseldorf v. 17.10.2003 – I-3 Wx 227/03, 3 Wx 227/03, ZMR 2004, 608);
- gerade bei größeren Wohnanlagen ist die **Anstellung eines Hausmeisters** eine ordnungsmäßige Instandhaltungsmaßnahme (BayObLG v. 28.2.1991 – BReg 2 Z 144/90, WuM 1991, 310; weitergehend KG v. 14.6.1993 – 24 W 5328/92, ZMR 1993, 478);
- Anlage eines **befestigten Fußwegs**, um einen sicheren Zugang zum Gemeinschaftseigentum für alle Eigentümer zu schaffen (BayObLG DWE 1989, 38 (Ls.);
- Beseitigung **asbesthaltiger** Pflanzentröge (BayObLG v. 14.1.1993 – 2Z BR 118/92, WuM 1993, 207 [208]);
- Beseitigung eines **korrosionsgefährdeten** Boilers (BGH v. 21.10.1976 – VII ZR 193/75, BGHZ 67, 232 = NJW 1977, 44 [46]);
- nachträgliche **Schallisolierung** (BayObLG v. 2.4.1992 – 2Z BR 9/92, NJW-RR 1992, 974 [975]);
- nachträgliche **Wärmedämmung** (OLG Frankfurt v. 28.11.1983 – 20 W 392/83, OLGZ 1984, 129);
- **Versetzung von Zäunen oder Garagen** nach Maßgabe des Aufteilungsplans (BayObLG v. 26.5.2000 – 2Z BR 174/99, NZM 2000, 1011; BayObLG v. 15.12.1989 – BReg 2 Z 130/89, BayObLGZ 1989, 470 [473]);
- der Anschluss an das **Breitbandkabelnetz**, sofern mit der vorhandenen Antenneneinrichtung kein einwandfreier Empfang gewährleistet ist; ist die Antennenanlage reparaturbedürftig, kommt auch ein Kabelanschluss als Maßnahme modernisierender Instandsetzung (s. Rz. 70) in Betracht (BayObLG v. 11.10.1991 – BReg 2 Z 43/91, NJW-RR 1992, 664 (665); LG Berlin v. 13.7.2001 – 85 T 42/01, ZMR 2002, 160; zum Streitstand *Wenzel*, ZWE 2007, 179 [180f.]);
- die Errichtung einer gemeinschaftlichen **Satelliten-Parabolantenne** ist nach denselben Gesichtspunkten als (modernisierende) Instandsetzung und nicht als bauliche Veränderung zu bewerten (vgl. *Lüke* in Weitnauer, WEG, § 21 Rz. 34); liegt keine der beiden genannten Konstellationen vor, so kommt nach h.M. eine Umstellung des analogen Antennenempfangs auf digitale Rundfunktechniken nur als bauliche Veränderung unter Zustimmung aller Eigentümer in Frage (BayObLG v. 12.8.1991 – BReg 2 Z 86/91, BayObLGZ 1991, 296 (298) = NJW-RR 1992, 16; BayObLG v. 20.4.2000 – 2Z BR 171/99, ZWE 2000, 309 [311]); angesichts der europarechtlichen und verfassungsrechtlichen Bedeutung der Medien- und Informationsfreiheit, die sich u.U. nur durch moderne Empfangstechniken verwirklichen lässt, erscheint eine Anpassung an den aktuellen

---

1 BGH v. 19.9.2002 – V ZB 37/02, BGHZ 152, 63 = NJW 2002, 3629 = ZfIR 2002, 914 (918); OLG Hamm v. 14.5.2002 – 15 W 300/01, ZWE 2002, 600 (602); BayObLG v. 11.12.1980 2Z 74/79, NJW 1981, 690.

Stand der Technik nicht ausgeschlossen (vgl. BGH v. 22.1.2004 – V ZB 51/03, BGHZ 157, 322 = ZMR 2004, 438 (442) = NJW 2004, 937; OLG Zweibrücken v. 25.9.2006 – 3 W 213/05, NZM 2006, 937; *Fritsch*, ZMR 2006, 180 [182]; *Wenzel*, ZWE 2007, 179 [183 ff.]), wobei es weniger auf die Art der Empfangstechnik als vielmehr auf die Gewährleistung eines digitalen Empfangs ankommen dürfte; obwohl Satellitenempfang gegenüber dem Kabelempfang Vorteile bietet, ist es angesichts der nicht unerheblichen Kosten einer Umrüstung nicht ermessensfehlerhaft, weiterhin den Kabelanschluss beizubehalten (OLG München v. 27.6.2006 – 32 Wx 72/06, NJW-RR 2006, 1674 [1675]);

– zur Aufnahme von **Darlehen** bzw. zur Inanspruchnahme von **Kredit** s. Rz. 106.

70 Noch zur Instandsetzung gerechnet werden solche Maßnahmen, die über die bloße Reparatur oder Wiederherstellung des früheren Zustandes hinausgehen, wenn die Neuerung die technisch bessere oder wirtschaftlich sinnvollere Lösung darstellt[1]. Dies ist insbesondere dann der Fall, wenn dadurch dem jeweiligen Stand der Technik Rechnung getragen wird[2]. In diesem Rahmen können auch bauliche Veränderungen am Gemeinschaftseigentum ordnungsmäßige Instandsetzungsmaßnahmen sein[3]. Voraussetzung ist jedoch stets, dass ein schwerwiegender Mangel des Gemeinschaftseigentums, also dessen Reparaturbedürftigkeit, gegeben ist[4]. Es handelt sich hierbei um eine **modernisierende Instandsetzung**, die nunmehr auch der Gesetzgeber in § 22 Abs. 3 ausdrücklich anerkannt hat (s. § 22 Rz. 76 ff.), ohne jedoch diese Rechtsfigur genauer zu definieren. Klargestellt ist damit aber, dass die modernisierende Instandsetzung allein § 21 unterfällt und damit keine bauliche Maßnahme i.S. des § 22 Abs. 1 darstellt[5]. Trotz der erleichterten Möglichkeit, über bauliche Veränderungen und Aufwendungen durch Mehrheitsbeschluss entscheiden zu können (vgl. § 22 Abs. 1, 2 und die Kommentierung bei § 22), bleibt damit auch weiterhin die schwierige Abgrenzung zwischen baulichen Veränderungen, die über die ordnungsgemäße Instandsetzung hinausgehen, und modernisierenden Instandsetzungsmaßnahmen bedeutsam. Zur Abgrenzung s. § 22 Rz. 6 ff. Nicht mehr als modernisierende Instandsetzung können experimentelle und unerprobte Verfahren angesehen werden oder die komplette Umstellung eines Verfahrens, etwa der Übergang von Fernwärmeversorgung auf eine erst zu errichtende Zentralheizungsanlage[6] oder der Anbau eines Aufzugs an das Treppenhaus[7].

71 **Beispiele** für *zulässige* modernisierende Instandhaltungs- und Instandsetzungsmaßnahmen sind:

– Ersatz morscher Holzpfosten eines **Zauns** durch Stahlpfosten (OLG Düsseldorf v. 7.3.1986 – 3 Wx 36/86, MDR 1986, 677);

---

1 BT-Drucks. 16/887, 32; BayObLG v. 27.11.2003 – 2Z BR 176/03, ZMR 2004, 442; KG v. 27.6.1994 – 24 W 7640/93, NJW-RR 1994, 1358; OLG Hamm v. 18.9.2006 – 15 W 88/06, ZMR 2007, 131; *Merle* in Bärmann/Pick/Merle, WEG, § 21 Rz. 139; *Lüke* in Weitnauer, WEG, § 21 Rz. 34; *Köhler*, Das neue WEG, § 22 Rz. 327.
2 BayObLG v. 12.3.1998 – 2Z BR 4/98, NZM 1998, 338.
3 BayObLG v. 25.9.2001 – 2Z BR 95/01, ZMR 2002, 209; *Drabek* in KK-WEG, § 21 Rz. 155.
4 OLG Schleswig v. 8.12.2006 – 2 W 111/06, ZMR 2007, 562 (563).
5 BT-Drucks. 16/887, 32.
6 *Merle* in Bärmann/Pick/Merle, WEG, § 21 Rz. 137 m.w.N.
7 BayObLG WE 1993, 285 (286).

– Installation eines **Balkongeländers** anstelle einer massiven Balkonbrüstung (OLG Hamburg v. 4.8.2003 – 2 Wx 30/03, ZMR 2003, 866 [867]);
– Veränderung der **Dachkonstruktion**, z.B. der Dachart (KG v. 22.12.1993 – 24 W 914/93, OLGZ 1994, 401 (403) = NJW-RR 1994, 528 (529); BayObLG v. 12.3.1998 – 2Z BR 4/98, NZM 1998, 338; BayObLG v. 6.2.1990 – BReg 2 Z 104/89, BayOblGZ 1990, 28 [31]), Neueindeckung des Dachs (z.B. mit Dachziegeln anstelle von Wellteerpappe, OLG Braunschweig v. 22.12.1993 – 3 W 49/93, WuM 1994, 502);
– Sanierung der durchfeuchteten **Fassade** durch Anbringung einer Wärmedämmung (OLG Frankfurt v. 28.11.1983 – 20 W 392/83, OLGZ 1984, 129; OLG Düsseldorf v. 26.4.2000 – 3 Wx 81/00, NZM 2000, 1067; BayObLG v. 25.9.2001 – 2Z BR 95/01, ZMR 2002, 209); Sanierung einer 30 Jahre alten Eternit-Fassade (OLG Düsseldorf v. 8.11. 2002 – 3 Wx 258/02, NZM 2003, 28 = NJW-RR 2003, 79);
– Erneuerung von **Fenstern**, z.B. Austausch von Holzfensterrahmen durch Kunststoffensterrahmen mit Isolierglas (OLG Köln v. 14.4.1997 – 16 Wx 89/97, ZMR 1998, 49);
– Neutapezierung des **Treppenhauses** (z.B. Glasfasertapete statt Raufasertapete, OLG Düsseldorf v. 22.4.1994 – 3 Wx 370/93, NJW-RR 1994, 1169);
– Umrüstung eines **Fahrstuhls** wegen Reparaturanfälligkeit (OLG Düsseldorf v. 4.4.2001 – 3 Wx 7/01, NJW-RR 2002, 83);
– der Austausch einer bisherigen **Heizungsanlage** kann als modernisierende Instandsetzung in Betracht kommen, wenn die alte Anlage nicht mehr funktionsfähig, völlig veraltet und unwirtschaftlich ist (BayObLG v. 25.9.2001 – 2Z BR 95/01, ZMR 2002, 209), zu laute Betriebsgeräusche erzeugt (OLG Schleswig WuM 1999, 180 [181]) oder nicht mehr den gesetzlichen Anforderungen der EnEV entspricht; so hat sich die Rechtsprechung den Austausch einer Ölheizung gegen eine Gasheizung (OLG Celle WE 1993, 224) und den Einbau einer Gasheizungsanlage statt einer Wärmepumpenanlage (KG v. 27.6.1994 – 24 W 7640/93, NJW-RR 1994, 1358) durch Mehrheitsbeschluss gebilligt, nicht jedoch die Umstellung von Fernwärme auf Zentralheizung und umgekehrt (*Merle* in Bärmann/Pick/Merle, WEG, § 21 Rz. 140; OLG Düsseldorf v. 8.10.1997 – 3 Wx 352/97, ZMR 1998, 185); auch die erstmalige Einrichtung einer gemeinschaftlichen Heizungsanlage anstelle von im Sondereigentum stehenden Heizaggregaten (OLG Hamm v. 26.5.1994 – 5 U 220/93, NJW-RR 1995, 909 [910]) ist modernisierende Instandsetzung.

Die Vorschrift wird durch § 27 Abs. 1 Nr. 2 komplettiert, wonach der **Verwalter** verpflichtet ist, die erforderlichen Maßnahmen für die ordnungsmäßige Instandhaltung und Instandsetzung zu treffen. Trotz dieser sich scheinbar überschneidenden Kompetenzen hat die Rechtsprechung eine klare arbeitsteilige Abgrenzung zwischen dem Aufgabenkreis der Wohnungseigentümer und demjenigen des Verwalters herausgearbeitet: während die Wohnungseigentümer in erster Linie berufen sind, über die zur Instandhaltung und Instandsetzung erforderlichen **Maßnahmen zu beschließen** (das „Ob" und „Wie")[1], obliegt dem Verwalter die **Vorbereitung** und **Durchführung** dieser Maßnahmen (s. § 27 Rz. 20).

72

Die Vorschrift ist insgesamt durch **Vereinbarung abdingbar**[2]. Es ist daher auch möglich, die Instandhaltungs- und Instandsetzungslast für einzelne Teile des gemeinschaftlichen Eigentums (z.B. für die Fenster oder die einem Sondernut-

73

---

1 BayObLG v. 21.5.1992 – 2Z BR 6/92, NJW-RR 1992, 1102 = ZMR 1992, 252; OLG Düsseldorf v. 30.7.1997 – 3 Wx 61/97, NJW-RR 1998, 13 = ZMR 1997, 605; OLG Düsseldorf v. 29.9.2006 – 3 Wx 281/05, NZM 2007, 136 (137); *Merle* in Bärmann/Pick/Merle, WEG, § 21 Rz. 124; § 27 Rz. 46; *Abramenko* in KK-WEG, § 27 Rz. 13; *Sauren*, WEG, § 27 Rz. 11; *Lüke* in Weitnauer, WEG, § 21 Rz. 28.
2 *Lüke* in Weitnauer, WEG, § 21 Rz. 28.

zungsrecht unterliegenden Gebäudeteile[1]) einem oder mehreren Sondereigentümern aufzuerlegen[2], so dass die Gemeinschaft diesbezüglich keine oder nur noch eine eingeschränkte Entscheidungskompetenz besitzt[3]. Dies umfasst aber nicht die Verpflichtung, erstmalig einen ordnungsmäßigen Zustand herzustellen[4]. Ein **Mehrheitsbeschluss**, einzelne Sondereigentümer ohne deren Zustimmung zur Instandhaltung und Instandsetzung zu verpflichten, ist hingegen nichtig, da dies ein gesetzesändernder Beschluss wäre[5]. Wohnungseigentümer, die aufgrund des nichtigen Beschlusses Verwaltungsmaßnahmen durchgeführt haben, können jedoch im Rahmen von §§ 677, 683 BGB Ersatz ihrer Aufwendungen verlangen[6]. Für Maßnahmen, die ein Wohnungseigentümer am gemeinschaftlichen Eigentum ausführen lässt und die zu Schäden führen, haftet er nach § 280 Abs. 1 BGB, wobei er für die fehlerhafte Ausführung eines von ihm beauftragten Unternehmens nach § 278 Abs. 1 BGB einzustehen hat[7]. Ob der einzelne Wohnungseigentümer eine Vergütung oder Aufwendungsersatz für seine Tätigkeit verlangen kann, hängt von den Vereinbarungen zwischen ihm und der Gemeinschaft ab[8].

74 Die der Eigentümerversammlung vorbehaltene Entscheidung über Art und Umfang von Instandsetzungs- und Instandhaltungsmaßnahmen kann grundsätzlich nur durch eine **Vereinbarung** dem Verwalter, dem Verwaltungsbeirat oder sonstigen Organen (z.B. einem Bauausschuss) übertragen werden[9]. Eine Kompetenzübertragung durch **Mehrheitsbeschluss** erachtet die Rechtsprechung dagegen nur in engen Grenzen für zulässig. Erforderlich sei, dass das finanzielle Risiko beschränkt sei (z.B. durch ein festes Jahresbudget) und die grundsätzliche Entscheidungsbefugnis bei den Eigentümern verbleibe[10]. Nicht ausreichend ist, wenn erst ab einer bestimmten Summe die Zustimmung des Verwaltungsbei-

---

1 Hierzu zählen dann auch die konstruktiven Teile, z.B. eines Balkons, vgl. OLG München v. 27.9.2006 – 34 Wx 059/06, ZMR 2007, 557 (559); OLG Braunschweig v. 29.5. 2006 – 3 W 9/06, ZMR 2006, 787 (788); a.A. OLG Schleswig v. 30.3.2006 – 2 W 191/05, ZMR 2006, 963 (964).
2 BayObLG v. 2.5.2002 – 2Z BR 27/02, ZMR 2002, 843 = NZM 2002, 705; *Merle* in Bärmann/Pick/Merle, WEG, § 21 Rz. 125; *Niedenführ/Schulze*, WEG, § 21 Rz. 51; *Lüke* in Weitnauer, WEG, § 21 Rz. 28.
3 OLG München v. 23.5.2007 – 32 Wx 30/07, NZM 2007, 487 (488); anders offenbar OLG München v. 27.9.2006 – 34 Wx 059/06, ZMR 2007, 557 (558).
4 BayObLG v. 18.7.1996 – 2Z BR 63/96, ZMR 1996, 574 = WE 1996, 400; BayObLG v. 20.11.2002 – 2Z BR 45/02, ZMR 2003, 366.
5 *Merle* in Bärmann/Pick/Merle, WEG, § 21 Rz. 127; *Niedenführ/Schulze*, WEG, § 21 Rz. 51a.
6 *Niedenführ/Schulze*, WEG, § 21 Rz. 51a.
7 *Niedenführ/Schulze*, WEG, § 21 Rz. 52.
8 *Niedenführ/Schulze*, WEG, § 21 Rz. 54.
9 OLG Hamm v. 18.9.2006 – 15 W 88/06, ZMR 2007, 131 (132); OLG Düsseldorf v. 30.7. 1997 – 3 Wx 61/97, ZMR 1997, 605 (606) = NJW-RR 1998, 13; OLG Düsseldorf v. 30.8. 2002 – 3 Wx 213/02, ZMR 2003, 126 = NZM 2002, 1031; vgl. auch OLG Frankfurt v. 27.10.1987 – 20 W 448/86, OLGZ 1988, 188 zur Einrichtung eines „Bauausschusses"; *Niedenführ/Schulze*, WEG, § 21 Rz. 50a.
10 OLG Düsseldorf v. 30.7.1997 – 3 Wx 61/97, ZMR 1997, 605 (606) = NJW-RR 1998, 13; OLG Düsseldorf v. 8.11.2000 – 3 Wx 253/00, NJW-RR 2001, 660 = ZMR 2001, 304.

rats vorgesehen ist, da diese Regelung umgangen werden kann[1]. Bei einer **Mehrhausanlage** kann vereinbart werden, dass die einzelnen Häuser getrennt über Instandhaltungs- und Instandsetzungsmaßnahmen beschließen[2]. Ein von allen Häusern gemeinschaftlich abgeschlossener (Wartungs-)Vertrag kann allerdings nicht von einer Untergemeinschaft einseitig gekündigt werden[3].

Nicht nur die Entscheidung, ob eine Instandhaltungs- oder Instandsetzungsmaßnahme erfolgen soll, sondern auch deren konkret beschlossene Umsetzung müssen ordnungsmäßiger Verwaltung entsprechen. Die beschlossene Maßnahme hat also dem objektivierten Interesse der Gesamtheit der Wohnungseigentümer zu entsprechen. Zur **ordnungsgemäßen Vornahme** gehört, dass einerseits technische Lösungen gewählt werden, die eine dauerhafte Erhaltung oder Herstellung des ordnungsgemäßen Zustands versprechen, und andererseits die Wirtschaftlichkeit beachtet wird. 75

Es ist daher in jedem Fall empfehlenswert, in einem **zweistufigen Verfahren** zunächst zu beschließen, ob eine Sanierung notwendig ist, und danach die entsprechenden Vergleichsangebote einzuholen und erst nach deren Sichtung in einem zweiten Schritt die Auftragsvergabe zu beschließen[4]. Der Beschluss über die Auftragsvergabe kann dann nicht mehr mit der Begründung angefochten werden, es bestünde kein Instandsetzungsbedarf, wenn der erste Beschluss bereits bestandskräftig ist. Die Auftragsvergabe muss sich jedoch im Rahmen des Sanierungsbeschlusses halten[5]. Bei der Beschlussfassung selbst haben die Wohnungseigentümer einen **Ermessens-** (besser: **Beurteilungs-)spielraum**[6]. Dieser Spielraum ist nicht schon dann überschritten, wenn über die mindestens erforderliche Sanierung hinaus weitere Arbeiten vergeben werden, die zwar noch nicht zwingend notwendig, aber doch vertretbar sind[7]. Die Wohnungseigentümer können sich für eine preiswertere kurzfristige oder aber eine umfassende und dafür teurere Sanierung entscheiden[8]. 76

Eine Auftragsvergabe entspricht daher grundsätzlich nur dann ordnungsmäßiger Verwaltung, wenn zuvor mehrere[9] **Alternativ- oder Konkurrenzangebote** einge- 77

---

1 OLG Düsseldorf v. 30.7.1997 – 3 Wx 61/97, ZMR 1997, 605 (606) = NJW-RR 1998, 13; a.A. *Merle* in Bärmann/Pick/Merle, WEG, § 27 Rz. 64; *Niedenführ/Schulze*, WEG, § 27 Rz. 13.
2 *Niedenführ/Schulze*, WEG, § 21 Rz. 54a; *Häublein*, NZM 2003, 785 (790).
3 BayObLG v. 25.5.2000 – 2Z BR 16/00, NZM 2000, 1021 (1022).
4 *Niedenführ/Schulze*, WEG, § 21 Rz. 57b.
5 BayObLG v. 17.6.1999 – 2Z BR 19/99, NZM 1999, 910.
6 BayObLG v. 10.4.2002 – 2Z BR 70/01, NZM 2002, 531 (532); OLG Düsseldorf v. 18.1.1999 – 3 Wx 394/98, NZM 1999, 766 = WuM 1999, 352; OLG Düsseldorf v. 15.3.2002 – 3 Wx 13/02, NZM 2002, 704; OLG Hamburg v. 27.8.2003 – 2 Wx 53/00, ZMR 2004, 137 (139); OLG Hamburg v. 4.8.2003 – 2 Wx 30/03, ZMR 2003, 866 (867); OLG München v. 27.9.2006 – 34 Wx 059/06, ZMR 2007, 557 (558).
7 OLG Düsseldorf v. 18.1.1999 – 3 Wx 394/98, NZM 1999, 766 = WuM 1999, 352.
8 OLG Hamburg v. 2.1.2003 – 2 Wx 70/02, ZMR 2003, 441.
9 Eine bestimmte Mindestanzahl ist freilich nicht erforderlich, so dass auch die Einholung von drei Angeboten genügen kann, vgl. OLG Köln v. 22.5.1997 – 16 Wx 114/97, NZM 1998, 820.

holt und geprüft wurden, um überteuerte Auftragsvergaben zu verhindern[1]. Eine öffentliche Ausschreibung nach Maßgabe der VOB/A ist aber nicht erforderlich[2]. Allerdings muss nicht notwendigerweise dem billigsten Anbieter der Auftrag erteilt werden, entscheidend ist vielmehr, welche Maßnahme nach Abwägung im Rahmen einer Kosten-Nutzen-Analyse den größten Erfolg unter Beachtung der Wirtschaftlichkeit verspricht[3]. Auch die Auftragsvergabe an einen **Wohnungseigentümer** kann ordnungsgemäß sein[4]. Dies ist allerdings dann nicht mehr der Fall, wenn dieser Eigentümer zur beherrschenden Mehrheit gehört und die Auftragsvergabe ohne vorherige Einholung von Vergleichangeboten erfolgte[5]. Zur ordnungsgemäßen Vornahme kann es bei umfangreicheren Maßnahmen auch gehören, zunächst die Ursachen und mögliche Abhilfemaßnahmen durch einen Sachverständigen feststellen zu lassen[6].

78   Die **Kosten** der Maßnahmen sind regelmäßig der gem. Abs. 5 Nr. 4 gebildeten Instandhaltungsrücklage zu entnehmen (s. Rz. 97). Bei kostenaufwendigen Reparaturarbeiten können die Wohnungseigentümer aber nach pflichtgemäßem Ermessen auch eine Sonderumlage beschließen (s. Rz. 95)[7]. Die Kostenverteilung richtet sich grundsätzlich nach Miteigentumsanteilen, es sei denn, die Wohnungseigentümer beschließen zugleich eine **abweichende Kostenverteilung**. § 16 Abs. 4 sieht nunmehr die durch Vereinbarung nicht abdingbare (vgl. § 16 Abs. 5) Möglichkeit vor, die Kostenverteilung durch Dreiviertel-Mehrheit nach Maßgabe des tatsächlichen bzw. potentiellen Gebrauchs zu bestimmen (ausführlich dazu § 16 Rz. 46 ff.).

79   Besondere Probleme ergeben sich bei **vermieteten Räumen**. Der Miteigentümer als Vermieter hat dem Mieter die Mietsache in mangelfreiem Zustand zu überlassen, insbesondere schuldet er die Instandhaltung und Instandsetzung der Mieträume. Soweit die Mängel vom Gemeinschaftseigentum ausgehen, ist der Vermieter jedoch nicht in der Lage, die erforderlichen Sanierungsmaßnahmen alleine durchzuführen, er benötigt hierzu vielmehr die Mitwirkung der übrigen Wohnungseigentümer. Dennoch liegt keine Unmöglichkeit der Mängelbeseitigung vor (§ 275 BGB), so dass der Mieter den Vermieter auf Herstellung des ordnungsmäßigen Zustands verklagen kann[8]. Es ist dann Sache des Vermieters, den

---

1   BayObLG v. 23.5.2001 – 2Z BR 99/00, ZWE 2001, 366 (368); BayObLG v. 13.8.1998 – 2Z BR 97/98, NJW-RR 1999, 307 = NZM 1999, 280; KG v. 5.5.1993 – 24 W 1146/93, OLGZ 1994, 149 (151) = WE 1993, 311 (312).
2   OLG Köln v. 2.4.2003 – 16 Wx 50/03, ZMR 2004, 148.
3   BayObLG v. 27.7.1989 – BReg 2Z 68/89, NJW-RR 1989, 1293; BayObLG v. 13.8.1998 – 2Z BR 97/98, NJW-RR 1999, 307 = NZM 1999, 280; BayObLG v. 11.4.2002 – 2Z BR 85/01, NZM 2002, 564 (566).
4   BayObLG v. 13.8.1998 – 2Z BR 97/98, NJW-RR 1999, 307 = NZM 1999, 280; *Lüke* in Weitnauer, WEG, § 21 Rz. 29.
5   KG v. 5.5.1993 – 24 W 1146/93, OLGZ 1994, 149 (151) = WE 1993, 311 (312).
6   OLG Köln v. 14.4.2000 – 16 Wx 13/00, ZMR 2000, 862 = ZWE 2000, 321; BayObLG v. 13.8.1998 – 2Z BR 97/98, NJW-RR 1999, 307 = NZM 1999, 280; BayObLG v. 31.1.2002 – 2Z BR 57/01, NZM 2002, 448; LG München I v. 1.2.2007 – 1 T 12109/06, ZMR 2007, 569, 570.
7   BayObLG v. 22.9.2004 – 2Z BR 142/04, NZM 2005, 747; OLG Schleswig v. 6.8.1997 – 2 W 89/97, NJW-RR 1998, 15.
8   KG v. 25.6.1990 – 8 RE-Miet 2634/90, ZMR 1990, 336 (337 f.).

nach Abs. 4 Nr. 2 erforderlichen Beschluss der Eigentümerversammlung herbeizuführen. Der Mieter kann den erstrittenen Titel nach § 888 ZPO vollstrecken[1].

3. Abschluss von Versicherungen (Nr. 3)

Zu einer ordnungsgemäßen Verwaltung gehört die Versicherung des gemeinschaftlichen Eigentums gegen Feuer sowie die angemessene Versicherung der Wohnungseigentümer gegen Haus- und Grundbesitzerhaftpflicht. Es handelt sich um den beispielhaft aufgezählten **„Mindestversicherungsschutz"**. Daraus ergibt sich, dass diese Aufzählung keinesfalls abschießend ist[2]. Die Wohnungseigentümer können also im Rahmen ordnungsgemäßer Verwaltung weiteren und weitergehenden Versicherungsschutz beschließen. Sie sind hierzu auf Antrag jedes Eigentümers (Abs. 4) verpflichtet, wenn ein entsprechender Versicherungsschutz zur ordnungsmäßigen Verwaltung gehört[3]. Die Norm hat aber keinen drittschützenden Charakter, so dass Dritte (z.B. Mieter) hieraus keine Anspruchsgrundlage herleiten können[4]. Die Norm kann durch Vereinbarung vollständig abbedungen werden[5]. 80

Die Versicherungen müssen sich nur auf Schäden, die dem Gemeinschaftseigentum drohen, und Gefahren, die von ihm ausgehen, beziehen[6]. Da Versicherungsunternehmen jedoch Versicherungen für das gesamte Wohnungseigentum (einschließlich des Sondereigentums) anbieten, ist in der Praxis das **Sondereigentum** meistens mitversichert. Eine Pflicht zur Versicherung des Sondereigentums besteht nur ausnahmsweise, kann sich aber aus § 14 Nr. 1 ergeben, wenn ein Sondereigentümer im Keller einen Öltank aufgestellt hat[7]. Ansonsten sollte durch Vereinbarung (insbesondere in der Gemeinschaftsordnung) festgelegt werden, dass die Miteigentümer verpflichtet sind, auch das Sondereigentum zu versichern[8]. Ist das Sondereigentum zusammen mit dem gemeinschaftlichen Eigentum versichert, so folgt hieraus keine Instandhaltungs- und Instandsetzungspflicht der Gemeinschaft und des Verwalters bezüglich des mitversicherten Sondereigentums[9]. Fraglich ist, ob der neue Abs. 7 eine unterschiedliche Kostenverteilung der Versicherungsprämie ermöglicht, wenn dadurch auch ein besonders aufwendig ausgestattetes Sondereigentum letztlich von den anderen Miteigentümern auf deren Kosten mitversichert wird (s. hierzu Rz. 121). Zur ordnungsmäßigen Verwaltung gehört auch die **Auswahl der Versicherungsgesellschaft** und die Entscheidung darüber, ob und in welcher Höhe ein **Selbstbehalt** mit der Versicherung vereinbart werden soll[10]. 81

---
1 LG Berlin GE 1989, 113 (115).
2 *Merle* in Bärmann/Pick/Merle, WEG, § 21 Rz. 147.
3 *Drabek* in KK-WEG, § 21 Rz. 178.
4 BayObLG WE 1991, 140; *Merle* in Bärmann/Pick/Merle, WEG, § 21 Rz. 147.
5 *Lüke* in Weitnauer, WEG, § 21 Rz. 36.
6 Vgl. KG v. 9.10.1991 – 24 W 1984/91, OLGZ 1992, 318 (319) = NJW-RR 1992, 150.
7 OLG Braunschweig OLGZ 1966, 571 (573); *Stürner* in Soergel, BGB, § 21 Rz. 8; *Niedenführ/Schulze*, WEG, § 21 Rz. 70.
8 *Merle* in Bärmann/Pick/Merle, WEG, § 21 Rz. 148; *Drabek* in KK-WEG, § 21 Rz. 177.
9 BayObLG v. 3.4.1996 – 2Z BR 5/96, BayOblGZ 1996, 84 (88) = NJW-RR 1996, 1298; BayObLG v. 29.1.1998 – 2Z BR 53/97, NZM 1998, 583 = ZMR 1998, 356 (359); KG v. 9.10.1991 – 24 W 1484/91, OLGZ 1992, 318 (319) = NJW-RR 1992, 150; *Merle* in Bärmann/Pick/Merle, WEG, § 21 Rz. 148; *Niedenführ/Schulze*, WEG, § 27 Rz. 21.
10 *Merle* in Bärmann/Pick/Merle, WEG, § 21 Rz. 149.

82 Der **Verwalter** ist nach § 27 weder verpflichtet noch berechtigt, in Bezug auf Versicherungen tätig zu werden, darf also einen Versicherungsvertrag nicht eigenmächtig abschließen, aber auch nicht kündigen[1]. Er benötigt hierzu einen entsprechenden Ermächtigungsbeschluss der Wohnungseigentümer, § 27 Abs. 1 Nr. 1, Abs. 3 Satz 1 Nr. 7. Im Rahmen seiner Pflicht nach § 27 Abs. 1 Nr. 2 obliegt ihm auch die Prüfung, ob die erforderlichen Versicherungen abgeschlossen sind. Er hat die Wohnungseigentümer notfalls auf den fehlenden Versicherungsschutz hinzuweisen und unverzüglich eine Beschlussfassung der Eigentümer herbeizuführen. Soweit dem Verwalter durch entsprechende Beschlussfassung Vertretungsmacht eingeräumt worden ist, hat er umgehend für eine vorläufige Deckung des Risikos zu sorgen. Fehlt der Versicherungsschutz völlig, so hat der Verwalter zumindest für eine vorläufige Deckung zu sorgen, § 27 Abs. 1 Nr. 3[2]. Der **Vertragsschluss** kommt zwischen dem Versicherungsunternehmen und der Gemeinschaft zustande[3], auch soweit Risiken Dritter (also insbesondere das Sondereigentum) mitversichert sind. Versicherungsprovisionen, die der Verwalter für den erfolgreichen Vertragsabschluss erhält, hat er an die Gemeinschaft herauszugeben[4].

83 Die **Feuerversicherung** ist **zum Neuwert** abzuschließen (vgl. § 97 VVG und § 93 VVG-E). Sachgerecht erscheint nur eine sog. „gleitende Neuwertversicherung"[5]. Auf diese Weise soll ein Wiederaufbau des Gebäudes ermöglicht werden. Die Wohnungseigentümer können hiervon abweichend vereinbaren (nicht beschließen!)[6], dass die Feuerversicherung lediglich zum Verkehrswert erfolgen soll (§§ 86, 88 VVG und § 88 VVG-E), was sich dann empfiehlt, wenn sie ohnehin keine Wiederaufbauverpflichtung vereinbart haben. Mit der Feuerversicherung sind grundsätzlich die durch Brand, Explosion oder Blitzschlag entstehenden Schäden abgesichert (vgl. § 82 VVG).

84 Durch die Haftpflichtversicherung wird der Versicherungsnehmer von der Befriedigung begründeter Ansprüche, die von einem Dritten aufgrund der Verantwortlichkeit des Versicherungsnehmers geltend gemacht werden, und von der Abwehr unbegründeter Ansprüche freigestellt (§ 149 VVG und § 100 VVG-E). Die **Haus- und Grundbesitzerhaftpflichtversicherung** dient zur Abdeckung von Schäden, die vom Gemeinschaftseigentum ausgehen können. Hierzu gehören insbesondere Schadensersatzansprüche, die aufgrund einer Verletzung der Verkehrssicherungspflicht oder nach § 836 BGB entstehen können. Aber auch der Anspruch aus § 14 Nr. 4 wird von der allgemeinen Haus- und Grundbesitzerhaftpflicht erfasst[7]. Ob ein schuldhaftes Verhalten des **Verwalters oder eines**

---

1 *Merle* in Bärmann/Pick/Merle, WEG, § 21 Rz. 150; *Niedenführ/Schulze*, WEG, § 21 Rz. 69.
2 *Drabek* in KK-WEG, § 21 Rz. 185.
3 *Drabek* in KK-WEG, § 21 Rz. 187.
4 LG Köln v. 25.6.1992 – 30 T 64/92, WuM 1993, 712; *Drabek* in KK-WEG, § 21 Rz. 188; *Niedenführ/Schulze*, WEG, § 21 Rz. 69.
5 *Lüke* in Weitnauer, WEG, § 21 Rz. 37.
6 A.A. LG Essen v. 2.3.2007 – 9 T 163/06, wenn nur eine Einschränkung des Versicherungsschutzes die Liquidität der Gemeinschaft sichert, soll auch ein Mehrheitsbeschluss möglich sein.
7 BGH v. 11.12.2002 – IV ZR 226/01, BGHZ 153, 182 = NZM 2003, 197 (199) = ZMR 2003, 209.

Hausmeisters ebenfalls vom Versicherungsschutz erfasst ist, hängt vom Einzelfall und vom Vertragsinhalt ab[1]. Soweit der Dritte nicht Verrichtungsgehilfe der Gemeinschaft ist, scheidet wohl auch eine Deckung durch die Versicherung aus. Die Versicherung muss in **angemessenem Umfang** abgeschlossen werden. Die Höhe richtet sich nach den Umständen des Einzelfalls, insbesondere nach Lage, Zustand, Größe und Alter des Gebäudes[2]. Die Abdeckung von Haftpflichtschäden innerhalb des **Sondereigentums** ist nur durch Abschluss einer besonderen Versicherung möglich[3].

Der Abschluss **weiterer Versicherungen** kann zur ordnungsmäßigen Verwaltung gehören, wenn sie wirtschaftlich sinnvoll sind, weil besondere Gefahrenquellen vorhanden sind oder hohe Schäden drohen. Viele Versicherungen bieten im Rahmen der Feuerversicherung auch die Versicherung gegen Leitungsschäden und Sturmschäden, manche auch gegen Hagel an[4]. In Betracht kommen z.B. eine Wasserschadenshaftpflicht[5] oder eine besondere Feuerversicherung bei einem Heizöltank sowie eine Glasbruchversicherung bei großen Glasflächen oder teuren Fenstern. Angesichts zunehmender Sorge vor Umweltkatastrophen und Terroranschlägen können entsprechende Versicherungen bei besonderen Objekten geboten sein. Ordnungsmäßiger Verwaltung entspricht auch der Abschluss einer Vermögensschadenshaftpflichtversicherung für die Beiratsmitglieder[6].

85

Hat ein Wohnungseigentümer durch **Obliegenheitsverletzung** den Versicherungsschutz verloren, so wirkt dies nur gegen ihn, nicht jedoch gegenüber den anderen Wohnungseigentümern. Soweit der Wohnungseigentümer selbst der **Schädiger** ist, wird die Versicherung ihm gegenüber (§ 61 VVG und § 81 VVG-E) von der Leistung frei[7]. Eine Sachschadensversicherung (wie beispielsweise die Feuerversicherung) geht im Falle einer **Veräußerung** des Wohnungseigentums auf den Erwerber nach Maßgabe der §§ 69 ff. VVG (§§ 95 ff. VVG-E) über.

86

4. Ansammlung einer angemessenen Instandhaltungsrückstellung (Nr. 4)

Das Gesetz erachtet die Ansammlung einer angemessenen Rückstellung für die Instandhaltung des gemeinschaftlichen Eigentums als Maßnahme ordnungsgemäßer Verwaltung. Damit soll die **Finanzierung** künftig notwendiger Instandhaltungs- und Instandsetzungsarbeiten, auch soweit sie plötzlich und in unerwarteter Höhe auftreten, **gesichert** werden[8] und einer Verwahrlosung des Gemeinschaftseigentums, wie beim früheren Stockwerkseigentum oftmals geschehen, vorgebeugt werden[9]. Trotz der vielfach kritisierten, aus dem Bilanzrecht stammenden Terminologie sollte dem Gesetzeswortlaut entsprechend die

87

---

1 Weitergehend *Merle* in Bärmann/Pick/Merle, WEG, § 21 Rz. 153.
2 *Merle* in Bärmann/Pick/Merle, WEG, § 21 Rz. 153.
3 *Lüke* in Weitnauer, WEG, § 21 Rz. 38.
4 *Lüke* in Weitnauer, WEG, § 21 Rz. 37.
5 OLG Braunschweig OLGZ 1966, 571 (573); hierzu ausführlich *Nußbaum*, NZM 2003, 617.
6 KG v. 19.7.2004 – 24 W 203/02, ZMR 2004, 780 = NZM 2004, 743.
7 *Stürner* in Soergel, BGB, § 21 Rz. 8; *Lüke* in Weitnauer, WEG, § 21 Rz. 37.
8 OLG Hamm OLGZ 1971, 102.
9 BT-Drucks. 8/161, 18; *Merle* in Bärmann/Pick/Merle, WEG, § 21 Rz. 155; *Diester*, WEG, § 21 Rz. 19; *Lüke* in Weitnauer, WEG, § 21 Rz. 42.

Instandhaltungsrückstellung nicht als Instandhaltungsrücklage bezeichnet werden[1]. Die Wohnungseigentümer sind nicht gehindert, die Bildung anderer Rücklagen zu beschließen (z.B. zur Finanzierung von Rechtsstreitigkeiten), soweit sie dabei den Rahmen des Abs. 3 beachten[2].

88 Rechtsnatur und **Rechtsträgerschaft** der Instandhaltungsrückstellung sind seit der Entscheidung des BGH vom 2.6.2005 geklärt[3]. Es handelt sich bei der Rückstellung um einen Teil des **Verwaltungsvermögens**, das vom Vermögen der einzelnen Wohnungseigentümer völlig getrennt ist und dessen Rechtsträger der teilrechtsfähige Verband der Wohnungseigentümer ist. Diese Rechtsprechung hat nunmehr in § 10 Abs. 7 Satz 1, 3 Eingang gefunden, wonach die „eingenommenen Gelder" als Verwaltungsvermögen der Wohnungseigentümergemeinschaft gehören. Der einzelne Wohnungseigentümer kann über seinen „Anteil" hieran nicht verfügen, dieser ist auch nicht pfändbar und kann weder von der Gemeinschaft noch vom Wohnungseigentümer mit Beitragsschulden „verrechnet" oder aufgerechnet werden[4]. Damit ist auch entschieden, dass die Instandhaltungsrückstellung unabhängig vom Bestand und Wechsel der Wohnungseigentümer ist, bei einer Veräußerung des Wohnungseigentums also keine Regelungen über den „Anteil" an der Rücklage getroffen zu werden brauchen[5]. Die Rechtsprechung des BFH, wonach die Instandhaltungsrückstellung nicht zur Bemessungsgrundlage der **Grunderwerbsteuer** zählt[6], ist daher zwar weiterhin zutreffend[7]. Fraglich ist jedoch, ob der Verkäufer einer Eigentumswohnung überhaupt berechtigt ist, seinen „Anteil" an der Rückstellung im Kaufpreis gesondert auszuweisen.

89 Soweit keine abweichende Vereinbarung getroffen worden ist (s. Rz. 90), hat jeder Wohnungseigentümer nach Abs. 4 **Anspruch** auf Ansammlung einer entsprechenden Rücklage[8]. Die Beitragsleistungen der Wohnungseigentümer zur Rücklage sind nach § 28 Abs. 1 Nr. 3 in den Wirtschaftsplan aufzunehmen (s. § 28 Rz. 36). Die Verwaltung der Rückstellung obliegt gem. § 27 Abs. 1 Nr. 6 dem **Verwalter** (s. § 27 Rz. 49 ff.). Zu der Problematik, wie der Verwalter die eingenommenen Gelder, insbesondere die der Instandhaltungsrückstellung, **anzulegen** hat, s. § 27 Rz. 111 f.

---

1 *Merle* in Bärmann/Pick/Merle, WEG, § 21 Rz. 155; *Drabek* in KK-WEG, § 21 Rz. 193; a.A. *Hügel* in Bamberger/Roth, BGB, § 21 Rz. 8; *Lüke* in Weitnauer, WEG, § 21 Rz. 42.
2 BayObLG v. 20.11.2003 – 2Z BR 168/03, NZM 2004, 509; KG v. 12.8.1994 – 24 W 2762/94, NJW-RR 1995, 397 = ZMR 1994, 517; RGRK/*Augustin* § 21 Rz. 49.
3 BGH NJW 2005, 2061 = DNotZ 2005, 776 = ZMR 2005, 547 = NZM 2005, 543 = Rpfleger 2005, 521 mit Anm. *Dümig* = NotBZ 2005, 327 = FGPrax 2005, 143 = WM 2005, 1423 = ZfIR 2005, 506 mit Anm. *Lüke* = ZIP 2005, 1233 = EWiR 2005, 715 (*Pohlmann*) = ZNotP 2005, 381.
4 BayObLG v. 29.7.2004 – 2Z BR 092/04, NZM 2004, 745; OLG Hamm v. 22.10.1990 – 15 W 331/90, NJW-RR 1991, 212 = WE 1991, 108 (109); *Merle* in Bärmann/Pick/Merle, WEG, § 21 Rz. 165, 169; *Lüke* in Weitnauer, WEG, § 21 Rz. 42.
5 *Heinemann* in AnwK-BGB, § 5 Rz. 15
6 BFH v. 9.10.1991 – II R 20/89, BFHE 165, 548 = BStBl. 1992 II, 152 = NJW-RR 1992, 656.
7 *Kahlen*, ZMR 2007, 179 (180).
8 BayObLG v. 29.7.2004 – 2Z BR 092/04, 2Z BR 92/04, NJW-RR 2004, 1456 = NZM 2004, 745; *Drabek* in KK-WEG, § 21 Rz. 195.

Die Wohnungseigentümer können die Instandhaltungsrückstellung **verbindlich** 90
vereinbaren oder durch Vereinbarung gänzlich **abbedingen**[1]. Sie können vereinbaren, dass für unterschiedliche Teile des Gemeinschaftseigentums getrennte Rückstellungen zu bilden sind (z.B. für die einzelnen Häuser einer Mehrhausanlage)[2], und sind hierzu verpflichtet, sofern in der Gemeinschaftsordnung eine getrennte Abrechnung für einzelne Gebäude vereinbart ist[3]. Entsprechende Mehrheitsbeschlüsse wären jedoch nichtig[4].

Die Rückstellung muss in **angemessener Höhe** angesammelt werden. Die Ange- 91
messenheit bestimmt sich nach den besonderen Umständen des Einzelfalls und ist nach objektiven Maßstäben zu beurteilen[5]. Bei der Bemessung haben die Wohnungseigentümer einen weiten **Ermessensspielraum**, der nur bei erheblichen Über- bzw. Unterschreitungen ordnungsmäßiger Verwaltung widerspricht[6]. Anhaltspunkte liefern insbesondere das Alter der Gebäude, die Nutzungsintensität, die Reparaturanfälligkeit, die Baukosten und der Anteil des Gemeinschaftseigentums[7].

In der Praxis wird am häufigsten auf die Pauschalsätze nach **§ 28 Zweite Berech-** 92
nungsverordnung zurückgegriffen. Demnach dürfen pro Quadratmeter Wohnfläche für Wohnungen, deren Bezugsfertigkeit am Ende des Kalenderjahres weniger als 22 Jahre zurückliegt: 7,10 Euro, für Wohnungen, deren Bezugsfertigkeit am Ende des Kalenderjahres mindestens 22 Jahre zurückliegt: 9 Euro und für Wohnungen, deren Bezugsfertigkeit am Ende des Kalenderjahres mindestens 32 Jahre zurückliegt: 11,50 Euro angesetzt werden (§ 28 Abs. 2 Satz 1 II. BV). Ist ein maschinell betriebener Aufzug vorhanden, erhöhen sich die Sätze um jeweils 1 Euro (§ 28 Abs. 2 Satz 3 II. BV). Für Garagen und ähnliche Einstellplätze dürfen höchstens 68 Euro jährlich je Garagen- und Einstellplatz angesetzt werden (§ 28 Abs. 5 II. BV). Die Rechtsprechung erachtet die Verwendung von § 28 II. BV als ermessensgerechte Bemessungsgrundlage[8].

Daneben wird bisweilen auch die Formel von *Peters* herangezogen[9], bei der die 93
Baukosten im Erstellungsjahr (B) zu den Baukosten im Jahr der Durchführung

---

1 *Merle* in Bärmann/Pick/Merle, WEG, § 21 Rz. 156.
2 BayObLG v. 10.9.1987 – BReg 2Z 52/87, NJW-RR 1988, 274; *Merle* in Bärmann/Pick/Merle, WEG, § 21 Rz. 156; *Häublein*, NZM 2003, 785 (788 f.).
3 BayObLG v. 11.10.2002 – 2Z BR 25/02, ZMR 2003, 213; *Drabek* in KK-WEG, § 21 Rz. 210.
4 OLG Düsseldorf v. 21.1.1998 – 3 Wx 521/97, ZMR 1998, 308 = WE 1998, 486 (487); *Merle* in Bärmann/Pick/Merle, WEG, § 21 Rz. 156; *Drabek* in KK-WEG, § 21 Rz. 201; *Lüke* in Weitnauer, WEG, § 21 Rz. 42; teilweise a.A. *Häublein*, NZM 2003, 785 (789).
5 OLG Schleswig SchlHA 1968, 70; *Niedenführ/Schulze*, WEG, § 21 Rz. 74; RGRK/*Augustin* § 21 Rz. 49.
6 BayObLG v. 25.5.1998 – 2Z BR 22/98, NZM 1999, 34; OLG Düsseldorf v. 21.6.2002 – 3 Wx 123/02, FGPrax 2002, 210 = ZWE 2002, 535; *Merle* in Bärmann/Pick/Merle, WEG, § 21 Rz. 162; *Niedenführ/Schulze*, WEG, § 21 Rz. 74.
7 *Drabek* in KK-WEG, § 21 Rz. 196; MüKo/*Engelhardt*, § 21 Rz. 18.
8 OLG Düsseldorf v. 21.6.2002 – 3 Wx 123/02, FGPrax 2002, 210 = ZWE 2002, 535; *Drabek* in KK-WEG, § 21 Rz. 196; einschränkend *Sauren*, WEG, § 21 Rz. 11 („Instandhaltungsrückstellung"): Untergrenze; zweifelnd auch *Merle* in Bärmann/Pick/Merle, WEG, § 21 Rz. 162.
9 Zur *Peters*'schen Formel *Bärmann/Seuß*, Praxis des Wohnungseigentums, B 457.

eventuell entstehender Instandhaltungs- und Instandsetzungskosten ins Verhältnis gesetzt werden. Unter der Prämisse, dass das Gemeinschaftseigentum (GE) 65 bis 70 % des Gesamtgebäudes beträgt, das Gebäude eine Bestandsdauer (d) von 80 Jahren aufweist und die Instandhaltungskosten das 1,5fache der Herstellungskosten betragen, ergibt sich der Rückstellungsbedarf pro qm Wohnnutzungsfläche jährlich folgendermaßen:

$$\frac{\text{Baukosten (B)} \times 1{,}5 \times 65 \text{ bis } 70 \text{ (GE)}}{80 \text{ (d)} \times \text{Wohnfläche} \times 100}$$

Die *Peters*'sche Formel ist allerdings deshalb ungebräuchlich, weil sie insbesondere bei jüngeren Gebäuden zu überhöhten Instandhaltungsrücklagen führt[1] und mit den Baukosten eine oftmals unbekannte Größe beinhaltet[2].

94 Ein weiterer, auf *von Hauff/Homann* zurückgehender Ansatz[3] berechnet die Instandhaltungsrückstellung vom aktuellen **Marktpreis** aus, wobei unterstellt wird, dass das instandsetzungsbedürftige Gemeinschaftseigentum mit etwa 25 % des Marktpreises zu bewerten ist und der Planungshorizont 50 Jahre beträgt:

$$\frac{\text{Marktpreis pro qm} \times 0{,}25}{50}$$

Auch hier dürfte jedoch der „Marktpreis" als oftmals unbekannte Größe der praktischen Anwendbarkeit dieser Formel entgegenstehen.

95 Haben die Wohnungseigentümer noch keine angemessene Rückstellung ansammeln können, so entspricht es ordnungsgemäßer Verwaltung, wenn beschlossen wird, die Kosten für notwendige Instandhaltungsmaßnahmen teilweise oder insgesamt durch eine **Sonderumlage** aufzubringen[4]. Auch bei größeren Reparaturarbeiten haben die Wohnungseigentümer nach pflichtgemäßem Ermessen die Wahl, ob sie auf die Rückstellung zurückgreifen oder eine Sonderumlage beschließen[5]. Es kommt dabei auf eine Prognose des zu erwartenden Sanierungsbedarfs und etwaiger Alternativen hierzu an[6]. Es wird jedoch dem Grundsatz ordnungsgemäßer Verwaltung widersprechen, wenn die Rücklage eine ausreichende und angemessene Höhe erreicht hat, anstelle dieser eine Sonderumlage zur Deckung von Instandhaltungsmaßnahmen (z.B. zum Anschluss an die öffentliche Wasserversorgung) zu beschließen[7].

---

1 *Sauren*, WEG, § 21 Rz. 11 („Instandhaltungsrückstellung"); *Merle* in Bärmann/Pick/Merle, WEG, § 21 Rz. 164.
2 *Sauren*, WEG, § 21 Rz. 11 („Instandhaltungsrückstellung").
3 *von Hauff/Homann*, WE 1996, 288.
4 BayObLG v. 22.9.2004 – 2Z BR 142/04, NZM 2005, 747; OLG Schleswig v. 6.8.1997 – 2 W 89/97, NJW-RR 1998, 15; *Pick* in Bärmann, WEG, § 21 Rz. 49; *Drabek* in KK-WEG, § 21 Rz. 206; *Niedenführ/Schulze*, WEG, § 21 Rz. 74; *Lüke* in Weitnauer, WEG, § 21 Rz. 45.
5 BayObLG v. 27.3.2003 – 2Z BR 37/03, ZMR 2003, 694; BayObLG v. 22.9.2004 – 2Z BR 142/04, NZM 2005, 747; OLG Köln v. 30.4.1998 – 16 Wx 43/98, NZM 1998, 878; *Drabek* in KK-WEG, § 21 Rz. 203; a.A. *Kahlen*, ZMR 2007, 179.
6 BayObLG v. 22.9.2004 – 2Z BR 142/04, NZM 2005, 747.
7 BayObLG v. 27.3.2003 – 2Z BR 37/03, ZMR 2003, 694; BayObLG v. 10.12.2003 – 2Z BR 208/03, WuM 2004, 112; *Drabek* in KK-WEG, § 21 Rz. 205.

Da das Gesetzgebungsverfahren, das die die Unauflöslichkeit der Instandhaltungsrückstellung vorsah, nicht umgesetzt worden ist[1], können die Wohnungseigentümer die **Auflösung** der Rücklage beschließen. Ein solcher Beschluss wird jedoch regelmäßig dem Gebot ordnungsgemäßer Verwaltung widersprechen und damit anfechtbar sein[2]. Etwas anderes ist dann anzunehmen, wenn die Instandhaltungsrückstellung die angemessene Höhe (s. Rz. 91) überschreitet. Dann können die Wohnungseigentümer ihre teilweise Auflösung beschließen[3]. Entsprechendes muss gelten, wenn die Wohnungseigentümer die Aufhebung der Gemeinschaft oder des Wohnungseigentums beschlossen haben (s. § 17 Rz. 12), wobei in diesem Fall ohnehin eine Vereinbarung vorliegen dürfte. Im Vereinbarungswege können die Wohnungseigentümer jederzeit die Auflösung der Rücklage vorsehen[4].

96

Die Rückstellung dient zur Finanzierung **aller Instandhaltungs- und Instandsetzungsmaßnahmen** (also Reparaturen und Ersatzbeschaffungen) unabhängig davon, ob diese größeren oder kleineren Umfangs sind[5]. Auch die erstmalige Herstellung des gemeinschaftlichen Eigentums (z.B. die Beseitigung von Baumängeln) kann aus der Rückstellung beglichen werden[6]. Aus dem Zweck der Instandhaltungsrückstellung, zur Finanzierung von Instandhaltungs- und Instandsetzungsmaßnahmen zu dienen, folgt, dass eine **zweckwidrige** Verwendung der zurückgelegten Gelder unzulässig ist. Deshalb dürfen aus der Rücklage keine Sachverständigen- oder Rechtsanwaltskosten bestritten werden, Heizöl gekauft oder behördliche Gebühren bezahlt werden[7]. Umstritten ist, ob die Wohnungseigentümer die Zweckbestimmung der Rückstellung durch Mehrheitsbeschluss abändern können, so dass die angesammelten Gelder auch für andere Maßnahmen, die eben nicht der Instandhaltung oder Instandsetzung dienen, verwendet werden können[8]. Da es sich hierbei um nichts anderes als die Auflösung der Rückstellung handelt, ist die **Umwidmung** nach denselben Grundsätzen zu beurteilen (s. oben Rz. 96). Sie entspricht dann nicht ordnungsgemäßer Verwaltung, wenn dadurch der mit der Rückstellung beabsichtigte Finanzierungszweck vereitelt würde[9]. Verbleibt hingegen eine angemessene Geldrücklage („eiserne Reserve"), so hält ein entsprechender Mehrheitsbeschluss

97

---

1 BT-Drucks. 8/161, 18.
2 *Merle* in Bärmann/Pick/Merle, WEG, § 21 Rz. 172; *Lüke* in Weitnauer, WEG, § 21 Rz. 45.
3 Saarbrücken v. 20.7.1998 – 5 W 110/98 – 35, 5 W 110/98, NJW-RR 2000, 87 = NZM 2000, 198; *Drabek* in KK-WEG, § 21 Rz. 197.
4 *Merle* in Bärmann/Pick/Merle, WEG, § 21 Rz. 172.
5 MüKo/*Engelhardt* § 21 Rz. 17.
6 BayObLG v. 19.8.1977 – BReg 2Z 52/76, BayObLGZ 1977, 226 = NJW 1978, 1387; MüKo/*Engelhardt* § 21 Rz. 17; *Stürner* in Soergel, BGB, § 21 Rz. 9.
7 OLG Düsseldorf v. 25.1.2005 – I-3 Wx 326/04, 3 Wx 326/04, NZM 2005, 628 = ZMR 2005, 468; OLG Frankfurt MDR 1974, 878; *Merle* in Bärmann/Pick/Merle, WEG, § 21 Rz. 170; MüKo/*Engelhardt* § 21 Rz. 17.
8 *Merle* in Bärmann/Pick/Merle, WEG, § 21 Rz. 170; a.A. OLG Hamm v. 3.5.2001 – 15 W 7/01, ZWE 2001, 446.
9 A.A. *Merle* in Bärmann/Pick/Merle, WEG, § 21 Rz. 170, der die Umwandlung regelmäßig als eine ordnungsgemäße Verwaltungsmaßnahme erachtet.

einer Anfechtungsklage stand[1]. Wurden Gelder zweckwidrig entnommen, so entspricht es ordnungsgemäßer Verwaltung, diese Gelder zurückzufordern[2].

98 Die **Darlegungs- und Beweislast** dafür, dass ein Beschluss über die Auflösung oder Verwendung der Rücklage nicht ordnungsgemäßer Verwaltung entspricht, trägt derjenige Wohnungseigentümer, der den Mehrheitsbeschluss anficht[3].

5. Aufstellung eines Wirtschaftsplans (Nr. 5)

99 Zum Wirtschaftsplan allgemein s. die Kommentierung bei § 28. Die Vorschrift erhellt die **Aufgabenteilung** zwischen Wohnungseigentümern und Verwalter bei der Aufstellung des Wirtschaftsplans[4]: Während der Entwurf des Wirtschaftsplans nach § 28 Abs. 1 dem Verwalter obliegt, haben die Wohnungseigentümer diesen durch Mehrheitsbeschluss aufzustellen, damit er Wirksamkeit erlangt, § 28 Abs. 5. Aus Nr. 5 ergibt sich die interne Verpflichtung zur Beschlussfassung, die deshalb von jedem Wohnungseigentümer nach Abs. 4 verlangt werden kann[5]. Die Durchführung des Plans obliegt dann wiederum dem Verwalter, § 27 Abs. 1 Nr. 1, 4, Abs. 3 Nr. 4, § 28 Abs. 2, 3. Das Verfahren der Aufstellung und der Inhalt des Wirtschaftsplans sind in § 28 Abs. 1, 5 geregelt.

100 Fehlt ein Wirtschaftsplan überhaupt oder fassen die Wohnungseigentümer keinen entsprechenden Feststellungsbeschluss, so kann im **Klagewege** der Erlass eines Wirtschaftsplans durch das nach § 43 Nr. 1 zuständige Gericht gem. Abs. 8 nach dessen Ermessen erzwungen werden, sofern nicht aufgrund wirksamer Vereinbarung auf die Aufstellung eines Wirtschaftsplans verzichtet worden ist (s. § 28 Rz. 33). Dies kann auch im Wege der **einstweiligen Verfügung** beantragt werden[6]. Das Gericht kann die Weitergeltung des von ihm aufgestellten Plans bis zu einer wirksamen Beschlussfassung durch die Wohnungseigentümer anordnen[7]. Ein fehlerhafter Wirtschaftsplan kann nur aufgehoben werden, wenn das Gericht zugleich einen vorläufigen Plan aufstellt[8].

6. Maßnahmen zur Herstellung von Telekommunikations-, Energieversorgungs- und Rundfunkempfangsanlagen (Nr. 6 und Abs. 6)

101 Zur ordnungsgemäßen Verwaltung zählt auch die Duldung (§ 1004 Abs. 2 BGB) aller Maßnahmen, die zur Herstellung einer Fernsprechteilnehmereinrichtung, einer Rundfunkempfangsanlage oder eines Energieversorgungsanschlusses (Gas,

---

1 OLG Saarbrücken v. 20.7.1998 – 5 W 110/98 – 35, 5 W 110/98, NJW-RR 2000, 87 = NZM 2000, 198.
2 OLG Hamm v. 14.5.2002 – 15 W 300/01, ZWE 2002, 600 (601); *Merle* in Bärmann/Pick/Merle, WEG, § 21 Rz. 171.
3 OLG Saarbrücken v. 20.7.1998 – 5 W 110/98 – 35, 5 W 110/98, NJW-RR 2000, 87 = NZM 2000, 198; *Drabek* in KK-WEG, § 21 Rz. 198.
4 *Merle* in Bärmann/Pick/Merle, WEG, § 21 Rz. 173; *Drabek* in KK-WEG, § 21 Rz. 214; *Lüke* in Weitnauer, WEG, § 21 Rz. 44.
5 *Pick* in Bärmann, WEG, § 21 Rz. 51.
6 BGH v. 12.7.1984 – VII ZB 1/84, NJW 1985, 912 (913); KG v. 11.7.1990 – 24 W 3798/90, OLGZ 1990, 425 (428) = NJW-RR 1990, 1298 (1299).
7 KG v. 10.3.1993 – 24 W 1701/92, OLGZ 1994, 27 (31).
8 BGH v. 21.4.1988 – V ZB 10/87, BGHZ 104, 197 (200 ff.) = NJW 1988, 1910.

Wasser, Strom) zugunsten eines Wohnungseigentümers erforderlich sind. Sinn und Zweck der Vorschrift ist die Gewährleistung eines Mindeststandards hinsichtlich dieser Einrichtungen[1]. Die Duldungspflicht erstreckt sich allerdings entsprechend dem Gegenstand der Verwaltung nur auf das **Gemeinschaftseigentum**[2]. Erfordert die Herstellung der genannten Anschlüsse Eingriffe in das **Sondereigentum**, so ist die Zustimmung des betroffenen Eigentümers erforderlich[3]. Über § 14 Nr. 3, 4 kann dieser Eigentümer zur Duldung des Eingriffs verpflichtet sein (s. § 14 Rz. 20 ff., 22 ff.), hat aber andererseits bei Beschädigungen Aufopferungsansprüche nach § 14 Nr. 4 (s. hierzu § 14 Rz. 27)[4]. Betreffen die Maßnahmen ausschließlich das Gemeinschaftseigentum, so sind sie von den Wohnungseigentümern auch dann zu dulden, wenn sie einzelne Wohnungseigentümer über das in § 14 bestimmte Maß hinaus beeinträchtigen[5].

Die Vorschrift ermöglicht nur die **erstmalige Einrichtung** der genannten Anschlüsse. Weitere Anschlüsse (z.B. ein zweiter Telefonanschluss) oder andere Maßnahmen (z.B. Untersuchungen der Bausubstanz) können nicht auf diese Norm gestützt werden[6]. Es müssen hierfür die Voraussetzungen nach Abs. 5 Nr. 2 oder § 22 Abs. 1 vorliegen. Auch ein Anschluss an eine außerhalb des Gemeinschaftseigentums verlaufende Versorgungsleitung (z.B. eine öffentliche Versorgungsleitung) wird durch die Vorschrift nicht ermöglicht[7], wohl aber an eine bereits im Gemeinschaftseigentum befindliche Hauptleitung[8]. 102

Die Vorschrift ist im Hinblick auf die Herstellung einer „Rundfunkempfangsanlage" extensiv auszulegen und erfasst auch Maßnahmen für die Errichtung von **Fernsehempfangsanlagen**, da der Fernsehempfang mittlerweile überragende Bedeutung erlangt hat und zur Mindestausstattung einer Wohnung zählt[9]. Welche Art von Empfangsanlage installiert wird (terrestrischer Empfang über Antenne, unterirdischer Kabelnetzempfang oder Satellitenempfang über Parabolantenne), steht im Ermessen der Eigentümer bzw. richtet sich nach der örtlichen Verfügbarkeit[10]. Zu der umstrittenen Frage, unter welchen Voraussetzungen die 102a

---

1 *Merle* in Bärmann/Pick/Merle, WEG, § 21 Rz. 176; *Drabek* in KK-WEG, § 21 Rz. 216; RGRK/*Augustin*, § 21 Rz. 52.
2 *Merle* in Bärmann/Pick/Merle, WEG, § 21 Rz. 175.
3 *Drabek* in KK-WEG, § 21 Rz. 218; *Lüke* in Weitnauer, WEG, § 21 Rz. 45; a.A. *Sauren*, WEG, § 21 Rz. 11 („Anschlüsse").
4 *Merle* in Bärmann/Pick/Merle, WEG, § 21, Rz. 175; Weitnauer/*Lüke* § 21, Rz. 47.
5 BayObLG v. 26.9.2001 – 2Z BR 79/01, ZMR 2002, 211 = WuM 2002, 160; OLG Hamburg v. 13.11.1991 – 2 Wx 64/90, OLGZ 1992, 186 (188); *Merle* in Bärmann/Pick/Merle, WEG, § 21 Rz. 175; *Drabek* in KK-WEG, § 21 Rz. 220; *Lüke* in Weitnauer, WEG, § 21 Rz. 45.
6 OLG Hamm v. 4.3.1993 – 15 W 295/92, OLGZ 1994, 32 = NJW-RR 1993, 845; *Merle* in Bärmann/Pick/Merle, WEG, § 21 Rz. 176; *Drabek* in KK-WEG, § 21 Rz. 217; MüKo/*Engelhardt* § 21 Rz. 19; *Bub* in Staudinger, BGB, § 21 WEG Rz. 217; Weitnauer/*Lüke* § 21, Rz. 47.
7 BayObLG v. 26.9.2001 – 2Z BR 79/01, ZMR 2002, 211 = WuM 2002, 160; BayObLG v. 12.11.1992 – 2Z BR 96/92, WE 1994, 21 (22) = WuM 1993, 79 (80).
8 OLG Frankfurt v. 28.7.1993 – 20 W 44/92, NJW 1993, 2817; *Pick* in Bärmann, WEG, § 21, Rz. 52.
9 AG Starnberg v. 10.3.1970 – 1 ÜR II 18/69, MDR 1970, 679; *Merle* in Bärmann/Pick/Merle, WEG, § 21 Rz. 178 – *Lüke* in Weitnauer, WEG, § 21 Rz. 46; *Fritsch*, ZMR 2006, 180 (181).
10 *Merle* in Bärmann/Pick/Merle, WEG, § 21 Rz. 178.

zusätzliche Einrichtung einer Parabolantenne oder der Anschluss an das Breitbandkabelnetz verlangt werden kann, s. Rz. 69 und § 22 Rz. 100[1].

103 Als Ausgleich für Schäden, die einzelnen Wohnungseigentümern durch die Duldungspflicht nach Nr. 6 entstanden sind, sieht das Gesetz einen **Aufopferungsanspruch** in Abs. 6 vor[2]. Demnach ist ihnen derjenige Wohnungseigentümer zum Schadensersatz verpflichtet, zu dessen Gunsten eine Maßnahme nach Nr. 6 durchgeführt wurde. Es handelt sich um eine verschuldensunabhängige Haftung[3].

104 Zur Abgabe derjenigen Erklärungen, die zur Einrichtung der genannten Anlagen erforderlich sind, ist der **Verwalter** verpflichtet und berechtigt und besitzt diesbezüglich Vertretungsmacht, § 27 Abs. 1 Nr. 8, Abs. 3 Nr. 4 (s. hierzu § 27 Rz. 58, 99).

7. Weitere, gesetzlich nicht geregelte Einzelfälle ordnungsmäßiger Verwaltung

105 Der **Abschluss von Verträgen** im Namen der Gemeinschaft kann ordnungsgemäßer Verwaltung entsprechen. Hierzu zählen insbesondere Werkverträge zur Instandhaltung und Instandsetzung des gemeinschaftlichen Eigentums, aber auch Wartungs- und Hausmeisterverträge[4] sowie Verträge zur Versicherung des Gemeinschaftseigentums gegen Risiken. Der Abschluss von Miet- und Pachtverträgen kann ordnungsmäßige Verwaltung darstellen, z.B. die Anmietung eines Pkw-Stellplatz-Grundstücks, um die bauordnungsrechtlichen Vorgaben zu erfüllen[5] oder die Anmietung einer Satellitenanlage, wenn dies im Vergleich zu einem Kauf wirtschaftlich sinnvoller ist[6]. Auch Kaufverträge, z.B. über Gerätschaften[7], sogar über Grundbesitz[8], können mit Mehrheit beschlossen werden[9]. Die Beschlusszuständigkeit erstreckt sich auch auf den Abschluss eines Breitbandkabelvertrags, wenn die Teilungserklärung eine Regelung über die Verteilung der Kosten des Kabelfernsehens enthält und bereits bisher ein solcher Vertrag bestanden hatte[10].

106 Der Verwalter ist ohne Ermächtigung durch die Wohnungseigentümer nicht befugt, einen Kredit zu Lasten der Gemeinschaft aufzunehmen (s. § 27 Rz. 51). Um hierdurch auftretenden Zahlungsschwierigkeiten begegnen zu können, kann es ordnungsmäßiger Verwaltung entsprechen, wenn die Wohnungseigentümer eine **Darlehensaufnahme** in begrenzter Höhe und für einen kurzfristigen Zeitraum (nicht mehr als 3 Monate) beschließen[11]. Allerdings soll eine Kredit-

---

1 Die Anwendbarkeit von Nr. 6 befürwortet *Drabek* in KK-WEG, § 21 Rz. 222, 223.
2 *Lüke* in Weitnauer, WEG, § 21 Rz. 47.
3 MüKo/*Engelhardt* § 21 Rz. 19; *Sauren*, WEG, § 21 Rz. 11 („Anschlüsse").
4 BGH v. 8.12.1988 – V ZB 3/88, BGHZ 106, 179 (181) = NJW 1989, 1090.
5 BayObLG v. 10.2.1998 – 2Z BR 172/97, NZM 1998, 520; vgl. aber OLG Köln v. 6.2.1998 – 16 Wx 324/97, ZMR 1998, 458.
6 OLG Köln v. 7.9.1998 – 16 Wx 108/98, NZM 1998, 970.
7 BayObLG WE 1992, 52.
8 BayObLG v. 30.4.1998 – 2Z BR 23/98, NZM 1998, 978: Erwerb eines Sondernutzungsrechts zum Abstellen von Müllbehältern.
9 *Hügel*, DNotZ 2005, 753 (771); *Wenzel*, ZWE 2006, 2 (7); *Wenzel*, NZM 2006, 321 (323); a.A. *Jennißen*, NZM 2006, 203 (205) – für den Erwerb von Immobilieneigentum.
10 OLG München v. 27.6.2006 – 32 Wx 72/06, NJW-RR 2006, 1674 (1675).
11 Vgl. *Schmidt*, ZMR 2007, 90 (92).

aufnahme (auch im Wege der Inanspruchnahme einer Kreditlinie[1]) nur in Betracht kommen, soweit die Deckungslücke nicht auf andere zumutbare Weise, z.B. durch eine Sonderumlage, ausgeglichen werden kann[2]. Die Kreditaufnahme ist aber kein gleichrangiges Finanzierungsinstrument bei Instandsetzungsmaßnahmen[3]. Ein hiergegen verstoßender Mehrheitsbeschluss wäre anfechtbar, nicht aber nichtig. Hingegen wäre ein Mehrheitsbeschluss, der den einzelnen Wohnungseigentümer zur Kreditaufnahme verpflichtet, mangels Beschlusskompetenz nichtig[4].

Die **Geltendmachung und Durchsetzung von Ansprüchen**, die der Gemeinschaft zustehen (s. Rz. 6 ff.), widerspricht nur ausnahmsweise ordnungsgemäßer Verwaltung, wenn der behauptete Anspruch offensichtlich unbegründet ist[5]. Es widerspricht daher im Regelfall dem Grundsatz ordnungsmäßiger Verwaltung, wenn schlüssige Forderungen und Ansprüche nicht eingefordert werden oder sogar auf diese verzichtet werden soll[6]. Im Rahmen der Anspruchsdurchsetzung kann mehrheitlich auch die Einleitung eines **selbständigen Beweisverfahrens** beschlossen werden[7]. Auch die Genehmigung eines **gerichtlichen Vergleichs** ist einer Mehrheitsentscheidung zugänglich, wenn der Inhalt unter Berücksichtigung aller Umstände angemessen, zumindest vertretbar erscheint[8]. Der Vergleichsgegenstand darf nicht über die Beschlusskompetenz der Wohnungseigentümer hinausgehen, so dass einem Vergleich nicht mit Mehrheit zugestimmt werden kann, wenn mit diesem ein Sondernutzungsrecht begründet werden soll. Auch eine Entlastung des Verwalters (s. § 27 Rz. 175) steht nicht grundsätzlich im Widerspruch zu einer ordnungsgemäßen Verwaltung, sondern erst dann, wenn Ansprüche gegen den Verwalter erkennbar in Betracht kommen[9]. 107

In diesem Zusammenhang gehört die Aufnahme und Fortsetzung eines **Rechtsstreits** zu den Maßnahmen ordnungsmäßiger Verwaltung[10]. Die Wohnungseigentümergemeinschaft kann zu diesem Zweck die **Beauftragung eines Rechtsanwalts** für einzelne Fragen beschließen, wenn ein Bedürfnis nach unabhängiger Beratung besteht[11] und die in Rede stehenden Ansprüche nicht offensichtlich unbegründet sind[12]. Unzulässig ist jedoch – auch bei einer zerstrittenen Gemeinschaft – die Dauermandatierung ohne inhaltliche Vorgaben[13]. 108

---

1 *Schmidt*, ZMR 2007, 90 (92).
2 OLG Hamm v. 28.11.1991 – 15 W 169/91, OLGZ 1992, 313 = NJW-RR 1992, 403.
3 *Feuerborn*, NJW 1988, 2991; a.A. *Brych*, NJW 1989, 699; *Jennißen*, NZM 2006, 203 (207); *Niedenführ/Schulze*, WEG, § 21 Rz. 65.
4 *Jennißen*, NZM 2006, 203 (207); *Schmidt*, ZMR 2007, 90 (92).
5 BayObLG v. 24.3.1994 – 2Z BR 18/94, ZMR 1994, 428; BayObLG v. 23.4.1998 – 2Z BR 41/98, NZM 1999, 175 = WE 1999, 199; BayObLG v. 30.4.1999 – 2Z BR 153/98, NZM 1999, 862 (865); OLG Düsseldorf v. 19.2.2003 – 3 Wx 8/03, I-3 Wx 8/03, NZM 2003, 643.
6 OLG Düsseldorf v. 25.8.1999 – 3 Wx 270/99, NJW-RR 2000, 381.
7 BayObLG v. 12.9.2002 – 2Z BR 28/02, NZM 2002, 1000 (1001).
8 BayObLG v. 10.7.2003 – 2Z BR 17/03, NZM 2003, 807 (808) = ZMR 2003, 858; OLG Jena v. 8.9.2006 – 9 W 225/06, ZMR 2007, 65 (66).
9 BGH v. 17.7.2003 – V ZB 11/03, BGHZ 156, 19 = NJW 2003, 3124 = ZMR 2003, 750.
10 OLG Hamburg v. 5.2.1988 – 2 W 11/87, OLGZ 1988, 299 (301).
11 OLG Hamburg v. 14.3.2003 – 2 Wx 49/00, ZMR 2003, 449.
12 BayObLG v. 23.4.1998 – 2Z BR 41/98, NZM 1999, 175 = WE 1999, 199.
13 OLG Hamm v. 28.10.2003 – 15 W 203/02, NJW-RR 2004, 1310.

109 Zu einer ordnungsmäßigen Verwaltung gehört es, das gemeinschaftliche Eigentum in einem der **Verkehrssicherheit** entsprechenden Zustand zu halten bzw. in einen solchen zu versetzen[1]. Hierzu kann das Anbringen einer Wegbeleuchtung (z.B. einer Straßenlaterne oder eines Dämmerungsschalters)[2] genauso wie die Errichtung eines Zauns, der verhindern soll, dass kleine Kinder in einen nahe gelegenen Bach stürzen, zählen[3]. Ein Beschluss, der das Abstellen von Schuhen im Hausflur erlaubt, entspricht ordnungsmäßiger Verwaltung, soweit dadurch keine neuen Gefahrenquellen geschaffen werden[4].

110 Die Einrichtung einer **Videoüberwachungsanlage** kann nur dann ordnungsgemäßer Verwaltung entsprechen, wenn sie sich im Rahmen von § 6b BDSG hält. Die Möglichkeit einer ständigen Beobachtung durch jeden Wohnungseigentümer verstößt stets gegen die ordnungsgemäße Verwaltung[5].

111 Zur ordnungsgemäßen Verwaltung zählt auch die **Bestellung** eines **Verwalters**[6] sowie der Abschluss des entsprechenden Verwaltervertrags. Die Auswahl des Verwalters muss ebenfalls den Interessen der Gemeinschaft genügen, was beispielsweise bei der Bestellung einer GmbH durch den mit Stimmenmehrheit ausgestatteten Alleingesellschafter und Geschäftsführer nicht der Fall ist[7]. Bei Pflichtverletzungen des Verwalters, die dessen (u.U. sofortige) **Abberufung** rechtfertigen, zählt dessen Abberufung zur ordnungsmäßigen Verwaltung[8]. Auch die Abberufung von Mitgliedern des **Verwaltungsbeirats** kann bei schwerwiegenden Pflichtverletzungen eine Maßnahme ordnungsgemäßer Verwaltung darstellen[9].

IX. Zahlungsmodalitäten und besondere Kostentragungspflichten (Abs. 7)

1. Allgemeines

112 Die Vorschrift bezweckt eine **Erleichterung der Verwaltung** in „bestimmten Geldangelegenheiten"[10]. Die von der Rechtsprechung entwickelten Grundsätze, welche Regelungen als Änderung der gesetzlichen Vorschriften einer einstimmigen Vereinbarung bedürfen und welche Regelungen einer Mehrheitsentscheidung zugänglich sind, hat der Gesetzgeber ausdrücklich aufgegeben und sich für eine umfassende Beschlusskompetenz der Eigentümerversammlung in diesem

---

1 *Drabek* in KK-WEG, § 21 Rz. 111; *Niedenführ/Schulze*, WEG, § 21 Rz. 36.
2 BayObLG v. 23.3.2000 – 2Z BR 177/99, ZMR 2000, 470.
3 BayObLG v. 17.2.2000 – 2Z BR 180/99, BayObLGZ 2000, 43 = NZM 2000, 513 (514).
4 OLG Hamm v. 20.4.1988 – 15 W 168 – 169/88, 15 W 168/88, 15 W 169/88, NJW-RR 1988, 1171.
5 OLG München v. 11.3.2005 – 32 Wx 002/05, 32 Wx 2/05, MDR 2005, 620 = NZM 2005, 668; BayObLG v. 27.10.2004 – 2Z BR 124/04, NJW-RR 2005, 384; KG v. 26.6.2002 – 24 W 309/01, NJW 2002, 2798; AG Frankfurt v. 9.9.2002 – 65 UR II 149/02, NJW-RR 2003, 158; ausführlich *Huff*, NZM 2004, 535.
6 BayObLG v. 12.12.1988 – BReg 2Z 49/88, NJW-RR 1989, 461.
7 BayObLG WE 1997, 115; vgl. auch OLG Düsseldorf v. 16.4.1999 – 3 Wx 77/99, NZM 1999, 844.
8 KG WE 1988, 168; OLG Düsseldorf WE 1991, 252.
9 OLG München v. 28.9.2006 – 32 Wx 115/06, NZM 2007, 132.
10 BT-Drucks. 16/887, 27.

Bereich entschieden¹. Die Vorschrift ist deshalb nicht in den Katalog des Abs. 5 – in den sie hineingehört hätte – aufgenommen worden, damit die Beschlusskompetenz auch dann noch ausgeübt werden kann, wenn die Wohnungseigentümer über einen dieser Regelungsgegenstände bereits eine Vereinbarung getroffen hatten². Diese Interpretation ist aber keineswegs zwingend, sondern erschließt sich nur unter Zuhilfenahme der Entwurfsbegründung. Die neue Beschlusskompetenz, die sogar eine Änderung von Vereinbarungen ermöglicht (zum **vereinbarungsändernden Beschluss** s. Rz. 34), kann zu einer nicht unbedenklichen Majorisierung und damit zu einer Benachteiligung der schwächeren Minderheit führen. Dem **Gebot ordnungsgemäßer Verwaltung** kommt deshalb künftig **besondere Bedeutung** zu³. Da die §§ 305 ff. BGB wohl nicht auf Beschlüsse anwendbar sind, müssen zumindest deren Wertungen in die Auslegung des Begriffs der ordnungsgemäßen Verwaltung einfließen, insbesondere § 309 Nr. 4, 5 und 6 BGB. Ein dementsprechend ordnungsmäßiger Verwaltung nicht entsprechender Beschluss ist anfechtbar. Dass die Vorschrift in einen eigenen Absatz und nicht in Abs. 5 aufgenommen worden ist, bedeutet nicht, dass im Rahmen ordnungsgemäßer Verwaltung kein Anspruch auf eine entsprechende Beschlussfassung bestehen kann (vgl. Abs. 8 Rz. 122 ff.)⁴. Da Abs. 7 auch vereinbarungsändernde Beschlüsse zulässt, sollte die Vorschrift (mit Ausnahme der Regelung zu Art und Weise von Zahlungen, s. Rz. 113) insgesamt eher restriktiv ausgelegt werden.

2. Art und Weise von Zahlungen

Die Wohnungseigentümer können nach Abs. 7 zunächst die **Art und Weise von Zahlungen** durch Mehrheitsbeschluss regeln. Diese Beschlusskompetenz kann, da sie keine einschneidenden Folgen haben dürfte, weit verstanden werden⁵, so dass hierunter **alle Zahlungen** zu verstehen sind, die mit der Verwaltung des gemeinschaftlichen Eigentums in Zusammenhang stehen und nicht nur die Zahlungen der laufenden Verwaltung (vgl. § 27 Abs. 1 Nr. 5). Klargestellt ist nunmehr auch, dass der wichtigste Anwendungsfall dieser Vorschrift, nämlich die Einführung des **Lastschriftverfahrens** für die Wohngeldvorauszahlungen, auch nachträglich mit Mehrheit beschlossen werden kann⁶. In Betracht kommen alternativ oder als Ergänzung zum Lastschriftverfahren der Ausschluss von Barzahlungen, die Einräumung von Einzugsermächtigungen oder Daueraufträgen⁷. Auch die Zahlungsabwicklung des Verbandes an die einzelnen Wohnungseigentümer kann nunmehr durch Mehrheitsbeschluss geregelt werden, etwa in der Weise, dass ein Jahresüberschuss mit den künftig fällig werdenden Vorauszahlungen zu verrechnen ist⁸. Durch die Gesetzesänderung steht fest, dass die Wohnungseigentümer

113

---
1 BT-Drucks. 16/887, 27.
2 BT-Drucks. 16/887, 27; trotz Zweifel hieran im Ergebnis zustimmend *Hügel/Elzer*, Das neue WEG-Recht, § 8 Rz. 72.
3 Vgl. *Drabek* in KK-WEG, § 21 Rz. 98.
4 *Abramenko*, Das neue WEG, § 2 Rz. 14; a.A. *Köhler*, Das neue WEG, Rz. 304.
5 *Abramenko*, Das neue WEG, § 2 Rz. 7.
6 BT-Drucks. 16/887, 27; *Abramenko*, Das neue WEG, § 2 Rz. 7; bereits zur früheren Rechtslage BayObLG v. 28.6.2002 – 2Z BR 41/02, ZMR 2002, 850; OLG Saarbrücken v. 10.10.1997 – 5 W 60/97 – 23, 5 W 60/97, ZMR 1998, 50 (56).
7 *Abramenko*, Das neue WEG, § 2 Rz. 7.
8 *Abramenko*, Das neue WEG, § 2 Rz. 7.

mit Mehrheit **Sanktionen** bzw. **Mehraufwandsentschädigungen** beschließen können, falls sich ein Wohnungseigentümer nicht an einem beschlossenen Zahlungsverfahren beteiligen kann oder will[1]. Dennoch ist auch hier das Gebot ordnungsgemäßer Verwaltung zu beachten, so dass die beschlossene Sanktion angemessen sein muss[2] und in besonderen Fällen (z.B. wenn ein Wohnungseigentümer über kein Bankkonto verfügt) gar nicht erhoben werden darf.

3. Fälligkeit von Zahlungen

114 Durch die Gesetzesänderung ist es jetzt möglich, die **Fälligkeit von Zahlungsansprüchen** der Gemeinschaft auch für die Zukunft festzulegen. Die entgegenstehende Rechtsprechung des BGH ist insoweit überholt[3]. Selbst eine entgegenstehende Vereinbarung (z.B. in der Gemeinschaftsordnung) können die Wohnungseigentümer durch Mehrheitsbeschluss abändern (s. Rz. 112)[4]. Daneben können die Wohnungseigentümer beschließen, dass die Vorschusspflicht gem. § 28 Abs. 2 auch ohne Aufforderung des Verwalters zu einem bestimmten Termin fällig werden kann (vgl. § 286 Abs. 2 Nr. 1, 2 BGB). Denkbar sind auch **Verfallklauseln**, die ab einem bestimmten Rückstand von monatlichen Wohngeldzahlungen zur Fälligkeit des gesamten im Wirtschaftsplan vereinbarten Jahresbetrags führen[5].

4. Verzugsfolgen

115 Die **Verzugsfolgen** können nunmehr ebenfalls durch Mehrheitsbeschluss geregelt werden[6]. Damit kann die Eigentümerversammlung einen höheren **Verzugszinssatz** beschließen oder einen **pauschalierten Schadensersatz** für verspätete Zahlungen festlegen[7]. Sogar die Zahlung einer Vertragsstrafe (§ 339 BGB) kann beschlossen werden[8], die vom Gesetzgeber beispielhaft erwähnte **Vertragsstrafe** bei Verstoß gegen eine Vermietungsbeschränkung hat jedoch nichts mit den Verzugsfolgen zu tun[9]. Dem Gebot ordnungsgemäßer Verwaltung kommt in

---

1 *Abramenko*, Das neue WEG, § 2 Rz. 7; vgl. BT-Drucks. 16/887, 27; so bereits zur früheren Rechtslage OLG Hamm v. 28.2.2000 – 15 W 349/99, NJW-RR 2000, 1181 (1182); OLG Düsseldorf v. 14.10.1998 – 3 Wx 169/98, ZMR 1999, 193 (194); a.A. OLG München v. 18.9.2006 – 34 Wx 089/06, ZMR 2006, 960 (961).
2 *Abramenko*, Das neue WEG, § 2 Rz. 7; vgl. BayObLG WE 1996, 440; das OLG Düsseldorf v. 14.10.1998 – 3 Wx 169/98, ZMR 1999, 193 (194) hat 5 DM pro Monat als Mehraufwandsentschädigung für angemessen erachtet.
3 BGH v. 2.10.2003 – V ZB 34/03, BGHZ 156, 279 = NJW 2003, 3550 = ZMR 2003, 943 = NZM 2003, 946 ließ Fälligkeitsregelungen nur für den bereits aufgestellten Wirtschaftsplan zu.
4 *Abramenko*, Das neue WEG, § 2 Rz. 8; *Häublein*, ZMR 2007, 409 (418).
5 *Abramenko*, Das neue WEG, § 2 Rz. 8; *Köhler*, Das neue WEG, Rz. 307; vgl. BGH v. 2.10.2003 – V ZB 34/03, BGHZ 156, 279 = NJW 2003, 3550 = ZMR 2003, 943 = NZM 2003, 946.
6 Die Entscheidung BGHZ 145, 158 = NJW 2000, 3500 ist insofern obsolet.
7 BT-Drucks. 16/887, 27; *Abramenko*, Das neue WEG, § 2 Rz. 9; anders zur alten Rechtslage BGHZ 115, 151 (153) = NJW 1991, 2637; BayObLG v. 10.10.1985 – BReg 2Z 2/85, BayObLGZ 1985, 345 (346).
8 A.A. *Köhler*, Das neue WEG, Rz. 305.
9 *Abramenko*, Das neue WEG, § 2 Rz. 9; *Köhler*, Das neue WEG, Rz. 305; vgl. BT-Drucks. 16/887, 27.

diesem Zusammenhang nunmehr besondere Bedeutung zu. Über diese Generalklausel können auch die Wertungen des § 309 Nr. 5 und 6 BGB einfließen (s. Rz. 112). Eine Regelung der **Verzugsvoraussetzungen** bewegt sich nicht mehr im Rahmen der Beschlusskompetenz und wäre nichtig.

5. Kosten für eine besondere Nutzung des gemeinschaftlichen Eigentums

Im Rahmen des § 21 Abs. 7 soll neben bzw. anstelle von §§ 10 Abs. 2 Satz 3, 16 Abs. 3 und 4 die Möglichkeit eröffnet werden, für eine **besondere Nutzung des gemeinschaftlichen Eigentums** Erstattungspflichten einzelner Wohnungseigentümer zur Deckung der hierdurch entstandenen Kosten durch Mehrheitsbeschluss einzuführen. Sowohl die Voraussetzungen als auch die Folgen dieser Beschlusskompetenz werfen erhebliche Zweifelsfragen auf. Wie sich der Gesetzesbegründung zumindest anhand des Beispiels der Umzugskostenpauschale entnehmen lässt[1], soll die Vorschrift vor allem dazu dienen, typischerweise anfallende Kosten, die aufgrund eines übermäßigen Gebrauchs des Gemeinschaftseigentums entstehen, dem verursachenden Nutzer aufzuerlegen. Es ist daher nicht möglich, die Vorschrift als Generalklausel zur **Sanktionierung gemeinschaftswidrigen Verhaltens** (z.B. bei Verstößen gegen die Hausordnung, s. Rz. 61) einzusetzen, da hiermit keine typischen Mehrkosten verbunden sind[2].

116

Die Nutzung muss sich auf das **gemeinschaftliche Eigentum** beziehen; scheidet eine solche aus oder ist erkennbar nur das Sondereigentum betroffen, so würde jedenfalls eine pauschale und undifferenzierte Regelung nicht ordnungsgemäßer Verwaltung entsprechen[3]. Besonders verwirrend ist, dass das Gesetz von einer „besonderen Nutzung" spricht, was dahingehend missverstanden werden könnte, die Vorschrift knüpfe an ein **Sondernutzungsrecht** an[4]. Genauso wenig wie die Wohnungseigentümer aber durch Mehrheitsbeschluss ein Sondernutzungsrecht begründen können, können sie durch Mehrheitsbeschluss die Kostentragung hierfür regeln. Das Gesetz behandelt entgegen seinem Wortlaut also nicht eine besondere Nutzung, sondern einen **besonderen, nämlichen einen übermäßigen Gebrauch** des gemeinschaftlichen Eigentums. Durch den besonderen Gemeingebrauch müssen zusätzliche Kosten **verursacht** werden, die normalerweise die Gemeinschaft treffen würden[5]. Ob die Vorschrift wirklich eine Sanktionierung unzulässiger Nutzungen ermöglicht, erscheint daher zweifelhaft[6]. Dass etwa eine unzulässige gewerbliche Nutzung zu einer erhöhten Benutzung des Gemeinschaftseigentums führen muss, ist keineswegs zwingend. Dann müssten für jedwede gewerbliche Nutzung gesonderte Kosten in Rechnung gestellt werden können. Mit dieser Argumentation müsste man auch Großfamilien, die das Treppenhaus und den Fahrstuhl notwendigerweise häufiger benutzen, eine zusätzliche Kostenpauschale auferlegen können.

117

Völlig unklar ist auch, welche Regelungen durch Mehrheitsbeschluss überhaupt getroffen werden können. Selbst ob die vom Gesetzgeber beispielhaft angeführte

118

---

1 BT-Drucks. 16/887, 27.
2 *Abramenko*, Das neue WEG, § 2 Rz. 10.
3 Ebenso *Abramenko*, Das neue WEG, § 2 Rz. 11.
4 Ähnlich *Abramenko*, Das neue WEG, § 2 Rz. 12.
5 *Abramenko*, Das neue WEG, § 2 Rz. 13.
6 So aber *Abramenko*, Das neue WEG, § 2 Rz. 13.

Umzugskostenpauschale von der gesetzlichen Beschlusskompetenz erfasst ist, wird bestritten[1]. Während *Abramenko* neben einer Kostenerhebung für den unzulässigen Gebrauch des Gemeinschaftseigentums auch die Überwälzung der Abnutzungskosten im Rahmen **abstrakter Tatbestände** für möglich hält[2], scheint *Köhler* die Vorschrift nur auf **Einzelfälle** anwenden zu wollen[3]. Nach hier vertretener Ansicht gilt Folgendes: auf keinen Fall findet die Vorschrift Anwendung auf eine Nutzung des Sondereigentums, auf die normale Nutzung des Gemeinschaftseigentums sowie auf die Nutzung des Gemeinschaftseigentums in Ausübung eines Sondernutzungsrechts oder aufgrund einer besonderen vertraglichen Vereinbarung (z.B. eines Mietvertrags). Ein Beschluss hierzu wäre nichtig. Eine Kostenregelung nach Abs. 7 ist nur möglich als Annex zu einer **Gebrauchsregelung** nach § 15 Abs. 2 oder als **abstrakter Tatbestand** (z.B. in der Hausordnung) zur Abgeltung typischerweise aufgrund einer übermäßigen Inanspruchnahme des Gemeinschaftseigentums entstehender Kosten. Die Wohnungseigentümer können also mit Mehrheit beschließen, dass der Gebrauch einer Sauna, eines Tennisplatzes oder von Waschmaschinen, die der Gemeinschaft gehören, nur gegen Entgelt möglich ist oder dass bei einem Umzug, bei Umbauarbeiten oder bei Haustierhaltung, sofern hiervon auch das Gemeinschaftseigentum betroffen ist, eine angemessene Kostenpauschale erhoben werden darf, wobei dem Miteigentümer der Gegenbeweis, dass hierdurch keine Schäden entstanden sind, offen steht. Es ist jedoch – entgegen *Abramenko*[4] – weder möglich, die Vorschrift als Beweislastregelung zu verstehen noch diese dazu zu verwenden, die Vorgaben des Wirtschaftsplans oder das Ergebnis der Jahresabrechnung abzuändern. Auch eine Erhöhung der Instandhaltungsrücklage kann nicht auf diese Vorschrift gestützt werden.

6. Kosten für einen besonderen Verwaltungsaufwand

119 Ebenso fraglich ist, welche Zusatzkosten für einen **besonderen Verwaltungsaufwand** nach Abs. 7 mit Mehrheit beschlossen werden können. Der besondere Verwaltungsaufwand muss in Bezug auf das **gemeinschaftliche Eigentum** entstanden sein. Für eine Kostenregelung hinsichtlich der Verwaltung des Sondereigentums besitzt die Eigentümergemeinschaft keine Beschlusskompetenz[5]. Die Vorschrift ist **eng auszulegen**. Kein besonderer Verwaltungsaufwand liegt vor, wenn die Verwaltungstätigkeit zum gesetzlich oder vertraglich geschuldeten Tätigkeitsbereich des Verwalters (vgl. §§ 27, 28) oder des Verwaltungsbeirats (vgl. § 29) zählt[6]. Daher kann für die gesetzlich geschuldete Führung der Beschluss-Sammlung (vgl. § 24 Abs. 8) auch keine besondere Vergütung beschlossen werden. Auch die Zustimmung nach § 12, die allein im Interesse der Ge-

---

1 *Hügel/Elzer*, Das neue WEG-Recht, § 8 Rz. 65; *Köhler*, Das neue WEG, Rz. 309; kritisch auch *Abramenko*, Das neue WEG, § 2 Rz. 11; ebenso zur früheren Rechtslage OLG Frankfurt v. 23.8.1990 – 20 W 165/90, WuM 1990, 461; OLG Stuttgart v. 19.2.1981 – 8 W 233/80, MDR 1981, 587; *Merle* in Bärmann/Pick/Merle, WEG, § 21 Rz. 161.
2 *Abramenko*, Das neue WEG, § 2 Rz. 14.
3 *Köhler*, Das neue WEG, Rz. 309.
4 *Abramenko*, Das neue WEG, § 2 Rz. 14.
5 *Abramenko*, Das neue WEG, § 2 Rz. 15.
6 *Abramenko*, Das neue WEG, § 2 Rz. 16; vgl. OLG Düsseldorf v. 14.10.1998 – 3 Wx 169/98, ZMR 1999, 193 (194).

meinschaft liegt und zum Aufgabenbereich des Verwalters (oder eines sonstigen Dritten) gehört, kann nicht als besonderer Verwaltungsaufwand, der gesondert zu vergüten wäre, angesehen werden[1]. Vielmehr kommt nur dort eine Kostentragung für besonderen Verwaltungsaufwand in Betracht, wo die Gemeinschaft dem Verwalter oder dem Verwaltungsbeirat eine **Sondervergütung** schuldet[2]. In diesen Konstellationen können die Wohnungseigentümer dem Verursacher des besonderen Verwaltungsaufwands diese Sondervergütung oder die **ursächlich** damit verbundenen Kosten (z.b. für Kopien, Porto und Telekommunikation) auferlegen[3]. Deshalb kann für die gerichtliche Durchsetzung von Forderungen der Gemeinschaft eine Berechnung der Vergütung nach dem RVG mit Mehrheitsbeschluss vorgesehen werden[4].

Welche Regelungen die Wohnungseigentümer beschließen können, ist, wie bei der Festsetzung von Kosten für eine besondere Nutzung, nicht eindeutig. In erster Linie können auf diesem Weg Sondervergütungen, die der Verwalter beanspruchen darf, auf die Verursacher des Mehraufwands abgewälzt werden, z.B. eine besondere Vergütung für die **Mahnung** säumiger Wohngeldschuldner[5]. Auch besondere Mehrkosten, die wegen der Vervielfältigung und Verbreitung von Informationen (insbesondere von Klageschriftsätzen) anfallen, eine Baubetreuung und Prüfung des Aufmaßes[6] könnten dem Verursacher auferlegt werden. Hierbei ist jedoch wiederum die Angemessenheitsgrenze der ordnungsgemäßen Verwaltung zu beachten[7].

Fraglich ist schließlich, ob die Verteilung der **Versicherungsprämien** abweichend von § 16 Abs. 2 beschlossen werden kann, wenn die betreffende Versicherung auch das Sondereigentum abdeckt und die Ausstattung einzelner Sondereigentumseinheiten die Versicherungsprämie für die Gemeinschaft deutlich erhöhen (s. Rz. 81)[8]. Es handelt sich hierbei nicht um einen besonderen Verwaltungsaufwand, der auf das gemeinschaftliche Eigentum entfällt, so dass Abs. 7 nicht einschlägig ist. Die Wohnungseigentümer können allenfalls beschließen, dass der betroffene Wohnungseigentümer sein Sondereigentum selbst versichern muss. Diejenigen Stimmen in der Literatur, die eine abweichende Prämientragung befürworten, müssen im Rahmen des § 17 dem höher belasteten Wohnungseigentümer auch einen höheren Anteil an der Versicherungsprämie zugestehen (s. § 17 Rz. 17). Nach Ansicht des OLG Köln können die Wohnungseigentümer gem. Abs. 3 beschließen, dass die **Selbstbeteiligung** dem Wohnungseigentümer auferlegt ist, in dessen Sondereigentum die Schadensursache liegt[9].

---

1 A.A. *Häublein*, ZMR 2007, 409 (419).
2 *Abramenko*, Das neue WEG, § 2 Rz. 16.
3 *Abramenko*, Das neue WEG, § 2 Rz. 17.
4 BGH v. 6.5.1993 – V ZB 9/92, BGHZ 122, 327 (332) = NJW 1993, 1924 (1925).
5 *Abramenko*, Das neue WEG, § 2 Rz. 17; *Köhler*, Das neue WEG, Rz. 310; anders zur alten Rechtslage OLG Düsseldorf v. 14.10.1998 – 3 Wx 169/98, ZMR 1999, 193 (194).
6 OLG Düsseldorf v. 14.10.1998 – 3 Wx 169/98, ZMR 1999, 193 (194).
7 Das OLG Düsseldorf v. 14.10.1998 – 3 Wx 169/98, ZMR 1999, 193 (194) hält eine Zusatzvergütung für Baubetreuung und Aufmaßprüfung i.H.v. 5 % der Bausumme, höchstens jedoch 3000 DM, für unangemessen.
8 So *Merle* in Bärmann/Pick/Merle, WEG, § 21 Rz. 148; *Lüke* in Weitnauer, WEG, § 21 Rz. 37.
9 OLG Köln v. 14.7.2003 – 16 Wx 124/03, NJW-RR 2003, 1233 = NZM 2003, 641; kritisch *Nußbaum*, NZM 2003, 617 (620); *Niedenführ/Schulze*, WEG, § 21 Rz. 72.

X. Die gerichtliche Ermessensentscheidung (Abs. 8)

1. Die verfahrensrechtlichen Grundlagen der gerichtlichen Ermessensentscheidung

a) Die Funktion der Vorschrift

122 Nach § 21 Abs. 4 kann jeder einzelne Wohnungseigentümer eine Verwaltung verlangen, die den Vereinbarungen und Beschlüssen und, soweit solche nicht bestehen, dem Interesse der Gesamtheit der Wohnungseigentümer nach billigem Ermessen entspricht. Die Wohnungseigentümer können diesen Anspruch durch Erhebung einer Leistungsklage durchsetzen. Die gerichtliche Durchsetzung ist allerdings nicht unproblematisch, denn es ist vorstellbar, dass mehrere unterschiedliche Maßnahmen für sich in Anspruch nehmen können, den Anforderungen des § 21 Abs. 4 zu genügen. Weil das **Auswahlermessen**, also das Recht, von mehreren geeigneten eine Maßnahme auswählen zu dürfen, den Wohnungseigentümern in ihrer **Gesamtheit** zusteht, dürfte das Gericht nicht ohne weiteres eine vom Kläger ausgewählte Maßnahme zusprechen.

123 Die Regelung in § 21 Abs. 8 greift diese Schwierigkeit auf und erleichtert und **beschleunigt** den **Rechtsschutz** des Wohnungseigentümers, indem es das Gericht ermächtigt, anstelle der Wohnungseigentümer eine Regelung nach billigem Ermessen zu treffen. Voraussetzung für eine solche Ermessensentscheidung ist, dass die Wohnungseigentümer eine nach dem Gesetz erforderliche Maßnahme nicht oder zumindest nicht rechtlich verbindlich beschlossen haben und dass eine solche Maßnahme weder durch das Gesetz, durch Regelungen der Teilungserklärung noch durch sonstige Vereinbarungen der Wohnungseigentümer vorgegeben ist.

b) Die Rechtsnatur der gerichtlichen Ermessensentscheidung

124 Die Ermessensentscheidung des Gerichts ist ihrer Rechtsnatur nach ein **Gestaltungsurteil**[1], und zwar unabhängig davon, ob es die verklagten Wohnungseigentümer auf den unbestimmten Klageantrag hin zur Zustimmung zu einer bestimmten Maßnahme verurteilt, die Vornahme einer Verwaltungsmaßnahme unmittelbar anordnet oder den Parteien darüber hinaus Auflagen im Hinblick auf die Umsetzung der gerichtlichen Entscheidung erteilt. Die Ermessensentscheidung **ersetzt** die nach dem Gesetz erforderliche **Beschlussfassung** und die für das Zustandekommen eines solchen Beschlusses erforderliche Zustimmungserklärung der Wohnungseigentümer[2]. Ebenso wie der Beschluss wegen seines rechtsgeschäftlichen Charakters das Rechtsverhältnis der Wohnungseigentümer gestaltet, gestaltet auch die gerichtliche Ermessensentscheidung das Rechtsverhältnis der Wohnungseigentümer. Hierin liegt die rechtsgestaltende Wirkung des Urteils. Haben die Wohnungseigentümer eine Maßnahme mit Stimmenmehrheit abgelehnt, ersetzt die gerichtliche Entscheidung die unterbliebene Regelung[3].

---

1 *Hügel/Elzer*, Das neue WEG-Recht, § 13 Rz. 216.
2 KG v. 20.6.1997 – 24 W 9042/96, ZMR 1997, 534.
3 BGH v. 6.3.1997 – III ZR 248/95, NJW 1997, 2106 (2107); BayObLG v. 16.9.1993 – 2Z BR 91/93, NJW-RR 1994, 145; KG v. 30.11.1992 – 24 W 38102/92, OLGZ 1993, 308.

Aus der Rechtsnatur der gerichtlichen Entscheidung darf aber nicht geschlossen werden, dass sie erst ab dem Zeitpunkt Wirkungen entfalten kann und darf, in dem das Urteil formell rechtskräftig geworden ist. Soweit die gerichtliche Entscheidung einen vollstreckungsfähigen Inhalt hat, darf das Gericht die Entscheidung nach Maßgabe des §§ 708 – 713 ZPO, wie auch sonstige Leistungsurteile, für **vorläufig vollstreckbar** erklären.

125

c) Ermessensentscheidung und Sachantrag

Der Ermessensentscheidung des Gerichts muss ein **entsprechender Klageantrag** vorausgehen, denn in einem zivilprozessrechtlichen Verfahren darf einer Partei nichts zugesprochen werden, was von ihr nicht beantragt wurde, § 308 ZPO. § 21 Abs. 8 hebt den Grundsatz der Antragsbindung nicht auf, gewährt aber eine gewisse Lockerung, da der Kläger nur sein Rechtsschutzziel angeben muss. Der Kläger muss keinen konkreten Klageantrag stellen, ausreichend ist ein unbestimmter Klageantrag. Erforderlich ist aber, dass der Kläger zur Klarstellung des Streitgegenstandes den aufgetretenen **Regelungsbedarf beschreibt** und in der Klagebegründung Angaben dazu macht, aus welchen Gründen eine Beschlussfassung der Wohnungseigentümer unterblieben ist.

126

Der für die gerichtliche Ermessensentscheidung erforderliche Sachantrag kann auch im Wege der **Widerklage** rechtshängig gemacht werden. Dies wird insbesondere Bedeutung gewinnen, wenn eine durch die Wohnungseigentümer beschlossene Regelung angefochten wird. In einem solchen Fall können die Beklagten – und zwar jeder für sich – vorsorglich für den Fall, dass das Gericht den angefochtenen Beschluss für ungültig erklärt, eine gerichtliche Regelung der Angelegenheit nach § 21 Abs. 8 beantragen. Eine solche Hilfswiderklage ist uneingeschränkt zulässig[1].

d) Aktiv- und Passivlegitimation bei der gerichtlichen Ermessensentscheidung

Aktivlegitimiert sind im Anwendungsbereich des §§ 21 Abs. 4 und 8 allein und ausschließlich die Wohnungseigentümer, denn nur im Verhältnis der Wohnungseigentümer besteht ein Anspruch auf ordnungsgemäße Verwaltung des gemeinschaftlichen Eigentums. Der **Verwalter** ist dagegen nicht aktivlegitimiert. Er ist als weisungsgebundener Sachwalter der Gemeinschaft **lediglich** ein **Vollzugsorgan**[2]. Weigern sich die Wohnungseigentümer, eine sinnvolle Maßnahme zu beschließen, so hat er dies hinzunehmen. Es obliegt allein den Wohnungseigentümern, die Gemeinschaft zu einer ordnungsgemäßen Verwaltung anzuhalten.

127

Die Klage eines Wohnungseigentümers ist gegen alle übrigen Wohnungseigentümer der Gemeinschaft zu richten. Die **Passivlegitimation** der übrigen Wohnungseigentümer ergibt sich daraus, dass ein Anspruch auf ordnungsgemäße Verwaltung nur im Verhältnis der Wohnungseigentümer untereinander besteht.

128

---

1 Zur Zulässigkeit der Eventualwiderklage: BGH v. 30.5.1956 – IV ZR 30/56, BGHZ 21, 13 = NJW 1956, 1472; BGH v. 13.5.1996 – II ZR 275/94, BGHZ 132, 390 (398) = NJW 1996, 2306 (2307).
2 So zutreffend die amtliche Begründung des Gesetzentwurfs, BT-Drucks. 16/887, 40.

Der Verwalter ist dagegen nicht passivlegitimiert. Da es sich um einen Rechtsstreit handelt, der in den Anwendungsbereich des § 43 Nr. 1 fällt, ist der Verwalter auch nicht nach Maßgabe des § 48 Abs. 1 Satz 2 beizuladen. Ihm bleibt aber die rechtliche Möglichkeit, dem Rechtsstreit auf Seiten einer der Prozessparteien beizutreten.

129 Im Anwendungsbereich des § 21 Abs. 8 ist es allerdings vorstellbar, dass der Kläger seine auf § 21 Abs. 4 und 8 gestützte Klage auf Vornahme einer gerichtlichen Ermessensentscheidung mit einer auf § 27 Abs. 1 Nr. 1 gestützten Klage gegen den Verwalter auf Ausführung der gerichtlichen Entscheidung verbindet. In einem solchen Fall kann das Gericht dem Verwalter die zur Ausführung der gerichtlichen Entscheidungen erforderlichen Auflagen erteilen. Trifft den Verwalter im Hinblick auf die unterlassene Maßnahme kein Mitverschulden, entspricht es bei der nach § 49 Abs. 1 zu treffenden Kostenentscheidung im Regelfall billigem Ermessen, ihn an den Kosten des Rechtsstreits nicht zu beteiligen.

130 In den Fällen der **subjektiven Klagehäufung** sind die klagenden Wohnungseigentümer notwendige Streitgenossen i.S.v. § 62 ZPO. Entsprechendes gilt im Verhältnis der beklagten Wohnungseigentümer. Im Falle der Säumnis einer Partei werden daher die säumigen Streitgenossen als durch die nicht Säumigen vertreten angesehen.

e) Gerichtliche Ermessensentscheidung und Rechtskraft

132 Die gerichtliche Ermessensentscheidung lässt die Gestaltungsfreiheit der Wohnungseigentümer grundsätzlich unberührt, weshalb die Wohnungseigentümer auch eine durch **richterliche Gestaltung** vorgenommene Regelung durch eine mehrheitlich beschlossene Regelung **ersetzen** können[1]. Daher darf das Gericht den Wohnungseigentümern in seinem Urteil auch nicht generell verbieten, anstelle der gerichtlich getroffenen Maßnahme eine anderweitige Entscheidung zu treffen. Hat das Gericht beispielsweise auf den Antrag eines Wohnungseigentümers hin einen Verwalter bestellt, lässt dies die Befugnis der Wohnungseigentümer unberührt, den gerichtlich bestellten Verwalter durch Mehrheitsbeschluss abzuberufen und an dessen Stelle einen neuen Verwalter zu bestellen[2]. Mit der Bestellung des neuen Verwalters erlischt zugleich die Organstellung des gerichtlich bestellten Verwalters[3]. Wird der Bestellungsbeschluss der Wohnungseigentümer für ungültig erklärt, lebt der vorausgegangene gerichtliche Bestellungsbeschluss nicht wieder auf[4]; das Gericht kann aber auf erneuten Antrag hin ein weiteres Mal einen Verwalter nach § 21 Abs. 8 bestellen (zur Verknüpfung des Anfechtungsantrags mit einem Klageantrag nach § 21 Abs. 8 s. unten Rz. 142).

133 Andererseits ist es den Wohnungseigentümern nach Eintritt der **Rechtskraft** der Entscheidung aber untersagt, die durch das Gericht getroffene Entscheidung durch Mehrheitsbeschluss außer Kraft zu setzen, ohne **zugleich eine eigenständige Regelung** im Hinblick auf die Verwaltung des gemeinschaftlichen Eigen-

---

1 KG v. 28.2.1996 – 24 W 8306/94, NJW-RR 1996, 779 (780).
2 OLG Frankfurt v. 28.1.1993 – 20 W 31/93, OLGZ 1993, 319 = NJW-RR 1993, 845.
3 BayObLG v. 5.3.1992 – BReg. 2Z 165/91, NJW-RR 1992, 1992, 787 (788).
4 BayObLG v. 5.3.1992 – BReg. 2Z 165/91, NJW-RR 1992, 1992, 787 (788).

tums zu treffen. Die Wohnungseigentümer können daher nichts beschließen, was die durch die gerichtliche Entscheidung geschlossene Regelungslücke wieder neu entstehen lässt. Dies würde den Regelungszwecken des Gesetzes zuwiderlaufen und die Rechtskraft der gerichtlichen Entscheidung missachten. Ein solcher Beschluss ist daher nicht lediglich anfechtbar, sondern aufgrund fehlender Beschlusskompetenz schon nichtig[1].

f) Gerichtliche Ermessensentscheidung und einstweiliger Rechtsschutz

Die gesetzliche Regelung in § 21 Abs. 8 ermächtigt das Gericht **nicht, vorläufig sichernde Maßnahmen** im Vorfeld einer Hauptsacheentscheidung zu treffen. Das Gericht kann daher, anders als vor Inkrafttreten des Reformgesetzes, auf eine solche Klage hin **nicht von Amts wegen einstweilige Anordnungen** zur vorläufigen Regelung des Streitverhältnisses treffen. 134

Die Wohnungseigentümer können aber nach §§ 935, 940 ZPO im Wege einer einstweiligen Verfügung die Sicherung eines Anspruchs oder die Regelung eines Zustandes in Bezug auf ein streitiges Rechtsverhältnis erreichen. Über den Inhalt der einstweiligen Verfügung entscheidet das Gericht nach billigem Ermessen, § 938 Abs. 1 ZPO. Dabei muss das Gericht das Verbot der Vorwegnahme der Hauptsache beachten. Regelmäßig sind deshalb solche Maßnahmen des Gerichts unzulässig, die eine endgültige rechtsgestaltende Wirkung haben und die einem rechtskräftigem Hauptsacheurteil vorbehalten sind. Im Anwendungsbereich des auf § 21 Abs. 4 WEG gestützten Anspruchs auf ordnungsgemäße Verwaltung bedeutet dies, dass das Gericht die als Verfügungsbeklagten beteiligten Wohnungseigentümer im einstweiligen Verfügungsverfahren nicht zur Zustimmung einer bestimmten Verwaltungsmaßnahme verurteilen oder anderweitige endgültige Regelungen treffen darf. Es kann aber im Wege einer **einstweiligen Verfügung** diejenigen Maßnahmen anordnen, die zur Gewährleistung der ordnungsgemäßen Verwaltung des gemeinschaftlichen Eigentums und zur **Abwehr** einer **gegenwärtigen Gefahr** für das gemeinschaftliche Eigentum zwingend erforderlich und unaufschiebbar sind. Es kann vorläufige Gebrauchsregelungen treffen oder – bei einem aufgetretenen Instandhaltungsbedarf – diejenigen Maßnahmen anordnen, die zur Sicherung des gemeinschaftlichen Eigentums und zur Vermeidung größerer Schäden notwendig sind. Im Einzelfall kann es auch zulässig sein, vorläufig einen Verwalter zu bestellen (hierzu s. § 21 Rz. 159). 135

Erlässt das Gericht eine einstweilige Verfügung, so ist über die Kosten – ebenso wie im späteren Hauptsacheverfahren – nach Maßgabe des § 49 Abs. 1 nach billigem Ermessen zu entscheiden. 136

2. Voraussetzungen und zulässiger Inhalt der gerichtlichen Ermessensentscheidung

a) Die Erforderlichkeit der gerichtlichen Ermessensentscheidung

Die gerichtliche Ermessensentscheidung bedeutet einen **unmittelbaren Eingriff** in die verfassungsrechtlich geschützte **Privatautonomie** (Art. 2 GG) und in das 137

---
1 So auch *Merle* in Bärmann/Pick/Merle, § 26 Rz. 250.

durch Art. 14 GG geschützte Eigentumsrecht der Wohnungseigentümer. Dieser Eingriff ist von den einzelnen Wohnungseigentümern als unvermeidliche Begleiterscheinung des Gemeinschaftsverhältnisses hinzunehmen und verfassungsrechtlich jedenfalls solange nicht zu beanstanden, wie die gerichtliche Ermessensentscheidung das Selbstverwaltungsrecht der Wohnungseigentümer in seinem Kernbereich unberührt lässt und sie nicht unverhältnismäßig ist. Daher darf eine gerichtliche Ermessensentscheidung auch aus verfassungsrechtlichen Gründen nur in dem Maße getroffen werden, wie sie – auch i.S.v. § 21 Abs. 8 – „erforderlich" ist.

138 Wegen der verfassungsrechtlichen Vorgaben darf die Ermessensentscheidung des Gerichts das Selbstbestimmungsrecht der Wohnungseigentümer nur insoweit beschränken, wie dies aufgrund der zu regelnden Angelegenheit und zur Gewährleistung effektiven Rechtsschutzes unbedingt nötig ist. Das Gericht hat deshalb immer vorrangig zu prüfen, ob und auf welche Weise es den Wohnungseigentümern – unter Beachtung der Rechtsschutzinteressen des Klägers – ermöglicht werden kann, noch selbst und in eigener Verantwortung eine Entscheidung zu treffen[1].

139 Die Erforderlichkeit für eine gerichtliche Ermessensentscheidung liegt in der Regel nicht vor, wenn sich der klagende Wohnungseigentümer vor Einreichung seiner Klage nicht um eine Beschlussfassung der Wohnungseigentümer bemüht und die Angelegenheit nicht zum Gegenstand einer Versammlung der Wohnungseigentümer gemacht hat[2]. Die **vorherige Befassung** der Eigentümerversammlung ist lediglich dann entbehrlich, wenn wegen der Stimmrechtsverhältnisse von vornherein nicht mit einer Beschlussfassung der Gemeinschaft zu rechnen ist und feststeht, dass ein Beschlussantrag des klagenden Wohnungseigentümers keine Mehrheit in einer Eigentümerversammlung finden würde[3].

140 Ist die vom Kläger begehrte **Maßnahme bereits Gegenstand einer positiven Beschlussfassung** der Wohnungseigentümer gewesen, kommt die Anordnung einer gerichtlichen Maßnahme solange nicht in Betracht, wie der von den Eigentümern gefasste Beschluss nicht angefochten und daher nicht für ungültig erklärt worden ist. In einem solchen Fall ist eine gerichtliche Ermessensentscheidung schon nicht „erforderlich" i.S.v. § 21 Abs. 8. Dies gilt selbst dann, wenn die beschlossene Maßnahme nicht den Grundsätzen ordnungsgemäßer Verwaltung entspricht. Die Wohnungseigentümer können nicht im Wege einer Leistungsklage die Aufhebung eines unter Anfechtungsgründen leidenden Beschlusses erreichen[4]. Dies gilt unabhängig davon, ob die Anfechtungsfrist bereits abgelaufen ist oder nicht. Rechtsschutz gegen fehlerhafte Beschlüsse wird ihnen allein

---

1 OLG Hamburg v. 20.7.1993 – 2 Wx 74/91, OLGZ 1994, 147 (148); BayObLG v. 25.3.1999 – 2Z BR 105/98, NZM 1999, 504 (506); LG Köln v. 26.7.2004 – 29 T 72/04, ZMR 2005, 311.
2 KG v. 3.3.1999 – 24 W 3566/98, ZMR 1999, 509 (510); OLG Hamm v. 19.4.1995 – 15 W 26/95, WE 1996, 33 (39).
3 BayObLG v. 23.3.2000 – 2Z BR 177/99, ZWE 2000, 580 (581); OLG Hamburg v. 14.3.2001 – 2 Wx 35/97, ZWE 2002, 134 (135) = ZMR 2001, 448; KG v. 3.3.1999 – 24 W 3566/98, ZMR 1999, 509 (510); OLG Stuttgart v. 21.4.1977 – 15 W 43/76, OLGZ 1977, 433.
4 A.A. *Hügel/Elzer*, Das neue WEG-Recht, § 13 Rz. 222.

durch die fristgebundene Anfechtungsklage gewährt. Dies beruht auf folgender Überlegung:

Grundlage und Ursprung der **materiell-rechtlichen Anfechtungsbefugnis** ist der auf § 21 Abs. 4 beruhende **Anspruch auf ordnungsgemäße Verwaltung** des gemeinschaftlichen Eigentums (s. § 46 Rz. 9 und 20). Dieser Sachzusammenhang wird lediglich dadurch verdeckt, dass der auf § 21 Abs. 4 beruhende Anspruch nur teilweise als Leistungsklage geltend gemacht werden kann. Haben die Wohnungseigentümer einen unter Anfechtungsgründen leidenden Beschluss gefasst, so hat der aus § 21 Abs. 4 herzuleitende Anspruch auf Beseitigung und Aufhebung eines fehlerhaften Beschlusses rechtstechnisch eine Ausformung als Gestaltungsklage erfahren. Er ist im Wege der Anfechtungsklage geltend zu machen und zielt auf die gerichtliche Ungültigerklärung des Beschlusses ab. Die der Anfechtungsklage zugrunde liegende Anfechtungsbefugnis und der auf § 21 Abs. 4 beruhende Leistungsanspruch sind folglich zwei Seiten derselben Medaille. Daher verliert ein Wohnungseigentümer nach Ablauf der Anfechtungsfrist nicht nur seine Anfechtungsbefugnis, sondern auch den ihr zugrunde liegenden Anspruch auf Beseitigung und Aufhebung des fehlerhaften Beschlusses[1].

141

Ist der von den Wohnungseigentümern zur Regelung einer Verwaltungsmaßnahme gefasste Beschluss anfechtbar, kann der Kläger seine Anfechtungsklage mit der Klage auf Vornahme einer bestimmten Verwaltungsmaßnahme verbinden. Allerdings entfaltet die Erhebung der Anfechtungsklage keine aufschiebende Wirkung[2], weshalb der Beschluss bis zur Rechtskraft eines gerichtlichen Urteils als wirksam zu behandeln ist. Daher kann das Gericht auch eine andere als die im Beschluss getroffene Maßnahme erst mit Wirkung für den Zeitpunkt bestimmen, in dem der zugleich angefochtene Beschluss rechtskräftig für ungültig erklärt worden ist.

142

Allenfalls in den Fällen einer besonderen Schutz- und Eilbedürftigkeit kann das Gericht auf Antrag im Wege einer einstweiligen Verfügung den angefochtenen Beschluss vorläufig außer Kraft setzen und ergänzende sichernde Maßnahmen anordnen (s. § 46 Rz. 175).

143

Das **Gericht** ist an einen **Beschluss** der Wohnungseigentümer, mit dem diese mehrheitlich die Vornahme einer Verwaltungsmaßnahme abgelehnt haben, **nicht gebunden**. Voraussetzung für eine Ermessensentscheidung des Gerichts ist daher in diesen Fällen nicht, dass der klagende Wohnungseigentümer gleichzeitig den Beschluss der Wohnungseigentümer über die Ablehnung der Maßnahme anficht. Die Anfechtung sog. „negativer Beschlüsse" ist nämlich nur dann erforderlich, wenn ein solcher Beschluss einem späteren Verpflichtungsantrag entgegengehalten werden kann. Diese Voraussetzung ist regelmäßig aber nur gegeben, wenn der Wohnungseigentümer geltend macht, er habe einen Anspruch auf Vornahme einer konkret bestimmten Maßnahme oder Regelung

144

---

1 Im Ergebnis ebenso: OLG Düsseldorf v. 1.12.2006 – 3 Wx 194/06, OLGR Düsseldorf 2007, 33–35; BayObLG v. 30.11.2000 – 2Z BR 92/00, ZMR 2001, 211 (212); s. auch § 46 Rz. 10.
2 BayObLG v. 11.3.1998 – 2Z BR 7/98, NJW-RR 1998, 1386; KG v. 3.2.1978 – 1 W 2570, OLGZ, 1978, 178 (180).

durch die Gemeinschaft[1]. Unter dieser Voraussetzung besteht aber regelmäßig schon kein Spielraum für eine gerichtliche Ermessensentscheidung.

145 Die gesetzlichen Voraussetzungen für eine gerichtliche Ermessensentscheidung nach § 21 Abs. 8 liegen ferner vor, wenn sich die in der Versammlung anwesenden Wohnungseigentümer einer **Abstimmung** über den Gegenstand selbst **verweigert** haben. Das Gleiche gilt, wenn der Verwalter sich weigert, einen vom klagenden Wohnungseigentümer vorgeschlagenen Beschlussantrag überhaupt zum Gegenstand einer Eigentümerversammlung zu machen oder wenn er seiner Verpflichtung zur Einberufung einer Versammlung schon nicht nachkommt. In solchen Fällen kann der Kläger entweder den Verwalter auf Einberufung einer Versammlung verklagen, er kann aber auch die übrigen Wohnungseigentümer nach Maßgabe des § 21 Abs. 4 in Anspruch nehmen. Das Gericht wird sich im letztgenannten Fall in der Regel darauf beschränken, solche Anordnungen zu treffen, die zur Durchführung einer Versammlung und Beschlussfassung notwendig sind. In den Fällen einer pflichtwidrigen Weigerung können dem Verwalter nach § 49 Abs. 2 die Kosten des Rechtsstreits auferlegt werden, obwohl er nicht Beklagter und damit nicht Partei des Rechtsstreits ist.

b) Der zulässige Inhalt der gerichtlichen Ermessensentscheidung

146 Liegen die Voraussetzungen des § 21 Abs. 8 vor, so steht dem Gericht ein **weites Rechtsfolgeermessen** zu, das von ihm pflichtgemäß auszuüben ist. Es ist an die vom Kläger geäußerten Vorschläge und Anregungen nicht gebunden, wegen der möglichen Grundrechtsbeeinträchtigungen ist bei der Entscheidung aber der Grundsatz der Verhältnismäßigkeit zu wahren. Die gerichtliche Maßnahme muss geeignet sein, das aufgetretene Problem zu lösen und muss auch die finanziellen Möglichkeiten der Wohnungseigentümer angemessen berücksichtigen. Das Gericht kann dem Kläger und den Beklagten nach § 139 Abs. 1 Satz 2 ZPO aufgeben, ihren Tatsachenvortrag zu ergänzen und sich so die für eine Ermessensentscheidung notwendige Tatsachengrundlage verschaffen.

147 Ermessensfehlerhaft ist eine gerichtliche Entscheidung im Anwendungsbereich des § 21 Abs. 8, die sich über bindende Vorgaben des Gesetzes, über Vereinbarungen oder über rechtlich bindende Beschlüsse der Wohnungseigentümer hinwegsetzt. Entsprechendes gilt, wenn das Gericht einzelne Wohnungseigentümer oder den Verwalter ermächtigt, an seiner Stelle die zu treffenden Maßnahmen unter Ausschluss des Mitbestimmungsrechtes der übrigen Miteigentümer auszuwählen.

148 Das Gericht muss sich im Anwendungsbereich des § 21 Abs. 8 nicht allein darauf beschränken, die seiner Auffassung nach geeignete Maßnahme zur Verwaltung des gemeinschaftlichen Eigentums zu bestimmen, sondern es kann darüber hinaus auch diejenigen Anordnungen treffen, die zu ihrer Durchführung erforderlich sind. Das Gericht kann beispielsweise bei einer unterbliebenen In-

---

1 BayObLG v. 26.9.2003 – 2Z BR 24/03, WuM 2004, 736; OLG München v. 21.3.2006 – 32 Wx2/06, ZMR 2006, 474 (475); OLG München v. 21.2.2007 – 34 Wx 100/06; OLG München v. 8.12.2006 – 34 Wx 103/06, FGPrax 2007, 21 (22); Deckert, ZMR 2003, 153 (158); in diesem Sinne wohl auch BGH v. 19.9.2002 – V ZB 30/02, BGHZ 152, 46 (51).

standhaltungsmaßnahme davon absehen, die Wohnungseigentümer lediglich zur Vornahme der notwendigen Arbeiten zu verurteilen und stattdessen den klagenden Wohnungseigentümer unmittelbar zur Ersatzvornahme auf Kosten der Gemeinschaft ermächtigen. Stehen der Gemeinschaft Ansprüche gegen Dritte zu, so kann der klagende Wohnungseigentümer nicht nur die Zustimmung der beklagten Wohnungseigentümer zur gerichtlichen Geltendmachung der offenen Forderung erreichen; das Gericht darf dem klagenden Wohnungseigentümer darüber hinaus auch die für eine alleinige Prozessführung erforderliche Prozessführungsbefugnis erteilen[1], so dass dieser die Forderung für die Gemeinschaft im eigenen Namen einklagen kann.

§ 21 Abs. 8 transformiert somit auch die nach früherer Rechtslage in § 44 Abs. 4 Satz 1 WEG (a.F.) enthaltene **Anordnungsbefugnis in das neue Recht**. Enthalten die einzelnen Anordnungen einen vollstreckungsfähigen Inhalt, kann das Gericht die vorläufige Vollstreckbarkeit seiner Entscheidung anordnen. Ob es davon Gebrauch macht, unterliegt indes ebenfalls seiner Ermessensentscheidung.

c) Einzelfälle

aa) Maßnahmen zur Herbeiführung einer ordnungsgemäßen Beschlussfassung

Haben die Wohnungseigentümer eine Maßnahme deshalb nicht getroffen, weil keine Versammlung abgehalten oder der Beschlussantrag in einer Versammlung mutwillig nicht zur Abstimmung gestellt wurde, kann sich das Gericht darauf beschränken, die Wohnungseigentümer zur Regelung dieser Angelegenheit und zur Abstimmung über verschiedene Beschlussanträge zu verpflichten. Es kann dabei zugleich anordnen, dass und in **welchem zeitlichen Rahmen** eine solche **Versammlung** einzuberufen ist, und dem Verwalter konkrete zeitliche Vorgaben machen. Fehlt ein Verwalter, entspricht es billigem Ermessen, wenn das Gericht einen Wohnungseigentümer, insbesondere auch den Kläger, zur Einberufung einer solchen Versammlung ermächtigt.

bb) Maßnahmen im Zusammenhang mit der Instandhaltung des gemeinschaftlichen Eigentums

Treffen die Wohnungseigentümer eine erforderliche Instandsetzungsmaßnahme nicht, kann das Gericht an ihrer Stelle diejenigen Maßnahmen anordnen, die zur Beseitigung des Instandsetzungsbedarfs erforderlich sind. Soweit dies erforderlich ist, kann es Maßnahmen zur ordnungsgemäßen Ermittlung des Instandsetzungsbedarfes und der **erforderlichen Instandsetzungsmaßnahmen anordnen** und beispielsweise zur Vorbereitung seiner Entscheidung ein Sachverständigengutachten einholen. Ordnet das Gericht Instandsetzungsarbeiten an, kann es zugleich auch Anordnungen zur Finanzierung der Kosten treffen und bestimmen, dass diese Kosten aus einer Rückstellung beglichen werden müssen oder dass eine Sonderumlage zu bilden ist. Wegen der anzuwendenden Kostenverteilungsschlüssel ist das Gericht an die gesetzlichen Vorgaben und an die Regelungen in der Teilungserklärung gebunden. Das Gericht kann den Beteiligten konkrete zeitliche Vorgaben im Hinblick auf die Umsetzung seiner Entscheidung

---

1 BGH v. 6.3.1997 – III ZR 248/95, NJW 1997, 2106 (2107).

machen, den Kläger aber auch sofort zur Ersatzvornahme der Arbeiten auf Kosten der Gemeinschaft ermächtigen.

152 Haben die Wohnungseigentümer **keine Rückstellung** gebildet, um eine erforderliche Instandsetzungsmaßnahme zu finanzieren, entspricht es billigem Ermessen, wenn das Gericht den einzelnen Wohnungseigentümern zugleich auferlegt, den auf sie entfallenden Anteil an den Kosten innerhalb einer angemessenen Frist an den Verwalter als zahlen. Da jede nach § 21 Abs. 8 zu treffende Regelung effektiven Rechtsschutz gewähren soll, kann das Gericht die verklagten Wohnungseigentümer zudem bereits in dem anhängigen Rechtsstreit und ohne dass es eines ausdrücklichen zusätzlichen Antrags bedürfte zur Zahlung des auf sie anteilig entfallenden Betrages an die Gemeinschaft (zu Händen des Verwalters oder des Klägers) verurteilen, das Urteil insoweit für vorläufig vollstreckbar erklären und so für den Kläger einen vollstreckungsfähigen Titel schaffen. Ermessensfehlerhaft wäre es dagegen, wenn das Gericht – insbesondere bei einer eilbedürftigen Instandsetzungsmaßnahme – zwar eine Umlage anordnen, den klagenden Wohnungseigentümer aber wegen der Beitreibung der Forderung auf die Erhebung einer gesonderten Leistungsklage verweisen würde.

cc) Maßnahmen im Zusammenhang mit Gebrauchsregelungen

153 Das Gericht kann im Anwendungsbereich des § 21 Abs. 8 anordnen, dass bestimmte Räume nicht allgemein zugänglich gehalten[1], dass **Parkflächen** markiert werden müssen[2] oder dass eine Gemeinschaft in den Fällen eines gravierenden Parkplatzmangels alljährlich durch Losentscheid eine Nutzungsregelung zu treffen hat[3].

154 Es kann auch eine für die Wohnungseigentümer **verbindliche Hausordnung** erlassen[4]. Voraussetzung ist aber, dass die Wohnungseigentümer sich zuvor mit dieser Angelegenheit befasst haben[5]. Ein **Rauchverbot** in gemeinschaftlichen Räumen (z.B. im Treppenhaus) darf das Gericht trotz der Gesundheitsschädlichkeit des Passivrauchens nicht anordnen, wenn es an einer nachvollziehbaren Gesundheitsgefährdung deshalb fehlt, weil sich die einzelnen Wohnungseigentümer in diesen Räumen nur vorübergehend aufhalten[6].

dd) Maßnahmen im Zusammenhang mit Wirtschaftsplänen und Jahresabrechnungen

155 Beschließen die Wohnungseigentümer nicht den nach § 28 Abs. 5 WEG erforderlichen Wirtschaftsplan[7] oder die Jahresabrechnung[8], so kann das Gericht auch diesbezüglich tätig werden und einen **vorläufigen Wirtschaftsplan** erlassen oder die Jahresabrechnung selbst erstellen. Ist das Wirtschaftsjahr allerdings be-

---
1 BayObLG WE 1988, 23.
2 BayObLG v. 14.8.1987 – BReg. 2Z 77/87, NJW-RR 1987, 1490 (1491).
3 KG v. 27.4.2994 – 24 W 7352/93, OLGZ 1994 527 (532).
4 Siehe OLG Hamm v. 27.1.1969 – 15 W 485/68, OLGZ 1970, 399 (401).
5 LG Köln v. 26.7.2004 – 29 T 72/04, ZMR 2005, 311.
6 BayObLG v. 25.3.1999 – 2Z BR 105/98, NZM 1999, 504 (506).
7 KG v. 10.3.1993 – 24 W 1701/92, OLGZ 1994, 27 (31); KG v. 22.10.1990 – 24 W 4800/90, OLGZ 1991, 180 (181).
8 KG v. 22.5.1991 – 24 W 7393/90, OLGZ 1991, 434 (435).

reits abgelaufen, besteht für die Festsetzung eines Wirtschaftsplans kein Bedürfnis mehr[1]. Bei der Festsetzung eines Wirtschaftsplans muss das Gericht keine detaillierten Gesamt- und Einzelwirtschaftspläne aufstellen, sondern es kann die voraussichtlichen Gesamtkosten schätzen und auf dieser Grundlage die Beitragspflichten der einzelnen Wohnungseigentümer festlegen[2]. Dabei entspricht es billigem Ermessen, wenn das Gericht die Fortgeltung des Wirtschaftsplans bis zur Beschlussfassung über einen neuen Wirtschaftsplan anordnet[3].

156 Betreibt ein Wohnungseigentümer die Ungültigerklärung eines Beschlusses der Wohnungseigentümer, beispielsweise die Ungültigerklärung eines Wirtschaftsplanes, so kann nicht nur der Kläger des Anfechtungsprozesses, sondern können auch die Beklagten im anhängigen Rechtsstreit vorsorglich beantragen, dass das Gericht anstelle des für ungültig erklärten Wirtschaftsplans selbst einen Wirtschaftsplan aufstellt. Hierzu müssen sie allerdings für den Fall der Klagestattgabe **hilfsweise** eine **gesonderte Widerklage** erheben[4].

157 Das Gericht kann die Wohnungseigentümer nach § 21 Abs. 8 WEG anhalten, eine angemessene Instandhaltungsrückstellung zu bilden und die Höhe der Rückstellung ggf. selbst festlegen.

ee) Maßnahmen im Zusammenhang mit der Bestellung eines Verwalters

158 Das Gericht ist aufgrund der Regelung in § 21 Abs. 8 – wie schon nach bisherigem Recht – befugt, auf den Klageantrag eines Wohnungseigentümers hin selbst einen Verwalter für das gemeinschaftliche Eigentum zu bestimmen[5]. Dies wird vor allem dann Bedeutung erlangen, wenn sich die Wohnungseigentümer aufgrund einer Pattsituation nicht auf eine geeignete Person für das Verwalteramt verständigen können. Die Bestellung kommt aber nur in Betracht, sofern sich die vom Gericht ausgewählte Person zur Übernahme des Amtes bereit erklärt und Einvernehmen über die Höhe der dem Verwalter zu zahlenden Vergütung besteht. Von einer Befristung der Bestellung oder von einer Beschränkung der Abberufungsmöglichkeit auf das Vorliegen eines wichtigen Grundes (§ 26 Abs. 1 Satz 3) hat das Gericht abzusehen, da hierfür regelmäßig keine Notwendigkeit besteht. Die gerichtliche Ermessensentscheidung soll eine von den Wohnungseigentümern nicht getroffene Maßnahme ersetzen, ihre Entscheidungsfreiheit für die Zukunft aber so weit als möglich unberührt lassen (s. hierzu und zur Möglichkeit der Abberufung des gerichtlich bestellten Verwalters § 21 Rz. 132).

159 Die Bestellung eines Verwalters kann **in Ausnahmefällen auch im Wege einer einstweiligen Verfügung** nach §§ 935, 940 ZPO angeordnet werden, wenn ansonsten eine nicht abwendbare Gefahr für das gemeinschaftliche Eigentum oder für das gemeinschaftliche Vermögen droht. Eine solche Situation wird in der Re-

---

1 KG v. 10.3.1993 – 24 W 1701/92, OLGZ 1994, 27 (31).
2 KG v. 22.10.1990 – 24 W 4800/90, OLGZ 1991, 180 (181).
3 KG v. 10.3.1993 – 24 W 1701/92, OLGZ 1994, 27 (31).
4 Zur Zulässigkeit der Eventualwiderklage: BGH v. 30.5.1956 – IV ZR 30/56, BGHZ 21, 13 = NJW 1956, 1472; BGH v. 13.5.1996 – II ZR 275/94, BGHZ 132, 390 (398) = NJW 1996, 2306 (2307).
5 BayObLG v. 12.11.1988 – BReg. 2Z 49/88, NJW-RR 1989, 461; KG WE 1990, 211.

gel nur dann vorliegen, wenn eine Vielzahl von Verwaltungsmaßnahmen unerledigt sind und beispielsweise wegen mangelhafter Verwaltung eine Vielzahl von Rechnungen nicht beglichen, notwendige Instandsetzungsmaßnahmen unerledigt geblieben und Beiträge gegenüber einzelnen Wohnungseigentümern nicht eingezogen worden sind.

160 Ansonsten genügt es, wenn das Gericht sich darauf beschränkt, einzelne Personen zur Vornahme bestimmter Handlungen zu ermächtigen, beispielsweise zur Verwahrung der gemeinschaftlichen Gelder auf einem für die Gemeinschaft eingerichteten Konto oder zur Einberufung einer Versammlung zum Zwecke der Bestellung eines Verwalters. Das Gericht kann auch in seinem Urteil selbst eine solche Versammlung einberufen und zugleich einen Versammlungsleiter bestimmen.

§ 22
Besondere Aufwendungen, Wiederaufbau

(1) Bauliche Veränderungen und Aufwendungen, die über die ordnungsmäßige Instandhaltung oder Instandsetzung des gemeinschaftlichen Eigentums hinausgehen, können beschlossen oder verlangt werden, wenn jeder Wohnungseigentümer zustimmt, dessen Rechte durch die Maßnahme über das in § 14 Nr. 1 bestimmte Maß hinaus beeinträchtigt werden. Die Zustimmung ist nicht erforderlich, soweit die Rechte eines Wohnungseigentümers nicht in der in Satz 1 bezeichneten Weise beeinträchtigt werden.

(2) Maßnahmen gemäß Absatz 1 Satz 1, die der Modernisierung entsprechend § 559 Abs. 1 des Bürgerlichen Gesetzbuches oder der Anpassung des gemeinschaftlichen Eigentums an den Stand der Technik dienen, die Eigenart der Wohnanlage nicht ändern und keinen Wohnungseigentümer gegenüber anderen unbillig beeinträchtigen, können abweichend von Absatz 1 durch eine Mehrheit von drei Viertel aller stimmberechtigten Wohnungseigentümer im Sinne des § 25 Abs. 2 und mehr als der Hälfte aller Miteigentumsanteile beschlossen werden. Die Befugnis im Sinne des Satzes 1 kann durch Vereinbarung der Wohnungseigentümer nicht eingeschränkt oder ausgeschlossen werden.

(3) Für Maßnahmen der modernisierenden Instandsetzung im Sinne des § 21 Abs. 5 Nr. 2 verbleibt es bei den Vorschriften des § 21 Abs. 3 und 4.

(4) Ist das Gebäude zu mehr als der Hälfte seines Wertes zerstört und ist der Schaden nicht durch eine Versicherung oder in sonstiger Weise gedeckt, so kann der Wiederaufbau nicht gemäß § 21 Abs. 3 beschlossen oder gemäß § 21 Abs. 4 verlangt werden.

Inhaltsübersicht

	Rz.
I. Einleitung	1
II. Bauliche Veränderungen, § 22 Abs. 1 WEG	2
1. Objekte baulicher Veränderungen	2
2. Bauliche Veränderungen	3
a) Begriff	3
b) Abgrenzungen	6
aa) Maßnahmen am Sondereigentum	6
bb) Erstherstellung	7
cc) Instandhaltung und Instandsetzung	9
dd) Notgeschäftsführung, § 21 Abs. 2 WEG	10
ee) Gebrauchsregelungen	11
c) Zustimmung	12
aa) Grundsatz	12
bb) Mehrheitsbeschlüsse	16
cc) Zustimmung unter Auflagen und Bedingungen	22
dd) Zustimmungsfreiheit bei fehlender Nachteiligkeit	28
ee) Bedeutung der Baugenehmigung	34
ff) Anspruch auf Zustimmung trotz Nachteiligkeit	36
gg) Änderung der gesetzlichen Regelung durch Vereinbarung	39
(1) Erleichterungen	40
(2) Erschwerungen	43
(3) Sonderfall: Zustimmung des Verwalters	44
3. Ansprüche auf Wiederherstellung des ursprünglichen Zustandes	45
a) Anspruchsgrundlagen und Anspruchsinhalt	46
b) Anspruchsberechtigte	49
c) Anspruchsverpflichtete (Störer)	52
d) Verjährung, Verwirkung, Rechtsmissbrauch	55
4. Verfahrensrecht	58
a) Erkenntnisverfahren	59
b) Zwangsvollstreckung	60

	Rz.
III. Privilegierte Modernisierungsmaßnahmen, § 22 Abs. 2 WEG	62
1. Überblick	62
2. Formelle Voraussetzungen	63
3. Materielle Voraussetzungen	64
a) Modernisierungen gem. § 559 Abs. 1 BGB	65
b) Maßnahmen zur Anpassung an den Stand der Technik	71
c) Grenzen der Mehrheitsmacht	73
4. Kein Anspruch des einzelnen Wohnungseigentümers	75
IV. Modernisierende Instandsetzung, § 22 Abs. 3 WEG	76
V. Wiederaufbaupflicht, stecken gebliebener Bau, § 22 Abs. 4 WEG	77
1. Grenzen der Wiederaufbaupflicht	78
a) Umfang der Zerstörung	81
b) Keine anderweitige Deckung	82
2. Stecken gebliebener Bau	83
VI. Anhang: Einzelfälle	84
Antenne	86
Außentreppe	87
Balkon, Wintergarten oder Terrasse	88
Dachbodenausbau	91
Dachgarten oder Dachterrasse	92
Dunstabzugshaube	94
Fenster	95
Fenstergitter	97
Garten	98
Kfz-Stellplätze	99
Parabolantenne	100
Rollladen	103
Sonnenkollektoren	104
Trittschallschutz	105
Überwachungskamera	107
Wanddurchbrüche	108
Werbung	109
Zaun	110

Schrifttum: *Abramenko*, Die Teilrechtsfähigkeit der Wohnungseigentümergemeinschaft: Aktuelle Diskussionen und Probleme, ZMR 2006, 409; *Armbrüster*, Die Anforderungen an die Zustimmung zu baulichen Veränderungen, WE 1998, 280 ff.; *Armbrüster*, Gebrauchsvorteile und Kostenlast bei baulichen Veränderungen am Gemeinschaftseigentum, ZMR 1998, 395 ff.; *Armbrüster*, Die Verteilung der Folgekosten beim Dachausbau, ZWE 2001, 85 ff.; *Armbrüster*, Kollisionen zwischen Gemeinschaftsordnung und Mietvertrag, ZWE 2004, 217 ff.; *Armbrüster*, Harmonisierung des wohnungseigentumsrechtlich und mietvertraglich zulässigen Gebrauchs, in FS Blank (2006), 577 ff.; *Armbrüster*, Zur Wirkung wohnungseigentumsrechtlicher Gebrauchsbeschränkungen gegen Mieter, in: FS Seuss (2007), S. 3 ff. = ZWE 2007, 227 ff.; *Armbrüster/Müller*, Direkte Ansprüche der Wohnungseigentümer gegen Mieter, insbesondere bei zweckwidrigem Gebrauch, ZMR 2007, 321 ff.; *Becker*, Die Haftung der Wohnungseigentümer für Schäden am Sondereigentum infolge mangelhafter Instandsetzung des gemeinschaftlichen Eigentums, ZWE 2000, 56 ff.; *Becker/Strecker*, Mehrheitsherrschaft und Individualrechtsschutz bei der Instandsetzung gemeinschaftlichen Eigentums, ZWE 2001, 569 ff.; *Bielefeld*, Bauliche Veränderungen oder modernisierende Instandsetzung, DWE 1989, 96 ff.; *Briesemeister*, Die Begründung von Sonderpflichten einzelner Wohnungseigentümer durch Mehrheitsbeschluss, ZWE 2003, 307 ff.; *Briesemeister*, Bauliche Veränderungen im Sondernutzungsbereich, DWE 2005, 67 ff.; *Briesemeister*, Durchgriffsansprüche der Wohnungseigentümergemeinschaft gegen den Mieter eines Wohnungseigentümers, FS Blank (2006), S. 591 ff.; *Bub*, Die Übertragung der Zuständigkeit für die Durchführung von Maßnahmen der Instandhaltung und Instandsetzung von Teilen des Gemeinschaftseigentums auf einzelne Wohnungseigentümer, FS Deckert (2002), S. 49 ff.; *Bub*, Wohnungseigentum und Miete – Überblick, ZWE 2004, 99 ff.; *Bub*, Die Bindung des Sonderrechtsnachfolgers an die Zustimmung zu baulichen Veränderungen gem. § 22 Abs. 1 WEG, FS Wenzel (2005), S. 123 ff.; *Deckert*, Instandhaltungs- und Instandsetzungspflichten bei Garagen- und Stellplatzeigentum, DWE 2005, 71 ff.; *Derleder*, Barrierefreiheit im Wohnungseigentumsrecht, ZWE 2004, 118 ff.; *Derleder*, Parabolantennen in der Wohnungseigentumsanlage und digitales Fernsehen, ZWE 2006, 220 ff.; *Drabek*, Bauliche Veränderungen im Spannungsfeld zur sog. „modernisierenden Instandsetzung", ZWE 2001, 470 ff.; *Drasdo*, Bauliche Veränderungen: Zustimmungsbedürftigkeit – Nachteil und Beeinträchtigung, DWE 2004, 46 ff.; *Elzer*, Die fehlerhafte Verkündung eines positiven Beschlusses, ZWE 2007, 165 ff.; *Gottschalg*, Die Abgrenzung der baulichen Veränderung von der modernisierenden Instandsetzung, NZM 2001, 729 ff.; *Gottschalg*, Kostenverteilung bei baulichen Veränderungen, NZM 2004, 529 ff.; *Häublein*, Die Willensbildung in der Wohnungseigentümergemeinschaft nach der WEG-Novelle, ZMR 2007, 411 ff.; *Hogenschurz*, Verjährung und Verwirkung von Beseitigungs- und Wiederherstellungsansprüchen bei baulichen Veränderungen nach dem Gesetz zur Modernisierung des Schuldrechts, ZWE 2002, 512 ff.; *Hogenschurz*, Trittschallschutz – Besonderheiten nach Bodenbelagswechsel in Eigentumswohnungen, MDR 2003, 201 ff.; *Huff*, Elektronische Überwachung in der Wohnungseigentumsanlage, NZM 2002, 90 ff.; *Huff*, Grenzen der Videoüberwachung in der Wohnungseigentumsanlage, NZM 2002, 688 ff.; *Jennißen*, Die Beschlusskompetenz gem. § 21 Abs. 3 WEG, ZMR 2004, 564 ff.; *Münstermann-Schlichtmann*, Fenstererneuerung – Auftragsverantwortlichkeit und Kostenverteilung, ZWE 2002, 295 ff.; *Niedenführ*, Das Streitpotenzial um bauliche Veränderungen, NZM 2001, 1105 ff.; *Ott*, Die Zustimmung zu baulichen Veränderungen und zur Kostentragung, ZWE 2002, 61 ff.; *Ott*, Der steckengebliebene Bau nach Insolvenz des Bauträgers, NZM 2003, 134 ff.; *v. Rechenberg*, Bauliche Veränderung am Beispiel des Dachbodenausbaus zu Wohnzwecken, FS Deckert (2002), S. 309 ff.; *v. Rechenberg/Hildebrand*, Zulässigkeit der Einfriedung von Sondernutzungsflächen durch Hecken oder Zäune, WE 2004, 126 ff.; *Riecke/Schütt*, Bauliche Veränderungen am Wohnungseigentum – Eine anwaltliche Beratungsfalle?, MDR 1999, 837 ff.; *Riesenberger*, Der steckengebliebene Bau, FS Deckert (2002), S. 395 ff.; *Röll*, Verwirkung und Verjährung von Ansprüchen auf Beseitigung baulicher Änderungen und Unterlassung von Nutzungsänderungen nach der Schuldrechtsmodernisierung, ZWE 2002, 353 ff.; *Schmack/Kümmel*, Der einstimmige Beschluss als Regelungsinstrument im Wohnungseigentumsrecht, ZWE 2000, 433 ff. und ZWE 2001, 58 ff.; *Schuschke*, Kfz-Stellplätze in der Wohnungseigentumsanlage, NZM 1999, 1121 ff.; *Schuschke*, Veränderungen und Umbauten in der eigenen Eigentumswohnung, ZWE 2000,

146 ff.; *Wenzel*, Anspruchsbegründung durch Mehrheitsbeschluss, NZM 2004, 542 ff.; *Wenzel*, Der Störer und seine verschuldensunabhängige Haftung im Nachbarrecht, NJW 2005, 241 ff.; *Wenzel*, Umstellung des Fernsehempfangs – bauliche Veränderung?, ZWE 2007, 179 ff.

I. Einleitung

Bauliche Veränderungen sind gem. § 22 Abs. 1 WEG von der Beschlussfassung durch Stimmenmehrheit, § 21 Abs. 3 WEG, und dem Anspruch des einzelnen Wohnungseigentümers auf ordnungsgemäße Verwaltung, § 21 Abs. 4 WEG, ausgenommen, sofern sie über die ordnungsgemäße – auch modernisierende, § 22 Abs. 3 WEG – Instandhaltung oder Instandsetzung des gemeinschaftlichen Eigentums hinausgehen. Der einzelne Wohnungseigentümer soll die Gewissheit haben, dass die Wohnungseigentumsanlage, in der er Wohnungseigentümer geworden ist, nicht gegen seinen Willen in wesentlichen Bereichen geändert werden kann und dass er vor den finanziellen Risiken einer nicht vorhersehbaren Maßnahme geschützt ist, der er sich nicht durch Austritt aus der Gemeinschaft entziehen kann[1]. Änderungen durch Mehrheitsbeschluss sind nur unter den qualifizierten Anforderungen des § 22 Abs. 2 WEG zulässig. Im Übrigen ist nach § 22 Abs. 1 WEG die Zustimmung jedes einzelnen Wohnungseigentümers nur dann entbehrlich, wenn seine Rechte durch die Veränderung nicht über das in § 14 Nr. 1 WEG bestimmte, bei einem geordneten Zusammenleben unvermeidliche Maß hinaus beeinträchtigt werden.

1

II. Bauliche Veränderungen, § 22 Abs. 1 WEG

1. Objekte baulicher Veränderungen

Die Grundsätze der gesetzlichen Regelung des § 22 Abs. 1 WEG für bauliche Veränderungen am **Gemeinschaftseigentum** lassen sich zutreffend nur erfassen und anwenden, wenn man Gemeinschaftseigentum und Sondereigentum als Objekt einer baulichen Veränderung unterscheidet. Die Regelungen im 3. Abschnitt des Wohnungseigentumsgesetzes beziehen sich nur auf die Verwaltung des gemeinschaftlichen Eigentums, § 20 Abs. 1 WEG. § 22 WEG gilt also nur für bauliche Veränderungen, die das Gemeinschaftseigentum betreffen. Für das Sondereigentum ergibt sich aus § 13 Abs. 1 WEG, dass jeder Wohnungseigentümer mit den im Sondereigentum stehenden Gebäudeteilen nach Belieben verfahren darf, soweit nicht das Gesetz (vgl. etwa §§ 14 Nr. 1 und 3, 15 Abs. 2) oder Rechte Dritter entgegenstehen. Die gesetzliche Bestimmung, was zum Gemeinschaftseigentum gehört, ist zwingend (vgl. § 1 Rz. 19 ff.; § 5 Rz. 62 ff.). Abweichende Regelungen in der Teilungserklärung[2], in Vereinbarungen und in Beschlüssen sind nichtig[3]. Die Einräumung eines Sondernutzungsrechts hat keine Auswirkung auf die Zuordnung zum Gemeinschaftseigentum.

2

---
1 Vgl. KG v. 2.10.1981 – 1 W 4877/70, MDR 1982, 149 = ZMR 1982, 61.
2 Der Begriff Teilungserklärung meint sowohl die Erklärungen zur Begründung von Wohnungseigentum nach § 3 WEG oder § 8 WEG als auch alle Vereinbarungen nach § 10 Abs. 1 WEG, insbesondere die Gemeinschaftsordnung.
3 Vgl. OLG Düsseldorf v. 8.5.1996 – 3 Wx 389/95, OLGReport Düsseldorf 1996, 189; OLG Köln v. 29.4.1997 – 16 Wx 76/97, OLGReport Köln 1997, 218 = WuM 1997, 461; OLG Köln v. 23.12.1998 – 16 Wx 211/98, OLGReport Köln 1999, 185 = NZM 1999, 424.

2. Bauliche Veränderungen

a) Begriff

3 Bauliche Veränderungen sind auf Dauer angelegte gegenständliche **Eingriffe in die Substanz** des gemeinschaftlichen Eigentums, die einen neuen Zustand schaffen, also über die Pflege und Erhaltung des gegenwärtigen Zustands einschließlich der modernisierenden Instandsetzung, § 22 Abs. 3 WEG, oder seiner erstmaligen Herstellung hinausgehen, sowie auch alle Veränderungen, die auf die **äußere Gestaltung** des Gemeinschaftseigentums nachhaltig einwirken (vgl. § 5 Abs. 1)[1].

4 Ob es sich um **Maßnahmen der Mehrheit** der Wohnungseigentümer handelt oder um das eigenmächtige **Vorgehen einzelner Wohnungseigentümer**, ist unerheblich. Weil § 22 Abs. 1 WEG auch nicht voraussetzt, dass aus der Wohnungseigentümergemeinschaft in das Gemeinschaftseigentum eingegriffen wird, regelt er auch die Zustimmung zur Bebauung eines Nachbargrundstücks, die in das Gemeinschaftseigentum eingreift, etwa zum An- oder Aufbau an der Grenzwand[2].

5 **Vergleichszustand** für die Feststellung des Vorliegens einer Veränderung ist der Errichtungszustand und der hieraus durch Vornahme einer baulichen Veränderung hervorgegangene Zustand, soweit diese bauliche Veränderung zulässig erfolgt[3] oder zu dulden ist[4].

b) Abgrenzungen

Keine bauliche Veränderung liegt in folgenden Fällen vor:

aa) Maßnahmen am Sondereigentum

6 Maßnahmen am **Sondereigentum**, die die bauliche Substanz des Gemeinschaftseigentums oder das äußere Gestaltungsbild der Anlage nicht verändern, sondern für die anderen Wohnungseigentümer nur sonstige nicht unerhebliche Nachteile mit sich bringen, etwa das Laufgeräusch von Rollladenmotoren oder die Abluft einer Klimaanlage, sind keine bauliche Veränderung i.S.d. § 22 Abs. 1 WEG, sondern als Nutzung des Sondereigentums an §§ 13 ff. WEG zu messen[5].

---

1 So OLG Köln v. 29.4.1997 – 16 Wx 76/97, OLGReport Köln 1997, 218 = WuM 1997, 461; OLG Köln v. 31.5.1999 – 16 Wx 77/99, OLGReport Köln 1999, 325; OLG Köln v. 17.12. 2001 – 16 Wx 276/01, OLGReport Köln 2002, 90; OLG Köln v. 9.3.2006 – 16 Wx 27/06, OLGReport Köln 2006, 593: OLG Hamburg v. 17.1.2005 – 2 Wx 103/04, OLGReport Hamburg 2005, 337 = ZMR 2005, 394; *Schuschke*, ZWE 2000, 146 (147); a.A. *Niedenführ*, NZM 2001, 1105(1106): nur Substanzeingriffe.
2 OLG Köln v. 7.6.1995 – 16 Wx 56/95, FGPrax 1995, 191 = WuM 1995, 502 = ZMR 1995, 552.
3 OLG Köln v. 29.9.2000 – 16 Wx 132/00, OLGReport Köln 2001, 22.
4 Palandt/*Bassenge*, 66. Aufl., § 22 WEG Rz. 4.
5 Vgl. BayObLG v. 16.12.1993 – 2Z BR 113/93, WuM 1994, 151 (152); anderer Ansicht: OLG Köln v. 30.8.2000 – 16 Wx 115/00, OLGReport Köln 2001, 23 (24); OLG Köln v. 9.10.2000 – 16 Wx 102/00, OLGReport Köln 2001, 83 (84f.) = NZM 2001, 135.

bb) Erstherstellung

Die **erstmalige**[1] **ordnungsgemäße Herstellung**, d.h. vollständige Errichtung und Ausstattung des Gemeinschaftseigentums durch Baumaßnahmen, die sich aus der Zweckbestimmung des Hauses oder der Teilungserklärung ergeben oder erkennbar sind, ist keine bauliche Veränderung[2]. Jeder Wohnungseigentümer kann von den übrigen Wohnungseigentümern gem. § 21 Abs. 4, Abs. 5 Nr. 2 WEG die Mitwirkung bei der Herstellung eines erstmaligen ordnungsmäßigen Zustandes der Wohnanlage entsprechend dem Aufteilungsplan und den bauordnungsrechtlich genehmigten Bauplänen in den Grenzen des § 242 BGB verlangen[3]. Dies gilt nicht, wenn die Eigentümer den unvollständigen Errichtungszustand zum Sollzustand erhoben haben[4]. Bei mehreren Möglichkeiten zur Herstellung des ordnungsgemäßen Zustands können die Wohnungseigentümer über die durchzuführende Fertigstellung mit Mehrheit entscheiden, soweit die gewählte Möglichkeit dem Interesse der Gesamtheit der Wohnungseigentümer nach billigem Ermessen entspricht[5].

7

Maßstab für die Frage, ob eine Erstherstellung vorliegt, ist die Teilungserklärung, soweit diese schweigt, auch die Bauunterlagen, nicht aber der Kaufvertrag nebst der diesem beigefügten Baubeschreibung eines einzelnen Erwerbers[6]. Auch eine **planwidrige Errichtung durch den Bauträger** stellt keine bauliche Veränderung dar. Veränderungen i.S.d. § 22 Abs. 1 WEG liegen erst bei einem Abweichen vom Zustand zum Zeitpunkt des Entstehens der werdenden Wohnungseigentümergemeinschaft vor[7]. Maßnahmen zur **erstmaligen Herstellung einer Fernsprechteilnehmereinrichtung, Rundfunk- und Fernsehempfangsanlage oder eines Energieversorgungsanschlusses** können nach § 21 Abs. 3, Abs. 5

8

---

1 Vgl. OLG Köln v. 29.9.2000 – 16 Wx 132/00, OLGReport Köln 2001, 22: nicht die Wiederherstellung des Errichtungszustands.
2 BayObLG v. 4.12.2002 – 2Z BR 40/02 für Wand mit Türe in der Wohnung; BayObLG v. 6.6.2002 – 2Z BR 124/01, NZM 2002, 875 für Stellplätze; OLG Düsseldorf v. 14.5.2004 – 3 Wx 95/04, NZM 2005, 184 für Herstellung einer ausreichenden Kellerisolierung bei nachträglich in Wohnungseigentum aufgeteiltem Altbestand.
3 BayObLG v. 20.3.2002 – 2Z BR 178/01, ZMR 2002, 685; vgl. a. OLG Hamburg v. 25.2.2002 – 2 Wx 94/01, NZM 2003, 109: kein Anspruch auf abweichende Erstherstellung.
4 BayObLG v. 25.11.1998 – 2Z BR 98/98, NZM 1999, 262 = ZMR 1999, 267 für Mehrheitsbeschluss; BayObLG v. 28.6.1989 – BReg 2Z 57/89, NJW-RR 1989, 1165 = WuM 1989, 526; BayObLG v. 25.11.1998 – 2Z BR 98/98, BayObLGReport 1999, 17 für Annahme einer Abstandszahlung des Errichters und deren anteilige Auszahlung an alle Wohnungseigentümer.
5 BayObLG v. 28.3.1996 – 2Z BR 4/96, NJWE-MietR 1996, 181 = WuM 1996, 299 (300).
6 OLG Köln v. 7.4.2000 – 16 Wx 32/00, ZMR 2000, 861 = ZWE 2000, 378.
7 BayObLG v. 27.3.1986 – 2Z 109/85, NJW-RR 1986, 954; BayObLG v. 24.9.1986 – 2Z 74/85, WuM 1987, 164; BayObLG v. 20.11.1987 – 2Z 91/87, NJW-RR 1988, 587; BayObLG v. 9.6.1989 – 1b Z 11/88, WuM 1989, 539; BayObLG v. 5.11.1993 – 2Z BR 83/93, NJW-RR 1994, 276 = ZMR 1994, 126; BayObLG v. 29.5.1998 – 2Z BR 57/98, NZM 1999, 286; OLG Hamm v. 21.7.1997 – 15 W 482/96, OLGReport Hamm 1998, 8 = NZM 1998, 199; OLG Köln v. 27.8.1997 – 16 Wx 86/97, NZM 1998, 199; OLG Zweibrücken v. 23.11.2001 – 3 W 226/01, OLGReport Zweibrücken 2002, 165 = NZM 2002, 253 = ZMR 2002, 469; zutreffend abweichend BayObLG v. 29.5.1998 – 2Z BR 57/98, NZM 1999, 286 für den Fall der Errichtung durch mehrere Bauherren, die schon zu Beginn der Bauarbeiten Wohnungseigentümer geworden sind.

§ 22 Verwaltung

Nr. 6 WEG im Rahmen ordnungsgemäßer Verwaltung mit Mehrheit beschlossen werden[1].

cc) Instandhaltung und Instandsetzung

9 Maßnahmen ordnungsgemäßer Instandhaltung und Instandsetzung des Gemeinschaftseigentums und gem. § 22 Abs. 3 WEG ausdrücklich auch die modernisierende Instandsetzung[2] sind keine baulichen Veränderungen. Eine **modernisierende Instandsetzung** (vgl. § 22 Rz. 76ff.) liegt dann vor, wenn ein verantwortungsbewusster, wirtschaftlich denkender Hauseigentümer vernünftigerweise ebenso sanieren würde, der wirtschaftliche Aufwand für eine technische Neuerung also in einem vertretbaren Verhältnis zum Erfolg steht und sich in absehbarer Zeit bezogen auf die Lebensdauer der Maßnahme amortisiert[3]. Zu Instandsetzungsmaßnahmen zählen auch solche Vorhaben, die aufgrund öffentlich-rechtlicher Vorgaben vorgeschrieben sind[4], etwa die Anlage eines Kinderspielplatzes oder Energieeinsparmaßnahmen sowie ordnungsbehördlich angeordnete Maßnahmen[5]. Die bloße, auch wirtschaftlich sinnvolle Verbesserung macht allerdings aus der baulichen Veränderung noch keine dem Mehrheitsbeschluss zugängliche Maßnahme der Instandsetzung oder Instandhaltung; es muss zumindest aus ex ante-Sicht ein Sanierungsbedarf bestehen[6].

dd) Notgeschäftsführung, § 21 Abs. 2 WEG

10 Wird eine eigentlich als bauliche Veränderung anzusprechende Baumaßnahme im Rahmen der Notgeschäftsführung erforderlich, hält sie sich nach der gesetzlichen Systematik immer im Rahmen ordnungsgemäßer Verwaltung und ist daher nicht nach § 22 Abs. 1 WEG zu beurteilen. Dies gilt insbesondere für die **Beseitigung von Gefahrenquellen**[7].

ee) Gebrauchsregelungen

11 Keine baulichen Veränderungen sind Veränderungen an unbebauten Grundstücksteilen zur Umsetzung der Zweckbestimmung des Grundstücksteils. Als durch Mehrheitsbeschluss mögliche **Gebrauchsregelung**, § 15 Abs. 2 WEG, gilt deshalb das Anbringen von Markierungsstreifen zur Herstellung einer Parkordnung auf einem in der Teilungserklärung als Kfz-Abstellfläche ausgewiesenen

---

1 OLG Celle v. 5.4.1986 – 4 W 30/86, NJW-RR 1986, 1271; OLG Hamm v. 9.10.1997 – 15 W 245/97, OLGReport Hamm 1998, 5 = ZMR 1998, 188; OLG Köln v. 19.7.1995 – 16 Wx 83/95, WuM 1996, 106.
2 OLG Schleswig v. 8.12.2006 – 2 W 111/06, ZMR 2007, 562; s.a. *Drabek*, ZWE 2001, 470; *Gottschalg*, NZM 2001, 729.
3 KG v. 2.2.1996 – 24 W 7880/95, KGReport Berlin 1996, 194; OLG Düsseldorf v. 3.5.1999 – 3 Wx 76/99, OLGReport Düsseldorf 2000, 82; OLG Düsseldorf v. 26.4.2000 – 3 Wx 81/00, OLGReport Düsseldorf 2000, 442.
4 BayObLG v. 11.12.1980 – 2Z 74/79, NJW 1981, 690 = ZMR 1981, 265; BayObLG v. 25.6.1998 – 2Z BR 10/98, NZM 1998, 817 = ZMR 1998, 647.
5 OLG Köln v. 6.8.2004 – 16 Wx 81/04, OLGReport 2005, 2.
6 OLG München v. 27.9.2006 – 34 Wx 059/06, Juris.
7 BayObLG v. 17.2.2000 – 2Z BR 180/99, NZM 2000, 513.

asphaltierten Hof[1], im Gegensatz zur Einrichtung und Vermietung von Pkw-Stellplätzen auf der gemeinschaftlichen Garagenzufahrt[2].

Andererseits können Gebrauchsregelungen durch Mehrheitsbeschluss die **Grenzen des Zulässigen** bindend festlegen[3].

c) Zustimmung

aa) Grundsatz

Liegt eine bauliche Veränderung vor, ist für ihre Zulässigkeit die **Zustimmungen aller** über das bei einem geordneten Zusammenleben unvermeidliche Maß hinaus **benachteiligten Wohnungseigentümer**[4] erforderlich, nicht aber dinglich berechtigter Dritter. Die Neufassung des Abs. 1 beabsichtigt keine Änderung der Rechtslage: Weil der Gesetzgeber davon ausgeht, dass in der Praxis mit nur wenigen Ausnahmen alle Wohnungseigentümer beeinträchtigt sind, wird als gesetzlicher Regelfall die Zustimmung durch (einstimmigen) Eigentümerbeschluss vorgesehen. Es bleibt aber, wie auch im neuen Wortlaut durch Abs. 1 vorsorglich ausdrücklich ausgesagt wird, dabei, dass die Zustimmung nur derjenigen Wohnungseigentümer erforderlich ist, die durch die Maßnahme i.S.d. §§ 22 Abs. 1 S. 1, 14 Nr. 1 WEG beeinträchtigt sind.

12

Die Zustimmung kann also nicht nur durch Eigentümerbeschluss erfolgen[5]. Vielmehr gilt unverändert: Die Zustimmung ist ein eigenständiges Regelungsinstrument neben Vereinbarung und Beschluss. Sie ist zutreffend als **einseitiges Rechtsgeschäft** zu charakterisieren, auf das die §§ 182 ff. BGB entsprechend Anwendung finden[6]. Sie ist für den Zustimmenden grundsätzlich bindend und unter den Voraussetzungen des § 183 BGB widerruflich[7].

13

Die Zustimmung zu einer baulichen Veränderung durch den Rechtsvorgänger bindet auch dessen **Rechtsnachfolger**; er kann die Beseitigung der baulichen

14

---

1 BayObLG v. 14.8.1987 – BReg 2Z 77/87, NJW-RR 1987, 1490 = WuM 1988, 97; OLG Karlsruhe v. 19.12.1977 – 3 W 6/77, MDR 1978, 495; OLG Köln v. 2.5.1978 – 16 Wx 10/78, OLGZ 1978, 287; vgl. a. KG v. 6.3.1985 – 24 W 3664/84, OLGZ 1985, 263.
2 OLG Zweibrücken v. 27.8.1985 – 3 W 121/85, OLGZ 1985, 418 = MDR 1986, 60 = NJW-RR 1986, 562 = ZMR 1986, 61.
3 BayObLG v. 14.1.1993 – 2Z BR 123/92, WE 1994, 28 = WuM 1993, 206; BayObLG v. 6.2.1992 – 2Z 166/91, WuM 1992, 206 = ZMR 1992, 202; BayObLG v. 22.3.2001 – 2Z BR 20/01, NZM 2002, 259 für das Aufstellen von Blumenkästen.
4 Wenn ein Wohnungseigentum mehreren gehört, so muss jeder von ihnen zustimmen, denn eine gesetzliche Vertretungsmacht der Miteigentümer ist in §§ 741 ff. BGB oder § 1011 BGB nicht vorgesehen, OLG München v. 22.5.2006 – 34 Wx 183/05, Juris.
5 Wie hier *Häublein*, ZMR 2007, 411 (420); anders *Hügel/Elzer*, Das neue WEG, § 7 Rz. 15 f.; vgl. zum alten Recht: BayObLG v. 7.9.1994 – 2Z BR 65/94, NJW-RR 1995, 653 = WuM 1994, 640; BayObLG v. 28.3.2001 – 2Z BR 1/01, ZMR 2001, 640; *Niedenführ*, NZM 2001, 1105, 1106; *Schuschke*, NZM 2001, 497.
6 OLG Hamm v. 12.3.1991 – 15 W 41/90, OLGZ 1991, 418 = MDR 1991, 1171 = NJW-RR 1991, 910; *Ott*, ZWE 2002, 61, 62; *Schuschke*, NZM 2001, 497.
7 BayObLG v. 6.9.2001 – 2Z BR 86/01, ZMR 2002, 68; OLG Düsseldorf v. 10.3.2006 – 3 Wx 16/06, OLGReport Düsseldorf 2006, 674 = ZMR 2006, 624.

Veränderung nicht verlangen[1], jedenfalls dann nicht, wenn mit der baulichen Umgestaltung bereits begonnen worden ist[2].

15 Die Zustimmung ist empfangsbedürftig[3], **nicht formgebunden**[4]. Sie kann auch mündlich oder konkludent[5] erklärt werden, sofern nur Erklärungsbewusstsein vorliegt[6] oder wenn der Handelnde bei Anwendung pflichtgemäßer Sorgfalt hätte erkennen können, dass sein Verhalten als Willenserklärung aufgefasst wird[7]. Die Zustimmung muss nicht gleichzeitig durch alle benachteiligten Wohnungseigentümer erfolgen, sondern ist auch im Umlaufverfahren möglich. Die Zustimmung wird sich nur im Einzelfall aus einer öffentlich-rechtlichen Verzichtserklärung, etwa der Nachbarzustimmung im Baugenehmigungsverfahren in Kenntnis der konkreten Ausbauplanung, ergeben[8]. Die Zustimmung für bauliche Veränderungen liegt nicht schon in der Einräumung eines Sondernutzungsrechts an einer unbebauten Fläche[9].

bb) Mehrheitsbeschlüsse

16 Ein **Mehrheitsbeschluss** ersetzt die notwendige Zustimmung der benachteiligten Wohnungseigentümer nicht[10], es sei denn, er wird bestandskräftig (vgl. § 22

---

1 BayObLG v. 7.4.1993 – 2Z BR 9/93, BayObLGReport 1993, 41 = NJW-RR 1993, 1165 (1166); BayObLG v. 6.9.2001 – 2Z BR 86/01, ZMR 2002, 68; KG v. 8.9.1993 – 24 W 5753/93 und 24 W 2301/93, WuM 1994, 38; OLG Hamm v. 9.1.1996 – 15 W 340/95, OLGReport Hamm 1996, 109 = NJW-RR 1996, 971 (972); OLG Köln v. 6.2.1998 – 16 Wx 333/97, NZM 1998, 872 = ZMR 1998, 459; OLG Stuttgart v. 18.8.1998 – 8 W 188/98, WuM 1999, 540.
2 BayObLG v. 5.2.1998 – 2Z BR 110/97, WE 1998, 278; BayObLG v. 28.3.2001 – 2Z BR 1/01, ZMR 2001, 640 = ZWE 2001, 609; KG v. 8.9.1993 – 24 W 5753/93 und 24 W 2301/93, WuM 1994, 38; KG v. 19.7.2004 – 24 W 318/02, ZMR 2005, 75; OLG Düsseldorf v. 11.8.1997 – 3 Wx 227/97, NZM 1998, 79 = ZMR 1997, 657; OLG Hamm v. 9.1.1996 – 15 W 340/95, OLGReport Hamm 1996, 109 = NJW-RR 1996, 971, 972; zustimmend *Gottschalg*, WE 1997, 2 (6f).
3 OLG Karlsruhe v. 2.12.1998 – 4 W 42/97, OLGReport Karlsruhe 1998, 229 = NJW-RR 1998, 1468.
4 BayObLG v. 9.4.1998 – 2Z BR 164/97, NZM 1998, 1014; BayObLG v. 2.6.1999 – 2Z BR 15/99, NZM 1999, 1009; BayObLG v. 28.3.2001 – 2Z BR 1/01, ZMR 2001, 640.
5 BayObLG v. 7.4.1993 – 2Z BR 9/93, NJW-RR 1993, 1165 (1166); BayObLG v. 11.7.2002 – 2Z BR 55/02, ZMR 2003, 48; OLG Zweibrücken v. 23.12.1999 – 3 W 198/99, OLGReport Zweibrücken 2000, 354 = NZM 2000, 293 = ZMR 2000, 256.
6 OLG Bremen v. 20.2.1998 – 3 W 26/97, OLGReport Bremen 1998, 240 = NZM 1998, 871; OLG Köln v. 12.1.2000 – 16 Wx 149/99, OLGReport Köln 2000, 146 = MDR 2000, 760 = NZM 2000, 765 = ZMR 2000, 638.
7 BayObLG v. 11.7.2002 – 2Z BR 55/02, ZMR 2003, 48; OLG München v. 22.5.2006 – 34 Wx 183/05, Juris.
8 BayObLG v. 2.9.1993, – 2Z BR 73/93, BayObLGReport 1993, 89 = NJW-RR 1994, 82; BayObLG v. 21.5.1999 – 2Z BR 188/98, BayObLGReport 1999, 84 = NZM 1999, 809; KG v. 18.3.1998 – 24 W 2334/97, KGReport Berlin 1999, 232 = NZM 1998, 771 = ZMR 1998, 657; OLG Karlsruhe v. 13.2.1998 – 4 W 42/97, OLGReport Karlsruhe 1998, 229 = NZM 1998, 526.
9 BayObLG v. 27.3.1984 – 2Z 27/83, DWE 1984, 124 = WE 1986, 26; BayObLG v. 19.3.1998 – 2Z BR 131/97, WuM 1998, 563 für Pergola; OLG Köln v. 19.6.1995 – 16 Wx 46/95, WuM 1995, 608 = ZMR 1995, 606; OLG Köln v. 31.1.2000 – 16 Wx 10/00, NZM 2000, 296 (297).
10 BGH v. 18.1.1979 – VII ZB 19/78, BGHZ 73, 196 (199) = MDR 1979, 392 = NJW 1979, 817 (818); BayObLG v. 7.9.1994 – 2Z BR 65/94, NJW-RR 1995, 653 = WuM 1994, 640.

Rz. 12f., 17). Ein allstimmiger Beschluss genügt der erforderlichen Zustimmung[1]. Dem Erfordernis der Zustimmung aller Wohnungseigentümer ist bereits dann nicht genügt, wenn sich nur ein einziger benachteiligter Wohnungseigentümer der Stimme enthält[2]. Seine Zustimmung liegt regelmäßig nicht in der Nichtanfechtung des Mehrheitsbeschlusses[3]. Wenn ein Eigentümer nicht einschreitet, wenn er von der Veränderung Kenntnis erlangt, wird ihm regelmäßig das Bewusstsein fehlen, eine gesetzlich erforderliche Zustimmung zu erteilen[4]. Die bloße Duldung der baulichen Veränderung reicht für die Annahme einer Zustimmung nicht aus[5].

Weil die Zustimmung aller über das in § 14 WEG festgesetzte Maß hinausgehend beeinträchtigten Wohnungseigentümer erforderlich ist, bedeutet dies im Umkehrschluss, dass ein Mehrheitsbeschluss nicht notwendig die erforderliche Zustimmung beinhaltet[6]. Allerdings ist durch die Neufassung des § 22 Abs. 1 WEG klargestellt, dass die Zustimmung auch in Form eines Eigentümerbeschlusses erfolgen kann und regelmäßig erfolgen soll. Dies ist unproblematisch, soweit alle Wohnungseigentümer zustimmen, die durch die bauliche Veränderung über das bei einem geordneten Zusammenleben unvermeidbare Maß hinaus benachteiligt werden. Fehlt die Zustimmung nur eines dieser Wohnungseigentümer, kann der Eigentümerbeschluss erfolgreich angefochten werden. Solange der Mehrheitsbeschluss aber nach Anfechtung nicht für ungültig erklärt worden ist, kann die Beseitigung einer baulichen Veränderung, die durch einen gültigen Mehrheitsbeschluss genehmigt wurde, auch durch einen Wohnungseigentümer, der nicht zugestimmt hat, nicht verlangt werden[7]. Der **bestandskräftige Eigentümerbeschluss** ist nicht aus formalen Gründen wegen Fehlens der Beschlusskompetenz[8] nichtig. Soweit in dem Eigentümerbeschluss

17

---

1 BGH v. 18.1.1979 – VII ZB 19/78, BGHZ 73, 196 (199) = MDR 1979, 392 = NJW 1979, 817 (818); BayObLG v. 7.9.1994 – 2Z BR 65/94, NJW-RR 1995, 653 = WuM 1994, 640.
2 OLG Celle v. 16.5.1991 – 4 W 19/91, OLGZ 1991, 431 = NJW-RR 1992, 86 (87).
3 BayObLG v. 28.3.2001 – 2Z BR 1/01, ZMR 2001, 640; anders im Einzelfall BayObLG v. 15.10.1992 – 2Z BR 75/92, BayObLGZ 1992, 288 = BayObLGReport 1993, 17 = MDR 1993, 344 = NJR-RR 1993, 206; OLG Köln v. 30.6.2004 – 16 Wx 135/04, NZM 2005, 108 = ZMR 2004, 939.
4 *Schuschke*, ZWE 2000, 146 (149).
5 BayObLG v. 5.2.1998 – 2Z BR 110/97, BayObLGZ 1998, 32 (34) = MDR 1998, 527 = NJW-RR 1998, 947 = NZM 1998, 524 = ZMR 1998, 359; BayObLG v. 5.1.2001 – 2Z BR 94/00, ZMR 2001, 468; BayObLG v. 28.3.2001 – 2Z BR 1/01, ZMR 2001, 640; vgl. a. BayObLG v. 26.7.2001 – 2Z BR 73/01, BayObLGReport 2001, 65 = NJW-RR 2002, 445 = NZM 2001, 956 = ZMR 2002, 136; vgl. a. BayObLG v. 9.3.1995 – 2Z BR 16/95, WuM 1995, 504.
6 BGH v. 18.1.1979 – VII ZB 19/78, BGHZ 73, 196 (199) = MDR 1979, 392 = NJW 1979, 817 (818); vgl. BayObLG v. 7.9.1994 – 2Z BR 65/94, NJW-RR 1995, 653 = WuM 1994, 640.
7 BayObLG v. 30.11.2000 – 2Z BR 81/00, NZM 2001, 133; BayObLG v. 17.9.2003 – 2Z BR 179/03, BayObLGReport 2004, 1 für Gestattung eines Balkonanbaus; OLG Düsseldorf v. 2.11.2004 – I-3 Wx 234/04, ZMR 2005, 143; OLG Köln v. 12.1.2001 – 16 Wx 156/00, OLGReport Köln 2001, 343 = NZM 2001, 293 = ZMR 2001, 474; OLG Köln v. 1.2.2002 – 16 Wx 10/02, OLGReport Köln 2002, 243 = NZM 2002, 454; *Abramenko*, ZMR 2003, 468, 469; *Niedenführ*, NZM 2001, 1105 (1109); *Ott*, ZWE 2002, 61 (65).
8 BGH v. 20.9.2000 – V ZB 58/99, BGHZ 145, 158 = NJW 2000, 3500 = MDR 2000, 1367 = NZM 2000, 1184 = ZMR 2000, 771.

§ 22 Verwaltung

Regelungen der Kostentragung getroffen werden, müssen die Voraussetzungen des § 16 Abs. 4 WEG (vgl. § 16 Rz. 42 ff., 118 ff.) eingehalten werden.

18 Die Grenze zur **Nichtigkeit** des Beschlusses aus materiellrechtlichen Gründen ist aber überschritten, wenn in den Kernbereich des Wohnungseigentums eingegriffen wird, etwa weil der Beschluss in das Sondereigentum einzelner Wohnungseigentümer eingreift[1]. Nichtig ist auch ein Beschluss, mit dem festgestellt werden soll, ein für einen Wohnungseigentümer rechtskräftig titulierter Anspruch auf Beseitigung einer baulichen Veränderung sei trotz gewisser Maßabweichungen erfüllt[2]. Nichtigkeit kann auch im Fall der Unbestimmtheit des bestandskräftig gewordenen Mehrheitsbeschlusses vorliegen[3]. Die Baumaßnahmen sind aber legitimiert, wenn der die Baumaßnahmen nicht im Detail beschreibende Mehrheitsbeschluss gefasst wurde, soweit im Zeitpunkt der Beschlussfassung die wesentlichen Arbeiten bereits durchgeführt oder doch für jedermann ersichtlich angefangen waren[4].

19 Ein **Anspruch auf Abänderung oder Aufhebung** eines bestandskräftigen Eigentümerbeschlusses, durch den eine bauliche Veränderung genehmigt wurde, besteht nur dann, wenn das Festhalten an der bestehenden Regelung wegen ganz außergewöhnlicher neu hinzugetretener Umstände als grob unbillig und damit gegen Treu und Glauben, § 242 BGB, verstoßend erscheint[5]. Der Widerruf einer durch bestandskräftigen Beschluss ausgesprochenen Zustimmung zu einer baulichen Veränderung ist nur bei Vorliegen eines sachlichen Grundes zulässig, soweit der begünstigte Wohnungseigentümer gegenüber dem bisherigen Zustand nicht unbillig benachteiligt wird[6].

20 Bei der **Anfechtung** eines Mehrheitsbeschlusses über die Genehmigung einer baulichen Veränderung ist Maßstab für die Beurteilung, ob die bauliche Veränderung ohne Zustimmung aller zulässig ist, weil sie keinen Wohnungseigentümer über das in § 14 Nr. 1 WEG bestimmte Maß hinaus beeinträchtigt[7]. Für den Erfolg der Anfechtung ist es erforderlich, dass gerade dem anfechtenden Wohnungseigentümer ein Nachteil entsteht[8].

---

1 OLG Düsseldorf v. 27.2.2002 – 3 Wx 348/01, NZM 2002, 443 = ZWE 2002, 420 für einen Beschluss betreffend die Verlegung eines durch die Teilungserklärung dem Sondereigentum zugewiesenen, lose verlegten Balkonbodenbelags; OLG Köln v. 5.12.2000 – 16 Wx 121/00, OLGReport Köln 2001, 161 = NZM 2001, 541 = ZMR 2001, 568.
2 OLG Hamm v. 24.1.2001 – 15 W 405/00, NZM 2001, 543 = ZMR 2001, 654; vgl. a. OLG Köln v. 7.4.2000 – 16 Wx 35/00, OLGReport Köln 2000, 393 für rechtzeitige Anfechtung; ausführlich *Schmidt/Riecke*, ZMR 2005, 252 (265 f.).
3 S.a. OLG Hamm v. 23.9.2004 – 15 W 129/04, OLGReport Hamm 2005, 43 = ZMR 2005, 306; OLG München v. 30.11.2005 – 34 Wx 056/05, OLGReport München 2006, 130 = ZMR 2006, 230.
4 OLG Düsseldorf v. 2.11.2004 – I-3 Wx 234/04, ZMR 2005, 143.
5 BayObLG v. 29.3.2000 – 2Z BR 159/99, NJW-RR 2000, 1399 = NZM 2000, 672 (674).
6 BayObLG v. 3.11.1994 – 2Z BR 58/94, BayObLGZ 1995, 339 = BayObLGReport 1995, 9 = NJW-RR 1995, 395; OLG Köln v. 1.2.2002 – 16 Wx 10/02, OLGReport Köln 2002, 243 = NZM 2002, 454.
7 BayObLG v. 22.4.1994 – 2Z BR 9/94, BayObLGReport 1994, 42 = NJW-RR 1994, 1169 = WuM 1995, 60.
8 BayObLG v. 15.10.1992 – 2Z BR 75/92, BayObLGReport 1993, 17 = BayObLGZ 1992, 288 = MDR 1993, 344 = NJR-RR 1993, 206; OLG Düsseldorf v. 1.10.2003 – 3 Wx 393/02, ZMR 2005, 142.

Die **Feststellung des Zustandekommens** eines Mehrheitsbeschlusses über die 21
Genehmigung einer baulichen Veränderung in der Eigentümerversammlung obliegt dem Versammlungsleiter[1]. Der Versammlungsleiter muss auch feststellen, ob nach der Teilungserklärung oder dem Gesetz erforderliche qualifizierte oder absolute Mehrheiten erreicht sind[2]. Der Versammlungsleiter muss aber nicht prüfen, ob alle Wohnungseigentümer dem Eigentümerbeschluss über die Billigung einer baulichen Veränderung zugestimmt haben, die über das in § 14 Nr. 1 WEG beschriebene Maß hinaus benachteiligt werden[3]. Denn die Anfechtungslast bei Maßnahmen der Verwaltung, zu denen bauliche Veränderungen gehören, trägt der mit einer Verwaltungsmaßnahme nicht einverstandene Wohnungseigentümer. Im Gegensatz zu Vereinbarungen, die Mehrheitsbeschlüsse über bauliche Veränderungen mit einem bestimmten Mehrheitsverhältnis zulassen, geht es nämlich bei dem Zustimmungserfordernis des § 22 As. 1 WEG nicht um die Begründung einer Mehrheitsmacht[4]. Sieht allerdings die Teilungsvereinbarung die Zulässigkeit von Mehrheitsbeschlüssen über bauliche Veränderungen bei Erreichen eines bestimmten Stimmquorums vor, muss der Verwalter vor der Beschlussfeststellung prüfen, ob diese geforderte Stimmenmehrheit erreicht worden ist[5].

cc) Zustimmung unter Auflagen und Bedingungen

Die Zustimmung kann unter **Bedingungen und Auflagen** erfolgen. Denn ein Anspruch auf Zustimmung besteht nur, soweit alle über das in § 14 Nr. 1 WEG bezeichnete Maß hinaus beeinträchtigten Wohnungseigentümer der baulichen Veränderung zugestimmt haben. Dies bedeutet zugleich: Die Zustimmung deckt grundsätzlich nur die konkret genehmigte bauliche Veränderung, nicht aber eine **abweichende Ausführung**, die wie eine nicht genehmigte zu behandeln ist[6], auch nicht spätere Änderungen[7] und den Rückbau zum früheren Zustand[8]. Die Zustimmung kann aber auch ohne Kenntnis der beabsichtigten Maßnahmen im Detail „ganz allgemein" erteilt werden[9]. Auch bei genereller Zustimmung der Wohnungseigentümer ist der Verwalter grundsätzlich nicht befugt, die konkrete Bauausführung zu billigen[10]. Die Billigung der Detailplanung kann dem Verwalter und/oder dem Verwaltungsbeirat aber übertragen werden. Einzel- 22

---

1 BGH v. 23.8.2001 – V ZB 10/01, BGHZ 148, 335 = MDR 2001, 1283 = NJW 2001, 3339 = NZM 2001, 961; KG v. 17.4.2002 – 24 W 9387/00, NZM 2002, 613 = ZMR 2002, 697.
2 KG v. 17.4.2002 – 24 W 9387/00, NZM 2002, 613 (614) = ZMR 2002, 697 (698).
3 *Häublein*, NJW 2005, 1466; vgl. a. *Müller*, Praxis des Wohnungseigentums, Rz. 824; dagegen *Kümmel*, ZWE 2006, 278 (282); s.a. *Kümmel/von Seldeneck*, GE 2002, 382; ganz anders *Elzer*, ZWE 2007, 165 (176f.).
4 Vgl. BGH v. 23.8.2001 – V ZB 10/01, BGHZ 148, 335 = MDR 2001, 1283 = NJW 2001, 3339 = NZM 2001, 961; KG v. 17.4.2002 – 24 W 9387/00, NZM 2002, 613 = ZMR 2002, 697.
5 *Häublein*, NJW 2005, 1466, 1468; insoweit zustimmend *Kümmel*, ZWE 2006, 278 (281).
6 OLG Düsseldorf v. 11.8.1997 – 3 Wx 227/97, NZM 1998, 79 = ZMR 1997, 657; OLG Hamburg v. 1.4.1998 – 2 Wx 104/97, WE 1998, 470 (471).
7 OLG Zweibrücken v. 23.12.1999 – 3 W 198/99, OLGReport Zweibrücken 2000, 354 = NZM 2000, 293 = ZMR 2000, 256.
8 OLG Köln v. 29.9.2000 – 16 Wx 132/00, OLGReport Köln 2001, 22.
9 OLG Karlsruhe v. 13.2.1998 – 4 W 42/97, OLGReport Karlsruhe 1998, 229; OLG Zweibrücken v. 23.12.1999 – 3 W 198/99, OLGReport Zweibrücken 2000, 354.
10 OLG Hamburg v. 22.2.2005 – 2 Wx 123/04, ZMR 2005, 565.

heiten im Rahmen einer erteilten Zustimmung können durch Mehrheitsbeschluss geregelt werden[1]. Die Zustimmung kann auch innerhalb bestimmter Grenzen Ermessen einräumen oder alternative Gestaltungen billigen[2].

23 Von der Erteilung der Zustimmung unter Auflagen und Bedingungen ist zu unterscheiden, wenn ein Wohnungseigentümer oder auch alle Wohnungseigentümer die grundsätzliche Bereitschaft zur Erteilung einer Zustimmung erklären, nach dem Willen der Beteiligten aber zunächst noch eine nähere Regelung über die baulichen Einzelheiten getroffen werden soll; eine solche Absichtserklärung ohne vertragliche Bindungswirkung begründet keinen Anspruch auf Erteilung der Zustimmung[3].

24 Ohne dass dies in der Zustimmung ausdrücklich angesprochen oder als Bedingung gestellt worden sein müsste, hat der Umbauende selbstverständlich die **anerkannten Regeln der Technik einzuhalten**[4] und die zwingenden öffentlich-rechtlichen Normen des Baurechts zu beachten[5].

25 Mit der Zustimmung können insbesondere die in der Praxis bei Umbauwünschen einzelner Wohnungseigentümer wichtigen Fragen der **Folgekosten** auch jenseits der Beschlusskompetenz aus § 16 Abs. 4 WEG und der Verkehrssicherungspflicht verbunden werden. Soweit einem Wohnungseigentümer durch Mehrheitsbeschluss die Errichtung einer baulichen Veränderung im eigenen Interesse gestattet wird, können ihm und seinen Rechtsnachfolgern wirksam alle Kosten der Errichtung und auch alle Folgekosten auferlegt werden, ohne dass es einer Grundbucheintragung bedürfen würde. Denn die Zustimmung unter Verwahrung gegen die Kostenlast ist eine zulässige, eingeschränkte Zustimmung[6].

26 Die **Verkehrssicherungspflicht** obliegt für das Gemeinschaftseigentum der Wohnungseigentümergemeinschaft als rechtsfähigem Verband (vgl. § 10 Rz. 64, § 21 Rz. 65). Dabei bleibt es auch, wenn die Baumaßnahme eines Wohnungseigentümers das Gemeinschaftseigentum verändert. Möglich ist es allerdings, die Gestattung der baulichen Veränderung von der Übernahme der Durchführung der Verkehrssicherung (unter Aufsicht der Wohnungseigentümergemeinschaft) durch den einzelnen Wohnungseigentümer und der Haftungsfreistellung im Innenverhältnis abhängig zu machen, mit der der Umbauende die Wohnungseigentümergemeinschaft von allen Ansprüchen aus der Errichtung und dem Betrieb freistellt.

---

1 BayObLG v. 4.8.2000 – 2Z BR 4/00, WuM 2000, 564.
2 OLG München v. 26.7.2006 – 34 Wx 83/06, OLGReport München 2006, 847.
3 OLG Hamm v. 18.11.2003 – 15 W 395/03, ZMR 2005, 220.
4 BayObLG v. 2.4.1992 – 2Z BR 9/92, BayObLGReport 1992, 26 = NJW-RR 1992, 974; KG v. 28.2.2000 – 24 W 8820/98 und 24 W 2976/99, KGReport Berlin 2000, 253 = NZM 2000, 1012 = ZMR 2000, 635; OLG Köln v. 8.11.1996 – 16 Wx 215/96, OLGReport Köln 1997, 91.
5 BayObLG v. 2.4.1992 – 2Z BR 9/92, BayObLGReport 1992, 26 = NJW-RR 1992, 974; BayObLG v. 12.9.1996 – 2Z BR 52/96, BayObLGReport 1996, 81 = FGPrax 1996, 221; BayObLG v. 23.1.2001 – 2Z BR 116/00, ZMR 2001, 472;OLG Stuttgart v. 5.5.1994 – 8 W 315/93, OLGZ 1994, 524 = NJW-RR 1994, 1497; anders OLG Düsseldorf v. 12.11.2001 – 3 Wx 256/01, ZMR 2002, 297 (298) bei allgemeiner Hellhörigkeit.
6 OLG Düsseldorf v. 4.11.2005 – I-3 Wx 92/05, NZM 2006, 109 für eine Zustimmung bei „Selbstfinanzierung".

Durch eine **Befristung der Zustimmung** kann der Gefahr vorgebeugt werden, 27
dass die Zustimmung zu einer baulichen Vereinbarung auf Vorrat eingeholt
wird[1]. Durch eine **Kaution** kann der Rückbau für nur vorübergehend zu duldende bauliche Veränderungen (Leuchtreklame, Parabolantenne usw.) gesichert
werden. Wird die Zustimmung unter die Bedingung der Übernahme der Gefahr
für alle Folgen der Bauarbeiten gestellt, haftet der Veränderer ohne Verschulden[2].

dd) Zustimmungsfreiheit bei fehlender Nachteiligkeit

Nicht erforderlich ist die Zustimmung eines Wohnungsinhabers, dessen Rechten durch die Veränderung **kein über das bei einem geordneten Zusammenleben unvermeidliche Maß hinausgehender Nachteil** erwächst, §§ 22 Abs. 1 S. 2, 14 Nr. 1 WEG. Damit ist die wichtigste Ausnahme vom Grundsatz der Zustimmung aller Wohnungseigentümer statuiert. Dabei nimmt § 22 Abs. 1 S. 2 WEG in der Fassung des Gesetzes zur Reform des Wohnungseigentumsrechts ausdrücklich nur noch auf § 14 Nr. 1 WEG Bezug, ohne dass dies eine Änderung der Rechtslage zur Folge hätte. Jeder Wohnungseigentümer kann bauliche Veränderungen am gemeinschaftlichen Eigentum ohne Zustimmung der übrigen Miteigentümer vornehmen, wenn deren Rechte dadurch nicht beeinträchtigt werden. Denn ein Wohnungseigentümer, dessen Rechte durch eine bauliche Veränderung ohnehin nicht beeinträchtigt werden, bedarf nicht des Schutzes des § 22 Abs. 1 WEG[3]. 28

Auch die Neufassung des § 22 Abs. 1 WEG ändert nichts daran, dass die **vorherige Befassung der Eigentümerversammlung** oder die Unterrichtung des Verwalters keine Voraussetzung für die Zulässigkeit (eigenmächtiger) baulicher Veränderungen einzelner Wohnungseigentümer ist. Entscheidend für die Zulässigkeit ist allein die Frage, ob alle über das in § 14 Nr. 1 WEG hinaus beschriebene Maß benachteiligte Wohnungseigentümer zustimmen. Allerdings hat der Gesetzgeber zutreffend erkannt, dass bauliche Veränderungen häufig zu Streit führen, weil die Wohnungseigentümergemeinschaft zuvor niemals mit der Sache befasst worden ist. Er hat aber die vorherige Unterrichtung des Verwalters oder der möglicherweise von der Maßnahme betroffenen Wohnungseigentümer nicht zum Zulässigkeitsmerkmal vorgesehen. Mit der Neuformulierung, die den Eigentümerbeschluss zum Regelfall der Zustimmung erhebt, sollen einzelne bauwillige Wohnungseigentümer ermuntert werden, statt „vollendete Tatsachen" zu schaffen, zunächst um Genehmigung nachzusuchen. Weil eine Genehmigung ex ante leichter versagt wird, als der Rückbau ex post verlangt und durchgesetzt wird, bleibt die Versuchung für einzelne Wohnungseigentümer groß, „vollendete Tatsachen" zu schaffen und auf die Bequemlichkeit der übrigen Wohnungseigentümer zu bauen. 29

---

1 Vgl. *v. Rechenberg* in FS Deckert, S. 309 (324f.).
2 KG v. 30.11.1992 – 24 W 4734/92, WuM 1993, 209 für die Klausel: „auf eigene Kosten und Gefahr".
3 BGH v. 18.1.1979 – VII ZB 19/78, BGHZ 73, 196 (199) = MDR 1979, 392 = NJW 1979, 817 (818); BayObLG v. 7.9.1994 – 2Z BR 65/94, NJW-RR 1995, 653 = WuM 1994, 640.

Hogenschurz

30 **Nachteil i.S.d. § 22 Abs. 1 WEG** ist jede nicht ganz unerhebliche Beeinträchtigung[1], also eine Rechtsbeeinträchtigung, die nicht bloß völlig belanglosen oder bagatellartigen Charakter hat[2], bezogen auf das Gemeinschaftseigentum oder die äußere Gestaltung des Gebäudes. Wann es sich um eine solch geringfügige Änderung handelt, ist eine Frage des konkreten Einzelfalles und dessen tatrichterliche Würdigung anhand eines objektiven Maßstabs, der sog. Verkehrsanschauung[3], die nur unter Berücksichtigung aller äußeren Umstände der betroffenen Wohnanlage, ihrer individuellen Rechtsgrundlagen[4] und personellen Zusammensetzung entschieden werden kann. Zu den individuellen Rechtsgrundlagen gehören insbesondere bestandskräftige Eigentümerbeschlüsse, die den Begriff des Nachteils für die Gemeinschaft verbindlich festlegen[5]. Maßgeblich für die Unerheblichkeit des Nachteils ist ein objektiver Maßstab, nicht die subjektive Mehrheitsmeinung der Wohnungseigentümer oder das Verständnis eines Wohnungseigentümers[6]. Zu fragen ist also, ob sich ein Wohnungseigentümer in entsprechender Lage verständlicherweise beeinträchtigt fühlen kann[7]. Dabei ist es wegen Art. 14 Abs. 1 GG geboten, die Schwelle für die Erheblichkeit eines Nachteils insgesamt eher niedrig anzusetzen[8]. Nur ganz geringfügige Beeinträchtigungen bleiben außer Betracht[9]. Hier ist kein Raum für die Überlegung, ob die Maßnahme für die Gemeinschaft zwingend erforderlich ist[10], ebenso wenig für die Abwägung zwischen Vor- und Nachteilen der Veränderung[11].

---

1 Vgl. nur BGH, BGHZ 116, 392 (396); BayObLG v. 3.12.1992 – 2Z BR 104/92, BayObLGZ 1992, 358 = MDR 1993, 342 = NJW-RR 1993, 336 = ZMR 1993, 123; KG v. 17.2.1993 – 24 W 3563/92, KGReport Berlin 1993, 3 = OLGZ 1993, 427 = NJW-RR 1993, 909 = ZMR 1993, 289; OLG Zweibrücken v. 12.1.1999 – 3 W 193/98, OLGReport Zweibrücken 1999, 300 = ZMR 1999, 429.
2 OLG Düsseldorf v. 14.6.1993 – 3 Wx 129/92, NJW-RR 1994, 277.
3 BayObLG v. 5.12.1996 – 2Z BR 82/96, BayObLGReport 1997, 18 = ZMR 1997, 152; BayObLG v. 10.7.1998 – 2Z BR 89/98, NZM 1998, 980; BayObLG v. 20.9.2001 – 2Z BR 118/01, ZWE 2002, 75 (LS); BayObLG v. 17.10.2001 – 2Z BR 147/01, NZM 2002, 74 = MDR 2002, 148; BayObLG v. 26.8.2004 – 2Z BR 088/04, BayObLGReport 2005, 24; OLG Karlsruhe v. 28.8.1997 – 11 Wx 94/96, OLGReport Karlsruhe 1998, 158.
4 Vgl. OLG Köln v. 14.11.1997 – 16 Wx 275/97, NJW-RR 1998, 1312 = NZM 1998, 673 zu abweichenden Vereinbarungen eines weitergehenden Maßstabs; BayObLG v. 5.4.2005 – 32 Wx 019/05, OLGReport München 2005, 266 = ZMR 2005, 726 zur Abdingung von § 14 Nr. 1 WEG.
5 OLG Düsseldorf v. 9.2.2005 – 3 Wx 314/04, NZM 2005, 426: Verbot von Kunststofffenstern anstelle von Holzfenstern.
6 OLG Hamburg v. 27.12.2004 – 2 Wx 19/04, ZMR 2005, 305.
7 BGH v. 19.12.1991 – V ZB 27/90, BGHZ 116, 392 = MDR 1992, 484 = NJW 1992, 978 = ZMR 1992, 167; BayObLG v. 1.6.1995 – 2Z BR 34/95, NJW-RR 1996, 266 = ZMR 1995, 420; KG v. 11.1.1995 – 24 W 7039/94, KGReport Berlin 1995, 122 = NJW-RR 1995, 587 = ZMR 1995, 169; OLG Hamburg v. 4.3.2003 – 2 Wx 102/99, ZMR 2003, 524; OLG Hamburg v. 26.11.2004 – 2 Wx 85/01, OLGReport Hamburg 2005, 301 = ZMR 2005, 391.
8 BVerfG v. 22.12.2004 – 1 BvR 1806/04, NZM 2005, 182 = ZMR 2005, 634.
9 BayObLG v. 1.7.1980 – 2Z 23/79, ZMR 1980, 381; BayObLG v. 21.11.1980 – 2Z 72/80, DWE 1982, 35; BayObLG v. 29.9.1999 – 2Z BR 75/99, NZM 2000, 292 = ZMR 2000, 53; OLG Hamm v. 15.2.1980 – 15 W 131/79, OLGZ 1980, 274.
10 BayObLG v. 14.5.1975 – BReg 2Z 23/75, BayObLGZ 1975, 177 = MDR 1975, 844.
11 BayObLG v. 23.7.1993 – 2Z BR 22/92, NJW-RR 1993, 337 = ZMR 1992, 551; OLG Düsseldorf v. 20.12.1996 – 3 Wx 9/96, OLGReport Düsseldorf 1977, 188 = WuM 1997, 187.

Als **nachteilige Folgen** einer baulichen Veränderung kommen in Betracht die Beeinträchtigung der konstruktiven Stabilität und Sicherheit der gemeinschaftlichen Gebäudeteile, Anlagen und Einrichtungen, die Veränderung des architektonischen Aussehens der Anlage im Inneren wie im Äußeren, Einschränkungen oder Entzug der Möglichkeit des Gebrauchs der im Gemeinschaftseigentum stehenden Räume, Anlagen und Einrichtungen, die Möglichkeit intensiverer Nutzung der im Gemeinschaftseigentum stehenden Räume, Anlagen und Einrichtungen, Änderungen der Zweckbestimmung des gemeinschaftlichen Eigentums, zusätzliche finanzielle Belastungen durch Erhöhung der Wartungs- und Reparaturanfälligkeit, die Gefährdung einzelner Wohnungseigentümer, lästige Immissionen i.S.d. § 906 BGB, die Möglichkeit künftiger Streitigkeiten der Wohnungseigentümer, etwa weil Ursachen für Schäden am Gemeinschaftseigentum auf die bauliche Veränderung zurückgeführt werden könnten, die Schaffung eines gegen drittschützende Normen verstoßenden öffentlich-rechtlich ordnungswidrigen Zustandes[1] sowie schließlich die Beeinträchtigung von Grundrechten. Daran hat die Neufassung des § 22 Abs. 1 WEG nichts geändert. Der die bauliche Veränderung vornehmende Wohnungseigentümer muss **beweisen**, dass mit der baulichen Veränderung erhebliche Nachteile für die übrigen Wohnungseigentümer nicht verbunden sind.

Erhebliche Nachteile durch die **Veränderung der äußeren Gestaltung der Wohnungseigentumsanlage** liegen nicht bereits vor, weil die bauliche Veränderung überhaupt sichtbar ist[2]. Ein Nachteil erfordert vielmehr, dass die bauliche Veränderung das optische Bild des Gebäudes wesentlich verändert[3], andererseits aber nicht, dass sie das Gebäude in seinem ästhetischen Erscheinen beeinträchtigt, verschlechtert oder verunstaltet[4]. Es reicht aus, wenn die bauliche Veränderung von außen wahrnehmbar ist[5]; nicht erforderlich ist es, dass die Verände-

---

1 BayObLG v. 24.6.1999 – 2Z BR 48/99, NZM 1999, 1060; BayObLG v. 23.1.2001, ZMR 2001, 472 für Abstandsflächen bejaht; BayObLG v. 21.2.2001 – 2Z BR 104/00, BayObLGZ 2001, 41 = BayObLGReport 2001, 33 = NZM 2001, 815 = ZMR 2001, 563 für Abstandsflächen bejaht; BayObLG v. 14.2.2002 – 2Z BR 138/01, ZMR 2002, 535 für Verlegung Mülltonnenanlage verneint. Ein effektiver Schutz der übrigen Wohnungseigentümer ist hinsichtlich des durch die öffentlich-rechtlichen Vorschriften beabsichtigten Nachbarschutzes durch eine weite Auslegung der Nachteilsklausel in § 14 Nr. 1 WEG zu gewährleisten; vgl. BVerfG v. 22.12.2004 – 1 BvR 1806/04, NZM 2005, 182 = ZMR 2005, 634.
2 So aber KG v. 10.1.1994 – 24 W 3851/93, OLGZ 1994, 393 = NJW-RR 1994, 526 = ZMR 1994, 274; s. a. KG v. 10.2.1992 – 24 W 402/91, MDR 1992, 1055 = NJW-RR 1992, 1232.
3 So zutreffend OLG Celle v. 15.2.1995 – 4 W 295/94, WuM 1995, 338 341; OLG Köln v. 12.1.2000 – 16 Wx 149/99, OLGReport Köln 2000, 146 = MDR 2000, 760 = NZM 2000, 765 = ZMR 2000, 638.
4 So aber BayObLG v. 9.6.1988 – 2Z 54/88, WuM 1988, 319; BayObLG v. 14.3.1991 – 2Z 168/90, DWE 1991, 155 = WE 1992, 138; BayObLG v. 23.7.1993 – 2Z BR 22/92, NJW-RR 1993, 337 = ZMR 1992, 551; BayObLG v. 5.12.1996 – 2Z BR 82/96, NJW–MietR 1997, 112 = WE 1997, 273; BayObLG v. 26.8.2004 – 2Z BR 088/04, BayObLGReport 2005, 24; OLG Düsseldorf v. 14.6.1993 – 3 Wx 129/92, DWE 1994, 35 = NJW-RR 1994, 277; OLG Hamm v. 15.2.1980 – 15 W 131/79, OLGZ 1980, 274; OLG Hamm v. 23.1.1987 – 15 429+434/86, DWE 1987, 54; OLG Köln v. 30.7.1980 – 16 Wx 67/80, NJW 1981, 585; OLG Köln v. 7.6.1995 – 16 Wx 78/95, DWE 1997, 32; OLG Schleswig v. 27.1.1999 – 2 W 90/98, OLGReport Schleswig 1999, 166 = MDR 1999, 607 = NZM 1999, 422.
5 OLG Zweibrücken v. 21.11.2002 – 3 W 179/02, ZMR 2004, 61.

rung für den einzelnen Wohnungseigentümer aus seiner Wohnung sichtbar ist[1]. Bei Mehrhausanlagen sind bei nachteiligen Veränderungen des optischen Gesamteindrucks grundsätzlich alle Wohnungseigentümer der Mehrhausanlage betroffen[2].

33 Für die Feststellung eines erheblichen Nachteils bleibt **außer Betracht**, dass nach dem Hinzutreten weiterer Umstände in der Zukunft ein Nachteil entstehen kann[3]. Die Erheblichkeit ergibt sich nicht bereits aus der abstrakten Möglichkeit, mit Kosten für die Durchführung der baulichen Maßnahme am Gemeinschaftseigentum belastet zu werden, falls der die bauliche Veränderung durchführende Wohnungseigentümer zahlungsunfähig werden sollte[4]. Auch die **negative Vorbildfunktion** für andere Wohnungseigentümer allein genügt nicht[5]. Von den möglichen Folgen einer baulichen Veränderung ist der mögliche **bestimmungswidrige oder missbräuchliche Gebrauch** der baulich veränderten Anlagen und Einrichtungen nicht zu berücksichtigen, sondern auf den bestimmungsgemäßen abzustellen[6]. Ein erheblicher Nachteil ist nicht zwingend bereits deshalb gegeben, weil dem betroffenen Wohnungseigentümer in vermeidbarer Weise ein Nachteil entsteht, sofern den Rechten des Wohnungseigentümers durch die Veränderung kein über das bei einem geordneten Zusammenleben unvermeidliche Maß hinausgehender Nachteil erwächst[7].

ee) Bedeutung der Baugenehmigung

34 Die Baubehörde prüft nur die öffentlich-rechtliche, nämlich bauplanerische und bauordnungsrechtliche Zulässigkeit des Bauvorhabens. Die Baugenehmigung wird „**unbeschadet privater Rechte Dritter**" erteilt und ersetzt also nicht die nach dem Wohnungseigentumsgesetz erforderliche Zustimmung[8]. Umgekehrt widerspricht die Zustimmung der übrigen Wohnungseigentümer zu einem nicht genehmigten „Schwarzbau" ordnungsgemäßer Verwaltung und macht Mehrheitsbeschlüsse anfechtbar. Das Fehlen einer Baugenehmigung begründet jedoch nicht an sich einen Nachteil, sondern erst dann, wenn den übrigen Wohnungseigentümern die Inanspruchnahme durch die Baubehörde droht[9].

---

1 OLG Celle v. 15.2.1995 – 4 W 295/94, WuM 1995, 338, 341; OLG Hamm v. 21.10.1994 – 15 W 275/94, WuM 1995, 220.
2 OLG Schleswig v. 8.3.2000 – 2 W 57/99, OLGReport Schleswig 2000, 227 = NZM 2000, 385 = WuM 2000, 370; LG Berlin v. 28.1.2000 – 85 T 91/00, ZMR 2001, 575; vgl. a. OLG Köln v. 17.12.2001 – 16 Wx 276/01, OLGReport Köln 2002, 90.
3 OLG Hamburg v. 31.8.1998 – 2 Wx 109/97, WuM 1998, 743 = ZMR 1998, 797.
4 BGH v. 19.12.1991 – V ZB 27/90, BGHZ 116, 392 = MDR 1992, 484 = NJW 1992, 978 = ZMR 1992, 167; anders aber KG v. 17.2.1993 – 24 W 3563/92, KGReport Berlin 1993, 3 = OLGZ 1993, 427 = NJW-RR 1993, 909 = ZMR 1993, 289.
5 BayObLG v. 12.8.1999 – 2Z BR 39/99, NZM 1999, 1146 = ZMR 1999, 838; s. a. OLG Düsseldorf v. 2.12.1992 – 3 Wx 159/92, MDR 1993, 233 = NJW 1993, 1274 = ZMR 1993, 119; OLG Hamburg v. 4.3.2003 – 2 Wx 102/99, ZMR 2003, 524; OLG Hamburg v. 27.12.2004 – 2 Wx 19/04, ZMR 2005, 305; anders *Niedenführ*, NZM 2001, 1105 (1108).
6 OLG Karlsruhe v. 28.8.1997 – 11 Wx 94/96, OLGReport Karlsruhe 1998, 158.
7 Anders *Niedenführ*, NZM 2001, 1105 (1107).
8 BayObLG v. 21.2.1985 – 2Z 112/84, ZMR 1985, 239; OLG Köln v. 21.1.1998 – 16 Wx 299/97, OLGReport Köln 1998, 137; OLG Köln v. 31.1.2000 – 16 Wx 10/00, NZM 2000, 296 (297).
9 BayObLG v. 26.8.2004 – 2Z BR 088/04, BayObLGReport 2005, 24.

Soweit einem Wohnungseigentümer oder der Wohnungseigentümergemeinschaft eine Baugenehmigung für eine beabsichtigte bauliche Veränderung erteilt ist, besteht **kein verwaltungsrechtlicher Rechtsschutz** (Drittwiderspruch, Drittanfechtungsklage) zwischen den Wohnungseigentümern. Es fehlt solchen grundstücksinternen Klagen an der Klagebefugnis i.S.d. § 42 Abs. 2 VwGO[1]. Auch eine verwaltungsrechtlich unanfechtbare Baugenehmigung hindert einen Wohnungseigentümer jedoch nicht, vor den Wohnungseigentumsgerichten unter Berufung auf § 15 Abs. 3 WEG geltend zu machen, die Genehmigung dürfe ihm gegenüber nicht umgesetzt werden[2].

ff) Anspruch auf Zustimmung trotz Nachteiligkeit

Ein Anspruch auf Zustimmung besteht grundsätzlich nur, soweit alle über das Maß des § 14 Nr. 1 WEG hinaus benachteiligten Wohnungseigentümer der baulichen Veränderung zustimmen. Ein Anspruch auf Zustimmung gegen diese Wohnungseigentümer kann sich nur im Ausnahmefall aus dem **Gemeinschaftsverhältnis der Wohnungseigentümer** untereinander unter Abwägung der widerstreitenden Interessen ergeben[3]. Ein Anspruch kann im Einzelfall insbesondere aus § 10 Abs. 2 S. 2 WEG oder im Wege der (grundrechtskonformen) Auslegung der Teilungserklärung anzunehmen sein. Der Schutz des Eigentums, Art. 14 Abs. 1 GG, vor Einbrüchen kann die Anbringung von Gittern vor den Fenstern notwendig machen, weil besonders häufig Einbrüche in der Nachbarschaft verübt worden und soweit keine geeigneten anderen Maßnahmen möglich sind (vgl. § 22 Rz. 97)[4]. Die Berufs(ausübungs)freiheit, Art. 12 GG, schützt das Anbringen eines Hinweisschildes an der Außenwand des Hauses (vgl. § 22 Rz. 109). Art. 2 Abs. 1 GG verbürgt die Wahrung der kulturellen Identität und rechtfertigt deshalb die Anbringung einer Satellitenantenne (vgl. § 22 Rz. 100)[5]. Schließlich kann für einen behinderten Wohnungseigentümer wegen Art. 3 Abs. 3 S. 2 GG ein Anspruch auf Duldung der Anbringung eines Treppenliftes bestehen[6].

---

1 BVerwG v. 4.5.1988 – 4 C 20/85, BB 1988, 1994 = BauR 1988, 837 = DVBl. 1988, 851 = DÖV 1988, 837 = NJW 1988, 3279; BVerwG v. 14.10.1988 – 4 C 1/86, BauR 1989, 75 = DVBl. 1989, 356 = NVwZ 1989, 250.
2 BVerwG v. 28.2.1990 – 4 B 32/90, NVwZ 1990, 655 (656); BVerwG v. 4.5.1988 – 4 C 20/85, NJW 1988, 3279 (3280); s.a. BayObLG v. 22.12.2004 – 2Z BR 52/96, ZMR 1997, 41 (42).
3 BayObLG v. 13.7.1995 – 2Z BR 15/95, BayObLGReport 1995, 74 = ZMR 1995, 495; KG v. 22.12.1993 – 24 W 914/93, OLGZ 1994, 401 = NJW-RR 1994, 528 = ZMR 1994, 228.
4 KG v. 15.12.1993 – 24 Wx 2014/93, KGReport Berlin 1994, 25 = NJW-RR 1994, 401.
5 BVerfG v. 30.6.1994 – 1 BvR 1478/93, NJW-RR 1994, 1232; BVerfG v. 13.3.1995 – 1 BvR 1107/92, NJW 1995, 1665 = ZMR 1995, 241.
6 BVerfG v. 28.3.2000 – 1 BvR 1460/99, MDR 2000, 756 = NJW 2000, 2658 = ZMR 2000, 435; BayObLG v. 25.9.2003 – 2Z BR 161/03, BayObLGZ 2003, 254 = BayObLGReport 2004, 98 = ZMR 2004, 209; OLG München v. 12.7.2005 – 32 Wx 51/05, OLGReport München 2005, 605 = NZM 2005, 707; LG Hamburg v. 6.6.2001 – 318 T 70/99, NZM 2001, 767; LG Duisburg v. 10.12.1996 – 23 S. 452/96, ZMR 2000, 463 (für Mietrecht); LG Erfurt v. 19.2.2002 – 7 T 575/01, NZM 2003, 402; s. a. LG Hannover v. 17.10.2005 – 20 S. 39/05, NZM 2007, 245 zum Abstellen des Rollators im Treppenhaus; s. a. *Rips*, Barrierefreiheit gem. § 554a BGB, Berlin 2003; *Mersson*, NZM 2002, 313.

37 Die vorstehenden Grundsätze gelten auch, soweit die Anspruchsvoraussetzungen in der Person des **Mieters** eines Wohnungseigentums gegeben sind[1].

38 Weil die gebotene Abwägung der widerstreitenden Grundrechtspositionen – für die übrigen Wohnungseigentümer streitet Art. 14 GG[2] – und die anzustellende Verhältnismäßigkeitsprüfung einen Anspruch nur auf das jeweilig Notwendige, d.h. das mildeste zur Erreichung des angestrebten Zwecks geeignete Mittel, geben, besteht ein **Recht** der übrigen Wohnungseigentümer, **vorab** über die beabsichtigten Maßnahmen **unterrichtet** und nicht durch den Berechtigten vor vollendete Tatsachen gestellt zu werden. Kommen mehrere Lösungsmöglichkeiten in Betracht, brauchen die übrigen Wohnungseigentümer nur die dem Berechtigten zumutbare Lösung hinzunehmen, die ihre Belange (nach ihrer Ansicht) so wenig wie möglich beeinträchtigt[3].

gg) Änderung der gesetzlichen Regelung durch Vereinbarung

39 Die Regelung des § 22 Abs. 1 WEG ist **nicht zwingend** und nicht Bestandteil des unabänderlichen Kernbestands des Wohnungseigentumsrechts. In der Teilungserklärung oder Gemeinschaftsordnung können vereinfachende Regelungen ebenso erfolgen wie weitergehende Sicherungen[4]. Soweit die abweichende Regelung in der Teilungserklärung nicht eindeutig auszulegen ist, verbleibt es bei der gesetzlichen Regelung[5].

(1) Erleichterungen

40 An **Erleichterungen** zulässig ist das Erfordernis der Zustimmung nur der Mitglieder einer Untergemeinschaft bei Mehrhausanlagen[6], die Festlegung eines Quorums von drei Vierteln oder zwei Dritteln der Wohnungseigentümer sowie die Zulassung von Mehrheitsentscheidungen über bestimmte bauliche Veränderungen (etwa die Anbringung von Markisen). Soweit die Teilungserklärung die Entscheidung über bauliche Veränderungen der Eigentümerversammlung ohne weitere Vorgaben, etwa zur Entscheidung durch Mehrheitsbeschluss, zuweist, so gibt diese in der Vereinbarung enthaltene **Öffnungsklausel** der Eigentümerversammlung die Beschlusskompetenz, die Frage, unter welchen Voraussetzungen bauliche Veränderungen zulässig sein sollen, durch Mehrheitsbeschluss zu regeln[7].

---

1 OLG Celle v. 19.5.1994 – 4 W 350/93, OLGReport Celle 1994, 205 = NJW-RR 1994, 977; OLG Frankfurt v. 12.10.1981 – 20 W 151/81, RPfleger 1982, 64.
2 BVerfG v. 22.12.2004 – 1 BvR 1806/04, NZM 2005, 182 = ZMR 2005, 634.
3 BayObLG v. 13.3.1997 – 2Z BR 8/97, WuM 1997, 343 = ZMR 1997, 317.
4 BGH, MDR 1970, 753; BayObLG v. 3.6.1987 – 2Z 34/87, NJW-RR 1987, 1357 = WuM 1987, 327; BayObLG v. 25.11.1995 – 2Z BR 63/95, WuM 1996, 487; BayObLG v. 9.12.1999 – 2Z BR 101/99, BayObLGReport 2000, 25 = ZMR 2000, 23; OLG Köln v. 14.11.1997 – 16 Wx 275/97, NZM 1998, 673 = WuM 1998, 238 zur abweichenden Vereinbarung eines weitergehenden Maßstabs.
5 OLG Oldenburg v. 17.9.1997 – 5 W 104/97, OLGReport Oldenburg 1998, 34 = NZM 1998, 39 = ZMR 1998, 195; vgl. auch OLG Celle v. 31.5.2001 – 4 W 134/01, ZMR 2001, 834.
6 OLG Düsseldorf v. 26.8.2005 – I-3 Wx 64/05, OLGReport Düsseldorf 2006, 33 = ZMR 2006, 142; OLG München v. 13.12.2006 – 34 Wx 109/06, OLGReport München 2007, 73 zu den Grenzen bei der Errichtung einer Mobilfunkanlage.
7 KG v. 17.7.2000 – 24 W 8114/99 und 2406/00, KGReport Berlin 2001, 3 = NZM 2001, 341 = ZMR 2001, 58.

Werden die Regelungen der §§ 22 Abs. 1, 14 Nr. 1 WEG insgesamt abbedungen, 41
finden die Vorschriften des privaten und öffentlichen Nachbarrechts Anwendung[1], etwa § 906 BGB[2] und die Vorschriften des öffentlichen Nachbarrechts,
soweit sie drittschützenden Charakter haben[3].

Ersetzt die Teilungserklärung das Erfordernis der Zustimmung benachteiligter 42
Wohnungseigentümer zu baulichen Veränderungen durch einen **Mehrheitsbeschluss**, so muss dieser sachliche Gründe haben und darf die nicht zustimmenden Wohnungseigentümer nicht unbillig benachteiligen[4]. Darf die äußere
Gestaltung der Wohnanlage mit Mehrheit geregelt werden, sind dennoch verunstaltende bauliche Maßnahmen, also solche, die auch beim in durchschnittlichen Maße für ästhetische Eindrücke aufgeschlossenen Betrachter nachhaltigen Protest auslösen, nicht zulässig[5]. Sieht bereits die Teilungserklärung ein
„Ausbaurecht" vor, brauchen die übrigen Wohnungseigentümer nur solche Beeinträchtigungen zu dulden, die zur Verwirklichung notwendig sind; weitergehende Maßnahmen sind als bauliche Veränderungen zustimmungsbedürftig[6].
Die bloße **Einräumung von Sondernutzungsrechten** berechtigt grundsätzlich
nicht zur Durchführung baulicher Veränderungen, weil einem Sondernutzungsberechtigten keine weitergehenden Rechte als einem Sondereigentümer zustehen können[7]. Etwas anderes gilt, wo die Sondernutzung bauliche Veränderungen in einem bestimmten Umfang umfasst, etwa bei dem Sondernutzungsrecht
an Gartenflächen[8], bzw. die baulichen Veränderungen bei der Regelung des Son-

---

1 BGH v. 21.5.1970 – VII ZB 3/70, BGHZ 54, 65 (69) = NJW 1970, 1316 = MDR 1970, 753; BayObLG v. 16.4.1993 – 2Z BR 10/93, WuM 1993, 565 (566); BayObLG v. 9.12.1999 – 2Z BR 101/99, BayObLGReport 2000, 25 = ZMR 2000, 23; BayObLG v. 23.1.2001 – 2Z BR 116/00, ZMR 2001, 472; BayObLG v. 21.2.2001 – 2Z BR 104/00, BayObLGZ 2001, 41 = BayObLGReport 2001, 33 = NZM 2001, 815 = ZMR 2001, 563: kein Anspruch auf Einhaltung Grenzabstand innerhalb der Wohnungseigentümergemeinschaft; BayObLG v. 21.2.2002 – 2Z BR 145/01, ZWE 407 (408 f.); KG v. 21.12.1998 – 24 W 5948/88, OLGZ 1989, 174 = NJW-RR 1989, 329 = ZMR 1989, 188; OLG Frankfurt v. 18.11.1983 – 20 W 461/84, OLGZ 1984, 60.
2 BayObLG v. 12.8.2004 – 2Z BR 148/04, NZM 2005, 69.
3 Vgl. a. BayObLG v. 12.9.1996 – 2Z BR 52/96, BayObLGReport 1996, 81 = NJW-RR 1997, 269 = ZMR 1997, 41; BayObLG v. 19.5.2004 – 2Z BR 067/04, BayObLGReport 2004, 345 = ZMR 2005, 212 für öffentliches Nachbarrecht; BayObLG v. 9.12.1999 – 2Z BR 101/99, BayObLGReport 2000, 25 = ZMR 2000, 23 für privates Nachbarrecht.
4 BayObLG v. 21.11.1989 – BReg 2Z 123/89, BayObLGZ 1989, 437 = NJW-RR 1990, 209; BayObLG v. 27.4.2001 – 2Z BR 70/00, ZMR 2001, 829; KG v. 21.12.1998 – 24 W 5948/88, OLGZ 1989, 174 = NJW-RR 1989, 329 = ZMR 1989, 188; KG v. 28.7.1999 – 24 W 1542/99, KGReport Berlin 1999, 364 = NZM 2000, 348 = ZMR 1999, 850; OLG Düsseldorf v. 27.3.2000 – 3 Wx 53/00, OLGReport Düsseldorf 2001, 158 = NZM 2001, 392 = ZMR 2000, 476; OLG Hamburg v. 14.3.2001 – 2 Wx 103/98, ZMR 2001, 651 (652).
5 OLG Düsseldorf v. 26.8.2005 – I-3 Wx 64/05, OLGReport Düsseldorf 2006, 33 = ZMR 2006, 142.
6 BayObLG v. 16.4.1998 – 2Z BR 61/98 = NZM 1999, 132; KG v. 16.1.1984 – 24 W 4224/83, ZMR 1986, 189.
7 BayObLG v. 21.5.1992 – 2Z BR 38/92, WuM 1992, 392; BayObLG v. 8.7.1993 – 2Z BR 51/93, WuM 1993, 706 (707) = ZMR 1993, 476; KG v. 10.1.1994 – 24 W 3851/93, OLGZ 1994, 393 = NJW-RR 1994, 526 = ZMR 1994, 274; OLG Karlsruhe v. 23.1.1987 – 11 W 133/86, WuM 1987, 236; OLG Köln v. 19.6.1995 – 16 Wx 46/95, WuM 1995, 608 = ZMR 1995, 606; OLG Köln v. 18.1.2002 – 16 Wx 247/01, OLGReport Köln 2002, 161 = NZM 2002, 458.
8 Vgl. BayObLG v. 18.3.2005 – 2Z BR 233/04, NZM 2005, 744.

dernutzungsrechts ausdrücklich gestattet werden[1]. In Fällen, in denen einem Wohnungseigentümer eine bestimmte gewerbliche Nutzung seines Teileigentums ermöglicht wird, ist die Gestattung regelmäßig dahin auszulegen, dass damit zugleich den baulichen Veränderungen des gemeinschaftlichen Eigentums zugestimmt wird, die mit dieser Nutzungsart zwangsläufig verbunden sind[2].

(2) Erschwerungen

43 Als **Erschwerung** ist es in den Grenzen des § 22 Abs. 2 S. 2 WEG möglich, die Zustimmung aller Wohnungseigentümer auch für geringfügige und für niemanden nachteilige bauliche Veränderungen oder Veränderungen des äußeren Gestaltungsbildes zu verlangen[3] oder einen einstimmigen Eigentümerbeschluss zur Genehmigung aller baulichen Veränderungen zu verlangen[4]. Das besondere Zustimmungserfordernis der Zustimmung durch alle Wohnungseigentümer kann auch auf bestimmte Arten baulicher Veränderungen beschränkt werden, etwa Veränderungen im Erscheinungsbild der Wohnanlage[5], Eingriffe in für den Bestand oder die Sicherheit erforderliche Gebäudeteile[6], schließlich eigenmächtige Veränderungen der Sondereigentümer an den im gemeinschaftlichen Eigentum stehenden Räumen oder dem Grundstück[7].

Soweit eine Teilungserklärung die Zulässigkeit einer baulichen Veränderung der Beschlussfassung mit qualifizierter Mehrheit unterwirft, wird damit in der Regel nicht zugleich als Erschwerung gemeint sein, dass ein **qualifizierter Mehrheitsbeschluss** immer und unabhängig davon erforderlich sein soll, ob andere Wohnungseigentümer überhaupt über das in § 14 Nr. 1 WEG bestimmte Maß hinaus beeinträchtigt werden[8].

(3) Sonderfall: Zustimmung des Verwalters

44 Besondere Vorsicht geboten ist bei der Regelung, dass vor einer baulichen Veränderung die (schriftliche) **Zustimmung des Verwalters** und/oder des Verwaltungsbeirats einzuholen sei. Die unter Berücksichtigung der besonderen Situa-

---

1 Vgl. BayObLG v. 18.3.2005 – 2Z BR 233/04 – NZM 2005, 744 für die Anlage eines Teichs.
2 BayObLG v. 13.3.1997 – 2Z BR 8/97, WuM 1997, 343 = ZMR 1997, 317; BayObLG v. 6.10.2000 – 2Z BR 74/00, NZM 2000, 1236 = WuM 2000, 686 = ZMR 2001, 123, jeweils für eine in der Teilungserklärung festgeschriebene Nutzung; OLG Köln v. 15.5.2002 – 16 Wx 85/02n. v., für eine aufgrund einer Öffnungsklausel in der Teilungserklärung durch Mehrheitsbeschluss genehmigte Nutzung.
3 BayObLG v. 25.9.1997 – 2Z BR 79/97, BayObLGReport 1998, 9 = WuM 1997, 700; BayObLG v. 28.3.2001 – 2Z BR 1/01, ZMR 2001, 640 für Zulässigkeit äußerer Veränderungen nur mit allseitiger Zustimmung; OLG Düsseldorf v. 23.5.2007 – 3 Wx 21/07, NZM 2007, 528; OLG Zweibrücken v. 23.11.2001 – 3 W 226/01, OLGReport Zweibrücken 2002, 165 = NZM 2002, 253 = ZMR 2002, 469.
4 BayObLG v. 5.5.2004 – 2Z BR 265/03, BayObLGReport 2004, 390 = WuM 2004, 495; BayObLG v. 5.4.2005 – 32 Wx 019/05, OLGReport München 2005, 266 = ZMR 2005, 726.
5 OLG Frankfurt v. 15.3.2005 – 20 W 471/02, NZM 2005, 947 (948).
6 Vgl. zur Zulässigkeit und Auslegung OLG Düsseldorf v. 7.1.2005 – I-3 Wx 306/04, OLGReport Düsseldorf 2005, 146.
7 OLG München v. 31.3.2006 – 34 Wx 111/05, OLGReport München 2006, 615 = ZMR 2006, 797.
8 So aber für den Einzelfall BayObLG v. 19.3.1998 – 2Z BR 131/97, WuM 1998, 563 = ZMR 1998, 503.

tion der Wohnungseigentumsgemeinschaft auszulegende[1] Regelung ist nur bei eindeutigem Wortlaut[2] dahin zu verstehen, dass durch die Zustimmung des Verwalters die aller über das bei einem geordneten Zusammenleben unvermeidbare Maß hinaus beeinträchtigten Wohnungseigentümer ersetzt wird. Bei sehr großen Anlagen kann ausnahmsweise eine völlige Übertragung der Zustimmungskompetenz gemeint sein, wenn sich in der Teilungserklärung Anhaltspunkte für eine derartige Vorabübertragung eigener Rechte der Wohnungseigentümer finden. Grundsätzlich stellt entsprechend der Interessenlage, ein eigenmächtiges Bauen unter Hinweis auf mangels eines Nachteils nicht erforderliche Zustimmungen anderer Wohnungseigentümer zu verhindern[3], die dem Verwalter in der Teilungserklärung zugewiesene Zustimmungsbefugnis aber nur ein **zusätzliches Erfordernis** (Vorschalterfordernis) neben der Zustimmung der nachteilig betroffenen Eigentümer dar[4]. Dieses zusätzliche Erfordernis einer (schriftlichen) Verwalterzustimmung schützt die Wohnungseigentümer davor, dass der Umbauwillige eigenmächtig Veränderungen vornimmt unter Berufung darauf, die anderen Wohnungseigentümer seien nicht nachteilig beeinträchtigt und müssten deshalb nicht zustimmen[5]. Soweit nach der Teilungserklärung die Zustimmung nur aus wichtigem Grund verweigert werden darf, kann der Verwalter in Zweifelsfällen die Weisung der Eigentümerversammlung einholen[6]. Eine Zustimmung des Verwalters, die Vorgaben bestandskräftiger Mehrheitsbeschlüsse missachtet, ist unwirksam[7]. Die Zustimmung des Verwalters kann analog § 185 Abs. 2 BGB auch noch nachträglich erfolgen und gem. § 183 BGB widerrufen[8] werden.

---

1 KG v. 1.7.1991 – 24 W 2051/91, OLGZ 1992, 188 = NJW-RR 1991, 1300 = ZMR 1991, 445; OLG Düsseldorf v. 10.3.1997 – 3 Wx 159/95, OLGReport Düsseldorf 1997, 255 = NJW-RR 1997, 1103.
2 KG v. 1.7.1991 – 24 W 2051/91, OLGZ 1992, 188 = NJW-RR 1991, 1300 = ZMR 1991, 445; KG v. 18.3.1998 – 24 W 2334/97, KGReport Berlin 1999, 232 = NZM 1998, 771 = ZMR 1998, 657; OLG Düsseldorf v. 10.3.1997 – 3 Wx 159/95, OLGReport Düsseldorf 1997, 255 = NJW-RR 1997, 1103; OLG Frankfurt v. 7.4.2006 – 20 W 108/06, ZWE 2006, 457 (LS); OLG Zweibrücken v. 29.6.1992 – 3 W 30/92, MDR 1992, 1054 = NJW 1992, 2899 = ZMR 1992, 458.
3 Nach OLG Schleswig v. 12.2.2003 – 2 W 217/02, NZM 2003, 558; OLG Schleswig v. 2.9.2004 – 2 W 93/04, OLGReport Schleswig 2005, 383 stellt allein die eigenmächtige Errichtung ohne Einholung der Verwalterzustimmung keine verbotene Eigenmacht i.S.d. § 862 BGB dar, da es sich dann um einen Streit über die Grenzen des Mitbesitzes i.S.v. § 866 BGB handelt.
4 BayObLG v. 4.12.1997 – 2Z BR 123/97, BayObLGReport 1998, 33 = WuM 1998, 117; BayObLG v. 2.3.2000 – 2Z BR 152/99, NZM 2000, 876; KG v. 1.7.1991 – 24 W 2051/91, OLGZ 1992, 188 = NJW-RR 1991, 1300 = ZMR 1991, 445; OLG Frankfurt v. 24.4.2006 – 20 W 294/03, BauR 2006, 1799 = ZWE 2006, 409; OLG Köln v. 7.6.1995 – 16 Wx 78/95, DWE 1997, 32; OLG Köln v. 15.10.2003 – 16 Wx 97/03, OLGReport Köln 2004, 70.
5 BayObLG v. 2.3.2000 – 2Z BR 152/99, ZWE 2000, 217; OLG Düsseldorf v. 10.3.1997 – 3 Wx 159/95, OLGReport Düsseldorf 1997, 255 = NJW-RR 1997, 1103; OLG Zweibrücken v. 29.6.1992 – 3 W 30/92, MDR 1992, 1054 = NJW 1992, 2899 = ZMR 1992, 458.
6 BGH v. 21.12.1995 – V ZB 4/94, MDR 1996, 787 = NJW 1996, 1216 = WuM 1996, 240 = ZMR 1996, 240; OLG Frankfurt v. 18.11.1983 – 20 W 461/84, OLGZ 1984, 60.
7 OLG Frankfurt v. 2.12.2004 – 20 W 186/03, NZM 2005, 427.
8 BayObLG v. 31.8.2000 – 2Z BR 39/00. NZM 2001, 138 = WuM 2000, 684 = ZMR 2001, 41.

3. Ansprüche auf Wiederherstellung des ursprünglichen Zustandes

45 Fehlt die erforderliche Zustimmung eines Wohnungseigentümers und wird sie nicht durch einen unangefochtenen Mehrheitsbeschluss ersetzt, ist die bauliche Veränderung ebenso rechtswidrig, wie Instandhaltungs- oder Instandsetzungsmaßnahmen, die ohne Vorliegen der Voraussetzungen der §§ 22 Abs. 2 und 3 WEG erfolgen. Aus dem rechtswidrigen Handeln folgen Ansprüche auf Rückgängigmachung der Veränderung.

a) Anspruchsgrundlagen und Anspruchsinhalt

46 Wenn eine bauliche Veränderung nicht zulässig war, besteht nach allgemeiner Meinung[1] ein verschuldensunabhängiger Anspruch aus § 1004 Abs. 1 BGB auf Beseitigung der unzulässigen baulichen Veränderung gegen den Wohnungseigentümer, der sie veranlasst hat, oder die Wohnungseigentümergemeinschaft. Der Anspruch ist auf die Herbeiführung eines bestimmten Erfolges (Rückbau) gerichtet; eine konkrete Maßnahme kann nur verlangt werden, wenn allein diese Maßnahme zur Herbeiführung dieses Zustandes vernünftigerweise in Betracht kommt[2]. Bei schuldhafter Verletzung des Gemeinschaftseigentums besteht daneben ein Anspruch aus § 823 Abs. 1 BGB[3]. Auch ein Anspruch aus schuldhafter Verletzung des Gemeinschaftsverhältnisses oder des Verwaltervertrages kommt in Betracht[4], §§ 280, 241 Abs. 2 BGB. Mangels Bedeutung für das maßgebliche Verhältnis der Wohnungseigentümer untereinander steht die zwischenzeitliche Genehmigung der Baumaßnahme durch die Bauaufsichtsbehörde dem Beseitigungsanspruch nicht entgegen[5].

47 Zur Vorbereitung eines Beseitigungsanspruchs kann ein **Auskunftsanspruch** bestehen, weil im Zweifel nur der Störer die zur Beurteilung eines Anspruchs nach § 1004 BGB erforderlichen Einzelheiten kennt[6].

48 Wenn zwar Beseitigungsansprüche nicht bestehen, die Wohnungseigentümergemeinschaft aber gleichwohl einen **Mehrheitsbeschluss** fasst, **der die Pflicht zur Beseitigung festsetzt**, stellt dieser bei Bestandskraft nach der bestrittenen

---

1 BGH v. 19.12.1991 – V ZB 27/90, BGHZ 116, 392 = MDR 1992, 484 = NJW 1982, 978 = ZMR 1992, 167; BayObLG v. 24.2.2000 – 2Z BR 176/99, ZWE 2000, 216; KG v. 17.5.1989 – 24 W 6092/88, OLGZ 1989, 305; OLG Hamm v. 12.3.1991 – 15 W 41/90, OLGZ 1991, 418 = MDR 1991, 1171 = NJW-RR 1991, 910; OLG Köln v. 21.1.1998 – 16 Wx 299/97, OLGReport Köln 1998, 137.
2 BGH v. 12.12.2003 – V ZR 98/03, MDR 2004, 503 = NJW 2004, 1035.
3 OLG Hamm v. 12.3.1991 – 15 W 41/90, OLGZ 1991, 418 = MDR 1991, 1171 = NJW-RR 1991, 910.
4 So BGH v. 21.12.2000 – V ZB 45/00, BGHZ 146, 241 = MDR 2001, 497 = NJW 2001, 1212; vgl. a. BGH v. 10.11.2006 – V ZR 62/05, WuM 2007, 33.
5 OLG Köln v. 21.1.1998 – 16 Wx 299/97, OLGReport Köln 1998, 137.
6 OLG v. 25.11.1996 – 3 Wx 516/94, OLGReport Düsseldorf 1997, 106 = ZMR 1997, 149.

obergerichtlichen Rechtsprechung eine eigenständige Anspruchsgrundlage dar[1]. Dies soll selbst für solche baulichen Veränderungen gelten, die gar nicht zustimmungsbedürftig waren[2]. Ob die letztgenannte Auffassung mit der Rechtsprechung des BGH[3] vereinbar ist, erscheint zweifelhaft. Sie ist jedenfalls mit der Annahme unvereinbar, dass der Gemeinschaft die Beschlusskompetenz dafür fehlt, durch Beschluss die Erfüllung eines für einen einzelnen Wohnungseigentümer titulierten Beseitigungsanspruchs festzustellen[4]. Eine Kompetenz, contra legem Ansprüche zu schaffen, ist der Wohnungseigentümergemeinschaft weder durch Gesetz noch (vorbehaltlich einer besonderen Vereinbarung) in der Teilungserklärung verliehen. Im Zusammenhang mit dem Haftungssystem der Wohnungseigentümergemeinschaft hat der BGH zu Recht, wenn auch beiläufig, klargestellt, dass „die Eigentümerversammlung keine Beschlusskompetenz hat, eine persönliche Leistungspflicht der einzelnen Wohnungseigentümer durch Mehrheitsentscheidung zu begründen"[5].

b) Anspruchsberechtigte

Dem **einzelnen Wohnungseigentümer** steht ein ursprünglicher, nicht von der Gemeinschaft abgeleiteter Anspruch auf Beseitigung der baulichen Veränderung zu[6], soweit er durch die bauliche Veränderung benachteiligt ist und weder er noch sein Rechtsvorgänger der Maßnahme zugestimmt haben[7]. Er bedarf zur

49

---

1 BayObLG v. 15.2.1984 – 2Z 111/83, WuM 1985, 31; BayObLG v. 26.8.1996 – 2Z BR 51/96, ZMR 1996, 623; einschränkend aber BayObLG v. 10.12.1998 – 2Z BR 99/98, WuM 1999, 179 = ZMR 1999, 271; BayObLG v. 30.11.2000 – 2Z BR 92/00, NZM 2001, 433 = ZMR 2001, 211; OLG Bremen v. 16.8.1994 – 3 W 25/94, WuM 1995, 58; OLG Hamburg v. 4.3.2003 – 2 Wx 148/00, ZMR 2003, 447; OLG Köln v. 23.12.1998 – 16 Wx 211/98, OLGReport Köln 1999, 185; OLG Köln v. 14.4.2000 – 16 Wx 58/00, OLGReport Köln 2000, 438 = NZM 2000, 1018 = ZMR 2001, 66; OLG Köln v. 30.6.2004 – 16 Wx 135/04, NZM 2005, 108 = ZMR 2004, 939; OLG Köln v. 26.10.2005 – 16 Wx 192/05, NZM 2006, 662; *Schuschke*, ZWE 2000, 146, 153; a.A. KG v. 27.3.1996 – 24 W 6750/95, KGReport Berlin 1996, 135 = NJW-RR 1996, 1102 = ZMR 1996, 389; KG v. 8.1.1997 – 24 W 5678/96, KGReport Berlin 1997, 85 = NJW-RR 1997, 1033 = ZMR 1997, 318; OLG Zweibrücken v. 5.6.2007 – 3 W 98/07, NZM 2007, 572; *Niedenführ*, NZM 2001, 1105, 1111; ausführlich *Schmidt/Riecke*, ZMR 2005, 252, 258 ff.; *Wenzel*, NZM 2004, 542.
2 BayObLG v. 14.1.1999 – 2Z BR 138/98, BayObLGReport 1999, 42 = WuM 1999, 188.
3 BGH v. 20.9.2000 – V ZB 58/99, BGHZ 145, 158 = NJW 2000, 3500 = MDR 2000, 1367 = NZM 2000, 1184 = ZMR 2000, 771.
4 OLG Hamm v. 24.1.2001 – 15 W 405/00, FGPrax, 102 = NZM 2001, 543 = ZMR 2001, 654.
5 BGH v. 2.6.2005 – V ZB 32/05, BGHZ 163, 154 = BGHReport 2005, 1090 = ZMR 2005, 547 (554) unter III 9a unter Hinweis auf *Wenzel*, NZM 2004, 542 ff.; vgl. *Abramenko*, ZMR 2006, 409, 411 f.
6 BGH v. 19.12.1991 – V ZB 27/90, BGHZ 116, 392 = MDR 1992, 484 = NJW 1992, 978 = ZMR 1992, 167; BayObLG v. 18.3.1997 – 2Z BR 116/96, BayObLGReport 1997, 42; KG v. 10.1.1990 – 24 W 6746/89, OLGZ 1990, 155 = MDR 1990, 448 = NJW-RR 1990, 334; KG v. 17.2.1993 – 24 W 3563/92, OLGZ 1993, 427 = KGReport Berlin 1993, 3 = NJW-RR 1993, 909 = ZMR 1993, 289; OLG Düsseldorf v. 6.4.1994 – 3 Wx 534/93, NJW-RR 1994, 1167 = WuM 1994, 492; OLG Düsseldorf v. 25.4.1996 – 3 Wx 378/95, ZMR 1996, 396; OLG Hamm v. 12.3.1991 – 15 W 41/90, OLGZ 1991, 418 = MDR 1991, 1171, = NJW-RR 1991, 910.
7 BayObLG v. 1.2.2001 – 2Z BR 68/00, Grundeigentum 2001, 775; BayObLG v. 26.4.2001 – 2Z BR 4/01, WuM 2001, 405 = ZMR 2001, 827; KG v. 8.9.1993 – 24 W 5753/93 und 24 W 2301/93, WuM 1994, 38.

Geltendmachung nicht einer Ermächtigung der Wohnungseigentümergemeinschaft[1]. Die **Wohnungseigentümergemeinschaft**, der selbst keine eigenen Abwehransprüche zustehen[2], kann aber den Individualanspruch durch rechtskräftigen Mehrheitsbeschluss an sich ziehen und damit dem einzelnen Wohnungseigentümer das Recht zur Ausübung entziehen (vgl. § 10 Abs. 6; § 10 Rz. 73)[3]. Daneben kommen eigene Ansprüche der Wohnungseigentümer in ihrer Gesamtheit gegen den Störer in Betracht[4].

50 Der **Verwalter** selbst ist nicht anspruchsberechtigt. Die Teilungserklärung oder auch der Verwaltervertrag können aber den Verwalter durch Mehrheitsbeschluss ermächtigen, die Ansprüche im eigenen Namen oder als Vertreter der Wohnungseigentümergemeinschaft geltend zu machen[5].

51 Soweit die **bauliche Veränderung durch den Verwalter** eigenmächtig erfolgt ist, fällt der Beseitigungs- und Wiederherstellungsanspruch allein in die Zuständigkeit der Wohnungseigentümergemeinschaft für Verwaltungshandeln, § 21 Abs. 1 WEG, ist also der Beschlussfassung mit Mehrheit zugänglich. Die Wohnungseigentümergemeinschaft kann einen einzelnen Wohnungseigentümer zur Geltendmachung von Beseitigungs- und Wiederherstellungsansprüchen ermächtigen[6].

c) Anspruchsverpflichtete (Störer)

52 Der Beseitigungsanspruch[7] richtet sich **gegen** den Wohnungseigentümer, der die bauliche Veränderung durchgeführt hat, hat durchführen lassen oder die Durchführung durch andere geduldet hat[8]. Der Eigentümer ist, wie sein Universalnachfolger, etwa im Wege der Erbschaft[9], **Handlungsstörer**. Insbesondere ist der vermietende Wohnungseigentümer, der seinem Mieter beeinträchtigende bauli-

---

1 BGH v. 19.12.1991 – V ZB 27/90, BGHZ 116, 392 = MDR 1992, 484 = NJW 1992, 978 = ZMR 1992, 167; BayObLG v. 15.1.2004 – 2Z BR 225/03, BayObLGZ 2004, 1 = ZMR 2004, 445; OLG Braunschweig v. 8.2.2007 – 3 W 1/07, MietRB 2007, 100; *Schuschke*, NZM 2005, 81 (84).
2 Vgl. OLG München v. 27.7.2005 – 34 Wx 69/05, OLGReport München 2005, 645 = NJW 2005, 3006; a.A. OLG München v. 17.11.2005 – 32 Wx 77/05, OLGReport München 2006, 81 = NZM 2006, 106.
3 *Abramenko*, ZMR 2006, 409, 411; *Hügel/Elzer*, Das neue WEG-Recht, § 3 Rz. 165ff., 174. Die gesetzliche Neuregelung des § 10 Abs. 6 WEG überholt hier in der Vergangenheit entstandene Unsicherheiten; s. etwa *Wenzel*, NZM 2006, 321 (322).
4 Vgl. BayObLG v. 22.9.2004 – 2Z BR 103/04, BayObLGReport 2005, 21 = ZMR 2005, 215 zum alten Recht.
5 BayObLG v. 17.2.2000 – 2Z BR 180/99, NZM 2000, 513; OLG Köln v. 31.8.2004 – 16 Wx 166/04, NJW 2004, 3496 = NZM 2004, 833 = ZMR 2005, 226; OLG München v. 20.6.2006 – 32 Wx 125/05, OLGReport München 2006, 614.
6 OLG Schleswig v. 5.1.1998 – 2 W 109/97, OLGReport Schleswig 1998, 138 = WuM 1998, 308; vgl. a. OLG Köln v. 3.4.1997 – 16 Wx 43/97, OLGReport Köln 1997, 261.
7 Die folgenden Ausführungen beziehen sich auf Ansprüche aus § 1004 Abs. 1 BGB und § 15 Abs. 3 WEG. Bei Ansprüchen aus § 823 Abs. 1 BGB erfolgt eine Zurechnung nach allgemeinen Regeln, insbesondere § 831 BGB oder §§ 31 und 89 BGB. Bei schuldrechtlichen Ansprüchen erfolgt die Zurechnung nach § 278 BGB.
8 Zur Frage der Zurechnung „zufälliger" Einwirkungen, die wenigstens mittelbar auf den Willen des Eigentümers oder Besitzes zurückgehen, vgl. *Wenzel*, NJW 2005, 241 f.
9 BayObLG v. 9.5.1996 – 2Z BR 18/96, BayObLGReport 1996, 46 = WuM 1996, 491 (493).

che Veränderungen gestattet oder es entgegen § 14 Nr. 2 WEG unterlässt, den Mieter von dem nach dem Mietvertrag unerlaubten, fremdes Eigentum beeinträchtigenden Gebrauch der Mietsache abzuhalten, nicht nur Zustandsstörer, sondern als mittelbarer Handlungsstörer zur Beseitigung der Eigentumsbeeinträchtigung und Wiederherstellung des ursprünglichen Zustands verpflichtet[1]. Die Handlungsstörereigenschaft endet nicht erst mit dem Verlust des Eigentums, sondern bereits dann, wenn das Recht, die verkaufte Eigentumswohnung zu nutzen, auf den Käufer übergegangen ist, auch wenn der Verkäufer noch Eigentümer ist[2].

Der **Sonderrechtsnachfolger**, der das Wohnungseigentum etwa aufgrund Kauf oder Vermächtnis erworben hat, ist bei baulichen Veränderungen des Gemeinschaftseigentums selbst nicht Handlungsstörer und auch nicht Zustandsstörer, weil er nicht zu Veränderungen des Gemeinschaftseigentums berechtigt ist. Der Erwerber kann nur dann ausnahmsweise selbst als Handlungsstörer auf Beseitigung in Anspruch genommen werden, wenn er die bauliche Veränderung vor dem Eigentumserwerb selbst, etwa als Mieter, vorgenommen hat[3]. Sonst kann er nur auf Duldung von Beseitigungsmaßnahmen durch die Wohnungseigentümergemeinschaft in Anspruch genommen werden[4]. Im Falle der Sonderrechtsnachfolge auf Seiten des störenden Wohnungseigentümers besteht nur ein Anspruch des „gestörten" Wohnungseigentümers auf Beseitigung oder Wiederherstellung gegen die Wohnungseigentümergemeinschaft. Über die Durchführung des Rückbaus wird im Rahmen ordnungsgemäßer Verwaltung durch Mehrheit entschieden.

53

Schließlich ist **jeder Nutzer**[5], der die bauliche Veränderung unter Verstoß gegen seine vertraglichen Pflichten vornimmt oder vernehmen lässt, also insbeson-

54

---

1 BGH, Urt. v. 7.4.2000 – V ZR 39/99, BGHZ 144, 200, 204 = NJW 2000, 2901 = NZM 2000, 979; BGH v. 27.1.2006 – V ZR 26/05, NJW 2006, 992, 993; BayObLG v. 29.8.1996 – 2Z BR 51/95, BayObLGReport 1996, 73 = ZMR 1996, 623; OLG Düsseldorf v. 6.12.2000 – 3 Wx 400/00, OLGReport Düsseldorf 2001, 426 = NZM 2001, 136 = ZMR 2001, 374; OLG Düsseldorf v. 13.2.2006 – I-3 Wx 181/05, NZM 2006, 782 = ZMR 2006, 461; OLG Frankfurt v. 6.1.2006 – 20 W 202/04, OLGReport Frankfurt 2006, 666.
2 BGH v. 10.7.1998 – V ZR 60/97, MDR 1998, 1279 = NJW 1998, 3273 = ZMR 1998, 690.
3 BayObLG v. 2.3.2000 – 2Z BR 152/99, NZM 2000, 876; a.A. KG v. 10.2.1997 – 2 W 6582/96, KGReport Berlin 1997, 73 = NJW-RR 1997, 713 = WE 1997, 241 = ZMR 1997, 315; BayObLG v. 25.11.1997 – 2Z BR 99/97, WuM 1998, 115.
4 BGH v. 1.12.2006 – V ZR 112/06, NJW 2007, 432; vgl. a. BayObLG v. 4.12.1997 – 2Z BR 123/97, BayObLGReport 1998, 33 = WuM 1998, 117; BayObLG v. 28.12.2001 – 2Z BR 163/01, NZM 2002, 351 = WuM 2002, 165; KG v. 10.7.1991 – 24 W 6574/90, OLGZ 1992, 55 = NJW-RR 1991, 1421; BayObLG v. 15.9.2004 – 2Z BR 120/04, WuM 2004, 728; KG v. 27.3.1996 – 24 W 6750/95, KGReport Berlin 1996, 135 = NJW-RR 1996, 1102 = ZMR 1996, 389; KG v. 10.2.1997 – 2 W 6582/96, KGReport Berlin 1997, 73 = NJW-RR 1997, 713 = ZMR 1997, 315; OLG Celle v. 24.9.2003 – 4 W 138/03, OLGReport Celle 2004, 25 = ZMR 2004, 689; OLG Hamburg v. 24.1.2006 – 2 Wx 10/05, ZMR 2006, 377 (378f.); OLG Hamm v. 23.9.2004 – 15 W 129/04, OLGReport Hamm 2005, 43 = NZM 2005, 306; OLG Köln v. 21.1.1998 – 16 Wx 299/97, OLGReport Köln 1998, 137; OLG Köln v. 7.4.2003 – 16 Wx 44/03, OLGReport Köln 2003, 254 = NZM 2004, 389 = ZMR 2004, 707; OLG Schleswig v. 20.3.2000 – 2 W 140/99, OLGReport Bremen 2000, 191 = MDR 2000, 634 = NZM 2000, 674.
5 KG v. 10.2.1997 – 2 W 6582/96, KGReport Berlin 1997, 73 = NJW-RR 1997, 713 = ZMR 1997, 315.

dere der Mieter oder Pächter, selbst Handlungsstörer bzw. Schädiger und damit selbst zum Rückbau verpflichtet[1]. Seine Rechte können nicht weiter gehen als die des Wohnungseigentümers, von dem er seine Rechtsposition ableitet; dingliche Rechte können nicht durch schuldrechtliche Vereinbarungen mit Dritten eingeschränkt werden[2]. Diese Möglichkeit der Inanspruchnahme des Mieters ist gegenüber der Möglichkeit der Inanspruchnahme des vermietenden Wohnungseigentümers und der Zwangsvollstreckung gegen ihn als mittelbaren Störer nicht vorrangig[3].

d) Verjährung, Verwirkung, Rechtsmissbrauch[4]

55 Mit Einführung der dreijährigen Regelverjährung des § 195 BGB besteht für die Annahme einer **Verwirkung** in der Regel kein Bedürfnis mehr. Allerdings kann – etwa bei Verzicht auf die Verjährungseinrede – auch gegenüber einem verjährten Anspruch der von Amts wegen zu berücksichtigende Einwand der Verwirkung durchgreifen[5]. Neben der Verwirkung als Sonderfall des Rechtsmissbruchs aus dem Gesichtspunkt der illoyalen Verspätung der Rechtsausübung kann dem Beseitigungsverlangen im Einzelfall der Einwand des **Rechtsmissbrauchs** nach Treu und Glauben, § 242 BGB, entgegenstehen[6] oder wegen eines groben Missverhältnisses zwischen dem Leistungsinteresse des Gläubigers und dem Aufwand des Schuldners (Rechtsgedanke des § 275 Abs. 2 BGB)[7]. Dabei unterliegt das Beseitigungsverlangen des einzelnen Wohnungseigentümers geringeren Schranken als das Vorgehen der Wohnungseigentümergemeinschaft, weil der Einzelne nicht begründen muss, warum er nur gegen einen Störer vorgeht. Ein Verstoß gegen Treu und Glauben ist anzunehmen, wenn Ansprüche seitens der Wohnungseigentümergemeinschaft ohne sachlichen Grund[8] unterschiedlich gegen einzelne Eigentümer geltend gemacht werden[9]. Das Beseitigungsverlangen ist nicht schon allein wegen erheblicher Rückbaukosten rechtsmissbräuchlich[10], sondern nur im Ausnahmefall unter Berücksichtigung aller Umstände

---

1 BGH v. 1.12.2006 – V ZR 112/06, NJW 2007, 432; zum Spannungsverhältnis von Gemeinschaftsordnung und Miete vgl. *Armbrüster*, ZWE 2004, 217.
2 BGH v. 1.12.2006 – V ZR 112/06, NJW 2007, 432.
3 OLG Köln v. 15.1.1997 – 16 Wx 275/96, OLGReport Köln 1997, 141; OLG Köln v. 14.4.2000 – 16 Wx 58/00, OLGReport Köln 2000, 438.
4 Vgl. *Hogenschurz*, ZWE 2002, 512.
5 OLG Frankfurt v. 25.3.1980 – 5 U 142/79, MDR 1980, 755.
6 BayObLG v. 9.12.1999 – 2Z BR 101/99, BayObLGReport 2000, 25 = ZMR 2000, 23; OLG Düsseldorf v. 25.4.1996 – 3 Wx 478/95, WuM 1996, 444 = ZMR 1996, 396; OLG Düsseldorf v. 11.8.1997 – 3 Wx 227/97, NZM 1998, 79 = ZMR 1997, 657.
7 OLG Düsseldorf v. 19.1.2007 – 3 Wx 186/06, OLGReport Düsseldorf 2007, 241.
8 Sachlicher Grund ist etwa die Durchführung eines „Pilotverfahrens". Zum Herauspicken bei Mietern vgl. a. BVerfG, 1. Kammer des Ersten Senats, v. 27.10.2006 – 1 BvR 1320/04, NZM 2007, 125 (LS).
9 OLG Oldenburg v. 11.3.1997 – 5 W 18/97, DWE 1997, 127 = WuM 1997, 391; OLG Hamburg v. 15.3.2002 – 2 Wx 94/99, ZMR 2002, 616.
10 BayObLG v. 14.5.1990 – 1b Z 27/89, WuM 1990, 609; OLG Frankfurt v. 12.8.1996 – 20 W 594/95, OLGReport Frankfurt 1997, 39 = FGPrax 1997, 54; OLG Köln v. 13.9.1999 – 16 Wx 65/99, OLGReport Köln 2000, 45; OLG Köln v. 11.2.2000 – 16 Wx 9/00, NZM 2000, 764; OLG Schleswig v. 20.3.2000 – 2 W 140/99, OLGReport Schleswig 2000, 191 = MDR 2000, 634 = NZM 2000, 674.

des Einzelfalls, wenn die Beeinträchtigung nur geringfügig, der Beseitigungsaufwand aber unverhältnismäßig aufwendig und unzumutbar ist[1]. Weil der Störer die Umbauten ohne Vorliegen der Zulässigkeitsvoraussetzungen vorgenommen hat, hat er das Risiko auf sich genommen, für die bauliche Veränderung erhebliche Mittel wirtschaftlich sinnlos aufgewendet zu haben und für Beseitigung und Wiederherstellung erhebliche Mittel aufwenden zu müssen[2]. Bei der Abwägung ist auch zu berücksichtigen, ob die Baumaßnahme nur dem Vorteil eines einzelnen Wohnungseigentümers dient oder die Mehrheit gemeinschaftliche Zwecke verfolgt[3]. Nicht rechtsmissbräuchlich ist es, die Beseitigung von baulichen Veränderungen zu verlangen, die eine erteilte Zustimmung übersteigen, selbst wenn die abweichende oder weitergehende Bauausführung keine zusätzliche erhebliche Belästigung gegenüber der genehmigten Veränderung darstellt[4]. Ein Rechtsmissbrauch ergibt sich auch nicht daraus, dass in der Vergangenheit andere Wohnungseigentümer ähnliche bauliche Veränderungen vorgenommen haben[5]. Selbst der Umstand, dass der Anspruchsteller (vor Jahren) selbst eine unzulässige bauliche Veränderung unbeanstandet vorgenommen hat, die zu beseitigen wegen Verwirkung des Anspruchs nicht mehr verlangt werden kann, lässt sein heutiges Beseitigungsbegehren gegenüber anderen Wohnungseigentümern nicht als treuwidrig erscheinen[6]. Es gibt auch keine „Aufrechnung" baulicher Veränderungen; bei Vorliegen der gesetzlichen Voraussetzungen kann vielmehr der in Anspruch genommene Wohnungseigentümer seinerseits Beseitigungsansprüche geltend machen[7].

Nur in Ausnahme- oder Erpressungsfällen wird das **Schikaneverbot**, § 226 BGB, helfen, wenn sich feststellen lässt, dass das Beseitigungsverlangen allein gel-   56

---

1 BayObLG v. 14.5.1990 – 1b Z 27/89, WuM 1990, 609; BayObLG v. 16.5.1990 – 1b Z 22/89, DWE 1991, 74 = NJW-RR 1990, 1168; BayObLG v. 5.9.2002 – 2Z BR 130/01, NZM 2003, 120; OLG Hamm v. 25.11.1975 – 15 W 314/75, OLGZ 1976, 61 = RPfleger 1976, 100.
2 BayObLG v. 29.9.1999 – 2Z BR 68/99, NZM 1999, 1150 = ZMR 2000, 53; KG v. 16.1.1984 – 24 W 4224/83, ZMR 1986, 189; OLG Düsseldorf v. 25.4.1996 – 3 Wx 378/95, ZMR 1996, 396; OLG Köln v. 13.9.1999 – 16 Wx 65/99, OLGReport Köln 2000, 45; OLG Zweibrücken v. 21.9.1999 – 3 W 141/99, NZM 2000, 294 = ZMR 1999, 855; *Schmack*, ZWE 2000, 168 (169).
3 BayObLG v. 29.9.1999 – 2Z BR 68/99, NZM 1999, 1150 (1152) = ZMR 2000, 53.
4 *Schuschke*, ZWE 2000, 146, 154.
5 BayObLG v. 17.7.1997 – 2Z BR 25/97, WE 1997, 67; BayObLG v. 12.10.2001 – 2Z BR 127/01, WuM 2002, 164 = ZWE 2002, 127; s. a. OLG Karlsruhe v. 18.9.2000 – 14 Wx 45/00, ZMR 2001, 224.
6 *Schuschke*, ZWE 2000, 146, 154; vgl. a. BayObLG v. 21.5.1992 – 2Z BR 38/92, WuM 1992, 392; BayObLG v. 23.7.1992 – 2Z BR 22/92, NJW-RR 1993, 337 = WuM 1992, 563 = ZMR 1992, 551; BayObLG v. 21.7.1994 – 2Z BR 47/94, WE 1995, 249 = WuM 1995, 59; BayObLG v. 18.1.1995 – 2Z BR 118/94, WE 1995, 377; OLG Düsseldorf v. 14.6.1993 – 3 Wx 129/92, DWE 1994, 35 = NJW-RR 1994, 277; OLG Frankfurt v. 12.8.1996 – 20 W 594/95, OLGReport Frankfurt 1997, 39 = FGPrax 1997, 54; OLG Köln v. 22.1.1997 – 16 Wx 238/96, OLGReport Köln 1997, 125; s. a. BayObLG v. 26.9.2001 – 2Z BR 79/01, WuM 2002, 160 = ZMR 2002, 211 zur fehlenden Erheblichkeit der Beeinträchtigung in diesem Fall.
7 BayObLG v. 9.10.2000 – 2Z BR 87/00, WuM 2000, 687 = ZMR 2001, 125 (126).

tend gemacht wird, um dem störenden Wohnungseigentümer Schaden zuzufügen[1].

57 Soweit die Beseitigungs- und Wiederherstellungsansprüche wegen Verjährung, Verwirkung oder Einwand des Rechtsmissbrauchs im Einzelfall nicht durchgesetzt werden können, ändert dies nichts daran, dass eine unzulässige eigenmächtige und damit rechtswidrige bauliche Veränderung vorliegt. Verjährung, Verwirkung und Einwand des Rechtsmissbrauchs ersetzen nicht die fehlende Zustimmung der nach §§ 22 Abs. 1, 14 WEG benachteiligten Eigentümer und beseitigen nicht die Kostenfreiheit der nicht zustimmenden Wohnungseigentümer gem. § 16 Abs. 6 WEG[2].

4. Verfahrensrecht

58 Soweit die materiellrechtlichen Voraussetzungen eines Beseitigungs- und Wiederherstellungsanspruchs gegeben sind, müssen diese zunächst im Erkenntnisverfahren festgestellt – „tituliert" – werden und diese Titel gegebenenfalls vollstreckt werden.

a) Erkenntnisverfahren

59 Die Ansprüche gegen Miteigentümer sind im Verfahren nach § 45 Nr. 1 oder 2 WEG vor dem Amtsgericht streitwertunabhängig, § 23 Nr. 2c) GVG, geltend zu machen. Auch wenn in der Teilungserklärung – etwa in einer als Wohnungseigentümergemeinschaft konstruierten Reihenhausanlage – die Anwendung allgemeinen Nachbarrechts an Stelle der Vorschriften des Wohnungseigentumsrechts vorgesehen ist, ändert sich an der besonderen Zuständigkeit nichts[3]. Die Wohnungseigentümergemeinschaft darf, wenn ein Wohnungseigentümer einem Eigentümerbeschluss, der ihn zum Rückbau baulicher Veränderungen verpflichtet, nicht nachkommt, nicht einfach zur Ersatzvornahme schreiten, sondern benötigt vielmehr einen Vollstreckungstitel als Grundlage für die Ersatzvornahme[4]. Die **Formulierung des Antrags** auf Beseitigung einer baulichen Veränderung und Wiederherstellung des früheren Zustands muss entsprechend den Anforderungen des § 253 Abs. 2 ZPO vorgenommen werden, etwa „Der Beklagte wird verurteilt, die auf der Rückseite des Hauses... auf dem Balkon der Wohnung des Antragsgegners im zweiten Obergeschoss, die im Aufteilungsplan mit... bezeichnet ist, zum Nachbargrundstück hin errichtete Glastrennwand zu beseitigen". Der Antrag muss die dem Schuldner auferlegten Pflichten konkret

---

1 BayObLG v. 19.2.1998 – 2Z BR 135/97, NJW-RR 1998, 875; BayObLG v. 24.2.2000 – 2Z BR 176/99, ZWE 2000, 216; OLG Frankfurt v. 6.3.1979 – 3 Ws 9–25, 84–85/79, NJW 1979, 1613; KG v. 16.1.1984 – 24 W 4224/83, ZMR 1986, 189; OLG Karlsruhe v. 18.9. 2000 – 14 Wx 45/00, ZMR 2001, 224; OLG Oldenburg v. 11.3.1997 – 5 W 18/97, DWE 1997, 127 = WuM 1997, 391.
2 OLG Saarbrücken v. 4.10.1996 – 5 W 286/95-50, FGPrax 1997, 56 = ZMR 1997, 31; vertiefend zu den (Kosten-)Folgen *Schmidt*, ZMR 2001, 924, 925; *Ott*, ZWE 2002, 61 (66f.).
3 Vgl. zum alten Recht BayObLG v. 12.9.1996 – 2Z BR 52/96, BayObLGReport 1996, 81 = NJW-RR 1997, 269 = ZMR 1997, 41.
4 Vgl. OLG Köln v. 23.9.1998 – 16 Wx 122/98, OLGReport Köln 1999, 62 = NZM 1998, 958.

und so bestimmt angeben, dass dieser über den Umfang seiner Pflichten nicht im Zweifel sein kann. Zu beachten ist aber, dass dem Schuldner das Wahlrecht zusteht, wie er den Rückbau der baulichen Veränderung vornimmt und den früheren Zustand wiederherstellt. Die Verurteilung zu einer konkreten Maßnahme kann nur dann erfolgen, wenn allein diese Maßnahme den geschuldeten Erfolg verspricht und andere Maßnahmen vernünftigerweise nicht in Betracht kommen[1].

b) Zwangsvollstreckung

Regelmäßig handelt es bei dem Rückbau einer baulichen Veränderung und der Wiederherstellung des früheren Zustands um **vertretbare Handlungen** i.S.d. § 887 ZPO, so dass die Vollstreckung gem. § 887 Abs. 2 ZPO durch das AG als Prozessgericht erster Instanz erfolgt. Dagegen erfolgt die Vollstreckung gegen einen Wohnungseigentümer, der seine Wohnung verkauft, vermietet oder unentgeltlich zum Gebrauch überlassen hat, soweit der Dritte mit der Durchführung der vertretbaren Handlung nicht einverstanden ist, nach § 888 ZPO, weil die Ausübung der Rechte des Schuldners gegenüber seinem Mieter usw. eine **unvertretbare Handlung** ist[2]. Die Verhängung von Zwangsmitteln gegen den Wohnungseigentümer nach § 888 ZPO ist erst dann unzulässig, wenn der Wohnungseigentümer erfolglos alle zumutbaren Maßnahmen einschließlich eines gerichtlichen Vorgehens und eines Abfindungsangebotes unternommen hat, um den Dritten zur Duldung der Handlung zu veranlassen[3]. Die Gemeinschaft kann dem vermietenden Mitglied nicht vorschreiben, wie es zur Umsetzung des titulierten Anspruchs gegen den Mieter vorgeht. Erst wenn alle dem Schuldner möglichen Anstrengungen, den Dritten rechtlich notfalls mit Gerichtshilfe und tatsächlich auf andere Weise zur Zustimmung und Mitwirkung zu zwingen, fehlgeschlagen sind, wird kein Zwangsmittel mehr verhängt. 60

Der Schuldner muss auch für die Beschaffung erforderlicher behördlicher Genehmigungen (z.B. Baurecht, Denkmalschutz, Baumschutzsatzungen[4]) sorgen; nur wenn feststeht, dass die Genehmigung nicht zu erlangen ist, steht das Erfordernis einer behördlichen Zustimmung der Anordnung der Ersatzvornahme nach § 887 ZPO entgegen[5]. Ist die gerichtliche Ermächtigung zur Ersatzvornahme nach § 887 ZPO erteilt, kann auch der Gläubiger die öffentlich-recht- 61

---

1 BGH v. 12.12.2003 – V ZR 98/03, MDR 2004, 503 = NJW 2004, 1035.
2 BayObLG v. 29.12.1988 – BReg 2Z 79/88, BayObLGZ 1988, 440 = NJW-RR 1989, 462; BayObLG v. 27.10.1993 – 2Z BR 107/93, WuM 1993, 766; BayObLG v. 21.10.1999 – 2Z BR 102/99, NZM 2000, 303 = WuM 208; OLG Köln v. 14.4.2000 – 16 Wx 58/00, OLGReport Köln 2000, 438 = NZM 2000, 1018 = ZMR 2001, 66.
3 BayObLG v. 29.12.1988 – BReg 2Z 79/88, BayObLGZ 1988, 440 = NJW-RR 1989, 462; BayObLG v. 27.10.1993 – 2Z BR 107/93, WuM 1993, 766; BayObLG v. 21.10.1999 – 2Z BR 102/99, NZM 2000, 303; OLG Schleswig v. 12.8.2002 – 2 W 21/02, OLGReport Schleswig 2003, 83 = MDR 2003, 149.
4 OLG Düsseldorf v. 18.10.1991 – 22 U 220/90, OLGReport Düsseldorf 1992, 24; OLG Köln v. 17.2.1997 – 16 U 50/96, OLGReport Köln 1997, 185.
5 OLG Düsseldorf v. 26.1.2001 – 9 W 79/00, OLGReport Düsseldorf 2001, 282; OLG Celle v. 8.6.1961 – 8 W 43/61, MDR 1961, 859; OLG Frankfurt v. 15.4.1982 – 20 W 125/82, MDR 1983, 141; OLG Frankfurt v. 17.2.1997 – 3 W 66/96, OLGReport Frankfurt 1997, 86.

lichen Voraussetzungen für die Durchführung der Ersatzvornahme durch Antragstellung schaffen[1].

III. Privilegierte Modernisierungsmaßnahmen, § 22 Abs. 2 WEG

1. Überblick

62 Gegenüber der bisherigen Rechtslage bringt die Reform des Wohnungseigentumsrechts insoweit Änderungen, als bisher zur Instandsetzung und Instandhaltung ein Mehrheitsbeschluss nur dann ausreichte, wenn die Grenzen ordnungsgemäßer Verwaltung i.S.v. § 21 Abs. 3 WEG eingehalten waren, insbesondere auch in den Fällen der modernisierenden Instandsetzung. Weil mangels **Anpassung an die Erfordernisse der Zeit** bei älteren Anlagen ein Wertverlust sowohl des gemeinschaftlichen Eigentums als auch des Sondereigentums droht, will der Gesetzgeber die Möglichkeiten zur Modernisierung auf der Grundlage eines Mehrheitsbeschlusses erweitern. Denn in der Vergangenheit waren Maßnahmen der modernisierenden Instandsetzung nur dann möglich gewesen, wenn eine Reparatur bereits notwendig oder bald absehbar gewesen war. Dieser bisher bestehende Zusammenhang der modernisierenden Instanzsetzung mit einer Reparatur soll durch die Neuregelung nicht beseitigt werden. Statt sich von der bisherigen Rechtsprechung zur modernisierenden Instandsetzung zu lösen, wird diese Möglichkeit der Sanierung auf der Grundlage eines Mehrheitsbeschlusses nunmehr in § 22 Abs. 3 WEG durch die Verweisung auf die Vorschriften der §§ 21 Abs. 5 Nr. 2, Abs. 3 und 4 WEG ausdrücklich gesetzlich festgeschrieben. Demgegenüber ermöglicht die nach der Gesetzesintention durch Einschränkungen der hier eröffneten Mehrheitsmacht **nicht abdingbare** Vorschrift des § 22 Abs. 2 WEG Maßnahmen zur Modernisierung und Anpassung an den Stand der Technik auch ohne aktuellen Sanierungsbedarf. Dadurch soll nach Auffassung des Gesetzgebers etwa das Aufstellen eines Fahrradständers[2], das nachträgliche Anbringen einer Gegensprechanlage oder auch der Einbau eines Fahrstuhls möglich werden. Tatsächlich dürften insbesondere Modernisierungen ohne zwingenden Anlass, etwa die Errichtung von Sonnenkollektoren, im Zentrum der praktischen Anwendung stehen, denn trotz der Beispiele in der Gesetzesbegründung war eine Erweiterung der Mehrheitsentscheidung beabsichtigt. Auf Maßnahmen gemäß § 22 Abs. 2 WEG besteht aber kein Anspruch wie bei der Instandsetzung gemäß § 21 Abs. 3 WEG.

2. Formelle Voraussetzungen

63 Die Modernisierung ohne aktuellen Instandhaltungs- oder Instandsetzungsbedarf ist nur unter den Voraussetzungen des § 22 Abs. 2 WEG zulässig, wonach Maßnahmen der Modernisierung entsprechend § 559 Abs. 1 BGB oder der Anpassung des gemeinschaftlichen Eigentums an den Stand der Technik durch eine doppelt qualifizierte **Mehrheit von ¾ aller stimmberechtigten Wohnungs-**

---

1 OLG Celle v. 8.6.1961 – 8 W 43/61, MDR 1961, 859; OLG Frankfurt v. 15.4.1982 – 20 W 125/82, MDR 1983, 141; OLG Frankfurt v. 17.2.1997 – 3 W 66/96, OLGReport Frankfurt 1997, 86.
2 Von LG Köln v. 13.5.1996 – 16 Wx 69/96, WuM 1997, 64 = ZMR 1997, 44 als modernisierende Instandsetzung bewertet.

eigentümer und mehr als der Hälfte aller Miteigentumsanteile beschlossen werden können[1], sofern sie die Eigenart der Wohnanlage nicht ändern und keinen Wohnungseigentümer gegenüber anderen unbillig beeinträchtigen. Hier findet sich die Problematik der fehlerhaften Beschlussfeststellung (vgl. Rz. 21) wieder. Auch wenn hiermit ein gesetzliches Stimmquorum missachtet wird, wäre ein solcher fehlerhaft festgestellter Beschluss nicht nichtig, sondern nur anfechtbar[2]. Denn nach dem Willen des Gesetzgebers ist die Erreichung der besonderen Stimmquoren nicht kompetenzbegründend, sondern als Rechtmäßigkeitsvoraussetzung ausgestaltet.

3. Materielle Voraussetzungen

Maßnahmen i.S.d. § 22 Abs. 2 WEG sind in zwei Fällen möglich, als Modernisierung i.S.d. § 559 Abs. 1 BGB und zur Anpassung an den Stand der Technik. In beiden Fällen dürfen – wie der Wortlaut zum Ausdruck bringt – die Maßnahmen die Eigenart der Wohnanlage nicht ändern und keinen Wohnungseigentümer unbillig beeinträchtigen. 64

a) Modernisierungen gem. § 559 Abs. 1 BGB

Zunächst zulässig sind Maßnahmen der **Modernisierung** i.S.d. § 559 Abs. 1 BGB. Die Vorschrift lautet: 65

§ 559 BGB

(1) Hat der Vermieter bauliche Maßnahmen durchgeführt, die den Gebrauchswert der Mietsache nachhaltig erhöhen, die allgemeinen Wohnverhältnisse auf Dauer verbessern oder nachhaltig Einsparungen von Energie oder Wasser bewirken (Modernisierung), oder hat er andere bauliche Maßnahmen auf Grund von Umständen durchgeführt, die er nicht zu vertreten hat, so kann er die jährliche Miete um 11 vom Hundert der für die Wohnung aufgewendeten Kosten erhöhen.

Die Verweisung auf § 559 Abs. 1 BGB spricht also nur einen eng begrenzten Teilausschnitt der **Modernisierung**, nicht aber die sonstigen baulichen Änderungen an. Im Mietrecht hat die Vorschrift den Charakter einer eng auszulegenden Ausnahmevorschrift, weil sie dem Vermieter ein einseitiges Gestaltungsrecht an die Hand gibt[3]. Für das Wohnungseigentumsrecht ebenso wie für das Mietrecht von Bedeutung sind die mit der Vorschrift angestrebten öffentlich-rechtlichen Ziele, eine fortlaufende Modernisierung des teilweise überalterten Wohnungsbestandes im gesamtgesellschaftlichen Interesse durch die Schaffung finanzieller Anreize für Maßnahmen zu fördern, die zur Einsparung von Energie oder Wasser führen. Dabei ist von besonderer Bedeutung, dass für die Wohnungseigentümer, die ihr Wohnungseigentum durch Vermietung nutzen, bei Durchführung von unter § 559 Abs. 1 BGB fallenden Modernisierungen deren Duldung gegenüber dem Mieter durchsetzbar, eine Weitergabe der Kosten an den Mieter nach mietrechtlichen Vorschriften möglich und damit eine Refinanzierung wirtschaftlich gesichert ist. 66

---

1 Vgl. *Häublein*, ZMR 2007, 411, 419.
2 Wie hier *Häublein*, ZMR 2007, 411, 413; s.a. *Häublein*, NJW 2005, 1466; *Hügel/Elzer*, Das neue WEG-Recht, § 7 Rz. 17; a.A. *Abramenko*, Das neue WEG, § 4 Rz. 52.
3 Schmidt-Futterer/*Börstinghaus*, 9. Aufl., § 559 BGB Rz. 2.

67 Modernisierung meint also im Zusammenhang des § 22 Abs. 2 WEG eine **nachhaltige Erhöhung des Gebrauchswerts, insbesondere durch Einsparung von Energie oder Wasser**. Die Nachhaltigkeit der Energieeinsparung erfordert keinen bestimmten Mindestumfang, sondern eine messbare und dauerhafte Einsparung[1] entsprechend dem Ziel der Norm, zu einer Verbesserung der Energie- oder Wasserbilanz im Interesse der Allgemeinheit zu führen[2]. Nicht erforderlich ist es, dass die Maßnahme mit der größtmöglichen Einsparung realisiert wird. § 559 Abs. 1 BGB ist auch kein ungeschriebenes Wirtschaftlichkeitsgebot für den Fall zu entnehmen, dass die Kosten der Maßnahme in keinem Verhältnis zu den zu erwartenden Einsparungen oder gegenüber einem Mieter nach § 559 Abs. 1 BGB durchsetzbaren Mieterhöhungen stehen[3]. Der Schutz des einzelnen Wohnungseigentümers ist vielmehr durch das entgegenstehende Merkmal einer unbilligen Benachteiligung einzelner Wohnungseigentümer sowie die Grenzen einer ordnungsgemäßen Verwaltung gewährleistet und auf eine Anfechtungsklage hin zu prüfen. Hier findet die langfristige Rentabilitätsprognose bezogen auf einen Zeitraum von etwa 10 Jahren als Schutz des einzelnen Wohnungseigentümers vor unwirtschaftlichen Maßnahmen ihren Platz[4].

68 Dies sind zur **Energieeinsparung** insbesondere Maßnahmen zur Verbesserung der Wärmedämmung, z.B. eine Fassadendämmung, oder zur Verringerung des Energieverlustes der Zentralheizung sowie der zentralen Warmwasserbereitung ebenso Maßnahmen zur Wärmerückgewinnung. Ob die Umstellung des Energieträgers, z.B. von Erdöl auf Erdgas, zu einer Energieeinsparung[5] führt, muss für jeden Einzelfall geprüft werden.

69 Als **wassersparende Maßnahmen** kommen etwa der Einbau von Durchlaufbegrenzern oder eines getrennten Brauchwasserleitungsnetzes in Betracht. Einzelheiten ergeben sich aus der Rechtsprechung zu § 559 Abs. 1 BGB.

70 Die Vorschrift erlaubt keine ökologisch sinnvollen Maßnahmen, die **ohne wasser- oder energiesparenden Effekt** sind, etwa Maßnahmen zur Müllvermeidung[6], z.B. durch die Einführung eines Systems zur Erfassung des konkreten Müllverbrauchs der einzelnen Nutzer.

b) Maßnahmen zur Anpassung an den Stand der Technik

71 Zulässig sind auch Maßnahmen, die den **Stand der Technik** erreichen. Damit gemeint ist das Niveau einer anerkannten und in der Praxis bewährten, fortschrittlichen technischen Entwicklung, dass das Erreichen des gesetzlich vorgegebenen Ziels gesichert erscheinen lässt. Dabei handelt es sich um ein höheres Anforderungsniveau als die anerkannten Regeln der Technik, vgl. § 641a Abs. 3 S. 4 BGB. Unzulässig ist im Gegenschluss auch eine Maßnahme, die über

---

1 Vgl. BGH v. 10.4.2002 – VIII ARZ 3/01, BGHZ 150, 277, 281 f. = MDR 2002, 875 = NJW 2002, 2036.
2 Staudinger/*Emmerich*, 2006, § 559 BGB Rz. 33.
3 BGH v. 3.3.2004 – VIII ZR 149/03, MDR 2004, 739 = NJW 2004, 1738; vgl. Staudinger/*Emmerich*, 2006, § 559 BGB Rz. 34 f. m.w.N.
4 *Häublein*, ZMR 2007, 411, 418 f.
5 Auf eine Kostenersparnis kommt es insoweit nicht an.
6 Staudinger/*Emmerich*, 2006, § 559 BGB Rz. 32a.

den Stand der Technik hinausgehend dem Stand von Wissenschaft und Technik entspricht. Unzulässig ist deshalb die Einführung einer besonders kostenintensiven Technik, die keinen entsprechenden Nutzen bringt. Bei der Bestimmung des Begriffs „Stand der Technik" sollen wirtschaftliche Gesichtspunkte zu berücksichtigen sein.

Die Baumaßnahme muss nicht geboten sein, sondern es reicht aus, dass die Maßnahme sinnvoll ist, also den im Gesetz genannten Zwecken „**dient**". Gemeint ist die voraussichtliche Eignung der Maßnahme aus der Sicht eines vernünftigen, wirtschaftlich denkenden und sinnvollen Neuerungen gegenüber aufgeschlossenen Hauseigentümers. 72

c) Grenzen der Mehrheitsmacht

Zum **Schutz des einzelnen Wohnungseigentümers** darf die Modernisierungsmaßnahme der zweiten Alternative des § 22 Abs. 2 WEG die Eigenart der Wohnanlage nicht ändern und keinen Wohnungseigentümer gegenüber anderen unbillig beeinträchtigen. 73

Mit der **Eigenart der Wohnanlage** wird das Vertrauen des Erwerbers auf den wesentlichen inneren und äußeren Bestand der Eigentumsanlage geschützt. Die Umgestaltung der Wohnanlage ist der (qualifizierten) Mehrheitsmacht nicht zugänglich. Der Gesetzgeber wollte Anbauten, Wintergärten, eine Aufstockung, Luxussanierungen, den Ausbau eines bisher nicht zu Wohnzwecken genutzten Speichers als Wohnung, die Umwandlung einer Grünfläche in einen Parkplatz oder den Abriss von Gebäudeteilen ausschließen. Die Eigenart der Wohnanlage wird geändert, wenn einzelne Balkone an der Front eines Hauses angebracht werden oder wenn beim Bau von Dachgauben zu einer vorhandenen Dachgeschosswohnung die Symmetrie des Hauses nicht eingehalten wird, wenn also der optische Gesamteindruck nachteilig verändert wird. Angesichts der gesetzgeberischen Intention und den qualifizierten Erfordernissen darf hier aber nicht der strenge Maßstab gelten, wie er bei einfachen baulichen Veränderungen gilt (vgl. Rz. 30 ff.).

Wann eine **unbillige Benachteiligung** eines oder mehrerer Wohnungseigentümer vorliegt, ist nicht allein nach objektiven, sondern auch nach subjektiven, das heißt personenbezogenen Gesichtspunkten unter Gewichtung aller Umstände des Einzelfalls zu bewerten. Die Heranziehung der Rechtsprechung[1] zu den Grenzen einer baulichen Veränderung aufgrund einer Öffnungsklausel bietet sich an. Die Auswirkungen müssen in der Sache und in der Person des betroffenen Wohnungseigentümers im Vergleich zu den übrigen Wohnungseigentümern von so erheblichem Gewicht sein, dass sie für den Betroffenen zu einer erheblichen Belastung führen. Die Vorschrift lässt also nicht zu, dass einzelnen Wohnungseigentümern „Sonderopfer" abverlangt werden, die gegenüber ande- 74

---

1 BayObLG v. 21.11.1989 – BReg 2Z 123/89, BayObLGZ 1989, 437 = NJW-RR 1990, 209; BayObLG v. 27.4.2001 – 2Z BR 70/00, ZMR 2001, 829; KG v. 21.12.1998 – 24 W 5948/88, OLGZ 1989, 174 = NJW-RR 1989, 329 = ZMR 1989, 188; KG v. 28.7.1999 – 24 W 1542/99, KGReport Berlin 1999, 364 = NZM 2000, 348 = ZMR 1999, 850; OLG Düsseldorf v. 27.3.2000 – 3 Wx 53/00, OLGReport Düsseldorf 2001, 158 = NZM 2001, 392 = ZMR 2000, 476; OLG Hamburg v. 14.3.2001 – 2 Wx 103/98, ZMR 2001, 651 (652).

ren, im Hinblick auf die Belastung vergleichbaren Wohnungseigentümern zu einer (willkürlichen) Ungleichbehandlung führen würde. Umstände, die zwangsläufig mit Modernisierungen verbunden sind, reichen für sich allein zur Annahme einer Beeinträchtigung nicht aus. Denn technische Anpassungen sind in der Regel mit höherem Wartungsaufwand oder einer größeren Reparaturanfälligkeit verbunden. Auch die Kosten der Maßnahme können nur im Ausnahmefall als erhebliche Beeinträchtigung angesehen werden, nämlich dann, wenn sie das Maß der Aufwendungen übersteigen, die erforderlich sind, das gemeinschaftliche Eigentum in einen allgemein üblichen Zustand zu versetzen. Mit Maßnahmen in diesem Umfang muss nunmehr jeder Wohnungseigentümer rechnen und entsprechend finanzielle Vorsorge treffen. Soweit die Gesetzesmaterialien eine erhebliche Beeinträchtigung annehmen, wenn ein Wohnungseigentümer wegen der Kosten von Modernisierungsmaßnahmen gezwungen würde, sein Wohnungseigentum zu veräußern, ist seine Schutzbedürftigkeit für jeden Einzelfall unter Berücksichtigung der Gesichtspunkte Unterhaltungsaufwand in der Vergangenheit, Bildung einer angemessenen Instandhaltungsrücklage, Verhältnis von Kostenanteil und Wert des Wohnungseigentums abzuwägen. Denn wer in der Vergangenheit Aufwendungen „erspart" hat, muss mit höheren Investitionskosten rechnen.

4. Kein Anspruch des einzelnen Wohnungseigentümers

75 Dem Recht der qualifizierten Mehrheit steht ein Anspruch des einzelnen Wohnungseigentümers auf Modernisierungsmaßnahmen im Unterschied zu Maßnahmen der (modernisierenden) Instandhaltung und Instandsetzung gem. § 21 Abs. 4 WEG nicht gegenüber. Ein Anspruch des einzelnen Wohnungseigentümers besteht vielmehr nur unter den Voraussetzungen des Abs. 1, also dann, wenn alle über das in § 14 Nr. 1 WEG hinausgehende Maß beeinträchtigten Wohnungseigentümer der Maßnahme zustimmen.

IV. Modernisierende Instandsetzung, § 22 Abs. 3 WEG

76 Die durch die Reform des Wohnungseigentumsrechts neu eingeführte Regelung stellt vor dem Hintergrund der neuen Vorschrift des § 22 Abs. 2 WEG ausdrücklich klar, dass es hinsichtlich der „modernisierenden Instandsetzung" bei der bisherigen Rechtslage bleiben soll. Damit wird unter Verzicht auf eine Legaldefinition die bestehende obergerichtliche Rechtsprechung zu den Grenzen der einer Regelung durch Mehrheitsbeschluss zugänglichen Maßnahmen der Instandhaltung und Instandsetzung (vgl. zu den Einzelheiten § 21 Rz. 32 ff., 62 ff.) nach dem Willen des Gesetzgebers festgeschrieben (vgl. schon § 22 Rz. 9, 62), insbesondere das Erfordernis eines aktuell bestehenden Sanierungsbedarfs[1].

V. Wiederaufbaupflicht, stecken gebliebener Bau, § 22 Abs. 4 WEG

77 Die Regelung erfasst zwei Fragestellungen, nämlich das Recht und die Pflicht zum Wiederaufbau, wenn das Gebäude zerstört worden ist, aber auch die ge-

---

1 Zur Umstellung des Fernsehempfangs vgl. etwa. *Wenzel*, ZWE 2007, 179.

meinsame Vollendung durch die Erwerber, wenn z.B. wegen der Insolvenz des Bauträgers schon die Ersterrichtung des Gebäudes stecken geblieben ist.

1. Grenzen der Wiederaufbaupflicht

§ 22 Abs. 4 WEG regelt zunächst den **Wiederaufbau**, wenn das Gebäude – gleich aus welchem Grund – zerstört worden ist. Grundsätzlich sind die Eigentümer verpflichtet, Beschädigungen am gemeinschaftlichen Eigentum durch Maßnahmen der Instandsetzung zu beheben. Die Entscheidung erfolgt durch Mehrheitsbeschluss, § 21 Abs. 3 WEG. Die generelle Pflicht zum Erhalt und auch zum Wiederaufbau findet ihren Grund in dem Vertrauen aller Eigentümer in den Fortbestand ihrer Investition in das Objekt, wie es auch in der grundsätzlichen Unauflöslichkeit der Gemeinschaft, § 11 WEG, zum Ausdruck kommt. Von der Pflicht zur Unterhaltung des Gebäudes und zum Wiederaufbau, § 21 Abs. 3 WEG, und von dem korrespondierenden Anspruch des einzelnen Wohnungseigentümers, § 21 Abs. 4 WEG, sieht die Vorschrift eine Ausnahme für den Fall vor, dass das Gebäude zu mehr als der Hälfte seines Wertes zerstört und der Schaden nicht durch eine Versicherung oder in anderer Weise gedeckt ist[1].

78

Wenn wegen des Grades der Zerstörung und fehlender Ersatzmöglichkeit der Wiederaufbau nicht verlangt werden kann, ist unter den Voraussetzungen des § 11 Abs. 1 S. 3 WEG die **Aufhebung der Wohnungseigentümergemeinschaft** möglich.

79

Die Vorschrift des § 22 Abs. 3 WEG ist **abdingbar**. Der Regelung durch Mehrheitsbeschluss ist es wegen eines Verstoßes gegen § 21 Abs. 4 und 5 WEG nicht zugänglich, dass eine Wiederaufbaupflicht nur im Falle einer Kostendeckung durch Versicherungs- oder Entschädigungsleistungen besteht[2].

80

a) Umfang der Zerstörung

Bei der **Bewertung der Zerstörung** sind der Gebäudewert einschließlich der Nebenräume vor und der Restwert nach der Zerstörung gegenüberzustellen[3]. Bei **Mehrhausanlagen** gilt, soweit nichts anderes vereinbart ist[4], ebenfalls, dass der Wert der Gesamtanlage auch bei der Zerstörung nur eines Hauses zu betrachten ist, denn auch bei der Zerstörung nur eines Hauses sind alle Wohnungseigentümer zur Wiederherstellung ebenso wie bei einer Instandsetzung verpflichtet[5]. In jedem Fall bleibt der Grundstückswert bei der Wertbetrachtung außer Ansatz. Gleiches gilt für Zerstörungen am oder im Sondereigentum, weil Gegenstand der Regelungen der §§ 21 ff. WEG nur die Verwaltung des gemeinschaftlichen Eigentums ist. Die Frage, unter welchen Voraussetzungen und in welchem Umfang der einzelne Wohnungseigentümer im Falle der Zerstörung seines Sonder-

81

---

1 BayObLG v. 19.10.1995 – 2Z BR 110/95, ZMR 1996, 98.
2 BGH v. 20.9.2000 – V ZB 58/99, BGHZ 145, 158 = MDR 2000, 1367 = NJW 2000, 3500.
3 KG v. 20.6.1997 – 24 W 9042/96, KGReport 1997, 207 = ZMR 1997, 534; OLG Schleswig v. 6.8.1997 – 2 W 89/97, OLGReport Schleswig 1997, 346 = NJW-RR 1998, 15.
4 Eine solche Vereinbarung kann ausdrücklich für den Fall der Zerstörung getroffen sein oder sich aus dem Ausgestaltung des Kostenverteilungsschlüssels (Bildung von Untergemeinschaften) ergeben.
5 *Drabek* in Riecke/Schmid, § 22 WEG Rz. 22, str.

eigentums von der Wohnungseigentümergemeinschaft, den übrigen Wohnungseigentümern oder dem Verwalter Ersatz verlangen kann, ist nach allgemeinen Vorschriften zu beurteilen, aber ohne Bedeutung für die durch § 22 Abs. 4 WEG geregelte Wiederaufbaupflicht.

b) Keine anderweitige Deckung

82 Auch bei einer Zerstörung von mehr als der Hälfte besteht eine Wiederaufbaupflicht, wenn die Kosten des Wiederaufbaus – der Schaden – **durch eine Versicherung oder in sonstiger Weise gedeckt** sind. Nach dem Sinn und Zweck der Norm ist es nicht erforderlich, dass der Schaden vollständig abgedeckt ist. Vielmehr reicht es zum Schutz der einzelnen Wohnungseigentümer vor übermäßigen Kostenbelastungen aus, dass durch die Ersatzleistung bei den Eigentümern nicht mehr als die Hälfte der Kosten für den Wiederaufbau des Gemeinschaftseigentums verbleibt. Deshalb kann ein einzelner Miteigentümer durch entsprechende Zahlungen bis zu dieser Grenze die übrigen Miteigentümer zum Wiederaufbau unter Kostenbeteiligung an den nicht gedeckten Kosten zwingen. Bei der Betrachtung der Ersatzansprüche bleiben allerdings Zahlungsansprüche ohne Realisierungschance außer Betracht.

2. Stecken gebliebener Bau

83 Auch der Fall der **unvollendeten Ersterstellung** wird von §§ 22 Abs. 2 WEG erfasst[1], soweit bereits eine sog. werdende Wohnungseigentümergemeinschaft (vgl. § 10 Rz. 94 ff.) besteht. Ein Anspruch des einzelnen Wohnungseigentümers gegen die übrigen Wohnungseigentümer auf Fertigstellung der Wohnanlage besteht deshalb nur dann, wenn das Gebäude bereits weitgehend, also jedenfalls zu mehr als der Hälfte seines endgültigen Wertes, fertig gestellt ist. Sonst können die (werdenden) Miteigentümer über die Fertigstellung im Rahmen ordnungsgemäßer Verwaltung mit Mehrheit beschließen. Bei der Verteilung der noch aufzubringenden Finanzierungskosten zwischen den Wohnungseigentümern sind die – möglicherweise unterschiedlichen – Zahlungen der Erwerber an den Bauträger/Errichter zu berücksichtigen, falls sie nachweislich in den Bau eingegangen sind[2].

VI. Anhang: Einzelfälle

84 Fast alle Fragen der baulichen Veränderung, ob zu zumutbaren Nachteilen oder zur modernisierenden Instandsetzung, sind in der einen oder anderen Weise bereits Gegenstand obergerichtlicher Entscheidungen gewesen. Diese Entscheidungen aufzufinden, ist unter Verwendung moderner Datenbanken heute un-

---

1 Vgl. BayObLG v. 10.2.1998 – 2Z BR 172/97, NZM 1998, 520 = ZMR 1998, 363; BayObLG v. 24.2.2000 – 2Z BR 173/99, ZWE 2000, 214; BayObLG v. 20.11.2002 – 2Z BR 144/01, NZM 2003, 66 = ZMR 2003, 365; OLG Frankfurt v. 15.11.1993 – 20 W 208/92, WuM 1994, 36; a.A. OLG Hamm v. 6.2.1978 – 15 W 345, 346; *Ott*, NZM 2003, 134, 136; *Drabek* in Riecke/Schmid, § 22 Rz. 77 f.
2 OLG Karlsruhe v. 8.3.1972 – 11 W 98/78, NJW 1981, 466 (467); OLG Frankfurt v. 15.3.1991 – 20 W 114/90, ZMR 1991, 272; a.A. LG Bonn v. 2.7.1984 – 5 T 46/84, ZMR 1985, 63 (64).

problematisch. Ziel der folgenden Sammlung ist es daher, einen schnellen Zugriff auf die in bestimmten „klassischen" Situationen zu bedenkenden Argumente zu ermöglichen. Jeder Einzelfall mit seinen Besonderheiten mag abweichende Überlegungen rechtfertigen; auch die „vermeintliche" Leitentscheidung ist zu einem anderen, meist nur unzureichend wiedergegebenen Sachverhalt ergangen. Wenn die Rechtsprechung unter der mahnenden Aufsicht des BVerfG[1] zu einem engen Verständnis des Nachteilsbegriffs (vgl. § 22 Rz. 30ff.) tendiert, zum Leid dessen, der ändern möchte, zur Freude dessen, der gegen eine Veränderung ist, so hat der Gesetzgeber diesen Kurs durch die Reform bestätigt, indem er in § 22 Abs. 2 WEG, der einzigen inhaltlichen Neuregelung bei der Neufassung des § 22 WEG, Entscheidungen der qualifizierten Mehrheitsmacht nur zur Verfolgung ausgewählter Ziele zugelassen hat.

Bei den folgenden Stichworten werden nur soweit problematisch die Fragen angesprochen, aus welchen Gesichtspunkten eine bauliche Veränderung i.S.d. § 22 Abs. 1 WEG vorliegt und warum sie für andere Wohnungseigentümer nachteilig i.S.d. §§ 22 Abs. 1, 14 Nr. 1 WEG sein kann.

Die Anbringung einer **Amateurfunkantenne** ist regelmäßig mit nachteiligen Eingriffen in die Bausubstanz (Einbau von Antennenkabel, Dachhaut, Sturmanfälligkeit, Störung des terrestrischen Rundfunk- und Fernsehempfangs usw.) und der äußeren Gestaltung[2] verbunden[3]. Die Genehmigung der Errichtung von Funkantennen in der Teilungserklärung erfasst nicht auch die Errichtung von Mobilfunkantennenanlagen[4]. Die Freistellung von der Zustimmungspflicht des § 22 Abs. 1 WEG bei Antennen schließt Unterlassungsansprüche wegen möglicher schädlicher Auswirkungen beim Betrieb einer Mobilfunksendeanlage nicht aus[5]. Die Einhaltung der Grenzwerte des § 906 Abs. 1 S. 2 BGB indiziert aber in der Regel die Unwesentlichkeit der Beeinträchtigung[6]. Ist in der Teilungserklärung der Betrieb einer Funkfeststation gestattet, ergibt die Auslegung nicht die Zulässigkeit des Betriebs einer Mehrzahl solcher Anlagen[7].

Die Anbringung einer **Außentreppe** ist wegen des Substanzeingriffs in das Gemeinschaftseigentum, der nachteiligen optischen Veränderung und der Mög-

---

1 BVerfG v. 22.12.2004 – 1 BvR 1806/04, NZM 2005, 182 = ZMR 2005, 634; BayObLG v. 30.1.2003 – 2Z BR 121/02, WuM 2003, 346 = ZMR 2003, 514.
2 OLG Saarbrücken v. 12.1.1998 – 5 W 9/97-8, ZMR 1998, 310; vgl. a. OLG Schleswig v. 5.9.2001 – 9 U 103/00, OLGReport Schleswig 2001, 446 = NZM 2001, 1035.
3 BayObLG v. 23.10.1986 – 2Z 51/85, MDR 1987, 235 = NJW-RR 1987, 202.
4 OLG Hamm v. 3.1.2002 – 15 W 287/01, OLGReport Hamm 2002, 317 = NJW 2002, 1730 mit Anm. *Köhler*, ZWE 2002, 302.
5 BayObLG v. 20.3.2002 – 2Z BR 109/01, NZM 2002, 441 = ZMR 2002, 610 mit Anm. *Köhler*, ZWE 2002, 302.
6 BGH v. 15.3.2006 – VIII ZR 74/05, MDR 2006, 1218 = NZM 2006, 504; anders noch OLG Hamm v. 3.1.2002 – 15 W 287/01, OLGReport Hamm 2002, 317 = NJW 2002, 1730; BayObLG v. 20.3.2002 – 2Z BR 109/01, NZM 2002, 441 (443) = ZMR 2002, 610, jeweils mit Anm. *Köhler*, ZWE 2002, 302; s. a. OLG Köln v. 28.2.2002 – 16 Wx 30/02, ZMR 2002, 702 (703), wonach von den zum Betrieb des Mobilfunknetzes notwendigen Funkfeststationen ausgehende nachgewiesene erhebliche Gesundheitsbeeinträchtigungen nicht ersichtlich sind.
7 BGH v. 30.3.2006 – V ZB 17/06, MDR 2006, 1274 = NJW 2006, 2187.

§ 22

lichkeit verstärkter Gartennutzung im Regelfall zustimmungspflichtig[1], soweit nicht ordnungsbehördlich, etwa als Notausgang oder Fluchtweg, aufgegeben.

88 Von den Veränderungen am **Balkon, Wintergarten oder an der Terrasse** sind als zustimmungspflichtig bewertet worden: die Vergrößerung einer Terrasse in den Garten hinein, auch wenn daran ein Sondernutzungsrecht besteht[2], die Errichtung einer Terrasse[3], der Einbau einer Treppe an einer Böschung[4], die Verglasung einer Loggia[5], die Errichtung eines Glaserkers[6], das Überdachen der Terrasse[7] mit einer Pergola[8] oder einem Wintergarten[9], die Verglasung des Balkons[10], das Anbringen einer Markise zum Sonnenschutz[11], Errichtung einer Balkontrennwand[12], ebenso die Entfernung einer Balkontrennwand[13], die nachträgliche Errichtung eines bisher nicht bestehenden Balkons[14] und die Balkonüber-

---

1 BayObLG v. 21.6.1990 – 1b Z 36/89, WuM 1990, 403 (Treppe von einer Loggia in den Garten); KG v. 13.7.1987 – 24 W 5496/86, OLGZ 1987, 410 = NJW-RR 1987, 1360 = WuM 1987, 397: Verbindung einer Wohnung mit einer Dachterrasse.
2 BayObLG v. 30.1.1997 – 2Z BR 110/96, BayObLGReport 1997, 51; BayObLG v. 2.6.1999 – 2Z BR 15/99, NZM 1999, 1009; OLG Celle v. 28.11.2001 – 4 W 203/01, OLGReport Celle 2002, 107; OLG Karlsruhe v. 17.7.2000 – 11 Wx 42/00, OLGReport Karlsruhe 2001, 1; a.A. OLG Schleswig v. 1.3.2001 – 2 W 179/00, OLGReport Schleswig 2001, 301 = ZMR 2001, 853 bei Sondernutzungsrecht „gärtnerische Nutzung".
3 BayObLG v. 26.8.2004 – 2Z BR 088/04, BayObLGReport 2005, 24.
4 BayObLG v. 29.8.2002 – 2Z BR 74/02, NZM 2003, 121 (LS) = WuM 2002, 639 (LS).
5 BayObLG v. 10.7.1998 – 2Z BR 89/98, NZM 1998, 980; OLG Hamm v. 21.10.1994 – 15 W 275/94, WuM 1995, 220; OLG Karlsruhe v. 18.9.2000 – 14 Wx 45/00, ZMR 2001, 224; OLG Zweibrücken v. 7.7.1987 – 3 W 58/87, NJW-RR 1987, 1358.
6 BayObLG v. 5.12.1996 – 2Z BR 82/96, BayObLGReport 1997, 18 = ZMR 1997, 152; OLG Zweibrücken v. 21.11.2002 – 3 W 179/02, ZMR 2004, 61.
7 OLG München v. 30.11.2005 – 34 Wx 056/05, OLGReport München 2006, 130 = ZMR 2006, 230.
8 BayObLG v. 26.10.2000 – 2Z BR 71/00, BayObLGReport 2001, 42 (LS) = NZM 2001, 771 (LS); KG v. 17.10.2001 – 24 W 9876/00, KGR Berlin 2001, 37 = NZM 2001, 1085; OLG Köln v. 21.2.1997 – 16 Wx 8/97, OLGReport Köln 1997, 205; OLG München v. 10.7.2006 – 34 Wx 33/06, OLGReport München 2006, 774 = ZMR 2006, 800 (801).
9 BayObLG v. 9.3.2004 – 2Z BR 213/03, NZM 2004, 836; BayObLG v. 7.9.2005 – 34 Wx 43/05, OLGReport München 2005, 833; A. A. BayObLG v. 16.6.2004 – 2Z BR 065/04, BayObLGReport 2004, 426, für einen 3 mal 5m großen, unterkellerten Wintergarten in einer Doppelhausanlage, aufgehoben durch BVerfG v. 22.12.2004 – 1 BvR 1806/04, NZM 2005, 182 = ZMR 2005, 634.
10 BayObLG v. 23.7.1992 – 2Z BR 22/92, NJW-RR 1993, 337 = WuM 1992, 563; BayObLG v. 10.7.1998 – 2Z BR 89/98, NZM 1998, 980; BayObLG v. 9.10.2000 – 2Z BR 87/00, ZMR 2001, 125; BayObLG v. 12.10.2001 – 2Z BR 127/01, WuM 2002, 164; OLG Düsseldorf v. 20.1.1995 – 3 Wx 483/94, WuM 1995, 337 = ZMR 1995, 267; OLG Frankfurt v. 19.4.1994 – 20 W 30/94, OLGReport Frankfurt 1994, 166 = ZMR 1994, 381; OLG Köln v. 27.8.1996 – 16 Wx 205/96, OLGReport Köln 1997, 18 = MDR 1996, 1235; s. a. OLG Köln v. 27.9.2002 – 16 Wx 115/02, OLGReport Köln 2003, 147.
11 BayObLG v. 1.6.1995 – 2Z BR 34/95, BayObLGReport 1995, 75 = ZMR 1995, 420; KG v. 3.12.1993 – 24 W 6483/93, OLGZ 1994, 399 = WuM 1994, 99 zur Vertikalmarkise; OLG Düsseldorf v. 30.10.2000 – 3 Wx 318/00, OLGReport Düsseldorf 2001, 173 = NZM 2001, 243; OLG Frankfurt v. 14.5.1985 – 20 W 370/84, OLGZ 1986, 42; s.a. OLG Frankfurt v. 17.8.2006 – 20 W 205/05, NZM 2007, 523; a.A. im Einzelfall OLG Zweibrücken v. 2.2.2004 – 3 W 251/03, NZM 2004, 428 = ZMR 2004, 465.
12 BayObLG v. 15.12.1984 – 2Z 111/83, WuM 1985, 35.
13 BayObLG v. 1.2.2001 – 2Z BR 68/00, GE 2001, 775.
14 OLG Düsseldorf v. 5.7.1999 – 3 Wx 139/99, NZM 1999, 1145 = WuM 1999, 553.

Besondere Aufwendungen, Wiederaufbau § 22

dachung einer Garageneinfahrt[1]. Für die Frage, ob ein unzumutbarer Nachteil vorliegt, kommt neben der Inanspruchnahme des Gemeinschaftseigentums (Substanzeingriff) in gleicher Weise allein auch die optische Beeinträchtigung des Gesamteindrucks in Betracht[2]. Deshalb zustimmungspflichtig sind das Aufstellen von Grillkaminen aus Fertigbetonteilen, das Aufstellen einer mobilen Markise, die zwischen Balkonplatte und Decke mit Stützen verspannt wird, die Bespannung der Balkongitter mit Stoff oder Plane[3] oder die Anbringung sog. Vogel- oder Katzennetzen vor Loggien[4]. Die Installation eines Leichtmetallgeländers anstelle einer massiven Balkonbrüstung kann im Einzelfall als modernisierende Instandsetzung zulässig sein[5]. Bei Mehrhausanlagen sind bei nachteiligen Veränderungen des optischen Gesamteindrucks eines Hauses grundsätzlich alle Wohnungseigentümer der Mehrhausanlage betroffen[6].

Als Nachteil der baulichen Veränderung kommt auch die Möglichkeit der intensiveren Nutzung in Betracht, etwa durch Trittsteine vor dem Parterrebalkon oder das Tor im Balkongitter, die das direkte Betreten des Gartens ermöglichen[7]. 89

Gestattet allerdings die Teilungserklärung die Errichtung eines Wintergartens ohne nähere Beschreibung, darf der Balkon rundum verglast und bewohnt werden[8]. Gehört zum Sondereigentum ein Wintergarten oder verglaster Balkon, darf dort nachträglich ein Heizkörper eingebaut werden[9]. 90

Der **Dachbodenausbau**[10] zu Wohnzwecken stellt wegen der Möglichkeit intensiverer Nutzung und der damit für die übrigen Wohnungseigentümer verbundenen Nachteile, nämlich der höheren Belegungsdichte, der mit der Nutzung für Wohnzwecke verbundenen höheren Geräuschentwicklung, der Inanspruchnahme von gemeinschaftlichen Einrichtungen (Heizung, Wasser, Abfluss usw.) sowie durch die architektonische Beeinträchtigung durch Veränderung/Einbau von Dachfenstern, regelmäßig eine erhebliche, also der Zustimmung aller übri- 91

---

1 BayObLG v. 5.4.1990 – 2Z 24/90, WuM 1990, 612.
2 OLG Köln v. 31.5.1999 – 16 Wx 77/99, OLGReport Köln 1999, 325 für Schrank auf Balkon; OLG Köln v. 9.3.2006 – 16 Wx 27/06, OLGReport Köln 2006, 593 (LS).
3 KG v. 10.2.1997 – 24 W 6582/96, KGR Berlin 1997, 73 = ZMR 1997, 315; OLG Hamburg v. 30.1.1989 – 2 W 24/88, OLGZ 1989, 309 = ZMR 1989, 466.
4 OLG Zweibrücken v. 9.3.1988 – 3 W 44/98, ZMR 1998, 376.
5 OLG München v. 14.11.2005 – 34 Wx 105/05, MDR 2006, 867 = ZMR 2006, 302 (303).
6 OLG Schleswig v. 8.3.2000 – 2 W 57/99, OLGReport Schleswig 2000, 227 = NZM 2000, 385.
7 BayObLG v. 2.6.1999 – 2Z BR 15/99, NZM 1999, 1009; OLG Karlsruhe v. 12.10.1998 – 11 Wx 49/98, OLGReport Karlsruhe 1999, 20 = NZM 1999, 36; anders für Einzelfall OLG Hamburg v. 26.11.2004 – 2 Wx 85/01, OLGReport Hamburg 2005, 301 = ZMR 2005, 391.
8 OLG Düsseldorf v. 20.9.1999 – 3 Wx 230/99, OLGReport Düsseldorf 2000, 65 = ZMR 2000, 190 = ZWE 2001, 79.
9 OLG Düsseldorf v. 2.7.2004 – I-3 Wx 66/04, NZM 2004, 835 = ZMR 2005, 643, jedenfalls sofern die gemeinschaftliche Heizungsanlage nicht beeinträchtigt wird.
10 Vgl. zu allen Fragen der baulichen Veränderung, der Umwandlung der dinglichen Grundlagen, der Änderung der Zweckbestimmung, der Kostenverteilung und sonstigen Verwaltung v. *Rechenberg* in FS Deckert, S. 309–351.

gen Wohnungseigentümer bedürfende, bauliche Veränderung dar[1]. Ohne Regelung in der Teilungserklärung hat ein Wohnungseigentümer, von dessen Sondereigentum aus allein der Zugang zu einem Spitzboden möglich ist, kein Sondernutzungsrecht an diesem Spitzboden und erst recht kein Ausbaurecht[2]. Das Recht zum Dachausbau berechtigt nicht zur Aufstockung[3]. Entsteht durch die Anbringung eines Giebeldachs anstelle des bisherigen Flachdachs ein weiterer Raum, so steht dieser Raum im Gemeinschaftseigentum[4]. Das Sondernutzungsrecht am Dachboden begründet nicht das Recht, den Dachboden zu Wohnzwecken auszubauen[5], sofern nicht die Zulässigkeit eines Dachausbaus ausdrücklich vereinbart ist[6]. Ob der Ausbauende den ausgebauten Dachboden dann als Wohnraum nutzen darf, ist eine Frage der in der Teilungserklärung bzw. Vereinbarung vorgesehenen Nutzungsart; die neue Nutzung, etwa zu Wohnzwecken, muss also mit geregelt werden[7]. Entscheidend ist der Inhalt der Vereinbarung im Einzelfall[8]. Der Einbau eines Dachflächenfensters zur Verbesserung der Lichtverhältnisse auf dem sondergenutzten Dachboden kann im Einzelfall als unzulässiger Dachgeschossausbau zu bewerten sein[9] oder als geringfügige Änderung, wenn das Fenster nicht einsehbar ist[10] oder wenn die Symmetrie der Ansicht verbessert wird[11]. Die Renovierung eines Flachdachs durch Aufstockung eines Gebäudes unter gleichzeitiger Schaffung neuen Wohn- oder Nutzraums ist keine einem Mehrheitsbeschluss zugängliche modernisierende Instandsetzung[12], wohl aber im Einzelfall die Ersetzung eines Flachdachs durch eine in technischer und wirtschaftlicher Hinsicht vernünftigere Lösung[13].

---

1 BayObLG v. 2.9.1993 – 2Z BR 73/93, BayObLGReport 1993, 89 = NJW-RR 1994, 82; OLG Hamburg v. 14.5.1997 – 2 Wx 53/95, MDR 1987, 816; OLG Karlsruhe v. 23.1. 1987 – 11 W 133/86, WuM 1987, 236; OLG Köln v. 28.12.2000 – 16 Wx 163/00, OLGReport Köln 2001, 181 (182) m.w.N. = ZMR 2001, 570; anders für Einfamilienhausanlage OLG München v. 19.10.2005 – 34 Wx 028/05, ZMR 2006, 301.
2 OLG Köln v. 28.12.2000 – 16 Wx 163/00, OLGReport Köln 2001, 181 = ZMR 2001, 570.
3 OLG Hamburg v. 16.11.2006 – 2 Wx 35/05, ZMR 2007, 129.
4 OLG München v. 5.10.2006 – 32 Wx 121/06, ZMR 2006, 643.
5 OLG Frankfurt v. 24.8.1990 – 20 W 49/90, OLGZ 1991, 185; OLG Hamm v. 28.5.1998 – 15 W 4/98, FGPrax 1998, 175 = NZM 1998, 873 = ZMR 1998, 718.
6 BayObLG v. 9.6.1989 – 1b Z 11/88, WuM 1989, 539; BayObLG v. 22.4.1994 – 2Z BR 9/94, BayObLGReport 1994, 42 = WuM 1995, 60; BayObLG v. 23.3.2000 – 2Z BR 167/99, BayObLGReport 2000, 74 = NZM 2000, 1232; zu den Grenzen des dann Zulässigen: BayObLG v. 29.1.2004 – 2Z BR 217/03, BayObLGReport 2004, 314: Dachfenster zulässig; KG v. 16.1.1984 – 24 W 4224/83, ZMR 1986, 189: Dachterrasse grundsätzlich unzulässig.
7 Vgl. v. *Rechenberg* in FS Deckert, S. 309 (328 f.).
8 OLG München v. 27.3.2007 – 32 Wx 179/06, OLGReport München 2007, 506 für Dachgauben.
9 OLG Frankfurt v. 17.8.1998 – 20 W 30/97, NZM 1998, 962; OLG Düsseldorf v. 6.12. 2000 – 3 Wx 400/00, OLGReport Düsseldorf 2001, 426 = NZM 2001, 136.
10 OLG Köln v. 12.1.2000 – 16 Wx 149/99, OLGReport Köln 2000, 146 = ZMR 2000, 638.
11 OLG Karlsruhe v. 14.1.1985 – 11 W 102/84, ZMR 1985, 209.
12 BayObLG v. 14.2.2001 – 2Z BR 117/00, BayObLGReport 2001, 41 = ZMR 2001, 560.
13 BayObLG v. 6.2 1990 – 2Z 104/89, MDR 1990, 552; BayObLG v. 12.3.1998 – 2Z BR 4/98, BayObLGReport 1998, 57 = NZM 1998, 338; KG v. 21.12.1988 – 24 W 5369/88, NJW-RR 1989, 463; KG v. 22.12.1993 – 24 W 914/93, OLGZ 1994, 401 = NJW-RR 1994, 528.

Die Anlage eines **Dachgartens oder einer Dachterrasse** ist regelmäßig zustimmungspflichtig wegen der erheblichen Risiken für Dichtigkeit und Statik sowie der nahe liegenden Beweisschwierigkeiten, ob Schäden am Dach auf Mängeln im Bereich des Gemeinschaftseigentums oder im Bereich des Sondernutzungsrechts beruhen[1]. Wo die Teilungserklärung die Nutzung „Dachterrasse" vorsieht, ist die Errichtung eines intensiv begrünten Dachgartens auf einer aufgeschütteten Erdoberfläche nicht zulässig[2]. 92

Die Errichtung eines Schuppens auf einer Dachterrasse begegnet den gleichen Bedenken[3]. Als optische Beeinträchtigung ist die Errichtung eines hölzernen Flecht- oder Lamellenzauns zustimmungspflichtig[4]. 93

Der Anschluss einer **Dunstabzugshaube** ist zustimmungspflichtig wegen des Durchbrechens der Außenfassade, beim Aussparen einer Abluftöffnung für Wäschetrockner, Küchenabzugshaube oder Klimaanlage in einer bisher geschlossenen Fensterwand, und im Einzelfall wegen Betriebsgeräuschs[5], auch beim Anschluss an einen stillgelegten Kamin[6]. Unzulässig ist die gezielte Ableitung der Abluft auf den „Nachbarn"[7]. 94

Außen**fenster** als Gemeinschaftseigentum[8] sind grundsätzlich von der Gemeinschaft[9] in Stand zu halten. Wenn in der Teilungserklärung diese Aufgabe dem einzelnen Wohnungseigentümer auferlegt wird[10], darf und muss jeder Wohnungseigentümer diese Aufgabe eigenständig wahrnehmen. Dazu gehört es, im Rahmen modernisierender Instandsetzung eine Einfachverglasung durch Isolierverglasung oder witterungsanfällige Holzfenster durch optisch (in Farbe, Aufteilung und Öffnungsmöglichkeiten[11]) entsprechende Kunststofffenster zu erset- 95

---

1 BayObLG v. 9.5.1996 – 2Z BR 27/96, BayObLGReport 1996, 49 = NJW-RR 1996, 1165; OLG Hamburg v. 21.12.1984 – 2 W 16/84, MDR 1985, 501; OLG Hamm v. 23.12.1996 – 15 W 362/96, OLGReport Hamm 1997, 161; OLG Köln v. 9.6.1999 – 16 Wx 56/99, OLG-Report Köln 1999, 365.
2 OLG Köln v. 10.1.2005 – 16 Wx 217/04, OLGReport Köln 2005, 261 = NZM 2005, 508; OLG München v. 28.3.2007 – 34 Wx 119/06, MDR 2007, 827 = OLGReport München 2007, 419.
3 BayObLG v. 29.10.1998 – 2Z BR 81/98, ZMR 1999, 118; BayObLG v. 29.9.1999 – 2Z BR 75/99, NZM 2000, 292 = ZMR 2000, 53; BayObLG v. 26.7.2001 – 2Z BR 73/01, BayObLGReport 2001, 65 = ZMR 2002, 136.
4 BayObLG v. 26.7.2001 – 2Z BR 73/01, BayObLGReport 2001, 65 = ZMR 2002, 136.
5 OLG Köln v. 1.10.1998 – 16 Wx 160/98, OLGReport Köln 1999, 45 = MDR 1999, 539; verneint von OLG Düsseldorf v. 28.11.2006 – 3 Wx 197/06, OLGReport Düsseldorf 2007, 35 = ZMR 2007, 206 (207).
6 KG v. 8.9.1993 – 24 W 5753/92 + 2301/93, WuM 1994, 38.
7 BayObLG v. 12.8.2004 – 2Z BR 148/04, NZM 2005, 69.
8 OLG Düsseldorf v. 12.1.1998 – 3 Wx 546/97, OLGReport Düsseldorf 1998, 181 = NZM 1998, 269.
9 Vgl. *Münstermann-Schlichtmann*, ZWE 2002, 295 (296 f.).
10 Zulässig: BayObLG v. 18.7.1996 – 2Z BR 63/96, BayObLGReport 1996, 74; OLG Düsseldorf v. 15.4.1996 – 3 Wx 359/95, OLGReport Düsseldorf 1996, 201; OLG Düsseldorf v. 15.5.2000 – 3 Wx 80/00, ZMR 2001, 214; für Nichtigkeit wegen § 27 Abs. 1 Nr. 2, Abs. 3 WEG a.A. *Münstermann-Schlichtmann*, ZWE 2002, 295 (298 f.); *Merle*, ZWE 2001, 342 (345).
11 OLG Köln v. 14.4.1997 – 16 Wx 89/97, WuM 1997, 455 = ZMR 1998, 49; OLG Köln v. 18.9.1997 – 16 Wx 219/97, NZM 1998, 821.

zen[1]. Die Durchführung einer Instandhaltungsmaßnahme kann in diesen Fällen nicht durch die Gemeinschaft mehrheitlich beschlossen werden[2]. Enthält die Teilungserklärung hingegen nur eine besondere Kostenregelung für den Unterhalt der Fenster, bleibt es bei der gesetzlichen Kompetenz der Wohnungseigentümergemeinschaft, allerdings unter Zugrundelegung eines besonderen Kostenverteilungsschlüssels[3]. Wechselt ein Wohnungseigentümer die erneuerungsbedürftigen Fenster seiner Wohnung in der irrigen Annahme aus, dies sei seine Aufgabe und nicht die der Eigentümergemeinschaft, so kann ihm gegen die Eigentümergemeinschaft ein Anspruch aus ungerechtfertigter Bereicherung in Höhe seiner Kosten gem. §§ 951, 812 ff. BGB zustehen[4].

96 Eine nachteilige optische Beeinträchtigung kann vorliegen bei dem nachträglichen Einbau einer Sprossenverglasung[5], der Vergrößerung eines Kellerfensters[6], der Veränderung der Anordnung des Mittelholms eines zweiflügeligen Fensters[7], dem Auswechseln von Glasbausteinen durch Fenster[8], dem Auswechseln eines nicht durchsichtigen Milchglaskippfensters gegen ein ebenfalls nicht durchsichtiges Drehkippfenster[9], dem Aussparen einer Abluftöffnung für Wäschetrockner, Küchenabzugshaube oder Klimaanlage in einer bisher geschlossenen Fensterwand[10], dem Austausch eines Fensters zum Garten durch eine (Glas-)Türe[11], schließlich auch dem Zumauern eines Fensters[12].

97 Ein Anspruch auf Zustimmung zur Anbringung von **Fenstergittern** besteht auch unter Hinweis auf eine generelle Einbruchsgefahr grundsätzlich nicht[13]. Dies gilt erst recht, wenn mit Fenstergittern zugleich eine Kletterhilfe geschaffen wird, die das Einsteigen in andere Wohnungen erleichtert[14]. Ein Anspruch besteht im Einzelfall, soweit und solange eine andere Abhilfemöglichkeit bei einer konkret festgestellten erhöhten Einbruchsgefahr nicht besteht[15], oder weil im Einzelfall an der Fassade bereits ähnliche Schutzgitter angebracht sind[16]. Bei der

---

1 OLG Köln v. 30.7.1980 – 16 Wx 67/80, NJW 1981, 585.
2 BayObLG v. 4.3.2004 – 2Z BR 244/03, ZMR 2004, 605.
3 Vgl. a. BayObLG v. 31.3.2004 – 2Z BR 241/03, ZMR 2004, 607: Maßstab für die ordnungsgemäße Verwaltung bleibt auch hier das Interesse *aller* Wohnungseigentümer, nicht nur des zahlenden Wohnungseigentümers.
4 OLG Hamburg v. 21.3.2002 – 2 Wx 103/99, OLGReport Hamburg 2002, 467 = NZM 2002, 872.
5 OLG Frankfurt v. 18.11.1982 – 20 W 712/82, RPfleger 1983, 64.
6 OLG Düsseldorf v. 14.6.1993 – 3 Wx 129/92, NJW-RR 1994, 277 = ZMR 1993, 581.
7 OLG Köln v. 17.12.2001 – 16 Wx 276/01, OLGReport Köln 2002, 90.
8 BayObLG v. 11.3.1998 – 2Z BR 3/98, BayObLGReport 1998, 50.
9 OLG Köln v. 20.5.1998 – 16 Wx 80/98, NZM 1999, 263.
10 OLG Köln v. 1.10.1998 – 16 Wx 160/98, OLGReport Köln 1999, 45.
11 BayObLG v. 27.11.1997 – 2Z BR 89/97, BayObLGReport 1998, 42; BayObLG v. 5.8.1999 – 2Z BR 67/99, ZMR 1999, 781.
12 OLG Düsseldorf v. 6.9.1989 – 3 Wx 191/89, DWE 1989, 176.
13 KG v. 17.7.2000 – 24 W 8114/99 und 2406/00, KGR Berlin 2001, 3 = NZM 2001, 341; OLG Köln v. 17.3.2004 – 16 Wx 48/04, OLGReport Köln 2004, 302.
14 OLG Zweibrücken v. 2.2.2000 – 3 W 12/00, OLGReport Zweibrücken 2000, 383 = NZM 2000, 623 (624).
15 KG v. 22.12.1993 – 24 W 914/93, OLGZ 1994, 401 = NJW-RR 1994, 528 = ZMR 1994, 228; OLG Köln v. 17.3.2004 – 16 Wx 48/04, OLGReport Köln 2004, 302; OLG Düsseldorf v. 25.6.2004 – 3 Wx 148/04, OLGReport Düsseldorf 2005, 3.
16 KG v. 10.1.1994 – 24 W 3851/93, OLGZ 1994, 393 = WuM 1994, 225 = ZMR 1994, 274.

Anbringung einer Stahlgittertür nach einem Einbruch kann es an einem über das Maß des § 14 Nr. 1 WEG hinausgehenden Nachteil fehlen[1].

Die Übertragung des **Gartens** zur alleinigen Nutzung an einen Eigentümer in der Teilungserklärung beinhaltet (nur) die Zustimmung zur gärtnerischen Nutzung[2], nicht jedoch für darüber hinausgehende Maßnahmen, soweit die Gemeinschaftsordnung keine darüber hinausgehenden Rechte eröffnet[3]. Ohne weiteres erlaubt als typische gärtnerische Nutzung ist dem Sondernutzungsberechtigten also das Anpflanzen von Bäumen[4], Sträuchern und sonstigen Pflanzen als Teil der Pflege und Unterhaltung des Gartens[5], soweit die übrigen Wohnungseigentümer nicht unzuträglich in der Nutzung ihres Sondereigentums beeinträchtigt werden[6]. **Zustimmungspflichtig** sind im Einzelfall das Neuanlegen eines Plattenwegs im gemeinschaftlichen Garten[7] oder auch von Trittsteinen[8], das Anlegen eines Kfz-Stellplatzes auf einer Rasenfläche[9], die Errichtung einer 2,3 m hohen Holzwand[10], das Anpflanzen stark wachsender Bäume[11], die vollständige Entfernung der vorhandenen mehr als fünf Meter hohen Bepflanzung und völlige Neugestaltung[12], die Anlage eines Kinderspielplatzes oder eines Sandhaufens für Katzen und Hunde[13], die Umgestaltung der Grundstücksoberfläche durch Begradigung eines abschüssigen Hanges[14], die Errichtung eines Geräteschuppens im Garten[15], eines Gartenhauses[16], eines Saunahauses[17], die Er-

98

---

1 OLG Köln v. 1.12.2004 – 16 Wx 204/04, OLGReport Köln 2005, 150.
2 BayObLG v. 2.5.1985 – 2Z 48/84, BayObLGZ 1985, 164 = MDR 1985, 767.
3 BayObLG v. 19.3.1998 – 2Z BR 131/97, WuM 1998, 563; OLG Hamm v. 15.2.2000 – 15 W 426/99, OLGReport Hamm 2000, 163 = NZM 2000, 910; vgl. a. BayObLG v. 18.3. 2005 – 2Z BR 233/04, NZM 2005, 744, zur ausdrücklich erlaubten Anlage eines Teichs.
4 Bei Bäumen sind in der Regel die landesrechtlichen Regelungen zum erforderlichen Baumabstand auch an der Grenze zum benachbarten Sondernutzungsrecht einzuhalten, vgl. OLG München v. 11.1.2006 – 34 Wx 150/05, OLGReport München 2006, 213.
5 BayObLG v. 3.7.1991 – BReg 2Z 29/91, NJW-RR 1991, 1362 = WuM 1991, 448; BayObLG v. 6.10.2000 – 2Z BR 53/00, ZMR 2001, 122 (123); OLG Köln v. 7.6.1996 – 16 Wx 88/96, OLGReport Köln 1996, 233.
6 KG v. 8.11.1995 – 24 W 3046/95, KGR Berlin 1996, 43 = ZMR 1996, 149.
7 OLG Hamburg v. 13.2.2001 – 2 Wx 45/99, OLGReport Hamburg 2001, 303 = ZMR 2001, 382.
8 BayObLG v. 10.8 2001 – 2Z BR 21/01, NZM 2001, 959 = ZMR 2002, 61, 158.
9 BayObLG v. 28.6.1990 – 2Z 67/90, WuM 1990, 622.
10 OLG Hamburg v. 4.4.2002 – 2 Wx 91/98, ZMR 2002, 621.
11 KG v. 13.7.1987 – 24 W 1752/87, OLGZ 1987, 410 = NJW-RR 1987, 1360.
12 OLG Düsseldorf v. 6.4.1994 – 3 Wx 534/93, NJW-RR 1994, 1167 = WuM 1994, 492.
13 Soweit aufgrund öffentlich-rechtlicher Vorschriften eine Verpflichtung zur Errichtung eines Kinderspielplatzes besteht, kann über das „Wo" und „Wie" der Errichtung im gemeinschaftlichen, nicht der Sondernutzung unterliegenden Garten mit Mehrheit abgestimmt werden, vgl. BayObLG v. 25.6.1998 – 2Z BR 10/98, NZM 1998, 817 = ZMR 1998, 647.
14 BayObLG v. 26.9.2002 – 2Z BR 86/02, NZM 2003, 242.
15 BayObLG v. 28.3.2001 – 2Z BR 1/01, ZMR 2001, 640; OLG Köln v. 29.4.1997 – 16 Wx 76/97, OLGReport Köln 1997, 218.
16 BayObLG v. 26.6.1986 – 2Z 84/85, MDR 1986, 940 = ZMR 1986, 452; BayObLG v. 17.12.1987 – 2Z 84/87, NJW-RR 1988, 591; BayObLG v. 21.5.1992 – 2Z BR 38/92, WuM 1992, 392; KG v. 12.11.1993 – 24 W 3064/93, OLGZ 1994, 273 = NJW-RR 1994, 207; OLG Köln v. 29.4.1997 – 16 Wx 76/96, WuM 1997, 461; OLG Köln v. 22.6.1998 – 16 Wx 99/98, OLGReport Köln 1998, 425.
17 BayObLG v. 26.4.2001 – 2Z BR 4/01, WuM 2001, 405 = ZMR 2001, 827.

richtung einer Pergola über der Gartenterrasse[1], einer Sichtschutzwand neben der Terrasse[2], oder die Errichtung von Mauern zur Beeteinfassung[3], schließlich die Umgestaltung bei ausdrücklicher Bestimmung über die Bepflanzung in der Teilungserklärung[4], im Einzelfall sogar das Aufstellen von Gartenzwergen[5] und eines Komposthaufens[6]. Zudem können Grenzen zum Schutz berechtigter Interessen durch Mehrheitsbeschluss festgelegt werden, etwa ein Pflanzverbot zum Schutz eines charakteristischen Seeblicks[7] oder zum Schutz der darunter liegenden Tiefgarage vor eindringendem Wurzelwerk[8]. Ob für Anpflanzungen überdies im Verhältnis der Wohnungseigentümer untereinander die Pflanzabstände nach den nachbarrechtlichen Regelungen einzuhalten sind, hängt davon ab, ob man diese für nicht anwendbar[9], im Verhältnis benachbarter Sondernutzungsrechte für anwendbar[10] oder für uneingeschränkt anwendbar hält[11]. Bei überwachsenden Zweigen findet im Verhältnis von zwei benachbarten Sondernutzungsrechten an Gartenflächen die Regelung des § 910 BGB Anwendung[12]. Bei Gartenflächen im Gemeinschaftseigentum steht der Eigentümergemeinschaft in Bezug auf die Pflege ein (beschränkter) Ermessensspielraum zu, da der Pflanzenwuchs nicht mit Sicherheit vorhersehbar ist[13].

99 Bei der Bewertung von baulichen Maßnahmen an **Kfz-Stellplätzen** muss zunächst die rechtliche Einordnung im Einzelfall geklärt werden. Sondereigentum an Kfz-Stellplätzen kann nur dann vorliegen, wenn es sich um abgeschlossene Räume handelt, oder bei Garagenstellplätzen, deren Flächen durch dauerhafte Markierungen ersichtlich sind, § 3 Abs. 2 WEG. Ansonsten handelt es sich um Gemeinschaftseigentum, an dem für einzelne Wohnungseigentümer Grunddienstbarkeiten oder Sondernutzungsrechte bestehen können, die aber auch entsprechend einer Nutzungsordnung von allen unentgeltlich genutzt oder vermietet werden können[14]. Selbst wenn es sich aber bei dem Garagenplatz um Sondereigentum handelt, ist wie bei einem Sondernutzungsrecht eine bauliche Veränderung, die nicht in irgendeiner Weise in das Gemeinschaftseigentum ein-

---

1 OLG Köln v. 21.2.1997 – 16 Wx 8/97, OLGReport Köln 1997, 205.
2 OLG Köln v. 13.2.1998 – 16 Wx 3/98, OLGReport Köln 1998, 195.
3 KG v. 10.1.1994 – 24 W 3851/93, OLGZ 1994, 393 = NJW-RR 1994, 526 = ZMR 1994, 274.
4 OLG Hamburg v. 18.2.1994 – 2 Wx 49/92, WE 1994, 377.
5 OLG Hamburg v. 20.4.1988 – 2 W 7/87, OLGZ 1988, 308 = MDR 1988, 867 = NJW 1988, 2052; *Schmidtmann*, MDR 2000, 753; *Schuschke*, NZM 1998, 737 (740) m.w.N.
6 Vgl. *Schuschke*, NZM 1998, 737 (740) m.w.N.
7 BayObLG v. 6.2.1992 – 2Z 166/91, WuM 1992, 206 = ZMR 1992, 202.
8 BayObLG v. 14.1.1993 – 2Z BR 123/92, WuM 1993, 206.
9 KG v. 13.7.1987 – 24 W 1752/87, OLGZ 1987, 410 = NJW-RR 1987, 1360.
10 OLG Köln v. 7.6.1996 – 16 Wx 88/96, OLGReport Köln 1996, 233 = NJW-RR 1997, 14.
11 BayObLG v. 4.2.1982 – 2Z 9/81, BayObLGZ 1982, 69 = RPfleger 1982, 219; BayObLG v. 5.3.1987 – 2Z 50/86, BayObLGZ 1987, 78 = NJW-RR 1987, 717 = WuM 1988, 177; BayObLG v. 20.8.1987 – 2Z 50/87, WuM 1988, 95 = ZMR 1988, 23.
12 KG v. 13.6.2005 – 24 W 115/04, KGReport Berlin 2005, 694 = NZM 2005, 745; dagegen OLG Düsseldorf v. 27.6.2001 – 3 Wx 79/01, NZM 2001, 861 = ZMR 2001, 910.
13 BayObLG v. 21.2.2001 – 2Z BR 142/00, WuM 2001, 299 = ZMR 2001, 565; vgl. a. OLG München v. 5.4.2006 – 32 Wx 4/06, ZMR 2006, 799.
14 Vgl. *Schuschke*, NZM 1999, 1121.

greift, kaum vorstellbar[1]. Zustimmungspflichtig sind das Aufstellen sog. Tiefgaragenboxen[2] und von Fahrradständern, die zwischen Tiefgaragenboden und -decke fest verspannt werden können, wenn sie die Nutzbarkeit des benachbarten Stellplatzes erheblich einschränken, das Umbauen eines Sammelgaragenstellplatzes zu einer Einzelgarage[3], die Ersetzung einer Maschendrahtabtrennung zwischen zwei Sammelgaragenplätzen durch eine Holztrennwand[4], die Umwandlung eines Stellplatzes im Freien in einen Carport[5] oder seine Bebauung mit einer Fertiggarage[6], die Vornahme eines Garagenanbaus[7], das Anlegen eines Kfz-Stellplatzes auf einer Rasenfläche[8], das Verschließen einer offenen Einzelgarage durch ein Tor[9] und die Errichtung eines Klingelbretts vor der Tiefgarageneinfahrt, um diese für Besucher eines Gewerbebetriebs nutzbar zu machen[10]. Zu zulässigen Regelungen des Stellplatzgebrauchs i.S.d. § 15 Abs. 2 WEG vgl. § 22 Rz. 11.

Die Anbringung einer **Parabolantenne** ist in der Regel eine bauliche Veränderung, egal ob diese am Balkon, vor dem Fenster, auf der Dachterrasse oder an der Außenwand erfolgt, und zwar als negative Einwirkung auf das optische Gestaltungsbild, soweit sie sichtbar ist[11], und wegen der für die Sturmfestigkeit notwendigen massiven Befestigung am Gemeinschaftseigentum[12]. Maßnahmen zur **erstmaligen Herstellung** einer Rundfunk- und entsprechend Fernsehempfangsanlage (vgl. § 21 Rz. 102 ff.) können allerdings nach § 21 Abs. 3, Abs. 5 Nr. 6 WEG im Rahmen ordnungsgemäßer Verwaltung mit Mehrheit beschlossen werden. Wenn die Eigentümergemeinschaft eine **Umstellung der Medien-** 100

---

1 Vgl. für Sperrbügel OLG Schleswig v. 10.10.1996 – 2 W 2/96, OLGReport Schleswig 1997, 36; *Schuschke*, NZM 1999, 1121 (1127); für Absperrketten BayObLG v. 10.9.1998 – 2Z BR 86/98, NZM 1999, 29; BayObLG v. 27.1.2005 – 2Z BR 207/04, BayObLGReport 2005, 494.
2 BayObLG v. 11.8.2004 – 2Z BR 081/04, ZMR 2004, 928.
3 OLG Köln v. 26.5.1999 – 16 Wx 13/99, NZM 1999, 865.
4 OLG München v. 13.3.2006 – 34 Wx 1/06, OLGReport München 2006, 462 = NZM 2006, 783.
5 BayObLG v. 6.2.1986 – 2Z 70/85, BayObLGZ 1986, 29 = NJW-RR 1986, 761 = ZMR 1986, 207; BayObLG v. 2.7.1999 – 2Z BR 30/99, NZM 1999, 855 (856) = WuM 2001, 90.
6 OLG Frankfurt v. 27.6.1986 – 20 W 114/86, WE 1986, 141.
7 BayObLG v. 27.3.1984 – 2Z 27/83, DWE 1984, 124 = WE 1986, 26.
8 BayObLG v. 28.6.1990 – 2Z 67/90, WuM 1990, 622.
9 BayObLG v. 22.5.1998 – 2Z BR 38/98, NZM 1999, 282 = WuM 1998, 679.
10 BayObLG v. 10.2.1998 – 2Z BR 129/97, NZM 1998, 522; s. a. BayObLG v. 8.8.2002 – 2Z BR 5/02, NZM 2002, 869 (870).
11 Vgl. BGH v. 22.1.2004 – V ZB 51/03, BGHZ 157, 322 = MDR 2004, 563 = NJW 2004, 937 = ZWE 2005, 352 mit Anm. *Köhler*; vgl. a. OLG Düsseldorf v. 2.12.1992 – 3 Wx 159/92, MDR 1993, 233 = NJW 1993, 1274; OLG Köln v. 5.11.2004 – 16 Wx 207/04, NZM 2005, 223 = ZMR 2005, 228; OLG München v. 12.12.2005 – 34 Wx 083/05, OLGReport München 2006, 173; OLG Celle v. 10.7.2006 – 4 W 89/06, OLGReport Celle 2006, 698.
12 Vgl. aus der zahlreichen Rechtsprechung etwa: BayObLG v. 4.8.1998 – 2Z BR 103/98, NZM 1998, 965 = WuM 1998, 678; BayObLG v. 29.1.1999 – 2Z BR 135/98, NZM 1999, 423 = WE 1999, 239; OLG Celle v. 19.5.1994 – 4 W 350/93, OLGReport Celle 1994, 205 = NJW-RR 1994, 977; OLG Düsseldorf v. 2.12.1992 – 3 Wx 159/92, MDR 1993, 233 = NJW 1993, 1274; OLG Düsseldorf v. 12.11.1993 – 3 Wx 333/93, MDR 1994, 372 = NJW 1994, 1163; OLG Frankfurt v. 7.3.1997 – 20 W 55/96, OLGReport Frankfurt 1997, 277; OLG Hamm v. 4.12.1992 – 15 Wx 324/92, OLGZ 1993, 314 = OLGReport Hamm 1993, 67 = NJW 1993, 1276; OLG Köln v. 31.1.1996 – 16 Wx 230/95, OLGReport Köln 1996, 114.

versorgung und Auswahl zwischen den konkurrierenden Systemen (Antenne, Kabel, Satellit) vornehmen will, ist eine umfassende Abwägung aller Vor- und Nachteile der Systeme geboten, insbesondere die Einholung von Konkurrenzangeboten, um Leistungen und Kosten vergleichen zu können[1]. Dabei wird die Eigentümergemeinschaft insbesondere das überwältigende Senderangebot, das allein über Satellit empfangen werden kann, berücksichtigen müssen[2].

101 Ein **Anspruch auf Zustimmung zur Errichtung einer Parabolantenne** kann bestehen, wenn ein Verbot in der Teilungserklärung einer Inhaltskontrolle nach den gegenüber § 242 BGB herabgesetzten Maßstäben des § 10 Abs. 2 S. 2 WEG (vgl. § 10 Rz. 3 ff.) nicht standhält, insbesondere wenn die Aufstellung ohne Substanzeingriff und (fast) unsichtbar erfolgt[3]. Ein Anspruch[4] auf Zustimmung zur Anbringung einer Parabolantenne oder deren Duldung gegen die übrigen Wohnungseigentümer kommt in Betracht als Ausfluss des Grundrechts auf Wahrung der kulturellen Identität aus Art. 2 Abs. 2 Abs. 1 GG[5] oder als Folge des Grundrechts auf Informationsfreiheit und Informationsvielfalt aus Art. 5 Abs. 1 GG[6] sowie etwa für Radio-/TV-Geschäfte aus Art. 12 GG[7]. Es reicht nicht aus, um einen Anspruch auf Errichtung einer Parabolantenne zu begründen, wenn über eine Satellitenempfangsanlage im Vergleich zum Breitbandkabelanschluss eine größere Anzahl von Programmen empfangen werden kann, sondern entscheidend ist, ob bereits der vorhandene Kabelanschluss geeignet ist, das geltend gemachte Informationsinteresse des Mieters hinreichend zu befriedigen. Ein grundsätzlicher Vorrang des Informationsinteresses des Wohnungseigentümers/Mieters vor den Eigentumsinteressen des Vermieters ergibt sich auch nicht aus dem **Recht der Europäischen Gemeinschaften**. Denn die in Art. 49 EG-Ver-

---

1 BayObLG v. 10.3.2004 – 2Z BR 274/03, ZMR 2004, 607: Anhörung allein eines Vertreters der Kabelbetreibergesellschaft unzureichend; OLG München v. 27.6.2006 – 32 Wx 72/06, ZMR 2006, 799, 800.
2 Vgl. BGH v. 22.1.2004 – V ZB 51/03, BGHZ 157, 322 = MDR 2004, 563 = NJW 2004, 937 = ZWE 2005, 352 mit Anm. *Köhler*.
3 BGH v. 22.1.2004 – V ZB 51/03, BGHZ 157, 322 = MDR 2004, 563 = NJW 2004, 937 = ZWE 2005, 352 mit Anm. *Köhler*; verneint im Einzelfall durch OLG Köln v. 26.7.2004 – 16 Wx 134/04, OLGReport Köln 2004, 412: bejaht von OLG Zweibrücken v. 25.9.2006 – 3 W 213/05, OLGReport Zweibrücken 2006, 1058 = ZMR 2007, 143.
4 Zu Art. 10 EMRK als Hintergrund vgl. EGMR v. 22.5.1990 – 15/1989/175/231 (Autronic-AG), EuGRZ 1990, 261 = NJW 1991, 620.
5 Vgl. zum Mietrecht LG Wuppertal v. 25.5.1999 – 16 S. 32/99, NJW-RR 1999, 1457 = NZM 1999, 1043.
6 Grundlegend: OLG Frankfurt v. 22.7.1992 – 20 REMiet 1/91, MDR 1992, 869 = NJW 1992, 2490 = ZMR 1992, 435; BVerfG v. 13.3.1995 – 1 BvR 1107/92, NJW 1995, 1665 = ZMR 1995, 241; BayObLG v. 4.8.1998 – 2Z BR 103/98, NZM 1998, 965 = WuM 1998, 678; BayObLG v. 29.1.1999 – 2Z BR 135/98, NZM 1999, 423; OLG Celle v. 19.5.1995 – 4 W 350/93, OLGReport Celle 1994, 205; OLG Düsseldorf v. 2.12.1992 – 3 Wx 159/92, MDR 1993, 233 = NJW 1993, 1274; OLG Düsseldorf v. 12.11.1993 – 3 Wx 333/93, MDR 1994, 372 = NJW 1994, 1163; OLG Frankfurt v. 7.3.1997 – 20 W 55/96, OLGReport Frankfurt 1997, 277; OLG Hamm v. 4.12.1992 – 15 Wx 324/92, OLGZ 1993, 314 = OLGReport Hamm 1993, 67 = NJW 1993, 1276; OLG Köln v. 31.1.1996 – 16 Wx 230/95, OLGReport Köln 1996, 114.
7 Vgl. OLG Köln v. 26.07.21004 – 16 Wx 134/04, OLGReport Köln 2004, 412, wo die Parabolantenne und Satellitenanlage mit der Notwendigkeit der Überprüfung von Satellitenreceivern begründet wurde; BayObLG v. 4.8.1998 – 2Z BR 103/98, NZM 1998, 965 = WuM 1998, 678; s. a. BerlVerfGH v. 29.8.2001 – VerfGH 39/01, NJW 2002, 2166.

trag geregelte Dienstleistungsfreiheit ist ebenso wie die Informationsfreiheit aus Art. 10 EMRK nicht schrankenlos, sondern durch das von der Gemeinschaftsordnung geschützte Eigentumsrecht begrenzt[1]. Voraussetzung eines Anspruchs auf Zustimmung zur Errichtung einer Parabolantenne ist, dass nur auf diese Weise das Bedürfnis befriedigt werden kann, zumindest einen Sender in der eigenen Muttersprache zu empfangen oder – soweit das etwa im Kabelanschluss vorhandene Angebot an Sendern in der Muttersprache gering ist – einen zusätzlichen, um so durch vielfältigere Informationen aus der Heimat die eigene kulturelle Identität zu wahren. Die durch die Herkunft geprägte kulturelle Identität, in der das besondere Informationsbedürfnis gründet, ist von der **Staatsangehörigkeit** und Einbürgerung unabhängig[2]. Wichtig ist, dass die Grundrechtsposition **verzichtbar** ist. Wünscht ein Miteigentümer, eine Parabolantenne anbringen zu dürfen, ist vorrangig die Teilungserklärung darauf zu prüfen, ob in der Teilungserklärung eine Sonderregelung getroffen ist, etwa die Anbringung von Außen-/Parabolantennen grundsätzlich verboten ist. Dies ist zulässig, denn der Erwerber weiß, dass er auf eine etwa entgegenstehende Grundrechtsposition verzichtet[3]. Die Wirksamkeit einer solchen Vereinbarung gegenüber dem Erwerber setzt deren Grundbucheintragung voraus[4]. Wer eine Eigentumswohnung erwirbt, ist an im Grundbuch eingetragene Vereinbarungen oder zu Zeiten seiner Rechtsvorgänger gefasste Eigentümerbeschlüsse, die das Anbringen von Parabolantennen verbieten, gebunden[5]. Auch wer einen Eigentümerbeschluss, der die Beseitigung einer konkreten Parabolantenne verlangt, als Betroffener bestandskräftig werden lässt, kann sich auf seine Grundrechtsposition nicht mehr berufen, denn das Verstreichenlassen der Anfechtungsfrist ist als Verzicht auf die Geltendmachung des Grundrechts auf Informationsfreiheit und Wahrung der kulturellen Identität zu verstehen[6]. Ein Eigentümerbeschluss, der Parabolantennen generell verbietet, soweit nicht ein Anspruch auf Errichtung aus verfassungsrechtlichen Gründen besteht, ist allerdings als zu unbestimmt nichtig[7]. Anfechtbar wäre es, in einem Mehrheitsbeschluss eine Ausnahme vom generellen Verbot von Parabolantennen nur für vermietende, nicht auch

---

1 BGH v. 16.11.2005 – VIII ZR 5/05, MDR 2006, 741 = NJW 2006, 1062.
2 LG Wuppertal v. 9.3.2001 – 6 T 16/01, ZMR 2001, 747; vgl. zum Mietrecht LG Wuppertal v. 25.5.1999 – 16 S. 32/99, NZM 1999, 1043; a.A. BayObLG v. 28.10.1994 – 2Z BR 77/94, BayObLGZ 1995, 326 = MDR 1995, 467 = NJW 1995, 337; OLG Frankfurt v. 28.7.1993 – 20 W 44/92, OLGZ 1994, 151 = OLGReport Frankfurt 1993, 272 = NJW 1993, 2817; OLG Hamm v. 9.10.1997 – 15 W 245/97, MDR 1998, 527 = ZMR 1998, 188; OLG Hamm v. 1.10.2001 – 15 W 166/01, NZM 2002, 445 (446) = ZMR 2002, 538; LG Lübeck v. 29.12.1998 – 6 S. 206/97, NZM 1999, 1044.
3 BGH v. 22.1.2004 – V ZB 51/03, BGHZ 157, 322 = MDR 2004, 563 = NJW 2004, 937 = ZWE 2005, 352 mit Anm. *Köhler*; OLG Köln v. 26.7.2004 – 16 Wx 134/04, OLGReport Köln 2004, 412; a.A. noch OLG Düsseldorf v. 13.12.2000 – 3 Wx 265/00, NZM 2002, 257 = WuM 2001, 295 mit krit. Anm. *Köhler*, ZWE 2002, 97; OLG Zweibrücken v. 31.1.2002 – 3 W 299/01, NZM 2002, 269 = ZMR 2002, 784 für Eigentumserwerb.
4 BGH v. 4.4.2003 – V ZR 322/02, NJW 2003, 2165 = ZMR 2003, 748.
5 Vgl. BGH v. 22.1.2004 – V ZB 51/03, BGHZ 157, 322 = MDR 2004, 563 = NJW 2004, 937 = ZWE 2005, 352 mit Anm. *Köhler*; a.A. noch OLG Hamm v. 1.10.2001 – 15 W 166/01, NZM 2002, 445 = ZMR 2002, 538 für einen später aufgenommenen italienischen Lebensgefährten.
6 OLG Köln v. 30.6.2004 – 16 Wx 135/04, NZM 2005, 108 = ZMR 2004, 939; OLG Köln v. 5.11.2004 – 16 Wx 207/04, NZM 2005, 108 = ZMR 2005, 228.
7 BayObLG v. 15.4.2004 – 2Z BR 071/04, BayObLGReport 2004, 263 = NZM 2004, 834.

für selbst nutzende Wohnungseigentümer vorzusehen[1]. Der vermietende Wohnungseigentümer muss durch entsprechende mietvertragliche Regelungen dafür Sorge tragen, dass eventuell zur Anbringung von Parabolantennen mietrechtlich berechtigte Mieter durch Individualabrede darauf verzichten oder aber, er darf nicht an sie vermieten[2]. Ein Anspruch besteht, unabhängig davon, ob die Voraussetzungen in der Person des Wohnungseigentümers, eines Mieters oder eines sonstigen Mitbewohners vorliegen, soweit ein Anschluss an das Breitbandkabelnetz vorhanden ist, für einen **deutschen Wohnungseigentümer** grundsätzlich nicht[3]. Ist ein Anschluss an das Breitbandkabelnetz nicht vorhanden, hat ein einzelner deutscher Wohnungseigentümer einen Anspruch auf Zustimmung zur Errichtung einer Parabolantenne, wenn nicht mehr als fünf Programme empfangen werden können[4]. Kein Anspruch auf Zustimmung zur Errichtung einer Einzelparabolantenne besteht, wenn eine Gemeinschaftsparabolantenne vorhanden ist[5]. Ein ausländischer Wohnungseigentümer kann auch bei einem bestehenden Anschluss an das Breitbandkabelnetz Anspruch auf Zustimmung zur Errichtung einer Parabolantenne haben, wenn sonst nicht mehr als zwei Programme in der Muttersprache empfangen werden können[6]. Soweit das Informationsbedürfnis dadurch gestillt werden kann, dass der ausländische Wohnungsnutzer die ihn interessierenden Sender auf seine Kosten in die Satellitenanlage oder das Kabelnetz einspeisen lässt, etwa durch Pay-TV, so ist er darauf verwiesen, selbst wenn die Kosten dafür höher liegen als bei der Anbringung einer Parabolantenne[7]. Als alternative Empfangsmöglichkeiten ohne Parabolantenne kommen auch das Internetfernsehen oder Digitalfernsehen (Decoderempfang) in Betracht[8]. Soweit mehrere ausländische Wohnungseigentümer Anspruch auf die Errichtung einer Parabolantenne haben, können sie zur Begrenzung der optischen Beeinträchtigung darauf verwiesen werden, mit den anderen Interessenten eine Gemeinschaftsparabolantenne zu errichten[9].

---

1 BayObLG v. 15.4.2004 – 2Z BR 71/04, NZM 2004, 834 = ZMR 2004, 688.
2 OLG Köln v. 5.11.2004 – 16 Wx 207/04, ZMR 2005, 228.
3 BVerfG v. 10.3.1993 – 1 BvR 1192/92, MDR 1993, 533 = NJW 1993, 1252; BVerfG v. 9.2.1994 – 1 BvR 1678/92, MDR 1994, 547 = NJW 1994, 1147; BayObLG v. 30.11.2000 – 2Z BR 92/00, BayObLGReport 2001, 18 = ZMR 2001, 211; OLG Frankfurt v. 28.7.1993 – 20 W 44/92, OLGZ 1994, 151 = OLGReport Frankfurt 1993, 272 = NJW 1993, 2817; OLG Köln v. 31.1.1996 – 16 Wx 230/95, OLGReport Köln 1996, 114; offen gelassen von BGH v. 22.1.2004 – V ZB 51/03, BGHZ 157, 322 = MDR 2004, 563 = NJW 2004, 937 = ZWE 2005, 352 mit Anm. *Köhler*.
4 OLG Hamm v. 4.12.1992 – 15 Wx 324/92, OLGZ 1993, 314 = OLGReport Hamm 1993, 67 = NJW 1993, 1276; OLG Köln v. 31.1.1996 – 16 Wx 230/95, OLGReport Köln 1996, 114 = WuM 1996, 292.
5 BayObLG v. 29.1.1999 – 2Z BR 135/98, NZM 1999, 423.
6 BVerfG v. 10.3.1993 – 1 BvR 1192/92, MDR 1993, 533 = NJW 1993, 1252; BVerfG v. 9.2.1994 – 1 BvR 1678/92, MDR 1994, 547 = NJW 1994, 1147; BVerfG v. 30.6.1994 – 1 BvR 1478/93, NJW-RR 1994, 1232; BVerfG v. 11.7.1996 – 1 BvR 1912/95, ZMR 1996, 534.
7 OLG Hamm v. 1.10.2001 – 15 W 166/01, NZM 2002, 445 = ZMR 2002, 538 für italienischen Lebensgefährten.
8 BVerfG, 1. Kammer des 1. Senats, v. 24.1.2005 – 1 BvR 1953/00, ZMR 2005, 932; BVerfG, 1. Kammer des 1. Senats, v. 17.3.2005 – 1 BvR 42/03, BayVBl 2005, 691; BerlVerfGH v. 29.8.2001 – VerfGH 39/01, NJW 2002, 2166.
9 OLG Celle v. 19.5.1994 – 4 W 350/93, OLGReport Celle 1994, 205; s. a. BVerfG v. 14.9.1995 – 1 BvR 1471/94, WuM 1995, 693; vgl. a. OLG Düsseldorf v. 13.2.2006 – 3 Wx 181/05, NZM 2006, 782: Das eigenmächtige Aufschalten auf die Empfangsanlage eines anderen Wohnungseigentümers ist unzulässig.

Soweit einem Wohnungseigentümer ein Anspruch auf Duldung der Anbringung einer Parabolantenne zusteht, bedeutet dies nicht, dass nunmehr auch alle anderen Wohnungseigentümer eine Parabolantenne anbringen dürften; ein solcher Anspruch ist vielmehr für jeden Einzelfall zu prüfen und in jedem Einzelfall davon abhängig, dass überwiegende Interessen im Rahmen der gebotenen Grundrechtsabwägung festgestellt werden können[1]. Soweit ein Anspruch auf Zustimmung zu einer Parabolantenne besteht, beinhaltet dieser in Folge der gebotenen Grundrechtsabwägung nur den **mildesten Eingriff**. Die Anbringung der Parabolantenne muss deshalb baurechtlich zulässig sein und Auflagen des Denkmalschutzes beachten, sach- und fachgerecht (durch einen Fachmann) erfolgen, sich auf die möglichst unauffälligste (kleinste), technisch zum Empfang der notwendigen Programme geeignete Parabolantenne beschränken[2], an dem nach Bestimmung der Wohnungseigentümergemeinschaft[3] am wenigsten störenden Ort (möglichst verdeckt[4]) installiert, ohne erhebliche Eingriffe in die Bausubstanz montiert, unter Freistellung der übrigen Wohnungseigentümer von allen anfallenden Kosten (Errichtung, Betrieb, Rückbau bei Entfallen der Anspruchsvoraussetzungen), unter Abschluss einer Versicherung zur Absicherung des Haftungsrisikos, unter Erbringung einer Sicherheit für die voraussichtlichen Rückbaukosten erfolgen, denn die Parabolantenne muss entfernt werden, wenn nach einem Mieter-/oder Nutzerwechsel die persönlichen Voraussetzungen des Anspruchs auf Gestattung nicht mehr vorliegen. Es besteht also kein Anspruch auf die „preiswerteste" Lösung[5]. Die Mehrkosten müssen aber zumutbar sein[6]. Um diese Voraussetzungen zu gewährleisten, braucht die Wohnungseigentümergemeinschaft ein eigenmächtiges Vorgehen ohne deren Berücksichtigung nicht zu dulden, sondern kann Beseitigung verlangen, wenn die Einzelheiten der Anbringung nicht abgestimmt sind[7], auch vom errichtenden Mieter[8]. Schon gar nicht darf ein einzelner Wohnungseigentümer im Vorgriff auf etwaige Eigen-

102

---

1 OLG Hamm v. 1.10.2001 – 15 W 166/01, NZM 2002, 445 (446) = ZMR 2002, 538.
2 Vgl. a. BayObLG v. 13.3.1997 – 2Z BR 8/97, WuM 1997, 343 = ZMR 1997, 317.
3 Vgl. BVerfG v. 11.7.1996 – 1 BvR 1912/95, NJW 1996, 2828; BayObLG v. 8.4.2004 – 2Z BR 051/04, BayObLGReport 2004, 297 = WuM 2004, 358 zur Delegation an Verwalter und Beirat; OLG Frankfurt v. 2.12.2004 – 20 W 186/03, OLGReport Frankfurt 2005, 421.
4 Die Festlegung auf einen zum Empfang ungeeigneten Standort entfaltet keine Bindungswirkung, vgl. OLG Schleswig v. 12.2.2003 – 2 W 217/02, NZM 2003, 558; OLG Schleswig v. 2.9.2004 – 2 W 93/04, OLGReport Schleswig 2005, 383.
5 S. *Köhler*, ZWE 2002, 97 (102).
6 OLG Frankfurt v. 2.12.2004 – 20 W 186/03, OLGReport Frankfurt 2005, 421 hält Kosten i.H.v. 2 600 Euro von zumutbar; OLG München v. 9.1.2006 – 34 Wx 101/05, MDR 2006, 627 für die zumutbare Anschaffung einer digitalen „Set-Top-Box" für etwa 200 Euro zzgl. einer einmaligen Freischaltgebühr i.H.v. 35 Euro und bei monatlichen Kosten i.H.v. 5,95 Euro den Empfang von sechs türkischsprachigen Programmen bzw. bei monatlichen Kosten i.H.v. 19,95 Euro den Empfang von acht türkischsprachigen Programmen.
7 BVerfG v. 10.11.1995 – 1 BvR 2119/95, ZMR 1996, 122; BayObLG v. 8.4.2004 – 2Z BR 051/04, BayObLGReport 2004, 297; OLG Celle v. 19.5.1994 – 4 W 350/93, OLGReport Celle 1994, 205; OLG Bremen v. 16.8.1994 – 3 W 25/94, WuM 1995, 58; OLG Düsseldorf v. 2.8.1995 – 3 Wx 174/95, NJW-RR 1996, 141 = ZMR 1995, 554; zur Ausnahme der Ermessensreduzierung auf Null OLG München v. 6.7.2005 – 34 Wx 042/05, abrufbar unter www.zr-report.de.
8 BVerfG v. 11.7.1996 – 1 BvR 1912/95, ZMR 1996, 534.

tümerbeschlüsse, um der Fortentwicklung der Technik Rechnung zu tragen, eigenmächtig eine digitale Satellitenanlage anbringen[1].

103 Die nachträgliche Anbringung von **Rollladen oder Außenjalousien** ist regelmäßig mit einer nachteiligen optischen Beeinträchtigung verbunden und daher zustimmungspflichtig[2]. Weil Rollladen zum Gemeinschaftseigentum gehören[3], sind Veränderungen auch Eingriffe in das Gemeinschaftseigentum. Der nach der Teilungserklärung zur Instandhaltung und Instandsetzung der Fenster verpflichtete Wohnungseigentümer darf im Rahmen modernisierender Instandsetzung die Gurtführung der Rollladen gegen einen Rollladenmotor austauschen[4], wobei trotz der andersartigen Geräuschentwicklung kein Nachteil vorliegen muss[5].

104 Die Errichtung von **Sonnenkollektoren** ist schon wegen der damit regelmäßig verbundenen optischen Beeinträchtigung grundsätzlich zustimmungsbedürftig[6]. Zudem muss der Errichtungswillige mögliche Gefahren für die Dachabdichtung und Statik ausräumen. Zulässig kann sie unter den Voraussetzungen des § 22 Abs. 2 WEG sein.

105 Probleme des **Trittschallschutzes**[7] haben ihre Ursache in dem Unterhalt bzw. der Abnutzung des sog. Oberbodenbelags (Teppich, Parkett, Fliesen usw.). Trotz der mit der Abnutzung einhergehenden Verschlechterung besteht gegen den einzelnen Wohnungseigentümer kein Anspruch auf Sanierung des im Sondereigentum stehenden Oberbodenbelags[8]. Der bei Begründung des Wohnungseigentums bestehende Zustand muss hingenommen werden[9]. Hinsichtlich des Gemeinschaftseigentums (tragende Decke, Estrich, Isolierschicht usw.; zur Abgrenzung

---

1 OLG Köln v. 31.8.2004 – 16 Wx 166/04, NJW 2004, 3496 = ZMR 2005, 226.
2 BayObLG v. 14.3.1991 – 2Z 168/90, WE 1992, 138; OLG Düsseldorf v. 6.10.1999 – 3 Wx 259/99, WuM 2000, 27 = ZMR 2000, 118; OLG Düsseldorf v. 30.10.2000 – 3 Wx 318/00, OLGReport Düsseldorf 2001, 173 = NZM 2001, 243.
3 KG v. 15.12.1993 – 24 W 2014/93, KGR Berlin 1994, 25 = NJW-RR 1994, 401; OLG Köln v. 30.8.2000 – 16 Wx 115/00, OLGReport Köln 2001, 23.
4 Saarl. OLG v. 4.10.1996 – 5 W 286/95-50, FGPrax 1997, 56 = ZMR 1997, 31.
5 OLG Köln v. 30.8.2000 – 16 Wx 115/00, OLGReport Köln 2001, 23 (24).
6 BayObLG v. 30.3.2000 – 2Z BR 2/00, NZM 2000, 674 = ZMR 2000, 471; BayObLG v. 23.2.2005 – 2Z BR 167/04, FGPrax 2005, 108; OLG München v. 19.9.2005 – 34 Wx 76/05, NZM 2005, 825 (827); anders BayObLG v. 17.10.2001 – 2Z BR 147/01, MDR 2002, 148 = NZM 2002, 74.
7 KG v. 19.3.2007 – 24 W 317/06, WuM 2007, 339; vgl. a. *Hogenschurz*, MDR 2003, 201 zur rechtlichen wie zur technischen Seite.
8 OLG Stuttgart v. 5.5.1994 – 8 W 315/93, = OLGZ 1994, 524 = NJW-RR 1994, 1497 = WuM 1994, 390; OLG Düsseldorf v. 4.7.2001 – 3 Wx 120/01, OLGReport Düsseldorf 2002, 219 = ZMR 2002, 298; OLG Köln v. 9.10.2000 – 16 Wx 102/00, OLGReport Köln 2001, 83 = NZM 2001, 135; OLG Köln v. 18.5.2001 – 16 Wx 68/01, OLGReport Köln 2001, 285 = ZMR 2002, 78; OLG Köln v. 4.12.2002 – 16 Wx 180/02, ZMR 2003, 704 (705).
9 OLG Stuttgart v. 5.5.1994 – 8 W 315/93, = OLGZ 1994, 524 = NJW-RR 1994, 1497 = WuM 1994, 390; OLG Düsseldorf v. 12.11.2001 – 3 Wx 256/01, ZMR 2002, 297 (298); OLG Köln v. 9.10.2000 – 16 Wx 102/00, OLGReport Köln 2001, 83 = NZM 2001, 135; OLG München v. 9.5.2005 – 32 Wx 030/05, OLGReport München 2005, 405 = ZMR 2005, 650; OLG München v. 18.7.2005 – 34 Wx 063/05, OLGReport München 2005, 645.

vgl. § 5 Rz. 16f.) besteht ein Sanierungsanspruch nur im Rahmen ordnungsgemäßer Verwaltung.

Der Sondereigentümer darf den Oberboden nach Belieben auswechseln, soweit ein den technischen Regeln entsprechender Schallschutz erreicht wird[1]. Wenn anerkannte technische Regeln bestehen, sind diese bei einem Umbau in der aktuellen Fassung zu berücksichtigen[2]. Andernfalls liegt ein Fall der störenden Benutzung i.S.d. § 14 Nr. 1 WEG vor, die einen Anspruch aus § 15 Abs. 3 WEG zur Folge hat[3]. Maßstab für die Beurteilung der Frage, welche Nachteile bei einem geordneten Zusammenleben unvermeidlich sind, ist regelmäßig die DIN 4109 – Schallschutz im Hochbau – maßgebend, welche die einzuhaltenden Anforderungen beschreibt[4]. Bei Einhaltung der aktuellen DIN 4109 fehlt es regelmäßig an einem unzumutbaren Nachteil[5]. Ein nicht hinzunehmender Nachteil kann aber vorliegen, weil der bei Errichtung oder vor dem Umbau bestehende tatsächliche Zustand (das Gepräge) durch die Änderungen verschlechtert sind, selbst wenn die DIN 4109 noch gewahrt ist, oder im Hinblick auf die Lästigkeit des Lärms im Einzelfall[6]. 106

Die Anbringung einer **Überwachungskamera** entspricht nur dann ordnungsgemäßer Verwaltung, wenn die Einhaltung der Vorgaben der §§ 5, 6 Abs. 2 BDSG sichergestellt ist, also der Besucher nur von der Wohnung, bei der er geklingelt hat, identifiziert werden kann und kein fortwährendes Ausspannen möglich ist[7]. Keinesfalls darf ein einzelner Wohnungseigentümer Bewegungen auf im Gemeinschaftseigentum stehenden Flächen ständig aufzeichnen[8]. Auch die verdeckte Überwachung eines Stellplatzes, auf dem in der Vergangenheit mehrfach Fahrzeuge beschädigt worden sind, ist unzulässig[9]. Bei Ersetzung einer vorhandenen Wechselsprechanlage durch eine Wechselsprechanlage mit Vi- 107

---

1 Vgl. BayObLG v. 16.12.1993 – 2Z BR 113/93, WuM 1994, 151; OLG Düsseldorf v. 4.7.2001 – 3 Wx 120/01, NZM 2001, 958 = ZMR 2002, 69.
2 BayObLG v. 18.11.1999 – 2Z BR 77/99, NZM 2000, 504 = ZMR 2000, 311; OLG München v. 9.5.2005 – 32 Wx 030/05, OLGReport München 2005, 405 = ZMR 2005, 650; OLG München v. 18.7.2005 – 34 Wx 063/05, OLGReport München 2005, 645;OLG Frankfurt v. 28.6.2004 – 20 W 95/01, OLGReport Frankfurt 2005, 13 = NZM 2005, 68; a.A. OLG Hamm v. 15.3.2001 – 15 W 39/01, OLGReport Hamm 2001, 285 = ZMR 2001, 842;OLG Saarbrücken v. 10.4.2006 – 5 W 253/05, OLGReport Saarbrücken 2006, 858 = ZMR 2006, 802; vgl. zum Mietrecht BGH v. 6.10.2004 – VIII ZR 355/03, NJW 2005, 218 mit Besprechung *Drasdo*, NJW 2005, 798.
3 BayObLG v. 10.5.1990 – BReg 2Z 26/90, BayObLGZ 1990, 120 (122) = WuM 1990, 608; BayObLG v. 16.12.1993 – 2Z BR 113/93, WuM 1994, 151.
4 BayObLG v. 16.12.1993 – 2Z BR 113/93, WuM 1994, 151; BayObLG v. 18.11.1999 – 2Z BR 77/99, NZM 2000, 504; OLG Frankfurt v. 28.6.2004 – 20 W 95/01, NZM 2005, 68; OLG Schleswig v. 21.12.1998 – 2 W 100/98, OLGReport Schleswig 1999, 147.
5 BayObLG v. 18.11.1999 – 2Z BR 77/99, NZM 2000, 504; OLG Frankfurt v. 27.3.2006 – 20 W 204/03, OLGReport Frankfurt 2006, 806 = NZM 2006, 903.
6 OLG München v. 9.5.2005 – 32 Wx 030/05, OLGReport München 2005, 405 = ZMR 2005, 650; OLG München v. 18.7.2005 – 34 Wx 063/05, OLGReport München 2005, 645; OLG München v. 25.6.2007, 34 Wx 020/07, Juris.
7 BayObLG v. 27.10.2004 – 2Z BR 124/04, NZM 2005, 107 = ZMR 2055, 299 (300); KG v. 26.6.2002 – 24 W 309/01, NZM 2002, 702 = ZWE 2002, 409 (412); vgl. a. OLG Düsseldorf v. 5.1.2007 – 3 Wx 199/06, OLGReport Düsseldorf 2007, 201.
8 BayObLG v. 11.3.2005 – 2Z BR 002/05, n.v.
9 OLG Karlsruhe v. 8.11.2001 -12 U 180/01, OLGReport Karlsruhe 2002, 182.

deoauge im Klingelbrett kann ein Fall der modernisierenden Instandsetzung vorliegen[1].

108 **Wanddurchbrüche** in tragende und damit nach § 5 Abs. 2 WEG zwingend im Gemeinschaftseigentum stehende Wände[2] können zu einer Beeinträchtigung von Bestand, Stabilität, Solidität und Sicherheit der Wohnungseigentumsanlage führen und bedürfen der Zustimmung aller Wohnungseigentümer[3], soweit nicht vernünftige Zweifel für die konstruktive Stabilität des Gebäudes und Brandsicherheit sowie Beweisschwierigkeiten über die Verursachung von Langzeitfolgen (Risse, Setzungen usw.) ausgeschlossen sind[4]. Bei der Verbindung zweier Wohnungen stellt der Verlust der Abgeschlossenheit oder der Widerspruch zur Teilungserklärung keinen Nachteil dar, weil das Abgeschlossenheitserfordernis, § 3 Abs. 2 WEG, allein den Schutz der von der wegfallenden Trennung der verschiedenen Bereiche betroffenen Wohnungseigentümer bezweckt[5]. Auch auf die Eigentumsverhältnisse an den Wohnungen, zwischen denen ein Durchbruch erfolgt, kommt es nicht an[6]. Vorstehende Überlegungen gelten entsprechend auch für den Deckendurchbruch[7].

109 Auf zulässige gewerbliche Nutzungen kann ortsüblich und angemessen am Haus- und Wohnungseingang oder an der Außenfront seitens des Nutzers durch **Werbung**[8] hingewiesen werden[9]. Für freie Berufe dürfen also die üblichen Praxisschilder[10] am Haus- und Wohnungseingang angebracht werden, für Gaststätten entsprechend Leuchtreklamen[11]. Erlaubt die Teilungserklärung die Anbringung von Werbeschriften an der gesamten Fassade, sofern nicht die freie Sicht aus den Fenstern behindert wird, kann jeder Wohnungseigentümer die Beseitigung störender Werbefolien verlangen, die Mieter in die Fenster einer anderen Wohnung geklebt haben, ohne dass eine Sichtbeeinträchtigung in der Wohnung des Anspruchstellers erforderlich wäre[12].

---

1 Zweifelnd KG v. 26.6.2002 – 24 W 309/01, NZM 2002, 702 = ZWE 2002, 409 (412).
2 Nicht tragende Wände innerhalb einer Wohnung stehen im Sondereigentum; nicht tragende Wände zwischen zwei Wohnungen stehen im Mitsondereigentum der beiden Nachbarn; vgl. *Röll* in FS Deckert, S. 417 (421).
3 OLG Hamburg v. 27.7.1976 – 2 W 34/76, MDR 1977, 230; OLG Karlsruhe v. 12.1.1978 – 3 W 14/77, OLGZ 1978, 172 = MDR 1978, 495.
4 Vgl. BGH v. 21.12.2000 – V ZB 45/00, BGHZ 146, 241 = MDR 2001, 497 = NJW 2001, 1212; BayObLG v. 14.1.1999 – 2Z BR 138/98, BayObLGReport 1999, 42; BayObLG v. 14.2.2002 – 2Z BR 187/01, NZM 2002, 391 = ZMR 2002, 537: Darlegungs- und Beweislast für fehlende Nachteiligkeit beim Umbauenden; KG v. 13.4.1992 – 24 W 2935/91; OLGZ 1992, 426; OLG Celle v. 21.5.2002 – 4 W 93/02, ZWE 2002, 533.
5 Vgl. BGH v. 21.12.2000 – V ZB 45/00, BGHZ 146, 241 = MDR 2001, 497 = NJW 2001, 1212.
6 *Röll* in FS Deckert, S. 417 (423).
7 BayObLG v. 14.2.2002 – 2Z BR 187/01, NZM 2002, 391 = ZMR 2002, 537.
8 S.a. *Eichberger/Schlapka*, ZMR 2005, 927.
9 BayObLG v. 6.10.2000 – 2Z BR 74/00, NZM 2000, 1236 = WuM 2000, 686; KG v. 8.6.1994 – 24 W 5760/93, NJW 1994, 494.
10 KG v. 8.6.1994 – 24 W 5760/93 – KGR Berlin 1994, 171 = NJW-RR 1995, 333.
11 BayObLG v. 6.10.2000 – 2Z BR 74/00, NZM 2000, 1236 = ZMR 2001, 123; OLG Köln v. 31.5.2006 – 16 Wx 11/06, OLGReport Köln 2006, 822.
12 OLG Düsseldorf v. 13.2.2006 – 3 Wx 181/05, NZM 2006, 782 = ZMR 2006, 461, 462.

Die **Einzäunung von Sondernutzungsflächen** wird im Hinblick auf die Einwir- 110
kung auf das äußere Gestaltungsbild der Wohnungseigentumsanlage zum Teil
für nicht nachteilig i.S.v. § 14 Nr. 1 WEG, weil die sichtbare Abgrenzung durch
einen Zaun natürlichen Wohnbedürfnissen entspreche und als Ausfluss des Eigentumsrechts erst den vollen Genuss eines Sondernutzungsrechts ermögliche[1],
in anderen Fällen gerade für städtische Lagen als zustimmungsbedürftig angesehen[2]. Im Einzelfall entscheidend ist, was angemessen und ortsüblich[3] ist. Die
Anbringung einer Sichtschutzmatte hinter einem Maschendrahtzaun, der zwei
Sondernutzungsrechte an einem Garten trennt, stellt regelmäßig eine für den
am angrenzenden Gartenbereich Berechtigten optisch nachteilige bauliche Veränderung dar[4]. Überdies ist für die Benutzung eines Grenzzauns oder einer
Grenzwand die Regelung des § 922 BGB entsprechend anwendbar[5]. Soweit ein
Zaun nicht dem Verlauf der Grenzen des Sondernutzungsrechts folgt, besteht je-
denfalls ein Anspruch auf Verlegung[6]. Eine zustimmungsfreie Maßnahme der
Gefahrenabwehr liegt bei der Errichtung eines Zaunes zur Abgrenzung an einem
Bach vor[7].

Vor §§ 23 bis 25

Inhaltsübersicht

	Rz.		Rz.
I. Allgemeines	1	a) Wohnungseigentümer	20
1. Beschlüsse	2	b) Spätere Wohnungseigen-	
2. Rechtsnatur des Beschlusses	6	tümer (Sondernachfolger)	22
3. Funktion des Beschlusses	9	c) Dritte	23
a) Für die Wohnungseigentümer	9	9. Beschluss und Beschlussaus-	
b) Für den Verband Wohnungs-		führung	25
eigentümergemeinschaft	13	a) Allgemeines	25
4. Ort der Beschlussfassung	14	b) Die Folgen aufgehobener	
5. Beschluss und Bestandskraft	16	Beschlüsse	27
6. Form	18	aa) Außenverhältnis	27
7. Zeitliche Grenzen	19	bb) Innenverhältnis (Folgen-	
8. Regelungsunterworfene eines		beseitigung)	29
Beschlusses	20	cc) Haftung	31
		dd) Rechte und Pflichten des	
		Verwalters	32

---

1 BayObLG v. 4.2.1982 – 2Z 9/81, BayObLGZ 1982, 69 = RPfleger 1982, 219.
2 BayObLG v. 28.10.1998 – 2Z BR 122/98, BayObLGReport 1999, 9; KG v. 23.7.1984 – 24 W 2514/84, WuM 1985, 161 = ZMR 1985, 27; KG v. 12.11.1993 – 24 W 3064/93, OLGZ 1994, 273 = NJW-RR 1994, 207; KG v. 10.2.1997 – 24 W 6582/96, KGR Berlin 1997, 73 = ZMR 1997, 315; OLG Düsseldorf v. 20.12.1996 – 3 Wx 9/96, OLGReport Düsseldorf 1997, 188; OLG Hamburg v. 4.4.2002 – 2 Wx 91/98, ZMR 2002, 621; für einen Garten mit Parkcharakter auch BayObLG v. 23.10.1986 – 2Z 110/86, WuM 1988, 96 = ZMR 1987, 29.
3 Vgl. etwa die Regelung in § 34 lit. c) NachbG NW „soweit (...) Einfriedigungen nicht üblich sind."
4 BayObLG v. 20.4.2000 – 2Z BR 9/00, ZMR 2001, 906.
5 OLG München v. 13.9.2005 – 32 Wx 071/05, MDR 2006, 258 = NZM 2006, 344.
6 S.a. BayObLG v. 16.9.1994 – 2Z BR 78/94, BayObLGReport 1995, 1.
7 BayObLG v. 17.2.2000 – 2Z BR 180/99, NZM 2000, 513.

	Rz.
II. Beschlussfassung in der Eigentümerversammlung	33
1. Wirksamkeitsvoraussetzungen eines positiven Beschlusses	33
2. Ort der Beschlussfassung	35
3. Beschlussantrag	36
4. Stimmrechtsausübung	40
a) Grundsatz	40
b) Einzelheiten	45
aa) Allgemeines	45
bb) Wiederholung der Stimmausübung	47
cc) Gemeinschaftliche Ausübung: § 25 Abs. 2 Satz 2	49
dd) Blockwahl und Sammelabstimmung	52
ee) Kombinierte Beschlussfassung (Sukzessivbeschluss)	53
ff) Delegiertenversammlung (Vertreterversammlung)	54
gg) Schadensersatz	55
hh) Vorbeugende Stimmrechtsbeschränkungen	57
5. Abstimmungsverfahren und -vorgang	58
a) Allgemeines	58
b) Probeabstimmungen	59
c) Anspruch auf Abstimmung	60
6. Mehrheit	61
7. Feststellung und Verkündung	62
a) Allgemeines	62
b) Art und Weise	64
c) Subsidiäre Feststellung und Verkündung durch das Gericht	66
d) Geschäftsordnungsbeschlüsse	69
e) Fehlerhafte Feststellungen	70
aa) Die h.M.	71
bb) Kritik	72
8. Vereinbarte Wirksamkeitsvoraussetzungen	74
9. Fehlen einer Wirksamkeitsvoraussetzung	77
III. Schriftliche Beschlüsse	79
1. Stimmabgabe	79
2. Feststellung und Verkündung	80
IV. Mehrheitsbeschluss	81
1. Grundsatz	81
2. Qualifizierte Mehrheit	84

	Rz.
a) Gesetzliche Mehrheiten	84
b) Vereinbarte Beschlussmehrheiten	85
c) Erst- und Zweitversammlung	88
d) §§ 16 Abs. 4 Satz 1, 22 Abs. 2 Satz 1	89
e) § 18 Abs. 3 Satz 1	91
f) Nichterreichen des Quorums	92
3. Schriftliche Beschlüsse	94
4. Beschlüsse nach § 22 Abs. 1	95
V. Beschlussarten	97
1. Zweitbeschluss	98
a) Beschlusskompetenz	98
b) Voraussetzungen	99
c) Ziele	100
aa) Bestätigender Zweitbeschluss	101
(1) Ersetzung des Erstbeschlusses	102
(2) Aufhebung der Wirkungen des Erstbeschlusses	104
(3) Keine Auswirkungen auf den Erstbeschluss	106
bb) Änderung/Ergänzung	107
e) Grenzen	108
aa) Zustandekommen	109
bb) Ordnungsmäßigkeit	110
cc) Schutzwürdige Belange	111
(1) Haltung der h.M.	111
(2) Kritik	113
dd) Kernbereich der Mitgliedschaft	115
ee) Gerichtliche Entscheidungen	116
f) Anspruch auf Zweitbeschluss	117
aa) Ordnungsmäßige Beschlüsse	118
bb) Ordnungswidrige Beschlüsse	119
g) Anfechtung	121
2. Negativbeschluss	122
a) Grundsatz	122
b) Rechtsfolge	124
c) Anfechtungsklage	125
3. Nichtbeschluss (Scheinbeschluss)	127
4. Beschlüsse zur Geschäftsordnung	129
5. Einstimmiger und allstimmiger Beschluss	131

	Rz.		Rz.
6. Ein-Mann-Beschlüsse	133	3. Abgrenzung zur Vereinbarung	147
a) Des Alleineigentümers	133	4. Umdeutung	151
aa) Bisherige Auffassung	133	5. Ergänzende Auslegung	152
bb) Einpersonen-Eigentümergemeinschaft?	135	VIII. Beschlussfassung in Mehrhausanlagen (Teilversammlungen)	153
b) In der Eigentümerversammlung	137	1. Allgemeines	153
7. Schwebende Beschlüsse	138	2. Beschlussfassung	156
a) Fehlende Wirksamkeitsvoraussetzungen	139	3. Teilnahmerechte	157
b) Verzichtbare Rechte	140	IX. Delegierte Beschlussmacht	158
VI. Gerichtlich bestimmter Inhalt	141	X. Entziehung der Beschlussmacht	160
VII. Auslegung von Beschlüssen	143	XI. Beschlüsse der Organe	161
1. Grundsatz	143	1. Verwaltungsbeirat	162
2. Bestimmtheit von Beschlüssen (inhaltliche Klarheit)	145	2. Wohnungseigentümer als Organ des Verbandes	165

Schrifttum: *Abramenko*, Einberufung der Eigentümerversammlung durch Unbefugte, ZWE 2005, 25; *Armbrüster/Müller*, Zur Wirkung wohnungseigentumsrechtlicher Gebrauchsbeschränkungen gegen Mieter, FS Seuß (2007) = ZMR 2007, 321, 3; *Becker* Die Einpersonen-Eigentümergemeinschaft, FS Seuß (2007), S. 19; *Becker*, Rechtsschutz bei unterbliebener oder fehlerhafter Feststellung und Bekanntgabe des Ergebnisses des Eigentümerbeschlusses, MietRB 2003, 53; *Becker*, Ergebnisfeststellung und Beschlusstatbestand, ZWE 2002, 93; *Becker/Gregor*, Feststellung und Bekanntgabe des Beschlussergebnisses, ZWE 2001, 245; *Bub*, Der Mehrheitsbeschluss im Überblick, PiG 59 (2000), S. 5 = ZWE 2000, 194; *Buck*, Mehrheitsentscheidungen mit Vereinbarungsinhalt im Wohnungseigentumsrecht, 2001; *Deckert*, Wesen und Voraussetzung der Wohnungseigentümerversammlung, WE 1995, 196; *Elzer*, Die fehlerhafte Verkündung eines positiven Beschlusses, ZWE 2007, 165; *Elzer*, Der abändernde Zweitbeschluss: Vom notwendigen Ausgleich zwischen Schutzbedürftigkeit und Flexibilität, ZMR 2007, 237; *Gottschalg*, Die Haftung des Verwalters für die Nichtdurchführung von Beschlüssen, ZWE 2003, 225; Rückabwicklung aufgehobener Wohnungseigentumsbeschlüsse, NZM 2001, 113; *Häublein*, Die Willensbildung in der Wohnungseigentümergemeinschaft nach der WEG-Novelle, ZMR 2007, 409; *Jacoby*, Das private Amt, 2007; *Keith*, Rechtsfolgen ungültiger Beschlüsse der Wohnungseigentümer, 1983; *Kreuzer*, Abgrenzung von Vereinbarung und Beschluss, PiG 59 (2000), 33; *Lüke*, Der Zweitbeschluss, PiG 59 (2000), S. 103 = ZWE 2000, 98; *Merle*, Folgerechte und Folgepflichten der Wohnungseigentümerversammlung, Bekanntmachung und Anfechtung der Beschlüsse, PiG 6, 65; *Müller*, Die Beschlussfassung, PiG 59 (2000), 73 = ZWE 2000, 237; *Niedenführ* Feststellung des Abstimmungsergebnisses durch Schlussfolgerung, NZM 2002, 854; *Sauren*, Haftung der Wohnungseigentümer wegen aufgehobener, aber durchgeführter Beschlüsse, PiG 59, 209; *Wenzel*, Der Negativbeschluss und seine rechtlichen Folgen, ZMR 2005, 413; *Wenzel*, Beschluss oder Vereinbarung? – Auswirkungen der „Jahrhundertentscheidung" BGHZ 145, 158 = NZM 2000, 1184 auf die Grundbuchpublizität, NZM 2003, 217; *Zöllner*, Beschluss, Beschlussergebnis und Beschlussergebnisfeststellung, FS Lutter (2000), S. 821.

I. Allgemeines

§§ 23 bis 25 verdrängen in ihrem Anwendungsbereich die allgemeine Bestimmung des § 745 Abs. 1 BGB. Die Vorschriften der §§ 23 bis 25 regeln abweichend von diesem zum einen die Frage, auf welche Art und Weise die Wohnungseigentümer beschließen. §§ 23 bis 25 werden hier ergänzt durch §§ 16   1

Abs. 4, 18 Abs. 3, 22 Abs. 1 und Abs. 2. Beschlüsse werden nach § 23 Abs. 1 grundsätzlich in einer Eigentümerversammlung gefasst (s. § 23 Rz. 22), ausnahmsweise nach § 23 Abs. 3 durch einen schriftlichen, freilich dann allstimmigen (Rz. 131) Beschluss. Zum anderen treffen §§ 23 bis 25 grundlegende Bestimmungen zu der der BGB-Gemeinschaft, nicht aber anderen Organisationen unbekannten Versammlung der Gemeinschafter, der Wohnungseigentümer (Eigentümerversammlung). In welchen Angelegenheiten die Wohnungseigentümer über eine wohnungseigentumsrechtliche Sache beschließen können, bestimmen im Wesentlichen[1] die weiteren Vorschriften des Wohnungseigentumsgesetzes (s. § 23 Rz. 2). Über die Frage, was ein Beschluss ist und wie dieser zustande kommt, trifft das Wohnungseigentumsgesetz schließlich keine Anordnungen. Insoweit gelten die allgemeinen Grundsätze (Rz. 2).

1. Beschlüsse

2   Ein Beschluss i.S.v. § 23 ist die rechtsverbindliche Form einer regelmäßig bloß mehrheitlichen Willensbildung mehrerer. Ein Beschluss ist die rechtliche Fassung eines einheitlichen Willens aus den Einzelwillen der Abstimmenden. Diese Möglichkeit, eine rechtliche Angelegenheit nicht nur vertraglich zu regeln, sondern durch einen Beschluss zu bestimmen, ist keine Besonderheit des Wohnungseigentumsgesetzes. Die Möglichkeit einer jedenfalls inneren Willensbildung durch Beschluss ist im deutschen Recht weit verbreitet und findet sich in vielen Vereinigungen, etwa beim Verein in §§ 28, 32 ff. und 70 BGB, bei den Personengesellschaften in § 712 BGB und § 119 HGB sowie bei der Bruchteilsgemeinschaft in § 745 Abs. 1 Satz 1 BGB. Auch das AktG (z.B. in §§ 77 Abs. 2, 108, 119), das GmbHG (s. §§ 47 bis 51) und das GenG (etwa § 48 GenG) kennen den Beschluss als Regelungsinstrument.

3   Das Wohnungseigentumsgesetz selbst spricht in folgenden Bestimmungen „Beschlussmacht" an oder behandelt den Beschluss und seine Wirkungen:

– § 10 Abs. 4 und Abs. 5;
– § 12 Abs. 4 Satz 1 und 3;
– § 15 Abs. 2;
– § 16 Abs. 3 und Abs. 4 Satz 1;
– § 18 Abs. 3;
– § 21 Abs. 3 und Abs. 8;
– § 22 Abs. 1 Satz 1 und Abs. 2 Satz 1;
– § 23 Abs. 4 Satz 1;
– § 24 Abs. 5, Abs. 6 Satz 1 und Abs. 7 Satz 2;
– § 25 Abs. 1, Abs. 3, Abs. 4 und Abs. 5;
– § 26 Abs. 1 Satz 1;
– § 27 Abs. 1 Nr. 1, Abs. 2 Nr. 3, Abs. 3 Satz 1 Nr. 7, Abs. 3 Satz 3;
– § 28 Abs. 4 und Abs. 5;

---

1 Eine Beschlussmacht räumen allerdings § 24 Abs. 5 Alternative 2 und Abs. 8 ein.

- § 29 Abs. 1 Satz 1;
- § 43 Nr. 4;
- § 45 Abs. 2 Satz 1;
- § 46 Abs. 1 Satz 1 und Satz 2;
- § 47 Satz 1.

Angelegenheiten, die durch einen Beschluss geordnet werden können, betreffen im Idealfall das nachrangige Verhältnis der Wohnungseigentümer untereinander[1]. Gegenstand eines Beschlusses ist nach den Vorstellungen des Gesetzes der ordnungsmäßige Gebrauch des Sondereigentums oder des gemeinschaftlichen Eigentums (§ 15 Abs. 2) oder eine der Beschaffenheit des gemeinschaftlichen Eigentums entsprechende ordnungsmäßige Verwaltung (§ 21 Abs. 3). Durch einen Beschluss regeln die Wohnungseigentümer also idealtypisch einen konkret-individuellen Einzelfall oder eine entsprechende Fallgruppe. Vorstellbar ist indes auch, dass ein Beschluss an die Stelle einer an sich notwendigen Vereinbarung tritt (vereinbarungsersetzender Beschluss, s. § 23 Rz. 112). Ein Beschluss ist in diesem Falle zwar nicht ordnungsmäßig. Er ist aber auch nicht nichtig (s. § 23 Rz. 112).

4

Einen unnötigen **systematischen Bruch** stellen §§ 12 Abs. 4 Satz 1, 16 Abs. 3 und 21 Abs. 7 dar: Diese Vorschriften erlauben es als gesetzliche Öffnungsklauseln, im Wege des Beschlusses und an Stelle einer an sich notwendigen Vereinbarung **dauerhaft** Recht zu setzen. Der Bruch ist insbesondere zu beklagen, weil die Wirkung des § 10 Abs. 4 Satz 1 – die Bindung von Sondernachfolgern ohne Eintragung – für auf diesen Bestimmungen beruhenden Beschlüssen **offensichtlich** nicht passt. Die Aufnahme dieser Beschlüsse in die Beschluss-Sammlung gleicht diesen Nachteil nicht aus. Abstoßend ist ferner, dass verdinglichte Vereinbarungen, die durch auf §§ 12 Abs. 4 Satz 1, 16 Abs. 3 und 21 Abs. 7 beruhenden Beschlüssen Veränderungen erfahren haben, nicht zwingend im Grundbuch anzupassen sind[2]. Das Grundbuch ist dadurch im Wohnungseigentumsrecht ohne Not **entwertet** worden (s. § 24 Rz. 149).

5

2. Rechtsnatur des Beschlusses

Der Eigentümerbeschluss ist weder Vertrag noch Kontrakt. Er ist vielmehr mehrseitiges **Rechtsgeschäft**[3] eigener Art. Zweck dieses Geschäftes ist es, mehrere identische und gleichgerichtete Willenserklärungen („Ja-Stimmen") der Wohnungseigentümer zur Bestimmung der Willensbildung und zur Klärung, was gilt, zu kanalisieren und zu bündeln[4]. Beschlüsse dienen damit der **innerorganisatorischen Willensbildung** der Wohnungseigentümer sowie (ggf. zugleich) der Wil-

6

---

1 BGH v. 20.9.2000 – V ZB 58/99, BGHZ 145, 158 (166); BGH v. 11.7.1991 – V ZB 24/90, BGHZ 115, 151 (154) = NJW 1991, 2637 = ZMR 1991, 398; v. 21.6. 1985 – VII ZB 21/84, BGHZ 95, 137 (139).
2 Dazu *Hügel/Elzer* § 8 Rz. 24.
3 BayObLG v. 12.7.2001 – 2Z BR 139/00, ZWE 2001, 538 (540); OLG Köln v. 22.9.2004 – 16 Wx 142/04, ZMR 2005, 227 (228) = MDR 2005, 500 = NZM 2005, 23.
4 OLG Köln v. 22.9.2004 – 16 Wx 142/04, ZMR 2005, 227 (228) = MDR 2005, 500 = NZM 2005, 23; *Wenzel*, ZWE 2004, 510; *Wenzel*, ZWE 2000, 382 (383).

lensbildung des Verbandes Wohnungseigentümergemeinschaft (s. § 23 Rz. 38)[1]. Beschlüsse sind in beiden Fällen als das in „Worte gefasste" Ergebnis einer internen, kollektiven Willensbildung der Wohnungseigentümer zu verstehen. Sie können entgegen der Ansicht der h.M.[2] freilich nicht als Gesamtakt verstanden werden[3]. Gesamtakte setzen nämlich stets inhaltlich gleiche, parallel laufende Erklärungen **aller** Beteiligten voraus[4]. Nur ein allstimmiger Beschluss i.S.v. § 22 Abs. 1 und ein schriftlicher Beschluss i.S.v. § 23 Abs. 3 können damit als Gesamtakt verstanden werden. Einen „Mehrheitsgesamtakt" gibt es hingegen nicht.

7   Beschlüsse beruhen anders als Vereinbarungen **nicht auf wechselseitigen**, miteinander korrespondierenden Willenserklärungen. Die Willenserklärungen, auf denen Beschlüsse beruhen, sind vielmehr inhaltlich **übereinstimmend**: Die Wohnungseigentümer stimmen gegenüber einem bestimmten Antrag mehrheitlich mit „Ja" oder mit „Nein"[5]. Auf die Stimmen, aus denen sich ein Beschluss zusammensetzt, sind die allgemeinen **Vorschriften für Rechtsgeschäfte** anzuwenden. Auf den Beschluss als Rechtsgeschäft hingegen nicht. Ein Beschluss kann weder i.S.v. §§ 119 ff. BGB angefochten werden noch kann er nach § 105 BGB nichtig sein[6]. Die Bestimmungen der allgemeinen Rechtsgeschäftslehre finden auf Beschlüsse nur insoweit Anwendung, sofern nicht die Besonderheit des Wohnungseigentumsrechts eingreift. Besteht für eine Beschlussfassung keine Kompetenz oder verstoßen die Wirkungen eines Beschlusses gegen ein Gesetz, gegen die guten Sitten oder gegen den Kernbereich des Wohnungseigentums, gehen die den Beschluss tragenden, auf seine Wirkungen hin abgegebenen Stimmen als **Willenserklärungen ins Leere**. Nicht eigentlich der Beschluss ist damit also unwirksam: Es sind die Willenserklärungen, aus denen er sich notwendig zusammensetzt. Der Beschluss kommt bereits **nicht zustande**, weil die ihn tragenden Stimmen keine Rechtswirkungen entfalten können. Ein nichtiger Beschluss kann aus diesem Grunde auch **nicht angefochten** werden – ist er doch gar nicht existent. Es kann nur deklaratorisch festgestellt werden, dass es keinen Beschluss gibt, der Wirkungen entfalten könnte.

8   Die von den Wohnungseigentümern abgegebenen Einzelstimmen sind im Übrigen keine Rechtsgeschäfte. Sie sind empfangsbedürftige Willenserklärungen gegenüber dem Versammlungsleiter (Rz. 40)[7].

---

1 *Suilmann*, Beschlussmängelverfahren, S. 15.
2 BGH v. 19.9.2002 – V ZB 37/02, BGHZ 152, 63 (67) = ZMR 2002, 936; v. 10.9.1998 – V ZB 11/98, BGHZ 139, 288 (297) = NJW 1998, 3713 = ZMR 1999, 41; BayObLG v. 7.12.1995 – 2Z BR 72/95, ZMR 1996, 151 (153) = BayObLGZ 95, 407 = NJW-RR 1996, 254 = WE 1996, 197.
3 *Elzer* in KK-WEG § 10 Rz. 303.
4 *Bork*, Allgemeiner Teil des Bürgerlichen Gesetzbuchs, Rz. 430.
5 *Wenzel*, ZWE 2000, 382 (383).
6 A.A. *Bub*, PiG 59, 5 (8) = ZWE 2000, 194 (195).
7 BGH v. 19.9.2002 – V ZB 37/02, BGHZ 152, 63 (67) = ZMR 2002, 936; a.A. BayObLG v. 7.12.1995 – 2Z BR 72/95, ZMR 1996, 151 (153) = BayObLGZ 95, 407 = NJW-RR 1996, 254 = WE 1996, 197.

3. Funktion des Beschlusses
a) Für die Wohnungseigentümer

Durch einen Beschluss wollen die Wohnungseigentümer ihre Beziehungen als "Wohnungseigentümer" und Mitinhaber des gemeinschaftlichen Eigentums oder als Inhaber des Sondereigentums innerhalb des durch das Gesetz bereits abstrakt bestimmten Rahmens konkret-individuell und angepasst gerade auf die Verhältnisse einer bestimmten Anlage regeln. Beschlüsse haben damit zum einen die Aufgabe, den gemeinschaftsinternen Willen der Wohnungseigentümer **festzulegen** und damit eine Sache zu „**ordnen**"[1]. Sie dienen so der **Klarheit** und **Rechtssicherheit**. Erst nachdem die Wohnungseigentümer über eine Angelegenheit beschlossen haben, steht ggf. fest, welche Bestimmung unter den Wohnungseigentümern für einen bestimmten Bereich gilt. Das Gesetz gibt zwar einen **Rahmen** dafür, welche Grenzen bestehen, etwa durch § 14 Nr. 1 oder § 15 Abs. 3. Diese Grenzen sind aber abstrakt, ungenau und ausfüllungsfähig und -bedürftig. Die Wohnungseigentümer haben die Befugnis, diesen Rahmen im Rahmen des ihnen zugewiesenen Ermessens näher auszufüllen[2].

9

Eine **Ordnungs- und Festlegungsfunktion** haben „positive" Beschlüsse, also solche, bei denen ein Beschlussantrag (Rz. 36) eine Mehrheit gefunden hat. Diese Funktion ist aber auch für **Negativbeschlüsse** anzuerkennen (Rz. 122). Auch sie haben eine Funktion und einen Zweck: nämlich festzulegen, was nicht gilt. Die jeweiligen Festlegungen sind stets vorläufig. Denn die Wohnungseigentümer haben die Befugnis, über eine Angelegenheit dem Grunde nach beliebig oft zu entscheiden. Beschlüsse erwachsen zwar in „Bestandskraft" (Rz. 16). Diese steht einem weiteren Beschluss über eine Sache, einem Zweitbeschluss (Rz. 98 ff.), indes nicht entgegen. Die Ordnungs- und Festlegungsfunktion kann deshalb dem Grunde nach stets nur vorläufig sein. Nur in Ausnahmefällen, nämlich dann, wenn einem Wohnungseigentümer ein schützenswerter Vorteil aus einem Beschluss erwächst, kann diese Wirkung einem weiteren Beschluss entgegenstehen.

10

Beschlüsse haben ferner – soweit das Gesetz diese **Möglichkeit vorsieht** – die Aufgabe, ein **Recht, einen Anspruch zu begründen**. Diese Aufgabe haben Beschlüsse nach §§ 16 Abs. 2, 28 Abs. 5. Ein Wohnungseigentümer schuldet erst dann Wohngeld, den Saldo einer Jahresabrechnung oder den auf ihn entfallenden Teil einer Sonderumlage, wenn die Wohnungseigentümer entsprechend beschlossen haben. Der Zahlungsanspruch des Verbandes Wohnungseigentümergemeinschaft gegen einen einzelnen Wohnungseigentümer folgt nicht unmittelbar aus § 16 Abs. 2. Anders als bei der Bruchteilsgemeinschaft nach § 748 BGB werden erst durch den Beschluss der Wohnungseigentümer im Rahmen der allgemeinen Beitragspflicht die Verbindlichkeiten jedes einzelnen Wohnungseigentümers gegenüber den anderen begründet[3]. Der jeweilige Anspruch ergibt

11

---
1 BGH v. 23.8.2001 – V ZB 10/01, BGHZ 148, 335 (349) = ZMR 2001, 809 = NJW 2001, 3339 = MDR 2001, 1283 = BGHReport 2001, 863.
2 Zum Ermessen im WEG s. *Elzer*, ZMR 2006, 85 ff.
3 BGH v. 30.11.1995 – V ZB 16/95, BGHZ 131, 228 (230) = ZMR 1996, 215 = MDR 1996, 897; BGH v. 21.4. 1988 – V ZB 10/87, BGHZ 104, 197 (202).

sich erst aus dem für die Begründung der konkreten Beitragsschuld unerlässlichen Beschlusses der Wohnungseigentümer nach § 28 Abs. 5[1].

12 Räumt das Gesetz den Wohnungseigentümern eine Beschlusskompetenz, einen Anspruch zu begründen, **nicht ein**, ist ein dennoch gefasster Beschluss nichtig. Durch einen Beschluss können, wenn es dazu keine Beschlusskompetenz gibt, keine Ansprüche begründet werden (dazu § 23 Rz. 115). Durch einen Beschluss kann ein Wohnungseigentümer nicht gezwungen werden, etwas zu leisten, was nicht bereits aus einer anderen Vorschrift folgt (**keine Anspruchsbegründung**). Ferner kann durch einen Beschluss ein Anspruch eines Wohnungseigentümers grundsätzlich nicht vernichtet werden (**keine Anspruchsvernichtung**).

b) Für den Verband Wohnungseigentümergemeinschaft

13 Auch der Verband Wohnungseigentümergemeinschaft hat ein Bedürfnis dafür hat, einen **eigenen Willen** zu bilden (§ 23 Rz. 38). Soweit der Verband Wohnungseigentümergemeinschaft Träger eigener gesetzlicher oder erworbener Rechte und Pflichten ist, z.B. eines Rechtes auf Minderung, auf Schadensersatz oder auf Ersatz eines Verzögerungsschadens, muss entschieden werden, ob und ggf. wie er diese Rechte ausüben will. Der Beschluss hat daher auch die Funktion, den Inhalt des Verbandswillens zu bestimmen. Dies gilt allerdings nur, soweit es um das Innenverhältnis geht. Für die **Vertretung** des Verbandes ist kein Beschluss der Wohnungseigentümer vorstellbar[2].

4. Ort der Beschlussfassung

14 Beschlüsse werden nach § 23 Abs. 1 grundsätzlich in einer **Eigentümerversammlung** gefasst. § 23 Abs. 3 erlaubt es daneben, ausnahmsweise auch außerhalb einer Eigentümerversammlung abzustimmen (§ 23 Rz. 71). Neben dieser Ausnahme ist eine mehrheitliche Beschlussfassung außerhalb einer Eigentümerversammlung **nicht möglich**. Vorstellbar ist allerdings, Beschlüsse vorbehaltlich der späteren Zustimmung eines an der Abstimmung nicht beteiligten Wohnungseigentümers zu fassen[3] oder dass die Wohnungseigentümer **vereinbaren**, ihr Stimmrecht im Wege einer sog. „kombinierten Beschlussfassung" auszuüben (s. Rz. 53 und § 25 Rz. 79).

15 Weil die **Eigentümerversammlung** unabdingbare Voraussetzung für eine Beschlussfassung ist, können Beschlüsse ohne eine ausreichende Ladung zu dieser nicht gefasst werden. Einer „ad-hoc-Zusammenkunft" nur mehrerer Wohnungseigentümer kommt diese Bedeutung nicht zu. Einer solchen Zusammenkunft fehlt die **gesetzliche Legitimation**, dass dort Beschlüsse gefasst werden (dazu § 23 Rz. 27)[4].

---

1 BGH v. 23.3.1999 – V ZB 17/99, BGHZ 142, 290 (295) = ZMR 1999, 834 = MDR 2000, 21; BGH v. 30.11.1995 – V ZB 16/95, BGHZ 131, 228 (230) = ZMR 1996, 215 = MDR 1996, 897; OLG Frankfurt v. 12.7.2004 – 20 W 216/03, OLGReport Frankfurt 2005, 5; OLG Hamburg v. 16.8.2004 – 2 Wx 55/02, OLGReport Hamburg 2005, 98 (99).
2 *Hügel/Elzer* § 11 Rz. 107.
3 OLG Köln v. 22.9.2004 – 16 Wx 142/04, ZMR 2005, 227 (228) = NZM 2005, 23.
4 OLG Hamm v. 20.11. 1989 – 15 W 308/89, WE 1993, 24 (25); *Vandenhouten* in Köhler/Bassenge, Teil 5 Rz. 2.

5. Beschluss und Bestandskraft

Gemäß § 23 Abs. 4 Satz 2 bindet jedenfalls ein nicht nichtiger Beschluss Wohnungseigentümer, Verwalter, Verwaltungsbeirat, Gerichte und ggf. Dritte, z.B. Mieter[1], solange er nicht durch rechtskräftiges Urteil für **ungültig erklärt** ist. Eine solche Erklärung ist nur im Wege einer Anfechtungsklage nach §§ 46, 43 Nr. 4 möglich. Die Klage muss nach § 46 Abs. 1 Satz 2 innerhalb eines Monats nach der Beschlussfassung erhoben werden. Wird diese Anfechtungsfrist versäumt und wird gem. §§ 46 Abs. 1 Satz 2 i.V.m. 233 ff. BGB auch keine **Wiedereinsetzung** gewährt, erwächst ein Beschluss in „**Bestandskraft**"[2]. Entsprechendes gilt, wenn ein Beschluss zwar angefochten wird, die Anfechtungsklage aber rechtskräftig abgewiesen wird oder wenn die Anfechtungsklage sich auf andere Weise erledigt, z.B. durch einen Klageverzicht, eine Klagerücknahme, eine Erledigterklärung oder einen Prozessvergleich. Die Bestandskraft hat zur Folge, dass ein Beschluss **gerichtlich** nicht mehr im Wege der Anfechtungsklage angegriffen werden kann.

16

Noch ungeklärt ist was gilt, wenn ein Wohnungseigentümer geltend macht, dass der bestandskräftige Beschluss nicht ordnungsmäßiger Verwaltung entspricht und er einen **weiteren Beschluss** verlangt und diesen ggf. nach §§ 21 Abs. 4 oder Abs. 8 zu **erzwingen** sucht[3]. Ob dies möglich ist, ist danach zu entscheiden, ob der in diesen Vorschriften jeweils genannte „Beschluss" irgendein jedenfalls bestandskräftiger Beschluss sein kann, oder für diesen Beschluss zu fordern ist, dass er ordnungsmäßig ist (dazu Rz. 110). Zum Verhältnis der Bestandskraft eines Beschlusses zum Inhalt und zu den Wirkungen eines **Zweitbeschlusses** s. Rz. 119.

17

6. Form

Beschlüsse bedürfen – soweit etwas anderes nicht vereinbart ist – keiner besonderen Form. Sie können auch „schlüssig" (konkludent) gefasst werden. Allerdings bedarf es für ihre Entstehung stets der Feststellung und Verkündung durch den Versammlungsleiter oder Initiator eines schriftlichen Beschlusses (Rz. 62 ff.).

18

7. Zeitliche Grenzen

Beschlüsse unterliegen dem Grunde nach **keinen zeitlichen Grenzen**. Sie können daher sowohl für künftige Fälle beschlossen werden als auch im Prinzip – rückwirkend – **abgeschlossene Sachverhalte** regeln[4]. Die Wohnungseigentü-

19

---

1 Dazu Elzer, MietRB 2006, 75 ff.; differenzierend Armbrüster/Müller in FS Seuß (2007), S. 3 (6 ff.).
2 BGH v. 20.9.2000 – V ZB 58/99, BGHZ 145, 158 (167); v. 16.9.1994 – V ZB 2/93, BGHZ 129, 99 (106); OLG München v. 30.3.2006 – 32 Wx 40/06, OLGReport München 2006, 369; OLG Saarbrücken v. 3.2.2006 – 5 W 115/05–31, OLGReport Saarbrücken 471 (474); v. 19.12.2005 – 5 W 166/05–48, OLGReport Saarbrücken 2006, 369 (370); OLG Köln v. 23.6.2003 – 16 Wx 121/03, OLGReport Köln 2003, 284; Hügel, ZfIR 203, 885 (886).
3 Siehe dazu OLG Düsseldorf v. 1.12.2006 – I-3 Wx 194/06, OLGReport Düsseldorf 2007, 33 = ZMR 2007, 380.
4 OLG Hamm v. 27.7.2006 – 15 W 440/05, ZMR 2007, 293 (295); OLG Karlsruhe v. 23.8. 2000 – 11 Wx 12/00, NJW-RR 2001, 1306; BayObLG v. 28.11.1991 – BReg. 2Z 113/91, WuM 1992, 156 (157).

mer können etwa eine Jahresabrechnung aufheben und durch eine andere ersetzen. Haben die Wohnungseigentümer es in den zurückliegenden Jahren versäumt, Jahresabrechnungen zu beschließen, können sie dies auch später noch nachholen. Bei der Beschlussfassung sind allerdings die Belange der Wohnungseigentümer zu beachten, die auf die bestehende Rechtslage und etwaige mit dem neuen Beschluss aufzuhebende Erstbeschlüsse vertraut haben (dazu Rz. 111 ff.).

8. Regelungsunterworfene eines Beschlusses

a) Wohnungseigentümer

20 An einen jedenfalls nicht nichtigen Beschluss ist **jeder Wohnungseigentümer** gebunden. Weder die Bindung der gegen den Beschluss stimmenden Wohnungseigentümer noch die der, die an der Beschlussfassung nicht mitgewirkt haben – noch gar die der abstimmenden Wohnungseigentümer – folgt indes aus § 10 Abs. 5[1] oder aus § 10 Abs. 4 Satz 1. Dass jeder Wohnungseigentümer an einen Beschluss „gebunden" ist, folgt bereits aus den **allgemeinen** Rechtsgrundsätzen und der Rechtsnatur von Beschlüssen[2]. Die Besonderheit eines Beschlusses ist es gerade, dass er regelmäßig auch die überstimmten Mitglieder einer Gemeinschaft bindet. Dies ist eine allgemeine Folge eines Beschlusses und keine Besonderheit des Wohnungseigentumsrechtes[3]. Die Bindung gilt überall dort, wo das Gesetz den „Beschluss" als Regelungsinstrument kennt.

21 Die Wirkung des § 10 Abs. 4 Satz 1 besteht hingegen darin, Sondernachfolger – also zum Zeitpunkt der Beschlussfassung Nichteigentümer – dennoch an einen Beschluss zu binden. § 10 Abs. 5 bezweckt hingegen, sämtliche Wohnungseigentümer an „vorgenommene" Rechtshandlungen zu binden. Das sind solche, die auf einem **Beschluss beruhen**. Grundlage einer Beschlussausführung nach § 27 Abs. 1 Nr. 1 ist bereits ein alle Wohnungseigentümer bindender Beschluss. Dieser ist auch ohne „vorgenommene Rechtshandlung" nach Eintritt seiner Bestandskraft (Rz. 16) bindend. Über die Bindung nach „innen" sagt § 10 Abs. 5 **nichts** aus.

b) Spätere Wohnungseigentümer (Sondernachfolger)

22 Erst später Wohnungseigentum erwerbende Wohnungseigentümer (**Sondernachfolger**) sind gem. § 10 Abs. 4 Satz 1 an sämtliche vor ihrem Erwerb getroffene Beschlüsse gebunden. Beschlüsse der Wohnungseigentümer müssen dabei, um einen Sondernachfolger zu binden, nicht in das Grundbuch eingetragen werden. Ein Sondernachfolger soll ferner gem. § 10 Abs. 4 Satz 2 auch an solche „Beschlüsse" gebunden sein, die erstens auf einer Öffnungsklausel beruhen und die zweitens vom Gesetz abweichen oder eine Vereinbarung ändern. Dem ist freilich **nicht zu folgen**. Soweit die Wohnungseigentümer auf Grund einer Vereinbarung eine Angelegenheit im Wege des Beschlusses ordnen, ist zwar das Ver-

---

[1] A.A. BGH v. 10.9.1998 – V ZB 11/98, BGHZ 139, 288 (297) = NJW 1998, 3713 = ZMR 1999, 41; *Bub*, ZWE 2000, 194 (195).
[2] *Elzer* in KK-WEG § 10 Rz. 360.
[3] *Bork*, Allgemeiner Teil des Bürgerlichen Gesetzbuchs, Rz. 437.

fahren durch Beschluss zu regeln, die getroffene Anordnung ist indes als **Vereinbarung** zu verstehen (§ 23 Rz. 10).

c) Dritte

Primär sind nur die Wohnungseigentümer einem Beschluss unterworfen. Das Gesetz räumt den Wohnungseigentümern nur eine Macht ein, ihr eigenes Verhältnis im Wege des Beschlusses zu regeln. 23

Indem die Wohnungseigentümer eine Angelegenheit in eine bestimmte Richtung lenken, regeln sie allerdings auch ganz **unmittelbar** das Rechtsverhältnis zwischen ihnen und der im Wohnungseigentumsgesetz für sie und für den Verband Wohnungseigentümergemeinschaft angelegten **Handlungsorganisation**. Bestimmen die Wohnungseigentümer z.B., wann die Eigentümerversammlung einzuberufen ist, ist der Verwalter – wie § 24 Abs. 2 zeigt – hieran ohne weiteres gebunden (dazu § 24 Rz. 5). 24

Mittelbar haben Beschlüsse außerdem für solche Personen Bedeutung, die Rechte in Bezug auf das Gemeinschafts- oder Sondereigentum von einem Wohnungseigentümer ableiten. Das können etwa die Besucher eines Wohnungseigentümers sein, aber auch seine Mieter. Diese Personen sind **mittelbar** Beschlüssen unterworfen, jedenfalls soweit es um den Gebrauch geht. Darf der vermietende Sondereigentümer selbst Gemeinschaftseigentum nicht nutzen, z.B. eine Gartenfläche, weil daran ein Sondernutzungsrecht besteht, ist auch seinem Mieter ein Gebrauch nicht gestattet. Darf der vermietende Sondereigentümer nicht nach 20.00 Uhr musizieren, darf es auch sein Mieter nicht; auch dann nicht, wenn es ihm der Mietvertrag gestattet[1]. Stimmen, die Mieter zwar verdinglichten Gebrauchsbeschränkungen und solchen, die auf einer Öffnungsklausel beruhen, unterwerfen wollen, eine Bindung des Mieters an beschlossene und im Übrigen vereinbarte Gebrauchsbeschränkungen aber negieren, **überzeugen nicht**[2]. Jedenfalls auch beschlossene Gebrauchsbeschränkungen legen den Inhalt des Eigentums fest[3].

9. Beschluss und Beschlussausführung

a) Allgemeines

Die „Fassung" eines Beschlusses (sein Zustandekommen) ist sorgfältig von seiner „Ausführung" (einem Handeln nach „außen") zu unterscheiden[4]. Es gibt zwar Beschlüsse, die **ohne weiteres** die Rechtslage gestalten und keiner Durchführung bedürfen. Bestimmen die Wohnungseigentümer etwa, dass es nach 20.00 Uhr nicht mehr erlaubt ist, Musikanlagen lauter als Zimmerlautstärke zu betreiben, bedarf diese Anordnung keiner Ausführung. Es gibt aber auch sehr viele Beschlüsse, die **ohne Ausführung** durch eine Geschäftsführungshandlung 25

---

1 OLG Frankfurt v. 18.3.1993 – 2 U 124/92, NJW-RR 1993, 981; AG Hannover v. 27.11. 2001 – 507 C 2921/01, ZMR 2002, 873; *Elzer*, MietRB 2006, 75 (76); *Drasdo*, NZM 2001, 13 (17); *Kirchhoff*, ZMR 1989, 323 (326).
2 So aber *Armbrüster/Müller* in FS Seuß (2007), S. 3 (15).
3 *Elzer*, MietRB 2007, 206.
4 *Suilmann*, Beschlussmängelverfahren, S. 15 m.w.N.

oder ein Rechtsgeschäft, z.B. einen Vertragsschluss, **keine Wirkungen** entfalten und also notwendig einer Durchführung i.S.v. § 27 Abs. 1 Nr. 1 (s. § 27 Rz. 6ff.) bedürfen. Bestimmen die Wohnungseigentümer z.B., dass ein störender Wohnungseigentümer **klageweise** in Anspruch genommen werden und dass der Verband diese Aufgabe übernehmen soll, bindet der Beschluss den Verband. Ergreift dieser keine Maßnahmen, bleibt der Beschluss jedenfalls im Verhältnis zum zu Verklagenden aber wirkungslos[1].

26 Der Beschluss, dass etwas in bestimmter Weise geordnet werden soll, ist aus diesem Grunde von der Ausführung des Beschlusses zu unterscheiden. Diese **Trennung** zwischen **Beschluss** und **Beschlussausführung** ist dem Wohnungseigentumsgesetz dabei inhärent und kann sehr deutlich §§ 10 Abs. 5 und 27 Abs. 1 Nr. 1 entnommen werden[2]: während die eine Bestimmung die überstimmten oder nicht anwesenden Wohnungseigentümer an die auf Grund des Beschlusses „vorgenommenen" Rechtshandlungen bindet[3], bestimmt die andere, dass der Verwalter Beschlüsse „durchführen" (ausführen) muss (s. § 27 Rz. 6ff.).

b) Die Folgen aufgehobener Beschlüsse

aa) Außenverhältnis

27 Erklärt ein Wohnungseigentumsgericht einen Beschluss als Folge einer Anfechtungsklage nach §§ 46 Abs. 1 Satz 1, 23 Abs. 4 ex tunc (von Anfang an) für unwirksam, ist der Beschluss – soweit er einer Ausführung bedurfte – nicht mehr auszuführen. Bedurfte er keiner Ausführung, gilt die Rechtslage vor der Beschlussfassung. Sind auf Grund des Beschlusses Rechtsgeschäfte oder Realakte unternommen worden, entfällt durch die Ungültigkeitserklärung nachträglich eine Pflicht zur Beschlussausführung nach § 27 Abs. 1 Nr. 1. Ist der Beschluss bereits ausgeführt worden, wird der Abschluss von Rechtsgeschäften auf der gesetzlichen Vertretungsmacht des Verwalters für den Verband nach § 27 Abs. 3 Satz 1 Nr. 3 oder Nr. 4 beruhen. Ist etwa ein Werkunternehmer beauftragt worden, eine Fassade instandzusetzen oder hat ein Dachdecker das Dach neu eingedeckt, beruhte die Vertretungsmacht des Verwalters jeweils auf § 27 Abs. 3 Satz 1 Nr. 3. Die Aufhebung des Beschlusses **ändert** an dieser gesetzlichen Vertretungsmacht **nichts**, so dass die Verträge auch nach einer Ungültigkeitserklärung des sie initiierenden Beschlusses wirksam sind[4].

28 Eine Ausnahme besteht auch nicht für den Vertragsschluss mit dem Verwalter. Wird dessen Bestellung nachträglich für unwirksam erklärt, besaßen die Wohnungseigentümer dennoch nach § 27 Abs. 3 Satz 2 die Macht, den Verwaltervertrag abzuschließen. Insbesondere der Vertragsschluss mit dem Verwalter wird allerdings unter der (meist stillschweigenden) Bedingung geschlossen worden

---

1 Der Verband kann sich allerdings schadensersatzpflichtig machen, wenn er ihm übertragene Aufgaben nicht wahrnimmt.
2 So auch *Suilmann*, Beschlussmängelverfahren, S. 15.
3 Dazu *Elzer* in KK-WEG § 10 Rz. 357ff.
4 Zur Rechtslage vor dem. 1.7.2007 s. hingegen *Gottschalg*, NZM 2001, 113 (114); *Sauren*, PiG 59, 209 (210); *Wenzel*, WE 1998, 455 (456); *Keith*, Rechtsfolgen, 21ff.; *Merle*, PiG 6, 65, (77). Etwas anderes gilt, wenn die Verträge unter der Bedingung der Wirksamkeit des Beschlusses geschlossen worden waren.

sein, dass die Bestellung nicht aufgehoben wird. Der Verwaltervertrag endet in diesem Falle ex nunc (für die Auswirkungen auf das Amtswalterverhältnis s. vor allem § 24 Rz. 20).

bb) Innenverhältnis (Folgenbeseitigung)

Im Innenverhältnis besitzt nach § 242 BGB nur der gegen einen Beschluss erfolgreich angegangene Wohnungseigentümer[1] aus § 21 Abs. 4 einen Anspruch darauf, dass die Situation **hergestellt** wird, die ohne Ausführung des aufgehobenen Beschlusses bestehen würde (status quo ante), sofern er durch die jetzige Lage einen Nachteil hat (Folgenbeseitigungsanspruch)[2]. Durch die gerichtliche Ungültigerklärung eines Beschlusses ergibt sich regelmäßig die Verpflichtung der Wohnungseigentümer, über die Folgenbeseitigung des für ungültig erklärten Beschlusses zu befinden[3]. Die Erfüllung dieser Verpflichtung ist notfalls von jedem Wohnungseigentümer gerichtlich erzwingbar. Nach h.M. richtet sich der Anspruch gegen die beschließende Mehrheit der Wohnungseigentümer[4]. Weil hierin ein Wertungswiderspruch liegt, ist dem aber **nicht zu folgen**. Die Anfechtungsklage richtet sich nach § 46 Abs. 1 Satz 1 gegen die anderen Wohnungseigentümer, nicht gegen die mit „Ja" stimmenden Wohnungseigentümer. Mithin muss sich auch der Folgenbeseitigungsanspruch gegen die beklagten Wohnungseigentümer richten, also gegen die Personen, die einen Beschluss nicht erfolgreich angegriffen haben.

29

Der Anspruch auf Folgenbeseitigung findet seine Grenze im Schikaneverbot und dem Grundsatz von Treu und Glauben (§§ 226, 242 BGB) i.V.m. dem die Wohnungseigentümer verbindenden Gemeinschaftsverhältnis[5]. Das Verlangen nach Folgenbeseitigung kann im Einzelfall etwa rechtsmissbräuchlich sein, wenn ihm die anderen Wohnungseigentümer nur unter unverhältnismäßigen, billigerweise nicht zumutbaren Aufwendungen entsprechen könnten. Im Rahmen der Zumutbarkeitsprüfung sind dabei alle Umstände zu berücksichtigen. Im Regelfall spricht es gegen einen Rechtsmissbrauch, wenn die Wohnungseigentümer sich des Risikos einer Beschlussdurchführung ungeachtet einer Anfechtungsklage bewusst waren[6].

30

---

1 BayObLG v. 21.2.1990 – BReg 1b Z 43/88, WuM 1990, 366 = WE 1991, 198 (199); a.A. die h.L., vgl. *Gottschalg*, NZM 2001, 113 (115); *Wenzel*, WE 1998, 455 (456).
2 BayObLG v. 4.11.1999 – 2Z BR 89/99, ZWE 2000, 265 (267); v. 21.2.1990 – BReg 1b Z 43/88, WuM 1990, 366 = WE 1991, 198; v. 9.6. 1975 – BReg 2Z 35/75, BayObLGZ 1975, 201 (203) = Rpfleger 1975, 367; KG v. 28.1.1998 – 24 W 7648/96, KGReport 1998, 178 (179) = ZMR 1998, 370; *Gottschalg*, ZWE 2003, 225 (230); *Gottschalg*, NZM 2001, 113 (114); *Wenzel*, WE 1998, 455 (456); Staudinger/*Bub* § 23 Rz. 315; *Sauren*, PiG 59, 209 (210).
3 KG v. 28.1.1998 – 24 W 7648/96, KGReport 1998, 178 (179) = ZMR 1998, 370.
4 BayObLG v. 21.2.1990 – BReg 1b Z 43/88, WuM 1990, 336 = WE 1991, 198; v. 9.6. 1975 – 2Z 35/75 BayObLGZ 1975, 201 (203) = Rpfleger 1975, 367; *Gottschlag*, NZM 2001, 113 (115); *Sauren*, PiG 59, 209 (214); *Wenzel*, WE 1998, 455 (456); *Merle*, PiG 6, 65, (77); Staudinger/*Wenzel* § 43 Rz. 43.
5 Siehe auch OLG Düsseldorf v. 19.1.2007 – 3 Wx 186/06, OLGReport Düsseldorf 2007, 241 = IMR 2007, 79 mit Anm. *Elzer*.
6 Zu diesem allgemeinen Gedanken s. OLG München v. 31.3.2006 – 34 Wx 111/05, OLGReport München 2006, 615 (616); OLG Köln v. 11.2.2000 – 16 Wx 9/00, OLGReport Köln 2000, 287; v. 12.1.2000 – 16 Wx 149/99, OLGReport Köln 2000, 146 m.w.N.; BayObLG v. 29.9.1999 – 2Z BR 68/99, BayObLGReport 2000, 18 = NZM 1999, 1150, m.w.N.

cc) Haftung

31 Hat der Verwalter einen nichtigen oder nicht existenten Beschluss ausgeführt, kann er bei einem Verschulden aus §§ 280, 241 BGB haften[1]. Hat der Verwalter indes einen nur anfechtbaren Beschluss nach § 27 Abs. 1 Nr. 1 durchgeführt, kommt eine Haftung nicht in Betracht[2].

dd) Rechte und Pflichten des Verwalters

32 Wird der Beschluss über die Bestellung des Verwalters für ungültig erklärt, ist stets im Einzelfall zu fragen, wie sich dieser Umstand auf die vom vermeintlichen Verwalter ausgeübte Geschäftsführung für Wohnungseigentümer und/oder Verband auswirkt. Im Grundsatz gilt, dass die Ungültigkeitserklärung die Rechte des Verwalters nicht rückwirkend beseitigt. Etwa die fortbestehende Wirksamkeit einer Einberufung lässt sich mit der entsprechenden Heranziehung der Regeln der Anscheins- oder Duldungsvollmacht oder – auch unter Geltung der ZPO – mit dem in § 32 FGG zum Ausdruck kommenden allgemeinen Rechtsgedanken begründen[3]. Im Einzelfall lässt sich ggf. auch im Wege der Auslegung ermitteln, dass die Bestellung des Verwalters unter der auflösenden Bedingung der Ungültigerklärung des Abberufungsbeschlusses erfolgt war. Denn dann endet die Bestellung „ex nunc" und nicht „ex tunc" (s. auch § 24 Rz. 20).

II. Beschlussfassung in der Eigentümerversammlung

1. Wirksamkeitsvoraussetzungen eines positiven Beschlusses

33 Betrachtet man Entstehung und Ordnungsmäßigkeit eines Beschlusses, können **Wirksamkeitsvoraussetzungen** und **Unwirksamkeitsgründe** (dazu § 23 Rz. 94) **charakterisiert** werden[4]. Damit es in einer Eigentümerversammlung zu einem ordnungsmäßigen Beschluss kommen kann, damit der „Tatbestand" eines Beschlusses erfüllt ist, müssen bestimmte Wirksamkeitsvoraussetzungen erfüllt sein. Diese Voraussetzungen sind die Bedingungen, die vorliegen müssen, damit überhaupt ein Beschluss zustande kommen kann. Fehlt es an einer Wirksamkeitsvoraussetzung, gibt es keinen Beschluss. Unwirksamkeitsgründe sind hingegen die Punkte, die einen Beschluss nichtig oder anfechtbar machen (§ 23 Rz. 94 ff.).

34 In Rechtsprechung und Schrifttum werden für einen Versammlungsbeschluss **verschiedene Wirksamkeitsvoraussetzungen** benannt. Zumeist wird gefordert, dass es für eine Beschlussfassung eines dafür geeigneten Ortes und einer Ladung der Stimmberechtigten zur Eigentümerversammlung bedarf. Ferner wird verlangt, dass es eines hinreichend bestimmten Beschlussantrages, einer Abstim-

---

1 *Gottschalg*, ZWE 2003, 225 (227); *Sauren*, PiG 59, 209 (210).
2 *Wenzel*, WE 1998, 455 (456).
3 BGH v. 6.3.1997 – III ZR 248/95, MDR 1997, 537 = NJW 1997, 2106; OLG Hamm v. 27.9.2006 – 15 W 98/06, ZMR 2007, 133 (134) = FGPrax 2007, 71; OLG Hamm v. 15.1.1999 – 15 W 444/97, OLGReport 1999, 226 (228) = WE 1999, 231 (232) = NZM 1999, 229 (230) = ZMR 1999, 279; v. 13.1.1992 – 15 W 13/91, OLGZ 1992, 309 (313) = NJW-RR 1992, 722; BayObLG 13.9.1990 – BReg 2Z 100/90, NJW-RR 1991, 531 (532); v. 25.9.1986 – BReg 2Z 81/86, MDR 1987, 58 = NJW-RR 1987, 204 (205).
4 Dazu *Elzer*, ZWE 2007, 165 (166).

mung und einer Beschlussmehrheit (dazu Rz. 61 ff.) bedarf. Schließlich muss das Abstimmungsergebnis vom Versammlungsleiter festgestellt und als Beschluss verkündet werden[1].

2. Ort der Beschlussfassung

Beschlüsse werden nach § 23 Abs. 1 grundsätzlich in einer Eigentümerversammlung gefasst (dazu § 23 Rz. 22 ff.). Außerhalb der Eigentümerversammlung können die Wohnungseigentümer – wenn es sich nicht um einen **schriftlichen Beschluss** handelt (s. § 23 Rz. 71 ff.) – ihre Angelegenheiten nicht im Wege des Beschlusses ordnen. Erklärungen mehrerer Wohnungseigentümer außerhalb der Eigentümerversammlung sind nicht als „Beschluss" anzusprechen (§ 23 Rz. 27)[2].

35

3. Beschlussantrag

Damit es in einer Eigentümerversammlung zu einem Beschluss kommen kann, müssen die Stimmberechtigten (s. dazu § 25 Rz. 16 ff.) **mehrheitlich** für einen konkreten „**Beschlussantrag**" stimmen. Ein solcher Beschlussantrag ist auf die Herbeiführung einer bestimmten Rechtswirkung gerichtet und hält den Inhalt des zu fassenden Beschlusses fest[3]. Ein Beschlussantrag kann nach den allgemeinen Rechtsgrundsätzen vom Versammlungsleiter, von jedem Wohnungseigentümer[4], aber auch von Dritten formuliert und gestellt werden, z.B. dem Vertreter eines Wohnungseigentümers[5]. Der Verwalter kann zwar Beschlussanträge formulieren, ist aber **nicht berechtigt**, wenn er nicht Wohnungseigentümer oder Vertreter eines Wohnungseigentümers ist, Anträge zu stellen[6]. Die Möglichkeit, Anträge zu stellen und diese zu besprechen, ist **elementares** Recht eines jeden Wohnungseigentümers und Ausfluss seines Mitgliedschaftsrechts (§ 24 Rz. 55). Beschlussanträge, jedenfalls ihr Gegenstand, sind nach § 23 Abs. 2 bereits mit der Ladung anzukündigen (§ 23 Rz. 50 ff.). Wird ein Beschlussantrag erst in der Eigentümerversammlung gestellt, leidet ein auf dieser gefasster Beschluss – wenn es sich nicht um einen Geschäftsordnungsbeschluss handelt – unter einem Ladungsmangel (formeller Beschlussmangel, § 23 Rz. 95). Auf eine Anfechtung hin ist so ein Beschluss aufzuheben.

36

Beschlussanträge sind so zu formulieren, dass ihr Inhalt **hinreichend bestimmt** ist – und damit also künftige Auseinandersetzungen über das Beschlossene **vermieden** werden[7]. Ist ein Beschlussantrag vom Verwalter schuldhaft unbestimmt formuliert worden, hat dieser seine Amtspflichten verletzt und haftet wegen

37

---

1 Feststellung und Verkündung werden zu Recht auch als Wirksamkeitsvoraussetzungen verstanden, s. *Becker*, ZWE 2002, 94 (95); *Hügel*, NotBZ 2001, 409 (413); *Zöllner* in FS Lutter, S. 821 (822).
2 BayObLG v. 22.5.1998 – 2Z BR 38–98, NZM 1999, 283; v. 30.5.1990 – BReg. 2Z 36/90, NJW-RR 1990, 1104 (1105); Weitnauer/*Lüke* § 23 Rz. 14 und 15 (Nichtbeschluss); s. auch Scholz/*Schmidt*, GmbHG, 9. Aufl. 2002, § 45 Rz. 32: Nichtbeschluss.
3 *Becker*, ZWE 2002, 94 (95).
4 *Müller*, PiG 59, 73 (89) = ZWE 2000, 237 (243).
5 *Riecke*/*Schmidt*/*Elzer* Rz. 558.
6 A.A. *Drabek* in KK-WEG § 23 Rz. 18; *Müller*, PiG 59, 73 (89) = ZWE 2000, 237 (243).
7 OLG Frankfurt v. 29.9.2005 – 20 W 452/05, OLGReport Frankfurt 2006, 475; OLG Düsseldorf v. 4.9.1996 – 3 Wx 125/96, ZMR 1997, 91 (92); BayObLG v. 22.1.1988 – BReg 2Z 133/87, WuM 1988, 182.

Verletzung der **Pflichten aus dem Amtswalterrechtsverhältnis**[1]. Denn der Verwalter muss sicherstellen, dass Beschlussanträge „präzise" formuliert sind[2]. Beruht ein Beschluss – wie meistens – auf einem fehlerhaften Formulierungsvorschlag des Verwalters, ist gegen diesen ein materiell-rechtlicher Schadensersatzanspruch aus §§ 280 Abs. 1 Satz 1, 241 Abs. 2 BGB vorstellbar. Dieser Schadensersatzanspruch kann dazu führen, dass der Verwalter nach § 49 Abs. 2 die **Kosten des Rechtsstreits** tragen muss (s. § 49 Rz. 13 ff.).

38 Ein Beschlussantrag kann „positiv" oder „negativ" formuliert sein. Ein „positiver" Antrag ist etwa der Antrag, eine Jahresabrechnung anzunehmen. Ein „negativ" formulierter Antrag ist beispielsweise der Antrag, das Fällen eines Baumes abzulehnen. Die Möglichkeit, durch die Formulierungsform das Beschlussergebnis und damit den Rechtsschutz zu **manipulieren**, ist durch Anerkennung „negativer" Beschlüsse (Rz. 122) nicht beseitigt. Ist ein Beschlussantrag negativ formuliert, um eine positive Entscheidung, die bei Ablehnung angefochten werden müsste, zu verhindern, sollte bei offensichtlichem treuwidrigen Vorgehen nach dem Rechtsgedanken des § 162 BGB – Verhinderung des Bedingungseintritts – der zu vereitelnde positive Beschluss als gefällt gelten[3].

39 Ein Beschluss, der für Beschlussanträge die **Schriftform** und eine **schriftliche Begründung** vorschreibt, überschreitet die Beschlusskompetenz und ist nichtig, widerspricht jedenfalls aber den Grundsätzen ordnungsmäßiger Verwaltung[4].

4. Stimmrechtsausübung

a) Grundsatz

40 Die auf einen Beschlussantrag gerichtete Erklärung des Stimmberechtigten ist seine **Stimmabgabe**. Sie ist darauf gerichtet, eine Rechtsfolge, den Beschluss, herbeizuführen. Die Stimmabgabe in Ausübung des Stimmrechts ist daher als eine einseitige empfangsbedürftige Willenserklärung zu verstehen[5]. Die Stimmabgabe ist als Zustimmung, Ablehnung oder Enthaltung (Neutralität) darauf gerichtet, auf die Entscheidung der Wohnungseigentümer, einen Beschlussantrag anzunehmen oder abzulehnen, einzuwirken[6]. **Empfänger** der Einzelstimmen i.S.v. § 130 BGB ist der **Versammlungsleiter**[7] als Funktionsgehilfe der Wohnungseigentümer, nicht die anderen Wohnungseigentümer. Ob andere Wohnungseigentümer die Stimmrechtsausübung als solche wahrnehmen oder gar

---

1 Dazu ausführlich *Jacoby*, Das private Amt, § 16 A.
2 *Rau*, ZMR 1998, 1 (2); *Riecke/Schmidt/Elzer* Rz. 563.
3 *Riecke/Schmidt/Elzer* Rz. 568 m.w.N.
4 KG v. 26.6.2002 – 24 W 179/01, ZMR 2002, 863 (864) = NJW-RR 2002, 1592 = NZM 2002, 707 = FGPrax 2002, 211.
5 BGH v. 19.9.2002 – V ZB 37/02, ZMR 2002, 936 (938).OLG Köln v. 21.11.2001 – 16 Wx 185/01, ZMR 2002, 972 (974); BayObLG v. 12.7.2001 – 2Z BR 139/00, ZWE 2001, 538 (540).
6 OLG Jena v. 9.1.2006 – 6 U 569/05, OLGReport Jena 2006, 720; BayObLG v. 16.3.2000 – 2Z BR 168/99, ZMR 2000, 467 (468) = ZWE 2000, 270; v. 7.12.1995 – 2Z BR 72/95, ZMR 1996, 151 (153) = BayObLGZ 95, 407 = NJW-RR 1996, 254 = WE 1996, 197.
7 BGH v. 19.9.2002 – V ZB 37/02, ZMR 2002, 936 (938); a.A. BayObLG v. 2.8.2001 – 2Z BR 144/00, ZMR 2001, 994 (995); v. 12.7.2001 – 2Z BR 139/00, ZWE 2001, 538 (540): auch die anderen Wohnungseigentümer.

ihren Inhalt, ist **völlig unerheblich**. Auf die Wahrnehmung der anderen Wohnungseigentümer kommt es offensichtlich **nicht an**. Denn durch die Stimmabgabe setzt sich ein Wohnungseigentümer nicht zu den übrigen auf der Eigentümerversammlung anwesenden Wohnungseigentümern in Bezug, sondern nur gegenüber der durch den Versammlungsleiter repräsentierten **Gesamtheit** aller Wohnungseigentümer. Notwendig, aber auch ausreichend ist daher der Zugang der Stimmrechtsausübung als Willenserklärung beim Versammlungsleiter. Empfänger der Stimmabgabe wird meist der Verwalter sein. Ist ein Dritter Versammlungsleiter, sind die Stimmen aber gegenüber diesem abzugeben[1]. Aus mehrheitlich abgegebenen positiven Stimmen setzt sich ein auf einen Beschlussantrag ergehender **Beschluss** zusammen (dazu Rz. 7)[2].

Als Willenserklärung unterliegt eine Stimmabgabe den **allgemeinen zivilrechtlichen Regeln** für Willenserklärungen[3], insbesondere den Vorschriften über die Geschäftsfähigkeit gem. §§ 105 ff. BGB und denen über die Anfechtbarkeit nach §§ 119 ff. BGB[4]. Ist eine Stimmabgabe unklar, kann sie ggf. gem. §§ 133, 151 BGB ausgelegt werden. Eine Stimmabgabe muss **unbedingt** sein. Durch die Abstimmung muss Klarheit geschaffen werden, was gilt. Eine **bedingt abgegebene Stimme** ist daher grundsätzlich ungültig[5]. Die Unzulässigkeit der bedingten Zustimmung lässt sich u.a. aus dem Vorbehalt des BGB gegen einen Schwebezustand bei Willenserklärungen ableiten, deren Rechtswirkungen vom Willen des Adressaten unabhängig ist (§§ 107, 111, 180 BGB)[6]. Auch „schwebend unwirksame" Stimmabgaben sind danach nicht vorstellbar (s. Rz. 62)[7]. Beschlüsse – nicht die jeweiligen Stimmabgaben – können allerdings unter einer aufschiebenden Bedingung i.S.v. § 158 Abs. 1 BGB gefasst werden[8]. So ist etwa ein genehmigender Beschluss über die Jahresabrechnung vorbehaltlich einer Prüfung durch den Verwaltungsbeirat möglich[9]. Die Wohnungseigentümer können auch Beschlüsse vorbehaltlich der späteren Zustimmung eines anderen Wohnungseigentümers fassen[10]. 41

Grundsätzlich muss ein Wohnungseigentümer – sofern ihm mehrere Stimmrechte zustehen – diese einheitlich ausüben. Bei Geltung des Objektprinzips (§ 25 Rz. 13) oder wenn ein Wohnungseigentümer einen anderen vertritt (§ 25 Rz. 46 ff.), kann ein Wohnungseigentümer seine Stimmen ausnahmsweise aber 42

---

1 BayObLG v. 16.3.2000 – 2Z BR 168/99, ZMR 2000, 467 (468) = ZWE 2000, 270.
2 BayObLG v. 2.8.2001 – 2Z BR 144/00, ZMR 2001, 994 (995); v. 7.12.1995 – 2Z BR 72/95, ZMR 1996, 151 (153) = BayObLGZ 95, 407 = NJW-RR 1996, 254 = WE 1996, 197.
3 *Bub* in FS Merle (2000), S. 119 (120); *Armbrüster*, ZWE 2000, 455 (456).
4 BGH v. 19.9.2002 – V ZB 37/02, ZMR 2002, 936 (938); v. 14.7.1954 – II ZR 342/53, BGHZ 14, 264 (267); BayObLG v. 17.11.2004 – 2Z BR 178/04, NZM 2005, 624; v. 2.8.2001 – 2Z BR 144/00, ZMR 2001, 994 (995) = ZWE 2001, 480 (482); v. 16.3.2000 – 2Z BR 168/99, ZMR 2000, 467 (468) = ZWE 2000, 270.
5 OLG Düsseldorf v. 6.5.2002 – 3 Wx 244/01, OLGReport Düsseldorf 2002, 438 (439); BayObLG v. 8.12.1994 – 2Z BR 116/94, BayObLGReport 1995, 27 = MDR 1995, 569.
6 BayObLG v. 8.12.1994 – 2Z BR 116/94, BayObLGReport 1995, 27 = MDR 1995, 569.
7 A.A. BGH v. 22.1.2004 – V ZB 51/03, ZMR 2004, 438 (442); *Becker*, ZWE 2002, 341 (344).
8 OLG Köln v. 22.9.2004 – 16 Wx 142/04, ZMR 2005, 227 (228) = MDR 2005, 500 = NZM 2005, 23.
9 BayObLG v. 14.8.1996 – 2Z BR 77/96, ZMR 1996, 680 (681) = WE 1997, 153 (154).
10 OLG Köln v. 22.9.2004 – 16 Wx 142/04, ZMR 2005, 227 (228) = MDR 2005, 500 = NZM 2005, 23.

auch spalten[1]. Ein Wohnungseigentümer kann sich durch einen grundsätzlich zulässigen[2] **Stimmbindungsvertrag** schuldrechtlich z.B. gegenüber seinem Mieter verpflichten, sein Stimmrecht in bestimmter Weise auszuüben[3]. Verstößt der Abstimmende bei seiner Stimmrechtsausübung gegen eine solche Bindung, ist dies für die Bewertung der Stimmabgabe in der Eigentümerversammlung aber bedeutungslos[4]. Auch auf aus dem Grundbuch nicht ersichtliche **gesellschaftsrechtliche Bindungen** einzelner Wohnungseigentümer kommt es für die Ausübung des Stimmrechts nicht an.

43 Ist ein volljähriger Wohnungseigentümer nicht geschäftsfähig, wird das Stimmrecht durch seinen gesetzlichen Vertreter – in der Regel durch den **Betreuer** gem. §§ 1896, 1902 BGB – ausgeübt[5]. Für Kinder sind grundsätzlich die Eltern gemeinsam gem. § 1629 Abs. 1 Satz 2 BGB gesetzliche Vertreter und zur Stimmrechtsausübung berufen; in Betracht kommen aber auch Vormünder (§ 1793 BGB) oder Pfleger (§§ 1909 ff. BGB). Für die ein Wohnungseigentum haltende GmbH ist deren Geschäftsführer stimmberechtigt (§ 35 GmbHG), für eine Aktiengesellschaft der Vorstand (§ 78 AktG). Die GmbH & Co. KG wird durch den Geschäftsführer der Komplementär-GmbH vertreten. Für OHG und KG stimmen die vertretungsberechtigten Gesellschafter ab. Sind mehrere gesetzliche Vertreter nur gemeinsam vertretungsberechtigt (**Gesamtvertretung**), z.B. mehrere Liquidatoren[6], müssen sie das Stimmrecht einheitlich ausüben. Die Stimme einer rechtsfähigen Personengesellschaft (etwa einer Außen-GbR, OHG, KG, dem Verband Wohnungseigentümergemeinschaft) wird durch den oder die vertretungsberechtigten Gesellschafter, ggf. durch alle Gesellschafter, vertreten. Der **Verband Wohnungseigentümergemeinschaft** ist nicht stimmberechtigt (§ 25 Rz. 23).

44 Die Wohnungseigentümer können vor ihrer eigentlichen Stimmrechtsausübung im Wege einer **Probeabstimmung** ein Meinungsbild abfragen (Rz. 59)[7].

b) Einzelheiten

aa) Allgemeines

45 Das Gesetz enthält keine Vorschriften, wie, auf welche Art und Weise eine Stimme abzugeben, in welchem Verfahren die Stimmabgabe also zu erfolgen hat[8]. Die Art und Weise, wie das Stimmrecht auszuüben ist, können die Wohnungseigentümer daher vereinbaren, wenn es hieran fehlt, aber auch beschließen[9]. Haben die Wohnungseigentümer keine Anordnung getroffen, wie das

---

1 Staudinger/*Bub* Rz. 211.
2 Zu solchen Stimmbindungsverträgen und ihren Grenzen s. allgemein *Lutter/Hommelhoff* § 47 GmbHG Rz. 5.
3 Vgl. BGH v. 29.5. 1967 – II ZR 105/66, BGHZ 48, 163 (167) zum Gesellschaftsrecht.
4 OLG Frankfurt v. 15.10.2004 – 20 W 370/03, OLGReport Frankfurt 2005, 423 (427).
5 Dazu *Drabek* in FS Deckert (2000), S. 105 (142 ff.).
6 KG v. 25.8.2003 – 24 W 110/02, NZM 2003, 901 (902) = ZMR 2004, 144 (145); *Briesemeister*, NZM 2003, 777 (780).
7 OLG Celle v. 8.6.2006 – 4 W 82/06, OLGReport Celle 2006, 617; *Müller*, PiG 59, 73 (84) = ZWE 2000, 237 (241).
8 BayObLG v. 27.11.1997 – 2Z BR 128/97, NZM 1998, 634 = WE 1999, 77 (78); v. 10.5. 1989 – 2Z 23/88, WE 1990, 140 (141).
9 BGH v. 19.9.2002 – V ZB 37/02, ZMR 2002, 936 (938) = BGHZ 152, 63.

Stimmrecht in der Versammlung auszuüben ist, hat der Versammlungsleiter einen **geeigneten Weg** vorzuschlagen, auf welche Weise einzelne Abstimmungen durchgeführt werden, insbesondere in welcher Reihenfolge die Fragen nach Zustimmung, Ablehnung und Enthaltung gestellt werden[1]. Indem die Wohnungseigentümer diesen Vorschlag befolgen, fassen sie **konkludent**[2] (schlüssig) einen „Geschäftsordnungsbeschluss" (Rz. 69) für ihre Stimmrechtsausübung.

Die Wohnungseigentümer können ihre Willenserklärungen etwa durch Zuruf, Handzeichen oder mittels Stimmkarten und damit öffentlich und nicht geheim erklären. Als Abstimmungsmodus vorstellbar ist auch eine geheime Wahl, z.B. unter Zuhilfenahme von Abstimmungszetteln oder einer Zählmaschine. Eine geheime Wahl setzt allerdings voraus, dass es später nicht auf die Person des Abstimmenden ankommt. Eine geheime Wahl ist etwa bei Wahl des Verwaltungsbeirats, aber auch des Verwalters angemessen. Können der Art und Weise, ob auf einen Beschlussantrag mit „Ja" oder „Nein" gestimmt wird, indes Schadensersatzansprüche erwachsen, etwa wenn eine Mehrheit dagegen stimmt, den Verband Wohnungseigentümergemeinschaft mit ausreichenden Mitteln auszustatten, ist eine geheime Wahl **nicht ordnungsmäßig**. Auch bei einer Abstimmung über bauliche Veränderungen darf wegen der Anordnung des § 16 Abs. 6 Satz 1 Halbsatz 2 nicht geheim abgestimmt werden. Im Einzelfall, etwa bei sehr großen Anlagen, ist eine Abstimmung im Wege des „Hammelsprungs" möglich[3]. 46

bb) Wiederholung der Stimmausübung

Ist ein Abstimmungsvorgang noch nicht beendet und der Beschlussvorschlag, auf den die Stimmabgabe hin abgegeben ist, weder festgestellt noch verkündet, kann der Abstimmende seine offene Stimmabgabe „wiederholen". Entgegen § 130 Abs. 1 Satz 2 BGB kann die Stimmabgabe auch noch **nach** Zugang beim Versammlungsleiter mithin „widerrufen" werden[4]. Ein Beschluss kommt nämlich erst mit seiner **Feststellung** und einer an alle Wohnungseigentümer **gerichteten Mitteilung** (Verkündung, s. § 21 Abs. 7 Satz 2) des Beschlussergebnisses zustande[5]. Es gibt keinen Anlass, einen Wohnungseigentümer vor dieser Mitteilung an seine Stimmabgabe endgültig zu binden[6]. Die Stimmabgabe kann keine selbständige Regelungswirkung entfalten, solange es keinen Beschluss gibt. 47

Wird in der Wohnungseigentümerversammlung z.B. mittels schriftlicher Stimmzettel nicht geheim, sondern vor den Augen sämtlicher Versammlungsteilnehmer abgestimmt, kann die Stimmabgabe bis zum Abschluss der Auszählung der 48

---

1 BGH v. 19.9.2002 – V ZB 37/02, ZMR 2002, 936 (938)= BGHZ 152, 63; BayObLG v. 11.7. 2002 – 2Z BR 60/02, ZMR 2002, 851 (852); v. 10.5. 1989 – BReg. 2Z 23/88, WE 1990, 140; KG v. 28.11. 1984 – 24 W 3678/84, ZMR 1985, 105 = MDR 1985, 412.
2 Geschäftsordnungsbeschlüsse können konkludent gefasst werden und bedürfen für ihre Existenz keiner Feststellung und Verkündung, s. Rz. 129.
3 *Riecke/Schmidt/Elzer* Rz. 667.
4 A.A. h.M., etwa OLG Jena v. 9.1.2006 – 6 U 569/05, OLGReport Jena 2006, 720 zum Gesellschaftsrecht; *Wenzel*, Immobilienrecht 2002, 23 (38); *Armbrüster*, ZWE 2000, 455 (456); Staudinger/*Bub* § 23 Rz. 69.
5 BGH v. 23.8.2001 – V ZB 10/01, BGHZ 148, 335 (347) = ZMR 2001, 809 = NJW 2001, 3339 = MDR 2001, 1283 = BGHReport 2001, 863.
6 *Armbrüster*, ZWE 2000, 455 (456).

Stimmzettel durch den Versammlungsleiter wiederholt werden[1]. Es wäre eine bloße und völlig unnötige Förmelei, insoweit eine „Anfechtung" anzunehmen. Das Ergebnis ist freilich identisch, soweit es einen Anfechtungsgrund gibt.

cc) Gemeinschaftliche Ausübung: § 25 Abs. 2 Satz 2

49 Steht ein Wohnungseigentum mehreren gemeinschaftlich zu, können sie das diesem Wohnungseigentum zugeordnete Stimmrecht unabhängig vom geltendem Stimmrechtsprinzip gem. § 25 Abs. 2 Satz 2 nur **einheitlich** ausüben[2]. Mitberechtigte haben **gemeinsam** lediglich **eine Stimme**[3]. Sie haben bei Geltung des Kopfprinzips (§ 25 Rz. 11) auch dann nur eine Stimme, wenn sie mehrere Einheiten haben[4]. Die Berechtigten müssen sich deshalb für die Ausübung des Stimmrechts nach den für ihr jeweiliges **Innenverhältnis** geltenden Vorschriften untereinander **verständigen**, wie abgestimmt werden soll[5]. Etwa bei der BGB-Gemeinschaft gilt § 745 BGB, bei der Erbengemeinschaft §§ 2038 Abs. 1, Abs. 2, 745 BGB, bei der Gütergemeinschaft subsidiär § 1421 Satz 2 BGB. Können sich die Mitberechtigten über die Ausübung ihrer gemeinsamen Stimme letztlich nicht einigen, **entfällt ihr Stimmrecht**[6]. Eine „Verständigung" und ein „konkludenter" Beschluss i.S.v. § 745 Abs. 1 BGB kann nicht darin gesehen werden, dass eine Mehrheit der Mitberechtigten für eine bestimmte Maßnahme stimmt. Dagegen sprechen bereits **praktische Gründe**. Wesentlich ist aber, dass die Mehrheit die Minderheit nicht nach außen vertreten kann[7]. Entsprechendes gilt, wenn von mehreren Mitberechtigten die Mehrheit in der Eigentümerversammlung anwesend ist und einheitlich abstimmt. In der Stimmrechtsausübung mag zwar zugleich ein Beschluss der Miteigentümer zu sehen sein. Auch dieser vermag einem Mitberechtigten aber keine entsprechende Rechtsmacht nach außen zu verleihen[8].

50 Eine **Aufspaltung** des Stimmrechts in der Weise, dass dieses durch alle Mitberechtigten jeweils anteilig ausgeübt wird, ist nicht zulässig. Ist ein Mitberechtigter gem. § 25 Abs. 5 von der Abstimmung ausgeschlossen (§ 25 Rz. 85 ff.), kann dies wegen des Grundsatzes der Einheitlichkeit auch **gegen** die anderen

---

1 BayObLG v. 16.3.2000 – 2Z BR 168/99, ZMR 2000, 467 (468) = ZWE 2000, 270.
2 OLG Frankfurt v. 20.9.2006 – 20 W 241/05, MietRB 2007, 96 = ZWE 2007, 109 (Ls.); AG Nürnberg v. 3.11.2005 – 1 UR II 307/05, ZMR 2006, 83.
3 OLG Dresden v. 29.7.2005 – 3 W 719/05, OLGReport Dresden 2006, 249 (250); OLG Düsseldorf v. 3.2.2004 – I-3 Wx 364/03, ZMR 2004, 696 (697); KG v. 15.6.1999 – 24 W 9353/97, ZWE 2000, 313 (314) = ZMR 2000, 191 (192) = NZM 2000, 671.
4 OLG Dresden v. 29.7.2005 – 3 W 719/05, OLGReport Dresden 2006, 249 (250); OLG Düsseldorf v. 3.2.2004 – I-3 Wx 364/03, ZMR 2004, 696 (697); AG Hamburg – St. Georg v. 23.12.2004 – 980 II 206/04, ZMR 2006, 81 (82); OLG Frankfurt v. 1.8.1996 – 20 W 555/95, OLGReport Frankfurt 1997, 28 = ZMR 1997, 156; *Vandenhouten* in Köhler/Bassenge, Teil 5 Rz. 179; a.A. *Happ*, WE 2005, 181.
5 OLG Dresden v. 29.7.2005 – 3 W 719/05, OLGReport Dresden 2006, 249 (250); OLG Düsseldorf v. 9.7.2003 – 3 Wx 119/03, ZMR 2004, 53; KG v. 12.6. 1989 – 24 W 1063/89, NJW-RR 1989, 1162; BayObLG v. 31.3.1994 – 2Z BR 16/94, ZMR 1994, 338 = BayObLGZ 1994, 98 (101) = MDR 1994, 581 = BayObLGReport 1994, 34.
6 OLG Rostock v. 12.9.2005 – 7 W 43/03; OLG Köln v. 20.1. 1986 – 16 Wx 11/85, NJW-RR 1986, 698; OLG Celle v. 18.12. 1957 – 4 Wx 42/57, NJW 1958, 305; *Gottschalg*, NZM 2005, 88 (89); a.A. *Merle* in FS Seuß (2007), 193 (199).
7 A.A. *Merle* in FS Seuß (2007), S. 193 (200).
8 Siehe dazu *Jacoby*, Das private Amt, S. 557; a.A. *Merle* in FS Seuß (2007), S. 193 (199).

Mitberechtigten wirken[1]; etwas anderes gilt aber, sofern die anderen, vom Stimmrecht nicht ausgeschlossenen Miteigentümer im Innenverhältnis die Stimmrechtsbildung **maßgeblich** beherrschen[2]. Der Ausschluss erstreckt sich danach z.B. auf den Mitberechtigten, der wenigstens einen Hälfteanteil an einem Wohnungseigentum innehat[3], nicht aber auf den Fall, wenn von zehn Miteigentümern ein Miteigentümer ausgeschlossen ist und im Innenverhältnis das Mehrheitsprinzip gilt.

Gibt nur einer der Mitberechtigten in der Eigentümerversammlung seine Stimme ab, ist die Stimmrechtsausübung wirksam, wenn er eine gewillkürte **Vollmacht** der oder des anderen Mitberechtigten besitzt. Eine gesetzliche Vollmacht ist vorstellbar, folgt aber nicht z.B. aus einem Mehrheitsbeschluss nach § 745 Abs. 1 BGB[4]. Zwar wird beispielsweise für die Erbengemeinschaft angenommen, dass die Mehrheit die Minderheit nach außen auf Grund eines Mehrheitsbeschlusses vertreten kann[5]. Dies gilt aber nur für Verträge, nicht für eine **Stimmrechtsausübung**. Hier muss sich der **Minderheitenschutz** durchsetzen. Für eine einheitliche Stimmrechtsausübung muss daher die Mehrheit die Minderheit ggf. auf eine Vollmacht gerichtlich in Anspruch nehmen. Eine Vertretungsmacht „kraft Rechtsscheins" ist vorstellbar. Dies ist grundsätzlich aber nur dann anzunehmen, wenn ein Miteigentümer **mehrfach**[6] für sämtliche Mitberechtigten ohne Widerspruch aufgetreten ist. Erscheint von mehreren Mitinhabern eines Wohnungseigentums in der Wohnungseigentümerversammlung indes erstmalig oder im Einzelfall nur einer, gilt im Regelfall derjenige Mitinhaber, der die Stimme für dieses Wohnungseigentum abgibt, **nicht als legitimiert**, das Stimmrecht für alle Mitinhaber auszuüben. Die nicht erschienenen Mitinhaber erwecken grundsätzlich nicht den Anschein einer Ermächtigung des anwesenden Mitinhabers. Dies würde die Interessen der insoweit schützenswerten abwesenden Mitberechtigten verletzen[7]. Auch für Ehegatten gelten gegenüber anderen Mitberechtigten **keine Besonderheiten**. Ehegatten sollen zwar auch ohne ausdrückliche Regelung jeweils einzeln berechtigt sein, das gem. § 25 Abs. 2 Satz 2 gemeinschaftliche Stimmrecht ihrer Einheit wahrzunehmen[8]. Diese Auffassung **widerspricht** aber §§ 164 ff. BGB und findet auch im Recht der Ehe keine Rechtfertigung[9]. Sie ist abzulehnen.

Der Vorsitzende der Eigentümerversammlung kann die Stimmrechtsausübung nur eines Mitberechtigten jederzeit – nicht nur bei Zweifeln – analog § 174 BGB **zurückweisen**, sofern der allein abstimmende Mitberechtigte keine Vollmachts-

---

1 BayObLG v. 15.10.1992 – 2Z BR 75/92, MDR 1993, 344; AG Emmendingen v. 4.3. 1983 – 2 UR II 17/82, ZMR 1984, 101.
2 Vgl. auch *Hüffer* § 136 AktG Rz. 15.
3 BayObLG v. 15.10.1992 – 2Z BR 75/92, MDR 1993, 344.
4 A.A. *Merle* in FS Seuß (2007), S. 193 (198).
5 BGH v. 29.3. 1971 – III ZR 255/68, BGHZ 56, 47 (50); *Jacoby* Das private Amt, S. 112 ff.
6 Siehe auch *Bork*, Allgemeiner Teil des Bürgerlichen Gesetzbuchs, Rz. 1550.
7 A.A. OLG Rostock v. 12.9.2005 – 7 W 43/03; *Merle* in FS Seuß (2007), S. 193 (202/203).
8 BayObLG v. 10.8.2001 – 2Z BR 21/01, ZMR 2002, 61 (62); OLG Frankfurt v. 7.6.1996 – 20 W 543/95, OLGReport Frankfurt 1997, 28 = DWE 1997, 80.
9 *Merle* in FS Seuß (2007), S. 193 (202).

urkunde vorlegt[1]. Der Verwalter oder ein anderer Vorsitzender der Eigentümerversammlung sind allerdings **nicht gezwungen**, bei Abgabe der Stimme durch einen bloß Mitberechtigten dessen Vollmacht durch den oder die übrigen Miteigentümer anzuzweifeln und zu überprüfen[2]. Fehlt eine Vollmacht, kann die Stimmabgabe durch Genehmigung nach § 177 BGB noch wirksam werden. Eine unwirksame Stimmabgabe kann durch eine Anfechtungsklage gegen den entsprechenden Beschluss bekämpft werden.

dd) Blockwahl und Sammelabstimmung

52 Nach h.M. sind **Blockwahlen** (die Wahl mehrerer Kandidaten z.B. für den Beirat auf einer gemeinsamen Liste) ebenso wie **Sammelabstimmungen** (ein Votum über mehrere Beschlüsse) grundsätzlich zulässig[3]. Jedenfalls gegen eine Blockwahl sollen dann keine Bedenken bestehen, wenn kein anwesender Eigentümer Einwände gegen dieses Wahlverfahren erhebt[4]. Dem ist nicht zu folgen, soweit nichts anderes vereinbart ist[5]. Sammelabstimmungen stellen wie Blockwahlen einen **Verstoß** gegen die auch im Wohnungseigentumsrecht geltenden demokratischen Prinzipien dar[6]. Sammelabstimmung und Blockwahl als Sonderformen des Mehrheitswahlrechts weichen unzulässig von der §§ 23ff. zugrunde liegenden **Einzelabstimmung** als **Leitmodell** ab – und schränken auf diese Weise das Wahlrecht der Eigentümer ein: Die Wohnungseigentümer können sich nur für oder gegen den Beschlussvorschlag als **Ganzes** entscheiden. Etwa bei einer Blockwahl kann dadurch die eventuell unterschiedliche Akzeptanz zu den einzelnen Kandidaten nicht zum Ausdruck kommen. Im Vereinsrecht, an welches das Wohnungseigentumsgesetz angelehnt ist, wird eben aus diesem Grunde eine Blockwahl ganz überwiegend als unzulässig angesehen[7], es sei denn, sie war in der Satzung vorgesehen. Und auch bei der Vorstandswahl einer Rechtsanwaltskammer[8] sowie im Aktienrecht wird eine Blockwahl als unzulässig betrachtet[9].

---

1 *Ott*, MietRB 2007, 42 (43); *Kümmel*, ZWE 2000, 292 (293); *Lutter/Hommelhoff* § 47 GmbHG Rz. 9; *Jacoby* Das private Amt, S. 555; differenzierend *Merle* in FS Seuß (2007), S. 193 (207/208). Etwas anderes gilt bei Vertretern kraft Amtes, z.B. einem Insolvenzverwalter. Hier gilt § 174 BGB nicht, vgl. *Jacoby* Das private Amt, S. 235/236.
2 OLG Rostock v. 12.9.2005 – 7 W 43/03; OLG Düsseldorf v. 9.7.2003 – 3 Wx 119/03, ZMR 2004, 53; BayObLG v. 31.3.1994 – 2Z BR 16/94, ZMR 1994, 338 = BayObLGZ 1994, 98 (102) = MDR 1994, 581 = BayObLGReport 1994, 34; *Elzer*, MietRB 2006, 11; a.A. *Riecke* in KK-WEG Rz. 54.
3 OLG Hamburg v. 28.1.2005 – 2 Wx 44/04, MietRB 2005, 266 mit Anm. *Elzer*; KG v. 31.3. 2004 – 24 W 194/02, ZMR 2004, 775; LG Schweinfurt v. 28.7.1997 – 44 T 79/97, WuM 1997, 641; a.A. LG Düsseldorf v. 6.5.2004 – 19 T 42/04, NJW-RR 2004, 1310; AG Nürnberg v. 28.11.2003 – 1 UR II 186/03 WEG, ZMR 2005, 236; *Drasdo*, ZMR 2005, 596 (597).
4 KG v. 31.3.2004 – 24 W 194/02, ZMR 2004, 775; *Armbrüster*, ZWE 2001, 355 (358); vgl. auch § 120 Abs. 1 Satz 2 AktG.
5 Siehe auch BGH v. 16.1.2006 – II ZR 135/04, MDR 2006, 1301 = DNotZ 2006, 548 zum Recht der GmbH.
6 *Elzer*, MietRB 2005, 266.
7 BayObLG v. 13.12.2000 – 3Z BR 340/00, NJW-RR 2001, 537.
8 BGH v. 13.4.1992 – AnwZ (B) 2/92, NJW 1992, 1962 (1963).
9 LG München I v. 5.4.2004 – 5 HK O 10813/030, NZG 2004, 626; für eine Sammelabstimmung wegen § 120 Abs. 1 AktG a.A. BGH v. 21.7.2003 – II ZR 109/02, NJW 2003, 3412 (3413).

ee) Kombinierte Beschlussfassung (Sukzessivbeschluss)

Es ist vorstellbar, dass die Wohnungseigentümer **vereinbaren**, ihr Stimmrecht im Wege einer sog. „kombinierten Beschlussfassung" auszuüben (s. § 23 Rz. 79)[1]. Darunter versteht man, dass die in einer Versammlung abgegebenen Stimmen mit Stimmen, die außerhalb der Versammlung abgegeben werden, **zusammengefasst** werden. Ein Beschluss, entsprechend zu verfahren, wäre zwar nicht ordnungsgemäß. Stimmen auf diese Weise sämtliche Wohnungseigentümer einem Beschlussvorschlag zu, ist der Verstoß aber geheilt[2]. 53

ff) Delegiertenversammlung (Vertreterversammlung)

Die Wohnungseigentümer können **vereinbaren**, sich bei der Stimmrechtsausübung durch Delegierte vertreten zu lassen, soweit entsprechende Vollmachten ihr Stimmrecht nicht unzulässig verdrängen (§ 25 Rz. 46)[3]. Behalten sich die Wohnungseigentümer das Recht vor, Weisungen zu erteilen, und sind die Vollmachten frei widerruflich, entspricht die Möglichkeit einer Delegiertenversammlung ohne weiteres dem in §§ 164 ff. BGB angelegten Vertretungsprinzip, dem sich das Wohnungseigentumsgesetz nicht entgegenstellt (§ 25 Rz. 46). Da sich jeder Wohnungseigentümer in der Versammlung und bei der Stimmrechtsausübung grundsätzlich vertreten lassen kann, spricht im Ergebnis nichts gegen die Zulässigkeit einer Vertreterversammlung[4]. 54

gg) Schadensersatz

Ist eine Stimmrechtsausübung treuwidrig, etwa weil der Abstimmende vom Stimmrecht ausgeschlossen ist, weil die Stimmrechtsausübung zu einem ordnungswidrigen Beschluss führt, oder wird eine Stimme nicht ausgeübt, obwohl nur eine zustimmende Stimme ordnungsmäßiger Verwaltung i.S.v. § 21 Abs. 4 entspräche, besteht die Möglichkeit der Beschlussanfechtung, ggf. verbunden mit dem Antrag auf positive Beschlussfeststellung (§ 46 Rz. 6, 131). Aus diesem Grunde kommen grundsätzlich **Schadensersatzansprüche** wegen einer gegen Treuebindungen verstoßenden Stimmrechtsausübung nicht in Betracht[5]. 55

Etwas anderes ist indes mit Blick auf das **Innenverhältnis** anzunehmen, wenn ein Abstimmender gegen eine Stimmbindung (Rz. 42) verstößt. Ferner kommt ein Schadensersatzanspruch in Betracht bei vorsätzlicher Verletzung der Treuepflicht[6], bei einem Verstoß gegen einen Unterlassungstitel[7] oder wenn der Eintritt des Schadens nicht durch Anfechtung des Eigentümerbeschlusses verhindert werden kann. 56

---

1 KG v. 21.12. 1988 – 24 W 5948/88, OLGZ 1989, 43 = DWE 1989, 69 = WE 1989, 135 = NJW-RR 1989, 329. Allgemein BGH v. 16.1.2006 – II ZR 135/04, BGHReport 2006, 907; *Lutter/Hommelhoff* § 48 GmbHG Rz. 14.
2 A.A. BGH v. 16.1.2006 – II ZR 135/04, BGHReport 2006, 907 (908) für das Gesellschaftsrecht.
3 *Prüfer*, Schriftliche Beschlüsse, gespaltene Jahresabrechnungen, S. 89; a.A. *Bub*, PiG 59, 5 (14/15) = ZWE 2000, 194 (197); Hügel/*Scheel* Rz. 740.
4 A.A. *Bub*, PiG 59, 5 (14/15) = ZWE 2000, 194 (197).
5 *Elzer*, ZMR 2006, 957 (958) m.w.N.; offen gelassen von KG v. 17.10.2001 – 24 W 9876/00, ZMR 2002, 149 = ZWE 2002, 37.
6 Dazu *Elzer* in KK-WEG § 10 Rz. 41.
7 *Elzer*, ZMR 2006, 957 (958) m.w.N.

hh) Vorbeugende Stimmrechtsbeschränkungen

57 Um eine nicht den Regeln entsprechende Stimmrechtsausübung zu verhindern, kann ein Wohnungseigentümer (oder alle) nach §§ 1004 Abs. 1 Satz 2 BGB, 21 Abs. 4 grundsätzlich auf **Unterlassung** in Anspruch genommen werden[1]. Droht dies unmittelbar, ist ein das Unterlassungsbegehren flankierender **vorbeugender Rechtsschutz** vorstellbar[2]. Voraussetzung ist einerseits, dass bereits zum Zeitpunkt des Titelerlasses feststeht, dass eine andere als die vom Antragsteller für richtig erachtete Stimmrechtsausübung feststeht, aber fehlerhaft wäre. Ein also nur für möglich erachteter Stimmrechtsverstoß kann nicht vorbeugend verhindert werden. Etwa eine drohende Majorisierung (§ 25 Rz. 116) kann nur repressiv durch Anfechtung abgewendet, aber nicht präventiv durch eine Klage verhindert werden[3]. Voraussetzung ist aus Gründen der Verhältnismäßigkeit andererseits, dass ein Rechtsschutz gegen den ggf. mangelhaften Beschluss nicht ausreicht. Der gegen die Durchführung mangelhafter Beschlüsse gerichtete einstweilige Rechtsschutz besitzt gegenüber dem einstweiligen Rechtsschutz zur Verhinderung mangelhafter Beschlüsse einen **Vorrang**[4].

5. Abstimmungsverfahren und -vorgang

a) Allgemeines

58 Die Abstimmung über einen Beschlussantrag ist die Äußerung der Einzelwillen durch die an der Willensbildung Stimmberechtigten (dazu § 25 Rz. 3 ff.)[5]. Mit der Aufforderung zur Stimmabgabe durch den Versammlungsleiter beginnt das **Abstimmungsverfahren**. Wortmeldungen sind nach diesem Zeitpunkt unzulässig[6]. Der Abstimmungsvorgang soll mit Abgabe der letzten Stimme beendet sein[7]. Wenn Stimmzettel genutzt werden, soll die Abstimmung dabei nicht vor Abschluss der Stimmzettelauszählung enden[8]. Beides ist **nicht richtig**. Da es keinen Beschluss vor Feststellung und Verkündung des Beschlussergebnisses gibt (Rz. 62), kann eine Stimmabgabe bis dahin **nachgeholt/verändert/korrigiert** werden. Hier gilt nichts anderes als bei einer schriftlichen Beschlussfassung (s. § 23 Rz. 80).

---

1 Einer entsprechenden bloßen Feststellungsklage fehlte das Rechtsschutzbedürfnis, a.A. OLG München v. 18.9.2006, 34 Wx 81/06, ZMR 2006, 955 (956).
2 *Elzer*, ZMR 2006, 957. Auch im Recht der GmbH und im Aktienrecht ist es inzwischen einhellige Meinung, dass einstweiliger Rechtsschutz gegen Hauptversammlungsbeschlüsse möglich ist, vgl. etwa *Lutter/Hommelhoff* § 47 GmbHG Rz. 6 m.w.N. und *Kort*, NZG 2007, 169 (170).
3 Vgl. etwa Staudinger/*Bub* Rz. 237 m.w.N.
4 Vgl. dazu auch OLG München v. 13.9.2006 – 7 U 2912/06, NZG 2007, 152 (153); s. auch *Kort*, NZG 2007, 169 (170 ff.).
5 *Zöllner* in FS Lutter, S. 821.
6 *Müller*, PiG 59, 73 (92) = ZWE 2000, 237 (244).
7 *Müller*, PiG 59, 73 (92/93) = ZWE 2000, 237 (244).
8 BayObLG v. 16.3.2000 – 2Z BR 168/99, ZMR 2000, 467 (468) = ZWE 2000, 470 mit Anm. *Armbrüster* ZWE 2000, 455; a.A. *Müller*, PiG 59, 73 (92/93) = ZWE 2000, 237 (244 f.), der die Abstimmung mit „Ablieferung" der eingesammelten Stimmzettel beim Versammlungsleiter als beendet ansieht.

b) Probeabstimmungen

Informiert der Versammlungsleiter die Wohnungseigentümer zu einem bestimmten Punkt, ohne dass es zu einer Abstimmung kommt, oder tauschen die Wohnungseigentümer sich über eine Angelegenheit aus, treffen sie aber zu dieser keine Bestimmung, gibt es **keinen Beschluss**[1]. Das Gleiche gilt, wenn die Wohnungseigentümer noch keine verbindliche Regelung herbeiführen wollen, z.B. bei einer zulässigen[2] **Probeabstimmung**[3]. Ob eine Probeabstimmung vorliegt oder bereits eine anfechtbare Regelung, ist danach zu unterscheiden, was der Versammlungsleiter angekündigt hat und wovon die Wohnungseigentümer objektiv ausgehen durften[4]. 59

c) Anspruch auf Abstimmung

Dem Grunde nach muss über jeden mit der Tagesordnung (§ 23 Rz. 61) angekündigten Beschlussantrag auch abgestimmt werden. Etwas anderes gilt dann, wenn **nur** die Ablehnung des Beschlussantrages ordnungsmäßiger Verwaltung entspräche und der also ordnungsmäßige Negativbeschluss für den Antragsteller keine rechtlichen Folgen hätte[5]. 60

6. Mehrheit

Ein positiver Beschluss i.S.v. § 23 Abs. 1 erfordert – wie etwa §§ 10 Abs. 5, 12 Abs. 4 Satz 1, 15 Abs. 2, 16 Abs. 3, 18 Abs. 3 Satz 1, 21 Abs. 3 und Abs. 7 zeigen – grundsätzlich[6] eine **einfache Mehrheit** von „Ja-Stimmen" (dazu ausführlich Rz. 81 ff.). 61

7. Feststellung und Verkündung

a) Allgemeines

Damit ein Beschluss „entstehen" kann, muss nach h.M. noch in der Eigentümerversammlung[7] – oder im Falle des § 23 Abs. 3 vom Initiator außerhalb (§ 23 Rz. 82) – das **positive oder negative** Abstimmungsergebnis vom Versammlungsleiter **festgestellt** und der Beschluss, das Beschlussergebnis, **verkündet** werden[8]. Feststellung und Bekanntgabe sind unabdingbare Voraussetzungen dafür, dass 62

---

1 BayObLG v. 9.7. 1987 – BReg 2Z 64/87, WE 1988, 66.
2 LG Stuttgart v. 22.11.1990 – 2 T 458/90, WuM 1991, 213.
3 *Deckert*, WE 1995, 196 (200).
4 KG v. 18.3.1992 – 24 W 6007/91, WE 1992, 283.
5 OLG München v. 30.3.2007 – 34 Wx 132/06, MietRB 2007, 145 mit Anm. *Elzer*.
6 Höhere Mehrheitserfordernisse gelten dort, wo das Gesetz, wie in §§ 16 Abs. 4 Satz 2, 18 Abs. 3 Satz 2, 22 Abs. 2 Satz 1, oder eine Vereinbarung, z.B. eine Öffnungsklausel, weitere Anforderungen stellen.
7 BGH v. 23.8.2001 – V ZB 10/01, BGHZ 148, 335 (342) = ZMR 2001, 809 = NJW 2001, 3339 = MDR 2001, 1283 = BGHReport 2001, 863; *Bub* in FS Seuß (2007), S. 53 (69).
8 Ohne Versammlungsleiter kann es einen Beschluss geben, wenn sich die Teilnehmer der Eigentümerversammlung über das Ergebnis einer Abstimmung einig sind und Abstimmungs- und Beschlussergebnis fixieren. Siehe dazu *Zöllner* in FS Lutter, S. 821 (828) und *Lutter/Hommelhoff* Anh. § 47 GmbHG Rz. 42 m.w.N.

ein Beschluss zustande kommt[1]. Feststellung und Bekanntgabe des Abstimmungsergebnisses haben im Wohnungseigentumsrecht also – ebenso wie dies wenigstens teilweise bei den Personenvereinigungen angenommen wird –[2] für die Entstehung eines Beschlusses eine **konstitutive Bedeutung**. Während diese Sichtweise früher im Wesentlichen aus § 24 Abs. 6 und aus allgemeinen Überlegungen hergeleitet wurde[3], kann sie heute unmittelbar aus § 24 Abs. 7 Satz 2 hergeleitet werden (arg. „verkündete Beschlüsse"). Solange ein Abstimmungsergebnis nicht festgestellt, jedenfalls nicht verkündet ist, gibt es keinen Beschluss, auch keinen „schwebend unwirksamen"[4].

63 Die Feststellung des Abstimmungsergebnisses und der Schluss des Versammlungsleiters, dass ein Beschluss zustande gekommen ist, ist ein „innerer" Vorgang des Versammlungsleiters oder Initiators. Er muss prüfen, ob die abgegebenen Stimmen rechtsgültig waren und ob die gültigen Ja-Stimmen die Nein-Stimmen **überwiegen**. Bedeutung gewinnt die Feststellung, ob ein Abstimmungsergebnis positiv oder negativ ist, dann, wenn der Versammlungsleiter oder Initiator das Abstimmungsergebnis und ihre entsprechenden Feststellungen auch bekannt machen (verkünden). Mit der Verkündung des Beschlussergebnisses als Folge des Abstimmungsergebnisses ist ein Beschluss regelmäßig wirksam[5].

b) Art und Weise

64 In einer Eigentümerversammlung kann, nachdem der Versammlungsleiter das Abstimmungsergebnis festgestellt hat, allen Anwesenden das Feststellungsergebnis mündlich oder schriftlich **ausdrücklich** mitgeteilt werden. Nach h.M. soll eine Verkündung außerdem „in konkludenter Weise" (schlüssig) geschehen können[6]. Das bedeutet, dass der Versammlungsleiter das Abstimmungsergebnis zwar nicht mündlich oder schriftlich fixiert, auf Grund seines Verhaltens in der Versammlung aber in anderer Weise darauf **geschlossen** werden kann, dass ein Beschluss zustande gekommen ist. Um eine schlüssige Beschlussfeststellung und -verkündung annehmen zu können, sind dabei mit Blick auf § 10 Abs. 4 Satz 1 nur solche Umstände zu berücksichtigen, die für **jedermann** und ohne weiteres erkennbar sind[7]. Für ein solches Verhalten kann man daran denken,

---

1 BGH v. 23.8.2001 – V ZB 10/01, BGHZ 148, 335 (342) = ZMR 2001, 809 = NJW 2001, 3339 = MDR 2001, 1283 = BGHReport 2001, 863.
2 BGH v. 26.5. 1975 – II ZR 34/74, NJW 1975, 2101 zum AktG; BGH v. 23.9.1996 – II ZR 126/95, NJW 1997, 318 (320) zum GenG; a.A. aber BGH v. 26.10. 1983 – II ZR 87/83, BGHZ 88, 320 (329) und v. 11.2. 1980 – II ZR 41/79, BGHZ 76, 164 zum GmbHG. Siehe ferner *Becker*, ZWE 2002, 93; *Becker/Gregor*, ZWE 2001, 245 (247).
3 BGH v. 23.8.2001 – V ZB 10/01, BGHZ 148, 335 (341/342) = ZMR 2001, 809 = NJW 2001, 3339 = MDR 2001, 1283 = BGHReport 2001, 863; OLG München v. 15.11.2006 – 34 Wx 97/06, MietRB 2007, 70 = IMR 2007, 22 mit Anm. *Becker*; OLG Celle v. 6.9.2004 – 4 W 143/03, NZM 2005, 308 (310); BayObLG v. 29.1.2004 – 2Z BR 153/03, ZMR 2004, 446 (447).
4 *Bub* in FS Seuß (2007), S. 53 (68 ff.).
5 *Zöllner* in FS Lutter, S. 821 (827).
6 BGH v. 23.8.2001 – V ZB 10/01, BGHZ 148, 335 (345) = ZMR 2001, 809 = NJW 2001, 3339 = MDR 2001, 1283 = BGHReport 2001, 863.
7 BGH v. 23.8.2001 – V ZB 10/01, BGHZ 148, 335 (345) = ZMR 2001, 809 = NJW 2001, 3339 = MDR 2001, 1283 = BGHReport 2001, 863.

dass der Versammlungsleiter etwa sehr „beredt" lächelt oder eine Handlung vornimmt, die nur sinnvoll ist, wenn ein Beschluss gefasst wurde. Dies kann etwa dann angenommen werden, wenn der Versammlungsleiter über eine Sonderumlage für eine zuvor besprochene und abgestimmte Baumaßnahme abstimmen lässt.

Die h.M. misst darüber hinaus auch einer **Niederschrift** i.S.v. § 24 Abs. 6 (dazu § 24 Rz. 110 ff.) eine Bedeutung für eine Beschlussfeststellung und -verkündung zu. Für die Annahme jedenfalls einer konkludenten Feststellung in der Eigentümerversammlung soll in der Regel die Wiedergabe eines eindeutigen Abstimmungsergebnisses in der Niederschrift genügen, es sei denn, dass sich das aus der Niederschrift ableitbare Beschlussergebnis nach den zu berücksichtigenden Umständen, insbesondere auf Grund der ausnahmsweise (s. § 24 Rz. 120) protokollierten Erörterungen in der Eigentümerversammlung, vernünftigerweise in Frage stellen lässt[1]. Dem kann für die Frage der **Feststellung**, die ja ein „inneres Geschehen" des Versammlungsleiters ist, ohne weiteres gefolgt werden. Wenn der Versammlungsleiter sein „Erleben" in der Niederschrift schriftlich fixiert, liegt es mehr als nahe, dass er eine entsprechende Feststellung bereits in der Versammlung für sich in „seiner Welt" getroffen hat. Die Niederschrift ist hingegen keine Hilfstatsache für die Frage, ob der Versammlungsleiter ein Abstimmungsergebnis auch **verkündet** hat[2]. Die Niederlegung des Abstimmungsergebnisses hat nach hier vertretener Auffassung für die Frage der Verkündung **keinen Aussagewert**, schon gar nicht i.S. einer „Vermutung"[3]. Denn eine Protokollierung „ersetzt" nicht die Verkündung des Abstimmungsergebnisses. Sie erlaubt ferner keinen Schluss darauf, dass eine Verkündung in der Versammlung mündlich oder auf andere Weise schlüssig erfolgt ist[4]. 65

c) Subsidiäre Feststellung und Verkündung durch das Gericht

Hat der Versammlungsleiter oder der Initiator eines Beschlussverfahrens nach § 23 Abs. 3 versehentlich oder gar absichtlich das Abstimmungsergebnis nicht festgestellt oder/und nicht verkündet, kann gegen die anderen Wohnungseigentümer in einem Verfahren entsprechend § 43 Nr. 4, aber ohne Bindung an die Anfechtungsfrist des § 46 Abs. 1 Satz 2 auf **Feststellung** und Verkündung des Abstimmungsergebnisses und mithin des Beschlusses selbst **durch das Gericht** geklagt werden. Damit ein Beschluss „entstehen", damit sein Tatbestand verwirklicht werden kann, ist ein Gericht nach h.M. analog § 256 ZPO befugt, anstelle des eigentlich zuständigen Versammlungsleiters **erstmals** die für das tatbestandliche Zustandekommen eines Beschlusses notwendigen Feststellungen zu treffen (Beschlussfeststellungsverfahren)[5]. Weil es vor dem Eingriff des Gerichts keinen Beschluss gibt, sollte man solche bloßen Abstimmungsergebnisse 66

---

1 BGH v. 23.8.2001 – V ZB 10/01, BGHZ 148, 335 (346) = ZMR 2001, 809 = NJW 2001, 3339 = MDR 2001, 1283 = BGHReport 2001, 863.
2 *Elzer*, MietRB 2007, 70.
3 So aber *F. Schmidt*, ZWE 2006, 164 (166); *Wenzel*, ZWE 2001, 1 (4).
4 A.A. *Becker*, ZWE 2006, 157 (158) und *F. Schmidt*, ZWE 2006, 164 (166).
5 BayObLG v. 13.3.2003 – 2Z BR 85/02, ZMR 2004, 125 (126).

nicht als „schwebend unwirksame Beschlüsse begreifen"[1]. Der Beschluss entsteht dabei nicht durch den Urteilstenor, sondern mit Rechtskraft i.S.v. § 705 ZPO[2].

67 Streitig ist, ob ein Gericht in einem Beschlussfeststellungsverfahren befugt ist, neben seiner „Geburtshilfe" für den Beschluss zusätzlich dessen Rechtmäßigkeit zu prüfen. Die einen wollen es einem Gericht in einem Beschlussfeststellungsverfahren **nicht erlauben**, auch über die Rechtmäßigkeit dieses Beschlusses zu entscheiden[3]. Die anderen halten hingegen ein zweites Verfahren für **prozessunökonomisch** und erlauben es mithin dem für die Beschlussfeststellung angerufenen Gericht, auch über die Ordnungsmäßigkeit des von ihm selbst festgestellten Beschlusses zu entscheiden[4]. Jedenfalls dann, wenn die Wohnungseigentümer versehentlich von einem Beschluss ausgehen, hilfsweise seine Feststellung verlangen und den Beschluss **zugleich anfechten**, sollte man tatsächlich einem Gericht eine **abschließende Entscheidung** erlauben. Denn neben dem Feststellungsantrag liegt bereits eine Anfechtung vor[5]. Etwas anderes ist aber bei einem **isolierten Beschlussfeststellungsverfahren** annehmen. Vor der konstitutiven Feststellung des Beschlussergebnisses durch das Gericht – die erst mit Rechtskraft erreicht ist (Rz. 66) – gibt es keinen Beschluss und keine Substanz, die das Gericht auf seine Wirksamkeit hin überprüfen könnte. Feststellung und Bekanntgabe des Beschlussergebnisses durch das Gericht kommen ebenso wie Feststellung und Bekanntgabe des Leiters der Eigentümerversammlung[6] grundsätzlich **konstitutive Bedeutung** zu. Auch bei dem die Feststellung des Versammlungsleiters ersetzenden Gerichtsbeschluss handelt sich um eine Voraussetzung für das rechtswirksame Zustandekommen eines Beschlusses. Ohne Feststellung gibt es kein Abstimmungsergebnis, keinen Beschlussinhalt, den das Gericht auf seinen Inhalt hin prüfen könnte. Für diese Sichtweise spricht vor allem, dass – wie die Anfechtungsfrist des § 46 Abs. 1 Satz 2 zeigt – dem Gesetz immanent ist, dass ein anfechtbarer, aber nicht nichtiger Beschluss jederzeit in Bestandskraft erwachsen kann. Weder der Versammlungsleiter noch das Gericht dürfen gegen diese gesetzliche Wertung verstoßen. Würde das Gericht – oder der Versammlungsleiter – bereits mit der Feststellung auch die Ordnungsmäßigkeit eines Beschlusses prüfen, würde **ohne sachlichen Grund** gegen diese gesetzliche Wertung und Verfahrensprinzipien verstoßen. Dass dieses Vorgehen nicht verfahrensökonomisch ist, ist hinzunehmen. Erkennt das Gericht, dass ein von ihm festgestellter Beschluss seiner Ansicht nach nicht ordnungsmäßig ist, kann und muss es hierauf nach § 139 ZPO hinweisen. Allein dies dürfte in der **Mehrzahl der Fälle** für eine Klärung – ggf. in Form einer zusätzli-

---

1 Wie hier *Bub* in FS Seuss, S. 52 (69). Siehe auch OLG Düsseldorf v. 1.10.2004 – 1–3 Wx 207/04, ZMR 2005, 218 (219).
2 *Bub* in FS Seuß (2007), S. 53 (69); *Gottschalg*, ZWE 2005, 32 (36); *Wenzel*, ZWE 2000, 382 (385).
3 U. a. *Riecke*, WE 2004, 34 (39); *Deckert*, ZMR 2003, 153 (158); *Müller*, NZM 2003, 222 (225).
4 OLG München v. 15.11.2006 – 34 Wx 97/06, MietRB 2007, 71 (72) m. Anm. *Elzer* = IMR 2007, 22 mit Anm. *Becker*; *Becker*, ZWE 2006, 157 (161); *Becker*, ZWE 2002, 93 (97); *Abramenko*, ZMR 2004, 789 (792); *Abramenko* in KK-WEG § 43 Rz. 22.
5 *Elzer*, MietRB 2007, 72.
6 Zu diesem differenzierend *Kümmel*, ZWE 2006, 278 (281).

chen Anfechtung – sorgen[1]. Wird der so festgestellte Beschluss angefochten, wird das Gericht zwar nochmals befasst. Diese mögliche „Zusatzbelastung" muss aber hingenommen werden und ist rechtliche Folge, dass Feststellung und Bekanntgabe des Beschlussergebnisses konstitutive Bedeutung zukommt. Wollen die Wohnungseigentümer einen nicht ordnungsmäßigen Beschluss für sich und nach eigener Wertung akzeptieren und den Verwalter zur Durchführung anweisen, wäre ihnen aber bei einer anderen Lösung der Weg hierfür versperrt. Weder der Versammlungsleiter noch das Gericht dürfen gegen die gesetzliche Wertung verstoßen und selbst eine nicht gegenständliche Anfechtung bescheiden[2].

Die Klage, dass das Wohnungseigentumsgericht das Abstimmungsergebnis anstelle des an sich zuständigen Versammlungsleiters feststellen und verkünden soll, ist keine Feststellungsklage, sondern eine **Gestaltungsklage**. Denn das Gericht soll ja nicht bloß Tatsachen oder die Rechtslage feststellen. Es soll vielmehr die Rechtslage **aktiv** gestalten, indem es den letzten Baustein zur Fixierung einer Abstimmung und seines Ergebnisses setzt – und damit den Grund für eine Bindung der Wohnungseigentümer nach § 10 Abs. 4 Satz 1[3]. 68

d) Geschäftsordnungsbeschlüsse

Geschäftsordnungsbeschlüsse (zum Begriff s. § 24 Rz. 105) bedürfen für ihre Existenz ausnahmsweise **keiner** Feststellung und Verkündung. Geschäftsordnungsbeschlüsse haben keine Wirkung über eine Eigentümerversammlung hinaus. Sie werden weder in der Niederschrift (§ 24 Rz. 125) noch in der Beschluss-Sammlung (§ 24 Rz. 153) beurkundet. Sie können grundsätzlich (§ 24 Rz. 154) auch nicht angefochten werden. Ein Bedürfnis, Geschäftsordnungsbeschlüsse über den Tag hinaus durch Feststellung und Verkündung zu fixieren, gibt es nicht. Gegen eine Fixierung sprechen bereits ganz praktische Bedürfnisse: Geschäftsordnungsbeschlüsse werden nämlich häufig „schlüssig" (konkludent) gefasst[4], z.B. zur Versammlungsleitung (§ 24 Rz. 100). 69

e) Fehlerhafte Feststellungen

Verkündet der Versammlungsleiter oder der Initiator eines schriftlichen Beschlusses, dass ein „Beschluss" gefasst wurde, obwohl die abgegebenen Stimmen diesen Schluss nicht rechtfertigen, ist die Feststellung unrichtig. Unstreitig ist, dass die zu Unrecht erfolgte Verkündung angegriffen werden kann. Streitig ist hingegen, ob der Angriff durch eine Anfechtungs- oder Feststellungsklage zu führen ist. Welche Klageart zu wählen ist, muss sich danach entscheiden, welche **Wirkungen** eine unrichtige Verkündung für ein negatives Abstimmungsergebnis haben kann. 70

---

1 AG Neukölln v. 22.2.2005 – 70 II 134/04 WEG, ZMR 2005, 317 (318).
2 AG Neukölln v. 22.2.2005 – 70 II 134/04 WEG, ZMR 2005, 317 (318); *Riecke/Schmidt/Elzer* Rz. 720 ff.
3 *Elzer*, MietRB 2007, 72.
4 OLG Frankfurt v. 17.1.2005 – 20 W 30/04, OLGReport Frankfurt 2005, 736 (739).

aa) Die h.M.

71 Die ganz h.M. geht davon aus, dass jede Verkündung konstitutiv das Beschlussergebnis fixiert[1]. Wenn der Versammlungsleiter einen falschen Schluss zieht und zu Unrecht ein positives Beschlussergebnis verkündet, muss dieses Ergebnis im Wege der Anfechtungsklage vernichtet werden. Wird **entgegen der wahren Rechtslage** ein (positives) Abstimmungsergebnis festgestellt und ein „Beschluss" verkündet, entsteht nach h.M. durch die bloße Verkündung eines falschen Abstimmungsergebnisses ein (freilich anfechtbarer) „Verkündungsbeschluss"[2]. Der Verkündungsbeschluss bindet sämtliche ihm Unterworfenen und kann, wenn er nicht durch das Gericht in einem fristgebundenen Verfahren nach § 46 Abs. 1 Satz 1 WEG aufgehoben wird, auch in **Bestandskraft** erwachsen. Diese Sichtweise entspricht der auch im Gesellschaftsrecht fast einhellig vertretenen Ansicht. Die unrichtige Feststellung des Abstimmungsergebnisses, insbesondere auch wegen Mitzählens von Stimmen in Wahrheit nicht stimmberechtigter Personen, wird auch dort als bloßer Anfechtungsgrund verstanden[3].

bb) Kritik

72 Die h.M. überzeugt nicht[4]. Durch Verkündung eines Beschlusses entsteht zweifellos der Rechtsschein eines Beschlusses. Dieser Rechtsschein gewinnt sogar noch an **Kraft**, wenn er in Niederschrift und Beschluss-Sammlung beurkundet wird. Einem Wohnungseigentümer muss es selbstverständlich möglich sein, diesen Rechtsschein zu beseitigen. Insoweit besteht Einigkeit. Fraglich ist indes, ob der in der Verkündung und ggf. der in einer Beurkundung liegende Rechtsschein einen nicht gegenständlichen Beschluss auch „zum Leben" erwecken kann. Das ist zu verneinen. Wer der Verkündung eine konstitutive Wirkung nicht nur für die Entstehung eines Beschlusses und also als eine von mehreren Wirksamkeitsvoraussetzungen verstehen will, sondern der Verkündung auch eine Funktion für die Fixierung eines angeblichen Beschlussergebnisses zuweisen will, und ihr also die Aufgabe zuschreibt, das wahre Abstimmungsergebnis abzudecken und dieses – jedenfalls nach Ablauf der Anfechtungsfrist – sogar zu vernichten, muss **belegen**, woher das **rechtliche Können** für diese Wirkungen kommen soll.

73 Hieran **fehlt es vollständig**. Eine rechtliche Legitimation für die Verdrängung des wahren Abstimmungsergebnisses wird von der h.M. nur erwünscht und vorausgesetzt, gleichsam erhofft, indes weder gesucht noch geboten. Weder das Gesetz noch der Mehrheitswille – etwa der der Wohnungseigentümer – können für eine rechtliche Legitimation herhalten. Das Gesetz räumt dem Versammlungsleiter diese Rechtsmacht nicht ein. Eine Verortung dieser Macht in § 23

---

1 BGH v. 19.9.2002 – V ZB 30/02, ZMR 2002, 930 (936); OLG Düsseldorf v. 6.5.2002 – 3 Wx 244/01, ZWE 2002, 418 (419); KG v. 6.6.1990 – 24 W 1227/90, OLGZ 1990, 421 (423) = MDR 1990, 925 = NJW-RR 1991, 213 (214); *Becker*, MietRB 2003, 53 (54); *Becker*, ZWE 2002, 93 (96); *Hügel*, ZfIR 2003, 885 (889); Staudinger/*Bub* § 23 Rz. 173; zweifelnd BayObLG v. 27.10. 1989 – BReg. 2Z 75/89, NJW-RR 1990, 210 (211).
2 OLG München v. 21.2.2007 – 34 Wx 100/06, ZMR 2007, 480 (481) = WuM 2007, 222 (LS) = NJW-Spezial 2007, 197; Bärmann/Pick/*Merle* Rz. 46 und Rz. 47 m.w.N.
3 *Zöllner* in FS Lutter, S. 821 (830).
4 Ausführlich dazu *Elzer*, ZWE 2007, 165 (171 ff.); s. ferner *Müller*, PiG 59, 73 (96).

Abs. 4[1] muss ebenso wie eine in § 46 Abs. 1 Satz 2 scheitern. Beide Vorschriften äußern sich offensichtlich nicht zur Befugnis eines Dritten, Beschlussergebnisse der Wohnungseigentümer in ihr **Gegenteil** zu verkehren. Fehl geht aber auch der, der die Rechtsmacht des Versammlungsleiters von den Abstimmenden herleiten will. Dass die Abstimmenden – die sich in diesen Fällen ja stets mehrheitlich gegen einen Beschlussantrag entscheiden – dem ihr Abstimmungsergebnis bloß Feststellenden die schöpferische Macht geben wollen, ihr Ergebnis auch falsch festzustellen, es zu kippen, es in sein Gegenteil zu verkehren und es für sie in einer nicht gewollten Form bindend zu fixieren, ist nur behauptbar. Kein Abstimmender kann und wird wollen, dass für ihn gilt, was er nicht will. Jedenfalls dann nicht, wenn er die Mehrheit auf seiner Seite weiß. Der Abstimmende zielt mit seiner Stimme auf das Gegenteil eines positiven Beschlussergebnisses ab. Vom Feststellenden und Verkündenden erwartet er Billigkeit, nicht phantasievolle Kraft und Macht. Dass ein Abstimmender in die für ihn kostenträchtige und unsichere Anfechtungsklage „getrieben" werden will – und hierfür dem Versammlungsleiter eine Rechtsmacht einräumt –, entspricht nicht der Rechtswirklichkeit. Es kann nach Gesetz und Wollen nicht in der Willkür des Versammlungsleiters stehen, welche Beschlüsse „geboren" werden.

8. Vereinbarte Wirksamkeitsvoraussetzungen

Die Wohnungseigentümer können für einen Beschluss **Wirksamkeitsvoraussetzungen** vereinbaren. Öffnen das Gesetz und/oder Vereinbarungen durch eine Regelung nach § 23 Abs. 1 die Beschlussmacht, können sie für solche Beschlüsse besondere Mehrheiten verlangen. Etwa eine Beurkundung ist von Gesetzes wegen **keine Voraussetzung** für die Entstehung eines Beschlusses (§ 24 Rz. 196 ff.)[2]. Die Wohnungseigentümer können aber vereinbaren, dass ein Beschluss zu seiner Entstehung **beurkundet** werden oder notwendig in ein „Protokollbuch"[3] aufgenommen werden **muss**.

Ist vor allem aus Gründen der Publizität eine Beurkundung vereinbart worden, soll ein nicht protokollierter Beschluss allerdings nicht unwirksam sein. Die Nichtbeurkundung – die im Prozess auch nicht nachgeholt werden kann –[4] macht einen Beschluss nach h.M. im Regelfall nur anfechtbar[5]. Eine **Gleichstellung** mit der Feststellung des Abstimmungsergebnisses in der Niederschrift über die Hauptversammlung einer Aktiengesellschaft sei **unzulässig**, weil das Aktienrecht (§ 130 Abs. 2 AktG) – im Gegensatz zum Wohnungseigentums-

---

1 A.A. *Häublein*, ZMR 2007, 409 (413).
2 BGH v. 23.8.2001 – V ZB 10/01, BGHZ 148, 335 (346) = ZMR 2001, 809 = NJW 2001, 3339 = MDR 2001, 1283 = BGHReport 2001, 863; OLG Schleswig v. 24.3.2006 – 2 W 230/03, ZMR 2006, 721; BayObLG v. 13.10.2004 – 2Z BR 152/04, BayObLGReport 2005, 61 (62); v. 2.1.1984 – BReg 2Z 15/83, MDR 1984, 495; KG v. 19.7.2004 – 24 W 45/04, ZMR 2004, 858 (859).
3 OLG Köln v. 14.8.2006 – 16 Wx 113/06, OLGReport Köln 2007, 136 = FGPrax 2007, 19 = ZMR 2007, 388.
4 OLG Schleswig v. 24.3.2006 – 2 W 230/03, ZMR 2006, 721 (722).
5 BGH v. 3.7.1997 – V ZB 2/97, BGHZ 136, 187 (192) = ZMR 1997, 531 (534) = NJW 1997, 2956; OLG Schleswig v. 24.3.2006 – 2 W 230/03, ZMR 2006, 721; OLG Köln v. 9.2.2006 – 16 Wx 220/05, ZMR 2006, 711 (712); OLG Düsseldorf v. 1.10.2004 – I-3 Wx 207/04, ZMR 2005, 218 (219).

gesetz für die Eigentümerversammlung – **ausdrücklich** vorschreibt, dass in der Niederschrift das Ergebnis der Abstimmung und die Feststellung des Vorsitzenden über die Beschlussfassung – bei Meidung der Nichtigkeit (§ 241 Nr. 2 AktG) – anzugeben sind. Diese Auffassung **überzeugt nicht**. Vereinbaren die Wohnungseigentümer eine Entstehungsvoraussetzung, kann die bestimmte, aber fehlende Tatbestandsvoraussetzung im Zweifel nur dazu führen, dass der Beschluss gar nicht zustande kommt, nicht zustande kommen soll. Die Vertragschließenden wollen keinen bloßen Beschlussmangel (Unwirksamkeitsgrund) einführen. Sie wollen regeln, wie ein Beschluss entstehen kann – und wie nicht. Fehlt eine Wirksamkeitsvoraussetzung, ist dies kein Beschlussmangel. Fehlt eine Wirksamkeitsvoraussetzung, so verhindert dies, dass ein Beschluss entsteht und ein Mangel überhaupt einen Bezugspunkt hätte.

76 Etwas anderes kann nur gelten, wenn sich **im Wege der Auslegung** ermitteln lässt, dass die Wohnungseigentümer nur einen bloßen (neuen) Beschlussmangel (Beschlussfehler) einführen wollten[1].

9. Fehlen einer Wirksamkeitsvoraussetzung

77 Fehlt es an einer Wirksamkeitsvoraussetzung, wird diese Lücke **unterschiedlich** beurteilt und **differenziert** betrachtet. Übereinstimmung besteht darin, dass kein Beschluss zustande kommen kann, wenn es an einer Eigentümerversammlung fehlt. Weil die Eigentümerversammlung als Ort der Beschlussfassung eine unabdingbare Voraussetzung ist, können Beschlüsse ohne eine Eigentümerversammlung und ohne eine ausreichende Ladung zu dieser nicht gefasst werden. Etwa einer „Ad-hoc-Zusammenkunft" nur mehrerer Wohnungseigentümer kommt diese Bedeutung nicht zu. Einer solchen Zusammenkunft fehlt die gesetzliche Legitimation, Beschlüsse zu fassen[2]. Übereinstimmung besteht – ohne dass dies dargestellt wird – auch darin, dass es ohne Beschlussantrag zu keinem Beschluss kommen kann. Eine Hilfsüberlegung hierfür ist die Diskussion um die Frage, was gilt, wenn ein Beschluss unbestimmt ist (dazu Rz. 145). Ist ein Beschluss auch nach einer Auslegung zu unbestimmt, wird er heute nämlich als „nichtig" begriffen[3]. Nach hier vertretener Auffassung läge es zwar näher, von einem Nichtbeschluss zu sprechen: War der Beschlussantrag nicht ausreichend formuliert, fehlt es nämlich an einer Wirksamkeitsvoraussetzung. Die auf einen unklaren Beschlussantrag ergehende Abstimmung muss notwendig ins „Leere" gehen und kann zu keinem Beschluss führen. Das dennoch verkündete Ergebnis besitzt keine Substanz. Auf diese Klarstellung kommt es aber nicht an. Denn unabhängig von der Begründung besteht jedenfalls darüber Einigkeit, dass es bei Unbestimmtheit (= mangelnder Beschlussantrag) keinen Beschluss geben kann. Auch dann, wenn die Wohnungseigentümer über einen Beschlussantrag **nicht abstimmen**, der Verwalter einen Beschluss **aber fixiert**, kann es keinen Be-

---

1 Bärmann/Pick/*Merle* § 23 Rz. 51 und Rz. 119.
2 OLG Hamm v. 20.11. 1989 – 15 W 308/89, WE 1993, 24 (25).
3 BayObLG v. 24.11.2004 – 2Z BR 156/04, ZMR 2005, 639 (640) = BayObLGReport 2005, 184; v. 10.3.2004 – 2Z BR 16/04, WuM 2004, 425 = ZMR 2004, 762; v. 6.6.2002 – 2Z BR 124/01, NZM 2002, 875; OLG Hamm v. 23.9.2004 – 15 W 129/04, ZMR 2005, 306 (308).

schluss geben. Auch dann nicht, wenn der Versammlungsleiter einen solchen verkündet[1].

Etwas anderes soll allerdings für die weitere Wirksamkeitsvoraussetzung der **Stimmenmehrheit** gelten. Diese wird – letztlich einhellig – nur als anfechtbarer Beschlussfehler begriffen (dazu Rz. 70 ff.)[2]. Diese Betrachtungsweise ist **offensichtlich unsystematisch**. Denn sie setzt voraus, dass eine Unterscheidung zwischen den verschiedenen Wirksamkeitsvoraussetzungen möglich und geboten ist. Ähnliche Vorwürfe muss sich die Sichtweise gefallen lassen, die einen Verstoß gegen eine vereinbarte Wirksamkeitsvoraussetzung als bloßen Beschlussfehler betrachtet (Rz. 74 ff.). Wird gegen eine vereinbarte Wirksamkeitsvoraussetzung verstoßen, soll ein Beschluss nach h.M. nämlich nur anfechtbar, aber nicht unwirksam sein. Beispielsweise eine vereinbarte aber unterlassene Beurkundung soll einen Beschluss nur anfechtbar machen[3]. Auch diese Sicht der Dinge ist indes nicht überzeugend, wenn man vereinbarte Beschlussanforderungen als Teil des Entstehungsvorgangs des Instituts „Beschluss" begreift. Vereinbaren die Wohnungseigentümer eine Entstehungsvoraussetzung, kann die bestimmte, aber eben fehlende Tatbestandsvoraussetzung denklogisch nur dazu führen, dass der Beschluss gar nicht zustande kommt, nicht zustande kommen soll. Fehlt eine Wirksamkeitsvoraussetzung, so verhindert dies, dass ein Beschluss entsteht und ein Mangel überhaupt einen Bezugspunkt hätte[4]. 78

III. Schriftliche Beschlüsse

1. Stimmabgabe

Eine Stimmabgabe im Rahmen eines schriftlichen Beschlussverfahrens gem. § 23 Abs. 3 kann nur **schriftlich** erfolgen (dazu ausführlich § 23 Rz. 71 ff.). Gleichgültig ist, ob alle Unterschriften auf einem „Zirkular" (Umlaufbeschluss) oder jede Unterschrift auf vorbereiteten Stimmscheinen geleistet wird. Die Stimmabgabe ist auch hier bis zum Zugang der letzten Erklärung beim Beschlussinitiator frei widerruflich (§ 23 Rz. 80). Die Regelung des § 130 Abs. 1 Satz 2 BGB kann nicht auf die bloße Zustimmungserklärung im schriftlichen Beschlussverfahren übertragen werden. Zu den Vertretungsfragen bei der Stimmrechtsausübung, z.B. durch Betreuer, s. Rz. 43. 79

2. Feststellung und Verkündung

Auch ein schriftlicher Beschluss bedarf für seine Entstehung der Feststellung und Verkündung. Die Anforderung „Feststellung" ist wie in der Eigentümerversammlung zu verstehen (dazu Rz. 62 ff.). Für die daneben notwendige Verkündung genügt jede Form der Unterrichtung der Wohnungseigentümer, die den in- 80

---

1 BayObLG v. 7.12.1995 – 2Z BR 72/95, ZMR 1996, 151 (154) = BayObLGZ 1995, 407; *Vandenhouten* in Köhler/Bassenge, Teil 5 Rz. 260.
2 Bärmann/Pick/*Merle* § 23 Rz. 47 und Rz. 177.
3 BGH v. 3.7.1997 – V ZB 2/97, ZMR 1997, 531 (534) = NJW 1997, 2956; OLG Schleswig v. 24.3.2006 – 2 W 230/03, ZMR 2006, 721; OLG Köln v. 9.2.2006 – 16 Wx 220/05, ZMR 2006, 711 (712); OLG Düsseldorf v. 1.10.2004 – I-3 Wx 207/04, ZMR 2005, 218 (219).
4 Wie hier *Bub* in FS Seuß, S. 53 (70/71). Er will allerdings die Anfechtungsfrist gelten lassen. Warum, bleibt dabei offen.

ternen Geschäftsbereich des Feststellenden verlassen hat, und bei der den gewöhnlichen Umständen nach mit einer Kenntnisnahme durch die Wohnungseigentümer gerechnet werden kann[1]. Dies kann etwa durch einen Aushang oder ein Rundschreiben erfolgen, aber auch mündlich gegenüber sämtlichen Wohnungseigentümern oder in einer späteren Eigentümerversammlung.

IV. Mehrheitsbeschluss

1. Grundsatz

81 Ein Beschluss i.S.v. § 23 Abs. 1 erfordert, wie etwa §§ 10 Abs. 5, 12 Abs. 4 Satz 1, 15 Abs. 2, 16 Abs. 3, 18 Abs. 3 Satz 1, 21 Abs. 3 und Abs. 7 zeigen, grundsätzlich eine **einfache Mehrheit** von „Ja-Stimmen". Etwas anderes gilt bei einer **abweichenden Vereinbarung** (Rz. 85) oder höheren **gesetzlichen Anforderungen** (Rz. 84). Bei der Auszählung der für und gegen einen konkreten Beschlussantrag abgegebenen Stimmen ist für die Frage, ob die erforderliche einfache Beschlussmehrheit erreicht worden ist, zu prüfen, ob mehr „Ja-Stimmen" als „Nein-Stimmen" für einen Beschlussantrag abgegeben worden sind[2]. **Stimmenthaltungen** gelten als nicht abgegebene Stimmen und sind **nicht mitzuzählen**[3]. Stimmenthaltungen werden also nicht wie „Nein-Stimmen" gezählt, sondern sind als „Null-Stimmen" zu werten[4]. Bei 20 Stimmberechtigen müssen mithin grundsätzlich 11 Wohnungseigentümer mit „Ja" stimmen, damit ein Mehrheitsbeschluss entstehen kann. Enthalten sich von 20 Stimmberechtigen allerdings 18 Wohnungseigentümer und stimmen die anderen 2 mit „Ja", ist auch mehrheitlich ein Beschluss gefasst worden, sogar einstimmig. Ergibt sich nach der Auszählung der Stimmen auf einen Beschlussantrag eine Stimmengleichheit oder überwiegen die Nein-Stimmen, ist ein Antrag abgelehnt worden (Negativbeschluss, Rz. 123).

82 Die Mehrheit der Stimmen bestimmt sich gem. § 25 Abs. 2 Satz 1 nach Köpfen, sofern die Wohnungseigentümer kein anderes Stimmrechtsprinzip vereinbaren (s. § 25 Rz. 12 ff.). Wollen die Wohnungseigentümer, dass die Stimmen ungeachtet des geltenden Stimmrechtsprinzips in **besonderer** Weise auszuzählen sind, können sie durch eine Vereinbarung, aber auch durch einen Beschluss etwas anderes bestimmen. Zum Beispiel können sie anordnen, dass Stimmenthaltungen als Nein-Stimmen zu werten sind. Fehlt es an einer allgemeinen Regelung zur Stimmauszählung und bestimmen die Wohnungseigentümer in der Eigentümerversammlung nichts anderes, kann sich der Versammlungsleiter auch der sog. „**Subtraktionsmethode**" bedienen[5]. In diesem Falle sind nach der Abstimmung über zwei von drei – auf Zustimmung, Ablehnung oder Enthaltung ge-

---

1 BGH v. 23.8.2001 – V ZB 10/01, BGHZ 148, 335 (347) = ZMR 2001, 809 = NJW 2001, 3339 = MDR 2001, 1283 = BGHReport 2001, 863; *Merle* PiG 18, 125 (134).
2 BGH v. 8.12.1988 – V ZB 3/88, BGHZ 106, 179 (183).
3 BGH v. 8.12.1988 – V ZB 3/88, BGHZ 106, 179 (183); vgl. *Lutter/Hommelhoff* § 47 GmbHG Rz. 4 für die GmbH.
4 BGH v. 8.12.1988 – V ZB 3/88, BGHZ 106, 179 (183); v. 25.1.1982 – II ZR 164/81, BGHZ 83, 35 (36) zum Vereinsrecht; BayObLG v. 10.8.2001 – 2Z BR 21/01, ZMR 2002, 61 (62).
5 BGH v. 19.9.2002 – V ZB 37/02, ZMR 2002, 936 = BGHZ 152, 63; BayObLG v. 11.7.2002 – 2Z BR 60/02, BayObLGReport 2003, 100; v. 10.11.2004 – 2Z BR 109/04, BayObLG-Report 2005, 211.

richteten – Abstimmungsfragen die Zahl der noch nicht abgegebenen Stimmen als Ergebnis der dritten Abstimmungsfrage zu werten. Voraussetzung für dieses Vorgehen ist allerdings, dass die Gesamtzahl der Versammlungsteilnehmer für den jeweiligen Abstimmungsgang **zuverlässig** aus dem Teilnehmerverzeichnis und einer hierneben geführten Präsenzliste entnommen werden kann[1]. **Unabdingbare Voraussetzung** für ein ordnungsgemäßes Funktionieren der Ermittlung der Stimmenzahl durch die Subtraktionsmethode ist mithin die zum Zeitpunkt jeder Abstimmung **einwandfrei** feststellbare tatsächliche Präsenz. Durch die Subtraktionsmethode kann das tatsächliche Abstimmungsergebnis ferner nur dann hinreichend verlässlich ermittelt werden, wenn für den Zeitpunkt der jeweiligen Abstimmung die Anzahl der anwesenden und vertretenen Wohnungseigentümer und – bei Abweichung vom Kopfprinzip (§ 25 Rz. 11 ff.) – auch deren Stimmkraft feststeht.

Besonderer organisatorischer Maßnahmen zur exakten Feststellung des Mehrheitswillens, also Feststellung der anwesenden und vertretenen Wohnungseigentümer und deren Stimmkraft sowie der genauen Zahl der abgegebenen Ja- und Nein-Stimmen und der Enthaltungen, bedarf es nur dann nicht, wenn eindeutige Verhältnisse und klare Mehrheiten vorliegen[2]. Bestehen Unklarheiten, gehen Zweifel zu Lasten der Beteiligten, die sich auf die Wirksamkeit des Beschlusses berufen[3]. 83

2. Qualifizierte Mehrheit

a) Gesetzliche Mehrheiten

Für Beschlüsse nach §§ 16 Abs. 4 Satz 1, 18 Abs. 3 Satz 1, 22 Abs. 2 Satz 1 bedarf es **besonderer Mehrheiten**. Bereits § 18 Abs. 3 Satz 2 verlangt, dass mehr als die Hälfte der stimmberechtigten Wohnungseigentümer i.S.v. § 25 Abs. 2 (dazu § 25 Rz. 72) mit „Ja" gestimmt haben. §§ 16 Abs. 4 Satz 2, 22 Abs. 2 Satz 1 gehen darüber **zweifach** hinaus: Sie verlangen einerseits, dass **drei Viertel** aller stimmberechtigten Wohnungseigentümer i.S.v. § 25 Abs. 2 mit „Ja" gestimmt haben müssen. Diese Voraussetzung gewährleistet, dass ein Beschluss nur gefasst werden kann, wenn dies auch dem Willen der überwiegenden Mehrheit der Wohnungseigentümer entspricht. Andererseits müssen die Wohnungseigentümer, die einem Beschluss i.S.v. §§ 16 Abs. 4 Satz 1, 22 Abs. 2 Satz 1 zugestimmt haben, zugleich eine **Mehrheit der Miteigentumsanteile** repräsentieren, §§ 16 Abs. 4 Satz 2, 22 Abs. 2 Satz 1. Durch diese Voraussetzung soll verhindert werden, dass der Wohnungseigentümer, dem der größere Teil des gemeinschaftlichen Eigentums zusteht, durch Mehrheiten überstimmt werden kann, die **allein nach Köpfen** berechnet werden. Allerdings reicht hier eine einfache Mehrheit. Denn die zulässige Verbindung von übergroßen Miteigentumsanteilen mit einzelnen Wohnungen könnte ansonsten dazu führen, dass eine wirtschaftlich relativ unbedeutende Minderheit von einem Viertel zur Verhinderung eines Änderungsbeschlusses ausreicht[4]. Das besondere, von §§ 16 Abs. 4 Satz 2, 18 Abs. 3 84

---

1 OLG Hamm v. 27.5.2003 – 27 U 106/02, OLGReport 2004, 49 (50) zum Aktienrecht.
2 BayObLG v. 10.11.2004 – 2Z BR 109/04, BayObLGReport 2005, 211.
3 OLG Düsseldorf v. 29.4.2005 – I-3 Wx 56/05, ZMR 2006, 140; OLG Köln v. 21.11.2001 – 16 Wx 185/01, ZMR 2002, 972 (976) = NZM 2002, 458.
4 BT-Drucks. 16/887, 25.

Satz 2, 22 Abs. 2 Satz 1 geforderte Quorum ist nach §§ 16 Abs. 5, 22 Abs. 2 Satz 2 oder nach allgemeinen Grundsätzen nicht einschränkbar (abdingbar).

b) Vereinbarte Beschlussmehrheiten

85 Haben die Wohnungseigentümer von der Möglichkeit des § 23 Abs. 1 Gebrauch gemacht und bestimmte Angelegenheiten durch eine Vereinbarung dem Beschluss geöffnet (Öffnungsklausel, s. § 23 Rz. 6 ff.), können sie zugleich jedenfalls grundsätzlich vereinbaren, dass ein solcher Beschluss **bestimmte Mehrheiten** erreichen muss[1]. Nur in Ausnahmefällen sind besondere Mehrheiten nicht vereinbar und eine dennoch gefasste Vereinbarung gem. § 134 BGB nichtig. Etwa für die **Verwalterbestellung** können qualifizierte Mehrheitserfordernisse wegen § 26 Abs. 1 Satz 4 nicht vereinbart werden; sie sind unwirksam[2]. Auch eine Vereinbarung, die die Befugnisse aus §§ 12 Abs. 4 Satz 1, 16 Abs. 3 und Abs. 4, 22 Abs. 2 Satz 1 **einschränken** will, ist nichtig, §§ 12 Abs. 4 Satz 2, 16 Abs. 5, 22 Abs. 2 Satz 2.

86 §§ 16 Abs. 5, 22 Abs. 2 Satz 2 stehen allerdings einer Vereinbarung, die die Mehrheitserfordernisse **erleichtern** will, nicht entgegen. Gegen eine Abdingbarkeit spräche zwar, dass durch eine Absenkung der Mehrheitserfordernisse der Schutz der Minderheit, den das Gesetz vor allem durch die erforderliche Mehrheit der Stimmen sichern will, **unterlaufen** wird. §§ 16 Abs. 5, 22 Abs. 2 Satz 2 wollen aber nur solche Vereinbarungen ausschließen, die die Befugnisse zu „Ungunsten der Mehrheit der Wohnungseigentümer" einschränken[3]. Für die Zulässigkeit einer Vereinbarung, die z.B. die erforderliche Mehrheit nach § 16 Abs. 4 Satz 1 auf eine einfache Mehrheit absenkt, spricht weiter, dass das Gesetz die Mehrheitsmacht stärken will[4]. Vereinbarungen, die **geringere Anforderungen stellen**, etwa ohne das Erfordernis einer qualifizierten Mehrheit, sind daher zulässig, weil solche Beschlüsse die Befugnis der Mehrheit der Wohnungseigentümer nicht „einschränken", sondern erweitern[5]. Keine geringere Anforderung i.d.S. ist die Vereinbarung des Objekt- oder des Wertstimmrechts anstelle der erforderlichen Kopfmehrheit.

87 Vereinbarte Beschlussvoraussetzungen müssen **genügend bestimmt** sein. Eine Regelung, nach der z.B. Beschlüsse grundsätzlich nur mit „¾-Mehrheit" zustande kommen und nur bei Angelegenheiten, denen keine „erhebliche Bedeutung" zukommt, die einfache Mehrheit genügt, ist unwirksam[6]. Ferner ist stets genau zu regeln, „wie" ein Mehrheitserfordernis zu verstehen ist. Ist etwa nicht klar, ob es auf ¾ der anwesenden Wohnungseigentümer oder auf ¾ aller Wohnungseigentümer ankommt, ist eine Vereinbarung zu unbestimmt. Ferner muss klar sein, ob es auf ¾ der „Köpfe", der Miteigentumsanteile oder ein anderes Maß ankommt. Im Zweifel ist anzunehmen, dass das gesetzliche Kopfstimmrecht gem. § 25 Abs. 2 (§ 25 Rz. 11) gelten soll.

---

1 KG v. 4.3.1998 – 24 W 6949/97, MDR 1998, 1218; *Elzer* in KK-WEG § 10 Rz. 275.
2 KG v. 4.3.1998 – 24 W 6949/97, MDR 1998, 1218 (1219); BayObLG v. 20.7.1995 – 2Z BR 49/95, WuM 1996, 497 = WE 1996, 151.
3 BT-Drucks. 16/887, 21; *Häublein*, ZMR 2007, 409.
4 BT-Drucks. 16/887, 22.
5 BT-Drucks. 16/887, 25 und 32.
6 KG v. 4.3.1998 – 24 W 6949/97, MDR 1998, 1218 (1219).

c) Erst- und Zweitversammlung

Gemäß § 18 Abs. 3 Satz 3 muss die von § 18 Abs. 3 Satz 2 geforderte Mehrheit der stimmberechtigten Wohnungseigentümer **auch dann** erreicht werden, wenn die Abstimmung im Rahmen einer Zweitversammlung (§ 25 Rz. 78 ff.) erfolgt. **Entsprechend** § 18 Abs. 3 Satz 3 ist dies auch für die Beschlüsse nach §§ 16 Abs. 4 Satz 1, 18 Abs. 3 Satz 1, 22 Abs. 2 Satz 2 und auch für vereinbarte Mehrheiten (Rz. 85) anzunehmen[1].

88

d) §§ 16 Abs. 4 Satz 1, 22 Abs. 2 Satz 1

Für einen Beschluss nach §§ 16 Abs. 4 Satz 1, 22 Abs. 2 Satz 1 muss zum einen eine qualifizierte Mehrheit von **drei Viertel** aller stimmberechtigten Wohnungseigentümer i.S.d. § 25 Abs. 2 mit „Ja" gestimmt haben. Besteht eine Wohnungseigentümergemeinschaft aus drei oder weniger Wohnungseigentümern, müssen damit **sämtliche Wohnungseigentümer** einem Antrag zustimmen. Entscheidend ist die Mehrheit **aller Wohnungseigentümer**, nicht nur der in der Versammlung vertretenen. Haben die Wohnungseigentümer zulässigerweise vereinbart, dass bestimmte Materien nur von einem Teil von ihnen geordnet werden, sind z.B. in einer Mehrhausanlage bestimmte Gegenstände der Beschlussfassung einer Teilversammlung überantwortet (dazu Rz. 53 ff.), kommt es für die Berechnung der jeweiligen Quoren auf die in der Teilversammlung der stimmberechtigten Wohnungseigentümer an, **nicht auf die Gesamtheit** aller Wohnungseigentümer. Entsprechendes gilt für eine Beschlussfassung nach § 23 Abs. 3 (s. § 23 Rz. 85). Bei der Berechnung der notwendigen Köpfe zählen nur die stimmberechtigten Wohnungseigentümer. Ist ein Wohnungseigentümer vom Stimmrecht, etwa nach § 25 Abs. 5, ausgeschlossen, so ist er bei der Berechnung des notwendigen Quorums **nicht mitzuzählen**. Wenn mehr als ¼ aller Wohnungseigentümer vom **Stimmrecht ausgeschlossen** sind, ist das Quorum anhand der stimmberechtigten Wohnungseigentümer zu berechnen. Hierfür spricht vor allem der Gedanke, dass die Wohnungseigentümer ansonsten gezwungen wären, auf einen entsprechenden Beschluss nach § 21 Abs. 4 und/oder Abs. 8 zu klagen. Ein Beschluss gem. §§ 16 Abs. 4 Satz 1, 22 Abs. 2 Satz 1 muss zum anderen von **mehr als der Hälfte aller Miteigentumsanteile** getragen werden. Wenn etwa auf 90 anwesende Wohnungseigentümer von insgesamt 120 Wohnungseigentümern 5000/10000 Miteigentumsanteile oder darunter entfallen, fehlt es einer **Mehrheit** jenseits von 50 % der Miteigentumsanteile.

89

Wird die erforderliche Mehrheit nicht erreicht, kann dieser **Negativbeschluss** (Rz. 122) angefochten und mit dem Antrag verbunden werden, die anderen Wohnungseigentümer gem. § 21 Abs. 4 und/oder Abs. 8 zu verpflichten, dem Beschluss zuzustimmen.

90

e) § 18 Abs. 3 Satz 1

Für einen Beschlussantrag i.S.v. § 18 Abs. 3 Satz 1 muss eine Mehrheit aller stimmberechtigten Wohnungseigentümer i.S.v. § 25 Abs. 2 (§ 25 Rz. 16 ff.) mit „Ja" gestimmt haben. Wie bei §§ 16 Abs. 4 Satz 1, 22 Abs. 2 Satz 1 kommt es

91

---

1 *Hügel/Elzer* § 8 Rz. 75.

auf die Mehrheit der stimmberechtigten, nicht der anwesenden Wohnungseigentümer an. Auch dann, wenn für die übrigen Abstimmungen ein anderes als das gesetzliche Kopfstimmrecht gilt (§ 25 Rz. 12), besitzt jeder Wohnungseigentümer eine Stimme[1]. Einer besonderen Mehrheit der Miteigentumsanteile bedarf es für einen Beschluss nach § 18 Abs. 3 Satz 1 aber nicht.

f) Nichterreichen des Quorums

92   Wenn ein Beschluss i.S.v. §§ 16 Abs. 4 Satz 1, 18 Abs. 3 Satz 1, § 22 Abs. 2 Satz 1 oder ein auf einer Öffnungsklausel beruhender Beschluss die gesetzliche Mehrheit **nicht erreicht**, dennoch aber vom Versammlungsleiter festgestellt und verkündet wird, ist er nach h.M. anfechtbar, aber **nicht nichtig**[2]. Die unrichtige Feststellung des Abstimmungsergebnisses stelle keinen Nichtigkeits-, sondern lediglich einen **Anfechtungsgrund** dar[3]. Ein bestimmtes Quorum könne für die Beschlussmacht der Wohnungseigentümer nicht kompetenzbegründend i.S.v. § 23 Abs. 1 sein[4]. Es läge bei einem Verstoß gegen das notwendige Quorum nicht anders als bei der Frage, ob die „Ordnungsmäßigkeit" kompetenzbegründend ist.

93   Dem kann nicht zugestimmt werden. Wer – wie hier – das zu erreichende Quorum als **Tatbestandsmerkmal** begreift, muss anerkennen, dass ein dennoch verkündeter Beschluss wirkungslos bleiben muss (dazu Rz. 72 ff.).

3. Schriftliche Beschlüsse

94   Ein schriftlicher Beschluss nach § 23 Abs. 3 ist gültig, wenn **alle** Wohnungseigentümer dem entsprechenden Beschlussantrag schriftlich mit „Ja" zugestimmt haben. Dazu ausführlich § 23 Rz. 71 ff.

4. Beschlüsse nach § 22 Abs. 1

95   Keine Einigkeit besteht darin, ob bei einem Beschluss gem. § 22 Abs. 1 Satz 1 dem Grunde nach sämtliche Wohnungseigentümer mit „Ja" stimmen müssen. In Rechtsprechung und Schrifttum gehen viele davon aus, dass Beschlüsse nach § 22 Abs. 1 Satz 1 grundsätzlich „allstimmig" (Rz. 84, 121) sein müssen[5]. Vereinzelt wird sogar angenommen, dass ein Beschluss sogar „verfehlt" sei[6]. Ferner wird angenommen, dass es nicht mal eines Beschlusses bedarf[7]. Die Zustim-

---

1   BayObLG v. 24.6.1999 – 2Z BR 179/98, NZM 1999, 868 (869) = ZMR 1999, 724.
2   *Becker*, ZWE 2002, 341 (343).
3   BGH v. 23.8.2001 – V ZB 10/01, BGHZ 148, 335 (351) = ZMR 2001, 809 = NJW 2001, 3339 = MDR 2001, 1283 = BGHReport 2001, 863; vgl. auch v. 21.3. 1988 – II ZR 308/87, BGHZ 104, 66 (69) zum GmbH-Recht.
4   BT-Drucks. 16/887, 25.
5   BGH v. 18.1. 1979 – VII ZB 19/78, BGHZ 73, 196 (199) = NJW 1979, 817 = MDR 1979, 392; *Schmack/Kümmel*, ZWE 2000, 434 (439); Bärmann/Pick/Merle § 22 Rz. 113; Weitnauer/*Lüke* § 22 Rz. 7; Bärmann/*Pick* § 22 Rz. 9.
6   So BayObLG v. 2.8.2001 – 2Z BR 144/00, ZMR 2001, 994 (995) = ZWE 2001, 480.
7   BayObLG v. 7.9.1994 – 2Z BR 65/94, ZMR 1995, 495 (497) = NJW-RR 1995, 653 = BayObLGReport 1995, 74; OLG Hamm v. 9.1.1996 – 15 W 340/95, ZMR 1996, 390 (391) = OLGReport Hamm 1996, 109 = WE 1996, 351 (352); KG v. 13.7. 1987 – 24 W 1752/87, WuM 1987, 397 (399).

mung zu baulichen Veränderungen könnten die Wohnungseigentümer auch in anderer Form als gerade durch einen Beschluss erteilen[1].

Demgegenüber stellt § 22 Abs. 1 Satz 1 für Beschlüsse nach einer bislang nur vereinzelt vertretenen, aber zutreffenden Meinung nur eine **besondere Beschluss-Qualifikation** auf[2]. Dem ist auch zu folgen. Der Begriff der „Zustimmung" i.S.v. § 22 Abs. 1 kann nach der jetzigen Systematik des Wohnungseigentumsgesetzes nur als ein anderes Wort für „Stimmrechtsausübung" und also als Hinweis auf die **notwendig Mitstimmenden** verstanden werden. Das Gesetz spricht mit „Zustimmung" die **Stimmrechtsausübung der Beschlussfassenden** an. Die in § 22 Abs. 1 Satz 2 angesprochene „Zustimmung" kann nur als nähere Erläuterung zu der in Satz 1 angesprochenen Beschlussfassung verstanden werden. § 22 Abs. 1 regelt daher für den Bereich der Beschlussfassung zwei Punkte: zum einen, dass der Genehmigungsbeschluss wenigstens mehrheitlich gefasst werden muss, und zum anderen, dass der Beschluss nur dann ordnungsmäßig ist, wenn alle i.S.v. § 14 Nr. 1 Betroffenen mit „Ja" zustimmen. Dass ein Betroffener einer Maßnahme nach § 22 Abs. 1 Satz 1 außerhalb der Eigentümerversammlung zustimmt, ist **nicht vorstellbar**. Auch die Bindung eines Sondernachfolgers ohne Beschluss – etwa durch die Aufnahme der Bauarbeiten – ist entgegen der h.M. nicht wegen der Zustimmung des Sondervorgängers, sondern allenfalls nach § 242 BGB oder aus dem die Wohnungseigentümer verbindenden Gemeinschaftsverhältnis vorstellbar[3].

96

V. Beschlussarten

Systematisiert man die in der Praxis häufig vorkommenden Beschlüsse, lassen sich wenigstens folgende „Beschlussarten" mit zum Teil besonderen Problemen unterscheiden.

97

1. Zweitbeschluss

a) Beschlusskompetenz

Die Wohnungseigentümer sind nicht gehindert, über eine bereits schon im Wege des Beschlusses geregelte gemeinschaftliche Angelegenheit **erneut** zu beschließen (**Zweitbeschluss**)[4]. Die Befugnis, mehrfach über einen Gegenstand zu beschließen und ggf. die bisherige Entscheidung zu ändern oder zu ergänzen, ist

98

---

1 BayObLG v. 28.3.2001 – 2Z BR 1/01, ZWE 2001, 609 (610); v. 5.2.1998 – 2Z BR 110/97, WE 1998, 278 = BayObLGZ 1998, 32 (34) = MDR 1998, 527; v. 13.7.1995 – 2Z BR 15/95, ZMR 1995, 495 (497) = NJW-RR 1995, 653 = BayObLGReport 1995, 74; v. 7.9.1994 – 2Z BR 65/94, NJW-RR 1995, 653 (654); OLG Karlsruhe v. 13.2.1998 – 4 W 42/97, OLGReport Karlsruhe 1998, 229 (231) = NZM 1998, 526; OLG Hamm v. 9.1.1996 – 15 W 340/95, ZMR 1996, 390 (391) = OLGReport Hamm 1996, 109 = WE 1996, 351 (352); v. OLG Hamm v. 12.3.1991 – 15 W 41/90, MDR 1991, 1171 (1172); *Röll*, ZWE 2001, 55 (56).
2 *Hügel/Elzer* § 7 Rz. 16.
3 So auch *Schmack/Kümmel*, ZWE 2000, 434 (439); vgl. ferner allgemein *Elzer* in KK-WEG § 10 Rz. 336.
4 BGH v. 23.8.2001 – V ZB 10/01, BGHZ 148, 335 (350) = ZMR 2001, 809 = NJW 2001, 3339 = MDR 2001, 1283 = BGHReport 2001, 863; v. 20.12.1990 – V ZB 8/90, BGHZ 113, 197 (200) = MDR 1991, 517.

selbstverständlich, folgt aus den Vorschriften, die den Wohnungseigentümern Beschlussmacht einräumen und ergibt sich wohl auch aus der „autonomen Beschlusszuständigkeit der Wohnungseigentümer"[1].

b) Voraussetzungen

99 Für einen Zweitbeschluss gibt es **keine besonderen Tatbestandsvoraussetzungen**. Wenn die Wohnungseigentümer für eine Angelegenheit eine Beschlusskompetenz besitzen, können sie über diese dem Grunde nach so häufig entscheiden, wie sie dieses für richtig halten[2]. Die Wohnungseigentümer brauchen vor allem **keinen sachlichen Grund**, sich nochmals mit einer Angelegenheit zu beschäftigen und diese ggf. anders, jedenfalls aber zu entscheiden[3]. Aus welchen Gründen die Wohnungseigentümer erneut über eine Angelegenheit beschließen wollen, ist **unerheblich**. Notwendig, aber auch ausreichend ist, dass der neue Beschluss unter keinen formellen oder materiellen Mängeln leidet und nicht nichtig ist[4].

c) Ziele

100 Nach ihrem Ziel kann man, ohne dass aus der begrifflichen Unterscheidung indes ein besonderer Wert abzuleiten wäre, verschiedene Zweitbeschlüsse unterscheiden:

– die Wohnungseigentümer können in einem Zweitbeschluss eine im Verhältnis zum Erstbeschluss inhaltlich identische Regelung treffen (**bestätigender Zweitbeschluss**); eine solche Wiederholung bezweckt in der Regel, die **Anfechtbarkeit** eines anderen Beschlusses (Erstbeschlusses) wegen etwaiger formeller Beschlussmängel zu **beseitigen**;

– betrifft ein Zweitbeschluss denselben Gegenstand wie der Erstbeschluss, wird mit diesem aber eine **neue**, unterschiedliche Regelung getroffen, spricht man von einem **abändernden Zweitbeschluss**;

– ergänzt ein Zweitbeschluss einen Erstbeschluss ohne ihn zu bestätigen oder abzuändern, enthält er aber eine zusätzliche Regelung, liegt ein **ergänzender Zweitbeschluss** vor.

aa) Bestätigender Zweitbeschluss

101 Treffen die Wohnungseigentümer eine zum Erstbeschluss inhaltlich identische Regelung (**bestätigender Zweitbeschluss**), bezwecken sie in der Regel, die **An-**

---

1 BGH v. 23.8.2001 – V ZB 10/01, BGHZ 148, 335 (350) = ZMR 2001, 809 = NJW 2001, 3339 = MDR 2001, 1283 = BGHReport 2001, 863; v. 20.12.1990 – V ZB 8/90, BGHZ 113, 197 (200) = MDR 1991, 517; *Elzer*, ZMR 2007, 237 (238); *Elzer*, ZWE 2007, 165 (174); *Lüke*, PiG 59, 103 (107).
2 *Riecke/Schmidt/Elzer* Rz. 228; *Drabek* in KK-WEG § 23 Rz. 27.
3 *Fritsch*, WE 2006, 148 m.w.N.; *Wenzel*, IMR 2006, 56; Staudinger/*Bub* § 23 Rz. 117; a.A. OLG Frankfurt v. 24.2.2006 – 20 W 229/03, IMR 2006, 56 mit ablehnender Anm. *Wenzel*; OLG Köln v. 1.2.2002 – 16 Wx 10/02, NZM 2002, 454 = OLGReport Köln 2002, 243.
4 Der BGH umschreibt diese Anforderungen blumig damit, dass der neue Beschluss „aus sich heraus einwandfrei" sein muss, BGH v. 23.8.2001 – V ZB 10/01, BGHZ 148, 335 (350) = ZMR 2001, 809 = NJW 2001, 3339 = MDR 2001, 1283 = BGHReport 2001, 863; v. 20.12.1990 – V ZB 8/90, BGHZ 113, 197 (200) = MDR 1991, 517.

fechtbarkeit eines anderen Beschlusses (Erstbeschlusses) wegen etwaiger formeller oder materieller Beschlussmängel zu **beseitigen**[1]. Dabei ist unerheblich, ob der Zweitbeschluss den Erstbeschluss wortgleich wiederholt oder – ggf. auch nur sinngemäß – bestätigt. Welche **Wirkungen** ein solcher bestätigender Zweitbeschluss auf den Erstbeschluss hat, beurteilt sich **nach dem Willen** der Wohnungseigentümer.

(1) Ersetzung des Erstbeschlusses

Vorstellbar und nahe liegend ist ein **Wille**, mit dem Zweitbeschluss eine Angelegenheit neu zu ordnen und daneben **zugleich** den (ggf. sogar bestandskräftigen) Erstbeschluss und seine Wirkungen **aufzuheben** und zu egalisieren[2]. Ist etwa der Erstbeschluss im Zeitpunkt des Zweitbeschlusses angefochten, ist in der Regel **von diesem Willen** auszugehen[3]. Für die dem Beschluss Unterworfenen soll nur noch gelten, was der Zweitbeschluss bestimmt. Die Bereitschaft, über das alte Thema erneut zu beraten und zu beschließen, enthält regelmäßig den Willen, es „nicht beim alten zu belassen"[4]. Ist ein bestätigender Zweitbeschluss so gefasst oder im Wege der Auslegung (dazu Rz. 143 ff.) so zu verstehen, richtet sich eine Bindung der Wohnungseigentümer also nur noch nach dem Zweitbeschluss.

102

Wird der Zweitbeschluss angefochten und durch ein Gericht rechtskräftig **aufgehoben**, lebt der Erstbeschluss allerdings wieder auf, und zwar ex tunc[5]. Bis zu diesem Zeitpunkt ist der Erstbeschluss zwar nicht (mehr) gegenständlich. Wird indes der zweite Beschluss für ungültig erklärt, entfällt auch die Aufhebung des Erstbeschlusses. Denn die Verbindung der Regelungen – Aufhebung und ersetzende Entscheidung – in dem neuen Beschluss hat entsprechend § 139 BGB zur Folge, dass im Zweifel die Ungültigkeit eines Teils des Beschlusses dessen **Gesamtnichtigkeit** herbeiführt (s. noch § 23 Rz. 117)[6]. Die Bestätigung der im Erstbeschluss getroffenen Regelung spricht in der Regel dafür, dass der neue Beschluss nicht gefasst worden wäre, wenn Zweifel an dessen Gültigkeit bestanden hätten. Die Aufhebung des Erstbeschlusses bleibt nur dann **bestehen**, wenn sich feststellen lässt, dass sie auch bei Kenntnis der Ungültigkeit der ersetzenden Regelung beschlossen worden wäre.

Ist ein Erstbeschluss angefochten, verliert die gegen ihn gerichtete Anfechtungsklage **bereits mit Entstehung** des Zweitbeschlusses, nicht erst mit seiner Bestandskraft, ein Rechtsschutzbedürfnis[7]. Wird auch der Zweitbeschluss angefochten, bietet sich eine Aussetzung nach § 148 ZPO an. Zwingend ist dies aber

103

---

1 BayObLG v. 31.1.2002, 2Z BR 165/01, ZWE 2002, 315.
2 BGH v. 16.9.1994 – V ZB 2/93, BGH 127, 99 (101); v. 10.3.1994 – IX ZR 98/93, NJW 1994, 1866 (1867) = MDR 1994, 1113; BayObLG v. 15.7. 1975 – BReg 2Z 27/75, BayObLGZ 1975, 284 = ZMR 1977, 85.
3 *Müller*, ZWE 2000, 557 (560).
4 BayObLG v. 15.7. 1975 – BReg 2Z 27/75, BayObLGZ 1975, 284 (286/287) = ZMR 1977, 85.
5 BayObLG v. 10.4.1997 – 2Z BR 125/96, ZMR 1997, 478 (480); *Müller*, ZWE 2000, 557 (560).
6 BGH v. 16.9.1994 – V ZB 2/93, BGHZ 129, 99 (101/102).
7 BGH v. 29.9. 1956 – II ZR 144/55, BGHZ 21, 354; BayObLG v. 15.7. 1975 – BReg 2Z 27/75, BayObLGZ 1975, 284 = ZMR 1977, 85.

nicht. Wird die Anfechtung des Erstbeschlusses in Ermangelung eines Rechtsschutzbedürfnisses als unzulässig abgewiesen, kann der ehemalige Kläger die Anfechtungsklage **ohne weiteres** wieder aufnehmen, wenn der Zweitbeschluss **rechtskräftig aufgehoben** und das Rechtsschutzbedürfnis wieder erwachsen ist. Denn die Anfechtungsfrist war und bleibt gewahrt. Das ursprüngliche Anfechtungsverfahren ist dann dort **fortzusetzen**, wo es endete.

(2) Aufhebung der Wirkungen des Erstbeschlusses

104 Vorstellbar ist ferner ein bestätigender Zweitbeschluss, der die **Wirkungen** eines ordnungswidrigen Erstbeschlusses **zunächst unberührt lassen will**. Erwächst ein Zweitbeschluss in diesem Falle in Bestands- oder Rechtskraft, ist zu klären, wie sich dies auf den Erstbeschluss auswirken soll. Die h.M. nimmt an, dass die Mängel des Erstbeschlusses in diesem Falle „geheilt" werden[1]. Diese Wirkung ist indes nur schwer vorstellbar und im Ergebnis auch **abzulehnen**[2]. Denn dann wäre der Erstbeschluss von Anfang an als mangelfrei anzusehen. Eine solche Heilung ist indes im Wege des Beschlusses nicht herstellbar. Nicht einmal eine Vereinbarung (ein Vertrag) ist in der Lage, einen mangelhaften vorherigen Vertrag zu „heilen". Der Mangel eines Erstbeschlusses kann im Wege des Beschlusses nicht ausgelöscht werden.

Vorstellbar ist aber etwas **anderes**. Die Wohnungseigentümer können wollen, dass der Zweitbeschluss auf den Zeitpunkt des Erstbeschlusses **zurückwirkt**. Dann ist nicht der Erstbeschluss geheilt, sondern der Zweitbeschluss wirkt ex tunc ab dem Zeitpunkt, an dem der Erstbeschluss wirken sollte. Oder der Zweitbeschluss **soll** wenigstens **ab seiner Bestandskraft** „heilende" Wirkungen haben. Dann besitzt der Erstbeschluss freilich bis zu diesem Zeitpunkt Wirkungen – seine Wirkungen gehen nur ex nunc unter[3]. Dann behält der Erstbeschluss **nicht entfallende** Wirkungen **bis** zur Bestandskraft des Zweitbeschlusses. Regelte der Erstbeschluss z.B., dass ein erhöhtes Nutzungsentgelt zu zahlen war, bleiben bis dahin auf diesen Beschluss gestützte Maßnahmen **wirksam**. Ausnahmsweise kann deshalb hier in analoger Anwendung des § 244 Satz 2 AktG das Rechtsschutzbedürfnis für die Anfechtung des Erstbeschlusses auch bei Bestandskraft des Zweitbeschlusses bestehen bleiben. Dies ist anzunehmen, soweit die Ungültigerklärung des Erstbeschlusses für die Zeit **bis zum Zweitbeschluss** begehrt wird. Notwendig, aber auch ausreichend ist dann, dass der Antragsteller ein berechtigtes Interesse an einer solchen Klärung hat. Welche dieser beiden möglichen **Wirkungen** der Zweitbeschluss im Wohnungseigentumsrecht auf den Erstbeschluss besitzt, ist auch hier nicht dem Gesetz **immanent**, sondern Ergebnis einer **Auslegung** des **Willens** der Wohnungseigentümer.

105 Werden bei diesem Modell Erst- und Zweitbeschluss angefochten, ist der Mangel des Erstbeschlusses erst bedeutungslos, wenn der gegen den Zweitbeschluss gerichtete Anfechtungsantrag **rechtskräftig** abgewiesen wird[4] oder wenn die An-

---

1 Siehe z.B. Bärmann/Pick/*Merle* § 23 Rz. 66.
2 Siehe auch Scholz/*Schmidt*, GmbHG, 9. Aufl. 2002, § 45 Rz. 32.
3 Diese Sichtweise entspricht der für die aktienrechtliche Anfechtungsklage, vgl. BGH v. 15.12.2003 – II ZR 194/01, BGHZ 157, 206 (211).
4 BGH v. 1.12.1988 – V ZB 6/88, BGHZ 106, 113 (116).

fechtungsklage ohne Aufhebung des Beschlusses anders endet, z.B. durch eine Klagerücknahme oder einen Prozessvergleich. Erst mit der **Rechts- und Bestandskraft** des Zweitbeschlusses verliert also eine gegen den Erstbeschluss gerichtete Anfechtungsklage ihr Rechtsschutzbedürfnis[1] und ist – wird sie nicht für erledigt erklärt – als **unzulässig** abzuweisen.

(3) Keine Auswirkungen auf den Erstbeschluss

Vorstellbar ist schließlich ein bestätigender Zweitbeschluss, der die **Wirkungen** des Erstbeschlusses **unberührt** lassen soll. Dies ist vor allem dann der Fall, wenn ein nichtiger Erstbeschluss zur Klarstellung durch einen weiteren Beschluss deklaratorisch „aufgehoben" wird[2]. 106

bb) Änderung/Ergänzung

Die Wohnungseigentümer können durch einen Zweitbeschluss ferner eine bereits getroffene Entscheidung **ergänzen** oder auch **ändern**. 107

e) Grenzen

Ein Zweitbeschluss muss – wie jeder andere Beschluss auch – formell einwandfrei zustande kommen und materiell ordnungsmäßig sein. Ob er darüber hinaus auch **schutzwürdige Belange** des Erstbeschlusses beachten muss, ist streitig. Jedenfalls darf ein Zweitbeschluss nicht den **Kernbereich** des Wohnungseigentumsrechts verletzen. 108

aa) Zustandekommen

Ein Zweitbeschluss kommt wie jeder Beschluss zustande. Es bedarf der allgemeinen Entstehungsvoraussetzungen (dazu Rz. 33 ff.). Ob die Wohnungseigentümer eine Angelegenheit durch einen Zweitbeschluss ordnen dürfen, beurteilt sich nach den allgemeinen Regelungen und dem Beschlussgegenstand. 109

bb) Ordnungsmäßigkeit

Ein Zweitbeschluss muss ordnungsmäßig sein. Bei einer bloß mehrheitlich gewollten Verwaltungs- oder Gebrauchsregelung ist zu beachten, dass der beabsichtigte Beschluss formell einwandfrei zustande gekommen und materiell ordnungsmäßig ist. Eine Verwaltungsmaßnahme ist nach § 21 Abs. 3 und Abs. 4 ordnungsmäßig, wenn sie dem geordneten Zusammenleben in der Gemeinschaft dient, den Interessen der Gesamtheit der Wohnungseigentümer nach billigem Ermessen entspricht und der Gemeinschaft nützt[3]. Eine ordnungsmäßige Verwaltungsmaßnahme muss einen angemessenen Ausgleich zwischen den Interessen aller Wohnungseigentümer an einem reibungslosen Zusammenleben 110

---

1 BGH v. 19.9.2002 – V ZB 30/02, ZMR 2002, 930 (932) = BGHZ 152, 46; v. 1.12. 1988 – V ZB 6/88, BGHZ 106, 113 (115); BayObLG v. 12.1.2005 – 2Z BR 187/04, ZfIR 2005, 369; v. 7.2.2002 – 2Z BR 12/02, ZWE 2002, 315 (317).
2 *Elzer* in KK-WEG § 10 Rz. 179.
3 KG v. 19.7.2004 – 24 W 203/02, ZMR 2004, 780; OLG Köln v. 20.11.1996 – 16 Wx 217/96, OLGReport Köln 1997, 155; v. 9.7.1990 – 16 Wx 173/89, NJW 1991, 1302 (1303) m.w.N.

einerseits und den Individualinteressen des einzelnen Wohnungseigentümers andererseits finden[1]. Ob ein Gebrauch ordnungsmäßig ist, richtet sich hingegen nach der Verkehrsanschauung. Ordnungsgemäß ist der Gebrauch, den § 14 gestattet und der nicht gegen gesetzliche oder vereinbarte Vorschriften verstößt[2]. Die Einzelheiten sind anhand der konkreten Umstände des Einzelfalles unter Berücksichtigung der Beschaffenheit und Zweckbestimmung des gemeinschaftlichen Eigentums bei Beachtung des Gebots der allgemeinen Rücksichtnahme in Abwägung der allseitigen Interessen zu ermitteln.

cc) Schutzwürdige Belange

(1) Haltung der h.M.

111 Nach h.M. kann jeder Wohnungseigentümer nach § 21 Abs. 3 und 4 verlangen, dass ein Zweitbeschluss **schutzwürdige Belange** aus Inhalt und Wirkungen des Erstbeschlusses berücksichtigt[3]. Die dabei einzuhaltenden Grenzen sollen sich nach den Umständen des Einzelfalles richten[4]. Welche Grenzen hierunter zu verstehen sind, ist ungeklärt. Die Rechtsprechung hat sich bislang nur **vorsichtig** und **unsystematisch** bemüht herauszuarbeiten, was schutzwürdige Belange eines Wohnungseigentümers sind und wann diese verletzt werden. Eine Verletzung ist etwa anzunehmen, wenn ein Wohnungseigentümer durch den abändernden Zweitbeschluss einen rechtlichen Nachteil im Verhältnis zur Regelung des Erstbeschlusses erleidet[5]. Das soll jedoch nicht bedeuten, dass durch den abändernden Beschluss etwaige tatsächliche Vorteile erhalten bleiben müssen, die ein Wohnungseigentümer nach dem Erstbeschluss gehabt hätte[6]. Ein Zweitbeschluss soll auch nicht in wohlerworbene Rechte von Wohnungseigentümern, die auf den Bestand des Erstbeschlusses vertraut haben, eingreifen dürfen,

---

1 *Elzer*, ZMR 2006, 85 ff.
2 BGH v. 29.6.2000 – V ZB 46/99, ZMR 2000, 845 (846); v. 17.9.1998 – V ZB 11/98, BGHZ 139, 288 (296).
3 OLG Frankfurt v. 24.2.2006 – 20 W 229/03, IMR 2006, 56; OLG Hamm v. 22.12.2005 – 15 W 375/04, ZWE 2006, 228 (230) = NJOZ 2006, 2579; v. 9.9.2004 – 15 W 281/04, OLGReport Hamm 2005, 28 (30) = ZMR 2005, 566; OLG Frankfurt v. 3.9.2004 – 20 W 34/02, OLGReport Frankfurt 2005, 334 (345) = MietRB 2005, 206 (207) mit Anm. *Elzer*; BayObLG v. 13.12.2001 – 2Z BR 93/01, ZMR 2002, 525 (526); v. 3.11.1994 – 2Z BR 58/94, BayObLGReport 1995, 9; v. 14.4. 1988 – BReg 2Z 134/87, WuM 1988, 322; v. 31.1. 1985 – BReg 2Z 98/84, BayObLGZ 1985, 57 (61) = MDR 1985, 587 = ZMR 1985, 210; OLG Köln v. 1.2.2002 – 16 Wx 10/02, NZM 2002, 454 = OLGReport Köln 2002, 243; OLG Stuttgart v. 9.2.2001 – 8 W 54/98, OLGReport 2001, 209 (211); OLG Köln v. 14.4.2000 – 16 Wx 17/00, ZMR 2000, 865; OLG Düsseldorf v. 30.10.2000 – 3 Wx 318/00, ZMR 2001, 130 (131); v. 20.3.2000 – 3 Wx 414/99, ZWE 2000, 368 = ZMR 2000, 475 (476); OLG Saarbrücken v. 10.10.1997 – 5 W 60/97, ZMR 1998, 50 (53); und bereits OLG Stuttgart v. 31.10. 1989 – 8 W 37/89, ZMR 1990, 69 = WE 1990, 106.
4 BGH v. 23.8.2001 – V ZB 10/01, BGHZ 148, 335 (350) = ZMR 2001, 809 = NJW 2001, 3339 = MDR 2001, 1283 = BGHReport 2001, 863; v. 20.12.1990 – V ZB 8/90, BGHZ 113, 197 (200) = MDR 1991, 517.
5 OLG Frankfurt v. 3.9.2004 – 20 W 34/02, OLGReport Frankfurt 2005, 334 (345) = MietRB 2005, 206 (207) mit Anm. *Elzer*; OLG Düsseldorf v. 20.3.2000 – 3 Wx 414/99, ZWE 2000, 368 = ZMR 2000, 475 (476).
6 OLG Düsseldorf v. 30.10.2000 – 3 Wx 318/00, ZMR 2001, 130 (131); v. 20.3.2000 – 3 Wx 414/99, ZWE 2000, 368 = ZMR 2000, 475 (476); OLG Saarbrücken v. 10.10.1997 – 5 W 60/97, WE 1998, 69 (71) = ZMR 1998, 50.

so weit nicht überwiegende „sachliche Gründe" für die neue Regelung sprächen[1]. Rein tatsächliche Vorteile sollen irrelevant sein[2].

Verfolgt man die bekannt gewordenen Entscheidungen auf ihren **Kern** zurück, sind vor allem fünf Prüfsteine für die Annahme schutzwürdiger Belange gefunden worden: 112

- wenn ein Wohnungseigentümer durch den Zweitbeschluss einen rechtlichen Nachteil im Verhältnis zur Regelung des Erstbeschlusses erleidet;
- wenn ein Zweitbeschluss in wohlerworbene Rechte (individuelle, subjektive Sonderrechte) eingreift;
- wenn der Erstbeschluss einem Wohnungseigentümer eine günstige Rechtsposition geschaffen hat;
- wenn ein Wohnungseigentümer auf Grund des Erstbeschlusses schutzwürdige Vorkehrungen getroffen hat, die sich als sinnlos (nutzlos) erweisen würden;
- wenn es für den Zweitbeschluss keinen nachvollziehbaren Grund gab.

(2) Kritik

Die zurzeit herrschende Dogmatik begrenzt zu Unrecht und im Ergebnis dramatisch die Rechte der Wohnungseigentümer, erneut über einen Sachverhalt zu entscheiden. Sie ist abzulehnen und aufzugeben[3]. Das Gesetz schließt es aus, Partikularinteressen, „wohlerworbenen Rechten" oder „Sondervorteilen" einen **besonderen Raum** einzuräumen. Jede Entscheidung muss sich nach §§ 21 Abs. 4, 15 Abs. 3 vor allem an dem Interesse der **Gesamtheit der Wohnungseigentümer** messen lassen. Schlagen sich hingegen in einer Regelung vor allem Partikularinteressen nieder, ist diese Regelung gerade nicht ordnungsmäßig. Ein Zweitbeschluss ist nach hier vertretener Ansicht daher keinen besonderen Schranken unterworfen. Die **Besonderheit** eines Zweitbeschlusses besteht allein darin, dass im Gegensatz zum Erstbeschluss **mitzubedenkende Rechtspositionen** – mögen diese „rechtlich" oder „tatsächlich" sein – bestehen. Diese im Gegensatz zur Ausgangsentscheidung (Erstbeschluss) zu beachtenden Rechtspositionen vermögen es aber nicht, einen Beschluss bereits deshalb als nicht ordnungsmäßig anzusehen, wenn das Interesse der Gesamtheit eine andere Regelung erfordert oder schon erlaubt. Der einzelne Wohnungseigentümer kann und darf angesichts gesetzlich garantierter Mehrheitsmacht niemals damit rechnen, dass sich ein bestimmter Sondervorteil stets perpetuiert. Diese Sicht der Dinge verkennt nicht, dass eine unbeschränkte Unterwerfung der Minderheit unter den Willen der Mehrheit einer sorgfältigen Prüfung in **jede Richtung** bedarf. Der jedem Mehrheitsprinzip innewohnenden Gefahr, dass die Mehrheit ihre Macht missbraucht, muss vorgebeugt werden. Ein Beschluss darf keinen Gegenstand haben, der ganz ungewöhnlich ist und die Interessen eines Woh- 113

---

[1] OLG Köln v. 1.2.2002 – 16 Wx 10/02, NZM 2002, 454 = OLGReport Köln 2002, 243.
[2] OLG Frankfurt v. 3.9.2004 – 20 W 34/02, OLGReport Frankfurt 2005, 334 (345) = MietRB 2005, 206 (207) mit Anm. *Elzer*; OLG Saarbrücken v. 10.10.1997 – 5 W 60/97, ZMR 1998, 50 (52).
[3] *Elzer*, ZMR 2007, 237 (240).

nungseigentümers nachhaltig verletzt. Diesem Interesse dient aber die Kernbereichslehre (Rz. 115 und § 23 Rz. 107 ff.)[1].

114 Wenn die Wohnungseigentümer erneut über eine bereits beschlossene Angelegenheit abstimmen, müssen sie folglich **keine weiteren Schranken** als die für den ersten Beschluss beachten. Hat ein Wohnungseigentümer durch den Erstbeschluss eine rechtliche vorteilhafte Stellung erworben, ist diese im Rahmen der nach §§ 21 Abs. 4, 15 Abs. 3 geforderten Abwägung mit einzubeziehen. Es ist aber nicht zu beanstanden, wenn sich die Wohnungseigentümer mehrheitlich letztlich für eine Änderung entscheiden und dadurch eine individuelle Rechtsposition, ein Sonderrecht, zerstören.

dd) Kernbereich der Mitgliedschaft

115 Die Wohnungseigentümer besitzen keine Beschlusskompetenz, einen Beschluss, der bereits in einem Anfechtungsverfahren von einem Gericht **rechtskräftig** aufgehoben worden ist, inhaltsgleich zu wiederholen, wenn sich die tatsächlichen oder rechtlichen Umstände nicht geändert haben[2]. Auch wenn die Wohnungseigentümer grundsätzlich berechtigt sind, über eine schon geregelte Angelegenheit erneut zu beschließen, verstößt jedenfalls die grundlose inhaltsgleiche Wiederholung früherer Eigentümerbeschlüsse, die bereits erfolgreich rechtskräftig angefochten worden sind, rechtsmissbräuchlich gegen den **Kernbereich der Mitgliedschaft** (dazu § 23 Rz. 107 ff.) und ist unzulässig. Wiederholende inhaltsgleiche Beschlüsse haben zwar – auch soweit sich die Umstände nicht geändert haben – nach h.M. nicht denselben Verfahrensgegenstand, wenn sie zu unterschiedlichen Zeitpunkten gefällt werden. Bei einer anderen Sichtweise und bloßen Anfechtbarkeit solcher Beschlüsse käme es aber zu einer unnützen Vermehrung von Anfechtungsverfahren und einer Erschwerung des Rechtsschutzes. Die in früheren Anfechtungsverfahren obsiegenden Wohnungseigentümer wären stets und immer wieder gezwungen, einen inhaltsgleich gefassten Beschluss erneut innerhalb der kurzen Frist des § 46 Abs. 1 Satz 2 anzufechten. Eine solche Verschiebung der Risiken ist unbillig. Es ist zwar nicht zu verkennen, dass es im Einzelfall – nicht aber im Regelfall – schwierig sein kann, festzustellen, ob und wann eine wesentliche Änderung der tatsächlichen oder rechtlichen Umstände vorliegt. Diese Schwierigkeit kann aber nicht dazu führen, wiederholende Zweitbeschlüsse nur für nicht ordnungsmäßig zu halten. Auch die Frage, wann ein Beschluss anfechtbar und wann er nichtig ist, ist häufig nicht einfach zu beantworten[3].

---

1 Zur Kernbereichslehre s. etwa *Bub* in FS Seuß (2007), S. 53 (58); *Elzer* in KK-WEG § 10 Rz. 224 ff.
2 AG Neukölln v. 2.12.2004 – 70 II 113/04, ZMR 2005, 235; s. auch KG v. 20.7.1994 – 24 W 4748/93, NJW-RR 1994, 1358 = WE 1995, 58 = MDR 1994, 1206 = KGReport 1994, 169 und *Lüke*, PiG 59, 103 (109) = ZWE 2000, 98 (100).
3 AG Neukölln v. 2.12.2004 – 70 II 113/04, ZMR 2005, 235.

ee) Gerichtliche Entscheidungen

Ist ein Beschluss **rechtskräftig für ungültig erklärt** worden, ist die Rechtskraft **kein Hindernis**, erneut einen Beschluss mit gleichem Inhalt zu fassen, der dann Gegenstand eines weiteren Anfechtungsverfahrens sein kann[1]. 116

f) Anspruch auf Zweitbeschluss

Jeder Wohnungseigentümer besitzt aus § 21 Abs. 4 einen Anspruch auf eine ordnungsmäßige Verwaltung. Folge dieses Anspruches ist, dass jeder Wohnungseigentümer auch einen Anspruch darauf hat, dass eine Angelegenheit, die durch Beschluss geregelt werden kann, auf die Tagesordnung einer Eigentümerversammlung gesetzt wird und dass darüber Beschluss gefasst wird (s. § 23 Rz. 65). 117

aa) Ordnungsmäßige Beschlüsse

Dem **Verlangen** auf einen **Zweitbeschluss** steht ein bereits gefasster und **ordnungsmäßiger Beschluss** entgegen[2]. In diesem Falle haben die Wohnungseigentümer bereits ihr Selbstorganisationsrecht wahrgenommen und eine Angelegenheit geregelt. Ein Anspruch, eine ordnungsgemäß geordnete Angelegenheit erneut im Wege des Beschlusses zu regeln, kann nicht erkannt werden. 118

bb) Ordnungswidrige Beschlüsse

Nach § 242 BGB kann die Änderung oder Aufhebung eines Beschlusses **jedenfalls** verlangt werden, wenn außergewöhnliche Umstände das Festhalten an der bestehenden Regelung als grob unbillig und damit als gegen Treu und Glauben verstoßend erscheinen lassen würden[3]. Ob dies auch bei bloß **ordnungswidrigen** Beschlüssen gilt, ist unsicher. Nach der Rechtsprechung ist ein Beschluss nur dann abzuändern, wenn sich die Treuwidrigkeit aus **neu hinzugetretenen** Umständen ergibt[4]. Verstößt ein Beschluss von Anfang an gegen die Grundsätze von Treu und Glauben, müsse dies durch Anfechtung des Eigentümerbeschlusses geltend gemacht werden[5]. 119

Nach hier vertretener Auffassung[6] können ordnungswidrige Beschlüsse bereits **nicht** als Beschluss i.S.v. § 21 Abs. 4 und Abs. 8 verstanden werden[7]. Jeder Wohnungseigentümer, aber auch die Gesamtheit der Wohnungseigentümer haben einen Anspruch auf eine ordnungsmäßige Verwaltung. Dieser Anspruch kann nicht durch einen **ordnungswidrigen** Beschluss versperrt werden. 120

---

1 BGH v. 25.9.2003 – V ZB 21/03, BGHZ 156, 192 (206) = NZM 2003, 952 = ZMR 2003, 937 = NJW 2003, 3476; BayObLG v. 9.2.1994 – 2Z BR 127/93, MDR 1994, 582 = BayObLGReport 1994, 27 = NJW-RR 1994, 658; KG v. 26.1.2004 – 24 W 182/02, NZM 2004, 263 = ZMR 2004, 376.
2 Staudinger/*Bub* § 21 Rz. 112.
3 BayObLG v. 26.11.1993 – 2Z BR 75/93, NJW-RR 1994, 658 (659).
4 BayObLG v. 29.3.2000 – 2Z BR 159/99, ZWE 2000, 577 (579) = NZM 2000, 672; v. 26.11.1993 – 2Z BR 75/93, NJW-RR 1994, 658 (659).
5 OLG Düsseldorf v. 1.12.2006 – I-3 Wx 194/06, OLGReport Düsseldorf 2007, 33 (34).
6 Siehe auch *Elzer*, ZWE 2007, 165 (174); *Bub*, PiG 59, 5 (31/32) = ZWE 2000, 194 (204); Staudinger/*Bub* § 21 Rz. 112; a.A. Bärmann/Pick/*Merle* § 21 Rz. 83.
7 *Elzer*, ZWE 2007, 165 (174) m.w.N.; *Bub*, PiG 59, 5 (31/32) = ZWE 2000, 194 (204).

g) Anfechtung

121 Wie jeder andere Beschluss kann auch ein Zweitbeschluss angefochten werden. Für eine Anfechtung fehlt allerdings ein **Rechtsschutzbedürfnis**, wenn der inhaltsgleiche Erstbeschluss nicht aufgehoben wurde, bestandskräftig und nicht nichtig ist. Selbst wenn der Zweitbeschluss aufgehoben werden würde, hätte in diesem Falle die Aufhebung des Zweitbeschlusses keine Auswirkungen auf das Rechtsverhältnis zwischen den Wohnungseigentümern: es verbliebe bei der Wirksamkeit des bestandskräftigen, inhaltsgleichen Erstbeschlusses[1].

2. Negativbeschluss

a) Grundsatz

122 Findet ein Beschlussantrag (Rz. 36) keine Mehrheit, lehnen die Wohnungseigentümer mehrheitlich einen Beschlussantrag ab, ist auch dass ein Beschluss[2], kein „Nichtbeschluss" (dazu Rz. 127). Lehnen die Wohnungseigentümer in ihrer Mehrheit einen Beschlussantrag ab, handelt es sich um einen **Negativbeschluss**[3]. Die „formal einwandfrei zustande gekommene Ablehnung eines Beschlussantrages" durch die Wohnungseigentümer hat „Beschlussqualität", ist **Beschluss**[4]. Einem kollektiven Willensakt, der den mehrheitlichen Willen der Wohnungseigentümer verbindlich festlegt, kann die Eigenschaft als Beschluss nicht abgesprochen werden. Nicht anders als ein positiver Beschluss kommt auch ein negatives Abstimmungsergebnis in Verwirklichung der Beschlusskompetenz der Wohnungseigentümer zustande und ist das Resultat einer verbindlichen Willensbildung der Wohnungseigentümer aus mehreren Einzelwillen. Durch einen Negativbeschluss wird der Gemeinschaftswille festgelegt, dass das mit dem Beschlussantrag verfolgte Ziel, sein Zweck, nicht eintreten soll. Insoweit unterscheidet sich die Ablehnung eines Antrags in nichts von der – unzweifelhaft als Beschluss anzusehenden – Annahme des „negativen" Antrages, eine bestimmte Handlung nicht vorzunehmen oder zu unterlassen[5].

123 Da negative Beschlüsse **keine sachlichen Regelung** enthalten, sondern lediglich zum Ausdruck bringen, dass sich die Mehrheit zum Beschlusszeitpunkt zu einem Gegenstand nicht binden möchte, erfordern negative Beschlüsse keine Be-

---

[1] BGH v. 23.8.2001 – V ZB 10/01, BGHZ 148, 335 (351) = ZMR 2001, 809 = NJW 2001, 3339 = MDR 2001, 1283 = BGHReport 2001, 863; v. 16.9.1994 – V ZB 2/93, BGHZ 127, 99 (106); BayObLG v. 20.9.2001 – 2Z BR 39/01, ZWE 2002, 127 (128); *Müller*, ZWE 2000, 557 (559); *Merle*, DWE 1995, 146 (153).

[2] *Zöllner* in FS Lutter, S. 821 (823).

[3] BGH v. 19.9.2002 – V ZB 30/02, BGHZ 152, 46 (51) = ZMR 2002, 930; v. 23.8.2001 – V ZB 10/01, BGHZ 148, 335 (348) = ZMR 2001, 809 = NJW 2001, 3339 = MDR 2001, 1283 = BGHReport 2001, 863; OLG München v. 21.2.2007 – 34 Wx 100/06, ZMR 2007, 480 (481) = WuM 2007, 222 (LS) = NJW-Spezial 2007, 197; OLG Hamm v. 20.11.2006 – 15 W 166/06, ZMR 2007, 296; OLG München v. 22.12.2005 – 34 Wx 121/05, ZMR 2006, 307; OLG Düsseldorf v. 22.11.2005 – I-3 Wx 140/05, ZMR 2006, 459 (460).

[4] BGH v. 19.9.2002 – V ZB 30/02, BGHZ 152, 46 (51) = ZMR 2002, 930; v. 23.8.2001 – V ZB 10/01, BGHZ 148, 335 (348) = ZMR 2001, 809 = NJW 2001, 3339 = MDR 2001, 1283 = BGHReport 2001, 863.

[5] BGH v. 23.8.2001 – V ZB 10/01, BGHZ 148, 335 (349) = ZMR 2001, 809 = NJW 2001, 3339 = MDR 2001, 1283 = BGHReport 2001, 863.

schlusskompetenz[1]. Die wohnungseigentumsrechtliche Kompetenzordnung beruht auf einer Zuweisung positiver Beschlusskompetenzen. Die Befugnis, in einer Angelegenheit, für die nach dem Gesetz oder einer Vereinbarung ein Beschluss gefasst werden kann oder auch kein (wirksamer) Beschluss gefasst werden kann, keinen Beschluss zu fassen, setzt keine entsprechende „negative Beschlusskompetenz" voraus. Sie folgt vielmehr aus der Autonomie, sich in einer Angelegenheit nicht zu binden[2].

b) Rechtsfolge

Über die Frage, ob ein Negativbeschluss die **Rechtslage** verändert, bestand eine Zeitlang eine Unsicherheit. Sogar mehrheitlich legte man die erste Entscheidung des BGH in dieser Frage dahin aus, dass ein Negativbeschluss derselben Entscheidung entgegensteht[3]. Mittlerweile steht aber fest – ohne dass das in den Entscheidungen allerdings immer deutlich wird – dass ein Negativbeschluss die **Rechtslage unverändert lässt**[4]. Lehnen die Wohnungseigentümer einen Beschlussantrag ab, kann grundsätzlich nicht auf ihren Willen geschlossen werden, das Gegenteil des Beschlussantrags zu wollen[5]. Einem Negativbeschluss kommt mithin **keine materielle Bindungswirkung** („Sperrwirkung") zu[6]. Ein Negativbeschluss steht einem erneuten Beschlussantrag mit gleichem Inhalt nicht entgegen. Einem Negativbeschluss kommt nur eine „formelle Bindungswirkung" in dem Sinne zu, dass die Wohnungseigentümer den zur Abstimmung gestellten Antrag ablehnend beschieden haben[7]. Die Möglichkeit einer erneuten Beschlussfassung über denselben Gegenstand ist nicht eingeschränkt, da sich aus Inhalt und Wirkungen des Negativbeschlusses keine schutzwürdigen Belange ergeben können. Die Bestandskraft eines Negativbeschlusses kann der Durchsetzung einer begehrten, aber abgelehnten Regelung in einem Verfahren nach § 43 Nr. 1 nicht entgegenstehen. Vielmehr ergibt sich erst aus der Ableh-

124

---

1 *Elzer*, ZMR 2005, 892 (893); *J.-H. Schmidt*, ZfIR 2001, 791, (793); a.A. BayObLG v. 1.12. 2004 – 2Z BR 166/04, ZMR 2005, 891 mit Anm. *Elzer* = MietRB 2005, 207; BayObLG v. 22.9.2004 – 2Z BR 159/04, NZM 2005, 21 (22), wonach ein ablehnender Beschluss mangels Beschlusskompetenz nichtig ist, wenn der Versammlung für den Beschlussgegenstand die Beschlusskompetenz fehlt.
2 *J.-H. Schmidt*, ZfIR 2001, 791 (793).
3 BayObLG v. 9.10.2003 – 2Z BR 131/03, FGPrax 2004, 60 (61); v. 25.7.2002 – 2Z BR 63/02, ZMR 2003, 50 (51) = BayObLGZ 2002, 247 (249); OLG Hamm v. 22.12.2003 – 15 W 396/03, NJW-RR 2004, 805 (808) = ZMR 2004, 852 (854); KG v. 17.4.2002 – 24 W 9387/00, ZWE 2002, 471 (473) = ZMR 2002, 697 (698).
4 BGH v. 23.8.2001 – V ZB 10/01, BGHZ 148, 335 (349) = ZMR 2001, 809 = NJW 2001, 3339 = MDR 2001, 1283 = BGHReport 2001, 863; OLG Düsseldorf v. 22.11.2005 – I-3 Wx 140/05, ZMR 2006, 459 (460).
5 BGH v. 23.8.2001 – V ZB 10/01, BGHZ 148, 335 (349) = ZMR 2001, 809 = NJW 2001, 3339 = MDR 2001, 1283 = BGHReport 2001, 863; *Suilmann*, Beschlussmängelverfahren, S. 13.
6 BGH v. 19.9.2002 – V ZB 30/02, BGHZ 152, 46 (51) = ZMR 2002, 930; BayObLG v. 2.2. 2005 – 2Z BR 222/04, FGPrax 2005, 106 (107); OLG München v. 8.12.2006 – 34 Wx 103/06, ZMR 2007, 304 (306); OLG Düsseldorf v. 22.11.2005 – I-3 Wx 140/05, ZMR 2006, 459 (460); *Wenzel*, ZMR 2005, 413 (414f.).
7 *Wenzel*, ZMR 2005, 413 (414); *J.-H. Schmidt*, ZfIR 2001, 791 (793).

nung des Beschlussantrages gerade das für die Anrufung des Gerichts erforderliche **Rechtsschutzinteresse**[1].

c) Anfechtungsklage

125 Grundsätzlich kann ein Negativbeschluss **angefochten** werden[2]. Auch wenn ein Negativbeschluss keine „sachliche" Regelung enthält, ist er als „Beschluss" grundsätzlich doch der Anfechtung zugänglich. Das Rechtsschutzbedürfnis für eine Anfechtungsklage fehlt zwar grundsätzlich, weil der Negativbeschluss einen Antragsteller regelmäßig eben nicht in seinen Rechten beeinträchtigt, namentlich für eine erneute Beschlussfassung der Wohnungseigentümer über denselben Gegenstand **keine Sperrwirkung** entfaltet (Rz. 124)[3]. Ein Rechtsschutzbedürfnis ist aber zu bejahen, wenn der Anfechtende einen materiellrechtlichen **Anspruch** auf eine **positive Beschlussfassung** hat, etwa weil sich das den Wohnungseigentümern in Verwaltungsangelegenheiten grundsätzlich zustehende Ermessen im konkreten Einzelfall auf die Durchführung der Maßnahme und damit auf einen positiven Beschluss **reduziert** hat und der negative Beschluss sich daher als ermessensfehlerhaft und nicht ordnungsmäßiger Verwaltung entsprechend herausstellt[4]. Auch dann, wenn sich ein Wohnungseigentümer gegen einen Negativbeschluss wendet, weil er die **Feststellung** eines ablehnenden Beschlussergebnisses durch den Versammlungsleiter für unrichtig hält, besitzt er ein Rechtsschutzbedürfnis für eine Anfechtungsklage[5]. Der Wohnungseigentümer kann die Anfechtungsklage mit einem Antrag verbinden, der auf **gerichtliche Feststellung** eines positiven Beschlussergebnisses gerichtet ist[6]. Im Falle einer solchen Klagehäufung i.S.v. § 260 ZPO fehlt es für die Anfechtung des Negativbeschlusses nicht an einem Rechtsschutzinteresse.

126 Eine Anfechtung ist schließlich zulässig, wenn der Versammlungsleiter zwar die Ablehnung eines Antrags auf positive Beschlussfassung ordnungsmäßig festgestellt hat, der Antragsteller aber geltend macht, dass die Ablehnung **materiellrechtlich** ordnungsmäßiger Verwaltung widerspricht. Nicht erforderlich ist hier, dass der Antragsteller gleichzeitig über den Anspruch aus § 21 Abs. 4 eine gerichtliche Verwaltungsentscheidung erlangen will, weil das Rechtsschutzbedürfnis für die Anfechtung h.M. nach nicht voraussetzt, in einem **individuellen** Recht betroffen zu sein.

---

1 *Wenzel*, ZMR 2005, 413 (415).
2 BGH v. 19.9.2002 – V ZB 30/02, BGHZ 152, 46 (51) = ZMR 2002, 930; AG Neukölln v. 22.2.2005 – 70 II 134/04 WEG, ZMR 2005, 317; *Wenzel*, ZWE 2000, 382 (386).
3 BGH v. 19.9.2002 – V ZB 30/02, BGHZ 152, 46 (51) = ZMR 2002, 930; *Wenzel*, ZMR 2005, 413 (415); *Wenzel* in FS Merle (2000), S. 353 (361); *Wenzel* ZWE 2000, 382 (386).
4 OLG Düsseldorf v. 1.12.2006 – I-3 Wx 194/06, OLGReport Düsseldorf 2007, 33 (35).
5 OLG München v. 21.2.2007 – 34 Wx 100/06, ZMR 2007, 480 (481) = WuM 2007, 222 (LS) = NJW-Spezial 2007, 197.
6 BGH v. 19.9.2002 – V ZB 30/02, BGHZ 152, 46 (51) = ZMR 2002, 930; OLG Düsseldorf v. 1.12.2006 – I-3 Wx 194/06, OLGReport Düsseldorf 2007, 33 = ZMR 2007, 380; OLG Hamm v. 20.11.2006 – 15 W 166/06, ZMR 2007, 296; BayObLG 13.3.2003 – 2Z BR 85/02, ZMR 2004, 125 (126); KG v. 17.4.2002 – 24 W 9387/00, ZWE 2002, 471 (473) = ZMR 2002, 697 (698); AG Neukölln v. 22.2.2005 – 70 II 134/04 WEG, ZMR 2005, 317.

3. Nichtbeschluss (Scheinbeschluss)

Von einem „Nichtbeschluss" (Scheinbeschluss) wird gesprochen, wenn es an den Voraussetzungen fehlt, die **mindestens** vorliegen müssen, damit **wenigstens ein mangelhafter Beschluss** zustande kommt. Ein „Nichtbeschluss" i.d.S. ist vor allem eine Entscheidung mehrerer, aber nicht sämtlicher Wohnungseigentümer **außerhalb** einer Eigentümerversammlung (s. § 23 Rz. 27)[1]. **Ferner** ist von einem Nichtbeschluss und damit von einem grundsätzlich rechtlich irrelevanten Verhalten auszugehen, wenn 127

– es noch **keine Gemeinschaft** gibt,
– Entscheidungen des Alleineigentümers vorliegen (Rz. 133),
– die Wohnungseigentümer über einen Punkt gesprochen, aber **keine Entscheidung** dazu getroffen haben (Rz. 59),
– einem schriftlichen Beschluss **nicht alle Stimmberechtigten** zugestimmt haben (§ 23 Rz. 84)[2] oder
– eine Abstimmung stattfindet, nachdem die Eigentümerversammlung bereits **beendet** ist[3].
– Nach zutreffender, freilich streitiger Ansicht liegt auch dann ein Nichtbeschluss vor, wenn eine **nicht einmal potenziell** befugte Person eine Zusammenkunft einberufen hat[4]. Da diese Zusammenkunft nicht als „Eigentümerversammlung" i.S.v. § 23 Abs. 1 verstanden werden kann (§ 24 Rz. 34 ff.), kann dort auch keine Angelegenheit durch einen Beschluss geordnet werden. Die Zusammenkunft ist wie ein Treffen außerhalb einer Eigentümerversammlung anzusehen.
– Nach der hier vertretenen Ansicht ist schließlich auch dann vom einem Nichtbeschluss auszugehen, wenn der Versammlungsleiter vorsätzlich oder versehentlich ein positives Beschlussergebnis verkündet, obwohl es an den **notwendigen Entstehungsvoraussetzungen** fehlt (s. Rz. 72).

Haben die Wohnungseigentümer einen Beschlussantrag abgelehnt, wurde auch diese Entscheidung früher als Nichtbeschluss angesehen[5]. Nach heutiger Dogmatik liegt in diesen Fällen indes ein „Negativbeschluss" vor (Rz. 122). Wird ein Wohnungseigentümer bewusst nicht geladen, ist ein dennoch getroffener Beschluss nichtig. Es handelt sich also auch hier um keinen Nichtbeschluss (s. § 24 Rz. 51). 128

---

1 OLG Hamm v. 20.11. 1989 – 15 W 308/89, WE 1993, 24; *Deckert*, ZMR 2000, 21; *Drasdo* Eigentümerversammlung, Rz. 368; *Riecke/Schmidt/Elzer* Rz. 227; FA MietWEG/*Elzer* Kapitel 20 Rz. 299.
2 BayObLG v. 19.9.2001 – 2Z BR 89/01, ZMR 2002, 138 (140) = ZWE 2001, 590 (593).
3 BayObLG v. 30.7.1998 – 2Z BR 54/98, NZM 1998, 1010 = BayObLGReport 1998, 74; *Vandenhouten* in Köhler/Bassenge, Teil 5 Rz. 2; Weitnauer/*Lüke* § 23 Rz. 16; a.A. KG v. 16.9. 1988 – 24 W 3952/88, NJW-RR 1989, 16 (17)= OLGZ 1989, 51 = ZMR 1989, 27.
4 Wie hier Weitnauer/*Lüke* § 23 Rz. 15 und 16. Siehe ferner *Vandenhouten* in Köhler/Bassenge, Teil 5 Rz. 2.
5 BayObLG v. 4.11.1999 – 2Z BR 141/99, ZWE 2000, 305 (306); OLG Düsseldorf v. 6.10. 1999 – 3 Wx 259/99, ZWE 2000, 279 (280) m.w.N.

4. Beschlüsse zur Geschäftsordnung

129 Ein Beschluss zur Frage des äußeren Verfahrens der Eigentümerversammlung, z.B. zur Redezeit, zum Versammlungsvorsitz, zur Frage des Rauchens oder zur Reihenfolge der abzuarbeitenden Tagesordnungspunkte, ist ein Geschäftsordnungsbeschluss (s. § 24 Rz. 105). Ein solcher Beschluss kann in jeder Eigentümerversammlung getroffen werden. Er ist auch ohne Ankündigung nach § 23 Abs. 2 zulässig[1]. Über ihn ist **vor den Sachanträgen** abzustimmen[2]. Notwendig, aber auch ausreichend ist eine einfache Mehrheit, sofern nichts anderes vereinbart ist.

130 Ein Geschäftsordnungsbeschluss ist grundsätzlich **nicht isoliert** anfechtbar, weil er regelmäßig mit Beendigung der Versammlung von selbst gegenstandslos wird[3]. Der in ihm liegende Fehler kann – bei rechtzeitiger Anfechtung – aber dazu führen, dass **sonstige** in der Eigentümerversammlung gefasste Beschlüsse aufzuheben sind[4]. Ein Geschäftsordnungsbeschluss ist nur dann selbst „anfechtbar", wenn es sich um eine unter den Wohnungseigentümern aufgetretene **grundsätzliche Frage** handelt, die aller Voraussicht nach auch künftig immer wieder auftreten kann und eine gerichtliche Überprüfung und für die Zukunft klare Entscheidung erfordert[5].

5. Einstimmiger und allstimmiger Beschluss

131 Ein Beschluss ist **einstimmig**, wenn ihm alle in einer Eigentümerversammlung anwesenden Stimmberechtigten zugestimmt haben. Haben in einer beschlussfähigen Eigentümerversammlung (s. § 25 Rz. 64) von 100 Wohnungseigentümern 20 für einen Beschlussantrag gestimmt und haben sich die anderen 80 enthalten, ist ein Beschluss „einstimmig". Ist in einer Zweitversammlung nur ein Wohnungseigentümer anwesend und stimmt dieser für eine Maßnahme, ist auch dieser Beschluss „einstimmig", auch wenn es 150 Wohnungseigentümer gibt[6].

132 Ein Beschluss in einer Eigentümerversammlung ist hingegen **allstimmig**, wenn sämtliche Wohnungseigentümer anwesend oder vertreten sind und sämtliche Stimmberechtigten einem Beschlussantrag zustimmen[7]. Allstimmigkeit wird vom Wohnungseigentumsgesetz bei der schriftlichen Beschlussfassung gem. § 23 Abs. 3 gefordert (s. § 23 Rz. 84). Ferner kann eine Allstimmigkeit nach § 22

---

1 OLG Köln v. 16.8.2000 – 16 Wx 87/00, MDR 2001, 326.
2 OLG Köln v. 16.8.2000 – 16 Wx 87/00, MDR 2001, 326.
3 OLG Schleswig v. 24.3.2006 – 2 W 230/03, ZMR 2006, 721 (722); BayObLG v. 19.2.2004 – 2Z BR 219/03, NZM 2004, 794; KG v. 15.1.2003 – 24 W 129/01, ZMR 2003, 598 (600); OLG Köln v. 16.8.2000 – 16 Wx 87/00, MDR 2001, 326; v. 14.4.2000 – 16 Wx 17/00, ZMR 2000, 866 (867); *Becker*, WE 1996, 50 (52).
4 OLG Schleswig v. 24.3.2006 – 2 W 230/03, ZMR 2006, 721 (722); BayObLG v. 16.5.2002 – 2Z BR 32/02, ZMR 2002, 844 (845); OLG Hamm v. 14.6.1996 – 15 W 15/96, ZMR 1996, 677 (678) = WE 1997, 23; *Elzer*, MietRB 2006, 73.
5 KG v. 15.1.2003 – 24 W 129/01, ZMR 2003, 599 (600); BayObLG v. 7.12.1995 – 2Z BR 72/95, ZMR 1996, 151 (153) = BayObLGZ 95, 407 = NJW-RR 1996, 254 = WE 1996, 197.
6 BayObLG v. 7.12.1995 – 2Z BR 72/95, ZMR 1996, 151 (154) = BayObLGZ 95, 407 = NJW-RR 1996, 254 = WE 1996, 197; *Ertl*, WE 1996, 370 (371).
7 *Deckert*, ZMR 2002, 21 (24); *Elzer* in KK-WEG Rz. 268.

Abs. 1 erforderlich sein (s. § 22 Rz. 132). Regeln die Wohnungseigentümer allstimmig eine Angelegenheit, die sie auch vereinbaren könnten und ggf. müssten, muss im Einzelfall der allstimmige Beschluss von einer Vereinbarung abgegrenzt werden. Hierzu ist zu fragen, wie die Wohnungseigentümer **handeln wollten** (s. ausführlich Rz. 147).

6. Ein-Mann-Beschlüsse
a) Des Alleineigentümers
aa) Bisherige Auffassung

Trifft der Alleineigentümer „beschlussweise" eine Anordnung, kann diese nach noch h.M. **nicht als Beschluss** verstanden werden. Der Beschluss im Wohnungseigentumsrecht ist ein Regelungsinstrument der Wohnungseigentümer. Sind noch sämtliche Anteile in der Person des Alleineigentümers vereinigt und ist auch noch keine werdende Eigentümergemeinschaft entstanden, gibt es keine Gemeinschaft der Wohnungseigentümer, die ihre Angelegenheiten durch einen Beschluss regeln könnte oder müsste. Jedenfalls nach bisheriger Sichtweise sind „Beschlüsse" des Alleineigentümers daher als **Nichtbeschlüsse** (juristisches Nihil) anzusehen und ohne weiteres unbeachtlich[1]. 133

Anders als im GmbH-Recht fehlt für den Bereich des Wohnungseigentums eine gesetzliche Regelung, die eine andere Sichtweise erlaubte. Dem teilenden Eigentümer sind außerdem Befugnisse nach § 8 Abs. 2 Satz 1 i.V.m. § 5 Abs. 4 und § 10 Abs. 3 eingeräumt, so dass bislang auch kein Bedarf für die Anerkennung von „Eigentümerversammlungen" des teilenden Eigentümers mit entsprechender Beschlusskompetenz besteht. Die Unbeachtlichkeit des „Ein-Mann-Beschlusses" gilt auch für „Beschlüsse" desjenigen, der vollständig in die Rechtsstellung des aufteilenden Alleineigentümers eingetreten ist oder als Zwangsverwalter dessen Rechte ausübt[2]. 134

bb) Einpersonen-Eigentümergemeinschaft?

„Ein-Mann-Beschlüsse" wären vorstellbar, wenn der Verband Wohnungseigentümergemeinschaft und/oder die Gemeinschaft der Wohnungseigentümer aus einem **einzigen Wohnungseigentümer** bestehen könnten[3]. Für die Anerkennung einer solchen „Einpersonen-Eigentümergemeinschaft"[4] sprechen aus dogmatischer Sicht manche Gründe. Zum einen würde es diese Sichtweise erlauben, dass bereits der Alleineigentümer Angelegenheiten beschlussweise regelt. Auch die bisherigen dogmatischen Verwerfungen, wie mit Vereinbarungen in Be- 135

---

1 BGH v. 20.6.2002 – V ZB 39/01, ZMR 2002, 766 (769) = NJW 2002, 3240 (3243); BayObLG v. 20.2.2003 – 2Z BR 1/03, ZMR 2003, 521 (522) = NJW-RR 2003, 874; OLG München v. 9.1.2006 – 34 Wx 89/05, ZMR 2006, 308 = NZM 2006, 347; OLG Düsseldorf v. 17.1.2006 – I-3 Wx 167/05, ZMR 2006, 463 (464) = ZflR 2006, 106 (107) mit Anm. *Häublein* = ZWE 2006, 142 mit Anm. *Kreuzer* = Info M 2006, 31 mit Anm. *Elzer*; offen gelassen von OLG Düsseldorf v. 14.2.2001 – 3 Wx 450/00, ZMR 2001, 650 (651); a.A. *Röll*, NJW 1989, 1070 (1072).
2 OLG München v. 9.1.2006 – 34 Wx 089/05, ZMR 2006, 308 (309) = NZM 2006, 347.
3 *Becker* in FS Seuß (2007), S. 19 (36).
4 Dazu ausführlich *Becker* in FS Seuß (2007), S. 19 ff.; s. ferner *Meffert*, ZMR 2007, 153 (154).

schlussangelegenheiten zu verfahren ist[1], wären damit „vom Tisch". Diese Ansicht könnte es auch wenigstens leichter erklären, wie bereits vom Alleineigentümer geschlossene Verträge auf den Verband „übergehen".

136 Dennoch kann dieser Ansicht zurzeit noch nicht gefolgt werden. Sie steht **nicht** auf dem Boden des Gesetzes. Nach § 10 Abs. 7 Satz 4[2] geht das Verwaltungsvermögen des Verbandes Wohnungseigentümergemeinschaft auf den Eigentümer des Grundstücks über, wenn sich sämtliche Wohnungseigentumsrechte in einer Person vereinigen. Das Gesetz geht mithin davon aus, dass der Verband „untergeht", wenn er nicht mehrere Mitglieder hat. Diese Anordnung ist zwar ggf. verfehlt[3]. Solange § 10 Abs. 7 Satz 4 nicht aufgehoben ist, ist er aber zu beachten. Außerdem ignoriert diese Ansicht, dass es neben dem Verband stets mehrere die Gemeinschaft der Wohnungseigentümer repräsentierende Miteigentümer i.S.v. §§ 741 ff., 1008 ff. BGB geben muss. Ein Verband Wohnungseigentümergemeinschaft hat – bevor es nicht Gemeinschaftseigentum gibt und bevor es nicht mehrere Wohnungseigentümer gibt, deren Interesse er nach außen zu vertreten hat – keinen Platz im Wohnungseigentumsrecht.

b) In der Eigentümerversammlung

137 In einer Eigentümerversammlung, vor allem in einer Zweitversammlung, ist vorstellbar, dass nur ein Wohnungseigentümer für eine Maßnahme stimmt und sich alle anderen Wohnungseigentümer enthalten oder gar nicht anwesend sind. Auch dieser Beschluss ist ein „Ein-Mann-Beschluss". Er ist allerdings **ohne weiteres** zulässig[4].

7. Schwebende Beschlüsse

138 Nach vom BGH geteilter Auffassung gibt es neben nichtigen auch „schwebende" Beschlüsse[5]. Dieser Schwebezustand wird zum einen für den Fall befürwortet, dass ein unentziehbares und „mehrheitsfestes" (durch Beschluss nicht entziehbares Recht), aber verzichtbares Individualrecht verletzt wird (**verzichtbare Rechte**). Zum anderen werden schwebende Beschlüsse für den Fall erwogen, dass es an einer Entstehungsvoraussetzung für einen Beschluss fehlt, andere Entstehungsvoraussetzungen aber bereits vorliegen (**fehlende Wirksamkeitsvoraussetzungen**).

a) Fehlende Wirksamkeitsvoraussetzungen

139 Fehlt es an einer Wirksamkeitsvoraussetzung, gibt es keinen Beschluss. Ein Beschluss, dem es an einer Wirksamkeitsvoraussetzung fehlt, „schwebt" nicht[6].

---

1 Siehe nur *Elzer* in KK-WEG § 10 Rz. 75 ff.
2 Der maßgeblich auf einen Aufsatz von *Heinrich Kreuzer* zurückgeht, ZMR 2006, 15 ff.
3 A.A. *Wenzel*, ZWE 2006, 462; wie hier aber *Riecke*, ZfIR 2006, 334 (336); s. auch *Häublein*, ZfIR 2006, 107 (108).
4 *Weitnauer/Lüke* § 23 Rz. 12.
5 BGH v. 22.1.2004 – V ZB 51/03, ZMR 2004, 438 (442) = NJW 2004, 937 = MDR 2004, 563; s. dazu *Bub* in FS Seuß (2007), S. 53 ff.; *Becker*, ZWE 2002, 341 (344); *Buck*, Mehrheitsentscheidungen, S. 77.
6 Wie hier *Bub* in FS Seuß (2007), S. 53 (69).

Er ist vielmehr nicht existent. Fehlt es etwa an der Feststellung und Verkündung eines Abstimmungsergebnisses, handelt es sich deshalb nicht um einen schwebend unwirksamen, sondern um einen unvollständigen Nichtbeschluss[1].

b) Verzichtbare Rechte

Auch bei „verzichtbaren Rechten" ist eine schwebende Unwirksamkeit von Beschlüssen abzulehnen[2]. Eine schwebende Unwirksamkeit kommt allenfalls bei formellen Fehlern in Betracht, welche die Art und Weise des Zustandekommens eines Beschlusses betreffen, nicht aber bei materiellen Fehlern, die sich aus dem Inhalt des Beschlusses ableiten. Greift ein Beschluss in den Kernbereich des Wohnungseigentums ein (s. § 23 Rz. 107), ist er nichtig, da den Wohnungseigentümern insoweit die (materielle) Beschlusskompetenz fehlt.

140

VI. Gerichtlich bestimmter Inhalt

Nehmen die Wohnungseigentümer ihr Selbstorganisationsrecht nicht wahr, kann **subsidiär das Wohnungseigentumsgericht** gem. § 21 Abs. 8 die erforderliche Maßnahme nach billigem Ermessen entscheiden. Diese gerichtliche Entscheidung tritt an die Stelle eines an sich notwendigen Beschlusses. Eine solche Entscheidung „bestimmt" daher den Inhalt eines „ausgefallenen" Beschlusses. Für einen Antrag auf richterliche Gestaltung nach § 43 Nr. 1 i.V.m. § 21 Abs. 4 und Abs. 8 besteht allerdings **kein Rechtsschutzbedürfnis**, solange die Wohnungseigentümer mit dem Beschlussgegenstand nicht befasst waren[3]. Es müssen daher besondere Voraussetzungen erfüllt sein, um ein Rechtsschutzbedürfnis für einen außerordentlichen, die Funktionsabgrenzung des geschriebenen Rechts überschreitenden staatlichen Eingriff annehmen zu können. Der Kläger eines solchen Verfahrens muss, um zulässigerweise den Gestaltungsantrag stellen zu können, zuvor im Rahmen des Möglichen und Zumutbaren alles versucht haben, eine dem Gesetz entsprechende Tätigkeit der primär zuständigen Wohnungseigentümer zu erreichen. Eine Ausnahme gilt nur dort, wo eine Befassung der Wohnungseigentümer aussichtslos, unzumutbar und damit eine unnötige Förmelei wäre. Die Durchführung eines **Vorschaltverfahrens** ist also entbehrlich, wenn auf Grund besonderer Umstände **feststeht**, dass das Begehren des antragstellenden Wohnungseigentümers in einer Eigentümerversammlung mit Sicherheit keine Mehrheit von Ja-Stimmen gefunden hätte[4].

141

Die gerichtliche Entscheidung ist kein Beschluss der Wohnungseigentümer, **wirkt** aber wie einer und kann wie dieser ohne weiteres von den Wohnungseigentümern ohne Verstoß gegen die Rechtskraft **wieder aufgehoben** werden. Sowohl nach § 15 Abs. 3 als auch nach § 21 Abs. 4 ist eine richterliche Gestaltung in Ersetzung des Selbstorganisationsrechts der Eigentümer nur solange vorstellbar, wie die Wohnungseigentümer keine eigene Regelung im Wege des Be-

142

---

1 Elzer, ZWE 2007, 165 (168); Bub in FS Seuß (2007), S. 53 (69).
2 Bub in FS Seuß (2007), S. 53 (71); Elzer in KK-WEG § 10 Rz. 225.
3 Elzer, ZMR 2006, 85 (94).
4 Elzer, ZMR 2006, 85 (94).

schlusses finden[1]. Im Gesetz heißt es für die richterliche Kompetenz, dass nur dann eine Gestaltung stattfindet, „soweit" sich eine Regelung nicht bereits aus dem Gesetz, den Vereinbarungen oder Beschlüssen ergibt. Eben aus diesem dogmatischen Verständnis folgt, dass die Wohnungseigentümer **abweichend** von der gerichtlichen Entscheidung eine andere Regelung treffen können[2].

VII. Auslegung von Beschlüssen

1. Grundsatz

143 Beschlüsse sind Rechtsgeschäfte. Sie sind daher wie jedes andere Rechtsgeschäft der Auslegung fähig und ggf. sogar der Auslegung bedürftig. Die allgemeinen Auslegungsgrundsätze können aber nicht gelten[3]. Beschlüsse binden nicht nur jeden Wohnungseigentümer (Rz. 20 ff.), auch die, die gar nicht anwesend waren. Gemäß § 10 Abs. 4 Satz 1 binden Beschlüsse sogar Sondernachfolger, obwohl sie nicht in das Grundbuch eingetragen werden. Um sich über den Inhalt und die Reichweite dessen, an was er durch den Beschluss gebunden ist, zu informieren, hat ein Sondernachfolger, aber auch ein Wohnungseigentümer im Wesentlichen – will er nicht der Vergänglichkeit des Wortes und dessen, was sich andere Wohnungseigentümer erinnern, vertrauen – nur zwei Quellen: Ein Wohnungseigentümer kann in die Niederschriften über die vorhergehenden Eigentümerversammlungen Einsicht nehmen. Außerdem kann er durch Einsichtnahme in die Beschluss-Sammlung Wissen suchen. Aus diesen beiden Gründen besteht wie bei einer Vereinbarung ein Interesse des Rechtsverkehrs daran, die durch die Beschlussfassung eingetretenen Rechtswirkungen **unmittelbar der Beschlussformulierung selbst** entnehmen zu können. Bereits durch Einblick in Niederschrift und Beschluss-Sammlung muss ein Wohnungseigentümer erkennen können, was „gilt".

Beschlüsse sind daher, wenn sie sich „über den Tag hinaus" einem Punkt widmen, aus sich heraus auszulegen – **objektiv und normativ** –[4], ohne dass es auf die subjektiven Vorstellungen der an der Beschlussfassung Beteiligten ankommt[5]. Maßgebend für die Auslegung ist der objektive Inhalt und Sinn eines Beschlusses, wie er sich aus unbefangener Sicht als nächstliegende Bedeutung des Beschlusswortlauts ergibt[6]. Die Auslegung hat also wie diejenige von

---

1 *Elzer*, ZMR 2006, 733 (736).
2 KG v. 28.2.1996 – 24 W 8306/94, KGReport 1996, 137 (138); Staudinger/*Bub* § 21 Rz. 127.
3 Unklar *Bassenge*, PiG 25, 101 (106).
4 BGH v. 10.9.1998 – V ZB 11/98, BGHZ 139, 288 (292) = NJW 1998, 3713 = ZMR 1999, 41; v. 3.7.1997 – V ZB 2/97, ZMR 1997, 531 (532) = NJW 1997, 2956; OLG München v. 3.4.2007 – 34 Wx 025/07, MietRB 2007, 206; OLG Düsseldorf v. 1.10.2004 – I-3 Wx 207/04, ZMR 2005, 218; OLG Hamburg v. 27.3.2001 – 2 Wx 149/00, ZMR 2001, 725 (726).
5 BGH v. 10.9.1998 – V ZB 11/98, BGHZ 139, 288 (292) = NJW 1998, 3713 = ZMR 1999, 41; BayObLG v. 3.11.2004 – 2Z BR 102/04, BayObLGReport 2005, 270; OLG Düsseldorf v. 21.10.2005 – I-3 Wx 164/05, ZMR 2006, 296 (297); OLG München v. 21.3.2006 – 32 Wx 2/06, OLGReport München 2006, 415 (416); OLG Frankfurt v. 7.6.2005 – 20 W 135/05, OLGReport Frankfurt 2006, 327 (328).
6 BGH v. 10.9.1998 – V ZB 11/98, BGHZ 139, 288 (292) = NJW 1998, 3713 = ZMR 1999, 41; OLG München v. 3.4.2007 – 34 Wx 025/07, MietRB 2007, 206.

Grundbucherklärungen und wie die von Vereinbarungen zu erfolgen[1]. Gibt es für die Auslegung eines Beschlusses Umstände, die keinen Eingang in seinen Inhalt, seinen Wortlaut gefunden haben, dürfen diese nur dann herangezogen werden, wenn sie nach den besonderen Verhältnissen des Einzelfalles für jedermann ohne weiteres erkennbar sind[2], z.B. weil sie sich aus dem Kann-Inhalt der Niederschrift (§ 24 Rz. 120) ergeben. Beschlüsse sind in gewissen Rahmen auch einer „ergänzenden" Auslegung zugänglich[3]. Die Grundsätze der ergänzenden Auslegung greifen aber nur dann ein, wenn im Wege der normativen Auslegung zunächst festgestellt wird, dass der Beschluss einen regelungsbedürftigen Punkt nicht regelt, d.h. eine Regelungslücke aufweist[4]. Regelt ein Beschluss **ausnahmsweise** nur einen „abgeschlossenen Einzelfall", kann eine Auslegung ggf. auch an andere Punkte anknüpfen und auch solche Aspekte aufgreifen, die jenseits dessen liegen, was jedermann bekannt sein kann[5].

Die Rechtsmittelgerichte können einen angefochtenen Beschluss selbst auslegen und sind nicht auf eine begrenzte Nachprüfung der Auslegung durch den Tatrichter verwiesen[6]. Dies gilt jedenfalls dann, wenn der Beschluss Regelungen enthält, die auch für den Sondernachfolger eines Wohnungseigentümers gelten sollen (Dauerregelungen)[7]. Etwas anderes gilt ggf. dann, wenn der Beschluss einen „abgeschlossenen Einzelfall" regelt. In diesem Falle ist die Auslegung jedenfalls nach der bisherigen Rechtsprechung grundsätzlich Sache des Tatrichters; das Rechtsbeschwerdegericht kann sie nur dann selbst vornehmen, wenn die tatrichterliche Auslegung rechtsfehler- oder lückenhaft ist[8]. 144

2. Bestimmtheit von Beschlüssen (inhaltliche Klarheit)

Weil ein Beschluss nach § 10 Abs. 4 Satz 1 auch gegen Sondernachfolger wirkt, muss er **bestimmt** sein[9]. Ist ein Beschluss unbestimmt, so ist er nichtig[10]. Ein Beschluss ist i.d.S. bestimmt, wenn er für eine objektive und normative Aus- 145

---

1 BGH v. 10.9.1998 – V ZB 11/98, BGHZ 139, 288 (292) = NJW 1998, 3713 = ZMR 1999, 41; OLG Hamm v. 23.9.2004 – 15 W 129/04, ZMR 2005, 306 (308); *Elzer* in KK-WEG § 10 Rz. 313.
2 BGH v. 10.9.1998 – V ZB 11/98, BGHZ 139, 288 (292) = NJW 1998, 3713 = ZMR 1999, 41; v. 29.1.1993 – V ZB 24/92, BGHZ 121, 236 (239).
3 BayObLG v. 26.3.1993 – 2Z 122/92, WE 1994, 154; s. dazu allgemein BGH v. 6.10.2006 – V ZR 20/06, WuM 2007, 30 (31) = NJW 2007, 509 = Rpfleger 2007, 68; v. 7.10.2004 – V ZB 22/04, ZMR 2004, 834 (836); *Elzer* in KK-WEG § 10 Rz. 313.
4 OLG Düsseldorf v. 21.10.2005 – I-3 Wx 164/05, ZMR 2006, 296 (297).
5 *Müller*, PiG 59, 73 (100) = ZWE 2000, 237 (247).
6 BGH v. 10.9.1998 – V ZB 11/98, BGHZ 139, 288 (291) = NJW 1998, 3713 = ZMR 1999, 41.
7 BGH v. 10.9.1998 – V ZB 11/98, BGHZ 139, 288 (292) = NJW 1998, 3713 = ZMR 1999, 41.
8 OLG Zweibrücken v. 10.2.1997 – 3 W 200/96, WE 1997, 234 = OLGReport Zweibrücken 1997, 58; KG v. 8.1.1997 – 24 W 5678/96, KGReport 1997, 85 (86) = NJW-RR 1997, 1033 = ZMR 1997, 318 = WuM 1997, 291; BayObLG v. 7.11.1991 – BReg. 2Z 99/91, WuM 1992, 90 (91); OLG Hamm v. 22.6. 1989 – 15 W 209/89, MDR 1989, 915 = NJW-RR 1989, 1161.
9 OLG München v. 30.11.2005 – 34 Wx 56/05, MietRB 2006, 131; BayObLG v. 6.6.2002 – 2Z BR 124/01, ZWE 2002, 523 (524); v. 10.8.2001 – 2Z BR 21/01, ZWE 2001, 599 (601).
10 BayObLG v. 24.11.2004 – 2Z BR 156/04, ZMR 2005, 639 (640) = BayObLGReport 2005, 184; v. 10.3.2004 – 2Z BR 16/04, WuM 2004, 425; v. 6.6.2002 – 2Z BR 124/01, NZM 2002, 875 = ZMR 2002, 847 = ZWE 2002, 523; v. 27.1. 1989 – BReg. 2Z 67/88, BayObLGZ 1989, 13 (17); KG v. 3.2. 1981 – 1 W 2823/80, MDR 1981, 500 = OLGZ 1981, 307.

legung **Vorgaben** enthält, die zwingend einzuhalten sind[1]. Ob ein Beschluss bestimmt oder zu unbestimmt ist, ist also eine Frage der Auslegung (Rz. 143). Ergibt sie einen Beschlussinhalt, ist der Beschluss ggf. anfechtbar, jedenfalls aber nicht nichtig. Bloße Anfechtbarkeit ist ferner anzunehmen, wenn ein Beschluss widersprüchlich ist, aber noch eine durchführbare Regelung erkennen lässt und der Beschluss also auf seiner Unbestimmtheit nicht „beruht". Wenn ein Eigentümerbeschluss auf ein Ereignis oder einen Gegenstand Bezug nimmt, kann es schließlich genügen, dass wenigstens dieses oder dieser mit hinreichender Bestimmtheit feststellbar ist[2]. Fehlt es einem Beschluss aber auch noch nach einer solchen Auslegung an der erforderlichen Klarheit und Bestimmtheit, ist er als nichtig anzusehen[3].

146 Nimmt ein Beschluss Bezug auf ein bestimmtes Ereignis oder einen bestimmten Gegenstand, erfordert das Gebot der inhaltlichen Klarheit und Bestimmtheit, dass der in Bezug genommene Gegenstand mit hinreichender Sicherheit bestimmbar ist[4].

3. Abgrenzung zur Vereinbarung

147 Allstimmige Beschlüsse (zum Begriff Rz. 132) sind von **Vereinbarungen** danach abzugrenzen, welche Entscheidungsform die Wohnungseigentümer **wählen wollten**[5] und wie die äußeren Umstände zu werten sind, also die **Art und Weise**, wie eine Entscheidung zustande gekommen ist[6]. Wollten die Wohnungseigentümer etwas beschließen, ist ihr Wille, diese Handlungsform gewählt zu haben, zu respektieren. Vereinbarungen und Beschlüsse unterscheiden sich ganz grundsätzlich: in der Art des Zustandekommens, in ihrer Bindungswirkung, in ihrer Angreifbarkeit und in dem, was durch sie geregelt werden kann[7]. Alle diese Gesichtspunkte **erlauben** es **nicht**, einen Beschluss als Vereinbarung zu begreifen, auch wenn es den Wohnungseigentümern rechtlich vorteilhaft wäre. Auch wäre die Bewertung, was „vorteilhaft" ist, beliebig. Kann etwa ein allstimmiger Beschluss angefochten werden, so ist eine Anfechtung gegenüber einer Vereinba-

---

1 OLG München v. 3.4.2007 – 34 Wx 025/07, MietRB 2007, 206 mit Anm. *Elzer*; OLG München v. 5.10.2006 – 32 Wx 121/06, ZMR 2007, 69.
2 BayObLG v. 24.11.2004 – 2Z BR 156/04, ZMR 2005, 639 (640); v. 24.6.1993 – 2Z BR 28/93, WuM 1993, 707 = BayObLGReport 1993, 66.
3 BayObLG v. 24.11.2004 – 2Z BR 156/04, ZMR 2005, 639 (640) = BayObLGReport 2005, 184; OLG Hamm v. 23.9.2004 – 15 W 129/04, ZMR 2005, 306 (308); *Elzer*, MietRB 2006, 131; nebulös OLG Oldenburg v. 5.4.2005 – 5 W 194/04, ZMR 2005, 814 (815).
4 OLG Frankfurt v. 29.9.2005 – 20 W 452/05, OLGReport Frankfurt 2006, 475 (476).
5 BGH v. 20.6.2002 – V ZB 39/01, ZMR 2002, 766 (771); *Wenzel*, NZM 2003, 217 (218); *Bub*, PiG 59, 5 (9) = ZWE 2000, 194 (195); *Elzer* in KK-WEG § 10 Rz. 272; a.A. die herrschende Rechtsprechung, s. nur OLG Hamm v. 11.11.2004 – 15 W 351/04, OLGReport Hamm 2005, 184 (185); BayObLG v. 13.6.2002 – 2Z BR 1/02, ZMR 2002, 848 (850); v. 28.3.2001 – 2Z BR 138/00, ZMR 2001, 638 (639) = BayObLGZ 2001, 73 (76) = NJW-RR 2001, 1164 = NZM 2001, 529; v. 14.11.1991 – BReg. 2Z 140/91, NJW-RR 1992, 403; v. 8.5.1991 – BReg. 2Z 33/91, NJW-RR 1992, 81 (83); OLG Düsseldorf v. 14.2.2001 – 3 Wx 392/00, ZMR 2001, 649 (650); OLG Zweibrücken v. 11.6.2001 – 3 W 218/00, OLGReport Zweibrücken 2001, 485 (488); *Hügel*, ZWE 2002, 508.
6 OLG Köln v. 7.9.1991 – 16 Wx 60/91, NJW-RR 1992, 598; *Wenzel*, NZM 2003, 217 (218); *Häublein*, ZMR 2000, 423 (425).
7 *Elzer* in KK-WEG § 10 Rz. 269.

rung ausgeschlossen. Ob daher die Einordnung einer Regelung als Vereinbarung den Wohnungseigentümern in einer ganzheitlichen Betrachtung von Nutzen ist, ist nur schwer zu sagen.

Für diese Sichtweise spricht ferner, dass alle anderen Wege, Beschluss und Vereinbarung rechtlich voneinander zu scheiden, nicht überzeugen. Die von der wohl noch h.M. favorisierte, am **Regelungsinhalt** orientierte Abgrenzung (inhaltliche Prüfsteine) von Vereinbarung und Beschluss ist **nicht möglich**. Eine Auslegung kann ganz offensichtlich nicht daran anknüpfen, wie die Wohnungseigentümer hätten handeln „sollen". Eine Auslegung muss vielmehr daran anknüpfen, wie die Wohnungseigentümer gehandelt haben – mag auch ihr Wille, etwas regeln zu wollen, durch die Wahl des falschen Regelungsinstrumentes ins Leere gehen. Müssten die Wohnungseigentümer eine Angelegenheit vereinbaren, etwa wenn sie eine Vereinbarung abändern wollen, kann damit nicht allein wegen des Gegenstandes auf eine Vereinbarung geschlossen werden[1]. Vereinbarungen müssen auch nicht stets abstrakt-generelle Bestimmungen zur Regelung einer Vielzahl von Einzelfällen, Beschlüsse hingegen nicht stets konkret-individuelle Entscheidungen für eine bestimmte Maßnahme sein (s. auch Rz. 6 ff.). Da die Wohnungseigentümer grundsätzlich sämtliche, einem Beschluss zugänglichen Gegenstände auch vereinbaren können, kann aus einem Leitbild, was zu vereinbaren und was zu beschließen ist, nicht geschlossen werden, welches Regelungsinstrument die Wohnungseigentümer im Einzelfall gewählt haben. Eine Auslegung kann ferner nicht daran anknüpfen, wer an der Angelegenheit beteiligt war: sowohl bei einer Vereinbarung als auch bei einem allstimmigen Beschluss sind sämtliche Wohnungseigentümer beteiligt. Auch die Form ist kein gültiges Unterscheidungskriterium. Eine schuldrechtliche Vereinbarung bedarf ebenso wie ein allstimmiger Beschluss – soweit er nicht schriftlich ist, § 23 Abs. 3 – keiner besonderen Form. Schließlich kann auch die Frage der Dauer und Intensität einer Regelung nur Indiz sein, welches Regelungsinstrument vorliegt[2].

Für den Erklärungswillen kann an den Inhalt der Niederschrift, aber auch an äußere Umstände angeknüpft werden, soweit sie „ohne weiteres" erkennbar sind. Für die äußeren Umstände ist u.a. die Bezeichnung der Regelung in der Niederschrift maßgebend. Sie ist eine gewichtige Auslegungshilfe[3]. Heißt es dort, dass die Wohnungseigentümer einen Beschluss gefällt haben, liegt grundsätzlich auch (nur) ein Beschluss vor[4].

Kann auch im Wege der Auslegung nicht ermittelt werden, welche Entscheidungsform die Wohnungseigentümer im Auge hatten, ist nach dem **Günstigkeitsprinzip** subsidiär zu prüfen, ob die konkrete Angelegenheit durch Beschluss geregelt werden konnte oder ob eine Vereinbarung notwendig war. Nach dem

---

1 A.A. BayObLG v. 28.3.2001 – 2Z BR 138/00, ZMR 2001, 638 (639).
2 Schließlich kann auch die Frage der Dauer und Intensität einer Regelung nur Indiz sein, welches Regelungsinstrument vorliegt, OLG Düsseldorf v. 14.2.2001 – 3 Wx 392/00, ZMR 2001, 649 (650).
3 BayObLG v. 10.7.1987 – BReg 2Z 47/87, NJW-RR 1987, 1364 (1365); *Suilmann*, Beschlussmängelverfahren, S. 17.
4 A.A. BayObLG v. 14.11.1991 – 2Z 140/91, WE 1992, 233; OLG Karlsruhe v. 28.3.1983 – 4 W 95/82, MDR 1983, 672.

Günstigkeitsprinzip haben die Eigentümer die Entscheidungsform gewählt, in der sie ihren Willen durchsetzen konnten.

4. Umdeutung

151 Haben die Eigentümer bloß mehrheitlich etwas vereinbaren wollen, ist die Vereinbarung auch dann unwirksam, wenn sie als Beschluss wirksam wäre[1]. Eine solche Vereinbarung kann **nicht** nach § 140 BGB in einen Beschluss umgedeutet werden. Haben die Eigentümer hingegen einen Beschluss fällen wollen, ist dieser nichtig und kann wegen der viel weitergehenden Wirkungen einer Vereinbarung auch nicht in eine solche umgedeutet werden[2].

5. Ergänzende Auslegung

152 Wie auch andere Rechtsgeschäfte können Beschlüsse grundsätzlich ergänzend ausgelegt werden[3]. Für eine ergänzende Auslegung eines Beschlusses muss festgestellt werden, ob er eine Frage nicht geregelt hat, aber nach Sinn und Zweck hätte regeln sollen (**Feststellung der Regelungslücke**)[4]. Im Anschluss ist zu fragen, ob das Wohnungseigentumsgesetz oder eine Vereinbarung eine angemessene Regelung bereithält (**Notwendigkeit der Lückenfüllung**). Eine Beschlusslücke kann nur dann geschlossen werden, wenn konkrete gesetzliche Regelungen zur Ausfüllung der Lücke nicht zur Verfügung stehen[5]. In einem dritten Schritt ist zu fragen, welche Regelung die Wohnungseigentümer bei einer angemessenen Abwägung der berührten Interessen nach Treu und Glauben redlicherweise getroffen hätten, wenn sie den nicht geregelten Fall bedacht hätten (**eigentliche Lückenfüllung**). Lassen sich hinreichende Anhaltspunkte für den mutmaßlichen Willen der Wohnungseigentümer nicht finden, etwa weil mehrere gleichwertige Auslegungsmöglichkeiten in Betracht kommen, scheidet eine ergänzende Auslegung aus.

VIII. Beschlussfassung in Mehrhausanlagen (Teilversammlungen)

1. Allgemeines

153 Die Verwaltung des gemeinschaftlichen Eigentums steht gem. §§ 20 Abs. 1, 21 Abs. 1 allen Wohnungseigentümern gemeinsam zu. Soweit sie über die ordnungsmäßige Verwaltung durch Stimmenmehrheit beschließen, sind daher **alle Wohnungseigentümer** gem. § 25 Abs. 1 und Abs. 2 stimmberechtigt[6]. Eine Ausnahme hiervon soll nach h.M. in den Fällen gelten, in denen bei einem Beschlussgegenstand eine genau abgrenzbare Gruppe von Wohnungseigentümern

---

1 *Wenzel*, NZM 2003, 217 (220); offen gelassen von BGH v. 20.6.2002 – V ZB 39/01, ZMR 2002, 766 (771).
2 OLG Köln v. 27.9.1991 – 16 Wx 60/91, NJW-RR 1992, 598; *Schuschke*, NZM 2001, 497 (499) in Fn. 25; *Kreuzer*, WE 1997, 362 (363) in Fn. 24.
3 OLG Köln v. 29.12.1999 – 16 Wx 181/95, ZWE 2000, 488 (489); BayObLG v. 26.3.1993 – 2Z BR 122/92, WuM 1993, 482 (483) = BayObLGReport 1992, 41 (42) = WE 1994, 154.
4 Siehe auch BGH v. 6.10.2006 – V ZR 20/06, WuM 2007, 30 (31) = NJW 2007, 509 = Rpfleger 2007, 68.
5 Allgemein BGH v. 1.2. 1984 – VIII ZR 54/83, NJW 1984, 1177.
6 *Elzer* in KK-WEG § 10 Rz. 16.

betroffen ist (z.T. auch **Blockstimmrecht** genannt)[1]. Dem ist zuzustimmen, soweit eine **Vereinbarung** bestimmte – regelmäßig untergeordnete – Angelegenheiten z.b. nur den Bewohnern eines Hauses einer **Mehrhausanlage** zuweist und geregelt ist, dass die jeweiligen Wohnungseigentümer der einzelnen Haus- oder Innengemeinschaft gesondert abstimmen[2]. Eine solche Vereinbarung ist in eng umgrenzten Ausnahmefällen anzuerkennen, wenn nämlich **ausgeschlossen** ist, dass die übrigen Eigentümer von einer Angelegenheit betroffen werden können[3]. In diesem Falle sind Beschlüsse nur von denjenigen Wohnungseigentümern zu fassen, die der entsprechenden Teilversammlung zuzuordnen sind. Ein Unterscheidungskriterium, welche Wohnungseigentümer stimmberechtigt sind, kann z.B. sein, wo sich ein bestimmtes Wohnungs- oder Teileigentum befindet (zur **Berechnung** der Beschlussfähigkeit s. § 25 Rz. 75). Eine Beschlussfassung nur der Wohnungseigentümer **eines Hauses** ist z.B. nicht möglich über die Jahresabrechnung, über Maßnahmen, die das Erscheinungsbild eines die Anlage prägenden Hauses verändern, über Bestellung von Verwaltung und Verwaltungsbeirat[4]. Die Abrechnung enthält notwendigerweise Kosten (etwa für Versicherungen und Verwaltung), die das **Gemeinschaftseigentum insgesamt** betreffen. Hierüber können nur alle Wohnungseigentümer beschließen. Gleiches gilt für die Frage der Entlastung des für die Wohnanlage insgesamt bestellten Verwalters und des Verwaltungsbeirats. Auch durch die Errichtung einer Mobilfunkanlage auf dem Dach des Gebäudes einer Wohnungseigentumsanlage mit mehreren Gebäuden werden in der Regel alle Eigentümer in ihren Rechten betroffen. Der Errichtung müssen daher auch alle Eigentümer zustimmen[5].

Nicht anzuerkennen ist, dass sich die Stimmberechtigung nur weniger Wohnungseigentümer auch aus den „natürlichen Gegebenheiten" einer Anlage ergeben kann („Gruppenbetroffenheit")[6]. Ohne eine entsprechende Vereinbarung vermögen es bloß tatsächliche Gegebenheiten, vermag es eine Betroffenheit **nicht**, einen Wohnungseigentümer von seinem gesetzlich garantierten Stimmrecht auszuschließen. Ebenso wie ein entsprechender Beschluss sind auch bauliche oder sonstige Gegebenheiten nicht in der Lage, das Stimmrecht eines Wohnungseigentümers zu beeinträchtigen oder auszuschließen. Wird dennoch eine

154

---

1 OLG München v. 13.12.2006 – 34 Wx 109/06, FGPrax 2007, 74 (76) = OLGReport München 2007, 73 = MietRB 2007, 40 = WuM 2007, 34; OLG Zweibrücken v. 23.6.2004 – 3 W 64/04, OLGReport Zweibrücken 2004, 585 (586); BayObLG v. 20.2.2003 – 2Z BR 136/02, ZMR 2003, 519 (521); OLG Köln v. 29.10.1997 – 16 Wx 274/97, WE 1998, 191; v. 24.9. 1997 – 16 Wx 36/97, WE 1998, 190; *Häublein*, NZM 2003, 785 (790); *Göken*, Mehrhausanlage, S. 19 ff.
2 OLG Düsseldorf v. 26.8.2005 – I-3 Wx 64/05, OLGReport Düsseldorf 2006, 33 (35); OLG München v. 11.5.2005 – 34 Wx 018/05, OLGReport München 2005, 529.
3 OLG Schleswig v. 8.3.2000 – 2 W 57/99, OLGReport Schleswig 2000, 227 = WuM 2000, 370; OLG Köln v. 24.9.1997 – 16 Wx 36/97, WuM 1998, 177 (178) = WE 1998, 190; BayObLG v. 31.3.1994 – 2Z BR 16/94, BayObLGReport 1994, 34 = WuM 1994, 567.
4 OLG Zweibrücken v. 23.6.2004 – 3 W 64/04, OLGReport Zweibrücken 2004, 585 (586).
5 OLG München v. 13.12.2006 – 34 Wx 109/06, FGPrax 2007, 74 (76) = OLGReport München 2007, 73 = MietRB 2007, 40 = WuM 2007, 34.
6 A.A. ist indes die h.M., s. z.B. OLG Düsseldorf v. 5.8.2005 – I-3 Wx 323/04, OLGReport Düsseldorf 2005, 525 (526); v. 8.3.2005 – I-3 Wx 323/04, OLGReport Düsseldorf 2005, 295 (297).

Angelegenheit nur durch einen Beschluss einer Teilversammlung geregelt, ist der Beschluss nichtig[1].

155 Einer durch Vereinbarung partiell bestimmten Häusern (Untergemeinschaft) und deren Eigentümerversammlung zugewiesenen Stimmrechtsausübung steht **nicht** entgegen, dass neben die Wohnungseigentümer der Verband Wohnungseigentümergemeinschaft getreten ist[2]. Beschließt eine Untergemeinschaft vereinbarungsgemäß die Vergabe eines Instandsetzungsauftrags, ist dieser Auftrag vom Verwalter als Organ des Verbandes für seine Rechnung zu vergeben. Im Außenverhältnis hat für die Vergütung des Werkunternehmers der Verband einzustehen, gem. § 10 Abs. 8 Satz 1 anteilig ferner jeder Wohnungseigentümer. **Intern** haben für die Kosten hingegen die Mitglieder der „Untergemeinschaft" aufzukommen[3].

2. Beschlussfassung

156 Sind für einen bestimmten Punkt nur bestimmte Wohnungseigentümer stimmberechtigt, ergeben sich für die Beschlussfassung eine Reihe von Besonderheiten:

- Zur Teilversammlung sind nicht alle Wohnungseigentümer, sondern nur die durch die jeweilige Vereinbarung bestimmten Stimmberechtigten zu laden.
- Für die Berechnung des nach § 25 Abs. 2 notwendigen Quorums (Beschlussfähigkeit) ist nicht auf sämtliche Miteigentumsanteile, sondern nach Sinn und Zweck der Vereinbarung nur auf die Miteigentumsanteile **der jeweils teilnahmeberechtigten** Wohnungseigentümer abzustellen (§ 25 Rz. 75)[4].
- **Stimmberechtigt** sind nur die Wohnungseigentümer, die der jeweiligen Untergemeinschaft angehören (§ 25 Rz. 44).
- Für die Berechnung des Quorums nach §§ 16 Abs. 4 Satz 2, 22 Abs. 2 Satz 1 ist nur auf die der Untergemeinschaft angehörenden Wohnungseigentümer abzustellen.
- Für die Berechnung der erforderlichen Mehrheit nach § 23 Abs. 3 für schriftliche Beschlüsse ist nur auf die der Untergemeinschaft angehörenden Wohnungseigentümer abzustellen (§ 23 Rz. 85).

3. Teilnahmerechte

157 Jeder Wohnungseigentümer hat, um sein rechtliches Gehör und sein Anhörungsrecht zu wahren, auch in der Teilversammlung ein Teilnahme- und auch Rederecht.

---

1 OLG München v. 13.12.2006, 34 Wx 109/06, FGPrax 2007, 74 (76) = OLGReport München 2007, 73 = MietRB 2007, 40 = WuM 2007, 34; OLG Schleswig v. 8.3.2000 – 2 W 57/99, OLGReport Schleswig 2000, 227 = WuM 2000, 370.
2 *Wenzel*, NZM 2006, 321 (324); a.A. *Jennißen*, NZM 2006, 321 (323); s. auch oben § 16 Rz. 63 f.
3 *Wenzel*, NZM 2006, 321 (324).
4 BayObLG v. 17.1.2000 – 2Z BR 99/99, ZMR 2000, 319 (320); *Häublein*, NZM 2003, 785 (792); Hügel/*Scheel* Rz. 846.

IX. Delegierte Beschlussmacht

Die Wohnungseigentümer können ihre Kompetenz, eine Angelegenheit durch einen Beschluss zu ordnen, im Wege der Vereinbarung auf einen Dritten delegieren. Eine solche Kompetenzverlagerung kommt z.B. auf den Verwalter oder auf den Verwaltungsbeirat in Betracht[1]. Soweit das Wohnungseigentumsgesetz nicht zwingend ist, können die Wohnungseigentümer in den vom Gesetz und den allgemeinen Vorschriften und Besonderheiten des Wohnungseigentumsrechts gezogenen Grenzen, vor allem der mitgliedschaftlichen Kernkompetenzen, **Befugnisse** konkurrierend oder verdrängend übertragen[2]. In Betracht kommt etwa die Aufstellung der Hausordnung[3] oder die Befugnis, Aufträge ohne entsprechende Anordnung der Wohnungseigentümer nach billigem Ermessen in Auftrag zu geben[4].

158

Bestimmt ein Dritter auf Grund einer Ermächtigung der Wohnungseigentümer den Inhalt einer Gebrauchs- oder Verwaltungsregelung, nimmt die Rechtsprechung an, dass die Regelung keine Vereinbarung darstellt (also einen Beschluss) und durch einen Beschluss geändert werden kann[5]. Dem ist nicht zu folgen. Ein Dritter kann nicht anstelle der Wohnungseigentümer „beschließen". Für einen Beschluss fehlt es an sämtlichen Entstehungsvoraussetzungen: Weder wird die Entscheidung des Dritten festgestellt noch wird sie verkündet. Bei der Bestimmung, auf die der Entschluss des Dritten i.S.v. § 317 BGB durch seine Bekanntgabe einwirkt, handelt sich es sich um eine Vereinbarung[6].

159

X. Entziehung der Beschlussmacht

Wenn das Gesetz den Wohnungseigentümern Beschlussmacht einräumt, fragt es sich, ob diese zwingend ist. Eindeutig lässt sich diese Frage nur für §§ 12 Abs. 4 Satz 1, 16 Abs. 3 und Abs. 4, 18 Abs. 3 Satz 1 und 26 Abs. 1 Satz 1 beantworten. Die durch diese Vorschriften eingeräumte Beschlussmacht ist bereits nach dem Gesetz **zwingend**, vgl. §§ 12 Abs. 4 Satz 2, 18 Abs. 4, 26 Abs. 1 Satz 4. Soweit das Gesetz im Übrigen keine ausdrückliche Bestimmung trifft, führt vor allem eine systematische Auslegung dazu, die Stellen, an denen das Gesetz Mehrheitsmacht erlaubt, als **zwingendes Recht** zu begreifen. Das Mehrheitsprinzip, wie es insbesondere für die körperschaftlich strukturierten Personenvereinigungen des Gesellschaftsrechts gilt, kann im Wohnungseigentumsrecht nur über eine entsprechende Vereinbarung (Öffnungsklausel) eingeführt werden, § 23 Abs. 1. Indem das Wohnungseigentumsgesetz durch § 21 Abs. 1 die

160

---

1 Dazu ausführlich *Elzer* in KK-WEG § 20 Rz. 41 ff.
2 OLG Düsseldorf v. 8.11.2000 – 3 Wx 253/00, ZMR 2001, 303 (304); *Strecker*, ZWE 2004, 337 (341); *Häublein*, ZMR 2003, 233 (238); *Bub*, PiG 59, 5 (18) = ZWE 2000, 194 (198/199).
3 Dazu *Elzer*, ZMR 2006, 733 (735).
4 Weitere Fälle bei *Elzer* in KK-WEG § 20 Rz. 53 und 62.
5 BayObLG v. 5.12.1991 – BReg. 2Z 154/91, BayObLG 1991, 421 (422) = MDR 1992, 373 = BayObLGReport 1992, 27 = NJW-RR 1992, 343 (344); s. auch BayObLG v. 23.8.2001 – 2Z BR 96/01, ZMR 2002, 64 = MDR 2001, 1345; BayObLG v. 9.6. 1975 – BReg. 2Z 35/75, BayObLGZ 1975, 201 (204) = Rpfleger 1975, 367; OLG Stuttgart v. 19.5. 1987 – 8 W 89/87, MDR 1987, 847 = NJW-RR 1987, 976.
6 *Elzer*, ZMR 2006, 733 (735).

Regelung des Gemeinschaftsverhältnisses in die Hände aller Miteigentümer legt, hat es das Prinzip der Einstimmigkeit zum Grundsatz erhoben[1]. Die Regelung des Gemeinschaftsverhältnisses erfordert grundsätzlich einen allseitigen Vertrag. Mehrheitsentscheidungen werden nur ausnahmsweise zugelassen. Hierdurch unterscheidet sich das Wohnungseigentumsrecht bewusst von den gesetzlichen Vorschriften, die für die körperschaftlich organisierten Verbände des Gesellschaftsrechts das Mehrheitsprinzip anordnen, und orientiert sich an der für Personengesellschaften geltenden Rechtslage. Da das Gesetz Beschlussmacht also nur ausnahmsweise einräumt, und zwar dort, wo zwingende einstimmige Entscheidungen eine sachgerechte Verwaltung und eine Bestimmung des Gebrauchs hindern, können die Eigentümer hiervon auch nicht durch § 10 Abs. 2 Satz 2 abrücken[2].

XI. Beschlüsse der Organe

161 Nicht nur die Wohnungseigentümer, auch mehrheitlich besetzte Stellen der Handlungsorganisation des gemeinschaftlichen Eigentums (vor allem der Verwaltungsbeirat) und des Verbandes Wohnungseigentümergemeinschaft (vor allem die Wohnungseigentümer nach § 27 Abs. 3 Satz 2 WEG) können ggf. mehrheitlich im Wege des Beschlusses handeln.

1. Verwaltungsbeirat

162 Das Wohnungseigentumsgesetz enthält nur wenige Vorgaben über die Willensbildung und Beschlussfassung des Beirats. Besteht der Verwaltungsbeirat aus mehreren Personen, kann er seine Willensbildung im Wege des Beschlusses bestimmen. Ein solcher Beschluss kommt zustande, wenn die Ja-Stimmen die Nein-Stimmen überwiegen, soweit nicht eine Vereinbarung etwas anderes, z.B. Einstimmigkeit, verlangt[3]. Die Beschlüsse werden grundsätzlich in einer Sitzung des Verwaltungsbeirats gefasst, können aber auch auf andere Weise erfolgen[4]. Jedes Mitglied des Verwaltungsbeirats ist berechtigt, Anträge zu stellen und abzustimmen. Die Stimme kann – wenn nicht anderes bestimmt ist – in jeder Form abgegeben werden[5]. Eine Stimmrechtsvertretung ist entsprechend § 101 Abs. 3 AktG nur zulässig, wenn eine Vereinbarung eine Vertretung zulässt.

163 Bei Stimmengleichheit ist ein Beschlussantrag abgelehnt, es sei denn, es ist etwas anderes vereinbart. Stimmenthaltungen werden nicht mitgezählt. Bei Abstimmungen, von denen ein Mitglied des Verwaltungsbeirats persönlich betroffen ist, ruht sein Stimmrecht in entsprechender Anwendung des § 25 Abs. 5 (dazu § 25 Rz. 112). Dies ist etwa der Fall, wenn darüber abgestimmt wird, ob der Beirat die nach einer Vereinbarung i.S.v. § 12 WEG erforderliche Zustimmung zur Veräußerung des einem Beiratsmitglied gehörenden Wohnungseigentums erteilen soll[6]. Ist eine Zustimmung des Verwaltungsbeirats zu einer bestimmten Maßnahme vorgesehen, genügt die Zustimmung des Vorsitzenden

---
1 *Elzer* in KK-WEG § 10 Rz. 78.
2 Hierzu und zu den notwendigen Folgerungen *Elzer* in KK-WEG § 10 Rz. 78 ff.
3 *Armbrüster*, JuS 2002, 564 (569).
4 BayObLG v. 16.6.1988 – BReg 2 Z 46/88, BayObLGZ 1988, 212 (214).
5 *Gottschalg* in FS Bub, S. 73 (85).
6 *Armbrüster*, JuS 2002, 564 (569); *Armbrüster*, PiG 61, 35 (55) = ZWE 2001, 463.

allein nicht. Vielmehr ist es erforderlich, dass sich der Verwaltungsbeirat als Gremium für die beabsichtigte Maßnahme ausspricht[1].

Beschlüsse des Verwaltungsbeirats sind nicht nach §§ 43 Nr. 4, 46 Abs. 1 WEG anfechtbar[2]. Sie unterliegen einer gerichtlichen Nachprüfung ohne zeitliche Befristung. Verstößt ein Beschluss gegen eine gesetzliche Vorschrift, eine Vereinbarung oder einen Beschluss der Wohnungseigentümer, ist er nichtig[3]. Die Nichtigkeit kann jederzeit in einem Verfahren gem. § 43 Nr. 1 geltend gemacht werden[4]. 164

2. Wohnungseigentümer als Organ des Verbandes

Soweit die Wohnungseigentümer den Willen des Verbandes Wohnungseigentümergemeinschaft bilden müssen, können sie auch dazu im Wege des Beschlusses auf einer Eigentümerversammlung handeln (s. § 23 Rz. 38 f.). Das Wohnungseigentumsgesetz regelt allerdings nicht, auf welchem Wege sich die Wohnungseigentümer für die Wahrnehmung der **Vertretung** des Verbandes Wohnungseigentümergemeinschaft verständigen. Hier gilt daher ggf. das allgemeine Prinzip. Ein bloßer Beschluss reicht dann grundsätzlich nicht aus[5]. Zwar wird der Wille des Verbandes durch Mehrheitsbeschluss gebildet. Hierdurch ist aber nur die in § 27 Abs. 3 Satz 2 WEG nicht geregelte Geschäftsführung angesprochen. Die Mehrheitsmacht im Innenverhältnis hat auch keine Bedeutung für die Vertretung nach außen[6]. Ggf. sind §§ 23 ff. WEG analog anwendbar. 165

§ 23
Wohnungseigentümerversammlung

(1) Angelegenheiten, über die nach diesem Gesetz oder nach einer Vereinbarung der Wohnungseigentümer die Wohnungseigentümer durch Beschluss entscheiden können, werden durch Beschlussfassung in einer Versammlung der Wohnungseigentümer geordnet.

(2) Zur Gültigkeit eines Beschlusses ist erforderlich, dass der Gegenstand bei der Einberufung bezeichnet ist.

(3) Auch ohne Versammlung ist ein Beschluss gültig, wenn alle Wohnungseigentümer ihre Zustimmung zu diesem Beschluss schriftlich erklären.

(4) Ein Beschluss, der gegen eine Rechtsvorschrift verstößt, auf deren Einhaltung rechtswirksam nicht verzichtet werden kann, ist nichtig. Im Übrigen ist ein Beschluss gültig, solange er nicht durch rechtskräftiges Urteil für ungültig erklärt ist.

---

1 BayObLG v. 28.3.2002 – 2Z BR 4/02, NZM 2002, 529 (530) = ZWE 2002, 405.
2 OLG Hamm v. 19.3.2007 – 15 W 340/06, MietRB 2007, 238; *Gottschalg* in FS Bub, S. 73 (85).
3 OLG Hamm v. 19.3.2007 – 15 W 340/06, MietRB 2007, 238; *Gottschalg* in FS Bub, S. 73 (86).
4 *Armbrüster*, ZWE 2001, 463.
5 *Hügel/Elzer* § 11 Rz. 107.
6 *Hügel/Elzer* § 11 Rz. 107.

Inhaltsübersicht

	Rz.
I. Allgemeines	1
II. Beschlusskompetenz	2
1. Gesetzliche Beschlusskompetenz	3
2. Vereinbarte Beschlusskompetenz (Öffnungsklauseln)	6
a) Allgemeines und Begriff	6
b) Begründung	8
c) Rechtsqualität	10
d) Grenzen	11
aa) Allgemeines	11
bb) Sachlicher Grund/keine unbillige Benachteiligung	12
e) Zustimmung Dritter	14
aa) Eintragung der Öffnungsklausel	14
bb) Auf einer Öffnungsklausel beruhende Beschlüsse	16
f) Eintragungsfähigkeit und Eintragungsbedürftigkeit	17
g) Kollisionen	18
aa) Gesetzliche Öffnungsklauseln	18
bb) § 10 Abs. 2 Satz 3	20
3. Beschluss ohne Kompetenzzuweisung	21
III. Versammlung der Wohnungseigentümer	22
1. Begriff, Inhalt und Zweck	23
a) Grundsatz	23
b) Zweck und Bedeutung der Eigentümerversammlung	25
c) Zusammenkunft ohne Ladung	27
aa) Grundsatz	27
bb) Universalversammlungen (Vollversammlung)	28
2. Außerordentliche Eigentümerversammlungen	31
3. Virtuelle Eigentümerversammlungen	33
4. Teilversammlungen (Mehrhausanlagen)	35
a) Grundsatz	35
b) Rechtsfolgen	36
5. Versammlungen mehrerer Miteigentümer	37
6. Verbandsorgan (Versammlung des Verbandes)	38
a) Allgemeines	38
b) Formalien	41
7. Versammlung der Bauherren	42
8. Übergemeinschaften/Dachgemeinschaften	43
9. Ein-Mann-Versammlung	46
10. Versammlung der werdenden Wohnungseigentümer	47
a) Allgemeines	47
b) Untergang der werdenden Wohnungseigentümergemeinschaft	49
IV. Bezeichnung der Beschlussgegenstände bei Einberufung nach § 23 Abs. 2	50
1. Sinn und Zweck	51
2. Beschlussfassung	52
3. Kosten	53
4. Bezeichnung	54
a) Begriff	54
b) Art und Weise	55
c) Einzelfragen	56
d) Tagesordnungspunkt „Verschiedenes/Sonstiges"	57
5. Vorformulierte Beschlussanträge	58
6. Geschäftsordnungsbeschlüsse	59
7. Verstöße	60
V. Tagesordnung	61
1. Begriff	61
2. Ersteller	64
3. Anspruch auf Aufnahme	65
a) Allgemeines	65
b) Ordnungsmäßige Verwaltung: § 21 Abs. 4	66
c) Einschränkungen	67
d) Klage auf Aufnahme	68
4. Formulierung	69
VI. Schriftliche Beschlussfassung	71
1. Allgemeines	71
2. Zustimmung i.S.v. § 23 Abs. 3	73
a) Grundsatz	73
b) Notwendige Mehrheit	75
c) Anfechtbarkeit	76
3. Initiative	77
4. Zustandekommen	78
a) Verfahren	78
b) Sukzessivbeschluss	79
c) Widerruf	80
d) Frist	81
e) Feststellung und Verkündung	82

	Rz.		Rz.
5. Stimmberechtigte	84	c) Allgemeine Regelungen	102
a) Sämtliche Wohnungseigentümer	84	aa) §§ 134, 138, 242, 315 BGB	103
b) Mehrhausanlage	85	(1) § 134 BGB	104
6. Form	86	(2) § 138 BGB	105
VII. § 23 Abs. 4: Beschlussfehler	87	bb) Grundsätze des Wohnungseigentumsgesetzes	106
1. Grundsätzliches	87	cc) Kernbereich des Wohnungseigentums	107
a) Allgemeines	87	(1) Dinglicher Kernbereich	108
b) Einzelheiten	89	(2) Mitgliedschaftlicher Kernbereich	109
2. Zweck der Regelung	91	dd) Keine Kompetenz zur Beschlussfassung	112
3. Wirksamkeitsvoraussetzungen und Unwirksamkeitsgründe	92	(1) Allgemeines	112
a) Wirksamkeitsvoraussetzungen	93	(2) Unterscheidung und Einzelfälle	113
b) Unwirksamkeitsgründe	94	(3) Anspruchsbegründung durch Beschluss	115
aa) Formelle Beschlussmängel	95	ee) Unbestimmte Beschlüsse	116
(1) Übersicht	95	d) Teilnichtigkeit	117
(2) Rechtsfolge	96	VIII. Anfechtungsklage, § 46 Abs. 1 Satz 1	118
bb) Materielle Beschlussmängel	99	IX. Abdingbarkeit	119
4. Nichtigkeit	100		
a) Grundsätze	100		
b) Nichtigkeitsgründe	101		

Schrifttum: *Abramenko*, Einberufung der Eigentümerversammlung durch Unbefugte, ZWE 2005, 25; *Baßenge*, Nichtursächlichkeit von Verfahrensmängeln, FS Merle (2000), S. 17; *Becker*, Folgen fehlerhafter Beschlussverkündung durch den Versammlungsleiter, ZWE 2006, 157; *Becker*, Beschlusskompetenz kraft Vereinbarung – sog. Öffnungsklausel, PiG 63, 99 = ZWE 2002, 341; *Bub*, Der Mehrheitsbeschluss im Überblick, PiG 59 (2000), S. 5 = ZWE 2000, 194; *Emde*, Die Bestimmtheit von Gesellschafterbeschlüssen, ZIP 2000, 59; *Göken*, Die Mehrhausanlage im Wohnungseigentumsrecht, 1999; *Häublein*, Die Mehrhausanlage in der Verwalterpraxis, NZM 2003, 785; *Hügel*, Die Gestaltung von Öffnungsklauseln, ZWE 2001, 578; *Huff*, Die Wohnungseigentümerversammlung im Internet – Sinnvolle Möglichkeit für „moderne" Gemeinschaften, FS Deckert (2002), S. 173; *Kreuzer*, Zweierlei Beschlüsse nach dem WEG?, FS Seuß (2007), S. 155; *Kümmel*, Voraussetzungen für die Verkündung positiver Beschlüsse durch den Versammlungsleiter, ZWE 2006, 278; *Kümmel*, Beschlüsse auf Grund „schuldrechtlicher" Öffnungsklausel, ZWE 2002, 68; *Mankowski*, Die virtuelle Wohnungseigentümerversammlung, ZMR 2002, 246; *Merle*, Bestellung und Abberufung des Verwalters nach § 26 des Wohnungseigentumsgesetzes, 1977; *Müller*, Die unerkannten Folgen unterbliebener oder fehlerhafter Beschlussverkündung – Eine Nachbetrachtung zum BGH-Beschluss vom 23.8.2001, FS Deckert (2002), S. 255; *Müller*, Die Beschlussfassung, ZWE 2000, 237; *Ott*, Zur Eintragung von Mehrheitsbeschlüssen im Grundbuch bei sog. Öffnungsklausel, PiG 61, 197 = ZWE 2001, 466; *Patermann*, Zum Anwendungsbereich des § 23 Abs. 4 WEG, ZMR 1991, 361; *Prüfer*, Schriftliche Beschlüsse, gespaltene Jahresabrechnungen, 2001; *Prüfer*, Schriftliche Mehrheitsbeschlüsse, WE 1998, 334; *F. Schmidt*, Die konkludente Beschlussfeststellung, ZWE 2006, 164; *F. Schmidt*, Schriftliches Beschlussverfahren, PiG 59 (2000), S. 125 = ZWE 2000, 155; *Suilmann*, Das Beschlussmängelverfahren im Wohnungseigentumsrecht, 1991; *Wenzel*, Öffnungsklausel und Grundbuchpublizität im WE-Recht, ZNotP 2004, 170 = ZWE 2004, 130; *Wenzel*, Beschluss oder Vereinbarung, FS Deckert (2002), S. 517.

I. Allgemeines

1 Die Bestimmung des § 23 ist – anders als es die amtliche Überschrift suggeriert – **Grundnorm** über die **Beschlussfassung** der Wohnungseigentümer, nicht Grundnorm zur Eigentümerversammlung. § 23 bestimmt zu diesem Zweck in Abs. 1, dass die Wohnungseigentümer eine Angelegenheit nur dann durch Beschluss ordnen können, wenn entweder das **Gesetz** eine Beschlussmacht einräumt oder wenn die Wohnungseigentümer im Wege einer Öffnungsklausel (Rz. 6 ff.) eine Beschlussmacht **vereinbart** haben. Des Weiteren ist in Abs. 1 angeordnet, dass Beschlüsse **grundsätzlich** in einer Versammlung der Wohnungseigentümer (Eigentümerversammlung) gefasst werden. Außerhalb einer Eigentümerversammlung ist von Gesetzes wegen – außer nach § 23 Abs. 3 – keine Beschlussfassung möglich[1]. Für die Einberufung zur Eigentümerversammlung – und deshalb systematisch zu § 24 Abs. 1 gehörend und in § 23 unglücklich verortet – ordnet Abs. 2 an, dass die jeweiligen **Gegenstände** der Eigentümerversammlung bei der Einberufung zu **bezeichnen** sind (Rz. 50 ff.). Mangelt es hieran, wird eine beabsichtigte Beschlussfassung nur unzureichend angekündigt, ist ein Beschluss allerdings anders, als der Wortlaut des § 23 Abs. 2 andeutet („gültig"), nach h.M. nur anfechtbar (Rz. 60). Abs. 3 trifft Anordnungen für Beschlüsse **außerhalb** der Eigentümerversammlung (s. schriftliche Beschlüsse Rz. 71 ff.). Die Aufgabe von Abs. 4 ist es, darauf hinzuweisen, dass Beschlüsse, die gegen eine zwingende Rechtsvorschrift verstoßen, nichtig, also unwirksam, sind. Für andere Beschlüsse, auch solche, die unter formellen oder materiellen Mängeln leiden, ordnet er hingegen an, dass sie gültig sind und binden, solange sie nicht durch ein rechtskräftiges Urteil im Wege der Anfechtungsklage nach § 46 für ungültig erklärt werden.

II. Beschlusskompetenz

2 Die Wohnungseigentümer können eine Angelegenheit durch einen Beschluss ordnen, wenn das Wohnungseigentumsgesetz oder eine Vereinbarung nach § 23 Abs. 1 eine Entscheidung gerade durch Beschluss ermöglichen. Ohne eine besondere Kompetenzbegründung (Ermächtigung) ist für einen Beschluss kein Raum. Den Wohnungseigentümern fehlt ohne entsprechende gesetzliche oder vereinbarte Ermächtigung die Befugnis, eine Angelegenheit gerade durch Beschluss zu regeln[2].

1. Gesetzliche Beschlusskompetenz

3 § 23 Abs. 1 verweist – ohne diese Bestimmungen im Einzelnen zu nennen – auf diejenigen Vorschriften des Wohnungseigentumsgesetzes, nach denen die Wohnungseigentümer eine Angelegenheit durch Beschluss ordnen dürfen. Nach dem **Wohnungseigentumsgesetz** können die Wohnungseigentümer in den gesetzlich bestimmten Grenzen über folgende Punkte **beschließen:**

---

1 *Schmack/Kümmel*, ZWE 2000, 433 (438).
2 BGH v. 20.9.2000 – V ZB 58/99, BGHZ 145, 158 (166) = ZMR 2000, 771 = ZWE 2000, 518 = NJW 2000, 3500.

Vorschrift des WEG	Gegenstand
§ 12 Abs. 4 Satz 1	Veräußerungsbeschränkungen
§ 15 Abs. 2	Gebrauch des Gemeinschafts- und des Sondereigentums
§ 16 Abs. 3	Kostenverteilungsschlüssel
§ 16 Abs. 4 Satz 1	Kosten einer Maßnahme der Instandhaltung oder Instandsetzung i.S.d. § 21 Abs. 5 Nr. 2 oder baulichen Veränderungen oder Aufwendungen i.S.d. § 22 Abs. 1 und 2
§ 18 Abs. 3 Satz 1	Entziehung des Wohnungseigentums
§ 21 Abs. 3	ordnungsmäßige Verwaltung des Gemeinschaftseigentums nach § 21 Abs. 3 bis Abs. 5, z.B. die Aufstellung einer Hausordnung, die ordnungsmäßige Instandhaltung und Instandsetzung des gemeinschaftlichen Eigentums oder Versicherungen
§ 21 Abs. 7	Verwaltungskostenbeschlüsse
§ 22 Abs. 1 Satz 1	Bauliche Veränderungen und Aufwendungen, die über die ordnungsmäßige Instandhaltung oder Instandsetzung des gemeinschaftlichen Eigentums hinausgehen
§ 22 Abs. 2 Satz 1	Modernisierungsmaßnahmen
§ 24 Abs. 5	Vorsitz in der Eigentümerversammlung
§ 24 Abs. 8 Satz 2	Führer der Beschluss-Sammlung
§ 26 Abs. 1 Satz 1	Bestellung und Abberufung des Verwalters
§ 27 Abs. 2 Nr. 3	Geltendmachung von Ansprüchen durch den Verwalter
§ 27 Abs. 3 Satz 1 Nr. 7	Erweiterung der gesetzlichen Befugnisse des Verwalters
§ 27 Abs. 3 Satz 3	Vertretung des Verbandes Wohnungseigentümergemeinschaft
§ 28 Abs. 4	Rechnungslegung des Verwalters
§ 28 Abs. 5	Wirtschaftsplan und Jahresabrechnung
§ 29 Abs. 1 Satz 1	Bestellung eines Verwaltungsbeirats
§ 45 Abs. 2 Satz 1	Bestellung eines Ersatzzustellungsvertreters

Eine Beschlusskompetenz erwächst den Wohnungseigentümern nicht, wenn eine bloß **allgemein geltende** Bestimmung, etwa eine Landesbauordnung, die Änderung einer Vereinbarung anordnet[1]. 4

Kommen die Wohnungseigentümer ihrer untereinander geltenden gesetzlichen Verpflichtung aus § 21 Abs. 3 und Abs. 4, nämlich ihre Angelegenheiten i.S. einer ordnungsmäßigen Verwaltung zu ordnen und also ihr **Selbstorganisationsrecht** wahrzunehmen, nicht nach, muss jeder Wohnungseigentümer die anderen Wohnungseigentümer ggf. auf eine entsprechende beschlussweise oder vertragliche Änderung nach § 21 Abs. 4 und Abs. 8 in Anspruch nehmen. Entsprechendes gilt für § 3 Satz 2 HeizkostenVO. Diese Verordnung qualifiziert die Einführung der verbrauchsabhängigen Abrechnung zwar als Maßnahme i.S.d. § 21 5

---

1 A.A. OLG Hamburg v. 29. 9. 2004 – 2 Wx 1/04, ZMR 2004, 936 (937).

Abs. 3. Nicht aus der Heizkostenverordnung selbst, sondern aus § 21 Abs. 3 folgt aber die notwendige Beschlussmacht[1].

2. Vereinbarte Beschlusskompetenz (Öffnungsklauseln)
a) Allgemeines und Begriff

6 §§ 23 Abs. 1, 10 Abs. 2 Satz 2 räumen den Wohnungseigentümern die **Befugnis** ein, durch Vereinbarung Angelegenheiten vom im Übrigen geltenden **Vertragsprinzip auszunehmen**[2]. Die Wohnungseigentümer dürfen nach §§ 23 Abs. 1, 10 Abs. 2 Satz 2 durch **Vereinbarung** bestimmen, dass über eine Angelegenheit, die an sich durch Vereinbarung zu ordnen wäre, auch durch einen Beschluss geregelt werden kann (gewillkürte **Öffnungsklausel**)[3]. Als eine Öffnungsklausel ist infolgedessen begrifflich eine Vereinbarung zu verstehen, die es ermöglicht und gestattet, eine von Gesetzes wegen nur vertraglich regelbare Angelegenheit nach dem Willen der Wohnungseigentümer im Beschlusswege zu ordnen. Keine Öffnungsklausel ist damit eine Regelung, dass z.B. der Alleineigentümer nach Entstehung der Gemeinschaft noch Gemeinschafts- in Sondereigentum oder Teil- in Wohnungseigentum umwidmen kann. Will der Alleineigentümer auch nach Entstehung der Eigentümergemeinschaft das Recht behalten, die Teilungserklärung einseitig zu verändern, kann er sich in den Erwerbsverträgen zwar eine entsprechende Vollmacht einräumen lassen[4]. Ein Vertrag über die Eigentumsverhältnisse ist aber von der mit § 10 WEG angesprochenen **inhaltlichen Ausgestaltung** des Gemeinschaftsverhältnisses zu unterscheiden und keine Vereinbarung im dortigen Sinne[5].

7 Die Möglichkeit der Wohnungseigentümer, durch eine Vereinbarung Gesetz und/oder andere Vereinbarungen der Beschlussmacht zu öffnen, besteht seit Begründung des Wohnungseigentumsgesetzes in 1951. Eine vertiefte Beschäftigung mit solchen kompetenzregelnden Vereinbarungen und ihre **regelmäßige** Berücksichtigung bei der Begründung von Wohnungseigentum war aber erst als Folge einer Entscheidung des BGH zur Frage der Begründung von Sondernutzungsrechten durch Beschluss zu beobachten[6]. Nachdem das Gesetz zur Änderung des Wohnungseigentumsgesetzes und anderer Gesetze[7] durch §§ 16 Abs. 3 und Abs. 4, 21 Abs. 7 und 22 Abs. 2 viele dem Beschluss bislang versperrt gebliebene Bereiche aufgeschlossen hat (gesetzliche Öffnungsklauseln), ist künftig zu erwarten, dass ihre **Bedeutung** wieder **sinkt**. Ein Anwendungsbereich für Öffnungsklauseln ist vor allem für **Sondernutzungsrechte** sowie für **Gebrauchs-**

---

1 *Schmid*, MDR 1990, 297 (298).
2 BGH v. 22.1.2004 – V ZB 51/03, BGHZ 157, 322 (334); v. 20. 9. 2000 – V ZB 58/99, BGHZ 145, 158 (168) = NJW 2000, 3500 = ZMR 2000, 771; v. 21.6.1985 – VII ZB 21/84, BGHZ 95, 137 (140); OLG Düsseldorf v. 30.1.2004 – I-3 Wx 329/03, ZMR 2004, 284 (285).
3 Zum Begriff und Inhalt vgl. auch *Elzer* in KK-WEG § 10 Rz. 274 ff.
4 OLG Hamburg v. 6.12.2002 – 2 Wx 27/99, ZMR 2003, 697 (698); BayObLG v. 12.9.2002 – 2Z BR 75/02, ZMR 2002, 953 (954).
5 BGH v. 1.10.2004 – V ZR 210/03, ZfIR 2004, 1006 (1007); v. 4.4.2003 – V ZR 322/02, NZM 2003, 480 = NJW 2003, 2165 (2166); BayObLG v. 12.10.2001 – 2Z BR 110/01, BayObLGZ 2001, 279 (283) = NZM 2002, 70; *Häublein*, DNotZ 2000, 442 (451).
6 BGH v. 20.9.2000 – V ZB 58/99, BGHZ 145, 158 ff. = ZMR 2000, 771 = ZWE 2000, 518 = NJW 2000, 3500.
7 Vom 26.3.2007 (BGBl. I, 370).

regelungen verblieben. Ferner ist ein Anwendungsbereich zu erkennen, wo die Wohnungseigentümer die Anforderungen an die **gesetzliche Beschlussmacht** absenken wollen. Das ist dort der Fall, wo eine nach dem Gesetz erforderliche Beschlussqualifikation, z.B. § 16 Abs. 4 Satz 1 oder § 22 Abs. 2 Satz 1 durch eine Vereinbarung herabgesetzt wird (Rz. 18 f.).

b) Begründung

Öffnungsklauseln können **ausdrücklich** vereinbart werden und können bereits Teil der gemeinsam mit Teilungsvertrag/Teilungserklärung verdinglichten Vereinbarungen sein. Bei hinreichender Bestimmtheit soll sich eine Öffnungsklausel ferner auch **im Wege der Auslegung** ergeben können[1]. Nach h.M. kann eine Öffnungsklausel einerseits **abstrakt-generell** sein und es erlauben, das dispositive Gesetz zu ändern und/oder **alle Gegenstände** erfassen, die ansonsten zu vereinbaren wären (allgemeine Öffnungsklausel)[2]. In diesem Falle kann z.B. auch ein Sondernutzungsrecht durch einen Beschluss begründet werden[3]. Eine Öffnungsklausel kann sich andererseits auf bestimmte Bereiche beschränken (konkrete Öffnungsklausel)[4]. Vorstellbar ist auch eine punktuelle Öffnungsklausel, also eine Vereinbarung, die einen ganz bestimmten, genau benannten Gegenstand der Beschlussmacht öffnet[5].

8

Im Wohnungseigentumsrecht ist vor allem eine **sachlich unbegrenzte** Öffnungsklausel zulässig[6]. Eine Öffnungsklausel muss also nicht minutiös „Fallgruppen" nennen. Bei der Begründung einer Öffnungsklausel ist nach jedenfalls h.M. der sachenrechtliche **Bestimmtheitsgrundsatz**, anders als im Gesellschaftsrecht[7], **nicht zu beachten**. Der auf die Rechtsprechung des Reichsgerichts zurückgehende vom BGH aufgegriffene Bestimmtheitsgrundsatz beschränkt den Anwendungsbereich allgemeiner Mehrheitsklauseln an sich auf „gewöhnliche" Beschlussgegenstände[8]. Im Gegensatz dazu stehen Vertragsänderungen und ähnliche die Grundlagen einer Gesellschaft berührende oder in Rechtspositionen der Gesellschafter eingreifende Maßnahmen, welche bei der im Gesellschaftsvertrag außerhalb eines konkreten Anlasses vereinbarten Unterwerfung unter

9

---

1 KG v. 26.7.2004 – 24 W 31/03, ZMR 2005, 899 (901); v. 19.9.2001 – 24 W 6354/00, ZMR 2002, 147 (148); BayObLG v. 21.11.1989 – BReg. 2Z 123/89, BayObLGZ 1989, 437; zw.
2 BayObLG v. 19.6.1991, 2Z BR 47/91, WE 1992, 176; v. 30.10.1984, 2Z BR 90/83, BayObLGZ 1984, 257 (268) = ZMR 1985, 104; OLG Stuttgart v. 12.12.1985, 8 W 344/84, NJW-RR 1986, 815; *Schneider*, ZMR 2004, 286; *Casser*, NZM 2001, 514 (517); a.A. OLG Köln v. 21.4.1982 – 2 Wx 13/82, Rpfleger 1982, 278 = MDR 1982, 757 = DNotZ 1982, 731; *Ott*, Sondernutzungsrecht, S. 99; *Rapp*, DNotZ 2000, 864 (868).
3 *Gaier*, ZWE 2005, 39 (40); *Wenzel* in FS Deckert, S. 517 (528); *Häublein*, Sondernutzungsrechte, S. 215 ff.; a.A. *Ott*, Sondernutzungsrecht, S. 102; *Becker*, ZWE 2002, 341 (345).
4 BayObLG v. 17.2.1987 – BReg 2Z 84/87, WE 1988, 140.
5 *Müller*, ZWE 2004, 333.
6 *Schneider*, Rpfleger 2003, 503 (504); *Becker*, ZWE 2002, 341 (342); *Röll*, DNotZ 2000, 898 (902); kritisch *Hügel*, ZWE 2001, 578 (580); a.A. *Rapp*, DNotZ 2000, 864 (868); *Wudy*, MittRhNotK 2000, 383 (389).
7 BGH v. 15.1.2007 – II ZR 245/05, NZG 2007, 259 (260); v. 13.3.1978 – II ZR 63/77, NJW 1978, 1382; v. 12.11.1952 – II ZR 260/51, BGHZ 8, 35 (41/42).
8 BGH v. 15.1.2007 – II ZR 245/05, NZG 2007, 259 (260); v. 10.10.1994 – II ZR 18/94, NJW 1995, 194; v. 15.11.1982 – II ZR 62/82, BGHZ 85, 350 (356) = NJW 1983, 1056.

den Mehrheitswillen typischerweise nicht in ihrer vollen Tragweite erfasst werden und angesichts der Unvorhersehbarkeit späterer Entwicklungen auch regelmäßig nicht erfasst werden können.

c) Rechtsqualität

10 Das Gesetz geht davon aus, dass eine auf einer Öffnungsklausel beruhende Entscheidung **als Beschluss** anzusehen ist. § 10 Abs. 4 Satz 2 bestimmt, dass die „gem. § 23 Abs. 1 auf Grund einer Vereinbarung gefassten **Beschlüsse**, die vom Gesetz abweichen oder eine Vereinbarung ändern" einen Sondernachfolger auch ohne Eintragung binden (s. dazu auch § 10 Rz. 40ff.)[1]. Diese Einordnung **überzeugt** rechtsdogmatisch indes **nicht**. Ein Beschluss, der auf einer Öffnungsklausel beruht, zielt stets auf eine Vereinbarung der Wohnungseigentümer. Sein Zweck ist es, bloß mehrheitlich den Inhalt einer Vereinbarung zu bestimmen, zu ändern oder zu ergänzen. Der Beschluss selbst wird dadurch natürlich nicht zur Vereinbarung, sondern bleibt Gestaltungserklärung. Der Beschluss bestimmt aber den Inhalt eines Vertrages. Der Beschluss selbst ist also nur **Verfahrensregelung** und Gestaltungsweise[2]. Die durch den Beschluss gestaltete Bestimmung, die Regelung auf die der Beschluss einwirkt, ist aber **Vereinbarung**[3] bzw. Änderung oder Ergänzung einer Vereinbarung und kein Beschluss[4].

d) Grenzen

aa) Allgemeines

11 Die Rechtmäßigkeit eines auf einer Öffnungsklausel beruhenden Beschlusses beurteilt sich jedenfalls nach den **allgemeinen Grundsätzen**[5]. Auch ein solcher Beschluss muss formell und materiell einwandfrei sein. Der Beschluss muss ferner – wie jeder andere Beschluss auch (Vor §§ 23 bis 25 Rz. 145) – klar und bestimmt sein. Auch ein auf einer Öffnungsvereinbarung beruhender Beschluss kann nicht Gemeinschafts- in Sondereigentum überführen oder Sondereigentum anders zuordnen. Er ist ferner nichtig, wenn er gegen den Kernbereich der Mitgliedschaft verstößt.

bb) Sachlicher Grund/keine unbillige Benachteiligung

12 Die Rechtsprechung hat gegenüber den allgemeinen Grundsätzen weitere Anforderungen formuliert. Nach der Rechtsprechung darf von einer Öffnungsklausel nur dann Gebrauch gemacht werden, wenn erstens ein **sachlicher Grund** zur Änderung oder Ergänzung des Gesetzes oder einer Vereinbarung vorliegt und wenn zweitens einzelne Wohnungseigentümer gegenüber dem früheren Rechts-

---

1 Siehe auch BT-Drucks. 16/887, 20.
2 Siehe dazu *Kreuzer* in FS Seuß (2007), S. 155 (158) und ausführlich *Elzer* in KK-WEG § 10 Rz. 279.
3 Siehe dazu *Kreuzer* in FS Seuß (2007), S. 155 (158) und ausführlich *Elzer* in KK-WEG § 10 Rz. 279.
4 *Hügel*, ZWE 2001, 578 (580); *Hügel*, DNotZ 2001, 176 (187).
5 *Hagen* in FS Wenzel, S. 201 (217); *Wenzel*, ZNotP 2004, 170 (171 ff.); *Hügel*, ZWE 2001, 578 (580).

zustand **nicht unbillig benachteiligt** werden[1]. Vor allem die durch eine Vereinbarung bislang geschützten Interessen einer ggf. überstimmten Minderheit sollen angemessen zu berücksichtigen sein[2]. Ein **Kostenverteilungsschlüssel** soll etwa nur dann durch einen auf einer Öffnungsklausel beruhenden Mehrheitsbeschluss geändert werden können, wenn sich die Verhältnisse gegenüber früher in **wesentlichen Punkten** geändert haben oder sich die ursprüngliche Regelung nicht bewährt hat[3]. Der Umstand allein, dass die gesetzliche Regelung unzweckmäßig ist, soll nicht genügen, um von ihr abzuweichen, auch nicht die hypothetische Erwägung, dass die Wohnungseigentümer oder der teilende Eigentümer, wenn sie den Fall bedacht hätten, ihn anders geregelt haben würden[4].

Dieser Rechtsprechung ist nicht zu folgen[5]. Sie ist aufzugeben. Die Forderung nach einem sachlichen Grund ist bereits überflüssig. Denn die durch einen „sachlichen Grund" repräsentierten Punkte können ohne weiteres unter den Punkt einer „Ordnungsmäßigkeit" geprüft werden. Die Forderung nach einem „sachlichen" Grund schränkt ohne aus dem Gesetz ableitbare Rechtfertigung die durch § 10 Abs. 2 Satz 2 indes geschützte **Privatautonomie** der Wohnungseigentümer ein. 13

e) Zustimmung Dritter

aa) Eintragung der Öffnungsklausel

Nach noch h.M. müssen Dritte nicht analog §§ 877, 876 BGB zustimmen, wenn eine Öffnungsklausel **eingetragen** werden soll[6]. Unerheblich sei dabei, ob eine Öffnungsklausel bereits im Teilungsvertrag oder in der Teilungserklärung geregelt ist oder erst später vereinbart und nach § 10 Abs. 2 WEG eingetragen werde[7]. Für die nachträgliche Eintragung einer Öffnungsklausel in das Grundbuch seien zwar gem. § 19 GBO die Bewilligungen sämtlicher eingetragener Miteigentümer erforderlich. Die Eintragung bedürfe aber nicht der Zustimmung eines Drittberechtigten, da dessen dingliche Rechtsposition durch die Öffnungsklausel noch nicht beeinträchtigt würde[8]. Eine Öffnungsklausel stelle keine beeinträchtigende Inhaltsänderung des jeweiligen Sondereigentums i.S.d. §§ 877, 876 Satz 1 BGB dar. 14

---

1 BGH v. 16.9.1994 – V ZB 2/93, BGHZ 127, 99 (106) = ZMR 1995, 34 = NJW 1994, 3230 = MDR 1995, 792; v. 27.6.1995 – VII ZB 21/84, BGHZ 95, 137 (139) = NJW 1985, 2832 = MDR 1986, 138; OLG Düsseldorf v. 21.10.2005 – I-3 Wx 164/05, ZMR 2006, 296 (297); BayObLG v. 30.10.2003 – 2Z BR 132/03, BayObLGZ 2003, 310 (313) = ZMR 2004, 211 (212).
2 OLG Hamm v. 28.2.2000 – 15 W 349/99, ZWE 2000, 424 (426).
3 OLG Hamm v. 28.2.2000 – 15 W 349/99, ZWE 2000, 424 (426).
4 OLG Düsseldorf v. 21.10.2005 – I-3 Wx 164/05, ZMR 2006, 296 (297).
5 *Elzer*, ZMR 2007, 237 (240); *Häublein*, Sondernutzungsrechte, S. 212; s. auch oben § 10 Rz. 21.
6 *Gaier*, ZWE 2005, 39 (42); *Wenzel*, ZWE 2004, 130 (134); *Ott*, ZWE 2001, 466 (467).
7 OLG Düsseldorf v. 30.1.2004 – I-3 Wx 329/03, ZMR 2004, 284; *Hügel* ZWE 2002, 503 (504); *Schneider*, Rpfleger 2002, 503.
8 OLG Düsseldorf v. 30.1.2004 – I-3 Wx 329/03, ZMR 2004, 284 (285); *Schneider*, ZMR 2004, 286 (287); *Kreuzer*, PiG 63, 249 (261).

15 Dieser Ansicht kann jedenfalls auf Boden der h.M. **nicht gefolgt** werden[1]. Zwar ist der h.M. einzuräumen, dass in der Einräumung selbst noch keine **konkrete Rechtsposition** der Zustimmungsberechtigten verletzt wird. Die Eintragung der Öffnungsklausel ist indes – nach Ansicht der h.M. – der **einzige Zeitpunkt**, in welchem eine Kontrolle vor allem der Grundrechtspfandgläubiger noch vorstellbar ist. Denn den auf Grund einer Öffnungsklausel gefassten **Beschlüssen** müssen Dritte nicht zustimmen. Eine Kontrolle und ein Gläubigerschutz wäre nur dann zu erreichen, wenn man – wie hier – den auf einer Öffnungsklausel beruhenden Beschluss als eine Verfahrensvorschrift begreift. In diesem Falle können die Dritten bei Eintragung der durch einen Beschluss „geborenen" Vereinbarung ihre Rechte angemessen schützen. Nur also, wenn man der hier für richtig erachteten **Einordnung folgt**, lässt sich ohne weiteres und ohne Verwerfungen begründen, warum Dritte jedenfalls der Eintragung einer Öffnungsklausel nicht zustimmen müssen.

bb) Auf einer Öffnungsklausel beruhende Beschlüsse

16 Regeln die Wohnungseigentümer aufgrund einer Öffnungsklausel beschlussweise eine Angelegenheit, ist nach hier **weiter** vertretener Auffassung eine Betroffenheit Dritter i.S.v. §§ 876, 877 möglich[2]. Denn nicht die Beschlussform, sondern die Beeinträchtigung entscheidet darüber, ob eine Zustimmung erforderlich ist. Eine Zustimmung ist z.B. für die Änderung einer vereinbarten Gebrauchsregelung oder die Einführung eines Sondernutzungsrechtes vorstellbar.

f) Eintragungsfähigkeit und Eintragungsbedürftigkeit

17 Das Gesetz sieht auf einer Öffnungsklausel beruhende Entscheidungen als Beschluss an (Rz. 20ff. und § 10 Rz. 10). Folgt man dieser Anordnung, können Bestimmungen, die aufgrund einer Öffnungsklausel geändert oder erstmalig getroffen werden, **nicht eingetragen** werden noch ist ihre Eintragung für die Bindung eines Sondernachfolgers erforderlich. Sieht man hingegen auf einer Öffnungsklausel beruhende Entscheidungen als Vereinbarung an, müssen diese eingetragen werden, um Sondernachfolger zu binden.

g) Kollisionen

aa) Gesetzliche Öffnungsklauseln

18 Die den Wohnungseigentümern durch §§ 16 Abs. 3, Abs. 4, 21 Abs. 7 und 22 Abs. 2 eingeräumten Befugnisse (gesetzliche Öffnungsklauseln), bestimmte Angelegenheiten im Wege des Beschlusses zu ordnen, dürfen durch eine Vereinbarung weder **eingeschränkt** noch **ausgeschlossen** werden. Eine Vereinbarung, die die gesetzlichen Öffnungsklauseln in einer Wohnungseigentumsanlage außer Kraft setzen wollte, wäre **nichtig**[3]. Ebenso wäre eine Vereinbarung nichtig, die z.B. die Erfordernisse des § 16 Abs. 4 Satz 2 heraufsetzen wollte und eine 4/5-Mehrheit verlangte.

---

1 Wie hier *Becker*, ZWE 2002, 341 (345); *Schmack*, ZWE 2001, 89 (91).
2 So auch zum Rechtszustand vor dem 1.7.2007 *Gaier*, ZWE 2005, 39 (44); *Wenzel*, ZWE 2004, 130 (134); *Schneider*, ZMR 2004, 286 (287); *Schneider*, ZfIR 2002, 108 (121); *Ott*, ZWE 2001, 466 (470); *Hügel*, ZWE 2001, 578 (583).
3 *Hügel/Elzer* § 8 Rz. 81.

Eine Öffnungsklausel, die **generell** für alle auf ihr beruhenden Beschlüsse eine **einfache** Mehrheit verlangt, wäre hingegen zulässig. Diese Vereinbarung schränkt das Gesetz nicht ein noch schließt es dieses aus. Sie **erleichtert** nur die gesetzlichen Erfordernisse der §§ 16 Abs. 4 Satz 2, 22 Abs. 2 Satz 1 und ist deshalb zulässig[1]. Etwa abweichende Kostenverteilungsbeschlüsse aufgrund einer Öffnungsklausel mit geringeren Anforderungen, also im Falle des § 16 Abs. 4 Satz 1 z.B. ohne Wechselbeziehung zwischen Gebrauch oder Gebrauchsmöglichkeit und Kostenlast oder ohne das Erfordernis einer qualifizierten Mehrheit, bleiben zulässig, weil solche Beschlüsse die Befugnis der Mehrheit der Wohnungseigentümer nicht „einschränken", sondern erweitern[2]. 19

bb) § 10 Abs. 2 Satz 3

Auch dann, wenn eine Öffnungsklausel besteht, kann nach § 10 Abs. 2 Satz 3 eine Vereinbarung verlangt werden, wenn die dortigen Voraussetzungen erfüllt sind. Es fehlt für den Anspruch des § 10 Abs. 2 Satz 3 ungeachtet der Öffnungsklausel kein Rechtsschutzbedürfnis. 20

3. Beschluss ohne Kompetenzzuweisung

Beschließen die Wohnungseigentümer eine Angelegenheit, **ohne** dass das Gesetz oder eine Vereinbarung ihnen hierzu eine **Kompetenz** zuweisen, kann dieser Beschluss **nichtig** oder aber **wirksam**, jedoch anfechtbar sein. Was anzunehmen ist, hängt im Wesentlichen davon ab, ob die Wohnungseigentümer darauf abzielen, eine Vereinbarung oder das Gesetz zu ändern, oder ob sie gegen eine gesetzliche oder vereinbarte Regelung verstoßen (dazu Rz. 112 ff.). 21

III. Versammlung der Wohnungseigentümer

Sofern die Wohnungseigentümer über eine Angelegenheit beschließen dürfen, geschieht dies nach § 23 Abs. 1 grundsätzlich in ihrer Versammlung (**Eigentümerversammlung**). Die Regelungen zur Einberufung und Organisation dieser Eigentümerversammlung finden sich in §§ 23 Abs. 2, 24 und 25. Genaue Regelungen zum Ablauf und zum Inhalt fehlen. 22

1. Begriff, Inhalt und Zweck

a) Grundsatz

Die Eigentümerversammlung ist begrifflich-gedanklich als eine von einem wenigstens potenziell Berechtigten einberufene physische (zur „virtuellen" Eigentümerversammlung s. Rz. 33) Zusammenkunft aller in einer bestimmten[3] Wohnungseigentumsanlage·Stimmberechtigten oder ihrer Vertreter an einem Versammlungsort und an einer Versammlungsstätte zu dem Zweck, sich über die Verwaltung des Gemeinschaftseigentums auszutauschen und Angelegenhei- 23

---

1 *Hügel/Elzer* § 8 Rz. 81.
2 BT-Drucks. 16/887, 25.
3 Eine Zusammenkunft von Wohnungseigentümern mehrerer Gemeinschaften ist keine Eigentümerversammlung i.S.d. Gesetzes. Ein „Zwang" zu einer solchen Gesamtversammlung ist weder verein- noch beschließbar.

ten der Wohnungseigentümer und des Verbandes Wohnungseigentümergemeinschaft (dazu Rz. 38) im Wege des Beschlusses zu ordnen, zu definieren.

24 Potenziell **einberufungsberechtigt** ist ein gegenwärtiger oder ein ehemaliger Verwalter (§ 24 Rz. 19 ff.). Ferner sind der Vorsitzende des Beirats oder sein Stellvertreter (§ 24 Rz. 24 ff.) oder auch ein zur Einberufung ermächtigter Wohnungseigentümer potenziell einberufungsberechtigt, wenn er seine Ermächtigung bei der Einberufung nachweist (§ 24 Rz. 24 ff.). Die Stimmberechtigten können, müssen aber keine Wohnungseigentümer sein (s. dazu § 25 Rz. 3 ff.). Begriffsnotwendig müssen die Wohnungseigentümer zur gleichen Zeit zusammenkommen. Eine „sukzessive" Versammlung mit verschiedenen Teilnehmern wäre keine Eigentümerversammlung. Wird eine Zusammenkunft von einem nicht einmal potenziell Berechtigten „einberufen", handelt es sich um **keine Eigentümerversammlung**. Um die Wohnungseigentümer zu schützen und vor allem, um sie nicht zu zwingen, ggf. getroffene „Beschlüsse" zur Meidung einer Bestandskraft anzufechten, kann eine Zusammenkunft, die von einem beliebigen Dritten einberufen wurde, nicht als Eigentümerversammlung verstanden werden. Dennoch gefasste Beschlüsse sind Nichtbeschlüsse (s. Vor §§ 23 bis 25 Rz. 127)[1]. Es besteht hier wie stets kein Recht, die Anfechtungslast auf die gesetzestreuen Wohnungseigentümer zu verlagern.

b) Zweck und Bedeutung der Eigentümerversammlung

25 Eigentümerversammlungen haben für die Wohnungseigentümer und die anderen Stimmberechtigen eine **kaum zu unterschätzende Bedeutung**. Eine Eigentümerversammlung vereint in sich nämlich für die Organisation und Verwaltung des gemeinschaftlichen Eigentums ganz wesentliche Zwecke. Die Wohnungseigentümer sind zwar nach §§ 20 Abs. 1, 21 Abs. 1 zur **Mitverwaltung** berechtigt. Eine Möglichkeit, auf die Geschicke der Gemeinschaft und des Verbandes Wohnungseigentümergemeinschaft einzuwirken haben sie indes nur **in** und **durch** die Eigentümerversammlung. Eigentümerversammlungen sind daher der **zentrale Ort** zur Umsetzung des Rechts der Wohnungseigentümer aus § 20 Abs. 1, an der Verwaltung des gemeinschaftlichen Eigentums mitzuwirken. Vor allem während des Ablaufs einer Eigentümerversammlung besteht die Möglichkeit, Meinungen auszutauschen, Informationen zu erhalten und das Stimmrecht zur Beschlussfassung auszuüben. Die Eigentümerversammlung ist damit der einzigartige Marktplatz für einen Interessenaustausch und Interessensausgleich unter den Wohnungseigentümern. Sie bietet dem Einzelnen die Chance, auf die Meinungs- und Willensbildung der anderen Wohnungseigentümer Einfluss zu nehmen. Sie muss daher zu erwartenden Minderheiten die Chance eröffnen, sich zu artikulieren und ihre Argumente vorzubringen.

26 Zusammenfassend kann man aus diesen Aspekten heraus für die Eigentümerversammlung wenigstens **drei Funktionsbereiche** unterscheiden[2]: eine Willensbildungs-, eine Beratungs- und eine Kontrollfunktion.

---

1 Siehe auch Scholz/*Schmidt*, GmbHG, 9. Aufl. 2002, § 45 Rz. 32.
2 *Mankowski*, ZMR 2002, 246 (247); *Becker*, Teilnahme an der Versammlung der Wohnungseigentümer, S. 12 ff.

c) Zusammenkunft ohne Ladung

aa) Grundsatz

Ohne vorhergehende Einberufung, die an sämtliche Stimmberechtigte gerichtet sein und diesen eine Teilnahme ermöglichen muss, liegt bereits begrifflich **keine Eigentümerversammlung** vor. Eine spontane Zusammenkunft mehrerer Wohnungseigentümer ist keine Eigentümerversammlung i.S.d. Gesetzes. Ohne Ladung eines auch nur potenziell Berechtigten (Rz. 24), können keine Beschlüsse gefasst werden. Dennoch getroffene Bestimmungen sind „Nichtbeschlüsse" (Vor §§ 23 bis 25 Rz. 127). 27

bb) Universalversammlungen (Vollversammlung)

Kommen in einer Wohnungseigentumsanlage ausnahmsweise sämtliche Wohnungseigentümer[1] spontan oder durch Ladung eines nicht einmal potenziell Berechtigten in einer Stätte zusammen – sind sie also in Person erschienen oder wirksam vertreten –, spricht man von einer **Universalversammlung** (Vollversammlung)[2]. Eine Universalversammlung **heilt** entsprechend § 51 Abs. 3 GmbHG[3] sämtliche **Einberufungsmängel**, wenn die Wohnungseigentümer **allstimmig** und mit dem **Wissen**, dass die gesetzlichen Vorschriften etwas anderes bestimmen[4], auf die im Vorfeld einer Eigentümerversammlung ansonsten notwendigen Schritte (Ladungen, Tagesordnung, etc.) verzichten und festlegen, eine Eigentümerversammlung abzuhalten und dort über bestimmte Angelegenheiten zu beschließen. 28

Jeder Wohnungseigentümer kann sich einer Universalversammlung unter Hinweis auf seine mangelnde Vorbereitung **entziehen** und diese dadurch ihrer generellen „Heilungswirkung" **berauben**. Nimmt ein Wohnungseigentümer an einer Universalversammlung indes ohne „Widerspruch" teil, wird dies in der Regel als stillschweigender Verzicht auf die Einhaltung sämtlicher Formalien verstanden. Dem ist zuzustimmen, sofern der Verzichtende um seine Rechte und um das, auf was er verzichtet, weiß. 29

Die Benachrichtigung über eine Universalversammlung und die Anwesenheit des Verwalters in einer Universalversammlung sind möglich. Da der Verwalter als Versammlungsleiter nur Funktionsgehilfe ist und die Wohnungseigentümer 30

---

1 Ist ein Wohnungseigentümer nicht geschäftsfähig oder wird ein Wohnungseigentum von einem Dritten verwaltet, müssen insoweit die Vertreter oder die Dritten zustimmen.
2 KG v. 18.7.2006 – 24 W 33/05, ZMR 2006, 794 (795); v. 18.11.1998 – 24 W 4180/97, KGReport 1999, 250 (253); v. 10.3.1993 – 24 W 1701/92, KGReport 1993, 17 = OLGZ 1994, 27; OLG Frankfurt v. 17.11.2005 – 20 W 343/05, OLGReport Frankfurt 2006, 421 (423); KG v. 25.8.2003 – 24 W 110/02, KGReport 2004, 23 (24); BayObLG v. 24.1.2001 – 2Z BR 112/00, ZMR 2001, 366; OLG Köln v. 29.12.1999 – 16 Wx 181/99, ZWE 2000, 488 (489) = ZMR 1999, 566. Zum Recht der GmbH s. BGH v. 21.6.1999 – II ZR 47/98, MDR 1999, 1145.
3 Dazu etwa *Lutter/Hommelhoff* § 51 GmbHG Rz. 17.
4 BayObLG v. 21.10.1996 – 2Z BR 72/96, ZMR 1997, 93; v. 5.3.1992 – BReg. 2Z 165/91, NJW-RR 1992, 787; OLG Stuttgart v. 18.12.1985 – 8 W 338/85, NJW-RR 1986, 315; KG v. 1.3.1974 – 1 W 858/73, OLGZ 1974, 399 (401); s. auch OLG Hamm v. 7.6.1979 – 15 W 56/79, OLGZ 1979, 296 (300).

nach § 24 Abs. 5 Variante 2 einen anderen Versammlungsleiter bestimmen können, macht das Fernbleiben des Verwalters Beschlüsse aus diesem Grunde aber nicht anfechtbar. Etwas anderes folgt weder aus den dem Verwalter durch § 46 Abs. 1 Satz 1 zugewiesenen Anfechtungsrecht (s. § 46 Rz. 60) noch aus seinem Teilnahmerecht.

2. Außerordentliche Eigentümerversammlungen

31 Das Gesetz selbst unterscheidet nicht zwischen „ordentlichen" und „außerordentlichen" Eigentümerversammlungen. Ob eine Eigentümerversammlung „außerordentlich" ist, kann deshalb nur jeweils für eine Wohnanlage und ihre Belange entschieden werden. Eine Eigentümerversammlung ist nach dem hier verstandenen Begriff „außerordentlich", wenn sie sich **außerhalb** der für eine bestimmte Anlage **vorgesehenen Regelmäßigkeit** befindet, z.B. wenn der Verwalter nach Aufforderung des Beirats außer der Regel lädt[1], wenn der Vorsitzende des Beirats lädt[2], wenn eine dringende Frage zu klären und die regelmäßige Eigentümerversammlung nicht abzuwarten ist, etwa wegen eines Rechtsstreits, eines Rechtsmittels, eines Schadens, eines dringlichen Streits etc.

32 Besondere Regeln können für eine außerordentliche Eigentümerversammlung gelten, sofern diese auf einem **Einberufungsverlangen** (s. § 24 Rz. 7ff.) beruht oder wenn nicht der Verwalter einberuft. Hier wird vor allem diskutiert, wer die **Tagesordnung** aufstellt, die **Versammlung leitet**, wer die **Niederschrift** anfertigt und wer die Beschluss-Sammlung führt (s. zu diesen Punkten jeweils dort).

3. Virtuelle Eigentümerversammlungen

33 Die Wohnungseigentümer können vereinbaren[3], dass sie für eine Eigentümerversammlung nicht körperlich an einem Ort und an einer Stätte zusammenkommen. Grundsätzlich vorstellbar und zulässig ist auch eine **„virtuelle Eigentümerversammlung"**[4]. Die Funktionen einer Eigentümerversammlung (Rz. 26) und die Inhalte des Teilnahmerechts (§ 24 Rz. 55ff.) können auch erfüllt werden, wenn nicht alle Wohnungseigentümer physisch **an einem Ort** zusammenkommen. Notwendig, aber auch ausreichend sind für die Zulässigkeit einer virtuellen Eigentümerversammlung eine freie Zugänglichkeit für jeden Wohnungseigentümer, der freie Austausch der Meinungen, eine freie Rede, eine Abstimmung über einen Beschlussantrag sowie eine Feststellung und Verkündung des Abstimmungsergebnisses. Ferner muss es möglich sein, jederzeit und für jeden Tagesordnungspunkt überprüfbar die Beschlussfähigkeit und die notwendigen Mehrheiten zu errechnen.

34 Diese **Voraussetzungen** sind bei den bislang diskutierten Modellen allerdings teilweise **nicht erfüllt**. Zurzeit und bei den heutigen technischen Möglichkeiten ist jedenfalls eine Eigentümerversammlung über das **Internet** oder per E-Mail

---

1 OLG Hamburg v. 15.8.2005 – 2Wx 22/99, OLGReport Hamburg 2006, 354 (355).
2 OLG Köln v. 15.3.2004 – 16 Wx 245/03, OLGReport Köln 2004, 243.
3 Ein Beschluss wäre nach § 134 BGB i.V.m. § 23 nichtig.
4 A.A. zurzeit *Huff* in FS Deckert, S. 175 (179).

nicht vorstellbar, weil sie die genannten Voraussetzungen nicht erfüllen[1]. Nicht zulässig ist auch die Vereinbarung einer Eigentümerversammlung, bei der sich die Wohnungseigentümer voneinander getrennt vor Bild- und Tonübertragungsmedien treffen. Ggf. ist aber eine Eigentümerversammlung im Wege einer **Videokonferenz** möglich[2].

4. Teilversammlungen (Mehrhausanlagen)

a) Grundsatz

Die Wohnungseigentümer können **vereinbaren**, dass bestimmte Angelegenheiten in **Teilversammlungen** geordnet werden, z.B. in Mehrhausanlagen (s. dazu vor allem Vor §§ 23 bis 25 Rz. 153 ff. und § 25 Rz. 44 ff.). Die natürlichen Gegebenheiten einer Wohnungseigentumsanlage, z.B. mehrere Wohnblocks, rechtfertigen es allerdings nicht, eine Teilversammlung abzuhalten. Eine Teilversammlung kann entgegen der h.M. keine Folge „natürlicher Gegebenheiten" sein[3]. Diese Ansicht verstößt gegen die klare Anordnung der §§ 20 Abs. 1, 21 Abs. 1, wonach **sämtliche** Wohnungseigentümer an der Eigentümerversammlung teilnehmen können und dürfen und dort auch ein Stimmrecht besitzen. Der Ausschluss eines Wohnungseigentümers von der Teilnahme und die Kappung seiner Teilnahmerechte an der Eigentümerversammlung kann nur die Folge einer Vereinbarung und freiwilligen Preisgabe von Rechten sein. Ohne eine entsprechende Vereinbarung vermögen es bloß tatsächliche Gegebenheiten nicht, einen Wohnungseigentümer von seinem gesetzlich garantierten Stimmrecht auszuschließen.

35

b) Rechtsfolgen

Ist eine Teilversammlung ausnahmsweise zulässig, gelten **besondere Regelungen**. Zu einer Teilversammlung sind etwa nur die dort auch **Stimmberechtigten zu laden**. Die Beschlüsse werden ferner, soweit die Teilversammlung wegen des Gegenstandes eine alleinige Regelungsbefugnis besitzt, nur von denjenigen Wohnungseigentümern gefasst, die der entsprechenden Teilversammlung zuzuordnen sind. Allerdings besitzt auch in einer Teilversammlung **jeder** beliebige **Wohnungseigentümer** ein Teilnahme- und auch ein Rederecht, sofern auf der Teilversammlung jedenfalls Gegenstände behandelt werden, die ihn betreffen können. Auch eine Anfechtungsklage nach § 46 kann von **jedem** Wohnungseigentümer geführt werden, sofern er von einem Beschluss betroffen wird. Dies ist der Fall, wenn die Teilversammlung eine Kompetenz besitzt, **außenwirksame Entscheidungen** mit der Folge einer Teilhaftung sämtlicher Wohnungs-

36

---

1 A.A. *Mankowski*, ZMR 2002, 246 ff. Eine virtuelle Stimmabgabe wird künftig allerdings bei einer Hauptversammlung möglich sein. Aktionäre werden ihre Stimme bei Hauptversammlungen börsennotierter Aktiengesellschaften in EU-Mitgliedstaaten auch virtuell abgeben können. Eine neue EU-Richtlinie verpflichtet die Mitgliedstaaten, ihre nationalen Gesetze entsprechend anzupassen.
2 *Huff* in FS Deckert, S. 175 (179).
3 A.A. BayObLG v. 25.9.2003 – 2Z BR 161/03, ZMR 2004, 209 (210); v. 17.1.2000 – 2Z BR 99/99, ZMR 2000, 319 (320); v. 29.2.1996 – 2Z BR 142/95, ZMR 1996, 395 (396); v. 31.3. 1994 – 2Z BR 16/94, ZMR 1994, 338 = BayObLGZ 1994, 98 (101) = MDR 1994, 581 = BayObLGReport 1994, 34.

eigentümer nach § 10 Abs. 8 Satz 1 zu treffen. Beschließt z.B. eine Teilversammlung die Instandsetzung des Treppenhauses eines Hauses einer Mehrhausanlage und schließt der Verband Wohnungseigentümergemeinschaft mit einem Werkunternehmer einen Werkvertrag, haftet für den Werklohn – sofern mit dem Werkunternehmer nicht anderes vereinbart ist – jeder Wohnungseigentümer nach § 10 Abs. 8 Satz 1 pro rata.

5. Versammlungen mehrerer Miteigentümer

37 Keine Eigentümerversammlung i.S.v. § 23 Abs. 1 ist die Versammlung **mehrerer Miteigentümer** eines Wohnungseigentums, z.B. die einer Erbengemeinschaft (Gemeinschaften nach §§ 741 ff., 1008 ff. BGB). Mehrere Eigentümer eines Sondereigentums – z.B. an einem Wohnungs- oder einem Teileigentum (etwa einem Doppelparker oder an Stellplätzen, aber auch an einer Wohnung) – bilden **keine** (Unter)eigentümergemeinschaft[1]. Das Wohnungseigentumsgesetz kennt **keine Mischform** aus Bruchteils- und Eigentümergemeinschaft. Werden auf einer Versammlung der Miteigentümer eines Wohnungs- oder Teileigentums Beschlüsse gefasst, handelt es sich um solche nach § 745 Abs. 1 BGB. Die Entscheidungen sind also zwar nicht bedeutungslos, weil durch sie etwa die Beschlussfassung in der Eigentümerversammlung vorbereitet wird (s. Vor §§ 23 bis 25 Rz. 33 ff.). Sie spielen aber für die anderen Wohnungseigentümer nur eine mittelbare Rolle und sind nicht Beschluss i.S.d. Wohnungseigentumsrechtes.

6. Verbandsorgan (Versammlung des Verbandes)

a) Allgemeines

38 Der Verband Wohnungseigentümergemeinschaft als nach § 10 Abs. 6 Satz 1 möglicher **Träger von Rechten und Pflichten** bedarf einer Handlungsorganisation. Das Gesetz selbst nennt in § 27 Abs. 3 Satz 1 den Verwalter, in § 27 Abs. 3 Satz 2 und Satz 3 die Wohnungseigentümer als seine gesetzlichen Vertreter. Der BGH hat neben diesen als **originäre** Organe des Verbandes Wohnungseigentümergemeinschaft auch den fakultativen Verwaltungsbeirat sowie die **Eigentümerversammlung** benannt[2]. Er geht mithin davon aus, dass auch der Verband ein Bedürfnis dafür hat, einen eigenen Willen zu bilden und die Willensbildung und -vorbereitung ggf. zu „kontrollieren".

39 Dem ist auch zuzustimmen. Soweit der Verband Wohnungseigentümergemeinschaft Träger eigener gesetzlicher oder erworbener Rechte und Pflichten ist, z.B. eines Rechtes auf Minderung, auf Schadensersatz oder auf Ersatz eines Verzögerungsschadens, muss der **Verband** entscheiden, ob und ggf. wie er diese Rechte ausüben will. Entsprechendes gilt, wenn zu entscheiden ist, ob der Verband einen Vertrag im Eigeninteresse abschließen soll, z.B. eine Arbeitskraft einzustellen oder ein Darlehn aufzunehmen, oder ob der Verband Eigentum erwerben soll, z.B. eine Hausmeisterwohnung, ein Nachbargrundstück oder ein Teileigentum in der Wohnanlage. Während der Verwalter dazu berufen ist, Rechte gel-

---

1 *Ott*, Sondernutzungsrecht, S. 10; *Elzer* in KK-WEG § 10 Rz. 18.
2 BGH v. 2.6.2005 – V ZB 32/05, BGHZ 163, 154 (162) = ZMR 2005, 547 (550); für den Beirat ist dies wohl abzulehnen.

tend zu machen, ist es dabei Aufgabe der Eigentümerversammlung, den Verbandswillen zu bilden. Die Eigentümerversammlung ist mithin (auch) das **Willensbildungsorgan des Verbandes.**

Ein Bedürfnis des Verbandes, die Eigentümerversammlung in die Handlungsorganisation des Verbandes einzugliedern, ist nicht erkennbar, soweit der Verband nur die Interessen der Wohnungseigentümer nach außen repräsentiert. Und auch ein Bedürfnis, den Beirat als „Organ" des Verbandes zu begreifen, ist nicht erkennbar. 40

b) Formalien

Soweit eine Eigentümerversammlung einen Punkt behandelt, der nur im Verbandsinteresse steht, ist das Wohnungseigentumsgesetz mit seinen Bestimmungen allerdings **nicht unmittelbar** anwendbar. Entsprechendes gilt, wenn auf einer Tagesordnung sogar nur Punkte stehen, die einer Willensbildung des Verbandes zuzuordnen sind. Für die Versammlung der Mitglieder des Verbandes Wohnungseigentümergemeinschaft trifft das Wohnungseigentumsgesetz keine Anordnungen. Weder ist insofern z.B. bestimmt, dass ein Tagesordnungspunkt vorher angekündigt werden muss, noch bestimmt das Gesetz etwa, welche Mehrheiten gelten. Um diese Lücke zu schließen, bietet es sich an, die Vorschriften des Wohnungseigentumsgesetzes entsprechend anzuwenden, soweit die Besonderheiten des Verbandsrechtes eine Analogie erlauben. 41

7. Versammlung der Bauherren

Die Eigentümerversammlung ist von der Versammlung der Bauherren abzugrenzen. Die **Versammlung der Bauherren** ist keine Eigentümerversammlung – und kann zu dieser auch nicht werden. Haben sich mehrere dazu entschieden, Wohnungseigentum zu begründen, und ist der Zweck der Gemeinschaft nicht ausnahmsweise durch Entstehung des Wohnungseigentums entfallen, muss eine Abgrenzung von Entscheidungen nach dem Beschlussgegenstand erfolgen. 42

8. Übergemeinschaften/Dachgemeinschaften

Ein Vertrag, durch den die Wohnungseigentümer zweier **selbständiger** Eigentümergemeinschaften ein gemeinsames Verwaltungs- und Wirtschaftswesen unter Verdrängung der gesetzlichen Verwaltungsbefugnisse der einzelnen Gemeinschaft vereinbaren (Übergemeinschaft, Dachgemeinschaft), ist wegen Verstoßes gegen zwingende Vorschriften des Wohnungseigentumsrechts und Umgehung des sachenrechtlichen Typenzwangs **nichtig**[1]. 43

Die Eigentümergemeinschaft definiert sich als Gemeinschaft der Eigentümer, die in den Grundbüchern eingetragen sind, die aus der Teilung des ursprünglichen Eigentums hervorgegangen sind. Dementsprechend kann sich die Gemeinschaft der Wohnungseigentümer immer nur auf ein Grundstück im 44

---

1 OLG Hamm v. 9.10.2003 – 15 W 14/02, NZM 2004, 787 = ZMR 2005, 721; OLG Düsseldorf v. 2.4.2003 – 3 Wx 223/02, ZMR 2003, 765 (766) = NZM 2003, 446 = FGPrax 2003, 121; OLG Köln v. 18.8.1999 – 16 Wx 78/99, ZMR 2000, 561.

Rechtssinne beziehen. Auf Grund der sachenrechtlichen Grundlage und Ausgestaltung der Gemeinschaft gilt für sie der sachenrechtliche Grundsatz des **Typenzwangs**, der die Gestaltungsmöglichkeiten der Wohnungseigentümer dahingehend beschränkt, dass vertragliche Modifikationen nur in dem durch das Wohnungseigentumsrecht eröffneten Rahmen möglich sind. Hieraus folgt, dass die Miteigentümer einer Gemeinschaft ihr wohnungseigentumsrechtliches Verwaltungs- und Wirtschaftswesen nicht im Wege einer Vereinbarung auf eine gewissermaßen übergeordnete, mit einer anderen Gemeinschaft gebildete Einheit übertragen können[1].

45 Schließen sich mehrere Eigentümergemeinschaften zu einer „Wirtschaftsgemeinschaft" zusammen, z.B. um gemeinsam einen Ferienwohnpark zu betreiben, findet auch auf diese daher nicht das Wohnungseigentumsgesetz, sondern das Recht der Gesellschaft bürgerlichen Rechts nach §§ 705 ff. BGB oder ggf. Gemeinschaftsrecht Anwendung.

9. Ein-Mann-Versammlung

46 Ist eine Gemeinschaft von Wohnungseigentümern noch nicht entstanden, sind „Versammlungen" des Alleineigentümers nicht vorstellbar. Trifft der Alleineigentümer „beschlussweise" eine Anordnung, kann diese nach noch h.M. deshalb nicht als Beschluss verstanden werden (s. Vor §§ 23 bis 25 Rz. 134 ff.).

10. Versammlung der werdenden Wohnungseigentümer

a) Allgemeines

47 Von einer „Eigentümerversammlung" der werdenden Wohnungseigentümer ist zu sprechen, wenn es neben dem Alleineigentümer bereits einen oder mehrere werdende Wohnungseigentümer (zum Begriff s. § 10 Rz. 94 ff.) gibt und sich diese Personen zur Beschlussfassung versammeln. Für diese Versammlung gelten sämtliche Vorschriften des Wohnungseigentumsgesetzes **entsprechend**.

48 Eine werdende Wohnungseigentümergemeinschaft endet mit Eintragung des oder eines der Ersterwerber im Grundbuch[2]. Gab es neben dem zuerst im Grundbuch eingetragenen Erwerber weitere vom Alleineigentümer kaufende werdende Wohnungseigentümer, verlieren diese durch den Vollzug der Gemeinschaft der Wohnungseigentümer ihre Rechte als werdende Eigentümer nicht rückwirkend[3]. Versammeln sich die Wohnungseigentümer und die weiterhin werdenden Wohnungseigentümer, besteht **eine Gemeinschaft** der Wohnungseigentümer aus echten und werdenden Wohnungseigentümern[4].

---

1 OLG Hamm v. 9.10.2003 – 15 W 14/02, NZM 2004, 787 = ZMR 2005, 721 m.w.N.
2 OLG Karlsruhe v. 12.11.2001 – 14 Wx 37/01, ZMR 2003, 374 (375); KG v. 17.1.2001 – 24 W 2065/00, ZMR 2001, 656; BayObLG v. 20.4.2000 – 2Z BR 22/00, NJW-RR 2000, 1540 = ZMR 2000, 623 = NZM 2000, 655; OLG Köln v. 28.1.1999 – 16 Wx 3/99, OLGReport Köln 2000, 65 = NZM 1999, 765 = WuM 1999, 642.
3 OLG Köln v. 30.11.2005 – 16 Wx 193/05, NZM 2006, 301 = ZMR 2006, 383; OLG Hamm v. 19.10.1999 – 15 W 217/99, ZMR 2000, 128 (130); *Elzer* in KK-WEG § 10 Rz. 26 m.w.N.
4 OLG Köln v. 30.11.2005 – 16 Wx 193/05, NZM 2006, 301 = ZMR 2006, 383; *Heismann*, ZMR 2004, 10 (12); offen gelassen von OLG Köln v. 2.2.2004 – 16 Wx 244/03, ZMR 2004, 859 (860).

b) Untergang der werdenden Wohnungseigentümergemeinschaft

Später hinzutretende Zweiterwerber (§ 10 Rz. 98) bilden mit den bereits eingetragenen Wohnungseigentümern vor ihrer Eintragung hingegen keine Gemeinschaft[1].

49

IV. Bezeichnung der Beschlussgegenstände bei Einberufung nach § 23 Abs. 2

Nach § 23 Abs. 2 ist es zur Gültigkeit eines Beschlusses – wie etwa auch nach § 32 Abs. 1 Satz 1 BGB – notwendig, aber auch ausreichend, dass sein Gegenstand bereits bei der **Einberufung** ausreichend und angemessen „**bezeichnet**" ist (dazu Rz. 54).

50

1. Sinn und Zweck

Durch die Ankündigung (Bezeichnung) eines Beschlussgegenstandes bereits mit der Ladung zur Eigentümerversammlung sollen die Wohnungseigentümer vor allem vor **überraschenden Beschlüssen geschützt** werden[2]. Die Wohnungseigentümer sollen durch die frühzeitige Bezeichnung die Möglichkeit haben, sich bereits anhand der Tagesordnung auf die Beratung und Beschlussfassung sämtlicher in der Eigentümerversammlung anstehender Punkte **vorzubereiten** und sich zu entscheiden, ob sie wegen eines bestimmten Punktes an der Eigentümerversammlung teilnehmen oder nicht[3]. Eine Tagesordnung kann daher niemals in der Eigentümerversammlung „ergänzt" werden, weil diese Vorgehensweise einen Schutz vor überraschenden Beschlüssen ausschießt (Rz. 63)[4].

51

2. Beschlussfassung

Die Wohnungseigentümer müssen bei jedem angekündigten Tagesordnungspunkt grundsätzlich damit rechnen, dass nicht nur eine Aussprache über einen bestimmten Gegenstand stattfinden soll, sondern dass auch über den Gegenstand beschlossen werden soll. Es ist deshalb **nicht notwendig**, neben dem Beschlussgegenstand in der Einladung auch darauf hinzuweisen, dass über diesen Gegenstand auch im Wege des Beschlusses abgestimmt werden soll[5]. Außerdem ist es **nicht erforderlich**, bereits den genauen Inhalt eines beabsichtigten Beschlusses oder gar einen konkreten Beschlussantrag mitzuteilen (Rz. 58)[6].

52

---

1 *Gottschalg*, NZM 2005, 88 (90).
2 BayObLG v. 12.2.2004 – 2Z BR 261/03, ZMR 2005, 460 (461).
3 OLG München v. 14.9.2006 – 34 Wx 49/06, MietRB 2006, 322 (323); KG v. 18.7.2006 – 24 W 33/05, ZMR 2006, 794 (795); OLG Düsseldorf v. 24.11.2003 – I-3 Wx 123/03, ZMR 2004, 282 (283); OLG Zweibrücken v. 16.12.2002 – 3 W 202/02, OLGReport Zweibrücken 2003, 121 (122); OLG Köln v. 18.12.2002 – 16 Wx 177/02, OLGReport Köln 2003, 130; BayObLG v. 12.7.2001 – 2Z BR 139/00, ZWE 2001, 538 (540); v. 5.10.2000 – 2Z BR 59/00, NJW-RR 2001, 374 (375).
4 KG v. 8.11.1998 – 24 W 4180/97, ZMR 1999, 426 (428); *Elzer*, MietRB 2006, 73.
5 BayObLG v. 12.2.2004 – 2Z BR 261/03, ZMR 2005, 460 (461); v. 23.4.1998 – 2Z BR 41/98, ZMR 1998, 580 (581).
6 OLG Frankfurt v. 29.9.2005 – 20 W 452/05, OLGReport Frankfurt 2006, 475 (476); OLG Köln v. 18.12.2002 – 16 Wx 177/02, OLGReport Köln 2003, 130 = NZM 2003, 122; BayObLG v. 23.4.1998 – 2Z BR 41/98, BayObLGReport 1998, 49 = NZM 1999, 175 = WE 1999, 199.

3. Kosten

53 Soll neben einer Baumaßnahme i.S.v. §§ 21 Abs. 5 Nr. 2, 22 Abs. 1 bis 3 auch über eine von dem geltenden Kostenverteilungsschlüssel abweichende Kostenverteilung nach § 16 Abs. 4 Satz 1 beschlossen werden, muss dieser Beschlussgegenstand neben der Baumaßnahme gesondert und ausdrücklich angekündigt werden.

4. Bezeichnung

a) Begriff

54 § 23 Abs. 2 verlangt, dass jeder Beschlussgegenstand i.S.v. §§ 10 Abs. 4, 24 Abs. 7 bei der Einberufung „bezeichnet" wird. Geschäftsordnungsbeschlüsse müssen hingegen nicht angekündigt werden[1]. „Bezeichnung" meint **Benennung** und **Kennzeichnung**, dem Beschlussgegenstand soll „ein Name" gegeben werden. Eine Erläuterung und/oder Begründung, was sich hinter einem Beschlussgegenstand verbirgt und warum er auf die Tagesordnung gesetzt worden ist, ist jedenfalls von Gesetzes wegen hingegen **nicht erforderlich**[2]. Sieht ein Wohnungseigentümer für sich einen Bedarf, wegen eines Punktes nähere Erkundigungen einzuziehen, hat er die Möglichkeit, sich vor der Eigentümerversammlung beim Verwalter oder den anderen Wohnungseigentümern nach dem zugrunde liegenden Sachverhalt und den Hintergründen zu erkundigen[3]. In der Wohnungseigentümerversammlung hat jeder Wohnungseigentümer zudem die Möglichkeit, Fragen zu stellen und auf diese Weise weitere Aufklärung zu erhalten.

b) Art und Weise

55 Was der Ladende für die ausreichende Bezeichnung eines Beschlussgegenstandes leisten muss und wann er im Einzelfall den Anforderungen des § 23 Abs. 2 (noch) genügt, auf welche Art und Weise mithin ein Beschlussgegenstand von Gesetzes wegen zu bezeichnen ist, ist **weitgehend Tatfrage**[4]. In aller **Regel** genügt eine **schlagwortartige** Bezeichnung[5]. Für die Beschlussfassung zu einem Standardbeschluss wie zur Jahresabrechnung genügt für eine ausreichende Ankündigung der Hinweis „Jahresabrechnung 2008", für die zum Wirtschaftsplan die Bezeichnung „Wirtschaftsplan 2009". Ein Beschlussgegenstand muss hingegen umso **genauer bezeichnet** werden, je **größer** die **Bedeutung** eines Gegenstandes für einen Wohnungseigentümer und je geringer der Wissensstand der

---

1 OLG Köln v. 16.8.2000 – 16 Wx 87/00, NZM 2000, 1017.
2 Diese Anforderung kann sich im Einzelfall aber aus dem die Wohnungseigentümer verbindenden Gemeinschaftsverhältnis und der gegenseitig geschuldeten Treue ergeben.
3 OLG Zweibrücken v. 16.12.2002 – 3 W 202/02, OLGReport Zweibrücken 2003, 121 (122); BayObLG v. 14.11.1991 – BReg. 2Z 140/91, NJW-RR 1992, 403.
4 OLG Zweibrücken v. 16.12.2002 – 3 W 202/02, OLGReport Zweibrücken 2003, 121; OLG Hamm v. 8.12.1992 – 15 W 216/91, NJW-RR 1993, 468; Elzer, MietRB 2006, 73.
5 OLG München v. 29.6.2005 – 34 Wx 049/05, OLGReport 2005, 606 (607); OLG Saarbrücken v. 24.3.2004 – 5 W 268/03–63O, OLGReport Saarbrücken 2004, 45 (446); BayObLG v. 5.10.2000 – 2Z BR 59/00, NZM 2000, 1239; v. 23.4.1998 – 2Z BR 41/98, NZM 1999, 175 = ZMR 1998, 580; v. 2.4.1992 – 2Z BR 4/92, BayObLGReport 1993, 2 = NJW-RR 1992, 910.

Wohnungseigentümer ist[1]. Von Bedeutung ist u.a., ob es bereits eine **Vorbefassung** gab[2], über welchen Informationsstand die Einzuladenden verfügen und ob neue Wohnungseigentümer in die Gemeinschaft eingetreten sind. Wenn auch nicht Einzelheiten des Beschlussgegenstandes in der Tagesordnung angegeben werden können und müssen (Rz. 61), so ist mit der Bezeichnung ein solches Maß an **Erkennbarkeit** und **Voraussehbarkeit** erforderlich, dass sich jeder Wohnungseigentümer über die wesentlichen rechtlichen und tatsächlichen Folgen und Konsequenzen einer vorgesehenen Maßnahme klar werden kann[3]. **Prüfsteine** für die Abwägung können sein[4]:

- einfacher oder schwerer (komplizierter) Sachverhalt;
- Anzahl der Wohnungseigentümer;
- Zusammensetzung der Wohnungseigentümer („Bildungsgrad", „Einkommen");
- Alter und ethnische Herkunft der Wohnungseigentümer;
- Vorbefassung der Wohnungseigentümer mit dem Beschlussgegenstand;
- ggf. laufendes Gerichtsverfahren wegen eines Beschlussgegenstandes;
- wirtschaftliche, tatsächliche, ideelle Bedeutung des Beschlussinhaltes für die Wohnungseigentümer.

c) Einzelfragen

Ob eine Bezeichnung für einen Beschlussgegenstand ausreichend ist, muss jeweils im Einzelfall erprobt werden. Eine für eine Wohnungseigentumsanlage noch oder nicht mehr ausreichende Bezeichnung kann in der anderen Wohnungseigentumsanlage durchaus **anders bewertet** werden. Soweit an dieser Stelle im Folgenden beispielhaft einige wenige Einzelfallentscheidungen aufgelistet sind, sind diese unter diesem **Vorbehalt** zu sehen. 56

- Der TOP **Abmeierungsklage** lässt noch ausreichend erkennen, dass es um eine Beschlussfassung nach § 18 WEG über die Entziehung des Wohnungseigentums geht[5]. Ein TOP **Unterrichtung der Eigentümergemeinschaft über die jüngsten Aktivitäten des Miteigentümers ..., seinen aktuellen Schuldenstand gegenüber der Gemeinschaft und Beschlussfassungen hierzu** deckt diese Frage hingegen nicht ab[6].
- Der TOP **Anfragen/Anregungen** lässt nur Beschlüsse von untergeordneter Bedeutung zu[7].

---

1 OLG München v. 14.9.2006 – 34 Wx 49/06, NZM 2006, 934 (935); OLG Köln v. 18.12.2002 – 16 Wx 177/02, OLGReport Köln 2003, 130.
2 Dazu BayObLG v. 12.2.2004 – 2Z BR 261/03, ZMR 2005, 460 (461); v. 2.4.1992 – 2Z BR 4/92, BayObLGZ 1992, 79 (84) = BayObLGReport 1993, 2; v. 14.11.1991 – BReg. 2Z 140/91, NJW-RR 1992, 403.
3 OLG München v. 14.9.2006 – 34 Wx 49/06, NZM 2006, 934 (935); BayObLG v. 13.12.1984 – BReg 2Z 5/83, WuM 1985, 100.
4 Nach *Riecke/Schmidt/Elzer* Rz. 426; s. ferner *Vandenhouten* in Köhler/Bassenge, Teil 5 Rz. 44.
5 KG v. 22.11.1995 – 24 W 2452/95, ZMR 1996, 223 (225).
6 OLG Düsseldorf v. 15.8.1997 – 3 Wx 147/97, ZMR 1998, 244 (245).
7 BayObLG v. 19.12.2001 – 2Z BR 15/01, ZfIR 2002, 296 (300).

- Der TOP **Beschluss über ergänzende und weiterführende Beschlüsse zur Großsanierung** reicht nicht aus, wenn über konkrete bauliche Einzelmaßnahmen beschlossen werden soll[1].
- Bei Vorgängen, die einen Regelungskomplex betreffen, etwa bei Baumängeln, brauchen aber nicht alle Detailpunkte in die Tagesordnung aufgenommen zu werden[2].
- Der TOP **Erklärungen zum Verwaltervertrag (Haftung)** genügt für eine Beschlussfassung zur zeitlichen und betragsmäßigen Einschränkung der Verwalterhaftung[3].
- Der TOP **Erneuerung der Aufzugsinnentüren i.V.m. einer Neuausstattung der Aufzugskabine konform zur Schadenshäufigkeit** macht ersichtlich, dass hinsichtlich des Aufzugs eine Maßnahme der Instandsetzung geplant ist. Dies bedeutet gleichzeitig, dass auch dafür anfallende Kosten und Art der Finanzierung (Sonderumlage oder Instandhaltungsrückstellung) zur Entscheidung anstehen[4].
- Der TOP **Freiflächengestaltung** ist hinreichend bestimmt, um dem Informationsbedürfnis der einzelnen Wohnungseigentümer Rechnung zu tragen[5].
- Der TOP **Haftung eines Eigentümers für Kosten und Schäden einer baulichen Veränderung des gemeinschaftlichen Eigentums und über die Erstattung zu Unrecht in Anspruch genommener Gelder der Eigentümer** deckt eine Beschlussfassung über die Ermächtigung des Verwalters zur gerichtlichen Geltendmachung dieser Ansprüche[6].
- Der TOP **Jahresabrechnung/Wirtschaftsplan/Sonderumlage** deckt keine Beschlussfassung, die einen Kostenverteilungsschlüssel ändert. Wollen die Wohnungseigentümer vom gesetzlichen oder einem zuvor vereinbarten oder beschlossenen Kostenverteilungsschlüssel nach § 16 Abs. 3 oder Abs. 4 abweichen, muss diese beabsichtige Änderung **gesondert** angekündigt werden.
- Der TOP **Sanierung der Balkone ... – Auftragsabwicklung, Umfang- und Finanzierung** ist für die Beschlussfassung wie Verlegung von Fliesen bzw. Klinkerplatten im fest verlegten Mörtelbett ausreichend; auch für die Festlegung, dass im Zuge der Sanierungsarbeiten ein weißer Anstrich der Balkon-Innenwände erfolgen soll[7].
- Der TOP **Treppenveränderung** kann ausreichend sein, um auch eine Beschlussfassung über eine Entfernung der Treppe mit Gestattung der Neuerrichtung genügend zu bezeichnen[8].
- Der TOP **Vorgehen wegen der Feuchtigkeitsschäden im Haus** deckt eine Beschlussfassung darüber und über die Beauftragung eines Sachverständigen zur

---

1 OLG München v. 14.9.2006 – 34 Wx 49/06, NZM 2006, 934 (935).
2 OLG Köln v. 18.12.2002 – 16 Wx 177/02, OLGReport Köln 2003, 130; BayObLG v. 21.2. 1973 – BReg 2Z 3/73, BayObLGZ 1973, 68 = MDR 1973, 584 = NJW 1973, 1086.
3 BayObLG v. 23.12.2002 – 2Z BR 89/02, ZMR 2003, 282.
4 OLG Düsseldorf v. 4.4.2001 – 3 Wx 7/01, ZMR 2001, 723.
5 BayObLG v. 23.6.2004 – 2Z BR 020/04, BayObLGReport 2004, 388.
6 BayObLG v. 30.10.1996 – 2Z BR 64/96, WE 1997, 239.
7 OLG Celle v. 7.2.2003, 4 W 208/02, BeckRS 2003 30305532.
8 OLG München v. 29.6.2005 – 34 Wx 049/05, OLGReport 2005, 606 (607).

Ermittlung der Ursachen der Schäden ab, auch wenn dies im Einladungsschreiben nicht ausdrücklich angekündigt wurde[1].

- Der TOP **Wahl eines Verwalters** macht für jeden Wohnungseigentümer erkennbar, dass damit nicht nur die Bestellung eines Verwalters beschlossen werden soll, sondern auch die wesentlichen Bedingungen des **Verwaltervertrages** beraten und beschlossen werden können[2], insbesondere die Regelung der Vergütung und der Vertragsdauer. Der Bezeichnung von Einzelheiten bedarf es insoweit nicht. Die Benennung eines konkreten Namens für das Amt des Verwalters in der Einladung ist nicht erforderlich und würde möglicherweise sogar zu einer Einengung der Wohnungseigentümerversammlung führen. So ist es durchaus möglich, dass in einer laufenden Versammlung weitere Vorschläge für den zu bestellenden Verwalter gemacht werden[3].

- Ein TOP **Bestellung eines Verwalters** deckt sowohl einen Beschluss der Wohnungseigentümer über die Bestellung des Verwalters als auch über die Höhe der Vergütung[4].

- Der TOP **Neuwahl eines Verwalters** macht erkennbar, dass nicht nur die Bestellung eines Verwalters beschlossen werden soll, sondern auch die wesentlichen Bedingungen des Verwaltervertrags.

- Der TOP **Wirtschaftsplan** deckt grundsätzlich auch die Beschlussfassung über eine Erhöhung der jährlichen Zuführung zur Instandhaltungsrückstellung.

d) Tagesordnungspunkt „Verschiedenes/Sonstiges"

Unter dem TOP „Verschiedenes/Sonstiges" können keine wesentlichen Angelegenheiten beschlossen werden, sondern allenfalls Gegenstände von **untergeordneter Bedeutung**[5]. Dieser Tagesordnungspunkt lässt nur Beschlüsse über Gegenstände zu, mit denen jeder Eigentümer vernünftigerweise noch rechnen durfte und musste[6]. Welche Beschlussgegenstände noch von „untergeordneter Bedeutung" sind, ist dabei nach den konkreten Umständen des Einzelfalls zu beurteilen. **Keine untergeordnete** Bedeutung haben etwa der Beschluss über die Instandsetzung des Treppenhauses[7], die Genehmigung der Errichtung einer Satellitenempfangsanlage[8], der Einbau eines sog. „Diktators" an der Hausein-

---

1 OLG Köln v. 18.12.2002 – 16 Wx 177/02, NZM 2003, 121 (122).
2 OLG Schleswig v. 20.1.2006 – 2 W 24/05, NZM 2006, 822 (823) = MDR 2006, 1401 = ZMR 2006, 803 = ZWE 2007, 51 m. Anm. B. Müller; OLG Celle v. 14.2.2002 – 4 W 6/02, OLGReport Celle 2002, 75 (76); BayObLG v. 14.11.1991 – BReg. 2Z 140/91, NJW-RR 1992, 403.
3 OLG Celle v. 14.2.2002 – 4 W 6/02, ZWE 2002, 474.
4 BayObLG v. 13.12.1984 – BReg 2Z 5/83, MDR 1985, 412.
5 BayObLG v. 8.4.2004 – 2Z BR 233/03, BayObLGReport 2004, 327; LG Lüneburg v. 15.6.2006 – 5 T 15/06, ZMR 2006, 86.
6 OLG München v. 19.9.2005 – 34 Wx 076/05, ZMR 2006, 68 (70) = MietRB 2006, 73; BayObLG v. 8.4.2004 – 2Z BR 233/03, BayObLGReport 2004, 327; v. 30.4.1998 – 2Z BR 23/98, ZMR 1998, 649; KG v. 8.1.1997 – 24 W 4957/96, KGReport 1997, 65 (67); OLG Düsseldorf v. 4.9.1996 – 3 Wx 125/96, ZMR 1997, 91 (92); OLG Hamm v. 8.12.1992 – 15 W 216/91, NJW-RR 1993, 468.
7 OLG München v. 19.9.2005 – 34 Wx 076/05, ZMR 2006, 68 (70) = MietRB 2006, 73.
8 BayObLG v. 8.4.2004 – 2Z BR 233/03, BayObLGReport 2004, 327.

gangstür[1], die Vergabe von Gartenarbeiten[2], die Anschaffung von Arbeitsmitteln[3], die Festlegung der Vergütung des Hausmeisters[4] oder eine „Stellplatzordnung"[5]. Im **Zweifel** ist anzunehmen, dass ein Beschlussgegenstand nicht von untergeordneter Bedeutung ist.

5. Vorformulierte Beschlussanträge

58 Eine „Vorformulierung" der geplanten Beschlüsse ist sinnvoll, aber von Gesetzes wegen nicht erforderlich (Rz. 54). § 23 Abs. 2 verlangt nicht, dass Beschlussanträge bereits ausformuliert der Ladung beizufügen sind. Es ist freilich möglich und aus Sicht der Wohnungseigentümer durchaus wünschenswert, bereits mit der Ladung über konkrete Beschlussanträge zu verfügen. Diese sind dann so zu formulieren, dass ihr Inhalt **hinreichend bestimmt** ist – damit künftige Auseinandersetzungen über das Beschlossene **vermieden** werden (Vor §§ 23 bis 25 Rz. 145). Zum Inhalt der Ladung s. ferner § 24 Rz. 85 ff.

6. Geschäftsordnungsbeschlüsse

59 Ein Antrag zur Geschäftsordnung (§ 24 Rz. 105) ist nicht nach § 23 Abs. 2 anzukündigen und auch ohne Ankündigung in der Tagesordnung ohne weiteres zulässig[6].

7. Verstöße

60 Wird ein Beschlussgegenstand unter Verstoß gegen § 23 Abs. 2 nur **unzureichend** angekündigt, ist ein dennoch gefasster Beschluss **ungeachtet** des an § 32 Abs. 1 Satz 2 BGB angelehnten Wortlauts („gültig"), nach h.M. wegen eines bloß formellen Beschlussmangels (Rz. 95) nur anfechtbar, nicht nichtig[7]. Ein Verstoß wird ferner „geheilt", wenn sämtliche Wohnungseigentümer zusammenkommen und im **Bewusstsein** einer unzureichenden Ladung dennoch beschließen wollen (Rz. 28). Ein Verstoß ist unbeachtlich, wenn feststeht, dass es bei ordnungsgemäßer Ladung zu **demselben Beschluss** gekommen wäre (Rz. 96)[8].

V. Tagesordnung

1. Begriff

61 Die Summe, der Inbegriff aller im Einladungsschreiben (§ 24 Rz. 85 ff.) angekündigten Beschlussgegenstände ist die **Tagesordnung** einer Eigentümerversamm-

---

1 KG v. 8.1.1997 – 24 W 4957/96, KGReport 1997, 65 (67).
2 BayObLG v. 19.12.2001 – 2Z BR 15/01, ZfIR 2002, 296 (300).
3 BayObLG v. 19.12.2001 – 2Z BR 15/01, ZfIR 2002, 296 (300).
4 BayObLG v. 19.12.2001 – 2Z BR 15/01, ZfIR 2002, 296 (300).
5 OLG Düsseldorf v. 4.9.1996 – 3 Wx 125/96, OLGReport 1997, 59 (60) = ZMR 1997, 91.
6 OLG Köln v. 16.8.2000 – 16 Wx 87/00, OLGReport Köln 2001, 1 (2).
7 KG v. 18.11.1998 – 24 W 4180/97, KGReport 1999, 250 (253); OLG Köln v. 9.1.1996 – 16 Wx 214/95, OLGReport Köln 1996, 209 (210); BayObLG v. 21.10.1996 – 2Z BR 71/96, BayObLG 1997, 26 (27).
8 BayObLG v. 30.4.1999 – 2Z BR 175-98, NZM 1999, 858 = ZMR 1999, 574; *Becker*, WE 1999, 162.

lung. Aufstellung und Formulierung der Tagesordnung für die Eigentümerversammlung sind die wichtigsten Vorbereitungshandlungen des Einberufenden[1]. Erst Ausformulierung und inhaltliche Aufbereitung setzen § 23 Abs. 2 um. Einen **gesetzlich vorgeschriebenen** Inhalt für eine „ordentliche" Tagesordnung gibt es allerdings **nicht**. Welche Beschlussgegenstände für eine Eigentümerversammlung vorzusehen sind, muss jeweils im Einzelfall entschieden werden. Der Ersteller der Tagesordnung hat bei der Gestaltung insoweit ein Ermessen[2]. Maßstab für seine Ausübung ist, ob nach dem objektivierten Interesse der Gesamtheit der Wohnungseigentümer die Aufnahme eines Tagesordnungspunktes geboten ist. Ein „Zwang" für eine Aufnahme ist nur anzunehmen, wenn eine ordnungsmäßige Verwaltung i.S.v. § 21 Abs. 4 eine Befassung ertrotzt.

Regelmäßig wiederkehrende Tagesordnungspunkte, die **grundsätzlich** jedenfalls **einmal** im Jahr Gegenstand der Beratung und Abstimmung der Wohnungseigentümer sein sollten, sind die Gesamt- und die Einzelwirtschaftspläne und die Gesamt- und die Einzeljahresabrechnungen. Häufige Gegenstände sind Entlastungsbeschlüsse des Verwalters und des Beirats, Beschlüsse über bauliche Veränderungen, Beschlüsse zur Änderung des Kostenverteilungsschlüssels oder Beschlüsse über den ordnungsmäßigen Gebrauch und die ordnungsmäßige Verwaltung. 62

Es ist jederzeit zulässig, eine **Tagesordnung zu ergänzen**. Probleme entstehen dabei nur dann, wenn der ergänzte Punkt den Wohnungseigentümern nicht binnen der gesetzlichen Mindestfrist – sofern nicht ein Fall besonderer Dringlichkeit vorliegt – von zwei Wochen mitgeteilt wird oder gar erst in der Versammlung auf die Tagesordnung gesetzt werden soll, z.B. wenn ein Wohnungseigentümer in der Versammlung einen bis dahin nicht in die Tagesordnung aufgenommenen Punkt besprechen und darüber abstimmen lassen will (s. bereits Rz. 51). In diesem Falle erfüllt die Einberufung nicht mehr ihre originäre Funktion, die Eigentümer **rechtzeitig** vor der Eigentümerversammlung deren Themen mitzuteilen. Sie kann damit keine angemessene Grundlage für eine sachgerechte Vorbereitung auf die Versammlung und Entscheidung der Eigentümer sein, an ihr teilzunehmen. Im Regelfall werden solche Punkte, soweit ein Beschluss ergeht, zwar nicht nichtig sein. Sie werden aber als nicht ordnungsmäßig auf eine gerichtliche Anfechtung hin aufgehoben werden. Etwas anderes ist nur dann anzunehmen, wenn mit Sicherheit anzunehmen ist, dass der Beschluss auch ohne den Einberufungsmangel zustande gekommen wäre[3]. 63

2. Ersteller

Die Tagesordnung ist – wie sich aus §§ 23 Abs. 2, 24 Abs. 1 ergibt – grundsätzlich vom **Einladenden** aufzustellen, regelmäßig also vom **Verwalter**[4]. Der Verwaltungsbeirat – sein Vorsitzender – hat kein Mitwirkungsrecht bei Aufstellung der Tagesordnung, weil ihm im Grundsatz auch kein Einberufungsrecht zusteht 64

---

1 *J. H. Schmidt*, MietRB 2007, 265; *Riecke/Schmidt/Elzer* Rz. 399.
2 *Häublein*, ZMR 2004, 723 (725).
3 *Riecke/Schmidt/Elzer* Rz. 402.
4 BayObLG v. 12.7.2001 – 2Z BR 139/00, ZMR 2001, 991 (993) = ZWE 2001, 538 (540); v. 23.9.1988 – BReg. 2Z 97/87, BayObLGZ 1988, 287 (292).

(s. § 24 Rz. 24). Sind jedoch die **Ausnahmevoraussetzungen** des § 24 Abs. 3 erfüllt, erstreckt sich das Einberufungsrecht erst recht auf die Festlegung der Tagesordnung. Lädt zur Eigentümerversammlung mithin ein dazu gerichtlich ermächtigter Wohnungseigentümer (s. § 24 Rz. 33) oder der Vorsitzende des Verwaltungsbeirats oder dessen Vertreter, haben diese die Tagesordnung zu erstellen.

3. Anspruch auf Aufnahme

a) Allgemeines

65 Auf welche Art und Weise die Tagesordnung gestaltet und Gegenstände formuliert werden, obliegt grundsätzlich dem **billigen Ermessen** des Einladenden nach den Grundsätzen einer ordnungsmäßigen Verwaltung, § 21 Abs. 4. **Muss** der Verwalter zu einer Eigentümerversammlung indes nach § 24 Abs. 2 Variante 2 laden, ist sein Ermessen bei der Ladung jedenfalls bei denjenigen Punkten **begrenzt**, die dem Einberufungsverlangen zugrunde liegen[1]. Wenn eine Minderheit die Einberufung einer Versammlung verlangen darf, kann sie erst recht als „Minus" die Aufnahme einzelner Tagesordnungspunkte **beanspruchen**. Das Ermessen ist ferner reduziert, wenn ein **Benennungsrecht** der Wohnungseigentümer **vereinbart** ist. In diesem Falle kann jeder Wohnungseigentümer verlangen, dass ein bestimmter Punkt auf die Tagesordnung gesetzt wird.

b) Ordnungsmäßige Verwaltung: § 21 Abs. 4

66 Das Recht, einen bestimmten Punkt auf die Tagesordnung setzen zu lassen, steht jedem Wohnungseigentümer auch ohne Vereinbarung unabhängig von § 24 Abs. 2 unter dem Gesichtspunkt **ordnungsmäßiger Verwaltung** zu, § 21 Abs. 4[2]. Ein Verlangen, dass ein bestimmter Punkt auf der Eigentümerversammlung besprochen wird, entspricht ordnungsmäßiger Verwaltung, wenn Gründe dafür vorliegen, ihn zu erörtern und zum Gegenstand einer Abstimmung zu machen[3]. Der Maßstab für diese Prüfung muss **offensichtlich großzügig** sein. Da die Wohnungseigentümer ihre Angelegenheiten im Wesentlichen in der Eigentümerversammlung regeln, muss im Zweifel **jeder** Punkt, den ein Wohnungseigentümer selbst für wichtig erachtet (ggf. kurz) auch erörtert werden können. Besteht das Ziel eines Wohnungseigentümers allerdings darin, durch eine Vielzahl von Anträgen einen ordnungsmäßigen Ablauf der Eigentümerversammlung zu gefährden, ist sein Vorgehen nach § 242 BGB rechtsmissbräuchlich. In die-

---

1 *Riecke/Schmidt/Elzer* Rz. 414; *Drasdo*, Eigentümerversammlung, Rz. 189.
2 OLG München, Beschl. v. 30.3.2007 – 34 Wx 132/06, MietRB 2007, 144; OLG Köln v. 16.5.1997 – 16 Wx 97/97, ZMR 1998, 48.
3 OLG Frankfurt v. 1.9.2003 – 20 W 103/01, ZMR 2004, 288; OLG Saarbrücken v. 24.3. 2004 – 5 W 268/03, OLGReport Saarbrücken 2004, 445 (446) = ZMR 2004, 533; BayObLG v. 11.9.2003 – 2Z BR 152/03, NZM 2004, 108 (109) = BayObLGReport 2004, 22; v. 12.7. 2001 – 2Z BR 139/00, ZWE 2001, 538 (540); v. 23.9.1988 – BReg. 2Z 97/87, BayObLGZ 1988, 287 (292); OLG Köln v. 16.5.1997 – 16 Wx 97/97, ZMR 1998, 48; OLG Düsseldorf v. 6.7.1994 – 3 Wx 456/92, ZMR 1994, 521 (524) = WE 1994, 375 (376); zum gleichen Problem bei der GmbH s. § 50 Abs. 2 GmbHG und *Lutter/Hommelhoff* § 50 GmbHG Rz. 6. Zum Aktienrecht vgl. § 122 Abs. 2 AktG.

sem Falle ist der Verwalter auch nicht verpflichtet, aus einer Vielzahl von Anträgen die herauszusuchen, die ordnungsmäßig wären[1].

c) Einschränkungen

Die Möglichkeit, Anträge zu stellen und diese zu besprechen, ist elementares Recht eines jedes Wohnungseigentümers (§ 24 Rz. 55). Ein Beschluss, der für Beschlussanträge **die Schriftform** und eine **schriftliche Begründung** vorschreibt, erschwert dieses Recht, überschreitet daher die Beschlusskompetenz der Wohnungseigentümer und ist nichtig (Rz. 114)[2]. 67

d) Klage auf Aufnahme

Ist der Verwalter oder der ggf. ladende Beiratsvorsitzende nicht bereit, einen bestimmten Beschlussgegenstand auf die Tagesordnung zu nehmen, kann gegen ihn in einem Verfahren gem. § 43 Nr. 3 WEG auf Aufnahme **geklagt** werden[3]. 68

4. Formulierung

Stellt ein Wohnungseigentümer einen berechtigten Antrag auf Ergänzung/Erweiterung der Tagesordnung wegen eines bestimmten Gegenstandes, ist der Einladende regelmäßig **nicht gezwungen**, auch die vom Antragsteller bevorzugte Benennung und Formulierung des Gegenstandes zu übernehmen[4]. Die Bezeichnung der Gegenstände ist nach § 23 Abs. 2 Aufgabe des Einladenden. Die Bezeichnung muss nur hinreichend i.S.v. § 23 Abs. 2 (dazu Rz. 55) bestimmt (dazu Vor §§ 23 bis 25 Rz. 145) sein. 69

Das Ermessen des Einladenden ist allerdings reduziert, wenn in der Ladung bereits **konkrete Beschlussanträge** mitgeteilt werden. In diesem Falle **muss** der Ladende den Antrag so übernehmen, wie vom Antragsteller gewünscht. 70

VI. Schriftliche Beschlussfassung

1. Allgemeines

Im Einzelfall kann es „lästig" sein, für einen Beschluss eine Eigentümerversammlung einzuberufen. § 23 Abs. 3 erlaubt u.a. aus diesem Grunde – und zur Erleichterung und Beschleunigung der Beschlussfassung gerade in kleinen Gemeinschaften sowie aus Gründen der Kostenersparnis – eine Beschlussfassung auch **außerhalb** der Eigentümerversammlung. § 23 Abs. 3 entspricht nach Sinn 71

---

1 BayObLG v. 12.7.2001 – 2Z BR 139/00, ZWE 2001, 538 (541).
2 KG v. 26.6.2002 – 24 W 179/01, ZMR 2002, 863 (864) = ZWE 2002, 413 = KGReport 2002, 249.
3 OLG Frankfurt v. 1.9.2003 – 20 W 103/01, ZMR 2004, 288; BayObLG v. 11.9.2003 – 2Z BR 152/03, NZM 2004, 108 (109) = BayObLGReport 2004, 22; v. 12.7.2001 – 2Z BR 139/00, ZMR 2001, 991 (993) = ZWE 2001, 538 (540); v. 20.6.2001 – 2Z BR 12/01, ZMR 2001, 989 (991) = ZWE 2001, 603 (605); v. 23.9.1988 – 2Z BR 97/87, BayObLGZ 1988, 287 (292); OLG Düsseldorf v. 6.7.1994 – 3 Wx 456/92, ZMR 1994, 521 (524).
4 OLG Saarbrücken v. 24.3.2004 – 5 W 268/03, OLGReport Saarbrücken 2004, 445 (446); BayObLG v. 12.7.2001 – 2Z BR 139/00, ZWE 2001, 538 (540).

und Zweck damit dem wörtlich gleichlautenden § 32 Abs. 2 BGB sowie § 48 Abs. 2 GmbHG.

72 Eine schriftliche Beschlussfassung (z.T. Umlaufbeschluss genannt, s. auch Rz. 78) ist gefährlich, weil sie **wesentliche** Grundsätze der Meinungsbildung im Wohnungseigentumsrecht verletzt. Den Wohnungseigentümern kann es bei einer schriftlichen Beschlussfassung etwa sehr schwer fallen, das „Für" und „Wider" eines Beschlussantrages kontrovers zu diskutieren. Ein Kampf der Meinungen kann außerhalb der Eigentümerversammlung kaum stattfinden. Diesen Gefahren begegnet in verfassungsrechtlich ausreichendem Maße das **unabdingbare** (Rz. 120) Verlangen des Gesetzes nach Allstimmigkeit (Rz. 73). Ist ein Wohnungseigentümer mit einer Beschlussfassung außerhalb der Eigentümerversammlung und ohne Diskurs nicht einverstanden, wahrt § 23 Abs. 3 seine Rechte und schützt diese ausreichend: Der jeweilige Wohnungseigentümer kann sich einem schriftlichen Beschluss einfach verweigern und eben dadurch die vermisste Aussprache und Diskussion in der Eigentümerversammlung **erzwingen**.

2. Zustimmung i.S.v. § 23 Abs. 3

a) Grundsatz

73 Ein Beschluss ist nach § 23 Abs. 3 gültig, wenn **alle Wohnungseigentümer** ihre „Zustimmung" zu diesem Beschluss schriftlich (Rz. 86) erklären[1]. Dem Wortlaut des § 23 Abs. 3 ist dabei zu entnehmen, dass die Zustimmung dem **Beschluss**, nicht nur der Verfahrensweise gelten muss. Anders als nach § 48 Abs. 2 GmbHG unterscheidet das Wohnungseigentumsgesetz nicht zwischen einer Zustimmung mit der zu treffenden Bestimmung und einer Zustimmung zur schriftlichen Beschlussfassung. Mit der h.M[2]. ist deshalb anzunehmen, dass ein schriftlicher Beschluss nur dann zustande kommt, wenn **erstens** jeder Wohnungseigentümer damit einverstanden ist, dass außerhalb der Eigentümerversammlung beschlossen werden soll. Außerdem muss **zweitens** jeder Wohnungseigentümer einem ihm vorgelegten Beschlussantrag auch zustimmen (Allstimmigkeit; s. auch Vor §§ 23 bis 25 Rz. 131). Nicht ausreichend ist es damit, dass zwar sämtliche Wohnungseigentümer dem Verfahren als solches zustimmen, die Abstimmung aber nur mehrheitlich erfolgt[3]. In der Regel liegt in der schriftlichen Zustimmung zu einem Beschlussantrag zwar **zugleich** auch die (konkludente) Zustimmung zum schriftlichen Verfahren[4]. Umgekehrt gilt dies aber nicht[5].

74 Zustimmung i.S.v. § 23 Abs. 3 ist **„untechnisch"** zu verstehen. Gemeint ist nicht, dass ein Wohnungseigentümer einem bereits bestehenden Beschluss durch eine Zustimmung auch für sich Geltung erteilt und sich den Beschlusswirkungen unterwirft. Ohne die positive Stimmabgabe jedes Stimmberechtigten (dazu Vor §§ 23 bis 25 Rz. 40ff.), ohne Zugang aller positiven Stimmabgaben

---

1 Durch die notwendige Zustimmung aller, wird der Beschluss freilich noch keine Vereinbarung. Zur Abgrenzung s. Vor §§ 23 bis 25 Rz. 147.
2 Staudinger/*Bub* Rz. 211; Bärmann/Pick/*Merle* Rz. 100.
3 *Kümmel*, ZWE 2000, 62 (63/64); *F. Schmidt*, PiG 59, 125 (131).
4 *Kümmel*, ZWE 2000, 62.
5 *Drasdo*, Eigentümerversammlung, Rz. 970.

beim Initiator des schriftlichen Beschlussverfahrens, ohne die Feststellung und Verkündung des Abstimmungsergebnisses durch den Initiator gibt es keine Rechtssubstanz, der der Stimmberechtigte zustimmen könnte. „Zustimmung" ist wie bei § 22 Abs. 1 Satz 2 zu verstehen und meint, dass jeder Stimmberechtigte gegenüber einem vorformulierten Beschlussantrag gegenüber dem Initiator mit „Ja" stimmen muss.

b) Notwendige Mehrheit

Verfehlt ein Beschlussantrag im schriftlichen Verfahren die notwendige Mehrheit sämtlicher Stimmen (Rz. 73 und 84), ist kein Beschluss zustande gekommen (Nichtbeschluss, s. Vor §§ 23 bis 25 Rz. 127)[1]. Die Verkündung des Initiators ist (auch hier) nicht in der Lage, einen unvollkommenen Beschluss zu vervollständigen. Wird die Mehrheit verpasst, gibt es keinen Beschluss. 75

c) Anfechtbarkeit

Schriftliche Beschlüsse sind wie andere Beschlüsse nach § 46 **anfechtbar**. Dass einem schriftlichen Beschluss naturgemäß alle Wohnungseigentümer zugestimmt haben müssen, steht dem **nicht entgegen**[2]. Wie auch sonst, kommt es für das Rechtsschutzbedürfnis einer Anfechtungsklage grundsätzlich nicht darauf an, ob ein Wohnungseigentümer für den von ihm angefochtenen Beschluss gestimmt hat[3]. 76

3. Initiative

Eine Beschlussfassung nach § 23 Abs. 3 setzt eine **unmissverständliche Initiative** (Anregung) für einen schriftlichen Beschluss voraus[4]. Für jeden Wohnungseigentümer muss erkennbar sein, dass eine **verbindliche** Entscheidung im Wege eines schriftlichen Beschlusses herbeigeführt werden soll[5]. Notwendig, aber auch ausreichend ist dazu, dass durch die Initiative jedem Stimmberechtigten erkennbar und klar ist, dass seine Äußerung zu einer **Entscheidung** gefragt ist und nicht lediglich eine unverbindliche Meinungsäußerung herbeigeführt werden soll. Die Initiative zur Beschlussfassung kann jedenfalls von jedem Wohnungseigentümer ausgehen[6]. Nach h.M. sind dazu aber auch der Verwalter[7] und 77

---

1 A.A. *Drabek* in KK-WEG Rz. 50.
2 OLG Karlsruhe v. 5.12.2002 – 11 Wx 6/02, ZMR 2003, 290 (291); *Riecke*, WEZ 1988, 163 ff.
3 *Hügel/Elzer* § 13 Rz. 171 m.w.N.
4 OLG Celle v. 8.6.2006 – 4 W 82/06, OLGReport Celle 2006, 617 = Info M 2006, 192 mit Anm. *Elzer*; KG v. 1.3.1974 – 1 W 858/73, OLGZ 1974, 399 (403); *Elzer*, IMR 2007, 52; *F. Schmidt*, PiG 59, 125 (134). Siehe auch BGH v. 20.11.1958 – II ZR 17/57, BGHZ 28, 355 (358) = NJW 1959, 194 = MDR 1959, 105.
5 OLG Celle v. 8.6.2006 – 4 W 82/06, OLGReport Celle 2006, 617 = Info M 2006, 192 mit Anm. *Elzer*; *Merle*, Bestellung und Abberufung, S. 44. Zum Gesellschaftsrecht vgl. BGH v. 28.11.1958 – II ZR 17/57, BGHZ 28, 355 (358/359) = NJW 1959, 194 = MDR 1959, 105.
6 *Riecke/Schmidt/Elzer* Rz. 271; *F. Schmidt*, PiG 59, 125 (135); *Merle*, Bestellung und Abberufung, S. 45.
7 OLG München v. 8.12.2006 – 34 Wx 103/06, ZMR 2007, 304 (305) = IMR 2007, 52 mit Anm. *Elzer*; a.A. *Prüfer*, Schriftliche Beschlüsse, gespaltene Jahresabrechnungen, S. 33.

jeder beliebige Dritte, z.B. ein Rechtsanwalt, berechtigt. Ohne Gründer (Initiator) kann es einen schriftlichen Beschluss nicht geben[1].

4. Zustandekommen

a) Verfahren

78 Damit ein schriftlicher Beschluss entsteht, muss der Initiator einen Beschlussantrag vorformulieren und zur Abstimmung stellen. Die Abstimmung kann dabei in der Weise geschehen, dass sämtliche Wohnungseigentümer (Rz. 73) auf einem **gesonderten Blatt**, z.B. einem Stimmzettel, dem Beschlussantrag zustimmen und ihre jeweiligen Erklärungen gegenüber dem Initiator des Verfahrens schriftlich abgeben. Vorstellbar ist ferner, dass sämtliche Wohnungseigentümer ihre „Zustimmung" auf **ein und demselben Blatt** erklären, dieses also unterschreiben, und das von allen Wohnungseigentümern unterzeichnete Blatt wiederum dem Initiator zugeht (**Umlaufverfahren/Zirkularbeschluss**)[2]. Schließlich lassen sich die Verfahren auch kombinieren.

b) Sukzessivbeschluss

79 Die Wohnungseigentümer können auch vereinbaren, ihr Stimmrecht im Wege einer kombinierten Beschlussfassung (**Sukzessivbeschluss**) auszuüben (Vor §§ 23 bis 25 Rz. 53). Darunter versteht man, dass die in einer Versammlung abgegebenen Stimmen mit den Stimmen, die schriftlich und außerhalb der Versammlung abgegeben werden, **zusammengefasst** werden[3].

c) Widerruf

80 Jeder Teilnehmer an einem schriftlichen Beschluss kann seine Stimmabgabe, seine „Ja-Stimme" zu dem jeweiligen Beschlussantrag, solange widerrufen, wie die **Mitteilung des Beschlussergebnisses** (Verkündung) nicht vorliegt[4]. Einen Wohnungseigentümer vor diesem Zeitpunkt an sein Votum zu binden, wäre letztlich nicht sachgerecht. Die Stimmabgabe eines Wohnungseigentümers ist im Hinblick auf eine konkrete Beschlussfassung erfolgt und kann deshalb keine selbständige Regelungswirkung entfalten, solange es keinen Beschluss gibt[5]. Auf die Frage, ob bereits sämtliche (Zustimmungs-)Erklärungen dem Initiator zugegangen sind, kommt es nicht an, weil der Beschluss erst durch Feststellung und Verkündung „existent" wird (Rz. 82). Die Stimmabgabe als Willenserklärung wird zwar gem. § 130 Abs. 1 Satz 1 BGB bereits mit Zugang wirksam. Hieraus kann jedoch nicht der Schluss gezogen werden, dass der Abstimmende bereits zu diesem Zeitpunkt **gebunden** ist. Auch Willenserklärungen im Rahmen der §§ 873, 929 BGB entfalten mit Zugang noch **keine Bindungswirkung**. Der

---

1 KG v. 1.3.1974 – 1 W 858/73, OLGZ 1974, 399 (403); *Riecke/Schmidt/Elzer* Rz. 272.
2 *Röll*, WE 1991, 308.
3 KG v. 21.12.1988 – 24 W 5948/88, OLGZ 1989, 43 = DWE 1989, 69 = WE 1989, 135 = NJW-RR 1989, 329.
4 OLG Celle v. 8.6.2006 – 4 W 82/06, OLGReport Celle 2006, 617 (618); KG v. 1.3.1974 – 1 W 858/73, OLGZ 1974, 399 (403); *Kümmel*, GE 2001, 1389; *Riecke/Schmidt/Elzer* Rz. 275.
5 *Elzer*, Info M 2006, 192; *Drabek* in KK-WEG Rz. 63; *Bärmann/Pick/Merle* Rz. 108.

Grundsatz des § 130 Abs. 1 Satz 2 BGB kann deshalb nicht auf die schlichte Zustimmungserklärung nach § 23 Abs. 3 angewendet werden. Die Zustimmung ist im Hinblick auf eine Beschlussfassung erfolgt und kann deshalb für die Wohnungseigentümer keine selbständige Regelungswirkung entfalten, solange die Beschlussfassung nicht vorliegt. Aus diesem Grunde ist auch die Feststellung des Beschlussergebnisses unerheblich, weil es für die Existenz des Beschlusses noch der **Verkündung** bedarf (Rz. 82).

d) Frist

Hat der Initiator zulässigerweise eine Frist gesetzt, in der die Zustimmungen bei ihm eingegangen sein müssen, ist kein Beschluss gefasst worden, wenn Zustimmungen erst verspätet eingehen[1]. 81

e) Feststellung und Verkündung

Wie in der Eigentümerversammlung, kommt auch ein Beschluss im schriftlichen Verfahren erst mit seiner Feststellung und einer an alle Wohnungseigentümer gerichteten Mitteilung des Beschlussergebnisses zustande (Vor §§ 23 bis 25 Rz. 62ff.)[2]. Fehlt es an einer Zustimmung aller Wohnungseigentümer, geht eine versehentliche oder gar vorsätzliche Feststellung und eine Verkündung eines angeblichen Beschlusses allerdings ins **Leere**. Stimmen einem schriftlichen Beschluss nicht alle Wohnungseigentümer zu, fehlt es für einen ausreichenden Rechtsschein an einer hinreichenden Substanz[3]. 82

Fehlen Stimmen, handelt es sich nicht um einen ungültigen (nichtigen) Beschluss[4], es handelt sich vielmehr um einen **Nichtbeschluss** (Rz. 127)[5]. Ein Nichtbeschluss bedarf zur Bekämpfung seines Rechtsscheins weder der Anfechtung[6] noch wäre er anfechtbar. Ein Initiator ist durch seine Verkündung nicht in der Lage, einen nicht bestehenden Beschluss durch sein Fehlverhalten zum Leben zu verhelfen. Bestehen Zweifel, kann jeder vom angeblichen Beschluss Betroffene auf eine Feststellung klagen, dass es keine Bindung gibt. 83

5. Stimmberechtigte

a) Sämtliche Wohnungseigentümer

Ein schriftlicher Beschluss ist nach dem Wortlaut des § 23 Abs. 3 nur dann „gefasst" und kommt also nur dann zustande, wenn **sämtliche** – „alle Wohnungseigentümer", nicht alle „stimmberechtigten Wohnungseigentümer" – Woh- 84

---

1 Staudinger/*Bub* Rz. 213.
2 BGH v. 23.8.2001 – V ZB 10/01, BGHZ 148, 335 (347) = ZWE 2001, 530 = ZMR 2001, 809 (811) = NJW 2001, 3339 = MDR 2001, 1283 = BGHReport 2001, 863; *Prüfer*, Schriftliche Beschlüsse, gespaltene Jahresabrechnungen, S. 51 ff.
3 *Elzer*, ZWE 2007, 165 (168).
4 A.A. Staudinger/*Bub* Rz. 204.
5 OLG Frankfurt v. 12.2.1979 – 20 W 834/78, Rpfleger 1979, 217; *Deckert*, ZMR 2002, 21 (25).
6 BayObLG v. 19.9.2001 – 2Z BR 89/01, ZMR 2002, 138 (140) = ZWE 2001, 590 (593); a.A. Bärmann/Pick/*Merle* Rz. 112.

nungseigentümer (zum Begriff des Wohnungseigentümers und ggf. anderen Stimmberechtigten s. § 25 Rz. 16 ff.) dem Beschlussantrag „zustimmen"[1]. Einem schriftlichen Beschluss müssen damit auch die Wohnungseigentümer zustimmen, die in der Eigentümerversammlung bei der Beschlussfassung vom **Stimmrecht ausgeschlossen** wären, z.B. nach § 25 Abs. 5[2]. Die Regelung in § 48 Abs. 2 GmbHG ist auf die schriftliche Beschlussfassung nach § 23 Abs. 3 **nicht übertragbar**. Anders als im Recht der GmbH unterscheidet das Wohnungseigentumsrecht nicht zwischen der Zustimmung zum schriftlichen Verfahren und der Zustimmung zum Beschluss (Rz. 73). Fehlt es an einer Zustimmung aller Wohnungseigentümer, kommt auch dann kein Beschluss zustande, wenn es für den Gegenstand in einer Eigentümerversammlung eine Mehrheitskompetenz gäbe[3].

b) Mehrhausanlage

85 Haben die Wohnungseigentümer vereinbart, dass für bestimmte Angelegenheiten nur **ein Teil** von ihnen stimmberechtigt ist, ist für einen schriftlichen Beschluss notwendig, aber auch ausreichend, wenn nur die durch die Vereinbarung Bestimmten mit „Ja" stimmen[4]. Diese Grundsätze gelten auch für Beschlüsse nach §§ 16 Abs. 4 Satz 1, 22 Abs. 2 Satz 1. Auch bei diesen Beschlussgegenständen kommt es nach Sinn und Zweck nur darauf an, dass die Wohnungseigentümer, die für einen bestimmten Beschlussgegenstand **stimmberechtigt** sind, mit „Ja" stimmen.

6. Form

86 Einem Beschlussverfahren nach § 23 Abs. 3 und dem entsprechenden Beschlussantrag muss nach § 126 Abs. 1 BGB von jedem Wohnungseigentümer eigenhändig durch Namensunterschrift oder mittels notariell beglaubigten Handzeichens **schriftlich** zugestimmt werden. Die schriftliche Form kann durch die elektronische Form i.S.v. § 126a BGB ersetzt werden. Die schriftliche Form wird außerdem durch die notarielle Beurkundung ersetzt. Für die Wahrung des Schriftformerfordernisses kann ein Fax genügen[5]. Ein Telegramm ist in Ermangelung einer Unterschrift nicht ausreichend[6]. Ob, wie im Gesellschaftsrecht[7], auch eine E-Mail ausreicht, ist unentschieden, sollte aber mit Blick auf § 126b BGB **klar verneint** werden. Keine Bedenken bestehen hingen dagegen, dass alle Unterschriften auf einem „Zirkular" oder jede Unterschrift auf einem eigenen Blatt, z.B. Stimmscheinen, geleistet wird (Rz. 78).

---

1 OLG Zweibrücken v. 21.11.2002 – 3 W 179/02, ZMR 2004, 60 (63); BayObLG v. 19.9. 2001 – 2Z BR 89/01, ZMR 2002, 138 (140) = ZWE 2001, 590 (593); v. 8.12.1994 – 2Z BR 116/94, BayObLGReport 1995, 27 = MDR 1995, 569 = WuM 1995, 227 (228).
2 BayObLG v. 19.9.2001 – 2Z BR 89/01, ZMR 2002, 138 (140) = ZWE 2001, 590 (593); *Merle*, Bestellung und Abberufung, S. 45; a.A. *Kümmel*, ZWE 2000, 62 (64); *F. Schmidt*, PiG 59, 125 (129).
3 OLG Schleswig v. 5.9.2001 – 9 U 103/00, ZWE 2002, 138 (140) = NZM 2001, 1035.
4 *Häublein*, NZM 2003, 785 (792); *Göken*, Die Mehrhausanlage im Wohnungseigentumsrecht, S. 57 f.
5 *Elzer/Jacoby*, ZIP 1997, 1821 (1826); BeckOK/*Hügel* Rz. 6; a.A. Staudinger/*Bub* Rz. 207.
6 BeckOK/*Hügel* Rz. 14.
7 Scholz/*Schmidt*, GmbHG, 9. Aufl. 2002, § 48 Rz. 62.

VII. § 23 Abs. 4: Beschlussfehler

1. Grundsätzliches

a) Allgemeines

§ 23 ordnet durch seinen Abs. 4, was gilt, wenn ein **entstandener Beschluss fehlerhaft** ist. Sein heutiger Wortlaut beruht auf dem Gesetz zur Änderung des Wohnungseigentumsgesetzes und anderer Gesetze vom 26.3.2007[1]. Die bis zum 30.6.2007 geltende Formulierung war nach Ansicht des Gesetzgebers **mehrdeutig**[2]. Die Formulierung ließ nicht deutlich genug erkennen, dass ein nichtiger Beschluss **nicht bindet**. Die vertraute Fassung des § 23 Abs. 4 konnte zu der Annahme verleiten, dass auch ein nichtiger Beschluss nur dann ungültig ist, wenn er von einem Gericht für ungültig erklärt worden war. Bei einem wörtlichen Verständnis war bei einem nichtigen Beschluss nur die Einhaltung der Anfechtungsfrist, nicht aber die Anfechtung selbst entbehrlich[3]. Der zweite Halbsatz des alten § 23 Abs. 4 Satz 2 bezog sich grammatikalisch lediglich auf die im ersten Halbsatz enthaltene Regelung, wonach der Antrag auf eine solche Beschlussfassung „nur binnen eines Monats seit der Beschlussfassung" gestellt werden kann[4]. Diese Unklarheiten nahm der Gesetzgeber zum Anlass, Inhalt und Zweck von § 23 Abs. 4 durch zwei Maßnahmen klarer zu fassen: Zum einen ist die Reihenfolge der beiden Sätze des § 23 Abs. 4 WEG umgestellt worden. Und zum anderen wurde die bislang in § 24 Abs. 4 geregelte Anfechtungsfrist zu den Verfahrensvorschriften in § 46 Abs. 1 Satz 2 verlagert.

87

§ 23 Abs. 4 bestimmt heute mit seinem Satz 1, dass ein Beschluss, der gegen eine Rechtsvorschrift verstößt, auf deren Einhaltung rechtswirksam nicht verzichtet werden kann, stets und ohne weiteres nichtig ist. In Satz 2 ist jetzt hingegen **angeordnet**, dass ein Beschluss im Übrigen gültig ist, solange er nicht durch rechtskräftiges Urteil für ungültig erklärt ist. Hierin liegt eine Art „Vermutung" für die Wirksamkeit eines Beschlusses[5]. Die Vermutung ist „widerlegt", wenn ein Gericht einen Beschluss auf seine Anfechtung hin aufhebt. Durch die **Abfolge** im Gesetzeswortlaut wird deutlich, dass nichtige Beschlüsse **nicht angefochten** werden können und es auch einer Ungültigerklärung durch ein Urteil nicht bedarf. Möglich ist allerdings – wie auch bisher – ein auf deklaratorische Feststellung der Nichtigkeit gerichteter Feststellungsantrag[6].

88

b) Einzelheiten

Durch § 23 Abs. 4 Satz 2 entscheidet sich das Wohnungseigentumsgesetz in Anlehnung an das Recht der Aktiengesellschaft (vgl. §§ 246 ff. AktG), das Recht der GmbH und das Recht der Genossenschaft[7] und **im Gegensatz** zum Vereins-

89

---

1 BGBl. I, 370.
2 *Hügel/Elzer* § 8 Rz. 6.
3 Siehe z.B. *Rau*, ZMR 2001, 241.
4 *Hügel/Elzer* § 8 Rz. 6.
5 *Kreuzer*, PiG 59, 33 (37).
6 *Hügel/Elzer* § 13 Rz. 174 ff.
7 Dazu BGH v. 1.7.1994 – BLw 17/94, MDR 1995, 429.

recht[1] dafür, dass auch **fehlerhafte Beschlüsse** alle ihnen Unterworfenen **binden**. Die Bindung an einen Beschluss **beginnt** bereits mit seiner „Entstehung" (dazu Vor §§ 23 bis 25 Rz. 6). Die Bindung **endet**, wenn der Beschluss durch ein rechtskräftiges Gestaltungsurteil nach §§ 46 Abs. 1 Satz 1, 43 Nr. 4 für ungültig erklärt wird. Gibt es ein Bedürfnis dafür, einen Beschluss bereits vor diesem Zeitpunkt (auf Zeit) seiner Wirkungen (teilweise) zu berauben, kann ferner eine entsprechende einstweilige Verfügung (Regelungsverfügung) nach §§ 935, 940 ZPO angetragen werden. Bloß anfechtbare, aber nicht angefochtene Beschlüsse erwachsen nach §§ 46 Abs. 1 Satz 2, 23 Abs. 4 Satz 2 **binnen eines Monats** nach Beschlussfassung i.S.v. § 24 Abs. 6 (Verkündung i.S.v. § 24 Abs. 7 Satz 2) in **Bestandskraft** (Vor §§ 23 bis 25 Rz. 6). Ein fehlerhafter, aber bestandskräftiger Beschluss ist **wirksam** und für die Wohnungseigentümer nach den allgemeinen Regelungen verbindlich, für ihre Sondernachfolger nach § 10 Abs. 4 Satz 1 und Satz 2.

90 Eine **Bindung** an einen bekämpfbaren Beschlussinhalt ist **unerträglich**, wo ein Beschluss in „besonderer" Weise bemakelt ist. Verstößt ein Beschluss gegen eine Rechtsvorschrift, auf deren Einhaltung rechtswirksam nicht verzichtet werden kann, ist er deshalb nach § 23 Abs. 4 Satz 1 **nichtig**. Einem nichtigen Beschluss ist grundsätzlich niemand unterworfen. Etwas anderes gilt nur **ausnahmsweise** und auch nur nach § 48 Abs. 4. Wird durch Urteil eine Anfechtungsklage nach § 46 Abs. 1 Satz 1 als **unbegründet** abgewiesen, kann danach auch nicht mehr geltend gemacht werden, der Beschluss sei nichtig (dazu § 48 Rz. 49 ff.). Wird ein Beschluss als nicht ordnungsmäßig angefochten oder behauptet der Antragsteller Nichtigkeit und weist das Gericht den Antrag als unbegründet ab, gilt auch ein nichtiger Beschluss als wirksam. In Verfahren über die Gültigkeit von Eigentümerbeschlüssen bilden Anfechtungs- und Nichtigkeitsgründe denselben Verfahrensgegenstand, über den mit umfassender Rechtskraftwirkung entschieden wird[2]. Um diese **umfassende Bindungswirkung** annehmen zu können, muss sich ein Gericht allerdings mit dem Beschlussgegenstand **auseinander gesetzt** haben. Wird eine Anfechtungsklage bereits wegen der in § 46 Abs. 1 Satz 1 WEG angeordneten materiellen Anfechtungsfrist abgewiesen, ist § 48 Abs. 4 WEG **teleologisch zu reduzieren**[3]. Eine Untersuchung des Beschlussgegenstandes hat dann nicht stattgefunden. Entsprechendes gilt, wenn **gegen** den **Kläger** im Rahmen einer Beschlussanfechtung ein Versäumnisurteil erlassen wird.

2. Zweck der Regelung

91 § 23 Abs. 4 Satz 2 will im Verbund mit der in § 46 Abs. 1 Satz 2 geregelten Anfechtungsfrist die **Wirkungen** eines Beschlusses **schützen**. Wird die Anfech-

---

1 Dort werden im Interesse einer einfachen Lösung fehlerhafte Beschlüsse als ohne weiteres nichtig angesehen, s. BGH v. 1.7.1994 – BLw 17/94, MDR 1995, 429; v. 9.11.1972 – II ZR 63/71, BGHZ 59, 369 (375) = NJW 1973, 235 = MDR 1973, 296; BayObLG v. 16.7.2004 – 3Z BR 100/04, BayObLGReport 2004, 419 (420); OLG Zweibrücken v. 19.12.2001 – 3 W 272/01, OLGReport Zweibrücken 2002, 206 (208); PWW/*Schöpflin* § 32 BGB Rz. 13.
2 OLG Zweibrücken v. 1.10.2004 – 3 W 179/04, ZMR 2005, 407 (408).
3 *Hügel/Elzer* § 8 Rz. 14; a.A. OLG Düsseldorf ZMR 2006, 141, 142 = NJW-RR 2005, 1095.

tungsfrist verpasst, erwächst ein Beschluss, der alle ihm Unterworfenen freilich bereits von Anfang an bindet, in Bestandskraft (Vor §§ 23 bis 25 Rz. 6). §§ 23 Abs. 4 Satz 2, 46 Abs. 1 Satz 2 wollen für **Rechtssicherheit** vor **gerichtlicher Überprüfung** sorgen[1]. Es soll erreicht werden, dass alsbald Klarheit über die Rechtslage zwischen den Wohnungseigentümern besteht. Eine Entscheidung soll „gerichtsfest" werden. Es soll verhindert werden, dass ein Wohnungseigentümer oder auch ein Dritter noch nach längerer Zeit mit Erfolg vor Gericht den Einwand erheben kann, ein Mehrheitsbeschluss sei in Wahrheit unwirksam[2]. Vor einer anderen als gerade einer gerichtlichen Aufhebung schützt die Bestandskraft nicht. Der Eintritt der Bestandskraft führt zu keiner irgendwie gearteten **Bindung** der Wohnungseigentümer. Die Wohnungseigentümer sind auch durch die durch Ablauf der Anfechtungsfrist eintretende Bestandskraft eines „Erstbeschlusses" nicht daran gehindert, über eine geregelte gemeinschaftliche Angelegenheit **erneut** zu beschließen (Zweitbeschluss, s. Vor §§ 23 bis 25 Rz. 98 ff.).

3. Wirksamkeitsvoraussetzungen und Unwirksamkeitsgründe

Betrachtet man Entstehung und Ordnungsmäßigkeit eines Beschlusses, können **Wirksamkeitsvoraussetzungen** und **Unwirksamkeitsgründe** beschrieben werden. 92

a) Wirksamkeitsvoraussetzungen

Ein Fehler kann nur einem Beschluss, einem „etwas" anhaften. Bevor ein Beschluss entstanden ist, ist diese Wirkung **nicht vorstellbar**. § 23 Abs. 4 setzt voraus, dass überhaupt ein Beschluss vorliegt. Damit von einem mangelhaften Beschluss gesprochen werden kann, müssen also sämtliche **Entstehungsvoraussetzungen** (Tatbestandsvoraussetzungen) eines Beschlusses erfüllt sein. Als Tatbestandsvoraussetzungen sind insoweit die Bedingungen zu verstehen, die vorliegen müssen, damit überhaupt ein Beschluss zustande kommen kann (s. Vor §§ 23 bis 25 Rz. 33). Liegt etwa nur ein „Nichtbeschluss" vor (Vor §§ 23 bis 25 Rz. 127), ist § 23 Abs. 4 **nicht** anwendbar[3]. 93

b) Unwirksamkeitsgründe

Von den Wirksamkeitsvoraussetzungen als **Entstehungsbedingungen** eines Beschlusses zu unterscheiden sind solche Momente, die der Ordnungsmäßigkeit eines Beschlusses entgegenstehen (Unwirksamkeitsgründe). Unwirksamkeitsgründe führen dazu, dass ein (entstandener) Beschluss **fehlerhaft** ist. Als Mängel i. d. S. können **formelle** und **materielle** Fehler unterschieden werden. Wenn auf dem Weg zu einem Beschluss gegen das Gesetz oder eine von den Wohnungseigentümern gesetzte Bestimmung verstoßen wird, der Fehler aber nicht zur Nichtigkeit führt und auch die Wirksamkeitsvoraussetzungen nicht berührt, ist von einem **formellen Beschlussmangel** zu sprechen. Ein **materieller Beschluss-** 94

---

[1] BGH v. 21.5.1970 – VII ZB 3/70, BGHZ 54, 65 (69); KG v. 8.1.1997 – 24 W 4957/96, ZMR 1997, 254 (255); *Bub* in FS Seuß (2007), S. 53 (54).
[2] KG v. 8.1.1997 – 24 W 4957/96, ZMR 1997, 254 (255).
[3] Bärmann/Pick/*Merle* Rz. 115.

mangel ist hingegen anzunehmen, wenn ein Beschluss inhaltliche Mängel aufweist, er also nicht ordnungsmäßig ist. Für die Frage, ob ein Beschluss wirksam ist, ist auf den **Zeitpunkt der Beschlussfassung** abzustellen[1]. Ändern sich die für die Beschlussfassung maßgeblichen Umstände, müssen sich zunächst die Wohnungseigentümer mit dem neuen Sachverhalt befassen.

aa) Formelle Beschlussmängel

(1) Übersicht

95 Ein formeller Beschlussmangel kann sich z.B. in folgenden Fällen ergeben:

- Ein Beschlussgegenstand wird in einer Ladung unter Verstoß gegen § 23 Abs. 2 nicht oder nur unzureichend bezeichnet.
- Ein Beschlussgegenstand wird erst in der Eigentümerversammlung benannt.
- Der Einladende ist nicht mehr befugt einzuladen. War der Ladende nicht einmal potenziell befugt, ist ein dennoch gefasster Beschluss allerdings nichtig.
- Der Einladende hält unter Verstoß gegen § 24 Abs. 4 Satz 1 bei dem Ladungsschreiben nicht die Textform ein.
- Es wird für eine konkrete Wohnanlage eine unzureichende Textform gewählt.
- Der Einladende verstößt gegen die Ladungsfrist des § 24 Abs. 4 Satz 2 oder die Ladungsfrist ist jedenfalls in einer konkreten Anlage in einer bestimmten Situation zu kurz[2].
- Der Einladende lädt versehentlich Stimmberechtigte nicht[3]. Geschieht dies absichtlich, ist ein dennoch gefasster Beschluss allerdings nichtig.
- Die Versammlungszeit ist unangemessen, z.B. zu früh oder zu lang.
- Der Versammlungstag ist nicht angemessen, z.B. ein Sonntag, ein Ferientag oder ein Feiertag.
- Die Eigentümerversammlung findet an einem ungenügenden Versammlungsort oder einer ungenügenden Versammlungsstätte statt.
- Ein wichtiger Beschluss wird unter dem Punkt „Verschiedenes/Sonstiges" gefasst.
- Die Eigentümerversammlung fand in der Gegenwart eines nicht teilnameberechtigten Dritten statt (Verstoß gegen den Grundsatz der Nichtöffentlichkeit)[4].
- Bei der Beschlussfassung sind Stimmberechtigte nicht beteiligt worden.
- Bei der Beschlussfassung haben nicht Stimmberechtigte mitgestimmt.
- Ein Beschluss ist nicht bestimmt genug, aber noch nicht völlig unbestimmt.
- Das Rederecht eines Wohnungseigentümers ist unzulässig beschränkt worden.

---

1 OLG Köln v. 20.10.2006 – 16 Wx 189/06, MietRB 2007, 150.
2 BayObLG v. 7.2.2002 – 2Z BR 161/01, ZMR 2002, 532.
3 BGH v. 23.9.1999 – V ZB 17/99, ZMR 1999, 834.
4 BayObLG v. 19.2.2004 – 2Z BR 212/03, ZMR 2004, 603.

- Die Versammlungsleitung hat unzulässig einen Wohnungseigentümer aus der Eigentümerversammlung verwiesen.
- Die Eigentümerversammlung lief völlig ungeordnet ab[1].
- Die Niederschrift ist nicht ordnungsmäßig unterzeichnet worden.

(2) Rechtsfolge

Ein formeller Mangel führt nicht dazu, dass ein unter ihm „leidender" Beschluss ungültig (nichtig) wäre. Sogar eine **Vielzahl** formeller Beschlussmängel führt grundsätzlich nicht zur Nichtigkeit eines Beschlusses[2]. Ein formeller Mangel bemakelt einen Beschluss aber in der Weise, dass eine Anfechtung **allein** auf diesen Mangel gestützt werden kann, **ohne** dass der Beschluss auch noch in sonstiger Weise ordnungswidrig sein muss. Die Rechtsprechung geht insoweit von einem **Erfahrungssatz**[3] aus, dass ein formeller Beschlussmangel sich „ausgewirkt" hat, dass ein Beschluss mithin auf einem formellen Mangel „beruht"[4]. Inhalt und zugleich Rechtfertigung des Erfahrungssatzes ist die Überzeugung, dass der unter einem formellen Beschlussmangel leidende Beschluss nicht, nicht so oder völlig anders gefasst worden wäre, hätte man den formellen Mangel vermieden.

Von der Ursächlichkeit eines formellen Beschlussmangels ist solange auszugehen, bis der Erfahrungssatz erschüttert ist[5]. An den Nachweis, dass sich ein formeller Beschlussmangel nicht ausgewirkt hat – und die Vermutung also erschüttert ist –, sind **strenge Anforderungen** zu stellen. Es kommt z.B. nicht allein auf die Auswirkungen des Abstimmungsverhaltens auf das Abstimmungsergebnis, sondern auch auf die Möglichkeit an, in einer der Abstimmung vorausgehenden Aussprache durch überzeugende Argumente das Abstimmungsverhalten der anderen Stimmberechtigten zu beeinflussen. Ein Ladungsmangel ist bereits ursächlich, wenn er die Teilnahme an der Aussprache und an der Abstimmung konkret beeinträchtigt und hierdurch das Beschlussergebnis beeinflusst worden sein kann, das heißt es muss feststehen, dass bei vernünftiger Betrachtungsweise nicht ernsthaft mit der Möglichkeit zu rechnen war, dass die Wohnungseigentümer bei Mitwirkung des betreffenden Wohnungseigentümers anders abgestimmt hätten.

Ein formeller Mangel ist hingegen ausnahmsweise unerheblich, wenn unter Anlegung eines **strengen Maßstabes** bei tatrichterlicher Würdigung ausgeschlossen werden kann, dass der Beschluss auch ohne Mangel ebenso zustande gekommen

---

1 KG v. 28.11.1990 – 24 W 1683/90, WE 1991, 133.
2 A.A. AG Halle-Saalkreis v. 17.5.2005 – 120 II 22/05 – 36/05, ZMR 2005, 581.
3 Sie nutzt dazu den indes irreführenden Begriff der „Vermutung".
4 KG v. 18.7.2006 – 24 W 33/05, ZMR 2006, 794 (795); OLG Köln v. 9.1.1996 – 16 Wx 214/95, OLGReport Köln 1996, 209 (210) = WE 1996, 311; OLG Hamm v. 13.1.1992 – 15 W 13/91, OLGReport Hamm 1992, 194 (195).
5 OLG Frankfurt v. 24.8.2006 – 20 W 214/06, ZWE 2007, 84 = IMR 2007, 58; v. 30.6.2003 – 20 W 138/01; KG v. 8.11.1998 – 24 W 4180/97, ZMR 1999, 426 (428); OLG Hamm v. 19.4.1995 – 15 W 26/95, WE 1996, 33 = ZMR 1995, 498; a.A. OLG Düsseldorf v. 30.5.2006 – I-3 Wx 51/06, ZMR 2006, 870 (871).

wäre[1]. Wenn also **feststeht**[2], dass der Beschluss bei ordnungsgemäßer Handhabung genauso gefasst worden wäre, bleibt eine Anfechtung letztlich – jedenfalls wegen seines formellen Mangels – erfolglos[3]. Wurde z.B. **versehentlich** ein Wohnungseigentümer nicht geladen, muss ausgeschlossen werden, dass er auf den Diskussionsverlauf und das Abstimmungsverhalten in der Eigentümergemeinschaft Einfluss genommen hätte[4]. Eine Unerheblichkeit kann anzunehmen sein, wenn der Anfechtende den Inhalt der gefassten Beschlüsse sachlich gar nicht angreift und die Anfechtungsgegner an einer entgegenstehenden Rechtsansicht festhalten[5]. Ein formeller Beschlussmangel ist „geheilt", wenn in einer Universalversammlung der Wohnungseigentümer (Rz. 28) alle Wohnungseigentümer in Kenntnis des Mangels über einen Gegenstand beschließen. Im Prozess trifft die Wohnungseigentümer, die sich auf die „Wirksamkeit" eines Beschlusses berufen, die **Darlegungs- und Beweislast** dafür, dass sich die Unbeachtlichkeit des formellen Mangels feststellen lässt[6].

98 Wenn in einer Zweiergemeinschaft, die keinen Verwalter hat, beide Wohnungseigentümer in einer von einem der beiden Wohnungseigentümer einberufenen Eigentümerversammlung Beschlüsse fassen, kann keiner von ihnen die in dieser Versammlung gefassten Eigentümerbeschlüsse unter Berufung auf eine unwirksame Einladung anfechten[7].

bb) Materielle Beschlussmängel

99 Ein materieller Beschlussmangel liegt vor, wenn ein Beschluss **nicht ordnungsmäßig** ist. Dies ist zum einen anzunehmen, wenn der Beschluss nicht einem ordnungsmäßigen Gebrauch i.S.v. § 15 Abs. 2 oder einer nicht ordnungsmäßigen Verwaltung i.S.v. § 21 Abs. 4 entspricht. Außerdem dann, wenn ein Beschluss gegen den „ordre public", ein **Gesetz** – nicht das Wohnungseigentumsgesetz – oder eine **Vereinbarung** verstößt. Ferner ist ein Beschluss dann materiell nicht in Ordnung, wenn er unter einem **Ermessensfehler** leidet. Als Ermessensfehler kommen im Wohnungseigentumsrecht jedenfalls eine Ermessensunterschreitung, Ermessensüberschreitung und Ermessensfehlgebrauch in

---

1 BGH v. 7.3.2002 – V ZB 24/01, ZMR 2002, 440 (445) = NJW 2002, 1647 (1651); BayObLG v. 12.5.2004 – 2Z BR 50/04, ZMR 2004, 766 (767) = MietRB 2004, 329; v. 30.4.1999 – 2Z BR 175/98, BayObLGReport 1999, 75; v. 19.12.1985 – BReg. 2Z 103/85, MDR 1986, 502 = BayObLGZ 1985, 436; KG v. 8.11.1998 – 24 W 4180/97, ZMR 1999, 426 (428). OLG Köln v. 16.8.2000 – 16 Wx 87/00, MDR 2001, 326; v. 26.11.1997 – 16 Wx 127/96, OLGReport Köln 1998, 311 = WE 1998, 311.
2 OLG Hamburg v. 21.6.2006 – 2 Wx 33/05, ZMR 2006, 704 (705).
3 BGH v. 7.3.2002 – V ZB 24/01, 440 (445) = NJW 2002, 1647; BayObLG v. 12.5.2004 – 2Z BR 50/04, ZMR 2004, 766 (767); v. 30.4.1999 – 2Z BR 175/98, BayObLGReport 1999, 75; v. 19.12.1985 – BReg. 2Z 103/85, MDR 1986, 502 = BayObLGZ 1985, 436; OLG Frankfurt v. 24.8.2006 – 20 W 214/06, ZWE 2007, 84 = IMR 2007, 58; OLG Köln v. 16.8.2000 – 16 Wx 87/00, MDR 2001, 326; v. 9.1.1996 – 16 Wx 214/95, OLGReport Köln 1996, 209 (210) = WE 1996, 311; KG v. 8.11.1998 – 24 W 4180/97, ZMR 1999, 426 (428); OLG Düsseldorf v. 15.8.1997 – 3 Wx 147/97, ZMR 1998, 244 (245); OLG Hamm v. 13.1.1992 – 15 W 13/91, OLGZ 1992, 309 (312).
4 OLG Köln v. 16.8.2000 – 16 Wx 87/00, MDR 2001, 326.
5 *Riecke/Schmidt/Elzer* Rz. 315.
6 OLG Hamm v. 13.1.1992 – 15 W 13/91, OLGReport Hamm 1992, 194 (195).
7 BayObLG v. 25.3.2004 – 2Z BR 27/04, BayObLGReport 2004, 298 (299).

Betracht. Von praktischer Bedeutung ist vor allem der **Ermessensfehlgebrauch**. Ermessen wird fehl gebraucht, wenn sich eine bestimmte Entscheidung nicht an dem Interesse der Gesamtheit der Wohnungseigentümer nach billigem Ermessen ausrichtet[1]. Ein Verstoß gegen dieses Gebot sind z.B. sachfremde Erwägungen, eine Ermessensausübung aus persönlichen Gründen oder eine Ermessensausübung aus Opportunismus. Als eine **Ermessensüberschreitung** ist vor allem ein Verstoß gegen das Gesetz, eine Vereinbarung oder gegen einen Beschluss anzusehen. Ermessen ist nur dort vorstellbar, wo eine Regelung nicht klar vorgegeben ist. Zwingend angeordnet ist etwa, dass der Verwalter jeweils für ein Kalenderjahr einen Wirtschaftsplan aufzustellen hat, § 28 Abs. 1 Satz 1. Die Wohnungseigentümer überschreiten etwa ihr Ermessen, wenn sie einem Einzelnen z.B. eine im Gesetz nicht vorgesehene Handlungspflicht auferlegen (tätige Mithilfe). Als eine **Ermessensunterschreitung** ist z.B. eine unzureichende Tatsachengrundlage anzusehen[2]. Damit die Wohnungseigentümer von ihrem Auswahlermessen sinnvoll Gebrauch machen können, ist es notwendig, dass ihnen eine ausreichende Entscheidungsgrundlage zur Verfügung steht[3]. Bei großen Instandsetzungsmaßnahmen ist es z.B. erforderlich, dass der Schadensumfang und der Instandsetzungsbedarf vorher festgestellt werden[4]; außerdem sind in der Regel mehrere Angebote für die Instandsetzungsarbeiten[5] oder die Verwalterbestellung[6] einzuholen. Etwa ein Beschluss, mit dem ohne vorherige Einholung von Vergleichsangeboten über die Durchführung einer größeren Baumaßnahme entschieden wird, entspricht in der Regel nicht ordnungsmäßiger Verwaltung[7].

4. Nichtigkeit

a) Grundsätze

Gemäß § 23 Abs. 4 Satz 1 ist ein Beschluss, der gegen eine Rechtsvorschrift verstößt, auf deren Einhaltung rechtswirksam **nicht verzichtet** werden kann, **nichtig**. Ist ein Beschluss nichtig, bindet er nicht. Nichtige Beschlüsse bedürfen also keiner gerichtlichen „Ungültigerklärung" nach § 23 Abs. 4 Satz 2, sondern entfalten per se keine Rechtswirkungen; sie sind **ipso iure** nichtig[8]. Ist ein Beschluss nichtig, ist das in einem gerichtlichen Verfahren **von Amts wegen** zu berücksichtigen, auch wenn die Nichtigkeit von einem Wohnungseigentumsgericht noch nicht festgestellt worden ist[9]. Die Nichtigkeit kann zwar in einem gerichtlichen Verfahren nach § 256 ZPO ausdrücklich festgestellt werden; eine solche Entscheidung hat aber stets nur **deklaratorische Bedeutung**. Ist ein Beschluss nichtig, kann das von jedermann jederzeit und in jedem Verfahren, in dem es auf die Wirksamkeit dieses Beschlusses – ggf. als Vorfrage – ankommt,

100

---

1 *Elzer*, ZMR 2006, 85 (87).
2 BayObLG v. 28.7.2004 – 2Z BR 043/04, ZMR 2004, 927 (928).
3 BayObLG v. 28.7.2004 – 2Z BR 043/04, ZMR 2004, 927 (928).
4 BayObLG v. 13.8.1998 – 2Z BR 97/98, NJW-RR 1999, 307 (308).
5 BayObLG v. 14.6.1995 – 2Z BR 20/95, BayObLGReport 1995, 65 = WuM 1995, 677.
6 OLG Hamm v. 28.9.2000 – 2Z BR 55/00, ZMR 2003, 51 (53).
7 BayObLG v. 9.9.1999 – 2Z BR 54/99, ZWE 2000, 37 (38) = ZMR 2000, 39.
8 *Bub* in FS Seuß (2007), S. 53 (55).
9 BGH v. 18.5.1989 – V ZB 4/89, BGHZ 107, 268 (269).

geltend gemacht werden[1]. Beruft sich jemand auf die angebliche Bindungswirkung eines nichtigen Beschlusses, kann das Wohnungseigentumsgericht aus Gründen der Rechtssicherheit und Rechtsklarheit mit dem Antrag angerufen werden, seine Nichtigkeit deklaratorisch **festzustellen** (Feststellungsurteil; s. dazu § 46 Rz. 138 ff.).

b) Nichtigkeitsgründe

101 Dem Wohnungseigentumsgesetz ist im Gegensatz zur aktienrechtlichen Regelung in § 241 AktG nicht unmittelbar zu entnehmen, auf welche Vorschriften nicht „verzichtet", welche **nicht im Wege des Beschlusses** geregelt werden können. Es gelten daher die allgemeinen Regelungen sowie die besonderen des Wohnungseigentumsgesetzes. Soweit das Wohnungseigentumsgesetz einer beschlussweisen **Handlungsmacht Grenzen** setzt, muss die Grenze nach h.M. nicht unbedingt im Wortlaut einer Bestimmung zum Ausdruck kommen. Es genügt vielmehr, wenn sich die zwingende Natur der Bestimmung aus dem mit ihr verfolgten Zweck oder aus der Natur des Wohnungseigentums und der sich hieraus ergebenden Beziehungen der Wohnungseigentümer untereinander ergibt. Im Wege der Auslegung und nach einer Abwägung des Für und Wider werden zurzeit folgende Regelungen als nicht durch einen Beschluss abänderbar, **nicht abdingbar** angesehen:

- §§ 1 bis 4, 8;
- § 5 Abs. 2 und Abs. 3: hinsichtlich gemeinschaftlicher Teile des Gebäudes;
- § 6: Unselbständigkeit des Wohnungseigentums;
- § 11 Abs. 1: grundsätzliche Unauflöslichkeit der Gemeinschaft;
- § 18: Anspruch auf Entziehung eines Wohnungseigentums;
- § 20 Abs. 2: Anspruch auf Bestellung eines Verwalters;
- § 23 Abs. 3: schriftliche Beschlüsse;
- § 23 Abs. 4: Beschlussungültigkeit;
- § 26 Abs. 1: Zeitraum für die Bestellung; Bestellung und Abberufung;
- § 27 Abs. 4: Pflichtaufgaben und Befugnisse des Verwalters;
- § 28: Abrechnung, Wirtschaftsplan, Rechnungslegung;
- §§ 43 ff.: Zuständigkeit und Verfahren in Wohnungseigentumssachen.

c) Allgemeine Regelungen

102 Die Wohnungseigentümer sind nicht befugt, Nichtigkeitsgründe[2] zu **vereinbaren**[3]. Ob ein Beschluss nichtig ist, beurteilt sich nach dem Zeitpunkt seiner Entstehung. Ob er zu einem anderen Zeitpunkt als wirksam angesehen werden könnte, ist belanglos. Nach Sinn und Zweck ist § 23 Abs. 4 Satz 1 allerdings zu

---

1 BGH v. 18.5.1989 – V ZB 4/89, BGHZ 107, 268 (271); v. 21.5.1970 – VII ZB 3/70, BGHZ 54, 65 (69) = NJW 1970, 1316.
2 Wohl aber Entstehungs- und Wirksamkeitsgründe.
3 *Drasdo*, Eigentümerversammlung, Rz. 659; a.A. *Becker*, ZWE 2002, 341 (343).

verstehen, dass ein Beschluss auch dann nichtig ist, wenn er nach den **allgemeinen Regelungen**, ggf. i.V.m. dem Wohnungseigentumsgesetz, nichtig ist.

aa) §§ 134, 138, 242, 315 BGB

Ein Beschluss ist nichtig, wenn er gegen die guten Sitten (§ 138 BGB) oder gegen ein zwingendes gesetzliches Verbot (§ 134 BGB) verstößt[1]. 103

(1) § 134 BGB

Der Beschluss, dass ein nach § 56 Satz 2 ZVG originär erwerbender Eigentümer Wohngeldrückstände bezahlen soll, verstößt ebenso wie die Vergabe von Instandsetzungsarbeiten an Schwarzarbeiter gegen § 134 BGB. Auch ein **generelles Haustierhaltungsverbot**[2] ist gem. § 134 BGB nichtig, weil es gegen den zwingenden Regelungsgehalt des § 13 Abs. 1 verstößt. Ferner ist ein Beschluss nichtig, mit dem eine GbR zur Verwalterin bestellt wird[3]. 104

(2) § 138 BGB

Ein **Vermietungsverbot** verstößt ebenso wie das Verbot des Abstellens eines Rollstuhls im Flur[4] gegen § 138 BGB. Verfolgt ein beherrschender Wohnungseigentümer in sachwidriger Weise eigene Zwecke auf Kosten der Gemeinschaft, kann auch die **Ausnutzung seiner Stimmenmehrheit** im Einzelfall gegen die guten Sitten verstoßen und ausnahmsweise gem. § 138 Abs. 1 BGB zur Nichtigkeit eines Beschlusses führen (s. § 25 Rz. 115)[5]. 105

bb) Grundsätze des Wohnungseigentumsgesetzes

Den Wohnungseigentümern fehlt auch eine Beschlusskompetenz, soweit ein Beschluss gegen (zwingende) „Grundsätze des Wohnungseigentumsgesetzes" verstößt[6]. Was hierzu zu zählen ist, ist noch unsicher. Es muss sich jedenfalls um solche Maximen handeln, die sich aus der Verbindung der Wohnungseigentümer zu einer Gemeinschaft i.S.v. §§ 741 ff. BGB ergeben. Beispiele: 106

– Ein Beschluss, durch den die Wohnungseigentümer die Zustimmung zur **Teilung eines Wohnungseigentums** versagen, ist wegen fehlender Beschlusskompetenz nichtig[7]. Ein Wohnungseigentümer kann grundsätzlich sein Wohnungseigentum **aufteilen**, **ohne** dass es dazu der **Zustimmung anderer Wohnungseigentümer** bedarf.

---

1 BGH v. 18.5.1989 – V ZB 4/89, BGHZ 107, 268 (271); v. 21.5.1970 – VII ZB 3/70, BGHZ 54, 65 (69) = NJW 1970, 1316; BayObLG v. 19.2.1987 – BReg 2Z 139/86, WE 1988, 21 (22).
2 Ein bloßes generelles Hundehalteverbot ist hingegen nicht mit Bezug auf § 138 BGB nichtig, BGH v. 4.5.1995 – V ZB 5/95, BGHZ 129, 329 (333) = NJW 1995, 2036 = MDR 1995, 895.
3 BGH v. 26.1.2006 – V ZB 132/05, ZMR 2006, 375 (376); v. 18.5.1989 – V ZB 4/89, BGHZ 107, 268 (272) = WE 1998, 167.
4 OLG Düsseldorf v. 12.12.1983 – 3 W 227/83, ZMR 1984, 161.
5 OLG Schleswig v. 16.11.2005 – 2 W 267/04, ZMR 2006, 315 (316) = MietRB 2006, 132 mit Anm. *Elzer*; BayObLG v. 24.1.2001 – 2Z BR 112/00, ZMR 2001, 366 (368); v. 28.1. 1986 – BReg 2Z 4/86, MDR 1986, 413; Weitnauer/*Lüke* § 23 Rz. 25 und § 25 Rz. 25.
6 BGH v. 18.5.1989 – V ZB 4/89, BGHZ 107, 268 (271); BayObLG v. 25.7.1984 – BReg 2Z 108/83, BayObLGZ 1984, 198 (203) = MDR 1984, 1028.
7 BayObLG v. 6.3.2003 – 2Z BR 90/02, ZMR 2003, 689 (690) = WuM 2003, 398.

- Ein Beschluss, durch den die **Zustimmung zur Veräußerung** eines Wohnungseigentums versagt wird, ist nichtig, wenn ein wichtiger Grund zur Verweigerung der Zustimmung i.S.d. § 12 Abs. 2 Satz 1 nicht vorliegt[1].
- Ein Beschluss, der in das **Sondereigentum eingreift**, ist nichtig[2]. Etwa ein Mehrheitsbeschluss über die Vornahme und Organisation der modernisierenden Instandsetzung durch Erneuerung der durch die Teilungserklärung dem Sondereigentum zugewiesenen Wohnungseingangstüren fällt daher nicht in die Beschlusskompetenz der Eigentümergemeinschaft und ist **nichtig**[3].
- Die Wohnungseigentümer können für die Zukunft nicht beschlussweise festlegen, dass die Eigentümerversammlungen zweier unabhängiger, aber vom gleichen Verwalter betreuter, eine gemeinsame Wohnsiedlung bildende Einheiten künftig stets eine gemeinsame Eigentümerversammlung abhalten[4].
- Eine aus mehreren Wohnungseigentümergemeinschaften (Häuserblöcken) gebildete „Dachgemeinschaft" (Gesamtanlage) kann nicht wirksam über Jahresabrechnungen und Wirtschaftspläne einzelner selbständiger Wohnungseigentümergemeinschaften beschließen[5].

cc) Kernbereich des Wohnungseigentums

107 Beschlüsse bedürfen nach allgemeinen Grundsätzen einer **Inhaltskontrolle**. Jede Mehrheitsunterscheidung unterliegt auch dann, wenn sie im Übrigen wirksam ist, einer zweiten Stufe einer inhaltlichen Wirksamkeitsprüfung[6]. Schranken für den Inhalt eines Beschlusses der Wohnungseigentümer sollen sich zum einen aus einer freilich bislang **nicht konturierten** und damit uferlosen Überprüfung nach § 242 BGB ergeben können. Zum anderen folgen Grenzen aus dem richterrechtlich geprägten Begriff des Kernbereichs des Wohnungseigentums oder dinglichen Kernbereichs des Wohnungseigentums (**Kernbereichslehre**)[7]: Ein Beschluss ist danach nichtig, wenn er in den unentziehbaren Bereich des Wohnungseigentums eingreift. Ziel der Kernbereichslehre ist es, bestimmte, nicht vollständig benennbare Materien ausnahmsweise „beschlussfest" oder in extremen Ausnahmefällen sogar entgegen § 10 Abs. 2 Satz 2 „vereinbarungsfest" zu machen.

(1) Dinglicher Kernbereich

108 Zum **dinglichen Kernbereich** gehören vor allem Veränderungen der **sachenrechtlichen Grundlagen** des Wohnungseigentums, also die Begründung, Aufhebung oder Änderung der Miteigentumsanteile oder des Sondereigentums, die nachträgliche Umwandlung von Gemeinschafts- in Sondereigentum oder die

---

1 BayObLG v. 6.3.2003 – 2Z BR 90/02, ZMR 2003, 689 (690) = WuM 2003, 398.
2 OLG Düsseldorf v. 27.2.2002 – 3 Wx 348/01, ZMR 2002, 613 (614); OLG Köln v. 5.12. 2000 – 16 Wx 121/00, ZMR 2001, 568.
3 OLG Düsseldorf v. 4.1.2002 – 3 Wx 293/01, ZMR 2002, 445 = NZM 2002, 571 (fragwürdig, da die Zuordnung der Wohnungsabschlusstür zum Gemeinschaftseigentum zwingend sein dürfte, s. oben § 5 Rz. 64).
4 OLG Köln v. 6.6.2002 – 16 Wx 97/02, NZM 2002, 617 = OLGReport Köln 2003, 2.
5 OLG Düsseldorf v. 2.4.2003 – 3 Wx 223/02, ZMR 2003, 765.
6 BGH v. 15.1.2007 – II ZR 245/05, NZG 2007, 259 (260).
7 BGH v. 22.1.2004 – V ZB 51/03, ZMR 2004, 438 (442); v. 4.5.1995 – V ZB 5/95, BGHZ 129, 329 (333); v. 16.9.1994 – V ZB 2/93, BGHZ 127, 99 (105). Zum Gesellschaftsrecht s. BGH v. 15.1.2007 – II ZR 245/05, NZG 2007, 259 (260).

Umwidmung von Teil- in Wohnungseigentum und umgekehrt; daneben der Schutz des Sondereigentums. In diesem Bereich besteht **keine Beschlussmacht**[1].

(2) Mitgliedschaftlicher Kernbereich

Für den **mitgliedschaftlichen Kernbereich** sind die Übertragung von Entscheidungskompetenzen, der Ausschluss von Mitverwaltungsrechten sowie die Beschränkung von Grundrechten zu unterscheiden.

109

Die Wohnungseigentümer können zwar vereinbaren, aber nicht beschließen, dem Verwalter die Bestimmung und Änderung des Kostenverteilungsschlüssels zu übertragen. Auch die Übertragung der Entscheidungskompetenz über die Frage der Erneuerung oder Reparatur einer zentralen Heizungs- und Warmwasseranlage auf einen aus zwei Wohnungseigentümern bestehenden „Arbeitskreis" verletzt die Organisationsstrukturen der Gemeinschaft. Gleiches gilt für die Übertragung der Genehmigung der Jahresabrechnung auf den Verwaltungsbeirat[2]. Auch sie kann nicht beschlossen werden. Die Eigentümer können ferner nicht bestimmen, dass ein anderer Eigentümer von der Verwaltung völlig ausgeschlossen wird. Zum Beispiel ist eine Regelung nichtig, die das Stimmrecht an einen Zahlungsrückstand koppeln will[3]. Abdingbar ist auch nicht das Recht der Minderheit, gem. § 24 Abs. 2 die Einberufung einer Eigentümerversammlung verlangen zu können (§ 24 Rz. 201).

110

Grundrechte sind verzichtbar[4]. Ihre Einschränkung kann zwar vereinbart, aber nicht beschlossen werden. Zum Beispiel kann gegen einen Grundrechtsträger kein **völliges Musizierverbot** beschlossen werden[5]. Ferner kann kein generelles **Verbot von Parabolantennen** gegenüber ausländischen Wohnungseigentümern[6] oder ein völliges Bade- und Duschverbot beschlossen werden. Es gibt auch keine Beschlusskompetenz dafür, den Betrieb einer Waschmaschine und das **Trocknen von Wäsche** innerhalb des Sondereigentums zu untersagen[7].

111

dd) Keine Kompetenz zur Beschlussfassung

(1) Allgemeines

Ein Beschluss ist nichtig, wenn den Wohnungseigentümern eine gesetzliche oder eine vereinbarte **Kompetenz** dazu fehlt, eine Angelegenheit gerade im

112

---

1 OLG Saarbrücken v. 28.9.2004 – 5 W 173/04, MietRB 2005, 151; OLG Köln v. 5.3.1997 – 16 Wx 279/96, ZMR 1997, 376; BayObLG v. 31.10.1986 – BReg. 2Z 83/86, NJW-RR 1987, 329 = MDR 1987, 326; FA MietRWEG/*Elzer* 21. Kapitel Rz. 467.
2 OLG Hamburg v. 9.7.2003 – 2 Wx 134/99, ZMR 2003, 773 (774); a.A. *Strecker*, ZWE 2004, 228 (229).
3 LG Stralsund v. 12.5.2004 – 2 T 516/03, NZM 2005, 709. Allerdings ist ein „Ruhen" möglich, s. § 25 Rz. 112.
4 BGH v. 22.1.2004 – V ZB 51/03, MDR 2004, 563 = NJW 2004, 937 (941).
5 BGH v. 10.9.1998 – V ZB 11/98, NJW 1998, 3713 = ZMR 1999, 41 = MDR 1999, 28; OLG Zweibrücken v. 15.8.1990 – 3 W 48/90, MDR 1990, 1121; OLG Hamm v. 7.11.1985 – 15 W 181/85, NJW-RR 1986, 500 (501); v. 10.11.1980 – 15 W 122/80, NJW 1981, 465 = DWE 1981, 128 = Rpfleger 1981, 149 = MDR 1986, 501; OLG Frankfurt v. 29.8.1984 – 20 W 190/84, OLGZ 1984, 407 = NJW 1985, 2138.
6 BGH v. 22.1.2004 – V ZB 51/03, ZMR 2004, 438 (442).
7 OLG Frankfurt v. 4.12.2000 – 20 W 414/99, NJW-RR 2002, 82 = NZM 2001, 1136.

Wege des Beschlusses zu ordnen. Den Wohnungseigentümern fehlt ohne entsprechende gesetzliche oder vereinbarte Ermächtigung die Autorität, eine Angelegenheit durch Beschluss zu regeln (dazu Rz. 6ff.)[1]. Da allerdings nicht jeder Verstoß gegen das Kompetenzgefüge einen Beschluss unmittelbar ungültig machen sollte, sind nach h.M. **drei Kategorien** zu unterscheiden (s.a. § 10 Rz. 15).

- **Gesetzes- oder vereinbarungsändernde Beschlüsse:** Wollen die Wohnungseigentümer im Wege des Beschlusses vom Gesetz abweichen oder wollen sie eine Vereinbarung ändern und soll die so abgeänderte gesetzliche oder vereinbarte Bestimmung Grundlage weiterer Angelegenheiten sein, ist der Beschluss nichtig[2].

- **Vereinbarungsersetzende Beschlüsse:** Eine Vereinbarung ist auch dann erforderlich, wenn die Wohnungseigentümer keine Öffnungsklausel vereinbart haben und eine Maßnahme den Gebrauch (§ 15 Abs. 2), die Verwaltung nach (§ 21 Abs. 3) oder eine Maßnahme der Instandhaltung oder Instandsetzung des gemeinschaftlichen Eigentums (§ 22 Abs. 1) betrifft und **nicht ordnungsmäßig** ist. Ein dennoch gefasster Beschluss ist nicht nichtig, sondern als nicht ordnungsmäßig nur anfechtbar[3].

- **Gesetzes- oder vereinbarungswidrige Beschlüsse:** Werden das dispositive Gesetz oder eine Vereinbarung im Einzelfall falsch angewandt und verstößt also ein Beschluss gegen das Gesetz oder eine Vereinbarung, bezweckt die Maßnahme aber keine Regelung, die Grundlage mehrerer Entscheidungen oder Legitimation mehrfachen Handelns ist, ist ein Beschluss nicht ordnungsmäßig. Es besteht in diesen Fällen aber eine Beschlusskompetenz. Der Beschluss erschöpft sich nämlich in seinem Vollzug. Er hat keine Änderung des Grundverhältnisses zum Inhalt und Ziel. Er ist nicht nichtig, sondern nur anfechtbar[4].

(2) Unterscheidung und Einzelfälle

113 Für die Frage, wann ein Beschluss in **Ermangelung einer Kompetenz** nichtig und wann er anfechtbar ist, ist darauf abzustellen, welche Folgen die Wohnungseigentümer mit dem Beschluss erreichen wollen. Die Unterscheidung zwischen einer **konkret-individuellen** und einer **generell-abstrakten Regelung** ist dabei wesentliches Unterscheidungsmerkmal[5]. Die Rechtsprechung zu dieser Problematik bis zum 1.7.2007 kann nur mit Vorsicht zur Lösung von Fällen genutzt werden. Angesichts der durch das Gesetz zur Änderung des Wohnungseigentumsgesetzes und anderer Gesetze[6] neu hinzugekommenen Beschlusskompetenzen sind eine Vielzahl früherer Entscheidungen, vor allem solche zwi-

---

1 BGH v. 20.9.2000 – V ZB 58/99, BGHZ 145, 158 = ZMR 2000, 771 = ZWE 2000, 518 = NJW 2000, 3500.
2 BGH v. 20.9.2000 – V ZB 58/99, BGHZ 145, 158 (163) = NJW 2000, 3500 = ZMR 2000, 771.
3 BGH v. 20.9.2000 – V ZB 58/99, BGHZ 145, 158 (163) = NJW 2000, 3500 = ZMR 2000, 771; *Wenzel*, ZWE 2001, 226 (234); *Buck*, WE 1998, 90 (92).
4 BGH v. 20.9.2000 – V ZB 58/99, BGHZ 145, 158 (163) = NJW 2000, 3500 = ZMR 2000, 771; OLG Hamm v. 23.9.2004 – 15 W 129/04, ZMR 2005, 306 (308); BayObLG v. 29.4.2004 – 2Z BR 004/04, ZMR 2004, 763.
5 BGH v. 22.1.2004 – V ZB 51/03, MDR 2004, 563 = NJW 2004, 937; OLG Saarbrücken v. 3.2.2006 – 5 W 115/05, NZM 2006, 588 (590) = OLGReport Saarbrücken 2006, 471.
6 Vom 26.3.2007 (BGBl. I, 370).

schen 2001 und 2007, **überholt**. Dies betrifft insbesondere die Judikate, die einen Beschluss als nichtig ansahen, der Sonderlasten auferlegte, vom gesetzlichen Kostenverteilungsschlüssel nach § 16 Abs. 2 abwich oder bestimmte Fragen zur Art und Weise der Zahlungen regelte. In allen diesen Fragen besitzen die Wohnungseigentümer heute im Wesentlichen nach §§ 16 Abs. 3, Abs. 4 und 21 Abs. 7 eine ausdrückliche Beschlussmacht.

Auch heute kann aber z.B. ein **Sondernutzungsrecht** nicht durch einen Beschluss **begründet** werden[1], wenn nicht ausnahmsweise eine Vereinbarung eine Begründung erlaubt. Ein Beschluss ist umgekehrt auch nichtig, wenn er ein Sondernutzungsrecht **beschränkt**[2]. Das einem Sondernutzungsrecht unterliegende Gemeinschaftseigentum steht für Gebrauchsregelungen dem Sondereigentum gleich und unterliegt wie dieses, sofern eine Vereinbarung nichts anderes ausdrücklich bestimmt, der Regelungskompetenz durch Beschluss[3]. Ferner ist ein Beschluss, der unabhängig von einem konkreten Wirtschaftsplan generell die Fortgeltung eines **jeden** Wirtschaftsplanes (Fortgeltung aller künftigen Wirtschaftspläne) zum Gegenstand hat, mangels Beschlusskompetenz nichtig[4]. Ein solcher Beschluss wird in aller Regel aber so ausgelegt werden können, dass er nur die nächsten Jahre erfasst. Dann ist er wirksam. Der Beschluss, dass die Eigentümer auf die Genehmigungsbedürftigkeit von Einzelabrechnungen (Einzelwirtschaftsplan und Einzeljahresabrechnung) „verzichten", ist als Verstoß gegen § 28 Abs. 5, Abs. 1 Satz 2 Nr. 2 nichtig[5]. Der Beschluss, der feststellt, dass ein rechtskräftig titulierter Anspruch auf Beseitigung einer baulichen Veränderung trotz gewisser Maßabweichungen **erfüllt** ist, ist nichtig[6]. Der Entzug der in § 14 Nr. 4 Halbsatz 2 ausdrücklich vorgesehenen Entschädigung des beeinträchtigten Sondereigentümers oder Sondernutzungsberechtigten hat einen gesetzesändernden Inhalt. Eine solche Regelung ist dem Beschluss von vornherein ebenso wenig zugänglich wie die Veränderung einer Vereinbarung[7]. Ein Beschluss, der für Beschlussanträge der Wohnungseigentümer die **Schriftform** und eine schriftliche Begründung vorschreibt, überschreitet die Beschlusskompetenz (s. Rz. 67). Ein Beschluss, der eine nach einer Vereinbarung zulässige gewerbliche Nutzung eines Teileigentums einschränkt, ist mangels Beschlusskompetenz ebenso nichtig[8] wie ein Beschluss, der eine zulässige Wohnnutzung aufheben und nur eine Nutzung zu „Boarding-House"-Zwecken erlauben will[9].

114

---

1 BGH v. 20.9.2000 – V ZB 58/99, BGHZ 145, 158 (159) = ZMR 2000, 771; BayObLG v. 2.2. 2005 – 2Z BR 222/04, FGPrax 2005, 106 (107); OLG Hamm v. 11.11.2004 – 15 W 351/04, ZMR 2005, 400; OLG Düsseldorf v. 9.7.2004 – I-3 Wx 85/04, ZMR 2004, 931 (932).
2 OLG München v. 3.4.2007 – 34 Wx 25/07, ZMR 2007, 484; BayObLG v. 23.6.2004 – 2Z BReg 20/04, ZMR 2005, 383 (384).
3 BayObLG v. 6.2.1992 – 2Z 166/91, ZMR 1992, 202; KG v. 8.9.1995 – 24 W 5943/94, NJW-RR 1996, 586 = KGReport 1996, 97.
4 KG v. 7.1.2004 – 24 W 326/01, ZMR 2005, 221 (222) = KGReport 2004, 350 (352); BayObLG v. 12.12.2002 – 2Z BR 117/02, ZMR 2003, 279 (280); OLG Düsseldorf v. 11.7.2003 – 3 Wx 77/03, ZMR 2003, 862 = NZM 2003, 810.
5 BayObLG v. 29.12.2004 – 2Z BR 112/04, FGPrax 2005, 59 (61).
6 OLG Hamm v. 24.1.2001 – 15 W 405/00, ZMR 2001, 654.
7 OLG Düsseldorf v. 22.11.2005 – I-3 Wx 140/05, ZMR 2006, 459 (460).
8 OLG Düsseldorf v. 16.7.2003 – 3 Wx 149/03, ZMR 2003, 861 (862).
9 OLG Saarbrücken v. 3.2.2006 – 5 W 115/05, NZM 2006, 588 (589) = OLGReport Saarbrücken 2006, 471.

(3) Anspruchsbegründung durch Beschluss

115 Die Wohnungseigentümer haben keine Beschlusskompetenz, eine **persönliche Leistungspflicht** durch Mehrheitsentscheidung zu begründen[1], soweit eine Verpflichtung nicht bereits aus dem Gesetz oder einer Vereinbarung folgt. Nur nach der überkommenen Rechtsprechung ist eine Anspruchsbeschaffung oder eine Anspruchsvernichtung[2] durch Mehrheitsbeschluss noch möglich und nicht nichtig[3].

ee) Unbestimmte Beschlüsse

116 Als nichtig werden ferner solche Beschlüsse angesehen, die **nicht bestimmt** genug sind (s. Vor §§ 23 bis 25 Rz. 145).

d) Teilnichtigkeit

117 Bei teilweiser Unwirksamkeit eines Eigentümerbeschlusses findet § 139 BGB **entsprechende** Anwendung[4]. Ein Mehrheitsbeschluss kann deshalb nur dann teilweise für ungültig erklärt werden – was zulässig ist –[5], wenn der gültige Teil sinnvollerweise Bestand haben kann und anzunehmen ist, dass die Wohnungseigentümer ihn so beschlossen hätten. Erfasst die Nichtigkeit nur einen Teil eines **einheitlichen Beschlusses**, ist in entsprechender Anwendung des § 139 BGB im Zweifel der **gesamte Beschluss** nichtig, es sei denn, der Beschluss wäre nach dem wirklichen oder mutmaßlichen Willen der Wohnungseigentümer auch ohne den nichtigen Teil gefasst worden. Soweit die Nichtigkeit nur einen abgrenzbaren Teil eines einheitlichen Beschlusses betrifft, kommt § 139 BGB mit der Folge zur Anwendung, dass der übrige Teil wirksam bleibt, wenn er als selbständige Regelung Bestand haben kann[6].

VIII. Anfechtungsklage, § 46 Abs. 1 Satz 1

118 Ein gültiger, aber nicht ordnungsmäßiger Beschluss **bindet** (Vor §§ 23 bis 25 Rz. 16). Die Bindung kann (ggf. teilweise)[7] bekämpft und vernichtet werden,

---

1 BGH v. 2.6.2005 – V ZB 32/05, BGHZ 163, 154 (173) = ZMR 2005, 547 (554); AG Neukölln v. 25.1.2005 – 70 II 191/04. WEG, ZMR 2005, 315 (316); *Schmidt/Riecke*, ZMR 2005, 252 (258 ff.); *Wenzel*, NZM 2004, 542 (543).
2 BayObLG v. 8.4.2004 – 2Z BR 193/03, ZMR 2005, 65 (66).
3 BayObLG v. 19.2.2004 – 2Z BR 212/03, NZM 2004, 388; v. 15.1.2003 – 2Z BR 101/02, ZMR 2003, 433; OLG Köln v. 12.11.2004 – 16 Wx 151/04, ZMR 2004, 939 (940); 23.6.2003 – 16 Wx 121/03, ZMR 2004, 215 m.w.N.; OLG Hamburg v. 4.3.2003 – 2 Wx 148/00, ZMR 2003, 447; offen gelassen von OLG Köln v. 12.11.2004 – 16 Wx 151/04, ZMR 2005, 229 (230) und OLG Düsseldorf v. 9.2.2005 – I-3 Wx 314/04, OLGReport 2005, 297 (299).
4 BGH v. 10.9.1998 – V ZB 11/98, BGHZ 139, 288 (297) = NJW 1998, 3713 = ZMR 1999, 41 = 1998, 3713; BayObLG v. 23.6.2004 – 2Z BR 020/04, ZMR 2005, 383 = BayObLGReport 2004, 388.
5 BGH v. 15.3.2007 – V ZB 1/06, NZM 2007, 358 (359); v. 2.6.2005 – V ZB 32/05, NJW 2005, 2061, 2069; *Abramenko*, ZMR 2003, 402 ff. m.w.N.
6 BGH v. 2.10.2003 – V ZB 34/03, BGHZ 156, 279 (287) = BGHReport 2004, 5 m. Anm. *Becker* = NJW 2003, 3550; v. 10.9.1998 – V ZB 11/98, BGHZ 139, 288 (297) = NJW 1998, 3713 = ZMR 1999, 41.
7 BGH v. 15.3.2007 – V ZB 1/06, NZM 2007, 358 (359); v. 2.6.2005 – V ZB 32/05, NJW 2005, 2061, 2069; *Abramenko*, ZMR 2003, 402 ff. m.w.N.

wenn der Beschluss nach §§ 43 Nr. 4, 46 Abs. 1 Satz 1 fristgemäß angefochten wird und durch rechtskräftiges Urteil des Wohnungseigentumsgerichtes **für ungültig erklärt** wird, § 23 Abs. 4 Satz 2 (s. dazu umfassend § 46 Rz. 125 ff.). Zu den Folgen aufgehobener Beschlüsse s. Vor §§ 23 bis 25 Rz. 27 ff. (**Folgenbeseitigungsanspruch**).

IX. Abdingbarkeit

Abs. 1 ist **nicht mit dem Ziel** abdingbar, nur noch schriftliche Beschlüsse zu erlauben. Eine solche Bestimmung verstieße teilweise gegen das Gesetz, nämlich §§ 16 Abs. 5, 22 Abs. 2 Satz 2, und wäre im Übrigen wegen Verstoßes gegen den Kernbereich des Wohnungseigentums, das jedenfalls die Möglichkeit einer Mitverwaltung in und durch die Eigentümerversammlung verlangt, nichtig. Abs. 2 ist hingegen abdingbar[1], Abs. 4 nicht.

119

Abs. 3 ist im Interesse des Minderheitenschutzes **insoweit** als **zwingende** Vorschrift anzusehen, soweit die **Zustimmungen aller Wohnungseigentümer** erforderlich sind[2]. Ließe man es zu, dass bereits eine Mehrheit der Stimmen ausreicht, bestünde für einen überstimmten Wohnungseigentümer nur die Möglichkeit, dem Beschlussantrag zuzustimmen oder abzulehnen. Der Minderheit wäre es zur Meidung eines Anfechtungsverfahrens aber nicht möglich, für ihre Meinung zu werben und darum in der Eigentümerversammlung auch zu kämpfen. Zulässig ist es hingegen etwa, das Abstimmungsverfahren (Rz. 78) zu vereinbaren. Ferner können verbindliche Fristen festgelegt werden, bis zu denen zugestimmt werden kann (Rz. 81). Es kann auch vereinbart werden, dass „Schweigen" als Zustimmung gilt. Einen hinreichenden Schutz erfährt jeder Wohnungseigentümer hier durch die Möglichkeit, einen Beschluss anzufechten[3]. Haben die Wohnungseigentümer in einer **Mehrhausanlage** vereinbart, dass bestimmte Materien nur von den Bewohnern eines Hauses bestimmt werden sollen, bedarf es nur der Zustimmung dieser Wohnungseigentümer (Rz. 85).

120

---

1 BayObLG v. 2.8.1990 – 2Z 69/90, WE 1991, 297; v. 27.1.1970 – BReg 2Z 22/69, BayObLGZ 1970, 1 (4) = NJW 1970, 1136; OLG Hamm v. 7.6.1979 – 15 W 56/79, OLGZ 1979, 296 (300); KG v. 1.3.1974 – 1 W 858/73, OLGZ 1974, 401.
2 OLG Hamm v. 20.11.1989 – 15 W 308/89, WE 1993, 24 (25); v. 6.4.1978 – 15 W 117/76, MDR 1978, 759 = OLGZ 1978, 292 (294); BayObLG v. 28.10.1980 – BReg. 2Z 63/80, MDR 1981, 320 (321); BayObLG v. 28.10.1980 – BReg 2Z 63/80, BayObLGZ 1980, 331 (340); *F. Schmidt*, PiG 59, 125 (126); *Groß*, ZMR 1979, 36; *Elzer* in KK-WEG § 10 Rz. 214; zweifelnd OLG Schleswig v. 20.1.2006 – 2 W 24/05, OLGReport Schleswig 2006, 619 (620) = NZM 2006, 822 = ZWE 2007, 51; a.A. *B. Müller*, ZWE 2007, 56 (57); *Prüfer*, WE 1998, 334; Bärmann/Pick/*Merle* Rz. 112.
3 *Prüfer*, Schriftliche Beschlüsse, gespaltene Jahresabrechnungen, S. 58 ff.

§ 24
Einberufung, Vorsitz, Niederschrift

(1) Die Versammlung der Wohnungseigentümer wird von dem Verwalter mindestens einmal im Jahre einberufen.

(2) Die Versammlung der Wohnungseigentümer muss von dem Verwalter in den durch Vereinbarung der Wohnungseigentümer bestimmten Fällen, im Übrigen dann einberufen werden, wenn dies schriftlich unter Angabe des Zweckes und der Gründe von mehr als einem Viertel der Wohnungseigentümer verlangt wird.

(3) Fehlt ein Verwalter oder weigert er sich pflichtwidrig, die Versammlung der Wohnungseigentümer einzuberufen, so kann die Versammlung auch, falls ein Verwaltungsbeirat bestellt ist, von dessen Vorsitzenden oder seinem Vertreter einberufen werden.

(4) Die Einberufung erfolgt in Textform. Die Frist der Einberufung soll, sofern nicht ein Fall besonderer Dringlichkeit vorliegt, mindestens zwei Wochen betragen.

(5) Den Vorsitz in der Wohnungseigentümerversammlung führt, sofern diese nichts anderes beschließt, der Verwalter.

(6) Über die in der Versammlung gefassten Beschlüsse ist eine Niederschrift aufzunehmen. Die Niederschrift ist von dem Vorsitzenden und einem Wohnungseigentümer und, falls ein Verwaltungsbeirat bestellt ist, auch von dessen Vorsitzenden oder seinem Vertreter zu unterschreiben. Jeder Wohnungseigentümer ist berechtigt, die Niederschriften einzusehen.

(7) Es ist eine Beschluss-Sammlung zu führen. Die Beschluss-Sammlung enthält nur den Wortlaut

1. der in der Versammlung der Wohnungseigentümer verkündeten Beschlüsse mit Angabe von Ort und Datum der Versammlung

2. der schriftlichen Beschlüsse mit Angabe von Ort und Datum der Verkündung und

3. der Urteilsformeln der gerichtlichen Entscheidungen in einem Rechtsstreit gemäß § 43 mit Angabe ihres Datums, des Gerichts und der Parteien, soweit diese Beschlüsse und gerichtlichen Entscheidungen nach dem 1. Juli 2007 ergangen sind. Die Beschlüsse und gerichtlichen Entscheidungen sind fortlaufend einzutragen und zu nummerieren. Sind sie angefochten oder aufgehoben worden, so ist dies anzumerken. Im Falle einer Aufhebung kann von einer Anmerkung abgesehen und die Eintragung gelöscht werden. Eine Eintragung kann auch gelöscht werden, wenn sie aus einem anderen Grund für die Wohnungseigentümer keine Bedeutung mehr hat. Die Eintragungen, Vermerke und Löschungen gemäß den Sätzen 3 bis 6 sind unverzüglich zu erledigen und mit Datum zu versehen. Einem Wohnungseigentümer oder einem Dritten, den ein Wohnungseigentümer ermächtigt hat, ist auf sein Verlangen Einsicht in die Beschluss-Sammlung zu geben.

(8) Die Beschluss-Sammlung ist von dem Verwalter zu führen. Fehlt ein Verwalter, so ist der Vorsitzende der Wohnungseigentümerversammlung verpflichtet, die Beschluss-Sammlung zu führen, sofern die Wohnungseigentümer durch Stimmenmehrheit keinen anderen für diese Aufgabe bestellt haben.

Inhaltsübersicht

	Rz.		Rz.
I. Allgemeines	1	5. Absage; Verlegung der Versammlung; Änderungen	39
II. Einberufungsgründe	2	6. Eigentümerliste	40
1. Gesetzlich bestimmte Einberufungsgründe	3	**IV. Einzuladende**	41
2. Wohl des Verbandes und der Wohnungseigentümer	4	1. Wohnungseigentümer	42
		a) Grundsatz	42
3. Vereinbarte oder beschlossene Einberufungsgründe	5	b) Vertreter	44
		c) Eigentümerwechsel	45
4. Einberufungsverlangen, § 24 Abs. 2 Variante 2	7	d) Stimmrecht	46
		e) Mehrhausanlage	47
a) Schriftform und Adressat	10	2. Dritte	48
b) Notwendiges Quorum	11	3. Organwalter	50
c) Angabe der Gründe	12	4. Verstöße	51
d) Prüfungsrecht des Verwalters	14	a) Formeller Beschlussmangel	51
e) Einberufungsfrist	15	b) Unbeachtlichkeit	54
f) Folgen eines Verstoßes	17	**V. Teilnahmerecht an der Versammlung**	55
III. Einberufungsberechtigte	18	1. Inhalt des Teilnahmerechts	55
1. Verwalter	19	2. Entziehbarkeit und Grenzen	56
a) Allgemeines	19	3. Teilnahmeberechtigte	57
b) Folgen der Abberufung des Verwalters	20	a) Originäre Berechtigte	57
		aa) Allgemeines	57
c) Notverwalter	21	bb) Besonderheiten	58
d) „Scheinverwalter"	22	cc) Organe des Verbandes	60
e) Klage auf Ladung	23	dd) Stimmrechtslose Dritte	61
2. Einberufungen durch den Verwaltungsbeirat	24	b) Gekorene Berechtigte	62
		aa) Durch eine Bestimmung	62
a) Allgemeines	24	bb) Anspruch auf Teilnahme Dritter	63
b) Der Verwalter fehlt	26		
aa) Rechtliche Gründe	27	cc) Beratung sämtlicher Wohnungseigentümer; Gäste	69
bb) Tatsächliche Gründe	28		
c) Der Verwalter verweigert pflichtwidrig die Einberufung	29	c) Verstöße	70
		4. Teilnahmepflicht	71
3. Einberufungen durch Wohnungseigentümer	30	**VI. Versammlungsort und Versammlungszeit**	72
a) Alle Wohnungseigentümer	30	1. Versammlungsort	72
b) Einzelne Wohnungseigentümer	31	a) Bestimmung der Wohnungseigentümer	72
c) Gerichtliche Ermächtigung	33	b) Fehlende Bestimmung	73
4. Einberufung durch einen Nichtberechtigten	35	aa) Frei zugänglich, barrierefrei, verkehrsüblich und zumutbar	74
a) Grundsatz	35		
b) Einberufung durch einen Dritten	37		

	Rz.
bb) Ortsbezug	76
cc) Nichtöffentlichkeit	78
2. Versammlungszeit	79
3. Eröffnung und Schluss der Eigentümerversammlung	80
4. Grundsatz der Nichtöffentlichkeit	82
a) Herleitung und Sinn und Zweck	82
b) Abdingbarkeit	83
c) Verstöße	84
VII. Form, Inhalt und Frist der Einberufung	**85**
1. Form der Einberufung	85
a) Allgemeines	85
b) Beweislast	87
2. Einberufungsfrist	88
a) Normalfall	88
b) Besondere Dringlichkeit	90
3. Inhalt der Einberufung	91
4. Zugang	92
5. Ladungsmängel	94
VIII. Vorsitz in der Versammlung	**95**
1. Verwalter als Versammlungsleiter	96
a) Höchstpersönliche Aufgabe	96
b) Übertragung auf Mitarbeiter/Vertreter	98
c) Vollständige Übertragung auf einen Dritten	99
2. Gekorene Versammlungsleiter	100
3. Einzelheiten	101
a) Inhalt der Versammlungsleitung	101
b) Aufzeichnungen (Tonträger)	104
c) Geschäftsordnung	105
d) Rechtswidrige Versammlungsleitung	106
4. Hinweispflichten	107
5. Leitung der Eigentümerversammlung durch einen Unbefugten	109
IX. Niederschrift	**110**
1. Die Niederschrift als Beweismittel	112
a) Für Wohnungseigentümer	112
b) Für Verwalter	116
c) Für den Inhalt von Beschlüssen	117
d) Verhältnis zur Beschluss-Sammlung	118

	Rz.
2. Inhalt der Niederschrift	119
a) Muss-Inhalt	119
b) Kann-Inhalt	120
c) Genehmigung der Niederschrift durch Wohnungseigentümer	124
d) Unnötige Inhalte	125
3. Formerfordernisse	126
a) Abfasser der Niederschrift	127
b) Unterschrift	128
c) Erstellungsfrist	129
4. Einsichtnahme	131
a) Inhalt des Einsichtnahmerechtes	131
b) Einsichtsberechtigte	134
c) Ort der Einsichtnahme	135
5. Berichtigung der Niederschrift	136
a) Allgemeines	136
aa) Freiwillige Berichtigung	137
bb) Berichtigungsanspruch	138
cc) Schadensersatz	139
b) Berichtigungsklage	140
aa) Allgemeines	140
bb) Rechtsschutzinteresse	142
6. Aufbewahrung	143
X. Beschluss-Sammlung	**144**
1. Allgemeines	144
2. Inhalt der Beschluss-Sammlung	147
3. Verhältnis zu anderen Rechtsscheinsträgern	148
a) Niederschrift	148
b) Verhältnis zum Grundbuch	149
4. Einzelheiten	150
a) Beschlüsse	151
aa) Versammlungsbeschlüsse	151
bb) Schriftliche Beschlüsse gem. § 23 Abs. 3	153
cc) Geschäftsordnungsbeschlüsse	154
dd) Nichtige Beschlüsse	155
ee) Anlagen	156
b) Gerichtsentscheidungen, § 24 Abs. 7 Satz 2 Nr. 3	157
aa) Grundsatz	157
bb) Verfahren ohne Auswirkungen auf andere Wohnungseigentümer	159
cc) Rechtskraft	161
dd) Vergleiche	162
c) Fortlaufende Eintragung und Nummerierung	164

	Rz.
d) Anmerkungen und Löschungen	166
aa) Soll-Inhalt	166
bb) Kann-Inhalt	169
e) Unverzüglich	170
f) Form der Beschluss-Sammlung	171
5. Guter Glaube in Beschluss-Sammlung	173
6. Aufgabenkreis des Verwalters	174
a) Grundsatz	174
b) Haftung	177
aa) Gegenüber Verband und Wohnungseigentümern	177
(1) Ansprüche des Verbandes Wohnungseigentümergemeinschaft	178
(2) Ansprüche der Wohnungseigentümer	179
bb) Gegenüber Dritten	182
7. Führung durch Dritte	183
a) Vorsitzender der Eigentümerversammlung	183
b) Dritte	185
c) Haftung	187
8. Einsichtnahme in die Beschluss-Sammlung	188
a) Einsichtnehmende	188
aa) Wohnungseigentümer	188
bb) Dritte	191
b) Durchsetzung des Einsichtsverlangens	193
9. Die Beschluss-Sammlung als Beweismittel	194
10. Korrektur unrichtiger Beurkundungen	196
a) Allgemeines	196
b) Anspruch auf Berichtigung	197
c) Rechtsschutz gegen Berichtigungen	199
XI. Abdingbarkeit	200
1. § 24 Abs. 1	201
2. § 24 Abs. 2	202
3. § 24 Abs. 3	203
4. § 24 Abs. 4, Abs. 5 und Abs. 7	204
5. § 24 Abs. 7 und Abs. 8	205

Schrifttum: *Abramenko*, Einberufung der Eigentümerversammlung durch Unbefugte, ZWE 2005, 25; *Abramenko*, Die Bedeutung der Monatsfrist nach § 23 Abs. 4 Satz 2 WEG für die Berichtigung von Niederschriften über Wohnungseigentümerversammlungen, ZMR 2003, 326; *Abramenko*, Die außergerichtliche Berichtigung der Niederschrift über eine Wohnungseigentümerversammlung, ZMR 2003, 245; *Becker*, Die Feststellung des Inhalts fehlerhaft protokollierter Eigentümerbeschlüsse, ZMR 2006, 489; *Becker*, Ergebnisfeststellung und Beschlusstatbestand, ZWE 2002, 93; *Becker*, Die Teilnahme an der Versammlung der Wohnungseigentümer, 1996; *Bielefeld*, Einladung zur Wohnungseigentümerversammlung auch per Fax oder E-Mail, DWE 2001, 95 = GE 2002, 107; *Bonifacio*, Die Auslegung von Beschlüssen der Wohnungseigentümer unter Berücksichtigung der Bedeutung der Versammlungsniederschrift, ZMR 2006, 583; *Bub*, Der schwebend unwirksame Beschluss im Wohnungseigentumsrecht, FS Seuß (2007), S. 53; *Bub*, Die Beweiskraft des Protokolls der Eigentümerversammlung, WE 1997, 402 = FS Seuß (1997), S. 53; *Bub*, Geschäftsordnung in der Versammlung, WE 1987, 68 = PiG 25, S. 49; *Deckert*, Die Beschluss-Sammlung nach Diktat der WEG-Novelle 2007, WE 2007, 100; *Deckert*, Die Beschlusssammlung – Ein Danaergeschenk der WEG-Reformer für Wohnungseigentumsverwalter?, NZM 2005, 927; *Drabek*, Obstruktives Eigentümerverhalten bei notwendigen Sanierungen am gemeinschaftlichen Eigentum, ZMR 2003, 241; *Drabek*, Vorbereitung und Durchführung von Eigentümerversammlungen, ZWE 2000, 395; *Drabek*, Unter rechtlicher Betreuung Stehende als Wohnungseigentümer, FS Deckert, S. 105; *Drasdo*, Die Beschluss-Sammlung in der Reform des WEG, ZMR 2007, 501; *Drasdo*, Die Zwangsverwaltung von Wohnungseigentum, ZWE 2006, 68; *Drasdo*, Die Eigentümerversammlung nach WEG (2005); *Gottschalg*, Informationspflichten und Haftungsrisiken des Verwalters, FS Seuß (2007), S. 113; *Gottschalg*, Probleme bei der Einberufung der Wohnungseigentümerversammlung, NZM 1999, 825; *Häublein*, Aktuelle Rechtsfragen der Einberufung und Durchführung von Wohnungseigentümerversammlungen, ZMR 2004, 723; *Häublein*, Verwalter und Verwaltungsbeirat – einige aktuelle Probleme, ZMR 2003, 233; *Hügel*, Das Ableben eines Wohnungseigentümers und dessen Folgen für die Eigentümergemeinschaft, ZWE 2006, 174; *Kümmel*, Die Versammlungsniederschrift – Erstellung, Inhalt, Berichtigung, MietRB 2003, 58; *Mankowski*, Textform und Formerfordernisse im Miet- und Wohnungseigentumsrecht, ZMR 2002, 481; *Mankowski*, Die virtuelle Wohnungseigentümerversammlung, ZMR 2002, 246; *Merle*, Neues WEG – Die Beschluss-Sammlung, ZWE 2007, 272; *Merle*, Die Beschluss-Sammlung, GE 2007, 636; *Merle*, Zur Absage einer einberufenen Versammlung der Wohnungseigentümer, ZMR 1980, 25; *Riecke/Schmidt/Elzer*, Die erfolgreiche Eigentümerversammlung (2006); *Röll*, Beschlüsse einer durch einen Eigentümer eigenmächtig einberufenen Wohnungseigentümerversammlung, FS Schippel (1996), S. 267; *Röll*, Die Niederschrift über die Wohnungseigentümerversammlung, FS Bärmann und Weitnauer (1990), S. 523; *Sauren* Zum Nicht-Öffentlichkeitsgebot in der Eigentümerversammlung, ZWE 2007, 21; *Seuß* Vorbereitung und Durchführung der Wohnungseigentümerversammlung, WE 1995, 260.

I. Allgemeines

1 Die Bestimmung regelt mit ihren Abs. 1 bis 4, angelehnt u.a. an §§ 36, 37 BGB, zu welchem Zeitpunkt, von welcher Person und in welcher Form und Art und Weise die Versammlung der Wohnungseigentümer (**Eigentümerversammlung**) einzuberufen ist. Weiter ist durch sie in Abs. 5 bestimmt, wer die Eigentümerversammlung leitet und in Abs. 6, wie die Niederschrift (Protokoll) über die Inhalte der Eigentümerversammlung abzufassen ist. Durch das Gesetz zur Änderung des Wohnungseigentumsgesetzes und anderer Gesetze vom 26.3.2007 (BGBl. I, 370) neu eingefügt wurden die Bestimmungen zur Beschluss-Sammlung in den Abs. 7 und 8. Der Vorschrift vergleichbar sind die Regelungen des GmbHG zur Gesellschafterversammlung in § 49, 50 GmbHG, des AktG zur Hauptversammlung in §§ 121, 122 AktG und die der §§ 45, 46 GenG zur Generalversammlung. Jedenfalls seitdem die Vertretung des gemeinschaftlichen Eigentums im Wesentlichen Aufgabe des Verbandes Wohnungseigentümergemeinschaft geworden ist (s. § 10 Rz. 52), ist eine vorsichtige Anlehnung an diese Bestimmungen sachgerecht. Auslegungsprobleme und Lücken können zum Teil in entsprechender Anwendung dieser allgemeinen Regelungen zur Versammlung mehrerer gelöst werden.

II. Einberufungsgründe

2 Ob eine Eigentümerversammlung stattfinden soll, ist – soweit nichts anderes bestimmt ist – ebenso wie ihr Zeitpunkt, ihr Ort und ihre Dauer vom **Verwalter** festzusetzen. Bei allen diesen Bestimmungen steht ihm **Ermessen** zu[1]. Eine einberufene Versammlung ist zwar unabhängig davon wirksam, ob eine Versammlung „erforderlich", ob ein Zusammentreffen der Wohnungseigentümer ordnungsmäßig oder ermessensfehlerhaft war[2]. Der Einberufende „darf" eine Versammlung aber nur dann einberufen, wenn dies **objektiv erforderlich** ist, insbesondere wenn eine Entscheidung über eine Verwaltungsmaßnahme getroffen werden muss. Beruft der Einberufende eine außerordentliche Versammlung ein, ohne dass eine Einberufung objektiv erforderlich ist, macht er sich dem Grunde nach jedenfalls gegenüber dem Verband, aber auch gegenüber den Wohnungs-

---
[1] OLG Düsseldorf v. 25.8.2003 – I-3 Wx 217/02, OLGReport Düsseldorf 2004, 61 (62) = NZM 2004, 110 = ZMR 2004, 692.
[2] BayObLG v. 31.1.1985 – BReg 2Z 98/84, BayObLGZ 1985, 57 (60) = MDR 1985, 587; OLG Hamm v. 4.7.1980 – 15 W 177/79, OLGZ 1981, 24 (26) = MDR 1980, 1022.

eigentümern, jedenfalls aus §§ 280, 241 BGB, schadensersatzpflichtig und hat ggf. die hierdurch verursachten zusätzlichen Kosten zu tragen[1].

1. Gesetzlich bestimmte Einberufungsgründe

Das Ermessen des Verwalters, wann eine Eigentümerversammlung einzuberufen ist, wird durch § 24 Abs. 1 **begrenzt**. Danach ist die Versammlung **mindestens einmal im Jahr** einzuberufen. Die Versammlungszeit sollte dabei möglichst am Anfang eines Jahres liegen, damit der Wirtschaftsplan zeitnah zum Jahresbeginn gefasst werden kann. In der Praxis finden Versammlungen allerdings regelmäßig später statt, weil die Jahresabrechnungen meist – häufig auch wegen der Abrechnungen der Versorger – erst am Ende des Frühjahrs vorliegen. Das Einberufungsermessen ist **gesetzlich** ferner in dem Fall **herabgesetzt**, in dem eine Erstversammlung nicht i.S.v. § 25 Abs. 3 beschlussfähig war. Auch in diesem Falle muss der Verwalter gem. § 25 Abs. 4 Satz 1 **unverzüglich** eine Zweitversammlung einberufen (s. § 25 Rz. 78 ff.)[2].

3

2. Wohl des Verbandes und der Wohnungseigentümer

Das Einberufungsermessen des Verwalters wird auch durch die **Interessen der Wohnungseigentümer** sowie durch die **Interessen des Verbandes Wohnungseigentümergemeinschaft** (ihr jeweiliges „Wohl") begrenzt[3]. Soweit diese Interessen die Einberufung einer außerordentlichen Eigentümerversammlung nach einer ordnungsmäßigen Verwaltung i.S.v. § 21 Abs. 3 und Abs. 4 **gebieten**, muss der Verwalter einberufen[4], etwa, wenn der Verband für die Tilgung bestehender oder künftiger Verwaltungsschulden oder für die Ansammlung der Instandhaltungsrückstellung als Verbandsvermögen Mittel benötigt[5]; der Verwalter ist dazu verpflichtet, dafür Sorge zu tragen, dass die Wohnungseigentümer durch die Gläubiger für Verbindlichkeiten des Verbandes nicht in Anspruch genommen werden[6]. Ferner ist einzuberufen, wenn über eine Klage zu befinden ist, wenn ein plötzlicher Sanierungsbedarf besteht[7], oder wenn von einem Wohnungseigentümer – nicht völlig grundlos – schwerwiegende Pflichtverletzungen des Verwalters angeführt werden, die nicht längere Zeit ungeklärt im Raum stehen dürfen[8]. Eine Ermessensreduzierung wird man auch anzunehmen haben, wenn ein Verbandsgläubiger den Anspruch des Verbandes gegen die Eigentümer gem. § 21 Abs. 4 auf Fassung der für die Geltendmachung von Sozialansprüchen

4

---

1 OLG Hamm v. 4.7.1980 – 15 W 177/79, OLGZ 1981, 24 (26) = MDR 1980, 1022; offen gelassen von BayObLG v. 31.1.1985 – BReg 2Z 98/84, BayObLGZ 1985, 57 (60) = MDR 1985, 587.
2 *Riecke/Schmidt/Elzer* Rz. 357.
3 Siehe auch §§ 50 Abs. 2 GmbHG, 121 Abs. 1 AktG.
4 OLG Hamm v. 23.1.1987 – 15 W 429/86, DWE 1987, 54; *Drasdo*, PiG 61 (2001), S. 63 (101).
5 OLG Köln v. 7.5.1999 – 16 Wx 21/99, ZMR 1999, 789.
6 BGH v. 2.6.2005 – V ZB 32/05, ZMR 2005, 547 (551); *Häublein*, ZfIR 2004, 738 (739); *Armbrüster*, PiG 71, S. 85 (99); *Briesemeister*, NZM 2003, 777 (778).
7 *Riecke/Schmidt/Elzer* Rz. 353/354; *Drasdo*, PiG 61 (2001), S. 63 (101).
8 OLG Köln v. 15.3.2004 – 16 Wx 245/03, OLGReport 2004, 243 (245) = MietRB 2004, 240 = NZM 2004, 305.

(Wohngeld) notwendigen Beschlüsse (Wirtschaftsplan, Sonderumlage) hat pfänden und sich zur Einziehung (Durchsetzung) hat überweisen lassen[1].

3. Vereinbarte oder beschlossene Einberufungsgründe

5   Nach § 24 Abs. 2 Variante 1 ist eine Versammlung einzuberufen, soweit dies eine **Vereinbarung** bestimmt. Entsprechendes gilt nach § 27 Abs. 1 Nr. 1, wenn die Wohnungseigentümer durch einen zulässigen **Beschluss** den Termin der nächsten Versammlung **festgelegt** haben. Der Verwalter ist ohne weiteres an solche Vereinbarungen und Beschlüsse gebunden. Es bedarf keiner weiteren Ausführung oder Regelung, z.B. im Verwaltervertrag[2]. Die Bindung ergibt sich vor allem aus § 21 Abs. 4. Aus dieser Bestimmung ist ganz **allgemein abzuleiten**, dass der Verwalter, aber auch z.B. der Verwaltungsbeirat, sämtliche Vereinbarungen und Beschlüsse bei der Durchführung der Verwaltung beachten muss, soweit diese Aussagen über die Art und Weise der Durchführung ihrer jeweiligen privaten Ämter enthalten (**Organisationsvereinbarungen**). Ist in einer Vereinbarung etwa bestimmt, dass die jährliche Eigentümerversammlung im ersten Quartal abzuhalten ist, bindet dies den Verwalter auch ohne entsprechenden Beschluss. Ist in der Gemeinschaftsordnung eine verbindliche Einberufungsfrist von vier oder mehr Wochen vereinbart worden, ist der Verwalter auch hieran **gebunden**[3]. Einer entsprechenden Aufnahme in den Verwaltervertrag bedarf es nach § 21 Abs. 4 nicht[4].

6   Eine Vereinbarung kann umgekehrt auch bestimmen, dass die Versammlung **nicht** gem. § 24 Abs. 2 Variante 1 **einzuberufen** ist. Der Kernbereich der Mitgliedschaft eines Wohnungseigentümers wird dadurch nicht berührt und macht die Vereinbarung nicht unwirksam. Denn eine entsprechende Vereinbarung hindert einen Wohnungseigentümer **nicht daran**, ein Verlangen nach § 24 Abs. 2 Variante 2 (Rz. 7) zu initiieren und auch nicht daran, dass der Vorsitzende des Verwaltungsbeirats oder sein Vertreter einberufen.

4. Einberufungsverlangen, § 24 Abs. 2 Variante 2

7   Ebenso wie nach §§ 37 Abs. 1 BGB, 122 Abs. 1 Satz 1 AktG, 50 Abs. 1 GmbHG, 45 Abs. 1 Satz 1 GenG **ist** gem. § 24 Abs. 2 Variante 2 eine Eigentümerversammlung dann **einzuberufen**, wenn dies schriftlich[5] unter Angabe des Zweckes und der Gründe von mehr als einem Viertel der Wohnungseigentümer verlangt wird. Die Vorschrift bezweckt den **Schutz der Minderheit** und soll als Ausfluss des Mitgliedschaftsrechts die Ausübung der an die Eigentümerversammlung gebundenen Rechte gewährleisten, vor allem des Rechts auf Beschlussfassung. Aus der **Treuebindung** der Wohnungseigentümer untereinander[6] und gegenüber dem Verband Wohnungseigentümergemeinschaft folgt, dass das Recht auf Einberufung einer Eigentümerversammlung allerdings **nicht rechtsmissbräuchlich** aus-

---

1 *Riecke/Schmidt/Elzer* Rz. 353.
2 *Elzer*, ZMR 2006, 85 (88).
3 BayObLG v. 15.12.2004, 2Z BR 163/04, BayObLGReport 2005, 318.
4 *Bub*, NZM 2001, 502 (505).
5 Das GenG fordert in § 45 Abs. 1 Satz 1 – moderner – nur die Textform.
6 Dazu *Elzer* in KK-WEG § 10 Rz. 41 ff.

geübt werden darf[1]. Das Einberufungsverlangen darf daher nur auf die Behandlung solcher Gegenstände gerichtet sein, für die die Wohnungseigentümer eine Kompetenz besitzen und die eine Beschlussfassung erfordern. Des Weiteren darf das Einberufungsverlangen nicht auf die Herbeiführung eines gesetzes- oder vereinbarungswidrigen Beschlusses gerichtet sein. Dieses „Maß" entspricht dem, wann ein Wohnungseigentümer die Aufnahme eines Punkte auf die Tagesordnung oder die Abstimmung über einen bestimmten Gegenstand verlangen darf, s. dazu § 23 Rz. 65 ff.

Im Rahmen der **Konkretisierung** eines **Rechtsmissbrauches** ist **Zurückhaltung** geboten, um den Zweck des Minderheitenschutzes nicht zu gefährden. Ein Rechtsmissbrauch kann etwa vorliegen, wenn Gegenstand einer Eigentümerversammlung eine Angelegenheit sein soll, mit der sich die Wohnungseigentümer bereits befasst haben, die aus Sicht der Antragsteller aber nicht zu dem gewünschten Ergebnis geführt hat und nunmehr dieselben Wohnungseigentümer die Einberufung einer Eigentümerversammlung unter Angabe derselben Gründe und desselben Zwecks **erneut** verlangen[2]. Ein Einberufungsverlangen ist ferner rechtsmissbräuchlich, wenn dem antragstellenden Wohnungseigentümer ohne weiteres ein **Zuwarten** bis zu der nächst folgenden Eigentümerversammlung zugemutet werden kann – und also ein Grund (eine Eilbedürftigkeit) für eine außerordentliche Versammlung nicht zu erkennen ist[3]. Dabei ist für die Einschätzung der Dringlichkeit eines Einberufungsverlangens auch zu berücksichtigen, dass die Einberufung einer außerordentlichen Eigentümerversammlung (zum Begriff s. § 23 Rz. 3) in aller Regel mit einem **nicht unerheblichen** Zeit- und Kostenaufwand verbunden ist.

8

Ein Gläubiger des Verbandes Wohnungseigentümergemeinschaft kann das Recht der Wohnungseigentümer, die Einberufung einer Versammlung zu verlangen, ggf. **pfänden**. Pfändet er jedenfalls die Ansprüche von mehr als einem Viertel der Wohnungseigentümer, kann auch er die **Einberufung** einer Versammlung verlangen.

9

a) Schriftform und Adressat

Schriftlich ist i.S.v. § 126 Abs. 1 BGB zu verstehen[4]. Das Einberufungsverlangen muss daher von **jedem Antragsteller** eigenhändig durch Namensunterschrift oder mittels notariell beglaubigten Handzeichens unterzeichnet werden. Die schriftliche Form kann gem. § 126 Abs. 3 und 4 BGB durch die elektronische Form nach § 126a BGB oder durch die notarielle Beurkundung ersetzt werden. Adressat und Empfänger des Einberufungsverlangens ist der Verwalter.

10

---

1 OLG Celle v. 25.6.2003 – 4 W 64/03, OLGReport 2003, 419 (422); BayObLG v. 9.8.1990 – 1b Z 25/98, WE 1991, 358 (359); zum Aktienrecht vgl. *Hüffer* § 122 AktG Rz. 6, zum Gesellschaftsrecht *Lutter/Hommelhoff* § 50 GmbHG Rz. 5 m.w.N.
2 OLG Celle v. 25.6.2003 – 4 W 64/03, OLGReport Celle 2003, 419 (422).
3 Zum Aktienrecht s. z.B. OLG Frankfurt v. 15.2.2005 – 20 W 1/05, OLGReport Frankfurt 2005, 500 (501); KG v. 3.12.2002 – 1 W 363/02, KGReport 2003, 42 (46) = AG 2003, 500.
4 OLG Düsseldorf v. 25.8.2003 – I-3 Wx 217/02, OLGReport 2004, 61 (62) = NZM 2004, 110 = ZMR 2004, 692. Auch § 122 Abs. 1 Satz 1 AktG verlangt Schriftlichkeit, während § 50 Abs. 1 GmbHG hierauf verzichtet. § 45 GenG verlangt die moderne Textform.

b) Notwendiges Quorum

11 Das Einberufungsverlangen muss von **mehr als einem Viertel** der Wohnungseigentümer gestellt werden. Steht ein Wohnungs- oder Teileigentum mehreren zu, zählen sie nur gemeinsam als ein Wohnungseigentümer (s. zum Begriff des Wohnungseigentümers § 25 Rz. 16 ff.). Ein Einberufungsverlangen kann auch von einem vom Stimmrecht ausgeschlossenen Wohnungseigentümer gestellt werden. Ausgeschlossen ist stets nur das Stimmrecht, nicht das **Teilnahmerecht** des eigentlich Stimmberechtigten und auch nicht sein Recht, sich an der Aussprache in Versammlung der Eigentümer zu beteiligen oder einen Antrag zu stellen (s. § 25 Rz. 86) oder die Abhaltung einer Versammlung zu verlangen. Dass das notwendige Quorum erreicht ist, müssen die Verlangenden darlegen. § 24 Abs. 2 Variante 2 knüpft dabei an die **Anzahl der Wohnungseigentümer**, an die Köpfe[1], nicht an Stimmrechte oder Miteigentumsanteile an[2]. Notwendig, aber auch ausreichend sind in einer Anlage mit 20 Wohnungseigentümern z.B. sechs Verlangende. Das Verlangen muss unzweideutig sein; eine Rücknahme ist möglich.

c) Angabe der Gründe

12 Im Einberufungsverlangen sind der „Zweck" und die „Gründe" des Verlangens zu benennen[3]. „Zweck" ist als der **Gegenstand** i.S.v. § 23 Abs. 2 zu verstehen, den die geforderte Eigentümerversammlung haben soll (mit welchen Punkten sich die Wohnungseigentümer also beschäftigen sollen). Die Antragsteller können dem Einberufungsverlangen für die von ihnen anzugebenden Gegenstände einen Entwurf für die Tagesordnung beifügen. Ausreichend ist aber auch eine abstrakte Beschreibung der Beschlussgegenstände. „Grund" für ein Einberufungsverlangen i.S.v. § 24 Abs. 2 ist hingegen die **besondere Eilbedürftigkeit**, die es nicht erlaubt, die nächste ordentliche Versammlung abzuwarten.

13 Fehlt es einem Einberufungsverlangen an der Angabe von Gründen, ist der Verwalter nicht verpflichtet, eine Eigentümerversammlung einzuberufen. Der Verwalter besitzt zwar kein materielles Prüfungsrecht (Rz. 14). Er darf und muss aber die formellen Voraussetzungen eines Einberufungsverlangens prüfen. Fehlt es an diesen, muss er nicht zu einer Eigentümerversammlung laden.

d) Prüfungsrecht des Verwalters

14 Der Verwalter muss ein Einberufungsverlangen zeitnah „bescheiden", damit die Antragsteller wissen, woran sie sind[4]. Der Verwalter darf und muss für seine Antwort und die Anberaumung einer Versammlung prüfen, ob die erforderliche

---

1 BayObLG v. 13.12.1983 – 2Z 113/82, DWE 1984, 59 (60); v. 5.10.1972 – BReg 2Z 54/72, BayObLGZ 1972, 314 (319) = MDR 1973, 49 = NJW 1973, 151; OLG Hamm v. 4.9.1973 – 15 W 34/73, NJW 1973, 2300 (2301) = MDR 1974, 138 = OLGZ 1973, 423; *Drasdo*, PiG 61 (2001), S. 63 (100).
2 OLG Hamm v. 4.9.1973 – 15 W 34/73, NJW 1973, 2300 (2301) = MDR 1974, 138; BayObLG v. 5.10.1972 – BReg 2Z 54/72, BayObLGZ 1972, 314 (318) = MDR 1973, 49 = NJW 1973, 151; *Briesemeister*, NZM 2000, 992 (995).
3 Vgl. auch §§ 122 Abs. 1 Satz 1 AktG, 50 Abs. 1 GmbHG, 45 Abs. 1 Satz 1 GenG.
4 Zum „Bescheidenserfordernis" s. auch Baumbach/*Hueck* § 50 GmbHG Rz. 8.

Anzahl von Wohnungseigentümern das Begehren gestellt haben, ob die Schriftform eingehalten ist und ob die Antragsteller Gegenstände für die Eigentümerversammlung sowie einen Grund für die Eilbedürftigkeit benannt haben (**formelles Prüfungsrecht**). Eine Prüfung danach, ob die angegebenen Gründe aus Sicht eines objektiven Dritten die Abhaltung einer Eigentümerversammlung rechtfertigen, darf der Verwalter, von Missbrauchsfällen (s. Rz. 7) abgesehen, hingegen nicht anstellen (**materielles Prüfungsrecht**)[1]. Ein materielles Prüfungsrecht des Verwalters stünde dem Charakter des Einberufungsrechts entgegen und könnte dieses vereiteln[2].

e) Einberufungsfrist

Der Verwalter hat einem Einberufungsverlangen, soweit die formellen Voraussetzungen vorliegen, **unverzüglich** i.S.v. § 121 Abs. 1 Satz 1 BGB zu entsprechen[3]. Ihm steht für den genauen Zeitpunkt der Eigentümerversammlung allerdings **Ermessen** zu. Bei seiner Abwägung muss er das Interesse sämtlicher Wohnungseigentümer berücksichtigen, sich angemessen auf die Versammlung vorzubereiten. Von den Verlangenden selbst gesetzte Fristen braucht der Verwalter nicht zu unterschreiten. Außerdem ist die Mindestfrist des § 24 Abs. 4 Satz 2 zu beachten.

15

Im Allgemeinen wird eine auf Grund eines Einberufungsverlangens stattfindende Eigentümerversammlung **innerhalb eines Monats** abzuhalten sein, sieht man von Ausnahmefällen ab, wie z.B. die Weihnachtszeit[4] oder allgemeine Urlaubszeit. Wenn es um die Abberufung des Verwalters wegen angeblicher Pflichtwidrigkeit und Neubestellung geht, ist ein Verwalter sogar gehalten, einen **sehr zeitnahen** Termin für die Eigentümerversammlung festzulegen und die Einladungen dafür schnell zu versenden[5]. Der Verwalter darf in diesem Falle weder auf die nächste ordentliche Eigentümerversammlung verweisen noch die Einberufung einer außerordentlichen Eigentümerversammlung von einer weiteren „Rückantwort" der Wohnungseigentümer abhängig machen. Das Ermessen ist in der Regel überschritten, wenn trotz objektiver Dringlichkeit die Versammlung erst mehr als zweieinhalb Monate nach dem Einberufungsverlangen stattfindet[6].

16

---

1 OLG München v. 21.6.2006 – 34 Wx 28/06, ZMR 2006, 719 (720) = NZM 2006, 631; BayObLG v. 20.2.2003 – 2Z BR 1/03, NJW-RR 2003, 874 (875) = NZM 2003, 317. Dies entspricht der Sichtweise im BGB, vgl. MünchKomm-BGB/*Reuter* § 37 BGB Rz. 6 m.w.N.
2 BayObLG v. 9.8.1990 – 1b Z 25/89, WE 1991, 358 (359).
3 OLG Düsseldorf v. 25.8.2003 – I-3 Wx 217/02, OLGReport Düsseldorf 2004, 61 (62) = NZM 2004, 110 = ZMR 2004, 692.
4 Es wurde hier etwa als genügend angesehen, dass auf ein Verlangen vom 28.11. eine Versammlung zum 17.1. einberufen wurde, BayObLG v. 20.2.2003 – 2Z BR 1/03, NJW-RR 2003, 874 (875) = NZM 2003, 317.
5 OLG München v. 21.6.2006 – 34 Wx 028/06, ZMR 2006, 719 (720); OLG Düsseldorf v. 25.8.2003 – I-3 Wx 217/02, OLGReport Düsseldorf 2004, 61 (62) = NZM 2004, 110 = ZMR 2004, 692.
6 BayObLG v. 20.2.2003 – 2Z BR 1/03, NJW-RR 2003, 874 (875) = NZM 2003, 317; v. 29.11.1990 – 2Z 72/90, WE 1992, 51 (52).

f) Folgen eines Verstoßes

17 Setzt der Verwalter auf ein Verlangen der Wohnungseigentümer einen Termin für eine Eigentümerversammlung erst nach Ablauf eines Monats auf einen drei Monate nach Zugang des Verlangens liegenden Zeitpunkt fest, so liegt darin eine ungebührliche Verzögerung, die einer **pflichtwidrigen Weigerung** i.S.v. § 24 Abs. 3 Variante 2 (Rz. 29) gleichkommt[1]. Handelt ein Verwalter einer ausdrücklichen Weisung der Wohnungseigentümer zuwider oder leistet er einem wiederholten Verlangen der Wohnungseigentümer nach Einberufung einer Eigentümerversammlung nicht Folge, rechtfertigt dies daher seine Abberufung[2]. Ein wichtiger Grund für eine Abberufung des Verwalters und eine fristlose Kündigung des Verwaltervertrags kann auch darin liegen, dass der Verwalter 1½ Jahre lang keine Eigentümerversammlung einberuft[3]. Weigert sich ein Verwalter **pflichtwidrig**, eine Versammlung der Wohnungseigentümer mit dem TOP „Abberufung des Verwalters und Beendigung des Verwaltervertrages" einzuberufen, kann er ferner keine Vergütung nach dem Zeitpunkt mehr verlangen, an dem die Versammlung hätte stattfinden können[4].

III. Einberufungsberechtigte

18 § 24 regelt mit seinen Absätzen 2 und 3, **wer** die Eigentümerversammlung **einzuberufen** hat.

1. Verwalter

a) Allgemeines

19 Originärer Einberufender ist, soweit die Wohnungseigentümer nichts anderes bestimmt haben[5], gem. § 24 Abs. 2 der **Verwalter** i.S.v. § 26[6]. Der von den Wohnungseigentümern oder vom Gericht (Rz. 21) bestellte Verwalter besitzt sein Einberufungsrecht solange, bis seine **Bestellung** gesetzlich gem. § 26 Abs. 1 Satz 2, durch einen Beschluss oder eine rechtskräftige Gerichtsentscheidung endet. Auf die Frage, ob es einen wirksamen Verwaltervertrag gibt (Anstellung), kommt es für das Einberufungsrecht nicht an[7]. Auch dadurch, dass eine Bestellung **angefochten** ist, verliert der Verwalter sein Ladungsrecht – und seine La-

---

1 OLG Düsseldorf v. 25.8.2003 – I-3 Wx 217/02, OLGReport Düsseldorf 2004, 61 (63) = NZM 2004, 110 = ZMR 2004, 692; OLG Hamm v. 4.7.1980 – 15 W 177/79, OLGZ 1981, 24 (28) = MDR 1980, 1022.
2 OLG Frankfurt v. 26.4.2005 – 20 W 279/03, OLGReport Frankfurt 2006, 136 (138); v. 22.9.1987 – 20 W 147/87, OLGZ 1988, 43; OLG Düsseldorf v. 2.2.1998 – 3 Wx 345/97, OLGReport Düsseldorf 1998, 197 (198) = NZM 1998, 517 = ZMR 1998, 449; v. 21.1.1998 – 3 Wx 492/97, ZMR 1998, 306 (307).
3 BayObLG v. 30.4.1999 – 2Z BR 3/99, ZMR 1999, 575 (576) = NZM 1999, 844.
4 OLG München v. 21.6.2006 – 34 Wx 028/06, ZMR 2006, 719 (720).
5 BayObLG v. 25.9.1986 – BReg 2Z BR 81/86, MDR 1987, 58 = NJW-RR 1987, 204 (205).
6 OLG Düsseldorf v. 30.5.2006 – I-3 Wx 51/06, ZMR 2006, 870 (871); OLG Köln v. 4.9.2002 – 16 Wx 114/02, OLGReport Köln 2003, 1 (2) = ZMR 2003, 380 (381); OLG Celle v. 28.4.2000 – 4 W 13/00, MDR 2000, 1428.
7 BayObLG v. 30.3.1988 – 2Z 120/87, WE 1988, 205 (206).

dungspflicht – nicht[1]. Die Ladung eines Verwalters ist auch dann **wirksam**, wenn er noch im Zeitpunkt der Ladung, nicht aber mehr zum Zeitpunkt der Versammlung im Amt ist[2]. Der Verwalter kann die Eigentümerversammlung selbst oder gem. § 278 BGB durch einen seiner Mitarbeiter einberufen[3]. Dieser Mitarbeiter muss weder Prokurist noch Geschäftsführer sein. Notwendig, aber auch ausreichend ist, dass der Dritte vom Verwalter mit der Ladung **beauftragt** ist[4].

b) Folgen der Abberufung des Verwalters

Wird die Bestellung eines Verwalters durch ein Gericht gem. § 24 Abs. 4 für unwirksam erklärt, berührt dies **nicht rückwirkend** das Einberufungsrecht des Verwalters und macht Beschlüsse, die auf der durch diesen Verwalter einberufenen Versammlung beschlossen worden sind, nicht formell ordnungswidrig[5]. Die fortbestehende Wirksamkeit der Einberufung lässt sich mit der entsprechenden Heranziehung der Regeln der Anscheins- oder Duldungsvollmacht oder – auch unter Geltung der ZPO – mit dem in § 32 FGG zum Ausdruck kommenden allgemeinen Rechtsgedanken begründen[6]. Im Einzelfall lässt sich ggf. auch im Wege der Auslegung ermitteln, dass die Bestellung des Verwalters unter der auflösenden Bedingung der Ungültigerklärung des Abberufungsbeschlusses erfolgt war. Denn dann endet die Bestellung „ex nunc" und nicht „ex tunc".

20

c) Notverwalter

Zur Einberufung ist auch ein „**Notverwalter**" befugt, der durch eine rechtskräftige oder eine für vorläufig vollstreckbar erklärte Gerichtsentscheidung nach §§ 43 Nr. 1, 21 Abs. 4 oder Abs. 8 oder gem. §§ 935, 940 ZPO bestellt wurde. Der gerichtlich eingesetzte Notverwalter steht dem gewählten Verwalter **gleich**. Er besitzt die gleichen Rechte und Pflichten und unterscheidet sich vom gewählten Verwalter nur im Bestellungsakt[7].

21

---

1 BayObLG v. 4.12.2002 – 2Z BR 84/02, WuM 2003, 171 = ZWE 2003, 95; OLG Hamburg v. 13.3.2000 – 2 Wx 27/98, ZMR 2000, 478 (479). Daran ändert sich erst etwas durch eine rechtskräftige Entscheidung, mit der die Bestellung für unwirksam erklärt wird, OLG Hamm v. 8.12.1992 – 15 W 218/91, WE 1993, 111 (112); BayObLG v. 13.9.1990 – BReg 2Z 100/90, NJW-RR 1991, 531 (532).
2 OLG Köln v. 20.3.1998 – 16 Wx 27/98, OLGReport Köln 1998, 241 = NZM 1998, 920.
3 OLG Köln v. 4.9.2002 – 16 Wx 114/02, OLGReport Köln 2003, 1 (2) = ZMR 2003, 380 (381).
4 LG Flensburg v. 1.10.1997, NJW-RR 1999, 596.
5 OLG Hamm v. 27.9.2006 – 15 W 98/06, ZMR 2007, 133 (134) = FGPrax 2007, 71; OLG Hamm v. 15.1.1999 – 15 W 444/97, OLGReport 1999, 226 (228) = NZM 1999, 229 (230) = ZMR 1999, 279; OLG Hamburg v. 24.7.2006 – 2 Wx 4/05, ZMR 2006, 791 (793); OLG Düsseldorf v. 4.9.1996 – 3 Wx 125/96, ZMR 1997, 91; BayObLG v. 13.9.1990 – BReg 2Z 100/90, NJW-RR 1991, 531 (532); v. 25.9.1986 – BReg 2Z 81/86, MDR 1987, 58 = NJW-RR 1987, 204 (205).
6 OLG Hamm v. 27.9.2006 – 15 W 98/06, ZMR 2007, 133 (134) = FGPrax 2007, 71; OLG Hamm v. 15.1.1999 – 15 W 444/97, OLGReport 1999, 226 (228) = WE 1999, 231 (232) = NZM 1999, 229 (230) = ZMR 1999, 279; v. 13.1.1992 – 15 W 13/91, OLGZ 1992, 309 (313) = NJW-RR 1992, 722; BayObLG 13.9.1990 – BReg 2Z 100/90, NJW-RR 1991, 531 (532); v. 25.9.1986 – BReg 2Z 81/86, MDR 1987, 58 = NJW-RR 1987, 204 (205).
7 BGH v. 6.5.1993 – V ZB 9/92, BGHZ 122, 327 (330) = ZMR 1993, 421; *Elzer*, ZMR 2004, 229 (233).

d) „Scheinverwalter"

22 Ein **nicht wirksam bestellter** oder vor der Einladung **abberufener**[1] Verwalter ist **nicht berechtigt**, eine Eigentümerversammlung einzuberufen. Ein Verwalter darf auch dann nicht zur Eigentümerversammlung laden, wenn sein Amt – ggf. kurz – vor der Ladung durch Zeitablauf endete[2]. Das Ladungsrecht entfällt auch dann, wenn ein Verwalter sein Amt wirksam **niedergelegt hat**[3]. Ein Verwalter, dessen Bestellzeit geendet ist, besitzt auch dann kein Einberufungsrecht, wenn auf der einzuberufenden Versammlung über seine **erneute Bestellung** beschlossen werden soll. Hieran ändert nichts, wenn eine Mehrheit der Wohnungseigentümer ihn umgestimmt hatte, das aufgegebene Amt wieder zu übernehmen[4].

Werden auf einer von solchen „**Scheinverwaltern**" einberufenen Eigentümerversammlung dennoch Beschlüsse gefasst, leiden diese unter einem **formellen Beschlussmangel** und sind daher zwar nicht nichtig, aber jedenfalls **anfechtbar** (s. dazu § 23 Rz. 95 und Rz. 35)[5]. Daran ändert nichts, dass der Vorsitzende des Beirats mit der Ladung einverstanden ist[6]. Der Ladungsmangel ist nur dann geheilt, wenn alle Wohnungseigentümer zu der einberufenen Versammlung erscheinen und in Kenntnis des Mangels einverständlich dennoch eine Eigentümerversammlung abhalten (Vollversammlung, s. § 23 Rz. 28).

e) Klage auf Ladung

23 Der Verwalter kann im Wege einer Klage nach § 43 Nr. 3 **nicht gezwungen werden**, eine Eigentümerversammlung einzuberufen[7]. Folge seiner „pflichtwidrigen Weigerung" i.S.v. § 24 Abs. 3 Variante 2 ist das Einberufungsrecht des Verwaltungsbeiratsvorsitzenden (Rz. 24 ff.) oder das Recht eines Wohnungseigentümers, sich entsprechend §§ 37 BGB, 122 AktG ermächtigen zu lassen (Rz. 33). Für eine Klage gegen den Verwalter besteht grundsätzlich kein Rechtsschutzbedürfnis.

2. Einberufungen durch den Verwaltungsbeirat

a) Allgemeines

24 Fehlt ein Verwalter oder weigert er sich **pflichtwidrig**, die Eigentümerversammlung einzuberufen, kann zu dieser auch, falls ein Verwaltungsbeirat bestellt ist,

---

1 Mag die Abberufung auch angefochten sein, s. KG v. 6.6.1990 – 24 W 1227/90, OLGZ 1990, 421 = MDR 1990, 925 = WuM 1990, 363.
2 BayObLG v. 2.4.1992 – 2Z BR 4/92, BayObLGReport 1993, 2 = NJW-RR 1992, 910 = BayObLGZ 1992, 79; OLG Stuttgart v. 18.12.1985 – 8 W 338/85, NJW-RR 1986, 315.
3 Dazu *Reichert*, MietRB 2007, 21 (23).
4 OLG Köln v. 20.3.1998 – 16 Wx 27/98, OLGReport Köln 1998, 241 = NZM 1998, 920; *Riecke/Schmidt/Elzer* Rz. 320.
5 OLG Hamm v. 20.11.1989 – 15 W 308/89, WE 1993, 24 (25); BayObLG v. 30.1.1990 – BReg 2Z 111/89, WuM 1990, 235; v. 25.9.1986 – BReg 2Z 81/86, MDR 1987, 58 = NJW-RR 1987, 204 (205).
6 BayObLG v. 2.4.1992 – 2Z BR 4/92, BayObLGReport 1993, 2 = NJW-RR 1992, 910 (911) = BayObLGZ 1992, 79.
7 *Riecke/Schmidt/Elzer* Rz. 339; a.A. OLG Hamm v. 4.9.1973 – 15 W 34/73, NJW 1973, 2300 (2301) = MDR 1974, 138 = OLGZ 1973, 423; *Merle*, Verwalter, S. 25 ff.

gem. § 24 Abs. 3[1] von dessen Vorsitzendem oder **subsidiär** – nämlich dann, wenn, der Vorsitzende nicht handelt oder nicht handeln **kann** – von seinem Vertreter einberufen werden. Eine Pflicht zur Einberufung der Eigentümerversammlung besteht nicht. Auch der Verwaltungsbeiratsvorsitzende oder sein Vertreter können **nicht verklagt** werden, zu einer Eigentümerversammlung gem. §§ 21 Abs. 4, 24 Abs. 3 zu laden. Für eine Klage auf Einberufung gibt es – wie beim Verwalter und aus denselben Gründen (Rz. 23) – **kein Rechtsschutzbedürfnis**[2].

Der Verwaltungsbeirat als solches besitzt **kein Einberufungsrecht**. Versäumt es indes der Verwaltungsbeirat, einen Vorsitzenden zu bestellen, oder rufen **alle Mitglieder** des Verwaltungsbeirates gemeinsam eine Wohnungseigentümerversammlung ein, leiden die auf dieser Versammlung gefassten Beschlüsse an keinem Einberufungsmangel[3]. Diese Ladung stellt gegenüber der Einladung durch den Vorsitzenden oder dessen Vertreter ein unschädliches „Mehr" dar. Sie enthält **notwendigerweise** auch die Unterschrift desjenigen Mitgliedes, das Vorsitzender ist oder im Falle der Durchführung einer Wahl zum Vorsitzenden gewählt worden wäre. Insoweit wäre es bloße Förmelei, darauf abzustellen, dass keines der drei Mitglieder des Verwaltungsbeirates zuvor zum Vorsitzenden oder zu dessen Vertreter gewählt worden ist. Die Einladung durch ein einzelnes Beiratsmitglied stellt hingegen einen Einberufungsmangel dar[4]. 25

b) Der Verwalter fehlt

Ein Verwalter kann aus rechtlichen und aus tatsächlichen Gründen fehlen. Beide Gründe sind regelmäßig **eng** auszulegen. Eine bloße Unsicherheit oder eine treuwidrige oder unzweckmäßige Ausübung des Verwalteramtes **genügt nicht**. 26

aa) Rechtliche Gründe

Ein Verwalter fehlt aus **rechtlichen Gründen**, wenn keiner bestellt wurde[5], die Amtszeit des ordentlich Bestellten abgelaufen ist, § 26 Abs. 1 Satz 2, der alte Verwalter seine Bestellung aufgibt und also sein Amt niederlegt[6], der alte Verwalter wegen Todes[7], Abberufung[8] oder einer auflösenden Bedingung seine Ei- 27

---

1 § 24 Abs. 3 ist durch Art. 1 Nr. 4 des Gesetzes zur Änderung des WEG und der Verordnung über das Erbbaurecht vom 30.7.1973 (BGBl. I 910) nachträglich eingefügt worden. Der Gesetzgeber glaubte durch die Einfügung das Problem geregelt zu haben, was gilt, wenn der Verwalter nicht in der Lage oder willens ist, die Versammlung einzuberufen. Daher unterblieb zu Unrecht eine § 37 Abs. 2 Satz 1 BGB entsprechende Regelung zur Ermächtigung eines Wohnungseigentümers. Diese Lücke ist durch eine Analogie zu schließen (s. Rz. 33).
2 A.A. *Kahlen*, GE 1986, 298; Staudinger/*Bub* Rz. 75.
3 OLG Köln v. 29.12.1999 – 16 Wx 181/95, ZWE 2000, 488 = NJW-RR 2000, 1616; OLG Zweibrücken v. 11.2.1999 – 3 W 255/98, WE 1999, 191 (192) = NZM 1999, 858 = OLGReport Zweibrücken 1999, 415; BayObLG v. 27.11.1997 – 2Z BR 128/97, NZM 1998, 634 = WE 1999, 77 (78).
4 LG Zwickau v. 20.11.2001 – 9 T 328/01, ZMR 2002, 307 (308).
5 Dieser Fall wird in BR-Drucks. 75/51 zum Notverwalter genannt.
6 Eine bloße Kündigung des Verwaltervertrages ist nicht ausreichend.
7 Auch des „juristischen" Todes, also bei dem Verlust der Rechtsfähigkeit des Wohnungseigentumsverwalters.
8 BayObLG v. 11.12.1988 – Breg. 2Z 49/88, WE 1989, 221 (222).

genschaft als Verwalter rechtlich verloren hat oder wenn der alte Verwalter geschäftsunfähig oder beschränkt geschäftsfähig (geworden) ist. Zweifelt ein Eigentümer an, dass eine Verwalterwahl ordnungsmäßig ist, und beantragt er, dass das Wohnungseigentumsgericht die Wahl in einem Anfechtungsverfahren nach § 46 überprüft, fehlt der Verwalter (noch) nicht. Dies gilt auch dann, wenn ein Antrag auf Abberufung des Verwalters nach § 21 Abs. 4 gestellt worden ist.

bb) Tatsächliche Gründe

28 Nimmt der ordnungsmäßig bestellte Verwalter seine Aufgaben dauerhaft und vorsätzlich im großen Umfang nicht wahr, verweigert er also die Ausübung seines Amtes, fehlt ein Verwalter aus **tatsächlichen Gründen**. Dieser Fall kommt z.B. in Betracht, wenn eine Gemeinschaft von einem Eigentümer majorisiert wird und dieser ein Interesse daran hat, dass der von ihm bestimmte Verwalter nicht tätig wird. Kommt ein Verwalter seinen Aufgaben nur teilweise nicht nach oder bleibt er nur in einer bestimmten Angelegenheit untätig, fehlt er nicht i.S.d. Gesetzes[1]. In diesen Fällen sind neben seiner Abwahl aber Zwangsmaßnahmen nach §§ 21 Abs. 4, 43 Abs. 1 Nr. 2 möglich. Ein Verwalter kann auch dann aus tatsächlichen Gründen fehlen, wenn er zwar bestellt ist, seine Aufgaben aber wegen einer Erkrankung oder länger andauernder Abwesenheit **nicht wahrnehmen kann**. Um die Gerichte aus Gründen der Prozessökonomie nicht zu überlasten und den Eingriff in die Privatautonomie der Gemeinschaft einzuschränken, muss die verwalterlose Zeit allerdings von einiger Erheblichkeit, also nicht nur vorübergehend, sein. Ein Verwalter kann seine Aufgaben z.B. dann nicht dauerhaft wahrnehmen, wenn er schwer und nicht nur vorübergehend erkrankt und dadurch daran gehindert ist, eine ordnungsmäßige Verwaltung sicherzustellen.

c) Der Verwalter verweigert pflichtwidrig die Einberufung

29 Der Verwaltungsbeiratsvorsitzende kann eine Eigentümerversammlung auch dann einberufen, wenn sich der Verwalter **pflichtwidrig weigert**, die Versammlung selbst einzuberufen. Ein Verwalter **weigert** sich, wenn er einem ihm bekannten **Einberufungsverlangen** i.S.v. § 24 Abs. 2 Variante 2 nicht nachkommt[2]. Allein darin, dass ein Verwalter von sich aus zu keiner Eigentümerversammlung lädt, liegt keine Weigerung. Ein Verwalter handelt im Zusammenhang mit der Einberufung einer Eigentümerversammlung erst dann **pflichtwidrig**, wenn er schuldhaft gegen § 24 Abs. 2 verstößt (Rz. 7), z.B. einem Einberufungsverlangen nicht[3] oder erst zu „spät"[4] nachkommt. Ferner dann, wenn sein Ermessen, eine Eigentümerversammlung einzuberufen, auf Null reduziert war, weil dies

---

1 Vgl. auch *Gottschalg*, WE 1998, 242 (243).
2 OLG Hamm v. 2.9.1996 – 15 W 138/96, ZMR 1997, 49 (50).
3 OLG Köln v. 15.3.2004 – 16 Wx 245/03, OLGReport 2004, 243 (245) = MietRB 2004, 240 = NZM 2004, 305.
4 OLG Düsseldorf v. 25.8.2003 – I-3 Wx 217/02, OLGReport Düsseldorf 2004, 61 (62) = NZM 2004, 110 = ZMR 2004, 692. Über den „richtigen" Zeitpunkt kann freilich Streit bestehen. Weigert sich etwa der Verwalter, eine Versammlung während der Schulferien einzuberufen, ist dies nicht zu beanstanden, BayObLG v. 17.4.2002 – 2Z BR 14/02, ZWE 2002, 526 (527) = BayObLGReport 2002, 251.

die Interessen der Wohnungseigentümer oder die des Verbandes erforderten (Rz. 4), der Verwalter aber nicht entsprechend handelte.

3. Einberufungen durch Wohnungseigentümer
a) Alle Wohnungseigentümer

Eine Eigentümerversammlung kann in jedem Falle durch **alle Wohnungseigentümer** (spontan) einberufen werden[1]. Dies findet seinen Grund darin, dass die Wohnungseigentümer **vorrangig** dazu berufen sind, ihre Angelegenheiten selbst zu regeln, und deswegen selbstverständlich auch befugt sind, gemeinsam eine Eigentümerversammlung einzuberufen, wenn diese Einberufung einstimmig gewollt ist[2]. 30

b) Einzelne Wohnungseigentümer

Ein einzelner Wohnungseigentümer oder eine Mehrheit von Wohnungseigentümern hat nach h.M. **kein Selbsteinberufungsrecht** analog § 50 Abs. 3 Satz 1 GmbHG (Selbsthilferecht)[3]. Ein einzelner Wohnungseigentümer oder eine Mehrheit von Wohnungseigentümern ist aber zu einer Einberufung berechtigt, wenn dies eine **Vereinbarung** bestimmt[4]. 31

Ist bekannt, dass ein Wohnungseigentümer unbefugt eine „Eigentümerversammlung" einberufen will, kann er auf Unterlassung in Anspruch genommen werden[5]. 32

c) Gerichtliche Ermächtigung

Ein einzelner Wohnungseigentümer kann in **entsprechender** Anwendung der §§ 37 Abs. 2 BGB, 122 Abs. 3 Satz 1 AktG, § 45 Abs. 3 GenG durch eine **gerichtliche Entscheidung** ermächtigt werden[6], die Eigentümerversammlung einzube- 33

---

1 OLG Frankfurt v. 27.9.2004 – 20 W 513/01, OLGReport 2005, 95 (96); OLG Köln v. 4.9.2002 – 16 Wx 114/02, OLGReport Köln 2003, 1 (2) = ZMR 2003, 380 (381); OLG Celle v. 28.4.2000 – 4 W 13/00, MDR 2000, 1428 (1429).
2 OLG Köln v. 4.9.2002 – 16 Wx 114/02, OLGReport Köln 2003, 1 (2) = ZMR 2003, 380 (381).
3 OLG Celle v. 28.4.2000 – 4 W 13/00, MDR 2000, 1428 (1429); BayObLG v. 27.1.1970 – BReg 2Z 22/69, NJW 1970, 1136 (1137); KG v. 27.8.1986 – 24 W 1747/86, MDR 1987, 143; BayObLG v. 21.10.1981 – BReg 2Z 75/80, MDR 1982, 323.
4 OLG Frankfurt v. 27.9.2004 – 20 W 513/01, OLGReport 2005, 95 (96); OLG Hamm v. 13.1.1992 – 15 W 13/91, OLGReport Hamm 1992, 194 (195).
5 KG v. 27.8.1986 – 24 W 1747/86, MDR 1987, 143 = NJW 1987, 386 = WE 1987, 18.
6 OLG Frankfurt v. 27.9.2004 – 20 W 513/01, OLGReport 2005, 95 (96); OLG Köln v. 4.9.2002 – 16 Wx 114/02, OLGReport Köln 2003, 1 (2) = ZMR 2003, 380 (381); OLG Celle v. 23.2.2000 – 2 U 295/99, OLGReport Celle 2000, 251 (252); OLG Hamm v. 13.1.1992 – 15 W 13/91, OLGReport Hamm 1992, 194; KG v. 27.8.1986 – 24 W 1747/86, MDR 1987, 143 = NJW 1987, 386; BayObLG v. 21.10.1981 – BReg 2Z 75/80, MDR 1982, 323; v. 27.1.1970 – BReg 2Z 22/69, NJW 1970, 1136 (1137); AG Hannover v. 1.12.2005 – 71 II 395/05, ZMR 2006, 486 (487).

rufen[1]. Das Recht auf Einberufung der Eigentümerversammlung entsteht durch die Rechtskraft des Beschlusses des entsprechend § 10 Abs. 1 GenG örtlich zuständigen Amtsgerichts am Belegenheitsort der Anlage, § 43 WEG. **Funktionell zuständig** ist entsprechend § 3 Nr. 1a RPflG der **Rechtspfleger**. Die gerichtliche Ermächtigung zur Einberufung einer Eigentümerversammlung wird durch deren Vollzug „verbraucht"[2].

34 Formelle **Voraussetzung** für die Entscheidung ist ein Antrag der berechtigten Minderheit, der gem. § 11 FGG schriftlich oder zu Protokoll der Geschäftsstelle zu stellen ist. Antragsgegner sind die anderen Wohnungseigentümer, nicht der Verband. Der Antrag muss grundsätzlich[3] – und zwar mindestens in der durch das Quorum geforderten Zahl – von denen gestellt werden, die erfolglos die Einberufung verlangt haben. Das erforderliche Quorum kann nicht dadurch erreicht werden, dass sich die Antragsteller im Falle des Abspringens von Mitgliedern durch andere Mitglieder ergänzen. Voraussetzung für ein genügendes **Rechtsschutzbedürfnis** für ein gerichtliches Eingreifen ist, dass ein Einberufungsverlangen des Antragstellers erfolglos geblieben ist und auch der Beirat nicht tätig wird.

4. Einberufung durch einen Nichtberechtigten

a) Grundsatz

35 Ruft ein **Nichtberechtigter** die Versammlung der Wohnungseigentümer ein, sind dennoch gefasste Beschlüsse nach ganz h.M. zwar anfechtbar, aber **nicht nichtig**[4]. Wird eine Versammlung von einem nicht (mehr) Berechtigten einberufen, sind die gefassten Beschlüsse **grundsätzlich** nur auf eine **Anfechtung** hin für ungültig zu erklären. Diese Auffassung steht zwar im Widerspruch zu § 241 Nr. 1 AktG und ebenso zur allgemeinen Ansicht im Recht der GmbH[5]. Die dor-

---

1 OLG Frankfurt v. 27.9.2004 – 20 W 513/01, OLGReport 2005, 95 (96); OLG Köln v. 4.9. 2002 – 16 Wx 114/02, OLGReport Köln 2003, 1 (2) = ZMR 2003, 380 (381); OLG Celle v. 23.2.2000 – 2 U 295/99, OLGReport Celle 2000, 251 (252); OLG Hamm v. 13.1.1992 – 15 W 13/91, OLGReport Hamm 1992, 194; KG v. 27.8.1986 – 24 W 1747/86, MDR 1987, 143 = NJW 1987, 386; BayObLG v. 21.10.1981 – BReg 2Z 75/80, MDR 1982, 323; v. 27.1.1970 – BReg 2Z 22/69, NJW 1970, 1136 (1137); AG Hannover v. 1.12.2005 – 71 II 395/05, ZMR 2006, 486 (487); a.A. *Merle*, Verwalter, S. 25 ff.: Er schlägt eine Ermächtigung nach § 43 Nr. 3 i.V.m. § 887 ZPO vor. Dies ist indes unzutreffend, weil es für eine solche Klage kein Rechtsschutzbedürfnis gibt.
2 BayObLG v. 28.3.1990 – BReg 1b Z 13/89, WuM 1990, 320.
3 Etwas anderes gilt, wenn ein einzelner Wohnungseigentümer gestützt auf § 21 Abs. 4 eine Eigentümerversammlung durchsetzen will.
4 BayObLG v. 30.6.2004 – 2Z BR 113/04, ZMR 2005, 559 (560); v. 13.12.2001 – 2Z BR 93/01, ZWE 2002, 360 (361) = ZMR 2002, 525; v. 7.2.2002 – 2Z BR 161/01, ZWE 2002, 214 (215); v. 28.9.1998 – 2Z BR 123/98, NZM 1999, 129 (130); v. 29.11.1990 – BReg 2Z 72/90, WuM 1991, 131. v. 25.9.1986 – BReg 2Z 81/86, MDR 1987, 58 = NJW-RR 1987, 204 (205); v. 21.10.1981 – BReg 2Z 75/80, MDR 1982, 323; OLG Zweibrücken v. 16.12. 2002 – 3 W 202/02, ZMR 2004, 63 (64); OLG Köln v. 3.1.1996 – 16 Wx 214/95, OLGReport 1996, 209 (210) = WE 1996, 311 = WuM 1996, 246; AG Hannover v. 1.12.2005 – 71 II 395/05, ZMR 2006, 487.
5 Dazu BGH v. 7.2.1983 – II ZR 14/82, BGHZ 87, 1 (3); *Lutter/Hommelhoff* § 49 GmbHG Rz. 10. Für eine Übernahme der wohnungseigentumsrechtlichen Sichtweise in das Gesellschaftsrecht vgl. *Abramenko*, GmbHR 2004, 723 ff.

tige Rechtsauffassung kann aber auch **nicht** auf das Wohnungseigentumsrecht **übertragen** werden[1]. Gegen die Auffassung, dass ein Einladungsmangel zur Nichtigkeit gefasster Beschlüsse führt, spricht vor allem, dass § 24 Abs. 1 bis 3 wenigstens teilweise abdingbar sind (Rz. 200 ff.). Ein Verstoß gegen dispositives Recht führt aber grundsätzlich nicht zur Nichtigkeit, sondern nur zur Anfechtbarkeit[2].

Notwendig, aber auch ausreichend ist, dass aus Gründen des **Vertrauensschutzes** die Ladung zu einer Eigentümerversammlung von einer wenigstens **potenziell** für eine Ladung in Frage kommenden Person ausgesprochen wird. Lädt z.B. ein **Verwalter** zur Eigentümerversammlung, obwohl er nicht oder nicht mehr dazu berufen ist (z.B. eine „kommissarische Verwaltung" oder ein Verwalter, dessen Bestellungszeit abgelaufen ist), sind alle auf der entsprechenden Versammlung gefassten Beschlüsse wegen dieses formalen Mangels nur anfechtbar[3]. Auch dann, wenn eine Versammlung von dem Vorsitzenden des **Verwaltungsbeirats** nach § 24 Abs. 3 einberufen wird, obwohl die Voraussetzungen dafür **nicht** vorliegen, handelt es sich gleichwohl um eine Versammlung der Wohnungseigentümer, so dass die dort gefassten Beschlüsse nicht von vornherein unwirksam sind[4]. Sie sind jedoch anfechtbar. Nichts anderes gilt bei einer Einberufung durch den **Gesamtbeirat**.

36

b) Einberufung durch einen Dritten

Beruft hingegen ein **Dritter** eine Eigentümerversammlung ein, der in **keiner Beziehung** zu den Wohnungseigentümern steht, etwa ein Rechtsanwalt eines Wohnungseigentümers oder ein ehemaliger Wohnungseigentümer, gilt etwas anderes. In einer durch eine solche Person einberufenen Versammlung können **keine Beschlüsse** gefasst werden[5]; dennoch gefasste sind als „Nichtbeschlüsse" anzusprechen (Vor §§ 23 bis 25 Rz. 127). Gleiches gilt, wenn ein **Wohnungseigentümer** lädt, ohne zugleich einen ihn zur Ladung ermächtigenden Beschluss oder eine Regelung der Wohnungseigentümer vorweisen zu können[6]. In diesen Fällen fehlt es bereits begrifflich an einer Eigentümerversammlung[7].

37

Bereits tatbestandlich liegt auch dann keine Eigentümerversammlung vor, wenn ein Wohnungseigentümer oder ein Dritter nur zu einer „Informationsver-

38

---

1 *Röll* in FS Schippel, S. 271 ff.
2 OLG Köln v. 9.1.1996 – 16 Wx 214/95, OLGReport Köln 1996, 209 (210) = WE 1996, 311 = WuM 1996, 246.
3 OLG Köln v. 20.3.1998 – 16 Wx 27/98, OLGReport Köln 1998, 241; v. 9.1.1996 – 16 Wx 214/95, OLGReport Köln 1996, 209 (210) = WE 1996, 311; OLG Hamm v. 13.1.1992 – 15 W 13/91, OLGReport Hamm 1992, 194 (195); KG v. 6.6.1990 – 24 W 1227/90, OLGZ 1990, 421 = MDR 1990, 925 = WuM 1990, 363; BayObLG v. 21.10.1981 – BReg 2Z 75/, MDR 1982, 323.
4 BayObLG v. 17.4.2002 – 2Z BR 14/02, BayObLGReport 2002, 251 = ZWE 2002, 526.
5 BayObLG v. 21.10.1981 – BReg 2Z 75/80, MDR 1982, 323 = WE 1991, 285 (286); *Seuß*, WE 1995, 260; a.A. *Vandenhouten* in Köhler/Bassenge, Teil 5 Rz. 2; *Drabek*, ZWE 2004, 395, hält diese Frage für noch nicht geklärt.
6 Siehe dazu auch *Abramenko*, ZWE 2005, 25 (30); a.A. BayObLG v. 30.6.2004 – 2Z BR 113/04, MietRB 2004, 351 (352).
7 A.A. *Vandenhouten* in Köhler/Bassenge, Teil 5 Rz. 31.

anstaltung" oder nur einen Teil der Wohnungseigentümer einladen oder wenn sich spontan ein Teil der Wohnungseigentümer zusammenfindet[1]. In einer solchen Zusammenkunft getroffene Entscheidungen sind rechtlich bedeutungslose Nichtbeschlüsse (Vor §§ 23 bis 25 Rz. 127)[2].

5. Absage; Verlegung der Versammlung; Änderungen

39 Der jeweilig Einladende ist berechtigt, eine anberaumte Eigentümerversammlung abzusagen oder zu verlegen/verschieben[3]. Auch eine unberechtigte Absage oder Verschiebung ist aus Gründen der Rechtssicherheit und des Vertrauensschutzes hinzunehmen[4]. Eine Versammlung kann im Einzelfall auch geschlossen oder vorübergehend geschlossen und auf den in der Ladung bestimmten weiteren Tag verlegt (vertagt) werden. Eine Vertagung ist allerdings nur dann möglich, wenn die Versammlung vom Einberufenden bereits (vorsorglich) auf mehrere Tage anberaumt worden war[5]. Wegen der Frist des § 24 Abs. 4 kann eine Vertagung hingegen nicht „spontan" erfolgen. Auch über die Vertagung müssen die Wohnungseigentümer beschließen. Der Verwalter hat regelmäßig nicht das Recht, die ordnungsgemäß einberufene und zusammengetretene Versammlung „aufzulösen"[6]. Etwa eine Auflösung, um bestimmte Beschlussfassungen zu verhindern, ist rechtsmissbräuchlich.

6. Eigentümerliste

40 Damit der Vorsitzende des Beirats, sein Stellvertreter oder ein Wohnungseigentümer anstelle des Verwalters die anderen Wohnungseigentümer laden kann, haben sie gegen den Verwalter einen **Anspruch** auf Herausgabe einer aktuellen und vollständigen **Eigentümerliste**[7]. Entweder ist dieser Anspruch Teil der allgemeinen Auskunftspflichten des Verwalters nach §§ 259, 260, 666, 675 BGB. Oder der Anspruch folgt aus dem **Verwaltervertrag**, der wenigstens insoweit drittschützend zu verstehen ist. Schutzwürdige Belange der anderen Wohnungseigentümer werden durch die Bekanntgabe ihrer Namen und Anschriften an die übrigen Miteigentümer nicht beeinträchtigt. Das Bestreben, den anderen Miteigentümern gegenüber unbekannt zu bleiben, widerspricht dem Wesen einer

---

1 Zur Universalversammlung s. hingegen § 23 Rz. 28.
2 BayObLG v. 14.11.2002 – 2Z BR 107/02, NZM 2003, 199 (200); OLG Hamm v. 20.11. 1989 – 15 W 308/89, WE 1993, 24 (25); *Röll* in FS Schippel, 267 (271).
3 KG v. 25.8.2003 – 24 W 110/02, ZMR 2004, 144 (145); OLG Hamm v. 4.7.1980 – 15 W 177/79, OLGZ 1981, 24 (25) = MDR 1980, 1022; *Merle*, ZMR 1980, 225; zum gleichen Problem im Aktienrecht s. *Hüffer* § 121 AktG Rz. 18.
4 OLG Hamm v. 4.7.1980 – 15 W 177/79, OLGZ 1981, 24 (25) = MDR 1980, 1022; *Merle*, ZMR 1980, 225 (226).
5 *Riecke/Schmidt/Elzer* Rz. 733.
6 KG v. 18.11.1998 – 24 W 4180/97, KGReport 1999, 250 (252); v. 16.9.1988 – 24 W 3952/88, NJW-RR 1989, 16 (17)= OLGZ 1989, 51 = ZMR 1989, 27; OLG Celle v. 19.11.1997 – 4 W 159/97, OLGReport 1998, 45; *Kümmel/Becker/Ott* Rz. 294.
7 OLG Saarbrücken v. 29.8.2006 – 5 W 72/06–26, ZMR 2007, 141; v. 25.8.1999 – 11 U 1004/98, NZM 1999, 1008; BayObLG v. 8.6.1984 – BReg 2Z 7/84, MDR 1984, 850 = WuM 1984, 304; OLG Frankfurt v. 16.2.1984 – 20 W 866/83, OLGZ 1984, 258; *Drasdo*, PiG 61 (2001), S. 63 (97); *Drasdo*, NZM 1999, 542 (543).

Wohnungseigentümergemeinschaft. Dass sein Name und seine Anschrift den übrigen Miteigentümern bekannt werden, muss jeder Miteigentümer ebenso hinnehmen wie seine Eintragung in das Grundbuch. Eine Beeinträchtigung des Rechts auf „informationelle Selbstbestimmung" liegt nicht vor. Erfüllt der Verwalter die Pflicht nicht oder nicht vollständig, können die Berechtigten Ergänzung verlangen oder auf seine Kosten eine Liste erstellen lassen[1].

IV. Einzuladende

Das Gesetz enthält **keine ausdrückliche** Regelung dazu, wer zu einer Wohnungseigentümerversammlung zu laden ist[2]. Für die Frage, wer zu laden ist, muss daher an die **Funktion** der Eigentümerversammlung angeknüpft werden. Die Eigentümerversammlung dient dem Meinungsaustausch und der Meinungsbildung, ferner der Information und der Beschlussfassung (§ 23 Rz. 25). Zur Eigentümerversammlung ist daher jedenfalls zu laden, wer ein **Stimmrecht** besitzt (s. dazu § 25 Rz. 16 ff.). Ferner auch der, der zwar kein Stimmrecht, in der Eigentümerversammlung aber ein Rede-, Teilnahme- und ein Antragsrecht besitzt.

41

1. Wohnungseigentümer

a) Grundsatz

Zu einer Versammlung der Eigentümer zu laden sind **sämtliche**, dem Einladenden zum Zeitpunkt der Ladung **bekannten** – meist im Grundbuch eingetragenen – **Wohnungs- und Teileigentümer**. Ist das Grundbuch unrichtig (z.B. bei einer nichtigen, aber noch unerkannten Veräußerung, im Erbfall wegen § 1922 Abs. 1 BGB oder bei Zuschlag in der Zwangsversteigerung nach § 90 Abs. 1 ZVG) und ist dies dem Einberufenden bekannt, hat er den „wirklichen" Wohnungseigentümer einzuladen. Die Ladung muss an die dem Ladenden **bekannte** Wohnadresse oder an eine ihm vom Wohnungseigentümer **genannte** Ladungsadresse gehen (Rz. 92). Eine Vereinbarung, wonach für die Einberufung die Absendung an die Anschrift, die dem Verwalter von dem Wohnungseigentümer zuletzt mitgeteilt worden ist, erfolgt, ist wirksam (Rz. 92)[3]. **Zeigt** ein Wohnungseigentümer seine (ggf. neue) Adresse **nicht an**, führt diese Obliegenheitsverletzung für ihn dazu, dass er gleichwohl gefasste Beschlüsse **nicht anfechten** kann. Das Recht eines Wohnungseigentümers, zur Versammlung geladen zu werden, kann **nicht** durch eine Vereinbarung oder einen Beschluss ausgeschlossen werden[4]; das Stimmrecht kann allerdings für bestimmte Fälle ausgeschlossen werden (s. § 25 Rz. 112). Steht ein Wohnungseigentum **mehreren** zu (Miteigentum in Form des Bruchteilseigentums i.S.v. §§ 741 ff., 1008 ff. BGB) sind sämtliche Miteigentümer **gesondert** einzuladen, da sie zwar kein Einzelstimmrecht, aber ein gemein-

42

---

1 OLG Saarbrücken v. 29.8.2006 – 5 W 72/06–26, ZMR 2007, 141 (142).
2 OLG Zweibrücken v. 16.12.2002 – 3 W 202/02, OLGReport Zweibrücken 2003, 121 (124); OLG Hamm v. 15.1.1999 – 15 W 444/97, OLGReport 1999, 226 (227) = WE 1999, 231 (232) = NZM 1999, 229 (230) = ZMR 1999, 279.
3 OLG Frankfurt v. 15.10.2004 – 20 W 370/03, OLGReport Frankfurt 2005, 423 (425).
4 *Gottschalg*, ZWE 2002, 50 (51); *Elzer* in KK-WEG § 20 Rz. 51; so auch *Lutter/Hommelhoff* § 48 GmbHG Rz. 3, für das Teilnahmerecht eines GmbH-Gesellschafters.

sames und gemeinsam auszuübendes Stimmrecht haben (§ 25 Rz. 26)[1]. Gehört ein Wohnungseigentum z.B. Ehegatten, sind diese gesondert einzuladen[2].

43 Neben den Wohnungseigentümern sind auch die **Ersterwerber** (dazu § 10 Rz. 97 und § 25 Rz. 19) als vollwertige und stimmberechtigte Mitglieder der – ggf. noch werdenden – Eigentümergemeinschaft („faktische" Eigentümer im engeren Sinne) einzuladen[3]. Ein **Zweiterwerber** (dazu § 10 Rz. 98 und § 25 Rz. 21) ist hingegen erst dann zur Versammlung einzuladen, wenn seine entsprechende Grundbucheintragung erfolgt ist, es sei denn der Eigentümer hat dem Verwalter eine anders lautende Weisung erteilt und dem Zweiterwerber als seinen Vertreter oder Ermächtigten bestellt und ihm soweit sein Stimmrecht überlassen (s. § 25 Rz. 63)[4].

Ein Wohnungseigentümer ist auch dann zu laden, wenn – soweit dies nicht gewillkürt ist – ein **Dritter** das Stimmrecht wahrnimmt, etwa ein Zwangsverwalter, ein Insolvenzverwalter oder ein Testamentsvollstrecker (s. Rz. 29 ff.)[5]. In diesen Fällen ist der Wohnungseigentümer zwar in der Regel nicht stimmberechtigt, besitzt aber aus seinem Mitgliedschaftsrecht ein unentziehbares Rede-, Teilnahme- und ein Antragsrecht.

b) Vertreter

44 Ist ein Wohnungseigentümer **geschäftsunfähig**, ist **neben ihm** sein gesetzlicher Vertreter einzuladen. Bei Personenvereinigungen ist grundsätzlich – soweit vorhanden – der gesetzliche Vertreter einzuladen, bei einer GmbH etwa der Geschäftsführer, bei einer Aktiengesellschaft oder einem eingetragenen Verein der Vorstand oder bei einer GmbH & Co. KG der Geschäftsführer der Komplementär GmbH. Bei einem mehrgliedrigen Vorstand genügt der Zugang der Einladung bei einem Vorstandsmitglied, §§ 78 Abs. 2 AktG, 28 Abs. 2 BGB. Für die Einladung eines unter Betreuung stehenden Wohnungseigentümers gelten Besonderheiten, je nachdem, ob der Betreute geschäftsfähig ist oder geschäftsunfähig[6]. Steht ein Wohnungseigentümer unter **Betreuung**, ist dies dem Verwalter aber nicht bekannt, soll die Ladung des Wohnungseigentümers statt des Betreuers als Obliegenheitsverletzung des Wohnungseigentümers unschädlich sein[7]. Für den Fall, dass an Stelle des Wohnungseigentümers ein Dritter stimmberechtigt ist, s. Rz. 43. Hat ein Wohnungseigentümer zulässigerweise (s. § 25 Rz. 46 ff.) einen dem Einladenden bekannten **Vertreter** bestellt, ist allein dieser an Stelle des Wohnungseigentümers zu laden. Einer Ladung des Vertretenen bedarf es **nicht**. Das Teilnahmerecht geht nämlich vollständig auf den Vertreter über.

---

1 KG v. 27.3.1996 – 24 W 5414/95, NJW-RR 1996, 844 (845); OLG Köln v. 16.12.1987 – 16 Wx 92/87, WE 1989, 30.
2 *Drabek*, ZWE 2000, 395 (396).
3 OLG Köln v. 2.2.2004 – 16 Wx 244/03, ZMR 2004, 859 (860).
4 Vgl. auch *Häublein*, ZMR 2004, 723 (725).
5 Zum Wohnungseigentümer, dessen Wohnungseigentum zwangsverwaltet wird, *Häublein*, ZfIR 2005, 337 (343). Für den Erben a.A. *Hügel*, ZWE 2006, 174 (178); Staudinger/ *Bub* Rz. 57: Es müsse nur der Testamentsvollstrecker geladen werden.
6 *Drabek* in FS Deckert, S. 105 (137 f.); *Drabek*, ZWE 2000, 395 (396).
7 *Drabek* in FS Deckert, S. 105 (137).

c) Eigentümerwechsel

Erfolgt die Ladung an einen Wohnungseigentümer, der sein Wohnungseigentum mittlerweile an einen Sondernachfolger veräußert hat und ist dieser bereits als Wohnungseigentümer anzusehen, ohne dass diese Veränderungen dem Verwalter aber angezeigt worden sind, so ist die **Nichtladung** des neuen Wohnungseigentümers ausnahmsweise **unschädlich** und gleichwohl gefasste Beschlüsse jedenfalls aus diesem Grunde nicht anfechtbar. Es ist Sache des jeweiligen Wohnungseigentümers sicherzustellen, dass er oder sein Sondernachfolger geladen werden können[1]. Auch aus einem Wohnungseigentümerwechsel zwischen Einladung und Datum der Eigentümerversammlung kann der Erwerber einen **Ladungsmangel** nicht herleiten[2].   45

d) Stimmrecht

Auf die Frage des Stimmrechts kommt es für die Frage der Ladung nicht an[3]. Auch ein vom Stimmrecht ausgeschlossener Wohnungseigentümer ist zur Versammlung der Wohnungseigentümer zu laden (s. § 25 Rz. 46)[4]. Ausgeschlossen ist stets nur das Stimmrecht eines Wohnungseigentümers, nicht das **Teilnahmerecht** des eigentlich Stimmberechtigten und auch nicht sein Recht, sich an der Aussprache in der Eigentümerversammlung zu beteiligen oder einen Antrag zu stellen[5]. Die Teilnahme des einzelnen Wohnungseigentümers an der Eigentümerversammlung dient nicht allein der Stimmabgabe, sondern vor allem auch der Aussprache und Diskussion.   46

e) Mehrhausanlage

Bestimmt eine Vereinbarung in einer **Mehrhausanlage**, dass nur bestimmte Wohnungseigentümer stimmberechtigt sind (s. dazu § 25 Rz. 44), sind auch nur **diese** zu **laden**. Soweit sich die Zulässigkeit von Teilversammlungen und die daraus folgenden Teilnahmerechte aber auch aus den „natürlichen Gegebenheiten" ergeben sollen, ist diese Auffassung aber abzulehnen (s. Vor §§ 23 bis 25 Rz. 153). Ebenso wie ein entsprechender Beschluss, sind auch bauliche oder sonstige Gegebenheiten nicht in der Lage, das Stimmrecht eines Wohnungseigentümers zu beeinträchtigen. Aus diesem Grunde sind bei einer Mehrhausanlage ohne entsprechende Vereinbarung **sämtliche Wohnungseigentümer** zu **laden**[6].   47

---

1 KG v. 8.1.1997 – 24 W 5678/96, ZMR 1997, 318 (319) = WuM 1997, 291 = FGPrax 1997, 92 = KGReport Berlin 1997, 85 = NJW-RR 1997, 1033.
2 KG v. 8.1.1997 – 24 W 5678/96, ZMR 1997, 318 (319) = WuM 1997, 291 = FGPrax 1997, 92 = KGReport Berlin 1997, 85 = NJW-RR 1997, 1033.
3 Dies entspricht dem GmbH-Recht, vgl. *Lutter/Hommelhoff* § 48 GmbHG Rz. 3.
4 OLG Zweibrücken v. 21.11.2002 – 3 W 179/02, ZMR 2004, 60 (63); OLG Köln v. 3.12.2003 – 16 Wx 216/03, ZMR 2004, 299 (300); BayObLG v. 10.4.2002 – 2Z BR 97/01, NJW-RR 2002, 1308 = NZM 2002, 616; *Müller* ZWE 2000, 237 (238); a.A. OLG Zweibrücken v. 16.12.2002 – 3 W 202/02, OLGReport Zweibrücken 2003, 121 (123); OLG Hamm v. 15.1.1999 – 15 W 444/97, OLGReport Hamm 1999, 226 (228); BayObLG v. 28.10.1987 – BReg 2Z 124/87, NJW-RR 1988, 270.
5 BayObLG v. 10.4.2002 – 2Z BR 97/01, BayObLGReport 2002, 280 (281).
6 *Riecke/Schmidt/Elzer* Rz. 487; a.A. BayObLG v. 19.2.1999 – 2Z BR 180/98, ZMR 1999, 418 (420); v. 25.7.1984 – 2Z 57/84, DNotZ 1985, 414 (415).

2. Dritte

48 Dritte sind zu einer Eigentümerversammlung zu laden, soweit sie neben oder anstelle eines Wohnungseigentümers **stimmberechtigt** sind (dazu § 25 Rz. 28). Wird ein Wohnungs- oder Teileigentum zwangsverwaltet, ist daher neben dem weiterhin zu ladenden Wohnungseigentümer (Rz. 43)[1] der Zwangsverwalter zu laden[2]. Ist über das Vermögen eines Wohnungs- oder Teileigentümers das Insolvenzverfahren eröffnet worden, ist außerdem neben dem Eigentümer der Insolvenzverwalter zu laden. Auch Nachlassverwalter und Testamentsvollstrecker üben als Partei kraft Amtes das Stimmrecht für das zum Nachlass gehörende Wohnungseigentum in eigenem Namen und aus eigenem Recht aus (s. § 25 Rz. 29) und sind neben dem Wohnungseigentümer (Rz. 43) zu laden.

49 Dinglich oder schuldrechtlich am Wohnungseigentum Berechtigte, etwa ein Nießbraucher oder ein Mieter, sind **nicht stimmberechtigt** (s. § 25 Rz. 34 und Rz. 37) und daher auch nicht zu laden. Auch der **abberufene Verwalter** ist – auch wenn er seine Abberufung angefochten hat – nicht zu laden[3]. Der abberufene Verwalter, der nicht Wohnungseigentümer ist, hat kein Stimmrecht. Mit Zugang des Abberufungsbeschlusses stehen ihm bis zur rechtskräftigen Ungültigerklärung dieses Beschlusses keine Verwaltungsbefugnisse zu[4].

3. Organwalter

50 Organwalter, etwa der amtierende Verwalter oder ein Beirat, der aber nicht Wohnungseigentümer ist, sind zur Eigentümerversammlung zu laden. Diese haben ein Teilnahmerecht (Rz. 60) und müssen – um dieses wahrnehmen zu können – geladen werden[5].

4. Verstöße

a) Formeller Beschlussmangel

51 Die durch § 24 Abs. 1 und Abs. 2 zwar bereits gesetzlich angeordnete, bei Abstimmungen indes schon von der Sache her gebotene Einladung aller Stimmberechtigten dient nicht nur dem Schutz einzelner, sondern dem Interesse sämt-

---

1 Dies folgt daraus, dass der Wohnungseigentümer nach Aufhebung einer Zwangsverwaltung oder am Ende des Insolvenzverfahrens z.B. aus einem Beschluss über den Wirtschaftsplan haftet, OLG München v. 12.10.2006 – 32 Wx 124/06, FGPrax 2007, 20; OLG Zweibrücken, v. 27.7.2005 – 3 W 167/04, NJW-RR 2005, 1682, 1683 = MietRB 2006, 199 = Info M 2006, 31; LG Dresden v. 30.8.2005 – 2 T 68/05 = NZM 2005, 911; AG Neukölln v. 25.5.2005 – 70 II 222/04, ZMR 2005, 659; *Häublein*, ZfIR 2005, 337 ff. Im Übrigen daraus, dass jedenfalls ein Eigentümer, dessen Wohnungseigentum zwangsverwaltet wird, unmittelbar von Beschlüssen der Eigentümerversammlung betroffen ist.
2 *Drasdo*, ZWE 2006, 68 (74).
3 OLG Zweibrücken v. 16.12.2002 – 3 W 202/02, OLGReport Zweibrücken 2003, 121 (123); OLG Hamm v. 15.1.1999 – 15 W 444/97, OLGReport 1999, 226 (228) = WE 1999, 231 (232) = NZM 1999, 229 (230) = ZMR 1999, 279.
4 BGH v. 1.12.1988 – V ZB 6/88, BGHZ 106, 113 (122) = MDR 1989, 435.
5 A.A. OLG Zweibrücken v. 16.12.2002 – 3 W 202/02, OLGReport Zweibrücken 2003, 121 (124); BayObLG v. 28.10.1987 – BReg 2Z 124/87, NJW-RR 1988, 270 = WuM 1988, 32.

licher Wohnungseigentümer an einer recht- und ordnungsmäßigen Willensbildung (**Integrität des Prozesses der Willensbildung = Legitimation durch Verfahren**) sowie der Verwirklichung des Teilnahmerechts (Rz. 55)[1]. Wird in einer Eigentümerversammlung abgestimmt, obwohl nicht alle Stimmberechtigten beteiligt wurden, leidet ein Beschluss deshalb unter einem **Mangel**. Wird ein Stimmberechtigter allerdings nur versehentlich nicht geladen, führt das nach jedenfalls h.M. allerdings nicht dazu, dass der entsprechende Beschluss unwirksam (nichtig) ist[2]. Der Ladungsmangel führt aber dazu, dass ein ohne den eigentlich Stimmberechtigten gefasster Beschluss anfechtbar ist[3]. Dem ist zuzustimmen. Zwar ist nicht zu verkennen, dass eine unterbliebene Ladung den **Kernbereich der Mitgliedschaft** berührt. Die Annahme von Nichtigkeit führte aber zu nicht praktikablen Ergebnissen[4].

Von Nichtigkeit ist allerdings auszugehen, wenn einzelne Wohnungseigentümer **vorsätzlich** von ihrer Mitwirkung in der Wohnungseigentümerversammlung ausgeschlossen werden sollen und deshalb die Ladung unterbleibt[5]. Jedenfalls solche Beschlüsse verstoßen gegen den **Kernbereich der Mitgliedschaft**, weil sie den Eigentümer von seinem elementaren Mitverwaltungsrecht aus §§ 20, 21 rechtswidrig ausschließen[6]. Eine bewusste Umgehung des Mitwirkungsrechtes darf nicht sanktionslos bleiben und kann wenigstens in diesen Fällen auch nicht unter Berufung auf eine fehlende Kausalität des Ladungsmangels für die Beschlussfassung geheilt werden. Einer vorsätzlichen Nichtladung kann der Fall gleichstehen, dass der Verwalter bei der Wahl des Versammlungsortes (Rz. 73) sein Ermessen pflichtwidrig überschreitet. Wählt der Verwalter einen Versammlungsort, von dem ihm positiv bekannt ist, dass ihn nicht alle Eigentümer aufsuchen können – etwa wegen einer körperlichen Behinderung oder einer bekannten und nachvollziehbaren Abneigung gegen den Ort –, kommt diese Wahl einer vorsätzlichen Nichtladung gleich[7].

Bleibt die Frage, ob eine Nichtladung versehentlich oder vorsätzlich war, unaufklärbar, trifft die materielle Feststellungslast den anfechtenden Eigentümer. Im Grundsatz darf nach einem Erfahrenssatz „vermutet" werden, dass Verwalter nicht vorsätzlich ordnungswidrig laden.

---

1 BGH v. 9.11.1972 – II ZR 63/71, BGHZ 59, 369 (373) zum Vereinsrecht.
2 Kritisch Bärmann/Pick/*Merle* § 23 Rz. 172.
3 BGH v. 23.9.1999 – V ZB 17/99, BGHZ 142, 190 (194) = NJW 1999, 3713; OLG München v. 19.9.2005 – 34 Wx 076/05, ZMR 2006, 68 (70); BayObLG v. 8.12.2004 – 2Z BR 199/04, MietRB 2005, 154 = ZMR 2005, 801; OLG Köln v. 15.3.2004 – 16 Wx 245/03, OLGReport 2004, 243 (245) = MietRB 2004, 240 = NZM 2004, 305; OLG Celle v. 15.1.2002 – 4 W 310/01, OLGReport Celle 2002, 78 (79) = ZWE 2002, 276 = NZM 2002, 458; v. 19.6.2001 – 4 W 152/01, OLGReport Celle 2001, 219 m.w.N.
4 OLG Celle v. 19.6.2001 – 4 W 152/01, OLGReport Celle 2001, 219.
5 BayObLG v. 8.12.2004 – 2Z BR 199/04, MietRB 2005, 154 = ZMR 2005, 801; OLG Köln v. 3.12.2003 – 16 Wx 216/03, ZMR 2004, 299, 300; OLG Zweibrücken v. 21.11.2002 – 3 W 179/02, FGPrax 2003, 60, 62 = ZMR 2004, 60, 63; OLG Celle v. 15.1.2002 – 4 W 310/01, OLGReport Celle 2002, 78 (80) = ZWE 2002, 276 = NZM 2002, 458; v. 19.6.2001 – 4 W 152/01, OLGReport Celle 2001, 219; *Elzer*, MietRB 2005, 154; kritisch *Häublein*, ZMR 2004, 723 (730).
6 *Suilmann*, Beschlussmängelverfahren, 1998, S. 34 (35).
7 OLG Köln v. 3.12.2003 – 16 Wx 216/03, ZMR 2004, 299 (300).

b) Unbeachtlichkeit

54 Formelle Beschlussmängel sind beachtlich, wenn die Beschlussfassung auf ihnen **beruht** (§ 23 Rz. 96). Ein „Beruhen" ist bei einem Ladungsfehler regelmäßig i. S. eines Erfahrungssatzes zu **vermuten**. Der Ausschluss eines Wohnungseigentümers von seiner Stimmberechtigung berührt seiner Natur nach nämlich den Ablauf einer Eigentümerversammlung so wesentlich, dass sich eine Auswirkung auf die Beschlussfassung im Normalfall **aufdrängt**. Ein Ladungsmangel betrifft nicht nur den Abstimmungsvorgang als solchen, sondern auch die vorausgegangene **Willensbildung** der Eigentümer, in die bei einem ordnungsgemäßen Verlauf der Versammlung Wortmeldungen und Beiträge des nicht (mehr) anwesenden Wohnungseigentümers hätten einfließen können[1]. Eine Ungültigkeitserklärung ist danach nur dann und nur ausnahmsweise ausgeschlossen, wenn **feststeht**, dass die formell bemakelten Beschlüsse bei ordnungsgemäßer Ladung ebenso gefasst worden wären[2]. Hierbei liegt die Entscheidung über die Ursächlichkeit des Einladungsfehlers auf tatsächlichem Gebiet[3]. Prüfsteine bei der Beurteilung können z.B. einstimmig gefasste Beschlüsse und eine Gegnerschaft oder feindselige Stimmung gegen den Antragsteller sein[4]. Von Beachtung ist ferner, ob der Anfechtende den Inhalt der gefassten Beschlüsse sachlich angreift oder die Anfechtungsgegner an einer entgegenstehenden Rechtsansicht festhalten[5].

V. Teilnahmerecht an der Versammlung

1. Inhalt des Teilnahmerechts

55 Das Teilnahmerecht gehört zu den unentziehbaren Rechten jedes Wohnungseigentümers und zum unantastbaren **Kernbereich der Mitgliedschaft** eines Wohnungseigentümers in der Gemeinschaft der Wohnungseigentümer (dazu § 23 Rz. 107)[6]. Das Teilnahmerecht und die aus ihm folgenden Einzelrechte bestehen auch dann, wenn das Stimmrecht „ruht" (§ 25 Rz. 112) oder wenn ein Wohnungseigentümer nicht stimmberechtigt ist. Wesentlicher Inhalt des Teilnahmerechts ist es, dass jeder Teilnahmeberechtigte (Rz. 57 ff.) von Anfang bis zum Ende (s. aber noch Rz. 56) berechtigt ist, an der Eigentümerversammlung teil-

---

1 OLG Köln v. 16.8.2000 – 16 Wx 87/00, MDR 2001, 326; s. auch BGH v. 9.11.1972 – II ZR 63/71, BGHZ 59, 369 (375) zum Vereinsrecht.
2 BGH v. 7.3.2002 – V ZB 24/01, 440 (445) = NJW 2002, 1647; BayObLG v. 12.5.2004 – 2Z BR 050/04, ZMR 2004, 766 (767) = MietRB 2004, 329; v. 2.4.1992 – 2Z BR 4/92, BayObLGReport 1993, 2 = NJW-RR 1992, 910 (911) = BayObLGZ 1992, 79; v. 13.9.1990 – BReg 2Z 100/90, NJW-RR 1991, 531 (533); OLG Celle v. 15.1.2002 – 4 W 310/01, OLGReport Celle 2002, 78 (80) = ZWE 2002, 276 = NZM 2002, 458; KG v. 8.11.1998 – 24 W 4180/97, ZMR 1999, 426 (428).
3 OLG Celle v. 15.1.2002 – 4 W 310/01, OLGReport Celle 2002, 78 (80) = ZWE 2002, 276 = NZM 2002, 458; BayObLG 5.4.1990 – BReg 2Z 14/90, NJW-RR 1990, 784 (785).
4 OLG Celle v. 15.1.2002 – 4 W 310/01, OLGReport Celle 2002, 78 (80) = ZWE 2002, 276 = NZM 2002, 458; BayObLG v. 13.9.1990 – BReg 2Z 100/90, NJW-RR 1991, 531 (533).
5 *Riecke/Schmidt/Elzer* Rz. 315.
6 OLG Köln v. 17.12.2004 – 16 Wx 191/04, OLGReport Köln 2005, 181 (182); OLG Saarbrücken v. 28.8.2003 – 5 W 11/03–4, ZMR 2004, 67; *Gottschalg*, ZWE 2002, 50 (51); *Deckert*, WE 1995, 196; *Becker*, Eigentümerversammlung, S. 64 ff.; *Elzer* in KK-WEG § 10 Rz. 233.

zunehmen (**Recht auf Anwesenheit**). Vor allem das Recht auf Anwesenheit verwirklicht das Stimmrecht eines Stimmberechtigten. Wird einem Stimmberechtigten das Recht auf Anwesenheit verweigert, läuft sein Stimmrecht ins Leere. Gibt es für den Ausschluss keinen Grund, sind dennoch gefasste Beschlüsse auf Anfechtung hin jedenfalls für ungültig zu erklären. Weiterer Inhalt des Teilnahmerechts ist das Recht, Anträge zu stellen (**Beschlussantragsrecht**) und zu jedem Punkt im Rahmen des Möglichen (Rz. 103) zu reden (**Rederecht**). Das Rederecht gewährleistet jedem Teilnahmeberechtigten gleichsam „rechtliches Gehör", ist nicht abhängig vom Stimmrecht und kann nur **ausnahmsweise** beschränkt oder gar entzogen werden, etwa bei Beleidigungen, bei einer Redezeitüberschreitung oder wenn ein Wohnungseigentümer völlig unsachlich wird[1]. Für einen ordnungsmäßigen Ablauf der Eigentümerversammlung sind primär die Wohnungseigentümer durch einen Beschluss zur Geschäftsordnung (Rz. 105) berechtigt, die Redezeit eines Wohnungseigentümers zu beschränken oder zu entziehen[2]. Subsidiär steht dieses Recht auch dem Versammlungsleiter zu (Rz. 102). Inhalt des Teilnahmerechts ist ferner das **Fragerecht**. Jeder Teilnahmeberechtigte kann eine angemessene Auskunft über die zur Beschlussfassung anstehenden Punkte, aber auch über den Inhalt der Verwaltung verlangen.

2. Entziehbarkeit und Grenzen

Das Teilnahmerecht ist weder durch eine Vereinbarung noch gar durch einen Beschluss vollständig entziehbar. Das Teilnahmerecht ist nicht davon abhängig, ob ein Wohnungseigentümer stimmberechtigt ist. Wenn ein Wohnungseigentümer mit dem Wohngeld in Rückstand ist, kann zwar z.B. vereinbart werden, dass sein Stimmrecht „ruht" (s. § 25 Rz. 112). Hiervon wird sein Teilnahmerecht an der Eigentümerversammlung aber nicht berührt. Es besteht unverändert fort[3]. Stört ein Wohnungseigentümer den Ablauf der Eigentümerversammlung, kann er als Ultima Ratio und nur für den weiteren Verlauf von der Versammlung – also nicht präventiv – **ausgeschlossen** werden. Vorraussetzung einer solchen Ordnungsmaßnahme (dazu Rz. 102) ist aber, dass der Versammlungsausschluss geeignet ist, die Störungen abzustellen und dass es kein milderes Mittel gibt, welches den Störungen in gleicher Weise entgegenwirkt. Ein milderes Mittel ist es etwa, einem Wohnungseigentümer das Rederecht (Rz. 55) zu begrenzen oder es ggf. und unter besonderen Voraussetzungen ganz zu entziehen. Bei allen Arten der Redezeitbeschränkung ist der Grundsatz der Verhältnismäßigkeit zu wahren. Im Zweifel ist ein großzügiges Rederecht einzuräumen.

56

Keinesfalls ist es zulässig, einen Teilnahmeberechtigen unmittelbar oder mittelbar **grundlos** von der Eigentümerversammlung **auszuschließen**. Eine mittelbare Beeinträchtigung kann etwa darin liegen, dass sich der Versammlungsleiter weigert, über ein beantragtes Rauchverbot abstimmen zu lassen. Wenn daraufhin ein Wohnungseigentümer aus Gesundheitsgründen die Eigentümerver-

---

1 OLG Saarbrücken v. 28.8.2003 – 5 W 11/03–4, ZMR 2004, 67.
2 BayObLG v. 22.4.1999 – 2Z BR 9/99, NZM 1999, 852; s. dazu auch BVerfG v. 20.9.1999 – 1 BvR 636/95, NJW 2000, 349 (351) zum Aktienrecht.
3 *Pick*, PiG 16, S. 17 (31); a.A. LG München v. 13.7.1978 – 1 T 8163/78, Rpfleger 1978, 381 (382)= DNotZ 1978, 630.

sammlung verlässt, kann dies einem rechtswidrigen Ausschluss dieses Wohnungseigentümers aus der Versammlung jedenfalls gleichzubehandeln sein[1].

3. Teilnahmeberechtigte

a) Originäre Berechtigte

aa) Allgemeines

57 Jedenfalls die rechtmäßig Eingeladenen und grundsätzlich Stimmberechtigten, vor allem die Wohnungseigentümer, werdende Wohnungseigentümer (Erst-, aber nicht Zweiterwerber), ihre bevollmächtigten Vertreter[2] und Ermächtigte (§ 25 Rz. 63) – es sei denn, es gibt eine Vertreterklausel (s. § 25 Rz. 54) – und andere Stimmberechtigte (s. dazu Rz. 62 ff.) haben naturgemäß ein **Teilnahmerecht** an der Eigentümerversammlung. Nur durch eine Teilnahme ist eine Stimmrechtsausübung – wenn kein Vertreter eingeschaltet ist – überhaupt vorstellbar. Zu den rechtmäßig Eingeladenen gehören, soweit sie neben oder anstelle eines Wohnungseigentümers **stimmberechtigt** sind, auch Dritte (Vermögensverwalter), wie der Insolvenz-, der Zwangs- oder der Nachlassverwalter; ferner der Testamentsvollstrecker (zu deren Stimmrechtsberechtigung s. § 25 Rz. 28 ff.).

bb) Besonderheiten

58 Ist ein Wohnungseigentümer nicht geschäftsfähig, ist er zwar teilnahmeberechtigt. Neben ihm ist zur Stimmrechtsausübung als Willenserklärung aber auch sein gesetzlicher Vertreter, etwa die Eltern oder ein Betreuer, teilnahmeberechtigt. Ist der Wohnungseigentümer eine **juristische Person**, ist das Organ, das für die juristische Person originär das Stimmrecht ausübt, teilnahmeberechtigt. Etwa für eine GmbH ist der Geschäftsführer stimm- und damit teilnahmeberechtigt. Bei einer GbR, OHG oder KG haben die **geschäftsführungsbefugten Stellen** ein Teilnahmerecht. Gleiches gilt für die Gütergemeinschaft oder die weiterhin nicht rechtsfähige[3] Erbengemeinschaft. Ist ein einzelner Mitberechtigter von der Geschäftsführung und damit von der Bildung des Willens des Verbandes und der Stimmrechtsausübung ausgeschlossen, besteht kein Teilnahmerecht. Steht ein Wohnungs- oder Teileigentum mehreren Berechtigten zu und können diese das Stimmrecht nur gemeinsam ausüben (**Miteigentümer**, s. § 25 Rz. 26), haben alle Miteigentümer ein Teilnahmerecht. Ist der **Verband Wohnungseigentümergemeinschaft** Wohnungseigentümer, hat auch er ein Teilnahmerecht. Dieses nimmt grundsätzlich der Verwalter wahr.

59 Jeder Wohnungseigentümer hat, um sein rechtliches Gehör und sein Anhörungsrecht zu wahren, auch dann ein Teilnahme- und Rederecht, wenn durch eine Vereinbarung in einer **Mehrhausanlage** für bestimmte Angelegenheiten zulässigerweise nur die Bewohner eines Hauses ein Stimmrecht besitzen (s. Vor §§ 23 bis 25 Rz. 153 ff.).

---

1 OLG Köln v. 16.8.2000 – 16 Wx 87/00, OLGReport Köln 2001, 1 (2) = ZMR 2001, 866.
2 Hat ein Wohnungseigentümer zulässigerweise einen Vertreter bestellt, ist freilich nur noch dieser, nicht aber der Vollmachtgeber teilnahmebefugt.
3 BGH v. 17.10.2006 – VIII ZR 94/05, NZM 2006, 944 = ZMR 2007, 26 = WuM 2006, 695; PWW/*Elzer* § 535 Rz. 56 m.w.N.

cc) Organe des Verbandes

Ein originäres Teilnahmerecht besitzen ferner die **Organe des Verbandes**, also 60
die jeweiligen Organwalter sowie ihre **Mitarbeiter**[1]. Etwa der Verwalter ist zwar
nur Funktionsgehilfe der Versammlung. Die Wohnungseigentümer können deshalb einen anderen zum Versammlungsleiter bestimmen (Rz. 100). Sie können
den Verwalter im Hinblick auf § 27 Abs. 1 Nr. 1 aber nicht von der Versammlung ausschließen. Der Verwalter hat außerdem ein aus § 46 Abs. 1 Satz 1 folgendes Anfechtungs- und damit ein Anwesenheitsrecht[2]. Hierfür spricht auch
die Pflicht des Verwalters, die Beschluss-Sammlung zu führen (Rz. 174). Auch
einem Mitglied des **Verwaltungsbeirates**, welches nicht zugleich Wohnungseigentümer ist, steht in der Eigentümerversammlung jedenfalls in dem Umfang
ein Anwesenheitsrecht zu, als der Aufgabenbereich des Verwaltungsbeirats betroffen ist[3]. Lässt sich ein Organwalter vertreten, besitzt der Vertreter ein Teilnahmerecht[4].

dd) Stimmrechtslose Dritte

Ein grundsätzliches Teilnahmerecht **stimmrechtsloser** Dritter gibt das Gesetz 61
nicht. Zur Verwirklichung der Rechte eines jeden Wohnungseigentümers ist die
Teilnahme Dritter aber jedenfalls als Folge der Wohnungseigentümerrechte und
als Ausfluss des die Wohnungseigentümer verbindenden Gemeinschaftsverhältnisses vorstellbar (Rz. 63 ff.).

b) Gekorene Berechtigte

aa) Durch eine Bestimmung

Eigentümerversammlungen sind **nicht öffentlich** (Rz. 82 ff.). Ein Wohnungs- 62
eigentümer darf einen Begleiter oder Beistand aber zur Versammlung hinzuziehen, wenn ihm dies eine **Vereinbarung** erlaubt oder er einen **Anspruch** auf Begleitung besitzt (Rz. 63 ff.)[5]. Die Wohnungseigentümer können allerdings im
Wege des Beschlusses nicht für die Zukunft festlegen, dass die Eigentümerversammlungen zweier unabhängiger, vom gleichen Verwalter betreuter, eine gemeinsame Wohnsiedlung bildende Wohnungseigentümergemeinschaften generell gemeinsam stattfinden sollen[6].

---

1 KG v. 15.9.2000 – 24 W 3301/00, ZWE 2001, 75 (76) = ZMR 2001, 223 = WuM 2001, 44;
  Drasdo, Eigentümerversammlung, Rz. 529; skeptisch *Sauren*, ZWE 2007, 21 (23) a.A.
  Scholz/*Schmidt*, GmbHG, 9. Aufl. 2002, § 47 Rz. 16 zum Geschäftsführer der GmbH
  m.w.N.
2 *Vandenhouten* in Köhler/Bassenge, Teil 5 Rz. 119.
3 OLG Hamm v. 27.9.2006 – 15 W 98/06, ZMR 2007, 133 (134) = FGPrax 2007, 71; offen
  gelassen von BayObLG v. 28.10.1987 – BReg 2Z 124/87, NJW-RR 1988, 270; a.A. Bärmann/Pick/*Merle* Rz. 90.
4 OLG München v. 7.6.2005 – 32 Wx 32/05, ZMR 2005, 728 (729) = MietRB 2006, 12 mit
  Anm. *Elzer*.
5 BGH v. 29.1.1993 – V ZB 24/92, BGHZ 121, 236 (241) = ZMR 1993, 287 = NJW 1993,
  1929.
6 OLG Köln v. 6.6.2002 – 16 Wx 97/02.

bb) Anspruch auf Teilnahme Dritter

63 Grundsätzlich ist es jedem Wohnungseigentümer zuzumuten, sich anhand der Tagesordnung bereits vor der Versammlung Rat zu holen und seine Meinung in der Versammlung selbst oder durch einen zulässigerweise bestellten Vertreter (s. § 25 Rz. 46) vortragen zu lassen. Das Interesse einzelner Wohnungseigentümer, sich auch bei persönlichem Erscheinen jederzeit fremden Rates in der Versammlung zu bedienen, muss regelmäßig zurücktreten. Aus der Nichtöffentlichkeit der Versammlung (Rz. 82) folgt, dass die Anwesenheit Dritter **grundsätzlich nicht geduldet** werden muss.

64 Ein Wohnungseigentümer kann allerdings einen Anspruch darauf besitzen, einen Dritten zur Eigentümerversammlung hinzuziehen. Ein solcher Anspruch ist zu bejahen, wenn der Wohnungseigentümer ein **berechtigtes** und ein die Interessen der anderen **überwiegendes Interesse** daran hat, gerade in der Eigentümerversammlung einen Berater hinzuzuziehen, das durch eine Beratung im Vorfeld der Versammlung nicht entfällt[1]. In diesem Falle folgt aus dem die Wohnungseigentümer verbindenden Gemeinschaftsverhältnis und dem **Gebot der gegenseitigen Rücksichtnahme**[2] eine Pflicht der anderen Wohnungseigentümer, die Teilnahme eines Dritten an der Eigentümerversammlung zu dulden[3]. Für die Annahme eines überwiegenden Interesses – das sich sowohl aus persönlichen als auch aus sachlichen Gründen ergeben kann[4] – müssen Gründe vorliegen, die gewichtiger sind als das Interesse anderer Wohnungseigentümer, die Versammlungen auf den eigenen Kreis zu beschränken. In diesem Falle hat ein Wohnungseigentümer einen **Anspruch** darauf, sich in der Eigentümerversammlung, z.B. durch einen Rechtsanwalt, einen Architekten, einen Buchprüfer etc., **begleiten** zu lassen. Zum Schutz von Wohnungseigentümern vor überraschenden Beschlussfassungen ist es nicht erforderlich, ihnen vorab bekannt zu geben, dass nicht zur Gemeinschaft gehörende Berater eingeladen werden sollen[5].

65 Ob es einem Wohnungseigentümer erlaubt ist, einen Begleiter – ggf. auch nur für einzelne Tagesordnungspunkte – hinzuzuziehen, ist freilich immer eine **Frage des Einzelfalls**. Eine Abwägung, ob der Berater – und ggf. für welche Tagesordnungspunkte – anwesend sein darf, hat dabei erst in der Versammlung stattzufinden. Prüfsteine für das Bedürfnis eines Wohnungseigentümers, sich begleiten zu lassen, sind etwa Art, Bedeutung und Schwierigkeit der jeweils anstehenden Tagesordnungspunkte[6], die individuellen Fähigkeiten des jeweiligen Wohnungseigentümers (z.B. ein hohes Lebensalter[7], eine Erkrankung, geistige Ge-

---

1 BGH v. 29.1.1993 – V ZB 24/92, BGHZ 121, 236 (241) = ZMR 1993, 287 = NJW 1993, 1929.
2 Dazu *Elzer* in KK-WEG § 10 Rz. 45 m.w.N.
3 OLG Saarbrücken v. 28.8.2003 – 5 W 11/03–4, ZMR 2004, 67; *Becker*, Eigentümerversammlung, S. 219 ff.; kritisch *Lüke*, WE 1993, 260 (262).
4 BayObLG v. 16.5.2002 – 2Z BR 32/02, ZMR 2002, 844 (845); v. 10.4.1997 – 2Z BR 125/96, ZMR 1997, 478.
5 BayObLG v. 19.2.2004 – 2Z BR 212/03, BayObLGReport 2004, 313 (314) = NJW-RR 2004, 1312.
6 OLG Düsseldorf v. 24.5.1995 – 3 Wx 17/95, ZMR 1996, 221 = NJW-RR 1995, 1294; vgl. auch BayObLG WE 1997, 436, 437.
7 BGH v. 29.1.1993 – V ZB 24/92, BGHZ 121, 236 (241) = ZMR 1993, 287 = NJW 1993, 1929.

brechlichkeit oder das Unvermögen, seinen Standpunkt in der Versammlung angemessen zu vertreten[1]), Ort und Zeit der Eigentümerversammlung sowie die Größe einer Eigentümergemeinschaft.

Eine besonders schwierige Angelegenheit liegt grundsätzlich nicht vor, wenn die Beschlussfassung eine Frage betrifft, die bei der Verwaltung des gemeinschaftlichen Eigentums wiederholt auftritt[2]. Die Zerstrittenheit der Wohnungseigentümer begründet in der Regel auch noch **nicht** das berechtigte Interesse eines Wohnungseigentümers an der Hinzuziehung eines Rechtsanwalts[3]. In kleineren Gemeinschaften ist das Interesse der übrigen Wohnungseigentümer, von äußeren Einflussnahmen ungestört beraten und abstimmen zu können, hoch zu veranschlagen[4]. Ist der Berater nach seinem Beruf zur Verschwiegenheit verpflichtet (z.B. ein Rechtsanwalt), ist dies bei der Abwägung zu berücksichtigen. In diesem Falle wird in den Grundsatz der Nichtöffentlichkeit nur in geringerem Umfange eingegriffen. Ein ausländischer Wohnungseigentümer ist jederzeit berechtigt, dass ihn in die Versammlung ein **Dolmetscher** begleitet. Lediglich die Überschreitung der Dolmetschertätigkeit macht diesen zum „Dritten"[5]. Wird einem Wohnungseigentümer verwehrt, sich begleiten zu lassen, kann er sich dagegen durch Anfechtung wehren (§§ 43 Nr. 4, 46), unter Umständen auch mit einem **Feststellungsantrag**. 66

Die Wohnungseigentümer können vereinbaren, ob und wann ein Begleiter von der Versammlung ausgeschlossen ist. In einer **Vertreterklausel** (s. § 25 Rz. 54ff.) kann eine solche Vereinbarung **im Zweifel** nicht erkannt werden. Eine Vertreterklausel will andere Personen vornehmlich von der **aktiven Beteiligung** an der Versammlung, mithin der Abgabe von Erklärungen oder einer Antragstellung, ausschließen[6]. Sie will einen nicht vertretenen, persönlich anwesenden Wohnungseigentümer aber grundsätzlich nicht daran hindern, sich begleiten und beraten zu lassen[7]. Etwas anderes gilt für eine ausdrückliche „Berater- oder Besucherklausel"[8]. Da Grundrechte verzichtbar sind, kann ein Wohnungseigentümer sein Recht, sich begleiten zu lassen, aufgeben[9]. Das Recht ist dann vollständig ausgeschlossen. 67

Auf einen kumulativen „Widerspruch" der anderen Wohnungseigentümer kommt es ersichtlich nicht an. Soweit die Wohnungseigentümer einen Berater allerdings durch einen Beschluss ausschließen wollen, obwohl der begleitete Wohnungseigentümer aus dem Gebot der gegenseitigen Rücksichtnahme einen 68

---
1 BayObLG v. 10.4.1997 – 2Z BR 125/96, ZMR 1997, 478 (479).
2 BayObLG v. 10.4.1997 – 2Z BR 125/96, ZMR 1997, 478 (479).
3 OLG Hamm v. 28.10.2003 – 15 W 203/02, ZMR 2004, 699 (700) = MietRB 2004, 266; BayObLG v. 16.5.2002 – 2Z BR 32/02, ZMR 2002, 844 (845).
4 BGH v. 29.1.1993 – V ZB 24/92, BGHZ 121, 236 (241) = ZMR 1993, 287 = NJW 1993, 1929.
5 AG Hamburg-Altona v. 27.6.2005 – 303 II 8/05b, ZMR 2005, 823.
6 BGH v. 29.1.1993 – V ZB 24/92, BGHZ 121, 236 (241) = ZMR 1993, 287 = NJW 1993, 1929.
7 BayObLG v. 10.4.1997 – 2Z BR 125/96, WE 1997, 436 (437) = ZMR 1997, 478; v. 11.5.1981 – BReg 2Z 47/80, BayObLGZ 1981, 161; OLG Karlsruhe v. 15.4.1986 – 11 W 2/86, WuM 1986, 229.
8 KG v. 27.11.1985 – 24 W 1856/85, MDR 1986, 320 = ZMR 1986, 91.
9 A.A. Bärmann/Pick/*Merle* Rz. 88; Weitnauer/*Lüke* § 23 Rz. 5.

Anspruch auf Begleitung und Beratung hat, ist der Beschluss, mit dem der Begleiter ausgeschlossen worden ist, **nicht ordnungsmäßig**. Ein solcher Beschluss zur „Geschäftsordnung" ist indes nicht gesondert anfechtbar. Anfechtbar sind nur die jeweiligen, unter dem Beratungsmangel leidenden Beschlüsse (s. Vor §§ 23 bis 25 Rz. 129 ff.). Bei einer entsprechenden Wiederholungsgefahr kann ein Wohnungseigentümer allerdings auf Feststellung klagen, dass er berechtigt ist, sich in die Versammlung begleiten zu lassen[1].

cc) Beratung sämtlicher Wohnungseigentümer; Gäste

69 Von der persönlichen Beratung einzelner Wohnungseigentümer im Individualinteresse zu unterscheiden ist die Beratung **im Gesamtinteresse** aller Wohnungseigentümer[2]. Die Wohnungseigentümer sind berechtigt, sich in ihrer Gesamtheit in der Versammlung etwa von einem Rechtsanwalt informieren zu lassen. Notwendig, aber auch ausreichend ist, dass der Beratungsbedarf gerade in der Versammlung besteht und nur hier sachgerecht erfüllbar ist[3]. Ferner muss die Beratung bei objektiver Betrachtung allen anwesenden Eigentümern zugute kommen[4].

Gäste dürfen nur dann in der Versammlung anwesend sein, wenn mit der Teilnahme sämtliche Wohnungseigentümer einverstanden sind. Eine Beschlussmacht oder ein Recht des Versammlungsleiters, hierüber zu bestimmen, bestehen nicht[5].

c) Verstöße

70 Wird ein Wohnungseigentümer versehentlich und/oder zu Unrecht von der Versammlung ausgeschlossen, leiden dennoch gefasste Beschlüsse unter einem **formalen Mangel** und sind anfechtbar, aber grundsätzlich nicht nichtig (s. § 23 Rz. 96)[6]. Wird ein Wohnungseigentümer hingegen vorsätzlich ausgeschlossen, sind gleichwohl gefasste Beschlüsse nichtig.

4. Teilnahmepflicht

71 Für die Wohnungseigentümer gibt es keine **„Teilnahmepflicht"** an der Eigentümerversammlung. Aus dem die Wohnungseigentümer verbindenden Gemeinschaftsverhältnis und dem daraus erwachsenden Treue- und Rücksichtnahmegebot[7] erwächst zwar die Pflicht des einzelnen Wohnungseigentümers, an einer ordnungsmäßigen Verwaltung des gemeinschaftlichen Eigentums **mitzuwirken**[8]. Diese Pflicht korrespondiert auch mit dem Anspruch der anderen Woh-

---

1 BGH v. 29.1.1993 – V ZB 24/92, BGHZ 121, 236 (242)= ZMR 1993, 287 = NJW 1993, 1929.
2 BayObLG v. 19.2.2004 – 2Z BR 212/03, BayObLGReport 2004, 313 (314) = NJW-RR 2004, 1312 = MietRB 2004, 210.
3 OLG Hamm v. 28.10.2003 – 15 W 203/02, ZMR 2004, 699 (700) = MietRB 2004, 266.
4 BayObLG v. 19.2.2004 – 2Z BR 212/03, BayObLGReport 2004, 313 (314) = NJW-RR 2004, 1312 = MietRB 2004, 210.
5 A.A. LG Dresden v. 20.12.2006 – 2 T 0594/05, ZMR 2007, 492.
6 Siehe dazu auch *Becker*, WE 1996, 50 (52).
7 *Elzer* in KK-WEG § 10 Rz. 41 ff.
8 BGH v. 22.4.1999 – V ZB 28/98, NJW 1999, 2108 (2109) = ZMR 1999, 647.

nungseigentümer aus § 21 Abs. 4 auf eine ordnungsmäßige Verwaltung. Ein Eigentümer kann deshalb gerichtlich gegen seinen Willen gezwungen werden, einen bestimmten Beschluss mitzufällen oder einer Vereinbarung zuzustimmen. Die **Teilnahme** an der Eigentümerversammlung ist aber freiwillig und **nicht erzwingbar**. Dies folgt bereits daraus, dass sich jeder Stimmberechtigte der Stimme enthalten kann. Eine Stimmenthaltung steht einer Nichtteilnahme aber gleich.

Eine Teilnahmepflicht besteht hingegen für den **Verwalter** als nach § 24 Abs. 5 Variante 1 **geborenen Versammlungsleiter** (Rz. 96) und auch für den Vorsitzenden des Beirats oder seinen Stellvertreter – auch wenn diese keine Wohnungseigentümer sind. Da diese mit ihrer Unterschrift unter der Niederschrift für deren Richtigkeit einstehen (Rz. 128), müssen sie sich auch persönlich über den Inhalt und Gang der Eigentümerversammlung versichern.

VI. Versammlungsort und Versammlungszeit

1. Versammlungsort

a) Bestimmung der Wohnungseigentümer

Welcher **Versammlungsort** (geografische Gemeinde) und welche **Versammlungsstätte** (Saal, Raum, etc.) vom Einzuladenden zu wählen sind, können die Wohnungseigentümer durch Vereinbarung[1], aber auch durch Beschluss bestimmen. Soweit sie eine solche Bestimmung treffen, ist der Ladende, zumeist der Verwalter, an diese Bestimmung gem. § 24 Abs. 2 gebunden. Unwirksam wäre allerdings eine Vereinbarung, die für eine Wohnanlage in Norddeutschland einen Versammlungsort auf einer spanischen Insel festlegen würde, auch wenn dort der überwiegende Teil der Wohnungseigentümer residiert.

72

b) Fehlende Bestimmung

Fehlt es an einer Bestimmung, unterfällt sowohl die Auswahl und Festlegung des Versammlungsortes als auch die genaue Bestimmung der Versammlungsstätte dem **Gestaltungsspielraum** des **Einberufenden**[2]. Die von ihm bei der Auswahl einzuhaltenden Ermessensgrenzen und die **jeweiligen Prüfsteine** ergeben sich aus der Funktion der Wohnungseigentümerversammlung (dazu § 23 Rz. 25) als Ort der gemeinsamen, nichtöffentlichen Willensbildung.

73

aa) Frei zugänglich, barrierefrei, verkehrsüblich und zumutbar

Der Versammlungsort muss so beschaffen sein, dass eine ordnungsmäßige Durchführung der Eigentümerversammlung gewährleistet[3] und allen Wohnungseigentümern die Teilnahme an der Versammlung möglich ist[4]. Die Versammlungsstätte muss also **frei zugänglich** sein. Ist ein Wohnungseigentümer

74

---

1 OLG Celle v. 17.11.1997 – 4 W 198/97, NZM 1998, 822.
2 OLG Köln v. 6.1.2006 – 16 Wx 188/05, ZMR 2006, 384 = NJW-RR 2006, 520 (521); *Elzer*, ZMR 2006, 85 (90).
3 KG v. 30.4.1997 – 24 W 5809/96, ZMR 1997, 487 (488).
4 OLG Hamm v. 19.6.2001 – 15 W 20/01, OLGReport Hamm 2001, 375 (376); v. 12.1.2200 – 15 W 109/00, NJW-RR 2001, 516 (517) = FGPrax 2001, 64.

an den Rollstuhl gefesselt, muss der Zugang ferner **barrierefrei** i.S.v. § 554a BGB sein. Etwa in der Bestimmung des Versammlungsortes im dritten Stock eines Bürogebäudes ohne Fahrstuhl kann deshalb ein Verstoß liegen, wenn für einen bekanntermaßen gehbehinderten Wohnungseigentümer das Aufsuchen des Versammlungsortes unzumutbar erscheint[1].

75 Versammlungsort und Versammlungsstätte müssen ferner **verkehrsüblich** zu erreichen sein[2]. Der Begriff schließt Verkehrsangebundenheit, insbesondere die Erreichbarkeit mit öffentlichen Nahverkehrsmitteln, ein. Versammlungsort und Versammlungsstätte sind außerdem am Grundsatz der **Zumutbarkeit** zu messen. Vor allem die Versammlungsstätte muss einen störungsfreien Ablauf gewährleisten und akzeptabel sein. Die Frage, ob Ort und Stätte **zumutbar** sind, ist anhand der konkreten Anlage zu beantworten. Von Bedeutung ist z.B. das Alter der Wohnungseigentümer, ihre Mobilität, ob die Anlage selbstgenutzt oder vermietet ist, außerdem die Größe der Wohnanlage. Die gewählte Versammlungsstätte ist **unzumutbar**, wenn sie von der Größe her die Teilnahme aller Wohnungseigentümer nicht zulässt. Hierbei soll es den Wohnungseigentümern für begrenzte Zeit und zur Einsparung von Versammlungskosten allerdings zumutbar sein, **gewisse Unbequemlichkeiten** in Kauf zu nehmen[3]. Sind in kleineren Anlagen im Versammlungsvorfeld zwischen einigen Wohnungseigentümern bereits Reibereien aufgetreten und Weiterungen nicht auszuschließen, ist etwa die Wahl eines Wohnwagens als Versammlungsstätte ermessensfehlerhaft[4].

bb) Ortsbezug

76 Nach h.M. ist grundsätzlich darauf zu achten, dass der Versammlungsort einen **örtlichen Bezug** zur Wohnanlage hat („näherer Umkreis")[5]. Ähnlich wie nach § 121 Abs. 5 Satz 1 AktG sollte die Eigentümerversammlung wenn möglich am **Ort der Wohnanlage** stattfinden. Auswärtige Wohnungseigentümer haben eine entsprechende Anreise von vornherein in Kauf zu nehmen, nicht aber die Wohnungseigentümer, die in der Anlage oder zumindest in der Gemeinde wohnen, in der die Anlage gelegen ist. Das Interesse der in der Anlage oder an ihrem Ort wohnenden Eigentümer ist gegenüber den Wohnungseigentümern, die nur als Anleger auftreten, regelmäßig stärker zu berücksichtigen. Der Grundsatz, dass eine Eigentümerversammlung jedenfalls im näheren Umkreis der Wohnanlage stattzufinden hat, gilt sogar dann, wenn es sich um ein **Anlageobjekt** handelt,

---

1 LG Bonn v. 3.11.2003 – 8 T 113/03, ZMR 2004, 218 (219).
2 BGH v. 7.3.2002 – V ZB 24/01, 440 (445); OLG Köln v. 13.9.2004 – 16 Wx 168/04, OLGReport Köln 2005, 1; OLG Hamm v. 19.6.2001 – 15 W 20/01, OLGReport Hamm 2001, 375 (376); BayObLG v. 25.6.1987 – BReg 2Z 68/86, BayObLGZ 1987, 219 = MDR 1987, 937; OLG Frankfurt v. 9.8.1982 – 20 W 403/82, OLGZ 1982, 418.
3 OLG Düsseldorf v. 1.3.1993 – 3 Wx 512/92, WuM 1993, 305 zur Waschküche als Versammlungsort; OLG Hamm v. 28.11.1991 – 15 W 169/91, WE 1992, 136 zu einem Kellerflur.*Gottschalg*, NZM 1998, 825.
4 OLG Hamm v. 12.12.2000 – 15 W 109/00, ZMR 2001, 383 = OLGReport Hamm 2001, 807.
5 OLG Köln v. 6.1.2006 – 16 Wx 188/05, ZMR 2006, 384 = NJW-RR 2006, 520 (521); v. 12.9.1990 – 16 Wx 101/90, NJW-RR 1991, 725; offen gelassen von OLG Hamm v. 20.7.2006 – 15 W 142/05, ZMR 2007, 63 (64)= NJW-RR 2007, 161 = OLGReport Hamm 2006, 818 (819) = MietRB 2007, 122.

bei dem die Mehrheit der Wohnungseigentümer außerhalb des Ortes der Anlage wohnhaft ist[1]. Auch dass bei Ferienanlagen oder Kapitalanlegerobjekten die Mehrheit der Eigentümer meist nicht „anlagenah" lebt, stellt ein Auswahlkriterium dar.

Etwas anderes kann ausnahmsweise dann gelten, wenn Eigentümerversammlungen mehrfach beanstandungslos an einem auswärtigen Ort abgehalten wurden und die Interessen der Miteigentümer hierdurch nicht oder allenfalls marginal berührt sind, da sie **sämtlich** in großer Entfernung sowohl zum Ort der Anlage als auch dem der Versammlung ansässig sind[2]. 77

cc) Nichtöffentlichkeit

Die Versammlungsstätte muss geeignet sein, Verstöße gegen den Grundsatz der Nichtöffentlichkeit (s. Rz. 82) zu verhindern. Große Bedenken bestehen etwa, eine Eigentümerversammlung in einem nicht abgetrennten, öffentlich zugänglichen Gaststättenraum abzuhalten, weil damit die Vertraulichkeit der Beratungen und der freie Austausch der Gedanken nicht gewährleistet werden kann[3]. Eine Gaststätte stellt keinen angemessenen Ort für eine Eigentümerversammlung dar. Sind sowohl äußere Lärmbeeinträchtigungen als auch die Wahrnehmbarkeit des gesprochenen Wortes für Nachbarn oder Passanten ausgeschlossen, kann die Versammlung indes im Freien, etwa im Garten der Anlage, abgehalten werden. 78

2. Versammlungszeit

Welche Versammlungszeit zu wählen ist, bestimmen **originär die Wohnungseigentümer**. Treffen sie keine Regelung, hat der Einberufende auch bei Auswahl einer **angemessenen Zeit** Ermessen. Abwägung und Entscheidung müssen sich an den Besonderheiten der Anlage und den Belangen der Wohnungseigentümer ausrichten und können im Einzelfall sehr stark voneinander abweichen. Gesichert ist auch hier, dass der Zeitpunkt „verkehrsüblich" und zumutbar sein muss (s. bereits Rz. 75). Dies folgt auch daraus, dass allen Wohnungseigentümern die Teilnahme an der Versammlung ermöglicht werden muss und nicht erschwert werden darf[4]. Bei der Abwägung, welche Zeit angemessen ist, sind u.a. **folgende Prüfsteine** zu berücksichtigen: 79

– Wünsche der Wohnungseigentümer, auch einer Minderheit (soweit diese berechtigte Belange geltend macht);
– die Größe der Anlage; jedenfalls in kleineren Wohnanlagen ist der Ladende im Rahmen pflichtgemäßer Ermessensausübung verpflichtet, zu versuchen, jedem Mitglied in zumutbarer Weise eine Versammlungsteilnahme zu ermöglichen[5];

---

1 OLG Köln v. 6.1.2006 – 16 Wx 188/05, ZMR 2006, 384 = NJW-RR 2006, 520 (521).
2 OLG Hamm v. 20.7.2006 – 15 W 142/05, ZMR 2007, 63 (64)= NJW-RR 2007, 161 = OLGReport Hamm 2006, 818 (819) = MietRB 2007, 122.
3 KG v. 30.4.1997 – 24 W 5809/96, ZMR 1997, 487 (488); OLG Frankfurt v. 7.4.1995 – 20 W 16/95, ZMR 1995, 326 = WuM 1996, 177 = NJW 1995, 3395.
4 OLG Zweibrücken v. 29.11.1993 – 3 W 133/93, WE 1994, 146.
5 LG München I v. 19.7.2004 – 1 T 3954/04, NZM 2005, 591.

- die Anzahl der zu besprechenden Punkte[1];
- die voraussichtliche Dauer der Eigentümerversammlung;
- die Anzahl der Eigentümer;
- die Frage, ob die Einheiten selbstgenutzt und vermietet sind oder es sich um Ferienwohnungen handelt;
- die Fragen, ob die Wohnungseigentümer vor Ort ansässig sind und wie der gewählte Versammlungsort zu erreichen ist;
- die gewöhnlichen Arbeitszeiten;
- ob der gewählte Zeitpunkt mit anderen Veranstaltungen kollidiert;
- gesetzliche oder kirchliche Feiertage und Schulferien. Soll eine Wohnungseigentümerversammlung z.B. zwischen Weihnachten und Neujahr stattfinden, ist auf das Interesse der einzelnen Wohnungseigentümer, in dieser Zeit ihre Angehörigen zu besuchen, besondere Rücksicht zu nehmen[2].

3. Eröffnung und Schluss der Eigentümerversammlung

80 Die Eigentümerversammlung beginnt nach Ermessen des Versammlungsleiters mit der **formellen Eröffnung**. Die Eigentümerversammlung ist hingegen beendet, wenn sie der Versammlungsleiter **formell** schließt. Die Eigentümerversammlung ist zu schließen, wenn nach Ansicht der Mehrheit der Teilnahme- und Stimmberechtigten sämtliche Punkte vollständig erörtert und alle Beschlüsse verkündet und festgestellt sind. Die Eigentümerversammlung ist ferner zu schließen, wenn sie nicht beschlussfähig (§ 25 Rz. 64 ff.) ist. Ein Recht, die Eigentümerversammlung gegen den Willen der Wohnungseigentümer zu schließen, steht dem Versammlungsleiter allerdings nicht zu. Eine Versammlung kann auch nur **vorübergehend geschlossen** und auf den in der Ladung bestimmten weiteren Tag verlegt (vertagt) werden (s. Rz. 39).

81 Verlässt ein Wohnungseigentümer die Versammlung in der berechtigten Annahme, der betreffende Punkt sei abgehandelt, ist ein danach gefasster Beschluss als nicht ordnungsmäßig **anfechtbar**[3]. Verlässt hingegen der Versammlungsleiter die Eigentümerversammlung, nachdem sämtliche Punkte der Tagesordnung abgehandelt worden sind, ohne die Versammlung formell zu schließen, ist die Eigentümerversammlung mit dem Weggang **konkludent** beendet[4]. Dies gilt auch dann, wenn der Versammlungsleiter die Eigentümerversammlung nicht ausdrücklich geschlossen hat und wenn alle Wohnungseigentümer noch bleiben. Beschlüsse können in diesem Falle allerdings dann gefasst werden, wenn die Wohnungseigentümer einen anderen Versammlungsleiter aus dem Teilnehmerkreis bestimmen.

---

1 OLG Köln v. 13.9.2004 – 16 Wx 168/04, ZMR 2005, 77.
2 OLG Hamm v. 12.12.2000 – 15 W 109/00, ZMR 2001, 383 = OLGReport Hamm 2001, 807.
3 BayObLG v. 18.3.1999 – 2Z BR 151/98, ZMR 1999, 570 = NZM 1999, 672 (673).
4 BayObLG v. 30.7.1998 – 2Z BR 54/98, NZM 1998, 1010 = BayObLGReport 1998, 74.

4. Grundsatz der Nichtöffentlichkeit

a) Herleitung und Sinn und Zweck

Die Versammlungen der Wohnungseigentümer sind nicht öffentlich (**Grundsatz der Nichtöffentlichkeit**)[1]. Die Rechtsprechung leitet den Grundsatz der Nichtöffentlichkeit aus den Erwägungen ab, dass die Wohnungseigentümer ein schutzwürdiges Interesse daran haben, **fremden Einfluss** von der Versammlung **fernzuhalten**, einen **ungestörten Ablauf** der Versammlung zu sichern und – auch – einer Verbreitung ihrer Angelegenheiten in der Öffentlichkeit vorzubeugen[2]. Die Wohnungseigentümer sollen in ihrer Versammlung auftretende Meinungsverschiedenheiten dort grundsätzlich allein unter sich austragen. Außenstehende Dritte sollen nicht auf den Ablauf der Versammlung und dadurch womöglich auf die Meinungsbildung der Wohnungseigentümer Einfluss nehmen können[3]. Der Grundsatz der Nichtöffentlichkeit bezweckt also nicht, jedenfalls allenfalls nachrangig, Beratung und Beschlussfassung der Eigentümerversammlung **geheim** zu halten[4]. Ob ein nichtteilnahmeberechtigter Dritter von Berufs wegen, etwa nach § 43a Abs. 2 BRAO, zur Verschwiegenheit verpflichtet ist, ist daher belanglos. Ist durch eine Vereinbarung oder einen Beschluss nichts anderes bestimmt (Rz. 83), haben **originär** nur die Wohnungseigentümer und deren bevollmächtigte Vertreter, Dritte, soweit sie das Stimmrecht eines Wohnungseigentümers wahrnehmen, sowie – um ihre Funktionen ausführen zu können – die Organe (die „Organwalter") des Verbandes sowie die Mitarbeiter der Organe ein **Teilnahmerecht** (Rz. 60)[5]. Die Eigentümerversammlung hat nach Sinn und Zweck des Grundsatzes der Nichtöffentlichkeit – soweit nichts anderes vereinbart ist – in einer **nichtöffentlichen Versammlungsstätte** in der Gemeinde oder Stadt, in der sich auch die Wohnungseigentumsanlage befindet, oder in unmittelbarer geographischer Nähe stattzufinden (dazu Rz. 72 ff.).

82

b) Abdingbarkeit

Der Grundsatz der Nichtöffentlichkeit ist durch eine Vereinbarung, **nicht aber** im Beschlusswege **disponibel**. Ob die Mehrheit der in einer Eigentümerversammlung anwesenden Stimmberechtigten oder sogar die Gesamtheit aller An-

83

---

1 BGH v. 29.1.1993 – V ZB 24/92, BGHZ 121, 236 (241) = ZMR 1993, 287 = NJW 1993, 1929; OLG Hamburg v. 11.4.2007 – 2 Wx 2/07, ZMR 2007, 550 (551); OLG München v. 18.9.2006 – 34 Wx 089/06, ZMR 2006, 960 (961); OLG Frankfurt v. 17.1.2005 – 20 W 30/04, OLGReport 2005, 736 (739); v. 7.4.1995 – 20 W 16/95, ZMR 1995, 326 = WuM 1996, 177 = NJW 1995, 3395; BayObLG v. 19.2.2004 – 2Z BR 212/03, BayObLGReport 2004, 313 (314) = NJW-RR 2004, 1312; KG v. 15.9.2000 – 24 W 3301/00, ZWE 2001, 75 (76) = ZMR 2001, 223 = WuM 2001, 44; AG Kassel v. 7.12.2005 – 800 II 74/05 WEG, ZMR 2006, 232 (233); *Sauren*, ZWE 2007, 21.
2 BGH v. 11.11.1986 – V ZB 1/986, BGHZ 99, 90 (95) = MDR 1987, 485; OLG Hamburg v. 11.4.2007 – 2 Wx 2/07, ZMR 2007, 550 (551); OLG Hamm v. 27.9.2006 – 15 W 98/06, ZMR 2007, 133 (134) = FGPrax 2007, 71; BayObLG v. 16.5.2002 – 2Z BR 32/02, BayObLGReport 2002, 352; OLG Hamm v. 13.10.1989 – 15 W 314/89, OLGZ 1990, 57 = MDR 1990, 343; *Sauren*, ZWE 2007, 21; *Elzer*, MietRB 2006, 12.
3 OLG Hamm v. 27.9.2006 – 15 W 98/06, ZMR 2007, 133 (134) = FGPrax 2007, 71; BayObLG v. 19.2.2004 – 2Z BR 212/03, BayObLGReport 2004, 313 (314) = NJW-RR 2004, 1312 = NZM 2004, 388.
4 BayObLG v. 16.5.2002 – 2Z BR 32/02, BayObLGReport 2002, 352.
5 A.A. für den Geschäftsführer der GmbH *Lutter/Hommelhoff* § 48 GmbHG Rz. 5.

wesenden bereit ist, einen nicht teilnahmeberechtigten Dritten in ihren Reihen hinzunehmen, ist **bedeutungslos**[1]. Die Teilnahme eines nichtberechtigten Dritten ist stets ein Verstoß gegen die ordnungsmäßige Verwaltung i.S.v. § 21 Abs. 4. Auf einen etwaigen „Widerspruch" oder eine „Rüge"[2] durch einen Wohnungseigentümer kommt es nicht an[3]. Über die Frage, ob ein nicht teilnahmeberechtigter Dritter an der Eigentümerversammlung teilnehmen kann, darf deshalb nicht durch einen Beschluss zur Geschäftsordnung abgestimmt werden[4]. Besitzt der Dritte hingegen einen Anspruch auf Teilnahme, ist dieser aber umstritten, kann im Wege des Beschlusses **deklaratorisch** das Anwesenheitsrecht bestätigt werden[5]. Des Beschlusses bedarf es allerdings nicht.

c) Verstöße

84   Wird gegen den Grundsatz der Nichtöffentlichkeit verstoßen, macht das Beschlüsse aus formellen Gründen **anfechtbar**, nicht aber unwirksam[6]. Ein Verstoß ist etwa anzunehmen, wenn die Eigentümerversammlung im offenen Gastraum einer Gaststätte stattgefunden hat, in dem sich weitere Gäste aufhielten[7], oder wenn ein nicht teilnahmeberechtigter Dritter in der Eigentümerversammlung anwesend war (dazu auch Rz. 78)[8].

VII. Form, Inhalt und Frist der Einberufung

1. Form der Einberufung

a) Allgemeines

85   Die Versammlung ist nach § 24 Abs. 4 Satz 1 in **Textform** einzuberufen, sofern eine strengere Form, etwa die Schriftform, nicht von den Wohnungseigentümern vereinbart ist. Die Erklärung muss aus diesem Grunde gem. den Vorgaben des § 126b BGB in einer Urkunde oder auf andere zur dauerhaften Wiedergabe **in Schriftzeichen** geeigneter Weise **abgegeben**, die Person des Erklärenden muss **genannt** und der **Abschluss** der Erklärung muss durch Nachbildung der Namens-

---

1   Die Einordnung des Grundsatzes der Nichtöffentlichkeit als „Minderheitenrecht", ist insoweit irreführend, a.A. *Sauren*, ZWE 2007, 21 (25). Der Grundsatz schützt die Gesamtheit der Wohnungseigentümer vor einer Beeinflussung während der Beschlussfassung. Geschützt sind auch die Wohnungseigentümer, die an der Eigentümerversammlung gar nicht teilnehmen.
2   So aber *Sauren*, ZWE 2007, 21 (22).
3   A.A. OLG Hamburg v. 11.4.2007 – 2 Wx 2/07, ZMR 2007, 550 (552).
4   Wie hier *Sauren*, ZWE 2007, 21 (25); a.A. OLG Frankfurt v. 17.1.2005 – 20 W 30/04, OLGReport Frankfurt 2005, 736 (739); BayObLG v. 19.2.2004 – 2Z BR 212/03, BayObLGReport 2004, 313 (314) = NJW-RR 2004, 1312 = NZM 2004, 388.
5   OLG Hamm v. 12.12.1996 – 15 W 424/96, OLGReport Hamm 1997, 177 = NJW-RR 1997, 846.
6   BayObLG v. 19.2.2004 – 2Z BR 212/03, BayObLGReport 2004, 313 (314) = NJW-RR 2004, 1312; OLG Frankfurt v. 7.4.1995 – 20 W 16/95, ZMR 1995, 326 = WuM 1996, 177 = NJW 1995, 3395; FA MietRWEG/*Elzer* 20. Kapitel Rz. 325.
7   OLG Frankfurt v. 7.4.1995 – 20 W 16/95, ZMR 1995, 326 = WuM 1996, 177 = NJW 1995, 3395.
8   OLG Frankfurt v. 17.1.2005 – 20 W 30/04, OLGReport Frankfurt 2005, 736 (739); *Sauren*, ZWE 2007, 21 (24).

unterschrift oder anders **erkennbar** gemacht werden. Von § 126b BGB werden neben der **stets ausreichenden** schriftlichen Verkörperung auf Papier ferner auch digitalisierte Inhalte erfasst, welche auf einem Speichermedium enthalten sind und sich in Schriftzeichen darstellen lassen[1]. **Grundsätzlich zulässig** ist damit, die Eigentümerversammlung durch eine Fotokopie, durch ein Fax, ein Computerfax, ein Telegramm, eine E-Mail oder auf ähnliche Weise einzuberufen. Eine Einberufung durch „SMS" erscheint rechtlich zulässig, praktisch indes ausgeschlossen. Ein Beschluss, der einen Wohnungseigentümer verpflichten soll, die für eine bestimmte elektronische Ladung erforderlichen elektronischen Kommunikationseinrichtungen zu schaffen, wäre wegen fehlender Beschlusskompetenz nichtig[2]. Der wesentliche Inhalt der Einberufung (Rz. 91) muss sich aus dem der Textform genügenden Einladungsschreiben ergeben. Die Bezugnahme auf ein nicht der Textform genügendes Beiblatt ist unwirksam. Wird gegen die Textform verstoßen, macht dies einen Beschluss aus formellen Gründen anfechtbar, aber nicht nichtig[3].

Welche der Textform genügende Verkörperung der Einladende wählt, unterliegt seinem Ermessen. Die Ermessensgrenzen folgen aus der Art der Wohnanlage und Zusammensetzung der Wohnungseigentümer, also vor allem deren Alter, Bildungsstand, Einkommen und üblichen Gewohnheiten. In einer überwiegend von älteren Wohnungseigentümern genutzten Anlage mag eine Einberufung durch Telegramm oder Fax heute als möglich, durch E-Mail oder über eine Website aber noch unüblich sein. Für die Auswahlentscheidung wesentlich ist, ob die Wohnungseigentümer mit der gewählten Übertragungsart **rechnen mussten** und hierfür dem Einladenden ihr „Einverständnis" signalisiert haben[4]. Dieses Einverständnis kann, muss aber nicht darin zu erkennen sein, wenn ein Wohnungseigentümer etwa dem Verwalter seine Faxnummer oder seine E-Mail-Adresse aktiv mitteilt. Sucht sich der Verwalter relevante Daten selbständig heraus, ist dies hingegen bedeutungslos. Der Verwalter ist zu einer „formgemischten" Einberufung berechtigt; er kann also jeden Wohnungseigentümer über die von diesem bereitgestellte und/oder gewollte „Empfangseinrichtung" einladen[5].

86

b) Beweislast

Wer aus der Ladung **Rechte herleitet**, hat ihre Wirksamkeit, d.h. die Erfüllung der Formerfordernisse und den Zugang, **nachzuweisen**[6]. § 371a ZPO ist auf die Textform nicht anwendbar[7].

87

---

1 *Janal*, MDR 2006, 368 (369).
2 *Mankowski*, ZMR 2002, 481 (489).
3 Zum alten Recht (Schriftform) s. BayObLG v. 27.11.1997 – 2Z BR 128/97, NZM 1998, 634 = WE 1999, 77 (78).
4 Ähnlich *Häublein*, ZMR 2004, 723 (724).
5 *Bielefeld*, NZM 2001, 1121 (1122); *Mankowski*, ZMR 2001, 481 (489).
6 Zur E-Mail *Roßnagel/Pfitzmann*, NJW 2003, 1209; *Mankowski*, NJW 2002, 2822.
7 PWW/*Ahrens* § 126b BGB Rz. 7.

2. Einberufungsfrist

a) Normalfall

88 Die Frist der Einberufung soll gem. § 24 Abs. 4 Satz 2, sofern nicht ein Fall besonderer Dringlichkeit vorliegt (Rz. 90) oder etwas anderes **vereinbart** ist[1], **mindestens zwei Wochen** betragen[2]. Die Einberufungsfrist beginnt an dem Tag zu laufen, an dem das Einberufungsschreiben dem **letzten der Einzuberufenden** zugeht[3]. Bei Miteigentümern eines Wohnungseigentums muss die Ladung jedem Miteigentümer zugehen (die Ladung muss jedenfalls an beide Miteigentümer adressiert sein, Rz. 42). Im Regelfall ist ein Zugang frühestens am zweiten Tag nach der Absendung anzunehmen[4]. Für die Berechnung gelten §§ 187 Abs. 1, 188 Abs. 2 BGB. § 193 BGB ist **nicht anzuwenden**[5].

89 Wird ein weiterer Punkt auf die Tagesordnung aufgenommen, gilt die Frist des § 24 Abs. 4 Satz 2 auch für die Ergänzung. Die rechtmäßige Aufnahme von Tagesordnungspunkten und die Ergänzung der Tagesordnung z.B. noch in der Eigentümerversammlung scheidet damit aus[6]. Ist eine längere Einberufungsfrist von beispielsweise vier Wochen vereinbart worden, ist der Verwalter daran gebunden. Einer entsprechenden Aufnahme in den Verwaltervertrag bedarf es nach § 21 Abs. 4 nicht[7]. Im Einzelfall kann es das zwischen den Wohnungseigentümern bestehende Rücksichtnahmegebot gebieten, die Einberufungsfrist zu **verlängern**, z.B. wenn ein Wohnungseigentümer an der Eigentümerversammlung teilnehmen will, aber im Ausland wohnt[8].

b) Besondere Dringlichkeit

90 Ob eine **besondere** Dringlichkeit vorliegt, die die Verkürzung der gesetzlichen Einberufungsfrist rechtfertigt, ist nach Ermessen des Einberufenden zu beurteilen[9] und eine **Frage des Einzelfalls**. Eine besondere Dringlichkeit liegt vor, wenn einerseits die gesetzliche Mindestfrist nicht eingehalten werden kann und andererseits der Verwalter ohne Beteiligung der Wohnungseigentümer nicht für den Verband Wohnungseigentümergemeinschaft oder für die Wohnungseigentümer handlungsfähig ist – ihm also nicht bereits das Gesetz durch § 27 Abs. 2 oder Abs. 3 oder eine Vereinbarung oder ein Beschluss eine Handlungsmacht einräumen. Ob eine besondere Dringlichkeit anzunehmen ist, ist objektiv und nicht nach Einschätzung des Verwalters zu beurteilen. Ob ein dringender Fall vorliegt,

---

1 BayObLG v. 15.12.2004 – 2Z BR 163/04, BayObLGReport 2005, 318 = WuM 2005, 148.
2 Ursprünglich war im Gesetz nur eine Frist von einer Woche vorgesehen. Die heutige Fassung beruht auf dem Gesetz zur Änderung des Wohnungseigentumsgesetzes und anderer Gesetze vom 26.3.2007 (BGBl. I, 370).
3 Vgl. auch BGH v. 30.3.1987 – II ZR 180/86, BGHZ 100, 264 (268) zum GmbH-Recht.
4 BGH v. 30.3.1987 – II ZR 180/86, BGHZ 100, 264 (269) zum GmbH-Recht.
5 *Kümmel*, MietRB 2004, 328; *Vandenhouten* in Köhler/Bassenge, Teil 5 Rz. 67; s. auch OLG Hamm v. 14.3.2000 – 27 U 102/99, NJW-RR 2001, 105 zu § 51 Abs. 1 Satz 2 GmbHG.
6 *Elzer*, MietRB 2006, 73.
7 *Elzer*, ZMR 2006, 85 (88); *Bub*, NZM 2001, 502 (505).
8 OLG Karlsruhe v. 16.5.2006 – 14 Wx 50/04ZMR 2006, 795 (796).
9 OLG Frankfurt 9.8.1982 – 20 W 403/82, OLGZ 1982, 418.

obliegt in einem Gerichtsverfahren in erster Linie der tatrichterlichen Würdigung und ist durch das Berufungsgericht nur beschränkt nachprüfbar[1].

3. Inhalt der Einberufung

Die Einladung **muss** den **Versammlungsort**[2], die **Versammlungsstätte** und den **Versammlungszeitpunkt** benennen. Die Mitteilung ist wesentlich für eine ordnungsmäßige Einladung, da dem Einzuladenden mangels Kenntnis eine Teilnahme nicht möglich ist[3]. Ferner müssen gem. § 23 Abs. 2 **sämtliche Beschlussgegenstände** in ordnungsmäßiger Art und Weise (dazu § 23 Rz. 55) benannt sein sowie die für die Beschlussfassung unabdingbaren **Unterlagen** für eine Vorprüfung übermittelt werden. Der Gegenstand der beabsichtigten Beschlussfassung ist derart anzugeben, dass die Eingeladenen „weitestgehend" vor Überraschungen geschützt sind und ihnen die Möglichkeit der Vorbereitung und der Überlegung, ob ihre Teilnahme veranlasst ist, gegeben wird (§ 23 Rz. 51)[4]. Notwendig ist es auch nicht, der Ladung die Gesamt- und Einzelwirtschaftspläne oder die Gesamt- und die Einzeljahresabrechnung beizufügen[5]. Kann eine für die künftige Beschlussfassung wichtige Unterlage nicht mitgesandt werden, z.B. wegen ihrer „Dicke" oder aus Kostengründen, muss der Einladende dafür Sorge tragen, dass die Unterlagen rechtzeitig vor der Versammlung eingesehen werden können. Bei Kostenübernahme ist jeder Wohnungseigentümer berechtigt, auch eine Übersendung zu fordern. Wünschenswert, nach einigen Auffassungen sogar notwendig ist[6], dass vor (und auch während) der Eigentümerversammlung den Wohnungseigentümern uneingeschränkt und in zumutbarer Weise Gelegenheit gegeben wird, die Einzelabrechnungen sämtlicher Miteigentümer einzusehen.

91

4. Zugang

Eine Einberufung ist im Wohnungseigentumsrecht nur wirksam, wenn sie einem zu **Ladenden** auch i.S.v. § 130 Abs. 1 Satz 1 BGB „**zugeht**"[7]. Bei mehreren Eigentümern eines Wohnungseigentums muss die Ladung sämtlichen Eigentümern zugehen. Die **Absendung** der Ladung reicht für ihren Zugang **nicht** aus. Nicht ein Beschluss[8], aber eine Vereinbarung, wonach eine an die dem Ladenden zuletzt genannte Adresse abgesendete Ladung als zugegangen gilt (**Zugangs- bzw. Ladungsfiktion**), ist wirksam[9]. Eine Ladung gilt erst dann als zugegangen, sobald sie derart in den Machtbereich des Empfängers gelangt ist, dass die Mög-

92

---

1 BayObLG v. 15.12.2004 – 2Z BR 163/04, BayObLGReport 2005, 318 (319).
2 BayObLG v. 8.12.2004 – 2Z BR 199/04, MietRB 2005, 154 = ZMR 2005, 801.
3 BayObLG v. 8.12.2004 – 2Z BR 199/04, MietRB 2005, 154 = ZMR 2005, 801.
4 OLG München v. 14.9.2006, 34 Wx 49/06, ZMR 2006, 954 (955).
5 A.A. noch OLG Köln v. 29.3.1995 – 16 Wx 36/95, NJW-RR 1995, 1295 = ZMR 1995, 324; s. auch OLG Köln v. 4.6.1997 – 16 Wx 87/97, WuM 1998, 50 = OLGReport 1997, 249; *Schuschke*, NZM 1998, 423 (424).
6 OLG Köln v. 5.4.2001 – 16 Wx 101/00, OLGReport Köln 2001, 267 (268).
7 OLG Hamburg v. 21.6.2006 – 2 Wx 33/05, ZMR 2006, 704 (705).
8 *Merle*, ZWE 2001, 196.
9 OLG Hamburg v. 21.6.2006 – 2 Wx 33/05, ZMR 2006, 704 (705); OLG Frankfurt v. 15.10.2004 – 20 W 370/03, OLGReport Frankfurt 2005, 423 (425); *Drasdo*, Eigentümerversammlung, Rz. 100; a.A. LG Magdeburg v. 22.7.1996 – 3 T 117/96, NJW-RR 1997, 969 = Rpfleger 1997, 108.

lichkeit der Kenntnisnahme besteht und unter gewöhnlichen Verhältnissen mit einer Kenntnisnahme zu rechnen ist[1]. Für den Zugang ist nicht ausreichend, wenn der Einladende eine **falsche Ladungsadresse** gewählt hat[2]. Hat ein Wohnungseigentümer seine ladungsfähige Adresse nicht oder falsch mitgeteilt, muss er sich die „Nichtladung" als Folge seiner **Obliegenheitsverletzung**, die Grundlagen für seine Teilnahme an der Eigentümerversammlung zu legen, selbst zurechnen – und kann also gleichwohl gefasste Beschlüsse jedenfalls aus diesem Grunde **nicht anfechten**[3]. Dennoch gefasste Beschlüsse sind wegen eines solchen „Ladungsmangels" nicht anfechtbar. Die Darlegungs- und Beweislast, dem Einladenden seine ladungsfähige Adresse mitgeteilt zu haben, trifft den entsprechenden Wohnungseigentümer.

93 Hat ein Wohnungseigentümer mehrmals unter einer falschen Anschrift Schreiben zugesandt bekommen, ohne die falsche Anschrift zu rügen, kann er sich ohne weiteres auf die mangelnde Ladung berufen, wenn er das Ladungsschreiben tatsächlich nicht erhalten hat[4].

5. Ladungsmängel

94 Obwohl es sich bei der Ladungsfrist um eine „**Sollvorschrift**"[5] handelt, sind Beschlüsse auf einer Versammlung, bei der die Ladungsfrist missachtet wurde, nicht ordnungsmäßig und auf eine Anfechtung hin also aufzuheben[6]. Verstöße gegen die Ladungsfrist machen wie auch andere Ladungsmängel als **formelle Mängel** Beschlüsse nach h.M. nur **anfechtbar**, führen aber nicht dazu, dass Beschlüsse unwirksam (nichtig) sind (dazu ausführlich § 23 Rz. 96). Dabei wird als Erfahrungssatz „vermutet", dass der Verstoß gegen § 24 Abs. 4 Satz 2 kausal ist[7]. Eine Ungültigerklärung scheidet nur dann aus, wenn feststeht, dass der angefochtene Beschluss auch ohne Verletzung inhaltsgleich getroffen worden wäre. Etwas anderes gilt auch dann, wenn ein Wohnungseigentümer mit Vorsatz und Absicht davon abgehalten worden ist, seine gesetzlichen Rechte auszuüben (Rz. 52)[8].

---

1 BGH v. 21.1.2004 – XII ZR 214/00, BGHReport 2004, 565 = MDR 2004, 560 = NJW 2004, 1320; v. 27.10.1982 – V ZR 24/82, NJW 1983, 929 = MDR 1983, 216; v. 13.2.1980 – VIII ZR 5/79, NJW 1980, 990 = MDR 1980, 573; v. 3.11.1976 – VIII ZR 140/75, BGHZ 67, 271 (275) = NJW 1977, 194 = MDR 1977, 389; OLG Hamm v. 20.7.2006 – 15 W 142/05, OLGReport Hamm 2006, 819 (821); *Kümmel*, MietRB 2004, 328 (329).
2 LG Magdeburg v. 22.7.1996 – 3 T 117/96, NJW-RR 1997, 969 = Rpfleger 1997, 108.
3 Siehe auch *Merle*, ZWE 2001, 196.
4 LG Mönchengladbach v. 21.2.2002 – 5 T 468/01, ZMR 2002, 788.
5 BGH v. 7.3.2002 – V ZB 24/01, ZMR 2002, 440 (445) = NJW 2002, 1647 (1651) = WuM 2002, 277 (281); OLG Hamburg v. 21.6.2006 – 2 Wx 33/05, ZMR 2006, 704 (705).BayObLG v. 12.5.2004 – 2Z BR 50/04, ZMR 2004, 766 (767) = MietRB 2004, 329.
6 BGH v. 7.3.2002 – V ZB 24/01, ZMR 2002, 440 (445) = NJW 2002, 1647 (1651) = WuM 2002, 277 (281); OLG Hamburg v. 21.6.2006 – 2 Wx 33/05, ZMR 2006, 704 (705); OLG Düsseldorf v. 21.8.2002 – 3 Wx 388/01, ZMR 2002, 959 (960).
7 OLG Hamburg v. 21.6.2006 – 2 Wx 33/05, ZMR 2006, 704 (705); BayObLG v. 12.5.2004 – 2Z BR 50/04, ZMR 2004, 766 (767) = MietRB 2004, 329; BayObLG v. 28.10.1998 – 2Z BR 137/98, NZM 1999, 130 = ZMR 1999, 186; KG v. 8.11.1998 – 24 W 4180/97, ZMR 1999, 426 (428).
8 BayObLG v. 8.12.2004 – 2Z BR 199/04, ZMR 2005, 801.

VIII. Vorsitz in der Versammlung

Nach dem Gesetz **geborener Leiter** der Eigentümerversammlung ist gem. § 24 Abs. 5 Variante 1 der Verwalter. Die Wohnungseigentümer sind freilich jederzeit befugt, gem. § 24 Abs. 5 Variante 2 zu vereinbaren oder zu beschließen, dass ein „anderer" die Eigentümerversammlung leiten soll. Umgekehrt ist auch vereinbar, dass der Verwalter stets Versammlungsleiter sein soll[1].

1. Verwalter als Versammlungsleiter

a) Höchstpersönliche Aufgabe

Den Vorsitz in der Eigentümerversammlung führt nach § 24 Abs. 5 Variante 1 der Verwalter, wenn und soweit die Wohnungseigentümer nichts anderes vereinbart haben oder nichts anderes beschließen. Die Leitung der Eigentümerversammlung ist allerdings keine dem „Amt" Verwalter" zugewiesene Organfunktion. Die Versammlungsleitung ist vielmehr als eine bloße Ersatzkompetenz zu verstehen[2]. Der Verwalter als Versammlungsleiter ist nur als **Funktionsgehilfe** der Eigentümerversammlung anzusehen[3]. Die Befugnis des Verwalters zur Versammlungsleitung stellt weder eine originäre noch eine unentziehbare Kompetenz dar. Nur für den Fall, dass die Wohnungseigentümer von ihrem **autonomen Gestaltungsrecht**, eines ihrer Mitglieder den Vorsitz in der Versammlung anzutragen und dieses Mitglied die Wahl annimmt, keinen Gebrauch macht, sieht § 24 Abs. 5 Variante 1 die Ersatzzuständigkeit des Verwalters vor. Wie sich aus § 24 Abs. 5 Variante 1 ergibt, ist der Verwalter auch dann **geborener Versammlungsleiter**, wenn ein **Dritter** die Versammlung einberufen hat, z.B. der Vorsitzende des Beirats (Rz. 24 ff.)[4]. Trauen die Wohnungseigentümer dem Verwalter in diesem Falle keine ordnungsmäßige Versammlungsleitung zu, können sie jederzeit einen anderen Leiter bestimmen, § 24 Abs. 5 Variante 2.

Leitet ein Verwalter eine Eigentümerversammlung und lässt er sich dabei ebenso wie bei Vorbereitung der Eigentümerversammlung so von seinen Abneigungen gegen einen Wohnungseigentümer leiten, dass elementare Mitwirkungsrechte unterlaufen werden, ist er für die Leitung einer Eigentümerversammlung und ggf. auch für die Verwaltung von Wohnungseigentum ungeeignet (unabhängig davon, ob die Abneigungen berechtigt sind, und unabhängig davon, ob und inwieweit diese von den Wohnungseigentümern geteilt werden)[5].

b) Übertragung auf Mitarbeiter/Vertreter

Ist eine juristische Person Verwalter, kann diese durch eine allgemein vertretungsberechtigte Person, jedenfalls aber durch einen Prokuristen oder durch ei-

---

1 BayObLG v. 3.12.2003 – 2Z BR 188/03, ZMR 2004, 443 (445).
2 KG v. 15.1.2003 24 W 129/01, ZMR 2003, 598 (599) = MietRB 2003, 43 = NZM 2003, 325 = ZWE 2003, 204; *Riecke/Schmidt/Elzer* Rz. 491.
3 KG v. 28.11.1984 – 24 W 3678/84, ZMR 1985, 105 = MDR 1985, 412.
4 A.A. Weitnauer/*Lüke* Rz. 14.
5 OLG Köln v. 17.12.2004 – 16 Wx 191/04, OLGReport 2005, 181 (182); v. 22.11.2002 – 16 Wx 153/02, OLGReport 2003, 60.

nen rechtsgeschäftlich bestellten Vertreter handeln[1]. Ist der Verwalter eine natürliche Person, kann er sich eines **Erfüllungsgehilfen** i.S.d. § 278 Satz 1 BGB für den Vorsitz (aber auch etwa zur Führung der Niederschrift oder einer Teilnehmerliste) bedienen[2]. Dem steht nicht entgegen, dass nach dem Verwaltervertrag ein Verwalter regelmäßig nach §§ 675, 664 Abs. 1 Satz 1 BGB **höchstpersönlich** zur Geschäftsbesorgung verpflichtet ist (§ 26 Rz. 8 ff.). Denn den Vertragsparteien ist regelmäßig **bewusst**, dass ein Verwalter sich zur Erfüllung seiner Aufgaben der Hilfe von Mitarbeitern bedient. Die Hinzuziehung von Mitarbeitern zur Durchführung untergeordneter Tätigkeiten ist im Regelfall sogar erforderlich, damit der Verwalter seine Aufgaben nach den Grundsätzen ordnungsgemäßer Verwaltung erfüllen kann. Erheben die Wohnungseigentümer gegen die Leitung der Versammlung durch einen Erfüllungsgehilfen des Verwalters keine Einwände, kann hierin auch ein **konkludenter Beschluss** nach § 24 Abs. 5 Variante 2 liegen[3].

c) Vollständige Übertragung auf einen Dritten

99 Der Verwalter kann die Versammlungsleitung nicht von sich aus auf einen Dritten übertragen[4]. § 24 Abs. 5 Variante 2 sieht für eine Übergabe der Leitung einen **Beschluss** vor. Eine vollständige Übertragung der Verwalterstellung verträgt sich nicht mit der besonderen Vertrauensstellung des Verwalters und verstößt gegen §§ 675, 664 Abs. 1 Satz 1 BGB. Eine ggf. eingeräumte Übertragungsermächtigung ist gem. § 134 BGB **nichtig**. Wenn die Eigentümer gegen die Versammlungsleitung durch einen Dritten, etwa einen Rechtsanwalt, keine Einwände erheben, kann hierin allerdings **ein konkludenter Beschluss** liegen, die Direktion auf den Dritten zu übertragen[5]. So liegt es etwa auch, wenn die Wohnungseigentümer gegen die Leitung der Versammlung durch den Ehemann der Verwalterin in deren Gegenwart keine Einwendungen erheben[6].

2. Gekorene Versammlungsleiter

100 Die Wohnungseigentümer können vereinbaren, gem. § 24 Abs. 5 Variante 2 aber auch in der Eigentümerversammlung beschließen, dass ein **Dritter** die Versammlung leiten und ihr vorstehen soll (**gekorene Versammlungsleiter**). Dem gekorenen Versammlungsleiter stehen die gleichen Rechte zu, wie sie auch dem Verwalter als Vorsitzenden zustehen. Missbraucht ein regelmäßig zum Versammlungsleiter bestellter Wohnungseigentümer seine Rechte, kann allerdings nicht das zeitlich unbegrenzte Verbot durchgesetzt werden, dass dieser

---

1 BayObLG v. 7.8.2003 – 2Z BR 47/03, ZMR 2004, 131; OLG München v. 7.6.2005 – 32 Wx 32/05, ZMR 2005, 728 (729) = MietRB 2006, 12; OLG Schleswig v. 4.12.1996 – 2 W 85/96, MDR 1997, 821 (823) mit Anm. *Riecke* = WE 1997, 388.
2 OLG München v. 7.6.2005 – 32 Wx 32/05, ZMR 2005, 728 (729) = MietRB 2006, 12; BayObLG v. 11.4.2001 – 2Z BR 27/01, ZMR 2001, 826; KG v. 15.9.2000 – 24 W 3301/00, ZMR 2001, 223 = WuM 2001, 44.
3 Dies setzt es allerdings voraus, bei Geschäftsordnungsbeschlüssen auf eine Feststellung und Verkündung zu verzichten. Dies ist hinnehmbar, weil Dritte an solche Beschlüsse nicht gebunden sind, s. Vor §§ 23 bis 25 Rz. 69.
4 *Elzer*, MietRB 2006, 12.
5 *Elzer*, MietRB 2006, 12.
6 BayObLG v. 11.4.2001 – 2Z BR 27/01, ZMR 2001, 826.

Wohnungseigentümer nicht berechtigt ist, Eigentümerversammlungen der Wohnanlage zu leiten[1]. Wird der Missbrauch der Befugnisse als Versammlungsleiter festgestellt und besteht Wiederholungsgefahr, kann aber in einem besonderen Hauptsacheverfahren und dann auch im Wege des einstweiligen Rechtsschutzes gem. §§ 935 ff. ZPO wenigstens das **zeitlich begrenzte Verbot** ausgesprochen werden, Eigentümerversammlungen in einem bestimmten Zeitraum, etwa für die Dauer eines Jahres, zu leiten. Einfacher erscheint es allerdings, vorbeugend nicht ein Verbot gegen einen bestimmten Wohnungseigentümer auszusprechen, sondern für einen bestimmten Zeitraum positiv die Versammlungsleitung etwa durch den Verwalter anzuordnen.

3. Einzelheiten

a) Inhalt der Versammlungsleitung

Die Eigentümerversammlung ist vom Versammlungsleiter fair, unparteilich nach rechtsstaatlichen und demokratischen Prinzipien zu moderieren und zu leiten, insbesondere unter Beachtung des Grundrechts auf rechtliches Gehör, des Gleichbehandlungsgrundsatzes sowie des Erforderlichkeits- und Verhältnismäßigkeitsprinzips[2]. Der Vorsitzende hat die Eigentümerversammlung gem. § 21 Abs. 4 ferner so zu leiten, wie es den Vereinbarungen und Beschlüssen und, soweit solche nicht bestehen, dem Interesse der Gesamtheit der Wohnungseigentümer nach billigem Ermessen entspricht. Primäre Aufgabe des Versammlungsleiters ist es, auf diese Weise für einen geordneten, gesetzmäßigen, reibungslosen sowie zügigen Versammlungsablauf und für eine sachgerechte Erledigung sämtlicher Versammlungsgegenstände zu sorgen[3]. Auf welche Art und Weise der Versammlungsleiter diesen Aufgaben im Einzelnen gerecht wird, ist dabei grundsätzlich seine Sache. 101

Der Versammlungsleiter muss den Teilnehmern der Eigentümerversammlung nach pflichtgemäßem Ermessen einen gewissen Mindeststandard an tatsächlicher Beratungsmöglichkeit vor der Abstimmung einräumen, nicht jedoch die zeitraubende Durchsicht umfangreicher, schon vorher auf Wunsch einsehbarer Verwaltungsunterlagen[4]. Andererseits hat der Versammlungsleiter im Interesse einer zügigen Verhandlung auch die Befugnis, aus sachlichen Gründen nach einer ausführlichen Diskussion vor der Abstimmung weitere Wortmeldungen nicht mehr zuzulassen, und er kann das Wort nicht lediglich wegen Missbrauchs durch Beleidigungen oder Störungen entziehen[5]. Dem Versammlungsleiter stehen das **Haus-** und das **Organisationsrecht** indes nur **subsidiär** und nur so lange zu, soweit die Wohnungseigentümer diese **originär ihnen** zustehenden Rechte nicht ausüben und dem Verwalter keine Weisung erteilen[6]. Bei von ihm anstelle der Wohnungseigentümer auszuübenden Haus- und Ordnungsmaßnah- 102

---

1 KG v. 15.1.2003 – 24 W 129/01, ZMR 2003, 598 (600) = MietRB 2003, 43 = NZM 2003, 325 =ZWE 2003, 204.
2 *Bub*, PiG 25, 49 (56 ff.).
3 KG v. 15.9.2000 – 24 W 3301/00, ZWE 2001, 75 (76) = ZMR 2001, 223 = WuM 2001, 44.
4 KG v. 18.4.1994 – 24 W 3038/93.
5 KG v. 30.3.1992 – 24 W 3292/91.
6 A.A. *Sauren*, ZWE 2007, 21, der das Hausrecht dem Versammlungsleiter zuweist.

men muss der Versammlungsleiter außerdem den Grundsatz der Gleichbehandlung und den Grundsatz der Verhältnismäßigkeit beachten[1].

103 Der Versammlungsleiter hat zur Erfüllung der Aufgabe, für einen geordneten, gesetzmäßigen, reibungslosen und zügigen Versammlungsablauf zu sorgen, u.a. auf folgende, vollständig ungeschriebenen Punkte zu achten:

- dass die Eigentümerversammlung formell eröffnet, ordentlich durchgeführt, ggf. zeitweise unterbrochen und formell wieder geschlossen wird (Rz. 80);
- dass die Teilnahme- und Stimmberechtigung jedes Einzelnen geprüft werden (Rz. 57 ff.); bei Zweifeln, z.B. bei einer Vertretung oder Mitberechtigung, hat der Versammlungsleiter die Legitimation eines Teilnehmers zu prüfen (§ 25 Rz. 47)[2];
- dass für jede Beschlussfassung über einen Beschlussantrag die Beschlussfähigkeit der Eigentümerversammlung geprüft wird (§ 25 Rz. 64);
- dass alle Sachen erschöpfend erörtert und diskutiert werden (Diskussionsleitung); hierzu gehören etwa die Erteilung des Wortes, die Aufrufung der Redner etc.; der Versammlungsleiter muss dabei dafür Sorge tragen, dass die zur Verfügung stehende Zeit möglichst gerecht verteilt und nicht durch Beiträge oder Fragen einzelner Wohnungseigentümer, die ersichtlich nicht auf Erkenntnisgewinn in Bezug auf einen zur Entscheidung anstehenden Tagesordnungspunkt gerichtet sind, verbraucht wird. Übermäßig lange oder erkennbar vom Thema abweichende Beiträge gehen stets zu Lasten der Rede- und Fragezeit anderer Versammlungsteilnehmer;
- dass die einzelnen Tagesordnungspunkte – grundsätzlich nach ihrer durch die Einladung bestimmten Reihenfolge[3] (ein neuer Tagesordnungspunkt kann erst aufgerufen und zur Abstimmung gestellt werden, wenn der vorhergehende Punkt, in der Regel durch Abstimmung über einen Beschlussantrag, erledigt ist) – ohne Unterbrechung zur Beschlussfassung gebracht werden;
- dass vorbehaltlich einer anderweitigen vereinbarten oder jederzeit beschließbaren Regelung zur „Geschäftsordnung" (Rz. 105), die jeweils Berechtigten grundsätzlich ein angemessenes Rederecht[4] erhalten (zum Rederecht s. Rz. 55);
- dass Beschlussanträge (dazu Vor §§ 23 bis 25 Rz. 36) von ihm selbst, aber auch von Dritten hinreichend „bestimmt" (Vor §§ 23 bis 25 Rz. 145) und sachgerecht formuliert werden;
- dass über sämtliche Beschlussgegenstände durch ein geeignetes Verfahren (Vor §§ 23 bis 25 Rz. 58) abgestimmt wird (Abstimmungsmodus);
- dass die Zahl der zu einem Beschlussantrag von den Wohnungseigentümern abgegebenen „Ja-Stimmen" und „Nein-Stimmen" sowie der Stimmenthaltungen[5] sowie die Abstimmungsergebnisse festgestellt und verkündet werden (Vor §§ 23 bis 25 Rz. 62); im Einzelfall hat er die Stimmabgaben namentlich zuzuordnen und zu dokumentieren. Dies ist dann der Fall, wenn etwa die

---

1 *Becker/Kümmel/Ott* Rz. 290; *Becker*, Eigentümerversammlung, S. 71.
2 OLG Düsseldorf v. 9.7.2003 – 3 Wx 119/03, ZMR 2004, 53.
3 BayObLG v. 18.3.1999 – 2Z BR 151/98, ZMR 1999, 570.
4 Vgl. OLG Düsseldorf v. 1.3.1993 – 3 Wx 512/92, WuM 1993, 305.
5 BGH v. 19.9.2002 – V ZB 37/02, ZMR 2002, 936 (937).

Kosten einer mit Gegenstimmen beschlossenen baulichen Veränderung wegen § 16 Abs. 6 Satz 1 Halbsatz 2 von Bedeutung sind oder die genaue Kenntnis der Abstimmenden wegen möglicher Schadensersatzansprüche gegen die eine erforderliche Maßnahme ablehnenden Wohnungseigentümer relevant werden könnte (Folgenbeseitigungsanspruch);

– dass die Ordnung auf der Eigentümerversammlung aufrechterhalten bleibt; nach dem Grundsatz der Verhältnismäßigkeit müssen jegliche Ordnungsmaßnahmen der Versammlungsleitung geeignet sein, die Ordnung der Eigentümerversammlung wiederherzustellen. Ferner müssen die Maßnahmen erforderlich und zumutbar sein. Ist eine Eigentümerversammlung völlig ungeordnet, können die dort gefassten Beschlüsse anfechtbar sein[1];

– dass eine Eigentümerversammlung ggf. vertagt (Rz. 39) wird.

b) Aufzeichnungen (Tonträger)

Die Wohnungseigentümer können sich zur Sicherung der Ergebnisse einer Eigentümerversammlung eines **Schriftführers** bedienen[2]. Der Versammlungsleiter kann zur **Vorbereitung** seiner Niederschrift und zur Vorbereitung der Eintragungen in die Beschluss-Sammlung die **dafür** vorgesehenen Inhalte auf einen „**Tonträger**" diktieren[3].

104

Redebeiträge der Wohnungseigentümer oder den Ablauf der Eigentümerversammlung kann der Versammlungsleiter hingegen nur dann aufnehmen, soweit die Wohnungseigentümer damit **einverstanden** sind[4]. Das Einverständnis ist **nicht** zu vermuten. Vor einer Aufnahme muss der Versammlungsleiter auf seine Absicht hinweisen und ein Einverständnis jedes Wohnungseigentümers einholen, will er eine Strafbarkeit nach § 201 StGB verhindern. Ein auch gerichtlich durchsetzbarer Unterlassungsanspruch folgt aus §§ 823 Abs. 1 i.V.m. § 1004 BGB[5].

c) Geschäftsordnung

Regelungen zur Art und Weise der Eigentümerversammlung werden selten vereinbart. Solche Bestimmungen sind aber möglich und können nach § 10 Abs. 2 Satz 2 vereinbart werden. Nicht unüblich ist es außerdem, dass die Wohnungseigentümer formelle Regeln für die Leitung der Eigentümerversammlung be-

105

---

1 OLG Celle v. 6.9.2004 – 4 W 143/04, OLGReport Celle 2004, 600 (601); BayObLG v. 27.11.1997 – 2Z BR 128/97, NZM 1998, 634 = WE 1999, 77 (78); KG v. 28.11.1990 – 24 W 1683/90, WE 1991, 133. Kränkt ein Wohnungseigentümer den anderen in der Eigentümerversammlung, kann diese Ehrverletzung aber nicht mit einer Ehrenschutzklage abgewehrt werden, OLG Frankfurt v. 20.12.2005 – 20 W 298/04, ZWE 2006, 235 (338) = NJW-RR 2007, 162; zw.
2 BayObLG v. 19.2.2004 – 2Z BR 219/03, ZMR 2005, 211 (212).
3 *Deckert*, WE 1986, 78 (80).
4 BGH v. 19.9.1994 – II ZR 248/92, NJW 1994, 3094 zur Aktiengesellschaft; OLG Karlsruhe v. 18.12.1997 – 4 U 128/97, OLGReport Karlsruhe 1998, 145 = NJW-RR 1998, 1116 zur Gesellschafterversammlung.
5 OLG Karlsruhe v. 18.12.1997 – 4 U 128/97, OLGReport Karlsruhe 1998, 145 = NJW-RR 1998, 1116 zur Gesellschafterversammlung.

schließen[1]. Vereinbarte wie beschlossene Regelungen werden allgemein als „**Geschäftsordnung**" der Eigentümerversammlung verstanden. Gegenstand einer solchen Geschäftsordnung können alle Punkte sein, die für einen geregelten und ordnungsmäßigen Ablauf der Eigentümerversammlung sorgen. Beschlussvorschläge für eine Geschäftsordnung sind **jederzeit** von allen Teilnahmeberechtigten an der Eigentümerversammlung stellbar. Geschäftsordnungsbeschlüsse müssen nicht in der Tagesordnung angekündigt werden[2]. Über Beschlüsse zur Geschäftsordnung ist **sofort** und vor den Sachanträgen mehrheitlich abzustimmen[3]. Für die Abstimmung gelten dieselben Stimmrechtsprinzipien (dazu § 25 Rz. 11ff.) wie stets[4]. Geschäftsordnungsbeschlüsse sind grundsätzlich nicht selbständig anfechtbar (Vor §§ 23 bis 25 Rz. 129).

d) Rechtswidrige Versammlungsleitung

106 Entschließungen oder Maßnahmen der Versammlungsleitung sind ebenso wie Verstöße gegen eine vereinbarte oder beschlossene Geschäftsordnung (Rz. 105) **nicht selbständig** anfechtbar[5].

4. Hinweispflichten

107 Teilweise wird angenommen, dass den Versammlungsleiter Hinweispflichten treffen[6]. Der Versammlungsleiter soll z.B. dafür Sorge tragen müssen – und die Wohnungseigentümer entsprechend belehren –, dass es zu keinen nichtigen Beschlüssen kommt. Dies ist in dieser Allgemeinheit **abzulehnen**. Hinweispflichten könnten dem Verwalter zwar aus einem Vertrag erwachsen, etwa dem Verwaltervertrag[7], oder Folge des zwischen den Wohnungseigentümern und dem Versammlungsleiter bestehenden **gesetzlichen Schuldverhältnisses** sein[8]. Eine Pflicht, für den ordnungsmäßigen Inhalt der Versammlungsbeschlüsse **durch Belehrung** der Wohnungseigentümer und ggf. des Verbandes Wohnungseigentümergemeinschaft zu sorgen, **überstiege** aber die Aufgaben des Versammlungsleiters als bloßen Funktionsgehilfen der Wohnungseigentümer in der Eigentümerversammlung. Dem Versammlungsleiter obliegen, anders als einem Rechtsanwalt, keine Pflichten, rechtliche Hinweise zu erteilen oder die Wohnungseigentümer zu belehren[9]. Aus einem „Verstoß" des Versammlungsleiters gegen Hinweispflichten können daher **keine Schadensersatzansprüche** hergeleitet werden.

---

1 Dazu *Bub*, WE 1987, 68ff. Beispiele zu Geschäftsordnungsbeschlüssen finden sich u.a. bei *Riecke/Schmidt/Elzer* Rz. 1132ff.
2 OLG Köln v. 16.8.2000 – 16 Wx 87/00, OLGReport Köln 2001, 1 (2) = ZMR 2001, 866.
3 OLG Köln v. 16.8.2000 – 16 Wx 87/00, OLGReport Köln 2001, 1 (2) = ZMR 2001, 866; *Müller*, ZWE 2000, 237 (243).
4 *Müller*, ZWE 2000, 237 (243); Staudinger/*Bub* Rz. 92; a.A. Bärmann/Pick/*Merle* Rz. 97: Kopfprinzip; s. auch *Riecke/Schmidt/Elzer* Rz. 1144.
5 OLG Köln v. 16.8.2000 – 16 Wx 87/00, OLGReport Köln 2001, 1 (2) = ZMR 2001, 866.
6 Dazu vor allem *Gottschalg* in FS Seuß, S. 113 (118).
7 So BGH v. 21.12.1995 – V ZB 4/94, BGHZ 131, 346 (353) = MDR 1996, 787 = NJW 1996, 1216.
8 Dazu *Hügel/Elzer* § 11 Rz. 25.
9 BayObLG v. 23.2.2001 – 2Z BR 36/01, BayObLGReport 2001, 33 = NZM 2001, 537 zum Verwalter.

Etwas anderes kann nur dort gelten, wo ein Verwalter die Wohnungseigentümer 108
um eine „Weisung" angeht. In diesem Falle hat der Verwalter die Wohnungseigentümer umfassend über die aufgetretenen tatsächlichen und rechtlichen Zweifelsfragen aufzuklären und ihnen, jedenfalls auf Verlangen, einen Vorschlag zum weiteren Vorgehen zu machen. Die Wohnungseigentümer müssen aufgrund der „Hinweise" in der Lage sein, das Risiko, das sie mit der Zustimmung zu der beabsichtigten Maßnahme oder mit deren Versagung eingehen, zutreffend abzuschätzen. Lässt es der Verwalter hieran schuldhaft fehlen, so haftet er auf Schadensersatz, weil er den Wohnungseigentümern keine ordnungsmäßige Grundlage für die jetzt von ihnen zu treffende, aber aus **seinem Bereich stammende** Entscheidung verschafft hat[1].

5. Leitung der Eigentümerversammlung durch einen Unbefugten

Leitet ein **Unbefugter** die Versammlung, sind von diesem festgestellte Beschlüsse anfechtbar, aber nicht nichtig[2]. Ein Nicht- oder Scheinbeschluss ist nur anzunehmen, wenn die Mindestvoraussetzungen für ein Zustandekommen fehlen. 109

IX. Niederschrift

Über die in jeder Eigentümerversammlung gefassten Beschlüsse ist gem. § 24 110
Abs. 6 Satz 1 eine **Niederschrift** (auch Protokoll genannt) aufzunehmen. Die Niederschrift dient einerseits – wie die Beschluss-Sammlung (Rz. 144 ff.) – dazu, die Inhalte der Beschlüsse für die Zukunft zu „sichern"[3]. Und sie soll andererseits die Wohnungseigentümer, die an der Versammlung nicht teilgenommen haben, über deren Inhalte unterrichten[4]. Sicherung wie Unterrichtung sind jeweils von **besonderer Bedeutung**, weil sämtliche Wohnungseigentümer nach allgemeinen Grundsätzen, die Sondernachfolger der Wohnungseigentümer hingegen gem. § 10 Abs. 4 Satz 1 an Beschlüsse gebunden sind.

Wegen der umfassenden Sammlung der Beschlüsse in der Beschluss-Sammlung 111
hat die Niederschrift im Hinblick auf die Sicherung des Ergebnisses einer Abstimmung und der angemessenen Information der Wohnungseigentümer über die Inhalte einer Eigentümerversammlung an **Bedeutung verloren**. Sie hat aber weiterhin einen guten Zweck. In der Beschluss-Sammlung ist nur der Wortlaut der Beschlüsse aufzunehmen (Rz. 147). Über das jeweilige Abstimmungsergebnis („Ja-Stimmen", „Nein-Stimmen" und „Enthaltungen"), über den einem Beschluss zu Grunde liegenden Beschlussantrag, ggf. über den Versammlungsverlauf (Rz. 120), über die Beschlussfähigkeit für einen einzelnen TOP, für die Gründe, warum der Versammlungsleiter ggf. Stimmen nicht berücksichtigt oder warum er ein Abstimmungsergebnis nicht verkündet hat, vermag **nur** die

---
1 BGH v. 21.12.1995 – V ZB 4/94, BGHZ 131, 346 (353) = MDR 1996, 787 = NJW 1996, 1216.
2 OLG München v. 7.6.2005 – 32 Wx 32/05, ZMR 2005, 728 (729) = MietRB 2006, 12; *Elzer*, MietRB 2006, 12; a.A. Weitnauer/*Lüke* Rz. 15.
3 *Becker*, ZMR 2006, 489.
4 BayObLG v. 17.9.2003 – 2Z BR 135/03, BayObLGReport 2004, 75.

Niederschrift Auskunft zu geben[1]. Diese Bedeutung und dieser Zweck lassen sich freilich nicht dem gesetzlichen „Muss-Inhalt" (Rz. 119) entnehmen. De lege ferenda wäre es daher zu wünschen, wenn die Funktionen der Niederschrift entsprechend § 130 AktG auch im Gesetzeswortlaut ihren Niederschlag finden würden.

1. Die Niederschrift als Beweismittel

a) Für Wohnungseigentümer

112 Ist zwischen den Wohnungseigentümern in einem gerichtlichen Verfahren streitig, ob und/oder mit welchem Inhalt in einer Eigentümerversammlung ein Beschluss gefasst worden ist, fragt sich, welcher **Beweiswert** der Niederschrift für streitige Tatsachen beizumessen ist. Nach dem Kanon der möglichen Beweismittel kann die Niederschrift allenfalls Urkunde sein. Die h.M. ordnet sie als eine Urkunde i.S.d. §§ 415 ff. ZPO, sogar als eine Privaturkunde i.S.v. § 416 ZPO ein[2]. Dem ist in einem **ersten Ansatz** zuzustimmen. Die Niederschrift kann ohne weiteres als eine „schriftliche Verkörperung von Gedankenerklärungen durch solche Lautzeichen, die einer objektiven Deutung allein auf Grund ihrer Wahrnehmung zugänglich sind" verstanden werden[3]. Der Begriff der Urkunde umfasst keine Beschränkung auf rechtsgeschäftliche Erklärungen, so dass auch Tatsachenäußerungen und sachkundige Ausführungen umfasst sind. Diese Einordnung rechtfertigt es indes nicht, die Beweisregel des § 416 ZPO[4] oder eine andere gesetzliche Beweisregel anzuwenden[5]. Muss-Inhalt einer Niederschrift sind allein die Versammlungsbeschlüsse (Rz. 119). Die Beschlüsse werden nicht von den Ausstellern der Niederschrift – gem. § 24 Abs. 6 Satz 2 wird die Niederschrift vom Versammlungsleiter, einem Wohnungseigentümer und, falls ein Verwaltungsbeirat bestellt ist, auch von dessen Vorsitzendem oder seinem Vertreter unterschrieben (Rz. 128) – „abgegeben"[6]. Und auch wenn man auf den Kann-Inhalt der Niederschrift blickt (Rz. 120), so wird man kaum behaupten können, dass die damit beschriebenen Inhalte Erklärungen der die Niederschrift mit ihrer Unterschrift deckenden Personen sind.

---

1 Nur die Beschluss-Sammlung gibt hingegen Auskunft über die gerichtlichen Entscheidungen i.S.v. § 10 Abs. 4 Satz 1 und über den Inhalt schriftlicher Beschlüsse i.S.v. § 23 Abs. 3.
2 BGH v. 3.7.1997 – V ZB 2/97, ZMR 1997, 531 (532) = NJW 1997, 2956; BayObLG v. 13.6. 2002 – 2Z BR 1/02, ZMR 2002, 848 (850); v. 10.4.2002 – 2Z BR 97/01, BayObLGReport 2002, 280 (281); AG Kassel v. 28.4.2004 – 800 II 114/2003 WEG, ZMR 2004, 711 (712); differenzierend *Bonifacio*, ZMR 2006, 531 (532).
3 BGH v. 24.9.1997 – XII ZR 234/95, MDR 1998, 31; v. 28.11.1975 – V ZR 127/74, BGHZ 65, 300 (301)= NJW 1976, 294.
4 *Bonifacio*, ZMR 2006, 583 (587). Nach § 416 ZPO begründet eine vom „Aussteller" unterschriebene Privaturkunde vollen Beweis dafür, dass die in ihr enthaltenen Erklärungen von den Ausstellern abgegeben sind.
5 Siehe nur KG v. 20.3.1989 – 24 W 3239/88, MDR 1989, 742 = WuM 1989, 347. Ist der Niederschrift z.B. nicht zu entnehmen, ob ein Beschluss festgestellt und verkündet wurde, ist das kein Beweis für die Tatsache, dass ein Beschluss nicht zustande gekommen ist, BGH v. 23.8.2001 – V ZB 10/01, NJW 2001, 3339 (3342) = MDR 2001, 1283 = BGHReport 2001, 863; BayObLG v. 13.10.2004 – 2Z BR 152/04, BayObLGReport 2005, 61 (62).
6 *Bonifacio*, ZMR 2006, 583 (587).

Der Ansicht, dass der Niederschrift damit kein Beweiswert zukommt und sie 113
also nicht in der Lage ist, die Überzeugungsbildung des Gerichts im Rahmen
seiner freien Beweiswürdigung nach § 286 Abs. 1 ZPO in irgendeiner Weise zu
beeinflussen, ist aber auch nicht zu folgen[1]. Auf die Niederschrift kann als **Beweiserleichterung** der **Erfahrungssatz** der Vollständigkeit und Richtigkeit einer
Urkunde angewandt werden[2]. Zwar werden von diesem Erfahrungssatz vor allem solche Urkundenbestandteile erfasst, die vorher zwischen den Parteien des
Rechtsstreits „ausgehandelt" wurden, das „Vereinbarte" sind und also die übereinstimmenden Willenserklärungen repräsentieren. Der Erfahrungssatz erfasst
aber auch die „tatsächlichen" Bestandteile einer Vertragsurkunde, die Wissenserklärungen[3]. **Unterschreiben** der Versammlungsleiter, ein Wohnungseigentümer und auch der Vorsitzende des Beirats die Niederschrift, wäre es **lebensfern**
anzunehmen, diese würden sich vorher nicht von der (subjektiven) Richtigkeit
des Inhalts der Niederschrift vergewissern. Die Praxis erweist es vielmehr, dass
die Unterschreibenden in der Regel nur solche Inhalte der Niederschrift durch
ihre Unterschrift decken wollen, die sie als „richtig" und „wahr" empfinden. Insoweit genießt die Niederschrift auch eine „negative Publizität" i.S.v. § 314
ZPO. Wird in ihr ein Beschluss nicht beurkundet, ist dies jedenfalls ein Indiz dafür, dass es diesen Beschluss auch nicht gibt[4]. In einem Gerichtsverfahren kann
sich daher jeder auf den Inhalt der Niederschrift berufen. Diese erleichtert den
Beweis, dass eine in ihr beurkundete Tatsache auch wahr ist. Kann durch eine
Niederschrift in einem ersten Zugriff eine bestimmte Tatsache belegt werden,
ist es an der anderen Partei, den durch die Niederschrift ausgedrückten Erfahrungssatz zu erschüttern (s. Rz. 115).

Der „Beweiswert" der Niederschrift kann im Einzelfall keine Grundlage für die 114
richterliche Überzeugungsbildung sein, wenn die Niederschrift nur vom Versammlungsleiter unterschrieben wurde, jedenfalls eine Unterschrift fehlt[5]. Ferner dann, wenn ein Unterschreibender vorprozessual die Niederschrift korrigieren wollte oder die Niederschrift bereits einen Berichtigungsvermerk trägt,
wenn einer der Unterschreibenden nicht an der Versammlung teilgenommen
hat (s. noch Rz. 128), wenn die Niederschrift widersprüchlich ist oder wenn einer oder alle der Unterschreibenden offensichtlich nicht „neutral" waren, z.B.
wenn der Mehrheitseigentümer es regelmäßig durchsetzt, dass er oder ein ihm
Vertrauter die Eigentümerversammlung leitet[6]. Die in der Niederschrift liegende Beweiserleichterung kann auch dadurch aufgehoben sein, dass in der Beschluss-Sammlung etwas anderes beurkundet ist (s. auch Rz. 118).

---

1 So aber OLG Köln v. 15.1.1979 – 16 Wx 106/78, OLGZ 1979, 282: ohne Beweiswert; *Bonifacio*, ZMR 2006, 583 (587). Siehe dazu ferner BayObLG v. 17.9.2003 – 2Z BR 135/03, BayObLGReport 2004, 75; v. 13.6.2002 – 2Z BR 1/02, ZMR 2002, 848 (850); v. 10.4.2002 – 2Z BR 97/01, BayObLGReport 2002, 280 (281); v. 27.10.1989 – BReg 2Z 75/89, NJW-RR 1990, 210 (211).
2 Staudinger/*Bub* Rz. 118; differenzierend *Becker*, ZMR 2006, 489 (493); a.A. *Bonifacio*, ZMR 2006, 583 (587).
3 Dazu *Elzer*, JR 2006, 447 (448f.).
4 Siehe dazu auch BGH v. 3.7.1997 – V ZB 2/97, ZMR 1997, 531 (533) = NJW 1997, 2956.
5 BGH v. 3.7.1997 – V ZB 2/97, ZMR 1997, 531 (532) = NJW 1997, 2956; BayObLG v. 5.12. 1989 – BReg 2Z 121/89, WuM 1990, 173 (174); *Abramenko*, ZMR 2003, 245.
6 Siehe dazu *Becker*, ZMR 2006, 489 (493).

115 Behauptet eine Partei im Prozess, dass die Niederschrift falsch, verfälscht, unvollständig oder unrichtig ist, und erschöpft sich hierin ihr Begehren, muss sie darlegen und beweisen, dass der Erfahrungssatz der Vollständigkeit und Richtigkeit der Niederschrift in dem konkreten Fall nicht anwendbar ist. Die in der Niederschrift liegende Beweiserleichterung muss dabei nicht „widerlegt" werden. Der Erfahrungssatz der Vollständigkeit und Richtigkeit einer Urkunde ist eine „tatsächliche Vermutung". Mit tatsächlichen Vermutungen ist keine Umkehr der objektiven Beweislast verbunden[1]. Sie gehören vielmehr ausschließlich in den Bereich der Beweiswürdigung und werden deshalb auch nicht widerlegt, sondern nur erschüttert[2]. Dies ist z.B. durch Anhörung der Wohnungseigentümer vorstellbar, aber auch durch andere Urkunden. Behauptet die Partei darüber hinaus einen anderen, als den in der Niederschrift beurkundeten Inhalt und stützt sie hierauf Ansprüche, behauptet sie z.B., ein Beschluss sei zustande gekommen, muss sie nach der „Normentheorie" daneben darlegen und beweisen, welche Tatsachen im Gegensatz zum durch die Niederschrift beurkundeten Inhalt der Eigentümerversammlung „wahr" sind[3].

b) Für Verwalter

116 Besonderes und den Rechtsverkehr erleichterndes Nachweismittel ist die Niederschrift auch für den **Verwalter**. Muss er gegenüber Dritten, etwa wegen § 29 GBO dem Grundbuchamt, durch eine öffentlich beglaubigte Urkunde nachweisen, dass er zum Verwalter einer bestimmten Anlage bestellt worden ist, genügt dafür gem. § 26 Abs. 4 grundsätzlich die Vorlage einer Niederschrift über seinen Bestellungsbeschluss. Die Beurkundung seines Bestellungsbeschlusses durch einen auf der Versammlung anwesenden Notar ist nicht erforderlich[4]. Zusätzliche Voraussetzung ist nur, dass die Unterschriften der in § 24 Abs. 6 bezeichneten Personen (Rz. 128) **öffentlich beglaubigt** sind. Die Niederschrift ist dann Grundlage für den freilich widerlegbaren und eher brüchigen Erfahrungssatz, dass der Verwalter für die in der Niederschrift beschlossene Bestellungsdauer zum Verwalter bestellt ist, er die Bestellung angenommen hat und sein Amt bis zum Ende der Bestellungszeit fortbesteht[5].

c) Für den Inhalt von Beschlüssen

117 Die Niederschrift hat regelmäßig eine besondere Bedeutung für den Inhalt von Beschlüssen. Bei Auslegung von Beschlüssen ist nach h.M. allein auf den Sinn

---

1 *Elzer*, JR 2006, 447; *Laumen*, BGHReport 2002, 861; *Mayer/Mayer*, ZZP 105 (1992), 287 (291); a.A. BGH v. 15.5.1991 – VIII ZR 38/90, MDR 1991, 628 (629); offen gelassen von OLG Düsseldorf v. 10.3.1998 – 21 U 96/97, OLGReport Düsseldorf 1998, 194.
2 BGH v. 19.1.2001 – V ZR 437/99, BGHZ 146, 298 (305) = MDR 2001, 683 (684) = NJW 2001, 1127 (1128).
3 *Becker*, ZMR 2006, 489 (493). Siehe allgemein BGH v. 5.7.2002 – V ZR 143/01, BGHReport 2002, 859 (860) = MDR 2002, 1361 = NJW 2002, 3164; v. 5.2.1999 – V ZR 353/97, MDR 1999, 759 = NJW 1999, 1702 (1703); v. 29.11.1989 – VIII ZR 228/88, BGHZ 109, 240 (245) = MDR 1990, 331; KG v. 21.8.2003 – 12 U 10/02, KGReport 2004, 79 (80); OLG Köln v. 12.11.2003 – 2 U 61/03, OLGReport Köln 2004, 45 (46).
4 Siehe dagegen § 130 Abs. 1 AktG.
5 Siehe dazu BayObLG v. 16.4.1991 – BReg 2Z 25/91, NJW-RR 1991, 978 (979).

abzustellen, der sich aus der Niederschrift über die in der Versammlung gefassten Beschlüsse ergibt[1] (dazu ausführlich Vor §§ 23 bis 25 Rz. 143 ff.).

d) Verhältnis zur Beschluss-Sammlung

Wenn sich die Beurkundungen der Niederschrift und der Beschluss-Sammlung **widersprechen**, etwa dadurch, dass in der Beschluss-Sammlung beurkundet wird, ein Beschluss sei gefasst worden, in der Niederschrift hingegen festgehalten ist, dass der Beschluss nicht gefasst worden ist, kommt keiner dieser Beurkundungen ein höherer „Beweiswert" zu. Zwar ist nicht zu verkennen, dass für die Richtigkeit der Niederschrift zum Teil drei Personen einzustehen haben, für die Richtigkeit der Beschluss-Sammlung hingegen im Regelfall nur der Verwalter. Ein höherer Beweiswert kann der Niederschrift durch diesen Umstand aber nicht zukommen. Vielmehr muss bei Widersprüchen der Wert beider Urkunden sinken, im Prozess etwas zu beweisen.

118

2. Inhalt der Niederschrift

a) Muss-Inhalt

Der Muss-Inhalt der Niederschrift einer Eigentümerversammlung ist in § 24 Abs. 6 Satz 1 **rückständig** geregelt. Nach dem „einfachen" Gesetzeswortlaut sind in der Niederschrift ausschließlich die **Beschlüsse**, mithin ihr genauer Wortlaut, zu beurkunden. Alle weiteren Inhalte der Eigentümerversammlung können, müssen nach § 24 Abs. 6 Satz 1 nicht beurkundet werden. Ein über diesen Umfang weit hinausgehendes **Protokollierungsgebot** – und also eine **Beurkundungspflicht** – ist indes aus § 21 Abs. 4 herzuleiten. Nach § 21 Abs. 4 zwingend zu beurkunden sind neben dem Wortlaut der Beschlüsse nämlich **solche Umstände**, die zur Beurteilung der Wirksamkeit eines Beschlusses und sein ordnungsmäßiges Zustandekommen von **essentieller Bedeutung** sind[2]. Zu diesen Umständen gehören wenigstens:

119

– der Tag und Ort der Eigentümerversammlung;
– die Frage der Beschlussfähigkeit der Eigentümerversammlung (Rz. 64 ff.);
– die Anzahl der „Ja-" und „Nein-Stimmen";
– die Beschlussfeststellung und die Beschlussverkündung;
– ggf. wer für und gegen einen Beschluss gestimmt hat.

b) Kann-Inhalt

Ob über den Muss-Inhalt der Niederschrift hinaus Punkte zu beurkunden sind, z.B. ein Ablaufprotokoll, haben originär **die Wohnungseigentümer** im Wege des Beschlusses oder durch eine Vereinbarung[3] zu bestimmen. Ist dabei etwa bestimmt worden, dass neben Beschlüssen auch „über" die Eigentümerversammlung, also ihren Verlauf, zu berichten ist, liegt es im Ermessen des Protokollfüh-

120

---

1 OLG Stuttgart v. 11.4.1991 – 8 W 422/90, MDR 1991, 761.
2 Zu ungeschriebenen obligatorischen Angaben in der Niederschrift der Hauptversammlung vgl. für alle *Hüffer* § 130 AktG Rz. 5.
3 BayObLG v. 3.12.2003 – 2Z BR 188/03, ZMR 2004, 443 (444).

rers, ob und ggf. welche Tatsachen er beurkundet. Es ist auch in diesem Falle nicht ermessensfehlerhaft, wenn der Versammlungsleiter nicht alle Diskussionsbeiträge und Berichte beurkundet[1]. Wenn der Versammlungsleiter über den gesetzlich vorgeschriebenen und den von den Wohnungseigentümern hinaus bestimmten Inhalt Gegenstände der Eigentümerversammlung beurkundet, ist dies nicht zu beanstanden. Es steht im Ermessen des Versammlungsleiters[2], die Mindestvoraussetzungen im Interesse des Verbandes Wohnungseigentümergemeinschaft und der Wohnungseigentümer zu erweitern, z.B. ein Ablauf-[3] oder sogar ein Wortprotokoll zu führen. Die Ermessensgrenzen für das, was zu beurkunden ist und was nicht, sind – wie stets bei Verwaltungshandeln – die Grundsätze ordnungsmäßiger Verwaltung i.S.v. § 21 Abs. 4[4]. Der Umfang des Ermessens ist dabei im Wesentlichen von der Bedeutung abhängig, die den Erklärungen und Erörterungen der Beteiligten im Hinblick auf bestimmte rechtliche Wirkungen zukommt[5].

121 Wenn der Versammlungsleiter mehr als gesetzlich oder durch eine Bestimmung der Wohnungseigentümer vorgeschrieben beurkundet – oder nach § 21 Abs. 4 beurkunden muss –, hat er vor allem die Grundsätze der **Unparteilichkeit, Verhältnismäßigkeit, Wahrhaftigkeit** und **Richtigkeit** zu beachten. Ermessensfehlerhaft ist es danach z.B., wenn der Verwalter, sofern er denn Diskussionsbeiträge in die Niederschrift aufnimmt, diese nur einseitig zugunsten oder zu Lasten bestimmter Wohnungseigentümer wiedergibt. Beleidigende Äußerungen sind nicht zu beurkunden. Sind in der Niederschrift behauptete Zahlungsrückstände eines Wohnungseigentümers angegeben, so hat dieser grundsätzlich keinen Anspruch darauf, dass auch der Grund für seine Nichtzahlung vermerkt wird, wenn aus der Niederschrift erkennbar ist, dass die Forderungen bestritten sind[6].

122 Nicht ausdrücklich vorgeschrieben, aber teilweise üblich und für die rechtliche Beurteilung, ob und wie ein Beschluss zustande gekommen ist, **hilfreich** kann die Beurkundung wenigstens **folgender Punkte** sein[7]:

– der Name der Eigentümergemeinschaft i.S.v. § 44 Abs. 1 Satz 1 Halbsatz 1 und der Name des Verbandes i.S.v. § 10 Abs. 6 Satz 4;

– Angaben zur Ladungsfrist[8];

– Angaben zum Versammlungsort, zum Versammlungstag (Datum und Wochentag) und der Versammlungsstätte;

– Angaben zur Versammlungszeit (Anfang, Dauer, Ende „formeller Abschluss");

– Angaben zum Versammlungsleiter, z.B. seinen Namen;

---

1 BayObLG v. 3.12.2003 – 2Z BR 188/03, ZMR 2004, 443 (444).
2 BayObLG v. 5.12.1989 – BReg 2Z 121/89, WuM 1990, 173; OLG Hamm v. 25.4.1989 – 15 W 353/87, OLGZ 1989, 314 (315) = MDR 1989, 914 (915).
3 BayObLG v. 5.12.1989 – BReg 2Z 121/89, WuM 1990, 173.
4 Zum Ermessen im Wohnungseigentumsrecht s. *Elzer*, ZMR 2006, 85 ff.
5 OLG Hamm v. 25.4.1989 – 15 W 353/87, OLGZ 1989, 314 (315) = MDR 1989, 914 (915).
6 BayObLG v. 20.11.2003 – 2Z BR 168/03, BayObLGReport 2004, 123.
7 Diese lehnen sich teilweise an § 130 Abs. 2 AktG an.
8 Ist die Angabe falsch, kann diese Feststellung allerdings nicht „angefochten" werden, BayObLG v. 19.2.2004 – 2Z BR 219/03, ZMR 2005, 211 (212).

- Angaben zu den Teilnehmern der Eigentümerversammlung, auch zu Vertretern und deren Berechtigung, die Stimme auszuüben;
- Angaben zu Geschäftsordnungsbeschlüssen;
- Angaben zur Beschlussfähigkeit für jeden Beschlussgegenstand (s. § 25 Rz. 64);
- Angaben zum Beschlussantrag und den jeweils für oder gegen einen bestimmten Beschlussantrag abgegebenen Stimmen sowie die Enthaltungen;
- Angaben zur Feststellung und Verkündung eines Abstimmungsergebnisses für einen Beschlussantrag;
- Angaben zum Ablauf der Versammlung, z.B. zu Ordnungsmaßnahmen wie der Kürzung oder dem Entzug des Rederechts (Rz. 102);
- Angaben zu der Frage, warum ein eigentlich Stimmberechtigter vom Stimmrecht ausgeschlossen wurde.

Zum „Kann-Inhalt" der Niederschrift gehören ferner **Anlagen**[1]. Nicht vorgeschrieben, aber hilfreich sind z.B. ein Teilnehmerverzeichnis[2], mögliche Kostenvoranschläge für geplante Baumaßnahmen, schriftliche Stimmrechtsvollmachten (§ 25 Rz. 47) etc.

123

c) Genehmigung der Niederschrift durch Wohnungseigentümer

Die „**Genehmigung**" einer Niederschrift durch die Wohnungseigentümer im Wege des Beschlusses entspricht **nicht ordnungsmäßiger** Verwaltung, sofern nicht etwas anderes vereinbart ist[3]. Die Genehmigung könnte nämlich den **unzutreffenden** Eindruck erwecken, die Unrichtigkeit der Niederschrift könne nach dem Beschluss nicht mehr geltend gemacht werden[4]. Diese Grundsätze gelten entsprechend für die beschlussweise Genehmigung der **Berichtigung** einer Niederschrift[5]. Auch hierdurch wird der unzutreffende Eindruck erweckt, dass die berichtigte und beschlossene Fassung die allein maßgebliche sei. Darüber hinaus fehlt es der Eigentümerversammlung auch an einer Zuständigkeit für die Abfassung und damit auch für die Berichtigung einer Niederschrift. Der Gesamtheit der Wohnungseigentümer obliegt weder Abfassung noch eine eventuelle Berichtigung der Niederschrift[6].

124

d) Unnötige Inhalte

In die Niederschrift grundsätzlich[7] **nicht aufzunehmen** sind bloße Geschäftsordnungsbeschlüsse (Vor §§ 23 bis 25 Rz. 129). Diese Beschlüsse entfalten über § 10

125

---

1 Siehe dazu auch § 130 Abs. 3 AktG, wonach ggf. auch die Einberufungsbelege als Anlage zu nehmen sind.
2 AG Ratingen v. 11.6.1999 – 40 II 49/98, NZM 1999, 1012. Eine Pflicht, ein Teilnehmerverzeichnis zu führen, kann das WEG anders als das Aktienrecht, § 129 Abs. 1 AktG, nicht.
3 BayObLG v. 9.8.1989 – BReg 2Z 60/89, NJW-RR 1989, 1168 (1170).
4 BayObLG v. 10.7.1987 – BReg 2Z 47/87, NJW-RR 1987, 1363; a.A. Weitnauer/*Lüke* Rz. 20.
5 BayObLG v. 12.9.2002 – 2Z BR 28/02, ZMR 2002, 951 (952) = NJW-RR 2002, 1667.
6 BayObLG v. 12.9.2002 – 2Z BR 28/02, ZMR 2002, 951 (952) = NJW-RR 2002, 1667.
7 Etwas anderes kann gelten, wenn die Maßnahme – wie z.B. ein Rauchverbot – über den Tag hinaus wirkt.

Abs. 4 keine Bindungswirkung, die allein durch Niederschrift aber zu dokumentieren wäre. Geschäftsordnungsbeschlüsse verlieren mit dem Ende der Eigentümerversammlung ihre Bedeutung (Vor §§ 23 bis 25 Rz. 129 f.)[1]. Nicht aufzunehmen sind ferner nichtige Beschlüsse, da auch diese keine Bindung entfalten. Soweit über die Eigentümerversammlung nicht nur – wie es das Gesetz fordert – ein Ergebnis-, sondern ein Ablaufprotokoll erstellt wird, gebietet es der **Persönlichkeitsschutz** der Wohnungseigentümer ferner, dass die Niederschrift keine **sachlich nicht** gebotenen Wertungen, Schärfen, Bloßstellungen und Diskriminierungen enthält.

3. Formerfordernisse

126 Das Gesetz bestimmt nicht, in welcher **Form** eine Niederschrift zu führen ist. Sofern die Wohnungseigentümer keine besondere Form **bestimmen**, hat sich die Form am Zweck der Niederschrift auszurichten, Auskunft über die Inhalte einer Eigentümerversammlung zu geben. Es muss daher nach § 21 Abs. 4 eine Form gewählt werden, die die Gegenstände der Eigentümerversammlung möglichst klar, einfach, verständlich, übersichtlich und bestimmt belegt.

a) Abfasser der Niederschrift

127 Aus § 24 Abs. 6 Satz 2 ergibt sich mittelbar, dass der Vorsitzende der Versammlung die Niederschrift zu führen hat[2]. Die Wohnungseigentümer sind indes befugt, hiervon im Wege eines Beschlusses zur Geschäftsordnung im Einzelfall etwas anderes zu beschließen oder generell etwas anderes zu vereinbaren. Ein Verwalter, der über eine Eigentümerversammlung eine Niederschrift erstellt, die in wesentlichen Punkten unrichtig ist, kann für die weitere Führung der Verwaltung ungeeignet sein[3].

b) Unterschrift

128 Die Niederschrift ist – sofern nichts anderes vereinbart ist – gem. § 24 Abs. 6 Satz 2 von dem Vorsitzenden (Versammlungsleiter), einem Wohnungseigentümer und, falls ein Verwaltungsbeirat bestellt ist, auch von dessen Vorsitzendem oder seinem Vertreter zu unterschreiben[4]. Der Sinn und Zweck der Unterschriften besteht darin, dass die Unterschreibenden mit ihrer Unterschrift die Verantwortung für die **Richtigkeit** der beurkundeten Tatsachen übernehmen und dies mit ihrer **Unterschrift bestätigen**[5]. Dass die die Niederschrift Unterschreibenden an der Eigentümerversammlung teilgenommen haben, ist **zwingend**, nach dem Gesetz aber keine Voraussetzung. Wechselt der Vorsitz während der Eigentümerversammlung, haben entweder beide Vorsitzenden die Niederschrift gemeinsam zu erstellen oder zu unterzeichnen[6], oder jeder von ihnen hat ein Teil-

---

1 OLG München v. 8.12.2006 – 34 Wx 103/06, FGPrax 2007, 21 (22).
2 AG Kassel v. 28.4.2004 – 800 II 114/2003 WEG, ZMR 2004, 711 (712).
3 BayObLG v. 17.9.2003 – 2Z BR 135/03, BayObLGReport 2004, 75.
4 § 130 Abs. 4 Satz 1 AktG sieht hingegen die Unterschrift eines Notars vor.
5 BGH v. 23.8.2001 – V ZB 10/01, BGHZ 148, 335 (342) = ZMR 2001, 809 = NJW 2001, 3339 = MDR 2001, 1283 = BGHReport 2001, 863.
6 A.A. Bärmann/Pick/*Merle* Rz. 109: der letzte Vorsitzende; *Röll* in FS Bärmann und Weitnauer (1990), S. 523 (525) ein Vorsitzender.

protokoll zu erstellen und dieses zu unterzeichnen. Fehlt eine Unterschrift oder ist sie fehlerhaft, macht dieser Fehler die – protokollierten – Beschlüsse nicht fehlerhaft, sondern schmälert nur den „Beweiswert" der Niederschrift (Rz. 113).

c) **Erstellungsfrist**

Es liegt nahe, dass eine Niederschrift **unverzüglich** i.S.v. § 121 Abs. 1 BGB zu erstellen ist. Hierfür spricht bereits eine Rechtsanalogie zu § 24 Abs. 7 Satz 7 i.V.m. § 130 Abs. 5 AktG. Nach der Rechtsprechung ist eine Niederschrift jedenfalls spätestens **eine Woche** vor Ablauf der Anfechtungsfrist des § 46 Abs. 1 Satz 1 vorzulegen[1]. Dieser Zeitpunkt erscheint indes zu spät. Denn die Wohnungseigentümer sollen die in der Versammlung gefassten Beschlüsse **einsehen** (Rz. 131) und sich auf eine etwa beabsichtigte Beschlussanfechtung **vorbereiten** können. Einem Wohnungseigentümer ist daher jedenfalls gem. § 46 Abs. 1 Satz 3 i.V.m. §§ 233 ff. ZPO Wiedereinsetzung in den vorigen Stand wegen Versäumung der Anfechtungsfrist zu gewähren, wenn die Niederschrift innerhalb der Anfechtungsfrist noch nicht fertig gestellt ist oder dem Wohnungseigentümer eine Einsichtnahme nicht ermöglicht wurde[2].

129

Wird eine den Formerfordernissen des § 24 Abs. 6 Satz 2 entsprechende und dem Informationsbedürfnis der Wohnungseigentümer durchaus genügende Niederschrift **zu spät** vorgelegt, stellt dies eine **Pflichtverletzung** des Verwalters dar. Der Verstoß kann Ansprüche aus dem auch die Wohnungseigentümer schützenden Verwaltervertrag i.V.m. §§ 280, 241 BGB auslösen und ist nicht als Bagatelle zu bewerten, weil er die – objektive – Missachtung der autonomen Wohnungseigentümergemeinschaft und der Rechte ihrer Mitglieder ausdrückt[3].

130

4. Einsichtnahme

a) **Inhalt des Einsichtnahmerechtes**

Das durch § 24 Abs. 6 Satz 3 garantierte **Einsichtsrecht** gewährt primär einen Anspruch auf Einsichtnahme in die Niederschrift, auf ihre Inaugenscheinnahme. Dieses Einsichtsrecht soll jedem Berechtigten eine zuverlässige Kenntnis vom Inhalt der „gefassten" Beschlüsse verschaffen. Damit die Funktion der Niederschrift erfüllt werden kann, muss es jedem Interessierten und durch die Beschlüsse in seinen Rechten Berührten ohne weiteres möglich sein, sich über den Inhalt einer Eigentümerversammlung über die Niederschrift angemessen und umfassend zu informieren. Der Versammlungsleiter ist indes – sofern etwas anderes nicht von den Wohnungseigentümern bestimmt oder nach § 242 BGB geboten ist[4] – **nicht verpflichtet**, eine vom ihm gefertigte Niederschrift zu versen-

131

---

1 BayObLG v. 20.3.2001 – 2Z BR 101/00, ZMR 2001, 815 (818) = NZM 2001, 754; v. 27.1.1989 – BReg 2Z 67/88, NJW-RR 1989, 656; v. 17.7.1972 – BReg 2Z 16/72, BayObLGZ 1972, 246 (249); OLG Frankfurt v. 23.8.1990 – 20 W 165/90, WuM 1990, 461.
2 BayObLG v. 17.1.2003 – 2Z BR 130/02, BayObLGReport 2003, 227.
3 BayObLG v. 20.3.2001 – 2Z BR 101/00, ZMR 2001, 815 (818) = NZM 2001, 754.
4 Soweit der Verwalter aufgrund einer Vereinbarung oder des Verwaltervertrags zur Versendung einer Niederschrift über die Eigentümerversammlung verpflichtet ist, hat dies mindestens eine Woche vor Ablauf der Anfechtungsfrist zu geschehen, BayObLG v. 22.11.2001 – 2Z BR 140/01, ZWE 2002, 220 (221); s. auch BayObLG v. 5.4.1990 – 2Z 30/90, WE 1991, 229.

den. Eine Versendungspflicht kann nicht aus einer Übung hergeleitet werden. Ein „Gewohnheitsrecht" wegen mehrfacher Übung kann es nicht geben[1].

132 Das Einsichtsrecht findet seine **Grenze im Schikane- und Missbrauchsverbot** nach §§ 226, 242 BGB[2]. Das Einsichtsrecht in die Niederschrift wird **ergänzt durch das Einsichtsrecht in die Beschluss-Sammlung** in § 24 Abs. 7 Satz 7 (Rz. 188 ff.). Ein besonderes berechtigtes Interesse an der Einsicht braucht der Einsichtsberechtigte (Rz. 134) nicht darzulegen[3]. Jeder Einsichtsberechtigte hat neben seinem Recht, die Niederschriften einzusehen, das Recht, sich Abschriften zu machen oder Auszüge anzufertigen. Im Rahmen der Einsichtnahme hat der Einsichtsberechtigte ferner einen Anspruch auf **Fertigung und Aushändigung von Fotokopien**, da es ihm in der Regel nicht zugemutet werden kann, handschriftlich Abschriften zu fertigen[4]. Die mietrechtliche Rechtsprechung, wonach der Mieter keinen Anspruch auf Überlassung von Fotokopien etwa der Abrechnungsbelege besitzt, auch nicht gegen eine Kostenerstattung[5], ist im Wohnungseigentumsrecht **nicht anwendbar**[6]. Die Kosten der Ablichtungen sind dem Verwalter zu erstatten. Ggf. ist hierüber – und über die angemessene Höhe – nach § 21 Abs. 7 zu beschließen. Für die Frage, ob eine Übersendung von Kopien verlangt werden kann, ist etwa die räumliche Entfernung des Einsichtsberechtigten vom Ort der möglichen Einsichtnahme (Rz. 135) und die Zumutbarkeit einer Anreise wichtig. Außerdem ist auf die Anzahl der geforderten Kopien sowie der mit einem Kopieren verbundene Zeitaufwand zu berücksichtigen. Ein Recht auf **Herausgabe der Niederschrift** besteht nicht[7]. Auch den Mitgliedern des Verwaltungsbeirats räumt das Gesetz dieses Recht nicht ein.

133 Gewährt der Versammlungsleiter die Einsichtnahme nicht freiwillig, kann gegen ihn Klage erhoben werden. Die Verweigerung einer berechtigten Einsichtnahme kann ihn außerdem schadensersatzpflichtig machen. Ist der Verwalter Versammlungsleiter, kann die Weigerung Grund für seine Abberufung aus wichtigem Grunde sein. Ferner kann die Weigerung eine Wiedereinsetzung in den vorigen Stand nach § 46 Abs. 1 Satz 3 rechtfertigen[8].

---

1 A.A. BayObLG v. 27.1.1989 – BReg. 2Z 67/88, NJW-RR 1989, 656; *Kümmel*, MietRB 2003, 58; Bärmann/Pick/*Merle* Rz. 122.
2 BayObLG v. 8.4.2004 – 2Z BR 113/03, ZMR 2004, 839 (840); v. 13.6.2000 – 2Z BR 175/99, BayObLGReport 2001, 2; v. 27.7.1978 – BReg 2Z 83/77, BayObLGZ 1978, 231 (234); OLG Köln v. 28.2.2001 – 16 Wx 10/01, OLGReport Köln 2001, 220 (221); OLG Hamm v. 9.2. 1998 – 15 W 124/97, WE 1998, 496 (497) = NZM 1998, 724 = ZMR 1998, 586.
3 OLG Köln v. 28.2.2001 – 16 Wx 10/01, OLGReport Köln 2001, 220 (221); BayObLG v. 13.6.2000 – 2Z BR 175/99, NZM 2000, 873 (874); KG v. 31.1.2000 – 24 W 601/99, NZM 2000, 828 (829).
4 BayObLG v. 13.6.2000 – 2Z BR 175/99, BayObLGReport 2001, 2; OLG Hamm v. 9.2. 1998 – 15 W 124/97, WE 1998, 496 (497) = NZM 1998, 724 = ZMR 1998, 586.
5 BGH v. 8.3.2006 – VIII ZR 78/05, ZMR 2006, 358 (361).
6 Siehe dazu auch *Schnabel*, Info M 2006, 300.
7 BayObLG v. 3.12.2003 – 2Z BR 188/03, ZMR 2004, 443 (445); v. 26.7.1988 – 1b Z 16/88, WE 1989, 145 (146).
8 *Hügel/Elzer* § 13 Rz. 141 m.w.N.

b) Einsichtsberechtigte

Nach dem Gesetz ist nur ein „**Wohnungseigentümer**" berechtigt, sämtliche Niederschriften **einzusehen**[1]. Statt eines Wohnungseigentümers kann aber auch ein von diesem bevollmächtigter Dritter, z.B. ein potentieller Käufer, Einsicht nehmen. Dies folgt bereits aus allgemeinen Erwägungen und kann auch aus einer entsprechenden Anwendung des § 27 Abs. 7 Satz 7 hergeleitet werden. Ein eigenständiges Recht haben Dritte, soweit sie anstelle des Wohnungseigentümers dessen Eigentum halten. In diesem Sinne besitzt z.B. der Insolvenzverwalter oder ein Zwangsverwalter ein eigenes Einsichtsrecht. Andere Dritte haben ein Einsichtsrecht, sofern sie ein Interesse nachweisen können, z.B. ein potentieller Erwerber in der Zwangsversteigerung (s. auch Rz. 192). 134

c) Ort der Einsichtnahme

Die Einsichtnahme ist grundsätzlich am Ort des Verwaltungssitzes unter Berücksichtigung des Bürobetriebes geschuldet, § 269 BGB[2]. Eine Ausnahme kommt in Betracht, wenn der Sitz des Verwalters und der Ort der Wohnanlage nicht identisch sind. In diesem Fall folgt aus der Natur des die Wohnungseigentümer und den Verwalter verbindenden gesetzlichen Schuldverhältnisses, insbesondere den Pflichten des Verwalters, dass die Einsichtnahme auch am Ort der Wohnanlage zu gestatten ist[3]. 135

5. Berichtigung der Niederschrift

a) Allgemeines

Es widerspricht ordnungsmäßiger Verwaltung, wenn der Versammlungsleiter Beschlussanträge oder Abstimmungsergebnisse in der Niederschrift unrichtig festhält[4]. Eine Niederschrift muss „richtig", die beurkundeten Tatsachen müssen „wahr" sein. Enthält die Niederschrift Fehler, Unrichtigkeiten, Ungenauigkeiten, ist sie unvollständig oder beurkundet sie unverhältnismäßig viel Überflüssiges, muss sie daher ggf. **berichtigt** werden. Eine Pflichtverletzung ist vor allem anzunehmen, wenn der **Muss-Inhalt** (Rz. 119) der Niederschrift falsch, verfälscht, unvollständig oder überhaupt nicht wiedergegeben wird[5]. Eine Korrektur (Berichtigung/Streichung) eines Inhalts der Niederschrift ist auch für ihren **Kann-Inhalt** (Rz. 120) vorstellbar, z.B. wenn die beurkundeten Inhalte falsch sind oder wenn die Inhalte zwar nicht falsch, ihre Beurkundung aber einen Wohnungseigentümer rechtswidrig beeinträchtigt oder eine rechtlich erhebliche Erklärung falsch beurkundet ist und es mithin für eine Berichtigung oder Streichung ein rechtliches Bedürfnis, für die Beurkundung hingegen kein sachliches Interesse gibt. Es ist z.B. möglich, dass eine Tatsache zwar wahr ist, es aber **keinen Anlass** gibt, diese isoliert darzustellen. Haben etwa mehrere Wohnungseigentümer eine Eigentümerversammlung gestört und nimmt der Versamm- 136

---

1 Etwas anderes ist vereinbar.
2 OLG Köln v. 28.2.2001 – 16 Wx 10/01, OLGReport Köln 2001, 220 (221); OLG Hamm v. 12.2.1998 – 15 W 319/97, NZM 1998, 722 (723) = ZMR 1998, 587.
3 OLG Köln v. 28.2.2001 – 16 Wx 10/01, OLGReport Köln 2001, 220 (221).
4 BayObLG v. 3.12.2003 – 2Z BR 188/03, ZMR 2004, 443 (444).
5 BayObLG v. 21.2.1991 – 2Z 9/91, WE 1992, 86 = WuM 1991, 310 (311).

lungsleiter die „Störer" namentlich in die Niederschrift auf, gebietet es das Gebot der Vollständigkeit, nicht nur einzelne, sondern alle (oder keine) Störer zu benennen.

aa) Freiwillige Berichtigung

137 Sämtliche für die Richtigkeit der Niederschrift Unterschreibenden haben ohne Bindung an Fristen, aber ggf. nach Anhörung der Wohnungseigentümer[1], das Recht, Beurkundungsfehler selbständig, aber nur gemeinsam zu korrigieren[2]. Eine Berichtigung nur durch einen Unterschreibenden ist offensichtlich nicht möglich und zerstört jeglichen Beweiswert[3]. Auch die Wohnungseigentümer in ihrer Gesamtheit sind für eine Korrektur unzuständig (Rz. 124)[4].

bb) Berichtigungsanspruch

138 Wird ein Wohnungseigentümer durch den Inhalt der Niederschrift **rechtswidrig beeinträchtigt** oder wird eine rechtlich erhebliche Erklärung **falsch protokolliert**, besitzt er einen aus § 21 Abs. 4 folgenden **Anspruch** auf eine ordnungsmäßige Beurkundung und **Berichtigung** von Fehlern[5]. Im Einzelfall kann der Anspruch aus §§ 1004, 823 Abs. 1 BGB folgen[6]. Zwar kommt es für die Frage, welchen Inhalt ein Beschluss hat, grundsätzlich nicht auf die Niederschrift und Protokollierung an, sofern nichts anderes vereinbart ist. Die Niederschrift gibt aber den Anschein eines anderen, falschen Beschlussinhalts. Um diesen Anschein zu bekämpfen, ist grundsätzlich (s. noch Rz. 142 ff.) ein **Rechtsschutzbedürfnis** anzuerkennen, das auch durch eine ggf. richtige Beurkundung im Beschlussbuch nicht entfällt. Die Niederschrift entwickelt einen eigenen Rechtsschein und kann für sich Träger eines Irrtums sein.

cc) Schadensersatz

139 Aus einer nicht ordnungsmäßigen Niederschrift können **Schadensersatzansprüche** erwachsen. Veranlasst der protokollierende Versammlungsleiter durch eine falsche Niederschrift ein Beschlussanfechtungsverfahren, etwa weil er einen Beschlussinhalt niederlegt, der mit dem Abstimmungsergebnis und mit dem verkündeten Beschluss nicht übereinstimmt, macht er sich gem. §§ 280 Abs. 1 Satz 1, 241 BGB **haftbar**. War der Verwalter Versammlungsleiter, so können ihm ggf. gem. § 49 Abs. 2 bereits die Prozesskosten des Anfechtungsverfahrens auferlegt werden[7]. Ein Verwalter, der eine Niederschrift erstellt, die in wesentli-

---

1 Dafür *Abramenko*, ZMR 2003, 245 (247).
2 BayObLG v. 12.9.2002 – 2Z BR 28/02, ZMR 2002, 951 (952) = NJW-RR 2002, 1667; AG Freising (Zweigstelle Moosburg a. d. Isar) v. 14.1.2005 – 2 UR II 9/04, WE 2005, 152.
3 A.A. *Abramenko*, ZMR 2003, 245 (246).
4 BayObLG v. 12.9.2002 – 2Z BR 28/02, ZMR 2002, 951 (952) = NJW-RR 2002, 1667; AG Kassel v. 28.4.2004 – 800 II 114/2003 WEG, ZMR 2004, 711 (712).
5 KG v. 20.3.1989 – 24 W 3239/88, MDR 1989, 742 = WuM 1989, 347; OLG Hamm v. 25.4.1989 – 15 W 353/87, OLGZ 1989, 314 (315) = MDR 1989, 914 (915); OLG Hamm v. 24.1.1985 – 15 W 450/84, MDR 1985, 502 = OLGZ 1985, 147 (148); BayObLG v. 15.12.1989 – BReg 2Z 39/82, BayObLGZ 1982, 445 (447); Becker, ZMR 2006, 489; *Abramenko*, ZMR 2003, 245 (247); *Kümmel*, MietRB 2003, 58 (59).
6 BayObLG v. 5.12.1989 – BReg 2Z 121/89, WuM 1990, 173; KG v. 20.3.1989 – 24 W 3239/88, MDR 1989, 742 = WuM 1989, 347.
7 Siehe auch LG Leipzig v. 19.4.2005 – 1 T 188/05, NJW-RR 2005, 1035 (1036).

chen Punkten unrichtig ist, kann ferner für die weitere Führung der Verwaltung ungeeignet sein[1].

b) Berichtigungsklage
aa) Allgemeines

Erfüllen die Verpflichteten einen Berichtigungsanspruch nicht freiwillig, kann sie jeder Berechtigte gerichtlich in einem Verfahren nach § 43 Nr. 1, Nr. 3 auf „Berichtigung" in Anspruch nehmen[2]. Der Berichtigungsanspruch ist aufgrund des Regelungszusammenhangs mit § 24 Abs. 6 Satz 2 gegen die Personen zu richten, die mit ihrer Unterschrift für die Richtigkeit der Niederschrift einzustehen haben[3]. Ist ein Unterschreibender freiwillig bereit, die Niederschrift zu berichtigen, die anderen aber nicht, ist die Berichtigungsklage nur gegen diese zu richten. Bei einem Wechsel im Vorsitz während der Versammlung sind beide Vorsitzende gemeinsam oder jeder für seinen Teil zur Erstellung und ggf. einer Berichtigung verpflichtet. 140

Im Berichtigungsverfahren hat das Gericht zu klären, ob eine Tatsache unrichtig oder zu Unrecht beurkundet worden ist. Es hat dazu etwa als Vorfrage einen richtigen Beschlussinhalt festzustellen. Ggf. ist Beweis zu erheben. Der Grundsatz, dass Eigentümerbeschlüsse „aus sich heraus", objektiv und normativ, auszulegen sind (s. § 23 Rz. 143), steht einer Beweiserhebung über den Beschlussinhalt nicht entgegen, wenn unter den Beteiligten strittig ist, ob denn das im Protokoll Verlautbarte mit dem tatsächlich Beschlossenen übereinstimmt[4]. Die Feststellungslast für einen anderen als den protokollierten abweichenden Beschlussinhalt trägt nach den allgemeinen Regelungen derjenige, der eine abweichende Beschlussfassung behauptet[5]. Der Berichtigungsvermerk der Unterzeichnenden kann entsprechend § 894 Abs. 1 Satz 1 ZPO durch eine rechtskräftige gerichtliche Entscheidung ersetzt werden, die die Unterzeichner zur Protokollberichtigung verpflichtet[6]. Ist einer der Unterzeichnenden kein Wohnungseigentümer, ist dennoch auch er analog § 43 Nr. 1 und Nr. 3 vor dem Wohnungseigentumsgericht zu verklagen. 141

bb) Rechtsschutzinteresse

Die gerichtliche Geltendmachung eines Berichtigungsanspruches setzt auf Klägerseite ein **Rechtsschutzinteresse** voraus. Ein solches wird bejaht, wenn eine rechtsgeschäftlich erhebliche Willenserklärung, insbesondere ein Beschluss, falsch protokolliert wurde. Ein Rechtsschutzbedürfnis kann z.B. fehlen, wenn der Kläger behauptet, die Anzahl der beurkundeten „Ja-Stimmen" sei falsch, 142

---

1 BayObLG v. 17.9.2003 – 2Z BR 135/03, BayObLGReport 2004, 75.
2 BayObLG v. 12.9.2002 – 2Z BR 28/02, ZMR 2002, 951 (952) = NJW-RR 2002, 1667; v. 21.2.1991 – BReg 2Z 2/91, WE 1992, 166; v. 15.12.1982 – BReg 2Z 39/82, BayObLGZ 1982, 445 (447); OLG Hamm v. 24.1.1985 – 15 W 450/84, MDR 1985, 502 = OLGZ 1985, 147 (148); *Becker*, ZMR 2006, 489; *Abramenko*, ZMR 2003, 245 (247); *Bub* in FS Seuß, 1997, S. 53 (58); *Kümmel*, MietRB 2003, 58 (59).
3 BayObLG v. 12.9.2002 – 2Z BR 28/02, ZMR 2002, 951 (952) = NJW-RR 2002, 1667.
4 BayObLG v. 13.11.2003 – 2Z BR 165/03, BayObLGReport 2004, 97.
5 *Becker*, ZMR 2006, 489 (493 ff.).
6 *Riecke* in KK-WEG Rz. 93.

sich dieser Fehler aber nicht auswirkt[1]. Ein Rechtsschutzinteresse wird ferner verneint, wenn wegen „Bagatellen" inhaltlicher oder formeller Art eine Berichtigung begehrt wird[2] oder die Niederschrift den Ablauf der Versammlung oder Diskussion zwar nicht einwandfrei wiedergibt, dies aber jedenfalls ohne eine Auswirkung für die Auslegung von Beschlüssen bleibt. Auch dann, wenn der Protokollant eine Beschlussniederschrift von sich aus im Laufe des Verfahrens berichtigt, entfällt ein Rechtsschutzbedürfnis für einen gerichtlichen Berichtigungsantrag. Teile der Rechtsprechung bejahen aus Gründen der Rechtssicherheit jedenfalls für einen Antrag auf Berichtigung von unzutreffend beurkundeten Eigentümerbeschlüssen eine analoge Anwendung der Anfechtungsfrist des § 46 Abs. 1 Satz 1[3]. Dem ist **nicht zu folgen**. Für eine Begrenzung einer Berichtigungsklage gibt es keinen Anlass[4]. Der Niederschrift kommt kein erhöhter Beweiswert (Rz. 112 ff.) und schon gar kein guter Glaube zu[5].

6. Aufbewahrung

143 Die Pflicht, Niederschriften aufzubewahren, ist nicht gesetzlich geregelt worden. Damit eine Niederschrift ihre primäre Funktion, nämlich über die jeden Wohnungseigentümer bindenden Beschlüsse und ggf. über die Umstände ihrer Entstehung dauerhaft zu informieren (Rz. 110), erfüllen kann, muss man indes annehmen, dass Niederschriften dauerhaft und im Prinzip „**ewig**" aufzubewahren sind[6].

X. Beschluss-Sammlung

1. Allgemeines

144 Für sämtliche nach dem 1.7.2007 verkündeten **Versammlungsbeschlüsse** und schriftlichen Beschlüsse sowie für sämtliche nach diesem Tag ergangenen (verkündeten) **gerichtlichen Entscheidungen** i.S.v. § 43 ist nach § 24 Abs. 7 Satz 1 eine „Beschluss-Sammlung" zu führen. Diese Sammlung ermöglicht es vor allem einem (möglichen) Erwerber von Wohnungseigentum, sich auf eine einfache Art und Weise vor einem möglichen Erwerb umfassend über die aktuelle Beschlusslage und alle wichtigen gerichtlichen Entscheidungen mit Bedeutung für eine konkrete Eigentümergemeinschaft zu unterrichten. Diese Aufklärung ist von **besonderer Bedeutung**, weil einen Erwerber auch die Beschlüsse, die vor seinem Beitritt zur Gemeinschaft gefasst wurden und die aus dem Grundbuch **nicht ersichtlich** sind, gem. § 10 Abs. 4 binden. Eine entsprechende Bindung ordnet § 10 Abs. 4 ferner für Entscheidungen des Wohnungseigentumsgerichts in einem Rechtsstreit gem. § 43 an. Der Erwerber soll mithin durch die Be-

---

1 BayObLG v. 21.2.1991 – 2Z 9/91, WE 1992, 86 (87) = WuM 1991, 310 (311). Dies kann allerdings nicht gelten, wenn es um bauliche Veränderungen ging, vgl. *Kümmel*, MietRB 2003, 58 (59).
2 KG v. 20.3.1989 – 24 W 3239/88, MDR 1989, 742 = WuM 1989, 347.
3 KG v. 6.6.1990 – 24 W 1227/90, OLGZ 1990, 421 = MDR 1990, 925 = WuM 1990, 363; OLG Hamm v. 24.1.1985 – 15 W 450/84, MDR 1985, 502 = OLGZ 1985, 147 (148).
4 *Abramenko*, ZMR 2003, 326 (328).
5 *Becker*, ZMR 2006, 489 (491); *Kümmel*, MietRB 2003, 58 (59); v. *Rechenberg/Riecke*, MDR 1996, 518 (519).
6 *Vandenhouten* in Köhler/Bassenge, Teil 5 Rz. 302.

schluss-Sammlung erkunden können, was auf ihn „zukommt" – wenn er sich danach erkundigt.

Eine Beschluss-Sammlung ist ferner für die **Wohnungseigentümer** selbst sinnvoll[1]. Auch diese haben ein lebendiges Interesse daran, ergangene gerichtliche Entscheidungen und die von ihnen und ihren Voreigentümern gefassten Beschlüsse in ihrer **Gesamtheit** einsehen zu können. Schließlich ist eine Beschluss-Sammlung auch für einen **Verwalter** unentbehrlich – weil er ohne sie keine hinreichende Kenntnis von der Beschlusslage der Wohnungseigentümer hat[2]. Dieser Kenntnis bedarf er aber, weil er gem. § 27 Abs. 1 Nr. 1 die Beschlüsse durchzuführen hat. Ferner muss seine Verwaltung nach § 21 Abs. 4 diesen Beschlüssen entsprechen. 145

Die Beschluss-Sammlung ist – wie andere Verwaltungsunterlagen auch – **Eigentum des Verbandes**. Wird eine Beschluss-Sammlung elektronisch geführt, muss die Software allerdings nicht zwangsläufig vom Verband erworben werden. Es muss nur sichergestellt sein, dass der Verband jederzeit Zugriff auf seine Daten hat, z.B. durch einen Ausdruck. Ferner muss sichergestellt werden, dass es im Falle eines Verwalterwechsels zu keinen Problemen der Datenmigration kommt. Wegen der hohen Bedeutung der Beschluss-Sammlung steht dem Verwalter an dieser **kein Zurückbehaltungsrecht** zu. 146

2. Inhalt der Beschluss-Sammlung

Gemäß § 27 Abs. 7 Satz 2 ist für die nach dem 1.7.2007 ergangenen Beschlüsse und gerichtlichen Entscheidungen eine **Beschluss-Sammlung** zu führen. **Vor diesem Zeitpunkt ergangene Beschlüsse und gerichtliche Entscheidungen sind jedenfalls nicht von Gesetzes** wegen zu sammeln. Ist eine nachträgliche Sammlung aller vorhergehenden Beschlüsse möglich, entspricht sie freilich **ordnungsmäßiger Verwaltung** und ist gem. § 21 Abs. 4 erzwingbar[3]. Etwas anderes kann nur gelten, wenn die Beschlusslage nicht mehr nachvollzogen werden kann. Dass es sich um viele Eintragungen handeln würde, ist hingegen unerheblich. 147

3. Verhältnis zu anderen Rechtsscheinsträgern

a) Niederschrift

Das Verhältnis der Beschluss-Sammlung zur **Niederschrift** i.S.v. § 24 Abs. 6 ist **undurchsichtig**. Die Niederschrift enthält jedenfalls nach ihren gesetzlichen Anforderungen nur den Inhalt „gefasster" Beschlüsse und entspricht damit ungeachtet des abweichenden Wortlauts in § 24 Abs. 7 Satz 2 („verkündete" Beschlüsse) **vollständig** dem weitergehenden Inhalt der Beschluss-Sammlung (Rz. 147). Ein „Vorrang" der Niederschrift, etwa im Prozess als „besseres" Beweismittel, ist dadurch nicht anzuerkennen. Dies gilt auch dann, wenn die Niederschrift die Unterschriften mehrerer für ihren Inhalt zeichnender Personen trägt. Widersprechen sich Beschluss-Sammlung und Niederschrift, kann keines dieser Mittel Träger eines Erfahrungssatzes sein. Die Tauglichkeit von Be- 148

---

1 *Armbrüster*, AnwBl. 2005, 15 (18).
2 *Deckert*, NZM 2005, 927 (928).
3 *Merle*, GE 2007, 636; *Blankenstein*, WEG-Reform 2007, 7. 2. 1.

schluss-Sammlung und Niederschrift als „Beweismittel" (dazu Rz. 194) **entfällt** bei einem **Widerspruch** zwischen ihnen. Die Niederschrift kann nur insoweit einen Vorrang haben, soweit in ihr neben dem Muss-Inhalt weitere Inhalte beurkundet werden, die sich naturgemäß in der Beschluss-Sammlung nicht finden können (Rz. 118).

b) Verhältnis zum Grundbuch

149 In bestimmten Fällen kann sich die Frage stellen, wie sich die durch die Beschluss-Sammlung **dokumentierte Beschlusslage** – wenn diese denn richtig beurkundet ist – zum Inhalt des **Grundbuchs** und den dort niedergelegten Bestimmungen verhält. Haben die Wohnungseigentümer etwa durch einen Beschluss nach § 16 Abs. 3 – Entsprechendes gilt für Beschlüsse nach § 21 Abs. 7 – eine von einem vereinbarten und im Grundbuch eingetragenen Kostenverteilungsschlüssel abweichende Regelung getroffen, ist das Grundbuch **nachträglich unrichtig** geworden. Ungeachtet dessen, dass für Kostenverteilungsschlüssel eine dieses Problem besonders regelnde Norm fehlt[1], liegt nahe, dass die Wohnungseigentümer eine Berichtigung des Grundbuchs nach § 22 GBO verlangen und ggf. nach § 894 BGB erzwingen können[2]. Kommt es indes zu **keiner Berichtigung**, ist offen, ob sich der in das Grundbuch Einsicht nehmende Käufer gem. § 892 Abs. 1 Satz 1 BGB auf dessen **Inhalt** und die „wahre" Beschlusslage und gegen den Stand der Beschluss-Sammlung **berufen** kann[3]. Diese Frage ist zu verneinen, wenn die Beschluss-Sammlung den Beschlussinhalt richtig beurkundet[4]. Bereits bislang ist mehr als **zweifelhaft**, ob eine zu Unrecht eingetragene Vereinbarung Grundlage eines guten Glaubens sein kann[5]. Diese Möglichkeit wird von der h.M. zwar noch bejaht[6]. Jedenfalls im neuen Recht ist aber „Kollateralschaden" der neuen Beschlussmacht, dass ein guter Glaube jedenfalls teilweise nicht mehr vorstellbar ist. Da es keinen Zwang gibt, in Wegfall geratende dingliche Vereinbarungen im Grundbuch zu löschen, die Beschlussmacht, verdinglichte Vereinbarungen zu ändern, indes **gesetzlich garantiert** ist, muss ein durch § 892 Abs. 1 Satz 1 BGB vermittelter Glaube auf den Bestand einer Eintragung ins Leere gehen[7]. Erwerber von Wohnungseigentum können auf den Grundbuchinhalt, jedenfalls auf die für sie besonders wichtigen **Kostenverteilungsregelungen**, mithin nicht mehr vertrauen.

4. Einzelheiten

150 Die Beschluss-Sammlung enthält nach § 24 Abs. 7 Satz 2 zum einen den Wortlaut der Eigentümerbeschlüsse – seien sie in der Versammlung der Eigentümer

---

1 Für die Beschlussmacht nach § 12 s. dessen Abs. 4 Satz 3 und 4.
2 *Hügel/Elzer* § 8 Rz. 24.
3 Das Problem ist im Übrigen nicht neu. Es stellte sich immer, wenn es eine Öffnungsklausel gab. Und zum anderen stellt sich im Anschluss die Frage, was gilt, wenn durch eine schuldrechtliche Vereinbarung ein verdinglichte verändert wird.
4 Wenn nicht, ist das Grundbuch ja richtig.
5 Dazu *Elzer* in KK-WEG § 10 Rz. 325 ff.
6 Nachweise bei *Elzer* in KK-WEG § 10 Rz. 326.
7 Konsequent wäre es, an Stelle der Vereinbarung den Beschluss im Grundbuch einzutragen. Dem steht indes § 10 Abs. 4 Satz 2 entgegen.

oder gem. § 23 Abs. 3 schriftlich gefasst worden – zum anderen Urteilsformeln gerichtlicher Entscheidungen in einem Rechtsstreit gem. § 43.

a) Beschlüsse

aa) Versammlungsbeschlüsse

Nach § 27 Abs. 7 Satz 2 Nr. 1 sind die in einer Eigentümerversammlung verkündeten Beschlüsse mit Angabe von Ort (postalische Anschrift) und Datum der Versammlung in die Beschluss-Sammlung aufzunehmen. Zu beurkunden ist dabei nicht der Beschlussantrag, sondern der **verkündete** Beschluss. Dazu muss der Versammlungsleiter regelmäßig den Beschlussantrag **umformulieren**. Wurde z.B. der Antrag gestellt, einen Baum zu fällen und fand dieser Antrag eine Mehrheit, ist zu beurkunden, dass die Wohnungseigentümer beschlossen haben, den Baum zu fällen. Fand der Beschluss hingegen keine Mehrheit, ist zu beurkunden, dass die Wohnungseigentümer beschlossen haben, den Baum nicht zu fällen[1]. Ob ein einzutragender Beschluss angefochten wurde, ist für die Frage seiner Eintragung **unerheblich**. Seine Anfechtung ist nur anzumerken (Rz. 166). Keine Rolle spielt ferner, ob ein Beschluss nicht ordnungsmäßig i.S.v. § 21 Abs. 4 ist. 151

Zu beurkunden sind sowohl die **positiven** als auch die verkündeten **negativen** Beschlüsse. Eine Differenzierung danach, ob ein negativer Beschluss „von Bedeutung" ist oder nicht, kann vom Führer der Beschluss-Sammlung nicht geleistet werden und **verbietet** sich bereits aus diesem Grunde[2]. Ob ein negativer Beschluss später eine zunächst nicht erkannte Bedeutung erlangt, ist nicht absehbar. 152

bb) Schriftliche Beschlüsse gem. § 23 Abs. 3

Nach § 24 Abs. 7 Satz 2 Nr. 2 sind ferner sämtliche schriftlichen Beschlüsse i.S.v. § 23 Abs. 3 mit Angabe von Ort und Datum ihrer Verkündung in die Beschluss-Sammlung aufzunehmen. Zur Verkündung und Entstehung von schriftlichen Beschlüssen s. Vor §§ 23 bis 25 Rz. 62 ff. 153

cc) Geschäftsordnungsbeschlüsse

In die Beschluss-Sammlung **nicht aufzunehmen** sind bloße Geschäftsordnungsbeschlüsse (zum Begriff s. Vor §§ 23 bis 25 Rz. 129)[3]. Diese Beschlüsse entfalten weder gegenüber den aktuellen Wohnungseigentümern noch über § 10 Abs. 4 gegenüber Sondernachfolgern eine Bindungswirkung, die allein durch die Beschluss-Sammlung aber zu dokumentieren wäre. Geschäftsordnungsbeschlüsse verlieren mit dem Ende der Eigentümerversammlung **grundsätzlich** ihre Bedeutung (s. Vor §§ 23 bis 25 Rz. 130)[4]. Ausnahmsweise kann zwar auch ein Geschäftsordnungsbeschluss angefochten werden (s. Vor §§ 23 bis 25 Rz. 129 und 154

---

1 A. A *Abramenko* § 2 Rz. 29. Er schlägt vor, Antrag und Abstimmungsergebnis zu beurkunden.
2 A.A. *Merle*, GE 2007, 636 (637).
3 *Drasdo*, ZMR 2007, 501 (504); *Deckert*, NZM 2005, 927 (928); a.A. *Merle*, ZWE 2007, 272 (276); *Abramenko* § 2 Rz. 30.
4 OLG München v. 8.12.2006 – 34 Wx 103/06, FGPrax 2007, 21 (22).

Rz. 130). Auch diese besondere Situation rechtfertigt es aber nicht, die Beschluss-Sammlung **unnötig aufzublähen**.

dd) Nichtige Beschlüsse

155 Nichtige Beschlüsse sind nicht in die Beschluss-Sammlung aufzunehmen. Auch diese entfalten keine „Bindung". Ist allerdings streitig, ob ein Beschluss nichtig ist, sollte der Beschluss in die Sammlung aufgenommen werden. In einer **Anmerkung** sollten ggf. die **Zweifel** an seiner Wirksamkeit beurkundet werden. Nimmt der Führer der Sammlung einen angeblich nichtigen Beschluss nicht in diese auf, kann er auf „Aufnahme" nach §§ 43 Nr. 3, 21 Abs. 4 verklagt werden. Hat der Führer der Sammlung zu Unrecht einen nichtigen Beschluss aufgenommen, kann er nach §§ 43 Nr. 3, 21 Abs. 4 hingegen auf Löschung verklagt werden (Rz. 197).

ee) Anlagen

156 Das Gesetz fordert **nicht**, die einem Beschluss zugrunde liegenden Unterlagen (Beschluss-Anlagen), z.B. die Jahresabrechnung oder einen Wirtschaftsplan, in die Sammlung aufzunehmen[1].

b) Gerichtsentscheidungen, § 24 Abs. 7 Satz 2 Nr. 3

aa) Grundsatz

157 Werden die Wohnungseigentümer durch eine **gerichtliche Entscheidung** in einem Rechtsstreit i.S.v. § 43 gebunden, so ist gem. 27 Abs. 7 Satz 2 Nr. 3 zum einen die Formel der gerichtlichen Entscheidung i.S.v. § 313 Abs. 1 Nr. 4 ZPO mit Angabe ihres Datums zu beurkunden. Zum anderen sind das erkennende Gericht (mit seinem Namen und Aktenzeichen) sowie die Parteien (mit Namen und Adresse, jedenfalls aber klar und unmissverständlich identifizierbar) zu verzeichnen. Ein Verstoß gegen datenschutzrechtliche Bestimmungen kann hierin nicht erkannt werden. Für die Sammlung der in der Beschluss-Sammlung aufgenommenen Daten gibt es ein **gesetzlich anerkanntes Bedürfnis** nach Information, wer an einer Wohnungseigentumssache in welcher Weise beteiligt war. Es ist zwar nicht zu verkennen, dass die namentliche Nennung es erleichtert festzustellen, welche Wohnungseigentümer „querulatorisch" veranlagt sind. Auch dieses ist aber für eine Kaufentscheidung eine wesentliche Information.

158 Zur „Urteilsformel" i.S.d. Gesetzes gehört die Entscheidung zur **Hauptsache** und die zu den **Nebenentscheidungen** (zu den Kosten und zur vorläufigen Vollstreckbarkeit). „Entscheidung" ist auch eine Klageabweisung. Zum einen wird durch sie ggf. deutlich, welche Beschlüsse nunmehr bestandskräftig sind, § 48 Abs. 4 WEG. Zum anderen hat die Kostenentscheidung ein allgemeines Interesse. Das Gesetz fordert bei einer klageabweisenden Entscheidung **nicht**, neben der Urteilsformel den **Klageantrag** aufzunehmen[2]. Vor allem bei den wichtigen Anfechtungsklagen ist ja bereits der Beschluss Inhalt der Beschluss-Sammlung. Dass das Gesetz von „**Urteils**"formel spricht, ist offensichtlich **untechnisch** zu

---

1 A.A. Merle, GE 2007, 636 (637); Drasdo, ZMR 2007, 501 (504).
2 A.A. Merle, GE 2007, 636 (638); s. auch Abramenko § 2 Rz. 37.

verstehen. Nach Sinn und Zweck müssen selbstverständlich auch solche Entscheidungen in „Altverfahren" beurkundet werden, die nach den **Übergangsvorschriften** (zu diesen siehe bei § 62) zum Gesetz zur Änderung des Wohnungseigentumsgesetzes und anderer Gesetze vom 26.3.2007 (BGBl. I, 370) auch nach dem 1.7.2007 noch als **Beschluss** ergehen[1]. Notwendig, aber auch ausreichend für eine Aufnahme ist, dass es eine Formel gibt, mithin nach Sinn und Zweck der Regelung eine Endentscheidung. Als solche Endentscheidungen zu werten sind auch Beschlüsse nach §§ 91a, 887, 888, 890 ZPO. Diese Entscheidungen sind keine reinen Kostenbeschlüsse, sondern in besonderer Weise verfahrensbeendigend. Ferner gehören hierher **Vollstreckungsbescheide** oder Beschlussverfügungen nach §§ 935, 922 ZPO oder Beschlussarreste nach §§ 916, 922 ZPO. Ob hingegen auch **Kostenfestsetzungsbeschlüsse** als „gerichtliche Entscheidungen" anzusehen sind, ist nicht sicher, liegt aber nahe. Keine gerichtliche Entscheidung ist die gerichtliche Feststellung nach § 278 Abs. 6 Satz 2 ZPO, mit der ein Gericht Zustandekommen und den Inhalt eines nach § 278 Abs. 6 Satz 1 ZPO geschlossenen Vergleichs durch Beschluss feststellt oder sonstige Beschlüsse, die einen Rechtsstreit nicht entscheiden, sondern den **Verfahrensfortgang** fördern (z.B. Beweisbeschlüsse).

bb) Verfahren ohne Auswirkungen auf andere Wohnungseigentümer

In Verfahren nach § 43 Nr. 1 zwischen Wohnungseigentümern und ebenso in einem Verfahren eines Wohnungseigentümers gegen den Verwalter ist vorstellbar, dass die Interessen der anderen Wohnungseigentümer nicht berührt werden. Ist dieses der Fall, sind sie gem. § 48 Abs. 1 Satz 1 nicht einmal beizuladen (s. § 48 Rz. 8ff.). Nach dem Wortlaut des § 25 Abs. 7 Satz 2 sind indes auch in solchen Verfahren ergehende Entscheidungen einzutragen. Eine Auslegung des § 24 Abs. 7 nach Sinn und Zweck ergibt freilich, dass eine Eintragung keine Wirkungen haben könnte und daher **entfallen** kann. Hierfür spricht auch, dass die Eintragung jedenfalls sogleich wieder nach § 24 Abs. 7 Satz 6 gelöscht werden könnte. Dann aber wäre die Eintragung eine bloße Förmelei. 159

Unsicher ist ferner, ob Entscheidungen nach § 43 Nr. 5 in der Beschluss-Sammlung einen sinnvollen Platz haben[2]. Geht man davon aus, dass die Sammlung dokumentieren soll, welcher **Regelungsbestand unter den Wohnungseigentümern gilt**, ist fraglich, welchen Sinn und Zweck etwa die Eintragung hätte, dass „der Verband verurteilt ist, einem Werkunternehmer 4000 Euro zu zahlen". Wenn man bedenkt, dass die Regelungen über die Beschluss-Sammlung bereits zu einem sehr frühen Zeitpunkt Teil des Gesetzgebungsverfahrens waren, die Vorschrift des § 43 Nr. 5 hingegen erst gegen Ende seinen Eingang ins Reformwerk gefunden hat, lässt sich auch hier ohne weiteres vertreten, dass es sich um ein „Redaktionsversehen" handelt, wenn § 24 Abs. 7 Satz 2 auf den **ganzen** § 43 verweist. Aus diesen Gründen sollte man § 24 Abs. 7 Satz 2 auch hier teleologisch reduzieren und von seiner Verweisung nur § 43 Nr. 1 bis 4 und 6 als umfasst anzusehen[3]. 160

---

1 *Abramenko* § 2 Rz. 32.
2 Vgl. auch *Blankenstein*, WEG-Reform 2007, 7. 2. 6.3.
3 So auch im Ergebnis *Merle*, GE 2007, 636 (638).

cc) Rechtskraft

161 Gerichtsentscheidungen sind erst einzutragen, wenn und soweit sie die Parteien binden – grundsätzlich also mit Rechtskraft[1]. Anders als Beschlüsse (für diese s. Vor §§ 23 bis 25 Rz. 6) binden gerichtliche Entscheidungen erst mit **Eintritt der Rechtskraft**.

dd) Vergleiche

162 Vergleiche sind in die Beschluss-Sammlung **nicht aufzunehmen**[2]. Weder außergerichtliche noch gerichtliche Vergleiche (**Prozessvergleiche**) sind eine „gerichtliche" Entscheidung. § 10 Abs. 4 enthält **keine** § 19 Abs. 3 **entsprechende Anordnung**, dass ein gerichtlicher Vergleich einem Urteil „gleich steht". Zu den gerichtlichen Entscheidungen i.S.d. § 10 Abs. 4 gehören daher **keine** vor einem Gericht geschlossenen Prozessvergleiche[3]. Vergleiche der Wohnungseigentümer untereinander oder mit Dritten sind Verträge und allenfalls, aber nicht einmal stets, Vereinbarung i.S.v. § 10 Abs. 2 Satz 2 WEG. Jedenfalls ein Prozessvergleich steht zwar in manchen Beziehungen einer rechtskräftigen Entscheidung gleich. Er wird damit aber nicht zu einer gerichtlichen Entscheidung, sondern bleibt allein ein Vertrag und damit ein **Rechtsgeschäft der Beteiligten**[4]. Ein Prozessvergleich als Verfahrenshandlung kann daher etwaige Sondernachfolger der am Prozessvergleich Beteiligten **nicht** nach § 10 Abs. 4 als „gerichtliche Entscheidung" binden. Er bindet nur die an seinem Abschluss Beteiligten. Prozessvergleiche sollten aus diesem Grunde auch nicht zu „Informationszwecken" in die Beschluss-Sammlung aufgenommen werden[5]. Ihre „Eintragung" würde gegenüber einem Einsichtnehmenden jedenfalls den **Anschein** einer „Bindung" an den Vergleich wecken, der nicht den Tatsachen entspricht[6].

163 Vorstellbar ist allerdings, dass ein Prozessvergleich ausnahmsweise **auch** (zugleich) als **Beschluss** zu verstehen ist oder **durch** einen **Beschluss** bestätigt wird. Dann ist ein Prozessvergleich allerdings als „Beschluss" nach § 27 Abs. 7 Satz 2 Nr. 1 oder Nr. 2 in die Beschluss-Sammlung aufzunehmen. Das Unbehagen, Vergleiche nicht in der Beschluss-Sammlung zu nennen, rührt ggf. daher, dass es neben den Wohnungsgrundbüchern und der Beschluss-Sammlung kein „Vereinbarungsregister" der schuldrechtlichen Vereinbarungen – zu denen zunächst auch Prozessverträge zählen – gibt. Forderungen des Schrifttums, neben der Beschluss-Sammlung auch eine Sammlung der schuldrechtlichen Vereinbarungen einzurichten[7], ist indes nicht nachgegeben worden.

---

1 A.A. *Abramenko* § 2 Rz. 35.
2 *Drasdo*, ZMR 2007, 501 (503); a.A. *Merle*, GE 2007, 636 (638); *Bielefeld*, DWE 2007, 20.
3 OLG Zweibrücken v. 11.6.2001 – 3 W 218/00, ZMR 2001, 734 (735); BayObLG v. 29.1.1990 – BReg. 1b Z 4/89, BayObLGZ 1990, 15 (18) = NJW-RR 1990, 594 (596).
4 BGH v. 22.12.1982 – V ZR 89/80, BGHZ 86, 184, 186 = NJW 1983, 996; *Elzer* in KK-WEG § 10 Rz. 346.
5 A.A. *Blankenstein*, WEG-Reform 2007, 7. 2. 6.
6 Ggf. ist ein Vergleich aber als „Kann-Inhalt" der Beschluss-Sammlung zu vermerken im Bereich der Anmerkungen. Es liegt nahe, über den Ausgang eines Gerichtsverfahrens zu berichten, auch wenn dieser nicht streitig war.
7 *Elzer* in KK-WEG § 10 Rz. 267.

c) Fortlaufende Eintragung und Nummerierung

Beschlüsse und gerichtliche Entscheidungen sind gem. § 27 Abs. 7 Satz 3 historisch (zeitlich) **fortlaufend einzutragen** und zu **nummerieren**. Die fortlaufende Nummer dient als Indiz für die Vollständigkeit der Sammlung. Die Vergabe der Nummerierung hat in der **Reihenfolge** der Verkündung der Beschlüsse und gerichtlichen Entscheidungen zu erfolgen. Die Nummerierung darf **nicht jährlich neu** beginnen. Zulässig ist z.B. keine Nummerierung „2007/1; 2007/2 ...; 2008/1". Eine solche Nummerierung würde es erlauben, den oder die letzten Beschlüsse eines Jahres gefahrlos – und aus der Sammlung heraus nicht erkennbar – zu entfernen. Um die Vollständigkeit einfach, sofort und übersichtlich klären zu können, ist allein eine **fortlaufende Nummerierung** zulässig. Diese begegnet auch keinen praktischen Schwierigkeiten, da selbst in großen Anlagen im Laufe eines Jahres kaum einmal 100 Beschlüsse zustande kommen werden[1]. 164

Auch eine **Nummerierung** nach „Kreisen", „Sachgebieten", „Gruppen", „Themen" usw. ist keine fortlaufende Nummerierung und daher **unzulässig**[2]. Vorstellbar ist allerdings, innerhalb der Sammlung – vor allem in großen Anlagen – nach bestimmten Gruppen zu trennen, sofern nur sichergestellt ist, dass jeder neu eingetragene Beschluss eine fortlaufende Nummerierung erhält. 165

d) Anmerkungen und Löschungen

aa) Soll-Inhalt

Ist ein Beschluss oder eine gerichtliche Entscheidung entweder **angefochten** oder sogar vollständig **aufgehoben** worden, so ist dies gem. § 27 Abs. 7 Satz 4 in jedem Falle **anzumerken**. Die jeweiligen **Anmerkungen** dienen der **Aktualität der Sammlung**. Der Einsichtnehmende soll und muss sofort erkennen können, dass ein Beschluss oder eine gerichtliche Entscheidung ihn nicht mehr oder ggf. künftig nicht mehr bindet. Nur durch die Anmerkung ist der Einsichtnehmende in der Lage, seine Dispositionen auf die Beschlusslage sachgerecht einzustellen. Als „Inhalt" der Anmerkung reicht der Eintrag in der Beschluss-Sammlung aus, dass ein Beschluss oder eine gerichtliche Entscheidung angefochten ist, weil sich daraus der Stand der aktuellen Beschlusslage bei einer Einsichtnahme in die Sammlung ersehen lässt. Wer Anfechtender oder Rechtsmittelführer ist, muss **nicht eingetragen** werden. Die Anmerkung selbst – etwa „angefochten mit Klage vom ..." oder „aufgehoben durch (Zweit-)Beschluss vom ..." – ist unmittelbar bei dem Beschluss oder (bei einem Rechtsmittel) der gerichtlichen Entscheidung anzubringen. 166

Wird ein Beschluss, etwa durch einen Zweitbeschluss oder eine rechtskräftige gerichtliche Entscheidung, beispielsweise durch ein Restitutionsverfahren oder durch eine Entscheidung der Wohnungseigentümer, **aufgehoben**, kann von einer **Anmerkung** allerdings **abgesehen** und die ursprüngliche **Eintragung** gem. § 27 Abs. 7 Satz 5 nach Ermessen des Führers der Sammlung sogar vollständig ge- 167

---

1 Schwierig wird es hingegen in Anlagen, in denen sehr viel geklagt werden muss. Hier böte es sich durch eine Gesetzesänderung künftig an, bestimmte Entscheidungen aus der Beschluss-Sammlung wieder herauszunehmen.
2 *Blankenstein*, WEG-Reform 2007, 7. 2. 8.1.

löscht werden. Die Löschung anstelle der Anmerkung soll einer Unübersichtlichkeit der Sammlung vorbeugen. Zur Löschung kann bei einer Sammlung in Papierform der Text der Eintragung durchgestrichen und die Löschung mit einem entsprechenden Hinweis – etwa „gelöscht am ..." – vermerkt werden. Bei einer Sammlung in elektronischer Form kann der Text vollständig entfernt werden. Neben der laufenden Nummer, die natürlich bestehen bleiben muss, ist die **Löschung** zu **vermerken**. Da es sich um eine Kann-Vorschrift handelt, ist es zulässig, von einer Löschung ganz **abzusehen**.

168 Eine Eintragung kann ferner gem. § 27 Abs. 7 Satz 6 **gelöscht** werden, wenn sie aus **einem anderen Grund** für die Wohnungseigentümer keine Bedeutung mehr hat. Auch diese Möglichkeit soll einer Unübersichtlichkeit der Beschluss-Sammlung vorbeugen[1]. In diesem Sinne „keine Bedeutung" hat eine Eintragung etwa, wenn der ihr zugrunde liegende Beschluss durch eine spätere Regelung überholt ist oder wenn er sich durch Zeitablauf erledigt hat. Für die Beurteilung kommt es maßgeblich auf die **Umstände des Einzelfalles** nach billigem Ermessen[2] des die Sammlung Führenden an.

bb) Kann-Inhalt

169 Dem Führer der Beschluss-Sammlung ist es von Gesetzes wegen nicht untersagt, **weitere Anmerkungen** anzubringen. Solange und soweit die Übersichtlichkeit der Sammlung darunter nicht leidet, kann z.B. vermerkt werden, dass ein Beschluss mittlerweile bestandskräftig ist. Ferner kann etwa über den konsensualen Ausgang eines Rechtsstreits, etwa von einem Vergleich, berichtet werden (s. dazu auch Rz. 162 f.).

e) Unverzüglich

170 Alle Eintragungen, Vermerke und Löschungen i.S.v. § 27 Abs. 7 Satz 3 bis Satz 5 sind nach § 27 Abs. 7 Satz 6 **unverzüglich** (also gem. § 121 Abs. 1 Satz 1 BGB: ohne schuldhaftes Zögern) zu erledigen und mit einem **Datum** zu versehen. Verstößt der Verwalter hiergegen, liegt nach § 26 Abs. 1 Satz 4 ein wichtiger Grund für seine Abberufung vor (§ 26 Rz. 129 ff.). Welcher Zeitraum **angemessen** ist, muss sich u.a. am Ablauf einer Eigentümerversammlung, der Anzahl der zu beurkundenden Beschlüsse, ihrem Umfang, dem Wochentag und dem Schluss einer Eigentümerversammlung, der Person des Verwalters (professionellen Verwaltern wird man kürzere Zeiträume als ehrenamtlichen Verwaltern zumuten können), dem Informationsbedürfnis der Wohnungseigentümer, dem Umfang einer gerichtlichen Entscheidung und anderem messen lassen. Danach kann eine Eintragung am Tag nach einer Beschlussfassung, aber auch nach einer Woche ordnungsmäßig i.S.v. § 26 Abs. 1 Satz 4 sein[3]. Um einerseits die Anforderungen an den Verwalter, vor allem den professionellen, nicht zu überspannen, andererseits aber auch dem gesetzlich geschützten Informationsinteresse gerecht zu werden, sollten Eintragungen, Vermerke und Löschungen im Zweifel und im

---

1 BT-Drucks. 16/887, 34.
2 BT-Drucks. 16/887, 34.
3 A.A. *Merle*, ZWE 2007, 272 (274); *Merle*, GE 2007, 636: stets am nächsten Werktag, s. auch *Drasdo*, ZMR 2007, 501 (505).

Regelfall **drei Werktage** nach ihrem Anlass in der Beschluss-Sammlung umgesetzt sein. Eine Anfechtungsklage nach § 46 ist ebenso wie die fehlende oder streitige Beurkundung des Beschlusswortlauts in der Niederschrift kein Grund, eine Beurkundung in der Beschluss-Sammlung hinauszuzögern.

f) Form der Beschluss-Sammlung

§ 27 Abs. 7 sieht bewusst davon ab, das **äußere Erscheinungsbild** der Beschluss-Sammlung vorzuschreiben. Nach Ansicht des Gesetzgebers wäre der „Mehrwert" einer gesetzlichen Definition gering gewesen und von vielen Wohnungseigentümern als übertriebener Formalismus angesehen worden[1]. Einzel- und Streitfragen sind daher unter Berücksichtigung von **Sinn und Zweck** (Rz. 144ff.) der Vorschrift zu lösen. Bei der Auslegung ist der Weg zu wählen, der dem möglichen Erwerber von Wohnungseigentum, den Wohnungseigentümern selbst und dem Verwalter in übersichtlicher Form Kenntnis von den aktuellen Bindungen nach § 10 Abs. 4 gibt[2]. Die Beschluss-Sammlung kann danach in **schriftlicher Form**, etwa als Stehordner, aber auch in **elektronischer Form** angelegt werden[3]. Notwendig, aber auch ausreichend ist nach beiden Wegen, dass eine ungehinderte Einsicht – etwa durch einen Ausdruck – ermöglicht wird (Rz. 188ff.).

171

Nach den Umständen des Einzelfalls kann es zur Übersichtlichkeit angezeigt sein, für die Beschluss-Sammlung ein **Inhaltsverzeichnis** anzulegen, in dem auch der Gegenstand etwa eines Beschlusses in Kurzform bezeichnet werden kann. Auch wenn es gesetzlich nicht besonders angeordnet ist, sollten Beschlüsse, die auf einer „Öffnungsklausel" (s. § 23 Rz. 6) beruhen, **optisch** hervorgehoben werden[4], z.B. durch **Fettdruck** im Inhaltsverzeichnis. **Leitbild** in allen Fragen ist stets, dass die Beschluss-Sammlung zweckmäßig und übersichtlich und so geführt wird, dass sie ihrem Informationszweck gerecht wird. Anzustreben ist, dass die Eintragung in eine Beschluss-Sammlung weitgehend „fälschungssicher", jedenfalls gegen spätere unerkennbare Änderungen gesichert ist. Eine gesetzliche Anforderung ist diese Forderung nicht.

172

5. Guter Glaube in Beschluss-Sammlung

Der „gute Glaube" in einen ggf. unrichtig, unvollständig oder verfälscht eingetragenen Beschluss ist **nicht** gesetzlich **geschützt**[5]. Auch der Glaube, dass die Beschluss-Sammlung vollständig ist, ist nicht geschützt. Weder ein Wohnungseigentümer noch ein Erwerber können auf Grundlage der Beschluss-Sammlung auf einen bestimmten Beschluss-Stand einer Gemeinschaft **vertrauen**. Die Beschluss-Sammlung besitzt **nicht einmal** ansatzweise **den Charakter eines Grundbuches** und besitzt auch nicht die Wirkungen des § 891 Abs. 1 BGB. Der Begriff „Sekundärgrundbuch" ist daher unglücklich[6]. Die Beschluss-Sammlung ist kein öffentliches Register, an das besondere Wirkungen geknüpft werden

173

---

1 BT-Drucks. 16/887, 33.
2 BT-Drucks. 16/887, 33.
3 Beispiele etwa bei *Hügel/Elzer* § 8 Rz. 37 und *Blankenstein*, WEG-Reform 2007, 7. 2. 8.2.
4 *Deckert*, NZM 2005, 927 (928).
5 *Drasdo*, ZMR 2007, 501 (502); *Merle*, ZWE 2007, 272.
6 Vgl. aber *Kreuzer* in FS Seuß (2007), S. 155 (162).

könnten oder dürften. Nur im **Prozess** kann die Beschluss-Sammlung einen besonderen Wert für die Beweisführung des Klägers oder Beklagten haben (Rz. 194).

6. Aufgabenkreis des Verwalters
a) Grundsatz

174 Die Beschluss-Sammlung ist gem. § 24 Abs. 8 Satz 1 **vom Verwalter** zu führen. Eintragungen, Anmerkungen und ggf. Löschungen sind **originäre** Verwaltungsaufgaben. Alle „Notizen" sind anders als bei der Niederschrift **allein** von ihm zu fertigen. Eine „Gegen-" oder „Mitzeichnung" sieht das Gesetz nicht vor. Im Falle eines Verwalterwechsels ist die Beschluss-Sammlung dem neuen Verwalter bei dessen Amtsantritt auszuhändigen[1]. Soweit die Wohnungseigentümer es wünschen, dass ein **Dritter** die Beschluss-Sammlung führt, z.B. ein Notar oder ein Rechtsanwalt, aber auch ein anderer Wohnungseigentümer, etwa der Beiratsvorsitzende, ist dies ohne weiteres **vereinbar**. Ein entsprechender Beschluss wäre hingegen mangels Kompetenz nichtig. Vereinbart werden kann auch, dass der Verwalter vor einer Eintragung mit dem Beirat oder anderen **Rücksprache** nehmen muss.

175 Ein Verwalter muss nach § 27 Abs. 7 Satz 1, Abs. 8 Satz 1 die Beschluss-Sammlung i.S.v. § 21 Abs. 4 ordnungsmäßig führen. Das Merkmal „führen" umfasst alle mit der Anlegung der Sammlung, den Eintragungen, der Aktualisierung, der Löschung und der Einsichtnahme verbundenen Maßnahmen. Der Verwalter muss dabei die nach § 24 Abs. 7 Satz 2 bis Satz 6 notwendigen Eintragungen, Vermerke und Löschungen **unverzüglich** (Rz. 170) erledigen und mit einem Datum versehen. Der Verwalter handelt **fehlerhaft** und **nicht ordnungsmäßig**, wenn er einen Beschluss zu spät, gar nicht, falsch oder verfälscht aufnimmt. Ferner handelt der Verwalter nicht pflichtengerecht, wenn er zu Unrecht eine Einsichtnahme verweigert[2].

176 Eine Eintragung darf vom Verwalter nicht von der „Mitarbeit" Dritter – sofern das nicht vereinbart ist – abhängig gemacht werden. Auch dann, wenn über den Wortlaut eines Beschlusses Streit besteht, muss die Eintragung des Wortlauts, den der Verwalter für zutreffend hält, unverzüglich erfolgen. Dies rechtfertigt sich ohne weiteres aus dem Gedanken, dass es auch grundsätzlich – es sei denn, es gäbe einen anderen Versammlungsleiter – allein an dem Verwalter ist, den genauen Beschlusswortlaut festzustellen und durch seine Verkündung in der Eigentümerversammlung zu fixieren. Kommt der Verwalter seinen Aufgaben nicht ordnungsmäßig nach, vermutet das Gesetz in § 26 Abs. 1 Satz 4 WEG, dass ein **wichtiger Grund für seine Abberufung** vorliegt (Rz. 170).

b) Haftung
aa) Gegenüber Verband und Wohnungseigentümern

177 Ist ein Beschluss in der Beschluss-Sammlung nicht, unvollständig, falsch oder gar nicht eingetragen, verletzt der Verwalter ggf. seine vertraglichen, aber – wie

---

1 *Armbrüster*, DNotZ 2003, 493 (504).
2 *Abramenko* § 2 Rz. 77 und 95.

§ 26 Abs. 1 Satz 4 zeigt – auch seine gesetzlichen Pflichten. Der Verwalter macht sich mithin **schadensersatzpflichtig**, wenn er in Bezug auf die Beschluss-Sammlung nicht ordnungsmäßig arbeitet. Eine Schadensersatzpflicht kann ihren Grund auch darin haben, dass der Verwalter grundlos eine Einsichtnahme in die Beschluss-Sammlung verweigert.

(1) Ansprüche des Verbandes Wohnungseigentümergemeinschaft

Anspruchsberechtigt ist **primär** der Verband Wohnungseigentümergemeinschaft[1], dem der Verwalter vertraglich verbunden ist[2]. Der Verband dürfte durch eine etwaige Pflichtwidrigkeit in der Regel – es sei denn, er wäre selber Erwerber oder Inhaber von Wohnungseigentum – allerdings keinen Schaden haben. Ein Anspruch gegen den Altverwalter kann im Einzelfall aber daraus herrühren, dass der neue Verwalter die Beschluss-Sammlung erstmalig ordnungsmäßig herstellt oder besondere Kosten für die Datenmigration in Rechnung stellt[3].

178

(2) Ansprüche der Wohnungseigentümer

Ob einem Wohnungseigentümer, etwa bei Verkauf seiner Wohnung oder bei einer Baumaßnahme, der ein nicht in die Sammlung aufgenommener Beschluss entgegensteht, gegen den Verwalter ein **vertraglicher** Schadenersatzanspruch zusteht, bemisst sich daran, ob der Verwaltervertrag **drittschützend** ist oder ob die Wohnungseigentümer gar Partner des Verwaltervertrages sind (s. § 26 Rz. 63)[4]. Vorstellbar ist einerseits, den Verwaltervertrag als echten **Vertrag zugunsten Dritter** (nämlich der einzelnen Wohnungseigentümer) einzuordnen[5]. Durch einen solchen Vertrag erwirbt der Dritte gem. § 328 Abs. 1 BGB unmittelbar das Recht, Leistung zu fordern. Die Wohnungseigentümer hätten dann unmittelbare Leistungs-, selbstverständlich bei Pflichtverletzungen aber auch Sekundäransprüche gegen den Verwalter. Vorstellbar ist es indes auch, den Verwaltervertrag im Zweifel nur als Vertrag mit **Schutzwirkung zugunsten Dritter** zu verstehen[6]. Das hätte zur Folge, dass der Anspruch auf die Hauptleistung allein dem Verband zusteht und die Wohnungseigentümer also nur in der Weise in die vertraglichen Sorgfalts- und Obhutspflichten einbezogen sind, dass sie bei deren Verletzung vertragsähnliche Schadensersatzansprüche geltend machen könnten. Hierin liegt eine **deutlich schwächere Stellung**. Der Drittschutz erstreckt sich zwar nicht nur auf Körper-, sondern auch auf Sach- und Vermögensschäden. Allerdings ist bei der Prüfung, ob auch diese Schäden in den Schutz des Vertrags einzubeziehen sind, ein strenger Maßstab anzulegen. Außerdem ist der Drittschutz vom Hauptvertrag abhängig.

179

---

1 *Merle*, GE 2007, 636.
2 OLG Düsseldorf v. 29.9.2006 – I-3 Wx 281/05, ZMR 2007, 56 (57) = NJW 2007, 161 = WuM 2006, 639 = MietRB 2007, 44 (45) mit Anm. *Elzer*; OLG Hamm v. 3.1.2006 – 15 W 109/05, ZMR 2006, 633 = WuM 2006, 582 = OLGReport Hamm 2006, 753 = FGPrax 2006, 153.
3 Vgl. *Elzer*, WE 2007, Heft 4 2007.
4 Vgl. auch *Hügel/Elzer* § 3 Rz. 47 ff. m. w. N
5 So u.a. OLG München v. 8.11.2006 – 34 Wx 45/06, MietRB 2007, 43 = ZMR 2007, 220 = NJW 2007, 227; v. 14.9.2006 – 34 Wx 49/06, MietRB 2006, 323 = ZMR 2006, 954 = NZM 2006, 934; *Abramenko* in KK-WEG § 26 Rz. 34b.
6 So OLG Düsseldorf v. 29.9.2006 – I-3 Wx 281/05, ZMR 2007, 56 (57) = MietRB 2007, 44 (45) mit Anm. *Elzer*; *Elzer* in KK-WEG § 10 Rz. 39 (Verträge).

180 Neben vertraglichen Ansprüchen kommen **gesetzliche** aus §§ 280 Abs. 1, 241 Abs. 2 oder §§ 280 Abs. 1, 241 Abs. 2, 311 Abs. 2 Nr. 3, Abs. 3 BGB als Haftungsgrundlage in Betracht. Dass der Verwalter in besonderem Maße Vertrauen für sich in Anspruch nimmt und dadurch die Vertragsverhandlungen oder den Vertragsschluss erheblich beeinflusst, ist eher zweifelhaft. Dass der Verwalter seine gesetzlichen Pflichten verletzt, wenn er die Beschluss-Sammlung nicht ordnungsmäßig führt, erscheint indes offensichtlich und **ausreichender Haftungsgrund** gegenüber den Wohnungseigentümern und dem – wohl nicht geschädigten – Verband.

181 Spezielle Anspruchsgrundlage ist ein Anspruch wegen Verletzung der **Pflichten aus dem Amtswalterrechtsverhältnis**. Dieser Anspruch wird bislang im Wohnungseigentumsrecht übersehen[1]. Dieser Anspruch steht nicht nur dem Verband, sondern auch den einzelnen Wohnungseigentümern zu, weil § 27 Abs. 1 die einzelnen Wohnungseigentümer eindeutig zu Subjekten des Amtswalterrechtsverhältnisses macht[2]. Es wäre nicht einzusehen, warum die Verwalterpflichten aus § 24 Abs. 8 nicht auch gerade gegenüber den Wohnungseigentümern bestehen sollten. Im Einzelfall mögen ferner Ansprüche aus §§ 823 ff. BGB gegeben sein. Mit der Befürwortung solcher Ansprüche sollte freilich Rücksicht gewahrt werden.

bb) Gegenüber Dritten

182 Eine Haftung des Verwalters gegenüber einem Erwerber, der **Einsicht in die Beschluss-Sammlung nimmt**, scheidet aus, weil der Verwalter zur Führung der Beschluss-Sammlung nur den Wohnungseigentümern, aber nicht Dritten gegenüber verpflichtet ist[3]. Ggf. kann aber der verkaufende Wohnungseigentümer vom Erwerber wegen eines Rechtsmangels in Anspruch genommen werden. Ob sich ein Verkäufer insoweit ein Fehlverhalten des Verwalters „anrechnen" lassen muss, ist allerdings zweifelhaft. Auf der Sekundärebene, z.B. beim Rücktritt, mag dies anders sein. Hier wird der Erwerber unter Umständen auf den Inhalt der Sammlung vertrauen und diese als vereinbarte Beschaffenheit der Kaufsache begreifen dürfen.

7. Führung durch Dritte

a) Vorsitzender der Eigentümerversammlung

183 Sofern die Wohnungseigentümer keinen Verwalter bestellt haben oder wenn ein Verwalter aus anderen Gründen dauerhaft fehlt[4], ist nach § 24 Abs. 8 Satz 2 Halbsatz 1 grundsätzlich der **Vorsitzende der Eigentümerversammlung** i.S.v. § 24 Abs. 5 **verpflichtet**, die Beschluss-Sammlung zu führen. Hat ein Dritter nur

---

1 Dazu ausführlich *Jacoby*, Das private Amt, § 16 A.
2 *Hügel/Elzer* § 25 Rz. 25.
3 *Abramenko* § 2 Rz. 87; *Merle*, GE 2007, 636; *Armbrüster*, DNotZ 2003, 493 (504), erwog allerdings eine Verschuldenshaftung in Anlehnung an §§ 19 BNotO, 839 BGB oder einen Anspruch aus §§ 280 Abs. 1, 241 Abs. 2, 311 Abs. 2 Nr. 3, Abs. 3 BGB, AnwBl. 2005, 15 (18). Gutachter haften zwar Dritten, weil diese auf ihre Sachkunde vertrauen dürfen. Eine ähnliche „Funktion" könnte man für den Verwalter annehmen. Das Haftungsrisiko für Verwalter wäre dann aber unangemessen groß.
4 Zur Frage, wann ein Verwalter fehlt, s. Rz. 26 ff.; *Merle*, ZWE 2007, 272 (273).

die Eigentümerversammlung geleitet, gibt es aber einen Verwalter, so muss **dieser** die Beschluss-Sammlung führen. Daraus, dass der Verwalter die Eigentümerversammlung nicht geleitet hat, lässt sich nicht ableiten, dass nunmehr auch der Vorsitzende der Eigentümerversammlung die Beschluss-Sammlung führen muss.

Das Gesetz bestimmt nicht, ob der Vorsitzende der Eigentümerversammlung **nur verpflichtet** ist, die Beschlüsse zu sammeln, die in der von ihm geleiteten Versammlung getroffen wurden, oder ob er **darüber hinaus** auch dafür zuständig ist, schriftliche Beschlüsse, sämtliche gerichtliche Entscheidungen und Beschlüsse, die in anderen Eigentümerversammlungen gefasst worden sind, zu sammeln. Da sich die Funktion des gekorenen Versammlungsleiters grundsätzlich auf eine einzige Versammlung beschränkt, liegt es nahe anzunehmen, dass er auch **nur die Beschlüsse dieser Versammlung** sammeln muss[1]. Ungeregelt ist ferner, welche Rechte und Möglichkeiten der Vorsitzende besitzt, eine ggf. **bereits geführte Sammlung** zu erhalten und dann zu **vervollständigen**. Nahe liegt es, ihm insoweit einen Herausgabeanspruch einzuräumen.

184

b) Dritte

Die Wohnungseigentümer müssen sich zur Führung der Beschluss-Sammlung nicht des Vorsitzenden der Eigentümerversammlung bedienen. Ihnen steht es frei, gem. § 24 Abs. 8 Satz 2 Halbsatz 2 durch einfachen Beschluss eine **andere Person** für die Führung der Beschluss-Sammlung zu „bestellen"[2]. Der andere i.S.v. § 24 Abs. 8 Satz 2 Halbsatz 2 kann ein Wohnungseigentümer, aber auch **jeder Dritte**[3] – z.B. ein Rechtsanwalt – sein. Durch die Bestellung tritt der Dritte nur zu den **Wohnungseigentümern** in ein Amtspflichtverhältnis ein[4]. Wird indes mit dem Bestellten ein Vertrag geschlossen, ist der Verband wegen seiner alleinigen Ausführungsbefugnis nach § 10 Abs. 6 Satz 3 Vertragspartner. Die Dauer der Bestellung muss der Bestellungsbeschluss – den der Bestellte „annehmen" muss – bestimmen.

185

Die Bestellung kann grundsätzlich nur für den Zeitraum erfolgen, in dem ein Verwalter i.S.d. Gesetzes fehlt. Wollen die Wohnungseigentümer einen Dritten auch in dem Falle dauerhaft mit der Führung der Beschluss-Sammlung betrauen, in dem es einen Verwalter gibt, bedarf es einer **Vereinbarung**[5]. Ein diese Kompetenz verlagernder Beschluss wäre **nichtig**[6]. Wenn ein Unberechtigter die Beschluss-Sammlung führt und diese manipuliert, sind vor allem Ansprüche aus §§ 823 ff. BGB und solche aus dem die Wohnungseigentümer verbindenden Gemeinschaftsverhältnis i.V.m. §§ 280 Abs. 1 Satz 1, 241 BGB vorstellbar.

186

---

1 In diesem Sinne wohl auch *Merle*, GE 2007, 636.
2 *Abramenko* § 2 Rz. 57.
3 *Merle*, ZWE 2007, 272 (273).
4 *Abramenko* § 2 Rz. 58.
5 *Abramenko* § 2 Rz. 52; a.A. *Merle*, ZWE 2007, 272 (273).
6 Handelt es sich nur um eine Versammlung, ist der Beschluss nur anfechtbar, *Merle*, ZWE 2007, 272.

c) Haftung

187 Wenn der Vorsitzende oder ein Dritter Pflichten im Zusammenhang mit der Führung der Beschluss-Sammlung vernachlässigen, können sie sich schadensersatzpflichtig machen[1]. Jedenfalls gegenüber den Wohnungseigentümern liegen Schadensersatzansprüche nach §§ 280, 241 BGB i.V.m. dem die Wohnungseigentümer verbindenden Gemeinschaftsverhältnis[2] nahe – sofern der Vorsitzende der Eigentümerversammlung selbst Wohnungseigentümer ist.

8. Einsichtnahme in die Beschluss-Sammlung

a) Einsichtnehmende

aa) Wohnungseigentümer

188 Einem Wohnungseigentümer ist nach § 24 Abs. 7 Satz 8 auf sein mündlich, schriftlich oder auf andere Weise vorgetragenes **Verlangen Einsicht** in die Beschluss-Sammlung zu geben. Ein Recht auf **Herausgabe** der Beschluss-Sammlung besteht – wie auch für andere Verwaltungsunterlagen[3] – nicht[4]. Die Gelegenheit einer vom Verwalter zu ermöglichenden Einsichtnahme in die Verwaltungsunterlagen entspricht der Einsichtnahme in andere Verwaltungsunterlagen, z.B. in die der Abrechnung, und würde ohne ausdrückliche gesetzliche Regelung aus §§ 675, 666 BGB folgen[5]. Die Einsichtnahme dient stets auch der Überprüfung der Verwaltertätigkeit. Ein besonderes **berechtigtes Interesse** an der Einsicht braucht der Wohnungseigentümer dem Verwalter nach § 24 Abs. 7 Satz 8 daher **nicht** darzulegen[6]. Im Rahmen der Einsichtnahme hat der Wohnungseigentümer Anspruch auf **Fertigung und Aushändigung von Fotokopien**, da es ihm in der Regel nicht zugemutet werden kann, handschriftlich Abschriften zu fertigen[7]. Die Kosten der Ablichtungen sind dem Verwalter zu **erstatten**. Ggf. ist hierüber nach § 21 Abs. 7 zu beschließen. Der Fertigung und Aushändigung von Fotokopien steht nicht entgegen, dass ein Mieter grundsätzlich keinen Anspruch auf Überlassung von Fotokopien hat, auch nicht gegen eine Kostenerstattung[8]. Für das Wohnungseigentumsrecht muss etwas anderes gelten, weil Wohnungseigentümer und ihre Rechte nicht mit Mieterrechten übereinstimmen müssen. Jedenfalls ein Eigentümer muss die Möglichkeit besitzen, unproblematisch auch ortsfern sich über die Verwaltung seines Eigentums zu informieren. Die Rechtslage ist für einen Wohnungseigentümer insbesondere

---

1 *Abramenko* § 2 Rz. 83.
2 Siehe *Elzer* in KK-WEG § 10 Rz. 41 ff.
3 BayObLG v. 3.12.2003 – 2Z BR 188/03, ZMR 2004, 443 (445).
4 *Abramenko* § 2 Rz. 91.
5 Siehe dazu BayObLG v. 13.6.2000 – 2Z BR 175/99, ZMR 2000, 687 (688) m.w.N. Der Verband und Verwalter bei entgeltlicher Verwaltertätigkeit verbindende Verwaltervertrag wird nämlich als ein auf eine Geschäftsbesorgung gerichteter Dienstvertrag verstanden, BGH v. 6.3.1997 – III ZR 248/95, ZMR 1997, 308 (310). Bei unentgeltlicher Tätigkeit ist von einem Auftragsverhältnis gem. §§ 662 ff. BGB auszugehen. Auch dann ist § 666 BGB anwendbar.
6 *Abramenko* § 2 Rz.
7 OLG München v. 9.3.2007 – 32 Wx 177/06, WuM 2007, 215; BayObLG v. 13.6.2000 – 2Z BR 175/99, NJW-RR 2000, 1466 (1467); OLG Hamm v. 9.2.1998 – 15 W 124/97, NZM 1998, 724 = ZMR 1998, 586; *Merle*, GE 2007, 636 (638).
8 BGH v. 8.3.2006 – VIII ZR 78/05, ZMR 2006, 358 (361).

anders, wenn das Wohnungseigentum vermietet ist und er selbst einem Mieter Rechenschaft schuldet.

Für die Frage, ob und wie viele Kopien verlangt werden können, können im Einzelfall die räumliche Entfernung des Berechtigten vom Ort der möglichen Einsichtnahme und die Zumutbarkeit einer Anreise wichtig sein. Außerdem ist die Anzahl der geforderten Kopien sowie der mit einem Kopieren verbundene Zeitaufwand zu berücksichtigen. Wird die Beschluss-Sammlung **elektronisch** geführt – was sich empfiehlt –, besteht ein Anspruch auf einen **Ausdruck**. Seine Grenze findet das Recht auf Kopien im **Schikane- und Missbrauchsverbot** nach §§ 226, 242 BGB[1]. Wird die Beschluss-Sammlung elektronisch geführt, ist auch vorstellbar, eine Einsichtnahme wie beim elektronischen Grundbuch „Online" zu ermöglichen. In größeren Anlagen ist dies sogar anzustreben, um den Aufwand für alle Beteiligen klein zu halten. 189

Im Grundsatz müssen die Verwaltungsunterlagen gem. § 269 BGB in den Räumen der Verwaltung vorgelegt werden[2]. Hat der Verwalter seinen **Sitz weit entfernt** von der Wohnungseigentumsanlage, so haben die Eigentümer einen Anspruch darauf, in die Verwaltungsunterlagen am Sitz der Wohnungseigentumsanlage Einsicht zu nehmen. Diese Einsichtnahme hat, um die Kosten der Verwaltung gering zu halten, grundsätzlich im Zusammenhang mit einer Wohnungseigentümerversammlung zu erfolgen. Wird die Einsichtnahme unabhängig von einer Versammlung verlangt, muss der die Einsichtnahme fordernde Wohnungseigentümer ein besonderes rechtliches Interesse für das außerordentliche Einsichtsverlangen darlegen, z.B. seinen Willen, sein Wohnungseigentum zu veräußern oder sich wegen einer Baumaßnahme über den aktuellen Beschluss-Stand zu versichern. 190

bb) Dritte

Einem Dritten, den ein Wohnungseigentümer „ermächtigt" hat, ist nach § 24 Abs. 7 Satz 8 auf sein Verlangen **Einsicht** in die Beschluss-Sammlung zu geben. Der ermächtigte „Dritte" wird in der Regel ein Erwerbsinteressent sein. Vorstellbar ist aber auch ein Rechtsanwalt, der den Wohnungseigentümer berät oder einfach ein Freund. Der Begriff Ermächtigung ist i. S. einer Vollmacht gem. § 167 Abs. 1 BGB zu verstehen. Bestehen an der Ermächtigung Zweifel, kann der Führer der Beschluss-Sammlung – grundsätzlich der Verwalter – eine Vollmachtsurkunde verlangen. 191

Will ein Dritter **Wohnungseigentum ersteigern**, kann auch dieser in die Beschluss-Sammlung mit Blick auf § 10 Abs. 4 Einsicht nehmen[3]. Einer „Ermächtigung" des Wohnungseigentümers, dessen Wohnungseigentum versteigert wird, 192

---

1 OLG München v. 9.3.2007 – 32 Wx 177/06, WuM 2007, 215; BayObLG v. 8.4.2004 – 2Z BR 113/03, ZMR 2004, 839 (840); OLG Hamm v. 9.2.1998 – 15 W 124/97, NZM 1998, 724 = ZMR 1998, 586.
2 OLG München v. 29.5.2006 – 34 Wx 27/06, NZM 2006, 512 = IMR 2006, 87 mit Anm. *Elzer*; OLG Köln v. 28.2.2001 – 16 Wx 10/01, OLGReport Köln 2001, 220 (221); OLG Hamm v. 9.2.1998 – 15 W 124/97, NZM 1998, 723 = ZMR 1998, 586; BayObLG v. 26.7.1988 – 1b Z 16/88, WE 1989, 145 (146); OLG Karlsruhe v. 21.4.1976 – 3 W 8/76, OLGZ 1976, 273 = MDR 1976, 758.
3 A.A. *Drasdo*, ZMR 2007, 501 (507); *Abramenko* § 2 Rz. 90.

bedarf er nicht[1]. Da dieser Fall vom Gesetzgeber offensichtlich übersehen wurde, ist § 24 Abs. 7 Satz 8 **teleologisch zu reduzieren** und eine Ermächtigung also entbehrlich. Notwendig, aber auch auseichend ist insofern der glaubhafte Nachweis der Absicht, ein Wohnungseigentum der Anlage ersteigern zu wollen[2].

b) Durchsetzung des Einsichtsverlangens

193 Weigert sich der Führer der Beschluss-Sammlung, eine verlangte Einsichtnahme zu gewähren, kann er vor dem Wohnungseigentumsgericht nach § 43 Nr. 1 oder Nr. 3 bzw. – wenn ein Dritter die Sammlung zulässigerweise führt – analog dieser Vorschriften auf Gewährung der Einsichtnahme verklagt werden. Im Einzelfall ist auch eine einstweilige Verfügung (Regelungsverfügung) nach §§ 935, 940 ZPO möglich. Die Vollstreckung findet nach § 888 ZPO statt[3].

9. Die Beschluss-Sammlung als Beweismittel

194 Nach dem Kanon der möglichen Beweismittel kann die Beschluss-Sammlung allenfalls Urkunde, ggf. – sofern sie nicht elektronisch geführt wird – eine Privaturkunde i.S.v. § 416 ZPO sein. Diese Einordnung rechtfertigt es indes nicht, die Beweisregel des § 416 ZPO[4] oder eine andere „gesetzliche" Beweisregel anzuwenden. Die Beschlüsse werden nicht vom Verwalter i.S.d. § 416 ZPO „abgegeben". Auf die Beschluss-Sammlung kann als Beweiserleichterung ggf. aber der **Erfahrungssatz der Vollständigkeit und Richtigkeit einer Urkunde** angewandt werden. Zwar werden von diesem Erfahrungssatz vor allem solche Urkundenbestandteile erfasst, die vorher zwischen den Parteien des Rechtsstreits „ausgehandelt" wurden, das „Vereinbarte" sind und also die übereinstimmenden Willenserklärungen repräsentieren. Der Erfahrungssatz erfasst möglicherweise aber auch „tatsächliche" Bestandteile einer Vertragsurkunde, die Wissenserklärungen[5].

195 Insoweit genießt die Beschluss-Sammlung auch eine „negative Publizität" i.S.v. § 314 ZPO. Wird in ihr mithin ein Beschluss **nicht beurkundet**, ist dies jedenfalls ein Hinweis darauf, dass es diesen Beschluss auch nicht gibt. Der Erfahrungssatz ist etwa erschüttert, wenn die Niederschrift einen anderen Beschlussinhalt fixiert. Wird ein Beschlussinhalt in der Niederschrift und in der Beschluss-Sammlung verschieden beurkundet, kann im Regelfall keiner von diesen noch ein Beweiswert zugemessen werden. Dass der Niederschrift ein höherer Beweiswert zukommt, nämlich weil sie mehrere Unterschriften trägt, ist kaum vertretbar. Weil der die Beschluss-Sammlung Führende stets mit einer Haftung bedroht ist, der Verwalter sogar mit dem Ende seines Amtes, sind die Sorgfaltsanstrengungen für die Richtigkeit der Sammlung nicht zu unterschätzen.

---

1 *Hügel/Elzer* § 8 Rz. 53; a.A. *Merle*, GE 2007, 636 (639).
2 A.A. *Abramenko* § 2 Rz. 90.
3 *Abramenko* § 2 Rz. 94.
4 Nach § 416 ZPO begründet eine vom „Aussteller" unterschriebene Privaturkunde vollen Beweis dafür, dass die in ihr enthaltenen Erklärungen von den Ausstellern abgegeben sind.
5 *Elzer*, JR 2006, 447 (448 f.).

10. Korrektur unrichtiger Beurkundungen

a) Allgemeines

Der Verwalter oder ein anderer Verfasser der Sammlung hat ohne Bindung an Fristen, aber ggf. nach Anhörung der Wohnungseigentümer[1], das Recht, Beurkundungsfehler **selbständig zu korrigieren**. Die Wohnungseigentümer – auch in ihrer Gesamtheit – sind für eine Korrektur hingegen unzuständig[2]. Als Beurkundungsfehler kommen neben Schreibfehlern etwa auch die Löschung unzulässiger oder die Ergänzung unvollständiger oder unzutreffender Einträge in Betracht.

196

b) Anspruch auf Berichtigung

Ist eine Eintragung falsch, besitzt jeder Wohnungseigentümer einen aus § 21 Abs. 4 folgenden **Anspruch auf Berichtigung**[3]. Erfüllt der Verpflichtete einen Berichtigungsanspruch nicht freiwillig, kann jeder Berechtigte diesen gerichtlich in einem Verfahren nach § 43 Nr. 1 und Nr. 3 auf „Berichtigung" in Anspruch nehmen[4]. Im Berichtigungsverfahren hat das Gericht zu klären, ob eine Tatsache unrichtig oder zu Unrecht beurkundet worden ist. Es hat dazu etwa als Vorfrage einen richtigen Beschlussinhalt festzustellen. Ggf. ist Beweis zu erheben. Der Grundsatz, dass Eigentümerbeschlüsse „aus sich heraus", objektiv und normativ, auszulegen sind (s. Vor §§ 23 bis 25 Rz. 143), steht einer Beweiserhebung über den Beschlussinhalt nicht entgegen, wenn unter den Beteiligten strittig ist, ob das in der Sammlung Verlautbarte mit dem tatsächlich Beschlossenen übereinstimmt[5].

197

Die **Feststellungslast** für einen anderen als den protokollierten Beschlussinhalt trägt nach den allgemeinen Regelungen derjenige, der eine abweichende Beschlussfassung behauptet. Der Berichtigungsvermerk des Unterzeichnenden kann entsprechend § 894 Abs. 1 Satz 1 ZPO durch eine rechtskräftige gerichtliche Entscheidung ersetzt werden, die den Unterzeichner zur Berichtigung verpflichtet.

198

c) Rechtsschutz gegen Berichtigungen

Hat der Führer der Beschluss-Sammlung zu Unrecht eine Berichtigung vorgenommen, kann sich ein Wohnungseigentümer auch hiergegen vor dem Wohnungseigentumsgericht wehren[6]. Der Anspruch auf „Rücknahme" folgt aus § 21 Abs. 4.

199

---

1 *Abramenko* § 2 Rz. 68; *Abramenko*, ZMR 2003, 245 (247) für eine Korrektur der Niederschrift.
2 A.A. *Merle*, ZWE 2007, 272 (279); *Abramenko* § 2 Rz. 75.
3 Zur Niederschrift: KG v. 20.3.1989 – 24 W 3239/88, MDR 1989, 742 = WuM 1989, 347; *Becker*, ZMR 2006, 489; *Abramenko*, ZMR 2003, 245 (247); *Kümmel*, MietRB 2003, 58 (59).
4 Zur Niederschrift: BayObLG v. 12.9.2002 – 2Z BR 28/02, ZMR 2002, 951 (952) = NJW-RR 2002, 1667; OLG Hamm v. 24.1.1985 – 15 W 450/84, MDR 1985, 502 = OLGZ 1985, 147 (148); *Becker*, ZMR 2006, 489; *Abramenko*, ZMR 2003, 245 (247).
5 BayObLG v. 13.11.2003 – 2Z BR 165/03, BayObLGReport 2004, 97.
6 Ausführlich *Abramenko* § 2 Rz. 78 ff.

XI. Abdingbarkeit

200 Das Gesetz bestimmt nicht ausdrücklich, ob die Anordnungen des § 24 **abdingbar** sind. Für eine vollständige Abdingbarkeit spricht insbesondere § 10 Abs. 2 Satz 2. Aus diesem Grunde wurde in der bisherigen Rechtsprechung auch häufig angenommen, dass die Wohnungseigentümer von sämtlichen Bestimmungen des § 24 abweichend Anordnungen treffen können[1]. Diese Auffassung ist jedenfalls teilweise **nicht** mehr **haltbar**.

1. § 24 Abs. 1

201 § 24 Abs. 1 ist bereits nach dem Gesetzeswortlaut („mindestes") jedenfalls **teilweise** abdingbar. Vorstellbar ist z.B., den Einberufungsrhythmus auf zwei Jahre zu verlängern oder den gesetzlich angeordneten Jahresrhythmus zu verkürzen, z.B. jährlich zwei Eigentümerversammlung anzuordnen. Vollständig auf eine Eigentümerversammlung kann indes ebenso nicht verzichtet werden, wie auch eine Anordnung, nur alle 10 Jahre zusammenzukommen, nichtig wäre. Dies folgt aus §§ 16 Abs. 5, 22 Abs. 2 Satz 2. Dort ist bestimmt, dass eine Regelung, die die dortigen Anforderungen **erhöht**, **unwirksam** ist. Eine Vereinbarung, die **vollständig** auf die Abhaltung einer Eigentümerversammlung verzichten und etwa den Weg des § 23 Abs. 3 als **Regelweg** für die Beschlussfassung bestimmen wollte, verstieße daher gegen das Gesetz. Eine solche Vereinbarung wäre ferner wegen eines Verstoßes gegen den **Kernbereich der Mitgliedschaft** unwirksam[2].

2. § 24 Abs. 2

202 § 24 Abs. 2 ist teilweise abdingbar. Das **Minderheitenrecht** des § 24 Abs. 2 Variante 2 ist – wie auch im Gesellschaftsrecht[3] – **nicht zum Nachteil** der Wohnungseigentümer **einschränkbar**[4]. Unwirksam sind daher alle Bestimmungen, die dem die Einberufung fordernden Viertel (+ 1) dieses Recht nehmen. Dies sind zum einen solche Regelungen, die das Quorum **anheben** (eine **Herabsetzung** ist demgegenüber unschädlich), z.B. auf ein Drittel. Zum anderen sind aber auch solche Regelungen unwirksam, die statt eines Viertels der Wohnungseigentümer (+ 1) ein Viertel der Stimmen oder ein Viertel der Miteigentumsanteile fordern. Hierdurch – jedenfalls bei gleichzeitiger Modifizierung des Kopfprinzips des § 25 Abs. 2 Satz 1 (s. § 25 Rz. 12 ff.) – würde unter bestimmten Voraussetzungen das Minderheitenrecht beschnitten. Besonders deutlich wird dies in der Gründungsphase, in der ein Einberufungsverlangen der Minderheit

---

1 BGH v. 23.9.1999 – V ZB 17/99, BGHZ 142, 290 (294) = NJW 1999, 3713; OLG Frankfurt v. 27.9.2004 – 20 W 513/01, OLGReport Frankfurt 2005, 95 (96); KG v. 15.1.2003 – 24 W 129/01, ZMR 2003, 598 (599) = MietRB 2003, 43 = NZM 2003, 325 = ZWE 2003, 204 = ZWE 2003, 204; OLG Köln v. 9.1.1996 – 16 Wx 214/95, OLGReport Köln 1996, 209 (210) = WE 1996, 311; OLG Hamm v. 13.1.1992 – 15 W 13/91, OLGZ 1992, 309 (311) = OLG-Report Hamm 1992, 194 = NJW-RR 1992, 722.
2 Ähnlich Staudinger/*Bub* Rz. 8.
3 *Lutter/Hommelhoff* § 50 GmbHG Rz. 2; Baumbach/*Hueck* § 50 GmbHG Rz. 2.
4 BayObLG v. 5.10.1972 – BReg 2Z 54/72, BayObLGZ 1972, 314 (319) = MDR 1973, 49 = NJW 1973, 151; *Häublein*, ZMR 2003, 233 (235); *Elzer* in KK-WEG § 10 Rz. 233; Weitnauer/*Lüke* Rz. 3; a.A. BayObLG v. 21.10.1981 – BReg 2Z 75/80, MDR 1982, 323.

gänzlich unmöglich wäre, solange der aufteilende Eigentümer selbst noch mehr als drei Viertel der Stimmen (oder Miteigentumsanteile) besitzt[1].

3. § 24 Abs. 3

Wie das Minderheitenrecht des Abs. 2 ist auch das **Einberufungsrecht des Verwaltungsbeirats** nach § 24 Abs. 3 **nicht** zum Nachteil der Wohnungseigentümer **einschränkbar**[2]. Das Recht, eine Versammlung auch ohne die Mitwirkung des pflichtwidrig handelnden Verwalters einberufen zu können, darf den Wohnungseigentümern nicht genommen werden. Unwirksam ist danach z.B. eine Vereinbarung, die dem Verwaltungsbeiratsvorsitzenden das Einberufungsrecht nehmen will.

203

4. § 24 Abs. 4, Abs. 5 und Abs. 7

Die in § 24 Abs. 4 Satz 1 angeordnete Textform kann erleichtert oder erschwert werden[3]. Auch § 24 Abs. 5 ist ebenso wie § 24 Abs. 6 abdingbar.

204

5. § 24 Abs. 7 und Abs. 8

Nach Sinn und Zweck der durch § 24 Abs. 7 Satz 1 angeordneten Beschluss-Sammlung ist davon auszugehen, dass ihre Führung **nicht disponibel** ist und also weder durch einen Beschluss noch durch eine Vereinbarung **abdingbar** ist[4]. Die Anordnung des § 24 Abs. 8 Satz 1, dass der Verwalter die Beschluss-Sammlung führen muss, ist abdingbar.

205

§ 25
Mehrheitsbeschluss

(1) Für die Beschlussfassung in Angelegenheiten, über die die Wohnungseigentümer durch Stimmenmehrheit beschließen, gelten die Vorschriften der Absätze 2 bis 5.

(2) Jeder Wohnungseigentümer hat eine Stimme. Steht ein Wohnungseigentum mehreren gemeinschaftlich zu, so können sie das Stimmrecht nur einheitlich ausüben.

(3) Die Versammlung ist nur beschlussfähig, wenn die erschienenen stimmberechtigten Wohnungseigentümer mehr als die Hälfte der Miteigentumsanteile, berechnet nach der im Grundbuch eingetragenen Größe dieser Anteile, vertreten.

---

1 *Häublein*, ZMR 2003, 233 (235).
2 Wie hier *Häublein*, ZMR 2003, 233 (235); a.A. OLG Frankfurt v. 27.9.2004 – 20 W 513/01, OLGReport Frankfurt 2005, 95 (96); OLG Köln v. 3.1.1996 – 16 Wx 214/95, OLGReport 1996, 209 (210) = WE 1996, 311 = WuM 1996, 246; Bärmann/Pick/*Merle* Rz. 19; Weitnauer/*Lüke* Rz. 5.
3 Siehe auch BGH v. 23.9.1999 – V ZB 17/99, BGHZ 142, 290 (294) = NJW 1999, 3713, zur Schriftform.
4 A.A. *Merle*, ZWE 2007, 272; *Merle*, GE 2007, 636.

§ 25

(4) Ist eine Versammlung nicht gemäß Absatz 3 beschlussfähig, so beruft der Verwalter eine neue Versammlung mit dem gleichen Gegenstand ein. Diese Versammlung ist ohne Rücksicht auf die Höhe der vertretenen Anteile beschlussfähig; hierauf ist bei der Einberufung hinzuweisen.

(5) Ein Wohnungseigentümer ist nicht stimmberechtigt, wenn die Beschlussfassung die Vornahme eines auf die Verwaltung des gemeinschaftlichen Eigentums bezüglichen Rechtsgeschäfts mit ihm oder die Einleitung oder Erledigung eines Rechtsstreits der anderen Wohnungseigentümer gegen ihn betrifft oder wenn er nach § 18 rechtskräftig verurteilt ist.

Inhaltsübersicht

	Rz.		Rz.
I. Regelungsgegenstand und -zweck	1	5. Vermehrung und Verminderung von Stimmrechten	38
II. Stimmrecht	3	a) Veräußerung von Wohnungseigentum	38
1. Grundsätzliches	3	b) Unterteilung	39
a) Bedeutung	5	aa) Grundsatz	39
b) Abspaltungsverbot	6	bb) Stimmrechtsausübung	41
c) Formale Kriterien	7	cc) Spätere Veräußerungen	42
d) Verstöße	8	c) Vereinigung	43
2. Stimmrechtsprinzipien	11	6. Teilversammlungen: Stimmrecht in Mehrhausanlagen	44
a) Grundsatz: Kopfstimmrecht	11	7. Stimmrechtsvollmachten	46
b) Abdingbarkeit	12	a) Grundsatz	46
aa) Objektstimmrecht	13	aa) Allgemeines	46
bb) Wertstimmrecht	14	bb) Form und Prüfung	47
cc) Vetorecht	15	cc) Mitberechtigte	49
3. Originärer Stimmrechtsinhaber	16	dd) Mängel	50
a) Wohnungseigentümer	16	b) Automatisierte Vollmachten	51
aa) Grundsatz	16	c) Umfang	52
bb) Werdende Wohnungseigentümer	19	aa) Allgemeines	52
cc) Zweiterwerber	21	bb) Untervollmacht	53
dd) Sondereigentumslose Miteigentumsanteile	22	d) Beschränkungen	54
ee) Verband als Wohnungseigentümer	23	aa) Allgemeines	54
ff) Streit über Stimmrecht	24	bb) Juristische Personen und gesetzliche Vertreter	58
b) Teileigentümer	25	cc) Mitberechtigte	59
c) Miteigentümer	26	dd) Treu und Glauben	60
4. Stimmberechtigte Dritte	28	ee) Verstöße	62
a) Insolvenz-, Nachlassverwalter und Testamentsvollstrecker	29	8. Ermächtigung zur Stimmrechtsausübung im eigenen Namen	63
b) Zwangsverwalter	30	III. Beschlussfähigkeit der Versammlung	64
aa) Allgemeines	30	1. Allgemeines	64
bb) Zwangsverwaltung mehrerer Einheiten eines Wohnungseigentümers	32	2. Qualifizierte Beschlussfähigkeit	66
		a) Durch Vereinbarung	66
cc) Zwangsverwaltung für mehrere Wohnungseigentümer	33	b) Von Gesetzes wegen	68
		c) § 22 Abs. 1	69
c) Dinglich Berechtigte	34	d) Beweis	70
d) Schuldrechtlich Berechtigte	37	e) Verstöße	71

	Rz.
3. Berechnung	72
a) Grundsatz	72
b) Ausschluss von Wohnungseigentümern	73
4. Teilversammlungen (Mehrhausanlage)	75
5. Verstöße	76
6. Abdingbarkeit	77
IV. Zweitversammlung	78
1. Allgemeines	78
2. Einberufung	79
a) Voraussetzung	79
aa) Grundsatz	79
bb) Eventualversammlung	80
b) Ladungsschreiben	81
c) Tagesordnung: gleicher Gegenstand	82
3. Beschlussfähigkeit	83
4. Verstöße	84
V. Stimmrechtsausschlüsse	85
1. Die Stimmrechtsverbote des § 25 Abs. 5	85
a) Allgemeines	85
aa) Regelungszweck	85
bb) Umfang	86
cc) Rechtsfolge	87
b) Die einzelnen Fälle	89
aa) Vornahme eines Rechtsgeschäfts	91
(1) Private Sonderinteressen: Stimmrechtsauschluss	93
(2) Mitgliedschaftliche Rechte und Interessen: Stimmrecht	95
(3) Einheitliche Beschlussfassung	96
(4) Entlastung	98
(5) Wirtschaftliche Verbundenheit	99
bb) Einleitung oder Erledigung eines Rechtsstreits	100
cc) Rechtskräftige Verurteilung	102
c) Sammelabstimmung	103
d) Vertretung und Stimmrechtsausschluss	104
aa) Stimmrechtsverbote in der Person des Vertretenen	104
bb) Stimmrechtsverbote in der Person des Vertreters	105
(1) Grundsatz	105
(2) § 181 BGB	107
(3) Untervollmacht	108
e) Verstöße	110
f) Abdingbarkeit	111
aa) Grundsatz	111
bb) Ruhen des Stimmrechts	112
g) Beteiligung im Beirat	113
2. Stimmrechtsschranken neben § 25 Abs. 5	114
a) Stimmrechtsausschlüsse gem. § 138 BGB	115
b) Majorisierung	116
aa) Voraussetzungen	117
bb) Rechtsfolge	118
cc) Änderung des Stimmrechtsprinzips	119
3. Teilversammlungen	120
VI. Abdingbarkeit	121

Schrifttum: *Armbrüster*, Stimmrecht und Beschlussanfechtungsrecht beim Nießbrauch an Wohnungseigentum, DNotZ 1999, 562; *Becker*, Die Teilnahme an der Versammlung der Wohnungseigentümer (1996); *Bornheimer*, Das Stimmrecht im Wohnungseigentumsrecht (1993); *Briesemeister*, Das Stimmrecht bei unterteiltem Wohnungseigentum – oder: Kann es nach dem Gesetz einen „halben" Wohnungseigentümer geben?, FS Seuß (2007), S. 9; *Briesemeister*, Nochmals: Stimmrecht nach Unterteilung von Wohnungseigentum, NZM 2000, 992; *Bub*, Der schwebend unwirksame Beschluss im Wohnungseigentumsrecht, FS Seuß (2007), S. 53; *Drabek*, Unter rechtlicher Betreuung stehende Personen als Wohnungseigentümer, FS Deckert (2002), S. 105; *Göken*, Die Mehrhausanlage im Wohnungseigentumsrecht (1999); *Gottschalg*, Stimmrechtsfragen in der Wohnungseigentümerversammlung, NZM 2005, 88; *Gottschalg*, Probleme bei der Einberufung einer Wohnungseigentümerversammlung, NZM 1999, 825; *Häublein*, Der Erwerb von Sondereigentum durch die Wohnungseigentümergemeinschaft – Zulässigkeit, Voraussetzungen und Konsequenzen für die Wohnungseigentumsverwaltung, FS Seuß (2007), S. 125; *Häublein*, Beschlussfähigkeit der Wohnungseigentümerversammlung und Stimmrechtsausschluss – Ein Beitrag zur Auslegung von § 25 III WEG, NZM 2004, 534; *Häublein*, Die

Mehrhausanlage in der Verwalterpraxis, NZM 2003, 785; *Jacoby*, Das private Amt, 2007; *Jennißen/Schwermer*, Majorisierung in der Wohnungseigentümerversammlung, WuM 1988, 285; *Kefferpütz*, Stimmrechtsschranken im Wohnungseigentumsrecht (1994); *Kümmel*, Stimmrechtsausschlüsse in der Wohnungseigentümerversammlung, MietRB 2004, 249; *Kümmel*, Zur Vertretung der Wohnungseigentümer in der Versammlung, ZWE 2000, 292; *Lotz-Störmer*, Stimmrechtsausübung und Stimmrechtsbeschränkung im Wohnungseigentumsrecht (1993); *Lüke*, Das – beschränkte – Vertretungsverbot in der Gemeinschaftsordnung, PiG 42 (1993), S. 217 = WE 1993, 260; *Lüke*, Nießbrauch am Wohnungseigentum, PiG 56 (1999) 169 = WE 1999, 122; *Merle*, Zur Vertretung beim gemeinschaftlichen Stimmrecht, FS Seuß (2007), S. 193; *Merle*, Das Stimmrecht des Verwalters, WE 1987, 35; *Münstermann-Schlichtmann*, Stimmrechts- und Vollmachtverbote des Verwalters oder seiner Angestellten, WE 1998, 412; *Müller*, Die Beschlussfassung, ZWE 2000, 237 = PiG 59 (2000), 73; *Prüfer*, Stimmrecht des Nießbrauchers, ZWE 2002, 258; *Schießer*, Kein Stimmrecht dinglich Berechtigter in der Wohnungseigentümergemeinschaft, ZMR 2004, 5; *Wedemeyer*, Stimmrecht nach Unterteilung von Wohnungseigentum, NZM 2000, 638; *Wendel*, Rechtsfolgen missbräuchlicher Stimmrechtsausübung, ZWE 2002, 545; *Wenzel*, Die Ehegattenvertretung in der Wohnungseigentümerversammlung, NZM 2005, 402.

I. Regelungsgegenstand und -zweck

1 § 25 ergänzt mit seinem Programm die Bestimmungen der §§ 23, 24. Er regelt in seinen Absätzen zwei bis vier **formelle Voraussetzungen** für Beschlüsse, die auf §§ 12 Abs. 4 Satz 1, 15 Abs. 2, 16 Abs. 3, 21 Abs. 3, 22 Abs. 1 Satz 1, 26 Abs. 1 Satz 1, 27 Abs. 2 Nr. 3, Abs. 3 Satz 1 Nr. 7 und Satz 3, 28 Abs. 4, Abs. 5, 29 Abs. 1 Satz 1, 45 Abs. 2 Satz 1 beruhen (s. auch § 23 Rz. 3). Das Regelungsprogramm ist darüber hinaus auch für solche Beschlüsse anwendbar, die nach einer **Vereinbarung** i.S.v. §§ 23 Abs. 1, 10 Abs. 2 Satz 2 (Öffnungsklausel, s. § 23 Rz. 6) durch Beschluss entschieden werden können. Dem Grunde nach gilt § 25 ferner für Beschlüsse nach §§ 16 Abs. 4 Satz 1, 18 Abs. 3 Satz 1 und 22 Abs. 2 Satz 1. Bei den auf diesen Vorschriften beruhenden Beschlüssen sind freilich die dort geregelten **abweichenden** Vorschriften für die **Beschlussfähigkeit** zu beachten. Zwar ordnet nur § 18 Abs. 3 Satz 3 ausdrücklich an, dass § 25 Abs. 3 und Abs. 4 nicht anwendbar sind. Diese Anordnung muss aber entsprechend auch für §§ 16 Abs. 4 und 22 Abs. 2 gelten.

2 Das Wohnungseigentumsgesetz klärt durch § 25 im Übrigen **drei grundsätzliche Fragen** für das Zustandekommen eines Mehrheitsbeschlusses: Erstens, welches **Stimmrecht** einem Wohnungseigentümer von Gesetzes wegen bei der Beschlussfassung zukommt. Zweitens, wann die Versammlung der Wohnungseigentümer i.S.v. §§ 23, 24 Abs. 1 **beschlussfähig** ist, also von Gesetzes wegen eine Kompetenz besitzt, ihre Angelegenheiten überhaupt durch Beschluss und nicht durch Vereinbarung zu ordnen. Und drittens, wann ein Wohnungseigentümer jedenfalls von Gesetzes wegen vom **Stimmrecht** – und damit von der Möglichkeit an der Selbstverwaltung teilzuhaben – **ausgeschlossen** ist.

II. Stimmrecht

1. Grundsätzliches

3 Wohnungseigentümer wirken an der Selbstverwaltung ihrer Angelegenheiten insbesondere durch Beschlussfassung in der Eigentümerversammlung und also

durch **Ausübung ihres Stimmrechts** mit[1]. Das Stimmrecht eines Wohnungseigentümers ist sein wichtigstes Mitgliedschaftsrecht (dazu § 24 Rz. 55) in der Gemeinschaft der Wohnungseigentümer, **wesentliches Instrument** zur Mitgestaltung der Gemeinschaftsangelegenheiten und bedeutsamer Teil des jedem Wohnungseigentümer in §§ 20 Abs. 1, 21 Abs. 1 garantierten und nicht vollständig entziehbaren **Mitverwaltungsrechts**[2]. Im Alltag liegt die Verwaltung ganz überwiegend in Händen des Verwalters. Nur durch seine Stimmabgabe besitzt der einzelne Wohnungseigentümer daher die Möglichkeit, die Tagesgeschäfte auch in seinem Sinne zu beeinflussen. § 25 hat aus diesem Grunde von jeher einen **bedeutenden Rang** innerhalb des Wohnungseigentumsgesetzes.

Die Stellung des § 25 hat durch Anerkennung **des Verbandes Wohnungseigentümergemeinschaft** in § 10 Abs. 6 noch an Bedeutung gewonnen. Die Stimmabgabe eines Wohnungseigentümers ist jetzt neben ihm selbst nämlich ggf. auch dem von ihm zu unterscheidenden Verband Wohnungseigentümergemeinschaft **zuzurechnen**. Die Versammlung der Eigentümer ist Teil der Handlungsorganisation des Verbandes, ist „Organ" (§ 23 Rz. 38). Die Stimmabgabe ist nicht nur Teil der Willensbildung der Wohnungseigentümer, sondern auch der des Verbandes. Dies ist z.B. der Fall, wenn darüber entschieden werden muss, ob und wie ein vertraglich erworbenes Verbandsrecht ausgeübt wird. Das Stimmrecht eines Wohnungseigentümers auch für den Verband folgt allerdings nur und allein aus seiner Mitgliedschaft in der Wohnungseigentümergemeinschaft als Bruchteilsgemeinschaft i.S.v. §§ 741 ff. BGB[3], nicht aus seiner daneben liegenden Mitgliedschaft im Verband Wohnungseigentümergemeinschaft. 4

a) Bedeutung

Das Stimmrecht eines jeden Wohnungseigentümers ist so bedeutsam, dass es nicht **allgemein ausgeschlossen** werden kann[4]. Ein Wohnungseigentümer darf selbst durch eine Vereinbarung nicht von der Verwaltung fortdauernd ausgeschlossen werden[5]. Ein vereinbarter **beständiger Ausschluss** verstieße gegen den Kernbereich der Mitgliedschaft[6]. Ein stimmrechtsloses Wohnungs- oder Teileigentum ist nicht vorstellbar[7]. Deshalb darf das Stimmrecht eines Wohnungseigentümers nur ausnahmsweise – und auch nur unter eng begrenzten Vo- 5

---

1 BGH v. 7.3.2002 – V ZB 24/01, ZMR 2002, 440 (442).
2 Siehe auch *Bub* in FS Seuß (2007), S. 53 (60). Mitverwaltungsrechte umfassen insbesondere den Anspruch, an der internen Willensbildung teilzuhaben, PWW/*Schöpflin* § 38 BGB Rz. 6.
3 BGH v. 7.3.2002 – V ZB 24/01, ZMR 2002, 440 (442); v. 1.12.1988 – V ZB 6/88, BGHZ 106, 113 (119).
4 BGH v. 7.3.2002 – V ZB 24/01, 440 (445); v. 1.12.1988 – V ZB 6/88, BGHZ 106, 113 (119); v. 11.11.1986 – V ZB 1/86, BGHZ 99, 90 (94) = MDR 1987, 485 = NJW 1987, 650; v. 10.1. 1994 – 24 W 4817/93, ZMR 1994, 168 (169); OLG Hamm v. 22.2.2007 – 15 W 322/06; v. 18.8.1975 – BReg 2Z 59/74, Rpfleger 1975, 401 (402); BayObLG v. 21.8.2003 – 2Z BR 52/03, ZMR 2004, 598 (599).
5 *Bub* in FS Seuß (2007), S. 53 (60); *Elzer* in KK-WEG § 20 Rz. 51.
6 *Bub* in FS Seuß (2007), S. 53 (60); vorher bereits *Elzer* in KK-WEG § 10 Rz. 224 ff.
7 OLG Hamm v. 25.2.1986 – 15 W 406/85, DWE 1990, 70 (72); *Bub* in FS Seuß (2007), S. 53 (60).

raussetzungen – eingeschränkt werden[1]. Etwa eine Vereinbarung, wonach das Stimmrecht bei Verzug mit der Zahlung von Wohngeldern vorübergehend ruht (Rz. 112) oder ein Stimmrecht nicht besteht, wenn der Wohnungseigentümer von einer Sache – vor allem bei einer Mehrhausanlage – nicht betroffen ist (Rz. 44), ist danach zulässig.

b) Abspaltungsverbot

6 Ein Wohnungseigentümer ist rechtlich nicht in der Lage, seine Mitgliedschaftsstellung beizubehalten und **zugleich** das ihm zustehende Stimmrecht einem anderen vollständig als **eigenes** Recht zu verschaffen (zu übertragen). Das Stimmrecht eines Wohnungseigentümers kann nicht von dessen Person getrennt werden[2]. Das Stimmrecht eines jeden Wohnungseigentümers ist von so wichtiger Bedeutung, dass es in Parallele zur Rechtslage bei den Personenhandelsgesellschaften[3] nicht abgespalten[4] werden kann (**Abspaltungsverbot**)[5].

c) Formale Kriterien

7 Das Stimmrecht ist an **formale Kriterien** gebunden[6]. Für den Zeitpunkt einer Eigentümerversammlung muss sich für alle Beteiligten mit der gebotenen Klarheit **leicht** und **ohne weiteres** die Stimmberechtigung ermitteln lassen (zur Vertretung s. Rz. 44). Eine Spaltung des Stimmrechts z.B. zwischen Wohnungseigentümer und Nießbraucher (Rz. 34) oder nach Beschlussgegenständen scheidet bereits deshalb aus.

d) Verstöße

8 Wenn ein Wohnungseigentümer von der Ausübung seines Stimmrechts ordnungswidrig abgehalten wird, z.B. durch eine **versehentliche Nichtladung**, berührt das seiner Natur nach den Ablauf einer Eigentümerversammlung so **wesentlich**, dass im Normalfall von einer Auswirkung auf die Beschlussfassung auszugehen ist. Denn der Mangel wirkt sich nicht nur auf den Abstimmungsvorgang als solchen aus, sondern kann bereits Einfluss auf die vorangegangene Willensbildung der Wohnungseigentümer haben[7] – wenn nämlich der Wohnungseigentümer auch von der Teilnahme an der Versammlung und der in ihr geführten Diskussion ferngehalten wird. Eine Beschlussanfechtung wegen eines

---

1 BGH v. 19.9.2002 – V ZB 30/02, ZMR 2002, 930 (934) = BGHZ 152, 46; v. 7.3.2002 – V ZB 24/01, ZMR 2002, 440 (442); BayObLG v. 5.11.1998 – 2Z BR 131/98, NZM 1999, 77 (78) = BayObLGZ 1998, 289 (291).
2 *Armbrüster* in FS Wenzel, S. 85 (93); *Hüffer* § 133 AktG Rz. 17.
3 *Armbrüster* in FS Wenzel, S. 85 (93).
4 BGH v. 7.3.2002 – V ZB 24/01, ZMR 2002, 440 (442); KG v. 8.5.1979 – 1 W 4151/78, OLGZ 1979, 290 = Rpfleger 1979, 316*Armbrüster*, DNotZ 1999, 562 (569).
5 Differenzierend für das Gesellschaftsrecht *Lutter/Hommelhoff* § 47 GmbHG Rz. 2.
6 BGH v. 7.3.2002 – V ZB 24/01, ZMR 2002, 440 (442); v. 1.12.1988 – V ZB 6/88, BGHZ 106, 113 (119); BayObLG v. 25.6.1998 – 2Z BR 53/98, ZMR 1998, 708 (710).
7 OLG Köln v. 24.10.2001 – 16 Wx 192/01, OLGReport Köln 2002, 53 (54); v. 16.8.2000 – 16 Wx 87/00, OLGReport Köln 2001, 1 = NJW-RR 2001, 88 = NZM 2000, 1017; v. 26.11.1997 – 16 Wx 127/96, OLGReport Köln 1998, 311; BayObLG v. 30.4.1999 – 2Z BR 175/98, BayObLGReport 1999, 75.

Stimmrechtsmangels bleibt demnach nur dann erfolglos, wenn bei Anlegung eines strengen Maßstabes ausgeschlossen werden kann und also feststeht, dass der Beschluss auch ohne den Verstoß zustande gekommen wäre[1].

Auch der **fehlerhafte Ausschluss** eines eigentlich stimmberechtigten Wohnungseigentümers von der Abstimmung, z.B. weil irrtümlich ein Fall des § 25 Abs. 5 angenommen wird, führt zur Ungültigerklärung der nach dem Ausschluss gefassten materiellen Beschlüsse[2]. Etwas anderes gilt, wenn festgestellt werden kann, dass die Beschlüsse bei ordnungsgemäßem Vorgehen ebenso gefasst worden wären[3]. Etwa die Wahl eines Mitgliedes des Verwaltungsbeirates ist trotz fehlerhaften Ausschlusses desjenigen Wohnungseigentümers, der hierdurch zum Vorsitzenden des Verwaltungsbeirates gewählt wurde, nicht ungültig, wenn feststeht, dass der ausgeschlossene Eigentümer auch bei ordnungsgemäßem Vorgehen mit Stimmenmehrheit gewählt worden wäre[4]. 9

Etwas anderes gilt im Übrigen, wenn ein Wohnungseigentümer **vorsätzlich** von der Eigentümerversammlung und dadurch von der Ausübung seines Stimmrechts ausgeschlossen werden soll und eine ordnungsmäßige Ladung deshalb unterbleibt oder ein Ausschluss deshalb erfolgt. In diesem Falle ist ein dennoch gefasster Beschluss **nichtig**[5]. Solche Beschlüsse verstoßen gegen den Kernbereich des Wohnungseigentums, weil sie den betreffenden Eigentümer von seinem elementaren Mitverwaltungsrecht (§ 24 Rz. 55) rechtswidrig und wider Treu und Glauben ausschließen[6]. 10

2. Stimmrechtsprinzipien

a) Grundsatz: Kopfstimmrecht

Das in § 25 Abs. 2 Satz 1 gesetzlich angeordnete und im Zweifel subsidiär geltende Stimmrechtsprinzip ist das **Kopfstimmrecht**[7]. Nach diesem Grundsatz besitzt jeder Wohnungseigentümer ohne Rücksicht auf Größe und Wert seines Miteigentumsanteils – oder die Anzahl der von ihm gehaltenen Wohnungs- oder Teileigentumsrechte – eine Stimme[8]. Hält etwa der ehemalige Alleineigentümer von 50 noch 48 Einheiten mit insgesamt 960/1000 Miteigentumsanteilen 11

---

1 BayObLG v. 10.4.2002 – 2Z BR 97/01, ZWE 2002, 469 (470); v. 30.3.1990 – BReg. 2Z 31/90, NJW-RR 1990, 784 (785). Ob die Voraussetzungen für diese Ausnahme vorliegen, ist im Wesentlichen vom Tatrichter zu entscheiden, BayObLG v. 10.4.2002 – 2Z BR 97/01, ZWE 2002, 469 (470); v. 30.3.1990 – BReg. 2Z 31/90, NJW-RR 1990, 784 (785).
2 KG v. 17.5.1989 – 24 W 5147/88, OLGZ 1989, 425 ff. (428) = MDR 1989, 823; s. auch BGH v. 21.3.1988 – II ZR 308/87, NJW 1988, 1884 m.w.N. für das Gesellschaftsrecht.
3 BayObLG v. 10.4.2002 – 2Z BR 97/01, NZM 2002, 616.
4 OLG Köln v. 12.5.2006 – 16 Wx 93/06, OLGReport Köln 2006, 590.
5 BayObLG v. 8.12.2004 – 2Z BR 199/04, MietRB 2005, 154 mit Anm. *Elzer*; OLG Köln v. 3.12.2003 – 16 Wx 216/03, ZMR 2004, 299, 300; OLG Zweibrücken v. 21.11.2002 – 3 W 179/02, FGPrax 2003, 60 (62) = ZMR 2004, 60 (63); OLG Celle v. 15.1.2002 – 4 W 30/01, ZWE 2002, 276 = NZM 2002, 458; kritisch *Häublein*, ZMR 2004, 723 (730).
6 *Elzer*, MietRB 2005, 154; *Suilmann*, Beschlussmängelverfahren, S. 34/35.
7 OLG Düsseldorf v. 3.2.2004 – I-3 Wx 364/03, ZMR 2004, 696 (697). Das Kopfstimmrecht hat also keinen „Ausnahmecharakter", sondern ist der Regelfall. A.A. OLG Dresden v. 29.7.2005 – 3 W 719/05, OLGReport Dresden 2006, 249 (250).
8 BGH v. 1.12.1988 – V ZB 6/88, BGHZ 106, 113 (121); BayObLG v. 19.12.2001 – 2Z BR 15/01, ZMR 2002, 527 (528).

und zwei weitere Wohnungseigentümer jeweils eine Einheit mit je 20 Miteigentumsanteilen, haben alle drei Wohnungseigentümer jeweils **eine Stimme**. Nach der gesetzlichen Wertung ist die Stimmkraft der Miteigentümer **vollständig** von dem wirtschaftlichen Gewicht ihrer Beteiligung **gelöst**. Um die darin liegende ungleichmäßige Behandlung abzumildern, knüpft das Gesetz wenigstens in § 25 Abs. 3 – bei der Berechnung der Beschlussfähigkeit der Erstversammlung – an die Größe der Miteigentumsanteile an (Rz. 64 ff.).

b) Abdingbarkeit

12 Das gesetzlich angeordnete Kopfstimmrecht ist vertraglich **abdingbar**[1]. Die Wohnungseigentümer können sich im Rahmen ihrer Selbstautonomie für eine andere Gewichtung ihrer Stimmen entscheiden und gem. § 10 Abs. 2 Satz 2 anstelle des Kopfstimmrechtes ein **anderes Stimmrechtsprinzip** vereinbaren[2]. Dies gilt auch in einer Gemeinschaft, die nur aus zwei Wohnungseigentümern mit unterschiedlich großen Miteigentumsanteilen besteht[3].

aa) Objektstimmrecht

13 Verbreitet ist die Vereinbarung eines **Objektstimmrechts**. In diesem Falle bestimmt sich das Stimmrecht nicht nach Köpfen, sondern nach **Anzahl der** jeweiligen **Wohnungseinheiten**[4]. Ein Wohnungseigentümer mit 15 Einheiten besitzt danach ebenso viele Stimmen. Die mit dem Objektprinzip offensichtlich verbundene Gefahr einer Majorisierung (Rz. 116 ff.) der Mehrzahl durch einen oder eine kleine Gruppe von Wohnungseigentümern, macht dieses Stimmrechtsprinzip nicht unzulässig, weil für die betroffenen Wohnungseigentümer durch die Möglichkeit der Anfechtung des im Einzelfall gefassten Eigentümerbeschlusses ausreichender Schutz vor missbräuchlicher Stimmrechtsabgabe besteht[5].

bb) Wertstimmrecht

14 Die Wohnungseigentümer können ein **Wertstimmrecht** vereinbaren[6]. In diesem Falle bestimmt sich das Stimmrecht entsprechend § 745 Abs. 1 Satz 2 BGB und den allgemeinen Regelungen nach **Größe oder Anzahl** der im Grundbuch gem. § 47 GBO eingetragenen Miteigentumsanteile[7]. Dieses Stimmrechtsprinzip fin-

---

1 OLG Düsseldorf v. 16.5.2003 – I-3 Wx 107/03, OLGReport Düsseldorf 2004, 454 (456); *Elzer* in KK-WEG § 10 Rz. 253.
2 BGH v. 19.9.2002 – V ZB 30/02, ZMR 2002, 930 (933) = BGHZ 152, 46; BayObLG v. 19.12.2001 – 2Z BR 15/01, ZMR 2002, 527 (528); OLG Zweibrücken v. 14.5.1998 – 3 W 40/98, OLGReport Zweibrücken 1998, 377 (380); KG v. 4.3.1998 – 24 W 6949/97, MDR 1998, 1218 (1219); v. 10.1.1994 – 24 W 4817/93, ZMR 1994, 168 (169).
3 BayObLG v. 28.1.1986 – BReg 2Z 4/86, MDR 1986, 413.
4 BGH v. 19.9.2002 – V ZB 30/02, BGHZ 152, 46 (61) = ZMR 2002, 930 (934); v. 1.12.1988 – V ZB 6/88, BGHZ 106, 113 (121); BayObLG v. 24.1.2001 – 2Z BR 112/00, ZMR 2001, 366 (368).
5 BGH v. 19.9.2002 – V ZB 30/02, BGHZ 152, 46 (61) = ZMR 2002, 930 (933); KG v. 10.1.1994 – 24 W 4817/93, ZMR 1994, 168 (169).
6 Siehe dazu *Jennißen/Schwermer*, WuM 1988, 285.
7 OLG Düsseldorf v. 16.5.2003 – I-3 Wx 107/03, OLGReport Düsseldorf 2004, 454 (456); BayObLG v. 24.1.2001 – 2Z BR 112/00, ZMR 2001, 366 (368); OLG Frankfurt v. 1.6.1996 – 20 W 555/95, OLGReport Frankfurt 1997, 28 (29).

det seine innere Rechtfertigung vor allem darin, dass ein Wohnungseigentümer mit größeren Miteigentumsanteilen jedenfalls nach dem gesetzlichen **Kostenverteilungsschlüssel** des § 16 Abs. 2 – soweit dieser gilt – auch einen größeren Anteil der Lasten und Kosten zu tragen hat[1]. Das Wertprinzip kann auch in einer Gemeinschaft mit nur zwei Wohnungseigentumsrechten, deren Miteigentumsanteile unterschiedlich groß sind, vereinbart werden. Gegen einen Missbrauch des Stimmrechts ist der Wohnungseigentümer mit dem kleineren Miteigentumsanteil durch die Möglichkeit der Beschlussanfechtung hinreichend geschützt (Rz. 118).

cc) Vetorecht

Eine Regelung, wonach gegen die Stimme des Alleineigentümers kein Eigentümerbeschluss gefasst werden kann, solange ihm noch eine Wohnung gehört (Vetorecht), ist ggf. in kleinen Gemeinschaften vorstellbar[2]. 15

3. Originärer Stimmrechtsinhaber

a) Wohnungseigentümer

aa) Grundsatz

Anders als etwa das Aktienrecht ordnet das Wohnungseigentumsgesetz ausdrücklich an, wer **originärer Stimmrechtsinhaber** ist: von Gesetzes wegen sind das die Wohnungseigentümer. Wohnungseigentümer i.S.v. § 25 Abs. 2 Satz 1, Abs. 1 ist aufgrund der **gesetzlichen Vermutung** des § 891 Abs. 1 BGB, wer im **Wohnungsgrundbuch** eingetragen ist[3]. Bei Klärung der Frage, wer Wohnungseigentümer i.d.S. ist, ist von der gesetzlichen Vermutung der Richtigkeit des im Grundbuch eingetragenen Eigentumsrechts auszugehen[4]. Etwas anderes gilt, wenn die Eintragung einer Person im Grundbuch als Wohnungseigentümer **nicht** mit der wahren Rechtslage übereinstimmt. Der bloße „Bucheigentümer" ist kein Wohnungseigentümer[5]. Wohnungseigentümer ist hingegen, wer außerhalb des Grundbuchs durch Erbfall oder durch Zuschlag in der Zwangsversteigerung gem. § 90 Abs. 1 ZVG Wohnungseigentum erwirbt[6]. Der Alleineigentümer ist noch kein Wohnungseigentümer. Er kann jedenfalls nach h.M. keine Beschlüsse fassen (s. dazu Vor §§ 23 bis 25 Rz. 133)[7]. 16

---

1 BayObLG v. 2.4.1997 – 2Z BR 36/97, NJW-RR 1997, 1305.
2 BayObLG v. 2.4.1997 – 2Z BR 36/97, NJW-RR 1997, 1305; OLG Oldenburg v. 22.10.1996 – 5 W 153/96, NJW-RR 1997, 775 (776); *Elzer* in KK-WEG § 10 Rz. 253.
3 BGH v. 24.3.1983 – VII ZB 28/82, BGHZ 87, 138 = MDR 1983, 747 = NJW 1983, 1615; OLG Frankfurt v. 15.10.2004 – 20 W 370/03, OLGReport Frankfurt 2005, 423 (426); KG v. 9.5.2001 – 24 W 3082/00, KGReport 2001, 377 (378).
4 KG v. 17.5.1989 – 24 W 5147/88, MDR 1989, 823 (824).
5 OLG Stuttgart v. 13.7.2005 – 8 W 170/05, MietRB 2006, 106 (107) mit Anm. *Hügel* = Info M 2006, 136 mit Anm. *Elzer* = ZMR 2005, 983; OLG Düsseldorf v. 7.8.2002 – I-3 Wx 182/02, ZMR 2005, 719; KG v. 9.5.2001 – 24 W 3082/00, KGReport 2001, 377 (378).
6 BayObLG v. 4.3.2004 – 2Z BR 232/03, ZMR 2004, 524.
7 BGH v. 20.6.2002 – V ZB 39/01, NJW 2002, 3240 (3243); OLG München v. 9.1.2006 – 34 Wx 89/05, ZMR 2006, 308; OLG Düsseldorf v. 17.1.2006 – I-3 Wx 167/05, ZMR 2006, 463 (464) = ZfIR 2006, 106 (107); *Elzer* in KK-WEG § 8 Rz. 54.

17 Wird von einzelnen Maßnahmen nur ein bestimmter Teil von Wohnungseigentümern berührt, werden also die Interessen der übrigen Miteigentümer hiervon nicht betroffen, ist das Stimmrecht nach h.M. auf diejenigen Wohnungseigentümer **beschränkt**, die von der Angelegenheit betroffen sind (Rz. 44). Eine solche Beschränkung des Stimmrechts soll insbesondere bei sog. **Mehrhaus-Wohnanlagen** in Betracht kommen[1]. Diese Meinung ist indes **abzulehnen**. Sie verstößt gegen das Gesetz. Ein Ausschluss vom Stimmrecht kann wenigstens in solchen Anlagen zwar ausnahmsweise **vereinbart** werden (Rz. 44). Ohne eine entsprechende Vereinbarung vermögen es bloß tatsächliche Gegebenheiten aber nicht, einen Wohnungseigentümer von seinem Stimmrecht auszuschließen.

18 Einzelne Personen verschiedener Rechtsgemeinschaften nach § 741 ff. BGB sind als **unterschiedliche** „Köpfe" i.S.v. § 25 Abs. 1 Satz 1 anzusehen[2]. Steht z.B. ein Wohnungseigentum zwei Wohnungseigentümern je zur Hälfte zu und ist einer von ihnen zugleich Alleineigentümer einer weiteren Wohnung, so kommt bei gesetzlichem Kopfstimmrecht zu dem der Rechtsgemeinschaft zustehenden Stimmrecht ein durch die Alleinberechtigung begründetes **weiteres** Stimmrecht hinzu[3].

bb) Werdende Wohnungseigentümer

19 Ein **werdender Wohnungseigentümer** ist stimmberechtigt[4]. Werdender Wohnungseigentümer i.d.S. ist, wer vom teilenden Alleineigentümer vor Entstehung der Gemeinschaft der Wohnungseigentümer[5] eine Wohneinheit erwirbt (§ 10 Rz. 6). Der werdende Wohnungseigentümer besitzt insoweit ein antizipiertes eigenes und nicht vom Alleineigentümer abgeleitetes Stimmrecht. Das bedeutet, dass der werdende Wohnungseigentümer eine vom Stimmrecht des Veräußerers unabhängige Mitwirkungsbefugnis erhält. Das Stimmrecht des werdenden Wohnungseigentümers kann der noch im Grundbuch eingetragene Veräußerer **nicht einschränken** oder „widerrufen"[6].

20 Bei Geltung des Kopfprinzips haben Veräußerer und werdender Wohnungseigentümer eine jeweils **selbständige Stimme**[7]. Es findet weder eine Verdrängung noch eine Aufteilung zwischen beiden statt. Eine gemeinschaftliche Ausübung

---

1 BayObLG v. 25.9.2003 – 2Z BR 161/03, ZMR 2004, 209 (210); v. 17.1.2000 – 2Z BR 99/99, ZMR 2000, 319 (320); v. 29.2.1996 – 2Z BR 142/95, ZMR 1996, 395 (396); v. 31.3.1994 – 2Z BR 16/94, ZMR 1994, 338 = BayObLGZ 1994, 98 (101) = MDR 1994, 581 = BayObLGReport 1994, 34.
2 OLG Dresden v. 29.7.2005 – 3 W 0719/05, ZMR 2005, 894 (895); OLG Düsseldorf v. 3.2.2004 – I-3 Wx 364/03, ZMR 2004, 696 (697).
3 OLG Düsseldorf v. 3.2.2004 – I-3 Wx 364/03, ZMR 2004, 696 (697); KG v. 15.9.1999 – 24 W 9353/97, ZMR 2000, 191 (192); v. 15.6.1988 – 24 W 2084/88, OLGZ 1988, 434 = WE 1988, 166.
4 OLG Düsseldorf v. 13.9.2006 – I-3 Wx 81/06, ZMR 2007, 126 (127); 24.1.2006 – I-3 Wx 145/05; OLG Köln v. 30.11.2005 – 16 Wx 193/05, NZM 2006, 301 (302) = ZMR 2006, 383; v. 2.2.2004 – 16 Wx 244/03, ZMR 2004, 859 (860); BayObLG v. 9.10.1997 – 2Z BR 86/97, ZMR 1998, 101 (102) = BayObLGReport 1998, 19.
5 Zum Entstehungszeitpunkt s. *Elzer* in KK-WEG § 3 Rz. 133 und § 8 Rz. 96.
6 BayObLG v. 9.10.1997 – 2Z BR 86/97, ZMR 1998, 101 (102) = BayObLGReport 1998, 19.
7 *Elzer*, ZMR 2007, 714 (715); a.A. OLG Hamm v. 10.5.2007 – 15 W 428/06, ZMR 2007, 712 (713); BayObLG v. 27.2.1981 – 2Z 23/80, ZMR 1981, 245 (250) = MDR 1981, 675; *Moritz*, JZ 1985, 216 (223).

des Stimmrechts analog § 25 Abs. 2 Satz 2 ist nicht erforderlich[1]. Etwas anderes gilt, wenn das Objekt- (Rz. 13) oder Wertstimmrecht (Rz. 14) vereinbart sind. Bei diesen Stimmrechtsprinzipien verliert der teilende Alleineigentümer „pro rata" sein Objekt- oder Anteilsstimmrecht, sobald der Ersterwerber die Voraussetzungen für die Mitgliedsstellung in der werdenden Eigentümergemeinschaft erfüllt[2]. Der werdende Wohnungseigentümer verliert sein Stimmrecht **nicht rückwirkend** dadurch, dass die Wohnungseigentümergemeinschaft rechtlich „in Vollzug" gesetzt wird[3]. Der werdende Wohnungseigentümer behält die Rechte und Pflichten eines Wohnungseigentümers auch dann, wenn die Gemeinschaft entsteht[4].

cc) Zweiterwerber

Die Rechtsprechung über den werdenden Wohnungseigentümer ist auf einen „Zweiterwerber" nicht anzuwenden[5]. Zweiterwerber i.d.S. ist, wer bei bereits **bestehender Wohnungseigentümergemeinschaft** eine Wohnung kauft, aber noch nicht im Grundbuch eingetragen ist[6]. Ein Zweiterwerber erlangt anders als ein werdender Wohnungseigentümer sein Stimmrecht grundsätzlich erst „verzögert" und erst mit Grundbuchumschreibung. Das dem verkaufenden Sondereigentümer zugeordnete Stimmrecht kann zwischen dem Wohnungseigentümer und seinem designierten Nachfolger nicht danach aufgeteilt werden, wessen Angelegenheiten berührt sind[7]. Ist der Zweiterwerber bereits durch eine **Vormerkung** abgesichert, kann in der Regel **vermutet** werden, ihn wenigstens als „**ermächtigt**" (Rz. 63) anzusehen, das ihm fremde Stimmrecht des Veräußerers an dessen Stelle auszuüben[8]. Denn ein Veräußerer wird in diesem Stadium des Erwerbsvorgangs oftmals kein Interesse mehr haben, das Stimmrecht selbst auszuüben. Was gilt, muss im Wege der Auslegung im Einzelfall geklärt werden.

21

dd) Sondereigentumslose Miteigentumsanteile

Ein Wohnungseigentümer besitzt bereits dann ein Stimmrecht, wenn er „Wohnungseigentümer" ist. Für die Stimmberechtigung eines Wohnungseigentümers kommt es nicht auf die Errichtung des Wohngebäudes und nicht auf die Herstellung der Sondereigentumseinheiten an[9]. Wenn die Begründung von Sonder-

22

---

1 *Heismann*, Wohnungseigentümergemeinschaft, S. 215.
2 *Riecke* in KK-WEG § 25 Rz. 6.
3 OLG Köln v. 30.11.2005 – 16 Wx 193/05, NZM 2006, 301 (302) = ZMR 2006, 383; OLG Karlsruhe v. 12.11.2001 – 14 Wx 37/01, ZMR 2003, 374 (375); BayObLG v. 9.10.1997 – 2Z BR 86/97, ZMR 1998, 101 (102) = BayObLGReport 1998, 19; a.A. OLG Köln v. 28.1.1999 – 16 Wx 3/99, NZM 1999, 765.
4 OLG Köln v. 30.11.2005 – 16 Wx 193/05, NZM 2006, 301 (302) = ZMR 2006, 383.
5 BayObLG v. 19.5.2004 – 2Z BR 272/03, ZMR 2004, 767 (768) = BayObLGReport 2004, 365; OLG Celle v. 14.2.2002 – 4 W 6/02, ZWE 2002, 474 (475).
6 BGH v. 1.12.1988 – V ZB 6/88, BGHZ 106, 113 (116).
7 BGH v. 1.12.1988 – V ZB 6/88, BGHZ 106, 113 (119).
8 KG v. 18.2.2004 – 24 W 126/03 – 24 W 154/03, KGReport 2004, 282 (283) = ZMR 2004, 460 = ZWE 2005, 107 mit Anm. *Kümmel*; v. 20.7.1994 – 24 W 3942/94, ZMR 1994, 524 (525) = KGReport 1994, 205; *Bornheimer*, S. 147. Eine Eigentumsverschaffungsvormerkung ist aber keine Voraussetzung für die Annahme einer Ermächtigung, KG v. 18.2.2004 – 24 W 126/03 – 24 W 154/03, KGReport 2004, 282 (283).
9 OLG Hamm v. 4.7.2005 – 15 W 256/04, ZMR 2006, 60 (61) = NZM 2006, 142; BayObLG v. 18.9.1979 – BReg 2Z 73/78, MDR 1980, 142; Weitnauer/*Lüke* § 23 Rz. 3.

eigentum zum Vollrecht (zunächst oder endgültig) gescheitert ist, hat der entsprechende Wohnungseigentümer (ggf. noch) kein Sondereigentum erworben. Der Inhaber eines solchen sondereigentumslosen Miteigentumsanteils[1] ist aber „echter" Wohnungseigentümer[2]. Auf ihn ist das Wohnungseigentumsgesetz **unmittelbar** anwendbar[3], wenigstens aber entsprechend[4]. Der sondereigentumslose Miteigentümer ist in der Versammlung der Eigentümer **stimmberechtigt**[5]. Für die Berechnung der Beschlussfähigkeit i.S.v. § 25 Abs. 3 ist auch auf diesen Miteigentümer abzustellen. Etwas anderes kann im Einzelfall aus § 242 BGB i.V.m. dem die Wohnungseigentümer verbindenden Gemeinschaftsverhältnis folgen, dass die sondereigentumslosen Miteigentumsanteile **niemals** zum Vollrecht erstarken können[6].

ee) Verband als Wohnungseigentümer

23 Der Verband Wohnungseigentümergemeinschaft kann Wohnungs- oder Teileigentum erwerben (§ 10 Rz. 65 ff.) und damit Mitglied der Gemeinschaft der Wohnungseigentümer als auch „Insichmitglied" werden[7]. Welche Auswirkungen der Erwerb auf sein Stimmrecht hat, ist gerichtlich ungeklärt. Nahe liegt es, dass das dem Verband zugewiesene **Stimmrecht ruht**. Auch im Aktienrecht[8] und im Recht der GmbH ruhen die Mitgliedschaftsrechte und damit die Stimmrechte[9] der Gesellschaft. Hierfür spricht ferner, dass das Stimmrecht nur vom Verwalter oder den Wohnungseigentümern ausgeübt werden könnte und beide Wege nicht sachgerecht wären: Jeweils könnte bereits die Mehrheit mittel- oder unmittelbar entscheiden, wie der Verband abstimmen soll[10]. Um eine Umgehung auszuschließen, sollte der Verband sein Stimmrecht auch **nicht** zur Ausübung **übertragen** oder einen **Vertreter** mit der Wahrnehmung beauftragen können[11].

ff) Streit über Stimmrecht

24 Besteht darüber Streit, ob einer Person in der Eigentümerversammlung ein Stimmrecht zusteht, kann diese gegen die anderen gem. § 43 Nr. 1 auf **Feststellung** klagen, dass sie stimmberechtigt ist[12].

---

1 *Elzer* in KK-WEG § 3 Rz. 69.
2 *Elzer* in KK-WEG § 3 Rz. 75; *Ertl*, WE 1992, 219 (221); a.A. BGH v. 1.10.2004 – V ZR 210/03, ZfIR 2004, 1006 (1007) = ZMR 2005, 59: werdender Eigentümer.
3 *Hügel*, ZMR 2004, 549 (553); *Hauger*, DNotZ 1992, 502; *Weitnauer*, WE 1991, 123.
4 BGH v. 5.12.2003 – V ZR 447/01, ZMR 2004, 206 (207); OLG Köln v. 20.10.2003 – 16 Wx 75/03, ZMR 2004, 623, (624).
5 OLG Frankfurt v. 24.8.2006 – 20 W 214/06, ZWE 2007, 84 = IMR 2007, 1003; OLG Hamm v. 4.7.2005 – 15 W 256/04, ZMR 2006, 60 = NZM 2006, 142; *Elzer* in KK-WEG § 3 Rz. 75; a.A. OLG Naumburg v. 23.5.2005 – 9 Wx 8/03, NJOZ 2005, 335 (336); v. 3.2.2004 – 9 Wx 10/03.
6 OLG Naumburg v. 23.5.2005 – 9 Wx 8/03, NJOZ 2005, 335 (336).
7 *Häublein* in FS Seuß (2007), S. 125 (139).
8 Siehe *Hüffer* § 71b AktG Rz. 4.
9 BGH v. 8.12.1997 – II ZR 203/96, NJW 1998, 1314; v. 30.1.1995 – II ZR 45/94, NJW 1995, 1027 (1028); *Lutter/Hommelhoff* § 33 GmbHG Rz. 20.
10 Siehe auch *Häublein* in FS Seuß (2007), S. 125 (139).
11 Vgl. für das Aktienrecht etwa *Hüffer* § 71b AktG Rz. 5 m.w.N.
12 OLG Hamm v. 4.7.2005 – 15 W 256/04, ZMR 2006, 60 = NZM 2006, 142.

b) Teileigentümer

Der Begriff „der Wohnungseigentümer" umfasst nicht nur die Wohnungseigentümer, sondern auch die **Teileigentümer**[1]. Der Begriff „Wohnungseigentümer" ist entsprechend den gesetzlichen Regelungen im Wohnungseigentumsgesetz in einem umfassenden Sinne als **Synonym** für „Sondereigentümer" zu verstehen. Auch das Wohnungseigentumsgesetz spricht in den Vorschriften über die Gemeinschaft (§§ 10 ff.), die Verwaltung (§§ 20 ff.) und das gerichtliche Verfahren (§§ 43 ff.) nur von der Wohnungseigentümergemeinschaft oder den Wohnungseigentümern und begnügt sich in § 1 Abs. 6 auf den Hinweis, dass für das Teileigentum die Vorschriften über das Wohnungseigentum entsprechend gelten.

25

c) Miteigentümer

Steht ein Wohnungseigentum mehreren **gemeinschaftlich** zu, ist jeder von ihnen „Wohnungseigentümer"[2]. Damit die Miteigentümer ihr Stimmrecht ausüben können, ist außerdem **jeder von ihnen** zur Eigentümerversammlung zu laden (s. § 24 Rz. 42). § 25 Abs. 2 Satz 2 ordnet für die Miteigentümer eines Wohnungseigentums allerdings einschränkend an, dass sie in der Versammlung nur **eine Stimme** haben, und ferner, dass sie ihr Stimmrecht nur **einheitlich** ausüben können (Rz. 26)[3]. Diesen Beschränkungen liegt jeweils der Gedanke zugrunde, dass bei mitberechtigten Eigentümern an einem Wohnungseigentum eine **übereinstimmende Interessenlage** besteht und deshalb auch nur eine einheitliche Stimmausübung sachgerecht ist[4]. Sinn und Zweck der vertraglich allerdings abdingbaren Vorschrift ist es ferner, die anderen Wohnungseigentümer vor ungleichartigen (gespaltenen) Stimmabgaben zu schützen und im Interesse der Rechtsklarheit einen **problemlosen Ablauf** der Eigentümerversammlung zu gewährleisten[5].

26

Ein Sondereigentum steht mehreren i.S.d. Gesetzes „gemeinschaftlich" zu, wenn ein Wohnungs- oder Teileigentum mehr als einer natürlichen oder juristischen Person dinglich zugeordnet ist, sei es in Form einer Miteigentümergemeinschaft gem. §§ 1008 ff. BGB, einer nicht rechtsfähigen Gesamthandsgemeinschaft (Erbengemeinschaft, eheliche Gütergemeinschaft) oder eines nicht rechtsfähigen Vereins. Nichts anderes gilt, wenn dieselben Mitberechtigten an **mehreren Rechtsgemeinschaften** mit unterschiedlichen rechtlichen Strukturen beteiligt sind. Entscheidend ist allein, dass in Bezug auf die Mitberechtigten **Personenidentität** im Rechtssinne besteht[6]. Halten etwa die Eheleute A und B drei Einheiten, steht ihnen beim Kopfstimmrecht nur eine Stimme zu. Halten A und B hingegen drei Einheiten, sind aber C bei einer Einheit und D bei einer weiteren

27

---

1 OLG Hamm v. 22.2.2007 – 15 W 322/06, MietRB 2007, 238 = WuM 2007, 477.
2 *Elzer* in KK-WEG § 10 Rz. 7; *Häublein*, DNotZ 2004, 634 (635); a.A. KG v. 30.12.2003 – 1 W 65/03 und 1 W 64/03, DNotZ 2004, 634.
3 OLG Frankfurt v. 20.9.2006 – 20 W 241/05, MietRB 2007, 96 = ZWE 2007, 109 (LS.); AG Nürnberg v. 3.11.2005 – 1 UR II 307/05, ZMR 2006, 83.
4 BGH v. 7.3.2002 – V ZB 24/01, BGHZ 150, 109 (121) = ZMR 2002, 440 (444); v. 1.12.1988 – V ZB 6/88, BGHZ 106, 113 (120).
5 *Gottschalg*, NZM 2005, 88 (90).
6 OLG Dresden v. 29.7.2005 – 3 W 719/05, OLGReport Dresden 2006, 249 (250); OLG Düsseldorf v. 3.2.2004 – I-3 Wx 364/03, ZMR 2004, 696 (697).

jeweils Miteigentümer, gibt es insgesamt **drei Stimmrechte** (zur notwendigen Verständigung Vor §§ 23 bis 25 Rz. 49). Dasselbe gilt, wenn verschiedene Rechtsträger Eigentümer **mehrerer Sondereigentumseinheiten** sind[1].

Auf Personenhandelsgesellschaften (OHG, KG), die gem. § 124 Abs. 1 HGB selbständig Eigentum erwerben können, und auf rechtsfähige Außengesellschaften bürgerlichen Rechts ist § 25 Abs. 2 Satz 2 nicht anwendbar. Auch wenn der Verband Wohnungseigentümergemeinschaft Wohnungs- oder Teileigentum erwirbt, ist der **Anwendungsbereich nicht** eröffnet (s. dazu Rz. 23).

4. Stimmberechtigte Dritte

28 Ein Stimmrecht ohne Mitgliedschaft gibt es nach dem Rechtsgedanken des § 38 Satz 1 BGB im Wohnungseigentumsrecht nicht (Rz. 6)[2]. In Einzelfällen ist aber anzuerkennen, dass nicht der Stimmrechtsinhaber sein Stimmrecht ausübt, sondern an seiner Stelle **Dritte** zur Stimmabgabe berufen sind und das Recht des Wohnungseigentümers, selbst das Stimmrecht auszuüben, verdrängen. Anerkannt ist dies zurzeit nur für die Parteien kraft Amtes.

a) Insolvenz-, Nachlassverwalter und Testamentsvollstrecker

29 In der Eigentümerversammlung ist der **Insolvenzverwalter** über ein Wohnungseigentum, nicht der Wohnungseigentümer stimmberechtigt[3]. Mit Eröffnung des Insolvenzverfahrens gehen die Verfügungs- und Verwaltungsbefugnisse in Bezug auf das Wohnungseigentum nach §§ 35, 80 InsO – und damit auch das Stimmrecht – auf den **Insolvenzverwalter** über[4]. Der Insolvenzverwalter rückt als Träger der Rechte und Pflichten des insolvent gewordenen Wohnungseigentümers – bis zu einer Freigabe oder dem Ende des Insolvenzverfahrens – weitgehend in dessen Rechtsstellung ein[5]. Auch **Nachlassverwalter** und **Testamentsvollstrecker**[6] üben als Partei kraft Amtes das Stimmrecht für das zum Nachlass gehörende Wohnungseigentum in eigenem Namen und aus eigenem Recht aus. Dies ergibt sich für die **Nachlassverwaltung** aus § 1984 Abs. 1 BGB, für die **Testamentsvollstreckung** aus § 2205 BGB.

---

1 OLG Düsseldorf v. 3.2.2004 – I-3 Wx 364/03, ZMR 2004, 696 (697); KG v. 15.6.1999 – 24 W 9353/97, ZWE 2000, 313 (314) = ZMR 2000, 191 (192) = NZM 2000, 671; v. 15.6.1988 – 24 W 2084/88, OLGZ 1988, 434 = WE 1988, 166; *Vandenhouten* in Köhler/Bassenge, Teil 5 Rz. 179.
2 Vgl. auch *Hüffer* § 133 AktG Rz. 17.
3 KG v. 24.10.1988 – 24 W 896/88, WE 1989, 28; *Vallender*, NZI 2004, 401 (403); *Vandenhouten* in Köhler/Bassenge, Teil 5 Rz. 135; *Riecke/Schmidt/Elzer* Rz. 588.
4 BGH v. 26.9.2002 – V ZB 24/02, ZMR 2002, 941 (942).
5 BGH v. 26.9.2002 – V ZB 24/02, ZMR 2002, 941 (942); v. 15.6.1989 – V ZB 22/88, BGHZ 108, 44 (46).
6 AG Essen v. 14.7.1995 – 95 II 5/95 WEG, NJW-RR 1996, 79; *Hügel*, ZWE 2006, 174, 178 m.w.N. Zum Testamentsvollstrecker im Aktienrecht vgl. BGH v. 10.6.1959 – V ZR 25/58, NJW 1959, 1820 (1821); *Hüffer* § 134 AktG Rz. 31.

b) Zwangsverwalter

aa) Allgemeines

Ist über ein Wohnungseigentum gem. § 146 Abs. 1 ZVG die Zwangsverwaltung angeordnet worden, wird dem Wohnungseigentümer gem. § 148 Abs. 2 ZVG das Recht zur Verwaltung und Nutzung des Wohnungseigentums entzogen. Das Stimmrecht des Wohnungseigentümers einer zwangsverwalteten Wohnung steht deshalb **grundsätzlich** dem **Zwangsverwalter** zu[1]. Eine „Spaltung" des Stimmrechts ergibt sich, soweit der Zweck der Zwangsverwaltung die Stimmabgabe des Zwangsverwalters **nicht erfordert**[2]. Im Allgemeinen besteht eine **Vermutung**, dass alle in einer Eigentümerversammlung behandelten Beschlussgegenstände die Zwangsverwaltung berühren[3]. Der Zwangsverwalter ist deshalb etwa bei dem Beschluss über den Wirtschaftsplan, über Instandhaltung und Instandsetzung[4], die Genehmigung einer Jahresabrechnung oder Erhebung einer Sonderumlage ebenso allein stimmbefugt wie bei der Bestellung des Verwalters und des Abschlusses des Verwaltervertrages[5]. Geht es hingegen z.B. um eine Gebrauchsregelung, ist ein Stimmrecht des Wohnungseigentümers vorstellbar[6]. 30

Der Zwangsverwalter übt das Stimmrecht in jedem Falle als Organ der Rechtspflege selbständig, im eigenen Namen und aus eigenem Recht aus[7]. Die rechtskräftige Verurteilung eines Wohnungseigentümers nach § 18 wirkt sich deshalb nicht auf sein Stimmrecht aus[8]. 31

bb) Zwangsverwaltung mehrerer Einheiten eines Wohnungseigentümers

Stehen sämtliche verwalteten Einheiten im Eigentum einer natürlichen oder juristischen Person und besitzt diese keine weiteren Einheiten, besitzt der Zwangsverwalter beim gesetzlichen Kopfstimmrecht nach § 25 Abs. 2 Satz 1 in der Eigentümerversammlung eine Stimme. Erfasst die Zwangsverwaltung nur einen Teil der Wohnungen eines Wohnungseigentümers, hängt das Stimmrecht des Zwangsverwalters davon ab, welches **Stimmrechtsprinzip** gilt (Rz. 12 ff.). Gilt das gesetzliche Kopfprinzip, sind Eigentümer und Zwangsverwalter entsprechend § 25 Abs. 2 Satz 2 **gemeinsam** stimmberechtigt[9]. Bei Geltung des Objektprinzips hat der Zwangsverwalter jeweils eine Stimme für jedes von ihm verwaltete Objekt. Bei Geltung des Wertprinzips richtet sich die Stimmkraft nach Höhe der vom Zwangsverwalter verwalteten Miteigentumsanteile. 32

---

1 *Drasdo*, ZWE 2006, 68 (74).
2 KG v. 9.11.2005 – 24 W 60 und 67/05, ZMR 2006, 221; v. 3.3.1999 – 24 W 3566/98, ZMR 1999, 509 (510); v. 27.8.1986 – 24 W 5931/85, NJW-RR 1987, 77; BayObLG v. 5.11.1998 – 2Z BR 131/98, ZMR 1999, 121 (122); BayObLG v. 14.2.1991 – BReg. 2Z 4/91, BayObLGZ 1991, 93 (97) = NJW-RR 1991, 723; LG Berlin v. 29.11.2005 – 55 T 152/04 WEG, ZMR 2006, 393 (394).
3 BayObLG v. 5.11.1998 – 2Z BR 131/98, ZMR 1999, 121 (122) = BayObLGZ 1998, 288; KG v. 14.3.1990 – 24 W 4243/89, WuM 1990, 324 = WE 1990, 206.
4 KG v. 3.3.1999 – 24 W 3566/98, ZMR 1999, 509 (510); *Häublein*, ZfIR 2005, 337 (339).
5 KG v. 14.3.1990 – 24 W 4243/89, WuM 1990, 324 = WE 1990, 206; *Häublein*, ZfIR 2005, 337 (340).
6 A.A. *Vandenhouten* in Köhler/Bassenge, Teil 5 Rz. 137.
7 BayObLG v. 5.11.1998 – 2Z BR 131/98, ZMR 1999, 121 (122) = BayObLGZ 1998, 288.
8 BayObLG v. 5.11.1998 – 2Z BR 131/98, ZMR 1999, 121 (122) = BayObLGZ 1998, 288.
9 KG v. 12.7.1989 – 24 W 1063/89, OLGZ 1989, 423.

cc) Zwangsverwaltung für mehrere Wohnungseigentümer

33 Ist ein Zwangsverwalter für **mehrere natürliche oder juristische Personen** eingesetzt, steht ihm, solange er sämtliche Wohneinheiten vertritt, beim Kopfstimmrecht für jede Person ein Stimmrecht zu[1]. Für Objekt- und Wertstimmrecht gelten keine Besonderheiten. Das Stimmrecht richtet sich nach Einheiten oder Miteigentumsanteilen.

c) Dinglich Berechtigte

34 Die Belastung des Wohnungseigentums mit einem Nießbrauch lässt das Stimmrecht eines Wohnungseigentümers **unberührt**[2]. Das Stimmrecht geht auch hinsichtlich einzelner Beschlussgegenstände nicht auf den Nießbraucher über. Ferner muss der Wohnungseigentümer sein Stimmrecht weder allgemein noch in einzelnen Angelegenheiten gemeinsam mit dem Nießbraucher ausüben[3]. Der Wohnungseigentümer kann aus dem internen Begleit-Schuldverhältnis zum Nießbraucher allerdings verpflichtet sein, bei der Stimmabgabe dessen Interessen zu berücksichtigen, nach dessen Weisung zu handeln oder ihm sogar eine Stimmrechtsvollmacht zu erteilen[4].

35 Auch einem **Wohnungsberechtigten** i.S.v. § 1093 BGB steht kein Stimmrecht zu[5], selbst dann, wenn er im Innenverhältnis gegenüber dem Wohnungseigentümer zur **Kostentragung** verpflichtet ist[6]. Der Umstand, dass das zwischen dem Wohnungsberechtigten und dem Wohnungseigentümer bestehende Schuldverhältnis eine Verpflichtung zur Kostentragung vorsieht, verleiht dem Wohnungsberechtigten nicht die Befugnis, für diesen das Stimmrecht auszuüben. Das gesetzliche Schuldverhältnis zwischen Wohnungseigentümer und Wohnungsberechtigtem bezieht die anderen Wohnungseigentümer nicht ein. Der Wohnungseigentümer ist aufgrund der schuldrechtlichen Beziehungen zum Wohnungsberechtigten allenfalls gehalten, sein Stimmrecht in Abstimmung und im Einvernehmen mit dem Wohnungsberechtigten auszuüben. Entsprechendes gilt für **Dauerwohnberechtigte** i.S.d. § 31 WEG[7]. Die Bestellung eines Dauerwohnrechts ändert nichts an der personenrechtlichen Gemeinschaft der Wohnungseigentümer. Im Gegensatz zu Nießbrauch und Wohnungsrecht ist das Dauerwohnrecht sogar veräußerlich und vererblich. Ein Stimmrecht des Dauerwohnberechtigten ist unter diesem Aspekt den anderen Wohnungseigentümern noch weniger zuzumuten als beim lebenslangen Nießbrauch oder Wohnungsrecht[8].

36 Schließlich haben auch Grundschuld- und Hypothekengläubiger **kein eigenes** Stimmrecht. Ihre dingliche Rechtsbeziehung beschränkt sich im Wesentlichen auf die Vollstreckungsmöglichkeiten nach § 1147 BGB.

---

1 KG v. 19.7.2004 – 24 W 322/02, ZMR 2005, 148 (149); *Drasdo*, ZWE 2006, 68 (75).
2 OLG Hamburg v. 12.5.2003 – 2 Wx 1/01, ZMR 2003, 701 (702).
3 BGH v. 7.3.2002 – V ZB 24/01, ZMR 2002, 440 (442).
4 BGH v. 7.3.2002 – V ZB 24/01, ZMR 2002, 440 (443).
5 BayObLG v. 25.6.1998 – 2Z BR 53/98, ZMR 1998, 708 (710); *Schießer*, ZMR 2004, 5 (8); offen gelassen von BGH v. 7.3.2002 – V ZB 24/01, ZMR 2002, 440 (445); a.A. BGH v. 26.11.1976 – V ZR 258/74, ZMR 1977, 182 = DNotZ 1978, 177.
6 OLG Hamburg v. 12.5.2003 – 2 Wx 1/01, ZMR 2003, 701 (702).
7 *Gottschalg*, NZM 2005, 88 (91); *Schießer*, ZMR 2004, 5 (9).
8 *Schießer*, ZMR 2004, 5 (9).

d) Schuldrechtlich Berechtigte

Schuldrechtlich Berechtigten, z.B. Mietern und Pächtern, steht kein eigenes Stimmrecht zu. Es fehlt auch hier bereits an einer notwendigen dinglichen Berechtigung am Wohnungseigentum[1]. Mieter und Pächter können allerdings aufgrund ihrer schuldrechtlichen Rechte im Innenverhältnis zum Wohnungseigentümer ggf. auf dessen Abstimmung in der Eigentümerversammlung Einfluss nehmen.

37

5. Vermehrung und Verminderung von Stimmrechten

a) Veräußerung von Wohnungseigentum

Veräußert ein Wohnungseigentümer, dem mehrere Einheiten gehören, aus seinem Bestand eine oder auch mehrere Einheiten, kommt es zu einer **Vermehrung der Stimmrechte**. Diese Vermehrung ist von den anderen Wohnungseigentümern, deren Stimmkraft in der Wohnungseigentümerversammlung freilich geschmälert wird, hinzunehmen[2]. Denn mit der Veräußerung eines von mehreren Sondereigentumsrechten mussten sie jederzeit rechnen. Dies gilt auch dann, wenn die Veräußerung an nahe Angehörige mit dem Ziele vorgenommen wird, sich die Ausübung weiterer Stimmrechte zu sichern. Allein hierin liegt noch kein rechtsmissbräuchliches Verhalten (s. noch Rz. 114 ff.), das bereits für sich genommen einen Stimmrechtsausschluss rechtfertigt[3].

38

b) Unterteilung

aa) Grundsatz

Ein Wohnungseigentümer kann entsprechend § 8 Abs. 1 oder analog § 7 GBO, jedenfalls aber in Form der §§ 8 Abs. 2, 3 Abs. 2, 7 Abs. 4 WEG, sein Wohnungs- oder Teileigentum unter Aufteilung der bisherigen Raumeinheit in mehrere (zwei oder mehrere) in sich wiederum abgeschlossene Raumeinheiten unterteilen und sie anschließend veräußern[4]. Durch diese Veräußerung dürfen **nicht mehr Befugnisse** entstehen, als sie dem einen Wohnungseigentümer **vor Unterteilung** und Veräußerung zugestanden haben. Insbesondere der durch eine Teilungserklärung (oder einen Teilungsvertrag) bestimmte Status der Wohnungseigentümer, insbesondere ihr **Stimmrecht**, darf durch eine Unterteilung **nicht** beeinträchtigt werden[5].

39

---

1 Staudinger/*Bub* Rz. 137.
2 OLG München v. 23.8.2006 – 34 Wx 58/06, OLGReport München 2006, 730 = MietRB 2006, 300 = NZM 2007, 45; BayObLG v. 19.12.2001 – 2Z BR 15/01, ZMR 2002, 527 (528); KG v. 15.6.1999 – 24 W 9353/97, ZWE 2000, 313 (314) = ZMR 2000, 191 (192) = NZM 2000, 671.
3 OLG München v. 23.8.2006 – 34 Wx 58/06, OLGReport München 2006, 730 = MietRB 2006, 300 = NZM 2007, 45.
4 Siehe dazu *Elzer* in KK-WEG § 8 Rz. 63.
5 BGH v. 7.10.2004 – V ZB 22/04, ZMR 2004, 835 (838); v. 24.11.1978 – V ZB 2/78, BGHZ 73, 150 (155) = NJW 1979, 870; KG v. 15.6.1999 – 24 W 9353/97, ZWE 2000, 313 (314) = ZMR 2000, 191 (192) = NZM 2000, 671; v. 18.11.1998 – 24 W 4180/97, ZMR 1999, 426; BayObLG v. 17.1.1991 – BReg. 2Z 161/90, WE 1992, 55 (56) = NJW-RR 1991, 910; OLG Düsseldorf v. 24.1.1990 – 3 Wx 571/89, WE 1990, 170 = NJW-RR 1990, 521 = OLGZ 1990, 152 (154).

40 Keine Schwierigkeiten entstehen, wenn das **Wertstimmrecht** (Rz. 14) gilt[1]. Die übrigen Wohnungseigentümer werden dann durch eine Unterteilung nicht beeinträchtigt; ihre Stimme hat in der Eigentümerversammlung auch nach einer Unterteilung denselben Erfolgswert. Gesamtstimmzahl und Gewicht bleiben unverändert[2]. Eine „Stimmenvermehrung" muss aber auch nicht bei gesetzlichem **Kopfstimmrecht**[3] (Rz. 11) oder bei einem **Objektstimmrecht**[4] (Rz. 13) hingenommen werden. Eine Stimmrechtsvermehrung der im Zeitpunkt der Teilungserklärung oder des Teilungsvertrages vorhandenen Stimmrechte durch Unterteilung von Wohnungseigentumseinheiten ist **nicht möglich**, weil dadurch in unzulässiger Weise der Status der übrigen Wohnungseigentümer und ihr nach Art. 14 GG geschützter Einfluss auf die Mitverwaltung verändert werden würde.

bb) Stimmrechtsausübung

41 Entsprechend § 25 Abs. 2 Satz 2 ist davon auszugehen, dass der teilende Wohnungseigentümer zusammen mit den Erwerbern einer neu geschaffenen Einheit für diese bei Geltung des Kopf- und des Objektstimmrechts **nur eine Stimme** hat[5]. Nach h.M. wird dabei das zuvor auf die ungeteilte Einheit entfallende Stimmrecht entsprechend der Zahl der neu entstandenen Einheiten **nach Bruchteilen aufgespalten** und diesen zugewiesen[6]. Eine entsprechende Anwendung des § 25 Abs. 2 Satz 2 scheitere an der Selbständigkeit der neuen Einheiten. Nach hier vertretener Ansicht kommt hingegen weder eine Spaltung nach Bruchteilen noch eine Quotelung in Betracht[7]. Das Problem, **wie** das Stimmrecht **einheitlich** auszuüben ist, ist vielmehr Sache des Unterteilers und der Inhaber der neu geschaffenen Raumeigentumsrechte und ihres Innenverhältnisses. Haben diese hierüber keine Regelung getroffen, kann § 745 Abs. 1 Satz 2 BGB (Anteilsprinzip) entsprechend angewandt werden.

cc) Spätere Veräußerungen

42 Angesichts der zu wahrenden Interessen der übrigen Wohnungseigentümer ändert sich an dieser Rechtslage auch bei einer **späteren Veräußerung** der durch Unterteilung entstandenen Einheiten nichts. Auch nach einer Veräußerung kann es in diesem Falle nicht mehr Stimmen geben, als sie bei Begründung der Wohnungseigentumsrechte nach §§ 3, 8 angelegt waren.

---

1 *Briesemeister* in FS Seuß (2007), S. 39.
2 *Becker*, MietRB 2006, 300; *Wedemeyer*, NZM 2000, 638 (639); *Elzer* in KK-WEG § 8 Rz. 71.
3 BGH v. 7.10.2004 – V ZB 22/04, ZMR 2004, 835 (838); OLG Stuttgart v. 23.2.2004 – 8 W 475/03, ZMR 2005, 478 = NZM 2005, 312; *Elzer* in KK-WEG § 8 Rz. 72; a.A. OLG Düsseldorf v. 3.2.2004 – I-3 Wx 364/03, ZMR 2004, 696 (697); KG v. 15.6.1999 – 24 W 9353/97, ZWE 2000, 313 (314) = ZMR 2000, 191 (192) = NZM 2000, 671; Weitnauer/*Briesemeister* § 3 Rz. 104 und Rz. 3.
4 BGH v. 7.10.2004 – V ZB 22/04, ZMR 2004, 835 (838); OLG Hamm v. 12.3.2002 – 15 W 358/01, ZMR 2002, 859; KG v. 18.11.1998 – 24 W 4180/97, NZM 1999, 850 (852).
5 BGH v. 7.10.2004 – V ZB 22/04, ZMR 2004, 835 (838).
6 BGH v. 7.10.2004 – V ZB 22/04, ZMR 2004, 835 (838); KG v. 8.11.1998 – 24 W 4180/97, ZMR 1999, 426 (428); OLG Düsseldorf v. 24.1.1990 – 3 Wx 571/89, OLGZ 1990, 152 = NJW-RR 1990, 521 = WE 1990, 170; Weitnauer/*Briesemeister* § 3 Rz. 104 und Rz. 3; *Gottschalg*, NZM 2005, 88 (89).
7 So auch *Elzer* in KK-WEG § 8 Rz. 73.

c) Vereinigung

Ein Wohnungseigentümer kann – vor allem aus steuerlichen Gesichtspunkten – zwei oder mehrere in seinem Eigentum befindliche Raumeigentumsrechte in entsprechender Anwendung von § 8 i.V.m. §§ 890 Abs. 1 BGB, 5 GBO (dann entsteht ein neues Raumeigentum) oder entsprechend § 890 Abs. 2 BGB i.V.m. § 6 GBO (dann verliert eine Einheit seine Selbständigkeit) **miteinander vereinigen**[1]. Eine Vereinigung führt in Bezug auf das Stimmrecht nicht zu einer Beeinträchtigung der anderen Wohnungseigentümer. Während beim Kopf- oder Wertprinzip die Anzahl der Stimmen von der Vereinigung nicht berührt wird, fallen beim Objektprinzip eine oder mehrere Stimmen weg. Dieser Umstand wirkt sich aber auf die bestehenden Stimmrechte vorteilhaft im Sinne einer Verstärkung der Stimmkraft aus.

43

6. Teilversammlungen: Stimmrecht in Mehrhausanlagen

Die Verwaltung des gemeinschaftlichen Eigentums steht gem. §§ 20 Abs. 1, 21 Abs. 1 grundsätzlich allen Wohnungseigentümern gemeinsam zu. Soweit sie über die ordnungsmäßige Verwaltung durch Stimmenmehrheit beschließen, sind grundsätzlich **alle Wohnungseigentümer** nach § 25 Abs. 1 und Abs. 2 stimmberechtigt[2]. Eine Ausnahme hiervon ist nach h.M. für die Fälle zu machen, in denen eine genau **abgrenzbare Gruppe von Wohnungseigentümern** betroffen ist (z.T. **Blockstimmrecht** genannt)[3]. Dem ist zuzustimmen, soweit eine **Vereinbarung** der Wohnungseigentümer bestimmte, unwesentliche Angelegenheiten z.B. nur den Bewohnern eines Hauses einer **Mehrhausanlage** zuweist und geregelt ist, dass die jeweiligen Wohnungseigentümer der einzelnen Haus- oder Innengemeinschaft gesondert abstimmen. In diesem Falle ist das Stimmrecht auf diese Wohnungseigentümer beschränkt (zur Berechnung der Beschlussfähigkeit Rz. 75)[4]. **Nicht anzuerkennen** ist, dass sich diese Folge – eine Stimmrechtsbeschränkung – auch aus den „natürlichen Gegebenheiten" einer Anlage ergeben kann. Eine solche Stimmbeschränkung ist entgegen der h.M. unzulässig (Vor §§ 23 bis 25 Rz. 153 ff.)[5].

44

Einer durch Vereinbarung partiell bestimmten Häusern (Untergemeinschaft) und deren Eigentümerversammlung zugewiesenen Stimmrechtsausübung steht **nicht** entgegen, dass neben die Wohnungseigentümer der Verband Wohnungseigentümergemeinschaft getreten ist[6]. Beschließt eine Untergemeinschaft vereinbarungsgemäß die Vergabe eines Instandsetzungsauftrags, ist dieser Auftrag vom Verwalter als Organ des Verbandes für Rechnung des Verbandes zu vergeben. Im Außenverhältnis hat für die Vergütung des Werkunternehmers der Verband einzustehen, gem. § 10 Abs. 8 Satz 1 anteilig ferner jeder Wohnungs-

45

---

1 *Elzer* in KK-WEG § 8 Rz. 81.
2 *Elzer* in KK-WEG § 10 Rz. 16.
3 OLG Zweibrücken v. 23.6.2004 – 3 W 64/04, OLGReport Zweibrücken 2004, 585 (586); BayObLG v. 20.2.2003 – 2Z BR 136/02, ZMR 2003, 519 (521); OLG Köln v. 29.10.1997 – 16 Wx 274/97, WE 1998, 191; v. 24.9.1997 – 16 Wx 36/97, WE 1998, 190; *Häublein*, NZM 2003, 785 (790).
4 Wie hier *Seuß*, WE 1998, 191.
5 *Hügel/Scheel* Rz. 737.
6 *Wenzel*, NZM 2006, 321 (324); a.A. *Jennißen*, NZM 2006, 321 (323).

eigentümer. **Intern** haben für die Kosten hingegen die Mitglieder der „Untergemeinschaft" aufzukommen[1].

7. Stimmrechtsvollmachten

a) Grundsatz

aa) Allgemeines

46 Das Stimmrecht eines Wohnungseigentümers besitzt **keinen** „höchstpersönlichen" Charakter. Weder das Wohnungseigentumsgesetz noch §§ 741 ff. BGB enthalten Bestimmungen darüber, ob und inwieweit sich Wohnungseigentümer bei der Ausübung ihres Stimmrechts **vertreten** oder nicht vertreten lassen können. Anders als im Vereinsrecht, das in § 38 Satz 2 BGB eine Ausübung der Mitgliedschaftsrechte durch einen Dritten verbietet, ist eine Stellvertretung i.S.d. §§ 164 ff. BGB – wie auch in vergleichbaren Rechtsgebieten[2] – grundsätzlich **möglich**[3]. Ein Wohnungseigentümer kann daher – soweit er vom Stimmrecht nicht ausgeschlossen ist (Rz. 104 ff.) – grundsätzlich einen Dritten zur Stimmabgabe bevollmächtigen[4]. Auch eine **Gruppenvertretung** (die Vertretung mehrerer Wohnungseigentümer) ist zulässig[5]. Ist der Verband Wohnungseigentümergemeinschaft Wohnungseigentümer, kann er sich allerdings nicht vertreten lassen (Rz. 23). Etwas anderes gilt ferner bei einer unwiderruflichen und also **verdrängenden** Vollmacht: Diese ist wegen des Abspaltungsverbotes (Rz. 6) prinzipiell unzulässig. Ein Dritter kann einen Wohnungseigentümer schließlich dann nicht bei der Stimmabgabe vertreten, wenn er – wäre er Wohnungseigentümer – selbst einem Stimmverbot unterläge[6], z.B. wenn ein Vertrag mit ihm zur Abstimmung besteht.

bb) Form und Prüfung

47 Eine **besondere Form** für Stimmrechtsvollmachten ist im Wohnungseigentumsrecht anders als in § 134 Abs. 3 Satz 2 AktG **nicht vorgesehen**. Gemäß § 167 Abs. 2 BGB ist insbesondere eine schriftliche Fixierung nicht nötig[7]. Ausreichend ist auch eine mündlich erteilte Vollmacht oder eine durch Fax verfügte[8]. Es ist allerdings möglich, dass eine Vereinbarung **besondere** formelle Anforderungen an eine Stimmrechtsvollmacht stellt. Zulässig ist es z.B., die **Text**- oder sogar die **Schriftform**[9] zu verlangen oder den Kreis der Vertreter zu beschränken

---

1 *Wenzel*, NZM 2006, 321 (324).
2 Siehe z.B. § 47 Abs. 3 GmbHG.
3 BGH v. 11.11.1986 – V ZB 1/86, BGHZ 99, 90 (93) = MDR 1987, 485 = NJW 1987, 650; OLG Köln v. 28.4.2006 – 16 Wx 34/06, NZM 2007, 219; OLG München v. 1.12.2005 – 32 Wx 093/05, ZMR 2006, 231 (232); OLG Düsseldorf v. 24.5.1995 – 3 Wx 17/95, ZMR 1996, 221 (222).
4 BGH v. 1.12.1988 – V ZB 6/88, BGHZ 106, 113 (121).
5 *Wenzel*, NZM 2005, 402.
6 OLG Düsseldorf v. 20.7.2001 – 3 Wx 174/01, OLGReport Düsseldorf 2002, 152 (153) = ZMR 2002, 143 (144).
7 OLG Köln v. 21.11.2001 – 16 Wx 185/01, ZMR 2002, 972 (975).
8 OLG Hamm v. 20.7.2006 – 15 W 142/05, OLGReport Hamm 2006, 818 (821) = ZMR 2007, 63 = NJW-RR 2007, 161 = MietRB 2007, 122.
9 OLG Düsseldorf v. 19.4.2005 – I-3 Wx 317/04, ZMR 2006, 56 (57) = MietRB 2006, 11 mit Anm. *Elzer*.

(Rz. 54 ff.). Eine vereinbarte Schriftform soll regelmäßig allerdings nur der Erleichterung des Versammlungsablaufs und der einfachen **Überprüfung** erteilter Vollmachten dienen (Beweisfunktion)[1]. Im Grundsatz handelt es sich bei dem Verlangen einer schriftlichen Vollmacht um keine materielle Wirksamkeitsvoraussetzung für die Stimmabgabe[2]. Sieht eine Vereinbarung allerdings vor, dass eine Vollmacht „schriftlich" i.S.v. § 126 BGB zu erteilen **und** zu den Akten des Verwalters zu übergeben ist, kann diese Regelung ggf. auch dahin ausgelegt werden, dass die Übergabe der Vollmacht zu den Akten materielle **Voraussetzung für die Ausübung der Stimmrechte** ist[3].

Eine Stimmrechtsvollmacht muss für jeden Beschlussgegenstand bestehen. Wie die Beschlussfähigkeit (Rz. 64) muss der Versammlungsleiter stets von neuem klären, ob für einen bestimmten Punkt eine Vollmacht vorliegt oder ggf. erloschen oder widerrufen wurde.

cc) Mitberechtigte

Die Vereinbarung, dass sich jeder Wohnungseigentümer in der Eigentümerversammlung mittels schriftlicher Vollmacht vertreten lassen kann, **erfasst nicht den Fall**, dass ein Sondereigentum **mehreren Personen** i.S.v. § 25 Abs. 2 Satz 2 (Rz. 26) gemeinschaftlich zusteht und führt nicht dazu, dass jeder der Mitberechtigten eine schriftliche Stimmrechtsvollmacht erteilen muss[4]. Jedenfalls reicht es aus, dass die schriftliche Vollmacht nur von einem Ehegatten im Einverständnis mit dem anderen unterschrieben wird. Von der Schriftform nicht erfasst sind ferner **gesetzliche Vertreter** oder Verwaltungsbefugte. Verschickt der Verwalter mit der Einladung Stimmrechtsvollmachten, muss er nicht darauf hinweisen, dass nach einer Vereinbarung nur ein bestimmter Personenkreis bevollmächtigt werden darf[5].

dd) Mängel

Macht ein Vertreter von seinem Stimmrecht **keinen Gebrauch** oder übt er das von ihm repräsentierte Stimmrecht **weisungswidrig** aus, sind hierauf beruhende Beschlüsse weder anfechtbar noch nichtig[6]. Die Verantwortung für die Wahrnehmung seines Stimmrechts bleibt auch dann noch in der Sphäre eines Wohnungseigentümers, wenn er einen Vertreter mit der Ausübung seines Stimmrechts beauftragt. Für die Beurteilung der Ordnungsmäßigkeit des Abstimmungsvorgangs kommt es daher nicht darauf an, ob der beauftragte Stimmrechtsvertreter gegen etwaige Pflichten gegenüber dem Auftraggeber aus dem zwischen beiden bestehenden **Innenverhältnis** verstößt. Es muss der Entschei-

---

1 OLG Düsseldorf v. 19.4.2005 – I-3 Wx 317/04, ZMR 2006, 56 (57) = MietRB 2006, 11 mit Anm. *Elzer*.
2 OLG Hamm v. 20.7.2006 – 15 W 142/05, OLGReport Hamm 2006, 818 (820) = ZMR 2007, 63 = NJW-RR 2007, 161 = MietRB 2007, 122.
3 OLG München v. 1.12.2005 – 32 Wx 93/05, ZMR 2006, 231 (232) = MietRB 2006, 130 mit Anm. *Elzer*; s. auch *Becker*, MietRB 2007, 122.
4 OLG Düsseldorf v. 19.4.2005 – I-3 Wx 317/04, ZMR 2006, 56 (57) = MietRB 2006, 11 mit Anm. *Elzer*.
5 KG v. 26.7.2004 – 24 W 360/02, ZMR 2005, 567 = KGReport 2004, 562.
6 KG v. 8.4.1998 – 24 W 1012/97, ZMR 1998, 658 (659) = KGReport 1998, 272; v. 8.1.1997 – 24 W 4957/96, ZMR 1997, 254 (255) = KGReport 1997, 65.

dung des Vertreters überlassen bleiben, ob er von einer Stimmrechtsvollmacht Gebrauch machen will. Gibt er bei dem Abstimmungsvorgang die ihm übertragenen Stimmen des betreffenden Wohnungseigentümers nicht oder falsch ab, so kann daher weder dieser noch ein anderer Wohnungseigentümer hieraus Rechte herleiten. In Betracht kommen aber aus dem Innenverhältnis resultierende Schadensersatzansprüche.

b) Automatisierte Vollmachten

51 Eine Vereinbarung, wonach das Stimmrecht eines Wohnungs- und Teileigentümers, der nicht anwesend oder anderweitig vertreten ist, vom Verwalter ausgeübt wird („automatisierte Vollmacht"), ist zulässig[1].

c) Umfang

aa) Allgemeines

52 Den Umfang der Vollmacht in zeitlicher und sachlicher Hinsicht bestimmt der Vertretene. Wird die Vollmacht nur für eine einzige Versammlung erteilt, erstreckt sie sich im Zweifel nur auf die in der Einladung aufgeführten Tagesordnungspunkte[2]. Eine Vollmacht umfasst regelmäßig nicht nur das Recht zur Stimmabgabe, sondern auch die **Ausübung der anderen Rechte** des vertretenen Wohnungseigentümers, insbesondere das Rede- und Antragsrecht. Eine Stimmrechtsvollmacht kann jederzeit widerrufen werden, § 168 BGB. Der Widerruf bedarf keiner besonderen Form.

bb) Untervollmacht

53 Eine Stimmrechtsvollmacht kann den Vertreter ggf. berechtigen, eine **Untervollmacht** zu erteilen[3]. Ob dies der Fall ist, ist eine Frage der Auslegung[4]. Für oder gegen die Zulässigkeit der Erteilung einer Untervollmacht spricht keine Vermutung[5]. Der Hauptvertreter darf keine Untervollmacht erteilen, wenn sie dem Ziel dient, einen Stimmrechtsausschluss zu **umgehen** und über den Umweg der Unterbevollmächtigung eine **Erweiterung** eigener Vertretungsmacht zu ermöglichen (Rz. 108)[6]. Der Unterbevollmächtigte tritt nicht als Vertreter des Vertreters, sondern als Vertreter des Hauptvollmachtgebers auf. Wenn dem Vertreter eine Stimmrechtsvollmacht mit einer Weisung für die Ausübung des Stimmrechts erteilt ist, bindet die Weisung deshalb auch einen Unterbevoll-

---

1 OLG Düsseldorf v. 5.5.2003 – 3 Wx 391/02, ZMR 2003, 766 (767); v. 10.4.2000 – 3 Wx 425/99, ZWE 2000, 538 (539); OLG Frankfurt v. 27.9.1985 – 20 W 426/84, OLGZ 1986, 45.
2 Wenzel, NZM 2005, 402.
3 BayObLG v. 23.12.2002 – 2Z BR 93/02, ZMR 2003, 283 (284); OLG Karlsruhe v. 27.5. 2002 – 14 Wx 91/01, ZMR 2003, 289; OLG Zweibrücken v. 14.5.1998 – 3 W 40/98, OLG-Report Zweibrücken 1998, 377 (379); BayObLG v. 30.3.1990 – BReg. 2Z 31/90, NJW-RR 1990, 784 (785).
4 BayObLG v. 23.12.2002 – 2Z BR 93/02, ZMR 2003, 283 (284).
5 BayObLG v. 23.12.2002 – 2Z BR 93/02, ZMR 2003, 283 (284).
6 OLG Zweibrücken v. 14.5.1998 – 3 W 40/98, OLGReport Zweibrücken 1998, 377 (379).

mächtigten[1]. Ist für die Stimmabgabe durch einen Dritten ausnahmsweise eine schriftliche Vollmacht erforderlich, muss sich die Zulässigkeit einer Untervollmacht ferner aus der Vollmachtsurkunde selbst ergeben[2].

d) Beschränkungen

aa) Allgemeines

Die Befugnis der Wohnungseigentümer, sich in den Versammlungen vertreten zu lassen, kann durch eine **Vereinbarung** beschränkt werden[3]. Im Rahmen ihrer **Vertragsfreiheit** sind die Wohnungseigentümer nach § 10 Abs. 2 Satz 2 nicht gehindert, das Vertretungsrecht vertraglich zu beschränken – ein entsprechender Beschluss wäre hingegen nichtig[4]. In einer solchen Vereinbarung liegt kein nach dem Grundgedanken des § 137 Satz 1 BGB unwirksamer „dinglicher" Verzicht des Wohnungseigentümers auf seine rechtliche Handlungsfähigkeit und auf die davon umfasste Fähigkeit, eine Vollmacht zu erteilen. Eine Vereinbarung, nach der Wohnungseigentümer sich in der Eigentümerversammlung nur durch ihren Ehegatten, einen Wohnungs- oder einen Teileigentümer oder den Verwalter derselben Wohnanlage vertreten lassen können (**Vertreterklausel**), ist daher grundsätzlich wirksam[5].

54

In der **Praxis** werden **drei Arten** von Vertretungsbeschränkungen bevorzugt:

55

– funktionsbezogene Vertretungsbeschränkungen (Verwalter, Beiratsmitglied);
– gemeinschaftsbezogene Vertretungsbeschränkungen (andere Wohnungseigentümer);
– personenbezogene Vertretungsbeschränkungen (Familienangehörige, Ehegatten).[6]

Eine Vertretungsbeschränkung verfolgt vor allem den Zweck, die Versammlungen der Wohnungseigentümer von **gemeinschaftsfremden Einwirkungen** freizuhalten und den Kreis der Vertretungsberechtigten auf Personen zu beschränken, die entweder mit der Verwaltung des Gemeinschaftseigentums betraut sind (Verwalter), als Wohnungseigentümer bereits Mitglied der Eigentümerversammlung sind oder dem vertretenen Wohnungseigentümer besonders nahe

56

---

1 BayObLG v. 23.12.2002 – 2Z BR 93/02, ZMR 2003, 283 (285); v. 23.12.2002 – 2Z BR 93/02, BayObLGReport 2003, 97 = NZM 2003, 444.
2 OLG Frankfurt v. 15.10.2004 – 20 W 370/03, OLGReport Frankfurt 2005, 423 (426).
3 BGH v. 29.1.1993 – V ZB 24/92, BGHZ 121, 236 (238) = MDR 1993, 442 = ZMR 1993, 287 = NJW 1993, 1329; BGH v. 11.11.1986 – V ZB 1/86, BGHZ 99, 90 (94) = MDR 1987, 485 = NJW 1987, 650; OLG Karlsruhe v. 16.5.2006 – 14 Wx 50/04, ZMR 2006, 795 (796) = MietRB 2007, 42; OLG Düsseldorf v. 19.10.1998 – 3 Wx 332/98, OLGReport Düsseldorf 1999, 196; OLG Zweibrücken v. 14.5.1998 – 3 W 40/98, OLGReport Zweibrücken 1998, 377 (379)KG v. 26.7.2004 – 24 W 360/02, ZMR 2005, 567 = KGReport 2004, 562; OLG Hamm v. 4.6.2002 – 15 W 66/02, ZMR 2003, 51 (52).
4 *Wenzel*, NZM 2005, 402.
5 BGH v. 29.1.1993 – V ZB 24/92, BGHZ 121, 236 (238) = MDR 1993, 442 = ZMR 1993, 287 = NJW 1993, 1329; v. 11.11.1986 – V ZB 1/86, BGHZ 99, 90 (93) = MDR 1987, 485 = NJW 1987, 650; OLG Zweibrücken v. 14.5.1998 – 3 W 40/98, OLGReport Zweibrücken 1998, 377 (379).
6 *Elzer*, MietRB 2006, 130.

stehen[1]. Die Wohnungseigentümer sollen auftretende Meinungsverschiedenheiten möglichst unter sich austragen und sich deshalb auch nur durch bestimmte, dem eigenen Kreis nahe stehende Personen vertreten lassen dürfen[2].

57 Eine ungenaue Vertreterklausel ist streng, [3] jede Vertreterklausel als **Ausnahmevorschrift** eng[4] auszulegen. Etwa eine personenbezogene Vertretungsbeschränkung erlaubt es einem Wohnungseigentümer daher in der Regel, sich auch durch einen **nichtehelichen Lebenspartner** vertreten zu lassen[5].

bb) Juristische Personen und gesetzliche Vertreter

58 Eine Vertretungsbeschränkung gilt nicht für den oder die gesetzlichen Vertreter eines Wohnungseigentümers[6], wie z.B. die Eltern eines Wohnungseigentümers oder den Betreuer eines Wohnungseigentümers, und im Zweifel auch nicht für juristische Personen. Etwa eine Aktiengesellschaft darf sich durch einen Firmenangehörigen vertreten lassen[7]. Vorstandsmitgliedern einer AG kann nicht zugemutet werden, entweder selbst zu den Eigentümerversammlungen zu erscheinen oder andere Wohnungseigentümer oder den Verwalter zu bevollmächtigen, da durch eine solche Bevollmächtigung die Interessen der AG nicht stets genügend gewahrt wären[8]. Ein Firmenangehöriger kann nicht als ein außerhalb der Gemeinschaft stehender Dritter angesehen werden, weil er auch im Verhältnis zu der durch ihn vertretenen Gesellschaft kein außenstehender Dritter ist.

cc) Mitberechtigte

59 Eine Vertreterklausel erfasst nicht den Fall, dass das Sondereigentum mehreren Personen gemeinschaftlich zusteht, und führt **nicht** dazu, dass **jeder der Mitberechtigten** eine schriftliche Stimmrechtsvollmacht erteilen muss (Rz. 49). Vielmehr reicht es aus, dass die schriftliche Vollmacht nur von einem Miteigentümer im **Einverständnis** mit dem anderen unterschrieben wurde[9].

dd) Treu und Glauben

60 Ungeachtet einer dem Grunde nach wirksamen Vertretungsregelung kann es den Wohnungseigentümern im Einzelfall aufgrund besonderer Umstände nach Treu und Glauben (§ 242 BGB) verwehrt sein, sich auf die Vertretungsregelung

---

1 BGH v. 11.11.1986 – V ZB 1/86, BGHZ 99, 90 (95) = MDR 1987, 485 = NJW 1987, 650.
2 *Wenzel*, NZM 2005, 402 (403).
3 *Elzer*, MietRB 2006, 11; *Wenzel*, NZM 2005, 402 (403); vgl. auch § 305c Abs. 2 BGB.
4 *Elzer*, MietRB 2006, 11.
5 OLG Köln v. 8.12.2003 – 16 Wx 200/03, ZMR 2004, 378 (379) = MietRB 2004, 145; *Wenzel*, NZM 2005, 402 (405); a.A. BayObLG v. 12.12.1996 – 2Z BR 124/96, NJW-RR 1997, 463.
6 AG Essen v. 14.7.1995 – 95 II 5/95 WEG, NJW-RR 1996, 79.
7 BayObLG v. 7.6.1981 – BReg 2Z 54/80, MDR 1982, 58 (59).
8 BayObLG v. 7.6.1981 – BReg 2Z 54/80, MDR 1982, 58 (59).
9 OLG Rostock v. 12.9.2005 – 7 W 43/03; OLG Düsseldorf v. 19.4.2005 – I-3 Wx 317/04, OLGReport Düsseldorf 2005, 460 (461) = MietRB 2006, 11 mit Anm. *Elzer*; OLG Frankfurt v. 7.8.1996, 20 W 543/95, OLGReport Frankfurt 1997, 28.

zu berufen¹. Ob eine eigentlich unter eine **Vertretungsbeschränkung** fallende Person dennoch an Beratung und Beschlussfassung der Wohnungseigentümer mitwirken darf, kann aus diesem Grunde **erst in der Versammlung** geprüft werden². Etwa auf eine Vereinbarung, dass sich ein Wohnungseigentümer nur durch seinen Ehegatten, den Verwalter oder einen anderen Wohnungseigentümer vertreten lassen kann, dürfen sich die anderen Wohnungseigentümer nicht berufen, wenn der Ehegatte zur Vertretung aus gesundheitlichen Gründen nicht in der Lage, der Wohnungseigentümer mit den übrigen Mitgliedern der Gemeinschaft völlig zerstritten und erst unmittelbar vor der Versammlung ein neuer Verwalter bestellt worden ist, den der – verhinderte – Eigentümer (noch) nicht kennt³.

Entsprechendes gilt, wenn die Wohnungseigentümer über mehrere Jahre die Vertretung eines Wohnungseigentümers durch Dritte in der Eigentümerversammlung hingenommen haben, obwohl diese Vertretung gegen eine Vertreterklausel verstieß⁴. Die Wohnungseigentümer dürfen ihre bisherige, freilich vereinbarungswidrige Handhabung nur in einer Weise „ändern", die gewährleistet, dass der betroffene Wohnungseigentümer rechtzeitig für seine ordnungsgemäße Vertretung sorgen kann. Dem Wohnungseigentümer muss also vor der Versammlung ausreichend Zeit – mindestens zwei Wochen – eingeräumt werden, für sich die Vereinbarung erstmals umzusetzen. Eine Vertreterklausel ist ferner nicht anzuwenden, wenn der durch sie beschränkte Wohnungseigentümer im **Ausland** lebt, nicht verheiratet ist, es sich um eine kleine Anlage handelt, die anderen Wohnungseigentümer mit dem Verwalter „identisch" und die Eigentümer schließlich zerstritten sind⁵. 61

ee) Verstöße

Ist ein Vertreter nach einer Vereinbarung nicht zur Vertretung befugt, ist ein mit seiner Stimme zustande gekommener Beschluss formell nicht ordnungsmäßig und also **anfechtbar**, nicht aber nichtig. Ein Verstoß gegen eine Vertretungsbeschränkung ist sogar bedeutungslos, wenn die Stimmabgabe des an sich bevollmächtigten, indes der entsprechenden Klausel nicht unterfallenden Vertreters in der Eigentümerversammlung weder von den anderen Wohnungseigentümern noch vom Versammlungsleiter beanstandet worden war⁶. 62

---

1 BGH v. 11.11.1986 – V ZB 1/86, BGHZ 99, 90 (95) = MDR 1987, 485 = NJW 1987, 650; OLG Hamburg v. 24.1.2007 – 2 Wx 93/06, ZMR 2007, 477 (478); OLG Hamm v. 4.6.2002 – 15 W 66/02, ZMR 2003, 51 (52); OLG Düsseldorf v. 19.10.1998 – 3 Wx 332/98, OLGReport Düsseldorf 1999, 196 (197); OLG Hamm v. 12.12.1996 – 15 W 424/96, OLGReport Hamm 1997, 177 (178); KG v. 20.7.1994 – 24 W 3942/94, ZMR 1994, 524 (525) = KGReport 1994, 205.
2 KG v. 20.7.1994 – 24 W 3942/94, ZMR 1994, 524 (525) = KGReport 1994, 205.
3 OLG Düsseldorf v. 19.10.1998 – 3 Wx 332/98, OLGReport Düsseldorf 1999, 196 (197).
4 OLG Hamm v. 4.6.2002 – 15 W 66/02, ZMR 2003, 51 (52); v. 12.12.1996 – 15 W 424/96, OLGReport Hamm 1997, 177 (178).
5 AG Hamburg-Wandsbek v. 1.12.2005 – 715 II 128/04, ZMR 2006, 237; für einen im EU-Ausland lebenden Wohnungseigentümer s. OLG Karlsruhe v. 16.5.2006 – 14 Wx 50/04, ZMR 2006, 795 (796) = MietRB 2007, 42.
6 OLG Düsseldorf v. 19.4.2005 – I-3 Wx 317/04, ZMR 2006, 56 (57) = MietRB 2006, 11 mit Anm. *Elzer*; KG v. 20.7.1994 – 24 W 3942/94, ZMR 1994, 524 (525) = KGReport 1994, 205.

8. Ermächtigung zur Stimmrechtsausübung im eigenen Namen

63 Eine Ermächtigung zur Stimmrechtsausübung im eigenen Namen analog § 129 Abs. 3 Satz 1 AktG ist **grundsätzlich unzulässig**[1]. Da § 129 Abs. 3 Satz 1 AktG lediglich den Bedürfnissen der Bankpraxis – Ausübung des Depotstimmrechtrechts durch Banken – Rechnung trägt, scheidet eine Analogie zu dieser Bestimmung im Wohnungseigentumsgesetz aus. Das die Wohnungseigentümer verbindende Gemeinschaftsverhältnis[2] erlaubt eine solche Stimmabgabe durch „Strohmänner" nicht. Etwas anderes folgt auch nicht aus dem in § 1059 BGB verkörperten Rechtsgedanken. Als **Ausnahme** zulässig ist allein die Ermächtigung des Zweiterwerbers (Rz. 21).

III. Beschlussfähigkeit der Versammlung

1. Allgemeines

64 Um Zufallsentscheidungen zu verhindern, kann in einer ordentlichen Eigentümerversammlung[3] ein Beschluss nur gefasst werden, wenn die Versammlung „beschlussfähig" ist. Die Beschlussfähigkeit knüpft **nicht** an die Anzahl der in einer Versammlung erschienenen[4] oder vertretenen Wohnungseigentümer an[5]: Die Mehrheit der Wohnungseigentümer ist in der Regel (für einen Sonderfall Rz. 68) für die Beschlussfähigkeit weder notwendig[6] noch ausreichend. Eine Versammlung ist gem. § 25 Abs. 3 vielmehr erst dann **beschlussfähig**, wenn die erschienenen oder vertretenen **stimmberechtigten** (s. Rz. 72) Wohnungseigentümer **mehr als die Hälfte** der im Grundbuch eingetragenen Miteigentumsanteile repräsentieren, z.B. 501/1000 oder 5001/10000 (vgl. auch Rz. 72)[7]. Für die Beschlussfähigkeit ist daher nicht ausreichend, dass **zu Beginn** der Versammlung eine genügende Zahl von Eigentümern anwesend ist. Die Beschlussfähigkeit besteht auch nicht für eine Versammlung generell. Die Beschlussfähigkeit[8] muss vielmehr bei jeder einzelnen Abstimmung gegeben sein[9] und kann sich z.B. durch Stimmrechtsverbote, durch gesetzliche oder vereinbarte qualifizierte Mehrheiten oder dann, wenn Wohnungseigentümer die Versammlung verlassen, mehrfach ändern. Die Beschlussfähigkeit ist aus diesen Gründen vor **jeder** einzelnen Beschlussfassung **erneut** zu prüfen[10]. Eine Vermutung, dass eine zu-

---

1 Staudinger/*Bub* Rz. 223; a.A. Weitnauer/*Lüke* Rz. 7.
2 Dazu *Elzer* in KK-WEG § 10 Rz. 41 ff.
3 Nach § 23 Abs. 3 ist daneben auch eine Beschlussfassung außerhalb der Versammlung durch schriftliche Zustimmung zu einem Beschlussantrag vorstellbar.
4 Erschienen ist, wer in der Versammlung entweder selbst anwesend oder aber ordnungsgemäß vertreten ist, OLG Karlsruhe v. 27.5.2002 – 14 Wx 91/01, ZMR 2003, 289.
5 OLG Karlsruhe v. 27.5.2002 – 14 Wx 91/01, ZMR 2003, 289.
6 Ein einziger Wohnungseigentümer kann mehr als 50 % der Anteile halten und die Versammlung dadurch beschlussfähig machen, BayObLG v. 7.12.1995 – 2Z BR 72/95, ZMR 1996, 151 (154) = WE 1996, 197 (198).
7 OLG Frankfurt v. 24.8.2006 – 20 W 214/06, ZWE 2007, 84 = IMR 2007, 1003.
8 Gleiches gilt für die Frage wirksamer Vertretung oder eines Stimmrechtsausschlusses.
9 OLG Zweibrücken v. 11.3.2002 – 3 W 184/01, OLGReport Zweibrücken 2002, 337 (338) = ZWE 2002, 283 (284).
10 OLG Zweibrücken v. 11.3.2002 – 3 W 184/01, OLGReport Zweibrücken 2002, 337 (338) = ZWE 2002, 283 (284); v. 14.5.1998 – 3 W 40/98, OLGReport Zweibrücken 1998, 377 (378); BayObLG v. 18.12.1986 – BReg. 2Z 81/85, MDR 1987, 410 = NJW-RR 1987, 595 (596).

nächst beschlussfähige Versammlung beschlussfähig bleibt, kann es nicht geben[1]. Vor allem dann, wenn zu Beginn der Versammlung nur eine knappe Mehrheit der Eigentümer anwesend ist, muss der Versammlungsleiter von sich aus bei jeder Abstimmung die Beschlussfähigkeit überprüfen[2].

Ist eine Versammlung nicht i.S.v. § 25 Abs. 3 beschlussfähig, **muss** der Verwalter gem. § 25 Abs. 4 Satz 1 eine neue Versammlung (**Zweitversammlung**) mit gleichem Gegenstand einberufen (§ 24 Rz. 3). Diese Eigentümerversammlung ist nach § 25 Abs. 4 Satz 1 **ohne Rücksicht** auf die Höhe der vertretenen Anteile beschlussfähig (Rz. 83). Eine Zweitversammlung **ist ferner einzuberufen**, wenn eine zunächst gegebene Beschlussfähigkeit nachträglich entfällt. In diesem Fall müssen aber nur die Punkte erneut aufgerufen werden, für die es an der Beschlussfähigkeit fehlte.

65

2. Qualifizierte Beschlussfähigkeit

a) Durch Vereinbarung

§ 25 Abs. 3 ist **abdingbar**, weil das Gesetz etwas anderes nicht ausdrücklich bestimmt, vgl. § 10 Abs. 2 Satz 2[3]. Die Wohnungseigentümer sind aus diesem Grunde befugt, durch eine Vereinbarung etwa **qualifizierte Mehrheitserfordernisse** zu vereinbaren (s. dazu auch Vor §§ 23 bis 25 Rz. 85)[4]. Die Vereinbarung, dass für das Stimmrecht zwar die unterschiedliche Größe der Miteigentumsanteile maßgebend ist, gegen die Stimme eines bestimmten Wohnungseigentümers ein Eigentümerbeschluss aber nicht gefasst werden kann (Rz. 15), ist zulässig[5]. Die Wohnungseigentümer können für bestimmte Angelegenheiten ferner statt der einfachen Mehrheit auch eine Mehrheit aller oder der erschienenen Wohnungseigentümer vereinbaren, z.B. eine Zwei-Drittel-Mehrheit oder Drei-Viertel-Mehrheit[6]. Möglich ist auch, die Anforderungen des § 25 Abs. 3 **herabzusenken**. Dies ist z.B. anzunehmen, wenn eine Eigentümerversammlung bereits dann beschlussfähig ist, wenn mehr als die Hälfte aller Miteigentumsanteile vertreten sind. Nach der Rechtsprechung macht diese Regelung im Gegensatz zur gesetzlichen Vorschrift die Beschlussfähigkeit **allein** davon abhängig, dass mehr als die Hälfte der Miteigentumsanteile vertreten ist[7]. Auf die **Stimmberechtigung** (Rz. 72) kommt es dann nicht an[8].

66

---

1 A.A. Weitnauer/*Lüke* Rz. 2.
2 OLG Köln v. 1.10.2002 – 16 Wx 13/02, OLGReport 2003, 147.
3 OLG Frankfurt v. 24.8.2006 – 20 W 214/06, ZWE 2007, 84 = IMR 2007, 1003; KG v. 4.3. 1998 – 24 W 6949/97, MDR 1998, 1218; OLG Zweibrücken v. 14.5.1998 – 3 W 40/98, NZM 1998, 671.
4 KG v. 4.3.1998 – 24 W 6949/97, KGReport 1998, 254 (255) = MDR 1998, 1218; BayObLG v. 2.4.1997 – 2Z BR 36/97, BayObLGReport 1997, 33 = BayObLGZ 1997, 139 (141).
5 BayObLG v. 2.4.1997 – 2Z BR 36/97, BayObLGReport 1997, 33 = BayObLGZ 1997, 139 (141).
6 OLG Oldenburg v. 22.10.1996 – 5 W 153/96, NJW-RR 1997, 775 (776).
7 OLG Frankfurt v. 24.8.2006 – 20 W 214/06, ZWE 2007, 84 = IMR 2007, 1003; OLG Zweibrücken v. 14.5.1998 – 3 W 40/98, NZM 1998, 671; KG v. 10.11.1993 – 24 W 6075/92, NJW-RR 1994, 659 (660).
8 OLG Frankfurt v. 24.8.2006 – 20 W 214/06, ZWE 2007, 84 = IMR 2007, 1003; OLG Zweibrücken v. 14.5.1998 – 3 W 40/98, NZM 1998, 671.

67 Vereinbarte Anforderungen müssen in jedem Falle **ausreichend bestimmt** sein, damit sie bei Abstimmungen auch eindeutig praktiziert werden können. Etwa eine Bestimmung, dass Beschlüsse in der Wohnungseigentümerversammlung grundsätzlich nur mit ¾-Mehrheit zustande kommen und nur bei Angelegenheiten, denen keine „erhebliche Bedeutung" zukommt, die einfache Mehrheit genügt, ist mangels Bestimmtheit **unwirksam**[1]. Der entscheidende Maßstab – Angelegenheiten, denen eine erhebliche Bedeutung zukommt oder nicht – ist unbestimmt und kann auch nicht aus dem Regelungszusammenhang näher erschlossen werden. Es fehlen jegliche Unterscheidungszeichen für die erhebliche oder unerhebliche Bedeutung eines Beschlussgegenstandes. Abgesehen davon können bei den Wohnungseigentümern unterschiedliche Auffassungen über die „Erheblichkeit" bestehen.

b) Von Gesetzes wegen

68 Das Gesetz sieht eine qualifizierte Beschlussfähigkeit vor in §§ 16 Abs. 4 Satz 1, 18 Abs. 3 Satz 1 und § 22 Abs. 2 Satz 1. Nach § 18 Abs. 3 Satz 2 beschließen die Wohnungseigentümer über die Entziehung mit mehr als der **Hälfte sämtlicher Stimmen**. Für einen Beschluss nach § 16 Abs. 4 Satz 2 und einen nach § 22 Abs. 2 Satz 1 bedarf es hingegen einer „doppelten" Mehrheit. Diese ist erreicht, wenn zum einen eine Mehrheit von ¾ aller stimmberechtigten Wohnungseigentümer i.S.d. § 25 Abs. 2 mit „Ja" gestimmt haben (**qualifizierte Mehrheit**). Für die Berechnung ist auf die **Mehrheit aller Wohnungseigentümer** abzustellen, nicht nur der in der Versammlung vertretenen Wohnungseigentümer (s. dazu Vor §§ 23 bis 25 Rz. 89 ff.). Besteht die Gemeinschaft z.B. aus 32 Wohnungseigentümern, müssen mindestens 24 Wohnungseigentümer mit „Ja" stimmen. Die Voraussetzung einer qualifizierten statt einer nur einfachen Mehrheit gewährleistet, dass ein Beschluss nach §§ 16 Abs. 4 Satz 2, 22 Abs. 2 Satz 1 nur gefasst werden kann, wenn dies dem Willen der **ganz überwiegenden Mehrheit** entspricht. Zum anderen muss die einen Beschluss befürwortende Mehrheit **mehr als der Hälfte aller Miteigentumsanteile** repräsentieren, z.B. 501/1000 oder 50001/100000. Diese notwendige, aber auch ausreichende einfache Mehrheit der Miteigentumsanteile soll vor allem Missbräuche erschweren[2].

c) § 22 Abs. 1

69 Eine weitere – bislang indes allgemein unerkannte – Qualifikation für die Beschlussfähigkeit stellt § 22 Abs. 1 auf. Der dort genutzte Begriff der „Zustimmung" ist als ein **anderes Wort** für „Stimmrechtsausübung" und Hinweis auf die notwendigen Mitstimmenden zu verstehen[3]. Das Gesetz spricht mit „Zustimmung" die Stimmrechtsausübung der Beschlussfassenden an. Nach § 22 Abs. 1 muss der Genehmigungsbeschluss einerseits mehrheitlich gefasst werden. Das reicht aber nicht. Der Beschluss ist außerdem nur ordnungsgemäß, wenn alle i.S.v. § 14 Nr. 1 **Betroffenen** mit „Ja" stimmen. Die besondere Qualifizierung des § 22 Abs. 1 liegt mithin darin, dass er ausnahmsweise anordnet, **welche** Wohnungseigentümer der Mehrheit angehören müssen, die den Be-

---
1 KG v. 4.3.1998 – 24 W 6949/97, KGReport 1998, 254 (255) = MDR 1998, 1218.
2 BT-Drucks. 16/887, 25.
3 *Hügel/Elzer* § 7 Rz. 16.

schluss trägt. Nach diesem Verständnis ist im Übrigen eine „Nachholung" der Zustimmung stets ausgeschlossen – und angesichts der Möglichkeit, eine Anfechtungsfrist bewusst verstreichen zu lassen, auch **völlig unnötig**. Auch die Bindung eines Sondernachfolgers an eine Zustimmung „außerhalb" des Beschlusses ist selbstverständlich nicht vorstellbar[1].

d) Beweis

Lässt sich nachträglich die Beschlussfähigkeit der Versammlung nicht mehr feststellen, geht das nach den allgemeinen Regelungen im Verfahren zu Lasten derer, die sich auf die Wirksamkeit eines Beschlusses und auf die vorhandene Beschlussfähigkeit berufen. 70

e) Verstöße

Erreicht ein Beschluss das vereinbarte oder gesetzlich erforderliche Quorum nicht, ist er nach h.M. anfechtbar, aber **nicht nichtig**[2]. Ein bestimmtes Quorum soll für die Beschlussmacht der Wohnungseigentümer nicht kompetenzbegründend i.S.v. § 23 Abs. 1 sein[3]. Nach hier vertretener Ansicht ist hingegen von einem **Nichtbeschluss** auszugehen (s. Vor §§ 23 bis 25 Rz. 92 ff.) 71

3. Berechnung

a) Grundsatz

Für die Berechnung der Höhe der Miteigentumsanteile der erschienenen oder vertretenen Wohnungseigentümer ist der im Grundbuch eingetragene **zahlenmäßige Wert** ihrer Miteigentumsanteile maßgebend. Für die Berechnung ist auf die **Stimmberechtigung** der erschienenen oder vertretenen Wohnungseigentümer abzustellen[4]. Bei Feststellung der Beschlussfähigkeit sind die Anteile von Wohnungseigentümern, die erschienen, aber **nicht stimmberechtigt** sind, nicht mitzuzählen[5]. Sind z.B. 520/1000 Miteigentumsanteile vertreten, 120/1000 Miteigentumsanteile aber wegen §§ 25 Abs. 5, 18 nicht stimmberechtigt (Rz. 102), ist die Eigentümerversammlung **beschlussunfähig**[6]. Nicht mitzuzählen sind ferner die Stimmen eines Wohnungseigentümers, wenn diese „ruhen". Dies ist vor allem beim Verband Wohnungseigentümergemeinschaft der Fall (Rz. 23)[7]. 72

---

1 *Hügel/Elzer* § 7 Rz. 21; a.A. die noch h.M.
2 Vgl. auch BT-Drucks. 16/887, 25.
3 *Elzer* in KK-WEG § 10 Rz. 276.
4 Bei der Zählung ist ein das Wohnungseigentum vertretender Dritter, z.B. ein Insolvenzverwalter, als Wohnungseigentümer zu zählen.
5 BayObLG v. 20.2.2003 – 2Z BR 136/02, ZMR 2003, 519 (520); v. 15.10.1992 – 2Z BR 75/92, NJW-RR 1993, 206 = MDR 1993, 344; v. 18.12.1986 – BReg 2Z 81/85, MDR 1987, 410 = NJW-RR 1987, 595; OLG Düsseldorf v. 24.6.1991 – 3 Wx 99/91, MDR 1992, 374 = WE 1992, 81; OLG Frankfurt v. 19.7.1989 – 20 W 190/89, OLGZ 1989, 429; offen gelassen von KG v. 10.11.1993 – 24 W 6075/92, NJW-RR 1994, 659 (660); a.A. KG v. 16.9.1988 – 24 W 3200/88, NJW-RR 1989, 17 (18) = OLGZ 1989, 38 = WuM 1988, 417.
6 A.A. *Häublein* in FS Seuß (2007), 125 (139); *Häublein*, NZM 2004, 534, der auch für die Vergleichsgröße die nicht Stimmberechtigten und die ruhenden Stimmrechte nicht mitzählen will.
7 So auch *Häublein* in FS Seuß (2007), S. 125 (139).

b) Ausschluss von Wohnungseigentümern

73 Ist mindestens die Hälfte der Miteigentumsanteile von der Ausübung des Stimmrechts **dauerhaft** (Rz. 74) ausgeschlossen, ist auch eine Eigentümerversammlung, in der die erschienenen stimmberechtigten Wohnungseigentümer nicht mehr als die Hälfte der Miteigentumsanteile vertreten, **ausnahmsweise** beschlussfähig und eine Zweitversammlung infolgedessen **nicht** einzuberufen[1]. Dies folgt zwar nicht aus § 25 Abs. 4, ist aber das Ergebnis einer **praxisnahen** Auslegung. Die Rechtsprechung reduziert zu Recht in diesem Falle § 25 Abs. 3 im Wege einer teleologischen Auslegung. Sind mehr als die Hälfte der Miteigentumsanteile, z.B. 600/1000, vom Stimmrecht ausgeschlossen, kann eine Versammlung nämlich selbst dann, wenn alle nicht vom Stimmrecht ausgeschlossenen Wohnungseigentümer anwesend wären, niemals beschlussfähig sein. In einem solchen Fall diente die Einberufung einer Erstversammlung als bloße „Förmelei" nur der Feststellung der Beschlussunfähigkeit als Voraussetzung für die Einberufung einer Zweitversammlung.

74 Um diese teleologische Reduzierung zu rechtfertigen, muss allerdings sichergestellt sein, dass die nicht Stimmberechtigten ihr Stimmrecht dauerhaft nicht ausüben dürfen. Wenn ihre Stimmrechte nur **ruhen** (Rz. 112) und bis zur Zweitversammlung also wieder **aufleben** können, muss eine Zweitversammlung einberufen werden[2]. Entsprechendes gilt, wenn ein (noch) nicht ausreichend bevollmächtigter Vertreter des Mehrheitseigentümers erscheint. Auch dies ist ein behebbarer Mangel, der eine Zweitversammlung nicht entbehrlich macht[3].

4. Teilversammlungen (Mehrhausanlage)

75 Sind nach einer **Vereinbarung** Teilversammlungen zulässig, z.B. in einer Mehrhaus-Wohnanlage, kommt es für die Berechnung des nach § 25 Abs. 2 notwendigen Quorums nicht auf sämtliche Miteigentumsanteile, sondern nach Sinn und Zweck der Vereinbarung nur auf die Miteigentumsanteile **der jeweils teilnahmeberechtigten** Wohnungseigentümer an[4]. Sind einem Haus etwa 240/1000 Miteigentumsanteile zugeordnet, ist die Teilversammlung beschlussfähig, wenn 121/1000 Miteigentumsanteile vertreten sind. Fehlt es an einer Vereinbarung, ist auch eine Teilversammlung nach hier vertretener Auffassung allerdings nur dann beschlussfähig, wenn das Quorum des § 25 Abs. 2 erreicht ist.

---

1 KG v. 25.8.2003 – 24 W 110/02, NZM 2003, 901 (902) = ZMR 2004, 144 (145); v. 11.3. 2002 – 24 W 310/01, ZMR 2002, 695 (696); OLG Köln v. 17.1.2003 – 16 Wx 112/02, ZMR 2003, 608 (609); BayObLG v. 19.12.2001 – 2Z BR 15/01, ZMR 2002, 527 (528); OLG Düsseldorf v. 16.11.1998 – 3 Wx 393/98, OLGReport Düsseldorf 1999, 303 (304) = ZMR 1999, 274 (275); v. 9.10.1998 – 3 Wx 162/98, OLGReport Düsseldorf 1999, 137.
2 KG v. 25.8.2003 – 24 W 110/02, NZM 2003, 901 (902) = ZMR 2004, 144 (145); OLG Köln v. 17.1.2003 – 16 Wx 112/02, ZMR 2003, 608 (609); OLG Düsseldorf v. 9.10.1998 – 3 Wx 162/98, OLGReport Düsseldorf 1999, 137 (138) = NZM 1999, 270 = ZMR 1999, 191; a.A. noch KG v. 10.11.1993 – 24 W 6075/92, 24 W 6297/92, ZMR 1994, 171 (172) = KGReport 1994, 16 = MDR 1994, 274.
3 KG v. 25.8.2003 – 24 W 110/02, NZM 2003, 901 (902) = ZMR 2004, 144 (145).
4 BayObLG v. 17.1.2000 – 2Z BR 99/99, ZMR 2000, 319 (320); *Häublein*, NZM 2003, 785 (792); Hügel/*Scheel* Rz. 846.

5. Verstöße

Stellt der Versammlungsleiter fest, dass ein Beschluss gefasst wurde und verkündet er pflichtwidrig das Ergebnis, obwohl die Versammlung nicht beschlussfähig war – z.B. weil anwesende Wohnungseigentümer unerkannt vom Stimmrecht ausgeschlossen waren –, ist ein solcher formell mangelhafter Beschluss zwar anfechtbar, aber nicht nichtig[1]. 76

6. Abdingbarkeit

§ 25 Abs. 3 kann vertraglich abbedungen werden[2]. Zulässig ist etwa eine Vereinbarung, dass eine Eigentümerversammlung bereits beschlussfähig ist, wenn mehr als die Hälfte der Eigentumsanteile vertreten ist (Rz. 66)[3]. Umgekehrt kann auch vereinbart werden, dass für einen bestimmten Beschluss ein gewisses Quorum erreicht werden muss, z.B. eine ¾-Mehrheit (Rz. 66). 77

IV. Zweitversammlung

1. Allgemeines

Ist eine Eigentümerversammlung nicht i.S.v. § 25 Abs. 3 beschlussfähig oder hält der Versammlungsleiter eine Eigentümerversammlung jedenfalls für beschlussunfähig, hat der Verwalter gem. § 25 Abs. 4 Satz 1 und unter **Beachtung** von §§ 23 Abs. 2, 24 Abs. 4 (dazu § 23 Rz. 50 und § 24 Rz. 85) eine neue Versammlung mit dem **gleichen Gegenstand** (Rz. 82) einzuberufen (**Zweitversammlung**). Durch diese erneute Ladung soll den Wohnungseigentümern vor allem Gelegenheit gegeben werden, wenigstens an der zweiten Versammlung teilzunehmen. Umgekehrt wird so verhindert, dass nicht teilnahmewillige Wohnungseigentümer – es gibt keine Pflicht zur Teilnahme an der Versammlung[4] – eine Beschlussfassung durch ihre Abwesenheit dauerhaft verhindern. 78

---

1 BGH v. 19.9.2002 – V ZB 30/02, ZMR 2002, 930 (936) = BGHZ 152, 46; BayObLG v. 20.2.2003 – 2Z BR 136/02, ZMR 2003, 519 (521); OLG Düsseldorf v. 5.12.1997 – 3 Wx 443/97, OLGReport Düsseldorf 1998, 109; OLG Köln v. 25.4.1996 – 16 Wx 50/96, ZMR 1996, 576 (577); KG v. 10.11.1993 – 24 W 6075/92, 24 W 6297/92, ZMR 1994, 171 = KGReport 1994, 16 = MDR 1994, 274; BayObLG v. 5.5.1993 – 2Z BR 29/93, BayObLGReport 1993, 50 = WuM 1993, 488 (489); Staudinger/*Bub* Rz. 245; Weitnauer/*Lüke* Rz. 2; a.A. *Bärmann*/*Pick* Rz. 29.
2 OLG München v. 1.12.2005 – 32 Wx 93/05, ZMR 2006, 231 (232) = MietRB 2006, 130 mit Anm. *Elzer*; OLG Zweibrücken v. 14.5.1998 – 3 W 40/98, OLGReport Zweibrücken 1998, 377 (380); KG v. 10.11.1993 – 24 W 6075/92 und 24 W 6297/92, ZMR 1994, 171 (172) = KGReport 1994, 16 = MDR 1994, 274; BayObLG v. 2.4.1992 – 2Z BR 4/92, NJW-RR 1992, 910 (911) = BayObLGZ 1992, 79 (84); v. 28.1.1986 – BReg 2Z 4/86, MDR 1986, 413.
3 BayObLG v. 8.12.2004 – 2Z BR 080/04, BayObLGReport 2005, 269.
4 *Elzer* in KK-WEG § 20 Rz. 92.

2. Einberufung

a) Voraussetzung

aa) Grundsatz

79 Eine Zweitversammlung darf erst einberufen werden, wenn die **Beschlussunfähigkeit** der Erstversammlung festgestellt ist[1]. Nach Sinn und Zweck der Vorschrift soll eine zweite Einberufung erst erfolgen, wenn die Versammlung beschlussunfähig ist. Eine Zweitversammlung kann aus diesem Grunde **nicht gleichzeitig** auf einen späteren Termin für den Fall einberufen werden, dass die zunächst einberufene Versammlung beschlussunfähig sein sollte[2].

bb) Eventualversammlung

80 Eine **Vereinbarung**, dass sogleich mit der Ersteinladung zur Eigentümerversammlung für den Fall, dass die Erstversammlung beschlussunfähig sein sollte, zu einer zweiten Eigentümerversammlung am gleichen Tag z.B. eine halbe Stunde nach dem Termin der Erstversammlung einzuladen sei, ist zulässig (**Eventualversammlung**)[3]. Einwände sind jedenfalls nicht zu erheben, wenn die Vereinbarung **zugleich** vorsieht, dass die Wohnungseigentümer bei der (Eventual-)Einberufung darauf hingewiesen werden, dass die Versammlung ohne Rücksicht auf die Zahl der Erschienenen und die Größe der vertretenen Anteile beschlussfähig ist. Ein Beschluss, der für alle weiteren Eigentümerversammlungen die Möglichkeit einer Eventualversammlung schaffen will, ist „gesetzesändernd" und nichtig[4].

b) Ladungsschreiben

81 Wegen der besonderen mit einer Zweitversammlung verbundenen Gefahren (Herrschaft der Minderheit) muss der Einladende mit der Ladung zur Zweitversammlung[5] grundsätzlich bei der Einberufung gem. § 25 Abs. 2 Satz 2 Halbsatz 2 **ausdrücklich** darauf hinweisen, dass diese Eigentümerversammlung ohne Rücksicht auf die Höhe der vertretenen Anteile beschlussfähig ist (Warnfunktion)[6]. Ein bloßer Hinweis auf den Gesetzeswortlaut genügt nicht[7]. Bei **Verlegung** einer bereits zuvor einberufenen **Zweitversammlung** um eine Woche braucht der Hinweis im Ladungsschreiben allerdings nicht wiederholt werden, wenn er bereits in der Einladung zur „ursprünglichen" Zweitversammlung enthalten war[8].

---

1 OLG Köln v. 30.12.1998 – 16 Wx 187/98, OLGReport Köln 1999, 120; v. 23.8.1989 – 16 Wx 79/89, NJW-RR 1990, 26.
2 OLG Köln v. 23.8.1989 – 16 Wx 79/89, NJW-RR 1990, 26.
3 KG v. 17.5.2000 – 24 W 3651/99, NZM 2001, 105 (107); OLG Köln v. 30.12.1998 – 16 Wx 187/98, OLGReport Köln 1999, 120 = MDR 1999, 799; *Elzer* in KK-WEG § 10 Rz. 253.
4 OLG Frankfurt v. 24.8.2006 – 20 W 214/06, ZWE 2007, 84 = IMR 2007, 1003; v. 19.5.2005 – 20 W 138/04, OLGReport Frankfurt 2006, 230 (231); OLG Köln v. 23.8.1989 – 16 Wx 79/89, NJW-RR 1990, 26; LG Mönchengladbach v. 28.11.2002 – 2 T 102/00, NZM 2003, 245; a.A. noch KG v. 17.5.2000 – 24 W 3651/99, ZMR 2000, 698 (700).
5 A.A. *Drasdo* Rz. 210: mit der Ladung zur Erstversammlung.
6 Diese Bestimmung ist allerdings abdingbar, OLG Frankfurt v. 15.10.1982 – 20 W 626/82, Rpfleger 1983, 22 = OLGZ 1983, 29.
7 AG Bergheim v. 30.12.1981 – 15 II 3/81, MDR 1982, 497 (498).
8 KG v. 25.8.2003 – 24 W 110/02, NZM 2003, 901 (902) = ZMR 2004, 144 (145).

c) Tagesordnung: gleicher Gegenstand

Die Zweitversammlung ist vom Verwalter zu **denselben Tagesordnungspunkten** 82
wie die Erstversammlung einzuberufen, auch wenn das Gesetz nur von einem
„gleichen Gegenstand" spricht. Wenn der Verwalter in die neue Tagesordnung
zusätzliche Tagesordnungspunkte aufnimmt, handelt es sich um eine **kombinierte Erst-** und **Zweitversammlung**, mit der Folge, dass nur für die neuen Tagesordnungspunkte das Quorum des § 25 Abs. 3 erfüllt sein muss[1]. War eine
Zweitversammlung einzuberufen, weil eine zunächst gegebene Beschlussfähigkeit nachträglich entfallen war (Rz. 64), müssen nur die Punkte erneut aufgerufen werden, für die es an der Beschlussfähigkeit fehlte.

3. Beschlussfähigkeit

Eine Zweitversammlung ist gem. § 25 Abs. 4 Satz 2 Halbsatz 2 **ohne Rücksicht** 83
auf die Höhe der vertretenen Anteile beschlussfähig. Notwendig, aber auch ausreichend ist die Anwesenheit eines einzigen Wohnungseigentümers (Ein-Mann-Versammlung). Der Einladende muss auf die hierin liegende besondere Gefahr
– im Extremfall bestimmt auch in großen Anlagen ein Einzelner die Geschicke
der Anlage – gem. § 25 Abs. 4 Satz 2 Halbsatz 2 bei der Einberufung hinweisen
(Rz. 81).

4. Verstöße

Verstößt der Ladende gegen § 25 Abs. 4, sind dennoch gefasste Beschlüsse **anfechtbar**, aber nicht nichtig. Wird der nach § 25 Abs. 4 notwendige Hinweis unterlassen, sind auf der Versammlung getroffene Beschlüsse formell mangelhaft 84
und anfechtbar, aber nicht nichtig. Ein Verstoß gegen § 25 Abs. 4 ist **geheilt**,
wenn mehr als 50 % der Miteigentumsanteile auf einer Zweitversammlung vertreten sind[2]. Der Sache nach handelt es sich in diesem Falle um eine Erstversammlung.

V. Stimmrechtsausschlüsse

1. Die Stimmrechtsverbote des § 25 Abs. 5

a) Allgemeines

aa) Regelungszweck

§ 25 Abs. 5 will bestimmte Fälle einer **abstrakt unterstellten**, im Einzelfall nicht 85
zu prüfenden und auch nicht zu widerlegenden Interessenkollision bei der inneren Willensbildung der Wohnungseigentümer verhindern (**starre Stimmrechtsschranke**). Durch § 25 Abs. 5 sollen Sonderinteressen der Wohnungseigentümer
ausgeglichen und also verhindert werden, dass sich eine Stimmabgabe vorrangig
an einem Eigen- und nicht an dem Interesse der Gesamtheit der Wohnungseigentümer i.S.v. §§ 15 Abs. 3, 21 Abs. 4 orientiert. Dem gesetzlich angeord-

---
1 OLG Köln v. 30.12.1998 – 16 Wx 187/98, OLGReport Köln 1999, 120 = MDR 1999, 799;
OLG Frankfurt v. 15.10.1982 – 20 W 626/2, OLGZ 1983, 29.
2 KG v. 25.8.2003 – 24 W 110/02, NZM 2003, 901 (902) = ZMR 2004, 144 (145); OLG
Frankfurt v. 15.10.1982 – 20 W 626/82, Rpfleger 1983, 22 = OLGZ 1983, 29.

neten **dreifachen Ausschluss** des Stimmrechts liegt als eng zu verstehende und auch so auszulegende **Ausnahmevorschrift** der Rechtsgedanke zugrunde, dass ein Wohnungseigentümer dann nicht an einer Entscheidung mitwirken soll, wenn sich die zu regelnde Angelegenheit in einem freilich nur vermuteten **Konflikt** seiner allgemeinen Interessen mit denen der anderen Wohnungseigentümer sowie dem Interesse des Verbandes Wohnungseigentümergemeinschaft an einer ordnungsmäßigen Verwaltung oder einem ordnungsmäßigen Gebrauch befindet. Ein Wohnungseigentümer soll nicht der besonderen Gegensätzlichkeit zwischen der Wahrnehmung seines eigenen und des typischerweise gegenläufigen Interesses des Verbandes und der anderen Wohnungseigentümer ausgesetzt sein. Die übrigen Wohnungseigentümer sollen ungehindert das „Richtige" beschließen können.

bb) Umfang

86 § 25 Abs. 5 will – und darf (Rz. 5) – Wohnungseigentümer **nicht schlechthin** daran hindern, an Entscheidungen über die Verwaltung des gemeinschaftlichen Eigentums mitzuwirken[1]. Jedenfalls das Wohnungseigentumsgesetz (vgl. noch Rz. 111 ff.) ordnet deshalb **kein allgemeines Stimmverbot** bei Interessenkollisionen an[2]. Durch die enumerative Aufzählung der Stimmverbote in § 25 Abs. 5 bringt das Gesetz zum Ausdruck, dass das Stimmrecht jenseits der dort bestimmten Fälle und unabhängig von der jeweiligen Interessenlage bestehen bleibt[3], auch wenn bei der Beschlussfassung erhebliche private Sonderinteressen betroffen sind[4]. Das Stimmrecht ist von Gesetzes wegen mithin nicht schon dann beschränkt, wenn sich der Wohnungseigentümer in einem „irgendwie" gearteten Konflikt zwischen seinen allgemeinen Interessen und denen der anderen Wohnungseigentümer befindet. Da der Wortlaut des § 25 Abs. 5 an diesem Zweck gemessen freilich einen zu weiten Anwendungsbereich umschreibt, ist vor allem im Rahmen der Frage, ob ein „Rechtsgeschäft" vorliegt, eine **teleologische Reduktion** seines Anwendungsbereiches erforderlich[5]. Nimmt ein Wohnungseigentümer vor allem **mitgliedschaftliche Rechte und Interessen** wahr, greift der Stimmrechtsausschluss daher auch dann nicht, wenn zugleich sonstige Interessen betroffen sind (Rz. 95).

cc) Rechtsfolge

87 Ein Wohnungseigentümer, der von einem Stimmverbot betroffen ist, darf nicht mitstimmen. Dies wirkt sich bei der Berechnung der Beschlussfähigkeit der Eigentümerversammlung über einen konkreten Beschlussantrag aus (Rz. 64). Nimmt ein vom Stimmrecht Ausgeschlossener dennoch an der Abstimmung teil, ist seine Stimme **nicht zu zählen**. Verstößt der Versammlungsleiter dage-

---

1 BGH v. 19.9.2002 – V ZB 30/02, ZMR 2002, 930 (934) = BGHZ 152, 46.
2 BayObLG v. 19.1.2005 – 2Z BR 205/04, ZMR 2005, 561 (562) = BayObLGReport 2005, 266.
3 OLG Hamburg v. 1.6.2003 – 2 Wx 20/03, OLGReport Hamburg 200, 137 (139).
4 BayObLG v. 19.1.2005 – 2Z BR 205/04, ZMR 2005, 561 (562) = BayObLGReport 2005, 266; v. 22.5.1997 – 2Z BR 15/97, ZMR 1998, 173 174).
5 BGH v. 19.9.2002 – V ZB 30/02, ZMR 2002, 930 (934) = BGHZ 152, 46; *Kefferpütz*, Stimmrechtsschranken im Wohnungseigentumsrecht, S. 54; *Münstermann-Schlichtmann*, WE 1998, 412; vgl. auch OLG Celle v. v. 14.2.2002 – 4 W 6/02, OLGReport Celle 2002, 75 (77).

gen und zählt er vorsätzlich oder versehentlich eine ausgeschlossene Stimme bei der Berechnung der Stimmenmehrheit mit, ist der entsprechende von ihm festgestellte und verkündete Beschluss ggf. anfechtbar, aber nach h.M. nicht nichtig (Vor §§ 23 bis 25 Rz. 70). Ausgeschlossen ist stets nur das Stimmrecht des entsprechenden Wohnungseigentümers. Nicht betroffen sind das **Teilnahmerecht** des eigentlich Stimmberechtigten (§ 24 Rz. 55)[1], nicht sein Recht, sich an der **Aussprache** in Versammlung der Eigentümer zu beteiligen, nicht sein Recht, einen **Antrag** zu stellen (im Einzelnen § 24 Rz. 55) und auch nicht sein Recht, einen Beschluss **anzufechten**[2].

Nicht erfasst vom Stimmverbot sind solche Wohnungseigentümer, die dem vom Stimmrecht Ausgeschlossenen nur „nahe" stehen, etwa ein Ehegatte[3]. Wird ein Wohnungseigentum von einem Dritten verwaltet, etwa einem Insolvenz- oder Zwangsverwalter, trifft auch diesen das Stimmrechtsverbot des vom Stimmrecht ausgeschlossenen Wohnungseigentümers nicht[4]. 88

b) Die einzelnen Fälle

Ein Wohnungseigentümer ist nach § 25 Abs. 5 von Gesetzes wegen in **drei Fällen** nicht stimmberechtigt: 89
– wenn die Beschlussfassung die Vornahme eines auf die Verwaltung des gemeinschaftlichen Eigentums bezogenen **Rechtsgeschäfts** mit ihm betrifft;
– wenn die Beschlussfassung die Einleitung oder Erledigung eines **Rechtsstreits** der anderen Wohnungseigentümer gegen ihn betrifft;
– wenn der betreffende Wohnungseigentümer nach § 18 rechtskräftig **verurteilt** ist.

Ebenso wie §§ 47 Abs. 4 Satz 2 GmbHG, 136 Abs. 1 AktG enthält der erste Fall ein **Verbot des In-sich-Geschäfts**[5]. Der zweite Fall trägt hingen dem allgemeinen Grundsatz Rechnung, dass kein Betroffener gleichsam als „**Richter in eigener Sache**" tätig werden kann[6]. Denn bei der Frage der Einleitung oder Erledigung eines Rechtsstreits könnte ein Wohnungseigentümer Gefahr laufen, sich bei seiner Stimmausübung vor allem von privaten Sonderinteressen leiten zu lassen und seine mitgliedschaftlichen Interessen nicht angemessen zu berücksichtigen[7]. In seinen beiden ersten Varianten entspricht § 25 Abs. 5 damit fast wörtlich § 34 BGB, dem sie insoweit entnommen sind[8]. Der **dritte Fall** hingegen hat kein Vorbild im Vereins- oder Gesellschaftsrecht und ist eine – freilich notwendige – wohnungseigentumsrechtliche Besonderheit. 90

---

1 BayObLG v. 24.5.2002 – 16 Wx 84/02, NZM 2002, 615; v. 31.1.1992 – BReg. 2Z 143/91, NJW 1993, 603 (604); AG Nürnberg v. 3.11.2005 – 1 UR II 307/05 WEG, ZMR 2006, 83.
2 *Kümmel*, MietRB 2004, 249 (251).
3 *Kümmel*, MietRB 2004, 249 (250).
4 *Kefferpütz*, Stimmrechtsschranken im Wohnungseigentumsrecht, S. 118 ff.
5 OLG Zweibrücken v. 14.5.1998 – 3 W 40/98, OLGReport Zweibrücken 1998, 377 (378); vgl. *Lutter/Hommelhoff* § 47 GmbHG Rz. 13.
6 Vgl. *Lutter/Hommelhoff* § 47 GmbHG Rz. 13.
7 OLG Zweibrücken v. 14.5.1998 – 3 W 40/98, OLGReport Zweibrücken 1998, 377 (378); KG v. 12.6.1988 – 24 W 5887/87, NJW-RR 1989, 144; zum GmbH-Recht s. BGH v. 29.1.1976 – II ZR 19/75, NJW 1976, 713 (714).
8 Siehe ferner §§ 47 Abs. 4 Satz 2 GmbHG, 136 Abs. 1 AktG und 43 Abs. 6 GenG.

aa) Vornahme eines Rechtsgeschäfts

91 Gemäß § 25 Abs. 5 Variante 1 besitzt ein Wohnungseigentümer kein Stimmrecht, wenn die Beschlussfassung die Vornahme eines auf die Verwaltung des gemeinschaftlichen Eigentums „bezüglichen Rechtsgeschäfts" mit ihm betrifft. Der Begriff des „Rechtsgeschäfts" i.d.S. ist zwar eng zu verstehen: Es erfasst nur solche Geschäfte, bei denen (abstrakt) ein **Sonderinteresse** eines Wohnungseigentümers betroffen sein kann. § 25 Abs. 5 Variante 1 ist aber auch auf geschäftsähnliche Handlungen und auch auf Realakte anzuwenden. Das Stimmverbot kann ferner greifen, wenn das Geschäft zwar nicht mit dem Stimmberechtigten, aber mit einem ihm eng verbundenen Dritten geschlossen werden soll (Rz. 99). Im Hinblick auf den Normzweck des § 25 Abs. 5 und die **elementare** Bedeutung des Stimmrechts (Rz. 5) ist ein Stimmverbot allerdings nur dann anzunehmen, wenn ein Wohnungseigentümer ein **privates** Sonderinteresse verfolgt. Nimmt er indessen nur **mitgliedschaftliche** Rechte und Interessen wahr, greift der Stimmrechtsausschluss nicht[1].

92 Um solche Rechtsgeschäfte, die § 25 Abs. 5 Variante 1 unterfallen, von solchen zu unterscheiden, in denen es keine Rechtfertigung für einen Ausschluss des Stimmrechts gibt, ist in Anlehnung an die Grundsätze der bereits sehr alten Rechtsprechung zum Gesellschaftsrecht[2] danach zu differenzieren, wo der Schwerpunkt der beschlussweise zu regelnden Angelegenheit liegt[3]. Maßgeblich ist damit der **Beschlussgegenstand**. Überwiegen im Hinblick auf diesen **mitgliedschaftliche Rechte** und Interessen, kommt ein Ausschluss nicht in Betracht. Liegt der Schwerpunkt der zu regelnden Angelegenheit hingegen bei der Verfolgung **privater Sonderinteressen**, ist der Anwendungsbereich von § 25 Abs. 5 Variante 1 eröffnet.

(1) Private Sonderinteressen: Stimmrechtsausschluss

93 Im Schwerpunkt bloß **private Sonderinteressen** sind anzunehmen und überwiegen ggf. mitverfolgte mitgliedschaftliche Rechte, führen also zu einem **Stimmrechtsausschluss**, wenn:

– darüber beschlossen werden soll, ob mit dem betroffenen Wohnungseigentümer ein Vertrag, z.B. ein Kauf- oder Werkvertrag, abgeschlossen werden soll;

– einem Wohnungseigentümer vom Verband gemeinschaftliches Eigentum vermietet werden soll;

– ein deklaratorisches Schuldanerkenntnis der Wohnungseigentümer zugunsten eines Wohnungseigentümers, mit dem eine bereits bestehende Schuld im Wege eines Schuldbestätigungsvertrages zwar nicht neu begründet, aber bestätigt werden soll[4];

– es um die Einräumung von Sonderrechten für einen Wohnungseigentümer geht;

---

1 KG v. 22.12.1993 – 24 W 875/93, MDR 1994, 687.
2 BGH v. 29.9.1955 – II ZR 225/54, BGHZ 18, 205 (210/211).
3 BGH v. 19.9.2002 – V ZB 30/02, BGHZ 152, 46 (57) = ZMR 2002, 930 (934); BayObLG. v. 25.6.2003 – 2Z BR 161/03, BayObLGReport 2004, 98 (99).
4 KG v. 7.2.2005 – 24 W 27/04, ZMR 2005, 570 (571) = KGReport 2005, 259 (260).

– Beschlüsse über Mahnungen (§ 286 BGB) sowie Fristsetzungen gefasst werden sollen[1].

Überwiegend private Sonderinteressen sind ferner bei Abschluss, Änderung oder Aufhebung (Kündigung) des **Verwaltervertrages** mit einem Wohnungseigentümer-Verwalter anzunehmen[2], auch wenn dieser mit dem Verband Wohnungseigentümergemeinschaft geschlossen wird[3]. Ein Wohnungseigentümer-Verwalter ist ferner nicht stimmberechtigt, wenn seine **Abberufung** aus wichtigem Grund zur Beschlussfassung steht[4]. 94

(2) Mitgliedschaftliche Rechte und Interessen: Stimmrecht

Ein Wohnungseigentümer verfolgt im Schwerpunkt hingegen mitgliedschaftliche Rechte und Interessen und ist **also** in der Eigentümerversammlung oder bei einem schriftlichen Beschluss **stimmbefugt**, wenn: 95

– beschlossen werden soll, wie sein Teileigentum i.S.v. § 15 Abs. 1, Abs. 2 **gebraucht** werden darf[5] oder – vor allem –

– es um seine **Bestellung** zum Verwalter[6] oder Beirat[7] oder seine „normale" Abberufung als Verwalter oder seine Abwahl als Beirat ohne wichtigen Grund geht[8]. Bei diesen Beschlüssen handelt es **nicht lediglich** um interne Organisationsakte der Eigentümer. Die Beschlüsse über Bestellung und Abberufung des Verwalters sind vielmehr Teil des Aktes, mit dem der Verwalter ein Amt erhält oder verliert[9]. Bestellung oder Abberufung sind auf die unmittelbare Begründung oder Aufhebung der Befugnisse und Pflichten u.a. als Organ des Verbandes Wohnungseigentümergemeinschaft gerichtet und damit ihrem Wesen nach vor allem durch mitgliedschaftliche Rechte und Interessen geprägt.

– Auch der Wohnungseigentümer, dem durch einen Beschluss eine Klagebefugnis erteilt werden soll, verfolgt im Schwerpunkt mitgliedschaftliche Rechte und Interessen[10]. Die Erteilung der Klagebefugnis fällt nicht unter die in § 25

---

1 *Riecke/Schmidt/Elzer* Rz. 634.
2 OLG Hamm v. 22.2.2007 – 15 W 322/06, MietRB 11/2007; OLG Düsseldorf v. 20.6. 2001 – 3 Wx 174/01, OLGReport Düsseldorf 2002, 152 (153) = ZMR 2002, 143 (144); v. 16.9.1998 – 3 Wx 366/98, ZMR 1999, 60 = WuM 1999, 59 = FGPrax 1999, 10; *Münstermann-Schlichtmann*, WE 1998, 412 (413); a.A. *Merle*, Bestellung und Abberufung des Verwalters nach § 26 WEG, 1977, S. 34; *Merle*, WE 1987, 35 (36); *Kefferpütz*, Stimmrechtsschranken im Wohnungseigentumsrecht, S. 72.
3 OLG Hamm v. 3.1.2006 – 15 W 109/05, FGPrax 2006, 153.
4 OLG Düsseldorf v. 20.6.2001 – 3 Wx 174/01, OLGReport Düsseldorf 2002, 152 (153) = ZMR 2002, 143 (144).
5 BayObLG v. 19.1.2005 – 2Z BR 205/04, ZMR 2005, 561 (562) = BayObLGReport 2005, 266.
6 OLG Hamm v. 22.2.2007 – 15 W 322/06, MietRB 11/2007; OLG Celle v. 14.2.2002 – 4 W 6/02, OLGReport 2002, 75 (77); OLG Düsseldorf v. 16.9.1998 – 3 Wx 366/98, ZMR 1999, 60 = WuM 1999, 59 = FGPrax 1999, 10; OLG Saarbrücken v. 10.10.1997 – 5 W 60/97, ZMR 1998, 50 (53); BayObLG v. 5.5.1993 – 2Z BR 29/93, WuM 1993, 488 (489) = BayObLGReport 1993, 50.
7 OLG Köln v. 12.5.2006 – 16 Wx 93/06, MietRB 2006, 322.
8 OLG Düsseldorf v. 16.9.1998 – 3 Wx 366/98, ZMR 1999, 60 = WuM 1999, 59 = FGPrax 1999, 10; OLG Zweibrücken v. 13.6.1986 – 3 W 98/86, ZMR 1986, 369 (370).
9 *Striewski*, ZWE 2001, 8 (10); *Wenzel*, ZWE 2001, 510 (512).
10 KG v. 22.12.1993 – 24 W 875/93, KGReport 1994, 74 (75) = MDR 1994, 687.

Abs. 5 gemeinten Rechtsgeschäfte, weil es sich nicht auf die Verwaltung gemeinschaftlichen Eigentums bezieht, sondern eine mitgliedschaftliche Angelegenheit regelt. Kommt es jedoch zu einem Dienstvertrag mit dem Wohnungseigentümer als gleichzeitigem Anwalt, greift das Stimmverbot ein.

- Ein Stimmrecht besteht ferner für den Wohnungseigentümer-Verwalter, soweit es um die Jahresabrechnung[1] oder den Wirtschaftsplan[2] geht. Etwas anders gilt aber wieder, sofern die Entlastung (Rz. 98, § 28 Rz. 160 ff.) **mitbeschlossen** werden soll.

(3) Einheitliche Beschlussfassung

96 Wird im Rahmen einer **einheitlichen Beschlussfassung** sowohl über Be- und Anstellung oder Abberufung und Kündigung des Verwaltervertrags entschieden, besitzt der vom Stimmrecht eigentlich Ausgeschlossene entgegen dem Wortlaut des § 25 Abs. 5 ein Stimmrecht auch zur Kündigung[3]. Die Vorschrift ist nach jetzt h.M. insoweit **teleologisch zu reduzieren**[4]. Zwar sind – insbesondere im Hinblick auf die Verwaltervergütung – private Sonderinteressen stark berührt. Im Rahmen einer einheitlichen Beschlussfassung liegt der **Schwerpunkt der Beschlussfassung** (Rz. 92, s.a. § 26 Rz. 71) aber bei Bestellung oder Abberufung des Verwalters als Akt der Mitverwaltung. Der mitbetroffene Verwaltervertrag dient lediglich der Ausgestaltung des Amtes. Hiermit ließe es sich nicht vereinbaren, dass das Stimmrecht des Wohnungseigentümers über seine Bestellung oder Abberufung als Verwalter allein durch eine gleichzeitige Beschlussfassung über den Abschluss oder die Auflösung des Verwaltervertrages ausgehöhlt werden kann. Die Belange der übrigen Wohnungseigentümer werden durch den stets zu beachtenden Grundsatz von Treu und Glauben, den Anspruch auf ordnungsmäßige Verwaltung und die Möglichkeit der Beschlussanfechtung hinreichend gewahrt.

97 Etwas anderes gilt, wenn mit ein und demselben Beschluss über eine **außerordentliche Beendigung** des Verwalteramtes **und** des bestehenden Vertragsverhältnisses aus **wichtigem Grund** abgestimmt wird[5]. Da die Abberufung des Verwalters ihren vorrangigen Charakter als mitgliedschaftliche Angelegenheit dadurch nicht verliert, dass ihr Anlass ein wichtiger Grund ist, kann sich allerdings auch in diesem Fall der Ausschluss des Stimmrechts nicht aus § 25 Abs. 5 ergeben[6]. Grund für das Stimmverbot ist hier vielmehr der in den §§ 712 Abs. 1, 737 BGB, §§ 117, 127, 140 HGB zum Ausdruck gekommene **allgemeine Rechts-**

---

1 BayObLG v. 22.6.1995 – 2Z BR 48/95, WE 1996, 234 (236); *Münstermann-Schlichtmann*, WE 1998, 412 (413).
2 *Münstermann-Schlichtmann*, WE 1998, 412 (413).
3 KG v. 29.5.2002 – 24 W 66/02, ZWE 2002, 471.
4 BGH v. 19.9.2002 – V ZB 30/02, BGHZ 152, 46 (56) = ZMR 2002, 930 (934); *Keffepütz*, Stimmrechtsschranken im Wohnungseigentumsrecht, S. 54; *Münstermann-Schlichtmann*, WE 1998, 412.
5 BGH v. 19.9.2002 – V ZB 30/02, BGHZ 152, 46 (59) = ZMR 2002, 930 (934); *Merle*, WE 1987, 35 (36); ähnlich für das Gesellschaftsrecht BGH v. 9.12.1968 – II ZR 57/67, BGHZ 51, 209 (215); a.A. BayObLG 19.12.2001 – 2Z BR 15/01, ZMR 2002, 527 (528); OLG Düsseldorf v. 16.9.1998 – 3 Wx 366/98, ZMR 1999, 60 = WuM 1999, 59 = FGPrax 1999, 10; *Seuß*, WE 1991, 276 (278).
6 BGH v. 19.9.2002 – V ZB 30/02, ZMR 2002, 930 (935) = BGHZ 152, 46.

gedanke, dass das Mitglied einer Personenvereinigung nicht beteiligt sein soll, wenn über Maßnahmen zu entscheiden ist, die die Gemeinschaft ihm gegenüber aus wichtigem Grund vornehmen will.

(4) Entlastung

Ein Wohnungseigentümer-Verwalter[1] oder Wohnungseigentümer-Beirat[2] ist ferner gem. § 25 Abs. 5 Variante 1 bei der Beschlussfassung über seine **Entlastung** vom Stimmrecht ausgeschlossen[3]. Der Stimmrechtsausschluss umfasst auch die Ausübung von Stimmrechtsvollmachten, die dem Verwalter von anderen Wohnungseigentümern erteilt worden sind[4]. Durch einen Entlastungsbeschluss können gegen den Entlasteten gerichtete Ansprüche verloren gehen. Der Entlastungsbeschluss hat in der Regel die Wirkung eines **negativen Schuldanerkenntnisses** (§ 397 Abs. 2 BGB) wegen solcher Verwaltungshandlungen, die bei Beschlussfassung bekannt oder bei zumutbarer Sorgfalt erkennbar waren[5]. Ein solches Schuldanerkenntnis erfasst vor allem etwaige – nicht aus einer Straftat herrührende – Ersatzansprüche, soweit sie den Wohnungseigentümern bekannt oder für sie bei sorgfältiger Prüfung erkennbar waren[6]. Ist der Beschluss über die Entlastung noch mit weiteren Abstimmungspunkten verbunden, erstreckt sich der Stimmrechtsausschluss auch darauf (Rz. 95, s. auch § 28 Rz. 160 ff.)[7].

98

(5) Wirtschaftliche Verbundenheit

§ 25 Abs. 5 Variante 1 ist ferner einschlägig, wenn das Rechtsgeschäft zwar nicht mit dem Stimmberechtigten, sondern mit einem Dritten, z.B. einer GmbH, geschlossen werden soll, der Stimmberechtigte mit dem Dritten indes **wirtschaftlich so eng verbunden** ist, dass man sein persönliches Interesse mit dem des Dritten „völlig gleichsetzen" kann[8]. In solchen Fällen „siegt die Sache über die Form"[9]. Sind z.B. ein Wohnungseigentümer und eine Verwalter-GmbH

99

---

1 OLG Düsseldorf v. 20.6.2001 – 3 Wx 174/01, OLGReport Düsseldorf 2002, 152 (153) = ZWE 2001, 557; OLG Zweibrücken v. 7.3.2002 – 3 W 184/01, ZMR 2002, 786; v. 14.5.1998 – 3 W 40/98, OLGReport Zweibrücken 1998, 377 (378); BayObLG v. 18.12.1986 – BReg 2Z 81/85, MDR 1987, 410.
2 OLG Zweibrücken v. 11.3.2002 – 3 W 184/01, OLGReport Zweibrücken 2002, 337 (338) = ZWE 2002, 283 (284).
3 Siehe auch §§ 136 Abs. 1 Satz 1 AktG, 47 Abs. 4 Satz 1 GmbHG.
4 OLG Zweibrücken v. 11.3.2002 – 3 W 184/01, OLGReport Zweibrücken 2002, 337 (338) = ZWE 2002, 283 (284); v. 8.11.1990 – 3 W 109/90, WE 1991, 357; BayObLG v. 18.12.1986 – BReg. 2Z 81/85, NJW-RR 1987, 595 (596).
5 BGH v. 25.9.2003 – V ZB 40/03, ZMR 2003, 942; v. 17.7.2003 – V ZB 11/03, ZMR 2003, 750 (752); *Elzer*, MietRB 2006, 73.
6 BGH v. 6.3.1997, III ZR 248/95, NJW 1997, 2106 (2108); OLG Düsseldorf v. 16.11.1998 – 3 Wx 393/98, OLGReport Düsseldorf 1999, 303 (304) = ZMR 1999, 274 (275); BayObLG v. 10.7.1989 – BReg 2Z 66/89, ZMR 1990, 63 (65).
7 OLG Zweibrücken v. 11.3.2002 – 3 W 184/01, OLGReport Zweibrücken 2002, 337 (338) = ZWE 2002, 283 (284).
8 OLG Frankfurt v. 13.10.2004 – 20 W 133/03, OLGReport 2005, 378 (379); OLG Düsseldorf v. 16.9.1998 – 3 Wx 366/98, ZMR 1999, 60 = WuM 1999, 59 = FGPrax 1999, 10; BayObLG v. 15.10.1992 – 2Z BR 75/92, MDR 1993, 344; KG v. 30.10.1985 – 24 W 6819/84, MDR 1986, 319 (320) = NJW-RR 1986, 642; OLG Frankfurt v. 28.2.1983 – 20 W 8/83, MDR 1983, 672 = OLGZ 1983, 175; AG Dresden v. 2.11.2002 – 440 UR II 90/02 WEG, ZMR 2005, 232.
9 Vgl. auch § 136 Abs. 1 Satz 2 AktG

infolge starker **wirtschaftlicher Verbundenheit** interessengemäß als Einheit zu betrachten, steht dem Wohnungseigentümer kein Stimmrecht bei Entlastung des Verwalters zu[1]. Ferner ist ein Wohnungseigentümer vom Stimmrecht ausgeschlossen, wenn er persönlich haftender Gesellschafter einer Gesellschaft ist[2], nicht aber als bloßer Kommanditist. Ist eine Gesellschaft Wohnungseigentümer und ist an ihr ein von einem Stimmverbot betroffener Wohnungseigentümer beteiligt, ist darauf abzustellen, ob der ausgeschlossene Wohnungseigentümer **maßgeblichen Einfluss** auf die Willensbildung der Gesellschaft nehmen kann. Eine bloß enge persönliche Verflechtung (Verwandtschaft) genügt nicht[3].

bb) Einleitung oder Erledigung eines Rechtsstreits

100 Der Begriff des „**Rechtsstreits**" i.S.v. § 25 Abs. 5 Variante 2 ist **weit auszulegen**. Unter einem Rechtsstreit i.S.v. § 25 Abs. 5 Variante 2 sind deshalb sämtliche streitigen Zivilverfahren sowie die WEG-Verfahren gem. § 43 Nr. 1, 3 und 4 ihrem **vollen** Umfang nach – also auch ein (Prozess-)Vergleich oder eine Klagerücknahme – zu verstehen. Der betroffene Wohnungseigentümer muss im beabsichtigten Rechtsstreit Beklagter, Antragsgegner oder Schuldner sein, wobei es nicht darauf ankommt, ob er als Wohnungseigentümer oder in einer anderen Funktion, etwa als Beirat oder Verwalter, in Anspruch genommen werden soll.

101 Von § 25 Abs. 5 Variante 2 umfasst werden ferner **Vorbereitungsmaßnahmen** wie Fristsetzungen, Mahnungen, das Mahnverfahren, der einstweilige Rechtsschutz (§§ 916 ff., 935 ff. ZPO), ein ggf. vereinbartes Schiedsgerichtsverfahren oder die Einschaltung eines Anwalts[4]. Die Bestimmung ist weiter einschlägig, wenn es um eine Maßnahme zur **Vorbereitung der Zwangsvollstreckung** geht, z.B. die Erhebung einer Sonderumlage, um eine Sicherheit leisten zu können[5].

cc) Rechtskräftige Verurteilung

102 Nach § 25 Abs. 3 Variante 3 ist ein Wohnungseigentümer vom Stimmrecht ausgeschlossen, wenn er durch Urteil nach §§ 18, 19 zur Veräußerung seines Wohnungseigentums **rechtskräftig verurteilt** wurde. Die Besonderheit dieses Stimmrechtsausschlusses ist, dass der betroffene Wohnungseigentümer bei **allen Beschlussfassungen** nicht mitstimmen darf, einerlei welchen Inhalts und welchen Gegenstands[6]. Der Wohnungseigentümer kann im Falle des § 18 Abs. 2 Nr. 2 allerdings bis zur Erteilung des Zuschlags die Wirkungen des Urteils dadurch **abwenden**, dass er die Verpflichtungen, wegen deren Nichterfüllung er verurteilt ist, einschließlich der Verpflichtung zum Ersatz der durch den Rechtsstreit und das Versteigerungsverfahren entstandenen Kosten sowie die fälligen weiteren Verpflichtungen zur Lasten- und Kostentragung erfüllt. Das Stimmrecht lebt dann wieder auf.

---

1 OLG Frankfurt v. 28.2.1983 – 20 W 8/83, MDR 1983, 672.
2 KG v. 30.10.1985 – 24 W 6819/84, NJW-RR 1986, 642.
3 OLG Saarbrücken v. 10.10.1997 – 5 W 60/97, FGPrax 1998, 18.
4 OLG Köln v. 3.12.2003 – 16 Wx 216/03, ZMR 2004, 299 (300).
5 BayObLG v. 11.4.2001 – 2Z BR 27/01, ZMR 2001, 826.
6 *Riecke/Schmidt/Elzer* Rz. 649.

c) Sammelabstimmung

Ist ein Wohnungseigentümer wegen einer bestimmten Angelegenheit vom Stimmrecht ausgeschlossen und wird diese Frage im Wege der „Sammelabstimmung" (Vor §§ 23 bis 25 Rz. 52) noch mit weiteren Abstimmungspunkten verbunden, **erstreckt** sich der Stimmrechtsausschluss auch darauf[1]. Innerhalb ein und desselben Abstimmungsvorgangs ist eine Aufspaltung der Beschlussfähigkeit nach unterschiedlichen Abstimmungsinhalten ausgeschlossen. Eine solche Aufspaltung widerspräche dem Bedürfnis nach einer klaren und eindeutigen Regelung der Stimmrechtsfragen. Entschließt sich die Wohnungseigentümerversammlung z.B. über Entlastung von Verwalter, Beirat und Jahresabrechnung in einem **einheitlichen Abstimmungsvorgang** zu beschließen, ist auch der Beschluss über die Jahresabrechnung nicht ordnungsmäßig beschlossen worden, wenn der Verwalter mitgestimmt hat[2]. Auch wenn sowohl der Wohnungseigentümer als auch ein Dritter aufgrund eines einheitlichen Beschlusses als Gesamtschuldner in Anspruch genommen werden, ist der betreffende Wohnungseigentümer vom Stimmrecht insgesamt ausgeschlossen[3].

103

d) Vertretung und Stimmrechtsausschluss

aa) Stimmrechtsverbote in der Person des Vertretenen

Ist ein Stimmberechtigter von einem Stimmverbot nach § 25 Abs. 5 betroffen, ist ihm bei einer Abstimmung auch die **Vertretung** Dritter oder die Einschaltung eines Treuhänders verwehrt[4]. Ein vom Stimmrecht Ausgeschlossener kann sich nicht durch einen Dritten vertreten lassen – und das Stimmrecht dadurch **mittelbar** ausüben und letztlich **umgehen**. Die Mitglieder des Verwaltungsbeirats sind beispielsweise vom Stimmrecht über ihre eigene Entlastung ausgeschlossen (Rz. 98). Sie können sich bei der Abstimmung über die Entlastung deshalb auch nicht durch einen Dritten – z.B. den Verwalter – vertreten lassen[5].

104

bb) Stimmrechtsverbote in der Person des Vertreters

(1) Grundsatz

Einem vom Stimmrecht ausgeschlossenen Wohnungseigentümer ist es verwehrt, als **Vertreter** eines anderen Wohnungseigentümers aufzutreten, der sei-

105

---

1 OLG Köln v. 8.11.2006 – 16 Wx 165/06, NZM 2007, 334; OLG Zweibrücken v. 11.3.2002 – 3 W 184/01, OLGReport Zweibrücken 2002, 337 (338) = ZWE 2002, 283 (284).
2 OLG Zweibrücken v. 11.3.2002 – 3 W 184/01, OLGReport Zweibrücken 2002, 337 (338) = ZWE 2002, 283 (284); v. 18.12.1986 – BReg. 2Z 81/85, MDR 1987, 410 = NJW-RR 1987, 595 (596).
3 BayObLG v. 9.10.1997 – 2Z BR 84/97, NJW-RR 1998, 231 = WE 1998, 353.
4 BayObLG v. 19.12.2001 – 2Z BR 15/01, ZMR 2002, 527 (528); OLG Düsseldorf v. 20.7.2001 – 3 Wx 174/01, ZMR 2002, 143 (144); v. 16.9.1998 – 3 Wx 366/98, ZMR 1999, 60 = WuM 1999, 59 = FGPrax 1999, 10; OLG Zweibrücken v. 14.5.1998 – 3 W 40/98, NZM 1998, 671; s. auch § 136 Abs. 1 Satz 1AktG.
5 OLG Zweibrücken v. 11.3.2002 – 3 W 184/01, OLGReport Zweibrücken 2002, 337 (338) = ZWE 2002, 283 (284); v. 14.5.1998 – 3 W 40/98, WE 1998, 504 (505); BayObLG v. 18.12.1986 – BReg. 2Z 81/85, MDR 1987, 410 = NJW-RR 1987, 595 (596).

nerseits **nicht** vom Stimmrecht **ausgeschlossen** ist[1]. Die Interessenkollision, die durch § 25 Abs. 5 vermieden werden soll, besteht auch dann, wenn z.B. der Verwalter nicht selbst Wohnungseigentümer ist, sondern als **Vertreter** eines Wohnungseigentümers handelt[2]. Geht man hiervon aus, so muss die Nichtanwendung des Stimmrechtsausschlusses auf die Wahrnehmung mitgliedschaftlicher Rechte, selbst wenn der so gefasste Beschluss der Umsetzung durch ein Rechtsgeschäft bedarf[3], auch dann gelten, wenn der als Stellvertreter handelnde Verwalter kein Miteigentümer ist.

106 Der bevollmächtigte (vom Stimmrecht selbst ausgeschlossene) Wohnungseigentümer gibt – wenn auch im fremden Namen – eine **eigene Willenserklärung** ab und möchte damit auf die Beschlussfassung aktiv und seinem Willen gemäß einwirken[4]. Wenn z.B. ein Wohnungseigentümer-Verwalter vom Stimmrecht ausgeschlossen ist, darf auch er keine Wohnungseigentümer bei der Stimmabgabe **vertreten**[5]. Ein vom Stimmrecht ausgeschlossener Wohnungseigentümer kann auch nicht das Stimmrecht eines anderen als sein gesetzlicher oder rechtsgeschäftlich bestellter Vertreter ausüben[6]. Der Verwalter, der selbst nicht Wohnungseigentümer ist, unterliegt bei der Beschlussfassung hinsichtlich seiner eigenen Bestellung, bei der er seine Stimme als Stellvertreter eines Miteigentümers abgibt, hingegen **keinem** Stimmrechtsverbot[7].

(2) § 181 BGB

107 Ein Vertreter – vor allem der Verwalter als Vertreter – kann vom Stimmrecht nach § 181 BGB ausgeschlossen sein. Ein Verwalter ist danach auch als Vertreter z.B. bei seinem Entlastungsbeschluss vom Stimmrecht ausgeschlossen[8].

(3) **Untervollmacht**

108 Der vom Stimmrecht ausgeschlossene Vertreter ist im Einzelfall ggf. berechtigt, einem Dritten im Namen des Vollmachtgebers eine **Untervollmacht** (Rz. 53,

---

1 BayObLG v. 19.12.2001 – 2Z BR 15/01, ZMR 2002, 527 (528); OLG Düsseldorf v. 20.6. 2001 – 3 Wx 174/01, OLGReport Düsseldorf 2002, 152 (153) = ZMR 2002, 143 (144); a.A. *F. Schmidt*, WE 1989, 2 (3); offen gelassen von BGH v. 19.9.2002 – V ZB 30/02, ZMR 2002, 930 (935) = BGHZ 152, 46; a.A. *F. Schmidt*, WE 1992, 2; *Kahlen*, BlBGW 1984, 22.
2 OLG Hamm v. 20.7.2006 – 15 W 142/05, OLGReport Hamm 2006, 818 (819) = ZMR 2007, 63 = NJW-RR 2007, 161 = MietRB 2007, 122; OLG Düsseldorf v. 16.9.1998 – 3 Wx 366/98, ZMR 1999, 60 = WuM 1999, 59 = FGPrax 1999, 10.
3 BGH v. 19.9.2002 – V ZB 30/02, ZMR 2002, 930 (936) = BGHZ 152, 46.
4 OLG Düsseldorf v. 20.7.2001 – 3 Wx 174/01, OLGReport Düsseldorf 2002, 152 (153) = ZMR 2002, 143 (144).
5 OLG Karlsruhe v. 27.5.2002 – 14 Wx 91/01, ZMR 2003, 289; OLG Zweibrücken v. 14.5. 1998 – 3 W 40/98, OLGReport Zweibrücken 1998, 377 (378).
6 BayObLG v. 19.12.2001 – 2Z BR 15/01, ZMR 2002, 527 (528); OLG Düsseldorf v. 16.9. 1998 – 3 Wx 366/98, ZMR 1999, 60 = WuM 1999, 59 = FGPrax 1999, 10.
7 OLG Hamm v. 20.7.2006 – 15 W 142/05, OLGReport Hamm 2006, 818 (819) = ZMR 2007, 63 = NJW-RR 2007, 161; OLG Hamburg v. 16.7.2001 – 2 Wx 116/00, ZMR 2001, 997 (998).
8 Siehe dazu BayObLG v. 23.12.2002 – 2Z BR 89/02, NZM 2003, 204; v. 21.4.1998 – 2Z BR 36/98 und 43/98, NZM 1998, 668; OLG Düsseldorf v. 20.7.2001 – 3 Wx 174/01, NZM 2001, 992; *Drasdo*, Eigentümerversammlung, Rz. 301 m.w.N.

s. auch § 26 Rz. 73) zu erteilen[1]. Ob durch den Hauptbevollmächtigten eine Untervollmacht erteilt werden kann, ist eine Frage der Auslegung der (Haupt-)Vollmacht. Maßgeblich ist, ob ein Interesse an einer persönlichen Wahrnehmung der Vollmacht besteht[2]. Ist eine Untervollmacht möglich und wird diese **ohne eine Weisung** erteilt, wie das Stimmrecht auszuüben ist, ist eine Stimmrechtsausübung durch den Unterbevollmächtigten möglich[3]. Der Unterbevollmächtigte tritt nämlich nicht als Vertreter des vom Stimmrecht Ausgeschlossenen, sondern als Vertreter des stimmrechtsübertragenden Wohnungseigentümers und Hauptvollmachtgebers auf, der ohne weiteres in der Lage wäre, den Unterbevollmächtigten auch unmittelbar mit seiner Vertretung zu beauftragen[4].

Die Erteilung einer Untervollmacht ist hingegen ausgeschlossen, wenn sie mit einer Weisung verbunden ist und dem Ziel dient, einen **Stimmrechtsausschluss zu umgehen** und über den Umweg der Unterbevollmächtigung eine Erweiterung der ausgeschlossenen Vertretungsmacht zu ermöglichen. Ist für die Stimmabgabe des Vertreters eine schriftliche Vollmacht erforderlich (Rz. 47), ist eine Untervollmacht nur möglich, wenn sich die Zulässigkeit zur Unterbevollmächtigung aus der Vollmachtsurkunde ergibt[5]. 109

e) Verstöße

Eine gegen § 25 Abs. 5 verstoßende Stimmabgabe ist **nichtig** und ist bei der Stimmenauszählung nicht mitzuzählen[6]. Die zu Unrecht erfolgte Stimmabgabe eines von seinem Stimmrecht Ausgeschlossenen führt aber nicht zur Nichtigkeit des entsprechenden Beschlusses. Der entsprechende Beschluss ist nur anfechtbar[7]. Der Beschluss ist nach h.M. für ungültig zu erklären, wenn sich die Stimmabgabe auf das Beschlussergebnis ausgewirkt hat[8]. 110

f) Abdingbarkeit

aa) Grundsatz

Ein Beschluss mit dem Ziel, § 25 Abs. 5 **dauerhaft** abzubedingen, ist nichtig. § 25 Abs. 5 ist ungeachtet der Bestimmung des § 10 Abs. 2 Satz 2 nicht einmal durch eine Vereinbarung abdingbar[9]. Eine Vereinbarung verstieße gegen § 138 111

---

1 *Deckert*, ZMR 2003, 153 (155).
2 OLG Frankfurt v. 15.10.2004 – 20 W 370/03, OLGReport Frankfurt 2005, 143 (146).
3 OLG Karlsruhe v. 27.5.2002 – 14 Wx 91/01, ZMR 2003, 289; BayObLG v. 21.4.1998 – 2Z BR 36/98, 2Z BR 43/98, WuM 1999, 58 (59). OLG Zweibrücken v. 14.5.1998 – 3 W 40/98, OLGReport Zweibrücken 1998, 377 (379).
4 BayObLG v. 5.4.1990 – 2Z 14/90, NJW-RR 1990, 784 (785).
5 OLG Frankfurt v. 15.10.2004 – 20 W 370/03, OLGReport Frankfurt 2005, 143 (146).
6 BGH v. 21.3.1988 – II ZR 308/87, BGHZ 104, 66 (75) zum Recht der GmbH.
7 BGH v. 19.9.2002 – V ZB 30/02, ZMR 2002, 930 (936) = BGHZ 152, 46; OLG Düsseldorf v. 5.12.1997 – 3 Wx 443/97, OLGReport Düsseldorf 1998, 109; LG Dresden v. 20.12.2006 – 2 T 0594/05, ZMR 2007, 492.
8 OLG Hamburg v. 1.6.2003 – 2 Wx 20/03, OLGReport Hamburg 200, 137 (139); OLG Köln v. 24.10.2001 – 16 Wx 192/01, OLGReport Köln 2002, 53 (54); zum umgekehrten Fall s. BayObLG v. 16.5.2002 – 2Z BR 32/02, NZM 2002, 616 (617).
9 Wie hier *Bub* in FS Seuß, S. 53 (60); a.A. KG v. 7.2.2005 – 24 W 27/04, ZMR 2005, 570 (571) = KGReport 2005, 259 (260); Weitnauer/*Lüke* Rz. 1.

BGB als höheres Recht und wäre nichtig. Die Frage, ob eine der in § 25 Abs. 5 benannten Interessenskollisionen vorliegt, kann nicht in das Anfechtungsverfahren nach § 46 Abs. 1 Satz 1 mit der Gefahr verlagert werden, dass ein unangefochtener Beschluss bestandskräftig wird[1]. Eine differenzierende Betrachtungsweise bietet sich nicht an[2].

bb) Ruhen des Stimmrechts

112 Vorstellbar ist, durch **Vereinbarung** – ein entsprechender Beschluss ist nichtig[3] – neben den in § 25 Abs. 5 benannten Fällen weitere Angelegenheiten ausdrücklich zu bestimmen, in denen ein Wohnungseigentümer vom Stimmrecht im Einzelfall ausgeschlossen ist. Nach h.M. können die Wohnungseigentümer z.B. vereinbaren, dass das **Stimmrecht** bei einer erheblichen und **schuldhaften Verletzung** der Eigentümerpflichten **ruht**, etwa bei Verzug mit Wohngeldzahlungen[4]. Derartige Vereinbarungen müssen freilich verhältnismäßig und hinreichend konkret gefasst sein, damit sich die Wohnungseigentümer darauf einstellen können. Wegen der besonderen Bedeutung des Stimmrechts als Mitgliedschaftsrecht des Wohnungseigentümers sind sie im Zweifel eng und einschränkend dahingehend auszulegen, dass das Stimmrecht nur bei einer vom Wohnungseigentümer **verschuldeten Pflichtverletzung** ruhen soll[5]. Das Ruhen des Stimmrechts bezieht sich auf den Wohnungseigentümer selbst und auf von ihm mit seiner Vertretung beauftragte Dritte[6]. Vom Ruhen des Stimmrechts bleibt das Teilnahmerecht eines Wohnungseigentümers an der Eigentümerversammlung sowie seine weiteren Mitgliedschaftsrechte allerdings unberührt (s. § 24 Rz. 55 ff.).

g) Beteiligung im Beirat

113 Ist der vom Stimmrecht ausgeschlossene Wohnungseigentümer Beirat und sind diesem in zulässiger Weise[7] Aufgaben der Eigentümerversammlung durch Vereinbarung übertragen worden, ist der Wohnungseigentümer auch bei einer Abstimmung innerhalb des Beirats analog § 25 Abs. 5 vom Stimmrecht ausgeschlossen (zur Abstimmung im Beirat auch Vor §§ 23 bis 25 Rz. 163).

2. Stimmrechtsschranken neben § 25 Abs. 5

114 Die Ausübung des Stimmrechts unterliegt neben den starren Stimmrechtsschranken des § 25 Abs. 5 aus dem Grundsatz von Treu und Glauben herzulei-

---

1 Vgl. auch BGH v. 28.2.1994 – II ZR 121/93, DStR 1994, 869 (870); v. 12.6.1989, BGHZ 108, 21 (27) = NJW 1989, 2694 jeweils für § 47 Abs. 4 GmbHG.
2 A.A. *Kefferpütz*, Stimmrechtsschranken im Wohnungseigentumsrecht, S. 229 ff.
3 KG v. 27.11.1985 – 24 W 4858/85, OLGZ 1986, 179 = WuM 1986, 150 = ZMR 1986, 127.
4 BayObLG v. 20.2.2003 – 2Z BR 136/02, ZMR 2003, 519 (520); KG v. 10.11.1993 – 24 W 6075/92, 24 W 6297/92, ZMR 1994, 171 = KGReport 1994, 16 = MDR 1994, 274; v. 27.11.1985 – 24 W 4858/85, OLGZ 1986, 179 = WM 1986, 150 = ZMR 1986, 127; BayObLG v. 9.2.1965 – BReg. 2Z 276/64, BayObLGZ 1965, 34 = NJW 1965, 821 (822); offen gelassen von OLG Düsseldorf v. 9.10.1998 – 3 Wx 162/98, OLGReport Düsseldorf 1999, 137 (138).
5 KG v. 10.11.1993 – 24 W 6075/92, 24 W 6297/92, ZMR 1994, 171 (172) = KGReport 1994, 16 = MDR 1994, 274; BayObLG v. 9.2.1965 – BReg. 2Z 276/64, BayObLGZ 1965, 34 = NJW 1965, 821 (822).
6 *Riecke/Schmidt/Elzer* Rz. 650.
7 Dazu *Elzer* in KK-WEG § 20 Rz. 62 ff.

tenden **beweglichen Stimmrechtsverboten**[1]. Die Ausnutzung der Stimmenmehrheit kann im Einzelfall auch dann, wenn der Anwendungsbereich des § 25 Abs. 5 **nicht** eröffnet ist, aus dem die Wohnungseigentümer verbindenden Gemeinschaftsverhältnis i.V.m. § 138 Abs. 1 BGB zur Nichtigkeit eines Beschlusses führen[2]. Wenn die Voraussetzungen des § 138 Abs. 1 BGB nicht gegeben sind, kann in der Ausnutzung der Stimmenmehrheit und Ausübung des Stimmrechts im Übrigen ein aus dem die Wohnungseigentümer verbindenden Gemeinschaftsverhältnis i.V.m. § 242 BGB unzulässiger Rechtsmissbrauch liegen[3]. Anders als gem. § 25 Abs. 5 ist bei diesen aus dem **Treueverhältnis**[4] der Wohnungseigentümer untereinander abzuleitenden Stimmrechtsschranken nicht bereits die Stimmabgabe verboten, sondern die Stimmabgabe wird **inhaltlich** im konkreten **Einzelfall**[5] geprüft (bewegliche Stimmrechtsschranke).

a) Stimmrechtsausschlüsse gem. § 138 BGB

Verfolgt ein beherrschender Wohnungseigentümer in sachwidriger Weise eigene Zwecke auf Kosten der Gemeinschaft, kann die Ausnutzung seiner Stimmenmehrheit im Einzelfall gegen die **guten Sitten verstoßen** und ausnahmsweise gem. § 138 Abs. 1 BGB zur **Nichtigkeit** eines Beschlusses führen[6]. Dies ist etwa anzunehmen, wenn ein begünstigter Wohnungseigentümer treuwidrig mit dem Verwalter zusammenwirkend eigene Zwecke auf Kosten der übrigen Wohnungseigentümer verfolgt[7]. 115

b) Majorisierung

Bei einer **rechtsmissbräuchlichen Stimmenausübung** kann ein **Stimmrechtsausschluss** im Einzelfall wegen eines Verstoßes gegen den Grundsatz von Treu und Glauben aus § 242 BGB i.V.m. dem die Wohnungseigentümer verbindenden Gemeinschaftsverhältnis hergeleitet werden[8]. Die Treuebindungen unter den Wohnungseigentümern bilden eine dem Stimmrecht immanente und begrenzende Schranke[9]. Überschreitet ein Wohnungseigentümer durch seine Stimmausübung diese Schranke, **verletzt** er seine Pflichten im Innenverhältnis und die Stimmberechtigung erlischt. Eine solche treuwidrige Pflichtverletzung ist anzunehmen, wenn ein einzelner Wohnungseigentümer – oder eine kleine, fest zusammengefügte Gruppe von Wohnungseigentümern – die anderen in der Eigen- 116

---

1 LG Braunschweig v. 3.2.2006 – 6 T 925/05, ZMR 2006, 560 (561).
2 BayObLG v. 28.1.1986 – BReg 2Z 4/86, MDR 1986, 413.
3 BayObLG v. 28.1.1986 – BReg 2Z 4/86, MDR 1986, 413.
4 Siehe auch BGH v. 9.12.1968 – II ZR 57/67, NJW 1969, 841 (845).
5 BayObLG 28.11986 – BReg. 2Z 4/86, NJW-RR 1986, 566 (567); *Jennißen/Schwermer*, WuM 1988, 285 (287).
6 OLG Schleswig v. 16.11.2005 – 2 W 267/04, ZMR 2006, 315 (316) = NZM 2006, 384 = MietRB 2006, 132 mit Anm. *Elzer*; BayObLG v. 24.1.2001 – 2Z BR 112/00, ZMR 2001, 366 (368); v. 28.1.1986 – BReg 2Z 4/86, MDR 1986, 413; Weitnauer/*Lüke* § 23 Rz. 25 und § 25 Rz. 25.
7 OLG Schleswig v. 16.11.2005 – 2 W 267/04, ZMR 2006, 315 (316) = MietRB 2006, 132 mit Anm. *Elzer*.
8 Dazu *Elzer* in KK-WEG § 10 Rz. 41 ff.
9 Siehe allgemein *Wendel*, ZWE 2002, 545 (546).

tümerversammlung durch sein Stimmenübergewicht beherrscht und die Mehrheit zur Durchsetzung eigennütziger, sachlich nicht gerechtfertigter oder gesetzwidriger Ziele nutzt (**majorisiert**). Eine Majorisierung ist namentlich bei Vereinbarung eines Objekt- (Rz. 13) oder Wertstimmrechts (Rz. 14) möglich, aber auch bei einem Kopfstimmrecht bei einer Gruppenbildung möglich.

aa) Voraussetzungen

117 Für die Annahme einer Majorisierung bedarf es zum einen einer **Mehrheit** der Stimmen. Wenn ein Wohnungseigentümer oder eine Gruppe ein Stimmenübergewicht bloß ausnutzt, liegt darin aber noch keine rechtsmissbräuchliche Stimmenausübung. Zum Stimmenübergewicht müssen zum anderen **weitere Umstände** hinzutreten, die sich als Verstoß gegen die Pflicht zur Rücksichtnahme auf die Interessen der Gemeinschaft und damit gegen die Grundsätze ordnungsmäßiger Verwaltung darstellen[1]. Nicht jede unter Einsatz eines Stimmenübergewichts zustande gekommene Entscheidung ist für die Wohnungseigentümer nachteilig und mit Rücksicht auf ihre Belange treuwidrig. Aus der Zulässigkeit einer vom Kopfprinzip abweichenden Regelung der Stimmkraft folgt ferner (Rz. 12), dass einem Wohnungseigentümer, dem mehrere Einheiten gehören, ein berechtigtes Interesse an einer stärkeren Einflussnahme auf die Willensbildung der Eigentümergemeinschaft nicht schlechthin abgesprochen werden kann[2]. Zur Ermittlung weiterer, zum Missbrauch führender Umstände sind deshalb stets **alle Umstände** sorgfältig zu ermitteln und umfassend miteinander abzuwägen. Eine Regel, wann eine Majorisierung vorliegt, ist deshalb weder allgemein noch begrifflich darstellbar. Weitere Umstände können z.B. im Einzelfall vorliegen, wenn sich der Mehrheitseigentümer unangemessene Vorteile verschafft[3] oder wenn ein persönlich ungeeigneter oder fachlich unfähiger Verwalter vom Mehrheitseigentümer gewählt wird[4]. Eine Majorisierung liegt ferner nahe, wenn als Stimmrecht in einer Zweiergemeinschaft das Wertstimmrecht vereinbart wurde und dadurch für einen der Miteigentümer von vornherein ein Stimmenübergewicht geschaffen wird[5]. Der illiquide Bauträger-Eigentümer nutzt die bei ihm verbliebene Stimmenmehrheit in der Versammlung der Wohnungseigentümer i.d.R. rechtsmissbräuchlich, wenn Sonderumlagen in einer Höhe beschlossen werden, dass noch offene Herstellungsverpflichtungen erfüllt werden können, dadurch, dass die solventen übrigen Wohnungseigentümer die benötigten Geldmittel faktisch allein aufzubringen haben[6].

bb) Rechtsfolge

118 Einer Majorisierung ist weder durch Änderung der Stimmrechte[7] noch durch eine gerichtlich zu verfügende Beschränkung der Stimmrechtsausübung für die

---

1 BGH v. 19.9.2002 – V ZB 30/02, ZMR 2002, 930 (936) = BGHZ 152, 46; OLG München v. 23.8.2006 – 34 Wx 58/06, ZMR 2006, 950 (952) = OLGReport München 2006, 730 = MietRB 2006, 300; BayObLG v. 3.5.2005 – 2Z BR 143/04, ZMR 2006, 139.
2 BGH v. 19.9.2002 – V ZB 30/02, ZMR 2002, 930 (936) = BGHZ 152, 46.
3 BGH v. 19.9.2002 – V ZB 30/02, ZMR 2002, 930 (936) = BGHZ 152, 46.
4 BayObLG v. 3.5.2005 – 2Z BR 143/04, ZMR 2006, 139.
5 BayObLG v. 27.7.2000 – 2Z BR 112/99, ZMR 2000, 846 (848).
6 OLG Zweibrücken v. 22.3.2005 – 3 W 226/04, NZM 2005, 429.
7 BayObLG v. 3.5.2005 – 2Z BR 143/04, ZMR 2006, 139.

Zukunft noch durch eine generelle Begrenzung der Stimmrechte auf 25 % oder einen anderen Höchstsatz zu begegnen[1]. Notwendigen, aber auch ausreichenden Schutz vor missbräuchlicher Stimmrechtsabgabe bietet die Möglichkeit, einen konkreten **Eigentümerbeschluss** im Anfechtungsverfahren für **ungütig** zu erklären[2]. Entsprechend der allgemeinen Rechtsfolge rechtsmissbräuchlichen Verhaltens sind unter Missbrauch des Stimmrechts abgegebene Stimmen **unwirksam** (nichtig)[3]. Eine rechtsmissbräuchliche Stimmrechtsausübung führt dazu, dass der entsprechende, von den rechtsmissbräuchlich ausgeübten Stimmen getragene Beschluss im Wege fristgerechter Anfechtung für unwirksam erklärt werden kann[4]. Haben sich die missbräuchlich ausgeübten Stimmen auf das Ergebnis nicht ausgewirkt, ist der Beschluss ordnungsgemäß.

cc) Änderung des Stimmrechtsprinzips

Jeder Wohnungseigentümer kann nach § 10 Abs. 2 Satz 3 unter den dort genannten Voraussetzungen eine vom Gesetz abweichende Vereinbarung oder die Anpassung einer Vereinbarung verlangen. Auch auf diese Weise, nämlich durch Änderung des vereinbarten, von § 25 Abs. 2 Satz 1 abweichenden Stimmrechtsprinzips, kann im Einzelfall einer Majorisierung begegnet werden[5]. Diese Möglichkeit setzt voraus, dass eine Majorisierung zur **Methode** des pflichtwidrig abstimmenden Wohnungseigentümers gehört und stets in der Versammlung angewandt wird. In diesem Falle kann es den überstimmten Wohnungseigentümern nicht zugemutet werden, stets die gefassten Beschlüsse mit dem damit verbundenen hohen Kostenrisiko anfechten zu müssen.

119

3. Teilversammlungen

Nach einer in Rechtsprechung und Schrifttum gleichermaßen vertretenen Ansicht haben bei einer **Mehrhausanlage** von der Beschlussfassung nicht betroffene Eigentümer eines anderen Gebäudes weder ein Teilnahmerecht noch ein **Stimmrecht** (Rz. 44 und Vor §§ 23 bis 25 Rz. 153 ff.)[6]. Soweit die Abhaltung von Teilversammlungen vereinbart ist, ist dem zu folgen. Soweit sich die Zulässigkeit von Teilversammlungen und die daraus folgenden Teilnahme- und die hier behandelten Stimmverbote aber auch aus den „natürlichen Gegebenheiten" ergeben sollen, ist diese Auffassung abzulehnen. Ebenso wie ein entsprechender Beschluss sind auch bauliche oder sonstige Gegebenheiten nicht in der Lage, das Stimmrecht eines Wohnungseigentümers zu beeinträchtigen.

120

---

1 BGH v. 19.9.2002 – V ZB 30/02, BGHZ 152, 46 (60/61) = ZMR 2002, 930 (936); KG v. 5.11.1986 – 24 W 1558/86, NJW-RR 1987, 268; a.A. OLG Düsseldorf v. 21.12.1983 – 3 W 177/83, OLGZ 1984, 289 (290); OLG Hamm v. 6.2.1978 – 15 W 345/77, 15 W 346/77, OLGZ 1978, 184 (188).
2 BayObLG v. 3.5.2005 – 2Z BR 143/04, ZMR 2006, 139.
3 BGH v. 19.9.2002 – V ZB 30/02, BGHZ 152, 46 (60) = ZMR 2002, 930 (936); *Elzer*, MietRB 2006, 132.
4 BGH v. 19.9.2002 – V ZB 30/02, BGHZ 152, 46 (60/61) = ZMR 2002, 930 (936); BayObLG v. 25.3.1999 – 2Z BR 169/98, ZMR 1999, 495 (496); *Elzer*, MietRB 2006, 132.
5 *Jenißen/Schwermer*, WuM 1988, 285 (286).
6 BayObLG v. 19.2.1999 – 2Z BR 180/98, NZM 1999, 420 (421); *Häublein*, NZM 2003, 785 (791); *Göken*, S. 43 ff. m.w.N.

VI. Abdingbarkeit

121 Während die ersten vier Absätze abdingbar sind, stellt der durch Abs. 5 bestimmte Stimmrechtsausschluss zwingendes Recht dar.

§ 26
Bestellung und Abberufung des Verwalters

(1) Über die Bestellung und Abberufung des Verwalters beschließen die Wohnungseigentümer mit Stimmenmehrheit. Die Bestellung darf auf höchstens fünf Jahre vorgenommen werden, im Falle der ersten Bestellung nach der Begründung von Wohnungseigentum aber auf höchstens drei Jahre. Die Abberufung des Verwalters kann auf das Vorliegen eines wichtigen Grundes beschränkt werden. Ein wichtiger Grund liegt regelmäßig vor, wenn der Verwalter die Beschluss-Sammlung nicht ordnungsmäßig führt. Andere Beschränkungen der Bestellung oder Abberufung des Verwalters sind nicht zulässig.

(2) Die wiederholte Bestellung ist zulässig; sie bedarf eines erneuten Beschlusses der Wohnungseigentümer, der frühestens ein Jahr vor Ablauf der Bestellungszeit gefasst werden kann.

(3) Soweit die Verwaltereigenschaft durch eine öffentlich beglaubigte Urkunde nachgewiesen werden muss, genügt die Vorlage einer Niederschrift über den Bestellungsbeschluss, bei der die Unterschriften der in § 24 Abs. 6 bezeichneten Personen öffentlich beglaubigt sind.

Inhaltsübersicht

	Rz.		Rz.
I. Überblick	1	5. Bestellung durch das Gericht	39a
II. Die Person des Verwalters	2	6. Bestellungsdauer	40
1. Grundsätze	2	7. Wiederwahl, Abs. 2	44
2. Personengesellschaften	3	8. Anfechtung der Bestellung	48
3. Gesellschaft bürgerlichen Rechts	5	a) Allgemeine Anfechtungsgründe	48
4. Juristische Personen	7	b) Nachschieben von Gründen	54
5. Delegation der Aufgaben	8	c) Einzelne Anfechtungsgründe	55
6. Rechtsnachfolge	12	d) Wirkung der gerichtlichen Beschlussaufhebung	58
III. Bestellung des Verwalters	17	e) Aufhebung der Wiederwahl	60
1. Grundlagen	17	**IV. Verwaltervertrag**	62
2. Bestellung in der Gemeinschaftsordnung	20	1. Zustandekommen des Vertrags	62
3. Mehrheitsbeschluss	25	a) Vertragsparteien	62
a) Grundsätze	25	b) Vertragsabschluss	64
b) Stimmrechte	34	c) Stimmrecht des Verwalters über den Vertragsinhalt	71
aa) Des Verwalters	34	2. Inhalt des Verwaltervertrags	74
bb) Ausnutzen der Stimmenmehrheit	36	a) Allgemeine Vertragsinhalte	74
4. Bestellung durch den Beirat	39	b) Vergütungsvereinbarung	87

	Rz.		Rz.
3. Anfechtung des Beschlusses über den Verwaltervertrag	97	4. Niederlegung des Verwalteramts/Kündigung durch den Verwalter	135
V. Haftung des Verwalters	100	5. Verhältnis von Kündigung zur Abberufung	141
1. Für Verträge der Eigentümergemeinschaft	100	6. Folgen von Abberufung und Kündigung	145
2. Für Objektmängel	104	a) Herausgabe der Verwaltungsunterlagen	145
3. Wegen mangelhafter Wirtschaftsprüfung	107	b) Rechnungslegungspflicht	150
VI. Abberufung und Kündigung des Verwalters	113	c) Erstellung der Jahresabrechnung	151
1. Ordentliche Abberufung	113	d) Kontoausgleich	152
2. Außerordentliche Abberufung	117	e) Vergütungsansprüche	154
a) Allgemeine Anforderungen	117	7. Rechtschutzinteresse und Anfechtungsbefugnis	158
b) Einzelne Abberufungsgründe	126	a) Anfechtung durch den Wohnungseigentümer	158
c) Der besondere Abberufungsgrund des § 26 Abs. 1 Satz 4	129	b) Anfechtung durch den Verwalter	163
3. Kündigung des Verwaltervertrags	132	VII. Nachweis der Verwaltereigenschaft, Abs. 3	169

Schrifttum: *Abramenko*, Parteien und Zustandekommen des Verwaltervertrags nach der neuen Rechtsprechung zur Teilrechtsfähigkeit der Wohnungseigentümergemeinschaft, ZMR 2006, 6; *Abramenko*, Die schuldrechtlichen Beziehungen zwischen Verwaltungsbeirat und Wohnungseigentümergemeinschaft nach Anerkennung ihrer Teilrechtsfähigkeit, ZWE 2006, 273; *Armbrüster*, Gesellschaft bürgerlichen Rechts kein Verwalter, ZWE 2006, 181; *Bauriedl*, Die Haftung des WEG-Verwalters für verzögerte, unterlassene und mangelhafte Instandsetzungsmaßnahmen, ZMR 2006, 252; *Becker*, Die Anfechtung des Abberufungsbeschlusses durch den abberufenen Verwalter, ZWE 2002, 211; *Bogen*, Bestellung und Anstellung des Verwalters im Wohnungseigentumsrecht, ZWE 2002, 289; *Briesemeister*, Die Beschwerdebefugnis des neu bestellten WEG-Verwalters gegen die Ungültigkeitserklärung seines Bestellungsbeschlusses, NZM 2006, 568; *Drasdo*, Die Renaissance der Gesellschaft bürgerlichen Rechts als Wohnungseigentumsverwalterin, NZM 2001, 258; *Drasdo*, Beschränkung der Abberufung des Verwalters auf einen wichtigen Grund, NZM 2001, 923; *Drasdo*, Der Tod des Verwalters oder des Geschäftsführers sowie des geschäftführenden Gesellschafters der Verwaltungsgesellschaft, WE 1998, 429; *Elzer*, Zur gerichtlichen Entscheidung über die Wiederwahl eines WEG-Verwalters, ZMR 2001, 418; *Elzer*, Das Anfechtungsrecht des Verwalters bei seiner Abberufung – neue Aspekte, ZWE 2004, 332; *Gottschalg*, Die Haftung von Verwalter und Beirat in der Wohnungseigentümergemeinschaft (zit. Haftung), 2. Aufl. 2005; *Häublein*, Verwalter und Verwaltungsbeirat – einige aktuelle Probleme, ZMR 2003, 233; *Häublein*, Verwalterentlastung im Wohnungseigentumsrecht, NJW 2003, 1293; *Hügel*, Die Gesellschaft bürgerlichen Rechts als Verwalter nach dem WEG, ZWE 2003, 323; *Jennißen*, Die Auswirkungen der Rechtsfähigkeit auf die innergemeinschaftlichen Beziehungen der Wohnungseigentümer, NZM 2006, 203; *Jennißen*, Der WEG-Verwalter, 1. Aufl. 2007; *Merle*, Bestellung und Abberufung des Verwalters nach § 26 WEG, 1977; *Sauren*, Verwaltervertrag und Verwaltervollmacht im Wohnungseigentum, 3. Aufl. 2000; *Schäfer*, Kann die GbR Verwalter einer Wohnungseigentümergemeinschaft sein?, NJW 2006, 216; *Schmidt*, Gesellschaftsrecht, 4. Aufl. 2004; *Suilmann*, Beschlussanfechtung durch den abberufenen Verwalter, ZWE 2000, 106; *Wenzel*, Die Wohnungseigentümergemeinschaft – ein janusköpfiges Gebilde aus Rechtssubjekt und Miteigentümergemeinschaft?, NZM 2006, 321; *Wenzel*, Die Befugnis des Verwalters zur Anfechtung des Abberufungsbeschlusses, ZWE 2001, 510.

I. Überblick

1 Während § 20 Abs. 2 bestimmt, dass die Bestellung des Verwalters nicht ausgeschlossen werden kann, regelt § 26 Einzelheiten zur Bestellung und Abberufung des Verwalters. Demgegenüber werden die Aufgaben des Verwalters in den §§ 24, 25, 27 und 28 beschrieben.

Das Gesetz schweigt zur Person des Verwalters und liefert keine Anhaltspunkte für ein spezifisches Berufsbild.

Die Vorschrift ist von der WEG-Novelle in drei Teilbereichen erfasst worden. Neu eingefügt wurden die Beschränkung der Erstbestellungsdauer auf drei Jahre und, als bislang einziger im Gesetz verankerter Abberufungsgrund, die Folgen nicht ordnungsmäßiger Führung der Beschluss-Sammlung. Hingegen wurde der sog. Notverwalter, wie er in Abs. 3 a.F. vorgesehen war, für entbehrlich gehalten und dieser Teil der Vorschrift aufgehoben.

II. Die Person des Verwalters

1. Grundsätze

2 Das Gesetz macht zu der Person des Verwalters keine Angaben. Somit kann grundsätzlich jede geschäftsfähige natürliche oder juristische Person zum Verwalter bestellt werden. Auch ist gesetzlich keine besondere **Qualifikation** Voraussetzung, obschon zu berücksichtigen ist, dass gerade bei Großanlagen hohe Anforderungen an den Verwalter gestellt werden. Solche Anforderungen stellt die Rechtsprechung nur dann, wenn der Verwalter bei seiner Wahl **majorisiert** hat, d.h. ein Stimmengewicht ausnutzen konnte[1] (s.u. Rz. 36 ff.). Auch Vorstrafen hindern nicht generell die Wahl zum Verwalter. Ist der Verwalter wegen eines **Vermögens- oder Eigentumsdelikts** verurteilt worden, dann kann seine Wahl angefochten werden[2], wenn die Tat im Zusammenhang mit seiner Berufsausübung stand und ein Misstrauen gegen die Person des Verwalters deshalb nicht unbegründet ist. Grundsätzlich können aber alle rechtsfähigen natürlichen Personen zum Verwalter gewählt werden.

2a In der Regel wird es nicht ordnungsmäßiger Verwaltung entsprechen, den **Zwangsverwalter** zum WEG-Verwalter zu wählen. Der Zwangsverwalter vertritt in erster Linie die Interessen des Gläubigers, der wiederum an einer Realisierung seiner notleidenden Forderung und im Zweifel nicht am dauerhaften Fortbestand des Objekts interessiert ist[3].

---

1 OLG Düsseldorf v. 28.7.1995 – 3 Wx 210/95, WE 1996, 70.
2 LG Berlin v. 20.6.2000 – 85 T 251/99, ZMR 2001, 143; ebenso LG Itzehoe v. 16.7.2002 – 1 T 200/01, ZMR 2003, 295 für den Geschäftsführer der Verwaltungs-GmbH.
3 So auch OLG Celle v. 27.6.1989 – 4 W 79/89, WE 1989, 199 (200).

2. Personengesellschaften

Unbestritten ist, dass Personenhandelsgesellschaften zum WEG-Verwalter bestellt werden können[1]. Die Personenhandelsgesellschaften entstehen unabhängig von ihrer Eintragung im Handelsregister durch tatsächliche Ausübung eines vollkaufmännischen Handelsgewerbes gem. § 105, 161 Abs. 2 HGB. In konsequenter Umsetzung der BGH-Rechtsprechung zur GbR (s. unten Rz. 5) muss aus Rechtssicherheitsgründen die Bestellung einer **OHG** zum WEG-Verwalter solange unwirksam sein, als diese nicht im Handelsregister eingetragen ist. Andernfalls würde die gleiche Argumentation wie bei der GbR gelten, dass der Gesellschafter einer OHG ausgetauscht werden könnte, ohne dass dies für die Wohnungseigentümer erkennbar würde[2].

3

Hingegen können Partnerschaftsgesellschaften zum Verwalter ohne weiteres bestellt werden[3]. Im Gegensatz zu OHG und KG entstehen Partnerschaftsgesellschaften erst mit Eintragung in das Partnerschaftsregister.

4

3. Gesellschaft bürgerlichen Rechts

Eine GbR kann nicht wirksam zum Verwalter einer Wohnungseigentümergemeinschaft bestellt werden[4]. Dabei scheitert die Verwaltereignung der GbR nicht an fehlender **Rechtsfähigkeit**, da diese vom BGH[5] bejaht wurde. Trotz der Rechtsfähigkeit wird die Verwaltereignung verneint, weil bei einer GbR nicht offenkundig ist, wer zum **Gesellschafterkreis** gehört[6]. Bei anderen Personengesellschaften wie OHG und KG ist der Gesellschafterkreis aus dem Handelsregister zu entnehmen. Hierin sieht der BGH den wesentlichen Unterschied. Die GbR scheide als Verwalter aus, weil die handelnden Personen unbemerkt ausgetauscht werden könnten und somit den Wohnungseigentümern im Kleid der GbR ständig andere Personen als Verwalter aufgedrängt werden könnten. Die Auffassung des BGH erscheint wenig konsequent, besteht doch auch kein Zwang, eine OHG in das Handelsregister eintragen zu lassen (s. auch vorstehend Rz. 3). Die OHG entsteht durch Aufnahme ihrer Geschäftstätigkeit und Abschluss eines Gesellschaftsvertrags bei Ausübung eines **vollkaufmännischen Geschäftsbetriebs**. Eine OHG ist im Geschäftsverkehr von einer GbR nicht unterscheidbar, wenn die OHG nicht in das Handelsregister eingetragen wurde[7]. Auch verfassungsrechtliche Bedenken, dass eine rechtsfähige Person in ihrer Berufsausübungsfreiheit eingeschränkt wird[8], sind nicht von der Hand zu weisen.

5

---

1 BGH v. 18.5.1989 – V ZB 4/89, NJW 1989, 2059; BayObLG v. 12.1.1989 – 2Z 123/88, WE 1990, 60 = NJW-RR 1989, 526; OLG Frankfurt v. 3.2.1989 – 20 W 259/88, WE 1989, 172; OLG Düsseldorf v. 28.5.1990 – 3 Wx 159/90, NJW-RR 1990, 1299; *Hügel*, ZWE 2003, 323 (327).
2 S. hierzu auch Jennißen, Der WEG-Verwalter, Rz. 29.
3 S. auch *Abramenko* in KG-WEG, § 26 Rz. 3.
4 BGH v. 26.1.2006 – V ZB 132/05, ZWE 2006, 183 = DWE 2006, 23 = NZM 2006, 263; OLG München v. 23.8.2006 – 34 Wx 58/06, NZM 2007, 45 = DWE 2006, 149.
5 V. 29.1.2001 – II ZR 331/00, NJW 2001, 1056.
6 BGH v. 26.1.2006 – V ZB 132/05, ZWE 2006, 183 = NJW 2005, 263 = DWE 2006, 23 = NZM 2006, 263.
7 Vgl. hierzu auch die Kritik von *Hügel*, ZWE 2003, 323 (324).
8 *Armbrüster*, ZWE 2006, 181 (182) sowie *Schäfer*, NJW 2006, 2160.

6 Vermittelnd bietet sich eine vertragliche Lösung an. Im Verwaltervertrag mit einer GbR lässt sich regeln, dass dieser nur mit der GbR unter der auflösenden Bedingung eines bestimmten Gesellschafterkreises zustande kommt und die GbR verpflichtet wird, jegliche Veränderungen im Gesellschafterkreis anzeigen zu müssen. Dann würde automatisch bei einem Gesellschafterwechsel oder dem Ausscheiden eines Gesellschafters der Verwaltervertrag enden. Zwar ließe sich wiederum argumentieren, dass die Wohnungseigentümer kaum eine Kontrollmöglichkeit besäßen, ob die Bedingung eingetreten ist. Dabei ist aber nicht zu übersehen, dass der ausscheidende Gesellschafter im Zweifel selbst ein Offenbarungsinteresse besitzt, um den Beginn der Nachhaftungsfrist gem. § 160 HGB i.V.m. § 736 Abs. 2 BGB auszulösen[1].

4. Juristische Personen

7 Juristische Personen entstehen ebenfalls erst durch Eintragung in das Handelsregister, sodass keine Bedenken bestehen, **AG**, **GmbH** oder **Genossenschaft** als WEG-Verwalter zuzulassen[2]. Dass eine juristische Person gewählt wird und nicht die auftretende Person persönlich, kann sich auch aus den Bewerbungsunterlagen und erst recht aus dem Entwurf des Verwaltervertrags ergeben[3]. Die Person des Verwalters muss aber eindeutig feststehen. Tritt der Geschäftsführer auf und macht nicht deutlich, dass er nicht persönlich, sondern als GmbH kandidiert, und lässt sich auch aus den Umständen keine eindeutige Klärung der bestellten Person herbeiführen, ist die Verwalterwahl nichtig.

5. Delegation der Aufgaben

8 Insbesondere beim Verwalter als **Einzelunternehmer**, der die Verwaltung professionell betreibt, entsteht das Problem, dass er sich **Hilfspersonen** bedienen will. Aus § 26 Abs. 1 WEG folgt aber, dass die Tätigkeit des Verwalters grundsätzlich an seine Person gebunden ist. Dies bedeutet jedoch nur, dass er den Aufgabenbereich nicht vollständig auf eine andere Person delegieren kann[4]. Beschäftigt der Einzelunternehmer Hilfspersonen, ist von einer vollständigen **Aufgabendelegation** nicht auszugehen. Der Einzelunternehmer behält in diesem Fall die persönliche Verantwortung. Eine unzulässige Rechtsübertragung setzt da an, wo der Verwalter die Verantwortung für die Auftragserledigung einer anderen Person überträgt[5].

9 Die Grenze zwischen einer unzulässigen Delegation und einer zulässigen Beschäftigung von Mitarbeitern ist fließend. Nicht zulässig ist es, wenn der Verwalter die Führung der **Eigentümerversammlung** vollständig delegiert, d.h. persönlich nicht anwesend ist. Er muss sich als Auftragnehmer den Wohnungseigentümern in der Versammlung stellen, sodass er zumindest anwesend sein

---
1 Siehe zum Fristbeginn *Sprau* in Palandt, BGB, § 736 Rz. 14.
2 BGH v. 18.5.1989 – V ZB 4/89, NJW 1989, 2059; BayObLG v. 12.1.1989 – 2Z 123/88, WE 1990, 60 = NJW-RR 1989, 526; OLG Düsseldorf v. 28.5.1990 – 3 Wx 159/90, NJW-RR 1990, 1299; OLG Frankfurt v. 3.2.1989 – 20 W 259/88, WE 1989, 172.
3 Vgl. BayObLG v. 3.11.2004 – 2Z BR 102/04, ZMR 2005, 301.
4 *Lüke* in Weitnauer, WEG, § 26 Rz. 25.
5 BayObLG NJW-RR 1979, 1443; KG v. 11.3.2002 – 24 W 310/01, ZMR 2002, 695 = NZM 2002, 389.

muss, auch wenn er einzelne Versammlungspunkte von einem Mitarbeiter ausführen lässt. Weitere **Kernaufgaben**, die der Einzelunternehmer persönlich ausführen sollte, sind die Vertretung der Eigentümergemeinschaft im Außenverhältnis, die Ausführung des Zahlungsverkehrs sowie die gerichtliche Vertretung der Eigentümergemeinschaft[1].

Wird das Delegationsrecht mit den Wohnungseigentümern vereinbart, ist dies nicht zu beanstanden[2], d.h. beide können sich vertraglich damit einverstanden erklären, dass die Aufgaben ganz oder teilweise auf einen konkreten Dritten übertragen werden. Ein entsprechender Mehrheitsbeschluss wäre allerdings anfechtbar, da die Aufgabendelegation nicht ordnungsmäßiger Verwaltung entspricht[3].

Überträgt der Verwalter die Aufgaben auf eine andere Person, **haftet** er für dessen **Schlechtleistungen**[4].

6. Rechtsnachfolge

Von dem Grundsatz ausgehend, dass die zum Verwalter bestellte Person grundsätzlich ihre Aufgabe persönlich auszuüben hat, ist auch die Frage der Rechtsnachfolge zu beurteilen. Zu prüfen ist jeweils, ob ein Wechsel in der Rechtsperson stattfindet[5]. An einer solchen Personenidentität fehlt es, wenn der Einzelunternehmer seinen Kundenstamm verkauft oder sein Geschäft vererbt[6].

Wurde eine **juristische Person** zur Verwalterin gewählt, ist die Personenidentität dann gewahrt, wenn Gesellschafter ausgetauscht oder der Alleingeschäftsführer wechselt.

Beim Wechsel des einzigen **Komplementärs** einer KG bleibt die Personenidentität gewahrt[7]. Nicht erheblich ist, dass durch den Austausch des Komplementärs möglicherweise die Bonität der Verwaltungsgesellschaft leidet. Für die Frage, ob ein unzulässiger Verwalterwechsel vorliegt, sind nicht Bonitätsmaßstäbe, sondern ausschließlich die Identität der Rechtspersonen maßgebend. Die Identität wird nicht gewahrt, wenn der einzige **Kommanditist** ausscheidet und die Gesellschaft somit zu einem Einzelunternehmen wird[8]. Gleiches gilt auch, wenn einer oder mehrere OHG-Gesellschafter ausscheiden und der einzig verbleibende Gesellschafter somit ebenfalls nur noch als Einzelunternehmen fungiert.

Bei der **Umwandlung** eines Unternehmens ist zu differenzieren. Wird von einer juristischen Person in eine andere juristische Person gewechselt (Formwechsel gem. §§ 190 ff. UmwG), bleibt es bei der Identität, da sich nur die Organisations-

---
1 S. hierzu auch *Jennißen*, Der WEG-Verwalter, Rz. 32.
2 So auch *Merle* in Bärmann/Pick/Merle, WEG, § 26 Rz. 79; *Weidenkoff* in Palandt, BGB, § 613 Rz. 1.
3 OLG Frankfurt/M. v. 15.3.2005 – 20 W 153/03, MietRB 2006, 47.
4 OLG Frankfurt/M. v. 20.12.2004 – 20 W 209/04, MietRB 2006, 49.
5 OLG Köln v. 24.9.2003 – 2 Wx 28/03, OLGReport Köln 2004, 49.
6 Vgl. hierzu *Drasdo*, WE 1989, 429.
7 BayObLGZ 1987, 54 (56); offen gelassen von OLG Düsseldorf Rpfleger 1990, 356.
8 BayObLG v. 6.2.1987 – BReg. 2Z 6/87, WE 1988, 19.

und Haftungsstrukturen verändern[1]. Wird von einer juristischen Person in eine Personenhandelsgesellschaft gewechselt, ist die Personenidentität hingegen nicht mehr gewahrt[2].

16 Bei der **Verschmelzung** von zwei oder mehreren Gesellschaften ist die Identität zu bejahen. Indem die Person des Verwalters, bildlich gesprochen, größer wird, verliert sie nicht ihre Identität. Anders ist es im Falle der **Abspaltung** zu beurteilen. In diesem Fall liegt nur eine partielle **Universalsukzession** vor[3]. Dies gilt auch für die **Ausgliederung** eines Teilbetriebs einer einzelkaufmännischen Firma zum Zwecke der Neugründung einer GmbH[4]. Geht die Identität verloren, endet automatisch das Verwalteramt und die Eigentümergemeinschaft ist verwalterlos. Übt dennoch das neue Gebilde Verwaltertätigkeiten aus, geschieht dies als Vertreter ohne Vertretungsmacht. Aufwendungen sind nur unter dem Gesichtspunkt der Geschäftsführung ohne Auftrag zu erstatten, § 683 BGB.

III. Bestellung des Verwalters

1. Grundlagen

17 § 26 Abs. 1 spricht nur von der Bestellung und der Abberufung des Verwalters. Dies trifft die **organschaftliche Stellung** des Verwalters. Die daneben bestehenden schuldrechtlichen Beziehungen zwischen dem Verwalter und der Wohnungseigentümergemeinschaft bzw. den Wohnungseigentümern regelt der Verwaltervertrag[5]. Diese Differenzierung zwischen Organstellung und Verwaltervertrag wird als **Trennungstheorie** bezeichnet, die zur Konsequenz hat, dass der Verwalter auch dann bestellt ist, wenn es nicht zum Abschluss des schuldrechtlichen Vertrags kommt. Nimmt der Verwalter die Bestellung an, ist die Organstellung begründet. Auf den Abschluss eines Verwaltervertrages kommt es hierfür nicht an. Dies folgt aus § 26 Abs. 3, wonach die Verwaltereigenschaft durch eine öffentlich beglaubigte Urkunde nachgewiesen werden muss, die den Bestellungsbeschluss beweist. Ein Vertragsabschluss erwähnt Abs. 3 ebenfalls nicht.

18 Demgegenüber stellt die nur noch vereinzelt vertretene **Vertragstheorie** auf den Vertragsabschluss ab, der somit konstitutive Bedeutung haben soll[6].

19 Die **Unterschiede** zwischen den beiden Theorien führen nur selten zu praktischen Konsequenzen. Im Zweifel wird bei Fehlen eines schriftlichen Verwalter-

---

1 Vgl. hierzu auch *Jennißen*, Der WEG-Verwalter, Rz. 36 ff.
2 Offenlassend OLG Köln v. 9.2.2006 – 2 Wx 5/06, ZMR 2006, 385 = NZM 2006, 591 für den Wechsel von GmbH in GmbH & Co. KG.
3 Vgl. *Schmidt*, Gesellschaftsrecht, § 12 IV 2.
4 BayObLG v. 7.2.2002 – 2Z BR 161/01, NZM 2002, 346; OLG Köln v. 24.9.2003 – 2 Wx 28/03, MietRB 2004, 81.
5 BGH v. 6.3.1997 – III ZR 248/95, NJW 1997, 2106 = WE 1997, 306; BayObLG v. 14.12. 1995 – 2Z BR 94/95, WE 1996, 314; v. 15.3.1990 – 2Z 8/90, WE 1991, 223; OLG Köln v. 21.2.1990 – 16 Wx 18/90, WE 1990, 171; OLG Hamm v. 4.3.1993 – 15 W 295/92, NJW-RR 1993, 845 = WE 1993, 246; *Merle* in Bärmann/Pick/Merle, WEG, § 26 Rz. 21 m.w.N.
6 *Sauren*, WEG, § 26 Rz. 5.

vertrags dessen mündlicher oder gar stillschweigender Abschluss unterstellt[1]. Häufig fällt auch der Bestellungsakt mit der Annahme des Vertrags zusammen. Liegt beispielsweise beim Bestellungsbeschluss ein Vertragsangebot des Verwalters bereits vor, ist im Zweifel anzunehmen, dass die Wohnungseigentümer mit dem Bestellungsbeschluss auch die Annahme des Vertragsangebots erklären wollten[2]. Bei einem Beschluss über die Fortsetzung des Verwaltervertrags wird angenommen, dass dieser auch die Neubestellung des Verwalters umfasst[3]. Wird allerdings ein Verwaltervertrag abgeschlossen und kommt es nicht zur wirksamen Bestellung des Verwalters, kann der Verwaltervertrag zwar wirksam sein[4]. Er ist aber ein leerer Torso, da der Verwalter nur als Organ handeln kann. Ohne diese Organstellung kann er keine Aufgaben ausüben (s. auch unten Rz. 141 ff.).

2. Bestellung in der Gemeinschaftsordnung

Für den ersten Verwalter bietet es sich an, diesen bereits in der Gemeinschaftsordnung zu benennen. Dies hat den Vorteil, dass die Eigentümergemeinschaft mit ihrer Entstehung sofort über einen Verwalter verfügt und damit handlungsfähig wird. 20

Bestellt sich der aufteilende Gebäudeeigentümer selbst zum ersten Verwalter, ist die grundsätzlich notwendige **Annahmeerklärung** entbehrlich. Wird eine andere Person zum ersten Verwalter bestellt, muss diese die Bestellung annehmen, was im Zweifel auch konkludent durch Aufnahme der Verwaltungstätigkeit geschehen kann. 21

Der aufteilende Gebäudeeigentümer kann sich in der Gemeinschaftsordnung auch das Recht vorbehalten, den ersten Verwalter bestellen zu dürfen. Allerdings muss er von diesem Recht bis zur Entstehung der **werdenden Wohnungseigentümergemeinschaft** Gebrauch gemacht haben. Sonst geht sein Recht unter[5]. Aufgrund dieser zeitlichen Beschränkung ist es sinnvoll, wenn der aufteilende Gebäudeeigentümer den ersten Verwalter bestimmen will, ihn konkret in der Gemeinschaftsordnung zu benennen[6]. 22

In der Gemeinschaftsordnung kann auch die **Bestellungsdauer** in den Grenzen des § 26 Abs. 1 geregelt werden. Wenn die Bestellung des ersten Verwalters in der Gemeinschaftsordnung nicht zeitlich befristet wird, gilt sie auf unbestimmte Zeit mit der Konsequenz, dass die Wohnungseigentümer jederzeit über die Abberufung durch Mehrheitsbeschluss entscheiden können. Will der aufteilende Gebäudeeigentümer diese Abwahlmöglichkeit einschränken, kann er 23

---

1 OLG Hamm v. 21.8.1996 – 15 W 174/96, ZMR 1997, 94 = OLGReport Hamm 1996, 254; *Bassenge* in Palandt, BGB, § 26 WEG Rz. 7; *Sauren*, WEG, § 26 Rz. 5.
2 OLG Hamm v. 21.8.1996 – 15 W 174/96, ZMR 1997, 94 = OLGReport Hamm 1996, 254; BayObLG v. 15.3.1990 – 2Z 8/90, WE 1991, 223.
3 OLG Schleswig v. 20.1.2006 – 2 W 24/05, DWE 2007, 34.
4 OLG Düsseldorf v. 17.1.2006 – I – 3 Wx 167/05, ZMR 2006, 463 = NZM 2006, 594.
5 BayObLG v. 3.3.1994 – 2Z BR 142/93, NJW-RR 1994, 784.
6 Die Zulässigkeit der Bestellung des ersten Verwalters in der Gemeinschaftsordnung bestätigend, BGH v. 20.6.2002 – V ZB 39/01, ZMR 2002, 766 (700).

auch anstelle der zeitlichen Befristung die Abberufungsmöglichkeit auf das Vorliegen eines **wichtigen Grundes** beschneiden.

24 In der Gemeinschaftsordnung darf zwar die Abberufungsmöglichkeit, aber nicht die Verwalterbestellung eingeschränkt oder erschwert werden. So sind Regelungen **nichtig**, wonach **nur Wohnungseigentümer** das Verwalteramt ausüben dürfen[1] oder die Verwalterwahl von einer **qualifizierten Mehrheit** abhängig gemacht wird[2]. Ebenfalls führt es zu einer Beschränkung der Verwalterbestellungsmöglichkeiten, wenn in der Gemeinschaftsordnung das Verwalterhonorar der Höhe nach festgelegt[3] oder gar die **Unentgeltlichkeit** vorgeschrieben wird. Auch diese Regelungen schränken die Möglichkeiten, einen qualifizierten Verwalter zu erhalten, ein und sind daher nichtig. Nichtigkeit ist ebenso anzunehmen, wenn die Verwalterbestellung von der Zustimmung eines Dritten abhängig gemacht wird[4].

3. Mehrheitsbeschluss
a) Grundsätze

25 Der Verwalter kann auch durch einen Mehrheitsbeschluss in der Eigentümerversammlung bestellt werden. Dies ist der Regelfall, von dem § 26 Abs. 1 Satz 1 ausgeht.

26 Problematisch kann die **Wahl des ersten Verwalters** sein, wenn in der Gemeinschaftsordnung niemand bevollmächtigt wurde, die erste Versammlung einzuberufen. Im Zweifel muss zunächst ein gerichtlicher Antrag gestellt werden, damit ein Wohnungseigentümer bevollmächtigt wird, die **erste Eigentümerversammlung** zwecks Verwalterwahl einzuberufen.

27 Hat sich der aufteilende Gebäudeeigentümer das Recht vorbehalten, die erste Eigentümerversammlung einzuberufen, kann er dies wiederum nicht tun, bevor die **werdende Wohnungseigentümergemeinschaft** (s. § 10 Rz. 94 ff. und § 43 Rz. 5 ff.) entstanden ist. Die Eigentümerversammlung setzt stets voraus, dass die Eigentümergemeinschaft zumindest als werdende Wohnungseigentümergemeinschaft exsistiert. Beschließt der teilende Gebäudeeigentümer hingegen alleine und hat nur sich zur Versammlung eingeladen, liegt eine Nichtversammlung vor. Die „Beschlüsse" sind **Nicht-Beschlüsse**[5], die keine Wirkung entfalten.

28 Für die Verwalterwahl sollten möglichst **mehrere Kandidaten** vorgeschlagen werden. Steht aber nur ein Kandidat zur Wahl, hat dieser Umstand allein noch nicht die Rechtswidrigkeit der Verwalterwahl zur Folge. Wird die Verwalterwahl gerichtlich angefochten, ist die Qualifikation des Verwalters zu überprü-

---

1 BayObLG v. 12.10.1994 – 2Z BR 97/94, NJW-RR 1995, 271 = WuM 1995, 229 = WE 1995, 287 = MDR 1995, 144.
2 BayObLG v. 20.7.1995 – 2Z BR 49/95, DWE 1995, 155; v. 20.7.1995 – 2Z BR 49/95, WuM 1996, 497; KG v. 4.3.1998 – 24 W 6949/97, NZM 1998, 520.
3 KG v. 19.11.1993 – 24 W 1118/93, NJW-RR 1994, 402 für Verwalterhonorar i.H.v. 7 % des Wohngeldes.
4 KG OLGZ 1978, 142; OLG Hamm OLGZ 1978,184.
5 OLG München v. 9.1.2006 – 34 Wx 089/05, ZMR 2006, 308.

fen. Bestehen hierzu keine Bedenken, ist der Mangel, dass nicht mehrere Kandidaten zur Auswahl standen, nicht kausal.

Stehen hingegen mehrere Kandidaten zur Auswahl und wird über diese in einem Wahlgang entschieden, muss die gewählte Person die **absolute Mehrheit** der abgegebenen Stimmen erhalten[1]. Erreicht keine der zu wählenden Personen die absolute Mehrheit, kann eine **Stichwahl** zwischen den beiden Kandidaten durchgeführt werden, die die meisten Stimmen im ersten Wahlgang erhielten. Wird zwischen zwei Kandidaten abgestimmt, genügt die einfache Mehrheit[2].

29

Es entspricht ordnungsmäßiger Verwaltung, wenn mehrere Angebote eingeholt werden und sich die zu wählenden Kandidaten in der Eigentümerversammlung vorstellen. Ebenso sollten die **Vertragsangebote** allen Wohnungseigentümern vor der Wahl zur Verfügung gestellt werden[3]. Der **Beirat** darf unter mehreren Kandidaten eine Vorauswahl treffen. Es ist nicht zu beanstanden, wenn nur geeignet erscheinende Bewerber zur Eigentümerversammlung eingeladen werden[4]. Es genügt aber nicht, wenn der Beirat die Vorauswahl so trifft, dass nur noch ein Kandidat präsentiert wird und die Wohnungseigentümer faktisch nicht wählen können.

30

Wird die **Versammlung** von einer Person **einberufen**, die zur Einberufung nicht legitimiert ist, sind die gefassten Beschlüsse nur anfechtbar, was entsprechend auch für die Verwalterwahl gilt. Die Rechtslage ist nicht anders zu beurteilen, wenn der später gewählte Verwalter die Versammlung einberufen hat und somit bei der Einberufung als unbefugte Person handelte. Seine spätere Wahl zum Verwalter heilt diesen Einberufungsmangel nicht. Dennoch ist seine Verwalterwahl nur anfechtbar und nicht nichtig[5].

31

Zweifelhaft ist, ob es zur ordnungsmäßigen Verwalterwahl gehört, dass schon im Beschluss die wichtigsten Vertragselemente wie **Vertragslaufzeit** und **Vergütung** festgelegt werden. Die dies bejahende Auffassung des OLG Hamm[6] übersieht, dass weder ein schriftlicher Verwaltervertrag erforderlich ist noch unbedingt über die Vertragslaufzeit und über die Vergütungshöhe Einigkeit erzielt werden muss. Wenn die Vertragslaufzeit bzw. die Bestellungsdauer nicht festgelegt wurde, ist der Verwalter auf unbestimmte Zeit gewählt. Haben die Wohnungseigentümer in der Beschlussfassung nicht die Vergütung festgelegt, gilt die übliche Vergütung, die im Zweifel der Verwalter zu beweisen hat. Die Bestimmung der Vertragslaufzeit und der Vergütung im Bestellungsbeschluss sind somit für die Rechtmäßigkeit der Bestellung nicht Voraussetzung.

32

Zählt der Verwalter die Stimmen falsch aus und verkündet die Wahl als zustande gekommen, obschon tatsächlich die Mehrheit gegen den Verwalter votierte, so ist dennoch zunächst der verkündete Beschluss maßgebend, solange er

33

---

1 BayObLG v. 13.3.2003 – 2Z BR 85/02, NZM 2003, 444 = WuM 2003, 410; *Bub* in Staudinger, BGB, § 26 WEG Rz. 156; *Gottschalg*, ZWE 2005, 32 (35).
2 BayObLG v. 13.3.2003 – 2Z BR 85/02, NZM 2003, 444 = WuM 2003, 410.
3 OLG Köln v. 14.3.2005 – 16 Wx 23/05, ZMR 2005, 811.
4 OLG Düsseldorf v. 14.9.2001 – 3 Wx 202/01, NZM 2002, 266.
5 BayObLG v. 28.9.1998 – 2Z BR 123/98, NZM 1999, 129.
6 So OLG Hamm v. 4.6.2002 – 15 W 66/02, ZMR 2003, 50.

nicht auf Grund einer Anfechtung für unwirksam erklärt wurde[1]. Wird der Beschlussgegenstand in der Einladung zur Eigentümerversammlung mit „Neuwahl eines Verwalters" bezeichnet, so kann unter diesem Tagesordnungspunkt auch über den Verwaltervertrag abgestimmt werden[2].

b) Stimmrechte

aa) Des Verwalters

34 Ist der Verwalter selbst Wohnungseigentümer oder in der Eigentümerversammlung als Vertreter von Wohnungseigentümern anwesend, darf er bei seiner Verwalterwahl mit abstimmen[3]. Das Wohnungseigentumsgesetz sieht für den **Bestellungsbeschluss keinen Stimmrechtsausschluss** vor. § 25 Abs. 5 WEG erfasst nur einen Stimmrechtsausschluss, wenn die Beschlussfassung die Vornahme eines auf die Verwaltung des gemeinschaftlichen Eigentums bezüglichen Rechtsgeschäfts mit einem Wohnungseigentümer betrifft. Die Verwalterbestellung wird aber nicht als Abschluss eines solchen Rechtsgeschäfts angesehen[4]. Gründe, weshalb sich ein zu wählender Kandidat nicht selbst zum Verwalter mit wählen darf, sind nicht ersichtlich. Insbesondere ist die **organschaftliche Bestellung** nur die Ausübung eines **Mitgliedschaftsrechts**[5].

35 Ebenso dürfen Wohnungseigentümer mit abstimmen, die mit dem zu wählenden Verwalter persönlich oder wirtschaftlich verbunden sind[6].

bb) Ausnutzen der Stimmenmehrheit

36 Wenn der Verwalter mit der Stimmenmehrheit eines einzelnen Wohnungseigentümers, meistens des Bauträgers, gewählt wird, stellt sich die Frage, ob dies als **rechtsmissbräuchlich** anzusehen ist. Zutreffenderweise wird diese Frage grundsätzlich zu verneinen sein, da es die Ausnutzung eines legitimen Rechts ist, mit einer vorhandenen Mehrheit den Verwalter zu wählen, der vom Mehrheitseigentümer favorisiert wird. Dass sich der Mehrheitseigentümer gegen die übrigen Wohnungseigentümer durchsetzt, ist für sich betrachtet noch nicht rechtsmissbräuchlich[7]. Allerdings ist die Verwalterwahl bei entsprechender Anfechtung durch die Gerichte besonders kritisch im Hinblick auf ihre Ordnungsmäßigkeit zu prüfen, wenn eine **Majorisierung** stattgefunden hat. Dann sind

---

1 OLG Düsseldorf v. 6.5.2002 – 3 Wx 244/01, WuM 2002, 384 = ZMR 2002, 614.
2 OLG Schleswig v. 20.1.2006 – 2 W 24/05, OLGReport Schleswig 2006, 619 = MDR 2006, 1401 = ZMR 2006, 803.
3 KG v. 5.11.1986 – 24 W 1558/86, NJW-RR 1987, 268; OLG Düsseldorf v. 28.7.1995 – 3 Wx 210/95, WE 1996, 70; OLG Saarbrücken v. 10.10.1997 – 5 W 60/97 – 23, WE 1998, 69; OLG Köln v. 8.11.2006 – 16 Wx 165/06, NZM 2007, 334 = NJW-RR 2007, 670; OLG Schleswig v. 20.1.2006 – 2 W 24/05, OLGReport Schleswig 2006, 619 = MDR 2006, 1401 = ZMR 2006, 803; OLG Hamm v. 20.7.2006 – 15 W 142/05, NZM 2007, 253.
4 KG v. 5.11.1986 – 24 W 1558/86, NJW-RR 1987, 268; OLG Düsseldorf v. 28.7.1995 – 3 Wx 210/95, WE 1996, 70; OLG Saarbrücken v. 10.10.1997 – 5 W 60/97 – 23, WE 1998, 69.
5 BGH v. 19.9.2002 – V ZB 30/02, NZM 2002, 995 (998) = MDR 2002, 1424 = NJW 2002, 3704; OLG Düsseldorf v. 16.9.1998 – 3 Wx 366/98, NZM 1999, 285; OLG Saarbrücken v. 10.10.1997 – 5 W 60/97, WuM 1998, 243 = ZMR 1998, 50.
6 OLG Frankfurt/M. v. 13.10.2004 – 20 W 133/03, OLGReport Frankfurt 2005, 378.
7 A.A. BayObLG v. 27.6.1996 – 2Z BR 46/96, WE 1997, 115.

sachliche Gründe, die gegen die Verwalterbestellung der konkreten Person sprechen, ebenso heranzuziehen, wie die Gefahren eines **Interessenwiderspruchs**[1]. Auch ist im Falle der Majorisierung die persönliche und **fachliche Qualifikation des Verwalters** höher als üblich anzusetzen. Die Wahl eines nicht besonders qualifizierten Verwalters mit Stimmenmehrheit eines Wohnungseigentümers ist als rechtsmissbräuchliche Wahl im Falle der Anfechtung aufzuheben[2]. Unzulässig ist es, jede Majorisierung zurückzuweisen oder das Stimmrecht im Falle der Majorisierung auf beispielsweise 25 % willkürlich zu beschränken[3].

Die Verwalterwahl kann bei vorliegender Majorisierung auch dann aufgehoben werden, wenn das **Vertrauensverhältnis** zu den übrigen Wohnungseigentümern von vornherein belastet ist. Es wäre aber ein unzulässiger Zirkelschluss, wenn das belastete Vertrauensverhältnis alleine mit den Mehrheitsverhältnissen begründet würde. Tatsächlich muss eine besondere Nähe des Verwalters zum aufteilenden Bauträger vorliegen, die insbesondere befürchten lässt, dass etwaige **Gewährleistungsansprüche** vom Verwalter nicht hinreichend verfolgt werden[4]. Dabei ist aber zu berücksichtigen, dass die Durchsetzung von Gewährleistungsansprüchen primär den ersten Verwalter betrifft. Dieser darf aber nach Satz 2 ohnehin nur für höchstens drei Jahre bestellt werden. Somit haben die Wohnungseigentümer bei fünfjähriger Gewährleistungsfrist noch zwei Jahre Zeit, um dann durch einen Verwalter ihres Vertrauens die Gewährleistungsansprüche wahrzunehmen. Durch die zeitliche Beschränkung der ersten Verwalterwahl auf maximal drei Jahre sind die möglichen Gründe für eine Interessenkollision geringer geworden. Auch muss berücksichtigt werden, dass der Verwalter, wenn er Gewährleistungsansprüche entgegen entsprechender Weisung durch einen Beschluss der Wohnungseigentümer nicht hinreichend verfolgt, mit sofortiger Wirkung abberufen werden kann (s. auch Rz. 126). Auch unter diesem Gesichtspunkt sind die Wohnungseigentümer nicht schutzlos[5].

37

Die Verwalterwahl hat selbstverständlich nach dem in der Gemeinschaftsordnung vorgesehenen Stimmrecht zu erfolgen. Sieht diese das Objektprinzip vor, ist dieses auch dann anwendbar, wenn hiermit die Gefahr einer **Majorisierung** verbunden ist[6]. Besonders ist eine Majorisierung dann zu werten, wenn die Eigentümergemeinschaft nur aus zwei zerstrittenen Parteien besteht und eine Partei mit ihrem Stimmenübergewicht sich selbst zum Verwalter bestellt. Dann ist eine objektive Verwaltung von vornherein nicht zu erwarten, sodass eine entsprechende Beschlussanfechtung erfolgreich ist[7].

38

---

1 OLG Zweibrücken v. 10.7.1989 – 3 W 72/89, WE 1990, 108; OLG Düsseldorf v. 16.4.1999 – 3 Wx 77/99, ZMR 1999, 581 = WuM 1999, 648.
2 OLG Düsseldorf v. 28.7.1995 – 3 Wx 210/95, WE 1996, 70.
3 So aber OLG Saarbrücken v. 10.10.1997 – 5 W 60/97 – 23, WE 1998, 69; OLG Hamm OLGZ 1978, 184.
4 OLG Frankfurt v. 13.10.2004 – 20 W 133/03, OLG Report Frankfurt 2005, 378 = MietRB 2005, 234.
5 OLG Hamm v. 8.4.2004 – 15 W 17/04, MietRB 2004, 296.
6 BGH v. 19.9.2002 – V ZB 30/02, MDR 2002, 1424 = NJW 2002, 3704 = ZMR 2002, 930.
7 BayObLG v. 13.12.2001 – 2Z BR 93/01, ZMR 2002, 525 = ZWR 2002, 360.

4. Bestellung durch den Beirat

39 Es genügt nicht, wenn nur der Beirat den Verwalter bestellt. Die Wohnungseigentümer können auch hierzu nicht per Mehrheitsbeschluss die Verwalterwahl auf den **Beirat** delegieren. Sie würden sich hierdurch eines **Kernrechts** begeben. Die Wohnungseigentümer müssen immer per Mehrheitsbeschluss den Verwalter aussuchen[1]. Ein Beschluss, mit dem die Wohnungseigentümer den Beirat bevollmächtigen, den Verwalter auszusuchen und zu bestellen, ist nichtig. Allerdings kann die vom Beirat „bestellte" Person anschließend zu einer Eigentümerversammlung einladen und dort die Wahl bestätigen lassen. Dann ist die Wahl nicht mehr nichtig, sondern nur noch anfechtbar. Dies folgt daraus, dass eine Versammlung, die durch eine nicht berechtigte Person eingeladen wurde, nach herrschender Auffassung nicht zur Nichtigkeit der dort gefassten Beschlüsse, sondern lediglich zu deren Anfechtbarkeit führt[2].

5. Bestellung durch das Gericht

39a Vor der WEG-Novelle sah § 26 Abs. 3 vor, dass auf Antrag eines Wohnungseigentümers oder eines Dritten, der ein berechtigtes Interesse an der Bestellung eines Verwalters hat, durch das Gericht ein Verwalter zu bestellen ist, wenn dieser fehlt und ein dringender Anlass zur Behebung des Mangels besteht. Hiermit korrespondierte die Vorschrift des früheren § 43 Abs. 1 Nr. 3, wonach ein gleiches Recht in die Verfahrensvorschriften aufgenommen wurde. Der Gesetzgeber hat beide Vorschriften im Zuge der Novellierung ersatzlos gestrichen. Da dieser Verwalter immer nur bis zur Behebung des Mangels, also bis zur Wahl eines Verwalters durch die Eigentümerversammlung, gerichtlich bestellt wurde, wurde er als **Notverwalter** bezeichnet.

39b Daneben bestand die Möglichkeit, auf Antrag eines Wohnungseigentümers einen Verwalter im Verfahren gem. § 43 Abs. 1 Nr. 1 zur Verwirklichung des Anspruchs auf **ordnungsmäßige Verwaltung** zu bestellen[3]. Aufgrund dieser parallel bestehenden Möglichkeit hielt der Gesetzgeber die Person des Notverwalters mit Recht für entbehrlich.

39c Ein Antrag auf Verwalterbestellung ist seit 1.7.2007 nach § 21 Abs. 8 möglich. Die vom Gericht nach billigem Ermessen zu treffende Entscheidung richtet sich dann auf die erforderliche Verwalterbestellung. Daneben wird die Möglichkeit diskutiert, dass ein Wohnungseigentümer auch weiterhin einen Antrag gem. §§ 43 Nr. 1 i.V.m. 21 Abs. 4 stellen könne. In beiden Fällen ist zunächst Voraussetzung, dass der Wohnungseigentümer sich um die Einberufung einer Eigentümerversammlung bemüht und einen Antrag auf Verwalterwahl stellt. Scheitern diese Bemühungen oder ist von vornherein erkennbar, dass eine Verwalterwahl nicht zustande kommt, weil sie beispielsweise vom Mehrheitseigentümer boy-

---

1 LG Lübeck Rpfleger 1986, 232; *Bub* in Staudinger, BGB, § 26 WEG Rz. 135; *Merle* in Bärmann/Pick/Merle, WEG, § 26 Rz. 70.
2 BayObLG v. 13.6.1990 – 2Z 25/90, WE 1991, 285; v. 28.9.1998 – 2Z BR 123/98, NZM 1999, 129; OLG Köln v. 9.1.1996 – 16 Wx 214/95, WuM 1996, 246; KG v. 27.8.1986 – 24 W 1747/86, NJW 1987, 386.
3 BayObLG v. 12.12.1988 – BReg. 2Z 49/88, NJW 1989, 461; *Bassenge* in Palandt, BGB, § 26 WEG Rz. 4.

kottiert wird, kann das Gericht unmittelbar angerufen werden. Grundsätzlich müssen Anträge in gerichtlichen Verfahren nach § 43 Nr. 1 einen bestimmten Inhalt haben. Dennoch kann nicht die gerichtliche Bestellung eines bestimmten Verwalters beantragt werden, weil kein Wohnungseigentümer Anspruch auf Bestellung eines bestimmten Verwalters hat[1]. Andernfalls würde § 21 Abs. 8 bedeutungslos. Diese Vorschrift will den einzelnen Wohnungseigentümer nicht nur davon entbinden, eine bestimmte Maßnahme einfordern und im Klageantrag formulieren zu müssen (s. auch § 21 Rz. 158). Die Vorschrift zeigt aber auch, dass ein Wohnungseigentümer dann keinen bestimmten Antrag stellen kann, wenn er auf die begehrte Maßnahme – hier Bestellung eines ihm genehmen Verwalters – keinen Anspruch hat. Das Gericht kann auch ausnahmsweise die Bestellungsdauer festlegen, wenn zu befürchten ist, dass der Mehrheitseigentümer den gerichtlich bestellten Verwalter sofort wieder abwählen könnte.

Grundsätzlich ist es auch denkbar, dass ein Antrag auf gerichtliche Verwalterbestellung durch einen **Dritten** gestellt wird. § 43 Nr. 5 lässt Klagen Dritter zu. Richtet sich dieser Antrag auf Verwalterbestellung, wird aber im Zweifel das **Rechtsschutzinteresse** fehlen. § 27 Abs. 3 Satz 2 bestimmt, dass die Eigentümergemeinschaft dann, wenn ein Verwalter fehlt, durch alle Wohnungseigentümer vertreten wird. Somit würde es einem Dritten nicht an handlungsfähigen Personen fehlen. Ebenso hat der Dritte auch kein Zustellproblem, falls er gegen die Eigentümergemeinschaft Klage erheben will. Die Zustellungsproblematik regelt § 45 in der Person des Ersatzzustellungsvertreters[2]. 39d

Besteht die dringende Notwendigkeit, einen Verwalter kurzfristig zu bestellen, um die Handlungsfähigkeit der Eigentümergemeinschaft wiederherzustellen, kann eine **einstweilige Verfügung** beantragt werden. Durch diesen Antrag wird dann ein vorläufiger Verwalter bis zur Entscheidung in der Hauptsache bestellt. Über diesen Verfahrensantrag wird aus dem abgeschafften Notverwalter ein vorläufiger Verwalter. 39e

6. Bestellungsdauer

Der Verwalter kann grundsätzlich für maximal **fünf Jahre** bestellt werden. Durch die WEG-Novelle ist aber die Wahl des **ersten Verwalters** auf **drei Jahre** beschränkt worden, § 26 Abs. 1 Satz 2. Dies gilt für alle Verwalterbestellungen, die ab dem 1.7.2007 erfolgen. Ist vor diesem Datum der erste Verwalter für fünf Jahre bestellt worden, bleibt die Bestellung für fünf Jahre wirksam[3]. Allerdings ist der Auffassung von *Abramenko* zu folgen, dass die dreijährige Höchstfrist auch dann anzuwenden ist, wenn zwar die Bestellung vor dem 1.7.2007 erfolgte, der Verwalter aber erst danach seine Tätigkeit aufnimmt[4]. Andernfalls hätte sich die Dreijahresfrist leicht umgehen lassen. 40

Durch die Beschränkung der Erstbestellung auf drei Jahre will der Gesetzgeber erreichen, dass der bei Neubauobjekten häufig bestehende **Interessenskonflikt** 40a

---
1 Beide Anträge nach § 43 Nr. 1 und § 21 Abs. 8 zulassend, *Elzer* in Hügel/Elzer, Das neue WEG-Recht, § 10 Rz. 9.
2 Siehe hierzu auch *Elzer* in Hügel/Elzer, Das neue WEG-Recht, § 10 Rz. 8.
3 Amtl. Begründung zu § 26 Abs. 1 Satz 2 in BT-Drucks. 16/3843, 51.
4 *Abramenko*, Das neue WEG, § 5 Rz. 40.

des Erstverwalters zeitlich beschränkt wird, der sich daraus ergibt, dass er durch den Bauträger bestellt wurde oder sonst in einem besonderen Näheverhältnis zum Bauträger steht und sich deshalb daran gehindert sieht, gegen den Bauträger mit aller notwendigen Konsequenz Gewährleistungsansprüche für die Wohnungseigentümer durchzusetzen[1]. Die **zeitliche Befristung** der Erstbestellung gilt unabhängig davon, ob eine solche Interessenkollision tatsächlich besteht oder zu erwarten ist. Ebenso ist die Dreijahresfrist anzuwenden, wenn die Wohnungseigentümer zunächst das Objekt selbst verwaltet haben und erst später den ersten Verwalter wählen. Der eindeutige Wortlaut von Abs. 1 Satz 2 lässt insoweit keinen Spielraum zu. Hingegen ist die Dreijahresfrist nicht mehr relevant, wenn sich beispielsweise der Bauträger in der Gemeinschaftsordnung zum ersten Verwalter bestellt, um dann kurze Zeit nach der Entstehung der Eigentümergemeinschaft einen anderen Verwalter zu wählen. Es handelt sich dann nicht mehr um den Erstverwalter, sodass dieser auch für fünf Jahre bestellt werden könnte. Dass hierdurch faktisch § 26 Abs. 1 Satz 2 umgangen wird, ist im Rahmen einer möglichen Anfechtung zu prüfen. Nichtigkeit liegt auch deshalb nicht vor, weil es sonst auf die im Gesetz nicht vorgesehene Frage ankäme, wie lang der in der Gemeinschaftsordnung bestellte Verwalter tatsächlich sein Amt aufgeübt hat.

41 Wird der Verwalter auf unbestimmte Zeit gewählt, muss er sich spätestens zum Ablauf des fünften Bestellungsjahres zur Wiederwahl stellen. Ohne Wiederwahl endet das Verwalteramt automatisch mit Ablauf des fünften Jahres. Es kann sich dann nicht mehr ohne Wiederwahl auf unbestimmte Zeit verlängern. Dieses Ergebnis wird auch nicht durch eine Verlängerungsklausel im Verwaltervertrag verändert[2]. Hat sich der Verwalter für einen **längeren Zeitraum als fünf Jahre** bestellen lassen, gilt die Bestellung auf unbestimmte Dauer. Überwiegend wird vertreten, dass sich dann die Bestellung auf das maximal zulässige Maß von fünf Jahren reduziert[3]. Diese Auffassung überzeugt aber nicht. Nichtige Beschlüsse können nicht mit einer **Reduzierung auf das zulässige Maß** belohnt werden. Vielmehr gilt dann eine Bestellung auf unbestimmte Zeit, sodass der Verwalter jederzeit durch Mehrheitsbeschluss ohne Angabe besonderer Gründe abberufen werden kann.

42 Der Höchstzeitraum von fünf Jahren kann auch nicht durch eine entsprechende Regelung in der **Gemeinschaftsordnung verlängert** werden. § 26 Abs. 1 Satz 2 stellt insoweit ein gesetzliches Verbot auf, das nicht der Privatautonomie unterliegt.

43 Zu einem ordnungsmäßigen Bestellungsbeschluss gehört es ebenfalls, den **Beginn der Bestellungsdauer** zu bestimmen. Für den Erstverwalter ist dies nicht erforderlich, da er seine Tätigkeit mit Entstehung der **werdenden Wohnungseigen-**

---

1 Amtl. Begründung zu § 26 Abs. 1 Satz 2 in BT-Drucks. 16/3843, 51.
2 BayObLG v. 14.12.1995 – 2Z BR 94/95, WE 1996, 314; so auch *Abramenko* in KK-WEG, § 26 Rz. 83; *Bub* in Staudinger, BGB, § 26 WEG Rz. 518, der allerdings die Verlängerungsklausel generell als nichtig ansieht; *Becker/Kümmel/Ott*, Wohnungseigentum, Rz. 347.
3 So *Merle* in Bärmann/Pick/Merle, WEG, § 26 Rz. 43; *Müller*, Praktische Fragen, Rz. 420; *Bassenge* in Palandt, BGB, § 26 WEG Rz. 2; *Scheel* in Hügel/Scheel, Rechtshandbuch Wohnungseigentum, S. 220.

tümergemeinschaft aufzunehmen hat. Ab dann läuft der Bestellungszeitraum. Bei einem Verwalterwechsel muss aber aus dem Beschluss deutlich werden, zu welchem Stichtag der Organwechsel stattfindet.

7. Wiederwahl, Abs. 2

Die zeitliche Beschränkung gilt auch bei der Wiederwahl des Verwalters. Der Verwalter muss, wenn er sich zur Wiederwahl stellt, **keine Konkurrenzangebote** einholen. Seine Wiederwahl kann auch dann ordnungsmäßiger Verwaltung entsprechen, wenn Alternativen nicht unterbreitet wurden[1]. Bei der Wiederwahl können die Wohnungseigentümer die Qualität ihres Verwalters aus seiner bisherigen Tätigketi beurteilen und somit auch einschätzen, in welchem Verhältnis Leistung und Gegenleistung (Entgelt) stehen. Da die Wohnungseigentümer ohnehin nicht verpflichtet sind, den billigsten Anbieter zu wählen, geht es bei der Wiederwahl ausschließlich darum, ob der Verwalter bisher seine Leistungspflichten ordnungsmäßig erfüllt hat. 44

Allerdings ist der Zeitpunkt der Wiederwahl eingeschränkt. Nach Abs. 2 darf die Wiederwahl **frühestens ein Jahr vor Ablauf der Bestellungszeit** erfolgen. Die Vorschrift will die Bindungsfrist an den Verwalter auf maximal sechs Jahre beschränken. Die maximal **sechsjährige Bindungsdauer** kommt dadurch zustande, dass ein Jahr vor Bestellungsablauf die Wiederwahl für weitere fünf Jahre erfolgen könnte. Ein Beschluss, der zu einer längeren Bindungsdauer führt, ist nichtig[2]. Die Wahl kann auch nicht auf ein zulässiges Maß umgedeutet werden. Die Wahl ist insgesamt nichtig, weil früher als ein Jahr vor Ablauf der Bestellungsdauer nicht gewählt werden durfte, sofern die Bindungsdauer von sechs Jahren überschritten wird. 45

Eine Wiederwahl, die früher als ein Jahr vor Ablauf der bisherigen Bestellungsdauer erfolgt, ist ausnahmsweise dann zulässig, wenn sie **sofort wirken** soll. Verlängern also die Wohnungseigentümer mit sofortiger Wirkung die Bestellungsdauer um fünf Jahre, ist die maximale Bindungsdauer von sechs Jahren nicht überschritten, sodass ein solcher Beschluss nicht zu beanstanden ist[3]. 46

Die maximale Bindungsdauer von sechs Jahren ist auch dann nicht unzulässig überschritten, wenn die Wohnungseigentümer zwar früher als ein Jahr die Wiederbestellung vornehmen, die eigentliche Bestellung aber entsprechend kürzer als fünf Jahre erfolgt. Abs. 2 ist somit dahingehend zu verstehen, dass die **Summe aus Bestellungsdauer** der Wiederwahl **und der Zeit vor Beginn des Wiederbestellungszeitraums** addiert nicht über **sechs Jahre** hinaus gehen darf[4]. 47

Das Verbot des § 26 Abs. 2 gilt auch dann, wenn der erste Verwalter für drei Jahre bestellt wurde[5]. Es kommt für Abs. 2 nicht auf die bisherige Bestellungs- 47a

---

1 OLG Schleswig v. 20.1.2006 – 2 W 24/05, DWE 2007, 34 = MDR 2006, 1401 = ZMR 2006, 803.
2 OLG Frankfurt v. 15.3.2005 – 20 W 153/03, MietRB 2006, 47.
3 So auch BGH v. 23.2.1995 – III ZR 65/94, NJW-RR 1995, 780.
4 Ebenso *Merle* in Bärmann/Pick/Merle, WEG, § 26 Rz. 51; *Bub* in Staudinger, BGB, § 26 WEG Rz. 197; KG v. 30.7.1997 – 24 W 2316/96, WE 1998, 66.
5 Offenlassend *Scheel* in Hügel/Scheel, Rechtshandbuch Wohnungseigentum, S. 221.

dauer, sondern auf die zukünftige Bindungsdauer an, die auf sechs Jahre beschränkt ist.

8. Anfechtung der Bestellung

a) Allgemeine Anfechtungsgründe

48 Bei der Beschlussanfechtung ist zu differenzieren, ob es sich um die erste Bestellung dieses Verwalters oder seine Wiederwahl handelt. In beiden Fällen kann die Anfechtung der Wahl nur dann erfolgreich sein, wenn der Beschluss nicht ordnungsmäßiger Verwaltung entspricht. Auch muss in beiden Fällen ein wichtiger Grund gegen die Bestellung des Verwalters sprechen. Ein Unterschied besteht aber darin, dass bei der Wiederwahl auf konkrete Umstände in der Vergangenheit Bezug genommen werden muss, die ein fehlerhaftes Verwalterhandeln begründen und eine **Wiederholungsgefahr** erkennen lassen[1]. Demgegenüber kommt es bei der ersten Wahl des Verwalters auf eine **Prognoseentscheidung** an, ob aus Gründen, die in der Person des Verwalters liegen, oder aus objektiven Tatbeständen eine ordnungsmäßige Verwaltung nicht zu erwarten ist[2]. Die Gründe müssen nicht nur im Einzelfall gewichtig sein, sondern auch auf die Verwaltertätigkeit ausstrahlen. So ist der Umstand allein, dass der Verwalter wegen eines Vermögensdelikts **vorbestraft** ist, kein Grund, seine Wahl als nicht ordnungsmäßig anzusehen. Anders verhält es sich, wenn das Vermögensdelikt im Zusammenhang mit seiner beruflichen Tätigkeit stand (vgl. Rz. 2). Bei einer Verwaltungs-GmbH ist auf die Person des Geschäftsführers abzustellen[3]. Gleiches gilt, wenn ihm die **Gewerbeerlaubnis** entzogen wurde[4].

49 Bei der Anfechtung der Verwalterbestellung sind bei der Überprüfung **schärfere Maßstäbe** anzuwenden als bei einem Antrag auf Abberufung. Dies folgt daraus, dass das Gericht den Mehrheitswillen bei der Verwalterbestellung berücksichtigen muss[5]. Die Wohnungseigentümer haben bei der Verwalterwahl mehrheitlich ihr Vertrauen bekundet, was vom Gericht nicht ohne weiteres ignoriert werden darf.

50 Im Falle der **Wiederwahl** müssen ebenfalls die Fehler der Vergangenheit gewertet werden. Dass der Verwalter **fehlerhaft abgerechnet** hat, wird für sich genommen im Zweifel nicht genügen. Dabei ist insbesondere zu berücksichtigen, dass Form und Inhalt einer ordnungsmäßigen Jahresabrechnung in Rechtsprechung und Literatur umstritten sind. Somit ist der Begriff der fehlerhaften Jahresabrechnung nicht frei von Zweifeln. Hat allerdings der Verwalter derart unvollständig abgerechnet, dass seine Tätigkeit nicht überprüft werden kann, oder gar den Verdacht begründet, die **wirtschaftlichen Angelegenheiten** der Eigentümergemeinschaft seien nicht ordentlich geführt worden, kann die Wiederwahl ordnungsmäßiger Verwaltung widersprechen. Gleiches gilt, wenn der Verwalter sich als belehrungsresistent erweist. Wurde ihm beispielsweise durch Gerichts-

---

1 Vgl. hierzu auch *Elzer*, ZMR 2001, 418 (419).
2 BayObLG v. 22.12.2004 – 2Z BR 173/04, BayObLGReport 2005, 366 = MietRB 2005, 208.
3 LG Itzehoe v. 16.7.2002 – 1 T 200/01, ZMR 2003, 295.
4 So auch *Bub* in Staudinger, BGB, § 26 WEG Rz. 103.
5 OLG Hamburg v. 25.10.2004 – 2 Wx 145/01, ZMR 2005, 71; v. 14.10.2002 – 2 Wx 69/02, ZMR 2003, 127 = OLGReport Hamburg 2003, 244.

beschluss aufgegeben, anders abzurechnen und unterlässt er dies, ist seine Wiederwahl nicht ordnungsgemäß[1]. Haben die Wohnungseigentümer aber die fehlerhafte **Jahresabrechnung bestandskräftig** beschlossen, lässt sich dieser Vorwurf nicht mehr der Wiederwahl entgegenhalten.

Die Erfahrungen des Verwalters können für die Frage der Rechtmäßigkeit seiner Wahl oder Wiederwahl nicht maßgebend sein. Andernfalls würde es einem Jungunternehmer nahezu unmöglich, jemals als Verwalter tätig werden zu können[2]. 51

An die Person des gewählten Verwalters sind dann wiederum höhere qualitative Anforderungen zu stellen, wenn der Verwalter seine Wahl **majorisieren** konnte und/oder er eine besondere **Nähe zum errichtenden Bauträger** hat. Die Wahl ist dann nicht per se unzulässig, aber es sind erhöhte Anforderungen zu stellen[3]. 52

Ist das **Vertrauensverhältnis** zerstört oder ein solches von vornherein nicht zu erwarten, kommt die Anfechtung der Verwalterwahl auch dann in Betracht, wenn diese Umstände nicht vom Verwalter verschuldet sind[4]. 53

b) Nachschieben von Gründen

Nach Auffassung des BayObLG[5] sind für die Beurteilung, ob die Verwalterwahl rechtswidrig war, nur Gründe zu berücksichtigen, die im **Zeitpunkt der Beschlussfassung** bekannt waren. Nachgeschobene Gründe sind nicht zu beachten. Grundsätzlich ist diese Auffassung systemgerecht. Die Rechtmäßigkeit eines Beschlusses hängt stets davon ab, welche Motive die Wohnungseigentümer zu dem konkreten Beschluss geführt haben. Somit können auch nur zum Zeitpunkt der Beschlussfassung bekannte Umstände für die Rechtmäßigkeitsprüfung herangezogen. Es widerspricht aber der Prozessökonomie, wenn einem Wohnungseigentümer nach der Wahl des Verwalters Gründe bekannt werden, die der Wahl entgegengestanden hätten, diesen anfechtenden Wohnungseigentümer darauf zu verweisen, dass die Anfechtung der Wahl nicht erfolgreich betrieben werden könne. Dies hätte dann zur Konsequenz, dass der anfechtende Wohnungseigentümer erst erneut die Eigentumsversammlung anrufen, um dann gegebenenfalls in einem zweiten Gerichtsverfahren die Abberufung des Verwalters betreiben müsste. 54

c) Einzelne Anfechtungsgründe

Einzelfälle aus der Rechtsprechung, die zur Aufhebung der Wahl/Wiederwahl geführt haben: 55

– der Verwalter führt persönliche Rechtsstreitigkeiten gegen einzelne Wohnungseigentümer[6];

---

1 OLG Düsseldorf v. 21.9.2005 – I – 3 Wx 123/05, ZMR 2006, 144 = OLGReport Düsseldorf 2006, 268.
2 A.A. *Elzer*, ZMR 2001, 418 (421).
3 So auch OLG Düsseldorf v. 28.7.1995 – 3 Wx 210/95, WE 1996, 70.
4 OLG Frankfurt/M. v. 26.4.2005 – 20 W 279/03, OLGReport Frankfurt 2006, 136.
5 V. 22.12.2004 – 2Z BR 173/04, BayObLGReport 2005, 366 = MietRB 2005, 208; v. 20.10.2000 – 2Z BR 77/00, ZMR 2001, 128.
6 OLG Hamburg v. 14.10.2002 – 2 Wx 69/02, WuM 2003, 110.

- der Verwalter war als Verkaufsmakler tätig und musste der Veräußerung nach § 12 WEG zustimmen[1];
- der Verwalter hat ungerechtfertigte Ausgaben getätigt und hierbei Interessen einzelner Wohnungseigentümer berücksichtigt[2].

56 Es stellt hingegen keinen Anfechtungsgrund dar, wenn die Wohnungseigentümer nicht den **billigsten Kandidaten** wählen und auch keine **Konkurrenzangebote** einholen. Dies gilt zumindest für die Wiederwahl[3]. Ebenfalls ist es für die Wirksamkeit der Wahl nicht erheblich, dass der **Beirat** unter mehreren Kandidaten bereits eine **Vorauswahl** getroffen hat[4]. Hingegen wäre es anfechtbar, wenn aufgrund der Vorauswahl nur noch ein Kandidat zur Wahl steht.

57 Der Bestellungsbeschluss ist nichtig, wenn die gewählte **Person** nicht **unzweifelhaft feststeht**. Dies folgt sowohl aus der inhaltlichen Unbestimmtheit eines solchen Beschlusses als auch aus Rechtssicherheitsgründen.

57a Die Wirksamkeit des Beschlusses setzt entgegen anders lautender Rechtsprechung nicht voraus, dass die **wesentlichen Elemente des Verwaltervertrages** hinsichtlich **Laufzeit** und **Höhe der Vergütung** entweder im Bestellungsbeschluss selbst oder in einem separaten Beschluss festgelegt werden[5]. Handelt es sich um eine **Wiederwahl**, wird der Verwalter ohne anders lautende Beschlussinhalte auf unbestimmte Zeit gewählt und es kann im Wege der Auslegung angenommen werden, dass die bisherige Vergütung unverändert fortgelten soll. Aber auch bei der **Erstwahl** kann die Wirksamkeit des Bestellungsbeschlusses nicht von der Bestimmung wesentlicher Vertragsinhalte abhängig sein. Dem steht zum einen die Trennungstheorie und zum anderen die Entbehrlichkeit solcher Regelungen gegenüber. Die Laufzeit des Verwaltungsvertrags richtet sich nach der Bestellungsdauer oder in Ermangelung einer solchen, ist der Verwalter auf unbestimmte Zeit bestellt. Ist eine Vergütung nicht festgelegt, gilt nach § 612 Abs. 2 BGB die übliche als vereinbart. Was üblich ist, hat der Verwalter darzulegen und zu beweisen.

d) Wirkung der gerichtlichen Beschlussaufhebung

58 Wird aufgrund der Anfechtung der Bestellungsbeschluss aufgehoben, ist umstritten, ob diese Aufhebung **ex nunc** oder ex tunc wirkt. Die Auffassung, die von einer ex tunc-Wirkung ausgeht, stützt diese auf § 32 FGG[6]. Die Begründung überzeugt jedoch nicht. Zum einen ist zu berücksichtigen, dass ab 1.7.2007 durch die WEG-Novelle das FGG-Verfahren nicht mehr einschlägig ist. Somit kommt ein Verweis auf § 32 FGG nicht mehr in Betracht. Zum anderen würde auch die Vorschrift des § 32 FGG eher dafür sprechen, die Aufhebung ex nunc zu werten, da gerade die zwischenzeitlich erfolgten Handlungen des rechtswid-

---

1 BayObLG v. 7.5.1997 – 2Z BR 135/96, MDR 1997, 727 = WE 1997, 439.
2 OLG Düsseldorf v. 21.9.2005 – I – 3 Wx 123/05, WuM 2005, 798.
3 OLG Hamburg v. 16.7.2001 – 2 Wx 116/00, ZMR 2001, 997.
4 OLG Düsseldorf v. 14.9.2001 – 3 Wx 202/01, ZMR 2002, 213.
5 A.A. OLG Hamm v. 4.6.2002 – 15 W 66/02, ZMR 2003, 51.
6 BGH ZfIR 1997, 284 (286); BayObLG v. 5.3.1992 – BReg. 2Z 165/91, NJW-RR 1992, 787; *Bub* in Staudinger, BGB, § 26 WEG Rz. 164 m.w.N.

rig gewählten Verwalters für und gegen die Eigentümergemeinschaft wirken sollen. Würde hingegen der Beschluss ex tunc-Wirkung haben und wären dennoch die Handlungen des Verwalters der Eigentümergemeinschaft zuzurechnen, entstünde ein kaum überbrückbares Spannungsverhältnis zwischen der einerseits bestehenden Notwendigkeit, die Handlungen als zurechenbar ansehen zu wollen, und dem Problem, dass bei rückwirkender Aufhebung des Bestellungsbeschlusses der Verwalter als **Vertreter ohne Vertretungsmacht** gehandelt hätte[1]. Zudem sieht § 27 Abs. 1 Nr. 1 WEG vor, dass der Verwalter die Beschlüsse der Wohnungseigentümer durchzuführen hat, wozu auch der Beschluss über seine eigene Wahl gehört. Die Vorschrift setzt nicht voraus, dass es sich um bestandskräftige Beschlüsse handelt.

Korrespondierend mit der Aufhebung des Bestellungsbeschlusses wirkt auch die Kündigung des Verwaltervertrags nur ex nunc. Solange der Vertrag nicht insgesamt nichtig ist, kann er nur durch Kündigung aufgehoben werden. Würde die Anfechtung der Bestellung **ex tunc** wirken, würde die Beendigung der Organstellung und die Beendigung der schuldrechtlichen Abreden auseinander fallen. Dem Verwalter steht aber bis zur Rechtskraft der Bestellungsaufhebung durch das Gericht die vereinbarte Vergütung zu. Etwas anderes gilt nur dann, wenn er pflichtwidrig die Abberufungsbemühungen behindert, indem er die Einladung zur Eigentümerversammlung hinauszögert. Dann steht ihm für diesen Verzögerungszeitraum kein Honorar zu[2].

e) Anfechtung der Wiederwahl

Wird der Verwalter nicht wieder gewählt, kann er hiergegen nicht erfolgreich vorgehen. Der Verwalter hat **keinen Anspruch auf Bestellung** und Wiederwahl[3].

Allerdings kann die Wiederwahl des Verwalters von einem Wohnungseigentümer **angefochten** werden. Geschieht dies erfolgreich, stellt sich die Frage, ob gegen diese Entscheidung dann der Verwalter ein **Rechtsmittel** einlegen kann. Dies wird in der Rechtsprechung grundsätzlich verneint[4]. Ein Rechtsmittel wird dem Verwalter ausnahmsweise dann zugesprochen, wenn das Gericht von der **Kostenfolge des § 49 Abs. 2 WEG** Gebrauch macht und entscheidet, dass der Verwalter die Prozesskosten zu tragen hat. Es wird die Auffassung vertreten, dass dann der **Verwalter beschwert** sei und deshalb Berufung einlegen könne[5]. Diese Differenzierung überzeugt jedoch nicht. Es kann nicht darauf ankommen, wie die Kostenentscheidung lautet. In beiden Fällen ist der Verwalter **nicht Partei** des Rechtstreits gewesen und kann deshalb keine Berufung einlegen. Ein Rechtsmittel gegen die Kostenentscheidung selbst besteht ebenfalls nicht, da

---

1 Den Beschluss daher nur mit ex nunc-Wirkung aufhebend, OLG Düsseldorf v. 7.3.2006 – I – 3 Wx 107/05, ZMR 2006, 544; OLG Hamburg v. 24.7.2006 – 2 Wx 4/05, ZMR 2006, 791; OLG München v. 21.6.2006 – 34 Wx 28/06, NZM 2006, 631 = ZMR 2006, 719 = OLGReport München 2006, 613.
2 OLG München v. 21.6.2006 – 34 Wx 28/06, NZM 2006, 631 = ZMR 2006, 719 = OLGReport München 2006, 613.
3 OLG München v. 6.3.2006 – 34 Wx 029/05, DWE 2006, 71.
4 OLG Köln v. 26.8.2005 – 16 Wx 15/05, NZM 2006, 25; OLG München v. 6.3.2006 – 34 Wx 029/05, DWE 2006, 71 = MietRB 2006, 189.
5 BayObLG v. 16.6.2004 – 2Z BR 100/04, ZMR 2004, 924.

das Gesetz eine **isolierte Kostenbeschwerde** nicht kennt (s. aber § 49 Rz. 37). Allerdings ist vor der gerichtlichen Entscheidung dem Verwalter **rechtliches Gehör** zu gewähren. Sonst wäre das Urteil verfassungswidrig[1]. Zudem ist der Verwalter nicht vollkommen rechtlos gestellt. Er kann einem solchen Anfechtungsverfahren nach § 48 Abs. 2 WEG **beitreten**. Dies eröffnet ihm dann die Möglichkeit, gem. § 68 ZPO selbständig Berufung einlegen zu können[2].

IV. Verwaltervertrag

1. Zustandekommen des Vertrags

a) Vertragsparteien

62 Wer Partei des Verwaltervertrags wird, nahm durch die Entscheidung des BGH[3] zur **teilrechtsfähigen Eigentümergemeinschaft** eine Wende. Bis dahin bestand kein Zweifel daran, dass der Verwaltervertrag mit den Wohnungseigentümern insgesamt zustande kommt. Aufgrund der Rechtsfähigkeit der Eigentümergemeinschaft änderte sich die Auffassung und die überwiegende Meinung ging sodann von einem Vertragsabschluss mit der rechtsfähigen Eigentümergemeinschaft aus[4].

63 Durch die WEG-Novelle bekommt diese Frage eine andere Dimension, und zwar durch den neugestalteten § 27. Danach übt der Verwalter die **Aufgaben für die Gemeinschaft** und auch **für alle Wohnungseigentümer** aus. In § 27 Abs. 2 wird ihm die **gesetzliche Vertretungsmacht** für die Wohnungseigentümer und in Abs. 3 die **Vertretungsmacht** für die rechtsfähige Eigentümergemeinschaft übertragen. Damit wird deutlich, dass der Verwalter für die Wohnungseigentümer und den Verband tätig wird. Er hat diesen gegenüber Aufgaben zu erfüllen und auch diesen gegenüber Rechte. Die Auffassung von *Abramenko*[5] ist nicht überzeugend, wonach der Vertrag nur mit dem rechtsfähigen Verband zustande kommt und hinsichtlich der Summe der Wohnungseigentümer als **Vertrag zugunsten Dritter** zu werten sei. Dies überzeugt schon deshalb nicht, weil die Wohnungseigentümer durch den Verwaltervertrag nicht nur begünstigt werden. So bekommt beispielsweise der Verwalter das Recht, zu Lasten der Wohnungseigentümer eine Streitwertvereinbarung abschließen zu dürfen, § 27 Abs. 2 Nr. 4. Weiterhin kann der Verwaltervertrag regeln, dass dem Verwalter **Kostenerstattungsansprüche** zustehen, wenn er einem Wohnungseigentümer Einsicht in die Verwaltungsunterlagen und insbesondere in die Belege gewährt. Ebenso kann der Verwaltervertrag vom einzelnen Wohnungseigentümer zu zahlende Zusatzentgelte vorsehen, wenn er beispielsweise am beschlossenen Lastschriftverfahren nicht teilnimmt oder seine Wohnung veräußert (Zustimmungserfordernis gem. § 12). Diese Beispiele verdeutlichen, dass der Vertrag im Zweifel nicht nur zugunsten der Wohnungseigentümer, sondern auch belastend wirkt.

---

1 So im Ergebnis auch *Briesemeister*, NZM 2006, 568 (570).
2 Siehe hierzu auch *Jennißen*, Der WEG-Verwalter, Rz. 82.
3 V. 2.6.2005 – V ZB 32/05, ZMR 2005, 547 = DWE 2005, 134 = NJW 2005, 2061 = NZM 2005, 543.
4 OLG München v. 8.11.2006 – 34 Wx 045/06, NZM 2007, 88 = ZMR 2007, 220; OLG Düsseldorf v. 29.9.2006 – I – 3 Wx 281/06, NJW 2007, 161; *Abramenko*, ZMR 2006, 6.
5 ZMR 2006, 6 (9).

Da ein **Vertrag zu Lasten Dritter** dem Rechtssystem fremd ist, ist es nicht ausreichend, nur den rechtsfähigen Verband als Vertragspartner anzusehen. § 27 verdeutlicht, dass es zwei selbständige Rechtskreise gibt: die Wohnungseigentümer und die Eigentümergemeinschaft. Die Auffassung, die nur von einem Rechtskreis ausgeht[1], überzeugt nicht und führt zu einem janusköpfigen Gebilde[2]. Es ist daher überzeugender, von zwei Vertragspartnern des Verwalters auszugehen[3].

b) Vertragsabschluss

Den Vertrag schließen grundsätzlich alle Wohnungseigentümer mit dem Verwalter ab. Die Wohnungseigentümer handeln dabei im eigenen Namen und vertreten gleichzeitig auch die teilrechtsfähige Eigentümergemeinschaft, obschon diese grundsätzlich vom Verwalter als ihr Organ vertreten wird. Wie aber § 27 Abs. 3 Satz 2 verdeutlicht, ist in Fällen der **Interessenkollision** des Verwalters bzw. eines **Insichgeschäftes** der Verwalter nicht zur Vertretung berechtigt, sodass alle Wohnungseigentümer den Verband vertreten. Diese handeln somit in **Doppelfunktion**, und zwar für sich selbst als Vertragspartner und für den rechtsfähigen Verband. Dabei ist es nicht ausreichend, wenn nur die Mehrheit der Wohnungseigentümer unterzeichnet[4], es sei denn, die Wohnungseigentümer hätten mehrheitlich beschlossen, die **Vertragsunterzeichnung** auf einzelne Wohnungseigentümer zu **delegieren**. Diese Möglichkeit sieht § 27 Abs. 3 Satz 3 ausdrücklich vor. Entsprechend kann auch durch Mehrheitsbeschluss der **Beirat** bevollmächtigt werden, den Vertrag für die Wohnungseigentümer und die Eigentümergemeinschaft stellvertretend zu unterzeichnen.

64

Die Vertragsunterzeichnung kann aber nur dann wirksam delegiert werden, wenn die **wesentlichen Vertragsinhalte** den Wohnungseigentümern bekannt waren und vom Ermächtigungsbeschluss umfasst sind. Der Abschluss des Verwaltervertrags zählt zu den **Kernaufgaben** der Wohnungseigentümer und sie würden ihr **Selbstbestimmungsrecht** in einem wesentlichen Teil verlieren, wenn die Bevollmächtigten bei der Festlegung der Vertragsinhalte völlig freie Hand hätten[5]. Während es dem **Beirat** nicht vollständig überlassen werden darf, einen Verwalter nach freier Wahl zu bestellen, führt die Bevollmächtigung des Beirats, den Verwaltervertrag auszuhandeln und abzuschließen, aber **nicht** zur **Nichtigkeit** des Vertrags[6]. Der Ermächtigungsbeschluss ist lediglich anfechtbar. Wird erfolgreich angefochten, fehlt den Beiratsmitgliedern beim Vertragsabschluss die **Vertretungsmacht**. Dennoch wird dem Verwalter kein Schadens-

65

---

1 *Armbrüster*, ZWE 2006, 470; *Wenzel*, NZM 2006, 321; *Niedenführ*, NJW 2007, 1841 (1843).
2 So auch *Hügel*, DNotZ 2005, 175 (198).
3 So auch *Müller*, Fs. für Seuß, S. 217, S. 221; a.A. *Hügel* in Hügel/Elzer, Das neue WEG-Recht, § 3 Rz. 47 ff., der trotz dogmatischer Bedenken nur von einem zweiseitigen Vertrag ausgeht; offen lassend *Briesemeister*, Praxisratgeber WEG-Reform, S. 28.
4 Ebenso *Abramenko*, ZMR 2006, 6 (8).
5 OLG Köln v. 20.9.2002 – 16 Wx 135/02, ZMR 2003, 604; OLG Hamburg v. 17.7.2003 – 2 Wx 147/00, ZMR 2003, 776; v. 25.7.2003 – 2 Wx 112/02, ZMR 2003, 864; OLG Düsseldorf v. 30.5.2006 – 3 Wx 51/06, ZWE 2006, 396 = ZMR 2006, 870 = NZM 2006, 936; *Abramenko* in KK-WEG, § 26 Rz. 37.
6 OLG Köln v. 20.9.2002 – 16 Wx 135/02, ZMR 2003, 604.

ersatzanspruch gem. § 179 BGB zustehen, da er die fehlerhafte Bevollmächtigung des Beirats kennen musste, § 179 Abs. 3 BGB. Der WEG-Verwalter muss nicht nur wissen, dass grundsätzlich alle Beschlüsse anfechtbar sind und somit erst nach Ablauf der Anfechtungsfrist des § 46 WEG in Bestandskraft erwachsen. Die grundsätzliche Anfechtbarkeit ist jedem Beschluss immanent. Zudem muss ein WEG-Verwalter die wesentliche Rechtsprechung kennen und somit auch **wissen**, dass der Bevollmächtigungsbeschluss wirksam angefochten werden kann, wenn die Hauptvertragsinhalte nicht zuvor von den Wohnungseigentümern per Mehrheitsbeschluss verabschiedet wurden. Hauptvertragsinhalte betreffen die Laufzeit und die Vergütung. Haben die Wohnungseigentümer über das Vergütungsangebot beschlossen, darf der Beirat allerdings noch Zusatzvergütungen mit dem Verwalter aushandeln[1].

66 Findet ein Verwalterwechsel statt, können rechtsfähiger Verband und die Wohnungseigentümer beim Vertragsabschluss noch vom **amtierenden Verwalter** vertreten werden.

67 Nicht überzeugend ist die Auffassung, dass der Verwaltervertrag stets unter der **auflösenden Bedingung** steht, dass der Bestellungsbeschluss nicht in einem Anfechtungsverfahren aufgehoben wird[2]. Hierbei wird übersehen, dass der Verwaltervertrag nicht durch den Beschluss der Eigentümerversammlung hierüber zustande kommt. Der Beschluss bewirkt lediglich, ein **Angebot des Verwalters** auf Vertragsabschluss annehmen zu wollen. Der Beschluss hat insoweit nur **interne Bedeutung**. Die Annahme wird im Außenverhältnis vollzogen, indem die Erklärung dem Verwalter zugeht, was beispielsweise durch Übermittlung des gegengezeichneten Verwaltervertrags der Fall sein kann.

68 Wird der Beschluss der Wohnungseigentümer, einen bestimmten Verwaltervertrag annehmen zu wollen, nach entsprechender **Anfechtung** aufgehoben, ist damit der Verwaltervertrag nicht automatisch hinfällig. Er bedarf einer Kündigung.

69 Da der Beschluss somit keine unmittelbaren Auswirkungen auf den Vertragsabschluss im Außenverhältnis hat, ist es konsequenter, nicht von einer stillschweigend vereinbarten auflösenden Bedingung, sondern von einem konkludent vereinbarten **Sonderkündigungsrecht** der Wohnungseigentümer und der Eigentümergemeinschaft auszugehen[3].

70 Der Verwaltervertrag kann auch **konkludent zustande kommen**, indem die Wohnungseigentümer in der Eigentümerversammlung über den vorliegenden Vertrag beschließen, ohne dass es zur Gegenzeichnung des Vertrags kommt. Wenn der zu bestellende Verwalter in der Eigentümerversammlung anwesend ist, dann geht ihm durch die Beschlussfassung die Annahmeerklärung unmittelbar zu und der Vertragsinhalt gilt als vereinbart[4].

---

1 BayObLG v. 12.2.2004 – 2Z BR 110/03, NZM 2004, 658.
2 So aber KG v. 18.8.2004 – 24 W 291/03, MietRB 2005, 124 = NZM 2005, 21.
3 Aufgabe der eigenen Auffassung in: Der WEG-Verwalter, Rz. 372, 401.
4 So auch *Abramenko*, ZMR 2006, 6 (9).

c) Stimmrecht des Verwalters über den Vertragsinhalt

Während der Verwalter bei seiner **eigenen Wahl** mit abstimmen darf, wenn er selbst Wohnungseigentümer in der Anlage ist oder von Wohnungseigentümern wirksam zur Stimmabgabe bevollmächtigt wurde, besteht ein solches Stimmrecht nicht, wenn es um den **Vertragsabschluss** geht. Dies folgt aus § 25 Abs. 5, wonach ein Wohnungseigentümer nicht stimmberechtigt ist, wenn die Beschlussfassung den **Abschluss eines Rechtsgeschäfts** mit ihm zum Gegenstand hat. Die Differenzierung ist darin begründet, dass es sich bei der Bestellung um einen organisationsrechtlichen Akt handelt, bei dem die Wohnungseigentümer ihre **Mitgliedschaftsrechte** ausüben[1]. Demgegenüber handelt es sich bei einem Beschluss über den Verwaltervertrag um die Vorbereitung eines Vertragsabschlusses und somit eines Rechtsgeschäfts, für das ein Wohnungseigentümer nach § 25 Abs. 5 nicht stimmberechtigt ist.

71

Aus dieser Differenzierung folgt das Problem, ob das Stimmrecht des Verwalters auch dann zu verneinen ist, wenn die Wohnungseigentümer **gleichzeitig** im Bestellungsbeschluss auch über Fragen des Verwaltervertrags abstimmen. Der BGH[2] hat das Stimmrecht des Verwalters auch in diesem Fall mit der Argumentation zugelassen, dass der **Schwerpunkt der Beschlussfassung** in der Verwalterbestellung zu sehen sei. Diese Entscheidung überzeugt nicht, da sich dann das grundsätzlich bestehende Stimmverbot des Verwalters bei Fragen des Verwaltervertrags leicht umgehen ließe[3]. Konsequenter erscheint es, das Stimmrecht des Verwalters bei Abschluss des Verwaltervertrags generell zuzulassen. Der Verwaltervertrag ist insoweit nur als **Annex zur Verwalterbestellung** zu sehen. Merle[4] ist mit Recht der Auffassung, dass es wenig Sinn macht, das Stimmrecht des Verwalters bei seiner Bestellung und somit über das „Ob" seiner Tätigkeit zuzulassen, um es dann bei der weniger gewichtigeren Frage der Höhe der Vergütung zurückzuweisen. Da die ebenfalls wesentliche Vertragsdauer mit der **Bestellungsdauer** identisch ist, ist durch den Bestellungsbeschluss meistens auch diese Frage abschließend geklärt. Der Beschluss über die Vertragsinhalte ist daher eher von untergeordneter Bedeutung, zumal der Verwalter dann, wenn über die **Vergütungshöhe** keine Einigkeit erzielt wird, Anspruch auf die **übliche Vergütung** hat. Würde hingegen unter Einbeziehung der Stimmen des Verwalters eine unüblich hohe Vergütung beschlossen, steht es jedem Wohnungseigentümer frei, die Vergütungshöhe durch Beschlussanfechtung gerichtlich überprüfen zu lassen (s.u. Rz. 97 ff.).

72

Um dem Problem des Stimmrechtsausschlusses aus dem Weg zu gehen, kann der Verwalter für die in seinem Eigentum stehenden Einheiten **Stimmrechtsvollmachten** an andere Wohnungseigentümer erteilen oder die Vollmachten durch **Untervollmachten** (s. auch § 25 Rz. 53) weiterreichen[5]. Dies ist nur dann unzulässig, wenn die Untervollmachtserteilung ausdrücklich ausgeschlossen

73

---

1 BGH v. 20.6.2002 – V ZB 39/01, NZM 2002, 788 = NJW 2002, 3240.
2 V. 19.9.2002 – V ZB 30/02, NZM 2002, 995 (999); ebenso OLG Hamm v. 20.7.2006 – 15 W 142/05, OLGReport Hamm 2006, 818 = ZMR 2007, 63.
3 Kritisch auch *Merle* in Bärmann/Pick/Merle, WEG, § 26 Rz. 90; s. auch *Jennißen*, Der WEG-Verwalter, Rz. 95.
4 In Bärmann/Pick/Merle, WEG, § 25 Rz. 104, § 26 Rz. 90.
5 BayObLG v. 16.4.1998 – 2Z BR 61/98, WE 1999, 29.

wurde. Ebenfalls wirkt die Untervollmacht nicht, wenn sie mit **Stimmrechtsweisungen** verbunden wird, da dann der Bevollmächtigte nicht aus einem eigenen Ermessensspielraum entscheidet und nur die Willenserklärung des Verwalters bei der Abstimmung übermittelt[1]. Die mit Stimmrechtsweisungen versehenen Untervollmachten wirken dann wie eine eigene Stimmabgabe des Verwalters.

2. Inhalt des Verwaltervertrags

a) Allgemeine Vertragsinhalte

74 Der Verwaltervertrag ist ein Dienstvertrag, der auf eine Geschäftsbesorgung gerichtet ist[2]. Liegt eine unentgeltliche Tätigkeit vor, kommt ein Auftragsverhältnis gem. §§ 662 ff. BGB in Betracht[3]. In Rechtsprechung und Literatur wird die **Privatautonomie** beim Abschluss des Verwaltervertrags durch eine Reihe von Einzelfallentscheidungen eingeschränkt. Zwar muss der Verwaltervertrag **ordnungsmäßiger Verwaltung** i.S.v. § 21 Abs. 3, Abs. 4 entsprechen. Der unbestimmte Rechtsbegriff der ordnungsmäßigen Verwaltung unterliegt aber im Rahmen einer Einzelfallentscheidung der gerichtlichen Überprüfung.

75 Die Verwalterverträge enthalten oft **überflüssige Regelungen**. So ist es weder erforderlich, die gesetzlichen Aufgaben zu wiederholen, noch ist es zulässig im Verwaltervertrag gemeinschafsbezogene Regeln aufzustellen[4]. Wann das Wohngeld fällig ist und wie es erbracht werden muss (z.B. **Lastschriftverfahren**), ist der Beschlusskompetenz der Wohnungseigentümer überlassen und kann nicht im Verwaltervertrag wirksam geregelt werden. Auch wenn die Wohnungseigentümer über den Inhalt des Verwaltervertrags per Mehrheitsbeschluss entschieden haben, so kann dennoch nicht übersehen werden, dass es sich beim Verwaltervertrag um Regelungen mit einem externen Dritten handelt. Ebenso wenig wie im Hausmeistervertrag gemeinschaftsbezogene Regeln aufgestellt werden können, ist dies im Verwaltervertrag möglich. Die Wohnungseigentümer haben im Zweifel nicht das Erklärungsbewusstsein, mit dem Verwaltervertrag gleichzeitig die innergemeinschaftlichen Regeln aufstellen oder abändern zu wollen. Handelt es sich beim Verwaltervertrag um **allgemeine Geschäftsbedingungen**, wovon bei einem professionellen Verwalter im Zweifel auszugehen sein wird, sind solche **Klauseln**, die das innergemeinschaftliche Rechtsverhältnis der Wohnungseigentümer betreffen, **überraschend** und daher i.S.v. § 305c BGB unwirksam.

76 Weiterhin unzulässig sind beispielsweise Regelungen, wonach der Verwalter zwingend die **Eigentümerversammlung leitet**. Eine solche Regelung verstößt gegen § 24 Abs. 5 WEG, wonach die Wohnungseigentümerversammlung einen **Versammlungsleiter** wählen kann. Ebenso wäre es unzulässig, wenn sich der

---

1 OLG Zweibrücken v. 14.5.1998 – 3 W 40/98, WE 1998, 504 = NZM 1998, 671; BayObLG v. 21.4.1998 – 2Z BR 36/98 und 43/98, NZM 1998, 668; *Merle* in Bärmann/Pick/Merle, WEG, § 25 Rz. 121.
2 BGH v. 28.4.1993 – VIII ZR 109/92, DWE 1994, 25 = NJW-RR 1993, 1227; v. 6.3.1997 – III ZR 248/95, DWE 1997, 72 = NJW 1997, 2106 = WuM 1997, 294.
3 BGH v. 6.3.1997 – III ZR 248/95, DWE 1997, 72 = NJW 1997, 2106 = WuM 1997, 294.
4 So auch OLG Saarbrücken v. 10.10.1997 – 5 W 60/97 – 23, WE 1998, 69.

Verwalter im Verwaltervertrag die Vertretungsmacht ausbedingen würde, alle **Instandsetzungsmaßnahmen** ohne Beschluss der Wohnungseigentümerversammlung in Auftrag geben zu können. Dabei würde es auch nicht genügen, wenn die Auftragsdurchführung nur von der **Zustimmung des Beirats** abhängig gemacht wird.

Die **Vertragsdauer** ist von der Bestellungsdauer grundsätzlich abhängig. Haben die Wohnungseigentümer unterschiedliche Zeitraumangaben im Vertrag und bei der Bestellung gemacht, ist im Wege der ergänzenden Vertragsauslegung davon auszugehen, dass die Bestellungsdauer maßgebend ist.

77

Das **Verwalterhonorar** schuldet die Eigentümergemeinschaft, während der einzelne Wohnungseigentümer nach § 10 Abs. 8 WEG für das Honorar dem Verwalter in Höhe seiner jeweiligen **Miteigentumsquote haftet**. Wenn der Verwalter eine gesamtschuldnerische Haftung der Wohnungseigentümer für das gesamte Verwalterhonorar begründen will, muss der Verwaltervertrag von allen Wohnungseigentümern unterzeichnet werden. Ein Mehrheitsbeschluss reicht hierzu nicht aus. Die Wohnungseigentümer besitzen nicht die Beschlusskompetenz, einen einzelnen Wohnungseigentümer über das in § 10 Abs. 8 WEG festgelegte Maß hinaus zu verpflichten. Unterzeichnen alle Wohnungseigentümer den Verwaltervertrag, ist die Klausel jedoch nur dann wirksam, wenn sie drucktechnisch besonders hervorgehoben wird, damit es sich insoweit nicht um eine **überraschende** Klausel handelt, die unwirksam wäre.

78

Hinsichtlich **möglicher Haftungsbeschränkungen** (s. auch § 27 Rz. 174) seitens des Verwalters ist zunächst § 309 Nr. 7a BGB von Bedeutung, wonach die Haftung für **Schäden aus der Verletzung des Lebens**, des Körpers oder der Gesundheit nicht wirksam beschränkt werden kann. Demgegenüber ist die **Haftungsbeschränkung für Vermögensschäden** nach § 309 Nr. 7b BGB grundsätzlich für fahrlässiges Handeln möglich. Allerdings ist der Haftungsausschluss für einfache Fahrlässigkeit dann wiederum unwirksam, wenn er sog. **Kardinalpflichten** betrifft, d.h., dass die Pflichtverletzung der Erreichung des Vertragszwecks entgegensteht[1]. Solche Klauseln sind gem. § 307 BGB unwirksam, da sie die Wohnungseigentümer unangemessen benachteiligen. Ebenso ist die **höhenmäßige Haftungsbeschränkung** bei fahrlässiger Schadensverursachung in WEG-Verwalterverträgen unzulässig[2]. Solche Klauseln sind unwirksam, weil sie zwischen der uneinschränkbaren Haftung für Personenschäden und der grundsätzlich einschränkbaren Haftung für Vermögensschäden nicht differenzieren. Dies führt zu einer Gesamtunwirksamkeit der Klausel im Interesse eines wirksamen **Verbraucherschutzes**[3]. Die Kardinalpflichten des WEG-Verwalters sind in den §§ 27 und 28 WEG geregelt. Hinsichtlich dieser Pflichten ist eine Einschränkung der Haftung auch bei leichter Fahrlässigkeit unzulässig.

79

Im Verwaltervertrag kann wirksam die **Verjährungsfrist** für fahrlässige Pflichtverletzungen verkürzt werden, § 202 Abs. 1 BGB. Allerdings muss die Verkürzung der Verjährungsfrist deutlich machen, dass diese nur Tatbestände wegen

80

---
1 *Becker* in Bamberger/Roth, § 309 Nr. 7 BGB Rz. 17.
2 Vgl. *Gottschalg*, MietRB 2004, 183 (185); *Roloff* in Ermann vor § 307 – 309 BGB Rz. 16.
3 *Gottschalg*, MietRB 2004, 183 (185); *Roloff* in Ermann vor § 307 – 309 BGB Rz. 16.

fahrlässiger Pflichtverletzungen erfasst[1]. Klauseln, die die Verjährung unabhängig von der Kenntnis des Geschädigten von den den Anspruch begründenden Umständen eintreten lassen, können nicht wirksam vereinbart werden[2].

81 Trotz der Regelung in § 309 Nr. 9 BGB ist eine **Laufzeit** des Verwaltervertrags bis zu **fünf Jahren** zulässig. § 26 Abs. 1 Satz 2 WEG geht als lex specialis der Regelung des § 309 Nr. 9 BGB vor, der die Laufzeit bei Dauerschuldverhältnissen auf zwei Jahre beschränkt[3].

82 Da der Verwalter nach § 27 Abs. 2 Nr. 3 nur aufgrund einer Vereinbarung oder eines Beschlusses der Wohnungseigentümerversammlung ermächtigt ist, gerichtliche Verfahren aktiv für die Wohnungseigentümer zu führen, kann er sich diese Vollmacht auch im Verwaltervertrag einräumen lassen. Dies gilt auch für **Wohngeldklagen**. Auch wenn § 27 Abs. 3 für Klageverfahren im Namen der rechtsfähigen Eigentümergemeinschaft nicht ausdrücklich auf die Notwendigkeit einer besonderen Bevollmächtigung hinweist, so ergibt sich dies aus dem Auffangtatbestand des § 27 Abs. 3 Nr. 7. Für den rechtsfähigen Verband kann daher der Verwalter auch im Verwaltervertrag bevollmächtigt werden, rückständige Wohngeldbeträge einklagen zu dürfen.

83 Eine etwaige Vollmacht zur aktiven Prozessführung beinhaltet stets auch das Recht, einen **Rechtsanwalt** mit der Prozessführung beauftragen und auch spätere **Zwangsvollstreckungsmaßnahmen** einleiten zu dürfen. Auch für einen Antrag auf **Zwangsversteigerung** gegen einen säumigen Wohnungseigentümer bedarf der Verwalter keiner separaten Vollmacht, sofern er Klagevollmacht besaß. Ist der Verwalter gleichzeitig als Rechtsanwalt tätig, kann er auch im Verwaltervertrag regeln, dass er sich unter Befreiung von § 181 BGB selbst mit der Interessenswahrnehmung beauftragt[4].

84 Im Verwaltervertrag können auch die **Aufgaben des Verwalters** näher definiert werden, die er ohne Beschluss der Wohnungseigentümer erledigen kann. Hierbei ist insbesondere an vertragliche Regeln zu denken, die die Befugnis zu Instandhaltungs- und Instandsetzungsmaßnahmen näher definieren. Nach § 27 Abs. 3 Nr. 3 ist der Verwalter berechtigt, die laufenden Maßnahmen der erforderlichen **ordnungsmäßigen Instandhaltung und Instandsetzung** zu treffen. Für diese Maßnahmen hat der Verwalter **Vertretungsmacht**, ohne dass es hierzu eines ermächtigenden Beschlusses bedarf. Allerdings enthält die gesetzliche Regelung unbestimmte Rechtsbegriffe, da dem Gesetz nicht näher zu entnehmen ist, was unter **laufenden und erforderlichen Maßnahmen** zu verstehen ist. Dieser Begriffsbestimmung ist eine regelmäßige Wiederkehr immanent. Nicht erforderlich ist es, dass es sich um eine Eilmaßnahme handelt, da für eine solche Einschränkung der Wortlaut nichts hergibt[5]. Klarstellend lassen sich aber im Verwaltervertrag diese Begriffe näher definieren, wozu beispielsweise auch eine

---

1 OLG München v. 8.11.2006 – 34 Wx 45/06, NZM 2007, 92; LG Landshut v. 14.3.2007 – 64 T 2111/05, ZMR 2007, 493.
2 OLG München v. 8.11.2006 – 34 Wx 45/06, NZM 2007, 92.
3 BGH v. 20.6.2002 – V ZB 39/01, NZM 2002, 788 = NJW 2002, 3240.
4 BayObLG v. 8.12.2004 – 2Z BR 080/04, ZMR 2005, 641.
5 A.A. *Briesemeister*, Praxisratgeber WEG-Reform, S. 43; *Elzer* in Hügel/Scheel, Das neue WEG-Recht, § 11 Rz. 36 ff.

betragsmäßige Umschreibung einer laufenden Maßnahme zählt. So könnten beispielsweise alle Kleinreparaturen bis zu einem bestimmten Kostenumfang als laufende Maßnahmen definiert werden[1].

Da der Verwalter für alle **sonstigen Rechtsgeschäfte** nach § 27 Abs. 3 Nr. 7 einer separaten Vereinbarung oder eines Beschlusses der Wohnungseigentümerversammlung bedarf, kann er beispielsweise auch nicht ohne eine solche Bevollmächtigung Heizöl bestellen oder sonstige Versorgungsverträge abschließen. Eine entsprechende Regelung im Verwaltervertrag kann hingegen die Vollmachten des Verwalters auch hier erweitern und somit das Tagesgeschäft erleichtern. 85

Der Verwalter kann im Verwaltervertrag eine Anspruchsgrundlage formulieren, dass ihm bei ordnungsmäßiger Verwaltung **Entlastung** zu erteilen ist (vgl. § 28 Rz. 19). 86

b) Vergütungsvereinbarung

Wesentlicher Bestandteil des Verwaltervertrags ist die Vergütungsregelung. Auch in der **Teilungserklärung** können hierzu wirksame Regelungen getroffen werden[2]. Allerdings darf eine zeitgemäße **Anpassung des Honorars** nicht ausgeschlossen werden, da sonst die Verwalterbestellung unzulässig behindert wird (s. oben Rz. 24). 87

Zulässig ist es ebenfalls, im Verwaltervertrag neben der zu regelnden Grundvergütung auch einen Katalog von **Zusatzvergütungen** zu vereinbaren. Die Vergütungsvereinbarung unterliegt nur dann einer gerichtlichen Überprüfung, wenn die vereinbarte Honorarhöhe den Tatbestand des **Wuchers** und der **Sittenwidrigkeit** des § 138 BGB erfüllt. Üblicherweise liegt Wucher erst dann vor, wenn ein marktgerechtes Honorar etwa zu 100 % überschritten wird[3]. Bis zum Wuchertatbestand haben aber die Wohnungseigentümer einen **weiten Ermessensspielraum**. Die Gerichte sind nicht dazu berufen, dieses Ermessen einzuengen und beispielsweise einen Beschluss, durch den dem Verwalter ein Honorar zugebilligt wird, das mehr als 10 % von Vergleichsangeboten abweicht, für unwirksam zu erklären[4]. Die Wohnungseigentümer sind nicht verpflichtet, den billigsten Anbieter zu wählen. Die Gerichte dürfen nur bei Wucher oder Sittenwidrigkeit in die Preisgestaltung reglementierend eingreifen. 88

Allerdings kann der Verwalter **nicht** wirksam vereinbaren, dass er **einseitig die Vergütung erhöhen** darf. Eine solche Klausel wäre sowohl überraschend als auch zu unbestimmt, wenn keine Bezugsgröße für die Bemessung der Steigerung genannt wird. So ist auch eine Klausel im formularmäßigen Verwaltervertrag unwirksam, wonach die Vergütung der allgemeinen Verwaltungskostenentwicklung angepasst werden darf. Da es keine allgemeine Verwaltungskostenentwicklung gibt, ist die Regelung zu unbestimmt und verstößt gegen § 307 Abs. 1 BGB[5]. 89

---

1 Siehe hierzu auch *Jennißen*, Der WEG-Verwalter, Rz. 116.
2 LG Berlin v. 2.7.2004 – 85 T 423/03, ZMR 2005, 738.
3 Vgl. *Heinrichs* in Palandt, BGB, § 138 Rz. 34a m.w.N.
4 So aber AG Halle-Saalkreis v. 11.10.2005 – 120 II 64/05, ZMR 2006, 481 (482).
5 OLG Düsseldorf v. 25.1.2005 – I – 3 Wx 326/04, ZMR 2005, 468 = NZM 2005, 628.

90 Eine Erhöhung des Verwalterhonorars kommt auch nicht dadurch zustande, dass der Verwalter einen erhöhten Kostenansatz in den **Wirtschaftsplan** einstellt[1]. Berechnet der Verwalter seine Vergütung im Verwaltervertrag pro Wohneinheit, führt dies nicht zu einer Änderung des Verteilungsschlüssels[2]. Die Berechnung pro Wohneinheit bestimmt nur die Vergütungshöhe und nicht den **Verteilungsschlüssel**. Über den Verteilungsschlüssel beschließen die Wohnungseigentümer mit Stimmenmehrheit gem. § 16 Abs. 3, sofern sie es nicht bei der Regelung der Gemeinschaftsordnung belassen wollen.

91 Sondervergütungen sind nur dann wirksam, wenn sich der Verwalter keine Leistungen zusätzlich vergüten lässt, die zu seinem **normalen Pflichtenkatalog** gehören. Die Erfüllung der Grundpflichten eines jeden WEG-Verwalters können nicht von der Zahlung von Sondervergütungen abhängig gemacht werden. Zum normalen Pflichtenkatalog zählen beispielsweise die Erstellung der Jahresabrechnung, Aufstellung des Wirtschaftsplans einschließlich Erhebung von Sonderumlagen, Durchführung der ordnungsmäßigen Eigentümerversammlung oder ordnungsmäßiger Instandhaltung- und Instandsetzungsmaßnahmen[3]. Zulässig ist es, wenn sich der WEG-Verwalter Tätigkeiten zusätzlich vergüten lässt, die nicht zu den üblichen Kompetenzen eines Verwalters gehören. Hierzu zählen **Ingenieur- oder Architektenleistungen** des Verwalters.

92 Auch ist es zulässig, eine Zusatzvergütung für **außerordentliche Eigentümerversammlungen** zu vereinbaren, sofern diese nicht schuldhaft vom Verwalter verursacht wurden[4].

93 Nicht unzulässig ist ein Zusatzhonorar für **Mahnungen** von Wohngeldbeträgen oder die **gerichtliche Geltendmachung** solcher Rückstände. Allerdings muss das Honorar verhältnismäßig sein. Eine Pauschalierung von beispielsweise 100 Euro zzgl. MwSt ist dann zulässig, wenn sie auf maximal 50 % des rückständigen Betrages beschränkt ist. Nach Auffassung des BayObLG sei ein Betrag von 120 DM zu hoch, wenn er als Pauschale im Einzelfall unabhängig davon zu zahlen ist, welcher Aufwand tatsächlich angefallen ist[5]. Da der Mahnaufwand regelmäßig gleich hoch ist, überzeugt dieses Kriterium nicht. Somit ist bei geringen Zahlungsrückständen die Pauschale nach unten zu korrigieren. Andernfalls wäre eine solche Regelung unverhältnismäßig und würde es säumigen Wohnungseigentümern zusätzlich erschweren, die ordnungsmäßige Wohngeldzahlung wieder aufzunehmen. Auch darf der Verwalter in der gerichtlichen Beitreibung kein Zusatzgeschäft finden, das ihn animieren könnte, übereilt gerichtliche Verfahren wegen Wohngeldrückstands einzuleiten[6]. Auch für Passivprozesse kann sich der Verwalter eine Sondervergütung ausbedingen[7].

---

1 LG Mainz v. 29.6.2004 – 3 T 180/03, ZMR 2005, 153.
2 BayObLG v. 23.12.2003 – 2Z BR 189/03, ZMR 2004, 358.
3 Siehe auch *Gottschalg*, MietRB 2004, 183 (186).
4 *Gottschalg*, MietRB 2004, 183 (186).
5 BayObLG v. 3.3.1988 – BReg. 2Z 104/87, WuM 1988, 183.
6 Vgl. hierzu auch AG Fürth v. 19.4.2004 – 7 UR II 13/04, ZMR 2004, 540, wonach eine Kostenpauschale von 300 DM = 177,93 Euro zulässig sei.
7 So auch LG Stuttgart v. 3.3.2003 – 2 T 70/03, ZMR 2004, 216.

Mahnkosten i.H.v. 12,50 Euro zzgl. MwSt je Mahnschreiben sind angemessen[1]. Da die Fälligkeit des Wohngelds in der Regel kalendermäßig bestimmt ist, bedarf es für den Verzug des Wohnungseigentümers keiner Mahnung. Dennoch sind Mahnungen nicht vollkommen überflüssig und die Erhebung einer „Mahngebühr" nicht rechtsmissbräuchlich. Allerdings darf dieses Zusatzhonorar nur für eine Mahnung berechnet werden. Mahnt der Verwalter den gleichen Betrag mehrmals an, führt dies nicht zu einer Erhöhung der Sondervergütung je Schreiben[2].

94

Grundsätzlich sind vom Grundhonorar auch **Porto- Telefon- und Telefaxkosten** umfasst. Zu den Kardinalpflichten des Verwalters zählt auch die Einladung zur Eigentümerversammlung, sodass er sich die hiermit verbundenen Kosten nicht zusätzlich vergüten lassen kann. Gleiches gilt beispielsweise auch für die Kopierkosten im Zusammenhang mit der Verbreitung der Jahresabrechnung. Andererseits ist es zulässig, dass der Verwalter Kostenerstattung für die Aufwendungen vereinbart, die mit der Information der Wohnungseigentümer über ein gerichtliches Verfahren gem. § 27 Abs. 1 Nr. 7 verbunden sind. Auch kann sich der Verwalter wirksam **Aufwandsentschädigungen** ausbedingen, wenn ein Wohnungseigentümer Belege und Verwaltungsunterlagen als Kopie zugesandt haben möchte. Auch diesbezüglich muss die vereinbarte Aufwandsentschädigung üblich sein. Es ist nicht zu beanstanden, wenn sich der Verwalter hierbei an den Sätzen des RVG orientiert, die 0,50 Euro für die ersten 50 Kopien und 0,15 Euro ab der 51 Kopie vorsehen (Nr. 7000 RVG)[3].

95

Fraglich ist, ob der Verwalter wirksam vereinbaren kann, dass ihm das Zusatzhonorar von demjenigen Wohnungseigentümer unmittelbar geschuldet wird, der diese Zusatzkosten (z.B. Kopierkosten) auslöst. Wird als **Vertragspartner** nur der rechtsfähige Verband angesehen, ist diese Frage zu verneinen. Nach der hier vertretenen Auffassung kommt aber der Vertrag auch mit allen Wohnungseigentümern zustande, sodass sich jeder Wohnungseigentümer auch unmittelbar zu solchen Zusatzzahlungen verpflichten kann. Das Problem bleibt dann ohne große praktische Bedeutung, wenn die Wohnungseigentümer nach §§ 16 Abs. 3, 21 Abs. 7 mehrheitlich beschließen, dass diese Kosten der verursachende Wohnungseigentümer selbst zu tragen hat, sodass spätestens in der Jahresabrechnung eine entsprechende **Einzelbelastung** des betreffenden Wohnungseigentümers vorgesehen werden kann.

96

3. Anfechtung des Beschlusses über den Verwaltervertrag

Der Beschluss über den Verwaltervertrag kann insgesamt oder teilweise einer gerichtlichen Überprüfung unterzogen werden. Werden nur **einzelne Vertragsklauseln** angegriffen, ist das gerichtliche Prüfungsrecht hierauf beschränkt. Betrifft die Anfechtung den Verwaltervertrag insgesamt, ist der Beschluss nur dann aufzuheben, wenn der Vertrag in seiner Gesamtwürdigung und insbesondere hinsichtlich seiner Kernaussagen einer **Inhaltskontrolle** nicht standhält[4].

97

---

1 Vgl. OLG Düsseldorf v. 14.10.1998 – 3 Wx 169/98, NZM 1999, 267.
2 Siehe hierzu auch *Jennißen*, Der WEG-Verwalter, Rz. 138.
3 Siehe auch *Kümmel*, MietRB 2006, 272.
4 OLG Düsseldorf v. 30.5.2006 – I – 3 Wx 51/06, ZWE 2006, 396 = ZMR 2006, 870.

In der Regel wird aber entsprechend § 139 BGB der Beschluss über den Verwaltervertrag nur teilweise für ungültig erklärt werden. Ist die Summe der unwirksamen Klauseln aber so groß, dass nur ein leerer Vertragstorso zurückbleibt, ist der gesamte Beschluss über den Verwaltervertrag unwirksam. Dies wurde vom OLG Düsseldorf[1] in einem Fall bejaht, in dem unzulässigerweise das **Selbstkontrahierungsverbot** aufgehoben, eine unzulässige **Haftungsbegrenzung** vereinbart und unwirksame **Zusatzvergütungen** geregelt wurden.

98 Verstoßen einzelne Klauseln gegen AGB-rechtliche Vorschriften, sind sie nichtig. Wird insoweit der Beschluss über den Verwaltervertrag angefochten, hat das Gerichtsurteil nur feststellenden Charakter. Verletzen die Klauseln wohnungseigentumsrechtliche Grundsätze, ist ihre Rechtswidrigkeit nach fristgerechter Anfechtung auszusprechen. Durch die Beteiligung des Verwalters an dem gerichtlichen Verfahren wirkt das Urteil auch ihm gegenüber unmittelbar.

99 Das **Rechtschutzinteresse** des Wohnungseigentümers für die Anfechtung des Beschlusses über den Verwaltervertrag ist in der Klärung seiner Wirksamkeit zu sehen. Der Wohnungseigentümer muss wissen, ob der Verwaltervertrag insgesamt oder nur teilweise Bestand hat.

V. Haftung des Verwalters[2]

1. Für Verträge der Eigentümergemeinschaft

100 Der Verwalter ist nach § 27 Abs. 1 Nr. 1 verpflichtet, **die Beschlüsse** der Wohnungseigentümer **durchzuführen**. Hieraus folgt, dass der Verwalter für die Durchführung von Beschlüssen selbst dann nicht haftet, wenn sie angefochten und später für ungültig erklärt werden[3]. Andererseits kann der Verwalter haften, wenn er die Beschlüsse der Wohnungseigentümer nicht unverzüglich umsetzt und hieraus ein **Verzögerungsschaden** entsteht.

101 Hat der Verwalter aufgrund eines Instandsetzungsbeschlusses Aufträge im Außenverhältnis erteilt und wird später der Beschluss aufgehoben, so hat dies keine Auswirkungen auf den Vertragsabschluss. Ohne entsprechenden Beschluss handelt der Verwalter zwar grundsätzlich ohne Vertretungsmacht. Da er aber nach § 27 Abs. 1 Nr. 1 verpflichtet ist, Beschlüsse der Wohnungseigentümer durchzuführen und diese Pflicht auch durch Beschlussanfechtungen nicht tangiert wird, kann die spätere erfolgreiche Beschlussanfechtung auf die Wirksamkeit des Vertrages keine Relevanz haben. Der Verwalter hat im maßgebenden Zeitpunkt des Vertragsabschlusses **mit Vertretungsmacht** gehandelt. Die Annahme einer fehlenden Vertretungsmacht hätte für den Verwalter unübersehbare Risiken zur Folge und würde zu einem unüberbrückbaren Spannungsverhältnis zu den Pflichten des § 27 Abs. 1 Nr. 1 führen. Auch dem Vertragspartner kann das Risiko nicht zugemutet werden, dass durch eine ex tunc-Wirkung der Beschlussaufhebung nachträglich die Vertretungsmacht des Verwalters verloren gehen könnte[4].

---

1 V. 30.5.2006 – I – 3 Wx 51/06, ZWE 2006, 396 = ZMR 2006, 870.
2 Vgl. hierzu auch § 27 Rz. 168 ff.
3 BGH v. 22.12.1999 – XII ZR 339/97, NZM 2000, 184; *Bauriedl*, ZMR 2006, 252 ff.
4 Vgl. hierzu *Jennißen*, Der WEG-Verwalter, Rz. 13 ff.

Der Verwalter kann dann persönlich **Dritten gegenüber haften**, wenn er bei der 102
Auftragserteilung nicht deutlich macht, dass er nicht im eigenen Namen, sondern nur für die Eigentümergemeinschaft den Auftrag erteilt[1]. Abzustellen ist auf die Umstände des Einzelfalls. Ist für den Vertragspartner **aus den Umständen erkennbar**, dass der Verwalter nicht im eigenen Namen, sondern für die **rechtsfähige Eigentümergemeinschaft** handelt, kommt der Vertrag nur mit Letzterer zustande. Solche Umstände können sich aus früheren Auftragserteilungen im Namen der Eigentümergemeinschaft oder aus einem Hinweis auf einen Beschluss der Eigentümerversammlung ergeben. Im Zweifel wird aber der Verwalter selbst für die Vertragserfüllung gegenüber dem Dritten haften, wenn sein Handeln als Vertreter beim Vertragsabschluss nicht deutlich wurde[2]. Wird der Auftrag zwar im eigenen Namen erteilt, aber Rechnungsstellung an die Eigentümergemeinschaft erbeten, ist auch aus diesem Umstand heraus der Fremdgeschäftsführerwille hinreichend erkennbar[3]. Soweit das KG[4] im Zweifel von einer Auftragserteilung durch die rechtsfähige Eigentümergemeinschaft ausgeht, weil hierdurch der Vertragspartner mit der Eigentümergemeinschaft einen potenteren Vertragspartner erhalte und zudem die Möglichkeit erlange, eine **Bauhandwerkerversicherungshypothek** nach § 648 BGB eintragen zu lassen, überzeugt diese Entscheidung nicht. Sie ist ergebnisorientiert und stellt nicht deutlich genug auf die Umstände beim Vertragsabschluss ab.

Der Verwalter kann auch dann Dritten gegenüber haften, wenn er trotz mangelnder Zahlungsfähigkeit der Eigentümergemeinschaft Aufträge im Außenverhältnis erteilt. Bei positiver Kenntnis, dass die Eigentümergemeinschaft nicht zahlen können wird, haftet der Verwalter aus Delikt, §§ 823 Abs. 2, 826 BGB. Eine schuldrechtliche Haftung des Verwalters dürfte hingegen die Ausnahme sein. Die Rechtsprechung zur Haftung des Geschäftsführers einer GmbH stellt darauf ab, ob dieser **persönliches Vertrauen** zum Vertragspartner in Anspruch genommen hat[5]. Ebenso soll eine unmittelbare Haftung des Geschäftsführers in Betracht kommen, wenn er ein **qualifiziertes Eigeninteresse** am Vertragsabschluss besitzt. Dies sei insbesondere dann der Fall, wenn der Geschäftsführer den Auftrag nur deshalb erteilt, um einen eigenen Haftungstatbestand zu beseitigen[6]. Übertragen auf die Rechtsperson des WEG-Verwalters bedeutet dieses, dass die bloße Auftragserteilung bei mangelnder Zahlungsfähigkeit nicht ausreicht, um ein Verschulden bei Vertragsschluss zu bejahren. Sein etwaiges Eigeninteresse wird auch nicht dadurch begründet, dass er Miteigentümer ist. Das Eigeninteresse muss aus seiner Tätigkeit als WEG-Verwalter resultieren. 103

2. Für Objektmängel

Wird ein Mangel am Objekt gemeldet, hat der Verwalter dieser Meldung unverzüglich nachzugehen. Er hat dabei zunächst den Schaden und die möglichen 104

---

1 OLG Saarbrücken v. 31.10.2006 – 4 U 612/05 – 232, MDR 2007, 582 = NZM 2007, 249.
2 OLG Düsseldorf v. 7.1.2003 – 24 U 75/02, ZMR 2003, 351.
3 A.A. VerfGH Berlin v. 18.7.2006 – VerfGH 3/02, ZMR 2007, 548.
4 V. 12.12.1995 – 7 U 5280/95, NJW-RR 1996, 1523.
5 BGH ZIP 1991, 1142.
6 BGHZ 126, 184; s. auch *Hommelhoff/Kleindieck* in Luther/Hommelhoff, GmbH-Gesetz, § 43 Rz. 51.

Schadensursachen zu erforschen. Stellt sich dann heraus, dass die Schadensursache ausschließlich im **Sondereigentum** liegt, ist er für seine Beseitigung nicht zuständig. Die Entscheidung des OLG München[1], wonach sich der Verwalter auch dann schadenersatzpflichtig macht, wenn er einem gemeldeten Schaden nicht nachgeht und sich später herausstellt, dass die Schadensursachen im Sondereigentum lagen, überzeugt nicht. Der Senat ist der Auffassung, dass die Pflichtverletzung hier schon darin zu sehen sei, dass er der Schadensmeldung nicht nachgegangen ist. Die hierdurch verspätete Mängelbeseitigung im Sondereigentum habe sich der Verwalter zurechnen zu lassen und er müsse daher Schadensersatz für Mietausfall leisten. Eine unmittelbare Haftung gegenüber dem einzelnen Wohnungseigentümer ist aber nur denkbar, wenn der Verwaltervertrag Schutzwirkung zugunsten des Einzelnen entfaltet[2]. Zudem bestehen Zweifel an der Kausalitätsfrage. Den Verwalter würden die Risiken des Sondereigentums treffen. Der betreffende Wohnungseigentümer muss sich entgegenhalten lassen, dass er auch selbst die Schadensursache hätte aufklären können und müssen. Dem ist bei der Frage des Mitverschuldens in erheblichem Umfange Rechnung zu tragen.

105 Bei **festgestellten Baumängeln** haftet der Verwalter für die Überwachung der **Verjährungsfristen**. Er hat Vorsorge dafür zu treffen, dass vor Ablauf dieser Fristen eine Eigentümerversammlung zeitgerecht einberufen wird, um die weiteren Maßnahmen beschließen zu lassen[3].

106 Weiterhin kann der Verwalter haften, wenn er die **Verkehrssicherungspflichten** der Wohnungseigentümergemeinschaft nicht erfüllt[4]. Allerdings kann die Haftung des Verwalters entfallen, wenn die Verkehrssicherungspflicht wirksam auf einen Dritten, z.B. den **Hausmeister**, übertragen wurde. Dann muss der Verwalter Sorge dafür tragen, dass der Hausmeister zumindest in der Anfangszeit regelmäßig überwacht wird. Haben sich dann nach diesen regelmäßigen Kontrollen keine Unregelmäßigkeiten ergeben und besteht Anlass, von einer zuverlässigen Tätigkeitsausübung durch den Hausmeister auszugehen, kann der Verwalter weitere Kontrollen einstellen[5].

3. Wegen mangelhafter Wirtschaftsprüfung

107 Überzieht der Verwalter das laufende Konto der Eigentümergemeinschaft, ohne durch Beschluss hierzu bevollmächtigt zu sein, liegt eine ungenehmigte **Kreditaufnahme** vor. Für diese Kreditaufnahme soll nach Auffassung des LG Köln[6] dennoch die Eigentümergemeinschaft haften, wenn den Wohnungseigentümern im Rahmen der Jahresabrechnung der Kontostand mitgeteilt und die Jahresabrechnung dann beschlossen wurde. Dies überzeugt jedoch nicht, da die Richtigkeit der Jahresabrechnung auch dann uneingeschränkt gegeben ist, wenn das

---

1 V. 15.5.2006 – 34 Wx156/05, MietRB 2006, 217.
2 Siehe auch § 27 Rz. 177 sowie OLG Düsseldorf v. 29.9.2006 – 3 Wx 281/05, NZM 2007, 137.
3 OLG Düsseldorf v. 27.5.2002 – 3 Wx 148/01, NZM 2002, 707.
4 BGH MDR 1994, 45 = ZMR 1993, 322; OLG Frankfurt OLGZ 1982, 16; *Müller*, Praktische Fragen, Rz. 1106; *Gottschalg*, Die Haftung von Verwalter und Beirat, Rz. 235.
5 OLG München v. 24.10.2005 – 34 Wx 082/05, MietRB 2006, 41.
6 V. 17.10.2002 – 29 O 207/01, MietRB 2004, 81.

Konto überzogen wurde. Der Beschluss über die Jahresabrechnung entsprach daher in einem solchen Fall ordnungsmäßiger Verwaltung. Anders wäre aber das Ergebnis zu werten, wenn dem Verwalter für das betreffende Kalenderjahr Entlastung erteilt worden ist. Der Beschluss über die Entlastung enthält konkludent die Genehmigung solcher Handlungsweisen.

Der Verwalter haftet, wenn er den Zahlungsverkehr unkontrolliert einem Mitarbeiter überlässt bzw. diesem einen unkontrollierten Zugang zur **EC-Karte** ermöglicht[1]. 108

Der Verwalter haftet gegenüber dem einzelnen Wohnungseigentümer nicht, wenn diesem Probleme bei der **Betriebskostenabrechnung** gegenüber seinem Mieter insbesondere wegen später Vorlegung der Jahresabrechnung entstehen. Einem solchen Schadensersatzanspruch stehen mehrere Bedenken entgegen. Der WEG-Verwalter ist nicht für Fragen der Betriebskostenabrechnung zuständig. Er ist auch nicht **Erfüllungsgehilfe** gem. § 278 BGB im Rechtsverhältnis zwischen Vermieter und Mieter, sodass sich der Vermieter eine etwaige Schlechtleistung des WEG-Verwalters nicht zurechnen lassen muss[2]. Andererseits kann sich der Verwalter auch erst dann schadensersatzpflichtig machen, wenn er sich mit der Erstellung der Jahresabrechnung im Verzug befand. Allerdings kann der Verzug nicht vom einzelnen Wohnungseigentümer ausgelöst werden. Eine wirksame Mahnung kann nur vom Vertragspartner (Eigentümergemeinschaft und Summe der Wohnungseigentümer) und nicht vom einzelnen Wohnungseigentümer ausgesprochen werden (s. auch § 28 Rz. 125)[3]. Stellt sich erst nach **Bestandskraft** der Jahresabrechnung heraus, dass diese unvollständig ist, kann einem vermietenden Wohnungseigentümer ebenfalls hieraus kein Schadensersatzanspruch gegen den WEG-Verwalter entstehen. Neben den vorstehend genannten Gründen kommt nunmehr die Bestandskraft des Beschlusses hinzu. Der bestandskräftige Beschluss über die Jahresabrechnung lässt eine Schadensersatzverpflichtung wegen inhaltlicher Fehler und insbesondere wegen seiner Unvollständigkeit nicht mehr zu[4]. 109

Der Verwalter kann sich schadensersatzpflichtig machen, wenn er rückständige **Wohngeldbeträge** nur verzögert **beitreibt**[5]. Andererseits ist abzuwägen, ob neue kostenintensive Titel erstritten werden sollen, wenn bereits titulierte Forderungen bisher nicht beigetrieben werden konnten[6]. Die **verspätete Geltendmachung** von Wohngeldrückständen kann auch zur **Abwahl** des Verwalters und **Kündigung** des Verwaltervertrags aus wichtigem Grund führen[7]. Der Verwalter kann sich auch schadensersatzpflichtig machen, wenn er Wohngeldbeträge gerichtlich geltend macht, die nicht fällig oder schon erfüllt sind. Insbesondere in solchen Fällen kann das Gericht gem. § 49 Abs. 2 aussprechen, dass der Verwalter 110

---

1 OLG München v. 24.7.2006 – 32 Wx 077/06, MietRB 2006, 299.
2 Siehe auch AG Singen v. 24.2.2004 – 7 UR WEG 48/03, MietRB 2004, 295.
3 Mahnung des einzelnen Wohnungseigentümers als ausreichend ansehend, OLG Düsseldorf v. 22.12.2006 – I-3 Wx 160/06, ZMR 2007, 287.
4 LG Memmingen v. 6.9.2004 – 4 T 1691/03, MietRB 2005, 98.
5 AG Idstein v. 30.10.2003 – 3 UR II 111/01, MietRB 2004, 82.
6 LG Berlin v. 29.11.2005 – 55 T 152/04 WE, ZMR 2006, 393.
7 OLG Karlsruhe v. 10.9.1997 – 4 W 71/97, NZM 1998, 768.

die Kosten des Verfahrens selbst dann zu tragen hat, wenn die Klageerhebung im Namen der rechtsfähigen Eigentümergemeinschaft erfolgte[1].

111 Zu weit geht eine Entscheidung des LG Mönchengladbach[2], wonach der Verwalter auch für unterlassene **Fördermittelhinweise** haftet. Der Verwalter ist aber kein Finanzberater.

111a Hat sich der Verwalter gegenüber einzelnen Wohnungseigentümern schadenersatzpflichtig gemacht, kann er nicht mit seiner Vergütungsforderung aus dem Verwaltervertrag **aufrechnen**. Letztere ist gegenüber der teilrechtsfähigen **Eigentümergemeinschaft** geltend zu machen, sodass es an der Gegenseitigkeit der Forderungen für die Aufrechnung fehlt[3].

112 Der Verwalter kann auch haften, wenn er eine **Veräußerungszustimmung** zu spät erteilt. Bei zweifelhafter Rechtslage muss er unverzüglich eine Weisung der Wohnungseigentümer einholen[4].

112a Stets ist ein etwaiges Mitverschulden der Wohnungseigentümer zu prüfen. Dies ist dann gegeben, wenn die Eigentümerversammlung eine **spekulative Anlage der Instandhaltungsrücklage** beschließt. Trotz des Beschlusses bleibt der Verwalter in der Mithaftung, wenn er die speziellen Risiken erkennen musste und hierauf die Eigentümerversammlung nicht besonders hingewiesen hat[5].

VI. Abberufung und Kündigung des Verwalters

1. Ordentliche Abberufung

113 Der Verwalter kann jederzeit abberufen werden, wenn er auf **unbestimmte Zeit** bestellt und die Abberufungsmöglichkeit nicht auf das Vorliegen eines **wichtigen Grundes** beschränkt wurde. Ist der Verwalter in der Eigentümerversammlung anwesend, geht ihm der Abberufungsbeschluss unmittelbar zu, sodass keine weitere Willenserklärung notwendig ist. Ist der Verwalter hingegen nicht anwesend, muss ihm die **Abberufungserklärung** nach entsprechender Beschlussfassung erst **zugehen**[6]. Im Zweifel ist im Beschluss, einen neuen Verwalter mit sofortiger Wirkung zu bestellen, die gleichzeitige Abberufung des bisherigen Verwalters zu sehen[7].

114 Die Abberufung ist **bedingungsfeindlich**. Die Rechtsicherheit verlangt es, dass stets Klarheit darüber besteht, ob und ggf. welcher Verwalter noch im Amt ist[8].

---

1 BayObLG v. 25.7.2005 – 2Z BR 230/04, ZMR 2006, 55 = NZM 2005, 786; KG v. 14.1.2005 – 24 W 77/04, MietRB 2005, 237.
2 V. 29.9.2006 – 5 T 51/06, NZM 2007, 416 = ZMR 2007, 402.
3 OLG Hamm v. 3.1.2006 – 15 W 109/05, ZMR 2006, 633.
4 OLG Düsseldorf v. 10.5.2005 – 3 Wx 321/04, NZM 2005, 787.
5 OLG Celle v. 14.4.2004 – 4 W 7/04, NZM 2004, 426.
6 BayObLG v. 28.1.2003 – 2Z BR 126/02, WuM 2003, 232 = DWE 2003, 97.
7 BayObLG v. 28.1.2003 – 2Z BR 126/02, WuM 2003, 232 = DWE 2003, 97.
8 So auch *Bub* in Staudinger, BGB, § 26 WEG Rz. 405.

Im Zweifel ist im Beschluss über die Bestellung eines neuen Verwalters gleichzeitig auch die Abberufung des bisherigen Verwalters zu sehen[1].

Der Verwalter darf bei seiner **eigenen Abwahl** mit **abstimmen**. Wie er sich selbst wählen darf, kann er die ordentliche Abwahl mit seinen Stimmen zu verhindern suchen[2]. Auch beim Beschluss über die **Kündigung des Verwaltervertrags** darf der Verwalter mit **abstimmen**, sofern es sich um eine **ordentliche Kündigung** handelt. Zwar wird wiederum in der Kündigung ein Rechtsgeschäft i.S.v. § 25 Abs. 5 gesehen[3]. Der daraus folgende Stimmrechtsausschluss soll auch dann greifen, wenn die Wohnungseigentümer gleichzeitig über Abberufung und Kündigung beschließen. Dem ist jedoch nicht zu folgen. Wenn der Verwalter bei seiner Wahl mit abstimmen darf, ist es nur folgerichtig, ihm ebenfalls ein Stimmrecht zu gewähren, wenn er ordentlich abberufen werden soll. Andernfalls müsste er die ordentliche Abberufung dulden und könnte sich anschließend mit seinen Stimmen wieder neu wählen. Der Verwalter kann somit gegen die Abberufung stimmen. Entsprechend muss es ihm auch möglich sein, gegen die Kündigung stimmen zu dürfen. Andernfalls würde der Verwalter zwar nicht abberufen, aber gekündigt werden können, wenn der Verwalter die Stimmenmehrheit besitzt. Die Abberufungsfrage steht im Vordergrund und überlagert die Kündigungsmöglichkeit[4]. Das Stimmrecht des Verwalters gegen seine Kündigung ist Annex zum Stimmrecht gegen seine Abberufung.

115

Bevor das Gericht über die Abberufung des Verwalters entscheiden kann, muss sich zunächst eine **Eigentümerversammlung** mit dieser Thematik beschäftigt haben. Andernfalls fehlt es am notwendigen **Rechtschutzinteresse**[5]. Im Zweifel wird daher, wenn die Eigentümerversammlung mehrheitlich eine Abberufung ablehnt, ein Anfechtungsantrag, verbunden mit einem Verpflichtungsantrag, in Betracht kommen. Die unmittelbare Anrufung des Gerichts kommt nur dann in Betracht, wenn die Mehrheitsverhältnisse die Abberufung des Verwalters nicht erwarten lassen oder der Verwalter sich weigert, die Abberufung zum Gegenstand der nächsten Eigentümerversammlung zu machen[6].

116

2. Außerordentliche Abberufung

a) Allgemeine Anforderungen

Wurde der Verwalter für eine bestimmte Dauer bestellt, kann er währenddessen nur aus **wichtigem Grund** abberufen werden[7]. Gleiches ist dann der Fall, wenn in der Gemeinschaftsordnung, im Bestellungsbeschluss oder im Verwalterver-

117

---

1 BayObLG v. 28.1.2003 – 2Z BR 126/02, NZM 2003, 243; v. 30.4.1999 – 2Z BR 3/99, NJW-RR 1999, 1390.
2 BGH v. 19.9.2002 – V ZB 30/02, NJW 2002, 3704 = MDR 2002, 1424 = ZMR 2002, 930.
3 OLG Düsseldorf v. 16.9.1998 – 3 Wx 366/98, NZM 1999, 285.
4 Die Kündigung des Verwaltervertrags im Vordergrund sehend, OLG Düsseldorf v. 16.9.1998 – 3 Wx 366/98, NZM 1999, 285 = WuM 1999, 59.
5 KG v. 15.6.1988 – 24 W 5977/87, WE 1988, 168.
6 BayObLG WE 1986, 64; v. 4.7.2002 – 2Z BR 139/01, ZWE 2002, 577; OLG Köln v. 7.9.1998 – 16 Wx 73/98 u. 125/98, NZM 1998, 959; OLG Düsseldorf v. 2.2.1998 – 3 Wx 345/91, NZM 1998, 517; WE 1991, 252.
7 LG Düsseldorf v. 28.2.2005 – 25 T 195/04, ZMR 2005, 740.

trag[1] geregelt wurde, dass die Abberufung nur aus wichtigem Grund möglich ist. Hierdurch haben sich die Wohnungseigentümer gebunden.

118 Wenn ein wichtiger Grund vorliegt, muss die Abberufung **zeitnah** betrieben werden, § 314 Abs. 3 BGB[2]. Allerdings ist die **Zweiwochenfrist** des § 626 Abs. 2 BGB nicht anwendbar. Bei der Angemessenheit (Zeitnähe) ist aber zu berücksichtigen, dass es nicht auf das Wissen des einzelnen Wohnungseigentümers ankommt. Die wichtigen Gründe, die eine Abberufung rechtfertigen könnten, müssen der Eigentümerversammlung vorgestellt werden. Ist die mögliche Abberufung nicht Gegenstand dieser Eigentümerversammlung, muss erst beschlossen werden, den Verwalter zur kurzfristigen Einladung einer weiteren Eigentümerversammlung aufzufordern. Ein solcher Beschluss ist als **Organisationsakt** auch ohne entsprechende Ankündigung in der Tagesordnung möglich, da er selbst keinen materiellen Inhalt hat. Reagiert die Eigentümerversammlung hingegen nicht und fordert keine Abberufung einer neuen Versammlung, kann der Abberufungsgrund **verwirken**[3].

119 Teilweise wird gefordert, dass einer wirksamen Abberufung eine **Abmahnung** vorausgehen müsse[4]. Diesbezüglich ist aber zu berücksichtigen, dass die Abberufung aus wichtigem Grund meistens mit einer **Zerrüttung des Vertrauensverhältnisses** begründet wird. In solchen Fällen ist eine Abmahnung entbehrlich, da sich auch durch Abmahnung ein zerrüttetes Vertrauensverhältnis nicht wieder herstellen lässt. Lediglich dann, wenn die Abberufung mit wiederholter Schlechtleistung begründet werden soll, ist eine vorherige Abmahnung zu fordern. Aber auch die Abmahnung muss von den Wohnungseigentümern zuvor mehrheitlich beschlossen werden. Ein einzelner Wohnungseigentümer kann nicht wirksam abmahnen[5], es sei denn, er wurde durch Mehrheitsbeschluss hierzu ermächtigt, § 27 Abs. 3 Satz 2.

120 Bei der Abberufung aus wichtigem Grund hat der Verwalter **kein Stimmrecht**. Er kann somit auch von Stimmrechtsvollmachten keinen Gebrauch machen. Andernfalls könnte der Verwalter selbst darüber entscheiden, ob die Wohnungseigentümer einen **Vertrauensbruch** empfinden oder nicht. Auch könnte der Verwalter im Extremfall eine **strafbare Handlung** begehen und dann mit den eigenen Stimmen seine Abberufung verhindern.

121 Im Kern laufen die meisten Abberufungsgründe auf eine **Zerrüttung des Vertrauensverhältnisses**[6] bzw. auf **fehlende Zumutbarkeit** einer weiteren Zusammenarbeit hinaus[7].

---

1 Die Regelung im Verwaltervertrag, dass nur aus wichtigem Grund gekündigt werden kann, auch auf die Abberufung übertragend, OLG Düsseldorf v. 18.8.2005 – I – 3 Wx 89/05, NZM 2005, 828 = OLGReport Düsseldorf 2006, 1.
2 BayObLG v. 17.1.2000 – 2Z BR 120/99, ZWE 2000, 185 = WuM 2000, 266.
3 BayObLG v. 17.1.2000 – 2Z BR 120/99, ZWE 2000, 185 für eine Abberufung nach Ablauf von zwei Monaten seit Kenntnisnahme.
4 BGH v. 20.6.2002 – V ZB 39/01, NZM 2002, 788 = NJW 2003, 3240 = ZMR 2002, 766.
5 KG v. 12.5.2003 – 24 W 279/02, KGReport Berlin 2003, 265 = MietRB 2003, 75.
6 Vgl. AG Hannover v. 30.10.2003 – 71 II 376/03, ZMR 2005, 581; BayObLG v. 21.10.1999 – 2Z BR 97/99, WuM 2000, 268; OLG Köln v. 22.1.1999 – 16 Wx 218/98, WuM 1999, 299.
7 OLG Celle v. 25.6.2003 – 4 W 64/03, OLGReport Celle 2003, 419.

Die Abberufung des Verwalters aus wichtigem Grund kann nur auf Tatsachen gestützt werden, die entweder nach dessen Bestellung entstanden oder jedenfalls der Wohnungseigentümergemeinschaft erst danach bekannt geworden sind[1]. Die Abberufung ist unwirksam, wenn sie auf Gründe gestützt wird, die bei der **vorhergehenden Wiederwahl** bereits bekannt waren[2]. Liegen die **Jahresabrechnungen** bei der Wiederwahl des Verwalters noch nicht vor, kann dies dennoch später seine Abberufung rechtfertigen, wenn sie nach einem weiteren Zeitablauf immer noch nicht erstellt wurden[3].

122

Verweigern die Wohnungseigentümer durch einen entsprechenden **Negativbeschluss** die Abberufung des Verwalters, kann nach entsprechender Anfechtung das Gericht die Abberufung nur dann aussprechen, wenn die Nichtabberufung mit den Grundsätzen ordnungsmäßiger Verwaltung nicht mehr vereinbar ist. Dazu müssen besonders schwere Fehler des Verwalters festzustellen sein, die eine Fortsetzung der Verwaltungstätigkeit nicht mehr vertretbar erscheinen lassen[4]. Das Gericht hat die demokratische Entscheidung der Wohnungseigentümer zu berücksichtigen, den Verwalter nicht abberufen zu wollen.

123

Ein gerichtlicher Antrag auf Abberufung setzt voraus, dass sich die **Eigentümerversammlung** mit der Thematik beschäftigt hat[5]. Dies ist nur dann entbehrlich, wenn die Anrufung der Eigentümerversammlung dem Wohnungseigentümer nicht zumutbar oder sein Versuch, diesbezüglich eine Eigentümerversammlung herbeizuführen, gescheitert ist[6]. An der Zumutbarkeit fehlt es, wenn die Mehrheitsverhältnisse die Anrufung der Eigentümerversammlung als **überflüssigen Formalismus** erscheinen lassen[7].

124

Anders verhält es sich bei der **Nichteinberufung einer Eigentümerversammlung**. Hier kann in der Forderung der Wohnungseigentümer, die Versammlung einzuberufen, gleichzeitig die Abmahnung gesehen werden. Die Notwendigkeit der Abmahnung ist daher stets eine Einzelfallwertung.

125

b) Einzelne Abberufungsgründe

Wichtige Abberufungsgründe im Einzelnen:

126

- Beleidigung eines Wohnungseigentümers[8];
- Strafanzeigen gegen Wohnungseigentümer, die jeglicher Grundlage entbehren[9];

---

1 BayObLG v. 5.5.2004 – 2Z BR 066/04, ZMR 2004, 840.
2 OLG Frankfurt v. 26.4.2005 – 20 W 279/03, OLGReport Frankfurt 2006, 136; OLG Köln v. 22.11.2002 – 16 Wx 153/02, OLGReport Köln 2003, 60.
3 OLG Düsseldorf v. 17.4.2002 – 3 Wx 8/02, NZM 2002, 487 = OLGReport Düsseldorf 2002, 426.
4 OLG Schleswig v. 8.11.2006 – 2 W 137/06, WuM 2007, 216 = ZMR 2007, 485.
5 BayObLG v. 17.7.2003 – 2Z BR 108/03, NJW-RR 2004, 89 = NZM 2004, 110.
6 OLG Celle v. 19.5.1999 – 4 W 49/99, OLGReport Celle 1999, 217 = NZM 1999, 841.
7 BayObLG v. 5.5.2004 – 2Z BR 066/04, ZMR 2004, 840.
8 BayObLG v. 15.1.2004 – 2Z BR 240/03, ZMR 2004, 923, in dem der Verwalter den Beiratsvorsetzenden als klassisch-psychologischen Fall bezeichnet.
9 OLG Düsseldorf v. 2.2.1998 – 3 Wx 349/97, NZM 1998, 517.

- Verurteilung des Verwalters wegen Vermögensdelikten; im Einzelfall ist aber zu untersuchen, ob das Vermögensdelikt in einem Zusammenhang mit der Verwaltungstätigkeit steht oder aber zumindest befürchten lässt, dass der Verwalter auch in den Vermögensangelegenheiten der Eigentümergemeinschaft nicht ordentlich agieren wird; die Vorstrafen dürfen auch noch nicht getilgt sein[1];
- der Verwalter beantwortet Fragen der Wohnungseigentümer nach nicht getilgten Vorstrafen falsch, ausweichend oder bagatellisierend[2];
- Eröffnung des Insolvenzverfahrens oder Einstellung mangels Masse gegen den Verwalter[3];
- Eröffnung des Insolvenzverfahrens über Unternehmen, die mit dem Verwalter verflochten sind, und Weigerung des Verwalters, seine finanziellen Verhältnisse transparent zu machen[4];
- schlechte Vermögensverhältnisse des Verwalters (Haftbefehl in der Zwangsvollstreckung)[5];
- Führung eines Prozesses für einen Wohnungseigentümer innerhalb einer Zweier-Gemeinschaft (Verletzung der Neutralitätspflicht)[6];
- eigenmächtige Abänderung des Verteilungsschlüssels zugunsten eines Wohnungseigentümers[7];
- Übertragung der Verwaltungstätigkeit auf eine andere Person ohne Zustimmung der Wohnungseigentümer[8];
- unzumutbare Selbstherrlichkeit des Verwalters[9];
- Missachtung der Wünsche zahlreicher Wohnungseigentümer[10];
- offenkundige Verletzung der Aufklärungs- und Beratungspflichten gegenüber den Wohnungseigentümern durch fehlerhafte Beschlussvorlagen und fehlenden Hinweis auf Risiken und Gefahren[11];
- Betreiben der Abwahl des Beirats ohne triftigen Grund[12];

---

1 BayObLG v. 12.3.1998 – 2Z BR 8/98, NJW-RR 1998, 1022; v. 21.10.1999 – 2Z BR 97/99, ZWE 2000, 77; KG v. 20.3.1989 – 24 W 4238/88, WuM 1989, 347; v. 6.9.1993 – 24 W 5948/92, WE 1994, 50; OLG Hamm v. 15.1.1999 – 15 W 444/97, NZM 1999, 229.
2 KG v. 6.9.1993 – 24 W 5948/92, WE 1994, 50.
3 BayObLG v. 3.11.2004 – 2Z BR 102/04, Report 2005, 270 = MietRB 2005, 238.
4 BayObLG v. 3.11.2004 – 2Z BR 102/04, BayObLGReport 2005, 270 = MietRB 2005, 238.
5 OLG Oldenburg v. 21.12.2006 – 5 W 9/06, ZMR 2007, 306.
6 BayObLG v. 2.3.2001 – 2Z BR 16/01, ZMR 2001, 721.
7 OLG Köln v. 25.11.1998 – 16 Wx 156/98, NZM 1999, 126; BayObLG v. 2.3.2001 – 2Z BR 16/01, ZMR 2001, 721.
8 OLG Hamm v. 3.5.1990 – 15 W 8/90, WuM 1991, 218; BayObLG ZMR 1998, 174.
9 BayObLG v. 8.8.1985 – 2Z 21/85, DWE 1985, 126 (Ls.); v. 27.11.1998 – 2Z BR 150/98, NZM 1999, 283; v. 17.1.2000 – 2Z BR 120/99, NZM 2000, 341.
10 BayObLG v. 17.1.2000 – 2Z BR 120/99, NZM 2000, 342.
11 OLG Oldenburg v. 21.12.2006 – 5 W 9/06, ZMR 2007, 306.
12 BayObLG v. 27.11.1998 – 2Z BR 150/98, NZM 1999, 283; OLG Frankfurt v. 19.5.1988 – 20 W 206/87, NJW-RR 1988, 1169.

- zerrüttetes Verhältnis zum Beirat, es sei denn, der Beirat hat das Zerwürfnis herbeigeführt[1];
- Provozieren von Rechtsstreitigkeiten[2];
- Weitergabe von Angelegenheiten der Wohnungseigentümer an die Tagespresse[3];
- Verweigerung, einem Wohnungseigentümer oder dem Beirat Belegeinsicht zu gewähren[4];
- unvollständige Ausgabendarstellung in der Jahresabrechnung[5];
- fehlende oder wiederholt verspätete Aufstellung der Jahresabrechnung[6];
- Nichtverfolgung von Beitragsrückständen und Verursachung von Liquiditätsengpässen der Eigentümergemeinschaft[7];
- Auflaufenlassen von erheblichen Schulden der Gemeinschaft, ohne für eine rechtzeitige Bereitstellung der erforderlichen Mittel durch ausreichend kalkulierten Wirtschaftsplan zu sorgen[8];
- Entnahme einer überhöhten Verwaltervergütung[9];
- Entnahme von zweckgebundenen Geldern aus Instandhaltungsrücklage zur Befriedigung eigener Honoraransprüche[10];
- Abschluss von Gebäudeversicherungen ohne Eigentümerbeschluss[11];
- mehrmonatiger Nichtabschluss notwendiger Gebäudeversicherungen[12];
- ungenehmigte Darlehensaufnahme[13];
- keine Einberufung einer Eigentümerversammlung[14];
- pflichtwidrige Verzögerung der Einberufung einer Eigentümerversammlung mit dem Ziel der sofortigen Abberufung des Verwalters[15];
- Verlassen der Eigentümerversammlung ohne triftigen Grund, insbesondere dann, wenn hierdurch die Beschlussunfähigkeit herbeigeführt wird[16];

---

1 BayObLG v. 27.11.1998 – 2Z BR 150/98, WuM 1999, 354 = NZM 1999, 283.
2 OLG Frankfurt v. 18.8.2003 – 20 W 302/2001.
3 AG Kassel v. 7.12.2005 – 800 II 74/05, ZMR 2006, 322.
4 BayObLG v. 9.8.1990 – BReg. 1b Z 25/89, WuM 1990, 464.
5 BayObLG v. 16.11.1995 – 2Z BR 108/95, WE 1996, 237.
6 BayObLG v. 3.12.2003 – 2Z BR 202/03, DWE 2004, 90; v. 7.10.1999 – 2Z BR 76/99, NZM 2000, 343.
7 OLG Karlsruhe v. 10.9.1997 – 4 W 71/97, WE 1998, 189.
8 OLG Köln v. 7.5.1999 – 16 Wx 21/99, ZMR 1999, 789 = WuM 2000, 269.
9 OLG Schleswig NJW 1961, 1870.
10 OLG Düsseldorf v. 4.6.1997 – 3 Wx 569/96, WE 1997, 426.
11 BayObLG v. 9.8.1990 – 1b Z 25/89, WE 1991, 358.
12 OLG Düsseldorf v. 18.8.2005 – I – 3 Wx 89/05, OLGReport Düsseldorf 2006, 1 = NJW-RR 2005, 1606 = NZM 2005, 828.
13 OLG Karlsruhe v. 10.9.1997 – 4 W 71/97, NZM 1998, 769.
14 BayObLG v. 30.4.1999 – 2Z BR 3/99, NZM 1999, 844.
15 OLG Düsseldorf v. 25.8.2003 – I – 3 Wx 217/02, MietRB 2004, 45.
16 BayObLG Rpfl. 1965, 224; LG Freiburg Rpfl. 1968, 93.

- Weigerung, Beschlüsse der Wohnungseigentümer durchzuführen, es sei denn, der Beschluss wurde angefochten[1];
- Nichtbeachtung rechtskräftiger Gerichtsentscheidungen[2];
- Nichterfüllung einer gerichtlich festgestellten Verpflichtung, eine Eigentümerversammlung mit dem Tagesordnungspunkt „Abwahl des Verwalters" einzuberufen[3];
- manipulierte Protokollführung[4];
- erhebliche Verzögerung der Protokollversendung[5];
- Verweigerung der Einsichtnahme in die Versammlungsniederschrift bis zum Ablauf der Anfechtungsfrist[6];
- willkürliches Abschneiden des Rederechts der Wohnungseigentümer in der Eigentümerversammlung[7];
- Auftragsvergabe erheblichen Umfangs ohne Beschluss der Wohnungseigentümer[8];
- Nichtfeststellung des Instandsetzungsbedarfs[9];
- wirtschaftliche Identität mit dem Bauträger, sodass Interessenkollision bei der Geltendmachung von Gewährleistungsansprüchen besteht[10];
- Verletzung der Verkehrssicherungspflicht, indem der Verwalter einen Gaswartungsvertrag trotz entsprechender Beschlussfassung nicht abschließt[11].

127 Die Aufzählung der vorstehenden Abberufungsbeispiele verdeutlicht, dass die überwiegende Anzahl der Abberufungsgründe abmahnfeindlich ist. Wenn beispielsweise über mehrere Monate kein **Versicherungsschutz** für das Gebäude bestand, erfahren die Wohnungseigentümer hiervon im Zweifel erst im Nachhinein, sodass für eine **Abmahnung** kein Raum ist. Durch den zeitweise fehlenden Versicherungsschutz ist aber eine **erhebliche Vermögensgefährdung** der Wohnungseigentümer eingetreten, die das Vertrauensverhältnis belastet und die Abberufung rechtfertigt. Hat der Verwalter irrtümlich die Gebäudeversicherung nicht nahtlos abgeschlossen, reicht dieser schwere Verwaltungsfehler nicht für eine Abberufung aus wichtigem Grund aus, wenn es insoweit am Vorsatz fehlt[12].

---

1 BayObLG WE 1986,65; OLG Düsseldorf v. 21.1.1998 – 3 Wx 492/97, NZM 1998, 487; AG Hamburg v. 7.11.2002 – 102a II 252/02, ZMR 2003, 301.
2 OLG Oldenburg v. 21.12.2006 – 5 W 9/06, ZMR 2007, 306.
3 AG Hannover v. 7.11.2005 – 70 II 242/05, ZMR 2007, 151.
4 BayObLG WEM 1980, 125.
5 BayObLG WEM 1980, 125.
6 LG Frankfurt Rpfl. 1968, 93.
7 *Bub* in Staudinger, BGB, § 26 WEG Rz. 450; *Niedenführ* in Niedenführ/Schulze, WEG, § 26 Rz. 85.
8 BayObLG v. 29.1.2004 – 2Z BR 181/03, BayObLGReport 2004, 164 (Ls.) = MietRB 2004, 175.
9 LG Düsseldorf v. 13.12.2000 – 19 T 442/00, ZWE 2001, 501.
10 OLG Hamm v. 8.4.2004 – 15 W 17/04, ZMR 2004, 702 = MietRB 2004, 296 = NZM 2004, 744.
11 BayObLG WE 1986, 65.
12 AG Neuss v. 8.9.2006 – 72 II 124/06, ZMR 2007, 575.

Als **keinen wichtigen Grund** wurde es in der Rechtsprechung angesehen, wenn der Verwalter Beiratsaufgaben an sich zieht, zumal wenn im Verhalten des Beirats eine Duldung gesehen werden kann[1]; auch die nicht ständige Erreichbarkeit des Verwalters, z.B. an Sonntagen, rechtfertigt seine Abberufung nicht[2]. 128

Die Anlage der Instandhaltungsrücklage in Form eines **Bausparvertrags** reicht für die Abberufung des Verwalters ebenfalls nicht aus, selbst wenn diese Form der Rücklagenbildung keiner ordnungsmäßigen Verwaltung entspricht[3]. Zudem genügt für eine fristlose Abberufung eine fehlerhafte Information des Verwalters zur Höhe der Instandhaltungsrücklage und ihrer Einlagensicherung nicht[4]. 128a

c) Der besondere Abberufungsgrund des § 26 Abs. 1 Satz 4

Das Gesetz selbst kennt nur einen ausdrücklichen Abberufungsgrund: die **nicht ordnungsmäßige Führung der Beschluss-Sammlung**, § 26 Abs. 1 Satz 4. Die Beschluss-Sammlung ist mit Wirkung zum 1.7.2007 in § 24 Abs. 7 erstmalig in das Gesetz aufgenommen worden. Sie ist nach § 24 Abs. 8 vom Verwalter zu führen. Solange die Ordnungsmäßigkeit einer Beschluss-Sammlung nicht durch Rechtsprechung konkretisiert wurde, ist eine gewisse Großzügigkeit bei Streitfragen anzunehmen. Beispielsweise gehen die Meinungen auseinander, ob in die Beschluss-Sammlung auch **gerichtliche Vergleiche** aufgenommen werden müssen[5] (s. auch § 24 Rz. 162). Es kann somit keinen Abberufungsgrund darstellen, wenn sich der Verwalter bis zu einer gesicherten Rechtslage in die eine oder andere Richtung entscheidet. 129

Sicherlich liegt ein wichtiger Abberufungsgrund vor, wenn die Beschluss-Sammlung gar nicht geführt oder nicht alle Beschlüsse der Eigentümerversammlung aufgenommen worden sind. Fraglich ist aber, ob von einer nicht ordnungsmäßigen Führung auch dann ausgegangen werden muss, wenn der Verwalter die Beschluss-Sammlung **nicht unverzüglich** führt. Die Frage ist zu bejahen, da der Wortlaut diese Verpflichtung ausdrücklich nennt. Unverzüglich bedeutet ohne schuldhaftes Zögern, was *Elzer*[6] noch als gegeben ansieht, wenn zwischen der Eigentümerversammlung und der Eintragung nicht mehr als drei Werktage vergangen sind (s. auch § 24 Rz. 170). Ob allerdings eine so großzügige Auslegung des Begriffs „unverzüglich" angezeigt ist, muss bezweifelt werden. Im Einzelfall wird der Verwalter kaum Gründe vortragen können, die es rechtfertigen, dass er die Eintragung in die Beschluss-Sammlung nicht am nächsten Werktag vorgenommen hat. Der Verwalter muss in der Eigentümerversammlung die **Beschlüsse wörtlich protokollieren**. Er darf sie nicht im Nachhinein abändern. Protokolliert er wörtlich, dürfte er nicht daran gehindert sein, am nächsten Werktag nach der Eigentümerversammlung die Eintragung vorzunehmen. 130

---

1 OLG Hamburg v. 15.8.2005 – 2 Wx 22/99, ZMR 2005, 974.
2 AG Hannover v. 30.10.2003 – 71 II 376/03, ZMR 2005, 581.
3 BGH v. 20.6.2002 – V ZB 39/01, NZM 2002, 788 = NJW 2002, 3240 = ZMR 2002, 766.
4 OLG München 22.2.2006 – 34 Wx 118/05, NZM 2006, 593 = DWE 2006, 75.
5 Verneinend *Elzer* in Hügel/Elzer, Das neue WEG, § 8 Rz. 29; bejahend *Jennißen*, Der WEG-Verwalter, Rz. 286.
6 In Hügel/Elzer, Das neue WEG-Recht, § 8 Rz. 35; einen Zeitraum von wenigen Tagen zulassend, *Abramenko*, Das neue WEG, § 2 Rz. 48.

Der Gesetzgeber will mit der Beschluss-Sammlung erreichen, dass sich die Wohnungseigentümer und auch potenzielle Erwerber jederzeit einen Überblick über den Beschlussstand verschaffen können[1]. Dieser jederzeitige Überblick ist aber nur möglich, wenn die Eintragungen kurzfristig erfolgen, sodass eine Eintragung am nächsten Werktag zu verlangen ist.

131 Verstößt der Verwalter hiergegen, stellt sich die Frage, ob ein Abberufungsgrund erst dann gegeben ist, wenn er zuvor fruchtlos **abgemahnt** wurde. Diese Frage ist zu verneinen. Der Gesetzgeber führt selbst hierzu aus, dass ein **wichtiger Abberufungsgrund** in der Regel schon bei einer **einmaligen Verletzung** der Erfordernisse des § 24 Abs. 7 WEG vorliegt[2]. Der Gesetzgeber ist zudem der Auffassung, dass eine nicht ordnungsmäßig geführte Sammlung generell negative Rückschlüsse auf die Art der Verwaltung zulasse[3].

3. Kündigung des Verwaltervertrags

132 Korrespondierend mit der Abberufung des Verwalters kann der Verwaltervertrag jederzeit dann von den Wohnungseigentümern gekündigt werden, wenn der Vertrag nicht auf eine **feste Laufzeit** abgeschlossen wurde. Sieht der Vertrag eine **bestimmte Kündigungsfrist** vor, ist diese grundsätzlich einzuhalten. Hierauf kann nur dann verzichtet werden, wenn ein wichtiger Grund für die Kündigung vorliegt.

133 Ist der Verwaltervertrag auf unbestimmte Zeit geschlossen worden und enthält auch keine Kündigungsfrist, so kann die Kündigung bis spätestens zum 15. eines Monats für den Schluss des Kalendermonats ausgesprochen werden, § 621 Nr. 3 BGB[4]. Die **Kündigungsfrist** ist dann nicht einzuhalten, wenn der Fristablauf erst nach der höchstzulässigen Bestellungsdauer von **fünf Jahren** liegen würde. Mit Ablauf des fünften Jahres endet stets die Bestellung und damit auch der Verwaltervertrag, sofern keine Verlängerung beschlossen wurde. Ebenso wie die Abberufung muss die Kündigungserklärung innerhalb angemessener Frist seit Kenntnis der Eigentümerversammlung vom Kündigungsgrund abgegeben werden (s. oben Rz. 118)[5]. Die Frage der angemessenen Frist stellt sich stets dann, wenn in der Eigentümerversammlung die Abberufung und Kündigung beschlossen wurde, ohne dass der Verwalter anwesend war. Nach § 314 Abs. 3 BGB ist dem abberufenen Verwalter innerhalb angemessener Frist die Kündigung zuzustellen. Da im Zweifel keine Hinderungsgründe bestehen, wird zu verlangen sein, dass die Wohnungseigentümer spätestens innerhalb der Zwei-

---

1 BT-Drucks. 16/887, S. 33.
2 BT-Drucks. 16/887, S. 35.
3 BT-Drucks. 16/887, S. 35.
4 So auch *Becker/Kümmel/Ott*, Wohnungseigentum, Rz. 383; *Bub* in Staudinger, BGB, § 26 WEG Rz. 387; eine Kündigungsfrist von sechs Wochen zum Quartalsende annehmend KG v. 20.3.1989 – 24 W 5478/86, WE 1989, 132.
5 So auch BayObLG v. 30.4.1999 – 2Z BR 3/99, NZM 1999, 844; v. 17.1.2000 – 2Z BR 120/99, ZWE 2000, 185 = ZMR 2000, 321 = NZM 2000, 341; KG WE 1986, 140; OLG Hamm v. 27.11.2001 – 15 W 326/01, ZWE 2002, 234; OLG Karlsruhe v. 17.1.2003 – 10 U 143/02, ZMR 2004, 55; OLG Köln v. 15.3.2004 – 16 Wx 245/03, NZM 2004, 305; OLG Hamburg v. 15.8.2005 – 2 Wx 22/99, ZMR 2005, 974.

Wochen-Frist des § 626 Abs. 2 BGB analog die Kündigungserklärung übermitteln. Die zeitnahe Abgabe der Kündigungserklärung nach erfolgter Abberufung ist von der Frage zu unterscheiden, wie schnell die Wohnungseigentümer reagieren können und müssen, wenn ihnen ein Kündigungsgrund bekannt wurde (s. hierzu oben Rz. 118).

Unter Anwendung der **Trennungstheorie** ist es konsequent, die Wirksamkeit der Kündigung nicht von einer **vorherigen Abwahl** des Verwalters abhängig zu machen[1]. Im Zweifel wird aber die Kündigung ohne gleichzeitige Abberufung rechtsmissbräuchlich sein, da der Verwalter dann sein Amt weiterhin ausüben kann. 134

4. Niederlegung des Verwalteramts/Kündigung durch den Verwalter

Auch der Verwalter kann den Verwaltervertrag kündigen. Eine fristlose Kündigung kommt in Betracht, wenn ein **wichtiger Grund** vorliegt, der ihm ein Festhalten am Verwaltervertrag unzumutbar macht[2]. Auch der Verwalter kann sich darauf berufen, dass das **Vertrauensverhältnis** ihm gegenüber durch Handlungen oder Äußerungen der Wohnungseigentümer oder wegen erheblicher Honorarforderungen gestört wurde. 135

Ist eine Kündigungsfrist nicht vereinbart worden, gilt auch hier die **Frist des § 621 Nr. 3 BGB**. 136

Gleichermaßen kann der Verwalter sein Amt niederlegen, womit seine Organstellung endet. Auch hier ist entsprechend der Trennungstheorie zwischen Kündigung zur Beendigung der schuldrechtlichen Beziehungen und der Amtsniederlegung zu differenzieren. 137

Bei der Niederlegung des Verwalteramts wird nach herrschender Auffassung auf einen Kündigungsgrund verzichtet, sodass der Verwalter **jederzeit** die Niederlegung erklären kann. Sie wird sofort wirksam[3]. Die h.M. ist überzeugend, weil ein Verwalter nicht gegen seinen Willen im Amt gehalten werden soll. Auch verlangt die **Rechtssicherheit** die sofortige Niederlegungsmöglichkeit. Von dieser Rechtssicherheit unbenommen ist die Frage, ob die Wohnungseigentümer und der rechtsfähige Verband einen **Schadensersatzanspruch** besitzen, wenn der Verwalter ohne wichtigen Grund niederlegt[4]. Auch ist es nur konsequent, wenn die Wohnungseigentümer den Verwaltervertrag fristlos aufgrund der Amtsniederlegung kündigen[5]. 138

In der Rechtsprechung und in der Literatur wird die Auffassung vertreten, dass der Verwalter seine Niederlegungserklärung allerdings allen Wohnungseigentü- 139

---
1 *Bub* in Staudinger, BGB, § 26 WEG Rz. 392.
2 BayObLG v. 29.9.1999 – 2Z BR 29/99, NZM 2000, 48.
3 *Müller*, Praktische Fragen, Rz. 979; *Bub* in Staudinger, BGB, § 26 WEG Rz. 481; *Merle* in Bärmann/Pick/Merle, WEG, § 26 Rz. 207; *Sauren*, WEG, § 26 Rz. 38; *Bogen*, ZWE 2002, 153; a.A. *Reichert*, ZWE 2002, 438.
4 Vgl. auch hierzu die weiteren Ausführungen von *Jennißen*, Der WEG-Verwalter, Rz. 366ff.
5 Ebenso *Merle* in Bärmann/Pick/Merle, WEG, § 26 Rz. 208.

mern zustellen müsste[1]. Diese Auffassung hätte zur Folge, dass der Verwalter sein Amt nicht niederlegen könnte, wenn ein Wohnungseigentümer nicht auffindbar ist und ihm deshalb nicht zugestellt wird. Richtigerweise ist darauf abzustellen, dass die Niederlegungserklärung einer **beschlussfähigen Eigentümerversammlung** zugeht. Der Verwalter kann daher seine Erklärung in der Versammlung abgeben oder verlesen lassen. Andernfalls könnte der Verwalter in der Eigentümerversammlung mehrheitlich bestellt werden, aber nicht gegenüber der gleichen Mehrheit sein Amt niederlegen. Wenn aus Sicht der Wohnungseigentümer Bestellung und Abberufung mehrheitsfähig sind, müssen die gleichen Verhältnisse auch für den Zugang der Niederlegungserklärung des Verwalters genügen. Hier an die Zustellung der Erklärung gegenüber allen Wohnungseigentümern zu denken, würde ein Ungleichgewicht zwischen Bestellung und Niederlegung zur Folge haben[2].

140 Legt der Verwalter unberechtigt sein Amt nieder, so kann die Wohnungseigentümergemeinschaft gegen ihn **Schadensersatzansprüche** erheben. Schäden können dadurch entstehen, dass Beschlüsse der Eigentümergemeinschaft nicht rechtzeitig umgesetzt werden, ein neuer Verwalter gesucht wird oder eine zusätzliche Eigentümerversammlung einzuberufen ist.

5. Verhältnis von Kündigung zur Abberufung

141 Die **Trennungstheorie** bewirkt, dass zwischen Kündigung und Abberufung grundsätzlich zu differenzieren ist. Beschließen allerdings die Wohnungseigentümer, den Verwalter abzuberufen und ihm zu kündigen, und ist der Verwalter in der Eigentümerversammlung anwesend, so dass ihm diese Willenserklärungen unmittelbar durch Beschlussfassung zugehen, hat die Trennungstheorie keine Auswirkungen. Ist im Beschluss hingegen nur von Abberufung die Rede, stellt sich die Frage, ob es dann an einer **wirksamen Kündigungserklärung** mangelt. Die Rechtsprechung ist hier großzügig und legt den Abberufungsbeschluss dahingehend aus, dass damit auch die Kündigung des Verwaltervertrags gemeint sei[3]. Es wird argumentiert, dass die Wohnungseigentümer nicht hinreichend zwischen Kündigung und Abberufung zu differenzieren wüssten und daher die Trennungstheorie nicht streng angewendet werden könne[4]. Gleichermaßen verfährt die Rechtsprechung, wenn nur die Kündigung beschlossen wurde. Dann umfasst diese im Zweifel auch die Abberufung[5].

142 Der Rechtsprechung ist zuzubilligen, dass durch diese ergänzende Beschlussauslegung praktische Probleme vermieden werden. Solche würden hingegen entstehen, wenn unter konsequenter Anwendung der Trennungstheorie der Verwal-

---

1 So OLG München v. 6.9.2005 – 32 Wx 060/05, MietRB 2006, 106; *Bub* in Staudinger, BGB, § 26 WEG Rz. 479; *Gottschalg* in Fs. für Wenzel, 2005, 159 (162); *Merle* in Bärmann/Pick/Merle, WEG, § 26 Rz. 206.
2 Die Erklärung gegenüber der Eigentümerversammlung nicht als ausreichend ansehend: OLG München v. 6.9.2005 – 32 Wx 60/05, NZM 2005, 750; *Gottschalg* in Fs. für Wenzel, 2005, 172.
3 BayObLG v. 30.4.1999 – 2Z BR 3/99, NZM 1999, 844; KG v. 19.7.2004 – 24 W 45/04, MietRB 2004, 296.
4 KG v. 19.7.2004 – 24 W 45/04, NZM 2004, 913 = ZMR 2004, 858 = MietRB 2004, 296.
5 KG v. 19.7.2004 – 24 W 45/04, NZM 2004, 913 = ZMR 2004, 858 = MietRB 2004, 296.

tervertrag weiter besteht[1]. Besteht der Verwaltervertrag aber weiter, während der Verwalter als Organ abberufen wurde, bleibt nur ein leerer Torso übrig. Ohne dass der Verwalter das Organ der Eigentümergemeinschaft ist, kann er keinerlei Aufgaben ausüben. Es kann somit im Ergebnis nur um den Vergütungsanspruch gehen. Ob dem Verwalter nach seiner Abberufung ein solcher noch zusteht, kann nicht davon abhängig sein, ob die Wohnungseigentümer die Kündigung beschlossen und dem Verwalter gegenüber ausgesprochen haben. Sachgerechte Lösungen lassen sich dadurch finden, dass der Verwaltervertrag konkludent unter die auflösende Bedingung gestellt wird, dass die Verwalterbestellung endet[2]. Überzeugender scheint es zu sein, nicht von einer **auslösenden Bedingung** zu sprechen, sondern von einem Sonderkündigungsrecht der Wohnungseigentümer, das ebenfalls als konkludent vereinbart gilt. Dieses **Sonderkündigungsrecht** kann dann wiederum konkludent im Ausspruch der Abberufung liegen, auch wenn die Wohnungseigentümer das Wort „Kündigung" nicht verwenden[3].

Abberufung und Kündigung können gegenüber dem Verwalter dann keine Wirkung entfalten, wenn die Willenserklärungen ihm nicht **zugehen**. 143

Die Trennungstheorie lässt sich auch dann nicht konsequent umsetzen, wenn lediglich im Verwaltervertrag die Kündigungsmöglichkeit auf den wichtigen Grund beschränkt wurde, hiervon im Bestellungsbeschluss aber nicht die Rede war. Dann ist der Inhalt des Bestellungsbeschlusses durch die Vertragsregeln ergänzend auszulegen[4], um einen Gleichklang wiederherzustellen. 144

6. Folgen von Abberufung und Kündigung

a) Herausgabe der Verwaltungsunterlagen

Mit der Beendigung des Verwalteramts ist der Verwalter verpflichtet, alles, was er zur Ausführung der Verwaltertätigkeit erhalten oder in Folge seiner **Geschäftsbesorgung** erlangt hat, gem. § 667 BGB herauszugeben. Dieser Herausgabeanspruch steht der **rechtsfähigen Eigentümergemeinschaft** zu[5]. Dies folgt seit der WEG-Novelle aus § 10 Abs. 7 Satz 2, wonach zum Verwaltungsvermögen der Eigentümergemeinschaft alle Sachen gehören, die im Rahmen der gesamten Verwaltung erworben wurden. Hierunter lassen sich auch die vom Verwalter hergestellten Verwaltungsunterlagen subsumieren, auch wenn es sich nicht um „erworbene" Sachen handelt. 145

Der Herausgabeanspruch besteht unabhängig davon, ob die Wohnungseigentümer über die **Jahresabrechnung** oder Rechnungslegung bereits **beschlossen** haben. Diese Beschlüsse sind nicht vorrangig[6]. Der Herausgabeanspruch kann auch dann verfolgt werden, wenn der Verwalter den **Abberufungsbeschluss** an- 146

---

1 So OLG Köln v. 7.6.1988 – 19 W 22/88, WE 1989, 142.
2 *Wenzel*, ZWE 2001, 513; *Lüke* in Weitnauer, WEG, § 26 Rz. 35; *Bub* in Staudinger, BGB, § 26 WEG Rz. 412.
3 Noch die Konstruktion der auflösenden Bedingung favorisierend, *Jennißen*, Der WEG-Verwalter, Rz. 372.
4 Im Ergebnis ebenso OLG Düsseldorf v. 18.8.2005 – I – 3 Wx 89/05, ZMR 2006, 57.
5 OLG München v. 21.2.2006 – 32 Wx 014/06, NZM 2006, 349 = DWE 2006, 74.
6 BGH v. 6.3.1997 – III ZR 248/95, DWE 1997, 72.

fechten will[1]. Kommt der Verwalter mit der Herausgabe in **Verzug**, hat er die Kosten eines daraufhin eingeleiteten Verfahrens zu tragen[2].

147 Bestehen Zweifel an der Vollständigkeit der herausgegebenen Unterlagen oder der abgegebenen Informationen, kann vom ausgeschiedenen Verwalter die Abgabe einer **eidesstattlichen Versicherung** gem. §§ 260 Abs. 2 BGB, 889 ZPO verlangt werden. Diese kann im Wege der **Stufenklage** eingefordert werden.

148 Im **Klageantrag** sind die einzelnen herauszugebenden Unterlagen aufzuzählen. Im anderen Fall wäre der Klageantrag zu unkonkret und ließe sich auch im Zweifel nicht in der **Zwangsvollstreckung** umsetzen. Die Zwangsvollstreckung ist als **unvertretbare Handlung** nach § 888 ZPO durchzuführen[3]. Gibt der Verwalter die Verwaltungsunterlagen verspätet heraus, kann er sich schadensersatzpflichtig machen[4]. Dem Verwalter steht kein Zurückbehaltungsrecht zu, selbst dann nicht, wenn er noch offene Vergütungsansprüche besitzt.

149 Mit der Herausgabe der Verwaltungsunterlagen endet die **Auskunftspflicht** des Verwalters gegenüber der Eigentümergemeinschaft nicht. Wird der Verwalter auf Auskunftserteilung verklagt und erteilt er eine möglicherweise unvollständige Auskunft, ist dennoch der Auskunftsantrag erledigt. Die Auskunftserteilung erledigt das Verfahren und nicht erst die Richtigkeit der Auskunft. Bestehen Zweifel an der Richtigkeit und Vollständigkeit der Auskunft, kann nur Antrag auf Abgabe einer **eidesstattlichen Versicherung** über die Richtigkeit der gemachten Angaben gem. § 259 Abs. 2 BGB gefordert werden.

b) Rechnungslegungspflicht

150 Die Wohnungseigentümer können vom ausgeschiedenen Verwalter **Rechnungslegung** gem. § 28 Abs. 4 WEG fordern. Auch insoweit trifft den ausgeschiedenen Verwalter noch eine nachvertragliche Verpflichtung. Diese Verpflichtung entsteht aber erst dann, wenn die Wohnungseigentümer durch **Mehrheitsbeschluss** diese Forderung aufstellen und dem ausgeschiedenen Verwalter übermitteln. Ohne Mehrheitsbeschluss fehlt es an der Rechtsgrundlage für diese Forderung (vgl. § 28 Rz. 9 ff. und 167 ff.).

c) Erstellung der Jahresabrechnung

151 Nach h.A. muss der Verwalter, wenn während des Kalenderjahres seine Verwaltertätigkeit endet, für das vorangegangene Kalenderjahr die Abrechnung erstellen. Endet hingegen zum Ende des Kalenderjahres (31.12.) sein Verwalteramt, sei die Jahresabrechnung für das ablaufende Jahr vom neuen Verwalter zu fertigen[5]. Die Auffassung überzeugt nicht, da der Verwalter für die Erstellung der Abrech-

---

1 So auch *Kalenberg*, ZMR 1994, 237; OLG Celle v. 14.6.2005 – 4 W 114/05, NZM 2005, 748 = OLGReport Celle 2006, 161.
2 LG Mainz v. 8.9.2005 – 3 T 211/04, MietRB 2006, 46 einen Fall vor der WEG-Novelle betreffend.
3 OLG Frankfurt v. 2.9.1988 – 20 W 49/97, WuM 1999, 61.
4 LG Mainz v. 8.9.2005 – 3 T 211/04, MietRB 2006, 46.
5 OLG Köln v. 30.10.1985 – 16 Wx 88/05, NJW 1986, 328; OLG Hamburg v. 18.11.1986 – 2 W 61/86, WE 1987, 83; OLG Celle v. 8.6.2005 – 4 W 107/05, ZMR 2005, 718 = OLG-Report Celle 2006, 162; LG Frankfurt MDR 1985, 59.

nung bereits bezahlt wurde. Unabhängig vom Fälligkeitszeitpunkt ist nicht zu erkennen, warum der Verwalter die Jahresabrechnung, die gleichzeitig den Rechenschaftsbericht zu seiner wirtschaftlichen Verwaltungstätigkeit darstellt, nicht mehr abgeben muss[1]. Klarstellend können die Wohnungseigentümer mit dem Verwalter entsprechende Vereinbarungen treffen. Der während des Kalenderjahres ausscheidende Verwalter hat nach h.M. über das laufende Kalenderjahr nicht abzurechnen, da dieser Anspruch erst im nächsten Jahr **fällig** wird und er zu diesem Zeitpunkt nicht mehr im Amt ist. Die bessere Begründung ist hingegen darin zu sehen, dass nur **eine** Jahresabrechnung zu erstellen ist, die zum Jahresende der neue Verwalter schuldet. Schon rein faktisch lässt sich vor dem Jahresende keine Jahresabrechnung erstellen.

d) Kontoausgleich

Wie mit dem Verwaltungskonto bei Verwalterwechsel zu verfahren ist, ist davon abhängig, ob es sich um ein **Treuhandkonto** oder ein **Fremdkonto** handelt. Bei Letzterem ist die Eigentümergemeinschaft Kontoinhaberin, sodass der Verwalter mit Beendigung seiner Organstellung die Kontoführungsbefugnis verliert. Guthaben oder Fehlbeträge müssen auf die Eigentümergemeinschaft nicht übertragen werden, da sie sich bereits in ihrem Vermögen befinden[2].

152

Wurde hingegen ein Treuhandkonto angelegt, ist Kontoinhaber der abberufene bzw. ausgeschiedene Verwalter. Dieses Konto ist im Zweifel nicht auf den neuen Verwalter übertragbar. Daher sind etwaige Guthabenbeträge auf das neue Verwaltungskonto zu überweisen[3]. Weist das Konto hingegen einen Soll-Saldo auf, kann der Verwalter einen Erstattungsanspruch gegen die Eigentümergemeinschaft geltend machen, wenn die **Kontoüberziehung** aus der ordnungsmäßigen Bewirtschaftung des Objektes resultiert, was der Verwalter zu beweisen hat[4]. Dies gilt auch dann, wenn der Verwalter zur Kontoüberziehung nicht legitimiert wurde. Dann kann allenfalls die Eigentümergemeinschaft die Ausgleichung der entstandenen Bankzinsen verweigern, wenn die Kontoüberziehung nicht vom mutmaßlichen Willen der Wohnungseigentümer gedeckt war. Der Ausgleichsanspruch setzt voraus, dass der Verwalter das Treuhandkonto aus eigenen Mitteln glattstellt[5]. Geschieht dies nicht, steht dem Verwalter nur ein Freistellungsanspruch zu. Die Ersatzansprüche des Verwalters verjähren in drei Jahren ab dem Jahresende, in dem das Verwalteramt endete[6].

153

e) Vergütungsansprüche

Grundsätzlich enden mit der Beendigung des Verwalteramts auch die Vergütungsansprüche des Verwalters. Eine besondere Situation entsteht aber dann, wenn der Bestellungsbeschluss auf entsprechende **Anfechtung** gerichtlich aufgehoben wird. Nach der hier vertretenen Auffassung wirkt diese Beschlussauf-

154

---

1 Vgl. zur Gesamtproblematik § 28 Rz. 157 ff.; *Jennißen*, Der WEG-Verwalter, Rz. 381 ff.
2 Vgl. zu dieser Problematik auch *Jennißen*, Verwalterabrechnung, IV. Rz. 17 ff.
3 Siehe hierzu auch BayObLG v. 26.8.1999 – 2Z BR 53/99, NZM 1999, 1148.
4 Siehe hierzu auch BayObLG v. 26.8.1999 – 2Z BR 53/99, NZM 1999, 1148.
5 OLG Hamburg v. 16.8.2004 – 2 Wx 55/02, ZMR 2004, 932; AG Hamburg-Blankenese v. 24.7.2002 – 506 II 10/02, ZMR 2003, 71.
6 Vgl. OLG Zweibrücken v. 26.1.2007 – 3 W 206/06, ZMR 2007, 489.

hebung nur **ex nunc**, sodass kein Zweifel an dem zwischenzeitlich entstandenen Vergütungsanspruch besteht. Zum gleichen Ergebnis kommt auch das OLG München[1], das allerdings einen vorläufig abgeschlossenen Verwaltervertrag annimmt.

155 Die Aussage, dass der Verwalter bis zur Beendigung seines Amtes grundsätzlich Anspruch auf sein Verwalterhonorar hat, findet dann eine Ausnahme, wenn es der Verwalter pflichtwidrig unterlässt, eine Eigentümerversammlung mit dem Ziel seiner sofortigen Abberufung anzuberaumen[2]. Dann soll ihm für die Zwischenzeit, die zu dieser Verzögerung geführt hat, kein Anspruch auf das Verwalterhonorar zustehen.

156 Wurde der Verwalter abberufen und der Beschluss erfolgreich angefochten, steht fest, dass die Abberufung rechtswidrig war. Der Verwalter hat dann bis zur ordentlichen Beendigung seines Verwalteramts einen Vergütungsanspruch. Da er in der Zwischenzeit bis zur Aufhebung des Beschlusses daran gehindert war, seine Tätigkeit auszuüben, hat er auch für diese Zeit einen Vergütungsanspruch. Er muss sich allerdings die **ersparten Aufwendungen** anrechnen lassen. Bei den ersparten Aufwendungen ist zu prüfen, ob durch den Wegfall des Objektes der Verwalter in der Lage war, Kosten und insbesondere Personal einzusparen. Ist dies nicht der Fall, wird von der Rechtsprechung eine **pauschale Kostenersparnis** von lediglich 20 % angenommen[3].

157 Die Vergütungsansprüche kann der Verwalter auch dann geltend machen, wenn er seine Abberufung nicht anficht. Teilweise wird angenommen, dass er auch **nicht** seine Leistungen ausdrücklich **anbieten** und die Wohnungseigentümer bzw. Wohnungseigentümergemeinschaft **in Annahmeverzug** setzen muss[4]. Hieran bestehen aber Zweifel. Der Verwalter muss deutlich machen, dass er vom Fortbestand des Verwaltervertrags ausgeht und die Vergütungsansprüche einfordert. Tut er dies nicht zeitnah nach seiner Abberufung, können die Ansprüche verwirken[5]. Wenn der Verwalter keine Anstalten unternimmt, sein Tätigkeitsrecht geltend zu machen, können ihm die entgangenen Vergütungsansprüche auch nicht zustehen. Wer an der Tätigkeit nicht interessiert ist, kann nur treuwidrig entgangenes Honorar fordern.

7. Rechtschutzinteresse und Anfechtungsbefugnis

a) Anfechtung durch den Wohnungseigentümer

158 Stimmen die Wohnungseigentümer über die Abberufung und Kündigung des Verwalters ab und entscheiden sich negativ, d.h. sie lehnen mehrheitlich das

---

1 ZMR v. 21.6.2006 – 34 Wx 028/06, 2006, 719.
2 OLG München v. 21.6.2006 – 34 Wx 028/06, ZMR 2006, 719.
3 OLG Hamburg v. 15.8.2005 – 2 Wx 22/99, ZMR 2005, 974; OLG Köln v. 9.3.1994 – 16 Wx 201/93, DWE 1994, 110; v. 9.8.2000 – 16 Wx 67/00, NZM 2001, 429; a.A. KG ZMR 1994, 579, wonach 45 % Ersparnis pauschal anzurechnen seien.
4 So auch *Kümmel*, Anm. zu OLG Düsseldorf v. 13.8.2003 – 3 Wx 181/03, MietRB 2004, 80 (81).
5 OLG Düsseldorf OLGReport Düsseldorf 2003, 451 = MietRB 2004, 80 wonach die Ansprüche nach den Grundsätzen von Treu und Glauben ausgeschlossen sein sollen, wenn sie nicht zeitnah geltend gemacht werden.

Abberufungsbegehren ab, so kann dieser Beschluss von einem Wohnungseigentümer grundsätzlich innerhalb der Anfechtungsfrist des § 46 Abs. 1 angefochten werden. Voraussetzung für ein entsprechendes **Rechtschutzinteresse** ist es allerdings, mit dem Anfechtungsantrag den Verpflichtungsantrag zu verbinden, den amtierenden Verwalter abzuberufen. Die bloße Anfechtung der Negativentscheidung würde bewirken, dass zwar die negative Entscheidung aufgehoben werden könnte, aber nicht automatisch durch eine positive Entscheidung ersetzt wird. Deshalb sind Anfechtungs- und Verpflichtungsanträge zu verbinden[1]. Will ein Wohnungseigentümer die gerichtliche Abberufung des Verwalters betreiben, hat er grundsätzlich **zuvor** die **Eigentümerversammlung anzurufen**. Dies ist nur dann entbehrlich, wenn ihm die Herbeiführung einer Eigentümerversammlung unzumutbar ist, was insbesondere dann anzunehmen ist, wenn die Mehrheitsverhältnisse die Abberufung des Verwalters nicht erwarten lassen.

Das Rechtschutzbedürfnis für ein Verfahren, mit dem die Abberufung des Verwalters betrieben wird, geht verloren, wenn während des Verfahrens der **Bestellungszeitraum abläuft**. Dies folgt daraus, dass die Ungültigkeitserklärung des Bestellungsbeschlusses nur ex nunc wirkt[2]. Das Rechtschutzinteresse geht ebenfalls verloren, wenn während des Verfahrens die Eigentümerversammlung den Verwalter erneut wählt. Dann ist der **Wiederwahlbeschluss** anzufechten. Für das bereits rechtshängige Verfahren entfällt das Rechtschutzinteresse[3]. 159

Geht ein Wohnungseigentümer gegen die Nichtabberufung des Verwalters durch die Wohnungseigentümerversammlung vor, hat das Gericht besonders zu berücksichtigen, dass sich die Mehrheit der Wohnungseigentümer für die Fortdauer der Verwalterbestellung ausgesprochen hat. Wie bei der Wiederwahl des Verwalters ist auch in diesem Fall vom Gericht nur zu prüfen, ob wesentliche Grundsätze ordnungsmäßiger Verwaltung verletzt wurden und insbesondere die Nichtabberufung verwerflich war. Nur wenn der Grundsatz von Treu und Glauben verletzt wird, hat das Gericht die Mehrheitsverhältnisse zu ignorieren und den Verwalter abzuberufen[4]. Die Wohnungseigentümer haben ein Ermessen, ob sie einen Abberufungsgrund für wichtig halten. Nur bei gravierenden Pflichtverletzungen ist der Verwalter gerichtlich abzuberufen[5]. 160

Das Rechtschutzinteresse für die Beschlussanfechtung durch einen Wohnungseigentümer kann auch dann fehlen, wenn die Wohnungseigentümerversammlung die Abberufung positiv beschließt. Kein Wohnungseigentümer hat Anspruch auf einen bestimmten Verwalter. Der anfechtende Wohnungseigentümer kann seinen Anfechtungsantrag daher nur damit begründen, dass er aus der vermeintlich rechtswidrigen Abberufung und Kündigung Schadensersatzansprüche des Verwalters befürchtet. Macht der abberufene Verwalter solche Ansprüche aber nicht geltend, entfällt das Rechtschutzinteresse spätestens mit der Verjährung der Vergütungs- oder Schadensersatzansprüche. Zur Begründung des Rechtschutzinteresses genügt es nicht, dass der anfechtende Wohnungs- 161

---

1 *Merle* in Bärmann/Pick/Merle, WEG, § 43 Rz. 109.
2 OLG Düsseldorf v. 7.3.2006 – I – 3 Wx 107/05, ZMR 2006, 544; LG Köln v. 24.4.2006 – 29 T 124/05, ZMR 2007, 403.
3 OLG Düsseldorf v. 7.3.2006 – I – 3 Wx 107/05, MietRB 2006, 272 = ZWE 2006, 246.
4 *Bub* in Staudinger, BGB, § 26 WEG Rz. 428.
5 Vgl. auch OLG Celle v. 25.6.2003 – 4 W 64/03, MietRB 2003, 74.

eigentümer den abberufenen Verwalter für geeigneter hält als den neuen. Nur wenn der neue Verwalter objektiv für das Verwalteramt ungeeignet ist, ist das Rechtschutzinteresse wiederum zu bejahen.

162 Die Anfechtung kann allerdings darauf gestützt werden, dass bei der Einladung und Durchführung der Versammlung **formelle Fehler** begangen wurden. Insbesondere kann der Anfechtungsantrag darauf gestützt werden, dass der Wohnungseigentümer nicht zur Eigentümerversammlung eingeladen wurde.

162a Die Anfechtungs- und Verpflichtungsanträge des Wohnungseigentümers richten sich gegen die übrigen Wohnungseigentümer. Der Verwalter ist gem. § 48 Abs. 2 Satz 2 **beizuladen.**

b) Anfechtung durch den Verwalter

163 Der Verwalter kann gerichtlich gegen seine Abberufung vorgehen. Er besitzt ein subjektives Recht auf Fortbestand seiner Organstellung[1].

164 Der Verwalter muss aber den **Abberufungsbeschluss** nicht anfechten, wenn er seine Rechte wahren will. Hierzu ist zu berücksichtigen, dass der Abberufungsbeschluss nur interne Wirkung hat. Er bindet zunächst nur die Wohnungseigentümer und hat erst dann Auswirkungen auf den Verwalter, wenn ihm die Abberufungserklärung zugeht[2]. Der Verwalter kann gerichtlich gegen die Abberufung vorgehen, muss dies aber nicht im Wege der Anfechtung tun, weil der Abberufungsbeschluss insoweit ihm gegenüber nicht bestandskräftig werden kann (s. auch § 46 Rz. 57 ff.).

165 Die Klage des Verwalters gegen seine Abberufung wird unzulässig, wenn während der Verfahrensdauer das Amt des Verwalters ohnehin endet[3]. Nach Ablauf der Bestellungsdauer kommt ausnahmsweise noch ein **Feststellungsantrag** in Betracht, wenn der Verwalter darlegen kann, dass die aus seiner Sicht unwirksame Abberufung dazu geeignet war, seinen geschäftlichen Ruf zu beschädigen[4].

166 Erst recht kann und braucht der Verwalter einen **Kündigungsbeschluss** nicht anzufechten. Auch dieser Beschluss hat nur interne Wirkung. Die Kündigung betrifft nach der Trennungstheorie nicht seine Organstellung. Sie lässt lediglich seine Rechte und Pflichten aus dem Verwaltervertrag entfallen, wozu insbesondere die Vergütungsansprüche zählen. Diese Ansprüche kann der Verwalter gerichtlich durchsetzen wollen. Dann wird inzidenter geprüft, ob der Kündigungsbeschluss wirksam war.

167 Selbst bei der Annahme, dass der Verwalter den Abberufungsbeschluss anfechten könne und müsse, entfaltet die Anfechtung des Abberufungsbeschlusses

---

1 BGH v. 1.12.1988 – V ZB 6/88, NJW 1989, 1087; v. 20.6.2002 – V ZB 39/01, NJW 2002, 3240 = ZMR 2002, 766 = NZM 2002, 788; ebenso *Wenzel*, ZWE 2001, 510; a.A. *Suilmann*, ZWE 2000, 106 (111).
2 Siehe hierzu auch *Becker*, ZWE 2002, 211 (212).
3 KG WE 1998, 66; OLG Naumburg WuM 2001, 44; OLG Köln NZM 2004, 625; *Wenzel*, ZWE 2001, 510 (515); a.A. OLG München MietRB 2006, 133.
4 *Wenzel*, ZWE 2001, 510 (515).

keine vorgreifliche Wirkung auf die Wirksamkeit der Kündigung. [1] Der Beschluss über die Kündigung des Verwaltervertrags hat ebenfalls nur interne Bedeutung. Sie wird gegenüber dem Verwalter erst durch **Zustellung der Kündigungserklärung** wirksam. Durch die Kündigung entfällt nach der Trennungstheorie nicht seine Organstellung. Den Kündigungsbeschluss muss der Verwalter daher unter keinem Gesichtspunkt anfechten. Zur Klärung der Rechtslage sind allerdings Feststellungsanträge über die Wirksamkeit des Kündigungsbeschlusses denkbar[2].

Der zu Unrecht abberufene und/oder gekündigte Verwalter hat ab gerichtlicher Wiedereinsetzung in sein Amt Anspruch auf Zahlung des vereinbarten Verwalterhonorars. Für die Zwischenzeit steht ihm ebenfalls ein Vergütungsanspruch zu, weil ihm die Ausübung des Verwalteramts von den Wohnungseigentümern unmöglich gemacht wurde. Allerdings hat er sich für diesen Zeitraum die ersparten Aufwendungen abziehen zu lassen, die in der Rechtsprechung mit einem pauschalen Abschlag geschätzt werden (s. Rz. 156).

VII. Nachweis der Verwaltereigenschaft, Abs. 3

Abs. 3 sieht für den Nachweis der Verwaltereigenschaft eine öffentlich beglaubigte Urkunde vor (s. auch § 27 Rz. 146 ff.). Die **öffentliche Beglaubigung** ist aber nur in Grundbuchangelegenheiten notwendig. Solche Grundbuchangelegenheiten hat der Verwalter dann zu erledigen, wenn die Gemeinschaftsordnung einen Zustimmungsvorbehalt für die Veräußerung i.S.v. § 12 Abs. 1 vorsieht oder der Verwalter eine Löschungsbewilligung für eine zugunsten der Eigentümergemeinschaft eingetragene Zwangssicherungshypothek erteilen muss. Für die Teilnahme am Rechtsverkehr benötigt der Verwalter im Übrigen nur eine **privatschriftliche Vollmacht**. Stellvertretend kann er sich auch durch den Verwaltervertrag legitimieren.

Für die öffentliche Beglaubigung des Verwalternachweises genügt die Vorlage des Versammlungsprotokolls nebst Unterschriften der in § 24 Abs. 6 bezeichneten Personen. Dies bedeutet, dass das Protokoll vom **Versammlungsleiter** und einem Wohnungseigentümer zu unterzeichnen ist. Ist ein **Verwaltungsbeirat** bestellt, hat zusätzlich noch der Beiratsvorsitzende oder sein Vertreter zu unterschreiben. Diese Unterschriften sind öffentlich zu beglaubigen. Allerdings sind Vereinbarungen, die eine von § 24 Abs. 6 abweichende Regelung treffen und eine Reduzierung oder Erweiterung der Anzahl der Unterschriften vorsehen, wirksam[3].

Wurde der Verwalter im **schriftlichen Umlaufverfahren** bestellt, müssen alle Unterschriften der Wohnungseigentümer öffentlich beglaubigt werden[4]. Wurde

---

1 Siehe hierzu BGH NZM 2002, 788 = NJW 2002, 3240 = ZMR 2002, 766; *Jennißen*, Der WEG-Verwalter, Rz. 395 ff.
2 So auch *Wenzel*, ZWE 2001, 510 (515).
3 BayObLG v. 9.8.1989 – BReg. 2Z 60/89, WuM 1989, 534 = NJW-RR 1989, 1168 = MDR 1989, 1106.
4 BayObLG v. 23.1.1986 – BReg. 2Z 14/85, NJW-RR 1986, 565; *Bub* in Staudinger, BGB, § 26 WEG Rz. 521.

der Verwalter durch Gerichtsbeschluss bestellt, sind Unterschriften i.S.v. § 24 Abs. 6 nicht nötig. Die Ausfertigung des Gerichtsbeschlusses ist öffentliche Urkunde.

172 Eine notariell beglaubigte Abschrift der **Teilungserklärung** genügt, wenn der Verwalter dort namentlich bestellt wurde. Ist in der Vollmachtsurkunde die Bestellungsdauer vermerkt, gilt die Vermutung, dass der Verwalter für diese beschlossene Dauer das Verwalteramt fortdauernd innehat. Während dieses Zeitraums muss der Verwalter seine Verwaltereigenschaft nicht für jede Eintragungsbewilligung i.S.v. § 12 Abs. 1 erneut nachweisen[1].

Wenn der Verwalter auf unbestimmte Zeit bestellt worden ist, dann kann ebenfalls bis zum Ablauf der Höchstdauer von fünf Jahren ab Beginn der Bestellung vermutet werden, dass seine Verwalterbestellung fortdauert[2].

§ 27
Aufgaben und Befugnisse des Verwalters

(1) Der Verwalter ist gegenüber den Wohnungseigentümern und gegenüber der Gemeinschaft der Wohnungseigentümer berechtigt und verpflichtet,

1. Beschlüsse der Wohnungseigentümer durchzuführen und für die Durchführung der Hausordnung zu sorgen;
2. die für die ordnungsmäßige Instandhaltung und Instandsetzung des gemeinschaftlichen Eigentums erforderlichen Maßnahmen zu treffen;
3. in dringenden Fällen sonstige zur Erhaltung des gemeinschaftlichen Eigentums erforderliche Maßnahmen zu treffen;
4. Lasten- und Kostenbeiträge, Tilgungsbeträge und Hypothekenzinsen anzufordern, in Empfang zu nehmen und abzuführen, soweit es sich um gemeinschaftliche Angelegenheiten der Wohnungseigentümer handelt;
5. alle Zahlungen und Leistungen zu bewirken und entgegenzunehmen, die mit der laufenden Verwaltung des gemeinschaftlichen Eigentums zusammenhängen;
6. eingenommene Gelder zu verwalten.
7. die Wohnungseigentümer unverzüglich darüber zu unterrichten, dass ein Rechtsstreit gemäß § 43 anhängig ist;
8. die Erklärungen abzugeben, die zur Vornahme der in § 21 Abs. 5 Nr. 6 bezeichneten Maßnahmen erforderlich sind.

(2) Der Verwalter ist berechtigt, im Namen aller Wohnungseigentümer und mit Wirkung für und gegen sie

---

1 BayObLG v. 16.4.1991 – BReg. 2Z 25/91, NJW-RR 1991, 978; *Abramenko* in KK-WEG, § 26 Rz. 98.
2 BayObLG v. 16.4.1991 – BReg. 2Z 25/91, NJW-RR 1991, 978; *Bub* in Staudinger, BGB, § 26 WEG Rz. 518.

1. Willenserklärungen und Zustellungen entgegenzunehmen, soweit sie an alle Wohnungseigentümer in dieser Eigenschaft gerichtet sind;
2. Maßnahmen zu treffen, die zur Wahrung einer Frist oder zur Abwendung eines sonstigen Rechtsnachteils erforderlich sind, insbesondere einen gegen die Wohnungseigentümer gerichteten Rechtsstreit gemäß § 43 Nr. 1, Nr. 4 oder Nr. 5 im Erkenntnis- und Vollstreckungsverfahren zu führen;
3. Ansprüche gerichtlich und außergerichtlich geltend zu machen, sofern er hierzu durch Vereinbarung oder Beschluss mit Stimmenmehrheit der Wohnungseigentümer ermächtigt ist;
4. mit einem Rechtsanwalt wegen eines Rechtsstreits gemäß § 43 Nr. 1, Nr. 4 oder Nr. 5 zu vereinbaren, dass sich die Gebühren nach einem höheren als dem gesetzlichen Streitwert, höchstens nach einem gemäß § 49a Abs. 1 Satz 1 des Gerichtskostengesetzes bestimmten Streitwert bemessen.

(3) Der Verwalter ist berechtigt, im Namen der Gemeinschaft der Wohnungseigentümer mit Wirkung für und gegen sie

1. Willenserklärungen und Zustellungen entgegenzunehmen;
2. Maßnahmen zu treffen, die zur Wahrung einer Frist oder zur Abwendung eines sonstigen Rechtsnachteils erforderlich sind, insbesondere einen gegen die Gemeinschaft gerichteten Rechtsstreit gemäß § 43 Nr. 2 oder Nr. 5 im Erkenntnis- und Vollstreckungsverfahren zu führen:
3. die laufenden Maßnahmen der erforderlichen ordnungsmäßigen Instandhaltung und Instandsetzung gemäß Absatz 1 Nr. 2 zu treffen;
4. die Maßnahmen gemäß Absatz 1 Nr. 3 bis Nr. 5 und Nr. 8 zu treffen;
5. im Rahmen der Verwaltung der eingenommenen Gelder gemäß Absatz 1 Nr. 6 Konten zu führen;
6. mit einem Rechtsanwalt wegen eines Rechtsstreits gemäß § 43 Nr. 2 oder Nr. 5 eine Vergütung gemäß Absatz 2 Nr. 4 zu vereinbaren;
7. sonstige Rechtsgeschäfte und Rechtshandlungen vorzunehmen, soweit er hierzu durch Vereinbarung oder Beschluss der Wohnungseigentümer mit Stimmenmehrheit ermächtigt ist.

Fehlt ein Verwalter oder ist er zur Vertretung nicht berechtigt, so vertreten alle Wohnungseigentümer die Gemeinschaft. Die Wohnungseigentümer können durch Beschluss mit Stimmenmehrheit einen oder mehrere Wohnungseigentümer zur Vertretung ermächtigen.

(4) Die dem Verwalter nach den Absätzen 1 bis 3 zustehenden Aufgaben und Befugnisse können durch Vereinbarung der Wohnungseigentümer nicht eingeschränkt oder ausgeschlossen werden.

(5) Der Verwalter ist verpflichtet, eingenommene Gelder von seinem Vermögen gesondert zu halten. Die Verfügung über solche Gelder kann durch Vereinbarung oder Beschluss der Wohnungseigentümer mit Stimmenmehrheit von der Zustimmung eines Wohnungseigentümers oder eines Dritten abhängig gemacht werden.

(6) Der Verwalter kann von den Wohnungseigentümern die Ausstellung einer Vollmachts- und Ermächtigungsurkunde verlangen, aus der der Umfang seiner Vertretungsmacht ersichtlich ist.

Inhaltsübersicht

	Rz.
I. Allgemeines	1
1. Normzweck	1
2. Funktion des Verwalters	2
3. Norminhalt	4
II. Aufgaben des Verwalters (Abs. 1)	5
1. Durchführung der Beschlüsse (Nr. 1)	6
2. Durchführung der Hausordnung (Nr. 1)	16
3. Maßnahmen zur Instandhaltung und Instandsetzung (Nr. 2, Abs. 3 Satz 1 Nr. 3)	18
4. Dringende Erhaltungsmaßnahmen (Nr. 3, Abs. 3 Satz 1 Nr. 4)	31
5. Lasten- und Kostenbeiträge, Tilgungsbeträge und Hypothekenzinsen (Nr. 4, Abs. 3 Satz 1 Nr. 4)	36
6. Bewirkung und Entgegennahme von Zahlungen und Leistungen (Nr. 5, Abs. 3 Satz 1 Nr. 4)	43
7. Geldverwaltung (Nr. 6, Abs. 3 Satz 1 Nr. 5, Abs. 5)	49
8. Unterrichtung über Rechtsstreit (Nr. 7)	53
9. Fernsprech-, Rundfunk- und Fernsehanlagen (Nr. 8, Abs. 3 Satz 1 Nr. 4)	58
10. Weitere Aufgaben des Verwalters	59
III. Die Befugnis des Verwalters zur Vertretung der Wohnungseigentümer und der Gemeinschaft (Abs. 2, 3 Satz 1)	62
IV. Die Befugnis des Verwalters zur Vertretung der Wohnungseigentümer (Abs. 2)	69
1. Entgegennahme von Willenserklärungen und Zustellungen (Nr. 1)	69
2. Maßnahmen zur Nachteilsabwendung (Nr. 2)	71
3. Geltendmachung von Ansprüchen (Nr. 3)	77
4. Streitwertvereinbarung (Nr. 4)	79
V. Befugnis des Verwalters zur Vertretung der Gemeinschaft (Abs. 3 Satz 1)	84
1. Entgegennahme von Willenserklärungen und Zustellungen (Nr. 1)	84
2. Maßnahmen zur Nachteilsabwendung (Nr. 2)	90
3. Instandhaltungs- und Instandsetzungsmaßnahmen nach Abs. 1 Nr. 2 (Nr. 3)	94
4. Maßnahmen nach Abs. 1 Nr. 3 bis 5 und Nr. 8 (Nr. 4)	99
5. Kontenführung zur Geldverwaltung nach Abs. 1 Nr. 6 (Nr. 5, Abs. 5)	100
6. Vergütungsvereinbarung (Nr. 6)	116
7. Ermächtigung durch Vereinbarung oder Beschluss (Nr. 7)	117
VI. Vertretung der Gemeinschaft durch die Wohnungseigentümer (Abs. 3 Satz 2, 3)	129
VII. Abdingbarkeit (Abs. 4)	136
VIII. Getrennte Vermögensverwaltung (Abs. 5)	142
IX. Vertretungsnachweis (Abs. 6)	144
1. Normzweck	144
2. WEG-Reform 2007	145
3. Nachweis der gesetzlichen Vertretungsbefugnis des Verwalters für die Wohnungseigentümer oder die Gemeinschaft	146
4. Nachweis der Blankett-Vertretungsbefugnis des Verwalters für die Wohnungseigentümer oder die Gemeinschaft	152
5. Nachweis der gewillkürten Vertretungsbefugnis des Verwalters für die Wohnungseigentümer	154
6. Vollmachts- bzw. Ermächtigungsurkunde	155
7. Inhalt der Urkunde	156

	Rz.		Rz.
8. Form der Urkunde	160	1. Haftung des Verwalters gegenüber der Wohnungseigentümergemeinschaft	168
9. Wirkung der Urkunde	163		
10. Durchsetzung des Anspruchs	165	2. Haftung des Verwalters gegenüber den Wohnungseigentümern	177
11. Vertretungsnachweis sonstiger Personen	166		
		3. Haftung des Verwalters gegenüber Dritten	178
X. Pflichten des ausgeschiedenen Verwalters	167	4. Haftung der Gemeinschaft für den Verwalter	179
XI. Haftungsfragen	168	5. Beispiele	181

Literatur: *Abramenko*, Die öffentliche Beglaubigung von Vollmachten in Wohnungseigentumssachen, ZMR 2004, 166; *Abramenko*, Die Entfernung des zahlungsunfähigen oder unzumutbaren Miteigentümers aus der Gemeinschaft. Neue Möglichkeiten durch die Teilrechtsfähigkeit des Verbandes, ZMR 2006, 338; *Armbrüster*, Der Verwalter als Geschäftsführer ohne Auftrag oder als Vertreter ohne Vertretungsmacht, ZWE 2002, 548; *Armbrüster*, Der Verwalter als Organ der Gemeinschaft und Vertreter der Wohnungseigentümer, ZWE 2006, 470; *Bauriedl*, Die Haftung des WEG-Verwalters für verzögerte, unterlassene und mangelhafte Instandsetzungsmaßnahmen, ZMR 2006, 252; *Becker*, Der Verwalter als Stellvertreter der Wohnungseigentümer, Diss. Dresden 2000; *Briesemeister*, Korrigenda zur WEG-Reform 2007, NZM 2007, 345; *Daute*, Die Anlage der gemeinschaftlichen Gelder einer Wohnungseigentümergemeinschaft, NZM 2006, 86; *Deckert*, Zur Führung der Konten einer Wohnungseigentümergemeinschaft (Wer ist Inhaber des Kontos? Bedarf es der Aushändigung von Eigentümerlisten?), ZMR 2007, 251; *Drasdo*, Zustellungsvollmacht des Verwalters im Zivilprozess gegenüber ausgeschiedenen Wohnungseigentümern, NZM 2003, 793; *Feuerborn*, Kreditaufnahme für Wohnungseigentümergemeinschaften, ZIP 1998, 146; *Frohne*, Die Haupt- und Nebenpflichten des Verwalters vor Amtsantritt und nach Amtsende, NZM 2002, 242; *Furmans*, Verwaltervertrag und AGB-Gesetz – nicht notwendig ein Widerspruch, NZM 2000, 985; *Furmans*, Klauselkontrolle von Verwalterverträgen, NZM 2004, 201; *Gottschalg*, Die Übertragung von Kompetenzen der Wohnungseigentümer auf Verwalter und Verwaltungsbeirat, ZWE 2000, 50; *Gottschalg*, Verkehrssicherungspflichten des Wohnungseigentumsverwalters, NZM 2002, 590; *Gottschalg*, Die Haftung von Verwalter und Beirat in der Wohnungseigentümergemeinschaft, 2. Aufl. 2005; *Gottschalg*, Informationspflichten und Haftungsrisiken des Verwalters, FS für Seuß zum 80. Geburtstag, 2007, S. 113; *Häublein*, Wohnungseigentum, quo vadis?, ZMR 2006, 1; *Hügel*, Das neue Wohnungseigentumsrecht, DNotZ 2007, 326; *Jennißen*, Die Auswirkungen der Rechtsfähigkeit auf die innergemeinschaftlichen Beziehungen der Wohnungseigentümer, NZM 2006, 203; *Mansel*, Zustellung an den Verwalter, FS Bärmann und Weitnauer, S. 471; *Merle*, Gemeinschaftsordnung und Rechtsstellung des Verwalters, ZWE 2001, 145; *Merle*, Zur Vertretungsmacht des Verwalters nach § 27 RegE-WEG, ZWE 2006, 365; *Müller*, Die Vertragspartner des Verwalters, in: Festschrift für Seuß zum 80. Geburtstag 2007, S. 211; *Niedenführ*, Zahlungsanspruch der Wohnungseigentümer gegen den früheren Verwalter bei ungeklärten Abhebungen vom Treuhandkonto, NZM 2000, 270; *Reichert*, Der Wohnungseigentümer als Zustellungsvertreter nach dem RegE-WEG, ZWE 2006, 477; *Riecke*, Einschränkungen der Verwaltung fremden (Wohnungs-)Eigentums durch das Rechtsberatungsgesetz, ZMR 2000, 493; *Röll*, Der Nachweis von Beschlüssen der Wohnungseigentümerversammlung gegenüber dem Grundbuchamt, Rpfleger 1986, 4; *Sauren*, Verwaltung unter dem Rechtsberatungsgesetz – Rechtsberatung bei WEG-, Sondermiet- und Hausverwalter, NZM 2003, 966; *Sauren*, Die WEG-Novelle 2007, DStR 2007, 1307; *Sittmann/Dietrich*, Kontoeröffnung und Kreditvergabe zugunsten von Wohnungseigentümergemeinschaften, WM 1998, 1615; *Sühr*, Eröffnung von Konten für Wohnungseigentümergemeinschaften, WM 1978, 806; *Wenzel*, Die Wohnungseigentümergemeinschaft – ein janusköpfiges Gebilde aus Rechtssubjekt und Miteigentümergemeinschaft?, NZM 2006, 321; *Wenzel*, Die Teilrechtsfähigkeit und die

Haftungsverfassung der Wohnungseigentümergemeinschaft – eine Zwischenbilanz, ZWE 2006, 2; *Zieschang,* Haftung für Verwalter wegen Untreue, NZM 1999, 393.

I. Allgemeines

1. Normzweck

1 Das Gesetz hat den Verwalter ursprünglich als ein unabdingbares (§ 20 Abs. 2) Vollzugsorgan der Wohnungseigentümer konzipiert[1], damit dieser für ein einvernehmliches und gedeihliches Zusammenleben der Eigentümer sorgen[2] und nach außen hin deren Handlungsfähigkeit ermöglichen kann[3]. Da die Wohnungseigentümergemeinschaft nunmehr teilrechtsfähig ist, benötigt sie zudem zwingend ein Vertretungsorgan[4]. Zu diesen Zwecken hat der Gesetzgeber den Verwalter mit einer **starken, aber keinesfalls beherrschenden Rechtsstellung** ausgestattet[5]. Seine starke Stellung kommt insbesondere darin zum Ausdruck, dass die ihm zugewiesenen Aufgaben und Befugnisse nicht eingeschränkt oder beseitigt werden können (Abs. 4) und dass er zum umfassenden Vertreter der Gemeinschaft ermächtigt werden kann (Abs. 3 Satz 1 Nr. 7). Die Begrenzung der Verwalterstellung ergibt sich daraus, dass er von Gesetzes wegen nur im Rahmen eines enumerativen Katalogs zur Vertretung berechtigt und den Weisungen der Eigentümer unterworfen ist (Abs. 2, 3)[6].

2. Funktion des Verwalters

2 Der Verwalter wurde bislang als **gesetzlicher Vertreter und Treuhänder** (weisungsgebundener Sachwalter fremden Vermögens) der Wohnungseigentümer charakterisiert[7]. Hieran hat sich auch nach der Anerkennung der Teilrechtsfähigkeit der Wohnungseigentümergemeinschaft und der WEG-Reform 2007 nichts geändert[8]. Dem Verwalter kommt aber nunmehr eine **Doppelrolle** zu, was durch die Reform von 2007 verdeutlicht wird: Der Verwalter ist einerseits gesetzlicher Vertreter und Treuhänder der Wohnungseigentümer, andererseits

---

1 BGH v. 15.12.1988 – V ZB 9/88, BGHZ 106, 222 (226) = ZMR 1989, 182 (185).
2 Anschaulich RGRK/*Augustin* § 27, Rz. 2; *Merle* in Bärmann/Pick/Merle § 27, Rz. 2.
3 *Merle* in Bärmann/Pick/Merle § 27, Rz. 2; MüKo/*Engelhardt* § 27, Rz. 1; Weitnauer/*Lüke* § 27, Rz. 1.
4 BT-Drucks. 16/887, 71; *Abramenko,* Das neue WEG, § 5 Rz. 1; a.A. Bärmann/*Pick* § 27, Rz. 3.
5 BayObLGZ 1972, 139 (142); *Merle* in Bärmann/Pick/Merle § 27, Rz. 3; *Diester* § 27, Rz. 1; Weitnauer/*Lüke* § 27, Rz. 1; *Pfeufler,* NJW 1970, 2233 (2234).
6 BayObLGZ 1975, 327 (330); *Merle* in Bärmann/Pick/Merle § 27, Rz. 1, 4; Weitnauer/*Lüke* § 27, Rz. 1.
7 Bamberger/Roth/*Hügel* § 27, Rz. 2; *Niedenführ/Schulze* § 27, Rz. 2; *Sauren* § 27, Rz. 2; Soergel/*Stürner* § 27, Rz. 1; Weitnauer/*Lüke* § 27, Rz. 1.
8 Vgl. BT-Drucks. 16/887, 70.

echtes **Organ der Gemeinschaft**[1]. Diese beiden Rechtskreise, die der Verwalter wahrnimmt, gilt es in der Zukunft deutlich voneinander zu unterscheiden[2]. Zwar wird der Verwalter vorwiegend als Organ der Gemeinschaft handeln, da diese auch zur Ausübung gemeinschaftsbezogener Rechte und Pflichten der Wohnungseigentümer berufen ist (vgl. § 10 Abs. 6 Satz 3)[3]. Dennoch unterscheidet auch der Gesetzgeber strikt zwischen der grundsätzlich beschränkten Vertretungsmacht des Verwalters als Vertreter der Eigentümer (Abs. 2) und der unbeschränkt erweiterbaren Vertretungsmacht des Verwalters als Organ der Gemeinschaft (Abs. 3 Satz 1 Nr. 7)[4]. Ob gerade die letztgenannte Vorschrift ausreichend die Besonderheiten des teilrechtsfähigen Personenverbandes im Vergleich zur unternehmerisch tätigen Korporation berücksichtigt, darf bezweifelt werden[5]. Die Doppelstellung des Verwalters wird ihm die Erfüllung seiner Aufgaben in Zukunft eher erschweren.

Der (gewöhnliche) Verwalter ist grundsätzlich nicht als **Verwalter** i.S.d. § 2 Abs. 2 Nr. 2 WoVermG anzusehen, so dass er Maklerprovision für den Nachweis/die Vermittlung eines **Mietvertrags über eine Wohnung** verlangen kann[6]. Etwas anderes kann gelten, soweit der Verwalter auch das Sondereigentum über gelegentliche Serviceleistungen hinaus verwaltet. Bei der Vermittlung eines **Kaufvertrags** oder eines **Mietvertrags über Gewerberaum** scheidet eine Maklerprovision aus, wenn seine Zustimmung zur Veräußerung/Vermietung erforderlich ist oder der Verwalter mit dem Eigentümer „verflochten" ist, es sei denn, der Erwerber wurde über diesen Sachverhalt aufgeklärt und hat ein selbständiges Provisionsversprechen abgegeben. Soweit der Verwalter als Makler oder Bauträger tätig wird, hat er die Vorschriften der **MaBV** zu beachten.

3. Norminhalt

§ 27 trennt nunmehr eindeutig zwischen den **Aufgaben** des Verwalters (Abs. 1, s. Rz. 5), die also das Innenverhältnis zwischen ihm und den Wohnungseigentümern und der Gemeinschaft betreffen, und den **Befugnissen** des Verwalters (Abs. 2, Abs. 3 Satz 1, s. Rz. 62), die ihm Vertretungsmacht nach außen verleihen. **Weitere Aufgaben und Befugnisse** des Verwalters können sich aus dem Gesetz ergeben (s. Rz. 59). Eine **Einschränkung** seiner Aufgaben und Befugnisse kommt grundsätzlich nicht in Betracht (Abs. 4, s. Rz. 136 ff.). Eine **Erweiterung**

---

1 BT-Drucks. 16/887, 69 (71); BGH v. 2.6.2005 – V ZB 32/05, NJW 2005, 2061 = DNotZ 2005, 776 = ZMR 2005, 547 = NZM 2005, 543 = Rpfleger 2005, 521 mit Anm. *Dümig* = NotBZ 2005, 327 = FGPrax 2005, 143 = WM 2005, 1423 = ZfIR 2005, 506 mit Anm. *Lüke* = ZIP 2005, 1233 = EWiR 2005, 715 (*Pohlmann*) = ZNotP 2005, 381; Palandt/*Bassenge* § 27, Rz. 1; *Abramenko*, Das neue WEG, § 5 Rz. 4; *Bub*, NZM 2006, 841 (837); *Demharter*, NZM 2006, 489 (493 f.); *Gottschalg* in FS für Seuß zum 80. Geburtstag, S. 113 f.; *Wenzel*, ZWE 2006, 2 (8); a.A. Bärmann/*Pick* § 27, Rz. 3; *Armbrüster*, ZWE 2006, 470 (475); *Bork*, ZIP 2005, 1205 (1207).
2 *Abramenko*, Das neue WEG, § 5 Rz. 3; kritisch hierzu *Bub*, NZM 2006, 841 (846) und *Köhler*, Das neue WEG, Rz. 500, 501, die die gesetzliche Neuregelung für übereilt halten.
3 *Abramenko*, Das neue WEG, § 5 Rz. 26.
4 BT-Drucks. 16/887, 71.
5 Vgl. *Häublein*, ZMR 2006, 1 (5).
6 BGH v. 13.3.2003 – III ZR 299/02, NZM 2003, 358 = ZMR 2003, 431 (432 f.); Niedenführ/*Schulze* § 27, Rz. 1; RGRK/*Augustin* § 27, Rz. 3; Weitnauer/*Lüke* § 27, Rz. 1.

des **Aufgabenbereichs** ist dadurch möglich, dass die Wohnungseigentümer den Verwalter rechtsgeschäftlich im Verwaltervertrag zu ihrer Vertretung beauftragen und hierzu bevollmächtigen (s. Rz. 60f.). Abs. 3 Satz 1 Nr. 7 ermöglicht es, den Verwalter durch Beschluss oder Vereinbarung (auch in der Gemeinschaftsordnung oder Teilungserklärung, vgl. §§ 5 Abs. 4 Satz 1, 8 Abs. 2 Satz 2, 10 Abs. 4, 27 Abs. 3 Nr. 7) als umfassenden Vertreter der Gemeinschaft zu installieren (s. Rz. 117). Abs. 5 ordnet zum Schutz der **gemeinschaftlichen Gelder** an, dass der Verwalter diese getrennt von seinem Vermögen zu verwalten hat (s. Rz. 142ff.). Aus Abs. 6 folgt schließlich das Recht des Verwalters, von den Eigentümern die **Ausstellung einer Urkunde** verlangen zu können, die er und Dritte benötigen, um auf seine Vertretungsmacht auch vertrauen zu dürfen (s. Rz. 144). Schließlich bestimmt sich eine mögliche **Haftung** des Verwalters nach seinen Aufgaben und Befugnissen (s. Rz. 168ff.).

II. Aufgaben des Verwalters (Abs. 1)

5 Abs. 1 betrifft ausschließlich das **Innenverhältnis** des Verwalters „gegenüber den Wohnungseigentümern und gegenüber der Gemeinschaft der Wohnungseigentümer". Mit der sprachlichen Neufassung hat der Gesetzgeber eindeutig zum Ausdruck gebracht, dass aus Abs. 1 **keine Vertretungsmacht** hergeleitet werden kann[1]. Eine solche kann sich (zumindest im Rahmen des § 27) nur aus den Abs. 2 und 3 ergeben. Der zur früheren Rechtslage bestehende Streit[2], ob insbesondere bei dringenden Erhaltungsmaßnahmen der Verwalter auch zur Vertretung der Wohnungseigentümer ermächtigt ist[3], ist damit hinfällig geworden. Die in Abs. 1 aufgeführten Rechte und Pflichten des Verwalters bestehen **in doppelter Hinsicht**, gegenüber den Eigentümern und gegenüber dem Verband. Zuzugeben ist zwar, dass beispielsweise Nr. 7 (Unterrichtung der Wohnungseigentümer von Rechtsstreitigkeiten) nur gegenüber den Eigentümern relevant werden wird, während Nr. 8 (Abgabe der für § 21 Abs. 5 Nr. 6 erforderlichen Erklärungen) nur den Verband betrifft[4]. Daraus folgt aber angesichts des klaren Wortlauts, dass auch der Verband die Erfüllung der Verpflichtungen nach Nr. 7 und umgekehrt jeder Wohnungseigentümer die Erfüllung der Verpflichtungen nach Nr. 8 verlangen und ggf. durchsetzen kann[5].

1. Durchführung der Beschlüsse (Nr. 1)

6 Die Wohnungseigentümer sind die eigentlichen „Herren der Verwaltung"[6] und üben ihre Willensbildung im Regelfall durch Mehrheitsbeschluss aus. Der Verwalter hat als Vollzugsorgan[7] der Wohnungseigentümer deren **Beschlüsse** und

---

[1] BT-Drucks. 16/887, 69 (70); *Hügel/Elzer*, Das neue WEG-Recht, § 11 Rz. 21; in diesem Sinne bereits *Diester* § 27, Rz. 7.
[2] Ausführlich dazu *Merle* in Bärmann/Pick/Merle § 27, Rz. 5ff.
[3] Vgl. OLG Celle v. 12.3.2001 – 4 W 199/00, NJW-RR 2002, 303 = ZMR 2001, 642 (643); BayObLG v. 27.3.1997 – 2Z BR 11/97, ZMR 1997, 325; OLG Hamm v. 9.12.1988 – 15 W 119/86, OLGZ 1989, 54 = NJW-RR 1989, 331; OLG Hamm v. 10.2.1997 – 15 W 197/96, ZMR 1997, 377 (379).
[4] *Abramenko*, Das neue WEG, § 5 Rz. 2.
[5] Ebenso *Hügel/Elzer*, Das neue WEG-Recht, § 11 Rz. 24f.
[6] OLG Hamm WuM 1991, 218 (220); *Abramenko* in KK-WEG § 27, Rz. 6.
[7] BGH v. 15.12.1988 – V ZB 9/88, BGHZ 106, 222 (226) = ZMR 1989, 182 (185).

erst recht deren **Vereinbarungen** durchzuführen[1]. Die Wohnungseigentümer bleiben deshalb auch über eine Beschlussfassung hinaus berechtigt, dem Verwalter **Weisungen und Richtlinien** zu erteilen (s. Rz. 138), es sei denn, der zugrunde liegende Beschluss ist nichtig (s. Rz. 10)[2]. Seine Vertretungsmacht können sie jedoch nur nach Maßgabe von Abs. 4 beschränken (s. Rz. 136 ff.). Besondere Bedeutung erlangt die Vorschrift im Hinblick auf Abs. 2 Nr. 3 und Abs. 3 Satz 1 Nr. 7, da nach beiden Vorschriften die Vertretungsmacht des Verwalters von einem Ermächtigungsbeschluss abhängt.

Die Vollzugshandlung kann entweder in der Vornahme einer **tatsächlichen** Maßnahme (z.B. Reparatur einer Sache, Schneeräumung)[3], in der Vornahme einer **geschäftsähnlichen** Handlung (z.B. der Abmahnung nach § 18 Abs. 1, Abs. 2 Nr. 1)[4] oder in der Vornahme eines **Rechtsgeschäfts** (z.B. Vertragsabschluss) liegen.

Für die Vornahme eines Rechtsgeschäfts, das nicht den Verwalter selbst, sondern die Gemeinschaft oder die Wohnungseigentümer treffen soll, benötigt der Verwalter **Vertretungsmacht**. Den Streit, ob sich aus Abs. 1 Nr. 1 a.F. eine gesetzliche Vertretungsmacht ergibt[5], hat der Gesetzgeber abschlägig entschieden[6]. Die Vertretungsbefugnis des Verwalters kann sich nunmehr unmittelbar aus dem Gesetz ergeben (Abs. 2 Nr. 1, 2, 4; Abs. 3 Nr. 1 bis 6) oder auf einem Ermächtigungsbeschluss der Wohnungseigentümer (Abs. 2 Nr. 3, Abs. 3 Satz 1 Nr. 7) beruhen[7]. Ist zur Durchführung eines Beschlusses eine Vertretung durch den Verwalter erforderlich, wird der Beschluss regelmäßig auch eine **stillschweigende** (konkludente) rechtsgeschäftliche **Bevollmächtigung** des Verwalters zum Abschluss der notwendigen Verträge enthalten[8]: Ist beispielsweise eine bestimmte Maßnahme im Wirtschaftsplan vorgesehen, so ist der Verwalter stillschweigend zum Abschluss der erforderlichen Verträge bevollmächtigt, um diese Maßnahme durchzuführen. Jedenfalls in der Genehmigung der Jahresabrechnung ist auch die Genehmigung des Verwalterhandelns zu erblicken[9]. Schließt der Verwalter solche Verträge nicht im Namen der Gemeinschaft, sondern im eigenen Namen ab, so wird er zwar Vertragspartner, hat jedoch gegen die Gemeinschaft einen Aufwendungsersatzanspruch (§§ 675, 670 BGB)[10].

---

1 *Merle* in Bärmann/Pick/Merle § 27, Rz. 15; *Abramenko* in KK-WEG § 27, Rz. 6.
2 AG Berlin-Neukölln v. 27.12.2001 – 70 II 161/01, ZMR 2002, 474 (475) mit Anm. *Häublein*.
3 *Merle* in Bärmann/Pick/Merle § 27, Rz. 16; Weitnauer/*Lüke* § 27, Rz. 5.
4 RGRK/*Augustin* § 27, Rz. 14; Weitnauer/*Lüke* § 27, Rz. 5.
5 Vgl. die ausführliche Darstellung bei *Merle* in Bärmann/Pick/Merle § 27, Rz. 17 ff.
6 BT-Drucks. 16/887, 70.
7 *Abramenko*, Das neue WEG, § 5 Rz. 8.
8 *Abramenko* in KK-WEG § 27, Rz. 7; MüKo/*Engelhardt* § 27, Rz. 3; Niedenführ/*Schulze* § 27, Rz. 5; Palandt/*Bassenge* § 27, Rz. 5; vgl. auch BGH v. 21.10.1976 – VII ZR 193/75, BGHZ 67, 232 = NJW 1977, 44; OLG Hamm v. 10.2.1997 – 15 W 197/96, ZMR 1997, 377 = WE 1997, 316.
9 OLG Hamm v. 10.2.1997 – 15 W 197/96, ZMR 1997, 377 (379) = WE 1997, 314 (316).
10 BGH v. 28.4.1993 – VIII ZR 109/92, NJW-RR 1993, 1227 (1228); BayObLG WE 1997, 76; OLG Hamm v. 10.2.1997 – 15 W 197/96, ZMR 1997, 377 = WE 1997, 314 (316); OLG Schleswig v. 16.1.2002 – 2 W 84/01, ZMR 2002, 468.

9 Die Beschlüsse sind **unverzüglich**[1], also ohne schuldhaftes Zögern (§ 121 Abs. 1 Satz 1 BGB), auszuführen, sofern die Wohnungseigentümer nicht eine Vollziehungsfrist gesetzt haben[2] oder sich aus den Umständen des Einzelfalls ergibt, dass eine sofortige Durchführung nicht möglich oder nicht gewollt ist[3]. Die Wohnungseigentümer können die Beschlussdurchführung durch Klage nach § 43 Abs. Nr. 3 erzwingen[4]. Die Beschlüsse sind mit der dem Verwalter auch sonst gebotenen **Sorgfalt** eines **vernünftigen Eigentümers** auszuführen[5]. Ist der Verwalter Kaufmann, hat er sie sogar mit der Sorgfalt eines **ordentlichen Kaufmanns** zu besorgen (s. Rz. 170)[6].

10 **Nichtige Beschlüsse** sind von Anfang an und, ohne dass es einer gerichtlichen Feststellung bedürfte, unwirksam. Zur Durchführung nichtiger Beschlüsse ist der Verwalter nicht verpflichtet und sogar gehalten, deren Umsetzung zu unterlassen[7]. Vollzieht der Verwalter einen evident nichtigen Beschluss, ist er (anders als bei der Durchführung anfechtbarer Beschlüsse) sogar zu **Schadensersatz** verpflichtet[8]. Unterlässt er die Vollziehung, weil er irrtümlicherweise von der Nichtigkeit des Beschlusses ausgegangen war, macht er sich ebenfalls schadensersatzpflichtig[9], es sei denn, er befand sich in einem beachtlichen Rechtsirrtum. Die Beurteilung, ob ein Beschluss unwirksam ist, hat der Verwalter zunächst in eigener Verantwortung zu prüfen, notfalls unter Inanspruchnahme von Rechtsrat[10]. Soweit der Verwalter noch immer Zweifel an der Wirksamkeit eines Beschlusses hat, die Eigentümer aber auf dessen Vollziehung bestehen, kann er selbst eine gerichtliche Klärung herbeiführen, entweder durch Erhebung einer **Anfechtungsklage** (§§ 43 Nr. 4, 46 Abs. 1 Satz 1), in deren Rahmen auch etwaige Nichtigkeitsgründe von Amts wegen geprüft werden[11] oder im Rahmen einer **Feststellungsklage** (§ 256 ZPO)[12]. Entgegen der Ansicht von *Abramenko*[13] ist die Klage auf Überprüfung, ob der Verwalter verpflichtet ist, den Beschluss durchzuführen (§ 43 Nr. 3), nicht der sicherste Weg, da die Nichtigkeit nur inzident festgestellt wird, also nicht in Rechtskraft erwächst. Eine Feststellung der

---

1 BayObLG v. 5.1.2000 – 2Z BR 85/99, NZM 2000, 501 = ZMR 2000, 314 (315); Erman/*Grziwotz* § 27, Rz. 2; Palandt/*Bassenge* § 27, Rz. 5; *Sauren* § 27, Rz. 7.
2 *Merle* in Bärmann/Pick/Merle § 27, Rz. 28.
3 Vgl. BayObLG v. 29.1.2004 – 2Z BR 181/03, BayObLGZ 2004, 15 = ZMR 2004, 601 = ZWE 2005, 81; Palandt/*Bassenge* § 27, Rz. 5.
4 Vgl. OLG Frankfurt OLGZ 1980, 78 (79 f.); *Niedenführ/Schulze* § 27, Rz. 6; RGRK/*Augustin* § 27, Rz. 16.
5 KG v. 10.3.1993 – 24 W 5506/92, WuM 1993, 306 (307); OLG Düsseldorf v. 2.6.1997 – 3 Wx 231/96, ZMR 1997, 490 (491) = WE 1997, 424 (425); *Abramenko* in KK-WEG § 27, Rz. 7.
6 BGH v. 21.12.1995 – V ZB 4/94, BGHZ 131, 347 = NJW 1996, 1217; BayObLG v. 11.4.2002 – 2Z BR 85/01, NZM 2002, 564 (565); *Abramenko* in KK-WEG § 27, Rz. 7.
7 BayObLG WuM 1990, 366; BayObLG FGPrax 1995, 231; Bärmann/*Pick* § 27, Rz. 8; *Merle* in Bärmann/Pick/Merle § 27, Rz. 24; *Abramenko* in KK-WEG § 27, Rz. 8; *Gottschalg* in FS für Seuß zum 80. Geburtstag, S. 113 (120).
8 *Merle* in Bärmann/Pick/Merle § 27, Rz. 28.
9 *Merle* in Bärmann/Pick/Merle § 27, Rz. 28.
10 *Merle* in Bärmann/Pick/Merle § 27, Rz. 24.
11 *Merle* in Bärmann/Pick/Merle § 27, Rz. 24; *Abramenko* in KK-WEG § 27, Rz. 8; *Niedenführ/Schulze* § 27, Rz. 6.
12 *Niedenführ/Schulze* § 27, Rz. 6.
13 *Abramenko* in KK-WEG § 27, Rz. 8.

Unwirksamkeit im Wege der **einstweiligen Verfügung** scheidet wohl aus[1]; in Betracht kommt also allenfalls ein Antrag, die Vollziehung des Beschlusses auszusetzen, vgl. § 44 Abs. 3 a.F[2].

Fehlerhafte Beschlüsse sind anfechtbar, bis zu ihrer Ungültigerklärung durch das Gericht aber voll wirksam. Da die Ungültigerklärung zurückwirkt, stellt sich die Frage, ob der Verwalter anfechtbare Beschlüsse auszuführen hat oder ob er diese selbst anfechten muss, wenn er Zweifel an deren Gültigkeit hat. Nach ganz überwiegender Ansicht ist der Verwalter **verpflichtet**, fehlerhafte Beschlüsse **durchzuführen**[3]. Da die Anfechtungsklage keine aufschiebende Wirkung hat, hat er auch angefochtene Beschlüsse zu vollziehen[4], es sei denn, das Gericht hat die Vollziehung im Wege der einstweiligen Verfügung ausgesetzt[5]. Da der Verwalter auch anfechtbare Beschlüsse unverzüglich (s. oben Rz. 9) auszuführen hat, kann er weder nach eigenem Ermessen die Bestandskraft des Beschlusses abwarten[6], noch auf einen Beschluss der Wohnungseigentümer zum Sofortvollzug vertrauen[7]. Er haftet vielmehr auf **Schadensersatz**, wenn er den Beschluss nicht unverzüglich oder nicht ordnungsgemäß ausführt[8]. Eine Möglichkeit zur Klarstellung könnte in einer eigenen Anfechtungsklage (§§ 43 Nr. 4, 46 Abs. 1 Satz 1) gesehen werden. Allerdings ist sehr zweifelhaft, ob dem Verwalter wegen seiner Weisungsgebundenheit ein altruistisches Anfechtungsrecht zusteht (vgl. hierzu § 46 Rz. 44 ff.); er hat den Wohnungseigentümern allenfalls rechtliche Bedenken gegen die Wirksamkeit des Beschlusses mitzuteilen[9].

11

Da die **erfolgreiche Anfechtung** seitens eines Wohnungseigentümers den Beschluss mit anfänglicher Wirkung (*ex tunc*) vernichtet, entfällt zunächst die Durchführungsverpflichtung des Verwalters[10]. Jeder Wohnungseigentümer hat gegen die Mehrheit der Wohnungseigentümer bzw. gegen die Gemeinschaft einen Anspruch auf **Beseitigung** der durch den unwirksamen Beschluss eingetre-

12

---

1 Vgl. OLG Celle v. 9.10.1989 – 9 U 186/89, NJW 1990, 582 = ZIP 1989, 1552 (1553 f.); Zöller/*Vollkommer* § 940, Rz. 8 („Gesellschaftsrecht").
2 Vgl. den Rat von *Merle* in Bärmann/Pick/Merle § 27, Rz. 24 und *Abramenko* in KK-WEG § 27, Rz. 8.
3 BayObLG WE 1991, 198 (199); BayObLGZ 1972, 246 (247); 1974, 86 (88); Bärmann/*Pick* § 27, Rz. 8; *Merle* in Bärmann/Pick/Merle § 27, Rz. 28; Erman/*Grziwotz* § 27, Rz. 2; *Abramenko* in KK-WEG § 27, Rz. 9; *Niedenführ/Schulze* § 27, Rz. 6; RGRK/*Augustin* § 27, Rz. 15; *Sauren* § 27, Rz. 7; Soergel/*Stürner* § 27, Rz. 1; Weitnauer/*Lüke* § 27, Rz. 5; a.A. *Gottschalg*, Rz. 267 ff.; *Bub*, WE 1988, 184; *Deckert*, PiG 30, S. 37 (46); *Ganten*, WE 1992, 126.
4 *Merle* in Bärmann/Pick/Merle § 27, Rz. 28; a.A. Erman/*Grziwotz* § 27, Rz. 2.
5 Palandt/*Bassenge* § 27, Rz. 5; *Sauren* § 27, Rz. 7.
6 *Merle* in Bärmann/Pick/Merle § 27, Rz. 30; *Abramenko* in KK-WEG § 27, Rz. 10; *Wenzel*, WE 1998, 455 (456); a.A. *Müller*, Praktische Fragen, Rz. 997; *Bub*, WE 1988, 184; *Deckert*, PiG 30, 37, 46; *Ganten*, WE 1992, 126.
7 *Abramenko* in KK-WEG § 27, Rz. 10; a.A. *Merle* in Bärmann/Pick/Merle § 27, Rz. 30.
8 BayObLG v. 9.5.1997 – 2Z BR 18/97, WuM 1997, 577 = ZfIR 1997, 552; BayObLG ZWE 2000, 179.
9 *Merle* in Bärmann/Pick/Merle § 27, Rz. 27; *Müller*, Praktische Fragen, Rz. 997; *Gottschalg* in FS für Seuß zum 80. Geburtstag, S. 113 (117 ff.).
10 BayObLGZ 1976, 211 (213) = ZMR 1977, 345 = Rpfleger 1976, 364 (bzgl. der Anfechtung der Verwalterbestellung); *Merle* in Bärmann/Pick/Merle § 27, Rz. 31.

tenen Folgen[1]. Da der Verwalter selbst bei Anfechtbarkeit oder gar erfolgter Anfechtung zur Ausführung des Beschlusses verpflichtet ist (s. Rz. 11), schuldet er den Eigentümern und der Gemeinschaft **keinen Schadensersatz**, wenn der Beschluss nach Vollzug der Maßnahme für ungültig erklärt wird[2].

13 Mit der Anfechtung des Beschlusses entfällt aber auch rückwirkend die **Vertretungsmacht** des Verwalters, insbesondere im Rahmen von Abs. 2 Nr. 3 und Abs. 3 Nr. 7[3]. Es stellt sich die Frage, ob in einem solchen Fall etwaige Rechtsgeschäfte wirksam sind, wer Vertragspartner des Dritten geworden ist (Wohnungseigentümer, Gemeinschaft oder Verwalter) und von wem der Dritte ggf. Schadensersatz verlangen kann.

14 Ist der Verwalter **im eigenen Namen** aufgetreten, so ist er Vertragspartner des Dritten geworden, das Rechtsgeschäft ist also wirksam[4]. Der Verwalter kann gegen die Wohnungseigentümer oder die Gemeinschaft einen Aufwendungsersatzanspruch geltend machen (§§ 675, 670 BGB) oder nach § 257 BGB Befreiung von den eingegangenen Verpflichtungen verlangen[5]. Der BGH empfiehlt dem Verwalter sogar, auf diese Weise vorzugehen[6], womit der Verwalter jedoch ein erhebliches Vorleistungs- und Insolvenzrisiko eingeht.

15 Hat der Verwalter hingegen **im fremden Namen**, also als Vertreter der Gemeinschaft oder der Wohnungseigentümer, gehandelt, so gilt Folgendes: Soweit der Verwalter eine **Vollmachts- oder Ermächtigungsurkunde** nach Abs. 6 vorgelegt hat, dürfen Dritte gem. § 172 Abs. 2 BGB auf dessen Vertretungsmacht vertrauen, die Wohnungseigentümer bzw. die Gemeinschaft werden unmittelbar Vertragspartner (s. Rz. 163). Darüber hinaus ist jedoch das Vertrauen Dritter in die Vertretungsbefugnis des Verwalters nicht geschützt, insbesondere bildet auch der vorgelegte Beschluss keine der Vollmachtsurkunde vergleichbare Vertrauensgrundlage (s. Rz. 153). Entgegen vielfach vertretener Ansicht ergibt sich eine Verpflichtung der Eigentümer/der Gemeinschaft auch nicht aus den Grundsätzen der **Anscheins- und Duldungsvollmacht**[7], der analogen Anwendung von § 32 FGG oder unmittelbar aus § 10 Abs. 4. Dritte werden hier nicht umfassender geschützt als bei einer unwirksamen Bestellung des Verwalters (s. zum Ganzen Rz. 63). Die h.M. überspielt auf diese Weise die vom Gesetz vorgesehene Wertung, wonach nur die Vollmachts- und Ermächtigungsurkunde als Vertrauensgrundlage anzusehen ist. Der Verwalter haftet somit nach einer wirksamen Anfechtung des Beschlusses dem Dritten als **Vertreter ohne Vertretungsmacht**

---

1 *Merle* in Bärmann/Pick/Merle § 27, Rz. 31; *Gottschalg* in FS für Seuß zum 80. Geburtstag, S. 113 (120).
2 BayObLG WE 1991, 198 (199); BayObLG WuM 1990, 266; *Merle* in Bärmann/Pick/Merle § 27, Rz. 29 (36).
3 *Merle* in Bärmann/Pick/Merle § 27, Rz. 32; a.A. *Becker*, S. 102 f., die von einer *ex-nunc*-Wirkung ausgeht.
4 *Merle* in Bärmann/Pick/Merle § 27, Rz. 37.
5 BGH v. 28.4.1993 – VIII ZR 109/92, NJW-RR 1993, 1227 (1228); BayObLG WE 1996, 315; BayObLG 1997, 76; OLG Hamm v. 10.2.1997 – 15 W 197/96, ZMR 1997, 377 (378) = WE 1997, 314 (316); OLG Schleswig v. 16.1.2002 – 2 W 84/01, ZMR 2002, 468 (469); *Merle* in Bärmann/Pick/Merle § 27, Rz. 37.
6 BGH v. 21.10.1976 – VII ZR 193/75 = BGHZ 67, 232 (239) = NJW 1977, 44 (46).
7 So aber *Merle* in Bärmann/Pick/Merle § 27, Rz. 33; *Abramenko* in KK-WEG § 27, Rz. 11; *Müller*, Praktische Fragen, Rz. 999.

nach § 179 BGB auf Erfüllung oder Schadensersatz[1]. Der Verwalter kann aber ggf. Regress bei den Wohnungseigentümern oder der Gemeinschaft nehmen, entweder aufgrund des Verwaltervertrags (§§ 675, 670 BGB) oder aufgrund einer Geschäftsführung ohne Auftrag (§§ 677, 683 BGB). Es kann daher dem Verwalter und potenziellen Vertragspartnern der Wohnungseigentümer/der Gemeinschaft nur der nachhaltige Rat ausgesprochen werden, sich eine Vollmachtsurkunde nach Abs. 6 aushändigen bzw. vorlegen zu lassen.

2. Durchführung der Hausordnung (Nr. 1)

Der Verwalter hat die Ausführung und Einhaltung der **Hausordnung** (s. dazu § 21 Abs. 5 Nr. 1 und die Kommentierung dort Rz. 51 ff.) zu überwachen. Dies kann durch rein **tatsächliche Maßnahmen**, wie Ermahnungen und Verbote[2], Kehr- und Nutzungspläne, Aushänge, Räum-, Kehr- und Streupflichten etc. geschehen[3]. Er ist zum Aufstellen von Verbots- und Warnschildern verpflichtet[4]. Dritten, insbesondere Mietern, gegenüber ist er weder berechtigt noch verpflichtet, er hat jedoch für die Einhaltung der Pflichten nach § 14 zu sorgen, so dass der Verwalter teilweise als zur **Abmahnung** nach § 18 Abs. 2 Nr. 1 befugt angesehen wird[5]. Dies gilt aber nur, sofern der Verwalter hierzu durch Beschluss oder Vereinbarung (ggf. im Verwaltervertrag) ermächtigt worden ist (s. oben Rz. 8 und § 18 Rz. 23).

16

Die Vorschrift ermächtigt nicht zum Abschluss von **Rechtsgeschäften** und zur **gerichtlichen Geltendmachung** von Ansprüchen aus einer Verletzung der Hausordnung; dies ist durch den klaren Wortlaut von Abs. 1, der nur das Innenverhältnis regelt, klargestellt. Er benötigt hierzu also einen Beschluss der Wohnungseigentümer nach Abs. 2 Nr. 3 oder Abs. 3 Satz 1 Nr. 7[6], der aber auch konkludent erteilt worden sein kann (s. oben Rz. 8)[7]. Im eigenen Namen kann er im Verfahren nach § 43 Nr. 3 nur Klage auf **Feststellung** erheben, dass und welche Pflichten sich aus der Hausordnung für jeden einzelnen Wohnungseigentümer ergeben[8]. Zur **Aufstellung** der Hausordnung ist er nur im Falle einer wirksamen Delegation durch die Wohnungseigentümer ermächtigt, die auch durch Mehrheitsbeschluss (Abs. 3 Satz 1 Nr. 7) erfolgen kann (s. § 21 Rz. 53 ff.).

17

---

1 Ebenso *Ganten*, PiG 36, S. 97 (109); a.A. *Merle* in Bärmann/Pick/Merle § 27, Rz. 32; *Abramenko* in KK-WEG § 27, Rz. 11; *Armbrüster*, ZWE 2002, 548; *Keith*, PiG 14, S. 21; *Merle*, PiG 6, S. 65 (76); *Müller*, Praktische Fragen, Rz. 999.
2 Vgl. BayObLGZ 1972, 90 (91).
3 *Merle* in Bärmann/Pick/Merle § 27, Rz. 40; *Abramenko* in KK-WEG § 27, Rz. 12.
4 BayObLG v. 2.6.1981 – BReg 2Z 46/80, MDR 1981, 937 (938); *Merle* in Bärmann/Pick/Merle § 27, Rz. 41; *Sauren* § 27, Rz. 9.
5 *Merle* in Bärmann/Pick/Merle § 27, Rz. 41; *Abramenko* in KK-WEG § 27, Rz. 12 (jedenfalls, soweit die Hausordnung durch Beschluss genehmigt wurde); MüKo/*Engelhardt* § 27, Rz. 3; *Niedenführ/Schulze* § 27, Rz. 8; *Weitnauer/Lüke* § 27, Rz. 5.
6 *Merle* in Bärmann/Pick/Merle § 27, Rz. 43; *Abramenko* in KK-WEG § 27, Rz. 12.
7 *Abramenko* in KK-WEG § 27, Rz. 12.
8 KG v. 16.8.1956 – 1 W 591/657/56, NJW 1956, 1679 (1680); OLG Hamm OLGZ 1970, 399; vgl. BayObLGZ 1972, 90 (93); *Merle* in Bärmann/Pick/Merle § 27, Rz. 44; *Abramenko* in KK-WEG § 27, Rz. 12; RGRK/*Augustin* § 27, Rz. 14.

3. Maßnahmen zur Instandhaltung und Instandsetzung (Nr. 2, Abs. 3 Satz 1 Nr. 3)

18 Der Verwalter ist nach Abs. 1 Nr. 2 verpflichtet, die für die ordnungsmäßige Instandhaltung und Instandsetzung des **gemeinschaftlichen Eigentums** erforderlichen Maßnahmen zu treffen. Hierzu zählen etwa Maßnahmen am Hausdach, einer gemeinschaftlichen Dachterrasse, den Außenseiten der Fenster usw.[1] Die Instandhaltung und Instandsetzung des Sondereigentums ist Sache des jeweiligen Wohnungseigentümers (vgl. § 14 Nr. 1)[2]. Auch wenn der Verwalter zur Durchführung von Notmaßnahmen nach Abs. 1 Nr. 3 berechtigterweise in das Sondereigentum eingegriffen hat (s. Rz. 32), ist er zu weitergehenden Maßnahmen am **Sondereigentum** weder befugt noch verpflichtet[3]. Eine Haftung des Verwalters scheidet also aus, wenn am Sondereigentum Schäden entstehen, die aufgrund der Maßnahme am Gemeinschaftseigentum offenbar werden oder die von einem anderen Sondereigentum ausgehen[4]. Aus seiner Organstellung und dem Verwaltervertrag ergibt sich allenfalls die Nebenpflicht, den Wohnungseigentümer über etwaige Instandhaltungs- bzw. Instandsetzungserfordernisse zu unterrichten[5]. Dabei kann auch die Information des Mieters genügen, da dieser aufgrund des Mietvertrags verpflichtet ist, den Vermieter zu benachrichtigen[6]. Erstreckt sich eine **Versicherung** nicht nur auf das gemeinschaftliche Eigentum, sondern auch auf das gesamte Sondereigentum, so folgt hieraus keine Instandhaltungs- und Instandsetzungspflicht des Verwalters bezüglich des mitversicherten Sondereigentums, sondern nur eine Informations- und Unterstützungspflicht zur Durchsetzung der Ansprüche aus der Versicherung[7]. Geht ein Schaden allerdings, wenn auch nur möglicherweise unmittelbar vom Gemeinschaftseigentum aus, so muss der Verwalter alles Erforderliche unternehmen, um die Ursache des Schadens unverzüglich festzustellen[8].

19 Die Vorschrift korrespondiert mit § 21 Abs. 5 Nr. 2, der die ordnungsgemäße Instandhaltung und Instandsetzung des gemeinschaftlichen Eigentums zur **ordnungsgemäßen Verwaltung** rechnet (s. § 21 Rz. 50 ff.). In ihrem Zusammenwirken dienen die Bestimmungen dazu, einen mangelfreien Zustand des Gemeinschaftseigentums zu gewährleisten[9]. Wie im Rahmen von § 21 Abs. 5 Nr. 2

---

1 *Merle* in Bärmann/Pick/Merle § 27, Rz. 73.
2 BayObLG v. 29.3.2000 – 2Z BR 6/00, WuM 2001, 208 = NZM 2000, 555; BayObLG v. 3.4.1996 – 2Z BR 5/96, BayObLGZ 1996, 84 (86f.) = NJW-RR 1996, 1298; Weitnauer/ *Lüke* § 27, Rz. 6.
3 BayObLG v. 29.3.2000 – 2Z BR 6/00, WuM 2001, 208 = NZM 2000, 555; *Merle* in Bärmann/Pick/Merle § 27, Rz. 73.
4 *Merle* in Bärmann/Pick/Merle § 27, Rz. 73.
5 *Merle* in Bärmann/Pick/Merle § 27, Rz. 73.
6 BayObLG v. 3.4.1996 – 2Z BR 5/96, BayObLGZ 1996, 84 (88) = NJW-RR 1996, 1298; BayObLG v. 29.3.2000 – 2Z BR 6/00, WuM 2001, 208 = NZM 2000, 555; *Merle* in Bärmann/ Pick/Merle § 27, Rz. 73.
7 BayObLG v. 3.4.1996 – 2Z BR 5/96, BayObLGZ 1996, 84 (88) = NJW-RR 1996, 1298; BayObLG v. 29.1.1998 – 2Z BR 53/97, NZM 1998, 583 = ZMR 1998, 356 (359); KG v. 9.10.1991 – 24 W 1484/91, OLGZ 1992, 318 (319) = NJW-RR 1992, 150; *Niedenführ/ Schulze* § 27, Rz. 21.
8 BayObLG v. 29.1.1998 – 2Z BR 53/97, NZM 1998, 583 = ZMR 1998, 356 (359); OLG München v. 15.5.2006 – 34 Wx 156/05, ZWE 2007, 100 (101) = ZMR 2006, 716 (717); *Niedenführ/Schulze* § 27, Rz. 21.
9 *Merle* in Bärmann/Pick/Merle § 27, Rz. 45.

(s. § 21 Rz. 63 ff. m.w.N.) ist **Instandhaltung** die Aufrechterhaltung des ursprünglichen ordnungsgemäßen Zustandes durch pflegende, erhaltende oder vorsorgende Maßnahmen und **Instandsetzung** die Wiederherstellung des ursprünglichen ordnungsgemäßen Zustandes durch Reparatur oder Ersatzbeschaffung.

Anders als in dringenden Fällen, wo sowohl von jedem Wohnungseigentümer als auch dem Verwalter Notmaßnahmen ergriffen werden dürfen (§ 21 Abs. 2 und § 27 Abs. 1 Nr. 3, s. Rz. 31), ergibt sich aus dem Gesetz für die Instandhaltungs- und Instandsetzungsarbeiten folgende **Aufgabenteilung:** während die Wohnungseigentümer in erster Linie berufen sind, über die zur Instandhaltung und Instandsetzung erforderlichen **Maßnahmen zu beschließen** (das „Ob" und „Wie")[1], obliegt dem Verwalter die **Vorbereitung** und **Durchführung** dieser Maßnahmen. Die Wohnungseigentümer sind folglich nicht befugt, eigenmächtig Verwaltungsmaßnahmen durchzuführen[2], andererseits ist der Verwalter an ein beschlossenes Sanierungskonzept gebunden[3], auch wenn ihm dieses unzweckmäßig erscheint[4]. Die Wohnungseigentümer können allerdings auch beschließen, wie die Instandhaltungsarbeiten durchzuführen sind, insbesondere, dass diese in **Eigenleistung** erbracht werden[5], wie z.B. zur Erfüllung der Streupflicht oder der Garten- und Treppenhauspflege[6]. Aus der Aufgabenteilung folgt zudem, dass nicht der Verwalter, sondern die Gemeinschaft richtiger Anspruchsgegner ist, wenn es um die Entscheidung über Verwaltungsmaßnahmen geht[7].

20

Aus der vorrangigen Pflicht der Wohnungseigentümer, die nach § 21 Abs. 5 Nr. 2 erforderlichen Maßnahmen zur Instandhaltung und -setzung zu beschließen, beschränkt sich die Verpflichtung des Verwalters grundsätzlich darauf, im Rahmen einer regelmäßigen Überprüfung **festzustellen** (Rz. 22), ob und welche Mängel behoben werden müssen, die Wohnungseigentümer hierüber zu **unterrichten** (Rz. 23) und eine **Entscheidung** der Wohnungseigentümerversammlung über das weitere Vorgehen **vorzubereiten** (Rz. 23) und schließlich zu **über-**

21

---

1 OLG Hamburg v. 25.2.2002 – 2 Wx 103/01, ZMR 2002, 453 (454) = ZWE 2002, 479 (480); BayObLG v. 21.5.1992 – 2Z BR 6/92, NJW-RR 1992, 1102 (1103) = ZMR 1992, 252; OLG Düsseldorf v. 30.7.1997 – 3 Wx 61/97, NJW-RR 1998, 13 = ZMR 1997, 605; OLG Düsseldorf v. 29.9.2006 – 3 Wx 281/05, NZM 2007, 136 (137); *Merle* in Bärmann/Pick/Merle § 27, Rz. 46; *Abramenko* in KK-WEG § 27, Rz. 13; MüKo/*Engelhardt* § 27, Rz. 4; *Sauren* § 27, Rz. 11.
2 *Merle* in Bärmann/Pick/Merle § 27, Rz. 45.
3 Vgl. KG v. 1.10.1990 – 24 W 2161/90, NJW-RR 1991, 273 (274) = ZMR 1991, 114; *Merle* in Bärmann/Pick/Merle § 27, Rz. 46.
4 BayObLG v. 4.4.2001 – 2Z BR 13/01, NJW-RR 2001, 1020 = ZMR 2001, 822 (823); OLG Celle v. 12.3.2001 – 4 W 199/00, NJW-RR 2002, 303 (304) = NZM 2002, 169; Erman/*Grziwotz* § 27, Rz. 3; *Abramenko* in KK-WEG § 27, Rz. 13; MüKo/*Engelhardt* § 27, Rz. 4; *Niedenführ/Schulze* § 27, Rz. 18; RGRK/*Augustin* § 27, Rz. 18.
5 OLG Hamm WE 1995, 378 (380); KG v. 10.5.1991 – 24 W 5797/90, OLGZ 1991, 425 = NJW-RR 1991, 1235; KG v. 22.11.1995 – 24 W 2452/95, ZMR 1996, 223 = NJW-RR 1996, 526 (527), auch zur Frage der angemessenen Vergütung solcher Eigenleistungen; *Merle* in Bärmann/Pick/Merle § 27, Rz. 47; *Niedenführ/Schulze* § 27, Rz. 12.
6 KG DWE 1994, 32 (33); BayObLG WE 1991, 291.
7 KG v. 1.10.1990 – 24 W 2161/90, NJW-RR 1991, 273 (274); KG v. 19.4.2000 – 24 W 1184/00, NJW-RR 2000, 1325 = ZMR 2000, 558; *Merle* in Bärmann/Pick/Merle § 27, Rz. 46; *Abramenko* in KK-WEG § 27, Rz. 13; a.A. für Verwaltungsakte, insbesondere im Rahmen des Bauordnungsrechts OVG Münster v. 3.3.1994 – 11 B 2566/93; VGH Mannheim v. 8.8.1973 – VI 879/72, NJW 1974, 74.

wachen (Rz. 24)[1]. Den Verwalter treffen also in erster Linie Kontroll-, Hinweis- und Organisationspflichten[2] und nur **ausnahmsweise** eigene **Entscheidungspflichten** und **-befugnisse** (s. Rz. 25 ff.). Diese Pflichten sind originäre Aufgabe des Verwalters, so dass er insoweit nicht als Erfüllungsgehilfe (§ 278 BGB) der Wohnungseigentümer oder Gemeinschaft anzusehen ist[3], wohl aber als das Organ der Gemeinschaft (§ 31 BGB), siehe auch Rz. 179.

22 Um etwaige Mängel des Gemeinschaftseigentums feststellen zu können, hat der Verwalter dieses regelmäßig auf seinen ordnungsgemäßen Zustand hin zu **kontrollieren**[4]. Er muss Hinweisen der Eigentümer und Dritter (Mieter, Hausmeister, Handwerker etc.) auf etwaige Mängel nachgehen[5]. Vor allem aber hat der Verwalter die Gebäudeteile, insbesondere die konstruktiven Bauelemente, regelmäßig durch **Begehungen** zu untersuchen[6] und diese zu seinem eigenen Schutz zu protokollieren, damit er den von der Rechtsprechung entwickelten Anscheinsbeweis einer Pflichtverletzung[7] entkräften kann[8]. Diese Untersuchungspflicht findet aber dort ihre Grenze, wo sie dem durchschnittlichen Verwalter unter Berücksichtigung seiner eigenen Fähigkeiten und Kenntnisse nicht mehr zuzumuten ist[9]. So ist der Verwalter nicht zur persönlichen Begehung des Daches verpflichtet, wenn er hierzu nicht in der Lage ist[10]. Zu berücksichtigen sind auch der Umfang der Wohnanlage[11] sowie die Erfahrung und eine besondere Sachkunde des Verwalters[12]. Kann er die Kontrollbegehungen nicht

---

1 BayObLG v. 21.5.1992 – 2Z BR 6/92, BayObLGZ 1992, 146 (148 f.) = NJW-RR 1992, 1102 (1103) = ZMR 1992, 352; BayObLG v. 2.6.1999 – 2Z BR 40/99, ZMR 1999, 654 = NZM 1999, 840; BayObLG v. 2.5.2002 – 2Z BR 27/02, NZM 2002, 705 (706) = ZMR 2002, 843; OLG Celle v. 12.3.2001 – 4 W 199/00, NJW-RR 2002, 303 (304) = ZMR 2001, 642 (644); OLG Düsseldorf v. 27.5.2002 – 3 Wx 148/01, ZMR 2002, 857 (858) = NJW-RR 2002, 1592; OLG Düsseldorf v. 6.8.2003 – 3 Wx 63/03, ZMR 2004, 365; OLG Düsseldorf v. 29.9.2006 – I 3 Wx 281/05, ZWE 2007, 92 (94) = NZM 2007, 137 (138); OLG Zweibrücken v. 14.6.1991 – 3 W 203/90, NJW-RR 1991, 1301; *Merle* in Bärmann/Pick/Merle § 27, Rz. 49; Bamberger/Roth/*Hügel* § 27, Rz. 6; *Sauren* § 27, Rz. 12; Weitnauer/*Lüke* § 27, Rz. 6.
2 *Merle* in Bärmann/Pick/Merle § 27, Rz. 49.
3 OLG Düsseldorf v. 12.12.1994 – 3 Wx 619/94, ZMR 1995, 177 = NJW-RR 1995, 587; Bärmann/*Pick* § 27, Rz. 9; MüKo/*Engelhardt* § 27, Rz. 4.
4 BayObLG v. 2.6.1999 – 2Z BR 40/99, ZMR 1999, 654 = NZM 1999, 840; *Merle* in Bärmann/Pick/Merle § 27, Rz. 50; *Niedenführ/Schulze* § 27, Rz. 15; daneben bestehen vielfältige öffentlich-rechtliche Überwachungspflichten, die insbesondere aus dem Ordnungs- und Sicherheitsrecht der Länder folgen (vgl. *Sauren* § 27, Rz. 18), die jedoch in erster Linie die Wohnungseigentümer treffen und nur ausnahmsweise drittschützend sind.
5 BayObLG v. 29.1.1998 – 2Z BR 53/97, NZM 1998, 583 = ZMR 1998, 356 (357); *Merle* in Bärmann/Pick/Merle § 27, Rz. 50; *Abramenko* in KK-WEG § 27, Rz. 15.
6 BGH v. 23.3.1993 – VI ZR 176/92, NJW 1993, 1782; OLG Zweibrücken v. 14.6.1991 – 3 W 203/90, NJW-RR 1991, 1301; *Merle* in Bärmann/Pick/Merle § 27, Rz. 50; *Sauren* § 27, Rz. 16.
7 Vgl. BGH v. 23.3.1993 – VI ZR 176/92, NJW 1993, 1782; a.A. OLG Zweibrücken v. 29.1.2002 – 3 W 11/02, NJW-RR 2002, 749 = ZMR 2002, 783 (zumindest bei einem Orkan).
8 *Sauren* § 27, Rz. 16.
9 *Niedenführ/Schulze* § 27, Rz. 15.
10 OLG Zweibrücken v. 14.6.1991 – 3 W 203/90, NJW-RR 1991, 1301.
11 BayObLG WE 1988, 31; *Merle* in Bärmann/Pick/Merle § 27, Rz. 51.
12 BayObLG WE 1991, 22 = ZMR 1990, 65; *Merle* in Bärmann/Pick/Merle § 27, Rz. 51.

selbst oder durch Hilfskräfte, die er jederzeit einschalten darf[1], erledigen, so hat er die Wohnungseigentümer hierauf und auf deren eigene Verantwortung für das Gemeinschaftseigentum hinzuweisen[2] und anzuregen, dass sie den Abschluss eines **Wartungsvertrags** mit einer Fachfirma beschließen[3]. Im Namen der Gemeinschaft kann er einen solchen Vertrag ohne Eigentümerbeschluss nur dann abschließen, wenn man diesen zur laufenden Verwaltung rechnet, was die Rechtsprechung wohl verneinen wird[4]. Sind die Kontrollen regel- und ordnungsgemäß durchgeführt worden, so besteht ohne besonderen Anlass keine Verpflichtung zu weitergehenden Untersuchungen (z.B. der Regenwasserfallrohre auf mögliche Verstopfungen)[5].

Hat der Verwalter Instandhaltungs- bzw. Instandsetzungsbedarf festgestellt, so muss er die Wohnungseigentümer hiervon **unterrichten**. Diese Pflicht entfällt nur dann, wenn alle Eigentümer den Mangel kennen bzw. hätten kennen müssen[6], was aber nicht schon dann der Fall ist, wenn einzelne Wohnungseigentümer über eine besondere Fachkunde verfügen oder der Verwaltungsbeirat das Vorgehen des Verwalters gebilligt hat[7]. Er muss auch auf den drohenden Ablauf von Mängelrüge- und Gewährleistungsfristen hinweisen (ob er zur eigenständigen Geltendmachung von Mängelansprüchen verpflichtet ist, ist hingegen umstritten, s. Rz. 29)[8]. Zu seinen Hinweispflichten gehört es, für eine rechtzeitige, in dringenden Fällen (z.B. bei starken Feuchtigkeitsschäden) sogar eine beschleunigte Beschlussfassung der Wohnungseigentümer über das weitere Vorgehen zu sorgen[9]. Hierzu ist die **Beschlussfassung** so **vorzubereiten**, dass sich die Wohnungseigentümer ein umfassendes Bild von dem Instandsetzungs-/-haltungsbedarf machen können und über die erforderlichen Maßnahmen (z.B. Beauftragung eines Sachverständigen)[10] entscheiden können. Zu diesem Zweck hat er sich über die voraussichtlichen Kosten durch Einholung von Angeboten und Kostenanschlägen zu erkundigen[11].

23

---

1 BayObLG v. 2.6.1999 – 2Z BR 40/99, NZM 1999, 840 = ZMR 1999, 655; KG v. 19.10.1998 – 24 W 4300/98, ZMR 1999, 207 = NZM 1999, 131; *Abramenko* in KK-WEG § 27, Rz. 15; Weitnauer/*Lüke* § 27, Rz. 6.
2 *Merle* in Bärmann/Pick/Merle § 27, Rz. 50.
3 BayObLG v. 2.6.1999 – 2Z BR 40/99, NZM 1999, 840 = ZMR 1999, 655; *Niedenführ/Schulze* § 27, Rz. 15.
4 BayObLG v. 2.6.1999 – 2Z BR 40/99, NZM 1999, 840 = ZMR 1999, 655; OLG Zweibrücken v. 14.6.1991 – 3 W 203/90, NJW-RR 1991, 1301; *Sauren* § 27, Rz. 15.
5 KG v. 19.10.1998 – 24 W 4300/98, ZMR 1999, 207, NZM 1999, 131; *Merle* in Bärmann/Pick/Merle § 27, Rz. 51; *Niedenführ/Schulze* § 27, Rz. 15; Weitnauer/*Lüke* § 27, Rz. 6.
6 BayObLG WE 1991, 22; OLG Zweibrücken v. 14.6.1991 – 3 W 203/90, NJW-RR 1991, 1301 (1302).
7 BayObLG WE 1988, 31; *Merle* in Bärmann/Pick/Merle § 27, Rz. 52.
8 BayObLG v. 17.10.2002 – 2Z BR 82/02, NJW-RR 2003, 78 = ZMR 2003, 216; BayObLG WE 1988, 31; BayObLG 1991, 23; *Merle* in Bärmann/Pick/Merle § 27, Rz. 65; *Abramenko* in KK-WEG § 27, Rz. 15.
9 BayObLG WE 1988, 74 (75).
10 BayObLG WE 1988, 31.
11 OLG Celle v. 12.3.2001 – 4 W 199/00, NJW-RR 2002, 303 (304) = ZMR 2001, 643; BayObLG v. 11.4.2002 – 2Z BR 85/01, NZM 2002, 564 = ZMR 2002, 691; OLG Köln v. 2.4.2003 – 16 Wx 50/03, ZMR 2004, 148; *Merle* in Bärmann/Pick/Merle § 27, Rz. 52.

24 Haben die Wohnungseigentümer (die Zustimmung eines beratenden Bauausschusses genügt nicht!)[1] eine Maßnahme beschlossen, so folgt bereits aus Abs. 1 Nr. 1, dass der Verwalter diese **unverzüglich durchzuführen** hat[2]. Er muss die beschlossenen Arbeiten natürlich nicht in eigener Person erfüllen, sondern hat die entsprechenden Fachleute hierfür sorgfältig auszuwählen, zu beauftragen und zu überwachen. Bei der **Auswahl** des Werkunternehmers braucht der Verwalter dessen wirtschaftliche Leistungsfähigkeit grundsätzlich nicht zu prüfen, es sei denn, der Einzelfall gebietet gerade dies[3]. Dann genügt aber eine Überprüfung durch Einholung branchenüblicher Kreditauskünfte, zur laufenden Prüfung der Insolvenzbekanntmachungen besteht kein Anlass. Das beauftragte Unternehmen ist **kein Erfüllungsgehilfe** des Verwalters (§ 278 BGB)[4]. Die **Überwachung** der Bauarbeiten bedeutet, dass der Verwalter die Funktion des Bauherrn (nicht die des Bauleiters) wahrzunehmen hat[5]. Er muss daher vor Zahlung des Werklohns oder von Abschlägen hierauf die ordnungsgemäße Ausführung der Arbeiten sorgfältig prüfen[6], etwaige Mängel rügen[7] und die Abnahme erklären[8]. Der Verwalter hat für die unverzügliche Ausführung zu sorgen[9]. Bei der Durchführung von Baumaßnahmen gehört die Bauleitung nicht zu seinen Aufgaben; vielmehr kann von ihm nur die Betreuung des Bauvorhabens verlangt werden, die der eines sonstigen Bauherrn entspricht.

25 Auch nach der WEG-Reform 2007 bleibt umstritten, ob und in welchem Umfang der Verwalter berechtigt und verpflichtet ist, **ohne vorherigen Eigentümerbeschluss** Instandhaltungs- und Instandsetzungsmaßnahmen zu ergreifen. Eine **Delegation** der Entscheidungsbefugnis der Wohnungseigentümer auf den Verwalter durch Vereinbarung hält die Rechtsprechung für möglich[10], eine Kompetenzübertragung durch Mehrheitsbeschluss erachtet sie dagegen nur in engen Grenzen für zulässig. Erforderlich sei, dass das finanzielle Risiko beschränkt sei (z.B. durch ein festes Jahresbudget) und die grundsätzliche Entscheidungsbefug-

---

1 OLG Celle v. 12.3.2002 – 4 W 199/00, NJW-RR 2002, 303 (304).
2 BayObLG v. 4.1.1996 – 2Z BR 120/95, NJW-RR 1996, 657 = WuM 1996, 498; BayObLG v. 5.1.2000 – 2Z BR 85/99, ZMR 2000, 314 (315) = NZM 2000, 501 (502); *Niedenführ/Schulze* § 27, Rz. 10.
3 OLG Düsseldorf v. 2.6.1997 – 3 Wx 231/96, ZMR 1997, 490 (491) = WE 1997, 424 (425); *Merle* in Bärmann/Pick/Merle § 27, Rz. 54.
4 BayObLG v. 21.5.1992 – 2Z BR 6/92, BayObLGZ 1992, 146 (150f.) = NJW-RR 1992, 1102; BayObLG v. 11.4.2002 – 2Z BR 85/01, ZMR 2002, 689 = NZM 2002, 564; *Niedenführ/Schulze* § 27, Rz. 22.
5 OLG Köln v. 6.3.2001 – 1 W 8009/00, NZM 2001, 470; OLG Düsseldorf v. 2.6.1997 – 3 Wx 231/96, ZMR 1997, 490 = WE 1997, 424 (425); KG v. 10.3.1993 – 24 W 5506/92, 490 (491) = WuM 1993, 306 = OLGZ 1994, 35.
6 OLG Düsseldorf v. 2.6.1997 – 3 Wx 231/96, ZMR 1997, 490 = WE 1997, 424 (425); KG v. 10.3.1993 – 24 W 5506/92, WuM 1993, 306 = OLGZ 1994, 35.
7 *Merle* in Bärmann/Pick/Merle § 27, Rz. 53; *Abramenko* in KK-WEG § 27, Rz. 15.
8 *Merle* in Bärmann/Pick/Merle § 27, Rz. 52; *Sauren* § 27, Rz. 23.
9 BayObLG v. 4.1.1996 – 2Z BR 120/95, NJW-RR 1996, 657.
10 OLG Düsseldorf v. 30.7.1997 – 3 Wx 61/97, NJW-RR 1998, 13; OLG Düsseldorf v. 30.8.2002 – 3 Wx 213/02 = ZMR 2003, 126; vgl. auch OLG Frankfurt OLGZ 1988, 188 zur Einrichtung eines Bauausschusses.

nis bei den Eigentümern verbleibe[1]. Nicht ausreichend ist, wenn ab einer bestimmten Summe die Zustimmung des Verwaltungsbeirats vorgesehen ist[2].

Ungeklärt ist insbesondere, inwieweit Abs. 1 Nr. 2, Abs. 3 Satz 1 Nr. 2 den Verwalter **unmittelbar** zu Instandsetzungs- und Instandhaltungsmaßnahmen **ohne vorherigen Beschluss der Eigentümer** berechtigen und verpflichten. Während teilweise vertreten wird, der Verwalter dürfe auch Kleinreparaturen nicht selbst vornehmen[3], wird überwiegend differenziert, einmal danach, ob es sich um eine dringliche Maßnahme i.S.d. Abs. 1 Nr. 3 handelt[4], anderseits danach, ob es sich um eine außergewöhnliche oder um eine laufende Maßnahme handelt[5]. Der zuletzt genannten Ansicht ist der Vorzug zu geben, denn sie fußt auf der neuen Gesetzeslage. Dürfte der Verwalter nur dringende, unaufschiebbare Maßnahmen ergreifen, wären Abs. 1 Nr. 2, Abs. 3 Satz 1 Nr. 2 überflüssig, denn diese Aufgabe und Befugnis ergibt sich bereits aus Abs. 1 Nr. 3, Abs. 3 Satz 1 Nr. 4. Hingegen verleiht das Gesetz dem Verwalter nunmehr ausdrücklich Vertretungsmacht, um alle „**laufenden Maßnahmen**" gem. Abs. 1 Nr. 2 zu treffen. Daraus folgt, dass er in diesem Rahmen auch eigenständig über die laufenden Instandhaltungs- und Instandsetzungsmaßnahmen zu entscheiden hat[6].

26

Es ist aber nicht ausgeschlossen, dass die Rechtsprechung Abs. 3 Satz 1 Nr. 2 lediglich dahingehend auslegen wird, dass der Verwalter auch für laufende Maßnahmen weiterhin einen Beschluss benötigt, zu dessen Durchführung aber gesetzliche Vertretungsmacht besitzt, also nicht wie bei Abs. 1 Nr. 1 auf einen Ermächtigungsbeschluss nach Abs. 3 Satz 1 Nr. 7 angewiesen ist. Bis zur Klärung dieser Rechtsfrage ist dem Verwalter dringend anzuraten, allenfalls **Bagatellemaßnahmen** (sofern diese laufende Erhaltung darstellen und nur mit geringem finanziellen Aufwand erfolgen)[7] eigenmächtig durchzuführen, aber auf der anderen Seite die Wohnungseigentümer kontinuierlich auf Maßnahmen, die zur laufenden Instandhaltung und Instandsetzung zählen, **hinzuweisen**.

27

Beispiele für solche **Kleinmaßnahmen** sind:

28

- **Kleinreparaturen**, z.B. der Dachrinne (*Sauren* § 27, Rz. 30); Einbau einer Doppeltür im Treppenhaus zum Schallschutz (BayObLGZ 1978, 117 (120) = ZMR 1979, 56; *Sauren* § 27, Rz. 30);
- **Auswechseln von Glühbirnen**, gesprungenen **Fensterscheiben** oder **defekten Heizungsteilen** (*Bärmann/Pick* § 27, Rz. 11; *Merle* in Bärmann/Pick/Merle § 27, Rz. 67);
- Beschaffung von **Ersatzteilen** und **Ersatzgeräten** (BayObLG Rpfleger 1975, 349 (Ls.); *RGRK/Augustin* § 27, Rz. 19; *Niedenführ/Schulze* § 27, Rz. 14; *Sauren* § 27, Rz. 30; a.A. OLG Hamburg v. 20.2.2006 – 2 Wx 131/02, ZMR 2006, 546); nicht jedoch Ersatz-

---

1 OLG Düsseldorf v. 30.7.1997 – 3 Wx 61/97, NJW-RR 1998, 13; OLG Düsseldorf v. 8.11.2000 – 3 Wx 253/00, NJW-RR 2001, 660 = ZMR 2001, 304.
2 OLG Düsseldorf v. 30.7.1997 – 3 Wx 61/97, NJW-RR 1998, 13; a.A. *Merle* in Bärmann/Pick/Merle § 27, Rz. 64; *Niedenführ/Schulze* § 27, Rz. 13.
3 *Abramenko* in KK-WEG § 27, Rz. 14.
4 OLG Hamburg DWE 1993, 164 (165); BayObLG WE 1988, 31; Weitnauer/*Lüke* § 27, Rz. 6.
5 Vgl. *Merle* in Bärmann/Pick/Merle § 27, Rz. 57 (67); *Niedenführ/Schulze* § 27, Rz. 14.
6 So wohl auch *Abramenko*, Das neue WEG, § 5 Rz. 10; *Hügel/Elzer*, Das neue WEG-Recht, § 11 Rz. 33 und *Merle*, ZWE 2006, 365 (368).
7 Hierzu und zur Wertgrenze s. *Sauren* § 27, Rz. 30.

beschaffung einer Mülltonne, die erst 4 Jahre zuvor angeschafft worden war (LG Essen ZMR 1966, 334 [335]; *Sauren* § 27, Rz. 31).

29 Zu außergewöhnlichen Maßnahmen ist der Verwalter weiterhin nicht ermächtigt, sofern nicht die Notzuständigkeit nach Abs. 1 Nr. 3, Abs. 3 Satz 1 Nr. 2, 4 gegeben ist. Hierzu zählen **Instandsetzungsarbeiten größeren Umfangs** (z.B. der Austausch des Boilers der Warmwasserversorgung)[1], aber auch die Geltendmachung von **Mängel- und Gewährleistungsansprüchen**[2]. Auch **langfristige Verträge**, insbesondere Versicherungsverträge[3], Wartungsverträge (s. oben Rz. 22) und Hausmeisterverträge gehören sicherlich nicht zu den laufenden Maßnahmen der Instandhaltung und Instandsetzung, so dass der Verwalter ohne entsprechenden Beschluss zu deren Abschluss weder berechtigt noch verpflichtet ist[4]. Zu **baulichen Maßnahmen nach § 22**, die über die ordnungsgemäße Instandhaltung und Instandsetzung hinausgehen, ist der Verwalter nur aufgrund ordnungsgemäßer Ermächtigung befugt[5].

30 Soweit der Verwalter zur Erfüllung der Instandhaltungs- und Instandsetzungsmaßnahmen rechtsgeschäftliche Erklärungen abgeben muss, hat er die Wahl, diese **im eigenen Namen** oder **im Namen der Gemeinschaft** abzuschließen. Zur Frage, ob und inwieweit er hierzu **ermächtigt** ist, s. Abs. 3 Satz 1 Nr. 3 (unten Rz. 95).

4. Dringende Erhaltungsmaßnahmen (Nr. 3, Abs. 3 Satz 1 Nr. 4)

31 Der Verwalter ist berechtigt, in dringenden Fällen die zur Erhaltung des gemeinschaftlichen Eigentums erforderlichen Maßnahmen ohne vorherigen Beschluss der Eigentümer zu treffen. Diese Berechtigung zu Notmaßnahmen ähnelt § 21 Abs. 2 (s. dort Rz. 22 ff.), setzt jedoch im Unterschied zur Notgeschäftsführungsbefugnis der Eigentümer **keinen unmittelbar drohenden Schaden** voraus[6]. Es genügt vielmehr, dass das Abwarten einer Entscheidung durch die Eigentümerversammlung zu einer Gefahr für das Gemeinschaftseigentum führen würde[7]. Ob ein dringender Fall vorliegt, beurteilt sich nach der **subjektiven Einschätzung**

---

1 BGH v. 21.10.1976 – VII ZR 193/75, BGHZ 67, 232.
2 *Merle* in Bärmann/Pick/Merle, § 27 Rz. 65; a.A. BGH v. 20.3.1986 – VII ZR 81/85, ZMR 1986, 245 = NJW-RR 1986, 755; KG v. 30.11.1992 – 24 W 1188/92, NJW-RR 1993, 404; Weitnauer/*Lüke* § 27, Rz. 6.
3 Ausführlich hierzu *Merle* in Bärmann/Pick/Merle § 27, Rz. 70; *Sauren* § 27, Rz. 35 ff.
4 OLG Köln v. 26.11.2004 – 16 Wx 184/04, NZM 2005, 345; BayObLG v. 2.6.1999 – 2Z BR 40/99, NZM 1999, 840; OLG Zweibrücken v. 14.6.1991 – 3 W 203/90, NJW-RR 1991, 1301; Bärmann/*Pick* § 27, Rz. 9; *Merle* in Bärmann/Pick/Merle § 27, Rz. 71; a.A. Niedenführ/*Schulze* § 27, Rz. 14; RGRK/*Augustin* § 27, Rz. 19; *Sauren*, DStR 2007, 1307 (1310).
5 Niedenführ/*Schulze* § 27, Rz. 20; RGRK/*Augustin* § 27, Rz. 20; *Sauren* § 27, Rz. 28.
6 OLG Düsseldorf v. 30.7.1997 – 3 Wx 61/97, NJW-RR 1998, 13; *Merle* in Bärmann/Pick/Merle § 27, Rz. 74; *Abramenko* in KK-WEG § 27, Rz. 17; RGRK/*Augustin* § 27, Rz. 21.
7 BayObLG v. 26.2.2004 – 2Z BR 266/03, ZMR 2004, 604; BayObLG v. 27.3.1997 – 2Z BR 11/97, ZMR 1997, 325 (326); OLG Celle v. 12.3.2001 – 4 W 199/00, NJW-RR 2002, 303; OLG Düsseldorf v. 30.7.1997 – 3 Wx 61/97, NJW-RR 1998, 13; OLG Hamm v. 9.12.1988 – 15 W 119/86, OLGZ 1989, 54 (56) = NJW-RR 1989, 331; *Abramenko* in KK-WEG § 27, Rz. 17; Niedenführ/*Schulze* § 27, Rz. 23; RGRK/*Augustin* § 27, Rz. 21; *Sauren* § 27, Rz. 25.

des Verwalters[1], nicht nach dem Drängen oder Bedürfnis einzelner Wohnungseigentümer[2]. Er haftet nur bei vorsätzlicher oder grob fahrlässiger Fehleinschätzung, vgl. § 680 BGB. In einem solchen Fall ist der Verwalter zur Notgeschäftsführung sogar **verpflichtet**[3]. Die Befugnisse des Verwalters nach Abs. 1 Nr. 3 und jeden Eigentümers nach § 21 Abs. 2 schließen sich nicht aus[4], jedoch wird die Erforderlichkeit eines Tätigwerdens des einen Teils entfallen, wenn der andere Teil bereits tätig geworden ist und die geeignete Maßnahme ergriffen hat[5].

Zur Erhaltung des Gemeinschaftseigentums darf der Verwalter auch Maßnahmen treffen, die **keine ordnungsgemäße Instandhaltung und Instandsetzung** i.S.d. § 21 Abs. 3 darstellen, z.B. den Abbruch einer Wand bei Einsturz- oder Brandgefahr[6]. Auch Eingriffe in das **Sondereigentum** sind zur Abwehr von Gefahren statthaft (vgl. § 14 Nr. 4), soweit dies zur Erhaltung des Gemeinschaftseigentums erforderlich ist, wie beispielsweise bei Wasserrohrbrüchen während Abwesenheit des Eigentümers[7]. Bei der Auswahl der erforderlichen Maßnahme hat der Verwalter entsprechend § 665 BGB einen Ermessensspielraum[8].

32

Durch die Neufassung von Abs. 3 Satz 1 Nr. 4 hat der Gesetzgeber die Streitfrage geklärt[9], ob der Verwalter im Rahmen der Notgeschäftsführung auch **Vertretungsmacht** besitzt[10]. Der Verwalter kann in diesen Fällen die Gemeinschaft (nicht aber die einzelnen Wohnungseigentümer) vertreten[11] und die notwendigen Willenserklärungen (z.B. für Vertragsschlüsse) abgeben. Schließt der Verwalter dennoch die erforderlichen Rechtsgeschäfte im eigenen Namen ab, so kann er – wie bisher – **Aufwendungsersatz** gem. §§ 675, 670 BGB verlangen[12]. Verletzt der Verwalter vorsätzlich oder grob fahrlässig (vgl. § 680 BGB) seine Pflicht bei der Übernahme oder Ausführung der Notgeschäftsführung, so ist er der Gemeinschaft zum **Schadensersatz** nach § 280 BGB verpflichtet.

33

Beispiele für dringende Fälle sind:

34

- **Zufall** oder **höhere Gewalt**, wie Großbrand, Explosion oder Überschwemmung, Heizungsausfall (BayObLG v. 27.3.1997 – 2Z BR 11/97, ZMR 1997, 325 [326]; *Merle* in Bärmann/Pick/Merle § 27, Rz. 75);
- **Wasserrohrbruch, Leitungsverstopfungen** (OLG Hamm v. 9.12.1988 – 15 W 119/86, OLGZ 1989, 54 (56) = NJW-RR 1989, 331; *Merle* in Bärmann/Pick/Merle § 27, Rz. 76;

---

1 So wohl auch MüKo/*Engelhardt* § 27, Rz. 5; zu streng Erman/*Grziwotz* § 27, Rz. 4, der auf die objektive Einschätzung der Sachlage abstellt.
2 OLG Köln OLGZ 1978, 7 (10); *Merle* in Bärmann/Pick/Merle § 27, Rz. 75.
3 *Merle* in Bärmann/Pick/Merle § 27, Rz. 74; *Abramenko* in KK-WEG § 27, Rz. 17.
4 Vgl. BGH v. 21.10.1976 – VII ZR 193/75, BGHZ 67, 232 (240) = NJW 1977, 44 (46).
5 *Merle* in Bärmann/Pick/Merle § 27, Rz. 74; Weitnauer/*Lüke* § 27, Rz. 7.
6 *Merle* in Bärmann/Pick/Merle § 27, Rz. 76; *Niedenführ/Schulze* § 27, Rz. 23; RGRK/*Augustin* § 27, Rz. 21; Weitnauer/*Lüke* § 27, Rz. 7.
7 *Merle* in Bärmann/Pick/Merle § 27, Rz. 76; *Niedenführ/Schulze* § 27, Rz. 23; RGRK/*Augustin* § 27, Rz. 21; Soergel/*Stürner* § 27, Rz. 2a.
8 So wohl auch MüKo/*Engelhardt* § 27, Rz. 5.
9 Vgl. ausführlich zum bisherigen Streitstand *Merle* in Bärmann/Pick/Merle § 27, Rz. 77 ff.; *Abramenko* in KK-WEG § 27, Rz. 18.
10 BT-Drucks. 16/887, 71.
11 *Abramenko*, Das neue WEG, § 5 Rz. 11, 29.
12 AnwK-BGB/*Schultzky* § 27, Rz. 9; Palandt/*Bassenge* § 27, Rz. 7.

Niedenführ/Schulze § 27, Rz. 23; RGRK/*Augustin* § 27, Rz. 21; Soergel/*Stürner* § 27, Rz. 2a);
- gefährliche **Abnutzung** der Stahlseile eines **Aufzugs** (*Merle* in Bärmann/Pick/Merle § 27, Rz. 75; *Sauren* § 27, Rz. 25);
- **Wetterschäden** am Dach, an den Außenmauern (*Sauren* § 27, Rz. 25);
- **Behebung von Baumängeln**, selbst wenn der Verwalter als Architekt, Bauträger oder Bauunternehmer der Wohnanlage tätig war (OLG Hamm v. 9.12.1988 – 15 W 119/86, OLGZ 1989, 54 = NJW-RR 1989, 331).

35 **Beispiele** für nicht dringende Fälle sind:
- **Normale Unterhaltungsarbeiten**, wie Beleuchtung oder Reinigung des Aufzugs, Kaminkehren, Tünchen usw. (*Merle* in Bärmann/Pick/Merle § 27, Rz. 75; a.A. Staudinger/*Bub* § 27, Rz. 168);
- **Weitergehender Reparaturbedarf** im Rahmen einer Dachsanierung (KG v. 4.2.1998 – 24 U 8280/96, ZWE 2001, 278 [279]);
- **Ausfall** der **Warmwasserversorgung** (*Merle* in Bärmann/Pick/Merle § 27, Rz. 75);
- **Langjähriger Feuchtigkeitsschaden** ohne Gefährdung des Gemeinschaftseigentums (OLG Celle v. 12.3.2001 – 4 W 199/00, NZM 2002, 169).

5. Lasten- und Kostenbeiträge, Tilgungsbeträge und Hypothekenzinsen (Nr. 4, Abs. 3 Satz 1 Nr. 4)

36 Der Verwalter ist berechtigt und verpflichtet, im Namen der Gemeinschaft Lasten- und Kostenbeiträge sowie Tilgungsbeträge und Hypothekenzinsen anzufordern, in Empfang zu nehmen und abzuführen. Die Vorschrift dient der **Erleichterung des Zahlungsverkehrs** und sorgt so für schnelle Liquidität der Gemeinschaft[1]. Die seinerzeit maßgebliche Intention, die Kreditinstitute zu entlasten[2], kann heutzutage vernachlässigt werden.

37 Die Befugnis des Verwalters erfasst nur Forderungen, die sich auf eine **gemeinschaftliche Angelegenheit** beziehen. Insbesondere die Tilgungsbeträge und Hypothekenzinsen, wozu auch Grundschuldzinsen und alle sonstigen wiederkehrenden Leistungen zählen[3], müssen aus Verbindlichkeiten der Gemeinschaft herrühren. Hierzu zählen **beispielsweise**:
- **Lasten- und Kostenbeiträge** i.S.d. § 16 Abs. 2 bis 4; *Sauren* § 27, Rz. 55);
- **Vorschüsse** zur Erfüllung des Wirtschaftsplans (§ 28 Abs. 2) und **Sonderumlagen** (*Merle* in Bärmann/Pick/Merle § 27, Rz. 110; *Abramenko* in KK-WEG § 27, Rz. 23);
- **Verbindlichkeiten der Gemeinschaft**, die durch Grundpfandrechte (in der Regel Gesamtrechte) abgesichert sind (KG v. 29.3.1974 – 1 W 811/72, OLGZ 1974, 411 = NJW 1975, 318 = MittBayNot 1975, 100; *Merle* in Bärmann/Pick/Merle § 27, Rz. 110); befriedigt ein Wohnungseigentümer wegen Zahlungsunfähigkeit des persönlichen Schuldners zur Abwendung einer Zwangsversteigerung den Gläubiger einer solchen Gesamtgrundschuld, so können die erbrachten Zahlungen ausgleichspflichtige Lasten i.S.d. § 16 Abs. 2 sein, zu deren Einziehung der Verwalter berechtigt ist (vgl. BayObLGZ 1973, 142; *Niedenführ/Schulze* § 27, Rz. 38);

---

1 *Diester* § 27, Rz. 9.
2 *Merle* in Bärmann/Pick/Merle § 27, Rz. 105.
3 *Diester* § 27, Rz. 9.

– Auch für **Erbbauzinsreallasten** gilt, dass der Verwalter für deren Einziehung zuständig ist, wenn diese als Gesamtrecht an allen Wohnungserbbaurechten (was möglich ist)[1] besteht (OLG Karlsruhe Justiz 1962, 89 (90); Palandt/*Bassenge* § 27, Rz. 9; Soergel/*Stürner* § 27, Rz. 3; a.A. *Merle* in Bärmann/Pick/Merle § 27, Rz. 110; *Müller*, Praktische Fragen, Rz. 1017);

Keine gemeinschaftlichen Angelegenheiten stellen **beispielsweise** dar: 38

– die **Grundsteuer** (Bärmann/*Pick* § 27, Rz. 26; *Merle* in Bärmann/Pick/Merle § 27, Rz. 110; Weitnauer/*Lüke* § 27, Rz. 13; a.A. RGRK/*Augustin* § 27, Rz. 32), denn sie wird von jedem Wohnungseigentümer einzeln geschuldet (vgl. § 2 Nr. 2 GrStG i.V.m. §§ 68 Abs. 1 Nr. 3, 93 Abs. 1 Satz 1 BewG);

– Zahlungsverpflichtungen **einzelner Wohnungseigentümer**, auch wenn sie durch Hypotheken oder Grundschulden abgesichert sind (BayObLG Rpfleger 1978, 256 (257); KG v. 29.3.1974 – 1 W 811/72, OLGZ 1974, 411 = NJW 1975, 318 = MittBayNot 1975, 100; *Merle* in Bärmann/Pick/Merle § 27, Rz. 110; RGRK/*Augustin* § 27, Rz. 32; Soergel/*Stürner* § 27, Rz. 3; Weitnauer/*Lüke* § 27, Rz. 13);

– eine in mehrere **Einzelreallasten** aufgeteilte Erbbauzinsreallast.

Es steht den Wohnungseigentümern aber frei, den Verwalter auch insoweit zu 39 beauftragen und zu bevollmächtigen[2]. Für die Grundsteuer kann dies sinnvoll sein, eine Ermächtigung zur Einziehung und Abführung von Tilgungs- und Zinsbeträgen einzelner Eigentümer wird jedoch **nur ausnahmsweise ratsam** sein[3].

Wegen dessen ausschließlicher Empfangszuständigkeit kann Zahlung der Bei- 40 träge nur **an den Verwalter** verlangt werden, auch wenn nicht der Verwalter, sondern ein Dritter zur gerichtlichen Geltendmachung ermächtigt worden ist[4]. Eine unmittelbare Zahlung **an den Gläubiger** befreit den Wohnungseigentümer nicht von seiner Beitragspflicht gegenüber der Gemeinschaft[5]. Durch Leistung an den Verwalter erlischt die Beitragspflicht, auch wenn die Einzahlung nicht auf ein Konto der Gemeinschaft, sondern auf ein **Eigenkonto** des Verwalters erfolgt[6]. Die eingezogenen Beträge werden zunächst Gemeinschaftsvermögen, so dass Erfüllung **gegenüber dem Gläubiger** im Regelfall nicht mit Einziehung, sondern erst mit Weiterleitung der empfangenen Gelder an diesen eintritt[7].

---

1 BayObLGZ 1978, 157 = Rpfleger 1978, 375 = DNotZ 1978, 626; AnwK-BGB/*Heinemann* § 30, Rz. 8; v. *Oefele/Winkler*, Rz. 3.119; a.A. *Rethmeier*, MittRhNotK 1993, 145 (151); *Pick*, in: Bärmann/Pick/Merle, § 30 Rz. 24.
2 BayObLG Rpfleger 1978, 256 (257); OLG Schleswig v. 19.4.1961 – 2 W 17/61, NJW 1961, 1870 (1872); *Merle* in Bärmann/Pick/Merle § 27, Rz. 110; RGRK/*Augustin* § 27, Rz. 32; Weitnauer/*Lüke* § 27, Rz. 13; a.A. Palandt/*Bassenge* § 27, Rz. 9; zweifelnd *Sauren* § 27, Rz. 56; anders offenbar auch KG v. 29.3.1974 – 1 W 811/72, OLGZ 1974, 411 = NJW 1975, 318 = MittBayNot 1975, 100.
3 *Müller*, Praktische Fragen, Rz. 1015; a.A. Weitnauer/*Lüke* § 27, Rz. 13.
4 OLG Köln WuM 1990, 613; *Merle* in Bärmann/Pick/Merle § 27, Rz. 108; *Abramenko* in KK-WEG § 27, Rz. 23.
5 *Merle* in Bärmann/Pick/Merle § 27, Rz. 109; RGRK/*Augustin* § 27, Rz. 32; *Sauren* § 27, Rz. 56.
6 OLG Köln v. 24.11.1997 – 16 Wx 297/97, WE 1998, 193 = WuM 1998, 249; OLG Saarbrücken OLGZ 1988, 45; *Merle* in Bärmann/Pick/Merle § 27, Rz. 109; *Niedenführ/Schulze* § 27, Rz. 37.
7 *Sauren* § 27, Rz. 57; differenzierend Weitnauer/*Lüke* § 27, Rz. 13, 14; a.A. Bärmann/*Pick* § 27, Rz. 25.

41 Die Einziehungsbefugnis schafft für den Verwalter keine Befugnis, die genannten Forderungen zu **begründen**[1] oder durch Anerkenntnis oder Verzicht über diese zu **verfügen**[2]. Durch die Einfügung von § 21 Abs. 7 ist nunmehr klargestellt, dass die Wohnungseigentümer die Art und Weise von Zahlungen durch Mehrheitsbeschluss festlegen können, insbesondere also eine Teilnahme am **Lastschriftverfahren** und die Erteilung von Einzugsermächtigungen für den Verwalter beschließen können[3].

42 Die erforderliche **Vertretungsmacht** zur außergerichtlichen Durchsetzung der Beitragspflichten im Wege der Zahlungsaufforderung, Mahnung etc. ergibt sich aus dem insoweit klarstellenden Abs. 3 Nr. 4[4]. Der Verwalter vertritt, ohne dass es eines Beschlusses bedürfte, allein die **Gemeinschaft**[5], nicht die einzelnen Wohnungseigentümer (sofern sie ihn nicht besonders bevollmächtigt haben und schon gar nicht die Gläubiger der Forderungen[6]. Er ist ausschließlich zur **außergerichtlichen Geltendmachung** (im Wege der Zahlungsaufforderung, Mahnung etc.) vertretungsberechtigt. Da diese Befugnis auch nur dem Verwalter zusteht und wegen Abs. 4 weder an Wohnungseigentümer oder Dritte delegiert werden kann[7], benötigt er zur Beauftragung und Bevollmächtigung eines Rechtsanwalts eine Vereinbarung/einen Beschluss der Eigentümer, Abs. 3 Satz 1 Nr. 7[8]. Dasselbe gilt für die **gerichtliche Durchsetzung** der Beitragspflichten[9].

6. Bewirkung und Entgegennahme von Zahlungen und Leistungen (Nr. 5, Abs. 3 Satz 1 Nr. 4)

43 Zur **Erfüllung** der **gemeinschaftlichen Verbindlichkeiten**, die aus der laufenden Verwaltung des Gemeinschaftseigentums herrühren, ist der Verwalter berechtigt und verpflichtet, alle diesbezüglichen Zahlungen und Leistungen zu bewirken. Die Vorschrift bezweckt wiederum die **Erleichterung** des gemeinschaftlichen Zahlungsverkehrs, da die Gläubiger nicht verpflichtet sind, Teilleistungen einzelner Wohnungseigentümer zu akzeptieren (§ 266 BGB)[10].

---

1 OLG Hamm v. 10.2.1997 – 15 W 197/96, ZMR 1997, 377 (378) = WE 1997, 314 (315); *Abramenko* in KK-WEG § 27, Rz. 23.
2 BayObLG v. 27.3.1997 – 2Z BR 11/97, ZMR 1997, 325 = WuM 1997, 398 (399); BayObLG v. 5.5.2004 – 2Z BR 66/04, ZMR 2004, 839 (840); Bärmann/*Pick* § 27, Rz. 24; *Abramenko* in KK-WEG § 27, Rz. 23; *Niedenführ/Schulze* § 27, Rz. 36 (40).
3 BT-Drucks. 16/887, 27; *Köhler*, Das neue WEG, Rz. 306.
4 BT-Drucks. 16/887, 70; vgl. auch OLG München v. 7.2.2007 – 34 Wx 129/06, NZM 2007, 526 (527) = ZMR 2007, 478 (479).
5 Palandt/*Bassenge* § 27, Rz. 9.
6 *Merle* in Bärmann/Pick/Merle § 27, Rz. 107; RGRK/*Augustin* § 27, Rz. 32; Weitnauer/*Lüke* § 27, Rz. 13.
7 *Merle* in Bärmann/Pick/Merle § 27, Rz. 106 (108).
8 KG v. 22.11.1995 – 24 W 2452/95, ZMR 1996, 223 = NJW-RR 1996, 526; OLG Düsseldorf v. 18.4.2000 – 24 U 29/99, ZMR 2001, 298 = NZM 2001, 290; *Merle* in Bärmann/Pick/Merle § 27, Rz. 106; *Abramenko* in KK-WEG § 27, Rz. 23.
9 *Abramenko* in KK-WEG § 27, Rz. 23; *Niedenführ/Schulze* § 27, Rz. 37; Weitnauer/*Lüke* § 27, Rz. 13.
10 BGH v. 21.10.1976 – VII ZR 193/75 = BGHZ 67, 232 (241); OLG Hamm v. 10.2.1997 – 15 W 197/96, ZMR 1997, 377 (378) = WE 1997, 314 (315); *Merle* in Bärmann/Pick/Merle § 27, Rz. 111; Weitnauer/*Lüke* § 27, Rz. 14.

Beispiele für Leistungspflichten der Gemeinschaft, die mit der laufenden Verwaltung des **gemeinschaftlichen Eigentums** zusammenhängen, sind: 44

- **Versicherungsbeiträge** (Bärmann/*Pick* § 27, Rz. 29; *Merle* in Bärmann/Pick/Merle § 27, Rz. 114; *Abramenko* in KK-WEG § 27, Rz. 24);
- Entgelt für **Hausmeister und Reinigungspersonal** (Bärmann/*Pick* § 27, Rz. 29; *Merle* in Bärmann/Pick/Merle § 27, Rz. 114);
- **Kosten** für Strom, Gas, Wasser und Lieferung von Heizmaterial (*Merle* in Bärmann/ Pick/Merle § 27, Rz. 114);
- **öffentliche Gebühren**, z.B. für **Müllabfuhr und Schornsteinfeger** (vgl. § 25 Abs. 4 Satz 1 SchfG und VG Darmstadt v. 7.12.2006 – 9 G 1892/06, NZM 2007, 417 (418); BVerwG v. 11.11.2005 – 10 B 65/05, NJW 2006, 146 (147) = ZMR 2006, 242 (243): Abfall-, Entwässerungs- und Straßenreinigungsgebühren; *Merle* in Bärmann/Pick/Merle § 27, Rz. 114; *Niedenführ/Schulze* § 27, Rz. 39);
- **Werklohn** für Instandsetzungs- und Instandhaltungsarbeiten (*Merle* in Bärmann/Pick/ Merle § 27, Rz. 114);
- **Zahlungen** für **Verträge, die zur Durchführung von Beschlüssen** der Wohnungseigentümer abgeschlossen wurden (*Merle* in Bärmann/Pick/Merle § 27, Rz. 114).

Bewirken der Leistung bedeutet, dass der Verwalter diese gemeinschaftlichen 45 Verbindlichkeiten durch **Verfügung** über die von ihm verwalteten Gelder der Gemeinschaft (s. hierzu Rz. 50) erfüllen darf[1]. Er ist insbesondere auch nach außen hin berechtigt (Abs. 3 Satz 1 Nr. 4, Rz. 99)[2], die erforderlichen Überweisungen von den Konten der Gemeinschaft (s. Rz. 100 ff.) aus zu tätigen. Zu beachten ist allerdings eine mögliche Verfügungsbeschränkung nach Abs. 5 Satz 2 (s. Rz. 114). Ebenso wie Abs. 1 Nr. 4 berechtigt Abs. 1 Nr. 5 aber nicht zur **Begründung** von Verbindlichkeiten (z.B. durch Kreditaufnahme) oder zur Verfügung über nur möglicherweise bestehende Verbindlichkeiten (z.B. durch Verzicht oder Anerkenntnis)[3]. Keine Leistungsbewirkung im Rahmen der laufenden Verwaltung ist in einer **Entnahme des Verwalters** zu erblicken, die dieser vornimmt, um eigene Aufwendungen, die ihm aufgrund der Ausführung eines unwirksamen Beschlusses entstanden sind, auszugleichen[4].

Das Recht zur **Entgegennahme** von Zahlungen und Leistungen bedeutet, dass 46 Schuldner der Gemeinschaft mit schuldbefreiender Wirkung an den Verwalter leisten können. Damit dient die Vorschrift den berechtigten Interessen von Vertragspartnern der Gemeinschaft, die ihrerseits nicht zu Teilleistungen berechtigt sind, aber durch Leistung an den gesetzlichen Vertreter der Gemeinschaft ihre Verpflichtungen erfüllen können.

Beispiele für Ansprüche der Gemeinschaft, die mit der laufenden Verwaltung 47 des **gemeinschaftlichen Eigentums** zusammenhängen, sind:

---

1 Weitnauer/*Lüke* § 27, Rz. 14.
2 BT-Drucks. 16/887, 70 (71).
3 OLG Hamm v. 10.2.1997 – 15 W 197/96, ZMR 1997, 377 (378) = WE 1997, 314 (315); BayObLG v. 27.3.1997 – 2Z BR 11/97, ZMR 1997, 325 = WuM 1997, 398 (399); BayObLG v. 8.4.2004 – 2Z BR 113/03, ZMR 2004, 839 (840); *Merle* in Bärmann/Pick/Merle § 27, Rz. 112; *Diester* § 27, Rz. 10; *Niedenführ/Schulze* § 27, Rz. 36, 40; Palandt/*Bassenge* § 27, Rz. 10.
4 *Merle* in Bärmann/Pick/Merle § 27, Rz. 114.

- Einziehung von **Miet- und Pachtzins** aus Nutzungsüberlassung des Gemeinschaftseigentums (OLG Köln DWE 1988, 106; *Merle* in Bärmann/Pick/Merle § 27, Rz. 113; *Sauren* § 27, Rz. 57; Soergel/*Stürner* § 27, Rz. 3);
- Entgegennahme einer **Enteignungsentschädigung** (RGRK/*Augustin* § 27, Rz. 34);
- Entgegennahme eines **Erstattungsbetrags**, den ein Wohnungseigentümer der Gemeinschaft aufgrund eines Kostenfestsetzungsbeschlusses zu leisten hat (BayObLG v. 23.2.1995 – 2Z BR 113/94, NJW-RR 1995, 852; *Merle* in Bärmann/Pick/Merle § 27, Rz. 114; *Abramenko* in KK-WEG § 27, Rz. 24);
- Einziehung von **Versicherungsforderungen**, die der Gemeinschaft zustehen (LG Köln RuS 1984, 200; a.A. Bärmann/*Pick* § 27, Rz. 19);
- Erteilung von **Quittungen** (BayObLG v. 23.2.1995 – 2Z BR 113/94, NJW-RR 1995, 852: löschungsfähige Quittung zur Löschung einer Zwangssicherungshypothek; *Sauren* § 27, Rz. 57);
- Entgegennahme von **Lieferungen** (*Niedenführ/Schulze* § 27, Rz. 39);
- **Abnahme** von Werkleistungen (§ 640 BGB) (KG v. 10.3.1993 – 24 W 5506/92, WuM 1993, 306 = OLGZ 1994, 35; *Merle* in Bärmann/Pick/Merle § 27, Rz. 113; Bamberger/Roth/*Hügel* § 27, Rz. 12; *Niedenführ/Schulze* § 27, Rz. 39; *Sauren* § 27, Rz. 57);
- **Fristsetzung**, **Erhebung** von **Mängelrügen** (KG v. 10.3.1993 – 24 W 5506/92, WuM 1993, 306 = OLGZ 1994, 35; BayObLG WE 1988, 31; *Merle* in Bärmann/Pick/Merle § 27, Rz. 113; Bamberger/Roth/*Hügel* § 27, Rz. 12; *Niedenführ/Schulze* § 27, Rz. 39).

48 Zur Verfügung über Ansprüche ist der Verwalter ohne ermächtigenden Beschluss der Wohnungseigentümer jedoch nicht befugt. Er kann also weder **Gestaltungsrechte** (z.B. Rücktritt oder Kündigung) ausüben[1] noch **Mängelansprüche** geltend machen oder ein **Zurückbehaltungsrecht** ausüben[2]. Er ist auch nicht zur Einräumung einer **Stundung** oder **Ratenzahlung** berechtigt[3]. Er kann bei mangelhaften Lieferungen jedoch keine Mängelgewährleistungsansprüche geltend machen. Das gilt nicht nur für die Ausübung des Rücktritts- oder Minderungsrechts, sondern auch für Nachbesserungs- und Nacherfüllungsansprüche gem. §§ 437 Nr. 1, 634 Nr. 1 BGB.

7. Geldverwaltung (Nr. 6, Abs. 3 Satz 1 Nr. 5, Abs. 5)

49 Nach Abs. 1 Nr. 6 hat der Verwalter die eingenommenen Gelder zu verwalten. Der Begriff der „eingenommenen Gelder" ist gleichbedeutend mit dem der „gemeinschaftlichen Gelder" in Abs. 1 Nr. 4 a.F. und dient in erster Linie der Verdeutlichung, dass Rechtsträger dieser Gelder nunmehr die **Gemeinschaft** ist[4]. Zu den **eingenommenen Geldern** gehören alle baren und unbaren Zahlungsmittel[5].

---

1 *Merle* in Bärmann/Pick/Merle § 27, Rz. 113; *Niedenführ/Schulze* § 27, Rz. 39.
2 BGH v. 10.6.2005 – V ZR 235/04, NJW 2005, 2622 = NZM 2005, 626; Bärmann/*Pick* § 27, Rz. 29; a.A. KG v. 10.3.1993 – 24 W 5506/92, WuM 1993, 306 = OLGZ 1994, 35; OLG Düsseldorf v. 10.3.1997 – 3 Wx 186/95, ZMR 1997, 380; *Abramenko* in KK-WEG § 27, Rz. 24.
3 Bärmann/*Pick* § 27, Rz. 29.
4 BT-Drucks. 16/887, 70; BGH v. 2.6.2005 – V ZB 32/05, BGHZ 163, 154 = NJW 2005, 2061 = DNotZ 2005, 776 = ZMR 2005, 547 = NZM 2005, 543 = Rpfleger 2005, 521 mit Anm. *Dümig* = NotBZ 2005, 327 = FGPrax 2005, 143 = WM 2005, 1423 = ZfIR 2005, 506 mit Anm. *Lüke* = ZIP 2005, 1233 = EWiR 2005, 715 (*Pohlmann*) = ZNotP 2005, 381; *Abramenko*, Das neue WEG, § 5 Rz. 12, 30.
5 *Merle* in Bärmann/Pick/Merle § 27, Rz. 81.

Zunächst zählen hierzu die von den Wohnungseigentümern aufgrund ihrer Pflicht zur Kosten- und Lastentragung eingezahlten Gelder (§ 16 Abs. 2), insbesondere Wohngeldvorschüsse (§ 28 Abs. 2), die Instandhaltungsrückstellung (§ 21 Abs. 5 Nr. 4), Sonderumlagen und Zahlungen aufgrund der Jahresabrechnung. Hinzu kommen Einnahmen aus Vermietung und Verpachtung des Gemeinschaftseigentums[1], Zinsen aus der Anlage der Gelder der Wohnungseigentümergemeinschaft[2] und gezahlter Schadensersatz[3].

Unter der Verwaltung der eingenommenen Gelder ist in erster Linie die **Verfügung** des Verwalters über diese Gelder im Rahmen seiner Aufgaben nach Abs. 1 Nr. 1 bis 5 zu verstehen, insbesondere die Lasten- und Kostenbeiträge für die gemeinschaftlichen Angelegenheiten einzuziehen und abzuführen (Abs. 1 Nr. 4) sowie alle Zahlungen und Leistungen zu bewirken, die mit der laufenden Verwaltung des Gemeinschaftseigentums zusammenhängen (Abs. 1 Nr. 5)[4]. Der Verwalter ist zur ordnungsgemäßen und für alle Wohnungseigentümer verständlichen **Buchführung** verpflichtet[5]. Eine ordnungsgemäße Verwaltung umfasst aber auch die **Anlage** der eingenommenen Gelder[6] und die Eröffnung bzw. Schließung entsprechender Konten (vgl. Abs. 3 Satz 1 Nr. 5, s. Rz. 100). Die eingenommenen Gelder sind nach Maßgabe von Abs. 5 getrennt anzulegen (s. Rz. 142 ff.), wobei für die **Kontenführung** Besonderheiten zu beachten sind (s. Rz. 101 ff.). Abs. 3 Satz 1 Nr. 5 stellt nunmehr klar, dass der Verwalter diesbezüglich vertretungsberechtigt ist (s. auch Rz. 99, 104). 50

Zu einer **Kreditaufnahme**, auch in der Form der Inanspruchnahme einer Kreditlinie (sog. Dispositionskredit), ist der Verwalter weder berechtigt noch verpflichtet. Er hat auch keine entsprechende **Vertretungsmacht** (s. Rz. 100). Die Wohnungseigentümer können den Verwalter allerdings jetzt über Abs. 3 Satz 1 Nr. 7 zur Kreditaufnahme ermächtigen. Bisher entsprach ein solcher Ermächtigungsbeschluss nur dann ordnungsgemäßer Verwaltung, wenn der Darlehensvertrag von kurzer Dauer war und in geringem Umfang zur Abdeckung kurzfristiger Liquiditätsengpässe diente[7]. Als **oberste Betragsgrenze** wurden dabei die Summe aller Hausgeldvorauszahlungen für 3 Monate angenommen (s. auch § 16 Rz. 9)[8]. 51

---

1 Einnahmen aus der Vermietung oder Verpachtung des Sondereigentums zählen nicht hierzu, auch wenn der Verwalter zur Einziehung dieser Gelder ermächtigt ist, *Abramenko* in KK-WEG § 27, Rz. 19.
2 *Merle* in Bärmann/Pick/Merle § 27, Rz. 81; *Niedenführ/Schulze* § 27, Rz. 25.
3 *Abramenko*, Das neue WEG, § 5 Rz. 12; Palandt/*Bassenge* § 27, Rz. 20.
4 *Merle* in Bärmann/Pick/Merle § 27, Rz. 84; *Niedenführ/Schulze* § 27, Rz. 28; *Sauren* § 27, Rz. 46.
5 Vgl. OLG Düsseldorf v. 20.4.2007 – 3 Wx 127/06, NZM 2007, 569 (570); *Merle* in Bärmann/Pick/Merle § 27, Rz. 87.
6 Bärmann/*Pick* § 27, Rz. 13; *Merle* in Bärmann/Pick/Merle § 27, Rz. 85; Erman/*Grziwotz* § 27, Rz. 5; Palandt/*Bassenge* § 27, Rz. 21; *Sauren* § 27, Rz. 46.
7 BayObLG WE 1991, 111 (112); OLG Hamm v. 28.11.1991 – 15 W 169/91, OLGZ 1992, 313 = NJW-RR 1992, 403; KG v. 21.5.1997 – 24 W 8575/96, ZMR 1997, 539; *Merle* in Bärmann/Pick/Merle § 27, Rz. 90; *Niedenführ/Schulze* § 27, Rz. 29; Weitnauer/*Lüke* § 27, Rz. 8; *Jennißen*, NZM 2006, 203 (207); teilweise a.A. *Feuerborn*, ZIP 1988, 146 (150).
8 BayObLG WE 1991, 111 (112); OLG Hamm v. 28.11.1991 – 15 W 169/91, OLGZ 1992, 313 = NJW-RR 1992, 403; *Sittmann/Dietrich*, WM 1998, 1615 (1620); zu einer möglichen Änderung dieser restriktiven Rechtsprechung vgl. *Jennißen*, NZM 2006, 203 (207).

52 Der ohne Beschluss aufgenommene Kreditvertrag ist **schwebend unwirksam**[1], kann aber nach § 177 BGB genehmigt werden, was stillschweigend auch durch den Beschluss über die Jahresabrechnung erfolgen kann[2]. Wird der Vertrag nicht genehmigt oder entspricht der Ermächtigungs-/Genehmigungsbeschluss nicht ordnungsgemäßer Verwaltung, so haftet der Verwalter dem Kreditgeber als vollmachtloser Vertreter nach dessen Wahl auf Erfüllung oder Schadensersatz, § 179 BGB[3]. Von den Wohnungseigentümern kann der Verwalter Ersatz seiner Aufwendungen verlangen, wenn die Kreditaufnahme ordnungsgemäßer Verwaltung entsprach, §§ 675, 670 BGB[4]. Ansonsten kann er nur unter den Voraussetzungen der §§ 677, 683 BGB Regress nehmen[5]. Ersatz für Überziehungszinsen kann er nicht verlangen[6].

8. Unterrichtung über Rechtsstreit (Nr. 7)

53 Der Verwalter ist verpflichtet, die Wohnungseigentümer unverzüglich darüber zu unterrichten, dass ein Rechtsstreit gem. § 43 anhängig ist (Abs. 1 Nr. 7). Die Vorschrift dient nicht nur zu **Informationszwecken**, sondern soll den Wohnungseigentümern ermöglichen, sich frühzeitig an Rechtsstreitigkeiten, insbesondere Anfechtungsklagen zu beteiligen (vgl. auch § 48)[7]. Der Verwalter ist als Zustellungsvertreter der **Wohnungseigentümer** (Abs. 2 Nr. 1, § 45 Abs. 1) und der **Gemeinschaft** (Abs. 3 Satz 1 Nr. 1) über Rechtsstreitigkeiten regelmäßig informiert (vgl. aber § 45 Abs. 1 2. HS, Abs. 2), so dass diese Pflicht leicht zu erfüllen sein dürfte. Die Informationspflicht obliegt dem Verwalter auch gegenüber ausgeschiedenen Wohnungseigentümern, soweit es sich um einen Rechtsstreit handelt, der den Zeitraum vor deren Zugehörigkeit zur Gemeinschaft betrifft[8].

54 Entgegen der Auffassung des Bundesrats[9] ist die Unterrichtungspflicht jedoch nicht auf diejenigen Prozesslagen beschränkt, in denen der Verwalter Zustellungsvertreter der Eigentümer nach § 45 ist. Vielmehr hat er auch dann über einen Rechtsstreit zu informieren, wenn er nur zufällig hiervon erfährt. *Abramenko* will die Norm in Hinblick auf § 48 Abs. 1 und § 45 Abs. 2 **teleologisch reduzieren**, so dass den Verwalter dann keine Unterrichtungspflicht treffen soll, wenn eine Beiladung i.S.d. § 48 Abs. 1 nicht in Betracht kommt oder er wegen Interessenkollision als Zustellungsvertreter ausscheidet. In diesem Fall soll den

---

1 BGH v. 28.4.1993 – VIII ZR 109/92, NJW-RR 1993, 1227; OLG Hamm v. 10.2.1997 – 15 W 197/96, ZMR 1997, 377 (379) = WE 1997, 314 (315); Weitnauer/*Lüke* § 27, Rz. 8; *Sittmann/Dietrich*, WM 1998, 1615 (1621 f.).
2 OLG Hamm v. 10.2.1997 – 15 W 197/96, ZMR 1997, 377 (379) = WE 1997, 314 (315); *Merle* in Bärmann/Pick/Merle § 27, Rz. 91.
3 BGH v. 28.4.1993 – VIII ZR 109/92, NJW-RR 1993, 1227 (1228); *Merle* in Bärmann/Pick/Merle § 27, Rz. 91.
4 BGH NJW-RR 1993, 1227 (1228); OLG Hamm v. 10.2.1997 – 15 W 197/96, ZMR 1997, 377 (379) = WE 1997, 314 (315); MüKo/*Engelhardt* § 27, Rz. 6; *Niedenführ/Schulze* § 27, Rz. 29.
5 OLG Hamm v. 10.2.1997 – 15 W 197/96, ZMR 1997, 377 (379) = WE 1997, 314 (315); *Merle* in Bärmann/Pick/Merle § 27, Rz. 91.
6 OLG Schleswig v. 16.1.2002 – 2 W 84/01, ZMR 2002, 468 (469).
7 BT-Drucks. 16/887, 35.
8 *Hügel/Elzer*, Das neue WEG-Recht, § 11 Rz. 54.
9 BT-Drucks. 16/887, 50.

Ersatzzustellungsvertreter die Informationspflicht treffen[1]. Dem kann nicht zugestimmt werden. Schon zu seiner eigenen Absicherung (vgl. Rz. 57) sollte der Verwalter immer über anhängige Prozesse berichten, sobald er von diesen erfahren hat, auch wenn er wegen Interessenkollision von der Vertretung der Gemeinschaft oder der Wohnungseigentümer ausgeschlossen ist (s. Rz. 88).

Er hat nicht nur über **Passiv-**, sondern auch über **Aktivprozesse** zu unterrichten[2], also auch über solche, die lediglich die Geltendmachung von Hausgeldansprüchen, auch im Wege des **Mahnverfahrens** (vgl. § 43 Nr. 6), betreffen. Aus den Gesetzgebungsmaterialien ergibt sich, dass der Verwalter insbesondere über die Anhängigkeit von Prozessen zu berichten hat, die **gegen ihn** gerichtet sind, § 43 Nr. 3[3]. Keine Berichtspflicht trifft ihn aber hinsichtlich der Anhängigkeit von **Verwaltungsprozessen und Verwaltungsverfahren**, auch wenn hieran alle Wohnungseigentümer oder die Gemeinschaft beteiligt sind[4]. Dennoch wird er – wie bisher – über Abs. 2 Nr. 1 und Abs. 3 Nr. 1 verpflichtet sein, die Eigentümer bzw. die Gemeinschaft von solchen **Zustellungen** in Kenntnis zu setzen (s. Rz. 89). 55

Die Informationspflicht beginnt schon mit **Anhängigkeit** eines Prozesses, setzt also keine Rechtshängigkeit voraus, so dass der Verwalter bei Aktivprozessen unverzüglich nach Klageeinreichung hiervon zu unterrichten hat[5]. **Unverzüglich** ist i.S.d. § 121 Abs. 1 BGB zu verstehen. Da ein Klageverfahren nach § 43 immer eilbedürftig ist, ist eine Information in der nächsten Eigentümerversammlung nicht ausreichend[6]. Sofern die Gemeinschaft über ein allgemeines Bekanntmachungsorgan (insbesondere ein sog. „Schwarzes Brett") verfügt, dürfte die Verkündung hierüber ausreichen[7]. In dringenden Fällen muss **schriftlich oder elektronisch** unter Beifügung des Schriftsatzes informiert werden. Die hierdurch anfallenden Kosten sind solche der laufenden Verwaltung[8]. **Inhaltlich** hat der Verwalter darüber zu berichten, dass überhaupt ein Rechtsstreit anhängig ist, aber auch darüber, wer die beteiligten Parteien sind, was Gegenstand des Rechtsstreits ist und wann und wo ein etwaiger Verhandlungstermin anberaumt wurde[9]. Zu unterrichten sind die einzelnen Wohnungseigentümer, nicht der Verband. Die Erfüllung des Informationsanspruchs kann aber auch die Gemeinschaft im eigenen Namen geltend machen[10]. Dem Verwalter entstandene **Kosten** sind ihm als Verhandlungskosten zu erstatten (s. Rz. 89). 56

---

1 *Abramenko*, Das neue WEG, § 5 Rz. 31.
2 *Köhler*, Das neue WEG, Rz. 514.
3 BT-Drucks. 16/887, 35.
4 A.A. *Hügel/Elzer*, Das neue WEG-Recht, § 11 Rz. 52.
5 A.A. *Abramenko*, Das neue WEG, § 5 Rz. 31, der auf die Rechtshängigkeit abstellt.
6 Vgl. *Abramenko* in KK-WEG § 27, Rz. 28.
7 *Abramenko* in KK-WEG § 27, Rz. 28; ähnlich *Sauren*, DStR 2007, 1307 (1309); a.A. *Merle* in Bärmann/Pick/Merle § 27, Rz. 121; *Hügel/Elzer*, Das neue WEG-Recht, § 11 Rz. 56.
8 BGH v. 25.9.1980 – VII ZR 276/79, BGHZ 78, 166 (173) = NJW 1981, 282; *Merle* in Bärmann/Pick/Merle § 27, Rz. 121; *Abramenko* in KK-WEG § 27, Rz. 28; a.A. BayObLG v. 2.5.2001 – 2Z BR 133/00, ZWE 2001, 487 (489) = NJW-RR 2001, 1231.
9 *Hügel/Elzer*, Das neue WEG-Recht, § 11 Rz. 56; *Demharter*, NZM 2006, 489 (494).
10 A.A. *Abramenko*, Das neue WEG, § 5 Rz. 2, 13.

57 Verletzt der Verwalter seine Informationspflicht, so ist er, im Falle eines Schadenseintritts zum Ersatz verpflichtet, was aber wegen der Beiladungspflicht des Gerichts (§ 48 Abs. 1) nur ausnahmsweise der Fall sein dürfte. Der Verstoß rechtfertigt jedoch die **Abberufung** des Verwalters[1].

9. Fernsprech-, Rundfunk- und Fernsehanlagen (Nr. 8, Abs. 3 Satz 1 Nr. 4)

58 Die Vorschrift dient der Erleichterung der sich aus § 21 Abs. 5 Nr. 6 ergebenden Duldungspflicht der Wohnungseigentümer[2]. Der Verwalter ist gegenüber den Wohnungseigentümern und der Gemeinschaft berechtigt und verpflichtet[3], als Vertreter der Gemeinschaft die **erforderlichen Erklärungen** für die Vornahme der in § 21 Abs. 5 Nr. 6 genannten Maßnahmen den entsprechenden Vertragspartner gegenüber abzugeben, Abs. 1 Nr. 8, Abs. 3 Satz 1 Nr. 4. Hierzu zählen alle Erklärungen, die notwendig sind, um den Hausanschluss mit Telefon, Rundfunkempfang, Energieversorgung (also Strom, Gas, Wasser) und den sonstigen Versorgungsanlagen (z.B. Fernsehempfang, Kabelfernsehen)[4] zu ermöglichen[5]. Auf die Einräumung weiterer Gebrauchszulassungen (z.B. Nutzungsänderungen, Durchleitungsrechte, Abstandsflächenübernahmen und Baulasten) ist die Bestimmung jedoch nicht anwendbar[6]. Die Vertretungsbefugnis erstreckt sich nur auf das **Gemeinschaftseigentum**[7]; Erklärungen, die sich auf das Sondereigentum eines Wohnungseigentümers beziehen, erfordern dessen Zustimmung und Ermächtigung[8]. Der Verwalter bedarf keines ermächtigenden Beschlusses, soweit er sich im Rahmen des § 21 Abs. 5 Nr. 6 bewegt[9], bei Zweifeln hierüber kann sich jedoch eine vorsorgliche Beschlussfassung empfehlen[10]. Es ist jedoch möglich und mit Abs. 4 vereinbar, wenn statt des Verwalters alle Wohnungseigentümer die erforderlichen Erklärungen abgeben[11].

10. Weitere Aufgaben des Verwalters

59 Weitere gesetzliche Aufgaben des Verwalters sind:
- **Einberufung** und **Leitung der Versammlung** (§ 24 Abs. 1, 2 und 5; § 25 Abs. 4), **Niederschrift** des Versammlungsprotokolls (§ 24 Abs. 6) und Führung der **Beschluss-Sammlung** (§ 24 Abs. 8);
- Aufstellung eines **Wirtschaftsplans**, Erstellung der **Jahresabrechnung** und **Rechnungslegung** (§ 28);
- **Zustellungsvertretung** für die Wohnungseigentümer in Prozessen nach § 43 (§ 45 Abs. 1).

---

1 *Köhler*, Das neue WEG, Rz. 514; *Sauren*, DStR 2007, 1307 (1309).
2 *Abramenko* in KK-WEG § 27, Rz. 43.
3 Kritisch hierzu *Abramenko*, Das neue WEG, § 5 Rz. 14.
4 Bamberger/Roth/*Hügel* § 27, Rz. 16.
5 Erman/*Grziwotz* § 27, Rz. 12; Weitnauer/*Lüke* § 27, Rz. 23
6 Erman/*Grziwotz* § 27, Rz. 12.
7 In diese Richtung auch BT-Drucks. 16/3843, 26 (Rechtsausschuss): es handelt sich um „gemeinschaftsbezogene" Erklärungen.
8 *Merle* in Bärmann/Pick/Merle § 27, Rz. 186.
9 *Merle* in Bärmann/Pick/Merle § 27, Rz. 187; Erman/*Grziwotz* § 27, Rz. 12; MüKo/*Engelhardt* § 27, Rz. 17; vgl. auch BayObLG v. 4.4.2001 – 2Z BR 13/01, NJW-RR 2001, 1020 = NZM 2001, 535.
10 *Merle* in Bärmann/Pick/Merle § 27, Rz. 187.
11 *Merle* in Bärmann/Pick/Merle § 21, Rz. 179.

Weiterhin kann der Verwalter zusätzlich auf **rechtsgeschäftlichem Weg Aufgaben** übernehmen[1], *beispielsweise:* 60

- Information über einen Erwerbsinteressenten, wenn der Verwalter **Zustimmungsberechtigter** nach § 12 ist (OLG Hamburg v. 28.7.2004 – 2 Wx 92/98, ZMR 2004, 850);
- Auskunft über **Bestand der Wohnungseigentümer** (OLG Frankfurt OLGZ 1984, 258; BayObLG v. 8.6.1984 – 2 Z 7/84, BayObLGZ 1984, 133 = MDR 1984, 850; OLG Saarbrücken ZMR 2007, 141 (142); *Niedenführ/Schulze* § 27, Rz. 50: Namen und Adressen der Eigentümer);
- Auskunft über andere **Verwaltungsangelegenheiten** (BayObLG WuM 1990, 369);
- Auskunft über die **Vermögenslage** der Gemeinschaft, auch außerhalb des Anwendungsbereichs von § 28 (*Gottschalg* in FS für Seuß zum 80. Geburtstag, S. 113 (115); *Jennißen*, NZM 2006, 203 (207 f.)).

Dies setzt allerdings eine vertragliche Vereinbarung voraus, die regelmäßig im 61
Verwaltervertrag getroffen worden sein wird[2] oder sich als aus dem Verwaltervertrag folgende **Nebenpflicht** darstellt. Möglich ist, dass sich der Verwalter (auch stillschweigend) verpflichtet hat, die ihm durch Beschluss oder Vereinbarung zugewiesenen Aufgaben zu übernehmen, z.B. die in der Teilungserklärung enthaltenen Aufgaben zu erfüllen, was allerdings nicht ohne weiteres unterstellt werden kann[3]. Keinesfalls darf aus einer Befugnis des Verwalters auf eine Pflicht des Verwalters zur Aufgabenwahrnehmung geschlossen werden. Nur im Rahmen des Abs. 2 Nr. 3 und Abs. 3 Satz 1 Nr. 7 kommt eine Verpflichtung zur Wahrnehmung dieser ihm durch Beschluss oder Vereinbarung zugestandenen Befugnisse kraft seiner Amtsübernahme, im Rahmen des Abs. 3 Satz 1 Nr. 7 außerdem kraft seiner Organstellung, jeweils i.V.m. dem Verwaltervertrag, in Betracht (s. auch Rz. 64, 177)[4]. Zur Frage, ob der Verwalter auch für die **Verkehrssicherheit** des gemeinschaftlichen Eigentums verantwortlich ist, s. Rz. 172.

III. Die Befugnis des Verwalters zur Vertretung der Wohnungseigentümer und der Gemeinschaft (Abs. 2, 3 Satz 1)

Während Abs. 1 das Innenverhältnis zwischen Verwalter und Wohnungseigentü- 62
mern bzw. Gemeinschaft regelt, betreffen Abs. 2 und Abs. 3 Satz 1 das **Außenverhältnis** gegenüber Dritten. Abs. 2 räumt dem Verwalter in den dort abschließend genannten Fällen eine **gesetzliche Vertretungsmacht** für die Wohnungseigentümer ein[5]. Abs. 3 Satz 1 regelt die gesetzliche Vertretungsmacht des Verwalters für die teilrechtsfähige Gemeinschaft der Wohnungseigentümer. Auch diese Vertre-

---

1 Weitnauer/*Lüke* § 27, Rz. 24.
2 Weitnauer/*Lüke* § 27, Rz. 24.
3 Vgl. AG Essen v. 30.3.2007 – 195 II 269/06, NZM 2007, 573; Staudinger/*Bub*, § 27 WEG Rz. 45; Palandt/*Bassenge*, § 27 WEG Rz. 25; *Bub*, NZM 2001, 503; a.A. *Merle*, ZWE 2001, 145.
4 BT-Drucks. 16/3843, 26; *Abramenko*, Das neue WEG, § 5 Rz. 7; *Gottschalg* in FS für Seuß zum 80. Geburtstag, S. 113 (114 f.); a.A. *Köhler*, Das neue WEG, Rz. 503; zweifelnd *Merle*, ZWE 2006, 365 (367).
5 BT-Drucks. 16/887, 69 (70); *Merle* in Bärmann/Pick/Merle § 27, Rz. 104 mit umfassenden Nachweisen zur bisherigen Rechtslage; Bärmann/*Pick* § 27, Rz. 20; *Diester* § 27, Rz. 7; *Niedenführ/Schulze* § 27, Rz. 34; *Sauren* § 27, Rz. 54; Weitnauer/*Lüke* § 27, Rz. 9.

tungsmacht ist nur beschränkt gegeben, kann jedoch über Abs. 3 Satz 1 Nr. 7 durch Mehrheitsbeschluss ganz erheblich, bis hin zur Generalvertretungsbefugnis, ausgeweitet werden (s. Rz. 117)[1]. Dadurch werden etwaige Unsicherheiten beseitigt, ob Abs. 2 a.F. entsprechend anzuwenden ist oder sich aus der **Organstellung** des Verwalters eine Handlungsbefugnis ergibt[2]. Der Aufbau der Vorschriften wird zu Recht als störend empfunden[3]. Während die Aufgaben des Verwalters sowohl gegenüber Wohnungseigentümern als auch Verband einheitlich in einem Absatz (Abs. 1) normiert sind, werden seine Befugnisse auf zwei Absätze (Abs. 2 und Abs. 3) verteilt, wobei es zu Doppelregelungen kommt (Abs. 2 Nr. 1, 2, 4 bzw. Abs. 3 Satz 1 Nr. 1, 2, 6), die das Verständnis der Norm erschweren.

63 Fraglich ist, welche Auswirkungen die **Unwirksamkeit der Bestellung** des Verwalters auf dessen gesetzliche Vertretungsmacht hat. Wird der Bestellungsbeschluss angefochten, so verliert der Verwalter rückwirkend seine Vertreter- bzw. Organstellung[4] und damit auch seine Vertretungsmacht. Er handelt insofern als **Vertreter ohne Vertretungsmacht** und haftet damit nach § 179 BGB dem Dritten auf Erfüllung oder Schadensersatz. Von den Wohnungseigentümern kann er ggf. aus dem Verwaltervertrag (§§ 675, 670 BGB) oder aus Geschäftsführung ohne Auftrag (§§ 677, 683 BGB) Aufwendungsersatz verlangen. Entgegen der h.M.[5] werden Dritte nicht in ihr Vertrauen auf die Wirksamkeit des Bestellungsaktes geschützt, da es weder ein mit Rechtsschein ausgestattetes Register gibt, der Bestellungsbeschluss keinem gerichtlichen Zeugnis gleichsteht und § 32 FGG weder unmittelbar (es liegt keine gerichtliche Verfügung) noch entsprechend (das gesamte WEG-Verfahren unterliegt nunmehr dem streitigen Zivilprozess, ein Rückgriff auf § 32 FGG kommt angesichts des klaren gesetzgeberischen Willens nicht in Betracht) anwendbar ist (s. Rz. 15)[6]. Das Gesetz selber sieht als wirksames Schutzinstrument für Dritte die **Vollmachts- bzw. Ermächtigungsurkunde gem. Abs. 6** vor (s. Rz. 144 ff.), so dass auch ein Rückgriff auf die Grundsätze über die Anscheins- und Duldungsvollmacht ausscheidet[7]. § 10 Abs. 4 betrifft nur das Innenverhältnis der Wohnungseigentümer untereinander und bildet schon deshalb keine Vertrauensgrundlage für Dritte[8].

64 Die in Rechtsprechung und Schrifttum umstrittene Frage, ob sich aus Abs. 2, Abs. 3 Satz 1 auch eine **Verpflichtung** des Verwalters zum Tätigwerden er-

---

1 Vgl. BT-Drucks. 16/887, 71.
2 BGH v. 2.6.2005 – V ZB 32/05, BGHZ 163, 154 = NJW 2005, 2061; dazu BT-Drucks. 16/887, 71.
3 *Abramenko*, Das neue WEG, § 5 Rz. 3, 4.
4 BayObLGZ 1976, 211 (213) = ZMR 1977, 345 = Rpfleger 1976, 364; *Merle* in Bärmann/Pick/Merle § 27, Rz. 23; a.A. *Becker*, S. 50f., die der Anfechtung des Bestellungsbeschlusses nur *ex nunc*-Wirkung beimisst.
5 *Merle* in Bärmann/Pick/Merle § 26, Rz. 213; § 27, Rz. 23; *Abramenko* in KK-WEG § 26, Rz. 16.
6 A.A. BGH v. 6.3.1997 – III ZR 248/95, NJW 1997, 2106 (2107); KG v. 13.11.1989 – 24 W 5042/89, NJW-RR 1990, 153; KG v. 29.10.1990 – 24 W 6672/89, NJW-RR 1991, 274 (allerdings alle zum gerichtlich bestellten Notverwalter); OLG Zweibrücken v. 16.12.2002 – 3 W 202/02, ZMR 2004, 63 = FGPrax 2003, 63; BayObLG v. 5.3.1992 – BReg. 2Z 165/91, NJW-RR 1992, 787.
7 A.A. BayObLG v. 28.10.1987 – BReg 2Z 124/87, NJW-RR 1988, 270.
8 A.A. *Merle* in Bärmann/Pick/Merle § 27, Rz. 23.

gibt[1], ist auch im Rahmen der WEG-Reform 2007 nicht eindeutig beantwortet worden[2]. Ohne weiteres besteht Tätigkeitspflicht für den Verband in den Fällen des Abs. 3 Satz 1 Nr. 3, 4 und 5, da diese auf Abs. 1 Nr. 2, 3 bis 5, 8 und 6 verweisen. In den übrigen Fällen dürfte eine Verpflichtung des Verwalters dann zu bejahen sein, wenn sich eine Tätigkeitspflicht aus dem Verwaltervertrag ergibt. Im Rahmen des Abs. 2 Nr. 3 und Abs. 3 Satz 1 Nr. 7 kann sich die Tätigkeitspflicht auch aus der Übernahme des Amtes ergeben[3].

Die gesetzliche Vertretungsmacht beschränkt sich nicht auf die gegenwärtigen Wohnungseigentümer, sondern erstreckt sich unter Umständen auch noch auf bereits aus der Gemeinschaft **ausgeschiedene Wohnungseigentümer**, insofern und solange, als gemeinschaftliche Verpflichtungen der Wohnungseigentümer gegenüber Dritten aus der Zeit der Zugehörigkeit zur Gemeinschaft abzuwickeln sind[4]. Hierzu zählt insbesondere die Entgegennahme von Zustellungen, auch wenn diese bereits ausgeschiedene Eigentümer betreffen[5]. Sogar neu in die Gemeinschaft **eingetretene Wohnungseigentümer** kann der Verwalter vertreten, auch aufgrund von Beschlüssen, die vor dem Eintritt gefasst worden waren, denn in diese tritt der Sonderrechtsnachfolger ohne weiteres ein, § 10 Abs. 4[6]. 65

Die Frage, ob der Verwalter berechtigt ist, seine Befugnisse an Dritte zu delegieren, ist im Zusammenhang mit seiner Stellung als gesetzlicher Vertreter bzw. Organ der Gemeinschaft zu bewerten. Eine **umfassende Delegation** an einen Dritten stünde im Widerspruch zu § 26 Abs. 1 Satz 4 und ist deshalb unzulässig (s. ausführlich hierzu § 26 Rz. 8 ff.)[7]. Möglich ist jedoch, dass der Verwalter sich zur **Erfüllung einzelner** ihm obliegender **Aufgaben** dritter Personen (auch eines Wohnungseigentümers)[8] bedient (vgl. § 278 BGB), sofern er nicht zur höchstpersönlichen Aufgabenerfüllung verpflichtet ist (vgl. §§ 675 Abs. 1, 664 Abs. 1 Satz 1, 613 Satz 1 BGB)[9]. Soweit der Verwalter befugt ist, Dritte in seine Aufgabenwahrnehmung einzuschalten, ist er auch berechtigt, abgeleitet aus seiner gesetzlichen Vertretungsbefugnis, den Erfüllungsgehilfen (Unter-)**Vollmacht** zu 66

---

1 Ebenso BT-Drucks. 16/3843, 26; OLG Hamburg OLGZ 1993, 431; *Abramenko*, Das neue WEG, § 5 Rz. 7; Bärmann/*Pick* § 27, Rz. 21; *Merle* in Bärmann/Pick/Merle § 27, Rz. 103; *Abramenko* in KK-WEG § 27, Rz. 22; Palandt/*Bassenge* § 27, Rz. 8; RGRK/*Augustin* § 27, Rz. 29; *Sauren* § 27, Rz. 54; Weitnauer/*Lüke* § 27, Rz. 9.
2 Vgl. BT-Drucks. 16/3843, 26; *Abramenko*, Das neue WEG, § 5 Rz. 6; *Köhler*, Das neue WEG, Rz. 503.
3 Ebenso BT-Drucks. 16/3843, 26; *Gottschalg* in FS für Seuß zum 80. Geburtstag, S. 113 (114 f.); a.A. *Köhler*, Das neue WEG, Rz. 503.
4 BGH v. 25.9.1980 – VII ZR 276/79, BGHZ 78, 166 = NJW 1981, 282; *Merle* in Bärmann/Pick/Merle § 27, Rz. 104; *Abramenko* in KK-WEG § 27, Rz. 22; RGRK/*Augustin* § 27, Rz. 27; Weitnauer/*Lüke* § 27, Rz. 12.
5 Weitnauer/*Lüke* § 27, Rz. 12.
6 *Merle* in Bärmann/Pick/Merle § 27, Rz. 22; a.A. OLG Düsseldorf NJW-MietR 1996, 273.
7 *Merle* in Bärmann/Pick/Merle § 26, Rz. 75 ff.; *Niedenführ/Schulze* § 27, Rz. 3; RGRK/ *Augustin* § 27, Rz. 4; *Sauren* § 27, Rz. 5.
8 KG v. 10.5.1991 – 24 W 5797/90, ZMR 1991, 355 = NJW-RR 1991, 1235; Bärmann/*Pick* § 27, Rz. 7; *Niedenführ/Schulze* § 27, Rz. 3; *Sauren* § 27, Rz. 5.
9 *Merle* in Bärmann/Pick/Merle § 26, Rz. 78.

erteilen[1]. Die Wohnungseigentümer können den Verwalter durch Mehrheitsbeschluss auf die höchstpersönliche Wahrnehmung bestimmter Aufgaben verpflichten und/oder seine Befugnis zur Erteilung von Untervollmachten einschränken; Abs. 4 gilt nicht[2].

67 Über den in Abs. 2 bezeichneten Umfang hinaus besitzt der Verwalter die Befugnis zur Zustellungsvertretung (§ 45 Abs. 1), im Übrigen jedoch keine gesetzliche Befugnis zur **Vertretung der Wohnungseigentümer**. Die Wohnungseigentümer können den Verwalter nur auf rechtsgeschäftlichem Wege zu ihrer Vertretung durch Erteilung einer **Vollmacht** ermächtigen. Hierfür genügt aber kein Mehrheitsbeschluss, die Vollmacht muss vielmehr von allen Wohnungseigentümern erteilt werden[3]. Dies ergibt sich nunmehr eindeutig aus der Neufassung des Abs. 3 Satz 1 Nr. 7, der eben eine „Bevollmächtigung" durch den Verband mittels Mehrheitsbeschluss anerkennt, im Rahmen des Abs. 2 jedoch nur Nr. 3 eine solche eingeschränkte Option zur Anspruchsdurchsetzung enthält[4] (zur Möglichkeit, dem Verwalter nach Maßgabe des Abs. 3 Satz 1 Nr. 7 weitere **Vertretungsbefugnisse für den Verband** einzuräumen, s. Rz. 117).

68 Sowohl als gesetzlicher als auch als rechtsgeschäftlicher Vertreter der Wohnungseigentümer und der Gemeinschaft hat der Verwalter § 181 BGB zu beachten, so dass er nicht als Vertreter der Wohnungseigentümer/der Gemeinschaft mit sich selbst (**Verbot des Selbstkontrahierens**, Insich-Geschäft) oder als Vertreter eines Dritten (**Verbot der Mehrfachvertretung**) ein Rechtsgeschäft abschließen darf, es sei denn, dieses besteht ausschließlich in der Erfüllung einer Verbindlichkeit[5]. Ein solcher Fall liegt vor, wenn sich der Verwalter seinen Vergütungsanspruch oder einen Aufwendungsersatzanspruch von einem Hausgeldkonto (nicht aber von einem Rücklagenkonto, vgl. Rz. 112) der Gemeinschaft auf sein eigenes Konto überweist[6]. Ist der Verwalter von der Vertretung ausgeschlossen, so müssen die Eigentümer selbst handeln oder dem Verwalter nachträglich Befreiung von den Beschränkungen des § 181 BGB erteilen[7]. Für die Vertretung der Gemeinschaft hält Abs. 3 Satz 2, 3 einige Erleichterungen parat (s. Rz. 129 ff.). Schließlich können die Wohnungseigentümer den Verwalter auch für den Einzelfall oder generell von den Beschränkungen des § 181 BGB **befreien**, entweder in einem Beschluss (z.B. im Rahmen von Abs. 2 Nr. 3 oder Abs. 3 Satz 1 Nr. 7) oder im Verwaltervertrag (auch im formularmäßig vereinbarten)[8].

---

1 Bärmann/*Pick* § 27, Rz. 7; *Merle* in Bärmann/Pick/Merle § 26, Rz. 78; *Sauren* § 27, Rz. 6.
2 *Sauren* § 27, Rz. 5.
3 *Abramenko* in KK-WEG § 27, Rz. 22; a.A. *Merle* in Bärmann/Pick/Merle § 27, Rz. 104.
4 BT-Drucks. 16/887, 71.
5 *Merle* in Bärmann/Pick/Merle § 27, Rz. 104; *Niedenführ/Schulze* § 27, Rz. 35; RGRK/*Augustin* § 27, Rz. 28; Weitnauer/*Lüke* § 27, Rz. 11.
6 Ebenso Weitnauer/*Lüke* § 27, Rz. 11.
7 Weitnauer/*Lüke* § 27, Rz. 11.
8 OLG München v. 17.11.2005 – 32 Wx 77/05, NZM 2006, 106 = ZMR 2006, 157 (158); *Merle* in Bärmann/Pick/Merle § 27, Rz. 104; Weitnauer/*Lüke* § 27, Rz. 11; a.A. *Furmans*, NZM 2000, 985 (989).

IV. Die Befugnis des Verwalters zur Vertretung der Wohnungseigentümer (Abs. 2)

1. Entgegennahme von Willenserklärungen und Zustellungen (Nr. 1)

Nach Abs. 2 Nr. 1 ist der Verwalter berechtigt, als Vertreter der Wohnungseigentümer an sie gerichtete Willenserklärungen und Zustellungen entgegenzunehmen. Für Willenserklärungen ist er damit **Passivvertreter** nach § 164 Abs. 3 BGB. Die Willenserklärung und die Zustellung müssen entgegen dem Wortlaut nicht alle Wohnungseigentümer betreffen. Es genügt nach dem Zweck der Vorschrift, wenn sie gegen alle Wohnungseigentümer gerichtet sein könnten, weil sie eine **Gemeinschaftsangelegenheit** betreffen[1]. Die Vertretungsmacht des Verwalters gilt auch für einen aus der Gemeinschaft ausgeschiedenen Wohnungseigentümer fort, soweit gemeinschaftliche Verpflichtungen der Wohnungseigentümer gegenüber Dritten aus der Zeit seiner Zugehörigkeit zur Wohnungseigentümergemeinschaft abzuwickeln sind[2]. In allen diesen Fällen wird jedoch regelmäßig die **Gemeinschaft der richtige Adressat** sein, entweder weil diese selbst Rechtsinhaber ist oder doch die gemeinschaftsbezogenen Rechte der Wohnungseigentümer ausübt (§ 10 Abs. 6 Satz 3)[3]. Die Empfangszuständigkeit der Wohnungseigentümer spielt wohl nur bei einer Rückdelegation durch die Gemeinschaft eine Rolle, weshalb für Einzelheiten auf die Ausführungen zur Passivvertretung der Gemeinschaft durch den Verwalter verwiesen werden kann, vgl. Rz. 84 ff.

69

Als originäre Adressaten kommen die Wohnungseigentümer in Gemeinschaftsangelegenheiten wohl nur noch im Rahmen der Beschlussanfechtungsklage in Betracht, vgl. § 46 Abs. 1 Satz 1. Für diesen Fall trifft § 45 besondere Regelungen für die **Zustellungsvertretung** durch den Verwalter oder einen Ersatzzustellungsvertreter. Siehe hierzu die Kommentierung bei § 45.

70

2. Maßnahmen zur Nachteilsabwendung (Nr. 2)

Der Verwalter hat gesetzliche Vertretungsmacht für Maßnahmen, die zur Fristwahrung oder zur Abwendung eines sonstigen Rechtsnachteils erforderlich sind. Die Vorschrift entspricht § 27 Abs. 2 Nr. 4 a.F., hat jedoch wegen der umfassenden Zuständigkeit der Gemeinschaft und der entsprechenden Vertretungsmacht des Verwalters in Abs. 3 Satz 1 Nr. 2 (s. Rz. 90 ff.) erheblich an **Bedeutung verloren**[4].

71

Die Vorschrift setzt voraus, dass die Maßnahme **erforderlich** ist. Dies ist dann der Fall, wenn sie bei objektiver Betrachtung zur Vermeidung von Rechtsnachteilen für alle oder einzelne Wohnungseigentümer geboten ist[5]. Erforderlich ist die Maßnahme grundsätzlich nur dann, wenn **keine vorherige Beschlussfassung**

72

---

1 BGH v. 25.9.1980 – VII ZR 276/79, BGHZ 78, 166 = NJW 1981, 282.
2 BGH v. 25.9.1980 – VII ZR 276/79, BGHZ 78, 166 = NJW 1981, 282; ausführlich hierzu *Drasdo*, NZM 2003, 793.
3 Ebenso *Abramenko*, Das neue WEG, § 5 Rz. 32.
4 *Abramenko*, Das neue WEG, § 5 Rz. 33.
5 BayObLG WE 1994, 375; OLG Düsseldorf v. 6.7.1994 – 3 Wx 456/92, ZMR 1994, 520 = WuM 1994, 717; *Merle* in Bärmann/Pick/Merle § 27, Rz. 133.

der Wohnungseigentümer in dieser Sache möglich ist[1]. Diese Einschränkung gilt jedoch nicht für die Führung von Passivprozessen, da das Gesetz insofern die Erforderlichkeit unwiderleglich vermutet (s. Rz. 74)[2]. Die Wohnungseigentümer sind als Träger der Verwaltungshoheit berechtigt, Maßnahmen des Verwalters aufzuheben oder abzuändern[3].

73 Die Berechtigung zur Wahrnehmung der gesetzlichen Vertretungsmacht hängt dabei nicht davon ab, ob im Einzelfall eine Interessenkollision vorliegt oder nicht[4]. Von der Vertretung ausgeschlossen ist der Verwalter aber in allen Fällen des § 181 BGB (s. Rz. 68), beispielsweise wenn er selbst einen Beschluss mit der Anfechtungsklage (§§ 43 Nr. 4, 46) angreift oder wenn er als Vertreter eines Dritten gegen die Wohnungseigentümer klagt (§ 43 Nr. 5). In diesen Fällen sind ausschließlich die Wohnungseigentümer zur Vertretung berechtigt. Nur für Zustellungen ist der Ersatzzustellungsvertreter zuständig, § 45 Abs. 2.

74 Das Gesetz **vermutet unwiderleglich**, dass die Führung von **Passivprozessen** nach § 43 Nr. 1, 4 und 5 im Erkenntnis- und Vollstreckungsverfahren eine objektiv erforderliche Maßnahme zur Nachteilsabwehr darstellt. Da der Verband nach § 10 Abs. 6 Satz 3 auch die gemeinschaftsbezogenen Ansprüche und Pflichten der Wohnungseigentümer ausübt, hat die Vorschrift vor allem für solche Klagen Bedeutung, in denen die (übrigen) Wohnungseigentümer (und nicht der Verband) Beklagte sind, also insbesondere im Rahmen der **Anfechtungsklage** (§§ 43 Nr. 4, 46)[5] und bei **Klagen Dritter** nach § 43 Nr. 5, die sich auf das Sondereigentum beziehen[6]. Auch im **Vollstreckungsverfahren** erlangt die Vorschrift Bedeutung, da die Wohnungseigentümer, auch wenn der Verband für die Wahrnehmung der Rechte und Pflichten nach § 10 Abs. 6 Satz 3 ausübungsbefugt war, Vollstreckungsschuldner sind[7]. Die Vertretungsbefugnis des Verwalters in Passivprozessen ist grundsätzlich umfassend zu verstehen, so dass sie die Berechtigung einschließt, einen Rechtsanwalt als Prozessvertreter zu beauftragen und zu bevollmächtigen[8]. Entgegen dem (scheinbar) missverständlichen Wortlaut erfasst die Vorschrift allerdings keine Klagen Dritter gegen **einzelne Wohnungseigentümer** in Bezug auf deren Sondereigentum (z.B. Klage des Werkunternehmers oder Bauträgers gegen einen einzelnen Auftraggeber/Erwerber), weshalb dem Verwalter insoweit auch nicht die Aufgabe der eidesstattlichen Versicherung nach §§ 807, 899 ZPO obliegt[9].

75 Als weitere Maßnahme kommt die Wahrung von Fristen in Betracht. Dies ermöglicht nicht nur die Einhaltung oder Geltendmachung von **materiellen** (Ver-

---

1 OLG Düsseldorf v. 6.7.1994 – 3 Wx 456/92, ZMR 1994, 520 = WuM 1994, 717; *Merle* in Bärmann/Pick/Merle § 27, Rz. 133; *Abramenko* in KK-WEG § 27, Rz. 33; MüKo/*Engelhardt* § 27, Rz. 11; a.A. Staudinger/*Bub* § 27, Rz. 246.
2 BT-Drucks. 16/887, 70.
3 *Abramenko* in KK-WEG § 27, Rz. 33.
4 BayObLG WE 1994, 375; *Merle* in Bärmann/Pick/Merle § 27, Rz. 133.
5 BT-Drucks. 16/3843, 27;
6 *Abramenko*, Das neue WEG, § 5 Rz. 33, 34.
7 *Abramenko*, Das neue WEG, § 5 Rz. 34.
8 Hügel/Elzer, Das neue WEG-Recht, § 11 Rz. 66; *Köhler*, Das neue WEG, Rz. 515.
9 BT-Drucks. 16/3842, 53; a.A. *Briesemeister*, NZM 2007, 345 (346).

jährungsfristen[1], Anfechtungsfristen[2], Mängelrüge- und Gewährleistungsfristen[3], materiell-rechtliche Ausschlussfristen[4]), sondern auch von **prozessualen Fristen** (Klage- und Rechtsmittelfristen)[5], so dass der Verwalter im Notfall sogar einen Aktivprozess führen kann[6]. Hier ist aber zu prüfen, ob dies wirklich erforderlich ist und ob nicht eine vorherige Beschlussfassung der Wohnungseigentümer möglich wäre[7]. Der Verwalter kann alle zur Abwendung der **Verjährung** oder Wahrung einer Frist erforderlichen Maßnahmen ergreifen, insbesondere ein gerichtliches Mahnverfahren einleiten, Klage erheben oder Rechtsmittel einlegen. Mit der Durchführung der Maßnahmen kann er auch einen Rechtsanwalt beauftragen, wenn dies erforderlich ist[8].

Als Maßnahmen zur Abwendung sonstiger Rechtsnachteile kommen außerdem in Betracht: 76

- Einleitung eines **selbständigen Beweisverfahrens** zur Beweissicherung (BGH v. 25.9.1980 – VII ZR 276/79, BGHZ 78, 166 = NJW 1981, 282; BayObLGZ 1976, 211 (213) = ZMR 1977, 345);
- Inanspruchnahme eines **Gewährleistungsbürgen** (OLG Düsseldorf v. 6.12.1991 – 22 U 114/91, NJW-RR 1993, 470);
- Betreiben der **Zwangsverwaltung** zur Sicherung des künftigen Hausgeldeingangs (OLG Hamburg v. 20.1.1993 – 2 Wx 53/91, ZMR 1993, 342 = OLGZ 1993, 431);
- **Grundbuch(berichtigungs-)anträge** (OLG Karlsruhe Justiz 1973, 307);
- Beantragung **vorläufigen Rechtsschutzes** nach § 80 Abs. 5 VwGO (OVG Lüneburg v. 17.1.1986 – 6 B 1/86, BauR 1986, 684 = OVGE 39, 375).

3. Geltendmachung von Ansprüchen (Nr. 3)

Der Verwalter kann nach Abs. 2 Nr. 3 durch Vereinbarung oder Beschluss allgemein oder auf den Einzelfall beschränkt dazu ermächtigt werden, die Ansprüche der Gesamtheit der Wohnungseigentümer außergerichtlich und gerichtlich geltend zu machen. Die Vorschrift, der vor der WEG-Reform 2007 eine erhebliche Funktion zukam, hat nunmehr stark an Bedeutung eingebüßt. Soweit **Ansprüche** unmittelbar **der rechtsfähigen Gemeinschaft** zustehen, kann der Verwalter nicht mehr aufgrund Abs. 2 Nr. 3, sondern nur aufgrund Abs. 3 Satz 1 Nr. 7 zu deren Geltendmachung ermächtigt werden. Aber auch für **gemeinschaftsbezogene Ansprüche** der Wohnungseigentümer ist nunmehr ausschließlich die Gemeinschaft als gesetzlicher Prozessstandschafter ausübungsbefugt 77

---

1 *Merle* in Bärmann/Pick/Merle § 27, Rz. 134.
2 *Merle* in Bärmann/Pick/Merle § 27, Rz. 134.
3 KG WE 1992, 197; OLG Düsseldorf v. 6.12.1991 – 22 U 114/91, NJW-RR 1993, 470; *Merle* in Bärmann/Pick/Merle § 27, Rz. 134.
4 *Merle* in Bärmann/Pick/Merle § 27, Rz. 134; *Niedenführ/Schulze* § 27, Rz. 43; RGRK/*Augustin* § 27, Rz. 38; a.A. LG Essen VersR 1979, 80 (81).
5 OLG Saarbrücken v. 12.1.1998 – 5 W 9/97-8, ZMR 1998, 310; *Merle* in Bärmann/Pick/Merle § 27, Rz. 134.
6 Vgl. OLG Hamm v. 29.4.2004 – 15 W 121/04, ZMR 2004, 856 (ablehnend bzgl. Einlegung eines Rechtsmittels); Palandt/*Bassenge* § 27, Rz. 14.
7 *Merle* in Bärmann/Pick/Merle § 27, Rz. 134.
8 OLG Düsseldorf v. 6.7.1994 – 3 Wx 456/92, ZMR 1994, 520 = WuM 1994, 717; *Merle* in Bärmann/Pick/Merle § 27, Rz. 133.

(vgl. § 10 Abs. 6 Satz 3 und hierzu § 10 Rz. 73)[1]. Auch zu deren Geltendmachung wird der Verwalter also über Abs. 3 Satz 1 Nr. 7, nicht aber über Abs. 2 Nr. 3 ermächtigt. Ob der Vorschrift damit überhaupt noch ein eigenständiger Regelungsgehalt innewohnt oder hätte aufgehoben werden können, ist fraglich. Jedenfalls dann, wenn die Gemeinschaft ihre Ausübungsbefugnis an die Wohnungseigentümer **zurückgegeben** hat, kann sie nach Abs. 2 Nr. 2 dem Verwalter Vertretungsbefugnis erteilen[2]. Ein Beschluss der Wohnungseigentümer, der Verwalter solle gemeinschaftsbezogene Ansprüche im Namen der Wohnungseigentümer (und nicht im Namen der Gemeinschaft) geltend machen, ist nicht etwa anfechtbar, sondern als eine Rückdelegation an die Eigentümer verbunden mit einer Ermächtigung nach Abs. 2 Nr. 2 auszulegen[3].

78 Soweit demzufolge eine Ermächtigung nach Abs. 2 Nr. 2 überhaupt noch in Betracht kommt bzw. angesichts der im Vergleich zu Abs. 3 Satz 1 Nr. 7 engeren Fassung sinnvoll erscheint, gelten die Ausführungen bei Abs. 3 Satz 1 Nr. 7 zur Geltendmachung von gemeinschaftlichen bzw. gemeinschaftsbezogenen Ansprüchen entsprechend (s. Rz. 120 ff.).

4. Streitwertvereinbarung (Nr. 4)

79 Die in § 49a GKG enthaltene Streitwertbegrenzung, die den Übergang von der preiswerten und bürgernahen freiwilligen Gerichtsbarkeit zum teuren Zivilprozess abmildern soll, kann nach Ansicht des Gesetzgebers dazu führen, dass die Wohnungseigentümer keinen zur ihrer Vertretung willigen Rechtsanwalt finden werden[4]. Gerade bei Anfechtungsklagen kann nämlich die zu erwartende Vergütung den Arbeitsaufwand und das Haftungsrisiko des Rechtsanwalts kaum angemessen entschädigen[5]. Aus diesem Grund ist dem Verwalter in Abs. 2 Nr. 4 die gesetzliche Vertretungsmacht eingeräumt, mit einem Rechtsanwalt einen höheren als den gesetzlichen **Streitwert zu vereinbaren**. Damit benötigt der Verwalter keine vorherige Ermächtigung durch Vereinbarung oder Beschluss, die aus Zeitgründen oftmals nur schwer herbeizuführen sein wird[6]. Auf der anderen Seite darf der Rechtsanwalt auf die Vertretungsmacht des Verwalters vertrauen, sofern ihm entsprechende Vollmacht vorgelegt wurde (Abs. 6, s. Rz. 163)[7].

80 Die Vertretungsmacht erstreckt sich allerdings nur auf die Vereinbarung eines Streitwerts bis zur **Obergrenze** des § 49a Abs. 1 Satz 1 GKG, also höchstens 50 Prozent des Gesamtinteresses der Parteien und aller Beigeladenen an der Entscheidung. Es handelt sich also nur um eine Streitwertvereinbarung. Zu einer echten **Gebührenvereinbarung** oder zu einer über § 49a Abs. 1 Satz 1 GKG hinausgehenden Vereinbarung (z.B. einer Abrechnung nach Stundensätzen etc.) benötigt der Verwalter eine entsprechende Ermächtigung durch die Wohnungs-

---

1 *Abramenko*, Das neue WEG, § 5 Rz. 35; § 6 Rz. 10 (11).
2 *Abramenko*, Das neue WEG, § 5 Rz. 35.
3 BGH v. 19.1.2007 – V ZR 26/06, NJW 2007, 1353 = NZM 2007, 290; a.A. *Abramenko*, Das neue WEG, § 5 Rz. 35.
4 BT-Drucks. 16/887, 42, (54, 77).
5 BT-Drucks. 16/887, 42, (54, 77); *Abramenko*, Das neue WEG, § 7 Rz. 67.
6 BT-Drucks. 16/887, 77.
7 *Abramenko*, Das neue WEG, § 5 Rz. 18.

Aufgaben und Befugnisse des Verwalters § 27

eigentümer[1]. Die Vereinbarung selbst muss inhaltlich den Vorgaben des § 4 RVG genügen[2]. Auch eine **Haftungsbeschränkung** gem. § 51a BRAO kann der Verwalter nur aufgrund einer besonderen Ermächtigung für die Wohnungseigentümer vereinbaren[3].

Die Vertretungsmacht besteht nur bei Prozessen i.S.d. § 43 Nr. 1, 4 und 5. Bei **Passivprozessen** kann der Verwalter also sowohl einen Rechtsanwalt beauftragen (vgl. Abs. 2 Nr. 2, s. Rz. 74) als auch dessen Streitwert vereinbaren[4]. In **Aktivprozessen** benötigt er für die Beauftragung des Rechtsanwalts ohnehin einen Beschluss der Wohnungseigentümer (vgl. Abs. 2 Nr. 3, s. Rz. 77), so dass es sich empfiehlt, die Wohnungseigentümer auch hinsichtlich einer Streitwert- oder gar Gebührenvereinbarung entscheiden zu lassen[5]. Der vorsichtige Verwalter wird sich ohnehin wegen einer möglichen Haftung im Innenverhältnis gegenüber den Wohnungseigentümern absichern, indem er sich zusätzlich zur Streitwertvereinbarung ermächtigen lässt[6]. 81

Zu beachten ist, dass die Mehrkosten, die durch die Streitwertvereinbarung entstehen, selbst bei einem Obsiegen der Wohnungseigentümer **nicht vom Gegner zu erstatten** sind. § 16 Abs. 8 rechnet solche Kosten vielmehr zu denjenigen der laufenden Verwaltung, so dass sie anteilig von allen (also sowohl den obsiegenden als auch den unterlegenen) Wohnungseigentümern zu tragen sind[7]. Auf diese Rechtsfolge hat der Rechtsanwalt auch ungefragt hinzuweisen, denn die Situation liegt hier nicht anders als im Falle des § 12a Abs. 1 Satz 1 ArbGG[8]. 82

Ein **Berechnungsbeispiel** für die Auswirkung der Gesetzesänderung und einer möglichen Streitwertvereinbarung im Rahmen einer Anfechtungsklage hat der Gesetzgeber geliefert[9]: Der Beschluss einer Gemeinschaft mit 100 Eigentümern, Sanierungsmaßnahmen im Umfang von 100 000 Euro durchzuführen, wird von einem Eigentümer angefochten, der sich mit 1000 Euro an den Sanierungskosten zu beteiligen hätte. Der Regelstreitwert würde 50 000 Euro betragen (§ 49a Abs. 1 Satz 1 GKG). Allerdings darf der Streitwert das fünffache Interesse des Klägers nicht überschreiten, beträgt also 5000 Euro (§ 49a Abs. 1 Satz 2 GKG). Auch der Anwalt der beklagten Wohnungseigentümer darf seine Kosten nur nach diesem Streitwert berechnen, obwohl das Interesse seiner Mandanten 100 000 Euro entspricht. Die Streitwertvereinbarung ermöglicht es nunmehr, den Gebührenstreitwert auf bis zu 50 000 Euro festzusetzen. Dieses Beispiel vermittelt den unrichtigen Eindruck, die Neuregelung würde zu einer erheblichen Benachteiligung der Rechtsanwälte und daher zu Versorgungslücken in der Rechtspflege führen. Beides ist unzutreffend. Auch nach alter Rechtslage wurde 83

---

1 *Abramenko*, Das neue WEG, § 7 Rz. 67, 68; *Köhler*, Das neue WEG, Rz. 517.
2 *Abramenko*, Das neue WEG, § 7 Rz. 68.
3 *Köhler*, Das neue WEG, Rz. 516.
4 *Abramenko*, Das neue WEG, § 5 Rz. 18; *Köhler*, Das neue WEG, Rz. 515.
5 Ebenso *Köhler*, Das neue WEG, Rz. 519.
6 *Abramenko*, Das neue WEG, § 5 Rz. 18, 36; § 7 Rz. 68; *Köhler*, Das neue WEG, Rz. 518.
7 BT-Drucks. 16/887, 77; *Abramenko*, Das neue WEG, § 5 Rz. 18; krit. *Hügel/Elzer*, Das neue WEG-Recht, § 11 Rz. 76; falsch *Köhler*, Das neue WEG, Rz. 513.
8 *Vollkommer/Heinemann*, Anwaltshaftungsrecht, Rz. 261, 766; ebenso *Köhler*, Das neue WEG, Rz. 517, zweifelnd allerdings unter Rz. 258.
9 BT-Drucks. 16/887, 77.

bei der Anfechtung von Sanierungsbeschlüssen der Streitwert ganz erheblich nach unten korrigiert:

von **1,9 Millionen DM** Sanierungskosten, von denen der Antragsteller 20000 DM hätte tragen müssen, auf *damals* **175 000 DM** (BayObLG v. 12.10. 2000 – 3Z BR 218/00, NZM 2001, 246 = ZWE 2001, 107), *jetzt* **50 000 Euro**, *möglich* sind **475 000 Euro**;

von **30 000 DM** Sanierungskosten, von denen der Antragsteller 1 700 DM hätte tragen müssen, auf *damals* **8500 DM** (BayObLG v. 17.11.2000 – 2Z BR 96/00, NZM 2001, 713 = ZWE 2001, 154), *jetzt* **4250 Euro** (!), *möglich* sind **8750 Euro**;

von **200 000 DM** Sanierungskosten, bei denen der Antragsteller 1495,20 DM hätte tragen müssen, auf *damals* **18 000 Euro** (BayObLG v. 11.4.2002 – 2Z BR 179/01, NZM 2002, 623), *jetzt* **7500 Euro**, *möglich* sind **60 000 Euro**!

Der befürchtete Gebührenverlust hält sich also in Grenzen[1], die vom Verwalter aushandelbare Gebührenerhöhung ist jedoch exponential. Den Interessen der Anwaltschaft kann ohne weiteres durch eine Gebührenvereinbarung nach § 4 Abs. 1 RVG und durch eine Haftungsvereinbarung (§ 51a BRAO) Rechnung getragen werden. Die gesetzliche Vertretungsmacht zur Streitwertvereinbarung erweist sich im Ergebnis als überflüssige und für den Verwalter haftungsträchtige Regelung, die ausschließlich der Bedienung anwaltlicher Interessen dient[2].

V. Befugnis des Verwalters zur Vertretung der Gemeinschaft (Abs. 3 Satz 1)

1. Entgegennahme von Willenserklärungen und Zustellungen (Nr. 1)

84 Mit der Teilrechtsfähigkeit der Gemeinschaft ergibt sich die Notwendigkeit, diesem gegenüber Willenserklärungen und Prozesshandlungen abzugeben oder zuzustellen[3]. Im Rahmen der WEG-Reform 2007 ist daher der Verwalter auch zum Empfangsvertreter der Gemeinschaft erhoben worden. **Willenserklärungen**, die dem Verwalter in dieser Eigenschaft zugegangen sind (§ 130 BGB), treffen gem. § 164 Abs. 3, Abs. 1 BGB unmittelbar die Gemeinschaft. Die Kündigung eines Mietvertrags über gemeinschaftliches Eigentum oder über eine auf dem gesamten Grundstück lastende Grundschuld oder Hypothek kann also ihm gegenüber mit Wirkung gegen den Verband erklärt werden[4]. Auch geschäftsähnliche Handlungen (z.B. eine Mahnung) werden von der Vorschrift erfasst[5]. Soweit es auf die **Kenntnis** (oder grob fahrlässige Unkenntnis) von Tatsachen ankommt, ist ebenfalls die Person des Verwalters maßgeblich, § 166 Abs. 1 BGB[6]. Darüber hinaus ist der Verwalter auch Empfangsvertreter für Willenserklärungen, die der Gemeinschaft in ihrer Funktion als Ausübungsberechtigte der gemeinschaftsbezogenen Rechte zugehen (§ 10 Abs. 6 Satz 3).

---

1 A.A. *Köhler*, Das neue WEG, Rz. 517.
2 Vgl. die Stellungnahme des Deutschen Anwaltvereins (*Müller*), NZM 2006, 767 (772 f.).
3 Vgl. zum Normzweck *Merle* in Bärmann/Pick/Merle § 27, Rz. 115; *Abramenko*, Das neue WEG, § 5 Rz. 15.
4 Weitnauer/*Lüke* § 27, Rz. 15.
5 Stürner in Soergel, BGB, § 27, Rz. 3a.
6 OLG München v. 7.2.2007 – 34 Wx 129/06, NZM 2007, 526 (527) = ZMR 2007, 478 (480).

Stets erforderlich ist, dass die Willenserklärung dem Verwalter in seiner Eigenschaft als Vertreter und nicht als Wohnungseigentümer zugegangen ist[1]. Auch die Adressierung an den Verwalter „als Vertreter der Wohnungseigentümer" kann Anlass zu Zweifeln geben[2], sollte jedoch unformalistisch als Zustellung an die Gemeinschaft ausgelegt bzw. als heilbarer Mangel i.S.d. § 189 ZPO angesehen werden. In jedem Fall sollte stets an die **„Wohnungseigentümergemeinschaft XY-Straße, vertreten durch den Verwalter"** adressiert werden. Hat der Verwalter Kenntnis von einer Willenserklärung/Verfahrenshandlung, die an alle Wohnungseigentümer gerichtet ist, so wird diese Kenntnis nicht ohne weiteres einem anderen Wohnungseigentümer zugerechnet[3]. Eigene Willenserklärungen kann der Verwalter der Gemeinschaft nur übermitteln, wenn er von den Beschränkungen des § 181 BGB befreit ist[4], ansonsten sind die Wohnungseigentümer nach Abs. 3 Satz 2, 3 empfangszuständig (s. Rz. 130).

85

Für **Zustellungen** ist der Verwalter ebenfalls empfangsberechtigt. Das bedeutet, dass der Verwalter sowohl zur Entgegennahme von rechtsgeschäftlichen (§ 132 BGB)[5] als auch von prozessualen (§§ 166 ff. ZPO) und verfahrensrechtlichen Zustellungen (z.B. im Verwaltungsverfahren)[6] zuständig ist. Die Streitfrage, ob der Verwalter auch für Zustellungen im Rahmen von Verfahren nach § 43 a.F. zuständig ist, die nur zwischen einzelnen Wohnungseigentümern geführt werden[7], ist nach der Gesetzesneufassung entschärft. Da die Gemeinschaft regelmäßig Kläger, Beklagter bzw. gesetzlicher Prozessstandschafter in den Streitsachen gem. § 43 Nr. 1, 2 und 5 sein wird, ist der Verwalter ohnehin über Abs. 3 Satz 1 Nr. 1 berufen. Für alle übrigen Fälle, insbesondere für die Anfechtungsklage, trifft § 45 nunmehr eine Sonderregelung (s. die Kommentierung bei § 45).

86

Der Verwalter ist gesetzlicher **Zustellungsvertreter** i.S.d. § 170 Abs. 1 ZPO[8]. Es genügt deshalb die Zustellung einer Ausfertigung oder Abschrift des Schriftstücks an ihn als alleinigen Adressaten[9], dies gilt auch für die Zustellung der Terminsbestimmung im Zwangsversteigerungsverfahren (vgl. § 19 Rz. 39)[10]. Aus der Zustellung, wenigstens aus dem Rubrum des Schriftsatzes bzw. des Urteils etc.[11],

87

---

1 *Abramenko*, Das neue WEG, § 5 Rz. 15.
2 *Abramenko*, Das neue WEG, § 5 Rz. 15; vgl. hierzu die verwaltungsgerichtliche Rechtsprechung zur Adressierung von Verwaltungsakten BVerwG v. 25.2.1994 – 8 C 2/92, NJW-RR 1995, 73; OVG Münster v. 20.6.1991 – 2 A 1236/89, NJW-RR 1992, 458; a.A. OVG Schleswig v. 20.8.1991 – 2 L 142/91, NJW-RR 1992, 457 (458).
3 BGH v. 27.9.2002 – V ZR 320/01, NJW 2003, 589, ZMR 2003, 211 (212); *Abramenko* in KK-WEG § 27, Rz. 25.
4 *Merle* in Bärmann/Pick/Merle § 27, Rz. 117; *Abramenko* in KK-WEG § 27, Rz. 25.
5 *Merle* in Bärmann/Pick/Merle § 27, Rz. 118.
6 OVG Münster v. 20.6.1991 – 2 A 1236/89, NJW-RR 1992, 458.
7 Vgl. BGH v. 25.9.1980 – VII ZR 276/79, BGHZ 78, 166 = NJW 1981, 282; *Merle* in Bärmann/Pick/Merle § 27, Rz. 126; *Abramenko* in KK-WEG § 27, Rz. 27; a.A. Weitnauer/ *Lüke* § 27, Rz. 17.
8 BGH v. 25.9.1980 – VII ZR 276/79, BGHZ 78, 166 = NJW 1981, 282; *Merle* in Bärmann/ Pick/Merle § 27, Rz. 120; MüKo/*Engelhardt* § 27, Rz. 10; Weitnauer/*Lüke* § 27, Rz. 16.
9 Zu § 189 ZPO a.F. ebenso schon BGH v. 25.9.1980 – VII ZR 276/79, BGHZ 78, 166 = NJW 1981, 282.
10 OLG Stuttgart v. 27.8.1965 – 8 W 147/65, NJW 1966, 1036; LG Göttingen v. 19.6.2001 – 10 T 42/01, NZM 2001, 1141; Bärmann/*Pick* § 27, Rz. 30.
11 BayObLGZ 1983, 14 (19); *Abramenko* in KK-WEG § 27, Rz. 26.

muss sich ergeben, dass das Schriftstück dem Verwalter in seiner Eigenschaft als gesetzlichem Vertreter der Gemeinschaft und nicht in seiner Stellung als Wohnungseigentümer, Beklagten oder Streitverkündeten zugestellt wird[1]. Ansonsten ist die Zustellung unwirksam[2]; Gleiches gilt, wenn die Zustellung statt an den Verwalter an alle Wohnungseigentümer bewirkt wird[3]. Heilung nach § 189 ZPO ist jedoch in Betracht zu ziehen.

88 Der Verwalter ist von der Vertretung ausgeschlossen, wenn er Gegner der Gemeinschaft in demselben gerichtlichen Verfahren ist[4], also insbesondere in allen Verfahren nach § 43 Nr. 3. Darüber hinaus ist er in entsprechender Anwendung von § 178 Abs. 2 ZPO in allen Fällen eines echten **Interessenkonfliktes** zwischen sich und der Gemeinschaft oder sich und den Wohnungseigentümern (sofern die Gemeinschaft deren Rechte ausübt, § 10 Abs. 6 Satz 3) von der Vertretung ausgeschlossen. Die Streitfrage, ob zur Annahme eines solchen Interessenkonflikts die bloß abstrakte Gefahr einer Interessenkollision genügt oder ob konkrete Anhaltspunkte hierfür vorliegen müssen[5], ist durch die WEG-Reform 2007 teilweise dadurch entschärft, dass für die Hauptkollisionsfälle, nämlich die Anfechtungsklage, § 45 Abs. 1, 2 eine Spezialregelung enthält (s. § 45 Rz. 13 ff.). Besteht wegen des Streitgegenstandes die Gefahr, dass der Verwalter die Wohnungseigentümer nicht sachgerecht unterrichten werde, so darf nicht an ihn, sondern muss an einen von den Wohnungseigentümern zu bestellenden Ersatzzustellungsvertreter zugestellt werden. Die Vorschrift kann zwar nicht auf Kollisionsfälle zwischen der Gemeinschaft und dem Verwalter erstreckt werden, deren Rechtsgedanke aber für die Auslegung von § 178 Abs. 2 ZPO herangezogen werden. Erforderlich ist daher, wie bei § 45 Abs. 1 und § 178 Abs. 2 ZPO, dass die **konkrete Gefahr** besteht[6], der Verwalter werde die Wohnungseigentümer nicht ausreichend unterrichten, insbesondere weil er seiner Pflicht nach Abs. 1 Nr. 7 nicht nachgekommen ist. In diesem Fall sind alle Wohnungseigentümer gesetzlicher Vertreter der Gemeinschaft, so dass die Zustellung einer Ausfertigung oder beglaubigten Abschrift **an einen Wohnungseigentümer** genügt, § 170 Abs. 3 ZPO, freilich unter Beachtung der o.g. Grundsätze zur Interessenkollision. Die Bestellung eines Zustellungsbevollmächtigten durch das Gericht kommt deshalb nur in den vom Gesetz vorgesehenen Fällen (z.B. §§ 57, 184, 779 Abs. 2 ZPO) in Betracht.

---

1 BayObLG WE 1995, 251; OLG Hamm ZMR 1999, 507 (508).
2 BayObLGZ 1983, 14 (18); *Merle* in Bärmann/Pick/Merle § 27, Rz. 122; *Abramenko* in KK-WEG § 27, Rz. 26.
3 A.A. *Abramenko* in KK-WEG § 27, Rz. 26.
4 BayObLZ 1990, 173; BayObLG v. 18.7.1989 – BReg 2 Z 107/88, NJW-RR 1989, 1167 (1168); *Merle* in Bärmann/Pick/Merle § 27, Rz. 129; *Abramenko* in KK-WEG § 27, Rz. 29; Zöller/*Stöber* § 170, Rz. 2, 3.
5 Hierzu *Merle* in Bärmann/Pick/Merle § 27, Rz. 130 ff.; *Abramenko* in KK-WEG § 27, Rz. 29 ff. jeweils mit zahlreichen Nachweisen.
6 Ebenso *Abramenko*, Das neue WEG, § 7 Rz. 34; AnwK-BGB/*Heinemann* § 45, Rz. 9; Zöller/*Stöber* § 178, Rz. 23; so bereits KG v. 11.6.2003 – 24 W 77/03, ZMR 2004, 142 (143); BayObLG v. 7.2.2002 – 2Z BR 161/01, ZMR 2002, 532 (533); 1998, 513; BayObLG v. 1.7.1997 – 2Z BR 23/97, ZMR 1997, 614; BayObLG v. 9.8.1989 – BReg 2Z 60/89, NJW-RR 1989, 1168 zur alten Rechtslage; anders offenbar *Hogenschurz*, ZMR 2005, 764 (765).

Der Verwalter hat nach Zugang einer Willenserklärung oder einer Zustellung 89
die Wohnungseigentümer hiervon in geeigneter Weise zu **unterrichten** (vgl.
§§ 675, 666 BGB), wobei ihm hierbei ein gewisses Auswahlermessen zuzubilligen ist[1]. Nicht eilbedürftige Angelegenheiten können auf der nächsten Eigentümerversammlung mitgeteilt werden[2]. Bei eilbedürftigen Sachen, die jedoch keine überragende Bedeutung für die Gemeinschaft haben, kann auch eine Mitteilung über die üblichen Bekanntmachungsorgane der Gemeinschaft („Schwarzes Brett") erfolgen[3]. In dringenden und bedeutsamen Angelegenheiten wird ein Rundschreiben notwendig sein[4], die hierdurch entstehenden Kosten sind Verwaltungskosten[5]. Ist ein Rechtsstreit gegen die Gemeinschaft oder die Wohnungseigentümer anhängig, so enthält Abs. 1 Nr. 7 eine Sonderregelung (s. Rz. 53 ff.). So ist der Verwalter, auch soweit er wegen Interessenkollision (s. Rz. 88) nicht Zustellungsvertreter der Gemeinschaft ist, über Abs. 1 Nr. 7 zur Information der Wohnungseigentümer verpflichtet. Weitergehende Hinweispflichten bestehen aber nicht[6].

2. Maßnahmen zur Nachteilsabwendung (Nr. 2)

Der Verwalter besitzt gesetzliche Vertretungsmacht, um **Rechtsnachteile** von 90
der Gemeinschaft abzuwenden. Die Vorschrift entspricht damit Abs. 2 Nr. 2
(s. dazu auch Rz. 71 ff.) und zieht die folgerichtige Konsequenz aus der Rechts-
und Prozessfähigkeit der Gemeinschaft[7]. Da im Regelfall die Gemeinschaft
auch zur Ausübung der gemeinschaftsbezogenen Ansprüche der Wohnungseigentümer zuständig ist (§ 10 Abs. 6 Satz 3), ist Abs. 3 Satz 1 Nr. 2 weitaus bedeutender als Abs. 2 Nr. 2[8].

Die Voraussetzungen sind dieselben wie bei Abs. 2 Nr. 2 (s. Rz. 72). **Erforderlich-** 91
keit verlangt, dass ein sofortiges Handeln des Verwalters objektiv geboten ist.
Daher scheidet ein Verwalterhandeln dann aus, wenn eine vorherige Beschlussfassung durch die Wohnungseigentümer möglich ist. Im Rahmen der gerichtlichen Passivvertretung vermutet das Gesetz jedoch unwiderleglich, dass der Verwalter zur Vertretung berechtigt ist (s. oben Rz. 74). Zu beachten ist aber stets, dass **§ 181 BGB** die Vertretungsmacht des Verwalters ausschließt (s. Rz. 73, 88). Die Vertretung der Gemeinschaft richtet sich dann nach Abs. 3 Satz 2, 3 (s. Rz. 129 ff.).

Der Verwalter ist insbesondere zur Führung von **Passivprozessen** i.S.d. § 43 92
Nr. 2 und 5 ermächtigt. Zu Aktivprozessen ist er nur bei Vorliegen einer entsprechenden Ermächtigung nach Abs. 3 Satz 1 Nr. 7 befugt (s. Rz. 120 ff.), sofern dies nicht zur Wahrung einer Frist oder zur Abwendung eines sonstigen Rechtsnachteils erforderlich ist (s. Rz. 75). Die Vorschrift stellt klar, dass der Verwalter

---
1 BGHZ 78, 166 = NJW 1981, 282; *Merle* in Bärmann/Pick/Merle § 27, Rz. 121; *Abramenko* in KK-WEG § 27, Rz. 28.
2 *Abramenko* in KK-WEG § 27, Rz. 28.
3 *Abramenko* in KK-WEG § 27, Rz. 28; a.A. *Merle* in Bärmann/Pick/Merle § 27, Rz. 121.
4 *Abramenko* in KK-WEG § 27, Rz. 28.
5 BGH v. 25.9.1980 – VII ZR 276/79, BGHZ 78, 166 = NJW 1981, 282.
6 So wohl auch *Abramenko*, Das neue WEG, § 5 Rz. 16.
7 BT-Drucks. 16/887, 71; *Abramenko*, Das neue WEG, § 5 Rz. 17.
8 Ebenso *Abramenko*, Das neue WEG, § 5 Rz. 33

auch im Rahmen der Vollstreckung eines Urteils i.S.d. § 43 Nr. 2 oder 5 die Gemeinschaft vertritt, insbesondere für diese die **eidesstattliche Versicherung** abgeben muss (§ 807 ZPO)[1]. Der Verwalter ist also auch zur Abgabe der eidesstattlichen Versicherung zu laden[2], auch nach Amtsniederlegung[3].

93 Zu **weiteren Maßnahmen**, die im Rahmen des Abs. 3 Satz 1 Nr. 2 in Betracht kommen, s. Rz. 76.

3. Instandhaltungs- und Instandsetzungsmaßnahmen nach Abs. 1 Nr. 2 (Nr. 3)

94 Soweit der Verwalter als Maßnahme die Abgabe rechtsgeschäftlicher Erklärungen, insbesondere zum Abschluss von Werkverträgen, treffen muss, hat er – wie bisher – die Möglichkeit, diese Verträge **im eigenen Namen** abzuschließen. Er kann dann seine Aufwendungen, die zu den Kosten der Verwaltung i.S.d. § 16 Abs. 2 zählen, entweder nach Abs. 1 Nr. 4, § 257 Satz 1 BGB direkt aus der Instandhaltungsrücklage leisten oder seinen Aufwendungsersatzanspruch gem. §§ 675, 670 BGB daraus entnehmen[4]. Hat der Verwalter die Verträge freilich ohne Beschluss der Wohnungseigentümer geschlossen oder den Beschluss überschritten, so kann er nur Verwendungsersatz nach Maßgabe einer unberechtigten Geschäftsführung ohne Auftrag (§§ 677, 684 Satz 1, 812 ff. BGB) verlangen. Haben die Wohnungseigentümer hierdurch allerdings später unvermeidbare Maßnahmen erspart, kann der Verwalter neben werterhöhenden auch werterhaltende Aufwendungen ersetzt verlangen[5].

95 Die strittige Frage, ob und in welchem Umfang der Verwalter berechtigt ist, **im Namen der Gemeinschaft** Rechtsgeschäfte für Erhaltungsmaßnahmen abzuschließen[6], hat die WEG-Reform 2007 folgendermaßen entschieden: zur Abwendung des Vorleistungsrisikos des Verwalters[7] und zur Gewährleistung der Handlungsfähigkeit der Gemeinschaft[8] ist dem Verwalter gesetzliche Vertretungsmacht eingeräumt worden, um zur Erledigung der **laufenden Maßnahmen** i.S.d. Abs. 2 Nr. 2 Rechtsgeschäfte im Namen der Gemeinschaft abzuschließen (Abs. 3 Satz 1 Nr. 3). Hierfür bedarf der Verwalter nunmehr keines besonderen Ermächtigungsbeschlusses nach Abs. 3 Satz 1 Nr. 7 mehr[9]. Ob er freilich im Innenverhältnis gegenüber der Gemeinschaft berechtigt und verpflichtet ist, entsprechende Verträge abzuschließen, hängt von der Entscheidung der Streitfrage ab, ob er im Rahmen des Abs. 2 Nr. 2 das Recht und die Pflicht hat, eigenständig

---

1 BT-Drucks. 16/887, 70; BT-Drucks. 16/3843, 27; *Abramenko*, Das neue WEG, § 5 Rz. 17; a.A. *Köhler*, Das neue WEG, Rz. 520.
2 A.A. *Köhler*, Das neue WEG, Rz. 520.
3 Vgl. BGH v. 28.9.2006 – I ZB 35/06, NJW-RR 2007, 185 (186) zum eingetragenen Verein.
4 BGH v. 21.10.1976 – VII ZR 193/75, BGHZ 67, 232 (235) = NJW 1977, 44; *Merle* in Bärmann/Pick/Merle § 27, Rz. 45, 55.
5 BayObLG v. 17.4.2003 – 2Z BR 20/03, ZMR 2003, 759; OLG Düsseldorf v. 20.11.1995 – 3 Wx 447/93, NJW-RR 1996, 913 = WE 1996, 275; *Merle* in Bärmann/Pick/Merle § 27, Rz. 46; *Abramenko* in KK-WEG § 27, Rz. 14.
6 Vgl. zum Streitstand *Merle* in Bärmann/Pick/Merle § 27, Rz. 56 ff.
7 Vgl. *Merle* in Bärmann/Pick/Merle § 27, Rz. 55.
8 BT-Drucks. 16/887, 71; *Abramenko*, Das neue WEG, § 5 Rz. 10.
9 *Abramenko*, Das neue WEG, § 5 Rz. 9.

Erhaltungsmaßnahmen zu ergreifen (s. oben Rz. 26). Der Verwalter sollte daher im Zweifel – trotz der Vertretungsbefugnis für laufende Maßnahmen – Verträge im Namen der Gemeinschaft nur abschließen, wenn die Wohnungseigentümer einen entsprechenden Beschluss nach § 21 Abs. 5 Nr. 2 getroffen haben. Für **außergewöhnliche Maßnahmen** bedarf der Verwalter zur Vertretung der Gemeinschaft weiterhin eines Ermächtigungsbeschlusses[1]. Da die Abgrenzung zwischen laufenden und außergewöhnlichen Maßnahmen nicht immer leicht zu treffen sein wird (s. Rz. 29)[2], sollte sich der Verwalter in Zweifelsfällen gem. Abs. 3 Satz 1 Nr. 7 zur Vertretung ermächtigen lassen.

Haftet der Verwalter als Bauträger oder Werkunternehmer den Eigentümern oder der Gemeinschaft für etwaige Mängel, so muss ihm durch Beschluss **Befreiung** von den **Beschränkungen des § 181 BGB** erteilt werden, wenn er diese Mängel selbst beseitigen soll[3]. Für die Beauftragung eines Dritten im Namen der Gemeinschaft benötigt er in diesem Fall ebenfalls stets einen Beschluss der Eigentümer[4], auch wenn es sich um eine Notmaßnahme i.S.d. Abs. 1 Nr. 3 handelt.[5] 96

Bewegt sich der Verwalter im Rahmen der gesetzlichen Vertretungsmacht, so wird die Gemeinschaft unmittelbar Vertragspartner[6]. Überschreitet er seine Vertretungsbefugnis oder handelt er gar **ohne Vertretungsmacht**, so gelten die §§ 177 ff. BGB. Genehmigen die Wohnungseigentümer den Vertrag nicht, so kann der Verwalter vom Vertragspartner wahlweise auf Erfüllung oder Schadensersatz in Anspruch genommen werden. Entsprach der Vertragsschluss dem wirklichen oder mutmaßlichen Willen der Eigentümer, so kann er **Aufwendungsersatz** nach §§ 677, 683 BGB verlangen[7]. Anderenfalls liegt eine unberechtigte Geschäftsführung ohne Auftrag vor, die dem Verwalter allenfalls einen **Verwendungsersatzanspruch** nach Bereicherungsrecht gibt (§§ 677, 684, 812 ff. BGB)[8]. Schuldner dieser Ersatzansprüche ist die Gemeinschaft. Die Wohnungseigentümer haften in jedem Fall nur nach Maßgabe des § 10 Abs. 8 Satz 1[9]. 97

4. Maßnahmen nach Abs. 1 Nr. 3 bis 5 und Nr. 8 (Nr. 4)

Da das Gesetz nunmehr strikt zwischen dem Innenverhältnis (Abs. 1) und dem Außenverhältnis (Abs. 3) trennt (s. oben Rz. 4), war es erforderlich, den Verwalter in Abs. 3 Nr. 4 für dringende Erhaltungsmaßnahmen nach Abs. 1 Nr. 3 99

---

1 Ebenso AnwK-BGB/*Schultzky* § 27, Rz. 31.
2 Um eine Abgrenzung bemüht sich *Sauren* § 27, Rz. 29 ff.
3 RGRK/*Augustin* § 27, Rz. 19.
4 OLG Köln OLGZ 1978, 7; RGRK/*Augustin* § 27, Rz. 20; Soergel/*Stürner* § 27, Rz. 2.
5 Weitnauer/*Lüke* § 27, Rz. 6; a.A. OLG Hamm v. 9.12.1988 – 15 W 119/86, NJW-RR 1989, 331, OLGZ 1989, 54; *Merle* in Bärmann/Pick/Merle § 27, Rz. 72.
6 *Abramenko*, Das neue WEG, § 5 Rz. 9.
7 OLG Hamm v. 10.2.1997 – 15 W 197/96, ZMR 1997, 377 = WE 1997, 314 (316); *Merle* in Bärmann/Pick/Merle § 27, Rz. 63.
8 BayObLG v. 17.4.2003 – 2Z BR 20/03, ZMR 2003, 759; OLG Düsseldorf v. 20.11.1995 – 3 Wx 447/93, NJW-RR 1996, 913 = WE 1996, 275; *Merle* in Bärmann/Pick/Merle § 27, Rz. 63.
9 *Abramenko*, Das neue WEG, § 5 Rz. 9; differenzierend zur alten Rechtslage *Merle* in Bärmann/Pick/Merle § 27, Rz. 63.

(s. Rz. 31 ff.), zur Einziehung von Lasten- und Kostenbeiträgen usw. nach Abs. 1 Nr. 4 (s. Rz. 36 ff.), zur Bewirkung und Entgegennahme von Zahlungen und Leistungen nach Abs. 1 Nr. 5 (s. Rz. 43 ff.) sowie zur Abgabe von Erklärungen nach Abs. 1 Nr. 8 (s. Rz. 58) auch mit der erforderlichen **Vertretungsmacht**[1] auszustatten.

5. Kontenführung zur Geldverwaltung nach Abs. 1 Nr. 6 (Nr. 5, Abs. 5)

100 Das Gesetz stellt nunmehr klar, dass die Aufgabe der Geldverwaltung nach Abs. 1 Nr. 6 (s. Rz. 49 ff.) auch das **Führen der entsprechenden Konten** umfasst. Dies wird im Rahmen einer ordnungsgemäßen Verwaltung stets geboten sein, da eine reine Bargeldverwaltung kaum möglich sein wird[2]. Die Vertretungsmacht beschränkt sich dabei nicht nur auf Maßnahmen im Zusammenhang mit der laufenden Kontenverwaltung (Ein- und Auszahlung von Geldern)[3], sondern berechtigt auch zum Eröffnen und Schließen eines Kontos[4]. Zu weitergehenden Maßnahmen berechtigt die Vorschrift jedoch nicht, insbesondere nicht zur **Kreditaufnahme** (also zum Abschluss von Darlehensverträgen), auch nicht zur Inanspruchnahme einer **Kreditlinie** (sog. Dispositionskredit)[5], es sei denn, es handelt sich um ein (nach hier vertretener Ansicht grundsätzlich unzulässiges) offenes Treuhandkonto (s. Rz. 104)[6]. Zur Möglichkeit, den Verwalter durch Mehrheitsbeschluss zur Kreditaufnahme zu ermächtigen s. oben Rz. 51.

101 Die Art und Weise der Geldverwaltung regelt Abs. 5 (s. Rz. 142 ff.). Soweit keine abweichende Vereinbarung getroffen ist (Mehrheitsbeschluss genügt also nicht, s. Rz. 110), hat der Verwalter nach Abs. 5 Satz 1 eingenommene Gelder, wozu auch unbare Einnahmen zählen[7], von seinem eigenen Vermögen „gesondert zu halten". **Sinn und Zweck** dieser **Vermögenstrennung** ist der Schutz der Gemeinschaft vor Eigengläubigern des Verwalters, die auf die gemeinschaftlichen Gelder zugreifen könnten, z.B. durch Geltendmachung von Zurückbehaltungsrechten, durch Aufrechnung, im Wege der Pfändung oder bei Insolvenz des Verwalters[8].

---

1 BT-Drucks. 16/887, 70, 71; BT-Drucks. 16/3843, 26.
2 Merle in Bärmann/Pick/Merle § 27, Rz. 85.
3 Bamberger/Roth/*Hügel* § 27, Rz. 8.
4 BT-Drucks. 16/887, 71; *Abramenko*, Das neue WEG, § 5 Rz. 12; damit ist die anders lautende frühere h.M. obsolet, vgl. *Merle* in Bärmann/Pick/Merle § 27, Rz. 88, 89 m.w.N; *Sauren* § 27, Rz. 48.
5 BGH v. 28.4.1993 – VIII ZR 109/92, NJW-RR 1993, 1227 (1228); OLG Hamm v. 10.2.1997 – 15 W 197/96, ZMR 1997, 377 = WE 1997, 314 (316); OLG Koblenz DB 1979, 788; OLG Schleswig v. 16.1.2002 – 2 W 84/01, ZMR 2002, 468 (469); *Feuerborn*, ZIP 1998, 146 (147 f.); *Merle* in Bärmann/Pick/Merle § 27, Rz. 90 (94) m.w.N.; Bamberger/Roth/*Hügel* § 27, Rz. 8; *Niedenführ/Schulze* § 27, Rz. 28; RGRK/*Augustin* § 27, Rz. 24; Soergel/*Stürner* § 27, Rz. 2a; Weitnauer/*Lüke* § 27, Rz. 8; *Sittmann/Dietrich*, WM 1998, 1615 (1620); a.A. *Müller*, Praktische Fragen, Rz. 1012: kurzfristige Überziehung in geringer Höhe zulässig.
6 *Feuerborn*, ZIP 1998, 146 (147); *Merle* in Bärmann/Pick/Merle § 27, Rz. 97.
7 Weitnauer/*Lüke* § 27, Rz. 27.
8 *Merle* in Bärmann/Pick/Merle § 27, Rz. 92; Erman/*Grziwotz* § 27, Rz. 14; *Sauren* § 27, Rz. 47.

In Bezug auf die Kontenführung bedeutet dies, dass der Verwalter (sofern er nicht durch Vereinbarung hierzu ermächtigt ist) nicht berechtigt ist, eingenommene Gelder auf einem **Eigenkonto** (also einem auf seinen Namen lautenden Konto ohne Offenlegung seiner Treuhandstellung) zu führen[1], was bei einem „Hauskonto" auf den Namen des Verwalters der Fall wäre[2]. Auch Zahlungen auf ein solches entgegen Abs. 5 Satz 1 eingerichtetes Privatkonto des Verwalters haben zumindest für Wohngeldzahlungen der Eigentümer Erfüllungswirkung[3]. Empfangene Gelder sind unverzüglich auf ein Konto der Gemeinschaft (s. Rz. 103) einzuzahlen[4].

102

Den besten Schutz der gemeinschaftlichen Gelder vor einem Zugriff von Eigengläubigern des Verwalters bietet ein sog. **offenes Fremdkonto**[5]. Inhaber dieses Kontos ist die Wohnungseigentümergemeinschaft[6], der Verwalter ist aufgrund seiner gesetzlichen Vertretungsmacht (Abs. 3 Satz 1 Nr. 5) zur Eröffnung eines solchen Kontos für die Gemeinschaft ermächtigt (s. Rz. 100). Zum Nachweis der Vertretungsmacht s. Rz. 146 ff.[7] Das Konto ist gem. § 10 Abs. 6 Satz 4 auf die „Wohnungseigentümergemeinschaft" gefolgt von der bestimmten Angabe des gemeinschaftlichen Grundstücks zu führen[8]. Soweit das Konto als reines Guthabenkonto geführt wird, was regelmäßig der Fall ist, da der Verwalter zur Kreditaufnahme nicht befugt ist (s. Rz. 100)[9], darf das Kreditinstitut nicht auf einer Offenlegung (Benennung) aller Wohnungseigentümer bestehen[10]. Soweit das Konto – entsprechend der bisherigen Rechtslage – auf den Namen aller Wohnungseigentümer eröffnet wurde, ist regelmäßig davon auszugehen, dass es dem rechtsfähigen Verband zustehen soll[11]. Da allein die Gemeinschaft Gläubiger des Kreditinstituts ist, bestehen keine Aufrechnungs-, Zurückbehaltungs- oder Pfandrechte des Kreditinstituts aus Forderungen gegen den Verwalter[12]. Auch vor Zugriffen anderer Gläubiger ist die Gemeinschaft durch die Drittwiderspruchsklage nach § 771 ZPO bzw. das Aussonderungsrecht nach § 47 InsO geschützt[13].

103

---

1 *Merle* in Bärmann/Pick/Merle § 27, Rz. 89, 92; *Niedenführ/Schulze* § 27, Rz. 30; RGRK/*Augustin* § 27, Rz. 25; *Sauren* § 27, Rz. 47; Weitnauer/*Lüke* § 27, Rz. 27.
2 BayObLGZ 1972, 139 (144); *Pick*, JR 1972, 99 (101); RGRK/*Augustin* § 27, Rz. 25.
3 OLG Köln WE 1998, 193; OLG Saarbrücken OLGZ 1988, 45; Erman/*Grziwotz* § 27, Rz. 14; Weitnauer/*Lüke* § 27, Rz. 28.
4 *Abramenko* in KK-WEG § 27, Rz. 23.
5 OLG Frankfurt OLGZ 1980, 413; OLG München v. 25.7.2000 – 18 U 6003/99, NJW-RR 2000, 1682; *Merle* in Bärmann/Pick/Merle § 27, Rz. 89, 96 m.w.N.; *Niedenführ/Schulze* § 27, Rz. 30; Sauren § 27, Rz. 48; Weitnauer/*Lüke* § 27, Rz. 27.
6 Vgl. BT-Drucks. 16/887, 70; Palandt/*Bassenge* § 27, Rz. 22.
7 Vgl. hierzu auch *Deckert*, ZMR 2007, 251; *Merle* in Bärmann/Pick/Merle § 27, Rz. 99.
8 Vgl. *Sühr*, WM 1978, 806 (810); *Sauren* § 27, Rz. 48.
9 *Merle* in Bärmann/Pick/Merle § 27, Rz. 94.
10 Ebenso *Deckert*, ZMR 2007, 251 (252).
11 AnwK-BGB/*Schultzky* § 27, Rz. 15.
12 OLG Hamburg MDR 1970, 1008 (1009); vgl. BGH v. 25.6.1973 – II ZR 104/71, BGHZ 61/72 = NJW 1973, 1754; BGH v. 14.3.1985 – III ZR 186/83, NJW 1985, 1954; *Merle* in Bärmann/Pick/Merle § 27, Rz. 94; RGRK/*Augustin* § 27, Rz. 25; Weitnauer/*Lüke* § 27, Rz. 27.
13 *Niedenführ/Schulze* § 27, Rz. 30; RGRK/*Augustin* § 27, Rz. 25.

104 Lebhaft umstritten ist, ob der Verwalter auch berechtigt ist, ein sog. **offenes (unechtes) Treuhandkonto** zu eröffnen[1]. Inhaber eines solchen Kontos ist der Verwalter selbst, er hat jedoch gegenüber dem Kreditinstitut offen gelegt, dass er dieses auf fremde Rechnung, nämlich treuhänderisch für die Gemeinschaft, führt[2]. Unbestritten ist, dass das offene Fremdgeldkonto dem offenen Treuhandkonto gegenüber vorzugswürdig ist, da es erhöhte Sicherheit bietet und im Falle des Verwalterwechsels nur die Person des Verfügungsbefugten abgeändert werden muss[3]. Daher entspricht nur das offene Fremdkonto ordnungsgemäßer Verwaltung (§ 21 Abs. 3), so dass entgegen der h.M. die Zulässigkeit von offenen Treuhandkonten ohne eine entsprechende Vereinbarung der Wohnungseigentümer (Mehrheitsbeschluss genügt nicht)[4], **abzulehnen**. ist[5]. Dies ergibt sich aus mehreren Gesichtspunkten: nur das offene Fremdkonto gewährleistet eine echte Vermögenstrennung i.S.d. Abs. 5 Satz 1[6]. Auch die Zustimmungsbedürftigkeit zu Verfügungen, die gem. Abs. 5 Satz 2 vereinbart bzw. beschlossen werden kann, stellt offensichtlich darauf ab, dass der Verwalter nur Fremdkonten führen darf[7]. Schließlich erleichtert die Teilrechtsfähigkeit der Gemeinschaft nunmehr die Führung von Fremdkonten[8] und auch der Gesetzgeber hat mit der ausdrücklichen Vertretungsmacht des Verwalters zur Eröffnung von Konten im Namen der Gemeinschaft (Abs. 3 Nr. 5) bestätigt, dass die Fremdkontenverwaltung den Regelfall darstellt[9].

105 Aus den genannten Gründen kommt auch die Führung eines **Anderkontos** (echten Treuhandkontos) nicht in Betracht[10]. Da ein solches Konto nur von bestimmten Berufsgruppen zu bestimmten Zwecken geführt werden darf (vgl. §§ 54a Abs. 1, 2; 54b BeurkG; § 43a Abs. 5 Satz 2 BRAO, § 4 BORA scheidet die

---

1 Bejahend BGH v. 23.8.1995 – 5 StR 371/95, BGHSt 41, 224 = NJW 1996, 65; BayObLG Rpfleger 1979, 266 (267); KG v. 13.4.1987 – 24 W 5174/86, NJW-RR 1987, 1160; OLG Hamburg v. 26.9.2006 – 2 Wx 78/05, ZMR 2007, 59 (60); *Sühr*, WM 1978, 806 (808 f.; 816 f.; 818); Bärmann/*Pick* § 27, Rz. 48; Bamberger/Roth/*Hügel* § 27, Rz. 9; Erman/ *Grziwotz* § 27, Rz. 14; MüKo/*Engelhardt* § 27, Rz. 7; *Niedenführ/Schulze* § 27, Rz. 31; Palandt/*Bassenge* § 27, Rz. 22; RGRK/*Augustin* § 27, Rz. 25; *Sauren* § 27, Rz. 47, 49; Weitnauer/*Lüke* § 27, Rz. 27; verneinend *Deckert*, ZMR 2007, 251; *Merle* in Bärmann/ Pick/Merle § 27, Rz. 98; *Abramenko* in KK-WEG § 27, Rz. 20; Soergel/*Stürner* § 27, Rz. 6; Staudinger/*Bub* § 27, Rz. 189.
2 BGH v. 25.6.1973 – II ZR 104/71, BGHZ 61, 72 = NJW 1975, 1754; BGH v. 22.6.1987 – III ZR 263/85, NJW 1987, 3250; *Merle* in Bärmann/Pick/Merle § 27, Rz. 96; *Niedenführ/Schulze* § 27, Rz. 31; RGRK/*Augustin* § 27, Rz. 25; Weitnauer/*Lüke* § 27, Rz. 27.
3 *Merle* in Bärmann/Pick/Merle § 27, Rz. 99; *Niedenführ/Schulze* § 27, Rz. 31.
4 *Merle* in Bärmann/Pick/Merle § 27, Rz. 98; *Abramenko* in KK-WEG § 27, Rz. 20; Soergel/*Stürner* § 27, Rz. 6.
5 Ebenso *Deckert*, ZMR 2007, 251; *Merle* in Bärmann/Pick/Merle § 27, Rz. 98; *Abramenko* in KK-WEG § 27, Rz. 20; Soergel/*Stürner* § 27, Rz. 6; Staudinger/*Bub* § 27, Rz. 189; *Müller*, Praktische Fragen, Rz. 1011.
6 *Deckert*, ZMR 2007, 251; *Merle* in Bärmann/Pick/Merle § 27, Rz. 98; *Abramenko* in KK-WEG § 27, Rz. 20; Soergel/*Stürner* § 27, Rz. 6.
7 *Merle* in Bärmann/Pick/Merle § 27, Rz. 98.
8 Ebenso OLG Hamburg ZMR 2007, 59 (60); *Merle*, ZWE 2006, 365 (369); offen gelassen von *Bielefeld*, DWE 2005, 168; a.A. AnwK-BGB/*Schultzky* § 27, Rz. 15.
9 Ebenso *Hügel/Elzer*, Das neue WEG-Recht, § 11 Rz. 88; a.A. *Köhler*, Das neue WEG, Rz. 508.
10 Ebenso *Merle* in Bärmann/Pick/Merle § 27, Rz. 100; Soergel/*Stürner* § 27, Rz. 6; *Merle*, ZWE 2006, 365 (369); anders offenbar *Sauren* § 27, Rz. 47.

Nutzung eines Anderkontos aber ohnehin aus. Das Kreditinstitut ist von sich aus nicht verpflichtet, auf die Unzulässigkeit der Anlage von Eigen- und Treuhandkonten hinzuweisen[1].

Bejaht man mit der (noch) h.M. die allgemeine Zulässigkeit von Treuhandkonten oder ist der Verwalter aufgrund einer Vereinbarung der Wohnungseigentümer zur Führung eines Treuhandkontos ermächtigt, so ist Folgendes zu beachten: Beim Treuhandkonto ist der Verwalter Inhaber des Kontos, allerdings als Treuhänder der Gemeinschaft. Dies ist für die Identifizierungspflicht und die Feststellung des wirtschaftlich Berechtigten nach § 154 AO und §§ 2, 8 GwG zu beachten[2]. Verfügungs- und Auszahlungsberechtigter ist nur der Verwalter[3]. Bei einem Verwalterwechsel darf der neue Verwalter erst dann über das Treuhandkonto verfügen, wenn es vom alten Verwalter auf diesen übertragen worden ist[4]. Wegen der erheblichen Nachteile, die das Treuhandkonto für die Gemeinschaft birgt, ist eine **deutliche Bezeichnung** („Verwaltungskonto Eigentumswohnanlage X, Verwalter Y" genügt nicht[5]; „Verwalter Y, Hausgemeinschaft X-Str. Nr." und „Schlüssel-Nr. 09 Vermögens- und Verwaltungskosten" genügt[6]) als Treuhandkonto erforderlich, beispielsweise: „Treuhandkonto Wohnungseigentümergemeinschaft X-Straße Nr. Y"[7]. Im Zweifelsfall ist von einem Fremdkonto auszugehen[8]. 106

Das Treuhandkonto unterliegt zwar nicht dem Zugriff des Kreditinstituts wegen dessen Forderungen gegen den Verwalter[9], wohl aber dem der Gläubiger des Verwalters. Hiergegen kann sich die Gemeinschaft nur mit der **Drittwiderspruchsklage** (§ 771 ZPO)[10] oder der **Aussonderung** nach § 47 InsO wehren[11]. Da das Kreditinstitut jedoch nicht zur Information der Gemeinschaft über erfolgte Pfändungen[12] und auch nicht zur Offenlegung des Treuhandkontos gegenüber Dritten verpflichtet ist[13], wird die Geltendmachung dieser Rechte beim Treu- 107

---

1 *Merle* in Bärmann/Pick/Merle § 27, Rz. 92.
2 Ausführlich *Sittmann/Dietrich*, WM 1998, 1615 (1617 ff.); *Bielefeld*, DWE 2002, 50.
3 *Merle* in Bärmann/Pick/Merle § 27, Rz. 97; *Sauren* § 27, Rz. 49.
4 *Sittmann/Dietrich*, WM 1998, 1615 (1616).
5 Vgl. BGH v. 25.6.1973 – II ZR 104/71, BGHZ 61, 72 = NJW 1973, 1754.
6 BayObLG Rpfleger 1979, 266 (267).
7 *Sittmann/Dietrich*, WM 1998, 1615 (1616).
8 OLG München v. 25.7.2000 – 18 U 6003/99, NJW-RR 2000, 1682; OLG Hamburg MDR 1970, 1008 (1009); a.A. *Merle* in Bärmann/Pick/Merle § 27, Rz. 93, 96; RGRK/Augustin § 27, Rz. 25: es entscheidet der Wille des Verwalters, im Zweifel liegt ein Eigenkonto des Verwalters vor.
9 Vgl. BGH v. 5.11.1953 – IV ZR 95/53, BGHZ 11, 37 = NJW 1954, 190; BGH v. 25.6.1973 – II ZR 104/71, BGHZ 61, 72 = NJW 1973, 1754; OLG Hamburg MDR 1970, 1008 (1009); *Merle* in Bärmann/Pick/Merle § 27, Rz. 97; Weitnauer/*Lüke* § 27, Rz. 27; das Pfandrecht der Banken und Sparkassen gilt in einem solchen Fall als ausgeschlossen.
10 *Merle* in Bärmann/Pick/Merle § 27, Rz. 97; *Abramenko* in KK-WEG § 27, Rz. 20; *Niedenführ/Schulze* § 27, Rz. 31; *Sauren* § 27, Rz. 49; *Sittmann/Dietrich*, WM 1998, 1615 (1616).
11 OLG Hamm v. 11.2.1999 – 27 U 283/98, NZM 1999, 1152 = ZIP 1999, 765 = EWiR 1999, 803 (*Smid*); *Merle* in Bärmann/Pick/Merle § 27, Rz. 97; *Abramenko* in KK-WEG § 27, Rz. 20; *Niedenführ/Schulze* § 27, Rz. 31; *Sauren* § 27, Rz. 49.
12 *Abramenko* in KK-WEG § 27, Rz. 20.
13 *Merle* in Bärmann/Pick/Merle § 27, Rz. 97.

handkonto erheblich erschwert[1]. Dem Verwalter ist zu empfehlen, das Treuhandkonto nach dem Vorbild des § 6 Abs. 2 MaBV einzurichten, so dass das Kreditinstitut unter anderem zur Offenlegung von Pfändungen und Insolvenzen verpflichtet wird[2].

108 Aus dem Gebot der getrennten Vermögensverwaltung folgt auch, dass der Verwalter, sofern er für **mehrere Gemeinschaften** fungiert, deren Konten voneinander getrennt anlegen muss[3]. Dasselbe gilt für Trennung der Wohnungsverwaltungs- von den Mietverwaltungskonten[4]. Die Gefahr von unrechtmäßigen Zugriffen Dritter auf das Konto der jeweils anderen Gemeinschaft besteht bei **Sammelkonten** für mehrere Gemeinschaften in gleichem Maße wie bei einem Zugriff von Eigengläubigern des Verwalters[5].

109 Hingegen ist der Verwalter nicht verpflichtet, sofern keine anders lautende Vereinbarung bzw. kein anders lautender Mehrheitsbeschluss der Wohnungseigentümer vorliegt, getrennte Konten für den laufenden Zahlungsverkehr und für die Instandhaltungsrückstellung zu führen[6]. Schon aus buchhalterischen Gründen, aber auch aus dem Erfordernis, die eingenommenen Gelder ordnungsgemäß anzulegen (s. Rz. 110), empfiehlt sich jedoch die Anlegung von mehreren **Unterkonten**[7].

110 Da die Geldverwaltung auch die **Anlage** der eingenommenen Gelder umfasst (s. Rz. 50), hat der Verwalter gem. Abs. 3 Satz 1 Nr. 5 auch hierüber mit der gebotenen Sorgfalt zu entscheiden[8]. **Vorrangig** sind jedoch die Vereinbarungen oder Mehrheitsbeschlüsse der Wohnungseigentümer zu beachten, denn es ist mit Abs. 4 vereinbar, dass die Wohnungseigentümer dem Verwalter Richtlinien und Weisungen über die Art und Weise der Geldanlage erteilen (s. Rz. 138)[9]. Widerspricht die Anlageform ordnungsgemäßer Verwaltung, wie bei einer spekulativen Anlage (s. Rz. 111) der Fall, so ist eine **Vereinbarung** erforderlich, ein Mehr-

---

1 Dazu OLG Hamm v. 11.2.1999 – 27 U 283/98, NZM 1999, 1152 = ZIP 1999, 765 = EWiR 1999, 803 (*Smid*).
2 Ausführlich zu den Pflichten des Kreditinstituts nach § 6 Abs. 2 MaBV, *Heinemann* in Grziwotz, MaBV, § 6, Rz. 11 ff.
3 Bärmann/*Pick* § 27, Rz. 48; *Merle* in Bärmann/Pick/Merle § 27, Rz. 93; *Abramenko* in KK-WEG § 27, Rz. 21; MüKo/*Engelhardt* § 27, Rz. 7; Palandt/*Bassenge* § 27, Rz. 22; Soergel/*Stürner* § 27, Rz. 6; Weitnauer/*Lüke* § 27, Rz. 29.
4 *Merle* in Bärmann/Pick/Merle § 27, Rz. 93.
5 *Merle* in Bärmann/Pick/Merle § 27, Rz. 93; *Abramenko* in KK-WEG § 27, Rz. 21; MüKo/*Engelhardt* § 27, Rz. 7; Soergel/*Stürner* § 27, Rz. 6.
6 KG v. 13.4.1987 – 24 W 5174/86, ZMR 1988, 108 = NJW-RR 1987, 1160; *Merle* in Bärmann/Pick/Merle § 27, Rz. 93; Erman/*Grziwotz* § 27, Rz. 14; *Abramenko* in KK-WEG § 27, Rz. 21; Soergel/*Stürner* § 27, Rz. 6; a.A. *Sauren* § 27, Rz. 50; Weitnauer/*Lüke* § 27, Rz. 29.
7 *Abramenko* in KK-WEG § 27, Rz. 21; Palandt/*Bassenge* § 27, Rz. 22.
8 BayObLG v. 20.12.1994 – 2Z BR 106/94, NJW-RR 1995, 530; AG Köln v. 22.2.2001 – 202 II 252/00, ZMR 2001, 748; AnwK-BGB/*Schultzky* § 27, Rz. 16; *Merle* in Bärmann/Pick/Merle § 27, Rz. 86; a.A. *Daute*, NZM 2006, 86 (87), allerdings zur alten Rechtslage, vor Inkrafttreten von Abs. 3 Satz 1 Nr. 5.
9 OLG Celle v. 14.4.2004 – 4 W 7/04, ZMR 2004, 845 = NZM 2004, 426; *Daute*, NZM 2006, 86 (88); Bärmann/*Pick* § 27, Rz. 48; *Merle* in Bärmann/Pick/Merle § 27, Rz. 86; *Abramenko* in KK-WEG § 27, Rz. 21; *Niedenführ/Schulze* § 27, Rz. 27; Weitnauer/*Lüke* § 27, Rz. 29; RGRK/*Augustin* § 27, Rz. 26: Anlage bei bestimmtem Kreditinstitut.

heitsbeschluss genügt nicht[1]. Der Verwalter bleibt aber auch bei einem Beschluss der Wohnungseigentümer verpflichtet, die Wohnungseigentümer auf erkennbare Risiken der von ihnen beabsichtigten Anlageform hinzuweisen[2].

Im Regelfall wird der Verwalter (mindestens) zwei Konten anlegen müssen, eines für die laufenden Ein- und Ausgaben und eines für die Instandhaltungsrückstellung[3]. Die **laufenden Einnahmen und Ausgaben** sind über ein Girokonto abzuwickeln[4]. Die Gelder der **Instandhaltungsrückstellung** können in der Regel langfristig und müssen daher verzinslich angelegt werden, wobei sich hier Sparkonten, Festgeldkonten oder Bundesschatzbriefe anbieten[5]. Ordnungsmäßiger Verwaltung widersprechen allerdings **riskante und unsachgemäße Anlageformen**, wie spekulative Anlagen (also Aktien, Aktienfonds etc.)[6] oder Bausparverträge[7].

111

Aus der **Zweckgebundenheit der Instandhaltungsrückstellung** folgt außerdem, dass der Verwalter Gelder, die für die Instandhaltungsrücklage bestimmt sind, auch nicht zur Vermeidung von Schuldzinsen auf dem Girokonto belassen[8] oder zur Schließung von anderweitigen Deckungslücken verwenden darf[9], sondern diese spätestens zum Quartalsende auf geeignete verzinsliche Anlagekonten zu überweisen hat[10]. Er darf diese Gelder auch nicht zur Befriedigung seiner eigenen Vergütungsansprüche verwenden[11]. Soweit der Gemeinschaft hieraus ein Schaden entstanden ist, hat ihn der Verwalter zu ersetzen[12].

112

Der Verwalter ist zur **Auskunftserteilung** über die Konten gegenüber der Gemeinschaft, aber auch gegenüber einzelnen Wohnungseigentümern verpflichtet, soweit ihm nicht Entlastung erteilt worden ist[13]. Nach Beendigung der Verwaltertätigkeit hat die Gemeinschaft – auch bei Ungültigkeit der Verwalterbestel-

113

---

1 In diese Richtung *Kümmel*, ZWE 2001, 52 (55); *Kümmel*, ZWE 2001, 516 (518); *Merle* in Bärmann/Pick/Merle § 27, Rz. 86; noch strenger *Daute*, NZM 2006, 86 (88f.).
2 OLG Celle v. 14.4.2004 – 4 W 7/04, NZM 2004, 426 = ZMR 2004, 845.
3 Vgl. OLG Düsseldorf v. 20.4.2007 – 3 Wx 127/06, NZM 2007, 569 (570); *Abramenko* in KK-WEG § 27, Rz. 21; Weitnauer/*Lüke* § 27, Rz. 29.
4 *Merle* in Bärmann/Pick/Merle § 27, Rz. 86; *Abramenko* in KK-WEG § 27, Rz. 21; Weitnauer/*Lüke* § 27, Rz. 29.
5 Vgl. BayObLG v. 20.12.1994 – 2Z BR 106/94, NJW-RR 1995, 530; *Merle* in Bärmann/Pick/Merle § 27, Rz. 86; *Niedenführ/Schulze* § 27, Rz. 27; Weitnauer/*Lüke* § 27, Rz. 29; a.A. LG Bonn DWE 1985, 127; AG Hamburg DWE 1989, 76; differenzierend *Daute*, NZM 2006, 86, 90; unklar KG NJW-RR 1987, 1160; Bärmann/*Pick* § 27, Rz. 48.
6 OLG Celle v. 14.4.2004 – 4 W 7/04, NZM 2004, 426 = ZMR 2004, 845; *Daute*, NZM 2006, 86 (88, 90).
7 OLG Düsseldorf v. 1.12.1995 – 3 Wx 322/95, WE 1996, 275 = WuM 1996, 112 = FGPrax 1996, 51; a.A. *Daute*, NZM 2006 (86, 89f.); Soergel/*Stürner* § 27, Rz. 2a.
8 BayObLG v. 20.12.1994 – 2Z BR 106/94, NJW-RR 1995, 530.
9 *Merle* in Bärmann/Pick/Merle § 27, Rz. 85.
10 BayObLG v. 20.12.1994 – 2Z BR 106/94, NJW-RR 1995, 530; *Merle* in Bärmann/Pick/Merle § 27, Rz. 85, 86; *Niedenführ/Schulze* § 27, Rz. 27.
11 OLG Düsseldorf v. 16.5.1997 – 3 Wx 211/97, NJW-RR 1997, 1235 (1236) = ZfIR 1997, 485; *Merle* in Bärmann/Pick/Merle § 27, Rz. 85.
12 *Merle* in Bärmann/Pick/Merle § 27, Rz. 85, 86; vgl. aber OLG Hamm DWE 1986, 30.
13 OLG Karlsruhe v. 21.8.1969 – 3 W 97/69, NJW 1969, 1968; OLG Hamm OLGZ 1975, 157 (160); Erman/*Grziwotz* § 27, Rz. 5; RGRK/*Augustin* § 27, Rz. 11.

lung[1] – einen vertraglichen Anspruch gegen den Verwalter auf **Herausgabe** des Gegenwerts des auf einem offenen Treuhandkonto ausgewiesenen Guthabens[2]. Zur Abtretung der Guthabenforderung ist er jedoch nicht verpflichtet[3]. An einer Übertragung des Kontos auf den neuen Verwalter hat er jedoch mitzuwirken[4]. Dafür, dass vom Verwalter vorgenommene **Abhebungen** im Rahmen der Verwaltung des Gemeinschaftseigentums erforderlich waren, trägt der Verwalter die Darlegungs- und Beweislast. Bleibt die ordnungsgemäße Verwendung ungeklärt, so hat der Verwalter diese Abbuchungen herauszugeben bzw. auszugleichen[5]. Der Verwalter ist nicht verpflichtet, den **Schuldensaldo** der Fremd- oder Treuhandkonten aus seinen eigenen Mitteln auszugleichen[6]. Gleicht er den Fehlbestand dennoch aus, so kann er von der Gemeinschaft **Aufwendungsersatz** und ggf. Verzugszinsen verlangen[7]. Auf eine Verwirkung dieses Ersatzanspruchs kann sich die Gemeinschaft grundsätzlich nicht berufen[8].

114 Als weitere Schutzmaßnahme der Gemeinschaft vor unrechtmäßigen Verfügungen des Verwalters über die eingenommenen Gelder kann dessen Verfügungsbefugnis nach Abs. 5 Satz 2 eingeschränkt werden. Die Vorschrift stellt eine **Ausnahme** von der nach Abs. 4 im Übrigen unabdingbaren Vertretungsmacht des Verwalters dar[9]. Die Gemeinschaft kann die Verfügungsmacht des Verwalters über die eingenommenen Gelder von der **Zustimmung** (§ 182 BGB, also Einwilligung oder Genehmigung, §§ 183, 184 Abs. 1 BGB) eines/mehrerer Wohnungseigentümer oder eines Dritten abhängig machen. Möglich und empfehlenswert ist die Beschränkung der Verfügungsbefugnis für Verfügungen, die einen bestimmten Betrag (z.B. 2000 Euro) übersteigen. Dem Zustimmungserfordernis kann bei **Fremdkonten** (s. Rz. 103) Außenwirkung zukommen, d.h. Verfügungen sind nur mit Zustimmung des Berechtigten wirksam[10]. Bei **Treuhandkonten** (s. Rz. 104) ist der Verwalter Inhaber der Konten, so dass seine Verfügungsberechtigung wegen § 137 Satz 1 BGB nicht mit Außenwirkung beschränkt werden kann[11]. Eine vereinbarungswidrige Verfügung kann dann ledig-

---

1 BGH v. 6.3.1997 – III ZR 248/95, NJW 1997, 2106 = MDR 1997, 537 = ZMR 1997, 308; Bärmann/*Pick* § 27, Rz. 13; MüKo/*Engelhardt* § 27, Rz. 6.
2 Bärmann/*Pick* § 27, Rz. 13.
3 BayObLG v. 26.8.1999 – 2Z BR 53/99, NJW-RR 2000, 155 = ZMR 1999, 844 = NZM 1999, 1148; Weitnauer/*Lüke* § 27, Rz. 28.
4 *Merle* in Bärmann/Pick/Merle § 27, Rz. 99.
5 BayObLG v. 17.11.2000 – 2Z BR 93/00, NJW-RR 2001, 1018; BayObLG v. 26.8.1999 – 2Z BR 53/99, NJW-RR 2000, 155 = ZMR 1999, 844 = NZM 1999, 1148 (1149); *Niedenführ*, NZM 2000, 270; Bärmann/*Pick* § 27, Rz. 13; Erman/*Grziwotz* § 27, Rz. 5; MüKo/*Engelhardt* § 27, Rz. 6; Weitnauer/*Lüke* § 27, Rz. 28.
6 BayObLG WE 1998, 157 (158); *Merle* in Bärmann/Pick/Merle § 27, Rz. 97, 99.
7 KG v. 21.5.1997 – 24 W 8575/96, ZMR 1997, 539 = WE 1998, 32 (33); OLG Hamm v. 10.2.1997 – 15 W 197/96, ZMR 1997, 377 (379) = WE 1997, 314 (315); OLG Schleswig v. 16.1.2002 – 2 W 84/01, ZMR 2002, 468 (469); *Merle* in Bärmann/Pick/Merle § 27, Rz. 97; Weitnauer/*Lüke* § 27, Rz. 28.
8 BayObLG v. 4.9.1997 – 2Z BR 78/97, NJW-RR 1998, 157 = ZMR 1997, 658 = NZM 1998, 40; MüKo/*Engelhardt* § 27, Rz. 6.
9 OLG Karlsruhe in *Diester*, Rechtsprechung Nr. 65, S. 146f.; *Merle* in Bärmann/Pick/Merle § 27, Rz. 101; Weitnauer/*Lüke* § 27, Rz. 32.
10 OLG Karlsruhe in *Diester*, Rechtsprechung Nr. 65, S. 146f.; Weitnauer/*Lüke* § 27, Rz. 31; Staudinger/*Bub* § 27, Rz. 326.
11 Palandt/*Bassenge* § 27, Rz. 24.

lich Schadensersatzansprüche oder das Recht zur Abberufung aus wichtigem Grund begründen (s. Rz. 143).

Der Gesetzgeber hat mit der Reform von 2007 nunmehr die Streitfrage entschieden[1], dass die Gemeinschaft das Zustimmungserfordernis nicht nur durch **Vereinbarung**, sondern auch durch **Mehrheitsbeschluss** anordnen kann[2]. Versäumt es der Verwaltungsbeirat, das Zustimmungserfordernis in den Verwaltervertrag aufzunehmen, obwohl er hierzu durch die Gemeinschaft angewiesen worden war, liegt hierin eine grob fahrlässige Pflichtverletzung, die zum Ersatz des Schadens verpflichtet, der infolge von Veruntreuungen des Verwalters eingetreten ist[3]. Bei offensichtlich treuwidriger Verfügung des Verwalters über Gelder der Gemeinschaft ist die dadurch begünstigte Bank verpflichtet, das Erlangte zurückzuerstatten[4].

115

6. Vergütungsvereinbarung (Nr. 6)

Die gesetzliche Vertretungsmacht zu einer streitwerterhöhenden Vereinbarung hat der Verwalter auch in Prozessen der Gemeinschaft i.S.d. § 43 Nr. 2 und 5. Es gelten sinngemäß die Ausführungen zu Abs. 2 Nr. 4 (s. Rz. 79 ff.).

116

7. Ermächtigung durch Vereinbarung oder Beschluss (Nr. 7)

Die Wohnungseigentümer können dem Verwalter Vertretungsmacht für **sonstige Rechtsgeschäfte und Rechtshandlungen** der Gemeinschaft nach Abs. 3 Satz 1 Nr. 7 einräumen. Die Vorschrift lehnt sich an Abs. 2 Nr. 3 (= Abs. 2 Nr. 5 a.F.) an, so dass auf die dort entwickelten Auslegungsergebnisse zurückgegriffen werden kann, geht aber weit über dessen Anwendungsbereich hinaus[5]. Es handelt sich um eine Öffnungsklausel (besser: Blankettnorm)[6], die dem Verwalter **gesetzliche** und nicht etwa rechtsgeschäftliche **Vertretungsmacht** verleiht[7]. Art und Umfang der Vertretungsmacht sind nicht begrenzt. Es ist deshalb möglich, dem Verwalter umfassendere Vertretungsmacht[8] bis hin zur Generalvertretungsbefugnis für alle Rechtshandlungen der Gemeinschaft zu erteilen[9]. Es ist aber auch möglich, das Tätigwerden des Verwalters von der Zustimmung eines Dritten (z.B. des Beirats) abhängig sein zu lassen[10]. Denkbar und sinnvoll ist insbesondere die Ermächtigung, **Aktivprozesse** für die Gemeinschaft zu führen

117

---

1 Die Einschätzung von *Köhler*, Das neue WEG, Rz. 509, die Klarstellung sei überflüssig, ist daher unzutreffend.
2 BT-Drucks. 16/887, 72; zur Rechtslage vor der Reform vgl. *Niedenführ/Schulze* § 27, Rz. 33 m.w.N.
3 OLG Düsseldorf v. 24.9.1997 – 3 Wx 221/97, NZM 1998, 36 = ZMR 1998, 104; hierzu *Gottschalg*, Rz. 424 bis 429.
4 OLG München v. 25.7.2000 – 18 U 6003/99, NJW-RR 2000, 1682 = NZM 2000, 1023; OLG Koblenz v. 15.7.2004 – 5 U 1538/03, NZM 2004, 953; *Bärmann/Pick* § 27, Rz. 48.
5 BT-Drucks. 16/887, 71.
6 *Abramenko*, Das neue WEG, § 5 Rz. 19.
7 Vgl. zur Parallelproblematik bei Abs. 2 Nr. 3 *Merle* in Bärmann/Pick/Merle § 27, Rz. 148 m.w.N.
8 BT-Drucks. 16/887, 71.
9 *Abramenko*, Das neue WEG, § 5 Rz. 19; *Hügel*, DNotZ 2007, 326 (357); *Merle*, ZWE 2006, 365, 369; kritisch hierzu *Häublein*, ZMR 2006, 1 (5).
10 Vgl. OLG Zweibrücken WE 1987, 163.

(s. Rz. 120 ff.)[1]. Aber auch für die Gemeinschaft riskante Ermächtigungen, z.B. zum Erwerb von Grundstückseigentum, zur Abgabe von Bürgschaften, zur **Kreditaufnahme** (s. hierzu aber Rz. 51) und zur **riskanten Vermögensanlage** (s. hierzu jedoch Rz. 111), halten sich nach dem eindeutigen Wortlaut des Gesetzes im Rahmen ordnungsgemäßer Verwaltung[2], sind also allenfalls in Hinblick auf die Unwirksamkeit des Ermächtigungsbeschlusses (s. Rz. 119) selbst anfechtbar.

118 Die Vertretungsmacht für die Gemeinschaft kann dem Verwalter **durch Vereinbarung oder Beschluss** eingeräumt werden. Möglich ist auch die Ermächtigung in der **Teilungserklärung** oder im **Verwaltervertrag** (Rz. 152)[3]. Ist der Verwalter dort zur Prozessführung „im Namen aller Wohnungseigentümer" verpflichtet, schließt dies die Vertretung der Gemeinschaft ein, es sei denn, aus dem Vertragsinhalt ergibt sich etwas anderes[4]. Die Ermächtigung kann **widerrufen** oder **eingeschränkt** werden, was ebenfalls durch *actus contrarius*, also Vereinbarung, Beschluss oder vertraglich zu geschehen hat[5]. Allerdings kann auch eine Vereinbarung in der Gemeinschaftsordnung nachträglich durch Mehrheitsbeschluss abgeändert oder aufgehoben werden[6]. Die erteilte Ermächtigung wirkt im Zweifel auch für einen neuen Verwalter; anders ist es, wenn die Ermächtigung im Verwaltervertrag des Vorgängers geregelt ist[7].

119 Die Einräumung durch Beschluss ist sowohl für einen Einzelfall wie auch generell möglich[8]. Ob der **Ermächtigungsbeschluss** seinerseits ordnungsgemäßer Verwaltung entspricht, kann im Rahmen einer **Anfechtungsklage** überprüft werden, der Verwalter ist jedoch bis zu einer Ungültigerklärung zur Vollziehung verpflichtet, vgl. Abs. 1 Nr. 1 (s. ausführlich zu dieser Problematik oben Rz. 11)[9]. Zur Frage, ob eine **Kreditaufnahme** ordnungsgemäßer Verwaltung entspricht s. oben Rz. 51. Notfalls muss dem Verwalter im Wege der einstweiligen Verfügung die weitere Vollziehung untersagt werden[10]. Ein **nichtiger** Ermächtigungsbeschluss ist dagegen von Anfang an unwirksam und nicht zu vollziehen (s. oben Rz. 10). Nichtig wäre insbesondere ein Beschluss, der den Verwalter über Abs. 2 Nr. 3 hinaus zur Vertretung der Wohnungseigentümer ermächtigen würde[11]. Handelt der Verwalter, obwohl ihm die Unwirksamkeit des Beschlusses bekannt war, entgegen der Ermächtigung oder begeht er sonst eine Pflichtverletzung, so kann er sich **schadensersatzpflichtig** machen (Rz. 10).

---

1 *Abramenko*, Das neue WEG, § 5 Rz. 17; AnwK-BGB/*Schultzky* § 27, Rz. 35.
2 BT-Drucks. 16/887, 71; *Abramenko*, Das neue WEG, § 5 Rz. 20; zu dieser Streitfrage nach alter Rechtslage s. *Merle* in Bärmann/Pick/Merle § 27, Rz. 140.
3 BGH v. 21.4.1988 – V ZB 10/87, BGHZ 164, 197 = NJW 1988, 1910; OLG Köln v. 13.7.2001 – 16 Wx 115/01, NJW-RR 2002, 84.
4 OLG München v. 19.5.2006 – 32 Wx 58/06, NZM 2006, 512 = ZMR 2006, 647.
5 *Merle* in Bärmann/Pick/Merle § 27, Rz. 146, 169; *Abramenko* in KK-WEG § 27, Rz. 39.
6 *Merle* in Bärmann/Pick/Merle § 27, Rz. 169; a.A. *Abramenko* in KK-WEG § 27, Rz. 39.
7 BayObLG v. 10.10.1996 – 2Z BR 76/96, ZMR 1997, 42.
8 Vgl. *Merle* in Bärmann/Pick/Merle § 27, Rz. 143.
9 *Abramenko*, Das neue WEG, § 5 Rz. 23; *Demharter*, NZM 2006, 489 (494); *Merle*, ZWE 2006, 365 (369); a.A. AnwK-BGB/*Schultzky* § 27, Rz. 36.
10 *Abramenko*, Das neue WEG, § 5 Rz. 23.
11 *Abramenko*, Das neue WEG, § 5 Rz. 21.

Aufgaben und Befugnisse des Verwalters　§ 27

Am bedeutsamsten wird auch künftig der Ermächtigungsbeschluss zur **gerichtlichen und außergerichtlichen Geltendmachung von Ansprüchen** der Gemeinschaft oder von gemeinschaftsbezogenen Ansprüchen (s. Rz. 121) sein. Zur Geltendmachung gehören insbesondere die Beauftragung eines Rechtsanwalts zur Anspruchsdurchsetzung[1], die Aufrechnung[2], der Vergleichabschluss[3] und die Zwangsvollstreckung[4]. Zu weitergehenden Verfügungen über Ansprüche (insbesondere durch Ausübung von Gestaltungsrechten oder Kündigungen, Anerkenntnis oder Verzicht) ist er jedoch nur befugt, wenn er hierzu ausdrücklich ermächtigt ist[5]. Soweit der Verwalter nicht schon von Gesetzes wegen zur Passivvertretung ermächtigt ist (Abs. 3 Satz 1 Nr. 2), kann er auch hierzu ermächtigt werden, insbesondere um die Gemeinschaft in **Verwaltungs- und Finanzrechtsstreitigkeiten** sowohl auf der Aktiv- als auch der Passivseite zu vertreten[6].

120

Gemeinschaftsbezogene **Ansprüche gegen Dritte** sind vor allem solche, die gegen Bauträger und sonstige Werkunternehmer zur erstmaligen ordnungsgemäßen Instandsetzung des Gemeinschaftseigentums gerichtet sind, vor allem der Anspruch auf Minderung und auf kleinen Schadensersatz[7]. **Individualansprüche** einzelner Wohnungseigentümer (z.B. aus deren Sondereigentum) kann er nicht aufgrund eines Beschlusses, sondern nur aufgrund besonderer Bevollmächtigung durch den betroffenen Wohnungseigentümer einfordern[8]. Die Wohnungseigentümergemeinschaft kann aber im Rahmen der ordnungsgemäßen Verwaltung des Gemeinschaftseigentums die Ausübung der auf die ordnungsgemäße Herstellung des Gemeinschaftseigentums gerichteten Rechte der einzelnen Erwerber aus den Verträgen mit dem Veräußerer durch Mehrheitsbeschluss an sich ziehen[9] und zu deren Geltendmachung den Verwalter ermächtigen. Die Wohnungseigentümer sind dann an der individuellen Verfolgung ihrer Rechte gehindert[10]. Ansprüche, die die **sachenrechtlichen Grundlagen** der Miteigentümergemeinschaft betreffen, gehören nunmehr auch zu den gemeinschaftsbezogenen Ansprüchen, so dass der Verwalter auch insoweit ermächtigt werden kann[11]. Auch Ansprüche gegen **Mieter/Pächter** des Gemeinschaftseigentums und gegen einen **vormaligen Verwalter** gehören hierher[12]. Zur Geltendmachung von An-

121

1　BayObLG v. 20.3.2003 – 2Z BR 136/02, ZMR 2003, 519.
2　BayObLG WE 1986, 14.
3　*Abramenko* in KK-WEG § 27, Rz. 41.
4　OLG Hamburg v. 20.1.1993 – 2 Wx 53/91, ZMR 1993, 342 = OLGZ 1993, 431.
5　BayObLG v. 5.11.1998 – 2Z BR 147/98, BayObLGZ 1998, 284 = NJW-RR 1999, 235; OLG Düsseldorf v. 8.2.1998 – 3 Wx 369/98, ZMR 1999, 423 = NZM 1999, 573; LG Bamberg v. 14.1.1972 – 2 S 81/71, NJW 1972, 1376; MüKo/*Engelhardt* § 27, Rz. 14; *Sauren* § 27, Rz. 88; Weitnauer/*Lüke* § 27, Rz. 22.
6　VGH Kassel v. 25.6.1985 – IX OE 42/80, ZMR 1986, 68; *Sauren* § 27, Rz. 89.
7　BGH v. 12.4.2007 – VII ZR 236/05, NJW 2007, 1952 (1954); BGH v. 12.4.2007 – VII ZR 50/06, NJW 2007, 1957 (1958).
8　BayObLG v. 20.1.1994 – 2Z BR 93/93, NJW-RR 1994, 527 = ZMR 1994, 234; KG v. 25.8.2003 – 24 W 110/02, NZM 2003, 901 = ZMR 2004, 144; KG v. 7.3.2001 – 24 W 6265/00, NZM 2001, 528 = ZMR 2001, 660; *Sauren* § 27, Rz. 93.
9　BGH v. 12.4.2007 – VII ZR 236/05, NJW 2007, 1952 (1954).
10　BGH v. 12.4.2007 – VII ZR 236/05, NJW 2007, 1952 (1954).
11　*Abramenko*, Das neue WEG, § 6 Rz. 10; a.A. KG v. 5.9.2001 – 24 W 7632/00, ZMR 2002, 73 = NZM 2002, 444 zur alten Rechtslage.
12　BayObLG v. 24.3.1994 – 2Z BR 18/94, ZMR 1994, 428 = WE 1995, 95; Erman/*Grziwotz* § 27, Rz. 11.

sprüchen gegen sich selbst[1] oder gegen die Wohnungseigentümer als deren Prozessvertreter im Rahmen der Anfechtungsklage (s. Rz. 74) ist er jedoch wegen § 181 BGB gehindert.

122 Möglich ist auch die Ermächtigung für Verfahren aus **Ansprüchen gegen einzelne Wohnungseigentümer**. Hierzu zählt insbesondere die Veräußerungsklage nach § 19 (s. ausführlich § 19 Rz. 10), vor allem aber die Geltendmachung von Wohngeldrückständen (s. Rz. 37)[2] und Sonderumlagen[3]. Unterlassungsansprüche auf Beseitigung baulicher Veränderungen (§§ 15 Abs. 3, 14 Nr. 1 i.V.m. § 1004 BGB) kann jeder Wohnungseigentümer individuell geltend machen. Wird dieser Anspruch aber durch Mehrheitsbeschluss zur Geltendmachung an den Verband gezogen, kann der Verwalter zu deren Durchsetzung ermächtigt werden[4]. In diesen Fällen vertritt der Verwalter die Gemeinschaft, im Falle einer Rückdelegation an die Wohnungseigentümer (s. Rz. 77) vertritt er die Wohnungseigentümer mit Ausnahme des beklagten Eigentümers[5].

123 Der Verwalter, der zur Durchsetzung der Ansprüche ermächtigt wurde, kann einen Rechtsanwalt beauftragen[6]. Ist der Verwalter selbst Rechtsanwalt, kann er sich das Mandat selbst erteilen, wenn die Ermächtigung unter Befreiung von § 181 BGB erfolgte[7]. Da der Verwalter Organ der Gemeinschaft ist, stellt seine Tätigkeit **keine fremde Rechtsbesorgung** dar[8]. Macht er die Ansprüche selbst geltend, stellt auch seine gerichtliche Tätigkeit wegen Art. 1 § 3 Nr. 6 RBerG keine unerlaubte Besorgung fremder Rechtsangelegenheiten dar[9]. Auch § 157 ZPO findet auf ihn keine Anwendung[10]. Im Zweifelsfall umfasst die Ermächtigung zur gerichtlichen Geltendmachung von Ansprüchen auch die Einlegung von Rechtsmitteln[11].

124 Auch der **abberufene Verwalter** kann ein gerichtliches Verfahren in Prozessstandschaft fortführen[12], sofern seine Ermächtigung nicht widerrufen wird. Die Prozessvollmacht eines Rechtsanwalts ist von einem Wechsel des Verwalters unabhängig[13]. Fehlt ein Ermächtigungsbeschluss, so können die Prozesshand-

---

1 OLG Stuttgart OLGZ 1976, 8 (10).
2 BayObLGZ 1971, 313; Soergel/*Stürner* § 27, Rz. 5d.
3 BayObLG v. 2.4.1987 – BReg 2 Z 23/87, NJW-RR 1987, 1039; *Sauren* § 27, Rz. 93.
4 *Merle* in Bärmann/Pick/Merle § 27, Rz. 154.
5 BGH v. 20.4.1990 – V ZB 1/90, BGHZ 111, 148 (151) = NJW 1990, 2386; vgl. *Merle* in Bärmann/Pick/Merle § 27, Rz. 163.
6 BGH v. 6.5.1993 – V ZB 92/92, BGHZ 122, 327 = NJW 1993, 1924; BayObLG v. 20.2.2003 – 2Z BR 136/02, ZMR 2003, 519.
7 BayObLG v. 8.12.2004 – 2Z BR 80/04, NJW 2005, 1587; OLG München v. 17.11.2005 – 32 Wx 77/05, NZM 2006, 206 = ZMR 2006, 157 (158).
8 *Merle* in Bärmann/Pick/Merle § 27, Rz. 182.
9 BGH v. 6.5.1993 – V ZB 92/92, BGHZ 122, 327 = NJW 1993, 1924; BGH v. 12.4.2007 – VII ZR 50/06, NJW 2007, 1952 (1955); a.A. *Sauren* § 27, Rz. 92; *Riecke*, ZMR 2000, 493 m.w.N.
10 Erman/*Grziwotz* § 27, Rz. 11; *Abramenko* in KK-WEG § 27, Rz. 41; a.A. *Sauren* § 27, Rz. 92.
11 BayObLG ZMR 1979, 56; *Sauren* § 27, Rz. 93; Soergel/*Stürner* § 27, Rz. 5a.
12 OLG Köln v. 3.5.2004 – 16 Wx 50/04, NJW-RR 2004, 1668; BayObLG v. 10.1.1997 – 2Z BR 126/96, ZMR 1997, 199.
13 BayObLG v. 21.10.1999 – 2Z BR 93/99, NZM 2000, 298.

lungen des Verwalters entsprechend § 89 Abs. 2 ZPO auch **nachträglich genehmigt** werden[1].

Die Wohnungseigentümer können den Verwalter zur Geltendmachung von Ansprüchen im Namen der Gemeinschaft oder im eigenen Namen ermächtigen. Im Zweifel hat der Verwalter ein Wahlrecht, ob er als Prozessbevollmächtigter der Gemeinschaft oder im eigenen Namen in **gewillkürter Prozessstandschaft** vor den Gerichten auftritt[2]. Das für die Prozessstandschaft erforderliche schutzwürdige Eigeninteresse des Verwalters ergibt sich schon daraus, dass ihm die Anspruchsdurchsetzung als Verwalterpflicht obliegt[3]. Im Verwaltungsprozess soll eine gewillkürte Prozessstandschaft nicht möglich sein[4]. Eine gewillkürte passive Prozessstandschaft scheidet ebenfalls aus[5]. Der Hauptgrund für die gewillkürte Prozessstandschaft, nämlich die Vermeidung der anwaltlichen Erhöhungsgebühr nach Nr. 1008 VV-RVG (früher § 6 Abs. 1 Satz 2 BRAGO)[6], dürfte mit der Teilrechtsfähigkeit der Gemeinschaft jedoch entfallen sein[7].

125

Dem Verwalter steht für die Prozessführung im eigenen Namen eine Sondervergütung zu[8]. Er ist im Zweifel zur Fortführung des Prozesses ermächtigt, auch wenn er **abberufen** worden ist, es sei denn, die Ermächtigung wird ausdrücklich widerrufen[9]. In diesem Fall kann der neue Verwalter den Prozess bei Sachdienlichkeit (§ 263 ZPO) sowohl in erster wie auch in zweiter Instanz aufnehmen[10]. Ein vom abberufenen Verwalter in Prozessstandschaft erwirkter Titel kann nicht auf den neuen Verwalter „umgeschrieben" werden, da keine Rechtsnachfolge i.S.d. § 727 ZPO vorliegt[11]. Der alte Verwalter kann auch nicht den neuen Verwalter hierzu ermächtigen, da es keine isolierte Vollstreckungsstandschaft gibt[12]. Erforderlich ist, entweder die **Vollstreckungsklausel** auf die Gemein-

126

---

1 BayObLG v. 20.1.1994 – 2 Z 93/93, NJW-RR 1994, 527; BayObLG v. 4.3.2004 – 2Z BR 9/04, ZMR 2005, 63; OLG Düsseldorf v. 9.1.2007 – I-3 Wx 139/06, ZMR 2007, 550.
2 BayObLG v. 17.11.2000 – 2Z BR 82/00, NZM 2001, 148; OLG Koblenz JurBüro 2000, 529; OLG Köln v. 20.8.1997 – 16 Wx 169, 180/97, NZM 1998, 865; KG v. 14.4.1993 – 24 W 829/93, ZMR 1993, 344; a.A. *Wenzel*, NJW 2007, 1905 (1909): der Verwalter sei mehr Organ der Gemeinschaft, so dass es an einem Eigeninteresse fehle.
3 BGH v. 21.4.1988 – V ZB 10/87, BGHZ 104, 197 = NJW 1988, 1910; BayObLG v. 20.11.1997 – 2Z BR 122/97, NJW-RR 1998, 519; *Merle* in Bärmann/Pick/Merle § 27, Rz. 177; *Abramenko* in KK-WEG § 27, Rz. 42.
4 VG Schleswig v. 2.10.1987 – 4 O 144/86, NJW-RR 1988, 845 (846); *Merle* in Bärmann/Pick/Merle § 27, Rz. 181.
5 BayObLGZ 1975, 233, 238 = Rpfleger 1975, 311; *Merle* in Bärmann/Pick/Merle § 27, Rz. 176.
6 Vgl. *Merle* in Bärmann/Pick/Merle § 27, Rz. 152, 175; Soergel/*Stürner* § 27, Rz. 5d.
7 KG v. 13.4.2006 – 1 W 108/06, NJW 2006, 1983 = ZWE 2006, 297 (298); KG v. 27.2.2007 – 1 W 244/06, ZMR 2007, 637 (638).
8 BGH v. 6.5.1993 – V ZB 9/92, BGHZ 122, 327 = NJW 1993, 1924.
9 BayObLG v. 10.1.1997 – 2Z BR 126/96, ZMR 1997, 199; Weitnauer/*Lüke* § 27, Rz. 21.
10 BayObLG v. 10.1.1997 – 2Z BR 126/96, ZMR 1997, 199; *Merle* in Bärmann/Pick/Merle § 27, Rz. 180.
11 LG Hannover v. 28.10.1969 – 8 T 355/96, NJW 1970, 436; *Abramenko* in KK-WEG § 27, Rz. 42; RGRK/Augustin § 27, Rz. 43; Soergel/*Stürner* § 27, Rz. 5d; a.A. Bärmann/*Pick* § 27, Rz. 41.
12 *Merle* in Bärmann/Pick/Merle § 27, Rz. 179.

schaft auszustellen[1] oder den titulierten Anspruch an den neuen Verwalter abzutreten[2].

127 Zum **Nachweis** der Vertretungsmacht im Übrigen s. Rz. 146 ff.

128 Zur **Abdingbarkeit** der Vorschrift s. Rz. 136.

VI. Vertretung der Gemeinschaft durch die Wohnungseigentümer (Abs. 3 Satz 2, 3)

129 Als **Kompensation** für den Wegfall des Notverwalters (§ 26 Abs. 3 a.F.) und die fehlende Klagebefugnis Dritter auf Bestellung eines Verwalters (vgl. §§ 20 Abs. 2, 21 Abs. 4)[3] bestimmt das Gesetz, dass die Gemeinschaft subsidiär[4] von allen Wohnungseigentümern vertreten wird, wenn ein Verwalter fehlt oder dieser nicht zur Vertretung berechtigt ist (Abs. 3 Satz 2). Die Norm behandelt nur die **Vertretung der Gemeinschaft**[5]. Auf die Vertretung der Wohnungseigentümer kann die Vorschrift nicht, auch nicht entsprechend angewandt werden, da sich in § 45 besondere Bestimmungen finden, die die Vertretung der Wohnungseigentümer bei Fehlen oder Verhinderung des Verwalters regeln.

130 Die Vorschrift setzt voraus, dass entweder ein **Verwalter fehlt** oder im Einzelfall **nicht zur Vertretung berechtigt** ist. Das Gesetz erläutert nicht, wann der Verwalter fehlt oder von der Vertretung ausgeschlossen ist. Der Verwalter fehlt, wenn er aus rechtlichen oder tatsächlichen Gründen sein Amt nicht ausübt. Ein Fehlen aus rechtlichen Gründen liegt vor, wenn überhaupt kein Verwalter bestellt worden ist, sein Amt durch Zeitablauf oder Tod erloschen ist oder der Verwalter sein Amt niedergelegt hat. Aus tatsächlichen Gründen fehlt der Verwalter, wenn er trotz wirksamer Bestellung dauerhaft sein Amt nicht wahrnehmen kann, etwa wegen schwerer Erkrankung, längerem Auslandsaufenthalt oder vorsätzlicher Untätigkeit[6]. Das ist unzweifelhaft immer dann der Fall, wenn der Verwalter mangels aus Abs. 3 Satz 1 (insbesondere Nr. 7) abzuleitender Kompetenz **keine Vertretungsmacht** besitzt[7] und wenn das **Verbot des § 181 BGB** einschlägig ist (s. Rz. 68). Zusätzlich kann § 45 Abs. 1 (der aber nur die Zustellungsvertretung der Wohnungseigentümer, nicht diejenige der Gemeinschaft betrifft) als Auslegungshilfe herangezogen werden[8]. Danach ist der Verwalter von der (Zustellungs-)Vertretung der Wohnungseigentümer ausgeschlossen, wenn „er als Gegner der Wohnungseigentümer an dem Verfahren beteiligt ist oder aufgrund des Streitgegenstandes die Gefahr besteht, der Verwalter werde die Wohnungseigentümer nicht sachgerecht unterrichten". Damit stellt das Gesetz nicht auf eine abstrakte, sondern auf eine konkrete Gefahr ab, verlangt also,

---

1 OLG Düsseldorf v. 29.1.1997 – 3 Wx 469/96, ZMR 1997, 315; *Merle* in Bärmann/Pick/Merle § 27, Rz. 179.
2 *Merle* in Bärmann/Pick/Merle § 27, Rz. 180.
3 BT-Drucks. 16/887, 72; *Abramenko*, Das neue WEG, § 5 Rz. 41.
4 BT-Drucks. 16/887, 71.
5 *Abramenko*, Das neue WEG, § 5 Rz. 43.
6 S. *Hügel/Elzer*, Das neue WEG-Recht, § 11 Rz. 991.
7 *Bub*, NZM 2006, 841 (847).
8 *Abramenko*, Das neue WEG, § 5 Rz. 42.

dass im jeweiligen Einzelfall eine Interessenkollision zu befürchten sein muss[1]. In **Zweifelsfällen** ist dazu zu raten, sowohl den Verwalter als auch die Wohnungseigentümer als Vertreter der Gemeinschaft zu behandeln[2].

Die Gemeinschaft wird von den Wohnungseigentümern als organschaftlichen **Gesamtvertretern** vertreten. Dies ergibt sich aus dem systematischen Zusammenhang von Abs. 3 Satz 2 und 3 sowie aus dem Zweck der Vorschrift, den Rechtsverkehr, insbesondere im Rahmen eines Prozesses gegen die Gemeinschaft, zu schützen[3]. Das bedeutet, dass die Gemeinschaft **aktiv** nur durch alle Miteigentümer gemeinsam vertreten wird[4], jedoch im Rahmen der **Passivvertretung** jeder einzelne Wohnungseigentümer vertritt[5]. Es genügt also entsprechend § 170 Abs. 3 ZPO, wenn die Klageschrift oder eine sonstige Willenserklärung, die der Gemeinschaft zugestellt oder gegenüber abgegeben werden muss, nur einem Wohnungseigentümer zugeht[6]. Der Wohnungseigentümer, dem gegenüber eine Willenserklärung abgegeben oder eine Klageschrift zugestellt wurde, muss die anderen Wohnungseigentümer hierüber informieren. Ob hierfür der Aushang am „Schwarzen Brett" genügt[7], erscheint zweifelhaft. Zu seinem eigenen Schutz sollte er unverzüglich auf die Bestellung eines Verwalters oder Vertreters nach Abs. 3 Satz 3 drängen. Verletzt der Wohnungseigentümer seine **Mitteilungspflicht**, treffen ihn gem. § 280 Abs. 1 BGB mögliche Schadensersatzansprüche der Gemeinschaft[8]. 131

Da eine Gesamtvertretung durch alle Wohnungseigentümer selbst in kleineren Gemeinschaften die Vertretung der Gemeinschaft erheblich behindern kann, gestattet Abs. 3 Satz 3 die Ermächtigung durch **Mehrheitsbeschluss** eines oder mehrerer Wohnungseigentümer zur Vertretung der Gemeinschaft. Das bedeutet, dass die Wohnungseigentümer diese Ermächtigung erst recht durch **Vereinbarung** treffen können. Die Vorschrift steht der Bevollmächtigung eines **Außenstehenden** (Rechtsanwalt, Familienangehöriger etc.) keineswegs entgegen[9]. Erforderlich ist hierfür allerdings eine Vereinbarung aller Wohnungseigentümer, Mehrheitsbeschluss genügt nicht. 132

Es handelt sich bei der Ermächtigung eines oder mehrerer Wohnungseigentümer um die erleichterte Form einer **rechtsgeschäftlichen Bevollmächtigung**, die aus der Organstellung der Wohnungseigentümer (s. Rz. 131) abgeleitet ist. Die Wohnungseigentümer haben es daher in der Hand, mehrere Wohnungseigentümer als Einzel- oder Gesamtvertretungsberechtigte zu bestellen. Sie können den Bevollmächtigten nur für ein einzelnes Rechtsgeschäft oder aber allgemein ermächtigen[10]. Die Vertretungsmacht des Verwalters darf durch Abs. 3 Satz 3 allerdings 133

---

1 *Abramenko*, Das neue WEG, § 5 Rz. 42.
2 *Abramenko*, Das neue WEG, § 5 Rz. 42.
3 BT-Drucks. 16/887, 71 f.; *Abramenko*, Das neue WEG, § 5 Rz. 44; *Merle*, ZWE 2006, 365 (369 f.).
4 *Abramenko*, Das neue WEG, § 5 Rz. 47; *Merle*, ZWE 2006, 365 (369 f.).
5 Vgl. MüKo/*Schramm* § 164, Rz. 94.
6 Ebenso *Abramenko*, Das neue WEG, § 5 Rz. 44; *Merle*, ZWE 2006, 365 (370).
7 So *Abramenko*, Das neue WEG, § 5 Rz. 45.
8 *Abramenko*, Das neue WEG, § 5 Rz. 46.
9 Anders *Abramenko*, Das neue WEG, § 5 Rz. 51.
10 *Abramenko*, Das neue WEG, § 5 Rz. 49.

nicht ausgehöhlt werden, Abs. 4 steht einer Übertragung der Vertretungsbefugnisse des Verwalters auf Dritte (auch Wohnungseigentümer) entgegen[1]. Fehlt allerdings ein Verwalter, weil die Wohnungseigentümer einen solchen nicht bestellen wollen, so können sie einen Miteigentümer als Bevollmächtigten installieren, der mit denselben Aufgaben und Befugnissen wie ein Verwalter ausgestattet ist[2].

134 Da die erleichterte Bevollmächtigung nach Abs. 3 Satz 3 den Wohnungseigentümern nur die Vertretung nach außen erleichtern, nicht jedoch Dritten erschweren soll, betrifft die Vorschrift ausschließlich die **Aktivvertretung** der Gemeinschaft. Für die **Passivvertretung** sind unter den Voraussetzungen des Abs. 3 Satz 2 weiterhin alle Wohnungseigentümer vertretungsberechtigt[3]. Etwas anderes kann allenfalls dann gelten, wenn dem Dritten die Bevollmächtigung bekannt war.

135 Der nach Abs. 3 Satz 3 bevollmächtigte Wohnungseigentümer kann in entsprechender Anwendung von Abs. 6 die Ausstellung einer **Vollmachtsurkunde** verlangen (s. Rz. 166).

VII. Abdingbarkeit (Abs. 4)

136 Die dem **Verwalter** nach Abs. 1 bis 3 zustehenden Aufgaben und Vertretungsbefugnisse können durch Vereinbarung der Wohnungseigentümer nicht eingeschränkt oder ausgeschlossen werden. Insbesondere kann nicht anstelle des Verwalters ein anderes Organ (z.B. der Verwaltungsbeirat) oder gar ein Dritter mit den Aufgaben und Befugnissen eines Verwalters ausgestattet werden[4]. Die Vorschrift **bezweckt** eine effektive Verwaltung des gemeinschaftlichen Eigentums und der Gemeinschaft und betont die selbständige Stellung des Verwalters. Außerdem soll das Vertrauen Dritter in die Vertretungsmacht des Verwalters gestärkt werden[5]. Der letztgenannte Gesichtspunkt trifft auch auf die **Vertretungsbefugnis der Wohnungseigentümer** gem. Abs. 3 Satz 2, 3 zu, so dass diese ebenfalls nicht abbedungen werden kann[6]. Auch die neue umfassende **Ermächtigungsmöglichkeit** im Rahmen des Abs. 3 Satz 1 Nr. 7 kann weder ausgeschlossen noch inhaltlich eingeschränkt werden[7]. Möglich ist es aber, das Mehrheitserfordernis abzuändern oder die Ermächtigung von einer Vereinbarung abhängig zu machen[8]. Selbstverständlich können dem Verwalter im Rahmen von Abs. 3 Satz 1 Nr. 7 eingeräumte Befugnisse jederzeit und ohne Verstoß gegen Abs. 4 wieder entzogen werden[9].

---

1 *Abramenko*, Das neue WEG, § 5 Rz. 49.
2 BT-Drucks. 16/887, 72; a.A. *Abramenko*, Das neue WEG, § 5 Rz. 49, der in diesem Fall von einer „verkappten" Verwalterbestellung ausgeht.
3 *Abramenko*, Das neue WEG, § 5 Rz. 50; *Hügel/Elzer*, Das neue WEG-Recht, § 11 Rz. 111; *Reichert*, ZWE 2006, 477, 478.
4 *Abramenko* in KK-WEG § 27, Rz. 44.
5 *Merle* in Bärmann/Pick/Merle § 27, Rz. 190.
6 *Abramenko*, Das neue WEG, § 5 Rz. 53.
7 *Abramenko*, Das neue WEG, § 5 Rz. 25; a.A. *Merle*, ZWE 2006, 369.
8 Ähnlich *Abramenko*, Das neue WEG, § 5 Rz. 24.
9 *Hügel/Elzer*, Das neue WEG-Recht, § 11 Rz. 112.

Eine Einschränkung kann nicht durch **Vereinbarung** (auch nicht nach § 5 Abs. 4 innerhalb der „Gemeinschaftsordnung") und erst recht nicht durch **Beschluss** erreicht werden[1] und hat die Unwirksamkeit (Nichtigkeit) der Vereinbarung bzw. des Beschlusses zur Folge[2]. Deshalb kommt auch die Entziehung bestimmter Aufgaben und Befugnisse mit Außenwirkung nicht in Betracht, nicht einmal bei Vorliegen eines wichtigen Grundes[3]. Eine unzulässige Beschränkung stellt auch die Bestellung mehrerer Verwalter für die einzelnen Häuser einer Mehrhausanlage dar[4]. Soweit eine unter die Vertretungsbefugnis des Verwalters fallende Handlung an die Zustimmung eines Dritten (z.B. des Verwaltungsbeirats) geknüpft ist, ist die ohne Zustimmung abgegebene Erklärung (z.B. Kündigung eines Arbeitsverhältnisses) dennoch wirksam[5]. Auch im **Verwaltervertrag** können die Aufgaben und Befugnisse nicht wirksam abbedungen oder eingeschränkt werden[6].

137

Kein Verstoß gegen Abs. 4 liegt vor, wenn die Wohnungseigentümer im Einzelfall durch Beschluss **Weisungen** für die Ausübung der Aufgaben und Befugnisse erteilen (z.B. Einrichtung des Gemeinschaftskontos bei einem bestimmten Kreditinstitut)[7] oder allgemeine **Richtlinien** für die Verwaltertätigkeit aufstellen[8]. Will der Verwalter von einer durch Beschluss erteilten Weisung abweichen oder gar nicht ausführen, so kann er diesen Beschluss anfechten (§§ 43 Nr. 4, 46 Abs. 1 Satz 1)[9].

138

Durch Vereinbarung, Beschluss oder vertragliche Vereinbarung mit dem Verwalter im Verwaltervertrag ist ohne weiteres eine **Erweiterung** der Aufgaben und Befugnisse des Verwalters zulässig[10], was sich für die Wahrnehmung von Gemeinschaftsaufgaben bereits aus dem weiten Ermächtigungsspielraum nach Abs. 3 Satz 1 Nr. 7 ergibt. Aber auch den Wohnungseigentümern (sowohl allen als auch nur einigen von ihnen) steht es offen, den Verwalter über seinen in Abs. 1, 2 normierten Aufgaben- und Befugnisbereich hinaus zu bevollmächtigen. So kann dem Verwalter auch die **Verwaltung des Sondereigentums** übertragen werden[11].

139

---

1 *Merle* in Bärmann/Pick/Merle § 27, Rz. 193; *Abramenko* in KK-WEG § 27, Rz. 44.
2 Vgl. BGH v. 21.12.1995 – V ZB 4/94, NJW 1996, 1216 (1217); *Merle* in Bärmann/Pick/Merle § 27, Rz. 191.
3 *Abramenko* in KK-WEG § 27, Rz. 44; a.A. Erman/*Grziwotz* § 27, Rz. 13; Palandt/*Bassenge* § 27, Rz. 19; noch weitergehend *Sauren* § 27, Rz. 96: allgemeine Entziehung möglich.
4 *Häublein*, NZM 2003, 785 (790); DNotI-Report 2007, 113 (114).
5 Vgl. LAG Düsseldorf v. 28.11.2001 – 17 Sa 1220/01, ZMR 2002, 303 (304); *Merle* in Bärmann/Pick/Merle § 27, Rz. 191; *Abramenko* in KK-WEG § 27, Rz. 44; Palandt/*Bassenge* § 27, Rz. 19.
6 *Merle* in Bärmann/Pick/Merle § 27, Rz. 195; *Häublein*, NZM 2003, 785 (790).
7 Bärmann/*Pick* § 27, Rz. 45; *Merle* in Bärmann/Pick/Merle § 27, Rz. 194; Erman/*Grziwotz* § 27, Rz. 13; *Abramenko* in KK-WEG § 27, Rz. 44; *Niedenführ/Schulze* § 27, Rz. 48.
8 LG Hamburg MDR 1970, 762 = GE 1971, 47; *Niedenführ/Schulze* § 27, Rz. 48; RGRK/*Augustin* § 27, Rz. 12.
9 *Niedenführ/Schulze* § 27, Rz. 6; RGRK/*Augustin* § 27, Rz. 16.
10 *Merle* in Bärmann/Pick/Merle § 27, Rz. 192; *Diester* § 27, Rz. 7, 15; *Abramenko* in KK-WEG § 27, Rz. 44; *Niedenführ/Schulze* § 27, Rz. 1; RGRK/*Augustin* § 27, Rz. 12.
11 Bärmann/*Pick* § 27, Rz. 6.

140 Die Pflicht zur gesonderten Vermögenshaltung gem. Abs. 5 Satz 1 kann nur nach Maßgabe von Abs. 5 Satz 2 **eingeschränkt** werden (s. Rz. 114). Eine Übertragung der Vermögensverwaltung auf einen anderen Wohnungseigentümer, den Verwaltungsbeirat oder gar einen Dritten ist also nicht möglich[1], kann aber eventuell in eine zulässige Beschränkung nach Abs. 5 Satz 2 umgedeutet werden[2]. Eine Befreiung des Verwalters von den Bestimmungen des Abs. 5 bis hin zum vollständigen Dispens von der getrennten Vermögensverwaltung (z.B. zur Führung der eingenommenen Gelder auf einem offenen Treuhandkonto oder einem Eigenkonto, s. Rz. 102, 104) ist zulässig, wie sich aus dem Umkehrschluss zu Abs. 4, Abs. 5 Satz 2 ergibt[3]. Abs. 5 kann allerdings nur durch **Vereinbarung** (vgl. § 10 Abs. 2 Satz 2), nicht durch Mehrheitsbeschluss abbedungen werden[4].

141 Nach überwiegender Ansicht soll auch Abs. 6 (Vollmachtsurkunde) abdingbar sein[5]. Eine **Einschränkung** des Anspruchs des Verwalters auf Vollmachtserteilung ist jedoch unzulässig, da sonst dem Verwalter eine effektive Verwaltung nicht mehr möglich wäre. **Erweiterungen**, die dem Verwalter über Abs. 6 hinausgehende Ansprüche zum Nachweis seiner Verwalterstellung einräumen, sind hingegen möglich.

VIII. Getrennte Vermögensverwaltung (Abs. 5)

142 Der Verwalter hat eingenommene Gelder der Gemeinschaft (zum Begriff s. Rz. 49) von seinem eigenen Vermögen, vom Vermögen ihm nahe stehender Unternehmen[6] und vom Vermögen anderer, ebenfalls von ihm verwalteter Gemeinschaften[7], gesondert zu halten. Das bedeutet, dass der Verwalter **Bargeld** und **Wertpapiere** (insbesondere solche i.S.d. § 1 Abs. 1 DepotG, vgl. § 6 Abs. 3 MaBV) der Gemeinschaft von seinen eigenen Geldscheinen und Wertpapieren getrennt aufzubewahren hat, um einer Vermischung nach § 948 BGB vorzubeugen[8]. Es empfiehlt sich daher, eine eigene Kasse oder Ähnliches (Geldschrank, Tresor) für die Verwahrung von Geld und Wertpapieren zu führen[9]. Besonders umstritten ist, ob der Verwalter in Bezug auf die **unbare Vermögensverwaltung** berechtigt ist, neben Fremdkonten auch Treuhandkonten zu führen. Siehe dazu oben Rz. 104.

---

1 *Merle* in Bärmann/Pick/Merle § 27, Rz. 102.
2 *Merle* in Bärmann/Pick/Merle § 27, Rz. 102.
3 LG Köln v. 9.3.1987 – 21 O 545/86, NJW-RR 1987, 1365 (1366); *Merle* in Bärmann/Pick/Merle § 27, Rz. 98, 102; *Abramenko* in KK-WEG § 27, Rz. 20; RGRK/*Augustin* § 27, Rz. 1 (25); Soergel/*Stürner* § 27, Rz. 6; Weitnauer/*Lüke* § 27, Rz. 8; a.A. *Pick*, JZ 1972, 99 (101, 102); Erman/*Grziwotz* § 27, Rz. 14.
4 *Abramenko* in KK-WEG § 27, Rz. 20; *Niedenführ/Schulze* § 27, Rz. 32; RGRK/*Augustin* § 27, Rz. 25.
5 *Niedenführ/Schulze* § 27, Rz. 1, 48; RGRK/*Augustin* § 27, Rz. 1; Soergel/*Stürner* § 27, Rz. 7.
6 BayObLG WuM 1996, 118; *Abramenko* in KK-WEG § 27, Rz. 21.
7 *Merle* in Bärmann/Pick/Merle § 27, Rz. 93; *Abramenko* in KK-WEG § 27, Rz. 21.
8 *Merle* in Bärmann/Pick/Merle § 27, Rz. 92; *Niedenführ/Schulze* § 27, Rz. 30; RGRK/*Augustin* § 27, Rz. 25; Weitnauer/*Lüke* § 27, Rz. 27.
9 *Merle* in Bärmann/Pick/Merle § 27, Rz. 92; *Diester* § 27, Rz. 16; *Abramenko* in KK-WEG § 27, Rz. 21; *Niedenführ/Schulze* § 27, Rz. 30; RGRK/*Augustin* § 27, Rz. 25; Weitnauer/*Lüke* § 27, Rz. 27.

Aufgaben und Befugnisse des Verwalters § 27

Verletzt der Verwalter seine Pflicht zur gesonderten Vermögensverwaltung (indem er etwa Bargeld mit seinem Geld vermengt, Eigen- oder Treuhandkonten statt Fremdkonten führt), so handelt er pflichtwidrig und ist der Gemeinschaft möglicherweise zum **Schadensersatz** verpflichtet (§ 280 Abs. 1 BGB, s. Rz. 168 ff.)[1]. Außerdem rechtfertigt ein solches Verhalten die fristlose Kündigung des Verwaltervertrags und die **sofortige Abberufung** des Verwalters[2]. Der Verstoß gegen Abs. 5 kann auch eine gewerberechtliche Unzuverlässigkeit des Verwalters begründen[3]. Der Verstoß gegen die getrennte Vermögensverwaltung stellt bei Vorsatz **Untreue** nach § 266 StGB in der Form des Treubruchtatbestands dar, wenn der Gemeinschaft hieraus ein vermögensrechtlicher Nachteil entstanden ist[4].

143

IX. Vertretungsnachweis (Abs. 6)

1. Normzweck

Von der Vertretungsmacht nach außen ist der **Nachweis** dieser Vertretungsbefugnis gegenüber Dritten zu unterscheiden. Da sich der Gesetzgeber gegen die Schaffung eines Registers, das die Wohnungseigentümergemeinschaft und den Verwalter ausweist, entschieden hat[5], kommt ein Nachweis der Vertretungsbefugnis durch einen Registerauszug oder eine Registerbescheinigung, wie bei Vereinen, Gesellschaften und Genossenschaften, nicht in Betracht[6]. Die **fehlende Registerpublizität** versucht Abs. 6 dadurch zu kompensieren, dass er dem Verwalter einen **Anspruch auf Ausstellung einer Urkunde** einräumt, aus der sich seine Vertretungsmacht ergibt. Zur **Abdingbarkeit** der Vorschrift s. Rz. 141.

144

2. WEG-Reform 2007

Obwohl der Gesetzgeber im Zuge der WEG-Reform die Vorschrift in Hinblick auf die **Teilrechtsfähigkeit** der Eigentümergemeinschaft angepasst hat[7], ergeben sich weiterhin Auslegungsschwierigkeiten, die zum einen darauf beruhen, dass der Verwalter sowohl als Vertreter der Wohnungseigentümer als auch als Vertreter der Gemeinschaft auftreten kann. Zum anderen muss danach differenziert werden, ob der Verwalter aufgrund gesetzlicher Ermächtigung, aufgrund blankettausfüllender Vereinbarung (bzw. blankettausfüllenden Beschlusses)

145

---

1 Vgl. OLG Hamm DWE 1986, 30; *Niedenführ/Schulze* § 27, Rz. 27; Weitnauer/*Lüke* § 27, Rz. 29.
2 OLG Düsseldorf v. 16.5.1997 – 3 Wx 211/97, ZfIR 1997, 484 (485); *Merle* in Bärmann/Pick/Merle § 27, Rz. 85; *Abramenko* in KK-WEG § 27, Rz. 21; *Niedenführ/Schulze* § 27, Rz. 27; Weitnauer/*Lüke* § 27, Rz. 29.
3 BVerwG v. 6.12.1994 – 1 B 234/94, NVwZ-RR 1995, 197 = DÖV 1995, 643; Erman/*Grziwotz* § 27, Rz. 14.
4 BGH v. 23.8.1995 – 5 StR 371/95, BGHSt 41, 224 = NJW 1996, 65; LG Krefeld v. 21.5.1999 – 26 StK 197/98, NZM 2000, 200; *Zieschang*, NZM 1999, 393; *Merle* in Bärmann/Pick/Merle § 27, Rz. 92; Erman/*Grziwotz* § 27, Rz. 14.
5 *Diester* § 27, Rz. 18; an eine Registrierung von Verwaltervollmachten hat man sicherlich noch weniger gedacht, so aber *Sauren* § 27, Rz. 113.
6 Bärmann/*Pick* § 27, Rz. 50; *Merle* in Bärmann/Pick/Merle § 27, Rz. 196; *Diester* § 27, Rz. 18; *Abramenko* in KK-WEG § 27, Rz. 45; RGRK/*Augustin* § 27, Rz. 30; Weitnauer/*Lüke* § 27, Rz. 34.
7 Vgl. BT-Drucks. 16/887, 72.

oder gar aufgrund erweiternder Vereinbarung (bzw. erweiternden Beschlusses) vertritt. Schließlich hat es der Reformgesetzgeber **versäumt**, einen Vertretungsnachweis für den nach Abs. 3 Satz 3 zur Vertretung ermächtigten Wohnungseigentümer und den Ersatzzustellungsvertreter nach § 45 Abs. 2 zu normieren.

3. Nachweis der gesetzlichen Vertretungsbefugnis des Verwalters für die Wohnungseigentümer oder die Gemeinschaft

146 Soweit der Verwalter im Rahmen des Abs. 2 und 3 auftritt, handelt er als **gesetzlicher Vertreter** der Wohnungseigentümer bzw. der Gemeinschaft. Es würde in diesen Fällen wegen der aus Abs. 4 folgenden Unabdingbarkeit seiner Vertretungsbefugnis genügen, wenn er seine Verwaltereigenschaft nachweisen könnte, eine besondere Vollmacht benötigt er eigentlich nicht[1].

147 Wurde der Verwalter vom Gericht als „Notverwalter" gem. § 26 Abs. 3 a.F. bestellt, so genügte zum Nachweis der Verwaltereigenschaft die Vorlage des Gerichtsbeschlusses in Ausfertigung[2]. Durch die WEG-Reform ist zwar § 26 Abs. 3 a.F. aufgehoben worden, die gerichtliche Bestellung eines Verwalters im Klagewege oder im Wege der einstweiligen Verfügung soll aber noch immer möglich sein[3]. In diesem Fall kann sich der Verwalter weiterhin durch Vorlage einer **Ausfertigung des Urteils bzw. Beschlusses** legitimieren.

148 Weiterhin kann sich der Verwalter durch eine **Niederschrift des Bestellungsbeschlusses in der Form des § 26 Abs. 3** ausweisen. Wenn ein Bestellungsprotokoll, das die öffentlich beglaubigten Unterschriften des Verwalters, eines Wohnungseigentümers und des Vorsitzenden des Verwaltungsbeirats trägt, für den Nachweis der Verwaltereigenschaft gegenüber dem Grundbuchamt genügt, reicht dieses erst recht aus, um die Verwaltereigenschaft und die gesetzliche Vertretungsbefugnis im sonstigen Rechtsverkehr, insbesondere vor dem Vollstreckungsgericht (vgl. § 71 Abs. 2 ZVG), nachzuweisen[4].

149 Problematisch ist, inwieweit der Rechtsverkehr auf die gerichtliche Entscheidung über die Verwalterbestellung (Rz. 147) oder den Nachweis der Verwaltereigenschaft nach § 26 Abs. 3 (Rz. 148) vertrauen darf. Dies spielt vor allem dann eine Rolle, wenn der Bestellungsbeschluss wirksam angefochten worden ist. Eine entsprechende Anwendung der §§ 172 ff. BGB auf diese Urkunden kommt nicht in Betracht[5]. Eine Anknüpfung an § 69 BGB, § 15 Abs. 2 HGB scheitert an der fehlenden Registerpublizität der Person des Verwalters. Auch eine entsprechende Anwendung der §§ 2368 Abs. 3, 2366 BGB kann mangels vergleichbarer Aussagekraft dieser Zeugnisse nicht befürwortet werden. Für den vom Gericht

---

1 *Diester* § 27, Rz. 18.
2 *Merle* in Bärmann/Pick/Merle § 27, Rz. 196; *Diester* § 27, Rz. 18; Erman/*Grziwotz* § 27, Rz. 15; *Niedenführ/Schulze* § 27, Rz. 51; RGRK/*Augustin* § 27, Rz. 31.
3 BT-Drucks. 16/887, 35; *Abramenko*, Das neue WEG, § 5 Rz. 41; *Köhler*, Das neue WEG, Rz. 470.
4 Ähnlich *Abramenko*, ZMR 2004, 166 (168); *Abramenko*, ZMR 2006, 338 (341).
5 *Abramenko* in KK-WEG § 27, Rz. 45; MüKo/*Schramm* § 172, Rz. 18; PWW/*Frensch* § 172, Rz. 1; a.A. *Diester*, DNotZ 1964, 724 (725); *Feuerborn*, ZIP 1988, 146 (151).

bestellten Verwalter galt jedoch § 32 FGG[1]. Nach Überführung des WEG-Verfahrens in die ZPO kann § 32 FGG aber keine Anwendung, auch keine entsprechende Anwendung mehr finden. Auf den gewählten Verwalter scheidet eine entsprechende Anwendung von § 32 FGG ohnehin aus[2]. Zudem ist zu bedenken, dass auch der gute Glaube an den Fortbestand des Amts des Testamentsvollstreckers oder Insolvenzverwalters nicht geschützt wird[3]. Im Ergebnis besteht daher **kein Vertrauensschutz** gutgläubiger Dritter auf den Fortbestand der Verwaltereigenschaft und der Vertretungsmacht, auch nicht nach allgemeinen Rechtsscheingrundsätzen[4]. Deshalb bildet auch das nur **privatschriftlich unterzeichnete Protokoll** über die Bestellung des Verwalters (§ 24 Abs. 6) keine ausreichende Grundlage für eine Vertrauens- oder Rechtsscheinhaftung[5].

Schließlich kann der Verwalter die Ausstellung einer **Vollmachts- bzw. Ermächtigungsurkunde** verlangen. Diese gibt lediglich **deklaratorisch** die gesetzliche Vertretungsmacht des Verwalters wieder[6], dient aber dazu, die fehlende Publizität seiner Verwaltereigenschaft zu ersetzen. Weitaus bedeutsamer ist, dass die Vollmachtsurkunde die Anwendbarkeit der §§ 172ff. BGB begründet[7], also das Vertrauen gutgläubiger Dritter auf die Vertretungsbefugnis des Verwalters schützt. 150

Da umstritten ist, von wem diese Vollmachtsurkunde ausgestellt sein muss (s. Rz. 161), kann bei großen oder zerstrittenen Wohnanlagen die Ausstellung einer Vollmachtsurkunde große Schwierigkeiten bereiten[8]. Es empfiehlt sich daher aus Sicht der Wohnungseigentümer bzw. der Gemeinschaft, dem Verwalter auch eine Niederschrift des Bestellungsbeschlusses in der Form des § 26 Abs. 3 auszuhändigen[9]. Der potentielle Vertragspartner der Wohnungseigentümer bzw. der Gemeinschaft sollte allerdings auf der Vorlage einer Vollmachtsurkunde bestehen, wenn ihm an einem Vertragsschluss mit den Miteigentümern bzw. der Gemeinschaft gelegen ist, da nur dann sein **guter Glaube** an die Vertretungsmacht des Verwalters geschützt wird (s. Rz. 163). Und der vorsichtige Verwalter wird zur **Vermeidung einer Eigenhaftung** (§§ 177ff. BGB) ebenfalls auf der Ausstellung einer Urkunde bestehen. 151

4. Nachweis der Blankett-Vertretungsbefugnis des Verwalters für die Wohnungseigentümer oder die Gemeinschaft

Umstritten ist, wie der Verwalter seine gesetzliche Vertretungsmacht nachweist, wenn diese eine die Blankettnorm des Abs. 2 Nr. 3 oder Abs. 3 Satz 1 152

---

1 BayObLG v. 5.3.1992 – BReg 2 Z 165/91, NJW-RR 1992, 787; *Zimmermann* in Keidel/Kuntze/Winkler § 32, Rz. 6.
2 A.A. BGH v. 6.3.1997 – III ZR 248/95, NJW 1997, 2106 (2107); KG v. 13.11.1989 – 24 W 5042/89, NJW-RR 1990, 153; KG v. 29.10.1990 – 24 W 6672/89, NJW-RR 1991, 274; OLG Zweibrücken v. 16.12.2002 – 3 W 202/02, ZMR 2004, 63 = FGPrax 2003, 63.
3 *Koller* in Everts/Grziwotz/Heinemann/Koller, Grundstückskaufverträge, Rz. 398 (399).
4 *Abramenko* in KK-WEG § 27, Rz. 45.
5 *Abramenko* in KK-WEG § 27, Rz. 45.
6 Soergel/*Stürner* § 27, Rz. 7; Weitnauer/*Lüke* § 27, Rz. 34.
7 Bärmann/*Pick* § 27, Rz. 51; *Merle* in Bärmann/Pick/Merle § 27, Rz. 197; *Diester* § 27, Rz. 18; Niedenführ/Schulze § 27, Rz. 51; Palandt/*Bassenge* § 27, Rz. 26; RGRK/*Augustin* § 27, Rz. 30; Soergel/*Stürner* § 27, Rz. 7; Weitnauer/*Lüke* § 27, Rz. 34.
8 *Abramenko* in KK-WEG § 27, Rz. 45.
9 Weitnauer/*Lüke* § 27, Rz. 34.

Nr. 7 ausfüllende Vereinbarung oder einen solchen Beschluss voraussetzt. Nicht zugestimmt werden kann denjenigen Stimmen, die die Ausstellung einer umfassenden Blanko- oder Generalvollmacht, die den Verwalter zum Vollzug aller gefassten Beschlüsse ermächtigt, genügen lassen[1]. Denn der Verwalter besitzt – anders als andere gesetzliche Vertreter – keine umfassende Vertretungsmacht[2]. Seine Rechtsstellung ähnelt insoweit derjenigen des Bürgermeisters nach bayerischem Kommunalrecht, der die Gemeinde nur wirksam vertreten kann, wenn er aufgrund originärer Kompetenz oder aufgrund eines Stadt-/Gemeinderatsbeschlusses handelt[3]. Dem Verwalter muss also zusätzlich zum Nachweis seiner Verwaltereigenschaft (durch Vollmachtsurkunde, Bestellungbeschluss in der Form des § 26 Abs. 3 oder Gerichtsentscheidung) auch **die Vereinbarung bzw. der Beschluss** nach Abs. 2 Nr. 3 bzw. Abs. 3 Satz 1 Nr. 7 in Urschrift[4], Ausfertigung oder beglaubigter Abschrift[5] tatsächlich **vorliegen**.

153 Auch hier taucht das Problem auf, inwieweit der Rechtsverkehr auf diese Vertretungsmacht vertrauen darf, insbesondere nachdem der blankettausfüllende Beschluss wirksam angefochten worden ist (s. Rz. 119). Die Anwendung der §§ 172 ff. BGB auf diesen Sachverhalt ist sehr zweifelhaft[6], denn der Beschluss selbst stellt ja keine Vollmachtsurkunde dar. Es besteht im Ergebnis **kein Vertrauensschutz** Dritter auf die Gültigkeit dieses Ausführungsbeschlusses, ebenso wenig wie das Vertrauen auf den Fortbestand der Verwaltereigenschaft im Falle der Vorlage des Bestellungsprotokolls geschützt wird (s. oben Rz. 149)[7]. Es liegt daher im Interesse des Verwalters und etwaiger Vertragspartner, dass in diesem Fall auch eine entsprechende Urkunde als Einzelvollmacht über die konkrete (im Fall des Abs. 2 Nr. 3) oder als Generalvollmacht über die allgemeine Vertretungsbefugnis (im Fall des Abs. 3 Satz 1 Nr. 7) erteilt wird, da nur dann die §§ 172 ff. BGB gelten[8].

5. Nachweis der gewillkürten Vertretungsbefugnis des Verwalters für die Wohnungseigentümer

154 Die Wohnungseigentümer haben die Möglichkeit, den Verwalter über Abs. 2 hinaus rechtsgeschäftlich zu bevollmächtigen. Auch in diesem Fall kann der Verwalter nach Abs. 6 die Ausstellung einer Vollmachtsurkunde verlangen. Es handelt sich in diesem Fall aber um eine **echte Vollmachtsurkunde**, für die die §§ 172 ff. BGB unmittelbar gelten.

---

1 Ebenso *Merle* in Bärmann/Pick/Merle § 27, Rz. 198.
2 *Merle* in Bärmann/Pick/Merle § 27, Rz. 1.
3 *Koller* in Everts/Grziwotz/Heinemann/Koller, Grundstückskaufverträge, Rz. 512.
4 *Merle* in Bärmann/Pick/Merle § 27, Rz. 198, der allerdings verkennt, dass die von ihm kritisierten Autoren nicht die Vorlage des Beschlusses in der Form des § 26 Abs. 3 fordern, sondern nur eine beglaubigte Abschrift des Beschlusses verlangen.
5 BayObLG v. 3.7.1964 – BReg 2 Z 90/64, NJW 1964, 1962 (1963) = DNotZ 1964, 722 mit zust. Anm. *Diester* = Rpfleger 1964, 373 mit zust. Anm. *Riedel*; *Abramenko*, ZMR 2004, 166 (168); Bamberger/Roth/*Hügel* § 27, Rz. 18; *Niedenführ/Schulze* § 27, Rz. 51; Palandt/*Bassenge* § 27, Rz. 26.
6 Ebenso *Abramenko* in KK-WEG § 27, Rz. 45 für den Fall des Nachweises der Verwaltereigenschaft durch Vorlage der Beschlussniederschrift über dessen Bestellung; a.A. offenbar *Merle* in Bärmann/Pick/Merle § 27, Rz. 198.
7 A.A. *Merle* in Bärmann/Pick/Merle § 27, Rz. 198.
8 Ebenso *Häublein*, ZMR 2006, 1 (5).

6. Vollmachts- bzw. Ermächtigungsurkunde

Das Gesetz bezeichnet die Urkunde über die Vertretungsmacht des Verwalters reichlich ungenau. Der Begriff „Vollmachtsurkunde" ist sogar teilweise **unzutreffend**, da die Urkunde eine rechtsgeschäftliche Bevollmächtigung des Verwalters nur insofern ausweist, als der Verwalter über die gesetzliche Vertretungsbefugnis der Abs. 2 und 3 hinaus ermächtigt wurde[1]. Mit der Bezeichnung der „Ermächtigungsurkunde" will der Gesetzgeber die umfassend mögliche Ermächtigung des Verwalters zur Vertretung der Gemeinschaft nach Abs. 3 Satz 1 Nr. 7 kennzeichnen[2]. Auch das ist **missverständlich**, da Abs. 2 Nr. 3 ebenfalls von einer „Ermächtigung" des Verwalters handelt. Richtigerweise hätte der Gesetzgeber ganz auf eine Bezeichnung der Urkunde verzichten und durch eine Verweisung auf die §§ 172 ff. BGB den eigentlichen Sinn und Zweck der Vorschrift verdeutlichen sollen.

155

7. Inhalt der Urkunde

Der Inhalt der Urkunde kann unterschiedlich ausgestaltet sein. Die Urkunde muss **mindestens** die **Person des Verwalters**[3] und **die gesetzliche Vertretungsmacht** der Abs. 2 und 3 ausweisen, kann sich hierin aber auch erschöpfen[4]. Eine wörtliche Wiedergabe des Gesetzeswortlauts ist dann nicht erforderlich, es genügt die Angabe der Verwaltereigenschaft und der Hinweis auf die gesetzliche Vertretungsmacht[5]. Im Hinblick auf die noch darzustellenden Schwierigkeiten bei der Ausstellung der Vollmachtsurkunde nach Abs. 2 (s. Rz. 161 f.), empfiehlt es sich möglicherweise, zwei Vollmachts- bzw. Ermächtigungsurkunden zu erstellen, eine, die die Vertretungsmacht für die Wohnungseigentümer (Abs. 2) und eine, die die Vertretungsbefugnis für die Gemeinschaft (Abs. 3) ausweist.

156

Soweit die gesetzliche Vertretungsmacht des Verwalter darüber hinaus durch Vereinbarung oder Beschluss nach Abs. 2 Nr. 3 oder Abs. 3 Satz 1 Nr. 7 **erweitert** worden ist, kann dies ebenfalls in dieser Urkunde oder in einer gesonderten Urkunde als **Einzel- oder Spezialvollmacht** ausgewiesen werden[6]. Die daneben bestehende Möglichkeit, der allgemeinen Vollmachtsurkunde den Mehrheitsbeschluss beizufügen, genügt zwar als Vertretungsnachweis, bewirkt aber für sich allein – wie gezeigt – keinen Vertrauensschutz (s. Rz. 153). Gleiches gilt, soweit die Wohnungseigentümer den Verwalter **über Abs. 2 hinaus durch Vereinbarung oder Beschluss bevollmächtigt** haben (s. Rz. 154). Der sorgsame Verwalter und der vorsichtige Vertragspartner werden auch in diesen Fällen auf der Ausstellung bzw. Vorlage einer entsprechenden Vollmachtsurkunde bestehen.

157

Denkbar ist auch die Ausstellung einer **General- oder Blankovollmacht**[7], insbesondere wenn die Gemeinschaft von der Möglichkeit Gebrauch gemacht hat,

158

---

1 Ähnlich RGRK/*Augustin* § 27, Rz. 30.
2 BT-Drucks. 16/887, 72.
3 *Merle* in Bärmann/Pick/Merle § 27, Rz. 197; *Niedenführ/Schulze* § 27, Rz. 51; Weitnauer/*Lüke* § 27, Rz. 34.
4 *Merle* in Bärmann/Pick/Merle § 27, Rz. 198; *Abramenko* in KK-WEG § 27, Rz. 46; Palandt/*Bassenge* § 27, Rz. 26; Weitnauer/*Lüke* § 27, Rz. 34.
5 So wohl auch Erman/*Grziwotz* § 27, Rz. 15.
6 *Merle* in Bärmann/Pick/Merle § 27, Rz. 198; *Abramenko* in KK-WEG § 27, Rz. 46.
7 Erman/*Grziwotz* § 27, Rz. 15; *Abramenko* in KK-WEG § 27, Rz. 46.

den Verwalter nach Abs. 3 Satz 1 Nr. 7 umfassend zu ermächtigen. Zu beachten ist aber, dass eine wirksame Vertretungsmacht immer auch das tatsächliche Vorliegen der Vereinbarung bzw. des Beschlusses erfordert (s. Rz. 152). Dritte werden im Fall des Abs. 3 Satz 1 Nr. 7 allerdings schon bei Vorlage einer Generalvollmacht in ihrem Vertrauen geschützt.

159 Die Urkunde kann, wie eine „echte" Vollmacht auch, durch Bedingungen (z.B. Zustimmungserfordernisse Dritter) oder Befristungen (z.B. eine Geltungsdauer) **beschränkt** werden[1]. Dabei ist jedoch zu bedenken, dass solche Einschränkungen auch die Verwendbarkeit der Urkunde im Rechtsverkehr erheblich behindern[2], so dass es sich empfiehlt, die Beschränkungen nicht im Außenverhältnis zu Dritten, sondern nur im Innenverhältnis anzuordnen[3]. Soweit der Verwalter von den Beschränkungen des § 181 BGB befreit ist, muss dies ebenfalls aus der Urkunde ersichtlich sein.

8. Form der Urkunde

160 Die Urkunde ist in **schriftlicher Form** (§ 126 Abs. 1 BGB) zu erteilen, sofern der Verwalter im Einzelfall nicht sogar eine weitergehende Form benötigt[4]. Für die Prozessführung kann er die Ausstellung einer **Prozessvollmacht** (§ 81 ZPO) verlangen. Insbesondere im Hinblick auf die seit Anerkennung der Teilrechtsfähigkeit der Gemeinschaft bestehende Möglichkeit zum Erwerb von Grundbesitz ist hierfür die „Ermächtigungsurkunde" wegen § 29 GBO in **öffentlich-beglaubigter Form** (§ 129 Abs. 1 BGB, vgl. z.B. § 71 Abs. 2 ZVG), wenn nicht sogar in Hinblick auf § 311b Abs. 1 BGB in **beurkundeter Form** zu erteilen. Abzuraten ist von dem Vorschlag, den Verwalter nur mit der Bestellungsniederschrift und dem Erwerbsbeschluss in der Form des § 26 Abs. 3 auszustatten[5], da in diesem Fall weder der gute Glaube des Vertragspartners noch der Verwalter vor einer Eigenhaftung geschützt sind. Es sollten entweder alle Wohnungseigentümer entsprechend Abs. 3 Satz 2 den Vertrag abschließen oder dem Verwalter eine „Ermächtigungsurkunde" in öffentlich-beglaubigter Form erteilen. Als weitere, jedoch weniger sichere Möglichkeit kommt die Ermächtigung in öffentlich-beglaubigter Form durch einen Wohnungseigentümer aufgrund eines Beschlusses nach Abs. 3 Satz 3 in Betracht, der seinerseits dem Formerfordernis des § 26 Abs. 3 genügt[6].

161 Umstritten ist schließlich, **wer** die Urkunde **ausstellen muss**. Während die überwiegende Ansicht im Schrifttum die Unterzeichnung der Urkunde durch die

---

1 *Abramenko* in KK-WEG § 27, Rz. 46.
2 *Abramenko* in KK-WEG § 27, Rz. 46; *Sauren* § 27, Rz. 113.
3 *Sauren* § 27, Rz. 113, der zugleich auf die damit verbundenen Risiken hinweist.
4 *Weitnauer/Lüke* § 27, Rz. 34.
5 So aber *Schneider*, Rpfleger 2007, 175 (177).
6 Vgl. zu dieser Möglichkeit LG Bielefeld v. 19.5.1981 – 3 T 186/81, Rpfleger 1981, 355 (356) mit Anm. *Röll*; *Abramenko*, ZMR 2006, 338 (341); *Röll*, Rpfleger 1986, 4; *Abramenko*, ZMR 2004, 166 (168); *Feuerborn*, ZIP 1988, 146 (151); *Schneider*, Rpfleger 2007, 175 (177); *Schneider*, ZfIR 2002, 108 (119f.); *Wenzel*, ZWE 2004, 130 (138); *Merle* in Bärmann/Pick/Merle § 26, Rz. 268; a.A. *Staudinger/Bub* § 26, Rz. 524.

Mehrheit der beschließenden Eigentümer ausreichen lässt[1], hat *Abramenko* darauf hingewiesen, dass eine „Vollmachtsurkunde" der Ausstellung durch alle Miteigentümer bedarf[2]. Erblickt man in der Vollmachtsurkunde die rechtsgeschäftliche Wiederholung der Gesetzeslage[3], kann die Geltung der Rechtsscheinwirkungen der §§ 172 ff. BGB nur auf eine Ausstellung der Urkunde durch **alle Wohnungseigentümer** gegründet werden[4]. Auch der Gesetzeswortlaut gibt dem Verwalter einen Anspruch gegen die Wohnungseigentümer und nicht gegen die Mehrheit der Wohnungseigentümer. Für die Gemeinschaft schafft auch Abs. 3 Satz 2 Klarheit, als alle Wohnungseigentümer die Gemeinschaft vertreten, soweit der Verwalter nicht berechtigt ist, was hinsichtlich der Erteilung seiner Vollmachtsurkunde sicherlich der Fall sein wird.

Zur Lösung dieses Problems empfiehlt *Abramenko*, im Rahmen der Beschlussfassung über die Bestellung des Verwalters einen Wohnungseigentümer zu bevollmächtigen, damit er die Vollmachtsurkunde alleine unterzeichnen kann, und anschließend die Urkunde und den Beschluss miteinander zu verbinden[5]. Hierbei wird jedoch das Problem nur verlagert, denn schließlich muss auch der einzelne Wohnungseigentümer wirksam bevollmächtigt worden sein. Richtigerweise ist zu differenzieren. Die **Gemeinschaft** kann aufgrund Vereinbarung oder Mehrheitsbeschluss der Wohnungseigentümer (s. Rz. 132) durch einen Miteigentümer vertreten werden, Abs. 3 Satz 3. Aufgrund eines solchen Beschlusses kann dann dieser Eigentümer in der Tat die Vollmachtsurkunde der Gemeinschaft für den Verwalter alleine ausstellen. Dieser Beschluss sollte zweckmäßigerweise mit der Vollmachtsurkunde verbunden werden. Für die Vollmachtsurkunde der **Wohnungseigentümer** an den Verwalter kann dies – mangels einer vergleichbaren Vorschrift in Abs. 2 – nicht gelten. Es verbleibt hier bei der Notwendigkeit, die Vollmachtsurkunde durch alle Wohnungseigentümer ausstellen zu lassen, sei es im Wege der gerichtlichen Ersetzung (Rz. 165).

162

9. Wirkung der Urkunde

Nur die Vollmachts- bzw. Ermächtigungsurkunde (s. Rz. 149 ff., 153, 155) zeitigt dieselbe Rechtswirkung wie eine Vollmachtsurkunde i.S.d. § 172 BGB. Der Verwalter ist aufgrund der ausgehändigten und dem Dritten vorgelegten Urkunde dem Dritten gegenüber zur Vertretung berechtigt, §§ 172 Abs. 1, 171 Abs. 1 BGB. Der Dritte darf also bis zur Rückgabe oder Kraftloserklärung der Urkunde (§ 172 Abs. 2 BGB) **auf die Vertretungsmacht des Verwalters vertrauen**, selbst wenn der Bestellungsbeschluss wirksam angefochten wurde oder eine rechtsgeschäftliche Vollmacht widerrufen worden ist, es sei denn, der Dritte

163

---

1 *Diester*, DNotZ 1964, 724 (725); BayObLG v. 24.6.1999 – 2 Z 179/98, NJW-RR 2000, 17 (19) = FGPrax 1999, 216; *Feuerborn*, ZIP 1988, 146 (151); *Riedel*, Rpfleger 1964, 374; *Niedenführ/Schulze* § 27, Rz. 51; RGRK/*Augustin* § 27, Rz. 31; Soergel/*Stürner* § 27, Rz. 7.
2 *Abramenko* in KK-WEG § 27, Rz. 45, 45b.
3 *Weitnauer/Lüke* § 27, Rz. 34.
4 So wohl auch LG Stuttgart in *Diester*, Rechtsprechung Nr. 65a, S. 148; Bärmann/*Pick* § 27, Rz. 50 („zuständig dafür ist die Gemeinschaft"); *Sittmann/Dietrich*, WM 1998, 1615 (1621).
5 *Abramenko* in KK-WEG § 27, Rz. 45; in diese Richtung wohl auch *Feuerborn*, ZIP 1988, 146 (151 Fn. 58); *Niedenführ/Schulze* § 27, Rz. 51.

kennt das Erlöschen der Vertretungsmacht oder hätte es kennen müssen, § 173 BGB[1].

164 Der Verwalter hat die Urkunde(n) nach Erlöschen seiner Vertretungsmacht (z.B. wegen Abberufung, Zeitablaufs, Aufhebung eines Beschlusses nach Abs. 2 Nr. 3 oder Abs. 3 Satz 1 Nr. 7, Widerrufs einer rechtsgeschäftlichen Vollmacht) **zurückzugeben**. Ein Zurückbehaltungsrecht, etwa wegen ausstehender Vergütung, steht dem Verwalter nicht zu, § 175 BGB. Gläubiger des Rückgabeanspruchs sind im Falle des Abs. 2 die Wohnungseigentümer, wobei jeder Miteigentümer gem. § 432 Abs. 1 BGB die Rückgabe an alle verlangen kann[2]. Im Falle des Abs. 3 ist die Wohnungseigentümergemeinschaft Gläubigerin[3]. Wird oder kann die Urkunde nicht zurückgegeben werden, so kann sie durch öffentliche Bekanntmachung für **kraftlos** erklärt werden, § 176 BGB. Zuständig hierfür ist stets das AG nach § 43 Abs. 1 Nr. 3, das allerdings im Verfahren der freiwilligen Gerichtsbarkeit entscheidet[4].

10. Durchsetzung des Anspruchs

165 Der Verwalter hat die Möglichkeit, seinen Anspruch auf Erteilung einer Vollmachts- bzw. Ermächtigungsurkunde gerichtlich vor dem nach § 43 Nr. 3 **zuständigen AG** einzuklagen. Der Anspruch ist gerichtet auf Erteilung der Urkunde mit dem konkreten Inhalt der Vertretungsbefugnis; ein Anspruch auf Ausstellung einer Blanko- oder Generalvollmacht besteht (grundsätzlich) nicht[5]. **Richtige Beklagte** sind im Hinblick auf eine Vollmachtsurkunde nach Abs. 2 die Wohnungseigentümer; soweit sich nur einzelne Miteigentümer weigern, die Urkunde auszustellen, können auch nur diese allein verklagt werden. Obwohl der Gesetzeswortlaut die Teilrechtsfähigkeit der Gemeinschaft nicht berücksichtigt, ist im Falle der Ermächtigungsurkunde nach Abs. 3 richtiger Beklagter allein die Gemeinschaft, auch wenn nur einzelne Wohnungseigentümer ihre Mitwirkung versagen. Da es sich bei der Ausstellung der Vollmacht (deren „Unterzeichnung") um die Abgabe einer Willenserklärung und nicht um die Vornahme einer unvertretbaren Handlung handelt, ersetzt das Urteil die Vollmachtserteilung, § 894 Abs. 1 ZPO[6].

11. Vertretungsnachweis sonstiger Personen

166 Der Gesetzgeber hat es versäumt, zu bestimmen, welche Vertretungsnachweise andere Personen als der Verwalter verlangen können. Haben die Wohnungseigentümer **einen oder mehrere Miteigentümer** durch Mehrheitsbeschluss zum Vertreter der Gemeinschaft bestimmt (Abs. 3 Satz 3, s. Rz. 132), so hat er entsprechend Abs. 6 Anspruch auf Ausstellung einer „Ermächtigungsurkunde"[7]. Auch § 26 Abs. 3 gilt entsprechend. Dasselbe gilt für den **Ersatzzustel-**

---

1 *Feuerborn*, ZIP 1988, 146 (151); Bärmann/*Pick* § 27, Rz. 51; Merle in Bärmann/Pick/Merle § 27, Rz. 197 (199); Weitnauer/*Lüke* § 27, Rz. 34.
2 *Diester* § 27, Rz. 18.
3 PWW/*Müller* § 432, Rz. 4.
4 MüKo/*Schramm* § 176, Rz. 3; PWW/*Frensch* § 176, Rz. 1.
5 Erman/*Grziwotz* § 27, Rz. 15.
6 Anders *Abramenko* in KK-WEG § 27, Rz. 45, der § 888 ZPO anwendet.
7 Ebenso *Hügel/Elzer*, Das neue WEG-Recht, § 11 Rz. 110.

lungsvertreter nach § 45 Abs. 2. Die entsprechende Anwendung ist deshalb gerechtfertigt, weil diese Personen den nicht vorhandenen oder nicht vertretungsberechtigten Verwalter ersetzen. Die vorstehenden Ausführungen zum **Gutglaubensschutz** Dritter gelten ebenfalls entsprechend. So können Dritte auf die Vertretungsmacht nur dann vertrauen, wenn sie sich die von allen Wohnungseigentümern ausgestellte Vollmachtsurkunde nach Abs. 6 in Original oder Ausfertigung vorlegen lassen. Ihr Vertrauen auf die Wirksamkeit eines Bestellungsbeschlusses nach Abs. 3 Satz 3 oder § 45 Abs. 2 Satz 1 wird nicht geschützt[1].

X. Pflichten des ausgeschiedenen Verwalters

Auch den ausgeschiedenen Verwalter treffen noch nachvertragliche Pflichten bzw. Pflichten, die unmittelbar aus dem gesetzlichen Schuldverhältnis der Verwalterstellung folgen[2]. Er hat alle Verwaltungsunterlagen, insbesondere die Beschluss-Sammlung, die Buchhaltung, die Kontoauszüge, Verträge etc. gem. §§ 675, 667 BGB an den neuen Verwalter oder die Wohnungseigentümer **herauszugeben**[3]. Ein **Zurückbehaltungsrecht** (§ 273 BGB) an diese Unterlagen steht dem Verwalter wegen seiner Vergütungsansprüche jedenfalls dann nicht zu, wenn deren Berechtigung umstritten und schwer aufzuklären ist[4]. Zur Herausgabe eines Guthabens der Gemeinschaft bei einem Kreditinstitut s. Rz. 113.

167

XI. Haftungsfragen

1. Haftung des Verwalters gegenüber der Wohnungseigentümergemeinschaft

Der Verwalter haftet der Wohnungseigentümergemeinschaft für eine **Verletzung** seiner **gesetzlichen** oder im Verwaltervertrag festgelegten **vertraglichen Pflichten**. Soweit ein wirksamer Verwaltervertrag besteht, ergibt sich diese Haftung aus einer Schlechterfüllung des **Verwaltervertrags**, §§ 280 ff., 286 BGB[5]. Fehlt ein Verwaltervertrag oder ist dieser unwirksam, der Bestellungsakt aber rechtsgültig, so ergibt sich eine Haftung aus dem **gesetzlichen Schuldverhältnis**, das aufgrund der organschaftlichen Stellung des Verwalters entsteht (sog. Trennungstheorie, s. zum Ganzen § 26 Rz. 17 ff.)[6]. Im umgekehrten Fall (Unwirksamkeit des Bestellungsaktes oder Erlöschen des Amtes durch Zeitablauf bei Vorhandensein eines rechtswirksamen Verwaltervertrags) bildet die Verletzung des Verwaltervertrags die Haftungsgrundlage. Fraglich ist, auf welcher Grundlage sich eine Haftung des Verwalters begründen lässt, wenn sowohl der Bestellungsakt als auch der Verwaltervertrag keine Wirkung entfalten. Entgegen der h.M., die in diesem Fall von einem gesetzlichen Schuldverhältnis kraft fak-

168

---

1 Anders *Abramenko*, Das neue WEG, § 5 Rz. 52.
2 *Frohne*, NZM 2002, 242 (245).
3 MüKo/*Engelhardt* § 27, Rz. 21.
4 OLG Frankfurt v. 19.5.1994 – 20 W 488/93, OLGZ 1994, 538 = ZMR 1994, 376.
5 *Merle* in Bärmann/Pick/Merle § 27, Rz. 201; *Niedenführ/Schulze* § 27, Rz. 52.
6 *Merle* in Bärmann/Pick/Merle § 27, Rz. 219; *Niedenführ/Schulze* § 27, Rz. 53; *Gottschalg*, Rz. 13; anders die h.M. auf der Grundlage der Vertragstheorie, die aber nach der Teilrechtsfähigkeit der Gemeinschaft wohl keine Geltung mehr beanspruchen kann, BayObLGZ 1974, 305 (309); OLG Köln WE 1990, 171 (172).

tischer Amtsübernahme auszugehen scheint[1], kommt in dieser Konstellation allenfalls eine Haftung aus **Geschäftsführung ohne Auftrag** (§ 677 ff. BGB) oder aus **Delikt** (§§ 823 ff. BGB) in Betracht[2].

169 Die Ansprüche aus der Verletzung des Verwaltervertrags stehen nur der **Gemeinschaft** der Wohnungseigentümer zu[3], sofern nicht eine Auslegung des Verwaltervertrags auch eine Berechtigung des **einzelnen Wohnungseigentümers** ergibt (s. Rz. 177). Der Verwalter kann die Gemeinschaft wegen Interessenkollision nicht vertreten (vgl. § 178 Abs. 2 ZPO und oben Rz. 121), selbst wenn er durch Beschluss ermächtigt sein sollte. Die Wohnungseigentümer sind gem. Abs. 3 Satz 2 als Gesamtvertreter zuständig, sofern sie nicht einen einzelnen Wohnungseigentümer zur Anspruchsdurchsetzung gem. Abs. 3 Satz 3 ermächtigt haben (s. Rz. 132). Kommt ein Ermächtigungsbeschluss nicht zustande, muss der **einzelne Wohnungseigentümer** nach § 21 Abs. 4 vorgehen[4]. Der Wohnungseigentümer kann auch dann gegen den Verwalter ohne Ermächtigung vorgehen, wenn durch die Pflichtverletzung des Verwalters ein Schaden nur bei ihm entstanden ist[5]. Sofern ihm kein vertraglicher oder deliktischer Anspruch zusteht (s. Rz. 172), kann die Gemeinschaft im Wege der **Drittschadensliquidation** vorgehen oder der Geschädigte Abtretung des Anspruchs an sich verlangen.

170 Der Verwalter hat **Vorsatz und Fahrlässigkeit** zu vertreten. Die dem Verwalter im Rahmen des § 276 Abs. 1 Satz 2 BGB obliegende erforderliche Sorgfalt bemisst sich nach der Sorgfalt eines durchschnittlichen und gewissenhaften Verwalters[6]. Er hat dabei dieselbe Sorgfalt walten zu lassen, die die Eigentümer in ihren eigenen Angelegenheiten aufwenden würden[7]. Soweit er über besondere Sachkunde verfügt, hat er sich daran messen zu lassen[8]. Ist der Verwalter Kaufmann, so hat er die Sorgfalt eines ordentlichen Kaufmanns (§ 347 HGB) zu beachten[9]. Auf Empfehlungen und Ratschläge eines Fachmanns darf er grundsätzlich vertrauen[10]. Auch Rechtsirrtümer, die auf einer sorgfältigen Prüfung der Rechtslage beruhen, können entschuldigend wirken. Ob eine Weisung der Wohnungseigentümer das Verschulden des Verwalters entfallen lässt, hängt vom Einzelfall ab, insbesondere davon, ob der Verwalter gewerblich tätig ist, ob er für die in Frage stehende Tätigkeit eine Sondervergütung erhält und ob es sich um eine einfache oder schwierige Rechtsfrage handelt[11]. Auch gegen den Geschäftsführer einer Verwalter-GmbH kommt eine **Durchgriffshaftung** in Betracht, wenn der Geschäftsführer in besonderem Maß persönliches Vertrauen (s. auch

---

1 *Niedenführ/Schulze* § 27, Rz. 53; *Bub*, PiG 30, S. 13, 29 f.
2 Ähnlich BGH v. 6.3.1997 – III ZR 248/05, NJW 1997, 2106 (2107) = ZMR 1997, 308.
3 OLG Düsseldorf v. 29.9.2006 – I 3 Wx 281/05, ZWE 2007, 92 (99) = NZM 2007, 136 (137); OLG Hamm v. 3.1.2006 – 15 W 209/05, NZM 2006, 632.
4 BGH v. 15.12.1988 – V ZB 9/88, BGHZ 106, 222 (228 f.) = NJW 1989, 1091 (1092).
5 Vgl. BGH v. 2.10.1991 – V ZB 9/91, BGHZ 115, 253 = NJW 1992, 182; KG v. 12.5.2003 – 24 W 279/02, NJW-RR 2003, 1168.
6 BayObLG WE 1988, 31.
7 OLG München v. 15.5.2006 – 34 Wx 156/05, ZWE 2007, 100 (102) = ZMR 2006, 716 (717).
8 BayObLG WE 1991, 22 (23) = ZMR 1990, 65 (67).
9 BGH v. 21.12.1995 – V ZB 4/94, NJW 1996, 1216 (1217).
10 OLG Düsseldorf v. 29.6.1998 – 3 Wx 190/98, ZMR 1998, 654 = NZM 1998, 721 = WuM 1998, 683 (684).
11 Vgl. BGH v. 22.12.1995 – V ZB 4/94, NJW 1996, 1216.

§ 26 Rz. 103) in Anspruch genommen hat (§ 311 Abs. 2 BGB)[1]. Für ein Verschulden seiner **Erfüllungsgehilfen** hat der Verwalter nach § 278 BGB einzustehen[2]. Die zur Durchführung von Instandsetzungsarbeiten beauftragten Unternehmen oder Architekten gehören allerdings nicht zu seinen Erfüllungsgehilfen, denn die Erfüllung dieser Arbeiten gehört nicht zu seinem Pflichtenkreis[3], er haftet allenfalls für eine unsachgemäße Auswahl des eingeschalteten Unternehmens.

Für den konkreten Schadenseintritt muss die Pflichtverletzung des Verwalters ursächlich gewesen sein. Steht fest, dass die Wohnungseigentümer auch bei einem rechtzeitigen Hinweis des Verwalters auf eine drohende Verjährung von Mängelansprüchen nicht gegen den Bauträger vorgegangen wären, fehlt es an der **Kausalität** der Pflichtverletzung[4]. Zugerechnet werden können dem Verwalter keine Schäden, die außerhalb des Schutzbereichs der verletzten Norm liegen.

171

Daneben haftet der Verwalter auch aus **unerlaubter Handlung**, insbesondere aus § 823 Abs. 1 BGB wegen einer der dort genannten Rechtsgutsverletzungen (Leben, Körper, Gesundheit, Freiheit und Eigentum) oder aus § 823 Abs. 2 BGB i.V.m. einem Schutzgesetz, beispielsweise einer Straftat aus § 266 StGB wegen Veruntreuung gemeinschaftlicher Gelder (s. Rz. 143)[5] oder aus § 263a StGB wegen Kreditkartenmissbrauchs[6]. Weitere Schutzgesetze können sich auch aus dem öffentlichen Recht (z.B. dem Bauordnungsrecht) ergeben[7]. Handelt es sich um eine unerlaubte Handlung gegen das Verwaltungsvermögen, so ist die Gemeinschaft als Geschädigte aktivlegitimiert. Handelt es sich um eine Verletzung des Gemeinschaftseigentums (das den Wohnungseigentümern zusteht), so übt die Gemeinschaft die hieraus entstehenden Rechte für die Eigentümer aus, ist also als aktiver Prozessstandschafter ebenfalls richtiger Kläger, § 10 Abs. 6 Satz 3. Die bisherige Rechtsprechung wonach der Verwalter auch die **Verkehrssicherungspflicht** (also ausreichende Beleuchtung, Räumung von Schnee und Unrat, Sicherung von Baustellen etc.) für das Gemeinschaftseigentum (aber auch für einen öffentlichen Weg)[8] trägt, weil ihm nach Abs. 1 Nr. 2 die Instandhaltung überantwortet ist[9], hat auch nach der Teilrechtsfähigkeit der Gemein-

172

---

1 LG Krefeld v. 2.5.2006 – 5 O 233/05, ZMR 2007, 72 (73 f.).
2 OLG München v. 24.7.2006 – 32 Wx 77/06, ZMR 2006, 883 (884); *Niedenführ/Schulze* § 27, Rz. 55.
3 BayObLG v. 21.5.1992 – 2Z BR 6/92, BayObLGZ 1992, 146 = NJW-RR 1992, 1102; BayObLG v. 11.4.2002 – 2Z BR 85/01, ZMR 2002, 689 = NZM 2002, 564 (567); OLG Düsseldorf v. 29.6.1998 – 3 Wx 190/98, ZMR 1998, 654 = NZM 1998, 721.
4 OLG Düsseldorf v. 27.5.2002 – 3 Wx 148/01, NJW-RR 2002, 1592 = ZMR 2002, 857 = NZM 2002, 707.
5 BGH v. 23.8.1995 – 5 StR 371/95, BGHSt 41, 224 = NJW 1996, 65; BayObLG v. 19.9. 2001 – 2Z BR 98/01, ZMR 2002, 141; LG Krefeld v. 8.12.2006 – 5 O 491/04, ZMR 2007, 311 (312); AG Hannover v. 21.4.2006 – 70 II 169/06, ZMR 2007, 75 (Haftung des veruntreuenden Geschäftsführers der Verwalter-GmbH); MüKo/*Engelhardt* § 27, Rz. 19.
6 OLG München v. 24.7.2006 – 32 Wx 77/06, ZMR 2006, 883 (884): Haftung für Angestellte, die Kreditkarte der Gemeinschaft missbräuchlich verwendet hat.
7 *Merle* in Bärmann/Pick/Merle § 27, Rz. 222.
8 VGH München v. 11.5.2006 – 8 ZB 06.485, NZM 2006, 596 = ZMR 2006, 729 (730).
9 BayObLG v. 4.1.1996 – 2Z BR 120/95, NJW-RR 1996, 657; OLG Frankfurt OLGZ 1982, 16; LG Mannheim v. 18.9.1996 – 4 S 62/96, NJW-RR 1997, 921.

schaft Bestand[1]. Als Gebäudeunterhaltspflichtiger hat er nach §§ 838, 836 BGB auch gegenüber einzelnen Wohnungseigentümern für Verletzungen durch Einsturz oder Ablösung von im Gemeinschaftseigentum stehenden Gebäudeteilen einzustehen[2]. Zusätzlich ist es möglich, diese Pflicht dem Verwalter vertraglich zu übertragen[3]. Der Verwalter haftet aber auch ohne eine solche vertragliche Übernahme aus seiner organschaftlichen Stellung[4]. Der Verwalter kann diese Verkehrssicherungspflicht wiederum auf einen Dritten übertragen (z.B. Hausmeister) und haftet dann nur für mangelnde Auswahl und Überwachung des Verrichtungsgehilfen (§ 831 BGB).

173 Der entstandene **Schaden** ist nach Maßgabe der §§ 249 ff. BGB zu ersetzen. Es gilt der Grundsatz der Naturalrestitution. Schmerzensgeld kann für eine Verletzung des Körpers, der Gesundheit, des Lebens und der sexuellen Selbstbestimmung gefordert werden, § 253 Abs. 2 BGB[5]. Im Falle einer unerlaubten Handlung kommen auch Unterhaltsansprüche in Betracht, § 844 Abs. 2 BGB. Bei Persönlichkeitsverletzungen durch den Verwalter kann eine billige Entschädigung in Geld verlangt werden (Art. 1 Abs. 1 i.V.m. Art. 2 Abs. 1 GG)[6]. Ein Schadensersatzanspruch lässt nicht etwa den Vergütungsanspruch des Verwalters entfallen, sondern ermöglicht den Wohnungseigentümern die Geltendmachung von Zurückbehaltungsrechten und eine Aufrechnung[7]. Ein mitwirkendes Verhalten der Wohnungseigentümer kann als Mitverschulden die Höhe des Schadensersatzanspruchs mindern, § 254 BGB[8]. Ein solches **Mitverschulden** liegt beispielsweise vor, wenn die Wohnungseigentümer ihrerseits ihre Überwachungspflichten verletzt haben[9] oder dem Verwalter keine Mitteilung von etwaigen Schäden oder Mängeln gemacht haben[10]. Bei einem überwiegenden Mitverschulden kann die Haftung des Verwalters sogar ganz entfallen, etwa dann, wenn er aufgrund der Pflicht nach Abs. 1 Nr. 1 einen fehlerhaften (und nicht offensichtlich nichtigen) Beschluss ausführt (s. Rz. 12)[11].

174 Eine **Haftungsbegrenzung** bzw. ein Haftungsausschluss ist im **Individualvertrag** nur für fahrlässiges Verhalten möglich, da die Haftung für Vorsatz nicht im Vo-

---

1 *Demharter*, ZWE 2006, 44 (45); a.A. AnwK-BGB/*Schultzky* § 27, Rz. 41; *Wenzel*, NZM 2006, 321 (323); unklar OLG München v. 24.10.2005 – 34 Wx 82/05, NJW 2006, 1293 (1294).
2 BGH v. 23.3.1993 – VI ZR 176/92, NJW 1993, 1782; OLG Düsseldorf v. 12.12.1994 – 3 Wx 619/94, ZMR 1995, 177 = NJW-RR 1995, 587; *Merle* in Bärmann/Pick/Merle § 27, Rz. 223.
3 OLG München v. 24.10.2005 – 34 Wx 82/05, NJW 2006, 1293; *Jennißen*, NZM 2006, 203 (205).
4 *Merle* in Bärmann/Pick/Merle § 27, Rz. 225; Weitnauer/Lüke § 27, Rz. 43; a.A. *Demharter*, ZWE 2006, 44 (46); *Wenzel*, NZM 2006, 321 (323).
5 BGH v. 17.1.1989 – VI ZR 186/88, NJW-RR 1989, 394 (395); BayObLG v. 9.11.1995 – 2Z BR 106/95, WE 1996, 159 = FGPrax 1996, 20.
6 Vgl. *Merle* in Bärmann/Pick/Merle § 27, Rz. 221.
7 BayObLG v. 13.2.1997 –2Z BR 132/96, FGPrax 1997, 136; MüKo/*Engelhardt* § 27, Rz. 18.
8 *Merle* in Bärmann/Pick/Merle § 27, Rz. 227; *Niedenführ/Schulze* § 27, Rz. 59a.
9 Vgl. BayObLG v. 23.3.2000 – 2Z BR 177/99, ZMR 2000, 470; OLG München v. 24.10. 2005 – 34 Wx 82/05, NJW 2006, 1293 (1295).
10 BGH v. 17.1.1989 – VI ZR 186/88, NJW-RR 1989, 394 (395).
11 *Merle* in Bärmann/Pick/Merle § 27, Rz. 227; *Niedenführ/Schulze* § 27, Rz. 59a.

raus erlassen werden kann, §§ 276 Abs. 3, 278 Satz 2 BGB. Eine solche Haftungsbeschränkung widerspricht auch bei einem gewerblich tätigen Verwalter nicht dem Grundsatz ordnungsgemäßer Verwaltung[1]. Anders kann es sein, wenn einer zeitlichen und betragsmäßigen Beschränkung keine adäquate Gegenleistung des Verwalters gegenübersteht[2]. Im **Formular- und Verbrauchervertrag** kann eine Freizeichnungsklausel für grob fahrlässiges Verhalten und für Verletzungen des Lebens, des Körpers oder der Gesundheit nicht wirksam vereinbart werden (§ 309 Nr. 7a, b BGB)[3]. Fraglich ist, ob sich der Verwalter hinsichtlich seiner Kardinalpflichten im Formularvertrag auch für einfache Fahrlässigkeit freizeichnen kann oder ob eine solche Klausel als unangemessen nach § 307 BGB anzusehen ist[4]. Eine vertraglich zulässige Haftungsbeschränkung kann auch auf eine Haftung aus dem **gesetzlichen Schuldverhältnis** aufgrund der Amtsübernahme erstreckt werden. Erforderlich ist aber, dass diese Haftungsbeschränkung auf einer Vereinbarung beruht[5].

Die **Entlastung** des Verwalters wirkt hinsichtlich der bei Beschlussfassung bekannten oder erkennbaren Pflichtverletzungen wie ein negatives Schuldanerkenntnis, also anspruchsvernichtend[6]. Die **Verjährung** für vertragliche und gesetzliche Haftungsansprüche beträgt nach § 195 BGB regelmäßig drei Jahre, beginnt jedoch erst zu laufen, wenn der Gläubiger Kenntnis vom Anspruch und vom Gläubiger hat (§ 199 Abs. 1 BGB); unabhängig davon verjähren Ansprüche spätestens nach 10 bzw. 30 Jahren (§ 199 Abs. 2, 3 BGB)[7]. Eine Vereinbarung über die Verjährung, insbesondere deren Verkürzung ist nach Maßgabe von § 202 Abs. 1 BGB möglich, darf jedoch nicht zu einer unangemessenen Benachteiligung führen[8] und insbesondere die Wertung des § 309 Nr. 7 BGB vereiteln[9]. 175

Für das Vorliegen einer Pflicht-/Rechtsgutsverletzung und die Kausalität zwischen Verletzungshandlung und Schadenseintritt trägt der Anspruchsteller die 176

---

1 OLG Hamm v. 19.10.2000 – 15 W 133/00, NZM 2001, 49 (53) (Klausel aber wegen der auf zwei Jahre verkürzten Verjährungsfrist unangemessen); OLG Frankfurt ZMR 1997, 609 (Haftungsbeschränkung auf Vorsatz und grobe Fahrlässigkeit); Weitnauer/*Lüke* § 27, Rz. 35.
2 BayObLG v. 23.12.2002 – 2Z BR 89/02, NZM 2003, 204 (205); Weitnauer/*Lüke* § 27, Rz. 35.
3 *Merle* in Bärmann/Pick/Merle § 27, Rz. 215; *Niedenführ/Schulze* § 27, Rz. 56; die Gemeinschaft ist freilich kein Verbraucher i.S. des § 13 BGB.
4 Hierzu *Gottschalg*, Rz. 322 ff.
5 *Merle* in Bärmann/Pick/Merle § 27, Rz. 219; *Merle*, ZWE 2001, 145 ff.; *Merle*, ZWE 2001, 196 (197).
6 BayObLG WE 1988, 31; OLG Frankfurt OLGZ 1989, 60 (61); OLG Celle OLGZ 1991, 309 (310); KG v. 30.11.1992 – 24 W 1188/92, NJW-RR 1993, 404; *Merle* in Bärmann/Pick/Merle § 27, Rz. 218; *Niedenführ/Schulze* § 27, Rz. 60; ausführlich zur Entlastung *Gottschalg*, Rz. 274 ff.
7 *Niedenführ/Schulze* § 27, Rz. 61.
8 OLG München v. 8.11.2006 – 34 Wx 45/06, NZM 2007, 92 (93) = ZMR 2007, 220 (221): Verkürzung der früheren 30-jährigen Verjährungsfrist auf drei Jahre, unabhängig von einer Kenntnis des Geschädigten von der Anspruchsentstehung.
9 Zu einer unangemessenen Verjährungsverkürzung s. BayObLG v. 23.12.2002 – 2Z BR 89/02, NZM 2003, 204 (205); OLG Hamm v. 19.10.2000 – 15 W 133/00, NZM 2001, 49 (53).

Beweislast[1]. Die Rechtsprechung gewährt dem Anspruchsteller jedoch einen Anscheinsbeweis, wenn eine Schadensfolge typischerweise durch eine bestimmte Pflichtverletzung hervorgerufen wird oder sich das Schadensereignis ausschließlich im Herrschaftsbereich des Verwalters abgespielt hat[2]. Die Pflicht- und Rechtswidrigkeit wird hingegen durch die Verletzungshandlung indiziert und für Ansprüche aus Schuldverhältnissen folgt aus § 280 Abs. 1 Satz 2 BGB, dass der Verwalter die objektive Beweislast dafür trägt, dass er nicht schuldhaft gehandelt hat. Für deliktische Ansprüche trägt allerdings der Geschädigte die Beweislast, eine mögliche Exkulpation nach § 831 Abs. 1 Satz 2 BGB hat hingegen der Verwalter zu führen. Für die Höhe des eingetretenen Schadens erleichtert § 287 ZPO die Beurteilung durch das Gericht[3]. Die Beweislast für ein Mitverschulden des Geschädigten, eine mögliche Haftungsbegrenzung oder einen Haftungsausschluss sowie für die Verjährung trägt der Verwalter.

2. Haftung des Verwalters gegenüber den Wohnungseigentümern

177 Seit der Teilrechtsfähigkeit der Wohnungseigentümergemeinschaft stellt sich die Frage, ob neben der Gemeinschaft auch die **einzelnen Wohnungseigentümer** Partner des Verwaltervertrags mit der Gemeinschaft oder gar Partner eines eigenen Verwaltervertrags sind[4]. Daneben wird auch vertreten, dass der **Verwaltervertrag** einen Vertrag **zugunsten Dritter**[5], nämlich zugunsten der einzelnen Wohnungseigentümer, darstellt. Andere sehen nur die Gemeinschaft als Vertragspartner[6]. Für eine etwaige Haftung des Verwalters kommt also eine Verletzung eines **Verwaltervertrags mit den Wohnungseigentümern** oder eine **Verletzung des Verwaltervertrags mit der Gemeinschaft**, der entweder auch zugunsten der Eigentümer abgeschlossen ist oder zumindest **Schutzwirkung zugunsten der Eigentümer** entfaltet[7], in Betracht. In jedem Fall ergeben sich aus der Organstellung des Verwalters unzweifelhaft gesetzliche Pflichten gegenüber den einzelnen Wohnungseigentümern (§ 27 Abs. 1), die eine Haftung aus §§ 280 ff. BGB begründen können (s. zu den Voraussetzungen oben Rz. 168 ff.). Daneben kann auch eine Haftung aus **Geschäftsführung ohne Auftrag** (§§ 677 ff. BGB) und aus **Delikt** (§§ 823 ff. BGB) bestehen (s. oben Rz. 172), insbesondere aus Verletzung von Verkehrssicherungspflichten[8]. Zur **Drittschadensliquidation** s. Rz. 169.

---

1 OLG München v. 24.10.2005 – 34 Wx 82/05, NJW 2006, 1293 (1296); Weitnauer/*Lüke* § 27, Rz. 37.
2 OLG Düsseldorf v. 21.4.1997 – 3 Wx 31/96, ZMR 1997, 432 (433); BayObLG v. 5.1.2000 – 2Z BR 85/99, NJW-RR 2000, 1033 = ZMR 2000, 314 = NZM 2000, 501 (502); *Merle* in Bärmann/Pick/Merle § 27, Rz. 203; *Niedenführ/Schulze* § 27, Rz. 58.
3 OLG Düsseldorf v. 29.9.2006 – I 3 Wx 281/05, ZWE 2007, 92 (99) = NZM 2007, 137 (138).
4 Vgl. *Armbrüster*, ZWE 2006, 470 (475); *Briesemeister*, ZWE 2007, 96; *Müller* in FS Seuß, S. 219 ff.
5 OLG München v. 8.11.2006 – 34 Wx 45/06, NZM 2007, 92 = NJW 2007, 227 (228); *Abramenko*, ZMR 2006, 6, 8; *Abramenko*, Das neue WEG, § 2 Rz. 58, 85; AnwK-BGB/*Schultzky* § 27, Rz. 39.
6 *Armbrüster*, ZWE 2006, 470 (475).
7 OLG Düsseldorf v. 29.9.2006 – I 3 Wx 281/05, ZWE 2007, 92 (99) = NZM 2007, 137 (138); vgl. *Wenzel*, NZM 2006, 321 (322); offen gelassen für einen Betreuungsvertrag mit einem Hausmeister von OLG München v. 24.10.2005 – 34 Wx 82/05, NJW 2006, 1293 (1295).
8 *Merle* in Bärmann/Pick/Merle § 27, Rz. 226; vgl. OLG München v. 24.10.2005 – 34 Wx 82/05, NJW 2006, 1293 (1294).

3. Haftung des Verwalters gegenüber Dritten

Gegenüber Dritten haftet der Verwalter insbesondere unter dem Gesichtspunkt eines (Verwalter-)Vertrags zugunsten Dritter oder mit Schutzwirkung für Dritte (s. oben Rz. 177). So können Angehörige eines Wohnungseigentümers auch in den **Schutzbereich des Verwaltervertrags** einbezogen sein. Vertragspartnern haftet der Verwalter aus § 179 Abs. 1 BGB wahlweise auf Erfüllung oder Schadensersatz, wenn er **ohne Vertretungsmacht** gehandelt oder diese überschritten hat. **Künftige Erwerber** von Wohnungseigentum sind jedoch nicht in den Schutzbereich des Verwaltervertrags einbezogen und können so aus einer fehlerhaften Beschluss-Sammlung keine vertraglichen Haftungsansprüche herleiten[1]. Dritten gegenüber spielt die deliktische Haftung eine überragende Rolle, insbesondere wegen einer Verletzung der auch ihm obliegenden Haftung für Grundstück und Gebäude (§§ 836, 837 BGB) sowie hinsichtlich einer Verletzung von **Verkehrssicherungspflichten** (s. oben Rz. 172)[2]. 178

4. Haftung der Gemeinschaft für den Verwalter

Eine Haftung der Wohnungseigentümergemeinschaft für schuldhafte Pflichtverletzung des Verwalters kommt im Bereich vertraglicher oder gesetzlicher Schuldverhältnisse in Betracht, wenn der Verwalter als **Erfüllungsgehilfe** der Gemeinschaft auftritt (§ 278 BGB), was insbesondere für die Abwicklung von Verträgen zur Instandhaltung und Instandsetzung des Gemeinschaftseigentums (Abs. 1 Nr. 2) denkbar ist. Seine Verpflichtungen aus Abs. 1, insbesondere die Pflicht zur Instandhaltung und Instandsetzung, nimmt der Verwalter aber im Verhältnis zur Gemeinschaft als eigene Aufgabe wahr und ist insoweit weder deren Erfüllungs- noch Verrichtungsgehilfe[3]. Im Rahmen der deliktsrechtlichen Haftung wird das Verhalten des Verwalters der Gemeinschaft über § 31 BGB zugerechnet[4]. Nach der Anerkennung der Teilrechtsfähigkeit der Gemeinschaft kann kein Zweifel mehr bestehen, dass der Verwalter **Organ der Gemeinschaft** ist (s. § 20 Rz. 5 ff.). Im Rahmen der Verletzung der **Verkehrssicherungspflicht** haftet die Gemeinschaft neben dem Verwalter, sofern sie diese Pflicht nicht vollständig auf ihn oder einen Dritten delegiert hat. Im Fall einer zulässigen Delegation haftet sie nur wegen mangelhafter Auswahl oder Überwachung des Verpflichteten. Er ist auch **Repräsentant** der Gemeinschaft i.S.d. Versicherungsrechts[5]. Auch eine mögliche Gefährdungshaftung, insbesondere nach § 22 WHG, kann die Gemeinschaft für eine Schadensverursachung durch den Verwalter treffen[6]. 179

Gemeinschaft und Verwalter haften Dritten gegenüber als **Gesamtschuldner** nach § 840 Abs. 1 BGB; für das interne Ausgleichsschuldverhältnis gilt § 426 BGB, wobei insbesondere auf die jeweiligen Verursachungsbeiträge und das Mit- 180

---

1 BT-Drucks. 16/887, 34; *Abramenko*, Das neue WEG, § 2, Rz. 87.
2 *Niedenführ/Schulze* § 27, Rz. 67.
3 Vgl. OLG Düsseldorf v. 12.12.1994 – 2 Wx 619/94, NJW-RR 1995, 587 = ZMR 1995, 177.
4 AnwK-BGB/*Schultzky* § 27, Rz. 42; KG v. 21.5.1986 – 24 W 3233/85, NJW-RR 1986, 1078; *Merle* in Bärmann/Pick/Merle § 27, Rz. 232; Weitnauer/*Lüke* § 27, Rz. 41; a.A. *Niedenführ/Schulze* § 27, Rz. 69, allerdings noch zur alten Rechtslage.
5 Weitnauer/*Lüke* § 27, Rz. 39.
6 Weitnauer/*Lüke* § 27, Rz. 44.

verschulden abzustellen ist[1]. Die einzelnen Wohnungseigentümer haften nur akzessorisch und entsprechend ihrer Miteigentumsanteile, § 10 Abs. 8 Satz 1.

5. Beispiele

181 Mögliche Pflichtverletzungen bei **Einberufung und Durchführung der Eigentümerversammlung:**

- Falscher **Versammlungsort** (OLG Hamm OLGZ 1990, 57: offener Gastraum einer Gaststätte mit erheblicher Lärmeinwirkung; AG Hannover v. 29.9.2006 – 70 II 619/06, ZMR 2007, 315 (316): anderes Bundesland);
- Falscher **Versammlungszeitpunkt** (an Werktagen nicht vor 17 bis 18 Uhr, an Samstagen nicht vor 16 Uhr, an Sonn- und Feiertagen nicht vor 11 Uhr: *Gottschalg*, Rz. 84);
- Fehlerhafte **Tagesordnung** (im Einzelnen *Gottschalg*, Rz. 85 ff.);
- Fehlerhafte **Ladung** und fehlerhafte **Abstimmung** (im Einzelnen *Gottschalg*, Rz. 92 ff.; *Gottschalg*, NZM 2003, 458);
- Fehlerhafte **Beschlussfeststellung** (im Einzelnen *Gottschalg*, Rz. 122 ff.; *Abramenko*, ZWE 2004, 140);
- Fehlerhafte Führung der **Beschluss-Sammlung** (BT-Drucks. 16/887, 34; *Abramenko*, Das neue WEG, § 5 Rz. 37);
- **Ehrverletzende Äußerungen** im Beschlussprotokoll (vgl. OLG Köln v. 4.2.2000 – 16 W 5/00, NZM 2000, 284 = ZWE 2000, 427; OLG Frankfurt ZWE 2006, 235).

182 Zu möglichen Pflichtverletzungen bei der **Durchführung von Beschlüssen** s. oben Rz. 9 ff.

183 Mögliche Pflichtverletzungen bei der **Instandhaltung und Instandsetzung** des Gemeinschaftseigentums:

- **verzögerte, unterlassene und mangelhafte Instandsetzungsmaßnahmen** (*Bauriedl*, ZMR 2006, 252);
- **verspätete** Ausführung von **Reparaturen** (BayObLG v. 17.10.2002 – 2Z BR 82/02, NZM 2003, 31 (32); BayObLG v. 5.1.2000 – 2Z BR 85/99, NZM 2000, 501; BayObLG v. 29.12.1987 – BReg 2 Z 153/87, NJW-RR 1988, 599; OLG Köln WE 1997, 198);
- **Vertragsschluss** für Sanierungsmaßnahme ohne eindeutige Beschlussfassung (OLG Celle v. 12.3.2001 – 4 W 199/00, NZM 2002, 169; KG v. 26.11.2001 – 24 W 20/01, ZMR 20002, 546 = ZWE 2002, 226);
- unterlassenes Einholen von **Vergleichsangeboten** (BayObLG v. 11.4.2002 – 2Z BR 85/01, NZM 2002, 564 [565]);
- **falsche Werklohnvereinbarung** Werkunternehmer (Einzelabrechnung statt beschlossener Pauschalvergütung, vgl. BayObLG v. 9.5.1997 – 2Z BR 18/97, ZMR 1997, 431 = WE 1998, 39);
- **fehlerhafte Auskunft** über Zustimmungsbedürftigkeit zu **baulichen Änderungen** (BGH v. 2.10.1991 – V ZB 9/91, BGHZ 115, 253, 258 = NJW 1992, 182 [183]);
- **unterlassener Hinweis** auf **Fördermöglichkeiten** bei der Heizungsumstellung (LG Mönchengladbach v. 29.9.2006 – 5 T 51/06, NZM 2007, 416 = ZMR 2007, 402).

184 Mögliche Pflichtverletzungen bei der **Wirtschafts- und Vermögensverwaltung:**

- nachlässige **Buchführung** (BayObLG DWE 1985, 60);

---

1 *Merle* in Bärmann/Pick/Merle § 27, Rz. 233; Weitnauer/Lüke § 27, Rz. 45.

Aufgaben und Befugnisse des Verwalters § 27

- falsch kalkulierter **Wirtschaftsplan** und dadurch ausgelöster Zinsschaden (AG Waiblingen WuM 1996, 115);
- mangelhafte **Jahresabrechnung** (BayObLG MDR 1976, 225: Einschaltung eines Sachverständigen erforderlich; OLG Düsseldorf v. 4.11.2002 – 3 Wx 194/02, NZM 2003, 907: Neuerstellung durch einen Dritten erforderlich; ausführlich *Gottschalg*, Rz. 185 ff.);
- unzulässige Entnahmen aus der **Instandhaltungsrückstellung** (BGH v. 5.6.1972 – VII ZR 35/70, BGHZ 59, 58 = NJW 1972, 1318);
- **Überzahlung von Lohn** eines Hausmeisters (BayObLG v. 20.11.1997 – 2Z BR 122/97, NJW-RR 1998, 519);
- **Gefährdung** von bestehenden **Mietverhältnissen** (OLG Koblenz v. 11.5.2006 – 5 U 1805/05, ZMR 2006, 531);
- unterlassene **Einziehung** von **Mietzinsen** (OLG Köln WE 1989, 31);
- unterlassene **Einziehung** der **Kosten- und Lastenbeiträge** (s. ausführlich *Gottschalg*, Rz. 169 ff.);
- unterlassene **Einberufung der Eigentümerversammlung** zum Vorgehen **gegen säumigen Wohngeldschuldner** (BayObLG v. 20.11.1997 – 2Z BR 122/97, NJW-RR 1998, 519);
- **unterlassene Zwangsverwaltung** einer vermieteten Eigentumswohnung zur Beitreibung von Wohngeldrückständen (OLG Hamburg v. 20.1.1993 – 2 Wx 53/91, OLGZ 1993, 431 = ZMR 1993, 342);
- Zahlung auf **erkennbar mangelhafte Werkleistung** und spätere Undurchsetzbarkeit von Mängelansprüchen (KG v. 10.3.1993 – 24 W 5506/92, WuM 1993, 306 (307); OLG Düsseldorf v. 2.6.1997 – 3 Wx 231/96, ZMR 1997, 490 (491) = WE 1997, 345);
- **unterlassener Austausch von Sicherheiten** (LG Hamburg v. 8.9.2006 – 318 T 206/05, ZMR 2007, 70: zu § 17 Nr. 3 VOB/B);
- unterlassene **Mängelrüge** (OLG Düsseldorf v. 2.6.1997 – 3 Wx 231/96, ZMR 1997, 490 (491) = WE 1997, 345);
- **Verjährenlassen von Ansprüchen**, deren Geltendmachung ihm obliegt oder die er übernommen hat (BayObLG WEZ 1988, 127 (131 f.));
- unterlassener Hinweis auf **Ablauf der Verjährungsfrist** bei Baumängeln (BayObLG v. 17.10.2002 – 2Z BR 82/02, NZM 2003, 31; BayObLG v. 1.2.2001 – 2Z BR 122/00, NZM 2001, 388 (389)).

Mögliche Pflichtverletzungen bei **Zustimmungserfordernissen:** 185

- erforderliche **Zustimmung** zur Veräußerung (§ 12) oder Vermietung wird **zu spät** erteilt (BayObLG v. 22.10.1992 – 2Z BR 80/92, NJW-RR 1993, 280);
- Zustimmung wird **vom nicht mehr amtierenden Verwalter erteilt** (KG v. 22.10.1998 – 22 U 4407/97, NZM 1999, 255);
- **keine Hinweispflicht** gegenüber Erwerber einer Wohnung auf zu erwartende **Sonderumlagen** (OLG Köln v. 4.11.1998 – 16 Wx 154/98, NZM 1999, 174).

Mögliche Verletzung von **Verkehrssicherungspflichten:** 186

- **spielendes Kind** fällt auf gemeinschaftliche **Dornenhecke** (OLG Frankfurt OLGZ 1982, 16; anders OLG Frankfurt DWE 1984, 29);
- **spielendes Kind** wird von **Garagenrolltor** verletzt (*Gottschalg*, Rz. 246 f.);
- fehlende Anbringung eines **Treppengeländers** (BayObLG v. 4.1.1996 – 2Z BR 120/95, NJW-RR 1996, 657);
- fehlende/mangelhafte **Räum- und Streupflicht** (*Gottschalg*, Rz. 241 ff.);

– herabfallende Bauteile (Dachziegel, Dachteile etc., BGH v. 23.3.1993 – VI ZR 176/92, NJW 1993, 1782; OLG Düsseldorf v. 12.12.1994 – 3 Wx 619/94, NJW-RR 1995, 587 = ZMR 1995, 177).

§ 28
Wirtschaftsplan, Rechnungslegung

(1) Der Verwalter hat jeweils für ein Kalenderjahr einen Wirtschaftsplan aufzustellen. Der Wirtschaftsplan enthält:
1. die voraussichtlichen Einnahmen und Ausgaben bei der Verwaltung des gemeinschaftlichen Eigentums;
2. die anteilmäßige Verpflichtung der Wohnungseigentümer zur Lasten- und Kostentragung;
3. die Beitragsleistung der Wohnungseigentümer zu der in § 21 Abs. 5 Nr. 4 vorgesehenen Instandhaltungsrückstellung.

(2) Die Wohnungseigentümer sind verpflichtet, nach Abruf durch den Verwalter dem beschlossenen Wirtschaftsplan entsprechende Vorschüsse zu leisten.

(3) Der Verwalter hat nach Ablauf des Kalenderjahres eine Abrechnung aufzustellen.

(4) Die Wohnungseigentümer können durch Mehrheitsbeschluss jederzeit von dem Verwalter Rechnungslegung verlangen.

(5) Über den Wirtschaftsplan, die Abrechnung und die Rechnungslegung des Verwalters beschließen die Wohnungseigentümer durch Stimmenmehrheit.

Inhaltsübersicht

	Rz.		Rz.
I. Überblick	1	VII. Wirtschaftsplan, Abs. 1	33
II. Verhältnis von Wirtschaftsplan zur Jahresabrechnung	5	1. Abdingbarkeit	33
		2. Inhalt	36
III. Verhältnis von Jahresabrechnung zur Rechnungslegung	9	3. Geltungsdauer	44
IV. Verhältnis von Wirtschaftsplan zur Sonderumlage	15	4. Gerichtliche Aufstellung des Wirtschaftsplans	47
		5. Abweichen vom Wirtschaftsplan	50
V. Verhältnis von Jahresabrechnung zur Entlastung	19	6. Sonderumlage	53
VI. Verhältnis von Jahresabrechnung zur Betriebskostenabrechnung	24	7. Beschluss über den Wirtschaftsplan, Abs. 5	57
1. Unterschiedliche Zielrichtungen	24	8. Anfechtung des Wirtschaftsplans	63
2. Umlage- und nicht umlagefähige Kosten	25	VIII. Jahresabrechnung, Abs. 3	67
3. Abrechnungszeitraum	27	1. Inhalt und Zweck	67
		a) Überblick	67
4. Bedeutung der Beschlussfassung	28	b) Abgrenzungspositionen	71

	Rz.
c) Forderungen und Verbindlichkeiten	80
d) Sonstige Anforderungen	82
2. Haushaltsnahe Dienstleistungen	86
3. Umsatzsteuerausweis	87
4. Bestandteile	91
a) Überblick	91
b) Kostenverteilung	95
c) Heizkostenabrechnung	98
d) Instandhaltungsrücklage	102
e) Bankkontenentwicklung	112
f) Status	113
g) Saldenliste	115
5. Adressat der Jahresabrechnung – Eigentümerwechsel, Zwangs- und Insolvenzverwaltung	116
6. Frist zur Aufstellung der Jahresabrechnung	121
7. Beschluss über die Jahresabrechnung, Abs. 5	126
8. Anfechtung der Jahresabrechnung	133
a) Umfang der Anfechtung	133
b) Aufhebung der Jahresabrechnung	136
9. Prüfung der Jahresabrechnung	142
a) Der Prüfungsberechtigte	142
b) Der Auskunftsanspruch	146

	Rz.
c) Umfang des Prüfungsrechts	148
d) Prüfungsort	150
e) Belegkopien	152
10. Verwalterwechsel	157
IX. Entlastung	160
X. Rechnungslegung, Abs. 4	167
XI. Beitreibung rückständiger Wohngeldbeträge	171
1. Formelle Voraussetzungen	171
2. Materielle Voraussetzungen	175
3. Verfahrensvoraussetzungen	179
4. Einwendungen/Einreden des Zahlungspflichtigen	181
a) Aufrechnung	181
b) Zurückbehaltungsrecht	186
c) Sonstige Einwendungen	188
d) Verjährungseinrede	191
5. Zwangsvollstreckung, § 10 Abs. 1 Nr. 2 ZVG	194
a) Überblick	194
b) Wertgrenzen	198
c) Der Umfang der Privilegierung	206
d) Taktik	210
e) Zwangsverwaltung	214
f) Rechtsmittel	219
6. Versorgungssperre	220

Schrifttum: *Abramenko*, Zur Abgrenzung zwischen teilweiser und gänzlicher Ungültigkeitserklärung von Jahresabrechnungen, ZMR 2003, 402; *Armbrüster*, Beschlüsse über die Abrechnung, ZWE 2005, 267; *Armbrüster*, Sanktionsmöglichkeiten bei Zahlungsverzug von Wohnungseigentümern, WE 1998, 14; *Bub*, Das Finanz- und Rechnungswesen der Wohnungseigentümergemeinschaft (Finanz- und Rechnungswesen), 2. Aufl. 1996; *Demharter*, Jahresabrechnung des Verwalter, ZWE 2001, 416; *Drasdo*, Die Beziehungen des Mietrechts zum Wohnungseigentumsrecht in den Entwürfen zur Neuordnung des Mietrechts, NZM 2001, 13; *Elzer*, Die Gebundenheit des Mieters eines Sondereigentums, MietRB 2006, 75; *Gaier*, Versorgungssperre bei Beitragsrückständen des vermietenden Wohnungseigentümers, ZWE 2004, 109; *Gottschalg*, Verwalterentlastung im Wohnungseigentumsrecht, NJW 2003, 1293; *Häublein*, Schutz der Gemeinschaft vor zahlungsunfähigen Miteigentümern, ZWE 2004, 48; *Hogenschurz*, Verwalterentlastung aus Sicht einzelner Wohnungseigentümer, NZM 2003, 630; *Hogenschurz*, Die Zwangsvollstreckung von Wohngeldforderungen, DWE 2004, 124; *Jennißen*, Leitet die Rechtsprechung zu fehlerhafter Erstellung wohnungseigentumsrechtlicher Jahresabrechnungen an?, MietRB 2004, 307; *Jennißen*, Die Verwalterabrechnung nach dem Wohnungseigentumsgesetz (Verwalterabrechnung), 5. Aufl. 2004; *Jennißen*, Rechnungsabgrenzungen in der Verwalterabrechnung, ZWE 2002, 19; *Jennißen*, Rechtsprechungsüberblick zur Verwalterentlastung im Wohnungseigentumsrecht, MietRB 2003, 91; *Jennißen*, Abhängigkeit der mietrechtlichen Betriebskostenabrechnung von der wohnungseigentumsrechtlichen Jahresabrechnung, NZM 2002, 236; *Jennißen*, Erstellung einer wohnungseigentumsrechtlichen Jahresabrechnung nach dem Abflussprinzip, MietRB 2006, 203; *Jennißen*, Die Einführung einer verbrauchsabhängigen Heizkostenabrechnung bei Eigentümergemeinschaften, MietRB 2005, 21; *Langenberg*, Betriebskostenrecht der Wohn- und Gewerberaummiete (Betriebskostenrecht), 4. Aufl. 2006; *Ludley*, Haushaltsnahe Dienst- und Handwerkerleistungen und deren Auswirkungen auf Betriebskostenabrechnungen und Jahresabrechnungen, ZMR 2007, 331; *Lützenkirchen*, Anwaltshandbuch (zit. AHB) Mietrecht, 3. Aufl. 2007; *Niedenführ*, Verwalterentlastung niemals ordnungsgemäße Verwaltung?, NZM 2003, 305; *Niedenführ*, Jahresabgrenzungen in der Jahresabrechnung der Wohnungseigentümergemeinschaft?, DWE 2005, 58; *Riecke/Schmidt/Elzer*, Die erfolgreiche Eigentümerversammlung, 4. Aufl. 2006; *Riecke*, Besonderheiten bei Betriebskostenabrechnungen für vermietetes Wohnungseigentum, ZMR 2001, 77; *Rühlicke*, Die Entlastung des Verwalters, ZWE 2003, 54; *Wenzel*, Die neuere Rechtsprechung des BGH zum Recht des Wohnungseigentums, ZWE 2000, 550; *Wenzel*, Die Anfechtung von Nichtbeschlüssen, ZWE 2000, 382; *Wenzel*, Die Zahlungspflichten des Zwangsverwalters gegenüber der Wohnungseigentümergemeinschaft, ZWE 2005, 277; *Sauren*, Haushaltsnahe (Dienst-)Leistungen in der Wohnungseigentümergemeinschaft eine „Revolution" für Verwalter, NZM 2007, 23; *Stähling/Jennißen*, Die Darstellung der Instandhaltungsrücklage in der Jahresabrechnung, MietRB 2005, 27.

I. Überblick

1 Die **Finanzverfassung** der Wohnungseigentümergemeinschaft basiert auf Wirtschaftsplan (Abs. 1) und Jahresabrechnung (Abs. 3). Daneben sieht das Gesetz noch eine besondere Rechenschaftspflicht in Abs. 4 vor, nämlich die Rechnungslegung. Darüber hinaus ist anerkannt, dass die Wohnungseigentümer auch eine **Sonderumlage** beschließen können, obschon diese nicht im Gesetz erwähnt wird.

2 Das Gesetz enthält selbst keine Hinweise, wie Wirtschaftsplan, Jahresabrechnung und Rechnungslegung zu gestalten sind. Auch hier ist auf den unbestimmten Rechtsbegriff der ordnungsmäßigen Verwaltung gem. § 21 Abs. 3 zurückzugreifen. Die Wohnungseigentümer können somit über den Inhalt von Wirtschaftsplan und Jahresabrechnung weitgehend selbst beschließen. Teilweise schränkt die Rechtsprechung dieses Recht unzulässig ein oder stellt Inhaltskriterien auf, die zu einer Entfernung von einer ordnungsmäßigen Abrechnung führen[1].

3 Ein **Beschluss** gem. § 28 Abs. 2 löst die Zahlungsverpflichtung des Wohnungseigentümers und ihre Fälligkeit aus. Es gilt der Grundsatz „ohne Beschluss keine Zahlungsverpflichtung". Demgegenüber regelt § 16 Abs. 2 nur die grundsätzliche Verpflichtung zur Übernahme anteiliger Kosten und die Frage des Verteilungsschlüssels.

4 Auf Wirtschaftsplan und Jahresabrechnung kann nur **durch Vereinbarung verzichtet** werden[2]. Ist dies der Fall, kann der Verwalter die Ausgaben nur durch Einzelumlage nach entsprechender Beschlussfassung decken. Dies kann in der Praxis nur bei Kleinstgemeinschaften in Betracht kommen.

---

[1] Siehe hierzu *Jennißen*, MietRB 2004, 307.
[2] H.M. KG v. 4.3.1998 – 24 W 6949/97, NZM 1998, 520; *Bassenge* in Palandt, BGB, § 28 WEG Rz. 20; *Bub* in Staudinger, BGB, § 28 WEG Rz. 27; *Merle* in Bärmann/Pick/Merle, WEG, § 28 Rz. 5; *Hügel* in Bamberger/Roth, BGB, § 28 WEG Rz. 1; *Niedenführ* in Niedenführ/Schulze, WEG, § 28 Rz. 6.

II. Verhältnis von Wirtschaftsplan zur Jahresabrechnung

Der Wirtschaftsplan stellt die **Kostenkalkulation** dar. Der Verwalter hat hierzu eine Jahresplanung aufzustellen. Ist das Kalenderjahr dann abgelaufen, hat er die **tatsächlichen Kosten** und **Einnahmen** in der Jahresabrechnung nachzuweisen. Wirtschaftsplan und Jahresabrechnung sind Bestandteile eines **einheitlichen Abrechnungssystems**. Der Wirtschaftsplan ist Durchgangsstadium. Er dient zunächst der Liquiditätserhaltung und stellt den finanziellen Rahmen ordnungsmäßiger Verwaltung fest. Die Jahresabrechnung ist gleichzeitig der **wirtschaftliche Rechenschaftsbericht** des Verwalters[1].

5

Der BGH[2] hat zu dem Verhältnis von Wirtschaftsplan zur Jahresabrechnung die Feststellung getroffen, dass der Beschluss über die Jahresabrechnung lediglich die Wirkung des Beschlusses über den Wirtschaftsplan verstärke und für die darüber hinausgehende Abrechnungsspitze eine neue Rechtsgrundlage darstelle. Eine **Schuldumschaffung** im Sinne einer Novation sei mit dem Beschluss über die Jahresabrechnung nicht verbunden, d.h. der Wirtschaftsplan wird nicht vollständig durch die Jahresabrechnung ersetzt. Diese Klarstellung war notwendig, um gegen einen ausgeschiedenen Wohnungseigentümer, der mit Wohngeldbeträgen säumig geblieben ist, auch dann weiterhin vorgehen zu können, wenn die Jahresabrechnung beschlossen ist. Würde der Wirtschaftsplan seine Wirkung verlieren, würde auch der Veräußerer von seiner Zahlungspflicht befreit. Das gleiche Problem tritt auch auf, wenn über die Wohnung die **Zwangsverwaltung** oder die **Insolvenzverwaltung** eröffnet wurde. Liegen diese Fälle allerdings nicht vor, hat der Wirtschaftsplan nach bestandskräftiger Beschlussfassung über die Jahresabrechnung nur noch dann faktische Bedeutung, wenn die Jahresabrechnung zulässigerweise nicht die tatsächlichen Wohngeldzahlungen des Wohnungseigentümers enthält, sondern die **Sollstellungen** laut Wirtschaftsplan[3]. Dann kann der Zahlungsrückstand weiterhin gemäß Wirtschaftsplan gefordert werden. Wurde nicht in der Jahresabrechnung mit Sollstellungen gearbeitet, sind die geltend zu machenden Ansprüche der Höhe nach auf das Abrechnungsergebnis beschränkt. Die Wohnungseigentümer verlieren ihr Rechtschutzinteresse für die Differenz, die als Ergebnis der Jahresabrechnung hinter dem Wirtschaftsplan zurückbleibt. Durch die Beschlussfassung über die Jahresabrechnung wird der Wirtschaftsplan somit nicht aufgehoben, sondern bestätigt und der Höhe nach beschränkt[4]. Sind die tatsächlichen Kosten niedriger als die im Wirtschaftsplan kalkulierten, muss die Eigentümergemeinschaft in einem Wohngeldverfahren hinsichtlich der Differenz den Rechtsstreit für erledigt erklären. Führt hingegen die Jahresabrechnung zu einer höheren Zahllast, als dies der Wirtschaftsplan vorsieht, kann die Wohnungseigentümergemeinschaft im Verfahren ihre Ansprüche erhöhen. Allerdings wird ein weiterhin auf den Wirtschaftsplan gestützter (reduzierter) Anspruch nicht unzulässig oder unbegründet.

6

---

1 Vgl. hierzu auch *Jennißen*, Verwalterabrechnung, VI. Rz. 26.
2 V. 23.9.1999 – V ZB 17/99, NZM 1999, 1101 = DWE 1999, 164 = ZMR 1999, 834.
3 Zur Zulässigkeit der Sollstellung s. LG Köln v. 7.5.2007 – 29 T 55/06, ZMR 2007, 652.
4 So auch BayObLG v. 18.2.1998 – 2Z BR 134/97, NZM 1998, 334 = NJW-RR 1998, 1624.

7 Unzulässig ist es, wenn Beträge gemäß Wirtschaftsplan ausgegeben wurden, über die aber die Jahresabrechnung keine Rechenschaft ablegt. Dies gilt auch für Zuführungsbeträge zur **Instandhaltungsrücklage** oder für den Ausgleich von **Wohngeldausfällen**[1]. Andernfalls wird das einheitliche Abrechnungssystem, bei dem der Wirtschaftsplan nur ein Durchgangsstadium der Jahresabrechnung ist, in zwei selbständige Teile zerschlagen. Wirtschaftsplan und Jahresabrechnung würden nicht miteinander vergleichbar sein. Dies entspräche nicht dem System des § 28 WEG. Wenn die Jahresabrechnung nicht alle Beträge enthält, die der Verwalter vereinnahmt oder verausgabt hat, entstünde eine unzulässige Schattenwirtschaft. Die Jahresabrechnung wäre nicht mehr der umfassende Rechenschaftsbericht über die wirtschaftliche Situation der Eigentümergemeinschaft und nicht das Ergebnis des Wirtschaftsplans.

8 Ist im bestandskräftig beschlossenen Wirtschaftsplan ein unzutreffender Verteilungsschlüssel enthalten, so hat dies keine Duldungswirkungen auf die Jahresabrechnung[2]. Der Wirtschaftsplan kann auch dann beschlossen werden, wenn die Jahresabrechnung des Vorjahres noch nicht genehmigt ist[3]. Die Höhe der Instandhaltungsrücklage und die Zweckbindung der Zuführungsbeträge laut Wirtschaftsplan werden mit dem Beschluss über die Jahresabrechnung festgestellt.

III. Verhältnis von Jahresabrechnung zur Rechnungslegung

9 Der Gesetzgeber formuliert in Abs. 3 die Verpflichtung des Verwalters, eine Abrechnung aufzustellen und in Abs. 4, Rechnung zu legen. Beide Begriffe unterscheiden sich nicht nur sprachlich voneinander, sondern haben auch inhaltlich vollkommen unterschiedliche Ziele[4]. Bei der Jahresabrechnung handelt es sich um den **umfassenden Wirtschaftsbericht** des Verwalters, der mehrere Ziele verfolgt. Eine aussagekräftige Jahresabrechnung soll Auskunft darüber geben, wie viel Geld der Verwalter im Laufe des Kalenderjahres eingenommen und ausgegeben hat, und zwar wofür. Daraus ist ein Ergebnis für den einzelnen Wohnungseigentümer zu errechnen. Die kumulierten Ergebnisse aller Wohnungseigentümer führen zum Etatausgleich. Der Nachweis, wie viel Geld der Verwalter zum Jahresende noch in Verwahrung hat, spiegelt die Vermögenslage der Eigentümergemeinschaft wider. Die Abrechnung muss eine schlüssige Prüfung der wirtschaftlichen Handlungen des Verwalters ermöglichen.

10 Demgegenüber dient die Rechnungslegung ausschließlich der **Kontrolle** der Zahlungsvorgänge **des Verwalters**. Sie liefert keine Abrechnungsergebnisse, keine Vermögensübersicht und lässt eine umfassende Kontrolle des wirtschaftlichen Handelns des Verwalters nicht zu. Die Rechnungslegung ist auch nicht

---

1 A.A. *Demharter*, ZWE 2001, 416; ihm folgend *Merle* in Bärmann/Pick/Merle, WEG, § 28, Rz. 69; *Niedenführ*, DWE 2005, 58 (60).
2 Ebenso *Bub* in Staudinger, BGB, § 28 WEG Rz. 21; *Merle* in Bärmann/Pick/Merle, WEG, § 28 Rz. 35.
3 Ebenso *Niedenführ* in Niedenführ/Schulze, WEG, § 28 Rz. 11; *Bub* in Staudinger, BGB, § 28 WEG Rz. 21.
4 Unzutreffend eine Identität annehmend OLG Düsseldorf v. 4.11.2002 – 3 Wx 194/02, NZM 2003, 907; *Niedenführ* in Niedenführ/Schulze, WEG, § 28 Rz. 39; *Gottschalg* in Weitnauer, WEG, § 28 Rz. 33.

mit der **Gesamtabrechnung** identisch[1], sondern hat allenfalls Parallelen zu der Bankkontenentwicklung als Teil der Gesamtabrechnung. Dabei genügt es für die **Bankkontenentwicklung** innerhalb der Jahresabrechnung, dass dort die Kosten und Einnahmen summenmäßig zusammengefasst werden. Bei der Rechnungslegung sind alle Kontenbewegungen darzustellen, so dass dies dem Ausdruck des Buchungskontos (Bankkontos) des Verwalters gleichkommt.

Die Rechnungslegung findet ihre Parallele in den Vorschriften §§ 259, 675, 666 BGB. Demgegenüber hat die Jahresabrechnung im allgemeinen Zivilrecht keine Parallele. Auch mit der Betriebskostenabrechnung im Mietrecht besteht nur geringe Übereinstimmung. Die Besonderheit der Rechnungslegung nach § 28 Abs. 4 besteht darin, dass die Wohnungseigentümer **jederzeit** die **Rechnungslegung** durch Mehrheitsbeschluss verlangen können. Demgegenüber setzt die Jahresabrechnung voraus, dass das Kalenderjahr abgeschlossen ist. Nach Abschluss des Kalenderjahres ist der Rechnungslegungsanspruch auch nicht generell untergegangen, obschon nun die Erstellung der Jahresabrechnung verlangt werden kann. Besteht Anlass, dem Verwalter zu misstrauen, kann ein Mehrheitsbeschluss auf Rechnungslegung auch nach Ablauf des Kalenderjahres ordnungsmäßiger Verwaltung entsprechen, wenn die Erstellung der Jahresabrechnung aus technischen Gründen und insbesondere wegen Vorlage der Heizkostenabrechnung noch einige Zeit in Anspruch nehmen wird. Bei einem begründeten Misstrauen gegen den Verwalter ist es den Wohnungseigentümern dann nicht zumutbar, auf die Erstellung der Jahresabrechnung zu warten, zumal der Verwalter über die Unterlagen zur Rechnungslegung bei zeitnaher Buchführung jederzeit verfügen können muss. Kann die Jahresabrechnung erstellt werden, ist die Forderung nach Rechnungslegung überflüssig und im Zweifel **schikanös**.

11

Die Rechnungslegung enthält eine Aneinanderreihung sämtlicher Zahlungseingänge und -ausgänge im Sinne einer chronologisch geordneten Gegenüberstellung[2]. Sie spiegelt alle Buchungen wider, die über das Bankkonto oder bar bezahlt wurden. Alle Bewegungen sind fortlaufend wiederzugeben. Die Rechnungslegung ist somit eine **reine Einzahlungs-/Auszahlungsrechnung**. Demgegenüber hat die Jahresabrechnung keine Rechtsgrundlage in § 259 Abs. 1 BGB[3]. Indem die Jahresabrechnung ein umfassender Wirtschaftsbericht des Verwalters ist, der dazu dienen soll, über die **Ermittlung der Abrechnungsergebnisse** für einen ausgeglichenen Jahreshaushalt zu sorgen, kann sich die Jahresabrechnung weder auf ein Aneinanderreihen von baren und unbaren Zahlungsvorgängen begnügen, noch gehört eine solche Aneinanderreihung zu ihrem Inhalt.

12

Da die Jahresabrechnung auch einen Überblick über die wirtschaftlichen Verhältnisse der Eigentümergemeinschaft geben soll, ist die Darstellung der **Forderungen** und **Verbindlichkeiten** zum jeweiligen Jahresende sinnvoll, selbst wenn

13

---

1 BayObLG WE 1989, 63; *Scheel* in Hügel/Scheel, Rechtshandbuch, Rz. 692; *Bub* in Staudinger, BGB, § 28 WEG Rz. 473.
2 BGH v. 4.7.1985 – III ZR 144/84, NJW 1985, 2699.
3 A.A. *Armbrüster*, ZWE 2005, 267, der unzutreffend für den Inhalt der Jahresabrechnung auf § 259 BGB verweist.

diese nicht in der Jahresabrechnung als Kosten verteilt[1], sondern allenfalls im Wirtschaftsplan des nächsten Jahres berücksichtigt werden.

14 Gläubiger des Rechnungslegungsanspruchs ist der Verband der Wohnungseigentümer, da es um den Verwendungsnachweis über das Geldvermögen des Verbands gem. § 10 Abs. 7 WEG geht. Hingegen sind die Wohnungseigentümer **Gläubiger des Anspruchs auf Erstellung der Jahresabrechnung**, da die daraus folgenden Rechte und Pflichten hinsichtlich der errechneten Abrechnungsspitzen Ausfluss ihres Mitgliedschaftsrechts sind.

IV. Verhältnis von Wirtschaftsplan zur Sonderumlage

15 § 28 sieht für das Finanzsystem der Eigentümergemeinschaft und für die Erhebung der Kostenanteile nur Wirtschaftsplan und Jahresabrechnung vor. Der Begriff der Sonderumlage ist im WEG nicht geregelt. Dennoch ist allgemein anerkannt, dass die Wohnungseigentümer Sonderumlagen beschließen können[2]. Einer gesetzlichen Regelung zur Sonderumlage bedarf es deshalb nicht, weil die Sonderumlage ein **unselbständiger Bestandteil des Wirtschaftsplans** ist. Sie stellt eine **nachgeschobene Ergänzung** des Wirtschaftsplans dar. Stellt sich während des Kalenderjahres heraus, dass der bereits beschlossene Wirtschaftsplan unzureichend ist, weil einige Kosten höher ausfallen als geplant oder Wohngeldausfall zu verzeichnen ist, muss der Verwalter versuchen, kurzfristig diese Finanzlücke zu schließen. Auch hierzu bedarf es eines Beschlusses, da der Verwalter ohne Beschlussfassung keine Zahlungsvorschüsse anfordern kann. Für die Sonderumlage gilt nichts anderes als für den Wirtschaftsplan selbst, sodass auch insoweit § 28 Abs. 2 einschlägig ist.

16 Da die Sonderumlage unselbständiger Bestandteil des Wirtschaftsplans ist, müssen ihre Zahlungen ebenso in der Jahresabrechnung Berücksichtigung finden. Wirtschaftsplan und Sonderumlage gehen in der Jahresabrechnung auf. Unzutreffend ist daher die Auffassung, dass die Umlage von **Wohngeldrückständen** nicht in die Jahreabrechnung eingestellt werden dürfe, sondern per Sonderumlage erhoben werden müsse[3]. Diese Auffassung geht von dem Irrtum aus, dass in der Jahresabrechnung nur Einnahmen und Ausgaben dargestellt werden dürften. Zuzubilligen ist, dass ein Wohngeldausfall keine Ausgabe, sondern eine Forderung darstellt. Einigkeit besteht auch darin, dass solche Fehlbeträge umgelegt werden können und müssen, um einen ausgeglichenen Etat herzustellen. Wenn sie per Sonderumlage erhoben werden dürfen, können sie alternativ auch in den Wirtschaftsplan eingestellt werden, da die Sonderumlage unselbständiger Bestandteil des Wirtschaftsplans ist. Der Wirtschaftsplan geht wiederum in der

---

1 Tendenziell ebenfalls KG v. 30.11.1992 – 24 W 6947/91, NJW-RR 1993, 1105, wonach die Jahresabrechnung als Einnahmen-/Ausgabenrechnung nur eine Mindestanforderung darstelle.
2 BGH v. 15.6.1989 – V ZB 22/88, NJW 1989, 3018; BayObLG v. 11.3.1998 – 2Z BR 7/98 NJW-RR 1998, 1386 = NZM 1998, 337; v. 23.4.1998 – 2Z BR 162/97, NZM 1998, 918; *Happ* in KK-WEG, § 28 Rz. 79; *Niedenführ* in Niedenführ/Schulze, WEG, § 28 Rz. 30; *Gottschalg* in Weitnauer, WEG, § 28 Rz. 5; *Pick* in Bärmann/Pick/Merle, WEG, § 16 Rz. 48.
3 So BayObLG v. 10.4.2002 – 2Z BR 70/01, NZM 2002, 531 = NJW-RR 2002, 1093; AG Bonn v. 11.7.2003 – 28 II 126/02, ZMR 2004, 303.

Jahresabrechnung auf. Der Wirtschaftsplan ist gegenüber der Jahresabrechnung Durchgangsstation. Dies macht deutlich, dass Wohngeldausfall gleichermaßen per Sonderumlage, per Wirtschaftsplan oder per Jahresabrechnung ausgeglichen werden kann. Andernfalls würde über die Einnahmen der Sonderumlage nicht abgerechnet. Die Jahreabrechnung muss einen umfassenden Rechenschaftsbericht über die wirtschaftliche Lage der Eigentümergemeinschaft abgeben. Daneben kann keine „Schattenwirtschaft" in Form von Sonderumlagen bestehen, die in der Jahresabrechnung keinen Niederschlag finden.

Unzutreffend ist auch die Auffassung, dass der Verwalter in ein und derselben Eigentümerversammlung über den Wirtschaftsplan und über die Erhebung einer Sonderumlage beschließen lassen kann[1]. Da die Sonderumlage ein nachgeschobener Wirtschaftsplan ist, kann es nicht ordnungsmäßiger Verwaltung entsprechen, in der gleichen Versammlung Wirtschaftsplan und Sonderumlage zu behandeln. Dies würde verdeutlichen, dass der Wirtschaftsplan nicht ausreichend bemessen ist. Er entspricht damit nicht ordnungsmäßiger Verwaltung. Alles was im Zeitpunkt der Beschlussfassung über den Wirtschaftsplan erkennbar ist, muss auch in diesem berücksichtigt werden. Der Beschluss über den Wirtschaftsplan entspricht **nicht ordnungsmäßiger Verwaltung**, wenn anschließend bereits eine **Korrektur bzw. Ergänzung** beschlossen wird. Wenn die Wohnungseigentümer einen kurzfristigen Finanzbedarf sehen, der eben nicht, wie beim Wirtschaftsplan üblich, über 12 Monatsraten zu verteilen ist, können sie eine entsprechend anderslautende Fälligkeitsregelung treffen, wie es § 21 Abs. 7 nun ermöglicht. So wäre es beispielsweise zulässig, den Wirtschaftsplan mit der Maßgabe zu beschließen, dass vom Jahreswohngeld ein anteiliger Betrag sofort fällig und das restliche Wohngeld in 12 gleichen Monatsraten angefordert wird. Es bedarf dann keiner separaten Sonderumlage. 17

Über die Beträge der Sonderumlage ist, gleichfalls wie über den Wirtschaftsplan, in der Jahresabrechnung abzurechnen[2]. 18

V. Verhältnis von Jahresabrechnung zur Entlastung

Die Entlastung des Verwalters ist ebenfalls im WEG nicht erwähnt. Der Verwalter hat nur dann einen **Anspruch** auf Entlastung, wenn er sich dies im Verwaltervertrag ausbedungen hat oder eine Entlastung in der Gemeinschaftsordnung vorgesehen ist[3]. Ein weiterer Anspruch des Verwalters auf Entlastung wird dann angenommen, wenn sich die Wohnungseigentümer zu Unrecht konkreter Ansprüche gegen den Verwalter berühmen. Dann hat der Verwalter Anspruch auf negative Feststellung[4]. 19

Besteht nach den vorstehenden Kriterien kein Anspruch des Verwalters auf Entlastung, so bedeutet dies nicht, dass ein Entlastungsbeschluss **ordnungsmäßiger** 20

---

1 So aber BayObLG v. 18.3.1993 – 2Z BR 108/92, WuM 1993, 486; *Pick* in Bärmann/Pick/Merle, WEG, § 16 Rz. 62.
2 KG v. 22.11.2004 – 24 W 233/03, ZMR 2005, 309.
3 OLG Düsseldorf v. 19.8.1996 – 3 Wx 581/94, NJW-RR 1997, 525 = OLG Report Düsseldorf 1997, 1; *Niedenführ*, NZM 2003, 305.
4 Siehe OLG Düsseldorf, vorherstehende Fn.

Verwaltung widerspricht[1]. Diese Auffassung verwechselt den fehlenden Anspruch des Verwalters mit dem Recht der Wohnungseigentümer, eine Entlastung erteilen zu dürfen, auf die der Verwalter keinen Anspruch hat. Deshalb hat der BGH[2] die Meinung vertreten, dass es den Wohnungseigentümern möglich sein muss, durch Entlastungsbeschluss das Vertrauen in die Person des Verwalters kundzutun[3]. Verweigern die Wohnungseigentümer die Entlastung des Verwalters, kann dieser sie gerichtlich nicht einfordern, es sei denn, er besitze aus oben stehenden Gründen einen Anspruch auf Entlastung.

21 Der Entlastungsbeschluss ist **anfechtbar**, wenn nicht vollständig auszuschließen ist, dass Ansprüche gegen den Verwalter geltend gemacht werden können[4].

22 Überwiegend wird angenommen, dass der Beschluss über die Gesamtabrechnung gleichzeitig konkludent die Beschlussfassung über die Entlastung enthalte[5]. Werden lediglich die Einzelabrechnungen beschlossen, soll hieraus allerdings keine Entlastung herzuleiten sein[6]. Dabei wird übersehen, dass Entlastung und Jahresabrechnung vollkommen **unterschiedliche Ausrichtungen** haben. Der Verwalter ist nach herrschender Auffassung verpflichtet, in die Jahresabrechnung auch solche Beträge einzustellen und ggf. zur Verteilung zu bringen, über die er nicht verfügen durfte. Die Abrechnung hat über alle Ausgaben vollständig zu berichten, unabhängig von ihrer Rechtfertigung[7]. Somit kann die Entlastung nicht mit dem Beschluss über die Jahresabrechnung identisch sein[8]. Wenn der Verwalter **unberechtigte Ausgaben** in die Jahresabrechnung eingestellt hat, ist die Jahresabrechnung richtig. Dem Verwalter ist in diesem Fall aber keine Entlastung zu erteilen[9]. Wird der Beschluss über die Jahresabrechnung bestandskräftig, hat dies keine unmittelbaren Auswirkungen auf die Ent-

---

1 So aber BayObLG v. 19.12.2002 – 2Z BR 104/02, ZMR 2003, 280 = NZM 2003, 154 = WuM 2003, 168 = NJW 2003, 1238; v. 12.1.2000 – 2Z BR 166/99, ZWE 2000, 183; ebenso *Riecke*, ZMR 2003, 256.
2 BGH v. 17.7.2003 – V ZB 11/03, ZMR 2003, 750 = NZM 2003, 764 = NJW 2003, 3124; ebenso OLG Schleswig v. 23.1.2002 – 2 W 137/01, ZMR 2002, 382.
3 So auch *Gottschalg*, Haftung von Verwalter und Beirat, Rz. 241; *Gottschalg*, NJW 2003, 1293; *Rühlicke*, ZWE 2003, 54; *Niedenführ*, NZM 2003, 305.
4 BGH v. 17.7.2003 – V ZB 11/03, NJW 2003, 3124 = NZM 2003, 764 = ZMR 2003, 750; AG Hannover v. 5.6.2003 – 71 II 154/03, ZMR 2004, 947.
5 OLG Düsseldorf v. 9.11.2001 – 3 Wx 13/01, ZWE 2002, 82; v. 30.10.2000 – 3 Wx 92/00, NZM 2001, 537; BayObLG v. 1.2.2001 – 2Z BR 122/00, NZM 2001, 388; KG v. 15.10. 1986 – 24 W 910/86, NJW-RR 1987, 79; OLG Hamburg v. 25.6.2003 – 2 Wx 138/99, ZMR 2003, 772; OLG Köln v. 27.6.2001 – 16 Wx 87/01, NZM 2001, 862; OLG München v. 7.2.2007 – 34 Wx 147/06, wonach auf eine Genehmigung der Jahresabrechnung nicht zu schließen sei, wenn lediglich der Beirat entlastet wurde; *Hogenschurz*, NZM 2003, 630; *Bassenge* in Palandt, BGB, § 26 WEG Rz. 16.
6 OLG Düsseldorf v. 22.12.2000 – 3 Wx 378/00, ZMR 2001, 375 = NZM 2001, 546 = OLGReport Düsseldorf 2001, 378.
7 BayObLG NJW-RR 2001, 1231; 2002, 1093; OLG Hamburg v. 21.10.2002 – 2 Wx 71/02, WuM 2003, 104; BGH v. 6.3.1997 – III ZR 248/95, NJW 1997, 2106 (2108) = WuM 1997, 294; BayObLG v. 10.1.1997 – 2Z BR 35/96 NJW-RR 1997, 715 = WuM 1997, 234.
8 So im Ergebnis auch OLG München v. 7.2.2007 – 34 Wx 147/06; *Bub* in Staudinger, BGB, § 26 WEG Rz. 18; *Gottschalg* in Weitnauer, WEG, § 28 Rz. 31; a.A. AG Hannover v. 5.6.2003 – 71 II 154/03, ZMR 2004, 947.
9 So auch BayObLG v. 31.10.1989 – BReg. 2Z 93/89, WuM 1990, 175.

lastung des Verwalters[1]. Dem Verwalter können allerdings Abrechnungsfehler nicht mehr entgegengehalten werden. Unbenommen bleiben Vorwürfe wegen verspäteter Abrechnung oder fehlerhafter Wirtschaftsführung.

Der Entlastungsbeschluss kann auch **nicht konkludent** die Beschlussfassung über die Jahresabrechnung enthalten[2]. Beide Beschlüsse haben einen vollkommen unterschiedlichen Inhalt und können nicht stillschweigend miteinander verbunden werden. Die Entlastung als **negatives Schuldanerkenntnis** hat für die Wohnungseigentümer wegen ihres Verzichts auf etwaige Haftungsansprüche weitreichende Bedeutung. Deshalb muss den Wohnungseigentümern klar sein, welchen Verzicht sie hiermit verbinden, was mit einer konkludenten Beschlussfassung im Rahmen eines Beschlusses über die Jahresabrechnung nicht vereinbar ist. Umgekehrt kann der Entlastungsbeschluss nicht die Inhalte der Jahresabrechnung und ihre Fälligkeit bestimmen. Die Entlastung bezieht sich auf ein Vertragsverhältnis mit einem externen Dritten, auch wenn dieser das Organ der Eigentümergemeinschaft ist. Der Beschluss über die Jahresabrechnung betrifft das Innenverhältnis der Wohnungseigentümer, sodass es sich schon aus diesem Grunde verbietet, von identischen Themen auszugehen. 23

VI. Verhältnis von Jahresabrechnung zur Betriebskostenabrechnung

1. Unterschiedliche Zielrichtungen

Die wohnungseigentumsrechtliche Jahresabrechnung ist grundsätzlich mit der mietrechtlichen Betriebskostenabrechnung nicht vergleichbar. Die Jahresabrechnung ist wesentlich umfangreicher und dient eben nicht nur der Errechnung der **Abrechnungsspitze**. Bei der Betriebskostenabrechnung ist zu fragen, welche Objektkosten auf die betreffende Wohnung des Mieters entfallen und welche Anteile der Mieter hiervon unter Abzug seiner Vorauszahlungen noch nachzuleisten hat oder erstattet bekommt. Ein Wirtschaftsbericht, wie der Verwalter ihn bei der Jahresabrechnung erstatten muss (s. unten Rz. 67 ff.), ist für die Betriebskostenabrechnung nicht relevant. 24

2. Umlage- und nicht umlagefähige Kosten

Die im Mietrecht bedeutende Unterscheidung zwischen **umlage-** und **nicht umlagefähigen Kosten** spielte bisher im Wohnungseigentumsrecht überhaupt keine Rolle. Diese kategorische Aussage ist insoweit nunmehr einzuschränken, als § 16 Abs. 3 eine erweiterte Beschlusskompetenz der Wohnungseigentümer zur Abänderung des Verteilungsschlüssels bei Betriebskosten im Sinne § 556 Abs. 1 BGB i.V.m. § 2 BetrKV gewährt. Da für Instandhaltung und Instandsetzung demgegenüber § 16 Abs. 4 nur eine eingeschränkte Möglichkeit eröffnet, den Verteilungsschlüssel zu verändern, wird der WEG-Verwalter zukünftig in Abrechnungen verstärkt zwischen umlage- und nicht umlagefähigen Kosten zu dif- 25

---

1 A.A. OLG Düsseldorf v. 9.11.2001 – 3 Wx 13/01, ZWE 2002, 82; v. 19.5.1999 – 3 Wx 69/99, ZMR 1999, 655 = OLG Report Düsseldorf 2000, 81.
2 A.A. BayObLG v. 7.7.1988 – 2Z BR 82/97, WE 1989, 144; OLG Düsseldorf v. 2.1.1995 – 3 Wx 195/92, WE 1995, 287; einschränkend KG v. 18.6.1986 – 24 W 4940/85, NJW-RR 1986, 1337; *Bub* in Staudinger, BGB, § 28 WEG Rz. 19.

ferenzieren haben. So schafft er die Basis, damit die Wohnungseigentümer erkennen können, welche Relevanz der Beschluss über die Abänderung eines Verteilungsschlüssels hat und welche Mehrheitsanforderungen (einfache Mehrheit oder qualifizierte) bestehen. Insbesondere bei **Aufzugskosten** hat der Verwalter zwischen Betriebskosten i.S.v. umlagefähigen Kosten und Instandhaltung- bzw. Instandsetzung i.S.v. nicht umlagefähigen Betriebskosten zu differenzieren, wenn die Wohnungseigentümer den Verteilungsschlüssel gem. § 16 Abs. 3 oder gem. § 16 Abs. 4 verändern wollen.

26 Die Differenzierung muss der Verwalter aber nicht aus mietrechtlichen Gründen vornehmen, zumal ihm die einzelnen Mietverträge im Zweifel nicht bekannt sind und er daher gar nicht wissen kann, welche Kostenpositionen konkret für den jeweiligen Eigentümer umlagefähig sind. Dennoch ist nicht zu übersehen, dass die vermietenden Wohnungseigentümer die Jahresabrechnung benötigen, um auf dieser Basis eine Betriebskostenabrechnung entwickeln zu können. Der Wunsch, der auch im Verwaltervertrag festgelegt werden kann, dass der Verwalter die Buchführung so einzurichten hat, dass zwischen umlage- und nicht umlagefähigen Kosten differenziert wird, kann auch wirksam beschlossen werden. Dies folgt aus dem Recht der Wohnungseigentümer, über die Maßstäbe ordnungsmäßiger Verwaltung und somit über den Inhalt der Jahresabrechnung mehrheitlich entscheiden zu können.

3. Abrechnungszeitraum

27 Nach § 28 Abs. 3 WEG hat der Verwalter zwingend für das **Kalenderjahr** eine Abrechnung aufzustellen. Demgegenüber bestimmt § 556 Abs. 3 BGB, dass der Vermieter jährlich abzurechnen hat. Nur mietrechtlich ist also ein **abweichendes Wirtschaftsjahr** zulässig[1].

4. Bedeutung der Beschlussfassung

28 Der Vermieter hat die Betriebskostenabrechnung spätestens bis zum Ablauf des 12. Monats nach Ende des Abrechnungszeitraumes dem Mieter mitzuteilen. Es handelt sich hierbei um eine **Ausschlussfrist** gem. § 556 Abs. 3 BGB, sodass der Vermieter nach Ablauf dieser Frist mit **Nachforderungen** grundsätzlich ausgeschlossen ist, es sei denn, er hat die verspätete Geltendmachung nicht zu vertreten. Während im Wohnungseigentumsrecht die **Einwendungen** der Wohnungseigentümer nach Bestandskraft des Beschlusses über die Jahresabrechnung ausgeschlossen sind, kann der Mieter dem Vermieter spätestens bis zum Ablauf des 12. Monats nach Zugang der Abrechnung Einwendungen mitteilen. Bei dieser Frist handelt es sich ebenfalls um eine Ausschlussfrist, jetzt allerdings zu Lasten des Mieters.

29 Teilweise wird die Auffassung vertreten, dass die Betriebskostenabrechnung des Vermieters einer Eigentumswohnung gegenüber dem Mieter nicht fällig werden könne, solange die Eigentümergemeinschaft noch nicht die wohnungseigen-

---

1 *Weidenkaff* in Palandt, § 556 BGB Rz. 10 m.w.N.

tumsrechtliche Jahresabrechnung **bestandskräftig beschlossen** habe[1]. Das Abstellen auf die Bestandskraft überzeugt nicht. Der Beschluss über die Jahresabrechnung kann aus Gründen angefochten werden, die für die Umsetzung der Jahresabrechnung in eine Betriebskostenabrechnung ohne Bedeutung sind. So sind beispielsweise die Anfechtungsgründe einer fehlerhaften Einberufung oder Durchführung der Jahresabrechnung mietrechtlich irrelevant. Auch können Fehler in den Teilen der Jahresabrechnung zur Anfechtung geführt haben, die sich mietrechtlich nicht auswirken. Hierbei ist insbesondere an Fehlern in der Entwicklung der Instandhaltungsrücklage oder der Bankkontenentwicklung zu denken. Ebenfalls ist zu berücksichtigen, dass die Anfechtung der Jahresabrechnung zu einem mehrjährigen Gerichtsverfahren führen kann und deshalb auch aus praktischen Erwägungen im Rechtsverhältnis zwischen Vermieter und Mieter nicht auf die Bestandskraft des Beschlusses über die Jahresabrechnung abgestellt werden sollte[2].

Wird die Bestandskraft des Beschlusses nicht als maßgebend angesehen, so stellt sich dennoch die Frage, ob der **Beschluss der Wohnungseigentümer** über die Jahresabrechnung überhaupt relevant ist. Hierzu wird vertreten, dass ohne Beschluss die anteilmäßigen Kosten des vermietenden Wohnungseigentümers nicht feststünden und daher nicht i.S.v. § 1 BetrKV tatsächlich angefallen seien[3]. Da nach der herrschenden wohnungseigentumsrechtlichen Auffassung eine Jahresabrechnung nach dem Abflussprinzip zu erstellen ist (s.u. Rz. 71 ff.), während mietrechtlich das Leistungsprinzip überwiegend angewendet wird, können die Abrechnungsbeträge auch bei den Betriebskosten vollkommen unterschiedlich sein. Der vermietende Wohnungseigentümer hat nach diesen unterschiedlichen Prinzipien Beträge in der Betriebskostenabrechnung anzusetzen, die nicht seiner Jahresabrechnung entsprechen. Zudem sind noch nicht sämtliche Kosten, die die Jahresabrechnung enthält, vom vermietenden Wohnungseigentümer bezahlt worden und somit entstanden, wenn die Jahresabrechnung für den betreffenden Wohnungseigentümer mit einem Nachzahlungsbetrag endet. Diesen Nachzahlungsbetrag hat der vermietende Wohnungseigentümer naturgemäß vor der Beschlussfassung über die Jahresabrechnung noch nicht entrichtet. Er kann diesen dennoch in der Betriebskostenabrechnung nach dem Leistungsprinzip ansetzen.

30

Die wohnungseigentumsrechtliche Jahresabrechnung ist gegenüber der Betriebskostenabrechnung ein **Aliud**[4]. Der vermietende Wohnungseigentümer ist daher nicht auf den Beschluss über die Jahresabrechnung zu verweisen, zumal dieser Beschluss nichtig oder rechtswidrig sein kann. Der Mieter wird vom vermietenden Wohnungseigentümer die Jahresabrechnung verlangen können, wenn der WEG-Verwalter die Jahresabrechnung erstellt hat. Dann ist es dem vermietenden Wohnungseigentümer möglich, aus diesem Zahlenmaterial eine Betriebskostenabrechnung unter **Einsichtnahme in die Belege** des Verwalters zu

31

---
1 OLG Düsseldorf v. 23.3.2000 – 10 U 160/97, NZM 2001, 48 = NJW-RR 2001, 299; *Lützenkirchen*, AHB Mietrecht, L Rz. 36m ff.; *Geldmacher*, DWW 1997, 165.
2 So auch *Langenberg*, Betriebskostenrecht, G Rz. 175.
3 OLG Düsseldorf v. 23.3.2000 – 10 U 160/97, NZM 2001, 48 = NJW-RR 2001, 299; *Lützenkirchen*, AHB Mietrecht, L Rz. 36n.
4 *Drasdo*, NZM 2001, 13 (16); *Ricke*, ZMR 2001, 77 (79); *Jennißen*, NZM 2002, 236 (237).

fertigen. Für die Entstehung der Kosten ist es nicht maßgebend, ob der vermietende Wohnungseigentümer bereits seine Jahresspitze gezahlt hat. Entscheidend ist, dass die Kosten bei der Wohnungseigentümergemeinschaft angefallen sind und der vermietende Wohnungseigentümer hierfür anteilig haftet. Tatsächlich entstanden sind die Betriebskosten, wenn sie vom Konto der Eigentümergemeinschaft bezahlt wurden[1]. Dennoch beginnt die mietrechtliche 12-Monats-Frist nicht mit dem Kalenderjahresende, sondern mit der Erstellung der Jahresabrechnung durch den WEG-Verwalter. Erst ab diesem Zeitpunkt ist der vermietende Wohnungseigentümer zur mietrechtlichen Abrechnung in der Lage. Bis dahin würde von ihm eine unmögliche Leistung gefordert. Der vermietende Wohnungseigentümer ist daher gem. § 556 Abs. 3 BGB auch dann noch zu Nachforderungen aus der Betriebskostenabrechnung gegenüber dem Mieter berechtigt, wenn der **12-Monats-Zeitraum abgelaufen** ist und der WEG-Verwalter die Jahresabrechnung noch nicht erstellt hat. Ein etwaiges Fristversäumnis des WEG-Verwalters hat sich der Vermieter nicht zurechnen zu lassen, da der WEG-Verwalter **nicht Erfüllungsgehilfe des Vermieters** im Rechtsverhältnis zum Mieter ist[2].

32 Wurde die Jahresabrechnung vorgelegt, hat der vermietende Wohnungseigentümer noch drei Monate Zeit, um hieraus eine Betriebskostenabrechnung zu entwickeln[3]. Erst wenn auch dieser Zeitraum abgelaufen ist, hat der Vermieter die **verspätete Geltendmachung zu vertreten**.

VII. Wirtschaftsplan, Abs. 1

1. Abdingbarkeit

33 Nur durch Vereinbarung kann der Verwalter von der **Pflicht zur Aufstellung** eines Wirtschaftsplans befreit werden. Für den Verzicht auf einen Wirtschaftsplan fehlt die Beschlusskompetenz[4]. Neben dem insoweit eindeutigen Wortlaut des § 28 Abs. 1 ist auch Abs. 2 von Bedeutung, da bei einem Verzicht auf den Wirtschaftsplan die Wohnungseigentümer gleichzeitig auf die **Vorschusspflicht** verzichten würden. Die Vorschusspflicht ist aber wesentlicher Bestandteil der Finanzverfassung der Wohnungseigentümergemeinschaft. Nur für kleinere Eigentümergemeinschaften ist es denkbar, durch Vereinbarung auf die Aufstellung eines Wirtschaftsplans zu verzichten. Dann könnte der Verwalter bevollmächtigt werden, die Wohngeldzahlungen je nach Kostenanfall anzufordern. Hierzu ist eine eindeutige Vereinbarung erforderlich. Bei größeren Eigentümergemeinschaften wird hingegen eine solche Regelung nichtig sein, da sie zur Unverwaltbarkeit der Gemeinschaft führt. Die Grenze dürfte bei maximal vier Wohneinheiten liegen und erfordern, dass alle Wohnungseigentümer im Objekt wohnen. Andernfalls ließe sich die Vereinbarung nicht praktizieren.

---

1 So auch LG Itzehoe v. 19.9.2002 – 4 S 61/02, ZMR 2003, 38.
2 So auch AG Singen v. 24.2.2004 – 7 UR WEG 48/03, MietRB 2004, 295.
3 BGH v. 5.7.2006 – VIII ZR 220/05, WuM 2006, 516 = NZM 2006, 740 = ZMR 2006, 847.
4 BGH v. 2.6.2005 – V ZB 32/05, ZMR 2005, 547 = NJW 2005, 2061 = NZM 2005, 543 = ZWE 2005, 134; *Merle* in Bärmann/Pick/Merle, WEG, § 28 Rz. 9; *Bub* in Staudinger, BGB, § 28 WEG Rz. 37.

Von der Frage, ob auf die Aufstellung eines Wirtschaftsplans generell verzichtet werden kann, ist die **Fortschreibung des Wirtschaftsplans** zu unterscheiden. Bei Fortschreibung wird lediglich auf die formelle Erstellung eines neuen Wirtschaftsplans verzichtet und der bisherige Wirtschaftsplan übernommen. Die Wohnungseigentümer beschließen dann jedes Jahr, dass der bisherige Wirtschaftsplan weiter gilt. Beschließen die Wohnungseigentümer hingegen die generelle Fortgeltung eines beschlossenen Wirtschaftsplans bis zum Beschluss über einen neuen Wirtschaftsplan, ist der Beschluss nichtig[1] (vgl. Rz. 44 ff.).

34

Weil der Wirtschaftsplan grundsätzlich – solange keine gegenteilige Vereinbarung vorliegt – nicht abdingbar ist, hat jeder Wohnungseigentümer einen **Anspruch auf Vorlage**[2] und Beschlussfassung, der nach §§ 21 Abs. 4, Abs. 8, 43 Nr. 1 WEG gerichtlich durchsetzbar ist.

35

2. Inhalt

Nach Abs. 1 stellt der Wirtschaftsplan die **Schätzung** der voraussichtlichen Einnahmen und Ausgaben bei der Verwaltung des gemeinschaftlichen Eigentums, der hiervon zu übernehmende Anteil des einzelnen Wohnungseigentümers und die Beitragsleistung der Wohnungseigentümer zur Instandhaltungsrücklage dar. Die Kostenkalkulation bezieht sich dabei auf das **Kalenderjahr**, wie Satz 1 verdeutlicht.

36

Der Verwalter hat die **Gesamteinnahmen** und -ausgaben zu kalkulieren und diese Beträge anteilmäßig auf die einzelnen Wohnungseigentümer zu verteilen. Ersteres wird als **Gesamtwirtschaftsplan** bezeichnet, während die Kostenverteilung zum **Einzelwirtschaftsplan** führt. Allerdings kann beides zusammengefasst werden. Beide Bestandteile sind unverzichtbar[3].

37

Eine großzügige Kostenschätzung ist nicht nur zulässig, sondern notwendig, um Nachforderungen möglichst zu vermeiden. Zu knapp kalkulierte Wirtschaftspläne verstoßen gegen die Grundsätze ordnungsmäßiger Verwaltung und sind anfechtbar. Ist mit **Wohngeldausfällen** zu rechnen, darf nicht die Einnahmenseite gekürzt werden, da dies nicht zu einer ausgeglichenen Liquiditätsplanung führen würde. Insbesondere muss auch unabhängig von der Zahlungsfähigkeit einem insolventen Wohnungseigentümer ein Wirtschaftsplan aufgemacht werden, da er andernfalls erst gar nicht zur Zahlung des Wohngeldes verpflichtet würde. Im Wirtschaftsplan kann den zu befürchtenden Wohngeldausfällen Rechnung getragen werden, indem die Kostenseite sehr großzügig geschätzt wird, voraussichtliche Wohngeldausfälle als **Kosten** kalkuliert werden oder eine **Liquiditätsrücklage** angespart wird.

38

---

1 OLG Düsseldorf v. 11.7.2003 – 3 Wx 77/03, NZM 2003, 810; KG v. 7.1.2004 – 24 W 326/01, ZMR 2005, 221; *Wenzel*, ZWE 2000, 556; *Merle*, ZWE 2005, 287.
2 BayObLG v. 15.3.1990 – BReg. 2Z 18/90, NJW-RR 1990, 659.
3 BGH v. 2.6.2005 – V ZB 32/05, NZM 2005, 543 = NJW 2005, 2061 = ZMR 2005, 547 = DWE 2005, 134; BayObLG v. 17.8.2005 – 2Z BR 229/04, NZM 2006, 62; v. 29.12.2004 – 2Z BR 112/04, ZMR 2005, 384.

40 Im Rahmen des Wirtschaftsplans ist es zulässig, die voraussichtlichen **Heizkosten** verbrauchsunabhängig nach Miteigentumsanteilen zu verteilen[1]. Gleichermaßen ist es zulässig, die Verbrauchswerte des Vorjahres anzusetzen.

39 Der Wirtschaftsplan muss die geplanten Kostenarten, den **Verteilungsschlüssel** und die Kostenanteile bei jeder Kostenposition je Eigentümer enthalten. Die Kostenarten und ihre Bezeichnung sollten der Jahresabrechnung entsprechen. Neben den voraussichtlichen Wohngeldzahlungen kann die Einnahmenseite noch durch **Miet- oder Zinseinnahmen** geprägt sein. Zinserträge aus der Instandhaltungsrücklage sind nur dann in den Wirtschaftsplan aufzunehmen, wenn sie den laufenden Kosten gegenübergestellt werden. Sollen sie hingegen der Instandhaltungsrücklage zugeführt werden, ist der Ausweis des geplanten Zinsertrags zwar von informatorischer Bedeutung, nicht aber für den Haushaltsausgleich notwendig[2]. Die voraussichtliche Rücklagenentwicklung erfordert der Wirtschaftsplan nicht[3].

41 Liegen keine Sondereinnahmen vor, entsprechen die Gesamtkosten den gesamten Wohngeldforderungen, da die angesetzten Wohngeldzahlungen immer zu einer **Kostendeckung** führen müssen. Ein ordnungsmäßiger Wirtschaftsplan kann nicht mit einem Überschuss oder einer Unterdeckung zwischen voraussichtlichen Einnahmen und Ausgaben enden. Dabei darf der Verwalter unterstellen, dass die Wohnungseigentümer bei Fälligkeit das Wohngeld entrichten. Zeigt die Erfahrung, dass ein Wohnungseigentümer häufiger verspätet zahlt, ist dem im Wirtschaftsplan nicht Rechnung zu tragen, um insbesondere diese Säumnis nicht zu rechtfertigen. Da die voraussichtlichen Einnahmen (besser Einzahlungen) zu planen sind, ist die Diskussion verfehlt, ob auch **Forderungen** auf Einnahmenseite eingestellt werden dürfen. Die gesamte Einnahmenseite besteht zum Zeitpunkt der Beschlussfassung über den Wirtschaftsplan aus Forderungen. Somit kommt es nur darauf an, ob und in welcher Höhe mit Einnahmen, d.h. mit der Realisierung der Forderungen, im zugrunde liegenden Kalenderjahr zu rechnen ist. Im Zweifel gebietet schon das Vorsichtsprinzip die Außerachtlassung einer Einnahme, wenn ihre Realisierung im laufenden Kalenderjahr nicht zu erwarten ist (Ausnahme zu erwartende Wohngeldausfälle)[4].

41a Es sind alle Kosten aufzunehmen, die voraussichtlich im Planungszeitraum anfallen, auch wenn ihre Höhe noch nicht feststeht. Dies gebietet das Vorsichtsprinzip[5]. Sie sind ggf. zu schätzen.

42 Die kalkulierten Jahreskosten werden gleichmäßig auf die Monate verteilt. Andernfalls würde der Wirtschaftsplan zu wechselnden monatlichen Wohngeldbeträgen führen, was nicht ordnungsmäßiger Verwaltung entspricht[6]. Fließen

---

1 KG v. 7.1.2004 – 24 W 326/01, ZMR 2005, 221.
2 *Bub*, Finanz- und Rechnungswesen der Wohnungseigentümergemeinschaft, Rz. 28.
3 KG v. 7.1.2004 – 24 W 326/01, ZMR 2005, 221.
4 Vgl. hierzu auch BayObLG v. 20.1.2005 – 2Z BR 117/04, ZMR 2005, 563; v. 29.12.2004 – 2Z BR 112/04, ZMR 2005, 384; v. 24.6.1999 – 2Z BR 179/98, NZM 1999, 868; *Niedenführ* in Niedenführ/Schulze, WEG, § 28 Rz. 16; *Bub* in Staudinger, BGB, § 28 Rz. 99.
5 A.A. LG Berlin v. 29.11.2005 – 55 T 152/04 WEG, ZMR 2006, 393, wonach der Höhe nach noch nicht bekannte Beträge nicht anzusetzen seien.
6 LG Frankfurt v. 4.3.1992 – 2/9 T 580/91, DWE 1992, 85.

die Kosten nicht gleichmäßig monatlich ab (z.B. Versicherungsprämien am Jahresanfang), so ist diesem Problem durch eine großzügige Kostenschätzung Rechnung zu tragen. Auch diesbezüglich kann sich die Bildung einer **Liquiditätsrücklage** anbieten.

Der Ausweis von geschätzten Zinseinnahmen, die durch die Rücklage erzielt werden, ist im Wirtschaftsplan nur dann angebracht, wenn die Zinsen nicht der Rücklage zugeführt, sondern zur Kostendeckung verwendet werden[1]. 43

3. Geltungsdauer

Nach Abs. 1 ist der Wirtschaftsplan für das **Kalenderjahr** aufzustellen. Da die ordentlichen Eigentümerversammlungen in der Regel Mitte des Jahres stattfinden, ist ein Teil des laufenden Kalenderjahres, für das der neue Wirtschaftsplan aufgestellt wird, bereits abgelaufen. Andererseits kann der aufzustellende Wirtschaftsplan noch in das folgende Jahr hineinwirken. Wird aufgrund des neuen Wirtschaftsplans eine Wohngelderhöhung für das laufende Kalenderjahr beschlossen, muss im Beschluss deutlich werden, ob die Wohngelderhöhung auch rückwirkend zum 1. Januar gilt. Dann ist gleichzeitig klarzustellen, ob die noch fehlende Differenz nacherhoben wird und wenn ja mit welcher Fälligkeit. Bei ausreichender Liquiditätslage der Eigentümergemeinschaft ist es aber auch nicht zu beanstanden, wenn das erhöhte Wohngeld erst ab dem nächsten Ersten nach der Eigentümerversammlung fällig wird und somit eine Nacherhebung unterbleibt. 44

Damit der Wirtschaftsplan über das laufende Kalenderjahr hinaus Wirkung behält, kann seine **Fortgeltung** für das Folgejahr beschlossen werden[2]. Der Beschluss über die Fortgeltung muss sich stets auf einen konkreten Wirtschaftsplan beziehen und kann nur bis zur nächsten ordentlichen Eigentümerversammlung gelten. Er ersetzt damit die vermeidbare Formalität, in der Eigentümerversammlung für das laufende Kalenderjahr und ab Beginn des nächsten Kalenderjahres zwei Wirtschaftspläne gleichzeitig beschließen zu müssen. Da im Zweifel keine neuen Erkenntnisse dafür vorliegen, dass im nächsten Kalenderjahr die Kostenkalkulation eine andere sein wird, können die Wohnungseigentümer auch die Fortgeltung des Wirtschaftsplans über das Kalenderjahresende hinaus beschließen[3]. Wird hingegen beschlossen, dass der Wirtschaftsplan **stets fortgilt**, bis ein neuer Wirtschaftsplan aufgestellt wird, ist ein solcher Beschluss **nichtig**[4], da er einem zeitweiligen Verzicht auf Aufstellung des Wirtschaftsplans gleichkommt. Es genügt aber nicht die Annahme, dass jeder Wirtschaftsplan, im Zweifel konkludent, bis zur nächsten ordentlichen Eigentümer- 45

---

1 Nicht hinreichend differenzierend OLG Hamburg v. 2.2.2004 – 2 Wx 133/01, ZMR 2004, 45.
2 KG v. 11.7.1990 – 24 W 379/90, WE 1990, 210; KG v. 27.2.2002 – 24 W 16/02, NJW 2002, 3482 = WuM 2002, 392; BayObLG v. 12.12.2002 – 2Z BR 117/02, WuM 2003, 293; OLG Hamburg v. 23.8.2002 – 2 Wx 4/99, NZM 2003, 203; OLG Düsseldorf v. 2.6.2003 – 3 Wx 75/03, ZMR 2003, 767.
3 KG v. 7.1.2004 – 24 W 326/01, ZMR 2005, 221.
4 KG v. 7.1.2004 – 24 W 326/01, ZMR 2005, 221; OLG Düsseldorf v. 11.7.2003 – 3 Wx 77/03, ZMR 2003, 862; v. 2.6.2003 – 3 Wx 75/03, ZMR 2003, 767.

versammlung fortgelten soll[1]. Eine solche Auffassung trägt dem zwingenden Inhalt der Abs. 1 und 2 nicht hinreichend Rechnung.

46 Haben die Wohnungseigentümer bisher ein **abweichendes Wirtschaftsjahr** praktiziert, muss auf das Kalenderjahr umgestellt werden. Dazu ist in einem Jahr ein **Rumpfwirtschaftsjahr** (beispielsweise für sechs Monate) zu beschließen. Wirtschaftsplan und Jahresabrechnung betreffen dann nur dieses Rumpfwirtschaftsjahr, was ordnungsmäßiger Verwaltung entspricht, da anders das erforderliche Kalenderjahr nicht eingeführt werden kann.

4. Gerichtliche Aufstellung des Wirtschaftsplans

47 Kommt der Beschluss der Wohnungseigentümer über den Wirtschaftsplan nicht zustande, handelt es sich um einen **Negativbeschluss**, der anfechtbar ist[2]. Damit das **Rechtschutzinteresse** für die Anfechtung aber nicht fehlt, muss der Antragsteller gleichzeitig den **Verpflichtungsantrag** stellen, den abgelehnten Wirtschaftsplan aufzustellen. Der einzelne Wohnungseigentümer hat Anspruch auf positive Beschlussfassung über einen Wirtschaftsplan. Die Ablehnung des Wirtschaftsplans verhindert die Fälligkeit von Wohngeldbeträgen und entzieht damit der Wohnungseigentümergemeinschaft die wirtschaftliche Basis. Jeder Wohnungseigentümer hat aber Anspruch auf ordnungsmäßige Finanzausstattung der Eigentümergemeinschaft. Dieses Ziel lässt sich mit Anfechtung des ablehnenden Beschlusses bei gleichzeitigem Antrag auf positive Beschlussfassung verwirklichen[3]. Diese Vorgehensweise kommt aber nur in Betracht, wenn der von den Wohnungseigentümern mehrheitlich abgelehnte Wirtschaftsplan ordnungsmäßiger Verwaltung entsprach. War der vorgelegte Wirtschaftsplan hingegen fehlerhaft, kommt nicht die Anfechtung des Beschlusses, sondern ein **Antrag nach § 21 Abs. 8 WEG** in Betracht. Danach kann nach entsprechendem Antrag das Gericht anstelle der Wohnungseigentümer die unterlassene Maßnahme nach **billigem Ermessen** nachholen und somit selbst einen Wirtschaftsplan aufstellen. Das Rechtschutzinteresse für einen solchen Antrag wird aber wiederum nur dann gegeben sein, wenn mit einer zeitnahen Neuerstellung des Wirtschaftsplans durch den Verwalter und anschließender Beschlussfassung durch die Wohnungseigentümerversammlung nicht zu rechnen ist.

48 Wenn das Gericht um Aufstellung eines Wirtschaftsplans nach § 21 Abs. 8 WEG nachgesucht wird, muss der Antrag selbst keinen konkreten Wirtschaftsplan enthalten. Darin liegt die Besonderheit dieser Vorschrift. Erstellt das Gericht den Wirtschaftsplan, ist es ausreichend, die voraussichtliche **Summe der Bewirtschaftungskosten** zu **schätzen** und hieraus den Anteil für jeden Wohnungseigentümer zu errechnen[4]. Vom Gericht kann nicht die Aufteilung der geschätzten Gesamtkosten auf einzelne Kostengruppen und Verteilung dieser Be-

---

1 BayObLG v. 16.6.2004 – 2Z BR 085/04, DWE 2005, 26; a.A. OLG Hamburg v. 23.8.2002 – 2 Wx 4/99, NZM 2003, 203.
2 BGH v. 23.8.2001 – V ZB 10/01, NJW 2001, 3339 (3343).
3 So auch *Wenzel*, ZWE 2000, 382 (386); a.A. *Mansel* in Weitnauer, § 43 Rz. 28; *Merle* in Bärmann/Pick/Merle, WEG, § 28 Rz. 42; KG v. 22.10.1990 – 24 W 4800/90, WE 1991, 104.
4 Siehe hierzu auch KG v. 22.10.1990 – 24 W 4800/90, WE 1991, 104.

träge verlangt werden. Der Antrag ist auf Feststellung des Wirtschaftsplans zu richten. Damit wird auch die Zahllast des Antragstellers selbst festgestellt.

Auch nach **Ablauf des Kalenderjahres** kann vom Gericht noch die Aufstellung eines Wirtschaftsplans für das zurückliegende Jahr verlangt werden, wenn mit der Beschlussfassung über die Jahresabrechnung noch nicht zu rechnen ist[1]. Ebenfalls kann das Rechtschutzinteresse für die rückwirkende Aufstellung des Wirtschaftsplans daraus entstehen, dass ein Zahlungsanspruch gegen einen Veräußerer bei anstehendem Eigentümerwechsel fällig werden soll, sofern man der herrschenden Fälligkeitstheorie folgt (vgl. § 16 Rz. 142 ff.). Ebenfalls ist zu berücksichtigen, dass die zu erstellende Jahresabrechnung angefochten und durch Gerichtsbeschluss aufgehoben werden könnte. Dann würde keine Rechtsgrundlage für die Anforderung von Vorschüssen mehr bestehen[2]. 49

5. Abweichen vom Wirtschaftsplan

Der Wirtschaftsplan bestimmt den wirtschaftlichen Handlungsspielraum des Verwalters. Dies bedeutet jedoch nicht, dass der Verwalter an die einzelnen **Wertvorgaben** streng gebunden ist und beispielsweise Stromrechnungen nur bis zur Höhe des kalkulierten Betrages bezahlen darf. In erster Linie wird das Handeln des Verwalters durch die geplanten Gesamteinnahmen bestimmt. Solange die Einnahmen ausreichen, kann er Kosten bedienen. Die Aufteilung der Gesamtkosten auf einzelne Kostengruppen im Wirtschaftsplan dient nur der Überprüfbarkeit des Beschlussvorschlags seitens des Verwalters und legt nicht die einzelne Ausgabenhöhe fest. Maßgebend ist, welche Geldbeträge der Verwalter insgesamt einnimmt. Das Handeln des Verwalters wird durch die Höhe des Gesamtetats bestimmt. 50

Dass der Verwalter innerhalb der kalkulierten Gesamtkosten variieren darf, gilt auch für die **Zuführungsbeträge zur Instandhaltungsrücklage**. Bis zur Beschlussfassung über die Jahresabrechnung kann der Verwalter diese Zuführungsbeträge für seinen Liquiditätsspielraum einsetzen. Diese Möglichkeit endet dann, wenn die Wohnungseigentümer über die Jahresabrechnung und den dort festgeschriebenen Zuführungsbetrag zur Instandhaltungsrücklage beschlossen haben und der Betrag liquiditätsmäßig separiert wurde. 51

Zeigt sich während des Kalenderjahres, dass die Kostenkalkulation zu niedrig war, muss entweder ein neuer Wirtschaftsplan oder eine **Sonderumlage** beschlossen werden. Ausnahmsweise kann auch ein Beschluss über eine **Kreditaufnahme** in Betracht kommen. Die Rechtsprechung lässt eine solche Kreditaufnahme nur als Ausnahme zu, wenn der Ermächtigungsbeschluss die Höhe bis zur Summe von drei Monatswohngeldbeträgen limitiert und die kurzfristige Rückzahlung aus dem Wirtschaftsplan sichergestellt wird[3]. Diese Auffassung ist jedoch zu eng. Sie berücksichtigt nicht, dass es Situationen unvorhergesehe- 52

---

1 Ebenso KG v. 22.10.1999 – 24 W 4800/90, WE 1991, 104 (105).
2 So auch *Bub*, Finanz- und Rechnungswesen, S. 41; a.A. *Merle* in Bärmann/Pick/Merle, WEG, § 28 Rz. 43.
3 BayObLG v. 9.8.1990 – 2Z 82/90, WE 1991, 111; OLG Hamm v. 28.11.1991 – 15 W 169/91, WE 1992, 136.

ner Instandsetzungsnotwendigkeiten geben kann, für die selbst bei ordnungsmäßiger Wirtschaftsplanung keine ausreichenden Finanzmittel vorhanden sind (z.B. Sturmschaden über die Regulierungsverpflichtung der Versicherung hinaus). Müssten in einer solchen Situation die Wohnungseigentümer zwingend eine Sonderumlage beschließen, würden einzelne Wohnungseigentümer wirtschaftlich überfordert und zum Verkauf der Wohnung gezwungen. Zur Vermeidung eines so weitgehenden Eingriffs kann im Einzelfall die Kreditaufnahme ordnungsmäßiger Verwaltung entsprechen, wenn dem einzelnen Wohnungseigentümer die Wahlmöglichkeit eingeräumt wird, seine anteilige Haftung gem. § 10 Abs. 8 gegenüber dem Kreditinstitut durch Zahlung einer entsprechenden Sonderumlage abzuwenden[1].

6. Sonderumlage

53 Die Sonderumlage ist ein nachgeschobener und ergänzender Teil des Wirtschaftsplans. Demzufolge sind an den Inhalt eines entsprechenden Beschlusses die gleichen Anforderungen zu stellen, wie an einen Beschluss über den Wirtschaftsplan selbst (s.o. Rz. 15 ff.). Der Beschluss über die Sonderumlage ist somit nur rechtmäßig, wenn der Beschluss neben der Summe des insgesamt zu erhebenden Betrages auch den **Verteilungsschlüssel** und somit den Anteil eines jeden Wohnungseigentümers enthält[2]. Ein Beschluss, der den anteiligen Betrag je Eigentümer nicht enthält, kann ausnahmsweise nur dann wirksam sein, wenn die Summe der zu erhebenden Sonderumlage der Summe der Verteilungsschlüssel (z.B. 10000 Euro Sonderumlage bei insgesamt 10000 Miteigentumsanteilen) entspricht. Sobald aber ein weitergehender Rechenvorgang erforderlich ist, kann nicht darauf abgestellt werden, dass der Rechenvorgang im Einzelnen einfacher oder schwieriger ist[3]. Ist die Angabe des Verteilungsschlüssels notwendig und fehlt dieser, tritt keine Fälligkeit der Sonderumlage ein. Der Beschluss über die Sonderumlage muss nicht angefochten werden, da er die die Fälligkeit auslösenden Beschlussbestandteile erst gar nicht enthält[4]. Ebenso wenig tritt Fälligkeit ein, wenn der Beschluss unklar abgefasst ist oder an nicht näher definierte Bedingungen geknüpft ist[5].

54 Bei der Ermittlung der Sonderumlage ist grundsätzlich der Verteilungsschlüssel der Gemeinschaftsordnung zugrunde zu legen, es sei denn, die Wohnungseigentümer hätten gem. § 16 Abs. 3 und 4 einen anderen Schlüssel beschlossen. Der

---

1 Vgl. hierzu *Jennißen*, Der WEG-Verwalter, Rz. 198, 224.
2 BayObLG v. 7.11.2002 – 2Z BR 97/02 WuM 2003, 103; v. 18.8.2004 – 2Z BR 114/04, DWE 2004, 138; v. 4.3.2004 – 2Z BR 247/03, DWE 2004, 140; a.A. LG München I v. 29.1.2007 – 1 T 11666/06, ZMR 2007, 495.
3 Bei einfachen Rechenvorgängen auf die Ermittlung der Einzelbeträge verzichtet BayObLG v. 20.11.2002 – 2Z BR 144/01, NZM 2003, 66 = WuM 2003, 101; KG v. 21.8.2002 – 24 W 366/01, WuM 2002, 565; OLG Braunschweig v. 29.5.2006 – 3 W 9/06, ZMR 2006, 787.
4 BayObLG v. 18.8.2004 – 2Z BR 114/04, DWE 2004, 138.
5 BayObLG v. 20.10.2004 – 2Z BR 161/04, NZM 2005, 788 für den Fall, dass die Fälligkeit von einer nicht näher bestimmten Bankbestätigung abhängig sein soll.

Beschluss über die Sonderumlage unter Ansatz eines falschen Verteilungsschlüssels ist anfechtbar[1].

Die Wohnungseigentümer können eine Instandsetzungsmaßnahme auch dann durch Sonderumlagen finanzieren, wenn eine ausreichend hohe **Rücklage** vorhanden ist[2]. Die Wohnungseigentümer haben einen weiten **Ermessensspielraum** in der Frage, wie notwendige Instandsetzungsmaßnahmen finanziert werden[3]. 55

Der Beschluss über die Sonderumlage setzt voraus, dass die Fälligkeit eindeutig geregelt wird[4]. 55a

Zumindest seit der WEG-Novelle darf eine Sonderumlage auch für die **Kostenvorschüsse** in einem **Beschlussanfechtungsverfahren** auf Antragsgegnerseite beschlossen werden[5]. Die Rechtmäßigkeit des Beschlusses folgt aus § 27 Abs. 2 Nr. 2, wonach der Verwalter das Verfahren auf der Passivseite zu führen hat. Dann muss er auch mit den notwendigen Finanzmitteln ausgestattet werden (s.o. § 16 Rz. 140). 56

Wird eine Sonderumlage erhoben, um die Liquidität der Eigentümergemeinschaft zu stärken, insbesondere wenn Wohnungseigentümer mit ihren Wohngeldbeträgen rückständig sind, sind auch Erwerber oder Ersteher hieran zu beteiligen[6]. Die Erhebung der Sonderumlage befreit die säumigen Eigentümer nicht von den Zahlungsverpflichtungen. Für die Zahlungspflichten von Erwerber und Ersteher ist nach h.M. maßgebend, dass die Sonderumlage nach Eigentumsübergang fällig wird[7]. Der Beschlusszeitpunkt ist nicht maßgebend[8]. Die Zahlungen auf die Sonderumlage sind in der Jahresabrechnung zu berücksichtigen[9]. 56a

7. Beschluss über den Wirtschaftsplan, Abs. 5

Nach Abs. 5 beschließen die Wohnungseigentümer über den Wirtschaftsplan durch Stimmenmehrheit. Durch den Beschluss über den Wirtschaftsplan wird der Jahresetat der Eigentümergemeinschaft festgelegt, die Höhe der Vorauszahlungen der Eigentümer bestimmt und der wirtschaftliche Handlungsspielraum 57

---

1 BayObLG v. 13.11.2003 – 2Z BR 165/03, DWE 2004, 28; v. 17.11.2004 – 2Z BR 127/04, DWE 2005, 27; OLG Köln v. 8.2.2002 – 16 Wx 6/02, DWE 2004, 69; LG München v. 11.1. 2006 – 1 T 13749/05, ZMR 2006, 648, wonach Anfechtbarkeit auch dann besteht, wenn verschiedene Verteilungsschlüssel in Betracht kommen.
2 BayObLG v. 3.4.2003 – 2Z BR 29/02, ZMR 2003, 694.
3 LG Berlin v. 25.9.2001 – 85 T 81/01, ZMR 2003, 63.
4 Vgl. hierzu BayObLG v. 20.10.2004 – 2Z BR 161/04, ZMR 2005, 140, wonach ein Beschluss, der die Fälligkeit einer Sonderumlage von der Vorlage einer Bankbestätigung abhängig macht, wegen inhaltlicher Unbestimmtheit nichtig ist.
5 A.A. BayObLG v. 29.4.2004 – 2Z BR 004/04, ZMR 2004, 763 auf Basis der alten Rechtslage.
6 OLG Celle v. 5.1.2004 – 4 W 217/03, ZMR 2004, 526.
7 Die h.M. wendet die sog. Fälligkeitstheorie an, wonach nur das zu zahlen ist, was während der Zugehörigkeitsdauer fällig geworden ist, s.o. § 16 Rz. 142 ff.
8 OLG Düsseldorf v. 17.8.2001 – 3 Wx 187/01, NZM 2001, 1039; OLG Karlsruhe v. 17.11. 2004 – 14 Wx 82/03, ZMR 2005, 310.
9 KG v. 22.11.2004 – 24 W 233/03, ZMR 2005, 309.

des Verwalters vorgegeben[1]. Gemäß Abs. 2 entstehen ohne Beschluss über den Wirtschaftsplan keine sog. **Wohngeldverpflichtungen** der Wohnungseigentümer.

58 Der Wirtschaftsplan besteht aus einem **Gesamtwirtschaftsplan**, der die Kosten der Eigentümergemeinschaft für das betreffende Kalenderjahr schätzt, und aus **Einzelwirtschaftsplänen**, bei denen die einzelnen Kostengruppen auf den jeweiligen Wohnungseigentümer umgelegt werden und hieraus das monatliche Wohngeld errechnet wird. Somit entspricht ein Beschluss über den Wirtschaftsplan nur dann ordnungsmäßiger Verwaltung, wenn der Wirtschaftsplan aus Gesamt- und Einzelplänen besteht[2]. Ein Beschluss, der den Verwalter von der Pflicht zur Aufstellung von Einzelwirtschaftsplänen befreit, ist nichtig[3].

59 Dem Beschluss muss unmittelbar entnommen werden können, welche Vorschüsse die einzelnen Wohnungseigentümer zu leisten haben, was aus den Einzelwirtschaftsplänen hervorgeht. Eine bloße **Errechenbarkeit** genügt nicht[4]. Schon aus Rechtssicherheitsgründen kann es nicht genügen, wenn die Wohngeldbeträge für die Eigentümer nur errechenbar sind und sich nicht aus dem Wirtschaftsplan selbst ergeben. Dabei kann es auf den Schwierigkeitsgrad der Errechenbarkeit nicht ankommen[5]. Der Grundsatz, dass ohne Beschluss über die Wohngeldhöhe keine Zahlungsverpflichtung der Wohnungseigentümer entstehen kann, gilt stets und ist nicht von der Größe der Eigentümergemeinschaft abhängig. Wenn die Wohnungseigentümer nur über den **Gesamtwirtschaftsplan** abstimmen, kann sich die Zahlungsverpflichtung des einzelnen Wohnungseigentümers auch nicht mehr nach den alten **Einzelwirtschaftsplänen** richten, selbst wenn die Wohnungseigentümer die Fortgeltung des alten Wirtschaftsplans beschlossen hatten. Der Beschluss über den neuen Gesamtwirtschaftsplan tritt nicht an die Stelle der Einzelwirtschaftspläne. Letztere haben aber durch bloßen Zeitablauf ihre Bedeutung verloren, sofern keine wirksame Verlängerung beschlossen oder vereinbart wurde. Dieser **Fortgeltungsbeschluss** kann immer nur bis zur nächsten ordentlichen Eigentümerversammlung gelten. Etwas anderes gilt nur dann, wenn die Gemeinschaftsordnung eine Fortgeltungsklausel enthält, wonach der Wirtschaftsplan solange Bestand hat, bis ein neuer Wirtschaftsplan aufgestellt wird. Eine solche Regelung durch Vereinbarung ist wirksam[6] (s.o. Rz. 44 ff.).

60 Ein Beschluss, der die Erstellung des Wirtschaftsplans und die Feststellung seiner Verbindlichkeit für die Wohnungseigentümer auf den **Verwaltungsbeirat** überträgt, ist nichtig, weil sich die Wohnungseigentümer eines **Kernrechts** begeben[7]. Ebenso ist ein Beschluss, der die Aufstellung des Wirtschaftsplans durch

---

1 Siehe hierzu *Jennißen*, Verwalterabrechnung, VI Rz. 27.
2 BayObLG v. 10.3.2004 – 2Z BR 268/03, ZMR 2005, 64.
3 BGH v. 2.6.2005 – V ZB 32/05, NJW 2005, 2061 = ZMR 2005, 547 = NZM 2005, 543.; BayObLG v. 29.12.2004 – 2Z BR 112/04, ZMR 2005, 384.
4 A.A. BayObLG v. 11.1.1990 – BReg. 1b Z 5/89, NJW-RR 1990, 720, wonach im Einzelfall der Wirtschaftsplan auch dann ordnungsmäßiger Verwaltung entspricht, wenn er die einzelnen Wohngeldbeträge nicht ausweist, dafür aber diese durch einfache Rechenvorgänge für die Wohnungseigentümer unschwer zu ermitteln wären.
5 So aber BayObLG v. 10.3.2004 – 2Z BR 268/03, ZMR 2005, 64.
6 OLG Düsseldorf v. 24.1.2003 – 3 Wx 398/02, WuM 2003, 167 mit kritischer Anm. von *Drasdo*.
7 A.A. OLG Köln v. 17.12.1997 – 16 Wx 291/97, WuM 1998, 179.

den Verwalter ohne weiteren Beschluss der Wohnungseigentümer für verbindlich erklärt, nichtig[1].

Durch den Beschluss über die Einzelwirtschaftspläne wird das Wohngeld fällig, und zwar im Zweifel monatlich im Voraus. Allerdings schweigt das Gesetz zu der Frage, ob es sich um monatliche oder jährliche Vorschüsse handelt. Zur Frage der Fälligkeit können die Wohnungseigentümer nach § 21 Abs. 7 WEG Mehrheitsbeschlüsse fassen. Somit kann auch das Jahreswohngeld fällig gestellt werden. **Verfallklauseln** oder **Vorfälligkeitsregelungen** sind per Mehrheitsbeschluss zulässig. Dies war vor der WEG-Novelle zweifelhaft. Der BGH[2] hat den Beschluss über eine Verfallklausel als Einzelfallregelung ordnungsmäßiger Verwaltung entsprechend angesehen. Bei der Verfallklausel wird das Jahreswohngeld durch Beschluss sofort fällig gestellt und es den Wohnungseigentümern nachgelassen, dieses Jahreswohngeld in 12 gleichen Monatsraten zu leisten. Kommt ein Wohnungseigentümer mit zwei Monatsraten in Zahlungsverzug, verfällt das Recht auf Ratenzahlung. 61

Demgegenüber stellt eine Vorfälligkeitsregelung auf das monatliche Wohngeld ab. Kommt ein Wohnungseigentümer mit zwei Monatsraten in Zahlungsverzug, wird der gesamte Jahreswohngeldbetrag sofort in einer Summe fällig. Im Ergebnis wollen beide Regelungen das Gleiche bewirken. Dogmatisch kommt aber die Vorfälligkeitsregelung einer Art Vertragsstrafe gleich. Deshalb wurde teilweise angenommen, dass die Vorfälligkeitsregelung nichtig sei[3]. Aufgrund der Neuregelung in § 21 Abs. 7 WEG kann die Differenzierung dahingestellt bleiben. Der Gesetzgeber will diese Differenzierung verhindern und die Beschlusskompetenz der Wohnungseigentümer stärken[4]. Die Wohnungseigentümer können somit seit dem 1.7.2007 das Jahreswohngeld in jeder Form beschließen. 61a

Ein Wirtschaftsplan kann auch noch kurz vor Ablauf des Kalenderjahres wirksam beschlossen werden[5]. Ein Wirtschaftsplan, der gegen **Ende des Kalenderjahres** aufgestellt und beschlossen wird, verfolgt nicht mehr den Zweck vorausschauender Kostenkalkulationen. Dennoch kann ein solcher Beschluss Sinn machen, um die verspätete Rechtsgrundlage zur Abforderung von Wohngeldbeträgen herzustellen. Sollte allerdings mit diesem neuen Wirtschaftsplan eine Wohngelderhöhung verbunden sein, entspricht es ordnungsmäßiger Verwaltung, die Differenz seit Beginn des Kalenderjahres als Einmalbetrag nachzuerheben. Auch nach Ablauf des Kalenderjahres ist der rückwirkende Beschluss über einen Wirtschaftsplan nicht nichtig[6]. 62

---

1 LG Berlin v. 8.8.1984 – 191 T 40/83, ZMR 1984, 424.
2 v. 2.10.2003 – V ZB 34/03, NZM 2003, 946 = ZMR 2003, 943 auf Vorlage des KG v. 28.4. 2003 – 24 W 326/01, NZM 2003, 557 = ZMR 2003, 778.
3 OLG Zweibrücken 4.6.2002 – 3 W 46/02, ZMR 2003, 135; *Wenzel*, ZWE 2001, 226; A.A. *Jennißen*, Verwalterabrechnung, VI Rz. 31; *Ricke/Schmidt/Elzer*, Eigentümerversammlung, Rz. 151; *Merle* in Bärmann/Pick/Merle, WEG, § 28 Rz. 32.
4 Amtliche Begründung, BT-Drucks. 16/887 in Bärmann/Pick, WEG Ergänzungsband zur 17. Aufl., S. 64.
5 Unter Aufgabe gegenteiliger Auffassung in *Jennißen*, Verwalterabrechnung, VI Rz. 33; KG v. 10.2.1986 – 24 W 1925/85 NJW-RR 1986, 644; a.A. BayObLG v. 13.12.2001 – 2Z BR 93/01, DWE 2002, 137 = ZWE 2002, 360.
6 AG Saarbrücken v. 2.8.2004 – 1 WEG II 84/04, ZMR 2005, 319, wonach auch wenig sinnvolle Beschlüsse nicht nichtig sind.

8. Anfechtung des Wirtschaftsplans

63 Der Beschluss über den Wirtschaftsplan kann binnen der Monatsfrist seit der Beschlussfassung gem. § 46 Abs. 1 WEG angefochten werden. Das Rechtschutzinteresse für die Anfechtung fehlt nicht deshalb, weil die endgültige Zahlungslast erst durch die Jahresabrechnung festgestellt wird. Das Rechtsschutzbedürfnis erlischt auch nicht mit Ablauf des zugrunde gelegten Kalenderjahres. Es geht in der Regel aber verloren, wenn die **Jahresabrechnung bestandskräftig** beschlossen wurde[1]. Dann hat sich der Rechtsstreit über die Gültigkeit des Wirtschaftsplans erledigt[2]. Durch den bestandskräftigen Beschluss über die Jahresabrechnung steht nun fest, welche tatsächlichen Kosten entstanden sind und wie hoch hieran die einzelnen Anteile des Wohnungseigentümers sind. Die Kostenkalkulation im Wirtschaftsplan ist durch die Abrechnung der tatsächlichen Kosten in der Jahresabrechnung ersetzt worden. Der Wirtschaftsplan hat nur noch Bedeutung, wenn im zurückliegenden Kalenderjahr ein Eigentümerwechsel stattfand oder über das Vermögen eines Wohnungseigentümers das Insolvenzverfahren eröffnet oder über die Eigentumswohnung die Zwangsverwaltung angeordnet wurde[3]. Macht die Wohnungseigentümergemeinschaft Zahlungsansprüche gegen einen säumigen Wohnungseigentümer aufgrund des Wirtschaftsplans geltend, ist dieser der Höhe nach zu beschränken, wenn inzwischen die niedrigere Jahresabrechnung bestandskräftig beschlossen wurde (s. auch oben Rz. 5 ff.).

64 Die Anfechtung des Wirtschaftsplans bewirkt nicht, dass die Zahlungsverpflichtung des einzelnen Wohnungseigentümers hieraus entfällt. Der beschlossene **Wirtschaftsplan** ist bis zur Rechtskraft des Anfechtungsbeschlusses gültig und für den Verwalter **durchführbar**[4]. Leistet demzufolge der Wohnungseigentümer aufgrund des angefochtenen Wirtschaftsplans die dort ausgewiesenen Vorschüsse, kann er bei späterer gerichtlicher Aufhebung des Wirtschaftsplans die geleisteten Beträge in der Regel nicht zurückfordern. Dem wird der Entreicherungstatbestand gem. § 818 Abs. 3 BGB entgegenstehen, wenn die Wohnungseigentümergemeinschaft die eingenommenen Beträge zur Bewirtschaftung des Objektes eingesetzt hat[5]. Die Entreicherung wird nur dann nicht anzunehmen sein, wenn sich die Anfechtung des Wirtschaftsplans auf die Zuführungsbeträge zur Instandhaltungsrücklage richtet. Insoweit bleibt dann das Rechtsschutzinteresse erhalten. Im Übrigen ist aber stets bei der Anfechtung des Wirtschaftsplans die Frage nach dem Rechtsschutzinteresse zu stellen. Dieses fehlt nicht, wenn die zu niedrige Kalkulation gerügt wird und somit ein klagestattgebendes Urteil zu höheren Belastungen für den Kläger führt. Wegen der Vorläufigkeit des Wirtschaftsplans macht aber seine Anfechtung in der Praxis nur wenig Sinn.

---

1 OLG Hamburg v. 11.4.2007 – 2 Wx 2/07, ZMR 2007, 550.
2 A.A. BayObLG v. 18.12.1998 – 2Z BR 134/97, WE 1998, 403 = NJW-RR 1998, 1624; *Merle* in Bärmann/Pick/Merle, WEG § 28 Rz. 53.
3 BayObLG v. 10.1.1997 – 2Z BR 35/96, NJW-RR 1997, 715.
4 OLG Frankfurt v. 27.1.1984 – 20 W 697/83, DWE 1984, 126; BayObLG v. 10.3.1994 – 2Z BR 143/93 WE 1995, 93; v. 30.11.1999 – 2Z BR 114/99, ZWE 2000, 128 = NZM 2000, 390 (Ls.); *Merle* in Bärmann/Pick/Merle, WEG, § 28 Rz. 50.
5 *Bub* in Staudinger, BGB, § 28 WEG Rz. 246.

Die Anfechtung des Wirtschaftsplans kann auf **einzelne Positionen** beschränkt werden. Hierdurch wird der Streitwert und der Prüfungsumfang seitens des Gerichts bestimmt. Eine hieraus folgende Teilaufhebung des Wirtschaftsplanes kommt nur für selbständige Teile in Betracht. Der Wirtschaftsplan besteht aber nur aus zwei Teilen, dem Gesamtwirtschaftsplan und den Einzelwirtschaftsplänen. Werden mit der Anfechtung einzelne Kosten des Gesamtwirtschaftsplans angegriffen, führt sie im Erfolgsfalle zur Aufhebung von Gesamtwirtschaftsplan und Einzelwirtschaftsplänen, da sich hierdurch alle Summen und schließlich das Wohngeld verändern werden. In diesem Fall werden die Einzelwirtschaftspläne aufgehoben und das Wohngeld nicht fällig. Ein mangelfreier Teil der Einzelwirtschaftspläne kann entgegen der h.M. nicht bestehen bleiben[1]. Es genügt auch nicht, dass bei fehlerhafter Berechnung einer einzelnen Position die Korrektur des Wirtschaftsplans leicht errechenbar wäre. Die Anfechtung kassiert den Beschluss über die Einzelwirtschaftspläne, sodass zur Fälligkeit der Wohngeldbeträge an seine Stelle ein neuer Beschluss gestellt werden muss. Es kann auch nicht die gerichtliche Feststellung des richtigen Wirtschaftsplans beantragt werden. Das Gericht kann den richtigen Wirtschaftsplan nur dann anstelle der Wohnungseigentümer aufstellen, wenn die Wohnungseigentümer einen Wirtschaftsplan nicht erstellt haben, § 21 Abs. 8 WEG. Die fehlerhafte Erstellung des Wirtschaftsplans rechtfertigt keinen Verpflichtungsantrag an das Gericht. Vielmehr müssen sich die Wohnungseigentümer nach Aufhebung des Wirtschaftsplans erneut mit dieser Thematik in einer Eigentümerversammlung befassen.

Wird hingegen mit der Anfechtung ein Verteilungsschlüssel angegriffen, hat dies nur Auswirkungen auf die Einzelwirtschaftspläne, so dass der Gesamtwirtschaftsplan in Bestandskraft erwächst.

Auch über einen bestandskräftigen Wirtschaftsplan können die Wohnungseigentümer jederzeit durch **Zweitbeschluss** erneut entscheiden und eine Abänderung vornehmen[2]. Durch den Zweitbeschluss werden die Wohnungseigentümer nicht in ihren Rechten betroffen.

VIII. Jahresabrechnung, Abs. 3

1. Inhalt und Zweck

a) Überblick

Inhalt und Form der Jahresabrechnung werden im Gesetz nicht geregelt. Es entspricht jedoch der h.M., dass die Abrechnung aus einer Einzel- und einer Gesamtabrechnung bestehen muss[3]. Die Jahresabrechnung muss aus sich heraus verständlich und zumindest insoweit nachprüfbar sein, als eine **Schlüssigkeits-**

---

1 A.A. KG v. 24.4.1991 – 24 W 6358/90, WE 1991, 323; BayObLG v. 9.6.1988 – BReg. 2Z 40/88, WuM 1988, 329 = WE 1989, 64; *Merle* in Bärmann/Pick/Merle, WEG, § 28 Rz. 51; *Bub* in Staudinger, BGB, § 28 WEG Rz. 245.
2 *Merle* in Bärmann/Pick/Merle, WEG, § 28 Rz. 53.
3 KG v. 7.1.1985 – 24 W 4964/84, DWE 1986, 27; *Gottschalg* in Weitnauer, WEG, § 28 Rz. 22; *Jennißen*, Verwalterabrechnung VII Rz. 1; *Merle* in Bärmann/Pick/Merle, WEG, § 28 Rz. 67; *Sauren*, WEG, § 28 Rz. 16.

prüfung hieraus ableitbar ist[1]. Aus der Jahresabrechnung müssen die **Gesamteinnahmen** und **Gesamtausgaben** erkennbar werden. Dies gilt auch für möglicherweise **zu Unrecht getätigte Ausgaben** des Verwalters[2]. Ob der Verwalter die Ausgaben tätigen durfte oder die Kosten angemessen sind, hat nichts mit der Richtigkeit der Jahresabrechnung zu tun. Extrem formuliert: Die Jahresabrechnung ist auch dann richtig, wenn der Verwalter Geld der Eigentümergemeinschaft veruntreut, vorausgesetzt über diese Beträge wird abgerechnet.

68 Bei jeder einzelnen Ausgabenposition ist der **Verteilungsschlüssel** auszuweisen und ggf. in einer **Schlüsseltabelle** zu erklären. Sind Regressansprüche gegen den Verwalter geltend zu machen, sind die in Betracht kommenden Beträge dennoch auf die Wohnungseigentümer zu verteilen. Die Inregressnahme ist separat zu beschließen. Im Erfolgsfalle können dann später die Einnahmen hieraus zur Verteilung gebracht werden (s. hierzu auch Rz. 85).

69 Die Jahresabrechnung entspricht nicht einem kaufmännischen Jahresabschluss im Sinne einer **Bilanz** nebst **Gewinn und Verlustrechnung**[3]. Dies folgt schon daraus, dass es bei der Jahresabrechnung nicht um die Feststellung eines Ergebnisses als Gewinn oder Verlust geht und die Eigentümergemeinschaft nicht ein Eigenkapital i.S.v. § 272 HGB besitzt. Die Jahresabrechnung dient – anders als eine Bilanz – nicht in erster Linie der Vermögensdarstellung der Wohnungseigentümergemeinschaft[4]. Somit ist die Jahresabrechnung auch nicht i.S.d. §§ 266, 275 HGB zu gliedern. Soweit die Wohnungseigentümer allerdings dem Verwalter aufgeben, im Rahmen der Jahresabrechnung einen **Status** zu erstellen (s. unten Rz. 113f.), dient dieser Status als Teil der Jahresabrechnung der Darstellung der Vermögensübersicht und kommt einer Bilanz schon nahe.

70 Die Jahresabrechnung muss für die Wohnungseigentümer nachvollziehbar[5] und ohne Zuziehung eines **Sachverständigen** verständlich sein[6]. Allerdings ist zu berücksichtigen, dass gerade bei größeren Eigentümergemeinschaften oder solchen, die aus **Mehrhausanlagen** bestehen, die Abrechnung sehr komplex werden kann. Für die Verständlichkeit der Jahresabrechnung ist deshalb auf den Kenntnishorizont eines in Wohnungseigentumssachen vorgebildeten Laien abzustellen. Dass die Jahresabrechnung für einen Wohnungseigentümer ohne jegliche Buchführungskenntnisse nicht auf ihre Schlüssigkeit hin zu prüfen ist, macht die Abrechnung nicht fehlerhaft. Eine knapp gestaltete Jahresabrechnung, die insbesondere die **Bankkontenentwicklung** nicht enthält, wirkt nur optisch verständlich, lässt aber eine **Plausibilitätskontrolle** tatsächlich nicht zu und ist deshalb fehlerhaft.

---

1 Siehe hierzu auch OLG Hamm v. 13.8.1996 – 15 W 115/96, DWE 1997, 37.
2 OLG Düsseldorf v. 26.6.1991 – 3 Wx 182/91, WuM 1991, 619; KG v. 30.3.1992 – 24 W 6339/91, NJW-RR 1992, 845 = WuM 1992, 327.
3 OLG Zweibrücken v. 3.11.1998 – 3 W 224/98, NZM 1999, 276; OLG Karlsruhe v. 10.9. 1997 – 4 W 71/97, NZM 1998, 768; BayObLG v. 23.4.1993 – 2Z BR 113/92, NJW-RR 1993, 1166; *Jennißen*, ZWE 2002, 19; *Gottschalg* in Weitnauer, WEG, § 28 Rz. 24.
4 So auch OLG Frankfurt v. 20.10.2006 – 20 W 178/03.
5 BayObLG v. 8.12.2004 – 2Z BR 151/04, NZM 2005, 750.
6 OLG Hamm v. 13.8.1996 – 15 W 115/96, DWE 1997, 37.

b) Abgrenzungspositionen

Entgegen der h.M. ist die Jahresabrechnung **keine reine Einnahmen- und Ausgabenrechnung**[1] und nicht nach dem Abflussprinzip zu erstellen. Einer reinen Einnahmen- und Ausgabenrechnung steht die zwingende Bildung von sog. **Abgrenzungspositionen** gegenüber. Die h.M. ist inkonsequent und räumt selbst ein, dass bei der Abrechnung der Heizkosten nicht die tatsächlich bezahlten Rechnungen, sondern die tatsächlich verbrauchten **Brennstoffwerte** maßgebend sind, was aus § 6 Abs. 1 HeizkV folgt[2]. Auch bei den **Wasser- und Abwasserkosten** wird teilweise erkannt, dass die Abrechnung des tatsächlichen Wasserverbrauchs maßgebend ist, wenn Wasserzähler in den Wohnungen eingebaut sind[3]. Obschon der Kaltwasserverbrauch nicht von der Heizkostenverordnung erfasst ist, ist nicht einzusehen, warum die Warmwasserkosten nach dem tatsächlichen Verbrauch abgerechnet werden, nicht aber der Kaltwasserbezug. Mit dem Verbrauch des Kaltwassers korrespondiert dann der Verbrauchswert für die Abwasserkosten, so dass diese gleichermaßen abzugrenzen sind[4].

71

Soweit die h.M. die Bildung von Abgrenzungspositionen für unzulässig erklärt, wird sie ihrer eigenen Auffassung auch in solchen Fällen untreu, die sich für Abgrenzungen tatsächlich nicht eignen. Soweit das Kammergericht[5] die Auffassung vertritt, dass es ordnungsmäßiger Jahresabrechnung entspräche, wenn die Wohnungseigentümer mehrjährige Bauarbeiten erst am Schluss jahresübergreifend abrechnen würden, besteht für so weitreichende Abgrenzungen kein sachlicher Grund.

72

Überwiegend wird erkannt, dass die **Zuführungsbeträge zur Instandhaltungsrücklage** wie eine Kostenposition in der Jahresabrechnung behandelt werden müssen, obschon die Beträge noch gar nicht ausgegeben, sondern lediglich auf ein separates Rücklagenkonto umgeschichtet wurden[6]. Würden diese Beträge nicht als Kosten erfasst und somit nicht abgegrenzt, würden keine Beträge zur Instandhaltungsrücklage in der Jahresabrechnung zugeführt werden können. Die Zuführungsbeträge gemäß dem Wirtschaftsplan würden wieder ausgeschüttet, wenn sie in der Jahresabrechnung nicht wie Kosten angesetzt werden. Dabei

73

---

1 LG Köln v. 7.5.2007 – 29 T 55/06, MietRB 2007; AG Kerpen v. 24.6.2005 – 15 II 43/04, ZMR 2006, 238; a.A. BayObLG v. 23.4.1993 – 2Z BR 113/92, NJW-RR 1993, 1166 = WE 1994, 181; v. 27.1.1994 – 2Z BR 88/93, WE 1995, 30; KG v. 13.4.1987 – 24 W 5174/86, NJW-RR 1987, 1160; v. 30.3.1992 – 24 W 6339/91 NJW-RR 1992, 845; OLG Karlsruhe v. 10.9.1997 – 4 W 71/97, NZM 1998, 768; OLG Zweibrücken v. 3.11.1998 – 3 W 224/98, NZM 1999, 276; OLG Düsseldorf v. 24.11.2003 – I – 3 Wx 123/03, ZMR 2004, 282; OLG Köln v. 8.6.2005 – 16 Wx 53/05; *Seuß*, WE 1993, 12; *Sauren*, WE 1993, 62; *Gottschalg* in Weitnauer, WEG § 28 Rz. 24; *Becker/Kümmel/Ott*, Wohnungseigentum, Rz. 489; *Niedenführ* in Niedenführ/Schulze, WEG, § 28 Rz. 42.
2 BayObLG v. 27.1.1994 – 2Z BR 88/93, WuM 1994, 230; AG Kerpen v. 24.6.2005 – 15 II 43/04 ZMR 2006, 238; OLG Hamm v. 3.5.2001 – 15 W 7/01, ZWE 2001, 446; *Merle* in Bärmann/Pick/Merle, WEG, § 28 Rz. 69; *Gottschalg* in Weitnauer, WEG, § 28 Rz. 25.
3 So auch OLG Köln v. 20.12.2004 – 16 Wx 110/04, MietRB 2005, 209; BayObLG v. 7.3.2002 – 2Z BR 77/02, WuM 2002, 333, obwohl sonst Abgrenzungen ablehnend.
4 So auch OLG Köln v. 20.12.2004 – 16 Wx 110/04, MietRB 2005, 209.
5 v. 26.1.2004 – 24 W 182/02, NZM 2004, 263.
6 BayObLG v. 9.8.1990 – BReg. 2Z 79/90, NJW-RR 1991, 15; v. 27.1.1994 – 2Z BR 88/93, WE 1995, 30; LG Köln v. 7.5.2007 – 29 T 55/06, ZMR 2007, 652; *Gottschalg* in Weitnauer, WEG, § 28 Rz. 25; a.A. *Niedenführ* in Niedenführ/Schulze, WEG, § 28 Rz. 48.

stellt es keinen brauchbaren Lösungsansatz dar, hinsichtlich der Zuführungsbeträge auf den Wirtschaftsplan zu verweisen[1]. Die Jahresabrechnung muss über alle Beträge Rechenschaft ablegen. Sind Zuführungsbeträge zur Instandhaltungsrücklage nicht enthalten, entsteht eine unzulässige Schattenbuchführung. Soweit *Niedenführ*[2] in der Jahresabrechnung als Einnahmen nur die Wohngeldzahlungen abzgl. Zuführungsbeträge zur Rücklage ansetzen will, verkennt er, dass dies die Buchung von Abgrenzungsposten auf Einnahmenseite gerade erfordert. Solche Abgrenzungen lehnt er aber gleichzeitig ab[3]. Die Auffassung ist daher inkonsequent und führt zu Zirkelschlüssen. Zudem enthält die Jahresabrechnung dann nicht alle Einnahmen. Die Kostenverteilung und die Entwicklung der Instandhaltungsrücklage würden bei Berücksichtigung der Auffassung von *Niedenführ* zu nicht kompatiblen Ergebnissen führen (s. auch oben Rz. 7).

74 Es ist inkonsequent, von einer reinen Einnahmen- und Ausgabenrechnung zu sprechen und dann selbst mehrere Ausnahmen zuzulassen. Die Ausnahmen verdeutlichen die Unrichtigkeit der These, dass es sich um eine reine Einnahmen- und Ausgabenrechnung handeln soll. Dabei kann die h.M. auch nicht das Problem lösen, wie die **Wohngeldspitzen** des Vorjahres zu behandeln wären. Da sie im laufenden bzw. abzurechnenden Kalenderjahr zu- bzw. abgeflossen sind, müssten sie von der h.M. konsequenterweise wieder als Einnahmen- oder Ausgaben berücksichtigt werden, was zu einem Zirkelschluss führen würde. Deshalb sind auch diese Beträge zwingend abzugrenzen, damit sie im Rahmen der Kostenverteilung nicht erneut ent- bzw. belastend wirken[4].

75 Die h.M. verkennt, dass die Jahresabrechnung aus mehreren Bestandteilen besteht und dass die **Bankkontenentwicklung** als Bestandteil der Jahresabrechnung eine reine Einnahmen- und Ausgabenrechnung ist. Dort wird die Liquiditätsentwicklung der Eigentümergemeinschaft wiedergegeben. Somit ist in einem Teilbereich von einer Einnahmen- und Ausgabenrechnung zu sprechen. Im Bereich der **Kostenverteilung** handelt es sich hingegen nicht um eine reine Einnahmen- und Ausgabenrechnung. Bei der Kostenverteilung soll die Abrechnungsspitze errechnet werden, die eine periodengerechte Kostenzuordnung erfordert. Sowohl die verteilten Einzelkosten als auch die korrespondierenden Gesamtkosten enthalten die gleichen periodengerechten Beträge[5]. Die Kostenverteilung wird aus den dem Abrechnungszeitraum zugeordneten Gesamtkosten entwickelt (s. Rz. 95 ff.). Allerdings müssen die vorgenommenen Abgrenzungen in der Bankkontenentwicklung in nachvollziehbarer Weise ausgewiesen[6], d.h. neutralisiert werden. Hierdurch werden die Abgrenzungen transparent gemacht und die Bankkontenentwicklung geht auf (s.u. Rz. 112). Die Frage ist daher nicht, ob Abgrenzungen vorgenommen werden dürfen, sondern in welchem Teil der Jahresabrechnung sie darzustellen sind. Die Bankkontenentwicklung ist Teil der Gesamtabrechnung. Bei der Errechnung der Abrech-

---

1 So aber *Demharter*, ZWE 2001, 416; *Drasdo*, ZWE 2002, 166 (168); *Niedenführ* in Niedenführ/Schulze, WEG, § 28 Rz. 48; *Bärmann* in Bärmann/Pick/Merle, WEG, § 28 Rz. 69.
2 *Niedenführ* in Niedenführ/Schulze, WEG, § 28 Rz. 48.
3 *Niedenführ* in Niedenführ/Schulze, WEG, § 28 Rz. 42.
4 LG Köln v. 7.5.2007 – 29 T 55/06, ZMR 2007, 652.
5 Das Problem verkennend, *Niedenführ*, DWE 2005, 58 (61).
6 Ebenso LG Köln v. 7.5.2007 – 29 T 55/06, ZMR 2007, 652.

nungsspitze als Ergebnis der Kostenverteilung sind die Abgrenzungen zu berücksichtigen.

Auch auf der Einnahmenseite sind **Abgrenzungen** angezeigt. Neben der Zahlung der negativen Abrechnungsspitze für das Vorjahr, die den betreffenden Wohnungseigentümer nicht wieder als Wohngeldvorauszahlung gut gebracht werden darf, ist auch eine Tilgungsbestimmung zu berücksichtigen. Zahlt ein Wohnungseigentümer im Dezember unter Angabe des Verwendungszwecks „Wohngeld Januar", ist seine Zahlung erst im nächsten Jahr zu berücksichtigen. Dies folgt aus § 366 Abs. 1 BGB. Ebenfalls sind Abgrenzungen vorzunehmen, wenn ein säumiger Wohnungseigentümer auf einen Zahlungstitel zahlt, der seine Wohngeldverpflichtung beispielsweise aus dem vorletzten Jahr betrifft[1]. Die Auffassung von *Niedenführ*[2], dass periodenabweichende Zahlungen nur in der Einzel- und nicht in der Gesamtabrechnung berücksichtigt werden dürften, überzeugt nicht. Sie lässt eine Definition des Begriffs „Gesamtabrechnung" vermissen. Selbstverständlich können Zahlungseingänge in einer anderen Periode den Liquiditätsbestand des Abrechnungsjahres nicht beeinflusst haben. Deshalb sind sie in der Bankkontenentwicklung als Bestandteile der Gesamtabrechnung zu neutralisieren (s.u. Rz. 112 ff.). Neutralisieren bedeutet aber nicht ignorieren.

76

Der Gesetzgeber verwendet in § 16 Abs. 3 WEG nunmehr den Begriff der **Betriebskosten**. Dieser Begriff stammt aus dem Mietrecht. Mietrechtlich ist es anerkannt, dass über die Betriebskosten periodengerecht abzurechnen ist und somit das Leistungsprinzip gilt. Die mietrechtliche Rechtsprechung stellt die Pflicht zur periodengerechten Abgrenzung nicht in Frage, sondern streitet darüber, ob der Vermieter alternativ auch nach dem reinen Abflussprinzip abrechnen dürfe[3].

77

Dogmatisch folgt die Pflicht zur Bildung von Abgrenzungspositionen aus dem **Kostenbegriff**. Beim betriebswirtschaftlichen Kostenbegriff ist es nicht relevant, ob die zugrunde liegenden Rechnungen bereits bezahlt wurden. Kosten sind Aufwendungen für Leistungen, die noch nicht bezahlt sein müssen (s. auch oben § 16 Rz. 7a). Auch bei Ausgaben kann es sich sowohl um Barzahlungen als auch um Verbindlichkeiten handeln[4]. Lediglich unter dem Begriff „**Auszahlungen**" wird der reine Zahlungsmittelabgang erfasst. Somit müsste die h.M. von einer reinen Einzahlungs- und Auszahlungsrechnung sprechen. Der Kostenbegriff in § 16 Abs. 2 und als Betriebskosten in Abs. 3 verdeutlicht, dass es nicht auf den Zeitpunkt der Bezahlung ankommt. Sonst hätte der Gesetzgeber von der Beteiligungspflicht an Auszahlungen sprechen müssen[5]. Im Wirtschaftsplan werden die Beträge der Wohnungseigentümer zu den noch nicht ausgezahlten Kosten erhoben. Wenn Teile dieser Kosten noch nicht bis zum 31.12. des Ab-

78

---

1 Ebenso LG Köln v. 7.5.2007 – 29 T 55/06, ZMR 2007, 652; AG Kerpen v. 24.6.2005 – 15 II 43/04, ZMR 2006, 238.
2 DWE 2005, 58.
3 AG Hannover v. 29.9.1993 – 552 C 7291/93, WuM 1994, 435; AG Tübingen v. 17.7.1990 – 8 C 1743/89, WuM 1991, 122; AG Leipzig v. 23.11.2001 – 9908415/01 WuM 2002, 376; LG Wiesbaden v. 19.10.2001 – 3 S 65/01, NZM 2002, 944; OLG Schleswig v. 4.10.1990 – 4 RE-Miet 1/88, WuM 1991, 333; Langenberg, Betriebskostenrecht, G. Rz. 105.
4 *Baumbach/Hopt*, HGB, § 250 Rz. 1; *Langenberg*, Betriebskostenrecht, G. Rz. 107.
5 S. auch die ähnliche Begründung bei Happ in KK-WEG, § 28 Rz. 28 ff.

rechnungsjahrs abgeflossen sind, sondern erst am 2.1. des Folgejahres bezahlt werden, ist nicht einzusehen, warum die Überschüsse aus dem Wirtschaftsplan als Guthaben der Jahresabrechnung auszuschütten sind und dann im nächsten Jahr wieder nacherhoben werden müssen. Solche zufälligen und unpraktikablen Ergebnisse lassen sich durch die Bildung von Abgrenzungen vermeiden.

79 Auch kann vermieden werden, dass eine im Zeitpunkt der Erstellung der Jahresabrechnung bereits wieder erstattete Doppelzahlung unnötigerweise mit umgelegt wird[1]. Hierbei ist zu berücksichtigen, dass der inzwischen erstattete Betrag sehr wohl in der Bankkontenentwicklung berücksichtigt werden muss. An dieser Stelle handelt es sich um eine Einnahmen- und Ausgabenrechnung, sodass auch dieser Betrag Erwähnung finden, nicht aber in der Kostenverteilung angesetzt werden muss.

c) Forderungen und Verbindlichkeiten

80 Mit der Bildung von Jahresabgrenzungspositionen ist nicht die Buchung von **Forderungen** und **Verbindlichkeiten** zu verwechseln. Diese sind aber gleichermaßen nicht verboten. Sie können im Status berücksichtigt werden. In die Bankkontenentwicklung gehören Forderungen und Verbindlichkeiten ebenso wenig hinein, wie in die Kostenverteilung. Die Rechtsprechung differenziert insoweit nicht hinreichend[2]. Forderungen stellen auch die negativen Abrechnungsspitzen aus den Abrechnungen der Vorjahre dar. Diese dürfen bei der Ermittlung der neuen Abrechnungsspitze des abzurechnenden Kalenderjahres nicht wieder berücksichtigt und in den Saldo mit einbezogen werden. Abzurechnen und zu beschließen ist über die Abrechnung des Kalenderjahres und nicht über **Vorträge**. Wird hiergegen verstoßen, ist die Abrechnung allerdings nicht nichtig, sondern nur anfechtbar[3]. Zulässig ist es, die Rückstände aus den Vorjahren dem Wohnungseigentümer informatorisch mitzuteilen. Diese Information nimmt dann an der Beschlussfassung nicht teil. Hierdurch werden auch widersprüchliche Beschlüsse vermieden, wenn die Fehlbeträge des Vorjahres fehlerhaft übertragen wurden. Dass es sich nur um eine Information handelt, muss deutlich hervorgehoben werden.

81 Weiterhin können die Wohnungseigentümer mehrheitlich beschließen, dass der Verwalter eine **Saldenliste** aufzustellen hat. In dieser sind alle Abrechnungsergebnisse der Wohnungseigentümer auszuweisen.

d) Sonstige Anforderungen

82 Die Jahresabrechnung ist eine **Kalenderjahresrechnung**. Es entspricht nicht ordnungsmäßiger Verwaltung, vier Quartalsabrechnungen zur Beschlussfassung zu stellen[4].

---

1 A.A. LG Bonn v. 13.11.2003 – 8 T 80/03, ZMR 2004, 302.
2 Vgl. OLG Düsseldorf v. 24.11.2003 – I – 3 Wx 123/03, ZMR 2004, 282.
3 BayObLG v. 3.12.2003 – 2Z BR 164/03, ZMR 2004, 355; v. 28.3.2001 – 2Z BR 52/00, ZWE 2001, 375; OLG Düsseldorf v. 30.4.2004 – I – 3 Wx 65/04, DWE 2005, 42 = ZMR 2005, 642.
4 OLG Düsseldorf v. 26.9.2006 – I – 3 Wx 120/06, MietRB 2007, 18 = NZM 2007, 165.

Die Jahresabrechnung ist nicht mit der mietrechtlichen Betriebskostenabrechnung identisch. Differenziert der Verwalter bei seinem Kontenplan zwischen umlagefähigen und nicht umlagefähigen Kosten, wozu er nur bei entsprechender Vereinbarung (Verwaltervertrag) verpflichtet ist[1], kann der umlagefähige Teil der Kostenverteilung mietrechtlich verwandt werden. 83

Bei den Gesamteinnahmen und Ausgaben sind die tatsächlich geleisteten Zahlungen anzugeben. Dies gilt ohne Rücksicht darauf, ob sie zu Recht oder zu **Unrecht** getätigt worden sind[2]. Die Jahresabrechnung hat im Bereich der Bankkontenentwicklung alle Einzahlungen und Auszahlungen zu erfassen. Ob die einzelne Auszahlung ordnungsmäßiger Verwaltung entsprach, ist für die Frage der Richtigkeit und Vollständigkeit der Jahresabrechnung unerheblich[3]. Hat der Verwalter unrichtigerweise Kosten beglichen, die nur das **Sondereigentum** eines Wohnungseigentümers betreffen, ist diese Kostenposition auch in die Kostenverteilung einzustellen und dann eine Belastung ausschließlich des betreffenden Sondereigentümers vorzuschlagen. Hierüber können dann die Wohnungseigentümer gem. § 16 Abs. 3 mehrheitlich beschließen. Ist der betreffende Wohnungseigentümer der Auffassung, dass die Einzelbelastung unbillig sei, kann er den Beschluss anfechten[4]. 84

Handelt es sich um eine Auszahlung, die den Verwalter bereichert, hat er auch diese Auszahlung bei der Bankkontenentwicklung darzustellen. Im Zweifel hat der Verwalter jede Kostenposition in der Kostenverteilung zu berücksichtigen und diese nach dem jeweils geltenden Verteilungsschlüssel zu verteilen. Durch die Kostenverteilung wird zunächst sichergestellt, dass der Etat der Eigentümergemeinschaft ausgeglichen ist. Davon unbenommen bleibt der Beschluss der Wohnungseigentümer, **Regress** nehmen zu wollen. Nimmt der Verwalter hingegen nicht alle Auszahlungen des betreffenden Jahres in die Bankkontenentwicklung auf, so stellt dies einen wichtigen Abberufungsgrund gegen den Verwalter dar[5]. Zumindest ist ihm die **Entlastung** zu verweigern[6]. 85

Die Gesamtabrechnung einer **Mehrhausanlage** hat sämtliche Kosten zu enthalten[7]. Dies gilt auch für die Kosten, die nur in einem Haus angefallen und nur diesem zuzuordnen sind (s.u. Rz. 97). 85a

2. Haushaltsnahe Dienstleistungen

Der Verwalter hat die Jahresabrechnung so zu erbringen, dass dem Wohnungseigentümer die Abschöpfung von Steuervorteilen möglich ist, insbesondere die 86

---

1 BayObLG v. 4.4.2005 – 2Z BR 198/04, ZMR 2005, 564.
2 BGH v. 6.3.1997 – III ZR 248/95, NJW 1997, 2106 = WuM 1997, 294; BayObLG NJW-RR 2001, 1231; 2002, 1093; OLG Hamburg v. 21.10.2002 – 2 Wx 71/02, WuM 2003, 104; BayObLG v. 10.1.1997 – 2Z BR 35/96, NJW-RR 1997, 715 = WuM 1997, 234; a.A. *Sauren*, WEG, § 28 Rz. 29.
3 OLG München v. 25.7.2006 – 32 Wx 076/06, ZMR 2006, 949.
4 KG v. 26.9.2005 – 24 W 123/04, NZM 2006, 108 = NJW-RR 2006, 661 unter Aufgabe KG v. 26.3.2003 – 24 W 189/02, ZMR 2003, 874 = NZM 2003, 979.
5 BayObLG v. 16.11.1995 – 2Z BR 108/95, WE 1996, 237; *Jennißen*, Verwalterabrechnung, VII Rz. 4.
6 KG v. 30.3.1992 – 24 W 6339/91, WE 1992, 284 = DWE 1992, 811.
7 Vgl. KG v. 1.11.2004 – 24 W 221/03, ZMR 2005, 568.

Steuerermäßigung für **haushaltsnahe Dienstleistungen** gem. § 35a EStG. Dem Steuerabzug unterliegen bestimmte Dienst- und Handwerkerleistungen. Es können im Wesentlichen nur Arbeitslöhne berücksichtigt werden. Deshalb hat der Verwalter die Buchführung so einzurichten, dass die Eingangsrechnungen in Lohn- und Materialanteile aufgeteilt werden. Die Anwendbarkeit von § 35a EStG auf Wohnungseigentümergemeinschaften ist durch ein Schreiben des Bundesministeriums der Finanzen[1] klargestellt worden. Dabei leistet der Verwalter keine verbotene Steuerberatung, da er nur die Voraussetzungen für die steuerliche Abzugsfähigkeit schafft[2]. Seine dementsprechende Treuepflicht steht aber nicht der Forderung nach einem angemessenen Zusatzentgelt entgegen[3].

3. Umsatzsteuerausweis

87 Sind im Objekt Teileigentumseinheiten vorhanden, die zu gewerblichen Zwecken vermietet sind, kommt ein Umsatzsteuerausweis hinsichtlich dieser Einheiten in der Jahresabrechnung in Betracht. Dies darf aber nur bei diesen Einheiten und nicht bei Wohnungen geschehen. Somit hat der Verwalter bei der Erstellung der Jahresabrechnung zwischen Wohnungs- und Teileigentum zu differenzieren.

88 Voraussetzung ist, dass die Wohnungseigentümer die **Optionserklärung** beschließen. Der Beschluss entspricht ordnungsmäßiger Verwaltung, da die das Teileigentum vermietenden Wohnungseigentümer einen Anspruch darauf haben, die Abrechnung so erstellt zu bekommen, dass ihnen keine umsatzsteuerlichen Nachteile entstehen[4]. Die Optionserklärung der Eigentümergemeinschaft ist formfrei und kann konkludent mit Abgabe einer Umsatzsteuererklärung gegenüber dem Finanzamt eingereicht werden.

89 Da die Abgabe einer Umsatzsteuererklärung steuerberatende Tätigkeit ist, müssen die Wohnungseigentümer gleichzeitig die Beauftragung eines Steuerberaters beschließen. Es entspricht wiederum ordnungsmäßiger Verwaltung, wenn die hiermit verbundenen Kosten als Kosten der Verwaltung i.S.v. § 16 Abs. 3 WEG nur den Eigentümern per Mehrheitsbeschluss angelastet werden, die die Abrechnungen unter Umsatzsteuerausweis erhalten.

90 Nicht geklärt ist die Frage, ob im Falle der Option für die gewerblich vermietenden Wohnungseigentümer bei allen Kosten die Umsatzsteuer auszuweisen ist oder nur bei solchen Kostenpositionen, die auch tatsächlich sog. Vorsteuer enthalten. Nach Ansicht des BMF[5] ist auf **allen Kostenpositionen Umsatzsteuer** auszuweisen und somit auch auf solche, die vom Leistenden gegenüber der Eigentümergemeinschaft selbst nicht mit Umsatzsteuer berechnet wurden. Das BMF stellt darauf ab, dass zwischen der Eigentümergemeinschaft und dem einzelnen Wohnungseigentümer ein Leistungsaustausch stattfindet, der alle Kostengruppen erfasst, unabhängig davon, ob sie selbst mit **Vorsteuern** versehen

---
1 BMF IV C 4 – S 2296b – 60/06.
2 Ebenso *Sauren*, NZM 2007, 23; a.A. *Ludley*, ZMR 2007, 331 (335).
3 Vgl. *Jennißen*, Der WEG-Verwalter, Rz. 318.
4 Vgl. *Jennißen*, Verwalterabrechnung, VII Rz. 13 ff.; *Jennißen*, Der WEG-Verwalter, Rz. 306 ff.
5 BStBl. I 1987, 228.

wurden. Demgegenüber lässt die Finanzverwaltung einen Umsatzsteuerausweis nur bei solchen Kosten zu, die aus der Überlassung des gemeinschaftlichen Eigentums zum Gebrauch, seiner Instandhaltung, Instandsetzung und sonstigen Verwaltung des gemeinschaftlichen Eigentums oder der Lieferung von Wärme und ähnlichen Gegenständen resultieren[1]. Die Auffassung der Finanzverwaltung folgt dem Gesetzestext des § 4 Nr. 13 UStG. Diese Auffassung bekam wohnungseigentumsrechtlich zeitweise Unterstützung, als zwischen den Kosten des Gemeinschafts- und des Sondereigentums differenziert wurde[2]. Diese Differenzierung gibt aber nun § 16 Abs. 3 WEG ausdrücklich auf. Somit besteht keine Veranlassung mehr, zwischen Kosten des Gemeinschafts- und des Sondereigentums zu differenzieren. Im Sinne der Einheitlichkeit der Rechtsordnung kann umsatzsteuerrechtlich nichts anderes gelten. Daher ist der Auffassung des BMF zu folgen, dass sämtliche Kosten mit Umsatzsteuer ausgewiesen werden dürfen. Dies führt bei den Kosten zu einer Erhöhung der Beträge, die in der Eingangsrechnung keine Umsatzsteuer enthalten. Diese Erhöhungsbeträge führen aber bei der Eigentümergemeinschaft zu keinem Liquiditätszuwachs, weil in gleicher Höhe, wie die Teileigentümer Zahlungen leisten müssen, eine Abführungspflicht an die Finanzverwaltung besteht. In der Jahresabrechnung sind diese zusätzlichen Beträge, die über die Eingangsrechnungen hinausgeben, zwingend abzugrenzen.

4. Bestandteile

a) Überblick

Die Aussage, dass die Jahresabrechnung aus einer Einzel- und einer Gesamtabrechnung bestehe, ist richtig und unvollständig zugleich. Zu einer vollständigen Jahresabrechnung gehören die Kostenverteilung, die Heizkostenabrechnung, die Bankkontenentwicklung und die Entwicklung der Instandhaltungsrücklage. Darüber hinaus können die Wohnungseigentümer auch beschließen, dass ein Status zu erstellen ist. Dieser Status hat im Zweifel nur informatorische Bedeutung, ebenso wie eine zu erstellende Saldenliste. 91

Da § 28 Abs. 3 WEG über Form und Inhalt der Jahresabrechnung ebenso schweigt wie über ihre Bestanteile, können die Wohnungseigentümer das Abrechnungssystem mit **Stimmenmehrheit beschließen**. Dieses muss ordnungsmäßiger Verwaltung entsprechen, was insbesondere zu bejahen ist, wenn die Abrechnung mit den vorstehend genannten Bestandteilen erstellt wurde. 92

Bei der Kostenverteilung werden alle die Gesamtkosten erwähnt, die zur Verteilung im betreffenden Kalenderjahr gebracht werden. Diese Kostenverteilung enthält die Einzelabrechnung und ist gleichzeitig Bestandteil der Gesamtabrechnung. Die Bankkontenentwicklung ist notwendig, um die Liquiditätslage der Eigentümergemeinschaft zu verdeutlichen und die Plausibilitätskontrolle der Jahresabrechnung zu ermöglichen. 93

---

1 R 87 Abs. 2 S. 3 UStR.
2 Vgl. BGH v. 25.9.2003 – V ZB 21/03, ZMR 2003, 937 = NJW 2003, 3476 = NZM 2003, 952.

94 Wenn in der Rechtsprechung und Literatur ausgeführt wird, dass in der Jahresabrechnung keine **Forderungen** und **Verbindlichkeiten** ausgewiesen werden dürften, ist dies insofern falsch, als nicht klargestellt wird, an welcher Stelle der Ausweis erfolgen darf. Beschließen die Wohnungseigentümer, dass der Verwalter einen Status zu erstellen hat, sind gerade in diesem Status Forderungen und Verbindlichkeiten darzustellen. Hierdurch wird den Wohnungseigentümern die Vermögenslage der Eigentümergemeinschaft verdeutlicht. Ein Status kann durch einfachen Mehrheitsbeschluss gefordert werden[1]. Einen diesbezüglichen Mehrheitsbeschluss als unwirksam anzusehen, würde bedeuten, es den Wohnungseigentümern zu verbieten, umfassende Informationen vom Verwalter über den wirtschaftlichen Stand der Eigentümergemeinschaft fordern zu dürfen. Wird der Status gefordert oder freiwillig vom Verwalter erstellt, ist er informatorischer Bestandteil der Jahresabrechnung, der nicht mit beschlossen wird. Der Status dient ebenfalls der Verprobung der Jahresabrechnung und ist insbesondere wichtige Grundlage, um die ausreichende Bemessung des Wirtschaftsplans überprüfen zu können.

b) Kostenverteilung

95 Die Kostenverteilung stellt den Mittelpunkt der Jahresabrechnung dar. Dort werden die zur Verteilung zu bringenden **Gesamtkosten**, ihre **Verteilungsschlüssel** und der daraus resultierende **Kostenanteil** je Wohnung ausgewiesen. Unter Berücksichtigung der Wohngeldvorauszahlungen des betreffenden Wohnungseigentümers errechnet sich hieraus die Abrechnungsspitze, also der Betrag, der vom betreffenden Wohnungseigentümer zur Kostendeckung nachzuentrichten oder ihm als Überschuss auszuschütten ist. Dieser Abrechnungsteil ist sowohl Bestandteil der Gesamt- als auch der Einzelabrechnung. Immer dann, wenn Kosten auf die einzelne Wohnung heruntergebrochen werden, lässt sich von Einzelabrechnung reden. Einzel- und Gesamtabrechnung sind aber Bestandteil eines einheitlichen Ganzen und können bei der Beschlussfassung nicht verselbständigt werden.

96 Uneinheitlich ist die Praxis bei der Frage, ob bei der Kostenverteilung zur Ermittlung der Abrechnungsspitze die **tatsächlichen Wohngeldzahlungen** des betreffenden Wohnungseigentümers oder die **Sollstellung** gem. Wirtschaftsplan zu berücksichtigen ist. Teilweise wird auch von denjenigen, die Abgrenzungsposten in der Jahresabrechnung für unwirksam halten, die Berücksichtigung der gem. Wirtschaftsplan geschuldeten Vorschüsse gefordert, um die über den Wirtschaftsplan hinausgehende Abrechungsspitze als neue Schuld entstehen zu lassen[2]. Die Auffassung verkennt den eigenen Systembruch, wenn auf der anderen Seite von einer reinen Einnahmen- und Ausgabenrechnung gesprochen wird. Mit einer solchen Abrechnungsform sind aber Abrechnungsergebnisse, die un-

---

1 A.A. BayObLG v. 23.4.1993 – 2Z BR 113/92, NJW-RR 1993, 1166; v. 13.6.2000 – 2Z BR 175/99, ZWE 2000, 407 = NJW-RR 2000, 1466; OLG Zweibrücken v. 3.11.1998 – 3 W 224/98, NZM 1999, 276; *Merle* in Bärmann/Pick/Merle, WEG, § 28 Rz. 72.
2 So *Merle* in Bärmann/Pick/Merle, WEG, § 28 Rz. 45 unter Verweis auf BGH v. 30.11.1995 – V ZB 16/95, NJW 1996, 725 = WE 1996, 144; BayObLG v. 11.9.1997 – 2Z BR 20/97, WE 1998, 316; v. 3.12.1998 – 2Z BR 129/98, NZM 1999, 281; OLG Zweibrücken v. 4.3.1996 – 3 W 250/95, WE 1996, 277; *Bub*, Finanz- und Rechnungswesen, S. 174.

ter Anwendung von Sollstellungen zustande kommen, nicht zu vereinbaren. Diese Auffassung glaubt sich darauf stützen zu müssen, dass der BGH[1] festgestellt hat, dass die Jahresabrechnung gegenüber dem Wirtschaftsplan keine Schuldumschaffung im Sinne einer **Novation** ist und somit den Wirtschaftsplan nicht vollständig ersetzt. Dabei wird aber verkannt, dass die Entscheidung des BGH nur die Frage klären wollte, ob die Wohnungseigentümer trotz Beschlussfassung über die Jahresabrechnung noch aus dem Wirtschaftsplan gegen den Veräußerer vorgehen können. Findet ein **Eigentümerwechsel** nicht statt, sind in der Jahresabrechnung (Kostenverteilung) die tatsächlichen Vorauszahlungen zu berücksichtigen. Im Falle des Eigentümerwechsels ist anders zu verfahren. Dann ist das Wohngeldsoll zu berücksichtigen, damit dem Erwerber nicht Zahlungsrückstände des Veräußerers aufgegeben werden. Die Differenz zwischen Soll und Ist ist wiederum in der **Bankkontenentwicklung** aufzulösen[2].

Bei einer **Mehrhausanlage** kann die Gemeinschaftsordnung vorsehen, dass bei der Kostenverteilung eine Vorerfassung stattfinden muss. Dies bewirkt zunächst, dass in der Gesamtabrechnung die Kosten soweit als möglich den einzelnen Häusern zugeordnet werden. Nach dieser Zuordnung findet dann eine Kostenverteilung nur auf die Eigentümer des jeweiligen Hauses statt. Sind die Kosten nach Miteigentumsanteilen zu verteilen, dann ist die Summe der Miteigentumsanteile des jeweiligen Hauses gleich 100 % zu setzen (s. zur Kostenverteilung bei Mehrhausanlagen auch § 16 Rz. 63 und Rz. 114 ff.). In der Gesamtabrechnung sind alle den jeweiligen Häusern zugeordneten Kosten auszuweisen, damit die Aufteilung zwischen den Häusern für jeden Wohnungseigentümer transparent wird. Bei der Einzelabrechnung werden dann dem jeweiligen Wohnungseigentümer nur bei seinem Haus Kosten zugerechnet, sofern es sich nicht um Kosten handelt, die ohnehin über alle Miteigentumsanteile verteilt werden. 97

c) Heizkostenabrechnung

Die Heizkostenabrechnung ist Bestandteil der Kostenverteilung. Sie erläutert, wie Heiz- und Warmwasserkosten ermittelt und zugeordnet wurden. Die Ergebnisse der Heizkostenabrechnung fließen in die **Kostenverteilung** ein, sodass die Heizkostenabrechnung nur ergänzender Bestandteil der Kostenverteilung ist. 98

Handelt es sich um eine Gasheizung, kann der Verbrauch nach Kubikmetern oder nach Kilowattstunden ausgewiesen werden. Beide Berechnungseinheiten sind grundsätzlich zulässig[3]. 99

Der Verwalter muss die Heizkostenabrechnung **nicht** zusätzlich **erläutern**. Insbesondere muss er nicht die der Heizkostenabrechnung zugrunde liegenden Berechnungsformeln verständlich machen. Der Grundsatz, dass der Verwalter eine verständliche Abrechnung zu erstellen hat, wird hier eingeschränkt, da der 100

---

1 V. 23.9.1999 – V ZB 17/99, NZM 1999, 1101 = DWE 1999, 164 = ZMR 1999, 834.
2 OLG Hamm v. 8.7.2003 – 15 W 48/03, ZMR 2004, 54.
3 BGH v. 20.7.2005 – VIII ZR 371/04, MDR 2006, 196.

Verwalter die gesetzlich vorgesehene Abrechnungsweise anwenden muss und die sich hieraus ergebenden Verständnisprobleme nicht veranlasst hat[1].

101 Wird die Jahresabrechnung nicht angefochten, wird diese mit allen Bestandteilen und somit einschließlich Heizkostenabrechnung bestandskräftig[2].

d) Instandhaltungsrücklage

102 Die Entwicklung der Instandhaltungsrücklage ist ebenfalls notwendiger Bestandteil der Jahresabrechnung[3]. Bei der Darstellung der Instandhaltungsrücklage ist zwischen **Soll- und Ist-Rücklage** zu unterscheiden[4]. Für die Instandhaltungsrücklage muss nicht zwingend ein separates Bankkonto angelegt werden. Dies wird dann ordnungsmäßiger Verwaltung entsprechen, wenn bei pflichtgemäßer Wohngeldzahlung entsprechende Liquiditätsüberschüsse erwirtschaftet werden und dieser Überschuss zinsbringend angelegt werden kann. Ist die Instandhaltungsrücklage nicht vollständig auf einem Bankkonto separiert worden, entsteht eine Divergenz zwischen Soll- und Ist-Rücklage. Entnimmt der Verwalter dem laufenden Konto nur die mit den Wohngeldzahlungen tatsächlich eingegangenen Rücklagenanteile, kann er die Ist-Rücklage nicht in der Höhe auffüllen, wie es im Wirtschaftsplan vorgesehen war. Dies kann darin begründet sein, dass der Verwalter diese Überweisung im betreffenden Kalenderjahr nicht tätigt oder sie nicht tätigen kann, weil die Kosten unvorhergesehen höher ausgefallenen sind als geplant. Während des Kalenderjahres stellt somit der **Zuführungsbetrag** zur Instandhaltungsrücklage gem. Wirtschaftsplan einen **Liquiditätspuffer** dar, der nicht zwingend am Jahresende schon separiert sein muss[5]. Die Sollrücklage entspricht der buchhalterischen Entwicklung dieser Vermögensposition, während die Ist-Rücklage die tatsächliche Liquiditätsentwicklung widerspiegelt. Beide Darstellungen sind daher in der Jahresabrechnung unumgänglich[6].

103 Werden Instandsetzungsmaßnahmen aus der Rücklage bezahlt, ist nicht nur ihr **Abfluss** aus der Rücklage darzustellen, sondern diese Kosten sind auch bei der Kostenverteilung zu berücksichtigen[7]. Sie sind für den vermietenden Wohnungseigentümer **Werbungskosten**. Damit die Wohnungseigentümer aber nicht mit diesen Kosten liquiditätsmäßig belastet werden, ist bei der Kostenverteilung gleichzeitig auf der Einnahmenseite der Abfluss aus der Instandhaltungsrücklage auszuweisen. Im Ergebnis heben sich dann die aufgewandten Instand-

---

1 S. auch *Lammel*, Heizkostenverordnung, § 6 Rz. 35; BGH v. 20.7.2005 – VIII ZR 371/04, MDR 2006 = NJW 2005, 3135 (196), der gleichermaßen die Aufklärungspflichten des Vermieters gegenüber den Mietern einschränkt.
2 OLG Düsseldorf v. 1.12.2006 – I-3 Wx 194/06, ZMR 2007, 379.
3 BayObLG v. 30.6.2004 – 2Z BR 058/04, DWE 2005, 24; KG v. 7.1.2004 – 24 W 326/01, ZMR 2005, 222.
4 LG Köln v. 9.8.2004 – 29 T 96/03, ZMR 2005, 151; AG Bergisch-Gladbach v. 24.8.2006 – 35 II 153/05, MietRB 2006, 324; *Stähling/Jennißen*, MietRB 2005, 27.
5 S. auch hierzu AG Bergisch-Gladbach v. 24.8.2006 – 35 II 153/05, MietRB 2006, 324.
6 Die Sollrücklage zulassend: LG Köln v. 7.5.2007 – 29 T 55/06, ZMR 2007, 652; a.A. AG Saarbrücken v. 25.3.2004 – 1 II 26/01 WEG, ZMR 2005, 409.
7 LG München I v. 9.11.2006 – 1 T 6490/06, ZMR 2007, 567; s. auch das Abrechnungsbeispiel bei *Jennißen*, Verwalterabrechnung, VII Rz. 50.

setzungskosten und die gleich hohen Abflüsse aus der Instandhaltungsrücklage auf[1], so dass es zu keiner weiteren Belastung der Wohnungseigentümer kommt.

Als Einnahmen sind bei der Rücklagenentwicklung die Zuführungsbeträge sowie **Zinserträge** auszuweisen[2]. Die Zinserträge werden dann wiederum durch Kapitalertragsteuer und Solidaritätszuschlag gemindert. 104

Der im Wirtschaftsplan kalkulierte Zuführungsbetrag zur Instandhaltungsrücklage ist nicht vorgreiflich für die Jahresabrechnung, so dass auch ein anderer Betrag beschlossen werden kann[3]. 105

Die Zuführungsbeträge sind nach dem geltenden Verteilungsschlüssel anzusammeln. Nichtig ist ein Beschluss, der die Guthaben aus der Jahresabrechnung der Rücklage zuführt[4]. Folge eines solchen Beschlusses wäre es, dass die energie- und wassersparenden Eigentümer mehr als die anderen in die Rücklage zahlen. Das widerspricht Sinn und Zweck der HeizkV und dem Gleichheitsgrundsatz. Gleiches gilt für eine Regelung in der Gemeinschaftsordnung, wonach Fehlbeträge aus einer Jahresabrechnung der Instandhaltungsrücklage entnommen werden[5]. 106

Die Instandhaltungsrücklage dient der **finanziellen Vorsorge** für spätere Instandhaltungs- und Instandsetzungskosten. Die Wohnungseigentümer haben einen **weiten Ermessensspielraum**, ob sie eine konkrete Instandsetzungsmaßnahme aus der Rücklage finanzieren oder die Mittel per Wirtschaftsplan erheben. Dabei dient die Rücklage der finanziellen Absicherung aller Reparaturen, unabhängig von ihrer Größe. Dass aus der Instandhaltungsrücklage nur größere Instandhaltungen oder Instandsetzungen finanziert werden dürfen, gibt der Wortlaut des § 21 Abs. 5 Ziff. 4 WEG nicht her[6]. Die Mittel der Instandhaltungsrücklage unterliegen dann der **Zweckbindung**, wenn die Ist-Rücklage im Rahmen der Jahresabrechnung beschlossen wurde[7]. Ab diesem Zeitpunkt darf der Verwalter die Instandhaltungsrücklage nicht mehr für reparaturfremde Vorgänge oder zur Stärkung der allgemeinen Liquidität der Eigentümergemeinschaft verwenden. Bis zu diesem Zeitpunkt kann er Umbuchungen zwischen dem laufenden Verwaltungskonto und dem Rücklagenkonto vornehmen, um Zinsgewinne zu erzielen[8]. 107

Nicht zulässig ist es, den rechnerischen Anteil eines Wohnungseigentümers an der Instandhaltungsrücklage zur Deckung seiner **Wohngeldrückstände** heranzuziehen[9]. Eine solche Vorgehensweise widerspräche ebenfalls der Zweckbindung der Rücklage. Auch würde die Verrechnung übersehen, dass die Instandhaltungsrücklage der Eigentümergemeinschaft gehört und der einzelne Wohnungseigentümer daran keine unmittelbaren Rechte besitzt. Somit wird 108

---

1 Siehe hierzu das Beispiel bei *Jennißen*, Verwalterabrechnung, VII. Rz. 50.
2 KG v. 7.1.1985 – 24 W 4964/84 DWE 1986, 27.
3 KG v. 7.1.2004 – 24 W 326/01, ZMR 2005, 221; BayObLG v. 30.6.2004 – 2Z BR 058/04, DWE 2005, 24.
4 Im Ergebnis ebenso LG Hamburg v. 25.6.2003 – 318 T 132/02, ZMR 2003, 787.
5 A.A. BayObLG v. 10.3.2004 – 2Z BR 268/03, ZMR 2005, 64.
6 So auch *Sauren*, Wohnungseigentumsgesetz, § 21 Rz. 11 (S. 195).
7 KG v. 19.7.2004 – 24 W 305/02, MietRB 2005, 75.
8 KG v. 19.7.2004 – 24 W 305/02, MietRB 2005, 75.
9 BGH v. 15.6.1989 – V ZB 22/88, WE 1989, 197.

tatsächlich nicht der säumige Wohnungseigentümer, sondern die gesamte Eigentümergemeinschaft belastet. Auch wird die fehlende Liquidität nicht geschöpft, sondern durch eine Umbuchung nur scheinbar ausgeglichen.

109 Bei **Mehrhausanlagen** ist je Haus eine separate Instandhaltungsrücklage zu bilden, wenn dies in der Gemeinschaftsordnung vorgesehen ist. Diese Verpflichtung besteht schon dann, wenn die Gemeinschaftsordnung die Instandhaltungsverpflichtung den Sondereigentümern des betreffenden Gebäudes zuordnet[1]. Da sich Instandhaltungs- und Rücklagenverpflichtung decken, ist in einem solchen Fall für jedes Haus eine separate Rücklage anzulegen. Darüber hinaus kann es in Betracht kommen, eine weitere allgemeine Rücklage zu bilden, wenn Gemeinschaftseigentum instand zu halten ist, das nicht einem Haus alleine zugeordnet werden kann. Die Höhe der **Ist-Rücklage** der einzelnen Häuser ist nicht von der ordnungsgemäßen Wohngeldzahlung ihrer Mitglieder abhängig, da andernfalls die Ausfallhaftung den jeweiligen Hauseigentümern angelastet würde, anstatt das Risiko auf alle zu verteilen. Deshalb ist es auch nicht zu beanstanden, wenn die Rücklage auf die einzelnen Häuser erst dann aufgeteilt wird, wenn Entnahmen anstehen[2].

110 Da der neue § 16 Abs. 4 eine Kostenverteilung nach **Gebrauch** oder **Gebrauchsmöglichkeit** zulässt, können die Wohnungseigentümer nicht die Mittel der Instandhaltungsrücklage verwenden, wenn der Verteilungsschlüssel bei der Zuführung zur Rücklage und ihrem Mittelabfluss nicht identisch ist. So können beispielsweise die Wohnungseigentümer nicht eine Instandsetzung aus der **Rücklage** finanzieren, wenn die Zuführungsbeträge nach Miteigentumsanteilen erhoben wurden und für die konkrete Instandsetzungsmaßnahme beschlossen wurde, diese nach der Gebrauchsmöglichkeit zu verteilen. Dann hätte die Entnahme aus der Rücklage zur Konsequenz, dass der Beschluss über die Kostenverteilung nach der Gebrauchsmöglichkeit tatsächlich nicht umgesetzt wird. Da in diesem Fall die übrigen Wohnungseigentümer, die möglicherweise sogar von den Kosten freigestellt werden sollten, vermögensmäßig belastet würden, wäre ein solcher Beschluss nichtig. Er enthielte einen unüberbrückbaren Widerspruch. Allenfalls denkbar wäre die kurzfristige Zwischenfinanzierung aus der Rücklage, um diese sodann nach dem neuen Verteilungsschlüssel für die konkrete Instandsetzungsmaßnahme wieder aufzufüllen. Die Auswirkungen des § 16 Abs. 4 auf die Instandhaltungsrücklage hat der Gesetzgeber nicht erkannt.

111 Hinsichtlich der Verwendung der Rücklage haben die Wohnungseigentümer insoweit ein pflichtgemäßes Ermessen, so dass sie frei wählen können, ob eine Instandsetzung aus der Rücklage oder einer zu erhebenden Sonderumlage (Wirtschaftsplan) bezahlt wird[3].

---

1 BayObLG v. 10.9.1987 – BReg. 2Z 52/87, WE 1988, 71.
2 So im Ergebnis auch OLG München v. 2.2.2006 – 32 Wx 143/05, NZM 2006, 382.
3 BayObLG v. 29.7.2004 – 2Z BR 092/04, NZM 2004, 745; v. 27.3.2003 – 2Z BR 37/03, ZMR 2003, 694.

e) Bankkontenentwicklung

Auch nach der h.M. ist die Angabe des Bankanfangs- und des Bankendbestands für eine ordnungsmäßige Jahresabrechnung erforderlich[1]. Die Angabe dieser Bankkontenstände soll nicht nur Informationen über das Geldvermögen der Eigentümergemeinschaft geben, sondern auch eine **Schlüssigkeitsprüfung** zulassen[2]. Eine solche Schlüssigkeitsprüfung lässt sich aber nicht mit einer Bankkontenentwicklung vornehmen, die Bankanfangsbestand zum 1.1. des Kalenderjahres zzgl. Einnahmen (Wohngeldvorauszahlungen) abzgl. Ausgaben gem. Kostenverteilung und Bankendbestand zum 31.12. des Kalenderjahres darstellt[3]. Einnahmen und Ausgaben sind um **Abgrenzungspositionen** zu bereichern. Wie bereits oben dargestellt wurde, kann auch die h.M. auf solche Abgrenzungspositionen nicht verzichten. Sie müssen daher, je nachdem, ob es sich um aktive oder passive Rechnungsabgrenzungen handelt, hinzugefügt oder abgesetzt werden[4]. Erst dann lässt sich der Bankkontenstand nachvollziehen. Es müssen somit über die Beträge, die in der Kostenverteilung erwähnt werden, hinaus u.a. die **Abrechnungsspitzen** aufgeführt werden, die für das Vorjahr an die Wohnungseigentümer ausgezahlt oder von diesen nachentrichtet wurden. Auch die weiteren Abgrenzungen, z.B. im Bereich der **Heizkosten** oder der **Zuführung zur Instandhaltungsrücklage**, müssen in der Bankkontenentwicklung aufgelöst werden, um zum richtigen Kontenendbestand zu gelangen. Die Bankkontenentwicklung dient auch dem Verwalter zur eigenen Kontrolle, ob alle Buchungsvorgänge erfasst und Soll und Haben richtig zugeordnet wurden.

112

f) Status

Der Verwalter kann in einer **Vermögensübersicht** (Status) u.a. Forderungen und Verbindlichkeiten der Eigentümergemeinschaft zum Kalenderjahresende darstellen. Dabei werden die Forderungen und Verbindlichkeiten zur Verteilung gebracht. Der Status ist kein zwingender Bestandteil der Jahresabrechnung. Er kann freiwillig vom Verwalter erstellt werden, um die Wohnungseigentümer über den Vermögensstand der Eigentümergemeinschaft zu informieren[5]. Notwendiger Bestandteil der Jahresabrechnung wird der Status nur dann, wenn die Wohnungseigentümer diesen durch Mehrheitsbeschluss fordern. Eine Vereinbarung ist hierfür nicht erforderlich[6], da die Wohnungseigentümer bei der Ausgestaltung einer ordnungsgemäßen Jahresabrechnung ein weites Ermessen besitzen. Auch ist zu berücksichtigen, dass der Status die Jahresabrechnung nicht insgesamt zu einer Bilanz macht. Neben den Forderungen und Verbindlichkeiten werden nochmals die Bankbestände (ohne Entwicklung) und sonstigen Ver-

113

---

1 BayObLG 21.12.1999 – 2Z BR 79/99, ZMR 2000, 238; OLG Zweibrücken 1.3.2000 – 3 W 270/99, ZMR 2000, 868; OLG Düsseldorf v. 24.11.2003 – I 3 Wx 123/03, ZMR 2004, 282; AG Kerpen v. 18.12.1996 – 15 II 27/96, 1998, 376.
2 Hinsichtlich der Schlüssigkeitsprüfung nicht von einer Bankkontenentwicklung, sondern von einer „Zusatzrechnung" sprechend, *Niedenführ*, DWE 2005, 58 (62).
3 Insoweit unzutreffend *Becker/Kümmel/Ott*, Wohnungseigentum, Rz. 491.
4 Siehe hierzu das Muster einer ordnungsmäßigen Bankkontenentwicklung bei *Jennißen*, Verwalterabrechnung, XV. Anhang.
5 OLG Frankfurt v. 16.10.2006 – 20 W 178/03.
6 A.A. OLG Frankfurt v. 16.10.2006 – 20 W 178/03.

mögensgegenstände, wie beispielsweise der Restölbestand im Tank der Zentralheizung, aufgenommen. Bei den Verbindlichkeiten sind ebenso **nicht bezahlte Rechnungen** Dritter wie noch auszuzahlende **Guthabenbeträge** der Wohnungseigentümer aus den Jahresabrechnungen zu erwähnen. Forderungen werden sich hingegen im Wesentlichen aus Wohngeldrückständen oder Nachzahlungsforderungen aus Jahresabrechnungen ergeben. Ebenso können ausstehende Versicherungsleistungen aus Schadensabwicklungen die Forderungen prägen.

113a Wird der Status vorgelegt, umfasst der Beschluss über die Jahresabrechnung diesen Teil im Zweifel nicht. Eine andere Auffassung würde dem bloßen **Informationscharakter** des Status nicht gerecht.

114 Der Status ermöglicht den Wohnungseigentümern, sich im Zusammenhang mit der Kostenverteilung von der Angemessenheit des vorgelegten Wirtschaftsplans zu überzeugen. Die Kenntnis von **Zahlungsrückständen** der Wohnungseigentümer ist wesentlich, um zu erkennen, ob der Verwalter alles Notwendige zu ihrer Beitreibung veranlasst hat. Die zum Teil geäußerte Auffassung, die Abrechnung dürfte über bestehende Forderungen nicht informieren, nennt keinen plausiblen Grund[1].

g) Saldenliste

115 Zum Bestandteil der Jahresabrechnung ist auch eine Saldenliste zu zählen, aus der **alle Abrechnungsergebnisse** der vorgelegten Jahresabrechnung aller Wohnungseigentümer abzulesen sind. Nach OLG Köln[2] ist die Saldenliste allerdings nicht mit zu versenden. Es genügt, wenn der Verwalter diese erstellt und den Wohnungseigentümern zusammen mit den Belegen und Abrechnungen mit ausreichender Zeit vor der Eigentümerversammlung zur Einsichtnahme anbietet. Die Bedeutung einer solchen Saldenliste wird von der Rechtsprechung überschätzt. Sie stellt nur eine Aneinanderreihung der Abrechnungsspitzen dar und lässt keinerlei Schlüssigkeitsprüfung zu. Sie liefert nur die Erkenntnis, welche Abrechnungsspitzen für die übrigen Wohnungseigentümer errechnet wurden. Damit ist ihr Informationsinhalt gering. Daher kann der Rechtsprechung nicht gefolgt werden, dass solche Saldenlisten Pflichtbestandteil einer jeden Abrechnung seien, zumal dann nicht einzusehen ist, warum diese Listen nicht auch vorgelegt werden müssten. Diese Listen können hingegen von den Wohnungseigentümern gleichermaßen mit Mehrheitsbeschluss gefordert oder als nicht erforderlich abgelehnt werden.

5. Adressat der Jahresabrechnung – Eigentümerwechsel, Zwangs- und Insolvenzverwaltung

116 Nach der herrschenden **Fälligkeitstheorie** (s. hierzu § 16 Rz. 142 ff.) ist die Jahresabrechnung an den Wohnungseigentümer zu adressieren, der im Zeitpunkt der beschlussfassenden Eigentümerversammlung Wohnungseigentümer ist. Somit ist für das abzurechnende Kalenderjahr nur eine Jahresabrechnung nach der h.M. zu erstellen und die Abrechnungsspitze hat dann der im Zeitpunkt der Ei-

---
[1] Siehe KG v. 1.11.2004 – 24 W 221/03, ZMR 2005, 568.
[2] V. 11.12.2006 – 16 Wx 200/06.

gentümerversammlung im Grundbuch eingetragene Wohnungseigentümer zu tragen.

Unter konsequenter Anwendung der Fälligkeitstheorie gilt dies dann auch entsprechend, wenn zwar kein Eigentümerwechsel stattgefunden hat, aber **Zwangsverwaltung** oder **Insolvenzverwaltung** angeordnet wurden[1]. Maßgebender Zeitpunkt ist dann das Datum der **Beschlagnahme**. Die Zwangs- und Insolvenzverwalter müssen erst ab diesem Zeitpunkt das lfd. Wohngeld bedienen (vgl. § 16 Rz. 160 ff.). Da aber Zwangsverwalter und Insolvenzverwalter nicht aus ihren Einnahmen (Masse) die Rückstände des Schuldners ausgleichen müssen, wird von den Vertretern der Fälligkeitstheorie in der Jahresabrechnung bis zum Zeitpunkt der Beschlagnahme das **Wohngeldsoll** angesetzt[2]. Durch den Ausweis der Sollstellung gem. Wirtschaftsplan soll erreicht werden, dass Zahlungsrückstände des Schuldners vor der Beschlagnahme nicht durch den Beschluss über die Jahresabrechnung zu bevorrechtigten Beträgen werden. Das Ergebnis ist dann die erste Abgrenzungsspitze, die vom Zwangs- bzw. Insolvenzverwalter auszugleichen ist. Interessanterweise wird diese Vorgehensweise auch von den Vertretern vorgeschlagen, die sonst die Jahresabrechnung als eine reine Einnahmen- und Ausgabenrechnung definieren[3], ohne zu erkennen, dass dies widersprüchlich ist.

117

Wird dem Zwangsverwalter fälschlicherweise die gesamte Jahresabrechnung einschließlich der Fehlbeträge vor der Beschlagnahme in Rechnung gestellt und zahlt er diese nach entsprechender Beschlussfassung, so soll nach Auffassung des BayObLG[4] dennoch ein Rückzahlungsanspruch des Zwangsverwalters aus **ungerechtfertigter Bereicherung** bestehen.

118

Zu anderen Ergebnissen führt die **Aufteilungstheorie** (s. oben § 16 Rz. 149 ff.). Unter Anwendung der Aufteilungstheorie hat der Verwalter für das abzurechnende Kalenderjahr, in dem der Eigentümerwechsel oder die Beschlagnahme stattgefunden hat, zwei Einzelabrechnungen für die betreffende Wohnung zu erstellen. Dies hat zur Folge, dass zur Vermeidung einer Zahlungspflicht des Erwerbers bzw. Zwangs- oder Insolvenzverwalters für Wohngeldrückstände vor dem Eigentumsübergang bzw. der Beschlagnahme keine Sollstellungen in die Jahresabrechnung eingestellt werden müssen. Unter Anwendung der Aufteilungstheorie können die jeweils gezahlten Beträge berücksichtigt werden und die Einzelabrechnungen weisen im Ergebnis die Abrechnungsspitze aus, die noch vom Veräußerer bzw. Schuldner persönlich zu erbringen ist. Dabei ist aber nicht zu übersehen, dass im Falle der Zwangsverwaltung der Schuldner weiterhin zahlungsverpflichtet bleibt[5], sodass die Trennung nur notwendig ist, um dem Zwangsverwalter die aus den Einnahmen zu befriedigenden Beträge aufzugeben. Gegenüber dem Schuldner wirken beide Abrechnungsteile.

119

---

1 Für den Fall der Zwangsverwaltung OLG München v. 12.3.2007 – 34 Wx 114/06, MietRB 2007, 145 = NZM 2007, 452.
2 So *Armbrüster*, WE 1999, 14; *Bub* in Staudinger, BGB, § 28 WEG Rz. 217.
3 BayObLG v. 30.4.1999 – 2Z BR 33/99, NZM 1999, 715 = NJW-RR 1999, 1458; *Niedenführ* in Niedenführ/Schulze, WEG, § 16 Rz. 84.
4 V. 30.4.1999 – 2Z BR 33/99, NJW-RR 1999, 1458 = NZM 1999, 715.
5 OLG Zweibrücken v. 27.7.2005 – 3 W 167/04, OLGReport Zweibrücken 2006, 276 = MietRB 2006, 198.

120 Auch wenn nach der Aufteilungstheorie **zwei Einzelabrechnungen** für das betreffende Kalenderjahr zu erstellen sind, so stimmt dennoch in der Eigentümerversammlung nur der Erwerber ab, wenn inzwischen der Eigentumswechsel stattgefunden hat. Die Beschlussfassung über die Einzelabrechnung, die noch den Veräußerer betrifft, hat unmittelbar keine Auswirkungen für diese Person. Andernfalls würde es sich um einen Beschluss zu Lasten Dritter handeln, der nichtig wäre. Ebenso wenig ist es möglich, dem Veräußerer nach Eigentumsübergang noch ein Stimmrecht einzuräumen, weil er kein Mitglied der Eigentümergemeinschaft mehr ist. Der Veräußerer erleidet hierdurch keinen Nachteil. Wenn die Wohnungseigentümergemeinschaft aufgrund dieses Einzelabrechnungsanteils von ihm Zahlung verlangt, kann er sämtliche Einwendungen gegen die Richtigkeit dieser Abrechnung führen, selbst wenn inzwischen **Bestandskraft des Beschlusses** eingetreten sein sollte. Ein Beschluss, der ihm gegenüber keine Wirkung entfaltet, kann auch ihm gegenüber nicht in Bestandskraft erwachsen[1]. Wird dann die Zahlungsklage der Wohnungseigentümergemeinschaft gegen den ausgeschiedenen Wohnungseigentümer wegen fehlerhafter Jahresabrechnung abgewiesen, haben die Wohnungseigentümer die Möglichkeit, die Jahresabrechnung nachbessern zu lassen und hierüber einen **Zweitbeschluss** herbeizuführen[2]. Sodann könnte erneut gegen den säumigen Veräußerer geklagt werden. Gelingt dies nicht, weil etwa die Ansprüche verjährt sind (s. zur Verjährungseinrede Rz. 191 ff.) oder eine Korrektur der Jahresabrechnung nicht in Betracht kommt, fällt die Forderung gegen den ausgeschiedenen Wohnungseigentümer aus. Die Eigentümer haben dann darüber zu beschließen, ob ein **Regressanspruch gegen den Verwalter** geltend zu machen ist[3].

120a Gegenüber dem **Insolvenzverwalter** führt die **Aufteilungstheorie** ebenfalls dazu, dass zwei Abrechnungen zu erstellen sind. Die Aufteilung hat die Kosten bis zur Beschlagnahme sowie danach getrennt zu erfassen. Die erste Abrechnung führt zu einfachen Insolvenzforderungen und die zweite zu Masseverbindlichkeiten. Allerdings stimmt der Insolvenzverwalter über beide Abrechnungen ab, da dem Schuldner insoweit sämtliche Verfügungs- und Verwaltungsbefugnisse nach §§ 35, 80 InsO entzogen sind[4].

120b Anders verhält es sich bei der **Zwangsverwaltung**. Auch hier sind zwar zwei Abrechnungen zu erstellen, die jeweils den Zeitpunkt der Beschlagnahme berücksichtigen. Grundsätzlich übt auch der Zwangsverwalter das Stimmrecht in der Eigentümerversammlung aus. Dies gilt auch für die nach der Aufteilungstheorie erstellte Abrechnung, die den Zeitraum vor der Beschlagnahme und somit weiterhin den Wohnungseigentümer betrifft. Insoweit kommt zwar eine „Spaltung" des Stimmrechts in Betracht, die nicht grundsätzlich ausgeschlossen ist[5]. Da die Schulden vor der Beschlagnahme weiterhin vom Schuldner unmittelbar zu regu-

---

1 Vgl. hierzu *Jennißen*, Verwalterabrechnung, VIII Rz. 37.
2 Zur Zulässigkeit des Zweitbeschlusses bei fehlerhafter Jahresabrechnung OLG Düsseldorf v. 20.10.1999 – 3 Wx 141/99, ZMR 2000, 40 = ZWE 2000, 475 = OLG Report Düsseldorf 2000, 117.
3 Vgl. hierzu auch *Jennißen*, Verwalterabrechnung, VIII Rz. 37; für den Fall der Zwangsverwaltung zum gleichen Ergebnis kommend: *Wenzel*, ZWE 2005, 277 (282).
4 BGH v. 26.9.2002 – V ZB 24/02, ZMR 2002, 941.
5 KG v. 9.11.2005 – 24 W 60 und 67/05, ZMR 2006, 221; BayObLG v. 5.11.1998 – 2Z BR 131/98, ZMR 1999, 121.

lieren sind, könnte die Aufteilungstheorie im Falle der Zwangsverwaltung zur Aufspaltung des Stimmrechts über die Jahresabrechnung führen. Dies scheitert aber daran, dass auch die Aufteilungstheorie nicht zu zwei Beschlüssen über die Jahresabrechnung, sondern ebenso wie die Fälligkeitstheorie nur zu einem einzigen Beschluss führt. Die Aufspaltung der Jahresabrechnung hat nicht zwei getrennte Abstimmungen zur Folge. Vielmehr ist in analoger Anwendung von § 25 Abs. 2 Satz 2 das Stimmrecht von Zwangsverwalter und Schuldner nur einheitlich auszuüben. Diese müssen sich somit auf eine einheitliche Stimmabgabe einigen. Erscheint nur der Zwangsverwalter, übt er das Stimmrecht alleine aus.

6. Frist zur Aufstellung der Jahresabrechnung

Das Gesetz schweigt dazu, wann die Jahresabrechnung vorzulegen ist. Dass dies frühestens nach Ablauf des Kalenderjahres, über das abgerechnet werden soll, geschehen kann, liegt in der Natur der Sache und hätte im Wortlaut des Abs. 3 nicht hervorgehoben werden müssen. 121

Die Frist zur Vorlage der Jahresabrechnung kann mit dem Verwalter **im Verwaltervertrag** vereinbart werden. Ist eine solche Frist vereinbart, kommt der Verwalter mit Fristablauf in Verzug, da die Leistungszeit kalendermäßig bestimmt ist, § 286 Abs. 2 Nr. 1 BGB. Haben hingegen die Wohnungseigentümer mit dem Verwalter keine entsprechende Vereinbarung getroffen, richtet sich die Leistungszeit nach § 271 BGB. Dabei können die Wohnungseigentümer die Jahresabrechnung vom WEG-Verwalter nicht sofort, also am 1. Januar des Folgejahres, fordern, weil zu diesem Zeitpunkt kein Verwalter in der Lage ist, die Abrechnung zu erstellen. Es müssen noch die letzten Belege verbucht und das gesamte Rechenwerk abgestimmt werden. Zudem kann die Abrechnung erst erstellt werden, wenn alle Abrechnungsunterlagen und insbesondere die Schlussrechnungen der Versorgungsträger vorliegen. Üblicherweise ist damit zu rechnen, dass der Verwalter in den ersten drei Monaten des Folgejahres über alle Informationen verfügt, die er zur Erstellung der Jahresabrechnung benötigt. Es lässt sich somit i.S.v. § 271 Abs. 1 BGB annehmen, dass aus den Umständen folgt, dass frühestens zum 31.3. des Folgejahres die Jahresabrechnung erstellt werden kann. Damit ist aber die Leistungszeit noch nicht bestimmt, da dem Verwalter noch eine Zeit eingeräumt werden muss, in der er aus den Abrechnungsdaten die Jahresabrechnung entwickeln kann. Dabei ist insbesondere zu berücksichtigen, dass erhebliche Teile der Jahresabrechnung nicht einfach auf „Knopfdruck" abzurufen sind. Bankkontenentwicklung, Entwicklung der Instandhaltungsrücklage, Saldenliste und auch der fakultativ mögliche Status müssen erst errechnet werden. Deshalb ist dem Verwalter i.S.d. mietrechtlichen Rechtsprechung des BGH[1] eine weitere Frist von drei Monaten einzuräumen, in der er die Abrechnung zu entwickeln hat. Somit kann als Leistungszeit der 30.6. des Folgejahres angenommen werden. Diese **6-Monats-Frist** lässt sich auch durch eine Analogie zu § 264 Abs. 1 HGB begründen. Dort hat der Gesetzgeber für die Erstellung von Jahresabschlüssen bei Kapitalgesellschaften ebenfalls eine sechsmonatige Frist verankert. Zwar dienen die kurzen Vorlagefristen des HGB dem Gläubigerschutz, was wohnungseigentumsrechtlich eher von untergeordneter Bedeutung 122

---

1 V. 5.7.2006 – VIII ZR 220/05, WuM 2006, 516 = NZM 2006, 740 = ZMR 2006, 847.

ist. Auch wenn in diesem Zusammenhang die Rechtsfähigkeit der Wohnungseigentümergemeinschaft (§ 10 Abs. 6) und der ebenfalls daraus folgende Gläubigerschutzgedanke eine Rolle spielen kann, so ist doch wohnungseigentumsrechtlich in erster Linie von Bedeutung, dass die Wohnungseigentümer den WEG-Verwalter zeitnah kontrollieren und die vermietenden Wohnungseigentümer möglichst innerhalb der Jahresfrist des § 556 Abs. 3 BGB aus der Jahresabrechnung eine **Betriebskostenabrechnung** entwickeln können.

123 Die Anwendung einer 6-Monats-Frist setzt allerdings voraus, dass bis zu diesem Zeitpunkt alle Abrechnungsunterlagen vorliegen, sodass der Verwalter zur Abrechnung in der Lage ist. Fehlen ihm beispielsweise unverschuldet die Abrechnungsunterlagen für die Heizkostenabrechnung, tritt kein Verzug ein. Dann kann sich der WEG-Verwalter keiner Schadensersatzverpflichtung aussetzen, sofern er alles in seiner Macht Stehende unternimmt, um die fehlenden Abrechnungsunterlagen zu beschaffen[1].

124 Die Wohnungseigentümer können allerdings nicht durch bloßen **Mehrheitsbeschluss** die **Leistungszeit verkürzen**. Wenn sie die Leistungszeit auf ein Datum vor dem 30.6. verkürzen wollen, ist dies nur durch Vereinbarung mit dem Verwalter und nicht durch einseitigen Mehrheitsbeschluss möglich. Auch kann nicht der einzelne Wohnungseigentümer den Verwalter in Verzug setzen. Der einzelne Wohnungseigentümer steht mit dem Verwalter in keinem direkten Rechtsverhältnis, sodass die Wohnungseigentümer über den Ausspruch der Mahnung erst mehrheitlich beschließen müssen[2].

125 Beschließen die Wohnungseigentümer, den Verwalter zur Erstellung der Jahresabrechnung anzumahnen, geht diese **Mahnung** dem Verwalter mit der Beschlussfassung selbst **zu**, wenn er in der Eigentümerversammlung anwesend ist. Dann kann sich der Verwalter dem Verzug nur noch entziehen, wenn er die verspätete Erstellung der Jahresabrechnung nicht zu vertreten hat. Ist er in der Versammlung nicht anwesend, müssen die Wohnungseigentümer beschließen, wer i.S.d. § 27 Abs. 3 Satz 3 berechtigt ist, die Mahnung gegenüber dem Verwalter auszusprechen.

7. Beschluss über die Jahresabrechnung, Abs. 5

126 Nach Abs. 5 beschließen die Wohnungseigentümer über die Jahresabrechnung mit **Stimmenmehrheit**. Auf den Beschluss über die Jahresabrechnung kann nicht verzichtet werden. Hierüber haben die Wohnungseigentümer entweder im Rahmen einer Eigentümerversammlung nach § 23 Abs. 1 oder im schriftlichen Umlaufverfahren nach § 23 Abs. 3 zu beschließen. Teilweise wird es als zulässig angesehen, auf den Beschluss über die Jahresabrechnung durch **Vereinbarung** zu verzichten[3]. Der **Verzicht** auf die Beschlussfassung über die Jahresabrechnung würde aber dem Verwalter das einseitige Recht einräumen, die Jahresabrechnun-

---

1 S. hierzu auch *Jennißen*, Verwalterabrechnung, VII Rz. 53.
2 A.A. OLG Düsseldorf v. 22.12.2006 – I – Wx 160/06, ZMR 2007, 287; *Bub*, Finanz- und Rechnungswesen, III Rz. 11, der die Mahnung eines einzigen Wohnungseigentümers für ausreichend hält.
3 *Merle* in Bärmann/Pick/Merle, WEG, § 28 Rz. 100 ff.; *Bub* in Staudinger, BGB, § 28 WEG Rz. 59.

gen ohne Beschluss fällig stellen zu können. Auch bliebe die Feststellung von Fehlern ohne Folgen, da mangels Beschlussfassung die Wohnungseigentümer auch nicht negativ die Unrichtigkeit der Abrechnung feststellen könnten. Eine Klausel in der Gemeinschaftsordnung, wonach die Jahresabrechnung als anerkannt gilt, wenn ihr nicht innerhalb von 4 Wochen nach Absendung schriftlich widersprochen wird, ist daher nichtig. Die **Nichtigkeit** folgt dabei aus mehreren Gründen. Eine solche Regelung ist zu unbestimmt, da Fristbeginn und Fristende nicht zweifelsfrei festzustellen sind. Ebenso bleibt unklar, wann die **Beschlussfiktion** eintreten soll und somit die Anfechtungsfrist des § 46 beginnt[1]. Auch ist ein Beschluss durch bloßes Schweigen dem Wohnungseigentumsgesetz unbekannt. Eine Beschlussfiktion ist somit systemwidrig[2]. Der Beschluss über die Jahresabrechnung und die darin liegende Prüfung der wirtschaftlichen Verwaltungstätigkeit ist **Kernrecht** eines jeden Wohnungseigentümers, so dass auf die Erörterung der Jahresabrechnung und ihre Beschlussfassung in der Eigentümerversammlung nicht wirksam verzichtet werden kann.

Der Beschluss über die Jahresabrechnung ist **bedingungsfeindlich**. Ein Beschluss über die Jahresabrechnung unter der Bedingung, dass sie richtig ist, ist wegen der ausgesprochenen Bedingung und seiner inhaltlichen Unklarheit nichtig[3]. Ebenso nichtig ist ein Beschluss unter der aufschiebenden Bedingung, dass die Jahresabrechnung durch den Verwaltungsbeirat gebilligt wird[4]. Auch bei diesem Beschluss wird nicht deutlich, wann die Anfechtungsfrist beginnt und in der Konsequenz haben die Wohnungseigentümer ihre Beschlusskompetenz auf den Beirat delegiert. Zu einer unzulässigen Verquickung von Beschlussfassung in der Eigentümerversammlung und schriftlichem Beschlussverfahren führt es, wenn ein Wohnungseigentümer in der Versammlung keine Stimme abgibt und sich die spätere schriftliche Zustimmung vorbehält[5]. Fehlt es in der Versammlung an der Stimmenmehrheit, ist der Beschluss nicht zustande gekommen, was auch aus der konstitutiven Wirkung der Beschlussverkündung in der Versammlung folgt[6]. 127

Der Eigentümerbeschluss bezieht sich auf die gesamte Abrechnung mit all ihren Bestandteilen und somit auch auf die Heizkostenabrechnung[7]. 128

Der Beschluss über die Jahresabrechnung bewirkt, dass diese ihrem Inhalt nach festgestellt wird und die ausgewiesenen **Abrechnungsspitzen** fällig werden. Er billigt nur die formelle und zahlenmäßige Richtigkeit des Abrechnungswerks[8]. Eine Entlastungswirkung des Verwalters hat der Beschluss über die Jahresabrechnung nicht (s.o. Rz. 19 ff.). 129

---

1 So auch KG v. 4.7.1990 – 24 W 1434/90, WE 1990, 209.
2 So auch *Sauren*, WEG, § 28 Rz. 75.
3 Lediglich Anfechtbarkeit annehmend BayObLG v. 27.4.1989 – B Reg. 2Z 28/89, WuM 1989, 531.
4 Ebenfalls nur Anfechtbarkeit annehmend BayObLG v. 14.8.1996 – 2Z BR 77/96, WuM 1996, 722 = WE 1997, 153.
5 A.A. OLG Köln v. 22.9.2004 – 16 Wx 142/04, ZMR 2005, 227 = NZM 2005, 23.
6 Zur Maßgeblichkeit der Beschlussverkündung BGH v. 23.8.2001 – V ZB 10/01, NJW 2001, 3339 = ZWE 2001, 527.
7 BayObLG v. 14.6.1985 – Reg. 2Z 103, 104/84, WuM 1985, 303; v. 18.7.1989 – BReg. 2Z 66/89, WuM 1989, 530.
8 LG Hamburg v. 6.4.2005 – 318 T 239/04, ZMR 2006, 77.

130 Ohne Beschluss über die Jahresabrechnung werden die Abrechnungsspitzen nicht **fällig**[1]. Der Beschluss erstreckt sich auf alle Bestandteile der Jahresabrechnung, sofern diese nicht lediglich rein informatorischer Natur sind (z.B. Status oder Wirtschaftsbericht). So bezieht sich der Eigentümerbeschluss auch auf die Heizkostenabrechnung[2], auf die Entwicklung der Instandhaltungsrücklage[3] und auf die Entwicklung des Bankkontos. Wird nur über die Gesamtabrechnung abgestimmt, werden die Einzelabrechnungen nicht fällig[4].

131 Bei einer **Mehrhausanlage** ist ebenfalls eine einheitliche Jahresabrechnung vorzulegen, über die grundsätzlich alle Wohnungs- und Teileigentümer abstimmen[5]. Sollen nach dem Inhalt der Gemeinschaftsordnung die Kosten weitgehend hausweise zugeordnet werden, ist dies eine Frage des Verteilungsschlüssels bzw. der Kostenvorerfassung (s.o. § 16 Rz. 114 ff. u. § 28 Rz. 97). Die Jahresabrechnung muss dennoch Aufschluss über sämtliche Kosten und über sämtliche Einnahmen geben, sodass über diese einheitliche Abrechnung auch alle Wohnungseigentümer abzustimmen haben. Wird allerdings hausweise abgestimmt, ist der Beschluss nur anfechtbar und nicht nichtig. An der Anfechtbarkeit fehlt es ausnahmsweise dann, wenn über die Jahresabrechnung einer Untergemeinschaft abgestimmt wird, während die übrigen Abrechnungsbeschlüsse der anderen Untergemeinschaften bereits bestandskräftig geworden sind[6].

132 Auch die **Bestandskraft** des Beschlusses über die Jahresabrechnung hindert die Wohnungseigentümer nicht daran, später erneut über die Jahresabrechnung abzustimmen und einen ablehnenden **Zweitbeschluss** herbeizuführen[7]. Ein Vertrauensschutz, dass eine einmal bestandskräftig beschlossene Jahresabrechnung nicht mehr durch einen Zweitbeschluss aufgehoben werden kann, besteht grundsätzlich nicht[8]. Den Wohnungseigentümern ist es unbenommen, im Nachhinein die Fehlerhaftigkeit der Abrechnung festzustellen und eine neue ordnungsmäßige Abrechnung anzustreben. Der Aufhebungsbeschluss über die Jahresabrechnung hat Auswirkungen auf die Entlastung des Verwalters, weil ohne ordnungsgemäße Abrechnung ein Entlastungsbeschluss ebenfalls nicht ordnungsmäßiger Verwaltung entspricht. Zudem muss der Verwalter die Jahresabrechnung neu erstellen, was mit nicht unerheblichem Aufwand verbunden sein kann. Daher kann der Verwalter den Zweitbeschluss genauso **anfechten**, wie den ablehnenden Erstbeschluss, wenn sich die Wohnungseigentümer einer richtigen Abrechnung verweigern.

---

1 BayObLG v. 23.7.1987 – BReg. 2Z 117/86, WE 1988, 35; BGH v. 12.7.1984 – VII ZB 1/84, NJW 1985, 912; OLG Karlsruhe WuM 1980, 80.
2 BayObLG v. 14.6.1985 – BReg. 2Z 103, 104/84, WuM 1985, 303.
3 BayObLG v. 18.7.1989 – BReg. 2Z 66/89, WuM 1989, 530.
4 A.A. AG Hannover v. 8.8.2003 – 71 II 198/03, ZMR 2004, 545.
5 OLG Zweibrücken v. 23.6.2004 – 3 W 64/04, NZM 2005, 751 = ZMR 2005, 908; BayObLG v. 31.3.1994 – 2Z BR 16/94, WuM 1994, 567; AG Saarbrücken v. 25.3.2004 – 1 II 26/01 WEG, ZMR 2005, 409.
6 BayObLG v. 31.3.1994 – 2Z BR 16/94, WuM 1994, 567.
7 OLG Düsseldorf v. 20.3.2000 – 3 Wx 414/99, ZWE 2000, 368; v. 22.10.1999 – 3 Wx 141799, ZWE 2000, 475.
8 OLG Frankfurt v. 22.9.2004 – 20 W 428/01, OLGReport Frankfurt 2005, 80; OLG Düsseldorf v. 1.12.2006 – I – 3 Wx 194/06, ZMR 2007, 379; *Drabek* in KK-WEG, § 23 Rz. 27.

8. Anfechtung der Jahresabrechnung

a) Umfang der Anfechtung

Der Beschluss über die Jahresabrechnung kann im Rahmen der gerichtlichen Anfechtung auf die Jahresabrechnung insgesamt oder auf Teile hiervon gestützt werden[1]. Wird aus dem Klageantrag nicht ersichtlich, dass der Wohnungseigentümer nur einzelne Positionen zur Überprüfung stellen will, ist im Zweifel die gesamte Jahresabrechnung, bestehend aus Einzel- und Gesamtabrechnung, zu überprüfen. Maßgebend ist der **Klageantrag**. Begründet der Wohnungseigentümer seinen Antrag nur hinsichtlich einzelner Posten der Abrechnung, so folgt hieraus nicht eine Beschränkung des Klageumfanges[2]. Beschränkt der anfechtende Wohnungseigentümer seinen Klageantrag nur auf einzelne Positionen, kann er nach Ablauf der Anfechtungsfrist des § 46 Abs. 1 Satz 2 die Anfechtung nicht mehr auf weitere Positionen ausdehnen[3]. Allerdings können die Anfechtungsgründe noch ausgedehnt werden[4], sofern dem nicht der Verspätungseinwand entgegensteht. Für Altverfahren vor dem 1.7.2007 spielte die mögliche Verspätung keine Rolle, da der **Amtsermittlungsgrundsatz** galt und das Gericht daher auch Ungültigkeitsgründe prüfen konnte und musste, die nicht vorgetragen wurden, aber die angefochtenen Positionen betrafen[5].

133

Wird allerdings die Jahresabrechnung in **einzelnen Teilen** durch Gerichtsurteil als unrichtig angesehen, kommt eine Teilaufhebung der Jahresabrechnung in Betracht, wenn selbständige Teile zur Disposition stehen[6]. Selbständige Teile sind nur die Gesamtabrechnung auf der einen und die Einzelabrechnungen (Kostenverteilung) auf der anderen Seite. Wird die Richtigkeit einer Kostenposition angezweifelt, ist die Gesamtabrechnung betroffen und im positiven Fall die gesamte Jahresabrechnung aufzuheben. Richtet sich die Anfechtung gegen den Kostenverteilungsschlüssel, hat dies nur Auswirkungen auf die Einzelabrechnungen, und die Gesamtabrechnung wird bestandskräftig[7] (s.a.o. für Wirtschaftsplan Rz. 63 ff.). Alle Einzelabrechnungen sind dann aufzuheben, weil sich die Abrechnungsergebnisse (Spitzen) verändern und diese nicht fällig werden können. Die Auffassung überzeugt nicht, wonach das Gericht einen weiten Ermessensspielraum hat, ob bei den festgestellten Fehlern der Jahresabrechnung wegen ihrer Schwere oder ihrer Vielzahl die Jahresabrechnung insgesamt für ungültig zu erklären sei oder nur eine Teilungültigkeitserklärung zu erfolgen habe[8]. Ein Fehler in der Gesamtabrechnung genügt, um die Jahresabrechnung insgesamt fehlerhaft zu machen, während ein Fehler in den Einzelabrechnungen

134

---

1 BayObLG v. 7.2.2002 – 2Z BR 77/01, WuM 2002, 333.
2 BayObLG v. 20.3.2003 – 2Z BR 12/03, WuM 2003, 413 = ZMR 2003, 692.
3 BayObLG v. 7.5.1992 – 2Z BR 26/92, WuM 1992, 395.
4 BayObLG v. 7.3.2002 – 2Z BR 77/01, WuM 2002, 333.
5 BayObLG v. 7.3.2002 – 2Z BR 77/01, WuM 2002, 333.
6 BGH v. 15.3.2007 – V ZB 1/06, NZM 2007, 358 = BGHReport 2007, 543 = MietRB 2007, 142; BayObLG v. 30.3.1993 – 2Z BR 11/93, NJW-RR 1993, 1039; KG NJW-RR 2006, 383; OLG Saarbrücken v. 19.12.2005 – 5 W 166/05, NZM 2006, 228; OLG Frankfurt v. 16.10.2006 – 20 W 178/03.
7 KG v. 25.2.1998 – 24 W 2608/97, WE 1998, 225.
8 *Jennißen*, Verwalterabrechnung, XII Rz. 4; *Sauren*, WEG, § 28 Rz. 65; a.A. KG v. 17.6.1998 – 24 W 9047/97, ZWE 2001, 334.

nur dazu führt, diese aufzuheben, während die Gesamtabrechnung bestandskräftig werden kann[1].

135 Ebenso verhält es sich bei einer **unvollständigen Jahresabrechnung**. Diese ist aufzuheben, weil auch hier die Plausibilität nur dann geprüft werden kann, wenn das komplette Abrechnungswerk vorliegt. Fehlt ein Teil der Jahresabrechnung, widerspricht es ordnungsmäßiger Verwaltung, den Beschluss über die Jahresabrechnung für rechtmäßig anzusehen und darauf zu verweisen, dass die fehlenden Bestandteile vom Verwalter nachgereicht werden könnten[2]. Die gegenteilige Auffassung würde dazu führen, dass die Jahresabrechnung auch dann bestandskräftig würde, wenn die nachgereichten Angaben zu der Feststellung führen würden, dass nicht alle Kosten abgerechnet sind. Auch eine unvollständige Abrechnung ist eine falsche Abrechnung, die zumindest einer **Richtigkeitsprüfung** nicht zugänglich ist. Gleiches gilt auch, wenn nur über die Gesamtabrechnung und in einer späteren Versammlung über die Einzelabrechnungen abgestimmt wird[3]. Nur bei Vorlage des Gesamtwerks ist eine Plausibilitätsprüfung möglich. Die Wohnungseigentümer können meist nur anhand der Einzelabrechnungen ein Gefühl dafür entwickeln, ob sich die Kostenentwicklung im Rahmen hält oder wie sich Abweichungen gegenüber dem Wirtschaftsplan auswirken.

b) Aufhebung der Jahresabrechnung

136 Der Beschluss über die Jahresabrechnung ist nach entsprechender Anfechtung aufzuheben, wenn er an formellen oder materiellen Mängeln leidet. Allerdings ist der Einwand, die in Ansatz gebrachten Kosten seien unberechtigterweise aufgewendet worden, nicht erheblich. Dies ist eine Frage der Entlastung, nicht aber der Richtigkeit der Abrechnung. Grundsätzlich führt jeder Fehler in der Jahresabrechnung zur Aufhebbarkeit, und zwar unabhängig von seinem Umfang. Dem kann der Grundsatz von **Treu und Glauben** (§ 242 BGB) entgegenstehen[4]. Hierbei ist aber wiederum zwischen Gesamt- und Einzelabrechnung zu differenzieren. Auch bei fehlerhaften **Kleinstbeträgen** geht die Gesamtabrechnung nicht mehr auf. Anders ist die Frage zu beurteilen, wenn es sich um Kleinstbeträge bei den Einzelabrechnungen handelt. So sind beispielsweise **Rundungsdifferenzen** systemimmanent. Wann ein Kleinstbetrag der Anfechtung nach Treu und Glauben entgegensteht, ist auch von der Größe der Wohnanlage abhängig. In der Regel dürfte die Anfechtung wegen weniger Eurobeträge treuwidrig sein[5].

---

1 *Jennißen*, NZM 2007, 510.
2 *Abramenko*, ZMR 2003, 302; *Jennißen*, Verwalterabrechnung, XII Rz. 5; a.A. KG v. 27.6.1997 – 24 W 2353/96, WE 1998, 64 = DWE 1998, 33; BayObLG v. 18.7.1989 – BReg. 2Z 66/89, NJW-RR 1989, 1163; v. 7.5.1992 – 2Z BR 26/92, NJW-RR 1992, 1169; v. 20.3. 2003 – 2Z BR 12/03, ZMR 2003, 692; v. 30.6.2004 – 2Z BR 058/04, DWE 2005, 24; OLG Hamm v. 25.4.1998 – 15 W 13/98, NZM 1998, 923; OLG Frankfurt v. 7.4.2003 – 20 W 209/2001, ZMR 2003, 594; v. 12.3.2003 – 20 W 283/01, ZMR 2003, 769; *Niedenführ* in Niedenführ/Schulze, WEG, § 28 Rz. 85; *Bub* in Staudinger, BGB, § 28 WEG Rz. 556.
3 A.A. OLG Köln v. 14.5.2007 – 16 Wx 44/07.
4 A.A. BayObLG v. 11.11.1988 – BReg. 2Z 92/88, WE 1989, 218; *Merle* in Bärmann/Pick/Merle, WEG, § 28 Rz. 115.
5 BayObLG v. 11.11.1988 – BReg. 2Z 92/88, WE 1989, 218; *Merle* in Bärmann/Pick/Merle, WEG, § 28 Rz. 115.

Nicht akzeptabel ist hingegen die Auffassung des KG[1], wonach die Anfechtung auch dann ausgeschlossen sei, wenn Einnahmen i.H.v. 4 000 DM nicht verteilt wurden. Hierbei handelt es sich weder um einen Kleinstbetrag noch ist die Nichtberücksichtigung von Einnahmen hinnehmbar. Die Einnahmen müssen vollständig verbucht und entweder der Rücklage zugeführt oder mit den Kosten verrechnet werden.

Bis zur WEG-Novelle entsprach es der h. A., dass der Wohnungseigentümer den Beschluss über die Jahresabrechnung auch dann anfechten könne, wenn er selbst in der Eigentümerversammlung dieser **zugestimmt** hat[2]. Da im Gerichtsverfahren die unterliegende Partei seit der WEG-Novelle die Kosten des gerichtlichen Verfahrens nach § 91 ZPO zu tragen hat, könnte sich ein Wohnungseigentümer selbst für den Beschluss über eine fehlerhafte Jahresabrechnung stark machen, um diesen dann „ungestraft" anzufechten. Zukünftig wird daher die Frage des individuellen Rechtsmissbrauchs stärker zu prüfen sein. 137

Wird im Rahmen der Anfechtung einer Jahresabrechnung festgestellt, dass diese fehlerhaft ist, hat der Verwalter eine neue Abrechnung zu erstellen. Eine gerichtliche Korrektur der Jahresabrechnung kommt solange nicht in Betracht, als nach Behebung der Mängel eine erneute Beschlussfassung in der Gemeinschaft zu erwarten ist[3]. Auch die korrigierte Jahresabrechnung muss den Wohnungseigentümern vor der Versammlung zugänglich gemacht werden[4]. 138

Jeder Beschluss über die Jahresabrechnung ist anfechtbar, wenn die Abrechnung erst in der Versammlung präsentiert wird und somit keine Prüfungsmöglichkeit bestand. Keine Anfechtbarkeit besteht, wenn der **Beirat** von seinem Prüfungsrecht keinen oder noch keinen Gebrauch gemacht hat[5]. § 29 Abs. 3 enthält nur eine Sollvorschrift. Die Anfechtbarkeit ist wiederum zu bejahen, wenn dem Beirat das Prüfungsrecht verweigert wurde. Ob die Beiratswahl wirksam war, ist unerheblich[6]. 138a

Der Beschluss über die Jahresabrechnung ist aufzuheben, wenn nur über die Gesamtabrechnung oder nur über die Einzelabrechnungen beschlossen wurde. Ein wirksamer Beschluss über die Jahresabrechnung setzt stets voraus, dass über beides gleichzeitig abgestimmt wird[7]. 139

Ein **ausgeschiedener Wohnungseigentümer** kann die nach seinem Ausscheiden beschlossene Jahresabrechnung nicht anfechten. Soweit eine gegenteilige Auffassung vertreten wird[8], verkennt diese, dass der spätere Beschluss den ausgeschiedenen Wohnungseigentümer unter keinem Gesichtspunkt binden kann. Beschlüsse binden immer nur die jeweils im Grundbuch eingetragenen Woh- 140

---

1 KG v. 30.11.1992 – 24 W 6947/91, WE 1993, 195.
2 So OLG Karlsruhe v. 5.12.2002 – 11 W x 6/02, ZMR 2003, 290; BayObLG v. 10.1.1997 – 2Z BR 35/96, NJW-RR 1997, 715; OLG Hamm v. 24.3.1997 – 15 W 314/96, NJW-RR 1997, 970; *Jennißen*, Verwalterabrechnung, XII Rz. 10.
3 KG v. 3.3.1999 – 24 W 3566/98, ZWE 2000, 40.
4 AG Hannover v. 9.12.2003 – 71 II 288/03, ZMR 2005, 233.
5 BayObLG v. 23.12.2000 – 2Z BR 185/03, DWE 2004, 93.
6 BayObLG v. 23.12.2000 – 2Z BR 185/03, DWE 2004, 93.
7 BayObLG v. 3.3.1994 – 2Z BR 129/93, WuM 1994, 568.
8 OLG Düsseldorf v. 6.6.1997 – 3 Wx 420/96, WE 1997, 470 = DWE 1998, 86.

nungseigentümer. Auswirkungen auf Dritte oder ausgeschiedene Wohnungseigentümer können Beschlüsse nicht haben. Daher scheidet auch ein Anfechtungsrecht aus.

140a Der **Zwangsverwalter** kann die Jahresabrechnung insbesondere mit dem Argument anfechten, die Abrechnung differenziere nicht zwischen den Kostenanteilen vor und nach der Beschlagnahme[1].

141 Die Anfechtung der Jahresabrechnung ist dann rechtsmissbräuchlich, wenn der Antragsteller durch die Richtigstellung der Fehler nur Nachteile erleiden würde[2]. Etwas anderes gilt dann, wenn nicht alle Kosten verteilt wurden. Dann führt zwar die Anfechtung im Zweifel auch nur zu einer Schlechterstellung des anfechtenden Wohnungseigentümers. Die Anfechtung ist in diesem Fall aber nicht rechtsmissbräuchlich, weil eine unvollständige Kostenverteilung die Abrechnung unstimmig macht, der Jahresetat nicht ausgeglichen und der Wohnungseigentümer dem Risiko der Inanspruchnahme Dritter gem. § 10 Abs. 8 ausgesetzt wird.

9. Prüfung der Jahresabrechnung
a) Der Prüfungsberechtigte

142 Das Gesetz sieht lediglich in § 29 Abs. 3 das Prüfungsrecht des **Verwaltungsbeirats** vor. Damit werden aber die Kontrollrechte der übrigen Wohnungseigentümer nicht berührt. Diese bestehen unabhängig davon, ob der Beirat seinerseits eine Prüfung vorgenommen hat. Da das Prüfungsrecht des Beirats nur eine Sollvorschrift ist, ist eine ungeprüfte und dennoch beschlossene Jahresabrechnung nicht nichtig und auch nicht deshalb anfechtbar[3]. Weshalb die Prüfung nicht stattgefunden hat, ist ohne Bedeutung[4], es sei denn, der Verwalter hat sie treuwidrig verhindert.

143 Das **Prüfungsrecht** des einzelnen Wohnungseigentümers wird auch nicht durch den **Beschluss** über die Jahresabrechnung oder die Entlastung des Verwalters tangiert[5].

144 Anspruchsgrundlage ist § 259 BGB i.V.m. § 666 BGB. Das Recht umfasst die Einsichtnahme in die Belege und die Fertigung von Abschriften[6]. Das Einsichtnahmerecht des einzelnen Wohnungseigentümers kann nicht durch Mehrheits-

---

1 Vgl. KG v. 9.11.2005 – 24 W 60/05 u. 67/05, NZM 2006, 383.
2 So auch BayObLG v. 23.12.2003 – 2Z BR 195/03, ZMR 2004, 358.
3 KG v. 25.8.2003 – 24 W 110/02, ZMR 2004, 144; a.A. *Merle* in Bärmann/Pick/Merle, WEG, § 29 Rz. 58. *Bub* in Staudinger, BGB, § 29 WEG Rz. 109.
4 BayObLG v. 23.12.2003 – 2Z BR 189/03, ZMR 2004, 358.
5 OLG Hamm v. 9.10.1985 – 15 W 134/85, DWE 1985, 127; BayObLG v. 8.4.2004 – 2Z BR 113/03, ZMR 2004, 839; *Müller*, Praktische Fragen, Rz. 1092.
6 OLG Köln OLGReport Köln 1997, 245; OLG Hamm v. 12.2.1998 – 15 W 319/97, NZM 1998, 722; KG v. 31.1.2000 – 24 W 601/99, NZM 2000, 828.

beschluss ausgeschlossen oder auf andere Personen delegiert werden[1]. Es wird nur durch das **Schikaneverbot** beschränkt[2].

Das Einsichtnahmerecht steht auch dem **ausgeschiedenen Wohnungseigentümer** weiterhin zu[3]. Auch können **Dritte** zur Einsichtnahme berechtigt sein, wenn sie ein berechtigtes Interesse daran haben, was für den Mieter oder einen Kaufinteressenten nach entsprechender Bevollmächtigung durch den jeweiligen Eigentümer anzunehmen ist[4].

145

b) Der Auskunftsanspruch

Vom Belegeinsichtsrecht zu unterscheiden ist der Anspruch auf **Auskunftserteilung** über die vorgelegte Jahresabrechnung. Es handelt sich hierbei nicht um einen individuellen Anspruch des einzelnen Wohnungseigentümers[5], sondern um einen Anspruch, der allen Wohnungseigentümern als unteilbare Leistung zusteht[6]. Daher kann der Wohnungseigentümer zunächst die Auskunft nur innerhalb der Eigentümerversammlung fordern. Macht die Gemeinschaft von ihrem Recht auf Auskunftserteilung dann keinen Gebrauch, kann der **einzelne Wohnungseigentümer** die Auskunft verlangen, wenn er ein berechtigtes Interesse nach den Grundsätzen von Treu und Glauben vorweisen kann[7]. In diesem Fall ist die Auskunft nur an den einzelnen Wohnungseigentümer zu erteilen, da die übrigen Wohnungseigentümer durch ihren abschlägigen Beschluss zu erkennen gegeben haben, dass sie an dieser Auskunft nicht interessiert sind. Den **Auskunftsanspruch** kann der einzelne Wohnungseigentümer ausnahmsweise unmittelbar geltend machen, wenn es um die Herausgabe einer aktuellen Anschriftenliste der Miteigentümer geht[8].

146

Der Auskunftsanspruch der Gesamtheit der Wohnungseigentümer über Vorgänge, die Gegenstand der Abrechnung waren, endet auch nicht durch Beschlussfassung über die **Jahresabrechnung** oder über die **Entlastung** des Verwalters[9]. Auch nach der bestandskräftigen Jahresabrechnung können die Wohnungseigentümer noch Fragen zum Inhalt der Abrechnung haben, um beispielsweise einen späteren Zweitbeschluss über die Jahresabrechnung vorzubereiten. Auch ist die Ent-

147

---

1 OLG Hamm v. 29.10.1987 – 15 W 200/87, NJW-RR 1988, 597; *Merle* in Bärmann/Pick/Merle, WEG, § 28 Rz. 93.
2 BayObLG v. 13.6.2000 – 2Z BR 175/99, ZWE 2000, 407 = NJW-RR 2000, 1466; v. 4.7.2002 – 2Z BR 139/01, ZWE 2002, 577; OLG Hamm v. 29.10.1987 – 15 W 200/87, NJW-RR 1988, 597; v. 9.2.1998 – 15 W 124/97, NZM 1998, 724 = WE 1998, 496.
3 KG v. 31.1.2000 – 24 W 601/99, ZMR 2000, 401; *Scheel* in Hügel/Scheel, Rechtshandbuch, Rz. 10.
4 *Bub* in Staudinger, BGB, § 28 WEG Rz. 611; *Scheel* in Hügel/Scheel, Rechtshandbuch, Rz. 697; *Merle* in Bärmann/Pick/Merle, WEG, § 28 Rz. 94.
5 So aber OLG Frankfurt/M. OLGZ 1984, 258; OLG Köln OLGZ 1984, 162.
6 *Bub* in Staudinger, BGB, § 28 WEG Rz. 583; *Merle* in Bärmann/Pick/Merle, WEG, § 28 Rz. 97.
7 So auch *Bub* in Staudinger, BGB, § 28 WEG Rz. 586.
8 OLG Saarbrücken v. 29.8.2006 – 5 W 72/06 – 26, ZMR 2007, 141.
9 A.A. BayObLG v. 3.3.1994 – 2Z BR 129/93, WuM 1994, 568, wenn mit dem Auskunftsanspruch ein Schadensersatzanspruch vorbereitet werden soll; den Auskunftsanspruch nach Beschlussfassung ebenfalls weitgehend verneinend *Bub* in Staudinger, BGB, § 28 WEG Rz. 445.

lastung für den weiter bestehenden Auskunftsanspruch unerheblich. Durch die Entlastung sprechen die Wohnungseigentümer ein negatives Schuldanerkenntnis aus und verlieren hierdurch im Zweifel Regressansprüche gegen den Verwalter (s. hierzu auch unten Rz. 160 ff.). Nicht ausgeschlossen sind aber Schadensersatzansprüche aus strafbaren Handlungen oder aus Vorgängen, die den Wohnungseigentümern nicht bekannt und bei sorgfältiger Prüfung auch nicht erkennbar waren[1]. Da aber die weitergehenden Auskunftsansprüche nicht nur die Entlastung des Verwalters und etwaige Schadensersatzansprüche betreffen können, können sie durch den Entlastungsbeschluss nicht untergehen. Der Auskunftsanspruch muss daher nicht mit dem Vorwurf begründet werden, bisher unbekannte Vorgänge aufklären oder einen möglichen Straftatbestand prüfen zu wollen. Der Verwalter wird hierdurch auch nicht unverhältnismäßig belastet, da die Auskunftsansprüche schon faktisch dadurch eingeschränkt sind, indem sie nur gegenüber der Gesamtheit der Wohnungseigentümer zu erteilen sind und vom Verwalter verweigert werden dürfen, wenn sie **schikanös** sind oder sachfremden Zwecken dienen.

c) Umfang des Prüfungsrechts

148 Zur Beleg- und Abrechnungsprüfung, die jeder einzelne Wohnungseigentümer durchführen kann, gehört auch der Anspruch auf **Einsichtnahme in sämtliche Einzelabrechnungen**[2]. Dazu ist es nicht erforderlich, sämtliche Einzelabrechnungen vor der Eigentümerversammlung allen Wohnungseigentümern zuzusenden[3]. Auch ist der Beschluss über die Jahresabrechnung nicht deshalb anfechtbar, weil nicht unmittelbar vor und auch während der Eigentümerversammlung den Wohnungseigentümern uneingeschränkt Gelegenheit gegeben wurde, die Einzelabrechnungen sämtlicher Wohnungseigentümer einsehen zu können[4]. Es würde jeden ordnungsmäßigen Ablauf einer Eigentümerversammlung sprengen, wenn die Wohnungseigentümer während der Versammlung Einsicht in die Belege und Abrechnungen nehmen würden. Die Abrechnungsergebnisse können aus der ggf. zu erstellenden Saldenliste entnommen werden (s.o. Rz. 115). Auch hat der Vergleich der Einzelabrechnungen nur geringe informatorische Bedeutung. Durch die Einsichtnahme in sämtliche Einzelabrechnungen kann lediglich sichergestellt werden, dass der Verwalter konsequent durchgängig die gleichen Verteilungsschlüssel angesetzt hat. Andernfalls kann aber die Abrechnung nicht aufgehen, sodass sich solche Missstände auch schon durch eine allgemeine Schlüssigkeitsprüfung offenbaren lassen.

149 Richtig ist hingegen, dass die Jahresabrechnung so zeitig vor der Eigentümerversammlung versandt werden muss, dass eine **Prüfungsmöglichkeit** der Wohnungseigentümer vor der Versammlung besteht. Auch kann es für entfernt wohnende Wohnungseigentümer eine besondere Serviceleistung sein, wenn Stunden vor der Eigentümerversammlung am Versammlungsort Belegeinsicht

---

1 BGH v. 17.7.2003 – V ZB 11/03, NJW 2003, 3124 (3127).
2 OLG Köln v. 4.6.1997 – 16 Wx 87/97, WuM 1998, 50.
3 OLG Köln v. 24.9.1996 – 16 Wx 86/96, WE 1997, 232 = DWE 1997, 78 unter Aufgabe gegenteiliger Auffassung; v. 29.3.1995 – 16 Wx 36/95, NJW-RR 1995, 1295 = WE 1995, 222 = DWE 1995, 74.
4 So aber OLG Köln v. 11.12.2006 – 16 Wx 200/06, NZM 2007, 366.

gewährt wird, damit die Wohnungseigentümer hierfür nicht ein zweites Mal anreisen müssen. Das Recht auf Einsichtnahme ist nicht beschränkt. Der Wohnungseigentümer kann alle Belege und Kontoauszüge prüfen und in sämtliche Jahresabrechnungen Einblick nehmen. **Datenschutzbestimmungen** stehen nicht entgegen, §§ 24 Abs. 1 S. 1, 45 Nr. 8 BDSG[1].

Das Recht auf Einsichtnahme kann zwar eingeschränkt, aber nicht ausgeschlossen werden. Dies gilt auch für einen Ausschluss durch Vereinbarung. Eine solche Regelung ist nichtig, da das Prüfungsrecht des Wohnungseigentümers ein **Kernrecht** ist, auf das nicht wirksam verzichtet werden kann, und es nicht zu rechtfertigen ist, jegliche Kontrolle des Verwalters zu unterbinden[2].

d) Prüfungsort

Das Einsichtsrecht ist am **Leistungsort** gem. § 269 BGB und somit am **Sitz des Verwalters** auszuüben[3]. Zwischen dem Verwalter und den Wohnungseigentümern kann ein anderer Ort der Präsentationspflicht vereinbart werden. 150

Das OLG Köln[4] ist der Auffassung, dass dann die Präsentationspflicht vom Sitz des Verwalters an den Ort der Wohnanlage wechselt, wenn das Prüfungsrecht des Wohnungseigentümers durch eine **große Entfernung** zwischen dem Sitz des Verwalters und dem Ort der Wohnanlage unangemessen beeinträchtigt würde[5]. Der Begriff der großen Entfernung ist relativ und enthält eine Rechtsunsicherheit. Unabhängig davon differenziert § 269 BGB nicht nach der Entfernung. Wenn Leistungsort der Sitz des Verwalters ist, gilt dies allgemein. Die Wohnungseigentümer haben es in der Hand, einen Verwalter zu wählen, der am Ort der Wohnanlage seinen Sitz unterhält, oder sie können bei größerer Entfernung mit dem Verwalter die Präsentation der Belege am Ort der Wohnanlage vereinbaren. Weitergehender Schutz ist nicht erforderlich. Da jeder Wohnungseigentümer sein Einsichtsrecht auch selbständig wahrnehmen kann, würde die wiederholte Präsentation der Belege am Ort der Wohnanlage den Verwalter vor unüberbrückbare Schwierigkeiten stellen. 151

e) Belegkopien

Neben dem Einsichtsrecht kann sich auch ein Recht auf **Herstellung von Ablichtungen** der Belege und ihren Versand ergeben. Zwar schweigt zu dieser Frage ebenfalls das Wohnungseigentumsgesetz. Der Anspruch auf **Belegversand** kann aber aus dem Grundsatz von Treu und Glauben abzuleiten sein[6]. Stets sind die 152

---

1 OLG Karlsruhe ZMR 2003, 290; *Bub* in Staudinger, BGB, § 28 WEG Rz. 615.
2 Ausführlich hierzu *Jennißen*, Verwalterabrechnung, IX Rz. 31 ff.; a.A. *Merle* in Bärmann/Pick/Merle, WEG, § 28 Rz. 93.
3 *Niedenführ* in Niedenführ/Schulze, WEG, § 28 Rz. 104; *Merle* in Bärmann/Pick/Merle, WEG, § 28 Rz. 99.
4 V. 28.2.2001 – 16 Wx 10/01, NZM 2002, 221 = NJW-RR 2002, 375.
5 So auch OLG Hamm v. 12.2.1998 – 15 W 319/97, NZM 1998, 722; *Bub* in Staudinger, BGB, § 28 WEG Rz. 67.
6 OLG München v. 9.3.2007 – 32 Wx 177/06, WuM 2007, 215; *Niedenführ* in Niedenführ/Schulze, WEG, § 28 Rz. 105; *Bub* in Staudinger, BGB, § 28 WEG Rz. 619; für das Mietrecht BGH v. 8.3.2006 – VIII ZR 78/05, NZM 2006, 340.

widerstreitenden Interessen zwischen Verwalter und dem informationssuchenden Wohnungseigentümer im Einzelfall abzuwägen. Immer dann, wenn der Wohnungseigentümer weit entfernt vom Sitz des Verwalter wohnt, ist ihm ein Anspruch auf Belegversand einzuräumen. Auch wenn der Wohnungseigentümer am Sitz des Verwalters die Belege prüft, muss ihm ein Kopierrecht gewährt werden, um Beweise sichern zu können. Der Wohnungseigentümer kann aber nicht pauschal Kopien aller Belege fordern. Dies würde das Schikane- und Missbrauchsverbot verletzen. Deshalb muss der Wohnungseigentümer die zu kopierenden Belege hinreichend genau bezeichnen[1].

153 Der vermietende Wohnungseigentümer muss mietrechtlich die Belege am Ort der Mietsache präsentieren[2]. In diesem Fall muss der Verwalter dem vermietenden Wohnungseigentümer anbieten, Kopien der Belege zu versenden. Stets ist aber das berechtigte Interesse des Verwalters mit zu berücksichtigen, den Wohnungseigentümer auf die Einsichtnahme in die Rechnungsbelege zu verweisen, um den durch die Anfertigung von Fotokopien entstehenden zusätzlichen Aufwand zu vermeiden. Gegenüber diesem Interesse des Verwalters ist das Interesse des Wohnungseigentümers nur dann vorrangig, wenn ihm die Einsichtnahme in den Räumen des Verwalters wegen der großen räumlichen Entfernung nicht zugemutet werden kann oder die Übergabe von Fotokopien an den Mieter erforderlich ist. Der Verwalter kann aber verlangen, dass zuvor der Wohnungseigentümer die zu kopierenden Belege benennt, damit eine vollständige Kopierung der zum Teil sehr umfangreichen Belege vermieden werden kann[3].

154 Für das Fertigen der Kopien kann der Verwalter Kostenerstattung verlangen. Dieser Anspruch kann Zug um Zug gegen Fertigung der Kopien geltend gemacht werden[4]. Der **Kostenerstattungsanspruch** besteht auch dann, wenn sich der Verwalter diesen nicht ausdrücklich im Verwaltervertrag vorbehalten hat. Da die Fertigung von Fotokopien nicht zu seinem gesetzlichen Aufgabengebiet gehört, hat er Anspruch auf angemessene Vergütung. Diese kann analog GKG (Nr. 9000 des Kostenverzeichnisses zu § 3 Abs. 2) und Anm. 1d zu Nr. 7000 VV RVG für die ersten 50 Kopien 0,50 Euro und für jede weitere 0,15 Euro zzgl. Mehrwertsteuer betragen[5].

155 Verweigert der Verwalter die Übersendung von Kopien aus den Verwaltungsunterlagen, obschon nach Treu und Glauben hierauf ein Anspruch besteht, kann der einzelne Wohnungseigentümer dies gerichtlich geltend machen. Die übrigen Wohnungseigentümer sind an einem solchen Verfahren nicht zu beteiligen[6].

---

1 OLG München v. 29.5.2006 – 34 Wx 27/06, ZMR 2006, 881 = NZM 2006, 512 = OLGReport München 2006, 653.
2 LG Hannover v. 2.2.1983 – 11 S 392/82, WuM 1985, 346; AG Weißwasser v. 6.9.2001 – 6 C 0375/01, WuM 2002, 233; AG Langenfeld v. 7.3.1996 – 23 C 547/95, WuM 1996, 426; Langenberg, Betriebskostenrecht, S. 315.
3 Vgl. auch hierzu die mietrechtliche Entscheidung des BGH v. 8.3.2006 – VIII ZR 78/05, NZM 2006, 340 = NJW 2006, 1419.
4 BayObLG v. 13.6.2000 – 2Z BR 175/99, NZM 2000, 873; OLG Hamm v. 9.2.1988 – 15 W 124/97, NZM 1998, 724; *Bub* in Staudinger, BGB, § 28 WEG Rz. 619.
5 OLG Hamm NJW-RR 2001, 226 (229); *Scheel* in Hügel/Scheel, Rechtshandbuch, Rz. 700; *Bub* in Staudinger, BGB, § 28 WEG Rz. 619.
6 BayObLG v. 28.1.2003 – 2Z BR 140/02, WuM 2003, 235.

Das Prüfungs- und Einsichtsrecht endet, wenn der Verwalter die Verwaltungsunterlagen berechtigtermaßen vernichtet hat. **Die Aufbewahrungsdauer** beträgt nach §§ 44 HGB, 147 Abs. 1 und 3 AO 10 Jahre. Die Aufbewahrungsfrist beginnt mit dem Schluss des Kalenderjahres, in dem die Jahresabrechnung beschlossen wurde[1].

156

10. Verwalterwechsel

Soweit Gemeinschaftsordnung oder Verwaltervertrag nichts anderes bestimmen, muss nach herrschender Auffassung der Verwalter die Jahresabrechnung erstellen, der bei Fälligkeit der Abrechnung Amtsinhaber ist. Dabei stellt die herrschende Auffassung darauf ab, dass die Fälligkeit frühestens am 1. Januar des Folgejahres eintreten könne, sodass der zum 31.12. ausscheidende Verwalter nicht mehr zur Erstellung der Jahresabrechnung verpflichtet ist[2]. Müller[3] weitet die herrschende Auffassung auch auf den Fall aus, dass der Verwalterwechsel bis zum 31.3. des Folgejahres stattfindet. Selbst dann müsse der neue Verwalter die Jahresabrechnung erstellen, weil die Erstellungspflicht erst nach Ablauf von drei Monaten fällig würde.

157

Die herrschende Auffassung überzeugt nicht. Die Jahresabrechnung stellt den umfassenden **Rechenschaftsbericht** des Verwalters über seine wirtschaftliche Tätigkeit dar. Sie geht über die Rechnungslegung hinaus (s.u. Rz. 167). Es ist nicht erkennbar, warum vom ausgeschiedenen Verwalter dieser Rechenschaftsbericht nicht mehr verlangt werden kann. Auch aus dem Wortlaut der Abs. 3 und 4 ist keine Differenzierung ableitbar. Beide Tatbestände sprechen nur von dem Verwalter und differenzieren somit nicht zwischen dem abberufenen und dem neu bestellten Verwalter. Deshalb ist es auch nicht überzeugend, dass vom abberufenen Verwalter nur noch die Rechnungslegung gem. Abs. 4 und nicht mehr die Jahresabrechnung gem. Abs. 3 verlangt werden könne[4].

158

Auch mit dem Ende des Verwalteramts treffen den Verwalter noch **nachvertragliche Pflichten** (s. hierzu auch § 26 Rz. 150ff.). Neben den **Herausgabepflichten** für die Verwaltungsunterlagen und der Auskunftspflicht besteht somit weiterhin die Abrechnungspflicht. Hierfür ist der Verwalter im zurückliegenden Kalenderjahr bereits von den Wohnungseigentümern bezahlt worden. Die Jahresvergütung beinhaltet ebenfalls das Entgelt für die zu erstellende Jahresabrechnung. Die Rechenschaftspflicht, die der Verwalter schuldet, wird auch nicht durch die Rechnungslegung nach Abs. 4 erfüllt. Die Rechnungslegung ist gegenüber der Jahresabrechnung ein Aliud, das die Wohnungseigentümer zusätzlich verlangen können, während die Jahresabrechnung Pflichtbestandteil ist. Die Frage der Fälligkeit bestimmt nur den Leistungszeitpunkt, aber nicht die leistungspflichtige Person. Gegen gesonderte Vergütung kann der neue Ver-

159

---

1 Vgl. hierzu auch *Jennißen*, Verwalterabrechnung, IX Rz. 30.
2 OLG Hamm v. 17.3.1993 – 15 W 260/92, NJW-RR 1993, 847; BayObLG v. 20.12.1994 – 2Z BR 106/94, WuM 1995, 341 = NJW-RR 1995, 530; OLG Düsseldorf v. 22.12.2000 – 3 Wx 378/00, NZM 2001, 546; OLG Köln v. 30.10.1985 – 16 Wx 88/85, NJW 1986, 328; OLG Hamburg v. 18.11.1986, 2 W 61/86, WE 1987, 83; *Niedenführ* in Niedenführ/Schulze, WEG, § 28 Rz. 111; *Gottschalg* in Weitnauer, WEG, § 28 Rz. 37.
3 Praktische Fragen, Rz. 1098.
4 So aber die herrschende Auffassung, s. Fn. 2.

walter allerdings auch zur Erstellung der Jahresabrechnung verpflichtet werden. In diesem Fall würde der ausgeschiedene Verwalter von den Leistungspflichten befreit.

IX. Entlastung

160 Der Entlastungsbeschluss ist eine **Vertrauenskundgabe** der Wohnungseigentümer an den Verwalter[1]. Die Entlastung hat die Wirkung eines **negativen Schuldanerkenntnisses** i.S.v. § 397 Abs. 2 BGB[2]. Ein Anspruch auf Entlastung besteht für den Verwalter nur dann, wenn dieser in der Gemeinschaftsordnung oder im Verwaltervertrag vorgesehen ist[3]. Im Übrigen kann der Verwalter dann Entlastung begehren, wenn er von den Wohnungseigentümern zu Unrecht belastet wird[4]. Die Wohnungseigentümer können über die Entlastung des Verwalters mit **Mehrheit beschließen**. Die zum Teil geäußerte Auffassung[5], ein Entlastungsbeschluss sei stets rechtswidrig, ist dogmatisch unzutreffend, da sie einen fehlenden Anspruch des Verwalters einem Verbot der Wohnungseigentümer gleichstellt, über die Entlastung beschließen zu dürfen. Deshalb entspricht ein Mehrheitsbeschluss der Wohnungseigentümer, der die Entlastung des Verwalters ausspricht, dann ordnungsmäßiger Verwaltung, wenn keine Anhaltspunkte für einen Schadensersatzanspruch gegen den Verwalter erkennbar sind[6]. Der Beschluss über die Entlastung kann angefochten werden, wenn zum Zeitpunkt des Entlastungsbeschlusses die Jahresabrechnung noch nicht erstellt, fehlerhaft[7] oder unvollständig ist[8]. Ebenfalls ist die Entlastung aufzuheben, wenn Regressansprüche gegen den Verwalter in Betracht kommen[9]. Alle Tatsachen, die für eine Abberufung des Verwalters sprechen, hindern gleichzeitig seine Entlastung[10] (vgl. zur Entlastung auch oben Rz. 19 ff.).

161 Der Verwalter darf bei seiner Entlastung nicht mit abstimmen[11]. Dies gilt sowohl für ein eigenes **Stimmrecht**, wenn er gleichzeitig Wohnungseigentümer ist, als auch für ein durch Vollmacht auszuübendes fremdes Stimmrecht. Hat der vollmachtgebende Wohnungseigentümer aber die Weisung erteilt, für die Entlastung zu stimmen, kann der Verwalter diese Stimme entsprechend abge-

---

1 *Gottschalg*, NJW 2003, 1293; *Bub* in Staudinger, BGB, § 28 WEG Rz. 432.
2 BGH v. 17.7.2003 – V ZB 11/03, ZMR 2003, 750 = NZM 2003, 764; BayObLG v. 25.3.1999 – 2Z BR 105/98, NZM 1999, 504; ZWE 2000, 71; *Merle* in Bärmann/Pick/Merle, WEG, § 28 Rz. 121; *Scheel* in Hügel/Scheel, Rechtshandbuch, Rz. 713; *Gottschalg* in Weitnauer, WEG, § 28 Rz. 31.
3 AG Köln v. 19.3.2002 – 202 II 132/01, ZMR 2002, 793.
4 OLG Düsseldorf v. 19.8.1996 – 3 Wx 581/94, NJW-RR 1997, 525.
5 BayObLG v. 19.12.2002 – 2Z BR 104/02, ZMR 2003, 280 = NZM 2003, 154.
6 OLG Frankfurt v. 7.4.2003 – 20 W 209/2001, ZMR 2003, 594; BayObLG v. 7.3.2005 – 2Z BR 182/04, ZMR 2006, 137.
7 KG v. 15.6.1988 – 24 W 817/88, WE 1988, 167; OLG München v. 19.9.2005 – 34 Wx 076/05, ZMR 2006, 68.
8 OLG München v. 19.9.2005 – 34 Wx 076/05, ZMR 2006, 68 = OLGReport München 2005, 829 = MietRB 2006, 74; OLG Düsseldorf v. 21.9.2005 – I – 3 Wx 123/05, ZMR 2006, 144.
9 OLG Düsseldorf v. 2.1.1995 – 3 Wx 195/92, WE 1995, 278.
10 AG Hamburg v. 7.11.2002 – 102a II 252/02 WEG, ZMR 2003, 301.
11 BayObLG v. 18.12.1986 – BReg. 2Z 81/85, MDR 1987, 410 = WuM 1987, 101; KG v. 12.9.1988 – 24 W 5887/87, WE 1989, 134.

ben, da kein eigener Entscheidungsspielraum besteht. Der Verwalter übermittelt dann wie ein Bote eine fremde Willenserklärung. Der Verwalter kann auch die ihm erteilten Vollmachten weiter übertragen. Dann kann die dritte Person bei der Entlastung mit abstimmen, wenn der Verwalter die Übertragung des Stimmrechts nicht mit Weisungen versieht.

Wird in **einem Beschluss** über Jahresabrechnung und Entlastung abgestimmt, ist der Verwalter bei der gesamten Beschlussfassung mit dem Stimmrecht ausgeschlossen. 162

Über die Entlastung muss ausdrücklich abgestimmt werden. Da die Entlastungswirkung als negatives Schuldanerkenntnis weitreichende Bedeutung hat, gebietet es die Warnfunktion, dass die Wohnungseigentümer ausdrücklich über die Entlastung abstimmen. Es ist somit nicht von einer konkludenten Entlastung durch Abstimmung über die Jahresabrechnung (s. auch oben Rz. 19 ff.) auszugehen. Die Auffassung, dass mit der **Beschlussfassung über die Jahresabrechnung im Zweifel** auch die Entlastung ausgesprochen werden sollte, geht zu weit[1]. 162a

Durch die Erteilung der Entlastung sind alle **Schadensersatzansprüche** der Wohnungseigentümer oder des Verbands gegen den Verwalter aus Sachverhalten ausgeschlossen, die zum Zeitpunkt der Entlastung bekannt oder erkennbar waren[2]. Kennen einzelne Wohnungseigentümer und insbesondere der Beirat die den Schadensersatz begründenden Sachverhalte und wird dennoch von der Wohnungseigentümerversammlung mehrheitlich die Entlastung beschlossen, weil die betreffenden Wohnungseigentümer ihr Wissen nicht kundtun, können Schadensersatzansprüche ausgeschlossen sein. Dabei überzeugt die Begründung des OLG Köln[3] nicht, wonach sich die Wohnungseigentümer das **Wissen des Beirats** zurechnen lassen müsse. Der Auffassung ist nicht zu folgen, weil der Beirat nicht Vertreter oder Erfüllungsgehilfe der übrigen Wohnungseigentümer oder der Eigentümergemeinschaft ist. Dennoch werden in der Regel die Schadensersatzansprüche ausgeschlossen sein, weil das Wissen einzelner Wohnungseigentümer zeigt, dass die eine mögliche Haftung begründenden Tatbestände erkennbar waren. 163

Durch den bestandskräftigen Beschluss scheiden auch Ansprüche aus **ungerechtfertigter Bereicherung** oder **Geschäftsführung ohne Auftrag** gegen den Verwalter aus, es sei denn, der die Rückzahlung begründende Sachverhalt ist nicht erkennbar gewesen[4]. Allerdings sollen trotz Bestandskraft des Entlastungsbeschlusses Ansprüche aus strafbaren Handlungen weiterhin geltend gemacht werden können[5]. 164

---

1 So aber OLG Düsseldorf v. 30.10.2000 – 3 Wx 92/00, ZWE 2001, 270 = WuM 2001, 149 = ZMR 2001, 301, OLGReport Düsseldorf 2001, 407.
2 KG v. 30.11.1992 – 24 W 1188/92, KGReport Berlin 1993, 19 = WuM 1993, 140 = NJW-RR 1993, 404; OLG Karlsruhe v. 3.12.1999 – 11 Wx 76/99, OLGReport Karlsruhe 2000, 259 = ZWE 2000, 426.
3 OLGReport Köln 2002, 4.
4 OLG Düsseldorf v. 30.10.2000 – 3 Wx 92/00, ZWE 2001, 270 = WuM 2001, 149 = ZMR 2001, 301 = OLGReport Düsseldorf 2001, 407.
5 OLG Celle v. 20.3.1991 – 4 W 335/90, DWE 1992, 84.

165 Grundsätzlich kann der **Verwalter** einen negativen Beschluss, mit dem ihm die Entlastung verweigert wurde, **nicht anfechten**. Ein Anfechtungsrecht ist auch nicht erforderlich, da der Beschluss ihm gegenüber nicht in Bestandskraft erwächst. Der Verwalter kann aber seine Entlastung einklagen, wenn er einen vertraglichen Anspruch hierauf hat oder wenn ihm die Entlastung verweigert wurde, weil ihm fehlerhaftes Verhalten zu Unrecht zur Last gelegt wird. Dann hat der Verwalter, wie bereits oben (Rz. 19) dargestellt wurde, ein Recht auf Entlastung. Der Klageanspruch ist erforderlich, damit der Verwalter seinen geschäftlichen Ruf nicht ungeschützt beschädigen lassen muss.

166 Ein bestandskräftiger Entlastungsbeschluss kann nicht durch einen **Zweitbeschluss** der Wohnungseigentümer widerrufen werden[1]. Ein solcher Zweitbeschluss würde in die Rechte des Verwalters eingreifen, die sich durch den Erstbeschluss bereits manifestiert haben.

X. Rechnungslegung, Abs. 4

167 Die Wohnungseigentümer können nach Abs. 4 jederzeit **mit Mehrheit beschließen**, dass der Verwalter Rechnung zu legen hat. Diese Verpflichtung hat dann der Verwalter gegenüber dem **Verband** zu erfüllen, der bei dieser Frage von allen Wohnungseigentümern vertreten wird, § 27 Abs. 3 Satz 2. Lehnen die Wohnungseigentümer einen Rechnungslegungsantrag durch Beschluss ab, kann ein Wohnungseigentümer diesen Beschluss anfechten und mit einem Verpflichtungsantrag verbinden, wenn die Ablehnung ordnungsmäßiger Verwaltung widersprach. Die Wohnungseigentümer können zwar ohne Angabe von Gründen die Rechnungslegung verlangen, wie das Wort „**jederzeit**" verdeutlicht. Machen die Wohnungseigentümer aber von ihrem Rechnungslegungsanspruch keinen Gebrauch, erfordert der Anfechtungsantrag die Darlegung, warum der Beschluss ordnungsmäßiger Verwaltung widerspricht und eine Rechnungslegung vom Verwalter jetzt zu fordern ist.

168 In der Regel wird die **Vorlage von Belegen** bei der Rechnungslegung nicht erforderlich sein, da die Rechnungslegung den Auskunfts- und Einsichtsanspruch der Wohnungseigentümer unberührt lässt. Ist das Verwalteramt beendet, folgt der Belegherausgabeanspruch daraus, dass die Verwaltungsunterlagen zum Vermögen des rechtsfähigen Verbands gehören, § 10 Abs. 7 WEG. Ist das Organverhältnis mit dem Verwalter noch nicht beendet, benötigt der Verwalter die Belege zur Ausübung seiner Tätigkeit. In diesem Fall sind die Belege nicht herauszugeben, sondern die Ansprüche beschränken sich auf Einsichtnahme.

169 Um die Zwangsvollstreckung auf Rechnungslegung gegen den Verwalter betreiben zu können, ist ein Titel erforderlich. Der einzelne Wohnungseigentümer kann diesen Titel nur dann beantragen, wenn er hierzu durch Beschluss bevollmächtigt wurde[2]. Der Titel ermöglicht eine Vollstreckung gem. § 887 ZPO für

---

1 OLG Köln v. 3.11.1999 – 16 Wx 144/99, ZMR 2000, 485.
2 BayObLG v. 3.5.1990 – 1b Z 24/89, WE 1991, 253; v. 21.12.1999 – 2Z BR 79/99, NJW-RR 2000 = NZM 2000, 280; Kritisch *Gottschalg* in Weitnauer, WEG, § 28 Rz. 34.

vertretbare Handlungen[1]. Nach § 259 Abs. 2 BGB kann die Abgabe der **eidesstattlichen Versicherung** vom Verwalter gefordert werden, wenn Grund zu der Annahme besteht, dass die in der Rechnungslegung enthaltenen Angaben nicht sorgfältig erstellt wurden, sie also zumindest unvollständig sein können.

Der Beschluss über die Rechnungslegung kommt dann nicht mehr in Betracht, wenn die Abrechnung erstellt wurde (s. hierzu auch oben Rz. 9ff.), es sei denn, sie enthält so viele formelle und materielle Fehler, dass sie nicht genehmigungsfähig ist. Wird die Abrechnung allerdings mit Fehlern beschlossen, scheidet der Rechnungslegungsanspruch für diesen Zeitraum aus. Dann beschränkt sich der Rechnungslegungsanspruch nur noch auf das laufende Jahr[2]. 170

XI. Beitreibung rückständiger Wohngeldbeträge

1. Formelle Voraussetzungen

Befindet sich ein Wohnungseigentümer mit seinen Zahlungsverpflichtungen gegenüber dem rechtsfähigen Verband der Wohnungseigentümer in Zahlungsverzug, kann der **Verwalter** die **Rückstände gerichtlich geltend machen**. Hierzu ist er jedoch nicht von Gesetzes wegen bevollmächtigt, § 27 Abs. 3 Nr. 7 WEG. Die Vollmacht kann ihm durch Beschluss, Vereinbarung oder Verwaltervertrag erteilt worden sein. In Betracht kommt ein Klageverfahren oder ein Mahnverfahren, für das das Gericht zuständig ist, in dessen Bezirk das Grundstück liegt, § 43 Nr. 2 und Nr. 6. Etwas anderes gilt nur dann, wenn der Mahnbescheid nicht im Namen des rechtsfähigen Verbands, sondern im Namen des Verwalters in sog. Verfahrensstandschaft beantragt wurde. Dann ist mit Inkrafttreten der Novelle der Mahnbescheidsantrag am Ort des Verwaltersitzes zu beantragen (Umkehrschluss aus § 43 Nr. 6 WEG). 171

Haben die Wohnungseigentümer den Verwalter ermächtigt, die Zahlungsansprüche im eigenen Namen geltend machen zu können, muss er von dieser Ermächtigung keinen Gebrauch machen[3]. Er kann weiterhin im Namen des Verbands vorgehen, was zu empfehlen ist, da seit der Rechtsfähigkeit des Verbands die **gewillkürte Verfahrensstandschaft** durch den Verwalter keine Vorteile mehr aufweist. 172

Hat der Verwalter in gewillkürter Verfahrensstandschaft einen Vollstreckungstitel gegen einen Wohnungseigentümer erwirkt und will nach einem Wechsel im Verwalteramt der neue Verwalter aus dem Titel vollstrecken, so kommt eine **Titelumschreibung** auf den neuen Verwalter nicht in Betracht. Der neue Verwalter ist nicht Rechtsnachfolger seines Vorgängers. Formal ist weiterhin der Vorgänger berechtigt, auch wenn sein Verwalteramt endete. Materiell berechtigt ist der Verband der Wohnungseigentümer. Die Wohnungseigentümer 173

---

1 OLG Düsseldorf v. 8.3.1999 – 3 Wx 33/99; *Scheel* in Hügel/Scheel, Rechtshandbuch, Rz. 695; *Bub* in Staudinger, BGB, § 28 WEG Rz. 472; eine Vollstreckung nach § 888 ZPO für nicht vertretbare Handlungen annehmend, OLG Köln v. 2.3.1998 – 2 W 201/97, WuM 1998, 375; BayObLG v. 18.4.2002 – 2Z BR 9/02, NZM 2002, 489; *Niedenführ* in Niedenführ/Schulze, WEG, § 28, 156.
2 Vgl. KG v. 13.11.1987 – 24 W 5670/86, WE 1988, 17.
3 OLG München v. 11.11.2002 – 11 W 2448/02, ZMR 2003, 451.

können daher mit Mehrheitsbeschluss die Zwangsvollstreckung dem Verband übertragen. Dann kommt eine Titelumschreibung auf den Verband in Betracht[1]. Andernfalls ist weiterhin im Namen des Vorverwalters zu vollstrecken.

174 Der **einzelne Wohnungseigentümer** ist nur dann befugt, den Anspruch auf Zahlung rückständiger Wohngeldbeträge gegen den säumigen Wohnungseigentümer gerichtlich geltend zu machen, wenn er hierzu durch Beschluss bevollmächtigt wurde[2]. Der fehlende Ermächtigungsbeschluss kann auch nicht dadurch umgangen werden, dass der Antrag im Namen aller Wohnungseigentümer mit Ausnahme des Schuldens gestellt wird[3]. Zudem sind Forderungsinhaber nicht die Wohnungseigentümer, sondern der rechtsfähige Verband. Ohne Ermächtigungsbeschluss kann die Zahlungsklage erhoben werden, wenn die Wohnungseigentümergemeinschaft nur aus zwei Parteien besteht und der nicht säumige Wohnungseigentümer der Klageerhebung zustimmt. In diesem Fall die Beschlussfassung der Eigentümergemeinschaft herbeizuführen zu müssen, wäre ein überflüssiger Formalismus. Hat bei einer Zweiergemeinschaft ein Wohnungseigentümer Kosten aus seinem Privatvermögen vorgelegt, kann ausnahmsweise auch unmittelbare Erstattung des Anteils an ihn verlangt werden[4]. Ist der einzelne Wohnungseigentümer entsprechend bevollmächtigt, kann er allerdings nur Zahlung an den rechtsfähigen Verband verlangen. Gleichermaßen ist es möglich, die Ansprüche zwar im Namen des Verbands geltend zu machen, wenn im Einzelfall der Verband nicht durch den Verwalter, sondern durch einen Wohnungseigentümer aufgrund eines Ermächtigungsbeschlusses vertreten wird. Diese Möglichkeit folgt aus § 27 Abs. 3 S. 3 WEG und setzt eine Interessenkollision des Verwalters voraus.

2. Materielle Voraussetzungen

175 Die gerichtliche Geltendmachung von Beitragsleistungen setzt voraus, dass die Wohnungseigentümer die **Beiträge** durch Beschluss **fällig** gestellt haben. Zudem muss sich der säumige Wohnungseigentümer im **Verzug** befinden. Dazu bedarf es in der Regel einer Mahnung nicht, da die Wohngeldverpflichtungen nach dem Kalender bestimmt sind, § 286 Abs. 2 Nr. 1 BGB. Wurde beim Beschluss über den Wirtschaftsplan ein monatliches Wohngeld festgelegt, ist dieses zu Beginn des Monats fällig, da § 28 Abs. 2 von Vorschüssen spricht. Zahlungsverzug tritt somit bereits am zweiten eines jeden Monats ein. Die Wohnungseigentümer können auch gem. § 21 Abs. 7 WEG die Folgen des Verzugs mit **Verfallklauseln** oder **Vorfälligkeitsregelungen** belasten[5]. Aufgrund solcher nach dem 1.7.2007 gefasster Beschlüsse kann ein Wohnungseigentümer auch mit dem Jahreswohngeld in Zahlungsverzug geraten, wenn er beispielsweise mit zwei oder

---

[1] OLG Düsseldorf v. 29.1.1997 – 3 Wx 469/96, DWE 1997, 125.
[2] BGH v. 20.4.1990 – V ZB 1/90, WE 1990, 202 = NJW 1990, 2386 = ZMR 1990, 389 = MDR 1991, 138; OLG Köln OLG Report Köln 2001, 43; a.A. KG v. 24.1.1990 – 24 W 1408/89, NJW-RR 1990, 395.
[3] OLG Düsseldorf v. 7.1.1998 – 3 Wx 503/97, WuM 1998, 248.
[4] BayObLG v. 6.9.2001 – 2Z BR 86/01, WuM 2002, 41 = ZWE 2002, 357.
[5] Durch die Neuregelung ist die in der Rechtsprechung und Literatur vorgenommene Differenzierung zwischen Vorfälligkeitsregelung und Verfallklausel obsolet geworden, vgl. zu der früher notwendigen Differenzierung: BGH v. 2.10.2003 – V ZB 34/03, ZMR 2003, 943 = NZM 2003, 946.

mehr Wohngeldraten säumig ist. Ist der Beschluss über die Sanktionswirkung des Jahreswohngeldes vor dem 1.7.2007 gefasst worden, ist dieser nichtig[1] und stellt daher keine Rechtsgrundlage für die Zahlungsklage dar. Mit dem Jahreswohngeld kann der Wohnungseigentümer nur dann in Verzug geraten, wenn er hinsichtlich dieses Betrages zuvor gemahnt wurde. Der Eintritt der Fälligkeit des Jahreswohngeldes ist zwar an die Bedingung der Säumnis mit mehreren Teilbeträgen gebunden, aber nicht hinsichtlich der Fälligkeit kalendermäßig bestimmt. Gleiches gilt auch für die Abrechnungsspitzen aus der Jahresabrechnung. Wird im Beschluss hierzu kein Fälligkeitsdatum gesetzt, ist für die Auslösung des Zahlungsverzugs zuvor eine **Mahnung** notwendig. Wurde nur der Gesamtwirtschaftsplan beschlossen, so ist dieser Beschluss nicht nur fehlerhaft, sondern er kann auch keine Fälligkeit des Wohngeldes auslösen, da sich die Abrechnungsspitzen immer nur aus den Einzelabrechnungen ergeben können.

Wird der Zahlungsanspruch auf die **Abrechnungsspitze** der Jahresabrechnung gestützt, ist der Beschluss hierüber maßgebend. Die Eigentümergemeinschaft kann keinen hiervon abweichenden Zahlungsanspruch geltend machen[2]. Stellt sich heraus, dass der Abrechnungssaldo nicht stimmt, können die richtigen Beträge nur nach neuer Beschlussfassung über die Jahresabrechnung verfolgt werden. Die Zahlungsansprüche sind immer auf den Einzelwirtschaftsplan oder die Einzelabrechnung zu stützen. Gesamtwirtschaftsplan und Gesamtabrechnung reichen hierzu nicht aus[3]. 176

Die Zahlungsansprüche können selbst dann erfolgreich verfolgt werden, wenn der zugrunde liegende Wirtschaftsplan oder die Jahresabrechnung noch nicht bestandskräftig ist. Ficht der betreffende Wohnungseigentümer seinerseits Wirtschaftsplan und/oder Jahresabrechnung an und wird über seinen Anfechtungsantrag erst nach Entscheidung über den Zahlungsantrag entschieden, kann er die Aufhebung von Wirtschaftsplan und Jahresabrechnung in einem **Vollstreckungsabwehrantrag** entsprechend § 767 ZPO geltend machen. Wird nur die Jahresabrechnung für ungültig erklärt, bleibt die Zwangsvollstreckung auf Basis des Wirtschaftsplans wegen rückständiger Wohngeldlasten zulässig[4]. Wegen der Anfechtung der Beschlussfassung über die Jahresabrechnung ist das Wohngeldverfahren auch nicht auszusetzen[5]. Der Verwalter hat nach § 27 Abs. 1 Nr. 1 die Beschlüsse der Wohnungseigentümer durchzuführen, und zwar auch dann, wenn sie noch nicht bestandskräftig sind[6]. Somit muss der Wohnungseigentümer trotz eigener Anfechtung der Beschlüsse zahlen. Wird der Beschluss über die Jahresabrechnung aufgehoben, bevor der Wohnungseigentümer zur Zahlung verurteilt wurde, ist die Zahlungsklage als unbegründet abzuweisen[7]. Allerdings 177

---

1 OLG Zweibrücken v. 4.6.2002 – 3 W 46/02, ZWE 2002, 543 = ZMR 2003, 136.
2 KG v. 26.7.2004 – 24 W 87/03, DWE 2005, 38 = NZM 2005, 22.
3 BayObLG v. 28.6.2002 – 2Z BR 52/02, WuM 2002, 515; v. 18.7.2002 – 2Z BR 148/01, NZM 2002, 874; OLG Frankfurt v. 18.11.1996 – 20 W 534/95, DWE 1997, 80.
4 OLG Düsseldorf v. 16.5.1997 – 3 Wx 211/97, WE 1997, 423.
5 BayObLG v. 27.9.1989 – 1b Z 24/88, WE 1991, 26; v. 7.12.1995 – 2Z BR 125/95, WE 1996, 239.
6 *Abramenko* in KK-WEG, § 27 Rz. 9; *Niedenführ* in Niedenführ/Schulze, WEG, § 27 Rz. 6; *Merle* in Bärmann/Pick/Merle, WEG, § 27 Rz. 28; BayObLG v. 21.2.1990 – 1b Z 43/88, WE 1991, 198.
7 OLG Düsseldorf v. 9.3.2007 – 3 Wx 254/06, OLGReport Düsseldorf 2007, 266.

hat der säumige Wohnungseigentümer die Kosten des Verfahrens auch dann zu tragen, weil er durch seine Säumnis Anlass zur Klageerhebung gegeben hat. Er hat auch bei zu erwartender Unwirksamkeit der Beschlussfassung kein **Zurückbehaltungsrecht**[1].

178 Der Zahlungsanspruch kann mit dem gesetzlichen **Verzugszins** nach § 288 Abs. 1 BGB versehen werden. Ein höherer Verzugszins kommt nur dann in Betracht, wenn die Wohnungseigentümergemeinschaft einen höheren Verzugsschaden darlegen kann oder nach dem 1.7.2007 ein höherer Verzugszins gem. § 21 Abs. 7 WEG beschlossen wurde. Wurde ein solcher Beschluss vor dem 1.7. 2007 gefasst, ist der Beschluss nichtig und liefert keine Rechtsgrundlage für einen über § 288 Abs. 1 BGB hinausgehenden Zinssatz[2].

3. Verfahrensvoraussetzungen

179 Der Zahlungsantrag ist im Namen der rechtsfähigen Eigentümergemeinschaft zu stellen, wie § 10 Abs. 6, Abs. 7 feststellt. Die Eigentümergemeinschaft ist gem. § 10 Abs. 6 Satz 4 mit ihrer postalischen Adresse zu bezeichnen. Die namentliche Bezeichnung der einzelnen Wohnungseigentümer ist weder erforderlich noch angebracht.

Für die **Wohngeldklage** ist unabhängig von der Höhe des Streitwerts das AG gem. § 43 Nr. 2 WEG zuständig, in dessen Bezirk das Grundstück liegt.

Der Verwalter kann auch den Wohngeldbetrag im **Mahnverfahren** geltend machen. Ist Antragsteller die Eigentümergemeinschaft, ist hinsichtlich der Gerichtszuständigkeit nichts Besonderes zu beachten. Sofern für den Gerichtsbezirk ein **zentrales Mahngericht** eingerichtet ist, ist dieses zuständig. Geht der Verwalter hingegen in Verfahrensstandschaft vor und beantragt den Mahnbescheid im eigenen Namen, ist § 43 Nr. 6 WEG nicht einschlägig, sodass das Gericht zuständig ist, in dessen Bezirk der Verwalter seinen Geschäftssitz hat.

180 Durch die Anwendung des ZPO-Verfahrens ist jetzt auch § 15a EGZPO anwendbar, wonach die Länder **Schlichtungsverfahren** für Zahlungsansprüche bis zu einem Betrag von 750 Euro vorsehen können. Einzelne Bundesländer haben von dieser Ermächtigung Gebrauch gemacht und unterschiedliche Grenzen festgesetzt (so gilt in NRW beispielsweise eine Grenze von 600 Euro). Bei Zahlungsansprüchen bis zu einer solchen Höhe muss vor Klageerhebung eine Güte- und Schlichtungsstelle angerufen werden und ein fruchtloser Schlichtungsversuch durchgeführt worden sein. Dies lässt sich nur durch ein gerichtliches Mahnverfahren umgehen, bei dem ein vorgeschaltetes Schlichtungsverfahren nicht erforderlich ist[3]. Der Gesetzgeber hätte gut daran getan, im Wohnungseigentumsrecht das Schlichtungsverfahren auszuschließen. Die Zahlungsansprüche stehen im Zweifel durch beschlossene Wirtschaftspläne oder Jahresabrechnungen fest, sodass Schlichtungsversuche wenig Sinn machen. Zudem besteht das Bestreben, die Zahlungsfähigkeit der Eigentümergemeinschaft zeitnah aufrecht-

---

1 OLG Düsseldorf v. 9.3.2007 – I – 3 Wx 254/06.
2 BayObLG v. 20.11.2002 – 2Z BR 144/01, ZMR 2003, 365; *Elzer* in KK-WEG, § 10 Rz. 125.
3 Siehe auch *Köhler*, Das neue WEG, Rz. 538 f.

zuerhalten, was durch den Umweg über die Schlichtungsstelle konterkariert wird. Zukünftig werden gerichtliche Mahnverfahren im Vordergrund stehen.

4. Einwendungen/Einreden des Zahlungspflichtigen

a) Aufrechnung

Die Aufrechnung mit Gegenforderungen durch den Wohnungseigentümer ist nur eingeschränkt zulässig. Sie setzt entweder **anerkannte** oder **rechtskräftig festgestellte** Gegenforderungen oder **Anspruch aus Notgeschäftsführung** voraus[1]. Ebenfalls ist die Aufrechnung mit **unstreitigen Erstattungsansprüchen** wegen Bezahlung von gemeinschaftlichen Verbindlichkeiten gegenüber Versorgungsträgern zulässig[2]. Der Auffassung des Kammergerichts[3], wonach die Aufrechnung mit Guthabenbeträgen aus der beschlossenen Jahresabrechnung zulässig ist, wenn hierdurch die laufende Wirtschaftsführung der Eigentümergemeinschaft nicht beeinträchtigt wird, ist zwar grundsätzlich zu folgen. Zusätzliche Voraussetzung ist aber, dass die Wohnungseigentümer die Abrechnungsspitzen überhaupt fällig gestellt haben. Ist die Jahresabrechnung zwar beschlossen, sind aber die Guthabenbeträge erst zu einem späteren Zeitpunkt auszahlbar, kann in der Zwischenzeit nicht aufgerechnet werden. Die ebenfalls vom Kammergericht vertretene Auffassung, dass der Aufrechnung mit bestandskräftig festgestellten Abrechnungsguthaben der Umstand entgegenstünde, dass diese vorrangig aus den gleichzeitig festgestellten Nachzahlungsforderungen bedient werden müssten[4], geht von der unrichtigen Annahme aus, dass sich die Guthabenbeträge einer Jahresabrechnung mit den Nachzahlungsbeträgen decken. Tatsächlich sind aber Guthaben und Nachzahlungsbeträge nicht voneinander abhängig. Jahresabrechnungen können durchgängig zu Guthaben oder auch durchgängig zu Nachzahlungsbeträgen führen.

181

Eine Aufrechnung ist mit bestrittenen Gegenforderungen auf Schadensersatz gem. § 14 Nr. 4 WEG unzulässig[5]. Wird aufgrund einer **streitigen Behauptung**, der Gegenanspruch sei anerkannt worden, eine umfangreiche Beweisaufnahme erforderlich, greift schon deshalb die Aufrechnung nicht durch. Im Interesse einer geordneten Verwaltung und der Erhaltung der Zahlungsfähigkeit der Eigentümergemeinschaft müssen Wohngeldbeitreibungsverfahren zu schnellen Ergebnissen führen[6]. Somit müssen Gegenforderungen auch dann, wenn ihre Unstreitigkeit bestritten wird, in einem separaten Verfahren geltend gemacht werden.

182

Allerdings kann der Wohnungseigentümer, dem die Aufrechnung verwährt ist, seine Gegenansprüche mit der **Widerklage** verfolgen. Entscheidet dann das Ge-

183

---
1 OLG Stuttgart v. 24.1.1989 – 8 W 248/88, NJW-RR 1989, 841; KG v. 15.9.1995 – 24 W 5988/94, NJW-RR 1996, 465.
2 KG v. 29.3.1995 – 24 W 4812/94, NJW-RR 1995, 975 = DWE 1995, 78; v. 29.5.2002 – 24 W 185/01, WuM 2002, 391 = ZWE 2002, 363 = NZM 2003, 686.
3 V. 15.9.1995 – 24 W 5988/94, NJW-RR 1996, 465.
4 KG v. 29.4.2002 – 24 W 26/01, WuM 2002, 389 = NJW-RR 2002, 1379 = ZWE 2002, 413 = DWE 2003, 22.
5 OLG München v. 30.1.2007 – 34 Wx 128/06, NZM 2007, 335.
6 OLG Frankfurt/M. v. 30.3.2006 – 20 W 189/05, NZM 2007, 367.

richt über Klage und Widerklage gleichzeitig, ist im Ergebnis die Aufrechnung möglich, wenn die Gegenforderung durch gerichtliches Urteil festgestellt wird. Da Gläubiger der Wohngeldforderung der rechtsfähige Verband ist, kann ein Wohnungseigentümer auch nicht mit **Schadensersatzansprüchen** aufrechnen, die gegen den Verwalter bestehen, selbst wenn diese rechtskräftig festgestellt wurden[1]. Andererseits kann ein Verwalter seine eigenen **Honoraransprüche** nicht an einen Eigentümer abtreten, damit dieser mit Wohngeldlasten aufrechnet[2].

184 Während der einzelne Wohnungseigentümer nur eingeschränkt aufrechnen kann, ist das Aufrechnungsrecht des Verbands der Wohnungseigentümer nicht auszuschließen. Der Verwalter darf auf dieses Aufrechnungsrecht nicht verzichten[3].

185 Es kann ausnahmsweise der **Billigkeit** entsprechen, den Zahlungsanspruch der Eigentümergemeinschaft zurückzuweisen, wenn er unberechtigt auf bestrittene Vorschüsse gestützt wurde, ohne dass die zur Klärung des Anspruchs nahe bevorstehende Eigentümerversammlung abgewartet wurde[4]. Ebenso kann es im Einzelfall gegen den Grundsatz von **Treu und Glauben** verstoßen, wenn ein Eigentümer auf erhebliche Nachzahlungsbeträge aus dem Wirtschaftsplan in Anspruch genommen wird, während die von der Verwaltung inzwischen vorgelegte Jahresabrechnung keine nennenswerten Nachzahlungsbeträge ausweist und die Eigentümergemeinschaft sich weigert, über die Jahresabrechnung zu beschließen bzw. die Jahresabrechnung aus unwesentlichen Gründen ablehnt.

b) Zurückbehaltungsrecht

186 Nach herrschender Auffassung ist ebenfalls ein Zurückbehaltungsrecht des Wohnungseigentümers gegenüber laufenden Wohngeldlasten **ausgeschlossen**[5]. Auch in der Gemeinschaftsordnung kann das Zurückbehaltungsrecht ausgeschlossen werden[6], was aber wegen des allgemeinen Zurückbehaltungsverbots nicht Wirksamkeitsvoraussetzung ist.

187 Ausnahmsweise wird ein Zurückbehaltungsrecht dann zu bejahen sein, wenn der auf Nachzahlungsbeträge aus dem Wirtschaftsplan in Anspruch genommene Wohnungseigentümer auf die bereits vorgelegte Jahresabrechnung verweisen kann, die trotz der Säumnis ein **Abrechnungsguthaben** ausweist. Dann reduziert sich der Zahlungsanspruch der Eigentümergemeinschaft auf den Verzugsschaden, der durch die Säumnis mit Wohngeldbeträgen eingetreten ist.

187a Die Eigentümergemeinschaft kann hingegen ein Zurückbehaltungsrecht an beschlossenen **Guthabenbeträgen** geltend machen, wenn die Liquiditätslage der Eigentümergemeinschaft hierzu nicht ausreicht.

---

1 Vgl. AG Aachen v. 24.8.1983 – 12 UR II 17/82, WEG, WuM 1985, 359.
2 BayObLG Rpfl. 1976, 422.
3 BayObLG v. 8.4.2004 – 2Z BR 113/03, ZMR 2004, 839.
4 BayObLG v. 25.4.1986 – BReg. 2Z 3/86, WuM 1987, 39 (Ls.).
5 OLG Köln v. 8.11.1996 – 16 W x 215/96, WE 1997, 427; AG Lübeck v. 15.3.2006 – 2 II 6/06, ZMR 2006, 651; *Merle* in Bärmann/Pick/Merle, WEG, § 28 Rz. 150; *Niedenführ* in Niedenführ/Schulze, WEG, § 28 Rz. 145; *Gottschalg* in Weitnauer, WEG, § 16 Rz. 28.
6 BayObLG v. 27.6.2001 – 2Z BR 24/01, NZM 2001, 766.

c) Sonstige Einwendungen

Gegen den Zahlungsantrag der Wohnungseigentümergemeinschaft kann der einzelne Wohnungseigentümer nicht einwenden, der in der Jahresabrechnung zugrunde gelegte **Verteilungsschlüssel** sei unbillig[1]. Fehlerhaft eingesetzte Verteilungsschlüssel kann der Wohnungseigentümer hingegen mit der Anfechtung der Jahresabrechnung verfolgen. Hinsichtlich eines unbilligen Verteilungsschlüssels kann er nur für die Zukunft beantragen, diesen abzuändern. Dies kann bei ablehnender Haltung der Wohnungseigentümer gem. § 10 Abs. 2 S. 3 gerichtlich überprüft werden. Die **Unbilligkeit** kann auch dann nicht gegen die Jahresabrechnung eingewandt werden, wenn der Antrag nach § 10 Abs. 2 S. 3 Aussicht auf Erfolg hätte[2].

188

Der Schuldner kann im Wohngeldverfahren grundsätzlich einwenden, dass er **nach dem Beschluss** über den zugrunde liegenden Wirtschaftsplan oder der zugrunde liegenden Jahresabrechnung **Zahlungen geleistet** hat. Unterschiedlich wird aber die Frage beantwortet, ob dieser **Erfüllungseinwand** auch noch für solche Zahlungen geführt werden kann, die der Schuldner **vor der Beschlussfassung** über Wirtschaftsplan oder Jahresabrechnung geleistet haben will. Werden in der Jahresabrechnung als Einnahmen nur die kalkulierten Sollstellungen[3] gem. Wirtschaftsplan (geforderte Wohngeldzahlungen) berücksichtigt und auf dieser Basis die Abrechnungsspitze errechnet, ist der Erfüllungseinwand weiterhin zulässig, da die tatsächlichen Wohngeldzahlungen nicht Gegenstand des Beschlusses über die Jahresabrechnung waren[4]. Ist aber in der Jahresabrechnung die vermeintliche Ist-Vorauszahlung des Schuldners enthalten und auf dieser Basis die Abrechnungsspitze errechnet worden, ist der Einwand, die Vorauszahlungen seien unvollständig berücksichtigt worden, nach Bestandskraft des Beschlusses über die Jahresabrechnung unzulässig[5]. Zulässig ist es aber, diese Beträge nachträglich mit einer **Tilgungsbestimmung** zu versehen, die sich auf einen nicht bestandskräftigen Zeitraum bezieht[6].

189

Mit der Bestandskraft der Jahresabrechnung wird auch der Einwand unzulässig, angesetzte Kosten seien nicht angefallen[7]. Die Diskussion, ob die **Ausgaben berechtigt** verauslagt wurden, kann trotz Bestandskraft der Jahresabrechnung weiter geführt werden. Diese Frage betrifft die Entlastung des Verwalters oder die Geltendmachung von Schadensersatzansprüchen. Gegen die bestandskräftig beschlossene Jahresabrechnung selbst kann nur noch der Nichtigkeitseinwand geführt werden.

190

---

1 LG Hannover v. 26.3.2004 – 1 T 19/03, ZMR 2004, 709.
2 A.A. OLG Celle v. 26.1.1998 – 4 W 228/97, NZM 1998, 577.
3 Die Jahresabrechnung unter Ansatz von Soll-Wohngeld für zulässig haltend, LG Köln v. 7.5.2007 – 29 T 55/06, MietRB?.
4 LG Hamburg v. 6.4.2005 – 318 T 239/04, ZMR 2006, 77.
5 S. auch BayObLG v. 8.4.2004 – 2Z BR 193/03, ZMR 2005, 65.
6 BayObLG v. 6.2.2003 – 2Z BR 124/02, ZMR 2003, 587.
7 BayObLG v. 17.11.2004 – 2Z BR 178/04, MietRB 2005, 28.

d) Verjährungseinrede

191 Das WEG enthält keine Regelung, wann die Wohngeldforderungen **verjähren**. Der BGH[1] geht beim Wohngeld von regelmäßig wiederkehrenden Leistungen aus. Er hatte auf Basis von § 197 BGB a.F. zu entscheiden und eine 4-jährige Verjährungsfrist angenommen. Korrespondierend hiermit müsste nun § 195 BGB n.F. anzuwenden sein, der jetzt die verkürzte Verjährungsfrist von drei Jahren vorsieht[2]. Auch nach der überwiegenden Auffassung in der Literatur finden die Verjährungsregeln im Wohnungseigentumsrecht Anwendung[3]. Dabei kann die Verjährung frühestens mit dem 31.12. des Jahres beginnen, in dem die Jahresabrechnung oder der Wirtschaftsplan beschlossen wurde. Zusätzlich ist für den Verjährungsbeginn zu prüfen, wann der Verwalter als Organ der Eigentümergemeinschaft von der Wohngeldschuld und der Person des Schuldners Kenntnis hatte oder grob fahrlässig nicht hatte, § 199 Abs. 1 Nr. 2 BGB[4]. Da der Verwalter das Grundbuch regelmäßig einsehen muss, um den Kreis der Miteigentümer bestimmen zu können, wird sich der Verwalter kaum auf eine etwaige Unkenntnis der Person des Schuldners berufen können.

192 Die h.M. überzeugt jedoch nicht. Die Verjährung der Ansprüche der Eigentümergemeinschaft gegen einzelne Wohnungseigentümer bewirkt, dass der Etat der Wohnungseigentümergemeinschaft nicht mehr ausgeglichen ist. Demzufolge müssen die **Fehlbeträge** wie ausfallendes Wohngeld auf die übrigen Wohnungseigentümer **umgelegt** werden. Für diese Umlage ist ein neuer Beschluss notwendig, sodass die übrigen Eigentümer ihrerseits den Verjährungseinwand nicht führen können. Dies führt zu unbilligen Ergebnissen. Zudem ist zu berücksichtigen, dass die Verjährungsregeln den Zweck verfolgen, **Beweisschwierigkeiten** des Schuldners durch Zeitablauf verhindern zu wollen[5]. Die Fälligkeit der Jahresabrechnung setzt einen Beschluss voraus. Die Bestandskraft des Beschlusses tritt nach Ablauf eines Monats ein, § 46 Abs. 1 WEG. Damit steht die Forderung fest. Der Beschluss über die Jahresabrechnung ist in die Beschluss-Sammlung einzutragen, § 24 Abs. 7 WEG. Diese Beschluss-Sammlung ist ewig aufzubewahren, sodass **Beweisschwierigkeiten**, ob die Jahresabrechnung beschlossen wurde, nicht zu erwarten sind. Auch über die Person des Schuldners entsteht keine Unklarheit. Die Person ist aus dem Grundbuch erkennbar. Auch dem Argument, dass die kurze Verjährungsfrist dem Schutz des Schuldners (Wohnungseigentümer) dient, der sich nach mehreren Jahren nicht mehr auf eine Zahlungspflicht einstellen könne oder müsse, ist nicht zu folgen. Der Wohnungseigentümer weiß doch, wann er zusammen mit den anderen Wohnungseigentümern Wirtschaftsplan oder Jahresabrechnung beschlossen hat. Er kennt seitdem seine Schuld. Warum soll der säumige Wohnungseigentümer daher schutzwürdig sein?

---

1 V. 24.6.2005 – V ZR 350/03, NJW 2005, 3146 = ZMR 2005, 884 mit kritischer Auswertung *Elzer* = NZM 2005, 747 = MietRB 2006, 44.
2 Dreijährige Verjährungsfrist annehmend OLG Hamburg v. 24.7.2006 – 2 Wx 4/05, ZMR 2006, 791; OLG München v. 7.2.2007 – 34 Wx 129/06, ZMR 2007, 478.
3 *Bassenge* in Palandt, BGB, § 16 WEG Rz. 15; *Sauren*, WEG, § 16 Rz. 51; *Niedenführ* in Niedenführ/Schulze, WEG, § 28 Rz. 139; *Bub* in Staudinger, BGB, § 28 WEG Rz. 426; *Schoch*, ZMR 2007, 427 (428).
4 Vgl. auch OLG München v. 7.2.2007 – 34 Wx 129/06, ZMR 2007, 478.
5 Vgl. *Heinrichs* in Palandt, BGB, Überbl. v. § 194 Rz. 8.

Es ist somit entgegen der h.M. anzunehmen, dass Unverjährbarkeit der Zahlungsansprüche des Verbands gegen die Wohnungseigentümer aus beschlossenen Jahresabrechnungen besteht. Eine solche Unverjährbarkeit ist im Zivilrecht nicht generell unbekannt. So verjähren beispielsweise nachbarrechtliche Ansprüche gem. § 924 BGB ebenso wenig wie im Grundbuch eingetragene Rechte, § 902 BGB. Wohnungseigentumsrechtlich ist daher entgegen der h.M. der Verjährungseinwand auszuschließen.

5. Zwangsvollstreckung, § 10 Abs. 1 Nr. 2 ZVG

a) Überblick

Zahlungstitel kann die Wohnungseigentümergemeinschaft gegen den einzelnen Wohnungseigentümer vollstrecken. Neben den üblichen Vollstreckungsmöglichkeiten sind wegen ihrer besonderen Regelungen **Zwangsverwaltung** und **Zwangsversteigerung** hervorzuheben.

Im Zuge der WEG-Novelle hat der Gesetzgeber auch § 10 Abs. 1 Nr. 2 ZVG reformiert. Zutreffenderweise hatte der Gesetzgeber erkannt, dass immer mehr Wohnungseigentümergemeinschaften in **Zahlungsschwierigkeiten** geraten, weil gegen säumige Wohnungseigentümer nicht wirkungsvoll vollstreckt werden konnte. Die Titel konnten häufig nicht zur Befriedigung der Eigentümergemeinschaft eingesetzt werden, weil diese weder in der Zwangsversteigerung noch in der Zwangsverwaltung vorrangig waren. Im Zuge der Reform hat nun der Gesetzgeber gewisse Wohngeldforderungen in die zweite Rangklasse des § 10 Abs. 1 ZVG gehoben und sie damit insbesondere **vorrangig vor** den in Rangklasse 4 zu bedienenden Forderungen der **Realgläubiger** gemacht.

Da der Gesetzgeber sich richtigerweise gegen die Möglichkeit, ein **Insolvenzverfahren** gegen die Eigentümergemeinschaft einleiten zu können, ausgesprochen hat (§ 11 Abs. 3), mussten auch deshalb die Mittel der Zwangsversteigerung und Zwangsverwaltung verbessert werden, um dem zunehmenden Ausfall von Wohngeldansprüchen entgegenzuwirken. Wohnungseigentumsanlagen, in denen die Mehrheit der Wohnungseigentümer zahlungsunfähig ist, sind nicht unbekannt. Wenn der Gesetzgeber die Zwangsvollstreckungsmöglichkeiten bei gleichzeitig fehlender Insolvenzfähigkeit nicht verbessert hätte, würden zunehmend verwaltungsunfähige Wohnungseigentumsanlagen drohen. Wohnanlagen würden verfallen oder zumindest erheblich an Wert einbüßen. In solchen Fällen würde die Veräußerbarkeit der betroffenen Wohnungen zur Theorie[1]. Zudem weist der Gesetzgeber mit Recht darauf hin, dass sich die Wohnungseigentümer die übrigen Miteigentümer nicht aussuchen könnten und auch kaum Möglichkeiten besäßen, ihre Kapitalkraft zu prüfen oder wegen möglicherweise nicht ausreichender Bonität einen Käufer zurückzuweisen[2].

Da die Wohnungseigentümergemeinschaft in der Zwangsversteigerung mit Teilbeträgen vorrangig behandelt wird, leidet in gewissem Umfang die **Beleihungsfähigkeit** der Objekte. Da aber die vorrangigen Beträge der Höhe nach auf **5 % des Verkehrswertes** gedeckelt sind, sind die Risiken für die dinglichen

---
1 So auch die amtl. Ausführungen in BT-Drucks. 16/887, S. 43.
2 So auch die amtl. Ausführungen in BT-Drucks. 16/887, S. 43.

Gläubiger überschaubar. Gleichzeitig wird dies dazu führen, dass Banken zukünftig die Anschaffung von Wohnungseigentum nicht mehr zu 100 % finanzieren werden. Häublein[1] sieht hierin sogar einen positiven Nebeneffekt, da er äußerst knappe Finanzierungen im Einzelfall weder für den Erwerber noch für die Wohnungseigentümergemeinschaft als begrüßenswert ansieht.

b) Wertgrenzen

198 § 10 Abs. 1 Nr. 2 ZVG berücksichtigt die Rückstände in der **Rangklasse 2**, die im Jahr der Beschlagnahme und in den letzten 2 Jahren davor rückständig waren. Die Ansprüche sind jedoch der Höhe nach auf **5 % des Verkehrswertes** beschränkt. Sie müssen einen Mindestwert von **3 % des Einheitswertes** überschreiten, § 10 Abs. 3 ZVG.

199 Die höhenmäßige **Beschränkung auf 5 %** des Verkehrswertes bewirkt, dass die Realgläubiger allenfalls 95 % des Verkehrswertes besichern können. Da aber die Zwangsversteigerungsverfahren zeigen, dass in der Regel nicht der Verkehrswert erzielt wird, wirken die vorrangigen 5 % des Verkehrswertes zugunsten der Wohnungseigentümergemeinschaft faktisch höher. Wird beispielsweise der Zuschlag bei 50 % des Verkehrswertes erteilt, wirken die vorrangigen 5 % der Eigentümergemeinschaft faktisch wie 10 %. Deshalb ist zu erwarten, dass die Banken einen deutlich höheren Abschlag als 5 % des Verkehrswertes bei ihren Beleihungsgrenzen ansetzen werden.

200 Der **Mindestzahlungsrückstand von 3 %** des Einheitswertes muss beim Zwangsversteigerungsantrag vorliegen. Dies folgt aus dem Wortlaut von § 10 Abs. 3, wonach **zur Vollstreckung** mit dem Rang nach Abs. 1 Nr. 2 die Verzugsbeträge gem. § 18 Abs. 2 Nr. 2 WEG übertroffen sein müssen. Somit müssen höhere Werte bei der Antragstellung vorliegen.

201 Die Höchstgrenze von 5 % des Verkehrswertes ist hingegen erst im Verteilungstermin zu errechnen, sodass sich der Zahlungsrückstand zwischen 3 % des Einheitswertes und 5 % des Verkehrswertes während der Verfahrensdauer erhöhen kann.

202 Belaufen sich die im Verteilungstermin anzumeldenden Forderungen auf über 5 % des Verkehrswertes, sind die überschießenden Beträge in der **Rangklasse 5** zu berücksichtigen und fallen in der Praxis regelmäßig aus.

203 Die Mindestgrenze von 3 % des Einheitswertes gilt für die Eigentümergemeinschaft dann nicht, wenn ein **anderer Gläubiger** die Zwangsversteigerung betreibt. Dann können die Wohnungseigentümer zum Verteilungstermin auch **geringere Beträge als 3 %** des Einheitswertes in Rangklasse 2 anmelden[2].

204 Die Besserstellung durch die neue Rangklasse für die Wohnungseigentümergemeinschaft gilt für alle Zwangsversteigerungsanträge, die ab 1.7.2007 gestellt werden. Wird aus einem Titel die Zwangsversteigerung betrieben, kommt es nicht darauf an, wann das gerichtliche Verfahren anhängig war und der Titel er-

---

1 ZWE 2004, 48 (63).
2 Amtl. Begründung in BT-Drucks. 16/887, S. 45.

gangen ist. Somit kann auch aus Alttiteln vorrangig die Zwangsversteigerung betrieben werden, sofern der Zwangsversteigerungsantrag erst ab 1.7.2007 gestellt wurde. § 62 WEG verdeutlicht, dass es auf den Zeitpunkt des Zwangsversteigerungsantrags und nicht eines etwa zuvor geführten Streitverfahrens ankommt[1]. Unerheblich ist ebenfalls, ob die Wohnungseigentümergemeinschaft vor dem 1.7. bereits andere Zwangsvollstreckungsversuche unternommen hat. Es darf sich nur nicht um einen Antrag auf Zwangsversteigerung oder Zwangsverwaltung gehandelt haben.

Die Privilegierung gem. § 10 Abs. 1 Nr. 2 ZVG kann die Eigentümergemeinschaft auch dann nicht mehr erreichen, wenn zuvor ein Zwangsversteigerungsantrag gestellt und vor dem 1.7. zurückgenommen wurde. Wird dann nach dem 1.7. erneut ein Antrag auf Zwangsversteigerung gestellt, eröffnet dies nicht die Privilegierung. Um sachgerechte Ergebnisse zu erhalten und Umgehungen zu vermeiden, ist § 62 Abs. 1 WEG dahingehend zu verstehen, dass es auf den Zeitpunkt des ersten Zwangsversteigerungs- bzw. Zwangsverwaltungsantrags der Eigentümergemeinschaft ankommt. Hat aber ein anderer Gläubiger vor dem 1.7.2007 einen Zwangsversteigerungsantrag gestellt und zurückgenommen, ist ein privilegierter Antrag der Eigentümergemeinschaft möglich.

c) Der Umfang der Privilegierung

§ 10 Abs. 1 Nr. 2 ZVG betont, dass die Vorrangigkeit für die Vollstreckung in ein Wohnungseigentum für **die daraus fälligen Ansprüche** bestehen soll. Hieraus folgt, dass die Wohnungseigentümer fällige Beträge aus anderen Wohnungen des selben Eigentümers nicht einbeziehen dürfen[2]. Hat ein Wohnungseigentümer mehrere Wohnungen und ist er jeweils säumig, macht es demzufolge Sinn, zukünftig **einzelne Titel** zu beantragen. Wird aus dem Tenor des Urteils nicht deutlich, welchen Zeitraum die ausgesprochenen Zahlungsansprüche betreffen, kann die nähere Aufteilung der Forderung auf den gem. § 10 Abs. 1 Nr. 1 maßgebenden Zeitraum zunächst durch die Urteilsbegründung dargelegt werden. Enthält der Titel, z.B. Versäumnisurteil oder Vollstreckungsbescheid, keine näheren Angaben über die Zusammensetzung der Forderung, kann die Art der Forderung und der Berechnungszeitraum auch durch andere Schriftstücke, z.B. Klageschrift, Beschluss-Sammlung, Jahresabrechnung etc., glaubhaft gemacht werden, § 10 Abs. 3 ZVG.

Um die **Zwangsversteigerung aktiv** betreiben zu können, ist die Eintragung einer **Zwangssicherungshypothek** nicht mehr erforderlich, die im Übrigen nur für Beträge über 750 Euro zulässig ist, § 866 Abs. 3 ZPO. Die Zwangssicherungshypothek macht aber noch Sinn, um im Falle eines freihändigen Verkaufs Sicherheiten zu besitzen, die im Zweifel aus dem Kaufpreis bedient werden, da der Käufer auf lastenfreien Erwerb bestehen wird.

Die gleichen Grundsätze gelten auch dann, wenn ein **anderer Gläubiger die Zwangsversteigerung** betreibt. Dann können die Zahlungsansprüche der Eigentümergemeinschaft auch zum **Verteilungstermin angemeldet** werden, und zwar

---
1 Unklar insoweit *Elzer* in Hügel/Elzer, Das neue WEG-Recht, § 18 Rz. 4.
2 BT-Drucks. 16/887, S. 45.

unabhängig davon, ob eine Zwangssicherungshypothek eingetragen wurde oder ein Titel besteht. Die Forderungen der Eigentümergemeinschaft sind auch in diesem Fall in Rangklasse 2 zu berücksichtigen. Sie sind glaubhaft zu machen, was durch einen Titel oder in sonstiger Weise geschehen kann. Liegt kein Titel vor, müssen die Protokolle, Jahresabrechnungen und die Erklärung glaubhaft gemacht werden, dass sich der Wohnungseigentümer mit bestimmten Beträgen im Rückstand befindet. Hierzu genügt die Versicherung der Richtigkeit durch den Verwalter. Die Angaben sind vom Rechtspfleger zu prüfen. Hält der Rechtspfleger die eingereichten Unterlagen nicht für ausreichend, kann er von Amts wegen die Eigentümergemeinschaft oder den Verwalter zur Nachbesserung auffordern. Reicht die Nachbesserung immer noch nicht aus, kann er die Aufnahme des Betrags in das **geringste Gebot** verweigern. Gegen die Nichtaufnahme in das geringste Gebot besteht unmittelbar **kein Rechtsbehelf**, da es sich bei der Aufstellung des geringsten Gebots um eine unselbständige Zwischenentscheidung zur Vorbereitung des Zuschlags handelt. Allerdings kann später eine **Anfechtung des Zuschlags** wegen unrichtiger Feststellung des geringsten Gebots erfolgen oder ein **Widerspruch gegen den Zahlungsplan** eingelegt werden.

209 Bei der Berechnung der Zahlungsrückstände sind die Wohngeldbeträge oder die **Jahresabrechnungen der letzten beiden Jahre** vor der Beschlagnahme zu berücksichtigen. Dabei ist nach dem Willen des Gesetzgebers unerheblich, wann die Jahresabrechnungen beschlossen wurden[1]. Werden Jahresabrechnungen nach der Beschlagnahme beschlossen, die vor dem 2-Jahres-Zeitraum liegen, sind sie nicht zu berücksichtigen. Zu den Rückständen zählen auch die **Zuführungsbeträge zur Instandhaltungsrücklage** oder **Regressansprüche** der Eigentümergemeinschaft gegen den säumigen Wohnungseigentümer. Die Ansprüche müssen nicht zwingend durch Beschluss festgestellt sein. Zwar weist der Gesetzgeber in der amtlichen Begründung nur auf den Fall hin, dass ein Mehrheitsbeschluss über Wirtschaftsplan und Jahresabrechnung deshalb nicht zustande kommt, weil der Schuldner diese Beschlüsse mit seinen Stimmen verhindert[2]. Letztendlich kann es aber auf den Grund, weshalb die Beschlüsse nicht gefasst oder die Beschlüsse angefochten wurden, nicht ankommen. Entscheidend ist die Glaubhaftmachung, die ohne Beschlüsse der Wohnungseigentümer ebenso möglich, aber durchaus auch schwieriger ist.

d) Taktik

210 Die aktive Zwangsvollstreckung durch Schaffung eines Titels ist für die Wohnungseigentümergemeinschaft vorteilhaft, weil sie sich selbst dann, wenn bereits ein anderer Gläubiger die Zwangsversteigerung betreibt, dem Versteigerungsantrag anschließen kann. Dieser Anschluss wird wie ein **selbständiger Antrag** gewertet. Nimmt der andere Gläubiger seinen Antrag zurück, bleibt der Antrag der Wohnungseigentümergemeinschaft im Raum, sodass die Zwangsversteigerung Fortsetzung findet, § 27 Abs. 2 ZVG.

211 Will ein anderer Gläubiger die Vorrangigkeit der Eigentümergemeinschaft in Rangklasse 2 verhindern, kann er die Wohnungseigentümergemeinschaft in

---

1 BT-Drucks. 16/887, S. 45.
2 BT-Drucks. 16/887, S. 44.

Höhe dieser Forderung befriedigen. Dies wird der Gläubiger vor allem dann anstreben, wenn aus dem Versteigerungsantrag der Wohnungseigentümergemeinschaft nur mit geringen Erlösen zu rechnen ist und der weitere Gläubiger daher befürchten muss, überwiegend auszufallen.

Betreibt die Eigentümergemeinschaft die Zwangsversteigerung, kann im **ersten Versteigerungstermin** der im Grundbuch eingetragene Gläubiger den Zuschlag versagen, in dem er einen Antrag nach § 74a ZVG stellt. Der Zuschlag wird dann versagt, wenn das Meistgebot unter 70 % des Verkehrswertes liegt. 212

Wenn im ersten Versteigerungstermin ein Gebot abgegeben und der Zuschlag versagt wurde, hat dies zur Folge, dass von Amts wegen ein neuer Versteigerungstermin zu bestimmen ist. Der Zeitraum zwischen den beiden Terminen soll mindestens drei Monate betragen, darf aber sechs Monate nicht übersteigen, § 74a Abs. 3 ZVG. Weiterhin bewirkt das Gebot, dass im **zweiten Versteigerungstermin** die Hälfte des Grundstückswertes nicht mehr erreicht werden muss. Wenn das Meistgebot unter 50 % des Verkehreswertes liegt, ist im zweiten Termin der Zuschlag nur dann zu versagen, wenn im ersten Versteigerungstermin überhaupt kein Gebot abgegeben wurde, §§ 85a Abs. 1, 74a Abs. 4 ZVG. Gebote in der Zwangsversteigerung, die der Bieter nur deshalb abgibt, um die Rechtsfolgen des § 85a Abs. 1 und 2 ZVG herbeizuführen, sind weder rechtsmissbräuchlich noch aus sonstigen Gründen unwirksam[1]. 213

e) Zwangsverwaltung

Im **Zwangsverwaltungsverfahren** gelten gegenüber der Zwangsversteigerung nicht die gleichen Grundsätze. Die Rückstände werden nicht abgetragen. Nach § 155 Abs. 2 ZVG sind nur die laufenden Wohngeldbeträge aus den Einnahmen zu bestreiten. Dies wird jetzt durch § 156 Abs. 1 untermauert, der ebenfalls nur von den laufenden Beträgen spricht. Somit hat in der Zwangsverwaltung der Zwangsverwalter von den Einnahmen weiterhin keine Rückstände abzutragen. Nur dann, wenn aus den laufenden Einnahmen nach Abzug des laufenden Wohngelds, der laufenden Zinsen und der Tilgungsbeträge Überschüsse verbleiben, sind diese in den Teilungsplan einzustellen und dann nach den Rangklassen des § 10 ZVG zu verteilen. In einem solchen Fall würden Rückstände des säumigen Wohnungseigentümers innerhalb der genannten Grenzen in Rangklasse 2 berücksichtigt, was allerdings eher praxisfremd sein dürfte. 214

Hinsichtlich der laufenden Wohngeldbeträge gelten die betragsmäßigen Beschränkungen des § 10 Abs. 1 Nr. 2 Satz 3 nicht, sodass auch noch dann zu regulieren ist, wenn 5 % des Verkehrswertes überschritten sind. 215

In der **Rangklasse 1** werden die Ansprüche des die Zwangsverwaltung betreibenden Gläubigers vorrangig berücksichtigt, die aus seinen **Ausgaben zur Erhaltung und nötigen Verbesserung des Grundstücks** resultieren. Steht die Eigentumswohnung leer oder wird sie vom Schuldner selbst genutzt, erzielt der Zwangsverwalter keine Einnahmen, aus denen er die laufenden Wohngeldansprüche 216

---

1 BGH v. 24.11.2005 – V ZB 98/05, NZM 2006, 194 = NJW 2006, 1355 = MDR 2006, 708 = BGHReport 2006, 466.

der Eigentümergemeinschaft befriedigen könnte. In solchen Fällen war es üblich, dass der Zwangsverwalter von der Eigentümergemeinschaft einen Vorschuss anforderte, aus dem er dann das laufende Wohngeld bestreiten konnte. Diese Maßnahme führte für die Eigentümergemeinschaft nicht unmittelbar zu einer Befriedigung ihrer Forderungen. Sie finanzierte gewissermaßen die Wohngeldzahlungen des Zwangsverwalters selbst. Die Maßnahme hatte aber den Sinn, dass die an den Zwangsverwalter gezahlten Vorschüsse im Zwangsversteigerungsverfahren vorschüssig behandelt wurden, und zwar mit der Rangfolge Nr. 1.

217 Diese Praxis hat der BGH mit Entscheidung vom 10.4.2003[1] jedoch nicht zugelassen. Der BGH stellt fest, dass die an den Zwangsverwalter gezahlten Vorschüsse zur Bedienung des laufenden Wohngeldes nicht der Erhaltung und Verbesserung des Objektes dienen. Es würde sich ausnahmsweise nur dann um solche Kosten handeln, die vorrangig zu berücksichtigen wären, wenn in den Wohngeldzahlungen Anteile zur Sicherung des Sondereigentums des Schuldners oder der allgemeinen Erhaltung und Verbesserung des Versteigerungsobjektes durch Reparaturen oder Zahlung der **Feuerversicherungsprämien** enthalten wären. Somit können nach dieser Entscheidung die laufenden Wohngeldanteile beispielsweise für Kosten der Straßenreinigung, Verwalterhonorar, Kontoführungsgebühren etc. nicht in der Rangklasse 1 berücksichtigt werden. Durch die Entscheidung des BGH ist daher die Zwangsverwaltung bei **leer stehenden Wohnungen** kein geeignetes Vollstreckungsmittel mehr.

218 Zu berücksichtigen ist aber, dass die Zwangsverwaltung der Forderungspfändung bzw. der Abtretung der Mietzinsansprüche vorgeht[2]. Sind also vom säumigen Wohnungseigentümer Mietzinsansprüche an die finanzierende Bank abgetreten worden, so wird die Abtretung durch die Zwangsverwaltung unterbrochen.

f) Rechtsmittel

219 Ist der säumige Wohnungseigentümer der Auffassung, dass die Zwangsvollstreckung unrechtmäßig gegen ihn betrieben wird, kommen die Rechtsmittel der ZPO in Betracht, und zwar Vollstreckungsgegenklage oder Vollstreckungserinnerung. Auch vor dem 1.7.2007 war die Rechtslage hierzu keine andere.

6. Versorgungssperre

220 Die Versorgungssperre ist keine direkte Form der Zwangsvollstreckung, sondern übt nur faktischen Druck auf den säumigen Wohnungseigentümer aus. In der Rechtsprechung wird in einigen Entscheidungen eine Befugnis der Eigentümergemeinschaft angenommen, einen mit **erheblichen Wohngeldrückständen** im Verzug befindlichen Wohnungseigentümer von der Belieferung mit Wasser- und Heizenergie ausschließen zu können[3]. Vor Ausübung des Zurückbehaltungsrechts ist ein **Beschluss** der Eigentümergemeinschaft nach § 23 Abs. 1 WEG her-

---

1 IX ZR 106/02, MietRB 2003, 76 = MDR 2003, 1074 = NJW 2003, 2162 = NZM 2003, 602.
2 *Haarmeyer/Wutzke/Förster/Hintzen*, Handbuch der Zwangsverwaltung, S. 26.
3 OLG Celle v. 9.11.1990 – 4 W 211/90, NJW-RR 1991, 1118; BayObLG v. 16.1.1992 – BReg. 2Z 162/91, WuM 1992, 207; v. 31.3.2004 – 2Z BR 224/03, NZM 2004, 556; OLG Hamm v. 11.10.1993 – 15 W 79/93, WE 1994, 84.

beizuführen. Der bestandskräftige Beschluss, eine Versorgungssperre zu verlangen und Absperrvorrichtungen in der Wohnung oder im Keller anzubringen, kann gerichtlich durchgesetzt werden. Der Tatrichter hat dann die Voraussetzungen des **Zurückbehaltungsrechts** trotz Bestandskraft des Beschlusses und die Verhältnismäßigkeit der begehrten Maßnahme zu prüfen[1].

Damit die Versorgungssperre auch dem **Verhältnismäßigkeitsgrundsatz** entspricht, muss ein Mindestrückstand von mehr als sechs Monatsbeträgen bestehen[2]. Da die Versorgungssperre immer nur das letzte Mittel der Gemeinschaft darstellen soll, ist Voraussetzung, dass aus dem Titel über die Hausgeldrückstände bereits **erfolglos vollstreckt** wurde[3]. Zudem muss die Versorgungssperre **angedroht** werden[4]. *Gaier*[5] ist der Auffassung, dass nach Androhung der Versorgungssperre nochmals zwei Wochen abgewartet werden muss, um dem Schuldner Gelegenheit zum Zahlungsausgleich zu geben. Zur Durchsetzung der Versorgungssperre besteht beim vom Schuldner selbst bewohnten Wohnungseigentum ein Anspruch auf Wohnungszutritt, der aus § 14 Nr. 4 WEG folgt[6].

221

Umstritten ist die Frage, ob die Wohnungseigentümer die Versorgungssperre auch dann beschließen können, wenn das Wohnungseigentum vermietet ist. Das OLG Köln[7] hat dies im **Vermietungsfall** als verbotene Eigenmacht angesehen. Dies ist jedoch zu verneinen, da der betroffene Wohnungseigentümer ebenfalls keine verbotene Eigenmacht einwenden kann und die Rechte des Mieters nicht weitergehen können[8]. Müssen allerdings die Wohnungseigentümer zur Durchsetzung der Versorgungssperre das vermietete Wohnungseigentum betreten, kann der Mieter das Zutrittsrecht verweigern[9]. Somit ist beim vermieteten Wohnungseigentum, wenn die Absperrung in der Wohnung vorgenommen werden muss, die Versorgungssperre praktisch unmöglich.

222

Die Versorgungssperre wird unzulässig, wenn der Schuldner den **Rückstand** bis auf einen unmerklichen Rest **zurückführt**[10]. Nicht ausreichend ist, dass der Rückstand geringfügig unter den Mindestrückstand von sechs Monatsbeträgen zurückgeführt wird.

223

Nach **Veräußerung der Wohnung** ist die Versorgungssperre ebenfalls unverzüglich zu beseitigen.

224

---

1 OLG München v. 23.2.2005 – 34 Wx 5/05, ZMR 2005, 311 = NZM 2005, 304.
2 BGH v. 10.6.2005 – V ZR 235/04, NZM 2005, 626 = NJW 2005, 2622 = ZMR 2005, 880; einen Jahresbetrag zugrunde legend AG Peine NZM 2001, 534.
3 BGH a.a.O.
4 BGH v. 10.6.2005 – V ZR 235/04, NZM 2005, 626 = NJW 2005, 2622 = ZMR 2005, 880.
5 ZWE 2004, 109.
6 OLG Frankfurt v. 21.6.2006 – 20 W 56/06, ZWE 2006, 492.
7 ZWE 2000, 543 = NJW-RR 2001, 301.
8 S. auch KG ZWE 2002, 182; *Gaier*, ZWE 2004, 109.
9 KG v. 26.1.2006 – 8 U 208/05, NZM 2006, 297; *Gaier*, ZWE 2004, 109; *Häublein*, MietRB 2006, 45; a.A. OLG München v. 23.2.2005 – 34 Wx 005/05, ZMR 2005, 311.
10 *Hogenschurz*, DWE 2004, 124 (127); *Gaier*, ZWE 2004, 109, 118.

§ 29
Verwaltungsbeirat

(1) Die Wohnungseigentümer können durch Stimmenmehrheit die Bestellung eines Verwaltungsbeirats beschließen. Der Verwaltungsbeirat besteht aus einem Wohnungseigentümer als Vorsitzenden und zwei weiteren Wohnungseigentümern als Beisitzern.

(2) Der Verwaltungsbeirat unterstützt den Verwalter bei der Durchführung seiner Aufgaben.

(3) Der Wirtschaftsplan, die Abrechnung über den Wirtschaftsplan, Rechnungslegungen und Kostenanschläge sollen, bevor über sie die Wohnungseigentümerversammlung beschließt, vom Verwaltungsbeirat geprüft und mit dessen Stellungnahme versehen werden.

(4) Der Verwaltungsbeirat wird von dem Vorsitzenden nach Bedarf einberufen.

Inhaltsübersicht

	Rz.		Rz.
I. Einleitung	1	III. Aufgaben und Befugnisse, § 29 Abs. 2 und 3 WEG	18
II. Einrichtung eines Verwaltungsbeirats und Bestellung seiner Mitglieder, § 29 Abs. 1 WEG	2	1. Allgemeine Aufgaben	18
		2. Vorprüfung, § 29 Abs. 3 WEG	20
1. Einrichtung und Abschaffung eines Verwaltungsbeirats	3	3. Aufgaben kraft besonderer Regelung	22
2. Bestellung und Abberufung der Verwaltungsbeiratsmitglieder		4. Verwalterbestellung und Abschluss des Verwaltervertrags	24
a) Wahl	5	IV. Innere Organisation, § 29 Abs. 4 WEG	25
b) Wählbarkeit, insbesondere Wahl Außenstehender	8	V. Rechte und Pflichten	26
c) Bestellungsdauer, Abberufung	12	VI. Haftung	28
d) Grundlage der Bestellung	15		
3. Zusammensetzung und Vorsitz	16	VII. Verfahrensrecht	33

Schrifttum: *Abramenko*, Die schuldrechtlichen Beziehungen zwischen Verwaltungsbeirat und Wohnungseigentümergemeinschaft nach Anerkennung ihrer Teilrechtsfähigkeit, ZWE 2006, 273 ff.; *Armbrüster*, Bestellung der Mitglieder des Verwaltungsbeirats, ZWE 2001, 355 ff.; *Armbrüster*, Beendigung der Mitgliedschaft im Verwaltungsbeirat, insbesondere: Abberufung, ZWE 2001, 412 ff.; *Armbrüster*, Willensbildung und Beschlussfassung im Verwaltungsbeirat, ZWE 2001, 463 ff.; *Bielefeld*, Die personelle und zahlenmäßige Zusammensetzung des Verwaltungsbeirates, Wohnungseigentümer 1988, 14 ff.; *Bielefeld*, Aushandeln und Abschluss des Verwaltungsvertrages durch den Verwaltungsbeirat, DWE 2001, 129 ff.; *Bub*, Verwalter und Verwaltungsbeirat im Überblick, ZWE 2002, 7 ff.; *Derleder*, Das Verhältnis zwischen Verwaltung und Verwaltungsbeirat – Gesetzliches Leitbild und Alltagspraxis, PiG 61 (2001), S. 163 ff.; *Dippel/Wolicki*, Auflösung oder Fortbestand des Verwaltungsbeirats bei Wegfall eines seiner Mitglieder, NZM 1999, 603 ff.; *Drasdo*, Der Verwaltungsbeirat nach dem WEG, 3. Aufl., 2001; *Drasdo*, Zur Zulässigkeit einer Blockwahl bei der Bestellung der Mitglieder eines Verwaltungsbeirates, WuM 1997, 641 ff.; *Drasdo*, Haftung der Verwaltungsbeiratsmitglieder für pflichtgemäße Aufgabenerfüllung, NZM 1998, 15 ff.; *Drasdo*, Die Vergütung der Verwaltungsbeiratsmitglieder, ZMR 1998, 130 ff.; *Drasdo*, Die gesetzlichen Aufgaben und Pflichten der Mitglieder des Verwaltungsbeirats, PiG 61 (2001), S. 63 ff.; *Drasdo*, Die Haftung der Wohnungseigentümer für Handlungen des Verwaltungsbeirats bei Schadensersatzansprüchen des Verwalters, ZWE 2001, 522 ff.; *Drasdo*, Die Bestellung der Verwaltungsbeiratsmitglieder, ZMR 2005, 596 ff.; *Drasdo*, Ist die Bestellung eines Verwaltungsbeirats notwendig?, Wohnungseigentümer 2005, 77 ff.; *Drasdo*, Die Vergütung der Verwaltungsbeiratsmitglieder, NJW-Spezial 2005, 529 ff.; *Gebauer*, Bestellung und Zusammensetzung eines Verwaltungsbeirats – ausgewählte Probleme, ZMR 1995, 293 ff.; *Gottschalg*, Die Haftung von Verwalter und Beirat in der Wohnungseigentümergemeinschaft, 2002; *Gottschalg*, Die Übertragung von Kompetenzen der Wohnungseigentümer auf Verwalter und Verwaltungsbeirat, ZWE 2000, 50 ff.; *Gottschalg*, Haftung des Verwaltungsbeirats, ZWE 2001, 185 ff.; *Gottschalg*, Die Haftung der Wohnungseigentümer für den Verwaltungsbeirat, ZWE 2001, 360 ff.; *Gottschalg*, Beiratstätigkeit in der Wohnungseigentümergemeinschaft, NZM 2004, 81 ff.; *Häublein*, Haftungsbeschränkungen zugunsten der Mitglieder des Verwaltungsbeirats im Wohnungseigentumsrecht, ZflR 2001, 939 ff.; *Häublein*, Verwalter und Verwaltungsbeirat – einige aktuelle Probleme, ZMR 2003, 233 ff.; *Köhler*, Verwalterentlastung, Beiratsprüfung und ähnlich gefährliche Handlungen, ZMR 2001, 865 ff.; *Köhler*, Zwei WEG- und Versicherungsprobleme, ZMR 2002, 891 ff.; *Kümmel*, Die Mitgliedschaft von Personenvereinigungen im Verwaltungsbeirat, NZM 2003, 303 ff.; *Niedenführ*, Vollmacht des Verwaltungsbeirats zum Abschluss des Verwaltervertrags, NZM 2001, 517 ff.; v. *Rechenberg/Riecke*, Zur Haftung des Verwaltungsbeirats gegenüber der Wohnungseigentümergemeinschaft, MDR 1998, 38 ff.; *F. Schmidt*, Erweiterung der Kompetenzen des Verwaltungsbeirats, ZWE 2001, 137 ff.; *F. Schmidt*, Outsourcing im WEG? Zum Problem von Nichteigentümern im Verwaltungsbeirat, NotBZ 2003, 374 = ZWE 2004, 18 ff.; *Seuss*, Bedeutung und Aufgaben des Verwaltungsbeirats, WE 1995, 294 ff.; *Strecker*, Genehmigung der Jahresabrechnung durch den Verwaltungsbeirat?, ZWE 2004, 228 ff.; *Strecker*, Kompetenzen in der Gemeinschaft der Wohnungseigentümer, ZWE 2004, 337 ff.

I. Einleitung

Die in der Wohnungseigentümergemeinschaft zusammengeschlossenen Wohnungseigentümer bedürfen gegenüber dem Verwalter und zur Vorbereitung der Wohnungseigentümerversammlung eines Organs, das ihre Interessen vertritt. Denn die Mehrzahl der Wohnungseigentümer ist nicht in der Lage oder willens, alle Einzelheiten zu überprüfen, die mit der Verwaltung der Wohnungseigentümergemeinschaft verbunden sind. Für diese Aufgaben sieht das Gesetz in § 29 den Verwaltungsbeirat vor. Gerade bei größeren Gemeinschaften hat sich die Bestellung eines Verwaltungsbeirats in der Praxis bewährt. Dabei ist die Bestellung eines Verwaltungsbeirats fakultativ. § 29 ist umfassend abdingbar[1]. Insbesondere kann die Bestellung eines Verwaltungsbeirats ausgeschlossen werden[2]. Der damit eröffnete große Gestaltungsspielraum wie auch die im Gesetz nur skizzierten Aufgaben eröffnen den Mitgliedern des Verwaltungsbeirats einerseits ein weites Betätigungsfeld als Stelle, bei der die einzelnen Wohnungseigentümer Wünsche und Kritik einbringen können und die damit der Modera-

1

---

1 BayObLG v. 21.10.1993 – 2Z BR 103/93, NJW-RR 1994, 45 = ZMR 1994, 69; KG v. 21.12. 1988 – 24 W 1435/88, NJW-RR 1989, 460 = ZMR 1989, 186; OLG Düsseldorf v. 31.8.1990 – 3 Wx 257/90, OLGZ 1991, 37 = MDR 1991, 60 = NJW-RR 1991, 595 = ZMR 1991, 32.
2 Vgl. BayObLG v. 21.10.1993 – 2Z BR 103/93, NJW-RR 1994, 339 = ZMR 1994, 69: Den Wohnungseigentümern ist es auch dann nicht verwehrt, einzelne Wohnungseigentümer mit der Überprüfung von Wirtschaftsplan und Jahresabrechnung usw. zu beauftragen.

tion der unterschiedlichen Interessen und ihrem Ausgleich dient, führen andererseits den Verwaltungsbeirat manchmal in die Versuchung, die Interessen einer Gruppe innerhalb der Wohnungseigentümergemeinschaft auf Kosten anderer durchsetzen zu wollen. Nicht nur diese Gefahr, die von den Mitgliedern des Verwaltungsbeirats die Qualitäten eines Mediators wünschen lässt, sondern auch die Komplexität der Aufgabe gerade in großen Wohnungseigentumsgemeinschaften führen in der Praxis vermehrt zu dem Wunsch, den Verwaltungsbeirat mit besonders qualifizierten Mitgliedern, etwa Rechtsanwälten oder Steuerberatern, zu besetzen, auch wenn diese selbst gar nicht Wohnungseigentümer sind. Das Wohnungseigentumsgesetz hat die Entwicklung von sehr großen Wohnungseigentumsanlagen nicht vorhergesehen; die Reform des Wohnungseigentumsgesetzes hat keine Änderungen und Anpassungen vorgenommen. Die Entwicklung der Rechtswirklichkeit muss bei dem Verständnis der Regelungen berücksichtigt werden.

II. Einrichtung eines Verwaltungsbeirats und Bestellung seiner Mitglieder, § 29 Abs. 1 WEG

2   Gedanklich muss zwischen der Frage, ob überhaupt ein Verwaltungsbeirat eingerichtet wird oder besteht, und der Bestellung seiner Mitglieder unterschieden werden.

1. Einrichtung und Abschaffung eines Verwaltungsbeirats

3   Die Wohnungseigentümer können **durch einfache Stimmenmehrheit** die Einrichtung eines Verwaltungsbeirats beschließen, wo nicht in der Teilungserklärung eine ausdrücklich abweichende Regelung getroffen worden ist. Die Einrichtung eines Verwaltungsbeirats kann auch stillschweigend in der Weise geschehen, dass die erforderlichen Mitglieder gewählt werden[1]. Ist die Bestellung eines Verwaltungsbeirats in der Gemeinschaftsordnung vorgesehen, hat jeder Wohnungseigentümer einen Anspruch auf Bestellung von Verwaltungsbeiräten aus § 21 Abs. 4 WEG[2]. Ansonsten besteht ein Anspruch auf Bestellung eines Verwaltungsbeirats grundsätzlich nicht.

4   Haben die Wohnungseigentümer durch Stimmenmehrheit die Bestellung eines Verwaltungsbeirats beschlossen, führt auch das Ausscheiden aller seiner Mitglieder grundsätzlich nicht zur **Auflösung** des Organs. Das Organ bleibt bestehen und muss nach den Grundsätzen der ordnungsgemäßen Verwaltung durch Wahl neuer Mitglieder ergänzt werden[3].

---

1   BayObLG v. 19.2.1999 – 2Z BR 162/98, WuM 2000, 148.
2   *Müller*, Praxis des Wohnungseigentums, Rz. 1122.
3   BayObLG v. 6.6.1988 – BReg 2Z 46/88, BayObLGZ 1988, 214 = MDR 1988, 968; OLG Düsseldorf v. 31.8.1990 – 3 Wx 257/90, OLGZ 1991, 37, 39 = MDR 1991, 60 = NJW-RR 1991, 595 = ZMR 1991, 32 (33); *Dippel/Wolicki*, NZM 1999, 603.

2. Bestellung und Abberufung der Verwaltungsbeiratsmitglieder

a) Wahl

Die **Wahl der einzelnen Beiratsmitglieder und des Vorsitzenden** erfolgt mit der Mehrheit der abgegebenen Stimmen, nur im schriftlichen Verfahren nach § 23 Abs. 3 WEG durch allstimmigen Beschluss. Dabei ist der zu wählende Wohnungseigentümer nicht gem. § 25 Abs. 5 WEG von der Abstimmung ausgeschlossen[1]. Weithin üblich ist es, den Beirat als „ein Team" zu wählen bzw. im Amt zu bestätigen. Diese „Blockwahl" widerspricht jedenfalls dann nicht ordnungsgemäßer Verwaltung, wenn die Einzelabstimmung von keinem Wohnungseigentümer verlangt wird[2]. Zur Ankündigung der Beschlussfassung über die Neuwahl von Verwaltungsbeiratsmitgliedern begegnet die schlagwortartige Kurzbezeichnung „Neuwahl des Verwaltungsbeirats" Bedenken, wenn nicht auf Anhieb ersichtlich ist, welches Mitglied neu zu bestellen ist[3]. Ebenso wie bei der Wahl zum Verwaltungsbeirat ist auch bei der ordentlichen Abberufung der Kandidat nicht vom Stimmrecht ausgeschlossen. Neben der Wahl kommt im Ausnahmefall auch eine gerichtliche Bestellung der Beiratsmitglieder gem. § 21 Abs. 8 WEG in Betracht, wo ein Verwaltungsbeirat eingerichtet ist.

5

Die Gemeinschaftsordnung kann auch einen **allstimmigen Beschluss** als Voraussetzung für die Bestellung vorsehen[4]; diese Regelung ist aber regelmäßig nicht sinnvoll. Die jahrelange Übung, den Verwaltungsbeirat durch unangefochten gebliebenen Mehrheitsbeschluss zu bestellen, führt nur dann zu einer stillschweigenden Änderung einer derartigen Vereinbarung, wenn angenommen werden kann, dass alle Wohnungseigentümer damit auch künftig einen Mehrheitsbeschluss ausreichen lassen wollen, also den Wohnungseigentümern die abweichende Regelung der Gemeinschaftsordnung bekannt ist[5].

6

Weitere Voraussetzung der Bestellung ist die **Annahme** durch den Gewählten. In der Kandidatur liegt keine vorweggenommene Annahme, wenn die Bedingungen, insbesondere der Kreis der neben dem Gesetz übertragenen Aufgaben, bei der Wahl noch nicht feststehen. Deshalb erfordert auch die spätere Übertragung von weiteren Aufgaben die Zustimmung bereits bestellter Beiratsmitglieder.

7

---

1 BGH v. 19.9.2006 – V ZB 30/02, BGHZ 152, 46 = MDR 2002, 1424 = NJW 2002, 3704; OLG Köln v. 12.5.2006 – 16 Wx 93/06, OLGReport Köln 2006, 590.
2 KG v. 29.3.2004 – 24 W 194/02, KGReport Berlin 2004, 571 = NZM 2005, 107 = ZMR 2004, 775; OLG Hamburg v. 28.1.2005 – 2 Wx 44/04, OLGReport Hamburg 2005, 421 = ZMR 2005, 396; LG Schweinfurt v. 28.7.1997 – 44 T 79/97, WuM 1997, 641; s.a. BGH v. 21.7.2003 – II ZR 109/02, BGHZ 156, 38 = NJW 2003, 3412 = MDR 2003, 1428 zur Blockabstimmung in der Hauptversammlung von Aktiengesellschaften.
3 *Abramenko* in KK-WEG § 29 WEG, Rz. 5.
4 BayObLG v. 21.10.1993 – 2Z BR 103/93, NJW-RR 1994, 338 = ZMR 1994, 69; BayObLG v. 31.3.2004, BayObLGReport 2004, 347 = NZM 2004, 587 = ZMR 2005, 380; ein Mehrheitsbeschluss über die Bestellung ist nicht nichtig, vgl. BayObLG v. 28.3.2002 – 2Z BR 4/02, NZM 2002, 529.
5 BayObLG v. 21.10.1993 – 2Z BR 103/93, NJW-RR 1994, 338 f. = ZMR 1994, 69; BayObLG v. 31.3.2004 – 2Z BR 011/04, BayObLGReport 2004, 347 = NZM 2004, 587.

§ 29 Verwaltung

b) Wählbarkeit, insbesondere Wahl Außenstehender

8 Wählbar ist jeder Wohnungseigentümer, der in seiner Geschäftsfähigkeit nicht beschränkt ist. Seine Absicht, das Wohnungseigentum zu verkaufen, hindert nicht seine Wahl zum Verwaltungsbeirat[1]. Wählbar sind nur natürliche Personen; bei juristischen Personen oder Personengesellschaften können deren Vertretungsberechtigte zu Verwaltungsbeiräten bestellt werden[2]. Auch nach der Anerkennung der Rechtsfähigkeit der Gesellschaft bürgerlichen Rechts kann diese selbst nicht zum Beirat bestellt werden[3].

9 Die **Wahl Außenstehender** kann (nur) durch Vereinbarung zugelassen werden[4]. Nach der gesetzlichen Regelung ist die Mitgliedschaft in der Wohnungseigentümergemeinschaft Voraussetzung für die Bestellung zum Verwaltungsbeirat. Die der im Wortlaut des § 29 Abs. 1 Satz 2 WEG eindeutigen gesetzlichen Regelung zugrunde liegende Absicht, dass zum Verwaltungsbeirat nur gewählt werden soll, wer auf Grund seiner Mitgliedschaft in der Wohnungseigentümergemeinschaft den übrigen Wohnungseigentümern bekannt ist und einen besonderen Bezug zu deren Problemen aufweist, stößt in der Rechtswirklichkeit dort an Grenzen, wo die Aufgaben des Verwaltungsbeirats durch die Größe der Wohnungseigentümergemeinschaft besondere Qualifikationen erfordern. Die Erwartung des historischen Gesetzgebers, es würden sich schon in genügender Zahl Wohnungseigentümer insbesondere zur Aufsicht über den Verwalter bei Einnahmen und Ausgaben bereit finden, muss dort enttäuscht werden, wo die Ausübung des Amtes als Verwaltungsbeirat besondere Qualifikationen hinsichtlich Buchführung und Recht erfordern und nicht mehr unentgeltlich, sondern nur noch mit erheblichem Zeitaufwand „professionell" wahrgenommen werden kann. Gerade bei Fragen des Wirtschaftsplans oder der Abrechnung sowie bei Kostenanschlägen betreffend die Instandsetzungsmaßnahmen soll der Verwaltungsbeirat in großen Wohnungseigentümergemeinschaften regelmäßig eine Vorentscheidung über wirtschaftlich bedeutende Fragen treffen und kann für seine Entscheidung oder Empfehlung in Haftung genommen werden. Auch bei der Frage, wer denn ein geeigneter Verwalter für eine große Wohnungseigentumsanlage ist, stößt der „einfache" Wohnungseigentümer an die Grenze der

---

1 BayObLG v. 7.8.2001 – 2Z BR 38/01, NZM 2001, 990 = ZMR 2001, 996.
2 OLG Frankfurt v. 18.7.1986 – 20 W 361/85, OLGZ 1986, 432 für den Geschäftsführer einer KG; a.A. OLG Köln v. 24.11.1999 – 16 Wx 158/99, NZM 2000, 193 = ZMR 2000, 637. Wenn *Kümmel*, NZM 2003, 304 und *Häublein*, ZMR 2003, 238 die Bestellung juristischer Personen zulassen wollen, so hat dies die gleichen Gründe zum Hintergrund, die für eine Bestellung von Außenstehenden sprechen.
3 Die Erwägungen, die eine Bestellung der Gesellschaft bürgerlichen Rechts zum Verwalter ausschließen, vgl. BGH v. 18.5.1989 – V ZB 4/89, BGHZ 107, 268, 272 = NJW 1989, 2059 = MDR 1989, 897; BGH v. 26.1.2006 – V ZB 132/05, NJW 2006, 2189 = MDR 2006, 981, dürften auf die Bestellung zum Beirat im Ergebnis übertragbar sein; insbesondere fehlt bei der Gesellschaft bürgerlichen Rechts ein Register, das über den Bestand ihrer Mitglieder verlässlich Auskunft gibt.
4 BayObLG v. 15.10.1991 – BReg 2Z 136/91, BayObLGZ 1991, 356 = NJW-RR 1992, 210; OLG Köln v. 21.9.1998 – 16 Wx 126/98, OLGReport 1999, 21 = NZM 1998, 961; OLG Düsseldorf v. 31.8.1990 – 3 Wx 257/90, OLGZ 1991, 37 = MDR 1991, 60; a.A. *F. Schmidt*, ZWE 2004, 18, 28, der einen unzulässigen Eingriff in den unentziehbaren Kernbereich annimmt.

Leistungsfähigkeit. Die Reform des Wohnungseigentumsgesetzes hat den hier bestehenden Änderungsbedarf nicht gesehen.

Wird ein Außenstehender bei Fehlen einer entsprechenden Vereinbarung zum Verwaltungsbeirat gewählt, wird der Bestellungsbeschluss nach Ablauf der Anfechtungsfrist bestandskräftig[1]. Bei einer Bestellung auf unbestimmte Zeit kommt aber ein Anspruch aus § 23 Abs. 4 WEG auf ordnungsgemäße Neubesetzung des Beirats in Betracht[2]. Wenn ein Außenstehender zum Mitglied des Verwaltungsbeirats bestellt ist, so ist er berechtigt, an der Wohnungseigentümerversammlung teilzunehmen[3]; unterbleibt seine Ladung, sind Eigentümerbeschlüsse nicht aus diesem Grunde anfechtbar[4]. 10

Einer besonderen **Qualifikation** bedarf es nicht, denn dem Verwaltungsbeirat kommt grundsätzlich lediglich eine Funktion ergänzender Art zu. Das Amt des Verwalters und des Verwaltungsbeirats sind jedoch inkompatibel; die Bestellung des Verwalters zum Verwaltungsbeirat ist nichtig[5], ebenso die Bestellung des Alleingeschäftsführers der Verwaltergesellschaft[6] und von leitenden Angestellten des Verwalters und von die Verwaltungsgesellschaft beherrschenden Personen[7]. Die Bestellung eines Wohnungseigentümers widerspricht allerdings den Grundsätzen ordnungsgemäßer Verwaltung, bei dem das Zustandekommen eines Vertrauensverhältnisses von vornherein als ausgeschlossen erscheint[8]. An die Eignung eines Verwaltungsbeirats können nicht die gleichen strengen Anforderungen gestellt werden wie an die Eignung für das Amt des Verwalters[9]. Dass ein Wohnungseigentümer mit einem anderen im Streit lebt, nimmt ihm nicht von vornherein die Eignung, Mitglied des Verwaltungsbeirates werden zu können[10], ebenso wenig die Absicht des Wohnungsverkaufs[11]. Selbst das Übersehen von Fehlern bei früherer Beiratstätigkeit, die später zur gerichtlichen Beanstandung von Wohnungseigentümerbeschlüssen führen, reicht nicht aus, die Eignung zukünftig zu verneinen[12]. Die Wahl eines Wohnungs- 11

---

1 BayObLG v. 15.10.1991 – BReg 2Z 136/91, BayObLGZ 1991, 356 = NJW-RR 1992, 210 = MDR 1992, 479; BayObLG v. 25.5.1998 – 2Z BR 21/98, NJW-RR 1998, 961; s.a. KG v. 21.12.1988 – 24 W 1435/88, NJW-RR 1989, 460 = ZMR 1989, 186; *Armbrüster*, ZWE 2001, 355; *Häublein*, ZMR 2003, 233 (237); *Wenzel*, ZWE 2001, 226 (233).
2 *Häublein* in Bassenge/Köhler, Anwaltshandbuch Wohnungseigentumsrecht, Teil 18, Rz. 9.
3 BayObLG v. 28.10.1987 – BReg 2Z 124/87, NJW-RR 1988, 270 = ZMR 1988, 70; OLG Hamm v. 27.9.2006 – 15 W 98/06, OLGReport Hamm 2007, 37 = ZMR 2007, 133, 134: jedenfalls soweit der Aufgabenbereich des Beirats betroffen ist.
4 BayObLG v. 28.10.1987 – BReg 2Z 124/87, NJW-RR 1988, 270 = ZMR 1988, 70.
5 OLG Frankfurt v. 27.10.1987 – 20 W 448/86, OLGZ 1988, 188; OLG Zweibrücken v. 22.9.1983 – 3 W 76/83, OLGZ 1983, 438.
6 OLG Zweibrücken v. 22.9.1983 – 3 W 76/83, OLGZ 1983, 438.
7 *Bub*, ZWE 2002, 7 (10).
8 BayObLG v. 28.1.2003 – 2Z BR 127/02, ZMR 2003, 438; OLG Frankfurt v. 12.4.2001 – 20 W 234/00, NZM 2001, 627.
9 OLG Köln v. 12.5.2006 – 16 Wx 93/06, OLGReport Köln 2006, 590.
10 BayObLG v. 30.3.1990 – BReg 2Z 22/90, WuM 1990, 322; KG v. 28.1.2004 – 24 W 3/02, KGReport Berlin 2004, 204 = ZMR 2004, 458; KG v. 29.8.2004 – 24 W 194/02, KGReport Berlin 2004, 571 = ZMR 2004, 775; OLG Köln v. 30.8.1999 – 16 Wx 123/99, OLGReport Köln 2000, 47 = NZM 1999, 1155 = ZMR 2000, 563.
11 BayObLG v. 7.8.2001 – 2Z BR 38/01, NZM 2001, 990 = ZMR 2001, 996.
12 OLG Köln v. 12.5.2006 – 16 Wx 93/06, OLGReport Köln 2006, 590.

eigentümers widerspricht aber dann ordnungsgemäßer Verwaltung, wenn schwerwiegende Gründe gegen seine Person sprechen[1], etwa Vorstrafen seine Eignung in Frage stellen[2].

c) Bestellungsdauer, Abberufung

12 Die Bestellung kann unbefristet erfolgen oder aber auf eine bestimmte **Zeitdauer** befristet werden. Bei einer Befristung sollte ein Gleichlauf mit der Amtszeit des Verwalters vermieden werden, um einen reibungslosen Übergang zu ermöglichen. Eine Höchstdauer der Bestellung gibt es nicht[3]. Eine Befristung ist nicht zwingend erforderlich[4]. Wird der Verwaltungsbeirat ohne nähere Bestimmung gewählt, erfolgt die Berufung auf unbestimmte Zeit[5]. Ebenso zulässig ist die Bestellung von Nachrückern[6]. Das Amt des Verwaltungsbeirats endet ohne weiteres bei Ablauf der für die Bestellung gesetzten Frist oder bei Wegfall der persönlichen Voraussetzungen. Dazu gehört auch der Verlust der Stellung als Wohnungseigentümer[7]. Wer Verwaltungsbeirat war, aber sein Eigentum an der Wohnung verloren hat, tritt bei späterem erneuten Eigentumserwerb nicht ohne weiteres ohne besondere Bestellung wieder in den Verwaltungsbeirat ein[8].

13 Die Bestellung ist frei **widerruflich**, das heißt ein Verwaltungsbeirat kann jederzeit[9] ohne Angabe von Gründen[10] aus seinem Amt mit Stimmenmehrheit in der Eigentümerversammlung abberufen werden[11]. Mit der Beschlussfassung verliert der Beirat sein Amt[12]. Der Verwaltungsbeirat kann seinerseits das Amt jederzeit niederlegen[13], was im Fall der Unzeit allerdings Schadensersatzansprüche begründen kann. Die Abberufung aus wichtigem Grund ist stets möglich; in diesem Fall ist der abzuberufende Verwaltungsbeirat nicht stimmberechtigt. Das Vorliegen eines wichtigen Grundes, die Einhaltung der Frist gem. § 626

---

1 BayObLG v. 30.3.1990 – BReg 2Z 22/90, WuM 1990, 322; BayObLG v. 7.8.2001 – 2Z BR 38/01, NZM 2001, 990 = ZMR 2001, 996; BayObLG v. 28.1.2003 – 2Z BR 127/02, ZMR 2003, 438, 439.
2 OLG Frankfurt v. 11.3.1976 – 16 U 255/75, NJW 1976, 1410.
3 OLG Köln v. 24.11.1999 – 16 Wx 158/99, NZM 2000, 193 = ZMR 2000, 637.
4 OLG Köln v. 24.11.1999 – 16 Wx 158/99, NZM 2000, 193 = ZMR 2000, 637.
5 OLG Hamm v. 28.1.1999 – 15 W 77/98, OLGReport Hamm 1999, 224 = NZM 1999, 227 = ZMR 1999, 281; OLG Köln v. 24.11.1999 – 16 Wx 158/99, NZM 2000, 193 = ZMR 2000, 637.
6 AG Hannover v. 22.6.2006 – 71 II 262/06, ZMR 2007, 405.
7 BayObLG v. 5.11.1992 – 2Z BR 77/92, BayObLGZ 1992, 336 = ZMR 1993, 127, 129; *Armbrüster*, ZWE 2001, 412.
8 BayObLG v. 5.11.1992 – 2Z BR 77/92, BayObLGZ 1992, 336 (340) = ZMR 1993, 127.
9 Nur wenn für die Bestellung eine Mindestdauer vorgesehen ist, bedarf die Abwahl eines wichtigen Grundes, vgl. *Abramenko* in KK-WEG § 29 WEG, Rz. 9.
10 Im Einzelfall kann die Abberufung auf das Vorliegen eines wichtigen Grundes beschränkt sein, OLG Hamm v. 18.1.1999 – 15 W 77/98, OLGReport Hamm 1999, 224 = NZM 1999, 227 = ZMR 1999, 281.
11 KG v. 8.1.1997 – 24 W 7947/95, ZMR 1997, 544; OLG Hamm v. 278.1.1999 – 15 W 77/98, OLGReport Hamm 1999, 224 = NZM 1999, 227, 229 = ZMR 1999, 281. Liegt der Bestellung (ausnahmsweise) ein entgeltliches Geschäftsbesorgungsverhältnis zugrunde, ist dieses regelmäßig nur aus wichtigem Grunde nach § 314 BGB vorzeitig kündbar, vgl. LG Nürnberg-Fürth v. 15.1.2001 – 14 T 7427/00, ZMR 2001, 746.
12 OLG Hamm v. 20.2.1997 – 15 W 295/96, NJW-RR 1997, 1232 = ZMR 1997, 433, 435.
13 KG v. 8.1.1997 – 24 W 7947/95, ZMR 1997, 544, 545.

Abs. 2 BGB analog und das Vorliegen formeller Mängel kann gerichtlich überprüft werden.

Die Bestellung zum Beirat kann auch durch gerichtliche Entscheidung enden. Hat die Anfechtung des Eigentümerbeschlusses über die Beiratsbestellung Erfolg, verliert ein nachgerücktes Mitglied automatisch seine Beiratsstellung[1]. Ein Antrag auf gerichtliche Abberufung eines Verwaltungsbeirats setzt die vorherige Anrufung der Wohnungseigentümerversammlung voraus, es sei denn, die Ablehnung eines entsprechenden Antrags stünde fest[2].

d) Grundlage der Bestellung

Für den Verwaltungsbeirat ist ebenso wie für den Verwalter (vgl. § 26 Rz. 17) zwischen der Bestellung als Organisationsakt und dem zugrunde liegenden schuldrechtlichen Verhältnis zu trennen[3]. Beim Verwaltungsbeirat wird der Bestellung regelmäßig ein unentgeltliches Auftragsverhältnis zugrunde liegen[4]. Vertragspartner der Beiratsmitglieder ist nach der Anerkennung der Teilrechtsfähigkeit der Wohnungseigentümergemeinschaft der Verband, wobei der Vertrag zugleich zugunsten der Wohnungseigentümer geschlossen wird[5].

3. Zusammensetzung und Vorsitz

Der Verwaltungsbeirat besteht aus drei Mitgliedern, sofern keine abweichenden Regelungen in der Gemeinschaftsordnung erfolgt sind[6]. Der **Vorsitzende** des Verwaltungsbeirats kann durch die Wohnungseigentümerversammlung oder von den Beiratsmitgliedern selbst bestimmt werden.

In der Gemeinschaftsordnung kann eine größere **Zahl von Mitgliedern** vorgesehen werden, ebenso eine kleinere Zahl[7]. Abweichende Regelungen sind sinnvoll, in kleinen Anlagen eine Reduzierung, in größeren eine Erhöhung der Mitgliederzahl. Dabei sollte eine ungerade Mitgliederzahl oder ein Stichentscheid des Vorsitzenden vorgesehen werden, um unentschiedene Abstimmungen zu verhindern[8]. Eine abweichende Vereinbarung ergibt sich allerdings nicht schon aus seiner langjährigen Übung[9]. Wird durch einen Eigentümerbeschluss nicht die erforderliche Zahl der Mitglieder bestellt, werden etwa nur zwei statt drei Wohnungseigentümer zu Verwaltungsbeiräten berufen, ist ein solcher Eigentümerbeschluss anfechtbar, aber nicht nichtig[10]. Gleiches gilt, wenn mehr als

---

1 A.A. *Abramenko* in KK-WEG § 29 WEG, Rz. 10 für nachgewählte Mitglieder.
2 OLG München v. 28.9.2006 – 32 Wx 115/06, OLGReport München 2007, 10 = NZM 2007, 132 = ZMR 2006, 962.
3 Vgl. a. BGH v. 19.9.2002 – V ZB 30/02, BGHZ 152, 46 = MDR 2002, 1424 = NJW 2002, 3704 = ZMR 2002, 930.
4 OLG Düsseldorf v. 24.9.1997 – 3 Wx 221/97, MDR 1998, 35 = NZM 1998, 36.
5 *Abramenko*, ZWE 2006, 273 (275 f.).
6 KG v. 21.12.1998 – 24 W 1435/88, ZMR 1989, 186; OLG Düsseldorf v. 31.8.1990 – 3 Wx 257/90, OLGZ 1991, 37 = MDR 1991, 60 = NJW-RR 1991, 595 = ZMR 1991, 32 (33).
7 OLG Düsseldorf v. 31.8.1990 – 3 Wx 257/90, OLGZ 1991, 37 = MDR 1991, 60 = NJW-RR 1991, 595 = ZMR 1991, 32.
8 *Bub*, ZWE 2002, 7 (18).
9 BayObLG v. 8.5.2003 – 2Z BR 8/03, ZMR 2003, 760, 761.
10 LG Konstanz v. 6.5.2002 – 62 T 109/00, NZM 2003, 812.

die vorgesehene Zahl von Mitgliedern gewählt wird[1]. Wenn eine besondere Zusammensetzung des Verwaltungsbeirats vorgesehen ist[2], hängt die wirksame Bestellung des Beirats von der Regelung in der Gemeinschaftsordnung ab: Wo ein Entsenderecht vorgesehen ist, wird ein abweichender Beschluss lediglich anfechtbar sein. Wo eine bestimmte Zusammensetzung vorgeschrieben ist, wird der Beirat erst mit der Entsendung wirksam gebildet[3].

III. Aufgaben und Befugnisse, § 29 Abs. 2 und 3 WEG

1. Allgemeine Aufgaben

18   Der Verwaltungsbeirat **unterstützt den Verwalter** bei der Durchführung seiner Aufgaben, § 29 Abs. 2 WEG. Insbesondere soll er den Wirtschaftsplan, die Abrechnung über den Wirtschaftsplan, Rechnungslegung und Kostenanschläge prüfen und mit seiner Stellungnahme versehen, bevor über sie in der Wohnungseigentümerversammlung beschlossen werden, § 29 Abs. 3 WEG. Nach dem Gesetz stehen dem Verwaltungsbeirat also **keine eigenen Entscheidungsbefugnisse** zu. Der Verwaltungsbeirat ist vielmehr ein Organ zur Unterstützung des Verwalters und zur Vorbereitung der Eigentümerversammlung. Der Verwaltungsbeirat ist gegenüber dem Verwalter nicht weisungsbefugt. Er ist weder berechtigt noch befugt, die laufende Verwaltung ohne besonderen Auftrag zu kontrollieren[4]. Es gehört auch nicht zu den Aufgaben oder Befugnissen des Verwaltungsbeirats, eine dem Verwalter erteilte Ermächtigung zur Geltendmachung von Ansprüchen, § 27 Abs. 2 Nr. 5 WEG, zu erweitern oder einzuschränken[5]. Der Verwaltungsbeirat kann auch nicht dem Verwalter kündigen; die Kündigung ist wirkungslos, selbst wenn der Beirat im Einverständnis mit der Mehrheit der Wohnungseigentümer gehandelt hat. Dem Verwaltungsbeirat kann ebenso wenig die Entscheidung über Inhalt und Umfang von Reparaturarbeiten ohne Vereinbarung zwischen den Wohnungseigentümern übertragen werden[6]. Schließlich ist der Verwaltungsbeirat auch nicht Vertreter der Wohnungseigentümer gegenüber dem Verwalter[7]. Überhaupt sind weder der Verwaltungsbeirat noch sein Vorsitzender ohne besondere Ermächtigung oder Vollmacht zur Vertretung der Wohnungseigentümergemeinschaft oder der übrigen Wohnungseigentümer berechtigt[8]. Über die gesetzlich ausdrücklichen Zustän-

---

1   BayObLG v. 8.5.2003 – 2Z BR 8/03, ZMR 2003, 760.
2   Sinnvoll kann es bei Mehrhausanlagen sein, dass jedes Haus einen Vertreter entsenden darf. Wo gewerbliche Nutzung und Wohnnutzung in einer Anlage erfolgen sollen, kann ein Entsenderecht für jede Gruppe, Wohnungseigentümer und Teileigentümer, vorgesehen werden.
3   Vgl. *Armbrüster*, ZWE 2001, 355 (357) m.w.N.; *Häublein* in Bassenge/Köhler, Anwaltshandbuch Wohnungseigentumsrecht, Teil 18, Rz. 5.
4   BayObLG v. 3.5.1972 – BReg 2Z 7/72, BayObLGZ 1972, 161 = NJW 1972, 1377; BayObLG v. 22.6.1995 – 2Z BR 48/95, WE 1996, 234, 236.
5   BayObLG v. 15.10.1979 – BReg 2Z 56/78, Rpfleger 1980, 23; OLG Celle v. 12.3.2001 – 4 W 199/00, OLGReport Celle 2001, 129 = NZM 2002, 169 = ZMR 2001, 643.
6   OLG Düsseldorf v. 30.7.1997 – 3 Wx 61/97, OLGReport Düsseldorf 1997, 297 = ZMR 1997, 605.
7   OLG Hamm v. 20.2.1997 – 15 W 295/96, NJW-RR 1997, 1232 = ZMR 1997, 433, 434.
8   OLG Düsseldorf v. 17.7.2006 – 3 Wx 241/05, OLGReport Düsseldorf 2006, 781 = NZM 2007, 253 = ZMR 2006, 942, zur Genehmigung der Verfahrensführung des Beiratsvorsitzenden nach § 89 Abs. 2 ZPO.

digkeiten hinaus wird nur das Recht angenommen, dass der Verwalter sachlich berechtigten Tagesordnungswünschen des Verwaltungsbeirats entsprechen muss[1].

Zu den **weiteren Aufgaben** des Vorsitzenden des Verwaltungsbeirats zählt es, das Protokoll der Eigentümerversammlung mit zu unterzeichnen, § 24 Abs. 6 Satz 2 WEG (vgl. § 24 Rz. 128). Daneben kommt dem Vorsitzenden des Verwaltungsbeirats, seinem Vertreter oder dem Verwaltungsbeirat insgesamt[2] das Recht zu, eine Eigentümerversammlung einzuberufen, wo ein Verwalter fehlt oder die Einberufung pflichtwidrig verweigert, § 24 Abs. 3 WEG (vgl. § 24 Rz. 24 ff.). Wenn dem Vorsitzenden des Verwaltungsbeirats in diesen Fällen nach § 24 Abs. 5 WEG der Vorsitz in der Eigentümerversammlung übertragen wird, obliegen ihm die Aufgaben des Versammlungsleiters, also insbesondere die Feststellung des Zustandekommens von Beschlüssen und nach § 24 Abs. 8 Satz 2 WEG grundsätzlich die Führung der Beschluss-Sammlung. 19

2. Vorprüfung, § 29 Abs. 3 WEG

Die in § 29 Abs. 3 WEG geregelte **Vorprüfung und Stellungnahme** des Verwaltungsbeirats ist durch das Gesetz nicht näher ausgestaltet. Weil der Verwaltungsbeirat keinen Anspruch auf Überlassung der Originalunterlagen hat, wird die Rechnungsprüfung regelmäßig in den Räumen des Verwalters stattfinden. Die Stellungnahme des Verwaltungsbeirats kann schriftlich oder mündlich in der Wohnungseigentümerversammlung erfolgen. Inhaltlich umfasst die Prüfungspflicht der Jahresabrechnung als Mindestanforderung die Überprüfung der rechnerischen Schlüssigkeit der gesamten Abrechnung, des Verteilungsschlüssels, die Kontrolle der Kontenbelege[3] und die stichprobenartige Belegprüfung[4]. Wenn der Verwaltungsbeirat Unregelmäßigkeiten entdeckt, ist er zu weiteren Nachforschungen verpflichtet. Bezüglich der Ausgaben ist nicht nur die richtige rechnerische Darstellung zu prüfen, sondern auch ihre Berechtigung[5]. Den Wirtschaftsplanentwurf soll der Verwaltungsbeirat auf rechnerische Schlüssigkeit, Vollständigkeit der Einnahmen und Ausgaben sowie auf Richtigkeit des Verteilungsschlüssels – auch bezüglich der Zuordnung zu einzelnen Kostenpositionen überprüfen[6]. 20

Es besteht kein durchsetzbarer Anspruch der übrigen Wohnungseigentümer gegen die Mitglieder des Verwaltungsbeirats auf Erstellung eines Prüfberichts[7]. Sind die 21

---

1 BayObLG v. 27.1.1970 – BReg 2Z 22/69, BayObLGZ 1970, 1 (4) = NJW 1970, 1136; BayObLG v. 16.6.1988 – BReg 2Z 46/88, BayObLGZ 1988, 212; *Müller*, Praxis des Wohnungseigentums, Rz. 1127.
2 OLG Köln v. 29.12.1999 – 16 Wx 161/99, OLGReport Köln 2000, 244 = NZM 2000, 676.
3 OLG Düsseldorf v. 24.9.1997 – 3 Wx 221/97, MDR 1998, 35 = NZM 1998, 36 gelangt für diesen Fall zu einer Haftung wegen grober Fahrlässigkeit.
4 OLG Düsseldorf v. 24.9.1997 – 3 Wx 221/97, MDR 1998, 35 = NZM 1998, 36; *Häublein* in Bassenge/Köhler, Anwaltshandbuch Wohnungseigentumsrecht, Teil 18, Rz. 16.
5 Denn unberechtigte Ausgaben sind in der Abrechnung als Ausgaben darzustellen, die entsprechenden Schadensersatzansprüche gegen den Verwalter müssen aber als Einnahmen im Wirtschaftsplan aufgeführt werden, vgl. i. E. § 28 WEG Rz. 22.
6 OLG Düsseldorf v. 24.9.1997 – 3 Wx 221/97, MDR 1998, 35 = NZM 1998, 36.
7 KG v. 8.1.1997 – 24 W 7947/95, ZMR 1997, 544.

übrigen Wohnungseigentümer mit der Wahrnehmung der Aufgabe durch den Verwaltungsbeirat unzufrieden, bleibt ihnen die Möglichkeit der Abberufung. Weil das Erfordernis der Vorprüfungen der Stellungnahme im Gesetz als **Soll-Vorschrift** ausgestaltet ist, ist der Beschluss der Eigentümerversammlung über den Wirtschaftsplan oder die Jahresabrechnung nicht deshalb anfechtbar, weil Vorprüfung oder Stellungnahme nicht erfolgt sind[1]. Nichts anderes gilt, wo die Prüfung und Stellungnahme durch einen nicht wirksam bestellten Beirat erfolgt ist[2].

3. Aufgaben kraft besonderer Regelung

22 Die Aufgaben des Verwaltungsbeirats sind also beschränkt, wo nicht **besondere Regelungen** für die Aufgaben bestehen. Durch **Mehrheitsbeschluss** können die Aufgaben des Verwaltungsbeirats bei der Unterstützung des Verwalters nach § 29 Abs. 2 WEG ausgestaltet werden, etwa wenn der Verwalter zur Vergabe eines Sanierungsauftrags „im Benehmen mit dem Verwaltungsbeirat" beauftragt und bevollmächtigt wird.

23 Durch **Vereinbarung** können die Aufgaben des Verwaltungsbeirats in den Grenzen entgegenstehender gesetzlicher Regelungen erweitert oder eingeschränkt werden. Abweichend von der gesetzlichen Regelung können dem Verwaltungsbeirat weitergehende Befugnisse und Pflichten übertragen werden. Insbesondere kann dem Verwaltungsbeirat aufgegeben werden, die laufende Tätigkeit des Verwalters zu überwachen[3]. Dem Beirat oder seinem Vorsitzenden kann die Veräußerungszustimmung gem. § 12 Abs. 1 WEG übertragen werden. Dem Verwaltungsbeirat kann auch die Aufgabe des Entwurfs oder der Aufstellung einer Hausordnung übertragen werden. Auch die Bevollmächtigung zur Abnahme des gemeinschaftlichen Eigentums durch Vereinbarung dürfte zulässig sein[4], erscheint aber als nicht tunlich, weil der Verwaltungsbeirat mit dieser Aufgabe regelmäßig überfordert und einem erheblichen Haftungsrisiko ausgesetzt ist.

Grenzen für eine Aufgabenübertragung ziehen die zwingenden Vorschriften des WEG, insbesondere die unentziehbaren Aufgaben und Befugnisse des Verwalters, § 27 Abs. 4 WEG[5], und die anderen grundsätzlichen Aufgabenzuweisungen im Gesetz, etwa an die Eigentümerversammlung über die Bestellung und Abberufung des Verwalters oder gar zur Aufhebung oder Abänderung von Eigentümerbeschlüssen[6] (vgl. a. § 16 Abs. 5). Dem Verwaltungsbeirat kann deshalb nicht gesetzeswidrig (und deshalb nichtig) generell[7] durch Mehrheitsbeschluss,

---
1 BayObLG v. 27.11.2003 – 2Z BR 186/03, NZM 2004, 235; BayObLG v. 23.12.2003 – 2Z BR 189/03, NZM 2004, 623 = ZMR 2004, 358; KG v. 25.8.2003 – 24 W 110/02, KGReport Berlin 2004, 23 = NZM 2003, 901.
2 BayObLG v. 27.11.2003 – 2Z BR 186/03, NZM 2004, 235; BayObLG v. 23.12.2003 – 2Z BR 185/03, NZM 2004, 261; BayObLG v. 23.12.2003 – 2Z BR 189/03, ZMR 2004, 358.
3 BayObLG v. 22.6.1995 – 2Z BR 48/95, WE 1996, 234; ansonsten besteht eine solche Pflicht nicht, BayObLG v. 3.5.1972 – BReg 2Z 7/72, BayObLGZ 1972, 165 = MDR 1972, 262 = NJW 1972, 1377.
4 Vgl. i. E. *F. Schmidt*, ZWE 2001, 142.
5 OLG Zweibrücken v. 10.6.1987 – 3 W 53/87, MDR 1987, 938 = ZMR 1988, 24.
6 BayObLG v. 15.10.1979 – BReg 2Z 56/78, Rpfleger 1980, 23.
7 KG v. 10.9.2003 – 24 W 141/02, KGReport Berlin 2003, 379 = ZMR 2004, 623; OLG Düsseldorf v. 30.8.2002 – 3 Wx 213/02, OLGReport 2003, 100 = ZMR 2003, 126 für Bauausschuss.

sondern nur für den Einzelfall die alleinige Entscheidung über Sanierungsarbeiten[1], den Abschluss des Verwaltervertrags[2] oder zur endgültigen Entlastung des Verwalters und Billigung der Jahresabrechnung übertragen werden[3].

4. Verwalterbestellung und Abschluss des Verwaltervertrags

Auch die Kompetenzen des Verwaltungsbeirats bei der **Auswahl des Verwalters** sind beschränkt. Eine Vorauswahl geeigneter Kandidaten ist zulässig[4], aber für die Eigentümerversammlung nicht bindend. Beim Abschluss des Verwaltervertrags durch den Verwaltungsbeirat in Vollmacht der Wohnungseigentümergemeinschaft können nur Regelungen vereinbart werden, die nicht das Verhältnis der Wohnungseigentümer untereinander betreffen und die ordnungsgemäßer Verwaltung widersprechen[5]. Der Verwaltungsbeirat kann durch Mehrheitsbeschluss zum Abschluss des Verwaltervertrags ermächtigt werden, sofern dadurch der vorangegangene Eigentümerbeschluss mit dem Inhalt eines vorliegenden Verwalterangebots bestätigt werden soll[6], ihm aber nicht das Aushandeln der wesentlichen Regelungen des Verwaltervertrags übertragen werden[7]. Weitergehende Regelungen, etwa die Zubilligung eines Sonderhonorars für Leistungen, die nach dem Gesetz zur Tätigkeit des Verwalters gehören, wie etwa die Abhaltung einer außerordentlichen Eigentümerversammlung, kann der Verwaltungsbeirat ohne besonderes Mandat durch Mehrheitsbeschluss nicht wirksam vereinbaren[8]; er handelt insoweit als Vertreter ohne Vertretungsmacht. Soweit die Wohnungseigentümergemeinschaft den Verwaltungsbeirat zum Abschluss

24

---

1 Für die Auswahl unter verschiedenen Angeboten bei vorgegebenem Kostenrahmen im Einzelfall KG v. 10.9.2003 – 24 W 141/02, KGReport Berlin 2003, 379 = ZMR 2004, 623; für Bauausschuss OLG Düsseldorf v. 30.8.2002 – 3 Wx 213/02, OLGReport 2003, 100 = ZMR 2003, 126; vgl. a. BayObLG v. 24.11.2004 – 2Z BR 156/04, BayObLGReport 2005, 184 = ZMR 2005, 640; *Müller*, Praxis des Wohnungseigentums, Rz. 1129 im Gegenschluss aus § 27 Abs. 3 WEG.
2 OLG Hamburg v. 25.7.2003 – 2 Wx 112/02, OLGReport Hamburg 2004, 142 (143) = ZMR 2003, 864; OLG Düsseldorf v. 24.9.1997 – 3 Wx 221/97, MDR 1998, 35 = NZM 1998, 36; OLG Hamm v. 19.10.2000 – 15 W 133/00, NZM 2001, 49 (51) = ZMR 2001, 138 (140); OLG Köln v. 13.7.2001 – 16 Wx 115/01, OLGReport Köln 2001, 415 = NZM 2001, 991 = ZMR 2002, 155.
3 BayObLG v. 7.4.1988 – BReg 2Z 156/87, NJW-RR 1988, 1168; anders für Vereinbarung OLG Hamburg v. 9.7.2003 – 2 Wx 134/99, OLGReport Hamburg 2004, 81 = ZMR 2003, 773.
4 OLG Düsseldorf v. 14.9.2001 – 3 Wx 202/01, OLGReport Düsseldorf 2002, 100 = NZM 2002, 267 = ZMR 2002, 214.
5 Vgl. OLG Hamm v. 19.10.2000 – 15 W 133/00, NZM 2001, 49 (51) = ZMR 2001, 138 (141); OLG Köln v. 20.9.2002 – 16 Wx 135/02, OLGReport Köln 2003, 113 = NZM 2002, 1002; s.a. § 26 WEG Rz. 65; enger *Bub*, ZWE 2002, 7 (16); vgl. a. *Häublein* in Bassenge/Köhler, Anwaltshandbuch Wohnungseigentumsrecht, Teil 18, Rz. 23 ff.
6 OLG Düsseldorf v. 30.5.2006 – 3 Wx 51/06, ZMR 2006, 870.
7 OLG Düsseldorf v. 24.9.1997 – 3 Wx 221/97, MDR 1998, 35 = NZM 1998, 36.
8 OLG Düsseldorf v. 30.7.1997 – 3 Wx 61/97, OLGReport Düsseldorf 1997, 297 = ZMR 1997, 605; OLG Düsseldorf v. 30.10.2000 – 3 Wx 92/00, OLGReport 2001, 407 = NZM 2001, 537 = ZMR 2001, 301; OLG Frankfurt v. 27.10.1987 – 20 W 448/86, OLGZ 1988, 188; OLG Hamburg v. 17.7.2003 – 2 Wx 147/00, OLGReport Hamburg 2004, 81; s.a. OLG Hamburg v. 25.7.2003 – 2 Wx 112/02, OLGReport Hamburg 2004, 142; OLG Hamm v. 20.2.1997, 15 W 295/96, NJW-RR 1997, 1232; OLG Köln v. 9.7.1990 – 16 Wx 173/89, NJW 1991, 1302.

von Verträgen bevollmächtigt, ist also die Vorgabe der wesentlichen Vertragsbestandteile erforderlich[1].

IV. Innere Organisation, § 29 Abs. 4 WEG

25 Das Gesetz unterscheidet sorgfältig zwischen den dem Vorsitzenden des Verwaltungsbeirats zugewiesenen Aufgaben nach § 24 Abs. 3 und 6 WEG und den übrigen Aufgaben des (gesamten) Verwaltungsbeirats, der bei seinen Aufgaben nicht vom Vorsitzenden vertreten wird[2]. Im Gesetz ist hinsichtlich der Tätigkeit nur geregelt, dass der Verwaltungsbeirat zu seinen Sitzungen durch dessen Vorsitzenden einberufen wird. Im Übrigen ist davon auszugehen, dass der Verwaltungsbeirat seine Beschlüsse mit der Mehrheit der Mitglieder[3] fasst. Beschlussfähigkeit ist bei Anwesenheit von mehr als der Hälfte der Mitglieder gegeben. Eine Vertretung ist zulässig[4]. Grundsätzlich genügt für eine Beschlussfassung die einfache Mehrheit. Eine pauschale Anwendung der gesetzlichen Vorschriften über die Eigentümerversammlung in § 24 WEG ist abzulehnen[5].

V. Rechte und Pflichten

26 Der Beirat ist der Gesamtheit der Wohnungseigentümer zur **Auskunft** über seine Tätigkeit verpflichtet, § 666 BGB. Im Gegensatz zum Verwalter ist der Verwaltungsbeirat grundsätzlich aber nicht verpflichtet, einzelnen Wohnungseigentümern außerhalb der Wohnungseigentümerversammlung Auskünfte zu erteilen, sondern nur der Wohnungseigentümergemeinschaft (nach Beschlussfassung)[6] bzw. einem hierzu durch Mehrheitsbeschluss ermächtigten Miteigentümer[7]. Anderes kann sich durch eine abweichende vertragliche Abrede oder nach Treu und Glauben im Einzelfall ergeben[8]. Nach Beendigung seiner Tätigkeit ist das Mitglied des Verwaltungsbeirats zur Herausgabe von Akten unter sonstigen Unterlagen verpflichtet, § 667 BGB[9].

27 Dem Verwaltungsbeirat sind **angemessene Aufwendungen** für seine Tätigkeit – nicht für die Aufwendungen, die ihm wie jedem Wohnungseigentümer entstehen – nach Auftragsgrundsätzen zu erstatten, § 670 BGB. Dazu zählen insbesondere die ihm tatsächlich entstandenen Kosten für Telefon, Kopien und Briefmarken, die er für erforderlich halten durfte[10]. Dazu gehören bei einer größeren Wohnanlage auch die Übernahme der Kosten für die Teilnahme an einem Semi-

---

1 OLG Düsseldorf v. 24.9.1997 – 3 Wx 221/97, MDR 1998, 35 = NZM 1998, 36; enger OLG Köln v. 13.7.2001 – 16 Wx 115/01, NZM 2001, 991 = ZMR 2002, 155.
2 BayObLG v. 28.3.2002 – 2Z BR 4/02, NZM 2002, 529.
3 OLG Zweibrücken v. 10.6.1987 – 3 W 53/87, ZMR 1988, 24 (25).
4 *Armbrüster*, ZWE 2001, 463.
5 Ausführlich *Abramenko* in KK-WEG § 29 WEG, Rz. 33.
6 BayObLG v. 9.6.1994 – 2Z BR 27/94, ZMR 1994, 575.
7 BayObLG v. 9.6.1994 – 2Z BR 27/94, WuM 1995, 66 = ZMR 1994, 575; KG v. 8.1.1997 – 24 W 7947/95, ZMR 1997, 544.
8 BayObLG v. 3.5.1972 – BReg 2Z 7/72, BayObLGZ 1972, 161 = NJW 1972, 1377.
9 OLG Hamm v. 20.2.1997 – 15 W 295/96, NJW-RR 1997, 1232 = ZMR 1997, 433 (434).
10 BayObLG v. 30.4.1999 – 2Z BR 153/98, BayObLGReport 1999, 58 = NZM 1999, 865.

nar und die Anschaffung eines Fachbuchs[1]. Der Aufwendungsersatz kann auch jährlich pauschaliert erstattet werden[2]. Ein generelles Verbot der Gewährung einer Vergütung besteht nicht; beim Beschluss über die Vergütung ist der begünstigte Beirat gem. § 25 Abs. 5 WEG nicht stimmberechtigt. Falls sich ein Verwaltungsbeirat schließlich Dritten gegenüber schadensersatzpflichtig gemacht haben sollte, steht ihm ein Freistellungsanspruch gegen die Gemeinschaft zu, wenn ihm nicht grobe Fahrlässigkeit zur Last fällt[3].

VI. Haftung

Der Verwaltungsbeirat hat seine Aufgaben mit der **Sorgfalt** eines ordentlichen Mitglieds zu erfüllen. Die Nicht- oder Schlechterfüllung der Verpflichtung gem. § 29 Abs. 3 WEG kann Schadensersatzansprüche auslösen[4]. Überzogene Sorgfaltsanforderungen verbieten sich gegenüber den Mitgliedern jedenfalls dann, wenn sie unentgeltlich tätig sind. Wo das Mitglied des Verwaltungsbeirats im Einzelfall aber eine besondere berufliche Qualifikation besitzt, etwa als Rechtsanwalt oder Steuerberater, Wirtschaftsprüfer oder Buchprüfer, ist von ihm die berufliche Sorgfalt zu erwarten. Höhere Sorgfaltsanforderungen gelten auch gegenüber dem berufsmäßig entgeltlich tätigen Beirat. 28

In jedem Fall haften – nach § 280 BGB wegen einer Verletzung der Pflichten im Auftrags-[5] oder Geschäftsbesorgungsverhältnis – stets die einzelnen Beiratsmitglieder für individuelles Verschulden, ggf. als Gesamtschuldner, nicht der Beirat als solches. Wegen der unterschiedlichen Aufgaben verbietet sich eine Analogie zu den Vorschriften des Gesellschaftsrechts. 29

Für den **Verschuldensmaßstab** gilt, dass die Haftung grundsätzlich nicht auf Vorsatz oder grobe Fahrlässigkeit beschränkt ist. Durch Mehrheitsbeschluss für bestimmte Mitglieder oder generell durch Vereinbarung kann eine Haftungsbeschränkung auf Vorsatz und grobe Fahrlässigkeit erfolgen[6]. Allein aus dem Umstand der unentgeltlichen Tätigkeit ergibt sich eine Minderung des Verschuldensmaßstabs jedoch nicht. In den Fällen einfacher Fahrlässigkeit kommt allerdings ein Anspruch auf Freistellung von der Haftung gegenüber der Wohnungseigentümergemeinschaft in Betracht. Diese herrschende Meinung begründet ein nicht unerhebliches Haftungsrisiko für die Mitglieder des Verwaltungsbeirats. Denn grobe Fahrlässigkeit ist bei Verletzung der Prüfpflichten (vgl. Rz. 20) und der Nichtberücksichtigung von Sicherungsvoraussetzungen bei 30

---

1 BayObLG v. 30.6.1983 – BReg 2Z 76/82, Wohnungseigentümer 1983, 123; kritisch *Abramenko* in KK-WEG § 29 WEG, Rz. 15.
2 BayObLG v. 30.4.1999 – 2Z BR 153/98, NZM 1999, 862 (865); KG v. 29.3.2004 – 24 W 194/02, KGReport Berlin 2004, 571 = NZM 2005, 107 = ZMR 2004, 458; OLG Schleswig v. 13.12.2004 – 2 W 124/03, OLGReport Schleswig 2005, 299 = NZM 2005, 588 billigt 20 KSM pro Sitzung und Fahrkostenerstattung analog der Erstattung für Dienstreisen; LG Hannover v. 10.1.2006 – 4 T 78/05, ZMR 2006, 398 (399) zu 3579,04 Euro für drei Beiratsmitglieder bei 340 Einheiten.
3 BGH v. 5.12.1983 – II ZR 252/82, BGHZ 89, 153 = NJW 1984, 789 = MDR 1984, 469.
4 KG v. 28.1.2004 – 24 W 3/02, KGReport Berlin 2004, 204 = ZMR 2004, 458.
5 Vgl. OLG Düsseldorf v. 24.9.1997 – 3 Wx 221/97, MDR 1998, 35 = NZM 1998, 36 bei unentgeltlicher Tätigkeit.
6 OLG Frankfurt v. 27.10.1987 – 20 W 448/86, OLGZ 1988, 188.

Kontoverfügungen anzunehmen[1]. Dementsprechend ist dem Verwaltungsbeirat der Abschluss einer Vermögensschadenshaftpflichtversicherung anzuraten. Eine solche Versicherung kann auch auf Kosten der Gemeinschaft abgeschlossen werden kann[2], wenn ein Mehrheitsbeschluss zugrunde liegt[3].

31 Verletzt der Beirat schuldhaft Pflichten, kommt eine **Zurechnung** seines Fehlverhaltens zur Wohnungseigentümergemeinschaft in Betracht. Die Wohnungseigentümergemeinschaft haftet Dritten gegenüber wie für eigene Pflichtverletzungen, § 278 BGB[4], nicht jedoch untereinander[5] und gegenüber dem Verwalter[6]. Im deliktischen Bereich findet § 831 BGB, nicht aber § 31 BGB analog Anwendung, denn der Verwaltungsbeirat ist zwar ein Organ der Wohnungseigentümergemeinschaft, übt aber keine dem Vorstand einer juristischen Person vergleichbare Tätigkeit aus[7]. Schließlich kommt eine Wissenszurechnung nach § 166 Abs. 1 BGB insbesondere bei der Verwalterentlastung in Betracht. Wenn der Verwaltungsbeirat seine Kontrollpflicht nach § 29 Abs. 3 WEG überhaupt nicht oder nur oberflächlich, ohne den Verwalter um die Vorlage aussagekräftiger Unterlagen zu ersuchen und daher unzureichend ausübt und deshalb keine Kenntnis davon erlangt, für welche Leistungen der Verwalter Sonderhonorare beansprucht, vereinnahmt und als Kosten in die Jahresabrechnung eingestellt hat, so muss sich die Eigentümerversammlung entsprechend § 166 Abs. 1 BGB so behandeln lassen, als hätte sie vor ihrer Beschlussfassung Kenntnis von diesen Vorgängen gehabt und die Jahresabrechnung mit diesem Kenntnisstand gebilligt[8].

32 Die **Entlastung des Verwaltungsbeirats** durch die Wohnungseigentümergemeinschaft enthält den Verzicht auf entstandene und erkennbare Schadensersatzansprüche. Hier gilt nichts anderes wie bei der Entlastung des Verwalters[9]. Die Entlastung des Beirats entspricht nicht ordnungsgemäßer Verwaltung, wenn der Verwaltungsbeirat die Annahme einer unübersichtlichen oder unvollständigen

---

1 OLG Düsseldorf v. 24.9.1997 – 3 Wx 221/97, MDR 1998, 35 = NZM 1998, 36.
2 KG v. 19.7.2004 – 24 W 203/02, KGReport Berlin 2004, 569 = NZM 2004, 743; *Gottschalg*, NZM 2004, 83 (84); *Häublein*, ZMR 2003, 233 (240); *Häublein* in Bassenge/Köhler, Anwaltshandbuch Wohnungseigentumsrecht, Teil 18, Rz. 54; a.A. *Köhler*, ZMR 2002, 891 (892 f.).
3 *Armbrüster*, ZMR 2003, 1 (4).
4 *Drasdo*, WE 2001, 522 (524); *Gottschalg*, Haftung von Verwalter und Beirat, Rz. 413 ff.; anders BayObLG v. 29.9.1999 – 2Z BR 29/99, BayObLGZ 1999, 280 = NJW 2000, 48 = ZMR 2000, 46 (49) für den Bereich der Aufgaben nach § 29 Abs. 2 und 3 WEG als abschließende Sonderregelung.
5 OLG Düsseldorf v. 8.2.1998 – 3 Wx 369/98, OLGReport Düsseldorf 1999, 326 = NZM 1999, 573 (575) = ZMR 1999, 423, 425; OLG Hamburg v. 4.11.2002 – 2Wx 32/02, OLGReport Hamburg 2003, 356, ZMR 2003, 133.
6 BayObLG v. 29.9.1999 – 2Z BR 29/99, BayObLGZ 1999, 280 = NJW 2000, 48 (51).
7 BayObLG v. 3.5.1972 – BReg 2Z 7/72, BayObLGZ 1972, 161 = NJW 1972, 1377; *Müller*, Praxis des Wohnungseigentums, Rz. 1141.
8 OLG Düsseldorf v. 9.11.2001 – 3 Wx 13/01, OLGReport Düsseldorf 2002, 111 = NZM 2002, 264; OLG Köln v. 27.6.2001 – 16 Wx 87/01, OLGReport Köln, 2002 = NZM 2001, 862 = ZMR 2001, 914; a.A. *Jennißen*, Der WEG-Verwalter, Rz. 343; s.a. die Ausführungen bei § 28 Rz. 163.
9 BayObLG v. 17.9.2003 – 2Z BR 150/03, BayObLGReport 2004, 75 = ZMR 2004, 739; BayObLG v. 30.6.2004 – 2Z BR 058/04, BayObLGReport 2004, 423; BayObLG v. 7.3.2005 – 2Z BR 182/04, ZMR 2006, 137 jeweils für den ehrenamtlichen Beirat.

Jahresabrechnung empfiehlt[1] oder dem Verwalter im Zusammenhang mit der Aufstellung der Jahresabrechnung die Entlastung zu verweigern ist, weil der Verwaltungsbeirat die Pflicht gehabt hätte, die Jahresabrechnung zu überprüfen[2]. Für die Frage der Anfechtbarkeit eines Entlastungsbeschlusses ohne Bedeutung ist, ob die objektiv vorliegende Pflichtverletzung auf einem Verschulden beruht[3]. Bei der Abstimmung über seine Entlastung ist ein Beiratsmitglied vom Stimmrecht und auch der Ausübung von Vollmachten anderer Wohnungseigentümer ausgeschlossen[4].

VII. Verfahrensrecht

Dem Verwaltungsbeirat kann durch die Gemeinschaftsordnung oder sonstige Vereinbarung die Aufgabe einer Schlichtungsstelle zugewiesen werden, die vor der Einleitung eines Gerichtsverfahrens nach §§ 43 ff. WEG angerufen werden muss[5]. 33

Streitigkeiten über die Bestellung, die Aufgaben oder die Befugnisse des Verwaltungsbeirats sind Streitigkeiten aus der Gemeinschaft der Wohnungseigentümer, § 43 Nr. 1 WEG. Dies gilt auch dort, wo dem Verwaltungsbeirat ein außenstehender Dritter angehört[6]. Weil dem Verwaltungsbeirat Entscheidungsbefugnisse grundsätzlich nicht zukommen, kommt allein die Anfechtung der auf die Stellungnahmen des Veraltungsbeirats hin getroffenen Eigentümerbeschlüsse in Betracht, nicht aber die Anfechtung der Empfehlungen des Beirats. Wo durch die Gemeinschaftsordnung dem Verwaltungsbeirat ausnahmsweise Entscheidungsbefugnisse verliehen sind, kann die Entscheidung des Beirats entsprechend §§ 43 Nr. 5, 46 WEG angefochten werden. Eine Bestandskraft der Entscheidungen des Beirats in analoger Anwendung des § 23 Abs. 4 WEG tritt nicht ein[7]. 34

---

1 OLG Düsseldorf v. 26.6.1991 – 3 Wx 182/91, WuM 1991, 619.
2 OLG Hamburg v. 25.6.2003 – 2 Wx 138/99, OLGReport Hamburg 2004, 83 = ZMR 2003, 772.
3 BayObLG v. 12.6.1991 – BReg 2Z 49/91, WuM 1991, 443 = NJW-RR 1991, 1360.
4 OLG Zweibrücken v. 11.3.2002 – 3 W 184/01, OLGReport Zweibrücken 2002, 337 = NZM 2002, 345.
5 BayObLG v. 16.11.1995 – 2Z BR 69/95, BayObLGReport 1996, 25 = NJW-RR 1996, 910; OLG Frankfurt v. 1.6.1987 – 20 W 23/87, OLGZ 1988, 61 (63).
6 BayObLG v. 3.5.1972 – BReg 2Z 7/72, BayObLGZ 1972, 161 = MDR 1972, 691 = NJW 1972, 1377 zu § 43 Abs. 1 Nr. 1 a.F.
7 OLG Hamm v. 19.3.2007 – 15 W 340/06, Juris; *Abramenko* in KK-WEG § 29 WEG, Rz. 35.

4. Abschnitt
Wohnungserbbaurecht

§ 30
Wohnungserbbaurecht

(1) Steht ein Erbbaurecht mehreren gemeinschaftlich nach Bruchteilen zu, so können die Anteile in der Weise beschränkt werden, dass jedem der Mitberechtigten das Sondereigentum an einer bestimmten Wohnung oder an nicht zu Wohnzwecken dienenden bestimmten Räumen in einem auf Grund des Erbbaurechts errichteten oder zu errichtenden Gebäude eingeräumt wird (Wohnungserbbaurecht, Teilerbbaurecht).

(2) Ein Erbbauberechtigter kann das Erbbaurecht in entsprechender Anwendung des § 8 teilen.

(3) Für jeden Anteil wird von Amts wegen ein besonderes Erbbaugrundbuchblatt angelegt (Wohnungserbbaugrundbuch, Teilerbbaugrundbuch). Im Übrigen gelten für das Wohnungserbbaurecht (Teilerbbaurecht) die Vorschriften über das Wohnungseigentum (Teileigentum) entsprechend.

Inhaltsübersicht

	Rz.		Rz.
I. Überblick	1	III. Genehmigungserfordernisse	10
II. Begründung des Wohnungs- und Teilerbbaurechts (Abs. 1 und 2)	2	1. Zustimmung des Grundstückseigentümers und der dinglich Berechtigten	10
1. Vertrag und Vorratsteilung	2	2. Behördliche Zustimmung	11
2. Bestehen eines Gebäudes	5	IV. Aufteilung im Grundbuch (Abs. 3 Satz 1)	12
3. Eigentum des Erbbauberechtigten	6	V. Analoge Anwendung der Vorschriften für das Wohnungseigentum (Abs. 2 Satz 2)	21
4. Sondernutzungsrechte	9		

Schrifttum: *Freckmann/Frings/Grziwotz,* Das Erbbaurecht in der Finanzierungspraxis, 2006; *Ingenstau/Hustedt,* Kommentar zum Erbbaurecht, 8. Aufl. 2001; *Linde/Richter,* Erbbaurecht und Erbbauzins, 3. Aufl. 2001; *Limmer,* Erbbaurecht, 2001; *Lutter,* DNotZ 1960, 80; *v. Oefele/Winkler,* Handbuch des Erbbaurechts, 3. Aufl. 2003; *Rapp,* Zur Möglichkeit der Umwandlung eines Wohnungserbbaurechts in Wohnungseigentum, MittBayNot 1999, 376; *Rapp,* in Beck'sches Notar-Handbuch, 4. Aufl. 2006, A III Rz. 206; *Rethmeier,* Rechtsfragen des Wohnungserbbaurechts, MittRhNotK 1993, 145; *Schneider,* Das vernachlässigte Wohnungserbbaurecht, ZMR 2006, 660; *Schneider,* Das neue WEG – Handlungsbedarf für Erbbaurechtsherausgeber, ZfIR 2007, 168.

I. Überblick

Die Vorschrift **stellt** lediglich **klar**, dass Wohnungs- und Teileigentum auch an Erbbaurechten gebildet werden kann[1]. In Anlehnung an § 3 erfolgt dies gem. Abs. 1 bei mehreren Bruchteilsberechtigten durch Vertrag. Demgegenüber enthält Abs. 2 die Vorratsaufteilung entsprechend § 8. Abs. 3 Satz 1 regelt die grundbuchmäßige Behandlung. In § 3 Abs. 2 wird im Übrigen die entsprechende Anwendung der Vorschrift für das Wohnungs- und Teilerbbaurecht angeordnet. 1

II. Begründung des Wohnungs- und Teilerbbaurechts (Abs. 1 und 2)

1. Vertrag und Vorratsteilung

Bei einem Erbbaurecht erfolgt die Begründung von Wohnungs- und Teileigentum **durch die Mitberechtigten am Erbbaurecht**, die an die Stelle der Miteigentümer am Grundstück treten. Ihre Anteile können **vertraglich** in der Weise beschränkt werden, dass in dem aufgrund des Erbbaurechts errichteten Gebäude Sondereigentum an einer bestimmten Wohnung (Wohnungserbbaurecht) oder an nicht zu Wohnzwecken bestimmten Räumen (Teilerbbaurecht) gebildet wird. Dies ist auch an einem Gesamterbbaurecht möglich[2]. Gleiches gilt für die Aufteilung eines Untererbbaurechts[3]. Zulässig ist auch die Aufteilung in Wohnungs- und Teilerbbaurechte, wenn aufgrund eines Erbbaurechts die Errichtung mehrerer Gebäude zulässig ist[4]. Unzulässig ist dagegen die Bildung eines Wohnungs- oder Teilerbbaurechts an mehreren selbständigen Erbbaurechten (§ 1 Abs. 4). 2

Die Begründung durch Vertrag erfordert eine Einigung in Form der **Auflassung** (§ 4 Abs. 2). § 11 Abs. 1 ErbbauVO, der hiervon eine Ausnahme vorsieht, ist insoweit nicht anzuwenden[5]. Unstrittig bedarf der schuldrechtliche Vertrag, der den Mitberechtigten zur Aufteilung in Wohnungs- und Teilerbbaurechte verpflichtet, der notariellen Beurkundung (§ 30 Abs. 3 Satz 2, § 4 Abs. 3, § 311b Abs. 1 BGB). 3

Neben der Bildung von Wohnungs- und Teilerbbaurechten durch Vereinbarung ist auch die Bildung durch **einseitige Erklärung** des Erbbauberechtigten möglich (§ 30 Abs. 2)[6]. Weiterhin erforderlich ist die Eintragung im Grundbuch[7]. 4

---

1 Weitergehend *Vandenhouten* in Niedenführ/Kümmel/Vandenhouten, WEG, § 30 Rz. 2, der von einer gesetzlichen Erweiterung des Anwendungsbereichs ausgeht.
2 BayObLG v. 30.8.1989 – 2Z 95/89, BayObLGZ 1989, 354 = MittBayNot 1989, 315 = MittRhNotK 1989, 268 = Rpfleger 1989, 503; LG Wiesbaden v. 16.12.1985 – 4 T 623/85, MittBayNot 1986, 28; vgl. auch *Demharter*, DNotZ 1986, 457; *Rethmeier*, MittRhNotK 1993, 145 (147); krit. *Mansel* in Weitnauer, WEG, § 30 Rz. 21.
3 Str., wie hier *Hügel* in Bamberger/Roth, BGB, § 30 WEG Rz. 3 und *Rapp* in Staudinger, BGB, § 30 WEG Rz. 15; tlw. abw. *Mansel* in Weitnauer, WEG, § 30 Rz. 20.
4 OLG Frankfurt v. 9.11.1963 – W 256/62, NJW 1963, 814.
5 *Bassenge* in Palandt, BGB, § 30 WEG Rz. 1; *Engelhardt* in MünchKommBGB, § 30 WEG Rz. 3; *Hügel* in Bamberger/Roth, BGB, § 30 WEG Rz. 2 und *v. Oefele/Winkler*, Hdb. ErbbauR, Rz. 3.108; a.A. *Rethmeier*, MittRhNotK 1993, 145 (149); *Mansel* in Weitnauer, WEG, § 30 Rz. 14 und *Vandenhouten* in Niedenführ/Kümmel/Vandenhouten, WEG, § 30 Rz. 14. Offen *Heinemann* in AnwK-BGB, § 30 WEG Rz. 5 und *Pick* in Bärmann/Pick/Merle, WEG, § 30 Rz. 34.
6 BayObLG v. 22.6.1978 – BReg. 2Z 31/77, BayObLGZ 1978, 157 = DNotZ 1978, 626.
7 BayObLG v. 10.3.2004 – 2Z BR 268/03, NZM 2004, 780 = ZMR 2004, 64.

2. Bestehen eines Gebäudes

5 Die Begründung von Wohnungs- und Teilerbbaurechten setzt das **Bestehen eines Gebäudes** voraus, das im Eigentum eines Erbbauberechtigten steht. Deshalb kann an Bauwerken, die keine Gebäude sind, auch keine Aufteilung in Wohnungs- und Teilerbbaurechte erfolgen. Beispiele für Bauwerke, die keine Gebäude sind, bilden Masten, Funkanlagen etc.

3. Eigentum des Erbbauberechtigten

6 Die Aufteilung setzt das **Eigentum des Erbbauberechtigten** am aufzuteilenden Gebäude voraus. Kein Eigentum des Erbbauberechtigten am Gebäude kann teilweise noch bei vor dem 22.1.1919 bestellten Erbbaurechten gegeben sein[1]; praktisch relevant sind diese Fälle jedoch kaum noch. Von größerer Bedeutung sind Gebäude, die nicht aufgrund des Erbbaurechts errichtet wurden, sondern Scheinbestandteile sind, da sie entweder nur zu einem vorübergehenden Zweck und aufgrund eines zeitlich begrenzten dinglichen Nutzungsrechts errichtet wurden (§ 95 BGB).

7 Neben der Aufteilung entsprechend § 8 WEG durch einen **Alleineigentümer** ist auch die einseitige Aufteilung durch **Gesamthandsberechtigte** möglich. Auch **Bruchteilsberechtigte** können eine Aufteilung nach § 30 Abs. 2 i.V.m. § 8 WEG vornehmen, wenn sie an den neugebildeten Wohnungs- und Teilerbbaurechten im bisherigen Bruchteilsverhältnis eingetragen bleiben. Auch die Aufteilung eines Eigentümererbbaurechtes in Wohn- und Teilerbbaurechte ist möglich. Die Aufteilung bedarf grundbuchrechtlich in sämtlichen Fällen der Form des § 29 GBO.

8 Die vertragliche Aufteilung setzt voraus, dass das Erbbaurecht den Aufteilenden nach **Bruchteilen** zusteht. Im Falle einer Gesamthandsberechtigung ist deshalb nur eine Aufteilung nach § 30 Abs. 2 i.V.m. § 8 WEG möglich, wenn nicht das Gesamthandseigentum in Bruchteilseigentum umgewandelt wird. Gleiches gilt bei Alleineigentum, bei dem eine Übertragung eines Mitberechtigungsanteils an eine weitere natürliche oder juristische Person erfolgen muss. Besteht ein Zustimmungserfordernis für die Veräußerung des Erbbaurechts (§ 5 Abs. 1 ErbbauVO), so ist für die Einräumung der Mitberechtigung (nicht für die spätere vertragliche Aufteilung) die Zustimmung des Grundstückseigentümers erforderlich.

4. Sondernutzungsrechte

9 **Sondernutzungsrechte** können auf Flächen vereinbart werden, auf die sich das Erbbaurecht erstreckt (§ 1 Abs. 2 ErbbauVO)[2].

III. Genehmigungserfordernisse

1. Zustimmung des Grundstückseigentümers und der dinglich Berechtigten

10 Die Begründung von Wohnungs- und Teilerbbaurechten ist **nicht** von der **Zustimmung** des Grundstückseigentümers abhängig. Dies gilt auch dann, wenn ein Zustimmungserfordernis gem. § 5 Abs. 1 ErbbauVO besteht. Bei der Auftei-

---

1 Augustin in BGB-RGRK, § 30 WEG Rz. 9.
2 S. nur Rapp in Staudinger, BGB, § 30 WEG Rz. 18.

lung des Erbbaurechts nach § 30 WEG handelt es sich um keine Veräußerung und keine Belastung i.S.v. § 5 ErbbauVO. Dies gilt sowohl bei der Aufteilung durch Vertrag als auch bei der Vorratsteilung[1]. Auch die dinglich Berechtigten müssen der Aufteilung nicht zustimmen. Insbesondere muss der am Erbbaurecht eingetragene Grundstückseigentümer als Erbbauzinsberechtigter (Reallastgläubiger) ebenfalls nicht zustimmen[2]. § 5 ErbbauVO soll jedoch anwendbar sein, wenn dies bei Begründung des Erbbaurechts vereinbart wurde[3]. Allerdings gilt die Verfügungsbeschränkung nur schuldrechtlich; sie hat keine dingliche Wirkung[4]. In diesem Fall ist allerdings auch die Zustimmungspflicht des § 7 ErbbauVO entsprechend anwendbar. Als dinglicher Inhalt des Erbbaurechts ist die Vereinbarung eines Zustimmungserfordernisses für die Aufteilung in Wohnungs- und Teilerbbaurechte nicht zulässig.

2. Behördliche Zustimmung

Ebenso wie bei der Aufteilung eines Grundstücks in Wohnungs- und Teileigentum kann eine Genehmigungspflicht in **Gebieten mit Fremdenverkehrsfunktionen** bestehen (§ 22 Abs. 1 Satz 2 BauGB). Demgegenüber gilt der Genehmigungsvorbehalt nach § 172 Abs. 1 Satz 4 BauGB im **Bereich einer Milieuschutzsatzung** und einer entsprechenden Rechtsverordnung des Landes[5] nur für die Begründung von Wohnungs- und Teileigentum, nicht jedoch für die Aufteilung eines Erbbaurechts in Wohnungs- und Teilerbbaurechte nach § 30[6]. Dies mag zwar dem Erhaltungsziel der Milieuschutzsatzung widersprechen, ergibt sich aber aufgrund des klaren Wortlauts von § 172 Abs. 1 Satz 4 BauGB im Vergleich zu § 22 Abs. 1 Satz 2 BauGB. In Umgehungsfällen, in denen zunächst ein Erbbaurecht zugunsten einer „Sanierungsgesellschaft" begründet wird, das später in Wohnungs- und Teilerbbaurechte aufgeteilt wird, kann der Genehmigungsvorbehalt bei Bestehen einer Rechtsverordnung entsprechend angewandt werden. In diesem Fall besteht auch ein relatives Verfügungsverbot entsprechend § 172 Abs. 1 Satz 5 BauGB. Das Grundbuchamt kann dann zur Überwindung der ebenfalls analog anwendbaren Grundbuchsperre (§ 172 Abs. 1 Satz 6 BauGB) ein Negativattest fordern.

IV. Aufteilung im Grundbuch (Abs. 3 Satz 1)

Die **Anlegung von Wohnungs- und Teilerbbaugrundbüchern** erfolgt ebenso wie bei der Begründung von Wohnungs- und Teileigentum von Amts wegen (§ 8

---

1 BayObLG v. 22.6.1978 – BReg. 2Z 31/77, BayObLGZ 1978, 157 = DNotZ 1978, 626; LG Augsburg v. 6.4.1979 – 5 T 408/79, MittBayNot 1979, 68; a.A. *Ingenstau* in Ingenstau/Hustedt, § 1 Rz. 93; vgl. auch *Rethmeier*, MittRhNotK 1993, 145 (149).
2 BayObLG v. 22.6.1978 – BReg. 2Z 31/77, BayObLGZ 1978, 157 = DNotZ 1978, 626; LG Augsburg v. 6.4.1979 – 5 T 408/79, MittBayNot 1979, 68 und Lutter, DNotZ 1960, 80 (83).
3 Vgl. OLG Celle v. 22.7.1980 – 4 Wx 20/80, Rpfleger 1981, 22 = MittBayNot 1981, 131; OLG Frankfurt v. 28.8.1978 – 29 W 615/78, Rpfleger 1979, 24.
4 OLG Celle v. 22.7.1980 – 4 Wx 20/80, Rpfleger 1981, 22 = MittBayNot 1981, 131 und *Bassenge* in Palandt, BGB, § 30 WEG Rz. 1 und *Engelhardt* in MünchKommBGB, § 30 WEG Rz. 3.
5 Bisher nur in Hamburg, HmbGVBl. 2003, 554.
6 Ebenso *Stock* in Ernst/Zinkahn/Bielenberg/Krautzberger, BauGB, § 172 Rz. 21.

WGV)[1]. Der dingliche Inhalt des Erbbaurechts wird mit Eintragung der Wohnungs- und Teilerbbaurechte im Grundbuch deren dinglicher Inhalt[2].

13 Bestehen bleibt das **Grundbuch des Grundstücks**, in dem in Abteilung II das Erbbaurecht als Belastung eingetragen ist. Nicht zwingend, aber in der Praxis üblich ist es, den Pauschalverweis anzupassen, also zu vermerken, dass das Erbbaurecht in Wohnungs- und Teilerbbaurechte aufgeteilt ist, die in den Blättern ... vorgetragen sind.

14 §§ 7 Abs. 2, 30 Abs. 3 Satz 2 lassen die Führung des Erbbaugrundbuchs als gemeinschaftliches Wohnungs- und Teilerbbaugrundbuch zu. Hiervon wird in der Praxis allerdings selten Gebrauch gemacht. Mit Anlegung der Wohnungs- und Teilerbbaugrundbücher wird das **Erbbaugrundbuch** geschlossen (§§ 30 Abs. 3 Satz 2, 7 Abs. 1 Satz 3). Die Funktion des Erbbaugrundbuchs übernimmt gem. § 14 ErbbauVO die Summe der Wohnungs- und Teilerbbaugrundbücher[3]. Im Bestandsverzeichnis wird zunächst der Anteil am Erbbaurecht unter Angabe des Bruchteils sowie des erbbaubelasteten Grundstücks bezeichnet und sodann der Erbbaurechtsinhalt entsprechend der Eintragung im bisherigen Erbbaugrundbuch vermerkt. Im Anschluss daran erfolgt die Eintragung des mit dem Anteil verbundenen Sondereigentums entsprechend der Eintragung beim Wohnungs- und Teileigentum.

15 Mit Anlegung der Wohnungs- und Teilerbbaugrundbücher werden die Belastungen, die Inhalt des Erbbaurechts sind, Gesamtbelastungen an den einzelnen Wohnungs- und Teilerbbaurechten. Dies gilt insbesondere für den nicht aufgeteilten Erbbauzins. Die Erbbauzinsreallast wird als Gesamtbelastung der Wohnungs- und Teilerbbaurechte auf die neuen Blätter übertragen[4]. Eine Aufteilung des Erbbauzinses können die Wohnungs- und Teilerbbauberechtigten mit Wirkung gegenüber dem Grundstückseigentümer nur mit dessen Zustimmung vereinbaren[5].

16 Probleme können sich dadurch ergeben, dass Hausgeldforderungen in dem gesetzlich geregelten Umfang nunmehr in die **Rangklasse** des § 10 Abs. 1 Nr. 2 ZVG fallen und damit dem Erbbauzins vorgehen, sofern nicht bei neuen Erbbaurechten oder nunmehr nachträglich eine Vereinbarung nach § 9 Abs. 3 Nr. 1 ErbbauVO getroffen wird. Die faktische Rangverschlechterung des Erbbauzinses, d.h. sein Entfallen bei einer Versteigerung aus den nunmehr privilegierten

---

1 Vgl. das Eintragungsbeispiel in Anlage 3 zur WGV; abgedruckt bei *Ebeling* in Meikel, Grundbuchrecht, 9. Aufl. 2004, § 8 WGV Anlage 3 zu § 9.
2 S. nur *Limmer*, Erbbaurecht, 2001, Rz. 236.
3 Vgl. *Ebeling* in Meikel, Grundbuchrecht, 9. Aufl. 2004, § 8 WGV Rz. 6.
4 S. nur *Schöner/Stöber*, Grundbuchrecht, 13. Aufl. 2004, Rz. 2998; OLG Düsseldorf v. 14.4.1976 – 3 W 78/76, DNotZ 1977, 305; BayObLG v. 22.6.1978 – BReg. 2Z 31/77, BayObLGZ 1978, 157 = DNotZ 1978, 626.
5 OLG Düsseldorf v. 14.4.1976 – 3 W 78/76, DNotZ 1977, 305; vgl. auch die Spezialregelung des § 40 Abs. 3 SachenRBerG, wonach jeder Nutzer von den anderen den Abschluss einer Vereinbarung über den Erbbauzins verlangen kann, nach der die Nutzer nach der Größe ihrer Erbbaurechtsanteile dem Grundstückseigentümer allein zur Zahlung des Erbbauzinses verpflichtet sind. Zusammenfassend zum Wohnungserbbaurecht nach dem SachenRBerG *Linde/Richter*, Rz. 275a.

Hausgeldforderungen, ist rechtlich bedenklich[1]. Dementsprechend wird man dem Grundstückseigentümer einen Anspruch auf Abschluss einer Vereinbarung nach § 9 Abs. 3 Nr. 1 ErbbauVO bei alten Erbbaurechten zugestehen müssen, wenn er die hierfür anfallenden Kosten übernimmt.

Die Verfügungsbeschränkungen nach §§ 5, 7 ErbbauVO und die Veräußerungsbeschränkung nach § 12 WEG können nebeneinander gelten[2]. Es besteht somit ein **doppeltes Zustimmungserfordernis**, das unterschiedliche Voraussetzungen hat. Sind die Veräußerung und die Belastung des Erbbaurechts sowie die Veräußerung des Wohnungserbbaurechts von der Zustimmung des Eigentümers abhängig, so kann sich sogar ein dreifaches Zustimmungserfordernis ergeben[3]. Der gem. § 12 WEG Zustimmungsberechtigte darf seine Zustimmung nur aus wichtigem Grund verweigern; demgegenüber kann die Zustimmung nach § 7 ErbbauVO bereits bei Vorliegen eines ausreichenden Grundes versagt werden. 17

Die Verfügungsbeschränkungen nach §§ 5 ff. ErbbauVO können für jedes einzelne Wohnungs- und Teilerbbaurecht durch Vereinbarung zwischen dessen Inhaber und dem Grundstückseigentümer sowie Eintragung in das Grundbuch **aufgehoben** werden. Die Zustimmung der übrigen Wohnungs- und Teilerbbauberechtigten und der an dem Wohnungserbbaurecht oder am Grundstück dinglich Berechtigten ist dazu nicht erforderlich[4]. 18

Die **Umwandlung** eines Wohnungs- und Teilerbbaurechts in Wohnungs- und Teileigentum bedarf der Aufhebung des Erbbaurechts und der Neuaufteilung[5]. 19

Die **Schließung** der Wohnungs- und Teilerbbaugrundbücher erfolgt wegen Erlöschen des Erbbaurechts durch Zeitablauf, wegen Aufhebung des Erbbaurechts sowie bei der Umwandlung von Wohnungs- und Teilerbbaurechten in Wohnungs- und Teileigentum. Im ersten Fall geht das Erbbaurecht kraft Gesetzes unter; mit ihm entfallen auch die Wohnungs- und Teilerbbaurechte. Die Wohnungs- und Teilerbbaugrundbücher sind im Wege der Grundbuchberichtigung zu schließen; das Erbbaurecht ist im Grundstücksgrundbuch als Belastung zu löschen. Die Aufhebung des Erbbaurechts bedarf der Aufhebungserklärung aller Wohnungs- und Teilerbbauberechtigten, der Zustimmung des Eigentümers und gegebenenfalls dinglicher Berechtigter. 20

V. Analoge Anwendung der Vorschriften für das Wohnungseigentum (Abs. 2 Satz 2)

Bei der Begründung von Wohnungs- und Teilerbbaurechten entstehen **doppelte Rechtsbeziehungen**, nämlich einerseits zwischen dem Grundstückseigentümer 21

---

1 Vgl. *Schneider*, ZMR 2006, 660 (662) und *Schneider*, ZfIR 2007, 168, der von einer Verfassungswidrigkeit ausgeht.
2 BayObLG v. 30.8.1989 – 2Z 95/89, BayObLGZ 1989, 354 = MittBayNot 1989, 315 = MittRhNotK 1989, 268 = Rpfleger 1989, 503.
3 Vgl. BGH v. 2.6.2005 – III ZR 306/04, NJW 2005, 3495 = DNotZ 2005, 847 = MittBayNot 2005, 514 = NZM 2005, 877 = RNotZ 2005, 493 = WM 2005, 1482 = ZfIR 2005, 728 zur gespaltenen Eigentümerzustimmung.
4 S. nur *Schöner/Stöber*, Grundbuchrecht, 13. Aufl. 2004, Rz. 2998.
5 Zutr. *Rapp*, MittBayNot 1999, 376 (377); offen BayObLG v. 4.3.1999 – 2Z BR 24/99, MittBayNot 1999, 375 (evtl. Bestandteilszuschreibung und Aufhebung des Erbbaurechts).

und den Erbbauberechtigten sowie andererseits zwischen den Wohnungs- und Teilerbbauberechtigten untereinander. § 30 Abs. 3 Satz 2 betrifft nur das Rechtsverhältnis der Wohnungs- und Teilerbbauberechtigten untereinander. Die Verweisung auf die Vorschriften des WEG bezieht sich insbesondere auf die Regelung des Gemeinschaftsrechts (§§ 10 ff.), der Verwaltung (§§ 20 ff.) und des Prozessrechts (§§ 43 ff.). In diesem Verhältnis ist der Eigentümer grundsätzlich nicht beteiligt. Auch die prozessrechtlichen Sondervorschriften gelten im Verhältnis zu ihm nicht.

22 Für das Rechtsverhältnis zwischen dem **Grundstückseigentümer und den Wohnungs- und Teilerbbauberechtigten** gelten die Verordnung über das Erbbaurecht und der Erbbaurechtsvertrag. Der dingliche Inhalt des Erbbaurechts wird mit Eintragung des Wohnungs- und Teilerbbaurechts dessen dinglicher Inhalt (s.o. Rz. 12).

23 Das Erbbaurecht und mit ihm der **Erbbaurechtsvertrag als Basis** für die Sondereigentumsbildung geht der WEG-Aufteilung samt Gemeinschaftsordnung vor[1]. Spätere Änderungen des Erbbaurechts mit dem Grundstückseigentümer bedürfen der Genehmigung aller Wohnungs- und Teilerbbauberechtigten, gegebenenfalls der Zustimmung dinglich Berechtigter mit der Eintragung im Grundbuch.

24 Bei **Erlöschen des Erbbaurechts** durch Zeitablauf steht nach Aufteilung des Erbbaurechts in Wohnungs- und Teilerbbaurechte die zu entrichtende Entschädigung (§§ 27 ff. ErbbauVO) den Wohnungs- und Teilerbbauberechtigten gemeinschaftlich zu. Die Verteilung hat entsprechend § 17 WEG zu erfolgen. Die Verlängerungsmöglichkeit, die dem Grundstückseigentümer zur Abwendung der Entschädigungszahlung zusteht (§ 27 Abs. 3 ErbbauVO), kann nur allen Wohnungs- und Teilerbbauberechtigten gemeinsam angeboten werden. Diese können hiervon auch nur einheitlich Gebrauch machen. Besteht ein Vorrecht auf Erneuerung (§ 31 ErbbauVO), so kann dieses ebenfalls von sämtlichen Wohnungs- und Teilerbbauberechtigten nur einheitlich ausgeübt werden. Üben es einzelne nicht aus, so ist § 472 Satz 2 BGB anwendbar (§ 31 Abs. 3 ErbbauVO).

25 Bei einem **Heimfall** (§ 2 Nr. 4 ErbbauVO) besteht, sofern bei Aufteilung in Wohnungs- und Teilerbbaurechte mit dem Eigentümer keine abweichende Regelung getroffen wird, der Heimfallanspruch insgesamt, auch wenn nur hinsichtlich einer Wohnungs- und Teilerbbaurechtseinheit die Voraussetzungen für den Heimfall vorliegen. Der Eigentümer hat sodann die Wahl, ob er den Heimfallanspruch bezüglich der betroffenen Wohnungs- oder Teilerbbaurechtseinheit oder bezüglich sämtlicher Einheiten (Gesamtheimfall) ausüben will[2]. Etwas anderes gilt nur, wenn der Heimfall für einzelne Einheiten unterschiedlich geregelt ist; der Heimfall kann dann auch nur in der Person eines oder einzelner Wohnungs- bzw. Teilerbbauberechtigten eintreten[3].

---

1 S. nur *Rethmeier*, MittRhNotK 1993, 145 (146); *Ingenstau* in Ingenstaud/Hustedt, § 1 Rz. 96; *v. Oefele/Winkler*, Hdb. ErbbauR, Rz. 3.118.
2 S. nur *Rapp* in Staudinger, BGB, § 30 WEG Rz. 8; *Mansel* in Weitnauer, WEG, § 30 Rz. 13; *Augustin* in BGB-RGRK, § 30 WEG Rz. 31; *Heinemann* in AnwK-BGB, § 30 WEG Rz. 8; tlw. abw. *v. Oefele/Winkler*, Hdb. ErbbauR, Rz. 3.327 und *Rethmeier*, MittRhNotK 1993, 145 (147).
3 *Pick* in Bärmann/Pick/Merle, WEG, § 30 Rz. 54.

II. Teil
Dauerwohnrecht

§ 31
Begriffsbestimmungen

(1) Ein Grundstück kann in der Weise belastet werden, dass derjenige, zu dessen Gunsten die Belastung erfolgt, berechtigt ist, unter Ausschluss des Eigentümers eine bestimmte Wohnung in einem auf dem Grundstück errichteten oder zu errichtenden Gebäude zu bewohnen oder in anderer Weise zu nutzen (Dauerwohnrecht). Das Dauerwohnrecht kann auf einen außerhalb des Gebäudes liegenden Teil des Grundstücks erstreckt werden, sofern die Wohnung wirtschaftlich die Hauptsache bleibt.

(2) Ein Grundstück kann in der Weise belastet werden, dass derjenige, zu dessen Gunsten die Belastung erfolgt, berechtigt ist, unter Ausschluss des Eigentümers nicht zu Wohnzwecken dienende bestimmte Räume in einem auf dem Grundstück errichteten oder zu errichtenden Gebäude zu nutzen (Dauernutzungsrecht).

(3) Für das Dauernutzungsrecht gelten die Vorschriften über das Dauerwohnrecht entsprechend.

Inhaltsübersicht

	Rz.		Rz.
I. Überblick	1	III. Wesen und Bestellung	7
		1. Wesen	7
II. Dauerwohn- und Dauernutzungsrecht (Abs. 1 und Abs. 2)	3	2. Bestellung	8
		a) Schuldrechtsverhältnis und gesetzliches Schuldverhältnis	9
1. Dauerwohnrecht – Legaldefiniton	3	b) Dingliche Bestellung	12
2. Dauernutzungsrecht – Legaldefiniton	4	c) Belastungsgegenstand	14
		d) Gebäude	15
3. Umwandlung und Kombination	5	e) Berechtigter	18
		f) Genehmigung	20
4. Erstreckung auf unbebaute Teile (Abs. 1 Satz 2)	6	IV. Änderung und Beendigung	22

Schrifttum: *Ahrens*, Dingliche Nutzungsrechte, 2. Aufl. 2007, Rz. 254 ff.; *Hügel* in Hügel/Scheel, Rechtshandbuch Wohnungseigentum, 2. Aufl. 2007, Teil 14; *Dammertz*, Wohnungsrecht und Dauerwohnrecht, MittRhNotK 1970, 73; *Lotter*, Aktuelle Fragen des Dauerwohnrechts, MittBayNot 1999, 354; *Maaß/Oprée*, Die dingliche Sicherung des Mieters, ZNotP 1997, 8 ff.; *Mayer*, Zur Störfallvorsorge beim Dauerwohnrecht: Heimfallanspruch bei Tod des Berechtigten oder Veräußerung des Rechts, DNotZ 2003, 908; *Spiegelberger*, Der aktuelle Anwendungsbereich des Dauerwohn- und Dauernutzungsrechts, in FS Bärmann und Weitnauer, 1990, S. 647 ff.; *Stapenhorst/Voß*, Mieterdienstbarkeit als dingliche Absicherung gewerblicher Mietverträge, NZM 2003, 873.

I. Überblick

1 § 31 enthält entsprechend § 1 die Legaldefinition des Dauerwohn- bzw. Dauernutzungsrechts (Abs. 1 Satz 1 und Abs. 2). Entsprechend § 1 Abs. 2 ErbbauVO wird die Erstreckung auf außerhalb des Gebäudes liegende Teile des Grundstücks zugelassen (Abs. 1 Satz 2). Schließlich werden hinsichtlich der rechtlichen Behandlung das Dauerwohn- bzw. das Dauernutzungsrecht gleichgestellt (Abs. 3).

2 Die **Bedeutung** des Dauerwohn- bzw. Dauernutzungsrechts ist in der Praxis bisher gering geblieben[1]. Das Dauerwohnrecht kann als „verdinglichte Miete" dazu dienen, das Abwohnen von Baukostenzuschüssen im Grundbuch zu sichern. Als Eigentumsersatz hat es insbesondere im Bereich der vorweggenommenen Erbfolge[2] und im Rahmen der zwischenzeitlich abgeschafften Eigenheimzulagenförderung[3] eine rudimentäre praktische Bedeutung bekommen. Allerdings genügte im Rahmen der Eigenheimförderung „wirtschaftliches Eigentum", so dass in vielen Fällen die Bestellung eines Dauerwohnrechts im Grundbuch nicht erfolgte[4]. Auch beim „time-sharing" hat sich das Dauerwohn- bzw. Dauernutzungsrecht als Gestaltungsmittel nicht durchgesetzt[5]. Das Dauernutzungsrecht wird teilweise alternativ zur Dienstbarkeit[6] als Sicherung gewerblicher Mieter und alternativ zum Erbbaurecht bei Sportvereinen (z.B. Golfplatz) verwendet[7]. Durch die Streichung der §§ 57c und d ZVG könnte die Bedeutung des Dauerwohnrechts bei Mieterausbauten und Mieterdarlehen wieder etwas zunehmen.

---

1 Ähnlich *Spiegelberger* in FS Bärmann und Weitnauer, S. 647 ff.; *van Randenborgh*, DNotZ 2000, 86 und *Mayer*, DNotZ 2003, 908; tlw. abw. *Heinemann* in AnwK-BGB, § 31 WEG Rz. 2 hinsichtlich des eigentumsähnlichen Dauerwohnrechts.
2 Vgl. *Spiegelberger*, Vermögensnachfolge 1994, Rz. 185.
3 Ähnl. *Hügel* in Bamberger/Roth, BGB, § 31 WEG Rz. 1 und *Lotter*, MittBayNot 1999, 354.
4 BFH v. 18.7.2001 – X R 15/01, BFHE 196, 151 = NJW 2002, 2272 = DB 2001, 2694 = DStR 2001, 2019 = NZM 2002, 357 und *Wacker*, EigZulG, 3. Aufl. 2001, § 2 Rz. 66.
5 Vgl. BGH v. 30.6.1995 – V ZR 184, 94, BGHZ 130, 150 = NJW 1995, 2637 = DNotZ 1996, 88 = MDR 1995, 1113 = ZIP 1995, 1359 = ZMR 1995, 543; *Gralka*, NJW 1987, 1997; *Hoffmann*, MittBayNot 1987, 177; *Schmidt*, WE 1987, 119; *Tonner/Tonner*, WM 1998, 313; tlw. abw. OLG Stuttgart v. 28.11.1986 – 8 W 421/85, DNotZ 1987, 631.
6 Vgl. *Stapenhorst/Voß*, NZM 2003, 873.
7 Vgl. *Maaß/Oprée*, ZNotP 1997, 8 ff.

II. Dauerwohn- und Dauernutzungsrecht (Abs. 1 und Abs. 2)

1. Dauerwohnrecht – Legaldefiniton

Das Dauerwohnrecht ist das veräußerliche und vererbliche dingliche Nutzungsrecht an einer bestimmten Wohnung. Gegenstand sind das eigene Bewohnen und die sonstige Nutzung. Als **Nutzungsrecht** berechtigt es zur Nutzung i.S.d. § 100 BGB. Anders als das Wohnungsrecht i.S.d. § 1093 BGB, dessen Überlassung an Dritte nicht ausdrücklich gestattet ist, kann es auch durch Vermietung oder Verpachtung genutzt werden. Sach- und Rechtsfrüchte kann der Berechtigte ziehen. Dem Berechtigten ist jedoch nicht die Verwertung der dem Dauerwohnrecht unterliegenden Räume des betroffenen Gebäudes gestattet[1].

3

2. Dauernutzungsrecht – Legaldefiniton

Das Dauernutzungsrecht unterscheidet sich vom Dauerwohnrecht lediglich hinsichtlich der unterschiedlichen Raumnutzung. Anders als das Dauerwohnrecht betrifft es nicht Wohnzwecke, sondern **sonstige Nutzungen**. Die Abgrenzung ist allerdings praktisch unbedeutend, da das Gesetz das Dauernutzungsrecht den Vorschriften des Dauerwohnrechts unterstellt (§ 31 Abs. 3). Praktisch relevante Beispiele sind eine Tankstelle[2] und ein U-Bahn-Bahnhof[3].

4

3. Umwandlung und Kombination

Eine Umwandlung ist als Inhaltsänderung (§ 877 BGB) zulässig. Eine Vermischung aus Dauerwohn- und Dauernutzungsrecht ist ebenfalls möglich. Die **Eintragung** hat in diesem Fall als „Dauerwohnrecht und Dauernutzungsrecht" zu erfolgen[4]. Nicht ausreichend ist die Bezeichnung als „Dauerwohnrecht nach § 31 WEG"[5].

5

4. Erstreckung auf unbebaute Teile (Abs. 1 Satz 2)

Das Dauerwohn- und das Dauernutzungsrecht können als Nebenzweck auf **nicht bebaute Grundstücksteile** erstreckt werden (vgl. § 1 Abs. 2 ErbbauVO). Die Nutzung der Räume muss aber die Hauptsache bleiben. Beispiel ist die Außenreklame beim Dauerwohn- bzw. Dauernutzungsrecht[6]. Insofern enthalten das Dauerwohn- und das Dauernutzungsrecht auch Elemente eines Nießbrauchs. § 954 BGB, der den Erwerb von Erzeugnissen und sonstigen Bestandteilen einer Sache durch den dinglichen Berechtigten vorsieht, gilt auch für den Dauerwohn- und den Dauernutzungsberechtigten.

6

---

1 BayObLG v. 15.3.1957 – 2Z 226–231/1956, BayObLGZ 1957, 102 (111).
2 LG Münster v. 18.11.1952 – 5 T 872/52 und 877/52, DNotZ 1953, 148.
3 LG Frankfurt v. 14.12.1970 – 2/9 T 835/70, NJW 1971, 759. Ähnlich *Hügel* in Bamberger/Roth, BGB, § 31 WEG Rz. 2.
4 BayObLG v. 28.6.1960 – 2Z 20/60, BayObLGZ 1960, 231 (237).
5 Vgl. auch *Stürner* in Soergel, BGB, § 31 WEG Rz. 1 und *Heinemann* in AnwK-BGB, § 31 WEG Rz. 11.
6 LG Dortmund v. 30.8.1990 – 17 S 164/90, NJW-RR 1991, 16.

III. Wesen und Bestellung

1. Wesen

7 Dauerwohn- und Dauernutzungsrecht sind nach h.M. **dienstbarkeitsartige Rechte**[1]. Richtigerweise wird man von einem erbbaurechtsähnlichen, aber keinem grundstücksgleichen Recht auszugehen haben[2]. Es handelt sich um ein veräußerliches und ein vererbliches Recht[3]. Insofern unterscheidet es sich wesentlich von einer Dienstbarkeit, so dass die Bezeichnung als „dienstbarkeitsartig" das Wesen des Dauerwohn- und Dauernutzungsrechts nicht erfasst. Allerdings kann es nicht belastet werden, insbesondere nicht mit Grundpfandrechten und Dienstbarkeiten. Es kann jedoch ver- und gepfändet werden. Es handelt sich aber um kein Verwertungsrecht, aus dem die Zwangsvollstreckung betrieben werden kann[4]. Die Bestellung eines Nießbrauchs am Dauerwohn- und Dauernutzungsrecht ist möglich. Das Gesetz lässt die Verdinglichung bestimmter Vereinbarungen als Inhalt des Rechts zu[5]. Es kann zeitlich befristet werden; jedoch darf ihm das Merkmal der Dauer nicht gänzlich fehlen, was allerdings time-sharing-Modelle nicht ausschließt (vgl. bereits oben Rz. 2).

2. Bestellung

8 Bei der **Bestellung** ist zwischen schuldrechtlichem Grundgeschäft und dinglicher Begründung zu unterscheiden.

a) Schuldrechtsverhältnis und gesetzliches Schuldverhältnis

9 Zwischen Eigentümer und Berechtigten besteht nach der Bestellung ein gesetzliches Schuldverhältnis, das die §§ 33 Abs. 2, Abs. 3, 34 und 41 im Wesentlichen regeln. Dieses gesetzliche Schuldverhältnis kann durch die Parteien mit dinglicher Wirkung abgeändert werden. Von ihm zu unterscheiden ist das der Bestellung zugrunde liegende Schuldrechtsverhältnis, das den **Rechtsgrund** für das abstrakte Dauerwohn- und Dauernutzungsrecht bildet. Beim entgeltlichen Erwerb handelt es sich um einen Rechtskauf (§ 453 BGB)[6]. Es kann eine Geldzahlung als Kaufpreis vereinbart werden. Um einen Rechtskauf handelt es sich auch, wenn zusätzlich ein laufendes Entgelt für die Zeitabschnitte des Bestehens zu entrichten ist. Bei unentgeltlicher Einräumung liegt eine Schenkung oder Ausstattung vor. Bei einem wiederkehrenden Entgelt kann aber auch ein mietähnliches Rechtsverhältnis vorliegen[7]. Sogar ein Bauträgervertrag kann gegeben sein, wenn eine Verpflichtung zur Gebäudeerrichtung vereinbart wird[8]. Wird das Dauerwohn- oder Dauernutzungsrecht zur Sicherheit eines Miet- oder Pachtverhältnisses eines Teilzeit-Wohnrechtsvertrags (§ 481 BGB) bestellt, ist

---

1 BayObLG v. 14.6.1995 – 2Z BR 29/95, NJW-RR 1996, 397; *Vandenhouten* in Niedenführ/Kümmel/Vandenhouten, WEG, § 31 Rz. 1.
2 S. bereits *Grziwotz* in Erman, BGB, § 31 WEG Rz. 1.
3 Vgl. *Dammertz*, MittRhNotK 1970, 73 (108); *Lotter*, MittBayNot 1999, 354.
4 BayObLG v. 15.3.1957 – 2Z 226–231/1956, BayObLGZ 1957, 102 (111).
5 Vgl. § 33 IV und § 36.
6 BGH v. 9.7.1969 – V ZR 190/67, BGHZ 52, 243 (248).
7 Vgl. *Mansel* in Weitnauer, WEG, vor § 31 Rz. 29.
8 OLG Zweibrücken v. 28.10.2004 – 4 U 35/04, MittBayNot 2005, 308.

die Sicherungsvereinbarung bedeutsam. Ebenso wie beim Erbbaurecht kann ein geschuldetes Entgelt in sämtlichen Varianten nicht Inhalt des Dauerwohn- oder Dauernutzungsrechts sein[1].

Für die **Form** des Kausalvertrags gelten die allgemeinen Bestimmungen. Besonderheiten aufgrund der dinglichen Rechtseinräumung bestehen nicht.

Eine formnichtige Verpflichtung zur Einräumung von Wohnungseigentum kann in die Verpflichtung zur Einräumung eines Dauerwohnrechts **umgedeutet** werden[2].

b) Dingliche Bestellung

Da es sich beim Dauerwohn- und Dauernutzungsrecht um ein dingliches Recht handelt, sind grundsätzlich die §§ 873 ff. BGB anwendbar. Die Bestellung erfolgt durch formlose Einigung und Eintragung (§ 873 BGB). Die Bewilligung des Eigentümers bedarf grundbuchrechtlich der öffentlichen Beglaubigung (§ 29 GBO). Ein besonderer **Rang** ist – anders als beim Erbbaurecht – für das Dauerwohn- und Dauernutzungsrecht nicht erforderlich.

Soll das Dauerwohn- und Dauernutzungsrecht bereits **vor Errichtung des Gebäudes** im Grundbuch eingetragen werden, so ist dies im Hinblick auf den gem. § 32 Abs. 2 Satz 1 Nr. 1 erforderlichen Plan möglich. Ein Abwarten mit der Eintragung bis zur Gebäudeerrichtung ist nicht erforderlich. Die Streitfrage, ob das Recht bis zur Errichtung des Gebäudes ruht[3], ist ohne praktische Bedeutung. Allein wegen des Umstandes, dass das Gebäude noch nicht errichtet ist, erlischt das Recht jedenfalls nicht. Es kann mangels Wohnung bzw. sonstiger Räume auch nicht ausgeübt werden. Dies hat Relevanz nur hinsichtlich eines etwaigen Entgelts, das nach dem Grundgeschäft geschuldet wird. Dem Berechtigten steht wie bei Bestellung einer Dienstbarkeit eine Anwartschaft zu[4]. Anders als bei einer Dienstbarkeit ist diese Anwartschaft vererblich und übertragbar.

c) Belastungsgegenstand

Mit einem Dauerwohn- bzw. Dauernutzungsrecht können Grundstücke, Wohnungs- und Teileigentum[5], Erbbaurechte (vgl. § 42), Wohnungs- und Teilerbbaurechte[6] sowie reale Grundstücks- bzw. Erbbaurechtsteile analog § 7 Abs. 2 GBO belastet werden. **Nicht Belastungsgegenstand** können dagegen Miteigentums-

---

1 S. nur *Stürner* in Soergel, BGB, § 31 WEG Rz. 5.
2 BGH v. 28.11.1962 – V ZR 127/61, NJW 1963, 339, nicht jedoch in der Verpflichtung zur Bestellung eines Rechts nach § 1093 BGB in die Verpflichtung zur Bestellung eines Dauerwohnrechts als weitergehendes Recht (OLG Hamm v. 25.9.1956 – 15 W 353/56, Rpfleger 1957, 251).
3 So *Vandenhouten* in Niedenführ/Kümmel/Vandenhouten, WEG, § 31 Rz. 18; *Pick* in Bärmann/Pick/Merle, WEG, § 31 Rz. 39; *Bassenge* in Palandt, BGB, § 31 WEG Rz. 3; *Mansel* in Weitnauer, WEG, § 31 Rz. 1.
4 *Vandenhouten* in Niedenführ/Kümmel/Vandenhouten, WEG, § 31 Rz. 18; *Augustin* in BGB-RGRK, § 31 WEG, Rz. 6 und *Heinemann* in AnwK-BGB, § 31 WEG Rz. 7.
5 BGH v. 27.9.1978 -V ZR 128/76, Rpfleger 1979, 58.
6 S. nur *Vandenhouten* in Niedenführ/Kümmel/Vandenhouten, WEG, § 31 Rz. 14.

anteile[1], ein Nießbrauch[2] und Sondernutzungsrechte sein[3]. Auch eine **Gesamtbelastung mehrerer Grundstücke oder Erbbaurechte** ist zulässig, wenn sich die eine Einheit bildenden Räume, die der Ausübung des Rechts unterliegen, auf mehreren Grundstücken befinden[4]. Die rechtliche Vereinigung ist nicht erforderlich[5]. Zu einem Gesamtrecht kann es auch durch Teilung des belasteten Grundstücks kommen[6].

d) Gebäude

15 Ein Dauerwohn- bzw. Dauernutzungsrecht setzt ein bestehendes oder noch zu errichtendes **Gebäude** voraus. Es kann sich auf eine abgeschlossene Wohnung, die sich über mehrere Etagen erstrecken kann, aber auch auf einen einzelnen Raum beziehen[7]. Ein Dauerwohn- bzw. Dauernutzungsrecht kann aber auch das ganze Gebäude betreffen[8].

16 Umstritten ist, ob an ein und demselben Gegenstand **mehrere Dauerwohn- bzw. Dauernutzungsrechte** bestellt werden können. Bestehen mehrere Dauerwohn- bzw. Dauernutzungsrechte am selben Gebäude oder zeitlich versetzt an denselben Räumen, bilden diese mehreren Berechtigten keine Gemeinschaft untereinander wie beim Wohnungs- und Teileigentum. An denselben Räumen ist dies bei genau festgelegten Zeiträumen oder alternierenden Zeitabschnitten denkbar. Die Streitfrage hat Bedeutung für die sog. Time-Sharing-Modelle. Sie ist zu bejahen[9]. Hinsichtlich der Dauer macht das Gesetz keine Vorgaben. Auch eine kurzfristige Nutzung ist mit dem Wesen des Dauernutzungsrechts nicht unvereinbar. Das Wort „Dauer" bedeutet nämlich nicht ununterbrochen, sondern kennzeichnet nur den sicheren Bestand des Rechts trotz Veräußerung oder Tod des Berechtigten[10].

17 Das Dauerwohn- bzw. Dauernutzungsrecht erstreckt sich auch auf das **Grundstückszubehör** (analog §§ 1093 Abs. 1, 1031 BGB)[11].

---

1 BayObLG v. 15.3.1957 – 2Z 226–231/1956, BayObLGZ 1957, 102 (111).
2 *Mansel* in Weitnauer, WEG, § 31 Rz. 1.
3 OLG Hamburg v. 22.3.2004 – 2 Wx 153/01, ZMR 2004, 616 = OLGR 2004, 393.
4 LG Hildesheim v. 31.7.1959 – 5 T 370/59, NJW 1960, 49 sowie *Böttcher*, MittBayNot 1993, 129; a.A. *Mansel* in Weitnauer, WEG, § 31 Rz. 6.
5 Ebenso *Vandenhouten* in Niedenführ/Kümmel/Vandenhouten, WEG, § 31 Rz. 15 und *Heinemann* in AnwK-BGB, § 31 WEG Rz. 5.
6 Vgl. nur *Spiegelberger* in Staudinger, BGB, § 31 WEG Rz. 26.
7 Vgl. LG Münster v. 18.11.1952 – 5 T 872/52 und 877/52, DNotZ 1953, 148.
8 Vgl. LG Münster v. 18.11.1952 – 5 T 872/52 und 877/52, DNotZ 1953, 148.
9 Ebenso h.M. s. nur LG Hamburg v. 25.10.1990 – 302 O 50/90, NJW-RR 1991, 823; *Bassenge* in Palandt, BGB, § 31 WEG Rz. 2; *Gralka*, NJW 1987, 1997; *Schmidt*, WE 1987, 119; *Vandenhouten* in Niedenführ/Kümmel/Vandenhouten, WEG, § 31 Rz. 17; *Heinemann* in AnwK-BGB, § 31 WEG Rz. 5; *Schöner/Stöber*, Grundbuchrecht, 13. Aufl. 2004, Rz. 3002; a.A. *Pick* in Bärmann/Pick/Merle, WEG, § 31 Rz. 26; offen BGH v. 30.6.1995 – V ZR 184/94, BGHZ 130, 150 = NJW 1995, 2637 = DNotZ 1996, 88 = MDR 1995, 1113 = WM 1995, 1632 = ZIP 1995, 1359 = ZMR 1995, 543.
10 BGH v. 30.6.1995 – V ZR 184/94, BGHZ 130, 150 = NJW 1995, 2637 = DNotZ 1996, 88 = MDR 1995, 1113 = WM 1995, 1632 = ZIP 1995, 1359 = ZMR 1995, 543 und *Hoffmann*, MittBayNot 1987, 177.
11 Ebenso *Vandenhouten* in Niedenführ/Kümmel/Vandenhouten, WEG, § 31 Rz. 19 und *Pick* in Bärmann/Pick/Merle, WEG, § 31 Rz. 27.

e) Berechtigter

Die Bestellung eines Dauerwohn- bzw. Dauernutzungsrechts kann zugunsten natürlicher und juristischer Personen erfolgen. Eine Bestellung für eine **Mehrheit von Berechtigten** ist möglich. Dies ist unstritten für das Bruchteilseigentum[1] und das Gesamthandseigentum[2]. Umstritten ist die Bestellung für mehrere Personen als Gesamtberechtigte nach § 428 BGB[3]. 18

Das Dauerwohn- bzw. Dauernutzungsrecht ist auch als Recht an der eigenen Sache möglich. Deshalb ist eine Bestellung als **Eigenrecht** zulässig[4]. 19

f) Genehmigung

Die Bestellung bedarf in Fremdenverkehrsgebieten, in denen eine entsprechende Satzung besteht, der **Genehmigung durch die Bauaufsichtsbehörde** (§ 22 Abs. 1 Satz 2 BauGB). 20

Eine Genehmigungspflicht im Geltungsbereich einer Erhaltungs- und einer **Milieuschutzsatzung** sowie einer entsprechenden Rechtsverordnung der Landesregierung gem. § 172 Abs. 1 Satz 4 BauGB besteht nicht, da das Gesetz die Bestellung von Dauerwohn- und Dauernutzungsrechten nicht als genehmigungspflichtig ansieht[5]. 21

IV. Änderung und Beendigung

Die **Änderung des Rechtsinhalts** bedarf einer erneuten Einigung und der Eintragung im Grundbuch (§§ 887, 883, 874, 876 BGB). Gegebenenfalls ist die Zustimmung nachrangiger Dritter erforderlich[6]. Beispiele sind die Verlängerung oder die Verkürzung des Dauerwohnrechts[7]. Auch die Umwandlung eines Dauerwohnrechts in ein Dauernutzungsrecht und umgekehrt stellt eine Inhaltsänderung dar. Demgegenüber bedürfen die Umwandlung in ein Wohnungsrecht gem. § 1093 BGB sowie in Wohnungs- und Teileigentum der Löschung und der Neubestellung bzw. -begründung[8]. 22

Die **Beendigung** des Dauerwohn- und Dauernutzungsrechts erfolgt durch Zeitablauf sowie bei einer Zwangsversteigerung des belasteten Grundstücks, wenn 23

---

1 BGH v. 30.6.1995 – V ZR 184/94, BGHZ 130, 150 = NJW 1995, 2637 = DNotZ 1996, 88 = MDR 1995, 1113 = WM 1995, 1632 = ZIP 1995, 1359 = ZMR 1995, 543.
2 S. nur *Spiegelberger* in Staudinger, BGB, § 31 WEG Rz. 39; *Bassenge* in Palandt, BGB, § 31 WEG Rz. 4; *Pick* in Bärmann/Pick/Merle, WEG, § 31 Rz. 50.
3 Für eine Zulässigkeit OLG Celle v. 31.5.1996 – 4 U 162/95, OLGR 1996, 231; *Pick* in Bärmann/Pick/Merle, WEG, § 31 Rz. 50; *Hügel* in Bamberger/Roth, BGB, § 31 WEG Rz. 6; *Stürner* in Soergel, BGB, § 31 WEG Rz. 3; a.A. *Mansel* in Weitnauer, WEG, § 31 Rz. 8 und bereits *Grziwotz* in Erman, BGB, § 31 WEG Rz. 3.
4 BayObLG v. 28.5.1997 – 2Z BR 60/97, BayObLGZ 1997, 163; *Weitnauer*, DNotZ 1958, 352.
5 *Stock* in Ernst/Zinkahn/Bielenberg/Krautzberger, BauGB, § 172 Rz. 121 und *Heinemann* in AnwK-BGB, § 31 WEG Rz. 7.
6 *Heinemann* in AnwK-BGB, § 31 WEG Rz. 9.
7 *Stürner* in Soergel, BGB, § 31 WEG Rz. 8.
8 *Rapp*, MittBayNot 1999, 376.

es nicht in das geringste Gebot fällt[1]. Das Grundbuch ist in diesem Fall nur noch zu berichtigen. Einvernehmlich kann das Dauerwohnrecht aufgehoben und im Grundbuch gelöscht werden. Eine einseitige Aufgabeerklärung nach § 875 BGB ist ebenso möglich. Allerdings kann diese nicht bereits bei einer unterlassenen Nutzung angenommen werden, wenn jedenfalls das Entgelt weitergezahlt wird[2]. Die Zustimmung des Eigentümers zur Aufgabe ist nur erforderlich, wenn ein Heimfall vereinbart ist[3]. Umstritten ist, ob mit der Aufgabe auch der Anspruch auf die Gegenleistung entfällt. Dies richtet sich nach den diesbezüglichen vertraglichen Vereinbarungen. Ist z.B. eine Mindestlaufzeit vereinbart, so kann sich der Berechtigte nicht einseitig durch Aufgabe des Rechts der laufenden Entgeltzahlung entziehen. Fehlen schuldrechtliche Regelungen, ist bei einem wiederkehrenden Entgelt wegen der Möglichkeit der jederzeitigen Rechtsaufgabe von einem Entfallen der Gegenleistung auszugehen[4].

24 Bei Teilung des belasteten Grundstücks ist eine Löschung nach **§ 1026 BGB** an den nicht betroffenen Flächen möglich[5]. Auch **§ 1028 BGB** ist entsprechend anwendbar, wenn eine Anlage die Ausübung des Rechts beeinträchtigt; mit Eintritt der Verjährung erlischt dann das Dauerwohn- bzw. Dauernutzungsrecht[6].

25 Keine Beendigung tritt bei Ausübung des **Heimfallanspruchs ein.** Das Dauerwohn- bzw. Dauernutzungsrecht wird vielmehr in diesem Fall zum Eigenrecht[7]. Auch die Zerstörung der dem Dauerwohn- bzw. Dauernutzungsrecht unterliegenden Räume führt nicht zum Erlöschen des Rechts. Dies gilt auch dann, wenn keine Wiederaufbauverpflichtung vereinbart wurde[8]. Allerdings kann sich aus dem schuldrechtlichen Grundgeschäft eine Verpflichtung zur Aufhebung des Rechts ergeben.

§ 32

Voraussetzungen der Eintragung

(1) Das Dauerwohnrecht soll nur bestellt werden, wenn die Wohnung in sich abgeschlossen ist.

(2) Zur näheren Bezeichnung des Gegenstandes und des Inhalts des Dauerwohnrechts kann auf die Eintragungsbewilligung Bezug genommen werden. Der Eintragungsbewilligung sind als Anlagen beizufügen:

---

1 *Augustin* in BGB-RGRK, § 31 WEG Rz. 14.
2 LG Frankfurt/Main v. 24.3.2000 – 2–25 O 381/89, NZM 2000, 877; ebenso *Hügel* in Bamberger/Roth, BGB, § 31 WEG Rz. 8.
3 *Spiegelberger* in Staudinger, BGB, § 31 WEG Rz. 49; *Mansel* in Weitnauer, WEG, § 31 Rz. 9, und zwar unabhängig davon, ob der Heimfall für den Fall der Aufgabe vereinbart ist.
4 Ebenso wohl *Pick* in Bärmann/Pick/Merle, WEG, § 31 Rz. 62.
5 BayObLG v. 14.6.1995 – 2Z BR 29/95, NJW-RR 1996, 397.
6 BayObLG v. 14.6.1995 – 2Z BR 29/95, NJW-RR 1996, 397.
7 Vgl. *Spiegelberger* in Staudinger, BGB, § 31 WEG Rz. 50.
8 *Stürner* in Soergel, BGB, § 31 WEG Rz. 8 und *Heinemann* in AnwK-BGB, § 31 WEG Rz. 10.

1. eine von der Baubehörde mit Unterschrift und Siegel oder Stempel versehene Bauzeichnung, aus der die Aufteilung des Gebäudes sowie die Lage und Größe der dem Dauerwohnrecht unterliegenden Gebäude- und Grundstücksteile ersichtlich ist (Aufteilungsplan); alle zu demselben Dauerwohnrecht gehörenden Einzelräume sind mit der jeweils gleichen Nummer zu kennzeichnen;
2. eine Bescheinigung der Baubehörde, dass die Voraussetzungen des Absatzes 1 vorliegen.

Wenn in der Eintragungsbewilligung für die einzelnen Dauerwohnrechte Nummern angegeben werden, sollen sie mit denen des Aufteilungsplanes übereinstimmen. Die Landesregierungen können durch Rechtsverordnung bestimmen, dass und in welchen Fällen der Aufteilungsplan (Satz 2 Nr. 1) und die Abgeschlossenheit (Satz 2 Nr. 2) von einem öffentlich bestellten oder anerkannten Sachverständigen für das Bauwesen statt von der Baubehörde ausgefertigt und bescheinigt werden. Werden diese Aufgaben von dem Sachverständigen wahrgenommen, so gelten die Bestimmungen der Allgemeinen Verwaltungsvorschrift für die Ausstellung von Bescheinigungen gem. § 7 Abs. 4 Nr. 2 und § 32 Abs. 2 Nr. 2 des Wohnungseigentumsgesetzes vom 19. März 1974 (BAnz. Nr. 58 vom 23. März 1974) entsprechend. In diesem Fall bedürfen die Anlagen nicht der Form des § 29 der Grundbuchordnung. Die Landesregierungen können die Ermächtigung durch Rechtsverordnung auf die Landesbauverwaltungen übertragen.

(3) Das Grundbuchamt soll die Eintragung des Dauerwohnrechts ablehnen, wenn über die in § 33 Abs. 4 Nrn. 1 bis 4 bezeichneten Angelegenheiten, über die Voraussetzungen des Heimfallanspruchs (§ 36 Abs. 1) und über die Entschädigung beim Heimfall (§ 36 Abs. 4) keine Vereinbarungen getroffen sind.

Inhaltsübersicht

	Rz.		Rz.
I. Überblick	1	IV. Prüfung durch das Grundbuchamt (Abs. 3)	8
II. Abgeschlossenheit (Abs. 1)	2	V. Kosten	11
III. Eintragung (Abs. 2)	5		
1. Bezugnahme	5		
2. Anlagen	6		

Schrifttum: *Ahrens*, Dingliche Nutzungsrechte, 2. Aufl. 2007, Rz. 254 ff.; *Hügel* in Hügel/Scheel, Rechtshandbuch Wohnungseigentum, 2. Aufl. 2007, Teil 14; *Lotter*, Aktuelle Fragen des Dauerwohnrechts, MittBayNot 1999, 354; *Mayer*, Zur Störfallvorsorge beim Dauerwohnrecht: Heimfallanspruch bei Tod des Berechtigten oder Veräußerung des Rechts, DNotZ 2003, 908.

I. Überblick

Abs. 1 enthält die § 3 Abs. 2 Satz 1 entsprechende materiell-rechtliche Voraussetzung für die Begründung eines Dauerwohn- bzw. Dauernutzungsrechts. Abs. 2 entspricht § 7 Abs. 3 und Abs. 4. Abs. 3 regelt die Prüfungsbefugnis und den Mindestinhalt der Vereinbarung. Es handelt sich bei den Abs. 2 und 3 um grundbuchrechtliche Vorschriften. Insgesamt soll die Vorschrift gewährleisten, dass den sachen- und grundbuchrechtlichen Anforderungen an die Bestimmtheit bei der Begründung von Dauerwohn- bzw. Dauernutzungsrechten Rechnung getragen wird[1].

II. Abgeschlossenheit (Abs. 1)

2 Das Erfordernis der Abgeschlossenheit enthält nur eine **Sollvorschrift**. Auch bei einem Verstoß entsteht das Dauerwohn- bzw. Dauernutzungsrecht (vgl. auch § 3 Rz. 21 ff.)[2].

3 Die Abgeschlossenheit der Wohnung bei einem Dauerwohnrecht bzw. der sonstigen Räume bei einem Dauernutzungsrecht entsprechen dem jeweiligen Erfordernis beim Wohnungs- und Teileigentum. Es ist kein Grund ersichtlich, die diesbezüglichen **Anforderungen** beim Dauerwohn- bzw. beim Dauernutzungsrecht herabzusetzen. Zwar ist keine Abgrenzung von Sonder- und Gemeinschaftseigentum erforderlich, es bedarf jedoch einer Abgeschlossenheit der dem Dauerwohnrecht unterliegenden Einheit. Insofern kann auf einen eigenen Zugang nicht verzichtet werden. Dies gilt auch in sog. „Dachbodenfällen". Ein Zugang über eine fremde Wohnung erfüllt das Erfordernis der Abgeschlossenheitsbescheinigung nicht[3].

4 Keine Abgeschlossenheit ist ausnahmsweise erforderlich, wenn sich das Dauerwohn- bzw. Dauernutzungsrecht auf das **gesamte** Gebäude bezieht[4]. Ebenso bedarf es hinsichtlich der gem. § 31 Abs. 1 Satz 2 mitgenutzten Grundstücksfläche keiner Abgeschlossenheit[5].

III. Eintragung (Abs. 2)

1. Bezugnahme

5 Für die Entstehung des Dauerwohnrechts sind die Einigung und die Eintragung erforderlich (§ 873 BGB; vgl. § 31 Rz. 6). Grundbuchrechtlich genügt die Bewilligung des betroffenen Grundstückseigentümers in öffentlich beglaubigter Form[6]. Die Eintragung erfolgt in Abteilung II des Grundbuchs des belasteten Grundstücks. Zur näheren Bezeichnung kann auf die **Bewilligung** Bezug genommen werden (Abs. 2 Satz 1)[7]. Sie ist Bestandteil des Grundbuchs und nimmt an dessen öffentlichem Glauben teil. Allerdings muss die Eintragung im Grund-

---

1 BayObLG v. 28.5.1997 – 2Z BR 60/97, BayObLGZ 1997, 163 = DNotZ 1998, 374 = MittBayNot 1997, 289.
2 S. nur *Bassenge* in Palandt, BGB, § 32 WEG Rz. 1; *Spiegelberger* in Staudinger, BGB, § 32 WEG Rz. 7.
3 Ebenso BayObLG v. 28.5.1997 – 2Z BR 60/97, BayObLGZ 1997, 163 = DNotZ 1998, 374 = MittBayNot 1997, 289; a.A. *Lotter*, MittBayNot 1999, 354 (356).
4 LG Münster v. 18.11.1952 – 5 T 872/52 und 877/52, DNotZ 1953, 148.
5 So BayObLG v. 28.5.1997 – 2Z BR 60/97, BayObLGZ 1997, 163 = NJW-RR 1997, 1233 = DNotZ 1998, 374 = FGPrax 1997, 178 = MittBayNot 1997, 289 und *Heinemann* in AnwK-BGB, § 32 WEG Rz. 2.
6 §§ 19, 29 GBO.
7 Vgl. § 874 BGB, der nicht unmittelbar anwendbar ist.

buch selbst die Art des Rechts erkennen lassen. Zwingend erforderlich ist deshalb die Angabe, ob es sich um ein Dauerwohn-, Dauernutzungs- oder um ein kombiniertes Dauerwohn- und Dauernutzungsrecht handelt[1]. Auch eine Befristung muss sich aus dem Grundbuch ergeben, desgleichen eine Bestehenbleibensvereinbarung nach § 39[2]. Das Zustimmungserfordernis kann sich dagegen aus der Grundbucheintragung ergeben, muss es aber nicht[3].

2. Anlagen

Der Eintragungsbewilligung sind der **Aufteilungsplan** und die **Abgeschlossenheitsbescheinigung** der Baubehörde beizufügen. Der Aufteilungsplan muss mit Unterschrift und Siegel oder Stempel versehen sein. Insbesondere aus der Bauzeichnung muss sich ergeben, welche Räume vom Dauerwohn- bzw. Dauernutzungsrecht umfasst sind und in welchem Stockwerk sie liegen. Die weiteren in dem Gebäude befindlichen Wohnungen und Räume müssen nicht ersichtlich sein; Gleiches gilt für Gemeinschaftsanlagen und -einrichtungen[4]. Wird ein Gebäude insgesamt mit einem Dauerwohn- oder Dauernutzungsrecht belastet, genügt der Aufteilungsplan, der allerdings sämtliche Gebäudeteile umfassen muss. In diesem Fall ist eine Abgeschlossenheitsbescheinigung nicht erforderlich[5]. 6

Die Landesregierungen können durch Rechtsverordnung eine Zuständigkeit der öffentlich bestellten oder anerkannten **Sachverständigen** für das Bauwesen zur Erteilung der Abgeschlossenheitsbescheinigung schaffen. In diesem Fall gelten für die Sachverständigen die Bestimmungen der Allgemeinen Verwaltungsvorschrift für die Ausstellung von Bescheinigungen gem. § 7 Abs. 4 Nr. 2 und § 32 Abs. 2 Nr. 2 Satz 4 bis 6 entsprechend (s. dazu ausführlich § 7 Rz. 21 ff.)[6]. Deren Bescheinigung muss jedoch nicht der Form des § 29 GBO entsprechen. 7

IV. Prüfung durch das Grundbuchamt (Abs. 3)

Entsprechend der Normierung beim Erbbaurecht sollen die Beteiligten den Inhalt des Dauerwohn- und Dauernutzungsrechts selbst regeln. Hierfür gibt die Kannbestimmung des § 33 Abs. 3 mittelbar einen **Mindestinhalt** vor, nämlich die Regelung über Art und Umfang der Nutzungen, Instandhaltung und Instandsetzung der dem Dauerwohn- bzw. Dauernutzungsrecht unterliegenden Gebäudeteile, die Pflicht des Berechtigten zur Tragung öffentlicher oder privater Lasten des Grundstücks, die Versicherung des Gebäudes und seinen Wiederaufbau 8

---

1 BayObLG v. 28.6.1960 – 2Z 20/60, BayObLGZ 1960, 231 = NJW 1960, 2100.
2 Ebenso *Engelhardt* in MünchKommBGB, § 32 WEG Rz. 3; *Mansel* in Weitnauer, WEG § 32 Rz. 5 und *Heinemann* in AnwK-BGB, § 32 WEG Rz. 4; BayObLG v. 26.3.1998 – 2Z BR 46/98, NZM 1998, 531.
3 *Vandenhouten* in Niedenführ/Kümmel/Vandenhouten, WEG, § 32 Rz. 13.
4 BayObLG v. 28.5.1997 – 2Z BR 60/97, BayObLGZ 1997, 163 = NJW-RR 1997, 1233 = DNotZ 1998, 374 = FGPrax 1997, 178 = MittBayNot 1997, 289; *Mayer*, DNotZ 2003, 908 (909).
5 Ebenso LG Münster v. 18.11.1952 – 5 T 872/52 und 877/52, DNotZ 1953, 148; *Vandenhouten* in Niedenführ/Kümmel/Vandenhouten, WEG, § 32 Rz. 6; *Spiegelberger* in Staudinger, BGB, § 32 WEG Rz. 10 und *Augustin* in BGB-RGRK, § 32 WEG Rz. 5.
6 Der Text der AVA ist veröffentlicht in BAnz Nr. 58 v. 23.3.1974.

im Fall der Zerstörung sowie ferner die Voraussetzungen des Heimfallanspruchs (§ 36 Abs. 1) und die Entschädigung beim Heimfall (§ 36 Abs. 4). Erforderlich ist, dass sich die entsprechenden Vereinbarungen unmittelbar aus der Bewilligung ergeben, die der Form des § 29 GBO entspricht[1]. Wurden die diesbezüglichen Vereinbarungen nicht getroffen, kann das Grundbuchamt die Eintragung ablehnen. Allerdings können die Beteiligten auch eine „Negativregelung" treffen, also insbesondere keinen Heimfall vorsehen[2]. Besteht keine Regelung zum Heimfall, so muss selbstverständlich auch keine Regelung über die Entschädigung im Heimfall getroffen werden[3]. Die Höhe der Entschädigung, falls ein Heimfall vereinbart ist, hat das Grundbuchamt keinesfalls auf ihre Angemessenheit zu prüfen; dessen Befugnis bezieht sich allein auf die Frage des Bestehens einer Entschädigungspflicht.

9 Ausreichend ist, wenn sich die diesbezüglichen Erklärungen aus der Eintragungsbewilligung ergeben. Die **Einigung** hierüber hat das Grundbuchamt **nicht** zu prüfen[4].

10 Es handelt sich auch bei Abs. 3 nur um eine **Sollvorschrift**. Ist das Dauerwohn- bzw. Dauernutzungsrecht im Grundbuch eingetragen, obwohl die „Mindestvoraussetzungen hinsichtlich der Vereinbarungen" nicht erfüllt sind, entsteht es gleichwohl[5].

V. Kosten

11 Für den Geschäftswert der Bestellung des Dauerwohn- bzw. Dauernutzungsrechts gilt beim Grundbuchamt und beim Notar § 24 KostO[6]. Für die Eintragung fällt beim Grundbuchamt eine volle Gebühr an (§ 62 KostO)[7]. Die Notarkosten errechnen sich danach, ob eine Beurkundung oder eine Beglaubigung der Eintragungsbewilligung, die auf die reinen Grundbucherklärungen beschränkt ist, erfolgt. Im ersten Fall fällt eine $^{20}/_{10}$-Gebühr (§ 36 Abs. 2 KostO) und beim Eigentümerrecht eine $^{10}/_{10}$-Gebühr (§ 36 Abs. 1 KostO) an. Enthält die Erklärung lediglich eine Eintragungsbewilligung, ist nur eine $^{5}/_{10}$-Gebühr zu erheben (§ 38 Abs. 2 Nr. 5a KostO). Für die Löschung eines Dauerwohn- bzw. Dauernutzungsrechts wird eine halbe Gebühr aus dem Wert des Rechts im Zeitpunkt der Eintragung erhoben (§§ 68, 24 Abs. 6 Satz 2 KostO).

---

1 Ebenso *Spiegelberger* in Staudinger, BGB, § 32 WEG Rz. 22; a.A. *Heinemann* in AnwK-BGB, § 32 WEG Rz. 7 und wohl auch *Schneider* in KK-WEG, § 32 Rz. 20.
2 BayObLG v. 5.3.1954 – 2Z 10/54, BayObLGZ 1954, 67 = NJW 1954, 959; vgl. auch *Mansel* in Weitnauer, WEG, § 32 Rz. 9 und *Augustin* in BGB-RGRK, § 32 WEG Rz. 7.
3 S. nur *Spiegelberger* in Staudinger, BGB, § 32 WEG Rz. 24.
4 *Mansel* in Weitnauer, WEG, § 33 Rz. 7 und *Vandenhouten* in Niedenführ/Kümmel/Vandenhouten, WEG, § 32 Rz. 9; *Schneider* in KK-WEG, § 32 Rz. 18; tlw. a.A. OLG Düsseldorf v. 21.9.1977 – 3 W 266/77, DNotZ 1978, 354 und wohl auch *Hügel* in Bamberger/Roth, BGB, § 32 WEG Rz. 5.
5 *Vandenhouten* in Niedenführ/Kümmel/Vandenhouten, WEG, § 32 Rz. 10; *Bassenge* in Palandt, BGB, § 32 WEG Rz. 2; ebenso bereits *Grziwotz* in Erman, BGB, § 32 WEG Rz. 2.
6 *Lappe* in Korintenberg/Lappe/Bengel/Reimann, KostO, 16. Aufl. 2005, § 62 Rz. 5 und *Tiedtke*, Notarkosten im Grundstücksrecht, 2. Aufl. 2007, Rz. 1100.
7 S. nur *Spiegelberger* in Staudinger, BGB, § 32 WEG Rz. 25 und *Lappe* in Korintenberg/Lappe/Bengel/Reimann, KostO, 16. Aufl. 2005, § 62 Rz. 5.

§ 33
Inhalt des Dauerwohnrechts

(1) Das Dauerwohnrecht ist veräußerlich und vererblich. Es kann nicht unter einer Bedingung bestellt werden.

(2) Auf das Dauerwohnrecht sind, soweit nicht etwas anderes vereinbart ist, die Vorschriften des § 14 entsprechend anzuwenden.

(3) Der Berechtigte kann die zum gemeinschaftlichen Gebrauch bestimmten Teile, Anlagen und Einrichtungen des Gebäudes und Grundstücks mitbenutzen, soweit nichts anderes vereinbart ist.

(4) Als Inhalt des Dauerwohnrechts können Vereinbarungen getroffen werden über:
1. Art und Umfang der Nutzungen;
2. Instandhaltung und Instandsetzung der dem Dauerwohnrecht unterliegenden Gebäudeteile;
3. die Pflicht des Berechtigten zur Tragung öffentlicher oder privatrechtlicher Lasten des Grundstücks;
4. die Versicherung des Gebäudes und seinen Wiederaufbau im Falle der Zerstörung;
5. das Recht des Eigentümers, bei Vorliegen bestimmter Voraussetzungen Sicherheitsleistung zu verlangen.

Inhaltsübersicht

	Rz.		Rz.
I. Inhaltsbestimmung	1	V. Mitbenutzungsrecht (Abs. 3)	14
II. Veräußerlichkeit und Vererblichkeit (Abs. 1 Satz 1)	2	VI. Vereinbarter dinglicher Inhalt (Abs. 4)	22
III. Bedingungsverbot (Abs. 1 Satz 2)	8	1. Vereinbarungsmöglichkeiten	22
IV. Pflichtenkatalog (Abs. 2)	11	2. Änderung des dinglichen Inhalts	30

Schrifttum: *Ahrens*, Dingliche Nutzungsrechte, 2. Aufl. 2007, Rz. 254 ff.; *Diester*, Kann ein Dauerwohnrecht auf die Lebensdauer des Berechtigten befristet werden?, NJW 1963, 183; *Hügel*, in Hügel/Scheel, Rechtshandbuch Wohnungseigentum, 2. Aufl. 2007, Teil 14; *Klingenstein*, Können Erbbaurecht und Dauerwohnrecht auf Lebenszeit des Berechtigten bestellt werden?, BWNotZ 1965, 222; *Lotter*, Aktuelle Fragen des Dauerwohnrechts, MittBayNot 1999, 354; *Marschall*, Befristung eines Dauerwohnrechts auf Lebenszeit des Berechtigten, DNotZ 1962, 81; *Mayer*, Zur Störfallvorsorge beim Dauerwohnrecht: Heimfallanspruch bei Tod des Berechtigten oder Veräußerung des Rechts, DNotZ 2003, 908.

I. Inhaltsbestimmung

§ 33 ergänzt die Begriffsbestimmung des § 31. Die in Abs. 1 enthaltenen Regelungen gehören zum Wesenskern des Dauerwohn- bzw. Dauernutzungsrechts 1 und sind deshalb zwingend. Demgegenüber enthalten die Abs. 2 und 3 Bestimmungen, die üblicherweise Inhalt des Dauerwohn- bzw. Dauernutzungsrechts sind; hiervon abweichende Vereinbarungen können die Beteiligten jedoch treffen. Abs. 4 gibt den Beteiligten die Möglichkeit, bestimmte Regelungen zum dinglichen Inhalt des Rechts zu machen. Weitere Bestimmungen hierzu finden sich u.a. in den §§ 35, 36, 39 und 40. Abs. 4 Nr. 1 bis 4 bezeichnen mittelbar den **Inhalt**, den die Beteiligten in ihrer Vereinbarung mindestens behandeln müssen. Dies wird auf dem Umweg des § 32 Abs. 3 erreicht (vgl. dazu § 32 Rz. 4). Allerdings bedeutet dies nicht, dass die diesbezüglichen Gegenstände auch zwingend vereinbart werden müssen. Beispielsweise können sich die Beteiligten ausdrücklich gegen die Anordnung eines Heimfalls aussprechen. Diejenigen Regelungen, die der Gesetzgeber nicht als dinglichen Inhalt des Rechts vorsieht, können nur mit schuldrechtlicher Wirkung vereinbart werden. Einen Einzelrechtsnachfolger binden sie nur, wenn sie weitergegeben werden, wozu zumindest eine Verpflichtung begründet werden kann.

II. Veräußerlichkeit und Vererblichkeit (Abs. 1 Satz 1)

2   Die Veräußerlichkeit und die Vererblichkeit gehören zum **Wesenskern** des Dauerwohn- bzw. Dauernutzungsrechts. Sie bilden die hauptsächlichen Unterscheidungskriterien gegenüber dem Wohnungsrecht nach § 1093 BGB. Sie können deshalb zwar in zulässigem Umfang eingeschränkt, nicht aber ausgeschlossen werden[1].

3   Bei der Veräußerung eines Dauerwohn- oder Dauernutzungsrechts handelt es sich um die **Veräußerung eines Rechts**. Da es sich nicht um ein grundstücksgleiches Recht handelt und auch keine diesbezügliche ausdrückliche Formvorschrift – § 11 Abs. 2 ErbbauVO – besteht, ist die Veräußerung grundsätzlich formfrei möglich, sofern nicht wegen des Zusammenhangs mit einem formbedürftigen Geschäft (z.B. einer Grundstücksveräußerung) oder der Art des Rechtsakts selbst (z.B. einem Schenkungsversprechen) Formerfordernisse bestehen[2]. Bei dem schuldrechtlichen Grundgeschäft handelt es sich um einen Rechtserwerb. Dieser kann auch bedingt erfolgen; Abs. 1 Satz 2 gilt nur für die Bestellung, nicht aber für die Veräußerung[3]. Auch § 11 Abs. 1 Satz 2 ErbbauVO und § 925 Abs. 2 BGB, die jeweils ein Bedingungsverbot enthalten, sind nicht analog anwendbar.

4   Zum Schutz des Eigentümers sieht das Gesetz ebenso wie beim Erbbaurecht und beim Wohnungseigentum eine **Veräußerungsbeschränkung** vor (§ 35). Außerdem kann im Fall der Veräußerung ein Heimfall vereinbart werden (vgl. § 36 Rz. 3). Die dingliche Übertragung erfolgt durch Einigung und Eintragung im Grundbuch (§ 873 BGB), wobei für die Bewilligung das Formerfordernis der öffentlichen Beglaubigung besteht (§ 29 GBO).

---

1 Vgl. *Mansel* in Weitnauer, WEG, § 33 Rz. 2.
2 LG Köln v. 30.4.1991 – 21 O 569/90, NJW-RR 1992, 1333 und *Bassenge* in Palandt, BGB, § 33 WEG Rz. 1.
3 Vgl. *Mansel* in Weitnauer, WEG, § 33 Rz. 2; *Pick* in Bärmann/Pick/Merle, WEG, § 33 Rz. 70 und *Engelhardt* in MünchKommBGB, § 33 WEG Rz. 2.

Eine **Belastung** des Dauerwohn- bzw. Dauernutzungsrechts ist – abgesehen vom Nießbrauchsrecht – grundsätzlich nicht möglich. Dies betrifft insbesondere die Bestellung einer Dienstbarkeit einschließlich eines Wohnungsrechts gem. § 1093 BGB am Dauerwohnrecht, einer Reallast zur Sicherung der Gegenleistung sowie von Grundpfandrechten und dinglichen Vorkaufsrechten[1]. Ausgenommen hiervon ist die Belastung mit einem Nießbrauchsrecht (§ 1069 BGB)[2]. Das Dauerwohn- und Dauernutzungsrecht ist pfändbar[3]. Der Dauerwohn- bzw. Dauernutzungsberechtigte kann die Räume vermieten und verpachten (vgl. § 37 Rz. 2). Am Dauerwohn- bzw. Dauernutzungsrecht kann ein schuldrechtliches Vorkaufsrecht bestellt werden. Schuldrechtlich kann ferner die Verpflichtung zur Rückübertragung (z.B. bei Scheidung der Ehe zwischen Eigentümer und Dauernutzungsberechtigtem) vereinbart werden. Das schuldrechtliche Vorkaufsrecht und die Übertragungsverpflichtung können durch Vormerkung im Grundbuch gesichert werden[4].

Das Dauerwohn- bzw. Dauernutzungsrecht ist kein Verwertungsrecht. Da es außerdem **kein grundstücksgleiches Recht** ist, kann zu seinen Gunsten keine Reallast und kein subjektiv dingliches Vorkaufsrecht bestellt werden[5]. Demgegenüber ist die Bestellung eines subjektiv persönlichen Vorkaufsrechts zugunsten des Dauerwohn- bzw. Dauernutzungsberechtigten möglich[6].

Die **Vererblichkeit** des Dauerwohn- bzw. Dauernutzungsrechts erhöht dessen Verkehrsfähigkeit. Anders als das Wohnungsrecht gem. § 1093 BGB bietet es sich somit an, wenn das Recht zum Wohnen beispielsweise einem Kind eingeräumt wird und dieses berechtigt sein soll, es an einen Ehegatten, einen Lebenspartner, einen Lebensgefährten oder einen Enkel weiterzuvererben. Die Vererblichkeit steht jedoch einer Befristung auf Lebenszeit des Berechtigten oder eines weiteren Nachfolgers nicht entgegen. Ebenso kann ein Heimfallanspruch für den Fall des Ablebens des Berechtigten oder eines Rechtsnachfolgers vereinbart werden[7].

III. Bedingungsverbot (Abs. 1 Satz 2)

Die Vereinbarung einer Bedingung bei Bestellung des Dauerwohn- bzw. Dauernutzungsrechts führt zur **Nichtigkeit** der entsprechenden Vereinbarung. Dies gilt sowohl für eine auflösende als auch für eine aufschiebende Bedingung. Auch die Gültigkeit des schuldrechtlichen Kausalgeschäfts kann nicht zur Be-

---

1 S. nur *Stürner* in Soergel, BGB, § 33 WEG Rz. 2 und *Augustin* in BGB-RGRK, § 33 WEG Rz. 4.
2 S. nur *Pick* in Bärmann/Pick/Merle, WEG, § 33 Rz. 34; *Spiegelberger* in Staudinger, BGB, § 33 WEG Rz. 13 und *Heinemann* in AnwK-BGB, § 33 WEG Rz. 2.
3 S. nur *Bassenge* in Palandt, BGB, § 33 WEG Rz. 1. Die Verwertung erfolgt durch freiwilligen Verkauf, Zwangsversteigerung (§§ 844, 857 Abs. 5 ZPO) und Zwangsverwaltung mittels Entziehung der Nutzungen (§ 857 Abs. 4 ZPO).
4 S. nur *Spiegelberger* in Staudinger, BGB, § 33 WEG Rz. 14f. und *Pick* in Bärmann/Pick/Merle, WEG, § 33 Rz. 35.
5 *Pick* in Bärmann/Pick/Merle, WEG, § 33 Rz. 119.
6 Unklar *Heinemann* in AnwK-BGB, § 33 WEG Rz. 2.
7 S. nur *Bassenge* in Palandt, BGB, § 33 WEG Rz. 2 und *Vandenhouten* in Niedenführ/Kümmel/Vandenhouten, WEG, § 33 Rz. 5f.

dingung der Bestellung des dinglichen Rechts gemacht werden. Das Grundbuchamt darf die entsprechende Eintragung nicht vornehmen, sondern muss den Antrag zurückweisen. Erfolgt die Eintragung gleichwohl, ist das Recht von Amts wegen zu löschen[1]. Insoweit ähnelt das Dauerwohn- bzw. Dauernutzungsrecht wiederum dem Erbbaurecht[2]. Das Wohnungsrecht gem. § 1093 BGB kann dagegen unter einer aufschiebenden oder auflösenden Bedingung stehen. Die Bedingungsfeindlichkeit betrifft nur die Bestellung, nicht jedoch eine spätere Übertragung und Verpfändung. Diese kann auch bedingt erfolgen (vgl. oben Rz. 3).

9 Das Bedingungsverbot betrifft, wie sich aus § 41 ergibt, **nicht** die **Befristung**. Dies gilt sowohl für eine aufschiebende als auch die auflösende Befristung. Deshalb ist insbesondere die Bestellung eines Dauerwohn- bzw. Dauernutzungsrechts auf Lebensdauer des Berechtigten möglich[3]. Die Zulässigkeit scheitert nicht daran, dass § 33 Abs. 1 die Vererblichkeit zwingend vorschreibt, da andererseits eine Befristung grundsätzlich zugelassen wird. Die Zulässigkeit umfasst auch eine Befristung auf unbestimmte Zeit. Unzulässig ist dagegen eine Befristung „auf die Dauer des von den Beteiligten über die Räume abgeschlossenen Miet- oder Pachtvertrags"[4]. Dagegen ist es zulässig und auch üblich, wenn das Dauerwohn- bzw. Dauernutzungsrecht zur Sicherung eines Mietverhältnisses bestellt ist, die schuldrechtliche Verpflichtung zur Rückübertragung des Rechts nach Ende des Mietvertrags zu vereinbaren und diese Verpflichtung durch eine Vormerkung im Grundbuch zu sichern[5].

10 Als Inhalt des Dauerwohn- bzw. Dauernutzungsrechts kann auch eine Befristung hinsichtlich unterschiedlicher Berechtigter für kurze Zeiträume geregelt werden, so dass verschiedene Personen über einen bestimmten Zeitraum dieselbe Wohnung oder nicht zu Wohnzwecken dienende Räume nutzen (**time-sharing**)[6]. Unzulässig ist dagegen die Sukzessivberechtigung, wonach nach dem Ableben eines Berechtigten ein anderer Berechtigter nutzungsberechtigt sein soll[7]. Allerdings kommt es auf die Konstruktion im Einzelnen an[8].

---

1 *Spiegelberger* in Staudinger, BGB, § 33 WEG Rz. 18.
2 Vgl. § 1 Abs. 4 Satz 1 ErbbauVO, der allerdings aufschiebende Bedingungen zulässt.
3 BGH v. 14.7.1969 – V ZR 122/66, BGHZ 52, 269 (272); LG Wuppertal v. 27.10.1955 – 6 T 966/55, MittRhNotK 1956, 227; *Diester*, NJW 1963, 183; *Marschall*, DNotZ 1962, 381; *Mayer*, DNotZ 2003, 908; *Heinemann* in AnwK-BGB, § 33 WEG Rz. 3; *Hügel* in Bamberger/Roth, BGB, § 33 WEG Rz. 3; *Engelhardt* in MünchKommBGB, § 33 WEG Rz. 2; *Schneider* in KK-WEG, § 33 Rz. 25; *Spiegelberger* in Staudinger, BGB, § 33 WEG Rz. 5; a.A. OLG Neustadt v. 27.7.1961 – 3 W 58/61, NJW 1961, 1974; *Böttcher*, MittRhNotK 1987, 219; *Stürner* in Soergel, BGB, § 33 WEG Rz. 5.
4 Vgl. *Hoche*, DNotZ 1953, 151 (154) und *Schöner/Stöber*, Grundbuchrecht, 13. Aufl. 2004, Rz. 3002; wie hier bereits *Grziwotz* in Erman, BGB, § 33 WEG Rz. 3.
5 S. nur *Spiegelberger* in Staudinger, BGB, § 33 WEG Rz. 6.
6 S. dazu BGH v. 30.6.1995 – V ZR 184/94, BGHZ 130, 150 = NJW 1995, 2637 = DNotZ 1996, 88 = MDR 1995, 1113 = ZIP 1995, 1359 = ZMR 1995, 543 sowie § 31 Rz. 2.
7 LG München I v. 8.1.1954 - I T 1095/53, MittBayNot 1954, 74 und *Spiegelberger* in Staudinger, BGB, § 33 WEG Rz. 5 und *Mansel* in Weitnauer, WEG, § 33 Rz. 3.
8 Ausführlich *Schöner/Stöber*, Grundbuchrecht, 13. Aufl. 2004, Rz. 261a ff.; vgl. *Pick* in Bärmann/Pick/Merle, WEG, § 33 Rz. 61.

IV. Pflichtenkatalog (Abs. 2)

Die Verweisung auf § 14 regelt das Rechtsverhältnis zwischen Eigentümer und Berechtigtem, sofern diese keine abweichende Vereinbarung treffen. Die gesetzliche Regelung geht davon aus, dass der **Katalog des § 14** als Konkretisierung der Schutz- und Treuepflichten, insbesondere der Pflicht zur gegenseitigen Rücksichtnahme, auch beim Dauerwohn- bzw. Dauernutzungsrecht gilt. Der Dauerwohn- bzw. Dauernutzungsberechtigte hat danach die seinem Recht unterliegenden Gebäude- und Grundstücksteile instand zu halten, dass dadurch dem Eigentümer über das bei einem geordneten Zusammenleben unvermeidbare Maß hinaus kein Nachteil erwächst. Er darf ferner von den dem Dauerwohn- bzw. Dauernutzungsrecht unterliegenden Gebäude- und Grundstücksteilen sowie auch den gemeinschaftlich genutzten in der Weise Gebrauch machen, dass dadurch dem Eigentümer kein Nachteil erwächst, der über das bei einem geordneten Zusammenleben unvermeidliche Maß hinaus geht. Er hat dafür zu sorgen, dass die Einhaltung dieser Pflichten auch durch die Personen erfolgt, die seinem Hausstand oder Geschäftsbetrieb angehören oder denen er sonst die Benutzung der seinem Dauerwohn- bzw. Dauernutzungsrecht unterliegenden Räume oder der zum gemeinschaftlichen Gebrauch bestimmten Gebäude- oder Grundstücksteile überlässt. Er hat ferner Einwirkungen auf die seinem Dauerwohn- bzw. Dauernutzungsrecht unterliegenden Räume und die gemeinschaftlich genutzten Gebäude- und Grundstücksteile zu dulden, soweit sie auf einem nach den vorstehenden Regelungen zulässigen Gebrauch beruhen. Schließlich hat er das Betreten und die Benutzung der seinem Dauerwohn- bzw. Dauernutzungsrecht unterliegenden Räume zu gestatten, sofern dies zur Instandhaltung und Instandsetzung der zur gemeinschaftlichen Nutzung bestimmten Grundstücks- und Gebäudeteile erforderlich ist. Dem Berechtigten ist ein hierdurch entstehender Schaden zu ersetzen. Die Schadenshöhe wird durch den Zeitraum des Nutzungsrechts beeinflusst. Im Zweifel entspricht dies der Rechtslage bei Zerstörung des Gebäudes, wenn diesbezüglich keine vertragliche Vereinbarung getroffen wurde. Ohne eine solche dürfte der Eigentümer zum Wiederaufbau nicht verpflichtet sein, soweit nicht eine Versicherung oder ein werthaltiger Anspruch gegen einen Dritten (z.B. Schädiger) diese Kosten deckt[1]. 11

Bei Fehlen einer Vereinbarung gelten das **Nießbrauchs- und** das **Mietrecht nicht** entsprechend[2]. 12

Die Verweisung auf § 14 regelt nur das Verhältnis zwischen dem Eigentümer und dem Berechtigten, **nicht** jedoch **gegenüber Dritten**. Insbesondere betrifft der Pflichtenkatalog – anders als § 14 – nicht das Rechtsverhältnis zwischen mehreren Dauerwohn- bzw. Dauernutzungsberechtigten[3]. 13

---

1 *Augustin* in BGB-RGRK, § 33 WEG Rz. 19; *Stürner* in Soergel, BGB, § 31 WEG Rz. 8; a.A. *Pick* in Bärmann/Pick/Merle, WEG, § 33 Rz. 91.
2 BGH v. 9.7.1969 – V ZR 190/67, NJW 1969, 1850; LG Frankfurt/Main v. 24.3.2000 – 2–25 O 381/99, NZM 2000, 877.
3 S. nur *Schmid* in KK-WEG, § 33 Rz. 5.

V. Mitbenutzungsrecht (Abs. 3)

14 Dem Dauerwohn- bzw. Dauernutzungsberechtigten ist die Mitbenutzung der zum gemeinschaftlichen Gebrauch bestimmten Teile, Anlagen und Einrichtungen des Gebäudes und Grundstücks mangels abweichender Vereinbarung gestattet. Diese § 1093 Abs. 2 BGB entsprechende Regelung kompensiert das fehlende Gemeinschaftseigentum an diesen Anlagen und Einrichtungen. Die **Gemeinschaft** bezieht sich beim Dauerwohn- bzw. Dauernutzungsrecht nicht auf das Eigentum, sondern den **Gebrauch**.

15 Die Vorschrift entspricht der Vermutung, dass die gemeinschaftlichen Anlagen und Einrichtungen mitbenutzt werden dürfen, auch wenn dies zur Ausübung des Daucrwohn- bzw. Dauernutzungsrechts nicht zwingend erforderlich ist. Maßgebend sind diesbezüglich die allgemeinen Lebens- bzw. Nutzungsgewohnheiten. Eine Kennzeichnung der betroffenen Flächen bzw. Gebäudeteile im Aufteilungsplan ist nicht erforderlich[1].

16 Betroffen sind wie beim Wohnungsrecht[2] die gemeinsame Heizung[3], weitere Ver- und Entsorgungseinrichtungen[4], Keller, Waschküche, Treppenhaus, Aufzug, Fahrradkeller, Trockenboden sowie dem Eigentümer und den sonstigen Nutzungsberechtigten zur Verfügung stehende Kfz-Stellplatzflächen, auch solche in einer Sammelgarage. Beispiel ist ein Dauernutzungsrecht in einem Einkaufszentrum, in dem Außenparkflächen und eine Tiefgarage gebaut wurden. Insbesondere beim Dauernutzungsrecht darf der Nutzungsberechtigte auch an Gebäudeteilen (z.B. Eingangsbereich), die nicht seinem Dauernutzungsrecht unterliegen, eine Außenreklame anbringen[5]. Dies muss für den Geschäftsbetrieb nicht erforderlich sein[6]. Ausreichend ist, wenn die Benutzung zweckmäßig und üblich ist. Umstritten ist, ob zur gemeinschaftlichen Nutzung auch der Garten sowie sonstige Grundstücksflächen gehören, wenn diesbezüglich keine ausdrückliche Nutzungsregelung getroffen wird[7].

17 Der Mitgebrauch betrifft nicht nur bei Bestellung vorhandener Anlagen und Einrichtungen, sondern gilt auch für erneuerte bzw. umgestaltete[8] sowie für völlig neu geschaffene, bei Bestellung **noch nicht vorhandene**.

18 Das Mitbenutzungsrecht kann **durch Vereinbarung konkretisiert** werden. So ist es beispielsweise möglich, den Umfang eines Gartenmitbenutzungsrechts zu re-

---

1 BayObLG v. 28.5.1997 – 2Z BR 60/97, BayObLGZ 1997, 163 = DNotZ 1998, 374 = NJW-RR 1997, 1233 = MittBayNot 1997, 289.
2 S. nur *Bassenge* in Palandt, BGB, § 1093 Rz. 13.
3 BGH v. 4.7.1969 – V ZR 37/66, BGHZ 52, 234.
4 BayObLG v. 3.7.1991 – BReg. 2Z 60/91, Rpfleger 1992, 57 = DNotZ 1992, 303.
5 OLG Frankfurt/M. v. 9.1.1970 – 10 U 201/68, BB 1970, 731; LG Dortmund v. 30.8.1990 – 17 S 164/90, NJW-RR 1991, 16; *Mansel* in Weitnauer, WEG, § 33 Rz. 10.
6 Missverständlich *Heinemann* in AnwK-BGB, § 33 WEG Rz. 5.
7 Bejahend wohl LG Freiburg v. 30.3.2001 – 14 O 324/00, WuM 2002, 151; a.A. *Vandenhouten* in Niedenführ/Kümmel/Vandenhouten, WEG, § 33 Rz. 17; BayObLG v. 28.5.1997 – 2Z BR 60/97, BayObLGZ 1997, 163 = DNotZ 1998, 374 = NJW-RR 1997, 1233 = MittBayNot 1997, 289.
8 BayObLG v. 12.12.1996 – 2Z BR 123/96, NJW-RR 1997, 651.

geln[1]. § 33 Abs. 3 schließt derartige Vereinbarungen nicht aus, auch soweit sie Nutzungsbefugnisse vorsehen, die ohnehin aufgrund der gesetzlichen Vermutung den Berechtigten zustehen würden. Sie dienen in der Praxis auch der Streitvermeidung. Auch in Fällen einer derartigen Konkretisierung beschränken sich die entsprechenden Befugnisse nicht auf die bei Bestellung vorhandenen Anlagen und Einrichtungen, sondern erfassen auch an ihre Stelle tretende sanierte und erneuerte Anlagen und Einrichtungen. Werden davon nicht erfasste Einrichtungen geschaffen, gilt für sie die gesetzliche Regelung in Abs. 3.

Eine Alleinbenutzung des Berechtigten hinsichtlich bestimmter Anlagen und Einrichtungen ist möglich. Diese werden, sofern es sich um Räume handelt, Teile des Dauerwohn- bzw. Dauernutzungsrechts. Sie müssen deshalb im Aufteilungsplan enthalten und von der Abgeschlossenheitsbescheinigung umfasst sein. Beispiel ist ein zur Wohnung gehörender Kellerraum. Bei Erstreckung des Rechts auf außerhalb des Gebäudes liegende Teile des Grundstücks müssen die Wohnung bzw. die dem Nutzungsrecht unterliegenden Räume die Hauptsache bleiben (§ 31 Abs. 1 Satz 2, Abs. 3; vgl. § 31 Rz. 4). 19

Das Mitgebrauchsrecht kann durch **Vereinbarung** auch **eingeschränkt** und ausgeschlossen werden. Es können bestimmte, dem gemeinschaftlichen Gebrauch dienende Anlagen und Einrichtungen von der Mitbenutzung ausdrücklich ausgenommen werden. Beispiel sind der Garten und eine etwa vorhandene Garagenanlage. Die Erwähnung einzelner der Mitbenutzung und dem Mitgebrauch dienenden Anlagen und Einrichtungen enthält im Regelfall jedoch keine abschließende Aufzählung, so dass die gesetzliche Regelung hinsichtlich weiterer bestehen bleibt. Beispiel ist die Erwähnung des Treppenhauses, die die Mitbenutzung eines vorhandenen Aufzugs nicht ausschließt, auch wenn dieser nicht ausdrücklich genannt wird; im Regelfall wird sogar die Treppenhausbenutzung den Aufzug umfassen. 20

Eine Abbedingung der Sammelbenutzung ist **nur insoweit möglich**, als die Anlagen und Einrichtungen nicht zwingend zur zweckentsprechenden Nutzung des Dauerwohn- bzw. Dauernutzungsrechts erforderlich sind[2]. Beispiele sind insbesondere die Außenflächen. Allerdings ist insoweit die Einschränkung zu machen, dass dies lediglich für diejenigen Flächen zutrifft, die nicht aufgrund öffentlich-rechtlichen Rechts zwingend zur Ausübung des Dauerwohn- bzw. Dauernutzungsrechts erforderlich sind. Deshalb kann die Mitbenutzung des Gartens beim Dauerwohnrecht problemlos abbedungen werden, während dies hinsichtlich baurechtlich erforderlicher Stellplätze nur dann der Fall ist, wenn der Stellplatznachweis vom Berechtigten anderweitig (z.B. auf einem anderen Grundstück oder durch Ablösung) geführt werden kann. Eine Unzulässigkeit der Abbedingung besteht aber nicht erst bei einer Unmöglichkeit der Nutzung, sondern bereits dann, wenn die zweckentsprechende Nutzung entgegen den üblichen Gewohnheiten erheblich erschwert wird. Beispiele sind das untersagte Praxisschild des Arztes und das Schild des Rechtsanwalts beim Dauernutzungs- 21

---

1 Vgl. BayObLG v. 28.5.1997 – 2Z BR 60/97, BayObLGZ 1997, 163 = NJW-RR 1997, 1233 = DNotZ 1998, 374 = MittBayNot 1997, 289.
2 *Stürner* in Soergel, BGB, § 33 WEG Rz. 8; *Vandenhouten* in Niedenführ/Kümmel/Vandenhouten, WEG, § 33 Rz. 18 und *Heinemann* in AnwK-BGB, § 33 WEG Rz. 6.

recht. Demgegenüber können weitere Werbeeinrichtungen (z.B. großflächige blinkende Leuchtreklame) eingeschränkt oder untersagt werden.

VI. Vereinbarter dinglicher Inhalt (Abs. 4)

1. Vereinbarungsmöglichkeiten

22 Ähnlich wie beim Erbbaurecht können die Beteiligten den Inhalt des Dauerwohn- bzw. Dauernutzungsrechts durch Vereinbarungen regeln. Diese werden Bestandteil des Rechts und erhalten somit eine **dingliche Wirkung**, wenn sie im Grundbuch eingetragen werden, wobei die Bezugnahme auf die Bewilligung ausreichend ist. Werden sie nicht im Grundbuch eingetragen, entfalten sie nur schuldrechtliche Wirkung zwischen dem Besteller und dem Eigentümer und gehen auf einen Einzelrechtsnachfolger nur bei Weiterübertragung über. Ebenfalls nur schuldrechtliche Wirkung entfalten Vereinbarungen, die vom Gesetz nicht ausdrücklich als dinglicher Inhalt des Dauerwohn- bzw. Dauernutzungsrechts zugelassen sind.

23 Vereinbarung über **Art und Umfang der Nutzungen (Abs. 4 Nr. 1)** gehören zum notwendigen Inhalt (vgl. § 32 Abs. 3). Sie entsprechen den Vereinbarungen nach § 15 Abs. 1 sowie der Verwendungsvereinbarung in § 2 Nr. 1 ErbbauVO. So können beim Dauerwohnrecht die fremdenverkehrsgewerbliche Nutzung sowie die Vermietung und Verpachtung ausgeschlossen werden. Umgekehrt kann auch die Beschränkung auf eine fremdenverkehrsgewerbliche Nutzung oder eine Nutzung im Rahmen des „betreuten Wohnens" erfolgen[1]. Abweichende Nutzungsarten wie z.B. eine Vermietung oder Verpachtung können auch von einer Zustimmung des Eigentümers abhängig gemacht werden[2]. Die Zustimmung kann wiederum bei einer Vermietung an einen bestimmten Personenkreis entbehrlich sein. Beispiele hierfür sind Einheimischenmodelle sowie Modelle der Wohnraumförderung, die von Gemeinden und Sozialträgern initiiert werden. Auch eine Nutzung als Hausmeisterwohnung kann beim Dauerwohnrecht als Zweck vereinbart werden. Beim Dauernutzungsrecht sind Beschränkungen ebenso wie beim Teileigentum möglich. Auch hier muss stets geprüft werden, ob die Angabe einer Nutzung („Laden") eine Verwendungseinschränkung beinhalten sollte, und welche gleichartigen Nutzungen im Einzelfall gestattet sind[3].

24 Die Pflicht zur **Instandhaltung und Instandsetzung** der dem Dauerwohn- bzw. Dauernutzungsrecht unterliegenden Gebäudeteile **(Abs. 4 Nr. 2)** ergänzt § 33 Abs. 2 und § 14; sie entspricht zudem § 2 Nr. 1 ErbbauVO. Dem Berechtigten können über die laufenden Kosten hinaus auch außergewöhnliche Ausbesserungen auferlegt werden[4]. Seine Pflicht kann auch gemeinschaftlich genutzte Flä-

---

1 BGH v. 30.6.1995 – V ZR 184/94, BGHZ 130, 150 = NJW 1995, 2637 = DNotZ 1996, 88 = MDR 1995, 1113 = ZIP 1995, 1359 = ZMR 1995, 543 und *Heinemann*, MittBayNot 2002, 71.
2 BayObLG v. 28.6.1960 – 2Z 20/60, BayObLGZ 1960, 231 = DNotZ 1960, 596 = NJW 1960, 540; *Hügel* in Bamberger/Roth, BGB, § 33 WEG Rz. 7; *Mansel* in Weitnauer, WEG, § 33 Rz. 12.
3 S. dazu ausführlich bei § 15 Rz. 42 ff.
4 *Stürner* in Soergel, BGB, § 33 WEG Rz. 10.

chen betreffen¹. Dies dürfte jedoch nur insoweit gelten, als das Mitbenutzungsrecht des Dauerwohn- bzw. Dauernutzungsberechtigten hieran nicht ausgeschlossen ist. Die Pflicht zur Instandsetzung des gesamten Gebäudes kann dem Dauerwohn- bzw. Dauernutzungsberechtigten nur vertraglich auferlegt werden, wenn sich sein Recht auf das ganze Gebäude bezieht². Die Regelung lässt nicht nur die Übernahme der diesbezüglichen Verpflichtung durch den Berechtigten zu. Auch dem Eigentümer können im Verhältnis zum Berechtigten entsprechende Pflichten auferlegt werden. Ferner ist eine Aufteilung der diesbezüglichen Pflichten zwischen Eigentümer und Berechtigtem möglich.

Es bedarf der Möglichkeit von Vereinbarungen zur **Tragung öffentlicher und privater Lasten** des Grundstücks (**Abs. 4 Nr. 3**), da § 16 wegen des Fehlens von Miteigentum nicht anwendbar ist. Die Vorschrift entspricht § 2 Nr. 3 ErbbauVO. Da dem Dauerwohn- bzw. Dauernutzungsberechtigten nur ein dingliches Recht zusteht, auf das die Vorschriften über den Nießbrauch keine Anwendung finden, hat grundsätzlich der Eigentümer die öffentlichen und privaten Lasten zu tragen. Der Dauerwohn- bzw. Dauernutzungsberechtigte kann jedoch diese Verpflichtung im Verhältnis zum Eigentümer ganz oder teilweise übernehmen (s. zum Begriff der Grundstückslasten § 16 Rz. 6ff.). Im Außenverhältnis bleibt der Eigentümer weiterhin verpflichtet. Er kann nur vom Berechtigten Freistellung bzw. Erstattung verlangen. Insbesondere ist Adressat der Beitragsbescheide weiterhin der Eigentümer. Dieser kann freilich seine Ansprüche gegen den Dauerwohn- bzw. Dauernutzungsberechtigten an den Gläubiger abtreten³, was freilich an der Beitragsschuld des Eigentümers nichts ändert.

25

Die Vereinbarung über die **Versicherung des Gebäudes und seinen Wiederaufbau** im Falle der Zerstörung (**Abs. 4 Nr. 4**) entspricht § 2 Nr. 2 ErbbauVO. Ohne eine Vereinbarung besteht keine diesbezügliche Pflicht. Regelungen zur Versicherung sind allerdings in der Praxis üblich. Häufig wird der Eigentümer, der nach den Versicherungsbedingungen meist auch nur Versicherungsnehmer sein kann, zum Abschluss bestimmter Versicherungen verpflichtet. Der Dauerwohn- bzw. Dauernutzungsberechtigte übernimmt dagegen anteilig die entsprechenden Kosten.

26

Die **Wiederaufbauverpflichtung** kann auf bestimmte Schadensfälle (z.B. Brand), Zeiträume (z.B. Zerstörung bis zu einem bestimmten Zeitpunkt), erstmalig oder wiederholt sowie unter Bedingungen getroffen werden. Häufig ist die Vereinbarung, dass eine Wiederaufbauverpflichtung nur besteht, wenn die Kosten hierfür durch Versicherungsleistungen oder realisierbare Ansprüche gegen Dritte ganz oder bis zu einem bestimmten Prozentsatz gedeckt sind⁴. Umstritten ist, ob eine konkludente Wiederaufbauverpflichtung anzunehmen ist, wenn die Versicherungsleistungen in einem bestimmten Schadensfall die Wiederaufbaukosten decken⁵. Hierzu dürfte im Einzelfall auf den Zweck der Versicherungspflicht abzustellen sein. Dient sie nur der Absicherung etwaiger Baukosten-

27

---

1 *Heinemann* in AnwK-BGB, § 33 WEG Rz. 9.
2 BayObLG v. 28.6.1960 – 2Z 20/60, BayObLGZ 1960, 231 = DNotZ 1960, 596 = NJW 1960, 540.
3 Unklar *Hügel* in Bamberger/Roth, BGB, § 33 WEG Rz. 10.
4 Vgl. auch *Heinemann* in AnwK-BGB, § 33 WEG Rz. 11.
5 Vgl. *Spiegelberger* in Staudinger, BGB, § 33 WEG Rz. 34.

zuschüsse des Dauerwohn- bzw. Dauernutzungsberechtigten, dürfte eine Wiederaufbauverpflichtung nicht anzunehmen sein. Trägt demgegenüber der Berechtigte insbesondere bei einem seinem Nutzungsrecht insgesamt unterliegendem Gebäude die Kosten der Versicherung in voller Höhe, dürfte eine konkludente Wiederaufbauverpflichtung im Regelfall vereinbart sein.

28 Vereinbarungen über eine **Sicherheitsleistung (Abs. 4 Nr. 5)** können ebenfalls zum dinglichen Inhalt des Dauerwohn- bzw. Dauernutzungsrechts gemacht werden. Zweck ist es, den Eigentümer bei einem Verstoß des Berechtigten gegen seine Verpflichtung zur Instandhaltung und zur Instandsetzung sowie bei einem sonstigen Verhalten des Berechtigten, das zu einem Schaden des Eigentümers führen kann, zu schützen. Bedeutung hat die Vereinbarung nur bei Dauernutzungsrechten. Bei Dauerwohnrechten tritt regelmäßig der Heimfall an die Stelle der Sicherheitsleistung[1]. Ohne entsprechende Vereinbarung findet § 1051 BGB keine analoge Anwendung[2].

29 Nicht dinglicher Inhalt des Dauerwohn- bzw. Dauernutzungsrechts kann die **Entgeltvereinbarung** sein. Sie kann nur schuldrechtlich zwischen dem Eigentümer und dem Berechtigten getroffen werden und nicht zum Inhalt des Dauerwohn- bzw. Dauernutzungsrechts gemacht werden. Auch eine Belastung des Dauerwohn- bzw. Dauernutzungsrechts mit einer Reallast zugunsten des Eigentümers ist nicht möglich.

2. Änderung des dinglichen Inhalts

30 Die zum dinglichen Inhalt gemachten Vereinbarungen zwischen Eigentümer und Dauerwohn- bzw. Dauernutzungsberechtigten, können einvernehmlich geändert werden. Derartige Vereinbarungen sind als **Inhaltsänderung (§ 877 BGB)** im Grundbuch einzutragen. Ohne eine derartige Eintragung binden sie einen Einzelrechtsnachfolger nicht. Zur Inhaltsänderung kann die Zustimmung gleich- und nachrangig eingetragener dinglicher Berechtigter erforderlich sein (§ 876 BGB). Nachträgliche Änderungen schuldrechtlicher Vereinbarungen sind formlos möglich. Die Zustimmung Drittberechtigter ist nicht erforderlich.

§ 34

Ansprüche des Eigentümers und der Dauerwohnberechtigten

(1) Auf die Ersatzansprüche des Eigentümers wegen Veränderungen oder Verschlechterungen sowie auf die Ansprüche der Dauerwohnberechtigten auf Ersatz von Verwendungen oder auf Gestattung der Wegnahme einer Einrichtung sind die §§ 1049, 1057 des Bürgerlichen Gesetzbuches entsprechend anzuwenden.

(2) Wird das Dauerwohnrecht beeinträchtigt, so sind auf die Ansprüche des Berechtigten die für die Ansprüche aus dem Eigentum geltenden Vorschriften entsprechend anzuwenden.

---

1 *Heinemann* in AnwK-BGB, § 33 WEG Rz. 12.
2 S. nur *Hügel* in Bamberger/Roth, BGB, § 33 WEG Rz. 11 und bereits *Grziwotz* in Erman, BGB, § 33 WEG Rz. 6.

Inhaltsübersicht

	Rz.		Rz.
I. Überblick	1	III. Ansprüche des Dauerwohnberechtigten gegen den Eigentümer (Abs. 1)	4
II. Ansprüche des Eigentümers wegen Veränderungen oder Verschlechterungen (Abs. 1)	2	IV. Ansprüche des Berechtigten gegen Dritte (Abs. 2)	5

Schrifttum: *Ahrens*, Dingliche Nutzungsrechte, 2. Aufl. 2007, Rz. 254 ff.; *Hügel* in Hügel/Scheel, Rechtshandbuch Wohnungseigentum, 2. Aufl. 2007, Teil 14; *Lotter*, Aktuelle Fragen des Dauerwohnrechts, MittBayNot 1999, 354.

I. Überblick

Abs. 1 der Vorschrift regelt das Verhältnis zwischen dem Dauerwohn- bzw. Dauernutzungsberechtigten und dem Eigentümer. Abs. 2 betrifft Ansprüche des Berechtigten gegenüber Dritten. Insgesamt ergänzt die Regelung punktuell den gesetzlichen Inhalt des Dauerwohn- und Dauernutzungsrechts. Trotz der Verweisung auf das Nießbrauchsrecht und der Rechte des Eigentümers kommt eine entsprechende Anwendung der weiteren Vorschriften dieser Rechtsgebiete nur ausnahmsweise in Betracht. Es ist jeweils zu prüfen, welcher Rechtsbereich des Dauerwohn- bzw. Dauernutzungsrechts betroffen ist[1]. Soweit der jeweilige Regelungsbereich reicht, können etwaige Lücken durch vorsichtige analoge Anwendung der Vorschriften des Erbbaurechts, des Wohnungsrechts und des Nießbrauchsrechts geschlossen werden. Dadurch darf jedoch nicht gegen das Wesen des Dauerwohn- bzw. Dauernutzungsrechts als übertragbares und veräußerliches Recht, das jedoch auch kein grundstücksgleiches Recht ist, verstoßen werden. 1

II. Ansprüche des Eigentümers wegen Veränderungen oder Verschlechterungen (Abs. 1)

Bei Beendigung seines Rechts hat der Dauerwohn- bzw. Dauernutzungsberechtigte die von ihm genutzten Räume an den Eigentümer herauszugeben. Dieser **Herausgabeanspruch** besteht unstrittig nach § 985 BGB[2]. Da mit Beendigung des Dauerwohn- bzw. Dauernutzungsrechts das Recht zum Besitz entfällt (§ 986 Abs. 1 Satz 1 BGB), kann der Eigentümer Rückgabe verlangen. Umstritten ist, ob daneben auch § 1055 Abs. 1 BGB anwendbar ist[3]. Die Streitfrage hat Bedeutung für die Rechtsfolgen der Verletzung dieser Verpflichtung. Bejaht man die entsprechende Anwendung des § 1055 BGB Abs. 1 BGB, handelt es sich um eine vertragliche Pflicht (§ 280 BGB), so dass die Beweislastregeln dieser Vor- 2

---

[1] Weitergehend *Pick* in Bärmann/Pick/Merle, WEG, § 34 Rz. 6 und ihm folgend *Heinemann* in AnwK-BGB, § 34 WEG Rz. 1.
[2] S. nur *Stürner* in Soergel, BGB, § 34 WEG Rz. 3 und *Vandenhouten* in Niedenführ/Kümmel/Vandenhouten, WEG, § 34 Rz. 5.
[3] Bejahend *Heinemann* in AnwK-BGB, § 34 WEG Rz. 2; verneinend *Pick* in Bärmann/Pick/Merle, WEG, § 34 Rz. 32 und *Augustin* in BGB-RGRK, § 34 WEG Rz. 8.

schrift[1] sowie der diesbezügliche Verschuldensmaßstab[2] anwendbar sind. Demgegenüber regeln beim Anspruch gem. § 985 BGB die §§ 989 ff. BGB die Haftung des bisherigen Dauerwohn- bzw. Dauernutzungsberechtigten. Der Umstand, dass § 34 Abs. 1 eine eingeschränkte Verweisung auf die Vorschriften des Nießbrauchs enthält, spricht gegen eine analoge Anwendung des § 1055 Abs. 1 BGB. Er kann deshalb dem Anspruch gem. § 985 BGB nicht als spezieller vertraglicher oder gesetzlicher Herausgabeanspruch vorgehen[3]. Unabhängig von dieser Streitfrage ist der Rückgabeanspruch unverjährbar (§ 902 Satz 1 BGB). Örtlich ausschließlich zuständig für die Durchsetzung ist das Gericht, in dessen Bezirk das Grundstück belegen ist (§ 24 Abs. 1 ZPO).

3 Dem Eigentümer stehen gegen den Dauerwohn- bzw. Dauernutzungsberechtigten keine **Ansprüche wegen der Abnutzung** bei vertragsgemäßem Gebrauch zu (§ 1050 BGB). Nachträgliche Veränderungen und Verschlechterungen der dem Dauerwohn- bzw. Dauernutzungsrecht unterliegenden Räume und sonstigen Teile des Anwesens, die auf vertragswidrigem Gebrauch beruhen, sind nach § 280 Abs. 1 BGB zu ersetzen[4]. Die Ansprüche verjähren entsprechend § 1057 Satz 1 BGB in sechs Monaten. Die Verjährung beginnt ab dem Zeitpunkt, in dem der Eigentümer die dem Dauerwohn- bzw. Dauernutzungsrecht unterliegenden Gebäude- und Grundstücksteile zurückerhält (§§ 1057 Satz 2, 548 Abs. 1 Satz 2 BGB). Die sechsmonatige Verjährung gilt auch für konkurrierende deliktische und weitere schuldrechtliche Ansprüche[5].

III. Ansprüche des Dauerwohnberechtigten gegen den Eigentümer (Abs. 1)

4 Der Dauerwohn- bzw. Dauernutzungsberechtigte kann vom Eigentümer für **Verwendungen** auf die seiner Nutzung unterliegenden Gebäude- und Grundstücksteile Ersatz verlangen, wenn er zu den Verwendungen nicht verpflichtet ist. Ein Beispiel ist die Durchführung von Bau- und Modernisierungsmaßnahmen. Der Ersatz der Verwendungen richtet sich wegen der Verweisung der Vorschriften des Nießbrauchsrechts (§ 1049 Abs. 1 BGB) nach den Regeln der Geschäftsführung ohne Auftrag. Bei berechtigter Geschäftsführung ohne Auftrag kann der Berechtigte Ersatz wie ein Beauftragter fordern (§§ 683 Satz 1, 670 BGB). Bei unberechtigter Geschäftsführung ohne Auftrag stehen ihm lediglich Ansprüche nach Bereicherungsrecht zu (§§ 684, 812 ff. BGB)[6]. Ansprüche aus §§ 994 ff. BGB scheiden dagegen aus, da während des Bestehens des Rechts keine Vindikationslage vorliegt. Der Dauerwohn- bzw. Dauernutzungsberechtigte

---

1 Vgl. nur *Basenge* in Palandt, BGB, § 1055 Rz. 1.
2 Vgl. 1056 BGB und dazu *Frank* in Staudinger, BGB, § 1055 Rz. 17.
3 A. A. *Heinemann* in AnwK-BGB, § 34 WEG Rz. 1.
4 S. nur *Basenge* in Palandt, BGB, § 34 WEG Rz. 1; *Spiegelberger* in Staudinger, BGB, § 34 WEG Rz. 3; *Pick* in Bärmann/Pick/Merle, WEG, § 34 Rz. 4 und *Vandenhouten* in Niedenführ/Kümmel/Vandenhouten, WEG, § 34 Rz. 4. § 548 Abs. 1 Satz 3 BGB hat wegen der Unverjährbarkeit des Herausgabeanspruchs keinen Anwendungsbereich.
5 *Hügel* in Bamberger/Roth, BGB, § 34 WEG Rz. 2; *Spiegelberger* in Staudinger, BGB, § 34 WEG Rz. 5; tlw. abw. *Pick* in Bärmann/Pick/Merle, WEG, § 34 Rz. 1a.
6 *Heinemann* in AnwK-BGB, § 34 WEG Rz. 4; *Spiegelberger* in Staudinger, BGB, § 34 WEG Rz. 6; *Vandenhouten* in Niedenführ/Kümmel/Vandenhouten, WEG, § 34 Rz. 2.

kann ferner eine Einrichtung, mit der er die seinem Recht unterliegenden Räume und Gebäudeteile versehen hat, wieder wegnehmen (§ 1049 Abs. 2 BGB). Dies gilt auch, wenn sie wesentlicher Bestandteil geworden sein sollten, was gem. § 95 BGB ohnehin meist nicht der Fall sein wird[1]. Der Dauerwohn- bzw. Dauernutzungsberechtigte hat allerdings den ursprünglichen Zustand wiederherzustellen (§ 258 BGB)[2]. Die Ansprüche auf Ersatz von Verwendungen und Wegnahme von Einrichtungen entstehen mit Beendigung des Dauerwohn- bzw. Dauernutzungsrechts und verjähren innerhalb von sechs Monaten. Die Beendigung tritt mit dem Zeitablauf ein; die Löschung im Grundbuch ist hierzu nicht erforderlich. Gegen den Herausgabe- und Ersatzanspruch des Eigentümers kann der Dauerwohn- bzw. Dauernutzungsberechtigte wegen seiner Verwendungs- und Wegnahmeansprüche ein Zurückbehaltungsrecht ausüben. Ausschließlich zuständig für die Durchsetzung der Ansprüche ist das Gericht am Belegenheitsort (§§ 24, 26 ZPO).

IV. Ansprüche des Berechtigten gegen Dritte (Abs. 2)

Dem Dauerwohn- bzw. Dauernutzungsberechtigten stehen gegen Dritte, die sein Recht beeinträchtigen, die dem Eigentümer zustehenden Rechte zu. Diese Regelung entspricht der Rechtslage beim Nießbrauch (§ 1065 BGB). Der Berechtigte kann vom Dritten deshalb **Herausgabe** (§ 985 BGB) und **Unterlassung bzw. Beseitigung** der Beeinträchtigung (§ 1004 BGB) verlangen[3]. Zusätzlich stehen ihm die Besitzschutzansprüche (§§ 681 ff., 1007 BGB) zu[4]. Der Eigentümer kann die ihm zustehenden Ansprüche nur insoweit geltend machen, als sie nicht dem Dauerwohn- bzw. Dauernutzungsberechtigten zustehen. Die Ansprüche des Berechtigten gegen Dritte richten sich wie beim Nießbrauch auch gegen den Eigentümer. Der Herausgabeanspruch des Berechtigten verjährt nicht (§ 902 BGB); dagegen gelten für den Unterlassungs- und Beseitigungsanspruch die normalen Verjährungsvorschriften (§§ 195, 199 Abs. 1, 4 und 5)[5]. Örtlich ausschließlich zuständig ist das Belegenheitsgericht (§ 24 Abs. 1 ZPO).

5

§ 35
Veräußerungsbeschränkung

Als Inhalt des Dauerwohnrechts kann vereinbart werden, dass der Berechtigte zur Veräußerung des Dauerwohnrechts der Zustimmung des Eigentümers oder eines Dritten bedarf. Die Vorschriften des § 12 gelten in diesem Falle entsprechend.

---

1 Vgl. § 951 Abs. 2 Satz 1 BGB; *Vandenhouten* in Niedenführ/Kümmel/Vandenhouten, WEG, § 34 Rz. 3; *Heinemann* in AnwK-BGB, § 34 WEG Rz. 4.
2 *Augustin* in BGB-RGRK, § 34 WEG Rz. 3.
3 S. nur OLG Zweibrücken v. 28.10.2004 – 4 U 35/04, MittBayNot 2005, 308 = OLGR 2005, 330; *Vandenhouten* in Niedenführ/Kümmel/Vandenhouten, WEG, § 34 Rz. 9 und *Augustin* in BGB-RGRK, § 34 WEG Rz. 11.
4 S. nur *Spiegelberger* in Staudinger, BGB, § 34 WEG Rz. 8.
5 BGH v. 12.12.2003 – V ZR 98/03, NJW 2004, 1035 (1036) = NZM 2004, 312 = MDR 2004, 503; tlw. abw. OLG Tübingen v. 29.1.1990 – 1 S 208/89, NJW-RR 1990, 338.

Inhaltsübersicht

	Rz.		Rz.
I. Überblick	1	3. Zustimmungspflicht	5
II. Veräußerungsbeschränkung	2	4. Grundbuchrecht	6
1. Regelungsgrenzen	2	III. Rechtsweg	7
2. Zustimmungsberechtigte	4		

Schrifttum: *Ahrens*, Dingliche Nutzungsrechte, 2. Aufl. 2007, Rz. 254ff.; *Hügel* in Hügel/Scheel, Rechtshandbuch Wohnungseigentum, 2. Aufl. 2007, Teil 14; *Lotter*, Aktuelle Fragen des Dauerwohnrechts, MittBayNot 1999, 354; *Mayer*, Zur Störfallvorsorge beim Dauerwohnrecht: Heimfallanspruch bei Tod des Berechtigten oder Veräußerung des Rechts, DNotZ 2003, 908.

I. Überblick

1 Die Vorschrift entspricht § 12 Abs. 1. Satz 2 verweist hinsichtlich der Einzelheiten auf diese Bestimmung.

II. Veräußerungsbeschränkung

1. Regelungsgrenzen

2 Die Veräußerungsbeschränkung besteht nicht von vornherein, sondern bedarf der **Vereinbarung**. Eine völlige Unveräußerlichkeit kann wegen § 33 Abs. 1 Satz 1 nicht vereinbart werden. Gleiches gilt für eine willkürliche Verweigerung der Zustimmung und für eine Verweigerung ohne Vorliegen eines wichtigen Grundes. Das Prinzip der Veräußerlichkeit des Dauerwohn- bzw. Dauernutzungsrechts kann auch nicht dadurch umgangen werden, dass für jeden Fall einer Veräußerung ein Heimfallrecht begründet wird[1]. Zulässig ist es nach wohl herrschender Meinung hingegen, für den Fall der Vermietung und Verpachtung ein Zustimmungserfordernis vorzusehen[2]. Dies ist allerdings nach dem Wortlaut des § 35 Satz 1 als Inhalt des Dauerwohnrechts fraglich. Unzulässig ist ferner die Vereinbarung einer Belastungsbeschränkung. Dies gilt wiederum ebenso für die Vereinbarung eines Heimfallrechts bei einer Belastung[3].

3 § 12 Abs. 4, wonach das Zustimmungserfordernis mit Stimmenmehrheit **aufgehoben** werden kann, gilt nicht, da auch bei Vorhandensein mehrerer Dauerwohn- bzw. Dauernutzungsrechte immer nur Beziehungen zwischen dem Eigentümer und dem jeweiligen Dauerwohn- bzw. Dauernutzungsberechtigten bestehen und keine insoweit entscheidungsberechtigte Versammlung der Berechtigten.

---

1 Ebenso *Weitnauer*, DNotZ 1953, 119; *Mansel* in Weitnauer, WEG, § 36 Rz. 8; *Spiegelberger* in Staudinger, BGB, § 35 WEG Rz. 8; weitergehend allerdings *Mayer*, DNotZ 2003, 908 (930) und *Heinemann* in AnwK-BGB, § 35 WEG Rz. 1, die einen Heimfall in jedem Veräußerungsfall für möglich halten.
2 So *Stürner* in Soergel, BGB, § 35 WEG Rz. 1 und *Heinemann* in AnwK-BGB, § 35 WEG Rz. 1; vgl. auch BayObLG v. 28.6.1960 – 2 Z 20/60, BayObLGZ 1960, 231 (239) = NJW 1960, 2100.
3 S. nur *Engelhardt* in MünchKommBGB, § 35 WEG Rz. 2.

2. Zustimmungsberechtigte

Als Zustimmungsberechtigte nennt das Gesetz den **Eigentümer** und den **Dritten**, wobei keine nähere Beschränkung des Kreises des Dritten gemacht wird. Dritter kann jede natürliche und juristische Person sein, auch eine Personenhandelsgesellschaft[1]. Auch ein im Grundbuch eingetragener Grundpfandrechtsgläubiger kann Dritter im Sinne dieser Bestimmung sein[2].

3. Zustimmungspflicht

Die Zustimmung muss erteilt werden, wenn kein wichtiger Grund für ihre Versagung vorliegt. Ein **wichtiger Grund** ist nicht die fehlende Mitgliedschaft in einer Wohnungsbaugenossenschaft[3]. Im Einzelnen gilt hinsichtlich des Zustimmungserfordernisses § 12 entsprechend. Insbesondere besteht gem. §§ 35 Satz 2, 12 Abs. 2 ein Anspruch auf Zustimmung, wenn kein wichtiger Grund für die Versagung vorliegt. Zusätzlich können Fälle vereinbart werden, in denen ein Anspruch auf Zustimmungserteilung besteht (z.B. Veräußerung an bestimmten Personenkreis)[4].

4. Grundbuchrecht

Da § 3 WGV nicht unmittelbar gilt, hält die herrschende Meinung eine Bezugnahme unter Hinweis auf § 32 Abs. 2 Satz 1 hinsichtlich der Veräußerungsbeschränkung für ausreichend[5]. Eine entsprechende Anwendung von § 3 Abs. 2 WGV liegt nahe, so dass die **Eintragung** im Grundbuch erforderlich ist[6]. Unstrittig ist, dass die Eintragung zulässig ist[7]. Die Eintragung einer Veräußerungsbeschränkung ihrem wesentlichen Inhalt nach ist zudem empfehlenswert.

III. Rechtsweg

Bei Streitigkeiten über die Erteilung bzw. eine Versagung der Zustimmung ist das Prozessgericht zuständig. Maßgeblich ist der **dingliche Gerichtsstand gem. § 26 ZPO**.

---

1 Zur Streitfrage bei der BGB-Gesellschaft s. § 12 Rz. 15.
2 Ebenso *Heinemann* in AnwK-BGB, § 35 WEG Rz. 1 und *Schmid* in KK-WEG, § 35 Rz. 2.
3 Ebenso *Spiegelberger* in Staudinger, BGB, § 35 WEG Rz. 5; *Heinemann* in AnwK-BGB, § 35 WEG Rz. 1; a.A. *Mansel* in Weitnauer, WEG, § 35 Rz. 1.
4 Ähnlich *Ahrens* Rz. 257.
5 S. nur *Heinemann* in AnwK-BGB, § 35 WEG Rz. 2; *Mansel* in Weitnauer, WEG, § 35 Rz. 2; *Schneider* in KK-WEG, § 35 Rz. 3; *Vandenhouten* in Niedenführ/Kümmel/Vandenhouten, WEG, § 35 Rz. 4; *Bassenge* in Palandt, BGB, § 35 WEG Rz. 1.
6 Ebenso *Spiegelberger* in Staudinger, BGB, § 35 WEG Rz. 3, der die Verweisung in § 35 Satz 2 auch auf § 3 Abs. 2 WGV bezieht.
7 S. nur *Pick* in Bärmann/Pick/Merle, WEG, § 35 Rz. 4; *Vandenhouten* in Niedenführ/Kümmel/Vandenhouten, WEG, § 35 Rz. 4; *Bassenge* in Palandt, BGB, § 35 WEG Rz. 1; *Augustin* in BGB-RGRK, § 35 WEG Rz. 5; *Schneider* in KK-WEG, § 35 Rz. 3; *Stürner* in Soergel, BGB, § 35 WEG Rz. 2.

§ 36
Heimfallanspruch

(1) Als Inhalt des Dauerwohnrechts kann vereinbart werden, dass der Berechtigte verpflichtet ist, das Dauerwohnrecht beim Eintritt bestimmter Voraussetzungen auf den Grundstückseigentümer oder einen von diesem zu bezeichnenden Dritten zu übertragen (Heimfallanspruch). Der Heimfallanspruch kann nicht von dem Eigentum an dem Grundstück getrennt werden.

(2) Bezieht sich das Dauerwohnrecht auf Räume, die dem Mieterschutz unterliegen, so kann der Eigentümer von dem Heimfallanspruch nur Gebrauch machen, wenn ein Grund vorliegt, aus dem ein Vermieter die Aufhebung des Mietverhältnisses verlangen oder kündigen kann.

(3) Der Heimfallanspruch verjährt in sechs Monaten von dem Zeitpunkt an, in dem der Eigentümer von dem Eintritt der Voraussetzungen Kenntnis erlangt, ohne Rücksicht auf diese Kenntnis in zwei Jahren von dem Eintritt der Voraussetzungen an.

(4) Als Inhalt des Dauerwohnrechts kann vereinbart werden, dass der Eigentümer dem Berechtigten eine Entschädigung zu gewähren hat, wenn er von dem Heimfallanspruch Gebrauch macht. Als Inhalt des Dauerwohnrechts können Vereinbarungen über die Berechnung oder Höhe der Entschädigung oder die Art ihrer Zahlung getroffen werden.

Inhaltsübersicht

	Rz.		Rz.
I. Überblick	1	IV. Ausübung und Folgen	9
		1. Ausübung	9
II. Vereinbarung des Heimfallanspruchs	2	2. Verjährung (Abs. 3)	11
		3. Entschädigung (Abs. 4)	12
III. Heimfallgründe	6	4. Rechtsweg	15

Schrifttum: *Ahrens*, Dingliche Nutzungsrechte, 2. Aufl. 2007, Rz. 254 ff.; *Hügel* in Hügel/Scheel, Rechtshandbuch Wohnungseigentum, 2. Aufl. 2007, Teil 14; *Lotter*, Aktuelle Fragen des Dauerwohnrechts, MittBayNot 1999, 354; *Mayer*, Zur Störfallvorsorge beim Dauerwohnrecht: Heimfallanspruch bei Tod des Berechtigten oder Veräußerung des Rechts, DNotZ 2003, 908.

I. Überblick

1   Wie beim Erbbaurecht dient der Heimfallanspruch dem Schutz des Eigentümers. Dieser soll in bestimmten Konstellationen die Möglichkeit haben, die Übertragung des Dauerwohn- bzw. Dauernutzungsrechts auf sich selbst zu verlangen. Umgekehrt berücksichtigt die Vorschrift bei einer mietrechtsähnlichen Ausgestaltung den Schutz des Berechtigten vor einer ungerechtfertigten Kündigung. Wie beim Erbbaurecht können Regelungen über das Ob, die Höhe und die

Art der Zahlung einer Entschädigung bei Ausübung des Heimfalls getroffen werden. Um den Heimfall nicht zeitlich unbegrenzt in der Schwebe zu lassen, enthält Abs. 3 ferner eine Bestimmung zur Verjährung des Heimfallanspruchs.

II. Vereinbarung des Heimfallanspruchs

Der Heimfallanspruch besteht nicht kraft Gesetzes, sondern bedarf – wie beim Erbbaurecht – der Vereinbarung[1]. Wird eine solche getroffen, wird er allerdings **dinglicher Inhalt** des Dauerwohn- bzw. Dauernutzungsrechts. Er gibt dem Eigentümer das Recht, bei Vorliegen der vereinbarten Voraussetzungen die Übertragung des Dauerwohn- bzw. Dauernutzungsrechts auf sich oder einen von ihm benannten Dritten verlangen zu können. Das Dauerwohn- bzw. Dauernutzungsrecht geht somit bei Ausübung des Heimfallanspruchs auf den Eigentümer über und wird damit Eigentümerrecht oder bleibt bei Übertragung auf einen Dritten Fremdrecht. In beiden Fällen erlischt es nicht.

Umstritten ist, ob sich auch ohne Heimfallregelung in **Ausnahmefällen** ein Heimfallanspruch aus dem Gesichtspunkt von Treu und Glauben (§ 242 BGB) oder wegen der Störung der Geschäftsanlage (§ 313 BGB) ergeben kann[2].

Der Heimfallanspruch ist **wesentlicher Bestandteil** des Eigentums am Grundstück (§ 36 Abs. 1 Satz 2, § 96 BGB). Als wesentlicher Bestandteil des Grundstücks kann ein Heimfallanspruch nicht selbständig abgetreten und ebenso nicht verpfändet oder gepfändet werden[3].

Zu unterscheiden vom dinglichen Heimfallanspruch ist ein vereinbarter **schuldrechtlicher**. Er wirkt nur zwischen dem beteiligten Eigentümer und dem Dauerwohn- bzw. Dauernutzungsberechtigten. Er wird nicht dinglicher Inhalt des Dauerwohn- bzw. Dauernutzungsrechts[4]. Eine Sicherung durch Eintragung einer Vormerkung auf Übertragung des Dauerwohn- bzw. Dauernutzungsrechts für den Anspruchsberechtigten ist möglich.

III. Heimfallgründe

Der Heimfall muss von einem bestimmten Grund abhängen. Ein grundloses Heimfallrecht ist unzulässig. § 36 Abs. 1 Satz 1 macht den Heimfall nämlich ausdrücklich vom Eintritt bestimmter, das heißt nicht unbestimmter Voraussetzungen abhängig. Grenzen für die Vereinbarung eines Heimfallgrunds bildet neben den allgemeinen Vorschriften der §§ 134, 138, 242 und 307 BGB, die Be-

---

1 BayObLG v. 5.3.1954 – 2Z 10/1954, BayObLGZ 1954, 67.
2 Ebenso *Pick* in Bärmann/Pick/Merle, WEG, § 36 Rz. 77; *Hügel* in Bamberger/Roth, BGB, § 36 WEG Rz. 4; *Bassenge* in Palandt, BGB, § 36 WEG Rz. 1; *Stürner* in Soergel, BGB, § 36 WEG Rz. 5; *Spiegelberger* in Staudinger, BGB, § 36 WEG Rz. 12; a.A. *Engelhardt* in MünchKommBGB, § 36 WEG Rz. 2; tlw. abw. *Heinemann* in AnwK-BGB, § 36 WEG Rz. 3: vorrangig § 313 BGB.
3 S. nur *Spiegelberger* in Staudinger, BGB, § 36 WEG Rz. 3; vgl. auch BGH v. 23.4.1958 – V ZR 99/57, BGHZ 27, 158 (161) = NJW 1958, 1289 und *Mansel* in Weitnauer, WEG, § 36 Rz. 1.
4 Ebenso *Spiegelberger* in Staudinger, BGB, § 36 WEG Rz. 4; unklar *Stürner* in Soergel, BGB, § 36 WEG Rz. 8.

stimmung des § 36 Abs. 2 WEG. Praktische **Fälle** für Heimfallgründe sind das Ableben des Eigentümers und des Berechtigten[1], der Verzug mit Zahlungspflichten[2], Pflichtverletzungen, insbesondere gegen die Bestimmung des § 14[3], eine Vermietung oder Verpachtung entgegen einem Zustimmungserfordernis sowie die in § 2 Nr. 4 ErbbauVO anerkannten Fälle[4]. Es handelt sich bei den Letztgenannten insbesondere um eine Verwendung entgegen dem vereinbarten Zweck, ungenehmigte bauliche Veränderungen, einen Verstoß gegen eine Versicherungspflicht, die Insolvenzeröffnung und die Zwangsvollstreckung in das Dauerwohn- bzw. Dauernutzungsrecht[5].

7 Umstritten ist die Vereinbarung des Heimfalls für den Fall der Veräußerung. Dies wird für bestimmte **Veräußerungsfälle** bejaht. Unzulässig ist jedoch nach herrschender Meinung die Vereinbarung des Heimfalls für jeden Fall der Veräußerung (vgl. hierzu die Nachweise in § 35 Rz. 2 Fn. 2). Die Vereinbarung eines Heimfallanspruchs für den Fall jeglicher Veräußerung stellt eine rechtsmissbräuchliche Verwendung der Veräußerungsbeschränkung des § 35 dar, die ihrerseits nur in den Grenzen des § 12 Abs. 2 zulässig ist. Hintergrund dafür ist, dass die dingliche Veräußerungsbeschränkung eine Ausnahme zu § 137 BGB und zur grundsätzlichen Veräußerlichkeit des Dauerwohn- bzw. Dauernutzungsrechts ist[6].

8 § 36 Abs. 2 macht die Einschränkung der Ausübung des Heimfallanspruchs von einem **Verstoß gegen** die Vorschriften des **Kündigungsschutzes** bei Wohnraummietverhältnissen abhängig. Diese Vorschrift enthält jedoch entgegen der herrschenden Meinung nicht nur eine Ausübungsbeschränkung, sondern auch eine Grenze für entsprechende Vereinbarungen[7]. Der Gesetzeswortlaut will verhindern, dass auch bei Vereinbarung eines an sich zulässigen Heimfallgrundes bei der konkreten Geltendmachung die Kündigungsschutzvorschriften umgangen werden und damit der Dauerwohnberechtigte schlechter als ein Mieter gestellt wird. Mieterschutzbestimmungen sind diejenigen zwingenden Vorschriften des Mietkündigungsrechts, von denen nicht zum Nachteil des Mieters abgewichen werden darf (§ 569, 573 ff. BGB)[8]. Diese Vorschrift verbietet mittelbar Heimfallgründe, die entgegen den Mietkündigungsvorschriften eine Übertragung des

---

1 S. nur *Pick* in Bärmann/Pick/Merle, WEG, § 36 Rz. 67.
2 *Spiegelberger* in Staudinger, BGB, § 36 WEG Rz. 5 und *Heinemann* in AnwK-BGB, § 36 WEG Rz. 3.
3 *Augustin* in BGB-RGRK, § 36 WEG Rz. 8.
4 Vgl. dazu *Ingenstau/Hustedt*, ErbbauVO, 8. Aufl. 2001, § 2 Rz. 36 ff.
5 S. nur *Engelhardt* in MünchKommBGB, § 36 WEG Rz. 4; *Augustin* in BGB-RGRK, § 36 WEG Rz. 8; *Vandenhouten* in Niedenführ/Kümmel/Vandenhouten, WEG, § 36 Rz. 8; *Spiegelberger* in Staudinger, BGB, § 36 WEG Rz. 8
6 Ähnlich *Pick* in Bärmann/Pick/Merle, WEG, § 36 Rz. 68; *Mansel* in Weitnauer, WEG, § 36 Rz. 8 und *Vandenhouten* in Niedenführ/Kümmel/Vandenhouten, WEG, § 36 Rz. 9. A.A. *Heinemann* in AnwK-BGB, § 36 WEG Rz. 3 und *Mayer* DNotZ 2003, 908.
7 Ebenso *Spiegelberger* in Staudinger, BGB, § 36 WEG Rz. 9.
8 Ebenso *Hügel* in Bamberger/Roth, BGB, § 36 WEG Rz. 5; *Vandenhouten* in Niedenführ/Kümmel/Vandenhouten, WEG, § 36 Rz. 15; *Engelhardt* in MünchKommBGB, § 36 WEG Rz. 4; *Mayer*, DNotZ 2003, 908 (926); *Spiegelberger* in Staudinger, BGB, § 36 WEG Rz. 11; *Mansel* in Weitnauer, WEG, § 36 Rz. 6; *Bassenge* in Palandt, BGB, § 36 Rz. 2; *Pick* in Bärmann/Pick/Merle, WEG, § 36 Rz. 58; a.A. lediglich *Schmid* in KK-WEG, § 36 Rz. 5, der die Vorschrift für gegenstandslos hält.

Dauerwohnrechts unabhängig vom Vorliegen eines berechtigten Interesses i.S.d. Kündigungsvorschriften des Mietrechts vorsehen. Bei gleichsam „neutralen" Heimfallgründen wird zusätzlich die konkrete Ausübung untersagt, wenn dadurch im Ergebnis ebenfalls gegen den Kündigungsschutz beim Mietrecht verstoßen würde. Die entsprechenden Heimfallgründe setzen daher, auch wenn sie dies nicht zur Voraussetzung haben, ein berechtigtes Interesse an der Beendigung des Nutzungsrechts des Dauerwohnberechtigten und der Übertragung des Dauerwohnrechts voraus[1]. Da die Vorschrift nicht auf eine bewusste Umgehungsabsicht abstellt, sondern allein dem Schutzinteresse des Dauerwohnberechtigten dient, ist sie unabhängig davon anwendbar, ob es sich um ein mietrechtsähnliches oder um ein eigentumsähnliches Dauerwohnrecht handelt[2].

IV. Ausübung und Folgen

1. Ausübung

Die Ausübung des Heimfallrechts bedarf keiner besonderen Form. Sie richtet sich auf Übertragung des Dauerwohn- bzw. Dauernutzungsrechts durch Einigung und Eintragung (§ 873 BGB). In der **Ausübungserklärung** muss der Eigentümer angeben, ob er die Übertragung an sich oder einen von ihm benannten Dritten fordert. Der benannte Dritte erhält dadurch keinen eigenen Anspruch. Lediglich der Eigentümer kann vom Dauerwohn- bzw. Dauernutzungsberechtigten die Übertragung des Rechts auf den Dritten fordern und notfalls klageweise durchsetzen. Eine Anspruchsabtretung ist wegen des subjektiv dinglichen Charakters (vgl. oben Rz. 4) nicht zulässig. Der Eigentümer kann den von ihm benannten Dritten allerdings zur Geltendmachung in seinem Namen ermächtigen. Es liegt dann der Fall einer gewillkürten Prozessstandschaft vor[3]. 9

Der Ausübungserklärung kommt eine **vormerkungsähnliche Wirkung** zu[4]. Der bedingte Anspruch auf die Übertragung des Dauerwohn- bzw. Dauernutzungsrechts kann bereits vor der Ausübung durch eine Vormerkung gesichert werden[5]. Gleiches gilt für ein schuldrechtliches „Heimfallrecht" (s. oben Rz. 5). 10

2. Verjährung (Abs. 3)

Nach § 902 Satz 1 BGB würde der Anspruch grundsätzlich nicht verjähren. § 36 Abs. 3 macht hiervon eine Ausnahme. Der Heimfallanspruch verjährt danach in **sechs Monaten** ab Kenntnis des Eigentümers vom Vorliegen der hierzu berechtigenden Gründe und unabhängig davon innerhalb von zwei Jahren ab Vorliegen der Heimfallvoraussetzungen. Die Beweislast für die Kenntnis des Eigentümers trägt der Dauerwohn- bzw. Dauernutzungsberechtigte, wenn er die Einrede der 11

---

1 Vgl. auch *Mansel* in Weitnauer, WEG, § 36 Rz. 6.
2 *Bassenge* in Palandt, BGB, § 36 Rz. 4 und *Grziwotz* in Erman, BGB, § 36 WEG Rz. 1; a.A. *Heinemann* in AnwK-BGB, § 36 WEG Rz. 4; *Schmid* in KK-WEG, § 36 Rz. 5 und *Mayer*, DNotZ 2003, 908 (928); zur Unterscheidung zwischen eigentumsähnlichen und mietähnlichen Dauerwohnrechten s. nur § 31 Rz. 2.
3 Ebenso *Vandenhouten* in Niedenführ/Kümmel/Vandenhouten, WEG, § 36 Rz. 10.
4 Vgl. *Ahrens* Rz. 269 und *Mayer*, DNotZ 2003, 908 (928); a.A. *Bassenge* in Palandt, BGB, § 36 WEG Rz. 2.
5 Ebenso *Mansel* in Weitnauer, WEG, § 36 Rz. 1.

Verjährung erhebt[1]. Abweichende Vereinbarungen zur Verjährung sind zulässig; sie dürfen allerdings nicht gegen § 202 BGB verstoßen. Erfolgen sie in allgemeinen Geschäftsbedingungen, so müssen sie zudem angemessen sein[2].

3. Entschädigung (Abs. 4)

12 Die Ausübung des Heimfallanspruchs hat zunächst nur die Verpflichtung zur Übertragung des Dauerwohn- bzw. Dauernutzungsrechts zur Folge. Eine **Entschädigungspflicht** besteht nur bei einem langfristigen Dauerwohnrecht (§ 41 Abs. 3). Im Übrigen können die Vertragsparteien die Frage, ob eine Entschädigungspflicht besteht, und gegebenenfalls deren Höhe sowie die Art der Zahlung als Inhalt des Dauerwohnrechts regeln. Wird keine Vereinbarung getroffen, so gilt eine angemessene Entschädigung als geschuldet, wobei als Maßstab für die Angemessenheit § 41 Abs. 3 entsprechend gilt[3].

13 Von der Frage des Bestehens einer Entschädigungspflicht zu unterscheiden ist das Problem, ob **Angaben über die Entschädigung** Inhalt der Eintragungsbewilligung sein müssen. § 32 Abs. 3 geht davon aus, dass die Beteiligten die Regelung zur Entschädigung bei Ausübung des Heimfallanspruchs zum Inhalt des Dauerwohn- bzw. Dauernutzungsrechts machen. Dies gilt jedoch nicht, wenn keine Entschädigung zu entrichten ist[4]. Im Zweifel ist eine angemessene Entschädigung geschuldet, wenn die Bewilligung hierzu keine Angaben enthält. Das Grundbuchamt kann in diesem Fall allerdings die Eintragung des Dauerwohn- bzw. Dauernutzungsrechts ablehnen.

14 Der Entschädigungsanspruch **entsteht** mit Erfüllung des Heimfallanspruchs, also mit Übertragung des Dauerwohn- bzw. Dauernutzungsrechts. Erst mit Eintritt des Rechtsverlusts besteht die Verpflichtung zur Entschädigung des (früheren) Berechtigten[5].

4. Rechtsweg

15 Streitigkeiten über das Vorliegen der Voraussetzungen für den Heimfall und die Höhe der Entschädigung sind im ZPO-Verfahren zu führen. Für den **Gerichtsstand** gilt § 26 ZPO.

---

1 Ebenso *Heinemann* in AnwK-BGB, § 36 WEG Rz. 5 und *Vandenhouten* in Niedenführ/Kümmel/Vandenhouten, WEG, § 36 Rz. 20.
2 Vgl. BGH v. 17.5.1991 – V ZR 140/90, BGHZ 114, 338 (339) = NJW 1991, 2141.
3 *Schöner/Stöber*, Grundbuchrecht, 13. Aufl. 2004, Rz. 3008.
4 Ebenso *Pick* in Bärmann/Pick/Merle, WEG, § 36 Rz. 85; a.A. *Heinemann* in AnwK-BGB, § 36 WEG Rz. 6 und *Vandenhouten* in Niedenführ/Kümmel/Vandenhouten, WEG, § 36 Rz. 25.
5 S. nur *Bassenge* in Palandt, BGB, § 36 Rz. 5; *Hügel* in Bamberger/Roth, BGB, § 36 WEG Rz. 7; *Spiegelberger* in Staudinger, BGB, § 36 WEG Rz. 19; a.A. *Ahrens* Rz. 270, der von einer Zug-um-Zug-Leistung von Rückgewähr und Entschädigung ausgeht.

§ 37
Vermietung

(1) Hat der Dauerwohnberechtigte die dem Dauerwohnrecht unterliegenden Gebäude- oder Grundstücksteile vermietet oder verpachtet, so erlischt das Miet- oder Pachtverhältnis, wenn das Dauerwohnrecht erlischt.

(2) Macht der Eigentümer von seinem Heimfallanspruch Gebrauch, so tritt er oder derjenige, auf den das Dauerwohnrecht zu übertragen ist, in das Miet- oder Pachtverhältnis ein; die Vorschriften der §§ 566 bis 566e des Bürgerlichen Gesetzbuches gelten entsprechend.

(3) Absatz 2 gilt entsprechend, wenn das Dauerwohnrecht veräußert wird. Wird das Dauerwohnrecht im Wege der Zwangsvollstreckung veräußert, so steht dem Erwerber ein Kündigungsrecht in entsprechender Anwendung des § 57a des Gesetzes über die Zwangsversteigerung und Zwangsverwaltung zu.

Inhaltsübersicht

	Rz.		Rz.
I. Überblick	1	2. Bestehendes Miet- bzw. Pachtverhältnis	5
II. Die Beendigung von Miet- und Pachtverhältnissen bei Beendigung des Dauerwohn- bzw. Dauernutzungsrechts (Abs. 1)	2	III. Bestehenbleiben des Miet- bzw. Pachtverhältnisses (Abs. 2 und 3)	6
1. Vom Berechtigten abgeschlossenes Miet- bzw. Pachtverhältnis	2	1. Heimfall	7
		2. Veräußerung	8

Schrifttum: *Ahrens*, Dingliche Nutzungsrechte, 2. Aufl. 2007, Rz. 254 ff.; *Constantin*, Der Schutz des Eigentümers gegen unberechtigte Vermietung durch den Dauerwohn- oder Dauernutzungsberechtigten nach dem WEG, NJW 1969, 1417 f.; *Hügel* in Hügel/Scheel, Rechtshandbuch Wohnungseigentum, 2. Aufl. 2007, Teil 14.

I. Überblick

Die Vorschrift regelt das Verhältnis von Miet- und Pachtverträgen, die über die Räume des Dauerwohn- bzw. Dauernutzungsrechts vom jeweiligen Berechtigten abgeschlossen werden, zum Erlöschen, zum Heimfall und zur Veräußerung des Dauerwohn- bzw. Dauernutzungsrechts. 1

II. Die Beendigung von Miet- und Pachtverhältnissen bei Beendigung des Dauerwohn- bzw. Dauernutzungsrechts (Abs. 1)

1. Vom Berechtigten abgeschlossenes Miet- bzw. Pachtverhältnis

Erlischt das Dauerwohn- bzw. Dauernutzungsrecht, so **erlischt** auch **das** vom Dauerwohn- bzw. Dauernutzungsberechtigten abgeschlossene **Miet- bzw. Pachtverhältnis**. Diese Regelung unterscheidet sich von derjenigen bei Beendigung eines Nießbrauchs (§ 1056 BGB). Bei seiner Beendigung finden die für den 2

Fall der Veräußerung von vermietetem Wohnraum geltenden Vorschriften entsprechende Anwendung. Demgegenüber wird der Mieter bzw. Pächter, der vom Dauerwohn- bzw. Dauernutzungsberechtigten sein Nutzungsverhältnis ableitet, nicht geschützt. Dies gilt unabhängig vom Grund des Erlöschens des Dauerwohn- bzw. Dauernutzungsrechts. Häufigster Fall wird das Erlöschen aufgrund Zeitablaufs sein. Gleiches gilt aber auch für das Erlöschen in der Zwangsversteigerung und die vertragliche Aufhebung zwischen Eigentümer und Dauerwohn- bzw. Dauernutzungsberechtigtem. Umstritten ist die Anwendung von § 37 Abs. 1 bei der Aufhebung eines Eigentümerdauerwohn- bzw. -dauernutzungsrechts. Mit der herrschenden Meinung ist dies zu bejahen[1].

3 Bei Erlöschen des Miet- und Pachtverhältnisses hat der Eigentümer gegen den Mieter bzw. Pächter als unmittelbaren Besitzer einen **Herausgabeanspruch** gem. § 985 BGB. Der Anspruch gem. § 546 BGB scheidet aus, da der Eigentümer nicht in das Miet- bzw. Pachtverhältnis eintritt. Gegenüber dem Eigentümer steht dem Mieter kein Kündigungsschutz zu. Allerdings kann beim Eigentümerdauerwohn- bzw. beim Eigentümerdauernutzungsrecht dem Herausgabeanspruch des Eigentümers im Falle einer Aufhebung § 226 BGB entgegenstehen. In gleicher Weise kann bei einem kollusiven Zusammenwirken von Eigentümer und Dauerwohn- bzw. Dauernutzungsberechtigtem dem Herausgabeanspruch des Eigentümers § 826 BGB entgegengehalten werden[2].

4 Im Verhältnis zum Dauerwohn- bzw. Dauernutzungsberechtigten stellt das Erlöschen des Miet- bzw. Pachtrechts einen **Rechtsmangel** i.S.d. § 536 Abs. 3 BGB dar. Dem Mieter bzw. dem Pächter kann deshalb ein Schadensersatzanspruch zustehen (§§ 536a, 536 Abs. 3 BGB).

2. Bestehendes Miet- bzw. Pachtverhältnis

5 Wird ein Dauerwohn- bzw. ein Dauernutzungsrecht **an vermieteten bzw. verpachteten Räumen** begründet, so gilt bei Beendigung des Dauerwohn- bzw. Dauernutzungsrechts nicht § 37 Abs. 1. Vielmehr verbleibt es bei der Bestimmung des § 567 BGB, so dass dieses Miet- bzw. Pachtverhältnis auch bei Erlöschen des Dauerwohn- bzw. Dauernutzungsrechts bestehen bleibt (§§ 567, 581 Abs. 2 BGB).

III. Bestehenbleiben des Miet- bzw. Pachtverhältnisses (Abs. 2 und 3)

6 Anders als bei Erlöschen des Dauerwohn- bzw. Dauernutzungsrechts bleiben bei seiner **Übertragung** Miet- bzw. Pachtverhältnisse bestehen. Dies gilt für alle Fälle der Übertragung, also auch dem Heimfall.

---

1 Ebenso *Mansel* in Weitnauer, WEG, § 37 Rz. 2; *Vandenhouten* in Niedenführ/Kümmel/Vandenhouten, WEG, § 37 Rz. 5; *Bassenge* in Palandt, BGB, § 37 WEG Rz. 3; *Pick* in Bärmann/Pick/Merle, WEG, § 37 Rz. 7; a.A. *Constantin*, NJW 1969, 1417 und *Stürner* in Soergel, BGB, § 37 WEG Rz. 3.
2 Ebenso *Pick* in Bärmann/Pick/Merle, WEG, § 37 Rz. 17 und ihm folgend *Vandenhouten* in Niedenführ/Kümmel/Vandenhouten, WEG, § 37 Rz. 5.

1. Heimfall

Beim Heimfall geht das Dauerwohn- bzw. Dauernutzungsrecht auf den Eigentümer über. Dieser bzw. der vom Eigentümer benannte Dritte **tritt in bestehende Miet- bzw. Pachtverhältnisse ein**. Die §§ 566 ff. BGB, die den Fall der Veräußerung eines vermieteten Grundstücks regeln, gelten entsprechend. Hebt der Eigentümer bzw. der Dritte in Zusammenwirken mit dem Eigentümer später das Dauerwohn- bzw. Dauernutzungsrecht auf, so können sich hieraus gegenüber dem Mieter bzw. dem Pächter Schadensersatzpflichten ergeben (vgl. Rz. 3). 7

2. Veräußerung

Bei Veräußerung des Dauerwohn- bzw. Dauernutzungsrechts **tritt der Erwerber in das Miet- bzw. Pachtverhältnis entsprechend §§ 566 ff. BGB ein**. Dies gilt sowohl bei freiwilliger als auch bei zwangsweiser Veräußerung. Bei der Zwangsvollstreckung bleibt allerdings das außerordentliche Kündigungsrecht des Erstehers nach § 57a ZVG unberührt, wobei wiederum § 57a ZVG sowie die Mieterschutzbestimmungen entsprechend anwendbar sind. Die Einschränkungen nach §§ 57c und 57d ZVG wurden aufgehoben[1]. 8

§ 38
Eintritt in das Rechtsverhältnis

(1) Wird das Dauerwohnrecht veräußert, so tritt der Erwerber an Stelle des Veräußerers in die sich während der Dauer seiner Berechtigung aus dem Rechtsverhältnis zu dem Eigentümer ergebenden Verpflichtungen ein.

(2) Wird das Grundstück veräußert, so tritt der Erwerber an Stelle des Veräußerers in die sich während der Dauer seines Eigentums aus dem Rechtsverhältnis zu dem Dauerwohnberechtigten ergebenden Rechte ein. Das gleiche gilt für den Erwerb auf Grund Zuschlages in der Zwangsversteigerung, wenn das Dauerwohnrecht durch den Zuschlag nicht erlischt.

Inhaltsübersicht

	Rz.		Rz.
I. Überblick	1	IV. Veräußerung des Dauerwohn- bzw. Dauernutzungsrechts (Abs. 1)	10
II. Einzelrechtsnachfolge	2		
III. Rechtsverhältnis mit Eintrittswirkung	3	V. Veräußerung des Grundstücks bzw. Erbbaurechts (Abs. 2)	11

Schrifttum: *Ahrens*, Dingliche Nutzungsrechte, 2. Aufl. 2007, Rz. 254 ff.; *Hügel* in Hügel/Scheel, Rechtshandbuch Wohnungseigentum, 2. Aufl. 2007, Teil 14.

---

1 Übersehen von *Vandenhouten* in Niedenführ/Kümmel/Vandenhouten, WEG, § 38 Rz. 11.

§ 38

I. Überblick

1 Die Vorschrift betrifft die Auswirkungen der Veräußerung des Dauerwohn- bzw. Dauernutzungsrechts und der Veräußerung des Grundstücks bzw. Erbbaurechts auf das nicht verdinglichte Rechtsverhältnis zwischen dem Berechtigten und dem Eigentümer bzw. Erbbauberechtigten. Dadurch wird die Möglichkeit des gutgläubigen Erwerbs, bezogen auf das Kausalgeschäft, weitgehend ausgeschlossen[1].

II. Einzelrechtsnachfolge

2 Betroffen ist nur der Fall der Einzelrechtsnachfolge entsprechend § 566 BGB. Für eine Gesamtrechtsnachfolge gelten die allgemeinen Bestimmungen[2]. Hinsichtlich der **Singularsukzession** ist es aber gleichgültig, um welche Art der Veräußerung es sich handelt. Die Vorschrift hat deshalb nicht nur bei einer freiwilligen Veräußerung, sondern auch bei einer Zwangsversteigerung Bedeutung[3]. Das Sonderkündigungsrecht gem. § 57a ZVG findet keine entsprechende Anwendung.

III. Rechtsverhältnis mit Eintrittswirkung

3 Rechtsverhältnis i.S.d. § 38 ist grundsätzlich alles, was zwischen dem Eigentümer bzw. dem Erbbauberechtigten und dem Berechtigten des Dauerwohn- bzw. Dauernutzungsrechts vereinbart ist. Betroffen ist insbesondere das zugrunde liegende schuldrechtliche Grundgeschäft[4]. Die schuldrechtlichen Vereinbarungen werden somit zu gleichsam subjektiv-dinglichen. Da diese Vereinbarungen regelmäßig formfrei zulässig sind, also auch mündlich, besteht eine **Unsicherheit** hinsichtlich des Inhalts der übernommenen Rechte und Pflichten. Lediglich für den Teilzeitwohnrechtevertrag sieht § 484 Satz 1 BGB das Erfordernis der Schriftform vor. In der Praxis ist es deshalb dringend zu empfehlen, das Rechtsverhältnis schriftlich oder notariell zu fixieren, damit die Vereinbarungen im Ernstfall bewiesen werden können. Zusätzlich ist es auch zur Erhöhung der Verkehrsfähigkeit des Dauerwohn- bzw. Dauernutzungsrechts ratsam, die Vereinbarungen in einem Dokument niederzulegen. Spätestens im Rahmen einer Weiterveräußerung des Dauerwohn- bzw. Dauernutzungsrechts oder des Grundstücks bzw. des Erbbaurechts sollte dies erfolgen.

---

1 Ebenso *Heinemann* in AnwK-BGB, § 38 WEG Rz. 1; *Bassenge* in Palandt, BGB, § 38 WEG Rz. 1; *Spiegelberger* in Staudinger, BGB, § 38 WEG Rz. 5; *Mansel* in Weitnauer, WEG, § 38 Rz. 11; *Vandenhouten* in Niedenführ/Kümmel/Vandenhouten, WEG, § 38 Rz. 7 und *Pick* in Bärmann/Pick/Merle, WEG, § 38 Rz. 25.
2 S. nur *Augustin* in BGB-RGRK, § 38 WEG Rz. 2.
3 A.A. *Heinemann* in AnwK-BGB, § 38 WEG Rz. 2: nur bei Veräußerung zur Abwendung einer zwangsweisen Verwertung im Fall des § 38 Abs. 1 (übersehen von *Vandenhouten* in Niedenführ/Kümmel/Vandenhouten, WEG, § 38 Rz. 14); wie hier *Bassenge* in Palandt, BGB, § 38 WEG Rz. 2; *Vandenhouten* in Niedenführ/Kümmel/Vandenhouten, WEG, § 38 Rz. 14; *Augustin* in BGB-RGRK, § 38 WEG Rz. 4.
4 *Dammertz*, MittRhNotK 1970, 73 (126); *Stürner* in Soergel, BGB, § 38 WEG Rz. 4; *Spiegelberger* in Staudinger, BGB, § 38 WEG Rz. 11; tlw. abw. *Pick* in Bärmann/Pick/Merle, WEG, § 38 Rz. 13.

Nicht erfasst werden die ohnehin als Inhalt des Dauerwohn- bzw. Dauernutzungsrechts **dinglich geregelten Rechte und Pflichten**. Sie gehen unabhängig von der Regelung des § 38 auf den Rechtsnachfolger über. § 38 bezieht sich deshalb nur auf nicht verdinglichte Rechte und Pflichten, das heißt nicht im Grundbuch eingetragene. 4

Umstritten ist, ob Rechte und Pflichten, die dinglich zum Inhalt des Dauerwohn- bzw. Dauernutzungsrechts hätten gemacht werden können, von § 38 erfasst werden, wenn sie **nicht im Grundbuch eingetragen** wurden. Dies ist zu verneinen. Wird die Möglichkeit des § 33 Abs. 4 einschließlich des in § 32 Abs. 3 enthaltenen mittelbaren Zwangs zur Verdinglichung nicht wahrgenommen, so erfolgt auch nach § 38 kein Übergang auf einen etwaigen Rechtsnachfolger[1]. 5

Folge der **Eintrittswirkung** ist, dass der Ausscheidende entsprechend §§ 417, 418 BGB von seinen Verpflichtungen für die Zukunft frei wird und der neue Berechtigte bzw. Eigentümer oder Erbbauberechtigte in die nach dem Erwerb entstehenden Verpflichtungen eintritt. Eine Haftung für Rückstände ist ausgeschlossen[2]. Für sie haftet weiterhin der Veräußerer. Der Veräußerer haftet umgekehrt nicht für Pflichtverletzungen des Erwerbers[3]. Vom Ausscheidenden bestellte Sicherheiten erlöschen analog § 418 BGB[4]. 6

Die Verknüpfung des schuldrechtlichen Rechtsverhältnisses mit dem dinglichen Recht führt zu einer gewissen **Verdinglichung der Kausa** des Dauerwohn- bzw. Dauernutzungsrechts. § 38 gilt jedoch bei Nichtigkeit der Kausa nicht für die Pflichten aus §§ 812 ff. BGB. 7

Der Eintritt erfolgt unabhängig von der Kenntnis des Erwerbers von den schuldrechtlichen Vereinbarungen. Sein guter Glaube an die Vollständigkeit wird nicht geschützt. In der Praxis ist es deshalb zweckmäßig, eine **Vollständigkeitserklärung** des Eigentümers bzw. Erbbauberechtigten bei Veräußerung des Dauerwohn- bzw. Dauernutzungsrechts und des Berechtigten bei Veräußerung des Grundstücks oder Erbbaurechts beizubringen. In ihr kann eine konkludente Abänderung eines eventuell weitergehenden Rechtsverhältnisses gesehen werden. Eine frühere Urkunde über das Rechtsverhältnis bringt keine Sicherheit über die Vollständigkeit der Rechte und Pflichten, da diese jederzeit grundsätzlich formfrei abgeändert werden konnten. 8

Wird auf die vorstehend empfohlene Vollständigkeitserklärung verzichtet, so **haftet** bei unzutreffenden Angaben nur der jeweilige Veräußerer aus der von ihm übernommenen Vollständigkeitsgarantie. Der Eintritt in das weitergehende 9

---

1 Ebenso *Pick* in Bärmann/Pick/Merle, WEG, § 38 Rz. 17; *Bassenge* in Palandt, BGB, § 38 WEG Rz. 1; *Mansel* in Weitnauer, WEG, § 38 Rz. 5; *Heinemann* in AnwK-BGB, § 38 WEG Rz. 1; *Vandenhouten* in Niedenführ/Kümmel/Vandenhouten, WEG, § 38 Rz. 4; *Schmid* in KK-WEG, § 38 Rz. 2; *Hügel* in Bamberger/Roth, BGB, § 38 WEG Rz. 2; a.A. *Stürner* in Soergel, BGB, § 38 WEG Rz. 4; *Spiegelberger* in Staudinger, BGB, § 38 WEG Rz. 6 und *Hoche*, NJW 1954, 959.
2 *Spiegelberger* in Staudinger, BGB, § 38 WEG Rz. 16 und *Pick* in Bärmann/Pick/Merle, WEG, § 38 Rz. 40.
3 *Mansel* in Weitnauer, WEG, § 38 Rz. 12.
4 *Mansel* in Weitnauer, WEG, § 38 Rz. 8.

Rechtsverhältnis bleibt hiervon unberührt. Der Erwerber kann sich auch nicht auf seine diesbezüglich fehlende Kenntnis berufen.

IV. Veräußerung des Dauerwohn- bzw. Dauernutzungsrechts (Abs. 1)

10 Bei der Veräußerung des Dauerwohn- bzw. Dauernutzungsrechts tritt der Erwerber mit Wirksamkeit der Veräußerung, das heißt mit seiner Eintragung ins Grundbuch, in die sich ab diesem Zeitpunkt ergebenden Rechte und Pflichten im Verhältnis zum Eigentümer bzw. Erbbauberechtigten ein. Für Rückstände haftet er nicht (s. Rz. 6). Der Veräußerer haftet nicht für künftige Pflichtverletzungen des Erwerbers. Etwas anderes kann sich nur dann ergeben, wenn die Veräußerung absichtlich an einen nicht leistungsfähigen Erwerber erfolgt, um sich von den Pflichten des Dauerwohn- bzw. Dauernutzungsrechts zu befreien. Ist ein derartiges Rechtsgeschäft nicht bereits gem. § 138 Abs. 1 BGB unwirksam, so verstößt die Berufung des Veräußerers auf die Schuldbefreiung jedenfalls gegen Treu und Glauben (§ 242 BGB).

V. Veräußerung des Grundstücks bzw. Erbbaurechts (Abs. 2)

11 Die Vorschrift entspricht dem **Grundsatz „Kauf bricht nicht Miete"**. Dies gilt unabhängig davon, ob es sich um eine freiwillige rechtsgeschäftliche Veräußerung oder die Veräußerung durch Hoheitsakt in der Zwangsversteigerung handelt. Ein Sonderkündigungsrecht gem. § 57a ZVG besteht nicht[1]. Da § 38 nicht auf einen bestimmten Veräußerungsvorgang abstellt, gilt die Vorschrift auch bei mehrmaliger Veräußerung (analog § 567b BGB)[2].

12 Anders als § 566 BGB enthält § 38 abgesehen von § 40 Abs. 2 keine Vorschriften über **Vorausverfügungen** hinsichtlich des Entgelts und weiterer Folgewirkungen. Eine entsprechende Anwendung verbietet sich.

§ 39
Zwangsversteigerung

(1) Als Inhalt des Dauerwohnrechts kann vereinbart werden, dass das Dauerwohnrecht im Falle der Zwangsversteigerung des Grundstücks abweichend von § 44 des Gesetzes über die Zwangsversteigerung und Zwangsverwaltung auch dann bestehen bleiben soll, wenn der Gläubiger einer dem Dauerwohnrecht im Range vorgehenden oder gleichstehenden Hypothek, Grundschuld, Rentenschuld oder Reallast die Zwangsversteigerung in das Grundstück betreibt.

(2) Eine Vereinbarung gem. Absatz 1 bedarf zu ihrer Wirksamkeit der Zustimmung derjenigen, denen eine dem Dauerwohnrecht im Range vorgehende oder gleichstehende Hypothek, Grundschuld, Rentenschuld oder Reallast zusteht.

---

1 S. nur *Spiegelberger* in Staudinger, BGB, § 38 WEG Rz. 19; *Augustin* in BGB-RGRK, § 38 WEG Rz. 6.
2 Ebenso *Heinemann* in AnwK-BGB, § 38 WEG Rz. 3 und *Vandenhouten* in Niedenführ/Kümmel/Vandenhouten, WEG, § 38 Rz. 1.

(3) Eine Vereinbarung gem. Absatz 1 ist nur wirksam für den Fall, dass der Dauerwohnberechtigte im Zeitpunkt der Feststellung der Versteigerungsbedingungen seine fälligen Zahlungsverpflichtungen gegenüber dem Eigentümer erfüllt hat; in Ergänzung einer Vereinbarung nach Absatz 1 kann vereinbart werden, dass das Fortbestehen des Dauerwohnrechts vom Vorliegen weiterer Voraussetzungen abhängig ist.

Inhaltsübersicht

	Rz.		Rz.
I. Überblick	1	3. Zustimmung der Gläubiger der Verwertungsrechte (Abs. 2)	8
II. Rang und Zwangsversteigerung	2	4. Eintragung im Grundbuch	9
III. Bestehenbleibensvereinbarung	4	5. Voraussetzungen des Bestehenbleibens (Abs. 3)	10
1. Inhalt	4		
2. Vereinbarung (Abs. 1)	6	IV. Wirkung	12

Schrifttum: *Ahrens*, Dingliche Nutzungsrechte, 2. Aufl. 2007, Rz. 254 ff.; *Hügel* in Hügel/Scheel, Rechtshandbuch Wohnungseigentum, 2. Aufl. 2007, Teil 14; *Lotter*, Aktuelle Fragen des Dauerwohnrechts, MittBayNot 1999, 354.

I. Überblick

Ebenso wie beim Erbbaurecht (§ 9 Abs. 3 Satz 1 Nr. 1 ErbbauVO) und beim Wohnungs- bzw. Teilerbbaurecht (§ 9 Abs. 3 Satz 1 Nr. 1 ErbbauVO) kann als Inhalt des Dauerwohn- bzw. Dauernutzungsrechts das Bestehenbleiben in der Zwangsversteigerung aus einem vor- oder gleichrangigen Verwertungsrecht vereinbart werden. Damit gleicht das Gesetz die fehlende Notwendigkeit der Bestellung an erster Rangstelle, wie dies im Erbbaurecht zwingend vorgesehen ist (§ 10 ErbbauVO), aus[1].

1

II. Rang und Zwangsversteigerung

Das Dauerwohn- bzw. Dauernutzungsrecht hat als beschränktes dingliches Recht einen bestimmten Rang im Grundbuch und damit auch in den Rangklassen des § 10 Abs. 1 Nr. 4 ZVG. Wird aus einem vor- oder gleichrangigen Recht die Zwangsversteigerung betrieben, so erlischt das nach- oder gleichrangige Dauerwohn- bzw. Dauernutzungsrecht, sofern keine **abweichende Versteigerungsbedingung** vereinbart wird[2]. Grundsätzlich erlischt ein nicht in das geringste Gebot fallendes Recht (§ 91 Abs. 2 ZVG). Bei Versteigerungen aus den Rangklassen der § 10 Abs. 1 Nr. 1 bis 3 ZVG kann dies nur durch eine abweichende Versteigerungsbedingung im konkreten Verfahren abgewendet werden[3]. Bei diesen Rangklassen bleibt dem Dauerwohn- bzw. Dauernutzungsberechtig-

2

---

1 *Heinemann* in AnwK-BGB, § 39 WEG Rz. 1; *Spiegelberger* in Staudinger, BGB, § 39 WEG Rz. 1; *Stürner* in Soergel, BGB, § 39 WEG Rz. 2, die eine vergleichbare Stellung entsprechend der des Mieters als Gesetzeszweck annehmen.
2 Vgl. nur *Zeller*, ZVG, 18. Aufl. 2006, § 59 Rz. 2 f.
3 Vgl. dazu *Storz*, Praxis des Zwangsversteigerungsverfahrens, 10. Aufl. 2007, D 2.1.1 und *Eickmann*, Zwangsversteigerungs- und Zwangsverwaltungsrecht, 2. Aufl. 2004, § 13 II.

ten im Übrigen lediglich die Möglichkeit der Ablösung (§ 268 BGB) der vorrangigen Rechte, um sein Recht zu behalten[1]. Bei einer Versteigerung aus Verwertungsrechten der Rangklassen des § 10 Abs. 1 Nr. 4 ZVG, nämlich aus Grundpfandrechten (Hypothek, Grundschuld, Rentenschuld) und Reallasten, kann das Erlöschen des Dauerwohn- bzw. Dauernutzungsrechts durch eine sog. Bestehenbleibensvereinbarung nach § 39 Abs. 1 bereits vorher sichergestellt werden. Unberührt bleibt auch das in diesen Fällen gegebene Recht der Ablösung nach § 268 BGB.

3 Aus dem Dauerwohn- bzw. Dauernutzungsrecht selbst kann keine Zwangsversteigerung betrieben werden, da es sich um **kein Verwertungsrecht** handelt[2].

III. Bestehenbleibensvereinbarung

1. Inhalt

4 Die Bestehenbleibensvereinbarung soll das Dauerwohn- bzw. Dauernutzungsrecht vor einem Untergang in der Zwangsversteigerung des Grundstücks aus vorrangigen Verwertungsrechten (§ 91 ZVG) bewahren. Es ist deshalb nur gegenüber vor- und gleichrangigen Verwertungsrechten in der Rangklasse des § 10 Abs. 1 Nr. 4 ZVG, also Grundpfandrechten und Reallasten, möglich. Gegenüber anderen vor- und gleichrangigen Rechten der Rangklasse des § 10 Abs. 1 Nr. 4 ZVG z.B. Dienstbarkeiten, Vorkaufsrechten und Erbbaurechten ist eine diesbezügliche Vereinbarung nicht erforderlich und auch nicht möglich, da aus ihnen nicht die Zwangsversteigerung des Grundstücks betrieben werden kann. Betroffen sind nur die im Grundbuch eingetragenen und nicht nur vermerkten **Verwertungsrechte**, also nicht Verwertungsrechte der Rangklassen des § 10 Abs. 1 Nr. 1 bis 3 ZVG. Nicht erforderlich ist ferner eine diesbezügliche Vereinbarung gegenüber den Verwertungsrechten der Rangklasse des § 10 Abs. 1 Nr. 4 ZVG, sofern sie dem Dauerwohn- bzw. Dauernutzungsrecht im Rang nachgehen. Wird aus ihnen die Zwangsversteigerung des Grundstücks betrieben, bleiben das Dauerwohn- bzw. Dauernutzungsrecht als vorrangige Rechte ohnehin bestehen (§§ 44, 52 ZVG).

5 **Folge** der Bestehenbleibensvereinbarung ist, dass das Dauerwohn- bzw. Dauernutzungsrecht vom Ersteher des Grundstücks zu übernehmen ist. Es mindert somit den Wert des Grundstücks ebenso wie ein dem Verwertungsrecht, aus dem die Zwangsversteigerung betrieben wird, vorgehendes Recht. Umgekehrt wird der Wert des Dauerwohn- bzw. Dauernutzungsrechts im Hinblick auf seine Vollstreckungssicherheit steigen.

2. Vereinbarung (Abs. 1)

6 Erforderlich für die Bestehenbleibensvereinbarung sind eine **Einigung** zwischen dem Eigentümer des belasteten Grundstücks und dem Berechtigten über das Bestehenbleiben. Sie bedarf der Eintragung in das Grundbuch, da sie Inhalt des Dauerwohn- bzw. Dauernutzungsrechts wird. Für die materiell-rechtlich form-

---
1 Ebenso *Pick* in Bärmann/Pick/Merle, WEG, § 39 Rz. 43.
2 BayObLG v. 15.3.1957 – 2Z 226–231/1956, BayObLGZ 1957, 102 (111).

freie Vereinbarung sieht § 29 GBO die Beurkundung oder öffentliche Beglaubigung vor.

Die Vereinbarung kann bereits **bei Bestellung** des Dauerwohn- bzw. Dauernutzungsrechts getroffen werden. Sie kann auch **nachträglich** als Inhaltsänderung noch vereinbart werden. 7

3. Zustimmung der Gläubiger der Verwertungsrechte (Abs. 2)

Die Bestehenbleibensvereinbarung wird nur gegenüber denjenigen **Gläubigern** vorgehender oder gleichstehender Verwertungsrechte wirksam, die ihr zustimmen. Bestehen an diesen Rechten, nämlich Grundpfandrechten und Reallasten, Rechte Dritter, müssen auch diese Drittberechtigten zustimmen. Es kann sich bei ihnen um Nießbrauchsrechte oder Pfandrechte handeln[1]. Die Rechte sonstiger im Grundbuch eingetragener Berechtigter werden nicht betroffen. Gleiches gilt für die am Dauerwohn- bzw. Dauernutzungsrecht Berechtigten, da sich ihre Rechtsstellung durch die Bestehenbleibensvereinbarung nicht verschlechtert (§§ 876 Satz 2, 877 BGB)[2]. Auch die nachträgliche Aufnahme der Bestehenbleibensvereinbarung führt zu keiner Rechtsverschlechterung. Etwas anderes gilt bei der Aufhebung einer im Grundbuch eingetragenen Bestehenbleibensvereinbarung. 8

4. Eintragung im Grundbuch

Die Bestehenbleibensvereinbarung bedarf zu ihrer Wirksamkeit der Eintragung in das Grundbuch als Inhalt des Dauerwohn- bzw. Dauernutzungsrechts. Umstritten ist, ob eine Bezugnahme auf die Eintragungsbewilligung genügt[3] oder es in der **Eintragung** selbst eines Hinweises auf die Vereinbarung bedarf[4]. Die Zustimmung der Inhaber der gleichstehenden und vorrangigen Verwertungsrechte ist bei ihren Rechten entsprechend einer Rangänderung zu vermerken (§ 18 GBV)[5]. Umstritten ist, ob zusätzlich ein Vermerk beim Dauerwohn- bzw. Dauernutzungsrecht hinsichtlich des Rangs zu erfolgen hat[6]. 9

---

[1] S. §§ 1071, 1276 BGB und dazu BayObLG v. 22.12.1959 – 2Z 192/59, BayObLGZ 1959, 520 und *Pick* in Bärmann/Pick/Merle, WEG, § 39 Rz. 47; *Mansel* in Weitnauer, WEG, § 39 Rz. 16; *Spiegelberger* in Staudinger, BGB, § 39 WEG Rz. 7 und *Vandenhouten* in Niedenführ/Kümmel/Vandenhouten, WEG, § 39 Rz. 10.
[2] BayObLG v. 22.12.1959 – 2Z 192/59, BayObLGZ 1959, 520 (528).
[3] So *Bassenge* in Palandt, BGB, § 39 WEG Rz. 2; *Stürner* in Soergel, BGB, § 39 WEG Rz. 3; *Spiegelberger* in Staudinger, BGB, § 39 Rz. 6 und bereits *Grziwotz* in Erman, BGB, § 39 WEG Rz. 2. Unklar *Eickmann*, Zwangsversteigerungs- und Zwangsverwaltungsrecht, 2. Aufl. 2004, § 11 III.2.
[4] So *Pick* in Bärmann/Pick/Merle, WEG, § 39 Rz. 15; *Mansel* in Weitnauer, WEG, § 39 Rz. 13; *Vandenhouten* in Niedenführ/Kümmel/Vandenhouten, WEG, § 39 Rz. 11 und *Heinemann* in AnwK-BGB, § 39 WEG Rz. 3.
[5] S. nur LG Hildesheim v. 13.10.1965 – 5 T 427/65, Rpfleger 1966, 116.
[6] Bejahend wohl LG Hildesheim v. 13.10.1965 – 5 T 427/65, Rpfleger 1966, 116; *Heinemann* in AnwK-BGB, § 39 WEG Rz. 3; *Augustin* in BGB-RGRK, § 39 WEG Rz. 8; a.A. *Stürner* in Soergel, BGB, § 39 WEG Rz. 4.

5. Voraussetzungen des Bestehenbleibens (Abs. 3)

10 Das Gesetz macht die Erfüllung der fälligen Zahlungsverpflichtungen des Dauerwohn- bzw. Dauernutzungsberechtigten gegenüber dem Grundstückseigentümer zur Voraussetzung für das Bestehenbleiben des Dauerwohn- bzw. Dauernutzungsrechts. Maßgeblicher Zeitpunkt ist die Feststellung des geringsten Gebots und der Versteigerungsbedingungen im Versteigerungstermin (§ 66 ZVG). Betroffen sind nicht nur die Entrichtung eines vereinbarten wiederkehrenden Entgelts, sondern auch sonstige vom Berechtigten übernommene **Zahlungsverpflichtungen** wie z.B. die Kosten für Versicherungen und für die Instandhaltung sowie die Übernahme öffentlicher Lasten. Die gesetzliche Voraussetzung für die Wirksamkeit der Bestehenbleibensvereinbarung im konkreten Verfahren ist unabdingbar[1]. Diese Voraussetzung ist vom Versteigerungsgericht im Verfahren von Amts wegen zu prüfen. Hat der Dauerwohn- bzw. Dauernutzungsberechtigte seine Zahlungsverpflichtungen allerdings nur zu einem ganz unerheblichen Teil nicht erfüllt, bleibt dies außer Betracht. Als unerheblich kann ein Rückstand hinsichtlich der Zahlungsverpflichtungen nur dann angesehen werden, wenn er das vereinbarte Entgelt für einen Monat nicht übersteigt[2].

11 Die Beteiligten können zusätzlich zur gesetzlichen Voraussetzung **weitere Bedingungen** für das Bestehenbleiben des Dauerwohn- bzw. Dauernutzungsrechts vereinbaren. Diese können die gesetzlichen Mindestbestimmungen überschreiten. Beispiele sind das Fehlen von Rückständen hinsichtlich öffentlicher Lasten, das Nichtvorliegen von Gründen für die Ausübung eines Heimfalls, die Entrichtung und gegebenenfalls die Sicherstellung einer erhöhten Entgeltzahlung an den Ersteher des Grundstücks sowie die Vorrangeinräumung von Finanzierungsgrundpfandrechten bis zu einem bestimmten Betrag[3]. Die nachträgliche Vereinbarung von zusätzlichen Voraussetzungen für das Bestehenbleiben des Dauerwohn- bzw. Dauernutzungsrechts im Falle der Zwangsversteigerung bedarf nicht der Zustimmung der Grundpfandrechts- und Reallastgläubiger, da ihr Recht nicht beeinträchtigt wird.

IV. Wirkung

12 Liegt eine wirksame Bestehenbleibensvereinbarung vor, so bleibt das Dauerwohn- bzw. Dauernutzungsrecht nicht außerhalb des geringsten Gebots bestehen. Es ist vielmehr, auch wenn es gegenüber den Rechten des betreibenden Grundpfandrechts- bzw. Reallastgläubigers nur Vor- oder Gleichrang hat, wie bei abweichender Feststellung (§ 59 ZVG), in das geringste Gebot aufzunehmen und in den Versteigerungsbedingungen als bestehen bleibend festzustellen. Regelmäßig wird im Versteigerungsverfahren nicht geklärt werden können, ob die fälligen Zahlungsverpflichtungen gegenüber dem Eigentümer erfüllt wurden oder die Voraussetzungen sonstiger Bedingungen für das Bestehenbleiben erfüllt

---

1 S. nur *Pick* in Bärmann/Pick/Merle, WEG, § 39 Rz. 55; *Augustin* in BGB-RGRK, § 39 WEG Rz. 9 und *Mansel* in Weitnauer, WEG, § 39 Rz. 15.
2 Vgl. dazu den Rechtsgedanken des § 569 Abs. 3 Nr. 1 BGB.
3 Ausführlich *Pick* in Bärmann/Pick/Merle, WEG, § 62 ff. und *Stürner* in Soergel, BGB, § 39 WEG Rz. 5a.

sind. In diesen Fällen ist das Dauerwohn- bzw. Dauernutzungsrecht als **bedingtes Recht** (§§ 50, 51 ZVG) in das geringste Gebot aufzunehmen[1]. Es wird dort wie ein unbedingtes Recht behandelt. Die Berücksichtigung der Bedingung erfolgt erst bei der Erlösverteilung.

Die Klärung, ob das Recht bestehen bleibt oder fortfällt, hat gegebenenfalls im **Verteilungstermin** zu erfolgen[2]. Fällt es weg, hat der Ersteher den Betrag, um den sich der Wert des Grundstücks erhöht, zusätzlich zu zahlen (§§ 50, 51 ZVG)[3]. Im Teilungsplan ist festzustellen, wem dieser Betrag zugeführt werden soll (§ 125 Abs. 1 Satz 1 ZVG). Dies ist regelmäßig der Dauerwohn- und Dauernutzungsberechtigte. Ist das Verteilungsverfahren abgeschlossen, wenn sich das Erlöschen des Dauerwohn- bzw. Dauernutzungsrechts herausstellt, so erfolgt keine Nachtragsverteilung durch das Vollstreckungsgericht. Der Berechtigte ist vielmehr auf eine bereicherungsrechtliche Klage gegen den Ersteher angewiesen[4].

13

Haben nicht alle Gläubiger von Verwertungsrechten der Bestehenbleibensvereinbarung zugestimmt, so ist diese gegenüber den die Zustimmung Verweigernden nicht wirksam[5]. In diesem Fall ergeht ein **Doppelausgebot** (§ 59 Abs. 2 ZVG), wonach einmal das Dauerwohn- bzw. Dauernutzungsrecht in das geringste Gebot aufgenommen wird und im anderen Fall dies nicht erfolgt. Unproblematisch sind hingegen die Fälle, in denen der nicht Zustimmende aus seinem vorrangigen Recht selbst die Zwangsversteigerung beantragt, und das Betreiben der Zwangsversteigerung durch einen Gläubiger, der dem nicht Zustimmenden im Range nachgeht, so dass das Bestehenbleiben des Dauerwohn- bzw. Dauernutzungsrechts diesem gegenüber ohne Bedeutung ist.

14

§ 40
Haftung des Entgelts

(1) Hypotheken, Grundschulden, Rentenschulden und Reallasten, die dem Dauerwohnrecht im Range vorgehen oder gleichstehen, sowie öffentliche Lasten, die in wiederkehrenden Leistungen bestehen, erstrecken sich auf den Anspruch auf das Entgelt für das Dauerwohnrecht in gleicher Weise wie auf eine Mietforderung, soweit nicht in Absatz 2 etwas Abweichendes bestimmt ist. Im Übrigen sind die für Mietforderungen geltenden Vorschriften nicht entsprechend anzuwenden.

(2) Als Inhalt des Dauerwohnrechts kann vereinbart werden, dass Verfügungen über den Anspruch auf das Entgelt, wenn es in wiederkehrenden Leistungen ausbedungen ist, gegenüber dem Gläubiger einer dem Dauerwohnrecht im

---

1 *Augustin* in BGB-RGRK, § 39 WEG Rz. 11; *Eickmann*, Zwangsversteigerungs- und Zwangsverwaltungsrecht, 2. Aufl. 2004, § 11 III.2.
2 S. nur *Mansel* in Weitnauer, WEG, § 39 Rz. 17 und *Pick* in Bärmann/Pick/Merle, WEG, § 39 Rz. 66.
3 S. zur umstr. Wertfestsetzung *Böttcher*, ZVG, 4. Aufl. 2005, §§ 50, 51 Rz. 29.
4 S. nur *Stöber*, ZVG, 18. Aufl. 2006, § 51 Rz. 6 und § 125 Rz. 4.
5 OLG Schleswig v. 19.9.1961 – 2 W 75/61, SchlHA 1962, 146.

Range vorgehenden oder gleichstehenden Hypothek, Grundschuld, Rentenschuld oder Reallast wirksam sind. Für eine solche Vereinbarung gilt § 39 Abs. 2 entsprechend.

Inhaltsübersicht

	Rz.		Rz.
I. Überblick	1	III. Abweichende Vereinbarung (Abs. 2)	5
II. Die Ausnahme des Haftungsverbunds (Abs. 1)	2		

Schrifttum: *Ahrens*, Dingliche Nutzungsrechte, 2. Aufl. 2007, Rz. 254 ff.; *Hügel* in Hügel/Scheel, Rechtshandbuch Wohnungseigentum, 2. Aufl. 2007, Teil 14; *Lotter*, Aktuelle Fragen des Dauerwohnrechts, MittBayNot 1999, 354.

I. Überblick

1 Das Dauerwohn- bzw. Dauernutzungsrecht ähnelt zwar der Miete und der Pacht, insbesondere wenn ein wiederkehrendes Nutzungsentgelt vereinbart wird. Gleichwohl unterscheidet es sich von diesen lediglich schuldrechtlichen Rechten als dingliches Recht. Der Gesetzgeber ging deshalb davon aus, dass auch die Vorschriften über die Miete bzw. Pacht grundsätzlich nicht auf das für das Dauerwohn- bzw. Dauernutzungsrecht geschuldete Entgelt Anwendung finden. Hiervon macht er für vor- und gleichrangige Grundpfandrechte und Reallasten sowie für wiederkehrende öffentliche Lasten eine Ausnahme.

II. Die Ausnahme des Haftungsverbunds (Abs. 1)

2 Grundsätzlich finden die Vorschriften für die Miete und die Pacht auf den Entgeltanspruch des Eigentümers gegen den Dauerwohn- bzw. Dauernutzungsberechtigten keine entsprechende Anwendung. Aus diesem Grundsatz folgt, dass **Verfügungen über das Entgelt** grundsätzlich auch gegenüber einem Rechtsnachfolger, der das Grundstück aufgrund freiwilliger Veräußerung oder in der Zwangsversteigerung erworben hat, **gelten**. Gleiches gilt für den Insolvenz- und Zwangsverwalter. Unberührt bleiben die allgemeinen Anfechtungsregeln der §§ 1 ff. AnfG und §§ 129 ff. InsO[1]. Keine Anwendung finden die §§ 566b, 566c BGB, §§ 57, 57b ZVG sowie §§ 108, 110 InsO. Hintergrund ist, dass bei Bestellung eines Dauerwohn- bzw. Dauernutzungsrechts häufig das Entgelt im Voraus entrichtet wird. Dies gilt auch, wenn ein Dauerwohn- bzw. Dauernutzungsrecht als Abfindung für Erb- bzw. Pflichtteilsansprüche gewährt wird.

3 Eine **Ausnahme** von diesem Grundsatz gilt nur für Grundpfandrechte, nämlich Hypotheken, Grund- und Rentenschulden, Reallasten sowie öffentliche Lasten, die in wiederkehrenden Leistungen bestehen. Öffentlichen Lasten kommt nur ein Rang in der Zwangsversteigerung zu; dieser ist nach dem Gesetzeswortlaut

---

[1] S. nur *Bassenge* in Palandt, BGB, § 40 WEG Rz. 1; *Hügel* in Bamberger/Roth, BGB, § 40 WEG Rz. 2; *Heinemann* in AnwK-BGB, § 40 WEG Rz. 1; *Spiegelberger* in Staudinger, BGB, § 40 WEG Rz. 2; *Mansel* in Weitnauer, WEG, § 40 Rz. 14 und *Vandenhouten* in Niedenführ/Kümmel/Vandenhouten, WEG § 40 Rz. 3.

Haftung des Entgelts § 40

unerheblich. Bei den vorbezeichneten dinglichen Verwertungsrechten gilt die Ausnahme dagegen nur, wenn diese Gleich- oder Vorrang im Grundbuch haben. Diese erstrecken sich auf das durch das Dauerwohn- bzw. Dauernutzungsrecht zu entrichtende Entgelt. Gleichgültig ist hierbei, ob es in wiederkehrenden Leistungen oder einer einmaligen Zahlung erfolgt[1]. Dies entspricht dem Haftungsverbund für die Miet- bzw. Pachtforderung (§§ 1123, 1124 BGB)[2]. Der Haftungsverbund bedeutet, dass das Entgelt wie die Miete und die Pacht dem Gläubiger des Verwertungsrechts bzw. der wiederkehrenden öffentlichen Last haftet. Im Verhältnis zwischen diesen Rechten gilt das Rangverhältnis nach § 10 ZVG. Gegenüber diesen Berechtigten sind Vorausverfügungen über das Entgelt nur insoweit wirksam, als sie entsprechend auch hinsichtlich der Miete und Pacht von diesen Gläubigern hinzunehmen wären. Nicht anwendbar ist hingegen § 1126 BGB.

Der Haftungsverbund betrifft **nur das Entgelt** für das Dauerwohn- bzw. Dauernutzungsrecht. Er erstreckt sich nicht auf eine Miete und Pacht, wenn der Dauerwohn- bzw. Dauernutzungsberechtigte die seinem Recht unterliegenden Räume vermietet bzw. verpachtet hat. 4

III. Abweichende Vereinbarung (Abs. 2)

Als Unterausnahme zum Haftungsbund enthält § 40 Abs. 2 die Möglichkeit, durch Vereinbarung zwischen Eigentümer und Dauerwohn- bzw. Dauernutzungsberechtigtem ein wiederkehrendes (nicht jedoch einmaliges) Entgelt **vom Haftungsverbund auszunehmen**. Damit sind diesbezügliche Verfügungen gegenüber den Grundpfandrechts- und Reallastberechtigten wirksam. Diese Unterausnahme gilt nicht für die Gläubiger wiederkehrender öffentlicher Lasten. Voraussetzungen sind die Einigung zwischen dem Eigentümer und dem Dauerwohn- bzw. Dauernutzungsberechtigten sowie die Eintragung im Grundbuch. Damit wird diese Unterausnahme Inhalt des Dauerwohn- bzw. Dauernutzungsrechts. Erforderlich ist die Zustimmung der Betroffenen der vor- und gleichrangigen Verwertungsrechte, für die sich der Haftungsverbund vermindert[3]. Das Gesetz verweist hierzu auf § 39 Abs. 2 (vgl. hierzu im Einzelnen § 39 Rz. 4). 5

Die Vereinbarung kann nicht nur generell, sondern auch **speziell** hinsichtlich höhenmäßig beschränkter Beträge, für bestimmte Leistungen etc. erfolgen[4]. 6

Zweck einer solchen Vereinbarung ist es, dem Eigentümer abweichende Verfügungen zu ermöglichen. Eine derartige Vereinbarung entspricht jedoch nur dann dem Interesse des Dauerwohn- bzw. Dauernutzungsberechtigten, wenn gleichzeitig sichergestellt ist, dass die vorrangigen Berechtigten hinsichtlich ihrer Forderungen befriedigt werden oder eine Bestehenbleibensvereinbarung mit diesen Gläubigern getroffen wird. In der Praxis erfolgen deshalb derartige Vereinbarungen nur gleichzeitig mit einer Bestehenbleibensvereinbarung. Andern- 7

---

1 S. nur *Pick* in Bärmann/Pick/Merle, WEG, § 40 Rz. 4.
2 Vgl. auch § 865 Abs. 1 ZPO, §§ 21, 148 ZVG sowie kurz *Ahrens*, Rz. 272.
3 S. nur *Hügel*, Teil 14 Rz. 39.
4 Ebenso *Pick* in Bärmann/Pick/Merle, WEG, § 40 Rz. 32 und *Mansel* in Weitnauer, WEG, § 40 Rz. 12.

falls erhöht sich das Risiko der Versteigerung aus vorrangigen Verwertungsrechten und damit auch des Erlöschens des Dauerwohn- bzw. Dauernutzungsrechts.

§ 41
Besondere Vorschriften für langfristige Dauerwohnrechte

(1) Für Dauerwohnrechte, die zeitlich unbegrenzt oder für einen Zeitraum von mehr als zehn Jahren eingeräumt sind, gelten die besonderen Vorschriften der Absätze 2 und 3.

(2) Der Eigentümer ist, sofern nicht etwas anderes vereinbart ist, dem Dauerwohnberechtigten gegenüber verpflichtet, eine dem Dauerwohnrecht im Range vorgehende oder gleichstehende Hypothek löschen zu lassen für den Fall, dass sie sich mit dem Eigentum in einer Person vereinigt, und die Eintragung einer entsprechenden Löschungsvormerkung in das Grundbuch zu bewilligen.

(3) Der Eigentümer ist verpflichtet, dem Dauerwohnberechtigten eine angemessene Entschädigung zu gewähren, wenn er von dem Heimfallanspruch Gebrauch macht.

Inhaltsübersicht

	Rz.		Rz.
I. Überblick	1	III. Löschungsverpflichtung bei Eigentümerrechten (Abs. 2) . . .	4
II. Langfristiges Dauerwohn- bzw. Dauernutzungsrecht (Abs. 1)	2	IV. Zwingende Entschädigungspflicht beim Heimfall (Abs. 3) . .	10

Schrifttum: *Ahrens*, Dingliche Nutzungsrechte, 2. Aufl. 2007, Rz. 254 ff.; *Hügel* in Hügel/Scheel, Rechtshandbuch Wohnungseigentum, 2. Aufl. 2007, Teil 14; *Lotter*, Aktuelle Fragen des Dauerwohnrechts, MittBayNot 1999, 354.

I. Überblick

1   Eigentumsähnliche Dauerwohn- bzw. Dauernutzungsrechte werden in § 41 in zweifacher Weise geschützt, nämlich durch eine Rangverbesserung und den Zwang zur Entschädigung bei Ausübung des Heimfallanspruchs. Bei langfristigen Rechten ist nämlich davon auszugehen, dass sich der Berechtigte auf den Bestand dieses Rechts eingestellt hat.

II. Langfristiges Dauerwohn- bzw. Dauernutzungsrecht (Abs. 1)

2   Der besondere Schutz des Gesetzgebers gilt nur für langfristige Dauerwohn- bzw. Dauernutzungsrechte. Es handelt sich zum einen um **zeitlich unbegrenzte Rechte**. Zeitlich unbegrenzt sind diese Rechte, wenn kein bestimmter Endzeittermin vereinbart und im Grundbuch eingetragen ist. Umstritten ist, ob ein Dauerwohn- bzw. Dauernutzungsrecht mit zeitlich ungewissem Endzeitpunkt

ebenfalls zeitlich unbegrenzt ist[1]. Ein Dauerwohn- bzw. Dauernutzungsrecht, das für einen Zeitraum von **mehr als zehn Jahren** eingeräumt ist, wird vom Gesetzgeber ebenfalls als langfristig eingestuft. Dies gilt auch bei „Ketten-Dauerwohnrechten bzw. -Dauernutzungsrechten", das heißt solchen, die zwar für eine kürzere Zeit bestellt wurden, aber bei Ablauf oder davor über die Zehnjahresfrist hinaus verlängert werden[2].

Die Laufzeit wird **nicht** dadurch **unterbrochen**, dass zwischenzeitlich eine freiwillige oder zwangsweise Veräußerung erfolgt. Gleiches gilt, wenn der Heimfall entweder vor Ablauf der Zeitdauer ausgeübt wird oder das Dauerwohn- bzw. Dauernutzungsrecht nach Ausübung des Heimfalls durch den Eigentümer wieder veräußert oder bei Ausübung des Heimfalls ein Dritter als Erwerber benannt wird[3].

3

III. Löschungsverpflichtung bei Eigentümerrechten (Abs. 2)

Entsteht hinsichtlich der dem Dauerwohn- bzw. Dauernutzungsrecht vorgehenden oder gleichstehenden Grundpfandrechte ein Eigentümerrecht, so ist der Eigentümer gegenüber dem Dauerwohn- bzw. Dauernutzungsberechtigten verpflichtet, dieses Recht löschen zu lassen. Grund dieser Bestimmung ist, dass die Tilgung des Grundpfanddarlehens regelmäßig auch mittels des vom Dauerwohn- bzw. Dauernutzungsberechtigten bezahlten Entgelts bewerkstelligt wurde. Dies soll bei einem eigentumsrechtlich ausgestalteten Dauerwohn- bzw. Dauernutzungsrecht dem Berechtigten zugute kommen. Die diesbezügliche gesetzliche Verpflichtung des Abs. 2 ähnelt §§ 1179, 1179a BGB. Die Vorschrift gibt dem Dauerwohn- bzw. Dauernutzungsberechtigten einen **gesetzlichen Anspruch** gegen den Eigentümer auf Löschung vor- und gleichrangiger Eigentümerrechte. Betroffen sind nicht nur Hypotheken, sondern auch Grund- und Rentenschulden, die sich mit dem Eigentum in einer Person vereinigen[4]. Die Vereinigung muss endgültig sein; daher wird die vorläufige Eigentümergrundschuld nicht vom Löschungsanspruch erfasst[5]. Dies ist bei der Sicherungsgrundschuld der Fall, wenn die gesicherte Forderung nicht entsteht oder erlischt. § 1163 Abs. 1 Satz 1 BGB ist nämlich in diesem Fall unanwendbar.

4

---

1 So *Heinemann* in AnwK-BGB, § 41 WEG Rz. 1 und wohl auch *Pick* in Bärmann/Pick/Merle, WEG, § 41 Rz. 4; a.A. *Vandenhouten* in Niedenführ/Kümmel/Vandenhouten, WEG, § 41 Rz. 3; *Bassenge* in Palandt, BGB, § 41 WEG Rz. 1, wonach ein derartiges Recht als langfristig erst nach Ablauf von zehn Jahren gilt.
2 *Bassenge* in Palandt, BGB, § 41 WEG Rz. 1; *Augustin* in BGB-RGRK, § 41 WEG Rz. 1; *Stürner* in Soergel, BGB, § 41 WEG Rz. 1; *Spiegelberger* in Staudinger, BGB, § 41 WEG Rz. 3; *Pick* in Bärmann/Pick/Merle, WEG, § 41 Rz. 3; *Vandenhouten* in Niedenführ/Kümmel/Vandenhouten, WEG, § 41 Rz. 3.
3 Vgl. auch *Pick* in Bärmann/Pick/Merle, WEG, § 41 Rz. 4.
4 Allg. Ansicht s. nur *Pick* in Bärmann/Pick/Merle, WEG, § 41 Rz. 12.
5 S. nur *Schöner/Stöber*, Grundbuchrecht, 13. Aufl. 2004, Rz. 2613. Str. für forderungsbekleidete Eigentümerrechte gem. §§ 1143, 1173, 1172 Abs. 2 Satz 1 BGB; s. einerseits für Anwendbarkeit *Heinemann* in AnwK-BGB, § 41 WEG Rz. 2 und *Vandenhouten* in Niedenführ/Kümmel/Vandenhouten, WEG, § 41 Rz. 9.

5   Der Löschungsanspruch ist dispositiv. Eine **abweichende Vereinbarung** ist möglich. Eine abweichende Vereinbarung bedarf zu ihrer Wirksamkeit gegenüber Rechtsnachfolgern der Eintragung im Grundbuch[1].

6   Die Verpflichtung zur Löschung hat nur schuldrechtliche **Wirkung**. Verpflichtet ist der Eigentümer, in dessen Person das Eigentümerrecht entsteht. Von diesem kann der Berechtigte die Aufhebung („Löschung") verlangen. Ein automatischer Schutz entsprechend § 1179 BGB besteht nicht[2]. Aus diesem Grund ist der Eigentümer verpflichtet, die Eintragung einer entsprechenden Löschungsvormerkung in das Grundbuch zu bewilligen[3]. In diesem Fall wirkt die Verpflichtung auch gegenüber Rechtsnachfolgern, das heißt gegenüber Erwerbern der auf den Eigentümer übergegangenen Grundpfandrechte. In diesem Fall steht dem Dauerwohn- bzw. Dauernutzungsberechtigten gegenüber dem Dritten ein Anspruch auf Zustimmung gem. § 888 BGB zu. Vom bisherigen Eigentümer, dessen Verfügungen relativ unwirksam sind, kann er die Löschung weiterhin fordern (§ 883 Abs. 2 BGB).

7   Die Vormerkung gewährt **keinen Schutz gegen die Neuvalutierung** einer im Grundbuch noch als Fremdrecht eingetragenen Grundschuld[4]. Verfügungen des im Grundbuch eingetragenen Grundpfandrechtsgläubigers z.B. eine Abtretung sind bei gutem Glauben des Dritten ebenso wirksam.

8   Bei einer Veräußerung des Grundstücks durch den Eigentümer, demgegenüber der Anspruch auf Löschung der Eigentümerrechte besteht, geht die entsprechende Pflicht nicht auf den **Erwerber** nach § 38 Abs. 2 über.

9   Bei **Streitigkeiten** über die Verpflichtung zur Löschung eines Eigentümerrechts entscheidet das ordentliche Gericht.

IV. Zwingende Entschädigungspflicht beim Heimfall (Abs. 3)

10 Beim langfristigen Dauerwohn- bzw. Dauernutzungsrecht besteht eine zwingende Entschädigungspflicht des Eigentümers bei Ausübung des Heimfalls. Diese Regelung entspricht § 32 Abs. 1 ErbbauVO. Der Anspruch gehört zum gesetzlichen **Inhalt** des Dauerwohn- bzw. Dauernutzungsrechts. Eine Eintragung im Grundbuch ist nicht erforderlich[5].

11 Der Anspruch richtet sich auf eine **angemessene Entschädigung**. Kriterien hierfür gibt das Gesetz jedoch nicht. Anhaltspunkte sind das bezahlte Entgelt und

---

1   Str., wie hier *Pick* in Bärmann/Pick/Merle, WEG, § 41 Rz. 11; *Heinemann* in AnwK-BGB, § 41 WEG Rz. 2; *Vandenhouten* in Niedenführ/Kümmel/Vandenhouten, WEG, § 41 Rz. 11; a.A. *Spiegelberger* in Staudinger, BGB, § 41 WEG Rz. 7.
2   Ebenso *Pick* in Bärmann/Pick/Merle, WEG, § 41 Rz. 14; *Bassenge* in Palandt, BGB, § 41 WEG Rz. 2; *Mansel* in Weitnauer, WEG, § 41 Rz. 2.
3   Zur Kostentragungspflicht des Eigentümers *Ahrens*, Rz. 4.
4   Vgl. BGH v. 25.10.1984 – IX ZR 142/83, MDR 1985, 492 = NJW 1985, 800 = ZIP 1985, 89 und *Grziwotz*, Praxishandbuch Grundbuch- und Grundstücksrecht, 1999, Rz. 620.
5   Offen BGH v. 23.4.1958 – V ZR 99/57, BGHZ 27, 158 = NJW 1958, 1289; wie hier *Vandenhouten* in Niedenführ/Kümmel/Vandenhouten, WEG, § 41 Rz. 16 und *Heinemann* in AnwK-BGB, § 41 WEG Rz. 3.

ein etwaiger Baukostenzuschuss, wobei Gebrauchsvorteile und die Abnutzung in Abzug zu bringen sind[1]. Auch die Wertentwicklung des Dauerwohn- bzw. Dauernutzungsrechts kann, sofern hierfür ein Markt besteht, berücksichtigt werden[2]. Dagegen sind Finanzierungskosten des Dauerwohn- bzw. Dauernutzungsberechtigten nicht zu berücksichtigen[3].

Dass das Gesetz keine Kriterien enthält, zeigt, dass es **Vereinbarungen** über die Entschädigungspflicht grundsätzlich zulässt. Allerdings ist ein vollständiger Ausschluss der Entschädigungspflicht unzulässig[4]. Im Rahmen der Angemessenheit können Vereinbarungen über die Höhe der Entschädigung und die Zahlungsweise erfolgen[5]. Sie werden Inhalt des Dauerwohn- bzw. Dauernutzungsrechts und bedürfen der Eintragung in das Grundbuch. Vereinbarungen sind nur im Rahmen der Angemessenheit zulässig. Eine diesbezügliche Überprüfung durch das Grundbuchamt erfolgt nicht[6]. Demgegenüber steht dem Prozessgericht das uneingeschränkte Prüfungsrecht zu. Die richterliche Angemessenheitskontrolle kann nicht ausgeschlossen oder eingeschränkt werden[7]. 12

Nach herrschender Meinung kann der Entschädigungsanspruch entfallen[8]. Als Beispiele werden die fehlenden Aufwendungen des Berechtigten und die Angemessenheit eines wiederkehrenden Entgelts nach Art einer Miete genannt. Allerdings geht der Gesetzeswortlaut von einer angemessenen Entschädigung aus. Die Angemessenheitsprüfung bezieht sich somit auf die Höhe der Entschädigung, nicht auf das Ob. Insofern müssen für das völlige **Entfallen einer Entschädigung** außergewöhnliche Umstände vorliegen. Auch bei einer mietähnlichen Ausgestaltung des Dauerwohn- bzw. Dauernutzungsrechts stellt dieses nämlich für den Berechtigten bei einer längeren Laufzeit einen wirtschaftlichen Wert dar. 13

Rechtsstreitigkeiten über die Angemessenheit der Entschädigung sowie die Zulässigkeit der Ausübung des Heimfallrechts entscheidet das ordentliche Gericht. § 43 findet keine Abwendung. 14

---

1 S. nur *Hügel* in Bamberger/Roth, BGB, § 41 WEG Rz. 3; *Augustin* in BGB-RGRK, § 41 WEG Rz. 8; *Stürner* in Soergel, BGB, § 41 WEG Rz. 3; *Mansel* in Weitnauer, WEG, § 41 Rz. 3.
2 Ähnlich wohl *Heinemann* in AnwK-BGB, § 41 WEG Rz. 3.
3 Tlw. abw. *Heinemann* in AnwK-BGB, § 41 WEG Rz. 3.
4 BGH v. 23.4.1958 – V ZR 99/57, BGHZ 27, 158 = NJW 1958, 1289; BGH v. 27.5.1960 – V ZB 6/60, NJW 1960, 1621; *Bassenge* in Palandt, § 41 WEG Rz. 3; *Hügel* in Bamberger/Roth, BGB, § 41 WEG Rz. 3; *Stürner* in Soergel, BGB, § 41 WEG Rz. 3; *Heinemann* in AnwK-BGB, § 41 WEG Rz. 3; a.A. nur OLG Celle v. 6.7.1960 – 4 Wx 19/60, NJW 1960, 2293.
5 BGH v. 23.4.1958 – V ZR 99/57, BGHZ 27, 158 = NJW 1958, 1289; ähnlich *Spiegelberger* in Staudinger, BGB, § 41 WEG Rz. 10.
6 *Engelhardt* in MünchKommBGB, § 41 WEG Rz. 3; *Heinemann* in AnwK-BGB, § 41 WEG Rz. 3; a.A. *Pick* in Bärmann/Pick/Merle, WEG, § 41 Rz. 29; *Spiegelberger* in Staudinger, BGB, § 41 WEG Rz. 12.
7 *Heinemann* in AnwK-BGB, § 41 WEG Rz. 3; *Vandenhouten* in Niedenführ/Kümmel/Vandenhouten, WEG, § 41 Rz. 19 und bereits *Grziwotz* in Erman, BGB, § 41 WEG Rz. 2.
8 S. nur *Pick* in Bärmann/Pick/Merle, WEG, § 41 Rz. 26; *Mansel* in Weitnauer, WEG, § 41 Rz. 3; *Vandenhouten* in Niedenführ/Kümmel/Vandenhouten, WEG, § 41 Rz. 9; *Engelhardt* in MünchKommBGB, § 41 WEG Rz. 3; *Mansel* in Weitnauer, WEG, § 41 Rz. 3.

§ 42
Belastung eines Erbbaurechts

(1) Die Vorschriften der §§ 31 bis 41 gelten für die Belastung eines Erbbaurechts mit einem Dauerwohnrecht entsprechend.

(2) Beim Heimfall des Erbbaurechts bleibt das Dauerwohnrecht bestehen.

Inhaltsübersicht

	Rz.		Rz.
I. Überblick	1	III. Heimfall des Erbbaurechts	3
II. Belastung eines Erbbaurechts	2	IV. Erlöschen des Erbbaurechts	5

Schrifttum: *Ahrens*, Dingliche Nutzungsrechte, 2. Aufl. 2007, Rz. 254 ff.; *Hügel* in Hügel/Scheel, Rechtshandbuch Wohnungseigentum, 2. Aufl. 2007, Teil 14; *Lotter*, Aktuelle Fragen des Dauerwohnrechts, MittBayNot 1999, 354; *Weitnauer*, Die Belastung des Erbbaurechts mit einem Dauerwohnrecht, DNotZ 1953, 119.

I. Überblick

1 § 42 Abs. 1 hat nur klarstellende Funktion. Belastungsgegenstand eines Dauerwohn- bzw. Dauernutzungsrechts kann auch ein Erbbaurecht sowie ein Wohnungs- bzw. ein Teilerbbaurecht sein[1]. Abs. 2 erweitert die beim Heimfall bestehen bleibenden Rechte auf das Dauerwohn- bzw. Dauernutzungsrecht.

II. Belastung eines Erbbaurechts

2 **Belastungsgegenstand** eines Dauerwohn- bzw. Dauernutzungsrechts kann auch ein Erbbaurecht sein. Dies bestimmt auch § 11 Abs. 1 ErbbauVO, wonach auf das Erbbaurecht die sich auf Grundstücke beziehenden Vorschriften Anwendung finden. Insofern kann ein Dauerwohn- bzw. Dauernutzungsrecht auch an einem Erbbaurecht bestellt werden. Auch ein Wohnungs- bzw. Teilerbbaurecht kann mit einem Dauerwohn- bzw. Dauernutzungsrecht belastet werden[2]. Die Anordnung der entsprechenden Anwendung der §§ 31 ff. stellt klar, dass sich bei Belastung eines Erbbaurechts keine Besonderheiten gegenüber der Belastung eines Grundstücks ergeben.

III. Heimfall des Erbbaurechts

3 Beim Heimfall des Erbbaurechts geht dieses auf den Eigentümer des Grundstücks über. Am Erbbaurecht lastende erstrangige Hypotheken, Grund- und

---

1 Allg. Ansicht s. nur *Spiegelberger* in Staudinger, BGB, § 42 WEG Rz. 2; *Mansel* in Weitnauer, WEG, § 42 Rz. 1; *Heinemann* in AnwK-BGB, § 42 WEG Rz. 1; *Vandenhouten* in Niedenführ/Kümmel/Vandenhouten, WEG, § 42 Rz. 1 f.; *Augustin* in BGB-RGRK, § 42 WEG Rz. 1.
2 Vgl. BayObLG v. 22.12.1959 – 2Z 192/59, BayObLGZ 1959, 520 = DNotZ 1960, 540.

Rentenschulden sowie Reallasten bleiben bestehen, soweit es sich um Fremdrechte handelt. Dasselbe gilt für die Vormerkung eines gesetzlichen Anspruchs auf Eintragung einer Sicherungshypothek. Andere am Erbbaurecht lastende Rechte erlöschen (§ 33 ErbbauVO). Eine Ausnahme hiervon enthält § 42 Abs. 2, der das **Bestehenbleiben** auf Dauerwohn- bzw. Dauernutzungsrechte erstreckt. Der Grundstückseigentümer erwirbt das Erbbaurecht belastet mit dem Dauerwohn- bzw. Dauernutzungsrecht.

Der **Erbbauberechtigte** kann sich in zweifacher Weise **schützen**. Die Belastung des Erbbaurechts mit einem Dauerwohn- bzw. Dauernutzungsrecht kann analog § 5 Abs. 2 ErbbauVO von seiner Zustimmung abhängig gemacht werden[1]. § 42 Abs. 2 kann jedoch auch durch Vereinbarung zwischen dem Erbbauberechtigten und dem Dauerwohn- bzw. Dauernutzungsberechtigten abbedungen werden[2].   4

IV. Erlöschen des Erbbaurechts

Vom Heimfall zu unterscheiden ist das Erlöschen des Erbbaurechts. Erlischt das Erbbaurecht, insbesondere nach Zeitablauf, **erlöschen** auch die daran bestehenden **Dauerwohn- bzw. Dauernutzungsrechte**[3]. Dies gilt jedoch nicht, wenn das Erbbaurecht aufgrund Vereinbarung zwischen dem Grundstückseigentümer und dem Erbbauberechtigten aufgehoben wird. Dies ist ohne Zustimmung des Dauerwohn- bzw. Dauernutzungsberechtigten nicht möglich (§ 876 BGB). Erteilt dieser allerdings seine Zustimmung zur Aufhebung, erlischt auch sein Recht. Beim Erlöschen durch Zeitablauf findet § 30 ErbbauVO, der den Mieter bzw. Pächter schützt, auf das Dauerwohn- bzw. Dauernutzungsrecht keine entsprechende Anwendung[4].   5

---

[1] So h.M. s. nur OLG Stuttgart v. 22.5.1952 – 4 W 68/52, NJW 1952, 979; LG Osnabrück v. 12.3.1971 – 6 T 46/71, JurBüro 1971, 455; *Augustin* in BGB-RGRK, § 42 WEG Rz. 2; *Heinemann* in AnwK-BGB, § 42 WEG Rz. 2; *Spiegelberger* in Staudinger, BGB, § 42 WEG Rz. 2; *Stürner* in Soergel, BGB, § 42 WEG Rz. 1; *Engelhardt* in MünchKommBGB, § 42 WEG Rz. 2; *Vandenhouten* in Niedenführ/Kümmel/Vandenhouten, WEG, § 42 Rz. 6; *Bassenge* in Palandt, BGB, § 42 WEG Rz. 1; a.A. *Pick* in Bärmann/Pick/Merle, WEG, § 42 Rz. 10; *Weitnauer*, DNotZ 1953, 119; tlw. abw. *Mansel* in Weitnauer, WEG, § 42 Rz. 4f., der das Zustimmungserfordernis nur beim eigentumsähnlichen Dauerwohnrecht für möglich hält.
[2] Allg. Ansicht s. nur *Spiegelberger* in Staudinger, BGB, § 42 WEG Rz. 6; *Augustin* in BGB-RGRK, § 42 WEG Rz. 7 und *Hügel* in Bamberger/Roth, BGB, § 42 WEG Rz. 3.
[3] Allg. Ansicht s. nur *Vandenhouten* in Niedenführ/Kümmel/Vandenhouten, WEG, § 42 Rz. 7; *Hügel* in Bamberger/Roth, BGB, § 42 WEG Rz. 2; *Augustin* in BGB-RGRK, § 42 WEG Rz. 5; *Stürner* in Soergel, BGB, § 42 WEG Rz. 4; *Spiegelberger* in Staudinger, BGB, § 42 WEG Rz. 7; *Engelhardt* in MünchKommBGB, § 42 WEG Rz. 4; *Heinemann* in AnwK-BGB, § 42 WEG Rz. 2.
[4] S. nur *Spiegelberger* in Staudinger, BGB, § 42 WEG Rz. 7.

III. Teil
Verfahrensvorschriften

§ 43

Zuständigkeit

Das Gericht, in dessen Bezirk das Grundstück liegt, ist ausschließlich zuständig für

1. Streitigkeiten über die sich aus der Gemeinschaft der Wohnungseigentümer und aus der Verwaltung des gemeinschaftlichen Eigentums ergebenden Rechte und Pflichten der Wohnungseigentümer untereinander;
2. Streitigkeiten über die Rechte und Pflichten zwischen der Gemeinschaft der Wohnungseigentümer und Wohnungseigentümern;
3. Streitigkeiten über die Rechte und Pflichten des Verwalters bei der Verwaltung des gemeinschaftlichen Eigentums;
4. Streitigkeiten über die Gültigkeit von Beschlüssen der Wohnungseigentümer;
5. Klagen Dritter, die sich gegen die Gemeinschaft der Wohnungseigentümer oder gegen Wohnungseigentümer richten und sich auf das gemeinschaftliche Eigentum, seine Verwaltung oder das Sondereigentum beziehen;
6. Mahnverfahren, wenn die Gemeinschaft der Wohnungseigentümer Antragstellerin ist. Insoweit ist § 689 Abs. 2 der Zivilprozessordnung nicht anzuwenden.

Inhaltsübersicht

	Rz.		Rz.
I. Überblick über den Regelungsgehalt und den Anwendungsbereich des § 43	1	c) Rechte und Pflichten aus der Verwaltung des gemeinschaftlichen Eigentums	16
1. Die örtliche und sachliche Zuständigkeit	1	d) Streitigkeiten aus der Gemeinschaft der Wohnungseigentümer	22
2. Der zeitliche Geltungsbereich des § 43	5	2. § 43 Nr. 2	26
3. Die Zulässigkeit von Schiedsvereinbarungen	9	3. § 43 Nr. 3	33
4. Obligatorische Streitschlichtung (§ 15a Abs. 1 Nr. 1 EGZPO)	10	4. § 43 Nr. 4	39
II. Die Zuweisungsnormen des § 43 im Einzelnen	11	5. § 43 Nr. 5	43
1. § 43 Nr. 1	11	a) Allgemeines	43
a) Allgemeines	11	b) Gemeinschafts- und verwaltungsbezogene Forderungen	45
b) Gebrauch des Gemeinschafts- und des Sondereigentums	14	c) Sondereigentumsbezogene Forderungen	46
		6. § 43 Nr. 6	48
		III. Rechtsmittel und Rechtsmittelzuständigkeiten	50

I. Überblick über den Regelungsgehalt und den Anwendungsbereich des § 43

1. Die örtliche und sachliche Zuständigkeit

§ 43 begründet eine **ausschließliche örtliche Zuständigkeit** des AG der belegenen Sache für die in **Ziff. 1 bis 5** aufgeführten Klageverfahren und für die in **Ziff. 6** genannten Mahnverfahren. Die vom Anwendungsbereich des § 43 erfassten Streitigkeiten sind mit Inkrafttreten des Reformgesetzes am 1.7.2007 nach den Bestimmungen der Zivilprozessordnung und nicht mehr im Verfahren der freiwilligen Gerichtsbarkeit zu erledigen. Lediglich für die am 1.7.2007 bereits anhängigen Verfahren verbleibt es nach der Übergangsvorschrift in § 62 Abs. 1 bei der Verfahrenzuständigkeit der freiwilligen Gerichtsbarkeit. 1

§ 43 enthält selbst keine Regelungen zur sachlichen Zuständigkeit des Gerichts. Für die von § 43 Nr. 1 bis 4 und Nr. 6 erfassten Streitigkeiten begründet aber § 23 Nr. 2c) GVG eine **ausschließliche sachliche Zuständigkeit** des AG der belegenen Sache. Für Streitigkeiten i.S.v. § 43 Nr. 5 besteht dagegen keine ausschließliche sachliche Zuständigkeit des AG. In diesen Angelegenheiten ist das AG nur zuständig, wenn der Streitwert die Summe von 5000 Euro nicht übersteigt (§ 23 Nr. 1 GVG); in den übrigen Fällen ist dagegen das LG erstinstanzlich zuständig. 2

Weil § 43 für die von ihm erfassten Streitigkeiten einen ausschließlichen Gerichtsstand begründet, können die Parteien weder durch eine **Gerichtsstandsvereinbarung** (§ 40 Abs. 2 Satz 1 Nr. 2 ZPO) noch durch **rügeloses Verhandeln zur Hauptsache** die Zuständigkeit eines an sich örtlich nicht zuständigen Gerichts begründen (§ 40 Abs. 2 Satz 2 ZPO). Nur bezüglich der von § 43 Nr. 5 erfassten Verfahren sind Gerichtsstandsvereinbarungen oder ist rügeloses Verhandeln zur Hauptsache im Hinblick auf die sachliche Zuständigkeit des Amts- oder des LG zulässig. 3

Die Zuweisungsnormen in § 43 Nr. 1–5 gelten für alle Klageverfahren, also auch dann, wenn eine Forderung – insbesondere eine Beitragsforderung – im Urkundprozess geltend gemacht wird. Sie gelten ferner für das selbständige Beweisverfahren (§§ 485 ff. ZPO) und das einstweilige Verfügungs- und Arrestverfahren (§§ 916 ff. und §§ 935 ff. ZPO). 4

2. Der zeitliche Geltungsbereich des § 43

Die in den Anwendungsbereich der § 43 Nr. 1–5 fallenden Streitigkeiten setzen das Bestehen einer **Gemeinschaft der Wohnungseigentümer** voraus. Diese Gemeinschaft entsteht in den Fällen des § 3 Abs. 1 in dem Zeitpunkt, in dem auf Grund einer vorausgegangen Vereinbarung jedem der Miteigentümer des Grundstücks das Sondereigentum an einer bestimmten Wohnung eingeräumt, die Wohnungsgrundbücher angelegt und diese Rechtsänderung im Grundbuch eingetragen worden ist. In den Fällen der Teilung eines Grundstücks nach § 8 entsteht eine Gemeinschaft, sofern auf der Grundlage der Teilungserklärung die Wohnungsgrundbücher angelegt werden und zumindest eine weitere Person neben dem teilenden Eigentümer als Miteigentümer des Grundbuchs und als Inha- 5 ber des mit dem Miteigentumsanteil verbundenen Sondereigentums eingetragen ist.

6 Nach ständiger Rechtsprechung sind die materiell-rechtlichen und verfahrensrechtlichen Vorschriften des Wohnungseigentumsgesetzes in den Fällen einer **Teilung des Grundstücks nach § 8 WEG** bereits ab dem Zeitpunkt anzuwenden, in dem eine sog. werdende Wohnungseigentümergemeinschaft entstanden ist[1]. Dies gilt insbesondere für die Vorschriften über die gemeinschaftliche Verwaltung des gemeinschaftlichen Eigentums nach §§ 21 ff. und für die gemeinschaftliche Lasten- und Kostentragungspflicht. Soweit die Rechtsbeziehungen der Mitglieder der werdenden Gemeinschaft untereinander und die Rechtsbeziehungen der werdenden Gemeinschaft zu ihren Mitgliedern in materiell-rechtlicher Hinsicht den Vorschriften des Wohnungseigentumsgesetzes unterworfen sind, ist es folgerichtig, auch die in §§ 43 ff. enthaltenen Verfahrensvorschriften entsprechend anzuwenden[2].

7 Damit gewährleistet die Rechtsprechung, dass sich die Rechtsbeziehungen der zukünftigen Wohnungseigentümer bereits von einem **möglichst frühen Zeitpunkt** an nach den Grundsätzen und Regelungen des Wohnungseigentumsgesetzes bestimmen. Die zeitliche Vorverlagerung der Geltung der Vorschriften des Wohnungseigentumsgesetzes über das Gemeinschaftsverhältnis durch die Anerkennung der Rechtsfigur der werdenden Wohnungseigentümergemeinschaft dient im Kern dazu, einen rechtlichen Rahmen für eine von den Wohnungseigentumserwerbern vor Eigentumsübertragung praktizierte gemeinschaftliche Nutzung des Objekts zur Verfügung zu stellen, für die die schuldrechtlichen Erwerbsverträge keine geeignete Grundlage sein können. Mit der Anerkennung dieser Rechtsfigur berücksichtigt die Rechtsprechung zudem, dass sich der Zeitraum bis zur rechtlichen Entstehung der Eigentümergemeinschaft durch Eintragung der Erwerber als Eigentümer ins Grundbuch über mehrere Jahre erstrecken kann, insbesondere dann, wenn sich die Eigentumsumschreibung auf die Erwerber wegen rechtlicher Auseinandersetzungen der Erwerber mit dem Bauträger über etwaige Gewährleistungsansprüche verzögert.

8 Eine **werdende Gemeinschaft** entsteht in den Fällen des § 8, wenn der **Auflassungsanspruch** des Erwerbers durch Vormerkung **gesichert** ist und der Besitz auf den Erwerber übergegangen ist[3]. In den Fällen einer Teilung des Grundstücks nach § 3 lehnt die Rechtsprechung die Anwendung der Rechtsfigur der werden-

---

1 OLG Frankfurt v. 15.6.2005 – 20 W 17/03 (nicht veröffentlicht); BayObLG v. 19.6.1997 – 2Z BR 35/97, NJW-RR 1997, 1443; BayObLG WE 1998, 157; BayObLG v. 11.4.1990 – 2Z 7/90, BayObLGZ 1990, 101 ff. = NJW 1990, 3216 (3217); BayObLG v. 11.4.1991 – AR 2Z 110/90, BayObLGZ 1991, 150 (152) = NJW-RR 1991, 977 (978); OLG Düsseldorf v. 2.2.1998 – 3 Wx 345/97, NZM 1998, 517; ablehnend OLG Saarbrücken v. 7.5.2002 – 5 W 368/01, NZM 2002, 610 (611); OLG Saarbrücken v. 27.2.1998 – 5 W 252/97, NZM 1998, 518.
2 *Wenzel* in Staudinger, vor § 43 ff. Rz. 8; *Merle* in Bärmann/Pick/Merle, vor § 43 Rz. 4.
3 OLG Frankfurt v. 15.6.2005 – 20 W 17/03 (nicht veröffentlicht); BayObLG v. 19.6.1997 – 2Z BR 35/97, NJW-RR 1997, 1443; BayObLG WE 1998, 157; BayObLG v. 11.4.1990 – 2Z 7/90, BayObLGZ 1990, 101 ff. = NJW 1990, 3216 (3217); BayObLG v. 11.4.1991 – AR 2Z 110/90, BayObLGZ 1991, 150 (152) = NJW-RR 1991, 977 (978); OLG Düsseldorf v. 2.2.1998 – 3 Wx 345/97, NZM 1998, 517; ablehnend OLG Saarbrücken v. 7.5.2002 – 5 W 368/01, NZM 2002, 610 (611).

den Wohnungseigentümergemeinschaft mit der Begründung ab, die Rechtsverhältnisse der Miteigentümer seien durch die Bestimmungen des Bürgerlichen Gesetzbuches zum Miteigentum (§§ 1008 ff. BGB) und zur Bruchteilsgemeinschaft (§§ 741 ff. BGB) hinreichend geklärt[1].

3. Die Zulässigkeit von Schiedsvereinbarungen

Obgleich § 43 für die von ihm erfassten Streitigkeiten eine ausschließliche örtliche Zuständigkeit des Gerichtsstands der belegenen Sache bestimmt, sind **Schiedsvereinbarungen** i.S.v. §§ 1025 ff. ZPO in vollem Umfang zulässig. Sämtliche der in § 43 Nr. 1 bis 5 genannten Verfahrensgegenstände sind i.S.v. § 1030 ZPO schiedsfähig. Dies gilt insbesondere auch für die vom Anwendungsbereich des § 43 Nr. 4 erfassten Beschlussmängelstreitigkeiten (Anfechtungs- Nichtigkeits- und positive Beschlussfeststellungsklagen)[2]. Die durch § 43 Nr. 4 und 23 Nr. 2c) GVG geregelte ausschließliche Zuständigkeit steht der Schiedsfähigkeit nicht entgegen, denn die dort getroffenen Zuständigkeitsbestimmungen regeln als solche lediglich die sachliche und örtliche Zuständigkeit unter den staatlichen Gerichten für den Fall, dass sie zulässigerweise angerufen werden. Eine Entscheidung darüber, ob und unter welchen Voraussetzungen der Rechtsstreit statt vor den staatlichen Gerichten auch vor einem privaten Schiedsgericht ausgetragen werden kann, ist diesen Regelungen nicht zu entnehmen[3]. Die Schiedsfähigkeit kann – anders als für das Gesellschaftsrecht – auch nicht mit der fehlenden personellen Identität der Parteien des Schiedsvertrages einerseits und des Beschlussmängelprozesses andererseits in Abrede gestellt werden[4]. Daher sind auch die vom *BGH* entwickelten **Bedenken** gegen die Schiedsfähigkeit der aktienrechtlichen Anfechtungs- und Nichtigkeitsklage[5] **nicht** auf das Wohnungseigentumsrecht **übertragbar**. Während die Aktionäre einer Aktiengesellschaft oder die Gesellschafter einer GmbH die Anfechtungs- und Nichtigkeitsklage gegen die Gesellschaft (§ 246 Abs. 2 Satz 1 AktG) richten müssen, ist die Klage des Wohnungseigentümers oder des Verwalters nach § 46 Abs. 1 Satz 1 gegen die übrigen Wohnungseigentümer zu richten. Das bedeutet, dass anders als im Gesellschaftsrecht die Parteien des Schiedsvertrages gleichzeitig Parteien des Beschlussmängelprozesses sind. Alle Wohnungseigentümer sind als Partei am Beschlussmängelverfahren beteiligt, und zwar unabhängig davon, ob dieser vor einem staatlichen Gericht oder vor einem privaten Schiedsgericht verhandelt wird. Anders als bei den gesellschaftsrechtlichen Anfechtungs- und Nichtigkeitsklagen erstreckt sich die Rechtskraft der in einem Beschlussmängelprozess ergehenden gerichtlichen Entscheidung auch nur auf diese Verfahrensbeteiligten, nicht aber auf unbeteiligte Dritte. Soweit sich der Verwalter der Schiedsvereinbarung unterworfen hat, ist er vor Erlass der Entscheidung – an-

---

1 BayObLG v. 20.4.2000 – 2Z BR 22/00, NJW-RR 2000, 1540; BayObLG v. 23.1.1992 – AR 2Z 110/91, NJW-RR 1992, 597 (598); KG v. 17.1.2001 – 24 W 2065/00, ZWE 2001, 275 (277); a.A. *Wenzel* in Staudinger, § 43 Rz. 8; *Merle* in Bärmann/Pick/Merle, vor § 43 Rz. 5.
2 A.A. *Hügel/Elzer*, Das neue WEG-Recht, § 13 Rz. 179.
3 BGH v. 29.3.1996 – II ZR 124/95, NJW 1997, 1753 (1754) für die gesellschaftsrechtlichen Anfechtungs- und Nichtigkeitsklagen.
4 A.A. *Hügel/Elzer*, Das neue WEG-Recht, § 13 Rz. 179.
5 BGH v. 29.3.1996 – II ZR 124/95, NJW 1996, 1753 (1755).

ders als die Verbandsmitglieder bei den gesellschaftsrechtlichen Beschlussmängelklagen – nach § 48 Abs. 1 beizuladen. Damit ist gewährleistet, dass die Rechtskraft der gerichtlichen Entscheidung in einem Beschlussmängelprozess nach § 43 Nr. 4 nur für und gegen solche Personen wirkt, denen zuvor rechtliches Gehör gewährt worden ist. Eine Rechtskrafterstreckung auf weitere, nicht am Verfahren beteiligte Personen, sieht § 48 Abs. 3, anders als § 248 AktG, dagegen nicht vor.

4. Obligatorische Streitschlichtung (§ 15a Abs. 1 Nr. 1 EGZPO)

10 Soweit einzelne Bundesländer von der in § 15a Abs. 1 Nr. 1 EGZPO enthaltenen Ermächtigung Gebrauch[1] gemacht und bestimmt haben, dass in vermögensrechtlichen Streitigkeiten die Erhebung einer Klage vor dem AG erst nach dem erfolglosen Schlichtungsversuch einer durch die Landesverwaltung eingerichteten oder anerkannten Gütestelle zulässig ist, wenn der Klageanspruch an Geld oder Geldeswert die Summe von 750 Euro nicht übersteigt, ist die Klageerhebung unzulässig, sofern ein solcher Versuch nicht unternommen und die entsprechende Bescheinigung der Gütestelle hierüber nicht vorgelegt wird. Diese Bestimmung ist insbesondere zu beachten bei der Beitreibung von Beitragsrückständen durch die Gemeinschaft. Sie ist allerdings nicht anzuwenden, wenn die Beitreibung zunächst im Mahnverfahren (§ 15a Abs. 2 Nr. 5 EGZPO) versucht wurde oder wenn die rückständigen Beiträge – was dem Verwalter immer anzuraten ist – im Urkundenprozess geltend gemacht werden (§ 15a Abs. 2 Nr. 4 EGZPO). Ausreichend für die Beitreibung von Beitragsrückständen im Urkundenprozess (§§ 592 Satz 1, 593 ZPO) ist die Beifügung des in der Versammlungsniederschrift wiedergegeben Beschlusses über die Genehmigung des Wirtschaftsplans bzw. der Jahresabrechnung sowie die Vorlage des Einzelwirtschaftsplans bzw. der Einzeljahresabrechnung; ggf. ist noch die Eigentümerstellung des Beklagten durch Vorlage eines Grundbuchauszugs nachzuweisen.

II. Die Zuweisungsnormen des § 43 im Einzelnen

1. § 43 Nr. 1

Streitigkeiten über die sich aus der Gemeinschaft der Wohnungseigentümer und aus der Verwaltung des gemeinschaftlichen Eigentums ergebenden Rechte und Pflichten der Wohnungseigentümer untereinander

a) Allgemeines

11 In den Anwendungsbereich des § 43 Nr. 1 fallen alle gemeinschaftsbezogenen Streitigkeiten im Verhältnis der Wohnungseigentümer untereinander, wenn Gegenstand des Verfahrens ihre Rechte und Pflichten aus dem Gemeinschaftsverhältnis oder aus der Verwaltung des gemeinschaftlichen Eigentums sind. Hierzu gehören alle im 2. und 3. Abschnitt des Gesetzes (§§ 10–29) geregelten Angelegenheiten, nicht aber Streitigkeiten über die wirksame Begründung so-

---

1 Zu den landesrechtlichen Regelungen s. den Überblick bei Zöller/*Gummer*, ZPO, § 15a EGZPO Rz. 27.

wie über den Umfang oder den Gegenstand des Sonder- und Miteigentums[1]. Die Zuständigkeitsvorschriften, für die reine Zweckmäßigkeitserwägungen maßgeblich sind, sind weit auszulegen[2]. Ohne Belang ist es daher, auf welche Rechtsgrundlage die Klageanträge gestützt werden. Es ist nicht erforderlich, dass die vom Kläger zur Begründung seiner Klage geltend gemachte Anspruchsgrundlage im Wohnungseigentumsgesetz oder in einer Teilungserklärung selbst geregelt ist. Für die Zuweisungsnorm des § 43 Nr. 1 kommt es allein darauf an, ob der Anspruch oder das in Anspruch genommene Recht in einem inneren Zusammenhang mit einer Angelegenheit steht, die ihre Grundlage im Gemeinschaftsverhältnis der Wohnungseigentümer hat[3]. Daher ist eine ausschließliche Zuständigkeit i.S.v. § 43 Nr. 1 auch in den Fällen anzunehmen, in denen der Kläger seine Ansprüche unmittelbar aus dem Bürgerlichen Gesetzbuch (z.B. aus den Grundsätzen über die Geschäftsführung ohne Auftrag oder aus Vorschriften über die unerlaubten Handlungen) oder aus anderen Rechtsnormen herleitet. Begehrt ein Wohnungseigentümer die Zahlung von Schadensersatz, genügt es für die Anwendbarkeit des § 43 Nr. 1, dass die Schadensersatzforderung auf ein Verhalten des in Anspruch genommenen Wohnungseigentümers gestützt wird, das sich als Verletzung seiner aus dem Gemeinschaftsverhältnis ergebenden Pflichten gegenüber dem Schadensersatz verlangenden Kläger darstellt[4]. Für die Zuständigkeit des Gerichts ist es ferner unerheblich, mit welchem Sachantrag der Kläger seine Klage betreibt und ob er in seiner Klageschrift ankündigt, in der mündlichen Verhandlung einen Leistungs- oder einen Feststellungsantrag stellen zu wollen[5].

Die Anwendbarkeit des § 43 hängt ferner nicht davon ab, ob der Kläger oder die als Beklagte in Anspruch genommene Person bereits im Zeitpunkt der Rechtshängigkeit der Klage (§ 261 ZPO) oder am Schluss der mündlichen Verhandlung noch als Wohnungseigentümer im Grundbuch eingetragen ist. Die Zuständigkeitsvorschrift des § 43 Nr. 1 erfasst auch solche Klagen, die sich gegen ausgeschiedene Wohnungseigentümer richten. Die Vorschrift ist sachbezogen auszulegen. Für die Zuständigkeit des AG ist allein entscheidend die Rechtsbehauptung des Klägers, die Klageansprüche ergäben sich aus der Mitgliedschaft des Beklagten in der Gemeinschaft der Wohnungseigentümer; ob die Mitgliedschaft noch fortbesteht, ist unbeachtlich[6]. Entsprechendes gilt, wenn ein ausgeschiedener Wohnungseigentümer einen früheren Miteigentümer in Anspruch nimmt.

Wird über das Vermögen eines Wohnungseigentümers das Insolvenzverfahren eröffnet, geht das Recht des Schuldners, das zur Insolvenzmasse gehörende Vermögen zu verwalten und über es zu verfügen, auf den Insolvenzverwalter über

---

1 BGH v. 30.6.1995 – V ZR 118/04, BGHZ 130, 159 (165) = MDR 1996, 139 (140).
2 BGH v. 30.6.1995 – V ZR 118/04, BGHZ 130, 159 (165) = MDR 1996, 139 (140); BayObLG v. 20.2.2003 – 2Z BR 5/03, ZMR 2003, 588 (589).
3 BGH v. 23.4.1991 – VI ZR 222/90, NJW-RR 1991, 907 (908); BGH v. 30.6.1995 – V ZR 118/04, BGHZ 130, 159 (165) = MDR 1996, 139 (140); BGH v. 26.9.2002 – V ZB 24/02, BGHZ 152, 136 (140ff.) = MDR 2003, 43ff.
4 BGH v. 23.4.1991 – IV ZR 222/90, NJW-RR 1991, 907 (908).
5 BGH v. 30.6.1995 – V ZR 118/04, BGHZ 130, 159 (165) = MDR 1996, 139 (140).
6 Zum Vorstehenden s. BGH v. 26.9.2002 – V ZB 24/02, BGHZ 152, 136 (140ff.) = MDR 2003, 43ff.

(§ 80 Abs. 1 InsO) mit der Folge, dass zugleich auch sowohl die Aktiv- als auch Passivlegitimation auf den Insolvenzverwalter übergeht; die Zuständigkeit des AG der belegenen Sache bleibt hiervon allerdings unberührt, so dass § 43 Nr. 1 auch Klagen erfasst, mit denen über Rechte und Pflichten des Insolvenzverwalters im Hinblick auf die Gemeinschaft der Wohnungseigentümer und bezüglich der Verwaltung des gemeinschaftlichen Eigentums gestritten wird[1]. Entsprechendes gilt für die übrigen Parteien kraft Amtes, also für den Zwangsverwalter, den Testamentsvollstrecker sowie den Nachlasspfleger.

b) Gebrauch des Gemeinschafts- und des Sondereigentums

14   In den Anwendungsbereich des § 43 Nr. 1 fallen zunächst Streitigkeiten über den zulässigen **Gebrauch des gemeinschaftlichen Eigentums und des Sondereigentums** (§ 14 Nr. 1 und 2). Erfasst sind beispielsweise Ansprüche gegen einen Wohnungseigentümer auf Unterlassung der vereinbarungswidrigen Nutzung einer Wohnung zu gewerblichen oder freiberuflichen Zwecken oder Unterlassungsansprüche in den Fällen der unzulässigen Nutzung eines Teileigentums (z.B. der Nutzung eines „*Ladens*" als Gaststätte). Auch Verstöße gegen die Hausordnung und die hieraus hergeleiteten Ansprüche fallen in den Anwendungsbereich des § 43 Nr. 1. Ferner gehören hierzu Ansprüche auf Unterlassung eines störenden Gebrauchs des Sondereigentums (z.B. auf Unterlassung von Lärmbelästigungen durch Musizieren oder die Ausübung sportlicher Tätigkeiten in einer Wohnung) oder des gemeinschaftlichen Eigentums (Lärmbelästigungen im Treppenhaus; Abstellen von Kinderwagen im Treppenhaus; Abschaltung von Leuchtreklame). Unerheblich ist es, ob der in Anspruch genommene Wohnungseigentümer selbst Verhaltensstörer ist oder ob er, weil er die Wohnung an Dritte vermietet hat und diese von ihr einen unzulässigen Gebrauch machen (§ 14 Nr. 2), lediglich als Zustandsstörer in Anspruch genommen wird. Unerheblich ist es auch, ob der klagende Wohnungseigentümer sein Sondereigentum selbst nutzt und ob er lediglich auf Verlangen seines Mieters hin den unzulässigen Gebrauch einer Nachbarwohnung gerichtlich verbieten lassen will. Für die Anwendbarkeit des § 43 Nr. 1 ist es allein entscheidend, ob das von einem Wohnungseigentümer in Anspruch genommene Recht oder die ihn treffende Pflicht in einem inneren Zusammenhang mit einer Angelegenheit steht, die aus dem Gemeinschaftsverhältnis der Wohnungseigentümer erwachsen ist[2]. Die Klage eines Wohnungseigentümers gegen den Mieter einer benachbarten Eigentumswohnung auf Unterlassung eines störenden Mietgebrauchs fällt deshalb nicht in den Anwendungsbereich des § 43 Nr. 1. Etwas anderes soll nach einer Entscheidung des Kammergerichts dann gelten, wenn der störende Mieter zugleich Miteigentümer des Grundstücks und Eigentümer einer anderen Wohnung ist[3].

15   Zu den Angelegenheiten i.S.v. § 43 Nr. 1 zählen **Streitigkeiten über den zulässigen Gebrauch eines Sondernutzungsrechts** sowie über **Rechte und Pflichten des**

---

1   BGH v. 26.9.2002 – V ZB 24/02, BGHZ 152, 136 (140 ff.) = MDR 2003, 43 ff. für Beitragsansprüche gegen den Insolvenzverwalter nach Freigabe der Eigentumswohnung.
2   OLG Karlsruhe v. 22.10.2004 – 11 Wx 81/03, NZM 2005, 305.
3   KG v. 13.12.2004 – 24 W 298/03, ZMR 2005, 977 (978).

begünstigten **Wohnungseigentümers** im Verhältnis zu seinen Miteigentümern[1]. Auch die Frage, ob überhaupt ein Sondernutzungsrecht wirksam begründet wurde, betrifft die auf dem Gemeinschaftsverhältnis beruhenden Rechte und Pflichten der Wohnungseigentümer[2]. Daher ist das AG der belegenen Sache nicht nur dann sachlich und örtlich zuständig, wenn der Sondernutzungsberechtigte störende Beeinträchtigungen eines anderen Wohnungseigentümers im Wege der Unterlassungsklage abwehren will, sondern auch dann, wenn mit der Klage die Feststellung betrieben wird, dass ein Sondernutzungsrecht zugunsten des Klägers wirksam begründet worden ist. Der Streit über die Aufhebung eines Sondernutzungsrechts wird allerdings nicht von § 43 Nr. 1 erfasst, wenn der mit der Klage geltend gemachte Anspruch nicht aus dem Gemeinschaftsverhältnis, sondern aus einem mit dem Bauträger geschlossenen Kaufvertrag hergeleitet wird[3].

c) Rechte und Pflichten aus der Verwaltung des gemeinschaftlichen Eigentums

In den Anwendungsbereich des § 43 Nr. 1 fallen ferner Streitigkeiten über die ordnungsgemäße Verwaltung des gemeinschaftlichen Eigentums, sofern die Streitigkeiten im Verhältnis zwischen den Wohnungseigentümern entstehen; im Verhältnis zum Verwalter folgt die Zuständigkeit des AG dagegen aus § 43 Nr. 3. Insbesondere die auf **§ 21 Abs. 4** gestützten Leistungsklagen eines Wohnungseigentümers auf ordnungsgemäße Verwaltung des gemeinschaftlichen Eigentums fallen in den Anwendungsbereich des § 43 Nr. 1. Hierzu zählen Klagen, die auf Vornahme von einer der in § 21 Abs. 5 genannten Maßnahmen abzielen, insbesondere Maßnahmen zur ordnungsgemäßen Instandhaltung und Instandsetzung des gemeinschaftlichen Eigentums (§ 21 Abs. 5 Nr. 2), zur Ansammlung einer angemessenen Instandhaltungsrückstellung (§ 21 Abs. 5 Nr. 4), zur Bestellung oder Abberufung eines Verwalters, zur Bestellung oder Abberufung eines Verwaltungsbeirats, zur Bestellung oder Abberufung eines Zustellungsvertreters nach § 45 Abs. 2 sowie Klageanträge auf Vornahme einer gerichtlichen Ermessensentscheidung (§ 21 Abs. 8). Auch Streitigkeiten der Wohnungseigentümer untereinander über die Ausführung von Beschlüssen oder über die Modalitäten der Einberufung einer Wohnungseigentümerversammlung fallen hierunter.

16

Unter § 43 Nr. 1 fallen Streitigkeiten zwischen den Wohnungseigentümern über die **Instandhaltung oder Instandsetzung des gemeinschaftlichen Eigentums** (§ 21 Abs. 5 Nr. 2) sowie über die **Zulässigkeit einer baulichen Veränderung (§ 22 WEG)**. Hierzu zählen Ansprüche auf Beseitigung einer unzulässigen baulichen Veränderung ebenso wie Ansprüche eines Wohnungseigentümers auf erstmalige Herstellung eines dem Aufteilungsplan entsprechenden Zustands[4].

17

---

1 BGH v. 21.12.1989 – V ZB 22/89, BGHZ 109, 396 (398 f.); OLG Köln v. 22.2.1989 – 13 U 232/89, NJW-RR 1989, 1040 (1041).
2 BGH v. 21.12.1989 – V ZB 22/89, BGHZ 109, 396 (398 f.); OLG Frankfurt v. 1.4.1980 – 20 W 11/80, OLGZ 1980, 416 (418); OLG Köln v. 22.2.1989 – 13 U 232/89, NJW-RR 1989, 1040 (1041); a.A. OLG Saarbrücken v. 12.2.1998 – 5 W 370/97, NJW-RR 1998, 1165; OLG Stuttgart v. 4.12.1985 – 8 W 481/84, OLGZ 1986, 35.
3 OLG Zweibrücken v. 28.11.2001 – 3 W 197/01, NZM 2002, 391.
4 BayObLG v. 20.3.2002 – 2Z BR 178/01, ZMR 2002, 685.

18 Streiten die Wohnungseigentümer über **Schadensersatzansprüche**, die aus der Verletzung der wechselseitig bestehenden Ansprüche aus dem Gemeinschaftsverhältnis oder aus der Verwaltung des gemeinschaftlichen Eigentums erwachsen, so unterfallen die entsprechenden Klagen dem Anwendungsbereich des § 43 Nr. 1[1]. Unerheblich ist, ob die materielle Anspruchsgrundlage ihre Grundlage im Wohnungseigentumsgesetz hat oder auf anderen Vorschriften des bürgerlichen Rechts, wie etwa Ansprüche aus unerlaubter Handlung oder auf besitzrechtlichen Vorschriften, beruht[2].

19 Am Gerichtsstand des § 43 Nr. 1 sind ferner Ansprüche auf **Zustimmung zur Veräußerung des Wohnungseigentums gem. § 12 Abs. 2** geltend zu machen, wenn ein Zustimmungserfordernis der Wohnungseigentümer besteht. Ist ein Zustimmungserfordernis des Verwalters vereinbart, bestimmt sich die Zuständigkeit für die gegen ihn erhobene Klage nach § 43 Nr. 3.

20 Gemeinschaftsbezogen sind zudem Streitigkeiten zwischen einzelnen Wohnungseigentümern und allen oder einzelnen **Mitgliedern des Verwaltungsbeirats** oder Streitigkeiten der Wohnungseigentümer mit den von ihnen nach § 45 Abs. 2 bestellten **Zustellungsvertretern**. Dies gilt unabhängig davon, ob lediglich über die Kompetenzen der Zustellungsvertreter und Verwaltungsbeiräte im Verhältnis zu den Wohnungseigentümern gestritten wird oder ob Gegenstand des Rechtsstreits Streitigkeiten über die Wirksamkeit ihrer Bestellung und über den Fortbestand des Bestellungsrechtsverhältnisses sind. Erfasst sind ferner **Streitigkeiten im Verhältnis der Verwaltungsbeiräte untereinander**, sofern dieser Streit gemeinschaftsbezogen ist und im Zusammenhang mit der Verwaltung des gemeinschaftlichen Eigentums steht. Für die Zuständigkeit ist es in den vorgenannten Fällen unerheblich, ob der als Partei beteiligte Verwaltungsbeirat selbst Wohnungseigentümer ist oder ob in rechtlich zulässiger Weise auch ein Nichteigentümer zum Verwaltungsbeirat bestellt wurde. Entsprechendes gilt für den Zustellungsvertreter nach § 45 Abs. 2.

21 Nicht unter § 43 Nr. 1 oder Nr. 2 fallen die aus seiner Tätigkeit resultierenden **Honorarklagen des Verwaltungsbeirats** gegen die Wohnungseigentümer oder gegen die Gemeinschaft, sofern er nicht zugleich Wohnungseigentümer ist. Auch die **Klagen** eines nach § 45 Abs. 2 bestellten **Zustellungsvertreters** auf Zahlung der vereinbarten **Vergütung oder auf Ersatz von Auslagen** werden vom Anwendungsbereich der § 43 Nr. 1 oder Nr. 2 nicht erfasst, wenn der Zustellungsvertreter nicht zugleich Wohnungseigentümer ist. In beiden Fällen ist aber die Zuständigkeitsregelung in § 43 Nr. 5 zu beachten; ausschließlich zuständig für Klagen dieser Art ist je nach der Höhe des Streitwertes (§ 23 Nr. 1 GVG) das AG oder das LG der belegenen Sache.

d) Streitigkeiten aus der Gemeinschaft der Wohnungseigentümer

22 Zu den Streitigkeiten, die sich aus der Gemeinschaft der Wohnungseigentümer ergeben, zählen alle Streitigkeiten über den zulässigen Gebrauch des Sondereigentums und des Gemeinschaftseigentums (hierzu s. § 43 Rz. 14–15), aber

---

[1] BGH v. 23.4.1991 – VI ZR 222/90, NJW-RR 1991, 907 (908).
[2] BGH v. 23.4.1991 – VI ZR 222/90, NJW-RR 1991, 907 (908).

auch Streitigkeiten über die Auslegung und zutreffende Anwendung von Regelungen der Teilungserklärungen oder der in Beschlüssen getroffenen Regelungen. Hierzu gehören ferner Streitigkeiten über die Aufhebung der Gemeinschaft nach § 17. Erfasst sind allerdings nur Ansprüche auf Zustimmung zur Aufhebung, da nur insoweit ein Gemeinschaftsbezug gegeben ist. Streitigkeiten über die nach der Aufhebung der Gemeinschaft entstehenden Ansprüche werden von § 43 Nr. 1 dagegen nicht erfasst[1].

Vom Anwendungsbereich des § 43 Nr. 1 werden **nicht Streitigkeiten** der Wohnungseigentümer über die **sachenrechtlichen Grundlagen der Gemeinschaft** erfasst. § 43 Nr. 1 begründet daher keine ausschließliche Zuständigkeit des AG der belegenen Sache für Rechtsstreitigkeiten, mit denen der Kläger von einem Wohnungseigentümer die Herausgabe eines oder mehrerer Räume mit der Begründung verlangt, sie stünden in seinem Eigentum[2]. Dabei ist es unerheblich, ob der Kläger mit seiner Klage lediglich die Feststellung anstrebt, ein bestimmter Raum stehe in seinem Sondereigentum, oder ob er sogleich die daraus abgeleitete Rechtsfolge geltend macht und eine Klage auf Herausgabe der Räume oder auf Zustimmung des Beklagten zur Berichtigung des Grundbuchs erhebt. Das Sondereigentum an einem oder mehreren Räumen erwächst den Eigentümern nicht aus dem Gemeinschaftsverhältnis, sondern wird von diesem vorausgesetzt[3]. 23

Demgegenüber kann § 43 Nr. 1 solche Klagen einzelner Wohnungseigentümer erfassen, mit denen sie eine **Änderung der bestehenden Teilungserklärung** anstreben, oder einen Anspruch auf Einräumung von Sondereigentum an solchen Räumen verfolgen, die im Gemeinschaftseigentum stehen. Voraussetzung ist aber, dass der Kläger seinen schuldrechtlichen Anspruch nicht aus Erwerbsverträgen mit einzelnen oder mehreren Wohnungseigentümern, sondern **aus dem Gemeinschaftsverhältnis selbst** herleitet. Daher ist das in § 43 Nr. 1 genannte Gericht zuständig, wenn der Kläger die Zustimmung der übrigen Wohnungseigentümer auf Änderung des Kostenverteilungsschlüssels aus § 10 Abs. 2 Satz 3 verlangt. § 43 Nr. 1 erfasst ferner Klagen, die auf eine Änderung der dinglichen Rechtslage abzielen, beispielsweise die Klage auf Zustimmung der übrigen Wohnungseigentümer zur Neuverteilung des Sondereigentums an einzelnen Räumen oder die Begründung eines Sondernutzungsrechts an solchen Räumen[4]. 24

Nicht erfasst sind von § 43 Nr. 1 dagegen **Ansprüche Dritter gegen die Gemeinschaft** der Wohnungseigentümer **oder die Wohnungseigentümer** selbst, denn sie unterfallen dem Anwendungsbereich des § 43 Nr. 5. Ansprüche einzelner Wohnungseigentümer gegen Dritte aus vertraglichen Schuldverhältnissen (z.B. aus der Vermietung des Sondereigentums oder aus Erwerbsverträgen) unterfallen dagegen weder dem Anwendungsbereich des § 43 Nr. 1 noch des § 43 Nr. 5. Daher erfasst § 43 Nr. 1 auch nicht den Streit der Teilhaber einer Bruchteilsgemein- 25

---
1 Siehe zum Ganzen: BayObLG v. 18.12.1998 – 2Z AR 121/98, WuM 1999, 231 (232).
2 BGH v. 30.6.1995 – V ZR 118794, BGHZ 130, 159 (164 f.) = MDR 1996, 139 (140).
3 BGH v. 30.6.1995 – V ZR 118794, BGHZ 130, 159 (164 f.) = MDR 1996, 139 (140).
4 OLG München v. 26.10.2005 – 34 Wx 120/05, MDR 2006, 563; BayObLG v. 30.4.1998 – 2Z BR 11/98, BayObLGZ 1998, 111 = NZM 1999, 272; a.A. KG v. 17.12.1997 – 24 W 3797/97, NZM 1998, 581 (582).

schaft über ihre Rechte und Pflichten in Bezug auf das ihnen gemeinschaftlich gehörende Sondereigentum[1].

2. § 43 Nr. 2

Streitigkeiten über die Rechte und Pflichten zwischen der Gemeinschaft der Wohnungseigentümer und den Wohnungseigentümern

26 Die Regelung trägt dem Umstand Rechung, dass der Gesetzgeber die Gemeinschaft der Wohnungseigentümer in § 10 Abs. 6 mit einer eigenen Rechtsfähigkeit ausgestattet hat und sie nach § 10 Abs. 6 Satz 2 Inhaberin der durch die Gesamtheit der Wohnungseigentümer als Gemeinschaft rechtsgeschäftlich oder kraft Gesetzes entstandenen Rechte und Pflichten ist. Nach § 10 Abs. 6 Satz 5 kann die Gemeinschaft der Wohnungseigentümer vor Gericht klagen und verklagt werden. Zu den von § 43 Nr. 2 erfassten Streitigkeiten gehören Ansprüche der Gemeinschaft gegen die einzelnen Wohnungseigentümer auf **Zahlung von Beiträgen**, die aufgrund der Beschlüsse der Gemeinschaft über Wirtschaftspläne, Jahresabrechnungen und Sonderumlagen fällig sind (§ 10 Abs. 7 Satz 3), aber auch im Wege der Klage geltend gemachte Ansprüche der (rechtsfähigen) Gemeinschaft gegen einen oder mehrere Wohnungseigentümer auf **Beseitigung einer baulichen Veränderung** oder **Unterlassung eines vertragswidrigen Gebrauchs des gemeinschaftlichen Eigentums oder des Sondereigentums**. Die erfolgreiche Prozessführung der Gemeinschaft setzt in den letztgenannten Fällen materiell-rechtlich voraus, dass sie zur Ausübung der den einzelnen Eigentümern zustehenden Rechte durch Mehrheitsbeschluss ermächtigt worden ist[2]. Ob eine solche Ermächtigung wirksam erteilt wurde und ob sie zur Prozessführung ausreichend ist, ist für die Frage der örtlichen oder sachlichen Zuständigkeit des angerufenen Gerichts unerheblich.

27 Die Regelung in § 43 Nr. 2 ist sachbezogen auszulegen. Daher fallen unter die Vorschrift auch **Streitigkeiten der Gemeinschaft mit den Parteien kraft Amtes, wie Insolvenzverwalter, Zwangsverwalter, Testamentsvollstrecker und Nachlasspfleger**. Sie erfasst ferner Streitigkeiten der Gemeinschaft gegen zwischenzeitlich ausgeschiedene Wohnungseigentümer, sofern die Ansprüche auf ihrer Mitgliedschaft in der Gemeinschaft der Wohnungseigentümer beruhen. Das in § 43 Nr. 2 genannte Gericht ist daher auch zuständig, wenn Beitragsansprüche gegen einen vor Rechtshängigkeit der Klage ausgeschiedenen Wohnungseigentümer geltend gemacht werden oder wenn gegen einen Insolvenzverwalter, der das Wohnungseigentum vor Rechtshängigkeit freigegeben hat, Ansprüche aus dem Gemeinschaftsverhältnis geltend gemacht werden[3].

28 § 43 Nr. 2 erfasst ferner Ansprüche gegen solche Schuldner, die kraft Gesetzes für Beitragsrückstände eines Wohnungseigentümers oder für sonstige aus dem Gemeinschaftsverhältnis resultierende Ansprüche der Gemeinschaft gegen ein-

---

1 BayObLG v. 16.9.1994 – 2Z AR 42/94, NJW-RR 1995, 588 (589).
2 BGH v. 19.12.1991 – V ZB 27/90, BGHZ 116, 392 (395); BGH v. 30.2.2006 – V ZB 17/06, NJW 2006, 2187 (2188); s. auch *Wenzel*, ZWE 2006, 462 (467).
3 BGH v. 26.9.2002 – V ZB 24/02, BGHZ 152, 136 (140 ff.) = MDR 2003, 43 ff. unter Aufgabe seiner früheren Rechtsprechung.

zelne Wohnungseigentümer haften. Ist Wohnungseigentümer eine **Offene Handelsgesellschaft** oder eine **Kommanditgesellschaft**, so sind nicht nur die Beitragsansprüche gegen die Gesellschaft, sondern auch gegen die **Gesellschafter** am Gerichtsstand des § 43 Nr. 2 geltend zu machen[1]. Entsprechendes gilt für die **Gesellschaft bürgerlichen Rechts** und ihre Gesellschafter.

Nicht erfasst sind dagegen **Ansprüche der Gemeinschaft gegen Dritte**, die aufgrund eines **selbständigen Gewähr-, Garantie- oder Bürgschaftsvertrages** für Beitragsansprüche eines Wohnungseigentümers haften. Dies ergibt sich einerseits aus dem Wortlaut des § 43 Nr. 2 und dem fehlenden Gemeinschaftsbezug, andererseits aus der Überlegung, dass die Haftung der in Anspruch genommenen Dritten nur aufgrund einer gesonderten rechtsgeschäftlichen Vereinbarung mit der Gemeinschaft entsteht. Für dieses Ergebnis spricht schließlich, dass der *BGH* auch für Ansprüche eines Vermieters gegen einen Dritten aus Mietbürgschaft den ausschließlichen Gerichtsstand des § 29a ZPO (ausschließlicher Gerichtsstand für Streitigkeiten aus Miet- und Pachtverhältnissen) nicht bejaht hat[2]; wegen der vergleichbaren Interessenlage ist diese Rechtsprechung auf das Wohnungseigentumsrecht zu übertragen.

29

Nimmt die klagende Gemeinschaft einen ausgeschiedenen Wohnungseigentümer auf Zahlung von Beiträgen am Gerichtsstand des § 43 Nr. 2 in Anspruch und stützt sie ihren Zahlungsanspruch nicht nur auf die Beschlüsse der Gemeinschaft über Wirtschaftspläne und Jahresabrechnungen, sondern auch auf die ihr von dem Erwerber der Wohnung abgetretenen Ansprüche aus dem Kaufvertrag (z.B. aus einer im Kaufvertrag übernommenen Verpflichtung des Verkäufers auf Freistellung des Erwerbers von sämtlichen Rückständen oder aus einer im Kaufvertrag ausdrücklich erteilten Zusicherung des Verkäufers, sämtliche noch offen Beitragsrückstände begleichen zu wollen), so ist das AG auch für die Ansprüche aus den abgetretenen kaufvertraglichen Ansprüchen örtlich und sachlich zuständig. Soweit die Rechtsprechung wegen des fehlenden Gemeinschaftsbezugs der abgetretenen Forderung eine Zuständigkeit der Wohnungseigentumsgerichte im Hinblick auf die abgetretene Forderung verneint hat[3], ist ihr im Hinblick auf § 17 Abs. 2 GVG nicht zu folgen. Nach dieser Vorschrift muss ein Gericht, zu dem für ein bestimmtes Begehren der Rechtsweg eröffnet ist, den Streitgegenstand auch unter anderen, an sich nicht zur Zuständigkeit seines Rechtsweges gehörenden rechtlichen Gesichtspunkten prüfen und entscheiden. Hierdurch wird vermieden, dass es über denselben Streitgegenstand zu mehreren Verfahren in verschiedenen Gerichtszweigen kommt. Der darin zum Ausdruck kommende Rechtsgedanke muss nach der Rechtsprechung des *BGH* auch im Zusammenhang mit der örtlichen Zuständigkeit zur Anwendung kommen und hat zur Folge, dass das Gericht auch bei einer im besonderen Gerichtstand erhobenen Klage den Rechtsstreit unter allen in Betracht kommenden rechtlichen Gesichtspunkten zu entscheiden hat[4]. Dies muss jedenfalls dann gelten, wenn die Erfüllung einer sich aus dem Gemeinschaftsverhältnis er-

30

---

1 Vgl. BayObLG v. 24.11.1988 – BReg 2Z 114/88, BayObLGZ 1988, 368–371 = WuM 1989, 99 (100); a.A. LG Hamburg v. 27.2.2002 – 318 T 182/01, ZMR 2002, 870.
2 BGH v. 16.12.2003 – X ARZ 270/03, BGHZ 157, 220 (222) = MDR 2004, 769 (770).
3 OLG München v. 25.7.2005 – 34 Wx 55/05 (nicht veröffentlicht).
4 BGH v. 10.12.2002 – X ARZ 208/02, NJW 2003, 828 (829).

gebenden Beitragsverpflichtung nochmals ausdrücklich rechtsgeschäftlich bestätigt wird. Unter Berücksichtigung der vorgenannten Rechtsprechung des *BGH* besteht eine **umfassende Entscheidungszuständigkeit des nach § 43 Nr. 2 zuständigen Gerichts**. Stützt die Gemeinschaft ihre Klage auf einen aus dem Gemeinschaftsverhältnis resultierenden materiellen Anspruch, ist das angerufene Gericht zur Entscheidung über sämtliche materiellen Ansprüche, die zur Begründung der Klageforderung geltend gemacht werden, berufen.

31 § 43 Nr. 2 erfasst die auf **§ 18 Abs. 1 Satz 1** gestützte Klage gegen einen Wohnungseigentümer auf **Veräußerung seines Wohnungseigentums**, da die Ausübung des Entziehungsrechts nach der ausdrücklichen gesetzlichen Regelung in § 18 Abs. 1 Satz 2 der Gemeinschaft der Wohnungseigentümer zusteht, soweit es sich nicht um eine Gemeinschaft handelt, die nur aus zwei Wohnungseigentümern besteht. Bei einer nur aus zwei Wohnungseigentümern bestehenden Gemeinschaft bestimmt sich die Zuständigkeit für die von einem Wohnungseigentümer erhobene Entziehungsklage dagegen nach § 43 Nr. 1.

32 Unter § 43 Nr. 2 fallen schließlich auch Klagen der einzelnen oder der zwischenzeitlich ausgeschiedenen Wohnungseigentümer auf **Auskehrung von Guthaben** aus Jahresabrechnungen oder aus Abrechnungen über die im Zusammenhang mit Baumaßnahmen beschlossenen Sonderumlagen. Entsprechendes gilt, wenn der klagende Wohnungseigentümer die Gemeinschaft auf Zahlung von **Schadensersatz wegen der Verletzung von Verkehrssicherungspflichten** in Anspruch nimmt.

3. § 43 Nr. 3

Streitigkeiten über die Rechte und Pflichten des Verwalters bei der Verwaltung des gemeinschaftlichen Eigentums

33 Zu den vom Anwendungsbereich des § 43 Nr. 3 erfassten Streitigkeiten zählen sowohl Streitigkeiten im Verhältnis der einzelnen Wohnungseigentümer zum Verwalter als auch Streitigkeiten zwischen der rechtsfähigen Gemeinschaft (§ 10 Abs. 6) und dem Verwalter. Die Vorschrift ist ebenso wie § 43 Nr. 1 und 2 sachbezogen und weit auszulegen. Maßgeblich ist, ob das von der klagenden Partei in Anspruch genommene Recht in einem inneren Zusammenhang mit den Aufgaben steht, die der Verwalter des gemeinschaftlichen Eigentums aufgrund des Bestellungsrechtsverhältnisses und aufgrund des Verwaltervertrages zu erfüllen hat. Unerheblich ist es deshalb, ob das Bestellungsrechtsverhältnis überhaupt noch fortbesteht oder ob der Verwalter zwischenzeitlich aus seinem Verwalteramt ausgeschieden ist[1]. Ebenso ist es unbeachtlich, ob der das Klageverfahren betreibende Wohnungseigentümer zwischenzeitlich aus der Gemeinschaft ausgeschieden ist[2]. Keine Bedeutung hat es zudem, ob der klagende oder verklagte Verwalter in rechtlich wirksamer Weise bestellt worden ist, solange er jedenfalls die einem Verwalter kraft Gesetzes zugewiesenen Aufgaben (§§ 24,

---

1 BGH v. 15.12.1988 – V ZB 9/88, BGHZ 106, 222 (224) = NJW 1987, 1091; KG v. 10.5.1991 – 24 W 6578/90, OLGZ 1992, 57; BayObLG v. 15.6.1989 – BReg 2Z 53/89, WuM 1989, 539.
2 BayObLG v. 17.3.1994 – 2Z AR 12/94, WuM 1994, 572 (573); KG v. 3.1.2000 – 24 W 601/99, ZMR 2000, 401.

26, 27 WEG) tatsächlich wahrgenommen hat[1] und er aus diesem Grund in Anspruch genommen wird. Deshalb unterfallen auch Ansprüche gegen einen sog. „faktischen Verwalter" dem Anwendungsbereich des § 43 Nr. 3[2].

Unter § 43 Nr. 3 fallen sämtliche Streitigkeiten über die Frage, ob ein Verwalter wirksam bestellt ist, ob und mit welchem Inhalt ein Verwaltervertrag wirksam geschlossen wurde, welche Rechte und Pflichten sich hieraus ergeben und ob das Vertragsverhältnis trotz Kündigung noch fortbesteht[3]. Hierunter fallen Streitigkeiten über die Vergütungs[4]- oder Aufwendungsersatzansprüche[5] des Verwalters, aber auch Ansprüche der Wohnungseigentümer oder der Gemeinschaft der Wohnungseigentümer gegen den amtierenden oder ausgeschiedenen Verwalter auf Auskunftserteilung, Rechnungslegung, Herausgabe von Unterlagen[6] und Schadensersatzansprüche nach Beendigung des Amtes[7]. Ist die Verwalterin eine Offene Handelsgesellschaft, fällt die auf § 128 HGB gestützte Klage eines Wohnungseigentümers gegen ihre Gesellschafter ebenfalls unter § 43 Nr. 3[8]. 34

Das in § 43 Nr. 3 genannte Gericht ist auch zuständig, wenn ein Wohnungseigentümer die vom Bauträger eingesetzte Verwaltungs-GmbH wegen unzutreffender Abnahme des Gemeinschaftseigentums aufgrund einer im Kaufvertrag enthaltenen Ermächtigung und eines dadurch ausgelösten Verlustes eines Sicherungsmittels (Bürgschaft) in Anspruch nimmt; dabei erfasst § 43 Nr. 3 auch die zugleich gegen den Geschäftsführer der Verwaltungs-GmbH erhobene Klage[9]. Nicht erfasst werden dagegen Streitigkeiten der Wohnungseigentümer gegen den ehemaligen Geschäftsführer der zwischenzeitlich abberufenen Verwaltungs-GmbH[10]. 35

In den Anwendungsbereich des § 43 Nr. 3 fallen auch die Klagen des Verwalters gegen einzelne Wohnungseigentümer oder einzelner Wohnungseigentümer gegen den Verwalter auf Unterlassung ehrverletzender Äußerungen, sofern die Äußerungen einen Bezug zum Gemeinschaftsverhältnis und zur Verwaltung des gemeinschaftlichen Eigentums haben[11]. 36

Schließlich fallen in den Anwendungsbereich sämtliche Klagen, denen Streitigkeiten über die ordnungsgemäße Wahrnehmung der einem Verwalter obliegenden Verpflichtungen zugrunde liegen, wie Streitigkeiten über die Einberufung einer Eigentümerversammlung[12] (§ 24 Abs. 1), Behandlung bestimmter Tagesordnungspunkte in einer Versammlung[13], der Ausführung von Eigentümer- 37

---

1 KG v. 9.12.1980 – 1 W 4193/80, OLGZ 1981, 304 = MDR 1981, 407.
2 OLG Saarbrücken v. 18.9.2003 – 5 W 152/03, OLGR Saarbrücken, 2003, 25.
3 BGH v. 20.6.2002 – V ZB 39/01, BGHZ 151, 164 (168) = NJW 2002, 3240 (3243).
4 BGH v. 10.7.1980 – VII ZR 328/79, NJW 1980, 2466 (2468).
5 BayObLG v. 15.6.1989 – BReg 2Z 53/89, WuM 1989, 539.
6 OLG Hamm v. 29.10.1987 – 15 W 361/85, NJW-RR 1988, 268.
7 BGH v. 15.12.1988 – V ZB 9/88, BGHZ 106, 222 (224) = NJW 1987, 1091.
8 BayObLG WEZ 1988, 219.
9 KG v. 19.9.2005 – 24 W 154/05, NZM 2006, 61.
10 LG Mainz v. 29.7.1999 – 8 T 371/98, ZMR 2000, 405 (406 f.)
11 A.A. BayObLGZ 1989, 68 f.; offen gelassen von BayObLG v. 2.3.2001 – 2Z BR 16/01, ZWE 2001, 319 und OLG Düsseldorf v. 27.9.2000 – 15 U 63/00, ZWE 2001, 165 f.
12 BayObLG v. 26.5.1992 – 2Z BR 25/92, WuM 1992, 448 (450).
13 BayObLG v. 12.7.2001 – 2Z BR 139/00, ZWE 2001, 538 (540).

beschlüssen (§ 27 Nr. 1), Erteilung von Auskünften, Gewährung von Einsicht in die Verwaltungsunterlagen, Berichtigung der Versammlungsniederschriften[1], Zustimmung zur Veräußerung nach § 12.

38 Nicht unter § 43 Nr. 3 fallen demgegenüber Streitigkeiten der Wohnungseigentümer mit dem Verwalter, die nicht aus dem Bestellungsrechtsverhältnis oder dem Verwaltervertrag resultieren, sondern auf einer sonstigen schuldrechtlichen Beziehung beruhen, wie z.B. Streitigkeiten über die ordnungsgemäße Verwaltung des Sondereigentums (beispielsweise die Klage gegen den Verwalter auf Herausgabe vereinnahmter Mietzinsen[2]), Streitigkeiten über die wechselseitigen Ansprüche aus der Prozessvertretung eines zugleich als Rechtsanwalt tätigen Verwalters, Streitigkeiten über die vertragsgemäße Erbringung von Architektenleistungen. Soweit allerdings ein Bezug zum Sondereigentum eines Wohnungseigentümers besteht, ist die Zuständigkeitsvorschrift in § 43 Nr. 5 zu beachten.

4. § 43 Nr. 4

Streitigkeiten über die Gültigkeit von Beschlüssen der Wohnungseigentümer

39 In den Anwendungsbereich des § 43 Nr. 4 fallen die von einem oder mehreren Wohnungseigentümern oder dem Verwalter erhobenen Anfechtungs-, Nichtigkeits- und positiven Beschlussfeststellungsklagen. Unerheblich ist, ob die klagende Partei im Zeitpunkt der Klageerhebung noch als Wohnungseigentümer im Grundbuch eingetragen ist oder ob sie zu diesem Zeitpunkt ihre Eigentümerstellung bereits verloren hat, denn auch ein ausgeschiedener Wohnungseigentümer ist unter bestimmten Voraussetzungen zur Erhebung einer solchen Klage berechtigt. Entsprechendes gilt für die Klage eines Verwalters. Zur Anwendung des § 43 Nr. 4 genügt es, dass Gegenstand der Klage nach der Rechtsbehauptung des Klägers überhaupt ein Beschluss der Wohnungseigentümer ist und der Kläger eine Klärung der Gültigkeit dieses Beschlusses anstrebt. Deshalb erfasst § 43 Nr. 4 auch Klagen, die auf die Feststellung abzielen, ein rechtsverbindlicher Beschluss sei gar nicht gefasst worden, weil beispielsweise über den Beschlussantrag nicht in einer Versammlung von Wohnungseigentümern abgestimmt worden sei oder weil die nach der Rechtsprechung des *BGH* für die rechtsgeschäftliche Entstehung des Beschlusses erforderliche Feststellung und Verkündung des Abstimmungsergebnisses unterblieben sei[3]. Dabei kommt es nicht darauf an, ob es sich um einen in der Versammlung gefassten Mehrheitsbeschluss oder um einen schriftlichen Beschluss handelt.

40 In den Anwendungsbereich des § 43 Nr. 4 fallen nur solche Beschlüsse, die von einer rechtlich in Vollzug gesetzten oder von einer sog. werdenden Wohnungseigentümergemeinschaft gefasst worden sind. Die vor dem Entstehen einer nach § 3 WEG gegründeten Gemeinschaft von mehreren Miteigentümern gefassten Beschlüsse fallen nicht darunter, denn sie sind ausschließlich gesell-

---

1 OLG Frankfurt v. 12.6.2003 – 20 W 558/00 (nicht veröffentlicht); BayObLG v. 15.12.1982 – BReg 2Z 39/92, BayObLGZ 1982, 445 (448).
2 BayObLG v. 18.7.1989 – BReg 2Z 107/88, BayObLGZ 1989, 308 = MDR 1989, 1106.
3 BGH v. 23.8.2001 – V ZB 10/01, BGH NJW 2001, 3339 (3342).

schaftsrechtlicher Natur. Auch Beschlüsse einer BGB-Gesellschaft über die Verwaltung der zum Verwaltungsvermögen gehörenden und im Sondereigentum stehenden Wohnung werden von § 43 Nr. 4 nicht erfasst.

Für die Zuständigkeit des in § 43 Nr. 4 genannten Gerichts ist es unbeachtlich, ob eine Anfechtungsklage fristgerecht erhoben (§ 46 Abs. 1 Satz 1) und ob der Kläger überhaupt berechtigt ist, den streitgegenständlichen Beschluss mit den von ihm geltend gemachten Anfechtungs- und Nichtigkeitsgründen zu bekämpfen (s. § 46 Rz. 23–24). Ob diese Voraussetzungen gegeben sind, ist eine Frage der Begründetheit der Klage. Die am Gerichtsstand des § 43 Nr. 4 erhobene Klage kann aber aus anderen Gründen unzulässig sein, insbesondere, wenn die klagende Partei zur Erhebung einer Anfechtungs-, Nichtigkeits- oder positiven Beschlussfeststellungsklage überhaupt nicht berechtigt ist (zur Klagebefugnis s. § 46 Rz. 19) oder wenn für die erhobene Klage kein Rechtsschutzbedürfnis besteht (zum Rechtsschutzbedürfnis s. § 46 Rz. 125 ff.). 41

§ 43 Nr. 4 erfasst neben den negatorischen Beschlussmängelklagen (Anfechtungs- und Nichtigkeitsklagen) auch Klagen einzelner Wohnungseigentümer oder des Verwalters auf (positive) **gerichtliche Feststellung der Gültigkeit eines Beschlusses**. Dies kann beispielsweise relevant werden, wenn der Verwalter die Ausführung eines Beschlusses wegen seiner vermeintlichen Nichtigkeit verweigert. Hierzu gehören ferner solche Fälle, in denen eine förmliche Feststellung und Verkündung des Beschlussergebnisses im Anschluss an die Abstimmung über einen Beschlussantrag unterblieben ist[1]. Der **Streit** über die zutreffende **Auslegung eines Beschlusses** fällt demgegenüber **nicht** unter § 43 Nr. 4, sondern in den Anwendungsbereich der § 43 Nr. 1 und 3. 42

5. § 43 Nr. 5

Klagen Dritter, die sich gegen die Gemeinschaft der Wohnungseigentümer oder gegen Wohnungseigentümer richten und sich auf das gemeinschaftliche Eigentum, seine Verwaltung oder das Sondereigentum beziehen

a) Allgemeines

§ 43 Nr. 5 begründet einen für die örtliche Zuständigkeit des AG oder LG ausschließlichen Gerichtsstand. Die sachliche Zuständigkeit bestimmt sich demgegenüber nach dem Wert des Klageantrages, § 23 Nr. 1 GVG. Die Regelung erleichtert es Dritten, die ihnen zustehenden schuldrechtlichen Ansprüche gegen die Gemeinschaft und die nach § 10 Abs. 8 Satz 1 im Verhältnis ihrer Miteigentumsanteile für die Verbindlichkeit akzessorisch haftenden Wohnungseigentümer am Gerichtsstand der belegenen Sache in Anspruch zu nehmen. Die gemeinsame Inanspruchnahme der nach § 10 Abs. 6 Satz 5 parteifähigen Gemeinschaft und der einzelnen Wohnungseigentümer an einem Gericht setzt allerdings voraus, dass das angerufene Gericht auch für die gegen jeden einzelnen Wohnungseigentümer erhobene Klage nach § 23 Nr. 1 GVG sachlich zuständig ist. Die sachliche Zuständigkeit des LG kann nicht dadurch begründet werden, dass mehrere Wohnungseigentümer als Streitgenossen nach §§ 59, 60 ZPO in 43

---
1 BGH v. 23.8.2001 – V ZB 10/01, BGH NJW 2001, 3339 (3342); s. auch § 46 Rz. 7.

Anspruch genommen werden. Weil die Klage im Verhältnis zu jedem Streitgenossen ein eigenständiges Prozessrechtsverhältnis begründet und die Verfahren nur äußerlich verbunden sind, ist für jeden Klageantrag das Vorliegen der Prozessvoraussetzungen und daher auch die Zuständigkeit des angerufenen Gerichts zu prüfen[1]. § 43 Nr. 5 ermöglicht es dem Gläubiger nicht ohne weiteres, die Gemeinschaft und die einzelnen Wohnungseigentümer wegen einer schuldrechtlichen Forderung an einem Gericht gemeinsam zu verklagen. Sind die Klageforderungen unterschiedlich hoch und begründen sie gem. § 23 Nr. 1 GKG nur zum Teil die Zuständigkeit des AG, im Übrigen dagegen die Zuständigkeit des LG, ist dies zu beachten und sind getrennte Verfahren zu führen. Zulässig dürfte es aber in entsprechender Anwendung des § 36 Nr. 3 ZPO sein, dass ein gemeinschaftlicher Gerichtsstand durch gerichtliche Entscheidung begründet wird.

44 Für die Anwendbarkeit des § 43 Nr. 5 ist es unerheblich, ob die Mitgliedschaft der als Wohnungseigentümer in Anspruch genommenen Personen in der Gemeinschaft noch fortbesteht oder ob sie bereits vor Rechtshängigkeit aus der Gemeinschaft ausgeschieden sind und ihre Miteigentumsanteile veräußert haben, denn § 43 Nr. 5 ist sachbezogen auszulegen[2]. Maßgeblich ist deshalb ausschließlich, ob sich der geltend gemachte Anspruch auf das Gemeinschaftseigentum oder auf seine Verwaltung bezieht. Das Gericht hat nicht zu prüfen, ob die Rechtsbehauptung des Klägers, der Beklagte hafte nach § 10 Abs. 8 Satz 1 für die Verbindlichkeit der Gemeinschaft, sachlich zutreffend ist, denn dies ist eine Frage der Begründetheit der Klage.

b) Gemeinschafts- und verwaltungsbezogene Forderungen

45 Unter § 43 Nr. 5 fallen Rechtsstreitigkeiten, mit denen Ansprüche aus einem Vertragsverhältnis des Klägers mit der Gemeinschaft verfolgt werden, insbesondere Ansprüche auf Erfüllung oder auf Schadensersatz. In Betracht kommen insbesondere Ansprüche gegen die Gemeinschaft aus Werk- und Dienstleistungsverträgen, Liefer- und Versorgungsverträgen, Versicherungsverträgen oder anwaltlicher Geschäftsbesorgung[3]. § 43 Nr. 5 ist aber nicht auf Forderungen aus vertraglichen Schuldverhältnissen beschränkt, vielmehr fallen auch gesetzliche Schuldverhältnisse hierunter, wie etwa Ansprüche Dritter gegen die Gemeinschaft aus Geschäftsführung ohne Auftrag oder aus unerlaubter Handlung (insbesondere in den Fällen der Verletzung der Verkehrssicherungspflichten).

c) Sondereigentumsbezogene Forderungen

46 Unter § 43 Nr. 5 fallen grundsätzlich alle Vergütungsansprüche eines Dritten für vertragliche Leistungen, die dem Sondereigentum zugute kommen, wie z.B. Kaufpreisansprüche, Werklohnansprüche oder die Vergütung des Dritten für Dienstleistungen. Die Vorschrift erfasst daher insbesondere Ansprüche von Bauhandwerkern, Architekten und Zulieferern für Bauarbeiten am Sondereigentum. Erfasst sind aber auch Ansprüche des Erwerbers aus dem mit dem Woh-

---

1 BGH v. 26.5.1994 – IX ZR 39/93, NJW 1994, 3103.
2 So ausdrücklich die Beschlussempfehlung des Rechtsausschusses, BT-Drucks. 16/3843, 27.
3 So schon die amtliche Begründung zu § 29b ZPO (a.F.), BT-Drucks. 11/3621, 33.

nungseigentümer geschlossenen Kaufvertrag, insbesondere der Anspruch auf Auflassung des Eigentums[1].

Vom Anwendungsbereich des § 43 Nr. 5 sind ferner die Vergütungsansprüche eines Rechtsanwaltes gegen den Wohnungseigentümer erfasst, wenn seine Tätigkeit in einem Zusammenhang mit dem Sondereigentum steht. Wie auch bei anderen Vertragsverhältnissen genügt auch insoweit jeder Bezug zum Sondereigentum. Ist beispielsweise die Eigentumswohnung vermietet und wird der Rechtsanwalt für den Sondereigentümer im Zusammenhang mit Streitigkeiten aus diesem Mietverhältnis tätig, ist für die von ihm erhobene Gebührenklage weder das am Sitz der Kanzlei[2] noch das am Wohnsitz seines Mandanten gelegene Gericht örtlich zuständig. Vielmehr bestimmt § 43 Nr. 5 eine ausschließliche örtliche Zuständigkeit am Gerichtsstand der belegenen Sache. 47

6. § 43 Nr. 6

Mahnverfahren, wenn die Gemeinschaft der Wohnungseigentümer Antragstellerin ist. Insoweit ist § 689 Abs. 2 der Zivilprozessordnung nicht anzuwenden.

Die neu in das Gesetz eingefügte Regelung übernimmt in modifizierter Form die Zuständigkeitsregelung für das Mahnverfahren im bisherigen § 46a Abs. 1 Satz 2. Die Neuregelung bewirkt dabei einerseits eine Beschränkung und andererseits eine Erweiterung der Zuständigkeit des Gerichts am Belegenheitsort der Wohnanlage. Mit der gesetzlichen Neuregelung in § 43 Nr. 6 trägt der Gesetzgeber zunächst dem Umstand Rechnung, dass die Gemeinschaft der Wohnungseigentümer keinen „Sitz" i.S.d. § 17 Abs. 1 Satz 1 ZPO hat, so dass für die Bestimmung des zuständigen Mahngerichts gem. § 689 Abs. 2 Satz 1 i.V.m. § 17 Abs. 1 Satz 2 ZPO auf den Ort, an dem die Verwaltung geführt wird, abgestellt werden müsste. Dies wäre unbefriedigend, da in Abhängigkeit davon, ob ein Verwalter vorhanden ist und wo die Verwaltung geführt wird, unterschiedliche Gerichte für die Mahnanträge einer Wohnungseigentümergemeinschaft zuständig wären. Daher bestimmt § 46 Nr. 6, dass für Mahnanträge der Gemeinschaft das Gericht zuständig ist, in dem das gemeinschaftliche Eigentum gelegen ist. Soweit einzelne Bundesländer von der in § 689 Abs. 3 enthaltenen Ermächtigung Gebrauch gemacht und die Behandlung von Mahnverfahren auf ein AG konzentriert haben, bleiben diese Konzentrationsbestimmungen unberührt, denn § 43 Nr. 6 ergänzt lediglich die Regelung in § 689 Abs. 2, ändert sie aber im Übrigen nicht ab. 48

Im Hinblick auf die Binnenstreitigkeiten (§ 43 Nr. 1 bis 4) führt die neue Nr. 6 gegenüber der Regelung in § 46a Abs. 1 a.F. zu einer Beschränkung der bisherigen Zuständigkeit. Erfasst werden nur noch Mahnverfahren, in denen die Gemeinschaft der Wohnungseigentümer Antragstellerin ist. Es handelt sich dabei überwiegend um Ansprüche der Gemeinschaft gegen Wohnungseigentümer auf Zahlung rückständiger, aufgrund von Wirtschaftsplänen oder Jahresabrechnungen fälliger Beiträge. Eine weitere, in der Praxis weniger relevante Fallgruppe 49

---

1 Siehe zum Ganzen die amtliche Begründung zu § 29b ZPO (a.F.), BT-Drucks. 11/3621, 33.
2 BGH v. 11.11.2003 – X ARZ 91/03, BGHZ 157, 20 (22 ff.) = MDR 2004, 164 (165); BGH v. 4.3.2004 – IX ZR 101/03, MDR 2004, 765.

sind gemeinschaftliche Schadensersatzansprüche der Wohnungseigentümer gegen den Verwalter, die nach Maßgabe des § 10 Abs. 6 Satz 3 von der rechtsfähigen Gemeinschaft der Wohnungseigentümer geltend zu machen sind[1]. Die Regelung in § 43 Nr. 6 gilt auch für Mahnbescheidsanträge sog. „werdender Gemeinschaften". Während somit die bisherige Regelung in § 46a Abs. 1 Satz 2 für Mahnanträge der Gemeinschaft der Wohnungseigentümer übernommen wird, gilt dies für die übrigen Binnenstreitigkeiten nicht, denn nach Ansicht des Gesetzgebers besteht kein Bedürfnis für eine von der Zuständigkeitsregelung des § 689 Abs. 2 ZPO abweichende Regelung[2]. Sind also die Wohnungseigentümer selbst oder ist der Verwalter Antragsteller, bestimmt sich die ausschließliche Zuständigkeit nach § 689 Abs. 2 ZPO, nicht aber nach § 43 Nr. 6.

III. Rechtsmittel und Rechtsmittelzuständigkeiten

50   Nach § 72 Abs. 1 GVG sind die Zivilkammern des LG die Berufungs- und Beschwerdegerichte in den vor den AG verhandelten bürgerlichen Rechtsstreitigkeiten. Die Bestimmung gilt auch für die von § 43 Nr. 1 bis 6 erfassten Streitigkeiten. Allerdings enthält § 72 Abs. 2 GVG eine gesonderte Bestimmung im Hinblick auf die örtliche Zuständigkeit des Berufungsgerichts. Danach ist für Streitigkeiten nach § 43 Nr. 1–4 und 6 das für den Sitz des OLG zuständige LG gemeinsames Berufungs- und Beschwerdegericht für den Bezirk des OLG, in dem das AG seinen Sitz hat. Dies gilt nach § 72 Abs. 2 Satz 2 GVG auch für die in § 119 Abs. 1 Nr. 1 Buchstabe b und c genannten Sachen. Das für den Sitz des OLG zuständige LG und nicht das OLG bleibt deshalb auch dann Berufungsinstanz, wenn einer der Prozessbeteiligten seinen allgemeinen Gerichtsstand im Ausland hat.

51   Hat in einem in den Anwendungsbereich des § 43 Nr. 5 fallenden Rechtsstreit nicht das AG, sondern gem. § 23 Nr. 1 GVG i.V.m. § 71 Abs. 1 GVG das LG erstinstanzlich entschieden, ist Berufungsinstanz nach § 119 Abs. 1 Nr. 2 GVG das jeweilige OLG. Das OLG ist nach § 119 Abs. 1b) GVG auch zuständig, wenn der „Dritte" i.S.v. § 43 Nr. 5 oder aber der am Gerichtsstand der belegenen Sache nach § 43 Nr. 5 verklagte Wohnungseigentümer seinen Gerichtsstand außerhalb der Bundesrepublik Deutschland hat, auch wenn erstinstanzlich nicht das LG, sondern das AG entschieden hat.

52   Gegen die in der Berufungsinstanz erlassenen Urteile des LG oder des OLG ist nach § 542 Abs. 1 ZPO i.V.m. § 133 GVG die Revision beim *BGH* statthaft. Voraussetzung hierfür ist die ausdrückliche Zulassung der Revision durch das Berufungsgericht (§ 543 Abs. 1 Nr. 1 ZPO). Lässt das Berufungsgericht die Revision nicht zu, besteht grundsätzlich die Möglichkeit einer Nichtzulassungsbeschwerde nach § 544 ZPO. Allerdings bestimmt die Übergangsvorschrift in § 62 Abs. 2 für die von § 43 Nr. 1 bis 4 erfassten Wohnungseigentumssachen, dass die Nichtzulassungsbeschwerde nicht statthaft ist, sofern die anzufechtende Entscheidung vor dem 2.7.2012 verkündet worden ist. Lediglich für die von § 43 Nr. 5 erfassten Streitigkeiten ist eine Nichtzulassungsbeschwerde daher zur Zeit statthaft.

---

1   Beschlussempfehlung und Bericht des Rechtsausschusses, BT-Drucks. 16/3843, 27.
2   Beschlussempfehlung und Bericht des Rechtsausschusses, BT-Drucks. 16/3843, 28.

Soweit eine Berufung nicht statthaft ist und das Gericht den Anspruch der Prozessbeteiligten auf rechtliches Gehör in entscheidungserheblicher Weise verletzt hat, ist nach § 321a ZPO auf die Rüge der beschwerten Partei der Prozess vor dem Gericht des ersten Rechtszugs fortzuführen. 53

§ 44
Bezeichnung der Wohnungseigentümer in der Klageschrift

(1) Wird die Klage durch oder gegen alle Wohnungseigentümer mit Ausnahme des Gegners erhoben, so genügt für ihre nähere Bezeichnung in der Klageschrift die bestimmte Angabe des gemeinschaftlichen Grundstücks; wenn die Wohnungseigentümer Beklagte sind, sind in der Klageschrift außerdem der Verwalter und der gemäß § 45 Abs. 2 Satz 1 bestellte Ersatzzustellungsvertreter zu bezeichnen. Die namentliche Bezeichnung der Wohnungseigentümer hat spätestens bis zum Schluss der mündlichen Verhandlung zu erfolgen.

(2) Sind an dem Rechtsstreit nicht alle Wohnungseigentümer als Partei beteiligt, so sind die übrigen Wohnungseigentümer entsprechend Absatz 1 von dem Kläger zu bezeichnen. Der namentlichen Bezeichnung der übrigen Wohnungseigentümer bedarf es nicht, wenn das Gericht von ihrer Beiladung gemäß § 48 Abs. 1 Satz 1 absieht.

Inhaltsübersicht

	Rz.		Rz.
I. Die Zulässigkeit der Sammelbezeichnung (§ 44 Abs. 1)	1	a) Der Zeitpunkt der namentlichen Benennung	9
1. Die Funktion des § 44 Abs. 1	1	b) Der Inhalt der Eigentümerliste	15
2. Der Anwendungsbereich des § 44 Abs. 1 Satz 1, Halbsatz 1	3	5. Zur Anwendbarkeit des § 44 Abs. 1 im einstweiligen Verfügungsverfahren	21
a) Binnenrechtsstreitigkeiten der Wohnungseigentümer	3	II. Die namentliche Bezeichnung der nicht am Prozessrechtsverhältnis beteiligten Wohnungseigentümer	24
b) Rechtsstreitigkeiten der Wohnungseigentümer mit Dritten	5		
3. Die Angabe der Zustellungsvertreter (§ 44 Abs. 1 Satz 1, Halbsatz 2)	6	III. Rechtsfolgen der unterbliebenen oder fehlerhaften Bezeichnung der Wohnungseigentümer	27
4. Die namentliche Bezeichnung der Wohnungseigentümer (§ 44 Abs. 1 Satz 2)	9		

I. Die Zulässigkeit der Sammelbezeichnung (§ 44 Abs. 1)

1. Die Funktion des § 44 Abs. 1

Gemäß § 253 Abs. 2 Nr. 1 ZPO muss die Klageschrift die **Bezeichnung des Gerichts und der Parteien** enthalten. Die Bezeichnung der Parteien hat so genau zu erfolgen, dass kein Zweifel verbleibt, zwischen welchen Personen die Klage ein Prozessrechtsverhältnis begründen soll. Es dürfen **keine Zweifel an der Identität** der prozessbeteiligten Personen bestehen. Grundsätzlich ist daher gem. § 130 1

Nr. 1 ZPO eine namentliche Bezeichnung der Prozessparteien erforderlich. Zusätzlich sind nach ständiger Rechtsprechung – sofern nicht schutzwürdige Geheimhaltungsinteressen des Klägers ausnahmsweise einer Bekanntgabe der Anschrift entgegenstehen – auch ihre Anschriften mitzuteilen[1]. § 44 Abs. 1 enthält hiervon abweichende Bestimmungen und vereinfacht die Klageerhebung in solchen Prozessen, in denen die Wohnungseigentümer in ihrer Gesamtheit als Kläger oder Beklagte beteiligt sind.

2   § 44 Abs. 1 Satz 1 gestattet anstelle einer namentlichen Bezeichnung aller Wohnungseigentümer eine **Kurzbezeichnung** (Sammelbezeichnung). Es genügt für eine wirksame Klageerhebung, wenn sich aus der Klageschrift ergibt, dass die Klage durch die Wohnungseigentümer einer bestimmten Liegenschaft mit Ausnahme des Beklagten erhoben wird oder dass sich die Klage gegen alle Wohnungseigentümer mit Ausnahme des Klägers richtet. Die vom Gesetz geforderte „bestimmte Angabe des gemeinschaftlichen Grundstücks" wird in aller Regel nach der postalischen Anschrift oder dem Grundbucheintrag erfolgen.

2. Der Anwendungsbereich des § 44 Abs. 1 Satz 1, Halbsatz 1

a) Binnenrechtsstreitigkeiten der Wohnungseigentümer

3   Voraussetzung für die Zulässigkeit einer Sammelbezeichnung ist, dass sämtliche Wohnungseigentümer als Parteien an einem Rechtsstreit beteiligt werden sollen. Bedeutsam wird die Vorschrift daher in erster Linie bei **Binnenrechtsstreitigkeiten** der Wohnungseigentümer, beispielsweise in Verfahren über die Gültigkeit von Beschlüssen der Wohnungseigentümer (§§ 43 Nr. 4).

4   Die Vorschrift ist ihrem Wortlaut nach unmittelbar anzuwenden, wenn ein einzelner Wohnungseigentümer die Ungültigkeit eines Beschlusses betreibt und zu diesem Zweck eine Anfechtungsklage gegen die übrigen Wohnungseigentümer erhebt. Sie gilt aber auch in den Fällen der **subjektiven Klagehäufung**, also dann, wenn mehrere Wohnungseigentümer gemeinsam eine Klage auf Ungültigerklärung von Beschlüssen der Wohnungseigentümer erheben. Auch in diesem Fall dürfen die beklagten Wohnungseigentümer zunächst unter einer Sammelbezeichnung verklagt werden. Zwar hat der Gesetzgeber diesen Fall bei der Abfassung des Gesetzeswortlauts nicht vor Augen gehabt (daher die Verwendung des Singulars: „mit Ausnahme des Gegners"). Zulässig ist sie aber auch in solchen Fällen, solange das Prozessrechtsverhältnis nicht im Unklaren bleibt. Dafür ist es allerdings unabdingbar, dass die klagenden Wohnungseigentümer sofort namentlich bezeichnet werden und nicht auch insoweit eine Sammelbezeichnung verwendet wird.

b) Rechtsstreitigkeiten der Wohnungseigentümer mit Dritten

5   § 44 Abs. 1 Satz 1 WEG findet seinem Wortlaut nach auch Anwendung, wenn die Klage von einem nicht zur Gemeinschaft gehörenden Dritten gegen alle Wohnungseigentümer oder wenn sie durch alle Wohnungseigentümer gegen einen Dritten erhoben wird. Beide Fallgestaltungen bleiben aber nach Anerken-

---

1   BGH v. 9.12.1987 – IVb ZR 4/87, BGHZ 102, 332 = MDR 1988, 393; KG v. 11.6.1991 – 9 U 1163/90, OLGZ 1991, 465; KG v. 30.1.1996 – 18 WF 518/96, KGReport 1996, 108.

Bezeichnung der Wohnungseigentümer in der Klageschrift § 44

nung der Teilrechtsfähigkeit der Gemeinschaft durch den Gesetzgeber (§ 10 Abs. 6) praktisch ohne Bedeutung, weil Ansprüche, die Bestandteil des Verwaltungsvermögens der Gemeinschaft sind, nicht von den einzelnen Wohnungseigentümern in ihrer Gesamtheit, sondern von der **rechtsfähigen Gemeinschaft** selbst geltend zu machen sind. Die rechtsfähige Gemeinschaft kann nach Maßgabe des § 10 Abs. 6 Satz 4 zur Verfolgung solcher Ansprüche aus dem Gemeinschaftsvermögen unter der Bezeichnung „*Wohnungseigentümergemeinschaft*" gefolgt von der bestimmten Angabe des gemeinschaftlichen Grundstücks selbst klagen (§ 10 Abs. 6 Satz 5). Sofern ein Dritter die einzelnen Wohnungseigentümer nach Maßgabe des § 10 Abs. 8 unmittelbar für Verbindlichkeiten der Gemeinschaft gemeinsam in Haftung nehmen will, ist die Sammelbezeichnung ungeeignet, da eine gesetzliche Haftung nur anteilig im Verhältnis der Miteigentumsanteile (§ 16 Abs. 1 Satz 2) besteht. Bereits in der Klageschrift hat daher eine entsprechende Quotelung zu erfolgen. Die unterschiedliche materiell-rechtliche Haftung verträgt sich mit der in § 44 Abs. 1 zugelassenen Sammelbezeichnung nicht und hat – sofern keine Klarstellung und Klagerücknahme erfolgt – die Teilabweisung der Klage als unbegründet zur Folge.

3. Die Angabe der Zustellungsvertreter (§ 44 Abs. 1 Satz 1, Halbsatz 2)

Um trotz fehlender Bezeichnung der einzelnen verklagten Wohnungseigentümer eine Zustellung der Klage an sie zu ermöglichen, muss der Kläger in der Klageschrift die **Zustellungsvertreter** der Wohnungseigentümer benennen. Zustellungsvertreter ist kraft gesetzlicher Befugnis zum einen der **Verwalter** gemäß 45 Abs. 1, zum anderen die von den Wohnungseigentümern rechtsgeschäftlich bestellten Vertreter, insbesondere der Ersatzzustellungsvertreter gem. § 45 Abs. 2 Satz 1. Der Kläger ist gehalten, sämtliche Zustellungsvertreter in der Klageschrift namentlich zu bezeichnen. Er soll keine Vorauswahl treffen, denn die Entscheidung, an wen zuzustellen ist, obliegt allein dem Gericht. Damit eine Zustellung an die Zustellungsvertreter erfolgen kann, sind in der Klageschrift zugleich ihre ladungsfähigen Anschriften mitzuteilen. 6

Die Regelung in § 44 Abs. 1 ermöglicht dem Kläger allerdings nur dann eine erleichterte Verfahrensführung, sofern die Klage an den Verwalter als Zustellungsvertreter zugestellt werden kann oder ein Zustellungsvertreter (§ 45 Abs. 2) bestellt ist. Haben die Wohnungseigentümer dagegen keinen Zustellungsvertreter bestimmt oder scheidet eine Zustellung an ihn und oder den Verwalter aus, muss der Kläger, um eine ordnungsgemäße Zustellung der Klage zu ermöglichen, die einzelnen Wohnungseigentümer schon **mit Einreichung der Klage benennen**, da das Gericht ansonsten keine verfahrensleitenden Verfügungen treffen und insbesondere nicht die Zustellung der Klage veranlassen kann. 7

4. Die namentliche Bezeichnung der Wohnungseigentümer (§ 44 Abs. 1 Satz 2)

a) Der Zeitpunkt der namentlichen Benennung

§ 44 Abs. 1 Satz 2 bestimmt, dass die namentliche Bezeichnung der Wohnungseigentümer spätestens bis zum Schluss der Verhandlung nachzuholen ist. Dies erfolgt durch Einreichung einer Eigentümerliste, die die Wohnungseigentümer unter Angabe ihrer **ladungsfähigen Anschriften** namentlich auflistet. Die Mit- 9 teilung der ladungsfähigen Anschriften schreibt das Gesetz zwar nicht ausdrücklich vor. Sie ist aber nach ständiger Rechtsprechung unabdingbare Voraussetzung für jede Klageerhebung[1]. Daher ist sie auch notwendig, wenn die klagenden oder verklagten Wohnungseigentümer zunächst unter einer Sammelbezeichnung in Anspruch genommen werden, denn § 44 Abs. 1 hebt die gesetzliche Regelung in § 253 Abs. 2 Nr. 1 ZPO nicht auf, sondern wandelt sie für das Wohnungseigentumsgesetz lediglich ab[2].

10 Mit der Regelung in § 44 Abs. 1 Satz 2 trägt der Gesetzgeber dem Umstand Rechnung, dass es für die einzelnen Wohnungseigentümer insbesondere in den Fällen der Erhebung einer fristgebundenen Anfechtungsklage nach § 46 Abs. 1 oder bei drohendem Ablauf einer Verjährungsfrist nicht einfach sein wird, eine richtige und vollständige Eigentümerliste zu beschaffen und der Klageschrift beizufügen. Zuverlässige und vollständige Kenntnis über die Eigentumsverhältnisse an den einzelnen Wohnungen und den Inhabern der Eigentumswohnungen kann der Kläger sich nicht einmal durch Einsichtnahme in das Grundbuch verschaffen, denn das **Grundbuch** weist zwar die jeweiligen Eigentümer aus, gibt aber keine Auskunft über ihre ladungsfähigen Anschriften. Auch können dem Grundbuch nicht die gesetzlichen Vertreter der juristischen Personen entnommen werden. Sofern nicht der Verwalter über eine vollständige Eigentümerliste verfügt, müsste der klagende Wohnungseigentümer daher im Vorfeld einer Klageerhebung umfangreiche Ermittlungen anstellen. Die gesetzliche Regelung verschafft ihm nunmehr noch nach der Klageerhebung einen gewissen Zeitraum, in dem er die für § 253 Abs. 2 Nr. 1 ZPO erforderliche Parteibezeichnung vervollständigen kann.

11 Die Regelung in § 44 Abs. 1 Satz 2 erfasst sowohl Aktiv- als auch Passivprozesse der Wohnungseigentümer. Daher müssen die Wohnungseigentümer auch dann eine Namensliste nachreichen, wenn sie selbst den Prozess unter einer Sammelbezeichnung als Kläger führen. Die Notwendigkeit einer solchen Liste dient zum einen der **Klarstellung**, dass die Klage von den einzelnen Wohnungseigentümern selbst und nicht von der rechtsfähigen Gemeinschaft der Wohnungseigentümer geführt wird, die nach § 10 Abs. 6 Satz 4 WEG ebenfalls unter der Bezeichnung *„Wohnungseigentümergemeinschaft"* gefolgt von der bestimmten Angabe des gemeinschaftlichen Grundstücks vor Gericht klagen und verklagt werden kann (§ 10 Abs. 6 Satz 5). Sie soll die beklagte Partei ferner in die Lage versetzen, einen ihr aus dem Prozessrechtsverhältnis erwachsenen Vollstreckungstitel gegen die einzelnen Kläger vollstrecken zu können. Dies gilt beispielsweise für einen im Kostenfestsetzungsbeschluss titulierten Kostenerstattungsanspruch. Damit berücksichtigt das Gesetz, dass auch am Schluss einer mündlichen Verhandlung der Ausgang des Rechtsstreits noch offen und ungewiss sein kann, ob den klagenden Wohnungseigentümern möglicherweise die Kosten des Rechtsstreits aufzuerlegen sind und ob sie aufgrund einer solchen Kostengrundentscheidung zu Vollstreckungsschuldnern werden.

---

1 BGH v. 9.12.1987 – IVb ZR 4/87, BGHZ 102, 332 = MDR 1988, 393; zu etwaigen Ausnahmefällen s. KG v. 11.6.1991 – 9 U 1163/90, OLGZ 1991, 465; KG v. 30.1.1996 – 18 WF 518/96, KGR 1996, 108.
2 So ausdrücklich die amtliche Begründung des Gesetzentwurfs, BT-Drucks. 16/887, 36.

Die namentliche Bezeichnung im Urteil gewährleistet zudem eine reibungslose **Zwangsvollstreckung** durch die obsiegenden Wohnungseigentümer. Zwar wird in der Zwangsvollstreckung eine vereinfachende Kurzbezeichnung grundsätzlich zugelassen, sofern die Wohnungseigentümer selbst Vollstreckungsgläubiger sind. Dies gilt aber nicht ausnahmslos. Insbesondere bei der Eintragung einer Zwangshypothek können sich in einem solchen Fall Probleme ergeben[1]. 12

Die genaue Bezeichnung der Wohnungseigentümer ist entgegen der Annahme des Gesetzgebers nicht erforderlich für die **Einlegung von Rechtsmitteln** und für den Eintritt der materiellen Rechtskraft[2], denn nach hier vertretener Auffassung ist das Prozessrechtsverhältnis bereits durch die Sammelbezeichnung hinreichend bestimmt. Die namentliche Bezeichnung hat lediglich deklaratorische Wirkung (s. sogleich unten Rz. 16 ff.). 13

Auf die namentliche Bezeichnung der unter einer Sammelbezeichnung klagenden Wohnungseigentümer darf das Gericht selbst dann nicht verzichten, wenn es am **Schluss der mündlichen Verhandlung** im Anschluss an die rechtliche Erörterung der Sach- und Rechtslage mit den Parteien (§ 278 Abs. 2 Satz 2 ZPO) zu dem Ergebnis kommt, der Klage stattzugeben und der beklagten Partei die Kosten des Rechtsstreits aufzuerlegen. 14

b) Der Inhalt der Eigentümerliste

Die von der prozessführenden Partei einzureichende Liste muss die Namen derjenigen Wohnungseigentümer enthalten, die zum **Zeitpunkt der Rechtshängigkeit** der Klage (§ 261 Abs. 1 ZPO) Eigentümer einer Wohnung und damit Mitglied einer Gemeinschaft gewesen sind. Maßgeblich für die Eigentumsstellung ist allein der Zeitpunkt der **Eintragung** der Rechtsänderung **im Grundbuch** (§ 873 Abs. 1 BGB). Für den Eintritt der Rechtshängigkeit ist maßgeblich, wann die Klage an den Verwalter oder den Zustellungsvertreter der Beklagten zugestellt wurde, §§ 253 Abs. 1, 261 Abs. 1 ZPO. 15

Die namentliche Bezeichnung der Wohnungseigentümer in der Liste ist für die Begründung des Prozessrechtsverhältnisses nicht konstitutiv, sondern lediglich **deklaratorisch**. Schon die Sammelbezeichnung beschränkt das Prozessrechtsverhältnis auf einen ausreichend abgegrenzten Personenkreis. Aus ihr lässt sich mit hinreichender Bestimmtheit entnehmen, wer Kläger und Beklagter des Rechtsstreits ist. Die Liste hat folglich nur ergänzenden und klarstellenden Charakter. 16

Für den lediglich deklaratorischen Charakter der Liste spricht, dass der Zustellungsvertreter der verklagten Wohnungseigentümer die ihm durch das Gesetz auferlegten Informationspflichten (§ 45 Abs. 2 Satz 2) nur ordnungsgemäß erfüllen kann, wenn er auf die durch die Sammelbezeichnung vorgegebene Parteistellung vertrauen darf. Er hat die im Zeitpunkt der Zustellung zur Gemeinschaft gehörenden und verklagten Wohnungseigentümer nach Maßgabe des § 45 Abs. 1 umgehend über den Rechtsstreit zu informieren. Außerdem muss 17

---
1 BayObLG v. 23.1.1986 – BReg. 2Z 126/85, NJW-RR 1986, 564.
2 Amtliche Begründung des Gesetzentwurfs, BT-Drucks. 16/887, 36.

schon zu Beginn der mündlichen Verhandlung und nicht erst an ihrem Schluss Klarheit darüber bestehen, wer aufgrund seiner Parteistellung in der Verhandlung Sachanträge stellen darf und zur Vornahme von Prozesshandlungen berechtigt ist. Nach § 137 Abs. 1 ZPO wird eine mündliche Verhandlung nämlich dadurch eingeleitet, dass die Parteien ihre Anträge stellen.

18 Weil die Eigentümerliste lediglich deklaratorischen Charakter hat, kann der klagende Wohnungseigentümer nicht durch willkürliche Streichung einzelner Namen von der Eigentümerliste das schon durch die Sammelbezeichnung begründete Prozessrechtsverhältnis auflösen oder durch **willkürliche Hinzufügung** weiterer Namen (z.B. der noch nicht im Grundbuch als Eigentümer eingetragenen Erwerber) das Prozessrechtsverhältnis erweitern. Aus diesem Grund können auch Schreibfehler, Unvollständigkeiten oder sonstige Unrichtigkeiten der Eigentümerliste in entsprechender Anwendung des § 319 ZPO berichtigt werden. Ist ein Wohnungseigentümer versehentlich in der dem Urteil als Anlage beigefügten Liste **nicht namentlich aufgeführt**, bedarf es daher nicht einer erneuten Klageerhebung gegen ihn.

19 Entsprechendes gilt, wenn die Liste nicht berücksichtigt, dass einige Wohnungseigentümer deshalb nicht passivlegitimiert sind, weil ihre Wohnung bereits vor Eintritt der Rechtshängigkeit beschlagnahmt und die **Zwangsverwaltung** angeordnet wurde oder weil die Verwaltungs- und Verfügungsbefugnis zu diesem Zeitpunkt bereits nach § 80 Abs. 1 InsO auf einen **Insolvenzverwalter** übergegangen war.

20 Der namentlich nicht bezeichnete Wohnungseigentümer oder die namentlich nicht bezeichnete Partei kraft Amtes werden auch unabhängig davon Partei des Rechtsstreits, ob sie durch den Zustellungsvertreter über die Anhängigkeit des Rechtsstreit sachgemäß informiert wurden. Haben sie durch die unterbliebene Information unwiderruflich einen Rechtsverlust und einen Vermögensschaden erlitten, kommt allenfalls ein Schadensersatzanspruch gegen den Zustellungsvertreter in Betracht.

5. Zur Anwendbarkeit des § 44 Abs. 1 im einstweiligen Verfügungsverfahren

21 § 44 Abs. 1 findet außer in Klageverfahren auch im **selbständigen Beweisverfahren**, in **einstweiligen Verfügungs- und in Arrestverfahren** entsprechende Anwendung. Daher genügt auch für die Bezeichnung der Antragsteller oder Antragsgegner eines einstweiligen Verfügungsverfahrens die bestimmte Angabe des gemeinschaftlichen Grundstücks, wenn der Antrag durch oder gegen alle Wohnungseigentümer mit Ausnahme des Gegners erhoben wird. Die Zustellung des Antrags sowie der gerichtlichen Entscheidung erfolgt auch in diesem Verfahren nach Maßgabe des § 45 Abs. 1 in erster Linie an den Verwalter. Dieser ist auch zur Prozessvertretung der als Antragsgegner am Verfahren beteiligten Wohnungseigentümer berechtigt, denn das einstweilige Verfügungsverfahren gehört zu den in § 27 Abs. 2 Nr. 2 WEG genannten Erkenntnisverfahren[1].

---

1 Zöller/*Greger*, ZPO, Rz. 1 vor § 253.

Dabei hat der Gesetzgeber allerdings übersehen, dass im einstweiligen Verfügungsverfahren eine mündliche Verhandlung kurzfristig anzuberaumen ist und dem Antragsteller eine namentliche Bezeichnung der Wohnungseigentümer bis zum Schluss der mündlichen Verhandlung gerade bei großen Gemeinschaften nicht immer gelingen wird. Auch bleibt unberücksichtigt, dass die Entscheidung über den Antrag auf Erlass einer einstweiligen Verfügung unter den Voraussetzungen des § 937 Abs. 2 ZPO sogar ohne mündliche Verhandlung ergehen kann. Die Regelung in § 44 Abs. 1 und 2 ist daher in einem einstweiligen Verfügungsverfahren lediglich modifiziert anzuwenden, damit ein effektiver Rechtsschutz des betroffenen Wohnungseigentümers – entgegen der dem § 44 Abs. 1 zugrunde liegenden gesetzgeberischen Zielsetzung – nicht unnötig erschwert wird. Macht der Antragsteller oder Verfügungskläger glaubhaft, zur Vorlage einer Eigentümerliste aus von ihm nicht zu vertretenden Gründen nicht in der Lage zu sein, kann seinem Antrag abweichend von § 44 Abs. 1 Satz 2 ausnahmsweise auch ohne Vorlage der Eigentümerliste stattgegeben werden; dem Antragsteller ist sodann aufzugeben, die namentliche Bezeichnung unverzüglich binnen einer vom Gericht festzusetzenden Frist nachzuholen.

Eine solche Verfahrensweise ist zur Gewährleistung effektiven Rechtsschutzes insbesondere in den Fällen geboten, in denen das Gericht den (noch) nicht namentlich bezeichneten Antragsgegnern keine vollstreckungsfähigen Verhaltenspflichten auferlegt. Bedeutung gewinnt dies insbesondere in den Fällen, in denen das Gericht einen Beschluss der Wohnungseigentümer im Wege einer einstweiligen Verfügung außer Kraft setzt oder sich die gerichtliche Entscheidung darauf beschränkt, dem Verwalter die Durchführung eines Beschlusses vorläufig zu untersagen (hierzu s. § 46 Rz. 174). Ergeht gegen die unter einer Sammelbezeichnung in Anspruch genommenen Wohnungseigentümer im Eilverfahren eine strafbewehrte Unterlassungsverfügung, genügt es, wenn die namentliche Bezeichnung bei Einleitung von Vollstreckungsmaßnahmen (etwa mit Einreichung des Antrags auf Festsetzung eines Ordnungsgeldes in den Fällen des § 890 Abs. 1 ZPO) nachgeholt wird. Das Gericht darf und muss in solchen Fällen darauf vertrauen, dass der Verwalter und der von den Wohnungseigentümern bestellte Zustellungsvertreter die unter der Sammelbezeichnung in Anspruch genommenen Wohnungseigentümer über den Inhalt der einstweiligen Verfügung informiert. Auch in den sonstigen Fällen genügt es, wenn der Antragsteller die namentliche Bezeichnung im Vorfeld etwaiger Zwangsvollstreckungsmaßnahmen nachholt.

II. Die namentliche Bezeichnung der nicht am Prozessrechtsverhältnis beteiligten Wohnungseigentümer

§ 44 Abs. 2 bestimmt, dass die namentliche Bezeichnung der Wohnungseigentümer auch dann erfolgen muss, wenn sie **nicht** als **Partei** am Rechtsstreit beteiligt sind. Die Vorschrift ist in Zusammenhang mit § 48 Abs. 1 Satz 1 zu lesen. Sind an dem Rechtsstreit nicht alle Wohnungseigentümer als Partei beteiligt, so sind die übrigen Wohnungseigentümer nach dieser Vorschrift, sofern ihre rechtlichen Interessen betroffen sind, **beizuladen**. Die Beiladung erfolgt nach § 48 Abs. 2 Satz 1 durch Zustellung der Klageschrift, der die Verfügungen des Vorsitzenden beizufügen sind. Um eine unverzügliche Zustellung zu ermöglichen, müssen bereits in der Klageschrift die übrigen Wohnungseigentümer und der Verwalter sowie der Ersatzzustellungsvertreter bezeichnet werden. Für die Bezeichnung der übrigen Wohnungseigentümer in der Klageschrift genügt dabei zunächst die Kurzbezeichnung nach dem gemeinschaftlichen Grundstück, wenn die Zustellung an den Verwalter oder an einen Zustellungsvertreter erfolgen kann.

25 Gemäß § 44 Abs. 2 Satz 2 ist die nach Abs. 1 Satz 2 vorgesehene namentliche Bezeichnung entbehrlich, wenn das Gericht ausnahmsweise von der Beiladung der übrigen Wohnungseigentümer absieht (Einzelheiten hierzu s. § 48 Rz. 8 ff.). Ansonsten hat sie ebenfalls bis zum Schluss der mündlichen Verhandlung zu erfolgen.

26 Fehlt ein Zustellungsvertreter und scheidet eine Zustellung an den Verwalter aus, muss der Kläger die beizuladenden Wohnungseigentümer unverzüglich namentlich bezeichnen. § 44 Abs. 1 Satz 2 findet in diesen Fällen keine Anwendung.

III. Rechtsfolgen der unterbliebenen oder fehlerhaften Bezeichnung der Wohnungseigentümer

27 Versäumt es der Kläger, zur Konkretisierung der Sammelbezeichnung bis zum Schluss der mündlichen Verhandlung eine vollständige Eigentümerliste nachzureichen, hat dies die **Unzulässigkeit** der Klage zur Folge; dies ergibt sich daraus, dass § 44 Abs. 1 die Bestimmung in § 253 Abs. 2 Nr. 1 ZPO lediglich abwandelt, aber nicht abändert[1].

28 Unterlässt es der Kläger, die Zustellungsvertreter oder den Verwalter in der Klageschrift zu benennen, ist ihm durch das Gericht eine **Ergänzung der Klageschrift** aufzugeben. Entsprechendes gilt, wenn es der Kläger unterlässt, die Bezeichnung der nicht als Partei beteiligten Wohnungseigentümer (§ 44 Abs. 2 Satz 1) anzugeben. Ist eine Beiladung nach § 48 Abs. 1 erforderlich und holt der Kläger die in § 44 Abs. 2 Satz 1 geforderten Angaben bis zum Schluss der mündlichen Verhandlung nicht nach, ist die Klage ebenfalls als unzulässig abzuweisen. Dies rechtfertigt sich aus der besonderen Funktion der Beiladung in wohnungseigentumsrechtlichen Klageverfahren.

29 Ist die vom Kläger eingereichte Liste fehlerhaft, kann das Gericht sie nachträglich durch Beschluss berichtigen, § 319 ZPO (s. auch § 44 Rz. 17–18). Ist ein Wohnungseigentümer versehentlich in der dem Urteil als Anlage beigefügten Liste nicht namentlich aufgeführt, bedarf es daher nicht einer erneuten Klageerhebung gegen ihn.

---

1 Siehe die amtliche Begründung des Gesetzentwurfs, BT-Drucks. 16/887, 36.

§ 45
Zustellung

(1) Der Verwalter ist Zustellungsvertreter der Wohnungseigentümer, wenn diese Beklagte oder gemäß § 48 Abs. 1 Satz 1 beizuladen sind, es sei denn, dass er als Gegner der Wohnungseigentümer an dem Verfahren beteiligt ist oder aufgrund des Streitgegenstandes die Gefahr besteht, der Verwalter werde die Wohnungseigentümer nicht sachgerecht unterrichten.

(2) Die Wohnungseigentümer haben für den Fall, dass der Verwalter als Zustellungsvertreter ausgeschlossen ist, durch Beschluss mit Stimmenmehrheit einen Ersatzzustellungsvertreter sowie dessen Vertreter zu bestellen, auch wenn ein Rechtsstreit noch nicht anhängig ist. Der Ersatzzustellungsvertreter tritt in die dem Verwalter als Zustellungsvertreter der Wohnungseigentümer zustehenden Aufgaben und Befugnisse ein, sofern das Gericht die Zustellung an ihn anordnet; Absatz 1 gilt entsprechend.

(3) Haben die Wohnungseigentümer entgegen Absatz 2 Satz 1 keinen Ersatzzustellungsvertreter bestellt oder ist die Zustellung nach den Absätzen 1 und 2 aus sonstigen Gründen nicht ausführbar, kann das Gericht einen Ersatzzustellungsvertreter bestellen.

Inhaltsübersicht

	Rz.		Rz.
I. Der Verwalter als Zustellungsvertreter in gerichtlichen Verfahren nach § 45 Abs. 1	1	2. Der Verwalter als Prozessvertreter aufgrund gesetzlicher Ermächtigung (§ 27 Abs. 2 Nr. 2)	21
1. Der Regelungsgehalt des § 45 Abs. 1	1	3. Die Grenzen der zulässigen Prozessvertretung	23
2. Die Voraussetzungen einer wirksamen Zustellung an den Verwalter	4	III. Die (Ersatz-)Zustellungsvertreter der Wohnungseigentümer nach § 45 Abs. 2	25
3. Der zeitliche Anwendungsbereich des § 45 Abs. 1	7	1. Die Funktion des Ersatzzustellungsvertreters	25
4. Die Informationspflicht des Verwalters	10	2. Die Privatautonomie der Wohnungseigentümer und das Verhältnis zu § 45 Abs. 2	27
5. Die Grenzen der Zustellungsvertretung durch den Verwalter	12	3. Der Regelungsgehalt des § 45 Abs. 2	31
a) Der Verwalter als Partei des Rechtsstreits	12	4. Der Ausschluss des Zustellungsvertreters	35
b) Die Gefahr der nicht sachgerechten Unterrichtung durch den Verwalter	13	5. Die Bestellung des Zustellungsvertreters	36
II. Der Verwalter als Prozessvertreter der Wohnungseigentümer	19	a) Die Person des Zustellungsvertreters	36
1. Der Verwalter als Prozessbevollmächtigter der Wohnungseigentümer nach § 172 ZPO	19	b) Die Rechtsnatur des Bestellungsrechtsverhältnisses	37

	Rz.
c) Der Nachweis des Bestellungsrechtsverhältnisses gegenüber dem Gericht	40
d) Der Widerruf der Bestellung und die Beendigung des Bestellungsrechtsverhältnisses	41
6. Die Erweiterung des Aufgabenkreises des Zustellungsvertreters	44
7. Die Kostenerstattungs- und Vergütungsansprüche des Zustellungsvertreters	47
a) Vertragliche Regelungen der Wohnungseigentümer mit dem Zustellungsvertreter	47
b) Gesetzliche Kostenerstattungsansprüche des Zustellungsvertreters	50
IV. Der gerichtlich bestellte Ersatzzustellungsvertreter (§ 45 Abs. 3)	51
1. Die Voraussetzungen für die gerichtliche Bestellung	51
2. Das Verhältnis zu Art. 103 GG	53
3. Die Kostenerstattungs- und Vergütungsansprüche des gerichtlich bestellten Zustellungsvertreters	57

Schrifttum: *Bonifacio*, Der Entwurf einer wohnungseigentumsrechtlichen Anfechtungsklage nach der ZPO – Königs- oder Irrweg, ZMR 2005, 327; *Hogenschurz*, Der Ersatzzustellungsvertreter nach § 45 WEG in der Fassung des Gesetzentwurfs der Bundesregierung zur Änderung des Wohnungseigentumsgesetzes und anderer Gesetze, ZMR 2005, 764; *Reichert*, Der Wohnungseigentümer als Zustellungsvertreter nach dem REGE-WEG, ZWE 2006, 477.

I. Der Verwalter als Zustellungsvertreter in gerichtlichen Verfahren nach § 45 Abs. 1

1. Der Regelungsgehalt des § 45 Abs. 1

1   Zur wirksamen Klageerhebung gegen einzelne Wohnungseigentümer bedarf es nach § 253 Abs. 1 ZPO der Zustellung der Klageschrift an sie. Diese Notwendigkeit kann gerade bei größeren Gemeinschaften erhebliche Kosten verursachen und für das angerufene Gericht einen erheblichen Aufwand bedeuten. Das Gesetz versucht diesen Aufwand durch verschiedene gesetzliche Regelungen zu minimieren. Soweit die einzelnen Wohnungseigentümer durch außerhalb der Gemeinschaft stehende Personen verklagt werden, ordnet § 27 Abs. 2 Nr. 1 eine **Empfangszuständigkeit des Verwalters** an und bestimmt, dass dieser berechtigt ist, im Namen aller Wohnungseigentümer und mit Wirkung für und gegen sie solche Zustellungen entgegenzunehmen, die an alle Wohnungseigentümer in dieser Eigenschaft gerichtet sind. § 45 Abs. 1 Satz 1 stellt hierzu ergänzend klar, dass der Verwalter auch bei gerichtlichen Auseinandersetzungen der Wohnungseigentümer untereinander Zustellungsvertreter derjenigen Wohnungseigentümer ist, die verklagt oder vom Gericht nach § 48 beigeladen werden sollen.

2   Durch die Regelung in § 45 Abs. 1 wird das Gericht nicht verpflichtet, die Zustellung von Schriftstücken an den Verwalter anzuordnen. § 45 Abs. 1 eröffnet dem Gericht vielmehr eine **Wahlmöglichkeit** und ist nicht zwingend. Das Gericht kann, ohne dass hierfür besondere Gründe vorliegen müssen, die Zustellung statt an den Verwalter unmittelbar **an die betroffenen Wohnungseigentümer** veranlassen. Insbesondere in kleineren Gemeinschaften ist es sachgerecht, die Zustellungen unmittelbar an die betroffenen Wohnungseigentümer vorzunehmen[1].

---
1   Amtliche Begründung des Gesetzesentwurfs, BT-Drucks. 16/887, 37.

§ 45 Abs. 1 ist als nachrangiges Recht nicht anzuwenden, wenn der **Verwalter** **Prozessbevollmächtigter der Wohnungseigentümer** ist. In diesem Fall findet § 172 ZPO Anwendung und sind Zustellungen bereits aufgrund dieser Vorschrift an ihn vorzunehmen[1] (s. hierzu § 45 Rz. 19 ff.).

3

2. Die Voraussetzungen einer wirksamen Zustellung an den Verwalter

Zur wirksamen Erhebung einer Klage gegen die Wohnungseigentümer oder für ihre Beiladung gem. § 48 genügt im Anwendungsbereich des § 45 Abs. 1 die Zustellung einer Ausfertigung des zuzustellenden Schriftstückes an den Verwalter. Dies gilt unabhängig von der Anzahl der durch ihn vertretenen Wohnungseigentümer. Die Übergabe einer der Anzahl der beklagten oder beigeladenen Wohnungseigentümer **entsprechenden Stückzahl an Schriftstücken** ist dagegen – wie schon nach bisheriger Rechtslage – nicht erforderlich[2].

4

Zwingende Voraussetzung für eine wirksame Zustellung an den Verwalter als Zustellungsvertreter i.S.v. § 45 Abs. 1 ist allerdings, dass sie an ihn in dieser Eigenschaft erfolgt. Dies muss aus der Zustellung selbst **eindeutig erkennbar** sein. Zu beachten ist dies vor allem in Verfahren, in denen der Verwalter selbst Partei ist oder nach § 48 Abs. 1 beigeladen werden soll. Erfolgt die Zustellung einer Klageschrift oder sonstiger Schriftstücke an den Verwalter, ohne dass gewollt oder für ihn erkennbar ist, dass die Zustellung an ihn auch **in seiner Eigenschaft als Zustellungsvertreter** erfolgen soll, ist sie gegenüber den von ihm nach § 45 Abs. 1 vertretenen Wohnungseigentümern nicht wirksam. Dieser Zustellungsmangel kann in der Regel nicht nach Maßgabe des § 189 ZPO geheilt werden. Eine Heilung nach § 189 ZPO setzt voraus, dass die mit der Zustellung verbundene Rechtsfolge überhaupt gewollt war[3]. Kann aber nicht angenommen werden, dass nicht nur an den Verwalter, sondern auch an die von ihm vertretenen Wohnungseigentümer zugestellt werden sollte, findet § 189 ZPO keine Anwendung. Wenn eine Zustellung an die Wohnungseigentümer von vornherein nicht gewollt war, kann sie auch nicht nach § 189 ZPO unterstellt werden[4].

5

Die Erkennbarkeit ist für den Verwalter gewährleistet, wenn er im Rubrum der zuzustellenden Klageschrift oder des zuzustellenden Urteils als Zustellungsvertreter der Wohnungseigentümer ausdrücklich bezeichnet ist. Unabhängig davon sollte dies aber in aller Regel durch einen ausdrücklichen Hinweis des Gerichts an den Verwalter kenntlich gemacht werden, etwa durch folgenden Zusatz: „Die Zustellung erfolgt an Sie (zugleich) als Zustellungsvertreter der Wohnungseigentümer gem. § 45 Abs. 1 WEG; es obliegt Ihnen, die Wohnungseigentümer in geeigneter Weise zu verständigen". Zur Vermeidung von etwaigen Verfahrensverzögerungen kann dem Verwalter zudem aufgegeben werden, dem Gericht die ordnungsgemäße Information der beklagten oder beigeladenen Wohnungseigentümer nachzuweisen.

6

---

1 Amtliche Begründung des Gesetzesentwurfs, BT-Drucks. 16/887, 37.
2 BGH v. 25.9.1980 – VII ZR 276/79, BGHZ 78, 166 (171 f.) = NJW 1981, 282 (283).
3 Zöller/*Stöber*, ZPO, § 189 Rz. 2.
4 BGH v. 10.10.1952 – V ZR 159/51, BGHZ 7, 268 (270); Zöller/*Stöber*, ZPO, § 189 Rz. 2.

3. Der zeitliche Anwendungsbereich des § 45 Abs. 1

7 Die auf § 45 Abs. 1 beruhende gesetzliche Zustellungsvertretung des Verwalters besteht während der gesamten Dauer des Rechtsstreit fort mit der Folge, dass nicht nur die den Rechtsstreit einleitende Klageschrift, sondern auch alle weiteren Verfügungen des Gerichts, seine Beschlüsse und Urteile sowie die übrigen in das Verfahren eingeführten Schriftsätze allein dem Verwalter zuzustellen sind. Sie gilt auch für ein unter Umständen nachfolgendes **Vollstreckungsverfahren**.

8 Sieht das Gericht von der Zustellung der Klageschrift an den Verwalter nach § 45 Abs. 1 ab, bedeutet dies gleichwohl nicht, dass es an diese Entscheidung für die Dauer des gesamten Verfahrens gebunden wäre. Die gesetzliche Vertretungsbefugnis des Verwalters wird durch eine einmal getroffene Ermessensentscheidung des Gerichts nicht beeinträchtigt. Das Gericht kann daher ohne weiteres später erforderliche Zustellungen, insbesondere die Zustellung eines Urteils gegenüber dem Verwalter, vornehmen. Umgekehrt kann sich das Gericht auch darauf beschränken, nur die Klageschrift an den Verwalter, die übrigen Schriftstücke aber unmittelbar an die Wohnungseigentümer zuzustellen.

9 Die gesetzliche Zustellungsvertretung des Verwalters nach § 45 Abs. 1 Satz 1 **endet** gegenüber denjenigen beklagten oder beigeladenen Wohnungseigentümern, die sich mittels Schriftsätzen, durch **eigene Sachanträge** in der mündlichen Verhandlung oder gar als Streithelfer der klagenden Partei selbst **aktiv am Verfahren beteiligen**. Zustellungen an den sich aktiv beteiligenden Wohnungseigentümer sind an diesen selbst oder an den von ihm bestimmten Prozessbevollmächtigten, aber nicht mehr an den Verwalter vorzunehmen. Zwar sieht der Wortlaut des § 45 Abs. 1 diese Einschränkung nicht vor. Diese Begrenzung ergibt sich jedoch aus dem Sinn und Zweck der Vorschrift. Sie soll den mit der Zustellung von Schriftstücken verbundenen Aufwand an Zeit und Kosten in einem vertretbaren Rahmen halten, den beklagten oder beigeladenen Wohnungseigentümern jedoch nicht die aktive Beteiligung am Verfahren erschweren. Daher sind alle zuzustellenden Schriftstücke, insbesondere auch ein etwaiges Urteil, an den sich aktiv beteiligenden Wohnungseigentümer oder an den von ihm bestimmten Prozessbevollmächtigten unmittelbar zuzustellen.

4. Die Informationspflicht des Verwalters

10 Erfolgt die Zustellung nach § 45 Abs. 1 an den Verwalter, obliegt es diesem nach § 27 Abs. 1 Nr. 7, die von ihm vertretenen Wohnungseigentümer über den anhängigen Rechtsstreit zu informieren (s. auch § 27 Rz. 54). Der Verwalter hat selbst zu entscheiden, **wie** er dieser Informationspflicht nachkommt. Er kann die Wohnungseigentümer sachgerecht mündlich in einer (unter Umständen eigens einberufenen) Versammlung der Wohnungseigentümer oder durch ein geeignetes Rundschreiben informieren[1]. Der Verwalter hat dafür Sorge zu tragen, dass die Unterrichtung alle Wohnungseigentümer erreicht und so umfassend ist, dass diese ihr Prozessverhalten festlegen und sich ggf. gegen die Klage sachgerecht ver-

---

1 BGH v. 25.9.1980 – VII ZR 276/79, BGHZ 78, 166 (171 f.) = MDR 1981, 220; BayObLG v. 1.7.1997 – 2Z BR 23/97, ZMR 1997, 613 (614).

teidigen können. Erscheint es geboten, dem einzelnen Wohnungseigentümer eine Abschrift des zugestellten Schriftstücks zu übermitteln, kann und muss der Verwalter solche Abschriften herstellen lassen[1].

Die Verletzung der dem Verwalter obliegenden Unterrichtungspflichten kann **Schadensersatzansprüche** der vertretenen Wohnungseigentümer auslösen und, sofern die weiteren Voraussetzungen des § 314 Abs. 1 Satz 2 BGB vorliegen, sogar eine vorzeitige **Abberufung des Verwalters** aus wichtigem Grund rechtfertigen. 11

5. Die Grenzen der Zustellungsvertretung durch den Verwalter

a) Der Verwalter als Partei des Rechtsstreits

Der Verwalter ist nach der ausdrücklichen Regelung in § 45 Abs. 1 kein tauglicher Zustellungsvertreter, wenn er als Gegner der Wohnungseigentümer selbst an einem Rechtsstreit beteiligt ist. Dies gilt insbesondere für solche Verfahren nach § 43 Nr. 3, in denen über die Rechte und Pflichten des Verwalters bei der Verwaltung des gemeinschaftlichen Eigentums gestritten wird und in denen der Verwalter selbst Partei ist. Als Zustellungsvertreter ist der Verwalter darüber hinaus in Verfahren nach § 43 Nr. 4 ausgeschlossen, in denen er beispielsweise selbst als Kläger die Nichtigkeit eines Beschlusses der Wohnungseigentümer feststellen lassen will. Ist eine Anfechtungsklage anhängig und tritt der Verwalter den Klägern als Nebenintervenient gem. § 66 ZPO bei, scheidet er ebenfalls als Zustellungsvertreter aus. In diesen Fällen hat die Zustellung, soweit auch eine Zustellung an andere Zustellungsvertreter nach § 45 Abs. 2 und 3 nicht in Betracht kommt, **unmittelbar an die Wohnungseigentümer** zu erfolgen. 12

b) Die Gefahr der nicht sachgerechten Unterrichtung durch den Verwalter

Der Verwalter ist nach der gesetzlichen Regelung auch dann kein tauglicher Zustellungsvertreter, wenn auf Grund des Streitgegenstandes die Gefahr besteht, dass er die Wohnungseigentümer über den anhängigen Rechtsstreit und seinen Fortgang nicht sachgerecht unterrichtet. § 45 Abs. 1 knüpft insoweit an die für das FGG-Verfahren von der Rechtsprechung entwickelten **Ausschlussgründe** an. Die Rechtsprechung war bei der Annahme solcher Ausschlussgründe bislang allerdings sehr zurückhaltend. Dies ist auf Kritik im Schrifttum gestoßen. Hintergrund ist ein Streit darüber, ob ein Ausschlussgrund schon angenommen werden kann, wenn ein abstrakter **Interessenkonflikt** vorliegt, oder ob ein konkreter Konflikt bestehen muss[2]. 13

Die Gesetzesbegründung verhält sich zu diesem Meinungsstreit nicht. Da aber weder aus dem Wortlaut des Gesetzes noch aus der Gesetzesbegründung zu entnehmen ist, dass die Rechtsprechung die Ausschlussgründe bislang zu restriktiv gehandhabt hätte, ist an der bisherigen Handhabung auch für die Zukunft festzuhalten. Hieran ändert auch nichts der Umstand, dass das Gesetz die Wohnungseigentümer nunmehr in § 45 Abs. 2 verpflichtet, einen Ersatzzustellungs- 14

---
1 BGH v. 25.9.1980 – VII ZR 276/79, BGHZ 78, 166 (171 f.) = MDR 1981, 220.
2 *Hogenschurz*, ZMR 2005, 22 (26); *Merle* in Bärmann/Pick/Merle, § 27 Rz. 129 ff. m.w.N.

vertreter zu bestellen. Zu beachten ist, dass § 45 Abs. 2 lediglich eine Sollvorschrift enthält. Haben die Wohnungseigentümer keinen Ersatzzustellungsvertreter bestellt, ist eine Zustellung an den Verwalter regelmäßig der Zustellung nach § 45 Abs. 3, also der Zustellung an einen gerichtlich bestellten Ersatzzustellungsvertreter, vorzuziehen.

15 Der in § 45 Abs. 1 Satz 1 2. Alt. genannte Ausschlussgrund ist daher auch zukünftig restriktiv anzuwenden. Die Gefahr einer nicht sachgerechten Information ist folglich nicht schon dann gegeben, wenn der Ausgang des Rechtsstreits im weiteren Sinne auch die Interessen des Verwalters berührt, also die lediglich abstrakte Gefahr besteht, der Verwalter werde seinen Informationspflichten nicht nachkommen[1]. Erforderlich ist vielmehr ein in der Sache begründeter Interessenkonflikt, der **konkret** die Befürchtung rechtfertigt, der Verwalter werde die übrigen Wohnungseigentümer über den Verlauf des anhängigen Verfahrens nicht ordnungsgemäß informieren[2].

16 Eine solche konkrete Gefahr ist erst dann gegeben, wenn ein echter Konflikt zwischen den Interessen des Verwalters und denen der übrigen von ihm vertretenen Wohnungseigentümer auftritt[3]. Dies kann angenommen werden, wenn das Vertrauensverhältnis zwischen dem Verwalter und einigen oder allen von ihm vertretenen Wohnungseigentümern aufgrund von **Pflichtverletzungen** des Verwalters nachhaltig gestört ist, z.B. wenn im Laufe des Verfahrens Pflichtverletzungen des Verwalters zu Tage treten, die seine Abberufung aus wichtigem Grund rechtfertigen. Eine Zustellung an den Verwalter kommt auch dann nicht mehr in Betracht, wenn das Gericht beabsichtigt, diesem nach § 49 Abs. 2 **Prozesskosten aufzuerlegen**; der in solchen Fällen beizuladende Verwalter ist dann so zu behandeln, als wäre er Gegner der Wohnungseigentümer i.S.v. § 45 Abs. 1.

17 Eine Zustellung an den Verwalter ist dagegen nicht von vornherein ausgeschlossen, wenn eine Klage auf Ungültigerklärung eines Beschlusses über die Entlastung des Verwalters[4] oder auf Abberufung des Verwalters gem. § 21 Abs. 4 erhoben wird[5]. Entsprechendes gilt, wenn im Wege der Feststellungsklage eine gerichtliche Klärung der Verwalterstellung überhaupt angestrebt[6] oder der Beschluss über die Bestellung eines Verwalters angefochten wird. Auch das wirtschaftliche Interesse an der Aufrechterhaltung der von ihm zu verantwortenden Jahresabrechnung rechtfertigt es noch nicht, im Falle einer Anfechtung keine Zustellungen an den Verwalter vorzunehmen.

18 Zustellungen an den Verwalter sind nach Maßgabe des § 45 Abs. 1 dann nicht mehr vorzunehmen, wenn das Gericht aus dem Akteninhalt, insbesondere den eingereichten Schriftsätzen, davon Kenntnis erlangt, dass der Verwalter seiner

---

1 A.A. *Hogenschurz*, ZMR 2005, 765.
2 KG v. 11.6.2003 – 24 W 77/03, NZM 2003, 604; BayObLG v. 7.2.2002 – 2Z BR 161/01, NZM 2002, 346 (347) = ZWE 2002, 214.
3 BayObLG v. 9.8.1989, 2Z 60/89, NJW-RR 1989, 1168 (1169); BayObLG v. 7.2.2002 – 2Z BR 161/01, NZM 2002, 346 (347) = ZWE 2002, 214.
4 BayObLG v. 1.7.1997 – 2Z BR 23/97, ZMR 1997, 613, 614.
5 BayObLG v. 1.7.1997 – 2Z BR 23/97, ZMR 1997, 613, 614; KG v. 11.6.2003 – 24 W 77/03, NZM 2003, 604.
6 BayObLG v. 7.2.2002 – 2Z BR 161/01, NZM 2002, 346 (347) = ZWE 2002, 214.

Informationspflicht, sei es wegen Erkrankung, aus Desinteresse oder weil über sein Vermögen das Insolvenzverfahren eröffnet ist, nicht mehr nachkommen will oder nachkommen kann.

II. Der Verwalter als Prozessvertreter der Wohnungseigentümer

1. Der Verwalter als Prozessbevollmächtigter der Wohnungseigentümer nach § 172 ZPO

§ 45 Abs. 1 findet als nachrangiges Recht keine Anwendung, wenn die Wohnungseigentümer den Verwalter rechtsgeschäftlich zu ihrem **Prozessbevollmächtigten** bestimmt haben und der Verwalter gegenüber dem Gericht seine Prozessvollmacht angezeigt hat[1]. Nach § 172 Abs. 1 Satz 1 ZPO hat die Zustellung in einem anhängigen Verfahren zwingend an den für den Rechtszug bestimmten Prozessbevollmächtigten zu erfolgen[2]. Die im Anwendungsbereich des § 45 Abs. 1 bestehende Wahlfreiheit des Gerichts besteht im Anwendungsbereich des § 172 Abs. 1 ZPO nicht mehr. Als Prozessbevollmächtigten müssen die Zustellungen zwingend an den Verwalter erfolgen. Eine unmittelbare Zustellung an die vom Verwalter vertretenen Wohnungseigentümer wäre in solchen Fällen unwirksam. 19

Der Verwalter ist Prozessbevollmächtigter i.S.d. § 172 Abs. 1 ZPO, wenn er über eine **Prozessvollmacht** i.S.v. § 81 ZPO verfügt, er also zur allen den Rechtsstreit betreffenden Prozesshandlungen ermächtigt ist. Weil in der zweiten Instanz vor dem LG die Vertretung durch einen Rechtsanwalt zwingend vorgeschrieben ist (§ 78 Abs. 1 Satz 1 ZPO), wird eine solche Prozessvollmacht allerdings nur erstinstanzlich, also in Klageverfahren vor den AG, relevant werden. Die Prozessvollmacht muss den Verwalter i.S.d. §§ 79, 157 ZPO zur Vertretung der Partei befähigen[3]. Diese Voraussetzung ist beispielsweise erfüllt, wenn die Wohnungseigentümer den Verwalter im Verwaltervertrag ausdrücklich mit der Vertretung der beklagten Wohnungseigentümer in Verfahren nach § 43 Nr. 4 oder der beigeladenen Wohnungseigentümer in anderen Verfahren bevollmächtigten. 20

2. Der Verwalter als Prozessvertreter aufgrund gesetzlicher Ermächtigung (§ 27 Abs. 2 Nr. 2)

§ 45 Abs. 1 findet ferner keine Anwendung, wenn der Verwalter die Wohnungseigentümer aufgrund der ihm in § 27 Abs. 2 Nr. 2 eingeräumten Befugnis im Rechtsstreit vertritt. Nach § 27 Abs. 2 Nr. 2 ist der Verwalter berechtigt, Maßnahmen zu treffen, die zur Wahrung einer Frist oder zur Abwendung eines sonstigen Nachteils erforderlich sind, insbesondere einen gegen die Wohnungseigentümer gerichteten Rechtsstreit gem. § 43 Nr. 1, Nr. 4 oder Nr. 5 im Erkenntnisverfahren zu führen. Der Verwalter erlangt durch diese Vorschrift eine 21

---

1 Zöller/*Stöber*, ZPO, § 166 Rz. 1.
2 Zur Bestellung durch eigene oder durch Anzeige des Gegners s. BGH v. 9.10.1985 – IVb ZR 59/84, NJW-RR 1986, 286; BGH v. 28.7.1999 – VIII ZB 3/99, NJW-RR 2000, 444 (445); Zöller/*Stöber*, ZPO, § 172 Rz. 6–7.
3 BGH v. 22.5.1984 – III ZB 31/83, MDR 1985, 30; Zöller/*Stöber*, ZPO, § 172 Rz. 4.

gesetzliche Befugnis zur Prozessvertretung der beklagten oder beigeladenen Wohnungseigentümer. Allerdings berechtigt die Vorschrift den Verwalter nur zur Prozessvertretung, **sie verpflichtet ihn nicht** dazu. Daher unterscheidet sich die Rechtsstellung des Verwalters erheblich von der Rechtsstellung der gesetzlichen Vertreter juristischer Personen. So hat der Vorstand eines Vereins den Verein nach § 26 Abs. 2 BGB umfassend als gesetzlicher Vertreter gerichtlich und außergerichtlich zu vertreten, weshalb Zustellungen nach § 170 ZPO zwingend ihm gegenüber erfolgen müssen. Dagegen kann der Verwalter selbst entscheiden, ob er von der ihm erteilten Ermächtigung zur Prozessvertretung Gebrauch machen will. Das Recht zur Prozessvertretung besteht nämlich nur im Interesse der Wohnungseigentümer, nicht aber im Interesse des Rechtsverkehrs. Nur wenn der Verwalter von der ihm eingeräumten Ermächtigung Gebrauch machen will und seinen Willen zur Prozessvertretung gegenüber dem Gericht anzeigt, ist er wie ein Prozessbevollmächtigter i.S.v. § 172 Abs. 1 Satz 1 ZPO zu behandeln und müssen Zustellungen zwingend ihm gegenüber vorgenommen werden. Das Wahlrecht des Gerichts nach § 45 Abs. 1 WEG erlischt in diesen Fällen.

22 Obgleich die vom Gesetzgeber gewählte missverständliche Formulierung eine Vertretungsbefugnis auch in Aktivprozessen nahe legt, beschränkt sich der Anwendungsbereich der Vorschrift nach dem Willen des Gesetzgebers nur auf Passivprozesse[1].

3. Die Grenzen der zulässigen Prozessvertretung

23 Ist der Verwalter von einigen Wohnungseigentümern rechtsgeschäftlich zum Prozessbevollmächtigten bestimmt worden oder beruht die Befugnis zur Prozessvertretung auf § 27 Abs. 2 Nr. 2, scheidet eine Zustellung an den Verwalter nach dem Rechtsgedanken des § 178 Abs. 2 ZPO ebenfalls aus, wenn er **selbst die Klage anhängig gemacht** hat oder er aus anderen Gründen an dem Rechtsstreit als **Gegner** der Person, an die zugestellt werden soll, beteiligt ist. Darüber hinaus kann der Verwalter die Wohnungseigentümer auch bei einem Interessenkonflikt nicht vertreten und daher auch nicht mit Wirkung für und gegen sie einen Rechtsanwalt mit der Wahrnehmung ihrer Interessen beauftragen. Der Verwalter ist daher nicht zur Verfahrensvertretung berechtigt, wenn in dem von einem Wohnungseigentümer betriebenen gerichtlichen Verfahren seine **Abberufung** nach § 21 Abs. 4 angestrebt wird. Dies gilt nicht nur in den Fällen der gesetzlichen Vertretungsbefugnis, sondern sogar auch dann, wenn dem Verwalter in der Teilungserklärung oder im Verwaltervertrag die Befugnis eingeräumt wurde, die Wohnungseigentümer in allen Angelegenheiten der laufenden Verwaltung gerichtlich zu vertreten[2]. Die Grenzen, innerhalb derer der Verwalter als Prozessbevollmächtigter ausgeschlossen ist, sind daher enger zu ziehen als diejenigen, in denen er als Zustellungsvertreter nach § 45 Abs. 1 ausgeschlossen ist.

24 Die rechtsgeschäftlich erteilte Prozessvollmacht endet nach § 87 ZPO ferner, sobald ein Wohnungseigentümer das **Erlöschen der Vollmacht** gegenüber dem

---

1 Vgl. die Amtliche Begründung des Gesetzentwurfs, BT-Drucks. 16/887, S. 70.
2 KG v. 11.6.2003 – 24 W 77/03, NZM 2003, 604.

Gericht und dem Gegner anzeigt. In diesen Fällen sind Zustellungen unmittelbar an den sich aktiv beteiligenden Wohnungseigentümer vorzunehmen. Entsprechendes gilt, wenn der Verwalter den Prozess aufgrund der ihm in § 27 Abs. 2 Nr. 2 erteilten Ermächtigung führt.

III. Die (Ersatz-)Zustellungsvertreter der Wohnungseigentümer nach § 45 Abs. 2

1. Die Funktion des Ersatzzustellungsvertreters

Nach § 45 Abs. 2 Satz 2 kann das Gericht die Zustellung von Schriftstücken an einen von den Wohnungseigentümern bestimmten Ersatzzustellungsvertreter anordnen, wenn der Verwalter als Zustellungsvertreter ausgeschlossen ist. Die Vorschrift ist – ebenso wie § 45 Abs. 1 – nicht zwingend. Sie eröffnet dem Gericht lediglich eine Wahlfreiheit[1]. Wenn es die Zustellung an den Ersatzzustellungsvertreter für nicht sachdienlich hält, kann das Gericht ohne weiteres die unmittelbare Zustellung an die betroffenen Wohnungseigentümer veranlassen. Ebenso kann es die Zustellung an einen Vertreter des **Ersatzzustellungsvertreters** veranlassen, sofern die Wohnungseigentümer auch einen solchen bestellt haben.

Veranlasst das Gericht die Zustellung an den Zustellungsvertreter, tritt dieser in die dem Verwalter als Zustellungsvertreter kraft Gesetzes zustehenden Aufgaben und Befugnisse ein. Der Zustellungsvertreter hat daher insbesondere für eine schnelle und umfassende Information der von ihm vertretenen Wohnungseigentümer zu sorgen. Er ist dagegen nicht ohne weiteres zur Vornahme weitergehender **Prozesshandlungen** für die von ihm vertretenen Wohnungseigentümer berechtigt und darf für sie auch **keinen Rechtsanwalt beauftragen**. Er ist auch nicht berechtigt, für die Wohnungseigentümer eine **Verteidigungsanzeige** gegenüber dem Gericht abzugeben. Hierzu bedarf es jeweils einer gesonderten ausdrücklichen rechtsgeschäftlichen Vollmacht der Wohnungseigentümer gegenüber dem Zustellungsvertreter (zu weiteren Einzelheiten des Aufgabenbereichs des Zustellungsvertreters und zu den Möglichkeiten der vertraglichen Erweiterung s. § 45 Rz. 44–45).

2. Die Privatautonomie der Wohnungseigentümer und das Verhältnis zu § 45 Abs. 2

Die Wohnungseigentümer sind unabhängig von der gesetzlichen Regelung in § 45 Abs. 2 berechtigt, mit **Stimmenmehrheit** durch Beschluss einen Zustellungsvertreter zu bestimmen. Dies ergibt sich aus der auch für die Wohnungseigentümer geltenden Privatautonomie, die es erlaubt, sich vor Behörden und Gerichten vertreten zu lassen und zur Begründung der Vertretungsmacht entsprechende Vollmachten zu erteilen. Die Befugnis der Wohnungseigentümer, hierüber im Innenverhältnis durch Beschluss zu entscheiden, beruht auf § 21 Abs. 3, denn die Bestellung eines Zustellungsvertreters ist – ebenso wie die Beauftragung eines Rechtsanwalts – eine Maßnahme der ordnungsgemäßen Verwaltung des gemeinschaftlichen Eigentums.

---
1 Amtliche Begründung des Gesetzesentwurfs, BT-Drucks. 16/887, S. 37.

28 Daraus folgt, dass § 45 Abs. 2 die Befugnis der Wohnungseigentümer zur Bestellung eines Zustellungsvertreters nicht originär begründet. Die Vorschrift verpflichtet die Wohnungseigentümer lediglich, von den nach allgemeinem Zivil- und Verfahrensrecht schon bestehenden Möglichkeiten Gebrauch zu machen und durch Bestellung eines Ersatzzustellungsvertreters Vorsorge für die Fälle zu treffen, in denen eine Zustellung an den Verwalter nicht möglich ist. Die Wohnungseigentümer können aber ungeachtet des § 45 Abs. 2 und über die dort geregelten Fälle hinaus jederzeit beschließen, dass bestimmte Personen für den Fall einer Klageerhebung berechtigt sein sollen, als ihre Zustellungsvertreter Schriftstücke nach § 166 Abs. 1 ZPO entgegenzunehmen. Sie können einen (**allgemeinen**) **Zustellungsvertreter** insbesondere auch dann **bestellen**, wenn sie von der Bestellung eines Verwalters überhaupt abgesehen haben und somit ein gesetzlich bestimmter Zustellungsvertreter nach § 45 Abs. 1 WEG fehlt[1].

29 Haben die Wohnungseigentümer einen allgemeinen Zustellungsvertreter bestellt, darf das Gericht – sofern nicht die in 45 Abs. 1 genannten Ausschlussgründe vorliegen – Schriftstücke ohne weiteres an diesen zustellen. Selbst wenn die Wohnungseigentümer einen Verwalter bestellt haben, muss dass Gericht nicht vorrangig die Zustellung an diesen veranlassen. Zu befürchten ist allerdings, dass sich die Rechtspraxis aufgrund der missglückten Formulierung des § 45 Abs. 2 Satz 1 zu der fehlerhaften Annahme verleiten lässt, dass Gericht dürfe an den von den Wohnungseigentümern bestellten (allgemeinen) Zustellungsvertreter keine Zustellungen veranlassen, solange der **Verwalter als Zustellungsvertreter** nicht **ausgeschlossen** sei. Eine solche Rechtsauffassung würde verkennen, dass sich die Wahlfreiheit des Gerichts in erster Linie nach dem Umfang der dem Zustellungsvertreter erteilten Vertretungsmacht bestimmt. Die Vertretungsmacht des Zustellungsvertreters ist indes nur eingeschränkt, wenn die Wohnungseigentümer seine Empfangsvollmacht in Anlehnung an die gesetzliche Formulierung in § 45 Abs. 2 auf solche Fälle beschränken, *„in denen der Verwalter ausgeschlossen ist"*. Nur in solchen Fällen einer inhaltlich beschränkten Vertretungsmacht hat das Gericht vor einer Zustellung an den Ersatzzustellungsvertreter vorrangig zu prüfen und zu entscheiden, ob ein solcher Ausschlussgrund überhaupt vorliegt.

30 Die Befugnis der Wohnungseigentümer, unabhängig von § 45 Abs. 2 einen oder mehrere Zustellungsbevollmächtigte zu bestellen, verstößt nicht gegen § 27 Abs. 4. Zwar ist die kraft Gesetzes bestehende und auf § 45 Abs. 1 beruhende Zustellungsvollmacht des Verwalters in gerichtlichen Verfahren Teil der auf § 27 Abs. 2 Nr. 1 beruhenden Vertretungsmacht des Verwalters, die nach § 27 Abs. 4 nicht eingeschränkt oder ausgeschlossen werden darf. Die Bestellung eines Zustellungsvertreters lässt die gesetzlichen Befugnisse des Verwalters allerdings unberührt und entfaltet daher auch keine gesetzeswidrigen Wirkungen. Hierfür spricht auch, dass – sofern die Wohnungseigentümer mit Stimmenmehrheit einen Prozessbevollmächtigten nach § 172 ZPO bestimmt haben – Zustellungen zwingend an diesen und nicht mehr an den Verwalter erfolgen dürfen.

---

1 *Hogenschurz*, ZMR 2005, 764 (765); a.A. *Reichert*, ZMR 2006, 477.

3. Der Regelungsgehalt des § 45 Abs. 2

Nach dem Wortlaut des § 45 Abs. 2 sind die Wohnungseigentümer verpflichtet, einen Ersatzzustellungsvertreter für den Fall zu bestimmen, dass der Verwalter als Zustellungsvertreter ausgeschlossen ist. Nur in diesen Fällen soll nach dem Willen des Gesetzgebers die Zustellung an den Ersatzzustellungsvertreter erfolgen. Durch den Begriff „Ersatzzustellungsvertreter" will der Gesetzgeber zum Ausdruck bringen, dass Zustellungen, soweit zulässig, vorrangig an den Verwalter erfolgen sollen[1]. 31

Kommen die Wohnungseigentümer der ihnen in § 45 Abs. 2 auferlegten Pflicht nicht nach, bleibt dies für sie gleichwohl **folgenlos**. Den Wohnungseigentümern drohen insbesondere **keine Rechtsverluste**, wenn sie keinen Ersatzzustellungsvertreter bestellen. Das Gericht hat in allen Verfahrenslagen das verfassungsrechtlich geschützte Recht der Verfahrensbeteiligten auf **Gewährung rechtlichen Gehörs** zu garantieren, Art. 103 GG. Im Zweifel hat es die Zustellungen – selbst wenn dies aufwendig ist und einen erheblichen Mehraufwand bedeutet – unmittelbar an alle beteiligten Wohnungseigentümer vorzunehmen, sofern es nicht von der Ermächtigung in § 45 Abs. 3 Gebrauch macht und selbst einen Ersatzzustellungsvertreter bestimmt. 32

Die Wohnungseigentümer können sich darauf beschränken, nur einen Zustellungsvertreter zu bestellen. Sie können eine entsprechende Vollmacht aber auch mehreren Personen gleichzeitig einräumen. Die Vertretungsmacht kann unbeschränkt sein und dem Gericht dadurch eine umfassende Wahlfreiheit einräumen. Die Wohnungseigentümer können auch in Übereinstimmung mit der gesetzlichen Formulierung und unter Begrenzung der Vertretungsmacht lediglich einen weiteren „Ersatzzustellungsvertreter" bestellen. 33

Für die gerichtliche Praxis vorzugswürdig ist es allerdings, wenn die Wohnungseigentümer nicht lediglich einen *„Ersatz-"* sondern einen **allgemeinen Zustellungsvertreter** *neben* dem Verwalter bestellen. Eine solche Bestellung erweitert die Wahlmöglichkeiten des Gerichts. Das Gericht ist in solchen Fällen von der Prüfung befreit, ob Ausschlussgründe i.S.v. § 45 Abs. 1 in der Person des Verwalters vorliegen. Es muss nicht vorrangig an den Verwalter zustellen. Sie ist aber auch für die vertretenen Wohnungseigentümer vorteilhaft, weil sie höhere Gewähr bietet, von der Einleitung und Durchführung eines Rechtsstreits in Kenntnis gesetzt zu werden. Es ist nämlich nicht ausgeschlossen und in gleichem Maße zulässig, dass das Gericht die Zustellung sowohl an den Verwalter als auch an den (allgemein bestellten) Zustellungsvertreter anordnet. 34

4. Der Ausschluss des Zustellungsvertreters

Die Zustellung an den Zustellungsvertreter scheidet aus, wenn er als Wohnungseigentümer selbst Partei des Rechtsstreits ist oder aufgrund des Streitgegenstandes die Gefahr besteht, er werde die Wohnungseigentümer nicht sachgerecht unterrichten. Die in § 45 Abs. 1 geregelten Ausschlussgründe gelten aufgrund der in § 45 Abs. 2 Satz 2, Halbs. 2 enthaltenen Bestimmung auch für den Zustellungsvertreter. 35

---
1 Amtliche Begründung des Gesetzesentwurfs, BT-Drucks. 16/887, S. 37.

5. Die Bestellung des Zustellungsvertreters

a) Die Person des Zustellungsvertreters

36 Die Wohnungseigentümer können zum Zustellungsvertreter grundsätzlich **jede Person** bestellen. Es kommen neben natürlichen Personen daher auch juristische Personen in Betracht[1]. Entscheidendes Auswahlkriterium der Wohnungseigentümer ist, ob die auszuwählende Person hinreichend **vertrauenswürdig** und von ihren persönlichen Fähigkeiten her in der Lage ist, die ihr zugewiesenen Aufgaben wahrzunehmen. Vor allem muss die ausgewählte Person eine schnelle und umfassende Information aller Wohnungseigentümer gewährleisten. Insofern kann es nahe liegend sein, einzelne oder mehrere Mitglieder des **Verwaltungsbeirates** zu Zustellungsvertretern zu bestellen. Es können aber auch solche Personen bestellt werden, die **nicht Wohnungseigentümer** sind. Gerade bei größeren Gemeinschaften kann es sinnvoll sein, einem **Rechtsanwalt** oder einer Rechtsanwaltskanzlei diese Aufgaben zu übertragen. Hierdurch wäre vor allem sichergestellt, dass auch in Urlaubszeiten der Informationsfluss gewährleistet ist. Unsachgemäß dürfte dagegen der in der Gesetzbegründung enthaltene Vorschlag sein, einen **Mieter** mit diesen Aufgaben zu betrauen, denn die diesem Vorschlag zugrunde liegende Annahme, das Mietverhältnis leiste Gewähr für ein besonderes Vertrauensverhältnis, ist realitätsfremd.

b) Die Rechtsnatur des Bestellungsrechtsverhältnisses

37 Nach dem Wortlaut des § 45 Abs. 2 haben die Wohnungseigentümer durch Beschluss mit Stimmenmehrheit einen Ersatzzustellungsvertreter sowie dessen Vertreter zu bestellen. Der Beschluss der Wohnungseigentümer allein genügt zur Begründung eines Bestellungsrechtsverhältnisses jedoch noch nicht. Als gemeinschaftsinterner Akt der Willensbildung bindet er nur die Wohnungseigentümer. Zur Umsetzung des gemeinschaftsinternen Willens gegenüber Dritten bedarf es seiner Ausführung durch Rechtsgeschäft[2]. Aufgrund des Beschlusses ist daher gegenüber dem Zustellungsvertreter zunächst eine gesonderte **Bestellungserklärung** abzugeben. Allerdings können, wenn die ausgewählte Person in der Versammlung anwesend ist, beide Erklärungen als Lebensvorgang in einem Akt zusammenfallen.

38 Der Zugang der Bestellungserklärung begründet für sich genommen ebenfalls noch kein wirksames Bestellungsrechtsverhältnis. Erforderlich ist hierfür – auch nach dem Willen des Gesetzgebers – die **Bereitschaft** des Erklärungsempfängers zur Übernahme der gesetzlich bestimmten Aufgaben[3]. Sie muss gegenüber den Wohnungseigentümern oder ihren Vertretern erklärt werden. Dies beruht darauf, dass das Bestellungsrechtsverhältnis auch Pflichten des Zustellungsvertreters begründet. Ordnet das Gericht die Zustellung an ihn an, treffen ihn nach § 45 Abs. 2 Satz 2 die gleichen Pflichten wie den Verwalter. Das Bestellungsrechtsverhältnis ist deshalb seiner Rechtsnatur nach ein zweiseitiges Rechtsgeschäft und von einer Vollmacht i.S.d. § 167 BGB zu unterscheiden, die bereits durch einseitige Erklärung wirksam erteilt werden kann.

---

1 *Hogenschurz*, ZMR 2005, 764, 765.
2 *Suilmann*, Beschlussmängelverfahren, S. 15.
3 Amtliche Begründung des Gesetzesentwurfs, BT-Drucks. 16/887, S. 37.

Unabhängig von den kraft Gesetzes bestehenden Aufgaben und Befugnissen des Zustellungsvertreters können die Wohnungseigentümer mit dem Zustellungsvertreter die Einzelheiten seiner Tätigkeit näher regeln und z.B. Absprachen treffen, wie die zugestellten Schriftstücke den Wohnungseigentümern bekannt zu machen sind oder Regelungen zur Vergütung treffen[1]. Sie können den Zustellungsvertreter auch zur Vertretung im Verfahren und zur **Beauftragung eines Rechtsanwaltes bevollmächtigen** (s. hierzu auch § 45 Rz. 45).

c) Der Nachweis des Bestellungsrechtsverhältnisses gegenüber dem Gericht

Das Gesetz beantwortet nicht die Frage, ob das Bestehen eines Bestellungsrechtsverhältnisses durch die Verfahrensbeteiligten – insbesondere durch den Kläger bei Einreichung der Klage, § 44 Abs. 1 Satz 2 – lediglich zu behaupten ist, damit Zustellungen an den Zustellungsbevollmächtigten erfolgen dürfen oder ob – und ggf. in welchem Umfang – das Bestellungsrechtsverhältnis gegenüber dem Gericht nachzuweisen ist. Im Hinblick auf die Bedeutung des Bestellungsrechtsverhältnisses für den ordnungsgemäßen Ablauf des gerichtlichen Verfahrens ist es unverzichtbar, dass das Bestellungsrechtsverhältnis durch Vorlage geeigneter Urkunden gegenüber dem Gericht **nachgewiesen** wird. Ist das Bestellungsrechtsverhältnis schriftlich abgefasst worden, ist daher die Kopie der schriftlichen Urkunde einzureichen. Ausreichend ist auch die **Vorlage einer Versammlungsniederschrift**, wenn in ihr nicht nur der Beschluss, sondern auch das Zustandekommen des Bestellungsrechtsverhältnisses beurkundet ist. Das Gericht kann schließlich auch durch Rückfrage bei dem Zustellungsvertreter etwaige Zweifel am Bestand eines Bestellungsrechtsverhältnisses beseitigen.

d) Der Widerruf der Bestellung und die Beendigung des Bestellungsrechtsverhältnisses

Die Wohnungseigentümer sind berechtigt, die Bestellung eines Zustellungsbevollmächtigten **jederzeit** ohne Grund zu **widerrufen** und das zugrunde liegende Vertragsverhältnis zu kündigen. Hierüber können sie durch Beschluss entscheiden. Aufgrund des Beschlusses ist sodann eine gesonderte Widerrufserklärung abzugeben, die erst mit ihrem Zugang bei dem Erklärungsempfänger wirksam wird (§ 130 Abs. 1 Satz 1 BGB).

Der **abberufene Zustellungsvertreter** ist nicht berechtigt, einen solchen Beschluss im Verfahren nach § 43 Nr. 4 anzufechten, wenn er nicht zugleich Wohnungseigentümer ist. Dies beruht darauf, dass der Beschluss als Instrument der gemeinschaftsinternen Willensbildung nur die Wohnungseigentümer bindet[2]. Das Bestellungsrechtsverhältnis wird nicht durch den Beschluss der Wohnungseigentümer begründet oder beendet, sondern durch die aufgrund des Beschlusses abzugebenden rechtsgeschäftlichen Erklärungen.

Die Wohnungseigentümer können mit dem Zustellungsvertreter vereinbaren, dass ein Widerruf nur zulässig ist, wenn ein wichtiger Grund vorliegt. Widerrufen die Wohnungseigentümer die Bestellung, obgleich ein wichtiger Grund

---
1 Amtliche Begründung des Gesetzesentwurfs, BT-Drucks. 16/887, S. 37.
2 BGH v. 23.8.2001 – VZB 10/01, BGHZ 148, 335 (349) = NJW 2001, 3339 (3343).

nicht vorliegt, ist die gegenüber dem Erklärungsempfänger abzugebende Widerrufserklärung unwirksam. Das Bestellungsrechtsverhältnis besteht folglich unverändert fort. Auch in solchen Fällen kann und muss der Zustellungsvertreter den Beschluss der Wohnungseigentümer über seine Abberufung nicht im Verfahren nach § 43 Nr. 4 anfechten, um seine Rechtsstellung zu erhalten.

6. Die Erweiterung des Aufgabenkreises des Zustellungsvertreters

44 Die Befugnisse des durch Mehrheitsbeschluss bestellten Zustellungsvertreters beschränken sich nach dem Gesetzeswortlaut auf die Entgegennahme derjenigen Schriftstücke, die Gegenstand der gerichtlichen Zustellung sind. Der Zustellungsvertreter ist dagegen nicht ohne weiteres zur Vornahme weitergehender Prozesshandlungen für die von ihm vertretenen Wohnungseigentümer berechtigt. Er tritt nach § 45 Abs. 2 Satz 2 Halbs. 1 lediglich in die dem Verwalter *„als Zustellungsvertreter"* zustehenden Aufgaben und Befugnisse ein. Durch seine Bestellung erlangt der Zustellungsvertreter deshalb lediglich eine Empfangsvollmacht. Seine Rechtsstellung unterscheidet sich daher allenfalls geringfügig von der Rechtsstellung derjenigen Personen, an die nach § 178 Abs. 1 Nr. 1 ZPO zugestellt werden kann. Insbesondere zur Abgabe von Erklärungen oder zur Vornahme von Prozesshandlungen im Namen der Wohnungseigentümer ist der Zustellungsvertreter aufgrund des Beststellungsrechtsverhältnisses noch nicht berechtigt. Er ist ohne weiteres weder befugt, die Wohnungseigentümer im Termin zur mündlichen Verhandlung zu vertreten noch für sie in einem schriftlichen Vorverfahren eine Verteidigungsanzeige gegenüber dem Gericht abzugeben. Hierzu bedarf es jeweils einer gesonderten rechtsgeschäftlichen Vollmacht der Wohnungseigentümer.

45 Die Wohnungseigentümer können mit dem Zustellungsvertreter aber über das gesetzliche Bestellungsrechtsverhältnis hinausgehende vertragliche Absprachen treffen und ihm **weitergehende Vollmachten** erteilen. Sie können mit ihm regeln, wie und auf welche Weise die zugestellten Schriftstücke den Wohnungseigentümern bekannt zu machen sind[1] und bestimmen, ob die Information über den anhängigen Rechtsstreit mündlich, schriftlich oder per E-Mail zu erfolgen hat. Sie können mit dem Zustellungsvertreter vereinbaren, dass der Vorsitzende des Verwaltungsbeirates vorab zu informieren ist, damit dieser zu Informationszwecken eine Versammlung nach Maßgabe des § 24 Abs. 3 einberufen kann. Sie dürfen den Zustellungsvertreter bevollmächtigen, für sie **einen Rechtsanwalt** mit der Wahrnehmung ihrer Interessen zu **beauftragen**. Sie können ihm aber auch selbst eine Prozessvollmacht erteilen; Letzteres wird insbesondere dann relevant werden, wenn zum Zustellungsvertreter ein Rechtsanwalt bestellt wird. Zulässig ist es ferner, den Zustellungsvertreter jedenfalls zur Vornahme solcher Prozesshandlungen zu ermächtigen, die zur Vermeidung von Rechtsverlusten unbedingt erforderlich sind. Sie können ihm also insbesondere für den Fall, dass das Gericht ein schriftliches Vorverfahren anordnet, eine Vollmacht erteilen, für sie gegenüber dem Gericht innerhalb der zweiwöchigen **Notfrist** anzuzeigen, dass sie sich gegen die Klage verteidigen wollen (§ 276 Abs. 1 Satz 1 ZPO).

---

1 Amtliche Begründung des Gesetzesentwurfs, BT-Drucks. 16/887, S. 37.

Über die Frage, ob und in welchem Umfang sie dem Zustellungsvertreter über die gesetzlichen Befugnisse hinaus weitere Aufgaben zuweisen, können die Wohnungseigentümer im Innenverhältnis nach Maßgabe des § 21 Abs. 3 mit Stimmenmehrheit beschließen. Kommt ein solcher Beschluss nicht zustande, kann jeder Wohnungseigentümer unabhängig davon für sich dem Zustellungsvertreter selbständig weitergehende Vollmachten einräumen und ihn beispielsweise zur Vornahme einzelner Prozesshandlungen in seinem Namen (z.B. zur Anzeige der Verteidigungsabsicht i.S.v. § 276 Abs. 1 Satz 1 ZPO) ermächtigen oder ihm eine Prozessvollmacht nach § 172 ZPO erteilen.

46

7. Die Kostenerstattungs- und Vergütungsansprüche des Zustellungsvertreters

a) Vertragliche Regelungen der Wohnungseigentümer mit dem Zustellungsvertreter

Die Wohnungseigentümer können mit ihrem Zustellungsvertreter – nach vorheriger Beschlussfassung im Innenverhältnis – Absprachen zur **Vergütung** seiner Tätigkeit und zum **Ersatz von Aufwendungen** (Portokosten usw.) treffen und in diesem Zusammenhang den Verwalter durch Mehrheitsbeschluss anweisen, die dem Zustellungsvertreter zustehende Vergütung unmittelbar von dem gemeinschaftlichen Konto auszuzahlen. Unter Umständen kann es – insbesondere in großen Gemeinschaften – auch angemessen sein, dem Zustellungsvertreter einen Vorschuss zu gewähren. Zahlt der Verwalter den Vergütungsanspruch vom Gemeinschaftskonto, ist der Betrag in der Jahresabrechnung auf die betroffenen (d.h. auf die im Rechtsstreit von dem Zustellungsvertreter vertretenen) Wohnungseigentümer anteilig nach Maßgabe des § 16 Abs. 2 zu verteilen. Da es sich um **Kosten der Verwaltung** des gemeinschaftlichen Eigentums handelt, sind sie im Verhältnis der betroffenen Wohnungseigentümer untereinander nach Maßgabe des § 16 Abs. 2 umzulegen, sofern die Teilungserklärung nicht bestimmt, dass Verwaltungskosten nach Eigentumseinheiten oder in anderer Weise umzulegen sind[1]. Der von dem Zustellungsvertreter nicht vertretene und im Prozess obsiegende Wohnungseigentümer ist an diesen Kosten nicht zu beteiligen.

47

Bestellen die Wohnungseigentümer einen Rechtsanwalt zum Zustellungsvertreter, so kann dieser seine Tätigkeit grundsätzlich nach Maßgabe des **Rechtsanwaltsvergütungsgesetzes** abrechnen, denn seine Tätigkeit unterfällt dem Anwendungsbereich des § 1 Abs. 1 RVG. Wird dem Rechtsanwalt keine Prozessvollmacht erteilt und beschränkt sich seine Tätigkeit auf den gesetzlichen Aufgabenbereich eines Zustellungsvertreters, erhält er lediglich die Gebühren nach Nr. 3403 VV RVG.

48

Die dem Zustellungsvertreter bei der Wahrnehmung seiner Aufgaben entstehenden Kosten, insbesondere die Kosten für die Information der Wohnungseigentümer über den anhängigen Rechtsstreit, gehören zu den prozessbezogenen Kosten und sind, weil sie zur zweckentsprechenden Rechtsverfolgung oder Rechtsverteidigung notwendig sind, nach **§ 91 Abs. 1 Satz 1 ZPO** erstattungs-

49

---

1 Zur Verteilung von Rechtsverfolgungskosten aus Binnenrechtsstreitigkeiten zwischen den Wohnungseigentümern s. BGH v. 15.3.2007 – V ZB 1/06, NZM 2007, 358 = MietRB 2007, 142.

fähig. Die obsiegenden Wohnungseigentümer können die ihnen durch die Tätigkeit des Zustellungsvertreters entstandenen Kosten daher gegen die unterlegene Partei im Kostenfestsetzungsverfahren geltend machen.

b) Gesetzliche Kostenerstattungsansprüche des Zustellungsvertreters

50 Treffen die Wohnungseigentümer mit dem Zustellungsvertreter keine Vergütungsvereinbarungen, hat dieser die ihm übertragenen Aufgaben unentgeltlich wahrzunehmen (§ 662 BGB). In diesem Fall kann er aber zumindest nach § 670 BGB Ersatz der ihm entstandenen Aufwendungen (Portokosten usw.) von den durch ihn vertretenen Wohnungseigentümern verlangen.

IV. Der gerichtlich bestellte Ersatzzustellungsvertreter (§ 45 Abs. 3)

1. Die Voraussetzungen für die gerichtliche Bestellung

51 Nach § 45 Abs. 3 kann das Gericht selbst einen Ersatzzustellungsvertreter bestellen, wenn die Wohnungseigentümer keinen Zustellungsvertreter bestellt haben, an den anstelle des Verwalters zugestellt werden kann oder wenn eine Zustellung aus den in § 45 Abs. 1 genannten oder aus sonstigen Gründen nicht möglich ist. § 45 Abs. 3 WEG begründet eine Befugnis zur gerichtlichen Bestellung eines Ersatzzustellungsvertreters unter der Voraussetzung, dass die Zustellung von Schriftstücken wegen der Vielzahl der an dem Verfahren beteiligten Wohnungseigentümer für das Gericht aufwendig und lästig ist.

52 Die Befugnis der Gerichte, für einzelne Verfahrensbeteiligte einen Zustellungs- oder Prozessvertreter zu bestellen, ist dem Verfahrensrecht nicht unbekannt. So kann das Gericht von Amts wegen für eine nicht prozessfähige Partei, die keinen gesetzlichen Vertreter hat, nach § 57 ZPO einen Prozesspfleger bestellen. Im Beweissicherungsverfahren kann es eine solche Bestellung für einen unbekannten Gegner veranlassen, § 494 Abs. 2 ZPO. Im Zwangsvollstreckungsrecht kann es bei Vollstreckungshandlungen in den Nachlass unter den Voraussetzungen des § 779 Abs. 2 ZPO und bei der Zwangsversteigerung und Zwangsverwaltung von Grundstücken unter den Voraussetzungen des § 6 ZVG einen Vertreter bestellen. Entsprechendes gilt bei Zwangsvollstreckungsmaßnahmen in herrenlose Grundstücke nach § 787 ZPO.

2. Das Verhältnis zu Art. 103 GG

53 Die Bestellung eines Zustellungsvertreters durch das Gericht und die Zustellung von Schriftstücken an diesen anstelle der vom Verfahren unmittelbar betroffenen Wohnungseigentümer stellt in verfassungsrechtlicher Hinsicht einen Eingriff in das durch Art. 103 GG gewährleistete Grundrecht auf **Gewährung rechtlichen Gehörs** dar. Inhalt dieses Verfahrensgrundrechts ist es, dass der für die Entscheidung maßgebliche Prozessstoff den betroffenen Personen zur Kenntnis gebracht wird. Dies setzt voraus, dass die Erklärungen ihnen vor Erlass einer gerichtlichen Entscheidung, ggf. durch förmliche Zustellung, zugehen[1]. Für die Zustellung an dritte Personen und die damit einhergehende Beschrän-

---

1 BVerfG v. 10.2.1995 – 2 BVR 893/93, NJW 1995, 2095.

kung des Grundrechts auf Gewährung rechtlichen Gehörs bedarf es aus verfassungsrechtlichen Gründen einer besonderen Rechtfertigung. Zweifelhaft ist aber, ob der mit der Vielzahl von Zustellungen erforderliche Zeit- und Materialaufwand diesen Eingriff verfassungsrechtlich in jedem Fall rechtfertigen kann. Zwar ermächtigt das Verfahrensrecht – wie bereits dargestellt – die Gerichte auch außerhalb des Anwendungsbereichs des § 45 Abs. 3 zur Bestellung eines Zustellungsvertreters. Zulässig ist die Bestellung aber nur unter der Voraussetzung, dass eine zustellungsfähige Person überhaupt fehlt (§ 57 ZPO) oder der Aufenthalt der Person, an die zugestellt wird, sich nicht ermitteln lässt (§§ 494 Abs. 2, 779 Abs. 2, 787 ZPO, 6 ZVG).

Weil die Regelung in § 45 Abs. 3 vor dem Hintergrund des verfassungsrechtlich geschützten Rechts auf Gewährung rechtlichen Gehörs nicht unproblematisch ist, sollte sie nur **zurückhaltend angewendet** werden. Vorzugswürdig ist grundsätzlich immer eine unmittelbare Zustellung an die betroffenen Wohnungseigentümer. In kleinen oder mittelgroßen Gemeinschaften ist die Vorschrift in der Regel nicht anzuwenden. Keinesfalls darf das Gericht eine Person zum Zustellungsvertreter bestimmen, die nicht bereit ist, die damit verbundenen Aufgaben zu übernehmen. Das Gericht hat sich über diese **Bereitschaft zu vergewissern**. Der Zustellungsvertreter muss daher gegenüber dem Gericht insbesondere seine Bereitschaft zur Information der von ihm vertretenen Wohnungseigentümer erklären[1]. 54

Beabsichtigt das Gericht, einen Zustellungsvertreter nach Maßgabe des § 45 Abs. 3 zu bestellen, so hat es vor einer solchen Entscheidung den betroffenen Wohnungseigentümern rechtliches Gehör zu gewähren. Insofern gilt nichts anderes als in den Fällen der Bestellung eines Prozesspflegers nach § 57 ZPO[2]. Das Gericht darf **nicht über die betroffenen Wohnungseigentümer hinweg** für sie einen Zustellungsvertreter bestimmen. Es hat die Wohnungseigentümer auch über die Person des in Aussicht genommenen Zustellungsvertreters zu informieren und muss ihnen Gelegenheit zur Stellungnahme geben. All dies verhindert, dass das Gericht die ihm in § 45 Abs. 3 eingeräumte Befugnis missbräuchlich anwendet. Zur Vereinfachung und Beschleunigung der Verfahrensabläufe ist es nahe liegend, dass das Gericht die beklagten Wohnungseigentümer zugleich mit der Zustellung der Klageschrift und der Terminsladung von der beabsichtigten Bestellung eines Zustellungsvertreters in Kenntnis setzt. 55

Die Bestellung des Zustellungsvertreters durch den Vorsitzenden des Prozessgerichts muss nicht durch förmlichen Beschluss erfolgen und ist nicht selbständig anfechtbar, da § 45 Abs. 3 den betroffenen Wohnungseigentümern **kein Beschwerderecht** einräumt. Beabsichtigt das Gericht, einen Antrag auf Bestellung eines Zustellungsvertreters in einem anhängigen Verfahren zurückzuweisen, hat die Entscheidung durch Beschluss zu ergehen; der Beschluss unterliegt der **sofortigen Beschwerde** (§ 567 Abs. 1 Nr. 2 ZPO). 56

---

1 BayObLG v. 9.8.1989 – 2Z 60/89, NJW-RR 1989, 1168 (1169) für die Bestellung eines Prozesspflegers nach § 57 ZPO; zu den verfassungsrechtlichen Anforderungen an die Gewährung rechtlichen Gehörs s. auch BVerfG v. 10.2.1995 – 2 BVR 893/93, NJW 1995, 2095.
2 Zöller/*Vollkommer*, ZPO, § 57 Rz. 7; vgl. auch BSG v. 5.5.1993 – 9/9a RVg 5/92, NJW 1994, 215.

3. Die Kostenerstattungs- und Vergütungsansprüche des gerichtlich bestellten Zustellungsvertreters

57 Die durch den gerichtlich bestellten Zustellungsvertreter vertretenen Wohnungseigentümer haften für dessen Aufwendungen kraft Gesetzes, und zwar nach den Grundsätzen über die Geschäftsführung ohne Auftrag (§§ 683, 679, 670 BGB); ein Anspruch gegen den Staat erwächst dem gerichtlich bestellten Zustellungsvertreter dagegen nicht. Die ihm entstandenen Kosten sind im **Kostenfestsetzungsverfahren** zu berücksichtigen, da sie zur zweckentsprechenden Rechtsverfolgung oder Rechtsverteidigung notwendig sind (§ 91 Abs. 1 Satz 1 ZPO). Die obsiegenden Wohnungseigentümer können also die Erstattung dieser Kosten von der unterlegenen Partei verlangen. Insoweit unterscheidet sich die Rechtsstellung des gerichtlich bestellten Zustellungsvertreters nicht von derjenigen eines gerichtlich bestellten Prozesspflegers i.S.v. § 57 ZPO[1].

58 Bestellt das Gericht – was gerade in großen Gemeinschaften nahe liegend ist – einen Rechtsanwalt zum Zustellungsvertreter der Wohnungseigentümer, erwächst diesem nicht nur ein Anspruch auf Erstattung seiner Auslagen, sondern auch ein Vergütungsanspruch gegen die von ihm vertretenen Wohnungseigentümer. Insoweit ersetzt die gerichtliche Bestellung zugleich die für den Vertragsschluss erforderlichen Willenserklärungen der Wohnungseigentümer. Die gesetzliche Befugnis für diese rechtsgestaltende Tätigkeit des Gerichts beruht auf § 21 Abs. 8. Der Gebührenanspruch des Rechtsanwalts bestimmt sich in diesem Fall nach Nr. 3403 VV RVG.

§ 46
Anfechtungsklage

(1) Die Klage eines oder mehrerer Wohnungseigentümer auf Erklärung der Ungültigkeit eines Beschlusses der Wohnungseigentümer ist gegen die übrigen Wohnungseigentümer und die Klage des Verwalters ist gegen die Wohnungseigentümer zu richten. Sie muss innerhalb eines Monats nach der Beschlussfassung erhoben und innerhalb zweier Monate nach der Beschlussfassung begründet werden. Die §§ 233 bis 238 der Zivilprozessordnung gelten entsprechend.

(2) Hat der Kläger erkennbar eine Tatsache übersehen, aus der sich ergibt, dass der Beschluss nichtig ist, so hat das Gericht darauf hinzuweisen.

Inhaltsübersicht

	Rz.		Rz.
I. Das System der Beschlussmängel und Beschlussmängelklagen im Wohnungseigentumsrecht	1	2. Der Rechtsschutz der Wohnungseigentümer gegen fehlerhafte Beschlüsse	4
1. Der Beschluss und die Beschlussfehler im Wohnungseigentumsrecht	1	3. Die Funktion der „Anfechtungsklage" im System der Beschlussmängelklagen	8

---
1 Siehe hierzu Zöller/*Vollkommer*, ZPO, § 57 Rz. 8.

	Rz.
4. Anfechtungs- und Nichtigkeitsklage als einheitliche Beschlussmängelklage	11
II. Die Rechtsstellung der Wohnungseigentümer in Beschlussmängelprozessen (§ 46 Abs. 1 Satz 1)	16
1. Der Regelungs- und Anwendungsbereich des § 46 Abs. 1 Satz 1	16
2. Beschlussmängelklage und Klagebefugnis	19
3. Anfechtungsklage und Anfechtungsbefugnis	19
a) Die prozessrechtsdogmatische Einordnung der Anfechtungsbefugnis	20
b) Die Anfechtungsbefugnis als Mitgliedschaftsrecht	21
c) Der Verlust der Anfechtungsbefugnis	23
4. Die Klage- und Anfechtungsbefugnis im Falle der Mitberechtigung am Wohnungseigentum	25
5. Die Rechtsstellung im Falle der Veräußerung des Wohnungseigentumsrechts	28
6. Die Rechtsstellung nach Insolvenzeröffnung und Anordnung der Zwangsverwaltung	32
III. Die Rechtsstellung des Verwalters in Beschlussmängelprozessen (§ 46 Abs. 1 Satz 1)	35
1. Die Klage- und Anfechtungsbefugnis des Verwalters	35
a) Der Regelungsgehalt des § 46 Abs. 1 Satz 1	35
b) Die Klagebefugnis des Verwalters	36
c) Die Anfechtungsbefugnis des Verwalters	39
2. Der Umfang der Beschlussanfechtungsbefugnis des Verwalters	40
a) Der Meinungsstand	40
b) Das Beschlussanfechtungsrecht als subjektives Abwehrrecht des Verwalters	43
c) Das Beschlussanfechtungsrecht als altruistisches Recht des Verwalters	44
d) Der Rechtsschutz des Verwalters gegen seine Abberufung	50

	Rz.
aa) Die Rechtsprechung des BGH zum Anfechtungsrecht des Verwalters	50
bb) Kritik und Stellungnahme	53
cc) Der Rechtsschutz des Verwalters gegen seine ungerechtfertigte Abwahl	57
IV. Die Rechtsstellung Dritter	62
1. Die Rechtsstellung der rechtsfähigen Gemeinschaft	62
2. Die Rechtsstellung dinglich Berechtigter	64
3. Die Rechtsstellung sonstiger Dritter	67
V. Die Anfechtungsfrist (§ 46 Abs. 1 Satz 2)	69
1. Überblick über die gesetzliche Regelung	69
2. Die Funktion und Rechtsnatur der Anfechtungsfrist	70
3. Der Anwendungsbereich der Anfechtungsfrist	72
a) Die Anfechtungs- und positive Beschlussfeststellungsklage	72
b) Die Klage auf Protokollberichtigung	74
c) Auslegungsstreitigkeiten und Feststellungsklage	80
4. Der Fristbeginn	81
5. Die Anforderungen an die Wahrung der einmonatigen Klageerhebungsfrist	83
a) Die Zustellung der Klage an die Beklagten	83
b) Die Bezeichnung des Anfechtungsgegenstandes	85
c) Die Kundgabe des Anfechtungswillens	88
d) Anfechtungsfrist und Parteiwechsel/Klagerücknahme	92
e) Die Beschlussanfechtung durch einen Prozessstandschafter	94
f) Die Erhebung der Anfechtungsklage bei einem unzuständigen Gericht	97
g) Die Fristwahrung durch Einreichung eines Prozesskostenhilfeantrages	98
h) Die Rechtsfolge der Fristversäumnis	100

	Rz.		Rz.
6. Die fristgerechte Begründung des Klageantrages (§ 46 Abs. 1 Satz 2)	101	4. Die Prüfungs- und Hinweispflichten des Gerichts (§ 46 Abs. 2)	146
a) Der Zweck und die Rechtsnatur der Klagebegründungsfrist	101	5. Die Erledigung des Rechtsstreits durch Klagerücknahme, Klageverzicht, Anerkenntnis oder Vergleich	150
b) Die Voraussetzungen einer fristgerechten Klagebegründung	103	6. Die Insolvenz einer Partei	155
c) Kein Nachschieben von Anfechtungsgründen nach Ablauf der Klagebegründungsfrist	107	**VII. Die gerichtliche Entscheidung im Beschlussmängelverfahren**	156
		1. Die Sachentscheidung des Gerichts	156
7. Die Wiedereinsetzung in den vorigen Stand (§ 46 Abs. 1 Satz 3)		2. Die Unzulässigkeit von Teilurteilen	164
a) Das Verfahren der Wiedereinsetzung	112	3. Die Teilabweisung der Klage	168
b) Die Wiedereinsetzungsgründe	117	4. Die Nebenentscheidung des Gerichts	171
VI. Der Prozessverlauf und das besondere Verfahrensrecht der Beschlussmängelklagen	125	**VIII. Beschlussmängelklage und einstweiliger Rechtsschutz**	173
1. Das Rechtsschutzbedürfnis	125	1. Die Wirkung der Anfechtungsklage	173
a) Die Abgrenzung zur Anfechtungsbefugnis	125	2. Vorläufiger Rechtsschutz durch einstweilige Verfügung	174
b) Einzelfälle	129		
2. Das besondere Verfahrensrecht der „positiven Beschlussfeststellungsklage"	138	3. Vorbeugender Rechtsschutz gegen fehlerhafte Beschlüsse der Wohnungseigentümer	180
3. Die Darlegungs- und Beweislast der Parteien	144	4. Das einstweilige Verfügungsverfahren	183

Schrifttum: *Assmann,* Die Wiedereinsetzung in den vorigen Stand bei Versäumung der Anfechtungsfrist, ZWE 2001, 294; *Becker,* Die Teilnahme an der Versammlung der Wohnungseigentümer, 1996; *Becker,* Die Anfechtung des Abberufungsbeschlusses durch den abberufenen Verwalter, ZWE 2002, 211; *Becker,* Der Rechtsschutz des Verwalters wegen Abberufung und Kündigung des Verwaltervertrages, ZWE 2002, 567; *Becker,* Die Feststellung des Inhalts fehlerhaft protokollierter Eigentümerbeschlüsse, ZMR 2006, 489; *Bergerhoff,* Die wohnungseigentumsrechtliche Anfechtungsklage im ZPO-Verfahren, NZM 2007, 425; *Bonifacio,* Der Entwurf einer wohnungseigentumsrechtlichen Anfechtungsklage nach der ZPO – Königs- oder Irrweg, ZMR 2005, 327; *Deckert,* Konsequenzen der BGH-Entscheidung vom 23.8.2001 in der Wohnungseigentumspraxis, ZMR 2001, S. 153; *Drasdo,* Anfechtung des Abberufungsbeschlusses durch den Wohnungseigentumsverwalter, NZM 2002, 853; *Drasdo,* Beschränkung der Abberufung des Verwalters auf einen wichtigen Grund, NZM 2001, 923; *Gottschalk,* Das Anfechtungsrecht des Verwalters bei seiner Abberufung, ZWE 2006, 334; *Hauger,* Der vereinbarungsersetzende Beschluss, WE 1993, 231; *Kindl,* Die Notwendigkeit einer einheitlichen Entscheidung über aktienrechtliche Anfechtungs- und Nichtigkeitsklagen, ZGR 2000, 166; *Kümmel,* Die Anfechtbarkeit nicht ordnungsgemäßer Beschlüsse der Wohnungseigentümer, ZWE 2001, 516; *Merle/Becker,* Abschied von der Wiedereinsetzung der Anfechtungsfrist des § 23 Abs. 4 Satz 2 WEG, Festschrift Deckert, 2002, 231 f.; *Niedenführ,* Typische Probleme bei der Anfechtung von Jahresabrechnungsgenehmigungen, NZM 1999, 640; *Noack,* Fehlerhafte Beschlüsse in Gesellschaften und Vereinen, 1989; *Reuter,* Die Anfechtung von Beschlüssen der Wohnungseigentümer durch den Verwalter, ZWE 2001, 286; *Sauren,* Recht eines

BGB-Gesellschafters zur Beschlussanfechtung, WE 1992, S. 40; *Schlosser*, Gestaltungsklagen und Gestaltungsurteile, Bielefeld 1966; *Karsten Schmidt*, Nichtigkeitsklagen als Gestaltungsklagen, JZ 1988, 729; *Suilmann*, Das Beschlussmängelverfahren im Wohnungseigentumsrecht (1998); *Suilmann*, Beschlussmängelverfahren nach § 43 Abs. 1 Nr. 4 WEG – Zum Verhältnis von Beschlussanfechtungs- und Nichtigkeitsfeststellungsanträgen, ZWE 2001, 402; *Suilmann*, Beschlussanfechtung durch den abberufenen Verwalter, ZWE 2000, 106; *Wangemann*, Kann der WEG-Verwalter seine Abberufung anfechten, WuM 1990, 53; *Wenzel*, Der Negativbeschluss und seine rechtlichen Folgen, ZMR 2005, 413.

I. Das System der Beschlussmängel und Beschlussmängelklagen im Wohnungseigentumsrecht

1. Der Beschluss und die Beschlussfehler im Wohnungseigentumsrecht

Nach § 23 Abs. 4 Satz 1 WEG ist ein Beschluss der Wohnungseigentümer (nur) 1 nichtig, wenn er gegen eine Rechtsvorschrift verstößt, auf deren Einhaltung rechtswirksam nicht verzichtet werden kann. Verstößt er nicht gegen eine solche Rechtsvorschrift, ist er allerdings aus anderen Gründen fehlerhaft, so ist er gültig, solange er nicht durch rechtskräftiges Urteil für ungültig erklärt worden ist; solche Beschlüsse der Wohnungseigentümer sind und bleiben daher bis zu einer etwaigen gerichtlichen Ungültigerklärung wirksam. Die rechtliche Bindungswirkung wird in solchen Fällen erst durch eine gerichtliche Gestaltungsentscheidung beseitigt und aufgehoben.

Aufgrund ihrer unterschiedlichen Auswirkungen auf die Wirksamkeit eines Be- 2 schlusses werden Beschlussmängel seit jeher in Anfechtungs- und Nichtigkeitsgründe unterteilt. **Nichtig** ist der Beschluss, der gegen Rechtsvorschriften verstößt, auf deren Einhaltung rechtswirksam nicht verzichtet werden kann. **Anfechtbar** sind Beschlüsse, die unter verzichtbaren Beschlussmängeln leiden. Der Nichtigkeits- oder Anfechtungsgrund kann darin liegen, dass Vorschriften im Hinblick auf das Beschlussverfahren verletzt sind (**formeller Beschlussfehler**) oder der Beschluss seinem Inhalt nach rechtswidrig ist (**materieller Beschlussfehler**)[1].

Von den Vorschriften, deren Missachtung einen Fehlergrund darstellt, sind dog- 3 matisch streng diejenigen Rechtsnormen zu unterscheiden, die nicht die Wirksamkeit eines Beschlusses, sondern schon seinen rechtsgeschäftlichen Entstehungstatbestand betreffen. Zum rechtsgeschäftlichen Entstehungstatbestand gehört nach der Rechtsprechung des BGH auch die förmliche Feststellung und **Verkündung des Beschlussergebnisses**[2]. Ist der rechtsgeschäftliche Entstehungstatbestand nicht vervollständigt, wird aber dennoch von dem Verwalter oder einem Wohnungseigentümer das Vorliegen eines Beschlusses behauptet, spricht man von einem „**Nichtbeschluss**" oder „Scheinbeschluss". Die praktische Bedeutung dieser Unterscheidung ist gering, denn ein Nichtbeschluss entfaltet wie ein nichtiger Beschluss keine rechtsgeschäftlichen Bindungswirkungen. Er bedarf daher ebenso wenig wie ein nichtiger Beschluss der fristgebundenen Anfechtung.

---
1 Siehe zu den Beschlussfehlern im Einzelnen § 23 Rz. 94 ff.
2 BGH v. 23.8.2001 – V ZB 10/01, BGHZ 148, 335 = NJW 2001, 3339 und BGH v. 19.9.2002 – V ZB 30/02, BGHZ 152, 46 = NZM 2002, 995 (996).

2. Der Rechtsschutz der Wohnungseigentümer gegen fehlerhafte Beschlüsse

4   Leidet ein Beschluss der Wohnungseigentümer unter Anfechtungsgründen, können die Wohnungseigentümer seine Rechtswirkungen nach § 23 Abs. 4 Satz 2 nur durch eine gerichtliche Entscheidung beseitigen, die den Beschluss für ungültig erklärt. Um eine solche Entscheidung zu erreichen, müssen die Wohnungseigentümer innerhalb der in § 46 Abs. 1 Satz 2 genannten Anfechtungsfrist eine Klage auf Ungültigerklärung des Beschlusses erheben (sog. Anfechtungsklage). Leidet der Beschluss dagegen unter Nichtigkeitsgründen, bedarf es einer solchen fristgebundenen Klagerhebung zur Beseitigung etwaiger Rechtswirkungen des Beschlusses nicht. Ein Wohnungseigentümer ist jedoch berechtigt, die Nichtigkeit des Beschlusses gerichtlich feststellen zu lassen. Hierzu kann er bei dem nach § 43 Nr. 4 WEG zuständigen AG eine Nichtigkeitsklage erheben.

5   Gegenstand des Klageverfahrens können dabei nicht nur solche Beschlüsse sein, mit denen die Wohnungseigentümer mehrheitlich durch Annahme eines Beschlussantrages eine Angelegenheit der Verwaltung regeln, sondern auch solche Beschlüsse, die einen Beschlussantrag mehrheitlich ablehnen (sog. „**negative Beschlüsse**"). Dies beruht darauf, dass auch solche negativen Beschlüsse rechtsgeschäftliche Wirkungen entfalten[1].

6   Eine besondere Ausprägung der Anfechtungsklage ist die positive **Beschlussfeststellungsklage**. Sie gewährt den Wohnungseigentümern Rechtsschutz gegen die unrichtige Feststellung und Verkündung von Abstimmungsergebnissen und ermöglicht ihnen, durch eine rechtsgestaltend wirkende Entscheidung des Gerichts, dem wahren Abstimmungsergebnis Geltung zu verschaffen. Die Notwendigkeit einer solchen Klage beruht auf der besonderen rechtsgeschäftlichen Bedeutung, die der Feststellung und Verkündung beim Zustandekommen eines Beschlusses zukommt. Nach der Rechtsprechung des BGH kommt der Beschluss der Wohnungseigentümer nämlich nicht schon mit Abschluss des Abstimmungsvorganges über einen Beschlussantrag zustande. Bestandteil des rechtsgeschäftlichen Entstehungstatbestandes ist darüber hinaus eine förmliche Feststellung und Verkündung des Abstimmungsergebnisses durch den Versammlungsleiter. Diese Feststellung und Verkündung hat konstitutive Wirkung und stellt im Verhältnis der Wohnungseigentümer untereinander den Inhalt des Beschlusses rechtsverbindlich fest. Die Wirkungen einer fehlerhaften Feststellung und Verkündung können nur auf eine fristgerecht erhobene „Anfechtungsklage" hin beseitigt werden. Um dem wahren Abstimmungsergebnis Geltung zu verschaffen, ist es darüber hinaus auch erforderlich, dass das Gericht auf einen mit der Anfechtungsklage verbundenen Antrag hin das zutreffende Beschlussergebnis feststellt[2].

---

1   BGH v. 23.8.2001 – V ZB 10/01, BGHZ 148, 335 – 351 = BGH NJW 2001, 3339 – 3344; *Wenzel*, ZMR 2005, 413; *Suilmann*, Beschlussmängelverfahren, S. 14; zum Rechtsschutzinteresse des Klägers in solchen Fällen s. § 46 Rz. 130 und 131).
2   Zum Ganzen: BGH v. 23.8.2001 – V ZB 10/01, BGHZ 148, 335 = NJW 2001, 3339, BGH v. 19.9.2002 – V ZB 30/02, BGHZ 152, 46.

Hat der Versammlungsleiter im Anschluss an die Abstimmung keine Feststellungen über das Abstimmungsergebnis getroffen und kein Beschlussergebnis verkündet, so hat das Gericht auf Klage eines Wohnungseigentümers oder Verwalters nach § 43 Abs. 1 Nr. 4 WEG das zutreffende Abstimmungsergebnis festzustellen[1]. Durch das rechtsgestaltend wirkende **Feststellungsurteil** erreicht der Kläger, dass das Abstimmungsergebnis rechtliche Wirkung entfalten kann und der Beschluss in Geltung gesetzt wird[2].

3. Die Funktion der „Anfechtungsklage" im System der Beschlussmängelklagen

Die Klage auf Erklärung der Ungültigkeit eines Beschlusses der Wohnungseigentümer erfüllt im System der Beschlussmängelklagen eine doppelte Funktion. Sie zielt – wie jede in den Anwendungsbereich des § 43 Nr. 4 fallende Klage – auf die rechtsverbindliche Klärung der Gültigkeit eines Beschlusses im Verhältnis der Wohnungseigentümer untereinander und zum beizuladenden Verwalter ab. Anders als die übrigen Klagen ermöglicht sie den einzelnen Wohnungseigentümern darüber hinaus die Beseitigung fehlerhafter Beschlüsse der Gemeinschaft durch eine rechtsgestaltende Entscheidung des Gerichts. Die Anfechtungsklage ist deshalb zugleich ein Abwehrrecht der Wohnungseigentümer gegen fehlerhafte Beschlüsse ihrer Gemeinschaft.

Grundlage dieses Abwehrrechts ist der aus §§ 15 Abs. 3 und 21 Abs. 4 herzuleitende Anspruch jedes Wohnungseigentümers auf ordnungsgemäße Verwaltung des gemeinschaftlichen Eigentums. Jeder Wohnungseigentümer muss als Mitglied der Gemeinschaft nur solche Beschlüsse dulden, die sich im Rahmen ordnungsgemäßer Verwaltung und ordnungsgemäßen Gebrauchs bewegen (§§ 15 Abs. 2, 21 Abs. 3) und kann von den übrigen Mitgliedern der Gemeinschaft aus §§ 21 Abs. 4, 15 Abs. 3 WEG eine Beschlussfassung verlangen, die den gesetzlichen und den in der Teilungserklärung vereinbarten Anforderungen genügt. Verletzen die Wohnungseigentümer dieses Recht, würde nach allgemeinen Grundsätzen ein Anspruch auf Beseitigung bzw. Unterlassung dieser Beeinträchtigung entstehen. Dieser Anspruch hat indes rechtstechnisch eine besondere Ausformung als Gestaltungsrecht erfahren, weshalb ein Wohnungseigentümer nicht die Aufhebung eines unter Anfechtungsgründen leidenden Beschlusses aus § 21 Abs. 4 WEG verlangen kann, sondern die gerichtliche Ungültigerklärung des Beschlusses durch Erhebung der Anfechtungsklage betreiben muss[3].

Haben die Wohnungseigentümer eine Angelegenheit der Gemeinschaft durch positive Beschlussfassung geregelt, kann ein Wohnungseigentümer deshalb nicht im Wege der **Leistungsklage** eine Aufhebung des Beschlusses erreich-

---

1 BGH v. 23.8.2001 – V ZB 10/01, BGHZ 148, 335 = NJW 2001, 3339 (3342).
2 *Suilmann*, BGHReport 2002, 1074 (1075).
3 Siehe zum Ganzen: *Suilmann*, Beschlussmängelverfahren, S. 12; vgl. auch BayObLG v. 21.10.1993 – 2Z BR 103/93, WuM 1994, 45 (46 a.E.); für das Anfechtungsrecht der Mitglieder gesellschaftsrechtlicher Verbände s. grundlegend *Noack*, Fehlerhafte Beschlüsse, S. 46.

en[1]. Rechtsschutz gegen fehlerhafte Beschlüsse wird ihm ausschließlich durch die vorrangig zu beachtende Anfechtungsklage gewährt (s. auch § 21 Rz. 140, 141). Beschließen die Wohnungseigentümer nach Maßgabe des § 16 Abs. 3 einen von der Teilungserklärung abweichenden Kostenverteilungsschlüssel, kann der einzelne Wohnungseigentümer folglich nur im Wege der Anfechtungsklage rügen, der gefasste Beschluss entspreche nicht ordnungsgemäßer Verwaltung und benachteilige ihn in unbilliger Weise. Eine auf § 21 Abs. 4 oder § 10 Abs. 2 Satz 3 gestützte Leistungsklage auf Änderung des Kostenverteilungsschlüssels kann dagegen keinen Erfolg haben. Allenfalls unter den engen Voraussetzungen des § 313 Abs. 1 BGB kann ein Anspruch auf Abänderung eines solchen Beschlusses entstehen.

4. Anfechtungs- und Nichtigkeitsklage als einheitliche Beschlussmängelklage

11   Ebenso wie das Aktiengesetz zwischen den Anfechtungsklagen (§§ 243, 246 AktG) und den Nichtigkeitsklagen (§§ 243, 249 AktG) unterscheidet, wird auch im Wohnungseigentumsrecht zwischen Beschlussanfechtungs- und Nichtigkeitsklagen unterschieden. Diese Unterscheidung ist insofern gerechtfertigt, als sie den unterschiedlichen rechtstechnischen Charakter der gerichtlichen Entscheidung zum Ausdruck bringt. Nur die gerichtliche Entscheidung, die einen anfechtbaren Beschluss der Wohnungseigentümer auf eine Anfechtungsklage hin für ungültig erklärt, entfaltet im Verhältnis der Wohnungseigentümer rechtsgestaltende Wirkung. Andere Beschlussmängel bewirken hingegen ipso jure die Ungültigkeit des Beschlusses, die durch den zuständigen Richter im Verhältnis der Prozessbeteiligten zueinander lediglich deklaratorisch festgestellt wird.

12   Die herkömmliche Unterscheidung zwischen Anfechtungs- und Nichtigkeitsklagen legt aber auch die Vermutung nahe, jeder Beschlussmangel müsse in einem eigens dafür vorgesehenen Klageverfahren geltend gemacht werden, wobei den jeweiligen Verfahren unterschiedliche Streitgegenstände zugrunde lägen. Das hätte zur Folge, dass die Wohnungseigentümer über die Gültigkeit eines Beschlusses mehrfach eine gerichtliche Entscheidung erwirken, sie beispielsweise in einem ersten Verfahren nur über Anfechtungsgründe und sodann in einem weiteren Verfahren über Nichtigkeitsgründe streiten könnten. Das Ergebnis wäre unbefriedigend, denn dem Gedanken des Rechtsfriedens innerhalb einer Wohnungseigentümergemeinschaft würde nur dann Rechnung getragen, wenn das Gericht abschließend und umfassend in einem einzigen Verfahren den Streit der Wohnungseigentümer und des Verwalters über die Gültigkeit von Beschlüssen entscheidet.

13   Obwohl auch der Gesetzgeber in § 46 begrifflich an der hergebrachten Unterscheidung zwischen Anfechtungs- und Nichtigkeitsklage festhält, hat sich im Wohnungseigentumsrecht schon unter dem Regime des Verfahrensrechts der

---

1 Offen gelassen von KG v. 24.6.1996 – 24 W 3110/95, WuM 1996, 647 (648); a.A. *Hügel/Elzer*, Das neue WEG-Recht, § 13 Rz. 222; *Hauger*, WE 1993, 231 für den Fall der sog. vereinbarungsersetzenden Beschlüsse, die bis zur Entscheidung des BGH v. 20.9.2000 – V ZB 58/99, BGHZ 145, 158–140 = NJW 2000, 3500–3503 lediglich als anfechtbar und nicht als nichtig behandelt wurden.

Freiwilligen Gerichtsbarkeit die Erkenntnis durchgesetzt, dass es den Wohnungseigentümern nicht möglich ist, mehrfach eine gerichtliche Entscheidung über die Gültigkeit ihrer Beschlüsse herbeizuführen, weil der Streitgegenstand dieser Klagen identisch ist[1]. Dies steht im Einklang mit der Rechtslage bei den gesellschaftsrechtlichen Anfechtungs- und Nichtigkeitsklagen, denn nach heute nahezu einhelliger Auffassung liegt auch diesen Klagen ein einheitlicher Streitgegenstand zugrunde[2].

Der Gesetzgeber hat diese Identität für das Wohnungseigentumsrecht nunmehr ausdrücklich anerkannt, was in den gesetzlichen Regelungen in § 46 Abs. 2, § 47 Satz 1 und § 48 Abs. 4 einen unmittelbaren Ausdruck findet[3]. Wie schon nach bisherigem Recht kann der Kläger auch zukünftig in einem auf Anfechtungsklage eingeleiteten Prozess neben Anfechtungsgründen etwaige Nichtigkeitsgründe geltend machen. Er muss folglich keine gesonderte Klage erheben. Übersieht er solche Gründe, hat das Gericht ihn nach § 46 Abs. 2 darauf hinzuweisen. § 47 Satz 1 ordnet an, dass Anfechtungs- und Nichtigkeitsklagen, die gegen denselben Beschluss erhoben werden, zur gleichzeitigen Verhandlung und Entscheidung zu verbinden sind. Dies gewährleistet ebenfalls die Einheitlichkeit der Sachentscheidung. Weist das Gericht die Anfechtungsklage eines Wohnungseigentümers rechtskräftig als unbegründet ab, können die prozessbeteiligten Wohnungseigentümer nach § 48 Abs. 4 nicht mehr geltend machen, der Beschluss verstoße gegen eine unverzichtbare Rechtsvorschrift und sei deshalb nichtig. Ihnen wird damit die Erhebung einer weiteren Klage verwehrt. 14

Weil der Streitgegenstand der Anfechtungs- und Nichtigkeitsklagen identisch ist und weil der Kläger Anfechtungs- und Nichtigkeitsgründe unabhängig von seinem Sachantrag in den Prozess einführen darf, ist die in der gesetzlichen Neuregelung anzutreffende begriffliche Differenzierung zwischen der Anfechtungsklage (§ 46) und der in weiteren Einzelheiten gesetzlich nicht geregelten Nichtigkeitsklage missverständlich und sachlich sogar unzutreffend. Wegen der Identität des Streitgegenstandes lassen sich Anfechtungs- und Nichtigkeitsklage nicht voneinander trennen. Das gemeinsame Ziel beider Klagen ist die abschließende gerichtliche Klärung der Gültigkeit eines Beschlusses[4]. Es handelt sich deshalb nicht um unterschiedliche, sondern rechtsdogmatisch um eine einzige, inhaltlich identische Beschlussmängelklage[5]. Entgegen einer weithin verbreiteten Lehrmeinung kennt das Wohnungseigentumsrecht daher zwar unterschiedliche Beschlussmängel, nicht aber unterschiedliche Beschlussmängelklagen. 15

---

1 BGH v. 2.10.2003, V ZB 34/03, BGHZ 156, 279 = NJW 2003, 3550; OLG Zweibrücken v. 1.10.2004, 3 W 179/04, ZMR 2005, 407; BayObLG v. 31.1.1980 – (2.ZS) BReg. 2Z 24/79, BayObLGZ 1980, 29 (36); zur rechtsdogmatischen Begründung dieser Identität s. *Suilmann*, Beschlussmängelverfahren, S. 41–56; *Suilmann*, ZWE 2002, 402 ff.
2 BGH v. 22.7.2002, II ZR 286/01, NJW 2002, 3465 = NZG 2002, 957 (958); BGH v. 17.2.1997 – II ZR 41/96, NJW 1997, 1510 (1511).
3 Siehe auch die Amtliche Begründung des Gesetzesentwurfs, BT-Drucks. 16/887, 38.
4 BGH v. 2.10.2003 – V ZB 34/03, BGHZ 156, 279 = NJW 2003, 3550.
5 *Suilmann*, Beschlussmängelverfahren, S. 41–56; *Suilmann*, ZWE 2002, 402 ff.; im Ergebnis wohl auch *Bonifacio*, ZMR 2005, 327 (333); für das Gesellschaftsrecht: *K. Schmidt*, JZ 1988, 729, (736); *Kindl*, ZGR 2000, 166 (172); *Noack*, Fehlerhafte Beschlüsse, S. 92 und 94.

II. Die Rechtsstellung der Wohnungseigentümer in Beschlussmängelprozessen (§ 46 Abs. 1 Satz 1)

1. Der Regelungs- und Anwendungsbereich des § 46 Abs. 1 Satz 1

16 Nach der gesetzlichen Regelung in § 46 Abs. 1 Satz 1 hat die gerichtliche Klärung der Gültigkeit eines Beschlusses in einem auf Anfechtungsklage eingeleiteten Prozess im Verhältnis der Wohnungseigentümer zu erfolgen. Dies ist insoweit konsequent, als **Rechtsträger** des Beschlusses **die Wohnungseigentümer** sind, nicht aber die nach § 10 Abs. 6 rechtsfähige Wohnungseigentümergemeinschaft. Daher ist nach der ausdrücklichen Bestimmung in § 46 Abs. 1 Satz 1 die Klage gegen die (übrigen) Wohnungseigentümer zu erheben, so dass die Gültigkeit des Beschlusses im Verhältnis der Wohnungseigentümer untereinander geklärt werden kann. Entsprechendes gilt, wenn der Verwalter eine Klage auf Ungültigerklärung eines Beschlusses erhebt. Zur Erhebung der Klage sind die Wohnungseigentümer, aber auch der Verwalter berechtigt. Mit der gesetzlichen Regelung beschränkt der Gesetzgeber den Kreis der zur Anfechtung von Beschlüssen berechtigten Personen und trifft zugleich eine abschließende Bestimmung der am Prozess aktiv- und passivlegitimierten Personen. Die Vorschrift trägt damit dem Umstand Rechnung, dass die Anfechtungsklage eine **Gestaltungsklage** ist und ein wesentliches Merkmal solcher Klagen die strenge Festlegung und Begrenzung der Parteien ist[1].

17 Der Anwendungsbereich des § 46 Abs. 1 Satz 1 beschränkt sich nach dem Gesetzeswortlaut nur auf solche Klageverfahren, in denen der Kläger unter Berufung auf Anfechtungsgründe die Ungültigerklärung eines Beschlusses betreibt. § 46 Abs. 1 Satz 1 gilt, wie auch die zum amtlichen Gesetzestext gehörende Überschrift zeigt, unmittelbar nur für die Anfechtungsklage. Der Gesetzgeber knüpft damit noch begrifflich an das tradierte, aber fehlerhafte Vorstellungsbild an, wonach ein fehlerhafter Beschluss der Wohnungseigentümer entsprechend der rechtlichen Einordnung des Beschlussmangels entweder durch Anfechtungs- oder durch Nichtigkeitsklage bekämpft werden muss. Weil aber die Anfechtungsklage keine von der Nichtigkeitsklage zu unterscheidende Klageart ist, findet § 46 Abs. 1 Satz 1 über seinen Wortlaut hinaus auch auf solche Klageverfahren Anwendung, in denen der Kläger von vornherein die Nichtigkeit eines Beschlusses rechtsverbindlich im Verhältnis zu den übrigen Wohnungseigentümern festgestellt wissen will. Nur vor diesem Hintergrund ist es auch verständlich, dass der Gesetzgeber darauf verzichtet hat, für die Nichtigkeitsklage eine entsprechende Anwendung des § 46 Abs. 1 Satz 1 anzuordnen und eine dem § 249 AktG vergleichbare Bestimmung in das Gesetz aufzunehmen. Auch die sog. **Nichtigkeitsklage** kann folglich nur von den Wohnungseigentümern oder dem Verwalter erhoben werden; sie ist gegen die (übrigen) Wohnungseigentümer zu richten[2].

18 § 46 Abs. 1 Satz 1 ist über seinen Wortlaut hinaus zudem auf die anderen Beschlussmängelklagen i.S.v. § 43 Nr. 4 WEG anzuwenden, mit denen eine rechtsverbindliche Klärung der Gültigkeit von Beschlüssen im Verhältnis der Woh-

---

1 *Schlosser*, Gestaltungsklagen und Gestaltungsurteile, S. 316.
2 So auch die amtliche Begründung des Gesetzentwurfs, BT-Drucks. 16/887, 75.

nungseigentümer untereinander angestrebt wird. Sie gilt insbesondere für die – ggf. mit der Anfechtungsklage zu verbindende – positive Beschlussfeststellungsklage, aber auch für sonstige Klagen, mit denen die Wohnungseigentümer die Gültigkeit eines Beschlusses positiv festgestellt wissen wollen. Die entsprechende Anwendung der Vorschrift und die damit einhergehende Beschränkung des Kreises der klageberechtigten und passivlegitimierten Personen rechtfertigt sich aus der gemeinsamen Funktion dieser Klagen mit der gesetzlich allein geregelten Anfechtungsklage. Wie die Anfechtungsklage zielen auch diese Klagen – unabhängig von ihrem Klageziel – auf eine gerichtliche Klärung der Gültigkeit eines Beschlusses im Verhältnis der Wohnungseigentümer untereinander und zum beigeladenen (§ 48 Abs. 1) Verwalter ab.

2. Beschlussmängelklage und Klagebefugnis

Soweit § 46 Abs. 1 Satz 1 bestimmt, wer zur Klageerhebung berechtigt ist, hat die Vorschrift einen doppelten Regelungsgehalt, der sich aus den unterschiedlichen Funktionen der Anfechtungsklage erklärt. Sie bestimmt zum einen, wer überhaupt berechtigt ist, die Gültigkeit eines Beschlusses gerichtlich in einem in den Anwendungsbereich des § 43 Nr. 4 fallenden Rechtsstreit klären zu lassen. Diese Frage betrifft die Klagebefugnis und damit eine Zulässigkeitsvoraussetzung jeder Beschlussmängelklage. Als prozessuales Rechtsinstitut ist die Klagebefugnis vor dem Hintergrund der hier vertretenen Auffassung bedeutsam, die die Anfechtungs- und Nichtigkeitsklagen als einheitliche Beschlussmängelklage behandelt. Der Regelung des § 46 Abs. 1 Satz 1 kann entnommen werden, dass nur die Wohnungseigentümer und der Verwalter überhaupt zur Erhebung solcher Klagen berechtigt sind, die auf eine gerichtliche Klärung der Gültigkeit von Beschlüssen der Wohnungseigentümer abzielen. Andere Personen, die anders als die Wohnungseigentümer selbst an den Beschluss rechtsgeschäftlich nicht gebunden sind, sind dagegen von vornherein nicht befugt, seine Gültigkeit durch Erhebung einer Anfechtungs- oder Nichtigkeitsklage im Verhältnis zu den Wohnungseigentümern feststellen zu lassen. Dies gilt insbesondere für einen Mieter oder den Vertragspartner einer Gemeinschaft (s. § 46 Rz. 67 f.). Ihnen fehlt die für Prozessführung erforderliche **Klagebefugnis**, weshalb die Klage eines Dritten als unzulässig abzuweisen ist.

19

3. Anfechtungsklage und Anfechtungsbefugnis

a) Die prozessrechtsdogmatische Einordnung der Anfechtungsbefugnis

Wegen seiner unmittelbaren Geltung für die Anfechtungsklage gibt § 46 Abs. 1 Satz 1 darüber hinaus aber auch Aufschluss darüber, wer zur Ausübung des der Anfechtungsklage zugrunde liegenden Abwehrrechts gegen fehlerhafte Beschlüsse berechtigt ist, wer also einen Beschluss der Wohnungseigentümer unter Berufung auf Anfechtungsgründe bekämpfen kann und über die dafür erforderliche **Beschlussanfechtungsbefugnis** verfügt. Die Beschlussanfechtungsbefugnis beschreibt im System der Beschlussmängelklagen die materielle Berechtigung, die gerichtliche Ungültigerklärung eines unter Anfechtungsgründen leidenden Beschlusses der Wohnungseigentümer zu betreiben. Sie ist eine Frage der Begründetheit der Anfechtungsklage. Diese Befugnis steht in erster Linie den Wohnungseigentümern als Rechtsträgern des Beschlusses zu. Rechtsdog-

20

matische Grundlage der Befugnis ist das der Anfechtungsklage zugrunde liegende subjektive Recht auf Abwehr fehlerhafter Beschlüsse, das auf der Mitgliedschaft in der Gemeinschaft der Wohnungseigentümer beruht. Die materiell-rechtliche Grundlage der Anfechtungsbefugnis ist der auf §§ 21 Abs. 4, 15 Abs. 3 WEG beruhende Anspruch der Wohnungseigentümer auf eine fehlerfreie Beschlussfassung der Gemeinschaft, der rechtstechnisch eine besondere Ausformung als Gestaltungsrecht erfahren hat (s. zu den Einzelheiten oben § 46 Rz. 9). Wegen ihres materiell-rechtlichen Ursprungs spiegelt die Anfechtungsbefugnis zugleich den Charakter der Anfechtungsklage als mitgliedschaftliches Abwehrrecht wider.

b) Die Anfechtungsbefugnis als Mitgliedschaftsrecht

21 Die Anfechtungsbefugnis zählt neben dem Stimmrecht, dem Teilnahmerecht und den Auskunftsrechten zu den sog. mitgliedschaftlichen Mitverwaltungsrechten[1]. Beschlussanfechtungsbefugnis und **Stimmrecht** bestehen aber unabhängig voneinander und bedingen sich nicht wechselseitig[2]. Ein Wohnungseigentümer verliert daher nicht seinen Anspruch auf eine fehlerfreie Beschlussfassung, weil er bzgl. bestimmter Beschlussgegenstände gem. § 25 Abs. 5 WEG oder § 242 BGB von der Ausübung seines Stimmrechts ausgeschlossen ist. Daher bleibt er auch in solchen Fällen zur Beschlussanfechtung berechtigt[3].

22 Die Anfechtungsbefugnis berechtigt die Wohnungseigentümer wegen ihres mitgliedschaftsrechtlichen Charakters, jeden Anfechtungsgrund im Verfahren nach § 43 Abs. 1 Nr. 4 WEG geltend zu machen. Nicht erforderlich ist, dass der fehlerhafte Beschluss in besonderer Weise die Rechtsposition des klagenden Wohnungseigentümers berührt. Das Anfechtungsrecht der Wohnungseigentümer dient nicht nur ihrem persönlichen Interesse oder dem Minderheitenschutz, sondern auch dem Interesse der Gemeinschaft an einer ordnungsgemäßen Verwaltung[4]. Das Beschlussanfechtungsrecht der Wohnungseigentümer hat daher ebenso wie das Anfechtungsrecht der Mitglieder gesellschaftsrechtlicher Verbände[5] nicht nur eine subjektive Seite, sondern ist von seinem Charakter her **altruistisch**. Es ist daher nicht erforderlich, dass der klagende Wohnungseigentümer eine Verletzung in eigenen Rechten vorträgt und von dem Beschluss selbst nachteilig betroffen ist[6]. Ausreichend ist, dass der Beschluss als solcher rechtswidrig ist und gegen die Grundsätze ordnungsgemäßer Verwaltung verstößt[7].

---

1 *Becker*, Die Teilnahme an der Versammlung der Wohnungseigentümer, S. 38 ff.
2 OLG Frankfurt v. 14.4.1992 – 20 W 202/91, ZMR 1992, 311 (312).
3 BayObLG v. 31.1.1992 – BReg. 2Z 143/91, NJW 1993, 603 (604); OLG Frankfurt v. 14.4. 1992 – 20 W 202/91, OLGZ 1992, 439 (440); *Becker*, Die Teilnahme an der Versammlung der Wohnungseigentümer, S. 46.
4 BGH v. 17.7.2003 – V ZB 11/03, BGHZ 156, 19, 22; OLG München v. 8.12.2006 – 34 Wx 103/06, FGPrax 2007, 21 (22); OLG Karlsruhe v. 5.12.2002 – 11 Wx 6/02, WuM 2003, 46–47; BayObLG v. 10.3.1994 – 2Z BR 136/93, WuM 1994, 504; a.A. *Kümmel*, ZWE 2001, 516 (519–520).
5 BGH v. 19.12.1977 – II ZR 136/76, BGHZ 70, 117 (118); BGH v. 22.5.1989 – II ZR 206/88, BGHZ 107, 296 (308); BGH v. 25.2.1965 – II ZR 287/63, BGHZ 43, 261 (265 f.); *K. Schmidt* in Großkommentar zum AktG, § 245 Rz. 10.
6 BGH v. 17.7.2003 – V ZB 11/03, BGHZ 156, 19 (22).
7 BGH v. 17.7.2003 – V ZB 11/03, BGHZ 156, 19 (22); BayObLG v. 10.3.1994 – 2Z BR 136/93, WuM 1994, 504.

Dogmatisch lässt sich dieses weite Verständnis der Anfechtungsbefugnis damit begründen, dass jeder Beschluss der Wohnungseigentümer das Rechtsverhältnis der Gemeinschaft gestaltet und damit ihre Stellung als Mitglieder der Gemeinschaft der Wohnungseigentümer zumindest abstrakt berührt[1].

c) Der Verlust der Anfechtungsbefugnis

Ein Wohnungseigentümer verliert seine Beschlussanfechtungsbefugnis, wenn er auf seine Ausübung verzichtet[2], nicht aber schon deshalb, weil er in der Versammlung selbst für den von ihm später angefochtenen Beschluss gestimmt hat[3]. Aus einer solchen Zustimmungserklärung allein kann nicht ohne weiteres auch auf einen entsprechenden rechtsgeschäftlichen Verzichtswillen geschlossen werden.

23

Die Anfechtungsbefugnis kann ferner erlöschen, wenn die Gültigkeit eines Beschlusses nur wegen eines Verfahrensmangels in Frage gestellt wird und der klagende Wohnungseigentümer in **Kenntnis des Verfahrensmangels** dem Beschluss zugestimmt hat[4]. Allerdings führt ein solches **widersprüchliches Verhalten** nur dazu, dass der anfechtende Wohnungseigentümer seine Befugnis verliert, die Ungültigerklärung des Beschlusses unter Berufung auf diesen Anfechtungsgrund zu betreiben. Andere, wie z.B. inhaltliche Mängel des Beschlusses oder sogar etwaige Nichtigkeitsgründe, darf er (ggf. auf richterlichen Hinweis hin, § 46 Abs. 2) dagegen weiterhin rügen. Daher ist die Klage in solchen Fällen nicht wegen einer fehlenden Klagebefugnis oder wegen eines fehlenden Rechtsschutzinteresses als unzulässig[5], sondern – sofern die Sachprüfung eine Ungültigerklärung oder eine Feststellung der Nichtigkeit des Beschlusses aus den anderen vom Kläger vorgetragenen Gründen nicht rechtfertigt – als unbegründet abzuweisen.

24

4. Die Klage- und Anfechtungsbefugnis im Falle der Mitberechtigung am Wohnungseigentum

Steht mehreren Miteigentümern das Eigentum an einer Wohnung in Bruchteilsgemeinschaft zu, ist **jeder** der **Bruchteilseigentümer** für sich und unabhängig voneinander berechtigt, die Gültigkeit eines Beschlusses gerichtlich klären zu lassen. Sie können eigenständig eine Anfechtungs- und Nichtigkeitsklage erheben[6]. Zum Teil wird die Befugnis zur Beschlussanfechtung auf das Notverwal-

25

---

1 *Suilmann*, Beschlussmängelverfahren, S. 114.
2 *Belz*, Handbuch des Wohnungseigentums, Rz. 184 aE.
3 OLG Karlsruhe v. 8.1.2002 – 11 T 563/00, MDR 2003, 621 (622); BayObLG v. 7.4.1988 – BReg. 2Z 156/87, NJW-RR 1988, 1168; a.A. *Kümmel*, ZWE 2001, 516 (520).
4 OLG Frankfurt v. 15.11.2005 – 20 W 130/03, ZWE 2006, 194–201; OLG Karlsruhe v. 8.1. 2002 – 11 T 563/00, MDR 2003, 621 (622); BayObLG v. 21.10.1993 – 2Z BR 103/93, WuM 1994, 45 (46); BayObLG v. 2.4.1992 – 2Z BR 4/92, BayObLGZ 1992, 79–85 = NJW-RR 1992, 910 (912).
5 So aber offensichtlich OLG Karlsruhe v. 8.1.2002 – 11 T 563/00, MDR 2003, 621 (622); BayObLG v. 2.4.1992 – 2Z BR 4/92, BayObLGZ 1992, 79–85 = NJW-RR 1992, 910 (912).
6 OLG Frankfurt v. 20.9.2006 – 20 W 241/05, NZM 2007, 490; KG v. 5.5.1993 – 24 W 3913/92, OLGZ 1994, 154 (156) = NJW-RR 1994, 278 (279); BayObLG v. 27.9.1990 – 2Z 47/90, BayObLGZ 1990, 260 (262) = NJW-RR 1991, 215 (216).

tungsrecht jedes Miteigentümers nach § 744 Abs. 2 BGB gestützt[1]. Die Beschlussanfechtung sei eine notwendige Erhaltungsmaßnahme i.S.v. § 744 Abs. 2 BGB, weil sie der Wahrung der Anfechtungsfrist diene und die Wirksamkeit eines rechtswidrigen Beschlusses nur auf diesem Wege beseitigt werden könne[2]. Richtigerweise ergeben sich sowohl die Klage- als auch die Anfechtungsbefugnis unmittelbar aus § 1011 BGB[3].

26 Für den **Miterben** ergibt sich die alleinige Befugnis zur Erhebung der Anfechtungsklage (aber auch zur Erhebung anderer Beschlussmängelklagen) nach Auffassung der Rechtsprechung aus § 2038 Abs. 1 BGB[4]. Richtigerweise beruht sie aber schon auf § 2039 BGB[5].

27 Steht das Wohnungseigentum mehreren Personen in **Gesellschaft bürgerlichen Rechts** zu, ist der einzelne Gesellschafter grundsätzlich nicht allein zur Erhebung der Anfechtungsklage berechtigt[6]. Dies ergibt sich aus § 709 Abs. 1 BGB, wonach die Gesellschafter – vorbehaltlich einer anderweitigen Regelung – die Geschäfte der Gesellschaft nur gemeinsam führen können. Fehlt eine vertragliche Regelung der Geschäftsführung, muss die Klage daher von allen Gesellschaftern gemeinsam erhoben werden. Fehlt diese Voraussetzung, ist die im eigenen Namen erhobene Klage wegen fehlender Klagebefugnis als unzulässig abzuweisen. Klagt der Gesellschafter im Namen einer rechtsfähigen (Außen-)Gesellschaft[7], beruht die Klageabweisung als unzulässig in einem solchen Fall auf seiner fehlenden Vertretungsbefugnis. Eine Ausnahme ist nur zuzulassen, wenn sich die Erhebung der Anfechtungsklage als eine Maßnahme der **Notgeschäftsführung** i.S.v. § 744 Abs. 2 BGB darstellt. In diesem Fall ist der einzelne Gesellschafter berechtigt, allein die Klage im Namen der (rechtsfähigen) Gesellschaft zu erheben. Allein die Kürze der Anfechtungsfrist von einem Monat rechtfertigt allerdings für sich genommen noch keine Befugnis zur Notgeschäftsführung[8]. Vielmehr müssen Umstände vorliegen, die die Handlungsfähigkeit der Gesellschafter beeinträchtigen, z.B., weil einzelne Gesellschafter erkrankt, abwesend oder aus anderen Gründen nicht erreichbar sind. Haben die Gesellschafter die Geschäftsführung abweichend vom Gesetz geregelt, sind allein die geschäftsführungsbefugten Gesellschafter zur Klageerhebung im Namen der Gesellschaft berechtigt. Die Notwendigkeit einer Notgeschäftsführung wird in solchen Fällen nur bei einer tatsächlichen oder rechtlichen Handlungsunfähigkeit der geschäftsführungs- und vertretungsbefugten Gesellschafter relevant werden.

---

1 KG v. 5.5.1993 – 24 W 3913/92, OLGZ 1994, 154 (156) = NJW-RR 1994, 278 (279).
2 *Sauren*, WE 1992, 40.
3 BayObLG v. 27.9.1990 – 2Z 47/90, BayObLGZ 1990, 260 (262) = NJW-RR 1991, 215 (216); *Suilmann*, Beschlussmängelverfahren, S. 127.
4 BayObLG NZM 1999, 286; LG Bremen v. 5.11.1987 – 2 T 345/87, DWE 1989, 22 (34).
5 *Suilmann*, Beschlussmängelverfahren, S. 130.
6 BayObLG v. 27.9.1990 – 2Z 47/90, BayObLGZ 1990, 260 (262) = NJW-RR 1991, 215 (216); a.A. *Sauren*, WE 1992, 40.
7 Zur Rechtsfähigkeit der BGB-Außengesellschaft s. BGH v. 29.1.2001 – II ZR 331/00, BGHZ 146, 341 (361) = MDR 2001, 459 (461).
8 BayObLG v. 27.9.1990 – 2Z 47/90, BayObLGZ 1990, 260 (262) = NJW-RR 1991, 215 (216).

5. Die Rechtsstellung im Falle der Veräußerung des Wohnungseigentumsrechts

Im Falle der rechtsgeschäftlichen **Veräußerung** eines Wohnungseigentumsrechts ist der Erwerber aus eigenem Recht zur Anfechtung fehlerhafter Beschlüsse und zur gerichtlichen Klärung ihrer Gültigkeit ab dem Zeitpunkt berechtigt, zu dem er als Eigentümer im Grundbuch eingetragen ist[1]. Weil § 10 Abs. 3 Satz 1 seine Bindung auch an solche Beschlüsse anordnet, die vor Eintritt des Eigentumswechsels gefasst worden sind, kann er die gerichtliche Gültigkeit dieser Beschlüsse nach Maßgabe des § 43 Nr. 4 WEG gerichtlich klären lassen. Bis zur Eintragung der Rechtsänderung im Grundbuch steht diese Befugnis dagegen dem Veräußerer zu. Der Erwerber kann sich allerdings von diesem zur Prozessführung ermächtigen lassen und das Verfahren in **Prozessstandschaft** betreiben. Nach Auffassung des Kammergerichts ist ein Erwerber, wenn ihm das Wohnungseigentum aufgelassen und der Eigentumsverschaffungsanspruch durch Vormerkung gesichert ist, regelmäßig als ermächtigt anzusehen, das mit dem Wohnungseigentumsrecht verbundene Anfechtungsrecht bereits vor seiner Eintragung als Wohnungseigentümer im Grundbuch auszuüben[2].

Der ausgeschiedene Wohnungseigentümer bleibt dagegen auch nach der Eintragung der Rechtsänderung im Grundbuch grundsätzlich berechtigt, die Gültigkeit eines Beschlusses gerichtlich klären zu lassen, sofern der Beschluss noch vor seinem Ausscheiden aus der Gemeinschaft gefasst wurde. Er ist dann insbesondere zur Erhebung einer Anfechtungsklage berechtigt[3]. Diese Befugnis korrespondiert mit der fortbestehenden rechtsgeschäftlichen Bindung des ausgeschiedenen Wohnungseigentümers an die Beschlussfassung[4]. So bleibt er beispielsweise auch nach seinem Ausscheiden zu solchen Beitragszahlungen aufgrund eines Wirtschaftsplanes verpflichtet, die bis zum Zeitpunkt der Eintragung der Rechtsänderung im Grundbuch fällig geworden sind[5].

Eine eigenständige Klagebefugnis steht einem ausgeschiedenen Wohnungseigentümer nicht mehr bezüglich solcher Beschlüsse zu, die nach seinem Ausscheiden aus der Gemeinschaft gefasst worden sind, denn mit dem Verlust des Eigentumsrechts endet automatisch auch die Mitgliedschaft in der Gemeinschaft der Wohnungseigentümer. Die Beschlüsse der Gemeinschaft können ihn rechtsgeschäftlich nicht mehr binden[6]. Sie bleiben ihm gegenüber ohne jegliche Wirkung, weshalb in diesem Fall auch kein Bedürfnis für die Erhebung einer Anfechtungs- oder Nichtigkeitsklageklage besteht. Die Klage ist daher nicht als unbegründet, sondern wegen fehlender Klagebefugnis als unzulässig abzuweisen[7]. Nimmt die Gemeinschaft den ausgeschiedenen Wohnungseigentümer aufgrund eines solchen Beschlusses auf Zahlung von Beiträgen in Anspruch, kann

---

1 OLG Frankfurt v. 14.4.1992 – 20 W 202/91, NJW-RR 1992, 1170.
2 KG v. 20.7.1994 – 24 W 3942/94, NJW-RR 1995, 147 (158) = WuM 1994, 714 (715).
3 BayObLG v. 4.9.1986 – BReg. 2Z 82/86, BayObLGZ 1986, 348 (350f.).
4 OLG Düsseldorf v. 6.6.1997 – 3 Wx 420/96, ZMR 1997, 545 (546); OLG Hamburg v. 21.10.2002 – 2 Wx 71/02, WuM 2003, 104 (105).
5 BGH v. 30.11.1995, V ZB 16/95, BGHZ 131, 228–232 = NJW 1996, 725 (726).
6 OLG Zweibrücken v. 21.10.2005 – 3 T 16/05, OLGR Zweibrücken, 2007, 149; OLG Düsseldorf v. 6.6.1997 – 3 Wx 420/96, ZMR 1997, 545 (546).
7 OLG Köln v. 14.10.1991 – 16 Wx 86/91, WuM 1992, 162; *Suilmann*, Beschlussmängelverfahren, S. 146.

dieser allerdings mit einer **negativen Feststellungsklage** das Nichtbestehen des behaupteten Anspruchs (bei dem nach § 43 Nr. 1 zuständigen AG) feststellen lassen.

31 Ist zum Zeitpunkt der Eigentumsumschreibung bereits eine noch vom Veräußerer erhobene Anfechtungsklage rechtshängig, bleibt dieser nach Maßgabe des § 265 Abs. 2 ZPO berechtigt, das Verfahren fortzuführen[1]. Der Erwerber kann daher selbst keine Klage erheben. Bei fehlender Rechtshängigkeit sind dagegen sowohl der Veräußerer als auch der Erwerber unabhängig voneinander berechtigt, die Gültigkeit eines vor Eigentumsumschreibung gefassten Beschlusses durch Erhebung einer Anfechtungs- oder sonstigen Beschlussmängelklage klären zu lassen[2]. Erhebt der Veräußerer nach Vollzug des Eigentumswechsels eine Anfechtungsklage, ist die Klage daher auch gegen den Erwerber zu richten.

6. Die Rechtsstellung nach Insolvenzeröffnung und Anordnung der Zwangsverwaltung

32 Ist über das Vermögen eines Wohnungseigentümers ein Insolvenzverfahren eröffnet worden oder ist eine Eigentumswohnung im Wege der Zwangsvollstreckung beschlagnahmt, die Zwangsverwaltung angeordnet und ein Zwangsverwalter bestellt worden, ist die Klage nicht gegen den betroffenen Wohnungseigentümer, sondern gegen den **Insolvenzverwalter** oder den **Zwangsverwalter** zu erheben. Dies beruht darauf, dass den Wohnungseigentümern in solchen Fällen die Verwaltungs- und Verfügungsbefugnis über ihr Wohnungseigentum entzogen ist und von den „Parteien kraft Amtes" ausgeübt wird[3].

33 In solchen Fällen sind die betroffenen Wohnungseigentümer auch nicht mehr selbst zur Klageerhebung berechtigt und können folglich selbst keine Anfechtungs- oder Nichtigkeitsklage mehr erheben. Durch die Eröffnung des Insolvenzverfahrens geht nach § 80 Abs. 1 InsO das Recht des Schuldners, das zur Insolvenzmasse gehörende Vermögen zu verwalten und über das Vermögen zu verfügen, auf den Insolvenzverwalter über. Im Falle der Zwangsverwaltung beruht diese Befugnis auf § 152 Abs. 1 ZVG.

34 Gibt der Insolvenzverwalter eine Wohnungs- oder Teileigentumseinheit frei, gelangt diese aufgrund der Freigabe wieder in das insolvenzfreie Vermögen des Schuldners. Der Insolvenzverwalter verliert unmittelbar mit Zugang der Freigabeerklärung an den Insolvenzschuldner seine Verfügungs- und Verwaltungsbefugnisse an den wieder in vollem Umfang in seine Rechte als Eigentümer eintretenden Insolvenzschuldner[4]. Der Insolvenzverwalter ist daher auch ab diesem Zeitpunkt nicht mehr zur Erfüllung der laufenden Verbindlichkeiten gegenüber der Gemeinschaft verpflichtet, verliert aber zugleich auch seine Klage-

---

1 BGH v. 23.8.2001 – V ZB 10/01, BGHZ 148, 335, = NJW 2001, 3339 (3342); OLG Hamburg v. 21.10.2002 – 2 Wx 71/02, WuM 2003, 104 (105).
2 *Suilmann*, Beschlussmängelverfahren, S. 148.
3 BayObLG v. 14.2.19991 – BReg. 2Z 4/91, BayObLGZ 1991, 93 = NJW-RR 1991, 723; a.A. AG Neukölln v. 2.6.2005 – 70 II 242/04. WEG, WE 2005, 261 (262).
4 BGH v. 24.9.2002 – V ZB 24/02, BGHZ 152, 136 (147) = MDR 2003, 43 (45); BGH v. 10.3.1994 – IX ZR 98/93, NJW 1994, 1866.

und Anfechtungsbefugnis. Diese Befugnis steht mit Zugang der Freigabeerklärung dem Insolvenzschuldner zu.

III. Die Rechtsstellung des Verwalters in Beschlussmängelprozessen (§ 46 Abs. 1 Satz 1)

1. Die Klage- und Anfechtungsbefugnis des Verwalters

a) Der Regelungsgehalt des § 46 Abs. 1 Satz 1

Nach der Vorstellung des Gesetzgebers ist auch der **Verwalter des** gemeinschaftlichen Eigentums grundsätzlich zur Anfechtung fehlerhafter Beschlüsse der Wohnungseigentümer berechtigt. Er muss eine solche Klage nach § 46 Abs. 1 Satz 1 gegen die Wohnungseigentümer erheben. Nach der Begründung des Rechtsausschusses sollen mit der Gesetz gewordenen Regelung die im Rahmen einer Sachverständigenanhörung geäußerten Bedenken aufgegriffen werden, der Gesetzgeber habe das Anfechtungsrecht des Verwalters generell ausschließen wollen. Tatsächlich sah der ursprüngliche Gesetzesentwurf weder eine ausdrückliche Klageberechtigung der Wohnungseigentümer noch des Verwalters vor[1]. Nach einer im Verlauf einer öffentlichen Anhörung vor dem Rechtsausschuss des Bundestages geäußerten Auffassung gebe es aber „durchaus Gründe, dem Verwalter in Ausnahmefällen ein altruistisches Anfechtungsrecht zu geben"[2]. Mit der Gesetz gewordenen Formulierung soll diesen Bedenken Rechnung getragen werden. Der Gesetzeswortlaut soll – ausweislich der Beschlussempfehlung des Rechtsausschusses – nunmehr zum Ausdruck bringen, dass das Anfechtungsrecht des Verwalters gegenüber dem bisherigen Recht unverändert fortbesteht[3].

35

b) Die Klagebefugnis des Verwalters

Vor dem Hintergrund der hier vertretenen Auffassung, die die Anfechtungs- und Nichtigkeitsklage als identische Beschlussmängelklage behandelt, kann dem § 46 Abs. 1 Satz 1 auch für die Rechtsstellung des Verwalters ein doppelter Regelungsgehalt entnommen werden. Der Verwalter gehört neben den Wohnungseigentümern zu denjenigen Personen, die überhaupt berechtigt sind, die auf die gerichtliche Klärung der Gültigkeit eines Beschlusses abzielenden Anfechtungs- und Nichtigkeitsklagen zu betreiben. Der Gesetzgeber weist ihm somit die für eine solche Prozessführung erforderliche Klagebefugnis zu. Dies beruht aber nicht darauf, dass auch der Verwalter an die Beschlüsse rechtsgeschäftlich gebunden wäre. Eine solche Bindung besteht nämlich nicht. Daher ist eine Beschlussmängelklage ausnahmslos gegen die Wohnungseigentümer zu richten und nicht auch gegen den Verwalter. Der Verwalter ist **nicht passivlegitimiert**. Die Zuweisung einer Klagebefugnis an den Verwalter erklärt sich vielmehr aus den ihm nach dem Gesetz bei der Verwaltung des gemeinschaftlichen Eigentums zugewiesenen Aufgaben. Er ist nach § 27 Abs. 1 Nr. 1 WEG zur Ausfüh-

36

---

1 Vgl. die amtliche Begründung zum Gesetzentwurf, BT-Drucks. 16/887, 38.
2 Protokoll der 23. Sitzung des Rechtsausschusses des Deutschen Bundestages v. 18.9.2006, S. 13.
3 Beschlussempfehlung und Bericht des Rechtsausschusses BT-Drucks. 16/3843, 28.

rung der Beschlüsse der Wohnungseigentümer verpflichtet. Diese Aufgabe kann er nur ordnungsgemäß wahrnehmen, wenn Klarheit über die Gültigkeit der Beschlüsse besteht. Diese Klärung soll der Verwalter – nach der Vorstellung des Gesetzgebers – ggf. durch Klageerhebung selbst herbeiführen können. Allein aus diesem Grund ist er auch in Beschlussmängelprozessen nach § 48 Abs. 1 Satz 2 beizuladen.

37 Aufgrund dieses Funktionszusammenhangs ist nur der amtierende, nicht aber der aus dem Amt ausgeschiedene Verwalter zur Erhebung einer Beschlussmängelklage berechtigt[1]. Die von ihm nach seinem Ausscheiden im eigenen Namen erhobene Klage wäre als unzulässig abzuweisen. Entsprechendes gilt, wenn der Verwalter während eines rechtshängigen Rechtsstreits seine Verwalterstellung verliert, denn dieser Verlust hat automatisch den Verlust der Klagebefugnis zur Folge. In diesem Fall kann der Verwalter die Abweisung der Klage als unzulässig aber vermeiden, indem er den Rechtsstreit in der Hauptsache für erledigt erklärt. Der **ausgeschiedene Verwalter** ist dagegen nicht berechtigt, den Rechtsstreit für seinen Nachfolger fortzusetzen, da § 265 ZPO insoweit keine Anwendung findet. Allerdings kann der neue Verwalter in den rechtshängigen Prozess im Wege des Parteiwechsels eintreten; ein solcher Parteiwechsel wäre als sachdienlich zuzulassen[2].

38 Eine Besonderheit gilt nach der Rechtsprechung des BGH für die Anfechtungsklage des Verwalters gegen den Beschluss der Wohnungseigentümer über seine **Abberufung**. Die Gültigkeit dieses Beschlusses soll der Verwalter auch nach seinem Ausscheiden noch durch Erhebung der Anfechtungs- und Nichtigkeitsklage gerichtlich überprüfen lassen dürfen[3]. Den Beschluss der Wohnungseigentümer über die Wahl eines neuen Verwalters darf er dagegen nicht mehr durch Erhebung einer Anfechtungs- oder Nichtigkeitsklage klären lassen[4].

c) Die Anfechtungsbefugnis des Verwalters

39 Dem § 46 Abs. 1 Satz 1 kann ferner entnommen werden, dass dem Verwalter nach der Vorstellung des Gesetzgebers auch eine Anfechtungsbefugnis zustehen soll, die ihn berechtigt, die Ungültigerklärung eines Beschlusses der Wohnungseigentümer wegen der ihm anhaftenden Anfechtungsgründe zu betreiben. Da nach der hier vertretenen Auffassung Grundlage der Beschlussanfechtungsbefugnis eine materiell-rechtliche Berechtigung ist, stellt sich die vom Gesetzgeber nicht beantwortete Frage nach der rechtsdogmatischen Grundlage einer solchen Befugnis. Dabei ist der Hinweis des Rechtsausschusses, das Anfechtungsrecht des Verwalters solle gegenüber dem bisherigen Recht unverändert bleiben, wenig hilfreich, denn es bestand bereits nach bisherigem Recht eine erhebliche Unsicherheit, ob und in welchem Umfang der Verwalter des gemein-

---

1 So schon OLG Hamm v. 11.8.1970 – 15 W 232/69, OLGZ 1971, 96 (98); *Niedenführ*, NZM 1999, 640 (641).
2 Zur Wahrung der Anfechtungsfrist in den Fällen des Parteiwechsels s. aber OLG Frankfurt v. 19.1.1989 – 20 W 382/88, WE 1989, 70.
3 BGH v. 20.6.2002, BGHZ 151, 164, 169–171 = NJW 2002, 3240–3246; BGH v. 1.12.1988 – V ZB 6/88, BGHZ 106, 113 (122 ff.) = NJW 1989, 1087 (1089); hierzu s. auch unten § 46 Rz. 50 ff.
4 OLG Hamm v. 2.9.1996 – 15 W 138/96, ZMR 1997, 49.

schaftlichen Eigentums berechtigt war, fehlerhafte Beschlüsse der Wohnungseigentümer anzufechten. Verwirrend ist auch die ausdrückliche Bezugnahme auf die im Verlauf einer öffentlichen Anhörung vor dem Rechtsausschuss des Bundestages geäußerte Auffassung, wonach es in *Ausnahmefällen* durchaus „Gründe gebe, dem Verwalter ein altruistisches Anfechtungsrecht zu geben"[1].

2. Der Umfang der Beschlussanfechtungsbefugnis des Verwalters

a) Der Meinungsstand

Während sie bislang nur vereinzelt in Abrede gestellt wurde[2], befürwortet die überwiegende Auffassung in Rechtsprechung und Literatur – jedenfalls im Grundsatz – eine eigenständige Beschlussanfechtungsbefugnis des Verwalters[3]. Zur Begründung wird vielfach darauf abgestellt, dass der Verwalter kraft gesetzlicher Anordnung in § 27 Abs. 1 Nr. 1 WEG zur Ausführung der Beschlüsse verpflichtet sei, er aber nicht gehalten sein könne, rechtsfehlerhafte Beschlüsse auszuführen[4]. Insbesondere dann, wenn der Verwalter in Ausführung eines Beschlusses Verträge im Namen der Wohnungseigentümer mit einem Dritten schließe, laufe er Gefahr, bei einer späteren Ungültigerklärung dieses Beschlusses auf Antrag eines Wohnungseigentümers als Vertreter ohne Vertretungsmacht gem. § 179 BGB in Anspruch genommen zu werden[5]. Aus diesem Grund habe der Verwalter ein berechtigtes Interesse, aus eigenem Recht die Beschlussanfechtung betreiben zu können[6]. Das Anfechtungsrecht des Verwalters bestehe demnach in dem Umfang, wie der Beschluss in die dem Verwalter durch Gesetz, Gemeinschaftsordnung, Verwaltervertrag oder Beschlüsse der Wohnungseigentümer eingeräumte Rechts- und Aufgabenstellung, aber auch in die ihn hieraus treffenden Obliegenheiten, eingreife[7]. Eine solche Beeinträchtigung des Verwalters bei der Erfüllung der ihm obliegenden ordnungsgemäßen Verwaltung soll beispielsweise vorliegen, wenn die Wohnungseigentümer einen Wirtschaftsplan mit Vorauszahlungen, die zur Deckung der voraussichtlich anfallenden Kosten nicht ausreichend sind, oder bauliche Maßnahmen beschließen, die technisch verfehlt oder deren Finanzierung nicht geregelt sei[8]. Keine Befugnis

---

1 Protokoll der 23. Sitzung des Rechtsausschusses des Deutschen Bundestages v. 18.9.2006, S. 13.
2 *Suilmann*, Beschlussmängelverfahren, S. 157–159; *Kümmel*, ZWE 2001, 516 (521); im Grundsatz auch *Wenzel* in Staudinger, Vorbem. zu §§ 43 ff. WEG, Rz. 70, der eine Beschlussanfechtungsbefugnis des Verwalters allerdings bejaht, wenn ein Beschluss offensichtlich rechtswidrig ist.
3 KG v. 12.7.1975 – 1 W 457/74, OLGZ 1976, 56 (57–58); diese Befugnis rechtfertige ein eigenständiges Beschwerderecht OLG Hamm v. 11.8.1970 – 15 W 232/69, OLGZ 1971, 96 (98); *Hauger*, PiG 36, S. 49 (58); *Hauger*, PiG 11, S. 55 (61); zur Beschwerdeberechtigung des Verwalters nach früherem Recht s. auch *Abramenko* in KK-WEG § 45 Rz. 11–12.
4 KG v. 12.7.1975 – 1 W 457/74, OLGZ 1976, 56 (57 f.); KG v. 3.2.1978 – 1 W 2570, OLGZ, 1978, 178 (180); vgl. auch BayObLG v. 12.2.2004 – 2Z BR 261/03, BayObLGZ 2004, 31–37 = ZMR 2005, 460–462; *Merle* in Festgabe für Weitnauer, S. 195 (199); *Becker*, Die Teilnahme an der Versammlung der Wohnungseigentümer, S. 235 f.
5 *Becker*, Die Teilnahme an der Versammlung der Wohnungseigentümer, S. 236.
6 *Müller*, Praktische Fragen, Rz. 998.
7 *Hauger*, PiG 36, S. 49 (59).
8 *Hauger*, PiG 36, S. 49 (59).

zur Anfechtung bestehe dagegen, wenn der Beschluss unter Verstoß gegen die gesetzlichen Vorschriften oder die Gemeinschaftsordnung gefasst werde, nicht aber die Rechts- und Aufgabenstellung des Verwalters berühre[1].

41 Nach anderer Auffassung habe der Gesetzgeber den Verwalter befähigen wollen, das Interesse der Wohnungseigentümer an einer rechtsfehlerfreien Willensbildung in der Wohnungseigentümerversammlung zu wahren[2]. Er habe dieses Interesse unabhängig von einer Verletzung in eigenen Rechten wahrzunehmen. Daher sei er unter bestimmten Voraussetzungen nicht nur berechtigt, sondern sogar verpflichtet, einen fehlerhaften Beschluss anzufechten und für ungültig erklären zu lassen[3].

42 Nach der Rechtsprechung des BGH ist der Verwalter jedenfalls berechtigt, die Gültigkeit des Beschlusses der Wohnungseigentümer über seine Abberufung gerichtlich im Wege einer Beschlussanfechtung klären zu lassen. Hierdurch soll ihm die Möglichkeit eröffnet werden, seine durch die Abberufung ggf. zu Unrecht entzogene Rechtsstellung zurückzugewinnen[4].

b) Das Beschlussanfechtungsrecht als subjektives Abwehrrecht des Verwalters

43 Soweit in Rechtsprechung und Literatur zur Begründung einer eigenständigen Beschlussanfechtungsbefugnis des Verwalters auf die auf § 27 Abs. 1 Nr. 1 beruhende Verpflichtung des Verwalters zur Ausführung der Beschlüsse abgestellt wird, kann dies bereits deshalb nicht überzeugen, weil die ihm obliegende Verpflichtung zur Ausführung anfechtbarer Beschlüsse ihn nicht in **subjektiven Rechten** verletzen kann. Nicht gründlich durchdacht ist daher die gelegentlich anzutreffende Begründung, dem Verwalter sei es nicht zuzumuten, einen unter Anfechtungsgründen leidenden Beschluss auszuführen, da er sich ggf. schadensersatzpflichtig mache. Nach zutreffender Ansicht besteht nämlich eine solche **Schadensersatzpflicht** nicht, und zwar auch dann nicht, wenn der zwischenzeitlich ausgeführte Beschluss auf eine Anfechtungsklage hin für ungültig erklärt wird[5]. Aber selbst wenn man eine solche Verpflichtung zum Schadensersatz bejahen würde, kann den Verwalter eine eigenständige Beschlussanfechtungsbefugnis nicht vor dieser Schadensersatzpflicht schützen. Eine von ihm erhobene Anfechtungsklage entfaltet – wie auch die Anfechtungsklage eines Wohnungseigentümers – keine aufschiebende Wirkung[6]. Er bliebe folglich auch nach einer Klageerhebung weiterhin zur Beschlussausführung verpflichtet[7].

---

1 *Weitnauer/Mansel*, § 43 Rz. 29.
2 *Reuter*, ZWE 2001, 286, 289; *Wangemann*, WuM 1990, 53; *Bub*, PiG 30, S. 13 (23).
3 *Müller*, Praktische Fragen, Rz. 998; *Reuter*, ZWE 2001, 286.
4 BGH v. 20.6.2002, BGHZ 151, 164 (169–171) = NJW 2002, 3240 (3246); BGH v. 1.12.1988 – V ZB 6/88, BGHZ 106, 113 (122 ff.) = NJW 1989, 1087 (1089).
5 *Müller*, Praktische Fragen, Rz. 999; *Merle* in Bärmann/Pick/Merle, § 23 Rz. 207.
6 BayObLG v. 11.3.1998 – 2Z BR 7/98, NJW-RR 1998, 1386; KG v. 3.2.1978 – 1 W 2570, OLGZ, 1978, 178 (180).
7 Siehe zum Ganzen *Suilmann*, Beschlussmängelverfahren, S. 161 (162); so auch *Reuter*, ZWE 2001, 286.

c) Das Beschlussanfechtungsrecht als altruistisches Recht des Verwalters

Nahe liegender erscheint es deshalb, das Beschlussanfechtungsrecht des Verwalters als **altruistisches Recht** aufzufassen, das unabhängig davon besteht, ob er durch den Beschluss in eigenen Rechten verletzt wird. Der Verwalter wäre dann – ebenso wie die Wohnungseigentümer – unabhängig von einer persönlichen Rechtsverletzung zur Beschlussanfechtung berechtigt. Ein so verstandenes Anfechtungsrecht des Verwalters würde nicht seinen eigenen Interessen, sondern dem Interesse der Gemeinschaft der Wohnungseigentümer an einer fehlerfreien, ordnungsgemäßer Verwaltung entsprechenden Beschlussfassung dienen.

44

Die Annahme einer „altruistischen" Anfechtungsbefugnis des Verwalters beruht aber auf drei Schwächen, die das dem Verwalter zugewiesene Anfechtungsrecht letztlich grundsätzlich in Frage stellen. Die erste Schwäche liegt in der unzureichenden rechtstatsächlichen Erfassung der Problematik. Der Gesetzgeber übersieht nämlich, dass dem Zivilprozess jeglicher Altruismus fremd ist. Hier verfolgt der Kläger eigene subjektive Rechte und Ansprüche. Zur Wahrnehmung ausschließlich fremder Interessen werden im Zivilprozess schon deshalb keine Prozesse geführt, weil eine Klage immer auf eigene, nicht aber auf fremde Rechnung erhoben werden kann[1]. Auch eine etwaige Anfechtungsklage nach § 46 Abs. 1 hätte der Verwalter auf eigene Rechnung zu erheben. Verliert er als Kläger den Prozess, sind ihm die gesamten Kosten des Rechtsstreits nach § 91 ZPO aufzuerlegen. Was aber kann einen Verwalter veranlassen, das Kostenrisiko für eine Klage zu übernehmen, mit der er nicht eigene Interessen verfolgt?

45

Die zweite Schwäche ist die unzureichende Reflexion der Rechtsstellung des Verwalters im Verhältnis zu den Wohnungseigentümern und der nach § 10 Abs. 3 rechtsfähigen Gemeinschaft. Der Verwalter übt seine Aufgaben bei der Verwaltung des gemeinschaftlichen Eigentums **weisungsgebunden** aus. Er ist – wie die Gesetzesbegründung zutreffend wiedergibt – ein weisungsgebundener Sachwalter des Gemeinschaftsvermögens und Vollzugsorgan der Gemeinschaft hinsichtlich der von dieser beschlossenen Maßnahmen[2]. Gerade seine Weisungsgebundenheit steht aber der Annahme einer eigenständigen Beschlussanfechtungsbefugnis entgegen. Es ist im deutschen Rechtsraum bislang unbekannt, dass derjenige, der zur weisungsgebundenen Erledigung von Aufgaben verpflichtet ist, die ihm erteilten Weisungen allein im Interesse seines Auftraggebers einer gerichtlichen Überprüfung unterziehen kann.

46

Nicht hinreichend berücksichtigt die bislang herrschende Meinung und auch der Gesetzgeber schließlich, dass es auch unter verfassungsrechtlichen Gesichtspunkten einer tragfähigen Begründung für ein eigenständiges Beschlussanfechtungsrecht des Verwalters bedarf. Hier liegt die dritte Schwäche des gesetzlichen Konzepts. Zu beachten ist, dass jede Ungültigerklärung eines Beschlusses einen gerichtlichen Eingriff in die nach Art. 2 GG geschützte Privatautonomie und in das nach Art. 14 GG geschützte Eigentumsrecht der Wohnungseigentümer bedeutet. Dies ist – als unvermeidbare Begleiterscheinung des

47

---

1 Aufgrund dieses Umstandes steht zu erwarten, dass die Verwalter – wie auch schon nach bisherigem Recht – von einer etwaigen Anfechtungsbefugnis kaum Gebrauch machen werden.
2 Amtliche Begründung des Gesetzesentwurfs, BT-Drucks. 16/887, 40.

Gemeinschaftsverhältnisses – unproblematisch, solange die gerichtliche Ungültigerklärung durch die Rechtsträger, also die Wohnungseigentümer selbst, betrieben wird. Ein eigenständiges Anfechtungsrecht ermöglicht es dem Verwalter dagegen, in die rechtsgeschäftlichen Beziehungen dritter Personen einzugreifen. Es würde ihn theoretisch sogar in die Lage versetzen, solche Beschlüsse gerichtlich für ungültig erklären zu lassen, die von den Wohnungseigentümern einvernehmlich oder jedenfalls nicht gegen den Willen einzelner Wohnungseigentümer gefasst worden sind. Die mit einer solchen gerichtlichen Entscheidung einhergehende Beschränkung der Privatautonomie und des Eigentumsrechts der Wohnungseigentümer lässt sich verfassungsrechtlich kaum rechtfertigen.

48 Die verfassungsrechtliche Rechtfertigung kann insbesondere nicht aus einem übergeordneten, vom Einzelwillen der Wohnungseigentümer unabhängigen Willen der Gemeinschaft hergeleitet werden. Die Gemeinschaft der Wohnungseigentümer ist nicht in der Weise konzipiert, dass sie – auch nach Anerkennung ihrer Rechtsfähigkeit – eine Gesellschaft wäre, an der die einzelnen Wohnungseigentümer nur noch in Form verdinglichter Miteigentumsanteile partizipieren würden. Vielmehr bleiben das Sondereigentum und das Gemeinschaftseigentum als echtes Eigentum ausschließlich in den Händen der Miteigentümer und sind nicht Teil des Vermögens eines rechtsfähigen Verbandes[1]. Das Wohnungseigentumsrecht ist somit personenrechtlich geprägt, einen von dem Gesamtwillen der Wohnungseigentümer zu unterscheidenden Willen der Gemeinschaft gibt es nicht[2]. Die Anfechtungsklage und die ihr zugrunde liegende Anfechtungsbefugnis dienen daher nicht der Verfolgung eines überindividuellen Gemeinschaftszwecks, sondern allein dem Ausgleich zwischen den konkurrierenden Interessen der jeweiligen Wohnungseigentümer[3].

49 Als „echtes Eigentum" unterfällt das Wohnungseigentum unmittelbar dem Anwendungsbereich des Art. 14 GG und des § 903 BGB: Die Eigentümer können, soweit nicht das Gesetz oder Rechte Dritte entgegenstehen, mit der Sache nach Belieben verfahren. Dies schließt grundsätzlich auch die Befugnis ein, mit der Sache in den Grenzen des § 903 BGB „unvernünftig" verfahren zu können[4]. Es bedarf deshalb keines Verwalters, der die Wohnungseigentümer – quasi als Vormund – zu einer ordnungsgemäßen Verwaltung des gemeinschaftlichen Eigentums anhält[5].

d) Der Rechtsschutz des Verwalters gegen seine Abberufung

aa) Die Rechtsprechung des BGH zum Anfechtungsrecht des Verwalters

50 Ein eigenständiges Beschlussanfechtungsrecht hat der BGH dem Verwalter bezüglich des Beschlusses der Wohnungseigentümer über seine **Abberufung als Verwalter** zugestanden[6]. Der Verwalter kann die durch den Abberufungsbeschluss ver-

---
1 So ausdrücklich auch BGH v. 2.6.2005 – V ZB 32/05, BGHZ 163, 154, (177) = NJW 2005, 2061 (2068).
2 *Reuter*, ZWE 2001, 286 (287).
3 *Reuter*, ZWE 2001, 286 (287).
4 Dies verkennt *Reuter*, ZWE 2001, 286 (290).
5 Zutreffend *Kümmel*, ZWE 2001, 516 (521).
6 BGH v. 20.6.2002 – V ZB 39/01, BGHZ 151, 164 (181) = NJW 2002, 3240 (3246); BGH v. 1.12.1988 – V ZB 6/88, BGHZ 106, 113 (122 ff.) = NJW 1989, 1087 (1089).

lorene Verwalterstellung danach nur dadurch zurückerlangen, indem er fristgerecht durch Erhebung der Anfechtungsklage die Ungültigerklärung des Abberufungsbeschlusses betreibt. Während der Verwalter den Beschluss über die Kündigung des Verwaltervertrages nicht anfechten könne und dürfe, sei dem abberufenen Verwalter ein Anfechtungsrecht bezüglich des Beschlusses über seine Abberufung zuzubilligen, um ihm die Möglichkeit zu eröffnen, seine durch die Abberufung ggf. zu Unrecht entzogene Rechtsstellung zurückzugewinnen.

Zur Begründung führt der BGH aus, das Vorliegen eines Anfechtungsrechts sei in Anlehnung an § 20 Abs. 1 FGG zu prüfen. Danach komme eine Anfechtungsbefugnis jedem zu, dessen durch Gesetz verliehene oder durch die Rechtsordnung anerkannte, von der Staatsgewalt geschützte Rechtsposition beeinträchtigt werde. Eine solche Rechtsbeeinträchtigung sei auch bei dem Entzug eines Amts gegeben. Denn der Amtsinhaber verliere nicht nur seine Funktionsstellung, sondern auch das ihm aus der Bestellung erwachsene Recht, dieses Amt bis zu seiner rechtmäßigen Abberufung bzw. Entlassung auszuüben. Dass dieses Recht schützenswert sei, würden insbesondere die Bestimmungen der §§ 60 Abs. 1 Nr. 3, 69 g Abs. 4 Nr. 3, 81 Abs. 2 FGG, § 84 KO, § 59 InsO zeigen. Den dort angesprochenen Amtsträgern (Vormund, Pfleger, Nachlasspfleger, Nachlassverwalter, Betreuer, Testamentsvollstrecker, Konkurs- und Insolvenzverwalter) komme bereits deswegen ein Beschwerderecht zu, weil sie ohne ihr Einverständnis aus ihrem Amt entlassen worden seien. Für eine hiervon abweichende Beurteilung der Anfechtungs- und Beschwerdebefugnis des abberufenen Verwalters einer Wohnungseigentumsanlage gebe es keinen sachlichen Grund. 51

Der Beschluss der Eigentümer über die Abberufung des Verwalters sei – anders als der Beschluss über die Kündigung des Verwaltervertrags – zudem nicht nur ein Instrument der Willensbildung innerhalb der Eigentümergemeinschaft, da Bestellungs- und Abberufungsbeschlüsse nach §§ 26 Abs. 1, Abs. 4, 24, 27, 28 WEG auf die unmittelbare Begründung bzw. Aufhebung wohnungseigentumsrechtlicher Befugnisse und Pflichten gerichtet seien. Sie würden nicht nur interne Wirkung entfalten, sondern seien konstitutive Bestandteile eines zweistufigen Bestellungs- bzw. Abberufungsaktes, der neben der gemeinschaftlichen Willensbildung und der entsprechenden Bestellungs- bzw. Abberufungserklärung noch deren Zugang erfordert. Dem entspreche, dass der bestandskräftige Abberufungsbeschluss (§ 23 Abs. 4) nach allgemeiner Auffassung auch das Vorliegen der erforderlichen Abberufungsvoraussetzungen für alle Beteiligten bindend feststelle. In dieser Bindungswirkung unterscheidet sich ein bestandskräftiger Abberufungsbeschluss von einem unangefochtenen Eigentümerbeschluss über die Kündigung, der für die nach §§ 620 ff. BGB zu beurteilende Wirksamkeit der Vertragskündigung ohne Einfluss sei. 52

bb) Kritik und Stellungnahme

Beide Entscheidungen des BGH und das ihnen zugrunde liegende Rechtsschutzkonzept können nicht überzeugen und sind im Schrifttum zu Recht auf Kritik 53 gestoßen[1]. Die vom BGH in beiden Entscheidungen vertretene Auffassung, die Bindungswirkungen des Beschlusses über die Bestellung oder Abberufung eines Verwalters beschränkten sich nicht auf die Wohnungseigentümer, vielmehr werde in die Rechtsstellung des Verwalters, ohne dass es eines nachgeschalteten Rechtsgeschäfts bedürfe, unmittelbar eingegriffen, ist rechtswissenschaftlich nicht überzeugend begründbar und deshalb unhaltbar. Der Beschluss ist ein Akt der Willensbildung der Wohnungseigentümer[2]. Seine Funktion besteht – worauf der BGH in einer Entscheidung vom 23.8.2001 selbst zutreffend hingewiesen hat – darin, den gemeinschaftsinternen Willen der Wohnungseigentümer verbindlich festzulegen[3]. Daher beschränken sich die rechtsgeschäftlichen Wirkungen eines Beschlusses ausschließlich auf die Wohnungseigentümer. Nichts anderes gilt für den Beschluss der Wohnungseigentümer über die Abberufung des Verwalters. Rechtsgeschäftliche Wirkung entfaltet im Verhältnis zum Verwalter erst die aufgrund des Beschlusses abzugebende **Abberufungserklärung**, die – wie die Kündigung des Verwaltervertrages – ein **einseitiges Rechtsgeschäft** der Wohnungseigentümer gegenüber dem Verwalter ist[4].

54 Der BGH begründet auch nicht, weshalb der Beschluss der Wohnungseigentümer nicht nur die Wohnungseigentümer, sondern auch den Verwalter bindet. Der bloße Hinweis des Gerichts, ein „bestandskräftiger Abberufungsbeschluss stelle nach allgemeiner Auffassung das Vorliegen der erforderlichen Abberufungsvoraussetzungen für alle Beteiligten bindend fest", erinnert an einen Zirkelschluss. Damit behauptet der BGH lediglich, was von ihm zu begründen gewesen wäre. Völlig im Dunkeln lässt der BGH in seinen Entscheidungen auch, weshalb diese angebliche Bindungswirkung zwar für den Beschluss der Wohnungseigentümer über die Abberufung des Verwalters, nicht aber zugleich auch für den Beschluss der Wohnungseigentümer über die Kündigung des Verwaltervertrages besteht. Welche Kriterien sind es, die diese unterschiedliche Behandlung rechtfertigen?

55 Eine weitere Schwäche des vom BGH vertretenen Rechtsschutzkonzeptes liegt darin, dass er die in seinen Strukturen vergleichbare Rechtslage im Gesellschaftsrecht ignoriert. Beschließen die Gesellschafter einer GmbH über die Abberufung des Geschäftsführers, entfaltet der Beschluss Bindungswirkung nur unter den Gesellschaftern. Wie bereits das Reichsgericht entschieden hat, bedarf ein solcher Beschluss, um den Willen der Gesellschafter in verbindliche Rechtsfolgen umzusetzen, seiner Ausführung durch gesondertes Rechtsgeschäft[5]. Ebenso hat der BGH entschieden für den Fall des Widerrufs der Bestellung eines Vorstandsmitgliedes einer Aktiengesellschaft[6]. Dass der BGH sich in seiner Ent-

---

1 *Becker*, ZWE 2002, 211; *Becker*, ZWE 2002, 567; *Drasdo*, NZM 2002, 853; *Drasdo*, NZM 2001, 923 (929 ff.); *Gottschalg*, ZWE 2006, 332 (334, 335); *Reuter*, ZWE 2001, 286 (293); *Suilmann*, Beschlussmängelverfahren, S. 169 (183); *Suilmann*, ZWE 2000, 106 ff.
2 *Suilmann*, Beschlussmängelverfahren, S. 15.
3 BGH v. 23.8.2001 – V ZB 10/01, BGHZ 148, 335 (349) = NJW 2001, 3339 (3343).
4 *Becker*, ZWE 2002, 211 (212); *Suilmann*, ZWE 2000, 106 ff.; *Gottschalg*, ZWE 2006, 332 (335).
5 RGZ 68, 381 (385).
6 BGH v. 7.6.1962 – II ZR 131/61, WM 1961, 811.

scheidung vom 20.6.2002 mit dieser Rechtsprechung nicht auseinander setzt, schwächt die Überzeugungskraft seiner Argumentation zusätzlich.

Die bisherige Rechtsprechung des BGH bedarf aber nicht nur aus den vorstehenden Gründen, sondern letztlich auch deshalb einer Revision, weil sich das eigenständige Beschlussanfechtungsrecht des Verwalters zukünftig nicht mehr aus § 20 FGG herleiten lässt[1], da diese für das Verfahren der Freiwilligen Gerichtsbarkeit geltende Vorschrift nicht für Klageverfahren gilt, die nach den Verfahrensmaximen der Zivilprozessordnung zu erledigen sind. 56

cc) Der Rechtsschutz des Verwalters gegen seine ungerechtfertigte Abwahl

Für den Rechtsschutz des abberufenen Verwalters gilt daher, was an anderer Stelle ausführlich dargestellt und begründet wurde[2] und hier nur stichwortartig referiert werden soll: Der Verwalter ist entgegen der bislang herrschenden Auffassung nicht berechtigt, den Beschluss der Wohnungseigentümer über seine Abberufung im Verfahren nach § 43 Nr. 4 WEG anzufechten. Im Verhältnis der Wohnungseigentümer zum Verwalter ist es nicht maßgeblich, ob der Beschluss der Wohnungseigentümer über seine Abberufung fehlerfrei gefasst worden ist, weil der Verwalter nicht verlangen kann, dass die Wohnungseigentümer einen fehlerfreien Beschluss über seine Abberufung fassen. Im Verhältnis zu ihm ist es allein von Bedeutung, ob die ihm gegenüber aufgrund des Abberufungsbeschlusses abzugebende Abberufungserklärung wirksam ist. Bei der Abberufung des Verwalters ist nämlich zwischen dem Beschluss der Wohnungseigentümer über die Abberufung und seine Ausführung durch Erklärung der Abberufung gegenüber dem Verwalter zu unterscheiden[3]. 57

Der Verwalter ist auch dann nicht berechtigt (oder verpflichtet) den Beschluss der Wohnungseigentümer über seine Abberufung anzufechten, wenn der Widerruf der Bestellung im Verwaltervertrag auf das Vorliegen eines wichtigen Grundes beschränkt ist. Widerrufen die Wohnungseigentümer seine Bestellung, obwohl kein wichtiger Grund vorliegt, ist es nicht erforderlich, dass er den Beschluss der Wohnungseigentümer über die Abberufung im Verfahren nach § 43 Nr. 4 WEG anficht. Ob dieser Beschluss wirksam ist, ist im Verhältnis zum Verwalter ohne Bedeutung. Maßgeblich ist allein, ob der ihm gegenüber in Ausführung des Beschlusses erklärte Widerruf der Bestellung als einseitiges Rechtsgeschäft der Wohnungseigentümer wirksam ist. Dies ist zu verneinen, wenn ein wichtiger Grund für den Widerruf nicht gegeben ist. Liegt ein wichtiger Grund für die Abberufung nicht vor, ist die Abberufung nichtig mit der Folge, dass der Verwalter im Amt bleibt. 58

Haben die Wohnungseigentümer und der Verwalter von der in § 26 Abs. 1 Satz 3 WEG vorgesehenen Möglichkeit, die Abberufung auf das Vorliegen eines wichtigen Grundes zu beschränken, keinen Gebrauch gemacht, ist die Abberufungs- 59

---

1 Kritisch zur sachlich verfehlten Herleitung eines Anfechtungsrechts aus § 20 FGG: *Becker*, ZWE 2002, 211 (212); *Gottschalg*, ZWE 2006, 332 (334).
2 *Suilmann*, Beschlussmängelverfahren, S. 169–183; *Suilmann*, ZWE 2000, 106 ff.; *Becker*, ZWE 2002, 211; *Becker*, ZWE 2002, 567; *Gottschalg*, ZWE 2006, 332, (334 ff.).
3 *Suilmann*, Beschlussmängelverfahren, S. 169–183; *Suilmann*, ZWE 2000, 106 ff.; *Becker*, ZWE 2002, 211; *Becker*, ZWE 2002, 567; *Gottschalg*, ZWE 2006, 332 (334 ff.).

erklärung mit ihrem Zugang beim Verwalter unabhängig davon wirksam, ob ein Grund für die Abberufung bestand. In einem solchen Fall ist die Bestellung zum Verwalter grundsätzlich frei widerruflich, so dass der Betroffene **kein subjektives Recht auf Fortbestand seiner Organstellung** hat. Der Verwalter hat seine Abberufung wehrlos hinzunehmen.

60 Der Rechtsschutz des Verwalters gegen seine Abberufung ist daher in seinen Strukturen identisch wie der Rechtsschutz gegen die Kündigung des Verwaltervertrages. Zur Anfechtung des Beschlusses über die Kündigung des Verwaltervertrages ist der Verwalter weder berechtigt noch zur Wahrung seiner Rechte verpflichtet. Insofern ist auch die Entscheidung des BGH vom 20.6.2002 zutreffend. Ob die aufgrund des Beschlusses erfolgte Kündigung des Verwaltervertrages rechtmäßig war, kann der Verwalter ggf. durch Klage bei dem nach § 43 Nr. 3 WEG zuständigen Wohnungseigentumsgericht feststellen lassen.

61 Besteht im Verhältnis der Wohnungseigentümer zum Verwalter über den Fortbestand des Bestellungsrechtsverhältnisses oder des davon zu unterscheidenden Verwaltervertrages Streit, so können beide Seiten im Wege einer **einstweiligen Verfügung** nach §§ 935, 940 ZPO eine vorläufige gerichtliche Regelung darüber herbeiführen, ob der Verwalter noch berechtigt ist, die ihm durch das Bestellungsrechtsverhältnis zugewiesenen Aufgaben auszuführen. Dies wird auf der Grundlage der hier vertretenen Auffassung aber nur relevant werden, wenn die Abberufung auf das Vorliegen wichtiger Gründe (§ 26 Abs. 1 Satz 3) beschränkt war, denn in allen anderen Fällen hat der Verwalter seine Abberufung wehrlos hinzunehmen. Ist die Abberufung des Verwalters auf das Vorliegen wichtiger Gründe beschränkt, haben die Wohnungseigentümer auf der Grundlage der hier vertretenen Auffassung im einstweiligen Verfügungsverfahren glaubhaft zu machen, dass solche Gründe vorliegen. Nach dem Rechtsschutzkonzept des BGH verliert der Verwalter dagegen bereits mit der Beschlussfassung der Wohnungseigentümer über die Abberufung seine Funktionen; er muss daher, sofern er die ihm durch die Bestellung eingeräumten Befugnisse verteidigen will, im Wege einer einstweiligen Verfügung eine Suspendierung des Abberufungsbeschlusses herbeiführen. Dabei hat er diejenigen Umstände glaubhaft zu machen, die eine spätere Ungültigerklärung des Beschlusses rechtfertigen.

IV. Die Rechtsstellung Dritter

1. Die Rechtsstellung der rechtsfähigen Gemeinschaft

62 Keine eigenständige Klage- und Anfechtungsbefugnis steht der **rechtsfähigen Gemeinschaft** der Wohnungseigentümer zu, denn der Gesetzgeber hat diese ausschließlich nur den Wohnungseigentümern und dem Verwalter zugewiesen[1]. Nach der Konzeption des Gesetzes ist der Streit über die Gültigkeit der Beschlüsse zwischen diesen Personen auszutragen, weshalb die Gemeinschaft auch weder neben den Wohnungseigentümern Beklagte eines solchen Prozesses noch nach Maßgabe des § 48 Abs. 1 WEG beizuladen ist. Die Annahme einer eigenständigen Klage- und Anfechtungsbefugnis würde auch verkennen, dass der Wille der Gemeinschaft allein durch die Beschlussfassung der Wohnungseigen-

---

1 A.A. *Hügel/Elzer*, Das neue WEG-Recht, § 13 Rz. 123.

tümer bestimmt wird und allein die Wohnungseigentümer – neben dem Verwalter – zur gerichtlichen Kontrolle der Beschlüsse berechtigt sind. Insoweit hat der Gesetzgeber – auch vor dem Hintergrund der Rechtsfähigkeit der Gemeinschaft – eine abschließende gesetzliche Kompetenzzuweisung vorgenommen.

Ein unter Anfechtungsgründen leidender Beschluss kann die Gemeinschaft „als solche" im Übrigen auch nicht in eigenen Rechten verletzen. Bis zu seiner rechtskräftigen Ungültigerklärung bleibt der Beschluss für alle Wohnungseigentümer, den Verwalter und damit auch für die Gemeinschaft als rechtsfähige Personenmehrheit rechtlich verbindlich. Solange die durch Beschluss getroffene Willensbildung aber rechtlich verbindlich ist, besteht kein Interessengegensatz zwischen den Interessen der Gemeinschaft und den Interessen der Gesamtheit der Wohnungseigentümer. Dass ein unter Anfechtungsgründen leidender Beschluss als makelbehaftet und bisweilen als sozial anstößig empfunden wird, ist demgegenüber rechtlich unbeachtlich. Eine eigenständige Befugnis der rechtsfähigen Gemeinschaft zur Beschlussanfechtung kann daher insbesondere nicht aus einem angeblichen überindividuellen Gemeinschaftszweck hergeleitet werden. Es gibt weder einen solchen Gemeinschaftszeck noch einen damit einhergehenden Gesamtwillen[1]. Die Anfechtungsklage und die ihr zugrunde liegende Anfechtungsbefugnis dienen auch nicht der Verfolgung eines solchen überindividuellen Gemeinschaftszwecks, sondern allein dem Ausgleich zwischen den konkurrierenden Interessen der jeweiligen Wohnungseigentümer[2]. 63

2. Die Rechtsstellung dinglich Berechtigter

Eine eigenständige Klage- und Anfechtungsbefugnis steht auch nicht den **Grundpfandrechtsgläubigern** zu, denn durch die Belastung des Wohnungseigentums wird diesen lediglich ein Verwertungsrecht eingeräumt. Mitgliedschaftliche Befugnisse erlangen sie dadurch nicht[3]. 64

Problematisch ist demgegenüber, ob die Einräumung eines **Nießbrauchsrechts** dem dinglich Berechtigten eine eigenständige Klage- und Anfechtungsbefugnis verschaffen kann. Die Rechtsprechung verneint dies mit der Begründung, das dingliche Nutzungsrecht lasse die mitgliedschaftlichen Befugnisse des Wohnungseigentümers unberührt. Ebenso wie der Nießbraucher nicht zur Ausübung des Stimmrechts allein aufgrund seines Nießbrauchsrechts berechtigt sei[4], verbleibe auch die Klage- und Anfechtungsbefugnis beim Wohnungseigentümer[5]. Dagegen spricht wegen des dinglichen Charakters des Nießbrauchsrechts viel dafür, dem Nießbraucher und dem Nießbrauchbesteller jeweils eine eigenständige Klage- und Anfechtungsbefugnis zuzubilligen. Diese Überlegung beruht darauf, dass das aus dem Nießbrauch fließende Recht, die Sache zu besit- 65

---

1 *Reuter*, ZWE 2001, 286 (287); a.A. *Hügel/Elzer*, Das neue WEG-Recht, § 13 Rz. 123.
2 *Reuter*, ZWE 2001, 286, (287).
3 *Becker*, Die Teilnahme an der Versammlung der Wohnungseigentümer, S. 166.
4 Hierzu s. BGH, Beschl. v. 7.3.2002 – V ZB 24/01, NZM 2002, 450.
5 OLG Düsseldorf v. 5.8.2005 – I-3 Wx 323/04, 3 Wx 323/04, ZMR 2005, 897; BayObLG v. 25.6.1998 – 2Z BR 53/98, BayObLGZ 1998, 145 (152) = MDR 1999, 152 (153); a.A. KG v. 1.4.1987 – 24 W 3131/86, OLGZ 1987, 417 = MDR 1987, 674 (675); *Suilmann*, Beschlussmängelverfahren, S. 154 (156).

zen und zu benutzen (§ 1030 BGB), seinem Inhaber nicht nur im Verhältnis zum Besteller, sondern auch im Verhältnis zu den übrigen Wohnungseigentümern zusteht. Diesem dinglichen Charakter trägt das Gesetz in § 1065 BGB dadurch Rechnung, indem es dem Nießbraucher im Falle einer Beeinträchtigung seines Nießbrauches die dem Eigentümer zustehenden Rechte einräumt. Beeinträchtigt ein anfechtbarer Beschluss der Wohnungseigentümer beispielsweise die Gebrauchsmöglichkeiten des Nießbrauchers, wird man ihm deshalb schwerlich die Berechtigung verweigern können, einen solchen Beschluss anzufechten.

66 Die Annahme einer selbständigen Klage- und **Anfechtungsbefugnis des Nießbrauchers** steht nicht im Widerspruch zur Rechtsprechung des BGH zum Stimmrecht des Nießbrauchers[1]. Zwar steht nach dieser Rechtsprechung allein dem Wohnungseigentümer, nicht aber dem Nießbraucher das Recht zur Ausübung des Stimmrechts in Versammlungen zu; das Nießbrauchsrecht begründet danach kein eigenständiges Stimmrecht zugunsten seines Inhabers. Das schließt aber nicht aus, dass der Nießbraucher gleichwohl berechtigt ist, einen ihn nachteilig betreffenden Beschluss anzufechten. Die Klage- und Anfechtungsbefugnis nach § 46 Abs. 1 setzt nicht voraus, dass der Kläger zur Teilnahme an Abstimmungsvorgängen berechtigt war. Eine fehlerhafte und rechtswidrige Beschlussfassung müssen auch Wohnungseigentümer nicht dulden, wenn sie in einzelnen Beziehungen von der Ausübung ihres Stimmrechts ausgeschlossen sind. Dies gilt zum einen für die Fälle der Stimmverbote nach § 25 Abs. 5 (s. § 46 Rz. 21) und kann im gleichen Maße auch für den Nießbraucher gelten. Folgerichtig hat der BGH die Frage einer eigenständigen Anfechtungsbefugnis des Nießbrauchers auch ausdrücklich offen gelassen[2].

3. Die Rechtsstellung sonstiger Dritter

67 Da das Gesetz nur den Wohnungseigentümern und dem Verwalter eine Klage- und Anfechtungsbefugnis zuweist, sind sonstige Dritte nicht berechtigt, die Beschlüsse der Wohnungseigentümer einer gerichtlichen Prüfung durch Erhebung einer Anfechtungs- und Nichtigkeitsklage zu unterziehen. Dies beruht auf der fehlenden rechtsgeschäftlichen Bindung an den Beschluss. Für eine Klage- und Anfechtungsbefugnis genügt eine mittelbare Betroffenheit, die ausgelöst wird durch Rechtshandlungen, die in Ausführung des Beschlusses vorgenommen werden, nicht. Ein **Werkunternehmer**, der aufgrund eines Beschlusses der Wohnungseigentümer auf Nacherfüllung in Anspruch genommen werden soll, kann deshalb nicht die Ungültigerklärung des Beschlusses mit der Begründung betreiben, der Beschluss verstoße gegen die Grundsätze ordnungsgemäßer Verwaltung, weil – entgegen der dem Beschluss zugrunde liegenden Annahme – das Werk frei von Sachmängeln hergestellt worden sei. Das Nichtbestehen dieser Anspruchsvoraussetzungen kann er nur durch Erhebung einer **negativen Feststellungsklage** im Verhältnis zur rechtsfähigen Gemeinschaft feststellen lassen. Auch ein **Mieter** ist aufgrund seiner mietrechtlichen Beziehungen zu einem Wohnungseigentümer aus eigenem Recht nicht zur Erhebung einer Beschluss-

---

1 BGH v. 7.3.2002 – V ZB 24/01, NJW 2002, 1647.
2 BGH v. 7.3.2002 – V ZB 24/01, NJW 2002, 1647 (1648); ebenso: BGH v. 23.6.2005 – V ZB 61/05, NZM 2005, 627.

mängelklage berechtigt, selbst wenn die Wohnungseigentümer durch Beschluss eine für ihn nachteilige Hausordnung verabschieden.

Beschließen die Wohnungseigentümer, die Bestellung eines **Zustellungsvertreters** i.S.v. § 45 Abs. 2 zu widerrufen, so ist dieser ebenfalls nicht berechtigt, die Gültigkeit dieses Beschlusses durch Anfechtungs- oder Nichtigkeitsklage klären zu lassen, sofern er nicht selbst Wohnungseigentümer ist. Die rechtlichen Beziehungen werden nicht durch den Beschluss der Wohnungseigentümer begründet und aufgehoben, sondern durch die in Ausführung des Beschlusses gesondert abzugebenden rechtsgeschäftlichen Erklärungen. Entsprechendes gilt für den Beschluss der Wohnungseigentümer über die Abberufung eines **Verwaltungsbeirats**, sofern auch dieser ausnahmsweise nicht Wohnungseigentümer ist[1].

V. Die Anfechtungsfrist (§ 46 Abs. 1 Satz 2)

1. Überblick über die gesetzliche Regelung

§ 46 Abs. 1 Satz 2 WEG regelt, innerhalb welcher Fristen ein Wohnungseigentümer eine Klage auf Ungültigerklärung eines Beschlusses der Wohnungseigentümer erheben muss. Zur Fristwahrung ist danach die Erhebung einer Anfechtungsklage gegen die Wohnungseigentümer erforderlich. Sie muss innerhalb eines Monats nach der Beschlussfassung erhoben werden. Nicht notwendig ist es dagegen, dass der Kläger seinen Klageantrag innerhalb dieser Frist begründet, denn das Gesetz räumt ihm hierfür eine zweimonatige Begründungsfrist ein. Die Anfechtungsfrist besteht somit aus zwei Elementen, der Klageerhebungs- und der Klagebegründungsfrist.

2. Die Funktion und Rechtsnatur der Anfechtungsfrist

Die Anfechtungsfrist dient der Sicherung des Rechtsfriedens im Verhältnis der Wohnungseigentümer untereinander und im Verhältnis zum Verwalter[2]. Sie soll sowohl den Wohnungseigentümern als auch den zur Ausführung von Beschlüssen berufenen Verwalter (§ 27 Abs. 1 Nr. 1) alsbald **Klarheit über die Bestandskraft** eines Beschlusses – zumindest im Hinblick auf mögliche Anfechtungsgründe – verschaffen. Sie trägt damit zu einer ordnungsgemäßen Verwaltung des gemeinschaftlichen Eigentums bei, denn insbesondere der zur Beschlussausführung berufene Verwalter kann die ihm übertragenen Aufgaben nur dann ordnungsgemäß wahrnehmen, wenn er sich nach Ablauf der einmonatigen Anfechtungsfrist über die Gültigkeit eines Beschlusses Klarheit verschaffen kann.

Die Anfechtungsfrist hat eine Doppelnatur. Sie ist eine **materielle Frist**[3], weil ihre Versäumnis den Verlust der Beschlussanfechtungsbefugnis zur Folge hat. Sie ist zugleich eine Klagefrist, weil nur durch Klageerhebung innerhalb der Anfechtungsfrist die Ungültigerklärung fehlerhafter Beschlüsse erreicht werden kann. Sie ist dagegen, entgegen einer stereotyp anzutreffenden Charakterisie-

---
1 *Suilmann*, Beschlussmängelverfahren, S. 185; a.A. *Drasdo*, Verwaltungsbeirat, S. 17.
2 OLG Zweibrücken v. 5.7.1994 – 3 W 85/94, NJW-RR 1995, 397, 398.
3 BGH v. 17.9.1998 – V ZB 14/98, BGHZ 139, 305 (306) = NJW 1998, 3648.

rung[1], **keine Ausschlussfrist**. Das Versäumnis einer Ausschlussfrist geht unwiderruflich mit einem endgültigen Rechtsverlust einher. Diese Wirkung entfaltet die Anfechtungsfrist aufgrund ihrer gesetzlichen Ausgestaltung in § 46 Abs. 1 gerade nicht. Schon nach der früheren Rechtslage hat die Rechtsprechung im Anschluss an eine Entscheidung des BGH aus dem Jahre 1970[2] dem Wohnungseigentümer bei Versäumung der Anfechtungsfrist unter den Voraussetzungen des § 233 ff. ZPO **Wiedereinsetzung in den vorigen Stand** gewährt. Nunmehr hat der Gesetzgeber die Zulässigkeit der Wiedereinsetzung in § 46 Abs. 1 Satz 3 ausdrücklich angeordnet. Der Wohnungseigentümer verliert folglich bei Versäumung der Anfechtungsfrist nicht zwingend seine Befugnis, im Wege der Klage die Ungültigerklärung fehlerhafter Beschlüsse der Wohnungseigentümer erreichen zu können. Die Wiedereinsetzung in den vorigen Stand ist mit dem Charakter einer Ausschlussfrist aber unvereinbar.

3. Der Anwendungsbereich der Anfechtungsfrist

a) Die Anfechtungs- und positive Beschlussfeststellungsklage

72 Die in § 46 Abs. 1 Satz 2 geregelte Anfechtungsfrist gilt nach dem Gesetzeswortlaut unmittelbar nur für die Anfechtungsklage. Sie ist zu beachten, wenn der Kläger die Ungültigerklärung eines Beschlusses unter Berufung auf Anfechtungsgründe betreibt. Nichtigkeitsgründe kann der Kläger dagegen auch nach Ablauf der Anfechtungsfrist noch geltend machen. § 46 Abs. 1 Satz 2 ist als Ausnahmevorschrift nicht analogiefähig[3]. Sie findet zwar im Zusammenhang mit der positiven Beschlussfeststellungsklage Anwendung, aber nur dann, wenn der Versammlungsleiter das **Abstimmungsergebnis unzutreffend festgestellt und verkündet** hat, denn der Antrag auf Feststellung des zutreffenden Abstimmungsergebnisses ist in einem solchen Fall mit dem Antrag auf Ungültigerklärung des unzutreffend verkündeten Beschlusses zu verbinden[4]. Für die gleichzeitig mit der **Feststellungsklage** zu erhebende Anfechtungsklage gilt die in § 46 Abs. 1 geregelte Anfechtungsfrist schon unmittelbar, einer entsprechenden Anwendung der Anfechtungsfrist im Wege einer Analogie bedarf es daher nicht.

73 Hat der Versammlungsleiter von der Verkündung eines Beschlussergebnisses dagegen bewusst abgesehen und ist deshalb der rechtsgeschäftliche Entstehungstatbestand eines Beschlusses nicht erfüllt, kann die Klage auf Feststellung, dass ein Beschluss nicht zustande gekommen ist, unbefristet erhoben werden[5].

b) Die Klage auf Protokollberichtigung

74 Aufgrund der Rechtsprechung des BGH zur konstitutiven und inhaltsfixierenden Wirkung der Feststellung und Verkündung des Abstimmungsergebnisses[6]

---

1 BGH v. 17.9.1998 – V ZB 14/98, BGHZ 139, 305 (306) = NJW 1998, 3648; vgl. zuletzt die amtliche Begründung des Gesetzentwurfs, BT-Drucks. 16/887, S. 38.
2 BGH v. 21.5.1970 – VII ZB 3/70, BGHZ 54, 65 (70) = NJW 1970, 1316; a.A. noch KG v. 19.6.1969 – 1 W 2890/68, MDR 1969, 925 (926); OLG Celle DWW 1961, 29.
3 So auch *Merle* in Bärmann/Pick/Merle, § 23 Rz. 191.
4 BGH v. 19.9.2002 – V ZB 30/02, BGHZ 152, 46 = NZM 2002, 995 (996).
5 BGH v. 23.8.2001 – V ZB 10/01, BGHZ 148, 335 = NJW 2001, 339 (3342).
6 BGH v. 23.8.2001 – V ZB 10/01, BGHZ 148, 335 = NJW 2001, 339 (3341).

ist die in der Rechtsprechung früher vertretene Auffassung überholt, der **Antrag auf Berichtigung eines Versammlungsprotokolls** müsse innerhalb der Anfechtungsfrist rechtshängig gemacht werden, wenn ein Wohnungseigentümer die Feststellung begehre, die in der Niederschrift wiedergegebenen Feststellungen über die Annahme oder Ablehnung eines Beschlussantrages seien unzutreffend[1]. Vielmehr gilt nunmehr Folgendes[2]:

Gibt das Versammlungsprotokoll lediglich das schon für sich eindeutige Ergebnis der Abstimmung wieder, ohne dass das Beschlussergebnis in der Versammlung selbst förmlich festgestellt und verkündet worden wäre, ist in der Wiedergabe des Abstimmungsergebnisses im Versammlungsprotokoll selbst eine Feststellung und Verkündung des Beschlussergebnisses im Wege **konkludenten Handelns** zu sehen. Für die Annahme einer Feststellung des Beschlussergebnisses durch schlüssiges Handeln soll nach der Rechtsprechung des BGH die bloße Wiedergabe des Abstimmungsergebnisses im Versammlungsprotokoll genügen, sofern das Abstimmungsergebnis eindeutig ist[3]. Rechtsschutz kann den Wohnungseigentümern in solchen Fällen nicht durch eine Berichtigung des Versammlungsprotokolls, sondern nur durch Erhebung einer Anfechtungsklage, ggf. i.V.m. einer positiven Beschlussfeststellungsklage, gewährt werden. 75

Ist eine förmliche Feststellung und Verkündung des Beschlussergebnisses in der Versammlung dagegen wegen des unklaren Abstimmungsergebnisses zweifelsfrei unterblieben, können die Wohnungseigentümer die Berichtigung des insoweit fehlerhaften Versammlungsprotokolls oder eine **Klage auf Feststellung** erheben, dass ein Beschluss mit dem im Protokoll wiedergegebenen Inhalt nicht zustande gekommen ist[4]. Die Anfechtungsfrist ist in diesen Fällen ebenfalls nicht anzuwenden[5]. 76

Bei unklarer Rechtslage, also dann, wenn nicht gänzlich ausgeschlossen werden kann, dass aus der Wiedergabe des Beschlussergebnisses im Versammlungsprotokoll zugleich auf eine Feststellung und Verkündung des Beschlussergebnisses geschlossen werden kann, ist den Wohnungseigentümern zur Vermeidung von Rechtsverlusten anzuraten, vorsorglich eine Klage auf Ungültigerklärung des angeblich verkündeten Beschlusses und lediglich hilfsweise eine Klage auf Protokollberichtigung oder eine negative Feststellungsklage zu erheben. Steht am Schluss der mündlichen Verhandlung fest, dass eine Feststellung und Verkündung des Beschlussergebnisses weder ausdrücklich noch durch schlüssiges Handeln erfolgte, so kann das Gericht nach hier vertretener Auffassung schon auf den Hauptantrag hin den im Versammlungsprotokoll als zustande gekommen ausgewiesenen Beschluss für ungültig erklären, da auch ein „**Scheinbeschluss**" zur Beseitigung seiner Rechtswirkungen für ungültig erklärt werden kann (s. auch § 46 Rz. 159). Folgt das Gericht dagegen der tradierten Rechtsprechungspraxis, wonach nur ein gültiger Beschluss durch Gestaltungsurteil für ungültig 77

---

1 So noch OLG Hamm v. 24.1.1985 – 15 W 450/84, MDR 1985, 502.
2 Siehe auch *Becker*, ZMR 2006, 489 (491).
3 BGH v. 23.8.2001 – V ZB 10/01, BGHZ 148, 335 = NJW 2001, 339 (3342).
4 OLG München v. 26.6.2006 – 34 Wx 3/06, ZWE 2006, 456 (LS).
5 *Becker*, ZMR 2006, 489 (491); offen gelassen von OLG München v. 26.6.2006 – 34 Wx 3/06, ZWE 2006, 456 (LS) und BayObLG v. 7.12.1995 – 2Z BR 72/95, BayObLGZ 1995, 407 = WuM 1996, 113 (115).

erklärt werden kann, so wird es auf den **Hilfsantrag** des Klägers hin, unter Abweisung der Klage im Übrigen, eine Berichtigung des Protokolls vornehmen oder die Feststellung treffen, dass ein Beschluss entgegen den unzutreffenden Angaben in der Versammlungsniederschrift nicht gefasst worden ist[1].

78 Gibt das Versammlungsprotokoll zwar das Abstimmungsergebnis, nicht aber den Wortlaut des Beschlusses oder den der Abstimmung zugrunde liegenden Beschlussantrag zutreffend wieder, können die Wohnungseigentümer ebenfalls eine entsprechende Berichtigung verlangen, ohne dass die Anfechtungsfrist des § 46 Abs. 1 zu beachten wäre[2].

79 Beruht die fehlerhafte Protokollfassung auf einem grob fahrlässigen Verhalten des **Verwalters**, können ihm nach § 49 Abs. 2 ZPO die **Kosten des Rechtsstreits** auferlegt werden.

c) Auslegungsstreitigkeiten und Feststellungsklage

80 Die einmonatige Klagefrist findet ferner keine Anwendung, wenn zwischen den Wohnungseigentümern untereinander oder im Verhältnis zum Verwalter ein Streit über die Auslegung eines Beschlusses entbrannt ist. Die zur Klärung einer Auslegungsfrage erhobene **Feststellungsklage** kann deshalb **unbefristet** erhoben werden. Es besteht schon kein Bedürfnis, den Streit über den sachlichen Inhalt eines Beschlusses innerhalb der einmonatigen Anfechtungsfrist einer gerichtlichen Klärung zuführen zu müssen. Insofern gilt für die Handhabung von Streitigkeiten über die Auslegung von Beschlüssen nichts anderes als für Streitigkeiten über die Auslegung anderer Rechtsgeschäfte. Unabhängig davon ist die Frist des § 46 Abs. 1 keine bloße Klagefrist, sondern darüber hinaus auch eine materielle Frist (s. oben § 46 Rz. 71). Es ist nicht erkennbar, welches materielle Recht der Kläger bei Streitigkeiten über die zutreffende Auslegung eines Beschlusses überhaupt verlieren könnte.

4. Der Fristbeginn

81 Die einmonatige Anfechtungsfrist beginnt mit der **Beschlussfassung** gegenüber allen anfechtungsberechtigten Personen zu laufen. Ihre Berechnung richtet sich nach §§ 186 ff. BGB. Der nach § 187 Abs. 1 BGB für den Fristbeginn maßgebliche Zeitpunkt ist der Zeitpunkt, in dem die rechtsgeschäftlichen Entstehungsvoraussetzungen des Beschlusses erfüllt sind. Wird der Beschluss in einer Versammlung der Wohnungseigentümer gefasst, genügt hierfür, dass sich die anwesenden abstimmungsberechtigten Personen zu dem Beschlussantrag durch Teilnahme an einer formellen Abstimmung oder in sonstiger Weise erklären und der Beschluss am Ende des Abstimmungsvorganges verkündet wird[3]. Für den Fristbeginn ist die Teilnahme des Anfechtenden an der Versammlung, seine Kenntnis vom Beschluss oder der Zugang der Versammlungsniederschrift ohne

---

1 BayObLG v. 7.12.1995 – 2Z BR 72/95, BayObLGZ 1995, 407 = WuM 1996, 113 (115).
2 A.A. wohl OLG Köln v. 15.1.1979 – 16 Wx 106/78, OLGZ 1979, 282 (286).
3 Zur Verkündung des Beschlussergebnisses als Bestandteil des rechtsgeschäftlichen Entstehungstatbestandes s. BGH v. 23.8.2001 – V ZB 10/01, BGHZ 148, 335 = BGHZ NJW 2001, 3339 und BGH v. 19.9.2002 – V ZB 30/02, BGHZ 152, 46 ff.

Bedeutung[1]. Die Anfechtungsfrist endet gem. § 188 Abs. 2 BGB mit Ablauf des Tages, der durch seine Zahl (Datum) dem Tag der Beschlussfassung entspricht. Fällt das Fristende auf einen Samstag, Sonn- oder Feiertag, endet die Frist am ersten des darauf folgenden Werktags.

Bei einer **schriftlichen Beschlussfassung** nach § 23 Abs. 3 WEG ist der nach § 187 Abs. 1 BGB maßgebliche Zeitpunkt der Feststellung des Ergebnisses der schriftlichen Abstimmung und die Mitteilung des Abstimmungsergebnisses an alle Wohnungseigentümer[2]. Dies beruht darauf, dass ein im schriftlichen Verfahren gefasster Beschluss nach der Rechtsprechung des BGH erst mit der Feststellung und mit einer – an alle Wohnungseigentümer gerichteten – Mitteilung des Beschlussergebnisses zustande kommt. Ausreichend ist jede Form der Unterrichtung (etwa durch Aushang oder ein Rundschreiben), die den internen Geschäftsbereich des Feststellenden verlassen hat und bei der den gewöhnlichen Umständen nach mit einer Kenntnisnahme durch die Wohnungseigentümer gerechnet werden kann[3].

82

5. Die Anforderungen an die Wahrung der einmonatigen Klageerhebungsfrist

a) Die Zustellung der Klage an die Beklagten

Zur Wahrung der einmonatigen Anfechtungsfrist ist nach § 46 Abs. 1 Satz 2 die Erhebung der Klage auf Ungültigerklärung des Beschlusses erforderlich. Die Erhebung erfolgt nach § 253 Abs. 1 ZPO durch Zustellung der Klage an die beklagten Wohnungseigentümer. Sofern die **Zustellung** noch „**demnächst**" i.S.v. § 167 ZPO erfolgt, tritt diese Wirkung bereits mit Eingang des Antrags bei dem zuständigen Gericht ein. „Demnächst" ist die Zustellung dann, wenn binnen angemessener Frist ohne eine vom Kläger zu vertretene Verzögerung zugestellt werden kann, wobei die Ausschöpfung der Frist vor der Einreichung dem Kläger nicht anzulasten sind. Zustellungsverzögerungen, die auf Nachlässigkeit des Klägers beruhen, gehen zu seinen Lasten. Dies gilt insbesondere, wenn der nach § 12 Abs. 1 Satz 1 GKG angeforderte **Gebührenvorschuss nicht rechtzeitig** – d.h. in der Regel nicht binnen zwei Wochen – eingezahlt wird[4]. Eine Zustellung der Klage nach mehr als zwei Wochen und gar nach Ablauf eines Monats ist dagegen nicht mehr „demnächst" im Sinne von § 167 ZPO. Zwar hat der BGH es für unschädlich gehalten, wenn ein Mahnbescheid wegen einer unzutreffenden Postanschrift nicht vor Ablauf eines Monats zugestellt werden kann[5]. Die Entscheidung betrifft aber nur Zustellungen im Mahnverfahren. Sie ist auf die verspätete Zustellung einer Klage nicht anzuwenden[6].

83

Ein **vorwerfbarer Fehler** des Klägers kann grundsätzlich auch darin liegen, dass er die Beklagten des Anfechtungsprozesses nicht vollständig unter Angabe ihres

84

---

1 OLG Frankfurt v. 23.8.1990 – 20 W 165/90, WuM 1990, 461; KG v. 27.3.1996 – 24 W 5414/95, WuM 1996, 364 (365).
2 KG v. 1.3.1974 – 1 W 858/73, OLGZ 1974, 399 (403).
3 BGH v. 23.8.2001 – V ZB 10/01, BGHZ 148, 335 (347) = BGH NJW 2001, 3339.
4 BGH v. 25.11.1985 – II ZR 236/84, NJW 1986, 1347; KG v. 18.4.2000 – 6 U 5472/99, KGR 2000, 233.
5 BGH v. 21.3.2002 – VII ZR 230/01, BGHZ 150, 221 (226) = MDR 2002, 1085.
6 So ausdrücklich BGH v. 24.5.2005 – IX ZR 135/04, Grundeigentum 2005, 1420.

vollständigen Namens und ihrer ladungsfähigen Anschrift benennt. Die Gefahr eines Rechtsverlustes besteht indes nicht, wenn die Klage nach Maßgabe des § 45 an den Verwalter oder an eine andere Person als Zustellungsbevollmächtigten zugestellt werden kann. In diesem Fall genügt nach § 44 Abs. 1 Satz 1 WEG zunächst die bestimmte Angabe des gemeinschaftlichen Grundstücks. Die namentliche Bezeichnung der Wohnungseigentümer kann nach § 44 Abs. 1 Satz 2 noch bis zum Schluss der mündlichen Verhandlung nachgeholt werden. Damit allerdings eine Zustellung an den Verwalter oder an sonstige Zustellungsvertreter erfolgen kann, sind diese Personen nach § 44 Abs. 1 Halbs. 2 bereits in der Klageschrift unter Angabe ihrer ladungsfähigen Anschriften zu bezeichnen. Versäumt der Kläger dies und verzögert sich hierdurch die Zustellung der Klage, kann dies einer Zustellung „demnächst" i.S.v. § 167 ZPO entgegenstehen.

b) Die Bezeichnung des Anfechtungsgegenstandes

85 Zur Wahrung der einmonatigen Klageerhebungsfrist des § 46 Abs. 1 Satz 2 ist es erforderlich, dass der Kläger in seiner Klageschrift zum Ausdruck bringt, welche Beschlüsse der Wohnungseigentümer Gegenstand seiner Anfechtungsklage sind[1]. Sie müssen genau bezeichnet werden[2]. Dies ist vor allem dann erforderlich, wenn die Wohnungseigentümer in einer Versammlung mehrere Beschlüsse gefasst haben, der Antragsteller aber nicht sämtliche Beschlüsse anfechten will. Es darf kein Zweifel bestehen, welche Beschlüsse angefochten und welche Beschlüsse demgegenüber in Bestandskraft erwachsen sollen. Etwaige Zweifel gehen zu Lasten des Klägers mit der Folge, dass bei **fehlender Bestimmtheit** des Klageantrags die Anfechtungsfrist nicht gewahrt ist.

86 Entsprechendes gilt, wenn der Kläger lediglich die Ungültigerklärung eines **abtrennbaren Teils** eines Eigentümerbeschlusses betreiben will[3]. Verpflichtet der angefochtene Beschluss den Anfechtungskläger zur Vornahme unterschiedlicher baulicher Maßnahmen, will er sich aber nur gegen einzelne der ihm auferlegten Verpflichtungen wehren, muss er dies bereits in der Klageschrift deutlich zum Ausdruck bringen[4]. Vor allem dann, wenn Gegenstand der Anfechtungsklage Beschlüsse der Wohnungseigentümer über die Genehmigung eines **Wirtschaftsplans** oder einer **Jahresabrechnung** sein sollen, muss der Kläger sehr genau den Umfang seiner Anfechtung prüfen und hierzu in der Klageschrift genaue Angaben machen. Er hat zu beachten, dass die Ungültigerklärung auf rechnerisch selbständige und abgrenzbare Teile der Jahresabrechnung beschränkt werden kann; ist lediglich ein solcher abgrenzbarer Teil der Jahresabrechnung fehlerhaft, ficht der Kläger aber den Beschuss der Wohnungseigentümer in seiner Gesamtheit an, darf das Gericht die Ungültigerklärung auf rech-

---

1 OLG Celle v. 19.1.1989 – 4 W 164/88, OLGZ 1989, 183 (184); KG v. 27.3.1996 – 24 W 5414/95, WuM 1996, 364 (365).
2 OLG Celle v. 19.1.1989 – 4 W 164/88, OLGZ 1989, 183 (184); OLG Zweibrücken v. 5.7.1994 – 3 W 85/94, NJW-RR 1995, 397 (398); KG v. 27.3.1996 – 24 W 5414/95, WuM 1996, 364 (365).
3 BayObLG v. 20.4.2000, 2Z BR 171/99, NZM 2000, 679 (680) = ZWE 2000, 309.
4 Vgl. die Fallgestaltung in BayObLG v. 29.4.2004 – 2Z BR 245/03, ZWE 2005, 96; *Suilmann*, ZWE 2005, 121 (123).

nerisch selbständige Teile der Jahresabrechnung beschränken[1]. Die Anfechtungsklage unterliegt dann im Übrigen der Klageabweisung mit der Folge, dass der Kläger nach Maßgabe des § 92 Abs. 1 ZPO an den Kosten des Rechtsstreits zu beteiligen ist.

Zur Wahrung der Frist genügt es – wie schon nach bisheriger Rechtslage[2] – wenn der Kläger ohne nähere Bezeichnung der Beschlussgegenstände sämtliche in einer Versammlung gefassten Beschlüsse anficht. Hierfür kann aus seiner Sicht ein Bedürfnis bestehen, wenn er entweder nicht an der Versammlung teilgenommen oder der Verwalter das Protokoll über die Eigentümerversammlung nicht innerhalb der Anfechtungsfrist verschickt hat. Der Kläger kann nach Durchsicht des Protokolls seine Klage teilweise zurücknehmen und so seine Anfechtung auf bestimmte Beschlüsse beschränken[3]. Anders als nach bisherigem Recht hat die **Klagerücknahme** allerdings grundsätzlich zur Folge, dass der Kläger die Kosten des Rechtsstreits bezüglich des zurückgenommenen Teils der Klage zu tragen hat, § 269 Abs. 3 Satz 2 ZPO. Die Voraussetzungen für eine Kostenentscheidung nach § 269 Abs. 3 Satz 3 ZPO, also für eine Entscheidung nach billigem Ermessen, liegen in solchen Konstellationen nicht vor. § 269 Abs. 3 Satz 3 ZPO verlangt, dass der Anlass zur Einreichung der Klage vor Rechtshängigkeit weggefallen ist und die Klage daraufhin unverzüglich zurückgenommen wird. Anlass zur Einreichung einer Anfechtungsklage besteht für einen Wohnungseigentümer indes nur, wenn die Gemeinschaft einen unter Anfechtungsgründen leidenden Beschluss gefasst hat. Nicht ausreichend ist dagegen die bloße Besorgnis, die Gemeinschaft könne einen oder mehrere fehlerhafte Beschlüsse gefasst haben. Hat der **Verwalter** die Erhebung der Klage durch verspätete Erstellung der Versammlungsniederschrift veranlasst und beruht dies auf grober Fahrlässigkeit, können ausnahmsweise ihm anstelle des Klägers anteilig die Kosten des zurückgenommenen Teils nach Maßgabe des § 49 Abs. 2 auferlegt werden. 87

c) Die Kundgabe des Anfechtungswillens

Zur Wahrung der Anfechtungsfrist ist es erforderlich, dass in der Klageschrift der Anfechtungswille des Klägers zweifelsfrei zum Ausdruck kommt[4]. Ausreichend ist insoweit jeder Antrag, der erkennen lässt, dass der Kläger die rechtsgeschäftlichen Bindungswirkungen des angefochtenen Beschlusses beseitigt wissen will. Nicht erforderlich ist es dagegen, dass der Kläger schon innerhalb der einmonatigen Anfechtungsfrist einen „makellosen" Sachantrag stellt. **Sachdienliche Anträge** kann der Kläger – ggf. auf entsprechenden Hinweis des Gerichts (§ 139 Abs. 1 Satz 2 ZPO) – noch bis zum Schluss der mündlichen Verhandlung stellen. Ein anfechtender Wohnungseigentümer muss daher – um die 88

---

1 Siehe zum Ganzen: BGH v. 15.3.2007 – V ZB 1/06, NZM 2007, 359 mit zahlreichen Nachweisen aus der instanzgerichtlichen Rechtsprechung; BGH v. 2.6.2005 – V ZB 32/05, NJW 2005, 2061 (2069).
2 Vgl. OLG Köln v. 25.4.1996 – 16 Wx 50/96, WuM 1996, 499; BayObLG v. 6.12.2000 – 2Z BR 103/00, BayObLGZ 2000, 340 (344); BayObLG v. 30.5.1995 – 2Z BR 41/95, NJW-RR 1995, 1166 (1167) = WuM 1995, 451 (452).
3 BayObLG v. 30.5.1995 – 2Z BR 41/95, NJW-RR 1995, 1166 (1167) = WuM 1995, 451 (452).
4 BayObLG v. 17.2.1983 – 2Z 10/82, ZMR 1983, 419 (421).

einmonatige Anfechtungsfrist zu wahren – nicht ausdrücklich beantragen, dass der angefochtene Beschluss für ungültig erklärt werden soll. Zur Fristwahrung genügt es, wenn der Kläger zunächst die „Feststellung der Nichtigkeit" oder die „Feststellung der Ungültigkeit" beantragt.

89 Unzureichend ist es, wenn der Kläger sich lediglich vorbehält, die Ungültigerklärung von Beschlüssen betreiben zu wollen[1]. Nicht ausreichend ist es auch, wenn der Kläger in seiner unbegründet gebliebenen Klageschrift lediglich angibt, „**Klage wegen sämtlicher Tagesordnungspunkte**" einer Versammlung oder „wegen sämtlicher Beschlüsse einer Versammlung" erheben zu wollen. Solche Angaben lassen es auch als möglich erscheinen, dass er nicht die Ungültigerklärung der in der Versammlung gefassten Beschlüsse betreiben will, sondern einen Anspruch aus § 21 Abs. 4 WEG auf Ausführung der gefassten Beschlüsse verfolgen möchte und sogar seine Gültigkeit feststellen lassen will.

90 Zur Wahrung der Anfechtungsfrist genügt ferner nicht ein Antrag des Klägers, das Gericht möge „mangelhafte oder unbestimmte Aussagen" zu bestimmten Tagesordnungspunkten aufklären[2].

91 Die vorstehenden Grundsätze gelten auch für die **positiven Beschlussfeststellungsklagen**. Stellt der Versammlungsleiter entgegen dem wahren Abstimmungsergebnis ein positives Beschlussergebnis fest, genügt es zur Wahrung der Anfechtungsfrist, wenn der Kläger beantragt, das Gericht möge das Nichtzustandekommen eines Beschlusses feststellen. Zwar müsste der Klageantrag richtigerweise lauten, den unzutreffend verkündeten Beschluss für ungültig zu erklären, weil die fehlerhafte Verkündung materiell-rechtlich ein Anfechtungsgrund ist[3]. Durch seinen Antrag, das Nichtzustandekommen eines Beschlusses festzustellen, bringt der Antragsteller aber erkennbar zum Ausdruck, dass er eine Ungültigerklärung des unzutreffend verkündeten Beschlusses wünscht[4]. Stellt der Versammlungsleiter entgegen dem wahren Abstimmungsergebnis die Ablehnung eines zur Abstimmung gestellten Antrags fest, genügt es zur Wahrung der Anfechtungsfrist, wenn der Wohnungseigentümer unter gleichzeitiger Angabe des zur Abstimmung gestellten Beschlussantrages einen Antrag auf „Feststellung des wahren Abstimmungsergebnisses" stellt oder beantragt, das Gericht möge „eine wirksame Beschlussfassung feststellen"[5]. Das Gericht ist dann berechtigt, auf einen solchen Antrag hin den fehlerhaft verkündeten („negativen") Beschluss für ungültig zu erklären und das **tatsächliche Abstimmungsergebnis festzustellen**[6].

---

1 OLG Köln v. 25.4.1996 – 16 Wx 50/96, WuM 1996, 499.
2 BayObLG v. 9.2.2005 – 2Z BR 235/04, ZWE 2005, 345 (346).
3 BGH v. 23.8.2001 – V ZB 10/01, BGHZ 148, 335 = NJW 2001, 3339, 3342; BGH v. 19.9.2002 – V ZB 30/02, BGHZ 152, 46.
4 Dies verkennt KG v. 6.6.1990 – 24 W 1227/90, OLGZ 1990, 421 (423) = NJW-RR 1991, 213 (214), wenn es die Frist des § 23 Abs. 4 WEG auf den Antrag, das Gericht möge das „Nichtzustandekommen eines Beschlusses feststellen", entsprechend anwendet.
5 OLG Frankfurt v. 13.5.1992 – 20 W 226/91, OLGZ 1992, 437 (438) = NJW-RR 1993, 86 (87).
6 Zur positiven Beschlussfeststellungsklage s. BGH v. 23.8.2001 – V ZB 10/01, BGHZ 148, 335 = NJW 2001, 3339, 3342; BGH v. 19.9.2002 – V ZB 30/02, BGHZ 152, 46; OLG Hamm v. 28.12.1989 – 15 W 441789, OLGZ 1990, 180 (183); OLG Hamm v. 7.6.1979 – 15 W 56/79, OLGZ 1979, 296 (297).

d) Anfechtungsfrist und Parteiwechsel/Klagerücknahme

Die Erhebung der Anfechtungsklage bewirkt nur die Unterbrechung der Anfechtungsfrist in der Person des Klägers. Nimmt er die Klage zurück (§ 269 Abs. 1 ZPO), kann ein anderer Wohnungseigentümer nicht an seiner Stelle die Ungültigerklärung eines Beschlusses betreiben[1]. Das Beschlussanfechtungsrecht ist kein gemeinschaftliches Recht der Wohnungseigentümer. Es steht ihnen, ebenso wie die Ansprüche aus §§ 21 Abs. 4, 15 Abs. 3 WEG, als eigenständiges subjektives Abwehrrecht zu. Jeder Wohnungseigentümer muss deshalb selbst für eine fristgerechte Klageerhebung und für eine fristgerechte Geltendmachung von Anfechtungsgründen Sorge tragen.

92

Auch ein nach § 263 ZPO zulässiger **Parteiwechsel** auf Seiten der Klägerseite bewirkt daher nicht, dass die Anfechtungsfrist auch in der Person desjenigen gewahrt wäre, der in den anhängigen Rechtsstreit eintritt. Weil durch den Parteiwechsel ein neues Prozessrechtsverhältnis begründet wird, ist die Anfechtungsfrist nur gewahrt, wenn der eintretende Kläger **vor Ablauf der Anfechtungsfrist** seinen Klageantrag rechtshängig macht[2].

93

e) Die Beschlussanfechtung durch einen Prozessstandschafter

Ebenso wie in sonstigen Klageverfahren nach § 43 WEG ist es auch zulässig, eine Anfechtungsklage als Prozessstandschafter zu führen. Die Befugnis zur Prozessstandschaft kann sich aus dem Gesetz ergeben, aber auch auf einer rechtsgeschäftlichen Ermächtigung beruhen. Nach Auffassung des Kammergerichts ist ein **Erwerber**, wenn ihm das Wohnungseigentum aufgelassen und der Eigentumsverschaffungsanspruch durch Vormerkung gesichert ist, regelmäßig als ermächtigt anzusehen, das mit dem Wohnungseigentumsrecht verbundene Anfechtungsrecht bereits vor seiner Eintragung als Wohnungseigentümer im Grundbuch auszuüben[3].

94

Betreibt der Kläger den Anfechtungsprozess als Prozessstandschafter, müssen bis zum Ablauf der einmonatigen Anfechtungsfrist die Voraussetzungen einer gewillkürten oder gesetzlichen Prozessstandschaft **objektiv vorliegen**. Es genügt daher nicht, wenn ein Wohnungseigentümer erst nach Ablauf dieser Frist die Verfahrensführung eines Dritten genehmigt. Darüber hinaus ist es zur Wahrung der Anfechtungsfrist erforderlich, dass sich der Kläger im Verfahren auf seine Rechtsstellung als Prozessstandschafter **beruft** und seine Rechtsstellung **offenlegt**[4]. Dies muss allerdings nicht innerhalb der einmonatigen Klagefrist, sondern erst vor Ablauf der **zweimonatigen Begründungfrist** erfolgen.

95

Versäumt es der Kläger, innerhalb der zweimonatigen Begründungsfrist, seine (objektiv vorhandene) Rechtsstellung als Prozessstandschafter offenzulegen, wird die Klage nicht schon deswegen unzulässig. Liegen die Voraussetzungen ei-

96

---

1 OLG Zweibrücken v. 8.2.1989 – 3 W 194/88, NJW-RR 1989, 657.
2 OLG Frankfurt v. 19.1.1989 – 20 W 382/88, WE 1989, 70.
3 KG v. 20.7.1994 – 24 W 3942/94, NJW-RR 1995, 147 (158) = WuM 1994, 714 (715).
4 Vgl. KG v. 18.2.2004 – 24 W 126/03, ZMR 2004, 460 (462); KG v. 20.7.1994 – 24 W 3942/94, NJW-RR 1995, 147 (158) = WuM 1994, 714 (715); OLG Celle v. 15.2.2001 – 4 W 352/99, ZWE 2001, 34.

ner Prozesstandschaft vor und weist der Kläger sie bis zum Schluss der mündlichen Verhandlung gegenüber dem Gericht nach, bleibt das Gericht verpflichtet, unter Berücksichtigung etwaiger Nichtigkeitsgründe (§ 46 Abs. 2) über den Klageantrag eine Sachentscheidung zu treffen. Liegen andere Beschlussmängel als Anfechtungsgründe nicht vor, ist die **Klage** daher als **unbegründet** abzuweisen.

f) Die Erhebung der Anfechtungsklage bei einem unzuständigen Gericht

97 Die **Beschlussanfechtungsfrist** wird auch durch Klageerhebung bei einem örtlich unzuständigen AG **gewahrt**[1]. Das unzuständige Gericht muss im Fall der sachlichen oder örtlichen Unzuständigkeit den Rechtsstreit nach § 281 ZPO an das zuständige Gericht verweisen, und zwar auch noch nach Ablauf der Anfechtungsfrist.

g) Die Fristwahrung durch Einreichung eines Prozesskostenhilfeantrages

98 Die Anfechtungsfrist kann auch durch fristgerechte Einreichung eines **Prozesskostenhilfeantrages** gewahrt werden. Dies ergibt sich allerdings nicht aus einer entsprechenden Anwendung des § 204 Abs. 1 Nr. 14 oder des § 209 BGB, denn die Anfechtungsfrist des § 46 Abs. 1 WEG ist keine Verjährungsfrist i.S.d. §§ 194 ff. BGB. Auch fehlen andere gesetzliche Regelungen, die die Einreichung eines Prozesskostenhilfeantrages zur Fristwahrung genügen lassen. Es ist aber nicht zuletzt **verfassungsrechtlich geboten**, auch einer Partei, die nach ihren persönlichen und wirtschaftlichen Verhältnissen die Kosten der Prozessführung nicht aufbringen kann, die Wahrnehmung ihrer mitgliedschaftlichen Rechte zu ermöglichen. In Ermangelung einer gesetzlichen Regelung ist der mittellosen Partei dieser Rechtsschutz durch eine offene Rechtsfortbildung zu gewährleisten. Vorbildcharakter hat insoweit die für die aktienrechtliche Anfechtungsklage entwickelte Methode, die eine Zustellung noch als „demnächst" i.S.v. § 167 ZPO behandelt, wenn der Kläger innerhalb der einmonatigen Anfechtungsfrist einen Prozesskostenhilfeantrag anbringt und den Anfechtungsantrag begründet[2]. Sie ist für die wohnungseigentumsrechtliche Anfechtungsklage im Hinblick auf die zweimonatige Klagebegründungsfrist allerdings zu modifizieren: Der Kläger muss zwar innerhalb der Monatsfrist den Prozesskostenhilfeantrag bei Gericht einreichen und den Gegenstand seiner Klage bestimmen, also diejenigen Beschlüsse bezeichnen, die für ungültig erklärt werden sollen. Es genügt aber, wenn er innerhalb der zweimonatigen Klagebegründungsfrist einen **Entwurf seiner Klagebegründung** oder eine Begründung seines Prozesskostenhilfeantrags einreicht.

99 Wird dem Kläger auf seinen Antrag hin Prozesskostenhilfe bewilligt, hat er **unverzüglich**, soweit nicht schon geschehen, eine den Anforderungen des § 253 Abs. 2 ZPO genügende Klageschrift und die für die Zustellung erforderliche Zahl an Abschriften (§ 133 Abs. 1 Satz 1 ZPO) einzureichen, damit die Zustellung an die Beklagten noch „demnächst" i.S.v. § 167 ZPO erfolgen kann. Wird der Antrag – ggf. auf eine sofortige Beschwerde (§ 127 Abs. 2 ZPO) hin – zurück-

---

[1] BGH v. 17.9.1998, V ZB 14/98, BGHZ 139, 305 (306) = NJW 1998, 3648.
[2] *K. Schmidt* in Großkommentar zum AktG, § 246 Rz. 21; *Hüffer*, AktG, 7. Aufl. 2006, § 246 Rz. 25; für eine entsprechende Anwendung auch *Bonifacio*, ZMR 2005, 327 (330).

gewiesen, hat der Kläger unverzüglich die zur Zustellung der Klage und der Klagebegründung erforderlichen Handlungen vorzunehmen, insbesondere den angeforderten Kostenvorschuss zu zahlen, damit die Zustellung noch rechtzeitig erfolgen kann.

h) Die Rechtsfolge der Fristversäumnis

Ob der Kläger die Anfechtungsklage rechtzeitig erhoben hat, ist keine Sachurteilsvoraussetzung sondern – entsprechend dem materiell-rechtlichen Charakter der Frist – eine Frage der Begründetheit der Klage. Ist die **Anfechtungsfrist versäumt**, ist die **Klage** als **unbegründet** abzuweisen, sofern keine sonstigen Beschlussmängel (Nichtigkeitsgründe) vorliegen[1]. 100

6. Die fristgerechte Begründung des Klageantrages (§ 46 Abs. 1 Satz 2)

a) Der Zweck und die Rechtsnatur der Klagebegründungsfrist

Nach § 46 Abs. 1 Satz 1 ist der Kläger nicht gehalten, seine Anfechtungsklage bereits mit Einreichung der Klage zu begründen. Vielmehr räumt ihm das Gesetz eine Begründungsfrist von zwei Monaten seit der Beschlussfassung ein. Mit dieser Regelung meint der Gesetzgeber dem Umstand Rechnung tragen zu müssen, dass die Niederschrift über die Versammlung der Wohnungseigentümer (vgl. § 24 Abs. 6 Satz 1) den Wohnungseigentümern manchmal erst kurz vor Ablauf der Klagefrist zur Verfügung gestellt wird und die Meinung vertreten wird, die zur Begründung verbleibende Zeit sei in Fällen dieser Art zu knapp. Sie versucht einen Ausgleich zwischen dem Interesse der Gemeinschaft, alsbald Klarheit über die Bestandskraft von Beschlüssen einerseits und dem Interesse jedes einzelnen Wohnungseigentümers an einer fehlerfreien Beschlussfassung zu erzielen[2]. 101

Die Klagebegründungfrist ist als Element der Beschlussanfechtungsfrist keine prozessuale, sondern eine **materiell-rechtliche Frist**. Versäumt der klagende Wohnungseigentümer daher eine rechtzeitige Begründung, führt dies nicht automatisch zur Unzulässigkeit seiner Klage. Wird die Begründung bis zum Schluss der mündlichen Verhandlung nachgeholt, ist daher über die Klage gleichwohl durch Sachurteil zu entscheiden (s. hierzu nachfolgend § 46 Rz. 105). 102

b) Die Voraussetzungen einer fristgerechten Klagebegründung

Die zweimonatige Begründungsfrist kann ebenso wie die Anfechtungsfrist nur durch Einreichung eines ordnungsgemäß **unterschriebenen Schriftsatzes** gewahrt werden. Der Begründungsschriftsatz muss den Beklagten zudem innerhalb der zweimonatigen Frist zugehen. Zwar ordnet § 46 Abs. 1 Satz 3 dies nicht ausdrücklich an. Dies ergibt sich allerdings aus der Überlegung, dass für die ordnungsgemäße Erhebung einer Klage nicht nur die Zustellung der Klageanträge, sondern auch die Zustellung einer Klagebegründung erforderlich ist. Beide Ele- 103

---

1 BayObLG v. 20.3.1991 – 2Z 8/91, NJW-RR 1991, 976 (977); BayObLG v. 27.10.1989 – BReg. 2Z 75/89, NJW-RR 1990, 210; s. auch die amtliche Begründung des Gesetzentwurfs, BT-Drucks. 16/887, 38.
2 Amtliche Begründung des Gesetzentwurfs, BT-Drucks. 16/887, 73.

mente sind nach § 253 Abs. 1 ZPO notwendige Bestandteile einer ordnungsgemäßen Klagerhebung. Allerdings ist es im Hinblick auf § 167 ZPO ausreichend, wenn der Begründungsschriftsatz vor Ablauf der zweimonatigen Begründungsfrist beim Gericht eingeht und er den Beklagten *demnächst* zugestellt wird.

104 Zur Fristwahrung ist es nicht ausreichend, wenn der Kläger vor Fristablauf lediglich einen Antrag auf Verlängerung der Klagebegründungsfrist stellt. Das Gericht ist nicht berechtigt, die zweimonatige Begründungsfrist von Amts wegen oder auf Antrag einer Partei zu verkürzen oder zu verlängern. Dies ergibt sich aus § 224 Abs. 2 ZPO, wonach gesetzliche Fristen nur in den jeweils besonders bestimmten Fällen abgekürzt oder verlängert werden können. Eine solche Fristverlängerungsmöglichkeit – wie sie beispielsweise § 340 Abs. 3 Satz 2 ZPO für die Begründung des Einspruchs oder § 520 Abs. 2 Satz 2 und 3 ZPO für die Begründung einer Berufung enthalten – sieht § 46 Abs. 1 nicht vor. Eine analoge Anwendung dieser Vorschriften auf die Begründungsfrist des § 46 Abs. 1 Satz 2 scheidet in Ermangelung einer planwidrigen Regelungslücke aus, da § 224 Abs. 2 ZPO den Fall abschließend regelt. Eine solche Möglichkeit würde auch dem materiell-rechtlichen Charakter der Klagebegründungsfrist nicht gerecht werden.

105 Reicht der Kläger seinen Begründungsschriftsatz verspätet ein, kann ihm auf Antrag unter den Voraussetzungen der §§ 233 ff. ZPO **Wiedereinsetzung** in den vorigen Stand gewährt werden. Liegen die Voraussetzungen für eine Wiedereinsetzung nicht vor oder versäumt es der Kläger, die Wiedereinsetzung zu beantragen, bewirkt § 46 Abs. 1 Satz 2 ZPO eine materiell-rechtliche Präklusion der Anfechtungsgründe. Der Kläger kann mit den verspätet vorgetragenen Anfechtungsgründen kein Gehör mehr finden. Das Gericht bleibt aber weiterhin zur Prüfung verpflichtet, ob die angefochtenen Beschlüsse unter **Nichtigkeitsgründen** leiden, denn die Anfechtungsfristen des § 46 Abs. 1 erfassen nur etwaige Anfechtungsgründe. Es hat den Kläger auch in solchen Fällen nach Maßgabe des § 46 Abs. 2 auf etwaige Nichtigkeitsgründe hinzuweisen. Liegen keine sonstigen Beschlussmängel vor, ist die Klage als unbegründet, nicht aber als unzulässig abzuweisen[1]. Eine Klageabweisung als unzulässig kommt – sofern nicht auch sonstige Sachurteilsvoraussetzungen fehlen – nur dann in Betracht, wenn der Kläger seiner Begründungspflicht auch bis zum Schluss der mündlichen Verhandlung nicht nachkommt, seine Klage also schon nicht den Anforderungen des § 253 Abs. 2 ZPO genügt.

106 Das Gericht darf – wie schon nach bisheriger Rechtslage – nur die vom Kläger in das Verfahren eingeführten Anfechtungsgründe zur Grundlage seiner Sachentscheidung machen. Es darf einen angefochtenen Beschluss dagegen nicht wegen solcher Anfechtungsgründe für ungültig erklären, die der Kläger bewusst in Kauf nimmt oder aus anderen Gründen nicht geltend macht[2]. Das Gericht hat

---

1 *Bergerhoff*, NZM 2007, 425 (427); a.A. *Hügel/Elzer*, Das neue WEG-Recht, § 13 Rz. 155.
2 Zur Prüfung von Anfechtungsgründen im Verfahren der freiwilligen Gerichtsbarkeit s. BayObLG v. 10.7.1986 – BReg. Z Z 41/86, 1986, 263 (268); WE 1988, 205 (206); a.A. aber BayObLG v. 6.12.2000 – 2Z BR 103/00, BayObLGZ 2000, 340 (344) = ZMR 2001, 294 (295), wonach eine Überprüfung des Beschlusses von Amts wegen vorzunehmen war.

nicht von Amts wegen zu ermitteln, ob ein angefochtener Beschluss unter anderen als den vom Kläger selbst vorgetragenen Anfechtungsgründen leidet. Eine entsprechende Untersuchungs- und Hinweispflicht besteht – was unmittelbar dem § 46 Abs. 2 zu entnehmen ist – lediglich für Nichtigkeitsgründe.

c) Kein Nachschieben von Anfechtungsgründen nach Ablauf der Klagebegründungsfrist

Der Kläger ist gehalten, innerhalb der zweimonatigen Begründungsfrist **sämtliche Tatsachen**, die seiner Auffassung nach die Ungültigerklärung des angefochtenen Beschlusses rechtfertigen, vorzutragen. Er ist nicht berechtigt, nach Ablauf der zweimonatigen Anfechtungsfrist weitere, bislang von ihm nicht gerügte Anfechtungsgründe geltend zu machen[1]. Dies würde dem Zweck der Anfechtungsfrist zuwiderlaufen, alsbald Klarheit über die Gültigkeit eines Beschlusses herbeizuführen. Es wäre gerade wegen der verfahrensrechtlichen einmaligen Möglichkeit, eine fristgebundene Klage nachträglich zu begründen, nicht zu rechtfertigen, **nachgeschobene Anfechtungsgründe** zur Grundlage einer Sachentscheidung zu machen.

Hat der Kläger seinen Anfechtungsantrag daher zunächst ausschließlich auf Verstöße gegen die Grundsätze ordnungsgemäßer Verwaltung gestützt und beispielsweise vorgetragen, eine beschlossene Instandhaltungsmaßnahme sei zu teuer oder beseitige den entstandenen Instandhaltungsbedarf nicht, kann er sich nach Ablauf der Klagebegründungsfrist nicht mit Erfolg darauf berufen, der Beschluss sei schon deshalb verfahrenswidrig zustande gekommen, weil die Eigentümerversammlung nicht beschlussfähig gewesen sei. Auch die nach Ablauf der Begründungfrist vorgetragene Behauptung, der Verwalter habe bei der Feststellung des Beschlussergebnisses Stimmverbote nicht berücksichtigt, wäre nach der hier vertretenen Auffassung bei der im vorgenannten Beispielsfall zu treffenden Entscheidung nicht mehr zu berücksichtigen. Für eine solch restriktive Handhabung spricht die Überlegung, dass der anfechtende Wohnungseigentümer ansonsten mit einer lediglich formelhaften Begründung, etwa dem allgemein gehaltenen Hinweis auf einen Verstoß des angefochtenen Beschlusses gegen die Grundsätze ordnungsgemäßer Verwaltung, seiner Begründungspflicht nachkommen könnte. Hierfür bedarf es aber keiner zweimonatigen Klagebegründungsfrist.

Die nach Ablauf der Klagebegründungsfrist in den Prozess eingeführten Anfechtungsgründe sind auch nicht mit der Begründung zuzulassen, sie ließen den Streitgegenstand des Prozesses unverändert[2]. Zutreffend ist zwar, dass der Streitgegenstand der Anfechtungs- und Nichtigkeitsklage nicht davon abhängt, welche Beschlussfehler der Kläger zur Begründung seines Klageantrages vorträgt. Wenn aber ein nachgeschobener Anfechtungsgrund keine **Klageänderung** i.S.v. § 263 ZPO darstellt, ist er – wie auch jede sonstige Behauptung des Klägers – als Angriffsmittel i.S.v. §§ 282 Abs. 1, 296 und 296a ZPO zu behandeln. Damit kann ein nachgeschobener Anfechtungsrund aber auch – wie die vorgenannten zivilprozessualen Vorschriften zeigen – grundsätzlich einer Präklusion unterlie-

---
1 *Bergerhoff*, NZM 2007, 425 (428).
2 So aber *Bonifacio*, ZMR 2005, 327 (332).

gen. Das gegen die Annahme einer Präklusion vorgebrachte Argument, ein verspätet vorgetragener Anfechtungsgrund lasse den Streitgegenstand des Verfahrens unberührt, erfasst die hier zu lösende Problematik somit nur unzureichend. Entscheidend ist demgegenüber, dass sich die zweimonatige Begründungsfrist nur als Korrelat für die dem Kläger auferlegte Verpflichtung zur fristgerechten Prüfung *und* prozessualen Geltendmachung von etwaigen Anfechtungsgründen rechtfertigen lässt.

110 Ein nach Ablauf der Klagebegründungsfrist nachgeschobener Anfechtungsgrund muss demgegenüber – entsprechend den der Klagebegründungsfrist zugrunde liegenden Regelungszwecken – bei der Sachentscheidung dann Berücksichtigung finden, sofern die Verspätung des Vorbringens unverschuldet ist und der Kläger rechtzeitig die Wiedereinsetzung in den vorigen Stand beantragt.

111 Allein wegen der zweimonatigen Klagebegründungsfrist ist es dagegen nicht unzulässig, dass der Kläger nach ihrem Ablauf seinen Tatsachenvortrag nachträglich ergänzt oder berichtigt und z.B. seinen Sachvortrag, die beschlossene Instandhaltungsmaßnahme sei unzureichend, durch Vorlage von Privatgutachten substantiiert. Diesbezüglich kann das Gericht ihm nach § 273 Abs. 2 Nr. 1 ZPO sogar entsprechende fristgebundene Auflagen erteilen. Ob ein vom Kläger zur Begründung seines Antrags vorgetragener Anfechtungsgrund bei der Entscheidung berücksichtigt werden darf, hängt daher im Einzelfall davon ab, ob der Anfechtungsgrund in seinem **wesentlichen Kern** innerhalb der zweimonatigen Klagebegründungsfrist in den Prozess **eingeführt** worden ist. Ob diese Voraussetzung erfüllt ist, ist jeweils eine Frage des Einzelfalles.

7. Die Wiedereinsetzung in den vorigen Stand (§ 46 Abs. 1 Satz 3)

a) Das Verfahren der Wiedereinsetzung

112 Versäumt der Kläger die Anfechtungsfrist des § 46 Abs. 1 Satz 1, kann ihm – wie schon nach bisherigem Recht[1] – unter bestimmten Voraussetzungen Wiedereinsetzung in den vorigen Stand gewährt werden. Diese Möglichkeit hat der Gesetzgeber – entgegen der bereits zum früheren Recht geäußerten rechtsdogmatischen Bedenken[2] – nunmehr ausdrücklich zugelassen und in § 46 Abs. 1 Satz 3 die entsprechende Geltung der §§ 233 bis 238 ZPO angeordnet. Die Möglichkeit der Wiedereinsetzung besteht sowohl bei Versäumung der Klagerhebungs- als auch der Klagebegründungfrist.

113 Dem Kläger des Anfechtungsprozesses ist entsprechend § 233 ZPO Wiedereinsetzung im Falle der Versäumung der Anfechtungsfrist auf seinen Antrag zu gewähren, wenn er ohne sein Verschulden gehindert war, vor Ablauf der einmonatigen Klagefrist die Anfechtungsklage ordnungsgemäß zu erheben oder sie vor Ablauf der zweimonatigen Klagebegründungsfrist zu begründen. Begründet der Kläger seinen Klagantrag fristgerecht, möchte er aber nach Ablauf der Begründungsfrist einen **weiteren**, bisher unberücksichtigt gebliebenen **Anfechtungs-**

---

[1] BGH v. 21.5.1970 – VII ZB 3/70, BGHZ 54, 65 (70) = NJW 1970, 1316; a.A. noch KG v. 19.6.1969 – 1 W 2890/68, MDR 1969, 925 (926); OLG Celle DWW 1961, 29.
[2] *Suilmann*, Beschlussmängelverfahren, 78 f.; *Assmann*, ZWE 2001, 294; *Merle/Becker* in FS Deckert, S. 231 ff.

grund geltend machen, bedarf es hierfür ebenfalls der Wiedereinsetzung in den vorigen Stand.

Die Wiedereinsetzung muss nach § 234 Abs. 1 Satz 1 ZPO innerhalb einer **zweiwöchigen Frist** beantragt werden. Zugleich muss der Kläger nach § 236 Abs. 2 Satz 1 ZPO die versäumte Prozesshandlung innerhalb dieser Frist nachholen, das heißt eine ordnungsgemäße Anfechtungsklage erheben oder – im Fall der Versäumung der Klagebegründungsfrist – die Begründung der Klage bei Gericht einreichen. Die zweiwöchige Wiedereinsetzungsfrist beginnt nach § 234 Abs. 2 ZPO mit dem Tag, an dem das Hindernis behoben ist und der Kläger zur Erhebung einer ordnungsgemäßen Anfechtungsklage oder zur ordnungsgemäßen Begründung seiner Klage in der Lage ist.

114

Hat der Kläger einen gesonderten Wiedereinsetzungsantrag gestellt, muss das Verfahren der Wiedereinsetzung nach § 238 Abs. 1 ZPO mit dem Verfahren über die nachgeholte Prozesshandlung verbunden werden. Ein Wiedereinsetzungsantrag muss allerdings nicht ausdrücklich gestellt werden. Hat der Kläger die versäumte Prozesshandlung nachgeholt, kann ihm Wiedereinsetzung nach § 236 Abs. 2 Satz 2 Halbs. 2 ZPO auch **ohne Antrag** gewährt werden. Erforderlich ist nach § 236 Abs. 2 Satz 1 ZPO aber in jedem Fall, dass der Kläger diejenigen Tatsachen, die eine Wiedereinsetzung rechtfertigen können, angibt und glaubhaft macht.

115

Nach **Ablauf eines Jahres**, von dem Ende der versäumten Frist an gerechnet, kann die Wiedereinsetzung nicht mehr beantragt werden, § 234 Abs. 3 ZPO.

116

b) Die Wiedereinsetzungsgründe

Die Wiedereinsetzung kann nach § 233 ZPO gewährt werden, wenn der Kläger des Anfechtungsprozesses ohne sein Verschulden an der rechtzeitigen Klageerhebung oder Klagebegründung gehindert war. Zu unterscheiden sind im Wesentlichen drei Fallgruppen: Die Wiedereinsetzungsgründe können zum einen auf **Rechtsirrtum** und fehlender Rechtskenntnis beruhen[1], wobei jedoch die bloße Unkenntnis von der Anfechtungsfrist nicht genügen soll[2]. Holt der Wohnungseigentümer Auskünfte beim Verwalter über die Wirksamkeit eines Mehrheitsbeschlusses zu baulichen Veränderungen ein, darf er grundsätzlich auf die **unrichtige Rechtsauskunft** vertrauen, der Beschluss sei nichtig und bedürfe keiner Anfechtung[3].

117

Ein zweite Gruppe erfasst diejenigen Fälle, in denen der Kläger unverschuldet schon **keine rechtzeitige Kenntnis** von der Beschlussfassung selbst erlangt hat und er aufgrund seiner Unkenntnis an der Erhebung der Klage gehindert war. Insbesondere zu dieser Fallgruppe hat sich bereits zum früheren Recht eine umfangreiche Kasuistik entwickelt. Eine Wiedereinsetzung kommt nach der Rechtsprechung in Betracht, wenn der klagende Wohnungseigentümer ohne sein Verschulden von der Eigentümerversammlung und der Beschlussfassung

118

---

1 BayObLG v. 9.2.1981 – BReg. 2Z 8/90, BayObLGZ 1981, 21 (28).
2 OLG Oldenburg v. 14.6.1989 – 5 W 58/89, MDR 1989, 916 = WuM 1989, 467 (468).
3 BayObLG v. 30.11.2000 – 2Z BR 81/001593, NJW-RR 2001, 1592.

keine Kenntnis hatte[1] oder er infolge einer fehlenden (oder fehlerhaften) Bezeichnung des Beschlussgegenstandes in der Einladung zur Eigentümerversammlung (§ 23 Abs. 2) nicht an der Versammlung teilgenommen und daher zu spät Kenntnis von dem Beschluss erhalten hat, um noch rechtzeitig – ggf. unter Einbeziehung einer **einwöchigen Überlegungsfrist** – die Anfechtungsklage zu erheben[2]. Allerdings hat jeder Wohnungseigentümer grundsätzlich dafür Sorge zu tragen, dass ihn Einladungsschreiben des Verwalters zur Versammlung erreichen. Verschuldet ist die Fristversäumnis deshalb, wenn der Wohnungseigentümer nur deshalb nicht rechtzeitig geladen werden konnte, weil er dem Verwalter seine neue Anschrift nicht mitgeteilt hat[3].

119 Ist der Wohnungseigentümer ordnungsgemäß zur Versammlung geladen worden, muss er sich rechtzeitig vor Ablauf der Anfechtungsfrist – insbesondere durch Einsichtnahme in die Versammlungsniederschrift (§ 24 Abs. 6) – über die gefassten Beschlüsse **informieren**[4]. Andernfalls ist die Fristversäumnis nicht unverschuldet. Dies gilt auch für die Erwerber von Wohnungseigentum. Wiedereinsetzung in den vorigen Stand wegen Versäumung der Anfechtungsfrist kann daher nicht gewährt werden, wenn sich der **Ersteher** in der Zwangsversteigerung nicht um die Beschlusslage der Eigentümergemeinschaft, insbesondere darum, ob im Zeitpunkt des Zuschlags noch Anfechtungsfristen liefen, kümmert[5].

120 Keine Informationspflicht besteht dagegen, wenn der Kläger nicht damit zu rechnen braucht, dass auf der Eigentümerversammlung Beschlüsse gefasst werden, die seine Belange oder Interessen beeinträchtigen[6]. Haben die Wohnungseigentümer einen Beschluss über einen Gegenstand gefasst, der in der Einladung zur Versammlung nicht bezeichnet war, so ist einem Wohnungseigentümer Wiedereinsetzung in den vorigen Stand zu gewähren, wenn er die Frist für einen Anfechtungsantrag bei Gericht versäumt, weil er von dem Eigentümerbeschluss erst so spät Kenntnis erhalten hat, dass er unter Einrechnung einer Überlegungsfrist von einer Woche den Anfechtungsantrag bei Gericht nicht mehr rechtzeitig einreichen konnte[7]. Dagegen kann eine Wiedereinsetzung nicht gewährt werden, wenn der in der Versammlung nicht anwesende Wohnungseigentümer aufgrund des Einladungsschreibens mit einem bestimmten Eigentümerbeschluss rechnen musste[8].

---

1 Nach der Rechtsprechung des BGH macht die fehlende Einladung eines Wohnungseigentümers zur Eigentümerversammlung die dort gefassten Beschlüsse regelmäßig nur anfechtbar, nicht aber nichtig, BGH v. 23.9.1999 – V ZB 17/99, BGHZ 142, 290 (300) = NJW 1999, 3713 (3715).
2 BayObLG v. 27.1.1989 – BReg. 2Z 67/88, BayObLGZ 1989, 13 (14f.) = NJW-RR 1989, 656; KG v. 8.1.1997 – 24 W 4957/96, WuM 1997, 243 (245) = ZMR 1997, 254 (256).
3 So auch *Merle* in Bärmann/Pick/Merle, § 23 Rz. 201.
4 OLG Hamm v. 22.6.1998 – 15 W 156/98, ZMR 1999, 199 (200); KG v. 8.1.1997 – 24 W 4957/96, WuM 1997, 243 (245) = ZMR 1997, 254 (256).
5 LG Frankfurt a.M. v. 2.7.1990 – 2/9 T 311/90, ZMR 1991, 193.
6 OLG Düsseldorf v. 5.12.1994 – 3 Wx 536/93, NJW-RR 1995, 464 (465) = ZMR 1995, 220 (221).
7 BayObLG v. 27.1.1989 – BReg 2Z 67/88, BayObLGZ 1989, 13 (17).
8 BayObLG v. 15.1.2004 – 2Z BR 227/03, WuM 2004, 744; OLG Düsseldorf v. 5.12.1994 – 3 Wx 636/93, NJW-RR 1995, 464.

Da der Verwalter grundsätzlich nicht verpflichtet ist, den Wohnungseigentümern die **Niederschrift** über die Versammlung zuzusenden, kann dem Kläger Wiedereinsetzung nicht deshalb gewährt werden, wenn dieser lediglich geltend macht, ihm sei die Niederschrift **verspätet** zugesandt worden[1]. Eine Wiedereinsetzung in den vorigen Stand kann daher nicht bewilligt werden, wenn der Eigentümer unter Beigabe der Tagesordnung zur Eigentümerversammlung geladen wurde und die Möglichkeit bestand, dass er innerhalb der Anfechtungsfrist die Niederschrift hätte einsehen können[2].

121

Wiedereinsetzung kann einem an der Versammlung nicht teilnehmenden Wohnungseigentümer nach der Rechtsprechung dagegen gewährt werden, wenn die Niederschrift i.S.v. § 24 Abs. 6 WEG innerhalb der Frist des § 46 Abs. 1 Satz 2 WEG noch nicht vorliegt oder dem Wohnungseigentümer eine Einsichtnahme nicht ermöglicht wurde[3]. Nur das unterschriebene Versammlungsprotokoll verschaffe ihm sichere Kenntnis vom Inhalt und der Bedeutung der gefassten Beschlüsse; auf mündliche Auskünfte, insbesondere solche von anderen Versammlungsteilnehmern, müsse sich der Wohnungseigentümer daher nicht verlassen[4]. Hiergegen ist anzuführen, dass ein Wohnungseigentümer, der ordnungsgemäß zur Versammlung geladen, aber an ihr nicht teilgenommen hat, grundsätzlich berechtigt ist, sämtliche Beschlüsse einer Versammlung vorsorglich und ohne genaue Bezeichnung ihres Beschlussinhaltes anzufechten[5]. Zur Wahrung der einmonatigen Anfechtungsfrist bedarf es daher nicht der Fertigstellung der Niederschrift über die Versammlung, wenn der Wohnungseigentümer durch die ihm zugesandte Einladung und Tagesordnung wenigstens Kenntnis darüber hatte, dass eine Versammlung stattgefunden hat und welche Angelegenheiten durch Beschluss geregelt werden sollten. Eine solche Vorgehensweise ist dem Kläger auch nicht unzumutbar[6], da er seine fehlende Kenntnis aufgrund der Nichtteilnahme an der Versammlung selbst zu vertreten hat.

122

Die unterbliebene Fertigstellung der Versammlungsniederschrift ist erst recht in den Fällen kein Wiedereinsetzungsgrund, in denen der Wohnungseigentümer in der Versammlung selbst anwesend war[7].

123

Zur dritten Gruppe gehören solche Fälle, in denen dem Kläger oder seinem Prozessbevollmächtigten trotz Kenntnis von der Beschlussfassung **Fehler bei der Klageerhebung oder Klagebegründung** unterlaufen und die Anfechtungsfrist aus solchen Gründen nicht gewahrt werden kann. Scheitert die rechtzeitige Klageerhebung beispielsweise wegen eines Fehlers der Angestellten des Prozessbevollmächtigten, kommt eine Wiedereinsetzung in Betracht, wenn dem Prozess-

124

---

1 BayObLG v. 20.3.1991 – BReg. 2Z 8/91, NJW-RR 1991, 976 (977).
2 BayObLG v. 17.1.2003 – 2Z BR 130/02, ZMR 2003, 435; OLG Hamm v. 22.6.1998 – 15 W 156/98, NZM 1998, 971.
3 BayObLG v. 17.1.2003 – 2Z BR 130/02, ZMR 2003, 435; KG v. 9.1.2002 – 24 W 91/01, WuM 2002, 167, 168 = ZMR 2002, 548 (549).
4 KG v. 9.1.2002 – 24 W 91/01, WuM 2002, 167 (168) = ZMR 2002, 548 (549).
5 OLG Celle v. 19.1.1989 – 4 W 164/88, OLGZ 1989, 183 (184); OLG Zweibrücken v. 5.7.1994 – 3 W 85/94, NJW-RR 1995, 397 (398); KG v. 27.3.1996 – 24 W 5414/95, WuM 1996, 364 (365).
6 A.A. KG v. 9.1.2002 – 24 W 91/01, WuM 2002, 167 (168) = ZMR 2002, 548 (549).
7 BayObLG v. 13.11.2003 – 2Z BR 165/03, ZMR 2004, 212 (213).

bevollmächtigten kein Organisationsverschulden vorzuwerfen ist. Er hat aber bei der Versendung von Schriftsätzen per **Telefax** organisatorische Vorkehrungen zu treffen, dass die Angestellten die angewählten Empfängernummern genau überprüfen. Hierzu muss er entsprechende Anweisungen erteilen. Unterbleibt dies, kann eine Wiedereinsetzung nicht bewilligt werden[1]. Der allgemeine Hinweis auf eine überdurchschnittliche Arbeitsbelastung rechtfertigt keinen Wiedereinsetzungsantrag[2]. Zu weiteren Einzelheiten der zu dieser Fallgruppe veröffentlichen Rechtsprechung wird auf die gängigen ZPO-Kommentare verwiesen[3].

VI. Der Prozessverlauf und das besondere Verfahrensrecht der Beschlussmängelklagen

1. Das Rechtsschutzbedürfnis

a) Die Abgrenzung zur Anfechtungsbefugnis

125 Das Rechtsschutzbedürfnis ist eine Sachurteilsvoraussetzung der Anfechtungs- und Nichtigkeitsklage i.S.v. § 46 Abs. 1, aber auch aller anderen Beschlussmängelklagen. Es ist nicht nur zu prüfen, wenn die Ungültigerklärung des Beschlusses wegen vermeintlicher Anfechtungsgründe betrieben wird, sondern auch dann, wenn eine gerichtliche Klärung der Gültigkeit eines Beschlusses wegen angeblicher Nichtigkeitsgründe angestrebt wird oder der Streit über das zutreffende Abstimmungsergebnis im Wege einer positiven Beschlussfeststellungsklage geklärt werden soll.

126 Die Funktion des Rechtsschutzbedürfnisses liegt in der Entlastung der Gerichte. Es fehlt, wenn ein schützenswertes Interesse an der angestrebten gerichtlichen Entscheidung nicht besteht[4]. In einem in den Anwendungsbereich des § 43 Nr. 4 fallenden Klageverfahren fehlt das Rechtsschutzbedürfnis immer, wenn der streitgegenständliche Beschluss die mit ihm intendierten rechtlichen Wirkungen im Zeitpunkt des Schlusses der mündlichen Verhandlung nicht mehr entfalten kann, sei es, dass er aus rechtlichen oder aus praktischen Gründen gegenstandslos geworden ist. Die Klage ist dann als unzulässig abzuweisen.

127 Das Rechtsschutzbedürfnis ist prozessrechtsdogmatisch von der Anfechtungsbefugnis zu unterscheiden, was die Rechtspraxis bislang allerdings kaum beachtet[5]. Der Unterschied zwischen den beiden Rechtsinstituten spiegelt sich in den unterschiedlichen Funktionen der Anfechtungsklage wider (s. § 46 Rz. 8, 9). Da die Anfechtungsklage ein mitgliedschaftliches Abwehrrecht ist und den Wohnungseigentümern Rechtsschutz gegen fehlerhafte Beschlüsse ermöglicht, bedarf es einer Anfechtungsbefugnis, um die Ungültigerklärung des Beschlusses durch rechtsgestaltendes Urteil zu erreichen. Aufgrund ihres materiell-rechtlichen Ursprungs beantwortet die Anfechtungsbefugnis die Frage, ob und in wel-

---

1 BayObLG v. 1.12.2004 – 2Z BR 93/04, WuM 2005, 277.
2 BayObLG v. 17.7.2003 – 2Z BR 55/03, NZM 2003, 809.
3 Siehe z.B. die Zusammenstellung der zahllosen Einzelfälle bei Zöller/*Greger*, ZPO, § 233 Rz. 23.
4 Zöller/*Greger*, ZPO, vor § 253 Rz. 18.
5 Siehe nur OLG Zweibrücken v. 12.1.2007 – 3 W 217/05, OLGR Zweibrücken 2007, 149.

chem Umfang dem Kläger des Anfechtungsprozesses ein Anspruch auf fehlerfreie Beschlussfassung der Wohnungseigentümer zusteht. Die Anfechtungsbefugnis entspricht insoweit der **Aktivklegitimation**. Fehlt sie, ist die Klage als unbegründet abzuweisen.

Die Anfechtungsklage zielt darüber hinaus aber auch – wie jede andere Beschlussmängelklage – auf die rechtsverbindliche Klärung der Gültigkeit eines Beschlusses der Wohnungseigentümer ab. Dieses Ziel erreicht sie, wie § 48 Abs. 4 verdeutlicht, unabhängig vom Ausgang des Klageverfahrens. Nur in diesem Funktionszusammenhang gewinnt das Rechtsschutzbedürfnis an Bedeutung. Besteht – unabhängig von der rechtlichen Einordnung der im Prozess vorgetragenen Beschlussmängel – von vornherein kein rechtlich schützenswertes Interesse an der gerichtlichen Klärung der Gültigkeit des streitgegenständlichen Beschlusses, ist jede, auch die in der äußeren Form einer Anfechtungsklage erhobene Beschlussmängelklage, als unzulässig abzuweisen. Ein Rechtsschutzbedürfnis kann daher nicht allein deshalb bejaht werden, weil der streitgegenständliche Beschluss unter Anfechtungsgründen leidet[1]. 128

b) Einzelfälle

Kein Rechtsschutzbedürfnis besteht regelmäßig für die gerichtliche Entscheidung über die Gültigkeit von **Geschäftsordnungsbeschlüssen**, mit denen das Verfahren einer Eigentümerversammlung geregelt werden soll. Solche Beschlüsse werden nach Beendigung der Versammlung gegenstandslos[2]. Hierzu gehört auch ein Beschluss, der den Wohnungseigentümern Gelegenheit gibt, bis zu einem bestimmten Zeitpunkt zu einer in Aussicht genommenen Verwaltungsmaßnahme Stellung zu nehmen[3]. Soll ein Beschluss zur Geschäftsordnung auch für zukünftige Versammlungen verbindlich sein, ist ein Rechtsschutzbedürfnis dagegen zu bejahen[4]. 129

Kein Rechtsschutzbedürfnis besteht grundsätzlich für eine gerichtliche Entscheidung über die Gültigkeit sog. „**negativer Beschlüsse**", sofern diese weder einen ausführungsbedürftigen Inhalt haben und sie auch nicht das Rechtsverhältnis der Wohnungseigentümer untereinander in Bezug auf den Gegenstand des zur Abstimmung gestellten Beschlussantrages für die Zukunft verbindlich festlegen[5]. Die durch einen solchen Beschluss hervorgerufene rechtsgeschäftliche Bindung beschränkt sich lediglich darauf, das Beantragte für den Moment der Abstimmung nicht zu wollen. Die Wohnungseigentümer sind auch nicht gehindert, in einer späteren Versammlung den zunächst abgelehnten Beschlussantrag erneut zur Abstimmung zu stellen. Sie können jederzeit eine andere Regelung treffen, der negative Beschluss entfaltet für eine erneute Beschlussfassung **keine Sperrwirkung**[6]. 130

---

1 Dies verkennt *Wenzel*, ZMR 2005, 413 (415), der ein Rechtsschutzbedürfnis allein wegen des dem negativen Beschluss anhaftenden Beschlussmangels bejaht.
2 BayObLG v. 16.11.2995 – 2Z BR 108/95, WuM 1996, 116 (117).
3 OLG München v. 8.12.2006 – 34 Wx 103/06, FGPrax 2007, 21 (22).
4 BayObLG v. 7.12.1995 – 2Z BR 72/95, BayObLGZ 1995, 407 (409) = NJW-RR 1996, 524; OLG Düsseldorf v. 24.5.1995 – 3 Wx 17/95, NJW-RR 1995, 1294.
5 A.A. *Wenzel*, ZMR 2005, 413 (415).
6 BGH v. 19.9.2002 – V ZB 30/02, BGHZ = NZM 2002, 995 (996).

131 Besondere Umsicht ist allerdings geboten, wenn der bei der Abstimmung unterlegene Wohnungseigentümer der Auffassung ist, ihm stehe aus § 15 Abs. 3 oder 21 Abs. 4 ein Anspruch gegen die Wohnungseigentümer auf Vornahme einer bestimmten Maßnahme (z.B. auf Vornahme einer bestimmten Instandhaltungsmaßnahme) zu. Widerspricht die Ablehnung des zur Abstimmung gestellten Antrags den Grundsätzen ordnungsmäßiger Verwaltung, so kann eine unterbliebene oder verspätete Anfechtung dazu führen, dass eine nach Ablauf der Anfechtungsfrist erhobene und auf § 21 Abs. 4 WEG gestützte Klage als unbegründet abgewiesen wird[1], weil nicht nur die Wohnungseigentümer, sondern auch das Gericht – bei einer ggf. nach § 21 Abs. 8 zu treffenden Entscheidung – an die Beschlussfassung gebunden wären[2]. Daher bejaht die Rechtsprechung ein Rechtsschutzbedürfnis, wenn der negative Beschluss nach seinem Inhalt einem späteren **Verpflichtungsantrag** entgegengehalten werden kann[3]. Ob dies der Fall ist, ist durch **Auslegung** des Beschlussinhalts – ggf. unter Heranziehung der in der Versammlungsniederschrift enthaltenen Beschlussbegründung – zu ermitteln[4]. Wegen der Bindungswirkung eines negativen Beschlusses kann ein Rechtsschutzbedürfnis auch für den mit einer Anfechtungsklage verbundenen Feststellungsantrag bestehen, dass ein Beschluss zu einem Tagesordnungspunkt nicht gefasst worden ist[5].

132 Für die Bejahung eines Rechtsschutzinteresses ist es unerheblich, ob der Kläger die gegen den negativen Beschluss erhobene Anfechtungsklage mit einer auf § 21 Abs. 4 gestützten Leistungsklage, gerichtet auf Vornahme der von ihm begehrten Maßnahme, verbindet[6].

133 Kein Rechtsschutzbedürfnis besteht für die gerichtliche Klärung der Gültigkeit solcher Beschlüsse, die lediglich bestimmen, dass zu einzelnen Tagesordnungspunkten eine Beschlussfassung und damit eine sachliche Regelung nicht erfolgen soll. Für die Anfechtung solcher Beschlüsse fehlt es an einem Rechtsschutzbedürfnis, weil ihre Existenz einem Verpflichtungsantrag nicht entgegensteht[7].

134 Lehnen es die Wohnungseigentümer mehrheitlich ab, dem von einem Mitglied der Gemeinschaft geltend gemachten und auf §§ 683 Satz 1, 670 BGB gestützten Kostenerstattungsanspruch nachzukommen, weil sie die materiell-rechtlichen Anspruchsvoraussetzungen der **Geschäftsführung ohne Auftrag** für nicht gegeben erachten, besteht ein Rechtsschutzbedürfnis für die Anfechtung eines solchen Beschlusses nicht. Mit einer solchen Beschlussfassung verweigern die Wohnungseigentümer lediglich die Erfüllung des geltend gemachten Anspruchs. Eine – ggf. rechtsgestaltend wirkende – Aberkennung und ein damit

---
1 Siehe AG Kerpen v. 19.3.1991 – 15 (16) II 19/90, NJW-RR 1991, 1236 ff.
2 Ablehnend *Wenzel*, ZMR 2005, 413, 415, der eine materielle Bindungswirkung des negativen Beschlusses verneint.
3 BayObLG v. 26.9.2003 – 2Z BR 24/03, WuM 2004, 736; OLG München v. 21.3.2006 – 32 Wx2/06, ZMR 2006, 474 (475); OLG München v. 21.2.2007 – 34 Wx 100/06; OLG München v. 8.12.2006 – 34 Wx 103/06, FGPrax 2007, 21 (22); *Deckert*, ZMR 2003, 153, 158; in diesem Sinne wohl auch BGH v. 19.9.2002 – V ZB 30/02, BGHZ 152, 46 (51).
4 OLG München, Beschl. v. 21.3.2006 – 32 Wx2/06, ZMR 2006, 474 (475).
5 BayObLG v. 21.2.2007 – 34 Wx 100/06.
6 BayObLG v. 26.9.2003 – 2Z BR 25/03, WuM 2004, 736.
7 BayObLG v. 13.11.2003 – 2Z BR 109/03, FGPrax 2004, 17 (18).

einhergehender Untergang des Anspruchs bewirkt der Beschluss dagegen nicht. Weil ein solcher Beschluss das Rechtsverhältnis zwischen Anspruchsgläubiger und Anspruchsschuldner unverändert lässt, besteht kein Rechtsschutzinteresse für seine Ungültigerklärung.

Das Rechtsschutzbedürfnis entfällt nicht deshalb, weil der angefochtene Beschluss zwischenzeitlich ausgeführt worden ist[1]. Hat der Verwalter einen angefochtenen Beschluss ausgeführt, so ist jeweils im Einzelfall zu prüfen, ob den Wohnungseigentümern aufgrund der Rückwirkung der gerichtlichen Gestaltungsentscheidung **Folgenbeseitigungsansprüche** zustehen können[2] oder ob ihre Pflicht zur anteiligen Kostentragung (§ 16 Abs. 2) entfallen kann[3]. Entfaltet der Beschluss in diesem Sinne Wirkungen gegenüber den Wohnungseigentümern, besteht auch ein Rechtsschutzbedürfnis für die gerichtliche Klärung seiner Gültigkeit. 135

Das Rechtsschutzbedürfnis kann im Verlauf eines Prozesses wegfallen, wenn der angefochtene Beschluss durch einen weiteren Beschluss der Wohnungseigentümer aufgehoben, bestätigt oder im weiteren Sinne überlagert wird und dieser „**Zweitbeschluss**" seinerseits in Bestandskraft erwachsen ist[4]. Ein rechtsschutzwürdiges Interesse an der Beschlussanfechtung kann auch fehlen, wenn der Beschluss Grundlage für das Verwaltungshandeln der Wohnungseigentümer sein soll, seine Durchführung jedoch aus anderen Gründen nicht möglich ist. Ermächtigen die Wohnungseigentümer beispielsweise den Verwalter, mit einem Dritten einen Werkvertrag abzuschließen, besteht kein Interesse an der Ungültigerklärung des Beschlusses, wenn der von der Mehrheit der Wohnungseigentümer gewollte Vertrag nicht zustande gekommen ist. Eine solche Konstellation liegt beispielsweise vor, wenn sich erst nach Einleitung des Verfahrens herausstellt, dass der mit Stimmenmehrheit bestellte Verwalter das ihm angetragene Amt nicht annehmen will. Der Antrag auf Ungültigerklärung eines solchen Bestellungsbeschlusses erledigt sich auch, wenn die Bestellungszeit abgelaufen ist, weil der Verwaltervertrag nicht rückwirkend unwirksam wird[5]. 136

Das Rechtsschutzbedürfnis für die gerichtliche Klärung der Gültigkeit eines **Wirtschaftsplans** kann im Einzelfall auch dann fortbestehen, wenn die Wohnungseigentümer zwischenzeitlich über eine Jahresabrechnung für das gleiche Wirtschaftsjahr beschließen, weil der Wirtschaftsplan weiterhin die Anspruchsgrundlage für noch offene Vorschusszahlungen der Wohnungseigentümer bilden kann[6]. Der Wirtschaftsplan wird durch die beschlossene Jahresabrechnung auch 137

---

1 BayObLG v. 11.4.2002 – 2Z BR 179/01, NZM 2002, 623; BayObLG v. 30.7.1992 – 2Z BR 34/92, NJW-RR 1992, 1367; BayObLG v. 9.6.1975 – BReg. 2Z 35/75, BayObLGZ 1975, 201 (208).
2 BayObLG v. 11.4.2002 – 2Z BR 179/01, NZM 2002, 623.
3 BayObLG v. 10.3.1994 – 2Z BR 136/93, WuM 1994, 504.
4 BGH v. 23.8.2001 – V ZB 10/01, BGHZ 146, 335 (350, 351); BayObLG v. 7.8.1986 – BReg 2Z 49/86, WuM 1986, 356 (357).
5 BayObLG v. 30.1.1997 – 2Z BR 35/96, NJW-RR 1997, 715 (717); OLG Hamm v. 4.6.2002 – 15 W 66/02, ZMR 2003, 51; KG v. 13.11.1989 – 24 W 5042/89, OLGZ 1990, 61 (63) = NJW-RR 1990, 153.
6 BayObLG v. 18.2.1998 – 2Z BR 134/97, NJW-RR 1998, 1624; KG v. 10.2.1986 – 24 W 1925/85, ZMR 1986, 250 (251); OLG Hamm v. 11.8.1970 – 15 W 232/69, OLGZ 1971, 96 (99f.).

nicht aufgehoben, sondern nur bestätigt[1]. Es besteht aber nicht mehr, wenn eine bestandskräftige Beschlussfassung der Eigentümerversammlung über die Genehmigung der Jahresabrechnung für das Wirtschaftsjahr vorliegt und der anfechtende Wohnungseigentümer sämtliche Wohngeldvorauszahlungen nach dem Wirtschaftsplan gezahlt hat[2]. Entsprechendes soll gelten, wenn für das Wirtschaftsjahr eine Jahresabrechnung beschlossen worden ist, zwischen der Beschlussfassung über den Wirtschaftsplan und der Jahresabrechnung kein Eigentümerwechsel stattgefunden hat und weder ein Konkursverfahren eröffnet noch eine Zwangsverwaltung angeordnet wurde[3] (vgl. auch § 28 Rz. 63).

2. Das besondere Verfahrensrecht der „positiven Beschlussfeststellungsklage"

138 Nach der zutreffenden und mittlerweile weitgehend anerkannten Rechtsprechung des BGH hat die Feststellung und **Verkündung** des Abstimmungsergebnisses **konstitutive Wirkung** und stellt das Beschlussergebnis im Verhältnis der Wohnungseigentümer rechtsverbindlich fest. Dies gilt auch in solchen Fällen, in denen die Feststellung und Verkündung fehlerhaft erfolgt ist. Ist die getroffene Feststellung und Verkündung unrichtig, müssen die Wohnungseigentümer innerhalb der einmonatigen Anfechtungsfrist des § 46 Abs. 1 Satz 2 beim zuständigen Amtsgericht Klage auf Ungültigerklärung des unzutreffend festgestellten und verkündeten Beschlussergebnisses erheben[4]. Dies gilt unabhängig davon, ob der Versammlungsleiter die Annahme des Beschlussantrages (also einen positiven Beschluss) oder seine Ablehnung (also einen negativen Beschluss) festgestellt und verkündet hat. Hat der Versammlungsleiter im Anschluss an die Abstimmung keine Feststellungen über das Abstimmungsergebnis getroffen und kein Beschlussergebnis verkündet, so hat das Gericht auf Klage eines Wohnungseigentümers oder Verwalters hin nach § 43 Abs. 1 Nr. 4 WEG das zutreffende Abstimmungsergebnis festzustellen[5].

139 Im Falle einer fehlerhaften Feststellung des Abstimmungsergebnisses erreicht der Kläger mit der bloßen Ungültigerklärung des verkündeten Beschlusses allerdings nicht, dass zugleich auch das „wahre Abstimmungsergebnis" in Geltung gesetzt wird. Ist zu Unrecht die Ablehnung eines Beschlussantrags festgestellt und verkündet worden, ist es daher zusätzlich erforderlich, dass das Gericht auf entsprechenden Klageantrag hin feststellt, dass der zur Abstimmung gestellte Antrag – entgegen der Annahme des Versammlungsleiters – die erforderliche Stimmenmehrheit erreicht hat. Die Beschlussanfechtungsklage ist daher mit einer Klage auf Feststellung des zutreffenden Abstimmungsergebnisses zu verbinden[6]. Versäumt es der Kläger, einen entsprechenden Antrag zu stellen, hat das Gericht ihn nach § 139 Abs. 1 Satz 2 ZPO darauf hinzuweisen und darauf hinzuwirken, dass ein sachdienlicher Antrag gestellt wird.

---

1 BGH v. 30.11.1995 – V ZB 16/95, BGHZ 131, 228 (231 f.).
2 OLG Hamm v. 18.5.2006 – 15 W 25/06, ZMR 2006, 879 (881).
3 BayObLG v. 30.1.1997 – 2Z BR 35/96, NJW-RR 1997, 715 (717); BayObLGZ 1986, 128 (131).
4 BGH v. 23.8.2001 – V ZB 10/01, BGHZ 148, 335 = NJW 2001, 3339 und BGH v. 19.9.2002 – V ZB 30/02, BGHZ 152, 46.
5 BGH v. 23.8.2001 – V ZB 10/01, BGHZ 148, 335 = NJW 2001, 3339 (3342).
6 BGH v. 19.9.2002 – V ZB 30/02, NJW 2002, 3704 (3705); *Suilmann*, BGHReport 2002, 1074 (1075).

Problematisch ist, ob das angerufene Gericht einem positiven Beschlussfeststellungsantrag auch dann stattgeben darf, wenn das Abstimmungsergebnis zwar unzutreffend festgestellt und verkündet wurde, der in Geltung zu setzende Beschluss aber seinerseits fehlerhaft wäre. Diesbezüglich sind zwei Fallgruppen zu unterscheiden: Leidet der in Geltung zu setzende Beschluss unter **Nichtigkeitsgründen**, darf das Gericht dem Klageantrag nicht stattgeben und muss es die positive Beschlussfeststellungsklage – nach einem entsprechendem Hinweis gem. § 139 Abs. 1 ZPO und § 46 Abs. 2 – als unbegründet abweisen[1]. 140

Leidet der in Geltung zu setzende Beschluss dagegen seinerseits unter **Anfechtungsgründen** (z.B. Ladungsmängel; Verstöße gegen den Grundsatz ordnungsgemäßer Verwaltung), darf das Gericht die positive Beschlussanfechtungsklage nicht ohne weiteres als unbegründet abweisen[2]. Anfechtungsgründe sind nicht von Amts wegen zu berücksichtigen und das Gericht hat die Parteien – was sich nicht zuletzt aus einem Umkehrschluss zu § 46 Abs. 2 ergibt – auf das Vorliegen solcher Gründe auch nicht von Amts wegen hinzuweisen. Die Berufung auf Anfechtungsgründe steht nach der Konzeption des Gesetzes allein zur Disposition der Anfechtungsberechtigten. Leidet der in Geltung zu setzende Beschluss daher unter Anfechtungsgründen, sind diese bei der zu treffenden gerichtlichen Entscheidung erst dann zu berücksichtigen, wenn einer der am gerichtlichen Verfahren beteiligten Wohnungseigentümer sie ausdrücklich geltend macht. Erforderlich ist, dass zumindest einer der beklagten Wohnungseigentümer der beantragten positiven Beschlussfeststellung unter Hinweis auf Anfechtungsgründe widerspricht und einen Klageabweisungsantrag stellt. Zugleich hat er die dem Anfechtungsgrund zugrunde liegenden Tatsachen in den Prozess einzuführen. Nicht erforderlich ist es in diesem Ausnahmefall dagegen, dass einer der beklagten Wohnungseigentümer eine gesonderte Klage auf Ungültigerklärung des (noch in Geltung zu setzenden) Beschlusses erhebt. Auch findet die Anfechtungsfrist des § 46 Abs. 1 Satz 2 in diesem Ausnahmefall keine Anwendung. 141

Das mit einem positiven Beschlussfeststellungsantrag befasste Gericht hat den beklagten Wohnungseigentümern daher ausdrücklich Gelegenheit zu geben, etwaige Anfechtungsgründe einredeweise vorzutragen. Liegt ein Anfechtungsgrund vor und widersprechen einzelne der Prozessbeteiligten aus diesem Grund der beantragten positiven Beschlussfeststellung, hat das Gericht den Antrag auf positive Beschlussfeststellung als unbegründet zurückzuweisen. 142

Diese Vorgehensweise entspricht der Handhabung positiver Beschlussfeststellungsklagen im Gesellschaftsrecht[3]. Sie ist auch für die Beschlussmängelklagen nach § 43 Nr. 4 sachgerecht, denn nur so kann ein verfahrensökonomisch sinnwidriges zweites Klageverfahren vermieden werden. Der für das frühere Verfahrensrecht im Schrifttum vertretenen gegenteiligen Auffassung, wonach die Wohnungseigentümer erst nach rechtskräftigem Abschluss eines positiven 143

---

1 So schon für das frühere Verfahrensrecht OLG Hamm v. 28.12.1989 – 15 W 441/89, OLGZ 1990, 180 (183).
2 Anders für das frühere Verfahrensrecht OLG Hamm v. 28.12.1989 – 15 W 441/89, OLGZ 1990, 180 (183).
3 Vgl. BGH v. 20.1.1986 – II ZR 73/85, BGHZ 97, 28 (30ff.); BGH v. 13.3.1980 – II ZR 54/78, BGHZ 76, 191 (201); K. Schmidt, AG 1980, 169.

Beschlussfeststellungsverfahrens berechtigt seien, den durch das Gericht in Geltung gesetzten Beschluss anzufechten[1], ist deshalb nicht zu folgen. Dies hätte zur Folge, dass die Wohnungseigentümer in einem weiteren – gegebenenfalls langwierigen – Klageverfahren ein weiteres Mal über die Gültigkeit eines gerichtlich in Geltung gesetzten Beschlusses streiten würden. Dies ist weder verfahrensökonomisch sinnvoll noch ist es verfahrensrechtlich geboten.

3. Die Darlegungs- und Beweislast der Parteien

144 Auch im Beschlussmängelprozess obliegt es dem Kläger, die zur Schlüssigkeit seiner Klage erforderlichen Tatsachen vorzutragen. Erhebt der Kläger eine Klage auf Ungültigerklärung eines Beschlusses, hat er daher etwaige Anfechtungsgründe und die diesen Mängeln zugrunde liegenden **Tatsachen darzulegen** und zu **beweisen**. Das Gericht ist nicht gehalten, von Amts wegen Ermittlungen darüber anzustellen, ob der Beschluss aus anderen als den von dem Kläger gerügten und dargelegten Anfechtungsgründen für ungültig zu erklären ist[2]. Grundlage der Sachentscheidung des Gerichts ist allein der vom Kläger vorgetragene Sachverhalt.

145 Die Darlegungs- und Beweislast trifft den Kläger unabhängig davon, ob der gerügte Mangel einen **formellen** oder **materiellen Anfechtungsgrund** darstellt. Rügt der Kläger mit der Anfechtungsklage allerdings einen Verfahrensmangel, beispielsweise die nicht ordnungsgemäße Einberufung der Versammlung oder die unzureichende Ankündigung des Beschlussgegenstandes in der Einladung zur Versammlung, obliegt es **den Beklagten darzulegen** und zu **beweisen**, dass dieser Verfahrensmangel keine Auswirkung auf das Abstimmungsergebnis genommen hat[3].

4. Die Prüfungs- und Hinweispflichten des Gerichts (§ 46 Abs. 2)

146 Das Gericht ist nicht an die vom Kläger vorgenommene rechtliche Einordnung des Beschlussmangels als Anfechtungs- oder Nichtigkeitsgrund gebunden. Es hat selbständig zu prüfen, ob der gerügte Mangel einen Nichtigkeitsgrund darstellt, unabhängig davon, ob die Klägerseite die Gründe unter dem Gesichtspunkt der Nichtigkeit oder der Anfechtbarkeit vorgetragen hat[4]. Grundlage dieser Prüfung ist der gesamte, vom Kläger vorgetragene Sachverhalt. Dies gilt insbesondere in solchen Fällen, in denen keine rechtzeitige Anfechtungsklage erhoben und die Anfechtungsfrist versäumt wurde. Weicht das Gericht von der rechtlichen Einordnung der Parteien ab und hat dies Auswirkungen auf die Sachentscheidung, hat es die Parteien hierauf nach § 139 Abs. 2 ZPO hinzuweisen.

147 Ergeben sich aus dem Klagevorbringen oder aus dem Akteninhalt Anknüpfungspunkte dafür, dass ein angefochtener Beschluss **nichtig** sein könnte, ist das Ge-

---

1 *Deckert*, ZMR 2003, 153, 158; *Müller* in FS für Deckert, 2002, S. 255 (264).
2 So ausdrücklich die Amtliche Begründung des Gesetzesentwurfs, BT-Drucks. 16/887, S. 38.
3 Zum Einwand der fehlenden Kausalität eines Verfahrensmangels s. KG v. 18.11.1998 – 24 W 4180/97, ZMR 1999, 426 (429); KG v. 10.3.1993 – 24 W 1701/92, OLGZ 1994, 27 (29) = WuM 1993, 303; OLG Hamm v. 19.4.1995 – 15 W 26/95, ZMR 1995, 498.
4 BGH v. 1.3.1999 – II ZR 305/97, NJW 1999, 1638.

richt gehalten, die Parteien hierauf hinzuweisen. Insoweit begründet § 46 Abs. 2 nach der Vorstellung des Gesetzgebers eine gegenüber § 139 ZPO erweiterte Hinweispflicht. Die Besonderheit des § 46 Abs. 2 gegenüber den allgemeinen zivilprozessualen Hinweispflichten liegt darin, dass das Gericht einen Hinweis schon dann erteilen kann, wenn aufgrund des Akteninhalts die bloße Möglichkeit besteht, der Beschluss könne aus bislang nicht oder nicht vollständig vorgetragenen Gründen nichtig sein. § 46 Abs. 2 wird also insbesondere dann zur Anwendung kommen, wenn ein Beschluss nicht nur unter einem, sondern unter mehreren verschiedenen Beschlussmängeln leidet. Das Gericht kann den Kläger in solchen Fällen zur Ergänzung seines Klagevortrages anhalten. Diese erweiterte Hinweispflicht des Gerichts soll dem Umstand Rechnung tragen, dass die Rechtskraft der auf eine Anfechtungsklage hin ergangenen Entscheidung nach § 48 Abs. 4 auch etwaige Nichtigkeitsgründe erfasst[1].

Da jede in den Anwendungsbereich des § 43 Nr. 4 fallende Beschlussmängelklage auf die abschließende gerichtliche Klärung der Gültigkeit eines Beschlusses abzielt, ist § 46 Abs. 2 auch zu beachten, wenn der Kläger im Wege einer positiven Beschlussfeststellungsklage die Feststellung des vom Versammlungsleiter unzutreffend verkündeten Beschlussergebnisses betreibt. Leidet der in Geltung zu setzende Beschluss unter Nichtigkeitsgründen, hat das Gericht die Parteien hierauf hinzuweisen und sie – soweit erforderlich – zur Ergänzung des Tatsachenvortrags anzuhalten. 148

Der Anwendungsbereich des § 46 Abs. 2 beschränkt sich schließlich nicht nur auf Nichtigkeitsgründe, sondern auch auf solche Tatsachen, die bereits den rechtsgeschäftlichen Entstehungsstand des Beschlusses betreffen. Erhebt der Kläger eine Anfechtungsklage gegen einen Beschluss, bei dem die für das Entstehen eines Eigentümerbeschlusses erforderliche Feststellung und Verkündung des Beschlussergebnisses unterblieben ist, kann das Gericht seine Ungültigerklärung nach einem entsprechenden Hinweis sowohl auf diesen Umstand als auch auf die übrigen vorgetragenen Anfechtungsgründe stützen[2]. 149

5. Die Erledigung des Rechtsstreits durch Klagerücknahme, Klageverzicht, Anerkenntnis oder Vergleich

Der Kläger kann nach allgemeinen zivilprozessualen Regeln über den Streitgegenstand verfügen und die **Klage zurücknehmen** oder **Klageverzicht** erklären. Ist der Kläger im Termin zur mündlichen Verhandlung säumig, kann gegen ihn auf Antrag ein Versäumnisurteil ergehen. Klagen mehrere Kläger gemeinsam, so sind die Besonderheiten der notwendigen **Streitgenossenschaft** (§ 47 Satz 2) und § 62 ZPO zu beachten. Der nicht erschienene Kläger gilt als durch die erschienen Streitgenossen als vertreten. Ein Teilversäumnisurteil darf gegen ihn daher nicht ergehen. 150

Sind alle Beklagten säumig, kann ebenfalls durch Versäumnisurteil entschieden werden. Andernfalls gilt wiederum § 62 ZPO mit der Folge, dass die säumigen 151

---

[1] Amtliche Begründung des Gesetzesentwurfs, BT-Drucks. 16/887, S. 38.
[2] Ähnlich OLG München v. 15.11.2006 – 34 Wx 97/06, 34 Wx 97/06, ZMR 2007, 221 (223).

von den erschienen Beklagten mitvertreten werden. Diese Vorschrift ist auch im schriftlichen Vorverfahren zu beachten; zeigt lediglich ein Beklagter seine Verteidigungsbereitschaft an, darf auch gegen die übrigen Beklagten kein Teilversäumnisurteil ergehen.

152 Die Beklagten können den Klageantrag anerkennen, so dass durch Anerkenntnisurteil zu entscheiden ist. Da sie notwendige Streitgenossen sind, muss aber ein jeder von ihnen eine gesonderte Anerkenntniserklärung abgeben. Das nur von einzelnen Beklagten erklärte Anerkenntnis bleibt wirkungslos; das Gericht darf insbesondere auf ein solches Anerkenntnis hin nicht durch Teilurteil entscheiden. Allerdings ermächtigt § 62 ZPO den in der mündlichen Verhandlung **allein** erscheinenden beklagten Wohnungseigentümer, den Klageantrag auch im Namen seiner im Termin säumigen Streitgenossen anzuerkennen[1].

153 Zur Erklärung eines **Rechtsmittelverzichts** (§ 313 Abs. 2 ZPO) ist jede Partei selbständig in der Lage, und zwar auch dann, wenn sie den Prozess als notwendige Streitgenossen führen. Entsprechendes gilt für den Verzicht auf die Abfassung der Entscheidungsgründe in den Fällen des § 313a Abs. 1 ZPO. Von der Abfassung des Tatbestandes und der Entscheidungsgründe darf in den Fällen des § 313a Abs. 2 ZPO aber nur abgesehen werden, wenn alle zur Anfechtung des Urteils befugten Parteien den Rechtsmittelverzicht erklären.

154 Durch einen **Prozessvergleich** kann der Rechtsstreit erledigt werden, wenn sämtliche Kläger und Beklagten dem Vergleich zustimmen. Ein nur von einzelnen Prozessbeteiligten geschlossener Teilvergleich bleibt dagegen wirkungslos. Unerheblich und nicht erforderlich ist, dass der beigeladene Verwalter einem Vergleich zustimmt oder den Klageantrag anerkennt. Der Verwalter ist nicht Rechtsträger des Beschlusses. Dies sind allein die Wohnungseigentümer, denen allein die Berechtigung zusteht, über den Streitgegenstand zu verfügen.

6. Die Insolvenz einer Partei

155 Die Eröffnung des Insolvenzverfahrens über das Vermögen einer Partei des Beschlussmängelprozesses führt nach § 240 ZPO zur **Unterbrechung** des anhängigen Rechtsstreits, da das Wohnungseigentum zum pfändbaren Vermögen des Insolvenzschuldners gehört. Die bislang für das Verfahrensrecht der freiwilligen Gerichtsbarkeit vertretene gegenteilige Auffassung, die eine entsprechende Anwendung des § 240 ZPO unter Hinweis auf das schützenwerte Interesse aller Wohnungseigentümer an einer alsbaldigen gerichtlichen Klärung der Gültigkeit von Beschlüssen ablehnte[2], findet mit Inkrafttreten der Gesetzesnovelle keine Anwendung mehr. § 240 ZPO gilt für sämtliche Erkenntnisverfahren, die nach den Bestimmungen der ZPO erledigt werden. Die **kraft Gesetzes** eintretende Unterbrechung des Rechtsstreits trägt dem Umstand Rechnung, dass der Schuldner mit Eröffnung des Insolvenzverfahrens die Verwaltungs- und Verfügungsbefugnis über sein zur Insolvenzmasse gehörendes Vermögen verliert. An seine Stelle tritt der Insolvenzverwalter. Die Unterbrechung gibt ihm Gelegenheit, sich in den Prozessstoff einzuarbeiten und über die Fortführung des

---

1 Siehe zu dieser Fallgestaltung: *Bergerhoff*, NZM 2007, 425 (430).
2 OLG Schleswig, MietRB 2006, 135; KG v. 27.4.2005 – 24 W 26/04, ZMR 2005, 647 (648); BayObLG, BayObLG-Report 2002, 157; OLG Köln, NJW-RR 2001, 1417.

Prozesses zu entscheiden. Der dem § 240 ZPO zugrunde liegende Gesetzeszweck rechtfertigt es künftig nicht mehr, Beschlussmängelprozesse von seinem Anwendungsbereich auszunehmen. Das Interesse der Wohnungseigentümer an einer schnellen gerichtlichen Klärung der Gültigkeit eines Beschlusses muss demgegenüber zurücktreten. Es kommt insoweit auch nicht darauf an, ob der Insolvenzschuldner den Prozess als Kläger betreibt oder ob er an ihm nur als Beklagter beteiligt ist.

VII. Die gerichtliche Entscheidung im Beschlussmängelverfahren

1. Die Sachentscheidung des Gerichts

Erweist sich eine Anfechtungsklage als zulässig und begründet, so ist der angefochtene Beschluss in dem vom Kläger beantragten Umfang durch Urteil für ungültig zu erklären. Da die Anfechtungs- und Nichtigkeitsklagen nach hier vertretener Auffassung eine einheitliche Beschlussmängelklage bilden (s. § 46 Rz. 15), ist der Antrag, den angefochtenen Beschluss für ungültig zu erklären, begründet, wenn entweder ein Nichtigkeitsgrund oder ein innerhalb der Anfechtungsfrist geltend gemachter Anfechtungsgrund vorliegt. Daher darf das Gericht auch einen unter Nichtigkeitsgründen leidenden Beschluss für ungültig erklären. Die gerichtliche Praxis ist allerdings bislang überwiegend dem tradierten Vorstellungsbild verhaftet, dass nur der ausschließlich unter Anfechtungsgründen leidende Beschluss für ungültig zu erklären sei, während ein solches Urteil bei Vorliegen von Nichtigkeitsgründen nicht in Frage komme. Sofern der Beschluss nichtig sei, sei dies lediglich (deklaratorisch) festzustellen[1].

156

Diese Auffassung verkennt die **Identität des Streitgegenstandes** der Anfechtungs- und Nichtigkeitsklage. Die auf solche Klagen ergehenden Sachentscheidungen bewirken unabhängig vom Klageantrag eine abschließende gerichtliche Klärung der Gültigkeit eines Beschlusses[2]. Wenn aber beide Klageanträge ein identisches Klageziel verfolgen und wenn die Urteile keine unterschiedlichen Wirkungen entfalten, besteht auch kein sachlicher Unterschied zwischen den beiden Entscheidungssätzen. Auch ein Verstoß gegen § 308 ZPO, wonach einem Kläger nicht mehr zugesprochen wird, als von ihm beantragt wurde, kann wegen der Identität des Klageziels nicht angenommen werden.

157

Gegen die Ungültigerklärung eines unter Nichtigkeitsgründen leidenden Beschlusses könnte allenfalls eingewandt werden, dass ein Beschluss der Wohnungseigentümer, der bereits „ipso jure" nichtig sei, nicht noch einmal mit rechtsgestaltender Wirkung für ungültig erklärt werden könnte. Rechtlich zwingend ist aber auch diese Argumentation nicht, denn nach der Lehre von den Doppelwirkungen im Recht ist es beispielsweise möglich, ein bereits nichtiges Rechtsgeschäft anzufechten[3]. Daher ist es bei einer ausschließlich norma-

158

---

1 BGH v. 2.10.2003 – V ZB 34/03, NJW 2003, 3550 (3554); OLG Schleswig v. 3.9.2004 – 2 W 90/03, NZM 2005, 669 (672); BayObLG v. 31.10.1986 – BReg. 2Z 83/86, BayObLGZ 1986, 444.
2 So ausdrücklich auch BGH v. 2.10.2003 – V ZB 34/03, NJW 2003, 3550 (3554).
3 *K.Schmidt*, JZ 1988, 729 (732) mit weiteren Nachweisen zu der von Kipp begründeten Lehre; für die vergleichbare Rechtslage im Aktienrecht s. auch *Kindl*, ZGR 2000, 166 (173).

tiven Betrachtung auch nicht ausgeschlossen, dass das Gericht einen bereits nichtigen Beschluss der Wohnungseigentümer nochmals für ungültig erklärt. Seine Ungültigkeit beruht in einem solchen Fall materiell-rechtlich auf zwei Säulen: zum einen auf dem Nichtigkeitsgrund (§ 23 Abs. 4 Satz 1), zum anderen auf der gerichtlichen Ungültigerklärung (§ 23 Abs. 4 Satz 2).

159 Auf der Grundlage der hier vertretenen Auffassung ist eine Anfechtungsklage i.S.v. § 46 Abs. 1 zur Endentscheidung reif, wenn das Vorliegen eines Anfechtungsgrundes am **Schluss der mündlichen Verhandlung** feststeht. Das Gericht kann es dahingestellt bleiben lassen, ob ein vom Kläger gerügter Beschlussmangel schon einen Nichtigkeits- oder noch ein Anfechtungsgrund darstellt, sofern er jedenfalls innerhalb der Anfechtungsfrist gerügt worden ist[1]. Steht fest, dass der Beschluss unter einem Anfechtungsgrund leidet, muss das Gericht auch keine weiteren Sachverhaltsaufklärungen oder Beweisaufnahmen über die Frage veranlassen, ob der Beschluss zusätzlich noch unter Nichtigkeitsgründen leidet. Entsprechendes gilt, wenn zweifelhaft ist, ob ein Beschluss überhaupt zustande gekommen ist, denn das Gericht kann auch einen etwaigen „**Scheinbeschluss**" für ungültig erklären.

160 Nach der Auffassung des BGH ist es wegen der Identität des Streitgegenstandes von Anfechtungs- und Nichtigkeitsklage jedenfalls zulässig, auf einen Antrag auf Ungültigerklärung eines Beschlusses hin dessen Nichtigkeit festzustellen. Die Umstellung des Klageantrags soll dafür nicht Voraussetzung sein[2]. Auch nach der gesellschaftsrechtlichen Rechtsprechung des BGH stehen die Anfechtungs- und Nichtigkeitsklage im Aktienrecht nicht in einem Eventualverhältnis[3].

161 Der Kläger ist auf der Grundlage der hier vertretenen Auffassung nicht gehalten, seinen auf Ungültigerklärung des Beschlusses gerichteten Klageantrag hilfsweise mit einem Antrag auf Feststellung der Nichtigkeit zu verbinden oder – falls das Gericht den als Anfechtungsgrund gerügten Beschlussmangel als Nichtigkeitsgrund behandelt – nachträglich den Klageantrag umzustellen[4]. Zur Vermeidung von Rechtsnachteilen ist den Klägern aber anzuraten, bis zu einer abschließenden obergerichtlichen Klärung die Anfechtungsklage mit einer hilfsweise erhobenen Nichtigkeitsklage zu verbinden.

162 Begehrt der Kläger die Feststellung des zutreffenden, vom Versammlungsleiter aber fehlerhaft verkündeten Abstimmungsergebnisses, so hat das Gericht auf die begründete Klage hin zum einen den vom Versammlungsleiter fehlerhaft verkündeten Beschluss für ungültig zu erklären und daneben das zutreffende Abstimmungsergebnis im Tenor des Urteils festzustellen.

163 Das Gericht hat bei seiner Entscheidung auch zu überprüfen, ob der angefochtene Beschluss nach Maßgabe des § 140 BGB im beschränkten Maße aufrecht-

---

1 So schon BayObLG v. 17.9.1992 – 2Z BR 62/92, WuM 1992, 642 für das frühere Verfahrensrecht.
2 BGH v. 2.10.2003 – V ZB 34/03, NJW 2003, 3550 (3554).
3 BGH v. 17.2.1997 – II ZR 41/96, NJW 1997, 1510 (1511).
4 Ebenso für die akteinrechtliche Anfechtungs- und Nichtigkeitsklage: *Kindl*, ZGR 2000, 166 (177).

erhalten werden kann. Erklärt es den Beschluss in vollem Umfang für ungültig, kann er nicht nachträglich im Wege der **Umdeutung** nach Maßgabe des § 140 BGB noch aufrechterhalten werden. Entsprechendes gilt nach der hier vertretenen Auffassung auch dann, wenn lediglich die Nichtigkeit des Beschlusses festgestellt wird. Auch in diesem Fall steht die Rechtskraft der gerichtlichen Entscheidung einer Umdeutung entgegen[1].

2. Die Unzulässigkeit von Teilurteilen

Das angerufene Gericht darf nicht durch Teilurteil (§ 301 ZPO) über einzelne Beschlussmängel befinden. Unzulässig ist daher beispielsweise eine abgetrennte Entscheidung darüber, ob ein angefochtener Beschluss unter Nichtigkeitsgründen leidet[2]. Auch darf nicht durch Teilurteil darüber entschieden werden, ob der Kläger wegen Versäumung der Anfechtungsfrist sein Anfechtungsrecht verloren hat. 164

Bei einer positiven Beschlussfeststellungsklage darf sich das Gericht nicht darauf beschränken, zunächst durch Teilurteil das Zustandekommen eines Beschlusses festzustellen. Es muss zugleich eine Entscheidung über vorgetragene Nichtigkeits- oder Anfechtungsgründe des in Geltung gesetzten Beschlusses treffen (hierzu s. § 46 Rz. 140–142). 165

Weil mehrere Kläger und Beklagte notwendige Streitgenossen sind, ist es ferner unzulässig, in den Fällen der **subjektiven Klagehäufung** ein Teilurteil nur bezüglich einzelner Prozessbeteiligter zu erlassen. Ein Urteil darf in den Fällen einer notwendigen Streitgenossenschaft nur einheitlich für oder gegen alle, nicht aber für oder gegen einzelne Streitgenossen ergehen[3]. Daher ist es verfahrensfehlerhaft, durch Teilurteil die Klagen einzelner Streitgenossen mit der Begründung abzuweisen, sie hätten die Anfechtungsfrist versäumt. 166

Zulässig ist ein Teilurteil dagegen in den Fällen der objektiven Klagehäufung, also dann, wenn Gegenstand der Anfechtungsklage mehrere unterschiedliche Beschlüsse der Wohnungseigentümer sind und über die Gültigkeit eines Beschlusses eine gesonderte Entscheidung ergehen kann. Eine Ausnahme kann bestehen, wenn über unterschiedliche Regelungen zwar jeweils formal eigenständige Beschlüsse gefasst wurden, diese Beschlüsse nach dem Willen der Wohnungseigentümer aber miteinander „stehen und fallen sollen", wie etwa nur formal eigenständige Beschlüsse über die Vornahme einer Instandhaltungsmaßnahme und die Erhebung der zur Kostendeckung erforderlichen Sonderumlage. In solchen Fällen ist im Hinblick auf § 139 BGB eine einheitliche Entscheidung angezeigt[4]. 167

---

1 A.A. OLG Schleswig v. 3.9.2004 – 2 W 90/03, NZM 2005, 669 (672); kritisch hierzu auch *Becker*, MietRB 2005, 262.
2 BGH v. 1.3.1999 – II ZR 305/97, NJW 1999, 1638 für die aktienrechtliche Anfechtungs- und Nichtigkeitsklage.
3 BGH v. 1.3.1999 – II ZR 305/97, NJW 1999, 1638 (1639) für die aktienrechtliche Anfechtungs- und Nichtigkeitsklage.
4 Zur Beachtung des § 139 BGB in Beschlussmängelverfahren: *Suilmann*, ZWE 2005, 121 (122).

3. Die Teilabweisung der Klage

168 In den Fällen einer objektiven Klagehäufung, also dann, wenn Gegenstand einer Anfechtungs- und Nichtigkeitsklage mehrere Beschlüsse sind, ist die Klage in dem Umfang als unbegründet abzuweisen, wie das Klagevorbringen die Ungültigerklärung sämtlicher Beschlüsse nicht rechtfertigt.

169 Besteht der angefochtene Beschluss aus mehreren i.S.v. § 139 BGB teilbaren Regelungsgegenständen, kann das Gericht die Ungültigerklärung des Beschlusses unter Abweisung der Klage im Übrigen auf einen abtrennbaren Regelungsgehalt des Beschlusses beschränken. Praktisch relevant wird dies bei der Anfechtung von Jahresabrechnungen, wenn das Vorbringen des Klägers nicht die Ungültigerklärung des Abrechnungsbeschlusses in seiner Gesamtheit, wohl aber bezüglich einzelner Rechnungsposten der Abrechnung rechtfertigt[1]. Daher kann die Ungültigerklärung des Beschlusses über die Genehmigung einer Jahresabrechnung auf rechnerisch selbständige und abgrenzbare Teile beschränkt werden. Ist die Abrechnung deshalb fehlerhaft, weil für einzelne Kostenpositionen ein fehlerhafter Kostenverteilungsschlüssel in Ansatz gebracht wurde, muss nicht die Gesamtabrechnung, sondern müssen lediglich die betroffenen Einzeljahresabrechnungen für ungültig erklärt werden[2] (vgl. § 28 Rz. 133 ff.).

170 Wird eine Anfechtungs- und Nichtigkeitsklage von mehreren Klägern betrieben, ist ein angefochtener Beschluss für ungültig zu erklären, sofern nur einer der Klageanträge begründet ist. Rechtfertigt dagegen das Klagevorbringen der übrigen Kläger für sich betrachtet keine Ungültigerklärung des Beschlusses (oder keine Feststellung seiner Nichtigkeit), ist deren Klageantrag daneben als unbegründet abzuweisen. Die unterlegenen Kläger sind sodann gemeinsam mit den ebenfalls unterlegenen Beklagten an den Kosten des Rechtsstreits nach Maßgabe des § 92 Abs. 1 ZPO zu beteiligen. Eine solche Sachentscheidung erscheint auf den ersten Blick widersprüchlich, weil das Gericht mit der Stattgabe der Klage dem Rechtsschutzziel aller Kläger zum Erfolg verholfen hat. Die Abweisung der Klageanträge als unbegründet beruht aber auf den unterschiedlichen Funktionen der Anfechtungsklage (hierzu s. ausführlich § 46 Rz. 8). Soweit der rechtzeitig angefochtene Beschluss unter Anfechtungsgründen leidet, bedarf es in dem Urteilstenor der Klarstellung, dass er wegen seiner Ungültigkeit nicht Grundlage des Verwaltungshandelns sein kann. Diese Klarstellung wird durch die gerichtliche Ungültigerklärung im Verhältnis zu allen Prozessbeteiligten erreicht. Soweit die Klage der übrigen Streitgenossen für sich betrachtet die Ungültigerklärung nicht rechtfertigen kann, wird durch die Abweisung ihrer Klageanträge als unbegründet zum Ausdruck gebracht, dass ihnen die für das Betreiben der Anfechtungsklage erforderliche Anfechtungsbefugnis nicht zusteht. Die Klageabweisung als unbegründet trägt folglich dem Umstand Rechnung, dass die Anfechtungsklage auch ein mitgliedschaftliches Abwehrrecht

---

1 BGH v. 15.3.2007 – V ZB 1/06, NZM 2007, 359 mit zahlreichen Nachweisen aus der instanzgerichtlichen Rechtsprechung; BGH v. 2.6.2005 – V ZB 32/05, NJW 2005, 2061 (2069); KG v. 16.6.1998 – 24 W 9047/97, WuM 2001, 357; BayObLG v. 28.10.1998 – 2Z BR 116/98, ZMR 1999, 185.
2 BGH v. 15.3.2007 – V ZB 1/06, NZM 2007, 359; KG v. 26.9.2005 – 24 W 123/04, NJW-RR 2006, 383.

darstellt; das Urteil bringt somit zum Ausdruck, dass der (unterlegene) Kläger zur Ausübung einer Anfechtungsbefugnis nicht berechtigt war.

4. Die Nebenentscheidung des Gerichts

Das Gericht hat neben der Entscheidung in der Hauptsache eine Kostenentscheidung zu treffen. Dabei sind die Kosten des Rechtsstreits grundsätzlich der unterlegenen Partei aufzuerlegen, § 91 ZPO. Die unterlegenen Streitgenossen haften nach § 100 Abs. 1 ZPO nach **Kopfteilen**, nicht aber als Gesamtschuldner. 171

Das Urteil ist nur bezüglich der Kostenentscheidung, nicht aber bezüglich der Hauptsacheentscheidung für **vorläufig vollstreckbar** zu erklären. Dies gilt unabhängig davon, ob der Klage stattgegeben oder ob sie abgewiesen wird. Die vorläufige Vollstreckbarkeit kann nur für solche Entscheidungen angeordnet werden, die überhaupt einen vollstreckungsfähigen Inhalt haben. Aus dem einer Anfechtungs- und Nichtigkeitsklage stattgebenden Urteil kann aber – mit Ausnahme der Kostenentscheidung – nicht vollstreckt werden[1]. Entsprechendes gilt für das klageabweisende Urteil. 172

VIII. Beschlussmängelklage und einstweiliger Rechtsschutz

1. Die Wirkung der Anfechtungsklage

Nach § 23 Abs. 4 Satz 2 WEG ist ein unter Anfechtungsgründen leidender Beschluss der Wohnungseigentümer erst ungültig, wenn er rechtskräftig für ungültig erklärt ist. Bis zu diesem Zeitpunkt sind weder die Wohnungseigentümer, der Verwalter noch Dritte berechtigt, aus seiner Anfechtbarkeit Rechte herzuleiten. Sie kann insbesondere **nicht einredeweise** geltend gemacht werden. Daher bleiben anfechtbare Beschlüsse der Wohnungseigentümer über den **Wirtschaftsplan** oder die **Jahresabrechnung** eine wirksame Anspruchsgrundlage für die wechselseitigen Beitragsansprüche der Wohnungseigentümer[2]. Ihre Anfechtbarkeit verleiht den Wohnungseigentümern kein **Zurückbehaltungsrecht**. Dies gilt auch für Wohnungseigentümer, die bereits eine Anfechtungsklage erhoben haben. Der Klageantrag entfaltet keine „aufschiebende Wirkung", er hat keinen Suspensiveffekt[3]. Aus diesem Grunde bleibt auch der Verwalter der Wohnungseigentümer zunächst verpflichtet, den Beschluss auszuführen (§ 27 Abs. 1 Satz 1). 173

2. Vorläufiger Rechtsschutz durch einstweilige Verfügung

Die Wohnungseigentümer können im Wege der einstweiligen Verfügung erreichen, dass der unter Anfechtungsgründen leidende Beschluss bis zur Entscheidung in der Hauptsache **außer Kraft** gesetzt und von dem Verwalter nicht ausgeführt wird[4]. Nach § 940 ZPO sind einstweilige Verfügungen zum Zwecke der Regelung eines einstweiligen Zustands in Bezug auf ein streitiges Rechtsver- 174

---

1 Zöller/*Stöber*, ZPO, § 704 Rz. 2.
2 BayObLG v. 10.3.1994 – 2Z BR 143/93, WuM 1994, 570.
3 BayObLG v. 11.3.1998 – 2Z BR 7/98, NJW-RR 1998, 1386; KG v. 3.2.1978 – 1 W 2570, OLGZ 1978, 178 (180).
4 BayObLG v. 16.1.1990 – BReg. 1b Z 35/89, WuM 1990, 717.

hältnis zulässig, sofern die Regelung insbesondere zur **Abwendung wesentlicher Nachteile** nötig erscheint. Dabei bestimmt das Gericht nach § 938 Abs. 1 ZPO nach freiem Ermessen, welche Anordnungen zur Erreichung des Zwecks erforderlich sind.

175 Bei Erlass der einstweiligen Verfügung hat das Gericht das **Verbot der Vorwegnahme der Hauptsache** zu beachten. Es darf einen Beschluss daher nicht im Wege einer einstweiligen Verfügung für ungültig erklären. Die Anordnung, einen Beschluss vorläufig nicht auszuführen, stellt allerdings keine Vorwegnahme der Hauptsache dar. Sie ist vielmehr das geeignete Mittel, um Wohnungseigentümer und Verwalter vor Folgenbeseitigungs- oder Schadensersatzansprüchen zu schützen. Das Interesse der Wohnungseigentümer an der Ausführung angefochtener Beschlüsse ist demgegenüber jedenfalls solange nicht schutzwürdig, soweit die Beschlüsse keine Maßnahmen enthalten, die zur Wahrung des gemeinschaftlichen Eigentums sofort ausgeführt werden müssen und deshalb unaufschiebbar sind.

176 Es ist grundsätzlich auch zulässig, dem Verwalter im Wege einer einstweiligen Verfügung zu untersagen, seine **organschaftlichen Aufgaben** und Befugnisse wahrzunehmen, wenn der Beschluss der Wohnungseigentümer über seine Bestellung angefochten wird[1].

177 Das Gericht hat bei seiner Entscheidung die Interessen des Antragstellers mit denen der Gemeinschaft abzuwägen. Wendet sich der Antragsteller gegen die Beschlussfassung über einen Gesamt- und Einzelwirtschaftsplan, ist der Beschluss auf keinen Fall in vollem Umfang außer Kraft zu setzen. Vielmehr hat das Gericht zu beachten, dass der **Wirtschaftsplan** Grundlage für die Beitragszahlungen der Wohnungseigentümer ist und seine vollständige Suspendierung die Zahlungsfähigkeit der Gemeinschaft beeinträchtigen kann[2]. Hat der Antragsteller im einstweiligen Verfügungsverfahren beispielsweise glaubhaft gemacht, dass die Gesamtansätze zu niedrig sind, darf der Wirtschaftsplan nicht allein aus diesem Grund im Wege der einsteiligen Verfügung außer Kraft gesetzt werden[3]. Ein Bedürfnis für eine Suspendierung des Beschlusses besteht in einem solchen Fall nicht. Sind dagegen die Gesamtansätze zu hoch, kann das Gericht sie im Wege einer einstweiligen Verfügung auf ein angemessenes Maß reduzieren.

178 Der Erlass einer einstweiligen Verfügung, mit dem das Gericht einen Beschluss der Wohnungseigentümer vorläufig außer Kraft setzt, ist unabhängig davon zulässig, ob der Antragsteller bereits eine Anfechtungsklage erhoben hat. Das Gericht hat aber nach §§ 936, 926 Abs. 1 auf Antrag anzuordnen, dass der Antragsteller binnen einer zu bestimmenden Frist Klage zu erheben hat; bei der Fristbestimmung wird sich das Gericht an der einmonatigen Anfechtungsfrist

---

1 KG v. 17.5.1989 – 24 W 4809/88, Grundeigentum 1989, 887; KG v. 12.6.1989 – 24 W 5453/88, OLGZ 1989, 430 (431) = MDR 1989, 997; KG, DWE 1987, 27.
2 KG v. 11.7.1990 – 24 W 3798/90, OLGZ 1990, 425–428 = MDR 1990, 924 (925); KG v. 11.2.1991 – 24 W 4560/90, OLGZ 1991, 299 (302) = WuM 1991, 224 (225); vgl. auch BGHZ 104, 197 (200ff.); zu weiteren möglichen Folgen einer Suspendierung des Wirtschaftsplans: KG v. 17.2.2002 – 24 W 71/01, NJW-RR 2002, 879 (880).
3 Vgl. KG v. 11.2.1991 – 24 W 4560/90, OLGZ 1991, 299 (302) = WuM 1991, 224 (225).

orientieren. Wird dieser Anordnung, die nach § 20 Nr. 14 RPflG dem Rechtspfleger übertragen ist, nicht Folge geleistet, ist die einstweilige Verfügung auf Antrag aufzuheben, § 926 Abs. 2 ZPO.

Der Antrag ist als unbegründet abzuweisen, wenn die Anfechtungsfrist endgültig versäumt und nicht ersichtlich ist, dass der Beschluss unter Nichtigkeitsgründen leidet. 179

3. Vorbeugender Rechtsschutz gegen fehlerhafte Beschlüsse der Wohnungseigentümer

Problematisch ist, ob das für Wohnungseigentumssachen zuständige Gericht berechtigt ist, den Wohnungseigentümern schon im Vorfeld die Durchführung einer Versammlung oder die Abstimmung über bestimmte Beschlussanträge zu untersagen. Grundlage einer solchen Untersagung könnte ein auf § 21 Abs. 4 WEG gestützter, **vorbeugender Unterlassungsantrag** eines Wohnungseigentümers sein. Eine solche Entscheidung könnte im Interesse des antragstellenden Wohnungseigentümers liegen, wenn beispielsweise der **Zeitpunkt** und **Ort der Versammlung** nicht den Grundsätzen ordnungsgemäßer Verwaltung entspricht und dem Antragsteller eine Teilnahme an der Versammlung nicht zugemutet werden kann. 180

Zulässig ist es, den Wohnungseigentümern im Wege einer einstweiligen Verfügung die Beschlussfassung in einer Versammlung zu untersagen, die durch eine hierzu nicht berechtigte Person einberufen worden ist; die Antragsteller dürfen in solchen Fällen nicht auf die Möglichkeit verwiesen werden, die in der Versammlung gefassten Beschlüsse der Wohnungseigentümer durch Klageerhebung anzufechten[1]. 181

Im Übrigen wird eine solche vorbeugende Unterlassungsverfügung regelmäßig nur in Betracht kommen, wenn eine beabsichtigte Beschlussfassung der Gemeinschaft den Antragsteller in geradezu **unerträglicher Weise in seinen Rechten verletzen würde** und effektiver Rechtsschutz auf andere Weise nicht zu erreichen wäre. Diese Voraussetzung ist erfüllt, wenn allein die nachträgliche Untersagung der Beschlussausführung im Wege einstweiliger Verfügung ihm keinen ausreichenden Rechtsschutz gewährleisten könnte; sie wird aber nur in sehr seltenen Ausnahmefällen vorliegen. Der Antragsteller wird sie auch nur in Ausnahmefällen glaubhaft machen können. 182

4. Das einstweilige Verfügungsverfahren

Der Antrag auf Erlass einer einstweiligen Verfügung mit dem Ziel, einen unter Anfechtungsgründen leidenden Beschluss der Wohnungseigentümer vorläufig außer Kraft zu setzen, darf nicht gegen den Verwalter, sondern muss – entsprechend der in § 46 Abs. 1 Satz 1 vorgegebenen Parteistellung – **gegen die übrigen Wohnungseigentümer** gerichtet sein. Der **Verwalter** ist zu diesem Verfahren nach Maßgabe des § 48 Abs. 1 **beizuladen**. Ein ausschließlich gegen den Verwalter gerichteter Antrag ist unzulässig, da dieser im Verhältnis zu den übrigen, am einstweiligen Verfügungsverfahren nicht beteiligten Wohnungseigentümern 183

---

[1] KG v. 27.8.1986 – 24 W 1747/86, NJW 1987, 386 (387).

zur Ausführung des Beschlusses verpflichtet bliebe. Die mit der einstweiligen Verfügung angestrebte Suspendierung des Beschlusses muss daher als Regelungsverfügung nach § 940 ZPO im Verhältnis der Wohnungseigentümer erfolgen. Dies schließt nicht aus, dass das Gericht dem beigeladenen Verwalter bei ordnungsgemäßer Beteiligung der Wohnungseigentümer am Verfahren (zusätzlich) untersagt, den angefochtenen Beschluss auszuführen.

184 Im einstweiligen Verfügungsverfahren finden die §§ 44 und 45 entsprechende Anwendung, weshalb zur Einleitung des Antrags auf Erlass einer einstweiligen Verfügung die nähere **Bezeichnung des Grundstücks** genügt. Die Zustellung des Antrags sowie der gerichtlichen Entscheidung erfolgt nach Maßgabe des § 45 Abs. 1 in erster Linie an den Verwalter. Er ist nach § 27 Abs. 2 Nr. 2 WEG zur Prozessvertretung der als Antragsgegner am Verfahren beteiligten Wohnungseigentümer berechtigt, denn das einstweilige Verfügungsverfahren gehört zu den im Gesetz genannten Erkenntnisverfahren[1].

185 Soweit es ihm möglich ist, hat der Antragsteller die übrigen **Wohnungseigentümer** schon in seiner Antragsschrift **namentlich zu bezeichnen**. Ist dies nicht möglich, genügt nach § 44 Abs. 1 Satz 2 die namentliche Bezeichnung der Wohnungseigentümer bis zum Schluss der mündlichen Verhandlung. Dabei hat der Gesetzgeber allerdings übersehen, dass im einstweiligen Verfügungsverfahren bei Eilbedürftigkeit die Entscheidung unter den Voraussetzungen des § 937 Abs. 2 ZPO auch ohne mündliche Verhandlung ergehen kann. Sofern sich die gerichtliche Entscheidung daher darauf beschränkt, einen Beschluss der Wohnungseigentümer vorläufig außer Kraft zu setzen oder dem Verwalter die Durchführung eines Beschlusses zu untersagen, sie aber den als Antragsgegner beteiligten Wohnungseigentümern keine vollstreckungsfähigen Verhaltenspflichten auferlegt, ist dem Antragsteller nachzulassen, die namentliche Bezeichnung der Antragsgegner auch nach Erlass einer Entscheidung nachzuholen. Ansonsten würde der Rechtsschutz des betroffenen Wohnungseigentümers – entgegen der dem § 44 Abs. 1 zugrunde liegenden gesetzgeberischen Zielsetzung – unnötig erschwert. Entsprechendes gilt, wenn das Gericht eine mündliche Verhandlung anberaumt hat und der Verfügungskläger glaubhaft macht, zur Vorlage einer Eigentümerliste aus von ihm nicht zu vertretenden Gründen nicht in der Lage zu sein. Auch in diesem Fall kann seinem Antrag abweichend von § 44 Abs. 1 Satz 2 ausnahmsweise auch ohne Vorlage der Eigentümerliste stattgegeben werden (s.a. § 44 Rz. 22, 23).

186 Der Antragsteller hat die Tatsachen, die den Erlass einer einstweiligen Verfügung rechtfertigen, **glaubhaft** zu machen. Hierzu kann er insbesondere **eidesstattliche Versicherungen** vorlegen (§ 294 ZPO).

187 Zuständig für den Erlass der einstweiligen Verfügung ist das nach § 43 Nr. 4 WEG zuständige Gericht; ist die Hauptsache bereits in der Berufungsinstanz anhängig, ist das Berufungsgericht zuständig (§§ 937 Abs. 1, 943 Abs. 1 ZPO).

---

1 *Zöller/Greger*, ZPO, Rz. 1 vor § 253.

Allein den als Parteien beteiligten Wohnungseigentümern sind nach §§ 91 ff. ZPO die Kosten des einstweiligen Verfügungsverfahrens aufzuerlegen. Eine Kostentragungspflicht des Verwalters kommt allenfalls unter den Voraussetzungen des § 49 Abs. 2 ZPO oder dann in Betracht, wenn er selbst den Antrag gestellt hat und unterlegen ist. 188

§ 47
Prozessverbindung

Mehrere Prozesse, in denen Klagen auf Erklärung oder Feststellung der Ungültigkeit desselben Beschlusses der Wohnungseigentümer erhoben werden, sind zur gleichzeitigen Verhandlung und Entscheidung zu verbinden. Die Verbindung bewirkt, dass die Kläger der vorher selbständigen Prozesse als Streitgenossen anzusehen sind.

Inhaltsübersicht

	Rz.		Rz.
I. Die Verbindung von Beschlussmängelklagen (§ 47 Satz 1)	1	II. Die Streitgenossenschaft in Beschlussmängelprozessen ...	14
1. Die Funktion der Prozessverbindung in Beschlussmängelverfahren................	1	1. Mehrere Kläger als notwendige Streitgenossen............	14
2. Der Anwendungsbereich des § 47	3	2. Mehrere Beklagte als notwendige Streitgenossen............	19
3. Die Rechtsfolgen einer unterbliebenen Verbindung..........	10		

I. Die Verbindung von Beschlussmängelklagen (§ 47 Satz 1)

1. Die Funktion der Prozessverbindung in Beschlussmängelverfahren

Die Entscheidung des Gerichts, einen angefochtenen Beschluss durch Urteil für ungültig zu erklären oder aber eine Anfechtungsklage oder sonstige negatorische Feststellungsklage abzuweisen, kann den Rechtsfrieden innerhalb der Gemeinschaft nur dann wiederherstellen und den Streit über die Gültigkeit des Beschlusses nur dann befrieden, wenn sie gegenüber allen Wohnungseigentümern der Gemeinschaft einheitlich ergeht und alle Wohnungseigentümer an die gerichtliche Entscheidung gebunden sind. Verfahrensrechtlich wird eine solche **Bindungswirkung** durch das Rechtsinstitut der **materiellen Rechtskraft** des Urteils, § 325 ZPO, gewährleistet. Erwächst eine Entscheidung in materielle Rechtskraft, kann sie von den an die Rechtskraft gebundenen Personen in einem neuen Verfahren inhaltlich nicht mehr in Frage gestellt werden[1]. Eine neue Verhandlung und Entscheidung in der Sache wäre unzulässig (ne bis in idem)[2]. 1

---

1 BayObLG v. 15.1.1974 – BReg. 2Z 71/73, BayObLGZ 1974, 9 (11); BayObLG v. 31.1.1980 – BReg. 2Z 24/79, BayObLGZ 1980, 29 (36); BayObLG v. 25.11.1993 – 2Z BR 81/93, WuM 1994, 160 (161); BayObLG v. 4.8.1994 – 2Z BR 34/94, NJW-RR 1994, 1425.
2 BGH v. 16.6.1993 – I ZB 14/91, BGHZ 123, 30 (34); Zöller/*Vollkommer*, ZPO, vor § 322 Rz. 19.

2   Durch das Gericht ist deshalb im Verlaufe eines jeden Verfahrens dafür Sorge zu tragen, dass auf unterschiedliche Klagen einzelner Wohnungseigentümer keine widersprüchlichen Entscheidungen über die Gültigkeit von Beschlüssen der Wohnungseigentümer ergehen. Diesem Umstand trägt § 47 Rechung, indem es anordnet, dass solche unabhängig voneinander erhobenen Klagen zur gemeinsamen Verhandlung und Entscheidung zu verbinden sind. Die Vorschrift gewährleistet, wie § 246 Abs. 3 Satz 2 AktG für das aktienrechtliche Anfechtungsverfahren, die **Einheitlichkeit der Sachentscheidung**. Die in § 47 enthaltene Verpflichtung zur Verfahrensverbindung stellt im Vergleich zur früheren Rechtslage allerdings keine Neuerung, sondern lediglich eine Klarstellung dar. Schon nach bisheriger Rechtslage waren nämlich unabhängig voneinander erhobene Beschlussanfechtungsanträge verschiedener Wohnungseigentümer durch das Gericht zwingend zu verbinden[1] und war über die einzelnen vorgetragenen und gerügten Mängel eine einheitliche Sachentscheidung zu treffen.

2. Der Anwendungsbereich des § 47

3   Für die Frage, ob unterschiedliche Klagen nach § 47 zu verbinden sind, kommt es allein darauf an, ob durch sie eine gerichtliche Klärung der Wirksamkeit eines Beschlusses der Wohnungseigentümer angestrebt wird. Ohne Belang ist es, mit welcher Begründung und mit welchem Klageantrag die unterschiedlichen Kläger diese Klärung anstreben. Deshalb ordnet § 47 an, dass nicht nur einzelne Anfechtungsklagen, sondern auch Anfechtungs- und Nichtigkeitsfeststellungsklagen zu verbinden sind, wenn sie **denselben Beschluss betreffen**. Dementsprechend ist es auch unerheblich, ob die Kläger ihren Klageantrag auf einen identischen oder auf mehrere verschiedene Beschlussmängel stützen oder ob sie unterschiedliche Auffassungen über die rechtliche Einordnung eines Beschlussmangels vertreten[2]. Eine Verbindung hat beispielsweise auch dann zu erfolgen, wenn einer der Kläger seinen Antrag allein darauf stützt, der Beschluss sei verfahrenswidrig zustande gekommen, der andere hingegen auf die Behauptung, der Beschluss verstoße gegen die Grundsätze ordnungsmäßiger Verwaltung.

4   Weil für die Verbindung der Verfahren allein das Klageziel der abschließenden gerichtlichen Klärung der Gültigkeit eines Beschlusses maßgeblich ist, hat eine Verbindung über den Wortlaut des § 47 hinaus auch dann zu erfolgen, wenn einer der Kläger seinen negatorischen Klageantrag nicht auf die Behauptung stützt, der Beschluss sei anfechtbar oder nichtig, sondern meint, es liege ein Nichtbeschluss vor, weil das Beschlussergebnis nicht förmlich festgestellt und verkündet[3] oder aber ein Beschluss nicht durch eine Versammlung der Wohnungseigentümer im Rechtssinne gefasst worden sei[4]. Entsprechendes gilt, wenn der Kläger eine positive Beschlussfeststellungsklage erhebt und die Feststellung begehrt, der zur Abstimmung gestellte Beschlussantrag habe in der Ver-

---

1 KG v. 30.11.1992, 24 W 1647/92, OLGZ 1993, 190 = WuM 1993, 93; LG Frankfurt/Main v. 8.5.1987 – 2/9 T 826/86, NJW-RR 1987, 1423 (1424).
2 *Suilmann*, ZWE 2002, 402 (407–408).
3 Zur Verkündung des Beschlussergebnisses als Bestandteil des rechtsgeschäftlichen Entstehungstatbestandes s. BGH v. 23.8.2001 – V ZB 10/01, BGHZ 148, 335 = NJW 2001, 3339 (3341).
4 Vgl. OLG Hamm WE 1993, 24 (25); OLG Celle DWE 1983, 62.

sammlung – entgegen der Feststellung des Versammlungsleiters – die zu seiner Annahme erforderliche Mehrheit erlangt. Auch eine solche Klage ist, weil sie auf die Feststellung der Gültigkeit eines Beschlusses abzielt, mit anderen, gegen denselben Beschluss gerichteten Anfechtungs- und Nichtigkeitsklagen zu verbinden.

Aufgrund der Bestimmung in § 47 Satz 1 ist es – wie schon nach bisheriger Rechtslage – unzulässig, einen zeitlich später gestellten Antrag auf Ungültigerklärung eines Beschlusses wegen anderweitiger Rechtshängigkeit (§ 261 Abs. 3 Nr. 1 ZPO) als unzulässig zurückzuweisen[1] oder nach § 148 ZPO auszusetzen[2]. 5

§ 47 findet nur Anwendung, wenn der Anfechtungsgegenstand der einzelnen Klagen identisch ist. Es müssen Klagen gegen „denselben" Beschluss erhoben werden. Die Verbindungspflicht nach § 47 besteht folglich nicht, wenn sich die Klagen gegen **unterschiedliche Beschlussgegenstände** richten. Eine Verbindung muss folglich nicht schon deshalb nach § 47 erfolgen, weil sich die Klagen gegen Beschlüsse richten, die in derselben Versammlung gefasst wurden. Insoweit steht es im Ermessen des Gerichts, eine Verbindung nach § 147 ZPO zu veranlassen. 6

Die Verbindung muss nach dem Wortlaut des § 47 WEG grundsätzlich erst dann erfolgen, wenn die einzelnen Klagen erhoben werden, also wenn sie **ordnungsgemäß zugestellt** sind, § 253 Abs. 1 ZPO. Dies schließt es allerdings nicht aus, dass eine Verbindung der Verfahren bereits vor ihrer Zustellung an die Beklagten erfolgen kann. Ansonsten wäre das Gericht gehalten, gegenüber den einzelnen Klägern gesonderte Kostenvorschüsse anzufordern (§ 12 Abs. 1 Satz 1 GKG), die nach Verbindung der Verfahren ggf. zurückzuerstatten wären. 7

Die Verbindungspflicht ist in allen Lagen des Prozesses **von Amts wegen** zu beachten. Ist sie erstinstanzlich unterblieben, muss sie durch das Berufungsgericht nachgeholt werden, sofern nicht das auf eine Klage hin ergangene Urteil bereits in Rechtskraft erwachsen ist. 8

Für eine **unzulässige Klage** besteht eine Verbindungspflicht nicht. Eine solche Klage kann – ohne vorherige Verbindung – auch durch gesondertes Prozessurteil abgewiesen werden, weil die Gefahr sich inhaltlich widersprechender Entscheidungen nicht besteht. 9

3. Die Rechtsfolgen einer unterbliebenen Verbindung

Unterlässt das Gericht eine nach § 47 Satz 1 erforderliche Verfahrensverbindung und kann sie deshalb nicht mehr nachgeholt werden, weil bereits eine Sachentscheidung in Rechtskraft erwachsen ist, hat dies die Unzulässigkeit der allein noch anhängigen Klage zur Folge. Voraussetzung ist allerdings, dass die Klage – wie in § 46 Abs. 1 bestimmt – gegen sämtliche Wohnungseigentümer erhoben wurde und diese als Rechtsträger des Beschluss an dem Klageverfahren beteiligt waren. Hält der klagende Wohnungseigentümer gleichwohl an seinem Sach- 10

---
[1] OLG Zweibrücken WE 1989, 105.
[2] LG Frankfurt/Main v. 8.5.1987 – 2/9 T 826/86, NJW-RR 1987, 1423 (1424).

antrag fest, ist die Klage wegen der Identität des Streitgegenstandes als unzulässig abzuweisen (s. oben § 47 Rz. 1). Dies gilt auch dann, wenn in dem rechtskräftig abgeschlossenen Klageverfahren die Klage mit der Begründung abgewiesen wird, der Kläger habe die Anfechtungsfrist nicht gewahrt[1]. Maßgeblich ist allein der Eintritt der formellen Rechtskraft, nicht aber, ob die gerichtliche Entscheidung sachlich zutreffend ist oder nicht. Zulässig bleibt eine **zweite Beschlussmängelklage** nur dann, wenn die erste Klage rechtskräftig durch Prozessurteil als unzulässig abgewiesen wurde, also keine Sachentscheidung ergangen ist.

11 Erwächst die auf eine Klage ergangene Sachentscheidung nach Rechtshängigkeit einer zweiten, unverbunden gebliebenen Beschlussmängelklage in Rechtskraft, kann der Kläger seine noch rechtshängige Klage in der Hauptsache für erledigt erklären, denn die nachträglich eintretende Unzulässigkeit der Klage ist ein erledigendes Ereignis i.S.v. § 91a ZPO[2]. Schließen sich die Beklagten der Erledigungserklärung an, ist über die Kosten nach billigem Ermessen zu entscheiden. Entsprechendes gilt in den Fällen des § 91a Abs. 1 Satz 2 ZPO. Ansonsten ist die Erledigung des Rechtsstreits auf entsprechende Klageänderung hin durch Sachurteil festzustellen.

12 Erwächst eine Sachentscheidung vor Rechtshängigkeit einer zweiten Beschlussmängelklage in **Rechtskraft**, kann der Kläger seine anhängige Klage zurücknehmen und auf eine **Kostenentscheidung nach billigem Ermessen** hinwirken, § 269 Abs. 3 Satz 3 ZPO.

13 Kommt es wegen der unterbliebenen Verbindung der Verfahren zu inhaltlich widersprechenden Entscheidungen des Gerichts bezüglich der „Gültigkeit" eines Beschlusses, so ist eine abschließende Klärung nur durch eine klärende Gestaltungsklage möglich. Die Klärung kann nach geltender Gesetzeslage nur durch eine **Restitutionsklage** nach § 580 Nr. 7a ZPO erfolgen. Sie zielt auf eine Beseitigung der durch das zeitlich später ergangene Urteil hervorgerufenen Wirkungen ab. Mit der Klage kann dagegen nicht die Rechtskraft des zeitlich früher ergangenen Urteils beseitigt werden[3]. Voraussetzung für die Zulässigkeit der Restitutionsklage ist nach § 582 ZPO, dass die Partei ohne ihr Verschulden gehindert war, den Restitutionsgrund in dem früheren Verfahren durch Einlegung von Rechtsmitteln geltend zu machen.

II. Die Streitgenossenschaft in Beschlussmängelprozessen

1. Mehrere Kläger als notwendige Streitgenossen

14 Nach § 47 Satz 2 bewirkt die Verbindung der vorher selbständigen Prozesse, dass die Kläger als Streitgenossen zu behandeln sind. Es handelt sich um einen Fall der prozessrechtlich notwendigen Streitgenossenschaft, weil das streitige Rechtsverhältnis – die Gültigkeit des angefochtenen Beschlusses – im Verhältnis der Kläger untereinander nach § 62 Abs. 1 WEG nur einheitlich festgestellt

---

1 A.A. BayObLG v. 19.2.2004 – 2Z BR 262/03, ZMR 2004, 604.
2 So schon zur bisherigen Rechtslage: OLG München v. 24.1.2007 – 34 Wx 110/06, ZfIR 2007, 215; BayObLG v. 19.2.2004 – 2Z BR 262/03, ZMR 2004, 604; OLG Zweibrücken v. 1.10.2004 – 3 W 179/04, ZMR 2005, 407–408.
3 Zöller/*Greger*, ZPO, § 261 Rz. 11; Zöller/*Vollkommer*, ZPO, vor § 322 Rz. 78.

werden kann. Hinzu kommt, dass das Urteil nach § 325 ZPO **Rechtskraftwirkungen** gegenüber allen Wohnungseigentümern entfaltet, weil diese – wenn nicht als Kläger so doch als Beklagte (§ 46 Abs. 1 Satz 1) an dem Verfahren beteiligt sind, weshalb auch aus diesem Grund die Entscheidung nur einheitlich ergehen kann. Sowohl die Anfechtungsbefugnis als auch die Berechtigung zur Erhebung von Beschlussmängelklagen steht dagegen allen Wohnungseigentümern als eigenständiges Recht zu. Die Ausübung muss nicht gemeinschaftlich erfolgen, weshalb die Streitgenossenschaft nicht schon aus materiell-rechtlichen Gründen besteht.

Die notwendige Streitgenossenschaft erstreckt sich jeweils auf den mit der Klage angegriffenen Beschlussgegenstand. Ist der Streitgegenstand der verbundenen Klagen nur teilidentisch, kann eine Abtrennung des nicht identischen Teils der Klage zur **gesonderten Verhandlung und Entscheidung** nach § 145 Abs. 1 ZPO erfolgen. 15

Unerheblich ist im Hinblick auf § 47 Satz 1, auf welche Gründe die einzelnen Kläger ihre jeweiligen Beschlussmängelklagen stützen und ob sie die Klage als „Anfechtungsklage" oder als „Nichtigkeitsklage" bezeichnen. Tritt der nach § 48 Abs. 1 Satz 1 beizuladene Verwalter dem Prozess auf Seiten der klagenden Partei nach Maßgabe des § 48 Abs. 2 Satz 2 bei, besteht die notwendige Streitgenossenschaft auch im Verhältnis zu ihm. Die notwendige Streitgenossenschaft führt dazu, dass säumige Streitgenossen, wenn ein Termin oder eine Frist nur von einzelnen Streitgenossen versäumt wird, als von den nicht säumigen Streitgenossen vertreten angesehen werden, § 62 Abs. 1 ZPO. Ein **Versäumnisteilurteil** darf daher gegen einen säumigen Kläger nicht ergehen, wenn nicht sämtliche Kläger säumig waren. 16

Weil die Streitgenossenschaft lediglich aus prozessualen Gründen eine notwendige ist, ist jeder Kläger berechtigt, die von ihm erhobene Beschlussmängelklage ohne Zustimmung seiner Streitgenossen zurückzunehmen[1]. Trotz der **Klagerücknahme** bleibt der ausscheidende Kläger aber im Hinblick auf § 46 Abs. 1 an dem Verfahren beteiligt, ohne dass die Klage ihm gegenüber neu erhoben werden müsste. Soweit erforderlich, sind ihm die Klageschriften seiner früheren Streitgenossen noch nachträglich zuzustellen. 17

Der Anwendungsbereich des § 62 Abs. 1 ZPO erfasst nicht die in § 46 Abs. 1 genannten Fristen. Die Anfechtungsfrist ist keine prozessuale, sondern eine materiell-rechtliche Frist, weil ihre Überschreitung lediglich den Verlust der Anfechtungsbefugnis zur Folge hat. § 62 Abs. 1 ZPO verhindert deshalb nicht, dass einzelne Kläger in dem Rechtsstreit obsiegen, andere dagegen wegen Überschreitung der Anfechtungsfrist des § 46 Abs. 1 unterliegen können (zur Sachentscheidung des Gerichts in solchen Fällen s. § 46 Rz. 170). 18

2. Mehrere Beklagte als notwendige Streitgenossen

Nach § 46 Abs. 1 WEG ist die Klage gegen die Wohnungseigentümer der Gemeinschaft zu erheben. Da ihnen gegenüber aus prozessualen Gründen die Ent- 19

---

1 Zöller/*Vollkommer*, ZPO, § 62 Rz. 25.

scheidung ebenfalls nur einheitlich ergehen kann, sind die Beklagten ebenfalls notwendige Streitgenossen i.S.v. § 62 Abs. 1 ZPO. Die notwendige Streitgenossenschaft führt dazu, dass auch gegen einzelne säumige Beklagte kein Versäumnisteilurteil ergehen darf. Ein prozessuales **Anerkenntnis** entfaltet die mit ihm beabsichtigten Wirkungen nur, wenn es durch alle Beklagten erklärt wird. Eine notwendige Streitgenossenschaft der Beklagten entsteht im Verhältnis zu dem nach § 48 Abs. 1 Satz 2 beigeladenen Verwalter, wenn dieser nach Maßgabe des § 48 Abs. 2 Satz 2 ZPO dem Prozess auf Seiten der Beklagten beitritt.

§ 48
Beiladung, Wirkung des Urteils

(1) Richtet sich die Klage eines Wohnungseigentümers, der in einem Rechtsstreit gemäß § 43 Nr. 1 oder Nr. 3 einen ihm allein zustehenden Anspruch geltend macht, nur gegen einen oder einzelne Wohnungseigentümer oder nur gegen den Verwalter, so sind die übrigen Wohnungseigentümer beizuladen, es sei denn, dass ihre rechtlichen Interessen erkennbar nicht betroffen sind. Soweit in einem Rechtsstreit gemäß § 43 Nr. 3 oder Nr. 4 der Verwalter nicht Partei ist, ist er ebenfalls beizuladen.

(2) Die Beiladung erfolgt durch Zustellung der Klageschrift, der die Verfügungen des Vorsitzenden beizufügen sind. Die Beigeladenen können der einen oder anderen Partei zu deren Unterstützung beitreten. Veräußert ein beigeladener Wohnungseigentümer während des Prozesses sein Wohnungseigentum, ist § 265 Abs. 2 der Zivilprozessordnung entsprechend anzuwenden.

(3) Über die in § 325 der Zivilprozessordnung angeordneten Wirkungen hinaus wirkt das rechtskräftige Urteil auch für und gegen alle beigeladenen Wohnungseigentümer und ihre Rechtsnachfolger sowie den beigeladenen Verwalter.

(4) Wird durch das Urteil eine Anfechtungsklage als unbegründet abgewiesen, so kann auch nicht mehr geltend gemacht werden, der Beschluss sei nichtig.

Inhaltsübersicht

	Rz.		Rz.
I. Die Beiladung der Wohnungseigentümer und des Verwalters (§ 48 Abs. 1)	1	b) Die Beiladung des Verwalters (§ 48 Abs. 1 Satz 2)	14
1. Inhalt und Zweck der gesetzlichen Regelung	1	3. Die formellen Anforderungen an die Beiladung (§ 48 Abs. 2 Satz 1)	17
2. Die Anwendungsfälle der Beiladung	5	4. Die Rechtsstellung des Beigeladenen nach Veräußerung des Wohnungseigentums (§ 48 Abs. 2 Satz 3)	21
a) Die Beiladung von Wohnungseigentümern (§ 48 Abs. 1 Satz 1)	5	5. Die Rechtsstellung des Beigeladenen im Prozess	23
aa) Beiladung und rechtliche Betroffenheit	5	a) Der Beitritt des Beigeladenen zum Rechtsstreit (§ 48 Abs. 2 Satz 2)	23
bb) Entbehrlichkeit der Beiladung	8	b) Der Rechtsstellung des nicht beigetretenen Beigeladenen	25

	Rz.		Rz.
c) Die Rechtsstellung des beitretenden Beigeladenen	26	1. Rechtskrafterstreckung und Intention des Gesetzgebers	36
aa) Die streitgenössische Nebenintervention des Beigeladenen	26	2. Rechtskraft- und Interventionswirkung bei Prozessurteilen	38
bb) Die Verfahrensrechte des streitgenössischen Nebenintervenienten	28	3. Rechtskraft- und Interventionswirkung bei Leistungsurteilen	39
d) Beiladung und gerichtliche Kostenentscheidung	33	4. Rechtskraft- und Gestaltungswirkung bei Gestaltungsurteilen	46
II. Die Rechtskraft- und Interventionswirkungen des Urteils auf die Beigeladenen (§ 48 Abs. 3)	36	III. Die Rechtskraftwirkung der gerichtlichen Entscheidung im Beschlussmängelprozess (§ 48 Abs. 4)	49

I. Die Beiladung der Wohnungseigentümer und des Verwalters (§ 48 Abs. 1)

1. Inhalt und Zweck der gesetzlichen Regelung

§ 48 Abs. 1 Satz 1 bestimmt, dass Wohnungseigentümer an dem Rechtsstreit eines Wohnungseigentümers gegen einen anderen Wohnungseigentümer bzw. gegen den Verwalter grundsätzlich beizuladen sind. Eine Ausnahme soll nur gelten, sofern die rechtlichen Interessen der am Prozess als Partei nicht beteiligten Wohnungseigentümer nicht betroffen sind. Nach § 48 Abs. 1 Satz 2 ist auch der Verwalter zu den in den Anwendungsbereich der § 43 Nr. 3 und 4 fallenden Prozessen beizuladen. 1

Die Funktion der Beiladung erklärt sich aus der in § 48 Abs. 3 angeordneten **Rechtskrafterstreckung**. Während § 325 Abs. 1 ZPO die Bindungswirkung der materiellen Rechtskraft eines Urteils auf die Parteien des Rechtsstreits und ihre Rechtsnachfolger beschränkt, erstreckt § 48 Abs. 3 die subjektiven Grenzen der Rechtskraft auch auf die Beigeladenen. Durch die Bindung der Beigeladenen an das Sachurteil soll vermieden werden, dass in Angelegenheiten der Verwaltung des gemeinschaftlichen Eigentums unterschiedliche und sich widersprechende Sachentscheidungen ergehen, die eine Befriedigung der Rechtsverhältnisse der Wohnungseigentümer untereinander erschweren oder gar unmöglich machen. So wäre es ohne die in § 48 Abs. 3 angeordnete Rechtskrafterstreckung beispielsweise vorstellbar, dass der Wohnungseigentümer A in einem Rechtsstreit mit dem Wohnungseigentümer B zunächst zur Beseitigung einer **baulichen Veränderung** rechtskräftig verurteilt wird, er aber auf eine spätere, von einem anderen Wohnungseigentümer hin erhobene Klage gleichwohl rechtskräftig zur Unterlassung eben dieser Beseitigung verurteilt wird. Weil die Parteien des Erst- und des Zweitprozesses nicht identisch sind, wäre das erste Urteil nicht ohne weiteres für das zweite Urteil vorgreiflich. Nicht ausgeschlossen wäre es auch, dass ein Wohnungseigentümer von mehreren Wohnungseigentümern auf Beseitigung derselben baulichen Veränderung in Anspruch genommen würde und auf diese Klagen hin unterschiedliche Sachentscheidungen ergehen, der verklagte Wohnungseigentümer also – obwohl den Entscheidungen inhaltlich identische Sachverhalte zugrunde lagen – in einigen Fällen zur Beseitigung verurteilt wird, 2 während in anderen Fällen die Beseitigungsklage abgewiesen würde. Sämtliche Urteile könnten unabhängig voneinander Geltung beanspruchen, und zwar allein schon deshalb, weil sie in unterschiedlichen Prozessrechtsverhältnissen ergangen sind. Ermöglicht werden solche unterschiedlichen und als widersprüchlich empfundenen Entscheidungen, weil im Zivilprozess die Parteien des Rechtsstreits die Herrschaft über den Verfahrensstoff ausüben. Es gilt der **Dispositions-** und **Beibringungsgrundsatz**, was die Parteien z.B. in die Lage versetzt, auch eine unbegründete Klage anzuerkennen oder einen sachlich unzutreffenden Parteivortrag unstreitig zu stellen. Hinzu kommt, dass das tatsächliche Vorbringen einer Partei unter bestimmten Voraussetzungen als **unsubstantiiert** behandelt wird. Wird das Vorbringen einer Partei **verspätet** vorgebracht, darf es unter den weiteren Voraussetzungen des §§ 296, 296a ZPO nicht mehr zugelassen und nicht zur Grundlage der Sachentscheidung gemacht werden.

3   Das Rechtsinstitut der Beiladung soll nach der Intention des Gesetzgebers solche unterschiedlichen gerichtlichen Entscheidungen verhindern helfen. Es dient damit dem Rechtsfrieden in der Gemeinschaft der Wohnungseigentümer und berücksichtigt, dass das Gemeinschaftsverhältnis der Wohnungseigentümer ein auf Dauer angelegtes Näheverhältnis darstellt und sachlich inkongruente gerichtliche Entscheidungen die ordnungsgemäße Verwaltung des gemeinschaftlichen Eigentums aber auch das Zusammenleben der Wohnungseigentümer nachhaltig erschweren können.

4   Die kraft Gesetzes angeordnete Bindung an eine gerichtliche Entscheidung setzt die Gewährung **rechtlichen Gehörs** voraus. Die Beiladung der nicht als Partei beteiligten Wohnungseigentümer und des Verwalters zum Rechtsstreit sowie die ihnen in § 48 Abs. 2 Satz 2 eröffnete Möglichkeit zum Prozessbeitritt erfüllt damit die verfassungsrechtlichen Vorgaben des Art. 103 Abs. 1 GG[1].

2. Die Anwendungsfälle der Beiladung

a) Die Beiladung von Wohnungseigentümern (§ 48 Abs. 1 Satz 1)

aa) Beiladung und rechtliche Betroffenheit

5   Die Beiladung der Wohnungseigentümer ist lediglich in solchen Verfahren erforderlich, die in den Anwendungsbereich der § 43 Nr. 1 und 3 fallen. Sie ist geboten, wenn die gerichtliche Entscheidung in einem Wohnungseigentumsverfahren ihre Interessen berühren kann und es zumindest als möglich erscheint, dass nicht nur der Kläger, sondern auch andere Wohnungseigentümer zur Wahrung ihrer **Interessen** eine eigenständige Klage erheben. Fehlt ein solches Interesse, kann die Beiladung unterbleiben. Das Recht der Hauptpartei, den übrigen Wohnungseigentümern oder dem Verwalter bei unterbliebener Beiladung den **Streit** nach § 72 ZPO zu **verkünden**, bleibt unberührt.

6   Eine Betroffenheit liegt nach der Vorstellung des Gesetzgebers vor bei der Klage eines Wohnungseigentümers gegen einen anderen Wohnungseigentümer auf Beseitigung einer **baulichen Veränderung** (§ 1004 Abs. 1 BGB, § 22 Abs. 1)[2]. Sie kann

---
1 Amtliche Begründung des Gesetzentwurfs, BT-Drucks. 16/887, 74.
2 Amtliche Begründung des Gesetzentwurfs, BT-Drucks. 16/887, 75.

ferner in Betracht kommen bei einem Rechtsstreit zwischen zwei Wohnungseigentümern über den **Gebrauch des Sondereigentums** (§ 14 Nr. 1 und § 15 Abs. 3: Einhaltung der Hausordnung; Unterlassen der Eigentumsstörung durch Musizieren; Streit über die Haustierhaltung) oder des gemeinschaftlichen Eigentums (z.B. bei einem Streit über den Gebrauch eines gemeinschaftlichen Fahrradkellers; Streit über den zulässigen Gebrauch eines Sondernutzungsrechts).

Die Beiladung ist ferner erforderlich bei Klagen eines Wohnungseigentümers gegen den Verwalter auf Erfüllung seiner auf dem Vertragsverhältnis beruhenden Pflichten. Voraussetzung ist allerdings, dass es sich um Ansprüche handelt, die den einzelnen Wohnungseigentümern individuell zustehen[1]. Hierzu gehört jeder Anspruch auf **ordnungsmäßige Verwaltung** des gemeinschaftlichen Eigentums, wie z.B. die Klage auf Erstellung und Vorlage der Jahresabrechnung (§ 21 Abs. 4, § 28 Abs. 3) oder die Klage auf **Einberufung einer Eigentümerversammlung**.

bb) Entbehrlichkeit der Beiladung

Entbehrlich ist die Beiladung eines Wohnungseigentümers, wenn die gerichtliche Entscheidung unabhängig von ihrem Inhalt seine rechtlichen Interessen von vornherein nicht berühren kann. Der Gesetzeswortlaut knüpft an die zum früheren § 43 Abs. 4 Nr. 1 WEG ergangene Rechtsprechung zur Entbehrlichkeit der formellen Beteiligung von Wohnungseigentümern in Wohnungseigentumssachen an[2]. Soweit daher schon nach früherem Recht eine förmliche Beteiligung der Wohnungseigentümer in Wohnungseigentumsverfahren ausnahmsweise nicht zu veranlassen war, kann auch zukünftig eine Beiladung unterbleiben. Dies wird vor allem bei typisch nachbarrechtlichen Streitigkeiten relevant werden[3].

Die rechtlichen Interessen anderer Wohnungseigentümer sind beispielsweise nicht berührt, wenn eine bauliche Veränderung nur die Prozessparteien selbst betrifft (z.B. die Veränderung einer im gemeinschaftlichen Eigentum stehenden, die Wohnungen der Prozessparteien trennenden, nicht tragenden Wand[4]; bauliche Veränderungen in einer Mehrhausanlage). Streiten die Prozessparteien darüber, ob die durch Kinder oder durch Musizieren ausgelösten **Lärmbelästigungen** noch innerhalb der Grenzen des § 14 Nr. 1 liegen, ist eine Beiladung derjenigen Wohnungseigentümer entbehrlich, die durch den Lärm nicht gestört werden können. Sind einzelne Wohnungseigentümer durch eine im Grundbuch eingetragene Gebrauchsregelung vom **Mitgebrauch einer Gartenfläche** ausgeschlossen, so brauchen sie nicht beigeladen werden, wenn die anderen Wohnungseigentümern nur um die Aufteilung des **Sondernutzungsrechtes** an dieser Gartenfläche streiten[5]. Streiten zwei Teileigentümer über die Auslegung einer **Konkurrenzschutzklausel** in der Gemeinschaftsordnung, kann eine Beiladung entbehrlich sein, wenn die Klausel nur diese beiden Teileigentümer betrifft[6]

---

1 BGH v. 2.10.1991 – V ZB 9/91, BGHZ 115, 253 (256) = NJW 1992, 182.
2 Siehe BGH v. 2.10.1991 – V ZB 9/91, BGHZ 115, 253 (256) = NJW 1992, 182.
3 BayObLG v. 6.2.1990 – BReg. 2Z 119/89, NJW-RR 1990, 660 (661) m.w.N.
4 Siehe die Fallgestaltung in BGH v. 21.12.2000 – V ZB 45/00, NJW 2001, 1212 f.
5 BayObLG v. 7.11.1991 – BReg. 2Z 112/91, WuM 1992, 80.
6 BayObLG v. 7.5.1997 – 2Z BR 32/97, ZMR 1997, 428 (429).

10 Eine Beiladung ist ferner entbehrlich, wenn ein Wohnungseigentümer den Verwalter auf **Einsichtnahme** in die Niederschrift eines Versammlungsprotokolls (§ 24 Abs. 6 Satz 3) oder auf Einsichtnahme in die Abrechnungsunterlagen gerichtlich in Anspruch nimmt. Die gerichtliche Entscheidung ist in solchen Fällen nicht vorgreiflich und es steht auch nicht zu befürchten, dass durch unterschiedliche Sachentscheidungen das Gemeinschaftsverhältnis beeinträchtigt würde. Die Einsichtnahme dient der Kontrolle und Information, sie ist keine im Verhältnis zu anderen Wohnungseigentümern wirkende Maßnahme der ordnungsgemäßen Verwaltung i.S.v. § 21 Abs. 3. Macht ein Wohnungseigentümer einen ihm allein zustehenden **Schadensersatzanspruch** gegen den Verwalter geltend, sind die anderen Wohnungseigentümer ebenfalls nicht beizuladen[1].

11 Die Beiladung hat zu unterbleiben, sofern nur noch über die **Kosten des Rechtsstreits** zu entscheiden ist[2].

12 Entbehrlich ist eine Beiladung in der Regel bei **Feststellungsklagen** der Wohnungseigentümer. Sofern ein solcher Feststellungsantrag der Klärung der Gültigkeit eines Beschlusses dient (wie z.B. eine Nichtigkeitsklage), ist sie von vornherein gegen sämtliche übrigen Wohnungseigentümer der Gemeinschaft zu erheben (zur Parteistellung s. § 46 Rz. 16). Weil an diesem Klageverfahren schon sämtliche Wohnungseigentümer als Partei beteiligt sind, bleibt für ihre Beiladung von vornherein kein Raum. Bei sonstigen gegen einzelne Wohnungseigentümer oder gegen den Verwalter erhobenen Feststellungsklagen besteht die Notwendigkeit einer Beiladung in der Regel deshalb nicht, weil diese Klagen nicht unmittelbar auf die Herbeiführung oder Duldung einer Verwaltungsmaßnahme abzielen. Sie zielen lediglich auf die Feststellung eines Rechtsverhältnisses ab. Bestünde ein rechtliches Interesse der Wohnungseigentümer am Ausgang des Verfahrens, bestünde auch ein Feststellungsinteresse des Klägers i.S.v. § 256 ZPO, so dass es dem Kläger ohne weiteres freisteht, die von ihm begehrte Feststellung im Verhältnis sämtlicher Wohnungseigentümer herbeizuführen.

13 Ist die Klage eines Wohnungseigentümers erkennbar **unzulässig** und aus diesem Grund abzuweisen, bedarf es der Beiladung ebenfalls nicht, denn ein solches Prozessurteil kann die Interessen der übrigen Wohnungseigentümer nicht berühren[3]. Die Beiladung eines Wohnungseigentümers hat ebenfalls zu unterbleiben, wenn ein ihm zustehender **Individualanspruch** aufgrund einer von ihm erteilten Ermächtigung durch einen Prozessstandschafter (z.B. den Erwerber von Wohnungseigentum) gerichtlich geltend gemacht wird. Das im Rechtsstreit eines Prozessstandschafters ergangene Urteil bewirkt schon nach § 325 Abs. 1 ZPO für und gegen den Rechtsinhaber eine Rechtskraftbindung[4]. Dies ist die Folge davon, dass die Prozessführung auf dem Willen des Rechtsträgers beruht. Zur Begründung dieser Rechtskrafterstreckung bedarf es daher nicht des Rückgriffs auf § 48 Abs. 3, was eine Beiladung entbehrlich macht.

---

1 BGH v. 2.10.1991 – V ZB 9/91, BGHZ 115, 253 (256) = NJW 1992, 182.
2 BayObLG v. 6.2.1990 – BReg. 2Z 119/89, NJW-RR 1990, 660 (661).
3 Amtliche Begründung des Gesetzentwurfs, BT-Drucks. 16/887, 75.
4 BGH v. 3.7.1980 – IVa ZR 38/80, BGHZ 78, 1 (7).

b) Die Beiladung des Verwalters (§ 48 Abs. 1 Satz 2)

Nach § 48 Abs. 1 Satz 2 ist der Verwalter zu solchen Rechtsstreitigkeiten beizuladen, die in den Anwendungsbereich des § 43 Nr. 3 und 4 fallen. Eine Beiladung ist insbesondere in Verfahren über die **Gültigkeit von Beschlüssen** der Wohnungseigentümer erforderlich. 14

Sie soll nach dem Gesetzeswortlaut ferner bei Streitigkeiten über die **Rechte und Pflichten des Verwalters** bei der Verwaltung des gemeinschaftlichen Eigentums erfolgen. In solchen Prozessen ist der Verwalter allerdings regelmäßig schon selbst als Partei beteiligt, so dass diese Fallgruppe praktisch kaum relevant wird. 15

Die Beiladung des Verwalters hat unabhängig davon zu erfolgen, ob er durch die gerichtliche Entscheidung in seinen rechtlichen Interessen betroffen wird. Der Gesichtspunkt der rechtlichen Betroffenheit ist nur in den Fällen der Beiladung der Wohnungseigentümer zu beachten. Die Beiladung des Verwalters trägt dagegen seinen Funktionen bei der Verwaltung des gemeinschaftlichen Eigentums Rechnung. Er ist nach § 27 Abs. 1 Nr. 1 zur Durchführung der Beschlüsse der Gemeinschaft verpflichtet und hat die ordnungsgemäße Verwaltung des gemeinschaftlichen Eigentums zu gewährleisten. Seine Beiladung und die in § 48 Abs. 3 als Folge der Beiladung angeordnete **Rechtskrafterstreckung** bekräftigt seine Bindung an die Beschlussfassung der Gemeinschaft bzw. stellt sicher, dass die gerichtliche Entscheidung und der in ihr dem Wohnungseigentümer zuerkannte oder aberkannte Anspruch auch von ihm zu beachten ist. Die Beiladung des Verwalters berücksichtigt somit, dass er weisungsgebundener Sachwalter des Gemeinschaftsvermögens und Vollzugsorgan der Gemeinschaft hinsichtlich der von dieser beschlossenen Maßnahmen ist. Soweit ein die Wohnungseigentümer bindendes Urteil reicht, soll das Urteil nach der Vorstellung des Gesetzgebers die erforderliche Weisung der Gemeinschaft ersetzen[1]. 16

3. Die formellen Anforderungen an die Beiladung (§ 48 Abs. 2 Satz 1)

Die Beiladung erfolgt nach § 48 Abs. 2 durch **Zustellung der Klageschrift**, der die prozessleitenden Verfügungen des Richters beizufügen sind. Sie wird, anders als eine Streitverkündung (§ 73 ZPO), **von Amts wegen** veranlasst. Sie hat in der Regel **zu Beginn des Rechtsstreits** zu erfolgen, unabhängig davon, ob das Gericht einen frühen ersten Termin (§ 275 ZPO) anberaumt oder ein schriftliches Vorverfahren veranlasst (§ 276 ZPO). 17

Sind mehrere Wohnungseigentümer beizuladen, kann das Gericht die Zustellung nach Maßgabe des § 45 Abs. 1 an den Verwalter oder nach Maßgabe des § 45 Abs. 2 an den von den Wohnungseigentümern bestimmten **Zustellungsvertreter** anordnen. In einem solchen Fall kann der Kläger die namentliche Bezeichnung der beigeladenen Wohnungseigentümer nach Maßgabe des § 44 Abs. 1 Satz 2 noch bis zum Schluss der mündlichen Verhandlung nachholen. 18

Kann eine ordnungsgemäße Beiladung der Wohnungseigentümer durch Zustellung an den Verwalter oder an einen Zustellungsvertreter nach Maßgabe der 19

---
1 Amtliche Begründung des Gesetzentwurfs, BT-Drucks. 16/887, 40.

§ 45 Abs. 1 und 2 nicht erfolgen, hat der Kläger die beizuladenden Wohnungseigentümer abweichend von § 44 Abs. 1 Satz 2 schon in der Klageschrift zu bezeichnen. In diesem Fall muss die Zustellung an die beizuladenden Wohnungseigentümer unmittelbar erfolgen, sofern nicht das Gericht im Verlauf des Verfahrens selbst einen Zustellungsvertreter nach Maßgabe des § 45 Abs. 3 bestimmt. Aber auch hierfür ist die namentliche Bezeichnung der Wohnungseigentümer und die Mitteilung ihrer ladungsfähigen Anschriften unentbehrlich.

20 Fehlt ein Zustellungsvertreter, kann das Gericht bei einer unterbliebenen namentlichen Bezeichnung der beizuladenden Wohnungseigentümer in der Klageschrift von einer sofortigen Beiladung absehen und gleichwohl ein schriftliches Vorverfahren (§ 276 ZPO) anordnen oder einen frühen ersten Termin zur mündlichen Verhandlung (§ 275 Abs. 1 ZPO) anberaumen. Es hat die **Beiladung** aber im Verlauf des Rechtsstreits alsbald **nachholen**, und zwar rechtzeitig vor Erlass eines Sachurteils. Dabei hat das Gericht sowohl die **Fristen** des § 276 Abs. 1 Satz 1 ZPO als auch die Einlassungsfrist des § 274 Abs. 3 ZPO zu beachten. Zwar gelten diese Vorschriften unmittelbar nur für die Parteien des Rechtsstreits. Wegen der in § 48 Abs. 3 angeordneten Rechtskraftwirkung finden sie aber auch im Verhältnis zu den Beigeladenen Anwendung, damit diese den Prozessstoff prüfen und ihr Prozessverhalten sachgerecht bestimmen können. Außerdem müssen sie Gelegenheit haben, sich vor Erlass der Entscheidung mindestens schriftlich in tatsächlicher oder rechtlicher Hinsicht zur Sache zu äußern[1]. Schließlich trägt die entsprechende Anwendung der vorgenannten Fristen auch dem Umstand Rechnung, dass die Beigeladenen nach einem Beitritt auf Seiten der Hauptparteien nach Maßgabe des § 69 ZPO als Streitgenossen der Hauptpartei gelten (hierzu s. § 48 Rz. 26).

4. Die Rechtsstellung des Beigeladenen nach Veräußerung des Wohnungseigentums (§ 48 Abs. 2 Satz 3)

21 § 48 Abs. 2 Satz 3 betrifft den Fall, dass ein beigeladener Wohnungseigentümer während des Prozesses sein Wohnungseigentum veräußert. Da sich der Anwendungsbereich des § 265 Abs. 2 ZPO seinem Wortlaut nach nur auf die Prozessparteien erstreckt (s. § 265 Abs. 1 ZPO), ist er auf Beigeladene nicht unmittelbar anwendbar. Dem Gesetzgeber erschien eine entsprechende Anwendung des § 265 Abs. 1 ZPO auf die Fälle der Beiladung aber sachgerecht, da das Gericht andernfalls gehalten wäre, den Erwerber zusätzlich beizuladen, wenn der **Rechtserwerb** nach Eintritt der Rechtshängigkeit vollzogen wird. Hierzu müsste das Gericht Vorkehrungen treffen, die sicherstellen, dass es von einem Eigentümerwechsel Kenntnis erlangt. Die nachträgliche Beiladung von Wohnungseigentümern würde zudem einen erhöhten Aufwand des Gerichts nach sich ziehen, insbesondere wenn die Wohnungseigentümer einer großen Gemeinschaft beizuladen sind und eine Zustellung weder an den Verwalter noch an einen Zustellungsvertreter möglich ist. Durch die entsprechende Anwendung des § 265 Abs. 2 ZPO wird sichergestellt, dass eine **Rechtsnachfolge** an der Stellung des bisherigen Beigeladenen, der gesetzlicher Prozessstandschafter seines Rechtsnachfolgers wird, nichts ändert[2].

---
1 Amtliche Begründung des Gesetzentwurfs, BT-Drucks. 16/887, 74.
2 Amtliche Begründung des Gesetzentwurfs, BT-Drucks. 16/887 S. 40.

Die Erstreckung des Anwendungsbereichs des § 265 Abs. 2 ZPO auf die Fälle der 22
Beiladung schließt allerdings nicht aus, dass der Erwerber dem Rechtsstreit auf
Seiten einer Hauptpartei nach Maßgabe des § 66 Abs. 1 ZPO beitreten kann.
Seine Beiladung nach § 48 Abs. 1 ist hierfür keine Voraussetzung.

5. Die Rechtsstellung des Beigeladenen im Prozess
a) Der Beitritt des Beigeladenen zum Rechtsstreit (§ 48 Abs. 2 Satz 2)

Die Beigeladenen können der einen oder anderen Partei zu deren Unterstützung 23
beitreten. Der Beitritt erfolgt nach § 70 Abs. 1 ZPO durch Einreichung eines
Schriftsatzes bei dem Prozessgericht. Es muss die in § 70 Abs. 1 Satz 2 ZPO genannten Angaben enthalten. Der Beitritt kann auch noch in der **Rechtsmittel-
instanz** erfolgen[1].

Stellt eine Hauptpartei die Zulässigkeit der Nebenintervention eines Beigelade- 24
nen mit der Begründung in Abrede, es bestehe kein rechtliches Interesse an
einem Beitritt, ist hierüber nach § 71 Abs. 1 ZPO durch Zwischenurteil zu entscheiden. Dagegen ließe sich zwar einwenden, die Zulässigkeit der **Nebenintervention** ergebe sich in Wohnungseigentumsverfahren allein schon aus der vom
Gericht veranlassten Beiladung, weshalb kein Anwendungsbereich für § 71
ZPO verbleibe. Zudem kann sich der Beigeladene selbst gegen seine Beiladung
nicht zur Wehr setzten und ist er – selbst wenn die Beiladung sachlich zu Unrecht erfolgt – an die im gerichtlichen Verfahren ergehende Entscheidung **gebunden** (§ 48 Abs. 3). Trotzdem kann allein die durch § 48 Abs. 3 angeordnete
Rechtskrafterstreckung das für eine Nebenintervention nach §§ 68 und 69 ZPO
erforderliche rechtliche Interesse an dem Prozessbeitritt noch nicht begründen.
Zu beachten ist nämlich, dass § 71 ZPO allein den Hauptparteien die Möglichkeit einräumt, sich gegen die Nebenintervention des Streithelfers zu wehren.
Hierfür besteht auch in den Fällen der Beiladung ein Bedürfnis, weil der dem
Prozess beitretende Wohnungseigentümer nach § 69 ZPO als Streitgenosse
der Hauptpartei gilt und er als solcher auch gegen den Willen der von ihm
unterstützten Hauptpartei Angriffs- und Verteidigungsmittel geltend machen
kann (zu den Befugnissen des streitgenössischen Nebenintervenienten s. § 48
Rz. 28 ff.). Den Hauptparteien muss daher die Möglichkeit verbleiben, die Nebenintervention zurückweisen zu können, um die alleinige Herrschaft über das
von ihnen betriebene Klageverfahren zurückzugewinnen. Wird durch Zwischenurteil der Beitritt zurückgewiesen, verhindert dieses Urteil eine Rechtskrafterstreckung auf den betroffenen Beigeladenen. Die in § 48 Abs. 3 angeordneten Wirkungen der Beiladung treten im Verhältnis zu ihm in diesem Fall
nicht ein.

b) Die Rechtsstellung des nicht beigetretenen Beigeladenen

Äußert sich ein beigeladener Wohnungseigentümer mittels Schriftsätzen oder 25
in der mündlichen Verhandlung zur Sache, kann sein Sachvortrag nicht zur
Grundlage einer Sachentscheidung gemacht werden, sofern er nicht dem
Rechtsstreit auf Seiten einer der Hauptparteien als **Streithelfer** beitritt. Die

---
1 Zöller/*Vollkommer*, ZPO, § 70 Rz. 1.

Herrschaft über den Prozessstoff verbleibt in solchen Fällen allein bei den Parteien des Rechtsstreits. Hieran ändert das Rechtsinstitut der Beiladung für sich genommen nichts. Machen sich die Prozessparteien das tatsächliche Vorbringen des Beigeladenen, der dem Rechtsstreit nicht beitritt, nicht **zu Eigen**, bleibt es folglich unberücksichtigt. Das Gericht darf seine Sachentscheidung auf ein solches Vorbringen nicht stützen, denn es gilt auch nach Anordnung einer Beiladung der **Beibringungsgrundsatz**.

c) Die Rechtsstellung des beitretenden Beigeladenen

aa) Die streitgenössische Nebenintervention des Beigeladenen

26 Tritt ein Beigeladener dem Rechtsstreit auf Seiten einer der Hauptparteien nach Maßgabe des § 48 Abs. 2 Satz 2 und des § 70 Abs. 1 ZPO bei, so ist er in der Regel nicht nur als einfacher, sondern als **streitgenössischer Nebenintervenient** der Hauptpartei i.S.v. § 69 ZPO zu behandeln[1]. Eine streitgenössische Nebenintervention ist nach dem Wortlaut des § 69 ZPO zwar nur anzunehmen, wenn nach den Vorschriften des bürgerlichen Rechts die Rechtskraft der in dem Hauptprozess erlassenen Entscheidung auf das Rechtsverhältnis des Nebenintervenienten zu dem Gegner von Wirksamkeit ist. Es wird aber mittlerweile nicht mehr in Abrede gestellt, dass § 69 ZPO auch solche Fallgestaltungen erfasst, in denen das Verfahrensrecht eine Rechtskrafterstreckung anordnet[2]. Ein solches Rechtsverhältnis begründet § 48 Abs. 3 im Verhältnis der Beigeladenen zu den Hauptparteien, indem es eine Rechtskrafterstreckung der gerichtlichen Entscheidungen auf die Beigeladenen anordnet[3].

27 Mit der in § 48 Abs. 3 angeordneten Rechtskrafterstreckung geht eine von § 68 ZPO abweichende **Interventionswirkung** einher. Im Anwendungsbereich des § 68 ZPO besteht eine Interventionswirkung nur im Verhältnis des Nebenintervenienten zu der von ihm unterstützten Hauptpartei. Entsprechendes gilt nach § 74 ZPO in den Fällen der Streitverkündung. Der Nebenintervenient oder der Streitverkündete kann, unabhängig davon, ob er dem Rechtsstreit beigetreten ist, im Verhältnis zur Hauptpartei nicht mit der Behauptung gehört werden, dass der Rechtsstreit, wie er dem Richter vorgelegen habe, unrichtig entschieden sei (§ 68 Satz 1 ZPO). Demgegenüber beschränkt sich in den Fällen der Beiladung die Interventionswirkung gerade nicht auf das Verhältnis zu einer der beiden Hauptparteien, sondern es erstreckt sich auf beide Hauptparteien des Rechtsstreits. Die Interventionswirkung folgt somit den durch die Rechtskraft gezogenen Grenzen. Die Beigeladenen können daher in einem Folgeprozess gegenüber beiden Hauptparteien nicht mit der Behauptung gehört werden, der Erstprozess sei, wie er dem Richter vorgelegen habe, unrichtig entschieden worden. Die streitgenössische Nebenintervention führt zu einer umfassenden Bin-

---

1 Zu den Unterschieden zwischen einfacher und streitgenössischer Nebenintervention s. Zöller/*Vollkommer*, ZPO, § 69 Rz. 6 und 7.
2 BGH v. 17.1.2001 – XII ZB 194/99, NJW 2001, 1355; BGH v. 26.3.1997 – IV ZR 137/96, NJW-RR 1997, 919.
3 Dies übersieht *Abramenko*, Das neue WEG in der anwaltlichen Praxis (2007), S. 256 (257), der deshalb lediglich eine einfache Nebenintervention des beigeladenen Streithelfers annimmt.

dung des Beigeladenen an die tatsächlichen und rechtlichen Grundlagen der Erstentscheidung[1].

bb) Die Verfahrensrechte des streitgenössischen Nebenintervenienten

Weil der beitretende Wohnungseigentümer als streitgenössischer Nebenintervenient gleichzeitig Streitgenosse der Hauptpartei ist (§ 69 ZPO), kann er nach seinem Beitritt zur Wahrung eigener Interessen alle der Hauptpartei zustehenden **Prozesshandlungen im eigenen Namen** wirksam vornehmen. Er ist wie ein Streitgenosse der von ihm unterstützten Hauptpartei zu behandeln und kann deshalb auch gegen deren Willen Angriffs- und Verteidigungsmittel vorbringen und Prozesshandlungen vornehmen[2]. Er kann eine Tatsache, die die Hauptpartei zugesteht oder nicht substantiiert bestreitet, selbst substantiiert bestreiten. Das Gericht muss, soweit dies zur Aufklärung des streitigen Sachverhalts notwendig ist, den **Beweisangeboten** des Streithelfers nachkommen.

28

Der Streithelfer kann ein wirksames **Anerkenntnis** der Hauptpartei durch seinen Widerspruch verhindern[3]. Weil durch das Rechtsinstitut der Beiladung widersprüchliche gerichtliche Entscheidungen im Verhältnis der Wohnungseigentümer untereinander verhindert werden sollen, findet auch § 62 ZPO Anwendung mit der Folge, dass die im Termin säumige Hauptpartei als durch ihren Streithelfer vertreten angesehen wird. Entsprechendes gilt in den Fällen des § 276 ZPO, sofern nur der Streithelfer seine Verteidigungsabsicht rechtzeitig anzeigt. In beiden Fällen darf ein Versäumnisurteil gegen die Hauptpartei nicht ergehen und ist der Antrag auf Erlass eines Versäumnisurteils nach Maßgabe der §§ 335, 337 ZPO durch Beschluss zurückzuweisen und ein (neuer) Termin zu bestimmen[4].

29

Als streitgenössischer Streithelfer ist der beigeladene Wohnungseigentümer ferner berechtigt, ohne oder gegen den Willen der von ihm unterstützten Partei im eigenen Namen **Einspruch** gegen ein Versäumnisurteil oder **Berufung** gegen die erstinstanzliche Entscheidung des AG einzulegen. Das Gesetz räumt ihm insoweit mit Rücksicht auf eine stärkere Einwirkung des Urteils auf seine rechtlichen Belange ein **eigenes Prozessführungsrecht** ein, das unabhängig vom Willen der von ihm unterstützten Hauptpartei ist[5]. Für sein Rechtsmittel und die insoweit zu wahrenden Fristen kommt es auf die **Zustellung** des anzufechtenden Urteils an ihn, nicht auf die Zustellung an die Hauptpartei an[6].

30

Nicht verhindern kann der Streithelfer dagegen, dass die von ihm unterstützte Hauptpartei den Klageantrag **zurücknimmt**, gemeinsam mit der Gegenpartei den Rechtsstreit in der Hauptsache für **erledigt erklärt** oder mit ihr einen Pro-

31

---

1 Zur Bindungswirkung im Einzelnen s. Zöller/*Vollkommer*, ZPO, § 68 Rz. 9 ff.
2 BGH v. 12.7.1993 – II ZR 65/92, NJW-RR 1993, 1254; OLG Schleswig v. 28.1.1993 – 5 U 210/91, NJW-RR 1993, 930 = MDR 1994, 460; zur Rechtsstellung des streitgenössischen Nebenintervenienten s. im Einzelnen *Musielak*, ZPO, § 69 Rz. 6–8.
3 BGH v. 12.7.1993 – II ZR 65/92, NJW-RR 1993, 1254; OLG Schleswig v. 28.1.1993 – 5 U 210/91, NJW-RR 1993, 930 = MDR 1994, 460.
4 Zöller/*Herget*, ZPO, § 331 Rz. 16.
5 BGH v. 26.3.1997 – IV ZR/96, NJW-RR 1997, 919.
6 BGH v. 26.3.1997 – IV ZR/96, NJW-RR 1997, 919.

zessvergleich schließt[1]. Die gesetzliche Regelung will lediglich verhindern, dass die Verwaltung des gemeinschaftlichen Eigentums durch sachlich widersprüchliche Entscheidungen eines Gerichts erschwert wird. Ergeht aber kein Urteil, ist dieser Gesetzeszweck nicht berührt, weil nur ein Sachurteil die Rechtskraft- und Interventionswirkungen entfalten kann[2].

32 Die Voraussetzungen einer notwendigen Streitgenossenschaft liegen auch in den Fällen vor, in denen der beigeladene **Verwalter** dem Verfahren über die Gültigkeit von Beschlüssen der Wohnungseigentümer nach § 43 Nr. 4 im eigenen Namen beitritt. Sofern der Verwalter die beklagten Wohnungseigentümer nicht schon aufgrund der ihm in § 27 Abs. 2 Nr. 2 erteilten Ermächtigung im Beschlussmängelprozess vertritt, kann er ebenfalls aktiv durch Vornahme von Prozesshandlungen und Anbringung von Angriffs- und Verteidigungsmitteln auf den Rechtsstreit Einfluss nehmen. Sind die beklagten Wohnungseigentümer im Termin säumig, gelten sie nach § 62 ZPO als durch den Verwalter vertreten, selbst wenn dieser lediglich im eigenen Namen, nicht zugleich aber auch im Namen der beklagten Wohnungseigentümer Sachanträge stellt.

d) Beiladung und gerichtliche Kostenentscheidung

33 Die Beigeladenen sind an den **Kosten des Rechtsstreits**, also sowohl an den Gerichtskosten als auch an den außergerichtlichen Kosten der Hauptparteien i.S.v. § 91 ZPO, nicht zu beteiligen, wenn sie dem Rechtsstreit nicht auf Seiten einer der Hauptparteien beigetreten sind. Umgekehrt sind auch die Hauptparteien nicht verpflichtet, etwaige den Beigeladenen entstandene außergerichtliche Kosten zu erstatten.

34 Tritt ein Beigeladener dem Rechtsstreit auf Seiten einer der Hauptparteien bei und verliert er gemeinsam mit ihr den Rechtsstreit, sind die Kosten des Rechtsstreits sowohl der Hauptpartei als auch dem Streithelfer nach Maßgabe des § 100 Abs. 1 ZPO aufzuerlegen. Dies wird durch § 101 Abs. 2 ZPO ausdrücklich angeordnet.

35 Obsiegt der Streithelfer gemeinsam mit der von ihm unterstützten Hauptpartei, hat die unterlegene Hauptpartei neben den Kosten des Rechtsstreits auch die durch die Nebenintervention des Streithelfers verursachten Kosten zu tragen (§ 101 Abs. 1 ZPO).

II. Die Rechtskraft- und Interventionswirkungen des Urteils auf die Beigeladenen (§ 48 Abs. 3)

1. Rechtskrafterstreckung und Intention des Gesetzgebers

36 Nach § 48 Abs. 3 wirkt das rechtskräftige Urteil über die in § 325 ZPO angeordneten Wirkungen hinaus auch für und gegen alle beigeladenen Wohnungseigentümer, deren Rechtsnachfolger und für und gegen den Verwalter. Nach der Vorstellung des Gesetzgebers soll diese Rechtskrafterstreckung zu dauerhafter

---
[1] Siehe allgemein auch *Musielak*, ZPO, § 69 Rz. 7.
[2] OLG München v. 21.2.2000 – 7 W 2013/98, MDR 2000, 1152; *Musielak*, ZPO, § 69 Rz. 7.

Rechtssicherheit und Rechtsfrieden innerhalb der Gemeinschaft führen, was nicht der Fall wäre, wenn die nicht als Partei beteiligten Wohnungseigentümer das Gericht noch einmal mit dem gescheiterten Begehren des klagenden Wohnungseigentümers befassen könnten. Die amtliche Begründung erwähnt zur Veranschaulichung der Regelungsabsichten beispielhaft die auf § 1004 Abs. 1 BGB gestützte Klage eines Wohnungseigentümers gegen einen anderen Wohnungseigentümer auf Beseitigung einer baulichen Veränderung. Dem beklagten Wohnungseigentümer stünden nach der Zivilprozessordnung nur unzureichende Instrumentarien zur Verfügung, die in dem (ersten) Rechtsstreit nicht als Kläger beteiligten Wohnungseigentümer in das Verfahren zu zwingen und sie hierdurch an das ergehende Urteil zu binden. Insbesondere würde eine **Drittwiderklage** mit dem Ziel der Feststellung, dass keine unzulässige bauliche Veränderung vorliege, voraussetzen, dass sein Recht auch von den übrigen Wohnungseigentümern bestritten wird; verhalten diese sich passiv, könne dieser Nachweis kaum gelingen, ohne dass der Beklagte deshalb sicher sein könnte, künftig nicht von ihnen in Anspruch genommen zu werden[1].

Entgegen der missverständlichen Begründung des Gesetzgebers[2] kann die durch § 48 Abs. 3 angeordnete Rechtskrafterstreckung und die mit ihr einhergehende Interventionswirkung nicht in jedem Fall verhindern, dass andere Wohnungseigentümer wegen desselben Lebenssachverhalts oder wegen desselben Begehrens eine erneute Klage erheben können und dürfen. Welche Wirkungen die in § 48 Abs. 3 angeordnete Rechtskraftwirkung auf die Beigeladenen entfaltet, lässt sich auch nicht für sämtliche Urteile einheitlich bestimmen. Zu unterscheiden ist vielmehr danach, ob es sich um **Prozessurteile** oder um **Sachurteile** handelt, die auf eine **Leistungsklage** oder eine **Gestaltungsklage** hin ergehen[3].

2. Rechtskraft- und Interventionswirkung bei Prozessurteilen

Wird eine Klage als unzulässig durch Prozessurteil abgewiesen, kommt es auf den Tatsachenvortrag der Prozessbeteiligten bezüglich der dem Klageanspruch zugrunde liegenden materiell-rechtlichen Anspruchsgrundlage nicht an, weshalb ein solches Urteil diesbezüglich auch keine Bindungswirkungen entfalten kann[4]. Daher ist jeder Beigeladene – wie auch die unterlegene Hauptpartei – weiterhin berechtigt, eine erneute Klage gegen den im Erstprozess obsiegenden Wohnungseigentümer zu erheben. Das Prozessurteil entfaltet somit keine Interventionswirkungen im Verhältnis zu den Hauptparteien[5].

3. Rechtskraft- und Interventionswirkung bei Leistungsurteilen

Streitgegenstand einer Leistungsklage ist die Rechtsbehauptung des Klägers, ihm sei die begehrte Rechtsfolge aufgrund eines bestimmten Lebenssachver-

---

1 Amtliche Begründung des Gesetzentwurfs, BT-Drucks. 16/887 S. 74.
2 Amtliche Begründung des Gesetzentwurfs, BT-Drucks. 16/887 S. 74.
3 Feststellungsurteile, soweit sie nicht in Verfahren über die Gültigkeit von Beschlüssen der Wohnungseigentümer (§ 43 Nr. 4 und § 46) ergehen, bleiben außen vor, da in solchen Verfahren eine Beiladung entbehrlich ist; s. oben § 48 Rz. 12.
4 OLG Brandenburg v. 7.7.1999 – 13 U 61/99, NJW-RR 2000, 1735 (1736).
5 Vgl. Zöller/*Vollkommer*, ZPO, § 68 Rz. 4.

halts zuzusprechen[1]. Wird die gegen einen Wohnungseigentümer erhobene Leistungsklage als unbegründet abgewiesen, steht aufgrund der Rechtskraft des klageabweisenden **Ersturteils** fest, dass dem klagenden Wohnungseigentümer der geltend gemachte Anspruch aus den von ihm vorgetragenen Gründen nicht zusteht. Übertragen auf die in der Gesetzesbegründung beispielhaft erwähnte Fallgestaltung einer baulichen Veränderung stellt das auf ein Beseitigungsverlangen ergangene klageabweisende Urteil fest, dass zugunsten des klagenden Wohnungseigentümers der streitgegenständliche Beseitigungsanspruch aus den von ihm vorgetragenen Gründen nicht besteht.

40 Das bedeutet indes nicht, dass ein anderer Wohnungseigentümer nunmehr gehindert wäre, den ihm (ebenfalls) zustehenden Beseitigungsanspruch in einem gesonderten Klageverfahren erstmals geltend zu machen. Eine solche Klage wäre jedenfalls nicht unzulässig, denn der im **zweiten Prozess** geltend gemachte materiell-rechtliche Anspruch des neuen Klägers war im ersten Prozess nicht streitgegenständlich. Daher kann das im Erstprozess ergangene Urteil noch keine Entscheidung über den Anspruch des später klagenden Wohnungseigentümers treffen. Eine Identität des Streitgegenstandes, die eine erneute Klage unzulässig machen würde (sog. „ne bis in idem-Lehre")[2] besteht nicht. Auch hat das klageabweisende Urteil im Erstprozess nicht zur Folge, dass ein dem zweiten Kläger zustehender materiell-rechtlicher Beseitigungsanspruch aufgrund der Rechtskraft der Erstentscheidung aberkannt worden wäre. Die Rechtskraft einer Entscheidung beschränkt sich auf den ihr zugrunde liegenden Streitgegenstand, weitergehende rechtsgestaltende Wirkungen auf nicht streitgegenständliche Ansprüche Dritter entfaltet sie nicht. Dem beigeladenen Wohnungseigentümer kann daher – soweit es um die ihm zustehenden Ansprüche geht – durch das Urteil im Erstprozess nichts zu- oder aberkannt werden[3].

41 Bedeutung gewinnt die Rechtskraft der im Erstprozess ergangenen Entscheidung bei Leistungsklagen daher allein aufgrund der mit ihr einhergehenden Interventionswirkung gegenüber beiden Hauptparteien. Aufgrund der Interventionswirkung kann der beigeladene Wohnungseigentümer nach § 68 ZPO in einem späteren Rechtsstreit nicht mit der Behauptung gehört werden, dass der Rechtsstreit, wie er im Erstprozess vorgelegen habe, unrichtig entschieden worden sei. Dies gilt im Verhältnis zu beiden Hauptparteien des Vorprozesses. Ob und in welchem Umfang eine erneute Klage, die aufgrund eines geänderten oder neuen Tatsachenvortrags erhoben wird, erfolgreich sein kann, hängt deshalb davon ab, welche Tatsachen der ersten gerichtlichen Entscheidung zugrunde lagen.

42 Entscheidungserheblich ist, ob die Tatsachen, die der zweite Kläger zur Begründung seines Klageanspruchs vorbringt, schon die Entscheidung des Gerichts im ersten Rechtsstreit beeinflusst haben oder hätten beeinflussen können mit der Folge, dass ein zweites Klageverfahren entbehrlich gewesen wäre. Diese auf § 68

---

1 *Habscheid*, Streitgegenstand, S. 234.
2 Hierzu s. BGH v. 16.6.1993 – I ZB 14/91, BGHZ 123, 34 = NJW 1993, 2942 (2943); OLG Brandenburg v. 7.7.1999 – 13 U 61/99, NJW-RR 2000, 1735 (1736); Zöller/*Vollkommer*, ZPO, Rz. 19 vor § 322.
3 *Musielak*, ZPO, § 69 Rz. 7.

Satz 2 ZPO beruhende Einschränkung kann eine Vielzahl von Einzelfragen aufwerfen[1]. Für den in der Gesetzesbegründung erwähnten Beispielsfall der baulichen Veränderung können sich folgende Konstellationen ergeben:

Hat das Gericht die Klage im Erstprozess als **unbegründet** abgewiesen, weil seiner Auffassung nach der Beklagte lediglich eine zulässige Instandhaltungsmaßnahme getroffen, dabei aber das gemeinschaftliche Eigentum nicht baulich verändert habe, ist der zweite Kläger an diese rechtliche Wertung und die ihr zugrunde liegende Tatsachenfeststellung gebunden. Er hätte als beigeladener Wohnungseigentümer ggf. durch ergänzenden Sach- und Rechtsvortrag das Gericht im Erstprozess zu einer anderweitigen rechtlichen Würdigung und Entscheidung bewegen müssen. Seine erneute Klage ist daher als unbegründet abzuweisen. 43

Hat der Kläger des Erstprozesses dagegen seinen Prozess verloren, weil er nach den Feststellungen des Gerichts der baulichen Veränderung gegenüber dem Beklagten zugestimmt und deshalb seinen **Beseitigungsanspruch** verloren habe[2], steht diese Entscheidung der weiteren Klage eines anderen Wohnungseigentümers auf Beseitigung der baulichen Veränderung nicht entgegen. Der Kläger des Zweitprozesses hätte aufgrund der vom Beklagten geltend gemachten anspruchsvernichtenden Einwendung eine anderweitige Entscheidung im Erstprozess nicht herbeiführen können. Liegt eine bauliche Veränderung vor und liegen im Übrigen die Voraussetzungen des § 22 und des § 1004 Abs. 1 BGB vor, ist der Klage im Zweitprozess daher stattzugeben. 44

Gibt das Gericht der **Klage** eines Wohnungseigentümers auf Beseitigung einer baulichen Veränderung **statt**, kann ein beigeladener Wohnungseigentümer den unterlegenen Wohnungseigentümer in einem Folgeprozess nicht mehr erfolgreich auf Unterlassung der Beseitigung mit der Begründung in Anspruch nehmen, der Vorprozess sei unrichtig entschieden worden, weil der Beklagte es versäumt habe, die (anspruchsvernichtende) Zustimmung des ersten Klägers zur Vornahme der baulichen Veränderung vorzutragen. Hierzu wäre der beigeladene Wohnungseigentümer selbst in der Lage gewesen, so dass die Interventionswirkung des § 68 Halbsatz 1 ZPO greift. Die Klage ist als unbegründet abzuweisen. 45

4. Rechtskraft- und Gestaltungswirkung bei Gestaltungsurteilen

Ergeht auf eine begründete Gestaltungsklage ein Gestaltungsurteil, so ist es von jedermann zu beachten. Hierin unterscheidet sich die Wirkung eines Gestaltungsurteils z.B. von der eines Leistungsurteils. Bedeutsam ist diese Wirkung des Gestaltungsurteils für die Anfechtungs- und Nichtigkeitsklage i.S.v. § 46 Abs. 1, die als einheitliche Beschlussmängelklage ebenfalls eine Gestaltungsklage ist (zur Rechtsnatur der Anfechtungs- und Nichtigkeitsklage s. § 46 Rz. 11ff.). Erklärt das Gericht auf die Klage eines Wohnungseigentümers einen Beschluss der Wohnungseigentümer für ungültig, so ist diese Entscheidung von allen Teilnehmern des Rechtsverkehrs zu beachten. Stellen sie diese Gestal- 46

---

1 Zu Umfang und Grenzen der Interventionswirkung s. Zöller/*Vollkommer*, ZPO, § 68 Rz. 8 ff.
2 Vgl. OLG Stuttgart v. 13.3.2001 – 8 W 70/00, ZMR 2001, 732–734.

tungswirkung in Abrede, sind sie auf die Regelung in § 23 Abs. 4 Satz 2 zu verweisen, wonach ein Beschluss ungültig ist, wenn er durch rechtskräftiges Urteil für ungültig erklärt ist.

47 Wird der **Verwalter** des gemeinschaftlichen Eigentums, wie dies § 48 Abs. 1 Satz 2 zwingend vorschreibt, zu dem Rechtsstreit über die Gültigkeit eines Beschlusses beigeladen, so bindet die Rechtskraft der gerichtlichen Entscheidung nach Maßgabe des § 48 Abs. 3 auch ihn. In den Fällen einer rechtsgestaltenden Entscheidung entfaltet das Urteil anders als ein Leistungsurteil daher nicht nur Interventionswirkungen, vielmehr ist der beigeladene Verwalter an die Rechtsgestaltung selbst gebunden. Wurde der Beschluss daher rechtskräftig für ungültig erklärt, ist eine Klage des Verwalters mit dem Ziel, die Gültigkeit des Beschlusses im Verhältnis der Wohnungseigentümer positiv festzustellen, unbegründet, da schon § 23 Abs. 4 Satz 2 seine Ungültigkeit ausdrücklich anordnet.

48 Wird eine Anfechtungs- und Nichtigkeitsklage demgegenüber als unbegründet abgewiesen, kann eine erneute Klage des Verwalters auf Feststellung der Nichtigkeit des Beschlusses wegen der in § 48 Abs. 4 angeordneten Präklusion ebenfalls keinen Erfolg haben. Eine erneute Klage des Verwalters auf Feststellung der Nichtigkeit eines Beschlusses wäre, wenn nicht schon unzulässig, jedenfalls unbegründet.

III. Die Rechtskraftwirkung der gerichtlichen Entscheidung im Beschlussmängelprozess (§ 48 Abs. 4)

49 Die Bestimmung in § 48 Abs. 4 hat lediglich klarstellenden Charakter und ergänzt die in § 46 Abs. 2 normierte Pflicht des Gerichts, die Parteien eines Beschlussmängelprozesses auf etwaige Nichtigkeitsgründe hinzuweisen. Sie trägt dem Umstand Rechnung, dass der Streitgegenstand der Anfechtungs- und Nichtigkeitsklage identisch ist[1]. Als einheitliche Beschlussmängelklage zielt sie unabhängig vom verfahrensleitenden Klageantrag auf die rechtsverbindliche Klärung der Gültigkeit eines Beschlusses im Verhältnis zu den beklagten Wohnungseigentümern und zum beigeladenen Verwalter ab[2]. Wegen der Identität des Streitgegenstandes ist das Gericht nicht an die vom Kläger vorgenommene rechtliche Einordnung eines Beschlussmangels als Anfechtungs- oder Nichtigkeitsgrund gebunden. Es hat selbständig zu prüfen, ob der gerügte Mangel einen Nichtigkeitsgrund darstellt, unabhängig davon, ob die Klägerseite die Gründe unter dem Gesichtspunkt der Nichtigkeit oder der Anfechtbarkeit vorgetragen hat[3]. Grundlage dieser Prüfung ist der gesamte, vom Kläger vorgetragene Sachverhalt. Dies gilt insbesondere in solchen Fällen, in denen keine rechtzeitige Anfechtungsklage erhoben und die Anfechtungsfrist versäumt wurde.

---

1 BGH v. 2.10.2003, V ZB 34/03, BGHZ 156, 279 = NJW 2003, 3550; OLG Zweibrücken v. 1.10.2004, 3 W 179/04, ZMR 2005, 407; BayObLG v. 31.1.1980 – (2. ZS) BReg. 2Z 24/79, BayObLGZ 1980, 29 (36); s. zum Ganzen auch § 46 Rz. 11 ff.
2 BGH v. 2.10.2003, V ZB 34/03, BGHZ 156, 279 = NJW 2003, 3550.
3 BGH v. 1.3.1999 – II ZR 305/97, NJW 1999, 1638.

Aufgrund der Identität des Streitgegenstandes ist es ferner allgemein anerkannt, 50
dass sich die Rechtskraft eines Urteils, durch das eine Anfechtungsklage als unbegründet abgewiesen wird, auch auf etwaige Nichtigkeitsgründe erstreckt. Dies gilt unabhängig davon, ob sie in den Rechtsstreit eingeführt wurden oder nicht. Der angefochtene Beschluss ist nach Abweisung einer Anfechtungsklage sowohl in Bezug auf Anfechtungsgründe als auch auf Nichtigkeitsgründe als rechtswirksam zu erachten[1]. Diese Wirkung trägt dem Gedanken des **Rechtsfriedens** innerhalb einer Wohnungseigentümergemeinschaft Rechnung, der gestört würde, wenn nach Abschluss eines – möglicherweise langwierigen – Verfahrens über die Frage der Ungültigerklärung eines Eigentümerbeschlusses in einem weiteren Klageverfahren erneut – diesmal unter Berufung auf Nichtigkeitsgründe – gestritten werden könnte.

§ 48 Abs. 4 findet unabhängig davon Anwendung, ob die Abweisung der Anfech- 51
tungsklage durch streitiges Urteil oder durch Versäumnisurteil erfolgt[2]. Unerheblich ist auch, ob das Gericht die Anfechtungsklage wegen eines unzureichenden Sachvortrags oder deshalb abweist, weil die Anfechtungsfrist des § 46 Abs. 1 nicht gewahrt ist[3]. Weil das Gericht auch im Falle der Versäumung der Anfechtungsfrist vor Erlass einer Sachentscheidung nach § 46 Abs. 2 prüfen muss, ob der angefochtene Beschluss unter Nichtigkeitsgründen leidet (s. § 46 Rz. 105), besteht für eine teleologische Reduktion kein Bedürfnis. Entsprechendes gilt für die Klageabweisung durch Versäumnisurteil. Das Gericht hat unabhängig von der Säumnis des Klägers im Termin die Verfahrensbeteiligten auf das Vorliegen von Nichtigkeitsgründen hinzuweisen. Es ist dann Sache der Beklagten, sich ggf. dem Klageantrag des Klägers durch Erhebung einer eigenständigen Anfechtungs- und Nichtigkeitsklage anzuschließen.

Der Anwendungsbereich des § 48 Abs. 4 beschränkt sich – ebenso wie der An- 52
wendungsbereich des § 46 Abs. 2 – nicht nur auf Nichtigkeitsgründe, sondern auch auf solche Tatsachen, die bereits den rechtsgeschäftlichen Entstehungstatbestand des Beschlusses betreffen. Erhebt der Kläger eine Anfechtungsklage gegen einen Beschluss, bei dem die für das Entstehen eines Eigentümerbeschlusses erforderliche Feststellung und Verkündung des Beschlussergebnisses unterblieben ist, kann das Gericht seine Ungültigerklärung nach einem entsprechenden Hinweis sowohl auf diesen Umstand als auch auf die übrigen vorgetragenen Anfechtungsgründe stützen[4]. Weist das Gericht die Klage auf Ungültigerklärung eines Beschlusses als unbegründet ab, kann die nach Eintritt der Rechtskraft erhobene Klage eines Wohnungseigentümers oder des Verwalters auf Feststellung, dass ein wirksamer Beschluss wegen seiner unterbliebenen Feststellung und Verkündung nicht zustande gekommen sei, keinen Erfolg haben. Die Rechtskraft des Urteils verhindert, dass eine erneute und gegenteilige Entscheidung über die Gültigkeit eines Versammlungsbeschlusses ergehen kann.

§ 48 Abs. 4 findet ferner in den Fällen der positiven Beschlussfeststellungsklage 53
entsprechende Anwendung. Erklärt das Gericht auf Antrag den vom Versamm-

---

1 BayObLG v. 31.1.1980 – (2. ZS) BReg. 2Z 24/79, BayObLGZ 1980, 29 (36).
2 A.A. *Hügel/Elzer*, Das neue WEG-Recht, § 13 Rz. 163.
3 A.A. BayObLG v. 19.2.2004 – 2Z BR 262/03, ZMR 2004, 604.
4 Ähnlich OLG München v. 15.11.2006 – 34 Wx 97/06, ZMR 2007, 221 (223).

lungsleiter festgestellten und verkündeten Beschluss wegen der fehlerhaften Ermittlung des Abstimmungsergebnisses für ungültig und stellt es das zutreffende Abstimmergebnis fest, ist es den Wohnungseigentümern nach Eintritt der formellen Rechtskraft nicht mehr möglich, den durch Feststellungsurteil in Geltung gesetzten Beschluss mit Anfechtungs- oder Nichtigkeitsgründen zu bekämpfen (s. auch § 46 Rz. 140 ff.).

§ 49
Kostenentscheidung

(1) Wird gemäß § 21 Abs. 8 nach billigem Ermessen entschieden, so können auch die Prozesskosten nach billigem Ermessen verteilt werden.

(2) Dem Verwalter können Prozesskosten auferlegt werden, soweit die Tätigkeit des Gerichts durch ihn veranlasst wurde und ihn ein grobes Verschulden trifft, auch wenn er nicht Partei des Rechtsstreits ist.

Inhaltsübersicht

	Rz.		Rz.
I. Die Kostenregelungen in § 49 Abs. 1 und 2	1	b) Die Kostentragungspflicht des als Partei am Rechtsstreit beteiligten Verwalters	18
1. Überblick über die gesetzliche Regelung	1	c) Die Kostentragungspflicht des nicht als Partei am Rechtsstreit beteiligten Verwalters	20
2. Zur Kritik an der gesetzlichen Neuregelung	3		
II. Die Kostenentscheidung nach § 49 Abs. 1	4	3. Die Veranlassung der gerichtlichen Tätigkeit durch den Verwalter	21
1. Der Regelungsgehalt und die Funktion des § 49 Abs. 1	4	4. Das grobe Verschulden des Verwalters	24
2. Der Anwendungsbereich der Vorschrift	5	5. § 49 Abs. 2 als Ermessensvorschrift	28
3. Die Kostenentscheidung nach billigem Ermessen	9	6. Das Verhältnis des § 49 Abs. 2 zu materiell-rechtlichen Schadensersatzansprüchen gegen den Verwalter	30
III. Die Kostenentscheidung nach § 49 Abs. 2	13	7. Kostenentscheidung nach § 49 Abs. 2 und rechtliches Gehör	34
1. Überblick über den Regelungsgehalt und die Funktion des § 49 Abs. 2	13	IV. Die Rechtsmittel gegen die Kostenentscheidungen nach § 49	36
2. Der Anwendungsbereich der Vorschrift	15		
a) Überblick	15		

Schrifttum: *Gottschalg*, Die Haftung von Verwalter und Beirat in der Wohnungseigentümergemeinschaft, 2. Aufl. 2005; *Schmidt*, Angemessene Kostenentscheidung in Wohnungseigentumssachen nach § 47 WEG, ZMR 2004, 316.

I. Die Kostenregelungen in § 49 Abs. 1 und 2

1. Überblick über die gesetzliche Regelung

Die Erledigung der vormals im Verfahren der freiwilligen Gerichtsbarkeit behandelten „Wohnungseigentumssachen" nach den Vorschriften der Zivilprozessordnung hat zur Folge, dass sich die Kostentragungspflicht der prozessbeteiligten Parteien künftig nach §§ 91 ff. ZPO richtet. Die Kosten eines Rechtsstreits sind somit im Grundsatz von der unterlegenen Partei zu tragen, wobei die Kostentragungspflicht nicht nur die Gerichtskosten erfasst, sondern nach der ausdrücklichen Anordnung in § 91 Abs. 1 Satz 1 ZPO auch die **außergerichtlichen Kosten** der obsiegenden Partei, soweit sie zur zweckentsprechenden Rechtsverfolgung oder Rechtsverteidigung notwendig waren. Die zum Verfahrensrecht der freiwilligen Gerichtsbarkeit entwickelte gerichtliche Praxis, eine Erstattung außergerichtlicher Kosten nur in Ausnahmefällen und nur bei Vorliegen besonderer Umstände anzuordnen[1], ist nach Aufhebung des § 47 WEG folglich nicht mehr fortzusetzen. Allerdings ist die Erstattungsfähigkeit der außergerichtlichen Kosten und ihre Berücksichtigung im Kostenfestsetzungsverfahren durch die Regelung in § 50 WEG insoweit eingeschränkt, als in den dort genannten Fällen der Kostenerstattungsanspruch der Höhe nach begrenzt ist.

1

Der Gesetzgeber hat davon abgesehen, die Kostenentscheidung in den von § 43 Nr. 1–6 erfassten Streitigkeiten generell in das **billige Ermessen** des erkennenden Gerichts zu stellen. Stattdessen wurden mit der Regelung in § 49 Abs. 1 und 2 den bereits bestehenden Ausnahmetatbeständen in § 91a ZPO und § 269 Abs. 3 Satz 3 ZPO zwei weitere Ausnahmetatbestände hinzugefügt. Während die Ermessensentscheidung in den Fällen des § 91a Abs. 1 ZPO und § 269 Abs. 3 Satz 3 ZPO allerdings eine prozessuale Folge von bestimmten Prozesshandlungen der Parteien ist und darauf beruht, dass der Rechtsstreit seine Erledigung ohne ein verfahrensbeendendes Sachurteil des Gerichts gefunden hat, knüpft § 49 Abs. 1 ZPO an den Inhalt eines gerichtlichen Sachurteils an. Weil das Gericht nach § 21 Abs. 8 anstelle der Wohnungseigentümer eine erforderliche Verwaltungsmaßnahme nach billigem Ermessen treffen kann, soll das Gericht auch über die Kosten des Rechtsstreits nach billigem Ermessen entscheiden. Für die Anwendung des § 49 Abs. 2 ist es dagegen unerheblich, auf welche Weise der Rechtsstreit seine Erledigung findet. Dem Verwalter können nach dieser Vorschrift Kosten unabhängig davon auferlegt werden, ob der Rechtsstreit durch ein streitiges Sachurteil, durch ein Versäumnis- oder Anerkenntnisurteil oder durch Klagerücknahme oder auf andere Weise erledigt wird. Die Besonderheit des § 49 Abs. 2 besteht gegenüber den übrigen kostenrechtlichen Bestimmungen der ZPO allerdings darin, dass die Auferlegung von Kosten kein Prozessrechtsverhältnis im Verhältnis zum Verwalter voraussetzt (hierzu s. § 49 Rz. 13).

2

---

1 BGH v. 2.6.2005 – V ZB 32/05, BGHZ = NJW 2005, 2061 (2069); OLG Köln v. 7.5.1999 – 16 Wx 131/98, NZM 1999, 855; BayObLG v. 14.11.2002 – 2Z BR 116/02, NJW-RR 2003, 518; KG v. 14.4.2003 – 24 W 286/02, FGPrax 2003, 206.

2. Zur Kritik an der gesetzlichen Neuregelung

3   Die gesetzliche Neuregelung in § 49 ist wegen zahlreicher **Abgrenzungsprobleme** kompliziert und nicht zuletzt aus diesem Grund unbefriedigend. Nahe liegender und für die Handhabung in der gerichtlichen Praxis einfacher wäre es, wenn der Gesetzgeber die Kostenentscheidungen in den von § 43 Nr. 1–4 erfassten Streitigkeiten generell in das billige Ermessen des Gerichts stellen würde. Gerade in solchen Rechtsstreitigkeiten, in denen sich abweichend vom klassischen Modell des Zivilprozesses nicht zwei Parteien gegenüberstehen, sondern – wie in den Beschlussmängelverfahren – eine Vielzahl von Personen beteiligt sind, würde eine nach billigem Ermessen zu treffende Kostenentscheidung ebenfalls zu sachgerechten und im Einzelfall sogar zu angemesseneren Ergebnissen führen. Soweit Kostenentscheidungen im Zivilprozess nach billigem Ermessen zu treffen sind, entspricht es nämlich bereits gängiger gerichtlicher Praxis, der voraussichtlich unterlegenen Partei die Kosten des Rechtsstreits aufzuerlegen, sofern nicht nach allgemeinen kostenrechtlichen Bestimmungen der ZPO (§§ 91–97, 100, 101, 238 Abs. 4, 281 Abs. 3 Satz 2, 344 ZPO), insbesondere nach dem Rechtsgedanken des § 93 ZPO, eine anderweitige Kostenentscheidung geboten ist[1]. Dieser Rechtsgedanke wäre auch zu berücksichtigen, wenn ein Rechtsstreit durch Urteil erledigt wird und im Anschluss daran über die Kosten des Rechtsstreits nach billigem Ermessen zu entscheiden ist. Billigem Ermessen würde es regelmäßig entsprechen, der unterlegenen Partei die Kosten des Rechtsstreits aufzuerlegen. Eine solche Kostenentscheidung würde auch ohne weiteres die Erstattung außergerichtlicher Kosten ermöglichen, denn die Kostentragungspflicht beschränkt sich im Zivilprozess (anders als im Anwendungsbereich des § 47 a.F.) nicht nur auf die Gerichtskosten, sondern – sofern Gegenteiliges nicht ausdrücklich angeordnet wird – auch auf die außergerichtlichen Kosten des Rechtsstreits. Schließlich könnten bei einer nach billigem Ermessen zu treffenden Kostenentscheidung auch etwaige materiell-rechtliche Kostenerstattungsansprüche Berücksichtigung finden; die komplizierte und auf Fälle von grobem Verschulden beschränkte Haftungsregelung in § 49 Abs. 2 wäre obsolet, dem Gedanken der Prozessökonomie könnte durch umfassende Berücksichtigung materiell-rechtlicher Kostenerstattungsansprüche in weit größerem Maße als mit der Gesetz gewordenen Neuregelung Rechnung getragen werden.

II. Die Kostenentscheidung nach § 49 Abs. 1

1. Der Regelungsgehalt und die Funktion des § 49 Abs. 1

4   Nach § 49 Abs. 1 hat das Gericht abweichend von dem sog. Veranlassungsprinzip, das dem Kostenrecht des Zivilprozesses zugrunde liegt[2], über die Kosten des Rechtsstreits in den Fällen nach billigem Ermessen zu entscheiden, in denen es gem. § 21 Abs. 8 WEG eine Sachentscheidung nach billigem Ermessen trifft. Der Gesetzgeber meint mit dieser Kostenregelung dem Umstand Rechnung tragen zu müssen, dass sich in den Fällen einer solchen gerichtlichen Ermessensentscheidung kaum feststellen lasse, welche Partei in welchem Verhältnis ob-

---

1 Vgl. BGH v. 22.11.2001 – VII ZR 405/00, NJW 2002, 680.
2 *Bork* in Staudinger, vor § 91 ZPO Rz. 6.

siegt habe bzw. unterlegen sei[1]. Unter dieser Prämisse ist die Neuregelung aber weder zwingend noch schlüssig begründet. Schon ihre Notwendigkeit ist in Abrede zu stellen, denn auch in anderen Fällen trifft das Gericht im Zivilprozess eine Entscheidung nach billigem Ermessen, ohne dass zugleich die Kostenentscheidung unter solchen Ermessensgesichtspunkten getroffen werden müsste. Dies gilt nicht nur für die Fälle des § 315 BGB, sondern auch für Entscheidungen des Gerichts im einstweiligen Verfügungsverfahren und im Anwendungsbereich des § 938 Abs. 1 ZPO. Zudem löst die gesetzliche Regelung das vom Gesetzgeber angenommene Problem nur unzureichend oder jedenfalls unbefriedigend. Wenn nicht feststellbar ist, in welchem Maße die Parteien obsiegt haben bzw. unterlegen sind, fehlt es in der Regel auch an Anknüpfungspunkten für eine nach billigem Ermessen zu treffende Kostenentscheidung. Nahe liegend wäre dann regelmäßig eine Kostenaufhebung (§ 92 Abs. 1 Satz 2 ZPO). Dies wiederum wäre nur in Ausnahmefällen sachgerecht, denn wenn ein Anspruch nach § 21 Abs. 4 auf Vornahme einer Verwaltungsmaßnahme tatsächlich entstanden ist und der Kläger seinen Anspruch wegen der Weigerung der Beklagten nur auf dem Klagewege durchsetzen kann, ist es nicht angemessen, von einer Erstattung der ihm entstandenen Kosten vollständig abzusehen. Sachgerecht ist daher eine die Beklagten stärker belastende Kostenquote, die aber auch – ohne dass es der Neuregelung in § 49 Abs. 1 bedurft hätte – durch Anwendung des § 92 Abs. 1 ZPO und durch Schätzung ohne weiteres zu erreichen wäre.

2. Der Anwendungsbereich der Vorschrift

Die Kostenentscheidung ist gem. § 49 Abs. 1 nach billigem Ermessen zu treffen, wenn gem. § 21 Abs. 8 WEG in der Sache nach billigem Ermessen entschieden wird. Daher findet § 49 Abs. 1 keine Anwendung, wenn der Kläger die Klage zurücknimmt oder die Beklagten die Klageforderung vorbehaltlos anerkennen. Erforderlich ist eine sachliche Prüfung des streitgegenständlichen Anspruchs durch das Gericht. Es muss den von der klagenden Partei verfolgten **Anspruch** aus § 21 Abs. 4 WEG auf Vornahme einer bestimmten Verwaltungsmaßnahme zumindest dem Grunde nach **bejahen**. Daher muss ein von den Wohnungseigentümern bislang unerledigt gebliebener **Regelungsbedarf** im Hinblick auf die Verwaltung des gemeinschaftlichen Eigentums bestehen. Verneint das Gericht demgegenüber schon den vom Kläger angenommenen Regelungsbedarf und weist es aus diesem Grund die auf § 21 Abs. 4 gestützte Klage eines Wohnungseigentümers auf Vornahme einer bestimmten Instandsetzungsmaßnahme (z.B. die malermäßige Instandsetzung des Treppenhauses) als unbegründet ab, ergeht die **Kostenentscheidung nach § 91 ZPO**, nicht aber gem. § 49 Abs. 1 ZPO. Die Frage, ob ein Anspruch aus § 21 Abs. 4 besteht, hat das Gericht durch gründliche Sachprüfung zu klären und unterliegt nicht dem durch § 21 Abs. 8 eröffneten Ermessen.

5

§ 49 Abs. 1 kommt dagegen immer dann zur Anwendung, wenn das Gericht einen Anspruch des Klägers aus § 21 Abs. 4 WEG jedenfalls dem Grunde nach bejaht. Unerheblich ist es demgegenüber, welche Anordnungen das Gericht trifft, um den aufgetretenen Regelungsbedarf angemessen zu lösen. Daher ist es nicht

6

---

1 Siehe die amtliche Begründung des Gesetzentwurfs, BT-Drucks. 16/887 S. 41.

erforderlich, dass das Gericht den vom Kläger beschriebenen Regelungsbedarf überhaupt durch eine konkrete Anordnung abschließend und umfassend befriedigt. Die Kostenentscheidung ist auch in den Fällen nach billigem Ermessen zu treffen, in denen das Gericht zwar den vom Kläger angenommenen Regelungsbedarf bejaht, es aber die vom Kläger zur Lösung beantragte oder vorgeschlagene Maßnahme nicht für „erforderlich" i.S.v. § 21 Abs. 8 hält und die Klage mit der Begründung abgewiesen wird, der klagende Wohnungseigentümer hätte sich vor Einreichung seiner Klage um eine Beschlussfassung der Wohnungseigentümer bemühen und die Angelegenheit zum Gegenstand einer Versammlung der Wohnungseigentümer machen müssen[1] (vgl. auch § 21 Rz. 139). Entsprechendes gilt, wenn das Gericht in dem vorgenannten Beispielsfall ausdrücklich offen lässt, ob der zwischen den Parteien streitige Anspruch überhaupt besteht.

7 Die Kostenentscheidung ist ferner nach billigem Ermessen zu treffen, wenn das Gericht eine vom Kläger beantragte Regelung nicht anordnet und sich stattdessen darauf beschränkt, durch Anordnungen gegenüber den Parteien sicherzustellen, dass die Angelegenheit zum Gegenstand einer Versammlung der Wohnungseigentümer und zum Gegenstand einer Beschlussfassung gemacht wird (vgl. § 21 Rz. 150).

8 § 49 Abs. 1 ist auch in den Fällen der objektiven Klagehäufung zu beachten, also beispielsweise in solchen Fällen, in denen der Kläger seine Klage auf Ungültigerklärung eines Beschlusses nach § 46 mit einem auf § 21 Abs. 4 und 8 gestützten Verpflichtungsantrag verbindet. Die Kostenentscheidung ergeht in solchen Fällen aus einer Kombination der in §§ 91 ff. ZPO enthaltenen Vorschriften (soweit es die Klage über die Gültigkeit des angefochtenen Beschlusses) mit der Kostenregelung des § 49 Abs. 1 (soweit es um die gerichtliche Ermessensentscheidung geht).

3. Die Kostenentscheidung nach billigem Ermessen

9 Soweit das Gericht im Anwendungsbereich des § 49 Abs. 1 eine Kostenentscheidung trifft, entspricht es grundsätzlich billigem Ermessen, demjenigen die Kosten aufzuerlegen, der sie nach allgemeinen kostenrechtlichen Bestimmungen der ZPO zu tragen hätte. Die Kostenentscheidung hat daher grundsätzlich nach Maßgabe der §§ 91–97, 100, 101 ZPO zu erfolgen. Anwendbar sind auch die Regelungen in §§ 238 Abs. 4, 344 und 281 Abs. 3 Satz 2 ZPO. Dies entspricht den Intentionen des Gesetzgebers, der eine gerichtliche Ermessensentscheidung allein deshalb für notwendig hält, weil sich nicht genau feststellen lasse, welche Partei in welchem Verhältnis obsiegt hat bzw. unterlegen ist[2]. Deshalb hat sich das Gericht bei der gerichtlichen Ermessensentscheidung – wie auch in den Fällen der nach § 91a ZPO zu treffenden Kostenentscheidung – in erster Linie an die gesetzlichen Vorgaben und Wertungen der zivilprozessrechtlichen Kostenregelungen zu orientieren[3]. Billigem Ermessen entspricht es daher, die Kosten

---

1 KG v. 3.3.1999 – 24 W 3566/98, ZMR 1999, 509 (510); OLG Hamm v. 19.4.1995 – 15 W 26/95, WE 1996, 33 (39).
2 Siehe die amtliche Begründung des Gesetzentwurfs, BT-Drucks. 16/887, 41.
3 Vgl. für den Anwendungsbereich des § 91a ZPO: BGH v. 22.11.2001 – VII ZR 405/00, NJW 2002, 680.

grundsätzlich der unterlegenen Partei aufzuerlegen, soweit die dem § 93 ZPO zugrunde liegenden Wertungen oder etwaige materiell-rechtliche Erstattungsansprüche nicht ausnahmsweise eine andere Kostenentscheidung rechtfertigen[1]. In den Fällen der **Nebenintervention** ist darüber hinaus § 101 ZPO zu beachten und in der Regel anzuwenden.

Einen weitergehenden Ermessensspielraum verschafft § 49 Abs. 1 dem Gericht – entsprechend der Regelungsabsicht des Gesetzgebers – hingegen bei der **Quotelung der Kosten** im Verhältnis der Prozessbeteiligten. Hier kann das Gericht, wenn es nicht dem Antrag des Klägers auf Bestimmung einer bestimmten Verwaltungsmaßnahme im vollen Umfang stattgibt, in entsprechender Anwendung des § 92 Abs. 1 ZPO die Kosten verhältnismäßig teilen, wobei das Verhältnis im Zweifel unter Berücksichtigung der vom Kläger verfolgten Rechtsschutzziele zu schätzen ist. Dabei sind jeweils die konkreten Umstände des Einzelfalls zu berücksichtigen: 10

Gibt das Gericht dem Klageantrag des Klägers statt, entspricht es in der Regel billigem Ermessen, den Beklagten die Kosten des Rechtsstreits in vollem Umfang aufzuerlegen, insbesondere dann, wenn das Gericht die vom Kläger für erforderlich gehaltene Maßnahme anordnet und der Kläger die mit der Klage angestrebten Ziele in vollem Umfang erreicht. Für eine Quotelung besteht in solchen Fällen kein Bedürfnis. Dies gilt auch, wenn der Kläger mit seiner Klage von vornherein nur das Ziel verfolgt hat, das Gericht möge die Behandlung der Angelegenheit in einer Versammlung der Wohnungseigentümer überhaupt erst ermöglichen. 11

Demgegenüber kann eine Kostenquotelung in den Fällen gerechtfertigt sein, in denen das Gericht zwar den vom Kläger angenommenen Regelungsbedarf bejaht, es aber hinter einer vom Kläger angeregten Anordnung zurückbleibt und es beispielsweise den verklagten Wohnungseigentümern lediglich aufgibt, über die geeignete Maßnahme zunächst in einer Versammlung selbst zu entscheiden, statt selbst eine Instandsetzungsmaßnahme anzuordnen (s. § 21 Rz. 150). In einem solchen Fall kann sogar eine Kostenaufhebung gerechtfertigt sein. Verneint das Gericht dagegen die Notwendigkeit einer gerichtlichen Ermessensentscheidung, weil der klagende Wohnungseigentümer sich vor Einreichung seiner Klage nicht um eine Beschlussfassung der Wohnungseigentümer bemüht und er die Angelegenheit vor Klageerhebung zum Gegenstand einer Versammlung der Wohnungseigentümer hätte machen müssen[2], entspricht es in der Regel billigem Ermessen, dem Kläger die gesamten Kosten des Rechtsstreits aufzuerlegen, da in einem solchen Fall kein nachvollziehbarer Grund für die Klageerhebung bestand. 12

---

1 BGH v. 22.11.2001 – VII ZR 405/00, NJW 2002, 680.
2 Vgl. KG v. 3.3.1999 – 24 W 3566/98, ZMR 1999, 509 (510); OLG Hamm v. 19.4.1995 – 15 W 26/95, WE 1996, 33 (39).

III. Die Kostenentscheidung nach § 49 Abs. 2

1. Überblick über den Regelungsgehalt und die Funktion des § 49 Abs. 2

13 Die Vorschrift ermöglicht es, den Verwalter des gemeinschaftlichen Eigentums ganz oder teilweise an den entstandenen Prozesskosten zu beteiligen, wenn die §§ 91 ff. ZPO hierfür keine Handhabe bieten, insbesondere in den Fällen, in denen er an dem Rechtsstreit weder als Partei noch als Streithelfer beteiligt ist. Die Beteiligung des Verwalters an den Prozesskosten hängt somit nicht vom Bestehen eines Prozessrechtsverhältnisses zwischen ihm und den übrigen Parteien des Rechtsstreits ab. Die gegenteilige Rechtsprechung[1], die ein solches Prozessrechtsverhältnis bislang als unabdingbare Voraussetzung für eine Auferlegung von Prozesskosten ansah, ist durch die Neuregelung somit obsolet geworden.

14 § 49 Abs. 2 eröffnet dem Gericht die Möglichkeit, im Rahmen einer Ermessensentscheidung etwaige den Wohnungseigentümern gegen den Verwalter zustehende materiell-rechtliche **Schadensersatzansprüche** bei der gerichtlichen Kostenentscheidung zu berücksichtigen. Das Gesetz knüpft damit an die zu § 47 (a.F.) entwickelte gerichtliche Praxis an, dem Verwalter die Verfahrenskosten aufzuerlegen, wenn er deren Anfall wegen Verletzung seiner Vertragspflichten gem. §§ 675, 276 BGB zu vertreten hat und er deswegen nach materiellem Recht kostenerstattungspflichtig wäre[2]. Die gesetzliche Neuregelung soll die Fortsetzung dieser gerichtlichen Praxis ermöglichen und vermeiden helfen, dass die Wohnungseigentümer einen etwaigen materiell-rechtlichen Schadensersatzanspruch gegen den Verwalter in einem gesonderten Schadensersatzprozess durchsetzen müssen. Allerdings hat der Gesetzgeber die Kostentragungspflicht des Verwalters auf die Fälle begrenzt, in denen die Kosten durch ein grob fahrlässiges Verhalten des Verwalters veranlasst worden sind. Diese Haftungsbeschränkung soll dem Umstand Rechnung tragen, dass dem Verwalter künftig auch dann Verfahrenskosten auferlegt werden können, wenn er **nicht als Partei** an dem Rechtsstreit beteiligt ist. Insoweit orientiert sich der Entwurf an der Regelung in § 13a Abs. 2 Satz 1 FGG[3].

2. Der Anwendungsbereich der Vorschrift

a) Überblick

15 Sollen dem „*Verwalter*" nach § 49 Abs. 2 ganz oder zum Teil Prozesskosten auferlegt werden, ist es unerheblich, ob er zum Zeitpunkt der Klageerhebung überhaupt wirksam bestellt ist und ob das Bestellungsverhältnis noch fortbesteht oder die Bestellungszeit zwischenzeitlich abgelaufen ist. Die Vorschrift ist, ebenso wie § 43 Nr. 3, sachbezogen auszulegen. Maßgeblich ist, ob die Person, der nach § 49 Abs. 2 Kosten auferlegt werden sollen, als Verwalter funktionell tätig geworden ist und ob durch Pflichtverletzungen im funktionellen Zusammenhang mit der Verwaltung des gemeinschaftlichen Eigentums eine Tätigkeit des Gerichts durch ihn veranlasst worden ist. Daher können auch einem **fak-**

---

1 KG v. 16.1.2006 – 24 W 50/05, NZM 2006, 264 = NJW 2006, 1529.
2 BGH v. 9.10.1997 – V ZB 3/97, MDR 1998, 29 (39) = NJW 1998, 755 (766).
3 Vgl. die amtliche Begründung, BT-Drucks. 16/887 S. 41.

tischen oder einem zwischenzeitlich aus dem Amt **ausgeschiedenen Verwalter** Prozesskosten auferlegt werden, sofern die Prozessführung durch von ihm zu vertretende Pflichtverletzungen veranlasst wurde[1].

§ 49 Abs. 2 ZPO ist grundsätzlich in allen Verfahren der ZPO, also insbesondere auch in Zwangsvollstreckungsverfahren, anzuwenden und zu beachten. Für eine Beschränkung seines Anwendungsbereichs auf die unter § 43 Nr. 1–4 fallenden Verfahren gibt es weder eine Notwendigkeit noch würde eine solche Begrenzung dem erkennbaren Willen des Gesetzgebers entsprechen. Allerdings wird das Gericht in anderen als den vorgenannten Verfahren regelmäßig aus prozessökonomischen Gründen von der Anwendung des § 49 Abs. 2 absehen (hierzu sogleich § 49 Rz. 28). 16

Voraussetzung für die Kostenbeteiligung des Verwalters ist, dass die Prozesskosten durch Verletzung der ihm bei der Verwaltung des gemeinschaftlichen Eigentums obliegenden Pflichten veranlasst worden sind. Diese Beschränkung ergibt sich zwar nicht aus dem Wortlaut des Gesetzes, entspricht aber den Regelungszwecken des Gesetzes und der gesetzessystematischen Stellung der Vorschrift. § 49 Abs. 2 findet deshalb keine Anwendung, sofern der Verwalter lediglich gesondert übernommene Pflichten im Zusammenhang mit der Verwaltung des Sondereigentums verletzt. Missachtet ein Verwalter beispielsweise bei der Vermietung von Geschäftsräumen eine im Mietvertrag mit einem anderen Mieter vereinbarte Konkurrenzschutzklausel und wird der vermietende Eigentümer daraufhin in einen Rechtsstreit verwickelt[2], findet § 49 Abs. 2 keine Anwendung. Entsprechendes gilt, wenn ein Verwalter die Wohnungseigentümer oder die Gemeinschaft zugleich als Rechtsanwalt vertritt. Ansprüche, die allein und ausschließlich auf der Verletzung dieses Geschäftsbesorgungsvertrages beruhen, bleiben bei der Kostenentscheidung nach § 49 Abs. 2 unberücksichtigt. 17

b) Die Kostentragungspflicht des als Partei am Rechtsstreit beteiligten Verwalters

§ 49 Abs. 2 findet unabhängig davon Anwendung, ob der Verwalter selbst als Partei an einem Rechtsstreit beteiligt ist. Allerdings ändert § 49 Abs. 2 – trotz seines missverständlichen Wortlauts – die bestehenden kostenrechtlichen Bestimmungen in §§ 91 ff. ZPO nicht ab, sondern ergänzt sie lediglich um einen weiteren selbständigen Kostentatbestand. Die Vorschrift soll es dem Gericht ermöglichen, dem Verwalter auch dann Prozesskosten aufzuerlegen, wenn die §§ 91 ff. ZPO hierfür keine Handhabe bieten[3]. Ist der Verwalter daher selbst Partei des Rechtsstreits, sind die zivilprozessrechtlichen Kostenregelungen vorrangig zu beachten und anzuwenden. Dem Verwalter sind somit nach § 91 Abs. 1 Satz 1 ZPO die Kosten des Rechtsstreits aufzuerlegen, wenn er in einem Rechtsstreit, in dem er beispielsweise auf Herausgabe von Verwaltungsunterlagen oder auf Einberufung einer Eigentümerversammlung in Anspruch genommen wird, als Partei unterlegen ist. § 49 Abs. 2 bewirkt **keine Privilegierung** des Verwalters in der Weise, dass auch in den vorgenannten Fällen die Kostentragungspflicht 18

---
1 BGH v. 9.10.1997 – V ZB 3/97, MDR 1998, 29 (39) = NJW 1998, 755 (766).
2 Vgl. OLG Koblenz v. 11.5.2006 – 5 U 1805/05, NZM 2006, 629 f.
3 Vgl. die amtliche Begründung des Gesetzentwurfs, BT-Drucks. 16/887 S. 41.

auf die Fälle groben Verschuldens beschränkt wäre. Eine solche Auslegung wäre nicht nur mit dem gesetzgeberischen Willen, sondern auch mit dem Gleichheitsgrundsatz und Art. 3 Abs. 1 GG unvereinbar, denn es ist kein sachlicher Grund ersichtlich, den in eigenem Namen verklagten oder klagenden Verwalter gegenüber der gegnerischen Partei zu privilegieren und den prozessrechtlichen Kostenerstattungsanspruch zum Nachteil der gegnerischen Partei auf Fälle grob fahrlässigen Verhaltens zu beschränken.

19 Das Gericht darf im Anwendungsbereich des § 49 Abs. 2 daher lediglich zum Nachteil des Verwalters, nicht aber zu seinem Vorteil von den kostenrechtlichen Bestimmungen der ZPO abweichen. Sind die Prozesskosten nach den Bestimmungen der ZPO nicht dem Verwalter, sondern der gegnerischen Partei aufzuerlegen, kann unter Heranziehung des § 49 Abs. 2 in Ausnahmefällen eine Korrektur dieses Ergebnisses erfolgen, nämlich dann, wenn der Verwalter in dem Rechtsstreit als Partei zwar formell obsiegt hat, er aber aus materiell-rechtlichen Gründen der unterlegenen Partei gegenüber zum Schadensersatz und zur Erstattung wenigstens eines Teils der entstandenen Prozesskosten verpflichtet ist. Solche Fälle werden indes praktisch kaum relevant werden. Eine solche Konstellation wäre gegeben, wenn der Verwalter unter Verkennung seiner Passivlegitimation gemeinsam mit einzelnen oder mehreren Wohnungseigentümern verklagt wird, beispielsweise eine Anfechtungs- und Nichtigkeitsklage unter Missachtung der Bestimmungen in §§ 46 Abs. 1 und 48 Abs. 1 Satz 2 auch gegen den Verwalter erhoben wird.

c) Die Kostentragungspflicht des nicht als Partei am Rechtsstreit beteiligten Verwalters

20 Die Kostenregelung des § 49 Abs. 2 entfaltet vor allem praktische Relevanz in den Fällen, in denen der Verwalter selbst nicht Partei des Rechtsstreits ist, in denen es aber unter materiell-rechtlichen Gesichtspunkten gerechtfertigt sein kann, ihn an den Kosten des Rechtsstreits zu beteiligen. § 49 Abs. 2 kommt allerdings nur zur Anwendung, sofern dem Verwalter nicht bereits aufgrund anderer zivilprozessrechtlicher Bestimmungen Kosten aufzuerlegen sind. Ist der Verwalter beispielsweise als Streithelfer an einem Rechtsstreit beteiligt, hat er nach § 101 Abs. 1, 2. Halbsatz ZPO die Kosten seiner Nebenintervention zu tragen, falls er mit der von ihm unterstützten Hauptpartei unterliegt. Auf ein grobes Verschulden kommt es nicht an, weil § 49 Abs. 2 die bestehenden Kostenregelungen nicht überlagert, sondern lediglich ergänzt. Entsprechendes gilt, wenn der Verwalter als Zeuge zu einem Termin geladen ist und er zum Beweistermin trotz ordnungsgemäßer Ladung nicht erscheint. Ihm sind nach § 380 Abs. 1 Satz 1 ZPO die durch sein Ausbleiben verursachten Kosten aufzuerlegen, ohne dass sein Ausbleiben auf grobem Verschulden beruhen müsste.

3. Die Veranlassung der gerichtlichen Tätigkeit durch den Verwalter

21 Voraussetzung für eine Beteiligung des Verwalters an den Prozesskosten ist nach § 49 Abs. 2, dass die gerichtliche Tätigkeit durch den Verwalter veranlasst wurde. Hierfür genügt jedes Tun oder Unterlassen des Verwalters, das für einen späteren Rechtsstreit ursächlich ist. Dabei kann die (kostenpflichtige) gerichtliche Tätigkeit sowohl auf ein außergerichtliches als auch auf ein Verhalten des

Verwalters während eines bereits anhängigen Rechtsstreits beruhen. Erforderlich ist aber in jedem Fall eine Pflichtverletzung des Verwalters[1]. Es müssen Leistungs- oder Verhaltenspflichten verletzt werden, die der Verwalter ihm Rahmen der Verwaltung des gemeinschaftlichen Eigentums schuldet.

Veranlassung zur Klageerhebung gibt ein Verwalter, wenn er die aufgrund des Verwaltervertrages gegenüber den Wohnungseigentümern – jedenfalls nach den Grundsätzen des Vertrages zugunsten Dritter – geschuldeten Leistungspflichten[2] nicht ordnungsgemäß erfüllt, er z.B. eine Eigentümerversammlung fehlerhaft oder unzureichend vorbereitet[3] und hierdurch die Anfechtung der in der Versammlung gefassten Beschlüsse verursacht. Entsprechendes gilt, wenn er Jahresabrechnungen fehlerhaft erstellt[4], die zur Abstimmung gestellten Beschlussanträge ungenau und inhaltlich unbestimmt vorformuliert oder einzelne Eigentümer bewusst nicht zur Versammlung lädt[5]. Kostenrechtlich können aber auch Fehler des Verwalters bei der Leitung oder Nachbereitung einer Eigentümerversammlung relevant werden, so wenn er einen Wohnungseigentümer zu Unrecht von einer Versammlung ausschließt und etwaige Teilnahme- und Stimmrechte nicht ordnungsgemäß prüft[6], die **Beschlussgegenstände fehlerhaft protokolliert**[7], er als Versammlungsleiter das **Abstimmungsergebnis fehlerhaft feststellt** und verkündet[8] oder er seiner Verpflichtung zur rechtzeitigen Vorlage des Versammlungsprotokolls nicht nachkommt[9]. Veranlassung zur gerichtlichen Tätigkeit gibt der Verwalter, wenn er einem Wohnungseigentümer ohne Ermächtigung der übrigen Wohnungseigentümer an deren Stelle das **Einverständnis mit einer baulichen Veränderung** einer Eigentumswohnung erteilt und der verklagte Wohnungseigentümer zum Rückbau verurteilt wird[10]. Prozesskosten können einem Verwalter ferner nach § 49 Abs. 2 auferlegt werden, wenn er auf Klage eines Wohnungseigentümers hin wegen zahlreicher Pflichtverletzungen **aus wichtigem Grund abberufen** wird[11]. 22

Im Anwendungsbereich des § 49 Abs. 2 ist es auch möglich, dem Verwalter Prozesskosten ganz oder zum Teil aufzuerlegen, wenn er als Vertreter einzelner Wohnungseigentümer oder der Gemeinschaft gerichtliche Prozesse führt und dabei die ihm obliegenden Pflichten verletzt. Eine solche Kostenentscheidung kommt in Betracht, wenn der Verwalter **Beitragsrückstände** für die Wohnungseigentümergemeinschaft geltend macht, ohne hierzu nach Maßgabe des § 27 23

---

1 Zu den vorstellbaren Pflichtverletzungen des Verwalters s. *Gottschalg*, Rz. 80 ff.
2 Zur Haftung des Verwalters gegenüber den Wohnungseigentümern aufgrund des Verwaltervertrages vgl. OLG München v. 14.9.2006 – 34 Wx 49/06, NZM 2006, 934 f.
3 OLG Oldenburg v. 21.9.2005 – 5 W 67/05, ZMR 2006, 72; AG Neubrandenburg v. 25.8.2005 – II WEG 2/05, ZMR 2006, 162 f (überraschende und nicht angekündigte Beschlussvorlage des Verwalters).
4 OLG Köln v. 24.8.2005 – 16 Wx 80/05, NZM 2006, 66 (67); AG Donaueschingen v. 15.8.2002 – 25 UR II 3/02. WEG (nicht veröffentlicht).
5 OLG Köln v. 17.12.2004 – 16 Wx 191/04, NJW 2005, 908.
6 LG Düsseldorf v. 31.8.2004 – 25 T 885/03, ZMR 2005, 231.
7 AG Hamburg v. 30.10.2002 – 102c II 205/02, ZMR 2003, 143.
8 Siehe hierzu *Gottschalg*, Rz. 122 und 126.
9 BayObLG v. 11.4.1990 – BReg. 2Z 35/90, WuM 1990, 322; LG Darmstadt v. 7.6.1995 – 19 T 269/94, WE 1996, 43 (Ls).
10 LG Hamburg v. 20.7.2989 – 20 T 94/88, WE 1990, 32 f.
11 OLG Düsseldorf v. 12.7.2005 – 3 Wx 46/05, ZMR 2006, 293 (295).

Abs. 3 Satz 1 Nr. 7 ermächtigt zu sein[1], oder wenn er Beiträge geltend macht, die **nicht fällig** sind[2]. Führt er als Prozessvertreter der verklagten Wohnungseigentümer nach Maßgabe des § 27 Abs. 2 Nr. 2 einen Rechtsstreit und ergeht gegen diese wegen Säumnis des Verwalters im Termin zur mündlichen Verhandlung ein **Versäumnisurteil**, können ihm anstelle der säumigen Partei die durch den Einspruch entstandenen Mehrkosten auferlegt werden. Erhebt der Verwalter für die Gemeinschaft eine Klage und lässt er ein Urteil ergehen, ohne die zwischenzeitlich erfolgte Zahlung der Rückstände vorzutragen oder unstreitig zu stellen, können ihm die vermeidbaren Mehrkosten auferlegt werden[3].

4. Das grobe Verschulden des Verwalters

24 Die Beteiligung an den Prozesskosten nach Maßgabe des § 49 Abs. 2 ZPO setzt schließlich voraus, dass die gerichtliche Tätigkeit auf ein grobes Verschulden des Verwalters zurückzuführen ist, wobei der Verwalter nach Maßgabe des § 278 BGB auch für das Verschulden seiner Erfüllungsgehilfen haftet. Dieses Verschulden ist vom Gericht positiv festzustellen. Obwohl die Beteiligung des Verwalters an den Prozesskosten wegen der Verletzung seiner vertraglichen Pflichten erfolgt, findet die auf § 280 Abs. 1 Satz 2 BGB beruhende Regel, wonach der Schuldner darzulegen und zu beweisen hat, dass eine Pflichtverletzung von ihm nicht zu vertreten ist[4], keine Anwendung.

25 Grobe Fahrlässigkeit liegt vor, wenn der Verwalter die **im Verkehr erforderliche Sorgfalt** in ungewöhnlich hohem Maße verletzt, wenn er ganz nahe liegende Überlegungen nicht angestellt oder beiseite geschoben hat und dasjenige unbeachtet lässt, was im gegebenen Fall jedem einleuchten musste oder sich jedem aufgedrängt hätte. Dabei genügt es nicht, dass die Pflichtverletzung objektiv unentschuldbar ist. Vielmehr muss den Handelnden auch in subjektiver Hinsicht ein **schweres Verschulden** im Sinne eines gesteigerten Fehlverhaltens treffen. Diese Feststellungen sind unter Würdigung aller Umstände des Einzelfalles zu treffen[5].

26 Für die Annahme eines grob fahrlässigen Verschuldens i.S.v. § 49 Abs. 2 und die erforderliche Feststellung eines subjektiven Verschuldens wird es regelmäßig von Bedeutung sein, in welchem Maße der Verwalter über Erfahrungen mit der Verwaltung von Wohnungseigentumsanlagen verfügt. Nimmt der Verwalter sein Amt unentgeltlich wahr und haben ihn die Wohnungseigentümer wegen der geringen Größe der Gemeinschaft in Kenntnis seiner geringen Erfahrung bestellt, dürfte die Annahme eines groben Verschuldens im Einzelfall einen größeren Begründungsaufwand erfordern als bei einem Berufsverwalter oder einem auf die Verwaltung von Wohnungseigentumsanlagen spezialisierten Unternehmen[6].

---

1 Vgl. OLG Düsseldorf v. 23.6.2006 – 3 Wx 265/05, NZM 2007, 46.
2 BayObLG v. 25.7.2005 – 2Z BR 230/04, NJW-RR 2005, 1607 (1608).
3 Vgl. KG v. 14.2.2005 – 24 W 77/04, NZM 2005, 462.
4 Siehe speziell für die Haftung des Verwalters *Gottschalg*, Rz. 69.
5 Zum Ganzen: BGH v. 11.5.1953 – IV ZR 170/52, BGHZ 10, 14 (16); BGH v. 9.2.2006 – IX ZB 218/04, MDR 2006, 1188; BGH v. 10.1.2003 – IV ZR 173/01, MDR 2003, 505 (506); instruktiv für den Fall der Verletzung vertraglicher Pflichten: OLG Koblenz v. 11.5.2006 – 5 U 1805/05, NZM 2006, 629 (630).
6 In diesem Sinne schon *Gottschalg*, Rz. 73.

Grundsätzlich gilt, dass von einem gewerbsmäßig am Markt auftretenden Verwalter verlangt werden kann, dass er die in der Teilungserklärung getroffenen Vereinbarungen kennt und anwendet[1] und dass er sich darüber hinaus die zum Mindeststandard gehörenden und für die Verwaltung des gemeinschaftlichen Eigentums erforderlichen Rechtskenntnisse und Kenntnisse kaufmännischer und technischer Art verschafft und diese Kenntnisse im Wege der Fortbildung aktualisiert[2]. Daher wird grobe Fahrlässigkeit in der Regel zu bejahen sein, wenn der „Berufsverwalter" ein gerichtliches Verfahren ohne die dafür erforderliche Ermächtigung betreibt oder nicht darauf achtet, ob die mit der Klage geltend gemachten Beiträge überhaupt fällig sind. Klagt ein Verwalter auf fremde Kosten, muss er sich über die Voraussetzungen einer ordnungsgemäßen Erhebung und Begründung der Klage Gewissheit verschaffen. Entsprechendes gilt, wenn der Verwalter Erklärungen für die Eigentümer abgibt, ohne sich über seine Berechtigung zu vergewissern. Daher ist es grob fahrlässig, wenn er anstelle der Wohnungseigentümer einer baulichen Veränderung zustimmt, denn ein Verwalter muss die Grenzen seiner Kompetenzen kennen und beachten.

27

5. § 49 Abs. 2 als Ermessensvorschrift

Es liegt im pflichtgemäß auszuübenden Ermessen des Gerichts, ob es in einem Rechtsstreit von der Kostenregelung des § 49 Abs. 2 Gebrauch macht. § 49 Abs. 2 eröffnet dem Gericht ein Ermessen schon bezüglich der Frage, ob es in dem anhängigen Rechtsstreit von der Kostenregelung des § 49 Abs. 2 überhaupt Gebrauch macht. Maßgebliches Kriterium ist ebenso wie in den Fällen der übereinstimmenden Erledigungserklärung und der nach § 91a ZPO zu treffenden Ermessensentscheidung, ob das Bestehen eines materiell-rechtlichen Ausgleichsanspruchs sich ohne besondere Schwierigkeiten, insbesondere ohne eine Beweisaufnahme, feststellen lässt[3]. Es ist deshalb keinesfalls ermessensfehlerhaft, wenn das Gericht bei seiner Kostenentscheidung die Bestimmung in § 49 Abs. 2 ausdrücklich unberücksichtigt lässt, weil ihm aufgrund des Sach- und Rechtsstands eine sachgerechte Beurteilung nicht möglich ist. Dies gilt insbesondere in solchen Fällen, in denen die Parteien den für die Beurteilung einer Kostentragungspflicht des Verwalters erforderlichen Sachverhalt nicht oder nur unzureichend vortragen. Zudem hat das Gericht zu beachten, dass dem Verwalter vor einer Anwendung des § 49 Abs. 2 **Gelegenheit zur Stellungnahme** und zum Sachvortrag gegeben wird (s. hierzu § 49 Rz. 33). Steht der für die Frage eines materiell-rechtlichen Schadensersatzanspruchs maßgebliche Sachverhalt im Streit, ist das Gericht insbesondere nicht gehalten, eine umfassende Sachaufklärung, eventuell sogar durch eine Beweisaufnahme, zu betreiben[4]. Dies gilt vor allem für Rechtsstreitigkeiten, die nicht dem Anwendungsbereich des § 43 Nr. 1 bis 4 unterfallen. Gerade in solchen Rechtsstreitigkeiten ist es der Partei, die nicht Teil der Wohnungseigentümergemeinschaft ist, nicht zuzumuten,

28

---

1 So ausdrücklich BGH v. 9.10.1997 – V ZB 3/97, MDR 1998, 29 (30) = NJW 1998, 755 (756) für die in einer Teilungserklärung enthaltenen Anforderungen an die Protokollierung von Beschlüssen.
2 *Gottschalg*, Rz. 73.
3 Zur Berücksichtigung materiell-rechtlicher Kostenerstattungsansprüche im Anwendungsbereich des § 91a ZPO s. BGH v. 22.11.2001 – VII ZR 405/00, NJW 2002, 680.
4 So schon BGH v. 22.11.2001 – VII ZR 405/00, NJW 2002, 680.

dass sich die Erledigung des Rechtsstreits verzögert, weil das Gericht etwaige materiell-rechtliche Kostenerstattungsansprüche aufzuklären hat. In solchen Rechtsstreitigkeiten gebietet es die dem Zivilprozess zugrunde liegende Beschleunigungsmaxime, von einer solchen Prüfung und der Anwendung des § 49 Abs. 2 abzusehen.

29 Das Gericht hat schließlich zu beachten, dass § 49 Abs. 2 nicht zum Nachteil der im Rechtstreit obsiegenden Partei bzw. des Kostengläubigers angewendet wird. Daher darf das Gericht den durch das Prozessrechtsverhältnis entstandenen prozessrechtlichen Kostenerstattungsanspruch gegen die unterlegene Partei nicht unberücksichtigt lassen. Ermessensfehlerhaft ist es deshalb, wenn das Gericht allein dem Verwalter die Prozesskosten anstelle der ansonsten kostenpflichtigen Partei auferlegt. Hierdurch kann dem Kostengläubiger unter Umständen ein zahlungsfähiger und zahlungswilliger Kostenschuldner genommen werden. In der Regel ist es daher allein ermessensfehlerfrei, den Verwalter als Gesamtschuldner mit der unterlegenen Partei an den Prozesskosten zu beteiligen. Im Innenverhältnis der Kostenschuldner ist dagegen allein der Verwalter zur Erstattung der Kosten verpflichtet. Dies hat das Gericht zur Vermeidung von Missverständnissen in den Entscheidungsgründen ggf. ausdrücklich zu bestimmen, damit Erstattungsansprüche nach § 426 Abs. 1 BGB ohne weiteres geltend gemacht werden können.

6. Das Verhältnis des § 49 Abs. 2 zu materiell-rechtlichen Schadensersatzansprüchen gegen den Verwalter

30 Die Kostenentscheidung zu Lasten des Verwalters beruht im Anwendungsbereich des § 49 Abs. 2 ausschließlich auf einer Verletzung der im Verwaltervertrag gegenüber der Gemeinschaft und den Wohnungseigentümern übernommenen Pflichten. Grundlage der Kostentragungspflicht des Verwalters ist allein eine **Pflichtverletzung** im Zusammenhang **mit der Verwaltung des gemeinschaftlichen Eigentums**. Daher kann ein solcher materiell-rechtlicher Kostenerstattungsanspruch gegen den Verwalter nicht nochmals verfolgt werden, wenn das Gericht diesen Anspruch in seiner Kostenentscheidung ausdrücklich verneint und deshalb davon abgesehen hat, dem Verwalter Prozesskosten aufzuerlegen. Dies gilt auch dann, wenn das Gericht die Kostenerstattung mit der Begründung abgelehnt hat, ein grobes Verschulden sei nicht feststellbar. Der Verwalter kann in diesem Fall nicht mehr in einem gesonderten Rechtsstreit mit der Begründung in Anspruch genommen werden, vertragsrechtlich sei eine Haftungsbeschränkung auf grobes Verschulden nicht oder nicht wirksam vereinbart worden. Die Zulassung einer solchen Klage würde der Zielsetzung des Gesetzes, nämlich der Gewährleistung von Prozessökonomie[1], zuwiderlaufen. Hinzu kommt, dass die Haftungsbegrenzung auf grobes Verschulden nach den Vorstellungen des Gesetzgebers gerade auch für die materiell-rechtlichen Schadensersatzansprüche gelten soll[2].

31 Folglich bewirkt § 49 Abs. 2 auch eine materiell-rechtliche Haftungsmilderung i.S.v. § 276 Abs. 1 Satz 1 BGB. Der Verwalter haftet für Prozesskosten, die den

---

1 So ausdrücklich die amtliche Begründung des Gesetzentwurfs, BT-Drucks. 16/887 S. 41.
2 Siehe die amtliche Begründung des Gesetzentwurfs, BT-Drucks. 16/887 S. 41.

einzelnen Wohnungseigentümern oder der Gemeinschaft entstanden sind, nur dann, wenn diese Kosten durch von ihm zu vertretene Pflichtverletzungen entstanden sind und er sich diesbezüglich grob fahrlässig verhalten hat. Verneint das Gericht eine solche Haftung des Verwalters und sieht es deshalb davon ab, ihm nach § 49 Abs. 2 Prozesskosten ganz oder teilweise aufzuerlegen, kann außerhalb dieser Entscheidung ein materiell-rechtlicher Erstattungsanspruch nicht mehr geltend gemacht werden[1]. Eine entsprechende Klage wäre, da über den in kostenrechtlicher Hinsicht bedeutsamen Streitgegenstand bereits eine **rechtskräftige Entscheidung** ergangen ist, unzulässig.

Von der Rechtskraft der Kostenentscheidung sind allerdings nur solche materiell-rechtlichen Ansprüche erfasst, die ihren Ursprung in dem Bestellungsrechtsverhältnis und dem Verwaltervertrag haben und im Zusammenhang mit den Pflichten bei der Verwaltung des gemeinschaftlichen Eigentums stehen. Ansprüche aus anderen schuldrechtlichen Beziehungen, wie z.B. aus einem Anwaltsvertrag, einem Werk- oder einem Dienstvertrag bleiben hiervon unberührt. Die auf solchen Schuldverhältnissen beruhenden Ansprüche können auch dann weiter verfolgt werden, wenn das Gericht eine Kostenerstattungspflicht nach § 49 Abs. 2 unter Verneinung eines groben Verschuldens abgelehnt hat. 32

Die Geltendmachung eines materiell-rechtlichen Kostenerstattungsanspruchs bleibt auch dann möglich, wenn das Gericht in seiner Kostenentscheidung ausdrücklich klarstellt, von einer Prüfung etwaiger Schadensersatzansprüche gegen den Verwalter abgesehen zu haben und von der Vorschrift des § 49 Abs. 2 aus diesem Grund keinen Gebrauch machen zu wollen[2]. Verhält sich die gerichtliche Entscheidung nicht zu der Frage, ob das Gericht von einer Entscheidung nach § 49 Abs. 2 bewusst abgesehen oder ob es etwaige Erstattungsgründe aus materiell-rechtlichen Gründen nicht für gegeben hält, ist grundsätzlich davon auszugehen, dass solche Ansprüche nicht geprüft worden sind. Etwaige Schadensersatzansprüche können in solchen Fällen uneingeschränkt in einem gesonderten Rechtsstreit weiter verfolgt werden. 33

7. Kostenentscheidung nach § 49 Abs. 2 und rechtliches Gehör

Das Gericht darf von der durch § 49 Abs. 2 eröffneten Möglichkeit erst dann Gebrauch machen und den Verwalter an den Prozesskosten beteiligen, sofern diesem zuvor Gelegenheit zur Stellungnahme gegeben worden ist. Mit der **Gewährung rechtlichen Gehörs** genügt das Gericht den verfassungsrechtlichen Anforderungen des Art. 103 Abs. 1 GG. Zur Gewährung rechtlichen Gehörs ist es zunächst erforderlich, dass das Gericht dem Verwalter den für die Kostenentscheidung relevanten Sachverhalt zur Kenntnis gibt. Zu diesem Zweck sind ihm unter Umständen die gewechselten Schriftsätze zu übermitteln, sofern der Verwalter nicht bereits aufgrund seiner Stellung als Streithelfer, als Prozessbevollmächtigter oder Zustellungsvertreter nach § 45 Abs. 1 hiervon Kenntnis 34

---

1 BayObLG v. 3.6.2993 – 2Z BR 48/93, WuM 1993, 492 (493); OLG München v. 14.9.2006 – 34 Wx 49/06, NZM 2006, 934 (935); s. auch BGH v. 22.11.2001 – VII ZR 405/00, NJW 2002, 680.
2 OLG München v. 14.9.2006 – 34 Wx 49/06, NZM 2006, 934 (935); BayObLG v. 26.9.2002 – 2Z BR 78/02, ZMR 2003, 124(125); *Schmidt*, ZMR 2004, 316 (318).

erlangt hat. Stellt der Verwalter den von den Parteien vorgetragenen Prozessstoff in Abrede, hat das Gericht den Sachverhalt weiter aufzuklären und muss es insbesondere den Beweisangeboten des Verwalters nachkommen.

35 Für die Gewährung rechtlichen Gehörs ist es nicht ausreichend, dass der Verwalter nach Maßgabe des § 48 Abs. 1 Satz 2 zum Rechtsstreit beigeladen wird. Die **Beiladung** eröffnet ihm lediglich die Möglichkeit, dem Rechtsstreit nach Maßgabe des § 48 Abs. 2 Satz 2 beizutreten, sie verpflichtet ihn nicht dazu. Nimmt der Verwalter diese Möglichkeit nicht wahr, muss er nicht ohne weiteres damit rechnen, dass ihm Kosten auferlegt werden, zumal etwaige Schadensersatzansprüche gegen ihn nicht streitgegenständlich sind. Das Gericht hat folglich sicherzustellen, dass der Verwalter von der beabsichtigten Anwendung des § 49 Abs. 2 und den dieser Absicht zugrunde liegenden Gründen ausdrücklich und umfassend in Kenntnis gesetzt wird.

IV. Die Rechtsmittel gegen die Kostenentscheidungen nach § 49

36 Das Gesetz regelt nicht ausdrücklich, ob und unter welchen Voraussetzungen den Parteien oder dem Verwalter (im Anwendungsfall des § 49 Abs. 2) Rechtsmittel gegen die Entscheidung des Gerichts zustehen. Soweit die Kostenentscheidung nach Maßgabe des § 49 Abs. 1 getroffen wird, ist eine **isolierte Anfechtung der Kostenentscheidung** nach § 99 Abs. 1 ZPO aber wohl **unzulässig**, sofern nicht gegen die Entscheidung in der Hauptsache ein Rechtsmittel eingelegt wird. Hierfür spricht, dass der dem Gericht eingeräumte Ermessensspielraum lediglich dazu dient, das Verhältnis des Obsiegens und Unterliegens bei einer nach § 21 Abs. 8 getroffenen Ermessensentscheidung zu schätzen (s. § 49 Rz. 10). Da ansonsten die Kostenentscheidung den kostenrechtlichen Bestimmungen der ZPO folgt (s. § 49 Rz. 9) und insbesondere etwaige materiell-rechtliche Kostenerstattungsansprüche bei der Kostenentscheidung regelmäßig nicht relevant werden, ist es nicht gerechtfertigt, den Parteien abweichend von § 99 Abs. 1 ZPO die eigenständige Anfechtung der Kostenentscheidung zu ermöglichen. Etwas anderes gilt lediglich in den seltenen Ausnahmefällen, in denen das Gericht die Kostenentscheidung nicht auf die Kostenregelungen der ZPO stützt, sondern unter Berücksichtigung materiell-rechtlicher Kostenerstattungsansprüche eine hiervon abweichende Kostenentscheidung trifft.

37 Ein **eigenständiges Rechtsmittel** ist dagegen dem von einer Kostenentscheidung nach § 49 Abs. 2 ZPO nachteilig betroffenen Verwalter zu gewähren. Insofern steht ihm in Analogie zu §§ 99 Abs. 2 Satz 1, 380 Abs. 3 ZPO die sofortige Beschwerde unter den weiteren Voraussetzungen des §§ 567 ff. ZPO zu. Dies gilt auch dann, wenn ihm erstmalig in der Berufungsinstanz nach Maßgabe des § 49 Abs. 2 Prozesskosten auferlegt werden.

38 Verneint das Gericht eine materiell-rechtliche Kostenerstattungspflicht des Verwalters und nimmt es aus diesem Grund von der Anwendung des § 49 Abs. 2 ausdrücklich Abstand, kann der nachteilig betroffene Wohnungseigentümer gegen die Kostenentscheidung in entsprechender Anwendung des § 91a ZPO sofortige Beschwerde einlegen, sofern er als unterlegene Partei nicht ein Rechtsmittel gegen die Hauptsacheentscheidung einlegt. Dies ist schon deshalb geboten, weil durch eine solche Kostenerstattung ein materiell-rechtlicher Kos-

tenerstattungsanspruch rechtskräftig aberkannt wird (s. § 49 Rz. 31). Sieht das Gericht dagegen von einer Kostenentscheidung nach § 49 Abs. 2 ab, weil es den Sachverhalt für nicht hinreichend aufgeklärt erachtet oder weil die weitere Aufklärung die Erledigung des Rechtsstreits ungebührlich verzögern würde, steht den Parteien ein isoliertes Rechtsmittel gegen diese Kostenentscheidung nicht zu. Diese Fallgestaltung wird durch § 99 Abs. 1 ZPO abschließend geregelt.

§ 50
Kostenerstattung

Den Wohnungseigentümern sind als zur zweckentsprechenden Rechtsverfolgung oder Rechtsverteidigung notwendige Kosten nur die Kosten eines bevollmächtigten Rechtsanwalts zu erstatten, wenn nicht aus Gründen, die mit dem Gegenstand des Rechtsstreits zusammenhängen, eine Vertretung durch mehrere bevollmächtigte Rechtsanwälte geboten war.

Inhaltsübersicht

	Rz.		Rz.
I. Der Regelungsgehalt und die Funktion der Vorschrift	1	III. Die Verteilung des Kostenerstattungsanspruchs im Verhältnis der Streitgenossen	12
II. Der Anwendungsbereich der Vorschrift	3	1. Problemstellung und Überblick	12
1. Überblick	3	2. Zur Kostenbegrenzungspflicht im Innenverhältnis der Streitgenossen	15
2. Die kostenrechtlich zulässige Vertretung der Wohnungseigentümer durch mehrere Rechtsanwälte	8	3. Der im Verhältnis der Streitgenossen anzuwendende Verteilungsschlüssel	18

I. Der Regelungsgehalt und die Funktion der Vorschrift

Nach § 91 Abs. 1 Satz 1 ZPO hat die im Zivilprozess unterlegene Partei die Kosten des Rechtsstreits zu tragen, insbesondere die dem Gegner erwachsenen Kosten zu erstatten, soweit sie zur zweckentsprechenden Rechtsverfolgung oder Rechtsverteidigung notwendig waren. Nach § 91 **Abs. 2** Satz 1 ZPO sind in solchen Fällen der obsiegenden Partei insbesondere die gesetzlichen Gebühren und Auslagen des von ihr mit der Prozessvertretung beauftragten Rechtsanwalts zu erstatten. Die uneingeschränkte Anwendung dieser Regelung in den von § 43 Nr. 1, 3 und 4 erfassten Streitigkeiten, also in den sog. Binnenstreitigkeiten der Wohnungseigentümer, würde ein erhebliches Kostenrisiko der prozessbeteiligten Wohnungseigentümer bedeuten. Im Gesetzgebungsverfahren ist insbesondere auf die verfahrensrechtliche Konstellation bei der Anfechtungs- und Nichtigkeitsklage und darauf hingewiesen worden, dass diese Klage nach § 46 Abs. 1 Satz 1 gegen die übrigen Wohnungseigentümer der Gemeinschaft zu erheben ist[1]. Würden sich die als notwendige Streitgenossen (s. § 47 Rz. 19) verklagten 1

---
[1] Bericht und Beschlussempfehlung des Rechtsausschusses, BT-Drucks. 16/3843 S. 28.

§ 50   Verfahrensvorschriften

Wohnungseigentümer jeweils durch einen eigens bestellten Rechtsanwalt vertreten lassen, wäre der die Anfechtungs- und Nichtigkeitsklage betreibende Wohnungseigentümer einem erheblichen Kostenrisiko ausgesetzt. Die Funktion des § 50 besteht somit darin, das Kostenrisiko für die an Binnenstreitigkeiten beteiligten Wohnungseigentümer, insbesondere für einen anfechtenden Wohnungseigentümer, zu begrenzen[1].

2   Die gesetzliche Regelung in § 50 und das ihr zugrunde liegende Ziel der Kostenbegrenzung nimmt im kostenrechtlichen System der Zivilprozessordnung **keineswegs eine Ausnahmestellung** ein. Auch in anderen Konstellationen erwächst den als Streitgenossen verklagten und im Rechtsstreit obsiegenden Parteien nicht ohne weiteres ein unbegrenzter Anspruch auf Erstattung der durch die Beauftragung mehrerer Rechtsanwälte entstandenen Kosten. Vielmehr ist nach ständiger Rechtsprechung in den Fällen der subjektiven Klagehäufung – unabhängig von einer dem § 50 vergleichbaren Regelung – anhand des jeweiligen Einzelfalls zu prüfen, ob eine interessengerechte Prozessführung der als Streitgenossen klagenden oder verklagten Parteien auch bei Mandatierung nur eines gemeinsamen Prozessbevollmächtigten möglich und zumutbar gewesen wäre[2]. Diese Prüfungspflicht leitet die Rechtsprechung unmittelbar aus § 91 Abs. 1 Satz 1 ZPO her, denn die Vorschrift bestimmt, dass nur diejenigen Kosten erstattungsfähig sind, die zur zweckentsprechenden Rechtsverfolgung oder Rechtsverteidigung **notwendig** waren[3]. Notwendig ist die Beauftragung mehrerer Rechtsanwälte i.S.v. § 91 Abs. 1 Satz 1 ZPO grundsätzlich nur, wenn sachliche Gründe hierfür vorliegen[4]. Ansonsten erwächst den Parteien **aus dem Prozessrechtsverhältnis** die Verpflichtung, die Kosten ihrer Prozessführung, die sie im Falle eines Sieges vom Gegner erstattet verlangen wollen, so niedrig zu halten, wie sich dies mit der Wahrung ihrer berechtigten Belange vereinbaren lässt[5]. Auf der Grundlage der vorgenannten Rechtsprechung ist zweifelhaft, ob es zur Begrenzung des Kostenrisikos bei Binnenstreitigkeiten der ausdrücklichen Regelung in § 50 überhaupt bedurfte; zweifellos enthält sie jedoch eine begrüßenswerte Klarstellung.

---

1 Bericht und Beschlussempfehlung des Rechtsausschusses, BT-Drucks. 16/3843 S. 28.
2 BGH v. 2.5.2007 – XII ZB 156/06, NJW 2007, 2257 (Erstattungsfähigkeit der Kosten von sich selbst vertretenden Mitgliedern einer Anwaltssozietät, die als Gesellschafter auf Zahlung von Mietzinsforderungen in Anspruch genommen werden); BGH v. 20.1.2004 – VI ZB 76/03, MDR 2004, 569; OLG Köln v. 2.7.2004 – 8 W 14/04, MDR 2005, 106; OLG München v. 30.11.1994 – 11 W 2545/94, MDR 1995, 263 (jeweils zur Frage der Erstattungsfähigkeit der Mehrkosten eines eigenen Prozessbevollmächtigten des mitverklagten Versicherungsnehmers bei gleichzeitiger Inanspruchnahme der Kfz-Haftpflichtversicherung); OLG Köln v. 17.11.2005 – 17 W 224/05, MDR 2006, 896 (für den Regressprozess gegen streitgenössisch verklagte Rechtsanwälte); OLG Düsseldorf v. 21.2.2006 – 10 W 135/05 (Erstattungsfähigkeit der Anwaltskosten für die von mehreren Mitversicherern erhobenen Klage).
3 BGH v. 2.5.2007 – XII ZB 156/06, NJW 2007, 2257 m.w.N.; BGH v. 20.1.2004 – VI ZB 76/03, MDR 2004, 569; OLG Köln v. 17.11.2005 – 17 W 224/05, MDR 2006, 896.
4 BGH v. 20.1.2004 – VI ZB 76/03, MDR 2004, 569; OLG Köln v. 17.11.2005 – 17 W 224/05, MDR 2006, 896.
5 BGH v. 2.5.2007 – XII ZB 156/06, NJW 2007, 2257.

II. Der Anwendungsbereich der Vorschrift

1. Überblick

§ 50 erfasst in erster Linie, aber nicht ausschließlich, die in § 43 Nr. 1 bis 4 genannten Binnenstreitigkeiten. Die Vorschrift ist aber, da sie nur die bereits in § 91 Abs. 1 Satz 1 ZPO enthaltenen Grundsätze bekräftigt, darüber hinaus auch in übrigen Verfahren zu beachten, in denen mehrere Wohnungseigentümer als Streitgenossen klagen oder verklagt werden. Sie gilt daher insbesondere auch für die von § 43 Nr. 5 erfassten Angelegenheiten. Der Anwendungsbereich der Vorschrift beschränkt sich im Übrigen nicht auf **Klageverfahren**, sondern erfasst auch die in einem **selbständigen Beweisverfahren** entstandenen Kosten. Sie ist schließlich auch in **einstweiligen Verfügungsverfahren** zu beachten und anzuwenden. Beantragt ein als Streitgenosse verklagter Wohnungseigentümer in einem anhängigen Verfahren die Bewilligung von **Prozesskostenhilfe**, ist unter Berücksichtigung der in § 50 enthaltenen Grundsätze zu prüfen, ob die Beiordnung eines eigenen Rechtsanwalts geboten ist[1].

§ 50 begrenzt nur die Erstattungsfähigkeit der durch die Beauftragung eines Rechtsanwalts entstandenen Kosten und regelt **nicht die Frage**, ob und in welchem Umfang sonstige außergerichtliche Kosten, insbesondere **Reisekosten** oder der **Verdienstausfall einer Partei** (vgl. § 91 Abs. 1 Satz 2 ZPO), erstattungsfähig sind. Zwar rechtfertigt der Wortlaut des § 50 auch die Annahme, den Wohnungseigentümern könnten überhaupt nur die Kosten eines bevollmächtigten Rechtsanwalts und keine sonstigen außergerichtlichen Kosten ersetzt werden. Dass dies gewollt gewesen wäre, lässt sich aber weder der amtlichen Begründung des Gesetzentwurfs noch den sonstigen Gesetzesmaterialien entnehmen. Eine solche Auslegung würde auch gegen Art. 3 GG verstoßen, denn der allein klagenden oder verklagten gegnerischen Partei müssten Reisekosten, ein etwaiger Verdienstausfall oder sonstige außergerichtliche Kosten uneingeschränkt ersetzt werden. Ein sachlicher Grund, der eine unterschiedliche Handhabung des Erstattungsanspruchs rechtfertigen könnte, besteht aber nicht. Daher sind die sonstigen außergerichtlichen Kosten eines jeden Streitgenossen, die nicht Kosten eines Prozessbevollmächtigten sind, grundsätzlich in vollem Umfang erstattungsfähig. Ihre Erstattungsfähigkeit bestimmt sich im Einzelfall unmittelbar nach Maßgabe des § 91 Abs. 1 Satz 1 ZPO und danach, ob sie zur zweckentsprechenden Rechtsverfolgung oder Rechtsverteidigung notwendig waren.

§ 50 verbietet es den als Streitgenossen klagenden oder verklagten Wohnungseigentümern nicht, jeweils eigenständig einen Rechtsanwalt mit der Prozessvertretung zu beauftragen. Die Vorschrift regelt lediglich die Frage der Erstattungsfähigkeit im Verhältnis zur gegnerischen Partei. Die **Freiheit eines jeden Streitgenossen**, sich durch einen eigenen Rechtsanwalt vertreten zu lassen, **bleibt hiervon unberührt**. Ob und in welchem Umfang die Kosten eines Rechtsanwalts überhaupt, also wenigstens zu einem Teil, erstattungsfähig sind, hängt auch nicht davon ab, ob sich die Wohnungseigentümer überhaupt und von vornherein auf einen einzigen Rechtsanwalt verständigt haben und ob sie überhaupt

---

1 Vgl. für den ähnlich gelagerten Fall eines Verkehrsunfallprozesses: OLG Köln v. 2.7. 2004 – 8 W 14/04, MDR 2005, 106.

nur einen einzigen Rechtsanwalt bevollmächtigt haben[1]. § 50 begrenzt lediglich die Höhe der erstattungsfähigen Kosten, enthält aber keine weiteren Restriktionen.

6 § 50 ist in allen Fällen einer **subjektiven Klagehäufung** zu beachten, also immer dann, wenn mehrere Wohnungseigentümer als Streitgenossen klagen oder verklagt werden. Das bedeutet, dass die gesetzliche Verpflichtung zur Kostenbegrenzung nicht nur von den verklagten, sondern auch von den klagenden Wohnungseigentümern zu beachten ist, was insbesondere in den Fällen der Erhebung jeweils eigenständiger und nach § 47 Satz 1 zu verbindender Anfechtungs- und Nichtigkeitsklagen relevant werden kann. § 50 ist ferner auch dann anzuwenden, wenn einzelne der zu einem Rechtsstreit nach § 48 Abs. 1 Satz 1 **beigeladenen Wohnungseigentümer** dem Rechtsstreit der einen oder der anderen Partei zu deren Unterstützung **beitreten** (§ 48 Abs. 2 Satz 2). Den klagenden oder den verklagten Wohnungseigentümern steht gemeinsam mit den als Streithelfern beigetretenen und beteiligten Wohnungseigentümern grundsätzlich nur der nach Maßgabe des § 50 begrenzte Kostenerstattungsanspruch zu.

7 Keine Anwendung findet § 50 dagegen für die dem **Verwalter** entstandenen außergerichtlichen Kosten; ist er gemeinsam mit einzelnen oder mehreren Wohnungseigentümern verklagt worden oder tritt er als Beigeladener nach § 48 Abs. 1 Satz 2, Abs. 2 Satz 2 dem Rechtsstreit auf Seiten der einen oder der anderen Partei bei, erfasst § 50 seinen Anspruch auf Erstattung von Anwaltskosten nicht. Das bedeutet aber nicht, dass die von dem Verwalter zur Rechtsverfolgung oder Rechtsverteidigung aufgewendeten Anwaltskosten uneingeschränkt erstattungsfähig wären. Vielmehr unterliegt sein **Erstattungsanspruch** unabhängig von § 50 den **Beschränkungen des § 91 Abs. 1 Satz 1 ZPO**. Ein unbeschränkter Erstattungsanspruch ist folglich nur zu bejahen, wenn die Beauftragung eines eigenen Rechtsanwalts zur Wahrnehmung seiner Interessen überhaupt notwendig gewesen ist.

2. Die kostenrechtlich zulässige Vertretung der Wohnungseigentümer durch mehrere Rechtsanwälte

8 Nach § 50 ist von dem Grundsatz, wonach den Wohnungseigentümern nur die Kosten eines bevollmächtigten Rechtsanwalts zu erstatten sind, abzuweichen, wenn aus Gründen, die mit dem Gegenstand des Rechtsstreits zusammenhängen, eine Vertretung durch mehrere bevollmächtigte Rechtsanwälte geboten ist. Der Gesetzgeber hat selbst nicht erkennen lassen, unter welchen Voraussetzungen die Vertretung durch mehrere Rechtsanwälte geboten sein kann. Diese Frage lässt sich auch nicht generell, sondern nur unter **Berücksichtigung der konkreten Umstände des Einzelfalles** beantworten. In Übereinstimmung mit den in Rechtsprechung und Schrifttum bereits zu § 91 Abs. 1 Satz 1 ZPO entwickelten Kriterien[2] ist die Erforderlichkeit i.S.v. § 50 grundsätzlich bei einer gemeinsamen Zielrichtung der Rechtsverfolgung oder der Rechtsverteidigung zu verneinen. Entscheidungserheblich ist ferner, ob Anhaltspunkte für eine In-

---
1 Missverständlich *Hügel/Elzer*, Das neue WEG-Recht, § 13 Rz. 252.
2 BGH v. 2.5.2007 – XII ZB 156/06, NJW 2007, 2257; *Müller-Rabe* in Gerold/Schmidt, 17. Aufl., VV 1008 Rz. 306.

teressenkollision im Verhältnis der als Streitgenossen prozessbeteiligten Wohnungseigentümer bestehen; bestehen solche Interessengegensätze nicht, ist die Beauftragung eines zusätzlichen Rechtsanwalts grundsätzlich nicht geboten. Auch der bloße Umstand, dass die vertretenen Wohnungseigentümer an verschiedenen Orten wohnen, dürfte für sich allein die Erforderlichkeit einer gesonderten Beauftragung nicht rechtfertigen, wenn eine Abstimmung der Prozessvertretung unschwer durch moderne Kommunikationsmittel oder aber auch durch Vermittlung des Verwalters erreicht werden kann.

Demgegenüber kann die Beauftragung eines zusätzlichen Rechtsanwalts geboten sein, wenn dies zur Vermeidung von Rechtsverlusten unvermeidbar ist, weil beispielsweise der von dem Verwalter nach § 27 Abs. 2 Nr. 2 beauftragte Rechtsanwalt in einem auf eine Anfechtungsklage eingeleiteten Rechtsstreit die Prozessführung nicht sorgfältig betreibt und er entscheidungserheblichen Vortrag trotz Aufforderung nicht in den Prozess einführt. Entsprechendes kann gelten, wenn der vom Verwalter beauftragte Rechtsanwalt die von ihm vertretenen Wohnungseigentümer nur unzureichend oder gar nicht über den weiteren Verlauf des Rechtsstreits und den Sach- und Rechtsstand informiert oder wenn sonstige Anhaltspunkte bestehen, die das Vertrauensverhältnis zwischen dem Prozessvertreter und den einzelnen Wohnungseigentümern als gestört erscheinen lassen. Grundsätzlich gilt, dass eine Vertretung durch mehrere Rechtsanwälte i.S.v. § 50 jedenfalls in solchen Fällen geboten ist, in denen nach § 91 Abs. 2 Satz 2 ZPO ein Wechsel des Anwalts erfolgen musste[1]. Insbesondere kann die Beauftragung eines weiteren Rechtsanwalts i.S.v. § 50 geboten sein, wenn Umstände vorliegen, die die Annahme eines Interessengegensatzes rechtfertigen[2]. 9

Da § 50 der Kostenbegrenzung dient, ist im Einzelfall darauf abzustellen, ob ein wirtschaftlich handelnder Wohnungseigentümer in der konkreten Prozesslage und unter Berücksichtigung aller Umstände, insbesondere der Bedeutung der Angelegenheit, zur Wahrung seiner Rechte ebenfalls einen Rechtsanwalt eingeschaltet hätte, und zwar auch auf die Gefahr hin, die hierdurch entstehenden Mehrkosten selbst tragen zu müssen. 10

Die **Erforderlichkeit der Prozessvertretung durch mehrere Rechtsanwälte** kann in der Regel nicht für den gesamten Rechtsstreit einheitlich bestimmt werden, sondern ist für die **unterschiedlichen Prozesslagen jeweils gesondert zu prüfen**. Betreiben mehrere Wohnungseigentümer eigenständig eine Anfechtungs- und Nichtigkeitsklage gegen denselben Eigentümerbeschluss oder nehmen sie gemeinsam einen Wohnungseigentümer auf Unterlassung einer baulichen Veränderung in Anspruch, kann es beispielsweise geboten sein, die Erstattungsfähigkeit der für die bevollmächtigten Rechtsanwälte aufgewendeten Kosten für die 1. Instanz in vollem Umfang zu bejahen, während dies – insbesondere wegen der gemeinsamen Zielrichtung der Klage – für die Berufungsinstanz zu verneinen ist. 11

---

1 Siehe zu den Fällen der Kostenerstattung in den Fällen eines Anwaltswechsels die Zusammenstellung der Einzelfälle bei Zöller/*Herget*, ZPO, § 91 Rz. 13 („Anwaltswechsel").
2 BGH v. 2.5.2007 – XII ZB 156/06, NJW 2007, 2257 (2258).

III. Die Verteilung des Kostenerstattungsanspruchs im Verhältnis der Streitgenossen

1. Problemstellung und Überblick

12 Problematisch und vom Gesetzgeber nicht geregelt ist die Frage, wie kostenrechtlich zu verfahren ist, wenn mehrere streitgenössisch klagende oder verklagte Wohnungseigentümer sich zwar durch mehrere Rechtsanwälte in einem Prozess haben vertreten lassen, die Vertretung durch mehrere bevollmächtigte Rechtsanwälte aber nicht i.S.v. § 50 geboten war und deshalb eine vollständige Erstattung aller entstandenen Anwaltskosten nicht in Betracht kommt. Die gesetzliche Regelung in § 50 beantwortet diese Frage nicht, sondern beschränkt sich lediglich auf die Anordnung, dass nur die Kosten zu erstatten sind, die bei Beauftragung nur eines Rechtsanwalts entstanden wären. **Die Vorschrift regelt** das Verhältnis der Prozessparteien, **nicht** aber **das Verhältnis der Streitgenossen untereinander.** Sie bestimmt weder, welchem von mehreren Streitgenossen in welchem Umfang ein Erstattungsanspruch zusteht, noch ordnet sie an, in welchem Umfang die einzelnen Streitgenossen die von ihnen veranlassten außergerichtlichen Kosten selbst zu tragen haben.

13 Bei der Klärung der Frage, ob und in welchem Umfang der gegen die gegnerische Partei entstandene Kostenerstattungsanspruch unter den obsiegenden Streitgenossen zu verteilen ist, ist schrittweise vorzugehen. Dabei ist im Rahmen des Kostenfestsetzungsverfahrens durch den Kostenbeamten zunächst der nach § 50 erstattungsfähige Höchstbetrag zu ermitteln. Unter Berücksichtigung des in VV 1008 der Anlage 1 zu § 2 Abs. 2 RVG geregelten Erhöhungstatbestandes ist dabei zu errechnen, welche Kosten angefallen wären, wenn sich die verklagten Wohnungseigentümer entsprechend der Regelung in § 50 nur durch einen einzigen Rechtsanwalt hätten vertreten lassen.

14 Sodann ist zu klären, ob der einzelne Streitgenosse überhaupt verlangen kann, dass die von ihm durch die Beauftragung eines eigenen Rechtsanwalts veranlassten Kosten zumindest teilweise zu erstatten sind oder ob eine Berücksichtigung auch **im Innenverhältnis der Streitgenossen** ausscheidet. Grundsätzlich ist es keineswegs zwingend, dass ein obsiegender Wohnungseigentümer zumindest einen Teil der von ihm veranlassten Anwaltskosten ersetzt verlangen kann. Dies hat der BGH beispielsweise für einen Prozess verneint, in dem ein Versicherungsnehmer gleichzeitig mit dem Haftpflichtversicherer auf Ersatz des durch einen Verkehrsunfall entstandenen Schadens in Anspruch genommen wurde und beide einen eigenen Rechtsanwalt bestellt haben[1]. Nach Auffassung des BGH hätte der verklagte Versicherungsnehmer keinen eigenen Rechtsanwalt beauftragen dürfen, da mit dem Haftpflichtversicherer vereinbart worden war, dass im Falle eines Schadensersatzprozesses die Führung des Rechtsstreits dem Haftpflichtversicherer zu überlassen sei und der Versicherer dem von der Haftpflichtversicherung bestellten Rechtsanwalt eine Vollmacht zu erteilen habe. Da der Versicherungsnehmer dies nicht beachtet habe, könne die verklagte Haftpflichtversicherung die Kosten des von ihr beauftragten Prozess-

---

[1] BGH v. 10.1.2004 – VI ZB 76/03, MDR 2004, 569

bevollmächtigten vom Prozessgegner in voller Höhe erstattet verlangen, während der verklagte Versicherungsnehmer keinen Erstattungsanspruch habe[1].

2. Zur Kostenbegrenzungspflicht im Innenverhältnis der Streitgenossen

Die vorstehend wiedergegebene Entscheidung des BGH wirft die Frage auf, ob und unter welchen Voraussetzungen auch im **Verhältnis der als Streitgenossen verklagten Wohnungseigentümer untereinander** eine Verpflichtung anzuerkennen ist, von der eigenständigen Beauftragung eines Rechtsanwalts abzusehen. Der Verstoß gegen eine solche Verpflichtung hätte zur Folge, dass der pflichtwidrig handelnde Wohnungseigentümer die von ihm veranlassten Kosten im Kostenfestsetzungsverfahren überhaupt nicht, also auch nicht anteilig, festsetzen lassen kann.

Eine solche Verpflichtung zur Kostenbegrenzung wird man für die Fälle anerkennen müssen, in denen in einem anhängigen Rechtsstreit bereits durch den **Verwalter** nach **Maßgabe des § 27 Abs. 2 Nr. 2 und 4** ein Rechtsanwalt damit beauftragt wird, einen gegen die Wohnungseigentümer gerichteten Rechtsstreit gem. § 43 Nr. 1, Nr. 4 oder Nr. 5 zu führen. Wegen der Regelungszwecke des § 27 Abs. 2 Nr. 2 und 4 ist nämlich dem Verwalter bei der Führung des Rechtsstreits eine entsprechende **Vorrangstellung** einzuräumen. Macht er von dieser Befugnis Gebrauch, sind die Kosten des von einem Wohnungseigentümer gesondert bestellten Rechtsanwalts nur (anteilig) erstattungsfähig, sofern sachliche Gründe die Inanspruchnahme mehrerer Prozessbevollmächtigter gebieten[2]. Fehlen solche Gründe, sind die durch die Beauftragung eines zusätzlichen Anwalts entstandenen Kosten nicht nur im Verhältnis der gegnerischen Partei nicht erstattungsfähig (§ 50), sondern bleiben sie auch bei der Verteilung des Kostenerstattungsanspruchs im Innenverhältnis der Streitgenossen unberücksichtigt. Ein Erstattungsanspruch gegen die gegnerische Partei erwächst dann allein den Wohnungseigentümern, die sich durch den vom Verwalter beauftragten Rechtsanwalt haben vertreten lassen. Im Innenverhältnis der Streitgenossen findet dagegen kein Kostenausgleich statt mit der Folge, dass im Kostenfestsetzungsverfahren zunächst die Kosten festzusetzen sind, die durch die Beauftragung des durch den Verwalter bestellten Rechtsanwalts entstanden sind. Dagegen erwächst demjenigen Streitgenossen, der einen weiteren Rechtsanwalt mit seiner Prozessvertretung beauftragt, ohne dass dies geboten gewesen wäre, kein Kostenerstattungsanspruch, auch wenn er in dem Rechtsstreit obsiegt hat. Allenfalls kann es zulässig sein, eine noch nicht berücksichtigte Mehrvertretungsgebühr zu seinen Gunsten festzusetzen.

Die vorgenannten Grundsätze finden entsprechende Anwendung, wenn ein **beigeladener Wohnungseigentümer** oder der **beigeladene Verwalter** in einem in den Anwendungsbereich des § 43 Nr. 1, 4 und 5 fallenden Rechtsstreit **einer Partei beitritt**. Macht der Verwalter von der gesetzlichen Ermächtigung zur Bestellung eines Prozessbevollmächtigten Gebrauch, so hat er diesen Rechtsanwalt auch gleichzeitig mit der Wahrnehmung seiner Rechte zu betrauen. Ein sachlicher Grund für die Bestellung eines weiteren Anwalts, der allein und ausschließlich

---
1 BGH v. 10.1.2004 – VI ZB 76/03, MDR 2004, 569
2 BGH v. 10.1.2004 – VI ZB 76/03, MDR 2004, 569.

seine Rechte wahrnimmt, ist in der Regel nicht anzuerkennen. Entsprechendes gilt für den beitretenden Wohnungseigentümer.

3. Der im Verhältnis der Streitgenossen anzuwendende Verteilungsschlüssel

18 Haben die Wohnungseigentümer mehrere Prozessbevollmächtigte bestellt, weil beispielsweise der Verwalter die ihm in § 27 Abs. 2 Nr. 2 und 4 zugewiesenen Aufgaben nicht wahrgenommen hat oder weil er wegen einer Interessenkollision hierzu nicht berechtigt war (s. § 45 Rz. 23), sind sämtliche der von den einzelnen Streitgenossen aufgewendeten Rechtsanwaltskosten im Kostenfestsetzungsverfahren berücksichtigungsfähig.

19 Zur Festsetzung der einzelnen Kostenerstattungsansprüche ist im Rahmen des Kostenfestsetzungsverfahrens durch den Kostenbeamten zunächst wiederum der nach § 50 erstattungsfähige Höchstbetrag zu ermitteln. Unter Berücksichtigung des in VV 1008 der Anlage 1 zu § 2 Abs. 2 RVG geregelten Erhöhungstatbestandes ist dabei zunächst zu errechnen, welche Kosten angefallen wären, wenn sich die verklagten Wohnungseigentümer entsprechend der Regelung in § 50 nur durch einen einzigen Rechtsanwalt hätten vertreten lassen. Sodann ist der rechnerisch ermittelte Erstattungsanspruch auf die einzelnen Streitgenossen zu verteilen, wobei es problematisch ist, nach welchem **Verteilungsschlüssel** dies zu geschehen hat. Grundsätzlich vorstellbar ist, dass die Verteilung entweder im Verhältnis der Miteigentumsanteile, nach der Anzahl der Eigentumseinheiten oder aber nach der Anzahl der Kopfteile erfolgen muss. Allein sachgerecht erscheint es, den Kostenerstattungsanspruch im Verhältnis der Anzahl der Köpfe auf die einzelnen Kostengläubiger gleichmäßig zu verteilen. Zwar hat der BGH entschieden, dass Rechtsverfolgungskosten, die aus Binnenstreitigkeiten zwischen den Wohnungseigentümern entstanden sind, in einer Jahresabrechnung grundsätzlich nach Miteigentumsanteilen umzulegen sind, sofern die Wohnungseigentümer für die Umlage von Verwaltungskosten nicht einen von § 16 Abs. 2 abweichenden Verteilungsschlüssel, beispielsweise eine Verteilung nach Eigentumseinheiten vereinbart haben[1]. Diese Entscheidung lässt sich aber nicht auf die Verteilung eines Kostenerstattungsanspruchs im Verhältnis der obsiegenden Wohnungseigentümer übertragen. Es geht nämlich nicht darum, dass einzelne Wohnungseigentümer **als Schuldner** Kosten eines Rechtsstreits zu tragen haben, sondern um die Verteilung eines ihnen **als Gläubiger** gemeinsam zustehenden Kostenerstattungsanspruchs. Ein Rückgriff auf die Bestimmung in § 16 Abs. 2 scheidet deshalb von vornherein aus. Allenfalls ließe sich die Verteilung des Erstattungsanspruchs im Verhältnis der Miteigentumsanteile durch Verweis auf die Regelung in **§ 16 Abs. 1** rechtfertigen, wonach jedem Wohnungseigentümer ein seinem Anteil entsprechender Bruchteil der Nutzungen des gemeinschaftlichen Eigentums nach dem Verhältnis der im Grundbuch eingetragenen Miteigentumsanteile zusteht. Der prozessrechtliche Kostenerstattungsanspruch erwächst den Kostengläubigern aber nicht durch eine Nutzung des gemeinschaftlichen Eigentums, sondern durch eine damit in keinem sachlichen Zusammenhang stehende Prozessführung. Es handelt sich bei diesem An-

---

1 BGH v. 15.3.2007 – V ZB 1/06, NJW 2007, 1869 (1873).

spruch auch nicht um eine „Nutzung" i.S.v. § 16 Abs. 1 und § 100 BGB, was eine Heranziehung des § 16 Abs. 1 ebenfalls ausschließt.

Aus denselben Erwägungen, aus denen eine Verteilung nach Miteigentumsanteilen ausscheidet, kommt auch eine Verteilung nach der Anzahl der Eigentumswohnungen nicht in Betracht. Sofern einzelne Teilungserklärungen für die Verwaltungskosten eine Verteilung nach der Anzahl der Eigentumswohnungen bestimmen, kann diese Regelung ebenso wenig wie § 16 Abs. 2 auf die Verteilung eines Kostenerstattungsanspruchs im Verhältnis mehrerer Streitgenossen angewendet werden. 20

Richtigerweise hat die Verteilung des Kostenerstattungsanspruchs auf die einzelnen obsiegenden Wohnungseigentümer daher ausnahmslos nach der Anzahl der Köpfe zu erfolgen. Für diese Lösung spricht zum einen der in § 420 BGB enthaltene Rechtsgedanke, wonach mehrere Gläubiger nur zu einem gleichen Anteil berechtigt sind, wenn ihnen eine teilbare Leistung zusteht. Allein eine Verteilung nach Kopfteilen ist auch in denjenigen Fällen angemessen, in denen ein Verwalter einem in den Anwendungsbereich des § 48 Abs. 3 und 4 fallenden Rechtsstreit beitritt und gemeinsam mit der von ihm unterstützten Hauptpartei obsiegt. Die hier vertretene Lösung ermöglicht zudem eine einfache und einheitliche Handhabung in dem vom Rechtspfleger zu erledigenden Kostenfestsetzungsverfahren und befreit den Kostenbeamten von der Verpflichtung, etwaig vereinbarte Kostenverteilungsregeln zu ermitteln. 21

§§ 51–58 *aufgehoben*

IV. Teil
Ergänzende Bestimmungen

§ 59 *aufgehoben*

§ 60
Ehewohnung

Die Vorschriften der Verordnung über die Behandlung der Ehewohnung und des Hausrats (Sechste Durchführungsverordnung zum Ehegesetz) vom 21. Oktober 1944 (Reichsgesetzbl. I S. 256) gelten entsprechend, wenn die Ehewohnung im Wohnungseigentum eines oder beider Ehegatten steht oder wenn einem oder beiden Ehegatten das Dauerwohnrecht an der Ehewohnung zusteht.

1   § 60 erklärt zur „Behebung von Zweifeln"[1] die Hausratsverordnung in den genannten Fällen für anwendbar, da Wohnungseigentum und Dauerwohnrecht in § 3 Abs. 1 und 2 HausratsVO nicht genannt sind.

2   Nach der Hausratsverordnung kann der Richter ungeachtet der Eigentumsverhältnisse zur Vermeidung unbilliger Härten die Wohnung einem Ehegatten zuweisen, wenn diese sich nicht einigen. Der Richter kann ferner die Teilung anordnen und Mietverhältnisse begründen.

§ 61
Veräußerung ohne Zustimmung

Fehlt eine nach § 12 erforderliche Zustimmung, so sind die Veräußerung und das zugrundeliegende Verpflichtungsgeschäft unbeschadet der sonstigen Voraussetzungen wirksam, wenn die Eintragung der Veräußerung oder eine Auflassungsvormerkung in das Grundbuch vor dem 15. Januar 1994 erfolgt ist und es sich um die erstmalige Veräußerung dieses Wohnungseigentums nach seiner Begründung handelt, es sei denn, dass eine rechtskräftige gerichtliche Entscheidung entgegensteht. Das Fehlen der Zustimmung steht in diesen Fällen dem Eintritt der Rechtsfolgen des § 878 des Bürgerlichen Gesetzbuches nicht entgegen. Die Sätze 1 und 2 gelten entsprechend in den Fällen der §§ 30 und 35 des Wohnungseigentumsgesetzes.

1   Satz 1: Die jetzige Fassung des § 61 wurde durch das Gesetz zur Heilung des Erwerbs von Wohnungseigentum vom 3.1.1994 eingefügt. Gemäß Art. 2 desselben tritt § 61 am Tage nach seiner Verkündung, das war der 14.1.1994, und damit

---

1 BR-Drucks. 75/51, S. 31.

am 15.1.1994 in Kraft. Die Vorschrift bezieht sich gemäß **Satz 1**, 2. Halbsatz ausschließlich auf Fälle, in denen die Eintragung der Veräußerung oder einer Auflassungsvormerkung vor dem 15.1.1994 erfolgt ist. Bei Eintragung ab dem 15.1. 1994 kommt eine Heilung nicht in Betracht.

Zugrunde lag eine Entscheidung des BGH, nach welcher bei einer eingetragenen Veräußerungsbeschränkung gem. § 12 die Zustimmung der Verwaltung auch zu einer Erstveräußerung durch den teilenden Eigentümer nach Teilung gem. § 8 erforderlich ist[1].

Wird der Verfügende zwischen Abgabe der Verfügungserklärungen, aber vor Grundbucheintragung, dessen Zeitpunkt die Parteien nicht steuern können, in seiner Verfügungsbefugnis beschränkt, bleibt dessen Erklärung wirksam. Fehlt die Zustimmung, ist der Erwerb schwebend unwirksam. Die Beschränkung bestand allerdings nicht nachträglich i.S.d. § 878 BGB, so dass es zu dessen Anwendung des **Satzes 2** bedarf.

Satz 3 führt zur Anwendung der Heilungsvorschriften des Satzes 1 und 2 auf die gleichgelagerten Fälle des Dauerwohnrechts.

§ 62
Übergangsvorschrift

(1) Für die am 1. Juli 2007 bei Gericht anhängigen Verfahren in Wohnungseigentums- oder in Zwangsversteigerungssachen oder für die bei einem Notar beantragten freiwilligen Versteigerungen sind die durch die Artikel 1 und 2 des Gesetzes vom 26. März 2007 (BGBl. I S. 370) geänderten Vorschriften des III. Teils dieses Gesetzes sowie die des Gesetzes über die Zwangsversteigerung und Zwangsverwaltung in ihrer bis dahin geltenden Fassung weiter anzuwenden.

(2) In Wohnungseigentumssachen nach § 43 Nr. 1 bis 4 finden die Bestimmungen über die Nichtzulassungsbeschwerde (§ 543 Abs. 1 Nr. 2, § 544 der Zivilprozessordnung) keine Anwendung, soweit die anzufechtende Entscheidung vor dem 1. Juli 2012 verkündet worden ist.

Die Änderungen dieses Gesetzes sind zum 1.7.2007 in Kraft getreten. Die neuen Zuständigkeiten in Wohnungseigentumssachen, Verfahrensvorschriften und das neue Kosten- und Gebührenrecht sind für Verfahren anwendbar, die ab dem 1.7.2007 bei Gericht **anhängig** werden; auf die Rechtshängigkeit kommt es nicht an. Für zu diesem Zeitpunkt bereits laufende Verfahren bleibt es bei der Anwendung der Verfahrensvorschriften dieses Gesetzes in der bis zu diesem Zeitpunkt geltenden Fassung. Dies gilt auch für am Tage des Inkrafttretens bei einem Gericht anhängige Verfahren in Zwangsversteigerungssachen oder bei einem Notar beantragte freiwillige Versteigerungen.

---

1 BGH v. 21.2.1991 – V ZB 13/90, NJW 1991, 1613 ff.

2　Für diese laufenden Verfahren gilt auch die bisherige Rechtsmittelsystematik weiter. Dies folgt aus § 45 Abs. 1 a.F., welcher nach § 62 Abs. 1 für laufende Verfahren weiter anwendbar ist.

3　In Abs. 2 wird für eine Übergangszeit die **Nichtzulassungsbeschwerde** gem. § 544 ZPO in Wohnungseigentumssachen **ausgeschlossen**. Die Beschränkung gilt nur für Binnenstreitigkeiten gem. § 43 Nr. 1 bis 4, nicht jedoch für Klagen Dritter gem. Nr. 5. Bis einschließlich 31.12.2011 gilt gem. § 26 Nr. 8 EGZPO aber eine Beschränkung dieses Rechts auf einen Beschwerdewert von über 20 000 Euro.

§ 63
Überleitung bestehender Rechtsverhältnisse

(1) Werden Rechtsverhältnisse, mit denen ein Rechtserfolg bezweckt wird, der den durch dieses Gesetz geschaffenen Rechtsnormen entspricht, in solche Rechtsformen umgewandelt, so ist als Geschäftswert für die Berechnung der hierdurch veranlassten Gebühren der Gerichte und Notare im Falle des Wohnungseigentums ein Fünfundzwanzigstel des Einheitswertes des Grundstückes, im Falle des Dauerwohnrechtes ein Fünfundzwanzigstel des Wertes des Rechtes anzunehmen.

(2) *gegenstandslos*

(3) Durch Landesgesetz können Vorschriften zur Überleitung bestehender, auf Landesrecht beruhender Rechtsverhältnisse in die durch dieses Gesetz geschaffenen Rechtsformen getroffen werden.

1　§ 63 sollte einen **gebührenrechtlichen Anreiz** zur Überleitung ähnlicher Rechtsverhältnisse in die Rechtsform des Wohnungseigentums bieten. Es handelt sich um Umwandlung echten und unechten Stockwerkeigentums landesrechtlicher Art sowie Behelfslösungen unter Zuhilfenahme von Nutzungsvereinbarungen, Wohnrechten oder Grunddienstbarkeiten[1]. Die Vorschrift besitzt kaum mehr rechtliche Relevanz und gilt nicht für die Umwandlung von Miteigentum in Wohnungseigentum, da Miteigentum kein Rechtsverhältnis ist, mit welchem ein Rechtserfolg bezweckt wird, der den durch dieses Gesetz geschaffenen Rechtsnormen entspricht.

§ 64
Inkrafttreten

Dieses Gesetz tritt am Tage nach seiner Verkündung in Kraft.

1　Das Wohnungseigentumsgesetz wurde erstmals am 19.3.1951 verkündet und ist dementsprechend am 20.3.1951 in Kraft getreten. Die geänderte Fassung ist am 1.7.2007 in Kraft getreten.

1　BGH v. 23.4.1958 – V ZR 99/57, NJW 1958, 1289.

Gerichtskostengesetz (Auszug)

§ 49a GKG
(Wohnungseigentumssachen)

(1) Der Streitwert ist auf 50 Prozent des Interesses der Parteien und aller Beigeladenen an der Entscheidung festzusetzen. Er darf das Interesse des Klägers und der auf seiner Seite Beigetretenen an der Entscheidung nicht unterschreiten und das Fünffache des Wertes ihres Interesses nicht überschreiten. Der Wert darf in keinem Fall den Verkehrswert des Wohnungseigentums des Klägers und der auf seiner Seite Beigetretenen übersteigen.

(2) Richtet sich eine Klage gegen einzelne Wohnungseigentümer, darf der Streitwert das Fünffache des Wertes ihres Interesses sowie des Interesses der auf ihrer Seite Beigetretenen nicht übersteigen. Abs. 1 Satz 3 gilt entsprechend.

Inhaltsübersicht

	Rz.		Rz.
I. Die Grundlagen für die Wertfestsetzung in „Wohnungseigentumssachen"	1	4. Der Regelungsgehalt des § 49a Abs. 2 GKG	8
1. Der Anwendungsbereich des § 49a GKG	1	II. Einzelfälle	
2. Die Funktion der Vorschrift	2	1. Die Wertfestsetzung bei Leistungsklagen	10
3. Der Regelungsgehalt des § 49a Abs. 1 GKG	4	2. Die Wertfestsetzung bei Beschlussmängelklagen (Anfechtungs-, Nichtigkeits- und positive Beschlussfeststellungsklage)	16

I. Die Grundlagen für die Wertfestsetzung in „Wohnungseigentumssachen"

1. Der Anwendungsbereich des § 49a GKG

Der neu in das Gerichtskostengesetz eingefügte § 49a GKG enthält besondere Wertvorschriften für sog. „Wohnungseigentumssachen". Der Anwendungsbereich der Vorschrift beschränkt sich schon wegen des Wortlauts seiner Überschrift, die Teil des amtlichen Gesetzestextes ist, auf die von § 43 Nr. 1 bis 4 erfassten Binnenstreitigkeiten der Gemeinschaft. In sonstigen Verfahren, insbesondere in Verfahren nach § 43 Nr. 5, ist sie dagegen nicht anzuwenden[1]. 1

2. Die Funktion der Vorschrift

Der Gesetzgeber trägt mit der gesetzlichen Neuregelung dem Umstand Rechnung, dass sich durch die Erstreckung der ZPO-Regelungen auf Verfahren in Wohnungseigentumssachen das Kostenrisiko für die einzelnen Beteiligten er- 2

---

1 Im Ergebnis auch *Briesemeister*, NZM 2007, 345 (346).

heblich erhöhen wird. Die Gerichtskosten sind nämlich nicht mehr nach den Regelungen der Kostenordnung (§ 1 KostO), sondern nach denen des Gerichtskostengesetzes (§ 1 Nr. 1 GKG) zu erheben. Dies führt zu einem nicht unerheblichen Anstieg der gerichtlichen Gebühren, denn die Gebühren nach dem Gerichtskostengesetz sind bei demselben Wert um etwa das Vierfache höher als die Gebühren nach der Kostenordnung. Zudem berücksichtigt die Neuregelung, dass die unterlegene Partei, anders als nach früherem Verfahrensrecht, das eine Erstattung außergerichtlicher Kosten nur in Ausnahmefällen vorsah, gem. § 91 Abs. 1 Satz 1 auch die außergerichtlichen Kosten der Gegenseite zu erstatten hat. Die Vorschrift dient damit der Kostenbegrenzung. Die differenzierte Regelung soll den an einer „Wohnungseigentumssache" beteiligten oder beigeladenen Wohnungseigentümern sowie dem Verwalter nicht zuletzt aber auch eine zuverlässige Berechnung des Streitwertes und damit zugleich eine sichere Kalkulation des Kostenrisikos ermöglichen[1].

3   Mit den Regelungen in § 49a GKG trägt der Gesetzgeber verfassungsrechtlichen Vorgaben Rechnung. Wegen der aus dem Rechtsstaatsprinzip folgenden Justizgewährungspflicht wäre es verfassungsrechtlich unzulässig, den Rechtsuchenden durch Vorschriften über die Gerichts- und Rechtsanwaltsgebühren oder durch deren Handhabung mit einem Kostenrisiko zu belasten, das außer Verhältnis zu seinem Interesse an dem Verfahren steht und das die Anrufung des Gerichts bei vernünftiger Abwägung als wirtschaftlich nicht mehr sinnvoll erscheinen lässt[2].

3. Der Regelungsgehalt des § 49a Abs. 1 GKG

4   Nach § 49a Abs. 1 Satz 1 GKG ist für den Streitwert in Wohnungseigentumssachen im Unterschied zu anderen Verfahren nach der Zivilprozessordnung grundsätzlich nicht allein das Interesse des Klägers an der Entscheidung maßgebend. Ausgangspunkt für die Streitwertbemessung ist vielmehr – wie schon nach § 48 Abs. 3 Satz 1 (a.F.) – das gesamte Interesse aller an dem Verfahren Beteiligten oder beigeladenen Personen. Damit berücksichtigt der Gesetzgeber, dass sich die Rechtskraft eines Urteils nicht allein auf die Parteien, sondern nach § 48 Abs. 3 auch auf alle beigeladenen Wohnungseigentümer sowie in den Fällen des § 43 Nr. 2 und 3 auch auf den Verwalter erstreckt. Dabei verringert das Gesetz das durch den Anstieg der Gerichtskosten verursachte erhöhte Kostenrisiko, indem es anordnet, dass der Wert einer Klage lediglich 50 % des ermittelten Gesamtinteresses betragen darf. Allerdings darf dieser Wert das Interesse des Klägers und der auf seiner Seite Beigetretenen nicht unterschreiten. Dies wird durch Abs. 1 Satz 2 Halbsatz 1 GKG ausdrücklich angeordnet. Es ist also **mindestens immer das Einzelinteresse des Klägers** zur Grundlage der Wertfestsetzung zu machen, also auch dann, wenn es den in § 49a Abs. 1 Satz 1 GKG genannten Wert übersteigt.

5   Um schließlich ein angemessenes Verhältnis zwischen dem Interesse des Klägers an der gerichtlichen Entscheidung einerseits und dem von ihm zu tragen-

---

1 Siehe zum Ganzen die amtliche Begründung des Gesetzentwurfs, BT-Drucks. 16/887, 76.
2 BVerfG v. 12.2.1992 – 1 BvL 1/89, BVerfGE 85, 337 = MDR 1992, 713–715.

den Kostenrisiko andererseits zu gewährleisten, bestimmt das Gesetz **eine relative und eine absolute Höchstgrenze**. Zum einen darf der Streitwert jedenfalls das **Fünffache des Wertes des Interesses des Klägers** und der auf seiner Seite Beigetretenen an der Entscheidung nicht überschreiten (§ 49a Abs. 1 Satz 2 Halbsatz 2)[1]. Zum anderen ordnet § 49a Abs. 1 Satz 3 GKG an, dass der Streitwert auf keinen Fall den **Verkehrswert des Wohnungseigentums** des Klägers und der auf seiner Seite Beigetretenen übersteigen darf.

Soweit für die Wertfestsetzung auf den **Verkehrswert des Wohnungseigentums** abzustellen ist, sind in den Fällen der subjektiven Klagehäufung und des Beitritts nicht die Einzelwerte der Wohnungen zu addieren. Bei der Streitwertfestsetzung ist deshalb allein auf diejenige Wohnung abzustellen, die den niedrigsten Verkehrswert hat. Gehören allerdings einem Kläger oder einem Beigetretenen mehrere Wohnungen, ist der „Verkehrswert des Wohneigentums" durch Addition der Einzelwerte zu ermitteln. 6

Der Verkehrswert einer Wohnung ist vom Gericht zu schätzen, wobei der üblicherweise zu erzielende Verkaufserlös zugrunde zu legen ist. Eine Ermittlung des Wertes durch Einholung eines Sachverständigengutachtens wäre unverhältnismäßig und hat deshalb zu unterbleiben. 7

4. Der Regelungsgehalt des § 49a Abs. 2 GKG

Der nach Maßgabe des § 49a Abs. 1 GKG zu ermittelnde Streitwert ist schließlich in allen Fällen, in denen sich eine in den Anwendungsbereich des § 43 Nr. 1 bis 3 fallende Klage nicht gegen die Gemeinschaft (§ 43 Nr. 2) oder den Verwalter (§ 43 Nr. 3), sondern gegen **einzelne Wohnungseigentümer** richtet, einer weiteren Kontrolle zu unterziehen. Der Streitwert für eine solche Klage darf nach § 49a Abs. 2 Satz 1 weder das Fünffache des Wertes des Interesses der Beklagten sowie des Interesses der auf ihrer Seite Beigetretenen übersteigen, noch darf sie nach § 49a Abs. 2 Satz 2 den Verkehrswert des Wohnungseigentums des Beklagten oder des auf seiner Seite Beigetretenen übersteigen. 8

Die Regelung in § 49a Abs. 2 GKG ist **nicht in Rechtsstreitigkeiten nach § 43 Nr. 4**, also in Beschlussmängelprozessen (Anfechtungs-, Nichtigkeits- und positive Beschlussfeststellungsklage) **anzuwenden**. § 49a Abs. 2 GKG kommt nämlich nicht zur Anwendung in solchen Verfahren, in denen aufgrund gesetzlicher Vorgaben wie in § 46 Abs. 1 Satz 1 alle Wohnungseigentümer als Parteien am Rechtsstreit beteiligt sind. Dies ergibt sich bereits aus dem Wortlaut der Bestimmung, denn die vorgenannten Klagen sind aufgrund der Regelung in § 46 Abs. 1 Satz 1 gegen alle „übrigen", nicht aber nur gegen „einzelne" Wohnungseigentümer zu richten. Entsprechendes gilt, wenn ein einzelner Wohnungseigentümer in einem gegen die übrigen Wohnungseigentümer gerichteten Rechtsstreit einen Anspruch aus **§ 21 Abs. 4** geltend macht und er alle Wohnungseigentümer der Gemeinschaft beispielsweise auf Durchführung einer Instandsetzungsmaß- 9

---

1 Diese Begrenzung wurde bereits im Anwendungsbereich des § 48 Abs. 3 Satz 2 (a.F.) vorgenommen, s. KG v. 18.2.2004 – 24 W 126/03, NJW-RR 2004, 878; OLG Hamm v. 19.5. 2000 – 15 W 118/00, NZM 2001, 549 (551); OLG Köln v. 2.2.2007 – 16 Wx 256/06, NZM 2007, 216; ablehnend noch BGH v. 2.6.2005 – V ZB 32/05, ZMR 2005, 547 (557).

nahme in Anspruch nimmt oder die gerichtliche Abberufung eines Verwalters betreibt. Weil in solchen Verfahren sämtliche Wohnungseigentümer als Parteien am Rechtsstreit beteiligt sind, besteht keine Notwendigkeit, in besonderem Maße auf die Interessen der als Streitgenossen verklagten Wohnungseigentümer abzustellen. Einem besonderen Kostenrisiko sind diese nicht ausgesetzt, da sie die entstehenden Kosten im Falle ihres Unterliegens gemeinsam zu tragen haben.

II. Einzelfälle

1. Die Wertfestsetzung bei Leistungsklagen

10 **Zahlungsklagen gegen einzelne Wohnungseigentümer**

Sofern einzelne Wohnungseigentümer auf Zahlung von Schadensersatz oder rückständiger Beiträge aus Wirtschaftsplänen und Jahresabrechnungen in Anspruch genommen werden, bestimmt sich der Wert nach dem Nennbetrag der jeweiligen Klageforderung. Dies folgt bereits aus § 48 Abs. 1 Satz 2, wonach bei der Wertfestsetzung das Interesse des Klägers an der Entscheidung nicht unterschritten werden darf. Auch ist der Streitwert in diesen Fällen nicht auf den Verkehrswert des Wohnungseigentums des Beklagten (§ 49a Abs. 2 Satz 2) begrenzt[1].

11 **Beseitigung baulicher Veränderungen**

Beim Streit um die Beseitigung von baulichen Veränderungen entspricht das Interesse aller Parteien und Beigeladenen grundsätzlich dem Wert der Kosten, die für die Beseitigung aufzuwenden wären[2]. Das Einzelinteresse des Klägers bestimmt sich nach der Höhe der – aufgrund des vereinbarten Kostenverteilungsschlüssels – ggf. von ihm zu tragenden Kosten. Hiervon ist regelmäßig der fünffache Betrag in Ansatz zu bringen, sofern nicht besondere Umstände eine weitere Erhöhung rechtfertigen. Ein höheres Einzelinteresse ist ggf. anzunehmen, wenn die bauliche Veränderung eine nicht unerhebliche Herabsetzung des Verkehrswertes der Wohnung zur Folge hat. Da sich die Klage auf Beseitigung baulicher Veränderungen regelmäßig gegen einzelne Wohnungseigentümer richtet, ist ggf. ein geringes Interesse des Beklagten und die Regelung in § 49a Abs. 2 GKG zu beachten.

12 **Unterlassung einer zweckwidrigen Nutzung des Teil- oder Wohneigentums**

Nimmt ein Wohnungseigentümer einen anderen Teil- oder Wohnungseigentümer auf Unterlassung der zweckwidrigen Nutzung seines Teil- oder Wohnungseigentums in Anspruch, kommt es für den Streitwert allein auf das Interesse des Klägers und des Beklagten und der ggf. Beigetretenen an. Der Streitwert ist danach zu bewerten, welche Beeinträchtigungen dem Kläger durch die zweckwidrige Nutzung erwachsen, wobei diese Nachteile und auch ein ggf. geringfügigeres Interesse des Beklagten (§ 49a Abs. 2 Satz 1 GKG) frei zu schätzen sind[3].

---

1 Siehe die amtliche Begründung des Gesetzentwurfs, BT-Drucks. 16/887, 76.
2 BayObLG v. 24.3.1994 – 2Z BR 12/94, WuM 1994, 565 (566).
3 So schon KG v. 5.4.1993 – 24 W 5569/92, ZMR 1993, 346.

Zustimmung zur Veräußerung nach § 12 WEG 13

Wird ein Wohnungseigentümer oder ein Verwalter auf Zustimmung zur Veräußerung eines Wohnungseigentums in Anspruch genommen, ist es angemessen, zur Wertfestsetzung von dem im Kaufvertrag vereinbarten Kaufpreis auszugehen. Das Interesse der Prozessparteien an der Entscheidung wird in der Regel nur einen Bruchteil des vereinbarten Kaufpreises betragen. Angemessen erscheint ein Betrag i.H.v. 10 % bis 20 % des Kaufpreises[1].

Verpflichtung zur Vornahme einer Instandhaltungsmaßnahme 14

Beantragt ein Wohnungseigentümer, die übrigen Wohnungseigentümer nach §§ 21 Abs. 4 und 8 zur Vornahme einer bestimmten Instandhaltungsmaßnahme zu verpflichten, so bestimmt sich der Streitwert nach § 49a Abs. 1 Satz 1 GKG nach den Gesamtkosten der in Aussicht genommenen Reparatur[2]. Das Interesse des Klägers nach § 49a Abs. 1 Satz 2 bestimmt sich in diesen Fällen wiederum nach der Höhe der auf ihn anteilig entfallenden Kosten[3].

Herausgabe von Verwaltungsunterlagen durch den Verwalter 15

Wird der Verwalter auf Herausgabe der Verwaltungsunterlagen in Anspruch genommen, ist das Interesse der klagenden Gemeinschaft in der Regel frei zu schätzen. Dabei ist auch auf die Größe der Gemeinschaft abzustellen und auf die Bedeutung der Unterlagen für die ordnungsgemäße Verwaltung. Regelmäßig wird sich der Streitwert zwischen 500 Euro bis 2 000 Euro bewegen.

2. Die Wertfestsetzung bei Beschlussmängelklagen (Anfechtungs-, Nichtigkeits- und positive Beschlussfeststellungsklage)

Beschluss über Jahresabrechnung oder Wirtschaftsplan 16

Wird ein nach Maßgabe des § 28 Abs. 5 gefasster Beschluss über die Genehmigung der Jahresabrechnung oder des Wirtschaftsplans angefochten, kommt es für die Wertfestsetzung grundsätzlich darauf an, ob der Kläger die Ungültigerklärung des Beschlusses in seiner Gesamtheit betreibt, oder ob er seine Klage von vornherein auf einzelne Kostenpositionen begrenzt. Selbst wenn die **gesamte Jahresabrechnung** oder der **gesamte Wirtschaftsplan** im Streit steht, bestimmt sich das Interesse aller Beteiligten an der Entscheidung grundsätzlich nicht nach dem Nennbetrag der in der Abrechnung oder dem Wirtschaftsplan als Ausgaben eingestellten Kosten. Vielmehr beträgt das Interesse lediglich ein Bruchteil hiervon, wobei bislang überwiegend ein Betrag von 20 % bis 25 % angenommen wurde[4]. Der zukünftig nach § 49a Abs. 1 Satz 1 GKG zu bestimmende Wert entspricht somit ungefähr 10 % des Nennbetrages der in der Jahresabrechnung oder im Wirtschaftsplan als Ausgaben ausgewiesenen Kosten. Eine

---

1 BayObLG v. 1.2.1990 – BReg 2Z 141/89, WuM 1990, 165 (166 und 167); KG v. 11.10.1989 – 24 W 4478/89, ZMR 1990, 68.
2 BayObLG v. 13.10.2004 – 2Z BR 186/04 (nicht veröffentlicht).
3 So schon OLG Karlsruhe v. 17.3.2004 – 11 Wx 45/03, OLGR Karlsruhe 2004, 213–214.
4 KG v. 18.2.2004 – 24 W 126/03, NJW-RR 2004, 878; OLG Hamm v. 19.5.2000 – 15 W 118/00, NZM 2001, 549 (550); BayObLG v. 30.5.1995 – 2Z BR 41/95, WuM 1995, 451.

weitere Herabsetzung kann geboten sein, wenn die Ungültigerklärung des Beschlusses lediglich wegen formaler Mängel betrieben wird[1].

17 Das nach § 49 Abs. 1 Satz 2 GKG zu berücksichtigende Mindestinteresse des Klägers an der gerichtlichen Entscheidung entspricht im vorgenannten Fall der Höhe der in den Einzelabrechnungen bzw. Einzelwirtschaftsplänen auf ihn umgelegten Kosten. Klagen mehrere Wohnungseigentümer als Streitgenossen (§ 47 Satz 1), ist für die Festsetzung des Mindestinteresses auf denjenigen Streitgenossen abzustellen, der aufgrund der beschlossenen Einzelabrechnungen die höchsten Kosten zu tragen hat oder jedenfalls zu tragen hätte. Dagegen ist zur Ermittlung des Höchstbetrages i.S.v. § 49 Abs. 1 Satz 2 Halbsatz 2 auf das Interesse desjenigen Streitgenossen abzustellen, der die geringste Kostenlast zu tragen hat. Kostenrechtlich unzulässig wäre eine Addition der Einzelwerte, da sie zu einem überhöhten Streitwert führen würde.

18 Betreibt der Kläger mit seiner Klage nicht die Ungültigerklärung der Jahresabrechnung und des Wirtschaftsplans in seiner Gesamtheit, sondern beschränkt er die Anfechtungs- und Nichtigkeitsklage von vornherein auf einen selbständigen Rechnungsposten, so hat sich der Streitwert von vornherein nicht an dem Gesamtbetrag der in der Jahresabrechnung oder in dem Wirtschaftsplan als Ausgaben eingestellten Kosten zu orientieren. Für den Streitwert nach § 49a Abs. 1 Satz 1 GKG ist bei einer Teilanfechtung vielmehr allein auf die Höhe der angegriffenen Positionen abzustellen[2]. Das Interesse des Klägers bestimmt sich in solchen Konstellationen danach, in welchem Umfang eine gerichtliche Entscheidung zu einer Reduzierung seiner Beitragspflichten gegenüber der Gemeinschaft führt. Als Gebührenstreitwert ist regelmäßig der fünffache Betrag dieses Interesses festzusetzen.

19 **Beschluss über die Abberufung oder die Bestellung eines Verwalters**

Wird der Beschluss über die Bestellung oder die Abberufung eines Verwalters angefochten, bestimmt sich das Interesse der Verfahrensbeteiligten an der gerichtlichen Entscheidung nach der Höhe der für die Restlaufzeit des Vertrages ausstehenden Vergütung[3]. Zur Bestimmung des Einzelinteresses des klagenden Wohnungseigentümers ist dagegen auf den Betrag abzustellen, der von ihm aufgrund des gesetzlichen oder vereinbarten Kostenverteilungsschlüssels zu tragen ist.

20 **Beschluss über die Entlastung des Verwalters oder des Verwaltungsbeirats**

Der Streitwert für die Anfechtungs- und Nichtigkeitsklage bemisst sich grundsätzlich nach der Höhe etwaiger Schadensersatzforderungen der Gemeinschaft gegen den Verwalter oder den Verwaltungsbeirat, wenn die Entlastung mit einem negativen Schuldanerkenntnis einhergeht. Sind Anhaltspunkte für das Be-

---

1 BayObLG v. 28.8.2001 – 2Z BR 108/01, WuM 2002, 48.
2 BGH v. 2.6.2005 – V ZB 32/05, ZMR 2005, 547 (557).
3 Für den Fall der Bestellung eines Verwalters: BayObLG v. 21.4.1998 – 2Z BR 36/98 und 43/98, NZM 1998, 668 (669); BayObLG v. 12.10.2000 – 3Z BR 218/00, ZMR 2001, 128; Für den Fall der Abberufung eines Verwalters: BGH v. 20.6.2002 – V ZB 39/01, NZM 2002, 788 (793).

stehen eines Schadensersatzanspruchs nicht ersichtlich, unterliegt die Wertfestsetzung der freien Schätzung des Gerichts. Dabei kann es angemessen sein, für den Streitwert nach § 49a Abs. 1 Satz 1 GKG einen Betrag i.H.v. 5 % des Nennbetrages der in der Jahresabrechnung als Ausgaben ausgewiesenen Kosten anzusetzen[1]. Für das Einzelinteresse i.S.v. § 49a Abs. 1 Satz 2 GKG wäre der Betrag maßgebend, den der Kläger aufgrund des vereinbarten Kostenverteilungsschlüssels zu tragen hat. Im gleichen Maße vertretbar ist aber auch eine freie Schätzung des Streitwerts; dabei sollte aber ein Betrag i.H.v. 250 Euro bis 500 Euro regelmäßig nicht überschritten werden.

Beschluss über die Vornahme von Instandhaltungsmaßnahmen 21

Ist Gegenstand der Anfechtungs- und Nichtigkeitsklage ein Beschluss über eine Instandhaltungs- und Instandsetzungsmaßnahme, richtet sich das Interesse aller Verfahrenbeteiligten nach dem Gesamtwert der beabsichtigten Instandhaltungskosten, wenn die Notwendigkeit der Maßnahme überhaupt in Abrede gestellt wird. Zur Ermittlung des Einzelinteresses i.S.v. § 49 Abs. 1 Satz 2 GKG ist darauf abzustellen, in welchem Umfang der Kläger an den Kosten aufgrund des geltenden Kostenverteilungsschlüssels zu beteiligen ist.

Stellt der Kläger dagegen nicht den Instandhaltungsbedarf als solchen in Abrede, sondern behauptet er lediglich, der Instandhaltungsbedarf sei auch mit einem geringeren Kostenaufwand zu beseitigen, ist für den Streitwert nach § 49a Abs. 1 Satz 1 GKG auf den Betrag abzustellen, der nach Auffassung des Klägers insgesamt eingespart werden kann. Zur Berechnung des Einzelinteresses des Klägers i.S.v. § 49 Abs. 1 Satz 2 GKG ist der Betrag anzusetzen, den der Kläger selbst einsparen würde. 22

Beschlüsse über sonstige kostenrelevante Verwaltungsmaßnahmen 23

Werden Beschlüsse der Gemeinschaft angefochten, die eine sonstige kostenpflichtige Verwaltungsmaßnahme zum Gegenstand haben, wie z.B. der Beschluss über die Beauftragung einer Wartungsfirma, die Anstellung eines Hausmeisters, die Beauftragung eines Rechtsanwalts oder der Beschluss über die Anschaffung von Gegenständen (z.B. eines Rasenmähers, Bepflanzung usw.), bestimmt sich das Interesse aller Verfahrensbeteiligten an der Entscheidung nach der Höhe des Vergütungsanspruchs bzw. des Anschaffungspreises[2]. Für die Bestimmung des Einzelinteresses nach § 49a Abs. 1 Satz 2 GKG ist wiederum darauf abzustellen, in welchem Umgang der Kläger an diesen Kosten beteiligt wird.

---

1 Vgl. OLG Köln v. 13.12.2002 – 16 Wx 196/02, NZM 2003, 125.
2 Für den Fall der Anstellung eines Hausmeisters: BayObLG v. 30.7.2003 – 2Z BR 117/03, NZM 2004, 114 (Ls.).

Stichwortverzeichnis

Fette Zahlen bezeichnen die Paragraphen, magere Zahlen die Randziffern.

Abfall
- Beseitigungspflicht **14** 3
- dauerhaftes Abstellen **14** 11

Abfallgebühren
- Kostentragung **16** 13
- Kostenverteilung **16** 106
- Zahlungsverkehr **27** 44

Abfallstandort
- Sondereigentumsfähigkeit **5** 12

Abgeschlossenheit
- Begriff **3** 23 ff.
- Garten **5** 10
- Hof **5** 10
- Vereinigung v. Miteigentumsanteilen **6** 12
- Zweck **3** 22

Abgeschlossenheitsbescheinigung
- Ausfertigung durch Sachverständige **7** 21 ff.
- Dauerwohnrecht **32** 2 ff., 6 f.
- Eigentumsbegründung vor Baubeginn **1** 21
- Einreichung z. Grundbuch **7** 16
- Nichterteilung **7** 20
- Prüfung durch Grundbuchamt **3** 21; **7** 28
- Prüfung durch Notar **7** 19
- Realteilung **6** 18
- Zweck **7** 19

Abluftanlage
- zwingendes Gemeinschaftseigentum **5** 38

Abmahnung
- Anfechtungsklage **18** 24
- Beschluss **18** 23 f., 30 ff.
- Entziehung d. Wohnungseigentums **18** 21, 43 f.
- Form **18** 22
- Pflichtenverstoß **18** 20
- Verzicht **18** 43

Abnahme
- Befugnis **21** 15

Abstimmung
- s.a. Mehrheitsbeschluss; Stimmrecht **10**
- Abwesende **Vor 23 bis 25** 53
- Allstimmigkeitsprinzip **10** 2, 6; **Vor 23 bis 25** 95 f.
- Anspruch **Vor 23 bis 25** 60
- Aufforderung z. Stimmabgabe **Vor 23 bis 25** 58
- Ausnutzung v. Stimmenmehrheiten **23** 105; **25** 116 ff.
- Beginn **Vor 23 bis 25** 58
- Blockabstimmung **Vor 23 bis 25** 52, 153 ff.
- Delegiertenversammlung **Vor 23 bis 25** 54
- doppelte Mehrheit **10** 51
- einfache Mehrheit **Vor 23 bis 25** 81
- Ein-Mann-Beschluss **Vor 23 bis 25** 133 ff.
- Ende **Vor 23 bis 25** 58
- Enthaltungen **10** 51
- Ergebnisfeststellung, unrichtige **46** 6 f., 18, 72 f., 138 ff.
- Feststellung d. Ergebnisses **Vor 23 bis 25** 62; s.a. Beschlüsse – Feststellung
- geheime **Vor 23 bis 25** 46
- kombinierte **Vor 23 bis 25** 53
- Kopfprinzip **10** 51
- Mehrheitsprinzip **10** 2, 51
- Modifikation gesetzlicher Abstimmungserfordernisse **23** 18 f.
- Probeabstimmung **Vor 23 bis 25** 44, 59
- Sammelabstimmung **Vor 23 bis 25** 52; **25** 103
- schriftliche Beschlussfassung s. Beschlussfassung – schriftliche
- Stimmauszählung **Vor 23 bis 25** 82
- Stimmengleichheit **Vor 23 bis 25** 81
- Stimmenthaltung **Vor 23 bis 25** 81

1143

- Stimmrechtsausschluss s. Stimmrecht – Ausschluss
- Stimmrechtsbeschränkung **25** 17
- Stimmrechtsprinzip
  Vor 23 bis 25 82, 86; **25** 11 ff.
- Überwiegen d. Nein-Stimmen
  Vor 23 bis 25 81
- Verfahrensfehler
  Vor 23 bis 25 55 f., 78; **25** 8 ff.
- Vetorecht **25** 15
- Vollmacht s. Stimmrecht – Vollmacht
- Wertprinzip **10** 51

Abwasserkosten
- Koppelung an Eigenverbrauch
  16 103
- Kostenverteilung **16** 100 ff.

Abwasserleitungen
- Sondereigentumsfähigkeit **5** 33

Aktivlegitimation
- s.a. Rechtsverfolgungsbefugnis;
  Verwalter – Aufgaben – Beschlussanfechtung **46** 16, 20 ff., 39, 40 ff.,
  127
- Bruchteilseigentümer **46** 25 ff.
- Eigentümergemeinschaft **10** 73,
  79 ff.
- gerichtliche Ermessensentscheidung **21** 127
- Insolvenzverwalter **43** 13
- Veräußerungsklage **19** 9
- Verlust d. Anfechtungsbefugnis
  46 23 f.

Akzessorietät
- Bestandteile d. Wohnungseigentums **1** 7; **6** 1 ff.

Alkoholmissbrauch
- Entziehung d. Wohnungseigentums **18** 16

Alleinbesitz
- Sondereigentum **1** 11

Alleineigentum
- Bestandteil d. Wohnungseigentums **1** 3 f., 7
- Sondereigentum **1** 7; **5** 65; **13** 4
- Sondereigentumseinheiten **3** 16

Alleineigentümer
- Beschlussfassung
  Vor 23 bis 25 133 ff.

- Versammlung **23** 46

Allgemeine Geschäftsbedingungen
- Gemeinschaftsordnung **10** 4
- Verwalter, Vertrag **26** 75, 97 f.

Allstimmigkeit
- Beschlussanfechtung **10** 2, 6;
  Vor 23 bis 25 147 ff.
- Koppelung an Eigenverbrauch
  Vor 23 bis 25 132
- Kostenverteilung **23** 28 ff.
- Sondereigentumsfähigkeit **23** 120
- Wertprinzip **Vor 23 bis 25** 95 f.

Altbau
- Bruchteilseigentümer **14** 9

Amateurfunkantenne
- Eigentümergemeinschaft **22** 86

Anfechtung
- s.a. Anfechtungsklage; Beschlüsse –
  Anfechtung; Beschlüsse – Fehlerhaftigkeit
- Ablehnung d. Wirtschaftsplanaufstellung **28** 47 ff.
- Abstimmungsfehler
  Vor 23 bis 25 55 f., 78
- Änderung d. Verteilungsschlüssels
  16 34
- Anfechtungsfrist **23** 89, 91
- Beschlussempfehlung d. Beirats
  29 34
- Beschlussfähigkeit **25** 76
- Beschlussmängel **46** 1 ff.; s.a. Anfechtungsklage; Beschlüsse – Anfechtung
- Einzelbelastungsbeschluss **16** 38
- Entlastungsbeschluss **28** 21
- Geschäftsordnungsbeschluss
  Vor 23 bis 25 129 f.; **24** 105
- Instandhaltungsrückstellung **21** 98
- Jahresabrechnung **28** 133 ff.
- Missachtung v. Stimmrechtsverboten **25** 110
- Negativbeschluss
  Vor 23 bis 25 125 f.
- schriftliche Beschlussfassung **23** 76
- vereinbarungbezogene Beschlüsse
  23 112 ff.
- Vereinbarungen **10** 13
- Versammlungseinberufung durch
  Unberechtigte **24** 35 ff.

- Versammlungsleitung durch Unbefugten **24** 109; **26** 31
- Verstöße d. Versammlungsleiters **24** 106
- Verwalter, Abberufung **26** 163 ff.
- Verwalter, Abberufungsweigerung **26** 158 ff.
- Verwalter, Vertrag **26** 97 ff.
- Verwalter, Wahl **26** 31, 33, 36 ff., 48 ff.
- Wegfall d. Vertretungsmacht **27** 15, 63; s.a. Verwalter – Vertretung d. Wohnungseigentümer; Verwalter – Vertretung d. Eigentümergemeinschaft
- Wiederholung angefochtener Beschlüsse **Vor 23 bis 25** 116
- Wirtschaftsplan **28** 63 ff.
- Wohnungseigentumsbegründung **2** 15
- Zitterbeschluss **10** 15, 17
- Zweitversammlung **25** 84

Anfechtungsklage
- s.a. Beschlüsse – Anfechtung; Gerichtliche Ermessensentscheidung; Klageschrift
- Abmahnungsbeschluss **18** 24
- Aktivlegitimation **46** 16, 20 ff., 39, 40 ff., 127
- Aktivlegitimation, Verlust **46** 23 f.
- Anerkenntnis **46** 152
- Anfechtungsfrist **46** 69 ff.
- Anfechtungsfrist, Beginn **46** 81 f.
- Anfechtungsfrist, Versäumnis **46** 100
- Anfechtungsgründe **46** 14
- Antragsinhalt **46** 88 ff.
- Beschlussfassung, fehlerhafte **Vor 23 bis 25** 70 ff., 92 f.
- Bezeichnung d. Anfechtungsgegenstands **46** 85 ff.
- Bruchteilseigentümer **46** 25 ff.
- Darlegungs-/Beweislast **46** 144 f.
- dinglich Berechtigte **46** 64 ff.
- einstweiliger Rechtsschutz **46** 174 ff.
- Entziehungsbeschluss **18** 35 ff.
- Erforderlichkeit **23** 118; **46** 4
- Funktion **46** 8 ff.
- gerichtliche Hinweispflicht **46** 146 ff.
- gerichtliche Prüfungspflicht **46** 146 ff.
- Gerichtszuständigkeit **46** 97; s.a. Gerichtsverfahren – Zuständigkeit
- Insolvenz d. Partei **46** 155
- Insolvenzverwalter **46** 32 ff.
- Klagebefugnis Dritter **46** 67 ff.
- Klagebegründungsfrist **46** 101 ff.
- Klagerücknahme **46** 92, 150
- Klageverzicht **46** 150
- Kostenentscheidung **46** 171 f.
- Nachschieben v. Gründen **46** 107 ff.
- Nebenentscheidungen **46** 171 f.
- Negativbeschluss **46** 5
- Nichtigkeitsgründe **46** 14
- Parteiwechsel **46** 93
- Passivlegitimation **10** 80; **27** 74; **46** 16, 36
- positive Beschlussfeststellungsklage **46** 6 f., 18, 72 f., 138 ff.
- Protokollberichtigung **46** 74 ff.
- Prozessführungsbefugnis **46** 19, 36 ff.
- Prozesskostenhilfeantrag **46** 98 f.
- Prozessstandschaft **46** 32 ff., 94 ff.
- Prozessvergleich **46** 154
- Rechtskrafterstreckung **48** 46 ff.
- Rechtskraftwirkung **48** 49 ff.
- Rechtsmittelverzicht **46** 153
- Rechtsschutzbedürfnis **46** 125 ff.
- Sachentscheidung **46** 156 ff.
- Streitgegenstand **46** 15, 157 ff.
- Streitwert **49a GKG** 9
- Teilabweisung **46** 168 ff.
- teilrechtsfähige Gemeinschaft **46** 16, 62 f.
- Teilurteil **46** 164 ff.
- Veräußerung d. Wohnungseigentums **46** 28 ff.
- Vereinbarungen **10** 13
- Verhältnis z. Nichtigkeitsklage **46** 11 ff.
- Versäumnisurteil **46** 150 f.
- Verwalter, Aktivlegitimation **46** 39
- Verwalter, Beiladung **46** 36

1145

- Verwalter, Prozessführungsbefugnis **46** 36 ff.
- Verwaltungsbeschlüsse **21** 39, 47
- vorbeugender Unterlassungsantrag **46** 180 ff.
- vorläufige Vollstreckbarkeit **46** 172
- Wiedereinsetzung in d. vorigen Stand **46** 112 ff.
- Wirkung **46** 173
- Zustellung an d. Beklagten **46** 83 f.
- Zwangsverwaltung **46** 32 ff.

Anscheins-/Duldungsvollmacht
- Verwalter **27** 15, 63

Antennenanlage
- s.a. Parabolantenne
- Anbringung auf Balkon **15** 57
- Beschlusskompetenz **10** 46
- Umstellung **22** 100

Anwachsung
- isolierte Anteile **3** 10

Anwartschaften
- künftiges Gemeinschafts-/Sondereigentum **2** 3

Arztpraxis
- Geltung d. Genehmigung f. Nachfolger **15** 80
- Lärmbelästigung **15** 68
- Zulässigkeit in Büro/Wohnung **15** 26

Auflage, erbrechtliche
- Verpflichtung z. Begründung v. Wohnungseigentum **2** 2

Auflassung
- Alleineigentum an Sondereigentumseinheiten **3** 16
- Aufhebung v. Sondereigentum **4** 23
- Aufhebung v. Sondereigentum, teilweise **4** 24 f.
- bedingte **4** 14 ff.
- Genehmigungserfordernisse **4** 33 ff.
- gescheiterte Einräumung v. Sondereigentum **4** 12
- Grundbucheintragung **4** 18 ff.
- Kosten **4** 47 f.
- Rechtsbedingung **4** 16
- Stellvertretung **4** 12
- Umwandlung v. Sonder-/Gemeinschaftseigentum **4** 5 ff., 24 f.

- Veräußerung d. Wohnungseigentums **1** 12
- Veräußerung v. Teilen d. Gemeinschaftseigentums **1** 31
- Veräußerungsbeschränkung **12** 13
- Vorlage d. schuldrechtlichen Vertrags **4** 13
- Zeitbestimmung **4** 14 ff.
- zwischenzeitliche Verfügungsbeschränkung **61** 1 ff.

Auflassungsvormerkung
- Eintragung **1** 31
- Wohnungseigentumsbegründung durch Teilung **2** 8

Aufopferungsanspruch
- Aufrechnung **14** 34
- infolge Betretungsrechts **14** 27 ff.; s.a. Instandhaltung – Gemeinschaftseigentum

Aufrechnung
- Aufwendungsersatz bei Notgeschäftsführung **21** 30
- Gewährleistungsanspruch **21** 11
- Sanierungskosten g. Schadensersatz **14** 34
- Verwalterhaftung/-vergütung **26** 111a
- Wohngeld **10** 109 ff.
- Wohngeldrückstände **28** 181 ff.

Aufteilungsplan
- Abweichung bei Wohnungsnutzung **15** 77
- Ausfertigung durch Sachverständige **7** 21 ff.
- Bestimmtheitsgrundsatz **7** 18
- Einreichung z. Grundbuch **7** 16
- Gebrauchsregelungen **15** 7
- Legaldefinition **7** 17
- Realteilung **6** 18
- vorläufiger **8** 10
- Widerspruch z. Teilungserklärung **5** 50; **7** 27

Aufzug
- Gebrauchsmöglichkeit **16** 25
- Kostenverteilung **16** 77 ff.
- Stilllegung **15** 64
- zwingendes Gemeinschaftseigentum **5** 38, 55

Auseinandersetzungsguthaben
- Anspruchsdurchsetzung **17** 19f.
- Berechnung d. Anteile **17** 10ff.
- Bewertungszeitpunkt **17** 16f.
- Eigentümervereinbarung **17** 1
- Entstehung **17** 8f.; s.a. Eigentümergemeinschaft – Aufhebung
- Wert d. Gemeinschaftseigentums **17** 14f.
- Wert d. Sondereigentums **17** 13
- Wertänderungen **17** 2

Auslegung
- Beschlüsse s. Beschlüsse – Auslegung
- fehlende Sondereigentumsfähigkeit **5** 11
- Gebrauchsregelungen **15** 8
- Klagefrist **46** 80
- Teilungserklärung **5** 11; **8** 16; **10** 12
- Vereinbarungen **10** 7, 9, 12

Außenanstrich
- Veränderung durch Wohnungseigentümer **5** 53
- zwingendes Gemeinschaftseigentum **5** 38

Außentreppe
- bauliche Veränderung, Zustimmung **22** 87

Äußere Gestaltung
- eigenmächtiger Eingriff **15** 56
- Fenster **22** 96f.
- Veränderung **5** 22f., 26, 40, 53

Balkon
- äußere Gestaltung **5** 53
- bauliche Veränderung, Zustimmung **22** 88ff.
- Bepflanzung **15** 28
- Instandhaltung d. Belags **14** 3
- konstruktive Teile **5** 16
- Sondereigentumsfähigkeit **5** 14ff.

Bar
- Gaststättennutzung **15** 51

Baubehörde
- Abgeschlossenheitsbescheinigung **7** 20
- Aufgabenübertragung an Sachverständige **7** 21ff.
- Aufteilungsplan **7** 21

Baugenehmigung
- verwaltungsrechtlicher Rechtschutz **22** 35

Bauhandwerkersicherungshypothek
- Stellung durch Gemeinschaft **10** 72

Bauherrenmodell 2 5

Bauherren
- Versammlung **23** 42

Bauliche Veränderungen
- Abgrenzung zur Umsetzung v. Zweckbestimmungen **22** 11
- Allstimmigkeit **Vor 23 bis 25** 95f.
- Ankündigung als Beschlussgegenstand **23** 53
- Anspruch auf Zustimmung **22** 36ff.
- Baugenehmigung **22** 34f.
- Begriff **22** 3ff.
- Beschlusskompetenz **10** 46; **16** 50ff., 118ff.
- Beseitigungs- und Unterlassungsanspruch **10** 73; **16** 121ff.
- Einzelfälle **22** 84ff.
- Ersterstellung, Abgrenzung **22** 7f.
- Gebäudebestandteile **5** 39
- Gegenstand **22** 2, 6
- Gerichtszuständigkeit **43** 17
- Instandhaltung, Abgrenzung **22** 9
- Kostentragung, Einzelfall **16** 42ff.
- Kostentragung, Vereinbarung **16** 59ff.
- Mehrheitsbeschluss **22** 16ff.
- Modernisierung **16** 124
- Nachteiligkeit **22** 12, 28ff.
- neue Räume **5** 42
- Notgeschäftsführung **22** 10
- Sondereigentum **22** 6
- Sondernutzungsflächen **13** 18
- Streitwert **49a GKG** 11
- Teilungsvereinbarung **5** 70
- unzulässige **18** 17
- Vereinbarungen d. Eigentümer **22** 39ff.
- Wiederherstellungsanspruch **22** 46ff.; s.a. dort
- Zustimmung **5** 39; **16** 121ff.; **22** 12f.
- Zustimmung, bedingte **22** 22ff.
- Zustimmung, Versagung **22** 45

1147

– Zustimmung, Verwalter 22 44
Baumängel
– s.a. Gewährleistungsrechte;
Rechtsverfolgungsbefugnis
– Instandsetzung 21 67
Baumaßnahmen
– s.a. Wiederaufbau; Wiederherstellungsanspruch
– steckengebliebener Bau 22 83
Bauplan
– Wohnungseigentumsbegründung vor Baubeginn 1 21
Bauträger
– steckengebliebener Bau 22 83
– Vorratsteilung 8 2
Bauträgervertrag
– Abnahme 21 15
– Gewährleistungsansprüche 21 7 ff.; s.a. Rechtsverfolgungsbefugnis
– Minderung 21 12
– Nacherfüllung 21 11
– Nachfristsetzung 21 12
– Rückabwicklung 21 10, 13 f.
– Rückgewähr v. Zahlungen 21 10
– Schadensersatz 21 12
– Selbstvornahme 21 11
Bauvertrag
– Geltendmachung v. Ansprüchen/Rechten 21 7 ff., 107 f.; s.a. Rechtsverfolgungsbefugnis
– steckengebliebener Bau 22 83
Bauvorschriften
– baurechtswidrige Errichtung 11 10
Bauzeichnung
– Aufteilungsplan 7 17
Bedingung
– Auflassung 4 16
– Dauerwohnrecht 33 3, 8 ff.; 39 10 f.
– Einräumung v. Sondereigentum 4 14 ff.
– Eintragungsbewilligung 8 11
– Verwalter, Abberufung 26 114
– Verwalter, Vertrag 26 67, 142
– Zwangsversteigerung 19 40 f.
Befristung
– Eintragungsbewilligung 8 11
Beglaubigung
– Dauerwohnrecht 32 5
– öffentliche Urkunden 8 13

Behördliche Genehmigung
– Fremdenverkehrsgebiet 4 35
– neue Bundesländer 4 33
– Sanierungsgebiet 1 13
Beiladung
– Benennung nicht beteiligter Eigentümer 44 24 f.
– Entbehrlichkeit 48 8 ff.
– Funktion 48 2 ff.
– Kostenentscheidung 48 33 ff.
– Kostenentscheidung zulasten d. Verwalters 49 35
– Nebenintervention 48 23 f.
– Nebenintervention, streitgenössische 48 26 ff.
– rechtliche Betroffenheit 48 5 ff.
– Rechtskrafterstreckung 48 36 ff.
– Rechtsstellung 48 23 ff.
– Veräußerung d. Wohnungseigentums 48 21 f.
– Verfahren 48 17 ff.
– Verwalter 46 36; 48 14 ff.
– Wohnungseigentümer 48 5 ff.
– Zeitpunkt 48 17
– Zustellungsvertreter 48 18 ff.
Beirat
– Abberufung v. Mitgliedern 21 111; 29 13 f.
– Abschaffung 29 4
– Anfechtung v. Stellungnahmen 29 34
– Aufgaben 29 1, 18 ff.
– Aufgabenerweiterung/-beschränkung 29 22 f.
– Aufgabenteilung 29 25
– Aufwendungsersatz 29 27
– Auskunftspflicht 29 26
– Außenstehende 29 1, 8 ff.
– Beschlusskompetenz 10 46
– Beschluss-Sammlung 29 19
– Bestellung d. Mitglieder 29 5 ff.
– Bestellungsdauer 29 12
– Bevollmächtigung z. Bauabnahme 21 15
– Eigentümerversammlung, Leitung 29 19
– Eigentümerversammlung, Einberufung 29 19

- Eigentümerversammlung, Vorbereitung **29** 1, 18
- Einberufungsverlangen, Abdingbarkeit **24** 203
- Einrichtung **29** 2 f.
- Entlastungsbeschlussanfechtung, Streitwert **49a GKG** 20
- Entscheidungsbefugnisse **29** 18, 34
- Ermächtigung z. Vertragsschluss **26** 64 f.
- Funktion **20** 5, 7
- Haftung **29** 28 ff.
- Herausgabe d. Eigentümerliste **24** 40
- Herausgabe v. Unterlagen **29** 26
- Mitgliederzahl **29** 16 f.
- Prüfungsaufgaben **29** 18, 20 f.
- Schlichtungsstelle **29** 33
- schuldrechtliches Verhältnis z. Gemeinschaft **29** 15
- Stimmrechtsausschluss **25** 94 ff.
- Stimmrechtsverbote **25** 113
- Streitigkeiten, Gerichtszuständigkeit **43** 20
- Unterzeichnung d. Niederschrift **29** 19
- Verfahren **29**
- Versammlung, Einberufung **24** 24 ff.
- Versammlung, Ladung **24** 50
- Verwalter, Bestellung **26** 39
- Verwalter, Vertrag **29** 24
- Vorauswahl d. Verwalters **26** 30, 55; **29** 24
- Vorsitzender **29** 5, 16, 19
- Vorsitzender, Versammlungsteilnahme **24** 71
- Wahl **29** 5 ff.
- Zusammensetzung **29** 16 f.

Belastungen, dingliche
- s.a. Grunddienstbarkeit; Grundpfandrechte; Nießbrauch; Vormerkung
- bei Wohnungseigentumsbegründung **2** 12
- dinglich Berechtigte, Klagebefugnis **46** 64 ff.
- dinglich Berechtigte, Mitwirkung **3** 11, 20
- Erstreckung auf Sondereigentum **6** 20
- Grundbucheintragung **7** 8
- sanierungsrechtliche Genehmigung **1** 13
- Stimmrecht d. Berechtigten **25** 34 ff.
- Übertragung auf Wohnungsgrundbücher **3** 11
- Verfügungsbeschränkung **12** 19
- Zulässigkeit **6** 9
- Zuschreibung v. Miteigentumsanteilen **6** 14, 16
- Zustimmungserfordernisse bei Änderung d. Teilungserklärung **8** 23
- Zustimmungserfordernisse bei Bildung v. Sondereigentum **4** 43 ff.
- Zustimmungserfordernisse bei Vereinbarungen **5** 72 ff.

Beleidigung
- Entziehung d. Wohnungseigentums **18** 16

Bepflanzung
- Balkone **15** 28

Berufung
- Zuständigkeit **43** 50 ff.

Beschlüsse
- Allstimmigkeit, Abgrenzung z. Vereinbarung **Vor 23 bis 25** 147 ff.
- Anfechtbarkeit **23** 89, 96 f.; **24** 51, 70, 84, 94, 109
- Anfechtbarkeit, Durchführung **27** 11
- Aufwendungsersatz bei nunmehr nichtigem Beschluss **10** 19
- Ausführungsfrist **27** 9
- Auslegung, Klagefrist **46** 80
- Ausnutzung v. Stimmmehrheiten **23** 105; **25** 116 ff.; s.a. Stimmrecht
- außerhalb d. Versammlung **Vor 23 bis 25** 77
- Begriff **Vor 23 bis 25** 2
- Beirat, Mitglieder **10** 46
- Benachteiligung durch Zweitbeschluss **Vor 23 bis 25** 111 ff.
- Beschlussfähigkeit **25** 64 ff.
- Beschluss-Sammlung s. dort
- Beseitigungsanspruch **27** 12

- Bestandskraft **10** 15;
  Vor 23 bis 25 10, 16 f.; **23** 89
- Bestimmtheitsgebot
  Vor 23 bis 25 145 f.; **23** 116
- Bindungswirkung
  Vor 23 bis 25 20 ff.
- Bindungswirkung ggü. Rechtsnachfolger **10** 48 f.; **Vor 23 bis 25** 22
- Eingriff in d. Kernbereich d. Wohungseigentums **23** 107 ff., 119; **24** 51 f.
- Ein-Mann-Beschluss
  Vor 23 bis 25 133 ff.; **23** 46
- Einstimmigkeitsprinzip **21** 3
- Eintragungsfähigkeit **10** 48
- Entlastung s. dort
- Fehlen vereinbarter Voraussetzungen **Vor 23 bis 25** 75 f., 92 f.
- fehlerhafte, Rechtsschutz **46** 4 ff.; s.a. Anfechtungsklage; Rechtsverfolgungsbefugnis
- Funktion **Vor 23 bis 25** 9 ff.
- gerichtliche Ermessensentscheidung **Vor 23 bis 25** 141 f.; s.a. dort
- gerichtlicher Beschluss, Wiederholung **Vor 23 bis 25** 115
- Inhaltskontrolle **10** 3; **23** 107 ff.
- Klarstellung v. Vereinbarungen **10** 9
- Kostenhaftung d. Erwerbers **16** 156 ff.
- Kostenverteilungsschlüssel **10** 18, 31; **16** 1, 16; s.a. Verteilungsschlüssel
- Kreditaufnahme **16** 9; **27** 51 f.
- Mehrheitserfordernisse
  Vor 23 bis 25 81 ff.; s.a. Mehrheitsbeschluss
- Mehrheitsprinzip **10** 2, 50 f.; s.a. Mehrheitsbeschluss
- Niederschrift **Vor 23 bis 25** 65
- Niederschrift, Inhalt **24** 120
- Öffnungsklauseln **Vor 23 bis 25** 5
- Rechtsnatur **10** 2; **Vor 23 bis 25** 6 ff.
- relevante WEG-Vorschriften **Vor 23 bis 25** 3
- schwebende **Vor 23 bis 25** 138 ff.
- Teilgemeinschaften **15** 66
- Umdeutung **Vor 23 bis 25** 151; **46** 163
- Umlaufbeschluss s. Beschlussfassung – schriftliche
- vereinbarungsändernde **10** 5, 15, 17, 44 f.
- Versammlungsleitung **24** 95, 100
- Versammlungsort/-zeit **24** 72, 79
- Verwalter, Bestellung **20** 13
- Verwalterhonorar, Verteilung **16** 35 f.
- Wirksamkeit **23** 89
- Wirksamkeit, Gerichtszuständigkeit **43** 39 ff.
- Wirksamkeitsvoraussetzungen, Vereinbarung **Vor 23 bis 25** 74 ff.
- Wirkung ggü. Dritten **10** 40
- Wirtschaftsplan **28** 57 ff.
- zeitlicher Regelungsbereich **Vor 23 bis 25** 19
- Zitterbeschlüsse **10** 15 ff.; s.a. dort

Beschlüsse – Anfechtung
- s. vor allem Anfechtungsklage
- Anfechtbarkeit vereinbarungsersetzender **10** 15
- Anfechtbarkeit vereinbarungswidriger **10** 15
- durch dinglich Berechtigte **46** 64 ff.
- durch Dritte **46** 67 ff.
- einstweilige Verfügung **46** 174 ff.
- Klagebefugnis **10** 80
- Klageverfahren **46** 1 ff.; s.a. Anfechtungsklage
- Verfahrensfehler
  Vor 23 bis 25 55 f., 78
- Versammlungseinberufung durch Unberechtigte **24** 35 ff.
- Wiederholung angefochtener Beschlüsse **Vor 23 bis 25** 116

Beschlüsse – Antrag
- Form **23** 67
- Tagesordnung s. dort

Beschlüsse – Arten
- Allstimmigkeit **Vor 23 bis 25** 132
- Änderungsbeschluss
  Vor 23 bis 25 107
- Bestätigungsbeschluss
  Vor 23 bis 25 102 ff.

- Ein-Mann-Beschluss
  Vor 23 bis 25 133 ff.
- Einstimmigkeit **Vor 23 bis 25** 131
- Ergänzungsbeschluss
  Vor 23 bis 25 107
- Ersetzungsbeschluss
  Vor 23 bis 25 102 ff.
- Geschäftsordnungsbeschluss
  Vor 23 bis 25 129 f.
- gesetzesändernde **10** 15, 17 f.; **21** 73
- Negativbeschluss **21** 47;
  Vor 23 bis 25 10, 122 ff.
- Nichtbeschluss **Vor 23 bis 25** 127 f.
- Scheinbeschluss
  Vor 23 bis 25 127 f.
- schwebender **Vor 23 bis 25** 138 ff.
- vereinbarungsändernde **10** 5 f.,
  15 ff.; **21** 34 f., 40, 112
- vereinbarungsersetzende **10** 15;
  15 15
- Zweitbeschluss **Vor 23 bis 25** 10,
  98 ff.; s.a. dort

Beschlüsse – Aufhebung
- Folgenbeseitigung
  Vor 23 bis 25 29 f.
- gerichtlicher Beschluss
  Vor 23 bis 25 27
- Haftung bei Ausführung
  Vor 23 bis 25 31
- Verwalter, Bestellung
  Vor 23 bis 25 32
- Verwalter, Vertrag **Vor 23 bis 25** 28

Beschlüsse – Ausführung
- Abgrenzung z. Beschlussfassung
  Vor 23 bis 25 25 f.
- aufgehobener **Vor 23 bis 25** 27 ff., 31

Beschlüsse – Auslegung
- s.a. Auslegung; Umdeutung
- allstimmige Beschlüsse
  Vor 23 bis 25 147 ff.
- ergänzende **Vor 23 bis 25** 152
- gerichtliche **Vor 23 bis 25** 144
- Niederschrift **24** 117
- Quellen **Vor 23 bis 25** 143
- Umdeutung **Vor 23 bis 25** 151
- unbestimmter **Vor 23 bis 25** 145 f.
- Zulässigkeit **Vor 23 bis 25** 143

Beschlüsse – Fehlerhaftigkeit
- Anfechtbarkeit **23** 89, 96 f.; **24** 51,
  70, 84, 94, 109; s.a. Anfechtungsklage; Beschlüsse – Anfechtung
- Anfechtungsfrist **23** 89, 91
- Beschlussfassungsmängel **23** 95;
  24 51 ff.
- Bestandskraft **23** 89
- Bindungswirkung **23** 89 f.
- Einberufungsmängel **23** 95;
  24 51 ff.
- Eingriff in d. Kernbereich d. Wohungseigentums **23** 107 ff., 119;
  24 51 f.
- einstweilige Verfügung **23** 89
- Ermessensfehler **23** 99
- fehlende Beschlusskompetenz
  23 106, 112 ff.
- formelle Mängel **23** 95 f.; **24** 51 ff.,
  70, 84, 94, 109
- materielle Mängel **23** 99
- Nichtbeschluss **23** 93
- Nichtigkeit **23** 90, 100; **24** 51 f.
- Nichtigkeit vereinbarungsändernder **10** 5, 15, 17, 44 f.
- Nichtigkeit, Durchführung **27** 10
- Nichtigkeit, Geltendmachung
  23 100
- Nichtigkeit, Klageverfahren
  46 11 ff.; s.a. Anfechtungsklage
- Nichtigkeitsgründe **23** 101 ff.;
  24 51 f.
- Rechtskraftwirkung **23** 90
- Rechtsschutz s. Anfechtungsklage;
  Gerichtliche Ermessensentscheidung; Rechtsverfolgungsbefugnis
- Sittenwidrigkeit **23** 105
- Teilnichtigkeit **23** 117
- Unbeachtlichkeit **24** 54
- Unbestimmtheit **23** 116
- Ungültigerklärung s. Anfechtungsklage
- Unwirksamkeitsgründe **23** 94 ff.;
  24 51 f.
- Urteilswirkung **23** 89
- vereinbarungsbezogene Beschlüsse **23** 112 ff.; s.a. Beschlüsse
  – vereinbarungsbezogene
- vereinbarungswidrige **10** 15

- Verstoß g. gesetzliches Verbot **23** 99, 104
- Verstoß g. Treu und Glauben **23** 103
- WEG-Reform **23** 87 f.
- Wirksamkeit **23** 89

Beschlüsse – Feststellung
- Abstimmungsergebnis **Vor 23 bis 25** 62 f.
- Bestimmtheitsgebot **Vor 23 bis 25** 77, 87
- Beurkundungserfordernis **Vor 23 bis 25** 74 f.
- einfache Mehrheit **Vor 23 bis 25** 81
- Fehlen vereinbarter Voraussetzungen **Vor 23 bis 25** 75 f., 92 f.
- fehlerhafte **Vor 23 bis 25** 70 ff., 92 f.
- Geschäftsordnung **Vor 23 bis 25** 69; **24** 105
- Geschäftsordnungsbeschluss **Vor 23 bis 25** 69
- Klage auf Feststellung **Vor 23 bis 25** 66 f.
- Klage g. fehlerhaften Beschluss **Vor 23 bis 25** 70 ff., 92 f.
- konstitutive Voraussetzungen **Vor 23 bis 25** 62
- konstitutive Voraussetzungen, Fehlen **Vor 23 bis 25** 77 f., 92 f.
- Niederschrift **Vor 23 bis 25** 65
- Protokollbuch **Vor 23 bis 25** 74 f.
- schriftliches Verfahren **Vor 23 bis 25** 80; **23** 82 f.
- Stimmauszählung **Vor 23 bis 25** 82
- Stimmengleichheit **Vor 23 bis 25** 81
- Stimmenthaltung **Vor 23 bis 25** 81
- Überwiegen d. Nein-Stimmen **Vor 23 bis 25** 81
- Verkündung **Vor 23 bis 25** 64 f.
- Versammlungsleiter **Vor 23 bis 25** 62; s.a. dort

Beschlüsse – schriftliche
- Feststellung **Vor 23 bis 25** 80
- Stimmabgabe **Vor 23 bis 25** 79
- Verkündung **Vor 23 bis 25** 80

Beschlüsse – vereinbarungsbezogene
- Anfechtbarkeit **10** 15; **23** 112; s.a. Anfechtungsklage; Beschlüsse – Anfechtung
- gesetzeswidrige **23** 112
- Grundbucheintragung **23** 17
- Nichtigkeit **10** 5, 15, 17, 44 f.; **23** 112
- Öffnungsklausel s. dort
- Rechtmäßigkeit **23** 11 ff.
- Rechtsnatur **23** 10
- vereinbarungsändernde, Nichtigkeit **10** 5, 15, 17, 44 f.; **21** 34 f., 40, 112; **23** 112
- vereinbarungsergänzende, Anfechtbarkeit **23** 112
- vereinbarungsersetzende **10** 15; **15** 15
- vereinbarungswidrige, Anfechtbarkeit **10** 15; **23** 112
- Zustimmung Dritter **23** 16

Beschlussfassung
- Abgrenzung z. Ausführung **Vor 23 bis 25** 25 f.
- Abwesender **Vor 23 bis 25** 53
- Alleineigentümer **Vor 23 bis 25** 133 ff.
- Allstimmigkeit **Vor 23 bis 25** 95 f.
- Anfechtung **Vor 23 bis 25** 55 f., 78
- Anspruch **Vor 23 bis 25** 60
- Antrag **Vor 23 bis 25** 36 ff.
- Aufforderung z. Stimmabgabe **Vor 23 bis 25** 58
- außerhalb d. Versammlung **23** 1; s.a. dort
- Blockabstimmung **Vor 23 bis 25** 153 ff.
- Delegiertenversammlung **Vor 23 bis 25** 54
- einfache Mehrheit **Vor 23 bis 25** 81
- Ein-Mann-Beschluss **Vor 23 bis 25** 133 ff.
- einstweiliger Rechtsschutz **Vor 23 bis 25** 57
- Entziehung v. Beschlussmacht **Vor 23 bis 25** 160
- Feststellung d. Ergebnisses **Vor 23 bis 25** 62; s.a. Beschlüsse – Feststellung

- Form **Vor 23 bis 25** 18
- Jahresabrechnung **28** 126 ff.
- kombinierte **Vor 23 bis 25** 53;
  23 79
- Mehrhausanlagen
  Vor 23 bis 25 153 ff.
- Ort **Vor 23 bis 25** 14 f., 35
- positive Mehrheit **Vor 23 bis 25** 61
- schriftliches Verfahren
  Vor 23 bis 25 79 f.; s.a. Beschlussfassung – schriftliche
- Stimmauszählung **Vor 23 bis 25** 82
- Stimmengleichheit
  Vor 23 bis 25 81
- Stimmenthaltung **Vor 23 bis 25** 81
- Stimmrechtsausschluss s. Stimmrecht – Ausschluss
- Stimmrechtsausübung s. Stimmrecht – Ausübung
- Stimmrechtsbeschränkung **25** 17
- Stimmrechtsprinzip
  Vor 23 bis 25 82, 86; **25** 11 ff.
- Sukzessivbeschluss **23** 79
- Tagesordnung **23** 1, 61 ff.; s.a. dort
- Überwiegen d. Nein-Stimmen
  Vor 23 bis 25 81
- Unwirksamkeitsgründe **23** 95 **24**;
  51 ff.
- Verfahrensfehler
  Vor 23 bis 25 55 f., 78; **25** 8 ff.
- Vetorecht **25** 15
- Vollmacht **Vor 23 bis 25** 158 f.
- Voraussetzungen **23** 2 ff.
- Wirksamkeitsvoraussetzungen
  Vor 23 bis 25 33 ff.

Beschlussfassung – schriftliche
- Allstimmigkeit, Abdingbarkeit
  23 120
- Anfechtbarkeit **23** 76
- Eingriff in d. Kernbereich d. Wohungseigentums **23** 119
- Feststellung d. Ergebnisses
  Vor 23 bis 25 80; **23** 82 f.
- Form d. Abgabe **23** 86
- Fristsetzung **23** 81
- Initiative **23** 77
- kombinierte Beschlussfassung
  23 79
- Mehrhausanlagen **23** 85

- Meinungsbildung **23** 72
- Nichtbeschluss **23** 75, 83
- Stimmabgabe **Vor 23 bis 25** 79
- Stimmberechtigte **23** 84 f.
- Sukzessivbeschluss **23** 79
- Teilversammlung **23** 85
- Vereinbarungen **23** 120
- Verfahren **23** 78
- Verkündung **Vor 23 bis 25** 80;
  23 82 f.
- Widerruf **23** 80
- Zulässigkeit **23** 71
- Zustimmungserklärung **23** 73 f.

Beschlussfeststellungsverfahren
- Klageart **Vor 23 bis 25** 68
- Rechtmäßigkeitsprüfung
  Vor 23 bis 25 67
- Ziel **Vor 23 bis 25** 66

Beschlusskompetenz
- Änderung d. Teilungserklärung
  10 37
- Antennenanlage **10** 46
- Aufhebung d. Veräußerungsbeschränkung **12** 61 ff.
- bauliche Veränderungen **10** 46
- Baumaßnahme, Kostenverteilung
  23 53
- Betreuungsvertrag **10** 46
- Einzelbelastungen **16** 38 ff.
- Enthaltungen **10** 51
- Ermächtigung d. Eigentümergemeinschaft **10** 46
- Erweiterung d. Vertretungsmacht
  27 117 ff., 139
- fehlende **23** 21, 106, 112 ff.
- Gebrauchsregelungen **10** 46;
  15 12 ff.
- Geltendmachung v. Gewährleistungsansprüchen **21** 7, 107
- gesetzliche Anordnung **23** 3 ff., 18 f.
- gesetzliche Anordnung, Übersicht
  23 3
- Hausordnung **10** 46; **21** 51 ff.
- Heizkörperentfernung **10** 46
- Heizkosten **16** 13
- Kabelanschlussgebühren **16** 13
- Kaltwasserzähler **16** 13
- Kellerverteilung **10** 46
- Kostenverteilungsschlüssel **16** 16

1153

- Kreditaufnahme **10** 91
- Müllkosten **16** 13
- Musizieren **10** 46
- Negativbeschluss **Vor 23 bis 25** 123
- Nutzungseinschränkungen **10** 46; **13** 6f., 11f.
- Öffnungsklausel **10** 17, 20ff., 46; **23** 6ff.; s.a. dort
- Spielgeräteaufstellung **10** 46
- Stromkosten **16** 13
- Tierhaltungsverbot **10** 46
- Umzugspauschale **10** 46
- Verwalterbestellung **20** 13; **26** 25ff.
- Verwaltung **21** 32ff.
- Verwaltung, ordnungsmäßige **21** 4, 32ff.
- Verwaltung, Zweitbeschluss **21** 38
- Wirtschaftsplan **28** 57ff.
- Zahlungsverkehr **21** 112ff.
- Zweitbeschluss **Vor 23 bis 25** 98

Beschluss-Sammlung
- Abdingbarkeit **24** 205
- angefochtene Beschlüsse **24** 166f.
- Anlagen **24** 156
- Anmerkungen **24** 166
- aufgehobene Beschlüsse **24** 166f.
- Bearbeitungsfrist **24** 170
- Beiratsaufgaben **29** 19
- Berichtigung **24** 196ff.
- Beweiswert **24** 194f.
- Einsichtnahme **24** 188ff.
- Einsichtnahme, Verweigerung **24** 193
- Form **24** 171f.
- Fotokopien **24** 188f.
- Gerichtsentscheidungen **24** 157ff.
- Gutglaubensschutz **24** 173
- Haftung **24** 177ff., 187
- Herausgabepflicht **10** 75; **26** 145ff.; **27** 167
- Informationswert **10** 5
- Inhalt **24** 147, 150ff.
- Inhaltsverzeichnis **24** 172
- Löschung v. Eintragungen **24** 168
- Nummerierung **24** 164f.
- ordnungsgemäße Führung **24** 174ff.; **26** 129ff.
- Vergleiche **24** 162f.
- Verhältnis z. Grundbuch **24** 149
- Verhältnis z. Niederschrift **24** 111, 118, 148
- Verpflichteter **24** 174ff., 183ff., 205
- Vollständigkeit **10** 5
- WEG-Reform **24** 1, 144
- zeitliche Ordnung **24** 164
- Zugriff **24** 146
- Zweck **24** 144f.

Beseitigungsanspruch
- s.a. Wiederherstellungsanspruch
- Eigentümerrechte **1** 11
- Geltendmachung durch Gemeinschaft **10** 73; **21** 17ff.
- unwirksame Beschlüsse **27** 12

Besitz
- Alleinbesitz **1** 11; s.a. dort
- Wohnungseigentumsbegründung durch Teilung **2** 8

Besitzschutz
- Gemeinschaftseigentum **13** 22ff.
- Sondereigentum **13** 22ff.

Bestandteile
- Beseitigungspflicht **5** 39f.
- Einbringung **5** 39
- feste Grundstücksverbindung **5** 24f.
- gemeinschaftlicher Gebrauch **1** 27
- Scheinbestandteil **5** 29
- Sondereigentumsfähigkeit **5** 22ff.; s.a. dort
- Vereinbarung v. Gemeinschaftseigentum **5** 62ff.
- Voraussetzungen f. Sondereigentumsfähigkeit **5** 22, 26
- wesentliche **5** 22f.
- zwingendes Gemeinschaftseigentum, Vermutung **5** 47

Bestimmtheitsgrundsatz
- Aufteilungsplan **7** 18

Beteiligtenfähigkeit
- Eigentümergemeinschaft **10** 78ff.

Betretungsrecht
- Anspruchsinhaber **14** 26
- Aufopferungsanspruch d. Eigentümers **14** 27ff.; **16** 126ff.
- Feststellung d. Notwendigkeit **14** 24f.

- Notwendigkeit v. Instandhaltungen **14** 24
- Sondereigentum **14** 22 f.
- Umfang **14** 26

Betreuer
- Ladung z. Versammlung **24** 44

Betreutes Wohnen
- Beschlusskompetenz **10** 46
- Gebrauchsregelung **1** 24

Betreuung v. Suchtkranken
- Wohnungsnutzung **15** 59

Betriebskosten
- Abgrenzung z. Instandhaltungskosten **16** 43 ff.
- Änderung d. Verteilungsschlüssels **16** 23 f.
- Beschlusskompetenz **16** 20 ff.
- sonstige Verwaltungskosten **16** 7

Betriebskostenabrechnung
- Haftung d. Verwalters **26** 109
- Turnus **28** 27
- Unterscheidung nach Umlagefähigkeit **28** 25 f.
- Verhältnis z. Jahresabrechnung **28** 24 ff.
- Vermieter **28** 28 ff.

Betriebskostenverordnung
- Anwendbarkeit **16** 33

Beurkundung
- Eintragungsbewilligung **7** 15
- Kosten, Teilungsvereinbarung **4** 47
- Teilungsvereinbarung **3** 25; **4** 27 ff.; **7** 15
- Veräußerung d. Wohnungseigentums **1** 12; **4** 4

Bewohner
- Verteilungsschlüssel **16** 19, 32, 48

Blockstimmrecht Vor 23 bis 25 153 ff.

Boarding-house
- Nutzungsbeschluss **15** 29

Bodenbelag
- Schallschutz **22** 105 f.
- Sondereigentumsfähigkeit **5** 36

Brandmauer
- zwingendes Gemeinschaftseigentum **5** 38

Brandschutz
- Grenzen d. Nutzungsrechts **14** 11

Brandstiftung
- Entziehung d. Wohnungseigentums **18** 16

Bruchteilseigentum
- s.a. Miteigentumsanteil; Wohnungseigentümer
- Anfechtungsklagebefugnis **46** 25 ff.
- Beschlussanfechtung **46** 25 ff.
- Gemeinschaftseigentum **1** 5; s.a. dort
- Umwandlung in Gemeinschaftseigentum **2** 5 f.
- Wohnungserbbaurecht, Bestellung **30** 7 f.

Bruchteilsgemeinschaft
- Anwendung d. WEG-Vorschriften **10** 99
- Erwerb v. Miteigentumsanteil **6** 7 f.
- Fortführung d. Eigentümergemeinschaft **17** 7
- Verhältnis z. Teilrechtsfähigkeit **1** 17

Bußgeld
- schwere Pflichtverletzung **18** 46

Carport
- Abgeschlossenheit **3** 24
- Sondereigentumsfähigkeit **5** 19

Dach
- Sondereigentumsfähigkeit **5** 13

Dachgarten
- bauliche Veränderung, Zustimmung **22** 92

Dachgemeinschaft 23 43 ff.

Dachraum
- Ausbauerlaubnis **15** 30
- bauliche Veränderung, Zustimmung **22** 91
- Sondereigentumsfähigkeit **5** 21, 55 f.
- Umwandlung in Wohnungseigentum **1** 25

Dachterasse
- Zugang **5** 10

Dämmung
- zwingendes Gemeinschaftseigentum **5** 38

1155

Dauernutzungsrecht
- Begriff **31** 4; s.a. Dauerwohnrecht
- Zustimmungserfordernisse bei Vereinbarungen **5** 74

Dauerschuldverhältnis
- Nachhaftung **10** 101

Dauerwohnrecht
- Abnutzung **34** 3
- analoge Anwendung anderer Rechtsvorschriften **34** 1
- Änderung d. dinglichen Inhalts **31** 9, 22; **33** 30
- Ansprüche ggü. Dritten **34** 5
- Bedeutung **31** 2
- Bedingungsverbot **33** 3, 8 ff.
- Beendigung **31** 23; **37** 2 ff.
- Begriff **31** 3
- Belastung eines Erbbaurechts **42** 1 ff.
- Belastung mit Rechten **33** 5
- Belastung v. Miteigentumsanteilen **6** 9, 13 f., 16
- Dauernutzungsrecht **31** 4
- gemischte Nutzung **31** 5
- gescheiterte Einräumung v. Sondereigentum **4** 30
- Hausratsverordnung **61** 1 f.
- Heimfall **31** 25
- Herausgabeanspruch d. Eigentümers **34** 2
- Inhalt **33** 1 ff.; **36** 1 ff.; **39** 1 ff.
- Laufzeit **41** 1 ff.
- Löschungsanspruch bei langfristigen Verträgen **41** 4 ff.
- Mietverhältnisse **37** 1 ff.
- Mitbenutzungsrecht **33** 14 ff.
- Nießbrauch **33** 5; **34** 1
- Pfändbarkeit **33** 5
- Rangverbesserung bei langfristigen Verträgen **41** 1
- Rechtsnatur **1** 2; **31** 7; **33** 6
- Rücksichtnahmegebot **33** 11
- Schutz-/Treuepflichten **33** 11 ff.
- Time-sharing-Verträge **31** 7
- Umwandlung **31** 5
- unbebaute Teile **31** 6
- Veräußerlichkeit **33** 2
- Vereinbarungen **33** 18 ff., 22 ff.; **36** 1 ff.; **39** 1 ff.
- Vererblichkeit **33** 2, 7
- Vermietungsrecht **33** 5
- vertragswidriger Gebrauch **34** 3
- Verwendungsersatz **34** 4
- Wegnahme v. Einrichtungen **34** 4
- Zustimmungserfordernisse bei Vereinbarungen **5** 74

Dauerwohnrecht – Bestellung
- Belastungsgegenstand **31** 14, 24; **42** 2
- Berechtigte **31** 18 f.
- Eigenberechtigung **31** 19
- Einigung **31** 12
- Eintragung **31** 12
- Form **31** 10 f.
- Gebäudeeigenschaft **31** 15 f.
- Genehmigungserfordernisse **31** 20 f.
- gesetzliches Schuldverhältnis **31** 9; **33** 3
- Grundgeschäft **31** 8 f.; **33** 3
- Gundstückszubehör **31** 17
- Mietverhältnisse **37** 5
- Mindestinhalt **32** 8, 10
- noch zu errichtendes Gebäude **31** 13, 15
- Personenmehrheiten **31** 18
- Sicherungszwecke **31** 9

Dauerwohnrecht – Entgelt
- Haftungsverbund **40** 2 ff.
- Haftungsverbund, Herausnahme **40** 5 ff.
- laufendes Entgelt **31** 9

Dauerwohnrecht – Grundbucheintragung
- Abgeschlossenheitsbescheinigung **32** 2 ff., 6 f.
- Anlagen **32** 6
- Aufteilungsplan **32** 6
- Bestehenbleibensvereinbarung **39** 9
- Eintragungsbewilligung **32** 5, 8 f.
- Kosten **32** 11
- Mindestinhalt **32** 8, 10
- öffentliche Beglaubigung **32** 5

Dauerwohnrecht – Heimfallanspruch
- Ausübung **36** 9 f.
- dingliche Wirkung **36** 2

- Entschädigung bei langfristigen Verträgen **41** 10ff.
- Entschädigungspflicht **36** 12ff.
- Heimfallgründe **36** 6ff.
- Mietverhältnisse **37** 7
- ohne Vereinbarung **36** 3
- Rechtsnatur **36** 4
- Rechtsweg **36** 15
- schuldrechtlicher **36** 5
- Verjährung **36** 11
- Zweck **36** 1

Dauerwohnrecht – Übertragung
- Einzelrechtsnachfolge **38** 2
- Fortgeltung d. Vereinbarungen **38** 3, 8f.
- gutgläubiger Erwerb **38** 1, 8
- Haftung d. Erwerbers **38** 6
- laufendes Entgelt **31** 9
- Mietverhältnisse **37** 8
- Rechtskauf **31** 9; **33** 3
- Übergang d. dinglichen Rechte **38** 4f.
- unentgeltliche **31** 9
- Veräußerung **38** 10
- Veräußerung d. Grundstücks **38** 11f.

Dauerwohnrecht – Veräußerungsbeschränkung 35 1ff.
- zwischen Einigung und Grundbucheintragung **61** 1ff.

Dauerwohnrecht – Zwangsvollstreckung
- aus dem Dauerwohnrecht **39** 3
- Bedingungen für d. Bestehenbleiben **39** 10f.
- Bestehenbleibensvereinbarung **39** 1, 4ff., 12ff.
- Doppelausgebot **39** 14
- Erfüllung v. Zahlungsverpflichtungen **39** 10
- Gläubigerzustimmung **39** 8, 14
- Grundbucheintragung **39** 9
- Rangklasse **39** 2
- Sonderkündigungsrecht **38** 11
- Zwangsversteigerung **38** 2, 12

Dienstbarkeiten
- Übertragung bei Wohnungseigentumsbegründung **3** 14

Doppelhaus
- zwingendes Gemeinschaftseigentum **5** 46

Doppelhaushälfte
- Sondereigentumsfähigkeit **5** 13

Doppelstockgarage
- Sondereigentumsfähigkeit **5** 20
- Sonderrechtsfähigkeit **3** 24

Drittwiderspruchsklage
- Vollstreckung in Treuhandkonto **27** 107
- Zwangsversteigerung **19** 49, 53

Drogensucht
- Entziehung d. Wohnungseigentums **18** 16

Duldungspflicht
- Betretung d. Sondereigentums **14** 22ff.
- zulässige Nutzungen **14** 20f.

Dunstabzug
- bauliche Veränderung, Zustimmung **22** 94

Duplex-Garage
- Sondereigentumsfähigkeit **5** 20
- Sonderrechtsfähigkeit **3** 24

Ehegatten
- Erwerb v. Miteigentumsanteil **6** 8

Ehewohnung
- Hausratsverordnung **60** 1f.

Eigentum
- Alleineigentum **1** 3f.; s.a. dort
- Einschränkung durch Rücksichtnahmegebot **1** 2
- Gemeinschaftseigentum **1** 5; s.a. dort
- Miteigentumsanteil **1** 3f.; s.a. dort
- Sondereigentum **1** 7

Eigentümergemeinschaft
- Aktivlegitimation **10** 73, 79ff.; s.a. Rechtsverfolgungsbefugnis – Eigentümergemeinschaft
- Begriff **1** 17
- Beschlüsse s. dort
- Beseitigungsanspruch **5** 53
- Beständigkeit **11** 3
- Betretungsrecht **14** 26
- Dauerhaftigkeit **11** 3
- Empfangszuständigkeit **27** 69f., 85

1157

- Entziehungsrecht 18 29
- Ermächtigung z. Geltendmachung v. Gewährleistungsrechten 10 46; 21 6 ff.
- Geltendmachung v. Ansprüchen/ Rechten s. Rechtsverfolgungsbefugnis – Eigentümergemeinschaft
- gemeinschaftswidriges Verhalten, Sanktionen 10 46
- gesonderte Übertragung v. Sondereigentum 6 22
- Grundbuchfähigkeit 10 65
- Haftung ggü. Verwalter 27 179 f.
- Handlungspflicht z. Schadensabwendung 20 3
- Immobilienerwerb innerhalb d. eigenen Anlage 10 65 ff.
- Lasten/Kosten 27 36 ff.
- neue Mitglieder, Zwangsvollstreckung 10 86 f.
- Organe 23 38 ff.
- Prozessstandschaft, Rückdelegation 27 77
- Rechtsnatur vor WEG-Novelle 10 56 f.
- Rechtsträgerschaft 10 52
- Sondereigentum 10 66 ff.
- Teilnahmerecht als Verband 24 58
- Teilrechtsfähigkeit s. dort
- Unauflöslichkeit 11 1 ff.; 18 1
- Untergemeinschaften 10 58
- Untrennbarkeit d. Rechtspositionen 1 7, 18
- Unzumutbarkeit d. Fortsetzung 18 13 f.; s.a. Wohnungseigentum – Entziehung
- Verbandsangelegenheiten 23 38 ff.
- Vereinbarungen 5 66; s.a. Wohnungseigentümer – Vereinbarungen
- Verhältnis z. Verwalter 20 9
- Vertretung durch Bevollmächtigte 20 14
- Vertretung durch d. Gemeinschaft 20 14
- Verwaltervertrag, Parteien 24 178 ff.
- Verwaltung eigenen Vermögens 10 58 ff.; s.a. Verwaltungsvermögen
- Vollstreckungsschuldner/-gläubiger 10 83 ff.
- Zusammenschluss in Dachgemeinschaft 23 43 ff.
- Zweitversammlung Vor 23 bis 25 88

Eigentümergemeinschaft – Aufhebung
- Ausnahmen 11 7 ff.
- Baurechtwidrigkeit 11 10
- Dereliktion 11 15
- durch d. Insolvenzverwalter 11 6, 16 ff.
- durch d. Pfandgläubiger 11 6, 16 ff.
- einseitiges Aufhebungsverlangen 11 2 ff.
- Einstimmigkeit 11 3
- fehlendes Sondereigentum 11 9
- Grundsatz 11 5
- nachträgliche 11 13 ff.
- Vereinbarung 11 7, 11 ff.
- Wiederaufbaupflicht 11 7 f.
- Zerstörung d. Gebäudes 22 80
- Zweckwegfall 11 11 f.

Eigentümergemeinschaft – Entstehung
- Eröffnung d. Gerichtszuständigkeit 43 5 ff.

Eigentümergemeinschaft – Rechte/ Pflichten
- Aktivlegitimation 10 73, 79 ff.
- Anspruchsgeltendmachung 10 73 ff.; 21 6 ff.
- Bauhandwerkersicherungshypothek 10 72
- Beteiligtenfähigkeit 10 78 ff.
- Bewirtschaftung v. Gemeinschaftseigentum 10 63
- Geldmittel 10 91
- Gewährleistungsansprüche 10 70 f.; 21 6 ff.
- Gläubiger einer Zwangshypothek 10 65
- Immobilienerwerb 10 65 ff.
- Insolvenzfähigkeit 10 93
- Instandhaltung d. Gemeinschaftseigentums s. Instandhaltung – Gemeinschaftseigentum
- Kontoeröffnung 10 76 f.
- Nachbarklage 10 81
- Parteifähigkeit 10 78 ff.

- Passivlegitimation **10** 80
- Umsatzsteuerpflicht **10** 88 f.
- Verbindlichkeiten **10** 91
- Verkehrssicherungspflicht **10** 64
- Vermietung v. Gemeinschaftseigentum **10** 62
- Vollstreckungsgegenklage, Klagebefugnis **10** 85
- Zwangsvollstreckungstitel **10** 83 f.

Eigentümergemeinschaft – Vereinbarungen
- bauliche Veränderungen, Zustimmungserfordernis **22** 39 ff.
- Hausordnung **21** 51 ff.
- Instandhaltung/-setzung **21** 73
- Instandhaltungsrückstellung **21** 90
- Verstoß durch Beschlussfassung **23** 99
- Wirtschaftsplan, Verzicht **21** 100

Eigentümergemeinschaft – werdende
- Anwendung d. WEG-Vorschriften **10** 95
- Beendigung **10** 97
- Entstehung **2** 5, 8; **8** 22; **10** 94
- Entziehung d. Wohnungseigentums **18** 8
- Eröffnung d. Gerichtszuständigkeit **43** 6
- Rechtsfähigkeit **10** 96
- Rechtsstellung d. Mitglieder **10** 97
- Stimmrecht d. Mitglieder **25** 19 ff.
- Teilnahmerecht d. Mitglieder **24** 57
- Versammlung **10** 97; **23** 47 ff.
- Verwaltungsvermögen **10** 90
- Zweiterwerb **10** 98

Eigentümerversammlung
- ad hoc-Versammlung **Vor 23 bis 25** 77
- Alleineigentümer **23** 46
- Anspruch auf Begleitung **24** 62 ff.
- Antragsrecht **24** 41
- Ausschluss **23** 95; **24** 56, 70; **25** 73 f.
- Bauherrenversammlung **23** 42
- Beendigung **24** 80 f.
- Begriff **23** 23
- Berechnung d. Quorums **25** 72 ff.
- Beschlüsse s. dort
- Beschlusskompetenz s. dort
- Dachgemeinschaft **23** 43 ff.
- Delegiertenversammlung **Vor 23 bis 25** 54, 158 f.
- Eingriff in d. Kernbereich d. Wohnungseigentums **23** 119; **24** 201
- Ein-Mann-Beschluss **Vor 23 bis 25** 137
- Einsichtnahme in Niederschrift **24** 131 ff.
- Eröffnung **24** 80
- Eventualversammlung **10** 46; **25** 80
- Funktion **20** 5; **23** 25 f.
- Geschäftsordnung **24** 105
- Heilung v. Mängeln **23** 28 ff.
- Kosten **16** 37
- Ladung, Fehler **25** 8 ff.
- Nichtöffentlichkeit **23** 95; **24** 62 f., 78, 82 ff.
- Nichtöffentlichkeit, Abdingbarkeit **24** 83
- Nichtöffentlichkeit, Verstöße **24** 84
- ordnungsgemäßer Ablauf **24** 101 ff.
- Organstellung **23** 38 ff.
- Protokoll s. Niederschrift
- schriftliche Beschlussfassung s. Beschlussfassung – schriftliche
- Spontan-Versammlung **23** 27; **24** 30
- Tagesordnung s. dort
- Teilnahme Dritter im Gesamtinteresse **24** 69
- Teilversammlung **Vor 23 bis 25** 153 ff.
- Turnus **24** 3
- Übergemeinschaften **23** 43 ff.
- Verbandsangelegenheiten **23** 38 ff.
- Versammlungsleiter **24** 71
- Versammlungsleiter, Abdingbarkeit **24** 204
- virtuelle **23** 33 f.
- Vollmacht **Vor 23 bis 25** 54, 158 f.
- Vollmacht, Erteilung **10** 46
- vollständiger Verzicht **24** 201
- Vollversammlung **23** 28 ff.
- Vorbereitung **29** 1, 18
- Vorsitz s. Versammlungsleiter

- werdende Eigentümergemeinschaft **10** 97; **23** 47 ff.
- Willensbildung d. Gemeinschaft **23** 38 ff.
- Zusammenkünfte, andersartige **23** 37
- zweier unabhängiger Gemeinschaften **23** 106

Eigentümerversammlung – außerordentliche
- Anspruch auf ordnungsgemäße Verwaltung **21** 46
- Begriff **23** 31
- Einberufungsverlangen **23** 32

Eigentümerversammlung – Beschlussfähigkeit
- Abdingbarkeit **25** 77
- Ausschluss **25** 73 f.
- Berechnung d. Quorums **25** 72 ff.
- Beweislast **25** 70
- fehlende **25** 65, 76
- gesetzliche Sondervorschriften **25** 68 f.
- Grundsatz **25** 64
- Prüfung **25** 64
- qualifizierte Mehrheitserfordernisse **25** 68 f.; s.a. Merheitsbeschluss – qualifizierter
- Vereinbarungen **25** 66 f.
- Zweitversammlung **25** 65, 78 ff.

Eigentümerversammlung – Einberufung
- Absage **24** 39
- Berechtigte **23** 24; **24** 2, 18 ff.
- Dringlichkeit **24** 90
- durch Beiratsvorsitzenden **24** 23, 24 ff.
- durch gerichtlich Ermächtigten **24** 33 f.
- durch Nichtberechtigten **24** 35 ff.
- durch Nichtberechtigten, Folgen **24** 35, 37 f.
- durch Notverwalter **24** 21
- durch Scheinverwalter **24** 22
- durch Verwalter **24** 19
- durch Wohnungseigentümer **24** 30 f.
- Eigentümerliste **24** 40
- Einberufungsermessen **24** 4
- Einberufungsverlangen **23** 32
- Erforderlichkeit **24** 2
- erste Versammlung **26** 26 f.
- Erzwingung **24** 23
- fehlende Ladung **23** 27
- Frist **24** 88 ff.
- Gründe **24** 5 f.
- Heilung v. Mängeln **23** 28 ff.
- Pfändung d. Anspruchs **24** 9
- Tagesordnung s. dort
- Termin **24** 3
- Termin, Verschiebung **24** 39
- Textform, Abdingbarkeit **24** 204
- Turnus **24** 3
- Turnus, Abdingbarkeit **24** 201
- Unwirksamkeitsgründe **23** 95
- Verlegung **24** 39
- Versammlungsort **24** 72 ff.
- Versammlungsstätte, Anforderungen **24** 74 ff.
- Versammlungszeit **24** 79
- Zweitversammlung **24** 3

Eigentümerversammlung – Einberufungsschreiben
- abberufener Verwalter **24** 49
- Abdingbarkeit **24** 202 f.
- Adressaten **24** 10, 41 ff.
- Angabe d. Gründe **24** 12 f.
- Baumaßnahme, Kostenverteilung **23** 53
- Beschlüsse, Vorformulierung **23** 58
- Bezeichnung d. Beschlussgegenstände **23** 54 ff., 69 f.
- Bezeichnung d. Beschlussgegenstände, Abdingbarkeit **23** 119
- Dringlichkeit **24** 90
- Eigentümer ohne Stimmrecht **24** 46
- Einberufungsverlangen, Tagesordnungspunkte **23** 65
- Email **24** 85 f.
- Ergänzung d. Tagesordnung **23** 63
- Ersterwerber **24** 43
- Fax **24** 85 f.
- Form **24** 10
- Frist **24** 88 ff., 94
- Geschäftsordnungbeschlüsse **23** 59
- gesetzliche Vertreter **24** 44
- Inhalt **23** 52 ff.; **24** 91

- Insolvenzverwalter **24** 43, 48
- Mängel **24** 51 ff., 94
- Mehrhausanlagen **24** 47
- Nachlassverwalter **24** 43, 48
- Organwalter **24** 50
- Prüfung durch d. Verwalter **24** 14
- Quorum **24** 7, 11
- Rechtsmissbrauch **24** 6 f.
- schriftliche Beschlussfassung s. Beschlussfassung – schriftliche
- Stimmrechtsbevollmächtigte **24** 43, 48
- Termin **24** 15 f.
- Terminverzögerung **24** 17
- Testamentsvollstrecker **24** 43, 48
- Textform **24** 85 ff.
- Unterlassen d. Einberufung **24** 17, 23, 29
- unzureichende Bezeichnungen **23** 60
- vorsätzliche Nichtladung **24** 51, 53
- Zugang **24** 87, 92 f.
- Zwangsverwalter **24** 43, 48
- Zweck **24** 6
- Zweiterwerber **24** 43, 45

Eigentumsschutz
- s.a. Wiederherstellungsanspruch
- Gemeinschaftseigentum **13** 26 ff.
- Niederschrift, Berichtigungsanspruch **24** 138
- Sondereigentum **13** 26 ff.

Einfahrt
- Sondereigentumsfähigkeit **5** 12

Eingangstür
- eigenmächtige Veränderung **15** 76

Ein-Mann-Beschluss
- Abstimmung **Vor 23 bis 25** 133 ff.; **23** 46
- Versammlung **Vor 23 bis 25** 137; **23** 46

Einstandspflicht
- Ansprüche d. Miteigentümer **14** 17 ff.
- Nutzungsüberlassung **14** 15 ff.
- ungenehmigte Nutzung **14** 15; **15** 25

Einstimmigkeit
- Begriff **Vor 23 bis 25** 131

- Entziehung v. Beschlussmacht **Vor 23 bis 25** 160

Einstimmigkeitsprinzip
- gemeinschaftliche Verwaltung **21** 3
- Vereinbarungen **10** 2, 6

Einstweilige Verfügung
- Anfechtung v. Beschlüssen **46** 174 ff.
- Eigentümerliste **44** 22 f.
- Einsichtnahme in Beschluss-Sammlung **24** 193
- Kostenerstattung **50** 3
- Ungültigerklärung v. Beschlüssen **23** 89
- Verfahren **46** 183
- Verwalterbestellung **26** 39e
- Zuständigkeit **43** 4

Einstweiliger Rechtsschutz
- Abstimmungsfehler **Vor 23 bis 25** 57
- Anfechtung v. Beschlüssen **46** 174 ff.
- Bezeichnung d. Gemeinschaft **44** 21 ff.
- Eigentümerliste **44** 22 f.
- gerichtliche Ermessensentscheidung **21** 134 ff.
- vorbeugender Unterlassungsantrag **46** 180 ff.
- Zuständigkeit **43** 4

Eintragungsbewilligung
- s.a. Teilungserklärung
- Abgeschlossenheitsbescheinigung **7** 16
- Anlagen **7** 16
- Aufteilungsplan **7** 16
- bedingte/befristete **8** 11
- Bezugnahme im Grundbuch **7** 6, 14
- Einreichung z. Grundbuch **7** 15
- Inhalt **8** 8
- öffentlicher Glaube **7** 14
- Verpflichteter **8** 7

Elektrizitätsversorgung
- Vertragsschuldner **10** 118

Energiespar-Verordnung
- Sondereigentumsfähigkeit **5** 30

Energieversorgung
- Geltendmachung v. Ansprüchen/ Rechten 21 17ff., 107f.
- Instandhaltung 14 3
- Jahresabrechnung 28 71
- Kostentragung 16 13
- Sonnenkollektoren 22 104
- Versorgungssperre 18 48
- Vertragsschuldner 10 118
- Verwaltungsmaßnahmen 21 101ff.
- Zahlungsverkehr 27 44

Entlastung
- Anfechtbarkeit 28 21
- Beirat 29 32
- Beschluss 28 160
- Beschlussanfechtung, Streitwert 49a GKG 20
- konkludente Beschlussfassung 28 22f.
- ordnungsmäßige Verwaltung 28 19f.
- Stimmrechtsausschluss 25 98
- Verhältnis z. Jahresabrechnung 28 19ff.
- Vertragsbestimmung 26 86
- Vertragsregelungen 26 86
- Wirkung 27 175

Entlüftungsanlagen
- Sondereigentumsfähigkeit 5 33

Entziehung s. Veräußerungsklage; Wohnungseigentum – Entziehung

Erbbaurecht
- Belastung mit Dauerwohnrecht 42 1ff.
- Erlöschen, Auswirkungen auf Dauerwohnrecht 42 5
- grundstücksgleiches Recht 1 2
- Heimfall, Bestehenbleiben d. Dauerwohnrechts 42 3f.
- Rechtsnatur 1 2

Erbbauzins
- Zahlungsverkehr 27 36f.

Erben
- Verpflichtung z. Begründung v. Wohnungseigentum 2 2

Erbengemeinschaft
- Auseinandersetzung 2 6
- Beschlussanfechtung 46 26
- Erwerb v. Miteigentumsanteil 6 8

- Teilnahmerecht 24 58
- Versammlung 23 37
- Wohnungseigentumsbegründung durch Teilung 2 9

Erhaltungsgebiet
- Genehmigung d. Wohnungseigentumsbegründung 4 36

Ermessensausübung
- Beschlussmängel 23 99

Ermessensentscheidung
- Niederschrift, Abfassung 24 120

Ersatzzustellungsvertreter
- Anforderungen 45 36
- Aufwendungsersatz 45 47, 57f.
- Bestellungserklärung 45 37f.
- Erweiterung d. Befugnisse 45 44ff.
- Funktion 45 25f.
- gerichtliche Bestellung 45 51ff.
- Nachweis d. Bestellung 45 40
- Vergütung 45 47, 57f.
- Verpflichtung 45 31ff.
- Widerruf 45 41ff.

Ersterwerber
- Ladung z. Versammlung 24 43
- Teilnahmerecht 24 57

Erwerb v. Todes wegen
- Begründung v. Sondereigentum 2 2

Fahrradkeller
- Sondereigentumsfähigkeit 5 12

Fahrräder
- Abstellen im Treppenhaus 14 11; 15 31

Fälligkeit
- Festlegungen d. Gemeinschaft 21 114

Fenster
- äußere Gestaltung 22 96f.
- Doppelkastenfenster 5 37
- Doppelverglasung 5 37, 64
- Einbau v. Kunststoff statt Holz 15 32
- Instandsetzung 22 95
- Rahmen 5 37, 64
- Sondereigentumsfähigkeit 5 37, 64

Ferienwohnung
- Gebrauchsregelung 1 24

Fernsehantenne
- s.a. Antennenanlage

- zwingendes Gemeinschaftseigentum **5** 36

Fernsehempfang
- Auswahl d. Empfangsmöglichkeiten **22** 100
- Verwaltungsmaßnahmen **21** 102a

Fernsprechanlage
- zwingendes Gemeinschaftseigentum **5** 36

Feststellungsklage
- Aufhebung d. Gemeinschaft **17** 20
- Klage g. fehlerhaften Beschluss **Vor 23 bis 25** 70 ff., 92 f.
- Klagefrist **46** 80
- Nichtigkeit v. Beschlüssen **46** 4
- Niederschrift, Berichtigungsanspruch **24** 140 ff.
- Stimmrecht **25** 24

Feuerversicherung
- Neuwert **21** 83

Fließen
- Sondereigentumsfähigkeit **5** 36

Flurstück
- Identitätserklärung **8** 9

Folgenbeseitigungsanspruch
- s.a. Wiederherstellungsanspruch
- Beschlussaufhebung **Vor 23 bis 25** 29 f.
- nichtige Beschlüsse **10** 45

Formerfordernisse
- s.a. Beglaubigung; Beurkundung
- Einräumung v. Sondereigentum **4** 1 ff.; s.a. Sondereigentum – dingliche Einigung
- Teilungserklärung **8** 12 ff.
- Teilungsvereinbarung **3** 16; **4** 27 ff.
- vertragliche Wohnungseigentumsbegründung **2** 5

Formmangel
- Teilungsvereinbarung **4** 31

Freiwillige Gerichtsbarkeit
- Streitigkeiten über Sonderrechtsfähigkeit **5** 28

Fremdenverkehrsgebiet
- Genehmigung d. Wohnungseigentumsbegründung **4** 35

Friseursalon
- Wohnungsnutzung **15** 80

Früchte
- Bestandteil d. Gemeinschaftseigentum **1** 28

Funkantenne
- bauliche Veränderung, Nachteiligkeit **22** 86; s.a. Antennenanlage

Garage
- Abgeschlossenheit **3** 24
- Duplexparker **3** 24
- Sondereigentumsfähigkeit **5** 18
- Versicherung **16** 14
- Werkstattnutzung **15** 34

Garten
- alleinige Nutzung **22** 98
- Nutzungsvereinbarung **10** 46
- Sondereigentumsfähigkeit **5** 10

Gartengeräte
- Verwaltungsvermögen **1** 32

Gartenhaus
- Sondernutzungsfläche **15** 63

Gartenpflege
- Kostentragung **16** 44
- Vernachlässigung **18** 17

Gasleitungen
- Sondereigentumsfähigkeit **5** 33

Gastronomie
- Live-Musik **15** 51
- Nutzung als Bar **15** 51
- Nutzung als Imbiss **15** 44, 47, 49
- Nutzung als Pizzeria **15** 27

Gasversorgung
- Vertragsschuldner **10** 118

GbR
- s.a. Gesamthandsgemeinschaft; Personengesellschaft; Personenmerheiten
- Begründung v. Wohnungseigentum **3** 6
- Beschlussanfechtung **46** 27
- Einbringung v. Wohnungseigentum **12** 15
- Einsetzung als Verwalter **23** 104
- Erwerb v. Miteigentumsanteil **6** 8
- Verwalterbestellung **26** 5 f.

Gebäude
- äußeres Erscheinungsbild **5** 22, 26, 40, 53; s.a. Äußere Gestaltung
- im Bau befindliche **1** 21; **2** 3; **4** 16

- konstruktive Teile **5** 13, 52
- Sondereigentumsfähigkeit **5** 12 f.; s.a. dort
- Veränderung durch Wohnungseigentümer **5** 53

Gebäudeflächen
- Abgeschlossenheit **3** 24
- Sonderrechtsfähigkeit **3** 24

Gebäudeteile
- außerhalb d. Grundstücks **5** 11
- bauliche Veränderung **5** 39
- Bestandteil d. Miteigentums **1** 3 f.
- Bestandteile s. dort
- gemeinschaftlicher Gebrauch **1** 27

Gebäudeversicherung
- Kostentragung **16** 40

Gebets-/Versammlungsraum
- Gewerberaum **15** 35

Gebrauchsregelung
- s.a. Nutzung
- Abgrenzung z. Sondernutzung **15** 3
- Anspruch d. Wohnungseigentümers **15** 19 ff.
- Arztpraxis **15** 26
- Auslegung **15** 8
- Begriff **15** 1 ff.
- Beschluss, vereinbarungsersetzender **15** 15
- Beschlussfunktion **Vor 23 bis 25** 4
- Beschlusskompetenz **10** 46; **15** 12
- Beschlussmangel **23** 99
- Duldung zweckwidrigen Gebrauchs **15** 80
- durch Beschluss **15** 12 ff.
- durch Vereinbarung **15** 4 ff., 12 f.
- Einzelfälle **15** 26 ff.
- Ermessen **15** 20
- gemeinschaftswidrige Nutzung **14** 12
- gerichtliche Entscheidung **15** 20 f.
- gewerbliche Nutzung **14** 13
- Grenze **15** 11, 14
- Hausmeisterwohnung **10** 46
- im Aufteilungsplan **15** 7
- in d. Gemeinschaftsordnung **15** 4, 12 f.
- in d. Hausordnung **15** 18
- in d. Teilungserklärung **15** 4, 12 f.
- Kosten übermäßigen Gebrauchs **21** 116 ff.
- nachträgliche **15** 17
- nicht weniger störend als zu Wohnzwecken **1** 24; **15** 26 ff.
- Öffnungsklausel **23** 7
- Rechtsschutz **15** 20 ff.
- stillschweigende Vereinbarung **15** 10
- Übermäßigkeit, Kostenerstattung **21** 116 ff.
- Umfang **15** 11, 16
- Umsetzung **22** 11
- Umwandlung v. Wohnungs-/Teileigentum **1** 25
- Verstoß **14** 14; **15** 25
- Zweckbestimmung **15** 5
- zweckwidrige Nutzung **1** 24; **15** 26 ff.
- zweckwidrige Nutzung, Streitwert **49a GKG** 12

Geländer
- zwingendes Gemeinschaftseigentum **5** 38

Gemeindliches Vorkaufsrecht 2 13

Gemeinschaftlicher Gebrauch
- s.a. Gemeinschaftseigentum, zwingendes; Sondereigentumsfähigkeit; Wohnungseigentümer – Pflichten
- Aufzug **5** 38, 55
- Beschlussfunktion **Vor 23 bis 25** 4
- Beseitigungs- und Unterlassungsanspruch **10** 73
- Dachräume **5** 21, 55 f.
- fehlende Regelung **15** 17
- Gerichtszuständigkeit **43** 14
- Heizungsanlagen **5** 30, 57 ff.
- Sondernutzungsrecht **5** 56
- Treppenhaus **5** 9, 12, 55
- Zugang z. Versorgungseinrichtungen **5** 57 ff.

Gemeinschaftseigentum
- Abgrenzung z. Sondereigentum **5** 1, 45 ff.
- Abgrenzung z. Verwaltungsvermögen **1** 32; **10** 60
- Akzessorietät **1** 7
- Anwartschaft **2** 3
- Begriff **1** 26 ff.

- Beseitigungsanspruch d. Eigentümers 1 11
- Besitzschutz 1 11
- Bewirtschaftungspflicht 10 63
- Gebrauchsregelungen 15 2
- Geltendmachung v. Ansprüchen/ Rechten s. Rechtsverfolgungsbefugnis
- gemeinschaftlicher Gebrauch 1 27
- gemeinschaftswidrige Nutzung 14 12
- Herausgabeanspruch d. Eigentümers 1 11
- „isoliertes" Sondereigentum 6 25
- Kosten s. Kosten – Gemeinschaftseigentum
- Mitgebrauchsrecht 13 8 ff.
- Mitgebrauchsrecht, Grenzen 13 11 f.
- schonende Nutzung 14 9, 11 ff.
- Sonderform d. Bruchteilseigentums 1 5
- Sondernutzungsrechte s. dort
- Stellflächen 3 24
- Übergang bei Verkauf d. Wohnungseigentums 1 12
- Unterlassungsanspruch d. Eigentümers 1 11
- Untrennbarkeit d. Rechtspositionen 1 7, 18
- Vereinbarung 5 62 ff.
- Vereinigung v. Grundstücken 1 28
- Vermietung 10 62
- Verwaltung s. dort
- Wertberechnung 17 14 f.
- Zugehörigkeitsvermutung 1 26

Gemeinschaftseigentum – Umwandlung
- dingliche Einigung 3 19 f.
- durch teilweise Aufhebung 4 24 f.
- Formvorschriften 4 5 ff., 24 f.
- Grunderwerbsteuer 4 40
- Zustimmung d. Käufer 5 68

Gemeinschaftseigentum – Veräußerung s. Grundstück – Veräußerung; Wohnungseigentum – Veräußerung

Gemeinschaftseigentum – zwingendes
- Abluftanlage 5 38
- Aufzug 5 38, 55
- Außenanstrich 5 38
- äußeres Erscheinungsbild 5 22, 26, 40, 53
- Balkon 5 16
- Bestellung v. Sondereigentum 5 27
- Brandmauer 5 38
- Dachraum/Speicher 5 21, 55 f.
- Dämmung 5 38
- Doppelhaus 5 46
- Einfriedungen 5 12
- Entlüftungsanlagen 5 34
- Fenster/-rahmen 5 37, 64
- Fernsehantenne 5 36
- Fernsprechanlage 5 36
- Gas-/Wasser-/Abwasserleitungen 5 33
- Geländer 5 38
- gemeinschaftlicher Gebrauch 5 54 ff.
- Heizkörper 5 30, 60
- Heizungsanlagen 5 29, 57
- Heizungsrohre 5 33
- Hof 5 12
- Isolierung 5 38
- Kamin 5 38
- Kellerräume 5 12
- konstruktive Gebäudeteile 5 13, 52
- Lichtkuppel 5 64
- Markisen 5 36
- Mitsondereigentum 5 42 ff.
- Müllplätze 5 12
- Putz 5 38
- Reihenhaus 5 46
- Rollläden 5 37
- Rundfunkempfangsanlage 5 36
- Schaufenster 5 37
- Stellplätze 5 18 ff.
- Terrassen 5 12
- Treppenhaus 5 9, 12, 55
- Verbrauchserfassungsgeräte 5 32
- wesentliche Gebäudebestandteile 5 22 ff.; s.a. Bestandteile
- Wintergarten 5 40
- Zugang 5 12
- Zugang z. Versorgungseinrichtungen 5 9, 57 ff.

Gemeinschaftsordnung
- Anspruch auf Änderung 10 26 ff.
- bauliche Veränderungen 16 59 ff.

1165

- Gebrauchsregelungen **15** 4 ff.
- Gemeinschaftseigentumskosten **16** 15
- Hausordnung **15** 18
- Instandhaltung/-setzung **16** 59 ff.
- Kostentragungsregelungen **5** 2
- nichtige Vereinbarung über Gemeinschaftseigentum **5** 27
- Niederlegung in d. Teilungserklärung **8** 17 f.
- Öffnungsklausel **10** 5 f., 17, 20 ff.
- Öffnungsklausel f. Kostenverteilung **16** 66 ff.
- Sondereigentumskosten **16** 15
- Verbindung mit Teilungserklärung **3** 16
- Vermietungsbeschränkung **15** 74
- Verteilungsschlüssel **16** 15, 59 ff.
- Verwalterbestellung **26** 20 ff.

Geräteschuppen Sondernutzungsfläche **15** 63

Gerichtliche Ermessensentscheidung
- Aktivlegitimation **21** 127
- einstweiliger Rechtsschutz **21** 134 ff.
- Klageantrag **21** 126
- Klagehäufung **21** 130
- Kostenentscheidung **49** 4 ff.
- Kostenquote **49** 10 ff.
- Passivlegitimation **21** 128
- Rechtskraft **21** 132 f.
- Rechtsnatur **21** 124 f.
- Rechtsschutzbedürfnis **Vor 23 bis 25** 141
- Streitwert **49a GKG** 9
- unterlassene Verwaltungsmaßnahme **21** 45 f.
- Urteilsausspruch **21** 146 ff.
- Urteilsausspruch, Einzelfälle **21** 150 ff.
- Verfahrensverbindung **21** 129
- Voraussetzungen **21** 122 f., 137 ff.
- vorläufige Vollstreckbarkeit **21** 125
- Wirkung **Vor 23 bis 25** 142
- Wirtschaftsplan **21** 100
- Zweck **21** 122 f.

Gerichtsentscheidung
- s.a. Gerichtliche Ermessensentscheidung; Positive Beschlussfeststellungsklage; Veräußerungsklage
- Anfechtungsklage **46** 156 ff.; **48** 49 ff.
- Gestaltungsurteil **48** 46 ff.; s.a. Gerichtliche Ermessensentscheidung
- Leistungsurteil **48** 39 ff.
- Prozessurteil **48** 38

Gerichtsentscheidungen
- Beschluss-Sammlung **24** 157 ff.

Gerichtsverfahren
- s.a. Klageschrift
- Beweiswert d. Niederschrift **24** 112 ff.
- Streitgenossenschaft **47** 14 ff.; s.a. dort
- Urteilswirkung **23** 89 f.

Gerichtsverfahren – Kostenentscheidung
- nach billigem Ermessen **49** 1 ff.
- Nebenintervention **48** 34 f.; s.a. dort
- Rechtsmittel **49** 36 ff.
- Veranlassung z. Klage durch Verwalter **49** 21 ff.
- Verteilung d. Kostenerstattungsanspruchs **50** 12 ff., 18 ff.
- Verschulden d. Verwalters **49** 24 ff.
- vorläufige Vollstreckbarkeit **46** 172
- WEG-Reform **49** 1
- zulasten d. Verwalters **49** 13 ff., 20
- zulasten d. Verwalters mit Parteistellung **49** 18 f.
- zulasten d. Verwalters, Ermessen **49** 28 f.
- zulasten d. Verwalters, rechtliches Gehör **49** 34 f.
- zulasten d. Verwalters, Verhältnis z. materiell-rechtlichen Erstattungsanspruch **49** 30 ff., 38

Gerichtsverfahren – Kostenerstattung
- außergerichtliche Verwalterkosten **50** 7
- Binnenstreitigkeiten **50** 3
- einstweilige Verfügung **50** 3
- erfasste Kosten **50** 4
- Grundsatz **50** 1

- Kostenbegrenzung **50** 2
- materiell-rechtlicher Erstattungsanspruch **49** 30 ff., 38
- Nebenintervention **50** 6
- selbstständiges Beweisverfahren **50** 3
- subjektive Klagehäufung **50** 6
- Verteilung auf d. Streitgenossen **50** 12 ff., 18 ff.
- Vertretung durch mehrere Anwälte **50** 8 ff.
- Zustellungsvertretung **45** 49 f., 57 f.

Gerichtsverfahren – Verbindung
- Funktion **47** 1 f.
- Klageziel **47** 3 ff.
- Nachholung **47** 8
- Streitgenossenschaft **47** 14 ff.
- unterbliebene, Folgen **47** 10 ff.
- unzulässige Klage **47** 9
- Zeitpunkt **47** 7

Gerichtsverfahren – Zuständigkeit
- ausgeschiedene Eigentümer **43** 12
- Eigentumsansprüche **43** 23 f.
- einstweiliger Rechtsschutz **43** 4
- gemeinschaftlicher Gebrauch **43** 14, 22 ff.
- gemeinschaftsbezogene Streitigkeiten **43** 11, 45
- Gerichtsstandsvereinbarung **43** 3
- Gültigkeit v. Beschlüssen **43** 39 ff.
- Insolvenzverwalter **43** 13
- Klagen Dritter **43** 25, 43 ff.
- Mahnverfahren **43** 48 f.
- örtliche **43** 1
- Rechtmittel **43** 50 ff.
- rügeloses Verhandeln **43** 3
- sachliche **43** 2, 43
- selbständiges Beweisverfahren **43** 4
- sondereigentumsbezogene Streitigkeiten **43** 11, 45
- Sondernutzungsrechte **43** 15
- Streitigkeiten innerhalb d. Beirats **43** 20
- Streitigkeiten zw. Verband/Eigentümern **43** 26 ff.
- Streitigkeiten zw. Wohnungseigentümern **43** 20
- Urkundsprozess **43** 4
- Verwalteraufgaben **43** 33 ff.
- Verwaltung d. Gemeinschaftseigentum **43** 16 ff.
- Verweisung **46** 97
- WEG-Reform **43** 26 ff.

Geruchsbelästigung
- Entziehung d. Wohnungseigentums **18** 16
- Grenzen d. Nutzungsrechts **14** 9

Gesamthandseigentum
- Umwandlung in Bruchteileigentum **2** 5 f.

Gesamthandsgemeinschaft
- s. a. GbR; Personengesellschaft; Personenmehrheiten
- Erwerb v. Miteigentumsanteil **6** 8
- Wohnungseigentumsbegründung **3** 6

Gesamtschuld
- Veräußerer/Erwerber **10** 101

Geschäftsfähigkeit
- bei Wohnungseigentumsbegründung **2** 15
- Genehmigung d. Wohnungseigentumsbegründung **4** 34

Geschäftsführung ohne Auftrag
- Geltendmachung v. Ansprüchen/Rechten **21** 19
- Notgeschäftsführung **21** 31

Geschäftsordnung
- Eigentümerversammlung **Vor 23 bis 25** 129 f.; **24** 105
- Inhaltskontrolle **10** 4
- Niederschrift v. Beschlüssen **24** 125

Geschäftsunfähigkeit
- Ladung z. Versammlung **24** 44
- Stimmrecht **24** 58
- Teilnahmerecht **24** 58

Gesellschaft bürgerlichen Rechts
s. GbR

Gestaltungsklage
- s. a. Gerichtliche Ermessensentscheidung
- Beschlussfeststellungsverfahren **Vor 23 bis 25** 66 ff.

Gewährleistungsrechte
- Geltendmachung durch Gemeinschaft **10** 70 f.

1167

- Geltendmachung v. Ansprüchen/ Rechten **21** 7ff., 11ff., 107ff.; s.a. Rechtsverfolgungsbefugnis
- Geltendmachung, Regelungen **10** 46
- Verjährungsfristprüfung **26** 105
- Verwalteraufgaben **27** 47f.

Gewalttätigkeit
- Entziehung d. Wohnungseigentums **18** 16

Gewerberäume
- Teileigentum **1** 24
- Vermietungspflicht **10** 46

Gewerbliche Nutzung 14 13; s.a. Gebrauchsregelung

Grillen
- Grenzen d. Nutzungsrechts **14** 9

Großhandel
- übermäßige Beeinträchtigung **15** 42

Grundbuch
- s.a. Wohnungsgrundbuch
- Abschriften **7** 32
- Aufschrift **7** 5
- Aufteilung **7** 4ff.
- Auszüge **7** 32
- Berichtigung, Zustimmung **4** 19
- Bestandsverzeichnis **7** 6
- Einsicht **7** 30f.
- Inhalt **7** 1ff.
- Rechtsnatur **7** 1
- Schließung **2** 4 **7** 11
- Vereinigung v. Grundstücken **1** 28
- Wohnungsgrundbuch s. dort
- Zentralgrundbuch **7** 33
- Zweck **7** 1f.

Grundbuchamt
- Kosten, Auflassung **4** 48
- Prüfung d. Abgeschlossenheitsbescheinigung **3** 21
- Prüfung d. Gemeinschaftsordnung **8** 18
- Prüfungsumfang **7** 19, 28

Grundbucheintragung
- Änderung v. Vereinbarungen **10** 5, 24
- Aufhebung v. Sondereigentum **4** 24f.
- Auflassung **4** 18ff.

- Eintragungsfähigkeit v. Beschlüssen **10** 48
- Nachweis durch öffentliche Urkunden **8** 13ff.
- Öffnungsklausel **23** 14
- Prüfungsumfang **7** 19, 28
- teilrechtsfähige Eigentümergemeinschaft **10** 65
- Veräußerung d. Wohnungseigentums **1** 12
- Veräußerungsbeschränkung **12** 6ff.
- Veräußerungsbeschränkung, Aufhebung **12** 66f.
- Verhältnis z. Beschluss-Sammlung **24** 149
- Wohnungs-/Teilerbbaurecht **30** 12
- Zwangsversteigerung **19** 32
- zwischenzeitliche Verfügungsbeschränkung **61** 1ff.

Grunddienstbarkeiten
- Belastung d. Wohnungseigentums **1** 14; **6** 10, 13f., 16
- Benutzungsregelung **10** 46
- Zustimmungserfordernisse bei Bildung v. Sondereigentum **4** 45
- Zustimmungserfordernisse bei Vereinbarungen **5** 73

Grunderwerbsteuer
- Aufhebung v. Sondereigentum **4** 42
- Teilung **4** 38
- Teilungsvereinbarung **4** 39
- Instandhaltungsrückstellung **10** 90; **21** 88
- steuerpflichtiger Vorgang **1** 13

Grundpfandrechte
- s.a. Grundschuld; Hypothek; Rentenschuld
- Abtretungsvermerk **7** 10
- Belastung d. Wohnungseigentums **1** 14; **6** 9, 13f., 16
- Grundbucheintragung **7** 9
- Kostentragung **16** 6
- Stimmrecht d. Berechtigten **25** 36
- Übertragung bei Wohnungseigentumsbegründung **3** 12f.
- Zustimmung z. Veräußerung **12** 24
- Zustimmungserfordernisse bei Bildung v. Sondereigentum **4** 43ff.

- Zustimmungserfordernisse bei Vereinbarungen 5 73
Grundriss
- Aufteilungsplan 7 18
Grundschuld
- Belastung d. Wohnungseigentums 1 14
- Kostentragung 16 6
- Zahlungsverkehr 27 36 f.
Grundsteuer
- Zahlungsverkehr 27 38 f.
Grundstück
- Belastungen 1 14; s.a. dort
- Bestandteil d. Gemeinschaftseigentum 1 28
- Bestandteil d. Miteigentums 1 3 f.
- dienendes 1 14
- herrschendes 1 14
- Identitätserklärung 8 9
- Teilung v. noch zu vermessenden Flächen 8 9
- Überbau 1 29
- Verbindung v. Sonder-/Miteigentum 1 28
- Vereinigung 1 28
- Vereinigung mit Wohnungseigentumsgrundstück 6 17
- Vereinigung mit Wohnungseigentumsrecht 6 17
Grundstück – Veräußerung
- Grundstücksteilflächen 1 31; 6 6
Grundstücksverkehrsordnung
- Genehmigung d. Wohnungseigentumsbegründung 4 33
Grünfläche
- Nutzung als Parkplatz 10 46
Gütergemeinschaft
- Erwerb v. Miteigentumsanteil 6 8
Gutgläubiger Erwerb
- Wohnungseigentum 2 15; 4 21

Haftpflichtversicherung
- Deckungsumfang 21 84
Haushaltsnahe Dienstleistungen
- Jahresabrechnung 28 86
Hausmeister
- Gehaltszahlung 27 44
- Geltendmachung v. Ansprüchen/Rechten 21 17 ff., 107 f.

- Kostentragung 16 45
Hausmeisterwohnung
- Zweckbestimmung 10 46
Hausordnung
- Aufstellung 15 18
- Beispielregelungen 21 62
- Beschlusskompetenz 10 46; 21 51 ff.
- Geltungsbereich 21 54 f.
- Leistungspflichten 21 56 ff.
- Reinigungsarbeiten 21 57, 60
- Sanktionen 21 61
- Vereinbarung 21 51 ff.
- Verwalteraufgaben 27 16 f.
- Winterdienst 21 57, 59
Hausratsverordnung
- Anwendbarkeit 60 1 f.
Haustiere s. Tierhaltung
Heizkosten
- Abrechnungsmaßstäbe 16 87 ff.
- Jahresabrechnung 16 99
- Kostentragung 16 13, 80 ff.
- Rechnungsabgrenzung 16 99
- Verbrauchserfassung 16 84 ff.
- Verbrauchserfassung, Anschaffungskosten 16 86
- Verbrauchserfassung, fehlerhafte 16 90 ff.
- Zwischenablesung, Kosten 16 96 ff.
Heizkostenabrechnung
- Jahresabrechnung 28 98 ff.
Heizung
- Versorgungssperre 18 48
Heizungsanlage
- Heizkörper 5 30
- Heizkörper, Beschlusskompetenz 10 46
- Heizkörper, Sondereigentumsfähigkeit 5 30, 60
- Heizungsrohre 5 33
- Heizungsventile 5 31
- Sondereigentumsfähigkeit 5 29, 57
- Verbrauchserfassungsgeräte 5 32; 16 84 ff.
- zusätzliche Heizkörper 14 11
Heizungsanlagen-Verordnung
- Sondereigentumsfähigkeit 5 30
Herausgabeanspruch
- Eigentümerrechte 1 11

- Geltendmachung durch Gemeinschaft **10** 75
- Verwaltungsunterlagen **10** 75; **26** 145 ff.

Hobbyraum
- Nutzung als Wohnung **15** 38
- Sondereigentumsfähigkeit **5** 21

Hof
- Hundehaltung **15** 50
- Sondereigentumsfähigkeit **5** 10

Hotel
- Nutzung als Boarding-house **15** 29

Hotelzimmer
- Teileigentum **1** 24

Hundehaltung
- im Hof **15** 50; s.a. Tierhaltung

Hypothek
- Belastung d. Wohnungseigentums **1** 14
- Kostentragung **16** 6
- Zahlungsverkehr **27** 36 f.

Identitätserklärung 8 9
Imbiss
- übermäßige Beeinträchtigung **15** 44, 47, 49

Immobilienkauf
- Eigentümergemeinschaft **10** 65 ff.
- Geltendmachung v. Ansprüchen/ Rechten **21** 7 ff.; s.a. Rechtsverfolgungsbefugnis

Inhaltskontrolle
- Beschlüsse **10** 3
- Geschäftsordnung **10** 4
- Vereinbarungen **10** 3

Insolvenz
- Jahresabrechnung **28** 117 ff., 120a
- Partei d. Anfechtungsklage **46** 155
- steckengebliebener Bau **22** 83

Insolvenzfähigkeit
- Eigentümergemeinschaft **10** 93; **11** 17 ff.

Insolvenzverwalter
- Aktiv-/Passivlegitimation **43** 13
- Haftung d. Insolvenzverwalters **16** 160 ff.
- Ladung z. Versammlung **24** 43, 48
- Prozessstandschaft **46** 32 ff.
- Stimmrecht **25** 29

- Veräußerung v. Wohnungseigentum **12** 18
- Vorratsteilung **8** 3

Instandhaltung
- Abgrenzung z. Betriebskosten **16**
- Bagatellmaßnahmen **27** 27 f.
- Begriff **16** 42 **21** 65
- Beschlussanfechtung, Streitwert **49a GKG** 21 f.
- Beschlusskompetenz **16** 50 ff.
- Delegation v. Entscheidungsbefugnissen **27** 25
- Gerichtszuständigkeit **43** 17
- Klage auf Vornahme, Streitwert **49a GKG** 14
- Kostentragung, Einzelfall **16** 42 ff., 53 f.
- Kostentragung, Vereinbarung **16** 59 ff., 53 f.
- mangelnde Pflege **18** 17
- ordnungsgemäße Verwaltung **21** 63 ff.
- Regelung durch Vereinbarung **16** 54
- Sondernutzungsflächen **13** 16
- Vertretungsmacht bzgl. laufender Maßnahmen **27** 26 f.
- Verwalteraufgaben **27** 18 f.

Instandhaltung – Gemeinschaftseigentum
- Abgrenzung z. Modernisierung **22** 62, 76
- Aufopferungsanspruch **14** 27 ff.
- Beispiele **21** 69
- Betretungsrecht **14** 22 ff.
- Durchführung **10** 63
- Fenster **22** 95
- Mietausfall **14** 32
- modernisierende **21** 70 f.; **22** 62, 76
- Nichtnutzbarkeit d. Wohnung **14** 31
- Notwendigkeit **22** 62, 76
- Sanierungsbedarf **22** 62
- Schäden am Sondereigentum **14** 35 ff.
- Sondereigentümer, Pflichten **5** 2
- Sonderumlage **21** 95
- Übertragung an andere Organe **21** 74

- Vereinbarungen d. Eigentümer
  21 73
- Verwalterbefugnisse **21** 72
- Vorbereitungsmaßnahmen **14** 30
- vorläufige Maßnahmen **21** 63
- Wartung **21** 63

Instandhaltung – Sondereigentum
- Anspruch d. Miteigentümer **14** 7 f.
- Ersatzvornahme **14** 8
- Maß **14** 5
- Nachteil, Begriff **14** 5
- Schadensersatzpflicht **14** 8
- Sondereigentümer, Pflichten **5** 2
- Umfang **14** 3
- Zustand Gemeinschaftseigentum **14** 4

Instandhaltungsrückstellung 21 78
- Abdingbarkeit **21** 90
- Änderung d. Verteilungsschlüssels **16** 57
- Anfechtung **21** 96, 98
- Anlage **27** 110
- Anlagegewinn **16** 5
- Anspruch d. Wohnungseigentümers **21** 89, 98
- Auflösung **21** 96, 98
- bauliche Veränderungen **16** 121
- Formeln **21** 93 f.
- Grunderwerbsteuer **10** 90; **21** 88
- Höhe **21** 91 ff.
- Jahresabrechnung **28** 73, 102 ff.
- Rechtsnatur **21** 88
- riskante Anlage **26** 112a
- Sonderumlage **21** 95
- Umwidmung **21** 97
- Unterkonto **27** 109, 111
- Verwaltung d. Gelder **21** 89
- Wirtschaftsplan **21** 89
- Zweck **21** 87, 97
- zweckwidrige Verwendung **21** 97 f.

Instandsetzung
- s.a. Instandhaltung
- Abgrenzung z. Modernisierung **22** 62, 76
- Begriff **16** 42; **21** 66
- Beispiele **21** 69
- Beschlusskompetenz **16** 50 ff.
- Kostentragung, Einzelfall **16** 42 ff., 53 f.
- Kostentragung, Vereinbarung **16** 59 ff., 53 f.
- ordnungsgemäße Verwaltung **21** 63 ff.
- Regelung durch Vereinbarung **16** 54
- Verwalteraufgaben **27** 18 ff.

Isolierung
- zwingendes Gemeinschaftseigentum **5** 38

Jahresabrechnung
- Abgrenzungsposten **28** 71 ff.
- Abrechnung d. Sonderumlage **28** 18
- Adressat **28** 116 ff.
- Anfechtung **28** 133 ff.
- Aufhebung **28** 136 ff.
- Aufstellungsfrist **28** 121 ff.
- Aufteilungstheorie **16** 149 ff.; **28** 118 ff.
- Auszahlungen **28** 78, 84 f.
- Beschlussanfechtung, Streitwert **49a GKG** 16 ff.
- Beschlussfassung **28** 126 ff.
- Bestandteile **28** 91 ff.
- Bestimmung d. Abrechnungssystems **28** 92
- Eigentümerwechsel **28** 116 ff.
- Einsichtnahmerecht **28** 148 ff.
- Energieverbrauch **28** 71, 98 ff.
- Entlastung **28** 160 ff.; s.a. dort
- Erstellung bei Abberufung **26** 151
- Fälligkeitstheorie **16** 142 ff.; **28** 116 ff.
- Forderungen **28** 80, 94
- Grundsätze **28** 67 ff.
- haushaltsnahe Dienstleistungen **28** 86
- Heiz-/Warmwasserkosten **16** 99
- Heizkostenabrechnung **28** 98 ff.
- Insolvenz **28** 117 ff., 120a
- Instandhaltungsrückstellungen **28** 73, 102 ff.
- Jahresabrechnung **28** 74, 96, 108
- konkludente **28** 162a
- konkludenter Entlastungsbeschluss **28** 22 f.
- Kostenbegriff **28** 78 ff.

1171

- Kostenerstattung 28 153a
- Kostenverteilung 28 95 ff.
- Liquiditätsentwicklung 28 75, 112
- Mehrhausanlagen 28 70, 85a, 97, 109, 131
- Nachzahlungen 16 146
- Negativbeschluss 28 165
- Nichtigkeitseinwand 28 190
- Prüfung 28 142 ff.
- Quartalsabrechnungen 28 82
- Saldenliste 28 81, 115
- Sollsaldo, Verrechnung 28 108
- Statusbericht 28 113 ff.
- Stimmrecht 28 161 f.
- Übergang d. Kostentragungspflicht 16 142 ff.
- Umsatzsteuerausweis 28 87 ff.
- unberechtigte Ausgaben 28 67, 84 f.
- Unterscheidung n. Umlagefähigkeit 28 83
- Unterschied z. Bilanz 28 69
- Verbindlichkeiten 28 78 ff., 94
- Verhältnis z. Betriebskostenabrechnung 28 24 ff.
- Verhältnis z. Entlastung 28 19 ff.
- Verhältnis z. Rechnungslegung 28 9 ff.
- Verhältnis z. Wirtschaftsplan 28 5 ff.
- Verständlichkeit 28 70
- Verteilungsschlüssel 28 68, 95
- Verteilungsschlüssel, fehlerhafter 28 188
- Verwalterwechsel 28 157 ff.
- Wasserverbrauch 28 71
- Wirkung 28 160, 163 f.
- Wohngeldrückstände, Verrechnung 28 108
- Wohngeldsoll 28 96, 114, 176
- Wohngeldspitzen 28 74
- Zwangsverwaltung 28 117 ff., 120b
- Zweitbeschluss 28 132, 166

Jalousien
- bauliche Veränderung, Zustimmung 22 103

Juristische Personen
- Teilnahmerecht 24 58
- Verwalterbestellung 26 7
- Vorratsteilung 8 3

Kabelanschluss
- Kostentragung 16 13

Kamin
- gemeinschaftlicher Gebrauch 15 39
- zwingendes Gemeinschaftseigentum 5 38

Kaufvertrag
- Geltendmachung v. Ansprüchen/Rechten 21 7 ff.; s.a. Rechtsverfolgungsbefugnis

Keller
- gewerbliche Nutzung 15 48
- Nutzung als Lager 15 78
- Nutzung als Wohnung 15 40 f.
- Sauna 15 73
- Sondereigentumsfähigkeit 5 12
- Verteilung 10 46

Kinder
- Lärm 14 9

Kinderwagen
- Abstellen im Treppenhaus 14 11

Klagebefugnis
- s. Aktivlegitimation; Prozessstandschaft; Rechtsverfolgungsbefugnis

Klagegegner
- s. Passivlegitimation 10 100

Klageschrift
- Benennung nicht beteiligter Eigentümer 44 24 f.
- Eigentümerliste 44 9 ff., 22 f., 29
- fehlerhafte Parteibezeichnung 44 27 ff.
- Gerichtsbezeichnung 44 1
- Grundstücksangaben 44 2
- Parteibezeichnung 44 1 ff.
- Sammelbezeichnung 44 2 ff.
- Zustellungsvertreter 44 6 f.

Kommunalabgaben
- Haftung 10 112 ff.

Konto
- Eigentümergemeinschaft 10 76 f.
- Fremdkonto 10 77
- Führungsberechtigung 10 77
- Inhaber 10 77
- Kostenverteilung 16 37
- Treuhandkonto 10 76
- Überziehung durch Verwalter 10 92

Kontoführung
- Anderkonto 27 105
- Auskunftspflicht 27 113
- Fremdkonto 26 152; 27 103
- Herausgabe d. Unterlagen 26 145 ff.; 27 167
- Kontoausgleich bei Abberufung 26 152 f.
- Kontoinhaber 27 103
- Sammelkonto 27 108
- Treuhandkonto 26 152; 27 104, 106 f.
- Unterkonten 27 109, 111
- Vertretungsmacht d. Verwalters 27 100 ff.
- Zweckgebundenheit 27 112

Körperverletzung
- Entziehung d. Wohnungseigentums 18 16

Kosten – Gemeinschaftseigentum
- Abgrenzung z. Sondereigentumskosten 16 10 ff.
- Anrechnung v. tätiger Mithilfe 16 8
- Anspruch auf Änderung d. Verteilungsschlüssels 16 73 ff.
- Aufopferungsanspruch d. Sondereigentümers 16 126 ff.
- Aufwendungen 16 7
- Auszahlungen 16 7
- bauliche Veränderungen 16 42 ff., 118 ff.
- Befreiung 16 31
- Begriff 16 7
- Beschlusskompetenz 16 20 ff.
- Einzelbelastungen 16 38 ff.
- Entziehung d. Wohnungseigentums 16 125
- gewöhnlichen Verbrauch übersteigende Kosten 16 18
- Haftung d. Insolvenzverwalters 16 160 ff.
- Haftung d. Zwangsverwalters 16 160 ff.
- Instandhaltung/-setzung 16 42 ff.
- Kostendeckung 16 9
- Kostenschuldner 16 141 ff.; 19 22 ff.
- Kostentragung bei Zwangsversteigerung 16 152
- Kostentragung durch Eigentümer 16 142 ff.
- Kostentragung durch Erwerber 16 142 ff., 153 ff.
- Kostentragungspflicht 16 6, 8
- Kreditaufnahme 16 9
- Leerstand 16 112 f.
- Leistungsfähigkeit d. Eigentümer 16 9
- Prozesskosten bei Entziehung d. Wohnungseigentums 16 125
- Rechtsanwaltskosten 16 130 ff.; 19 21, 24; 27 80 ff.
- Schadenskosten 16 40 f.
- Sonderumlage 16 9
- sonstige Verwaltungskosten 16 7
- Übergang d. Kostentragungspflicht 16 142 ff.
- Verbindlichkeiten 16 7
- Versicherung, Tiefgarage 16 14
- Versicherungen 16 40
- Verteilung nach Anteilen 16 1
- Verteilungsschlüssel s. dort
- Verwalterhonorar, Zustimmung z. Veräußerung 16 117
- Verwaltungskosten 16 35 ff.; s.a. dort
- Verzug 18 16; s.a. Wohnungseigentum – Entziehung
- Wohngeld 16 8
- Wohngeld, Verzug 18 25 ff.; s.a. Wohngeld – Verzug
- Wohngeldausfall 16 107 ff.
- Zahlungsverkehr 27 36 ff.

Kosten – Sondereigentum
- Abgrenzung z. Gemeinschaftseigentumskosten 16 10 ff.
- Beschlussfähigkeit 16 13
- Beschlusskompetenz 16 20 ff.
- Erwerb/Löschung/Aufhebung 4 47 f.
- Gemeinschaftsordnung 16 15
- Heizkosten 16 13
- Kabelanschlussgebühren 16 13
- Müllkosten 16 13
- Stromkosten 16 13
- Versicherung, Tiefgarage 16 14
- Wasserverbrauch 16 11 f.

1173

Kredit
- Aufnahme durch Verwalter 21 106; 27 51 f.
- Eigentümergemeinschaft 10 91
- Haftungsfreistellung 16 9
- Kostendeckung 16 9
- quotale Haftung 16 9
- ungenehmigte 26 107

Kulturverein
- Gewerberaum 15 37

Kündigung – Mietverhältnis
- Vorkaufsrecht d. Mieters 2 14

Laden
- eigenständige Kellernutzung 15 48
- Nutzung als Begegnungsstätte 15 43
- Nutzung als Großhandel 15 42
- Nutzung als Imbiss 15 44, 47, 49
- Nutzung als Spielhalle 15 45

Ladung
- Eigentümerversammlung s. Eigentümerversammlung – Einberufungsschreiben

Lärmbelästigung
- s.a. Schallschutz
- Entziehung d. Wohnungseigentums 18 16 f.
- Grenzen d. Nutzungsrechts 14 9
- Tierarztpraxis 15 68

Lasten
- Begriff 16 6 f.
- Kostenschuldner 16 141 ff.
- Verteilung nach Anteilen 16 1
- Verzug m. Wohngeld 18 25 ff.; s.a. Wohngeld – Verzug
- Zahlungsverkehr 27 36 ff.

Leistungsklage
- Auseinandersetzungsguthaben 17 19 f.
- gerichtliche Ermessensentscheidung s. dort
- Nichterteilung d. Abgeschlossenheitsbescheinigung 7 20
- Rechtskrafterstreckung 49a GKG 46 ff.
- Streitwert 49a GKG 10 ff.
- Wohngeldverzug 18 47

Leistungsverweigerungsrecht
- Mängel bei Bauträgervertrag 21 11

Lichtkuppel
- Sondereigentumsfähigkeit 5 64

Liquidität
- Engpass 16 9
- Jahresabrechnung 28 75, 112
- Rücklage 28 42
- Sonderumlage 28 56a

Live-Musik
- Gaststättennutzung 15 51

Loggia
- Sondereigentumsfähigkeit 5 14 ff.

Löschungsvermerk
- Abtretungsvermerk 7 10
- Rötung 7 10
- Teillöschung 7 10

Mahnung
- Wohngeldverzug 18 27

Mahnverfahren
- Gerichtszuständigkeit 43 48 f.

Makler
- Verwalter 12 29

Mängel s. Gewährleistungsrechte; s.a. Rechtsverfolgungsbefugnis

Markisen
- Sondereigentumsfähigkeit 5 36

Mehrhausanlagen
- Berechnung d. Quorums 25 75
- Beschlüsse v. Teilgemeinschaften 15 66
- Beschlussfassung Vor 23 bis 25 153 ff.
- Blockstimmrecht Vor 23 bis 25 153 ff.
- Einzuladende 24 47
- Jahresabrechnung 28 70, 85a, 97, 109, 131
- Kostenverteilung 16 114 ff.
- schriftliche Beschlussfassung 23 85
- Stimmrecht nicht betroffener Eigentümer 25 120
- Stimmrechtsbeschränkung 25 17
- Teilnahmerecht 24 59
- Teilversammlung s. dort
- Verwaltungsregelungen 21 1

Mehrheitsbeschluss
- Ausnahmen v. einfacher Stimmenmehrheit **10** 51
- Ausnutzung v. Stimmenmehrheiten **23** 105; **25** 116 ff.; s.a. Stimmrecht
- doppelte Mehrheit **10** 51; s.a. Mehrheitsbeschluss – qualifizierter
- einfache Mehrheit **Vor 23 bis 25** 61, 81
- Entziehung d. Wohnungseigentums **18** 23 f., 30 ff., 37, 44
- Entziehungsrecht, Unabdingbarkeit **18** 42 ff.
- Ersatzzustellungsvertreter **45** 37 ff.
- gerichtliche Ermessensentscheidung s. dort
- Jahresabrechnung **28** 126 ff.
- Mehrheitsprinzip **10** 50
- Niederschrift **Vor 23 bis 25** 65
- Rechnungslegung **28** 167
- schriftlicher s. Beschlussfassung – schriftliche
- Stimmauszählung **Vor 23 bis 25** 82
- Stimmengleichheit **Vor 23 bis 25** 81
- Stimmenthaltung **Vor 23 bis 25** 81
- Stimmrecht s. dort
- Stimmrechtsprinzip **Vor 23 bis 25** 82, 86; **25** 11 ff.
- Überwiegen d. Nein-Stimmen **Vor 23 bis 25** 81
- Vereinbarung v. Mehrheitserfordernissen **10** 20; **Vor 23 bis 25** 85 ff.
- Vermietung v. Gemeinschaftseigentum **13** 30
- Wiederaufbau nach Zerstörung **22** 77 ff.
- Wirksamkeit, Gerichtszuständigkeit **43** 39 ff.

Mehrheitsbeschluss – qualifizierter
- absolute **18** 33
- Allstimmigkeit **Vor 23 bis 25** 95 f.
- Änderung d. Verteilungsschlüssels **16** 66 ff.; **Vor 23 bis 25** 89 f.
- bauliche Veränderungen **16** 50 ff., 118 ff.; **22** 1, 16 ff.; s.a. dort
- Beschlussfähigkeit **25** 68 f.

- besondere Mehrheitserfordernisse **Vor 23 bis 25** 84
- doppelte Mehrheit **10** 51
- Drei-Viertel-Mehrheit **Vor 23 bis 25** 89 f.
- Entziehung v. Wohnungseigentum **18** 30 ff.; **Vor 23 bis 25** 91
- Instandhaltung/-setzung **16** 50 ff.
- Instandhaltung/-setzung, besondere Aufwendungen **22** 1
- Kopfprinzip **10** 51
- Modernisierung **22** 62; s.a. dort
- Modernisierung ohne Sanierungsbedarf **22** 63
- Stimmrechtsprinzip **Vor 23 bis 25** 86
- Vereinbarung v. Mehrheitserfordernissen **10** 20; **Vor 23 bis 25** 85 ff.
- Zustimmungserfordernis **10** 51
- Zweck **16** 58
- Zweitversammlung **Vor 23 bis 25** 88

Mehrheitsprinzip
- Beschlüsse **10** 2; s.a. dort
- Enthaltungen **10** 51
- Entziehung v. Beschlussmacht **Vor 23 bis 25** 160
- Kopfprinzip **10** 51
- Wertprinzip **10** 51
- Zweck **10** 50

Miete s. Vermietung

Mietwohnung
- Begründung v. Wohnungseigentum **2** 3
- Vorkaufsrecht **2** 14

Minderjährige
- Genehmigung d. Wohnungseigentumsbegründung **4** 34
- Ladung z. Versammlung **24** 44
- Stimmrechtsausübung **Vor 23 bis 25** 43

Minderung
- Geltendmachung durch Gemeinschaft **10** 71
- Geltendmachung v. Ansprüchen/Rechten **21** 12; s.a. Rechtsverfolgungsbefugnis

Miteigentum
- Begriff **3** 5 ff.

1175

- Beschränkung durch Sondereigentum 1 8; 3 1
- Beseitigungsanspruch d. Eigentümers 1 11
- Besitzschutz 1 11
- Eingriff in d. Kernbereich 23 107 ff., 119; 24 51 f., 55
- Grundstück 1 28
- Herausgabeanspruch d. Eigentümers 1 11
- Unterlassungsanspruch d. Eigentümers 1 11

Miteigentum – Begründung
- s.a. Wohnungseigentum – Begründung
- gleichzeitig mit Sondereigentum 2 5; 4 2
- Zeitpunkt 3 6

Miteigentümer
- Geltendmachung v. Ansprüchen d. Gemeinschaft 1 11; 21 6 ff.; s.a. Rechtsverfolgungsbefugnis
- Grundbucheintragungsantrag 7 15
- Rechte s. Wohnungseigentümer – Rechte
- Verhältnis z. teilrechtsfähigen Gemeinschaft 1 17

Miteigentumsanteil
- s.a. Bruchteilseigentum
- Akzessorietät 1 7; 6 1 ff.
- Anwachsung 3 10
- Berechnung 16 3
- Bestandteil d. Wohnungseigentums 1 3 f., 7
- Gemeinschaftseigentum 1 5; s.a. dort
- gesonderte Übertragung v. Sondereigentum 6 22
- Größenänderung 6 21
- Kostentragungspflicht 16 141 ff.
- künftiges Gemeinschafts-/Sondereigentum 2 3
- ohne Sondereigentum 3 10
- Quoten 3 7 ff. 17 3
- Quotenänderung 6 21
- unbillige Aufteilung 3 9
- Untrennbarkeit d. Rechtspositionen 1 7, 18; 6 3 ff.
- Veränderung bei Wohnungseigentumsbegründung 3 7 f.
- Verbindung mit mehreren Sondereigentumsrechten 2 11
- Verhältnis z. Nutzfläche 3 9
- Wert 16 3
- Wertberechnung 17 10 ff.
- Wertkorrektur 17 3
- Zwangsvollstreckung 6 27

Miteigentumsanteil – Aufspaltung
- bei Umwandlung in Gemeinschaftseigentum 5 63
- nachträgliche 3 20

Miteigentumsanteil – Belastung
- s.a. Belastung
- Bestehenbleiben bei Vereinigung 6 13
- Erstreckung 6 20
- Erstreckung bei Zuschreibung 6 9, 14, 16
- Zulässigkeit 6 9

Miteigentumsanteil – isolierter
- Änderung d. Teilungserklärung 6 23 f.
- Aufhebung d. Gemeinschaft 11 9
- Berechnung 16 4
- Entstehung 3 10
- Kostentragung 16 6
- Stimmrecht 25 22
- Umwandlung v. Sonder-/Gemeinschaftseigentum 4 24; 5 27

Miteigentumsanteil – Realteilung
s. dort

Miteigentumsanteil – Veräußerung
s. Wohnungseigentum – Veräußerung

Miteigentumsanteil – Verbindung
- isolierte Anteile 6 23 f.
- mit Grundstücken 6 17
- Vereinigung 6 11 ff.
- Vereinigung in einer Person 9 10 ff.
- Zuschreibung 6 11, 14 ff.

Mitsondereigentum
- Begriff 5 42
- Zulässigkeit 5 43 f.; 6 26

Mobilfunkanlage
- Zustimmungserfordernis 15 52

Modernisierung
- Anpassung an d. Stand d. Technik 22 64

- Anspruch d. Wohnungseigentümers **22** 75
- Begriff **22** 65 ff.
- Eigenart d. Wohnanlage **22** 73
- Grenzen **22** 73 f.
- Kostenverteilung **16** 124
- Notwendigkeit **21** 70 f.
- qualifizierter Mehrheitsbeschluss **22** 63
- Sanierungsbedarf, fehlender **22** 62 f.
- unbillige Beeinträchtigung **22** 74
- WEG-Reform **22** 62

Müll s. Abfall**Musizieren**
- Beschränkung **10** 46
- Verbot **15** 53

Nachbareigentum
- Begriff **5** 42

Nachbarklage
- Klagebefugnis **10** 81

Nachbarrecht
- Anwendbarkeit **14** 6

Nacherfüllung
- Geltendmachung durch Gemeinschaft **10** 71

Nachfristsetzung
- Geltendmachung v. Ansprüchen/Rechten **21** 12; s.a. Rechtsverfolgungsbefugnis

Nachhaftung
- Alteigentümer **10** 101

Nachlassverwalter
- Ladung z. Versammlung **24** 43, 48
- Stimmrecht **25** 29

Nebenintervention
- Beigeladener **48** 23 ff.
- Kostenerstattung **50** 6
- Kostentragung **48** 34 f.

Negativbeschluss
- Anfechtung **Vor 23 bis 25** 125 f.
- Anfechtungsklage **46** 5
- Begriff **Vor 23 bis 25** 122
- Beschlusskompetenz **Vor 23 bis 25** 123
- Entlastung **28** 165
- Funktion **Vor 23 bis 25** 10
- Rechtsfolge **Vor 23 bis 25** 124
- Verwalterabberufung **26** 123, 158 ff.

- Verwaltungsmaßnahmen **21** 47
- Wirtschaftsplanaufstellung **28** 47 ff.
- Wohnungseigentumsentziehung **18** 37

Neubau
- Wohnungseigentumsbegründung vor Baubeginn **1** 21; **2** 3

Neue Bundesländer
- Genehmigung d. Wohnungseigentumsbegründung **4** 33

Nichtbeschluss
- Begriff **Vor 23 bis 25** 127 f.
- schriftliche Beschlussfassung **23** 75, 83
- Ungültigkeit v. Beschlüssen **23** 93
- Versammlungseinberufung durch Unberechtigte **23** 24

Nichtigkeitsklage
- Verhältnis z. Anfechtungsklage **46** 11 ff.

Nichtzulassungsbeschwerde
- Ausschluss **62** 3

Niederschrift
- Abdingbarkeit **24** 204
- Ablaufprotokoll **24** 120, 125
- Anlagen **24** 123
- Aufbewahrung **24** 143
- Auslegung v. Beschlüssen **24** 117
- Berichtigung **24** 124, 136 ff.
- Berichtigung, Klage **24** 140 ff.
- Berichtigungsklage, Frist **46** 74 ff.
- Beschlussergebnis **Vor 23 bis 25** 65
- Bestellungsnachweis **27** 148
- Beweiswert **24** 112 ff.
- Einsichtnahme **24** 131 ff.
- Ergebnisprotokoll **24** 120, 125
- Ersteller **24** 120 ff., 127 f.
- Erstellungsfrist **24** 129 f.
- fehlende Unterzeichnung **23** 95
- Form **24** 126
- Fotokopien **24** 132
- Genehmigung **24** 124
- Geschäftsordnungsbeschlüsse **24** 125
- Kann-Inhalt **24** 120 ff.
- Muss-Inhalt **24** 119
- Tonaufzeichnung **24** 104
- Unrichtigkeit **24** 124, 136 ff.

1177

- unsachliche Äußerungen 24 121, 125
- Unterzeichnung 24 128; 29 19
- Verhältnis z. Beschluss-Sammlung 24 111, 118, 148
- Verwalterbestellung 24 116; 26 170
- Zweck 24 110

Nießbrauch
- Belastung v. Miteigentumsanteilen 6 9, 13 f., 16
- Bestellung an einer Sache 1 13
- Dauerwohnrecht 33 5
- Stimmrecht d. Berechtigten 25 34
- Zustimmungserfordernisse bei Vereinbarungen 5 74

Notgeschäftsführung
- Aufrechnung 21 30
- Aufwendungsersatz 21 28 ff.
- Außenverhältnis 21 27
- bauliche Veränderungen 22 10
- Befugnis 21 22
- Beispiele 21 25 f.
- Eilbedürftigkeit 21 23
- Gefahrenabwehr 21 23
- Geltendmachung v. Ansprüchen/Rechten 20 15; 21 18
- Genehmigung 21 27 f.
- Geschäftsführung ohne Auftrag 21 31
- Handlungspflicht 21 22
- umfasste Maßnahmen 21 24

Notverwalter
- Einberufung d. Versammlung 24 21
- Vertretungsnachweis 27 147
- Wegfall 27 129 ff.

Nutzfläche
- Kostenverteilungsschlüssel 16 17

Nutzung
- Einschränkung, Beschlusskompetenz 10 46
- gemischte 1 22 f.

Nutzung – Gemeinschaftseigentum
- s.a. Gebrauchsregelung
- Anlagegewinn 16 5
- Begriff 16 5
- Einnahmen aus Mitnutzungen 16 5

- Einnahmen aus Vermietung/Verpachtung 16 5
- Garten 22 98
- Kosten übermäßigen Gebrauchs 21 116 ff.
- mangelnde Pflege 18 17
- schonende Nutzung 14 9, 11 ff.
- Verteilung nach Anteilen 16 1
- Zinseinkünfte 16 5

Nutzung – Sondereigentum
- s.a. Gebrauchsregelung
- Verwahrlosung 18 16

Nutzungsüberlassung
- Beschränkung 12 20
- Einstandspflicht 14 15 ff.

Obliegenheitsverletzung
- Deckungsverlust 21 86

Obligatorische Streitschlichtung
- Wohngeldbeitreibung 28 180; 43 10

Öffentliche Abgaben
- Zahlungsverkehr 27 44

Öffentliche Urkunde
- Begriff 8 13

Öffentlich-rechtliche Beiträge
- Haftung 10 112 ff.

Öffnungsklausel
- abstrakte 23 8 f.
- Änderung d. Verteilungsschlüssels 16 66 ff.
- Änderung v. Vereinbarungen/Gemeinschaftsordnung 10 5 f., 17, 20 ff.
- Begriff 23 6
- Bestimmtheitsgebot 23 8 f.
- Einschränkung d. Anwendung 10 21
- Entziehung v. Beschlussmacht Vor 23 bis 25 160
- Gebrauchsregelung 23 7
- generelle 23 8 f.
- gesetzliche 10 22
- Grundbucheintragung 23 14
- Modifikation gesetzlicher Abstimmungserfordernisse 23 18 f.
- Rechtsnatur vereinbarungsbezogener Beschlüsse 23 10
- Sondernutzungsrechte 23 7

– Verlangen einer Vereinbarung
  23 20
– Zustimmung Dritter **23** 14 ff.
Ordnungsmäßige Verwaltung s. Verwaltung – Ordnungsmäßigkeit
Ordnungsmäßiger Gebrauch s. Gebrauchsregelung; Nutzung

Parabolantenne
– s.a. Antennenanlage
– Anbringung auf Balkon **15** 57
– Anspruch auf Zustimmung
  22 101 f.
– bauliche Veränderung **22** 100
Parkett
– Sondereigentumsfähigkeit **5** 36
Parkflächennutzung
– Wohnwagen **10** 46
Parteifähigkeit
– Eigentümergemeinschaft **10** 78 ff.
Passivlegitimation
– Anfechtung v. Beschlüssen **10** 80
– Beschlussanfechtung **46** 16, 36
– gerichtliche Ermessensentscheidung **21** 128
– Haftung d. Wohnungseigentümer
  10 100 ff.
– Insolvenzverwalter **43** 13
– Verwalter **46** 36
Personengesellschaft
– s.a. GbR; Gesamthandsgemeinschaft
– Einbringung v. Wohnungseigentum **12** 15
– Einsetzung als Verwalter **23** 104
– Erwerb v. Miteigentumsanteil **6** 8
– Teilnahmerecht **24** 58
– Teilungserklärung **8** 4
– Verwalterbestellung **26** 3 f.
– Wohnungseigentumsbegründung
  3 6
– Wohnungseigentumsbegründung
  durch Teilung **2** 10
Personenmehrheiten
– s.a. GbR; Gesamthandsgemeinschaft
– Dauerwohnrecht, Bestellung **31** 18
– Stimmrecht **25** 18, 26 f., 49

– Stimmrecht, Ausübung
  Vor 23 bis 25 49 ff.
– Versammlung **23** 37
Pfändung
– Dauerwohnrecht **31** 7
– Einberufungsverlangen **24** 9
– Wohngeld **10** 109 f.
Pflanzbehälter
– Sondereigentumsfähigkeit **5** 36
Pflegeheim
– Wohnungsnutzung **15** 59
Pflichtverletzung s. Wohnungeigentum – Entziehung; Wohnungseigentümer – Pflichten
Pizzeria
– Zulässigkeit in Bistro/Cafe **15** 27
PKW-Stellplätze s. Parkflächennutzung; Stellplätze
Positive Beschlussfeststellungsklage
– Abstimmungsfeststellung **46** 6 f.,
  18, 72 f., 138 ff.
– Anfechtungsfrist **46** 72 f.
– Rechtskrafterstreckung **48** 53
– Tenor **46** 162
Prostitution
– Entziehung d. Wohnungseigentums **18** 16
– Wohnungsnutzung **15** 60
Protokoll s. Niederschrift
Prozessfähigkeit
– Rubrumsberichtigung **10** 82
Prozessführungsbefugnis
– s.a. Prozessstandschaft
– Beschlussanfechtung **46** 19, 36 ff.
– Nachteilsabwendung **27** 74
Prozesskosten
– Entziehung d. Wohnungseigentums **16** 125
– Rechtsanwaltsmehrvergütung
  16 130 ff.
Prozesskostenhilfeantrag
– Fristwahrung **46** 98 f.
Prozessstandschaft
– s.a. Prozessführungsbefugnis
– Anfechtungsklage **46** 32 ff., 94 ff.
– Bauabnahme durch Gemeinschaft
  21 16
– Eigentümergemeinschaft **10** 73
– Insolvenzverwalter **46** 32 ff.

1179

- Rückdelegation **27** 77
- Veräußerungsklage **19** 9
- WEG-Reform **27** 77
- Wohngeldbeitreibung **28** 171 ff.
- Zustellungen **45** 3
- Zwangsverwalter **46** 32 ff.

Pseudovereinbarung 10 15 ff.

Putz
- zwingendes Gemeinschaftseigentum **5** 38

Querulatorisches Verhalten
- Entziehung d. Wohnungseigentums **18** 16 f.

Räume
- Abgeschlossenheit **3** 23
- Begriff **5** 6 f.
- gemeinschaftlicher Gebrauch **1** 27, 54 ff.; **5** 9
- Sondereigentumsfähigkeit **5** 5 ff.; s.a. dort
- Vereinbarung v. Gemeinschaftseigentum **5** 62

Reallasten
- Belastung v. Miteigentumsanteilen **6** 9, 13 f., 16
- Zustimmungserfordernisse bei Vereinbarungen **5** 73

Realteilung
- Abgeschlossenheitsbescheinigung **6** 18
- Alleineigentümer **8** 25
- Anspruch auf Aufhebung d. Gemeinschaft **11** 11
- Aufteilungsplan **6** 18
- Zulässigkeit **6** 18

Rechnungsabgrenzungsposten
- Heiz-/Warmwasserkosten **16** 99
- Jahresabrechnung **28** 71 ff.

Rechnungslegung
- Abberufung d. Verwalters **26** 150
- Anspruchsberechtigte **28** 14
- Belege **28** 168
- Beschluss **28** 167
- Durchsetzung d. Anspruchs **28** 169
- Jahresabschluss **28** 170
- Verhältnis z. Jahresabrechnung **28** 9 ff.

Rechtsanwaltskosten
- s.a. Gerichtsverfahren – Kostenentscheidung; Gerichtsverfahren – Kostenerstattung
- Kostenverteilung **16** 130 ff.; **19** 21, 24
- Veräußerungsklage **19** 21, 24
- Zustellungsvertretung **45** 48
- Zwangsversteigerungsverfahren **19** 26

Rechtsbedingung
- Auflassung **4** 16

Rechtsbeschwerde
- Zwangsversteigerung **19** 48

Rechtschutz s. Anfechtungsklage; Einstweiliger Rechtsschutz; Feststellungsklage; Gerichtliche Ermessensentscheidung; Gerichtliches Verfahren; Leistungsklage; Zivilprozess

Rechtsmissbrauch
- Anspruch auf ordnungsgemäße Verwaltung **21** 44
- Wiederherstellungsanspruch **22** 55 ff.
- Wiederholung gerichtlicher Beschlüsse **Vor 23 bis 25** 115

Rechtsnachfolge
- Bindungswirkung v. Beschlüssen **Vor 23 bis 25** 22

Rechtspflegererinnerung
- Zwangsversteigerung **19** 48

Rechtsverfolgungsbefugnis – Eigentümergemeinschaft
- s.a. Aktivlegitimation
- Bauträgervertrag **21** 7 ff.
- Energielieferungsvertrag **21** 17 ff., 107 f.
- gekorene Ausübungsbefugnis **21** 10
- gesetzliche Ansprüche **21** 19
- Gewährleistungsansprüche bzgl. Gemeinschaftseigentum **21** 7 ff.
- Hausmeistervertrag **21** 17 ff., 107 f.
- Innenverhältnis **21** 21
- kraft Mehrheitsbeschluss **21** 20
- Minderung **21** 12
- Nachfristsetzung **21** 12
- öffentlich-rechtliche Ansprüche **21** 19
- Rückabwicklung **21** 13 f.

- Schäden am Gemeinschaftseigentum 21 18
- Schadensersatz 21 12
- Verwaltervertrag 21 17 ff., 107 f.
- Vorschussanforderung 21 14
- Wartungsvertrag 21 17 ff., 107 f.
- Werkverträge 21 17 ff., 107 f.
- Zuständigkeitsbeschluss 21 7, 11, 16

Rechtsverfolgungsbefugnis – Verwalter
- s.a. Aktivlegitimation
- Bevollmächtigung z. Bauabnahme 21 15
- eidesstattliche Versicherung 27 92
- Geltendmachung v. Ansprüchen 27 77 f.
- Generalvertretungsbefugnis 27 62
- Gewährleistungsrechte 27 47
- Instandhaltung/-setzung 27 94 ff.
- Maßnahmen z. Fristwahrung 27 75
- Nachteilsabwendung 27 71 ff., 90 ff.
- Notmaßnahmen 27 99
- Passivvertretung, prozessuale 27 74
- Rechtsanwaltsbeauftragung 27 81
- Rechtsanwaltsvergütung 27 80
- Selbstkontrahierungsverbot 27 73, 91, 96
- Vertragsschluss im eigenen Namen 27 94
- Vertragsschluss im Namen d. Gemeinschaft 27 95

Rechtsverfolgungsbefugnis – Wohnungseigentümer
- s.a. Aktivlegitimation
- Abnahme 21 15
- Abtretung an Zweiterwerber 21 8
- Abwehransprüche 21 20
- Ansprüche d. Ersterwerbers 21 8
- Aufrechnung 21 11
- Auswirkungen auf d. Gemeinschaftseigentum 21 7, 12
- Auswirkungen auf d. Sondereigentum 21 20
- Bauträgervertrag 21 7 ff.
- Eigentumsschutz 21 20

- Gewährleistungsansprüche bzgl. Gemeinschaftseigentum 21 7 ff.
- Gewährleistungsansprüche bzgl. Sondereigentum 21 7 ff.
- Innenverhältnis 21 21
- Leistung an d. Gemeinschaft 21 11
- Leistungsverweigerungsrecht 21 11
- Nacherfüllung 21 11
- Notgeschäftsführung 21 18, 22; s.a. dort
- Rückabwicklung d. Bauträgervertrags 21 10, 13 f.
- Rückgewähr v. Zahlungen 21 10
- Selbstvornahme 21 11
- Unterlassungsansprüche 21 20

Rederecht
- Beschränkung 23 95
- Ladung z. Versammlung 24 41

Reihenhäuser
- Nachbarrecht 14 6
- zwingendes Gemeinschaftseigentum 5 46

Reinigungspersonal
- Zahlungsverkehr 27 44

Reinigungspflichten
- Hausordnung 21 57, 60

Renovierung
- Verschlechterung d. Schallschutzes 15 61

Rentenschuld
- Belastung d. Wohnungseigentums 1 14

Restaurant s. Gastronomie

Restitutionsanspruch
- Genehmigung d. Wohnungseigentumsbegründung 4 33

Revision
- Übergangsfrist 62 3

Revisionsverfahren
- Zuständigkeit 43 52

Rollladen
- bauliche Veränderung, Zustimmung 22 103
- zwingendes Gemeinschaftseigentum 5 37

Rollstuhl
- Abstellen im Hausflur 23 105

1181

Rubrumsberichtigung
- Altverfahren **10** 82

Rückabwicklung
- Geltendmachung v. Ansprüchen/ Rechten **21** 13 f.; s.a. Rechtsverfolgungsbefugnis

Rücksichtnahmegebot
- Einfluss auf Eigentumsrecht **1** 2

Rundfunkempfang
- Verwaltungsmaßnahmen **21** 101 ff.

Rundfunkempfangsanlage
- zwingendes Gemeinschaftseigentum **5** 36

Sachbeschädigung
- Entziehung d. Wohnungseigentums **18** 16

Sachverständige
- Abgeschlossenheitsbescheinigung **7** 21 ff.
- Aufteilungsplan **7** 21 ff.

Sammelabstimmung
- Stimmrechtsausschluss **25** 103

Sammelgarage
- Sondereigentumsfähigkeit **5** 18

Sanierung s. Instandhaltung/-setzung; Modernisierung

Sanierungsgebiet
- Veräußerungsgenehmigung **1** 13

Sanitäreinrichtungen
- Sondereigentumsfähigkeit **5** 36

Satellitenantenne s. Parabolantenne

Sauna
- Kellernutzung **15** 73
- Kostentragung **16** 39
- Nutzungszeiten **15** 54
- Sondereigentumsfähigkeit **5** 21

Schadensersatz
- Abstimmungsfehler **Vor 23 bis 25** 55 f.
- Amtsniederlegung d. Verwalters **26** 138, 140
- Aufopferungsanspruch d. Sondereigentümers **14** 27 ff.; **16** 126 ff.
- Beschluss-Sammlung, Versäumnisse **24** 177 ff.
- Geltendmachung durch Gemeinschaft **10** 71, 74
- Geltendmachung v. Ansprüchen/ Rechten **21** 12; s.a. Rechtsverfolgungsbefugnis
- Nichtdurchführung anfechtbarer Beschlüsse **27** 11
- Niederschrift, unrichtige **24** 139
- unzulässige Nutzung **14** 18
- Verwalter **27** 173; s.a. Verwalter – Haftung
- Verweigerung d. Einsichtnahme in Niederschrift **24** 133
- Zustimmungsverweigerung z. Veräußerung **12** 55 ff.

Schadensersatz – deliktischer
- Geltendmachung v. Ansprüchen/ Rechten **21** 19
- Schmerzensgeld **27** 173

Schallschutz
- Bodenbelag **22** 105 f.

Schaufenster
- zwingendes Gemeinschaftseigentum **5** 37

Scheinbeschluss s. Nichtbeschluss

Scheinbestandteil
- Sondereigentumsfähigkeit **5** 29

Scheinverwalter
- Einberufung d. Versammlung **24** 22

Schiebewände
- Sondereigentumsfähigkeit v. Räumen **5** 7

Schiedsgericht
- s.a. Obligatorische Streitschlichtung
- Vereinbarung bei Entziehungsverfahren **19** 7, 56

Schiedsvereinbarungen
- Zulässigkeit **43** 9

Schilder
- Anbringung **10** 46
- Veränderung durch Wohnungseigentümer **5** 53
- Zulässigkeit **22** 109

Schimmelbildung
- Beseitigungspflicht **14** 3

Schwarzarbeit 23 104

Schwimmbad
- Nutzung durch Dritte **15** 33
- Sondereigentumsfähigkeit **5** 21

Selbstständiges Beweisverfahren
- Bezeichnung d. Gemeinschaft 44 21 ff.
- Einleitung i.R.d. Verwaltungstätigkeit 21 107 f.
- Kostenerstattung 50 3
- Zuständigkeit 43 4

Seniorenwohnung
- Gebrauchsregelung 1 24

Sofortige Beschwerde
- Zwangsversteigerung 19 48, 52

Sondereigentum
- Abgeschlossenheit 3 21 ff.
- Abgrenzung z. Gemeinschaftseigentum 5 1, 45 ff.
- Akzessorietät 1 7; 6 1 ff.
- Alleinbesitz 1 11
- Alleineigentum 13 4
- Anwartschaft 2 3
- Aufopferungsanspruch d. Eigentümers 14 27 ff.
- Begriff 1 26
- Begründung bei bereits bestehendem Miteigentum 4 9
- Begründung durch Verfügung v. Todes wegen 2 2
- Beseitigungsanspruch d. Eigentümers 1 11
- Besitzschutz 1 11
- Bestandteil d. Wohnungseigentums 1 7
- Betretungsrecht 14 22 ff.
- Eigentümergemeinschaft 10 66 ff.
- Eingriff durch Beschluss 23 106
- Eingriff durch Verwalter 27 18, 32
- fehlerhafte Entstehung 11 9
- Gebrauchsregelungen 15 2
- Gegenstand s. Bestandteile; Gebäudeflächen; Gebäudeteile; Räume; Sondereigentumsfähigkeit
- Geltendmachung v. Ansprüchen/Rechten s. Rechtsverfolgungsbefugnis
- gemeinschaftswidrige Nutzung 14 12
- Herausgabeanspruch d. Eigentümers 1 11
- Instandhaltung s. Instandhaltung – Sondereigentum

- „isoliertes" 6 25
- Kosten s. Kosten – Gemeinschaftseigentum
- Mitsondereigentum 5 42 ff.
- Nutzungsrechte 13 4 ff.
- Nutzungsrechte, Grenzen 13 5
- Rechtsnatur 5 65
- Schadenabwendungspflicht 20 3
- schonende Nutzung 14 9 f.
- schuldrechtlicher Vertrag s. Teilungsvereinbarung
- Teilung in selbstständige Rechte 2 11
- Übertragung innerhalb d. Wohnungseigentümergemeinschaft 6 22
- Unselbständigkeit 1 7; 6 1 ff.
- Unterlassungsanspruch d. Eigentümers 1 11
- Untrennbarkeit d. Rechtspositionen 1 7, 18; 6 3 ff.
- Veräußerungsbeschränkung s. Wohnungseigentum – Veräußerungsbeschränkung
- Verbindung mit isolierten Miteigentumsanteilen 6 23 f.
- Wertberechnung 17 13

Sondereigentum – Aufhebung
- s.a. Eigentümergemeinschaft – Aufhebung 11
- Auseinandersetzungsguthaben 17 7
- dingliche Einigung 4 23
- durch Umwandlung 4 24 f.; s.a. dort
- Einfluss auf Miteigentum 1 8
- Fortführung durch Bruchteilsgemeinschaft 17 7
- Grundbucheintragung 4 23
- Grunderwerbsteuer 4 42
- Kosten 4 47 f.
- Schließung d. Wohnungsgrundbücher 9 4 ff.
- teilweise 4 24 f.
- Wertberechnung 17 13

Sondereigentum – Begründung
- an Gemeinschaftseigentum, Nichtigkeit 5 27

- Umdeutung in Kostentragungspflicht 5 11
- Umdeutung in Sondernutzungsrecht 5 11
- Widerspruch z. Teilungserklärung 5 50

Sondereigentum – dingliche Einigung
- Aufhebung v. Sondereigentum 4 23
- Aufhebung, teilweise 4 24 f.
- bedingte 4 14 ff.
- bei bereits bestehendem Miteigentum 4 9
- Einräumung v. Alleineigentum 3 16
- Formvorschriften 4 3, 5, 11 ff.
- Genehmigung bei sozialen Erhaltungsgebieten 4 36
- Genehmigung im Fremdenverkehrsgebiet 4 35
- Genehmigung nach Grundstücksverkehrsgesetz 4 33
- gleichzeitige Begründung mit Miteigentum 2 5
- Grundbucheintragung 4 18 ff.
- Grunderwerbsteuer s. dort
- Inhalt 4 10
- Kosten 4 47 f.
- mit Zeitbestimmung 4 14 ff.
- Rechtsbedingung 4 16
- Stellvertretung 4 12
- Umdeutung in Sondernutzungsrecht 4 12
- Umwandlung, nachträgliche 4 5 ff.
- Vorlage d. schuldrechtlichen Vertrags 4 13
- vormundschaftsgerichtliche Genehmigung 4 34
- Zustimmung dinglich Berechtigter 4 43 ff.

Sondereigentum – Umwandlung
- dingliche Einigung 3 19 f.
- durch teilweise Aufhebung 4 24 f.
- Formvorschriften 4 5 ff., 24 f.
- Grunderwerbsteuer 4 40
- in Gemeinschaftseigentum 5 62 ff.
- Zustimmung d. Käufer 5 68

Sondereigentümer
- Zusammenkünfte außerhalb d. Versammlung 23 37

Sondereigentumsfähigkeit
- Balkon 5 14 ff.
- bauliche Veränderungen 5 39 ff.
- Bodenbelag 5 36
- Carport 5 19
- Dach 5 14 ff.
- Dachraum/Speicher 5 21, 55 f.
- Dachterrasse 5 10
- Deckenverkleidung 5 36
- Doppelhaushälfte 5 13
- Einfriedungen 5 12
- Entlüftungsanlagen 5 34
- fehlende, Rechtsfolgen 5 11, 27
- Fenster/-rahmen 5 37, 64
- Fernsehantenne 5 36
- Fernsprechanlage 5 36
- Fließen 5 36
- Garten 5 10
- Gas-/Wasser-/Abwasserleitungen 5 33
- Gebäude 5 12 f.
- Gebäudebestandteile 5 22 ff.; s.a. Bestandteile
- Gebäudeteile außerhalb d. Grundstücks 5 11
- gerichtliche Klärung 5 28
- Heizkörper 5 30, 60
- Heizungsanlagen 5 29, 57
- Heizungsrohre 5 33
- Hobbyraum 5 21
- Hof 5 10
- Kamin 5 38
- Kellerräume 5 12
- konstruktive Gebäudeteile 5 13, 52
- Lichtkuppel 5 64
- Loggia 5 14 ff.
- Markisen 5 35
- Mitsondereigentum 5 42 ff.
- Müllplätze 5 12
- Nebenräume 5 21
- Pflanzbehälter 5 36
- Räume 5 5 ff.
- Reihenhäuser 5 12
- Rundfunkempfangsanlage 5 36
- Sammelgarage 5 18
- Sanitäranlagen 5 36
- Sauna 5 21
- Schwimmbad 5 21
- Stellplätze 5 18 ff.

- Tapete 5 36
- Terrasse 5 10
- Treppenhaus 5 9, 12, 55
- Verbrauchserfassungsgeräte 5 32
- Vereinbarung v. Gemeinschaftseigentum 5 62 ff.
- Wände 5 36
- Wintergarten 5 40
- Wohnungs-/Teileigentum 5 9
- Wohnungseingangstüren 5 64
- Zugang z. Versorgungseinrichtungen 5 9, 57 ff.
- zwingendes Recht 5 4

Sondernutzungsflächen
- Einzäunung 22 110
- Verwaltung 21 1

Sondernutzungsrecht
- Abgrenzung z. Gebrauchsregelung 15 3
- Aufopferungsanspruch 14 29
- Belastung v. Miteigentumsanteilen 6 10
- Bestandteil d. Gemeinschaftseigentums 1 27
- Gemeinschaftseigentum, zwingendes 5 56
- Gerichtszuständigkeit 43 15
- gescheiterte Einräumung v. Sondereigentum 4 12
- Grundbucheintragung 7 6
- Instandhaltung/-setzungskosten 16 56
- Instandhaltungspflicht 13 16
- Öffnungsklausel 23 7
- Rechtsschutz 13 19
- Selbsthilferecht 13 19
- Übertragung 13 15
- Umdeutung bei fehlender Sondereigentumsfähigkeit 5 11
- Umfang 13 13, 17 f.
- Umwandlung in Sondereigentum 13 14
- Vereinbarung 10 46; 13 13, 17 f.
- Wert d. Miteigentumsanteils 16 3
- Wohnungserbbaurecht 30 9
- Zustimmungserfordernisse bei Einräumung/Aufgabe 5 77
- Zweckbestimmung 13 17

Sonderrechtsnachfolge
- Bindung an Vereinbarungen 5 66

Sonderumlage 16 9
- Abrechnung 28 18
- Beschluss 21 95
- Erhöhung d. Liquidität 28 56a
- Fälligkeit 28 56
- trotz Rücklagen 28 55
- Verhältnis z. Wirtschaftsplan 28 15 ff.
- Verteilungsschlüssel 28 53 f.

Sonnenkollektoren
- bauliche Veränderung, Zustimmung 22 104

Speicher
- Umwandlung in Wohnungseigentum 1 25

Spielhalle
- übermäßige Beeinträchtigung 15 45

Spielplatz
- Beschlusskompetenz 10 46
- Grenzen d. Nutzungsrechts 14 11

Stand d. Technik
- Anpassung 22 62 ff.; s.a. Modernisierung
- Begriff 22 71 f.

Stellplätze
- Abgeschlossenheit 3 24
- bauliche Veränderung 22 99
- Sondereigentumsfähigkeit 5 18 ff.

Stellvertretung s. Vertretung; Vollmacht

Stimmrecht
- Abspaltungsverbot 25 6
- Anspruch auf Änderung d. Abstimmungsprinzips 25 119
- Ausnutzung v. Stimmenmehrheiten 23 105; 25 116 ff.
- Berechtigter 25 16 ff.
- Beschränkung bei Mehrhausanlagen 25 17
- dinglich Berechtigte 25 34 ff.
- Dritter 25 28 ff.
- Feststellungsklage 25 24
- Haftungsgrundsatz 10 58
- Insolvenzverwalter 25 29
- isolierter Miteigentumsanteil 25 22

- Ladung z. Versammlung **24** 41
- Majorisierung **25** 116 ff.; **26** 36 ff.
- Mehrhausanlagen
  Vor 23 bis 25 153 ff.; **25** 44 f.
- Minderjähriger **Vor 23 bis 25** 43
- nach Anteilen **10** 51
- nach Anzahl d. Wohneinheiten
  25 13
- nach Köpfen **10** 51;
  Vor 23 bis 25 82; **25** 11 ff.
- nach Wert d. Anteile **25** 14
- Nachlassverwalter **25** 29
- Personenmehrheiten **25** 18, 26 f., 49
- Rechtsmissbrauch **25** 114, 116 ff.
- Ruhen **25** 112
- Ruhen, Folgen **24** 56
- Sittenwidrigkeit **23** 104 f.; **25** 115
- Stimmrechtsprinzip
  Vor 23 bis 25 82, 86; **25** 11 ff.
- Teileigentümer **25** 25
- Teilung v. Wohneinheiten **25** 39 ff.
- Teilversammlung **25** 120
- Testamentsvollstrecker **25** 29
- Treuepflichtverstoß **25** 116
- Veräußerung v. Wohneinheiten
  25 38
- Vereinigung v. Wohneinheiten **25** 43
- Verfahrensfehler **25** 8 ff.
- Verlust bei Einziehung **19** 50
- Verwalter, Abberufung **26** 115, 120
- Verwalter, Kündigung **26** 115
- Verwalter, Vertragsmodalitäten
  26 71 ff.
- Verwalter, Wahl **26** 34 ff.
- Vetorecht **25** 15
- werdende Eigentümer **25** 19 f.
- Zwangsverwalter **25** 30 ff.
- Zweiterwerber **25** 21

Stimmrecht – Ausschluss
- Abdingbarkeit **25** 111, 121
- Beirat **25** 94 ff.
- Beteiligung an Rechtsstreit **25** 100 f.
- des Vertretenen **25** 104
- des Vertreters **25** 105 ff.
- einheitliche Beschlussfassung
  25 96 f.
- Entlastung **25** 98
- gesetzliche Fälle **25** 89 ff.
- Grundsatz **25** 5
- im Beirat **25** 113
- In-Sich-Geschäft **25** 89 f., 107
- Interessenkollision **25** 85 f.
- Ladung ausgeschlossener Eigentümer **24** 46
- Majorisierung v. Stimmrechten
  25 116 ff.; **26** 36 ff.
- mitgliedschaftliche Interessen
  25 92, 95
- nahe stehende Personen **25** 88
- private Sonderinteressen **25** 91 ff.
- Rechtsfolge **25** 87 f.
- rechtskräftige Verurteilung **25** 102
- rechtsmissbräuchliche Stimmabgabe **25** 114, 116 ff.; **26** 36
- Ruhen v. Stimmrechten **25** 112
- Sammelabstimmung **25** 103
- sittenwidrige Stimmabgabe
  25 114 f.
- Teilversammlung **25** 120
- Untervollmacht **25** 108 f.
- Verstoß **25** 110
- Verstoß g. Treueverhältnis **25** 116
- Verwalter **25** 94 f.
- Verwalter, Vertragsmodalitäten
  26 71 ff.
- wirtschaftliche Verbundenheit
  25 99

Stimmrecht – Ausübung
- Abwesende **Vor 23 bis 25** 53
- Anspruch **Vor 23 bis 25** 60
- Aufforderung z. Stimmabgabe
  Vor 23 bis 25 58
- Ausschluss s. Stimmrecht – Ausschluss
- Blockwahl **Vor 23 bis 25** 52
- Delegiertenversammlung
  Vor 23 bis 25 54
- einheitliche **Vor 23 bis 25** 42, 49 ff.
- Feststellung d. Ergebnisses
  Vor 23 bis 25 62; s.a. Beschlüsse – Feststellung
- geheime Abstimmung
  Vor 23 bis 25 46
- Handzeichen **Vor 23 bis 25** 46
- kombinierte Beschlussfassung
  Vor 23 bis 25 53
- Nichtigkeit **25** 110, 114 f.

- Personenmehrheiten
  Vor 23 bis 25 49ff.
- Probeabstimmung
  Vor 23 bis 25 44, 59
- Rechtsnatur **Vor 23 bis 25** 8, 40ff.
- Sammelabstimmung
  Vor 23 bis 25 52
- Schadensersatz **Vor 23 bis 25** 55f.
- schriftliche Beschlussfassung s. Beschlussfassung – schriftliche
- Stimmenthaltung **Vor 23 bis 25** 81
- Stimmkarten **Vor 23 bis 25** 46
- Stimmrechtsbeschränkung
  Vor 23 bis 25 57
- Verfahrensfehler
  Vor 23 bis 25 55f., 78
- Verfahrensregelung
  Vor 23 bis 25 45f.
- Vertretung **Vor 23 bis 25** 43, 51, 53
- Vollmacht **Vor 23 bis 25** 158f.
- Wiederholung **Vor 23 bis 25** 47f.
- Willenbildung d. Eigentümergemeinschaft 25 4, 23
- Zuruf **Vor 23 bis 25** 46

Stimmrecht – Vollmacht
- automatisierte 25 51
- Formerfordernisse 25 47
- gesetzliche Vertreter 25 49
- Mängel d. Vertretung 25 50
- Reichweite 25 48, 52ff.
- Stimmrechtsausschluss d. Vertretenen 25 104
- Stimmrechtsausschluss d. Vertreters 25 105ff.
- Stimmrechtsausübung im eigenen Namen 25 63
- Untervollmacht 25 53, 108f.
- Verwalter, Vertragsmodalitäten 26 73
- Zulässigkeit 25 46
- Zulässigkeit, Beschränkungen 25 54ff.

Stockwerkseigentum
- Umwandlung 63 1

Straftäter
- Entziehung d. Wohnungseigentums 18 17

Streitgenossenschaft
- Kostenbegrenzungspflicht 50 15ff.
- Kostenerstattung 50 1ff.
- mehrere Beklagte 47 19
- mehrere Kläger 47 14ff.
- Nebenintervention 48 26ff.; s.a. dort
- notwendige 47 14ff.
- Verteilung d. Kostenerstattungsanspruchs 50 12ff., 18ff.

Streithelfer s. Nebenintervention; Streitgenossenschaft

Streitwert
- Anfechtungsklage 49a GKG 9
- Beschlussanfechtungsklagen 49a GKG 16ff.
- Beseitigung baulicher Veränderungen 49a GKG 11
- Entziehung d. Wohnungseigentums 18 38
- gerichtliche Ermessensentscheidung 49a GKG 9
- Gesamtinteresse 49a GKG 4f.
- Herausgabe v. Unterlagen 49a GKG 15
- Höchstgrenze 49a GKG 5, 8
- Instandhaltungsmaßnahmen 49a GKG 14, 21f.
- Jahresabrechnungsbeschluss 49a GKG 16ff.
- Leistungsklage 49a GKG 10ff.
- Veräußerung d. Wohnungseigentums 49a GKG 13
- Veräußerungsklage 19 18ff.
- Verkehrswertermittlung 49a GKG 7
- Verwalterbestellung/-abberufung 49a GKG 19
- Verwaltungsmaßnahmen 49a GKG 23
- WEG-Reform 49a GKG 1ff.
- Wertaddition 49a GKG 6
- Wirtschaftsplanbeschluss 49a GKG 16ff.
- Wohnungseigentumssachen 49a GKG 1ff.
- Zahlungsklage g. Eigentümer 49a GKG 10
- zweckwidrige Nutzung 49a GKG 12

1187

Streitwertvereinbarung 27 79 ff., 116
Stromkosten
– Kostentragung **16** 13
Stromversorgung
– Versorgungssperre **18** 48
– Zahlungsverkehr **27** 44
Stundung
– Ansprüche i.R.v. Verwaltungsmaßnahmen **21** 107 f.

Tagesordnung
– Anspruch auf Abstimmung **Vor 23 bis 25** 60
– Baumaßnahme, Kostenverteilung **23** 53
– Begriff **23** 61
– Benennungsrecht **23** 65 ff.
– Beschlussantrag **23** 65 ff.
– Bezeichnung d. Beschlussgegenstände **23** 54 ff., 69 f.
– Einberufungsschreiben **23** 52; **24** 91; s.a. Eigentümerversammlung – Einberufungsschreiben
– Ergänzung **23** 63
– Ersteller **23** 64
– Geschäftsordnungsbeschlüsse **23** 59
– ordnungsmäßige Verwaltung **23** 66
– regelmäßige Punkte **23** 62
– unzureichende Bezeichnungen **23** 60
– Vorformulierung d. Beschlüsse **23** 58
– Zweck **23** 50 f.
– Zweitversammlung **25** 82
Tagesstätte
– in Gewerberaum **15** 36
Tapete
– Sondereigentumsfähigkeit **5** 36
Teich
– Größenvorgaben **15** 65
Teileigentum
– Begriff **1** 1 ff., 22 f.
– Begründung an Erbbaurecht **30** 1
– gemischte Nutzung **1** 22 f.
– gewerbliche Nutzung **1** 22; **14** 13
– Rechtsnatur **1** 2, 8 f.
– Unterschied z. Wohnungseigentum **1** 6
– Wohnnutzung **1** 24; **14** 12 f.

– zweckwidrige Verwendung **1** 24
Teileigentum – Umwandlung
– in Wohnungseigentum **1** 25; **4** 26
– stillschweigende Zustimmung **1** 25
Teileigentümer
– Stimmrecht **25** 25
Teileigentumsgrundbuch
– anwendbare Vorschriften **7** 29
– Aufschrift **7** 5
– gemeinschaftliches **7** 12 f.
Teilerbbaurecht
– anwendbare Vorschriften **1** 1
– Begründung **30** 2 ff.; s.a. Wohnungserbbaurecht
Teilnahmerecht
– Anspruch auf Begleitung **24** 62 ff.
– Bevollmächtigte **24** 57
– Entziehbarkeit **24** 56
– Erbengemeinschaft **24** 58
– Geschäftsunfähige **24** 58
– gesetzliche Vertreter **24** 58
– Inhalt **24** 55
– Ladung z. Versammlung **24** 41
– Mehrhausanlagen **24** 59
– Miteigentümer v. Wohneinheiten **24** 58
– Nichtstimmberechtigte **24** 56
– Organe d. Verbands **24** 60
– originär Berechtigte **24** 57
– Pflicht z. Teilnahme **24** 71
– Stimmberechtigte **24** 57
– stimmrechtslose Dritte **24** 61
– Versammlungsausschluss **24** 56
– Verwalter als Vertreter d. Gemeinschaft **24** 58
Teilrechtsfähigkeit
– Aktivlegitimation **10** 73, 79 ff.
– Anfechtungsklagebefugnis **46** 16, 62 f.
– Auswirkungen auf Aufrechnungslage **26** 111a
– Beteiligtenfähigkeit **10** 78 ff.
– Einfluss auf Eigentumsposition **1** 2
– Entziehung d. Wohnungseigentums **18** 4
– Geltendmachung v. Ansprüchen/Rechten **21** 17 ff.; s.a. Rechtsverfolgungsbefugnis – Eigentümergemeinschaft

Stichwortverzeichnis

– Gerichtsverfahren zw. Verband/ Eigentümern **43** 26 ff.
– Haftung s. Wohnungseigentümer – Haftung
– Insolvenzfähigkeit **10** 93; **11** 17
– Kontoinhaberschaft **10** 77
– Nachbarklage **10** 81
– Organe d. Gemeinschaft **23** 38 ff.
– Parteifähigkeit **10** 78 ff.
– Passivlegitimation **10** 80
– Rechte und Pflichten s. Eigentümergemeinschaft – Rechte/Pflichten
– Rubrumsberichtigung **10** 82
– Teilnahmerecht als Verband **24** 58
– Umfang **10** 58 ff.
– Umsatzsteuerpflicht **10** 88 f.
– Verbandsangelegenheiten **23** 38 ff.
– Verhältnis d. Verwalters z. Gemeinschaft **20** 9
– Verhältnis z. Bruchteilsgemeinschaft **1** 17
– Vertretungsmacht **27** 62 ff.
– Verwaltervertrag, Parteien **24** 178 ff.
– Verwaltungsvermögen s. dort
– Vollstreckungsgegenklage, Klagebefugnis **10** 85
– werdende Eigentümergemeinschaft **10** 96
– Willensbildung d. Gemeinschaft **23** 38 ff.
– Zurechnung d. Stimmabgabe **25** 4, 23
– Zwangsvollstreckungstitel **10** 83 f.
Teilung
– Begründungsmöglichkeiten **2** 2 f.
– durch Miteigentümer s. Teilungsvereinbarung
– Versagung d. Zustimmung **23** 106
– Wohnungseigentum **8** 25; s.a. Realteilung
Teilung – Alleineigentümer
– s.a. Eintragungsbewilligung; Teilungserklärung
– Abgeschlossenheitsbescheinigung **8** 19
– anwendbare Vorschriften **8** 19
– Bauträger **8** 2
– durch Personengesellschaft **2** 10
– Erbbaurecht **30** 7 f.

– Eröffnung d. Gerichtszuständigkeit **43** 6, 8
– Grundbucheintragung **8** 13 ff., 19
– Grunderwerbsteuer **4** 38
– juristische Personen **8** 3
– Kosten **8** 26
– Personenmehrheit **8** 4
– Realteilung **6** 18 f.
– Rechtsnatur **8** 1
– Unbedenklichkeitsbescheinigung **4** 38
– Verfügungsbeschränkung **8** 3
– Voraussetzungen **2** 8
– Vormerkung **8** 21
– werdende Eigentümergemeinschaft **8** 22
– Wirksamwerden **8** 20 ff.
– wirtschaftliche Bedeutung **8** 2
– Zeitpunkt d. Eigentumsübergangs **2** 8
– Zustimmung bei Umwandlung in Sondereigentum **5** 68
Teilungsanordnung
– Verpflichtung z. Begründung v. Wohnungseigentum **2** 2
Teilungserklärung
– alleinige Gartennutzung **22** 98
– Änderung durch Mehrheitsbeschluss **10** 37
– Auslegung **8** 16; **10** 12
– Einreichung z. Grundbuch **7** 15
– Eintragungsbewilligung **8** 7 ff.
– Empfänger **2** 8
– Erbbaurecht **30** 4
– Form **8** 12 ff.
– Gebrauchsregelungen **15** 4 ff.
– Gemeinschaftsordnung **8** 17 f.
– Grundstücksteilflächen **8** 9
– Hausordnung **15** 18
– Identitätserklärung **8** 9
– Inhalt **8** 6, 8
– Kombination mit Teilungsvereinbarung **8** 5
– Nachweis ggü. Grundbuchamt **8** 13 ff.
– Verbindung mit Gemeinschaftsordnung **3** 16
– Vereinbarung v. Gemeinschaftseigentum **5** 63

1189

- Verpflichteter **8** 3f.
- vorläufiger Aufteilungsplan **8** 10
- Widerspruch z. Aufteilungsplan **5** 50; **7** 27
- Willenserklärung **8** 6

Teilungserklärung – Änderung
- Alleineigentümer **8** 23
- Vereinbarung v. Gemeinschaftseigentum **5** 63
- Zustimmung d. Käufer **8** 24
- Zustimmung dinglich Berechtigter **8** 23

Teilungsvereinbarung
- Änderung **3** 17f.
- bauliche Änderungen **5** 70
- Beurkundung **3** 25; **4** 27ff., 47; **7** 15
- Eröffnung d. Gerichtszuständigkeit **43** 8
- Formmangel **4** 31
- Formvorschriften **3** 16
- Grunderwerbsteuer **4** 39
- Kombination mit Teilungserklärung **8** 5
- Kosten **3** 25
- Mitwirkung dinglich Berechtigter **3** 11, 20
- Rechtsnatur **3** 4
- Umdeutung in Dauerwohnrecht **4** 30
- Unbedenklichkeitsbescheinigung **4** 41
- Voraussetzungen **3** 4ff.
- Vorlage bei Auflassung **4** 13
- Vormerkung **4** 32
- Vorvertrag **4** 29

Teilversammlung
- Berechnung d. Quorums **25** 75
- Einzuladende **24** 47
- Ladung **23** 36
- Mehrhausanlagen **25** 44f.
- Rederecht **Vor 23 bis 25** 157; Rederecht **23** 36
- schriftliche Beschlussfassung **23** 85
- Stimmberechtigte **23** 36; **25** 44f.
- Stimmrecht nicht betroffener Eigentümer **25** 120
- Teilnahmerecht **Vor 23 bis 25** 157; **23** 36; **24** 59
- Vereinbarungen **23** 35

Telekommunikationseinrichtungen
- Verwaltungsmaßnahmen **21** 101ff.

Teppichboden
- Sondereigentumsfähigkeit **5** 36

Terrasse
- Abgeschlossenheit **3** 24
- bauliche Veränderung, Zustimmung **22** 88ff., 92
- Höhenbegrenzung **5** 10
- Umbau in Wintergarten **5** 40
- Veränderung durch Wohnungseigentümer **5** 53
- Vergrößerung **15** 67

Testamentsvollstrecker
- Ladung z. Versammlung **24** 43, 48
- Stimmrecht **25** 29
- Vorratsteilung **8** 3

Thermostatventile
- Sondereigentumsfähigkeit **5** 31

Tierarztpraxis
- Lärmbelästigung **15** 68

Tierhaltung
- generelles Verbot **23** 104
- Grenzen d. Nutzungsrechts **14** 9
- Umherlaufen im Hof **15** 50
- Verbot **10** 46; **15** 70f.
- zahlenmäßige Beschränkung **15** 69

Time-sharing-Verträge
- Dauerwohnrecht **31** 7
- zeitlich begrenzter Eigentumserwerb **4** 15

Trennwand
- Mitsondereigentum **5** 42

Treppenhaus
- Abstellen e. Rollstuhls **23** 105
- Abstellen v. Fahrrädern **15** 31
- Garderobe **15** 72
- Sondereigentumsfähigkeit **5** 9, 12, 55

Treppenhausreinigung
- Kostentragung **16** 45

Treuepflicht
- Notgeschäftsführung **21** 22
- rechtsmissbräuchliche Stimmabgabe **25** 114, 116ff.
- Versammlungsteilnahme **24** 71

Trockenraum
- Sondereigentumsfähigkeit **5** 12

Trunksucht
– Entziehung d. Wohnungseigentums **18** 16
Türen
– Wohnungseingang **5** 64; **15** 76

Überbau 1 29
– Genehmigung **5** 50
Überwachungskamera s. Videoüberwachung
Umbaumaßnahmen
– Speicher **1** 25
– stillschweigende Zustimmung z. Wohnungs-/Teileigentumumwandlung **1** 25
Umdeutung
– Beschlüsse **Vor 23 bis 25** 151; **46** 163
– Teilungserklärung **5** 11
Umlaufbeschluss s. Beschlussfassung
– schriftliche
Umsatzsteuer
– Gemeinschaft als Steuerschuldner **10** 88 f.
– Jahresabrechnung **28** 87 ff.
Umzugspauschale
– Beschlusskompetenz **10** 46
Unbedenklichkeitsbescheinigung
– Begründung v. Sondereigentum **4** 38, 41
Unerlaubte Handlung
– Verwalter **27** 172
Ungerechtfertigte Bereicherung
– Geltendmachung v. Ansprüchen/Rechten **21** 19
Ungezieferbefall
– Beseitigungspflicht **14** 3
– Entziehung d. Wohnungseigentums **18** 16
Unsittliches Verhalten
– Entziehung d. Wohnungseigentums **18** 16 f.
Unterlassungsanspruch
– Abstimmungsfehler **Vor 23 bis 25** 57
– Eigentümerrechte **1** 11
– Geltendmachung durch Gemeinschaft **10** 73
– nichtige Beschlüsse **10** 45

– unzulässige Nutzung **14** 17
Urkundsprozess
– Zuständigkeit **43** 4

Veräußerung s. Gemeinschaftseigentum – Veräußerung; Grundstück – Veräußerung; Wohnungseigentum – Veräußerung
Veräußerungsbeschränkung s. Wohnungseigentum – Veräußerungsbeschränkung
Veräußerungsklage
– Abdingbarkeit d. Entziehungsverfahrens **19** 58 ff.
– Abwendungsbefugnis **19** 51 ff.
– alte Rechtslage **19** 2 ff.
– Altverfahren, Übergangsrecht **19** 61
– Anwaltskosten **19** 21, 24
– Begründetheit **19** 14 ff.
– Bevollmächtigung d. Verwalters **19** 10
– Erledigung **19** 17, 23
– freiwillige Versteigerung **19** 2
– Gerichtskosten **19** 21
– Klagebefugnis **19** 9
– Kostentragung **19** 22 ff.
– Rücknahme **19** 11
– Streitwert **19** 18 ff.
– Urteilsvollstreckung **19** 25 ff.; s.a. Zwangsversteigerung
– Verbindung mit Anfechtungsklage **19** 12 f.
– Vergleich **19** 55 ff.
– Wegfall d. Störung **19** 54
– WEG-Reform **19** 2 ff., 61
– Zahlung vor Ende d. mündlichen Verhandlung **19** 17
– Zahlung vor Erteilung d. Zuschlags **19** 51 ff.
– Zulässigkeit **19** 7 ff.
– Zuständigkeit f. Klauselerteilung **19** 27
– Zweck **19** 1
Verbindlichkeiten
– Eigentümergemeinschaft **10** 91; s.a. Kosten; Verwaltung – Kosten
– Haftung **10** 100 ff.
– Jahresabrechnung **28** 78 ff., 94

1191

Verbraucherschutz
- Eigentümergemeinschaft 10 59

Verbrauchserfassung
- Heizkostenverteilung 16 84 ff.
- Verteilungsschlüssel 16 103 ff.

Verbrauchserfassungsgeräte
- Anschaffungskosten 16 86
- Sondereigentumsfähigkeit 5 32

Verein
- Erwerb v. Miteigentumsanteil 6 8

Vererbung
- Begründung v. Sondereigentum 2 2

Verfügungsbeschränkung
- Vorratsteilung 8 3

Verfügungsverbot
- Entziehung d. Wohnungseigentums 18 39

Vergleich
- Ansprüche i.R.v. Verwaltungsmaßnahmen 21 107 f.
- Beschluss-Sammlung 24 162 f.
- Entziehung d. Wohnungseigentums 19 55 ff.

Vergleich – gerichtlicher 10 7
- Zustimmung 46 154

Verjährung
- Entziehungsanspruch 18 40
- Verwalterhaftung 27 175
- Wiederherstellungsanspruch 22 55 ff.

Verkauf s. Gemeinschaftseigentum – Veräußerung; Grundstück – Veräußerung; Wohnungseigentum – Veräußerung

Verkehrssicherungspflicht
- Eigentümergemeinschaft 10 64
- Haftung d. Verwalters 26 106; 27 172, 186
- Hausordnung 21 57
- Verwaltungsmaßnahmen 21 109

Vermächtnis
- Verpflichtung z. Begründung v. Wohnungseigentum 2 2

Vermietung
- s.a. Mietwohnung
- Ansprüche d. Gemeinschaft 13 34
- Ansprüche d. Miteigentümer 14 17 ff.

- Beschränkung in Gemeinschaftsordnung 15 74
- Betriebskostenabrechnung 28 28 ff.
- Einstandspflicht d. Vermieters 13 33; 14 15 f.; 15 25
- Einziehungsbefugnis 27 47
- Gemeinschaftseigentum 10 62; 13 30
- gemeinschaftswidrige 13 34 ff.
- Instandhaltungsanspruch d. Mieters 21 79
- Mieter, Stimmrecht 25 37
- Sondereigentum 13 31 ff.
- Störungen d. Mieters 13 33
- Verbot 23 105
- Vermietungspflicht bei Gewerbe 10 46
- vor Wohnungseigentumsbegründung 2 14
- Wohnflächenschlüssel 16 30
- Zustimmung d. Verwalters 10 46

Versammlungsleiter
- Aufgaben 24 101 ff.
- Diktat 24 104
- Erfüllungsgehilfe 24 98
- Eröffnung/Beendigung 24 80 f.
- erste Versammlung 26 26
- Feststellung d. Abstimmungsergebnisses **Vor 23 bis 25** 62 ff.
- gekorene 24 100
- Hinweispflichten 24 107 f.
- Hinzuziehung v. Mitarbeitern 24 98
- juristische Person 24 98
- Niederschrift s. dort
- rechtswidrige Maßnahmen 24 106
- Übertragung durch d. Verwalter 24 99, 109
- Unbefugter 24 109; 26 31
- Verkündung **Vor 23 bis 25** 64 f.
- Versammlungsteilnahmepflicht 24 71
- Verwalter 24 96 ff.

Versicherungen
- Beitragszahlung 27 44
- Erstreckung auf Sondereigentum 27 18
- Feuerversicherung 21 83
- Haftpflichtversicherung 21 84
- Kostentragung 16 14, 40

- Mindestausstattung 21 80 ff.
- Obliegenheitsverletzung 21 86
- Prämien, Verteilungsschlüssel 21 121a
- Umfang d. Versicherungsschutzes 21 81
- Vereinbarung über Versicherungspflicht 10 46
- Zerstörung d. Gebäudes 22 78, 82

Versorgungssperre
- Wohngeldbeitreibung 28 220 ff.
- Wohngeldverzug 18 48
- zum Nachteil d. Mieters 28 222

Vertagsstrafe
- schwere Pflichtverletzung 18 46

Verteilungsschlüssel
- Änderung 16 23 f.
- Änderung durch Beschluss 10 18, 31
- Änderung, Anfechtbarkeit 16 34
- Änderung, Anspruch 16 73 ff.
- Änderung, rückwirkende 16 27
- Änderung, schwerwiegende Gründe 10 32
- Anfechtung d. Wirtschaftsplans 28 65a
- Ankündigung als Beschlussgegenstand 23 53
- Aufopferungsanspruch d. Sondereigentümers 16 126 ff.
- Aufzugskosten 16 77 ff.
- bauliche Veränderungen 16 46 ff., 118 ff.
- Befreiung 16
- Beschlusskompetenz 16 20 ff.
- Betriebskosten 16 20 ff.
- Einzelbelastungen 16 38 ff.
- Gemeinschaftsordnung 16 15
- Heizkosten 16 80 ff.
- Instandhaltung/-setzung 16 46 ff.
- Kosten, gewöhnlichen Verbrauch übersteigende 16 18
- Kosten, nutzungsabhängige 16 39
- Kosten, umlagefähige 16 33
- Kosten, verbrauchsabhängige 16 25
- Leerstand 16 112 f.
- Mehrhausanlagen 16 114 ff.
- Müllkosten 16 106
- Nutzfläche 16 17
- ordnungsmäßige Verwaltung 16 28 ff.
- Personenanzahl 16 19, 32, 48
- Prozesskosten bei Entziehung d. Wohnungseigentums 16 125
- Rechtsanwaltskosten 16 130 ff.
- Schadenskosten 16 40 f.
- Unbilligkeit 28 188
- unklare Regelung 16 16
- Verbrauchserfassung 16 103 ff.
- Versicherungen 16 14, 40
- Versicherungsprämien 21 121a
- Verursachungsmaßstab 16 25, 35, 38 ff.
- Verwalterhonorar 16 35
- Verwaltungskosten 16 35 ff.
- Wasser-/Abwasserkosten 16 100 ff.
- Wasserzähler 16 102
- widersprechende Praxis 16 26
- Wohnfläche 16 17
- Wohnfläche, Ermittlung 16 29
- Wohngeldausfall 16 107 ff.

Vertreter ohne Vertretungsmacht 27 15, 63, 97; s.a. Verwalter – Vertretung d. Wohnungseigentümer; Verwalter – Vertretung d. Eigentümergemeinschaft

Vertretung
- s.a. Prozessstandschaft; Verwalter – Vertretung d. Wohnungseigentümer; Verwalter – Vertreter d. Eigentümergemeinschaft; Vollmacht
- Auflassung 4 12
- Ersatzzustellungsvertreter 27 166
- Stimmrechtsausübung s. Stimmrecht – Vollmacht
- Zustellungsvertreter 27 53, 67, 70, 84 ff.

Verwalter
- Abberufungspflicht 21 111
- Aktivlegitimation 46 39
- Aktivlegitimation, Umfang 46 40 ff.
- Amtsniederlegung 26 138, 140
- Anfechtung d. Abberufung 26 163 ff.
- Außenverhältnis 27 4, 62 ff.; s.a. Verwalter – Vertretung d. Wohnungseigentümer; Verwalter – Vertretung d. Eigentümergemeinschaft

1193

- Bevollmächtigung in d. Zwangsversteigerung **19** 28, 30
- Bevollmächtigung z. Veräußerungsklage **19** 10
- Entlastung s. dort
- fehlender **20** 12, 14 f.; **24** 26 ff.
- Fremdorganschaft **20** 8
- Funktion **20** 5 f.; **27** 1 f.
- GbR **23** 104; **26** 5 f.
- Geltendmachung v. Ansprüchen/ Rechten s. Rechtsverfolgungsbefugnis – Verwalter
- Gerichtszuständigkeit **43** 33 ff.
- Hilfspersonen **26** 8
- Informationspflicht über Rechtsstreitigkeiten **45** 10 f., 13 ff.
- Innenverhältnis **27** 4 ff., 62; s.a. Verwalter – Aufgaben
- Insichgeschäft **26** 64
- Interessenwiderspruch **26** 36, 64
- juristische Personen **26** 7, 13, 15 f.
- Kontoführungsberechtigung **10** 77
- Kontoüberziehung **10** 92
- Kreditaufnahme **10** 92; **21** 106
- Kündigung s. Verwalter – Vertrag
- Maklertätigkeit **26** 54; **27** 3
- Nachweis d. Bestellung **24** 116; **26** 169 ff.
- Organstellung **10** 56; **26** 17
- Personengesellschaft **26** 3 f., 14
- Prozessführungsbefugnis **46** 36 ff.
- Prozesskosten, Auferlegung durch d. Gericht **49** 13 ff.
- Prozesskosten, materiell-rechtliche Kostenerstattungsanspruch **49** 30 ff., 38
- Prozessvollmacht, gesetzliche **45** 21 ff.
- Prozessvollmacht, rechtsgeschäftliche **45** 3, 19 f., 23 f.
- Qualifikation **26** 1, 51 f.
- Rechtsnachfolge **26** 12 ff.
- Selbstkontrahierungsverbot **27** 68
- Stimmrecht **26** 34 f.
- Stimmrechtsausschluss **25** 94 f.
- treuwidrige Geldverfügungen **27** 115
- Verbot d. Mehrfachvertretung **27** 68

- Vergütung s. Verwalter – Vertrag
- Verhältnis z. Gemeinschaft **20** 9
- Versammlungsleitung **24** 96 ff.
- Versammlungsteilnahmepflicht **24** 71
- Vertretungsfunktion **10** 60
- Verweigerung d. Einsichtnahme in Niederschrift **24** 133
- Vollzugsorgan **27** 6 ff.
- Vorstrafen **26** 1, 48
- Wechsel, Jahresabrechnung **28** 157 ff.
- WEG-Reform **27** 1 f., 64
- Zwangsverwalter **26** 2

Verwalter – Abberufung
- Abmahnung **26** 119, 127
- Anfechtung durch d. Verwalter **26** 163 ff.
- Anfechtungsbefugnis **46** 50 ff.
- außerordentliche **26** 117 ff.
- Bedingungsfeindlichkeit **26** 114
- Beschlussanfechtung, Streitwert **49a GKG** 19
- Beschluss-Sammlung, Versäumnisse **24** 176
- Folgen f. Versammlungseinberufung **24** 20, 22
- gerichtliche **26** 116, 123 f., 154 ff., 163 ff.
- Herausgabe v. Unterlagen **10** 75; **26** 145 ff.; **27** 167
- Herausgabe v. Unterlagen, Streitwert **49a GKG** 15
- Herausgabe v. Unterlagen, Zurückbehaltungsrecht **27** 167
- Jahresabrechnungserstellung **26** 151
- Kontoausgleich **26** 152 f.
- Negativbeschluss **26** 123, 158 ff.
- Negativbeschluss, Anfechtung **26** 158 ff.
- ordentliche **26** 113
- ordnungsgemäße Führung d. Beschluss-Sammlung **26** 129 ff.
- Rechnungslegungspflicht **26** 150
- Rechtsschutz **46** 57 ff.
- Stimmrecht **26** 115, 120
- Unterlassen d. Einberufung **24** 17, 23, 29

- Vergütungsfortzahlung 26 154 ff., 168
- Verhältnis z. Beschlussanfechtung 26 49
- Verhältnis z. Kündigung 26 17 ff., 134, 141 ff., 167
- Verletzung v. Unterrichtungspflichten 27 57
- Versammlungsteilnahme 24 49
- Vertrauensverhältnis, gestörtes 26 119, 121
- Verweigerung d. Einsichtnahme in Niederschrift 24 133
- Verwirkung 26 118
- wichtiger Grund 26 117, 119, 121 f.
- wichtiger Grund, Beispiele 26 126 ff.
- Zugang d. Erklärung 26 113, 143

Verwalter – Aufgaben
- Abdingbarkeit 27 136 ff.
- Ausführungsfrist 27 9
- automatisierte Stimmrechtsvollmacht 25 51
- Bagatellmaßnahmen 27 27 f.
- Berechtigte 27 5
- Betriebskostendifferenzierung 16 33
- Bevollmächtigung z. Vertragsschluss 27 8
- Bewirkung v. Leistungen 27 45
- Delegation v. Aufgaben 26 8 ff.; 27 66
- Durchführung anfechtbarer Beschlüsse 27 11, 13, 63
- Durchführung nichtiger Beschlüsse 27 10
- Durchführung v. Beschlüssen 26 100; 27 6
- Einberufung d. Versammlung 24 19
- Eingriff d. Wohnungseigentümer 27 20
- Einziehungsbefugnis 27 36 ff., 46 f.
- Entgegennahme v. Leistungen 27 46
- Erstellung d. Tagesordnung 23 64
- Festsetzung d. Versammlungen 24 2 ff., 17
- Führung d. Beschluss-Sammlung 24 174 ff.; 26 129 ff.
- Führung d. Beschluss-Sammlung, Abdingbarkeit 24 205
- Gefahr für d. Gemeinschaftseigentum 27 31 ff.
- Geldverwaltung 27 49 ff.
- Geltendmachung v. Gewährleistungsansprüchen 26 105
- Gewährleistungsansprüche 27 47
- Handeln in eigenem Namen 27 14
- Hausordnung, Durchsetzung 27 16 f.
- Information über Rechtsstreitigkeiten 27 53 ff.
- Instandhaltung/-setzung 21 72; 27 18 ff.
- Instandhaltungsrückstellung 21 89
- Jahresabrechnung s. dort
- Kreditaufnahme 27 51 f.
- Nachteilsabwendung, Prozessvertretung 45 21 f.
- Notmaßnahmen 27 18, 20, 29, 31 ff.
- Pflicht z. Tätigwerden 27 64
- Prüfung v. Einberufungsverlangen 24 14
- Rechnungslegung s. dort
- rechtsgeschäftliche Vereinbarung 27 60 f.
- Regress nach Beschlussanfechtung 27 15
- Schäden, Abnahme v. Werkleistungen 27 47
- Schäden, Auswahl d. Werkunternehmers 27 24
- Schäden, Beseitigung 27 18, 20
- Schäden, Ermittlung d. Ursachen 27 18, 21
- Schäden, Informationspflicht 27 18, 21, 23
- Schäden, Kontrollpflicht 27 22
- Schäden, Überwachungspflicht 27 24
- Schadensbeseitigung 26 104
- Telekommunikationsverträge 27 58
- Untervollmacht 27 66
- Verkehrssicherungspflichten 26 106
- Vermögenstrennung 27 101 ff., 140, 142 f.
- Versammlungsleitung, Abdingbarkeit 24 204

1195

- Versammlungsort, Auswahl 24 73
- Versammlungszeit 24 79
- Versorgungsverträge 27 58
- Vertragsbestimmungen 26 84
- Vertreter ohne Vertretungsmacht 27 15, 63, 97
- Vertretungsbefugnis, Verträge 21 104
- Vertretungsmacht bzgl. laufender Maßnahmen 27 26 f.
- Vorlage d. Vollmachtsurkunde 27 15, 63
- Wegfall d. Vertretungsmacht durch Beschlussanfechtung 27 13, 63
- Weisungsgebundenheit 27 6
- Wirtschaftsplan s. dort
- Wohngeldbeitreibung 26 110; 28 171 ff., 194 ff.
- Zahlungsverkehr 26 108; 27 36 ff.; s.a. dort
- Zustellungsvertreter 27 53, 67, 70, 84 ff.
- Zweitversammlung 24 3

Verwalter – Bestellung
- Abrechnungsfehler 26 50, 54
- Anfechtbarkeit 26 31, 33, 36 ff., 48 ff.; 27 63
- Anfechtung, Wiederwahl 26 61
- Anfechtung, Wirkung 26 57, 68 f.
- Ausnutzen d. Stimmenmehrheit 26 36 ff.
- Beschlussanfechtung, Streitwert **49a GKG** 19
- Beschlussaufhebung **Vor 23 bis 25** 32
- Beschlussinhalt 26 32, 56a
- Bestellungsdauer 26 40 ff.
- Beurkundung 24 116
- durch Beirat 26 39
- einstweilige Verfügung 26 39e
- Erstbestellung 26 20 ff., 40 f., 48
- Gemeinschaftsordnung 26 20 ff.
- gerichtliche 26 39a ff.
- gerichtliche, Voraussetzungen 26 39c
- Interessenwiderspruch 26 36
- Kandidaten 26 28 f., 55
- Mehrheitsbeschluss 26 25 ff.

- Mehrheitserfordernisse 20 13; 26 29
- Nachweis 24 116; 26 169 ff.
- Niederschrift 24 116; 26 170
- Organstellung 26 17
- Pflicht 21 111
- Scheinverwalter, Einberufung d. Versammlung 24 22
- Stichwahl 26 29
- Stimmrechte 26 34 ff.
- Trennungstheorie 26 17 ff., 134, 141 ff.
- Unabdingbarkeit 20 10 f.
- Vereinbarung besonderer Mehrheitserfordernisse **Vor 23 bis 25** 85
- Vertragstheorie 26 18 f.
- Vertrauensverhältnis, gestörtes 26 37, 59
- Vorauswahl 26 30, 55; 29 24
- WEG-Reform 26 39a ff., 40
- werdende Eigentümergemeinschaft 26 20 ff.
- Wiederwahl 26 41, 44 ff., 60 f.

Verwalter – Haftung
- Amtsniederlegung 26 138, 140
- Anspruchsberechtigte 27 169, 177
- Aufrechnung 26 111a
- aus Organstellung 27 168 f.
- aus Vertrag 27 168 f.
- Ausführung aufgehobener Beschlüsse **Vor 23 bis 25** 31
- Beispiele 27 181 ff.
- Beschluss-Sammlung, Versäumnisse 24 177 ff.; 27 181
- Betriebskostenabrechnungsfehler 26 109
- Beweislast 27 176
- Buchführungsfehler 27 184
- Entlastung, Wirkung 27 175
- Fördermittelbeantragung 26 111
- Gewährleistung, Verjährungsprüfung 26 105
- ggü. Dritten 26 102 f.; 27 178
- Haftungsbeschränkungen 26 79; 27 174
- Instandhaltung/-setzung 27 183
- Instandhaltungsrücklage 26 112a; 27 184

- Jahresabrechnung, mangelhafte 27 184
- Kausalität 27 171, 176
- Kreditaufnahme 26 107
- Mitverschulden d. Eigentümer 26 112a; 27 173
- Nichtdurchführung anfechtbarer Beschlüsse 27 11
- Niederschrift, unrichtige 24 139
- Niederschrift, Verweigerung d. Einsichtnahme 24 133
- Schadensersatz, Umfang 27 173
- Schlechtleistung 26 11; 27 168, 181 ff.
- unerlaubte Handlung 27 172
- Untätigkeit 26 104; 27 184
- Unterlassen v. Notmaßnahmen 27 33
- Verjährung 27 175
- Verjährungsverkürzung 26 80; 27 184
- Verkehrssicherungspflichtverletzung 26 106; 27 172, 186
- Versammlung, Durchführungsmängel 27 181
- Versammlung, Einberufungsmängel 24 2; 27 181
- Verschulden 27 170
- Verwaltung d. Geldmittel 26 108; 27 184
- Verzögerungsschaden 26 100, 110; 27 183
- Wegfall d. Vertretungsmacht 26 101; 27 168
- Wohngeldbeitreibung 26 110; 27 184
- Zustimmungsversäumnisse 26 112; 27 185

Verwalter – Vergütung
- Beschlusskompetenz 16 35 f.
- Fortzahlung 26 154 ff., 168
- Haftungsquote 26 78
- Verteilungsschlüssel 16 35
- Vertragsvereinbarungen 26 78, 87 ff.
- Zustimmung z. Veräußerung 16 117

Verwalter – Vertrag
- Allgemeine Geschäftsbedingungen 26 75, 97 f.

- Amtsniederlegung 26 135 ff.
- Anfechtung 26 97 ff.
- Aufgabenkatalog 26 84
- auflösende Bedingung 26 67, 142
- Aufnahme v. Zustimmungsvorbehalten 27 115
- Aufwendungsersatz 26 95
- Beschlussaufhebung **Vor 23 bis 25 28**
- drittschützender Charakter 24 177 ff.
- Eigenkündigung 26 135 ff.
- Entlastung 26 86
- Ermächtigung z. Vertragsschluss 26 64 f.
- Geltendmachung v. Ansprüchen 24 177 ff.
- Geltendmachung v. Ansprüchen/ Rechten 21 17 ff., 107 f.
- Haftungsbeschränkungen 26 79
- Inhalt 26 74 ff.
- Inhalt, unzulässiger 26 75 f.
- Insichgeschäft 26 64
- Interessenwiderspruch 26 64
- Kostentragungsregelung 26 96
- Kündigung, Folgeansprüche 26 145 ff.
- Kündigung, Frist 26 132 f.
- Kündigung, Klage d. Verwalters 26 163 ff.
- Kündigung, Mitteilung 26 133
- Kündigung, nach Anfechtung 26 68
- Kündigung, ordentliche 26 115
- Kündigung, Stimmrecht 26 115
- Kündigung, Verhältnis z. Abberufung 26 17 ff., 134, 141 ff., 167
- Kündigung, Wirkung 26 58
- Kündigung, Zugang 26 143
- Prozessvertretung 26 82 f.
- rechtsgeschäftliche Aufgabenzuweisung 27 60 f.
- Sonderkündigungsrecht 26 69, 142
- Sondervergütungen 26 91 ff.
- Stimmrecht b. Vertragsmodalitäten 26 71 ff.
- Stimmrechtsvollmacht 26 73
- Trennungstheorie 26 17 ff., 134, 141 ff.; 27 168

- Verjährungsverkürzung 26 80
- Vertragsdauer 26 77, 81
- Vertragsparteien 26 62 f.
- Vertragsschluss 26 64 ff., 70; 29 24
- Vertragstheorie 26 18 f.
- Vollmachten 26 82 f., 85

Verwalter – Vertretung d. Eigentümergemeinschaft
- Abdingbarkeit 27 136 ff.
- Anscheins-/Duldungsvollmacht 27 15, 63
- Bevollmächtigung z. Vertragsschluss 27 8
- durch d. Eigentümer 27 129 ff., 166
- eidesstattliche Versicherung 27 92
- Eigentümerwechsel 27 65
- Einschränkung d. Vertretungsmacht 27 114
- Einziehungsbefugnis 27 99
- Entgegennahme v. Willenserklärungen 27 84 f.
- Ermächtigung einzelner Eigentümer 27 132 ff.
- Erweiterung d. Vertretungsmacht 27 117 ff., 139
- Geldverwaltung 27 100 ff.
- Geltendmachung v. Ansprüchen 27 77 f.
- Generalvertretungsbefugnis 27 62
- Handeln in eigenem Namen 27 14
- Informationspflicht 27 89, 113
- Instandhaltung/-setzung 27 94 ff.
- Interessenkollision 27 88
- Nachteilsabwendung 27 90 ff.
- Notmaßnahmen 27 99
- Pflicht z. Tätigwerden 27 64
- Regress nach Beschlussanfechtung 27 15
- Selbstkontrahierungsverbot 27 68, 91, 96
- Streitwertvereinbarung 27 116
- Teilrechtsfähigkeit 27 62
- Überschreiten d. Vertretungsmacht 27 97
- Untervollmacht 27 66
- Verbot d. Mehrfachvertretung 27 68
- Verträge im Namen d. Gemeinschaft 27 95
- Verträge in eigenem Namen 27 94
- Vertrauen Dritter in d. Vertretungsmacht 27 15, 63, 149, 153, 163
- Vertretungsmacht bzgl. laufender Maßnahmen 27 26 f.
- Vertretungsnachweis 27 144 ff.; s.a. Verwalter – Vertretungsnachweis
- Vorlage d. Vollmachtsurkunde 27 15, 63
- Wegfall d. Vertretungsmacht durch Beschlussanfechtung 27 13, 63
- Zahlungsverkehr 27 99
- Zustellungsvertreter 27 53, 67, 70, 84 ff.
- Zustimmungserfordernis 27 115

Verwalter – Vertretung d. Wohnungseigentümer
- Abdingbarkeit 27 136 ff.
- Anscheins-/Duldungsvollmacht 27 15, 63
- Bevollmächtigung z. Vertragsschluss 27 8
- Eigentümerwechsel 27 65, 69
- Einziehungsbefugnis 27 42
- Entgegennahme v. Willenserklärungen 27 69
- Erweiterung d. Vertretungsmacht 27 139
- Geltendmachung v. Ansprüchen 27 77 f.
- Handeln in eigenem Namen 27 14
- Maßnahmen z. Fristwahrung 27 75
- Nachteilsabwendung 27 71 ff.
- Passivvertretung 27 69
- Passivvertretung, prozessuale 27 74
- Rechtsanwaltsbeauftragung 27 81
- Rechtsanwaltsvergütung 27 80
- Regress nach Beschlussanfechtung 27 15
- Selbstkontrahierungsverbot 27 68, 73
- Streitwertvereinbarung 27 79 ff.
- Untervollmacht 27 66
- Verbot d. Mehrfachvertretung 27 68
- Vertrauen Dritter in d. Vertretungsmacht 27 15, 63, 149, 153, 163
- Vertretungsmacht bzgl. laufender Maßnahmen 27 26 f.

- Vertretungsnachweis **27** 144 ff.; s.a. Verwalter – Vertretungsnachweis
- Vorlage d. Vollmachtsurkunde **27** 15, 63
- Wegfall d. Vertretungsmacht durch Beschlussanfechtung **27** 13, 63
- Zustellungsvertreter **27** 53, 67, 70

Verwalter – Vertretungsnachweis
- Abdingbarkeit **27** 141
- Anspruchsdurchsetzung **27** 165
- Ersatzzustellungsvertreter **27** 166
- Generalvollmacht **27** 152
- Nachweis i.R.d. erweiterten gesetzlichen Vertretung **27** 152 f., 154 ff.
- Nachweis i.R.d. gesetzlichen Vertretung **27** 146, 150 f., 154 ff.
- Nachweis i.R.d. rechtsgeschäftlichen Vertretung **27** 154 ff.
- Niederschrift d. Bestellung **27** 148
- Notverwalter **27** 147
- Registerauszug **27** 144
- Vollmachtsurkunde **27** 150, 154 ff.
- Vollmachtsurkunde, Aussteller **27** 151, 161 f.
- Vollmachtsurkunde, Form **27** 160 ff.
- Vollmachtsurkunde, Inhalt **27** 156 ff.
- Vollmachtsurkunde, Rückgabe **27** 164
- Vollmachtsurkunde, Wirkung **27** 163
- WEG-Reform **27** 145

Verwalter – Zustimmung
- bauliche Veränderungen **22** 44
- Sondervergütung **12** 53
- Veräußerung v. Wohnungseigentum **12** 25 ff.
- Vermietung **10** 46

Verwaltung
- Ausführungsorgan **20** 5 f.
- Beratung/Überwachung **20** 5, 7
- Einstimmigkeitsprinzip **21** 3
- fehlender Verwalter **20** 12, 14 f.
- Geltendmachung v. Ansprüchen/Rechten s. Rechtsverfolgungsbefugnis
- Gemeinschaftseigentum **20** 2; **21** 1 ff.
- Gewährleistungsansprüche **21** 7 ff., 11 ff., 107 f.; s.a. Rechtsverfolgungsbefugnis
- Grundsatz d. gemeinschaftlichen Verwaltung **21** 1, 3 ff.
- Kosten besonderen Verwaltungsaufwands **21** 119 ff.
- Modernisierung **22**; s. dort
- Notgeschäftsführung **20** 15; **21** 22 ff.
- Organe **20** 1, 5 ff.
- Sondereigentum **20** 2 f.
- Sondernutzungsflächen **21** 1
- Umfang **21** 2, 32 ff.
- Vereinbarungen d. Eigentümer **20** 10 f.; **21** 1, 4, 15, 32
- Verwalterbestellung **20** 10 ff.; s.a. dort
- Verwaltungsvermögen **20** 2; **21** 1
- Weisungsbefugnis **20** 5

Verwaltung – Kosten
- s.a. Kosten – Gemeinschaftseigentum
- Begriff **16** 37
- Entziehung d. Wohnungseigentums **16** 125
- Verteilungsschlüssel **16** 35 f.
- Verwalterhonorar **16** 35 f.

Verwaltung – Ordnungsmäßigkeit
- s.a. Verwalter – Aufgaben
- Änderung v. Vereinbarungen **21** 34 f., 40
- Anfechtung v. Beschlüssen **21** 39, 47
- Anspruch d. Wohnungseigentümers **21** 41 ff., 64
- Ansprüche infolge übermäßigen Gebrauchs **21** 116 ff.
- Anspruchsverzicht **21** 107 f.
- bauliche Veränderungen s. dort
- Baumängel **21** 67
- Begriff **21** 36
- Beschlussanfechtung, Streitwert **49a GKG** 23
- Beschlussfunktion **Vor 23 bis 25** 4
- Beschlusskompetenz **21** 32 ff.; s.a. dort
- Beschlussmangel **23** 99
- Beschluss-Sammlung **24** 147
- Energieversorgung **21** 101 ff.

- Entlastung **28** 19 f.
- Ermessensspielraum **21** 37
- Fälligkeit, Regelungsbefugnis **21** 114
- Geltendmachung v. Ansprüchen/ Rechten **21** 6, 107 f.; s.a. Rechtsverfolgungsbefugnis
- gerichtliche Ermessensentscheidung **21** 45 f.; s.a. dort
- Gerichtszuständigkeit **43** 16 ff.
- Hausordnung **21** 51 ff.
- Instandhaltung/-setzung **21** 63 ff.
- Instandhaltung/-setzung, besondere Aufwendungen **22** 1 ff.
- Instandhaltungsrückstellung **21** 78, 87 ff.
- Klage auf Beschlussfassung **21** 17
- Kosten besonderen Verwaltungsaufwands **21** 119 ff.
- Kostenkontrolle **21** 77 f.
- Maßnahmen i.R.d. Verwaltervertrages **21** 111
- Modernisierung **21** 70 f.
- Negativbeschluss **21** 47
- Niederschrift **24** 119 ff.
- Notmaßnahmen **21** 24
- ordnungsmäßige Vornahme **21** 75 ff.
- Regelbeispiele **21** 40, 50 ff.
- Rundfunkempfangsanlage **21** 101 ff.
- Schadensersatz bei Unterlassen **21** 48
- Schadensersatz bei unzureichenden Maßnahmen **21** 49
- Stundung **21** 107 f.
- Tagesordnungspunkte, Benennungsrecht **23** 66
- Telekommunikationseinrichtungen **21** 101 ff.
- Übertragung an andere Organe **21** 74
- Vereinbarungen d. Eigentümer **21** 73
- Vergleichsabschluss **21** 107 f.
- Verkehrsicherungspflicht **21** 109
- vermietete Räume **21** 79
- Versicherunsschutz/-prämien **21** 80, 121a
- Vertragsabschlüsse **21** 105
- Verwaltervertrag **26** 74 ff.
- Verwalterwahl **26** 48 ff.
- Verzugsfolgen, Regelungsbefugnis **21** 115
- Videoüberwachung **22** 107
- Wirtschaftsplan s. dort
- Wirtschaftsplanaufstellung **21** 99 f.
- Zahlungsverkehr **21** 112 ff.
- Zweitbeschluss **21** 38

Verwaltungsprozess
- bauliche Veränderungen **22** 35

Verwaltungsunterlagen
- Herausgabeanspruch **10** 75; **24** 146; **26** 145 ff.

Verwaltungsvermögen
- Abgrenzung z. Gemeinschaftseigentum **1** 32; **10** 60
- Geldmittel **10** 91
- Insolvenzfähigkeit d. Gemeinschaft **10** 93; **11** 17
- Instandhaltungsrückstellung **10** 90; **21** 88; s.a. dort
- Kontoüberziehung **10** 92
- Kredite **10** 91
- Rechte/Pflichten d. Gemeinschaft s. Eigentümergemeinschaft – Rechte/Pflichten
- Rechtsträgerschaft d. Gemeinschaft **10** 59
- Umfang **10** 90 ff.
- Untrennbarkeit d. Rechtspositionen **1** 7, 18
- Verbindlichkeiten **10** 91
- Vereinigung in einer Person **10** 90
- Verwaltung s. dort
- werdende Eigentümergemeinschaft **10** 90
- Zuordnung **10** 90
- Zwangsvollstreckung **1** 15

Verwirkung
- Anspruch auf ordnungsgemäße Verwaltung **21** 44
- Entziehungsanspruch **18** 41
- Wiederherstellungsanspruch **22** 55 ff.

Verzicht
- Ansprüche i.R.v. Verwaltungsmaßnahmen **21** 107 f.

Verzug
- Festlegungen d. Gemeinschaft **21** 115

Videoüberwachung
- ordnungsmäßige Verwaltung **22** 107
- Verbot **15** 75
- Verwaltungsmaßnahmen **21** 110

Vollmacht
- s.a. Prozessstandschaft; Rechtsverfolgungsbefugnis; Vertretung; Verwalter – Vertretung
- Anscheins-/Duldungsvollmacht **27** 15, 63
- Stimmrecht s. Stimmrecht – Vollmacht
- Versammlungsteilnahme **10** 46; **Vor 23 bis 25** 158 f.

Vollstreckungsabwehrklage
- Wohngeldbeitreibung **28** 177

Vollstreckungserinnerung
- Wohngeldbeitreibung **28** 219
- Zwangsversteigerung **19** 48

Vollstreckungsgegenklage
- Wohngeldbeitreibung **28** 219
- Zwangsversteigerung **19** 49, 53

Vollversammlung
- Heilungswirkung **23** 28 ff.

Vorkaufsrecht
- bei Wohnungseigentumsbegründung **2** 13 f.; **3** 15
- Belastung v. Miteigentumsanteilen **6** 9, 13 f., 16
- Vereinbarung zw. Eigentümern **10** 46
- Zustimmungserfordernisse bei Vereinbarungen **5** 74

Vormerkung
- Anlegung d. Wohnungsgrundbücher **8** 21
- Belastung d. Wohnungseigentums **1** 14
- Entziehung d. Wohnungseigentums **18** 39
- Teilungsvereinbarung **4** 32
- Zustimmungserfordernisse bei Vereinbarungen **5** 76

Vormundschaftsgericht
- Genehmigung d. Wohnungseigentumsbegründung **4** 34

Vorratsteilung
- s.a. Teilungserklärung; Teilung – Alleineigentümer
- Begriff **8** 1
- Entziehung d. Wohnungseigentums **18** 8

Vorvertrag
- Einräumung v. Sondereigentum **4** 29

Wände
- Durchbruch **22** 108
- Sondereigentumsfähigkeit **5** 36
- Sondereigentumsfähigkeit v. Räumen **5** 7
- tragende **5** 36

Wartung
- Kostentragung **16** 43, 55

Wartungsvertrag
- Geltendmachung v. Ansprüchen/ Rechten **21** 17 ff., 107 f.

Wascheinrichtungen
- Betriebsverbot **10** 46
- Kostentragung **16** 39

Waschküche
- Sondereigentumsfähigkeit **5** 12

Wasserkosten
- Koppelung an Eigenverbrauch **16** 103
- Kostenverteilung **16** 100 ff.

Wasserleitungen
- Instandhaltung **14** 3
- Sondereigentumsfähigkeit **5** 33

Wasserversorgung
- Jahresabrechnung **28** 71
- Kostentragung **16** 13
- Versorgungssperre **18** 48
- Vertragsschuldner **10** 118

Wasserzähler
- Kostentragung **16** 11 f.
- Sondereigentumskosten **16** 102 f.

WEG
- Auffangstatut **10** 2
- Beschlussstatut **10** 2
- Gesetzesstatut **10** 2
- Systematik **10** 2

- Vertragsstatut 10 2
WEG-Reform
- Abgeschlossenheitsbescheinigung 7 21
- Anfechtungsklage 46 1 ff.
- Beiladung 48 1
- bauliche Veränderung 22 12
- Beschlüsse, Ungültigkeit 23 1, 87 f.
- Beschluss-Sammlung 24 1, 144 ff.; 26 129
- Entziehung 18 4 f.; 19 2 ff.; 21 112, 122 f.
- gerichtliches Verfahren 44 1 ff.
- Gerichtszuständigkeit 43 26 ff.
- In-Kraft-Treten 61 1; 62 1
- Insolvenz 11 17
- Instandhaltung 16 1, 40 f., 42 ff., 66 ff., 130
- Kostenentscheidung 49 1
- Kostenerstattung 50 1
- Kostentragung 5 2
- Modernisierungsmaßnahmen 22 62, 76
- Prozessstandschaft 27 77
- Prozessverbindung 47 1 ff.
- Streitwertregelungen 49a GKG 1 ff.
- Teilrechtsfähigkeit s. dort
- Übergangsvorschriften 62 1 ff.
- Veräußerungsbeschränkung 12 60 ff.
- Veräußerungsklage 19 2 ff., 61
- Verteilungsschlüssel 16 1, 40 f., 42 ff., 66 ff., 130
- Vertretungsnachweis 27 145; s.a. Verwalter – Vertretungsnachweis
- Verwalter 26 39a ff., 129; 27 1 f., 54 f., 62 ff., 84
- Verwaltungsvermögen 11 17
- Zentralgrundbuch 7 33
- Zustellungsvertreter 45 1 ff.
- Zustimmung Dritter 5 72 ff.
Werbung
- Zulässigkeit 22 109
Werkvertrag
- Geltendmachung v. Ansprüchen/Rechten 21 7 ff., 17 ff., 107 f.; s.a. Rechtsverfolgungsbefugnis
- steckengebliebener Bau 22 83

Wiederaufbau
- Aufhebung d. Gemeinschaft 22 80
- Beschluss 22 78
- Grad d. Zerstörung 22 78. 81
- Verpflichtung 22 77 f.
- Versicherungsleistung 22 78, 82
Wiedereinsetzung in d. vorigen Stand
- Anfechtungsklage 46 112 ff.
Wiederherstellungsanspruch
- Anspruchsberechtigte 22 49 ff.
- Anspruchsgegner 22 52 ff.
- Anspruchsgrundlage 22 46
- Inhalt 22 46 ff.
- Klage 22 58 f.
- Klageantrag 22 59
- Rechtsmissbrauch 22 55 ff.
- rechtswidrige Maßnahme 22 45
- Verjährung 22 55 ff.
- Verwirkung 22 55 ff.
- Wiederaufbau s. dort
- Zwangsvollstreckung 22 60 f.
Willenserklärung
- Mängel bei Wohnungseigentumsbegründung 2 15
- Teilungserklärung 8 6
Winterdienst
- Hausordnung 21 57, 59
Wintergarten
- bauliche Veränderung, Zustimmung 22 88 ff.
- Sondereigentumsfähigkeit 5 40
- Veränderung durch Wohnungseigentümer 5 53
Wirtschaftsplan
- Abdingbarkeit 28 33 ff.
- Abweichungen 28 50 ff.
- Anfechtung 28 63 ff.
- Anspruch auf Vorlage 28 35
- Aufhebung 21 100
- Aufstellung 21 99
- Beschluss 28 57 ff.
- Beschlussanfechtung, Streitwert 49a GKG 16 ff.
- Entwurf 21 99
- fehlerhafter 21 100
- Fortschreibung 28 34, 45
- Geltungsdauer 28 6, 44 ff.
- gerichtliche Aufstellung 28 47 ff.
- Inhalt 28 36 ff.

- Instandhaltungsrückstellung 21 89
- Liquiditätsrücklage 28 42
- ordnungsmäßige Verwaltung 28 16f., 38
- Sonderumlage 28 53ff.
- Vereinbarung d. Eigentümer 21 100
- Verhältnis z. Jahresabrechnung 28 5ff.
- Verhältnis z. Sonderumlage 28 15ff.
- Verteilungsschlüssel, fehlerhafter 28 8
- Vorschusspflicht, Verzicht 28 33
- Zweitbeschluss 28 66

Wohnfläche
- Ermittlung z. Kostenverteilung 16 29
- Kostenverteilungsschlüssel 16 17

Wohngeld
- Abrechnungssaldo 28 176
- Aktivlegitimation 28 179
- Anfechtung d. Wirtschaftsplans 28 64
- Anspruchsinhaber 10 79
- Aufrechnung 10 109ff.; 28 181ff.
- Ausfall 16 107ff.
- Beitreibung 26 110
- Einreden/Einwendungen 28 181ff.
- Einziehungsbefugnis 27 49
- Erfüllungseinwand 28 189
- Gerichtszuständigkeit 28 179
- Lasten-/Kostendeckung 16 2
- Mahnung 28 175
- Mahnverfahren 28 179
- obligatorische Streitschlichtung 28 180
- Pfändung 10 109f.
- Prozessstandschaft 28 171ff.
- Rückstände, Übernahme durch Neueigentümer 10 46
- Sollsaldo 28 96
- Verfallklauseln 28 175
- Verhältnis z. Wirtschaftsplan 28 57
- Verjährungseinrede 28 191ff.
- Versorgungssperre 28 220ff.
- Verzug 28 175, 189
- Verzugsfolgenregelung 10 46
- Vollstreckungsabwehrantrag 28 177
- Vorfälligkeitsregelung 28 175
- Vorschusspflicht 28 33
- werdende Eigentümergemeinschaft 10 97
- Zahlungsrückstände 28 114, 117
- Zurückbehaltungsrecht 28 186ff.
- Zwangsvollstreckung 28 171ff., 194ff.
- Zwangsvollstreckung, Rechtsmittel 28 177, 219

Wohngeld – Verzug
- Einheitswert 18 26
- Mahnung 18 27
- Veräußerungsanspruch 18 25
- Verhältnismäßigkeit d. Entziehung 18 5
- Versorgungssperre 18 48
- Verzugsbetrag 18 26, 43f.
- Verzugseintritt 18 27f.
- Zahlung vor Ende d. mündlichen Verhandlung 19 17
- Zahlungsklage 18 47

Wohnung
- Abweichung v. Aufteilungsplan 15 77
- Begriff 1 20f.

Wohnungseigentum
- Akzessorietät 1 7
- Aufteilung in neue Einheiten, Stimmrecht 25 39ff.
- Begriff 1 1ff., 19ff.
- Begründung an Erbbaurecht 30 1
- Dereliktion 11 15
- Dreigliedrigkeit 1 7
- Eingriff in d. Kernbereich 23 107ff., 119; 24 51f.
- Ersterrichtung 22 77, 83
- Erstherstellung 22 7f.
- Nießbrauch 1 13
- Nummerierung 7 17
- Rechtsnatur 1 2, 8f.
- Rechtspositionen 1 7
- Sonderform d. Miteigentums 1 9
- Teilung 8 25
- Time-sharing 4 15
- Umfang 1 3f., 7
- Unterschied z. Teileigentum 1 6
- Untrennbarkeit d. Rechtspositionen 1 7, 18
- Veräußerbarkeit 1 12; s.a. dort

- Vereinigung in einer Person 9 10 ff.
- Vereinigung v. Wohneinheiten 25 43
- Vollstreckungsgegenstand 1 15
- Wiederaufbau 22 77 ff.; s.a. dort
- Wiederaufbaupflicht 11 7 f.
- Zerstörung 9 7 ff.; 22 77 ff.
- Zwangsvollstreckung 6 27

Wohnungseigentum – Aufhebung
- Auseinandersetzungsguthaben 17 1 ff.; s.a. dort
- Klageverfahren 17 20
- Sondereigentum 17 6 f.
- Teilungsplan 17 19
- Teilungsversteigerung 17 19
- Verfahren 17 5
- Voraussetzungen 17 4

Wohnungseigentum – Begründung
- Abgeschlossenheit 3 21 ff.
- Anfechtung 2 15
- Begründungsurkunde 2 1
- Belastung 2 12
- durch Gesamthandsgemeinschaft 3 6
- durch Miteigentümer 3 1 ff.
- durch Personengesellschaft 3 6
- Formvorschriften 2 5
- gutgläubiger Erwerb 2 15; 4 21
- Mitwirkung dinglich Berechtigter 3 11, 20
- Möglichkeiten 2 2 f.
- Möglichkeiten, Kombination 2 11
- Teilung durch Alleineigentümer 3 4 ff.; s.a. dort; s.a. Teilungserklärung
- Teilung durch Miteigentümer s. Teilungsvereinbarung
- Veränderung d. Miteigentumsanteile 3 7 f.
- vertragliche 2 5 ff.; s.a. Teilungsvereinbarung
- vor Baubeginn 1 21; 2 3
- Vorkaufsrecht 2 13 f.; 3 15
- Willenserklärung 2 15
- Willensmängel 2 15
- Willensmängel, Heilung 2 15
- Zeitpunkt 4 20

Wohnungseigentum – Entziehung
- Abdingbarkeit d. Entziehungsverfahrens 19 58 ff.
- Abmahnung 18 20 ff., 43 f.
- Abmahnung, Anfechtung 18 24
- Abmahnung, Verzicht 18 43
- Altverfahren, Übergangsrecht 19 61
- Änderung d. gesetzlichen Vorgaben 18 42 ff.
- Anspruchsdurchsetzung 18 29 ff.; 19 2 ff.; s.a. Veräußerungsklage
- Ausschlussfristen 18 44
- Beschluss 18 30 ff., 44
- Beschluss, Ablehnung (Negativbeschluss) 18 37
- Beschluss, Anfechtung 18 35 ff.
- Beschluss, Mängel 18 36
- Bußgeld 18 46
- einstweiliges Verfügungsverbot 18 39
- Einzelfälle 18 16
- freiwillige Versteigerung 19 2
- Gründe, Modifikationen 18 43 f.
- Kostentragung 19 22 ff.
- mildere Maßnahmen 18 45
- Objektbezogenheit 18 9
- Prozesskosten 16 125
- Rechtsbehelfe 18 35 ff.
- Rückstand m. Wohngeldbeiträgen 18 5, 16, 25 ff., 43 f.
- schiedsgerichtliche Einigung 19 7, 56
- schwere Pflichtverletzung 18 10 ff., 42 ff.
- schwere Pflichtverletzung, Gegenbeweis 18 18 f.
- Streitwert 18 38
- Teilrechtsfähigkeit 18 4
- Unabdingbarkeit d. Entziehungsrechts 18 42
- Unzumutbarkeit d. Fortsetzung 18 13 f.
- Urteil 19 6 ff.; s.a. Veräußerungsklage
- Veräußerungsklage 18 29; 19 2 ff.; s.a. dort
- Vergleich 19 55 ff.
- Verjährung 18 40

- Verschulden 18 15, 43 f.
- Vertragsstrafe 18 46
- Verwirkung 18 41
- Vollstreckung 18 39
- Voraussetzungen 18 7 ff., 42 ff.
- Vormerkung d. Anspruchs 18 39
- WEG-Reform 18 4 f.
- wiederholte Verstöße 18 20 ff.
- Wiederholungsgefahr 18 12
- Zuständigkeit 18 29
- Zwangsversteigerung 18 47
- Zwangsverwaltung 18 47
- Zweck 18 1 ff.

Wohnungseigentum – Errichtung
- steckengebliebener Bau 22 83

Wohnungseigentum – Erwerb
- Geltendmachung v. Ansprüchen/ Rechten 21 7 ff.; s.a. Rechtsverfolgungsbefugnis
- Stimmrecht 25 19 ff.

Wohnungseigentum – Umwandlung
- Formvorschriften 4 5 ff., 24 f.
- Gemeinschafts- in Sondereigentum 3 19 f.
- Grunderwerbsteuer 4 40
- in Teileigentum 1 25; 4 26
- nachträgliche 4 5 ff.
- Sondereigentum in Gemeinschaftseigentum 5 62 ff.
- stillschweigende Zustimmung 1 25
- Teil- und Wohnungseigentum 1 25; 4 26
- Zustimmung d. Käufer 5 68

Wohnungseigentum – Veräußerung
- Aktivlegitimation 46 28 ff.
- Änderung d. Teilungserklärung 8 24
- Auflassung 1 12
- Auskunftspflicht d. Veräußerers 12 38 f.
- Begriff 12 12 ff.
- Beiladung, Rechtsstellung 48 21 f.
- Beurkundung 1 12; 4 4
- dinglicher Vollzug 1 12
- durch Insolvenzverwalter 12 18
- Einbringung in GbR/Personengesellschaft 12 15
- Erwerb durch Bruchteilsgemeinschaft 6 7 f.
- Erwerb durch Gesamthandsgemeinschaft 6 8
- Grundbucheintragung 1 12
- Grunderwerbsteuer 1 13
- ideller Anteil 6 7
- Interessenkonflikt 12 29
- Maklertätigkeit 12 29
- miterfasste Rechte 6 4
- Rückübertragungen 12 16 f.
- sanierungsrechtliche Genehmigung 1 13
- Selbstkontrahierung 12 28
- Stimmrecht 25 38
- Streitwert bei Zustimmungsverlangen 49a GKG 13
- Übergang d. Gemeinschaftseigentums 1 12
- Übergang d. Kostentragungspflicht 16 142 ff., 153 ff.
- Untrennbarkeit d. Sondereigentums 6 1 ff.
- Veräußerungklage 18 29; s.a. dort
- Verbot 12 11
- Versagung d. Zustimmung 23 104, 106
- vor Grundbuchvollzug 6 5
- Zustimmung d. Verwalters 12 25 ff.
- Zustimmung durch Grundpfandrechtsgläubiger 12 24
- Zustimmung, Form 12 41 ff.
- Zustimmung, Inhalt 12 46
- Zustimmung, Kosten 12 51 ff.
- Zustimmung, Widerruf 12 49
- Zustimmung, Zeitpunkt 12 45
- Zustimmung, Zugang 12 48
- Zustimmungsanspruch 12 30 ff., 59
- Zustimmungserfordernis 12 9 ff., 23
- Zustimmungsverweigerung 12 31 ff., 54 ff.

Wohnungseigentum – Veräußerungsbeschränkung
- Aufhebung 12 60 ff.
- Aufhebung, Beschlusskompetenz 12 61
- Auflassung 12 13
- Einbringung in GbR/Personengesellschaft 12 15
- Grundbucheintragung 7 6; 12 6 ff.

- Reichweite **12** 19 ff.
- Rückübertragungen **12** 16 f.
- Verbot **12** 11
- Vereinbarung **12** 4 f.
- Zustimmungsberechtigte **12** 23 ff.
- Zustimmungserfordernis **12** 9 ff.; s.a. Wohnungseigentum – Veräußerung
- Zwangsversteigerung **12** 18, 47
- Zweck **12** 2
- zwischen Einigung und Grundbucheintragung **61** 1 ff.

Wohnungseigentum – Vereinigung
- Bestehenbleiben v. Belastungen **6** 13
- in einer Person **9** 10 ff.
- Miteigentumsanteil **6** 11 ff.

Wohnungseigentumsgesetz s. WEG

Wohnungseigentümer
- Anspruch auf Änderung v. Vereinbarungen **10** 26 ff.
- Anspruch auf Herausgabe d. Eigentümerliste **24** 40
- Anspruch auf ordnungsgemäße Verwaltung **21** 41 ff., 64
- Aufopferungsanspruch **21** 103
- Aufwendungsersatz bei nunmehr nichtigem Beschluss **10** 19
- Begriff **1** 17
- Beiladung **48** 5 ff.
- Beitragszahlung, befreiende **27** 40
- Beschlüsse **10**; s. dort
- Beseitigungspflicht **5** 53
- Delegation v. Entscheidungsbefugnissen **27** 25
- Eingriff in Verwalteraufgaben **27** 20
- Einsichtnahme in Niederschrift **24** 131 ff.
- Empfangszuständigkeit **27** 69 f.
- Geltendmachung v. Ansprüchen/Rechten s. Rechtsverfolgungsbefugnis – Wohnungseigentümer
- gesonderte Übertragung v. Sondereigentum **6** 22
- Grundbucheintragungsantrag **7** 15
- Kostentragung **16** 141 ff.; s. Kosten – Gemeinschaftseigentum; Kosten – Sondereigentum
- Ladung z. Versammlung **24** 42
- Leistungsfähigkeit **16** 9
- Mitverschulden bei Verwalterhaftung **26** 112a
- Notgeschäftsführung **20** 15; **21** 22 ff.
- Rechtsträgerschaft **10** 52
- schwere Pflichtverletzung **18** 10 ff., 42 ff.
- Streitigkeiten, Gerichtszuständigkeit **43** 20
- Teilnahmerecht **24** 57
- übermäßiger Gemeinschaftseigentumsgebrauch **21** 116 ff.
- Veränderung d. äußeren Gestaltung **5** 53
- Verhältnis untereinander **5** 66
- Verhältnis z. Gemeinschaft **1** 17; **5** 68
- Verlangen d. Verwalterbestellung **20** 12
- Verwaltervertrag, Geltendmachung v. Ansprüchen **24** 179 ff.
- Vollstreckungsschuldner/-gläubiger **10** 83 ff.
- Zusammenkünfte außerhalb d. Versammlung **23** 37

Wohnungseigentümer – Haftung
- Akzessorietät **10** 102 f.
- Alteigentümer **10** 101
- Aufrechnung mit Wohngeld **10** 109 ff.
- Einwendungen **10** 104
- Energieversorgung **10** 118
- Gesamtschuld zw. Alt-/Neueigentümer **10** 101
- Klagegegner **10** 100
- Kommunalabgaben **10** 112 ff.
- Nachhaftung **10** 101
- öffentlich-rechtliche Beiträge **10** 112 ff.
- Quote **10** 100, 103
- teilschuldnerische **10** 100 ff.
- Verbindlichkeiten d. Gemeinschaft **10** 100 ff.
- Verwaltervergütung **26** 78
- Vollstreckungstitel **10** 100, 105
- Wohngeldpfändung **10** 109 f.

- zufälliger Untergang **5** 2
- Zwangsvollstreckung **10** 105 ff.
Wohnungseigentümer – Pflichten
- Beseitigungspflicht **14** 3
- Duldung v. Instandhaltungsmaßnahmen **5** 59; s.a. Instandhaltung – Gemeinschaftseigentum
- Duldungspflicht **14** 20 f., 22 ff.
- Einstandspflicht **14** 15 ff.; s.a. dort
- Einstandspflicht bei Vermietung **13** 33
- Instandhaltung/-setzung **14** 1 ff.; s.a. Instandhaltung – Sondereigentum
- Kostentragung s. Kosten – Gemeinschaftseigentum; Verteilungsschlüssel
- Maßnahmen bei Pflichtverletzungen **18** 45 ff.
- Nachbarrecht **14** 6
- Rücksichtnahmepflicht **14** 5
- schonende Nutzung d. Eigentums **14** 9 ff.
- Verstoß g. Gebrauchsregelung **14** 14; **15** 25

Wohnungseigentümer – Rechte Abspaltungsverbot **25** 6
- Anfechtungsbefugnis **46** 20 ff., 127
- Ansprüche g. fremden Mieter **14** 19
- bauliche Veränderungen **22** 12 f.
- Benachteiligung durch Zweitbeschluss **Vor 23 bis 25** 111 ff.
- Besitzschutz **13** 24 f.
- Betretungsrecht **14** 22 ff.
- Eigentumsschutz **13** 26 ff.
- Fruchtziehung **13** 20 f.
- Gemeinschaftseigentum **13** 8 ff.
- Jahresabrechnungsprüfung **28** 142 ff.
- Rechtsschutz **13** 22 ff.
- Sondereigentum **13** 4 ff.
- sonstige Nutzungsrechte **13** 20 f.
- Stimmrecht s. dort
- Vermietung **13** 30 ff.
- Versammlungsausschluss **25** 73 f.

Wohnungseigentümer – Vereinbarungen
- Abgrenzung z. allstimmigen Beschlüssen **Vor 23 bis 25** 147 ff.

- Allstimmigkeitsprinzip **10** 2, 6
- Änderung, Anspruch **10** 26 ff.
- Änderung durch Beschluss **10** 5 f.
- Änderung, schwerwiegende Gründe **10** 28 ff.
- Anfechtung **10** 13
- Anspruch auf Aufhebung d. Gemeinschaft **11** 7, 11 ff.
- Antennenanlage **10** 46
- Auslegung **10** 7, 9, 12
- Ausschluss v. WEG-Vorschriften **14** 6
- außerhalb d. Versammlung **10** 7
- automatisierte Stimmrechtsvollmacht **25** 51
- bauliche Veränderungen **10** 46
- Beirat, Kompetenzen **10** 46
- Benutzungsdienstbarkeit **10** 46
- Beschlussfähigkeit d. Eigentümerversammlung **25** 66 f.
- Beschluss-Sammlung **24** 174
- besondere Mehrheitserfordernisse **Vor 23 bis 25** 85 ff.
- Bestimmtheitserfordernis **10** 11 f.
- Betreuungsvertrag **10** 46
- dingliche Wirkung **5** 66; **10** 2, 40 ff.
- Entziehungsrecht, Unabdingbarkeit **18** 42 ff.
- Entziehungsverfahren **19** 58 ff.
- ergänzender Beschluss **10** 9
- Erweiterung d. Vertretungsmacht **27** 117 ff., 139
- Eventualversammlung **10** 46
- fehlerhafte **10** 9
- formelle **10** 7
- Formfreiheit **10** 7
- Gartennutzung **10** 46
- Gebrauchsregelungen **10** 46; **15** 4 ff.
- Geschäftsordnung d. Versammlung **24** 105
- Gesetzesverstoß **10** 2, 40 ff.
- Grundbucheintragung **5** 66
- Grundbucheintragung, Änderungen **10** 5, 24
- Grünflächennutzung **10** 46
- Hausmeisterwohnung **10** 46
- Hausordnung **10** 46
- Inhaltskontrolle **10** 3
- Innenwirkung **10** 14

- Instandhaltung/-setzung **16** 53
- Klage auf Änderung **10** 38 f.
- Kostenhaftung d. Erwerbers **16** 153 ff.
- materielle **10** 7 f.
- mit Dritten **10** 14
- Modifikation gesetzlicher Abstimmungserfordernisse **23** 18 f.
- mündliche **10** 7
- Nichtigkeit **10** 2
- Nichtöffentlichkeit, Abdingbarkeit **24** 83
- Niederschrift, Inhalt **24** 120
- Nutzungseinschränkungen **10** 46; **13** 6 f., 11 f.
- Nutzungsüberlassung, Beschränkung **12** 20
- Öffnungsklausel **10** 5 f., 17, 20 ff.; **23** 6 ff.; s.a. dort
- Pseudovereinbarung **10** 15
- Rechtswirkungen **10** 2
- Schilderanbringung **10** 46
- schuldrechtliche **5** 71
- Sondernutzungsrechte **10** 46; **13** 13 ff.
- Sonderrechtsnachfolge **5** 66
- Stimmrechtsverbote **25** 111
- Stimmrechtsvollmacht, Beschränkung **25** 54 ff.
- Teilnahmerecht **24** 62, 67
- Teilversammlung **23** 35
- Tierhaltungsverbot **10** 46
- Umdeutung **10** 13
- Unbilligkeit **10** 28, 34
- unvollständige **10** 9
- Unwirksamkeit **10** 10 f.
- Veräußerungsbeschränkung **12** 4 f.
- Vereinbarung geringerer Mehrheitserfordernisse **Vor 23 bis 25** 86
- Verfügungsbeschränkung **12** 19 ff.
- Verlangen einer Vereinbarung statt Beschlussfassung **23** 20
- Vermietungspflicht bei Gewerbe **10** 46
- Versammlungseinberufung **24** 6
- Versammlungsleitung **24** 95, 100
- Versammlungsort/-zeit **24** 72, 79
- Versicherung v. Sondereigentum **10** 46
- Verwaltungsregelungen **20** 10 f.; **21** 1, 4, 15, 32
- Vollmacht z. Versammlungsteilnahme **10** 46
- Vorkaufsrecht **10** 46
- widersprüchliche **10** 10
- Wiederaufbaupflicht **11** 7 f.
- Wirksamkeitsvoraussetzungen v. Beschlüssen **Vor 23 bis 25** 74 ff.
- Wirkung ggü. Dritten **10** 40 ff.
- Wohngeld, Verzug **10** 46
- Wohngeldrückstände, Übernahme durch Neueigentümer **10** 46
- Zitterbeschluss **10** s. dort
- zulässige Gegenstände **5** 66 ff.
- Zustimmung dinglich Berechtigter **5** 72 ff.

Wohnungseigentümer – werdender
- s.a. Eigentümergemeinschaft – werdende
- Stimmrecht **25** 19 f.
- Teilnahmerecht **24** 57
- Versammlung **23** 47 ff.

Wohnungseigentümergemeinschaft
s. Eigentümergemeinschaft

Wohnungseigentümerversammlung
s. Eigentümerversammlung

Wohnungseingangstüren
- Sondereigentumsfähigkeit **5** 64

Wohnungserbbaurecht
- analoge Anwendung d. Wohnungseigentum-Vorschriften **30** 21 ff.
- Änderungen d. Erbbaurechts **30** 23
- Anlegung d. Wohnungsgrundbuchs **30** 12
- Anwendung d. Vorschriften über d. Wohneigentum **1** 1
- Auflassung **30** 3
- Begründung **30** 2 ff.
- durch Alleineigentümer **30** 7 f.
- durch Bruchteilsberechtigte **30** 7 f.
- durch Gesamthandsberechtigte **30** 7 f.
- Eigentum d. Berechtigten **30** 6
- Erbaurechts-VO **30** 22
- Erbbauzinsbelastung **30** 15
- Erlöschen **30** 20, 24
- Gebäudeeigenschaft **30** 5
- gemeinschaftliche Grundbuch **30** 14

- Genehmigungserfordernisse 30 10 ff.
- Grundbucheintragung 30 12
- Hausgeldforderungen 30 16
- Heimfall 30 25
- Rangfolge d. Zinsanspruchs 30 16
- Schließung d. Erbbaugrundbuchs 30 14
- Schließung d. Wohnungserbbaugrundbücher 30 20
- Sondernutzungsrechte 30 9
- Teilungserklärung 30 4
- Übertragung d. Belastungen 30 15
- Umwandlung in Wohnungs-/Teileigentum 30 19
- Verfügungsbeschränkungen 30 17 f.

Wohnungsgrundbuch
- Abschriften 7 32
- Abteilung I 7 7
- Abteilung II 7 8
- Abteilung III 7 9
- Anlegung 2 4 7 3
- Anlegung, Voraussetzungen 7 15 ff.
- Auflassungsvormerkung 1 31
- Aufschrift 7 5
- Auszüge 7 32
- Bedeutung f. Entstehen v. Wohnungseigentum 4 20; 8 20 ff.
- Bestandsverzeichnis 7 6
- Bezugnahme auf Eintragungsbewilligung 7 6, 14
- Einsicht 7 30 f.
- gemeinschaftliches 7 12 f.; 8 20
- Löschungsvermerk 7 10
- Schließung 9 1 ff.
- Schließung, Gebühren 9 17
- Sondernutzungsrechte 7 6
- Übertragung v. Belastungen 3 11
- Veräußerungsbeschränkung 7 6
- Wohnungsgrundbuchverfügung 7 3

Wohnungsrecht
- Rechtsnatur 1 2
- Stimmrecht d. Berechtigten 25 35
- Zustimmungserfordernisse bei Vereinbarungen 5 74

Wohnungstür
- eigenmächtige Veränderung 5 64; 15 76

Wohnungsvermittlung
- Verwalter 12 29

Wohnwagen,
- Abstellen 10 46

Zahlungsverkehr
- Einziehungsbefugnis 27 36 ff., 46 f.
- Energiekosten 27 44
- Festlegungen d. Gemeinschaft 21 113
- Grundsteuer 27 38 f.
- Haftung d. Verwalters 26 108
- Hausmeisterkosten 27 44
- Kostenbeiträge 27 36 ff.
- Lastenbeiträge 27 36 ff.
- laufende Verwaltung 27 43 ff.
- öffentliche Abgaben 27 44
- Reinigungskosten 27 44
- Stromkosten 27 44
- Tilgungsleistungen 27 36 ff.
- Versicherungsbeiträge 27 44
- Vertragserfüllung 27 44
- Verwalteraufgaben 27 36 ff.
- Werklohn 27 44
- Zinszahlungen 27 36 ff.

Zaun
- Sondereigentumsfähigkeit 5 12
- Sondernutzungsflächen 22 110

Zeitbestimmung
- Einräumung v. Sondereigentum 4 14 ff.

Zentralgrundbuch
- WEG-Reform 7 33

Zitterbeschluss
- Anfechtbarkeit 10 15, 17
- Arten 10 15
- Aufhebung nach Bestandskraft 10 18
- Bestandskraft 10 15

Zivilprozess
- s.a. Anfechtungsklage; Einstweiliger Rechtsschutz; Feststellungsklage; Gerichtliche Ermessensentscheidung; Gerichtliches Verfahren; Leistungsklage; Veräußerungsklage
- Aktivprozess 27 81, 91
- Beschluss-Sammlung 24 157 ff.

- Beweiswert d. Niederschrift 24 112 ff.
- Klagehäufung 21 130
- obligatorische Streitschlichtung 28 180
- Passivprozess 27 74, 92
- Passivvertretung 27 74
- Streitigkeiten über Sonderrechtsfähigkeit 5 28
- Verbindung 21 129
- Vollmachtsurkunde 27 160

Zuschreibung
- Bestehenbleiben v. Belastungen 6 14, 16
- Gebühren 6 15
- Miteigentumsanteil 6 11, 14 ff.

Zuständigkeit s. Gerichtsverfahren – Zuständigkeit

Zustellungen
- an d. Verwalter 45 4 ff.
- Ersatzzustellungsvertreter 27 166; s.a. dort
- Wahlrecht d. Gerichts 45 2
- Zustellungsvertreter s. dort

Zustellungsvertreter
- Informationspflicht 27 53
- Beschlussanfechtungsklage 27 70
- Bestellungsautonomie 45 27 ff.
- Dauer 45 7 ff.
- Ersatzzustellungsvertreter s. dort
- Klageschrift 44 6 f.
- Klageschrift mit Beiladungsverfügung 48 17 ff.
- Parteistellung 45 12, 35
- Prozessbevollmächtigung 45 3, 19 ff.
- Verwalter 27 53, 67, 84 ff.; 45 4 ff.

Zustimmung
- bauliche Veränderung 5 39; 16 121 ff.; 22 12 f., 22 ff., 36 ff., 44 f., 87 ff., 100, 103 f.
- Dauernutzungsrecht 5 74
- Dauerwohnrecht 5 74; 39 8, 14
- dingliche Belastungen 4 43 ff.; 5 72 ff.; 8 23; 12 24
- dingliche Einigung 4 43 ff.
- Dritter 23 14 ff.
- Grundbuchberichtigung 4 19
- Mehrheitsbeschluss, qualifizierter 10 51

- Mobilfunkanlage 15 52
- Parabolantenne 22 101 f.
- Sondernutzungsrecht 5 77
- Streitwert 49a GKG 13
- Teilung 23 106
- Teilungserklärung 8 23 f.
- Umwandlung v. Gemeinschafts-/Sondereigentum 5 68
- Umwandlung v. Teileigentum 1 25
- Veräußerung s. Wohnungseigentum – Veräußerung
- Vergleich 46 154
- Verwalter 10 46; 16 117; 22 44; 26 112; 27 115, 185
- Vorkaufsrecht 5 74
- Vormerkung 5 76
- Wohnungsrecht 5 74
- Zwangsversteigerung 12 18, 47

Zwangsversteigerung
- Dauerwohnrecht 38 2, 12; s.a. Dauerwohnrecht – Zwangsversteigerung
- Rangklasse 28 195, 198 ff.
- Wohngeldbeitreibung 28 194 ff.
- Zustimmungserfordernisse 12 18, 47

Zwangsversteigerung – Entziehung v. Wohneigentum
- Abdingbarkeit d. Entziehungsverfahrens 19 58 ff.
- Abwendungsbefugnis 19 17, 51 ff.
- Altverfahren, Übergangsrecht 19 61
- Antrag 19 30 ff., 44
- Anwaltskosten 19 26
- anwendbare Vorschriften 19 25
- Aufhebung d. Verfahrens 19 34
- Beschlagnahmewirkung 19 29, 33
- beteiligte Parteien 19 28
- Bevollmächtigung d. Verwalters 19 28, 30
- Einstellung d. Verfahrens 19 35, 52
- Entziehung d. Wohnungseigentums 18 47; 19 2 ff.
- Erlösverteilung 19 47
- Erwerberrechte 19 46
- Gebote 19 42
- Gerichtskosten 19 26
- Grundbucheintragung 19 32
- Kostentragung d. Erwerbers 16 152

- Rangklasse **19** 29
- Rechtsbehelfe **19** 48 f., 52 ff.
- Stimmrechtsverlust **19** 50
- Versteigerungsbedingungen **19** 40 f.
- Versteigerungstermin **19** 36 ff.
- Wegfall d. Störung **19** 54
- WEG-Reform **19** 2 ff, 61
- Zahlung vor Erteilung d. Zuschlags **19** 51 ff.
- Zuschlag **19** 43 f
- Zuschlag an Alteigentümer/nahe Angehörige **19** 44
- Zuständigkeit f.Klauselerteilung **19** 27

Zwangsverwalter
- Bestellung als Verwalter **26** 2
- Haftung **16** 160 ff.
- Ladung z. Versammlung **24** 43, 48
- Prozessstandschaft **46** 32 ff.
- Stimmrecht **25** 30 ff.

Zwangsverwaltung
- Entziehung v. Wohnungseigentum **19** 25
- Jahresabrechnung **28** 117 ff., 120b
- Wohngeldbeitreibung **28** 214 ff.

Zwangsvollstreckung
- Anspruch auf Rechnungslegung **28** 169
- Entziehung d. Wohnungseigentums **18** 39
- Entziehungsurteil s. Veräußerungsklage; Zwangsversteigerung
- Fortgeltung v. Alttiteln **10** 83 f.
- Haftung d. Wohnungseigentümer **10** 100 ff.
- in Treuhandkonto **27** 107
- Miteigentumsanteil **6** 27
- Passivvertretung **27** 74
- Pfändung d. Einberufungsverlangens **24** 9
- Titelerstreckung auf neue Eigentümer **10** 86
- Verwaltungsvermögen **1** 15
- Vollstreckungsgegenklage, Klagebefugnis **10** 85
- Wiederherstellungsanspruch **22** 60 f.
- Wohngeldpfändung **10** 109 f.
- Wohngeldrückstände **28** 171 ff., 194 ff.

- Wohnungseigentum **1** 15

Zweckbestimmung s. Gebrauchsregelung; Nutzung

Zweitbeschluss
- Änderungsbeschluss **Vor 23 bis 25** 107
- Anfechtung **Vor 23 bis 25** 121
- Anspruch d. Eigentümers **Vor 23 bis 25** 117 ff.
- Beschlusskompetenz **Vor 23 bis 25** 98
- Bestätigungsbeschluss **Vor 23 bis 25** 101 ff.
- Entlastung **28** 166
- Ergänzungsbeschluss **Vor 23 bis 25** 107
- Ersetzungsbeschluss **Vor 23 bis 25** 102 ff.
- Jahresabrechnung **28** 132
- Ordnungsmäßigkeit **Vor 23 bis 25** 110
- Rechtsmissbrauch **Vor 23 bis 25** 115
- schutzwürdige Belange **Vor 23 bis 25** 111 ff.
- Voraussetzungen **Vor 23 bis 25** 99
- Wiederholung angefochtener Beschlüsse **Vor 23 bis 25** 116
- Wiederholung gerichtlicher Beschlüsse **Vor 23 bis 25** 115
- Wirtschaftsplan **28** 66
- Zulässigkeit **Vor 23 bis 25** 10
- Zustandekommen **Vor 23 bis 25** 109
- Zweck **Vor 23 bis 25** 100 ff.

Zweiterwerber
- Ladung z. Versammlung **24** 43, 45
- Teilnahmerecht **24** 57

Zweitversammlung
- Beschlussfähigkeit **25** 65, 78, 83
- Einberufung **25** 79 f.
- Einberufungspflicht **24** 3
- Eventualversammlung **25** 80
- Ladungsschreiben **25** 81
- Mängel **25** 84
- Mehrheitserfordernisse **Vor 23 bis 25** 88
- Tagesordnung **25** 82

Notizen

Notizen

Notizen

Notizen

Notizen

Notizen

Notizen

Notizen

Notizen

Notizen

Notizen

Notizen

Notizen

Notizen

Notizen

Notizen

Notizen

Notizen

Notizen

Notizen

Notizen

Jennißen (Hrsg.), **Wohnungseigentumsgesetz**

• Hinweise und Anregungen: _____
_____
_____
_____
_____

• Auf Seite _____ Teil _____ Rz. _____ Zeile _____ von oben/unten

muss es statt _____
_____
_____

richtig heißen _____
_____
_____

Jennißen (Hrsg.), **Wohnungseigentumsgesetz**

• Hinweise und Anregungen: _____
_____
_____
_____
_____

• Auf Seite _____ Teil _____ Rz. _____ Zeile _____ von oben/unten

muss es statt _____
_____
_____

richtig heißen _____
_____
_____

Absender

_____
_____
_____

Antwortkarte

Informationen unter **www.otto-schmidt.de**

So können Sie uns auch erreichen:
lektorat@otto-schmidt.de

Wichtig: Bitte immer den Titel des Werkes angeben!

Verlag Dr. Otto Schmidt KG
Lektorat
Gustav-Heinemann-Ufer 58
50968 Köln

Absender

_____
_____
_____

Antwortkarte

Informationen unter **www.otto-schmidt.de**

So können Sie uns auch erreichen:
lektorat@otto-schmidt.de

Wichtig: Bitte immer den Titel des Werkes angeben!

Verlag Dr. Otto Schmidt KG
Lektorat
Gustav-Heinemann-Ufer 58
50968 Köln